遼寧省圖書館

古籍普查登記目錄

（下）
索引

全
國
古
籍
普
查
登
記
目
録

國家圖書館出版社
National Library of China Publishing House

書名筆畫字頭索引

九畫

十一畫

十三畫

十四畫

十五畫

十七畫

十九畫

二十畫

書名筆畫索引

30

31

三畫

44

四畫

51

53

82

85

六畫

88

90

七畫

105

八畫

130

141

144

145

九畫

157

166

十畫

185

186

190

191

197

十一畫

201

209

215

十二畫

229

235

244

250

257

271

273

十四畫

277

278

289

十五畫

293

300

十六畫

307

十七畫

十八畫

322

十九畫

332

二十畫

二十一畫

遼寧省圖書館

古籍普查登記目録
（中）

全國古籍普查登記目録

國家圖書館出版社
National Library of China Publishing House

210000－0701－0010257　010189

霜紅龕集四十卷　（清）傅山撰　附錄三卷
年譜一卷　（清）丁寶銓輯　清宣統三年
(1911)山陽丁氏刻本　十二冊

210000－0701－0010258　010195

揅經室一集十四卷二集八卷三集五卷四集二
卷四集詩十一卷續集九卷外集五卷　（清）阮
元撰　清道光阮氏文選樓刻文選樓叢書本
二十冊

210000－0701－0010259　010196

揅經室一集十四卷二集八卷三集五卷四集二
卷四集詩十一卷續集十一卷再續集六卷外集
五卷　（清）阮元撰　清末刻本　二十四冊
缺一卷(二集六)

210000－0701－0010260　010197

揅經室一集十四卷二集八卷三集五卷四集二
卷四集詩十一卷續集十一卷再續集六卷外集
五卷　（清）阮元撰　清末刻本　二十四冊

210000－0701－0010261　010198

瑞芝山房詩鈔八卷補遺一卷文鈔八卷補遺一
卷　（清）戴燮元輯　清光緒元年至三年
(1875－1877)刻丹徒戴氏叢刻本　十冊

210000－0701－0010262　010199

延綠集十二卷　（清）華希閔撰　清光緒二十
二年(1896)刻本　六冊

210000－0701－0010263　010200

小蓮花室遺稿二卷附錄一卷　（清）朱璵撰
小蓮花室圖卷題辭五卷　（清）孔憲彝輯　綉
菊齋題畫剩稿一卷　（清）司馬梅撰　綉菊齋
遺畫題辭一卷附錄一卷　（清）孔憲彝輯　清
道光二十五年(1845)刻本　三冊

210000－0701－0010264　010201

芳茂山人文集十二卷　（清）孫星衍撰　清光
緒十二年(1886)朱氏槐廬家塾刻槐廬叢書本
六冊

210000－0701－0010265　010204

耐庵文存六卷詩存三卷　（清）賀長齡撰　清
咸豐十一年(1861)刻本　三冊

210000－0701－0010266　010204

耐庵奏議存稿十二卷公牘存稿四卷　（清）賀
長齡撰　清光緒八年(1882)刻本　九冊

210000－0701－0010267　010205

理堂文集十卷外集一卷附錄一卷日記八卷詩
集四卷　（清）韓夢周撰　清道光三年至四年
(1823－1824)靜恆書屋刻本　八冊

210000－0701－0010268　010206

聰山集十三卷　（清）申涵光撰　申鳧盟先生
[涵光]年譜略一卷附錄一卷　（清）申涵煜
（清）申涵盼輯　清康熙刻民國二十五年
(1936)補刻本　六冊

210000－0701－0010269　010207

鄧自軒先生遺集二卷　（清）鄧元昌撰　（清）
宋昌圖輯　清道光元年(1821)刻本　一冊

210000－0701－0010270　010208

取斯堂遺稿三卷　（清）俞焜撰　清光緒五年
(1879)刻本　一冊

210000－0701－0010271　010209

習靜軒文集二卷詩集二十四卷制藝一卷
（清）鰲圖撰　清嘉慶十二年(1807)刻本　十
六冊

210000－0701－0010272　010210

習靜軒文集二卷詩集二十四卷制藝一卷
（清）鰲圖撰　清嘉慶十二年(1807)刻本　十
六冊

210000－0701－0010273　010211

豸華堂文鈔八卷文鈔甲部十二卷　（清）金應
麟撰　清光緒元年(1875)刻本　六冊

210000－0701－0010274　010212

豸華堂文鈔八卷　（清）金應麟撰　清光緒元
年(1875)刻本　二冊

210000－0701－0010275　010213

劫餘詩選二十三卷雲起樓詞三卷　（清）齊學
裘撰　清同治八年至十二年(1869－1873)刻
本　六冊

210000－0701－0010276　010213

梅麓詩鈔十八卷　（清）齊彥槐撰　清光緒元年(1875)揚州齊學裘隨安室刻本　六冊

210000－0701－0010277　010213

雨峯詩鈔七卷文鈔一卷三晉聞見錄一卷　（清）齊翀撰　清光緒二年至六年(1876－1880)齊學裘刻本　四冊

210000－0701－0010278　010214

穉底零箋一卷　（清）董恂撰　清光緒十二年(1886)董蓮刻本　一冊

210000－0701－0010279　010215

何義門先生集十二卷家書四卷　（清）何焯撰　吳蔭培輯　附錄一卷　清宣統元年(1909)吳氏刻本　六冊

210000－0701－0010280　010216

頻羅庵遺集十六卷　（清）梁同書撰　清嘉慶二十二年(1817)陸貞一刻本　五冊

210000－0701－0010281　010217

頻羅庵遺集十六卷　（清）梁同書撰　清嘉慶二十二年(1817)陸貞一刻本　一冊　存三卷(一至三)

210000－0701－0010282　010218

頻羅庵遺集十六卷　（清）梁同書撰　清光緒十三年(1887)蛟川修綆山莊刻本　五冊

210000－0701－0010283　010219

皆大歡喜四卷　（清）□□撰　清道光元年(1821)香葉樓刻本　四冊

210000－0701－0010284　010220

紫石泉山房文集十二卷詩集三卷　（清）吳定撰　附錄一卷　清光緒十三年(1887)黟縣李氏刻本　五冊

210000－0701－0010285　010221

紫竹山房詩文集詩集十二卷文集二十卷　（清）陳兆崙撰　年譜一卷　（清）陳玉繩撰　清刻本　十冊

210000－0701－0010286　010222

倭文端公遺書十卷首二卷　（清）倭仁撰　清光緒三年(1877)粵東翰元樓刻本　六冊

210000－0701－0010287　010223

倭文端公遺書十一卷首二卷　（清）倭仁撰　清光緒二十年(1894)山東書局刻本　八冊

210000－0701－0010288　010224

倭文端公遺書十一卷首二卷　（清）倭仁撰　清刻本　八冊

210000－0701－0010289　010225

倭文端公遺書八卷末一卷續四卷　（清）倭仁撰　清光緒元年(1875)六安求我齋刻洪氏唐石經館叢書本　六冊

210000－0701－0010290　010226

倭文端公遺書八卷末一卷續四卷　（清）倭仁撰　清光緒元年(1875)六安求我齋刻洪氏唐石經館叢書本　四冊

210000－0701－0010291　010227

變雅堂遺集文八卷詩十卷　（清）杜濬撰　附錄二卷　清光緒二十年(1894)黃岡沈氏刻本　六冊

210000－0701－0010292　010228

變雅堂遺集文八卷詩十卷　（清）杜濬撰　附錄二卷　清光緒二十年(1894)黃岡沈氏刻本　六冊

210000－0701－0010293　010230

嶺南集七卷山古集一卷　（清）羅含章撰　清刻本　六冊

210000－0701－0010294　010231

嶺南集六卷　（清）羅含章撰　清刻本　四冊

210000－0701－0010295　010232

山右校士錄不分卷　（清）錢駿祥輯　清光緒二十五年(1899)晉省書業昌石印本　四冊

210000－0701－0010296　010238

樂道堂集　（清）奕訢撰　清咸豐、同治刻本　十二冊　缺一卷(廣四時讀書樂試帖)

210000－0701－0010297　010239

樂道堂集　（清）奕訢撰　清咸豐、同治刻本　十三冊

210000－0701－0010298　010240

徧行堂集十六卷　（清）釋澹歸撰　清宣統三年(1911)國學扶輪社鉛印本　八冊

210000－0701－0010299　010242

壯悔堂文集十卷遺稿一卷四憶堂詩集六卷遺稿一卷　（清）侯方域撰　（清）賈開宗評點　年譜一卷　（清）侯洵撰　清刻同治十二年(1873)趙承恩紅杏山房補刻本　六冊

210000－0701－0010300　010243

壯悔堂文集十卷遺稿一卷四憶堂詩集六卷遺稿一卷　（清）侯方域撰　（清）賈開宗評點　年譜一卷　（清）侯洵撰　清刻同治十二年(1873)趙承恩紅杏山房補刻本　八冊

210000－0701－0010301　010244

壯悔堂文集十卷遺稿一卷四憶堂詩集六卷遺稿一卷　（清）侯方域撰　（清）賈開宗評點　年譜一卷　（清）侯洵撰　清刻同治十二年(1873)趙承恩紅杏山房補刻本　六冊

210000－0701－0010302　010245

壯悔堂文集十卷遺稿一卷四憶堂詩集六卷遺稿一卷　（清）侯方域撰　（清）賈開宗評點　年譜一卷　（清）侯洵撰　清刻同治十二年(1873)趙承恩紅杏山房補刻本　十二冊

210000－0701－0010303　010246

壯悔堂文集十卷遺稿一卷首一卷四憶堂詩集六卷遺稿一卷　（清）侯方域撰　（清）賈開宗評點　清末上海彪蒙書室石印本　四冊

210000－0701－0010304　010247

壯悔堂文集十卷遺稿一卷首一卷四憶堂詩集六卷遺稿一卷　（清）侯方域撰　（清）賈開宗評點　清末上海彪蒙書室石印本　四冊

210000－0701－0010305　010248

壯悔堂文集十卷遺稿一卷首一卷四憶堂詩集六卷遺稿一卷　（清）侯方域撰　（清）賈開宗評點　清末上海彪蒙書室石印本　四冊

210000－0701－0010306　010249

壯悔堂文集十卷遺稿一卷四憶堂詩集六卷遺稿一卷　（清）侯方域撰　（清）賈開宗評點　年譜一卷　（清）侯洵撰　清宣統元年(1909)

上海掃葉山房石印本　六冊

210000－0701－0010307　010250

壯悔堂文集十卷遺稿一卷四憶堂詩集六卷遺稿一卷　（清）侯方域撰　（清）賈開宗評點　年譜一卷　（清）侯洵撰　清宣統元年(1909)上海掃葉山房石印本　六冊

210000－0701－0010308　010251

壯悔堂文集十卷遺稿一卷四憶堂詩集六卷遺稿一卷　（清）侯方域撰　（清）賈開宗評點　年譜一卷　（清）侯洵撰　清宣統元年(1909)上海掃葉山房石印本　六冊

210000－0701－0010309　010257

鮚埼亭集三十八卷全謝山先生經史問答十卷　（清）全祖望撰　全氏世譜一卷年譜一卷　（清）董秉純撰　清嘉慶九年(1804)史夢蛟借樹山房刻本　十二冊

210000－0701－0010310　010258

鮚埼亭集三十八卷全謝山先生經史問答十卷　（清）全祖望撰　全氏世譜一卷年譜一卷　（清）董秉純撰　清嘉慶九年(1804)史夢蛟借樹山房刻本　十二冊

210000－0701－0010311　010258

鮚埼亭集外編五十卷　（清）全祖望撰　清刻本　十二冊

210000－0701－0010312　010260

鮚埼亭集外編五十卷　（清）全祖望撰　清嘉慶十六年(1811)刻本　十六冊

210000－0701－0010313　010261

結一宧駢體文二卷詩略三卷　屠寄撰　清光緒十六年(1890)廣州刻本　一冊

210000－0701－0010314　010263

朱九江先生集十卷首四卷　（清）朱次琦撰　清光緒二十三年(1897)刻本　四冊

210000－0701－0010315　010264

朱九江先生集十卷首四卷　（清）朱次琦撰　清光緒二十三年(1897)刻本　四冊

210000－0701－0010316　010265

朱九江先生集十卷首四卷 （清）朱次琦撰
清光緒二十三年(1897)刻本 三冊 缺四卷
(首四卷)

210000－0701－0010317 010266
白雲山房詩集三卷文集六卷附刻三種 （清）
張象津撰 清道光十六年(1836)刻本 五冊

210000－0701－0010318 010267
白雲山房詩集三卷文集六卷附刻三種 （清）
張象津撰 清道光十六年(1836)刻本 五冊

210000－0701－0010319 010268
白下愚園集八卷 （清）胡光國撰 清光緒二
十年(1894)刻本 六冊

210000－0701－0010320 010269
白茅堂集四十六卷 （清）顧景星撰 **耳提錄
一卷** （清）顧昌撰 清乾隆白茅堂刻本 二
十冊

210000－0701－0010321 010270
魏季子文集十六卷 （清）魏禮撰 清康熙易
堂刻寧都三魏全集本 八冊

210000－0701－0010322 010271
魏季子文集十六卷 （清）魏禮撰 清道光二
十五年(1845)謝庭綏綏園書塾刻本 十二冊

210000－0701－0010323 010272
白雲山人詩草二卷文草二卷 （清）陳桂撰
清同治十年(1871)刻本 一冊

210000－0701－0010324 010273
魏叔子文集外篇二十二卷目錄三卷詩八卷
（清）魏禧撰 **魏敬士文集八卷** （清）魏世儼
撰 清道光二十五年(1845)謝庭綏綏園書塾
刻本 二十七冊

210000－0701－0010325 010274
佩秋閣詩稿二卷詞稿一卷文藁一卷 （清）吳
藻撰 清光緒元年(1875)刻十四年(1888)印
本 一冊

210000－0701－0010326 010275
肙齋文集八卷詩集四卷 （清）張穆撰 清咸
豐八年(1858)刻本 四冊

210000－0701－0010327 010276
肙齋文集八卷詩集四卷 （清）張穆撰 清咸
豐八年(1858)刻本 八冊

210000－0701－0010328 010277
肙齋文集八卷詩集四卷 （清）張穆撰 清咸
豐八年(1858)刻本 四冊

210000－0701－0010329 010278
肙齋文集八卷詩集四卷 （清）張穆撰 清咸
豐八年(1858)刻本 六冊

210000－0701－0010330 010281
紀文達公遺集文十六卷詩十六卷 （清）紀昀
撰 清嘉慶十七年(1812)刻本 十六冊

210000－0701－0010331 010282
復堂詩四卷詞一卷 （清）譚獻撰 **待堂文一
卷** （清）吳懷珍撰 清咸豐九年(1859)刻本
一冊

210000－0701－0010332 010283
復堂類集文四卷詩九卷詞二卷日記六卷
（清）譚獻撰 清光緒刻本 八冊

210000－0701－0010333 010284
復堂類集文四卷詩十卷詞三卷日記八卷
（清）譚獻撰 清光緒刻本 八冊 缺五卷
(日記四至八)

210000－0701－0010334 010285
復堂類集文四卷詩十卷詞三卷日記八卷
（清）譚獻撰 清光緒刻本 八冊

210000－0701－0010335 010286
復堂類集 （清）譚獻撰 清光緒刻本 十冊

210000－0701－0010336 010287
復堂類集 （清）譚獻撰 清光緒刻本 八冊

210000－0701－0010337 010290
秋水集十六卷 （清）馮如京撰 清清暉堂刻
本 六冊

210000－0701－0010338 010292
秋士先生遺集六卷 （清）彭績撰 **附錄一卷**
清光緒七年(1881)刻長洲彭氏家集本
一冊

210000 - 0701 - 0010339　010293

空山堂文集十二卷詩集六卷　（清）牛運震撰
清嘉慶六年（1801）刻空山堂全集本　十
六冊

210000 - 0701 - 0010340　010294

濂亭文集八卷　（清）張裕釗撰　清光緒八年
（1882）查氏木漸齋刻本　二冊

210000 - 0701 - 0010341　010295

濂亭文集八卷　（清）張裕釗撰　清光緒八年
（1882）查氏木漸齋刻本　二冊

210000 - 0701 - 0010342　010296

濂亭文集八卷濂亭遺詩二卷　（清）張裕釗撰
清光緒八年（1882）查氏木漸齋刻本　四冊

210000 - 0701 - 0010343　010297

濂亭文集八卷　（清）張裕釗撰　清宣統元年
（1909）埽葉山房石印本　一冊

210000 - 0701 - 0010344　010298

寒支初集十卷二集四卷　（清）李世熊撰　**李
寒支先生歲紀一卷**　（清）李世熊撰　（清）李
子權補　清同治十三年（1874）刻本　十四冊

210000 - 0701 - 0010345　010299

**寒松堂全集十二卷寒松老人[魏象樞]年譜一
卷**　（清）魏象樞撰　清嘉慶十五年（1810）魏
煜刻本　十三冊

210000 - 0701 - 0010346　010300

**寒松堂全集十二卷寒松老人[魏象樞]年譜一
卷**　（清）魏象樞撰　清嘉慶十五年（1810）魏
煜刻本　十三冊

210000 - 0701 - 0010347　010302

守默齋詩稿一卷雜著三卷　（清）何應祺撰
清同治五年（1866）刻十年（1871）續刻本
四冊

210000 - 0701 - 0010348　010303

安吳四種　（清）包世臣撰　清道光二十六年
（1846）白門倦游閣木活字印本　十六冊

210000 - 0701 - 0010349　010304

定山堂全集　（清）龔鼎孳撰　清光緒九年至

十二年（1883 – 1886）刻本　二十六冊

210000 - 0701 - 0010350　010305

寶綸堂文鈔八卷詩鈔六卷　（清）齊召南撰
清嘉慶三年至十三年（1798 – 1808）刻本
六冊

210000 - 0701 - 0010351　010306

寶綸堂文鈔八卷詩鈔六卷　（清）齊召南撰
清光緒十三年（1887）刻本　四冊

210000 - 0701 - 0010352　010307

實其文齋文鈔八卷詩鈔六卷製藝一卷　（清）
黃雲鵠撰　清同治十一年（1872）刻本　八冊

210000 - 0701 - 0010353　010308

**江忠烈公遺集文錄一卷補遺一卷詩錄一卷補
遺一卷**　（清）江忠源撰　**附錄一卷**　清光緒
十三年（1887）刻本　六冊

210000 - 0701 - 0010354　010313

崑山顧氏全集　（清）顧炎武撰　（清）席威
（清）朱記榮輯　清刻光緒十一年至三十二年
（1885 – 1906）吳縣朱氏增刻彙印本　二十
四冊

210000 - 0701 - 0010355　010314

淵雅堂全集　（清）王芑孫撰　清嘉慶九年至
二十五年（1804 – 1820）刻本　二十冊

210000 - 0701 - 0010356　010315

淵雅堂全集　（清）王芑孫撰　清嘉慶九年至
二十五年（1804 – 1820）刻本　十八冊　存
七種

210000 - 0701 - 0010357　010318

近水樓遺稿一卷　（清）忻恕撰　**附詩一卷**
（清）忻肇寅撰　清宣統二年（1910）忻錦崖鉛
印本　一冊

210000 - 0701 - 0010358　010319

**心日齋詞集六卷珠巢存課二卷心日齋十六家
詞錄二卷**　（清）周之琦撰　**年譜一卷**　（清）
周汝筠　（清）周汝策撰　清道光、同治刻本
六冊

210000 - 0701 - 0010359　010320

補讀書齋遺稿十卷集外稿一卷　（清）沈維鐈撰　清光緒元年(1875)廣州刻本　四冊

210000－0701－0010360　010322

邃雅堂集十卷文集續編一卷　（清）姚文田撰　清道光元年至八年(1821－1828)刻邃雅堂全書本　八冊

210000－0701－0010361　010323

邃懷堂全集　（清）袁翼撰　清光緒十三年(1887)刻本　二十冊

210000－0701－0010362　010324

清暉贈言十卷清暉閣贈貽尺牘二卷　（清）王翬輯　清宣統三年(1911)鄧氏風雨樓鉛印風雨樓叢書本　四冊

210000－0701－0010363　010326

沈氏羣峰集五卷外集一卷韓詩故二卷　（清）沈清瑞撰　清光緒二年(1876)刻本　四冊　缺二卷(韓詩故二卷)

210000－0701－0010364　010328

卷施閣詩二十卷更生齋文甲集四卷乙集四卷詩集八卷詩餘二卷　（清）洪亮吉撰　清乾隆、嘉慶刻北江全集本　九冊

210000－0701－0010365　010329

遠遺堂集外文初編一卷續編一卷　（清）譚嗣襄撰　清光緒二十八年(1902)石印本　一冊

210000－0701－0010366　010330

澤古齋文鈔三卷論語一卷大學一卷中庸一卷孟子一卷賸語一卷續編一卷澤古齋詩鈔一卷　（清）吳士模撰　清道光十八年至十九年(1838－1839)刻本　三冊

210000－0701－0010367　010331

湖海樓全集五十一卷　（清）陳維崧撰　清乾隆六十年(1795)陳淮刻本　九冊　存三十卷(文集六卷、儷體文集四至六、詩集十二卷、補遺一卷、詞集一至八)

210000－0701－0010368　010332

湖海樓全集五十一卷　（清）陳維崧撰　清光緒十七年(1891)刻本　十六冊

210000－0701－0010369　010333

湖海樓全集五十一卷　（清）陳維崧撰　清光緒十七年(1891)刻本　十六冊

210000－0701－0010370　010334

鴻泥印記一卷附一卷　（清）特普欽撰　清光緒十年(1884)刻本　一冊

210000－0701－0010371　010335

二如亭羣芳譜三十卷芳蹤一卷　（明）王象晉輯　明末毛氏汲古閣刻清印本　二十八冊

210000－0701－0010372　010335

王漁洋遺書　（清）王士禛撰　清刻本　七十四冊　缺五種五十二卷(古懽錄八卷、古夫于亭雜錄五卷、分甘餘話四卷、漁洋詩話三卷、阮亭選古詩五言詩十七卷七言詩十五卷)

210000－0701－0010373　010336

澹靜齋全集　（清）龔景瀚撰　清道光二十年(1840)恩錫堂刻本　八冊

210000－0701－0010374　010337

漱六山居全集十一卷　（清）吳昆田撰　清光緒十一年(1885)刻本　六冊

210000－0701－0010375　010338

深省堂集　（清）景安撰　清嘉慶刻本　四冊

210000－0701－0010376　010339

冠悔堂詩鈔八卷賦鈔四卷　（清）楊浚撰　清光緒十八年(1892)刻本　十二冊

210000－0701－0010377　010340

初月樓文鈔十卷詩鈔四卷　（清）吳德旋撰　清道光三年(1823)刻本　七冊

210000－0701－0010378　010341

初月樓文鈔十卷詩鈔四卷　（清）吳德旋撰　卷後一卷　清光緒九年(1883)木活字印本　四冊

210000－0701－0010379　010342

初月樓四種　（清）張壽榮撰　清光緒八年(1882)張氏花雨樓刻花雨樓叢鈔本　四冊　缺二卷(初月樓文續鈔七至八)

210000－0701－0010380　010343

退復軒全集　（清）錫縝撰　清末刻本　九冊

210000－0701－0010381　010344

遲鴻軒詩存一卷文存一卷　（清）楊峴撰　清光緒二年(1876)刻本　一冊

210000－0701－0010382　010345

運甓齋詩稿八卷續編六卷文稿六卷贈言錄四卷　（清）陳勵撰　清光緒十年至二十年(1884－1894)刻本　四冊

210000－0701－0010383　010346

滋德堂集不分卷　（清）徐元第撰　**梅花幻影圖題辭**　（清）徐士琛撰　清宣統三年(1911)木活字印本　馬廉跋　一冊

210000－0701－0010384　010347

海峰先生文十卷詩六卷　（清）劉大櫆撰　清同治十三年(1874)刻本　六冊

210000－0701－0010385　010348

海日堂集七卷補遺一卷　（清）程可則撰　清道光五年(1825)一經書室刻本　四冊

210000－0701－0010386　010349

道古堂全集　（清）杭世駿撰　清乾隆四十一年(1776)汪沆振綺堂刻光緒十四年(1888)汪曾唯振綺堂補刻本　二十四冊

210000－0701－0010387　010350

道古堂全集　（清）杭世駿撰　清乾隆四十一年(1776)汪沆振綺堂刻光緒十四年(1888)汪曾唯振綺堂補刻本　十六冊

210000－0701－0010388　010351

道古堂全集　（清）杭世駿撰　清乾隆四十一年(1776)汪沆振綺堂刻光緒十四年(1888)汪曾唯振綺堂補刻本　十六冊

210000－0701－0010389　010352

十三峰書屋全集八卷　（清）李榕撰　清光緒二十五年(1899)石印本　四冊

210000－0701－0010390　010353

九煙先生遺集六卷　（清）周星撰　（清）周詁謨輯　清道光二十九年(1849)揚州廌館刻本　二冊

210000－0701－0010391　010355

有正味齋詩集十六卷詞集八卷駢體文二十四卷外集五卷　（清）吳錫麒撰　清嘉慶十三年(1808)刻本　十二冊

210000－0701－0010392　010356

有正味齋詩集十六卷詞集八卷駢體文二十四卷外集五卷　（清）吳錫麒撰　清嘉慶十三年(1808)刻本　十二冊

210000－0701－0010393　010357

有正味齋全集　（清）吳錫麒撰　清敬書堂刻本　十二冊

210000－0701－0010394　010358

有不為齋集六卷　（清）端木埰撰　清宣統元年(1909)刻本　二冊

210000－0701－0010395　010359

有竹居集十六卷　（清）任兆麟撰　清嘉慶二十四年(1819)兩廣節署刻本　六冊

210000－0701－0010396　010363

南雷餘集一卷　（清）黃宗羲撰　清宣統三年(1911)順德鄧氏刻風雨樓叢書本　一冊

210000－0701－0010397　010365

存悔齋集二十八卷外集四卷　（清）劉鳳誥撰　清道光十年(1830)刻本　十冊

210000－0701－0010398　010366

志異新編四卷　（清）福慶撰　清嘉慶刻朱墨套印本　二冊

210000－0701－0010399　010369

李舍人遺集文一卷詩一卷　（清）李結撰　清光緒二十年(1894)刻本　一冊

210000－0701－0010400　010370

笠翁一家言全集十卷閑情偶集六卷　（清）李漁撰　清刻本　二十四冊

210000－0701－0010401　010375

杏本堂詩古文學制二卷　（清）陳之綱撰　清嘉慶十三年(1808)刻本　二冊

210000－0701－0010402　010377

七經樓文集六卷　（清）蔣湘南撰　清同治七

年至九年(1868－1870)刻本　四册

210000－0701－0010403　010378
七頌堂詩集十卷文集二卷　（清）劉體仁撰
清同治六年(1867)刻本　四册

210000－0701－0010404　010379
來鶴堂全集　（清）于宗瑛撰　清嘉慶二年
(1797)刻本　八册

210000－0701－0010405　010380
校經廎文稾十八卷　（清）李富孫撰　清道光
元年(1821)讀書臺刻本　五册　存十五卷
(一至十五)

210000－0701－0010406　010381
板橋集六卷　（清）鄭燮撰　清清暉書屋刻本
四册

210000－0701－0010407　010382
板橋集六卷　（清）鄭燮撰　清清暉書屋刻本
四册

210000－0701－0010408　010383
板橋集六卷　（清）鄭燮撰　清同治七年
(1868)大文堂刻本　四册

210000－0701－0010409　010384
鄭板橋全集六卷　（清）鄭燮撰　清宣統元年
(1909)掃葉山房石印本　三册　存五卷(一
至五)

210000－0701－0010410　010385
彭文敬公集　（清）彭蘊章撰　清道光至同治
刻本　十六册

210000－0701－0010411　010386
彭羨門全集　（清）彭孫遹撰　清宣統三年
(1911)掃葉山房石印本　十二册

210000－0701－0010412　010387
彭羨門全集　（清）彭孫遹撰　清宣統三年
(1911)掃葉山房石印本　十二册

210000－0701－0010413　010389
盋山文錄八卷詩錄二卷　（清）顧雲撰　清光
緒十五年(1889)刻本　四册

210000－0701－0010414　010390
裘文達公文集六卷補遺一卷恭和御製詩六卷
古今體詩十二卷奏議一卷　（清）裘曰修撰
清嘉慶刻本　六册

210000－0701－0010415　010391
裘文達公文集六卷恭和御製詩六卷古今體詩
十二卷　（清）裘曰修撰　清嘉慶七年(1802)
刻本　八册

210000－0701－0010416　010393
范忠貞公全集五卷附錄一卷　（清）范承謨撰
清光緒二十一年(1895)刻本　四册

210000－0701－0010417　010394
花甲閒談十六卷　（清）張維屏撰　清道光十
九年(1839)刻本　四册

210000－0701－0010418　010395
花甲閒談十六卷　（清）張維屏撰　清道光十
九年(1839)刻本　四册

210000－0701－0010419　010397
蘭雪集八卷　（清）柯振嶽撰　清嘉慶二十三
年(1818)藏修齋刻本　六册

210000－0701－0010420　010398
薜荔山莊詩文集五卷　（清）成瑞撰　（清）黃
濬評　清咸豐刻本　二册

210000－0701－0010421　010399
葆淳閣集二十四卷惺園易說二卷　（清）王傑
撰　王文端公[傑]年譜一卷　（清）阮元撰
清刻本　十二册

210000－0701－0010422　010400
葆愚軒詩集一卷文集一卷　（清）英啟撰　清
光緒十四年(1888)刻本　二册

210000－0701－0010423　010401
芝庭先生集十八卷　（清）彭啟豐撰　附錄一
卷　（清）彭紹升等撰　清光緒二年(1876)刻
長洲彭氏家集本　六册

210000－0701－0010424　010402
蕉園全集　（清）岳禮撰　清乾隆五十九年
(1794)刻本　四册

210000－0701－0010425　010403

艾廬遺稿六卷　（清）邵曾鑑撰　清光緒二十三年(1897)刻本　二冊

210000－0701－0010426　010404

樊榭山房集十卷續集十卷文集八卷　（清）厲鶚撰　清光緒七年(1881)嶺南述軒刻本　八冊

210000－0701－0010427　010405

樊榭山房集十卷續集十卷文集八卷　（清）厲鶚撰　清光緒七年(1881)嶺南述軒刻本　六冊

210000－0701－0010428　010406

樊榭山房集十卷續集十卷文集八卷　（清）厲鶚撰　清光緒七年(1881)嶺南述軒刻本　四冊　存二十卷(樊榭山房集十卷、續集十卷)

210000－0701－0010429　010407

樊榭山房全集　（清）厲鶚撰　清光緒十年(1884)振綺堂汪曾惟刻本　十二冊

210000－0701－0010430　010408

樊榭山房全集　（清）厲鶚撰　清光緒十年(1884)振綺堂汪曾惟刻本　六冊　存二十卷(樊榭山房集十卷、續集十卷)

210000－0701－0010431　010409

樊榭山房全集　（清）厲鶚撰　清光緒十年(1884)振綺堂汪曾惟刻本　十二冊

210000－0701－0010432　010410

樊榭山房全集　（清）厲鶚撰　清光緒十年(1884)振綺堂汪曾惟刻民國浙江公立圖書館補刻本　十二冊

210000－0701－0010433　010411

樊榭山房全集　（清）厲鶚撰　清光緒十年(1884)振綺堂汪曾惟刻民國浙江公立圖書館補刻本　十二冊

210000－0701－0010434　010412

樊榭山房全集　（清）厲鶚撰　清末民初上海文瑞樓石印本　十冊

210000－0701－0010435　010413

210000－0701－0010435（按：右欄續）

樊榭山房全集　（清）厲鶚撰　清末民初上海文瑞樓石印本　十冊

210000－0701－0010436　010418

葵園四種　王先謙撰　清光緒三十三年至民國十年(1907－1921)刻本　十八冊

210000－0701－0010437　010419

葵園四種　王先謙撰　清光緒三十三年至民國十年(1907－1921)刻本　十八冊

210000－0701－0010438　010420

芰江古文存四卷詩存三卷朋舊詩一卷崇祀鄉賢祠錄一卷　（清）陶必銓撰　清嘉慶二十一年(1816)愛吾廬刻本　二冊

210000－0701－0010439　010421

籜石齋詩集五十卷文集二十六卷　（清）錢載撰　清刻本　八冊

210000－0701－0010440　010422

蓉谷偶存集文一卷詩三卷聯語一卷　（清）王祖蔭撰　清光緒十四年(1888)木活字印本　二冊

210000－0701－0010441　010423

薛荔山莊詩文集五卷　（清）成瑞撰　（清）黃濬等評　清道光二十四年(1844)刻本　四冊

210000－0701－0010442　010424

薛蒜吟館鈔存八卷又二卷　（清）林葆撰　清同治三年(1864)刻本　十冊

210000－0701－0010443　010425

耄餘殘瀋二卷　（清）徐倬撰　清乾隆刻本　一冊

210000－0701－0010444　010426

甘泉鄉人稿二十四卷　（清）錢泰吉撰　**年譜一卷**　（清）錢應溥撰　**邠農偶吟稿一卷**（清）錢炳森撰　清同治十一年(1872)刻本　十二冊

210000－0701－0010445　010427

甘泉鄉人稿二十四卷　（清）錢泰吉撰　**年譜一卷**　（清）錢應溥撰　**邠農偶吟稿一卷**（清）錢炳森撰　清同治十一年(1872)刻本

十二冊

210000－0701－0010446　010428

洨濱蔡先生文集十卷首一卷　（明）蔡靉撰
清光緒四年(1878)江陰夏子鎣刻本　二冊

210000－0701－0010447　010431

林蕙堂全集　（清）吳綺撰　清乾隆三十九年
至四十一年(1774－1776)裘白堂刻本　十
六冊

210000－0701－0010448　010436

獨漉堂詩集十五卷文集十五卷續編一卷
（清）陳恭尹撰　**陳獨漉先生年譜一卷**　（清）
溫肅編　清道光五年(1825)刻宣統元年
(1909)補刻本　十冊

210000－0701－0010449　010437

娛景堂集三卷　（清）劉寶樹撰　清道光二十
年(1840)刻本　一冊

210000－0701－0010450　010438

柏梘山房集　（清）梅曾亮撰　清咸豐六年
(1856)刻光緒十四年(1888)印本　四冊

210000－0701－0010451　010439

柏梘山房集　（清）梅曾亮撰　清咸豐六年
(1856)刻民國十三年(1924)補刻本　十冊

210000－0701－0010452　010440

柏梘山房集　（清）梅曾亮撰　清咸豐六年
(1856)刻民國十三年(1924)補刻本　六冊

210000－0701－0010453　010441

柏梘山房集　（清）梅曾亮撰　清咸豐六年
(1856)刻民國十三年(1924)補刻本　十冊

210000－0701－0010454　010442

柏梘山房集　（清）梅曾亮撰　清光緒二十七
年(1901)鉛印本　六冊

210000－0701－0010455　010443

楊氏全書三十六卷　（清）楊名時撰　清乾隆
五十八年(1793)水心草堂葉廷甲刻本　八冊

210000－0701－0010456　010444

楊忠愍公全集四卷　（明）楊繼盛撰　章鈺輯
清道光八年(1828)渝州于長鏗刻本　四冊

210000－0701－0010457　010445

柳南文鈔六卷詩鈔十卷　（清）王應奎撰　清
刻本　六冊

210000－0701－0010458　010447

切問齋集十六卷　（清）陸耀撰　清嘉慶元年
(1796)刻本　六冊

210000－0701－0010459　010448

敬遺軒詩文稿不分卷　（清）盧椿撰　清光緒
十年(1884)木活字印本　一冊

210000－0701－0010460　010449

敬堂遺書　（清）辛紹業撰　清嘉慶十六年
(1811)刻本　四冊

210000－0701－0010461　010450

**敬儀堂經進文彙一卷詩彙一卷敬儀堂詩存一
卷**　（清）桂芳撰　清道光十三年(1833)碧雲
軒館刻本　一冊

210000－0701－0010462　010451

松桂堂全集三十七卷南浥集三卷延露詞三卷
　（清）彭孫遹撰　清宣統三年(1911)掃葉山
房石印本　十二冊

210000－0701－0010463　010452

**柏梘山房文集十六卷續集一卷詩集十卷續集
二卷駢體文二卷**　（清）梅曾亮撰　清宣統二
年(1910)上海國學扶輪社石印本　四冊

210000－0701－0010464　010453

梅莊雜著四卷　（清）謝濟世撰　清道光二十
一年(1841)刻本　四冊

210000－0701－0010465　010455

趙裘萼公賸藁四卷　（清）趙熊詔撰　清光緒
二十三年(1897)浙江書局刻本　二冊

210000－0701－0010466　010456

中復堂全集　（清）姚瑩撰　清同治六年
(1867)姚濬昌安福縣署刻本　二十八冊

210000－0701－0010467　010457

中復堂全集　（清）姚瑩撰　清同治六年
(1867)姚濬昌安福縣署刻九年(1870)印本
二十二冊　缺一卷(附錄一卷)

210000－0701－0010468　010458

中復堂全集　（清）姚瑩撰　清同治六年
(1867)姚濬昌安福縣署刻九年(1870)印本
四十冊

210000－0701－0010469　010459

史隱雜著不分卷　（清）李樹庚撰　清抄本
二冊

210000－0701－0010470　010460

忠裕堂詩集十卷文集三卷　（清）申涵盼撰
清道光二十七年(1847)申續曾刻本　四冊

210000－0701－0010471　010461

泰雲堂集　（清）孫爾準撰　清道光十三年
(1833)刻本　六冊

210000－0701－0010472　010462

泰雲堂集　（清）孫爾準撰　清光緒三十二年
(1906)孫庭壽鳳翔刻民國九年(1920)印本
四冊

210000－0701－0010473　010463

青虛山房集十一卷　（清）王太岳撰　清光緒
十九年(1893)定興鹿氏刻本　李中題識
六冊

210000－0701－0010474　010464

青草堂集十二卷　（清）趙國華撰　清同治十
一年(1872)濟南刻本　四冊

210000－0701－0010475　010466

蔣鉛山九種曲　（清）蔣士銓撰　清刻本　十
二冊

210000－0701－0010476　010466

忠雅堂文集十二卷詩集二十七卷補遺二卷銅
絃詞二卷　（清）蔣士銓撰　清刻本　十七冊
　缺四卷(詩集一至四)

210000－0701－0010477　010467

忠雅堂文集十二卷詩集二十七卷補遺二卷銅
絃詞二卷　（清）蔣士銓撰　清刻本　二十冊

210000－0701－0010478　010474

春雨堂集　（清）朱元英撰　清刻本　四冊

210000－0701－0010479　010475

春融堂集　（清）王昶撰　清嘉慶王氏刻光緒
十八年(1892)補修本　二十冊

210000－0701－0010480　010476

春融堂集　（清）王昶撰　清嘉慶王氏刻光緒
十八年(1892)補修本　二十冊

210000－0701－0010481　010477

春草堂文約不分卷　（清）謝為雯撰　清道光
三年(1823)攬秀堂刻本　二冊

210000－0701－0010482　010478

春草堂四六文一卷詩集十二卷詩話八卷詞集
一卷　（清）謝堃撰　清道光十年至十一年
(1830－1831)刻本　七冊　缺一卷(詩集十
二)

210000－0701－0010483　010480

東井文鈔二卷詩鈔四卷　（清）黃定文撰　清
道光元年(1821)刻本　清徐時棟校並跋
二冊

210000－0701－0010484　010482

振振堂聯稿一卷詩稿一卷文稿二卷　（清）鍾
祖芬撰　（清）鄭壎輯注　清光緒三十二年
(1906)振振堂刻本　四冊

210000－0701－0010485　010483

虹橋老屋遺稿補遺詩一卷文一卷詞賸一卷
（清）秦緗業撰　虎侯詩存一卷　（清）秦光祖
撰　清光緒二十一年(1895)刻本　一冊

210000－0701－0010486　010484

井遷文集七卷詩集六卷　（清）吳直撰　清道
光三十年(1850)桐城吳氏刻民國十九年
(1930)印本　吳闓生跋　五冊

210000－0701－0010487　010485

抱山草堂遺稿詩一卷文一卷　（清）楊葆彝撰
　清光緒二年(1876)吳門刻本　一冊

210000－0701－0010488　010486

抱犢山房集六卷續離騷一卷　（清）嵇永仁撰
　清同治元年(1862)長沙刻本　二冊

210000－0701－0010489　010489

墨香閣文集十三卷首一卷末一卷　（清）彭維

新撰　清道光二年(1822)彭氏刻本　四冊

210000－0701－0010490　010491

四知堂遺稿二卷又二卷試帖二卷　（清）奕□
撰　清刻本　一冊

210000－0701－0010491　010493

瀋居集咏一卷東行吟鈔一卷論孟餘說一卷論
古七則一卷續刻棗窻文稿一卷再刻棗窻文稿
一卷　（清）裕瑞撰　清道光刻本　五冊

210000－0701－0010492　010494

瀋居集咏一卷東行吟鈔一卷論孟餘說一卷論
古七則一卷續刻棗窻文稿一卷再刻棗窻文稿
一卷　（清）裕瑞撰　清道光刻本　五冊

210000－0701－0010493　010495

思貽堂詩集十二卷續詩存八卷三集四卷書簡
八卷後永州集八卷　（清）黃文琛撰　清同治
刻本　十二冊

210000－0701－0010494　010496

恩誦堂集詩十卷續十卷文二卷續二卷　（清）
李尚迪撰　清刻本［文二卷續二卷配日本大
正十四年(1925)稻葉君山抄本］　四冊

210000－0701－0010495　010497

恩餘堂經進稿初稿十二卷二稿二十二卷三稿
十一卷策問存課二卷知聖道齋讀書跋尾二卷
（清）彭元瑞撰　清嘉慶刻本　十八冊

210000－0701－0010496　010500

固哉草亭詩集四卷文集二卷　（清）高斌撰
清嘉慶十二年(1807)刻本　四冊

210000－0701－0010497　010501

固哉草亭詩集四卷文集二卷　（清）高斌撰
清嘉慶十二年(1807)刻本　四冊

210000－0701－0010498　010502

冒氏小品四種　（清）冒襄撰　清末刻本
一冊

210000－0701－0010499　010503

曇雲閣集八卷附錄一卷外集一卷詞鈔一卷
（清）曹楙堅撰　清光緒三年(1877)曼陀羅館
刻本　四冊

210000－0701－0010500　010504

景紫堂全書　（清）夏炘撰　清咸豐、同治刻
王光甲彙印本　二十二冊

210000－0701－0010501　010505

景詹闇遺文一卷附遺詩一卷　（清）姚諶撰
清宣統三年(1911)歸安陸氏刻本　一冊

210000－0701－0010502　010507

顯志堂集十二卷　（清）馮桂芬撰　清光緒二
年(1876)馮氏校邠廬刻本　四冊

210000－0701－0010503　010508

顯志堂集十二卷夢奈詩稿一卷　（清）馮桂芬
撰　清光緒二年(1876)馮氏校邠廬刻本
四冊

210000－0701－0010504　010509

賭棋山莊全集　（清）謝章鋌撰　清光緒、民
國刻本　八冊

210000－0701－0010505　010510

賭棋山莊集詩十四卷賭棋山莊筆記稗販雜錄
四卷　（清）謝章鋌撰　清光緒十四年(1888)
福州刻賭棋山莊全集本　四冊

210000－0701－0010506　010511

睫巢鏡影　（清）童葉庚撰　清光緒十六年
(1890)武林任有容齋刻本　一冊

210000－0701－0010507　010513

味餘書室全集定本四十卷目錄四卷隨筆二卷
（清）仁宗顒琰撰　清嘉慶五年(1800)刻本
二十四冊

210000－0701－0010508　010514

曝書亭集八十卷附錄一卷　（清）朱彝尊撰
清刻本　十五冊

210000－0701－0010509　010515

曝書亭集八十卷附錄一卷　（清）朱彝尊撰
笛漁小稿十卷　（清）朱昆田撰　清刻本　十
四冊

210000－0701－0010510　010516

曝書亭集八十卷附錄一卷　（清）朱彝尊撰
笛漁小稿十卷　（清）朱昆田撰　清刻本　十

五冊

210000－0701－0010511　010517
曝書亭集八十卷附錄一卷　（清）朱彝尊撰
笛漁小稿十卷　（清）朱昆田撰　清光緒十五
年(1889)會稽陶闓寒梅館刻本　十六冊

210000－0701－0010512　010520
嚴太僕先生集十二卷　（清）嚴虞惇撰　清光
緒十四年(1888)常熟嚴氏刻本　四冊

210000－0701－0010521
鳴鶴堂詩十一卷文十卷　（清）任源祥撰　清
光緒十六年(1890)刻本　六冊

210000－0701－0010514　010522
**噉蔗全集文八卷詩八卷喪禮詳考一卷周官隨
筆一卷**　（清）張義年撰　清光緒十九年
(1893)上海著易堂鉛印本　一冊

210000－0701－0010515　010523
頤道堂全集　（清）陳文述撰　清道光刻本
三十二冊

210000－0701－0010516　010524
孟塗文集前集十卷後集二十二卷駢體文二卷
　（清）劉開撰　清道光六年(1826)姚氏檗山
草堂刻本　六冊　缺十卷(前集十卷)

210000－0701－0010517　010525
孟塗文集前集十卷後集二十二卷駢體文二卷
　（清）劉開撰　清道光六年(1826)姚氏檗山
草堂刻本　六冊

210000－0701－0010518　010527
**小倉山房詩集三十七卷補遺二卷文集三十五
卷外集八卷**　（清）袁枚撰　清光緒十八年
(1892)上海勤裕堂鉛印本　十二冊

210000－0701－0010519　010534
聞妙香室詩十二卷文十九卷　（清）李宗昉撰
　清道光十五年(1835)山陽李氏刻本　八冊

210000－0701－0010520　010536
禱河冰譜一卷　（清）羅瀛撰　清道光木活字
印本　一冊

210000－0701－0010521　010536

**印心石屋文鈔十二卷詩鈔初集四卷二集三卷
蜀輶日記四卷**　（清）陶澍撰　**漕河禱冰圖詩
錄四卷首一卷**　（清）陶澍輯　清道光刻本
八冊

210000－0701－0010522　010540
益齋亂藁十卷拾遺一卷　（朝鮮）李齊賢撰
益齋集誌一卷　（朝鮮）李穡撰　**仲瞿詩錄一
卷**　清同治元年(1862)刻粵雅堂叢書本
四冊

210000－0701－0010523　010540
仲瞿詩錄一卷　（清）王曇撰　（清）徐渭仁輯
　清光緒元年(1875)刻粵雅堂叢書本　與
210000－0701－0010522 合冊

210000－0701－0010524　010541
鏡水堂詩六卷楹聯一卷時文一卷　（清）王定
洋撰　清光緒二十年(1894)刻二十六年
(1900)續刻本　四冊

210000－0701－0010525　010542
翁山文外十六卷　（清）屈大均撰　清宣統二
年(1910)上海國學扶輪社鉛印本　四冊

210000－0701－0010526　010543
兼濟堂文集選二十卷　（清）魏裔介撰　清龍
江書院刻本　十冊

210000－0701－0010527　010545
午亭文編五十卷　（清）陳廷敬撰　清康熙四
十七年(1708)刻乾隆四十三年(1778)印本
十六冊

210000－0701－0010528　010546
午亭文編五十卷　（清）陳廷敬撰　清康熙四
十七年(1708)刻乾隆四十三年(1778)印本
十六冊

210000－0701－0010529　010547
姜先生全集三十三卷首一卷　（清）姜宸英撰
　（清）馮保燮　（清）王定祥重編　清光緒十
五年(1889)馮保燮毋自欺齋刻民國十九年
(1930)寧波大酉山房印本　十八冊

210000－0701－0010530　010552

養一齋文集二十卷詩集四卷賦一卷詩餘一卷　（清）李兆洛撰　清光緒四年至八年(1878 - 1882)刻本　十冊

210000 - 0701 - 0010531　010553

養正書屋全集定本四十卷目錄四卷　（清）宣宗旻寧撰　清道光二年(1822)刻本　二十四冊

210000 - 0701 - 0010532　010554

養晦堂詩集二卷文集十卷思辨錄疑義一卷　（清）劉蓉撰　清光緒三年(1877)思賢講舍刻本　八冊

210000 - 0701 - 0010533　010555

養知書屋詩集十五卷文集二十八卷郭侍郎奏疏十二卷　（清）郭嵩燾撰　清道光十八年(1838)刻本　二十八冊

210000 - 0701 - 0010534　010557

錢牧齋全集　（清）錢謙益撰　（清）錢曾箋注　清宣統二年(1910)上海文明書局鉛印本　四十冊

210000 - 0701 - 0010535　010558

錢南園先生遺集五卷　（清）錢灃撰　清同治十一年(1872)星沙刻本　二冊

210000 - 0701 - 0010536　010559

錢南園先生遺集五卷　（清）錢灃撰　清同治十一年(1872)刻本　二冊

210000 - 0701 - 0010537　010560

錢南園先生遺集五卷　（清）錢灃撰　清光緒十九年(1893)浙江書局刻本　二冊

210000 - 0701 - 0010538　010562

鐵橋漫稿八卷　（清）嚴可均撰　清光緒十一年(1885)長洲蔣氏刻心矩齋叢書本　三冊

210000 - 0701 - 0010539　010564

知止堂集十三卷續集六卷外集六卷飛鴻集四卷　（清）黃思彤撰　清光緒六年(1880)刻本　六冊

210000 - 0701 - 0010540　010565

知足齋詩集二十卷續集四卷文集六卷進呈文

稿二卷　（清）朱珪撰　清刻本　十冊

210000 - 0701 - 0010541　010566

知足齋詩集二十卷續集四卷文集六卷進呈文稿二卷　（清）朱珪撰　清刻本　六冊　存十二卷（續集四卷、文集六卷、進呈文稿二卷）

210000 - 0701 - 0010542　010567

釣魚蓬山館集六卷　（清）劉佳撰　附錄一卷　清同治十三年(1874)蘇州刻本　一冊

210000 - 0701 - 0010543　010569

字義二卷補遺一卷嚴陵講義一卷又附一卷增附一卷　（宋）陳淳撰　清光緒二十二年(1896)吉林探源書舫刻吉林探源書舫叢書初編本　二冊

210000 - 0701 - 0010544　010570

鑑止水齋集二十卷　（清）許宗彥撰　清嘉慶二十四年(1819)杭州刻本　六冊

210000 - 0701 - 0010545　010571

鑑止水齋集二十卷　（清）許宗彥撰　清嘉慶二十四年(1819)杭州刻本　六冊

210000 - 0701 - 0010546　010572

鑑止水齋集二十卷　（清）許宗彥撰　清咸豐八年(1858)刻本　七冊

210000 - 0701 - 0010547　010573

竹石居詩草四卷詞草一卷川雲集一卷雜文一卷　（清）童華撰　清抄本　三冊

210000 - 0701 - 0010548　010574

簡學齋詩存四卷詩刪四卷館課賦存一卷續鈔一卷館課試律存一卷續鈔一卷　（清）陳沆撰　清道光、咸豐刻本　六冊

210000 - 0701 - 0010549　010580

齊陳氏韶舞樂疊通釋二卷　（清）陳慶鏞撰　清道光二十六年(1846)何秋濤一燈書舍刻本　一冊

210000 - 0701 - 0010550　010580

籀經堂類稿二十四卷齋陳氏韶舞樂疊通釋二卷　（清）陳慶鏞撰　清光緒九年(1883)刻本　十一冊

210000-0701-0010551　010581
齊陳氏韶舞樂嘼通釋二卷　（清）陳慶鏞撰
清道光二十六年(1846)何秋濤一燈書舍刻本
　一冊

210000-0701-0010552　010581
籀經堂類稿二十四卷　（清）陳慶鏞撰　清光
緒九年(1883)刻本　十一冊

210000-0701-0010553　010582
石屋書　（清）曹金籀撰　清同治仁和曹氏刻
本　六冊

210000-0701-0010554　010583
小謨觴館詩集注八卷詩續集注二卷詩餘附錄
注一卷詩餘續附錄注一卷文集注四卷文續集
注二卷　（清）彭兆蓀撰　（清）孫元培
（清）孫長熙注　清光緒二十年(1894)泉唐汪
氏刻本　八冊

210000-0701-0010555　010584
小謨觴館全集　（清）彭兆蓀撰　（清）孫元培
　（清）孫長熙注　清光緒繆朝荃刻民國十一
年(1922)蘇州振新書社印本　八冊

210000-0701-0010556　010585
小謨觴館全集　（清）彭兆蓀撰　（清）孫元培
　（清）孫長熙注　清光緒繆朝荃刻民國十一
年(1922)蘇州振新書社印本　八冊

210000-0701-0010557　010587
小峴山人詩集二十八卷文集六卷續文集二卷
續文集補編一卷　（清）秦瀛撰　清嘉慶二十
二年(1817)城西草堂刻道光補刻本　六冊

210000-0701-0010558　010588
小雅樓詩集八卷遺文二卷　（清）鄧方撰　清
光緒二十六年(1900)廣州刻本　五冊

210000-0701-0010559　010590
小倉山房文集三十五卷外集八卷詩集三十七
卷詩續集二卷尺牘十卷牘外餘言一卷隨園詩
話十六卷補遺十卷袁太史時文一卷　（清）袁
枚撰　清刻本　四十冊　缺九卷(尺牘一至
九)

210000-0701-0010560　010591
尚絅堂詩集四十卷駢體文集二卷詞集二卷
（清）劉嗣綰撰　清道光六年(1826)大樹園刻
本　八冊

210000-0701-0010561　010592
卷施閣文甲集十卷續一卷文乙集八卷續一卷
詩集二十卷　（清）洪亮吉撰　清光緒三年
(1877)授經堂刻五年(1879)續刻洪北江全集
本　十四冊

210000-0701-0010562　010596
煙霞萬古樓文集六卷詩選二卷　（清）王曇撰
　清光緒二十一年(1895)鴻文書局石印本
四冊

210000-0701-0010563　010597
惜道味齋集文編二卷詩編一卷　（清）姚大榮
撰　清宣統三年(1911)刻本　一冊

210000-0701-0010564　010598
惜抱軒文集十六卷文後集十卷詩集十卷詩後
集一卷詩外集一卷　（清）姚鼐撰　清嘉慶刻
惜抱軒十種本　十二冊

210000-0701-0010565　010599
惜抱軒文集十六卷文後集十卷詩集十卷詩後
集一卷　（清）姚鼐撰　清嘉慶刻惜抱軒全集
本　倪文蔚校並題識　八冊

210000-0701-0010566　010602
惜抱軒全集　（清）姚鼐撰　清同治五年
(1866)省心閣刻本　十二冊

210000-0701-0010567　010603
惜抱軒文集十六卷文後集十卷詩集十卷詩後
集一卷詩外集一卷　（清）姚鼐撰　清同治五
年(1866)省心閣刻惜抱軒全集本　八冊

210000-0701-0010568　010604
惜抱軒全集　（清）姚鼐撰　清同治五年
(1866)省心閣刻光緒三十三年(1907)上海校
經山房印本　十三冊　缺二種十八卷(五言
近體詩鈔九卷、七言近體詩鈔九卷)

210000-0701-0010569　010613

煙嶼樓文集四十卷詩集十八卷遊杭合集一卷 （清）徐時棟撰　清同治三年至光緒元年（1864－1875）刻煙嶼樓集本　十二冊

210000－0701－0010570　010614
煙嶼樓文集四十卷詩集十八卷遊杭合集一卷 （清）徐時棟撰　清同治三年至光緒元年（1864－1875）刻煙嶼樓集本　十二冊

210000－0701－0010571　010617
悔翁詩鈔十五卷補遺一卷詩餘五卷筆記六卷 （清）汪士鐸撰　清光緒吳氏銅鼓軒刻民國二十四年（1935）燕京大學圖書館補刻本　八冊

210000－0701－0010572　010618
悔餘庵文稿九卷詩稿十三卷樂府四卷餘辛集三卷 （清）何栻撰　清同治三年（1864）半畝園刻本　十冊

210000－0701－0010573　010619
悔餘庵文稿九卷詩稿十三卷樂府四卷餘辛集三卷 （清）何栻撰　清同治三年（1864）半畝園刻本　十冊

210000－0701－0010574　010620
悔過齋文集七卷劄記一卷續集七卷補遺一卷學詩詳說三十卷正詁五卷 （清）顧廣譽撰　清光緒三年（1877）刻本　十四冊

210000－0701－0010575　010621
癡香吟集一卷 （清）賀嘉楨撰　清宣統二年（1910）鉛印本　一冊

210000－0701－0010576　010622
帝鑑圖排律詩二卷 （清）劉國光撰　清光緒七年（1881）玉橋書屋刻本　二冊

210000－0701－0010577　010624
腐餘吟草 （清）王水樵撰　清同治七年（1868）刻本　一冊　存三十三葉（三十八至七十）

210000－0701－0010578　010625
庚子都門紀事詩補一卷 （清）延清撰　清宣統三年（1911）鉛印本　一冊

210000－0701－0010579　010626
慶芝堂詩集十八卷 （清）戴亨撰　清道光十五年（1835）荊道復刻本　四冊

210000－0701－0010580　010627
懷古集二卷懷人集一卷浙游集一卷歸覲集一卷漳夏集一卷述哀集一卷劍津集一卷 （清）唐贊衮撰　清光緒刻本　六冊

210000－0701－0010581　010628
廣雅碎金四卷 （清）張之洞撰　清光緒二十三年（1897）水明樓刻本　二冊

210000－0701－0010582　010629
廣雅堂詩集不分卷 （清）張之洞撰　清末石印本　二冊

210000－0701－0010583　010637
麻園遺集不分卷 （清）謝烺樞撰　**睍廬初稿二卷** （清）謝掄元撰　清宣統元年（1909）集成圖書公司鉛印本　一冊

210000－0701－0010584　010639
亦有生齋樂府二卷詩集三十二卷詞集五卷文集二十卷 （清）趙懷玉撰　清嘉慶二十年至道光元年（1815－1821）刻本　二十冊

210000－0701－0010585　010640
文靖公遺集十二卷補遺一卷 （清）寶鋆撰　清光緒二十一年（1895）刻本　六冊

210000－0701－0010586　010641
文靖公遺集十二卷補遺一卷詩鈔八卷 （清）寶鋆撰　清光緒三十四年（1908）羊城刻本　十冊

210000－0701－0010587　010645
瓣香齋詩鈔不分卷 （清）王明尃撰　清光緒二十二年（1896）刻本　六冊

210000－0701－0010588　010646
讁麐堂遺集四卷 （清）戴望撰　清光緒元年（1875）趙之謙江西刻本　二冊

210000－0701－0010589　010647
衷聖齋詩集二卷 （清）劉光第撰　清光緒二十九年（1903）鉛印蜀藏本　一冊

210000－0701－0010590　010648

六半樓詩鈔四卷　（清）蔡鵬飛撰　文杏堂詩
賸一卷　（清）趙青士撰　清光緒十年(1884)
蔡塈刻民國二十五年(1936)補刻本　一冊

210000－0701－0010591　010649

六半樓詩鈔四卷　（清）蔡鵬飛撰　文杏堂詩
賸一卷　（清）趙青士撰　清光緒十年(1884)
蔡塈刻民國二十五年(1936)補刻本　一冊

210000－0701－0010592　010650

六半樓詩鈔四卷　（清）蔡鵬飛撰　文杏堂詩
賸一卷　（清）趙青士撰　清光緒十年(1884)
蔡塈刻民國二十五年(1936)補刻本　一冊

210000－0701－0010593　010655

龔定盦集外未刻詩一卷　（清）龔自珍撰　清
宣統三年(1911)秋星社石印本　一冊

210000－0701－0010594　010657

新羅山人集五卷目錄一卷　（清）華嵒撰　清
末古今圖書館德記書局石印本　四冊

210000－0701－0010595　010660

詒晉齋集八卷後集一卷隨筆一卷　（清）永瑆
撰　清道光二十八年(1848)載銳刻本　五冊

210000－0701－0010596　010661

詒晉齋集八卷後集一卷隨筆一卷　（清）永瑆
撰　清道光二十八年(1848)載銳刻本　三冊

210000－0701－0010597　010662

就正齋帖體詩註四卷　（清）陳鍾麟撰　（清）
宋清壽箋　清道光十年(1830)文淵堂刻本
四冊

210000－0701－0010598　010663

詩巢稿存不分卷　（清）周梓撰　清稿本
六冊

210000－0701－0010599　010664

詩舲詩錄四卷　（清）張祥河撰　清道光十八
年(1838)松風草堂刻本　二冊

210000－0701－0010600　010665

詩星閣五言八韻詩二卷　（清）孟繼坤撰　清
光緒十七年(1891)詩星閣刻本　四冊

210000－0701－0010601　010666

璞齋集詩六卷詞一卷　（清）諸可寶撰　清光
緒二十二年(1896)玉峰官舍刻本　三冊

210000－0701－0010602　010666

清足居集一卷蕉窗詞一卷　（清）鄧瑜撰　清
光緒二十二年(1896)泉塘諸氏刻本　一冊

210000－0701－0010603　010666

坐花書屋詩錄二卷　（清）諸鎮撰　清光緒十
六年(1890)刻本　一冊

210000－0701－0010604　010667

讀晉書絕句二卷　（清）張霔撰　清光緒十一
年(1885)蝶園刻本　二冊

210000－0701－0010605　010669

讀白華草堂詩初集九卷二集十二卷首蓓集八
卷　（清）黃釗撰　清刻本　八冊

210000－0701－0010606　010670

讀月樓詩鈔八卷　（清）林壽春撰　清道光二
十五年(1845)刻本　二冊

210000－0701－0010607　010671

讀騷樓詩初集四卷二集四卷　（清）陳逢衡撰
清道光刻本　四冊

210000－0701－0010608　010672

韻山堂詩集七卷補遺一卷　（清）王文誥撰
清光緒十四年(1888)浙江書局刻本　一冊

210000－0701－0010609　010673

課餘閒詠一卷　（清）□□撰　（清）端恩輯
清嘉慶十三年(1808)刻本　一冊

210000－0701－0010610　010675

誦芬詩略三卷世系圖一卷八旬自述百韻詩一
卷　（清）黃炳堃撰　（清）宗稷辰評　清同治
九年(1870)黃氏刻光緒十年(1884)增刻本
一冊

210000－0701－0010611　010676

誦芬詩略三卷世系圖一卷八旬自述百韻詩一
卷　（清）黃炳堃撰　（清）宗稷辰評　清同治
九年(1870)黃氏刻光緒二十年(1894)增刻本
一冊

210000－0701－0010612　010677

詞苑珠塵一卷　（清）何震彝撰　清光緒三十三年(1907)鉛印本　一冊

210000－0701－0010613　010678

敦教堂詩鈔六卷續刻二卷　（清）官文撰　清同治二年(1863)刻本　八冊

210000－0701－0010614　010680

敦夙好齋詩初編十二卷　（清）葉名澧撰　清咸豐三年(1853)京師刻本　二冊

210000－0701－0010615　010681

說雲詩鈔五卷首一卷　（清）袁守定撰　（清）蔣士銓評　清光緒十三年(1887)袁氏家塾刻本　二冊

210000－0701－0010616　010682

謙益堂詩鈔二卷　（清）賈虞龍撰　清道光六年(1826)艷雪山房刻本　一冊

210000－0701－0010617　010684

一鏡堂詩鈔二卷續鈔二卷　（清）瑞璸撰　清末刻本　四冊

210000－0701－0010618　010685

一規八棱硯齋詩鈔六卷　（清）徐廷華撰　附錄一卷　清光緒九年(1883)武昌刻本　二冊

210000－0701－0010619　010686

二瓦硯齋詩鈔十卷附一卷　（清）金玉麟撰　清咸豐元年(1851)刻本　二冊

210000－0701－0010620　010687

三松堂集二十卷續集二卷　（清）潘奕雋撰　清嘉慶刻本　四冊

210000－0701－0010621　010688

三松堂集二十卷又四卷續集六卷三松自訂年譜一卷　（清）潘奕雋撰　清同治九年至十一年(1870－1872)刻本　十冊

210000－0701－0010622　010693

五百四峰堂詩鈔二十五卷　（清）黎簡撰　清光緒六年(1880)順德黎教忠堂刻本　八冊

210000－0701－0010623　010694

五百四峰堂詩鈔二十五卷　（清）黎簡撰　清末廣州儒雅堂刻本　八冊

210000－0701－0010624　010698

五山艸堂初編二卷　（清）龍令憲撰　清光緒三十四年(1908)刻本　一冊

210000－0701－0010625　010699

石閭集一卷　（清）蔣易撰　清宣統元年(1909)京師刻晨風閣叢書本　一冊

210000－0701－0010626　010699

五湖遊稿一卷　（清）余懷撰　清宣統元年(1909)刻晨風閣叢書本　與210000－0701－0010625 合冊

210000－0701－0010627　010700

靈石山房詩草一卷續草一卷　（清）貴成撰　清同治七年(1868)刻本　一冊

210000－0701－0010628　010701

靈石山房詩草一卷續草一卷　（清）貴成撰　清同治七年(1868)刻本　一冊

210000－0701－0010629　010702

靈巖山人詩集四十卷　（清）畢沅撰　弇山畢公[沅]年譜一卷　（清）史善長撰　清嘉慶四年(1799)經訓堂刻本　十冊

210000－0701－0010630　010703

靈巖山人詩集四十卷　（清）畢沅撰　弇山畢公[沅]年譜一卷　（清）史善長撰　清嘉慶四年(1799)經訓堂刻本　十冊

210000－0701－0010631　010704

雪橋詩稿二卷　（清）沈廷瑜撰　雪橋觀潮圖題詠一卷　清嘉慶二十年(1815)刻本　一冊

210000－0701－0010632　010705

雪蕉館排律二卷　（清）福振撰　清光緒十一年(1885)刻本　二冊

210000－0701－0010633　010706

雪青閣詩集四卷　（清）謝維藩撰　清光緒九年(1883)開封官廨刻本　四冊

210000－0701－0010634　010707

雪門詩草十四卷　（清）許瑤光撰　清同治十三年(1874)刻本　六冊

210000－0701－0010635　010708

丁亥詩鈔一卷　（清）王念孫撰　清道光十四年(1834)刻本　一冊

210000－0701－0010636　010712

爾爾書屋詩草八卷　（清）史夢蘭撰　清光緒元年(1875)止園刻止園叢書本　一冊　存四卷(一至四)

210000－0701－0010637　010713

兩當軒詩鈔十四卷悔存詞鈔二卷　（清）黃景仁撰　清嘉慶四年(1799)趙希璜書帶草堂刻二十二年(1817)鄭炳文補刻本　四冊

210000－0701－0010638　010714

兩當軒詩鈔十四卷竹眠詞鈔二卷　（清）黃景仁撰　清道光十三年(1833)許玉彬等廣州刻本　二冊

210000－0701－0010639　010715

兩當軒集二十二卷　（清）黃景仁撰　附錄四卷攷異二卷　（清）季錫疇輯　清宣統二年(1910)上海掃葉山房石印本　六冊

210000－0701－0010640　010716

兩當軒集二十二卷　（清）黃景仁撰　附錄四卷攷異二卷　（清）季錫疇輯　清宣統二年(1910)上海掃葉山房石印本　六冊

210000－0701－0010641　010718

震庵詩鈔二卷　（清）阿勒精阿撰　清道光二年(1822)刻本　二冊

210000－0701－0010642　010719

覆瓿小草三卷三影閣詞鈔一卷　（清）張廞年撰　清光緒十年(1884)刻十五年(1889)續刻本　二冊

210000－0701－0010643　010722

天真閣集五十四卷外集六卷　（清）孫原湘撰　長真閣集七卷詩餘一卷　（清）席佩蘭撰　清嘉慶、道光刻本　十六冊

210000－0701－0010644　010723

天真閣集五十四卷外集六卷　（清）孫原湘撰　長真閣集七卷詩餘一卷　（清）席佩蘭撰　清嘉慶、道光刻本　十冊　存四十卷(天真閣集一至三十二、長真閣集七卷、詩餘一卷)

210000－0701－0010645　010724

石琴詩鈔十二卷　（清）李映棻撰　清同治三年(1864)天香堂刻本　四冊

210000－0701－0010646　010725

石琴室稿六卷　（清）烏爾恭額撰　清道光二十五年(1845)刻本　二冊

210000－0701－0010647　010726

石船居古今體詩賸稿十五卷　（清）李超瓊撰　清末刻石船居賸稿本　四冊

210000－0701－0010648　010729

百哀小草不分卷　（清）汪廷傑撰　清稿本　二冊

210000－0701－0010649　010730

百一草一卷　（清）圖敏撰　清道光七年(1827)刻本　一冊

210000－0701－0010650　010731

百美新詠一卷　（清）顏希源撰　清抄本　一冊

210000－0701－0010651　010732

晉齋詩存二卷　（清）昇寅撰　清咸豐四年(1854)刻本　二冊

210000－0701－0010652　010733

晉甎室詩存四卷囂餘集一卷　（清）趙瑜撰　清同治五年(1866)刻本　二冊

210000－0701－0010653　010734

西齋詩輯遺三卷　（清）博明撰　清刻本　一冊

210000－0701－0010654　010737

聽園西疆雜述詩四卷　（清）蕭雄撰　清光緒二十一年(1895)湖南提學署刻本　四冊

210000－0701－0010655　010738

聽園西疆雜述詩四卷　（清）蕭雄撰　清光緒二十一年(1895)湖南提學署刻本　四冊

210000－0701－0010656　010739

西泠仙詠三卷　（清）陳文述撰　清光緒八年（1882）西泠丁氏翠螺仙舘刻武林掌故叢編本　二冊

210000－0701－0010657　010740

西招紀行詩一卷秋閱吟一卷　（清）松筠撰　清刻本　一冊

210000－0701－0010658　010742

西圃續集四卷詞續一卷題畫詩一卷　（清）潘遵祁撰　清光緒刻本　二冊

210000－0701－0010659　010743

西岡詩草四卷　（清）馬玶林撰　清光緒八年（1882）馬氏養花種菜居刻本　二冊

210000－0701－0010660　010744

西堂餘集三種八卷　（清）尤侗輯　清康熙刻西堂全集本　二冊

210000－0701－0010661　010745

可青軒詩集一卷詩餘一卷　（清）長秀撰　清咸豐十一年（1861）都門刻本　一冊

210000－0701－0010662　010746

雲巖詩鈔一卷　（清）恆山撰　清道光六年（1826）刻本　一冊

210000－0701－0010663　010747

雲海樓詩稿四卷　（清）王治模撰　清光緒元年（1875）長沙荷池書局刻本　二冊

210000－0701－0010664　010748

雲左山房詩鈔八卷附三卷　（清）林則徐撰　清光緒十二年（1886）福州林氏刻本　二冊

210000－0701－0010665　010749

雲中集四卷　（清）劉滇撰　清光緒七年（1881）劉氏賜綺堂刻本　三冊　存三卷（文二卷、詩一卷）

210000－0701－0010666　010751

傅徵君霜紅龕詩鈔一卷冷雲齋冰燈詩一卷　（清）傅山撰　（清）蘇爾詒　（清）劉贊評附錄一卷　清宣統三年（1911）上海國學扶輪社鉛印張氏適園叢書本　一冊

210000－0701－0010667　010755

霜葉吟一卷一葦集一卷　（清）釋法新撰　清鼓山湧泉禪寺刻本　一冊

210000－0701－0010668　010756

北湖酬唱詩略二卷　（清）程恩澤　（清）鄧顯鶴撰　清道光八年（1828）刻本　一冊

210000－0701－0010669　010758

北游草一卷　（清）江瀚撰　清光緒二十九年（1903）刻本　一冊

210000－0701－0010670　010759

璚璣碎錦二卷　（清）萬樹撰　清光緒十四年（1888）似靜齋刻本　二冊

210000－0701－0010671　010760

琴海集二卷　（清）陳玉鄰撰　（清）宗德懋正字　清光緒二十一年（1895）刻本　二冊

210000－0701－0010672　010761

琴隱園詩集三十六卷詞集四卷　（清）湯貽汾撰　清同治十三年（1874）明州刻本　八冊

210000－0701－0010673　010762

琴隱園詩集三十六卷詞集四卷　（清）湯貽汾撰　清同治十三年（1874）明州刻本　八冊

210000－0701－0010674　010763

琴隱園詩集三十六卷詞集四卷　（清）湯貽汾撰　清同治十三年（1874）明州刻本　八冊

210000－0701－0010675　010764

張文襄公詩集四卷　（清）張之洞撰　清宣統二年（1910）江西警署鉛印本　二冊

210000－0701－0010676　010765

麗江詩草二十六卷　（清）蘇宗經撰　清光緒十八年（1892）刻本　十冊

210000－0701－0010677　010766

瑞安百咏一卷　（清）黃紹第撰　清末瑞安戴詠古齋刻本　一冊

210000－0701－0010678　010767

瑞芍軒詩鈔四卷詞稿一卷　（清）許乃穀撰　清同治七年（1868）刻本　一冊

210000－0701－0010679　010768

瑞榴堂詩集四卷　（清）托渾布撰　清道光十八年(1838)刻本　一冊

210000－0701－0010680　010769

璞齋集詩四卷詞一卷　（清）諸可寶撰　清光緒十四年(1888)長洲黃氏流芳閣木活字印本　二冊

210000－0701－0010681　010770

瑤華道人詩鈔十卷御覽集一卷　（清）弘旿撰　清末刻本　五冊

210000－0701－0010682　010771

水西閒館詩二十卷　（清）程虞卿撰　清嘉慶二十五年(1820)刻本　四冊

210000－0701－0010683　010772

水南詩集二卷　（清）許儒龍撰　清咸豐六年(1856)刻本　二冊

210000－0701－0010684　010773

延綠簃詩鈔六卷　（清）倭什洪額撰　清光緒十三年(1887)刻本　二冊

210000－0701－0010685　010777

功甫小集十一卷　（清）潘曾沂撰　清同治八年(1869)刻本　二冊

210000－0701－0010686　010778

聽雨齋詩集二十二卷別集一卷補編一卷　（清）吳照撰　清嘉慶刻本　四冊

210000－0701－0010687　010779

雪橋遺稿五卷　（清）王乃新撰　清光緒十年(1884)瀋陽繆氏含光堂刻本　二冊

210000－0701－0010688　010780

雪橋遺稿五卷　（清）王乃新撰　清光緒十年(1884)瀋陽繆氏含光堂刻本　二冊

210000－0701－0010689　010781

聽松濤館詩鈔十一卷　（清）阮文藻撰　清道光十一年(1831)刻本　六冊

210000－0701－0010690　010782

聽園西疆雜述詩四卷　（清）蕭雄撰　清光緒二十一年(1895)湖南提學署刻靈鶼閣叢書本　三冊

210000－0701－0010691　010783

聽鐘樓詩稿十卷補遺一卷　（清）韓是升撰　清嘉慶刻本　五冊

210000－0701－0010692　010784

珠泉草廬詩鈔四卷　廖樹蘅撰　清光緒二十七年(1901)烝陽刻本　二冊

210000－0701－0010693　010786

環天室古近體詩類選五卷後集一卷　（清）曾廣鈞撰　清宣統二年(1910)刻本　一冊

210000－0701－0010694　010787

聰山集詩選八卷文集三卷荊園小語一卷荊園進語一卷　（清）申涵光撰　申鳧盟先生[涵光]年譜略一卷　（清）申涵煜　（清）申涵盼撰　崇祀鄉賢錄一卷　清康熙刻本　六冊

210000－0701－0010695　010788

碧琅玕吟館詩注二卷　（清）錫齡撰　（清）鮑蘭生注　清末刻本　二冊

210000－0701－0010696　010789

碧城僊館詩鈔八卷　（清）陳文述撰　清嘉慶十年(1805)刻本　一冊　存四卷(五至八)

210000－0701－0010697　010790

碧城僊館詩鈔十卷附鈔一卷　（清）陳文述撰　清同治十一年(1872)莊元植、謝承恩刻本　四冊

210000－0701－0010698　010792

孟塗先生遺詩二卷　（清）劉開撰　清光緒十二年(1886)刻本　一冊

210000－0701－0010699　010793

聊復爾集八卷　（清）鮑元侹撰　清道光刻本　一冊

210000－0701－0010700　010794

聊復軒詩存一卷詩餘附存一卷　（清）施贊唐撰　清宣統三年(1911)木活字印本　一冊

210000－0701－0010701　010795

蛩音集四卷　（清）侯相芝撰　清光緒十九年(1893)刻本　二冊

210000－0701－0010702　010796

鬻字齋詩畧四卷　曹允源撰　清光緒二十二年(1896)刻本　一冊

210000－0701－0010703　010797
承恩堂詩集九卷　(清)恩錫撰　清同治十三年(1874)袁江節署刻本　四冊

210000－0701－0010704　010798
承恩堂詩集九卷　(清)恩錫撰　清同治十三年(1874)袁江節署刻本　四冊

210000－0701－0010705　010799
子廉古今體詩合編五卷翠鯨詞一卷　(清)姚斌敏撰　清同治十二年(1873)刻光緒三年(1877)續刻本　五冊

210000－0701－0010706　010800
子良詩錄二卷　(清)馮詢撰　清同治二年(1863)廣州寶華坊刻本　二冊

210000－0701－0010707　010802
翠螺閣詩薹四卷詞稿一卷　(清)凌祉媛撰
舞鏡集一卷　(清)丁丙撰　清咸豐四年(1854)丁氏延慶堂刻本　二冊

210000－0701－0010708　010803
翠螺閣詩薹四卷詞稿一卷　(清)凌祉媛撰
舞鏡集一卷　(清)丁丙撰　清咸豐四年(1854)丁氏延慶堂刻本　二冊

210000－0701－0010709　010804
翠筠館詩存二卷　(清)魁玉撰　清同治七年(1868)刻本　二冊

210000－0701－0010710　010807
秀鐘堂詩鈔一卷　(清)寅保撰　清嘉慶五年(1800)邗上寧遠堂刻本　一冊

210000－0701－0010711　010808
秀鐘堂詩鈔一卷　(清)寅保撰　清嘉慶五年(1800)邗上寧遠堂刻本　一冊

210000－0701－0010712　010809
愛日齋集二卷文一卷隨筆一卷　(清)□□撰　清同治十年(1871)寶文齋刻本　二冊

210000－0701－0010713　010810
雙雲堂傳集　(清)范□輯　清光緒甬上范氏刻本　四冊

210000－0701－0010714　010811
雙白燕堂詩八卷集唐詩二卷　(清)陸燿遹撰　清同治六年(1867)刻本　二冊

210000－0701－0010715　010812
雙藤書屋詩集十二卷試帖二卷　(清)何道生撰　清道光元年(1821)刻本　四冊

210000－0701－0010716　010813
雙藤書屋詩集十二卷試帖二卷　(清)何道生撰　清道光元年(1821)刻本　四冊

210000－0701－0010717　010813
月波舫遺稿一卷　(清)何續熙撰　清道光九年(1829)刻本　一冊

210000－0701－0010718　010816
奚囊寸錦二卷　(清)張潮撰　清嘉慶二十五年(1820)刻本　四冊

210000－0701－0010719　010817
奚囊寸錦二卷　(清)張潮撰　清嘉慶二十五年(1820)刻本　四冊

210000－0701－0010720　010818
香雪詩存六卷　(清)劉侃撰　清光緒四年(1878)蘇州劉履芬刻本　一冊

210000－0701－0010721　010819
香雪詩存六卷　(清)劉侃撰　清光緒四年(1878)蘇州劉履芬刻本　一冊

210000－0701－0010722　010824
香涇仙吏遺集一卷　(清)殷再巡撰　(清)趙執信點定　清光緒十五年(1889)刻本　一冊

210000－0701－0010723　010825
香南居士集十九卷　(清)崇恩撰　清末刻本　八冊

210000－0701－0010724　010826
香蘇山館詩鈔古體詩十七卷今體詩十九卷　(清)吳嵩梁撰　清光緒二十三年(1897)三益文社刻本　八冊

210000－0701－0010725　010827

香草齋詩註六卷　（清）黃任撰　（清）陳應魁
注　清嘉慶十九年(1814)刻本　六冊

210000－0701－0010726　010828

十研老人香草箋三卷補遺一卷　（清）黃任撰
　題(清)雲窓主人注　綺窓餘事一卷　（清）
黃淑畹撰　附詩一卷　（清）林瓊玉撰　清嘉
慶十四年(1809)寶章堂刻本　一冊

210000－0701－0010727　010829

香葉草堂詩存一卷　（清）羅聘撰　清刻1962
年江蘇人民出版社印本　一冊

210000－0701－0010728　010830

香葉草堂詩存一卷　（清）羅聘撰　清刻1962
年江蘇人民出版社印本　一冊

210000－0701－0010729　010831

香屑集十八卷首一卷末一卷　（清）黃之雋撰
　（清）陳邦直注　清同治十年(1871)近文堂
刻本　四冊

210000－0701－0010730　010843

采百集二卷　（清）戴藝郛撰　清光緒十三年
(1887)鉛印本　二冊

210000－0701－0010731　010844

續刻上海竹枝詞一卷庚辰春季申江花榜獎聯
一卷　清光緒六年(1880)刻本　一冊

210000－0701－0010732　010845

虛白亭詩鈔二卷　（清）□□撰　清嘉慶十年
(1805)刻本　二冊

210000－0701－0010733　010846

虛白亭詩鈔二卷　（清）□□撰　清嘉慶十年
(1805)刻本　二冊

210000－0701－0010734　010847

虛白亭詩鈔二卷　（清）□□撰　清嘉慶二十
一年(1816)刻本　二冊

210000－0701－0010735　010848

虛窻雅課二集　（清）佟佳氏撰　清嘉慶十年
(1805)刻本　二冊

210000－0701－0010736　010849

虛窻雅課二集　（清）佟佳氏撰　清嘉慶十年

(1805)刻本　二冊

210000－0701－0010737　010850

行有恒堂初集二卷　（清）載銓撰　清道光二
十八年(1848)刻本　二冊

210000－0701－0010738　010852

師蘊齋詩集六卷　（清）黃宗彥撰　清光緒三
年(1877)刻本　一冊

210000－0701－0010739　010853

師善堂詩集十卷　（清）嵇曾筠撰　清嘉慶三
年(1798)嵇承元刻本　四冊

210000－0701－0010740　010854

貞冬詩前錄四卷　（清）甘煦撰　清咸豐十年
(1860)刻本　四冊

210000－0701－0010741　010855

貞冬詩後錄四卷　（清）甘煦撰　清咸豐十年
(1860)刻本　四冊

210000－0701－0010742　010856

貞豐詩萃五卷　（清）陶煦輯　清咸豐十一年
至同治三年(1861－1864)儀一堂刻本　二冊

210000－0701－0010743　010857

紅韻閣遺稿一卷　（清）闞壽坤撰　清光緒五
年(1879)金閶刻本　一冊

210000－0701－0010744　010858

紅韻閣遺稿一卷　（清）闞壽坤撰　清光緒五
年(1879)金閶刻本　一冊

210000－0701－0010745　010859

紅韻閣遺稿一卷　（清）闞壽坤撰　清光緒五
年(1879)金閶刻本　一冊

210000－0701－0010746　010860

紅韻閣遺稿一卷　（清）闞壽坤撰　清光緒五
年(1879)金閶刻本　一冊

210000－0701－0010747　010861

紅蕉山館詩鈔十卷續鈔二卷　（清）喻文鏊撰
　清嘉慶九年(1804)刻道光三年(1823)續刻
本　四冊

210000－0701－0010748　010862

紅樓詩借前集二卷後集二卷首一卷　題（清）花好月圓吟榭主人輯　清光緒十五年（1889）刻本　四冊

210000－0701－0010749　010863

嶽青詩集二卷　（清）吳雲驤撰　清道光刻本　二冊

210000－0701－0010750　010864

傒月軒詩集十五卷附一卷　（清）奕詢撰　清同治十一年（1872）刻本　四冊

210000－0701－0010751　010865

傒月軒詩集十五卷附一卷　（清）奕詢撰　清同治十一年（1872）刻本　四冊

210000－0701－0010752　010866

傒月軒詩集十五卷附一卷　（清）奕詢撰　清同治十一年（1872）刻本　四冊

210000－0701－0010753　010867

仙源詩集四卷　（清）李大鵬撰　清同治十二年（1873）會文山房刻本　二冊

210000－0701－0010754　010868

仙心閣詩鈔四卷　（清）彭慰高撰　清光緒三年（1877）羊城刻本　一冊

210000－0701－0010755　010869

仙樵詩鈔十二卷補遺一卷　（清）劉文麟撰　清同治八年（1869）陳玉章刻本　四冊

210000－0701－0010756　010870

仙樵詩鈔十二卷補遺一卷　（清）劉文麟撰　清同治八年（1869）陳玉章刻本　四冊

210000－0701－0010757　010871

鸞簫集三卷補編一卷　（清）沈同芳輯　清光緒二十二年（1896）刻本　一冊

210000－0701－0010758　010872

嶺南吟稿二卷　（清）方澍撰　清光緒金陵湯明林聚珍書局鉛印本　一冊

210000－0701－0010759　010873

山左皇華集一卷　（清）那興阿撰　清道光十一年（1831）亦云園刻本　一冊

210000－0701－0010760　010874

出寨唫草二卷黃山遊草二卷　（清）尤蔭撰　清嘉慶刻本　一冊

210000－0701－0010761　010875

崇蘭堂詩初存十卷　（清）張預撰　清光緒二十年（1894）刻本　二冊

210000－0701－0010762　010876

巢經巢詩鈔九卷經說一卷　（清）鄭珍撰　清咸豐二年（1852）刻本　二冊　存四卷（一至四）

210000－0701－0010763　010880

樂循理齋詩稿八卷古歡堂詩集二卷詩餘一卷文稿一卷　（清）奕誌撰　清同治八年（1869）刻本　五冊

210000－0701－0010764　010881

繼雅堂詩集三十四卷　（清）陳僅撰　清道光二十八年（1848）刻本　六冊

210000－0701－0010765　010882

崧浦草堂詩集六卷　（清）陸我嵩撰　清咸豐元年（1851）刻本　二冊

210000－0701－0010766　010883

綏服紀略圖詩一卷　（清）松筠撰　清嘉慶元年（1796）刻本　一冊

210000－0701－0010767　010884

伏敔堂詩錄十五卷續錄一卷　（清）江湜撰　清同治元年（1862）福州吳玉田刻二年（1863）續刻本　五冊

210000－0701－0010768　010885

我法集二卷　（清）紀昀撰　清嘉慶元年（1796）河間紀氏定文苑堂刻本　二冊

210000－0701－0010769　010886

倚雲樓古今體詩一卷試帖一卷詩餘一卷　（清）金其恕撰　清光緒七年（1881）金瀾刻本　二冊

210000－0701－0010770　010887

待輶集　（清）石方洛撰　清光緒吳門石氏清素堂刻本　二冊　存五卷（紀壽詩一卷、且甌

歌一卷、桃塢百絕一卷、後桃塢百絕一卷、楠溪竹枝詞一卷)

210000－0701－0010771　010888
待輶集 （清）石方洛撰　清光緒吳門石氏清素堂刻本　一冊　存二卷(紀壽詩一卷、且甌歌一卷)

210000－0701－0010772　010889
待圍詩鈔六卷 （清）江有蘭撰　清同治五年(1866)金陵書肆刻本　江有蘭題款　二冊

210000－0701－0010773　010890
借閒生詩三卷詞一卷 （清）汪遠孫撰　清道光二十年(1840)錢塘振綺堂刻本　一冊

210000－0701－0010774　010891
鮚埼亭詩集十卷 （清）全祖望撰　清道光十四年(1834)鄭爾齡箋經閣刻本　二冊

210000－0701－0010775　010892
鮚埼亭詩集十卷 （清）全祖望撰　清光緒十六年(1890)慈谿童虞年刻本(卷一至三配民國抄本)　二冊

210000－0701－0010776　010895
幼林遺稿一卷 （清）蔣家騏撰　清光緒二十二年(1896)刻本　一冊

210000－0701－0010777　010898
使黔草三卷 （清）何紹基撰　清道光刻本　二冊

210000－0701－0010778　010899
使黔草三卷 （清）何紹基撰　清道光刻本　二冊

210000－0701－0010779　010900
使黔草三卷 （清）何紹基撰　清咸豐刻本　一冊

210000－0701－0010780　010903
秣陵集六卷圖考一卷金陵歷代紀年事表一卷　(清)陳文述撰　清光緒十年(1884)淮南書局刻本　三冊

210000－0701－0010781　010904
秣陵集六卷圖考一卷金陵歷代紀年事表一卷

（清）陳文述撰　清光緒十年(1884)淮南書局刻本　三冊

210000－0701－0010782　010906
白湖詩稿五卷 （清）葉燕撰　清嘉慶六年(1801)葉氏又次居刻本　二冊

210000－0701－0010783　010907
白華山人詩集十六卷詩說二卷 （清）厲志撰　清光緒九年(1883)刻本　四冊

210000－0701－0010784　010908
白華山人詩集十六卷詩說二卷 （清）厲志撰　清光緒九年(1883)刻本　四冊

210000－0701－0010785　010909
白華山人詩集十六卷詩說二卷 （清）厲志撰　清光緒九年(1883)刻民國二十五年(1936)重修本　四冊

210000－0701－0010786　010910
白華絳趺閣詩十卷 （清）李慈銘撰　清末影印本　六冊

210000－0701－0010787　010911
白華樓詩鈔四卷焚餘稿一卷 （清）薩玉衡撰　**荔影堂詩鈔二卷** （清）薩大年撰　**荔影堂詩鈔二卷** （清）薩大文撰　清光緒二十九年(1903)刻本　五冊

210000－0701－0010788　010912
自然好學齋詩鈔十卷 （清）汪端撰　清同治十三年(1874)刻本　三冊

210000－0701－0010789　010913
自適齋詩鈔二卷 （清）李震撰　清道光十五年(1835)刻本　一冊　存一卷(一)

210000－0701－0010790　010914
自怡集十二卷嶺南詩鈔二卷 （清）吳錫麒撰　清嘉慶十二年(1807)惠連居刻本　八冊

210000－0701－0010791　010915
粵遊吟一卷東遊吟一卷 （清）丁獻臣撰　清末抄本　一冊

210000－0701－0010792　010916
粵輶集四卷 徐琪撰　清光緒二十年(1894)

仁和徐氏刻香海盦叢書本　四冊

210000－0701－0010793　010917
粵軺集四卷　徐琪撰　清光緒二十年(1894)
刻香海盦叢書本　一冊　存三卷(一至三)

210000－0701－0010794　010918
得未曾有齋詩鈔二卷　(清)張九鼎撰　清道
光十九年(1839)刻本　二冊

210000－0701－0010795　010919
吳詩集覽二十卷　(清)吳偉業撰　(清)靳榮
藩輯注　清乾隆四十年(1775)凌雲亭刻道光
七年(1827)遇園重修本　十六冊

210000－0701－0010796　010920
吳詩集覽二十卷補注二十卷　(清)吳偉業撰
(清)靳榮藩輯注　談藪二卷拾輯一卷　(清)
靳榮藩輯　清刻本　二十冊　存二十三卷
(吳詩集覽二十卷、談藪二卷、拾輯一卷)

210000－0701－0010797　010921
吳詩集覽二十卷補注二十卷　(清)吳偉業撰
(清)靳榮藩輯注　談藪二卷拾輯一卷　(清)
靳榮藩輯　清刻本　二十冊　存二十三卷
(吳詩集覽二十卷、談藪二卷、拾輯一卷)

210000－0701－0010798　010922
吳詩集覽二十卷補注二十卷　(清)吳偉業撰
(清)靳榮藩輯注　談藪二卷拾輯一卷　(清)
靳榮藩輯　清刻本　闞鳳樓批校　二十冊

210000－0701－0010799　010923
吳詩集覽二十卷補注二十卷　(清)吳偉業撰
(清)靳榮藩輯注　附談藪二卷拾輯一卷
(清)靳榮藩輯　清上海中華書局鉛印本
八冊

210000－0701－0010800　010925
吳下詩存一卷問竹詩草一卷　(清)榮廷撰
清光緒十九年(1893)刻本　二冊

210000－0701－0010801　010927
吳徵君蓮洋詩鈔一卷　(清)吳雯撰　(清)蘇
爾詥　(清)劉贄評　清刻本　一冊

210000－0701－0010802　010928

吳大廷文集一卷　(清)吳大廷撰　清光緒元
年(1875)王叔藩抄本　一冊

210000－0701－0010803　010929
吳越游草一卷　(清)王文治撰　清宣統三年
(1911)上海古吳藏書樓石印本　一冊

210000－0701－0010804　010930
梅村詩集箋注十八卷　(清)吳偉業撰　(清)
吳翌鳳注　清嘉慶十九年(1814)嚴榮滄浪吟
榭刻本　六冊

210000－0701－0010805　010931
梅村詩集箋注十八卷　(清)吳偉業撰　(清)
吳翌鳳注　清嘉慶十九年(1814)嚴榮滄浪吟
榭刻本　六冊

210000－0701－0010806　010932
梅村詩集箋注十八卷　(清)吳偉業撰　(清)
吳翌鳳注　清嘉慶十九年(1814)嚴榮滄浪吟
榭刻本　六冊

210000－0701－0010807　010933
梅村詩集箋注十八卷　(清)吳偉業撰　(清)
吳翌鳳注　清光緒十年(1884)湖北官書處刻
本　十二冊

210000－0701－0010808　010934
梅村詩集箋注十八卷　(清)吳偉業撰　(清)
吳翌鳳注　清光緒十年(1884)湖北官書處刻
本　十二冊

210000－0701－0010809　010935
梅村詩集箋注十八卷　(清)吳偉業撰　(清)
吳翌鳳注　清光緒十年(1884)湖北官書處刻
本　十二冊

210000－0701－0010810　010936
梅村詩集箋注十八卷　(清)吳偉業撰　(清)
吳翌鳳注　清刻本　十二冊

210000－0701－0010811　010943
吳學士詩集五卷　(清)吳蕭撰　清光緒八年
(1882)江甯藩署刻本　二冊

210000－0701－0010812　010944
長白英額三先生詩集　(清)豐紳宜綿輯　清

嘉慶十六年(1811)刻本 三冊

210000－0701－0010813 010947

繹雅堂詩錄二卷 (清)廖基瑜撰 清宣統二年(1910)長沙刻本 一冊

210000－0701－0010814 010948

佩蘅詩鈔八卷 (清)寶鋆撰 清咸豐九年(1859)刻本 四冊

210000－0701－0010815 010949

佩蘅詩鈔八卷 (清)寶鋆撰 清咸豐九年(1859)刻本 四冊

210000－0701－0010816 010950

向湖邨舍詩初集十二卷 趙藩撰 清光緒十四年(1888)長沙刻本 二冊

210000－0701－0010817 010951

向湖邨舍詩初集十二卷 趙藩撰 清光緒十四年(1888)長沙刻本 二冊

210000－0701－0010818 010952

御製詩初集四十四卷目錄四卷 (清)高宗弘曆撰 清乾隆十四年(1749)武英殿刻本 七冊 存二十卷(四至十九、目錄四卷)

210000－0701－0010819 010953

御製詩初集四十八卷目錄六卷 (清)仁宗顒琰撰 清嘉慶八年(1803)內府刻本 三十冊

210000－0701－0010820 010954

御製詩三集六十四卷目錄八卷 (清)仁宗顒琰撰 清嘉慶二十四年(1819)內府刻本 四十冊

210000－0701－0010821 010960

御製避暑山莊詩二卷 (清)聖祖玄燁 (清)高宗弘曆撰 (清)揆敘 (清)鄂爾泰等注 清乾隆六年(1741)武英殿刻朱墨套印本 六冊

210000－0701－0010822 010961

修竹齋試帖輯註一卷 (清)那清安撰 (清)王植桂 (清)張熙宇輯評 清末刻本 一冊

210000－0701－0010823 010962

修竹齋試體詩四卷 (清)那清安撰 清道光

刻本 二冊

210000－0701－0010824 010963

角山樓詩鈔十五卷 (清)趙克宜撰 清道光二十六年(1846)刻本 六冊

210000－0701－0010825 010964

冬心先生集四卷 (清)金農撰 清宣統二年(1910)上海書業公司影印本 四冊

210000－0701－0010826 010965

冬青館古宮詞三卷 (清)張鑑撰 (清)桂榮注 清光緒吳縣潘氏刻功順堂叢書本 二冊

210000－0701－0010827 010966

覺生詩鈔十卷詠物詩鈔四卷詠史詩鈔三卷感舊詩鈔二卷 (清)鮑桂星撰 清嘉慶二十五年(1820)刻本 六冊

210000－0701－0010828 010966

覺生詩續鈔四卷自訂年譜一卷 (清)鮑桂星撰 清同治四年(1865)退壹步齋刻本 四冊

210000－0701－0010829 010967

鴛央湖櫂歌四種五卷 (清)陸以誠輯 清刻本 二冊

210000－0701－0010830 010968

船山詩草二十卷 (清)張問陶撰 清嘉慶二十年(1815)刻本 八冊

210000－0701－0010831 010969

船山詩草二十卷 (清)張問陶撰 清刻本 十二冊

210000－0701－0010832 010970

船山詩草二十卷補遺六卷 (清)張問陶撰 清同治十三年(1874)敦仁堂刻本 十二冊

210000－0701－0010833 010971

疑雨集四卷 (明)王彥泓撰 清光緒五年(1879)羊城登雲閣刻本 四冊

210000－0701－0010834 010973

句餘土音三卷 (清)全祖望撰 清嘉慶十九年(1814)刻本 三冊

210000－0701－0010835 010974

句餘土音三卷全謝山先生遺詩一卷 （清）全祖望撰 清宣統三年（1911）上海國學扶輪社鉛印張氏適園叢書本 一冊

210000－0701－0010836 010975

句餘土音三卷全謝山先生遺詩一卷 （清）全祖望撰 清宣統三年（1911）上海國學扶輪社鉛印張氏適園叢書本 一冊

210000－0701－0010837 010976

紀文達公遺集文十六卷詩十六卷 （清）紀昀撰 清嘉慶十七年（1812）紀樹馨刻本 十二冊

210000－0701－0010838 010977

紀文達公遺集詩十六卷 （清）紀昀撰 清紀樹馥刻本 六冊

210000－0701－0010839 010978

紉蘭室詩鈔三卷鰈硯廬詩鈔二卷 （清）嚴永華撰 鰈硯廬聯吟集一卷 （清）沈秉成（清）嚴永華撰 清光緒二十二年（1896）耦園刻朱印本 二冊

210000－0701－0010840 010979

紉蘭室詩鈔三卷 （清）嚴永華撰 清光緒刻本 一冊

210000－0701－0010841 010981

絳跗草堂詩集六卷 （清）陳壽祺撰 清刻左海全集本 六冊

210000－0701－0010842 010983

復莊詩問三十四卷 （清）姚燮撰 清道光二十六年至二十八年（1846－1848）鎮海姚氏大梅山館刻大梅山館集本 十一冊

210000－0701－0010843 010986

微尚齋詩集初編四卷續集一卷 （清）馮志沂撰 清同治三年（1864）廬州郡齋刻本 一冊

210000－0701－0010844 010987

徐烈婦詩鈔二卷附一卷 （清）吳宗愛撰 同心匜子圖續編一卷 （清）應瑩撰 吳絳雪[宗愛]年譜一卷 （清）俞樾撰 清光緒二十五年（1899）石印本 一冊

210000－0701－0010845 010988

徐烈婦詩鈔二卷附一卷 （清）吳宗愛撰 同心匜子圖續編一卷 （清）應瑩撰 吳絳雪[宗愛]年譜一卷 （清）俞樾撰 清同治十三年（1874）雲鶴仙館刻本 一冊

210000－0701－0010846 010989

秋潭相國詩存一卷 （清）文孚撰 （清）張祥河輯 清道光二十一年（1841）大梁柏署刻本 一冊

210000－0701－0010847 010990

秋來堂詩二卷 （清）林瀣撰 清光緒三十年（1904）石印本 二冊

210000－0701－0010848 010995

秋林琴雅四卷 （清）厲鶚撰 清倚紅樓汪氏刻本 一冊

210000－0701－0010849 010996

秋影樓詩集九卷 （清）汪繹撰 清光緒二十三年（1897）瞿氏鐵琴銅劍樓刻本 二冊

210000－0701－0010850 010997

秋盦詩草一卷詞草一卷題跋一卷 （清）黃易撰 清宣統二年（1910）影印本 一冊

210000－0701－0010851 010998

空石齋詩賸六卷 （清）汪國撰 清道光二年（1822）刻本 四冊

210000－0701－0010852 010999

濂亭遺詩二卷 （清）張裕釗撰 清光緒二十一年（1895）遵義黎氏刻本 一冊

210000－0701－0010853 011000

適齋詩集四卷 （清）崇實撰 清光緒京師刻本 一冊

210000－0701－0010854 011000

惕盦[崇實]年譜一卷 （清）崇實撰 清光緒刻本 一冊

210000－0701－0010855 011001

適齋詩集四卷 （清）崇實撰 清光緒京師刻本 一冊

210000－0701－0010856 011001

惕盦[崇實]年譜一卷 （清）崇實撰 清光緒刻本 一冊

210000－0701－0010857 011002
適齋詩集四卷 （清）崇實撰 清光緒京師刻本 一冊

210000－0701－0010858 011002
惕盦[崇實]年譜一卷 （清）崇實撰 清光緒刻本 一冊

210000－0701－0010859 011003
適齋詩集四卷 （清）崇實撰 清光緒京師刻本 一冊

210000－0701－0010860 011004
適齋居士集四卷 （清）舒敏撰 清道光二十二年（1842）吳門臬署刻本 二冊

210000－0701－0010861 011005
適齋居士集四卷 （清）舒敏撰 清道光二十二年（1842）吳門臬署刻本 二冊

210000－0701－0010862 011006
適齋居士集四卷 （清）舒敏撰 清道光二十二年（1842）吳門臬署刻本 二冊

210000－0701－0010863 011007
寒松閣詩八卷 （清）張鳴珂撰 清光緒三十二年（1906）刻本 二冊

210000－0701－0010864 011008
守意龕詩集二十八卷 （清）百齡撰 南郊遺草附刻一卷 （清）扎拉芬撰 清道光二十六年（1846）讀書樂室刻本 八冊

210000－0701－0010865 011009
守坡居士詩錄三卷 （清）宮去矜撰 稿本 一冊

210000－0701－0010866 011010
安般簃集詩續十卷春闈雜詠一卷 （清）袁昶撰 清光緒小漚巢刻本 三冊

210000－0701－0010867 011011
安愚堂詩集五種十三卷 （清）阮烜輝撰 清道光二十二年（1842）刻本 六冊

210000－0701－0010868 011017
容膝軒詩草四卷 王榮商撰 清宣統三年（1911）鎮海王氏刻本 一冊

210000－0701－0010869 011018
寄閒堂詩集八卷 （清）明德撰 東溪先生詩一卷 （清）富寧撰 東村先生詩一卷 （清）永寧撰 清嘉慶十三年（1808）彊恕堂刻本 二冊

210000－0701－0010870 011019
定山堂詩集四十三卷詩餘四卷 （清）龔鼎孳撰 芳草詞一卷 （清）龔士稚撰 清光緒九年（1883）聖彝書屋刻本 十六冊

210000－0701－0010871 011020
定山堂詩集四十三卷詩餘四卷 （清）龔鼎孳撰 芳草詞一卷 （清）龔士稚撰 清光緒九年（1883）聖彝書屋刻本 十六冊

210000－0701－0010872 011022
寶綸堂集十卷拾遺一卷 （清）陳洪綬撰 清光緒十四年（1888）董氏取斯堂木活字印本 八冊

210000－0701－0010873 011023
寶綸堂外集十二卷 （清）齊召南撰 清宣統三年（1911）上海掃葉山房石印本 二冊

210000－0701－0010874 011024
宋浣花詩詞合刻 （清）宋志沂撰 （清）劉履芬輯 清同治十年（1871）刻本 一冊

210000－0701－0010875 011025
江西宦遊紀事二卷 （清）扈斯哈里撰 清光緒刻本 二冊

210000－0701－0010876 011028
漚羅盦詩稿八卷文稿一卷 （清）法良撰 清道光二十七年（1847）都門刻咸豐九年（1859）續刻本 三冊

210000－0701－0010877 011031
潛研堂詩集十卷續集十卷 （清）錢大昕撰 清嘉慶十一年（1806）刻本 八冊

210000－0701－0010878 011032

顧亭林先生詩箋注十七卷詩譜一卷　（清）顧
炎武撰　（清）徐嘉輯　**校補一卷**　李詳　段
朝端撰　清光緒二十三年(1897)徐氏味靜齋
刻本　六冊

210000－0701－0010879　011033

顧亭林先生詩箋注十七卷詩譜一卷　（清）顧
炎武撰　（清）徐嘉輯　**校補一卷**　李詳　段
朝端撰　清光緒二十三年(1897)徐氏味靜齋
刻本　六冊

210000－0701－0010880　011034

顧雙溪集九卷　（清）顧奎光撰　清光緒二十
一年(1895)顧氏木活字印本　二冊

210000－0701－0010881　011035

顧雙溪集九卷　（清）顧奎光撰　清光緒二十
一年(1895)顧氏木活字印本　二冊

210000－0701－0010882　011036

顧鳳翔遺集一卷　（清）顧騄撰　清光緒三十
二年(1906)江寧刻本　一冊

210000－0701－0010883　011037

測海集六卷　（清）彭紹升撰　清嘉慶二十四
年(1819)刻本　一冊

210000－0701－0010884　011038

測海集六卷　（清）彭紹升撰　清嘉慶二十四
年(1819)刻本　一冊

210000－0701－0010885　011039

澄懷書屋詩鈔四卷　（清）穆彰阿撰　清道光
二十七年(1847)刻本　一冊

210000－0701－0010886　011040

澄懷書屋詩鈔四卷　（清）穆彰阿撰　清道光
二十七年(1847)刻本　一冊

210000－0701－0010887　011041

澄悅堂詩集十四卷　（清）國梁撰　清嘉慶十
四年(1809)東井硯齋刻本　十冊

210000－0701－0010888　011042

漸西村人初集十三卷附錄一卷　（清）袁昶撰
　清光緒二十年(1894)避舍蓋公堂刻本
三冊

210000－0701－0010889　011043

漸西村人初集十三卷附錄一卷　（清）袁昶撰
　清光緒二十年(1894)避舍蓋公堂刻本
三冊

210000－0701－0010890　011044

冰壺山館詩鈔八十八卷　（清）王夢庚撰　清
道光十三年(1833)刻本　二十二冊

210000－0701－0010891　011045

遜志齋集唐落花百詠　題（清）遜志齋主人撰
　清乾隆二十四年(1759)刻本　一冊

210000－0701－0010892　011046

御製巡幸盛京詩一卷　（清）宣宗旻寧撰　清
刻本　一冊

210000－0701－0010893　011047

遜學齋詩鈔十卷　（清）孫衣言撰　清同治三
年(1864)刻本　二冊

210000－0701－0010894　011048

遜學齋詩鈔十卷續鈔五卷　（清）孫衣言撰
清同治三年(1864)刻光緒續刻本　四冊

210000－0701－0010895　011049

遜學齋詩鈔十卷續鈔五卷　（清）孫衣言撰
清同治三年(1864)刻光緒續刻本　四冊

210000－0701－0010896　011050

遜學齋詩鈔十卷續鈔五卷　（清）孫衣言撰
清同治三年(1864)刻光緒續刻本　四冊

210000－0701－0010897　011051

遜學齋詩鈔十卷續鈔五卷　（清）孫衣言撰
清同治三年(1864)刻光緒續刻本　四冊

210000－0701－0010898　011052

心嚮往齋詩集用陶韻詩二卷　（清）孔繼鑅撰
　清道光二十九年(1849)刻本　二冊

210000－0701－0010899　011053

心逸軒詩存一卷　（清）鶴算撰　清咸豐元年
(1851)刻本　一冊

210000－0701－0010900　011054

心逸軒詩存續刻四卷附一卷　（清）鶴算撰
清刻本　一冊

210000－0701－0010901　011054

心逸軒詩存一卷　（清）鶴算撰　清咸豐元年（1851）刻本　一冊

210000－0701－0010902　011055

心太平室詩鈔一卷　（清）薩迎阿撰　清道光十三年（1833）刻本　一冊

210000－0701－0010903　011056

心盦詩存三卷　（清）何兆瀛撰　清光緒五年（1879）刻八年（1882）續刻本　三冊

210000－0701－0010904　011057

流香一覽不分卷　（清）釋明開撰　清光緒四年（1878）眠雲室主瑞真刻本　一冊

210000－0701－0010905　011058

濱湖軒遺詩稿一卷　（清）徐時楷撰　清光緒七年（1881）徐氏煙嶼樓刻本　一冊

210000－0701－0010906　011060

述園詩存一卷　（清）恩齡撰　清同治六年（1867）都門刻本　一冊

210000－0701－0010907　011061

澍齋詩鈔一卷　題（清）澍齋撰　清末抄本　一冊

210000－0701－0010908　011064

洪範九五福聯句五卷　（清）高宗弘曆等撰　清抄本　五冊

210000－0701－0010909　011065

遠邨唫稿一卷　（清）陳鑑撰　**附一卷**　（清）陳修撰　清同治十三年（1874）刻本　一冊

210000－0701－0010910　011068

清風草堂詩鈔八卷　（清）余峹撰　清道光余堂粵東刻本　四冊

210000－0701－0010911　011069

清籟閣詩草二卷　（清）悳敏撰　清嘉慶刻本　一冊

210000－0701－0010912　011071

禮庭吟遺稿三卷　（明）孔承慶撰　清康熙三十九年（1700）刻本　三冊

210000－0701－0010913　011072

禮部遺集九卷　（清）黃富民撰　清同治九年（1870）刻本　三冊

210000－0701－0010914　011074

連雲書屋存稿六卷　（清）焦和生撰　清嘉慶二十年（1815）碧苔苑刻本　二冊

210000－0701－0010915　011075

遺懷賸稿不分卷　（清）德亮撰　清咸豐九年（1859）刻本　二冊

210000－0701－0010916　011076

湘麋閣遺詩四卷蘭當詞二卷　（清）陶方琦撰　清光緒十六年（1890）鄂局刻本　二冊

210000－0701－0010917　011077

湘青閣詩草一卷　（清）錢鏌撰　清嘉慶刻本　一冊

210000－0701－0010918　011079

湖唐林館駢體文二卷　（清）李慈銘撰　清光緒十年（1884）刻本　二冊

210000－0701－0010919　011080

鴻濛室詩鈔二十卷首一卷末一卷　（清）方玉潤撰　清咸豐十一年（1861）星沙刻同治十三年（1874）續刻鴻濛室叢書本　八冊

210000－0701－0010920　011083

漁珊詩鈔四卷　（清）陳僅撰　清刻本　二冊

210000－0701－0010921　011084

漁洋山人詩集二十二卷　（清）王士禎撰　清康熙八年（1669）吳郡沂詠堂刻雍正印本　四冊

210000－0701－0010922　011085

漁洋山人詩集二十二卷　（清）王士禎撰　清康熙八年（1669）吳郡沂詠堂刻雍正印本　四冊

210000－0701－0010923　011086

漁洋山人詩集二十二卷續集十六卷　（清）王士禎撰　清康熙刻乾隆印本　八冊

210000－0701－0010924　011087

漁洋山人精華錄十卷　（清）王士禎撰　清康

熙三十九年(1700)林佶刻乾隆印本　四冊

210000 – 0701 – 0010925　011087

漁洋山人詩集二十二卷續集十六卷　（清）王士禎撰　清康熙刻乾隆印本　八冊

210000 – 0701 – 0010926　011088

漁洋山人精華錄十卷　（清）王士禎撰　清康熙三十九年(1700)林佶刻乾隆印本　四冊

210000 – 0701 – 0010927　011089

漁洋山人精華錄訓纂十卷總目二卷　（清）王士禎撰　（清）惠棟訓纂　**金氏精華錄箋注辯訛一卷**　（清）惠棟訓撰　清乾隆惠氏紅豆齋刻本　二十冊

210000 – 0701 – 0010928　011092

漁洋山人精華錄箋注十二卷補一卷年譜一卷　（清）王士禎撰　（清）金榮箋注　（清）徐準輯　**附錄一卷**　清乾隆鳳翽堂刻本　六冊

210000 – 0701 – 0010929　011093

漁洋山人精華錄箋注十二卷補一卷年譜一卷　（清）王士禎撰　（清）金榮箋注　（清）徐準輯　**附錄一卷**　清刻本　六冊

210000 – 0701 – 0010930　011094

漁洋山人精華錄箋注十二卷補一卷年譜一卷　（清）王士禎撰　（清）金榮箋注　（清）徐準輯　清刻本　十冊

210000 – 0701 – 0010931　011095

漁洋山人精華錄箋注十二卷補一卷年譜一卷　（清）王士禎撰　（清）金榮箋注　（清）徐準輯　**附錄一卷**　清刻本　六冊

210000 – 0701 – 0010932　011096

漁洋山人精華錄箋注十二卷補一卷年譜一卷　（清）王士禎撰　（清）金榮箋注　（清）徐準輯　**附錄一卷**　清刻本　十冊

210000 – 0701 – 0010933　011097

漁洋山人精華錄箋注十二卷補一卷年譜一卷　（清）王士禎撰　（清）金榮箋注　（清）徐準輯　清寶華順刻本　六冊

210000 – 0701 – 0010934　011103

洛間山人詩鈔十二卷　（清）薛寧廷撰　清嘉慶十五年(1810)樹德堂刻本　四冊

210000 – 0701 – 0010935　011104

逸雲居士詩編不分卷　（清）孫蔚撰　清刻本　馬廉題識　二冊

210000 – 0701 – 0010936　011105

逸舊閣遺詩一卷　（清）多敏惠如撰　清光緒十九年(1893)刻本　一冊

210000 – 0701 – 0010937　011106

逸舊閣遺詩一卷　（清）多敏惠如撰　清光緒十九年(1893)刻本　一冊

210000 – 0701 – 0010938　011107

通齋集五卷外集一卷　（清）蔣超伯撰　清同治三年(1864)高涼郡齋刻本　六冊

210000 – 0701 – 0010939　011108

通雅堂詩鈔十卷　（清）施山撰　清光緒元年(1875)荆州刻本　二冊

210000 – 0701 – 0010940　011109

退思齋詩鈔四卷　（清）伯麟撰　清嘉慶二十一年(1816)倚松書屋刻本　四冊

210000 – 0701 – 0010941　011110

退思軒詩集六卷補遺一卷　（清）張百熙撰　清宣統三年(1911)京師鉛印本　一冊

210000 – 0701 – 0010942　011111

退思軒詩集六卷補遺一卷　（清）張百熙撰　清宣統三年(1911)京師鉛印本　一冊

210000 – 0701 – 0010943　011112

退思軒詩集六卷補遺一卷　（清）張百熙撰　清宣統三年(1911)武昌刻本　三冊

210000 – 0701 – 0010944　011113

退晚堂詩草三卷　（清）殷李堯撰　清末民初鉛印本　一冊　存三卷(陟岡集一卷、訪舊集二卷)

210000 – 0701 – 0010945　011114

退憩山房詩四卷痛飲詞一卷　（清）楊希閔撰　清同治元年(1862)刻本　一冊

210000－0701－0010946　011115

選夢樓詩鈔八卷　（清）豫本撰　清同治十三年(1874)刻本　二冊

210000－0701－0010947　011116

選夢樓詩鈔八卷　（清）豫本撰　清同治十三年(1874)刻本　二冊

210000－0701－0010948　011117

選綠齋詩鈔三卷詩餘一卷　（清）韓德玉撰　清光緒三十四年(1908)唐縣刻本　一冊

210000－0701－0010949　011118

選題高隱一卷　（清）□□撰　稿本　一冊

210000－0701－0010950　011119

漱玉山房學吟二卷　（清）德敏撰　清嘉慶二十四年(1819)漱玉山房刻本　一冊

210000－0701－0010951　011120

海峰先生詩集十卷　（清）劉大櫆撰　原刻本札記一卷　清道光二十五年(1845)刻本　二冊

210000－0701－0010952　011121

海峰先生詩集十卷　（清）劉大櫆撰　原刻本札記一卷　清道光二十五年(1845)刻本　二冊

210000－0701－0010953　011122

海日樓詩二卷　沈曾植撰　清末刻本　一冊

210000－0701－0010954　011123

海國勝遊草一卷天外歸帆草一卷　（清）斌椿撰　清同治八年(1869)刻本　二冊

210000－0701－0010955　011124

國朝海陵詩彙補遺一卷　（清）鄔應庚輯　清末抄本　一冊

210000－0701－0010956　011125

海門詩鈔二卷　（清）李符清撰　清刻本　一冊

210000－0701－0010957　011126

海叟詩集四卷集外詩一卷　（明）袁凱撰　（清）曹炳曾輯　附錄一卷　（清）曹炳曾輯　清宣統三年(1911)江西印刷局石印本　一冊

210000－0701－0010958　011130

少梅詩鈔六卷　（清）瑞元撰　清光緒三年(1877)刻本　四冊

210000－0701－0010959　011131

十杉亭帖體詩鈔五卷續編二卷　（清）吳楷撰　薇雲小舍試帖詩課二卷續編二卷　（清）吳之俊撰　清光緒二十一年(1895)學庫山房刻本　四冊

210000－0701－0010960　011132

十華小築詩鈔四卷　（清）余本愚撰　清光緒十一年(1885)刻本　一冊

210000－0701－0010961　011133

十國雜事詩十九卷　（清）饒智元撰　清光緒十七年(1891)刻竹素齋叢書本　四冊

210000－0701－0010962　011134

十國宮詞一卷　（清）吳省蘭撰　清同治十二年(1873)淮南書局刻本　一冊

210000－0701－0010963　011135

輓詞一百二十首一卷　題（清）慧香居士撰　清光緒九年(1883)皖省聚文書坊木活字印本　一冊

210000－0701－0010964　011136

九柏山房詩十六卷　（清）楊倫撰　清嘉慶十七年(1812)遂初堂刻本　四冊

210000－0701－0010965　011137

九曲山房詩鈔十六卷　（清）宗聖垣撰　清嘉慶五年(1800)刻本　四冊

210000－0701－0010966　011139

九梅村詩集二十卷　（清）魏燮均傳　清光緒元年(1875)紅杏山莊刻本　六冊

210000－0701－0010967　011140

九梅村詩集二十卷　（清）魏燮均傳　清光緒元年(1875)紅杏山莊刻本　六冊

210000－0701－0010968　011143

九思堂詩稿四卷　（清）奕譞撰　清同治刻本　四冊

210000－0701－0010969　011144

九思堂詩稿七卷　（清）奕譞撰　清同治十三年(1874)刻本　六冊

210000－0701－0010970　011145

九思堂詩稿續編六卷　（清）奕譞撰　清光緒刻本　六冊

210000－0701－0010971　011148

太鶴山人集十三卷　（清）端木國瑚撰　清道光二十年(1840)刻本　六冊

210000－0701－0010972　011150

大小雅堂詩集不分卷冰蠶詞一卷　（清）承齡撰　清光緒十八年(1892)刻本　二冊

210000－0701－0010973　011151

大小雅堂詩集不分卷冰蠶詞一卷　（清）承齡撰　清光緒十八年(1892)刻本　二冊

210000－0701－0010974　011152

大小雅堂詩集不分卷冰蠶詞一卷　（清）承齡撰　清光緒十八年(1892)刻本　二冊

210000－0701－0010975　011153

友松吟館詩鈔十五卷　（清）毓俊撰　清光緒刻本　四冊

210000－0701－0010976　011155

壹齋集四十卷賦一卷二十四畫品一卷畫友錄二卷遊黃山紀一卷泛槳錄二卷蕭湯二老遺詩合編二卷奏御集二卷西朝恩賚記一卷　（清）黃鉞撰　清咸豐九年至同治二年(1859－1863)南海許文深刻本　十冊

210000－0701－0010977　011156

壺山自吟稾三卷俟寧居偶詠二卷　（清）朱休度撰　清嘉慶三年(1798)刻十七年(1812)重修本　五冊

210000－0701－0010978　011157

圭盦詩錄一卷　（清）吳觀禮撰　清光緒五年(1879)箕齋刻本　一冊

210000－0701－0010979　011160

南宋樂府一卷　（清）章季英撰　（清）趙葆燨纂注　清光緒二年(1876)成都刻本　一冊

210000－0701－0010980　011161

南海百詠續編四卷　（清）樊封撰　清光緒十四年(1888)馮兆年刻翠琅玕叢書本　二冊

210000－0701－0010981　011162

南畇詩稿十卷又十四卷續稿三卷自訂年譜一卷　（清）彭定求撰　清光緒七年(1881)刻長洲彭氏家集本　六冊

210000－0701－0010982　011163

南畇詩稿十卷又十四卷續稿三卷自訂年譜一卷　（清）彭定求撰　清光緒七年(1881)刻長洲彭氏家集本　六冊

210000－0701－0010983　011168

諸花香處詩集十三卷首一卷　（清）邱璋撰　清嘉慶十九年(1814)刻二十二年(1817)續刻本　八冊

210000－0701－0010984　011169

存素堂詩初集錄存二十四卷詩稿二卷　（清）法式善撰　清嘉慶十二年(1807)王墉湖北德安刻本　六冊

210000－0701－0010985　011170

赤菫遺稿六卷　（清）葉元堦撰　清道光二十五年(1845)退一居刻本　二冊

210000－0701－0010986　011175

李暘詩集三卷首一卷　（清）李暘撰　清同治元年(1862)刻本　四冊

210000－0701－0010987　011177

韋廬詩內集四卷首一卷末一卷　（清）李秉禮撰　清光緒十三年(1887)江陽官舍刻本　二冊

210000－0701－0010988　011178

韋廬詩內集四卷首一卷末一卷外集四卷首一卷末一卷　（清）李秉禮撰　清光緒十三年(1887)江陽官舍刻本　四冊

210000－0701－0010989　011180

壽藤齋詩集三十五卷　（清）鮑倚雲撰　清嘉慶十三年(1808)刻本(原缺卷八、十三至十四)　八冊

210000－0701－0010990　011181

七峯詩稿二卷續編一卷　（清）江爾維撰　清同治二年(1863)友善堂刻本　一冊

210000－0701－0010991　011184

來雲閣詩六卷　（清）金和撰　清光緒十八年(1892)丹陽束氏刻本　二冊

210000－0701－0010992　011185

來雲閣詩六卷　（清）金和撰　清光緒十八年(1892)丹陽束氏刻本　二冊

210000－0701－0010993　011188

梧竹軒詩鈔十卷附丁酉後賸稿一卷　（清）徐兆英撰　清光緒二十三年(1897)愛虞堂刻二十七年(1901)補刻本　四冊

210000－0701－0010994　011189

桃塢百絕二卷楠溪竹枝詞一卷　（清）石方洛撰　（清）謝家福編　清光緒二十一年(1895)吳門石氏清素堂刻本　一冊

210000－0701－0010995　011190

桃塢百詠一卷　（清）凌泗撰　（清）謝家福注　清光緒吳縣謝氏刻民國十三年(1924)重修望炊樓叢書本　一冊

210000－0701－0010996　011190

五畝園懷古一卷五畝園題詠一卷　（清）謝家福輯　清光緒吳縣謝氏刻民國十三年(1924)重修望炊樓叢書本　與 210000 － 0701 － 0010995 合冊

210000－0701－0010997　011193

城北草堂存稿七卷小嬭嬛室詩餘殘彙一卷（清）顧夔撰　（清）顧蓮輯　清光緒十四年(1888)顧蓮刻本　二冊

210000－0701－0010998　011194

城北草堂存稿七卷小嬭嬛室詩餘殘彙一卷（清）顧夔撰　（清）顧蓮輯　清光緒十四年(1888)顧蓮刻本　二冊

210000－0701－0010999　011198

菫廬遺稿一卷　（清）王賓基撰　滋蘭室遺稿一卷　（清）王嗣暉撰　清宣統二年(1910)鉛印本　二冊

210000－0701－0011000　011199

范伯子詩集十九卷　（清）范當世撰　蘊素軒詩四卷　（清）姚倚雲撰　清末鉛印本　四冊

210000－0701－0011001　011200

薄唐詩集十四卷　（清）王瑋慶撰　清嘉慶二十五年(1820)蕉葉山房刻本　四冊

210000－0701－0011002　011201

勤有書室遺稿一卷　（清）錢熙輔撰　蕉鹿居遺稿一卷　（清）錢銘圭撰　清光緒二年(1876)復園刻本　一冊

210000－0701－0011003　011203

夢痕仙館詩鈔十卷　（清）張其淦撰　清光緒三十一年(1905)刻本　五冊

210000－0701－0011004　011204

夢綠草堂詩鈔十二卷首一卷末一卷附錄一卷　（清）蔡壽祺撰　清咸豐七年(1857)京師刻八年(1858)補刻本　六冊

210000－0701－0011005　011205

夢奈詩稿一卷　（清）馮桂芬撰　清光緒二年(1876)馮氏刻本　一冊

210000－0701－0011006　011206

夢花閣詩稿一卷　（清）湘岑撰　（清）蘇景霖輯　清道光二十一年(1841)蘇氏刻本　一冊

210000－0701－0011007　011207

夢樓詩集二十四卷　（清）王文治撰　清乾隆六十年(1795)食舊堂刻本　六冊

210000－0701－0011008　011208

夢影盦遺集四卷詩補一卷　（清）嚴以盛撰　清宣統元年(1909)鉛印本　一冊

210000－0701－0011009　011209

夢鷗閣詩鈔一卷　（清）許銓撰　夢鷗閣題詞一卷　（清）許銓輯　清道光二十六年(1846)刻民國九年(1920)柳繩祖印本　一冊

210000－0701－0011010　011210

梵隱堂詩存十卷　（清）釋覺阿撰　清同治五年(1866)通濟盦刻六年(1867)補刻本　二冊

210000－0701－0011011　011211

花間堂詩鈔一卷　（清）王允禧撰　清初刻本
二冊

210000－0701－0011012　011212
籠樵小艸二卷　（清）胡傳釗撰　清同治九年
(1870)刻本　二冊

210000－0701－0011013　011213
蕭然自得齋詩集八卷　（清）徐漢蒼撰　（清）
恩錫選　清光緒二年(1876)刻本　四冊

210000－0701－0011014　011215
藤蓋軒詩集二卷　（清）吉年撰　清咸豐二年
(1852)吉氏家刻本　二冊

210000－0701－0011015　011216
芝隱室詩存七卷附存一卷續存一卷　（清）長
善撰　清同治十年(1871)廣州將軍節署刻本
六冊

210000－0701－0011016　011217
藏齋詩鈔六卷　（清）何其超撰　清同治七年
(1868)何昌梓刻本　二冊

210000－0701－0011017　011219
蓮溪吟稿八卷續刻三卷　（清）沈濂撰　清咸
豐四年(1854)始言堂刻六年(1856)續刻本
三冊

210000－0701－0011018　011221
蓮因室詩集二卷詞集一卷　（清）鄭蘭孫撰
清光緒元年(1875)徐琪刻本　一冊

210000－0701－0011019　011224
蕉雨山房詩鈔八卷集唐酌存五卷集句一卷
（清）丁堯臣撰　清光緒七年(1881)自刻本
六冊

210000－0701－0011020　011225
石村詩集二卷　（清）岳廕廷撰　清道光二十
四年(1844)刻本　二冊

210000－0701－0011021　011226
海漚小譜一卷　（清）趙執信撰　清刻本
二冊

210000－0701－0011022　011226
燕蘭小譜五卷　（清）吳長元撰　清刻本　與

210000－0701－0011021　合冊

210000－0701－0011023　011227
海漚小譜一卷　（清）趙執信撰　清宣統三年
(1911)長沙葉氏刻雙楳景闇叢書本　一冊

210000－0701－0011024　011227
燕蘭小譜五卷　（清）吳長元撰　清宣統三年
(1911)長沙葉氏刻雙楳景闇叢書本　與
210000－0701－0011023　合冊

210000－0701－0011025　011228
蕉雨軒稿一卷　（清）龍唫薌撰　清光緒三十
四年(1908)龍令憲刻本　一冊

210000－0701－0011026　011233
莘廬遺詩六卷遺著一卷遺詩補遺一卷　（清）
凌泗撰　清宣統三年至民國三年(1911－
1914)沈廷鏞刻民國九年(1920)補刻十年
(1921)印本　二冊

210000－0701－0011027　011235
草簷即山集一卷　（清）裕瑞撰　清嘉慶十六
年(1811)裕瑞刻本　一冊

210000－0701－0011028　011236
萃錦唫十八卷題詞一卷　（清）奕訢撰　清光
緒刻本　十冊　存十卷(一至十)

210000－0701－0011029　011237
萃錦唫十八卷題詞一卷　（清）奕訢撰　清光
緒刻本　十九冊

210000－0701－0011030　011238
萃錦唫十八卷題詞一卷　（清）奕訢撰　清光
緒十八年(1892)廣東撫署刻本　八冊

210000－0701－0011031　011239
荔村草堂詩續鈔一卷　（清）譚宗浚撰　清宣
統二年(1910)京師刻本　一冊

210000－0701－0011032　011240
樊榭山房集外詩三卷詞四卷蠻新曲二卷
（清）厲鶚撰　（清）汪曾唯輯　清光緒十一年
至十四年(1885－1888)汪氏刻本　一冊

210000－0701－0011033　011243
擇石齋詩集五十卷十國詞箋略一卷　（清）錢

載撰　清光緒四年(1878)錢卿鈺刻蘇州交通局圖書館印本　六冊

210000－0701－0011034　011245

鬱華閣遺集四卷　(清)盛昱撰　清末民初有正書局影印本　一冊

210000－0701－0011035　011246

鬱華閣遺集四卷　(清)盛昱撰　清末民初有正書局影印本　一冊

210000－0701－0011036　011247

鬱華閣遺集四卷　(清)盛昱撰　清末民初有正書局影印本　一冊

210000－0701－0011037　011248

世澤堂遺稿三卷　(清)多羅果敏撰　清光緒十五年(1889)刻本　三冊

210000－0701－0011038　011249

世澤堂遺稿三卷　(清)多羅果敏撰　清光緒十五年(1889)刻本　三冊

210000－0701－0011039　011250

鬱華閣遺集四卷　(清)盛昱撰　清光緒三十四年(1908)刻本　一冊

210000－0701－0011040　011253

鬱華閣遺集四卷　(清)盛昱撰　清光緒三十一年(1905)刻本　一冊

210000－0701－0011041　011254

鬱華閣遺集四卷　(清)盛昱撰　清光緒三十一年(1905)刻本　一冊

210000－0701－0011042　011255

鬱華閣遺集四卷　(清)盛昱撰　清光緒三十一年(1905)刻本　二冊

210000－0701－0011043　011257

芸香館遺集二卷　(清)那遜蘭保撰　清同治十三年(1874)盛昱刻本　一冊

210000－0701－0011044　011258

芸香館遺集二卷　(清)那遜蘭保撰　清同治十三年(1874)盛昱刻本　一冊

210000－0701－0011045　011259

芸香館遺集二卷　(清)那遜蘭保撰　清同治十三年(1874)盛昱刻本　一冊

210000－0701－0011046　011260

芸香館遺集二卷　(清)那遜蘭保撰　清同治十三年(1874)盛昱刻本　一冊

210000－0701－0011047　011261

舊雨軒賸稿一卷附舊雨軒圖　(清)于昌進撰　清光緒四年(1878)于寶之刻本　一冊

210000－0701－0011048　011262

黃鵠山人詩初鈔十八卷　(清)林壽圖撰　清光緒六年至八年(1880－1882)刻本　四冊

210000－0701－0011049　011263

黃葉邨莊詩八卷續集一卷後集一卷　(清)吳之振撰　清光緒四年(1878)吳康壽刻本　四冊

210000－0701－0011050　011264

樹經堂詩初集十五卷　(清)謝啟昆撰　清乾隆五十八年(1793)江寧刻嘉慶五年(1800)補刻樹經堂集本　四冊

210000－0701－0011051　011265

樹經堂詩續集八卷　(清)謝啟昆撰　清嘉慶刻樹經堂集本　四冊

210000－0701－0011052　011266

茶夢盦劫後詩稿三卷　(清)高望曾撰　清同治九年(1870)福州刻光緒十六年(1890)杭州補刻本　一冊

210000－0701－0011053　011267

桂馨堂集　(清)張廷濟撰　清道光、咸豐間刻本　六冊

210000－0701－0011054　011268

桂舟遊草二卷　(清)王站柱撰　清光緒七年(1881)刻本　二冊

210000－0701－0011055　011269

蘿藦亭遺詩四卷附詞附錄一卷　(清)喬松年撰　清光緒七年(1881)皖城刻本　一冊

210000－0701－0011056　011270

蘿月軒存稿八卷　(清)玉保撰　清嘉慶六年

(1801)刻本　四冊

210000－0701－0011057　011271
棣華館詩課十二卷　（清）王采蘋等撰　（清）
張晉禮輯　清道光三十年(1850)武昌棣華館
刻本　四冊

210000－0701－0011058　011272
觀河集四卷　（清）彭紹升撰　清同治元年
(1862)合肥劉氏刻本　一冊

210000－0701－0011059　011273
觀河集四卷　（清）彭紹升撰　清同治元年
(1862)合肥劉氏刻本　一冊

210000－0701－0011060　011275
柏梘山房文集十六卷續集一卷詩集十卷續集
二卷　（清）梅曾亮撰　清咸豐六年(1856)刻
本　四冊　存十卷(詩集十卷)

210000－0701－0011061　011276
檉華館試帖輯注　（清）路德撰　（清）張熙宇
輯注　清末永州安定堂刻本　一冊

210000－0701－0011062　011278
檉華館詩集四卷駢體文一卷雜錄一卷　（清）
路德撰　清光緒七年(1881)刻本　四冊

210000－0701－0011063　011279
埽葉亭詠史詩四卷　（清）來秀撰　清同治十
二年(1873)刻本　四冊

210000－0701－0011064　011280
埽葉亭詠史詩四卷　（清）來秀撰　花木雜詠
一卷　（清）伍堯等撰　清同治十二年(1873)
刻本　二冊

210000－0701－0011065　011284
鶴唳編選四卷　（清）樊鎮撰　清道光二十七
年(1847)來鶴山房刻本　一冊

210000－0701－0011066　011287
好深湛思室詩存二十二卷　（清）孫義鈞撰
清同治十二年(1873)孫意刻本　四冊

210000－0701－0011067　011289
柳營謠　三多撰　清光緒十六年(1890)石印
本　一冊

210000－0701－0011068　011294
松泉詩集二十六卷　（清）汪由敦撰　清刻本
六冊

210000－0701－0011069　011295
松夢寮詩稿六卷　（清）丁丙撰　清光緒二十
五年至二十六年(1899－1900)刻本　三冊

210000－0701－0011070　011296
松聲池館詩存四卷　（清）汪璐撰　清光緒十
五年(1889)泉唐汪氏振綺堂刻本　一冊

210000－0701－0011071　011297
松悶閣詩鈔一卷　（清）慶霖撰　清咸豐元年
(1851)馮志沂刻本　一冊

210000－0701－0011072　011298
梅庵詩鈔五卷目錄一卷　（清）鐵保撰　清嘉
慶十年(1805)刻本　四冊

210000－0701－0011073　011299
梅庵詩鈔五卷目錄一卷　（清）鐵保撰　清嘉
慶十年(1805)刻本　三冊

210000－0701－0011074　011300
梅花山館詩鈔一卷首一卷　（清）徐光發撰
清光緒三十一年(1905)鐵沙徐經鎔怡安堂石
印本　二冊

210000－0701－0011075　011302
梅莊詩鈔十六卷　（清）華長卿撰　清同治八
年至九年(1869－1870)刻本　四冊

210000－0701－0011076　011304
妙香軒集唐詩鈔六卷　（清）程祖潤撰　清咸
豐八年(1858)刻本　三冊

210000－0701－0011077　011308
畫梅雜詠一卷　（清）釋仁濟撰　清光緒刻本
一冊

210000－0701－0011078　011309
蟲吟草八卷　題（清）鐵盦退叟撰　清末民初
抄本　四冊

210000－0701－0011079　011310
青橄山房詩鈔十一卷附刻一卷　（清）馬士龍
撰　清光緒元年(1875)刻本　四冊

210000－0701－0011080　011312

青墅詩鈔一卷　（清）鄭大模撰　清咸豐三年(1853)鄭尊仁刻本　一冊

210000－0701－0011081　011313

青墅詩鈔十卷青墅讀史雜感十三卷　（清）鄭大謨撰　清嘉慶五年(1800)鄭氏桑苧園刻本　八冊　存十八卷(詩鈔十卷、讀史雜感一至八)

210000－0701－0011082　011314

青園詩草四卷　（清）玉書撰　（清）亨慶編
榆蔭山房詩存一卷　（清）亨慶撰　（清）達斌編　清光緒十八年(1892)達斌刻本　四冊

210000－0701－0011083　011317

忠雅堂文集十二卷　（清）蔣士銓撰　清藏園蔣志章益州刻本　六冊

210000－0701－0011084　011318

忠雅堂文集三十卷　（清）蔣士銓撰　清刻本　八冊

210000－0701－0011085　011319

忠雅堂詩集二十七卷補遺二卷銅絃詞二卷　（清）蔣士銓撰　清嘉慶三年(1798)揚州刻本　八冊

210000－0701－0011086　011320

忠雅堂集□□卷　（清）蔣士銓撰　清刻本　八冊　存十六卷(詩一至十六)

210000－0701－0011087　011321

奉使車臣汗記程詩三卷贈行詩詞彙存一卷　（清）延清撰　清宣統元年(1909)京師鉛印本　三冊

210000－0701－0011088　011322

春雲集六卷　（清）成瑞輯　清光緒十九年(1893)刻本　二冊

210000－0701－0011089　011323

春華集二卷　（清）龍元任撰　清光緒十九年(1893)刻本　一冊

210000－0701－0011090　011324

春柳堂詩稿三卷　（清）張宜泉撰　清光緒十五年(1889)刻本　一冊

210000－0701－0011091　011325

春吟回文一卷集杜詩草一卷　（清）李暘撰　清嘉慶二十五年(1820)刻本　二冊

210000－0701－0011092　011326

春闈雜詠一卷附一卷　（清）李德炳撰　清光緒二十一年(1895)李氏刻本　一冊

210000－0701－0011093　011327

書帶草堂詩鈔一卷　（清）鄭廷浤撰　清嘉慶六年(1801)刻本　一冊

210000－0701－0011094　011328

未弱冠集八卷　（清）廷奭撰　清同治二年(1863)嬾雲窩刻本　八冊

210000－0701－0011095　011329

棗花軒吟稿二卷小令一卷　（清）達綸撰　清道光十三年(1833)刻本　二冊

210000－0701－0011096　011330

秦川焚餘草六卷補遺一卷首一卷附刻一卷　清光緒二十七年(1901)容齋刻本　六冊

210000－0701－0011097　011333

東州草堂詩鈔三十卷詩餘一卷　（清）何紹基撰　清同治六年(1867)長沙無園刻十一年(1872)續刻本　六冊

210000－0701－0011098　011334

東州草堂詩鈔三十卷詩餘一卷　（清）何紹基撰　清同治六年(1867)長沙無園刻十一年(1872)續刻本　六冊

210000－0701－0011099　011335

振經堂彙編詩最一卷　（清）孔尚任撰　（清）倪匡世選　抄本　一冊

210000－0701－0011100　011337

蜨庵詩鈔四卷　（清）楊棨撰　清刻本　一冊

210000－0701－0011101　011338

蜨庵詩鈔八卷　（清）楊棨撰　清同治二年(1863)家刻本　二冊

210000－0701－0011102　011339

蜨庵賦鈔二卷　（清）楊棨撰　（清）包國璋注
　清咸豐十年（1860）刻本　四冊

210000－0701－0011103　011339

蜨庵詩鈔八卷　（清）楊棨撰　清同治二年
（1863）家刻本　二冊

210000－0701－0011104　011340

播川詩鈔五卷　（清）趙旭撰　清同治六年
（1867）刻本　二冊

210000－0701－0011105　011341

海昌麗則四種　（清）吳騫輯　清乾隆、嘉慶
海吳氏刻拜經樓叢書本　六冊

210000－0701－0011106　011342

蠙廬詩鈔十卷　（清）王蔭槐撰　清光緒七年
（1881）刻本　二冊

210000－0701－0011107　011343

曲園自述詩一卷　（清）俞樾撰　清光緒十五
年（1889）刻本　一冊

210000－0701－0011108　011344

曲園遺詩一卷遺言一卷　（清）俞樾撰　清末
影印本　一冊

210000－0701－0011109　011345

抱沖齋詩集三十六卷眠琴僊館詞一卷　（清）
斌良撰　清道光二十九年（1849）袁浦官署刻
本　十二冊

210000－0701－0011110　011346

抱沖齋詩集三十六卷眠琴僊館詞一卷　（清）
斌良撰　清光緒五年（1879）湘南薇垣官署刻
本　十二冊

210000－0701－0011111　011349

試帖掃撦集四卷　（清）喜麟撰　清光緒十四
年（1888）盛京同文山房刻本　四冊

210000－0701－0011112　011350

擬兩晉南北史樂府二卷　（清）洪禮吉撰　清
乾隆三十六年（1771）刻本　一冊

210000－0701－0011113　011352

曠觀樓詩存八卷　（清）朱霖撰　清光緒六年

（1880）刻光緒十六年（1890）補刻本　四冊

210000－0701－0011114　011353

日下黎園百詠一卷　題（清）醉薇居士撰　清
光緒十七年（1891）天津石印書屋石印本
一冊

210000－0701－0011115　011354

日本雜事詩二卷　（清）黃遵憲撰　清光緒五
年（1879）鉛印本　一冊

210000－0701－0011116　011355

日本紀遊詩二卷　（清）莊介禔撰　清光緒九
年（1883）刻本　二冊

210000－0701－0011117　011356

墨井集五卷　（清）吳歷撰　清宣統元年
（1909）上海徐家匯印書館鉛印本　一冊

210000－0701－0011118　011357

蜀輶吟草一卷　（清）李德儀撰　清李傅治抄
本　一冊

210000－0701－0011119　011358

四郡驪唱集四卷　清光緒二十年（1894）滇南
經正書院刻本　四冊

210000－0701－0011120　011359

四白齋蜀遊草一卷　（清）朱銘撰　清光緒八
年（1882）刻本　一冊

210000－0701－0011121　011360

四松草堂詩略四卷　（清）宗韶撰　清光緒三
十年（1904）上海新昌書局鉛印本　四冊

210000－0701－0011122　011364

四憶堂詩集六卷遺稿一卷　（清）侯方域撰
（清）賈開宗等選注　清康熙刻本　二冊

210000－0701－0011123　011365

續刻見笑集四卷　（清）朱克家撰　清光緒十
四年（1888）刻本　四冊

210000－0701－0011124　011366

易簡齋詩鈔四卷　（清）和瑛撰　清道光三年
（1823）刻本　二冊

210000－0701－0011125　011367

易簡齋詩鈔四卷 （清）和瑛撰 清道光三年(1823)刻本 二冊

210000－0701－0011126 011368

易簡齋詩鈔四卷 （清）和瑛撰 清道光三年(1823)刻本 二冊

210000－0701－0011127 011369

易簡齋詩鈔四卷 （清）和瑛撰 清道光三年(1823)刻本 二冊

210000－0701－0011128 011370

恩誦堂集十卷續集五卷 （清）李尚迪撰 清刻本 二冊

210000－0701－0011129 011371

思補堂試帖四卷續集二卷 （清）文格撰 清咸豐十年(1860)刻本 六冊

210000－0701－0011130 011372

禺山雜著三種 （清）李暘撰 清嘉慶二十五年(1820)李氏存守堂刻本 八冊

210000－0701－0011131 011373

因樹書屋詩稿十二卷 （清）沈寶森撰 清光緒二十三年(1897)刻本 八冊

210000－0701－0011132 011374

曇雲閣詩集八卷卷八補遺一卷附錄二卷外集一卷補遺一卷 （清）曹楙堅撰 清光緒三年(1877)曼陀羅館刻民國九年(1920)補刻本 五冊

210000－0701－0011133 011375

是吾齋詩初集八卷續集四卷 （清）于卿保撰 清同治四年(1865)刻本 一冊

210000－0701－0011134 011376

是程堂集十四卷二集八卷 （清）屠倬撰 清嘉慶十九年(1814)屠氏眞州官舍刻道光屠氏潛園續刻本 六冊

210000－0701－0011135 011377

御製圓明園圖詠二卷 （清）高宗弘曆撰 （清）鄂爾泰等注 清光緒十三年(1887)天津石印書屋石印本 二冊

210000－0701－0011136 011378

御製圓明園圖詠二卷 （清）高宗弘曆撰 （清）鄂爾泰等注 清光緒十三年(1887)天津石印書屋石印本 二冊

210000－0701－0011137 011380

題江南曾文正公祠百詠一卷 朱孔彰撰 清光緒十三年(1887)金陵刻本 磨羯生跋 猿翁題辭 一冊

210000－0701－0011138 011381

題江南曾文正公祠百詠一卷 朱孔彰撰 清光緒十三年(1887)金陵刻民國二十四年(1935)補刻本 一冊

210000－0701－0011139 011382

題蘭稿一卷附錄一卷 （清）繆公恩撰 清光緒十二年(1886)含光閣刻本 一冊

210000－0701－0011140 011383

題蘭稿一卷附錄一卷 （清）繆公恩撰 清光緒十二年(1886)含光閣刻本 一冊

210000－0701－0011141 011384

嚼梅吟二卷 （清）釋寄禪撰 清光緒七年(1881)刻八年(1882)補刻本 一冊

210000－0701－0011142 011387

嘯古堂詩集八卷 （清）蔣敦復撰 清宣統三年(1911)廣益書局石印本 二冊

210000－0701－0011143 011388

味靈華館詩六卷 （清）商廷煥撰 清宣統二年(1910)刻本 一冊

210000－0701－0011144 011391

味菜堂詩集四卷 （清）汪淵撰 清光緒二十三年(1897)刻本 一冊

210000－0701－0011145 011392

味燈聽葉廬詩草二卷 （清）李振鈞撰 清光緒十五年(1889)刻本 二冊

210000－0701－0011146 011394

曝書亭集詩註二十二卷 （清）朱彝尊撰 （清）楊謙注 年譜一卷 （清）楊謙撰 清乾隆楊氏木山閣刻本 八冊

210000－0701－0011147 011395

曝書亭集詩註二十二卷　（清）朱彝尊撰
（清）楊謙注　**年譜一卷**　（清）楊謙撰　清乾
隆楊氏木山閣刻本　　八冊

210000－0701－0011148　011396

曝書亭集詩註二十二卷　（清）朱彝尊撰
（清）楊謙注　**年譜一卷**　（清）楊謙撰　清乾
隆楊氏木山閣刻本　　八冊

210000－0701－0011149　011397

曝書亭集外稿八卷　（清）朱彝尊撰　（清）馮
登府　（清）朱墨林輯　清嘉慶二十二年
（1817）潛采堂朱氏刻本　　二冊

210000－0701－0011150　011398

曝書亭集二十三卷　（清）朱彝尊撰　（清）孫
銀槎輯注　清嘉慶五年（1800）三有堂刻本
八冊

210000－0701－0011151　011400

賜斿閣外集另編二卷　（清）胡欽撰　清刻本
一冊

210000－0701－0011152　011406

鳴鶴堂詩集十一卷　（清）任源祥撰　清光緒
十五年（1889）刻本　　二冊

210000－0701－0011153　011410

野雲居詩稿二卷文稿一卷　（清）鄭竺撰　**雪
橋遺稿一卷**　（清）鄭甲撰　清嘉慶四年
（1799）刻十一年（1806）續刻本　　一冊

210000－0701－0011154　011411

嗣雅堂詩存五卷　（清）王嘉祿撰　清道光二
十六年（1846）彭蘊章刻本　　一冊

210000－0701－0011155　011412

嗣雅堂詩存五卷　（清）王嘉祿撰　清道光二
十六年（1846）彭蘊章刻本　　一冊

210000－0701－0011156　011413

鄂文端公遺稿六卷　（清）鄂爾泰撰　清乾隆
三十九年（1774）楊氏葆眞堂刻嘉慶二十五年
（1820）山右馬寧印本　　二冊

210000－0701－0011157　011414

邵亭詩鈔六卷　（清）莫友芝撰　清咸豐二年

（1852）遵義湘川講舍刻同治五年（1866）江甯
三山客舍補刻本　　一冊

210000－0701－0011158　011415

邵亭詩鈔六卷　（清）莫友芝撰　清咸豐二年
（1852）遵義湘川講舍刻同治五年（1866）江甯
三山客舍補刻本　　一冊

210000－0701－0011159　011417

檗隝詩存一卷末一卷詞存一卷　（清）王以敏
撰　清光緒刻本　　二冊

210000－0701－0011160　011418

陋軒詩十二卷續二卷　（清）吳嘉紀撰　清嘉
慶十九年（1814）繆氏刻道光十一年（1831）夏
嘉穀補刻本　　八冊

210000－0701－0011161　011420

屧園詩續集二卷　（清）李確撰　清康熙十二
年（1673）陸樵羊城刻嘉慶十九年（1814）乍浦
錢椒數峯草堂補刻本　馬廉跋　　一冊

210000－0701－0011162　011421

厚石齋詩集十二卷　（清）汪孟鋗撰　清刻本
二冊

210000－0701－0011163　011422

願學堂詩鈔二十八卷　（清）王宗燿撰　清咸
豐十年（1860）刻本　　六冊

210000－0701－0011164　011423

甌北詩鈔十九卷　（清）趙翼撰　清乾隆湛貽
堂刻本　　六冊

210000－0701－0011165　011424

甌北詩鈔二十卷　（清）趙翼撰　清刻甌北全
集本　　四冊　存八卷（五律二卷、七律六卷）

210000－0701－0011166　011425

甌北詩鈔二十卷　（清）趙翼撰　清宣統三年
（1911）上海掃葉山房石印本　　八冊

210000－0701－0011167　011426

長離閣集一卷　（清）王采薇撰　清光緒八年
（1882）藶蕉吟館刻本　　一冊

210000－0701－0011168　011430

拱宸橋竹枝詞二卷　（清）陳蜓仙撰　清光緒

二十六年(1900)刻本　二冊

210000－0701－0011169　011431

臥象山人集選一卷　(清)李澄中撰　(清)金奇玉選　清刻本　一冊

210000－0701－0011170　011432

附鮚軒詩八卷　(清)洪亮吉撰　清光緒三年(1877)授經堂洪用懃刻洪北江全集本　二冊

210000－0701－0011171　011434

隨山館詩簡編四卷　(清)汪璥撰　清光緒十七年(1891)刻本　一冊

210000－0701－0011172　011435

駐雲山館詩草不分卷　(清)周鼎撰　清道光二年(1822)刻本　一冊

210000－0701－0011173　011436

且甌集九卷　(清)項霽撰　清咸豐刻民國二十五年(1936)補刻本　二冊

210000－0701－0011174　011437

且甌集九卷　(清)項霽撰　清咸豐刻民國二十五年(1936)補刻本　二冊

210000－0701－0011175　011441

閱莒草堂遺草四卷　(清)王柘撰　清同治十二年(1873)刻本　二冊

210000－0701－0011176　011442

月樓吟草二卷　(清)黃廷議撰　悟閒唫草一卷　(清)黃廷誥撰　羣芳穀吟草一卷　(清)陳滄龍撰　清咸豐七年(1857)黃溥郊谿司訓署寄月草堂木活字印本　一冊

210000－0701－0011177　011443

抑齋雜著五卷　(清)周良劭撰　清道光十四年(1834)徐煜昌木活字印本　一冊　存二卷(一至二)

210000－0701－0011178　011444

屝守齋遺稿二卷　(清)姚世鈺撰　清刻本　一冊

210000－0701－0011179　011445

眉韻樓詩三卷　(清)孫雄撰　清光緒三十年(1904)京師刻本　一冊

210000－0701－0011180　011446

欣遇齋詩鈔十六卷　(清)沈峻撰　清咸豐四年(1854)刻本　六冊

210000－0701－0011181　011447

聞妙香室詩十二卷　(清)李宗昉撰　清道光十五年(1835)山陽李氏刻本　四冊

210000－0701－0011182　011448

學稼草堂詩草十卷　(清)陳嗣良撰　清光緒八年(1882)刻本　四冊

210000－0701－0011183　011449

問詩樓合選一卷　題(清)天然主人輯　清乾隆五十七年(1792)刻本　一冊

210000－0701－0011184　011450

問奇室詩集二卷　(清)蔣曰豫撰　清光緒三年(1877)蓮池書局刻蔣侑石遺書本　一冊

210000－0701－0011185　011451

留春山房集古詩鈔初集二卷二集三卷三集二卷　(清)龔璁撰　清道光刻本　五冊

210000－0701－0011186　011459

八指頭陀詩集十卷補遺一卷詞一卷雜文一卷　(清)釋敬安撰　清光緒二十四年(1898)葉德輝刻本　二冊

210000－0701－0011187　011460

人境廬詩草十一卷　(清)黃遵憲撰　清宣統三年(1911)鉛印本　四冊

210000－0701－0011188　011461

人境廬詩草十一卷　(清)黃遵憲撰　清宣統三年(1911)鉛印本　四冊

210000－0701－0011189　011464

御製全韻詩五卷　(清)高宗弘曆撰　清刻本　五冊

210000－0701－0011190　011465

御製全韻詩五卷　(清)高宗弘曆撰　清刻本　五冊

210000－0701－0011191　011466

御製全韻詩五卷　(清)高宗弘曆撰　清末刻本　二冊

210000－0701－0011192　011467

御製全史詩四卷　（清）仁宗顒琰撰　清刻本
四冊

210000－0701－0011193　011468

御製全史詩二卷　（清）仁宗顒琰撰　清光緒
二十九年(1903)上海文明書局鉛印本　二冊

210000－0701－0011194　011469

御製全史詩二卷　（清）仁宗顒琰撰　清光緒
二十九年(1903)上海文明書局鉛印本　二冊

210000－0701－0011195　011471

南沙贈言一卷松陵贈言一卷　清光緒刻本
二冊

210000－0701－0011196　011472

南沙贈言一卷松陵贈言一卷　清光緒刻本
二冊　存一卷(南沙贈言一卷)

210000－0701－0011197　011473

金源紀事詩八卷　（清）湯運泰撰　（清）湯顯
業　（清）湯顯榦注　清嘉慶十八年(1813)刻
本　四冊

210000－0701－0011198　011476

翁山詩外二十卷　（清）屈大均撰　清宣統二
年(1910)上海國學扶輪社鉛印本　十二冊

210000－0701－0011199　011477

翁山詩外二十卷　（清）屈大均撰　清宣統二
年(1910)上海國學扶輪社鉛印本　十二冊

210000－0701－0011200　011479

乍浦集詠十六卷　（清）沈筠輯　清道光二十
六年(1846)刻本　二冊

210000－0701－0011201　011480

念堂詩草四卷　（清）崔旭撰　清道光九年
(1829)刻本　二冊　存三卷(一至三)

210000－0701－0011202　011481

念堂詩草四卷　（清）崔旭撰　清道光九年
(1829)刻本　二冊

210000－0701－0011203　011482

念堂詩草一卷　（清）崔旭撰　東郡趙庭集一
卷　（清）邊浴禮撰　子壽詩鈔一卷　（清）王

柏心撰　清道光刻本　一冊

210000－0701－0011204　011484

含谿詩草二十卷　（清）王秉韜撰　清嘉慶元
年(1796)刻本　四冊

210000－0701－0011205　011486

含青閣詩草三卷詩餘一卷　（清）屈蕙纕撰
清光緒刻本　一冊

210000－0701－0011206　011488

公餘集不分卷　題(清)如許齋主人撰　清光
緒十一年(1885)如許齋刻本　二冊

210000－0701－0011207　011489

李養一先生詩集四卷賦一卷詩餘一卷　（清）
李兆洛撰　清光緒八年(1882)江陰刻本
二冊

210000－0701－0011208　011490

養志書屋詩存二卷　（清）崇祐撰　（清）文星
瑞等評　清同治十二年(1873)羊城權署刻本
一冊

210000－0701－0011209　011491

養花軒詩集一卷　（清）徐官海撰　清宣統鉛
印本　一冊

210000－0701－0011210　011492

養知書屋詩集十五卷　（清）郭嵩燾撰　清光
緒十八年(1892)刻本　四冊

210000－0701－0011211　011493

缶廬詩四卷別存三卷　（清）吳俊卿撰　清光
緒十九年(1893)蘇城刻本　一冊

210000－0701－0011212　011494

缶廬詩四卷別存三卷　（清）吳俊卿撰　清光
緒十九年(1893)蘇城刻本　一冊

210000－0701－0011213　011498

瓶水齋詩集十七卷別集二卷詩話一卷　（清）
舒位撰　清光緒十二年(1886)刻十七年
(1891)續刻本　八冊

210000－0701－0011214　011499

瓶水齋詩集十七卷別集二卷詩話一卷　（清）
舒位撰　清光緒十二年(1886)刻十七年

(1891)續刻本　八冊

210000－0701－0011215　011500
瓶水齋詩集十七卷別集二卷詩話一卷　（清）
舒位撰　清光緒十二年（1886）刻十七年
（1891）續刻本　八冊

210000－0701－0011216　011501
瓶水齋詩集十七卷別集二卷詩話一卷　（清）
舒位撰　清光緒十二年（1886）刻十七年
（1891）續刻本　八冊

210000－0701－0011217　011502
瓶水齋詩集十七卷別集二卷詩話一卷　（清）
舒位撰　清光緒十二年（1886）刻十七年
（1891）續刻本　八冊

210000－0701－0011218　011503
瓶水齋詩集十七卷別集二卷詩話一卷　（清）
舒位撰　清光緒十二年（1886）刻十七年
（1891）續刻本　八冊

210000－0701－0011219　011504
瓶水齋詩集十六卷別集二卷　（清）舒位撰
清光緒十二年（1886）刻本　六冊

210000－0701－0011220　011506
飣餖吟十二卷　（清）石贊清撰　清咸豐十年
（1860）刻本　四冊

210000－0701－0011221　011507
劍懷堂詩草二卷　（清）宋謙撰　清宣統二年
（1910）鉛印本　二冊

210000－0701－0011222　011508
鐵篴僊館宦游草六卷從戎草二卷後從戎草二
卷　（清）柏春撰　清咸豐十一年至同治二年
（1861－1863）刻本　四冊

210000－0701－0011223　011509
錢牧齋詩集二十卷　（清）錢謙益撰　（清）錢
曾注　年譜一卷　（清）葛萬里撰　清宣統三
年（1911）上海國學扶輪社石印本　十二冊

210000－0701－0011224　011512
知了義齋詩鈔四卷　（清）貴慶撰　清刻本
一冊

210000－0701－0011225　011513
知守齋詩初集六卷二集四卷別集一卷　（清）
鄭開禧撰　清道光十二年（1832）刻本　二冊

210000－0701－0011226　011514
知足齋詩集二十卷目錄一卷　（清）朱珪撰
清刻本　八冊

210000－0701－0011227　011515
馬佳氏詩存　（清）寶琳等撰　清咸豐至光緒
刻本　五冊

210000－0701－0011228　011517
鰁䲔亭集三十三卷後集十二卷　（清）祁寯藻
撰　清咸豐六年至七年（1856－1857）刻本
六冊

210000－0701－0011229　011518
鰁䲔亭集三十三卷後集十二卷　（清）祁寯藻
撰　清咸豐六年至七年（1856－1857）刻本
六冊

210000－0701－0011230　011519
鰁䲔亭集三十三卷後集十二卷　（清）祁寯藻
撰　清咸豐六年至七年（1856－1857）刻本
六冊

210000－0701－0011231　011521
飲雪軒詩集四卷　（清）楊泰亨撰　清宣統二
年（1910）經畬家塾刻本　一冊

210000－0701－0011232　011522
飲水詩集二卷　（清）性德撰　清抄本　一冊

210000－0701－0011233　011524
竹嬾山房吟稿四卷　（清）孫清載撰　清光緒
十五年（1889）木活字印本　一冊

210000－0701－0011234　011528
篆牧堂詩存五卷附一卷　（清）夏壎撰　清同
治七年（1868）刻本　一冊　存三卷（一至三）

210000－0701－0011235　011529
笛漁小稿十卷　（清）朱昆田撰　清康熙刻本
二冊

210000－0701－0011236　011530
笛漁小稿十卷　（清）朱昆田撰　清康熙刻本

二冊

210000－0701－0011237　011532
纂喜廬詩稿初集一卷　（清）傅雲龍撰　清末
石印本　一冊

210000－0701－0011238　011533
纂喜廬詩稿初集一卷　（清）傅雲龍撰　清末
石印本　一冊

210000－0701－0011239　011534
纂喜廬詩稿初集一卷　（清）傅雲龍撰　清末
石印本　一冊

210000－0701－0011240　011535
餘蔭堂詩稿五卷　（清）玉德撰　清嘉慶五年
（1800）刻本　五冊

210000－0701－0011241　011536
餘暇集二卷　（清）特依順撰　清道光跨鼇樓
刻本　一冊

210000－0701－0011242　011537
小石帆亭著錄五卷　（清）翁方綱撰　清光緒
八年（1882）福山王氏刻天壤閣叢書本　一冊

210000－0701－0011243　011538
小酉腴山館詩鈔二卷補錄一卷文鈔七卷集外
文三卷詩鈔續編二卷　（清）吳大廷撰　清同
治元年至四年（1862－1865）刻本　五冊

210000－0701－0011244　011539
小信天巢詩鈔十八卷續鈔一卷　（清）陳石麟
撰　清嘉慶十一年至十四年（1806－1809）刻
十八年（1813）續刻本　三冊　存十四卷（一
至六、十一至十八）

210000－0701－0011245　011541
小鄒魯居詩集七卷　（清）張大仕撰　清宣統
二年（1910）醒華報館石印本　二冊

210000－0701－0011246　011542
小祇陀盦詩鈔四卷　（清）沈世良撰　清同治
元年（1862）刻本　一冊

210000－0701－0011247　011544
小滄溟館初集六卷二集九卷三集十二卷
（清）朱瀚撰　清道光十三年至二十年（1833－

1840）刻本　十冊

210000－0701－0011248　011546
憧橋詩稿十卷　（清）徐時樑撰　清光緒十三
年（1887）徐氏刻本　二冊

210000－0701－0011249　011547
懷古田舍詩鈔三十三卷　（清）徐榮撰　清道
光刻本　十冊

210000－0701－0011250　011548
懷古田舍詩節鈔六卷　（清）徐榮撰　清同治
三年（1864）錦城刻光緒十四年（1888）粵東補
刻本　六冊

210000－0701－0011251　011549
半巖廬遺詩二卷　（清）邵懿辰撰　清同治十
年（1871）刻本　一冊

210000－0701－0011252　011550
省心齋詩鈔百首一卷　（清）胡璋撰　清光緒
五年（1879）蘇州刻本　一冊

210000－0701－0011253　011551
賞雨茅屋詩集十六卷外集一卷　（清）曾燠撰
清道光三年（1823）刻本　五冊

210000－0701－0011254　011553
米村詩鈔四卷　（清）張澐撰　清道光二十八
年（1848）揚州刻本　二冊

210000－0701－0011255　011554
棠陰書屋詩集二卷　（清）何煥綸撰　清光緒
三十二年（1906）京師何厚忱刻本　一冊

210000－0701－0011256　011555
棠陰書屋詩集二卷　（清）何煥綸撰　清光緒
三十二年（1906）京師何厚忱刻本　一冊

210000－0701－0011257　011556
悼紅吟　（清）管斯駿輯　清光緒十年（1884）
蘇城管氏刻本　一冊

210000－0701－0011258　011557
怡雲詩草二卷　（清）張其祿撰　清道光十九
年（1839）刻本　一冊

210000－0701－0011259　011558

怡雲山館詩鈔四卷　（清）陳榕撰　清道光十二年(1832)雲間陳氏刻本　一冊

210000－0701－0011260　011559

怡志堂詩初編八卷　（清）朱琦撰　清咸豐七年(1857)刻本　四冊

210000－0701－0011261　011560

怡靜軒吟草一卷　（清）柏珍撰　清光緒二十三年(1897)盛京謙益堂刻本　一冊

210000－0701－0011262　011561

惜分陰齋詩鈔十六卷　（清）李桑撰　清嘉慶四年(1799)刻本　六冊

210000－0701－0011263　011562

精勤堂吟稿　（清）文榦撰　清道光二十年(1840)朱壬林刻本　一冊

210000－0701－0011264　011563

漁洋山人精華錄訓纂十卷目錄二卷　（清）王士禎撰　（清）惠棟訓纂　訓纂補十卷年譜補一卷金氏精華錄箋注辨訛一卷　（清）惠棟撰　清光緒十七年(1891)會稽徐氏述史樓刻本　十四冊

210000－0701－0011265　011566

悅親樓詩集三十卷外集二卷　（清）祝德麟撰　清嘉慶三年(1798)刻本　十冊

210000－0701－0011266　011569

悔初廬詩稿二卷　（清）柴文杰撰　清光緒三年(1877)刻本　一冊

210000－0701－0011267　011571

敝帚集二卷　（清）恩孚撰　清同治五年(1866)費勒廣額刻本　二冊

210000－0701－0011268　011572

榮可民先生詩稿一卷　（清）榮文達撰　清末石印本　李中題款　一冊

210000－0701－0011269　011574

童溫處公遺書六卷　（清）童兆蓉撰　清宣統寧鄉童氏刻本　六冊

210000－0701－0011270　011575

亭林文集六卷餘集一卷　（清）顧炎武撰　清山隱居刻本　四冊

210000－0701－0011271　011576

亭林先生餘集一卷　（清）顧炎武撰　清刻本　一冊

210000－0701－0011272　011577

鹿洲初集二十卷公案二卷行述一卷　（清）藍鼎元撰　清同治四年(1865)緯文堂刻鹿洲全集本　十二冊　缺一卷(公案上)

210000－0701－0011273　011578

望溪先生全集　（清）方苞撰　方望溪先生[苞]年譜一卷附錄一卷　（清）蘇惇元撰　清咸豐元年(1851)戴氏刻本　十六冊

210000－0701－0011274　011579

望溪先生全集　（清）方苞撰　方望溪先生[苞]年譜一卷附錄一卷　（清）蘇惇元撰　清咸豐元年(1851)戴氏刻本　十六冊

210000－0701－0011275　011580

望溪先生全集　（清）方苞撰　方望溪先生[苞]年譜一卷附錄一卷　（清）蘇惇元撰　清咸豐元年(1851)戴氏刻本　十六冊

210000－0701－0011276　011587

庸庵文編四卷　（清）薛福成撰　事實一卷　清光緒十三年(1887)刻庸庵全集本　四冊

210000－0701－0011277　011588

庸庵文編四卷續編二卷　（清）薛福成撰　清光緒二十三年(1897)上海醉六堂石印庸庵全集本　三冊

210000－0701－0011278　011589

庸庵文續編二卷　（清）薛福成撰　清光緒十五年(1889)刻本　二冊

210000－0701－0011279　011590

庸盦海外文編四卷　（清）薛福成撰　清光緒二十一年(1895)刻本　一冊　存二卷(一至二)

210000－0701－0011280　011591

庸盦海外文編四卷　（清）薛福成撰　清光緒二十一年(1895)刻本　四冊

210000－0701－0011281　011592

庸盦海外文編四卷　（清）薛福成撰　清末刻本　二冊

210000－0701－0011282　011599

六亭文集十二卷　（清）鄭兼才撰　清道光二十年(1840)臺灣刻本　四冊

210000－0701－0011283　011601

龍壁山房文集八卷　（清）王拯撰　清光緒七年(1881)河北陳寶箴河北分守道署刻本　二冊

210000－0701－0011284　011602

誦清閣集四卷首一卷　（清）石景芬撰　清同治十年(1871)刻本　四冊

210000－0701－0011285　011604

六友山房外集一卷　（清）闞鳳樓撰　清光緒五年(1879)吳門刻本　一冊

210000－0701－0011286　011605

六友山房外集一卷　（清）闞鳳樓撰　清光緒五年(1879)吳門刻本　一冊

210000－0701－0011287　011606

六友山房外集一卷　（清）闞鳳樓撰　清光緒五年(1879)吳門刻本　一冊

210000－0701－0011288　011607

六友山房外集一卷　（清）闞鳳樓撰　清光緒五年(1879)吳門刻本　一冊

210000－0701－0011289　011610

一鐙精舍甲部稿五卷　（清）何秋濤撰　清光緒五年(1879)淮南書局刻本　一冊

210000－0701－0011290　011612

二希堂文集十一卷首一卷　（清）蔡世遠撰　清乾隆四十八年(1783)刻道光十七年(1837)文林堂補刻本　六冊

210000－0701－0011291　011613

長洲彭氏家集　（清）彭祖賢輯　清同治、光緒刻本　九冊　存三種三十一卷(姚江釋毀錄一卷、二林居集二十四卷、秋士先生遺集六卷)

210000－0701－0011292　011614

龍壁山房文集五卷　（清）王拯撰　清光緒九年(1883)善化向萬鑅刻民國二十三年(1934)向述彭補刻本　四冊

210000－0701－0011293　011615

試帖存稿經說二卷詞賦二卷　（清）丁午撰　清光緒七年(1881)刻田園雜著本　四冊

210000－0701－0011294　011616

謝梅莊先生遺集八卷西北域記一卷　（清）謝濟世撰　清光緒三十四年(1908)鉛印本　二冊

210000－0701－0011295　011617

謝梅莊先生遺集八卷西北域記一卷　（清）謝濟世撰　清光緒三十四年(1908)鉛印本　二冊

210000－0701－0011296　011618

讀海外奇書室雜著一卷　姚文棟撰　清光緒十四年(1888)刻本　一冊

210000－0701－0011297　011619

三魚堂文集十二卷　（清）陸隴其撰　年譜一卷　（清）吳光酉撰　清同治七年(1868)楊昌濬武林薇署刻瑞鱣堂印本　五冊

210000－0701－0011298　011620

讀均軒館賦不分卷　（清）龐鍾璐撰　清光緒十一年(1885)刻本　一冊

210000－0701－0011299　011621

三魚堂文集十二卷外集六卷　（清）陸隴其撰　附錄二卷　清掃葉山房刻本　十冊

210000－0701－0011300　011622

三魚堂文集十二卷外集六卷附錄二卷　（清）陸隴其撰　清掃葉山房刻本　十冊

210000－0701－0011301　011623

三魚堂文集十二卷外集六卷附錄二卷　（清）陸隴其撰　清掃葉山房刻本　十冊

210000－0701－0011302　011624

三魚堂文集十二卷外集六卷附錄二卷　（清）陸隴其撰　清掃葉山房刻本　十冊

210000－0701－0011303　011625

三魚堂文集十二卷外集六卷賸言十二卷讀禮
志疑一卷日記十卷　(清)陸隴其撰　年譜一
卷　(清)吳光酉撰　清同治七年(1868)楊昌
濬武林薇署刻九年(1870)浙江書局續刻本
十二冊

210000－0701－0011304　011626

三魚堂外集六卷賸言十二卷　(清)陸隴其撰
　清同治七年(1868)楊昌濬武林薇署刻本
五冊

210000－0701－0011305　011627

三魚堂文集十二卷外集六卷賸言十二卷
(清)陸隴其撰　附錄二卷　清宣統三年
(1911)上海掃葉山房石印本　八冊

210000－0701－0011306　011628

三魚堂文集十二卷　(清)陸隴其撰　附錄一
卷　清宣統三年(1911)上海掃葉山房石印本
四冊

210000－0701－0011307　011630

三十六瓻唅館文鈔一卷　(清)許應鑅撰　清
刻本　一冊

210000－0701－0011308　011631

正誼堂文集二十四卷　(清)董沛撰　清末刻
本　六冊

210000－0701－0011309　011632

玉芝堂文集六卷　(清)邵齊燾撰　清光緒八
年(1882)甯波羣玉山房刻本　二冊

210000－0701－0011310　011633

元穆文鈔二卷　(清)杜元穆撰　清光緒二十
六年(1900)申江鉛印本　一冊

210000－0701－0011311　011634

夏峯先生集十四卷補遺二卷首一卷　(清)孫
奇逢撰　清道光二十五年(1845)大梁書院刻
本　六冊　存六卷(一至六)

210000－0701－0011312　011636

天海樓古文鈔四卷四六文鈔四卷　(清)李懿
曾撰　清嘉慶二年(1797)刻本　四冊

210000－0701－0011313　011637

天岳山館文鈔四十卷　(清)李元度撰　清光
緒六年(1880)爽谿精舍刻本　十六冊

210000－0701－0011314　011638

天岳山館文鈔四十卷　(清)李元度撰　清光
緒六年(1880)爽谿精舍刻本　十六冊

210000－0701－0011315　011639

西廬文集四卷　(清)張雋撰　清宣統二年
(1910)上海國學扶輪社鉛印本　二冊

210000－0701－0011316　011640

西廬文集四卷　(清)張雋撰　清宣統二年
(1910)上海國學扶輪社鉛印本　二冊

210000－0701－0011317　011641

西漚全集十卷外集八卷　(清)李惺撰　清同
治七年(1868)李氏刻本　十六冊

210000－0701－0011318　011642

醉白堂文集四卷續集一卷　(清)謝良琦撰
清光緒十九年(1893)王鵬運刻本　二冊

210000－0701－0011319　011644

北山樓集不分卷　(清)吳保初撰　清光緒二
十七年(1901)上海商務印書館鉛印本　一冊

210000－0701－0011320　011645

悲盦居士文存不分卷　(清)趙之謙撰　清光
緒十六年(1890)刻本　一冊

210000－0701－0011321　011646

研六室文鈔十卷　(清)胡培翬撰　清道光十
七年(1837)涇川書院刻本　二冊

210000－0701－0011322　011647

水南文集二卷　(清)徐儒龍撰　清刻本
二冊

210000－0701－0011323　011648

水田居文集五卷　(清)賀貽孫撰　清勅書樓
刻本　五冊

210000－0701－0011324　011649

註釋水竹居賦不分卷　(清)盛觀潮撰　清道
光二十三年(1843)文會堂刻本　一冊

210000－0701－0011325　011653

確山駢體文四卷　（清）宋世犖撰　清光緒九年(1883)花雨樓刻花雨樓叢鈔本　二冊

210000－0701－0011326　011654

聽松濤館文鈔二十八卷　（清）阮文藻撰　清光緒八年(1882)刻本　六冊

210000－0701－0011327　011655

珠泉草廬文錄二卷　廖樹蘅撰　清宣統二年(1910)長沙刻本　二冊

210000－0701－0011328　011656

雙池文集十卷目錄一卷　（清）汪紱撰　清道光十四年(1834)一經堂刻本　十二冊

210000－0701－0011329　011657

雙冷齋文集四卷　（清）張九章撰　清光緒二十一年(1895)刻本　四冊

210000－0701－0011330　011658

受祺堂文集四卷續刻四卷　（清）李因篤撰　清道光七年(1827)刻十年(1830)續刻民國補刻本　八冊

210000－0701－0011331　011659

舫廬文存內集四卷外集一卷餘集一卷　（清）張壽榮撰　清光緒九年(1883)蛟川張氏秋樹根齋刻本　四冊

210000－0701－0011332　011660

聊齋先生文集二卷　（清）蒲松齡撰　清宣統二年(1910)上海國學扶輪社鉛印本　二冊

210000－0701－0011333　011661

止泉先生文集八卷　（清）朱澤澐撰　行狀一卷　（清）王箴傳撰　清光緒二十七年(1901)刻本　四冊

210000－0701－0011334　011662

虛受堂文集十六卷　王先謙撰　清宣統二年(1910)上海國學書社石印本　六冊

210000－0701－0011335　011663

衍石齋記事稾十卷　（清）錢儀吉撰　清道光十四年(1834)刻本　五冊

210000－0701－0011336　011664

衍石齋記事稾十卷續稾十卷刻楮集四卷旅逸小稾二卷　（清）錢儀吉撰　清光緒六年(1880)錢彝甫刻本　十二冊

210000－0701－0011337　011666

師鄭堂駢體文存二卷　（清）孫同康撰　清光緒二十一年(1895)刻師鄭叢書本　一冊

210000－0701－0011338　011667

經韻樓集十二卷　（清）段玉裁撰　清道光元年(1821)七葉衍祥堂刻經韻樓叢書本　六冊

210000－0701－0011339　011668

山憨山房雜箸二卷　（清）萬慎撰　清光緒三十年(1904)瀘州開智書局鉛印本　二冊

210000－0701－0011340　011669

巢經巢遺文五卷　（清）鄭珍撰　清光緒十九年(1893)貴築高氏資州官署刻本　四冊

210000－0701－0011341　011670

樂道堂文鈔五卷　（清）奕訢撰　清同治六年(1867)刻本　五冊

210000－0701－0011342　011671

樂道堂文鈔五卷續鈔一卷　（清）奕訢撰　清同治六年(1867)刻光緒三年(1877)續刻本　六冊

210000－0701－0011343　011672

織齋文集八卷　（清）李煥章撰　清光緒十三年(1887)李振甲尚志堂刻本　四冊

210000－0701－0011344　011673

德蔭堂集十六卷　（清）阿克敦撰　阿文勤公[阿克敦]年譜一卷　（清）那彥成撰　清嘉慶二十一年(1816)那彥成刻本　四冊

210000－0701－0011345　011674

德蔭堂集十六卷　（清）阿克敦撰　阿文勤公[阿克敦]年譜一卷　（清）那彥成撰　清嘉慶二十一年(1816)那彥成刻本　四冊

210000－0701－0011346　011675

德蔭堂集十六卷　（清）阿克敦撰　阿文勤公[阿克敦]年譜一卷　（清）那彥成撰　清嘉慶二十一年(1816)那彥成刻本　四冊

210000－0701－0011347　011676

犢山類稿不分卷　（清）周鎬撰　清光緒十年
(1884)木活字印本　三冊

210000－0701－0011348　011677

劬書室遺集十六卷　（清）金錫齡撰　清光緒
二十一年(1895)刻本　五冊

210000－0701－0011349　011679

白雲山房文集六卷　（清）張象津撰　清道光
刻白雲山房集本　三冊

210000－0701－0011350　011680

魏伯子文集十卷　（清）魏際瑞撰　清道光二
十五年(1845)謝庭綬刻寧都三魏全集本　四
冊　存七卷(四至十)

210000－0701－0011351　011680

魏昭士文集十卷　（清）魏世傚撰　清道光二
十五年(1845)謝庭綬刻寧都三魏全集本　二
冊　存三卷(一至三)

210000－0701－0011352　011681

桐城吳先生文集四卷詩集一卷　（清）吳汝綸
撰　清光緒三十年(1904)門人王恩紱等刻桐
城吳先生全書本　四冊

210000－0701－0011353　011682

墾舟園初稿一卷次稿一卷　（清）王鎏撰　清
光緒三年(1877)縹緗堂刻本　王仁俊題款
一冊

210000－0701－0011354　011683

歸樸龕叢稿十二卷　（清）彭蘊章撰　清道光
二十八年(1848)刻本　四冊

210000－0701－0011355　011684

佩弦齋文存三卷駢文存一卷詩存一卷試帖存
一卷律賦存一卷雜存二卷　（清）朱一新撰
附錄一卷　清光緒二十二年(1896)葆真堂刻
拙盦叢稿本　五冊

210000－0701－0011356　011685

御製文初集三十卷　（清）高宗弘曆撰　清乾
隆二十九年(1764)刻本　八冊

210000－0701－0011357　011686

御製文初集三十卷目錄二卷　（清）高宗弘曆
撰　清刻本　八冊

210000－0701－0011358　011687

御製文初集十卷　（清）仁宗顒琰撰　清刻本
六冊

210000－0701－0011359　011688

躬恥齋經世十八篇一卷　（清）宗稷辰撰　清
光緒二十七年(1901)鉛印本　一冊

210000－0701－0011360　011689

解春集文鈔十二卷　（清）馮景撰　清乾隆五
十七年(1792)盧文弨抱經堂刻抱經堂叢書本
二冊

210000－0701－0011361　011691

餐芍華館雜箸　（清）周騰虎撰　清光緒三十
一年(1905)刻本、民國二十四年(1935)鉛印
本　二冊

210000－0701－0011362　011692

紀文達公遺集文十六卷詩十六卷　（清）紀昀
撰　清嘉慶十七年(1812)紀樹馨刻本　十
六冊

210000－0701－0011363　011693

紀文達公遺集十六卷　（清）紀昀撰　清道光
粵東紀樹馥刻本　十冊

210000－0701－0011364　011694

移芝室古文十三卷續編一卷　（清）楊彝珍撰
清末刻本　四冊

210000－0701－0011365　011695

綠雪堂駢文鈔一卷古文鈔一卷　（清）敖冊賢
撰　椿蔭軒試帖一卷　清光緒十三年至二十
一年(1887－1895)刻本　三冊

210000－0701－0011366　011696

綠野齋文集四卷　（清）劉鴻翱撰　清道光七
年(1827)同懷堂刻本　四冊

210000－0701－0011367　011699

復初齋文集三十五卷　（清）翁方綱撰　清道
光十六年(1836)李彥章刻光緒三年(1877)李
以炬重校四年(1878)補校本　八冊

210000－0701－0011368　011702

復莊駢儷文榷八卷　（清）姚燮撰　清咸豐四年（1854）大梅山館刻本　四冊

210000－0701－0011369　011703

復莊駢儷文榷八卷　（清）姚燮撰　清咸豐四年（1854）大梅山館刻本　一冊

210000－0701－0011370　011704

復莊駢儷文榷二編八卷　（清）姚燮撰　清同治十三年（1874）刻本　四冊

210000－0701－0011371　011705

復堂文續五卷　（清）譚獻撰　清光緒二十七年（1901）刻鵠齋刻本　四冊

210000－0701－0011372　011706

儀顧堂集二十卷　（清）陸心源撰　清光緒二十四年（1898）刻本　六冊

210000－0701－0011373　011707

淮南褋箋二卷　曹允源撰　清光緒十七年（1891）刻本　二冊

210000－0701－0011374　011709

寄影軒詩鈔四卷附暗香疏影齋詞鈔一卷　（清）志潤撰　清光緒三十年（1904）上海新昌書局鉛印本　五冊

210000－0701－0011375　011710

寄簃文存八卷　沈家本撰　清光緒三十三年（1907）法律館鉛印本　二冊

210000－0701－0011376　011711

定山堂古文小品二卷續集一卷補遺三卷　（清）龔鼎孳撰　清光緒十二年（1886）刻本　六冊

210000－0701－0011377　011712

定山堂古文小品二卷　（清）龔鼎孳撰　清刻本　一冊　存一卷（下）

210000－0701－0011378　011713

定山堂古文小品二卷　（清）龔鼎孳撰　清宣統二年（1910）上海國學昌明社石印本　二冊

210000－0701－0011379　011716

實學文導二卷　（清）傅雲龍輯　清光緒二十

一年（1895）石印本　二冊

210000－0701－0011380　011717

寶奎堂集十二卷篛村集十二卷　（清）陸錫熊撰　清道光二十九年（1849）陸成沅刻本　七冊

210000－0701－0011381　011719

鈍翁文集十六卷　（清）汪琬撰　清宣統二年（1910）上海國學扶輪社石印本　八冊

210000－0701－0011382　011722

定山堂古文小品二卷續集一卷補遺三卷　（清）龔鼎孳撰　清光緒十二年（1886）刻本　六冊

210000－0701－0011383　011723

潛虛先生文集十四卷補遺一卷　（清）戴名世撰　年譜一卷　清光緒十八年（1892）木活字印本　六冊

210000－0701－0011384　011724

潛菴先生全集五卷疏稿一卷志學會約一卷困學錄一卷　（清）湯斌撰　（清）閻興邦評　年譜一卷　（清）方苞輯　（清）楊椿重輯　清同治十二年（1873）趙氏紅杏山房刻本　十冊

210000－0701－0011385　011726

迂齋學古編四卷　（清）法坤宏撰　清乾隆三十九年（1774）海上盧刻本　二冊

210000－0701－0011386　011727

瀏陽二傑文二卷　（清）譚嗣同　（清）唐才常撰　清末民初鉛印本　二冊

210000－0701－0011387　011729

遜學齋文鈔十二卷首一卷末一卷　（清）孫衣言撰　清同治十二年（1873）刻本　六冊

210000－0701－0011388　011730

遜學齋文鈔十二卷首一卷末一卷　（清）孫衣言撰　清同治十二年（1873）刻本　六冊

210000－0701－0011389　011731

遜學齋文鈔十二卷首一卷末一卷　（清）孫衣言撰　清同治十二年（1873）刻本　六冊

210000－0701－0011390　011732

遜學齋文鈔十二卷首一卷末一卷 （清）孫衣言撰 清同治十二年(1873)刻本 六冊

210000－0701－0011391 011733

遜學齋文鈔十二卷續鈔五卷 （清）孫衣言撰 清同治、光緒刻本 六冊 缺四卷(文鈔一至四)

210000－0701－0011392 011734

補學軒文集四卷續刻四卷駢體文二卷續刻二卷 （清）鄭獻甫撰 清同治十一年至光緒二年(1872－1876)桂林刻本 十二冊

210000－0701－0011393 011735

邃懷堂文集箋注十六卷 （清）袁翼撰 （清）朱齡箋注 清咸豐八年(1858)古唐朱氏古懽齋刻本 十二冊

210000－0701－0011394 011736

述學內篇三卷外篇一卷補遺一卷別錄一卷 （清）汪中撰 校勘記一卷 （清）方濬頤撰 附錄一卷 清同治八年(1869)揚州書局刻本 二冊

210000－0701－0011395 011737

述學內篇三卷外篇一卷補遺一卷別錄一卷 （清）汪中撰 校勘記一卷 （清）方濬頤撰 附錄一卷 清同治八年(1869)揚州書局刻本 二冊

210000－0701－0011396 011738

述學內篇三卷外篇一卷補遺一卷別錄一卷 （清）汪中撰 校勘記一卷 （清）方濬頤撰 附錄一卷 清同治八年(1869)揚州書局刻本 二冊

210000－0701－0011397 011739

述學內篇三卷外篇一卷補遺一卷別錄一卷 （清）汪中撰 校勘記一卷 （清）方濬頤撰 附錄一卷 清同治八年(1869)揚州書局刻本 二冊

210000－0701－0011398 011743

對策六卷 （清）陳鱣撰 清光緒刻本 二冊

210000－0701－0011399 011744

漪香山館文集一卷 吳曾祺撰 清宣統二年(1910)上海商務印書館鉛印本 一冊

210000－0701－0011400 011747

滑疑集八卷 （清）韓錫胙撰 清咸豐五年(1855)石門山房刻光緒十六年(1890)補刻本 四冊

210000－0701－0011401 011748

滑疑集八卷 （清）韓錫胙撰 清同治十三年(1874)澖江處州府署刻本 四冊

210000－0701－0011402 011750

漁洋山人文略十四卷 （清）王士禛撰 清刻王漁洋遺書本 五冊

210000－0701－0011403 011751

澹園古文選二卷 （清）于祉撰 清咸豐四年(1854)刻本 二冊

210000－0701－0011404 011752

通甫類稿四卷續編二卷詩存四卷詩存之餘二卷 （清）魯一同撰 清咸豐九年(1859)刻本 六冊

210000－0701－0011405 011754

潄六山房文集十二卷 （清）郝植恭撰 清光緒四年(1878)刻本 六冊

210000－0701－0011406 011755

海峰文集八卷 （清）劉大櫆撰 清同治十三年(1874)刻本 六冊

210000－0701－0011407 011757

裕靖節公遺書十二卷首一卷 （清）裕謙撰 清末刻本 四冊

210000－0701－0011408 011758

遊道堂集四卷 （清）朱彬撰 清同治七年(1868)刻本 四冊

210000－0701－0011409 011759

遊道堂集四卷 （清）朱彬撰 清同治七年(1868)刻本 二冊

210000－0701－0011410 011760

遊道堂集四卷 （清）朱彬撰 清同治七年(1868)刻光緒二年(1876)印本 二冊

210000－0701－0011411　011761

十經齋文集四卷 （清）沈濤撰　清刻本　一冊　存二卷（一至二）

210000－0701－0011412　011762

左文襄公文集五卷詩集一卷聯語一卷 （清）左宗棠撰　清光緒十八年（1892）刻左文襄公全集本　二冊

210000－0701－0011413　011763

大雲山房文槀初集四卷二集四卷 （清）惲敬撰　清嘉慶刻本　四冊

210000－0701－0011414　011764

大雲山房文槀初集四卷二集四卷 （清）惲敬撰　清光緒十四年（1888）官書處刻本　八冊

210000－0701－0011415　011765

大雲山房文槀初集四卷 （清）惲敬撰　清光緒十四年（1888）官書處刻本　四冊

210000－0701－0011416　011768

友竹草堂文集五卷 （清）蔣慶第撰　清光緒刻本　二冊

210000－0701－0011417　011769

有正味齋駢體文箋二十四卷首一卷 （清）吳錫麒撰　（清）王廣業箋　清咸豐九年（1859）青箱塾刻本　八冊

210000－0701－0011418　011775

南蘭文集六卷 （清）張恕撰　清光緒五年（1879）刻本　一冊　存三卷（一至三）

210000－0701－0011419　011776

南畇文槀十二卷 （清）彭定求撰　清光緒七年（1881）刻長洲彭氏家集本　六冊

210000－0701－0011420　011777

希音堂集六卷 （清）張佩芳撰　清道光二十七年（1847）刻本　二冊

210000－0701－0011421　011778

存硯樓文集十六卷 （清）儲大文撰　清光緒元年（1875）靜遠堂刻本　八冊

210000－0701－0011422　011780

古栬秋館遺稿文二卷補遺一卷詩一卷 （清）

侯楨撰　清光緒二十三年（1897）無錫吳氏禮讓堂刻民國四年（1915）增刻本　一冊

210000－0701－0011423　011781

古微堂內集三卷外集七卷 （清）魏源撰　清光緒四年（1878）淮南書局刻本　四冊

210000－0701－0011424　011787

袁文箋正十六卷補注一卷 （清）袁枚撰　（清）石韞玉箋　清同治八年（1869）松壽山房刻本　八冊

210000－0701－0011425　011788

袁文箋正十六卷補注一卷 （清）袁枚撰　（清）石韞玉箋　清松壽山房刻本　八冊

210000－0701－0011426　011789

袁文箋正十六卷 （清）袁枚撰　（清）石韞玉箋　清光緒八年（1882）汗青簃刻本　八冊

210000－0701－0011427　011790

袁文箋正十六卷補注一卷 （清）袁枚撰　（清）石韞玉箋　清光緒十四年（1888）上海蜚英館石印本　五冊

210000－0701－0011428　011793

越縵堂時文書札一卷 （清）李慈銘撰　**應制文一卷**　清宣統三年（1911）鉛印本　一冊

210000－0701－0011429　011794

越縵堂時文書札一卷 （清）李慈銘撰　**應制文一卷**　清宣統三年（1911）鉛印本　一冊

210000－0701－0011430　011795

越縵堂時文書札一卷 （清）李慈銘撰　**應制文一卷**　清宣統三年（1911）鉛印本　一冊

210000－0701－0011431　011796

戴南山全集十四卷補遺三卷 （清）戴名世撰　清末上海文瑞樓石印本　六冊

210000－0701－0011432　011798

戴東原集十二卷 （清）戴震撰　清光緒十年（1884）鎮海張氏刻戴段合刻本　四冊

210000－0701－0011433　011805

勤餘文牘六卷東溟校伍錄二卷學廬自鏡六卷 （清）陳錦撰　清光緒五年（1879）橘蔭軒刻

本　八冊

210000－0701－0011434　011808
萬物炊累室文乙集二卷　（清）沈同芳撰　清
光緒二十二年（1896）刻本　一冊

210000－0701－0011435　011809
萬善花室文稿七卷　（清）方履籛撰　清光緒
七年（1881）定州王氏謙德堂刻畿輔叢書本
四冊

210000－0701－0011436　011810
校邠廬抗議二卷　（清）馮桂芬撰　清光緒十
八年（1892）敏德堂潘氏刻本　二冊

210000－0701－0011437　011815
茗柯文初編一卷二編二卷三編一卷四編一卷
（清）張惠言撰　清光緒七年（1881）刻本
二冊

210000－0701－0011438　011816
茗柯文初編一卷二編二卷三編一卷四編一卷
（清）張惠言撰　清光緒七年（1881）刻本
二冊

210000－0701－0011439　011817
茗柯文初編一卷二編二卷三編一卷四編一卷
（清）張惠言撰　清光緒七年（1881）刻本
二冊

210000－0701－0011440　011819
世忠堂文集六卷　（清）鄒鳴鶴撰　清同治二
年（1863）自刻本　六冊

210000－0701－0011441　011820
甚德堂文集四卷　（清）吳賢湘撰　清道光二
年（1822）刻本　八冊

210000－0701－0011442　011822
藝風堂文集七卷外篇一卷續集八卷外集一卷
繆荃孫撰　清光緒二十六年至民國二年
（1900－1913）刻本　八冊

210000－0701－0011443　011823
藝風堂文集七卷外篇一卷續集八卷外集一卷
繆荃孫撰　清光緒二十六年至民國二年
（1900－1913）刻本　八冊

210000－0701－0011444　011824
養素堂文集三十五卷首一卷　（清）張澍撰
清道光棗華書屋刻本　十二冊

210000－0701－0011445　011826
林蕙堂文集十二卷　（清）吳綺撰　清乾隆三
十九年（1774）裘白堂刻本　六冊

210000－0701－0011446　011827
獨善堂文集八卷　（清）王大經撰　清嘉慶二
十二年（1817）春暉堂刻本　四冊

210000－0701－0011447　011831
**柏堂集前編十四卷次編十三卷續編二十二卷
後編二十二卷餘編七卷外編十二卷補存三卷**
（清）方宗誠撰　清光緒六年至十二年
（1880－1886）刻本　十六冊

210000－0701－0011448　011832
柏堂集外編十二卷補存三卷　（清）方宗誠撰
柏堂集坿存五卷　（清）方培濬撰　清光緒
十年至十二年（1884－1886）刻本　六冊

210000－0701－0011449　011833
槐軒雜著四卷　（清）劉沅撰　清咸豐十一年
（1861）虛受齋刻本　四冊

210000－0701－0011450　011835
胡敬齋先生文集三卷　（明）胡居仁撰　清同
治八年（1869）傳經堂刻西京清麓叢書本
二冊

210000－0701－0011451　011837
敬孚類稿十六卷　（清）蕭穆撰　清光緒三十
三年（1907）刻本　李魚跋　四冊

210000－0701－0011452　011838
梅莊雜著四卷　（清）謝濟世撰　清道光五年
（1825）刻本　四冊

210000－0701－0011453　011839
柈湖文集十二卷　（清）吳敏樹撰　清光緒十
九年（1893）思賢書局刻本　四冊

210000－0701－0011454　011840
攜雪堂文集四卷　（清）吳可讀撰　清光緒二
十六年（1900）浙江書局刻本　四冊

210000－0701－0011455　011841

青溪舊屋文集十一卷　（清）劉文淇撰　清光緒九年(1883)刻本　四冊

210000－0701－0011456　011843

忠雅堂文集十二卷　（清）蔣士銓撰　清嘉慶二十一年(1816)刻本　六冊

210000－0701－0011457　011844

忠雅堂文集十二卷　（清）蔣士銓撰　清嘉慶二十一年(1816)刻本　六冊

210000－0701－0011458　011845

春秋左傳分類賦四卷　（清）夏大觀撰　讀左約箋二卷　（清）馮李驊編撰　（清）夏大觀箋注　清咸豐元年(1851)海清樓刻本　六冊

210000－0701－0011459　011846

春酒堂文集一卷　（清）周容撰　清宣統二年(1910)上海國學扶輪社鉛印本　一冊

210000－0701－0011460　011847

春酒堂文集一卷　（清）周容撰　清宣統二年(1910)上海國學扶輪社鉛印本　一冊

210000－0701－0011461　011848

春酒堂文集一卷　（清）周容撰　清宣統二年(1910)上海國學扶輪社鉛印本　一冊

210000－0701－0011462　011849

春在堂雜文二卷續編五卷三編四卷四編八卷五編八卷六編十卷　（清）俞樾撰　清光緒三十一年(1905)刻本　二十冊　缺二卷(六編六、九)

210000－0701－0011463　011850

柈湖文集十二卷　（清）吳敏樹撰　清光緒十九年(1893)思賢書局刻本　四冊

210000－0701－0011464　011851

未灰齋文集八卷外集一卷　（清）徐鼒撰　清末刻本　四冊

210000－0701－0011465　011852

東塾集六卷　（清）陳澧撰　清光緒十八年(1892)菊坡精舍刻本　六冊

210000－0701－0011466　011853

東塾集六卷　（清）陳澧撰　清光緒十八年(1892)菊坡精舍刻本　二冊

210000－0701－0011467　011854

東洲艸堂文鈔二十卷　（清）何紹基撰　眠琴閣遺文一卷遺詩二卷　（清）何慶涵撰　浣月樓遺詩二卷　（清）李楣撰　附刻一卷　清光緒刻本　六冊

210000－0701－0011468　011855

虹橋老屋遺稿文四卷詩五卷　（清）秦緗業撰　清光緒三十一年(1905)刻本　三冊

210000－0701－0011469　011856

拙修集十卷　（清）吳廷棟撰　清同治十年(1871)六安求我齋刻本　四冊

210000－0701－0011470　011857

拙修集十卷　（清）吳廷棟撰　清同治十年(1871)六安求我齋刻本　四冊

210000－0701－0011471　011859

挹綠軒詩稿四卷續稿一卷吟餘詩草一卷補遺一卷　（清）長闓撰　清嘉慶二十年(1815)刻本　六冊

210000－0701－0011472　011863

四此堂稿十卷　（清）魏際瑞撰　清同治二年(1863)刻本　六冊

210000－0701－0011473　011864

四為堂焚餘草二卷附錄一卷題跋一卷　（清）謝鵬飛撰　清光緒十九年(1893)石印本　三冊

210000－0701－0011474　011865

思綺堂文集十卷　（清）章藻功撰並注　清康熙六十一年(1722)聚錦堂刻本　十冊

210000－0701－0011475　011866

思綺堂文集十卷　（清）章藻功撰並注　清康熙六十一年(1722)聚錦堂刻本　二十冊

210000－0701－0011476　011867

恩福堂集不分卷　（清）英和撰　清道光十年(1830)刻本　一冊

210000－0701－0011477　011869

因寄軒文初集十卷二集六卷補遺一卷　（清）
管同撰　清道光十三年（1833）鄧氏刻本
六冊

210000－0701－0011478　011873
嘯古堂文集八卷　（清）蔣敦復撰　清同治七
年（1868）上海道署刻本　二冊

210000－0701－0011479　011875
晚學集八卷　（清）桂馥撰　清道光二十一年
（1841）刻本　二冊

210000－0701－0011480　011876
匪莪堂文集五卷　（清）劉巖撰　清光緒二年
（1876）刻本　二冊

210000－0701－0011481　011877
匪莪堂文集五卷　（清）劉巖撰　清光緒二年
（1876）復廬刻本　一冊

210000－0701－0011482　011879
臥知齋駢體文初彙一卷臥知齋外集初彙一卷
　（清）涂景濤撰　清光緒五年（1879）刻本
一冊

210000－0701－0011483　011880
臥知齋駢體文初彙一卷臥知齋外集初彙一卷
　（清）涂景濤撰　清光緒五年（1879）刻本
一冊

210000－0701－0011484　011881
陸桴亭先生文集五卷　（清）陸世儀撰　清光
緒九年（1883）津河廣仁堂刻津河廣仁堂所刻
書本　二冊

210000－0701－0011485　011881
衛道編二卷　（清）劉紹攽編注　清光緒九年
（1883）津河廣仁堂刻津河廣仁堂所刻書本
一冊

210000－0701－0011486　011882
陳檢討集二十卷　（清）陳維崧撰　清刻本
六冊

210000－0701－0011487　011883
陳檢討集二十卷　（清）陳維崧撰　清刻本
六冊

210000－0701－0011488　011884
陳檢討四六箋註二十卷　（清）陳維崧撰
（清）程師恭注　清鴻章書局石印本　八冊

210000－0701－0011489　011885
用六集十二卷　（清）刁包撰　清康熙熊氏刻
道光五年（1825）補刻本　六冊

210000－0701－0011490　011887
陶樓存稿不分卷　（清）黃彭年撰　清末鉛印
本　六冊

210000－0701－0011491　011889
居業堂文集二十卷　（清）王源撰　清道光十
一年（1831）讀雪山房刻本　四冊　缺五卷
（十六至二十）

210000－0701－0011492　011890
學聚堂初稿二卷　（清）姚祖泰撰　清光緒二
十四年（1898）木活字印本　一冊

210000－0701－0011493　011891
問山文集八卷紫雲詞一卷　（清）丁煒撰　清
咸豐四年（1854）雁江景義堂刻光緒八年
（1882）補刻本　三冊

210000－0701－0011494　011892
問字堂集六卷　（清）孫星衍撰　贈言一卷
清光緒十年（1884）四明是亦軒刻本　二冊

210000－0701－0011495　011894
八行堂集約鈔二卷　（清）史大成撰　清光緒
十二年（1886）刻本　二冊

210000－0701－0011496　011895
全謝山文鈔十六卷　（清）全祖望撰　清宣統
二年（1910）上海國學扶輪社鉛印本　八冊

210000－0701－0011497　011896
全謝山文鈔十六卷　（清）全祖望撰　清宣統
二年（1910）上海國學扶輪社鉛印本　八冊

210000－0701－0011498　011897
金蛾山館文甲集不分卷乙集不分卷　（清）郭
傳璞撰　清末刻本　二冊

210000－0701－0011499　011898
翁山文外十五卷　（清）屈大均撰　清宣統二

年(1910)上海國學扶輪社鉛印本　五冊

210000－0701－0011500　011900
介石堂文鈔□□卷　(清)林芳春撰　清末刻本　一冊　存二卷(三至四)

210000－0701－0011501　011901
尊聞居士集八卷　(清)羅有高撰　清光緒八年(1882)刻本　二冊

210000－0701－0011502　011902
養一齋文集二十卷　(清)李兆洛撰　清光緒四年(1878)刻本　八冊

210000－0701－0011503　011903
養素堂文集三十五卷首一卷　(清)張澍撰　清道光十七年(1837)棗華書屋刻本　十六冊

210000－0701－0011504　011904
養素堂文集三十五卷首一卷　(清)張澍撰　清道光十七年(1837)棗華書屋刻本　十六冊

210000－0701－0011505　011905
養晦堂詩集二卷文集十卷　(清)劉蓉撰　清光緒三年(1877)思賢講舍刻十五年(1889)增刻本　六冊

210000－0701－0011506　011906
養知書屋文集二十八卷　(清)郭嵩燾撰　清光緒十八年(1892)刻本　十二冊

210000－0701－0011507　011907
鐔津文集十九卷　(宋)釋契嵩撰　清光緒二十八年(1902)揚州藏經院刻本　四冊

210000－0701－0011508　011908
鐔津文集十九卷　(宋)釋契嵩撰　清光緒二十八年(1902)揚州藏經院刻本　四冊

210000－0701－0011509　011909
甋峯先生遺稿二卷　(清)何輝寧撰　清嘉慶二十年(1815)刻紀慎齋先生全集本　一冊

210000－0701－0011510　011910
錢牧齋文鈔不分卷　(清)錢謙益撰　(清)黃人選　清宣統元年(1909)上海國學扶輪社鉛印本　四冊

210000－0701－0011511　011911
鈍翁文集十六卷　(清)汪琬撰　清宣統二年(1910)上海國學扶輪社石印本　八冊

210000－0701－0011512　011912
知非齋駢文錄一卷古文錄一卷　(清)沈湛鈞撰　清光緒三十一年(1905)木活字印本　二冊

210000－0701－0011513　011913
鄭齋漢學文編六卷　(清)孫雄撰　清光緒三十四年(1908)天津鉛印本　二冊

210000－0701－0011514　011914
竹莊文鈔十卷　(清)傅玉書撰　清乾隆刻本　七冊

210000－0701－0011515　011915
第六絃溪文鈔四卷　(清)黃廷鑑撰　清光緒鮑氏刻後知不足齋叢書本　二冊

210000－0701－0011516　011916
簡莊綴文六卷　(清)陳鱣撰　清光緒蔣氏心矩齋刻民國十五年(1926)杭州抱經堂書局補刻本　四冊

210000－0701－0011517　011917
簡莊綴文六卷　(清)陳鱣撰　清光緒蔣氏心矩齋刻民國十五年(1926)杭州抱經堂書局補刻本　四冊

210000－0701－0011518　011919
篤素堂文集四卷　(清)張英撰　清光緒十四年(1888)合肥蒯氏鉛印本　一冊

210000－0701－0011519　011920
篤素堂集鈔三卷　(清)張英撰　清光緒十七年(1891)江蘇書局刻本　一冊

210000－0701－0011520　011923
籀書內篇二卷外篇二卷　(清)曹金籀撰　清同治九年(1870)刻本　四冊

210000－0701－0011521　011924
笥河文集十六卷　(清)朱筠撰　首一卷　清光緒五年(1879)定州王氏謙德堂刻畿輔叢書本　六冊

遼寧省圖書館古籍普查登記目錄

210000－0701－0011522　011925

筍河文集十六卷　（清）朱筠撰　**首一卷**　清
光緒十三年(1887)定州王氏謙德堂刻畿輔叢
書本　六冊

210000－0701－0011523　011926

策軒文編六卷　（清）蔣寶誠撰　清宣統元年
(1909)木活字印本　四冊

210000－0701－0011524　011927

小謨觴館文集注四卷續集注二卷　（清）彭兆
蓀撰　（清）孫元培　（清）孫長熙注　清光緒
十六年(1890)長洲黃氏流芳閣木活字印本
四冊

210000－0701－0011525　011928

小謨觴館文集四卷　（清）彭兆蓀撰　清末存
存軒刻本　二冊

210000－0701－0011526　011929

小萬卷齋詩稿三十二卷續稿十二卷末一卷經
進稿四卷文稿二十四卷首一卷　（清）朱琦撰
　清光緒十一年(1885)嘉樹山房刻本　二十
四冊

210000－0701－0011527　011930

小倉山房文集十七卷　（清）袁枚撰　清文光
堂刻本　四冊

210000－0701－0011528　011931

小倉山房外集七卷　（清）袁枚撰　清刻本
四冊

210000－0701－0011529　011932

重鐫少嵒賦草四卷　（清）夏思沺撰　（清）姜
兆蘭釋　清善成堂刻本　二冊

210000－0701－0011530　011935

慎其餘齋文集二十卷　（清）王贈芳撰　清咸
豐四年(1854)留香書屋刻本　六冊

210000－0701－0011531　011936

煙霞萬古樓文集六卷　（清）王曇撰　清刻本
　二冊

210000－0701－0011532　011937

惲子居文鈔四卷　（清）惲敬撰　清宣統二年

(1910)國學扶輪社石印本　四冊

210000－0701－0011533　011938

恪靖侯盾鼻餘瀋一卷　（清）左宗棠撰　清光
緒七年(1881)石未清等京師刻本　一冊

210000－0701－0011534　011939

恪靖侯盾鼻餘瀋一卷　（清）左宗棠撰　清光
緒七年(1881)石未清等京師刻本　一冊

210000－0701－0011535　011940

廣事類賦四十卷　（清）華希閔撰　清錦雲閣
刻本　十冊

210000－0701－0011536　011942

二十四詩品淺解一卷　（清）楊廷芝撰　清末
刻本　一冊

210000－0701－0011537　011943

峴傭說詩一卷　（清）施補華撰　清光緒十三
年(1887)刻本　一冊

210000－0701－0011538　011944

洪穉存先生北江詩話六卷　（清）洪亮吉撰
（清）湯成彥評點　清咸豐七年(1857)慶符周
錫光淵海樓刻本　二冊

210000－0701－0011539　011945

海天琴思錄八卷　（清）林昌彝撰　清同治三
年(1864)刻本　四冊

210000－0701－0011540　011946

拜經樓詩話續編　（清）吳騫撰　清末抄本
一冊

210000－0701－0011541　011948

敦園詩談八卷續編二卷　（清）許丙椿撰　清
同治五年(1866)刻本　一冊　存二卷(續編
二卷)

210000－0701－0011542　011950

小石帆亭著錄六卷　（清）翁方綱撰　清乾隆
五十七年(1792)刻蘇齋叢書本　一冊

210000－0701－0011543　011957

袠碧齋詩五卷詞一卷雜文一卷　（清）陳銳撰
　清光緒三十一年(1905)揚州刻本　二冊

210000－0701－0011544　011971

琴志樓叢書　易順鼎撰　清光緒刻本　六冊

210000－0701－0011545　012017

清心錄文　清末抄本　四冊

210000－0701－0011546　012019

湘綺樓全集三十卷　王闓運撰　清宣統二年(1910)上海國學扶輪社石印本　十二冊

210000－0701－0011547　012047

桐城吳先生文集四卷詩集一卷　(清)吳汝綸撰　行狀一卷　清光緒三十年(1904)刻桐城吳先生全書本　二冊　存二卷(詩集一卷、行狀一卷)

210000－0701－0011548　012048

桐城吳先生文集四卷詩集一卷　(清)吳汝綸撰　行狀一卷　清光緒三十年(1904)刻桐城吳先生全書本　四冊

210000－0701－0011549　012049

桐城吳先生文集四卷詩集一卷　(清)吳汝綸撰　行狀一卷　清光緒三十年(1904)刻桐城吳先生全書本　八冊

210000－0701－0011550　012077

惺諰齋初稿十卷　(清)喻長霖撰　清宣統元年(1909)鉛印崧岱山館叢鈔本　六冊

210000－0701－0011551　012086

廓軒竹枝詞一卷窮塞微吟一卷　(清)廓軒撰　清宣統二年(1910)石印本　一冊

210000－0701－0011552　012092

夜雪集一卷　王闓運撰　清光緒九年(1883)成都石室刻本　一冊

210000－0701－0011553　012102

文莫室詩八卷　王樹枏撰　清光緒十三年(1887)刻陶廬叢刻本　二冊

210000－0701－0011554　012107

龍巖詩詞合鈔二卷　(清)沈曾蔭撰　清光緒二十八年(1902)油印本　一冊

210000－0701－0011555　012108

龍巖詩鈔一卷　(清)沈曾蔭撰　清光緒二十

七年(1901)油印本　一冊

210000－0701－0011556　012164

石琴廬詩草一卷　張之漢撰　稿本　一冊

210000－0701－0011557　012237

崑崙䀪詠集二卷　葉德輝撰　清光緒三十年(1904)長沙葉氏觀古堂刻鄒園先生全書本一冊

210000－0701－0011558　012256

吳摯甫詩集一卷　(清)吳汝綸撰　清宣統二年(1910)國學扶輪社石印本　一冊

210000－0701－0011559　012257

吳摯甫詩集一卷　(清)吳汝綸撰　清宣統二年(1910)國學扶輪社石印本　一冊

210000－0701－0011560　012259

穆齋遺稿一卷　秉秀撰　稿本　洗鍊道人跋一冊

210000－0701－0011561　012265

句餘土音三卷全謝山先生遺詩一卷　(清)全祖望撰　清宣統三年(1911)上海國學扶輪社鉛印張氏適園叢書本　一冊

210000－0701－0011562　012268

秋聲集詩草不分卷　黃恒浩撰　稿本　一冊

210000－0701－0011563　012302

沈觀齋詩不分卷　(清)周樹模撰　清宣統二年(1910)龍江莭署石印本　二冊

210000－0701－0011564　012303

浙西秀水沈氏雁鳴詩稿一卷　沈雁鳴撰　抄本　一冊

210000－0701－0011565　012313

知稼軒詩稿一卷　張元奇撰　清末民國鉛印本　一冊

210000－0701－0011566　012316

湘綺樓詩八卷夜雪集一卷　王闓運撰　清光緒二十六年(1900)東州講舍刻本　四冊

210000－0701－0011567　012320

花雨別集一卷蒲香新草一卷　張之漢撰　稿

本 二冊

210000－0701－0011568 012337
願堂詩存一卷 周貞亮撰 清末民初寶聚山房石印本 一冊

210000－0701－0011569 012353
十髮居士全集 程頌萬撰 清光緒至民國甯鄉程氏刻本 二十冊

210000－0701－0011570 012359
夢春草堂試律不分卷 張之漢撰 稿本 二冊

210000－0701－0011571 012362
夢春草堂詩存不分卷 張之漢撰 稿本 二冊

210000－0701－0011572 012392
夢春草堂詩存不分卷 張之漢撰 稿本 三冊

210000－0701－0011573 012403
萬綠窗小草一卷 張之漢撰 稿本 一冊

210000－0701－0011574 012404
荔村草堂詩續鈔一卷 （清）譚宗浚撰 清宣統二年（1910）京師刻本 一冊

210000－0701－0011575 012438
觀劇絕句三卷 （清）金德瑛等撰 葉德輝輯 清光緒三十四年（1908）葉氏觀古堂刻本 一冊

210000－0701－0011576 012443
秦園詩草一卷 （清）王燮撰 清末抄本 一冊

210000－0701－0011577 012456
靜觀齋詩稿一卷 世榮撰 清末石印本 一冊

210000－0701－0011578 012474
琴志樓叢書 易順鼎撰 清光緒刻本 二冊 存五種五卷（出都詩錄一卷、吳蓬詩錄一卷、樊山沌水詩錄一卷、蜀船詩錄一卷、巴山詩錄一卷）

210000－0701－0011579 012491
味靈華館詩六卷 （清）商廷煥撰 清宣統二年（1910）石印本 一冊

210000－0701－0011580 012507
馬太史匡庵詩前集六卷詩集六卷 （清）馬世俊撰 清光緒二十一年（1895）鉛印本 二冊

210000－0701－0011581 012512
訓蒙歌訣一卷 林紓撰 清光緒二十四年（1898）刻本 一冊

210000－0701－0011582 012522
蔣詩二卷 蔣智由撰 清宣統二年（1910）文明書局鉛印本 一冊

210000－0701－0011583 012543
缶廬詩四卷別存一卷 （清）吳俊卿撰 清光緒十九年（1893）刻本 一冊

210000－0701－0011584 012552
籟雲仙館詩集□□卷 （清）劉鳳紀撰 清抄本 一冊 存一卷（二、三目錄）

210000－0701－0011585 012553
簡之詩稿一卷 （清）金居敬撰 清末稿本 一冊

210000－0701－0011586 012554
餘癡初稿一卷 題（清）餘癡生（毓朗）撰 清宣統三年（1911）京師京華印書局鉛印本 一冊

210000－0701－0011587 012585
湘綺樓文集八卷 王闓運撰 清光緒二十六年（1900）衆陽刻湘綺樓全集本 四冊

210000－0701－0011588 012593
師鄭堂駢體文存二卷 （清）孫同康撰 清光緒二十一年（1895）刻師鄭叢書本 一冊

210000－0701－0011589 012594
師鄭堂集六卷 （清）孫同康撰 清光緒十七年（1891）無錫木活字印本 四冊

210000－0701－0011590 012601
桐城吳先生文集四卷 （清）吳汝綸撰 清光緒三十年（1904）王恩紱等刻桐城吳先生全書

本　四冊

210000 - 0701 - 0011591　012602

吳摯甫文集四卷附鈔深州風土記四篇一卷
(清)吳汝綸撰　清宣統元年(1909)國學扶輪
社石印本　五冊

210000 - 0701 - 0011592　012603

程一夔文乙集四卷　程先甲撰　清宣統二年
(1910)千一齋刻本　二冊

210000 - 0701 - 0011593　012620

湘綺樓文集八卷　王闓運撰　清光緒三十四
年(1908)湘靈文社鉛印本　四冊

210000 - 0701 - 0011594　012643

藝風堂文集七卷外篇一卷續集八卷外集一卷
　繆荃孫撰　清光緒二十六年至民國二年
(1900 - 1913)刻本　八冊　缺一卷(外集一
卷)

210000 - 0701 - 0011595　012644

藝風堂文集七卷外篇一卷續集八卷外集一卷
　繆荃孫撰　清光緒二十六年至民國二年
(1900 - 1913)刻本　四冊　存九卷(續集八
卷、外集一卷)

210000 - 0701 - 0011596　012645

藝風堂文集七卷外篇一卷續集八卷外集一卷
　繆荃孫撰　清光緒二十六年至民國二年
(1900 - 1913)刻本　四冊　存八卷(文集七
卷、外篇一卷)

210000 - 0701 - 0011597　012653

拙尊園叢稿六卷　(清)黎庶昌撰　清光緒二
十一年(1895)金陵狀元閣刻本　四冊

210000 - 0701 - 0011598　012654

靜觀齋文稿一卷　世榮撰　清宣統三年
(1911)石印本　一冊

210000 - 0701 - 0011599　012660

魏昭士文集十卷　(清)魏世俲撰　清道光二
十五年(1845)謝庭綏綏園書塾刻寧都三魏全
集本　二冊　存五卷(一至二、四至六)

210000 - 0701 - 0011600　012666

抱潤軒文集十卷　馬其昶撰　清宣統元年
(1909)安徽官紙印刷局石印本　一冊

210000 - 0701 - 0011601　012678

原人四卷晦堂書錄一卷　陳澹然撰　清光緒
三十二年(1906)武昌鉛印本　二冊

210000 - 0701 - 0011602　012679

原人四卷晦堂書錄一卷　陳澹然撰　清光緒
三十二年(1906)武昌鉛印本　二冊

210000 - 0701 - 0011603　012701

金陵賦一卷　程先甲撰　清宣統二年(1910)
刻千一齋全書本　一冊

210000 - 0701 - 0011604　012717

四印齋所刻詞　(清)王鵬運輯　清光緒十四
年(1888)臨桂王氏家塾刻本　十四冊　缺三
種十五卷(花間集十卷、精選名賢詞話草堂詩
餘二卷、清眞集二卷集外詞一卷)

210000 - 0701 - 0011605　012718

四印齋所刻詞　(清)王鵬運輯　清光緒十四
年(1888)臨桂王氏家塾刻本　十八冊

210000 - 0701 - 0011606　012721

唐五代詞選三卷　(清)成肇麐輯　清光緒十
三年(1887)刻蒙香室叢書本　一冊

210000 - 0701 - 0011607　012728

詞綜三十六卷　(清)朱彝尊　(清)汪森輯
清刻本　八冊

210000 - 0701 - 0011608　012729

詞綜三十八卷　(清)朱彝尊　(清)汪森輯
**明詞綜十二卷國朝詞綜四十八卷國朝詞綜二
集八卷**　(清)王昶輯　清嘉慶八年(1803)刻
本　二十四冊

210000 - 0701 - 0011609　012733

詞選二卷　(清)張惠言輯　附錄一卷　(清)
鄭善長輯　清道光十年(1830)宛璘書屋刻本
　一冊

210000 - 0701 - 0011610　012734

詞選二卷　(清)張惠言輯　續詞選二卷
(清)董毅輯　附錄一卷　(清)鄭善長輯　清

同治六年(1867)刻本　一冊

210000－0701－0011611　012735

詞選二卷　(清)張惠言輯　**附錄一卷**　(清)
鄭善長輯　清同治六年(1867)刻本　一冊

210000－0701－0011612　012736

詞林紀事二十二卷　(清)張宗橚輯　**樂府指
迷一卷**　(宋)張炎撰　**詞旨一卷**　(宋)陸輔
撰　**詞韻考略一卷**　(清)許昂霄輯　清道光
十五年(1835)清吟閣刻本　十二冊

210000－0701－0011613　012740

詞學叢書　(清)秦恩復輯　清嘉慶、道光間
江都秦氏享帚精舍刻本　十冊

210000－0701－0011614　012741

詞學叢書　(清)秦恩復輯　清嘉慶、道光間
江都秦氏享帚精舍刻光緒六年(1880)邗江承
啓堂補刻本　十二冊

210000－0701－0011615　012742

三家宮詞三卷二家宮詞二卷　(明)毛晉輯
清同治十二年(1873)淮南書局刻本　二冊

210000－0701－0011616　012743

三家宮詞三卷二家宮詞二卷　(明)毛晉輯
清同治十二年(1873)淮南書局刻本　一冊

210000－0701－0011617　012744

三家宮詞三卷二家宮詞二卷　(明)毛晉輯
清同治十二年(1873)淮南書局刻本　一冊

210000－0701－0011618　012745

靈芬館詞四種　(清)郭麐撰　清光緒五年
(1879)娛園刻本　四冊

210000－0701－0011619　012746

三家宮詞三卷二家宮詞二卷　(明)毛晉輯
清宣統三年(1911)上海掃葉山房石印本
一冊

210000－0701－0011620　012748

西泠詞萃　(清)丁丙輯　清光緒錢塘丁氏刻
本　四冊

210000－0701－0011621　012753

仁龢吳氏雙照樓影刊宋元本詞　吳昌綬輯

清宣統三年至民國六年(1911－1917)吳氏雙
照樓刻本　二十冊

210000－0701－0011622　012756

吳氏石蓮庵刻山左人詞　(清)吳重熹輯　清
光緒二十七年(1901)金陵吳氏刻本　十冊

210000－0701－0011623　012759

續詞選二卷　(清)董毅撰　清道光十年
(1830)宛璘書屋刻本　一冊

210000－0701－0011624　012760

續詞選二卷　(清)董毅輯　**附錄一卷**　(清)
鄭善長輯　清同治六年(1867)刻本　一冊

210000－0701－0011625　012761

白香詞譜箋四卷　(清)舒夢蘭輯　(清)謝朝
徵箋　清光緒十一年(1885)刻半厂叢書初編
本　四冊

210000－0701－0011626　012762

粵西詞見二卷　況周儀輯　清光緒二十二年
(1896)金陵刻二十三年(1897)揚州聚文齋李
氏刻字店印蕙風簃所纂書本　一冊

210000－0701－0011627　012763

粵東三家詞鈔三卷　(清)葉衍蘭輯　清光緒
二十一年(1895)刻本　一冊

210000－0701－0011628　012764

粵東三家詞鈔三卷　(清)葉衍蘭輯　清光緒
二十一年(1895)刻本　一冊

210000－0701－0011629　012766

絕妙好詞箋七卷　(宋)周密輯　(清)查爲仁
　(清)厲鶚箋注　**續鈔一卷**　(清)余集輯
又續鈔一卷　(清)徐楙補錄　清同治十一年
(1872)會稽章氏刻本　四冊

210000－0701－0011630　012767

絕妙好詞箋七卷　(宋)周密輯　(清)查爲仁
　(清)厲鶚箋注　**續鈔一卷**　(清)余集輯
又續鈔一卷　(清)徐楙補錄　清道光八年
(1828)杭州刻本　三冊

210000－0701－0011631　012768

絕妙好詞箋七卷　(宋)周密輯　(清)查爲仁

（清）厲鶚箋注　續鈔一卷　（清）余集輯
又續鈔一卷　（清）徐楙補錄　清道光八年
(1828)杭州刻本　二冊

210000－0701－0011632　012769
絕妙好詞箋七卷　（宋）周密輯　（清）查爲仁
（清）厲鶚箋注　續鈔一卷　（清）余集輯
又續鈔一卷　（清）徐楙補錄　清刻本　四冊

210000－0701－0011633　012770
絕妙好詞箋七卷　（宋）周密輯　（清）查爲仁
（清）厲鶚箋注　續鈔一卷續鈔補錄一卷
（清）余集輯　（清）徐楙補錄　清刻本　四冊

210000－0701－0011634　012771
絕妙好詞箋七卷　（宋）周密輯　（清）查爲仁
（清）厲鶚箋注　續鈔二卷　（清）余集輯
（清）徐楙補錄　清宣統元年(1909)上海沅記
書莊石印本　四冊

210000－0701－0011635　012779
宋名家詞六十一種　（明）毛晉輯　清光緒十
四年(1888)錢塘汪氏刻本　二十六冊

210000－0701－0011636　012780
宋名家詞六十一種　（明）毛晉輯　清光緒十
四年(1888)錢塘汪氏刻本　二十四冊

210000－0701－0011637　012789
四印齋彙刻宋元三十一家詞　（清）王鵬運輯
清光緒十九年(1893)四印齋刻本　四冊

210000－0701－0011638　012790
宋元名家詞十五種　（清）江標輯　清光緒二
十一年(1895)湖南思賢書局刻本　四冊

210000－0701－0011639　012791
宋元名家詞十五種　（清）江標輯　清光緒二
十一年(1895)湖南思賢書局刻本　四冊

210000－0701－0011640　012792
宋元名家詞十五種　（清）江標輯　清光緒二
十一年(1895)湖南思賢書局刻本　四冊

210000－0701－0011641　012793
景刊宋金元明本詞四十種　吳昌綬輯　陶湘
續輯　敘錄一卷　陶湘撰　清宣統三年至民

國六年(1911－1917)仁和吳氏雙照樓刻民國
六年至十二年(1917－1923)武進陶氏涉園續
刻本　三十冊

210000－0701－0011642　012794
宋七家詞選七卷　（清）戈載輯　（清）杜文瀾
校注　清光緒十一年(1885)曼陀羅華閣刻本
四冊

210000－0701－0011643　012795
宋七家詞選七卷　（清）戈載輯　（清）杜文瀾
校注　清光緒十一年(1885)曼陀羅華閣刻本
四冊

210000－0701－0011644　012796
宋七家詞選七卷　（清）戈載輯　（清）杜文瀾
校注　清光緒十一年(1885)曼陀羅華閣刻本
四冊

210000－0701－0011645　012797
宋七家詞選七卷　（清）戈載輯　（清）杜文瀾
校注　清光緒十一年(1885)曼陀羅華閣刻本
四冊

210000－0701－0011646　012798
宋七家詞選七卷　（清）戈載輯　（清）杜文瀾
校注　清光緒十一年(1885)曼陀羅華閣刻本
四冊

210000－0701－0011647　012799
宋七家詞選七卷　（清）戈載輯　（清）杜文瀾
校注　清光緒十一年(1885)曼陀羅華閣刻本
四冊

210000－0701－0011648　012800
宋七家詞選七卷　（清）戈載輯　（清）杜文瀾
校注　清光緒十一年(1885)曼陀羅華閣刻本
四冊

210000－0701－0011649　012801
宋七家詞選七卷　（清）戈載輯　（清）杜文瀾
校注　清光緒十年(1884)曼陀羅華閣刻本
四冊

210000－0701－0011650　012801
宋七家詞選七卷　（清）戈載輯　（清）杜文瀾

校注　清光緒十年（1884）曼陀羅華閣刻本
四冊

210000 – 0701 – 0011651　012802

宋七家詞選七卷　（清）戈載輯　清宣統三年
（1911）掃葉山房石印本　三冊

210000 – 0701 – 0011652　012803

宋七家詞選七卷　（清）戈載輯　清宣統三年
（1911）掃葉山房石印本　三冊

210000 – 0701 – 0011653　012804

宋四家詞選一卷　（清）周濟輯　（清）譚獻評
　清光緒三十四年（1908）鉛印本　一冊

210000 – 0701 – 0011654　012805

宋四家詞選一卷　（清）周濟輯　（清）譚獻評
　清光緒三十四年（1908）鉛印本　一冊

210000 – 0701 – 0011655　012806

宋四家詞選一卷　（清）周濟輯　（清）譚獻評
　清光緒三十四年（1908）鉛印本　一冊

210000 – 0701 – 0011656　012809

景刊宋金元明本詞四十種　吳昌綬輯　陶湘
續輯　**敘錄一卷**　陶湘撰　清宣統三年至民
國六年（1911 – 1917）仁和吳氏雙照樓刻民國
六年至十二年（1917 – 1923）武進陶氏涉園續
刻本　八冊　存八種三十一卷（歐陽文忠公
集近體樂府三卷、醉翁琴趣外篇六卷、閑齋琴
趣外篇六卷、晁氏琴趣外篇六卷、酒邊集一
卷、蘆川詞二卷、於湖居士文集樂府四卷、渭
南文集詞二卷,敘錄一卷）

210000 – 0701 – 0011657　012810

景刊宋金元明本詞五十種　中國書店輯　清
宣統三年至民國六年（1911 – 1917）仁和吳氏
雙照樓刻陶氏涉園續刻 1981 年北京中國書店
補刻本　三十二冊

210000 – 0701 – 0011658　012814

浙西六家詞　（清）龔翔麟輯　清康熙錢塘龔
氏玉玲瓏閣刻本　三冊　缺一種三卷（江湖
載酒集三卷）

210000 – 0701 – 0011659　012815

**湖州詞徵二十四卷附錄一卷附國朝湖州詞人
姓字略**　朱祖謀輯　清宣統三年（1911）刻本
　四冊

210000 – 0701 – 0011660　012816

十六國宮詞二卷　（清）周昇撰並注　清道光
十四年（1834）櫻西書屋刻本　一冊

210000 – 0701 – 0011661　012838

花間集十卷　（後蜀）趙崇祚輯　清刻本
二冊

210000 – 0701 – 0011662　012839

花間集十卷　（後蜀）趙崇祚輯　清光緒十四
年（1888）邵武徐氏刻邵武徐氏叢書本　二冊

210000 – 0701 – 0011663　012845

草堂詩餘四卷　（宋）武陵逸史輯　清丹山堂
刻本　四冊

210000 – 0701 – 0011664　012846

草堂詩餘五卷　（明）楊慎批點　清光緒十三
年（1887）宋氏懺花盦刻本　二冊

210000 – 0701 – 0011665　012857

詞綜三十八卷　（清）朱彝尊輯　（清）王昶續
　**明詞綜十二卷國朝詞綜四十八卷國朝詞綜
二集八卷**　（清）王昶輯　清嘉慶七年（1802）
刻本　二十八冊

210000 – 0701 – 0011666　012858

國朝詞綜四十八卷二集八卷　（清）王昶輯
清嘉慶八年（1803）三泖漁莊刻本　十冊

210000 – 0701 – 0011667　012867

詞雅二十四卷　（清）姚階輯　清嘉慶三年
（1798）刻本　二冊　存六卷（四至九）

210000 – 0701 – 0011668　012868

四明近體樂府十四卷　（清）袁鈞輯　**附卷一
卷**　清嘉慶二十三年（1818）慈谿鄭氏刻本
二冊

210000 – 0701 – 0011669　012871

景刊宋金元明本詞四十種　吳昌綬輯　陶湘續
輯　清宣統三年至民國六年（1911 – 1917）仁和
吳氏雙照樓刻民國六年至十二年（1917 – 1923）

武進陶氏涉園續刻本　十冊　存六種六卷(松雪齋樂府一卷、靜修先生樂府一卷、道園遺稿樂府一卷、此山先生詩集樂府一卷、曹文貞公詩集樂府一卷、楚國文憲公雪樓程先生文集樂府一卷)

210000－0701－0011670　012882
歷朝名人詞選十三卷　(清)夏秉衡輯　清宣統元年(1909)上海掃葉山房石印本　六冊

210000－0701－0011671　012883
閨秀詞鈔十六卷補遺一卷續補遺四卷　徐乃昌輯　清宣統元年(1909)小檀欒室刻本十冊

210000－0701－0011672　012890
小檀欒室彙刻閨秀詞十集　徐乃昌輯　清光緒二十一年至二十二年(1895－1896)南陵徐氏刻本　二十冊

210000－0701－0011673　012891
小檀欒室彙刻閨秀詞十集　徐乃昌輯　清光緒二十一年至二十二年(1895－1896)南陵徐氏刻本　二十冊

210000－0701－0011674　012892
小檀欒室彙刻閨秀詞十集　徐乃昌輯　清光緒二十一年至二十二年(1895－1896)南陵徐氏刻本　十六冊　存八集(一至八)

210000－0701－0011675　012893
小檀欒室彙刻閨秀詞十集　徐乃昌輯　清光緒二十一年至二十二年(1895－1896)南陵徐氏刻本　十六冊　存八集(一至八)

210000－0701－0011676　012894
小檀欒室彙刻閨秀詞十集附一種　徐乃昌輯　清光緒二十一年至二十二年(1895－1896)南陵徐氏刻宣統元年(1909)續刻本　二十九冊　缺五種五卷(靜一齋詩餘一卷、冷香齋詩餘一卷、蓼湘廔詞一卷、繡餘詞一卷、簪華閣詩餘一卷)

210000－0701－0011677　012898
京華百二竹枝詞一卷　題憂患生撰　清宣統二年(1910)北京益森公司鉛印遇園雜著本

一冊

210000－0701－0011678　012899
京華百二竹枝詞一卷　題憂患生撰　清宣統二年(1910)北京益森公司鉛印遇園雜著本一冊

210000－0701－0011679　012905
詠花詞一卷　(清)潘曾瑋撰　清光緒十三年(1887)刻本　一冊

210000－0701－0011680　012912
更生齋詩餘二卷　(清)洪亮吉撰　清光緒三年(1877)洪用懃授經堂刻洪北江全集本一冊

210000－0701－0011681　012915
石林詞一卷　(宋)葉夢得撰　清宣統三年(1911)葉氏觀古堂刻本　一冊

210000－0701－0011682　012921
醉芙詩餘一卷　(清)王汝純撰　清光緒十九年(1893)刻本　一冊

210000－0701－0011683　012923
雲起軒詞鈔一卷　(清)文廷式撰　清光緒三十三年(1907)南陵徐氏刻懷幽雜俎本　一冊

210000－0701－0011684　012934
水雲樓詞二卷　(清)蔣春霖撰　清咸豐十一年(1861)刻本　一冊

210000－0701－0011685　012935
水雲樓詞二卷續詞一卷　(清)蔣春霖撰　清同治十二年(1873)湖南思賢書局刻本　一冊

210000－0701－0011686　012936
水仙亭詞集二卷　(清)項瑆撰　清光緒十二年(1886)刻本　一冊

210000－0701－0011687　012940
彈指詞三卷　(清)顧貞觀撰　清刻本　一冊

210000－0701－0011688　012941
彈指詞三卷　(清)顧貞觀撰　清宣統二年(1910)吉林官書刷印局鉛印本　一冊

210000－0701－0011689　012944

六影詞六卷　（清）鄧祥麟撰　清道光五年
(1825)刻本　一冊

210000－0701－0011690　012956
香草詞五卷補遺一卷附錄一卷鴻爪詞一卷哀
絲豪竹詞一卷菊花詞一卷集牡丹亭詞一卷
（清）陳鍾祥撰　清咸豐十年(1860)刻趣園初
集本　二冊

210000－0701－0011691　012957
香銷酒醒詞一卷附曲一卷　（清）趙慶熺撰
清同治七年(1868)王氏刻本　一冊　存一卷
(詞一卷)

210000－0701－0011692　012958
香銷酒醒詞一卷附曲一卷　（清）趙慶熺撰
清光緒十一年(1885)刻本　一冊

210000－0701－0011693　012959
采香詞二卷　（清）杜文瀾撰　清咸豐十一年
(1861)曼陀羅華閣刻曼陀羅華閣叢書本
一冊

210000－0701－0011694　012963
比竹餘音四卷　鄭文焯撰　清光緒二十八年
(1902)吳興沈氏刻本　一冊

210000－0701－0011695　012964
紅豆新詞一卷記事譜一卷　（清）潘鍾寯撰
清同治八年(1869)刻本　一冊

210000－0701－0011696　012965
紅雪詞甲集二卷　（清）馮雲鵬撰　清乾隆、
嘉慶間刻本　二冊

210000－0701－0011697　012968
山中白雲詞八卷　（宋）張炎撰　清刻本
三冊

210000－0701－0011698　012969
山中白雲詞八卷詞源二卷　（宋）張炎撰　附
錄一卷逸事一卷　清光緒八年(1882)娛園刻
娛園叢刻本　二冊

210000－0701－0011699　012980
水流雲在館詞鈔四卷　（清）周天麟撰　月樓
琴語一卷　（清）蕭恆貞撰　清光緒二十一年

(1895)刻本　一冊

210000－0701－0011700　012981
納蘭詞五卷補遺一卷　（清）納蘭性德撰　納
蘭墓誌銘碑文　清光緒六年(1880)娛園刻娛
園叢刻本　二冊

210000－0701－0011701　012984
白石道人歌曲四卷別集一卷　（宋）姜夔撰
白石道人詩歌評論一卷補遺一卷　（清）許增
輯　白石道人逸事一卷逸事補遺一卷　清光
緒十年(1884)娛園刻娛園叢刻本　一冊

210000－0701－0011702　012985
吳梅村詞一卷　（清）吳偉業撰　清刻本
一冊

210000－0701－0011703　012991
秋夢盦詞鈔二卷續一卷再續一卷　（清）葉衍
蘭撰　清光緒十六年(1890)羊城葉氏刻本
一冊

210000－0701－0011704　012992
秋夢盦詞鈔二卷續一卷再續一卷　（清）葉衍
蘭撰　清光緒十六年(1890)羊城葉氏刻本
一冊

210000－0701－0011705　012993
秋夢盦詞鈔二卷續一卷再續一卷　（清）葉衍
蘭撰　清光緒十六年(1890)羊城葉氏刻本
一冊

210000－0701－0011706　012999
安陸集詩一卷詞一卷附錄一卷　（宋）張先撰
　清刻本　一冊

210000－0701－0011707　013000
安陸集詩一卷詞一卷附錄一卷　（宋）張先撰
　清刻本　一冊

210000－0701－0011708　013001
安陸集詩一卷詞一卷附錄一卷　（宋）張先撰
　清刻本　一冊

210000－0701－0011709　013002
安陸集詩一卷詞一卷附錄一卷　（宋）張先撰
　清刻本　一冊

210000－0701－0011710　013003

安陸集詩一卷詞一卷附錄一卷　（宋）張先撰
　清刻本　一冊

210000－0701－0011711　013007

寄龕詞四卷　（清）孫德祖撰　清同治九年
(1870)山陰許純模刻本　一冊

210000－0701－0011712　013010

宋詞賞心錄不分卷　（清）端木埰輯　清刻本
　一冊

210000－0701－0011713　013021

補恨樓詞二卷　（清）徐佑成撰　清光緒二十
一年(1895)刻本　一冊

210000－0701－0011714　013030

濯絳宧存稿一卷　（清）劉毓盤撰　清末刻本
　一冊

210000－0701－0011715　013035

冷紅詞四卷　鄭文焯撰　清光緒二十二年
(1896)耦園刻大鶴山房全書本　一冊

210000－0701－0011716　013036

冷紅詞四卷　鄭文焯撰　清光緒二十二年
(1896)耦園刻大鶴山房全書本　一冊

210000－0701－0011717　013036

絕妙好詞校錄一卷　鄭文焯撰　清末刻大鶴
山房全書本　與 210000－0701－0011716
合冊

210000－0701－0011718　013038

海棠香夢詞四卷和白香詞譜全集一卷　（清）
陳壽嵩撰　清光緒二十六年(1900)刻本
二冊

210000－0701－0011719　013040

滄江虹月詞三卷　（清）汪初撰　**作者小傳**
清嘉慶九年(1804)汪氏振綺堂刻光緒十五年
(1889)補刻本　一冊

210000－0701－0011720　013041

消愁集二卷　（清）郭蔣英撰　清光緒三十三
年(1907)刻本　一冊

210000－0701－0011721　013042

左庵詩餘八卷　（清）李佳繼昌撰　清光緒刻
本　四冊

210000－0701－0011722　013045

太素齋詞鈔二卷　（清）勒方錡撰　清光緒十
年(1884)刻本　一冊

210000－0701－0011723　013046

太素齋詞鈔二卷　（清）勒方錡撰　清光緒十
年(1884)刻本　一冊

210000－0701－0011724　013047

太素齋詞鈔二卷　（清）勒方錡撰　清光緒十
年(1884)刻本　一冊

210000－0701－0011725　013048

太素齋詞鈔二卷　（清）勒方錡撰　清光緒十
年(1884)刻本　一冊

210000－0701－0011726　013049

太素齋詞鈔二卷　（清）勒方錡撰　清光緒十
年(1884)刻本　一冊

210000－0701－0011727　013050

太素齋詞鈔二卷　（清）勒方錡撰　清光緒十
年(1884)刻本　一冊

210000－0701－0011728　013058

夢窗甲稿一卷乙稿一卷丙稿一卷丁稿一卷補
遺一卷　（宋）吳文英撰　校勘夢窗詞劄記一
卷　（清）王鵬運撰　清光緒三十年(1904)王
氏刻民國二十三年(1934)北平來薰閣印本
二冊

210000－0701－0011729　013063

花簾詞不分卷　（清）吳藻撰　清道光十年
(1830)刻本　一冊

210000－0701－0011730　013066

花影吹笙詞鈔二卷　（清）葉英華撰　**小遊僊**
詞一卷　題（清）夢禪居士撰　清光緒三年
(1877)羊城葉氏刻本　一冊

210000－0701－0011731　013067

花影吹笙詞鈔二卷　（清）葉英華撰　**小遊僊**
詞一卷　題（清）夢禪居士撰　清光緒三年
(1877)羊城葉氏刻本　一冊

210000－0701－0011732　013068

花笑樓詞四種　（清）楊其光撰　（清）陳步墀選　清宣統元年(1909)鉛印本　一冊

210000－0701－0011733　013072

蕉心閣詞一卷　（清）周繼煦撰　清光緒二十六年(1900)成都貴築高氏刻本　一冊

210000－0701－0011734　013073

苾芻館詞集六卷　（清）胡延撰　清光緒二十九年(1903)南京糧儲道廨刻本　四冊

210000－0701－0011735　013074

草窗詞二卷草窗詞補二卷　（宋）周密撰　清光緒二十六年(1900)刻本　一冊

210000－0701－0011736　013075

草窗詞二卷草窗詞補二卷　（宋）周密撰　清光緒二十六年(1900)刻本　一冊

210000－0701－0011737　013076

草窗詞二卷草窗詞補二卷　（宋）周密撰　清光緒二十六年(1900)刻本　一冊

210000－0701－0011738　013077

荔園詞二卷　（清）徐本立撰　清同治十年(1871)刻本　一冊

210000－0701－0011739　013079

華原風土詞一卷　（清）顧曾炟撰　（清）顧儒基　（清）顧似基注　清光緒王壽祺刻本　一冊

210000－0701－0011740　013082

蕃錦集二卷　（清）朱彝尊撰　清刻本　一冊

210000－0701－0011741　013083

賷華屋蛻稿六卷　（清）吳卿弼撰　清光緒二十年(1894)刻本　一冊

210000－0701－0011742　013084

棲雲山館詞存一卷　（清）黃錫禧撰　清同治六年(1867)刻本　一冊

210000－0701－0011743　013087

莘是芬室詞甲稿　（清）何震彝撰　清光緒二十九年(1903)鉛印本　一冊

210000－0701－0011744　013089

梅邊笛譜二卷　（清）李堂撰　清嘉慶十六年(1811)刻本　一冊

210000－0701－0011745　013102

小檀欒室彙刻閨秀詞　徐乃昌輯　清光緒二十一年至二十二年(1895－1896)南陵徐氏刻本　一冊　存五種五卷(靜一齋詩餘一卷、冷香齋詩餘一卷、蓼湘廎詞一卷、繡餘詞一卷、簪華閣詩餘一卷)

210000－0701－0011746　013106

金縷曲一卷　（清）俞樾撰　清光緒十三年(1887)石印本　一冊

210000－0701－0011747　013115

映盦詞一卷　夏敬觀撰　清光緒三十三年(1907)刻本　一冊

210000－0701－0011748　013117

味梨集一卷　（清）王鵬運撰　清光緒二十一年(1895)自刻本　一冊

210000－0701－0011749　013118

味梨集一卷　（清）王鵬運撰　清光緒二十一年(1895)續刻本　一冊

210000－0701－0011750　013119

曝書亭集詞注七卷　（清）朱彝尊撰　（清）李富孫纂　清嘉慶十九年(1814)刻本　四冊

210000－0701－0011751　013119

鴛央湖櫂歌四種五卷　（清）陸以誠輯　清刻本　二冊

210000－0701－0011752　013121

曝書亭刪餘詞一卷曝書亭詞手稿原目一卷　（清）朱彝尊撰　校勘記一卷　葉德輝撰　清光緒二十九年(1903)長沙葉氏刻觀古堂所刊書本　一冊

210000－0701－0011753　013123

瞻園詞二卷　（清）張仲炘撰　清光緒三十一年(1905)刻本　一冊

210000－0701－0011754　013124

瞻園詞二卷　（清）張仲炘撰　清光緒三十一

年(1905)刻本　一册

210000－0701－0011755　013125

瞻園詞二卷　（清）張仲炘撰　清光緒三十一
年(1905)刻本　一册

210000－0701－0011756　013127

長安宮詞一卷　（清）胡延撰　清光緒二十八
年(1902)刻本　一册

210000－0701－0011757　013128

長安宮詞一卷　（清）胡延撰　清光緒三十年
(1904)成都啓蒙通俗報館傅氏刻本　一册

210000－0701－0011758　013130

眉綠樓詞一卷　（清）顧文彬撰　清光緒五年
(1879)刻本　一册

210000－0701－0011759　013131

眉綠樓詞二種　（清）顧文彬撰　清刻本
一册

210000－0701－0011760　013133

八十一寒詞一卷　（清）何震彝撰　清宣統元
年(1909)鉛印本　一册

210000－0701－0011761　013134

全史宮詞二十卷　（清）史夢蘭撰　清光緒十
九年(1893)刻本　一册

210000－0701－0011762　013135

金梁夢月詞二卷懷夢詞一卷　（清）周之琦撰
　清道光杭州愛日軒陸貞一刻本　一册

210000－0701－0011763　013136

金梁夢月詞二卷懷夢詞一卷　（清）周之琦撰
　清道光杭州愛日軒陸貞一刻本　一册

210000－0701－0011764　013137

金梁夢月詞二卷懷夢詞一卷　（清）周之琦撰
　清道光杭州愛日軒陸貞一刻本　一册

210000－0701－0011765　013143

翦紅詞草一卷　（清）惲毓巽撰　清宣統二年
(1910)刻本　一册

210000－0701－0011766　013144

姜白石全集　（宋）姜夔撰　清宣統二年

(1910)上海掃葉山房石印本　三册

210000－0701－0011767　013145

美人長壽盦詞集六卷　程頌萬撰　清光緒二
十六年(1900)甯鄉程氏刻十髮盦類稿本
三册

210000－0701－0011768　013146

養默山房詩餘二種　（清）謝元淮撰　清道光
二十四年至二十八年(1844－1848)刻朱墨套
印本　二册　存二卷(填詞淺說一卷、海天秋
角詩一卷)

210000－0701－0011769　013147

瓶隱山房詞八卷　（清）黃曾撰　清道光二十
七年(1847)刻本　四册

210000－0701－0011770　013149

飲水詞鈔二卷　（清）性德撰　（清）袁通選
清光緒十八年(1892)上海圖書集成印書局鉛
印本　一册

210000－0701－0011771　013150

篋中詞今集六卷續四卷　（清）譚獻輯　清光
緒八年(1882)仁和譚氏刻半厂叢書初編本
四册

210000－0701－0011772　013151

小蘇潭詞五卷　（清）謝學崇撰　清道光刻本
二册

210000－0701－0011773　013154

半塘定稿二卷半塘賸稿一卷　（清）王鵬運撰
清光緒三十二年(1906)刻本　一册

210000－0701－0011774　013156

燈昏鏡曉詞四卷聚紅榭雅集詞一卷　（清）宋
謙撰　清宣統二年(1910)鉛印本　一册　存
二卷(一至二)

210000－0701－0011775　013157

燈昏鏡曉詞四卷聚紅榭雅集詞一卷　（清）宋
謙撰　清宣統二年(1910)鉛印本　一册　存
二卷(三至四)

210000－0701－0011776　013158

燈昏鏡曉詞四卷聚紅榭雅集詞一卷　（清）宋

謙撰　清宣統二年(1910)鉛印本　二冊

210000－0701－0011777　013159
左庵詩餘八卷　（清）李佳繼昌撰　清光緒刻本　一冊　存二卷(怡水詞一卷、秦徵詞一卷)

210000－0701－0011778　013160
悔翁詩餘五卷　（清）汪士鐸撰　清光緒九年(1883)合肥張氏味古齋刻本　一冊

210000－0701－0011779　013161
詞辨二卷介存齋論詞雜著一卷　（清）周濟撰　清光緒四年(1878)刻本　一冊

210000－0701－0011780　013165
歷朝詞林摘錦一卷國朝詞林摘錦一卷　題(清)椒園主編　清光緒九年(1883)守研山房刻本　二冊

210000－0701－0011781　013166
詞話四卷　（清）李調元撰　清刻函海本　二冊

210000－0701－0011782　013168
白雨齋詞話八卷　（清）陳廷焯撰　清光緒二十年(1894)刻本　三冊

210000－0701－0011783　013176
蓮子居詞話四卷　（清）吳衡照輯　清道光十二年(1832)汪氏刻同治六年(1867)、民國十二年(1923)遞補刻本　二冊

210000－0701－0011784　013178
蓮子居詞話四卷　（清）吳衡照輯　清同治九年(1870)退補齋刻本　一冊

210000－0701－0011785　013179
蓮子居詞話四卷　（清）吳衡照輯　清同治九年(1870)退補齋刻本　四冊

210000－0701－0011786　013182
詞律二十卷　（清）萬樹撰　蘇州掃葉山房刻本　十二冊

210000－0701－0011787　013183
詞律二十卷　（清）萬樹撰　（清）杜文瀾（清）恩錫校　**詞律拾遺八卷**　（清）徐本立纂

詞律補遺一卷　（清）杜文瀾撰　清同治至光緒刻本　八冊　缺十四卷(詞律一至十、十三至十四,拾遺三至四)

210000－0701－0011788　013184
詞律二十卷　（清）萬樹撰　（清）杜文瀾（清）恩錫校　**詞律拾遺八卷**　（清）徐本立纂　**詞律補遺一卷**　（清）杜文瀾撰　清同治至光緒刻本　十六冊

210000－0701－0011789　013191
詞律校勘記二卷　（清）杜文瀾撰　清咸豐十一年(1861)刻曼陀羅華閣叢書本　二冊

210000－0701－0011790　013192
詞律拾遺八卷　（清）徐本立纂　清同治十二年(1873)蘇州刻本　四冊

210000－0701－0011791　013193
詞律二十卷　（清）萬樹撰　（清）杜文瀾（清）恩錫校　**詞律拾遺八卷**　（清）徐本立纂　**詞律補遺一卷**　（清）杜文瀾撰　清上海文瑞樓石印本　六冊　缺十五卷(一至十五)

210000－0701－0011792　013194
詞名集解六卷續編二卷宋樂類編一卷南北詞名宮調彙錄二卷院本名目一卷雜劇待考一卷琴曲萃覽一卷　（清）汪汲撰　清刻本　五冊

210000－0701－0011793　013219
太霞新奏十四卷　題(明)香月居主人評選　清抄本　一冊　存四卷(二至五)

210000－0701－0011794　013244
紅樓夢散套十六卷曲譜十六卷　（清）吳鎬撰（清）黃兆魁譜　清嘉慶蟾波閣刻本　四冊

210000－0701－0011795　013245
紅樓夢散套十六卷曲譜十六卷　（清）吳鎬撰（清）黃兆魁譜　清嘉慶蟾波閣刻本　四冊

210000－0701－0011796　013246
白石道人歌曲四卷歌曲別集一卷　（宋）姜夔撰　**白石道人詩詞評論一卷逸事一卷逸事補遺一卷**　清光緒十年(1884)娛園刻娛園叢刻本　二冊

210000－0701－0011797　013248

吟秋詞一卷　（清）張汝玉撰　**假斯文賦一卷**
題（清）東園居士撰　清末刻本　一冊

210000－0701－0011798　013268

鳴鶴餘音一卷　（元）虞集撰　**馮尊師二十首**
清光緒七年至八年（1881－1882）廣漢鍾登
甲樂道齋刻函海本　一冊

210000－0701－0011799　013269

陶情樂府四卷　（明）楊愼撰　清宣統三年
（1911）嶧陽精舍刻本　一冊

210000－0701－0011800　013282

詞餘叢話三卷續詞餘叢話三卷　（清）楊恩壽
撰　清光緒三年（1877）長沙楊氏坦園刻坦園
全集本　二冊

210000－0701－0011801　013288

曲話四卷　（清）梁廷枏撰　清道光刻本
二冊

210000－0701－0011802　013309

吟香堂曲譜　（明）湯顯祖撰　（清）馮起鳳參
定　清乾隆五十四年（1789）吟香堂刻本　二
冊　存二卷（牡丹亭二卷）

210000－0701－0011803　013311

**納書楹曲譜正集四卷續集四卷外集二卷補遺
四卷**　（清）葉堂輯　（清）王文治參訂　清乾
隆五十七年至五十九年（1792－1794）葉氏納
書楹刻本　十冊　存十卷（正集一至二、四、
續集一至三,補遺四卷）

210000－0701－0011804　013312

納書楹曲譜全集　（清）葉堂撰　（清）王文治
參訂　清乾隆五十七年至五十九年（1792－
1794）葉氏納書楹刻道光二十八年（1848）文
德堂補刻本　二十冊

210000－0701－0011805　013315

遏雲閣曲譜初集不分卷　（清）王錫純輯　清
光緒十九年（1893）上海著易堂鉛印本　八冊

210000－0701－0011806　013316

遏雲閣曲譜初集不分卷　（清）王錫純輯　清
光緒十九年（1893）上海著易堂鉛印本　十
二冊

210000－0701－0011807　013333

兒孫福不分卷　（□）□□撰　清乾隆刻本
二冊

210000－0701－0011808　013336

詞源二卷　（宋）張炎撰　清嘉慶十五年
（1810）江都秦氏享帚精舍刻詞學全書本
一冊

210000－0701－0011809　013344

樂府傳聲二卷　（清）徐大椿撰　清光緒七年
（1881）刻正覺樓叢刻本　一冊

210000－0701－0011810　013345

燕樂考原六卷　（清）凌廷堪撰　清嘉慶十六
年（1811）刻校禮堂全書本　四冊

210000－0701－0011811　013350

六十種曲　（明）毛晉輯　明末毛氏汲古閣刻
清修本　一百二十冊

210000－0701－0011812　013369

梨園集成　（清）李世忠輯　清光緒六年
（1880）安省竹及齋刻本　十冊

210000－0701－0011813　013372

綴白裘新集合編十二集　（清）錢德蒼輯　清
嘉慶十五年（1810）五柳居刻本　四十八冊

210000－0701－0011814　013373

重訂綴白裘新集合編十二集四十八卷　（清）
錢德蒼輯　清道光三年（1823）共賞齋刻本
二十四冊

210000－0701－0011815　013416

媱嬧封一卷　（清）楊恩壽填詞　（清）魏式會
評點　清同治九年（1870）刻本　一冊

210000－0701－0011816　013427

繡像文武香球十二卷七十二回　題（清）申江
逸史撰　清同治二年（1863）二酉室刻本　十
二冊

210000－0701－0011817　013428

繡像文武香球十二卷七十二回　題（清）申江

逸史撰　清末刻本　十二冊

210000－0701－0011818　013434

誦荻齋曲　(清)徐鄂撰　清光緒十二年至十三年(1886－1887)大同書局石印本　四冊

210000－0701－0011819　013437

通天臺一卷　(清)吳偉業撰　煖香樓雜劇一卷　吳梅撰　清宣統二年(1910)長洲吳氏靈鶼閣奢摩他室曲叢本　一冊

210000－0701－0011820　013455

意中緣傳奇　(清)李漁撰　清道光二十五年(1845)大知堂刻十二種曲本　二冊

210000－0701－0011821　013456

六如亭　(清)張九鉞撰　清道光七年(1827)張家杴刻本　二冊

210000－0701－0011822　013459

誦荻齋曲　(清)徐鄂撰　清光緒十二年至十三年(1886－1887)大同書局石印本　四冊

210000－0701－0011823　013466

玉獅堂十種曲　(清)陳烺撰　清光緒十一年至十七年(1885－1891)刻本　八冊

210000－0701－0011824　013467

玉獅堂十種曲　(清)陳烺撰　清光緒十一年至十七年(1885－1891)刻本　十冊

210000－0701－0011825　013471

玉燕堂四種曲　(清)張堅撰　清乾隆刻本　八冊

210000－0701－0011826　013472

玉搔頭傳奇二卷　(清)李漁撰　清道光二十五年(1845)大知堂刻十二種曲本　二冊

210000－0701－0011827　013473

玉簪記二卷　(明)高濂撰　清刻本　二冊

210000－0701－0011828　013475

再來人　(清)楊恩壽撰　清光緒元年(1875)刻坦園傳奇六種本　一冊

210000－0701－0011829　013481

董解元西廂記四卷附錄八種十卷　劉世珩輯

清末貴池劉氏暖紅室刻本　十冊

210000－0701－0011830　013495

第六才子書西廂記八卷評點一卷　(元)王實甫撰　(清)金人瑞評點　清乾隆五十六年(1791)晉祁書業堂刻本　六冊

210000－0701－0011831　013496

第六才子書西廂記八卷評點一卷　(元)王實甫撰　(清)金人瑞評點　清嘉慶五年(1800)文盛堂刻本　六冊

210000－0701－0011832　013498

增像第六才子書五卷首一卷　(元)王實甫撰　(清)金人瑞評　清光緒十五年(1889)上海鴻寶齋石印本　六冊

210000－0701－0011833　013499

雷峯塔傳奇四卷　(清)方成培重訂　清乾隆三十七年(1772)水竹居刻本　四冊

210000－0701－0011834　013502

巧團圓傳奇二卷　(清)李漁撰　清道光二十五年(1845)大知堂刻十二種曲本　四冊

210000－0701－0011835　013505

鏡香園毛聲山評第七才子書十二卷首一卷圖一卷　(元)高明撰　清金陵聚錦堂刻本　八冊

210000－0701－0011836　013506

繪像第七才子書六卷　(元)高明撰　清末右文堂刻本　六冊

210000－0701－0011837　013507

英德堂繪像第七才子書六卷　(元)高明撰　清英德堂刻本　三冊

210000－0701－0011838　013510

碧聲吟館叢書　(清)許善長撰　清光緒仁和許氏刻本　八冊

210000－0701－0011839　013513

瓊花夢二卷　(清)龍燮撰　清宣統二年(1910)飲流齋主人抄本　一冊

210000－0701－0011840　013515

雙鴛祠傳奇一卷　(清)仲振履填詞　泰州新

華書店抄本　一冊

210000－0701－0011841　013516
香祖樓二卷　（清）蔣士銓填詞　（清）羅聘評文　（清）陳守詒訂譜　清乾隆紅雪樓刻紅雪樓九種曲本　二冊

210000－0701－0011842　013518
儒酸福傳奇二卷　（清）魏熙元撰　清光緒十年(1884)玉玲瓏館刻本　一冊

210000－0701－0011843　013519
儒酸福傳奇二卷　（清）魏熙元撰　清光緒十年(1884)玉玲瓏館刻本　一冊

210000－0701－0011844　013520
大埠橋盡節新戲本一卷　倜儻生編輯　清宣統三年(1911)文通書局鉛印本　一冊

210000－0701－0011845　013521
比目魚傳奇二卷　（清）李漁撰　清道光二十五年(1845)大知堂刻十二種曲本　四冊

210000－0701－0011846　013522
紫荆花傳奇二卷　（清）李文瀚填詞　（清）賀仲瑊評校　清咸豐四年(1854)味塵軒刻本　四冊

210000－0701－0011847　013523
紅雪樓九種曲　（清）蔣士銓撰　清刻本　十冊

210000－0701－0011848　013534
梨花雪一卷　清光緒十二年(1886)大同書局石印本　二冊

210000－0701－0011849　013535
增像繪圖伏魔大帝捉妖奇書八回　清光緒二十年(1894)石印本　一冊

210000－0701－0011850　013536
倚晴樓七種曲　（清）黃燮清撰　清光緒七年(1881)刻本　十冊

210000－0701－0011851　013537
牡丹亭還魂記二卷　（明）湯顯祖撰　清光緒十二年(1886)同文書局石印本　四冊

210000－0701－0011852　013538
牡丹亭還魂記二卷　（明）湯顯祖撰　清光緒十二年(1886)同文書局石印本　六冊

210000－0701－0011853　013546
鴛鴦鏡一卷　（清）黃憲清填詞　（清）陳石士鑒定　（清）查仲誥訂譜　清道光十五年(1835)刻本　一冊

210000－0701－0011854　013550
繪真記四十卷　題(清)邀月樓主人手編　清嘉慶十七年(1812)刻本　四冊

210000－0701－0011855　013551
空山夢二卷　（清）范元亨著　清光緒十七年(1891)范履福良鄉縣官廨刻本　一冊

210000－0701－0011856　013554
補天石傳奇八卷　（清）周樂清填詞　（清）譚光祜正譜　清道光十年(1830)靜遠草堂刻十七年(1837)印本　四冊

210000－0701－0011857　013555、013556
紅雪樓九種曲　（清）蔣士銓撰　清刻本　九冊　缺一種(第二碑一卷)

210000－0701－0011858　013559
通天臺一卷　（清）吳偉業撰　煖香樓雜劇一卷　吳梅撰　清宣統二年(1910)長洲吳氏靈鶼刻奢摩他室曲叢第一集本　一冊

210000－0701－0011859　013560
海蚪記傳奇二卷　（清）陳烺撰　清末石印玉獅堂十種曲本　一冊　存一卷(上)

210000－0701－0011860　013561
滄桑豔二卷　丁傳靖撰　陳圓圓事輯一卷圓圓傳輯補一卷附錄一卷　丁傳靖輯　清光緒三十四年(1908)刻本　二冊

210000－0701－0011861　013563
笠翁十二種曲　（清）李漁撰　清宏道堂刻本　八冊　存四種八卷(憐香伴傳奇二卷、風箏誤傳奇二卷、鳳求鳳傳奇二卷、比目魚傳奇二卷)

210000－0701－0011862　013565

才情集十卷　（清）吳所敬輯　清光緒二十年
(1894)上海晉記書莊鉛印本　四冊

210000－0701－0011863　013566

極樂世界傳奇八卷　題（清）觀劇道人原稿
（清）試香女史參評　清光緒七年(1881)京都
聚珍堂書坊木活字印本　八冊

210000－0701－0011864　013567

極樂世界傳奇八卷　題（清）觀劇道人原稿
（清）試香女史參評　清光緒七年(1881)京都
聚珍堂書坊活字印本　八冊

210000－0701－0011865　013568

桃谿雪二卷　（清）黃爕清撰　清光緒石印依
晴樓七種曲本　一冊

210000－0701－0011866　013569

桃花扇四卷　（清）孔尚任撰　首一卷　清光
緒二十一年(1895)蘭雪堂刻本　五冊

210000－0701－0011867　013570

桃花扇四卷　（清）孔尚任撰　清刻本　四冊

210000－0701－0011868　013571

桃花扇傳奇四卷　（清）孔尚任撰　清刻本
四冊

210000－0701－0011869　013573

芝龕記四卷首一卷　（清）董榕撰　清乾隆十
六年(1751)刻道光二年(1822)補刻本　八冊

210000－0701－0011870　013574

芝龕記六卷　（清）董榕撰　清光緒十五年
(1889)資中刻本　六冊

210000－0701－0011871　013575

重刊芝龕記樂府六卷　（清）董榕撰　首一卷
　清光緒十五年(1889)湖南道州官廨董耀焜
刻本　四冊

210000－0701－0011872　013576

燕子樓傳奇二卷蜀錦袍傳奇二卷梅喜緣傳奇
二卷　（清）陳烺傳　清光緒十七年(1891)徐
光瑩等刻玉獅堂十種曲本　六冊

210000－0701－0011873　013579

芙蓉碣傳奇二卷　（清）張雲驤撰　清光緒刻

本　二冊

210000－0701－0011874　013580

香雪亭新編耆英會記二卷　（清）喬萊撰　清
道光十年(1830)刻本　二冊

210000－0701－0011875　013581

桂枝香一卷　（清）楊恩壽撰　清光緒長沙楊
氏坦園刻坦園傳奇六種本　一冊

210000－0701－0011876　013586

芙蓉碣傳奇二卷　（清）張雲驤撰　清光緒刻
本　二冊

210000－0701－0011877　013589

坦園傳奇六種　（清）楊恩壽撰　清光緒長沙
楊氏刻本　四冊

210000－0701－0011878　013590

鶴歸來傳奇二卷　（清）瞿頡撰　清刻本
二冊

210000－0701－0011879　013591

鶴歸來傳奇二卷　（清）瞿頡撰　清末湖北官
書處刻本　二冊

210000－0701－0011880　013592

鶴歸來傳奇二卷　（清）瞿頡撰　清末湖北官
書處刻本　二冊

210000－0701－0011881　013593

娬嬧封一卷　（清）楊恩壽撰　清同治九年
(1870)刻本　一冊

210000－0701－0011882　013594

邯鄲夢傳奇二卷　（明）湯顯祖撰　清道光二
十五年(1845)大知堂刻十二種曲本　四冊

210000－0701－0011883　013595

梅花夢二卷　（清）張道撰　清光緒刻本
六冊

210000－0701－0011884　013597

詠懷堂新編十錯認春燈謎記四卷圖一卷
（清）阮大鋮撰　清嘉慶二年(1797)刻本
四冊

210000－0701－0011885　013598

進呈楊忠潛蚰蛇膽表忠記二卷　（清）丁耀亢撰　清同治十一年（1872）崇文書局刻本　二冊

210000－0701－0011886　013600

東廂記四卷首一卷　（清）湯世瀠撰　清光緒申報館鉛印申報館叢書本　四冊

210000－0701－0011887　013601

繪圖拱璧緣傳奇四卷　（清）陸怡安編　清光緒二十一年（1895）上海文盛堂石印本　四冊

210000－0701－0011888　013608

影梅菴傳奇二卷　（清）彭劍南撰　清道光八年（1828）水繪園刻本　二冊

210000－0701－0011889　013611

鵾鳴霜不分卷　題（清）獻嵐道人撰　清光緒十六年（1890）海寧宋氏暗香樓刻本　二冊

210000－0701－0011890　013619

長生殿不分卷　（清）洪昇撰　清乾隆刻本　一冊　存二齣（定情、賜盒）

210000－0701－0011891　013620

胭脂舄傳奇二卷紫荊花傳奇二卷　（清）李文瀚撰　清道光二十二年（1842）李氏味塵軒刻味塵軒曲四種本　四冊

210000－0701－0011892　013621

胭脂舄傳奇二卷　（清）李文瀚撰　清道光二十二年（1842）李氏味塵軒刻味塵軒曲四種本　二冊

210000－0701－0011893　013622

鳳求鳳傳奇二卷　（清）李漁撰　清道光二十五年（1845）大知堂刻十二種曲本　四冊

210000－0701－0011894　013623

風箏誤傳奇二卷　（清）李漁撰　清道光二十五年（1845）大知堂刻十二種曲本　二冊

210000－0701－0011895　013628

銀漢槎傳奇二卷　（清）李文瀚撰　清道光二十五年（1845）李氏風笛樓刻味塵軒曲四種本　二冊

210000－0701－0011896　013631

笠翁傳奇十種　（清）李漁撰　清刻本　二十冊

210000－0701－0011897　013632

合訂西廂記文機活趣全解八卷　（元）王實甫撰　清光緒十三年（1887）上海鉛印本　八冊

210000－0701－0011898　013633

笑中緣圖說六卷　（清）曹春江撰　清光緒三十二年（1906）石印本　六冊

210000－0701－0011899　013634

餅笙館修簫譜四種　（清）舒位撰　清道光十三年（1833）刻本　一冊

210000－0701－0011900　013635

小蓬萊傳奇十種　（清）劉清韻撰　清光緒二十六年（1900）上海藻文書局石印本　六冊

210000－0701－0011901　013643

得意緣不分卷　鉛印本　一冊

210000－0701－0011902　013647

新編雙玉盃全傳三十六卷圖一卷　清道光八年（1828）醉墨軒刻本　六冊

210000－0701－0011903　013654

新繡像鎮冤塔四卷二十四回　（□）□□撰　清宣統二年（1910）上海書局石印本　一冊

210000－0701－0011904　013660

唐人說薈一百六十四種二十卷　（清）蓮塘居士（陳世熙）輯　清禪山翰寶樓刻本　三十二冊

210000－0701－0011905　013661

唐人說薈一百六十四種二十卷　（清）蓮塘居士（陳世熙）輯　清同治三年（1864）刻本　九冊　缺八種一卷（十八）

210000－0701－0011906　013662

唐人說薈一百六十四種二十卷　（清）蓮塘居士（陳世熙）輯　清三元堂刻本　二十冊　存七十三種十卷（一至十）

210000－0701－0011907　013663

唐人小說六種十一卷　葉德輝輯　清宣統三年（1911）葉氏觀古堂刻本　二冊

210000－0701－0011908　013671

說郛一百二十弓　（明）陶宗儀輯　清順治三年(1646)兩浙督學周南李際期宛委山堂刻本　一百十九冊　缺第六十二弓又五十二種

210000－0701－0011909　013672

說郛續四十六弓　（明）陶珽輯　清刻本　四十冊　缺四十九種

210000－0701－0011910　013673

說郛續四十六弓　（明）陶珽輯　清刻本　八冊　存八弓(十至十七)

210000－0701－0011911　013674

古今說海一百三十五種一百四十二卷　（明）陸楫輯　清道光元年(1821)苕溪邵氏西山堂刻本　二十四冊

210000－0701－0011912　013675

說淵六十四卷　（明）陸楫輯　清道光元年(1821)邵氏西山堂刻古今說海本　五冊

210000－0701－0011913　013676

說鈴五十三種七十六卷　（清）吳震方輯　清刻本　二十冊

210000－0701－0011914　013677

說鈴五十三種六十九卷　（清）吳震方輯　清光緒五年(1879)兩儀堂刻本　三十二冊

210000－0701－0011915　013678

說鈴五十三種七十六卷　（清）吳震方輯　清刻本　十六冊

210000－0701－0011916　013679

說鈴五十三種六十九卷　（清）吳震方輯　清嘉慶四年(1799)刻本　十六冊

210000－0701－0011917　013680

說鈴五十三種六十九卷　（清）吳震方輯　清嘉慶四年(1799)刻本　十六冊　存(前集)

210000－0701－0011918　013681

說鈴五十三種六十九卷　（清）吳震方輯　清嘉慶四年(1799)刻本　三十二冊

210000－0701－0011919　013682

說鈴五十三種六十九卷　（清）吳震方輯　清

嘉慶四年(1799)刻本　八冊　存(後集)

210000－0701－0011920　013683

說鈴五十三種六十九卷　（清）吳震方輯　清道光五年(1825)聚秀堂刻本　十六冊

210000－0701－0011921　013687

稗海全書七十種　（明）商濬輯　（清）李孝源重訂　清槐蔭山房刻本　六十冊

210000－0701－0011922　013691

宋人小說類編四卷補鈔一卷　（清）晚翠軒餘叟編　清同治十年(1871)刻本　五冊

210000－0701－0011923　013696

顧氏明朝四十家小說四十種　（明）顧元慶輯　清宣統三年(1911)上海國學扶輪社鉛印本　八冊

210000－0701－0011924　013699

說海一百三十五種一百四十二卷　（明）陸楫輯　清道光元年(1821)苕溪邵氏西山堂刻本　二十四冊

210000－0701－0011925　013700

漢魏小說十二卷　（明）苕上野客輯　清刻說郛、說郛續彙印本　十六冊

210000－0701－0011926　013707

梓吳七種八卷　清初刻本　四冊

210000－0701－0011927　013709

庸閒齋筆記八卷　（清）陳其元撰　清同治十三年(1874)上海申報館鉛印本　四冊

210000－0701－0011928　013710

夜雨秋燈錄初集四卷續集四卷三集四卷　（清）宣鼎撰　清光緒二十一年(1895)上海英華書局石印本　六冊

210000－0701－0011929　013712

夜譚隨錄十二卷　（清）和邦額撰　清光緒二年(1876)愛日堂刻本　六冊

210000－0701－0011930　013716

唐語林八卷　（宋）王讜撰　清道光二十六年(1846)宏道書院刻惜陰軒叢書本　四冊

210000－0701－0011931　013717
唐語林八卷　（宋）王讜撰　清光緒十九年
(1893)湖北官書處刻本　四冊

210000－0701－0011932　013718
唐語林八卷　（宋）王讜撰　清光緒十九年
(1893)湖北官書處刻本　四冊

210000－0701－0011933　013719
廣新聞八卷　題(清)無悶居士編　清刻本
二冊　存四卷(一至四)

210000－0701－0011934　013720
廣新聞八卷　題(清)無悶居士編　清刻本
四冊

210000－0701－0011935　013721
廣虞初新志四十卷　（清）黃承增輯　清嘉慶
八年(1803)寄鷗閒舫刻同治二年(1863)印本
二十冊

210000－0701－0011936　013722
亦復如是四卷　題(清)青城子撰　清末鉛印
本　四冊

210000－0701－0011937　013723
妄妄錄十卷　（清）朱海撰　清道光十年
(1830)刻本　五冊

210000－0701－0011938　013724
甕牖餘談八卷　（清）王韜撰　清光緒元年
(1875)申報館鉛印申報館叢書本　四冊

210000－0701－0011939　013725
六合內外瑣言二十卷　題(清)黍餘裔孫編
（清）垂瀑山人校　清刻本　六冊　存十卷
(七至十、十三至十六、十九至二十)

210000－0701－0011940　013726
新評龍圖神斷公案十卷　清光緒十四年
(1888)刻本　四冊

210000－0701－0011941　013727
六合內外瑣言　題(清)黍餘裔孫編　（清）垂
瀑山人校　清刻本　八冊

210000－0701－0011942　013728
譚瀛八種四卷　（清）吳文藻輯　清光緒二十

二年(1896)上海鴻寶齋石印本　四冊

210000－0701－0011943　013729
譚史志奇八卷　（清）姚崑厓輯　清光緒十四
年(1888)姚崑厓五知堂刻本　四冊

210000－0701－0011944　013730
諧史四卷　（清）程森泳輯　清嘉慶五年
(1800)酉酉山房刻本　四冊

210000－0701－0011945　013731
諧鐸十二卷　（清）沈起鳳撰　清嘉慶二十五
年(1820)問奇齋刻本　六冊

210000－0701－0011946　013732
諧鐸十二卷　（清）沈起鳳撰　清同治五年
(1866)刻本　四冊

210000－0701－0011947　013735
新齊諧二十四卷　（清）袁枚撰　清同治三年
(1864)三讓睦記刻本　十二冊

210000－0701－0011948　013737
談瀛錄六卷　（清）袁祖志撰　清光緒十七年
(1891)同文書局石印本　二冊

210000－0701－0011949　013739
三水小牘二卷　（唐）皇甫枚撰　清刻本
一冊

210000－0701－0011950　013740
三水小牘二卷逸文一卷附錄一卷　（唐）皇甫
枚撰　繆荃孫校補　清光緒十五年(1889)繆
荃孫刻雲自在龕叢書本　一冊

210000－0701－0011951　013741
三岡識畧十卷續識畧一卷　（清）董含撰　清
光緒申報館鉛印申報館叢書本　六冊

210000－0701－0011952　013749
耳食錄初編十二卷二編八卷　（清）樂鈞撰
清同治七年(1868)藏脩堂刻本　九冊　存十
八卷(初編一至六、九至十二,二編八卷)

210000－0701－0011953　013750
耳食錄初編十二卷二編八卷　（清）樂鈞撰
清同治七年(1868)藏脩堂刻本　四冊　存十
二卷(初編十二卷)

210000－0701－0011954　013751
耳食錄初編十二卷二編八卷　（清）樂鈞撰
清同治十年(1871)敦仁堂刻本　八冊

210000－0701－0011955　013752
耳食錄初編十二卷二編八卷　（清）樂鈞撰
清同治十年(1871)敦仁堂刻本　四冊　存六
卷(二編一至六)

210000－0701－0011956　013753
耳食錄初編十二卷二編八卷　（清）樂鈞撰
清道光四年(1824)味經堂刻本　十冊

210000－0701－0011957　013759
酉陽雜俎二十卷　（唐）段成式撰　清光緒三
年(1877)湖北崇文書局刻本　四冊

210000－0701－0011958　013760
酉陽雜俎二十卷　（唐）段成式撰　清光緒三
年(1877)湖北崇文書局刻本　四冊

210000－0701－0011959　013762
酉陽雜俎前集二十卷續集十卷　（唐）段成式
撰　清道光二十九年(1849)小娜嬛山館刻本
六冊

210000－0701－0011960　013763
酉陽雜俎前集二十卷續集十卷　（唐）段成式
撰　清光緒二年(1876)五鳳樓刻本　四冊

210000－0701－0011961　013764
酉陽雜俎前集二十卷續集十卷　（唐）段成式
撰　清光緒二年(1876)五鳳樓刻本　六冊

210000－0701－0011962　013766
酉陽雜俎續集十卷　（唐）段成式撰　清光緒
元年(1875)湖北崇文書局刻本　二冊

210000－0701－0011963　013767
酉陽雜俎續集十卷　（唐）段成式撰　清光緒
元年(1875)湖北崇文書局刻本　二冊

210000－0701－0011964　013768
新齊諧二十四卷續六卷　（清）袁枚撰　清乾
隆五十七年(1792)隨園刻本　十冊　存二十
八卷(三至二十四、續六卷)

210000－0701－0011965　013770

雲仙雜記十卷　（唐）馮贄撰　清光緒四年
(1878)葛氏嘯園刻本　二冊

210000－0701－0011966　013773
醉茶誌怪四卷　（清）李慶辰撰　清光緒十八
年(1892)刻本　四冊

210000－0701－0011967　013774
北夢瑣言二十卷　（宋）孫光憲撰　清光緒元
年(1875)刻本　四冊

210000－0701－0011968　013775
新鐫批評繡像列女演義六卷　（明）猶龍子撰
　（明）西湖髯眉客評閱　清古吳三多齋刻本
六冊

210000－0701－0011969　013777
珠邨談怪十卷續二卷　（清）紅雪山莊外史撰
清光緒二十年(1894)上海崇文書局石印本
四冊

210000－0701－0011970　013778
醒睡錄初集十卷　（清）鄧文濱輯　清光緒上
海申報館鉛印申報館叢書本　六冊

210000－0701－0011971　013780
聊齋志異新評十六卷　（清）蒲松齡撰　（清）
王士禛評　（清）但明倫新評　（清）呂湛恩注
　清光緒九年(1883)校經山房套印本　十
六冊

210000－0701－0011972　013781
聊齋志異新評十六卷　（清）蒲松齡撰　（清）
王士禛評　（清）但明倫新評　清道光二十二
年(1842)但氏刻本　十六冊

210000－0701－0011973　013782
聊齋志異新評十六卷　（清）蒲松齡撰　（清）
王士禛評　（清）但明倫新評　清道光二十二
年(1842)但氏刻本　十六冊

210000－0701－0011974　013783
聊齋志異詳註十六卷　（清）蒲松齡撰　（清）
王士禛評　（清）呂湛恩注　清同治六年
(1867)經元堂刻本　十三冊　存十三卷(一
至十三)

210000 – 0701 – 0011975　013784

聊齋志異新評十六卷　（清）蒲松齡撰　（清）
王士禎評　（清）但明倫新評　（清）呂湛恩注
　清刻本　十六冊

210000 – 0701 – 0011976　013785

聊齋志異新評十六卷　（清）蒲松齡撰　（清）
王士禎評　（清）但明倫新評　（清）呂湛恩注
　清刻本　十六冊

210000 – 0701 – 0011977　013808

合璧聊齋志異二十四卷　（清）蒲松齡撰
（清）扎克丹譯　清道光二十八年（1848）刻本
　二十四冊

210000 – 0701 – 0011978　013810

翼駉稗編八卷　（清）湯用中撰　清道光刻本
　八冊

210000 – 0701 – 0011979　013811

千百年眼十二卷　（明）張燧撰　清光緒十四
年(1888)王惕齋東京銅版印本　二冊

210000 – 0701 – 0011980　013812

香祖筆記十二卷　（清）王士禎撰　清康熙刻
王漁洋遺書本　四冊

210000 – 0701 – 0011981　013813

香祖筆記十二卷　（清）王士禎撰　清康熙刻
王漁洋遺書本　四冊

210000 – 0701 – 0011982　013814

香祖筆記十二卷　（清）王士禎撰　清康熙刻
王漁洋遺書本　四冊

210000 – 0701 – 0011983　013815

香祖筆記十二卷　（清）王士禎撰　清康熙刻
王漁洋遺書本　四冊

210000 – 0701 – 0011984　013816

香祖筆記十二卷　（清）王士禎撰　清康熙刻
王漁洋遺書本　六冊

210000 – 0701 – 0011985　013817

香祖筆記十二卷　（清）王士禎撰　清康熙刻
王漁洋遺書本　六冊

210000 – 0701 – 0011986　013818

香祖筆記十二卷　（清）王士禎撰　清光緒申
報館鉛印申報館叢書本　一冊　存六卷(一
至六)

210000 – 0701 – 0011987　013820

虞初新志二十卷　（清）張潮輯　清康熙刻本
　八冊

210000 – 0701 – 0011988　013821

虞初新志二十卷　（清）張潮輯　虞初續志十
二卷　（清）鄭澍若輯　清咸豐元年（1851）小
嬛嬛山館刻本　十冊

210000 – 0701 – 0011989　013822

虞初新志二十卷　（清）張潮輯　虞初續編十
二卷　（清）鄭澍若輯　清咸豐元年（1851）小
嬛嬛山館刻本　六冊　存二十卷(虞初新志
二十卷)

210000 – 0701 – 0011990　013823

虞初新志二十卷　（清）張潮輯　虞初續志十
二卷　（清）鄭澍若輯　清咸豐元年（1851）小
嬛嬛山館刻本　六冊　存二十卷(虞初新志
二十卷)

210000 – 0701 – 0011991　013825

觚賸八卷續編四卷　（清）鈕琇撰　清上海文
瑞樓石印本　六冊

210000 – 0701 – 0011992　013826

觚賸八卷續編四卷　（清）鈕琇撰　清宣統三
年(1911)上海國學扶輪社鉛印本　六冊

210000 – 0701 – 0011993　013827

觚賸八卷續編四卷　（清）鈕琇撰　清上海時
中書局石印本　六冊

210000 – 0701 – 0011994　013829

繪圖後聊齋志異圖說十二卷　（清）王韜撰
清光緒二十二年(1896)上海積山局石印本
七冊　存十一卷(二至十二)

210000 – 0701 – 0011995　013830

眞正後聊齋志異八卷　（清）徐昆撰　清光緒
二十二年(1896)上海文宜書局石印本　四冊

210000 – 0701 – 0011996　013831

山海經十八卷圖讚一卷 （晉）郭璞傳 （清）郝懿行箋疏 山海經訂譌一卷 （清）郝懿行撰 清嘉慶十四年(1809)阮元琅嬛僊館刻本 六冊

210000－0701－0011997 013832

山海經十八卷圖讚一卷 （晉）郭璞傳 （清）郝懿行箋疏 山海經訂譌一卷 （清）郝懿行撰 清嘉慶十四年(1809)阮元琅嬛僊館刻本 四冊

210000－0701－0011998 013833

山海經十八卷 （晉）郭璞注 （清）畢沅校正 古今本篇目考一卷 （清）畢沅撰 清光緒三年(1877)浙江書局刻本 三冊

210000－0701－0011999 013834

山海經十八卷 （晉）郭璞注 （清）畢沅校正 古今本篇目考一卷 （清）畢沅撰 清光緒三年(1877)浙江書局刻本 三冊

210000－0701－0012000 013835

山海經十八卷 （晉）郭璞注 （清）畢沅校正 古今本篇目考一卷 （清）畢沅撰 清光緒三年(1877)浙江書局刻本 三冊

210000－0701－0012001 013836

山海經十八卷 （晉）郭璞注 （清）畢沅校正 古今本篇目考一卷 （清）畢沅撰 清光緒三年(1877)浙江書局刻本 三冊

210000－0701－0012002 013837

山海經十八卷 （晉）郭璞注 （清）畢沅校正 古今本篇目考一卷 （清）畢沅撰 清光緒三年(1877)浙江書局刻本 三冊

210000－0701－0012003 013838

山海經四卷 （晉）郭璞傳 （清）吳任臣注 清光緒十年(1884)掃葉山房刻本 四冊

210000－0701－0012004 013839

山海經四卷 （晉）郭璞傳 （清）吳任臣注 清光緒十年(1884)掃葉山房刻本 四冊

210000－0701－0012005 013840

山海經十八卷圖五卷 （晉）郭璞注 （清）畢沅校正 古今本篇目考一卷 （清）畢沅撰 清光緒三十三年(1907)文瑞樓鉛印本 四冊

210000－0701－0012006 013841

山海經十八卷 （晉）郭璞注 清刻本 六冊

210000－0701－0012007 013842

山海經廣注十八卷雜述一卷圖五卷 （清）吳任臣撰 清乾隆五十一年(1786)金閶書業堂刻本 一冊 存六卷(雜述一卷、圖五卷)

210000－0701－0012008 013843

山海經廣注十八卷雜述一卷圖五卷 （清）吳任臣撰 清乾隆五十一年(1786)金閶書業堂刻本 五冊

210000－0701－0012009 013844

山海經補註一卷 （明）楊慎撰 清光緒元年(1875)湖北崇文書局刻本 一冊

210000－0701－0012010 013847

山海經十八卷 （晉）郭璞注 清輔仁堂刻本 四冊

210000－0701－0012011 013848

山海經十八卷 （晉）郭璞注 清光緒元年(1875)湖北崇文書局刻本 二冊

210000－0701－0012012 013849

山海經存九卷首一卷 （清）汪紱釋 清光緒二十一年(1895)汪氏石印本 四冊

210000－0701－0012013 013850

山海經存九卷首一卷 （清）汪紱釋 清光緒二十一年(1895)汪氏石印本 四冊

210000－0701－0012014 013853

山海經類對賦十四卷 （清）涂景濤撰 清同治十三年(1874)刻本 一冊

210000－0701－0012015 013861

鬼董五卷 （宋）□□撰 清四川存古書局刻本 一冊

210000－0701－0012016 013862

侯鯖錄八卷 （宋）趙令畤撰 清嘉慶八年(1803)刻知不足齋叢書本 一冊

210000－0701－0012017　013863

侯鯖錄八卷　（宋）趙令時撰　明萬曆刻清遞修稗海本　二冊

210000－0701－0012018　013864

新訂解人頤廣集七卷　（清）胡澹菴輯　（清）錢德蒼增輯　清同治元年（1862）刻本　四冊

210000－0701－0012019　013865

新訂解人頤廣集八卷　（清）胡澹菴輯　（清）錢德蒼增輯　清道光九年（1829）刻本　四冊

210000－0701－0012020　013873

客窗閒話八卷　（清）吳熾昌撰　清光緒元年（1875）味經堂刻本　四冊

210000－0701－0012021　013874

續客窗閒話八卷　（清）吳熾昌撰　清光緒元年（1875）學庫山房刻本　四冊

210000－0701－0012022　013875

續客窗閒話八卷　（清）吳熾昌撰　清光緒十一年（1885）京都奎文堂刻本　四冊

210000－0701－0012023　013879

宋豔十二卷　（清）徐士鑾撰　清光緒十七年（1891）蝶園刻民國十九年（1930）徐世昌重修本　六冊

210000－0701－0012024　013880

宋豔十二卷　（清）徐士鑾撰　清光緒十七年（1891）蝶園刻本　六冊

210000－0701－0012025　013881

宋稗類鈔八卷　（清）潘永因輯　（清）吳永圍訂定　清刻本　七冊　存七卷（一、三至八）

210000－0701－0012026　013882

宋稗類鈔八卷　（清）潘永因輯　（清）吳永圍訂定　清刻本　八冊

210000－0701－0012027　013884

河東君傳一卷　（清）顧苓撰　清光緒三十三年（1907）羅振玉影印本　一冊

210000－0701－0012028　013885

州乘餘聞一卷　（清）宋弼撰　清光緒十四年（1888）養知堂刻本　一冊

210000－0701－0012029　013886

州乘餘聞一卷　（清）宋弼撰　清光緒十四年（1888）養知堂刻本　一冊

210000－0701－0012030　013887

灤陽續錄六卷　（清）紀昀撰　清道光二十七年（1847）小蓬萊山館刻閱微草堂筆記本　二冊

210000－0701－0012031　013889

述異記二卷　（南朝梁）任昉撰　清光緒元年（1875）湖北崇文書局刻本　一冊

210000－0701－0012032　013890

述異記二卷　（南朝梁）任昉撰　清光緒元年（1875）湖北崇文書局刻本　一冊

210000－0701－0012033　013891

對山書屋墨餘錄十六卷　（清）毛祥麟撰（清）朱作霖評　清同治九年（1870）湖州醉六堂吳氏刻本　八冊

210000－0701－0012034　013892

對山書屋墨餘錄十六卷　（清）毛祥麟撰（清）朱作霖評　清同治九年（1870）湖州醉六堂吳氏刻本　八冊

210000－0701－0012035　013893

對山書屋墨餘錄十六卷　（清）毛祥麟撰（清）朱作霖評　清同治九年（1870）湖州醉六堂吳氏刻本　八冊

210000－0701－0012036　013894

對山書屋墨餘錄十六卷　（清）毛祥麟撰（清）朱作霖評　清同治九年（1870）湖州醉六堂吳氏刻本　八冊

210000－0701－0012037　013895

對山書屋墨餘錄十六卷　（清）毛祥麟撰（清）朱作霖評　清同治九年（1870）湖州醉六堂吳氏刻本　八冊

210000－0701－0012038　013896

澆愁集八卷　（清）鄒弢撰　（清）朱康壽校（清）秦雲　（清）俞達評　清光緒四年（1878）上海申報館鉛印申報館叢書本　四冊

210000－0701－0012039　013897

澆愁集八卷　（清）鄒弢撰　（清）朱康壽校（清）秦雲　（清）俞達評　清光緒四年(1878)上海申報館鉛印申報館叢書本　四冊

210000－0701－0012040　013899

池北偶談二十六卷　（清）王士禛撰　（清）王廷掄校　清康熙三十九年(1700)福建臨汀郡署王廷掄刻本　八冊

210000－0701－0012041　013900

池北偶談二十六卷　（清）王士禛撰　清金谿李氏自怡草堂刻本　十冊

210000－0701－0012042　013901

池北偶談二十六卷　（清）王士禛撰　清文粹堂刻本　八冊

210000－0701－0012043　013902

池北偶談二十六卷　（清）王士禛撰　清文粹堂刻本　八冊

210000－0701－0012044　013903

池北偶談二十六卷　（清）王士禛撰　清文粹堂刻本　八冊

210000－0701－0012045　013904

池北偶談二十六卷　（清）王士禛撰　清文粹堂刻本　六冊

210000－0701－0012046　013905

池上草堂筆記八卷　（清）梁恭辰撰　清同治十二年(1873)金陵刻本　八冊

210000－0701－0012047　013906

池上草堂筆記八卷　（清）梁恭辰撰　清同治十二年(1873)金陵刻本　八冊

210000－0701－0012048　013907

池上草堂筆記近錄六卷續錄六卷三錄六卷四錄六卷　（清）梁恭辰撰　清光緒十六年(1890)成都刻本　八冊

210000－0701－0012049　013914

清波雜志十二卷　（宋）周輝撰　清知不足齋刻知不足齋叢書本　四冊

210000－0701－0012050　013915

清波別志三卷　（宋）周輝撰　清知不足齋刻知不足齋叢書本　三冊

210000－0701－0012051　013921

漁磯漫鈔十卷　（清）雷琳等撰　清道光二十年(1840)刻本　六冊

210000－0701－0012052　013924

淞隱漫錄十一卷　（清）王韜撰　清光緒十三年(1887)上海點石齋石印本　四冊

210000－0701－0012053　013925

新遊俠傳附技擊餘聞　清抄本　一冊

210000－0701－0012054　013926

海上奇書十期　清光緒十八年(1892)石印本　五冊

210000－0701－0012055　013927

續太平廣記八卷　（清）陸壽名撰　清嘉慶五年(1800)懷德堂刻本　八冊

210000－0701－0012056　013929

太平廣記五百卷　（宋）李昉等撰　清道光二十六年(1846)刻本　六十冊

210000－0701－0012057　013931

太平廣記五百卷　（宋）李昉等撰　清道光二十六年(1846)刻本　四十冊

210000－0701－0012058　013934

太仙漫稿附臥遊集　清光緒十八年(1892)石印本　一冊

210000－0701－0012059　013940

右台仙館筆記十六卷　（清）俞樾撰　清光緒二十五年(1899)刻春在堂全書本　五冊

210000－0701－0012060　013941

右台仙館筆記十六卷　（清）俞樾撰　清宣統二年(1910)上海朝記書莊石印本　八冊

210000－0701－0012061　013943

古今志異六卷　清光緒十八年(1892)問柳書屋刻本　六冊

210000－0701－0012062　013945

七嬉二卷　題(清)棲雲野客撰　清道光十九

年(1839)文煥閣刻本　二冊

210000－0701－0012063　013946

博物志十卷　（晉）張華撰　清光緒元年
(1875)湖北崇文書局刻本　一冊

210000－0701－0012064　013947

續博物志十卷　（宋）李石撰　清光緒元年
(1875)湖北崇文書局刻本　一冊

210000－0701－0012065　013948

續博物志十卷　（宋）李石撰　清光緒元年
(1875)湖北崇文書局刻本　一冊

210000－0701－0012066　013955

夢溪筆談二十六卷補筆談三卷續筆談一卷
(宋)沈括撰　校字記一卷　（清）陶福祥撰
清光緒三十二年(1906)番陽陶氏愛廬刻本
四冊

210000－0701－0012067　013958

里乘十卷　（清）許奉恩撰　清光緒五年
(1879)常熟抱芳閣刻本　十冊

210000－0701－0012068　013959

夢厂雜著十卷　（清）俞蛟撰　清同治九年
(1870)刻本　八冊

210000－0701－0012069　013960

夢厂雜著十卷　（清）俞蛟撰　清同治九年
(1870)刻本　八冊

210000－0701－0012070　013963

勸戒近錄九編五十四卷　（清）梁恭辰撰　清
光緒十四年(1888)刻本　二十冊

210000－0701－0012071　013964

勸戒近錄六卷續錄六卷　（清）梁恭辰撰　清
光緒二十四年(1898)順城書局石印本　一冊

210000－0701－0012072　013965

夢幻一卷　（清）錢泳輯　清刻本　一冊

210000－0701－0012073　013966

勸戒近錄六卷續錄六卷三錄六卷四錄六卷
(清)梁恭辰撰　清光緒六年(1880)瀋陽彩盛
刻字鋪刻本　八冊

210000－0701－0012074　013969

燕山外史註釋二卷　（清）陳球撰　（清）若駿
子注　清光緒五年(1879)上海錦章圖書局石
印本　二冊

210000－0701－0012075　013972

燕山外史二卷　（清）陳球撰　附竇生本傳
(明)馮夢禎撰　清嘉慶十六年(1811)刻本
二冊

210000－0701－0012076　013973

鬼董　（宋）沈□撰　清嘉慶三年(1798)知不
足齋刻知不足齋叢書本　二冊

210000－0701－0012077　013973

茗香詩論　（清）宋大樽撰　清嘉慶三年
(1798)知不足齋刻知不足齋叢書本　與
210000－0701－0012076 合冊

210000－0701－0012078　013975

金華子雜編二卷　（南唐）劉崇遠撰　清光緒
元年(1875)湖北崇文書局刻子書百家本
一冊

210000－0701－0012079　013975

燕丹子三卷　（清）孫星衍校輯　清光緒元年
(1875)湖北崇文書局刻子書百家本　與
210000－0701－0012078、0012080 合冊

210000－0701－0012080　013975

玉泉子一卷　（唐）□□撰　清光緒元年
(1875)湖北崇文書局刻子書百家本　與
210000－0701－0012078 至 0012079 合冊

210000－0701－0012081　013977

蕉軒摭錄十二卷　（清）俞夢蕉撰　清道光十
九年(1839)雙桂樓刻本　六冊

210000－0701－0012082　013979

薈蕞編二十卷　（清）俞樾撰　清光緒七年
(1881)上海申報館鉛印申報館叢書本　八冊

210000－0701－0012083　013980

薈蕞編二十卷　（清）俞樾撰　清光緒七年
(1881)上海申報館鉛印申報館叢書本　六冊
　　存十六卷(一至十六)

210000－0701－0012084　013985

世說新語六卷　（南朝宋）劉義慶撰　（南朝梁）劉孝標注　清光緒三年(1877)湖北崇文書局刻本　四冊

210000－0701－0012085　013986

世說新語六卷　（南朝宋）劉義慶撰　（南朝梁）劉孝標注　清光緒元年(1875)湖北崇文書局刻本　三冊

210000－0701－0012086　013987

世說新語三卷　（南朝宋）劉義慶撰　（南朝梁）劉孝標注　**世說新語佚文一卷攷證一卷校勘小識一卷校勘小識補一卷引用書目一卷釋名一卷**　清光緒十七年(1891)思賢講舍刻本　四冊

210000－0701－0012087　013988

世說新語三卷　（南朝宋）劉義慶撰　（南朝梁）劉孝標注　**世說新語佚文一卷攷證一卷校勘小識一卷校勘小識補一卷引用書目一卷釋名一卷**　清光緒十七年(1891)思賢講舍刻本　四冊

210000－0701－0012088　013989

世說新語三卷　（南朝宋）劉義慶撰　（南朝梁）劉孝標注　**世說新語佚文一卷攷證一卷校勘小識一卷校勘小識補一卷引用書目一卷釋名一卷**　清光緒十七年(1891)思賢講舍刻本　六冊

210000－0701－0012089　013998

世說新語補二十卷　（南朝宋）劉義慶撰　（南朝梁）劉孝標注　（明）何良俊增　（明）王世貞刪　（明）張文柱注　（清）黃汝琳補訂　清乾隆二十七年(1762)茂清書屋刻本　六冊

210000－0701－0012090　013999

世說新語補二十卷　（南朝宋）劉義慶撰　（南朝梁）劉孝標注　（明）何良俊增　（明）王世貞刪　（明）張文柱注　（清）黃汝琳補訂　清乾隆二十七年(1762)茂清書屋刻本　十二冊

210000－0701－0012091　014000

世說新語補二十卷　（南朝宋）劉義慶撰　（南朝梁）劉孝標注　（明）何良俊增　（明）王世貞刪　（明）張文柱注　（清）黃汝琳補訂　清乾隆二十七年(1762)茂清書屋刻本　子正氏題記　八冊

210000－0701－0012092　014001

世說新語補二十卷　（南朝宋）劉義慶撰　（南朝梁）劉孝標注　（明）何良俊增　（明）王世貞刪　（明）張文柱注　（清）黃汝琳補訂　清刻本　十冊

210000－0701－0012093　014015

茶餘談薈二卷　題（清）見南山人撰　題（清）容園詞客評　清光緒五年(1879)上海申報館鉛印申報館叢書本　二冊

210000－0701－0012094　014017

埋憂集十卷續二卷　（清）朱翊清撰　清同治十二年(1873)刻本　六冊

210000－0701－0012095　014018

想當然耳八卷　（清）鄒鍾撰　清光緒四年(1878)北京隆福寺聚珍堂活字印本　四冊

210000－0701－0012096　014019

獨醒雜誌十卷附錄一卷　（宋）曾敏行撰　清乾隆四十年(1775)知不足齋刻知不足齋叢書本　四冊

210000－0701－0012097　014020

獨悟庵叢抄九卷　（清）楊引傳輯　清光緒四年(1878)申報館鉛印申報館叢書本　四冊

210000－0701－0012098　014021

桯史十五卷附錄一卷　（宋）岳珂撰　明崇禎虞山毛氏汲古閣刻津逮秘書本　三冊

210000－0701－0012099　014022

桯史十五卷附錄一卷　（宋）岳珂撰　明崇禎虞山毛氏汲古閣刻津逮秘書本　三冊

210000－0701－0012100　014023

桯史十五卷附錄一卷　（宋）岳珂撰　清光緒四年(1878)上海申報館鉛印申報館叢書本

四冊

210000－0701－0012101　014027
婦人集注一卷　（清）陳維崧撰　（清）冒襃注
　　婦人集補一卷　（清）冒丹書撰　清光緒至
民國如皋冒氏刻冒氏叢書本　一冊

210000－0701－0012102　014033
史學聯珠十卷　（清）胡文炳輯　清光緒十三
年(1887)著易堂鉛印蘭石齋五種本　十冊

210000－0701－0012103　014034
續夷堅志四卷　（元）元好問撰　清嘉慶十三
年(1808)陽泉山莊刻本　一冊

210000－0701－0012104　014035
夷堅志二十卷　（宋）洪邁撰　清乾隆四十三
年(1778)耕煙草堂刻本　二十冊

210000－0701－0012105　014041
青泥蓮花記十三卷　（明）梅鼎祚撰　清宣統
二年(1910)北平古槐書屋石印本　四冊

210000－0701－0012106　014043
蟫史二十卷　（清）屠紳撰　清刻本　十冊

210000－0701－0012107　014045
拍案驚異十八卷　王浩撰　清光緒三十二年
(1906)上海書局刻本　六冊

210000－0701－0012108　014049
拍案驚奇十八卷　（明）凌濛初撰　清刻本
十冊

210000－0701－0012109　014050
重增三教源流聖帝佛帥搜神大全四卷　（晉）
干寶撰　（清）鼓出如林增　清同文堂刻本
三冊

210000－0701－0012110　014053
搜神記二十卷　（晉）干寶撰　清光緒元年
(1875)湖北崇文書局刻子書百家本　二冊

210000－0701－0012111　014054
搜神後記十卷　（晉）陶潛撰　清光緒元年
(1875)湖北崇文書局刻子書百家本　一冊

210000－0701－0012112　014056

210000－0701－0012112　014056
拾遺記十卷　（晉）王嘉撰　清光緒元年
(1875)湖北崇文書局刻子書百家本　一冊

210000－0701－0012113　014057
拾遺記十卷　（晉）王嘉撰　清光緒元年
(1875)湖北崇文書局刻子書百家本　一冊

210000－0701－0012114　014058
拾遺記十卷　（晉）王嘉撰　清刻本　二冊

210000－0701－0012115　014061
墨餘書異八卷　（清）蔣知白撰　清刻本
四冊

210000－0701－0012116　014062
墨餘書異八卷　（清）蔣知白撰　清三益堂刻
本　四冊

210000－0701－0012117　014064
見聞隨筆二十六卷　（清）齊學裘撰　清同治
十年(1871)天空海濶之居刻本　八冊

210000－0701－0012118　014065
見聞隨筆二十六卷　（清）齊學裘撰　清同治
十年(1871)天空海濶之居刻本　八冊

210000－0701－0012119　014066
見聞續筆二十四卷　（清）齊學裘撰　清光緒
二年(1876)天空海濶之居刻本　八冊

210000－0701－0012120　014067
異談可信錄二十三卷　（清）鄧旺輯　清嘉慶
元年(1796)北京塞維堂刻本　十冊

210000－0701－0012121　014068
異聞錄十二卷　（清）孫洙撰　清道光十八年
(1838)述古堂刻本　八冊

210000－0701－0012122　014073
明季稗史彙編十六種二十七卷　（清）留雲居
士輯　清都城琉璃廠刻本　十冊

210000－0701－0012123　014075
西吳蠶略二卷　（清）道場山人撰　清道光二
十五年(1845)廛隱廬刻本　一冊

210000－0701－0012124　014075
西吳菊略一卷　（清）程岱葊撰　（清）道場山

人錄　清道光二十五年(1845)廛隱廬刻本
與 210000－0701－0012123 合冊

210000－0701－0012125　014075
野語九卷　(清)伏虎道場行者撰　清道光十
二年(1832)廛隱廬刻二十五年(1845)增刻本
五冊

210000－0701－0012126　014076
野語九卷　(清)伏虎道場行者撰　清道光十
二年(1832)廛隱廬刻二十五年(1845)增刻本
四冊

210000－0701－0012127　014078
咫聞錄十二卷　(清)慵訥居士撰　清嘉慶二
十二年(1817)刻本　十二冊

210000－0701－0012128　014081
堅瓠集十五集六十六卷　(清)褚人穫輯　清
崇德書院刻本　三十二冊

210000－0701－0012129　014082
閱微草堂筆記二十四卷　(清)紀昀撰　清道
光十五年(1835)廣州紀樹馥刻本　十冊

210000－0701－0012130　014083
閱微草堂筆記二十四卷　(清)紀昀撰　清道
光十五年(1835)廣州紀樹馥刻本　十冊

210000－0701－0012131　014084
閱微草堂筆記二十四卷　(清)紀昀撰　清道
光十五年(1835)廣州紀樹馥刻本　十冊

210000－0701－0012132　014085
閱微草堂筆記二十四卷　(清)紀昀撰　清嘉
慶二十一年(1816)北平盛氏刻本　十一冊

210000－0701－0012133　014086
閱微草堂筆記二十四卷　(清)紀昀撰　清道
光十三年(1833)羊城刻本　十冊

210000－0701－0012134　014087
閱微草堂筆記二十四卷　(清)紀昀撰　清嘉
慶五年(1800)北平盛時彥刻蘇州振新書社本
十二冊

210000－0701－0012135　014088
閱微草堂筆記二十四卷　(清)紀昀撰　清嘉

慶五年(1800)北平盛時彥刻蘇州振新書社本
十二冊

210000－0701－0012136　014089
閱微草堂筆記二十四卷　(清)紀昀撰　清嘉
慶五年(1800)北平盛時彥刻蘇州振新書社本
十二冊

210000－0701－0012137　014090
閱微草堂筆記二十四卷　(清)紀昀撰　清嘉
慶五年(1800)北平盛時彥刻本　八冊

210000－0701－0012138　014091
閱微草堂筆記二十四卷　(清)紀昀撰　清刻
本　四冊　存十一卷(十四至二十四)

210000－0701－0012139　014096
閱微草堂筆記二卷　(清)紀昀撰　(清)胡學
醇選　清咸豐元年(1851)胡學醇刻本　二冊

210000－0701－0012140　014098
閒談消夏錄十二卷　題(清)外史氏撰　清翠
筠山房刻本　十二冊

210000－0701－0012141　014100
閱微草堂筆記二十四卷　(清)紀昀撰　清嘉
慶二十一年(1816)北平盛氏刻本　十冊

210000－0701－0012142　014101
屑玉叢譚初集二十種六卷　(清)錢徵　蔡爾
康輯　清光緒四年(1878)上海申報館鉛印申
報館叢書本　六冊

210000－0701－0012143　014101
屑玉叢譚二集十三種六卷　(清)錢徵　蔡爾
康輯　清光緒四年(1878)上海申報館鉛印申
報館叢書本　六冊

210000－0701－0012144　014101
屑玉叢譚三集二十三種六卷　(清)錢徵　蔡
爾康輯　清光緒四年(1878)上海申報館鉛印
申報館叢書本　六冊

210000－0701－0012145　014102
屑玉叢譚四集九種　(清)錢徵　蔡爾康輯
清光緒四年(1878)上海申報館鉛印申報館叢
書本　四冊　存五種五卷(笠夫雜錄一卷、楊

氏雜錄一卷、客中異聞錄一卷、今樂府一卷、
延露詞一卷）

210000 – 0701 – 0012146　014103

屑玉叢譚二集十三種六卷　（清）錢徵　蔡爾
康輯　清光緒四年(1878)上海申報館鉛印申
報館叢書本　三冊　存八種

210000 – 0701 – 0012147　014104

屑玉叢譚三集二十三種六卷　（清）錢徵　蔡
爾康輯　清光緒四年(1878)上海申報館鉛印
申報館叢書本　六冊

210000 – 0701 – 0012148　014106

居易錄三十四卷　（清）王士禛撰　清康熙刻
本　八冊

210000 – 0701 – 0012149　014107

居易錄三十四卷　（清）王士禛撰　清康熙刻
本　八冊

210000 – 0701 – 0012150　014108

居易錄三十四卷　（清）王士禛撰　清康熙刻
本　六冊

210000 – 0701 – 0012151　014109

鳳臺祇謁筆記一卷永甯祇謁筆記一卷　（清）
董恂撰　清同治刻本　二冊

210000 – 0701 – 0012152　014110

金樓子六卷　（南朝梁）元帝蕭繹撰　清光緒
元年(1875)湖北崇文書局刻百子全書本
二冊

210000 – 0701 – 0012153　014111

金樓子六卷　（南朝梁）元帝蕭繹撰　清光緒
元年(1875)湖北崇文書局刻百子全書本
二冊

210000 – 0701 – 0012154　014112

金華子雜編二卷　（南唐）劉崇遠撰　（清）周
廣業校注　清嘉慶四年(1799)桐州顧氏刻讀
畫齋叢書本　一冊

210000 – 0701 – 0012155　014113

今世說八卷　（清）王晫撰　清刻本　四冊

210000 – 0701 – 0012156　014114

分甘餘話四卷　（清）王士禛撰　清康熙刻王
漁洋遺書本　二冊

210000 – 0701 – 0012157　014115

開元天寶遺事二卷　（後周）王仁裕撰　清末
民國西泠印社鉛印本　一冊

210000 – 0701 – 0012158　014117

印雪軒隨筆四卷　（清）俞鴻漸撰　清光緒二
年(1876)上海申報館鉛印本　一冊

210000 – 0701 – 0012159　014118

鷗陂漁話六卷吹網錄六卷　（清）葉廷琯撰
清上海掃葉山房石印本　六冊

210000 – 0701 – 0012160　014120

小豆棚十六卷　（清）曾衍東撰　清光緒六年
(1880)上海申報館鉛印申報館叢書本　六冊

210000 – 0701 – 0012161　014122

劍俠傳四卷續傳四卷　鄭官應輯　清光緒七
年(1881)刻本　二冊

210000 – 0701 – 0012162　014129

坐花誌果八卷　（清）汪道鼎撰　清同治八年
(1869)刻本　六冊

210000 – 0701 – 0012163　014130

音譯坐花誌果八卷　（清）汪道鼎撰　（清）鶩
峰樵者音譯　清光緒十七年(1891)武林竹簡
齋石印本　四冊

210000 – 0701 – 0012164　014132

小家語四卷　（清）漠鴻氏撰　清光緒二年
(1876)上海申報館鉛印本　一冊

210000 – 0701 – 0012165　014137

鑑誡錄十卷　（後蜀）何光遠輯　清光緒元年
(1875)湖北崇文書局刻崇文書局彙刻書本
二冊

210000 – 0701 – 0012166　014139

情天寶鑑十八卷　（明）馮夢龍輯　清光緒二
十年(1894)上海石印本　六冊

210000 – 0701 – 0012167　014140

情天寶鑑二十四卷　（明）馮夢龍輯　清上海
章福書局石印本　六冊

210000－0701－0012168　014141

情史類略二十四卷　（明）馮夢龍輯　清道光
二十八年(1848)經綸堂刻本　十四冊　存二
十一卷(一至六、九至十六、十八至二十四)

210000－0701－0012169　014142

情史類略二十四卷　（明）馮夢龍輯　清元茂
堂刻本　十二冊

210000－0701－0012170　014143

繪圖情史二十四卷　（明）馮夢龍輯　清宣統
元年(1909)北京自強書局石印本　六冊

210000－0701－0012171　014144

繪圖情史二十四卷　（明）馮夢龍輯　清末石
印本　六冊

210000－0701－0012172　014145

螢窗異草四編十六卷　（清）長白浩歌子撰
清光緒二十五年(1899)上海書局石印本
八冊

210000－0701－0012173　014148

龍圖公案十卷　清三讓堂刻本　四冊

210000－0701－0012174　014149

施案奇聞八卷九十七回　清道光九年(1829)
金閶本衙刻本　四冊

210000－0701－0012175　014168

覺世名言十二卷　題（清）覺世稗官撰　題
（清）睡鄉祭酒批評　清刻本　六冊

210000－0701－0012176　014179

新鐫楊家府世代忠勇演義志傳八卷　（明）秦
淮墨客撰　清嘉慶十四年(1809)書業堂刻本
八冊

210000－0701－0012177　014182

今古奇觀四十卷　題（明）抱甕老人輯　清刻
本　十二冊

210000－0701－0012178　014183

今古奇觀四十卷　題（明）抱甕老人輯　清刻
本　十二冊

210000－0701－0012179　014186

今古奇觀四十卷　題（明）抱甕老人輯　清末

經文堂刻本　十二冊

210000－0701－0012180　014192

新世鴻勳四卷二十二回　（清）蓬蒿子撰　清
刻本　四冊

210000－0701－0012181　014193

**繪圖施公案四集四卷五十回五集四卷四十回
六集四卷四十回七集四卷四十回八集四卷四
十回九集四卷四十回**　清末石印本　六冊

210000－0701－0012182　014194

**異說後唐傳三集薛丁山征西樊梨花全傳十卷
八十八回**　清啟元堂刻本　六冊

210000－0701－0012183　014196

說唐後傳二種八卷五十八回　（清）如蓮居士
撰　清光緒四年(1878)京都文和堂刻本
八冊

210000－0701－0012184　014197

重刻繡像說唐演義全傳六十八回　（清）如蓮
居士撰　清暢心堂刻本　十冊

210000－0701－0012185　014198

繡像說唐前後傳三種十八卷一百十六回
(清)如蓮居士撰　清光緒十五年(1889)珍藝
書局刻本　十冊

210000－0701－0012186　014200

新刻增刪二度梅奇說六卷三十二回　（清）惜
陰堂主人撰　清同治八年(1869)常州文玉齋
刻本　六冊

210000－0701－0012187　014202

**精訂綱鑑廿四史通俗衍義六卷四十四回首一
卷**　（清）呂撫撰　清末上海書局石印本
六冊

210000－0701－0012188　014203

精訂綱鑑廿四史通俗衍義六卷四十回首一卷
（清）呂撫撰　清光緒十四年(1888)廣百宋
齋鉛印本　六冊

210000－0701－0012189　014204

刪訂二奇合傳十六卷四十回　（清）蘭香館居
士輯　清光緒四年(1878)渝城二勝會刻本

八冊

210000－0701－0012190　014205

俠義傳二十四卷一百二十回　（清）石玉崑撰
　清光緒九年(1883)京都老二酉堂刻本　二
十四冊

210000－0701－0012191　014206

第一才子書六十卷一百二十回首一卷　（明）
羅貫中撰　（清）金人瑞　（清）毛宗崗評　清
光緒十七年(1891)上海點石齋石印本　八冊

210000－0701－0012192　014208

四大奇書第一種十九卷一百二十回首一卷
（明）羅貫中撰　（清）金人瑞　（清）毛宗崗
評　清翠筠山房刻本　十冊

210000－0701－0012193　014209

四大奇書第一種五十一卷一百二十回　　（明）
羅貫中撰　（清）金人瑞　（清）毛宗崗評　清
濰縣成文信刻本　十七冊

210000－0701－0012194　014210

四大奇書第一種十九卷一百二十回首一卷
（明）羅貫中撰　（清）金人瑞　（清）毛宗崗
評　清刻本　二十冊

210000－0701－0012195　014211

四大奇書第一種十九卷一百二十回首一卷
（明）羅貫中撰　（清）金人瑞　（清）毛宗崗
評　清掃葉山房刻本　二十冊

210000－0701－0012196　014218

繡像大漢三合明珠劍全傳四卷二十四回　清
末石印本　四冊

210000－0701－0012197　014221

新刻玉嬌梨四卷二十回　題(清)荑狄散人編
次　清刻本　一冊

210000－0701－0012198　014223

新刻繪圖十二美女玉蟬緣四卷五十三回　清
末石印本　四冊

210000－0701－0012199　014224

新鐫異說五虎平西珍珠旗演義狄青前傳十四
卷一百十二回　清翠筠山房刻本　十二冊

210000－0701－0012200　014225

新鐫異說五虎平西珍珠旗演義狄青前傳十四
卷一百十二回　清寶翰樓刻本　十四冊

210000－0701－0012201　014231

新刊五美緣全傳八十回　（清）寄生氏撰　清
道光十二年(1832)三餘堂刻本　十二冊

210000－0701－0012202　014233

雪月梅傳五十回　（清）陳朗撰　清德華堂刻
本　十冊

210000－0701－0012203　014234

雪月梅傳奇十卷五十回　（清）陳朗撰　（清）
董孟汾評釋　清聚錦堂刻本　十冊

210000－0701－0012204　014235

雪月梅傳奇十卷五十回　（清）陳朗撰　（清）
董孟汾評釋　清聚錦堂刻本　十冊

210000－0701－0012205　014236

雪月梅傳五十回　（清）陳朗撰　清光緒二十
九年(1903)上海書局石印本　六冊

210000－0701－0012206　014237

雪月梅傳六卷五十回　（清）陳朗撰　清末石
印本　六冊

210000－0701－0012207　014245

新刻天花藏批評平山冷燕四卷二十回　（清）
荻岸散人撰　清刻本　四冊

210000－0701－0012208　014246

新刻天花藏批評平山冷燕四卷二十回　（清）
荻岸散人撰　清玉尺堂刻本　四冊

210000－0701－0012209　014247

繪圖平山冷燕四才子書四卷二十回　（清）荻
岸散人撰　清光緒十八年(1892)珍藝書局鉛
印本　四冊

210000－0701－0012210　014248

繪圖平山冷燕四才子書四卷二十回　（清）荻
岸散人撰　清末石印本　四冊

210000－0701－0012211　014249

繡像繪圖天雨花六十回　清上海進步書局石
印本　十冊

210000－0701－0012212　014250

圖像三寶太監下西洋通俗演義二十卷一百回
（明）羅懋登撰　清光緒三十年（1904）源記
書莊石印本　六冊　存六卷三十八回（一至
三十八）

210000－0701－0012213　014251

繪圖再續兒女英雄全傳四卷四十回　杭餘生
撰　清宣統二年（1910）上海鍊石齋書局石印
本　四冊

210000－0701－0012214　014265

增評補圖石頭記一百二十卷首一卷　（清）曹
雪芹撰　（清）高鶚續撰　（清）護花主人
（清）大某山民評　清光緒十八年（1892）古越
誦芬閣鉛印本　十六冊

210000－0701－0012215　014266

**增批補像全圖金玉緣十五卷首一卷一百二十
回**　（清）曹雪芹撰　（清）高鶚續撰　（清）
護花主人　（清）大某山民評　清宣統元年
（1909）章福記書局石印本　十四冊　缺二卷
十六回（二至三、九至二十四）

210000－0701－0012216　014271

西遊眞詮一百回　（明）吳承恩撰　（清）陳士
斌解　清初刻本　十六冊　缺十五回（一至
十五）

210000－0701－0012217　014272

西遊眞詮一百回　（明）吳承恩撰　（清）陳士
斌解　清光緒十一年（1885）吳縣孫谿逸士朱
記榮刻本　二十冊

210000－0701－0012218　014273

醉菩提二十回　清元茂堂刻本　四冊

210000－0701－0012219　014275

巧聯珠　清刻本　三冊

210000－0701－0012220　014276

繪圖巧奇冤全傳十卷　清光緒二十五年
（1899）上海珍藝書局鉛印本　六冊

210000－0701－0012221　014277

新鐫批評繡像列女演義六卷一百十則　（明）

馮夢龍撰　（□）西湖鬚眉客評閱　清古吳三
多齋刻本　四冊

210000－0701－0012222　014284

第五才子書水滸傳七十五卷七十五回　（明）
施耐庵撰　（清）金人瑞刪評　清緯文堂刻本
二十二冊

210000－0701－0012223　014285

第五才子書水滸傳七十五卷七十回　（明）施
耐庵撰　（清）金人瑞刪評　清金玉樓刻本
十二冊

210000－0701－0012224　014286

第五才子書十二卷一百二十四回　（明）施耐
庵撰　清文海堂刻本　四冊

210000－0701－0012225　014287

評論出像水滸傳二十卷七十回　（明）施耐庵
撰　（清）金人瑞評　清刻本　二十冊

210000－0701－0012226　014288

評論出像水滸傳二十卷七十回　（明）施耐庵
撰　（清）金人瑞評　清刻本　十九冊　缺一
卷四回（四十五至四十八回）

210000－0701－0012227　014289

評論出像水滸傳二十卷七十回　（明）施耐庵
撰　（清）金人瑞評　清刻本　二十冊

210000－0701－0012228　014295

飛龍傳十二卷六十回　（清）吳璿撰　清同治
十三年（1874）經綸堂刻本　六冊

210000－0701－0012229　014299

繪圖第一情書聽月樓全傳四卷二十回　清末
錦章圖書局石印本　一冊

210000－0701－0012230　014300

繪圖第一情書聽月樓全傳四卷二十回　清光
緒三十年（1904）上海書局石印本　四冊

210000－0701－0012231　014301

聖朝鼎盛二集　（清）望秋生訂　清光緒十九
年（1893）上海英商五彩公司石印本　四冊
存十三回（十四至二十六）

210000－0701－0012232　014302

新鐫繪圖醒夢錄全傳四卷十六回　清光緒三十一年(1905)上海書局石印本　四冊

210000－0701－0012233　014303

聊齋志異新評十六卷　（清）蒲松齡撰　（清）王士禎　（清）但明倫評　清道光二十二年(1842)廣順但氏刻本　十六冊

210000－0701－0012234　014304

聊齋志異註十六卷　（清）呂湛恩撰　清道光五年(1825)姑蘇步月樓刻本　四冊

210000－0701－0012235　014307

雙鳳奇緣傳二十卷八十回　（清）雪樵主人撰　清道光二十六年(1846)經元堂刻本　六冊

210000－0701－0012236　014308

雙鳳奇緣傳八卷八十回　（清）雪樵主人撰　清咸豐十年(1860)連元閣刻本　八冊

210000－0701－0012237　014309

繪圖雙鳳奇緣八卷八十回　（清）雪樵主人撰　清光緒三十年(1904)上海書局石印本　四冊

210000－0701－0012238　014314

第十才子書六卷二十四回　題(清)吳航野客撰　（清）水箬散人評　清刻本　四冊

210000－0701－0012239　014315

爭春園全傳四十八回　（清）寄生氏撰　清道光二十六年(1846)同文堂刻本　四冊

210000－0701－0012240　014316

爭春園全傳四十八回　（清）寄生氏撰　清道光十二年(1832)刻本　十二冊

210000－0701－0012241　014320

異說後唐傳三集薛丁山征西樊梨花全傳十卷八十八回　（清）中都逸叟撰　清道光十二年(1832)上洋務本堂刻本　十冊

210000－0701－0012242　014324

順治過江四卷二十二回　題(清)蓬蒿子撰　清刻本　四冊

210000－0701－0012243　014325

紅樓復夢一百卷首一卷　（清）紅香閣小和山樵南陽氏撰　（清）歟月樓武陵女史月文氏校訂　清娜嬛齋刻本　二十四冊

210000－0701－0012244　014331

繡像評點紅樓夢一百二十回　（清）曹雪芹撰　（清）高鶚續撰　清末經元升記刻本　二十四冊

210000－0701－0012245　014332

紅樓夢一百二十回　（清）曹雪芹撰　（清）高鶚續撰　清光緒元年至二年(1875－1876)徐臻壽抄本　二十冊

210000－0701－0012246　014333

紅樓夢一百二十卷一百二十回　（清）曹雪芹撰　（清）高鶚續撰　（清）王希廉評　清道光十二年(1832)雙清仙館刻本　二十四冊

210000－0701－0012247　014334

紅樓夢一百二十卷一百二十回　（清）曹雪芹撰　（清）高鶚續撰　（清）王希廉評　清光緒二年(1876)京都聚珍堂書坊木活字印本　二十四冊

210000－0701－0012248　014335

增評補像全圖金玉緣十六卷一百二十回　（清）曹雪芹撰　（清）高鶚續撰　題(清)太平閑人　（清）護花主人　（清）大某山民評首一卷　清光緒三十四年(1908)石印本　十六冊

210000－0701－0012249　014337

後紅樓夢三十回首一卷附刻二卷　（清）逍遙子撰　清刻本　八冊

210000－0701－0012250　014339

續紅樓夢三十卷　（清）秦子忱撰　清嘉慶四年(1799)抱甕軒刻本　十六冊

210000－0701－0012251　014340

續紅樓夢三十卷　（清）秦子忱撰　清嘉慶四年(1799)抱甕軒刻本　十六冊

210000－0701－0012252　014342

增紅樓夢四十卷　（清）海圃主人撰　清光緒十九年(1893)成德堂刻本　十二冊

210000－0701－0012253　014343

增補紅樓夢三十二回　（清）娜嬛山樵撰　清道光四年(1824)刻本　八冊

210000－0701－0012254　014344

紅樓夢廣義二卷　（清）青山山農撰　紅樓夢戲詠一卷　清光緒二十八年(1902)味青齋刻本　二冊

210000－0701－0012255　014346

紅樓夢評贊一卷　（清）王希廉撰　紅樓夢賦一卷　（清）沈謙撰　紅樓夢竹枝詞一卷（清）盧先駱撰　紅樓夢題詞一卷　（清）周綺撰　紅樓夢雜記一卷　（清）願為明鏡室主人撰　清光緒二年(1876)上海刻本　三冊

210000－0701－0012256　014347

紅樓夢評贊一卷　（清）王希廉撰　紅樓夢賦一卷　（清）沈謙撰　紅樓夢竹枝詞一卷（清）盧先駱撰　紅樓夢題詞一卷　（清）周綺撰　紅樓夢雜記一卷　（清）願為明鏡室主人撰　清光緒二年(1876)上海刻本　四冊

210000－0701－0012257　014348

紅樓夢評贊一卷　（清）王希廉撰　紅樓夢賦一卷　（清）沈謙撰　紅樓夢竹枝詞一卷（清）盧先駱撰　紅樓夢題詞一卷　（清）周綺撰　紅樓夢雜記一卷　（清）願為明鏡室主人撰　清光緒二年(1876)上海刻本　四冊　缺四卷(賦一卷、竹枝詞一卷、題詞一卷、雜記一卷)

210000－0701－0012258　014352

紅樓夢偶評不分卷　（清）張其信撰　清刻本　一冊

210000－0701－0012259　014353

紅樓夢偶說二卷　（清）晶三蘆月草舍居士撰　清光緒二年(1876)簣覆山房刻本　四冊

210000－0701－0012260　014354

紅樓夢偶說二卷　（清）晶三蘆月草舍居士撰　清光緒二年(1876)簣覆山房刻本　一冊　存一卷(下)

210000－0701－0012261　014355

紅樓夢偶說二卷　（清）晶三蘆月草舍居士撰　清光緒二年(1876)簣覆山房刻本　二冊　存一卷(下)

210000－0701－0012262　014356

紅樓夢偶說二卷　（清）晶三蘆月草舍居士撰　清光緒二年(1876)簣覆山房刻本　二冊　存一卷(下)

210000－0701－0012263　014357

紅樓夢補四十八回　（清）歸鋤子撰　清刻本　十二冊

210000－0701－0012264　014358

繡像紅樓夢補四卷四十八回　（清）歸鋤子撰　清光緒二十五年(1899)上海鎔經閣鉛印本　四冊

210000－0701－0012265　014362

紅樓夢圖詠　（清）改琦繪　清光緒五年(1879)淮浦居士刻本　四冊

210000－0701－0012266　014363

紅樓夢圖詠　（清）改琦繪　清光緒五年(1879)淮浦居士刻本　四冊

210000－0701－0012267　014365

紅樓夢影二十四回　（清）西湖散人撰　清光緒三年(1877)京都聚珍堂木活字印本　四冊

210000－0701－0012268　014369

紅樓夢傳奇二卷　（清）紅豆邨樵填詞　（清）邢亭居士按拍　清刻本　四冊

210000－0701－0012269　014370

繪圖紅梅閣六卷五十六回　清光緒三十二年(1906)上海書局石印本　六冊

210000－0701－0012270　014371

增刻紅樓夢圖詠一卷　（清）王芸階繪並輯
紅樓夢紀畧一卷廣義二卷　（清）青山山農撰　紅樓夢論贊一卷　（清）讀花人撰　清光緒八年(1882)上海點石齋石印本　二冊

210000－0701－0012271　014372

經國美談前編二十回後編二十五回　（日本）矢野文雄撰　（清）雨塵子譯　清光緒二十八

年(1902)商務印書館鉛印本　一冊

210000－0701－0012272　014373

繡像後西遊記六卷四十回　清光緒三十三年
(1907)石印本　六冊

210000－0701－0012273　014378

後紅樓夢三十回首一卷附刻二卷　(清)逍遙
子撰　清宣統元年(1909)上海有益齋石印本
四冊

210000－0701－0012274　014379

繪圖後紅樓夢六卷三十二回　(清)逍遙子撰
清宣統二年(1910)上海章福記石印本
六冊

210000－0701－0012275　014382

新編批評繡像後七國樂田演義四卷十八回
(清)古吳煙水散人撰　清光緒二十年(1894)
上海積山書局石印本　二冊

210000－0701－0012276　014383

全像才子奇書四卷十六回　(清)崔象川撰
清光緒二十二年(1896)上海文宜書局石印本
四冊

210000－0701－0012277　014384

第十才子書白圭志四卷　(清)崔象川撰　清
江左書林刻本　四冊

210000－0701－0012278　014386

綉像綺樓重夢六卷四十八回　(清)蘭皋主人
撰　清末石印本　二冊　存二卷十六回(一
至十六回)

210000－0701－0012279　014388

續英烈傳五卷三十回　題空觳老人撰　清集
古齋刻本　五冊

210000－0701－0012280　014390

續四才子四卷十八回　(清)□□撰　清光緒
十四年(1888)姑蘇紅葉山房刻本　四冊

210000－0701－0012281　014391

續兒女英雄全傳三十三回　(清)趙子衡撰
清光緒二十四年(1898)石印本　八冊

210000－0701－0012282　014393

新編前明正德白牡丹八卷四十六回　上海錦
章圖書局石印本　四冊

210000－0701－0012283　014399

綉像綠牡丹全傳六卷六十四回　清道光十二
年(1832)大文堂刻本　六冊

210000－0701－0012284　014401

綠野仙蹤八十回　(清)李百川撰　清道光十
年(1830)刻本　十八冊　缺二十回(四十一
至六十)

210000－0701－0012285　014406

繪圖繪芳錄八卷八十回　(清)西泠野樵撰
清光緒二十年(1894)上海書局鉛印本　八冊

210000－0701－0012286　014407

繪圖繪芳錄八卷　(清)西泠野樵撰　清光緒
三十四年(1908)上海書局鉛印本　八冊

210000－0701－0012287　014411

繡像七續濟公傳四卷四十回　題坑餘生撰
清宣統元年(1909)上海有益齋石印本　四冊

210000－0701－0012288　014414

繡像永慶昇平十二卷九十七回　(清)郭廣瑞
纂　新刊繡像全圖永慶昇平後傳十二卷一百
回　(清)都門貪夢道人撰　清光緒二十九年
(1903)上海簡青齋石印本　八冊

210000－0701－0012289　014415

繡像永慶昇平四卷九十七回　(清)郭廣瑞纂
新刊繡像全圖永慶昇平後傳四卷一百回
(清)都門貪夢道人撰　清上海廣益書局石印
本　八冊

210000－0701－0012290　014416

繡像永慶昇平四卷九十七回　(清)郭廣瑞纂
新刊繡像全圖永慶昇平後傳四卷一百回
(清)都門貪夢道人撰　清上海錦章圖書局石
印本　八冊

210000－0701－0012291　014417

繪圖永慶昇平後傳六卷一百回　(清)都門貪
夢道人撰　清光緒二十年(1894)上海書局鉛
印本　六冊

210000－0701－0012292　014418

富翁傳四卷十六回　清上海文宜書局石印本
　二冊

210000－0701－0012293　014422

繡像宋史奇書十二卷六十六回　清光緒十九
年(1893)上海書局鉛印本　六冊

210000－0701－0012294　014423

繡像宋史奇書十二卷六十六回　清光緒三十
四年(1908)書業公司鉛印本　六冊

210000－0701－0012295　014432

新鐫批評出像通俗演義禪真後史八卷五十三
回　(明)清溪道人撰　(明)沖和居士評　清
刻本　十二冊

210000－0701－0012296　014434

繡像還金鐲傳八卷五十四回　(清)吹竽先生
撰　清刻本　八冊

210000－0701－0012297　014435

莘廬遺詩六卷遺著一卷　(清)凌泗撰　清宣
統三年至民國三年(1911－1914)沈廷鏞刻本
　二冊

210000－0701－0012298　014436

精繡通俗全像梁武帝西來演義十卷四十回
(清)天花藏主人撰　清嘉慶二十四年(1819)
抱青閣刻本　十二冊

210000－0701－0012299　014437

海上塵天影六十章　(清)梁溪司香舊尉撰
清光緒二十二年(1896)石印本　四冊　存二
十四章(一至二十四)

210000－0701－0012300　014438

原本海公大紅袍傳六十卷六十回　(明)李春
芳撰　清道光十三年(1833)乾元堂刻本
八冊

210000－0701－0012301　014441

新輯左公平西全傳四卷三十二回　清光緒三
十年(1904)上海書局石印本　四冊　缺八回
(十七至二十四)

210000－0701－0012302　014443

原本海公大紅袍傳十卷六十回　(明)李春芳
撰　清咸豐十年(1860)寶文堂刻本　十冊

210000－0701－0012303　014444

原本海公大紅袍傳十卷六十回　(明)李春芳
撰　清咸豐十年(1860)寶文堂刻本　十冊

210000－0701－0012304　014450

南北宋傳二十卷一百回　題(明)研石山樵訂
正　清刻本　十二冊

210000－0701－0012305　014453

李公案奇聞初集三十四回　(清)惜紅居士撰
　清光緒二十八年(1902)文光書坊刻本
六冊

210000－0701－0012306　014454

李公案奇聞初集三十四回　(清)惜紅居士撰
　清光緒二十八年(1902)文光書坊刻本
六冊

210000－0701－0012307　014455

李公案奇聞初集三十四回　(清)惜紅居士撰
　清光緒二十八年(1902)文光書坊刻本
二冊

210000－0701－0012308　014456

繪圖古今奇聞二十二卷　(清)燕山逸史輯
清光緒十七年(1891)燕山耕餘主人鉛印本
四冊

210000－0701－0012309　014461

新刻繡像走馬春秋四卷十六回　清末上陳塘
丹寶堂刻本　四冊

210000－0701－0012310　014464

新輯繪圖彭公案初集四卷一百回　(清)貪夢
道人撰　新輯繪圖續彭公案四卷八十回　清
上海共和書局石印本　五冊　缺二十回(六
十一至八十)

210000－0701－0012311　014466

新刊再續彭公案四卷八十回　清光緒三十一
年(1905)上海校經山房石印本　三冊　缺二
十回(二十一至四十)

210000－0701－0012312　014468

新刊彭公案六卷一百回　（清）貪夢道人撰
新刊續彭公案四卷八十回　清光緒二十六年
(1900)掃葉山房石印本　八冊

210000－0701－0012313　014471

狐狸緣全傳六卷二十二回　（清）醉月山人撰
　清光緒十四年(1888)漱石山房刻本　六冊

210000－0701－0012314　014472

繪圖陰陽閗異桃花女傳奇四卷十六回　清光
緒上海鑄記書局石印本　四冊

210000－0701－0012315　014473

繡像封神演義一百回　清光緒十六年(1890)
上海珍藝書局鉛印本　十冊

210000－0701－0012316　014475

新刻鍾伯敬先生批評封神演義十九卷一百回
繡像一卷　（明）鍾惺批評　清善成堂刻本
二十冊

210000－0701－0012317　014476

新刻鍾伯敬先生批評封神演義十九卷一百回
繡像一卷　（明）鍾惺批評　清善成堂刻本
二十冊

210000－0701－0012318　014477

新刻鍾伯敬先生批評封神演義十九卷一百回
繡像一卷　（明）鍾惺批評　清光緒九年
(1883)上海掃葉山房刻本　二十冊

210000－0701－0012319　014478

新刻鍾伯敬先生批評封神演義十九卷一百回
繡像一卷　（明）鍾惺批評　清光緒九年
(1883)上海掃葉山房刻本　二十冊

210000－0701－0012320　014479

新刻鍾伯敬先生批評封神演義十九卷一百回
繡像一卷　（明）鍾惺批評　清光緒九年
(1883)上海掃葉山房刻本　二十冊

210000－0701－0012321　014480

新刻鍾伯敬先生批評封神演義十九卷一百回
繡像一卷　（明）鍾惺批評　清學庫山房刻本
二十冊

210000－0701－0012322　014481

繪圖封神榜演義十卷一百回　（明）鍾惺評釋
清光緒三十三年(1907)圖書集成局鉛印本
十冊

210000－0701－0012323　014485

結水滸全傳七十卷七十回末一卷結子一回
（清）俞萬春撰　清咸豐七年(1857)文聚堂刻
本　二十四冊

210000－0701－0012324　014486

結水滸傳七十卷七十回末一卷繡像一卷
（清）俞萬春撰　（清）范辛來　（清）邵祖恩
評　清同治十年(1871)玉屏山館刻本　十
六冊

210000－0701－0012325　014487

結水滸傳七十卷七十回末一卷繡像一卷
（清）俞萬春撰　（清）范辛來　（清）邵祖恩
評　清同治十年(1871)玉屏山館刻本　二十
四冊

210000－0701－0012326　014488

結水滸傳七十卷七十回末一卷繡像一卷
（清）俞萬春撰　（清）范辛來　（清）邵祖恩
評　清同治十年(1871)玉屏山館刻本　二十
三冊　缺四回(一百至一百三)

210000－0701－0012327　014489

結水滸傳七十卷七十回末一卷繡像一卷
（清）俞萬春撰　（清）范辛來　（清）邵祖恩
評　清同治十年(1871)玉屏山館刻本　二十
四冊

210000－0701－0012328　014490

結水滸傳七十卷七十回末一卷繡像一卷
（清）俞萬春撰　（清）范辛來　（清）邵祖恩
評　清同治十年(1871)玉屏山館刻本　二十
四冊

210000－0701－0012329　014493

夢中緣四卷十五回　（清）李修行撰　清三益
堂刻本　四冊

210000－0701－0012330　014494

夢中緣四卷十五回　（清）李修行撰　清有益
堂刻本　四冊

210000－0701－0012331　014497

花月痕全書十六卷五十二回　（清）眠鶴主人
（魏秀仁）撰　（清）棲霞主人評　清光緒十四
年(1888)福州吳玉田刻本　十六冊

210000－0701－0012332　014501

繪圖花月姻緣十六卷五十二回　（清）眠鶴主
人(魏秀仁)撰　（清）棲霞主人評　清光緒十
九年(1893)上海書局鉛印本　六冊

210000－0701－0012333　014503

新增繡圖繪芳園全錄八卷八十回　（清）西泠
野樵撰　清光緒二十年(1894)上海書局石印
本　八冊

210000－0701－0012334　014505

草木春秋演義五卷三十二回　（清）雲間子
（江洪）撰　（清）樂山人纂修　清大文堂刻本
　五冊

210000－0701－0012335　014506

草木春秋演義五卷三十二回　（清）雲間子
（江洪）撰　（清）樂山人纂修　清刻本　五冊

210000－0701－0012336　014512

英雲夢傳八卷　（清）九容樓主人松雲氏撰
清光緒十四年(1888)蘇州掃葉山房刻本
八冊

210000－0701－0012337　014513

英雲夢傳八卷　（清）九容樓主人松雲氏撰
清聚秀堂刻本　四冊

210000－0701－0012338　014517

精訂綱鑑廿四史通俗衍義六卷四十四回
(清)呂撫撰　清光緒二十一年(1895)珍藝書
局鉛印本　六冊

210000－0701－0012339　014518

新刻林香保雙釵記四卷四十回　清光緒三十
二年(1906)上海書局石印本　四冊

210000－0701－0012340　014520

林蘭香八卷六十四回　題(清)隨緣下士撰
題(清)寄旅散人批點　清刻本　十六冊

210000－0701－0012341　014522

檮杌閒評五十卷五十回　清刻本　十一冊
缺三卷(一至三)

210000－0701－0012342　014524

繪圖萬花樓全傳六卷六十八回　（清）李雨堂
撰　清石印本　六冊

210000－0701－0012343　014525

繪圖萬花樓全傳十四卷六十八回　（清）李雨
堂撰　清光緒十五年(1889)滬北鉛印本
六冊

210000－0701－0012344　014526

**增像玉茗堂批點按鑑參補北宋楊家將全傳十
卷五十回**　（明）研石山樵撰　清光緒十八年
(1892)上海文選書局石印本　三冊

210000－0701－0012345　014529

好逑傳十八回　題(清)名教中人撰　（美國）
F. W. Ballr注　清宣統三年(1911)上海鉛印
本　一冊

210000－0701－0012346　014534

警富新書四卷四十回　（清）安和先生撰　清
聯益堂刻本　四冊

210000－0701－0012347　014538

新刻中興大唐演義傳十卷一百回　（清）如蓮
居士撰　清道光二十三年(1843)書業成記刻
本　六冊

210000－0701－0012348　014539

青樓夢六十四回　（清）俞達撰　（清）鄒弢評
　清光緒四年(1878)申江文魁堂刻本　十
二冊

210000－0701－0012349　014540

小五義一百二十四回　清光緒十六年(1890)
北京文光樓刻本　二十四冊

210000－0701－0012350　014541

忠孝勇烈奇女傳四卷三十二回　題奎門馬祖
撰　清宣統二年(1910)京都養眞仙苑刻本
四冊

210000－0701－0012351　014542

繡像漢宋奇書　清刻本　十三冊　存一百二

十五回（四大奇書第一種一至六十二、忠義水滸傳一至六十三）

210000－0701－0012352　014544

新鐫全像東西兩晉演義誌傳十二卷五十回（清）雙峯堂吉人監定　清嘉慶四年（1799）敬書堂刻本　六冊

210000－0701－0012353　014545

新刻劍嘯閣批評東漢演義傳十卷　（明）謝詔撰　清刻本　六冊

210000－0701－0012354　014546

新刻劍嘯閣批評東漢演義傳十卷　（明）謝詔撰　清刻本　六冊

210000－0701－0012355　014548

東周列國全志二十三卷一百八回　（清）蔡昇評點　清光緒十二年（1886）文英堂刻本　十冊

210000－0701－0012356　014549

東周列國全志二十三卷一百八回　（清）蔡昇評點　清文成堂刻本　十二冊

210000－0701－0012357　014550

東周列國全志二十三卷一百八回　（清）蔡昇評點　清敦化堂刻本　二十冊

210000－0701－0012358　014551

東周列國全志二十三卷一百八回　（清）蔡昇評點　清經綸堂刻本　二十四冊

210000－0701－0012359　014552

東周列國志二十三卷一百八回　（清）蔡昇評點　清刻本　二十冊

210000－0701－0012360　014553

東周列國志二十七卷首一卷一百八回　（清）蔡昇評點　清光緒十四年（1888）上海點石齋石印本　八冊

210000－0701－0012361　014557

蝸觸蠻三國爭地記十六回　（清）蟲天逸史撰　清光緒三十四年（1908）蠅鬚館鉛印本　一冊

210000－0701－0012362　014559

石印昇仙傳演義八卷五十六回　（清）倚雲主人撰　清光緒十九年（1893）上海書局石印本　二冊

210000－0701－0012363　014560

新刊繡像昇仙傳八卷五十六回　（清）倚雲氏撰　清光緒二十五年（1899）文成堂刻本　四冊

210000－0701－0012364　014561

新刻昇仙傳演義八卷五十六回　（清）倚雲氏撰　清光緒二十八年（1902）石印本　四冊

210000－0701－0012365　014563

品花寶鑑六十回　（清）張星之撰　清刻本　二十四冊

210000－0701－0012366　014564

品花寶鑑六十回　（清）張星之撰　清刻本　二十四冊

210000－0701－0012367　014569

第一奇書野叟曝言二十卷一百五十二回　清光緒七年（1881）毘陵彙珍樓木活字印本　二十冊

210000－0701－0012368　014570

新編野叟曝言二十卷一百五十四回　清石印本　二十冊

210000－0701－0012369　014571

新編野叟曝言二十卷一百五十四回　清石印本　二十冊

210000－0701－0012370　014572

新刻中興大唐演義傳十卷一百回　（清）如蓮居士撰　清光緒十二年（1886）京都文□堂刻本　六冊

210000－0701－0012371　014573

岳武穆精忠傳六卷六十八回　（明）鄒元標撰　清刻本　六冊

210000－0701－0012372　014575

大隋志傳四卷四十六回　（明）鍾惺撰　（明）李贄參訂　清光緒十九年（1893）聚元堂刻本　二冊

210000－0701－0012373　014578

駐春園小史六卷二十四回　題(清)吳航野客撰　(清)水箬散人評　抄本　二冊　缺十二回(五至十六)

210000－0701－0012374　014580

兒女英雄傳評話四十回首一回　(清)文康撰　(清)還讀我書室主人評　清光緒六年(1880)北京聚珍堂木活字印本　十八冊　存三十六回(一至二、六至三十二、三十五至四十,首一回)

210000－0701－0012375　014581

兒女英雄傳評話八卷四十回首一回　(清)文康撰　(清)還讀我書室主人評　清光緒十四年(1888)上海蜚英館石印本　六冊

210000－0701－0012376　014582

兒女英雄傳四十回首一回　(清)燕北閑人撰　清光緒上海申報館刻本　十六冊

210000－0701－0012377　014583

兒女英雄傳四十回首一回　(清)燕北閑人撰　清光緒上海申報館刻本　十六冊

210000－0701－0012378　014584

兒女英雄傳評話八卷四十回首一回　(清)文康撰　(清)還讀我書室主人評　**繪圖續兒女英雄傳三十二回**　(清)趙子衡撰　清宣統元年(1909)上海江左書林石印本　十二冊

210000－0701－0012379　014591

續兒女英雄全傳三十二回　(清)趙子衡撰　清光緒二十四年(1898)北京宏文書局石印本　六冊

210000－0701－0012380　014592

續兒女英雄全傳三十二回　(清)趙子衡撰　清光緒二十四年(1898)北京宏文書局石印本　六冊

210000－0701－0012381　014605

風月夢三十二回　(清)邗上蒙人撰　清光緒十年(1884)江左書林刻本　四冊

210000－0701－0012382　014608

新刻按鑑編纂開闢衍繹通俗志傳八十回　(明)周遊撰　(明)王黌釋　清道光十年(1830)刻本　六冊

210000－0701－0012383　014609

新刻按鑑編纂開闢衍繹通俗志傳六卷八十回　(明)周遊撰　(明)王黌釋　清道光十七年(1837)忠恕堂刻本　六冊

210000－0701－0012384　014610

新刻按鑑編纂開闢衍繹通俗志傳六卷八十回　(明)周遊撰　(明)王黌釋　清光緒二年(1876)集古堂刻本　六冊

210000－0701－0012385　014611

新刻按鑑編纂開闢衍繹通俗志傳六卷八十回　(明)周遊撰　(明)王黌釋　清文林堂刻本　六冊

210000－0701－0012386　014616

新出八劍七俠十六義平蠻演義後傳四卷六十回　清石印本　一冊

210000－0701－0012387　014617

增評補像全圖金玉緣一百二十回首一卷　(清)曹雪芹撰　(清)高鶚等續撰　清光緒十五年(1889)上海同文書局石印本　十六冊

210000－0701－0012388　014618

增評補像全圖金玉緣一百二十回　(清)曹雪芹撰　(清)高鶚等續撰　清末石印本　十五冊

210000－0701－0012389　014619

金石緣全傳八卷二十四回首一卷　清嘉慶十二年(1807)刻本　四冊

210000－0701－0012390　014620

貫華堂評論金雲翹傳奇四卷二十回　(清)青心才人撰　(清)金人瑞評　鉛印本　四冊

210000－0701－0012391　014624

鏡花緣二十卷一百回　(清)李汝珍撰　(清)許祥齡等評　**繡像一卷**　(清)謝葉梅繪　(清)麥大鵬書讚　清咸豐四年(1854)百花香居刻本　二十二冊

210000－0701－0012392　014625

鏡花緣二十卷一百回　（清）李汝珍撰　（清）
許祥齡等評　繡像一卷　（清）謝葉梅繪
（清）麥大鵬書讚　清同治八年(1869)文富堂
刻本　十六冊

210000－0701－0012393　014626

鏡花緣二十卷一百二十回　（清）李汝珍撰
（清）許祥齡等評　繡像一卷　（清）謝葉梅繪
（清）麥大鵬書讚　清光緒十四年(1888)刻
本　十二冊

210000－0701－0012394　014627

繪圖鏡花緣一百回　（清）李汝珍撰　（清）許
祥齡評　清光緒十四年(1888)上海點石齋石
印本　六冊

210000－0701－0012395　014628

繪圖鏡花緣一百回　（清）李汝珍撰　（清）許
祥齡評　清光緒十四年(1888)上海點石齋石
印本　十二冊

210000－0701－0012396　014629

圖像鏡花緣二十卷一百回　（清）李汝珍撰
（清）許祥齡評　清光緒二十一年(1895)上海
文盛書局鉛印本　六冊

210000－0701－0012397　014630

圖像鏡花緣六卷一百回　（清）李汝珍撰
（清）許祥齡評　清宣統元年(1909)上海章福
記書局石印本　六冊

210000－0701－0012398　014632

孫龐演義四卷二十回　清光緒二十年(1894)
上海積山書局石印本　二冊

210000－0701－0012399　014633

新鐫繡像後宋慈雲太子逃難走國全傳四卷三
十五回　清上海錦章圖書局石印本　四冊

210000－0701－0012400　014636

鉄冠圖八卷五十回　（清）松排山人撰　清光
緒十年(1884)刻本　四冊

210000－0701－0012401　014639

繪像鐵花仙史二十六回　（清）雲封山人撰

（清）一嘯居士評　清光緒十七年(1891)鉛印
本　四冊

210000－0701－0012402　014640

錦香亭四卷十六回　（清）素菴主人撰　清經
元堂刻本　四冊

210000－0701－0012403　014641

錦上花四十八回　清同治十三年(1874)學餘
堂刻本　六冊

210000－0701－0012404　014642

笑中緣圖說十二卷七十五回　清光緒二十一
年(1895)上海書局石印本　四冊

210000－0701－0012405　014643

繪圖第一才女傳四卷十六回　（清）崔象川撰
　清光緒二十年(1894)崇文書局鉛印本
四冊

210000－0701－0012406　014647

繡像小八義十二卷一百二十回　清宣統二年
(1910)上海錦章圖書局石印本　十二冊

210000－0701－0012407　014648

新輯改良小說怡情佚史八卷六十回　（清）陳
森撰　清石印本　八冊

210000－0701－0012408　014649

增訂精忠演義說本全傳二十卷八十回　（清）
錢彩撰　（清）金豐增訂　清嘉慶三年(1798)
刻本　二十冊

210000－0701－0012409　014650

增訂精忠演義說本全傳二十卷八十回　（清）
錢彩撰　（清）金豐增訂　清嘉慶三年(1798)
刻本　二十冊

210000－0701－0012410　014651

增訂精忠演義說本全傳二十卷八十回　（清）
錢彩撰　（清）金豐增訂　清嘉慶三年(1798)
刻本　二十冊

210000－0701－0012411　014652

增訂精忠演義說本全傳二十卷八十回　（清）
錢彩撰　（清）金豐訂　清光緒王輔臣抄本
二十冊

210000－0701－0012412　014653

新刻粉粧樓傳記十卷八十回　（清）竹溪山人
撰　清光緒十九年(1893)泰山堂刻本　八冊

210000－0701－0012413　014656

**快心編初集五卷十回二集五卷十回三集六卷
十二回**　（清）天花才子撰　（清）四橋居士評
點　清課花書屋刻本　十二冊

210000－0701－0012414　014657

**快心編初集五卷十回二集五卷十回三集六卷
十二回**　（清）天花才子撰　（清）四橋居士評
　清光緒元年(1875)申報館鉛印本　十冊

210000－0701－0012415　014658

快心編三集十二回　（清）天花才子撰　（清）
四橋居士評　清光緒申報館鉛印本　四冊

210000－0701－0012416　014661

繡像說唱麒麟豹傳十卷六十回　清道光二年
(1822)刻本　十冊

210000－0701－0012417　014662

繡像一箭緣全傳八卷三十二回　（清）環秀主
人撰　清嘉慶二十三年(1818)刻本　八冊

210000－0701－0012418　014663

**新編玉鴛鴦初集四卷四回二集四卷四回三集
四卷四回四集四卷四回五集四卷四回**　清同
治五年(1866)中華堂刻本　四冊

210000－0701－0012419　014664

繡像玉夔龍六卷五十七回　清光緒十九年
(1893)石印本　八冊

210000－0701－0012420　014665

新刻玉釧緣全傳三十二卷　清大文堂刻本
三十二冊

210000－0701－0012421　014666

新刻玉釧緣全傳三十二卷　清文會堂刻本
六十四冊

210000－0701－0012422　014667

新刻玉釧緣全傳三十二卷　清學庫山房刻本
三十二冊

210000－0701－0012423　014669

新刻五毒傳十二卷　清末刻本　十一冊　存
十一卷(一至十一)

210000－0701－0012424　014671

天雨花三十回　（清）陶貞懷撰　清末刻本
二十四冊

210000－0701－0012425　014673

再生緣全傳二十卷　（清）陳端生撰　清道光
二年(1822)寶仁堂刻本　四十冊

210000－0701－0012426　014674

再生緣全傳二十卷　（清）陳端生撰　清光緒
十七年(1891)學庫山房刻本　二十冊

210000－0701－0012427　014675

再造天十六回　（清）侯香葉撰　清同治八年
(1869)刻本　九冊

210000－0701－0012428　014676

繪圖巧奇冤全傳十卷　清光緒二十年(1894)
珍藝書局鉛印本　六冊

210000－0701－0012429　014677

繪圖巧奇冤全傳十卷　清光緒三十二年
(1906)上海書局石印本　六冊

210000－0701－0012430　014678

繪圖巧奇冤全傳十卷　清光緒三十二年
(1906)上海書局石印本　六冊

210000－0701－0012431　014679

繪圖孝義真蹟珠塔緣四卷二十四回　（清）馬
如飛撰　清末石印本　四冊

210000－0701－0012432　014680

孝義眞蹟珍珠塔二十四回　（清）周殊士
（清）陸士珍撰　清同治六年(1867)蘇州麟玉
山房刻本　六冊

210000－0701－0012433　014681

新增全圖珍珠塔後傳麒麟豹三十卷六十回
（清）廢閑主人撰　清末鉛印本　四冊

210000－0701－0012434　014682

新刻眞本唱口雙珠球全傳四十九卷　（清）黃
子貞撰　清光緒三年(1877)刻本　十二冊

210000－0701－0012435　014685

繡像雙冠誥全傳四卷　清光緒四年(1878)玉積山房刻本　四冊

210000－0701－0012436　014686

繡像何必西廂三十七卷三十七回　題(清)心鐵道人編　清嘉慶五年(1800)五桂堂刻本　十二冊

210000－0701－0012437　014687

繪真記四十卷　題(清)邀月樓主人編　清嘉慶十七年(1812)刻本　八冊

210000－0701－0012438　014688

繡像十五貫十六卷　(清)馬永清撰　清同治六年(1867)蓮溪書屋刻本　四冊

210000－0701－0012439　014689

繡像義俠九絲緣全傳十二卷　清末上海受古書店中一書局石印本　六冊

210000－0701－0012440　014690

來生福彈詞三十六回　題(清)橘中逸叟編　清同治九年(1870)資善堂刻本　六冊

210000－0701－0012441　014691

繡像落金扇全傳八卷　題(清)吹竽先生改編　清同治十二年(1873)刻本　八冊

210000－0701－0012442　014692

繡像落金扇四卷　題(清)吹竽先生改編　清光緒二十一年(1895)上海書局石印本　四冊

210000－0701－0012443　014693

花木蘭征北五卷　清末京都打磨廠文和堂刻本　五冊

210000－0701－0012444　014694

靜淨齋第八才子書花箋記六卷二酉齋花箋文章一卷　清末刻本　三冊　存五卷(三至六、二酉齋花箋文章一卷)

210000－0701－0012445　014695

靜淨齋第八才子書花箋記六卷二酉齋花箋文章一卷　清末石印本　四冊

210000－0701－0012446　014696

繡像萬花樓全傳六卷　清光緒二年(1876)玉

蘭軒刻本　六冊

210000－0701－0012447　014697

繡像芙蓉洞全傳十卷四十回　(清)陳遇乾撰　清道光十六年(1836)刻本　十冊

210000－0701－0012448　014698

廿一史彈詞十卷　(明)楊慎撰　(清)張三異增定　(清)張仲璜注　明史彈詞注一卷(清)張三異撰　(清)張仲璜注　清乾隆五十一年(1786)張任佐視履堂刻本清補刻本　十二冊

210000－0701－0012449　014699

黃金印六卷　題(清)餐花館主人撰　清同治十二年(1873)集古山房刻本　六冊

210000－0701－0012450　014700

繡像蘊香丸四卷二十回　清嘉慶二十二年(1817)刻本　四冊

210000－0701－0012451　014701

娛萱草彈詞二卷　(清)橘道人撰　清末商務印書館鉛印本　一冊

210000－0701－0012452　014703

繡像芙蓉洞全傳十卷四十回　(清)陳遇乾撰　清道光十六年(1836)刻本　十冊

210000－0701－0012453　014704

梅花韻全傳十卷四十二回　清道光元年(1821)刻本　十冊

210000－0701－0012454　014705

新鐫繡像描金鳳十二卷四十六回　清光緒二年(1876)刻本　十二冊

210000－0701－0012455　014706

新鐫繡像描金鳳十二卷四十六回　清光緒二年(1876)刻本　十二冊

210000－0701－0012456　014707

新刻繡像換空箱全傳二十一卷　(清)曹春江撰　清咸豐七年(1857)唫香書屋刻本　八冊

210000－0701－0012457　014708

校補果報錄圖詠八卷一百回　(清)海之濤撰　清光緒二十年(1894)香港書局石印本

八冊

210000－0701－0012458　014709

精繪全圖果報錄十二卷一百回　(清)海芝濤
撰　清末香港賞奇書局石印本　六冊

210000－0701－0012459　014710

新刻古本劉成美忠節全傳二十五卷　清道光
二十二年(1842)刻本　十二冊

210000－0701－0012460　014711

繪圖鳳凰山十卷七十二回　清宣統二年
(1910)上海章福記書局石印本　二冊

210000－0701－0012461　014712

鳳凰圖六卷三十六回　清同治三年(1864)味
蘭軒刻本　四冊

210000－0701－0012462　014713

繡像風箏誤八卷三十二回　清漱芳閣刻本
六冊

210000－0701－0012463　014714

繡像義妖傳二十八卷五十四回　(清)陳遇乾
撰　清同治八年(1869)刻本　十二冊

210000－0701－0012464　014715

新刻繡像義妖傳二十八卷五十四回　(清)陳
遇乾撰　清光緒二年(1876)刻本　六冊

210000－0701－0012465　014717

繡像九美圖全傳十二卷七十五回　(清)曹春
江撰　清道光二十三年(1843)四友軒刻本
十二冊

210000－0701－0012466　014718

錦上花四十八回　(清)修月閣主人編　清同
治十年(1871)寶樹堂刻本　十二冊

210000－0701－0012467　014719

夢白新翻錦香亭全傳三十二卷　(清)徐品南
撰　清嘉慶七年(1802)刻本　八冊

210000－0701－0012468　014720

繪圖筆生花十六卷三十二回　(清)邱心如撰
　清末石印本　十六冊

210000－0701－0012469　014721

筆生花三十二回　(清)邱心如撰　清光緒上
海申報館鉛印申報館叢書本　十六冊

210000－0701－0012470　014722

笙簧鑑史三卷　(清)余殿榮輯　清嘉慶二十
五年(1820)清陽學署刻本　三冊

210000－0701－0012471　014727

新刻三元傳四卷四十八回　清光緒三十二年
(1906)上海書局石印本　四冊

210000－0701－0012472　014733

新刊時調百花臺全傳二十卷　(清)環秀主人
撰　清文和齋刻本　四冊

210000－0701－0012473　014739

新刻珍珠大汗衫十二卷　清末文英堂刻本
一冊

210000－0701－0012474　014742

新刻香蓮帕四卷　清刻本　一冊　存一卷
(一)

210000－0701－0012475　014745

繡像紅旗溝說唱鼓詞八卷六十二回　清宣統
三年(1911)奉天德和義石印本　四冊

210000－0701－0012476　014754

繪圖十二寡婦征西四卷十六回　清宣統二年
(1910)上海茂記書莊石印本　四冊

210000－0701－0012477　014759

新輯繪圖太極陣二卷太極圖二卷　清光緒三
十二年(1906)上海書局石印本　二冊

210000－0701－0012478　014763

東林點將錄一卷　(明)王紹徽撰　清光緒葉
氏觀古堂刻雙楳景闇叢書本　一冊

210000－0701－0012479　014763

木皮散人鼓詞一卷　(清)賈鳧西撰　萬古愁
曲一卷　(清)歸莊撰　清光緒三十三年
(1907)葉氏觀古堂刻雙楳景闇叢書本　與
210000－0701－0012478、0012480至0012481
合冊

210000－0701－0012480　014763

乾嘉詩壇點將錄一卷　(清)舒位撰　清光緒

三十三年(1907)葉氏觀古堂刻雙楳景闇叢書本　與210000－0701－0012478至0012479、0012481合冊

210000－0701－0012481　014763

重刻足本乾嘉詩壇點將錄一卷　(清)舒位撰　清宣統三年(1911)葉氏觀古堂刻雙楳景闇叢書本　與210000－0701－0012478至0012480合冊

210000－0701－0012482　014764

木皮散人鼓詞一卷　(清)賈鳧西撰　**萬古愁曲一卷**　(清)歸莊撰　清光緒三十三年(1907)葉氏觀古堂刻雙楳景闇叢書本　一冊

210000－0701－0012483　014768

繡像夢影緣四十八回　(清)鄒澹若撰　清光緒二十一年(1895)竹簡齋石印本　十六冊

210000－0701－0012484　014769

繡像夢影緣四十八回　(清)鄒澹若撰　清光緒二十一年(1895)竹簡齋石印本　十六冊

210000－0701－0012485　014770

繡像夢影緣四十八回　(清)鄒澹若撰　清光緒二十一年(1895)竹簡齋石印本　十六冊

210000－0701－0012486　014787

繡像四海棠鼓詞四卷二十回　清光緒三十二年(1906)上海書局石印本　四十冊

210000－0701－0012487　014793

新刻繡像劉公案全傳四卷　清宣統三年(1911)上海茂記書莊石印本　四冊

210000－0701－0012488　014797

新刻雅調唱口平陽傳金臺全集十二卷六十回　清光緒三年(1877)靈蘭堂刻本　十二冊

210000－0701－0012489　014798

金牌調十六卷　清末會文堂刻本　三冊

210000－0701－0012490　014810

新刻醒心寶卷二卷　清光緒十九年(1893)常郡府廟樂善堂刻本　二冊

210000－0701－0012491　014811

香山寶卷二卷　題(宋)釋普明編集　清同治

十一年(1872)刻本　二冊

210000－0701－0012492　014812

新刻紅燈記說唱鼓兒詞十二卷　清末歸德三和堂刻本　二冊

210000－0701－0012493　014815

眞修寶卷不分卷　(清)劉暎華撰　清光緒二年(1876)刻本　一冊

210000－0701－0012494　014816

藍關九度十六卷　清光緒二十七年(1901)北京永盛齋刻本　二冊

210000－0701－0012495　014817

太華山紫金嶺兩世修行劉香寶卷全集二卷　清杭城瑪瑙經房刻本　二冊

210000－0701－0012496　014824

五更家書一卷　清宣統三年(1911)刻本　一冊

210000－0701－0012497　014825

新造五虎六卷二十二回　清末潮州李萬利刻本　二冊

210000－0701－0012498　014827

再造天十六卷十六回　(清)侯香葉撰　清同治八年(1869)香葉閣刻本　八冊

210000－0701－0012499　014828

孫夫人投江一卷　清末抄本　一冊

210000－0701－0012500　014829

新刻珠玉圓四十八回　(清)柳浦散人編　清同治十一年(1872)刻本　一冊　存十二回(天集十二回)

210000－0701－0012501　014830

新刻雙奇文四卷　清光緒十八年(1892)煙台成文信刻本　一冊

210000－0701－0012502　014831

各種小唱本二十七種　清末刻本　三冊

210000－0701－0012503　014832

安邦誌七夢緣二十卷　清末青雲主人抄本　二十冊

210000－0701－0012504　014833

繪圖安邦誌八卷　清宣統二年(1910)上海章福記書局石印本　八冊

210000－0701－0012505　014840

粵謳不分卷　題(清)明珊居士輯　清道光八年(1828)粵東黃翰經堂刻十五年(1835)永賢堂印本　一冊

210000－0701－0012506　014843

駢枝生踏歌□卷　(清)駢枝生撰　(清)何頌花　(清)陳蜨仙評　清末刻本　一冊　存一卷(下)

210000－0701－0012507　014846

繡像漁家樂二卷　清宣統三年(1911)上海德和義石印本　一冊

210000－0701－0012508　014846

繡像瓊林宴二卷　清宣統三年(1911)上海德和義石印本　二冊

210000－0701－0012509　014847

新刻紫金鐲六卷　清末京都文興堂刻本　六冊

210000－0701－0012510　014858

癡學八卷　(清)黃本驥撰　清道光二十七年(1847)刻本　四冊

210000－0701－0012511　014859

塵海妙品十四卷　陳琰輯　清宣統三年(1911)上海六藝書局石印本　四冊

210000－0701－0012512　014862

齊東野語二十卷　(宋)周密撰　明萬曆會稽高氏刻清康熙振鷺堂補刻稗海本　四冊

210000－0701－0012513　014863

齊東野語二十卷　(宋)周密撰　上海掃葉山房石印本　六冊

210000－0701－0012514　014868

庸閒齋筆記八卷　(清)陳其元撰　清同治十三年(1874)刻本　四冊

210000－0701－0012515　014869

庸閒齋筆記八卷　(清)陳其元撰　清光緒申

報館鉛印申報館叢書本　四冊

210000－0701－0012516　014870

庸盦筆記六卷　(清)薛福成撰　清光緒二十三年(1897)蕭山陳氏刻本　六冊

210000－0701－0012517　014872

庸盦筆記六卷　(清)薛福成撰　清宣統二年(1910)上海掃葉山房石印本　三冊

210000－0701－0012518　014874

庚辰集五卷唐人試律說一卷　(清)紀昀輯注　清刻本　四冊

210000－0701－0012519　014875

夜譚隨錄十二卷　(清)和邦額撰　清光緒十三年(1887)鴻寶齋石印本　二冊

210000－0701－0012520　014877

文昌雜錄六卷補遺一卷　(宋)龐元英撰　清乾隆二十一年(1756)雅雨堂刻雅雨堂藏書本　一冊

210000－0701－0012521　014878

交翠軒筆記四卷　(清)沈濤撰　清光緒刻聚學軒叢書本(卷一第一葉爲補抄)　二冊

210000－0701－0012522　014879

交翠軒筆記四卷　(清)沈濤撰　清光緒刻聚學軒叢書本　佚名跋　一冊

210000－0701－0012523　014880

甕牖餘談八卷　(清)王韜撰　清光緒元年(1875)上海申報館鉛印本　四冊

210000－0701－0012524　014881

京塵雜錄四卷　(清)楊懋建撰　清光緒十二年(1886)上海同文書局石印本　二冊

210000－0701－0012525　014882

京塵雜錄四卷　(清)楊懋建撰　清光緒十二年(1886)上海同文書局石印本　二冊

210000－0701－0012526　014889

新義錄一百卷　(清)孫璧文撰　清光緒八年(1882)漱石山房刻本　三十二冊

210000－0701－0012527　014890

試場異聞錄五種　（清）呂相燮輯　清同治九年(1870)廣東味經堂刻本　十冊

210000－0701－0012528　014899

談徵八卷　（清）外方山人撰　清道光三年(1823)上苑堂刻本　八冊

210000－0701－0012529　014900

續談助五卷　（宋）晁載之撰　清光緒十三年(1887)刻十萬卷樓叢書本　二冊

210000－0701－0012530　014904

三才藻異三十三卷　（清）屠粹忠撰　清康熙二十八年(1689)刻乾隆二十八年(1763)百福堂補刻本　九冊　存二十三卷(一至三、八至二十四、二十八至三十)

210000－0701－0012531　014905

三異筆談四卷　（清）許元仲撰　清光緒申報館鉛印申報館叢書本　純一齋主人跋　二冊

210000－0701－0012532　014906

三異筆談四卷　（清）許元仲撰　清光緒申報館鉛印申報館叢書本　二冊

210000－0701－0012533　014910

兩般秋雨盦隨筆八卷　（清）梁紹壬撰　清光緒十年(1884)錢塘許氏吉華堂刻本　八冊

210000－0701－0012534　014911

兩般秋雨盦隨筆八卷　（清）梁紹壬撰　清光緒二十二年(1896)上海古香閣刻本　李中校並跋　八冊

210000－0701－0012535　014912

兩般秋雨盦隨筆八卷　（清）梁紹壬撰　清末刻本　八冊

210000－0701－0012536　014913

兩般秋雨盦隨筆八卷　（清）梁紹壬撰　清末刻本　八冊

210000－0701－0012537　014914

兩般秋雨盦隨筆八卷　（清）梁紹壬撰　清末緯文堂刻本　八冊

210000－0701－0012538　014915

兩般秋雨盦隨筆八卷　（清）梁紹壬撰　清文

德堂刻本　八冊

210000－0701－0012539　014918

霧海隨筆十四卷　（清）袁枚撰　（清）胡潛源增續　清嘉慶二十五年(1820)務本堂刻本　八冊

210000－0701－0012540　014919

霧海隨筆十四卷　（清）袁枚撰　（清）胡潛源增續　清嘉慶二十五年(1820)務本堂刻本　十冊

210000－0701－0012541　014922

天祿閣外史八卷　（漢）黃憲撰　清刻本　二冊

210000－0701－0012542　014923

天咫偶聞十卷　震鈞撰　清光緒三十三年(1907)甘棠轉舍刻本　八冊

210000－0701－0012543　014928

西齋偶得三卷　（清）博明撰　西齋偶得附錄　楊鍾義輯　清光緒二十六年(1900)刻留垞叢刻本　一冊

210000－0701－0012544　014929

西齋偶得三卷　（清）博明撰　西齋偶得附錄　楊鍾義輯　清光緒二十六年(1900)刻留垞叢刻本　一冊

210000－0701－0012545　014930

重訂西清散記八卷　（清）史拾林撰　清嘉慶十年(1805)刻本　四冊

210000－0701－0012546　014931

西堂雜組八卷　（清）尤侗撰　清華文堂刻西堂全集本　二冊

210000－0701－0012547　014933

吾廬筆談八卷　（清）李佐賢撰　清光緒元年(1875)李氏刻石泉書屋全集本　二冊

210000－0701－0012548　014937

可約錄三卷　（清）張敦讓撰　清同治七年(1868)長無極室刻本　一冊

210000－0701－0012549　014940

醉夢錄一卷嶺雲齋詩草一卷　遐齡撰　清末

石印本　三冊

210000－0701－0012550　014943

雲間據目抄五卷　（明）范濂撰　清光緒四年
(1878)上海申報館鉛印申報館叢書本　一冊

210000－0701－0012551　014949

**北東園筆錄初編六卷續編六卷三續六卷四編
六卷**　（清）梁恭辰撰　清光緒二十一年
(1895)京都善成堂書鋪刻本　八冊

210000－0701－0012552　014950

麗廔薈錄十四卷　（清）蔣超伯撰　**爽鳩要錄
二卷**　（清）蔣超伯輯　清同治五年(1866)刻
本　八冊

210000－0701－0012553　014951

麗廔薈錄十四卷　（清）蔣超伯撰　**窺豹集二
卷**　（清）蔣超伯輯　清同治五年(1866)刻本
八冊

210000－0701－0012554　014952

麗廔薈錄十四卷榕堂續錄二卷　（清）蔣超伯
撰　清同治五年至六年(1866－1867)刻本
八冊

210000－0701－0012555　014953

麗廔薈錄十四卷　（清）蔣超伯撰　清同治五
年(1866)刻本　七冊

210000－0701－0012556　014955

張文襄幕府紀聞二卷　辜鴻銘撰　清宣統二
年(1910)鉛印本　二冊

210000－0701－0012557　014956

張文襄幕府紀聞二卷　辜鴻銘撰　清宣統二
年(1910)鉛印本　二冊

210000－0701－0012558　014957

張文襄幕府紀聞二卷　辜鴻銘撰　清宣統二
年(1910)鉛印本　二冊

210000－0701－0012559　014958

隙駒　（清）張芾撰　稿本　一冊　存二卷
(三至四)

210000－0701－0012560　014959

瑞應圖記一卷　（南朝梁）孫柔之撰　葉德輝

輯　清光緒二十七年(1901)葉氏刻本　一冊

210000－0701－0012561　014961

延州筆記四卷　（明）唐覲撰　清光緒十七年
(1891)粟香室刻粟香室叢書本　一冊

210000－0701－0012562　014962

醒夢軒雜錄□□卷續集□□卷　（清）鐵崖撰
　稿本　二冊　存二卷(四、續集四)

210000－0701－0012563　014963

珊影雜識不分卷　（清）嚴保庸撰　清光緒三
十三年(1907)木活字印本　一冊

210000－0701－0012564　014971

瑣事閒錄二卷續編二卷　（清）張畇撰　清咸
豐刻本　四冊

210000－0701－0012565　014977

碙底零箋一卷　（清）董恂撰　清光緒十二年
(1886)董蓮刻本　一冊

210000－0701－0012566　014978

順治鎮江防禦海寇記一卷　陳慶年撰　清光
緒十九年(1893)抄本　一冊

210000－0701－0012567　014979

止園筆談八卷　（清）史夢蘭撰　清光緒四年
(1878)刻本　四冊

210000－0701－0012568　014980

此中人語六卷　（清）程麟撰　清光緒十年
(1884)申報館鉛印申報館叢書本　一冊

210000－0701－0012569　014981

此木軒雜著八卷　（清）焦袁熹撰　清嘉慶九
年(1804)此木軒刻本　八冊

210000－0701－0012570　014982

行素齋雜記二卷　（清）李佳繼昌撰　清光緒
二十七年(1901)湖南臬署刻本　二冊

210000－0701－0012571　014983

衍石齋記事稾十卷　（清）錢儀吉撰　清道光
十四年(1834)刻本　五冊

210000－0701－0012572　014986

紫薇花館雜纂一卷　（清）王廷鼎撰　清光緒

刻紫薇花館集本　一冊　存一卷(南浦行雲錄一卷)

210000－0701－0012573　014987

紅杏山房聞見隨筆十八卷　(清)盧秉鈞撰
清光緒二十八年(1902)盧氏家塾刻本　八冊

210000－0701－0012574　014988

制義科瑣記四卷　(清)李調元撰　清雨村書
屋刻函海本　四冊

210000－0701－0012575　014989

巖下放言三卷　(宋)葉夢得撰　清光緒三十
年(1904)葉氏觀古堂刻石林遺書本　一冊

210000－0701－0012576　014989

玉澗雜書一卷　(宋)葉夢得撰　清宣統元年
(1909)葉氏觀古堂刻石林遺書本　與210000－
0701－0012575 合冊

210000－0701－0012577　014990

峰抱樓雜文一卷楹帖二卷　(清)沈鏗撰　清
光緒二十九年(1903)漢皋刻本　一冊

210000－0701－0012578　014991

山居新語一卷　(元)楊瑀撰　清乾隆、道光
長塘鮑氏刻知不足齋叢書本　二冊

210000－0701－0012579　014992

出使英法日記一卷　(清)曾紀澤撰　清光緒
二十三年(1897)湖南新學書局刻本　一冊

210000－0701－0012580　014993

梨園娛老集不分卷　胡禮垣撰　清宣統二年
(1910)大公報館鉛印本　一冊　存一冊(一)

210000－0701－0012581　014994

天香樓外史誌異八卷　(明)思貞子撰　(明)
薛明選　(清)袁枚輯　清光緒二十六年
(1900)德記書局石印本　二冊

210000－0701－0012582　015001

待采篇二卷　(清)張玠撰　清宣統二年
(1910)鉛印本　二冊

210000－0701－0012583　015003

續同書八卷　(清)福申撰　清道光七年
(1827)刻本　四冊

210000－0701－0012584　015004

岫雲雜著不分卷　清刻本　二冊

210000－0701－0012585　015006

歸田瑣記八卷　(清)梁章鉅撰　清道光二十
五年(1845)刻本　四冊

210000－0701－0012586　015007

歸田瑣記八卷　(清)梁章鉅撰　清同治九年
(1870)粵東三元堂刻本　四冊

210000－0701－0012587　015012

蠡測狂言不分卷　(清)李泔撰　清末刻本
二冊

210000－0701－0012588　015014

魯歸紀程一卷　(清)沈嘉澍撰　清光緒十七
年(1891)刻本　一冊

210000－0701－0012589　015015

句溪雜著五卷　(清)陳立撰　清同治三年
(1864)刻本　四冊

210000－0701－0012590　015017

續同書八卷　(清)福申撰　清道光七年
(1827)刻本　八冊

210000－0701－0012591　015018

欠愁集一卷　(清)史震林撰　清光緒二十六
年(1900)番禺沈氏刻拜鴛樓校刻四種本
一冊

210000－0701－0012592　015019

記聞類編十四卷　(清)上海印書局輯　清光
緒三年(1877)上海印書局鉛印本　五冊

210000－0701－0012593　015022

儆季雜箸　(清)黃以周撰　清光緒二十年
(1894)江蘇南菁講舍刻本　四冊

210000－0701－0012594　015023

馥蔭舘筆記一卷　(清)陳兆蘭撰　清光緒三
十三年(1907)刻本　一冊

210000－0701－0012595　015024

汴京勾異記八卷　(明)李濂撰　清道光二十
年(1840)蔡氏紫梨華館刻本　一冊

210000－0701－0012596　015025

涼棚夜話續編二卷　（清）方元鵾撰　清嘉慶
四年(1799)刻本　二冊

210000－0701－0012597　015026

避暑錄話二卷　（宋）葉夢得撰　（清）葉廷琯
校　清道光二十五年(1845)葉鍾刻本　四冊

210000－0701－0012598　015029

安舟襍鈔三十六卷　（清）蘇珥輯　（清）蘇槐
（清）蘇良編定　清嘉慶十九年(1814)種德
堂刻本　十冊

210000－0701－0012599　015030

寓簡十卷　（宋）沈作喆撰　**附錄一卷**　清乾
隆四十年(1775)長塘鮑氏刻知不足齋叢書本
四冊

210000－0701－0012600　015031

窺豹集二卷　（清）蔣超伯撰　清同治三年
(1864)高涼郡齋刻通齋全集本　一冊

210000－0701－0012601　015032

容齋三筆十六卷四筆十六卷五筆十卷　（宋）
洪邁撰　清刻本　八冊

210000－0701－0012602　015033

寄樗齋客窗續筆二卷　（清）榮禧撰　清末民
初抄本　二冊

210000－0701－0012603　015034

寄蝸殘贅十六卷　（清）葵愚道人撰　清同治
十一年(1872)不懼無悶齋刻本　四冊

210000－0701－0012604　015035

寄園寄所寄十二卷　（清）趙吉士撰　清刻本
十六冊

210000－0701－0012605　015036

寄園寄所寄十二卷　（清）趙吉士撰　清刻本
十二冊

210000－0701－0012606　015037

寄園寄所寄十二卷　（清）趙吉士撰　清刻文
德堂印本　闖鳳樓校　十二冊

210000－0701－0012607　015038

寄園寄所寄十二卷　（清）趙吉士撰　清刻三

益堂印本　十二冊

210000－0701－0012608　015039

寄園寄所寄十二卷　（清）趙吉士撰　清刻本
十四冊

210000－0701－0012609　015040

寄龕甲志四卷乙志四卷丙志四卷丁志四卷
（清）宛委山民撰　清光緒二十年至二十一年
(1894－1895)刻二十三年(1897)續刻本
四冊

210000－0701－0012610　015041

宦遊紀略二卷　（清）高廷瑤撰　清光緒九年
(1883)資中官廨刻本　一冊

210000－0701－0012611　015044

定香亭筆談四卷　（清）阮元撰　清嘉慶五年
(1800)揚州阮氏琅嬛僊館刻文選樓叢書本
四冊

210000－0701－0012612　015045

定香亭筆談四卷　（清）阮元撰　清嘉慶五年
(1800)揚州阮氏琅嬛僊館刻文選樓叢書本
四冊

210000－0701－0012613　015046

定香亭筆談四卷　（清）阮元撰　清光緒二十
五年(1899)浙江書局刻本　四冊

210000－0701－0012614　015047

定香亭筆談四卷　（清）阮元撰　清光緒二十
五年(1899)浙江書局刻本　四冊

210000－0701－0012615　015048

定香亭筆談四卷　（清）阮元撰　清光緒二十
五年(1899)浙江書局刻本　四冊

210000－0701－0012616　015049

寶存四卷　（清）胡式鈺撰　清道光二十一年
(1841)刻本　四冊

210000－0701－0012617　015050

寶存四卷　（清）胡式鈺撰　清道光二十一年
(1841)刻本　四冊

210000－0701－0012618　015051

賓退錄十卷　（宋）趙與時撰　清光緒江陰繆

氏刻對雨樓叢書本　四冊

210000－0701－0012619　015052

賓退錄十卷　（宋）趙與時撰　清光緒江陰繆
氏刻對雨樓叢書本　四冊

210000－0701－0012620　015053

宋瑣語不分卷　（清）郝懿行輯　清刻本
三冊

210000－0701－0012621　015063

浪跡續談八卷　（清）梁章鉅撰　清刻本
四冊

210000－0701－0012622　015064

浪跡叢談十一卷續談八卷　（清）梁章鉅撰
清刻本　八冊

210000－0701－0012623　015065

浪跡叢談十一卷續談八卷　（清）梁章鉅撰
清刻本　四冊　缺八卷(續談八卷)

210000－0701－0012624　015066

浪跡叢談十一卷續談八卷　（清）梁章鉅撰
清刻本　四冊　缺八卷(續談八卷)

210000－0701－0012625　015067

浪跡叢談十一卷續談八卷　（清）梁章鉅撰
清刻本　四冊

210000－0701－0012626　015068

浪跡叢談十一卷續談八卷　（清）梁章鉅撰
清刻本　四冊　存十一卷(一至五、九至十
一,續談六至八)

210000－0701－0012627　015075

梁氏筆記三種　（清）梁章鉅撰　清宣統三年
(1911)上海掃葉山房石印本　八冊

210000－0701－0012628　015076

梁氏筆記三種　（清）梁章鉅撰　清宣統三年
(1911)上海掃葉山房石印本　八冊

210000－0701－0012629　015078

洪文襄奏對筆記二卷　（清）洪承疇撰　清光
緒十四年(1888)刻本　二冊

210000－0701－0012630　015089

退食瑣言二卷　（清）于學質撰　清道光二年
(1822)驚鶴軒刻本　一冊

210000－0701－0012631　015090

退菴隨筆二十二卷　（清）梁章鉅撰　清道光
十七年(1837)刻本　八冊

210000－0701－0012632　015091

壬癸藏札記十二卷　（清）陳康祺撰　清光緒
十一年(1885)吳下刻本　四冊

210000－0701－0012633　015092

郎潛紀聞十四卷　（清）陳康祺撰　清光緒六
年(1880)刻本　六冊

210000－0701－0012634　015093

郎潛紀聞十四卷　（清）陳康祺撰　清光緒六
年(1880)刻本　六冊

210000－0701－0012635　015094

郎潛紀聞十四卷　（清）陳康祺撰　清光緒六
年(1880)刻本　六冊

210000－0701－0012636　015095

郎潛紀聞十四卷燕下鄉脞錄十六卷壬癸藏札
記十二卷　（清）陳康祺撰　清光緒六年至十
一年(1880－1885)刻本　十六冊

210000－0701－0012637　015096

郎潛紀聞十四卷燕下鄉脞錄十六卷　（清）陳
康祺撰　清光緒十年至十一年(1884－1885)
刻本　八冊

210000－0701－0012638　015097

郎潛紀聞十四卷　（清）陳康祺撰　清光緒十
年(1884)刻本　四冊

210000－0701－0012639　015098

郎潛紀聞初筆七卷二筆八卷三筆六卷　（清）
陳康祺撰　清宣統二年(1910)掃葉山房石印
本　十冊

210000－0701－0012640　015099

郎潛紀聞初筆七卷二筆八卷三筆六卷　（清）
陳康祺撰　清宣統二年(1910)掃葉山房石印
本　十冊

210000－0701－0012641　015100

郎潛紀聞初筆七卷二筆八卷三筆六卷 （清）
陳康祺撰 清宣統二年(1910)掃葉山房石印
本 十冊

210000－0701－0012642 015101
燕下鄉脞錄十六卷 （清）陳康祺撰 清光緒
十一年(1885)刻本 四冊

210000－0701－0012643 015102
冷廬雜識八卷續編一卷 （清）陸以湉撰 清
咸豐六年(1856)刻本 八冊 存八卷(冷廬
雜識八卷)

210000－0701－0012644 015103
冷廬雜識八卷續編一卷 （清）陸以湉撰 清
咸豐六年(1856)刻本 八冊

210000－0701－0012645 015104
冷廬雜識八卷續編一卷 （清）陸以湉撰 清
咸豐六年(1856)刻本 八冊

210000－0701－0012646 015106
海語三卷 （明）黃衷撰 清道光元年(1821)
刻嶺南叢書本 一冊

210000－0701－0012647 015107
海客日譚六卷首一卷 （清）王芝撰 清光緒
二年(1876)石城刻本 四冊

210000－0701－0012648 015112
消暑隨筆四卷 （清）潘世恩撰 子目二卷
(清)黃奭撰 清道光甘泉黃氏刻清頌堂叢書
本 四冊

210000－0701－0012649 015114
在園雜志四卷 （清）劉廷璣撰 清光緒申報
館鉛印申報館叢書本 一冊

210000－0701－0012650 015115
南漘楛語八卷 （清）蔣超伯撰 清同治三年
(1864)兩罍山房刻民國二十二年(1933)揚州
陳恆和書林印通齋全集本 四冊

210000－0701－0012651 015116
南漘楛語八卷 （清）蔣超伯撰 清同治三年
(1864)兩罍山房刻民國二十二年(1933)揚州
陳恆和書林印通齋全集本 四冊

210000－0701－0012652 015118
南省公餘錄八卷 （清）梁章鉅撰 清末刻本
一冊

210000－0701－0012653 015119
南省公餘錄八卷 （清）梁章鉅撰 清末刻本
二冊

210000－0701－0012654 015120
南村隨筆 （清）陸廷燦撰 清乾隆刻本 一
冊 存三卷(四至六)

210000－0701－0012655 015122
赤雅三卷 （明）鄺露撰 清乾隆三十四年
(1769)長塘鮑氏刻知不足齋叢書本 一冊

210000－0701－0012656 015123
赤雅三卷 （明）鄺露撰 清刻本 一冊

210000－0701－0012657 015124
嘉應平寇紀略一卷 （清）謝國珍撰 抄本
一冊

210000－0701－0012658 015125
七修類稿五十一卷續稿七卷 （明）郎瑛撰
清乾隆四十年(1775)耕煙草堂刻本 十六冊

210000－0701－0012659 015126
七修類稿五十一卷續稿七卷 （明）郎瑛撰
清光緒六年(1880)廣州翰墨園刻本 十六冊

210000－0701－0012660 015127
樵香小記二卷 （清）何琇撰 清光緒八年
(1882)王灝刻畿輔叢書本 一冊

210000－0701－0012661 015129
梓里述聞二卷 （清）劉長華撰 抄本 二冊

210000－0701－0012662 015131
橋西雜記一卷 （清）葉名灃撰 清同治十年
(1871)潘氏滂喜齋刻滂喜齋叢書本 一冊

210000－0701－0012663 015134
求闕齋讀書錄十卷 （清）曾國藩撰 （清）王
定安輯 清光緒二年(1876)都門刻曾文正公
全集本 四冊

210000－0701－0012664 015136

榕堂續錄二卷 （清）蔣超伯撰 清同治六年 (1867)羊城西湖街聚珍堂刻本 一冊

210000－0701－0012665 015142

萍海墨雨四卷 （清）李匡濟撰 清光緒二年 (1876)揚州刻本 四冊

210000－0701－0012666 015143

夢痕錄餘一卷 （清）汪輝祖撰 （清）汪繼坊 等補撰 清刻本 一冊

210000－0701－0012667 015144

夢粱錄二十卷 （宋）吳自牧撰 清嘉慶十年 (1805)虞山張氏照曠閣刻學津討原本(有抄 補) 五冊

210000－0701－0012668 015145

夢粱錄二十卷 （宋）吳自牧撰 清光緒十六 年(1890)嘉惠堂丁氏刻武林掌故叢編本 四冊

210000－0701－0012669 015148

夢園叢說內篇八卷 （清）方濬頤撰 清光緒 上海申報館鉛印申報館叢書本 二冊

210000－0701－0012670 015149

攷辨隨筆二卷 （清）黃定宜撰 清道光二十 七年(1847)刻本 一冊

210000－0701－0012671 015150

花間笑語五卷 題（清）釀花使者撰 清嘉慶 二十三年(1818)刻本 一冊

210000－0701－0012672 015151

花間笑語五卷 題（清）釀花使者撰 清嘉慶 二十三年(1818)刻本 一冊

210000－0701－0012673 015155

片玉山房花箋錄十六卷 （清）孫兆溎輯 清 咸豐二年(1852)景福堂刻本 十二冊

210000－0701－0012674 015157

蒿菴閒話二卷 （清）張爾岐撰 清乾隆四十 年(1775)李文藻刻貸園叢書初集本 二冊

210000－0701－0012675 015158

藤陰雜記十二卷 （清）戴璐撰 清光緒三年 (1877)吳興會館刻本 二冊

210000－0701－0012676 015159

藤陰雜記十二卷 （清）戴璐撰 清光緒三年 (1877)吳興會館刻本 二冊

210000－0701－0012677 015160

藤陰雜記十二卷 （清）戴璐撰 清光緒三年 (1877)吳興會館刻本 二冊

210000－0701－0012678 015161

蔗餘偶筆 （清）方士淦撰 清同治十一年 (1872)兩淮運署刻啖蔗軒全集本 一冊

210000－0701－0012679 015166

蕙櫋雜記一卷 （清）嚴元照撰 清光緒十一 年(1885)新陽趙氏刻新陽趙氏叢刊本 一冊

210000－0701－0012680 015169

華陽散稿二卷 （清）史震林撰 清光緒九年 (1883)王韜香海鉛印弢園叢書本 二冊

210000－0701－0012681 015177

老學庵筆記十卷 （宋）陸游撰 清光緒元年 (1875)湖北崇文書局刻本 二冊

210000－0701－0012682 015179

黃學廬雜述三卷 （清）陳士芑撰 清宣統元 年(1909)鉛印本 一冊

210000－0701－0012683 015180

茶香室三鈔二十九卷目錄一卷 （清）俞樾撰 清光緒春在堂刻春在堂全書本 八冊

210000－0701－0012684 015181

茶香室續鈔二十五卷 （清）俞樾撰 清光緒 十一年(1885)刻春在堂全書本 六冊

210000－0701－0012685 015182

茶香室叢鈔二十三卷 （清）俞樾撰 清光緒 九年(1883)刻春在堂全書本 八冊

210000－0701－0012686 015183

茶香室叢鈔二十三卷 （清）俞樾撰 清光緒 九年(1883)刻春在堂全書本 八冊

210000－0701－0012687 015185

蘿藦亭札記八卷 （清）喬松年撰 清末刻本 四冊

210000－0701－0012688　015187

想當然耳八卷　（清）鄒鍾撰　清同治十年
(1871)聚興堂刻本　四冊

210000－0701－0012689　015188

魄林漫錄二卷　（明）瞿式耜撰　清光緒十六
年(1890)江蘇書局刻本　二冊

210000－0701－0012690　015189

槐廳載筆二十卷　（清）法式善撰　清嘉慶刻
本　八冊

210000－0701－0012691　015191

趣園八種十六卷　（清）蔡丕著撰　清光緒十
八年(1892)上海書局石印本　六冊

210000－0701－0012692　015192

柳崖外編八卷　（清）徐昆撰　清乾隆五十八
年(1793)晉祁書業堂刻本　二冊

210000－0701－0012693　015193

桐陰清話八卷　（清）倪鴻撰　清同治十三年
(1874)申江刻本　四冊

210000－0701－0012694　015194

柳南隨筆六卷續筆四卷　（清）王應奎撰　清
光緒四年(1878)上海申報館鉛印申報館叢書
本　一冊

210000－0701－0012695　015195

椒生隨筆八卷　（清）王之春撰　清光緒七年
(1881)上洋文藝齋刻本　四冊　存六卷(一
至四、七至八)

210000－0701－0012696　015196

椒生隨筆八卷　（清）王之春撰　清末刻本
四冊

210000－0701－0012697　015197

松崖筆記三卷　（清）惠棟撰　清光緒貴池劉
氏刻聚學軒叢書本　一冊

210000－0701－0012698　015198

松窗夢語八卷　（明）張瀚撰　清光緒二十二
年(1896)錢塘丁氏嘉惠堂刻本　二冊

210000－0701－0012699　015199

妙香室叢話十四卷　（清）張培仁撰　清光緒

十年(1884)上海申報館鉛印申報館叢書本
六冊

210000－0701－0012700　015200

妙香室叢話十四卷　（清）張培仁撰　清光緒
十年(1884)上海申報館鉛印申報館叢書本
六冊

210000－0701－0012701　015201

妙香室叢話十四卷　（清）張培仁撰　清光緒
十年(1884)上海申報館鉛印申報館叢書本
六冊

210000－0701－0012702　015202

因樹屋書影十卷　（清）周亮工撰　清嘉慶十
九年(1814)周恒福刻本　六冊

210000－0701－0012703　015203

春江燈市錄二卷春江花史二卷　（清）鄒弢撰
清光緒十年(1884)二石軒刻本　四冊

210000－0701－0012704　015204

春泉聞見錄四卷　（清）劉壽眉撰　清嘉慶五
年(1800)自刻本　四冊

210000－0701－0012705　015209

東原錄一卷　（宋）龔鼎臣撰　清刻函海本
一冊

210000－0701－0012706　015209

冐繁錄一卷　（宋）趙叔向撰　清刻函海本
與210000－0701－0012705、0012707 合冊

210000－0701－0012707　015209

燕魏雜記一卷　（宋）呂頤浩撰　清刻函海本
與 210000－0701－0012705 至 0012706
合冊

210000－0701－0012708　015212

援鶉堂筆記五十卷　（清）姚範撰　（清）方東
樹校　**栞誤一卷補遺一卷**　（清）方東樹撰
清道光十五年(1835)姚瑩刻本　二十冊

210000－0701－0012709　015214

咸豐象山粵氛紀實一卷　（清）王蒔蕙撰　抄
本　一冊

210000－0701－0012710　015215

咸豐象山粵氛紀實一卷　（清）王蒔蕙撰　抄本　一冊

210000－0701－0012711　015216

咸同敉大總戎從征紀述四卷　（清）陳翼亮撰　抄本　四冊

210000－0701－0012712　015217

蝶仙小史二卷　（清）延清輯　來蝶軒詩一卷　（清）延清撰　清光緒二十三年（1897）鉛印本　二冊

210000－0701－0012713　015218

扶桑兩月記一卷　羅振玉撰　清光緒二十八年（1902）教育世界社石印本　一冊

210000－0701－0012714　015219

扶桑兩月記一卷　羅振玉撰　清光緒二十八年（1902）教育世界社石印本　一冊

210000－0701－0012715　015220

扶桑兩月記一卷　羅振玉撰　清光緒二十八年（1902）教育世界社石印本　一冊

210000－0701－0012716　015221

東湖叢記六卷　（清）蔣光煦撰　清光緒九年（1883）江陰繆氏刻雲自在龕叢書本　二冊

210000－0701－0012717　015223

曲園雜纂五十卷　（清）俞樾撰　清光緒二十五年（1899）刻春在堂全書本　十冊

210000－0701－0012718　015224

揚州刼餘小誌一卷　（清）臧穀撰　抄本　一冊

210000－0701－0012719　015234

四溟瑣記十二卷　（清）申報館輯　清申報館鉛印申報館叢書本　五冊　存五卷（一、三、五至七）

210000－0701－0012720　015237

思補齋筆記八卷　（清）潘世恩撰　清會文齋鄭家刻字舖刻本　二冊

210000－0701－0012721　015238

恩福堂筆記二卷年譜一卷　（清）英和撰　清道光十七年至二十年（1837－1840）刻本

二冊

210000－0701－0012722　015239

呂語集粹四卷首一卷　（明）呂坤撰　（清）陳弘謀評　清末上海文瑞樓石印本　二冊

210000－0701－0012723　015241

異聞益智叢錄三十四卷　題（清）種蕉藝蘭生輯　清光緒二十六年（1900）江南書局鉛印本　八冊

210000－0701－0012724　015242

曉窗筆錄　（清）張燦撰　清嘉慶十三年（1808）刻本　一冊

210000－0701－0012725　015243

嘯亭雜錄八卷續錄二卷　（清）昭槤撰　清光緒六年（1880）刻本　十冊

210000－0701－0012726　015244

嘯亭雜錄八卷續錄二卷　（清）昭槤撰　清光緒六年（1880）刻本　九冊　存九卷（一至八、續錄一）

210000－0701－0012727　015245

嘯亭雜錄八卷續錄二卷　（清）昭槤撰　清末刻本　十二冊

210000－0701－0012728　015246

嘯亭雜錄十卷續錄三卷　（清）昭槤撰　清光緒申報館鉛印申報館叢書本　十冊

210000－0701－0012729　015247

嘯亭雜錄十卷續錄三卷　（清）昭槤撰　清光緒申報館鉛印申報館叢書本　十冊

210000－0701－0012730　015248

嘯亭雜錄十卷　（清）昭槤撰　清光緒上海申報館鉛印申報館叢書本　一冊　存八卷（一至二、五至十）

210000－0701－0012731　015249

嘯亭雜錄十卷續錄三卷　（清）昭槤撰　清宣統元年（1909）中國圖書公司鉛印本　四冊

210000－0701－0012732　015253

祼盦先生咸豐籌蜀記一卷　（清）蔡壽祺撰　清抄本　一冊

210000 – 0701 – 0012733　015254

明齋小識十二卷　(清)諸聯撰　清同治四年
(1865)吳越亦西齋刻本　六冊

210000 – 0701 – 0012734　015255

明僮小錄一卷　(清)餘不釣徒撰　**明僮續錄
一卷**　(清)殿春生撰　清同治六年(1867)擷
芝館刻北京琉璃廠龍文齋印本　一冊

210000 – 0701 – 0012735　015256

陶樓雜著　(清)黃彭年撰　清光緒十五年
(1889)貴築黃氏刻本　一冊　缺一卷(紫泥
日記一卷)

210000 – 0701 – 0012736　015257

阮盦筆記五種　況周頤撰　清光緒三十三年
(1907)白門刻蕙風叢書本　四冊

210000 – 0701 – 0012737　015257

**萬邑西南山石刻記二卷南浦郡報善寺兩唐碑
釋文一卷**　況周頤撰　清光緒三十年(1904)
西巖講院刻蕙風叢書本　一冊

210000 – 0701 – 0012738　015258

阮盦筆記五種　況周頤撰　清光緒三十三年
(1907)白門刻蕙風叢書本　一冊　存三種四
卷(選菴叢談二卷、鹵底叢談一卷、蘭雲菱寱
樓筆記一卷)

210000 – 0701 – 0012739　015266

隨園瑣記二卷　(清)袁祖志撰　清光緒五年
(1879)嘯園刻本　一冊

210000 – 0701 – 0012740　015267

隨園瑣記二卷　(清)袁祖志撰　清光緒五年
(1879)嘯園刻本　一冊

210000 – 0701 – 0012741　015268

隨園瑣記二卷　(清)袁祖志撰　清光緒五年
(1879)嘯園刻本　一冊

210000 – 0701 – 0012742　015269

隨園瑣記二卷　(清)袁祖志撰　清光緒五年
(1879)嘯園刻本　一冊

210000 – 0701 – 0012743　015270

隨園瑣記二卷　(清)袁祖志撰　清光緒五年

(1879)嘯園刻本　一冊

210000 – 0701 – 0012744　015271

隨園瑣記二卷　(清)袁祖志撰　清光緒五年
(1879)嘯園刻本　一冊

210000 – 0701 – 0012745　015272

隨園瑣記二卷　(清)袁祖志撰　清光緒五年
(1879)嘯園刻本　一冊

210000 – 0701 – 0012746　015273

隨園瑣記二卷　(清)袁祖志撰　清光緒五年
(1879)嘯園刻本　一冊

210000 – 0701 – 0012747　015274

隨園瑣記二卷　(清)袁祖志撰　清光緒五年
(1879)嘯園刻本　一冊

210000 – 0701 – 0012748　015275

隨園瑣記二卷　(清)袁祖志撰　清光緒五年
(1879)嘯園刻本　一冊

210000 – 0701 – 0012749　015276

隨園戲編四卷　(清)袁枚輯　清聚賢堂刻本
二冊

210000 – 0701 – 0012750　015278

隨園隨筆二十八卷　(清)袁枚撰　清嘉慶十
三年(1808)小倉山房刻隨園三十種　四冊

210000 – 0701 – 0012751　015279

隨園隨筆二十八卷　(清)袁枚撰　清刻本
六冊

210000 – 0701 – 0012752　015280

隨園隨筆二十八卷　(清)袁枚撰　清刻本
六冊

210000 – 0701 – 0012753　015284

閒談消夏錄十二卷　(清)朱翊清撰　清同治
十三年(1874)翠筠山房刻本　十二冊

210000 – 0701 – 0012754　015291

熙朝新語十六卷　(清)余金撰　清嘉慶二十
三年(1818)鳴盛堂刻本　四冊

210000 – 0701 – 0012755　015292

熙朝新語十六卷　(清)余金撰　清道光二年

（1822）三讓堂刻本　八冊

210000－0701－0012756　015293
熙朝新語十六卷　（清）余金撰　清道光二年
（1822）有金堂刻本　六冊

210000－0701－0012757　015294
熙朝新語十六卷　（清）余金撰　清道光四年
（1824）鳴盛堂刻本　八冊

210000－0701－0012758　015295
熙朝新語十六卷　（清）余金撰　清同治六年
（1867）花選樓刻本　八冊

210000－0701－0012759　015296
丹泉海島錄四卷　（清）徐景福撰　清光緒四
年（1878）遂昌徐氏家塾刻本　一冊　存二卷
（一至二）

210000－0701－0012760　015297
御覽闕史二卷　（唐）高彥休撰　清光緒二年
（1876）湖北崇文書局刻崇文書局彙刻書本
一冊

210000－0701－0012761　015298
御覽闕史二卷　（唐）高彥休撰　清光緒二年
（1876）湖北崇文書局刻崇文書局彙刻書本
一冊

210000－0701－0012762　015304
人海記二卷　（清）查慎行撰　清刻小嫏嬛山
館叢書本　二冊

210000－0701－0012763　015305
人海記二卷　（清）查慎行撰　清宣統二年
（1910）掃葉山房石印本　二冊

210000－0701－0012764　015306
人海記二卷　（清）查慎行撰　清宣統二年
（1910）掃葉山房石印本　二冊

210000－0701－0012765　015314
無欺錄二卷　（清）朱用純撰　**附錄一卷**　清
光緒二十六年（1900）玉山書院刻民國四年
（1915）補刻玉山朱氏遺書本　二冊

210000－0701－0012766　015315
合肥學舍札記十二卷　（清）陸繼輅撰　清道

光十六年（1836）刻本　闞鳳樓批校並抄補
一冊　存六卷（一至六）

210000－0701－0012767　015316
合肥學舍札記十二卷　（清）陸繼輅撰　清光
緒四年（1878）興國州署刻本　四冊

210000－0701－0012768　015317
合肥學舍札記十二卷　（清）陸繼輅撰　清光
緒四年（1878）興國州署刻本　四冊

210000－0701－0012769　015318
食舊惪齋雜著二卷　（清）劉嶽雲撰　清光緒
二十二年（1896）刻本　二冊

210000－0701－0012770　015319
養穌軒隨筆　陳作霖撰　清光緒二十四年
（1898）傅春官晦齋校刻金陵叢刻本　一冊

210000－0701－0012771　015320
養古齋叢錄二十六卷餘錄十卷　（清）吳振棫
撰　清光緒二十二年（1896）刻本　八冊

210000－0701－0012772　015322
鐵橋漫稿八卷　（清）嚴可均撰　清光緒十一
年（1885）長洲蔣氏刻心矩齋叢書本　四冊

210000－0701－0012773　015324
鎮江勦平粵匪記二卷　陳慶年撰　抄本
二冊

210000－0701－0012774　015325
錫金識小錄十二卷　（清）黃卬撰　清道光二
十二年（1842）木活字印本　六冊

210000－0701－0012775　015326
錫金識小錄十二卷　（清）黃卬撰　清道光二
十二年（1842）木活字印本　六冊

210000－0701－0012776　015327
錫金團練始末記不分卷　（清）華翼綸撰　抄
本　一冊

210000－0701－0012777　015330
鄬齋主人雜鈔不分卷　題（清）鄬齋撰　稿本
一冊

210000－0701－0012778　015331

舒藝室隨筆六卷　（清）張文虎撰　清同治十
三年(1874)金陵治城賓館刻本　二冊

210000 – 0701 – 0012779　015332
舒藝室隨筆六卷續筆一卷餘筆三卷　（清）張
文虎撰　清同治十三年至光緒七年(1874 –
1881)刻覆瓿集本　四冊

210000 – 0701 – 0012780　015332
懷舊襍記三卷　（清）張文虎撰　清光緒十九
年(1893)刻覆瓿集續刻本　一冊

210000 – 0701 – 0012781　015332
撰聯偶記一卷　（清）張文虎撰　清光緒十九
年(1893)刻本　與 210000 – 0701 – 0012780
合冊

210000 – 0701 – 0012782　015333
坐花誌果八卷　（清）汪道鼎撰　清同治二年
(1863)味經堂刻本　四冊

210000 – 0701 – 0012783　015334
笠翁偶集六卷　（清）李漁撰　清芥子園刻本
　八冊

210000 – 0701 – 0012784　015335
笠翁偶集六卷　（清）李漁撰　清芥子園刻本
　三冊

210000 – 0701 – 0012785　015336
竹葉亭雜記八卷　（清）姚元之撰　清光緒十
九年(1893)刻本　二冊

210000 – 0701 – 0012786　015337
竹葉亭雜記八卷　（清）姚元之撰　清光緒十
九年(1893)刻本　二冊

210000 – 0701 – 0012787　015338
竹葉亭雜記八卷　（清）姚元之撰　清光緒十
九年(1893)刻本　二冊

210000 – 0701 – 0012788　015339
竹葉亭雜記八卷　（清）姚元之撰　清光緒十
九年(1893)刻本　二冊

210000 – 0701 – 0012789　015340
竹葉亭雜記八卷　（清）姚元之撰　清光緒十
九年(1893)刻本　二冊

210000 – 0701 – 0012790　015342
簷曝雜記六卷附錄一卷　（清）趙翼撰　清乾
隆、嘉慶間湛貽堂刻甌北全集本　一冊

210000 – 0701 – 0012791　015343
竹閒十日話六卷　（清）郭柏蒼撰　清光緒十
二年(1886)郭氏叢刻本　三冊

210000 – 0701 – 0012792　015344
簷曝雜記六卷附錄一卷　（清）趙翼撰　清刻
本　佚名批校　四冊

210000 – 0701 – 0012793　015345
餘墨偶談八卷　（清）孫詩樵撰　清同治十二
年(1873)雙峰書屋刻本　六冊

210000 – 0701 – 0012794　015348
小滄浪筆談四卷　（清）阮元輯　清光緒二十
六年(1900)江蘇書局刻本　二冊

210000 – 0701 – 0012795　015353
亦復如是八卷　（清）青城子編　清嘉慶十六
年(1811)刻本　五冊

210000 – 0701 – 0012796　015355
扶風許氏仙音集二卷　（清）許可覿撰　清光
緒二十五年(1899)雅原堂木活字印本　二冊

210000 – 0701 – 0012797　015356
幽夢影二卷　（清）張潮撰　清同治十三年
(1874)遲雲樓主人刻本　于蓮客跋　四冊

210000 – 0701 – 0012798　015357
幽夢影二卷　（清）張潮撰　清同治十三年
(1874)遲雲樓主人刻本　二冊

210000 – 0701 – 0012799　015368
哀仲錄不分卷　（清）丁鶴年輯　清宣統二年
(1910)天津北洋官報總局鉛印本　一冊

210000 – 0701 – 0012800　015374
詒煒集五卷侍香集一卷　（清）許振褘輯　清
光緒二十三年(1897)廣州節署刻本　二冊

210000 – 0701 – 0012801　015394
張文襄公［之洞］榮哀錄十卷　清宣統北京集
成圖書公司鉛印本　四冊

210000－0701－0012802　015406
孫節滑公遺翰一卷附一卷　(清)鄧元鏸輯　清光緒十八年(1892)刻本　一册

210000－0701－0012803　015412
稀齡祝雅不分卷　清光緒十年(1884)刻本　一册

210000－0701－0012804　015416
吴柳堂先生誄文不分卷　(清)傅巖霖編　清光緒六年(1880)刻本　二册

210000－0701－0012805　015417
吴柳堂先生誄文不分卷　(清)傅巖霖編　清光緒七年(1881)刻本　一册

210000－0701－0012806　015445
松柏同春不分卷　(清)吳理謣撰　寫本　一册

210000－0701－0012807　015453
新編蜜蜂記說唱鼓兒詞四卷十八回　清光緒三十二年(1906)上海萃文齋石印本　四册

210000－0701－0012808　015461
胭脂牡丹六卷　(清)韓□撰　清道光二十六年(1846)富春堂刻本　六册

210000－0701－0012809　015467
合肥相國七十賜壽圖附壽言不分卷　(清)陳文琪繪　(清)羅豐祿　(清)楊宗濂等輯　清光緒十八年(1892)海軍石印書局石印本　六册

210000－0701－0012810　015473
西湖楹聯四卷　題(清)知止軒後學輯　(清)周慶祺增輯　清光緒十五年(1889)知止軒十七年(1891)周慶祺增刻本　二册

210000－0701－0012811　015491
集古聯句一卷　(清)鍾德祥輯　清光緒三年(1877)葛氏嘯園刻本　一册

210000－0701－0012812　015492
集古聯句一卷　(清)鍾德祥輯　清光緒三年(1877)葛氏嘯園刻本　一册

210000－0701－0012813　015501
瀆訂聯詞二卷　(清)孔廣安輯　清道光二十一年(1841)京都文馨齋刻本　二册

210000－0701－0012814　015503
衲蘇集二卷　(清)何軾輯　清同治元年(1862)章門刻悔餘菴集本　一册

210000－0701－0012815　015504
衲蘇集二卷　(清)何軾輯　清同治元年(1862)章門刻悔餘菴集本　二册

210000－0701－0012816　015505
衲蘇集二卷　(清)何軾輯　清同治元年(1862)章門刻悔餘菴集本　二册　缺一葉(下卷第七十七葉)

210000－0701－0012817　015512
春在堂楹聯錄三卷　(清)俞樾撰　清光緒二十二年(1896)廣州文陞閣刻本　二册

210000－0701－0012818　015512
古今集聯四卷　題雙魚罌齋主人輯　清光緒二十二年(1896)廣州文陞閣刻本　四册

210000－0701－0012819　015514
梡鞠錄二卷　朱祖謀輯　清宣統元年(1909)南陵徐氏刻本　一册

210000－0701－0012820　015516
楹聯酬世四卷　題(清)月川散人輯　清光緒九年(1883)上海掃葉山房刻本　一册

210000－0701－0012821　015517
楹聯新句不分卷　(清)俞樾撰　清末抄本　佚名校　一册

210000－0701－0012822　015519
楹聯集錦八卷　(清)胡鳳丹輯　清同治十三年(1874)寶經堂刻本　二册

210000－0701－0012823　015520
楹聯集錦八卷　(清)胡鳳丹輯　清光緒八年(1882)上海掃葉山房刻埽葉山房叢鈔本　二册

210000－0701－0012824　015521
楹聯續話四卷　(清)梁章鉅輯　清道光二十六年(1846)郁氏宜稼堂刻本　一册

210000 – 0701 – 0012825　015522

楹聯叢話十二卷楹聯續話四卷　（清）梁章鉅輯　清道光二十六年(1846)郁氏宜稼堂刻本　六冊

210000 – 0701 – 0012826　015523

楹聯叢話十二卷楹聯續話四卷巧對錄二卷（清）梁章鉅輯　清環碧軒刻本　八冊

210000 – 0701 – 0012827　015524

楹聯叢話十二卷楹聯續話四卷　（清）梁章鉅撰　清道光二十年(1840)桂林署齋刻二十三年(1843)南浦寓齋續刻本　六冊

210000 – 0701 – 0012828　015533

類聯集錦八卷　（清）張宗濤輯　清乾隆四十八年(1783)山立堂刻本　二冊

210000 – 0701 – 0012829　015536

香草集一卷　（清）祝慶雲輯　清光緒九年(1883)蘇州管氏上海鉛印本　一冊

210000 – 0701 – 0012830　015538

女才子十二卷　（清）徐秋濤撰　清光緒二十五年(1899)鉛印本　四冊

210000 – 0701 – 0012831　015539

燕山外史二卷　（清）陳球撰　清嘉慶十六年(1811)刻本　二冊

210000 – 0701 – 0012832　015542

吳下諺聯四卷　（清）王有光輯並注　清嘉慶刻本　四冊

210000 – 0701 – 0012833　015544

越諺三卷越諺賸語二卷　（清）范寅輯　清光緒八年(1882)谷應山房刻本　三冊

210000 – 0701 – 0012834　015552

庸閒齋筆記十二卷　（清）陳其元撰　清宣統三年(1911)掃葉山房石印本　四冊

210000 – 0701 – 0012835　015563

六梅書屋尺牘四卷　（清）凌丹階撰　清光緒五年(1879)北京二酉齋刻本　四冊

210000 – 0701 – 0012836　015567

得一山房詩集二卷　（清）唐懋公撰　清光緒

十九年(1893)本　一冊

210000 – 0701 – 0012837　015567

請纓日記十卷（光緒八年至十二年）　（清）唐景崧撰　清光緒十九年(1893)臺灣布政使署刻本　四冊

210000 – 0701 – 0012838　015573

三洲日記八卷（光緒十二年至十五年）　（清）張蔭桓撰　清光緒二十二年(1896)京都刻本　八冊

210000 – 0701 – 0012839　015575

五十名家書札十二卷　（清）陸心源輯　清光緒二十年(1894)上海復古齋石印本　四冊

210000 – 0701 – 0012840　015576

五十名家書札十二卷　（清）陸心源輯　清光緒二十年(1894)上海復古齋石印本　四冊

210000 – 0701 – 0012841　015577

五十名家書札十二卷　（清）陸心源輯　清光緒二十年(1894)上海復古齋石印本　一冊

210000 – 0701 – 0012842　015579

丁卯日記不分卷（同治六年）　稿本　一冊

210000 – 0701 – 0012843　015580

元穆日記三卷　杜俞撰　清光緒二十六年(1900)申江鉛印海嶽軒叢刻本　一冊

210000 – 0701 – 0012844　015581

潛園友朋書問十二卷　（清）陸心源輯　清光緒三十三年(1907)醉醉室影印本　六冊

210000 – 0701 – 0012845　015582

潛園友朋書問十二卷　（清）陸心源輯　清光緒三十三年(1907)醉醉室影印本　六冊

210000 – 0701 – 0012846　015585

北上日記不分卷（同治六年）　抄本　一冊

210000 – 0701 – 0012847　015586

北洋公牘類纂續編二十四卷　（清）甘厚慈輯　清宣統二年(1910)絳雪齋鉛印本　二十冊

210000 – 0701 – 0012848　015587

張廉卿先生論學手札不分卷　（清）張裕釗撰

清末九思堂書屋影印本　二冊

210000－0701－0012849　015591

弢園尺牘續鈔六卷　（清）王韜撰　清光緒十五年(1889)鉛印本　二冊

210000－0701－0012850　015592

雲林別墅新輯酬世錦囊書啟合編初集八卷（清）鄒景揚輯　清聯墨堂刻本　六冊　存六卷(一至四、七至八)

210000－0701－0012851　015598

采薇堂書牘二卷　杜俞撰　清光緒二十六年(1900)申江鉛印海嶽軒叢刻本　一冊

210000－0701－0012852　015599

熊襄愍公尺牘四卷　（明）熊廷弼撰　清光緒三十四年(1908)湖北武昌璞園刻本　四冊

210000－0701－0012853　015600

山谷老人刀筆二十卷　（宋）黃庭堅撰　清嘉慶十年(1805)萬承風刻本　四冊

210000－0701－0012854　015601

山谷老人刀筆二十卷　（宋）黃庭堅撰　清同治十二年(1873)刻本　四冊

210000－0701－0012855　015602

出使英法義比四國日記六卷（光緒十六年至十七年）海外文編四卷庸庵外編四卷籌洋芻議一卷　（清）薛福成撰　清光緒十八年至二十三年(1892－1897)上海醉六堂石印本　八冊

210000－0701－0012856　015603

紫泥日記不分卷　（清）黃彭年撰　清光緒十五年(1889)刻本　一冊

210000－0701－0012857　015607

熊襄愍公尺牘四卷　（明）熊庭弼撰　清光緒三十四年(1908)湖北武昌璞園刻本　四冊

210000－0701－0012858　015610

吳摯甫尺牘五卷補遺一卷諭兒書一卷　（清）吳汝綸撰　清宣統二年(1910)國學扶輪社石印本　十二冊

210000－0701－0012859　015612

程中丞庚子函牘鈔略一卷　程德全撰　清宣統元年(1909)京師鉛印本　一冊

210000－0701－0012860　015613

修齊堂尺牘四卷　（清）李承烈撰　清道光十五年(1835)刻本　二冊

210000－0701－0012861　015614

遣戍伊犁日記不分卷（嘉慶四年）　（清）洪亮吉撰　清光緒三年(1877)鄂垣授經堂刻洪北江全集本　一冊

210000－0701－0012862　015614

天山客話一卷　（清）洪亮吉撰　清光緒三年(1877)鄂垣洪用懃授經堂刻洪北江全集本　與210000－0701－0012861、0012863 合冊

210000－0701－0012863　015614

外家紀聞一卷　（清）洪亮吉撰　清光緒三年(1877)洪用懃授經堂刻洪北江全集本　與210000－0701－0012861 至 0012862 合冊

210000－0701－0012864　015615

名賢手札不分卷　（清）郭慶藩輯　清光緒十年(1884)郭氏岵瞻堂刻本　四冊

210000－0701－0012865　015616

名賢手札不分卷　（清）郭慶藩輯　清光緒十年(1884)郭氏岵瞻堂刻本　四冊

210000－0701－0012866　015617

名賢手札墨蹟不分卷　（清）郭慶藩輯　清光緒十一年(1885)點石齋石印本　三冊

210000－0701－0012867　015626

秋水軒尺牘二卷　（清）許思湄撰　清道光十一年(1831)秋水軒刻本　二冊

210000－0701－0012868　015628

適可齋記言四卷適可齋記行六卷　（清）馬建忠撰　清光緒二十二年(1896)刻本　四冊

210000－0701－0012869　015629

寫信必讀十卷　（清）唐芸洲撰　清光緒二十五年(1899)上海書局石印本　六冊

210000－0701－0012870　015631

潛園友朋書問十二卷　（清）陸心源輯　清末

石印本　二冊

210000－0701－0012871　015639

湘綺樓箋啓不分卷　王闓運撰　清宣統元年(1909)寶山尚友山房鉛印本　一冊

210000－0701－0012872　015640

澗于日記不分卷(光緒四年至五年、十一年至二十一年)　(清)張佩綸撰　清末豐潤張氏澗于草堂影印本　十四冊

210000－0701－0012873　015641

澗于日記不分卷(光緒四年至五年、十一年至十八年)　(清)張佩綸撰　清末豐潤張氏澗于草堂影印本　十三冊

210000－0701－0012874　015644

海鄰尺素一卷　(清)吳世昌輯　清光緒抄本　一冊

210000－0701－0012875　015647

左文襄公書牘節要二十六卷　(清)左宗棠撰　(清)楊道霖輯　清光緒二十八年(1902)刻本　十一冊

210000－0701－0012876　015657

李文忠公朋僚函稿二十四卷　(清)李鴻章撰　(清)吳汝綸輯　清末鉛印本　十二冊

210000－0701－0012877　015658

嘉言彙輯一卷　(清)華希閔輯　清光緒二十六年(1900)抄本　一冊

210000－0701－0012878　015663

來往信稿不分卷　贊臣撰　清光緒三十四年(1908)抄本　一冊

210000－0701－0012879　015664

惜袌先生尺牘八卷　(清)姚鼐撰　清宣統元年(1909)廉氏十萬柳堂刻海源閣叢書本　四冊

210000－0701－0012880　015677

蓬萊仙館尺牘六卷　(清)翟國棟輯　清光緒十二年(1886)涇川半舫草堂刻本　五冊

210000－0701－0012881　015686

暮雲春樹一卷　(清)呂軒輯　稿本　一冊

210000－0701－0012882　015688

薛星使書牘二卷　(清)薛福成撰　清末廣益書局石印本　二冊

210000－0701－0012883　015689

焚香山館日記不分卷(道光二十六年至二十九年)　(清)甘鴻撰　稿本　五冊　存(道光二十六年五月至六月、九月至十二月,二十八年正月至三月,二十九年五月)

210000－0701－0012884　015691

橋杌揭幕記一卷　題(清)味閒老人撰　清光緒三十四年(1908)知恥堂刻本　一冊

210000－0701－0012885　015693

新鍥李先生類輯音釋捷用寶箋二纂内篇六卷增補如面譚新集四卷　(明)李光祚纂注　清初刻清補刻本　四冊

210000－0701－0012886　015697

桐城吳先生尺牘五卷補遺一卷諭兒書一卷　(清)吳汝綸撰　清光緒二十九年(1903)吳氏家刻桐城吳先生全書本　六冊

210000－0701－0012887　015698

桐城吳先生尺牘五卷補遺一卷諭兒書一卷　(清)吳汝綸撰　清光緒二十九年(1903)吳氏家刻桐城吳先生全書本　六冊

210000－0701－0012888　015699

翰海十二卷　(明)沈佳允輯　清光緒二年(1876)申報館鉛印申報館叢書本　八冊

210000－0701－0012889　015702

東池草堂尺牘四卷　(清)謝鴻申撰　清光緒十七年(1891)申報館鉛印申報館叢書本　一冊

210000－0701－0012890　015703

東坡先生翰墨尺牘八卷　(宋)蘇軾撰　清光緒八年(1882)浦江周氏刻紛欣閣叢書本　十冊

210000－0701－0012891　015703

山谷老人刀筆二十卷山谷題跋四卷　(宋)黃庭堅撰　清道光周心如刻紛欣閣叢書本

六冊

210000－0701－0012892　015704

東陲紀行一卷（光緒二十二年至二十七年）
（清）劉文鳳撰　清光緒刻陸庵叢書本　一冊

210000－0701－0012893　015711

曹李尺牘合選二卷　（清）茅復輯　清愼餘堂
刻本　四冊

210000－0701－0012894　015712

曲園尺牘五卷　（清）俞樾撰　清光緒十七年
（1891）石印本　李中題識　二冊

210000－0701－0012895　015713

賴古堂全集三種　（清）周亮工輯　清宣統三
年（1911）上海國學扶輪社石印本　二冊

210000－0701－0012896　015714

重刻賴古堂尺牘新鈔三選結鄰集十六卷
（清）周亮工輯　清道光六年（1826）刻十四年
（1834）續刻本　八冊

210000－0701－0012897　015715

蜀輶日記　（清）陶澍輯　清光緒七年（1881）
江州官舍刻本　佚名校補　四冊

210000－0701－0012898　015716

國朝名人書札四卷　吳曾祺輯　清宣統元年
（1909）上海商務印書館鉛印本　四冊

210000－0701－0012899　015717

國朝名人小簡二卷　吳曾祺輯　清宣統二年
（1910）上海商務印書館鉛印本　二冊

210000－0701－0012900　015718

新刻通用尺素見心集三卷　（清）汪文芳輯
清乾隆三十八年（1773）尚論堂刻本　二冊

210000－0701－0012901　015720

四述奇十六卷　（清）張德彝撰　清光緒九年
（1883）同文館鉛印本　十二冊

210000－0701－0012902　015722

回颿日記不分卷（光緒二十年）　（清）陳春瀛
撰　清光緒二十七年（1901）刻本　一冊

210000－0701－0012903　015726

詳註嚶求集二卷　（清）繆艮撰　（清）倪照注
清光緒十六年（1890）上海積山書局石印本
二冊

210000－0701－0012904　015727

賜福樓啓事四卷　程德全撰　清宣統鉛印程
中丞全集本　四冊

210000－0701－0012905　015728

名人尺牘小品四卷　（清）王元勳　（清）程化
騄輯　清宣統三年（1911）上海國學扶輪社石
印本　二冊

210000－0701－0012906　015730

禮記天算釋一卷　（清）孔廣牧撰　清光緒七
年（1881）崇文書局刻正覺樓叢刻本　一冊

210000－0701－0012907　015741

昭代名人尺牘十二卷附小傳　（清）吳修輯
清宣統元年（1909）上海南洋官書局石印本
十二冊

210000－0701－0012908　015742

昭代名人尺牘續集二十四卷首一卷小傳二十
四卷首一卷　陶湘輯　清宣統三年（1911）陶
氏涉園影印本　十二冊　存四十九卷（續集
二十四卷、小傳二十四卷、首一卷）

210000－0701－0012909　015743

昭代名人尺牘續集二十四卷首一卷小傳二十
四卷首一卷　陶湘輯　清宣統三年（1911）陶
氏涉園影印本　二十四冊

210000－0701－0012910　015744

昭代名人尺牘續集二十四卷首一卷小傳二十
四卷首一卷　陶湘輯　清宣統三年（1911）陶
氏涉園影印本　十二冊　存四十九卷（續集
二十四卷、小傳二十四卷、首一卷）

210000－0701－0012911　015746

歷代名人書札二卷　吳曾祺輯　清光緒三十
四年（1908）上海商務印書館鉛印本　二冊

210000－0701－0012912　015758

隨軺日記不分卷（光緒十六年至十七年）
（清）韓國鈞撰　清光緒二十五年（1899）刻本

佚名批並圈閱　一冊

210000－0701－0012913　015759

陳文恭公手札節要三卷　（清）陳弘謀撰　清
同治七年（1868）崇文書局刻本　一冊

210000－0701－0012914　015761

陶廬箋牘四卷　王樹枬撰　清光緒三十四年
（1908）新城王氏刻陶廬叢刻本　二冊

210000－0701－0012915　015763

尺牘不分卷　清抄本　一冊

210000－0701－0012916　015764

尺牘稱呼合解不分卷　（清）江耀亭撰　清光
緒十九年（1893）刻本　四冊

210000－0701－0012917　015765

尺牘句解三卷　題（清）桃花館主輯　增廣精
參鷹洋要訣一卷　（清）余惠人撰　尺牘句解
二集三卷　題（清）少溪氏選注　增廣婚喪帖
式彙選一卷　清光緒二十七年（1901）日新書
局石印本　八冊

210000－0701－0012918　015767

勝朝越郡忠節名賢尺牘不分卷　（清）莫友芝
輯　清光緒申報館鉛印本　一冊

210000－0701－0012919　015774

分類尺牘備覽正集八卷續集八卷　朱斗南輯
　清宣統元年（1909）上海錦文堂石印本　十
六冊

210000－0701－0012920　015776

分類尺牘備覽三十卷續分類尺牘備覽八卷
（清）王虎榜輯　清光緒二十六年（1900）上海
六先書局石印本　十一冊　存三十五卷（一
至七、十一至三十，續八卷）

210000－0701－0012921　015778

分類尺牘續編三集十六卷　（清）孫燭庭輯
清光緒二十三年（1897）上海書局石印本
八冊

210000－0701－0012922　015780

曾文正公家書十卷曾文正公家訓二卷　（清）
曾國藩撰　清光緒十二年（1886）著易堂鉛印

本　十二冊

210000－0701－0012923　015783

曾文正公手書日記不分卷（道光二十一年至
同治十一年）　（清）曾國藩撰　清宣統元年
（1909）上海中國圖書公司影印本　四十冊

210000－0701－0012924　015784

曾文正公手書日記不分卷（道光二十一年至
同治十一年）　（清）曾國藩撰　清宣統元年
（1909）上海中國圖書公司影印本　四十冊

210000－0701－0012925　015785

曾文正公手書日記不分卷（道光二十一年至
同治十一年）　（清）曾國藩撰　清宣統元年
（1909）上海中國圖書公司影印本　四十冊

210000－0701－0012926　015786

曾文正公手書日記不分卷（道光二十一年至
同治十一年）　（清）曾國藩撰　清宣統元年
（1909）上海中國圖書公司影印本　四十冊

210000－0701－0012927　015787

曾文正公手書日記不分卷（道光二十一年至
同治十一年）　（清）曾國藩撰　清宣統元年
（1909）上海中國圖書公司影印本　四十冊

210000－0701－0012928　015788

曾文正公書札三十三卷　（清）曾國藩撰　清
光緒二年（1876）刻三年（1877）續刻曾文正公
全集本　十六冊

210000－0701－0012929　015789

鈍齋東遊日記（光緒三十四年至宣統元年）
賀綸夔撰　清宣統元年（1909）上海商務印書
館鉛印本　一冊

210000－0701－0012930　015790

錢牧齋尺牘三卷　（清）錢謙益撰　清宣統二
年（1910）順德鄧氏風雨樓刻本　三冊

210000－0701－0012931　015791

錦繡尺牘四卷　（清）謝鴻申撰　清刻本
二冊

210000－0701－0012932　015793

詳註分類飲香尺牘四卷首一卷　題（清）飲香

居士撰　（清）白下慵隱子牋釋　清道光元年(1821)謙益堂刻本　一冊

210000－0701－0012933　015794
簠齋尺牘不分卷　（清）陳介祺撰　清末影印本　五冊

210000－0701－0012934　015796
竹汀先生日記鈔三卷　（清）錢大昕撰　（清）何元錫輯　清末刻本　二冊

210000－0701－0012935　015797
小倉山房尺牘八卷牘外餘言一卷　（清）袁枚撰　清乾隆五十四年(1789)刻本　二冊

210000－0701－0012936　015798
小倉山房尺牘八卷　（清）袁枚撰　清光緒五年(1879)葛氏嘯園刻本　六冊

210000－0701－0012937　015799
音註小倉山房尺牘八卷　（清）袁枚撰　（清）胡光斗牋釋　補遺一卷　清光緒四年(1878)蘭言書屋刻本　四冊

210000－0701－0012938　015800
音註小倉山房尺牘八卷　（清）袁枚撰　（清）胡光斗牋釋　補遺一卷　清光緒十二年(1886)上海掃葉山房刻套印本　四冊

210000－0701－0012939　015801
音註小倉山房尺牘八卷　（清）袁枚撰　（清）胡光斗牋釋　補遺一卷　清光緒十二年(1886)上海掃葉山房刻套印本　四冊

210000－0701－0012940　015807
惜抱尺牘八卷　（清）姚鼐撰　清宣統元年(1909)小萬柳堂刻本　四冊

210000－0701－0012941　015808
快雪堂尺牘十三卷　（明）馮夢禎撰　清許兆珩粵東書院刻本　六冊

210000－0701－0012942　015809
增訂一夕話新集六卷　題（清）咄咄夫輯（清）嘻嘻子增訂　清三德堂刻本　四冊

210000－0701－0012943　015810
璇璣碎錦二卷　（清）萬樹撰　清光緒十三年

(1887)漱霞仙館刻本　二冊

210000－0701－0012944　015811
璇璣碎錦二卷　（清）萬樹撰　清光緒十四年(1888)似靜齋刻本　二冊

210000－0701－0012945　015814
新訂解人頤廣集七卷　（清）胡澹菴輯　（清）錢德蒼重訂　清光緒五年(1879)廣東三元堂刻本　四冊

210000－0701－0012946　015818
三續聊齋茗餘助談四卷　題（清）綺園叟輯　清光緒二十七年(1901)石印本　四冊

210000－0701－0012947　015819
舊笑話□卷　清宣統三年(1911)上海鴻文書局石印本　一冊

210000－0701－0012948　015824
繪圖騙術奇談四卷　雷瑨輯　清宣統元年(1909)上海掃葉山房石印本　四冊

210000－0701－0012949　015830
三十六春小譜四卷　題（清）捧花生輯　清光緒十二年(1886)上海鉛印本　一冊

210000－0701－0012950　015831
增廣元魁墨萃不分卷　（清）朱炳麟輯　清光緒十六年(1890)上海鴻文局石印本　十六冊

210000－0701－0012951　015832
東牟童試錄初刻不分卷東牟童試錄續刻不分卷　（清）諸鎮輯　清同治十一年(1872)文會成刻本　三冊

210000－0701－0012952　015834
康熙三十八年己卯科河南鄉試墨卷　清末刻本　一冊

210000－0701－0012953　015835
六合紀事四卷　（清）周長森撰　抄本　二冊

210000－0701－0012954　015836
新聞筆記不分卷　清光緒上海鉛印本　一冊

210000－0701－0012955　015837
暢敘譜一卷　（清）沈德潛撰　清光緒十八年

(1892)徐氏觀自得齋刻觀自得齋叢書本
一冊

210000－0701－0012956　015837
倫敦竹枝詞一卷　題(清)局中門外漢撰　清
光緒十四年(1888)觀自得齋刻觀自得齋叢書
本　與 210000－0701－0012955、0012957
合冊

210000－0701－0012957　015837
詩牌譜一卷　(明)王良樞輯　清光緒十四年
(1888)徐氏觀自得齋刻觀自得齋叢書本　與
210000－0701－0012955 至 0012956 合冊

210000－0701－0012958　015839
課士題解不分卷　(清)張官德撰　清同治九
年(1870)養原堂刻本　一冊

210000－0701－0012959　015840
一夢漫言二卷　(清)釋見月撰　清光緒五年
(1879)刻本　一冊

210000－0701－0012960　015842
三江文纜不分卷　(清)沈定年輯　清光緒五
年(1879)上海淞隱閣鉛印本　四冊

210000－0701－0012961　015845
平陽息肩雜錄不分卷　(清)奎光撰　清光緒
三十二年(1906)濟南大公石印館石印本
一冊

210000－0701－0012962　015846
更豈有此理四卷　(清)□□撰　清嘉慶十九
年(1814)醒目齋刻本　四冊

210000－0701－0012963　015847
醉雲窗試帖詳註四卷　(清)楊昌光撰　(清)
楊延亮注　清道光元年(1821)達古堂刻本
四冊

210000－0701－0012964　015848
聰訓齋語二卷　(清)張英撰　清光緒二年
(1876)葛氏嘯園刻嘯園叢書本　一冊

210000－0701－0012965　015849
羣芳外譜二卷　題(清)壺隱癡人輯　清嘉慶
二年(1797)問花軒刻本　二冊

210000－0701－0012966　015853
紫藤花館試帖一卷　(清)張家驤撰　清光緒
十二年(1886)海豐吳氏刻本　一冊

210000－0701－0012967　015854
制義叢話二十四卷題名一卷　(清)梁章鉅撰
清咸豐九年(1859)刻本　八冊

210000－0701－0012968　015855
後七家試帖選輯註　(清)薛春黎輯　(清)王
祿書注釋　清光緒二年(1876)刻本　四冊

210000－0701－0012969　015857
山高水長一卷　(清)張澤寰輯　清光緒三十
四年(1908)錦城鉛印本　一冊

210000－0701－0012970　015858
梨園娛老集不分卷　胡禮垣撰　清光緒三十
四年(1908)大公報館鉛印本　一冊　存(第
一冊弁言至詠則天徐策第二首)

210000－0701－0012971　015859
稽瑞一卷　(唐)劉賡輯　清道光十四年
(1834)虞山顧氏小石山房刻光緒十年(1884)
虞山鮑氏後知不足齋補刻後知不足齋叢書本
一冊

210000－0701－0012972　015865
吳門百艷圖五卷　題(清)司香舊尉評花
(清)花下解人寫艷　清光緒六年(1880)雲祿
軒刻本　一冊

210000－0701－0012973　015866
吳門畫舫續錄三卷　題(清)箇中生撰　清同
治十三年(1874)鉛印申報館叢書本　一冊

210000－0701－0012974　015867
吳門畫舫錄二卷　題(清)西溪山人撰　吳門
畫舫續錄三卷投贈三卷　題(清)箇中生撰
清嘉慶十九年(1814)虎邱行館刻本　四冊

210000－0701－0012975　015868
吳門畫舫錄二卷　題(清)西溪山人撰　吳門
畫舫續錄三卷投贈三卷　題(清)箇中生撰
清嘉慶十九年(1814)虎邱行館刻本　二冊

210000－0701－0012976　015869

吳門畫舫錄二卷　題(清)西溪山人撰　**吳門畫舫續錄三卷投贈三卷**　題(清)箇中生撰　清嘉慶十九年(1814)虎邱行館刻本　四冊

210000－0701－0012977　015871

縮本增選多寶船不分卷　題(清)點石齋主人輯　清光緒八年(1882)上海點石齋影印本　八冊

210000－0701－0012978　015874

各省鄉試墨卷　清末刻本　十一冊　存十一卷[順天鄉試墨卷(清康熙三十二年癸酉科)存一卷:第一百十九名至一百三十五名,陝西鄉試墨卷(清康熙三十二年癸酉科)存一卷:第一名至二十名,順天鄉試墨卷(清康熙三十八年己卯科)存一卷:第九十一名至一百八名、江南鄉試墨卷(清康熙三十八年己卯科)存二卷:第十九名至三十八名、七十六名至九十三名,浙江鄉試墨卷(清康熙三十八年己卯科)存一卷:第二十一名至四十名,山西鄉試墨卷(清康熙三十八年己卯科)存一卷:第四十名至六十名,會試墨卷(清康熙三十九年庚辰科)存一卷:第二十一名至四十名,順天鄉試墨卷(清康熙四十一年壬午科)存一卷:第一名至十九名,福建鄉試墨卷(清康熙四十一年壬午科)存一卷:第十八名至三十五名,貴州鄉試墨卷(清康熙四十一年壬午科)存一卷:第一名至十五名]

210000－0701－0012979　015874

清光緒八年壬午科四川鄉試墨圍不分卷　清衡文堂刻本　一冊

210000－0701－0012980　015875

紀慎齋先生求雨文一卷　(清)紀大奎撰　清光緒七年(1881)淮南書局刻本　一冊

210000－0701－0012981　015876

綠香山館小題合編不分卷　(清)來鴻瑎撰　清光緒二十年(1894)上海文富樓石印本　二冊

210000－0701－0012982　015878

增評寄嶽雲齋試體詩選四卷附錄一卷　(清)聶銑敏撰　(清)朱兆鳳評　清咸豐八年

(1858)三元堂刻本　四冊

210000－0701－0012983　015879

增評寄嶽雲齋試體詩選四卷　(清)聶銑敏撰　(清)朱兆鳳評　清閩漳文林堂刻掃葉山房印本　四冊

210000－0701－0012984　015880

增評寄嶽雲齋試體詩選四卷　(清)聶銑敏撰　(清)朱兆鳳評　清掃葉山房刻本　四冊

210000－0701－0012985　015881

增評寄嶽雲齋試體詩選四卷　(清)聶銑敏撰　(清)朱兆鳳評　清掃葉山房刻本　四冊

210000－0701－0012986　015882

增評寄嶽雲齋試體詩選四卷　(清)聶銑敏撰　(清)朱兆鳳評　清掃葉山房刻本　四冊

210000－0701－0012987　015883

江漢炳靈集第一集二卷　(清)張之洞輯　清同治九年(1870)刻本　三冊

210000－0701－0012988　015884

江漢炳靈集第一集二卷　(清)張之洞輯　清同治九年(1870)刻光緒十三年(1887)醉六堂印本　六冊

210000－0701－0012989　015886

迺言六卷　(清)錢大昭撰　清光緒四年(1878)葛氏嘯園刻本　二冊

210000－0701－0012990　015887

湖咳存愚二卷　(清)李清植撰　清光緒十八年(1892)浙江書局刻本　一冊

210000－0701－0012991　015888

澄懷園語四卷　(清)張廷玉撰　清光緒二年(1876)葛氏嘯園刻嘯園叢書本　二冊

210000－0701－0012992　015889

蒙求簡可編不分卷　(清)馬樹堂評定　**字體辨謏一卷**　清道光十一年(1831)五柳堂刻本　二冊

210000－0701－0012993　015890

洗雪齋時義不分卷　(清)楊乃武撰　清末木活字印本　一冊

210000－0701－0012994　015891

浩然齋雅談三卷　（宋）周密撰　清乾隆武英殿木活字印武英殿聚珍版書本　一冊

210000－0701－0012995　015892

浩然齋雅談三卷　（宋）周密撰　清刻本　一冊

210000－0701－0012996　015893

清竁齋心賞編一卷　（明）王象晉撰　明末刻本　一冊

210000－0701－0012997　015894

清異錄二卷　（宋）陶穀撰　清陳氏最宜草堂刻本　二冊

210000－0701－0012998　015897

十杉亭帖體詩鈔五卷續編二卷　（清）吳楷撰
薇雲小舍試帖詩課二卷續編二卷　（清）吳之俊撰　清道光三年（1823）夢花館刻本　六冊

210000－0701－0012999　015898

兩漢雋言十六卷　（宋）林鉞輯　（明）凌迪知續輯　清光緒六年（1880）八杉齋刻融經館叢書本　四冊

210000－0701－0013000　015898

左國腴詞八卷　（明）凌迪知輯　清光緒七年（1881）八杉齋刻融經館叢書本　二冊

210000－0701－0013001　015899

大題文府不分卷　題（清）同文書局主人輯　清光緒十二年（1886）上海同文書局石印本　二十冊

210000－0701－0013002　015900

清光緒二十九年癸卯科直省闈墨六卷清光緒三十年甲辰科會試闈墨一卷　（清）常堉璋輯並評　清宣統二年（1910）上海書局石印本　六冊　存六卷（直省闈墨一至三、五至六，會試闈墨一卷）

210000－0701－0013003　015903

註釋古文檢玉初編八卷　（清）林雲銘評　（清）許鏘增釋　清同聲閣刻本　八冊

210000－0701－0013004　015904

七家試帖輯註彙鈔　（清）張熙宇輯評　（清）王植桂輯註　清同治九年（1870）刻江左書林印本　八冊

210000－0701－0013005　015905

七家試帖輯註彙鈔　（清）張熙宇輯評　（清）王植桂輯註　清同治九年（1870）刻京都琉璃廠印本　八冊

210000－0701－0013006　015906

批點七家詩合註七卷　（清）張熙宇輯評　清光緒六年（1880）成文信記刻本　八冊

210000－0701－0013007　015907

小題眞珠船不分卷　題（清）織墨齋選輯　清光緒九年（1883）廣州點石書局石印本　十二冊

210000－0701－0013008　015909

板橋雜記三卷　（清）余懷撰　清光緒三十四年（1908）長沙葉氏郎園刻雙楳景闇叢書本　一冊

210000－0701－0013009　015909

吳門畫舫錄一卷　（清）西溪山人編　清光緒三十四年（1908）長沙葉氏郎園刻雙楳景闇叢書本　與210000－0701－0013008合冊

210000－0701－0013010　015910

板橋雜記三卷　（清）余懷撰　清光緒三十四年（1908）長沙葉氏郎園刻雙楳景闇叢書本　一冊

210000－0701－0013011　015910

吳門畫舫錄一卷　（清）西溪山人編　清光緒三十四年（1908）長沙葉氏郎園刻雙楳景闇叢書本　與210000－0701－0013010合冊

210000－0701－0013012　015911

地球韻言四卷　（清）張士瀛撰　清光緒二十四年（1898）上海自強齋石印本　一冊

210000－0701－0013013　015912

蘭言詩鈔四卷　（清）李瑞輯　（清）穆騰額注釋　清同治十一年（1872）盛京四合堂刻本

四冊

210000－0701－0013014　015913
蘭言詩鈔四卷　（清）李瑞輯　（清）穆騰額撰
　清同治十二年（1873）上洋務本堂刻本
四冊

210000－0701－0013015　015914
蘭言詩鈔四卷　（清）李瑞輯　（清）穆騰額注
釋　清光緒五年（1879）上洋務本堂刻本
四冊

210000－0701－0013016　015915
蘭言詩鈔四卷　（清）李瑞輯　（清）穆騰額注
釋　清光緒五年（1879）上洋務本堂刻十一年
（1885）印本　四冊

210000－0701－0013017　015916
蘭言詩鈔四卷　（清）李瑞輯　（清）穆騰額注
釋　清光緒十七年（1891）上洋文成堂刻本
四冊

210000－0701－0013018　015917
蘭言詩鈔四卷　（清）李瑞輯　（清）穆騰額注
釋　清光緒十七年（1891）上洋文成堂刻本
四冊

210000－0701－0013019　015918
蘭言詩鈔四卷　（清）李瑞輯　（清）穆騰額注
釋　清光緒十七年（1891）上洋文成堂刻本
四冊

210000－0701－0013020　015919
蘭言詩鈔四卷　（清）李瑞輯　（清）穆騰額注
釋　清同治十二年（1873）上洋務本堂刻本
二冊　存二卷（一、三）

210000－0701－0013021　015920
蘭蕙同心錄一卷　（清）許葉龢輯　清光緒十
七年（1891）許氏競芳仙館石印本　一冊

210000－0701－0013022　015923
蕉花館試帖四卷　（清）王仁淵撰　清光緒七
年（1881）鉛印本　四冊

210000－0701－0013023　015924
萃錦唫十五卷題詞一卷　（清）奕訢撰　清光

緒刻本　十六冊

210000－0701－0013024　015925
莫宦詩草一卷　（清）黃壽衮撰　清光緒三十
四年（1908）石印本　一冊

210000－0701－0013025　015926
增選三場備要　（清）張之洞評選　清光緒十
一年（1885）石印本　七冊

210000－0701－0013026　015927
藝林輯珍大學三卷中庸六卷上論八卷下論六
卷上孟六卷下孟六卷　題（清）星榆書屋主人
輯　清同治九年（1870）刻本　三十六冊

210000－0701－0013027　015928
黃嬭餘話八卷　（清）陳錫路撰　清光緒二年
（1876）葛氏刻嘯園叢書本　二冊

210000－0701－0013028　015929
樹滋堂稿不分卷　（清）李毓昌撰　清道光八
年（1828）刻本　三冊

210000－0701－0013029　015930
觀海贈言初編不分卷　（清）洪良品等輯　清
光緒十三年（1887）鴻文書局石印本　一冊

210000－0701－0013030　015931
觀海贈言初編不分卷　（清）洪良品等輯　清
光緒十三年（1887）鴻文書局石印本　一冊

210000－0701－0013031　015932
觀海贈言初編不分卷　（清）洪良品等輯　清
光緒十三年（1887）鴻文書局石印本　一冊

210000－0701－0013032　015933
觀海贈言初編不分卷　（清）洪良品等輯　清
光緒十三年（1887）鴻文書局石印本　一冊

210000－0701－0013033　015934
觀海贈言初編不分卷　（清）洪良品等輯　清
光緒十三年（1887）鴻文書局石印本　一冊

210000－0701－0013034　015935
韞山堂時文初集一卷二集二卷三集一卷
（清）管世銘撰　清光緒十五年（1889）雲陽束
氏刻本　四冊

210000 – 0701 – 0013035　015936

韞山堂時文八卷　（清）管世銘撰　清光緒十九年(1893)甯郡汲綆齋刻本　六冊

210000 – 0701 – 0013036　015937

韞山堂時文八卷　（清）管世銘撰　清末石印本　四冊

210000 – 0701 – 0013037　015939

樨華館雜錄不分卷　（清）路德撰　附錄一卷　清光緒七年(1881)閻敬銘刻本　一冊

210000 – 0701 – 0013038　015940

樨華館試帖彙鈔輯注十卷　（清）路德撰（清）路慎莊　（清）胡葆鍔等輯注　清掃葉山房刻本　十冊

210000 – 0701 – 0013039　015941

松竹齋小草四卷　題（清）養拙主人撰　稿本　四冊

210000 – 0701 – 0013040　015942

梅叟閒評四卷　（清）郝培元撰　（清）郝懿行注　清光緒十年(1884)東路廳署刻郝氏遺書本　二冊

210000 – 0701 – 0013041　015944

試律青雲集四卷　（清）楊逢春輯　（清）沈品華等注　清咸豐六年(1856)桐石山房刻本　四冊

210000 – 0701 – 0013042　015945

青雲集補註六卷　（清）楊逢春　（清）蕭應槻輯　（清）吳廷藻補注　清光緒二十一年(1895)復古書齋鉛印本　六冊

210000 – 0701 – 0013043　015946

青樓集一卷　（元）夏庭芝撰　清道光刻古今說海本　一冊

210000 – 0701 – 0013044　015947

板橋雜記三卷　（清）余懷撰　清光緒三十四年(1908)長沙葉氏刻雙楳景闇叢書本　一冊

210000 – 0701 – 0013045　015947

青樓集一卷　（元）夏庭芝撰　清光緒三十四年(1908)長沙葉氏刻雙楳景闇叢書本　與

210000 – 0701 – 0013044、0013046 合冊

210000 – 0701 – 0013046　015947

吳門畫舫錄一卷　（清）西溪山人撰　清光緒三十四年(1908)長沙葉氏刻雙楳景闇叢書本　與 210000 – 0701 – 0013044 至 0013045 合冊

210000 – 0701 – 0013047　015948

青樓小名錄八卷　（清）趙慶楨輯　清宣統二年(1910)上海國學扶輪社鉛印本　四冊

210000 – 0701 – 0013048　015952

書說二卷　（清）郝懿行撰　清光緒八年(1882)東路廳署刻郝氏遺書本　二冊

210000 – 0701 – 0013049　015954

秦淮畫舫錄二卷畫舫餘譚一卷三十六春小譜一卷　題（清）捧花生撰　清同治十三年(1874)上海申報館鉛印申報館叢書本　三冊

210000 – 0701 – 0013050　015955

秦淮畫舫錄二卷　題（清）捧花生撰　清末鉛印本　二冊

210000 – 0701 – 0013051　015955

十洲春語三卷　（清）二石生撰　清光緒三年(1877)申報館鉛印申報館叢書本　二冊

210000 – 0701 – 0013052　015957

秦淮聞見錄二卷　題（清）雪樵居士輯　清道光十八年(1838)一枝山房刻本　二冊

210000 – 0701 – 0013053　015958

秦淮八艷圖詠不分卷　（清）葉衍蘭繪並輯　清光緒十八年(1892)廣州越華講院刻本　一冊

210000 – 0701 – 0013054　015959

秦淮八艷圖詠不分卷　（清）葉衍蘭繪並輯　清光緒十八年(1892)廣州越華講院刻本　一冊

210000 – 0701 – 0013055　015960

秦淮八艷圖詠不分卷　（清）葉衍蘭繪並輯　清光緒十八年(1892)廣州越華講院刻本　一冊

210000－0701－0013056　015961

秦淮八艷圖詠不分卷　（清）葉衍蘭繪並輯
清光緒十八年(1892)廣州越華講院刻本
一冊

210000－0701－0013057　015967

光緒十四年戊子科直省闈墨不分卷　（清）傅
鍾麟輯　清光緒十五年(1889)上海點石齋石
印本　二冊

210000－0701－0013058　015968

目耕齋讀本不分卷二刻不分卷小題偶編不分
卷　（清）徐楷評注　（清）沈叔眉選　清末江
南李光明莊刻本　八冊

210000－0701－0013059　015969

目耕齋讀本不分卷二刻不分卷小題偶編不分
卷　（清）徐楷評注　（清）沈叔眉選　清末江
南李光明莊刻本　八冊

210000－0701－0013060　015970

新增註釋目耕齋初刻不分卷二刻不分卷小題
三刻不分卷　（清）徐楷原評　（清）沈叔眉選
（清）黃貽相注釋　清末石印本　三冊

210000－0701－0013061　015971

目耕齋初集不分卷二集不分卷小題偶編不分
卷　（清）徐楷評閱　（清）沈叔眉輯　清末著
易堂鉛印本　六冊

210000－0701－0013062　015972

目耕齋讀本不分卷目耕齋二刻不分卷目耕齋
小題不分卷　（清）徐楷評注　（清）沈叔眉選
清光緒十四年(1888)寶華堂刻本　八冊

210000－0701－0013063　015973

目耕齋讀本不分卷目耕齋二刻不分卷小題偶
編不分卷　（清）徐楷評注　（清）沈叔眉選
清光緒元年至二年(1875－1876)北京化甲堂
刻本　六冊

210000－0701－0013064　015975

墨選觀止不分卷壬辰鄉墨一卷舉業要言三卷
（清）梁葆慶輯並撰　清道光十二年(1832)
松竹齋刻本　四冊

210000－0701－0013065　015979

新刻京臺公餘勝覽國色天香十卷　（明）吳敬
所輯　清刻本　十冊

210000－0701－0013066　015980

新刻京臺公餘勝覽國色天香十卷　（明）吳敬
所輯　清刻本　六冊

210000－0701－0013067　015981

昌陽吟筒錄一卷附錄一卷　（清）趙朝典等輯
清宣統三年(1911)奉天大德山房鉛印本
一冊

210000－0701－0013068　015982

仁在堂時藝話不分卷附錄不分卷　（清）路德
輯　清漁古山房刻本　六冊

210000－0701－0013069　015983

時藝引階不分卷　（清）葉錫鳳輯　清光緒五
年(1879)上洋江左書林刻本　一冊

210000－0701－0013070　015984

味蘭軒百篇賦鈔四卷　（清）張世煦　（清）彭
克惠輯　清道光二十年(1840)刻本　四冊

210000－0701－0013071　015985

味水軒日記八卷（萬曆三十七年至四十四年）
（明）李日華撰　清光緒五年(1879)葛氏嘯
園刻嘯園叢書本　一冊

210000－0701－0013072　015986

明文明不分卷　（清）路德輯並評　清咸豐二
年(1852)刻本　四冊

210000－0701－0013073　015987

明文明不分卷　（清）路德輯並評　清同治二
年(1863)姑蘇懷德堂刻本　四冊

210000－0701－0013074　015988

明文明不分卷　（清）路德輯並評　清光緒六
年(1880)掃葉山房刻本　四冊

210000－0701－0013075　015989

明文明不分卷　（清）路德輯並評　清光緒六
年(1880)掃葉山房刻本　四冊

210000－0701－0013076　015990

明文明二集不分卷　（清）路德輯並評　清光

緒八年(1882)掃葉山房刻本　四冊

210000－0701－0013077　015994

歷代名稿彙選不分卷　題(清)古草堂主人輯
清光緒十九年(1893)積山書局石印本　十
五冊

210000－0701－0013078　015995

歷科狀元策不分卷　清光緒二十年(1894)刻
本　十冊

210000－0701－0013079　015996

陳勾山文稿不分卷　(清)陳兆崙撰　清光緒
十九年(1893)上海寶文書局石印本　二冊

210000－0701－0013080　015997

時藝引階不分卷　(清)葉錫鳳輯　清光緒五
年(1879)上洋江左書林刻本　一冊

210000－0701－0013081　015998

同館試律彙鈔二十四卷續鈔五卷補鈔二卷
(清)法式善等輯　清刻本　十六冊

210000－0701－0013082　015999

增訂周犢山全稿不分卷　(清)周鎬撰　清末
著易堂鉛印本　二冊

210000－0701－0013083　016000

增訂周犢山全稿不分卷　(清)周鎬撰　清光
緒二十三年(1897)掃葉山房刻本　四冊

210000－0701－0013084　016001

八家文鈔　清末著易堂鉛印本　四冊

210000－0701－0013085　016002

翁覃谿讀說郛筆記卷一卷翁覃谿讀全唐詩筆
記卷一卷　(清)翁方綱撰　清抄本　一冊

210000－0701－0013086　016003

含光堂試律一卷　(清)繆裕紱撰　清光緒十
七年(1891)抄本　一冊

210000－0701－0013087　016004

光緒戊戌科會試第十四房同門姓氏硃卷　清
刻本　一冊

210000－0701－0013088　016005

養雲堂試帖不分卷　(清)劉鈞貽撰　清同治

十三年(1874)恩錫刻本　一冊

210000－0701－0013089　016006

鐵網珊瑚初集二集三集不分卷　(清)沈鏡堂
輯　清光緒十二年(1886)上洋掃葉山房刻本
八冊

210000－0701－0013090　016007

鐵網珊瑚初集二集三集不分卷　(清)沈鏡堂
輯　清光緒十二年(1886)上洋掃葉山房刻本
八冊

210000－0701－0013091　016008

金源劄記二卷　(清)施國祁撰　清嘉慶十七
年(1812)潯溪吉貝居刻本　二冊

210000－0701－0013092　016008

史論五答一卷　(清)施國祁撰　清嘉慶二十
一年(1816)吉貝居刻本　一冊

210000－0701－0013093　016008

金源又劄一卷　(清)施國祁撰　清嘉慶十七
年(1812)潯溪吉貝居刻本　與210000－0701－
0013092、0013094合冊

210000－0701－0013094　016008

吉貝居暇唱一卷　(清)施國祁撰　清嘉慶二
十一年(1816)吉貝居刻本　與210000－0701－
0013092至0013093合冊

210000－0701－0013095　016012

籀鄦誃經藝五卷　王仁俊撰　清光緒二十三
年(1897)寔學報館石印本　二冊

210000－0701－0013096　016013

增選正續小題文府不分卷　鴻文局主人輯
清光緒十七年(1891)鴻文局石印本　十七冊

210000－0701－0013097　016014

精刻銅版小題文藪二集不分卷　題(清)夢花
廬主輯　清光緒十二年(1886)銅活字印本
六冊

210000－0701－0013098　016015

塾課小題正鵠初集不分卷二集二卷三集三卷
(清)李元度輯　訓蒙草詳注一卷　(清)路
德撰　(清)李元度等注　清光緒五年(1879)

掃葉山房刻本　八冊

210000－0701－0013099　016016

塾課小題正鵠初集不分卷二集不分卷三集不分卷　（清）李元度輯　訓蒙草一卷　（清）路德撰　養正草一卷　（清）李元度撰　清光緒八年(1882)湖南書局刻本　八冊

210000－0701－0013100　016017

小題清新一卷　清末鈔本　一冊

210000－0701－0013101　016018

增潤小題拆字四卷續編一卷　（清）山仲甫輯　清光緒二十二年(1896)上海書局石印本　三冊

210000－0701－0013102　016019

新選銳鋒初集不分卷　（清）呂五峰輯　清道光二十年(1840)濟美堂刻本　二冊

210000－0701－0013103　016020

小隱齋課蒙草四卷　（清）王振綱撰　清光緒六年(1880)盛京文興堂刻本　四冊

210000－0701－0013104　016026

爐餘拾草不分卷　（清）劉伯芙撰　清同治八年(1869)返照堂鉛印本　一冊

210000－0701－0013105　016037

楊貴妃一卷二十三節　（日本）宮崎繁吉撰　（清）詹憲玆譯　清光緒石印本　一冊

210000－0701－0013106　016038

東瀛詩選四十卷補遺四卷　（清）俞樾編　清光緒九年(1883)刻本　十二冊　存三十四卷（一至三十四）

210000－0701－0013107　016046

東洋之佳人　（日本）東海散士撰　（清）馬汝賢譯　清光緒二十九年(1903)上海文明書局鉛印本　一冊

210000－0701－0013108　016049

黑奴籲天錄四卷　（美國）斯土活撰　林紓魏易譯　清光緒二十七年(1901)武林魏氏刻本　四冊

210000－0701－0013109　016052

東古文存一卷　（朝鮮）金正喜輯　清光緒五年(1879)王懿榮刻天壤閣叢書本　一冊

210000－0701－0013110　016054

環瀛誌險　（奧地利）愛孫孟撰　商務印書館編譯所譯　清光緒三十一年(1905)上海商務印書館鉛印本　一冊

210000－0701－0013111　016061

國聞報彙編二卷　（清）愛穎編　清光緒二十九年(1903)西江歐化社鉛印本　二冊

210000－0701－0013112　016073

堂匪總錄十二卷附廣西道里表一卷股匪總錄三卷平桂紀略四卷　（清）□□撰　清光緒十五年(1889)刻本　四冊

210000－0701－0013113　016074

得一錄十六卷　（清）余治輯　清同治八年(1869)姑蘇得見齋刻本　八冊

210000－0701－0013114　016075

得一錄十六卷　（清）余治輯　清同治八年(1869)姑蘇得見齋刻本　八冊

210000－0701－0013115　016077

義倉全圖不分卷　（清）方觀承撰　清乾隆十八年(1753)刻重修本　五冊

210000－0701－0013116　016078

經濟學粹四卷　（比利時）耶密邇羅貌禮撰　（清）林祐光譯　清光緒三十二年(1906)金陵江楚編譯官書局石印本　二冊

210000－0701－0013117　016079

原富三卷　（英國）斯密亞丹撰　嚴復譯　清光緒二十七年(1901)南洋公學譯書院鉛印本　三冊

210000－0701－0013118　016080

原富五卷　（英國）斯密亞丹撰　嚴復譯　清光緒二十八年(1902)南洋公學譯書院鉛印本　八冊

210000－0701－0013119　016081

原富三卷　（英國）斯密亞丹撰　嚴復譯　清光緒二十七年(1901)南洋公學譯書院鉛印本

三冊

210000－0701－0013120　016082

原富三卷　（英國）斯密亞丹撰　嚴復譯　清光緒二十七年(1901)南洋公學譯書院鉛印本　三冊

210000－0701－0013121　016083

鹽鐵論十卷　（漢）桓寬撰　**校勘小識一卷**　王先謙撰　清光緒十七年(1891)思賢講舍刻本　二冊

210000－0701－0013122　016084

鹽鐵論十卷　（漢）桓寬撰　**考證一卷**　（清）張敦仁撰　清嘉慶十二年(1807)江寧張敦仁刻本　四冊

210000－0701－0013123　016085

鹽鐵論十卷　（漢）桓寬撰　**校勘小識一卷**　王先謙撰　清光緒十七年(1891)思賢講舍刻本　二冊

210000－0701－0013124　016091

財政叢書二十一種　（清）昌言報館輯　清光緒二十九年(1903)上海文學社石印本　十二冊　缺一種二卷(利財學二卷)

210000－0701－0013125　016092

錢神志七卷　（清）李世熊撰　清光緒六年(1880)劉國光刻本　七冊

210000－0701－0013126　016093

歐洲財政史　（日本）小學丑三郎撰　（清）胡宗瀛譯　清光緒二十八年(1902)商務印書館鉛印政學叢書本　一冊

210000－0701－0013127　016094

廣東錢局銀錢兩廠志不分卷　（清）□□纂　清末刻本　一冊

210000－0701－0013128　016096

農曹案彙卷不分卷　（清）劉嶽雲撰　清光緒刻本　一冊

210000－0701－0013129　016097

農曹案彙卷不分卷　（清）劉嶽雲撰　清光緒刻本　二冊

210000－0701－0013130　016104

光緒會計表四卷　（清）劉嶽雲纂　清光緒二十七年(1901)石印本　四冊

210000－0701－0013131　016105

光緒會計錄三卷　（清）李希聖纂　清光緒二十二年(1896)上海時務報館石印本　二冊

210000－0701－0013132　016106

租覈一卷　（清）陶煦撰　清光緒二十一年(1895)木活字印本　一冊

210000－0701－0013133　016107

粵海關志三十卷　（清）豫堃　（清）梁廷枬纂修　清道光刻本　三十冊

210000－0701－0013134　016111

英國印花稅章程　（清）沈鑑譯　（清）楊葆寅編　清光緒二十六年(1900)上海江南商務局鉛印本　一冊

210000－0701－0013135　016113

黑龍江財政說明書三卷劃分國家地方兩稅意見書一卷　（清）黑龍江清理財政局編　清宣統二年(1910)甘鵬雲鉛印本　二冊　缺二卷(說明書中、意見書一卷)

210000－0701－0013136　016114

黑龍江財政說明書三卷劃分國家地方兩稅意見書一卷　（清）黑龍江清理財政局編　清宣統二年(1910)甘鵬雲鉛印本　三冊　缺一卷(劃分國家地方兩稅意見書一卷)

210000－0701－0013137　016115

黑龍江財政說明書三卷劃分國家地方兩稅意見書一卷　（清）黑龍江清理財政局編　清宣統二年(1910)甘鵬雲鉛印本　四冊

210000－0701－0013138　016116

黑龍江財政說明書三卷劃分國家地方兩稅意見書一卷　（清）黑龍江清理財政局編　清宣統二年(1910)甘鵬雲鉛印本　四冊

210000－0701－0013139　016118

東三省吉林全省出入款項季報冊　（清）吉林清理財政局編　清宣統刻本　五冊

210000－0701－0013140　016121

吉林行省財政各種説明書　（清）清理財政局
編　清宣統二年(1910)鉛印本　二冊

210000－0701－0013141　016122

吉林行省財政各種説明書　（清）清理財政局
編　清宣統二年(1910)鉛印本　一冊　缺一
冊(上)

210000－0701－0013142　016124

承德縣警學畝捐收支款目徵信録　（清）承德
縣收捐處纂　清宣統元年(1909)奉天惠工有
限公司石印本　一冊

210000－0701－0013143　016125

重訂江蘇省海運全書續編八卷　（清）□□輯
清同治十二年(1873)刻本　八冊

210000－0701－0013144　016126

浙江省減賦全案　（清）興奎等纂　清刻本
十冊

210000－0701－0013145　016133

鄂省丁漕指掌十卷　（清）林遠村輯　（清）潘
霨重輯　清光緒元年(1875)刻本　十冊

210000－0701－0013146　016134

鄂省丁漕指掌十卷　（清）林遠村輯　（清）潘
霨重輯　清光緒元年(1875)刻本　十冊

210000－0701－0013147　016135

黑龍江漠河籌辦礦務章程一卷　（清）□□撰
清光緒刻本　一冊

210000－0701－0013148　016136

大清礦務章程　（清）張之洞纂　清鉛印本
一冊　存(附章)

210000－0701－0013149　016137

國政貿易相關書二卷　（英國）法拉撰　（英
國）傅蘭雅譯　（清）徐家寶筆述　清光緒九
年(1883)刻本　二冊

210000－0701－0013150　016138

中西度量權衡表一卷　清光緒十七年(1891)
天津石印本　一冊

210000－0701－0013151　016139

太平遇仙洺光三關則例一卷　清文林堂刻本
一冊

210000－0701－0013152　016141

開平煤鐵礦調查一卷　（清）唐廷樞撰　清光
緒刻本　一冊

210000－0701－0013153　016143

銅政便覽八卷　清刻本　六冊

210000－0701－0013154　016144

大清礦務章程　（清）張之洞纂　清鉛印本
二冊

210000－0701－0013155　016146

荒政輯要九卷首一卷　（清）汪志伊撰　清道
光二十一年(1841)錢塘許氏刻敏果齋七種本
三冊

210000－0701－0013156　016154

農政全書六十卷　（明）徐光啓撰　清道光十
七年(1837)貴州刻本　二十四冊

210000－0701－0013157　016155

農政全書六十卷　（明）徐光啓撰　清道光二
十三年(1843)滬上曙海樓刊本　十六冊

210000－0701－0013158　016156

農政全書六十卷　（明）徐光啓撰　清道光十
八年(1838)刻本　十六冊

210000－0701－0013159　016157

農政全書六十卷　（明）徐光啓撰　清宣統元
年(1909)上海求學齋石印本　八冊

210000－0701－0013160　016158

農政全書六十卷　（明）徐光啓撰　清宣統元
年(1909)上海求學齋石印本　八冊

210000－0701－0013161　016161

北海道拓殖概觀　（日本）北海道廳編　（清）
楊成能　（清）謝蔭昌譯　清宣統二年(1910)
奉天圖書印刷所鉛印本　一冊

210000－0701－0013162　016163

北海道拓殖概觀　（日本）北海道廳編　（清）
楊成能　（清）謝蔭昌譯　清宣統二年(1910)
瀋陽學署鉛印本　一冊

210000－0701－0013163　016165

農政全書六十卷　（明）徐光啓撰　清道光十八年(1838)刻本　八冊

210000－0701－0013164　016169

黑龍江省邊墾案　清宣統鉛印本　一冊

210000－0701－0013165　016170

儀禮古今文疏義十七卷　（清）胡承珙撰　清光緒元年(1875)湖北崇文書局刻崇文書局彙刻書本　二冊

210000－0701－0013166　016171

蒙墾續供不分卷　（清）鹿傳霖撰　清宣統元年(1909)鉛印本　一冊

210000－0701－0013167　016173

東三省移民開墾意見書　熊希齡撰　清宣統二年(1910)鉛印本　一冊

210000－0701－0013168　016174

東三省移民開墾意見書　熊希齡撰　清宣統二年(1910)鉛印本　一冊

210000－0701－0013169　016175

東三省移民開墾意見書　熊希齡撰　清宣統二年(1910)鉛印本　一冊

210000－0701－0013170　016178

撫郡農産考略二卷　（清）何剛德　（清）黃維翰輯並撰　**種田雜說一卷**　（清）江召棠撰　清光緒三十三年(1907)蘇省刷印局鉛印本　二冊

210000－0701－0013171　016183

黑龍江墾務總局歷年出放荒地收進押租銀兩數目節略　（清）黑龍江墾務總局編　清末奉天中和印書館鉛印本　一冊

210000－0701－0013172　016184

荒政輯要九卷首一卷　（清）汪志伊撰　清同治八年(1869)楚北崇文書局刻本　二冊

210000－0701－0013173　016185

欽定康濟錄四卷　（清）陸曾禹撰　（清）倪國璉編　清同治八年(1869)楚北崇文書局刻本　四冊

210000－0701－0013174　016186

欽定康濟錄四卷　（清）陸曾禹撰　（清）倪國璉編　清乾隆五十八年(1793)魏禮焯刻本　六冊

210000－0701－0013175　016187

欽定康濟錄四卷　（清）陸曾禹撰　（清）倪國璉編　清同治三年(1864)刻本　三冊

210000－0701－0013176　016189

重建豐濟倉圖案　（清）許佐廷輯　清光緒八年(1882)刻十一年(1885)增刻本　一冊

210000－0701－0013177　016190

重建豐濟倉圖案　（清）許佐廷輯　清光緒八年(1882)刻本　一冊

210000－0701－0013178　016192

欽定重修兩浙鹽法志三十卷首二卷　（清）馮培　（清）潘庭筠等纂　**兩浙鹽法續纂備考十二卷**　（清）楊昌濬　（清）盧定勳等纂　清同治十三年(1874)浙江官刻本　三十六冊

210000－0701－0013179　016193

荒政輯要九卷首一卷　（清）汪志伊纂　清蘇藩署刻本　二冊

210000－0701－0013180　016194

荒政便覽二卷　（清）蔣廷皐編　清光緒九年(1883)刻本　一冊

210000－0701－0013181　016195

賑紀十卷　（清）那彥成纂　清刻本　四冊

210000－0701－0013182　016196

救荒活民書十二卷　（宋）董煟撰　（元）張光大增補　（明）朱熊補遺　（明）王崇慶釋斷　清道光十六年(1836)苕溪江氏刻本　三冊

210000－0701－0013183　016197

救荒百策　題（清）寄湘漁父輯　清光緒十年(1884)刻本　一冊

210000－0701－0013184　016198

重刊救荒補遺二卷　（宋）董煟撰　（元）張光大增補　（明）朱熊補遺　（明）王崇慶釋斷　清同治八年(1869)崇文書局刻本　二冊

210000 –0701 –0013185　016199
重刊救荒補遺二卷　（宋）董煟撰　（元）張光
大增補　（明）朱熊補遺　（明）王崇慶釋斷
清同治八年(1869)崇文書局刻本　二冊

210000 –0701 –0013186　016200
重刊救荒補遺二卷　（宋）董煟撰　（元）張光
大增補　（明）朱熊補遺　（明）王崇慶釋斷
清同治八年(1869)崇文書局刻本　二冊

210000 –0701 –0013187　016201
救荒簡易書四卷　（清）郭雲升輯　清光緒刻
本　四冊

210000 –0701 –0013188　016202
救荒簡易書四卷　（清）郭雲升輯　清光緒刻
本　四冊

210000 –0701 –0013189　016203
長元吳豐備倉全案八卷首一卷末一卷　（清）
潘遵祁編　清光緒三年(1877)刻本　十冊

210000 –0701 –0013190　016204
長元吳豐備倉全案八卷首一卷末一卷　（清）
潘遵祁編　清光緒三年(1877)刻本　十冊

210000 –0701 –0013191　016204
**長元吳豐備倉全案三續編十二卷首一卷末一
卷**　（清）潘祖謙編　清宣統三年(1911)刻本
八冊

210000 –0701 –0013192　016204
長元吳豐備倉全案續編六卷首一卷末一卷
（清）吳大根編　清光緒二十四年(1898)刻本
八冊

210000 –0701 –0013193　016205
籌濟編三十二卷首一卷　（清）楊景仁輯　清
光緒四年(1878)內閣刻本　六冊

210000 –0701 –0013194　016206
籌濟編三十二卷首一卷　（清）楊景仁輯　清
道光九年(1829)費炳章刻本　八冊

210000 –0701 –0013195　016207
籌濟編三十二卷首一卷　（清）楊景仁輯　清
光緒五年(1879)江蘇書局刻本　八冊

210000 –0701 –0013196　016208
農桑輯要七卷　（元）司農司撰　**蠶事要略一
卷**　（清）張行孚撰　清光緒二十一年(1895)
刻漸西村舍叢刻本　二冊

210000 –0701 –0013197　016209
農桑輯要七卷　（元）司農司撰　**蠶事要略一
卷**　（清）張行孚撰　清光緒二十一年(1895)
刻漸西村舍叢刻本　二冊

210000 –0701 –0013198　016210
河南蠶桑織務紀要　（清）河南蠶桑織務局編
清光緒七年(1881)河南蠶桑織務局刻本
二冊

210000 –0701 –0013199　016211
奉天全省農業調查書　馬維垣　奎璧等編
清宣統元年(1909)奉天農業試驗場鉛印本
四冊

210000 –0701 –0013200　016212
林業局事略　（清）吉林全省林業總局輯　清
宣統抄本　一冊

210000 –0701 –0013201　016213
淮鹽備要十卷附行鹽疆界圖一卷　（清）李澄
輯　清道光三年(1823)寫刻本　四冊

210000 –0701 –0013202　016214
淮鹽備要十卷附行鹽疆界圖一卷　（清）李澄
輯　清道光三年(1823)刻本　四冊

210000 –0701 –0013203　016215
淮北票鹽續略十二卷　（清）許寶書編　清同
治九年(1870)刻本　四冊

210000 –0701 –0013204　016216
淮北票鹽續略十二卷　（清）許寶書編　清同
治九年(1870)刻本　四冊

210000 –0701 –0013205　016217
兩廣鹽法志三十五卷首一卷　（清）阮元
（清）伍長華等纂修　清道光十六年(1836)刻
本　二十冊

210000 –0701 –0013206　016218
兩淮鹽法志五十六卷首四卷　（清）單渠等纂

清嘉慶十一年(1806)刻本　三十二冊

210000－0701－0013207　016219

兩淮鹽法撮要二卷　陳慶年撰　清光緒十八年(1892)木活字印本　一冊

210000－0701－0013208　016220

裁嚴郡九姓漁課錄不分卷　（清）戴槃輯　清末刻本　一冊

210000－0701－0013209　016221

欽定重修兩浙鹽法志三十二卷首二卷　（清）馮培等纂　清嘉慶七年(1802)浙江官刻本　十二冊　存十九卷(一至十五、三十一至三十二,首二卷)

210000－0701－0013210　016222

欽定重修兩浙鹽法志三十二卷首二卷　（清）馮培等纂　清同治十三年(1874)浙江官刻本　二十四冊

210000－0701－0013211　016224

[嘉慶]山東鹽法志二十二卷附編十卷　（清）宋湘　（清）嚴可均等纂　清嘉慶十四年(1809)刻本　二十四冊

210000－0701－0013212　016225

鹺政備覽不分卷　（清）江懋勳撰　清光緒二年(1876)兩廣運使署刻本　二冊

210000－0701－0013213　016226

淮鹺駁案類編八卷　（清）陳方坦輯　清光緒十八年(1892)刻本　六冊

210000－0701－0013214　016227

[嘉慶]山東鹽法志二十二卷附編十卷　（清）宋湘　（清）嚴可均等纂　清嘉慶十四年(1809)刻本　二十四冊

210000－0701－0013215　016228

淮北票鹽志略十五卷　（清）童濂纂　清同治八年(1869)海州刻本　五冊

210000－0701－0013216　016229

淮北票鹽續略二編十卷　（清）項晉蕃編　清光緒十六年(1890)刻本　八冊

210000－0701－0013217　016230

兩淮鹽法志五十六卷首四卷　（清）單渠等纂　清抄本　十六冊　存三十三卷(六至二十四、三十二至三十九、四十三至四十六,首一至二)

210000－0701－0013218　016231

六櫃運道冊　（清）史傑　（清）盛如松等纂　清咸豐七年(1857)刻本　四冊

210000－0701－0013219　016232

淮南鹽法紀略十卷　（清）方濬頤撰　清同治十二年(1873)淮南書局刻本　六冊

210000－0701－0013220　016233

淮南鹽法紀略十卷　（清）方濬頤撰　清同治十二年(1873)淮南書局刻本　四冊

210000－0701－0013221　016234

淮南鹽法紀略十卷　（清）方濬頤撰　清同治十二年(1873)淮南書局刻本　四冊

210000－0701－0013222　016235

戶部山東司金科檔案八卷　清乾隆寫本　八冊

210000－0701－0013223　016236

福建鹽法志二十二卷首一卷　（清）□□纂　清道光刻本　八冊

210000－0701－0013224　016237

福建票鹽志略　（清）吳大廷輯　清同治五年(1866)福建鹽局刻本　二冊

210000－0701－0013225　016240

溫處鹽務紀要　（清）趙舒翹撰　清光緒十九年(1893)刻本　一冊

210000－0701－0013226　016253

四川官運鹽案類編二十七卷首一卷續編十五卷　（清）唐炯纂　清光緒九年(1883)成都總局刻本　十冊　存二十八卷(四川官運鹽案類編二十七卷、首一卷)

210000－0701－0013227　016254

四川鹽法志四十卷首一卷　（清）丁寶楨等纂修　清光緒刻本　二十冊

210000－0701－0013228　016255

四川鹽法志四十卷首一卷 （清）丁寶楨等纂
修 清光緒刻本 二十冊

210000－0701－0013229 016257
長蘆鹽法志二十卷援證十卷 （清）黃掌綸等
纂 清嘉慶十年(1805)刻本 二十四冊

210000－0701－0013230 016258
長蘆鹽法志二十卷援證十卷 （清）黃掌綸等
纂 清嘉慶十年(1805)刻本 二十四冊

210000－0701－0013231 016262
兩淮鹽法撮要二卷 陳慶年撰 清光緒十八
年(1892)木活字印本 一冊

210000－0701－0013232 016263
印度調查鹽法記一卷 （清）范紹森撰 清光
緒三十四年(1908)鉛印本 一冊

210000－0701－0013233 016268
粵路工程辯誣 鄺孫謀編 清宣統元年
(1909)粵漢鐵路公司鉛印本 一冊

210000－0701－0013234 016270
軌政紀要初編九卷 （清）陳毅編 軌政紀要
次編三卷 （清）陳宗蕃編 清宣統郵傳部圖
書通譯局鉛印本 六冊

210000－0701－0013235 016274
西道紀略不分卷 （清）托渾布輯 清道光十
八年(1838)直隸布政使刻本 一冊

210000－0701－0013236 016279
鐵路條陳 （清）李福明 （清）李鴻章等撰
清光緒鉛印本 一冊

210000－0701－0013237 016280
軌政紀要初編九卷 （清）陳毅編 軌政紀要
次編三卷 （清）陳宗蕃編 清宣統郵傳部圖
書通譯局鉛印本 六冊

210000－0701－0013238 016282
欽定戶部漕運全書九十二卷 （清）潘世恩
（清）桂亮等纂 清道光二十四年(1844)戶部
刻本 四十六冊

210000－0701－0013239 016285
峽江救生船志二卷峽江圖考一卷行川必要一

卷 （清）羅縉坤撰並繪圖 清光緒三年至九
年(1877－1883)水師新副中營刻本 四冊

210000－0701－0013240 016286
峽江圖考 （清）國璋撰並繪圖 清光緒二十
七年(1901)上洋袖海山房書局石印本 二冊

210000－0701－0013241 016287
江北運程四十卷首一卷 （清）董恂撰 清同
治六年(1867)京都龍文齋刻本 四十一冊

210000－0701－0013242 016288
江北運程四十卷首一卷 （清）董恂撰 清同
治六年(1867)京都龍文齋刻本 四十一冊

210000－0701－0013243 016290
海道圖說十五卷長江圖說一卷 （英國）金約
翰輯 （英國）傅蘭雅 （美國）金楷理口譯
（清）王德均筆述 清光緒二十二年(1896)上
海書局石印本 八冊

210000－0701－0013244 016291
江蘇海運全案十二卷 （清）琦善 （清）賀長
齡等纂 清道光刻本 十二冊

210000－0701－0013245 016292
江蘇海運全案十二卷 （清）琦善 （清）賀長
齡等纂 清道光刻本 十二冊

210000－0701－0013246 016293
浙江海運全案重編二十卷 （清）馬新貽等輯
清同治六年(1867)糧儲道庫刻本 十一冊

210000－0701－0013247 016294
海運芻言一卷 （清）施彥士撰 清道光崇明
施氏求己堂刻求己堂八種本 一冊

210000－0701－0013248 016295
海運芻言一卷 （清）施彥士撰 清道光崇明
施氏求己堂刻求己堂八種本 一冊

210000－0701－0013249 016296
浙江海運全案重編二十卷 （清）馬新貽等輯
清同治六年(1867)糧儲道庫刻本 六冊
存六卷(新編一至六)

210000－0701－0013250 016297
浙江海運全案重編二十卷 （清）馬新貽等輯

清同治六年(1867)糧儲道庫刻本　十一冊

210000－0701－0013251　016298

浙江海運全案重編二十卷　(清)馬新貽等輯　清同治六年(1867)糧儲道庫刻本　十一冊

210000－0701－0013252　016299

海道圖說十五卷長江圖說一卷　(英國)金約翰輯　(英國)傅蘭雅口譯　(清)王德均筆述　清末刻本　十冊

210000－0701－0013253　016300

海道圖說十五卷長江圖說一卷　(英國)金約翰輯　(英國)傅蘭雅口譯　(清)王德均筆述　清末刻本　十冊

210000－0701－0013254　016303

康熙政要二十四卷　(清)章梫撰　清宣統二年(1910)鉛印本　十二冊

210000－0701－0013255　016304

康熙政要二十四卷　(清)章梫撰　清宣統二年(1910)鉛印本　十二冊

210000－0701－0013256　016305

康熙政要二十四卷　(清)章梫撰　清宣統二年(1910)鉛印本　十二冊

210000－0701－0013257　016306

康熙政要二十四卷　(清)章梫纂　清宣統二年(1910)鉛印本　十二冊

210000－0701－0013258　016315

商君書五卷　(清)嚴可均輯　清光緒二年(1876)浙江書局刻二十二子本　一冊

210000－0701－0013259　016328

韓非子二十卷　清嘉慶九年(1804)姑蘇王氏聚文堂刻十子全書本　四冊

210000－0701－0013260　016331

韓非子集解二十卷首一卷　(清)王先慎撰　清光緒二十二年(1896)刻本　六冊

210000－0701－0013261　016333

韓非子二十卷　清光緒元年(1875)湖北崇文書局刻子書百家本　四冊

210000－0701－0013262　016334

韓非子二十卷　(戰國)韓非撰　**識誤三卷**　(清)顧廣圻撰　清光緒元年(1875)浙江書局刻二十二子本　六冊

210000－0701－0013263　016339

韓非子集解二十卷首一卷　(清)王先慎撰　清光緒二十二年(1896)刻本　六冊

210000－0701－0013264　016340

韓非子集解二十卷首一卷　(清)王先慎撰　清光緒二十二年(1896)刻本　六冊

210000－0701－0013265　016341

韓非子集解二十卷首一卷　(清)王先慎撰　清光緒二十二年(1896)刻本　六冊

210000－0701－0013266　016342

韓非子集解二十卷首一卷　(清)王先慎撰　清光緒二十二年(1896)刻本　五冊　存十七卷(一至十六、首一卷)

210000－0701－0013267　016345

宋本校刊韓晏合編三十一卷　(清)吳鼐輯　清嘉慶吳氏刻道光二十五年(1845)印本　八冊　缺三卷(韓非子識誤)

210000－0701－0013268　016346

晏子春秋七卷　清光緒十八年(1892)思賢講舍刻本　二冊

210000－0701－0013269　016347

晏子春秋七卷　(清)孫星衍校　**晏子春秋音義二卷**　(清)孫星衍撰　**晏子春秋校勘二卷**　(清)黃以周撰　清光緒元年(1875)浙江書局刻二十二子本　四冊

210000－0701－0013270　016351

管子二十四卷　(唐)房玄齡注　(明)劉績補注　清光緒元年(1875)浙江書局刻二十二子本　六冊

210000－0701－0013271　016352

管子二十四卷　(唐)房玄齡注　(明)劉績補注　清光緒元年(1875)浙江書局刻二十二子本　六冊

210000 - 0701 - 0013272　016353

管子二十四卷　（唐）房玄齡注　（明）劉績補
注　清光緒元年(1875)浙江書局刻二十二子
本　六冊

210000 - 0701 - 0013273　016354

管子二十四卷　（唐）房玄齡注　（明）劉績補
注　清光緒二十三年(1897)上海圖書集成局
鉛印本　四冊

210000 - 0701 - 0013274　016365

棠陰比事一卷　（宋）桂萬榮撰　（明）吳訥刪
正　清道光二十九年(1849)朱緒曾刻本
一冊

210000 - 0701 - 0013275　016366

棠陰比事一卷　（宋）桂萬榮撰　（明）吳訥刪
正　清同治六年(1867)木樨山房木活字印本
一冊

210000 - 0701 - 0013276　016369

管子二十四卷　清光緒元年(1875)湖北崇文
書局刻子書百家本　四冊

210000 - 0701 - 0013277　016377

中西關係略論四卷　（美國）林樂知撰　清光
緒二年(1876)上海鉛印本　一冊

210000 - 0701 - 0013278　016378

中外政治策論彙編二十四卷　應祖錫輯　清
光緒二十七年(1901)石印本　二十四冊

210000 - 0701 - 0013279　016394

註陸宣公奏議十五卷　（唐）陸贄撰　（宋）郎
曄注　清光緒十二年(1886)淮南書局刻本
三冊

210000 - 0701 - 0013280　016395

註陸宣公奏議十五卷　（唐）陸贄撰　（宋）郎
曄注　清光緒七年(1881)歸安姚氏咫進齋刻
本　四冊

210000 - 0701 - 0013281　016397

新時務通考四卷　（清）儲桂山編　清光緒二
十九年(1903)富強齋書局石印本　八冊

210000 - 0701 - 0013282　016399

兩漢策要十二卷　（宋）陶叔獻輯　清光緒十
三年(1887)上海同文書局石印本　八冊

210000 - 0701 - 0013283　016400

兩漢策要十二卷　（宋）陶叔獻輯　清光緒十
三年(1887)上海同文書局石印本　八冊

210000 - 0701 - 0013284　016401

兩漢策要十二卷　（宋）陶叔獻輯　清光緒十
三年(1887)上海同文書局石印本　八冊

210000 - 0701 - 0013285　016402

兩漢策要十二卷　（宋）陶叔獻輯　清光緒十
三年(1887)上海同文書局石印本　八冊

210000 - 0701 - 0013286　016403

平番奏議四卷輿圖一卷　（清）那彥成撰　清
咸豐三年(1853)甘肅布政司庫刻本　二冊
存三卷(一至二、圖一卷)

210000 - 0701 - 0013287　016406

弢園文錄外編十卷　（清）王韜撰　清光緒二
十三年(1897)時務學社刻本　十冊

210000 - 0701 - 0013288　016407

翼教叢編六卷　（清）蘇輿輯　清光緒二十四
年(1898)刻本　三冊

210000 - 0701 - 0013289　016408

翼教叢編六卷　（清）蘇輿輯　清光緒二十四
年(1898)刻本　三冊

210000 - 0701 - 0013290　016410

皇朝經世文編一百二十卷　（清）賀長齡輯
清光緒十二年(1886)思補樓石印本　六十冊

210000 - 0701 - 0013291　016414

皇朝經世文編一百二十卷　（清）賀長齡輯
清光緒二十八年(1902)上海久敬齋石印本
二十二冊

210000 - 0701 - 0013292　016415

皇朝經世文編一百二十卷　（清）賀長齡輯
清光緒二十二年(1896)上海掃葉山房石印本
二十四冊

210000 - 0701 - 0013293　016416

皇朝經世文新編二十一卷　麥仲華輯　清光

緒二十七年（1901）上海書局石印本　十二冊

210000－0701－0013294　016417

皇朝經世文續編一百二十卷　（清）葛士濬輯
　清光緒二十四年（1898）上海宏文閣鉛印本
　二十四冊

210000－0701－0013295　016418

皇朝經世文續編一百二十卷　（清）葛士濬輯
　清光緒十四年（1888）上海圖書集成局鉛印
本　三十二冊

210000－0701－0013296　016419

皇朝經世文三編八十卷　（清）陳忠倚輯　清
光緒二十八年（1902）龍文書局石印本　八冊

210000－0701－0013297　016420

皇朝經世文編一百二十卷　（清）賀長齡輯
清道光七年（1827）刻本　一百冊

210000－0701－0013298　016421

皇朝經世文編一百二十卷　（清）賀長齡輯
皇朝經世文續編一百二十卷　（清）葛士濬輯
　皇朝經世文三編四十卷附洋務八卷　題
（清）漁堂主人輯　清光緒二十二年至二十三
年（1896－1897）上海掃葉山房石印本　五十
四冊

210000－0701－0013299　016422

皇朝經世文編一百二十卷　（清）賀長齡輯
清光緒二十四年（1898）上海宏文閣石印本
二十四冊

210000－0701－0013300　016423

皇朝經世文編一百二十卷　（清）賀長齡輯
清光緒十三年（1887）上海點石齋石印本　十
二冊

210000－0701－0013301　016424

皇朝經世文編一百二十卷　（清）賀長齡輯
清光緒十三年（1887）上海廣百宋齋石印本
二十四冊

210000－0701－0013302　016425

皇朝經世文續編一百二十卷　（清）葛士濬輯
　清光緒十四年（1888）上海圖書集成局鉛印

本　三十二冊

210000－0701－0013303　016426

皇朝經世文四編五十二卷　（清）何良棟輯
清光緒二十八年（1902）鴻寶書局石印本　十
二冊

210000－0701－0013304　016427

程氏家塾讀書分年日程三卷綱領一卷　（元）
程端禮撰　清同治七年（1868）湖北崇文書局
刻本　二冊

210000－0701－0013305　016428

危言四卷　（清）湯震撰　清光緒十六年
（1890）鉛印本　二冊

210000－0701－0013306　016429

危言四卷　（清）湯震撰　清光緒二十一年
（1895）石印本　四冊

210000－0701－0013307　016430

從政錄四卷　（清）汪喜荀撰　清道光二十一
年（1841）刻本　四冊

210000－0701－0013308　016431

窺豹雜存一卷　題（清）憂時居士輯　清光緒
七年（1881）刻本　一冊

210000－0701－0013309　016435

治臺必告錄八卷　（清）丁曰健輯　清同治六
年（1867）知足知止園刻本　八冊

210000－0701－0013310　016436

治平六策一卷　（清）薛福成撰　清光緒元年
（1875）薛福辰刻本　一冊

210000－0701－0013311　016437

皇朝經濟文新編六十一卷　（清）浙東宜今室
編輯　清光緒二十七年（1901）上海宜今室石
印本　二十四冊

210000－0701－0013312　016438

左文襄公奏疏續編七十六卷三編六卷　（清）
左宗棠撰　清光緒十六年（1890）上海圖書集
成局鉛印本　十四冊

210000－0701－0013313　016439

校邠廬抗議二卷　（清）馮桂芬撰　清光緒二

十三年(1897)鉛印本　二冊

210000－0701－0013314　016440

勸學篇二卷　(清)張之洞撰　清光緒二十四年(1898)小長蘆館刻本　一冊

210000－0701－0013315　016441

皇朝蓄艾文編八十卷　(清)于寶軒輯　清光緒二十九年(1903)上海官書局鉛印本　三十六冊

210000－0701－0013316　016442

皇朝蓄艾文編八十卷　(清)于寶軒輯　清光緒二十九年(1903)上海官書局鉛印本　三十九冊　存七十八卷(一至五十二、五十五至八十)

210000－0701－0013317　016443

皇朝蓄艾文編八十卷　(清)于寶軒輯　清光緒二十九年(1903)上海官書局鉛印本　三十九冊

210000－0701－0013318　016444

起黃二卷質顧一卷廣王二卷　(清)吳光耀撰　清宣統元年(1909)刻本　五冊

210000－0701－0013319　016445

起黃二卷質顧一卷廣王二卷　(清)吳光耀撰　清宣統元年(1909)刻本　五冊

210000－0701－0013320　016446

敬簡堂學治雜錄四卷求治管見合刻一卷　(清)戴杰撰　清光緒刻本　四冊　存四卷(學治雜錄四卷)

210000－0701－0013321　016447

泰西事物通考新策大成初編二編　(日本)森本藤吉田譯　(清)王萬懷編　清光緒二十七年(1901)上海點石齋石印本　十二冊

210000－0701－0013322　016448

盛世危言六卷二編四卷三編六卷　鄭觀應撰　清光緒二十四年(1898)圖書集成局鉛印本　五冊

210000－0701－0013323　016449

盛世危言六卷續編四卷　鄭觀應撰　清光緒

二十二年(1896)上海書局石印本　十冊

210000－0701－0013324　016450

盛世危言十四卷　鄭觀應撰　清光緒二十一年(1895)鉛印本　八冊

210000－0701－0013325　016451

盛世危言八卷　鄭觀應撰　清光緒二十六年(1900)黃瑞勳鉛印本　八冊

210000－0701－0013326　016452

明夷待訪錄一卷　(清)黃宗羲撰　清光緒二十八年(1902)正文齋刻本　一冊

210000－0701－0013327　016454

普天忠憤全集十四卷　(清)孔廣德輯　清光緒二十一年(1895)石印本　六冊

210000－0701－0013328　016457

籌蒙芻議二卷　姚錫光撰　清光緒三十四年(1908)厲齋鉛印本　二冊

210000－0701－0013329　016458

籌邊芻言　(清)徐鼏霖撰　清末鉛印本　一冊

210000－0701－0013330　016459

光緒財政通纂五十四卷　(清)杜翰藩編　清光緒三十一年(1905)蓉城文倫書局鉛印本　二十冊

210000－0701－0013331　016461

春暉雜稿十一種　(清)郭階撰　清光緒十五年(1889)刻本　一冊　存六種六卷(讀史提要錄評一卷、天均卮言一卷、老子識小一卷、莊子識小一卷、芹曝錄內篇一卷、集選詩一卷)

210000－0701－0013332　016466

黑龍江省諮議局籌辦處報告書不分卷　清宣統元年(1909)鉛印本　一冊

210000－0701－0013333　016471

丁未和會類要四卷　(清)□□輯　清末鉛印本　三冊

210000－0701－0013334　016476

中日會議東三省奉宜正約　清末抄本　一冊

210000－0701－0013335　016478

奏準天津新議通商條款　清末刻本　一冊

210000－0701－0013336　016480

外交報一百六十七期　（清）上海外交報社編輯　清光緒二十七年至三十二年（1901－1906）鉛印本　二十五冊

210000－0701－0013337　016483

國朝柔遠記二十卷　（清）王之春輯　清光緒十七年（1891）廣雅書局刻本　八冊

210000－0701－0013338　016484

五千年中外交涉史九十七卷　題（清）屯廬主人輯　清光緒二十九年（1903）上海蜚英書局鉛印本　二十冊

210000－0701－0013339　016487

新編條約不分卷　（清）吳葆誠編　清宣統二年（1910）鉛印本　十冊

210000－0701－0013340　016488

新纂約章大全七十三卷續編不分卷　（清）陸鳳石纂　清宣統元年（1909）上海崇義堂石印本　四十八冊

210000－0701－0013341　016489

新纂約章大全七十三卷續編不分卷　（清）陸鳳石纂　清宣統元年（1909）上海崇義堂石印本　四十八冊

210000－0701－0013342　016490

許竹篔先生出使函稿十四卷奏疏錄存二卷　（清）許景澄撰　清末鉛印本　五冊

210000－0701－0013343　016493

出使奏疏二卷　（清）薛福成撰　清光緒二十年（1894）鉛印本　二冊

210000－0701－0013344　016499

外交彙編　（清）吉林政治考查局編　清末抄本　一冊

210000－0701－0013345　016500

外交辯難四卷　（清）蔡鈞撰　清光緒三十一年（1905）鉛印本　二冊

210000－0701－0013346　016501

各國通商條約　（清）山東書局編　清末山東書局刻本　十四冊

210000－0701－0013347　016502

和約彙鈔六卷首一卷　（清）謝望炊編　清光緒四年（1878）上海申報館鉛印本　四冊

210000－0701－0013348　016504

各國通商條約　（清）浙江通商洋務總局編　清光緒二十八年（1902）浙江官書局刻本　十冊

210000－0701－0013349　016505

各國立約始末記三十卷首一卷　（清）陸元鼎輯　清光緒三十二年（1906）上海商務印書館鉛印本　二十二冊

210000－0701－0013350　016506

各國立約始末記三十卷首一卷　（清）陸元鼎輯　清光緒三十二年（1906）上海商務印書館鉛印本　二十二冊

210000－0701－0013351　016507

各國通商條約　（清）浙江通商洋務總局編　清光緒二十八年（1902）浙江官書局刻本　十冊

210000－0701－0013352　016508

各國約章纂要六卷首一卷附一卷　勞乃宣等輯　清光緒十八年（1892）上海圖書集成印書局鉛印本　四冊

210000－0701－0013353　016509

約章成案匯覽甲編十卷乙編四十二卷　（清）北洋洋務局編　清光緒三十一年（1905）上海點石齋石印本　四十六冊

210000－0701－0013354　016510

約章成案匯覽甲編十卷乙編四十二卷　（清）北洋洋務局編　清光緒三十一年（1905）上海點石齋石印本　四十六冊

210000－0701－0013355　016511

約章成案匯覽乙編四十二卷　（清）北洋洋務局編　清末上海點石齋石印本　三十二冊

210000－0701－0013356　016512

約章成案匯覽甲編十卷　（清）北洋洋務局編
清光緒上海點石齋石印本　十冊

210000－0701－0013357　016513
約章成案匯覽甲編十卷　（清）北洋洋務局編
清光緒三十一年（1905）上海點石齋石印本
十冊

210000－0701－0013358　016514
約章成案匯覽甲編十卷　（清）北洋洋務局編
清光緒三十一年（1905）上海點石齋石印本
十冊

210000－0701－0013359　016515
約章成案匯覽乙編四十二卷　（清）北洋洋務
局編　清光緒三十一年（1905）上海點石齋石
印本　三十六冊

210000－0701－0013360　016516
約章分類輯要三十八卷首一卷　蔡乃煌編
清光緒二十六年（1900）湖南商務局刻本　十
五冊　存二十卷（一至十九、首一卷）

210000－0701－0013361　016517
約章分類輯要四十二卷首一卷　蔡乃煌編
（清）上海緯文閣增　清光緒二十七年至三十
年（1901－1904）上海緯文閣石印本　三十
六冊

210000－0701－0013362　016518
約章分類輯要三十八卷首一卷　蔡乃煌編
清光緒二十六年（1900）湖南商務局刻本　三
十冊

210000－0701－0013363　016529
約章分類輯要三十八卷首一卷　蔡乃煌編
清光緒二十七年（1901）上海緯文閣石印本
三十冊　缺二卷（卷一上中、首一卷）

210000－0701－0013364　016538
通商條約章程成案彙編三十卷　（清）李瀚章
等纂　清末鉛印本　十二冊

210000－0701－0013365　016539
通商各國條約不分卷　（清）□□輯　清末鉛
印本　二十一冊

210000－0701－0013366　016540
通商約章類纂三十五卷　（清）李瀚章　（清）
徐宗亮等纂　清光緒十二年（1886）天津官書
局刻二十五年（1899）北洋官書局印本　二
十冊

210000－0701－0013367　016541
通商各國條約類編十八卷首一卷末一卷附錄
一卷　清光緒三年（1877）畿輔通志局刻本
六冊

210000－0701－0013368　016542
通商約章類纂三十五卷　（清）李瀚章　（清）
徐宗亮等纂　清光緒十二年（1886）天津官書
局刻二十五年（1899）北洋官書局印本　二
十冊

210000－0701－0013369　016543
中外通商始末記二十卷　（清）王之春纂　清
光緒二十一年（1895）寶善書局石印本　六冊

210000－0701－0013370　016544
通商約章類纂三十五卷　（清）李瀚章　（清）
徐宗亮等纂　清光緒十二年（1886）天津官書
局刻二十五年（1899）北洋官書局印本　二
十冊

210000－0701－0013371　016545
通商約章類纂三十五卷　（清）李瀚章　（清）
徐宗亮等纂　清光緒十二年（1886）天津官書
局刻本　二十冊

210000－0701－0013372　016546
內地雜居續論一卷附錄二卷　（日本）井上哲
次郎口述　趙必振翻譯　清光緒二十九年
（1903）上海廣智書局鉛印本　一冊

210000－0701－0013373　016547
李文忠公譯署函稿二十卷　（清）李鴻章撰
（清）吳汝綸編　清光緒三十一年（1905）金陵
刻李文忠公全集本　十冊

210000－0701－0013374　016550
中俄界記二卷中俄交界全圖十六幅　（清）鄒
代鈞撰　（清）曾寅增圖　清宣統三年（1911）
湖北武昌亞新地學社鉛印本　二冊

210000－0701－0013375　016551

奉使金鑑六十卷補遺不分卷　呂海寰輯　清光緒刻本　二十二冊

210000－0701－0013376　016552

奉使金鑑續編四十卷　呂海寰輯　清宣統元年(1909)刻本　二十冊

210000－0701－0013377　016553

東三省交涉輯要十二卷圖說一卷　（清）孫鳳翔等輯　清宣統二年(1910)鉛印本　六冊　缺一卷(圖說一卷)

210000－0701－0013378　016554

東三省交涉輯要十二卷圖說一卷　（清）孫鳳翔等輯　清宣統二年(1910)鉛印本　七冊

210000－0701－0013379　016555

東三省交涉輯要十二卷圖說一卷　（清）孫鳳翔等輯　清宣統二年(1910)鉛印本　六冊　缺一卷(圖說一卷)

210000－0701－0013380　016556

東三省交涉輯要十二卷圖說一卷　（清）孫鳳翔等輯　清宣統二年(1910)鉛印本　七冊

210000－0701－0013381　016565

出使公牘十卷　（清）薛福成撰　清光緒二十四年(1898)傳經樓刻本　九冊

210000－0701－0013382　016585

籌洋芻議一卷　（清）薛福成撰　清光緒十年(1884)薛氏刻庸庵全集本　一冊

210000－0701－0013383　016586

光緒丙午交涉要覽上篇一卷中篇二卷下篇四卷　（清）北洋洋務局編　清宣統元年(1909)北洋官報局鉛印本　六冊

210000－0701－0013384　016587

光緒丙午交涉要覽上篇一卷中篇二卷下篇四卷　（清）北洋洋務局編　清宣統元年(1909)北洋官報局鉛印本　六冊

210000－0701－0013385　016588

光緒乙巳年交涉要覽上篇二卷下篇三卷光緒丙午年交涉要覽上篇一卷中篇二卷下篇四卷

（清）北洋洋務局編　清光緒三十三年(1907)北洋官報局鉛印本　十一冊

210000－0701－0013386　016595

東三省交涉輯要十二卷圖說一卷　（清）孫鳳翔等輯　清宣統二年(1910)鉛印本　七冊

210000－0701－0013387　016606

李傅相歷聘歐美記二卷　（美國）林樂知譯　蔡爾康纂輯　清光緒上海廣學會鉛印本　二冊

210000－0701－0013388　016606

洋務新論六卷　（英國）李提摩太撰　（清）仲英輯　清光緒二十四年(1898)上海書局石印本　六冊

210000－0701－0013389　016608

西疆交涉志要六卷　（清）鍾鏞撰　清宣統三年(1911)鉛印本　二冊

210000－0701－0013390　016611

琿牘偶存一卷　（清）李金鏞撰　（清）王慶長節抄　清光緒十一年(1885)王氏懷古山莊刻本　一冊

210000－0701－0013391　016612

澳門公牘錄存一卷　（清）□□輯　清宣統三年(1911)汪康年鉛印振綺堂叢書本　一冊

210000－0701－0013392　016613

愛琿調查報告書一卷　（清）黑龍江調查局輯　清末抄本　一冊

210000－0701－0013393　016621

中俄黑龍江邊界地區雜錄不分卷　清光緒二十六年(1900)抄本　一冊

210000－0701－0013394　016622

中俄界約斠注七卷首一卷　（清）錢恂撰　清光緒十九年(1893)蘇城謝文翰齋刻本　二冊

210000－0701－0013395　016630

中俄約章會要三卷　（清）總理衙門輯　清光緒八年(1882)總理衙門鉛印本　三冊

210000－0701－0013396　016631

中俄約章會要三卷續編一卷　（清）總理衙門

輯　清光緒總理衙門鉛印本　四冊

210000－0701－0013397　016632

中俄界記二卷中俄交界全圖十六幅　（清）鄒
代鈞撰　（清）曾寅增圖　清宣統三年(1911)
湖北武昌亞新地學社鉛印本　一冊　存二卷
（中俄界記二卷）

210000－0701－0013398　016633

中俄界記二卷中俄交界全圖十六幅　（清）鄒
代鈞撰　（清）曾寅增圖　清宣統三年(1911)
湖北武昌亞新地學社鉛印本　一冊　存二卷
（中俄界記二卷）

210000－0701－0013399　016634

中俄國際約注（康熙二十八年至光緒二十八
年）　（清）施紹常編　清光緒三十一年
(1905)上海商務印書館鉛印本　八冊

210000－0701－0013400　016643

約章成案匯覽甲編十卷　（清）北洋洋務局編
清光緒三十一年(1905)上海點石齋石印本
十冊

210000－0701－0013401　016644

約章成案匯覽乙編四十二卷　（清）北洋洋務
局編　清光緒三十一年(1905)上海點石齋石
印本　三十六冊

210000－0701－0013402　016646

中外新舊條約彙刻十三卷首一卷　（清）劉樹
屏等輯　清石印本　八冊　存八卷（初刻一
至八）

210000－0701－0013403　016647

奉使朝鮮日記　（清）崇禮撰　清光緒十八年
(1892)鉛印本　一冊

210000－0701－0013404　016649

歐洲東方交涉記十二卷　（英國）麥高爾撰
(美國)林樂知　（清）瞿昂來譯　清光緒刻本
四冊

210000－0701－0013405　016650

歐洲東方交涉記十二卷　（英國）麥高爾撰輯
(美國)林樂知　（清）瞿昂來譯　清光緒刻

本　二冊

210000－0701－0013406　016651

英俄印度交涉書一卷續編一卷　（英國）馬文
撰　（英國）羅亨利　（清）瞿昂來譯　清末刻
本　一冊

210000－0701－0013407　016654

五洲各國政治考八卷　（清）錢恂輯　清光緒
二十七年(1901)石印本　六冊

210000－0701－0013408　016655

五大洲政治通考四十八卷　（清）急先務齋主
人等纂　清光緒二十七年(1901)急先務齋石
印本　十二冊

210000－0701－0013409　016656

列國政要一百三十二卷　（清）戴鴻慈　（清）
端方纂　清光緒三十三年(1907)上海商務印
書館刻本　三十二冊

210000－0701－0013410　016657

列國政要一百三十二卷　（清）戴鴻慈　（清）
端方纂　清光緒三十三年(1907)上海商務印
書館石印本　三十二冊

210000－0701－0013411　016658

列國政要一百三十二卷　（清）戴鴻慈　（清）
端方纂　清光緒三十三年(1907)上海商務印
書館石印本　三十二冊

210000－0701－0013412　016659

列國政要續編九十四卷　（清）戴鴻慈　（清）
端方纂　清宣統三年(1911)上海商務印書館
石印本　三十二冊

210000－0701－0013413　016660

列國政要一百三十二卷　（清）戴鴻慈　（清）
端方纂　清光緒三十三年(1907)上海商務印
書館石印本　三十二冊

210000－0701－0013414　016661

列國政要一百三十二卷　（清）戴鴻慈　（清）
端方纂　清光緒三十三年(1907)上海商務印
書館石印本　三十二冊

210000－0701－0013415　016662

考察政治日記不分卷　載澤撰　清光緒三十四年(1908)鉛印本　一冊

210000 - 0701 - 0013416　016663

籌鄂龜鑑八卷　(清)陳俠君輯　清光緒二十二年(1896)上海賜書堂石印本　六冊

210000 - 0701 - 0013417　016663

俄事新書二卷　(清)陳俠君輯　清光緒二十二年(1896)上海書局石印本　二冊

210000 - 0701 - 0013418　016664

日本維新政治彙編十二卷　(清)劉慶汾輯譯　清光緒二十八年(1902)刻本　六冊

210000 - 0701 - 0013419　016665

英法政概六卷　(清)劉啓彤編譯　清光緒二十二年(1896)成都刻本　二冊

210000 - 0701 - 0013420　016666

英政概一卷法政概一卷英藩政概四卷　(清)劉啓彤編譯　清光緒十六年(1890)廣百齋鉛印本　一冊

210000 - 0701 - 0013421　016671

自強軍西法類編十八卷創制公言二卷　沈敦和編　清光緒二十四年(1898)石印本　二十冊

210000 - 0701 - 0013422　016672

浙東籌防錄四卷　(清)薛福成纂輯　清光緒十三年(1887)薛氏刻庸庵全集本　四冊

210000 - 0701 - 0013423　016673

洋防輯要　(清)嚴如熤輯　清道光刻本　十六冊

210000 - 0701 - 0013424　016678

中西兵略指掌二十四卷　(清)陳龍昌輯　清光緒二十三年(1897)東山草堂石印本　八冊

210000 - 0701 - 0013425　016680

臺灣戰紀二卷　(清)洪棄父撰　清光緒三十二年(1906)鉛印本　二冊

210000 - 0701 - 0013426　016682

臨陣管見九卷　(德國)斯拉弗司撰　(美國)金楷理口譯　(清)趙元益筆述　清光緒二十

九年(1903)廣雅書局刻本　四冊

210000 - 0701 - 0013427　016684

西洋兵書二十二種　(美國)歐瀠登撰　(美國)林樂知　(清)瞿昂來譯　清光緒二十七年(1901)上海日新社石印本　八冊

210000 - 0701 - 0013428　016685

武備新書十種　(清)廖壽豐輯　清光緒二十三年(1897)浙江書局刻本　五冊

210000 - 0701 - 0013429　016686

武備新書十種　(清)廖壽豐輯　清光緒二十三年(1897)浙江書局刻本　五冊

210000 - 0701 - 0013430　016687

湖北武學　(清)湖北武備學堂編譯　清光緒二十六年(1900)湖北官書處刻本　三十一冊

210000 - 0701 - 0013431　016692

皇朝兵制考略六卷　(清)翁同爵撰　清光緒六年(1880)武昌節署刻套印本　一冊

210000 - 0701 - 0013432　016695

欽定中樞政考七十二卷　(清)明亮　(清)納蘇泰等纂修　清道光五年(1825)刻本　三十二冊　存三十二卷(八旗一至三十二)

210000 - 0701 - 0013433　016696

欽定中樞政考七十二卷　(清)保寧　(清)明達等纂修　清嘉慶十三年(1808)刻本　七十二冊

210000 - 0701 - 0013434　016700

應用戰法不分卷　(清)賀忠良撰　清光緒三十年(1904)北洋武備研究所石印本　一冊

210000 - 0701 - 0013435　016703

蒙學叢編　清末刻朱印本　八冊

210000 - 0701 - 0013436　016705

步操釋義不分卷　(清)史龍雲撰　清光緒十五年(1889)安徽皖南鎮署刻本　一冊

210000 - 0701 - 0013437　016706

江南陸師學堂武備課程　(清)錢德培編　清光緒二十五年(1899)江南陸師學堂刻本　十六冊

210000－0701－0013438　016707

兵學新書十六卷　（清）徐建寅輯　清光緒二
十四年(1898)刻本　八冊

210000－0701－0013439　016711

武毅軍出防練地圖說　（清）聶士成撰　清光
緒石印本　二冊

210000－0701－0013440　016712

周武壯公遺書九卷外集三卷別集一卷首一卷
附錄一卷　（清）周盛傳撰　清光緒三十一年
(1905)金陵刻本　十冊

210000－0701－0013441　016713

五軍道里表十八卷　（清）明亮　（清）常泰等
纂　清嘉慶十四年(1809)內府刻本　十九冊

210000－0701－0013442　016714

五軍道里表十八卷　（清）明亮　（清）常泰等
纂　清嘉慶十四年(1809)內府刻本　十九冊

210000－0701－0013443　016715

行軍方便便方三卷　（清）羅世瑤輯　清末刻
本　一冊

210000－0701－0013444　016718

西洋兵書八種　清末刻本　五冊

210000－0701－0013445　016719

礮準標泆圖解二卷　（清）鄧鈞撰　清末影印
本　四冊

210000－0701－0013446　016720

火器命中十二卷　（清）熊方柏撰　清光緒二
十四年(1898)刻本　四冊

210000－0701－0013447　016721

祝融佐治真詮十卷　題(清)傅野山房輯　清
刻本　四冊

210000－0701－0013448　016722

魚珠獅山魚山蟹山臺礮冊　清光緒刻本　一
冊　存十五葉(一至十五)

210000－0701－0013449　016723

武毅軍出防練地圖　清光緒二十四年(1898)
彩繪本　二冊

210000－0701－0013450　016724

槍隊圖說不分卷礮隊圖說不分卷　清末刻本
　四冊

210000－0701－0013451　016725

武毅軍第一次行軍課程附圖　（清）聶士成撰
　清光緒二十四年(1898)稿本　一冊

210000－0701－0013452　016726

訓練操法詳晰圖說二十二卷　袁世凱纂　清
光緒二十八年(1902)昌言報館石印本　十
二冊

210000－0701－0013453　016728

海軍大閱章程　（清）□□輯　清末石印本
一冊

210000－0701－0013454　016729

北洋海軍章程　（清）奕譞等編　清光緒鉛印
本　六冊

210000－0701－0013455　016731

水雷圖說　（清）潘仕成撰　清道光二十三年
(1843)刻本　一冊

210000－0701－0013456　016733

金雞談薈十四卷首一卷　（清）歐陽利見等編
　清光緒十五年(1889)四明節署鉛印本
八冊

210000－0701－0013457　016734

外國師船圖表十二卷　（清）許景澄等編　清
光緒十二年(1886)柏林使署石印本　六冊

210000－0701－0013458　016735

外國師船圖表十二卷　（清）許景澄等編　清
光緒二十二年(1896)浙江官書局石印本
四冊

210000－0701－0013459　016736

長江水師全案三卷　（清）□□輯　清光緒刻
本　二冊

210000－0701－0013460　016737

日本地理兵要十卷日本會計錄四卷日本師船
表一卷　姚文棟撰　日本師船考一卷　沈敦
和輯譯　清光緒二十年(1894)寶善書局石印

本　六冊

210000－0701－0013461　016738

長江圖說十二卷首一卷　(清)馬徵麟撰　清
同治十年(1871)湖北崇文書局刻本　五冊

210000－0701－0013462　016739

長江圖說十二卷首一卷　(清)馬徵麟撰　清
同治十年(1871)湖北崇文書局刻本　五冊

210000－0701－0013463　016740

長江圖說十二卷首一卷　(清)馬徵麟撰　清
末刻本　六冊　存七卷(一至六、首一卷)

210000－0701－0013464　016742

籌海初集四卷　(清)關天培撰　清道光十六
年(1836)刻本　四冊

210000－0701－0013465　016743

金州大連灣各海口砲臺營盤地勢全圖　清彩
繪本　一幅

210000－0701－0013466　016746

紀效新書十八卷首一卷　(明)戚繼光撰　清
道光二十一年(1841)虎林西泉氏刻本　六冊

210000－0701－0013467　016747

武備要略四卷　(明)宋祖舜編　清咸豐五年
(1855)周敬修刻本　四冊

210000－0701－0013468　016751

讀史兵略四十六卷　(清)胡林翼撰　清咸豐
十一年(1861)武昌節署刻本　十六冊

210000－0701－0013469　016757

孫子十家註十三卷　(宋)吉天保輯　(清)孫
星衍　(清)吳人驥校　**叙錄一卷**　(清)畢以
珣撰　**遺說一卷**　(宋)鄭友賢撰　清光緒二
十三年(1897)文瑞樓鉛印本　四冊

210000－0701－0013470　016758

孫子十家註十三卷　(宋)吉天保輯　(清)孫
星衍　(清)吳人驥校　**叙錄一卷**　(清)畢以
珣撰　**遺說一卷**　(宋)鄭友賢撰　清嘉慶二
年(1797)孫氏刻本　八冊

210000－0701－0013471　016759

孫子十家註十三卷　(宋)吉天保輯　(清)孫

星衍　(清)吳人驥校　**叙錄一卷**　(清)畢以
珣撰　**遺說一卷**　(宋)鄭友賢撰　清嘉慶二
年(1797)孫氏刻本　八冊

210000－0701－0013472　016760

孫子十家註十三卷　(宋)吉天保輯　(清)孫
星衍　(清)吳人驥校　**叙錄一卷**　(清)畢以
珣撰　**遺說一卷**　(宋)鄭友賢撰　清咸豐五
年(1855)淡香齋木活字印本　六冊

210000－0701－0013473　016761

孫子十家註十三卷　(宋)吉天保輯　(清)孫
星衍　(清)吳人驥校　**叙錄一卷**　(清)畢以
珣撰　**遺說一卷**　(宋)鄭友賢撰　清嘉慶二
年(1797)孫氏刻本　四冊

210000－0701－0013474　016771

孫子十三篇直講一卷　(清)陳任暘注　清光
緒三十一年(1905)月圓人壽室刻本　一冊

210000－0701－0013475　016777

孫子十家註十三卷　(宋)吉天保輯　(清)孫
星衍　(清)吳人驥校　**叙錄一卷**　(清)畢以
珣撰　**遺說一卷**　(宋)鄭友賢撰　清光緒三
年(1877)浙江書局刻二十二子本　六冊

210000－0701－0013476　016778

增補武經集注大全七卷首一卷　(清)彭繼耀
輯　(清)周亮輔增注　清本立堂刻本　六冊

210000－0701－0013477　016779

武經三書彙解四卷　(清)黎利賓　(清)曹日
瑋等輯　清康熙五十一年(1712)刻本　六冊

210000－0701－0013478　016780

武經三書彙解四卷　(清)黎利賓　(清)曹日
瑋等輯　清康熙五十一年(1712)刻本　六冊

210000－0701－0013479　016781

武經大全會解三卷射法一卷　(清)魯經輯
清立本堂刻本　四冊

210000－0701－0013480　016782

重刊武經七書彙解七卷首一卷末一卷　(清)
朱墉輯　(清)國英重訂　清光緒二年(1876)
古經閣書坊刻本　十冊

210000－0701－0013481　016783

重刊武經七書彙解七卷首一卷末一卷　（清）朱墉輯　（清）國英重訂　清光緒二年(1876)古經閣書坊刻本　十冊

210000－0701－0013482　016787

司馬法古注三卷音義一卷　曹元忠撰　清光緒二十年(1894)箋經室刻箋經室叢書本　一冊

210000－0701－0013483　016793

練兵實紀九卷雜集六卷　（明）戚繼光撰　清常州麟玉山房刻本　六冊

210000－0701－0013484　016794

練兵實紀九卷雜集六卷　（明）戚繼光撰　清嘉慶二十四年(1819)吳之勳刻本　五冊　存十三卷(一至九、雜集一至四)

210000－0701－0013485　016796

紀效新書十八卷首一卷　（明）戚繼光撰　清嘉慶二十四年(1819)吳之勳刻本　六冊

210000－0701－0013486　016797

紀效新書十八卷　（明）戚繼光撰　清京都琉璃廠文貴堂刻本　六冊

210000－0701－0013487　016798

軍禮司馬法考証二卷　（清）黃以周撰　清光緒十八年(1892)黃氏試館刻本　一冊

210000－0701－0013488　016805

尉繚子二卷　（戰國）尉繚撰　**素書一卷**（漢）黃石公撰　（宋）張商英注　**心書一卷**（三國蜀）諸葛亮撰　清光緒元年(1875)湖北崇文書局刻子書百家本　一冊

210000－0701－0013489　016806

風后握奇經一卷　（漢）公孫弘注　**六韜三卷**　清光緒元年(1875)湖北崇文書局刻子書百家本　一冊

210000－0701－0013490　016808

虎鈐經二十卷　（宋）許洞撰　清道光光緒南海伍氏刻粵雅堂叢書本　四冊

210000－0701－0013491　016809

衛公兵法輯本三卷　（唐）李靖撰　（清）汪宗沂輯　**舊唐書李靖傳考證**　清光緒二十年(1894)刻漸西村舍彙刊本　一冊

210000－0701－0013492　016810

諸葛武侯白猿經風雨占圖說不分卷　（清）林松唐輯　**諸葛武侯心書一卷**　（三國蜀）諸葛亮撰　清光緒二十年(1894)林氏刻本　一冊

210000－0701－0013493　016811

讀史兵略四十六卷　（清）胡林翼撰　清咸豐十一年(1861)武昌節署刻本　十六冊

210000－0701－0013494　016812

讀史兵略四十六卷　（清）胡林翼撰　清咸豐十一年(1861)武昌節署刻本　十六冊

210000－0701－0013495　016813

讀史兵略十二卷　（清）胡林翼撰　清光緒三十一年(1905)上海富文書局石印本　十二冊

210000－0701－0013496　016813

讀史兵略續編十卷　（清）胡林翼撰　清光緒二十六年(1900)上海圖書集成印書局鉛印本　十冊

210000－0701－0013497　016815

平海心籌二卷　（清）林福祥撰　清咸豐四年(1854)刻本　二冊

210000－0701－0013498　016817

讀史兵略綴言四卷　蔣廷黻撰　清宣統三年(1911)京師刻本　一冊

210000－0701－0013499　016819

武備志二百四十卷　（明）茅元儀輯　清道光木活字印本　六十冊

210000－0701－0013500　016820

武備制勝三十一卷　（明）茅元儀輯　清道光二十三年(1843)刻本　八冊

210000－0701－0013501　016821

武備輯要六卷　（清）許學范撰　清道光十二年(1832)廣州刻敏果齋七種本　二冊

210000－0701－0013502　016821

武備輯要續編十卷　（清）許乃釗撰　清道光

二十九年(1849)福珠隆阿刻敏果齋七種本
四冊

210000－0701－0013503　016822

武備輯要續編十卷　(清)許乃釗撰　清道光
二十九年(1849)福珠隆阿刻敏果齋七種本
四冊

210000－0701－0013504　016823

武侯八陣兵法輯略一卷附用陣雜錄一卷
(清)汪宗沂撰　清光緒刻漸西村舍彙刊本
一冊

210000－0701－0013505　016824

虎鈐經二十卷　(宋)許洞撰　清道光、光緒
南海伍氏刻粵雅堂叢書本　三冊

210000－0701－0013506　016825

何博士備論二卷　(宋)何去非撰　清光緒元
年(1875)湖北崇文書局刻子書百家本　一冊

210000－0701－0013507　016825

宋丞相李忠定公輔政本末一卷　(宋)□□撰
清光緒元年(1875)湖北崇文書局刻子書百
家本　與210000－0701－0013506合冊

210000－0701－0013508　016826

何博士備論二卷　(宋)何去非撰　清同治二
年(1863)長沙余氏刻明辨齋叢書本　一冊

210000－0701－0013509　016826

宋丞相李忠定公輔政本末一卷　(宋)□□撰
清同治二年(1863)長沙余氏刻明辨齋叢書
本　與210000－0701－0013508合冊

210000－0701－0013510　016827

練兵實紀九卷雜集六卷　(明)戚繼光撰　清
咸豐四年(1854)吳之勷刻本　四冊

210000－0701－0013511　016828

塞外行軍指掌一卷　(清)□□撰　清咸豐三
年(1853)侯官林氏銅活字印水陸攻守戰略秘
書七種本　一冊

210000－0701－0013512　016833

草廬經略十二卷　(明)□□撰　清道光三十
年(1850)伍氏刻粵雅堂叢書本　四冊

210000－0701－0013513　016834

權制八卷　陳澹然撰　清光緒二十六年
(1900)長沙徐崇立刻本　六冊

210000－0701－0013514　016835

乾坤大略二卷四囊書一卷　(清)王餘佑撰
清光緒三十三年(1907)寶興堂刻本　三冊

210000－0701－0013515　016836

兵鏡三種　(清)鄧延羅撰　清張鵬飛來鹿堂
刻本　七冊

210000－0701－0013516　016837

四翼附編四卷　(清)戴彭撰　清光緒二十一
年(1895)皖江別墅刻本　一冊

210000－0701－0013517　016838

戊笈談兵十卷首一卷　(清)汪紱撰　**補校錄
一卷**　(清)戴彭撰　**附四翼附編四卷**　(清)
戴彭撰　**奇門遁甲啓悟一卷**　(清)朱榮璪輯
清光緒刻汪雙池先生叢書本　十冊

210000－0701－0013518　016839

戊笈談兵十卷首一卷　(清)汪紱撰　**補校錄
一卷**　(清)戴彭撰　**附四翼附編四卷**　(清)
戴彭撰　**奇門遁甲啓悟一卷**　(清)朱榮璪輯
清光緒刻汪雙池先生叢書本　六冊

210000－0701－0013519　016840

車陣扣答合編四卷　(清)郭會昌輯　清同治
八年(1869)郭會昌等刻本　四冊

210000－0701－0013520　016841

戰略考三十一卷　(清)潘鐸撰　清咸豐十年
(1860)紅杏書屋刻本　八冊

210000－0701－0013521　016842

璧勤襄公遺書三種　(清)璧昌撰　清咸豐九
年(1859)刻本　二冊　存二卷(兵武聞見錄
一卷、守邊輯要一卷)

210000－0701－0013522　016843

兵法集鑒六卷　(清)史策先編　清咸豐六年
(1856)正定府署刻本　十二冊

210000－0701－0013523　016844

劉伯溫先生重纂諸葛忠武侯兵法心要內集二

卷外集三卷 （明）劉基撰 清咸豐三年(1853)侯官林氏銅活字印水陸攻守戰略秘書七種本 五冊

210000－0701－0013524 016847

兵書三種附洋務新論一卷 （清）左宗棠編 清光緒二十一年(1895)上海書局石印本 三冊

210000－0701－0013525 016850

金湯借箸十二籌十二卷 （明）李槃撰 清刻本 八冊

210000－0701－0013526 016851

射書四卷首一卷 （明）顧煜輯 清光緒十四年(1888)貽經書屋刻本 四冊

210000－0701－0013527 016853

手臂錄四卷 （清）吳殳撰 附峨嵋鎗法一卷 （清）釋普恩立法 （清）程真如達意 夢綠堂槍法一卷 （清）釋洪轉撰 清道光二十八年(1848)刻瓶華書屋叢書本 二冊

210000－0701－0013528 016855

馬步要訣不分卷 （清）青麐撰 清道光三十年(1850)刻本 一冊

210000－0701－0013529 016856

明大司馬盧公奏議十二卷首一卷 （明）盧象昇撰 清光緒元年(1875)刻本 八冊

210000－0701－0013530 016861

知古錄三卷附一卷韜鈐拾慧錄一卷 （清）恒衿輯 清同治二年(1863)避熱窩刻本 四冊

210000－0701－0013531 016862

知古錄三卷附一卷韜鈐拾慧錄一卷 （清）恒衿纂輯 清同治二年(1863)避熱窩刻本 四冊

210000－0701－0013532 016863

乾坤大略十卷補遺一卷 （清）王餘佑撰 清光緒五年(1879)定州王氏謙德堂刻畿輔叢書本 二冊

210000－0701－0013533 016864

策題錄 清抄本 八冊

210000－0701－0013534 016866

九旗古義述一卷 （清）孫詒讓撰 清光緒二十八年(1902)刻本 一冊

210000－0701－0013535 016867

九旗古義述一卷 （清）孫詒讓撰 清光緒二十八年(1902)刻本 一冊

210000－0701－0013536 016868

九旗古義述一卷 （清）孫詒讓撰 清光緒二十八年(1902)刻本 一冊

210000－0701－0013537 016874

九旗古義述一卷 （清）孫詒讓撰 清光緒二十八年(1902)刻本 一冊

210000－0701－0013538 016875

九旗古義述一卷 （清）孫詒讓撰 清光緒二十八年(1902)刻本 一冊

210000－0701－0013539 016876

九旗古義述一卷 （清）孫詒讓撰 清光緒二十八年(1902)刻本 一冊

210000－0701－0013540 016877

吉林全省地方自治籌辦處第一次報告書 （清）鄧邦述輯 清宣統二年(1910)鉛印本 二冊

210000－0701－0013541 016881

欽定行政綱目 清末石印本 一冊

210000－0701－0013542 016882

康熙政要二十四卷 （清）章梫撰 清宣統二年(1910)鉛印本 二十冊

210000－0701－0013543 016883

康熙政要二十四卷 （清）章梫撰 清宣統二年(1910)鉛印本 十二冊

210000－0701－0013544 016884

慶典成案 （清）□□纂 清末內府鉛印本 五冊

210000－0701－0013545 016885

吾學錄初編二十四卷 （清）吳榮光撰 清道光二十九年(1849)高國榮刻本 六冊

210000－0701－0013546　016887

吾學錄初編二十四卷　（清）吳榮光撰　清同治九年(1870)江蘇書局刻本　六冊

210000－0701－0013547　016888

唐會要一百卷　（宋）王溥撰　清光緒十年(1884)江蘇書局刻本　二十四冊

210000－0701－0013548　016889

三國會要二十二卷首一卷　（清）楊晨撰　清光緒二十六年(1900)江蘇書局刻本　六冊

210000－0701－0013549　016890

三國會要二十二卷首一卷　（清）楊晨撰　清光緒二十六年(1900)江蘇書局刻本　六冊

210000－0701－0013550　016891

五代會要三十卷　（宋）王溥撰　清道光十一年(1831)王相百花萬卷草堂木活字印本　十二冊

210000－0701－0013551　016892

五代會要三十卷　（宋）王溥撰　清光緒十二年(1886)江蘇書局刻本　六冊

210000－0701－0013552　016893

五代會要三十卷　（宋）王溥撰　清光緒十二年(1886)江蘇書局刻本　六冊

210000－0701－0013553　016894

五代會要三十卷　（宋）王溥撰　**校刊記一卷**（清）沈鎮　（清）朱福泰撰　清光緒二十一年(1895)刻本　六冊

210000－0701－0013554　016895

五代會要三十卷　（宋）王溥撰　**校刊記一卷**（清）沈鎮　（清）朱福泰撰　清光緒二十一年(1895)刻本　六冊

210000－0701－0013555　016896

大元聖政國朝典章新集至治條例不分卷（元）□□撰　沈家本校　清光緒三十四年(1908)修訂法律館刻本　三冊

210000－0701－0013556　016899

大元聖政國朝典章六十卷新集至治條例不分卷　（元）□□撰　沈家本校　清光緒三十四

年(1908)修訂法律館刻本　二十四冊

210000－0701－0013557　016901

大元聖政國朝典章六十卷新集至治條例不分卷　（元）□□撰　清光緒三十四年(1908)修訂法律館刻民國印本　十二冊　存二十八卷（典章三十四至六十、新集至治條例不分卷）

210000－0701－0013558　016902

大元聖政國朝典章六十卷新集至治條例不分卷　（元）□□撰　沈家本校　清光緒三十四年(1908)修訂法律館刻本　二十四冊

210000－0701－0013559　016903

西漢會要七十卷東漢會要四十卷　（宋）徐天麟撰　清光緒五年(1879)嶺南學海堂刻本二十冊

210000－0701－0013560　016904

西漢會要七十卷東漢會要四十卷　（宋）徐天麟撰　清光緒五年(1879)嶺南學海堂刻本二十冊

210000－0701－0013561　016905

西漢會要七十卷　（宋）徐天麟撰　清光緒五年(1879)嶺南學海堂刻本　十冊

210000－0701－0013562　016906

西漢會要七十卷　（宋）徐天麟撰　清光緒十年(1884)江蘇書局刻本　十冊

210000－0701－0013563　016907

西漢會要七十卷　（宋）徐天麟撰　清光緒十年(1884)江蘇書局刻本　十冊

210000－0701－0013564　016908

晉政輯要四十卷　（清）剛毅修　（清）安頤（清）張承熊等纂　清光緒十四年(1888)山西刻本　三十二冊

210000－0701－0013565　016909

晉政輯要四十卷　（清）剛毅修　（清）安頤（清）張承熊等纂　清光緒十四年(1888)山西刻本　三十二冊

210000－0701－0013566　016916

欽定戶部則例一百卷首一卷　（清）戴齡

（清）惠祥等纂修　清同治十三年(1874)戶部
刻本　六十冊

210000－0701－0013567　016917
欽定戶部則例一百卷首一卷　（清）承啓等纂
　清同治四年(1865)内府刻本　四十八冊

210000－0701－0013568　016918
宮中現行則例四卷　清光緒内府刻本　四冊

210000－0701－0013569　016922
漢唐事箋前集十二卷後集八卷　（元）朱禮撰
　清道光二年(1822)李鋐稿刻本　八冊

210000－0701－0013570　016923
漢制考四卷　（宋）王應麟撰　清嘉慶十年
(1805)張氏照曠閣刻學津討原本　一冊

210000－0701－0013571　016924
禮經宮室答問二卷　（清）洪頤煊撰　清師竹
山房刻傳經堂叢書本　二冊

210000－0701－0013572　016925
欽定宗人府則例三十一卷　（清）定壽等纂
清宣統内府刻本　十六冊

210000－0701－0013573　016926
皇朝政典類纂五百卷目錄六卷　（清）席裕福
輯　清光緒二十九年(1903)上海圖書集成局
鉛印本　一百二十冊

210000－0701－0013574　016930
大元聖國朝典章六十卷新集至治條例不分卷
　（元）□□撰　清光緒三十四年(1908)刻本
三十冊

210000－0701－0013575　016931
大清通禮五十四卷　（清）來保　（清）穆克登
額等續纂　清道光刻本　十二冊

210000－0701－0013576　016932
欽定大清會典一百卷首一卷　（清）崑岡等修
　（清）吳樹梅等纂　清光緒石印本　三十
六冊

210000－0701－0013577　016933
欽定大清會典一百卷　（清）崑岡等修　（清）
吳樹梅等纂　清宣統三年(1911)石印本

十冊

210000－0701－0013578　016934
欽定大清會典一百卷　（清）崑岡等修　（清）
吳樹梅等纂　清光緒二十五年(1899)上海書
局石印本　六冊

210000－0701－0013579　016935
欽定大清會典一百卷　（清）崑岡等修　（清）
吳樹梅等纂　清光緒二十五年(1899)上海書
局石印本　六冊

210000－0701－0013580　016936
大清會典四卷　（清）托津等纂修　清同治十
一年(1872)湖北崇文書局刻本　四冊

210000－0701－0013581　016937
欽定大清會典一百卷　（清）崑岡等修　（清）
吳樹梅等纂　清光緒二十五年(1899)内府石
印本　三十六冊

210000－0701－0013582　016938
欽定大清會典一百卷首一卷　（清）崑岡等修
　（清）吳樹梅等纂　清光緒三十四年(1908)
上海商務印書館石印本　十冊

210000－0701－0013583　016939
欽定大清會典一百卷　（清）崑岡等修　（清）
吳樹梅等纂　清光緒二十五年(1899)上海書
局石印本　六冊

210000－0701－0013584　016940
欽定大清會典一百卷　（清）崑岡等修　（清）
吳樹梅等纂　清光緒二十五年(1899)上海書
局石印本　六冊

210000－0701－0013585　016941
欽定大清會典八十卷圖一百三十二卷目錄二
卷　（清）托津等纂修　清嘉慶二十三年
(1818)武英殿刻本　八十冊

210000－0701－0013586　016942
欽定大清會典事例九百二十卷目錄八卷
(清)托津等纂修　清嘉慶二十三年(1818)武
英殿刻本　三百六十冊

210000－0701－0013587　016943

欽定大清會典事例九百二十卷目錄八卷
（清）托津等纂修　清嘉慶二十三年(1818)武
英殿刻本　三百十五冊

210000－0701－0013588　016944

欽定大清會典事例一千二百二十卷目錄八卷
　（清）崑岡等纂修　清光緒石印本　三百八
十四冊

210000－0701－0013589　016945

欽定大清會典圖二百七十卷　（清）崑岡等纂
修　清光緒二十五年(1899)內府石印本　七
十五冊

210000－0701－0013590　016946

欽定大清會典圖二百七十卷　（清）崑岡等纂
修　清光緒二十五年(1899)內府石印本　七
十三冊

210000－0701－0013591　016947

欽定大清會典圖二百七十卷　（清）崑岡等纂
修　清光緒二十五年(1899)內府石印本　七
十五冊

210000－0701－0013592　016948

欽定大清會典事例一千二百二十卷目錄八卷
　（清）崑岡等纂修　清光緒石印本　三百八
十三冊

210000－0701－0013593　016949

士庶備覽十四卷　（清）□□撰　清光緒十八
年(1892)刻本　八冊

210000－0701－0013594　016950

西漢會要七十卷東漢會要四十卷　（宋）徐天
麟撰　清光緒十年(1884)江蘇書局刻武英殿
聚珍版書本　十八冊

210000－0701－0013595　016951

東漢會要四十卷　（宋）徐天麟撰　清光緒十
年(1884)江蘇書局刻本　八冊

210000－0701－0013596　016952

東漢會要四十卷　（宋）徐天麟撰　清光緒十
年(1884)江蘇書局刻本　八冊

210000－0701－0013597　016953

東漢會要四十卷　（宋）徐天麟撰　清光緒二
十五年(1899)廣雅書局刻武英殿聚珍版書本
　八冊

210000－0701－0013598　016954

東漢會要四十卷　（宋）徐天麟撰　清光緒五
年(1879)嶺南學海堂刻本　八冊

210000－0701－0013599　016955

欽定回疆則例八卷　（清）岳良等纂　（清）肇
麟等續纂　清光緒三十四年(1908)鉛印本
三冊

210000－0701－0013600　016956

明會要八十卷　（清）龍文彬纂　清光緒十三
年(1887)永懷堂刻本　二十冊

210000－0701－0013601　016957

金吾事例十一卷　（清）瑞禧等纂　清咸豐元
年(1851)官刻本　十二冊

210000－0701－0013602　016958

武場條例八卷　（清）兵部纂　清末官刻本
二冊

210000－0701－0013603　016961

大唐六典三十卷　（唐）玄宗李隆基撰　（唐）
李林甫等注　清光緒二十一年(1895)廣雅書
局刻本　四冊

210000－0701－0013604　016963

大唐六典三十卷　（唐）玄宗李隆基撰　（唐）
李林甫等注　清掃葉山房刻本　六冊

210000－0701－0013605　016964

欽定重修六部處分則例五十二卷　（清）清平
等纂　（清）堵煥辰重修　清光緒十八年
(1892)上海圖書集成印書局鉛印本　八冊

210000－0701－0013606　016969

欽定重修六部處分則例五十二卷　（清）清平
等纂　（清）堵煥辰重修　清光緒十八年
(1892)上海圖書集成印書局鉛印本　八冊

210000－0701－0013607　016970

定例彙編　（清）□□撰　清刻本　三十八冊

210000－0701－0013608　016971

欽定戶部銓補籌餉事例彙編五種　清末刻本
七冊

210000－0701－0013609　016972

詞林典故八卷　（清）張廷玉等撰　清乾隆十
三年(1748)武英殿刻本　六冊　存六卷（一
至四、七至八）

210000－0701－0013610　016973

王制箋一卷　（清）皮錫瑞撰　清光緒三十四
年(1908)思賢書局刻皮氏經學叢書本　一冊

210000－0701－0013611　016976

欽定理藩院則例六十三卷通例二卷總目二卷
　（清）托津等修　清道光二十三年(1843)刻
本　三十二冊

210000－0701－0013612　016977

欽定理藩院則例六十四卷通例二卷總目二卷
　（清）松森等修　清光緒理藩院刻本　三十
二冊

210000－0701－0013613　016978

欽定大清會典一百卷首一卷　（清）崑岡等纂
修　清光緒三十四年(1908)上海商務印書館
石印本　十冊

210000－0701－0013614　016979

皇朝詞林典故六十四卷　（清）朱珪等撰　清
宣統元年(1909)石印本　三十四冊

210000－0701－0013615　016983

治綱二卷　（清）陳瑚撰　清刻本　二冊

210000－0701－0013616　016986

清秘述聞十六卷　（清）法式善編　清嘉慶四
年(1799)刻本　四冊

210000－0701－0013617　016987

清秘述聞十六卷　（清）法式善編　清嘉慶四
年(1799)刻本　六冊

210000－0701－0013618　016988

清秘述聞十六卷後補一卷　（清）法式善編
（清）錢維福校　清光緒十三年(1887)錢維福
刻本　六冊

210000－0701－0013619　016989

通典二百卷　（唐）杜佑撰　清咸豐九年
(1859)謝氏刻本　四十冊

210000－0701－0013620　016990

皇朝通典一百卷　（清）嵇璜等撰　清光緒八
年(1882)浙江書局刻本　四十冊

210000－0701－0013621　016991

大明令一卷　（明）□□撰　清末刻本　一冊

210000－0701－0013622　016992

大明令一卷　（明）□□撰　清末刻陸庵叢書
本　一冊

210000－0701－0013623　016993

大明令一卷　（明）□□撰　清末刻本　一冊

210000－0701－0013624　016996

欽定臺規四十卷　（清）松筠等編　清道光七
年(1827)刻本　十六冊

210000－0701－0013625　016999

槐廳載筆二十卷　（清）法式善撰　清嘉慶刻
本　六冊

210000－0701－0013626　017004

欽定吏部處分章程三十二卷　（清）吏部纂
清同治吏部刻本　四冊

210000－0701－0013627　017005

吏部例章揭要六卷　（清）牟嗣龍等輯　清光
緒元年(1875)清查局刻本　六冊

210000－0701－0013628　017006

欽定吏部驗封司則例六卷　（清）錫珍　（清）
施人鏡等纂　清光緒十二年(1886)吏部刻本
六冊

210000－0701－0013629　017008

禮說十四卷附大學說一卷　（清）惠士奇撰
清嘉慶三年(1798)彭霖蘭陔書屋刻本　五冊

210000－0701－0013630　017009

欽定國子監則例四十五卷　（清）瑞慶等纂
清道光四年(1824)國子監刻本　八冊

210000－0701－0013631　017010

欽定國子監則例四十五卷　（清）瑞慶等纂

清道光四年(1824)國子監刻本　九冊

210000－0701－0013632　017011
欽定國子監則例四十四卷首六卷　（清）劉墉
等纂　清嘉慶二年(1797)國子監刻本　四冊

210000－0701－0013633　017014
欽定回疆則例八卷　（清）岳良等纂　（清）肇
麟等續纂　清光緒三十四年(1908)鉛印本
三冊

210000－0701－0013634　017015
欽定吏部文選司章程三十二卷　（清）吏部纂
　清同治十二年(1873)吏部刻本　十二冊

210000－0701－0013635　017016
歷代職官表七十二卷　（清）紀昀等纂　清光
緒二十二年(1896)廣雅書局刻廣雅書局叢書
本　二十二冊

210000－0701－0013636　017017
歷代職官表七十二卷　（清）紀昀等纂　清光
緒二十二年(1896)廣雅書局刻廣雅書局叢書
本　二十二冊

210000－0701－0013637　017018
歷代職官表六卷　（清）黃本驥撰　清光緒六
年(1880)膚詁齋刻本　三冊

210000－0701－0013638　017021
歷代職官表六卷　（清）黃本驥撰　清光緒八
年(1882)上海王氏刻本　三冊

210000－0701－0013639　017022
歷代職官表六卷　（清）黃本驥撰　清光緒八
年(1882)上海王氏刻本　三冊

210000－0701－0013640　017023
歷代職官表六卷　（清）黃本驥撰　清光緒六
年(1880)膚詁齋刻本　三冊　存五卷(一至
二、四至六)

210000－0701－0013641　017024
周官祿田考三卷　（清）沈彤撰　清乾隆十六
年(1751)刻果堂全集本　一冊

210000－0701－0013642　017026
欽定周官義疏四十八卷首一卷　（清）諸錦纂

修　清同治七年(1868)刻本　二十四冊

210000－0701－0013643　017027
欽定周官義疏四十八卷　（清）鄂爾泰等撰
清光緒十四年(1888)戶部刻本　二十冊　存
四十四卷(一至四十四)

210000－0701－0013644　017028
周官精義十二卷　（清）連斗山撰　清嘉慶元
年(1796)刻本　六冊

210000－0701－0013645　017029
周官精義十二卷　（清）連斗山編　清光緒二
年(1876)刻本　六冊

210000－0701－0013646　017030
周官精義十二卷　（清）連斗山撰　清末善成
堂刻本　六冊

210000－0701－0013647　017031
周禮六卷　（漢）鄭玄注　（唐）陸德明音義
清嘉慶十一年(1806)張青選清芬閣刻本
六冊

210000－0701－0013648　017032
周禮六卷　（漢）鄭玄注　（唐）陸德明音義
校記一卷　清同治十一年(1872)山東書局刻
本　六冊

210000－0701－0013649　017033
周禮六卷　（漢）鄭玄注　（唐）陸德明音義
清嘉慶十一年(1806)清芬閣刻本　六冊

210000－0701－0013650　017039
周禮六卷　（漢）鄭玄注　（唐）陸德明音義
校記一卷　清光緒八年(1882)錦江書局刻本
六冊

210000－0701－0013651　017040
周禮十二卷　（漢）鄭玄注　（唐）陸德明音義
清光緒十二年(1886)湖北官書處刻本
六冊

210000－0701－0013652　017041
周禮便讀二卷　（清）王一清撰　清刻本
一冊

210000－0701－0013653　017042

周禮正義八十六卷 （清）孫詒讓撰 清光緒三十三年(1907)鉛印本 二十一冊

210000－0701－0013654 017044

周官集注十二卷 （清）方苞注 清康熙、嘉慶方氏抗希堂刻抗希堂十六種本 八冊

210000－0701－0013655 017045

周禮注疏小箋五卷 （清）曾釗撰 清同治十年(1871)刻本 四冊

210000－0701－0013656 017047

周禮正義八十六卷 （清）孫詒讓撰 清光緒三十三年(1907)鉛印本 十二冊

210000－0701－0013657 017048

周禮正義八十六卷 （清）孫詒讓撰 清光緒三十三年(1907)鉛印本 十九冊 存八十二卷(一至十七、二十二至八十六)

210000－0701－0013658 017051

周禮疏五十卷 （唐）賈公彥撰 清末民初影印本 二十冊

210000－0701－0013659 017052

附釋音周禮注疏四十二卷 （漢）鄭玄注 （唐）賈公彥疏 （唐）陸德明音義 校勘記四十二卷 （清）阮元撰 （清）盧宣旬摘錄 清同治十二年(1873)江西書局刻重刊宋本十三經注疏本 二十冊

210000－0701－0013660 017053

周禮政要四卷 （清）孫詒讓撰 清光緒二十八年(1902)刻本 二冊

210000－0701－0013661 017057

附釋音周禮注疏四十二卷 （漢）鄭玄注 （唐）賈公彥疏 （唐）陸德明音義 校勘記四十二卷 （清）阮元撰 （清）盧宣旬摘錄 清嘉慶二十年（1815）南昌府學刻道光六年(1826)南昌府學重修重刊宋本十三經注疏本 十六冊

210000－0701－0013662 017058

附釋音周禮注疏四十二卷 （漢）鄭玄注 （唐）賈公彥疏 （唐）陸德明音義 校勘記四

十二卷 （清）阮元撰 （清）盧宣旬摘錄 清嘉慶二十年（1815）南昌府學刻道光六年(1826)印重刊宋本十三經注疏本 十六冊

210000－0701－0013663 017067

周禮六卷 （漢）鄭玄注 （唐）陸德明音義 清嘉慶十一年(1806)刻本 六冊

210000－0701－0013664 017068

周禮節訓六卷 （清）黃叔琳撰 （清）姚培謙重訂 清道光十五年(1835)刻本 一冊

210000－0701－0013665 017069

周禮節訓六卷 （清）黃叔琳撰 （清）姚培謙重訂 清道光二十二年(1842)桐石山房刻本 二冊

210000－0701－0013666 017070

周禮節訓六卷 （清）黃叔琳撰 （清）姚培謙重訂 清光緒十二年(1886)掃葉山房刻本 二冊

210000－0701－0013667 017071

周禮節訓六卷 （清）黃叔琳撰 （清）姚培謙重訂 清光緒十二年(1886)掃葉山房刻本 二冊

210000－0701－0013668 017072

周官辨一卷 （清）方苞撰 清刻本 一冊

210000－0701－0013669 017073

周禮音訓不分卷 （清）楊國楨撰 清光緒三年(1877)崇文書局刻十一經音訓本 二冊

210000－0701－0013670 017074

周禮節訓六卷 （清）黃叔琳撰 （清）姚培謙重訂 清光緒十二年(1886)掃葉山房刻本 二冊

210000－0701－0013671 017075

周禮精華六卷 （清）陳龍標輯 清嘉慶刻本 四冊

210000－0701－0013672 017076

周禮旁訓經疏節要六卷 （清）孟一飛撰 清道光六年(1826)刻本 四冊

210000－0701－0013673 017077

周禮精華六卷　（清）陳龍標輯　清光緒九年
(1883)刻本　六冊

210000－0701－0013674　017078
籌餉事例五種　（清）戶部撰　清光緒十三年
(1887)刻本　七冊

210000－0701－0013675　017079
增修籌餉事例二卷籌餉事例一卷增修現行常
例一卷　（清）戶部撰　清同治五年(1866)戶
部刻本　四冊

210000－0701－0013676　017080
新疆省現任同官錄　清宣統二年(1910)抄本
　一冊

210000－0701－0013677　017082
王公生辰及族學長佐領名冊　清咸豐五年
(1855)抄本　四冊

210000－0701－0013678　017095
爵秩全覽不分卷　（清）□□撰　清道光二十
八年(1848)刻本　十冊

210000－0701－0013679　017096
爵秩全覽不分卷新增爵秩全覽不分卷　（清）
□□撰　清光緒二十九年(1903)刻本　六冊

210000－0701－0013680　017097
爵秩全覽不分卷新增爵秩全覽不分卷　（清）
□□撰　清光緒三十二年(1906)刻本　六冊

210000－0701－0013681　017098
爵秩全覽不分卷　（清）□□撰　清光緒二十
三年(1897)刻本　六冊

210000－0701－0013682　017099
爵秩全覽不分卷　（清）□□撰　清光緒十七
年(1891)刻本　四冊

210000－0701－0013683　017100
大清搢紳全書不分卷附大清中樞備覽　（清）
□□撰　清光緒三十年(1904)榮錄堂刻本
六冊

210000－0701－0013684　017101
新增爵秩全覽丁酉秋季不分卷　（清）□□撰
　清光緒二十三年(1897)刻本　二冊

210000－0701－0013685　017101
新增爵秩全覽不分卷　（清）□□撰　清光緒
二十四年(1898)刻本　二冊

210000－0701－0013686　017101
新增爵秩全覽戊戌春季不分卷　（清）□□撰
　清光緒二十四年(1898)刻本　二冊

210000－0701－0013687　017101
新增爵秩全覽戊戌夏季不分卷　（清）□□撰
　清光緒二十四年(1898)刻本　二冊

210000－0701－0013688　017101
新增爵秩全覽戊戌秋季不分卷　（清）□□撰
　清光緒二十四年(1898)刻本　二冊

210000－0701－0013689　017102
爵秩全覽不分卷　（清）□□撰　清宣統元年
(1909)刻本　三冊　存三冊(二至四)

210000－0701－0013690　017103
滿漢爵秩全書　（清）榮錦堂輯　清末京都琉
璃廠榮錦堂書坊刻本　四冊

210000－0701－0013691　017104
大清搢紳全書不分卷附大清中樞備覽　（清）
□□撰　清光緒十七年(1891)榮祿堂刻本
六冊

210000－0701－0013692　017105
大清最新百官錄　（清）彭汝疇編　清光緒三
十三年(1907)京都琉璃廠福潤堂刻本　五冊

210000－0701－0013693　017106
大清搢紳全書不分卷　（清）□□撰　清光緒
二十五年(1899)榮錄堂刻本　四冊

210000－0701－0013694　017107
大清搢紳全書不分卷　（清）□□撰　清乾隆
三十九年(1774)刻補修重印本　四冊

210000－0701－0013695　017108
大清搢紳全書不分卷　（清）□□撰　清光緒
三十三年(1907)榮錄堂刻本　四冊

210000－0701－0013696　017109
大清搢紳全書不分卷附大清中樞備覽　（清）
□□撰　清光緒三十三年(1907)榮錄堂刻本

六冊

210000－0701－0013697　017110

大清搢紳全書不分卷附大清中樞備覽　（清）
□□撰　清光緒三十三年(1907)榮錄堂刻本
六冊

210000－0701－0013698　017112

中州同官錄六卷　（清）楊國楨編　清同治十
二年(1873)張祖蔭刻本　六冊

210000－0701－0013699　017113

奉省同官錄不分卷　（清）楊紹宗　（清）都林
布輯　清宣統元年(1909)奉天仁和山房鉛印
本　四冊

210000－0701－0013700　017114

大清搢紳全書不分卷　（清）□□撰　清刻本
四冊

210000－0701－0013701　017115

大清搢紳全書不分卷附大清中樞備覽　（清）
□□撰　清光緒三十年(1904)榮祿堂刻本
六冊

210000－0701－0013702　017116

奉天行省同官錄　（清）奉天簡明報社纂　清
光緒三十三年(1907)奉天簡明報社鉛印本
四冊

210000－0701－0013703　017119

歷任正署銜名　（清）□□輯　清道光抄本
一冊

210000－0701－0013704　017130

石渠餘紀六卷　（清）王慶雲撰　清光緒十四
年(1888)甯鄉黃氏刻本　六冊

210000－0701－0013705　017132

各種警務章程　（清）丁永鑄輯　清光緒三十
三年(1907)上海科學書局鉛印本　一冊

210000－0701－0013706　017135

光緒政要三十四卷　（清）沈桐生輯　清宣統
元年(1909)上海崇義堂石印本　三十冊

210000－0701－0013707　017136

光緒政要三十四卷　（清）沈桐生輯　清宣統

元年(1909)上海崇義堂石印本　三十冊

210000－0701－0013708　017137

諭摺彙存　（清）□□輯　清光緒末鉛印本
一百三十冊　存(光緒二十八年三月、十月、
二十九年一月至二月、五月,三十年一月至二
月、四月至六月、九月,三十一年二月、五月、
九月、十一月至十二月,三十二年一月、三月、
六月至七月、十一月,三十三年八月至九月)

210000－0701－0013709　017138

硃批諭旨　（清）鄂爾泰　（清）張廷玉輯　清
光緒十三年(1887)上海點石齋朱墨石印本
五十八冊　存五十八冊(一至四十二、四十四
至五十七、五十九至六十)

210000－0701－0013710　017139

雍正上諭不分卷　（清）世宗胤禛撰　清同治
八年(1869)刻經處刻本　一冊

210000－0701－0013711　017140

王文敏公經進稿二卷　（清）王懿榮撰　清宣
統三年(1911)江甯印刷廠鉛印本　一冊　存
一卷(一)

210000－0701－0013712　017141

軍機處往還公牘　清抄本　五冊

210000－0701－0013713　017142

硃批諭旨　（清）鄂爾泰　（清）張廷玉輯　清
光緒十三年(1887)上海點石齋朱墨石印本
五十九冊　存五十九冊(一至二十五、二十七
至六十)

210000－0701－0013714　017143

硃批諭旨　（清）鄂爾泰　（清）張廷玉輯　清
刻朱墨套印本　八十八冊　缺十二冊(第五
函六冊、第七函六冊)

210000－0701－0013715　017144

硃批諭旨　（清）鄂爾泰　（清）張廷玉輯　清
刻朱墨套印本　八十六冊　缺十六冊(一、四
至五、七至十一、二十六至三十、六十九、七十
二至七十三)

210000－0701－0013716　017145

硃批諭旨　（清）鄂爾泰　（清）張廷玉輯　清光緒十三年(1887)上海點石齋朱墨石印本　六十冊　缺三冊(二十四、二十六、三十六)

210000－0701－0013717　017146

硃批諭旨　（清）鄂爾泰　（清）張廷玉輯　清刻朱墨套印本　一百二冊　缺十二冊(一函一至二、十函十冊)

210000－0701－0013718　017147

硃批諭旨　（清）鄂爾泰　（清）張廷玉輯　清光緒十三年(1887)上海點石齋朱墨石印本　六十冊

210000－0701－0013719　017148

硃批諭旨　（清）鄂爾泰　（清）張廷玉輯　清光緒十三年(1887)上海點石齋朱墨石印本　二十冊　存二十冊(十一至二十、四十一至五十)

210000－0701－0013720　017149

憲廟硃批諭旨　（清）鄂爾泰　（清）張廷玉輯　清光緒十三年(1887)上海廣百宋齋鉛印本　五十六冊

210000－0701－0013721　017150

硃批諭旨　（清）鄂爾泰　（清）張廷玉輯　清光緒十三年(1887)上海點石齋朱墨石印本　六十冊

210000－0701－0013722　017151

聖諭廣訓　（清）聖祖玄燁撰　（清）世宗胤禛廣訓　清光緒三十年(1904)石印本　四冊

210000－0701－0013723　017152

聖諭廣訓　（清）聖祖玄燁撰　（清）世宗胤禛廣訓　清刻本　二冊

210000－0701－0013724　017153

聖諭廣訓　（清）聖祖玄燁撰　（清）世宗胤禛廣訓　清刻本　二冊

210000－0701－0013725　017154

聖諭廣訓　（清）聖祖玄燁撰　（清）世宗胤禛廣訓　清刻本　二冊

210000－0701－0013726　017155

聖諭廣訓衍　（清）□□撰　清刻本　一冊

210000－0701－0013727　017156

聖諭廣訓直解　（清）聖祖玄燁撰　（清）世宗胤禛廣訓　（清）□□直解　清同治四年(1865)何璟刻本　二冊

210000－0701－0013728　017168

世宗憲皇帝上諭內閣一百五十九卷　（清）世宗胤禛撰　清刻本　三十二冊

210000－0701－0013729　017169

世宗憲皇帝上諭內閣一百五十九卷　（清）世宗胤禛撰　清浙江書局刻本　三十二冊

210000－0701－0013730　017170

高宗純皇帝聖訓三百卷　（清）高宗弘曆撰　清末石印本　三十冊

210000－0701－0013731　017171

大清太宗文皇帝聖訓四卷　（清）太宗皇太極撰　清末鉛印本　六冊

210000－0701－0013732　017172

大清世祖章皇帝聖訓六卷　（清）世祖福臨撰　清末鉛印本　六冊

210000－0701－0013733　017173

世宗憲皇帝聖訓三十六卷　（清）世宗胤禛撰　清末石印本　三冊

210000－0701－0013734　017174

聖祖仁皇帝聖訓六十卷　（清）聖祖玄燁撰　清末石印本　六冊

210000－0701－0013735　017175

十朝聖訓九百二十二卷　清光緒五年(1879)石印本　五十八冊　存五百一卷(仁宗睿皇帝聖訓一百十卷、宣宗成皇帝聖訓一百三十卷、文宗顯皇帝聖訓一百一卷、穆宗毅皇帝聖訓一百六十卷)

210000－0701－0013736　017176

十朝聖訓九百二十二卷　清末鉛印本　二百十五冊　存六百二十二卷(太祖高皇帝聖訓四卷、太宗文皇帝聖訓六卷、世祖章皇帝聖訓六卷、聖祖仁皇帝聖訓六十卷、世宗憲皇帝聖

訓三十六卷、仁宗睿皇帝聖訓一百十卷、宣宗成皇帝聖訓一百三十卷、文宗顯皇帝聖訓一百十卷、穆宗毅皇帝聖訓一百六十卷）

210000－0701－0013737　017177
十朝聖訓九百二十二卷　清末刻本　二百冊

210000－0701－0013738　017178
十朝聖訓九百二十二卷　清末刻本　二百二十四冊　缺六卷(穆宗毅皇帝聖訓一百五十五至一百六十)

210000－0701－0013739　017179
十朝聖訓九百二十二卷　清末石印本　一百冊

210000－0701－0013740　017180
九朝聖訓六百三十六卷　清末鉛印本　四百三十二冊　存七百四十六卷(聖祖仁皇帝聖訓六十卷、世宗憲皇帝聖訓三十六卷、高宗純皇帝聖訓三百卷、仁宗睿皇帝聖訓一百十卷、宣宗成皇帝聖訓一百三十卷、文宗顯皇帝聖訓一百十卷)

210000－0701－0013741　017181
大清高宗純皇帝聖訓三百卷　（清）高宗弘曆撰　清末刻本　十八冊　存七十一卷(一至七十一)

210000－0701－0013742　017182
大清太祖高皇帝聖訓四卷　（清）太祖努爾哈赤撰　清末鉛印本　一冊

210000－0701－0013743　017183
太宗文皇帝聖訓六卷　（清）太宗皇太極撰　清末石印本　一冊

210000－0701－0013744　017184
太祖高皇帝聖訓四卷　（清）太祖努爾哈赤撰　清末石印本　一冊

210000－0701－0013745　017185
內閣撰擬文字二卷　（清）鮑康輯　清同治七年(1868)刻本　二冊

210000－0701－0013746　017186
內閣撰擬文字二卷　（清）鮑康輯　清同治七

年(1868)刻本　二冊

210000－0701－0013747　017187
世宗憲皇帝上諭內閣一百五十九卷　（清）世宗胤禛撰　清浙江書局刻本　三十二冊

210000－0701－0013748　017188
世宗憲皇帝上諭內閣一百五十九卷　（清）世宗胤禛撰　清浙江書局刻本　三十二冊

210000－0701－0013749　017189
世祖章皇帝聖訓六卷　（清）世祖福臨撰　清末石印本　一冊

210000－0701－0013750　017193
度支部通阜司奏案輯要六卷　（清）奎濂等輯　清末京師京華書局鉛印本　六冊

210000－0701－0013751　017194
度支部通阜司奏案輯要六卷　（清）奎濂等輯　清末京師京華書局鉛印本　六冊

210000－0701－0013752　017195
章幼樵觀察條陳　（清）章樾撰　清光緒鉛印本　一冊

210000－0701－0013753　017196
軍牘彙存四卷　（清）方德驥撰　清光緒九年(1883)刻本　四冊

210000－0701－0013754　017197
端敏奏議二十卷　（清）袁甲三撰　清宣統三年(1911)清芬閣鉛印本　二十冊

210000－0701－0013755　017201
譚中丞奏稿十二卷首一卷　（清）譚鈞培撰　清光緒二十八年(1902)湖北糧署刻本　十六冊

210000－0701－0013756　017203
龔端毅公奏疏八卷附浠川政譜一卷　（清）龔鼎孳撰　清光緒九年(1883)旺彝書屋刻本　五冊

210000－0701－0013757　017206
郭侍郎奏疏十二卷　（清）郭嵩燾撰　清光緒十八年(1892)刻本　十一冊　存十一卷(二至十二)

210000－0701－0013758　017207

郭侍郎奏疏十二卷　（清）郭嵩燾撰　清光緒
十八年(1892)刻本　十二冊

210000－0701－0013759　017208

郭侍郎奏疏十二卷　（清）郭嵩燾撰　清光緒
十八年(1892)刻本　十二冊

210000－0701－0013760　017209

許國公奏議四卷　（宋）吳潛撰　清光緒刻十
萬卷樓叢書本　四冊

210000－0701－0013761　017210

丁文誠公遺集二十九卷首一卷　（清）丁寶楨
撰　（清）陳夔龍輯　清光緒十九年至二十年
(1893－1894)京師陳夔龍刻本　二十八冊
缺一卷(丁文誠公奏稿十一)

210000－0701－0013762　017211

丁文誠公奏稿二十六卷首一卷　（清）丁寶楨
撰　（清）陳夔龍輯　清光緒二十二年(1896)
成都刻本　二十六冊

210000－0701－0013763　017212

丁曾洋務奏議合稿八卷曾惠敏公手札四卷
(清)麗澤學會編　清光緒二十八年(1902)雲
間麗澤學會石印本　四冊

210000－0701－0013764　017214

桂洲夏文愍公奏議二十一卷補遺一卷　（明）
夏言撰　清光緒十七年(1891)江西書局刻本
十二冊

210000－0701－0013765　017216

平番奏議四卷輿圖一卷　（清）那彥成撰　清
刻本　四冊

210000－0701－0013766　017218

平番奏議四卷輿圖一卷　（清）那彥成撰　清
咸豐三年(1853)甘肅布政司庫刻本　四冊

210000－0701－0013767　017219

石林奏議十五卷附校記　（宋）葉夢得撰　清
光緒十一年(1885)歸安陸心源皕宋樓影宋刻
本　四冊

210000－0701－0013768　017220

張公奏議二十四卷　（清）張鵬翮撰　清嘉慶
五年(1800)江南河庫道刻本　二十四冊

210000－0701－0013769　017224

張文毅公奏稿八卷首一卷　（清）張芾撰　清
光緒二年(1876)刻本　四冊

210000－0701－0013770　017225

張大司馬奏稿四卷　（清）張亮基撰　清光緒
十七年(1891)刻左文襄公全集本　四冊

210000－0701－0013771　017226

張大司馬奏稿四卷　（清）張亮基撰　清末刻
本　四冊

210000－0701－0013772　017227

奏疏十卷附判義一卷　（清）孫嘉淦撰　行狀
墓表一卷　清刻本　十二冊

210000－0701－0013773　017228

奏疏十卷附判義一卷　（清）孫嘉淦撰　行狀
墓表一卷　清刻本　十二冊

210000－0701－0013774　017229

水流雲在館奏議二卷　（清）宋晉撰　清光緒
十三年(1887)刻本　二冊

210000－0701－0013775　017232

那文毅公奏議八十卷　（清）那彥成撰　（清）
那榮安輯　清道光十四年(1834)刻本　四十
八冊

210000－0701－0013776　017233

柔遠新書四卷　（清）朱克敬輯　清光緒十年
(1884)上海刻本　四冊

210000－0701－0013777　017234

皇清奏議六十八卷首一卷　題(清)琴川居士
輯　清光緒二十八年(1902)雲間麗澤學會石
印本　八冊　存六十卷(一至四十一、五十一
至六十八,首一卷)

210000－0701－0013778　017236

上諭條奏　清末刻本　四十八冊

210000－0701－0013779　017237

明大司馬盧公奏議十二卷首一卷　（明）盧象
昇撰　（清）施惠輯　清光緒元年(1875)會稽

施惠刻本　六冊

210000 - 0701 - 0013780　017238

明大司馬盧公集十二卷首一卷　（明）盧象昇撰　（清）施惠輯　清光緒元年（1875）會稽施惠刻本　十六冊

210000 - 0701 - 0013781　017241

山公啓事一卷佚事一卷　（晉）山濤撰　葉德輝輯　清光緒二十六年（1900）長沙葉氏刻觀古堂所著書本　一冊

210000 - 0701 - 0013782　017242

山公啓事一卷佚事一卷　（晉）山濤撰　葉德輝輯　清光緒二十六年（1900）長沙葉氏刻觀古堂所著書本　一冊

210000 - 0701 - 0013783　017243

山公啓事一卷佚事一卷　（晉）山濤撰　葉德輝輯　清光緒二十六年（1900）長沙葉氏刻觀古堂所著書本　一冊

210000 - 0701 - 0013784　017244

綏遠奏議　（清）貽穀撰　清末鉛印本　一冊

210000 - 0701 - 0013785　017245

皇恩蠲賑錄一卷　（清）周有德撰　清刻本　一冊

210000 - 0701 - 0013786　017246

王益吾所刻書十一種　王先謙輯　清光緒九年（1883）長沙王氏刻本　五冊　存四種十一卷（魏鄭公諫錄五卷、魏鄭公諫續錄二卷、魏文貞公故事拾遺三卷、魏文貞公年譜一卷）

210000 - 0701 - 0013787　017247

王益吾所刻書十一種　王先謙輯　清光緒九年（1883）長沙王氏刻本　六冊　存五種十二卷（魏鄭公諫錄五卷、魏鄭公諫續錄二卷、魏文貞公故事拾遺三卷、魏文貞公年譜一卷、新舊唐書合注魏徵列傳一卷）

210000 - 0701 - 0013788　017248

王益吾所刻書十一種　王先謙輯　清光緒九年（1883）長沙王氏刻本　六冊　存五種十二卷（魏鄭公諫錄五卷、魏鄭公諫續錄二卷、魏

文貞公故事拾遺三卷、魏文貞公年譜一卷、新舊唐書合注魏徵列傳一卷）

210000 - 0701 - 0013789　017249

吳侍御奏稿三卷　（清）吳峋撰　清末刻綠印本　三冊

210000 - 0701 - 0013790　017250

程將軍守江奏稿十七卷　程德全撰　**黑龍江歷任將軍墾務奏稿四卷**　清末鉛印本　二十冊

210000 - 0701 - 0013791　017251

郵傳部奏議類編　（清）郵傳部參議廳編覈科編　清宣統郵傳部鉛印本　六冊

210000 - 0701 - 0013792　017253

船政奏議彙編四十二卷　清光緒刻本　十六冊

210000 - 0701 - 0013793　017254

船政奏議彙編四十二卷　清光緒刻本　十六冊

210000 - 0701 - 0013794　017255

皇清奏議六十八卷　題（清）琴川居士輯　清光緒二十八年（1902）雲間麗澤學會石印本　八冊

210000 - 0701 - 0013795　017256

皇清奏議六十八卷　題（清）琴川居士輯　清光緒二十八年（1902）雲間麗澤學會石印本　八冊

210000 - 0701 - 0013796　017257

孝肅奏議十卷　（宋）包拯撰　清同治二年（1863）李瀚章刻本　四冊

210000 - 0701 - 0013797　017258

孝肅包公奏議十卷　（宋）包拯撰　清道光十四年（1834）潤州問經堂家刻本　二冊

210000 - 0701 - 0013798　017260

戶部陝西司奏稿八卷　（清）世杰　（清）施典章等輯　清光緒鉛印本　八冊

210000 - 0701 - 0013799　017261

戶部廣西司奏案輯要四卷　（清）戶部廣西司

輯　清末京師官書局鉛印本　四冊

210000－0701－0013800　017262
憲政編查館奏爲派員考察各省籌備憲政情形
據實臚陳摺　奕劻　毓朗等撰　清宣統鉛印
本　一冊

210000－0701－0013801　017263
憲政編查館奏考核京外各衙門第二年第二次
籌備憲政成績摺　奕劻　世續等撰　清宣統
鉛印本　一冊

210000－0701－0013802　017264
守岐公牘彙存　（清）張兆棟撰　清光緒四年
（1878）刻本　一冊

210000－0701－0013803　017266
心白日齋集四卷　（清）尹耕雲撰　清光緒十
年（1884）刻本　二冊

210000－0701－0013804　017267
心白日齋集四卷　（清）尹耕雲撰　清光緒十
年（1884）刻本　二冊

210000－0701－0013805　017268
沈文肅公政書七卷首一卷　（清）沈葆楨撰
清光緒六年（1880）吳門節署鉛印本　八冊

210000－0701－0013806　017269
沈文肅公政書七卷首一卷　（清）沈葆楨撰
清光緒刻本　八冊

210000－0701－0013807　017270
沈文肅公政書七卷首一卷　（清）沈葆楨撰
清光緒刻本　十四冊

210000－0701－0013808　017271
沈文肅公政書七卷首一卷　（清）沈葆楨撰
清光緒刻本　十二冊

210000－0701－0013809　017272
沈文肅公政書七卷首一卷　（清）沈葆楨撰
清光緒刻本　八冊

210000－0701－0013810　017273
滿漢奏摺　清光緒十一年（1885）抄本　四冊

210000－0701－0013811　017274

滇黔奏議十卷　（清）劉嶽昭撰　清光緒十四
年（1888）刻本　六冊

210000－0701－0013812　017275
新刻奏對合編　（清）□□輯　清光緒十九年
（1893）刻本　二冊

210000－0701－0013813　017276
經略洪承疇奏對筆記二卷　（清）洪承疇撰
清光緒十三年（1887）廣百宋齋鉛印本　一冊

210000－0701－0013814　017277
經略洪承疇奏對筆記二卷　（清）洪承疇撰
清光緒十九年（1893）刻新刻奏對合編本
一冊

210000－0701－0013815　017278
洪大經略奏對合編　清光緒十六年（1890）刻
本　二冊

210000－0701－0013816　017287
皇清名臣奏議六十八卷首一卷　題（清）琴川
居士輯　清刻本　四十八冊

210000－0701－0013817　017300
左文襄公奏疏初編三十八卷　（清）左宗棠撰
　清光緒十六年（1890）上海圖書集成局鉛印
本　六冊

210000－0701－0013818　017301
左文襄公奏疏初編三十八卷　（清）左宗棠撰
　清光緒十六年（1890）上海圖書集成局鉛印
本　六冊

210000－0701－0013819　017302
左文襄公奏疏初編三十八卷　（清）左宗棠撰
　清光緒十六年（1890）上海圖書集成局鉛印
本　六冊

210000－0701－0013820　017303
左文襄公奏疏續編七十六卷三編六卷　（清）
左宗棠撰　清光緒十六年（1890）上海圖書集
成局鉛印本　十四冊

210000－0701－0013821　017304
左文襄公奏疏初編三十八卷　（清）左宗棠撰
　清光緒十六年（1890）上海圖書集成局鉛印

本　六冊

210000－0701－0013822　017305

左恪靖侯奏稿初編三十八卷續編七十六卷三編六卷　（清）左宗棠撰　清光緒十二年(1886)刻本　六十四冊

210000－0701－0013823　017306

太傅孫文正公手書遺摺稿　龔心銘輯　清宣統影印本　一冊

210000－0701－0013824　017308

李文忠公奏議二十卷　（清）李鴻章撰　（清）章汝鈞　（清）吳汝編輯　清石印本　二十冊

210000－0701－0013825　017309

李肅毅伯奏議二十卷　（清）李鴻章撰　（清）章汝鈞　（清）吳汝編輯　清光緒二十五年(1899)上海鴻文書局石印本　二十冊

210000－0701－0013826　017310

李肅毅伯奏議二十卷　（清）李鴻章撰　（清）章汝鈞　（清）吳汝編輯　清光緒二十五年(1899)上海鴻文書局石印本　二十冊

210000－0701－0013827　017311

李文襄公奏議二卷奏疏十卷別錄六卷首一卷　（清）李之芳撰　（清）李鍾麟輯　李文襄公年譜二卷　（清）程光袓撰　清康熙四十一年(1702)刻本　十冊

210000－0701－0013828　017317

合肥李勤恪公政書十卷首一卷　（清）李瀚章撰　清光緒三十二年(1906)石印本　十冊

210000－0701－0013829　017318

嘉定先生奏議二卷　（清）徐致祥撰　清宣統二年(1910)京都鉛印本　一冊

210000－0701－0013830　017319

彭剛直公奏稿八卷　（清）彭玉麟撰　清末鉛印本　四冊

210000－0701－0013831　017320

彭剛直公奏稿八卷　（清）彭玉麟撰　清末鉛印本　四冊

210000－0701－0013832　017321

彭剛直公奏稿八卷　（清）彭玉麟撰　清光緒十七年(1891)吳下刻本　八冊

210000－0701－0013833　017322

孝肅包公奏議十卷　（宋）包拯撰　（清）張純修輯　清康熙五十九年(1720)陳朝幹刻本　四冊

210000－0701－0013834　017324

樊山政書二十卷　樊增祥撰　清宣統二年(1910)金陵聚珍書局鉛印本　九冊　存十八卷(一至十二、十五至二十)

210000－0701－0013835　017326

林文忠公政書三集三十七卷　（清）林則徐撰　清光緒三山林氏刻本　十冊

210000－0701－0013836　017327

華制存考不分卷　（清）□□輯　清宣統元年至三年(1909－1911)鉛印本　二百二十五冊

210000－0701－0013837　017329

林文忠公政書三集三十七卷　（清）林則徐撰　清末刻本　二十冊

210000－0701－0013838　017330

林文忠公政書三集三十七卷　（清）林則徐撰　清光緒三山林氏刻本　十冊

210000－0701－0013839　017331

林文忠公政書三集三十七卷　（清）林則徐撰　清末刻本　二十冊

210000－0701－0013840　017332

楊勇愨公奏議十六卷　（清）楊岳斌撰　清光緒二十一年(1895)悶竹軒刻本　十六冊

210000－0701－0013841　017333

明胡端敏公奏議十卷　（明）胡世寧撰　校刊記十卷　清光緒十九年(1893)浙江書局刻本　四冊

210000－0701－0013842　017344

掖垣題稿不分卷　（明）顧九思撰　清同治六年(1867)刻本　二冊

210000－0701－0013843　017346

敬恕齋遺稿二卷　（清）張夢元撰　清光緒山

西機器印書局鉛印本　二冊

210000－0701－0013844　017347
奏疏不分卷　清末抄本　一冊

210000－0701－0013845　017348
奉使金鑑續編四十卷　呂海寰輯　清宣統元年(1909)五錫福壽堂刻本　二冊　存三卷(二十五上至二十七上)

210000－0701－0013846　017350
會奏東三省職司官製及督撫辦事要綱摺　徐世昌等撰　清光緒三十三年(1907)鉛印本　一冊

210000－0701－0013847　017351
戊戌奏稿不分卷　康有爲撰　清宣統三年(1911)鉛印本　一冊

210000－0701－0013848　017352
戊戌奏稿不分卷　康有爲撰　清宣統三年(1911)鉛印本　一冊

210000－0701－0013849　017353
戊戌奏稿不分卷　康有爲撰　清宣統三年(1911)鉛印本　一冊

210000－0701－0013850　017354
撫夏奏議二卷　(明)□□輯　清抄本　二冊

210000－0701－0013851　017356
賜福樓啓事四卷　程德全撰　宋小濂等輯　清宣統鉛印程中丞全集本　四冊

210000－0701－0013852　017357
歷代名臣奏議三百二十卷　(明)黃淮　(明)楊士奇等輯　(明)張溥刪定　明崇禎刻清聚英堂印本　八十八冊　存二百九十三卷(一至二百二十五、二百三十至二百六十一、二百八十五至三百二十)

210000－0701－0013853　017358
馬主政其昶奏稿不分卷　馬其昶撰　清宣統二年(1910)京華印書局鉛印本　一冊

210000－0701－0013854　017359
長白先生奏議二卷　(清)寶廷撰　清宣統二年(1910)鉛印本　一冊

210000－0701－0013855　017360
長白先生奏議二卷　(清)寶廷撰　清宣統二年(1910)鉛印本　一冊

210000－0701－0013856　017361
劉中丞奏議二十卷　(清)劉蓉撰　清光緒十一年(1885)思賢講舍刻本　十冊　缺(劉中丞國史本傳)

210000－0701－0013857　017362
劉中丞奏議二十卷　(清)劉蓉撰　清光緒十一年(1885)思賢講舍刻本　十冊　缺(劉中丞國史本傳)

210000－0701－0013858　017363
劉中丞奏議二十卷　(清)劉蓉撰　清光緒十一年(1885)思賢講舍刻本　十冊

210000－0701－0013859　017364
劉中丞奏稿四卷西輶紀略一卷　(清)劉瑞芬撰　清光緒二十年(1894)刻本　四冊

210000－0701－0013860　017365
劉中丞奏議二十卷　(清)劉蓉撰　清光緒十一年(1885)思賢講舍刻本　十冊

210000－0701－0013861　017366
劉中丞奏議二十卷　(清)劉蓉撰　清光緒十一年(1885)思賢講舍刻本　十冊　缺(劉中丞國史本傳)

210000－0701－0013862　017367
劉襄勤公奏稿十六卷　(清)劉錦棠撰　清光緒刻本　十六冊

210000－0701－0013863　017371
唐陸宣公集二十二卷　(唐)陸贄撰　清嘉慶二十三年(1818)春暉堂刻本　六冊

210000－0701－0013864　017372
唐陸宣公集二十二卷　(唐)陸贄撰　清同治五年(1866)楊氏問竹軒家塾刻本　六冊

210000－0701－0013865　017373
唐陸宣公集二十二卷增輯二卷　(唐)陸贄撰　(清)耆英增輯　清道光刻本　八冊

210000－0701－0013866　017374

唐陸宣公集二十二卷　（唐）陸贄撰　清同治五年(1866)楊氏問竹軒刻民國十三年(1924)湖南流通處印本　六冊

210000－0701－0013867　017375

唐陸宣公集二十二卷　（唐）陸贄撰　清同治五年(1866)楊氏問竹軒刻民國十三年(1924)湖南流通處印本　六冊

210000－0701－0013868　017376

唐陸宣公集二十二卷　（唐）陸贄撰　清同治五年(1866)楊氏問竹軒刻本　八冊

210000－0701－0013869　017377

掌銓題稿三十四卷　（明）高拱撰　清康熙二十六年(1687)籠春堂刻乾隆十六年(1751)補刻本　六冊

210000－0701－0013870　017378

註陸宣公奏議十五卷首一卷　（唐）陸贄撰（宋）郎曄注　清光緒七年(1881)歸安姚氏咫進齋刻本　四冊

210000－0701－0013871　017383

周中丞撫江奏稿三卷　（清）周樹模撰　清宣統二年(1910)鉛印本　五冊

210000－0701－0013872　017385

同治中興京外奏議約編八卷　（清）陳弢輯　清光緒元年(1875)刻本　八冊

210000－0701－0013873　017386

同治中興京外奏議約編八卷　（清）陳弢輯　清光緒元年(1875)刻本　八冊

210000－0701－0013874　017387

駱文忠公奏議二十七卷附錄一卷　（清）駱秉章撰　清光緒四年(1878)刻本　二十六冊

210000－0701－0013875　017388

駱大司馬奏稿十六卷　（清）駱秉章撰　清咸豐十一年(1861)湖南刻本　十六冊

210000－0701－0013876　017389

駱文忠公奏議二十七卷附錄一卷　（清）駱秉章撰　清同治十年(1871)文石堂刻本　三十二冊

210000－0701－0013877　017390

駱文忠公奏議二十七卷附錄一卷　（清）駱秉章撰　清光緒四年(1878)刻民國八年(1919)山陰宋氏印本　二十五冊　缺一卷(湘中稿十五)

210000－0701－0013878　017391

閣抄彙編不分卷　清光緒北京華北書局鉛印本　五十六冊

210000－0701－0013879　017393

倉場奏牘不分卷　清末抄本　十二冊

210000－0701－0013880　017394

竹坡侍郎奏議二卷　（清）寶廷撰　清光緒刻本　二冊

210000－0701－0013881　017395

會奏升補文職卷一卷會奏升補武職卷一卷會奏各案卷一卷　清光緒抄本　三冊

210000－0701－0013882　017396

曾文正公奏議十卷補編四卷首一卷末一卷（清）曾國藩撰　（清）薛福成輯　清同治十二年(1873)蘇郡刻本　十二冊

210000－0701－0013883　017397

錢敏肅公奏疏七卷　（清）錢鼎銘撰　清光緒六年(1880)存素堂刻本　四冊

210000－0701－0013884　017399

[同治甲子科]廣東鄉試錄不分卷　清同治三年(1864)刻本　一冊

210000－0701－0013885　017400

讀書作文譜父師善誘法合刻十四卷　（清）唐彪撰　清康熙四十七年(1708)文盛敦化堂刻本　二冊

210000－0701－0013886　017401

政藝叢書　鄧實編　清光緒三十二年(1906)鉛印本　十二冊

210000－0701－0013887　017402

集思廣益編二卷　（清）陳還　（清）王家賓撰　清光緒刻本　一冊

210000－0701－0013888　017403

嶺南實事記二十卷　徐琪撰　清光緒二十年
(1894)刻香海盦叢書本　十二冊

210000－0701－0013889　017404
吳繼疏先生遺集十三卷首一卷末一卷　（明）
吳仁度撰　清乾隆刻本　五冊　缺一卷(末
一卷)

210000－0701－0013890　017405
宦鄉要則七卷首一卷　清光緒二十一年
(1895)上海煥文書局石印本　二冊

210000－0701－0013891　017407
湘輶叢刻十三卷　（清)吳樹梅撰　清光緒二
十六年(1900)長沙節署刻奉鞠齋叢書本
六冊

210000－0701－0013892　017408
湘輶叢刻十三卷　（清)吳樹梅撰　清光緒二
十六年(1900)長沙節署刻奉鞠齋叢書本
六冊

210000－0701－0013893　017410
左文襄公書牘二十六卷家書二卷　（清)左宗
棠撰　清末刻藍印本　二十八冊

210000－0701－0013894　017411
蒙墾陳述供狀不分卷　（清)貽穀撰　清末鉛
印本　一冊

210000－0701－0013895　017412
樊山公牘四卷　樊增祥撰　清宣統三年
(1911)廣益書局石印本　四冊

210000－0701－0013896　017418
奏摺譜不分卷　(清)饒旬宣纂　清末刻本
一冊

210000－0701－0013897　017419
奏摺譜不分卷　(清)饒旬宣纂　清末民國鉛
印本　一冊

210000－0701－0013898　017421
四此堂稿十卷　(清)魏際瑞輯　清光緒二十
二年(1896)黔南課史總局刻本　四冊

210000－0701－0013899　017422
學部奏咨輯要四卷續編四卷　（清)學部總務

司案牘科輯　清宣統元年至二年(1909 –
1910)鉛印本　四冊　存四卷(續編四卷)

210000－0701－0013900　017425
光緒二十年甲午科雲南省鄉試錄一卷　清光
緒二十年(1894)刻本　一冊

210000－0701－0013901　017426
欽定武場條例十六卷　（清)額勒和布　（清)
景清等纂修　清光緒二十一年(1895)兵部刻
本　十六冊

210000－0701－0013902　017427
欽定武場條例十六卷　（清)額勒和布　（清)
景清等纂修　清光緒刻本　四冊

210000－0701－0013903　017428
己未詞科錄十二卷首一卷　(清)秦瀛輯　清
光緒十四年(1888)藝文齋木活字印本　四冊

210000－0701－0013904　017429
制義叢話二十四卷題名一卷　(清)梁章鉅撰
　清咸豐九年(1859)知足知不足齋刻本
六冊

210000－0701－0013905　017430
特恩山西鄉試錄　清乾隆刻本　五冊

210000－0701－0013906　017431
續增科場條例不分卷　(清)杜受田等纂修
清同治刻本　八冊

210000－0701－0013907　017432
[咸豐二年壬子科]河南鄉試錄一卷　清咸豐
二年(1852)刻本　一冊

210000－0701－0013908　017435
槐廳載筆二十卷　(清)法式善編　清嘉慶四
年(1799)刻本　六冊

210000－0701－0013909　017436
芹宮新譜二卷　(清)鄭一鵬撰　清嘉慶十四
年(1809)刻本　一冊

210000－0701－0013910　017437
[清道光二十九年己酉科]貴州鄉試錄一卷
清道光元年(1821)刻本　一冊

210000 – 0701 – 0013911　017438

國朝貢舉考略三卷　(清)黃崇蘭輯　(清)趙
學曾續輯　清道光元年(1821)姑蘇經義堂刻
道光九年(1829)趙氏補刻本　三冊

210000 – 0701 – 0013912　017439

探杏譜　題(清)松竹齋主人輯　清光緒二年
(1876)松竹齋刻本　一冊

210000 – 0701 – 0013913　017440

歷科狀元策不分卷　清光緒刻本　一冊

210000 – 0701 – 0013914　017441

[乾隆二十四年]陝西鄉試錄　清末刻本
一冊

210000 – 0701 – 0013915　017442

[清嘉慶癸酉科]明經通譜不分卷　清嘉慶十
九年(1814)刻本　四冊

210000 – 0701 – 0013916　017443

[順天府]鄉試硃卷　清刻本　七冊

210000 – 0701 – 0013917　017444

臨文敬避　(清)鄭瓊詔輯　清光緒七年
(1881)延昌刻本　一冊

210000 – 0701 – 0013918　017445

王文敏公奏疏一卷　(清)王懿榮撰　清宣統
三年(1911)江甯印刷廠鉛印本　一冊

210000 – 0701 – 0013919　017446

欽定學政全書八十六卷首一卷　(清)童璜
(清)汪梅鼎等纂　清嘉慶十七年(1812)武英
殿刻本　十冊

210000 – 0701 – 0013920　017449

新疆諮議局籌辦處第一次報告書　(清)新疆
諮議局輯　清宣統新疆官書局鉛印本　一冊

210000 – 0701 – 0013921　017455

調查延吉邊務報告書　(清)吳祿貞等編　清
光緒三十四年(1908)吉林官書刷印局鉛印本
一冊

210000 – 0701 – 0013922　017456

磐石縣戊申報告書　(清)劉贊棠輯　清光緒
三十四年(1908)吉林印書館鉛印本　五冊

210000 – 0701 – 0013923　017457

農安縣戊己政治報告書　(清)壽鵬飛輯　清
宣統二年(1910)吉林官書刷印局鉛印本
四冊

210000 – 0701 – 0013924　017458

農安縣戊己政治報告書　(清)壽鵬飛輯　清
宣統二年(1910)吉林官書刷印局鉛印本
四冊

210000 – 0701 – 0013925　017459

農安縣丁未報告書　李澍恩輯　清光緒三十
四年(1908)吉林官書局鉛印本　二冊

210000 – 0701 – 0013926　017460

農安縣丁未報告書　李澍恩輯　清光緒三十
四年(1908)吉林官書局鉛印本　一冊　存五
十五葉(一至五十五)

210000 – 0701 – 0013927　017461

農安縣戊己政治報告書　(清)壽鵬飛輯　清
宣統二年(1910)吉林官書刷印局鉛印本
四冊

210000 – 0701 – 0013928　017462

農安縣丁未報告書　李澍恩輯　清光緒三十
四年(1908)吉林官書局鉛印本　二冊

210000 – 0701 – 0013929　017464

三邑治略　(清)熊賓撰　清光緒三十一年
(1905)刻本　六冊

210000 – 0701 – 0013930　017466

庸吏庸言不分卷　(清)劉衡撰　清同治七年
(1868)崇文書局刻本　二冊

210000 – 0701 – 0013931　017467

庸吏庸言不分卷　(清)劉衡撰　清同治七年
(1868)崇文書局刻本　二冊

210000 – 0701 – 0013932　017468

汾州府總賦役全書　清刻本　二冊　存二冊
(汾州府總一冊、平遙縣一冊)

210000 – 0701 – 0013933　017470

學治臆說二卷續說一卷說贅一卷　(清)汪輝
祖撰　清咸豐九年(1859)刻宦海指南本

一冊

210000 – 0701 – 0013934　017470

佐治藥言一卷續一卷　（清）汪輝祖撰　清咸
豐九年(1859)刻宦海指南本　一冊

210000 – 0701 – 0013935　017471

欽頒州縣事宜一卷　（清）田文鏡等撰　清咸
豐九年(1859)刻宦海指南本　一冊

210000 – 0701 – 0013936　017472

三邑治略　（清）熊賓撰　清光緒三十一年
(1905)刻本　六冊

210000 – 0701 – 0013937　017473

天台治略六卷　（清）戴兆佳撰　清嘉慶九年
(1804)許緒邦木活字印本　六冊

210000 – 0701 – 0013938　017474

勉益齋偶存稿八卷勉益齋續存稿十六卷
（清）裕謙撰　清光緒二年(1876)勉益齋刻本
二十四冊

210000 – 0701 – 0013939　017475

晉政輯要四十卷　（清）安頤　（清）張承熊等
纂　清光緒十四年(1888)刻本　十六冊

210000 – 0701 – 0013940　017476

西湖歲修章程全案不分卷　（清）西湖董事公
所輯　清道光十七年(1837)刻本　二冊

210000 – 0701 – 0013941　017477

浙東籌防錄四卷　（清）薛福成纂輯　清光緒
十三年(1887)薛氏刻庸庵全集本　四冊

210000 – 0701 – 0013942　017480

北洋公牘類纂二十五卷　（清）甘厚慈輯　清
光緒三十三年(1907)鉛印本　二十冊

210000 – 0701 – 0013943　017481

北洋公牘類纂續編二十四卷　（清）甘厚慈輯
清宣統二年(1910)絳雪齋鉛印本　二十冊

210000 – 0701 – 0013944　017482

北洋公牘類纂續編二十四卷　（清）甘厚慈輯
清宣統二年(1910)絳雪齋鉛印本　二十冊

210000 – 0701 – 0013945　017488

川楚善後籌備事例不分卷　清嘉慶三年
(1798)刻本　二冊

210000 – 0701 – 0013946　017489

出山草譜八卷　（清）湯肇熙撰　清光緒刻本
六冊

210000 – 0701 – 0013947　017492

保甲書四卷　（清）徐棟輯　清道光二十八年
(1848)李煒刻本　三冊

210000 – 0701 – 0013948　017497

滇南事實一卷　（清）黃夢菊撰　清道光二十
六年(1846)敷文堂刻本　一冊

210000 – 0701 – 0013949　017498

治浙成規八卷　（清）□□撰　清末刻本
八冊

210000 – 0701 – 0013950　017499

治浙成規八卷　（清）□□撰　清末刻本
八冊

210000 – 0701 – 0013951　017503

治浙成規八卷　（清）□□撰　清末刻本
八冊

210000 – 0701 – 0013952　017504

東三省政略十二卷附圖　徐世昌輯　清宣統
三年(1911)鉛印本　四十冊　缺(圖)

210000 – 0701 – 0013953　017505

湖南苗防屯政考十五卷首一卷　（清）但湘良
纂　清光緒九年(1883)刻本　十六冊

210000 – 0701 – 0013954　017506

吉林諮議局第一年度報告　（清）吉林諮議局
輯　清宣統元年(1909)吉林印書館鉛印本
一冊

210000 – 0701 – 0013955　017507

樊山政書二十卷　樊增祥撰　清宣統二年
(1910)金陵湯明林聚珍書局鉛印本　十冊

210000 – 0701 – 0013956　017508

奉天旗制變通案甲乙二類　（清）盛京內務府
編　清宣統鉛印本　一冊

210000－0701－0013957　017509

東三省政略十二卷附圖　徐世昌輯　清宣統
三年(1911)鉛印本　五十册

210000－0701－0013958　017510

東三省政略十二卷附圖　徐世昌輯　清宣統
三年(1911)鉛印本　五十册

210000－0701－0013959　017511

東三省政略十二卷附圖　徐世昌輯　清宣統
三年(1911)鉛印本　二十三册　存六卷(一
至六)

210000－0701－0013960　017512

東三省政略十二卷附圖　徐世昌輯　清宣統
三年(1911)鉛印本　五十册

210000－0701－0013961　017513

東三省政略十二卷附圖　徐世昌輯　清宣統
三年(1911)鉛印本　四十九册　缺一卷(卷
三交涉篇、附議會問答)

210000－0701－0013962　017514

東三省政略十二卷附圖　徐世昌輯　清宣統
三年(1911)鉛印本　四十九册　缺一卷(卷
六民政篇、黑龍江省)

210000－0701－0013963　017515

東三省蒙務公牘彙編五卷　朱啓鈐等輯　清
宣統元年(1909)鉛印本　二册

210000－0701－0013964　017516

東三省蒙務公牘彙編五卷　朱啓鈐等輯　清
宣統元年(1909)鉛印本　二册

210000－0701－0013965　017517

周中丞撫江奏稿四卷函稿三卷　(清)周樹模
撰　清宣統三年(1911)鉛印本　七册

210000－0701－0013966　017518

盛京典制備考八卷首一卷　(清)崇厚等輯
清光緒二十五年(1899)盛京太和山坊刻本
六册

210000－0701－0013967　017519

盛京典制備考八卷首一卷　(清)崇厚等輯
清光緒四年(1878)盛京督署刻本　六册

210000－0701－0013968　017520

盛京典制備考八卷　(清)崇厚等輯　清光緒
四年(1878)盛京督署刻本　五册　存七卷
(二至八)

210000－0701－0013969　017521

盛京典制備考八卷首一卷　(清)崇厚等輯
清光緒二十五年(1899)盛京太和山坊刻本
六册

210000－0701－0013970　017522

盛京典制備考八卷首一卷　(清)崇厚等輯
清光緒二十五年(1899)盛京太和山坊刻本
六册

210000－0701－0013971　017523

撫豫宣化錄四卷　(清)田文鏡撰　清刻本
八册

210000－0701－0013972　017524

撫東政略二卷　程德全撰　宋小濂　徐鼐霖
輯　清末鉛印本　二册

210000－0701－0013973　017525

周中丞撫江奏稿四卷　(清)周樹模撰　清宣
統三年(1911)鉛印本　一册　存一卷(奏稿
二上)

210000－0701－0013974　017526

陶甓公牘十二卷　(清)劉汝驥輯　清宣統三
年(1911)安徽印刷局鉛印本　四册

210000－0701－0013975　017528

頤情館聞過集十二卷　(清)宗源瀚撰　清光
緒三年(1877)刻本　四册

210000－0701－0013976　017535

奉天鄉鎮巡警總局事實統計書九卷　(清)刁
慶祥　(清)蕭曹隨編輯　清宣統元年(1909)
鉛印本　二册

210000－0701－0013977　017541

秦疆治略　清道光刻本　一册

210000－0701－0013978　017546

桐溪紀略一卷　(清)載槃撰　清同治七年
(1868)刻兩浙宦游紀略本　一册

210000－0701－0013979　017547

東甌紀略一卷　（清）載槃撰　清同治七年（1868）刻兩浙宦游紀略本　一冊

210000－0701－0013980　017548

嚴陵紀略一卷　（清）載槃撰　清同治七年（1868）刻兩浙宦游紀略本　一冊

210000－0701－0013981　017549

撫吳公牘五十卷　（清）丁日昌撰　（清）沈幼丹評　清光緒三年（1877）刻本　十冊

210000－0701－0013982　017559

武備輯要續編十卷　（清）許乃釗撰　清道光二十九年（1849）福珠隆阿刻敏果齋七種本　二冊

210000－0701－0013983　017560

廣西團練事宜不分卷　（清）朱孫詒撰　清咸豐十一年（1861）刻本　一冊

210000－0701－0013984　017561

兵書三種七卷　（清）王鑫輯　清光緒十三年（1887）刻本　一冊

210000－0701－0013985　017563

保甲書四卷　（清）徐棟輯　清刻本　三冊

210000－0701－0013986　017564

保甲書輯要四卷　（清）徐棟輯　（清）丁日昌重編　清同治十二年（1873）刻牧令全書本　一冊

210000－0701－0013987　017564

劉簾舫先生吏治三書五卷　（清）劉衡撰　清同治十二年（1873）刻牧令全書本　一冊

210000－0701－0013988　017565

南山保甲書一卷　（清）□□撰　清道光二十五年（1845）刻本　一冊

210000－0701－0013989　017566

地方自治淺說不分卷　孟森撰　清宣統三年（1911）鉛印本　一冊

210000－0701－0013990　017568

周禮十二卷　（漢）鄭玄注　（唐）陸德明音義　清光緒十二年（1886）湖北官書處刻本　六冊

210000－0701－0013991　017578

大清宣統新法令　（清）商務印書館編譯所輯　清宣統元年至三年（1909－1911）商務印書館鉛印本　三十五冊

210000－0701－0013992　017579

核訂現行刑律　奕劻等輯　清宣統鉛印本　四冊

210000－0701－0013993　017580

大清宣統新法令　（清）商務印書館編譯所輯　清宣統元年至三年（1909－1911）商務印書館鉛印本　十六冊　存十六冊（一至十六）

210000－0701－0013994　017581

大清律講義十七卷首一卷　吉同鈞撰　清宣統二年（1910）上海朝記書莊石印本　八冊

210000－0701－0013995　017583

大清宣統新法令　（清）商務印書館編譯所輯　清宣統元年至三年（1909－1911）商務印書館鉛印本　三十五冊

210000－0701－0013996　017584

大清宣統新法令　（清）商務印書館編譯所輯　清宣統元年至三年（1909－1911）商務印書館鉛印本　三十四冊　缺一冊（十二）

210000－0701－0013997　017585

大清宣統新法令　（清）商務印書館編譯所輯　清宣統元年至三年（1909－1911）商務印書館鉛印本　十一冊　存十一冊（一至十一）

210000－0701－0013998　017586

大清宣統新法令　（清）商務印書館編譯所輯　清宣統元年至三年（1909－1911）商務印書館鉛印本　二十八冊　存二十八冊（一至二十四、二十六至二十九）

210000－0701－0013999　017587

大清法規大全一百五十九卷續編一百四十四卷　（清）上海政學社輯　清宣統二年至三年（1910－1911）廣益書局石印本　四十二冊

210000－0701－0014000　017587

大清法規大全一百五十九卷續編一百四十四卷 （清）上海政學社輯 清宣統二年至三年（1910－1911）廣益書局石印本 二十四冊

210000－0701－0014001 017587

核訂現行刑律 奕劻等輯 清宣統鉛印本 四冊

210000－0701－0014002 017588

大清法規大全一百五十九卷 （清）上海政學社輯 清宣統二年（1910）廣益書局石印本 三十四冊 缺二十卷（旗藩部二卷、外交部十三卷、交通部五卷）

210000－0701－0014003 017589

大清法規大全續編一百四十四卷 （清）上海政學社輯 清宣統三年（1911）廣益書局石印本 二十四冊

210000－0701－0014004 017590

大清法規大全一百五十九卷 （清）上海政學社輯 清宣統二年（1910）廣益書局石印本 四十冊 缺九卷（實業部十一至十五、財政部一至四）

210000－0701－0014005 017591

大清光緒新法令 （清）商務印書館編譯所輯 清宣統元年（1909）商務印書館鉛印本 二十冊

210000－0701－0014006 017592

大清光緒新法令 （清）商務印書館編譯所輯 清宣統元年（1909）商務印書館鉛印本 二十冊

210000－0701－0014007 017593

大清光緒新法令 （清）商務印書館編譯所輯 清宣統元年（1909）商務印書館鉛印本 二十冊

210000－0701－0014008 017594

大清光緒新法令 （清）商務印書館編譯所輯 清宣統元年（1909）商務印書館鉛印本 二十冊

210000－0701－0014009 017595

大清法規大全續編一百四十四卷 （清）上海政學社輯 清宣統三年（1911）廣益書局石印本 二十四冊

210000－0701－0014010 017596

刪除律例二卷附欽定大清商律 沈家本等纂 清光緒三十一年（1905）石印本 一冊

210000－0701－0014011 017597

大清光緒新法令 （清）商務印書館編譯所輯 清宣統元年（1909）商務印書館鉛印本 二十冊

210000－0701－0014012 017598

大清光緒新法令 （清）商務印書館編譯所輯 清宣統元年（1909）商務印書館鉛印本 二十冊

210000－0701－0014013 017599

大清光緒新法令不分卷大清宣統新法令不分卷附大清光緒宣統新法令分類目錄 （清）商務印書館編譯所輯 清宣統商務印書館鉛印本 五十六冊

210000－0701－0014014 017600

農工商部現行章程二十一種 （清）□□纂 清宣統元年（1909）鉛印本 十三冊

210000－0701－0014015 017601

頒發條例 清末刻本 五冊

210000－0701－0014016 017602

新譯日本法規大全 劉崇傑等譯校 錢恂等編 清宣統三年（1911）商務印書館鉛印本 八十一冊

210000－0701－0014017 017603

新譯日本法規大全 劉崇傑等譯校 錢恂等編 清宣統三年（1911）商務印書館鉛印本 八十一冊

210000－0701－0014018 017604

新譯日本法規大全 劉崇傑等譯校 錢恂等編 清宣統三年（1911）商務印書館鉛印本 八十一冊

210000－0701－0014019 017611

憲法治原四卷　陳瀺然撰　清宣統三年
(1911)商務印書館鉛印本　一冊　存二卷
(一至二)

210000－0701－0014020　017620
新譯日本法規大全　劉崇傑等譯校　錢恂等
編　清光緒三十三年(1907)商務印書館鉛印
本　八十冊

210000－0701－0014021　017623
歐洲各國刑法　(清)□□輯　清光緒三十三
年(1907)法律館鉛印本　三冊

210000－0701－0014022　017626
新刑律修正案彙錄　勞乃宣輯　清宣統二年
(1910)刻本　一冊

210000－0701－0014023　017629
琴堂必讀二卷　(清)白元峰撰　清末抄本
一冊

210000－0701－0014024　017631
祥刑要覽四卷　(明)吳訥輯　(明)陳察附錄
　清道光十四年(1834)粵東撫署刻本　四冊

210000－0701－0014025　017632
俄羅斯刑法十一卷　(清)薩蔭圖譯　清光緒
三十一年(1905)修訂法律館鉛印本　二冊

210000－0701－0014026　017640
說帖不分卷(嘉慶元年至二十五年)　清抄本
　十九冊

210000－0701－0014027　017641
刑案匯覽六十卷首一卷末一卷拾遺備考一卷
續增十六卷　(清)祝慶祺輯　清咸豐二年
(1852)刻本　八十冊

210000－0701－0014028　017642
刑案匯覽六十卷首一卷末一卷拾遺備考一卷
續增十六卷　(清)祝慶祺輯　清咸豐二年
(1852)刻本　八十冊

210000－0701－0014029　017643
刑案匯覽六十卷首一卷末一卷拾遺備考一卷
　(清)祝慶祺輯　清道光十四年(1834)刻本
　六十二冊　存六十一卷(一至五十一、五十

四至六十,首一卷,末一卷,拾遺備考一卷)

210000－0701－0014030　017644
續增刑案匯覽十六卷　(清)祝慶祺輯　清刻
本　十六冊

210000－0701－0014031　017645
續增刑案匯覽十六卷　(清)祝慶祺輯　清刻
本　十五冊　存十五卷(一至十三、十五至十
六)

210000－0701－0014032　017646
續增刑案匯覽十六卷　(清)祝慶祺輯　清刻
本　十六冊

210000－0701－0014033　017647
刑部比照加減成案三十二卷首一卷　(清)許
槤　(清)熊莪輯　清道光十四年(1834)敦福
堂刻本　十六冊

210000－0701－0014034　017650
吳中判牘一卷　(清)蒯德模撰　清光緒四年
(1878)刻嘯園叢書本　一冊

210000－0701－0014035　017652
徐雨峯中丞勘語四卷　(清)徐士林撰　清光
緒三十二年(1906)武進李氏刻聖譯樓叢書本
　四冊

210000－0701－0014036　017653
秋讞志四卷　(清)謝誠鈞撰　(清)悔不讀書
齋主人輯　清光緒六年(1880)悔不讀書齋刻
本　四冊

210000－0701－0014037　017654
秋審比較條款五卷　沈家本輯　清光緒三十
二年(1906)刻本　四冊

210000－0701－0014038　017655
秋審實緩比較彙案四卷　清末抄本　四冊

210000－0701－0014039　017656
秋審實緩比較八卷　清末抄本　四冊

210000－0701－0014040　017657
秋審實緩比較成案二十四卷　(清)英祥輯
清同治十二年(1873)四川臬署刻本　二十
四冊

210000－0701－0014041　017658

秋讞輯要六卷　（清）剛毅輯　清光緒十二年(1886)山西濬文書局刻本　八冊

210000－0701－0014042　017659

審看擬式四卷首一卷末一卷　（清）剛毅撰　清光緒三十二年(1906)刻本　二冊

210000－0701－0014043　017660

新鐫法家透膽寒十六卷　（清）補相子撰　清道光十九年(1839)刻本　四冊

210000－0701－0014044　017666

新刻法筆驚天雷二卷　（清）□□撰　清姑蘇書林刻本　二冊

210000－0701－0014045　017667

折獄便覽不分卷　清道光三十年(1850)明善刻本　一冊

210000－0701－0014046　017668

成案所見集三十七卷二集十九卷三集二十一卷　（清）馬世璘輯　四集十八卷　（清）謝奎　（清）王又槐輯　清乾隆五十八年(1793)再思堂、嘉慶十年(1805)三餘堂刻本　四十八冊

210000－0701－0014047　017669

駁案新編三十二卷　（清）全士潮等輯　清光緒九年(1883)上海圖書集成局鉛印駁案彙編本　八冊

210000－0701－0014048　017670

駁案續編七卷秋審比較彙案二卷　（清）全士潮等輯　清光緒九年(1883)上海圖書集成局鉛印駁案彙編本　四冊

210000－0701－0014049　017671

駁案彙編　（清）朱梅臣　（清）全士潮輯　清光緒九年(1883)上海圖書集成局鉛印本　十二冊

210000－0701－0014050　017672

駁案彙編　（清）朱梅臣　（清）全士潮輯　清光緒九年(1883)上海圖書集成局鉛印本　十二冊

210000－0701－0014051　017673

駁案彙編　（清）朱梅臣　（清）全士潮輯　清光緒九年(1883)上海圖書集成局鉛印本　十二冊

210000－0701－0014052　017676

審看擬式四卷首一卷末一卷　（清）剛毅撰　清光緒二十四年(1898)貴州課吏局刻本　二冊

210000－0701－0014053　017677

審看擬式四卷首一卷末一卷　（清）剛毅撰　清光緒十五年(1889)江蘇書局刻二十四年(1898)印本　二冊

210000－0701－0014054　017678

金軺籌筆四卷附和約二卷陸路通商章程一卷鄂商前往中國貿易過界卡倫單一卷　（清）□□撰　清光緒九年(1883)刻本　四冊

210000－0701－0014055　017684

吉林司法官報　吉林提法司官報局編輯　清宣統二年(1910)鉛印本　十二冊

210000－0701－0014056　017685

吉林調查局文報初編　（清）吉林調查局編　清宣統二年(1910)吉林官書刷印局鉛印本　三冊

210000－0701－0014057　017690

夢痕錄節鈔不分卷　清刻本　一冊

210000－0701－0014058　017692

折獄龜鑑八卷　（宋）鄭克撰　清光緒八年(1882)刻本　二冊

210000－0701－0014059　017697

寶鑑編補注不分卷　（清）樂理瑩等撰　清光緒六年(1880)刻本　二冊

210000－0701－0014060　017698

宋提刑洗冤集錄五卷　（宋）宋慈撰　附聖朝頒降新例一卷　（元）□□撰　清嘉慶十七年(1812)全椒吳氏刻宋元檢驗三錄本　二冊

210000－0701－0014061　017699

宋提刑洗冤集錄五卷　（宋）宋慈撰　附聖朝

頒降新例一卷　（元）□□撰　清嘉慶十二年
(1807)蘭陵孫氏刻岱南閣叢書本　一冊

210000－0701－0014062　017700
補注洗冤錄集證四卷附檢骨圖格一卷　（宋）
宋慈撰　（清）王又槐集證　（清）阮其新補注
　（清）童濂刪　**作吏要言一卷**　（清）葉鎮撰
　（清）朱椿增　清道光二十三年(1843)鍾淮
刻三色套印本　四冊

210000－0701－0014063　017701
補注洗冤錄集證四卷附檢骨圖格一卷　（宋）
宋慈撰　（清）王又槐集證　（清）阮其新補注
　（清）童濂刪　**作吏要言一卷**　（清）葉鎮撰
　（清）朱椿增　清道光二十三年(1843)鍾淮
刻三色套印本　二冊

210000－0701－0014064　017702
補注洗冤錄集證四卷附檢骨圖格一卷　（宋）
宋慈撰　（清）王又槐集證　（清）阮其新補注
　（清）童濂刪　**作吏要言一卷**　（清）葉鎮撰
　（清）朱椿增　清道光二十三年(1843)鍾淮
刻三色套印本　二冊

210000－0701－0014065　017703
重刊補注洗冤錄集證五卷增刊檢骨圖格一卷
寶鑑編一卷附刊石香秘錄一卷急救方一卷洗
冤錄解一卷　（宋）宋慈撰　（清）王又槐增輯
　（清）李觀瀾補輯　（清）阮其新補注　清同
治四年(1865)刻四色套印本　五冊

210000－0701－0014066　017704
洗冤錄詳義四卷　（宋）宋慈撰　（清）許槤詳
義　清光緒二年(1876)潘氏滂喜齋刻本
四冊

210000－0701－0014067　017705
洗冤錄詳義四卷　（宋）宋慈撰　（清）許槤詳
義　清光緒四年(1878)刻本　四冊

210000－0701－0014068　017706
洗冤錄詳義四卷　（宋）宋慈撰　（清）許槤詳
義　清咸豐四年(1854)許氏古均閣刻本
四冊

210000－0701－0014069　017707
洗冤錄摭遺二卷　（清）葛元煦輯　清光緒葛
氏嘯園刻本　一冊

210000－0701－0014070　017708
補注洗冤錄集證四卷附檢骨圖格一卷　（宋）
宋慈撰　（清）王又槐集證　（清）阮其新補注
　（清）童濂刪　**作吏要言一卷**　（清）葉鎮撰
　（清）朱椿增　清道光二十三年(1843)鍾淮
刻三色套印本　四冊

210000－0701－0014071　017709
重刊補註洗冤錄集註六卷　（宋）宋慈撰
（清）王又槐集證　（清）阮其新補注　（清）
童濂刪　**作吏要言一卷**　（清）葉鎮撰　（清）
朱椿增　清刻四色套印本　五冊

210000－0701－0014072　017710
重刊補註洗冤錄集證六卷　（宋）宋慈輯
（清）王又槐增輯　（清）李觀瀾補輯　（清）
文晟續輯　（清）阮其新補注　清刻四色套印
本　六冊

210000－0701－0014073　017711
重刊補註洗冤錄集證六卷　（宋）宋慈輯
（清）王又槐增輯　（清）李觀瀾補輯　（清）
文晟續輯　（清）阮其新補注　清同治十一年
(1872)刻四色套印本　六冊

210000－0701－0014074　017712
重刊補註洗冤錄集證五卷附刊三卷　（宋）宋
慈輯　（清）王又槐增輯　（清）李觀瀾補輯
（清）文晟續輯　（清）阮其新補注　清光緒三
十三年(1907)上海書局石印本　五冊

210000－0701－0014075　017713
重刊補註洗冤錄集證五卷附三卷　（宋）宋慈
輯　（清）王又槐增輯　（清）李觀瀾補輯
（清）文晟續輯　（清）阮其新補注　清光緒三
十二年(1906)上海通時書局石印本　五冊

210000－0701－0014076　017714
重刊補注洗冤錄集證六卷　（宋）宋慈輯
（清）王又槐增輯　（清）李觀瀾補輯　（清）
文晟續輯　（清）阮其新補注　清光緒三十年
(1904)北直文昌會刻四色套印本　四冊　存

五卷(一至五)

210000－0701－0014077　017715

洗冤錄解未定稿不分卷　（清）姚德豫撰　清道光十二年(1832)蘇州姚壽春堂刻本　一冊

210000－0701－0014078　017716

檢驗合參不分卷檢驗集證不分卷　（清）郎錦騏輯　清道光二十七年(1847)姜氏還珠山房刻本　三冊

210000－0701－0014079　017719

公法會通十卷　（德國）步倫撰　（美國）丁韙良譯　清光緒六年(1880)同文館鉛印本　五冊

210000－0701－0014080　017720

萬國公法四卷　（美國）惠頓氏撰　（美國）丁韙良譯　清同治三年(1864)刻本　四冊

210000－0701－0014081　017721

洗冤錄義證四卷　（宋）宋慈輯　（清）剛毅義證　清光緒十七年(1891)江蘇書局刻本　二冊

210000－0701－0014082　017725

星軺指掌三卷續一卷　（清）聯芳　（清）慶常同譯　清光緒二年(1876)同文館鉛印本　四冊

210000－0701－0014083　017726

通商約章類纂三十五卷　（清）徐宗亮等纂　清光緒二十四年(1898)北洋石印官書局石印本　二十冊

210000－0701－0014084　017727

中俄界約斠注七卷首一卷　（清）錢恂撰　清光緒十九年(1893)蘇城謝文翰齋刻本　二冊

210000－0701－0014085　017730

陸地戰例新選一卷　（瑞士）穆尼耶等撰　(美國)丁韙良譯　清光緒九年(1883)總理衙門鉛印本　一冊

210000－0701－0014086　017731

陸地戰例新選一卷　（瑞士）穆尼耶等撰　(美國)丁韙良譯　清光緒九年(1883)總理衙

門鉛印本　一冊

210000－0701－0014087　017733

讀律心得三卷蜀僚問答二卷附漁洋山人手鏡一卷　（清）劉衡撰　代直隸總督勸諭牧文一卷　（清）黃輔辰撰　清同治七年(1868)崇文書局刻本　一冊

210000－0701－0014088　017734

讀律心得三卷蜀僚問答二卷附漁洋山人手鏡一卷　（清）劉衡撰　代直隸總督勸諭牧文一卷　（清）黃輔辰撰　清同治七年(1868)崇文書局刻本　一冊

210000－0701－0014089　017735

應酬條例彙編　沈家本輯　清光緒三十一年(1905)刻本　一冊

210000－0701－0014090　017736

五軍道里表不分卷　（清）明亮等纂　清同治十一年(1872)湖北讞局刻本　二冊

210000－0701－0014091　017737

三流道里表不分卷　清同治十一年(1872)湖北讞局刻本　二冊

210000－0701－0014092　017738

欽定工部保固則例四卷　（清）曹振鏞　（清）保亮等纂修　清嘉慶二十四年(1819)內府刻本　一冊

210000－0701－0014093　017739

欽定王公處分則例四卷　清刻本　二冊

210000－0701－0014094　017740

讀法圖存四卷　（清）邵繩清編　清道光十六年(1836)虞山邵氏刻本　四冊

210000－0701－0014095　017741

讀律一得歌四卷首一卷　（清）宗繼增撰　清光緒十三年(1887)攀川治心養氣軒刻本　二冊

210000－0701－0014096　017742

故唐律疏議三十卷　（唐）長孫無忌等撰　附釋文　（元）王元亮撰　清光緒十六年(1890)京師刻本　十二冊

210000 - 0701 - 0014097　017743

故唐律疏議三十卷　（唐）長孫無忌等撰　附釋文　（元）王元亮撰　清光緒十六年(1890)京師刻本　十二冊

210000 - 0701 - 0014098　017744

故唐律疏議三十卷　（唐）長孫無忌等撰　附釋文　（元）王元亮撰　清光緒十六年(1890)京師刻本　十二冊

210000 - 0701 - 0014099　017749

讀例存疑五十四卷　（清）薛允升撰　清光緒三十一年(1905)北京琉璃廠翰茂齋刻本　四十冊

210000 - 0701 - 0014100　017750

故唐律疏議三十卷　（唐）長孫無忌等撰　附釋文名例　（元）王元亮撰　律音義一卷（宋）孫奭撰　宋提刑洗冤集錄五卷附聖朝頒降新例一卷　（宋）宋慈編　清光緒十七年(1891)江蘇書局刻本　八冊

210000 - 0701 - 0014101　002061

重校元典章六十卷　（元）□□撰　清光緒三十四年(1908)刻本　二十一冊

210000 - 0701 - 0014102　017754

刑部比照加減成案續編三十二卷　（清）許槤編　清道光二十三年(1843)刻本　十六冊

210000 - 0701 - 0014103　017755

核訂現行刑律　奕劻等編輯　清宣統元年(1909)鉛印本　四冊

210000 - 0701 - 0014104　017757

大清現行刑律講義八卷　吉同鈞撰　清宣統二年(1910)司法部律學館石印本　八冊

210000 - 0701 - 0014105　017758

大清現行刑律講義八卷　吉同鈞撰　清宣統二年(1910)司法部律學館石印本　八冊

210000 - 0701 - 0014106　017760

變通秋審緩決人犯辦法章程　清光緒鉛印本　一冊

210000 - 0701 - 0014107　017761

律例便覽八卷處分則例圖要五卷　（清）蔡逢年等編　清同治十一年(1872)刻本　六冊

210000 - 0701 - 0014108　017762

律例便覽八卷處分則例圖要五卷　（清）蔡逢年等編　清同治十一年(1872)刻本　六冊

210000 - 0701 - 0014109　017763

律表三十八卷首一卷洗冤錄表四卷　（清）曾恒德編　清乾隆四十五年(1780)貴州糧署刻本　六冊

210000 - 0701 - 0014110　017765

律例圖說正編十卷　（清）萬維翰纂　清乾隆三十九年(1774)芸暉堂刻四十四年(1779)補刻本　六冊

210000 - 0701 - 0014111　017766

律例一卷　清末北京電話總局抄本　一冊

210000 - 0701 - 0014112　017768

重修名法指掌圖四卷　（清）沈辛田纂　（清）徐灝重纂　清同治九年(1870)湖北崇文書局刻本　四冊

210000 - 0701 - 0014113　017769

重修名法指掌圖四卷　（清）沈辛田纂　（清）徐灝重纂　清同治九年(1870)湖北崇文書局刻本　四冊

210000 - 0701 - 0014114　017770

重修名法指掌圖四卷　（清）沈辛田纂　（清）徐灝重纂　清同治九年(1870)湖北崇文書局刻本　四冊

210000 - 0701 - 0014115　017772

欽定宗室覺羅律例二卷附卷二卷　（清）定壽等纂　清宣統二年(1910)鉛印本　四冊

210000 - 0701 - 0014116　017773

欽定宗室覺羅律例二卷附卷二卷　（清）定壽等纂　清宣統二年(1910)鉛印本　四冊

210000 - 0701 - 0014117　017774

治政集要不分卷　（清）王又槐編輯　清乾隆五十九年(1794)刻本　八冊

210000 - 0701 - 0014118　017778

大清刑律總則草案　清光緒三十三年(1907)
法律館鉛印本　一冊

210000－0701－0014119　017779
大清會典四卷　(清)托津等纂修　清同治十
一年(1872)湖北崇文書局刻本　四冊

210000－0701－0014120　017780
大清現行刑律三十六卷首一卷附禁煙條例秋
審條款　沈家本等纂　清宣統二年(1910)刻
本　十一冊　存三十七卷(一至三十六、首一
卷)

210000－0701－0014121　017781
大清現行刑律案語不分卷核訂現行刑律不分
卷　沈家本等纂　清宣統元年(1909)法律館
鉛印本　四十八冊

210000－0701－0014122　017782
大清律例彙纂大成四十卷督捕則例二卷三流
道里表一卷五軍道里表一卷秋審實緩比較彙
案一卷部頒新增一卷　(清)刑部輯　清光緒
二十九年(1903)石印本　二十三冊　缺二卷
(大清律例彙纂大成十至十一)

210000－0701－0014123　017783
大清現行刑律案語不分卷核訂現行刑律不分
卷修正刑律案語不分卷　沈家本等纂　清宣
統元年(1909)法律館鉛印本　五十二冊

210000－0701－0014124　017784
大清律例彙輯便覽四十卷督捕則例二卷三流
道里表一卷五軍道里表一卷秋審實緩比較彙
案一卷　(清)刑部輯　清光緒二十九年
(1903)京都刻本　三十三冊　缺二卷(大清
律例彙纂大成十至十一)

210000－0701－0014125　017785
大清律例彙輯便覽四十卷督捕則例二卷三流
道里表一卷五軍道里表一卷　(清)三泰等纂
　(清)高澍等彙輯　清同治十一年(1872)湖
北讞局刻本　二十七冊　存四十卷(大清律
例彙輯便覽四十卷)

210000－0701－0014126　017786
大清民律草案　(清)□□纂　清末法律館鉛

印本　三冊　存(二編、三編)

210000－0701－0014127　017786
大清民事訴訟律草案　沈家本等纂　清宣統
二年(1910)法律館鉛印本　四冊

210000－0701－0014128　017786
大清刑律分則草案附律目考　(清)法律館輯
　清光緒三十三年(1907)法律館鉛印本
二冊

210000－0701－0014129　017786
大清刑律總則草案　清光緒三十三年(1907)
法律館鉛印本　一冊

210000－0701－0014130　017786
大清刑事訴訟律草案　沈家本等纂　清宣統
二年(1910)法律館鉛印本　一冊

210000－0701－0014131　017786
修正刑法草案理由書　清末法律館鉛印本
一冊

210000－0701－0014132　017787
欽定大清刑律二卷　清宣統三年(1911)刻本
　二冊

210000－0701－0014133　017788
大清刑律草案　(清)法律館編　清光緒三十
三年(1907)法律館鉛印本　二冊　存(總則、
分則)

210000－0701－0014134　017789
大清現行刑律案語　沈家本等撰　清宣統元
年(1909)法律館鉛印本　十六冊

210000－0701－0014135　017790
大清律集解附例三十卷首一卷大清律附一卷
　(清)剛林等纂修　清順治刻本　十冊

210000－0701－0014136　017791
大清現行刑律案語不分卷核訂現行刑律不分
卷　沈家本等纂　清宣統三年(1911)普政社
鉛印本　二十冊

210000－0701－0014137　017792
督捕則例二卷三流道里表不分卷　(清)唐紹
祖等纂　律例館校正洗冤錄四卷　(宋)宋慈

撰　清乾隆刻本　八冊

210000－0701－0014138　017793

大清律例三十九卷　（清）寶興等續纂　督捕
則例二卷三流道里表不分卷律例館校正洗冤
錄四卷大清律例纂修條例不分卷大清律例纂
修條例不分卷　清道光、同治刻本　二十
八冊

210000－0701－0014139　017794

**大清律例統纂集成四十卷末一卷督捕則例附
纂二卷**　（清）姚潤輯　（清）胡熙　（清）周
廷傑增輯　清道光七年(1827)刻本　二十三
冊　缺二卷(督捕則例二卷)

210000－0701－0014140　017796

**大清律例統纂集成四十卷末一卷督捕則例附
纂二卷**　（清）姚潤輯　（清）胡熙　（清）周
廷傑增輯　清道光七年(1827)刻十三年
(1833)增刻本　二十四冊

210000－0701－0014141　017797

大清律例增修統纂集成四十卷督捕則例二卷
（清）姚潤輯　（清）陶駿　（清）陶念霖增
修　清光緒十七年(1891)上海珍藝書局鉛印
本　二十四冊

210000－0701－0014142　017798

大清律例增修統纂集成四十卷督捕則例二卷
（清）姚潤輯　（清）陶駿　（清）陶念霖增
修　清光緒二十七年(1901)上海文淵山房鉛
印本　二十四冊

210000－0701－0014143　017799

**大清律例增修統纂集成四十卷末一卷督捕則
例附纂二卷**　（清）姚潤輯　（清）章鉞
(清)沈嘉樹增修　清同治七年(1868)刻本
二十四冊

210000－0701－0014144　017800

欽定大清會典圖一百三十二卷　（清）慶桂等
纂修　清嘉慶刻本　二十四冊　存一百八卷
(一至二十六、五十一至一百三十二)

210000－0701－0014145　017801

**律表三十八卷首一卷纂修條例表一卷洗冤錄
表四卷**　（清）曾恒德編　清乾隆四十五年
(1780)刻光緒九年(1883)貴州臬署補刻本
七冊

210000－0701－0014146　017802

欽定大清會典一百卷首一卷　（清）崑岡等纂
修　清光緒二十五年(1899)京師官書局石印
本　二十四冊

210000－0701－0014147　017803

通行章程五卷　（清）□□編　清光緒三十四
年(1908)京都榮錄堂刻本　五冊

210000－0701－0014148　017804

故唐律疏議三十卷　（唐）長孫無忌等撰　**附
釋文**　（元）王元亮撰　清嘉慶十二年(1807)
蘭陵孫氏刻岱南閣叢書本　六冊

210000－0701－0014149　017805

學治一得編　（清）何耿繩輯　清道光二十一
年(1841)眉壽堂刻本　二冊

210000－0701－0014150　017806

大明律集解附例三十卷名例一卷附一卷
(明)舒化等纂　清光緒三十四年(1908)法律
館刻本　十冊

210000－0701－0014151　017807

歷年有關秋審欽奉　清嘉慶刻本　一冊

210000－0701－0014152　017809

教育世界六十八卷　羅振玉輯　清光緒二十
七年(1901)刻本　四冊　存十八卷(一至十
八)

210000－0701－0014153　017810

教育世界六十八卷　羅振玉輯　清光緒二十
七年至二十九年(1901－1903)教育世界社石
印本　十二冊

210000－0701－0014154　017811

讀書作文譜父師善誘法合刻十四卷　（清）唐
彪撰　清大文堂刻本　六冊

210000－0701－0014155　017812

**教育叢書初集十一種十四卷二集十五種十五
卷三集十一種十四卷**　羅振玉輯　清末教育

世界社石印本　二十七冊　缺初集四種（學教管理法、法國鄉學章程、十九世紀教育史、福澤諭吉傳）

210000－0701－0014156　017813

教育叢書初集十一種十四卷二集十五種十五卷　羅振玉輯　清末教育世界社石印本　二十冊

210000－0701－0014157　017814

教育叢書三集十一種十四卷　羅振玉輯　清末教育世界社石印本　十冊

210000－0701－0014158　017815

教育叢書三集十一種十四卷　羅振玉輯　清末教育世界社石印本　十冊

210000－0701－0014159　017816

教育叢書二集十五種十五卷　羅振玉輯　清末教育世界社石印本　十冊

210000－0701－0014160　017817

教育叢書初集十一種十四卷　羅振玉輯　清光緒二十七年（1901）教育世界出版所刻本　十冊

210000－0701－0014161　017818

唐寫本開元律疏名例卷　（唐）王敬從等撰
唐開元律疏案證一卷　王仁俊輯　清宣統三年（1911）石印本　一冊

210000－0701－0014162　017819

教育史　（清）商務印書館編譯所撰　清光緒三十一年（1905）商務印書館鉛印本　一冊

210000－0701－0014163　017820

教授法沿革史　（日本）大瀨甚太郎等撰　清末石印教育叢書本　一冊

210000－0701－0014164　017821

教授法原理　（清）商務印書館編譯所編譯　清光緒三十一年（1905）商務印書館鉛印本　一冊

210000－0701－0014165　017822

輶軒語不分卷　（清）張之洞撰　清光緒二十一年（1895）湖北官書處刻本　一冊

210000－0701－0014166　017823

教育世界六十八卷　羅振玉輯　清光緒二十七年至二十九年（1901－1903）教育世界社石印本　十二冊

210000－0701－0014167　017825

欽定學政全書八十六卷首一卷　（清）童璜（清）汪梅鼎等纂　清嘉慶十七年（1812）武英殿刻本　十六冊

210000－0701－0014168　017828

東游叢錄　章宗祥等口譯　吳汝綸編　清光緒二十八年（1902）鉛印本　四冊

210000－0701－0014169　017829

日本文部省沿革略　清末教育世界出版所刻本　一冊

210000－0701－0014170　017830

日本文部省沿革略　清末教育世界出版所刻本　一冊

210000－0701－0014171　017831

大清教育新法令　（清）商務印書館編譯所編　清宣統二年（1910）商務印書館鉛印本　八冊

210000－0701－0014172　017832

大清教育新法令　（清）商務印書館編譯所編　清宣統二年（1910）商務印書館鉛印本　八冊

210000－0701－0014173　017833

大清教育新法令　（清）政學社纂　清宣統二年（1910）上海會文堂石印本　八冊

210000－0701－0014174　017834

大清教育新法令不分卷續編不分卷　（清）商務印書館編譯所編　清宣統二年至三年（1910－1911）商務印書館鉛印本　十二冊

210000－0701－0014175　017839

奏定學堂章程　（清）張百熙等撰　清末鉛印本　五冊

210000－0701－0014176　017840

學部奏咨輯要四卷　（清）學部總務司案牘科

编　清末學部鉛印本　四冊

210000－0701－0014177　017841
學部章程彙存第一輯　清末鉛印本　十冊

210000－0701－0014178　017842
欽定學堂章程　（清）張百熙　（清）榮慶等重訂　清光緒三十四年（1908）上海時中書局鉛印本　五冊

210000－0701－0014179　017843
日本教育法規　（日本）文部省撰　直隸學務公所譯　奉天學務公所增補　清宣統二年（1910）奉天圖書發行所鉛印本　十二冊

210000－0701－0014180　017845
東林書院志二十二卷　（清）高廷珍等輯　清光緒七年（1881）趙枏刻本　八冊

210000－0701－0014181　017846
履歷事蹟　詹鈺撰　清末民初稿本　一冊

210000－0701－0014182　017847
儀禮古今文疏義十七卷　（清）胡承珙撰　清光緒元年（1875）湖北崇文書局刻崇文書局彙刻書本　二冊

210000－0701－0014183　017849
學海堂志不分卷　（清）林伯桐撰　清道光十八年（1838）刻咸豐補刻本　一冊

210000－0701－0014184　017850
教育學　（清）商務印書館編　清光緒三十一年（1905）上海商務印書館鉛印本　一冊

210000－0701－0014185　017851
最新初等小學珠算入門　杜秋孫撰　清光緒三十一年（1905）上海商務印書館鉛印本　二冊

210000－0701－0014186　017853
最新高等小學筆算教科書教授法　（清）杜亞泉　（清）王兆枏等編　清光緒三十一年（1905）上海商務印書館鉛印本　四冊

210000－0701－0014187　017854
最新高等小學筆算教科書　（清）杜亞泉（清）王兆枏等編　清光緒三十一年（1905）上海商務印書館鉛印本　四冊

210000－0701－0014188　017855
最新高等小學筆算教科書教授法　（清）杜亞泉　（清）王兆枏等編　清光緒三十一年（1905）上海商務印書館鉛印本　四冊

210000－0701－0014189　017856
初等物理教科書　（清）高慎儒編譯　清光緒三十一年（1905）上海商務印書館鉛印本　一冊

210000－0701－0014190　017857
簡易識字課本　（清）學部編譯圖書局編　清宣統元年（1909）京都學部編譯圖書局鉛印本　六冊

210000－0701－0014191　017858
中學國文讀本　林紓編　清宣統二年（1910）上海商務印書館鉛印本　九冊　缺一冊（第七冊）

210000－0701－0014192　017867
宣講拾遺六卷　（清）冷德馨　（清）莊跋仙輯　清末上海江左書林石印本　三冊

210000－0701－0014193　017868
宣講拾遺六卷　（清）冷德馨　（清）莊跋仙輯　清光緒九年（1883）上洋十萬卷樓石印本　六冊

210000－0701－0014194　017869
程氏家塾讀書分年日程三卷　（元）程端禮撰　清同治七年（1868）湖北崇文書局刻本　二冊

210000－0701－0014195　017870
西石城風俗志五卷　陳慶年撰　清光緒三十四年（1908）鉛印本　一冊

210000－0701－0014196　017871
泰西禮俗新編　（法國）司達福撰　（清）劉式訓譯　清光緒三十一年（1905）上海中新書局鉛印本　一冊

210000－0701－0014197　017872
全地五大洲女俗通考十集　（美國）林樂知輯

（清）任保羅譯　清光緒二十九年（1903）上海華美書局鉛印本　二十一冊

210000－0701－0014198　017875

稱謂錄三十二卷　（清）梁章鉅撰　清同治三年至光緒十年(1864－1884)梁恭辰刻本　十六冊

210000－0701－0014199　017876

稱謂錄三十二卷　（清）梁章鉅撰　清同治三年至光緒十年(1864－1884)梁恭辰刻本　十六冊

210000－0701－0014200　017877

慶典章程五卷　清光緒刻本　五冊

210000－0701－0014201　017878

文廟禮樂摘要附關帝廟文昌帝君廟　（清）葉伯英編　清光緒十一年(1885)刻本　二冊

210000－0701－0014202　017879

文廟從祀位次考　（清）陳錦撰　清光緒十二年(1886)橘蔭軒刻本　二冊

210000－0701－0014203　017880

文公家禮儀節八卷　（明）丘濬撰　清光緒十三年(1887)錢時刻本　十二冊

210000－0701－0014204　017881

文公家禮儀節八卷　（明）丘濬撰　清光緒十三年(1887)錢時刻本　十二冊

210000－0701－0014205　017882

重訂文公家禮儀節八卷　（明）丘濬撰　明刻本　四冊

210000－0701－0014206　017883

讀禮通考一百二十卷　（清）徐乾學撰　清光緒七年(1881)江蘇書局刻本　二十七冊

210000－0701－0014207　017885

聖門禮誌　（清）孔令貽輯　清光緒十三年(1887)闕里硯寬亭刻本　一冊

210000－0701－0014208　017888

聖門禮誌一卷聖門樂誌一卷　（清）孔令貽輯　清光緒十三年(1887)闕里硯寬亭刻本　二冊

210000－0701－0014209　017889

皇上大婚禮節單　（清）□□纂　清同治十一年(1872)刻本　一冊

210000－0701－0014210　017893

儀禮十七卷　（漢）鄭玄注　清永懷堂刻本　六冊

210000－0701－0014211　017894

儀禮十七卷　（漢）鄭玄注　清永懷堂刻本　六冊

210000－0701－0014212　017895

儀禮章句十七卷　（清）吳廷華撰　清嘉慶三年(1798)永安堂刻本　六冊

210000－0701－0014213　017896

朱子家禮儀節八卷　（明）丘濬撰　清光緒七年(1881)何國楨刻本　六冊

210000－0701－0014214　017897

儀禮正義四十卷　（清）胡培翬撰　清咸豐二年(1852)蘇州湯晉苑局刻本　十冊

210000－0701－0014215　017900

儀禮釋官九卷　（清）胡匡衷撰　清同治八年(1869)胡肇智刻本　二冊

210000－0701－0014216　017901

儀禮疏五十卷　（唐）賈公彥撰　清道光十年(1830)汪士鐘藝芸書舍刻本　八冊

210000－0701－0014217　017902

儀禮經傳通解五十八卷序說一卷雜說一卷綱領二卷　（清）楊丕復撰　清光緒十九年(1893)楊氏刻楊愚齋先生全集本　五十冊

210000－0701－0014218　017903

儀禮圖六卷　（清）張惠言撰　清同治九年(1870)楚北崇文書局刻本　三冊

210000－0701－0014219　017904

儀禮經傳通解三十七卷　（宋）朱熹撰　續二十九卷　（宋）黃榦撰　清光緒二十四年(1898)廣雅書局刻本　二十四冊　存三十七卷(通解三十七卷)

210000－0701－0014220　017905

儀禮經傳通解三十七卷 （宋）朱熹撰　續二十九卷　（宋）黃幹撰　清乾隆十八年(1753)梁萬方刻本　三十六冊

210000－0701－0014221　017906
儀禮經傳通解三十七卷 （宋）朱熹撰　續二十九卷　（宋）黃幹撰　清光緒二十四年(1898)廣雅書局刻本　二十四冊　存二十九卷(續二十九卷)

210000－0701－0014222　017907
儀禮私箋八卷 （清）鄭珍撰　清同治五年(1866)成山唐氏刻本　四冊

210000－0701－0014223　017908
儀禮疏五十卷 （唐）賈公彥等撰　附校勘記　（清）阮元撰　清嘉慶二十年(1815)江西南昌府學刻本　十六冊

210000－0701－0014224　017909
儀禮私箋八卷 （清）鄭珍撰　清光緒十七年(1891)廣雅書局刻廣雅書局叢書本　二冊

210000－0701－0014225　017910
儀禮十七卷 （漢）鄭玄注　校錄一卷續校一卷　（清）黃丕烈撰　清同治九年(1870)楚北崇文書局刻本　二冊

210000－0701－0014226　017911
儀禮十七卷 （漢）鄭玄注　校錄一卷續校一卷　（清）黃丕烈撰　清同治九年(1870)楚北崇文書局刻本　二冊

210000－0701－0014227　017912
儀禮訓解十七卷 （清）王士讓撰　清乾隆三十五年(1770)張源義刻本　十冊

210000－0701－0014228　017913
儀禮十七卷 （漢）鄭玄注　（唐）陸德明音義　清光緒十二年(1886)湖北官書處刻本　四冊

210000－0701－0014229　017914
儀禮鄭註句讀十七卷儀禮監本正誤一卷儀禮石經正誤一卷 （清）張爾岐撰　清同治七年(1868)刻金陵書局刻十三經讀本本　四冊

210000－0701－0014230　017915
儀禮鄭註句讀十七卷監本正誤一卷石經正誤一卷 （清）張爾岐撰　清同治七年(1868)刻金陵書局十三經讀本本　四冊

210000－0701－0014231　017916
儀禮註疏十七卷 （漢）鄭玄注　（唐）陸德明音義　（唐）賈公彥疏　清乾隆四年(1739)內府刻本　十冊

210000－0701－0014232　017917
儀禮疏五十卷 （唐）賈公彥等撰　附校勘記　（清）阮元撰　清嘉慶二十四年(1819)江西南昌府學刻本　八冊　存二十四卷(一至二十四)

210000－0701－0014233　017921
儀禮圖六卷 （清）張惠言撰　清同治九年(1870)楚北崇文書局刻本　三冊

210000－0701－0014234　017922
儀禮圖六卷 （清）張惠言撰　清同治九年(1870)楚北崇文書局刻本　三冊

210000－0701－0014235　017924
儀禮纂要二卷 （清）黃元善撰　清光緒二十年(1894)傳經書屋刻本　二冊

210000－0701－0014236　017925
儀禮鄭註句讀十七卷儀禮監本正誤一卷儀禮石經正誤一卷 （清）張爾岐撰　清李光明莊刻本　六冊

210000－0701－0014237　017926
儀禮鄭註句讀十七卷監本正誤一卷石經正誤一卷 （清）張爾岐撰　清同治七年(1868)刻金陵書局刻十三經讀本本　四冊

210000－0701－0014238　017927
儀禮十七卷 （漢）鄭玄注　校錄一卷續校一卷　（清）黃丕烈撰　清同治九年(1870)楚北崇文書局刻本　二冊

210000－0701－0014239　017928
滿洲四禮集 （清）索寧安輯　清嘉慶元年(1796)刻本　二冊　存二卷(滿洲家祠祭祀

儀注一卷、追遠論一卷）

210000 - 0701 - 0014240　017929

滿洲四禮集　（清）索寧安輯　清嘉慶六年
(1801)刻本　五冊

210000 - 0701 - 0014241　017930

滿洲四禮集　（清）索寧安輯　清嘉慶六年
(1801)刻本　五冊

210000 - 0701 - 0014242　017932

欽定儀禮義疏四十八卷首二卷　（清）允祿等
撰　清刻本　二十八冊

210000 - 0701 - 0014243　017933

禮經學七卷　曹元弼撰　清宣統元年(1909)
刻本　七冊

210000 - 0701 - 0014244　017934

禮經學七卷　曹元弼撰　清宣統元年(1909)
刻本　七冊

210000 - 0701 - 0014245　017937

儀禮注疏詳校十七卷　（清）盧文弨撰　清乾
隆六十年(1795)抱經堂刻本　二冊　存六卷
(一至六)

210000 - 0701 - 0014246　017938

儀禮十七卷　（漢）鄭玄注　（唐）陸德明音義
　清光緒十二年(1886)湖北官書處刻本
四冊

210000 - 0701 - 0014247　017939

儀禮章句十七卷　（清）吳廷華撰　清乾隆五
十九年(1794)金閶書業堂刻本　四冊

210000 - 0701 - 0014248　017941

禮書通故五十卷　（清）黃以周撰　清光緒十
九年(1893)黃氏試館刻本　三十二冊

210000 - 0701 - 0014249　017942

禮記訓纂四十九卷　（清）朱彬撰　清宣統元
年(1909)學部圖書局鉛印本　十冊

210000 - 0701 - 0014250　017944

大清通禮五十四卷　（清）來保　（清）李玉鳴
等纂　（清）穆克登額等續纂　清道光六年
(1826)江蘇刻本　二十四冊

210000 - 0701 - 0014251　017945

大清通禮五十四卷　（清）來保　（清）李玉鳴
等纂　（清）穆克登額等續纂　清道光內府刻
本　十五冊　存五十卷(一至四、九至五十
四)

210000 - 0701 - 0014252　017946

大清通禮五十四卷　（清）來保　（清）李玉鳴
等纂　（清）穆克登額等續纂　清道光四年
(1824)刻本　十二冊

210000 - 0701 - 0014253　017947

大清通禮五十卷　（清）來保　（清）李玉鳴等
纂　清嘉慶刻本　十二冊

210000 - 0701 - 0014254　017948

大唐開元禮一百五十卷　（唐）蕭嵩等撰　清
光緒十二年(1886)公善堂刻本　十六冊

210000 - 0701 - 0014255　017949

大唐開元禮一百五十卷　（唐）蕭嵩等撰　清
光緒十二年(1886)公善堂刻本　十六冊

210000 - 0701 - 0014256　017950

大金集禮四十卷　（金）張暐撰　清光緒二十
一年(1895)廣雅書局刻本　四冊

210000 - 0701 - 0014257　017951

內則衍義十六卷　（清）世祖福臨撰　清刻本
　八冊

210000 - 0701 - 0014258　017952

直省釋奠禮樂記六卷首一卷末一卷　（清）應
寶時等纂　清刻本　四冊

210000 - 0701 - 0014259　017953

安陽馬氏四種條規　（清）馬丕瑤撰　清光緒
十五年至十六年(1889 - 1890)粵西撫署石印
本　四冊

210000 - 0701 - 0014260　017955

饗宮敬事錄四卷　（清）桂良輯　清末刻本
四冊

210000 - 0701 - 0014261　017956

饗宮敬事錄續刊四卷　（清）桂良輯　清光緒
九年(1883)刻本　四冊

210000－0701－0014262　017957

清嘉錄十二卷　（清）顧祿撰　清光緒十七年（1891）刻本　六冊

210000－0701－0014263　017959

四禮翼不分卷　（明）呂坤撰　清光緒十四年（1888）固始張氏刻本　一冊

210000－0701－0014264　017960

四禮權疑八卷　（清）顧廣譽撰　清光緒十四年（1888）朱記榮槐廬家塾刻槐廬叢書本　二冊

210000－0701－0014265　017961

漢晉迄明謚彙考十卷皇朝謚彙考五卷　（清）劉長華撰　清光緒刻民國十五年（1926）海寧陳氏慎初堂印崇川劉氏叢書　五冊

210000－0701－0014266　017963

求古錄禮說十六卷　（清）金鶚撰　清道光三十年（1850）木犀香館刻本　六冊

210000－0701－0014267　017964

禮說十四卷附大學說一卷　（清）惠士奇撰　清嘉慶三年（1798）蘭陔書屋刻本　十二冊

210000－0701－0014268　017968

讀禮須知不分卷　（清）潘榮陛撰　清乾隆十四年（1749）刻本　一冊

210000－0701－0014269　017969

咸豐五年十月内恭移大行皇太后梓宮至慕東陵暫安大差沿途辦差各官單　清咸豐五年（1855）直隸官刻本　一冊

210000－0701－0014270　017970

咸豐五年十月内恭移大行皇太后梓宮至慕東陵暫安大差沿途辦差各官單　清咸豐五年（1855）直隸官刻本　一冊

210000－0701－0014271　017971

咸豐五年十月内恭移大行皇太后梓宮沿途管押抬夫單　清咸豐五年（1855）直隸官刻本　一冊

210000－0701－0014272　017973

夏小正一卷　（漢）戴德撰　（清）王代注　清

光緒三十年（1904）成都尊經書局刻本　一冊

210000－0701－0014273　017974

明堂陰陽夏小正經傳考釋十卷　（清）莊述祖撰　夏時等例說一卷　（清）劉逢祿箋　清光緒九年（1883）劉氏刻本　四冊

210000－0701－0014274　017979

歲時廣記四十卷首一卷末一卷　（宋）陳元靚撰　清刻十萬卷樓叢書本　十二冊

210000－0701－0014275　017980

清嘉錄十二卷　（清）顧祿撰　清光緒三年至四年（1877－1878）葛氏嘯園刻本　六冊

210000－0701－0014276　017981

燕京歲時記不分卷　（清）郭崇編　清光緒三十二年（1906）刻文德齋印本　二冊

210000－0701－0014277　017982

燕京歲時記不分卷　（清）郭崇編　清光緒三十二年（1906）刻文奎堂印本　一冊

210000－0701－0014278　017983

燕京歲時記不分卷　（清）郭崇編　清光緒三十二年（1906）刻文德齋印本　一冊

210000－0701－0014279　017984

蔡氏月令二卷　（漢）蔡邕撰　（清）蔡雲輯　清道光四年（1824）王氏刻本　四冊

210000－0701－0014280　017985

月日紀古十二卷　（清）蕭智漢撰　清道光二十八年（1848）經元堂刻本　十二冊

210000－0701－0014281　017986

月令粹編二十四卷圖說一卷　（清）秦嘉謨撰　清嘉慶十七年（1812）秦氏琳琅仙館刻本　八冊

210000－0701－0014282　017987

月令粹編二十四卷圖說一卷　（清）秦嘉謨撰　清嘉慶十七年（1812）秦氏琳琅仙館刻本　六冊

210000－0701－0014283　017988

月令粹編二十四卷圖說一卷　（清）秦嘉謨撰　清光緒九年（1883）皖省聚文書坊木活字印

本　八冊

210000－0701－0014284　017989
月令粹編二十四卷圖說一卷　（清）秦嘉謨撰
　（清）管斯駿增編　清末管可壽齋鉛印本
四冊

210000－0701－0014285　017990
文廟祀典六卷　（清）周城輯　清乾隆四年
（1739）刻本　四冊

210000－0701－0014286　017991
文廟紀略六卷　張伯瑛撰　清宣統元年
（1909）刻本　六冊

210000－0701－0014287　017992
文廟祀典考五十卷首一卷　（清）龐鍾璐撰
清光緒四年（1878）龐氏刻本　八冊

210000－0701－0014288　017993
文廟祀典考五十卷首一卷　（清）龐鍾璐撰
清光緒四年（1878）龐氏刻本　八冊

210000－0701－0014289　017994
文廟祀位　（清）倭什琿布等撰　清同治二年
（1863）刻本　一冊

210000－0701－0014290　017996
文廟丁祭譜一卷　（清）藍鍾瑞等編　清同治
七年（1868）江蘇書局刻本　一冊

210000－0701－0014291　017998
聖廟祀典圖考五卷孔孟聖蹟圖二卷　（清）顧
沅輯　（清）孔繼堯繪　清道光六年（1826）刻
本　六冊

210000－0701－0014292　017999
聖廟祀典圖考五卷孔孟聖蹟圖二卷　（清）顧
沅輯　（清）孔繼堯繪　清道光六年（1826）刻
本　六冊

210000－0701－0014293　018000
崔府君祠錄　（清）鄭烺輯　清宣統元年
（1909）徐乃昌刻懷幽雜俎本　一冊

210000－0701－0014294　018001
皇朝祭器樂舞錄二卷關帝文昌樂舞譜二卷
（清）徐暢達輯　清同治十年（1871）楚北崇文

書局刻本　三冊

210000－0701－0014295　018004
顧先生［炎武］祠會祭題名第一卷子　清宣統
元年（1909）石印本　一冊

210000－0701－0014296　018009
清邑泮宮樂舞圖說四卷　（清）法良撰　清咸
豐元年（1851）刻本　四冊

210000－0701－0014297　018010
皇朝祭器樂舞錄二卷關帝文昌樂舞譜二卷
（清）徐暢達輯　清同治十年（1871）楚北崇文
書局刻本　三冊

210000－0701－0014298　018011
聖門名字纂詁二卷補遺一卷　（清）洪恩波撰
　清光緒二十三年（1897）刻本　二冊

210000－0701－0014299　018011
澤宮序次舉要二卷附錄一卷　（清）洪恩波撰
　清光緒二十三年（1897）刻本　二冊

210000－0701－0014300　018012
澗上草堂紀略　（清）徐達源撰　清嘉慶十四
年（1809）刻本　一冊

210000－0701－0014301　018014
直省釋奠禮樂記六卷首一卷末一卷　（清）應
寶時撰　清同治十二年（1873）刻本　四冊

210000－0701－0014302　018015
直省釋奠禮樂記六卷首一卷末一卷　（清）應
寶時撰　清同治十二年（1873）刻本　四冊

210000－0701－0014303　018016
直省釋奠禮樂記六卷首一卷末一卷　（清）應
寶時輯　清光緒十七年（1891）廣東藩署刻本
四冊

210000－0701－0014304　018017
南工廟祠祀典三卷　（清）李奉翰纂　清刻本
三冊

210000－0701－0014305　018021
曾廟從祀議薈二卷　（清）洪恩波撰　清光緒
二十九年（1903）刻本　二冊

210000－0701－0014306　018023

禮經學七卷　曹元弼撰　清宣統元年(1909)
刻本　七冊

210000－0701－0014307　018024

新譯列國歲計政要三卷　(清)傅運森等譯
清光緒二十七年(1901)鉛印本　十二冊

210000－0701－0014308　018025

統計講習所講義　清宣統元年(1909)鉛印本
四冊

210000－0701－0014309　018026

萬國國力比較二十三卷比較表一卷附錄一卷
　(英國)默爾化撰　(清)出洋學生編譯所譯
清光緒二十九年(1903)上海商務印書館鉛
印政學叢書本　六冊

210000－0701－0014310　018027

新譯世界統計年鑑　(日本)伊東佑毅撰
(清)謝蔭昌輯譯　清宣統元年(1909)鉛印本
　一冊

210000－0701－0014311　018037

賞奇軒四種合編　(清)□□撰　清刻本
四冊

210000－0701－0014312　018040

行素草堂金石叢書　(清)朱記榮輯　清光緒
吳縣朱記榮刻十四年(1888)彙印本　四十冊

210000－0701－0014313　018043

娛園叢刻十種　(清)許增輯　清光緒十五年
(1889)刻本　四冊

210000－0701－0014314　018044

四銅鼓齋論畫集刻　(清)張祥河輯　清宣統
元年(1909)北京會文齋刻本　四冊

210000－0701－0014315　018051

指頭畫說不分卷　(清)高秉撰　清光緒十七
年(1891)抄本　一冊

210000－0701－0014316　018052

四銅鼓齋論畫集刻　(清)張祥河輯　清宣統
元年(1909)北京會文齋刻本　四冊

210000－0701－0014317　018055

畫禪室隨筆四卷　(明)董其昌撰　清大魁堂
刻本　二冊

210000－0701－0014318　018071

天一閣碑目不分卷　(清)范懋敏撰　清嘉慶
十三年(1808)阮氏文選樓刻本　一冊

210000－0701－0014319　018079

武英殿聚珍版程式一卷　(清)金簡撰　清刻
本　一冊

210000－0701－0014320　018083

山左訪碑錄十三卷　(清)法偉堂撰　清宣統
元年(1909)山東提學司署石印本　二冊

210000－0701－0014321　018086

寰宇訪碑錄十二卷　(清)孫星衍　(清)邢澍
撰　清光緒九年(1883)江蘇書局刻本　四冊

210000－0701－0014322　018087

寰宇訪碑錄十二卷　(清)孫星衍　(清)邢澍
撰　清光緒九年(1883)江蘇書局刻本　四冊

210000－0701－0014323　018104

古墨齋金石跋六卷涇川金石記一卷　(清)趙
紹祖撰　清嘉慶十五年(1810)刻本　四冊

210000－0701－0014324　018107

夢園書畫錄二十五卷　(清)方濬頤輯　清光
緒三年(1877)定遠方氏錦城柏署刻本　十冊

210000－0701－0014325　018108

書畫鑑影二十四卷首一卷　(清)李佐賢輯
清同治十年(1871)利津李氏刻本　八冊

210000－0701－0014326　018113

墨緣匯觀　(清)安岐撰　清末上海有正書局
鉛印本　四冊

210000－0701－0014327　018115

別下齋書畫錄七卷　(清)蔣光煦輯　清同治
十一年(1872)吳縣江杏溪活字印江氏聚珍版
叢書本　四冊

210000－0701－0014328　018116

辛丑銷夏記五卷　(清)吳榮光撰　清光緒三
十一年(1905)刻郋園先生全書本　五冊

遼寧省圖書館古籍普查登記目錄

210000－0701－0014329　018118

王奉常書畫題跋二卷　（清）王時敏撰　清宣
統二年(1910)通州李玉棻刻本　二冊

210000－0701－0014330　018122

愛日吟廬書畫錄四卷　（清）葛金烺纂　愛日
吟廬書畫補錄一卷續錄八卷別錄四卷　（清）
葛嗣浵纂　清宣統二年至民國二年(1910－
1913)滬上葛氏家刻本　六冊

210000－0701－0014331　018123

虛齋名畫錄十六卷　龐元濟輯　清宣統元年
(1909)烏程龐氏申江刻本　十六冊

210000－0701－0014332　018124

虛齋名畫錄十六卷　龐元濟輯　清宣統元年
(1909)烏程龐氏申江刻本　十六冊

210000－0701－0014333　018125

虛齋名畫錄十六卷　龐元濟輯　清宣統元年
(1909)烏程龐氏申江刻本　十六冊

210000－0701－0014334　018126

紅豆樹館書畫記八卷　（清）陶樑撰　清光緒
八年(1882)潘氏韡園刻本　六冊

210000－0701－0014335　018127

紅豆樹館詩稿十四卷詞稿八卷詞稿補遺一卷
逸稿一卷　（清）陶樑撰　清刻本　四冊

210000－0701－0014336　018127

紅豆樹館書畫記八卷　（清）陶樑撰　清光緒
八年(1882)潘氏韡園刻本　六冊

210000－0701－0014337　018128

綠陰亭集二卷　（清）陳亦禧撰　清光緒十一
年(1885)懺花盦宋澤元刻懺花盦叢書本
一冊

210000－0701－0014338　018130

古芬閣書畫記十八卷　（清）杜瑞聯撰　清光
緒七年(1881)杜炳縉刻本　十六冊

210000－0701－0014339　018135

補刻蘇黃題跋　（清）溫一貞輯　清乾隆刻同
治十一年(1872)溫二東補刻本　四冊

210000－0701－0014340　018136

畫耕偶錄四卷　（清）邵梅臣撰　清刻本
四冊

210000－0701－0014341　018138

竹雲題跋四卷虛舟題跋十卷虛舟題跋原三卷
　（清）王澍撰　（清）宋澤元輯　清光緒十年
(1884)刻懺花盦叢書本　四冊

210000－0701－0014342　018139

竹懶畫媵一卷續畫媵一卷　（明）李日華撰
清刻本　二冊

210000－0701－0014343　018148

嶽雪樓書畫錄五卷　（清）孔廣鏞　（清）孔廣
陶撰　清光緒十五年(1889)刻本　五冊

210000－0701－0014344　018149

嶽雪樓書畫錄五卷　（清）孔廣鏞　（清）孔廣
陶撰　清光緒十五年(1889)刻本　五冊

210000－0701－0014345　018150

嶽雪樓書畫錄五卷　（清）孔廣鏞　（清）孔廣
陶撰　清光緒十五年(1889)刻本　五冊

210000－0701－0014346　018162

胡氏書畫攷三種　（清）胡敬撰　清刻本
四冊

210000－0701－0014347　018163

胡氏書畫攷三種　（清）胡敬撰　清道光二十
三年(1843)崇雅堂刻本　四冊

210000－0701－0014348　018166

甌鉢羅室書畫過目攷四卷首一卷附一卷
(清)李玉棻輯　清光緒二十三年(1897)刻本
　三冊　存三卷(一至三)

210000－0701－0014349　018167

甌鉢羅室書畫過目攷四卷首一卷附一卷
(清)李玉棻輯　清末上海江南圖書局石印本
　四冊

210000－0701－0014350　018171

澄蘭室古緣萃錄十八卷　邵松年輯　清光緒
三十年(1904)澄蘭室石印本　六冊

210000－0701－0014351　018172

澄蘭室古緣萃錄十八卷　邵松年輯　清光緒

三十年(1904)澄蘭室石印本　六冊

210000－0701－0014352　018173

甌鉢羅室書畫過目攷四卷首一卷附一卷
(清)李玉棻輯　清光緒二十三年(1897)刻本
四冊

210000－0701－0014353　018175

庚子銷夏記八卷間者軒帖考一卷　(清)孫承
澤撰　清宣統三年(1911)鄧氏風雨樓鉛印風
雨樓叢書本　三冊

210000－0701－0014354　018177

辛丑銷夏記五卷　(清)吳榮光撰　清光緒三
十一年(1905)刻本　五冊

210000－0701－0014355　018178

石渠隨筆八卷　(清)阮元撰　清揚州珠湖草
堂阮亨刻文選樓叢書本　四冊

210000－0701－0014356　018179

穰梨館過眼錄四十卷續十六卷　(清)陸心源
撰　清光緒十七年(1891)吳興陸氏刻本　十
六冊

210000－0701－0014357　018180

山靜居畫論二卷　(清)方薰撰　清刻本
一冊

210000－0701－0014358　018181

自悅齋書畫錄三十卷　(清)張大鏞撰　清道
光十二年(1832)虞山張氏刻本　十六冊

210000－0701－0014359　018182

清河書畫舫十二卷鑒古百一詩一卷　(明)張
丑撰　清乾隆八年(1743)吳長元池北草堂刻
本　十二冊

210000－0701－0014360　018183

過雲樓書畫記書類四卷畫類六卷　(清)顧文
彬撰　清光緒八年(1882)元和顧氏刻本
四冊

210000－0701－0014361　018184

左庵一得初錄一卷續錄一卷　(清)李佳繼昌
撰　清光緒三十四年(1908)鉛印本　二冊

210000－0701－0014362　018188

桐陰論畫二卷首一卷附錄一卷桐陰畫訣二卷
桐陰論畫二編二卷三編二卷　(清)秦祖永撰
清光緒刻朱墨套印本　四冊

210000－0701－0014363　018189

似昇所收書畫錄一卷　(清)周嵩堯輯　清宣
統三年(1911)京師京華印書局鉛印本　一冊

210000－0701－0014364　018190

書畫鑑影二十四卷首一卷　(清)李佐賢輯
清同治十年(1871)利津李氏刻本　八冊

210000－0701－0014365　018194

習苦齋畫絮十卷　(清)戴熙撰　清光緒十九
年(1893)刻本　六冊

210000－0701－0014366　018195

習苦齋畫絮十卷　(清)戴熙撰　清光緒十九
年(1893)刻民國九年(1920)怡怡堂印本
四冊

210000－0701－0014367　018196

谿山臥游錄四卷　(清)盛大士撰　清光緒十
四年(1888)刻本　一冊

210000－0701－0014368　018197

韓氏山水純全集一卷　(宋)韓拙撰　清刻函
海本　一冊

210000－0701－0014369　018201

畫禪室隨筆四卷　(明)董其昌撰　清刻本
四冊

210000－0701－0014370　018221

畫禪室隨筆四卷　(明)董其昌撰　清刻本
二冊

210000－0701－0014371　018222

畫禪室隨筆四卷　(明)董其昌撰　清宣統三
年(1911)掃葉山房石印本　三冊

210000－0701－0014372　018230

宋元以來畫人姓氏錄三十六卷首一卷　(清)
魯駿輯　清道光十年(1830)刻本　二十冊

210000－0701－0014373　018231

宋元以來畫人姓氏錄三十六卷首一卷　(清)
魯駿輯　清道光十年(1830)刻本　二十冊

210000－0701－0014374　018233

國朝畫徵錄三卷附錄一卷續錄二卷　（清）張
庚撰　清刻本　二冊

210000－0701－0014375　018237

國朝書人輯略十一卷首一卷　震鈞輯　清光
緒三十四年(1908)刻本　八冊

210000－0701－0014376　018238

國朝書人輯略十一卷首一卷　震鈞輯　清光
緒三十四年(1908)刻本　八冊

210000－0701－0014377　018242

**桐陰論畫二卷首一卷附錄一卷桐陰畫訣二卷
桐陰論畫二編二卷三編二卷**　（清）秦祖永撰
　清同治三年至光緒八年（1864－1882）刻朱
墨套印本　三冊　缺二卷(三編二卷)

210000－0701－0014378　018244

國朝畫徵錄三卷附錄一卷續錄二卷　（清）張
庚撰　清同治八年(1869)三元堂刻本　二冊

210000－0701－0014379　018246

畫林新詠三卷補遺三卷　（清）頤道居士撰
清道光七年(1827)西湖翠濂園刻本　三冊

210000－0701－0014380　018253

甌鉢羅室書畫過目考四卷附卷一卷　（清）李
玉棻撰　清刻本　二冊

210000－0701－0014381　018255

國朝書人輯略十一卷首一卷　震鈞輯　清光
緒三十四年(1908)刻本　八冊

210000－0701－0014382　018256

墨林今話十八卷　（清）蔣寶齡撰　**墨林今話
續編一卷**　（清）蔣茝生撰　清咸豐二年
(1852)刻本　六冊

210000－0701－0014383　018257

墨林今話十八卷　（清）蔣寶齡撰　**墨林今話
續編一卷**　（清）蔣茝生撰　清咸豐二年
(1852)刻本　六冊

210000－0701－0014384　018260

國朝畫徵錄三卷　（清）張庚撰　清墨林齋刻
本　三冊

210000－0701－0014385　018261

國朝畫識十二卷墨香居畫識三卷　（清）馮金
伯撰　清江左書林刻本　五冊　缺四卷(國
朝畫識一至二、九至十)

210000－0701－0014386　018264

國朝畫徵補錄二卷　（清）劉瑗撰　清道光二
十九年(1849)刻本　二冊

210000－0701－0014387　018265

國朝畫徵錄三卷附錄一卷續錄二卷　（清）張
庚撰　清同治八年(1869)三元堂刻本　二冊

210000－0701－0014388　018266

國朝書畫家攷畧四卷　（清）晏棣撰　清晏家
瑞刻本　二冊

210000－0701－0014389　018267

國朝書畫家筆錄四卷附錄二卷　竇鎮撰　清
宣統三年(1911)木活字印本　四冊

210000－0701－0014390　018268

國朝書畫家筆錄四卷附錄二卷　竇鎮撰　清
宣統三年(1911)木活字印本　四冊

210000－0701－0014391　018269

國朝書人輯略十一卷首一卷　震鈞輯　清光
緒三十四年(1908)刻本　八冊

210000－0701－0014392　018270

國朝書人輯略十一卷首一卷　震鈞輯　清光
緒三十四年(1908)刻本　八冊

210000－0701－0014393　018278

**歷代畫史彙傳七十二卷首一卷目錄三卷附錄
二卷**　（清）彭蘊璨輯　清刻本　二十二冊

210000－0701－0014394　018280

甌鉢羅室書畫過目考四卷附卷一卷　（清）李
玉棻撰　清光緒二十三年(1897)李氏刻本
四冊

210000－0701－0014395　018281

甌鉢羅室書畫過目考四卷附卷一卷　（清）李
玉棻撰　清光緒二十三年(1897)李氏刻本
四冊

210000－0701－0014396　018282

甌鉢羅室書畫過目考四卷附卷一卷 （清）李
玉棻撰 清光緒二十三年(1897)李氏家刻本
四冊

210000－0701－0014397 018283

甌鉢羅室書畫過目考四卷附卷一卷 （清）李
玉棻撰 清刻本 二冊

210000－0701－0014398 018284

甌鉢羅室書畫過目考四卷附卷一卷 （清）李
玉棻撰 清刻本 四冊

210000－0701－0014399 018291

無聲詩史七卷 （清）姜紹書撰 昭代名人尺
牘小傳二十四卷 （清）吳修撰 清同治十三
年(1874)劉氏藏修書屋刻述古叢鈔本 二冊

210000－0701－0014400 018303

楷法溯源十四卷目錄一卷 （清）潘存原輯
楊守敬編 清光緒三年(1877)刻本 十五冊

210000－0701－0014401 018305

草書習慎一卷 （清）汪穀詒書 草訣百韻一
卷 （清）陳澄泉書 清乾隆十四年(1749)汪
氏養竹齋刻本 二冊

210000－0701－0014402 018307

藝舟雙楫不分卷 （清）包世臣撰 清光緒十
一年(1885)皖省聚文堂刻本 一冊

210000－0701－0014403 018308

隨軒金石文字九種 （清）徐渭仁輯 清道光
十七年至二十三年(1837－1843)刻本 二冊
存四種(周石鼓文、漢雁足鐙釪攷、漢沛相
楊統碑、漢繁陽令楊馥碑)

210000－0701－0014404 018323

宋拓顏魯公書郭家廟碑殘本 清宣統元年
(1909)閑邪齋影印本 一冊

210000－0701－0014405 018329

大元達魯華赤竹公神道碑銘 （日本）稻葉君
山藏 拓本 一葉

210000－0701－0014406 018330

元教大宗師張留孫碑 （元）趙孟頫撰並書
拓本 二冊

210000－0701－0014407 018350

爭座位 （唐）顏真卿書 舊拓本 一冊

210000－0701－0014408 018351

山左北朝石存目一卷 （清）尹彭壽撰 清光
緒十八年(1892)諸城斠經室尹氏刻本 一冊

210000－0701－0014409 018359

皇帝吊殷比干文 拓本 一冊

210000－0701－0014410 018363

釋山碑 （唐）徐鉉摹 舊拓本 二冊

210000－0701－0014411 018364

大唐故翻經大德益州多寶寺道因法師碑文
（唐）李儼撰 （唐）歐陽通書 （清）何紹基
臨 清拓本 六冊

210000－0701－0014412 018365

大達法師玄秘塔碑銘並序 （唐）裴休撰
（唐）柳公權書 拓本 一冊

210000－0701－0014413 018366

重修南宮縣學記 （清）張裕釗撰並書 拓本
一冊

210000－0701－0014414 018368

蒙古碑九種 拓本 十二葉

210000－0701－0014415 018369

乾隆御筆詩石刻殘本 （清）高宗弘曆撰並書
拓本 三冊

210000－0701－0014416 018370

南陽文公鄭君之碑 拓本 一冊

210000－0701－0014417 018371

萃閔堂藏金石搨片七種 拓本 十八葉

210000－0701－0014418 018388

思古齋雙句漢碑篆額不分卷 （清）何澂輯
清光緒九年(1883)思古齋家刻本 三冊

210000－0701－0014419 018389

金石摘不分卷 （清）陳善墀輯 清同治十二
年(1873)瀏陽學之不求甚解齋刻本 十冊

210000－0701－0014420 018390

金石摘不分卷 （清）陳善墀輯 清同治十二

年(1873)瀏陽學之不求甚解齋刻本　十冊

210000－0701－0014421　018391

金石摘不分卷　（清）陳善墀輯　清同治十二年(1873)瀏陽學之不求甚解齋刻本　十冊

210000－0701－0014422　018392

御刻三希堂石渠寶笈法帖釋文十六卷　（清）梁詩正等輯　（清）陳焯釋文　清光緒二十三年(1897)上海鴻寶齋石印本　六冊

210000－0701－0014423　018401

右台仙館筆記十六卷　（清）俞樾撰　清宣統二年(1910)上海朝記書莊石印本　八冊

210000－0701－0014424　018402

唐麻姑仙壇記　（唐）顏真卿撰並書　清宣統二年(1910)上海彪蒙書室影印本　一冊

210000－0701－0014425　018410

顏魯公法帖　（唐）顏真卿書　拓本　一冊

210000－0701－0014426　018411

御刻三希堂石渠寶笈法帖　（清）梁詩正等輯　清乾隆拓本　三十二冊

210000－0701－0014427　018412

御刻三希堂石渠寶笈法帖　（清）梁詩正等輯　清乾隆拓本　三十二冊

210000－0701－0014428　018413

御刻三希堂石渠寶笈法帖　（清）梁詩正等輯　清乾隆拓本　一冊

210000－0701－0014429　018414

御刻三希堂石渠寶笈法帖　（清）梁詩正等輯　清乾隆拓本　一冊

210000－0701－0014430　018415

御刻三希堂石渠寶笈法帖釋文十六卷　（清）梁詩正等輯　（清）陳焯釋文　清光緒二十三年(1897)上海鴻寶齋石印本　六冊

210000－0701－0014431　018416

御刻三希堂石渠寶笈法帖釋文十六卷　（清）梁詩正等輯　（清）陳焯釋文　清光緒二十三年(1897)上海鴻寶齋石印本　四冊

210000－0701－0014432　018417

御刻三希堂石渠寶笈法帖釋文十六卷　（清）梁詩正等輯　（清）陳焯釋文　清光緒二十三年(1897)上海鴻寶齋石印本　六冊

210000－0701－0014433　018418

御刻三希堂石渠寶笈法帖釋文十六卷　（清）梁詩正等輯　（清）陳焯釋文　清光緒二十三年(1897)上海鴻寶齋石印本　六冊

210000－0701－0014434　018419

御刻三希堂石渠寶笈法帖釋文十六卷　（清）梁詩正等輯　（清）陳焯釋文　清光緒二十三年(1897)上海鴻寶齋石印本　六冊

210000－0701－0014435　018420

御刻三希堂石渠寶笈法帖釋文十六卷　（清）梁詩正等輯　（清）陳焯釋文　清光緒二十三年(1897)上海鴻寶齋石印本　六冊

210000－0701－0014436　018421

御刻三希堂石渠寶笈法帖釋文十六卷　（清）梁詩正等輯　（清）陳焯釋文　清光緒二十三年(1897)上海鴻寶齋石印本　六冊

210000－0701－0014437　018422

擬山園帖五卷　（清）王鐸書　拓本　五冊

210000－0701－0014438　018427

漢石門頌摩崖　（漢）王升刻石　拓本　一冊

210000－0701－0014439　018428

宋淳化閣帖十卷　（宋）王著輯　拓本　十冊

210000－0701－0014440　018429

淳化閣帖十卷附釋文一卷　拓本　十一冊

210000－0701－0014441　018430

欽定重刻淳化閣帖釋文十卷　（清）于敏中等撰　清刻本　二冊

210000－0701－0014442　018431

欽定重刻淳化閣帖釋文十卷　（清）于敏中等撰　清刻本　四冊

210000－0701－0014443　018432

歷代帝王法帖釋文十卷　（清）徐朝弼輯　清嘉慶十七年(1812)鐵筆軒刻本　二冊

210000－0701－0014444　018458

初拓李壁墓誌銘　拓本　一冊

210000－0701－0014445　018459

新鍥考數問奇諸家字法五侯鯖四卷　（清）陳三策撰　清致和堂刻本　四冊

210000－0701－0014446　018483

御刻三希堂石渠寶笈法帖　（清）梁詩正等輯　清拓本　一冊　存一冊

210000－0701－0014447　018484

御刻三希堂石渠寶笈法帖　（清）梁詩正等輯　清拓本　一冊　存一冊（三十二）

210000－0701－0014448　018485

放鶴亭記　（明）董其昌撰並書　拓本　一冊

210000－0701－0014449　018487

瘞鶴銘考補一卷　（清）翁方綱撰　**校勘記一卷**　陳慶年撰　**山樵書外記一卷**　（清）張開福撰　清光緒三十四年（1908）端方刻本　一冊

210000－0701－0014450　018488

瘞鶴銘考補一卷　（清）翁方綱撰　**校勘記一卷**　陳慶年撰　**山樵書外記一卷**　（清）張開福撰　清光緒三十四年（1908）端方刻本　一冊

210000－0701－0014451　018489

瘞鶴銘考補一卷　（清）翁方綱撰　**校勘記一卷**　陳慶年撰　**山樵書外記一卷**　（清）張開福撰　清光緒三十四年（1908）端方刻本　一冊

210000－0701－0014452　018491

語石十卷　葉昌熾撰　清宣統元年（1909）刻本　四冊

210000－0701－0014453　018492

語石十卷　葉昌熾撰　清宣統元年（1909）刻本　四冊

210000－0701－0014454　018493

語石十卷　葉昌熾撰　清宣統元年（1909）刻本　四冊

210000－0701－0014455　018500

石墨鐫華八卷　（明）趙崡撰　清光緒八年（1882）學古齋刻學古齋金石叢書本　二冊存五卷（一至二、六至八）

210000－0701－0014456　018506

碑版文廣例十卷　（清）王芑孫撰　清道光二十一年（1841）刻本　四冊

210000－0701－0014457　018521

淳化閣帖釋文十卷　（清）朱家標撰　清康熙二十二年（1683）朱氏絧錦堂刻本　二冊

210000－0701－0014458　018522

宋韓蘄王碑釋文二卷　（清）顧沅輯　清瑞安陳準湫漻齋刻本　一冊

210000－0701－0014459　018524

補瘞鶴銘考二卷　（清）汪鋆編　清光緒九年（1883）刻十二硯齋三種本　一冊

210000－0701－0014460　018525

補瘞鶴銘考二卷　（清）汪鋆編　清光緒九年（1883）刻十二硯齋三種本　一冊

210000－0701－0014461　018526

漢隸字源五卷碑目一卷附字一卷　（宋）婁機撰　清歸安姚氏咫進齋刻本　六冊

210000－0701－0014462　018527

退菴題跋二卷　（清）梁章鉅撰　清福州梁氏刻杭縣小琳瑯館印本　一冊

210000－0701－0014463　018528

沙南侯獲刻石釋文一卷　（清）張孝達輯　清同治十二年（1873）刻本　一冊

210000－0701－0014464　018529

南邨帖考四卷　（清）程文榮撰　**開方之分還原術一卷**　（清）宋景昌補草　（清）鄒安邑補圖　清光緒貴池劉世珩刻聚學軒叢書本　四冊

210000－0701－0014465　018532

古墨齋金石跋六卷涇川金石記一卷　（清）趙紹祖撰　清光緒貴池劉世珩刻聚學軒叢書朱印本　三冊

195

210000－0701－0014466　018541

枕經堂金石書畫題跋三卷　（清）方朔撰　清同治三年(1864)刻本　一冊

210000－0701－0014467　018542

隸韻考證二卷　（清）翁方綱撰　碑目考證一卷　（清）秦恩復撰　清嘉慶十四年(1809)刻本　一冊

210000－0701－0014468　018545

墨妙亭碑目考二卷附考一卷　（清）張鑑撰　清光緒十年(1884)江蘇書局刻本　二冊

210000－0701－0014469　018546

墨妙亭碑目考二卷附考一卷　（清）張鑑撰　清光緒十年(1884)江蘇書局刻本　二冊

210000－0701－0014470　018547

曝書亭金石文字跋尾六卷　（清）朱彝尊撰　（清）朱記榮輯　清光緒十年(1884)孫谿槐廬家塾刻槐廬叢書本　六冊

210000－0701－0014471　018548

昭陵碑考十二卷　（清）孫三錫撰　清咸豐八年(1858)刻本　六冊

210000－0701－0014472　018549

開有益齋金石文字記一卷讀書續志一卷　（清）朱緒曾撰　清光緒五年(1879)刻本　一冊

210000－0701－0014473　018550

金石萃編補畧二卷　（清）王言撰　清光緒八年(1882)王同刻本　四冊

210000－0701－0014474　018553

竹雲題跋四卷虛舟題跋十卷　（清）王澍撰　清刻本(虛舟題跋原殘一至三卷)　一冊

210000－0701－0014475　018598

樂飢齋詩艸一卷　（清）傅山撰並書　清宣統元年(1909)上海國學保存會影印本　一冊

210000－0701－0014476　018602

國朝四十名家墨跡　（清）沈鈞輯　清光緒三十四年(1908)上海教育圖書館石印本　三冊

210000－0701－0014477　018612

徐文定公墨跡　（清）徐允希輯　清光緒二十九年(1903)鴻寶齋石印本　一冊

210000－0701－0014478　018625

潛園友朋書問十二卷　（清）陸心源輯　清末刻本　四冊

210000－0701－0014479　018643

左文襄公神道碑銘　（清）吳汝綸撰　（清）曹廣禎書　清末石印本　一冊

210000－0701－0014480　018660

新鐫草字唐詩四卷　（清）樊新書　清刻本　四冊

210000－0701－0014481　018662

歷朝應制詩四卷　（清）傅起儒輯並書　清刻本　二冊

210000－0701－0014482　018663

草書集成四卷　（清）莊門熙輯　清光緒十二年(1886)上海書局石印本　四冊

210000－0701－0014483　018664

攀雲閣臨漢碑四集　清嘉慶二十三年(1818)金匱錢氏寫經堂拓本　一冊　存一冊(第一冊小黃門譙敏碑、圉令趙君碑)

210000－0701－0014484　018686

松禪老人遺墨不分卷　（清）翁同龢書　（清）鄒王賓輯　清光緒三十一年(1905)鄒氏石印本　二冊

210000－0701－0014485　018747

明代名人尺牘七種　鄧實輯　清光緒三十二年至三十四年(1906－1908)國學保存會影印本　七冊　缺一種(明十五完人手帖)

210000－0701－0014486　018761

有明名賢遺翰二卷　（清）謝若農輯　（清）張廷濟標注　清光緒十三年(1887)漢皋文淵書局刻本　二冊

210000－0701－0014487　018767

昭代名人尺牘二十四卷小傳二十四卷　（清）吳修輯　清光緒三十四年(1908)上海集古齋石印本　十四冊

210000－0701－0014488　018787

隨軒金石文字九種　（清）徐渭仁輯　清道光
十年至二十一年(1830－1841)上海徐氏刻同
治七年(1868)徐大有補刻本　四冊

210000－0701－0014489　018795

曾惠敏公四體書法　（清）曾紀澤書　清光緒
十六年(1890)上洋鴻寶齋石印本　一冊　存
一冊(上)

210000－0701－0014490　018796

曾惠敏公四體書法　（清）曾紀澤書　清光緒
十六年(1890)上洋鴻寶齋石印本　二冊

210000－0701－0014491　018809

篆文孝經　（清）吳大澂書　清光緒十一年
(1885)石印本　一冊

210000－0701－0014492　018820

字學津梁不分卷　（清）傅起儒輯並書　清刻
本　二冊

210000－0701－0014493　018823

新鐫草字唐詩四卷　（清）樊新書　清刻本
一冊　存一卷(草字唐詩七言律)

210000－0701－0014494　018834

書學捷要二卷　（清）朱履貞撰　清道光十四
年(1834)卜臣枚抄本　二冊

210000－0701－0014495　018839

墨池編二十卷　（宋）朱長文輯　清雍正十一
年(1733)朱氏刻本　六冊　存九卷(一至九)

210000－0701－0014496　018840

增訂四體書法不分卷　（清）劉若瑑輯　清同
治九年(1870)蘇州小酉山房刻本　一冊

210000－0701－0014497　018841

學書一得不分卷　（清）邵洛撰　清咸豐十年
(1860)安拙堂刻本　一冊

210000－0701－0014498　018842

分隸偶存二卷　（清）萬經撰　清光緒八年
(1882)刻本　二冊

210000－0701－0014499　018843

分隸偶存二卷　（清）萬經撰　清光緒八年
(1882)刻本　二冊

210000－0701－0014500　018844

分隸偶存二卷　（清）萬經撰　清光緒二十五
年(1899)吉林探源書舫刻吉林探源書舫叢書
本　二冊

210000－0701－0014501　018845

番易姜夔堯章續書譜　（宋）姜夔撰　（清）蔣
衡書　清宣統元年(1909)國學保存會石印本
　一冊

210000－0701－0014502　018873

漢溪書法通解八卷　（清）戈守智撰　清乾隆
刻本　四冊　存四卷(一至四)

210000－0701－0014503　018874

詩畫舫六卷　（清）點石齋輯　清光緒三十年
(1904)上海點石齋石印本　六冊

210000－0701－0014504　018875

前後二十四孝圖說　（清）施善昌輯　清光緒
十九年(1893)上海仁濟堂石印本　一冊

210000－0701－0014505　018885

王石谷山水冊　（清）王翬繪　鄧秋枚輯　清
宣統元年(1909)神州國光社影印本　一冊

210000－0701－0014506　018886

王石谷山水冊　（清）王翬繪　鄧秋枚輯　清
宣統元年(1909)神州國光社影印本　一冊

210000－0701－0014507　018897

王麓臺扇冊　（清）王原祁繪　清宣統二年
(1910)上海文明書局影印本　一冊

210000－0701－0014508　018904

王小某人物冊神品　（清）王素繪　清宣統元
年(1909)上海文明書局影印本　一冊

210000－0701－0014509　018934

醉墨軒畫譜四卷　（清）胡郯卿繪　清宣統元
年(1909)海左書局石印本　一冊

210000－0701－0014510　018935

醉墨軒畫稿一卷　（清）胡郯卿繪　清光緒三
十一年(1905)海左書莊石印本　二冊

210000－0701－0014511　018943
張任兩大名家畫譜　（清）張熊　任頤繪　清光緒二十七年(1901)石印本　二冊

210000－0701－0014512　018950
聖門禮誌一卷　（清）孔令貽輯　聖門樂誌一卷　（清）孔尚任輯　清光緒十三年(1887)闕里硯寬亭刻本　一冊

210000－0701－0014513　018950
聖賢像贊不分卷　清光緒四年(1878)曲阜會文堂刻本　二冊

210000－0701－0014514　018957
紫光閣繪像功臣四十八人　（清）周慕喬等繪　清光緒二十六年(1900)彭鴻年石印本　一冊

210000－0701－0014515　018961
練川名人畫象四卷附二卷續編三卷　（清）程祖慶繪　清道光二十九年(1849)刻本　一冊

210000－0701－0014516　018963
二十四孝一卷　清光緒二十五年(1899)宣邑涂良玉刻本　一冊

210000－0701－0014517　018986
紉齋畫賸不分卷　（清）陳允升繪　清光緒二年(1876)陳氏得古歡室刻本　四冊

210000－0701－0014518　018987
紉齋畫賸不分卷　（清）陳允升繪　清光緒二年(1876)陳氏得古歡室刻本　四冊

210000－0701－0014519　018988
紉齋畫賸不分卷　（清）陳允升繪　清光緒二年(1876)陳氏得古歡室刻本　四冊

210000－0701－0014520　018989
紉齋畫賸不分卷　（清）陳允升繪　清光緒二年(1876)陳氏得古歡室刻本　四冊

210000－0701－0014521　018990
紉齋畫賸不分卷　（清）陳允升繪　清光緒二年(1876)陳氏得古歡室刻本　四冊

210000－0701－0014522　018991
紉齋畫賸不分卷　（清）陳允升繪　清末石印

本　二冊

210000－0701－0014523　018994
泛槎圖一卷續泛槎圖二集一卷續泛槎圖三集一卷艤槎圖四集一卷灘江泛棹圖五集一卷續泛槎圖六集一卷　（清）張寶繪　清嘉慶二十四年至道光十一年(1819－1831)刻本　十二冊

210000－0701－0014524　018994
艤槎圖四集一卷灘江泛棹圖五集一卷續泛槎圖六集一卷　（清）張寶繪　清道光刻本　六冊

210000－0701－0014525　019015
泛槎圖一卷　（清）張寶繪　清道光二年(1822)刻本　六冊

210000－0701－0014526　019015
泛槎圖一卷續泛槎圖二集一卷續泛槎圖三集一卷　（清）張寶繪　清嘉慶二十四年至道光十一年(1819－1831)刻本　六冊

210000－0701－0014527　019020
冶梅石譜　（清）王寅繪　清光緒上海朝記書莊石印本　二冊

210000－0701－0014528　019021
冶梅石譜　（清）王寅繪　清光緒上海朝記書莊石印本　二冊

210000－0701－0014529　019022
冶梅眾譜　（清）王寅繪　清光緒十八年(1892)上海振華國書社石印本　四冊

210000－0701－0014530　019023
冶梅眾譜　（清）王寅繪　清光緒上海朝記書莊石印本　四冊

210000－0701－0014531　019024
冶梅眾譜　（清）王寅繪　清光緒上海朝記書莊石印本　四冊

210000－0701－0014532　019043
冷香舘畫冊　（清）李珍繪　清光緒二十八年(1902)石印本　一冊

210000－0701－0014533　019044

清光宣間書報輯存　道安輯　清末石印本
五冊

210000－0701－0014534　019045

淞濱花影二卷　題花影樓主人輯　清光緒十
三年(1887)石印本　二冊

210000－0701－0014535　019046

海上九家畫譜　楊逸輯　清宣統元年(1909)
上海天爵堂石印本　二冊

210000－0701－0014536　019051

十竹齋書畫譜八卷　(明)胡正言輯　清光緒
五年(1879)刻套印本　八冊

210000－0701－0014537　019063

古聖賢像傳畧　(清)顧沅輯　清道光十年
(1830)刻本　六冊

210000－0701－0014538　019064

古聖賢像傳畧　(清)顧沅輯　清道光十年
(1830)刻本　六冊

210000－0701－0014539　019065

七十二候牋　錢慧安繪　清光緒二十四年
(1898)文美齋石印本　二冊

210000－0701－0014540　019066

七十二候圖　劉業邠繪　清宣統二年(1910)
石印本　一冊

210000－0701－0014541　019067

姚叔平山水畫冊　(清)姚叔平繪　清光緒二
十九年(1903)上海讀畫齋石印本　一冊

210000－0701－0014542　019086

夢跡圖一卷　(清)寶琳繪　清光緒上海點石
齋石印本　一冊

210000－0701－0014543　019087

夢跡圖一卷　(清)寶琳繪　清光緒上海點石
齋石印本　一冊

210000－0701－0014544　019088

夢跡圖一卷　(清)寶琳繪　清光緒上海點石
齋石印本　一冊

210000－0701－0014545　019089

芥子園畫傳六卷二集九卷三集六卷　(清)王
槩等輯　(清)巢勳增輯　清光緒十三年至十
四年(1887－1888)上海鴻文書局刻本　十
二冊

210000－0701－0014546　019090

芥子園畫傳六卷二集九卷三集六卷　(清)王
槩等輯　(清)巢勳增輯　清光緒十六年
(1890)上海鴻寶齋石印本　十二冊

210000－0701－0014547　019091

芥子園畫傳六卷二集九卷三集六卷　(清)王
槩等輯　(清)巢勳增輯　清光緒十六年
(1890)上海鴻寶齋石印本　四冊　存六卷
(初集六卷)

210000－0701－0014548　019092

芥子園畫傳五卷　(清)王槩輯　清刻套印本
五冊

210000－0701－0014549　019093

芥子園畫傳五卷　(清)王槩輯　清刻套印本
五冊

210000－0701－0014550　019094

芥子園畫傳初集五卷二集八卷　(清)王槩等
輯　清乾隆四十七年(1782)金閶書業堂刻本
八冊

210000－0701－0014551　019094

芥子園畫傳三集四卷末一卷四集四卷附一卷
(清)王槩等輯　清嘉慶二十二年至二十三
年(1817－1818)上海金陵李氏芥子園刻套印
本　八冊

210000－0701－0014552　019096

芥子園畫傳五卷二集八卷首一卷三集四卷末
一卷四集四卷附錄一卷　(清)王槩等輯　清
刻套印本　十六冊

210000－0701－0014553　019097

芥子園畫傳五卷二集八卷　(清)王槩等輯
清乾隆四十七年(1782)金閶書業堂刻套印本
四冊

210000－0701－0014554　019098

芥子園畫傳二集八卷 （清）王槩等輯 清乾隆四十七年（1782）金閶書業堂刻套印本 四冊

210000－0701－0014555　019099

芥子園畫傳三集四卷末一卷四集四卷附一卷 （清）王槩等輯 清刻套印本 八冊 存四卷（四集四卷）

210000－0701－0014556　019103

芥子園畫傳六卷二集九卷三集六卷 （清）王槩等輯 （清）巢勳增輯 清光緒十三年至十四年（1887－1888）上海鴻文書局刻本 十六冊

210000－0701－0014557　019103

芥子園畫傳四集四卷附一卷 （清）王槩等輯 清小酉山房刻本 四冊

210000－0701－0014558　019104

芥子園畫傳六卷二集九卷三集六卷 （清）王槩等輯 （清）巢勳增輯 清光緒十三年至十四年（1887－1888）上海鴻文書局刻本 十二冊

210000－0701－0014559　019105

芥子園畫傳六卷二集九卷三集六卷 （清）王槩等輯 （清）巢勳增輯 清光緒十三年至十四年（1887－1888）上海鴻文書局刻本 十二冊

210000－0701－0014560　019106

芥子園畫傳六卷二集九卷三集六卷 （清）王槩等輯 （清）巢勳增輯 清上海千頃堂書局石印本 八冊 存六卷（初集六卷）

210000－0701－0014561　019107

芥子園畫傳六卷二集九卷三集六卷 （清）王槩等輯 （清）巢勳增輯 清上海千頃堂書局石印本 八冊 存九卷（二集九卷）

210000－0701－0014562　019108

墨蘭譜不分卷 （清）陳逵繪 清嘉慶三年至五年（1798－1800）顧氏讀畫齋刻本 二冊

210000－0701－0014563　019126

椒石粉本二卷 （清）潘嵐繪 清光緒十七年（1891）石印本 一冊

210000－0701－0014564　019131

王冶梅先生梅譜 （清）王寅繪 清光緒十八年（1892）上海石印本 四冊

210000－0701－0014565　019132

冶梅竹譜一卷蘭譜一卷 （清）王寅撰 清光緒八年（1882）金陵王氏日本刻本 二冊

210000－0701－0014566　019157

畫家三昧八卷 （清）釋竹禪繪 清光緒十年（1884）安禪堂刻本 八冊

210000－0701－0014567　019158

墨蘭譜不分卷 （清）陳逵繪 清嘉慶三年至五年（1798－1800）顧氏讀畫齋刻本 二冊 存四十六葉（下半卷四十六至九十四葉）

210000－0701－0014568　019159

點石齋畫報十卷 （清）點石齋輯 清光緒上海點石齋石印本 十冊

210000－0701－0014569　019166

墨蘭譜不分卷 （清）陳逵繪 清嘉慶三年至五年（1798－1800）顧氏讀畫齋刻本 二冊

210000－0701－0014570　019174

點石齋叢畫十卷 （清）點石齋輯 清光緒十一年（1885）點石齋石印本 八冊

210000－0701－0014571　019175

點石齋叢畫十卷 （清）點石齋輯 清光緒十一年（1885）點石齋石印本 八冊

210000－0701－0014572　019176

點石齋叢畫十二卷 （清）點石齋輯 清光緒七年（1881）點石齋石印本 八冊

210000－0701－0014573　019177

有明於越三不朽名賢圖贊一卷 （清）張岱撰並繪 清光緒十四年（1888）陳錦刻本 一冊

210000－0701－0014574　019181

晚笑堂畫傳不分卷 （清）上官周繪 清乾隆八年（1743）刻本 二冊

210000－0701－0014575　019211

毓秀堂畫傳四卷　（清）王墀繪　清光緒九年（1883）石印本　四冊

210000－0701－0014576　019221

竹波軒楳册　（清）鄭溍繪　清道光刻本　一冊

210000－0701－0014577　019225

賞奇軒四種合編　（清）□□輯　清刻本　四冊

210000－0701－0014578　019232

高西園詩畫録一卷附録一卷　（清）高鳳翰撰　（清）鄧元鏸輯　清光緒二十一年（1895）刻本　一冊

210000－0701－0014579　019233

習苦齋畫絮十卷　（清）戴熙撰　清光緒十九年（1893）杭州鷦署刻本　四冊

210000－0701－0014580　019234

習苦齋畫絮十卷　（清）戴熙撰　清光緒十九年（1893）杭州鷦署刻本　四冊

210000－0701－0014581　019235

賜硯齋題畫偶録一卷　（清）戴震撰　清光緒三年（1877）葛氏嘯園刻嘯園叢書本　一冊

210000－0701－0014582　019235

梅道人遺墨一卷　（元）吳鎮撰　清光緒二年（1876）葛氏嘯園刻嘯園叢書本　一冊

210000－0701－0014583　019237

南宋院畫録八卷　（清）厲鶚撰　清光緒十年（1884）錢唐丁氏竹書堂刻本　四冊

210000－0701－0014584　019239

畫耕偶録四卷　（清）邵梅臣撰　清末刻本　四冊

210000－0701－0014585　019241

秦淮録別一卷　（清）殳三慶輯　稿本　一冊

210000－0701－0014586　019246

青霞館論畫絕句一百首　（清）吳修撰　清光緒二年（1876）刻本　一冊

210000－0701－0014587　019247

青霞館論畫絕句一百首　（清）吳修撰　清光緒二年（1876）刻本　一冊

210000－0701－0014588　019248

青霞館論畫絕句一百首　（清）吳修撰　清光緒二年（1876）刻本　一冊

210000－0701－0014589　019249

青霞館論畫絕句一百首　（清）吳修撰　清光緒二年（1876）刻本　一冊

210000－0701－0014590　019250

青霞館論畫絕句一百首　（清）吳修撰　清光緒二年（1876）刻本　一冊

210000－0701－0014591　019251

寶繪録二十卷　（明）張泰階撰　清金匱書屋刻本　十一冊

210000－0701－0014592　019252

國朝畫識十七卷墨香居畫識十卷　（清）馮金伯撰　清道光十一年（1831）雲間文萃堂刻本　十冊

210000－0701－0014593　019253

桐陰論畫二卷首一卷附録一卷桐陰畫訣一卷續桐陰論畫一卷桐陰論畫二編二卷三編二卷　（清）秦祖永撰　清同治三年至光緒八年（1864－1882）刻朱墨套印本　八冊

210000－0701－0014594　019254

桐陰論畫二卷首一卷附録一卷桐陰畫訣二卷桐陰論畫二編二卷三編二卷　（清）秦祖永撰　清光緒刻朱墨套印本　四冊

210000－0701－0014595　019255

桐陰論畫二編二卷　（清）秦祖永撰　清光緒刻朱墨套印本　一冊

210000－0701－0014596　019257

畫學心印八卷　（清）秦祖永輯　清光緒四年（1878）刻朱墨套印本　八冊

210000－0701－0014597　019258

畫學心印八卷　（清）秦祖永輯　清光緒四年（1878）刻朱墨套印本　八冊

210000－0701－0014598　019259

畫學心印八卷　（清）秦祖永輯　清光緒四年（1878）刻朱墨套印本　八冊

210000－0701－0014599　019260

畫學心印八卷　（清）秦祖永輯　清光緒四年（1878）刻朱墨套印本　八冊

210000－0701－0014600　019261

四銅鼓齋論畫集刻　（清）張祥河輯　清道光二十六年（1846）華亭張氏刻本　四冊

210000－0701－0014601　019302

泛槎圖一卷續泛槎圖二集一卷續泛槎圖三集一卷艤槎圖四集一卷灘江泛槎圖五集一卷續泛槎圖六集一卷　（清）張寶繪　清嘉慶二十四年至道光十一年（1819－1831）刻本　十二冊

210000－0701－0014602　019304

神州國光集第十集　神州國光社輯　清末神州國光社影印本　一冊

210000－0701－0014603　019305

神州國光社書畫集　神州國光社輯　清光緒三十四年（1908）神州國光社影印神州國光集外增刊本　一冊

210000－0701－0014604　019309

海上青樓圖記四卷　題（清）沁園主人繪　清光緒十八年（1892）上海華雨小築居石印本　四冊

210000－0701－0014605　019311

南湖詩意二十六幀　吳觀岱繪　吳芝瑛書　清宣統三年（1911）上海文明書局影印本　一冊

210000－0701－0014606　019312

南湖詩意二十六幀　吳觀岱繪　吳芝瑛書　清宣統三年（1911）上海文明書局影印本　一冊

210000－0701－0014607　019317

荆南石刻三種雙鉤本　（清）劉瀚雙鉤　清光緒二十九年（1903）海天旭日硯齋刻本　一冊

210000－0701－0014608　019348

周誥遺文毛公鼎一卷附釋文一卷　（清）吳大澂書並撰　清光緒十三年（1887）上海同文書局石印本　一冊

210000－0701－0014609　019361

北京日日畫報　清光緒三十四年（1908）石印本　四冊　存一至三十期（清光緒三十四年五月二十三日至六月二十二日）

210000－0701－0014610　019362

佩文齋書畫譜一百卷　（清）孫岳頒等纂輯　清光緒九年（1883）上海同文書局石印本　十六冊

210000－0701－0014611　019363

清河書畫舫十二卷附鑒古百一詩一卷　（明）張丑輯　**寶章待訪錄一卷**　（宋）米芾撰　清乾隆二十七年至二十八年（1762－1763）吳氏池北草堂刻本　十二冊

210000－0701－0014612　019364

清河書畫舫十二卷附鑒古百一詩一卷　（明）張丑輯　**寶章待訪錄一卷**　（宋）米芾撰　清光緒十四年（1888）朱氏刻本　十二冊

210000－0701－0014613　019365

清河書畫舫十二卷附鑒古百一詩一卷　（明）張丑輯　**寶章待訪錄一卷**　（宋）米芾撰　清光緒十四年（1888）朱氏刻本　十二冊

210000－0701－0014614　019366

清河書畫舫十二卷附鑒古百一詩一卷　（明）張丑輯　**寶章待訪錄一卷**　（宋）米芾撰　清光緒十四年（1888）朱氏刻本　十二冊

210000－0701－0014615　019370

清河書畫舫十二卷附鑒古百一詩一卷　（明）張丑輯　**寶章待訪錄一卷**　（宋）米芾撰　清光緒十四年（1888）朱氏刻本　十二冊

210000－0701－0014616　019371

玉臺畫史五卷別錄一卷　（清）湯漱玉輯　清道光十七年（1837）汪氏振綺堂刻振綺堂遺書本　三冊

210000－0701－0014617　019387

歷代畫史彙傳七十二卷首一卷總目三卷附錄二卷　（清）彭蘊璨輯　清道光五年(1825)吳門尚志堂彭氏刻本　二十四冊

210000－0701－0014618　019392

懷古田舍梅統十三卷　（清）徐榮輯　清同治四年(1865)刻本　四冊

210000－0701－0014619　019397

歷代畫史彙傳七十二卷首一卷總目三卷附錄二卷　（清）彭蘊璨輯　清光緒八年(1882)上海掃葉山房刻本　三十冊　缺二卷(附錄二卷)

210000－0701－0014620　019407

水滸圖贊一卷　（清）劉晚榮輯　清末石印本　一冊

210000－0701－0014621　019408

敕封大王將軍畫像一卷　（清）河南印刷局繪　清河南河防局刻本　一冊

210000－0701－0014622　019411

鏡影簫聲初集一卷　（清）不過分齋主人輯　（清）徐虎朗繪圖　（清）司花老人填詞　清光緒十三年(1887)日本東京搶花館主人銅版刻本　一冊

210000－0701－0014623　019424

觀古閣叢刻　（清）鮑康撰　清同治十二年至光緒二年(1873－1876)歙鮑氏觀古閣刻本　八冊

210000－0701－0014624　019426

行素草堂金石叢書　（清）朱記榮輯　清光緒吳縣朱氏刻彙印本　二十一冊

210000－0701－0014625　019430

語石十卷　葉昌熾輯　清宣統元年(1909)刻本　四冊

210000－0701－0014626　019431

玉紀一卷　（清）陳性撰　玉紀補一卷　（清）劉心瑤撰　清光緒十五年(1889)廣州刻粟香室叢書本　一冊

210000－0701－0014627　019434

筠清館金石文字五卷　（清）吳榮光撰　清道光二十二年(1842)南海吳氏筠清館刻本　五冊

210000－0701－0014628　019440

金石苑　清刻本　一冊　存(蒼玉洞題名石刻)

210000－0701－0014629　019441

金石萃編一百六十卷　（清）王昶撰　清嘉慶十年(1805)刻本　五十九冊

210000－0701－0014630　019443

續齊魯古印攈十六卷　（清）郭裕之輯　清光緒十八年(1892)濰縣郭氏鈐印本　八冊　存八卷(一至八)

210000－0701－0014631　019446

新心別館印存不分卷　（清）王肇基篆刻並輯　清同治三年(1864)刻鈐印本　六冊

210000－0701－0014632　019452

二百蘭亭齋古銅印存十二卷　（清）吳雲輯　清同治元年(1862)鈐印本　一冊　存一卷

210000－0701－0014633　019453

二金蜨堂印存□□卷　（清）趙之謙篆刻　（清）沈毓慶輯　清光緒二十六年(1900)鈐印本　一冊　存一卷

210000－0701－0014634　019454

三十五舉一卷　（元）吾丘衍撰　校勘記一卷　（清）姚覲元撰　清光緒二十五年(1899)刻吉林探源書舫叢書本　一冊

210000－0701－0014635　019454

蘇齋唐碑選一卷　（清）翁方綱撰　清光緒二十六年(1900)刻吉林探源書舫叢書本　與210000－0701－0014634、0014636至0014637合冊

210000－0701－0014636　019454

續三十五舉一卷　（清）桂馥撰　清光緒二十五年(1899)刻吉林探源書舫叢書本　與210000－0701－0014634至0014635、0014637

合冊

210000－0701－0014637　019454

再續三十五舉一卷　（清）姚晏撰　清光緒二
十五年（1899）刻吉林探源書舫叢書本　與
210000－0701－0014634 至 0014636 合冊

210000－0701－0014638　019463

石隱印玩不分卷　清鈐印本　一冊

210000－0701－0014639　019464

石隱印玩不分卷　清鈐印本　一冊

210000－0701－0014640　019465

百將百美合璧印譜不分卷　（清）趙穆篆刻並
輯　清光緒二十三年（1897）鈐印本　八冊

210000－0701－0014641　019466

趙仲穆百美印譜一卷百將印譜一卷　（清）趙
穆篆刻並輯　清光緒刻鈐印本　二冊

210000－0701－0014642　019467

百壽字印譜不分卷　鈐印本　七冊

210000－0701－0014643　019468

守如印存一卷　（清）吳儁篆刻並輯　清光緒
十五年（1889）刻鈐印本　二冊

210000－0701－0014644　019482

琴鶴堂印譜不分卷　（清）繼良輯　清光緒二
十七年（1901）刻本　八冊

210000－0701－0014645　019490

聚學軒印存　清末鈐印本　一冊

210000－0701－0014646　019508

嵩雲居藏印不分卷　鈐印本　四冊

210000－0701－0014647　019522

伴石山房印存不分卷　（清）梅勒篆刻並輯
清光緒二十年（1894）刻鈐印本　二冊

210000－0701－0014648　019523

伴石山房印存不分卷　（清）梅勒篆刻並輯
清光緒二十年（1894）刻鈐印本　二冊

210000－0701－0014649　019528

適園印印不分卷　（清）吳咨篆刻　（清）陳以
穌輯　清宣統三年（1911）汪洵石印本　一冊

210000－0701－0014650　019529

定山刻石不分卷　（清）陳瀏篆刻並輯　清鈐
印本　一冊

210000－0701－0014651　019530

定山刻石不分卷　（清）陳瀏篆刻並輯　清鈐
印本　一冊

210000－0701－0014652　019531

定山刻石不分卷　（清）陳瀏篆刻並輯　清末
鈐印本　一冊

210000－0701－0014653　019532

實齋印存一卷　楊秉信篆刻並輯　清光緒三
十年（1904）鈐印本　一冊

210000－0701－0014654　019538

漢印集錦一卷　題玉壺山房主人輯　鈐印本
一冊

210000－0701－0014655　019541

續集漢印分韻二卷　（清）謝景卿輯並臨摹
清嘉慶八年（1803）漱藝堂刻本　二冊

210000－0701－0014656　019541

選集漢印分韻二卷　（清）袁日省輯　清嘉慶
二年（1797）漱藝堂刻本　二冊

210000－0701－0014657　019546

宋元舊本書經眼錄三卷附錄二卷　（清）莫友
芝撰　清刻本　一冊

210000－0701－0014658　019547

選集漢印分韻二卷　（清）袁日省輯　清嘉慶
二年（1797）漱藝堂刻本　二冊

210000－0701－0014659　019559

封泥攷略十卷　（清）吳式芬　（清）陳介祺輯
清光緒三十年（1904）滬上石印本　十冊

210000－0701－0014660　019571

趙撝叔印存一卷　（清）趙之謙篆刻　清鈐印
本　二冊

210000－0701－0014661　019572

松園印譜一卷　（清）賈永篆刻並輯　清乾隆
四十八年（1783）福壽堂刻鈐印本　二冊

210000－0701－0014662　019579
東伯印粹一卷　鈐印本　二冊

210000－0701－0014663　019581
括印彙痕一卷　鈐印本　二冊

210000－0701－0014664　019590
歷朝史印十卷　（清）黃學圯篆刻　（清）吳叔
元釋　清楚橋書屋刻鈐印本　六冊

210000－0701－0014665　019593
陸厝畜古錄一卷　（清）潘祖蔭藏　清末拓本
一冊

210000－0701－0014666　019607
印記一卷　李中輯　清光緒三十四年(1908)
鈐印本　一冊

210000－0701－0014667　019608
印譜不分卷　鈐印本　二十四冊

210000－0701－0014668　019610
印述一卷　（清）計世祺篆刻並輯　清乾隆三
年(1738)萬石樓刻鈐印本　一冊

210000－0701－0014669　019619
陰騭文印譜一卷　鈐印本　一冊

210000－0701－0014670　019621
金石紅文六卷　（清）吳熙篆刻　（清）李繼烈
輯　清康熙四十年(1701)刻鈐印本　二冊
存二卷

210000－0701－0014671　019623
前赤壁賦印篆帖　鄭成源輯　鈐印本　一冊

210000－0701－0014672　019625
孫氏養正樓印存六卷　（清）孟介臣篆刻
（清）孫阜昌輯　清道光十九年(1839)孫氏養
正樓刻鈐印本　六冊

210000－0701－0014673　019626
鐵耕齋印存一卷　（清）雷悅篆刻並輯　鈐印
本　一冊

210000－0701－0014674　019638
篆學瑣著　（清）顧湘輯　清道光二十年
(1840)海虞顧氏刻本　八冊

210000－0701－0014675　019639
篆學瑣著　（清）顧湘輯　清道光二十年
(1840)海虞顧氏刻本　六冊

210000－0701－0014676　019640
篆學瑣著　（清）顧湘輯　清道光二十年
(1840)海虞顧氏刻本　六冊

210000－0701－0014677　019641
小石山房印譜四卷歸去來辭一卷集名刻一卷
集金玉晶石銅牙瓷竹木類印一卷　（清）顧湘
（清）顧浩輯　清同治八年(1869)海虞顧氏
刻鈐印本　六冊

210000－0701－0014678　019642
小石山房印譜四卷歸去來辭一卷集名刻一卷
集金玉晶石銅牙瓷竹木類印一卷　（清）顧湘
（清）顧浩輯　清同治八年(1869)海虞顧氏
鈐印本　六冊

210000－0701－0014679　019643
小石山房印譜四卷歸去來辭一卷集名刻一卷
集金玉晶石銅牙瓷竹木類印一卷　（清）顧湘
（清）顧浩輯　清宣統三年(1911)石印本
六冊

210000－0701－0014680　019666
泉布統誌九卷首一卷附一卷　（清）孟麟撰
清嘉慶二十一年至道光二十一年(1816－
1841)刻本　十六冊

210000－0701－0014681　019677
古泉叢話三卷附一卷　（清）戴熙撰　清同治
十一年(1872)吳縣潘氏滂喜齋刻本　一冊

210000－0701－0014682　019677
攀古廎漢石紀存一卷　（清）張之洞釋　（清）
吳大澂雙鉤　清同治十二年(1873)吳縣潘氏
滂喜齋刻本　與 210000－0701－0014681
合冊

210000－0701－0014683　019679
古泉匯首集四卷元集十四卷亨集十四卷利集
十八卷貞集十四卷　（清）李佐賢輯　清同治
三年(1864)石泉書屋刻本　十六冊

210000－0701－0014684　019679

續泉匯元集三卷亨集三卷刊集三卷貞集五卷
補遺二卷　（清）鮑康　（清）李佐賢輯　清光
緒元年(1875)刻本　四冊

210000－0701－0014685　019680

古泉匯首集四卷元集十四卷亨集十四卷利集
十八卷貞集十四卷　（清）李佐賢輯　清同治
三年(1864)石泉書屋刻本　十六冊

210000－0701－0014686　019680

續泉匯元集三卷亨集三卷刊集三卷貞集五卷
補遺二卷　（清）鮑康　（清）李佐賢輯　清光
緒元年(1875)刻本　四冊

210000－0701－0014687　019681

古泉匯首集四卷元集十四卷亨集十四卷利集
十八卷貞集十四卷　（清）李佐賢輯　清同治
三年(1864)石泉書屋刻本　十六冊

210000－0701－0014688　019681

續泉匯元集三卷亨集三卷刊集三卷貞集五卷
補遺二卷　（清）鮑康　（清）李佐賢輯　清光
緒元年(1875)刻本　四冊

210000－0701－0014689　019682

古泉匯首集四卷元集十四卷亨集十四卷利集
十八卷貞集十四卷　（清）李佐賢輯　清同治
三年(1864)石泉書屋刻本　十六冊

210000－0701－0014690　019682

續泉匯元集三卷亨集三卷刊集三卷貞集五卷
補遺二卷　（清）鮑康　（清）李佐賢輯　清光
緒元年(1875)刻本　四冊

210000－0701－0014691　019685

古今錢略三十二卷首一卷末一卷　（清）倪模
撰　清光緒五年(1879)望江倪氏兩彊勉齋刻
本　十六冊

210000－0701－0014692　019689

吉金志存四卷　（清）李光庭輯　清咸豐九年
(1859)寶坻李氏刻本　四冊

210000－0701－0014693　019690

吉金所見錄十六卷首一卷末一卷　（清）初尚

齡撰　清道光二十一年(1841)刻本　四冊

210000－0701－0014694　019691

吉金所見錄十六卷首一卷末一卷　（清）初尚
齡撰　清道光二十一年(1841)刻本　四冊

210000－0701－0014695　019696

觀古閣叢刻　（清）鮑康撰　清同治十二年
(1873)歙鮑氏刻本　六冊

210000－0701－0014696　019699

錢誌新編二十卷　（清）張崇懿輯　清道光十
年(1830)酌春堂刻本　二冊

210000－0701－0014697　019701

欽定錢錄十六卷　（清）梁詩正等纂　清刻本
六冊

210000－0701－0014698　019702

欽定錢錄十六卷　（清）梁詩正等纂　清刻本
二冊

210000－0701－0014699　019703

欽定錢錄十六卷　（清）梁詩正等纂　清刻本
四冊

210000－0701－0014700　019704

欽定錢錄十六卷　（清）梁詩正等纂　清刻本
二冊

210000－0701－0014701　019705

銀論撮要一卷　（清）悅來堂訂　清光緒七年
(1881)富經堂刻本　一冊

210000－0701－0014702　019716

文房肆考圖說八卷　（清）唐秉鈞撰　（清）康
愷繪　清乾隆四十三年(1778)竹映山莊刻本
八冊

210000－0701－0014703　019717

端溪研志三卷首一卷　（清）吳繩年撰　清乾
隆十八年(1753)刻道光二十五年(1845)武林
清芬堂印本　二冊

210000－0701－0014704　019718

端溪硯史三卷　（清）吳蘭修撰　清道光十四
年(1834)鄭氏淳一堂刻本　二冊

210000－0701－0014705 019719

端溪硯史三卷 （清）吳蘭修撰 清道光十四年(1834)鄭氏淳一堂刻本 二冊

210000－0701－0014706 019720

端溪硯史三卷 （清）吳蘭修撰 清道光三十年(1850)南海伍氏粵雅堂刻嶺南遺書本 一冊

210000－0701－0014707 019721

天全石錄一卷 （清）陳矩撰 清光緒二十九年(1903)錦城刻靈峯草堂叢書本 一冊

210000－0701－0014708 019724

寶硯堂硯辨不分卷 （清）何傅瑤撰 清道光十七年(1837)高鴻校刻本 一冊

210000－0701－0014709 019729

士那補釋一卷 （清）張義澍撰 清光緒十八年(1892)金陵刻本 一冊

210000－0701－0014710 019733

墨表四卷 （清）萬壽祺撰 清嘉慶二十三年(1818)黃丕烈刻本 一冊

210000－0701－0014711 019734

墨表四卷 （清）萬壽祺撰 清嘉慶二十三年(1818)黃丕烈刻本 一冊

210000－0701－0014712 019736

貯香小品十卷首一卷 （清）萬俊賢撰 清道光三年(1823)刻本 一冊 存三卷(一至三)

210000－0701－0014713 019737

今文房四譜一卷 （清）謝崧梁撰 清光緒十六年(1890)謝氏犖經榭刻本 一冊

210000－0701－0014714 019778

茗壺圖錄二卷 （日本）奧玄寶撰 清末石印本 二冊

210000－0701－0014715 019814

靈臺小補 （清）金連凱撰 清道光十二年(1832)刻本 一冊

210000－0701－0014716 019830

觀劇絕句三卷 （清）金德瑛等撰 清光緒三十四年(1908)葉氏觀古堂刻本 一冊

210000－0701－0014717 019830

木皮散人鼓詞一卷 （清）賈鳧西撰 萬古愁曲一卷 （清）歸莊撰 清光緒三十三年(1907)葉氏觀古堂刻本 與210000－0701－0014716合冊

210000－0701－0014718 019831

京塵雜錄 （清）楊懋建撰 清光緒十二年(1886)上海同文書局石印本 二冊

210000－0701－0014719 019832

京塵雜錄 （清）楊懋建撰 清光緒十二年(1886)上海同文書局石印本 四冊

210000－0701－0014720 019836

燕蘭小譜五卷 （清）吳長元撰 海漚小譜一卷 （清）趙執信撰 清宣統三年(1911)長沙葉氏刻本 一冊

210000－0701－0014721 019845

琴學叢書六種 楊宗稷撰 清宣統三年至民國八年(1911－1919)楊氏刻本 八冊

210000－0701－0014722 019846

琴學叢書十種 楊宗稷輯 清宣統三年至民國十四年(1911－1925)楊氏刻本 十一冊

210000－0701－0014723 019847

琴學叢書十種 楊宗稷輯 清宣統三年至民國十四年(1911－1925)楊氏刻本 十一冊 缺一種(琴鏡補)

210000－0701－0014724 019848

琴學叢書十種 楊宗稷輯 清宣統三年至民國十四年(1911－1925)楊氏刻本 十一冊

210000－0701－0014725 019849

鵝幻彙編十二卷 （清）唐芸洲撰 清光緒十五年(1889)上海廣益書局石印本 六冊

210000－0701－0014726 019850

天聞閣琴譜集成十六卷首三卷附一卷紀事一卷 （清）唐彝銘撰 清光緒二年(1876)成都葉宗祺刻本 十六冊

210000－0701－0014727 019851

律音彙考八卷 （清）邱之稑撰 清道光十八

年(1838)堀田家塾刻本　四冊

210000－0701－0014728　019854

音分古義二卷附一卷　（清）戴熙撰　清光緒
十二年(1886)新陽趙氏刻新陽趙氏叢刊本
二冊

210000－0701－0014729　019856

樂書二百卷　（宋）陳暘撰　清光緒二年
(1876)廣州菊坡精舍刻本　十六冊

210000－0701－0014730　019857

古樂經傳五卷　（清）李光地撰　清雍正五年
(1727)李清植刻後印本　一冊

210000－0701－0014731　019858

重刻恭簡公志樂二十卷　（明）韓邦奇撰
（清）上官有儀補注　清乾隆十二年(1747)關
中薛氏式古堂刻本　十二冊

210000－0701－0014732　019859

樂書二百卷　（宋）陳暘撰　清光緒二年
(1876)廣州菊坡精舍刻本　十六冊

210000－0701－0014733　019862

琴譜諧聲六卷　（清）周顯祖撰　清嘉慶二十
五年(1820)聽眞軒刻本　六冊

210000－0701－0014734　019863

聖門樂誌　（清）孔尙任輯　清光緒十三年
(1887)闕里硯寬亭刻本　一冊

210000－0701－0014735　019864

欽定各郊壇廟樂章不分卷　清天壇神樂署刻
本　一冊

210000－0701－0014736　019865

庚癸原音　（清）繆闓撰　清同治五年(1866)
繆氏刻本　二冊

210000－0701－0014737　019867

竟山樂錄四卷　（清）毛奇齡撰　清刻龍威秘
書本　四冊

210000－0701－0014738　019869

詩經古譜二卷　清光緒三十四年(1908)學部
圖書局石印本　一冊

210000－0701－0014739　019870

五知齋琴譜八卷　（清）徐祺撰　（清）周魯封
輯　清刻本　五冊

210000－0701－0014740　019871

五知齋琴譜八卷　（清）徐祺撰　（清）周魯封
輯　清乾隆十一年(1746)懷德堂刻本　六冊

210000－0701－0014741　019873

天聞閣琴譜集成十六卷首三卷附一卷紀事一
卷　（清）唐彝銘撰　清光緒二年(1876)成都
葉宗祼刻本　十六冊

210000－0701－0014742　019874

蓼懷堂琴譜不分卷　（清）雲志高撰　清康熙
刻本　六冊

210000－0701－0014743　019876

琴譜諧聲六卷　（清）周顯祖撰　清嘉慶二十
五年(1820)聽眞軒刻本　六冊

210000－0701－0014744　019877

琴譜諧聲六卷　（清）周顯祖撰　清嘉慶二十
五年(1820)聽眞軒刻本　六冊

210000－0701－0014745　019878

琴譜諧聲六卷　（清）周顯祖撰　清嘉慶二十
五年(1820)聽眞軒刻本　六冊

210000－0701－0014746　019879

琴譜諧聲六卷　（清）周顯祖撰　清嘉慶二十
五年(1820)聽眞軒刻北京松筠閣印本　六冊

210000－0701－0014747　019881

琴操二卷補遺一卷　（漢）蔡邕撰　支遁集二
卷補遺一卷　（晉）釋支遁撰　清光緒邵武徐
氏刻邵武徐氏叢書本　一冊

210000－0701－0014748　019882

琴學入門二卷　（清）張鶴撰　清同治六年
(1867)張氏心齋往齋刻本　三冊

210000－0701－0014749　019883

琴學入門二卷　（清）張鶴撰　清光緒七年
(1881)刻本　三冊

210000－0701－0014750　019885

研露樓琴譜四卷首一卷　（清）崔應階撰

（清）王如熙校譜　清同治三年(1864)穆克登阿刻本　四冊

210000－0701－0014751　019886

琵琶譜三卷　（清）王君錫　（清）陳牧夫傳譜　（清）華文桂等輯　清光緒三年(1877)影香書屋刻本　三冊

210000－0701－0014752　019887

樂譜一卷　（清）□□撰　清刻本　一冊

210000－0701－0014753　019890

自遠堂琴譜十二卷　（清）吳灯輯　清嘉慶六年(1801)自遠堂刻本　十二冊

210000－0701－0014754　019891

希韶閣琴學津梁初集二卷續集二卷首一卷（清）黃曉珊撰　清光緒四年(1878)黃氏蝶栩山房刻本　六冊

210000－0701－0014755　019894

松風閣琴譜二卷指法一卷抒懷操一卷　（清）程雄輯　清三槐堂刻本　二冊

210000－0701－0014756　019907

樂府傳聲二卷　（清）徐大椿撰　清光緒七年(1881)崇文書局刻正覺樓叢刻本　一冊

210000－0701－0014757　019908

樂書要錄　清光緒七年(1881)崇文書局刻正覺樓叢刻本　一冊　存三卷(五至七)

210000－0701－0014758　019909

雙忽雷本事一卷　劉世珩輯　清宣統三年(1911)貴池劉氏雙忽雷閣石印本　一冊

210000－0701－0014759　019917

彈弓譜一卷　清光緒沈桐垣抄本　一冊

210000－0701－0014760　019919

學射摘要一卷　（清）胡秉中撰　清光緒抄本　一冊

210000－0701－0014761　019926

寄青霞館奕選八卷續編八卷　（清）王存善輯　清光緒二十二年(1896)廣州刻本　十六冊

210000－0701－0014762　019927

寄青霞館奕選八卷續編八卷　（清）王存善輯　清光緒二十二年(1896)廣州刻本　十六冊

210000－0701－0014763　019928

石室仙機五卷諸家集說一卷　（清）許穀撰　清刻本　五冊

210000－0701－0014764　019929

桃花泉弈譜二卷　（清）范世勳撰　清同治十二年(1873)敔仁堂刻本　一冊

210000－0701－0014765　019930

四子棋譜二卷　（清）過文年撰　（清）陸求可訂正　清宣統三年(1911)上海千頃堂石印本　二冊

210000－0701－0014766　019934

師竹齋饒子譜一卷　（清）徐星友撰　（清）盛新甫增訂　清嘉慶二十二年(1817)刻本　一冊

210000－0701－0014767　019935

酒令叢鈔四卷　（清）俞敦培輯　清光緒四年(1878)藝雲軒刻本　二冊

210000－0701－0014768　019936

酒令叢鈔四卷　（清）俞敦培輯　清光緒四年(1878)藝雲軒刻本　二冊

210000－0701－0014769　019943

七巧圖解一卷　題(清)桑下客輯　清刻本　一冊

210000－0701－0014770　019945

益智圖二卷　（清）童葉庚撰　清光緒四年(1878)童氏刻本　二冊

210000－0701－0014771　019946

益智字圖一卷　（清）梅君撰　清光緒十一年(1885)童氏睞巢刻本　一冊

210000－0701－0014772　019947

益智續圖一卷　（清）童昂等撰　（清）童葉庚刪定　清光緒六年(1880)任菊農刻本　一冊

210000－0701－0014773　019950

益智圖　李辰輯　清光緒三十二年(1906)湖南省來青閣刻本　四冊

遼寧省圖書館古籍普查登記目錄

210000－0701－0014774　019952

文虎二卷　（清）葛元煦輯　清光緒六年(1880)京都聚珍堂木活字印本　二冊

210000－0701－0014775　019953

謎讔初編不分卷　題（清）竹候撰　清末刻本　二冊

210000－0701－0014776　019955

謎拾二卷　（清）唐景崧撰　謎學一卷　（清）唐運溥撰　清光緒十九年(1893)刻得一山房四種本　一冊

210000－0701－0014777　019956

廿四家隱語二卷　（清）劉玉才等撰並輯　清宣統三年(1911)鉛印本　二冊

210000－0701－0014778　019957

玉荷隱語二卷　（清）費源撰　群珠集二卷(清)費源輯　清末刻本　四冊

210000－0701－0014779　019958

作嫁衣裳齋隱語一卷　（清）楊小湄撰　聽雪書屋瘦詞　（清）唐毅齋撰　臥雲書室隱語一卷　（清）唐溫齋撰　清光緒十九年(1893)聽雪書屋刻本　二冊

210000－0701－0014780　019959

寄傲山房隱語一卷續選一卷增選一卷　（清）東芳氏　（清）彤芸氏撰　清光緒八年(1882)京都西山堂刻本　二冊

210000－0701－0014781　019960

十五家妙契同岑集謎選十五卷　清刻本　一冊　存八種謎稿(澹如菊室謎稿、選讀書屋謎稿、山椿吟館謎稿、玩物適情軒謎稿、存吾真齋謎稿、知非齋謎稿、海棠龕謎稿、友三書屋謎稿)

210000－0701－0014782　019961

十四家新謎約選十四卷　（清）西山主人輯（清）王琛選　清光緒三年(1877)京都西山堂刻本　二冊

210000－0701－0014783　019963

蒚園謎賸　題（清）蒚園主人撰　清光緒十七年(1891)刻本　一冊

210000－0701－0014784　019964

十五家妙契同岑集謎選十五卷　題（清）無名子輯　清光緒刻本　六冊

210000－0701－0014785　019965

春燈新集不分卷　（清）魏湘洲輯　清道光二十一年(1841)文英堂刻本　二冊

210000－0701－0014786　019966

新鐫春燈謎　清刻本　一冊

210000－0701－0014787　019967

味酪齋謎稿一卷　清末抄本　一冊

210000－0701－0014788　019968

隱林四卷　（清）鄭永禧輯　清光緒十七年(1891)刻本　四冊

210000－0701－0014789　019969

隱書一卷　（清）俞樾撰　清光緒七年(1881)寶順堂刻本　一冊

210000－0701－0014790　019971

燈謎叢錄不分卷　（清）蔡克仁輯　清咸豐十一年(1861)杭州文元堂楊氏刻本　四冊

210000－0701－0014791　019972

弔譜集成六卷首一卷緒餘一卷　（清）退庵居士輯　清道光元年(1821)刻本　二冊

210000－0701－0014792　019973

酒令叢鈔四卷　（清）俞敦培輯　清光緒四年(1878)藝雲軒刻本　四冊

210000－0701－0014793　019976

燈社嬉春集二卷　（清）楊恩壽撰　清長沙楊氏坦園刻坦園全集本　二冊

210000－0701－0014794　019978

酒令叢鈔四卷　（清）俞敦培輯　清光緒四年(1878)藝雲軒刻本　四冊

210000－0701－0014795　019979

益智圖二卷　（清）童葉庚撰　清光緒四年(1878)童氏刻本　二冊

210000－0701－0014796　019980

列仙酒牌一卷　（清）任熊繪　清刻本　一冊

210000－0701－0014797　019982

牌譜五種　明末刻說郛本　二冊

210000－0701－0014798　019983

重訂宣和譜牙牌彙集二卷　題（清）河上漁人
杏園輯　（清）博昌散人雲庵氏重訂　清光緒
十四年（1888）宏文齋刻本　一冊

210000－0701－0014799　019984

遂耕堂增刪京吊譜四卷　（清）賀鑑湖輯　清
抄本　二冊

210000－0701－0014800　019985

牙牌參禪圖譜不分卷　（清）劉遵陸撰　清光
緒十四年（1888）觀自得齋刻本　一冊

210000－0701－0014801　019986

牙牌神數三卷　（清）何汝檉撰　清咸豐九年
（1859）刻本　一冊

210000－0701－0014802　019987

異魚圖贊四卷　（明）楊慎撰　**異魚圖贊補三
卷閏集一卷**　（清）胡世安撰　清羅江李調元
刻函海本　一冊

210000－0701－0014803　019988

香乘二十八卷　（清）周嘉冑撰　清刻本
六冊

210000－0701－0014804　019991

蟋蟀譜一卷　（清）夢桂撰　清光緒二年
（1876）聚珍堂木活字印本　一冊

210000－0701－0014805　019992

四生譜　（清）金文錦撰　清濟美堂刻本
四冊

210000－0701－0014806　019993

海上游戲圖說四卷　題滬上游戲主撰　清光
緒三十四年（1908）石印本　四冊

210000－0701－0014807　019994

鵝幻彙編十二卷　（清）唐芸洲撰　清光緒十
五年（1889）上海廣益書局石印本　六冊

210000－0701－0014808　019998

滿漢合璧雜抄不分卷　清末抄本　二冊

210000－0701－0014809　020001

博物志十卷　（晉）張華撰　（宋）周日用等注
清光緒元年（1875）湖北崇文書局刻子書百
家本　一冊

210000－0701－0014810　020001

續博物志十卷　（宋）李石撰　清光緒元年
（1875）湖北崇文書局刻子書百家本　一冊

210000－0701－0014811　020002

考古質疑六卷　（宋）葉大慶撰　清刻本
二冊

210000－0701－0014812　020004

歷代輿地沿革險要圖不分卷　楊守敬　饒敦
秩撰　清光緒五年（1879）東湖饒氏刻套印本
一冊

210000－0701－0014813　020005

歷代陵寢備考五十卷　（清）朱孔陽撰　清光
緒三年（1877）上海申報館鉛印申報館叢書本
一冊　存十三卷（十二至二十、四十三至四
十六）

210000－0701－0014814　020006

前趙疆域圖一卷後趙疆域圖一卷　楊守敬輯
清宣統元年至三年（1909－1911）刻套印觀
海堂地理書本　一冊

210000－0701－0014815　020007

歷代輿地沿革險要圖不分卷　楊守敬　饒敦
秩撰　清光緒五年（1879）東湖饒氏刻套印本
一冊

210000－0701－0014816　020009

四裔製作權輿三卷　（清）歸曾祁編　清光緒
二十八年（1902）石印清英草堂叢書本　一冊

210000－0701－0014817　020010

愈愚錄六卷　（清）劉寶楠撰　清光緒十五年
（1889）廣雅書局刻廣雅書局叢書本　二冊

210000－0701－0014818　020012

論料大成四十二卷　題（清）花朝生撰　清光
緒二十八年（1902）上海書局石印本　八冊

210000－0701－0014819　020013

西國近事彙編十二卷　（美國）金楷理口譯
（清）蔡錫齡筆述　清同治、光緒刻本鉛印本
　　八冊　存八卷(同治十三年卷二、四刻本，
光緒元年卷一刻本，光緒二年卷三鉛印本，光
緒三年卷二鉛印本，光緒四年卷二至四鉛印
本)

210000－0701－0014820　020014

**續西國近事彙編二十八卷附分類西國近事目
錄二卷**　（清）鍾天緯等編　清光緒二十九年
(1903)石印本　三十冊

210000－0701－0014821　020015

北徼彙編六卷　（清）何秋濤編　清同治四年
(1865)京都龍威閣刻本　六冊

210000－0701－0014822　020020

奧簃朝鮮三種　（清）周家祿撰　清光緒末刻
本　一冊

210000－0701－0014823　020021

奧簃朝鮮三種　（清）周家祿撰　清光緒刻朱
印本　一冊

210000－0701－0014824　020023

中外大事彙記十二卷首一卷末一卷　題（清）
倚劍生輯　清光緒二十四年(1898)廣智報局
鉛印本　十四冊

210000－0701－0014825　020025

歐洲族類源流畧五卷　王樹枏撰　清光緒二
十八年(1902)中衛縣署刻陶廬叢稿本　二冊

210000－0701－0014826　020026

埏紘外乘二十五卷　（美國）林樂知　嚴良勳
譯　**續編三卷補遺一卷**　（美國）衛理口譯
汪振聲筆述　清光緒二十七年(1901)上海製
造局刻本　八冊

210000－0701－0014827　020027

埏紘外乘二十五卷　（美國）林樂知　嚴良勳
譯　**續編三卷補遺一卷**　（美國）衛理口譯
汪振聲筆述　清光緒二十七年(1901)上海製
造局刻本　八冊

210000－0701－0014828　020028

萬國通史前編十卷　（英國）李思倫白輯譯
蔡爾康紀述　清光緒二十六年(1900)上海廣
學會鉛印本　十冊

210000－0701－0014829　020029

萬國通史續編十卷　（英國）李思倫白輯譯
（清）曹曾涵纂述　清光緒三十年(1904)上海
廣學會鉛印本　十冊

210000－0701－0014830　020030

萬國通史三編十卷　（英國）李思倫白輯譯
（清）曹曾涵纂述　清光緒三十一年(1905)上
海廣學會鉛印本　十冊

210000－0701－0014831　020031

萬國通鑑四卷　（美國）謝衛樓撰　（清）趙如
光譯　清光緒八年(1882)刻本　六冊

210000－0701－0014832　020032

萬國史記二十卷　（日本）岡本監輔撰　清光
緒鉛印本　六冊

210000－0701－0014833　020033

明鼎甲徵信錄四卷　（清）閻湘蕙撰　（清）張
椿齡增訂　清同治三年(1864)壽光洱東念劬
山房刻本　二冊

210000－0701－0014834　020035

泰西十八周史攬要十八卷　（英國）雅各偉德
撰　（英國）季理斐成章譯　（清）李鼎星述稿
　　清光緒二十七年(1901)上海廣學會鉛印本
六冊

210000－0701－0014835　020039

文史通義八卷校讎通義三卷　（清）章學誠撰
　　清道光十二年至十三年(1832－1833)大梁
刻浙江書局補刻本　五冊

210000－0701－0014836　020040

文史通義八卷校讎通義三卷　（清）章學誠撰
　　清道光十二年至十三年(1832－1833)大梁
刻浙江書局補刻本　四冊　缺三卷(校讎通
義三卷)

210000－0701－0014837　020041

文史通義八卷校讎通義三卷　（清）章學誠撰
清道光十二年至十三年（1832－1833）大梁
刻浙江書局補刻本　五冊

210000－0701－0014838　020042

文史通義八卷校讎通義三卷　（清）章學誠撰
清道光十二年至十三年（1832－1833）大梁
刻浙江書局補刻本　五冊

210000－0701－0014839　020043

文史通義八卷校讎通義三卷　（清）章學誠撰
清道光十二年至十三年（1832－1833）大梁
刻浙江書局補刻本　五冊

210000－0701－0014840　020044

文史通義八卷校讎通義三卷　（清）章學誠撰
清道光十二年至十三年（1832－1833）大梁
刻浙江書局補刻本　五冊

210000－0701－0014841　020045

文史通義八卷校讎通義三卷　（清）章學誠撰
清道光十二年至十三年（1832－1833）大梁
刻浙江書局補刻本　五冊

210000－0701－0014842　020046

文史通義八卷校讎通義三卷　（清）章學誠撰
清道光十二年至十三年（1832－1833）大梁
刻浙江書局補刻本　五冊

210000－0701－0014843　020047

文史通義八卷校讎通義三卷　（清）章學誠撰
清道光十二年至十三年（1832－1833）大梁
刻浙江書局補刻本　五冊

210000－0701－0014844　020048

文史通義八卷校讎通義三卷　（清）章學誠撰
清光緒三年（1877）貴陽章季眞刻十九年
（1893）徐樹蘭印本　五冊

210000－0701－0014845　020049

文史通義八卷校讎通義三卷　（清）章學誠撰
清光緒三年（1877）貴陽章季眞刻十九年
（1893）徐樹蘭印本　五冊

210000－0701－0014846　020050

文史通義八卷校讎通義三卷　（清）章學誠撰

清光緒十九年（1893）粤東菁華閣刻本
八冊

210000－0701－0014847　020114

湖船錄一卷　（清）厲鶚輯　清同治九年
（1870）胡氏退補齋刻本　一冊

210000－0701－0014848　020115

九旗古義述一卷　（清）孫詒讓撰　清光緒二
十八年（1902）刻本　一冊

210000－0701－0014849　020116

九旗古義述一卷　（清）孫詒讓撰　清光緒二
十八年（1902）刻本　一冊

210000－0701－0014850　020117

九旗古義述一卷　（清）孫詒讓撰　清光緒二
十八年（1902）刻本　一冊

210000－0701－0014851　020118

九旗古義述一卷　（清）孫詒讓撰　清光緒二
十八年（1902）刻本　一冊

210000－0701－0014852　020119

九旗古義述一卷　（清）孫詒讓撰　清光緒二
十八年（1902）刻本　一冊

210000－0701－0014853　020120

九旗古義述一卷　（清）孫詒讓撰　清光緒二
十八年（1902）刻本　一冊

210000－0701－0014854　020121

九旗古義述一卷　（清）孫詒讓撰　清光緒二
十八年（1902）刻本　一冊

210000－0701－0014855　020125

湖船錄一卷　（清）厲鶚輯　清同治九年
（1870）胡氏退補齋刻本　一冊

210000－0701－0014856　020126

九旗古義述一卷　（清）孫詒讓撰　清光緒二
十八年（1902）刻本　一冊

210000－0701－0014857　020160

方輿考證總部六卷　（清）許鴻磐撰　清道光
七年（1827）刻本　六冊

210000－0701－0014858　020161

213

唐兩京城坊考五卷　（清）徐松撰　（清）張穆補　清刻畿輔叢書本　二冊

210000－0701－0014859　020164

兩浙防護陵寢祠墓錄不分卷　（清）阮元輯
清嘉慶七年(1802)刻本　三冊

210000－0701－0014860　020165

天下郡國利病書一百二十卷　（清）顧炎武撰
清道光刻本　七十二冊

210000－0701－0014861　020166

天下郡國利病書一百二十卷　（清）顧炎武撰
清道光蜀南桐花書屋刻光緒五年(1879)薛氏家塾補刻本　五十冊

210000－0701－0014862　020167

天下郡國利病書一百二十卷　（清）顧炎武撰
清道光蜀南桐花書屋刻光緒五年(1879)薛氏家塾補刻本　五十冊

210000－0701－0014863　020168

天下郡國利病書一百二十卷　（清）顧炎武撰
清道光蜀南桐花書屋刻光緒五年(1879)薛氏家塾補刻本　五十冊

210000－0701－0014864　020169

天下郡國利病書一百二十卷　（清）顧炎武撰
清光緒二十六年(1900)廣雅書局刻本　五十二冊

210000－0701－0014865　020170

天下郡國利病書一百二十卷　（清）顧炎武撰
清光緒二十七年(1901)圖書集成局鉛印本　二十八冊

210000－0701－0014866　020171

天下郡國利病書一百二十卷　（清）顧炎武撰
清光緒二十七年(1901)圖書集成局鉛印本　二十八冊

210000－0701－0014867　020172

天下郡國利病書一百二十卷　（清）顧炎武撰
清光緒二十七年(1901)圖書集成局鉛印本　二十八冊

210000－0701－0014868　020173

天下郡國利病書一百二十卷　（清）顧炎武撰
清光緒二十七年(1901)圖書集成局鉛印本　二十八冊

210000－0701－0014869　020174

天下郡國利病書一百二十卷　（清）顧炎武撰
清末慎記書莊石印本　二十四冊

210000－0701－0014870　020175

天下郡國利病書一百二十卷　（清）顧炎武撰
清末慎記書莊石印本　二十四冊

210000－0701－0014871　020178

鮮虞中山國事表疆域圖說一卷　王先謙撰
清光緒九年(1883)刻王益吾所刻書本　一冊

210000－0701－0014872　020179

漢西域圖考七卷首一卷　（清）李光廷撰
（清）潘平章繪　（清）李承緒重繪　清同治九年(1870)刻民國二十三年(1934)李天馬無竟齋印本　四冊

210000－0701－0014873　020180

漢西域圖考七卷首一卷　（清）李光廷撰
（清）潘平章繪　（清）李承緒重繪　清光緒八年(1882)趙氏壽諼草堂木活字印本　四冊

210000－0701－0014874　020182

楚漢諸侯疆域志三卷　（清）劉文淇撰　清光緒二年(1876)金陵刻本　一冊

210000－0701－0014875　020184

廿四史三表　（清）段長基撰　（清）段揖書等注　清同治四年(1865)曾守誠刻光緒元年(1875)趙氏紅杏山房印本　十二冊　缺一種（歷代統紀表）

210000－0701－0014876　020185

括地志八卷補遺一卷　（唐）李泰等撰　（清）孫星衍輯　（清）陳其榮重訂　清光緒十二年(1886)吳縣朱氏槐廬家塾刻槐廬叢書本　二冊

210000－0701－0014877　020189

歷代宅京記二十卷　（清）顧炎武撰　清嘉慶十三年(1808)顧錫祉來賢堂刻本　八冊

210000－0701－0014878　020190
歷代宅京記二十卷　（清）顧炎武撰　清嘉慶十三年(1808)顧錫祉來賢堂刻本　八冊

210000－0701－0014879　020202
齊陳氏韶舞樂疊通釋二卷　（清）陳慶鏞撰　清道光二十六年(1846)一燈書舍刻本　二冊

210000－0701－0014880　020209
高句麗永樂太王古碑歌一卷碑攷一卷　（清）王志修撰　清末刻本　一冊

210000－0701－0014881　020216
唐昭陵石蹟考略五卷謁唐昭陵記一卷　（清）林侗撰　清光緒二十年(1894)徐氏觀自得齋刻觀自得齋叢書本　二冊

210000－0701－0014882　020221
雍州金石記十卷記餘一卷　（清）朱楓撰　清刻本　三冊　存八卷(一至八)

210000－0701－0014883　020224
語石十卷　葉昌熾輯　清宣統元年(1909)刻本　四冊

210000－0701－0014884　020225
語石十卷　葉昌熾輯　清宣統元年(1909)刻本　四冊

210000－0701－0014885　020226
語石十卷　葉昌熾輯　清宣統元年(1909)刻本　四冊

210000－0701－0014886　020237
讀碑小箋一卷　羅振玉撰　清光緒十年(1884)唐風樓刻本　一冊

210000－0701－0014887　020238
讀碑小箋一卷　羅振玉撰　清光緒十年(1884)唐風樓刻本　一冊

210000－0701－0014888　020240
望堂金石初集三十九種二集十八種　楊守敬輯　清同治至宣統楊氏飛青閣刻本　十二冊

210000－0701－0014889　020255
至聖林廟碑目六卷　（清）孔昭薰　（清）孔憲庚編　清光緒二十二年(1896)徐氏積學齋刻本　一冊

210000－0701－0014890　020256
至聖林廟碑目六卷　（清）孔昭薰　（清）孔憲庚編　清光緒二十二年(1896)徐氏積學齋刻本　一冊

210000－0701－0014891　020271
元豐金石跋尾一卷　（宋）曾鞏撰　清光緒八年(1882)鄮氏學古齋刻本　一冊

210000－0701－0014892　020278
兩浙金石志十八卷　（清）阮元編　**補遺一卷**　（清）阮福輯　清光緒十六年(1890)浙江書局刻本　十二冊

210000－0701－0014893　020279
兩浙金石志十八卷　（清）阮元編　**補遺一卷**　（清）阮福輯　清光緒十六年(1890)浙江書局刻本　十二冊

210000－0701－0014894　020281
兩罍軒彝器圖釋十二卷　（清）吳雲撰　清同治十二年(1873)刻本　六冊

210000－0701－0014895　020282
兩罍軒彝器圖釋十二卷　（清）吳雲撰　清同治十二年(1873)刻本　六冊

210000－0701－0014896　020283
兩罍軒彝器圖釋十二卷　（清）吳雲撰　清同治十二年(1873)刻本　六冊

210000－0701－0014897　020287
西清續鑑甲編二十卷附錄一卷　（清）王杰等纂修　清宣統三年(1911)上海商務印書館影印本　四十二冊

210000－0701－0014898　020288
西清續鑑甲編二十卷附錄一卷　（清）王杰等纂修　清宣統三年(1911)上海商務印書館影印本　二十一冊

210000－0701－0014899　020289
西清續鑑甲編二十卷附錄一卷　（清）王杰等纂修　清宣統三年(1911)上海商務印書館影印本　四十二冊

210000－0701－0014900　020309

石索六卷　（清）馮雲鵬　（清）馮雲鵷輯　清末民初石印本　五冊　存四卷（一至四）

210000－0701－0014901　020310

石索六卷　（清）馮雲鵬　（清）馮雲鵷輯　清末民初石印本　十二冊

210000－0701－0014902　020311

石索六卷　（清）馮雲鵬　（清）馮雲鵷輯　清末民初石印本　十二冊

210000－0701－0014903　020313

石鼓文釋存一卷補注一卷　（清）張燕昌撰　清光緒二十八年（1902）劉世珩刻本　一冊

210000－0701－0014904　020314

石鼓文定本不分卷　（清）沈梧撰　清光緒十六年（1890）古華山館刻本　五冊

210000－0701－0014905　020321

石鼓文纂釋一卷　（清）趙烈文撰　清光緒十一年（1885）刻本　一冊

210000－0701－0014906　020322

石鼓文纂釋一卷　（清）趙烈文撰　清光緒十一年（1885）刻本　一冊

210000－0701－0014907　020323

石鼓題詠彙存一卷　清刻本　一冊

210000－0701－0014908　020324

石墨鐫華八卷　（明）趙崡撰　清光緒十八年（1892）刻本　二冊

210000－0701－0014909　020325

石鼓文定本不分卷　（清）沈梧撰　清光緒十六年（1890）古華山館刻本　五冊

210000－0701－0014910　020343

吳興金石記十六卷　（清）陸心源撰　清光緒十六年（1890）刻潛園總集本　四冊

210000－0701－0014911　020347

千甓亭磚錄六卷續錄四卷　（清）陸心源纂　清光緒七年（1881）吳興陸氏十萬卷樓刻十四年（1888）續刻潛園總集本　二冊

210000－0701－0014912　020348

千甓亭古塼圖釋二十卷　（清）陸心源輯　清光緒十七年（1891）吳興陸氏石印潛園總集本　四冊

210000－0701－0014913　020361

香南精舍金石契不分卷　（清）崇恩撰　清光緒二十六年（1900）影印本　二冊

210000－0701－0014914　020367

集古錄十卷　（宋）歐陽修撰　清四留堂刻本　二冊

210000－0701－0014915　020368

集古錄目十卷原目一卷　（宋）歐陽棐撰　繆荃孫輯　清光緒十年（1884）繆荃孫刻雲自在龕叢書朱印本　三冊

210000－0701－0014916　020369

集古錄目十卷原目一卷　（宋）歐陽棐撰　繆荃孫輯　清光緒十年（1884）繆荃孫刻雲自在龕叢書朱印本　二冊

210000－0701－0014917　020370

集古錄目十卷原目一卷　（宋）歐陽棐撰　繆荃孫輯　清光緒十年（1884）繆荃孫刻雲自在龕叢書朱印本　三冊

210000－0701－0014918　020371

集古錄跋尾十卷　（宋）歐陽修撰　清光緒十三年（1887）吳縣朱氏刻行素草堂金石叢書本　三冊

210000－0701－0014919　020372

偃師金石遺文補錄八卷　（清）武億撰　（清）王復續　清嘉慶二年（1797）刻本　二冊

210000－0701－0014920　020373

虎阜石刻僅存錄一卷附舊佚錄一卷舊存今佚錄一卷　（清）潘鍾瑞撰　清光緒十四年（1888）刻香禪精舍集本　一冊

210000－0701－0014921　020374

行素草堂金石叢書　（清）朱記榮輯　清光緒十四年（1888）吳縣朱氏彙印本　四十冊

210000－0701－0014922　020427

山左金石志二十四卷目錄一卷　(清)畢沅
(清)阮元撰　清嘉慶二年(1797)阮氏小琅嬛
僊館刻本　十二冊

210000－0701－0014923　020428

山右石刻叢編四十卷目錄一卷　(清)胡聘之
撰　清光緒二十五年至二十七年(1899－
1901)刻本　二十四冊

210000－0701－0014924　020429

山右石刻叢編四十卷目錄一卷　(清)胡聘之
撰　清光緒二十五年至二十七年(1899－
1901)刻本　二十四冊

210000－0701－0014925　020430

山右金石記十卷　(清)張煦纂　清光緒刻本
　十冊

210000－0701－0014926　020453

積古齋鐘鼎彝器款識十卷　(清)阮元撰　清
嘉慶九年(1804)刻本　四冊

210000－0701－0014927　020454

積古齋鐘鼎彝器款識十卷　(清)阮元撰　清
嘉慶九年(1804)刻本　六冊

210000－0701－0014928　020455

積古齋鐘鼎彝器款識十卷　(清)阮元撰　清
刻本　四冊

210000－0701－0014929　020457

積古齋鐘鼎款識稿本四卷　(清)朱爲弼撰
清光緒三十二年(1906)朱之榛影印本　二冊

210000－0701－0014930　020462

粵東金石略九卷首一卷附錄二卷　(清)翁方
綱編　清光緒十七年(1891)廣州石經堂書局
影印本　四冊

210000－0701－0014931　020463

粵西金石略十五卷　(清)謝啓昆撰　清嘉慶
六年(1801)銅鼓亭刻本　四冊

210000－0701－0014932　020478

殷商貞卜文字考一卷　羅振玉撰　清宣統二
年(1910)玉簡齋石印蟫隱廬叢書本　二冊

210000－0701－0014933　020479

殷商貞卜文字考一卷　羅振玉撰　清宣統二
年(1910)玉簡齋石印蟫隱廬叢書本　二冊

210000－0701－0014934　020480

殷商貞卜文字考一卷　羅振玉撰　清宣統二
年(1910)玉簡齋石印蟫隱廬叢書本　二冊

210000－0701－0014935　020481

殷商貞卜文字考一卷　羅振玉撰　清宣統二
年(1910)玉簡齋石印蟫隱廬叢書本　二冊

210000－0701－0014936　020482

殷商貞卜文字考一卷　羅振玉撰　清宣統二
年(1910)玉簡齋石印蟫隱廬叢書本　二冊

210000－0701－0014937　020483

殷商貞卜文字考一卷　羅振玉撰　清宣統二
年(1910)玉簡齋石印蟫隱廬叢書本　二冊

210000－0701－0014938　020484

殷商貞卜文字考一卷　羅振玉撰　清宣統二
年(1910)玉簡齋石印蟫隱廬叢書本　二冊

210000－0701－0014939　020516

殷虛書契考繹一卷　羅振玉撰　清宣統三年
(1911)永慕園石印本　一冊

210000－0701－0014940　020517

殷虛書契考繹一卷　羅振玉撰　清宣統三年
(1911)永慕園石印本　一冊

210000－0701－0014941　020518

殷虛書契考繹一卷　羅振玉撰　清宣統三年
(1911)永慕園石印本　一冊

210000－0701－0014942　020557

匋齋藏石記四十四卷首一卷　(清)端方撰
清宣統元年(1909)石印本　一冊　存四卷
(一至三、首一卷)

210000－0701－0014943　020559

從古堂款識學十六卷　(清)徐同柏繹文
(清)徐士燕錄　清光緒三十二年(1906)石
本　八冊

210000－0701－0014944　020564

宜祿堂收藏金石記六卷　(清)朱士端撰　清
末刻本　二冊

210000－0701－0014945　020565

流沙訪古記一卷　羅振玉輯　清宣統元年
(1909)鉛印敦煌石室遺書本　一冊

210000－0701－0014946　020572

淮陰金石僅存錄一卷附編一卷補遺一卷　羅
振玉輯　清光緒十八年(1892)鉛印小方壺齋
叢書本　一冊

210000－0701－0014947　020573

淮陰金石僅存錄一卷附編一卷補遺一卷　羅
振玉輯　清光緒十八年(1892)鉛印小方壺齋
叢書本　一冊

210000－0701－0014948　020574

涪州石魚題名記一卷　(清)錢保塘編　清光
緒四年(1878)清風室刻本　一冊

210000－0701－0014949　020586

安陽縣金石錄十二卷　(清)武億撰　清貴泰
刻本　四冊

210000－0701－0014950　020588

寰宇訪碑錄十二卷　(清)孫星衍　(清)邢澍
撰　清光緒九年(1883)江蘇書局刻本　三冊
存十卷(一至十)

210000－0701－0014951　020589

寰宇訪碑錄十二卷　(清)孫星衍　(清)邢澍
撰　**補寰宇訪碑錄五卷失編一卷**　(清)趙之
謙撰　清光緒十一年至十二年(1885－1886)
朱記榮槐廬刻本　八冊

210000－0701－0014952　020590

寰宇訪碑錄十二卷　(清)孫星衍　(清)邢澍
撰　**寰宇訪碑錄刊謬一卷**　羅振玉撰　清光
緒十一年(1885)朱記榮刻十七年(1891)朱氏
行素堂平津館補刻行素草堂金石叢書本
六冊

210000－0701－0014953　020591

補寰宇訪碑錄五卷失編一卷　(清)趙之謙撰
　　刊誤一卷　羅振玉撰　清光緒十二年
(1886)朱氏槐廬刻二十年(1894)補刻行素草
堂金石叢書本　二冊

210000－0701－0014954　020591

寰宇訪碑錄十二卷　(清)孫星衍　(清)邢澍
撰　**寰宇訪碑錄刊謬一卷**　羅振玉撰　清光
緒十一年(1885)朱記榮刻十七年(1891)朱氏
行素堂平津館補刻行素草堂金石叢書本
六冊

210000－0701－0014955　020592

補寰宇訪碑錄五卷失編一卷　(清)趙之謙撰
　　刊誤一卷　羅振玉撰　清光緒十二年
(1886)朱記榮槐廬刻二十年(1894)補刻行素
草堂金石叢書本　二冊

210000－0701－0014956　020592

寰宇訪碑錄十二卷　(清)孫星衍　(清)邢澍
撰　**寰宇訪碑錄刊謬一卷**　羅振玉撰　清光
緒十一年(1885)朱記榮刻十七年(1891)朱氏
行素堂平津館補刻行素草堂金石叢書本
六冊

210000－0701－0014957　020593

再續寰宇訪碑錄二卷　羅振玉輯　清末面城
精舍石印本　二冊

210000－0701－0014958　020597

寶刻叢編二十卷　(宋)陳思撰　清末海豐吳
式芬刻本(原缺卷十一、十六至十七,其他各
卷內容有殘)　八冊

210000－0701－0014959　020598

寶刻叢編二十卷　(宋)陳思撰　清末海豐吳
式芬刻本(原缺卷十一、十六至十七,其他各
卷內容有殘)　八冊

210000－0701－0014960　020600

江甯金石記八卷江甯金石待訪目二卷　(清)
嚴觀輯　清刻本　二冊

210000－0701－0014961　020601

江甯金石記八卷江甯金石待訪目二卷　(清)
嚴觀輯　清刻本　二冊

210000－0701－0014962　020609

濬縣金石錄二卷　(清)熊象階纂　清刻本
二冊

210000－0701－0014963　020612

遯盦古塼存八卷　吳隱藏並輯　清宣統三年(1911)西泠印社集拓本　八冊

210000－0701－0014964　020613

浙江甎錄四卷圖一卷　(清)馮登府輯　清光緒十六年(1890)鄞鄭淳刻本　三冊

210000－0701－0014965　020615

補寰宇訪碑錄五卷失編一卷　(清)趙之謙輯　清光緒十二年(1886)朱記榮槐廬刻行素草堂金石叢書本　一冊

210000－0701－0014966　020643

漢石存目二卷　(清)王懿榮輯　附周秦石存目一卷魏晉石存目一卷　(清)尹彭壽輯　清光緒十五年(1889)刻本　一冊

210000－0701－0014967　020651

漢建安弩機一卷　(清)吳雲輯　清光緒六年(1880)刻本　一冊

210000－0701－0014968　020654

石經攷三卷　(清)劉傳瑩撰　清光緒十二年(1886)黃氏試館校刻本　一冊

210000－0701－0014969　020660

清儀閣題跋不分卷　(清)張廷濟輯　清光緒十七年(1891)丁立誠刻本　四冊

210000－0701－0014970　020661

清藝閣題跋不分卷　(清)張廷濟輯　清光緒十七年(1891)刻本　四冊

210000－0701－0014971　020696

九鐘精舍金石跋尾甲編一卷　吳士鑑撰　清宣統二年(1910)刻本　一冊

210000－0701－0014972　020697

九鐘精舍金石跋尾甲編一卷　吳士鑑撰　清宣統二年(1910)刻本　一冊

210000－0701－0014973　020712

古文審八卷首一卷　(清)劉心源撰　清光緒十七年(1891)劉氏龍江樓刻本　四冊

210000－0701－0014974　020713

古刻叢鈔不分卷　(明)陶宗儀撰　(清)孫星

衍重輯　清光緒九年(1883)學古齋刻學古齋金石叢書本　一冊

210000－0701－0014975　020716

古誌石華三十卷　(清)黃本驥輯　清道光二十七年(1847)刻三長物齋叢書本　九冊

210000－0701－0014976　020717

古誌石華三十卷　(清)黃本驥輯　清道光二十七年(1847)刻三長物齋叢書本　十一冊

210000－0701－0014977　020720

古玉圖攷不分卷　(清)吳大澂撰　清光緒十五年(1889)上海同文書局影印本　四冊

210000－0701－0014978　020721

古玉圖攷不分卷　(清)吳大澂撰　清光緒十五年(1889)上海同文書局影印本　二冊

210000－0701－0014979　020722

古玉圖攷不分卷　(清)吳大澂撰　清光緒十五年(1889)上海同文書局影印本　二冊

210000－0701－0014980　020757

吉金志存四卷　(清)李光庭輯　清咸豐九年(1859)李氏刻本　四冊

210000－0701－0014981　020758

奇觚室吉金文述二十卷　(清)劉心源撰　清光緒二十八年(1902)石印本　十冊

210000－0701－0014982　020759

奇觚室吉金文述二十卷　(清)劉心源撰　清光緒二十八年(1902)石印本　五冊　存十卷(一至十)

210000－0701－0014983　020761

荊南萃古編一卷續一卷　(清)周懋琦　(清)劉瀚輯　清光緒二十年(1894)鴻寶署齋刻本　二冊

210000－0701－0014984　020762

荊南萃古編一卷續一卷　(清)周懋琦　(清)劉瀚輯　清光緒二十年(1894)鴻寶署齋刻本　二冊

210000－0701－0014985　020763

荊南萃古編一卷續一卷　(清)周懋琦　(清)

劉瀚輯　清光緒二十年（1894）鴻寶署齋刻本
　　二册

210000－0701－0014986　020764
求古精舍金石圖不分卷　（清）陳經撰　清嘉
慶十八年（1813）陳經說劒樓刻本　二册

210000－0701－0014987　020765
求古精舍金石圖四卷　（清）陳經撰　清嘉慶
二十一年（1816）陳經說劒樓刻本　四册

210000－0701－0014988　020766
求古錄一卷　（清）顧炎武撰　清光緒十四年
（1888）朱記榮槐廬校刻槐廬叢書本　一册

210000－0701－0014989　020767
越中金石記十卷金石目二卷　杜春生撰　清
道光十年（1830）杜氏詹波館刻本　八册

210000－0701－0014990　020775
亦政堂重修考古圖十卷　（宋）呂大臨撰　清
乾隆十八年（1753）黃晟刻本　四册

210000－0701－0014991　020790
**萬邑西南山石刻記二卷南浦郡報善寺兩唐碑
釋文一卷**　況周頤撰　清光緒二十九年
（1903）西巖講院刻蕙風叢書本　一册

210000－0701－0014992　020791
莫高窟石室秘錄一卷　羅振玉撰　清宣統元
年（1909）誦芬室鉛印本　一册

210000－0701－0014993　020828
藝風堂金石文字目十八卷　繆荃孫輯　清光
緒三十二年（1906）刻本　六册

210000－0701－0014994　020840
隸釋二十七卷隸續二十一卷　（宋）洪适撰
汪本隸釋刊誤一卷　（清）黃丕烈撰　清同治
十年至十一年（1871－1872）洪氏晦木齋摹刻
洪氏晦木齋叢書本　八册

210000－0701－0014995　020841
隸釋二十七卷隸續二十一卷　（宋）洪适撰
汪本隸釋刊誤一卷　（清）黃丕烈撰　清同治
十年至十一年（1871－1872）洪氏晦木齋摹刻
洪氏晦木齋叢書本　八册

210000－0701－0014996　020842
觀妙齋藏金石文考略十六卷　（清）李光暎撰
　清雍正刻本　八册

210000－0701－0014997　020853
趙州石刻全錄三卷　（清）陳鐘祥纂　（清）蔡
壽臻　（清）查轄輯　清同治元年（1862）刻本
　二册　存二卷（上、中）

210000－0701－0014998　020855
中州金石目四卷補遺一卷　（清）姚晏撰　清
光緒九年（1883）歸安姚氏刻咫進齋叢書本
一册

210000－0701－0014999　020856
攈古錄二十卷　（清）吳式芬撰　清吳氏家刻
本　二十册

210000－0701－0015000　020858
攈古錄金文三卷　（清）吳式芬撰　清光緒二
十二年（1896）吳重熹刻本　九册

210000－0701－0015001　020859
攈古錄金文三卷　（清）吳式芬撰　清光緒二
十二年（1896）吳重熹刻本　九册

210000－0701－0015002　020881
東甌金石志十二卷　（清）戴咸弼撰　（清）孫
詒讓校補　清光緒九年（1883）刻本　清馬廉
題識　四册

210000－0701－0015003　020887
栝蒼金石志十二卷續四卷　（清）李遇孫撰
（清）柯逢時校　清道光十三年（1833）刻二十
年（1840）續刻本　五册

210000－0701－0015004　020889
墨妙亭碑目攷二卷附攷一卷　（清）張鑑撰
清末刻本　二册

210000－0701－0015005　020890
蜀碑記十卷首一卷　（宋）王象之撰　清綿州
李氏刻函海本　一册

210000－0701－0015006　020890
蜀碑記補十卷　（清）李調元撰　清綿州李氏
刻函海本　與210000－0701－0015005合册

210000－0701－0015007　020927

嘯堂集古錄二卷　（宋）王俅撰　嘯堂集古錄考異二卷　（清）張蓉鏡撰　清嘉慶十六年至十七年（1811－1812）張氏刻本　四冊

210000－0701－0015008　020930

嚴氏古甎存一卷　（清）嚴福基輯　清道光二十一年（1841）拓本　一冊

210000－0701－0015009　020931

昭陵碑攷十二卷　（清）孫三錫撰　清咸豐八年（1858）刻本　羅振玉校並題識　六冊

210000－0701－0015010　020932

昭陵碑錄三卷附錄一卷補一卷　羅振玉撰　清宣統三年（1911）上虞羅氏湖北刻本　二冊

210000－0701－0015011　020933

昭陵碑錄三卷附錄一卷補一卷校記一卷　羅振玉撰　清宣統三年（1911）上虞羅氏湖北刻民國三年（1914）重修本　二冊

210000－0701－0015012　020934

昭陵碑錄三卷附錄一卷補一卷校記一卷　羅振玉撰　清宣統三年（1911）上虞羅氏湖北刻民國三年（1914）重修本　二冊

210000－0701－0015013　020935

昭陵碑錄三卷附錄一卷補一卷校記一卷　羅振玉撰　清宣統三年（1911）上虞羅氏湖北刻民國三年（1914）重修本　二冊

210000－0701－0015014　020936

昭陵碑錄三卷附錄一卷補一卷校記一卷　羅振玉撰　清宣統三年（1911）上虞羅氏湖北刻民國三年（1914）重修本　二冊

210000－0701－0015015　020937

昭陵碑錄三卷附錄一卷補一卷校記一卷　羅振玉撰　清宣統三年（1911）上虞羅氏湖北刻民國三年（1914）重修本　二冊

210000－0701－0015016　020938

昭陵碑錄三卷附錄一卷補一卷校記一卷　羅振玉撰　清宣統三年（1911）上虞羅氏湖北刻民國三年（1914）重修本　二冊

210000－0701－0015017　020939

昭陵碑錄三卷附錄一卷補一卷校記一卷　羅振玉撰　清宣統三年（1911）上虞羅氏湖北刻民國三年（1914）重修本　二冊

210000－0701－0015018　020941

歷代鐘鼎彝器款識法帖二十卷　（宋）薛尚功撰　札記一卷　劉世珩撰　清光緒二十九年至三十三年（1903－1907）貴池劉氏玉海堂刻本　四冊

210000－0701－0015019　020944

歷代鐘鼎彝器款識法帖二十卷　（宋）薛尚功撰　清刻本　四冊

210000－0701－0015020　020946

昭陵碑錄三卷附錄一卷　羅振玉撰　清宣統元年（1909）沈宗畸晨風閣刻晨風閣叢書本　一冊

210000－0701－0015021　020964

長安獲古編二卷補一卷　（清）劉喜海撰　清末東武劉氏刻光緒三十一年（1905）劉鶚重修本　二冊

210000－0701－0015022　020965

長安獲古編二卷補一卷　（清）劉喜海撰　清末東武劉氏刻光緒三十一年（1905）劉鶚重修本　二冊

210000－0701－0015023　020966

長安獲古編二卷補一卷　（清）劉喜海撰　清末東武劉氏刻光緒三十一年（1905）劉鶚重修本　二冊

210000－0701－0015024　020967

長安獲古編二卷補一卷　（清）劉喜海撰　清末東武劉氏刻光緒三十一年（1905）劉鶚重修本　二冊

210000－0701－0015025　020968

長安獲古編二卷補一卷　（清）劉喜海撰　清末東武劉氏刻光緒三十一年（1905）劉鶚重修本　二冊

210000－0701－0015026　020969

長安獲古編二卷補一卷　（清）劉喜海撰　清末東武劉氏刻光緒三十一年(1905)劉鶚重修本　二冊

210000－0701－0015027　020970

長安獲古編二卷補一卷　（清）劉喜海撰　清末東武劉氏刻光緒三十一年(1905)劉鶚重修本　二冊

210000－0701－0015028　020971

長安獲古編二卷補一卷　（清）劉喜海撰　清末東武劉氏刻光緒三十一年(1905)劉鶚重修本　二冊

210000－0701－0015029　020974

淞南夢影錄四卷　（清）黃協塤編　清光緒九年(1883)上海進步書局石印本　一冊

210000－0701－0015030　020981

陶齋吉金續錄二卷　（清）端方輯　清宣統元年(1909)石印本　二冊

210000－0701－0015031　020982

陶齋吉金錄八卷　（清）端方輯　清光緒三十四年(1908)有正書局石印本　八冊

210000－0701－0015032　020983

陶齋吉金錄八卷　（清）端方輯　清光緒三十四年(1908)有正書局石印本　八冊

210000－0701－0015033　020984

陶齋吉金錄八卷　（清）端方輯　清光緒三十四年(1908)有正書局石印本　八冊

210000－0701－0015034　020985

陶齋藏石記四十四卷首一卷陶齋藏甎記二卷　（清）端方撰　清宣統二年(1910)商務印書館石印本　十二冊

210000－0701－0015035　020986

陶齋藏石記四十四卷首一卷陶齋藏甎記二卷　（清）端方撰　清宣統二年(1910)商務印書館石印本　十二冊

210000－0701－0015036　020987

陶齋藏石記四十四卷首一卷陶齋藏甎記二卷　（清）端方撰　清宣統二年(1910)商務印書館石印本　十二冊

210000－0701－0015037　020988

陶齋藏石記四十四卷首一卷陶齋藏甎記二卷　（清）端方撰　清宣統二年(1910)商務印書館石印本　十二冊

210000－0701－0015038　020989

陶齋藏甎　（清）端方輯　拓本　一百十二葉

210000－0701－0015039　020992

學古齋金石叢書　（清）葛元煦輯　清光緒崇川葛氏學古齋刻本　三十冊

210000－0701－0015040　020994

關中漢唐存碑跋一卷　（清）王志沂撰　清道光刻本　一冊

210000－0701－0015041　020995

關中金石文字存逸考十二卷首一卷　（清）毛鳳枝撰　清光緒二十七年(1901)會稽顧氏江西萍江縣署刻本　十二冊

210000－0701－0015042　020996

關中金石記八卷　（清）畢沅撰　（清）蔡星漢等補校　目錄一卷　（清）蔡錫棟撰　附記一卷目錄一卷　（清）蔡汝霖撰　清光緒三十四年(1908)成都渭南嚴嶽蓮刻宣統二年(1910)重修本　四冊

210000－0701－0015043　020997

輿地碑記目四卷　（宋）王象之撰　清同治九年(1870)刻本　四冊

210000－0701－0015044　021000

授堂金石文字續跋十四卷　（清）武億撰　清嘉慶元年(1796)刻授堂遺書本　三冊

210000－0701－0015045　021002

金石一隅錄一卷附錄一卷　（清）段嘉謨輯　清道光二年(1822)如見齋刻本　一冊　缺（附錄後部）

210000－0701－0015046　021003

金石三例　（清）盧見曾輯　清嘉慶十六年(1811)饒向榮刻本　四冊

210000－0701－0015047　021004

金石三例　（清）盧見曾輯　（清）王芑孫評
清光緒十四年(1888)南海馮氏讀有用書齋刻
套印本　四冊

210000－0701－0015048　021005

金石三例再續編　（清）朱記榮輯　清光緒十
四年(1888)行素草堂刻本　四冊　缺十卷
(碑版文廣例一至十)

210000－0701－0015049　021006

金石三例續編　（清）朱記榮　（清）徐士愷輯
清光緒十二年(1886)徐氏觀自得齋刻本
四冊

210000－0701－0015050　021007

金石三例　（清）盧見曾輯　（清）王芑孫評
清光緒四年(1878)南海馮氏讀有用書齋刻本
四冊

210000－0701－0015051　021008

金石例補二卷　（清）郭麐撰　清光緒四年
(1878)會稽章氏刻本　一冊

210000－0701－0015052　021009

金石稱例四卷續一卷　（清）梁廷枏撰　清道
光刻本　王仁俊題款　一冊

210000－0701－0015053　021010

金石稱例四卷續一卷　（清）梁廷枏撰　清光
緒十三年(1887)吳縣朱氏槐廬家塾刻行素草
堂金石叢書本　一冊

210000－0701－0015054　021011

金石續編二十一卷首一卷　（清）陸燿通纂
（清）陸增祥校訂　清同治十三年(1874)毗陵
陸氏雙白燕堂刻本　十冊

210000－0701－0015055　021012

金石續編二十一卷首一卷　（清）陸燿通纂
（清）陸增祥校訂　清同治十三年(1874)毗陵
陸氏雙白燕堂刻本　十冊

210000－0701－0015056　021013

金石續編二十一卷首一卷　（清）陸燿通纂
（清）陸增祥校訂　清同治十三年(1874)陸氏
刻民國十二年(1923)羅振玉重修本　十六冊

210000－0701－0015057　021014

金石續編二十一卷首一卷　（清）陸燿通纂
（清）陸增祥校訂　清同治十三年(1874)陸氏
刻民國十二年(1923)羅振玉重修本　十六冊

210000－0701－0015058　021015

金石續編二十一卷首一卷　（清）陸燿通纂
（清）陸增祥校訂　清同治十三年(1874)陸氏
刻民國十二年(1923)羅振玉重修本　十六冊

210000－0701－0015059　021016

金石續錄四卷　（清）劉青藜撰　清傳經堂刻
本　一冊

210000－0701－0015060　021017

金石彙目分編二十卷　（清）吳式芬撰　附補
遺十九卷　（清）吳重周補輯　（清）吳重熹補
輯　清光緒海豐吳氏刻文祿堂印本　二十
四冊

210000－0701－0015061　021018

行素草堂金石叢書　（清）朱記榮輯　清光緒
朱氏刻光緒十四年(1888)彙印本　四十冊

210000－0701－0015062　021019

金石存十五卷　（清）吳玉搢撰　清嘉慶二十
四年(1819)李宗昉聞妙香室刻本　四冊

210000－0701－0015063　021020

金石存十五卷　（清）吳玉搢撰　清嘉慶二十
四年(1819)李宗昉聞妙香室刻本　四冊

210000－0701－0015064　021021

金石存十五卷　（清）吳玉搢撰　清末石印本
四冊

210000－0701－0015065　021022

金石索十二卷首一卷　（清）馮雲鵬　（清）馮
雲鵷輯　清道光元年至十五年(1821－1835)
滋陽縣署刻本　十二冊

210000－0701－0015066　021023

金石索十二卷首一卷　（清）馮雲鵬　（清）馮
雲鵷輯　清光緒十九年(1893)上海積山書局
石印本　十冊

210000－0701－0015067　021024

金石索十二卷首一卷　（清）馮雲鵬　（清）馮雲鵷輯　清光緒三十二年(1906)上海文新書局石印本　二十四冊

210000－0701－0015068　021025

金石索十二卷首一卷　（清）馮雲鵬　（清）馮雲鵷輯　清光緒三十二年(1906)上海文新書局石印三十三年(1907)重印本　二十四冊

210000－0701－0015069　021026

金石索十二卷首一卷　（清）馮雲鵬　（清）馮雲鵷輯　清光緒三十二年(1906)上海文新書局石印三十三年(1907)重印本　二十四冊

210000－0701－0015070　021027

金石索十二卷首一卷　（清）馮雲鵬　（清）馮雲鵷輯　清光緒三十二年(1906)上海文新書局石印三十三年(1907)重印本　二十四冊

210000－0701－0015071　021031

金石萃編一百六十卷　（清）王昶撰　清嘉慶十年(1805)王氏經訓堂刻同治十年(1871)補刻本　六十四冊

210000－0701－0015072　021032

金石萃編一百六十卷　（清）王昶撰　清嘉慶十年(1805)王氏經訓堂刻同治十年(1871)補刻本　三十九冊　存九十二卷(一至四十三、六十六至七十、七十四至八十九、一百十至一百三十七)

210000－0701－0015073　021033

金石萃編一百六十卷　（清）王昶撰　清嘉慶十年(1805)王氏經訓堂刻同治十年(1871)補刻本　五十五冊　缺四十七卷(十一至三十、八十六至一百十二)

210000－0701－0015074　021034

金石萃編一百六十卷　（清）王昶撰　金石萃編續編二十一卷首一卷　（清）陸耀通撰　（清）陸增祥校訂　清光緒十九年(1893)上海寶善石印本　二十四冊

210000－0701－0015075　021038

金石萃編補正四卷　（清）方履籛撰　清光緒二十年(1894)上海醉六堂石印本　四冊

210000－0701－0015076　021047

金石史二卷　（明）郭宗昌撰　清光緒八年(1882)葛元煦刻學古齋金石叢書本　一冊

210000－0701－0015077　021048

金石史二卷　（明）郭宗昌撰　清光緒八年(1882)葛元煦刻學古齋金石叢書本　一冊

210000－0701－0015078　021052

金石圖不分卷　（清）褚峻摹圖　（清）牛運震釋　清乾隆八年(1743)刻拓本　四冊　存二卷(周至漢)

210000－0701－0015079　021053

金石圖不分卷　（清）褚峻摹圖　（清）牛運震釋　清乾隆八年(1743)刻拓本　四冊　殘一冊(一)

210000－0701－0015080　021054

金石屑四卷附編一卷　（清）鮑昌熙輯　清光緒二年至三年(1876－1877)刻本　八冊

210000－0701－0015081　021056

金石略三卷　（宋）鄭樵撰　清光緒崇川葛元煦刻學古齋金石叢書本　三冊

210000－0701－0015082　021057

金石學錄四卷　（清）李遇孫撰　清道光四年(1824)李氏芝省齋刻本　一冊

210000－0701－0015083　021061

金石全例　（清）朱記榮輯　清光緒刻光緒十八年(1892)吳縣朱氏彙印本　十六冊

210000－0701－0015084　021065

金石箚不分卷　（清）馮承輝輯　清嘉慶二十三年(1818)刻本　一冊

210000－0701－0015085　021067

金石圖不分卷　（清）褚峻摹圖　（清）牛運震釋　清乾隆八年(1743)刻拓本　四冊

210000－0701－0015086　021068

金石圖不分卷　（清）褚峻摹圖　（清）牛運震釋　清乾隆八年(1743)刻拓本　四冊

210000－0701－0015087　021072

金埆藏古器物殘本　（清）金埆輯並釋　拓本

一册　存一册

210000－0701－0015088　021073
金石索十二卷首一卷　（清）馮雲鵬　（清）馮
雲鵷輯　清光緒三十二年(1906)上海文新書
局石印清光緒三十三年(1907)重印本　二十
四册　存六卷(金索六卷)

210000－0701－0015089　021074
金薤琳琅二十卷　（明）都穆撰　**補遺一卷**
（清）宋振譽撰　清光緒八年(1882)葛元煦刻
學古齋金石叢書本　六册

210000－0701－0015090　021080
金石三例　（清）盧見曾輯　（清）王芑孫評
清光緒四年(1878)南海馮氏讀有用書齋刻本
四册

210000－0701－0015091　021081
積古齋鐘鼎彝器款識十卷　（清）阮元撰　清
嘉慶九年(1804)自刻本　四册

210000－0701－0015092　021082
積古齋鐘鼎彝器款識十卷　（清）阮元撰　清
嘉慶九年(1804)自刻本　六册

210000－0701－0015093　021084
歷代鐘鼎彝器款識法帖二十卷　（宋）薛尚功
撰　清嘉慶二年(1797)阮氏刻本　四册

210000－0701－0015094　021085
歷代鐘鼎彝器款識法帖二十卷　（宋）薛尚功
撰　清嘉慶二年(1797)阮氏刻本　四册

210000－0701－0015095　021086
歷代鐘鼎彝器款識法帖二十卷　（宋）薛尚功
撰　清刻本　四册

210000－0701－0015096　021089
鐘鼎款識一卷　（宋）王厚之撰　清道光二十
八年(1848)葉志詵摹刻本　一册

210000－0701－0015097　021090
鐘鼎款識原器拓片一卷　清末上海有正書局
影印本　一册

210000－0701－0015098　021101
鐵雲藏龜不分卷　（清）劉鶚輯　清光緒二十

九年至三十年(1903－1904)抱殘守缺齋石印
本　六册

210000－0701－0015099　021136
筠清館金石文字五卷　（清）吳榮光撰　清道
光二十二年(1842)吳氏筠清館刻本　五册

210000－0701－0015100　021137
筠清館金石文字五卷　（清）吳榮光撰　清道
光二十二年(1842)吳氏筠清館刻本　五册

210000－0701－0015101　021139
小蓬萊閣金石文字不分卷陵茗館續刻一卷
（清）黃易撰　清道光二十二年至二十三年
(1842－1843)陵茗館刻本　八册

210000－0701－0015102　021146
恒軒所見所藏吉金錄一卷　（清）吳大澂撰
清光緒十一年(1885)自刻本　一册　存十四
葉(二十一至三十四)

210000－0701－0015103　021147
恒軒所見所藏吉金錄一卷　（清）吳大澂撰
清光緒十一年(1885)自刻本　一册　存六十
九葉(一至六十九)

210000－0701－0015104　021160
帝王世紀纂要四卷　（清）高沖霄輯　清嘉慶
十七年(1812)自刻本　四册

210000－0701－0015105　021165
紀元編三卷末一卷　（清）李兆洛撰　清光緒
十四年(1888)上海蜚英館石印本　三册

210000－0701－0015106　021166
紀元編三卷末一卷　（清）李兆洛撰　清光緒
十八年(1892)金陵書局刻本　三册

210000－0701－0015107　021182
紀元通考十二卷　（清）葉維庚撰　清同治十
年(1871)刻本　四册

210000－0701－0015108　021183
紀元通考十二卷　（清）葉維庚撰　清同治十
年(1871)刻本　四册

210000－0701－0015109　021184
紀元通考十二卷　（清）葉維庚撰　清同治十

年(1871)刻本　四册

210000－0701－0015110　021185
紀元通考十二卷　（清）葉維庚撰　清同治十年(1871)刻本　四册

210000－0701－0015111　021186
南北史世系表五卷南北史帝王世系表一卷南北史年表一卷　（清）周嘉猷撰　清光緒十八年(1892)廣雅書局刻廣雅書局叢書本　四册

210000－0701－0015112　021189
增纂世統紀年四卷　（清）劉子銓撰　清光緒二十二年(1896)四宜堂刻本　四册

210000－0701－0015113　021190
歷代統紀表十三卷歷代疆域表三卷歷代沿革表三卷　（清）段長基撰　（清）段揩書等注　清同治曾守誠刻光緒元年(1875)趙氏紅杏山房印本　二十四册

210000－0701－0015114　021192
四裔編年表四卷　（美國）林樂知　（清）嚴良勳譯　（清）李鳳苞編　清末刻本　四册

210000－0701－0015115　021193
四裔編年表四卷　（美國）林樂知　（清）嚴良勳譯　（清）李鳳苞編　清末刻本　四册

210000－0701－0015116　021194
四裔編年表四卷　（美國）林樂知　（清）嚴良勳譯　（清）李鳳苞編　清光緒二十三年(1897)石印本　四册

210000－0701－0015117　021195
四裔編年表四卷　（美國）林樂知　（清）嚴良勳譯　（清）李鳳苞編　清光緒二十三年(1897)石印本　四册

210000－0701－0015118　021201
歷代帝王世系圖一卷　清宣統二年(1910)陸軍部印刷處石印本　一册

210000－0701－0015119　021202
歷代帝王年表十四卷　（清）齊召南撰　（清）阮福續　附帝王廟謚年諱譜一卷　（清）陸費墀撰　清道光四年(1824)小琅嬛仙館刻本

四册

210000－0701－0015120　021203
歷代帝王年表不分卷　（清）齊召南撰　（清）阮福續　附帝王廟謚年諱譜一卷　（清）陸費墀撰　清道光八年(1828)刻本　清黃氏心齋校並題識　六册

210000－0701－0015121　021204
歷代帝王年表三卷　（清）齊召南撰　（清）阮福續　附遼金元人名正謅表一卷　清光緒二十八年(1902)長沙省菴刻本　六册

210000－0701－0015122　021205
歷代帝王年表三卷　（清）齊召南撰　（清）阮福續　附遼金元人名正謅表一卷　清光緒二十八年(1902)長沙省菴刻本　三册

210000－0701－0015123　021206
歷代帝王年表八卷　（清）齊召南撰　（清）阮福續　清光緒二十九年(1903)寶慶勤學書舍刻本　三册

210000－0701－0015124　021206
帝王廟謚年諱譜一卷　（清）陸費墀撰　清光緒二十九年(1903)寶慶勤學書舍刻本　與210000－0701－0015123 合册

210000－0701－0015125　021209
歷代帝王年表一卷紀元同異考略一卷　（清）黃大華編　清光緒二十六年(1900)夢紅豆邨刻本　二册

210000－0701－0015126　021210
歷代統紀表十三卷歷代疆域表三卷歷代沿革表三卷　（清）段長基撰　（清）段揩書注　清同治曾守誠刻本　二十二册

210000－0701－0015127　021211
歷代統紀表十三卷歷代疆域表三卷歷代沿革表三卷　（清）段長基撰　（清）段揩書注　清同治曾守誠刻本　二十二册　存十三卷(歷代統紀表十三卷)

210000－0701－0015128　021217
歷代史表五十九卷　（清）萬斯同撰　清光緒

十五年(1889)廣雅書局刻廣雅書局叢書本
六冊

210000－0701－0015129　021218

歷代史表五十九卷　（清）萬斯同撰　清光緒
十五年(1889)廣雅書局刻廣雅書局叢書本
六冊

210000－0701－0015130　021219

歷代史表五十九卷　（清）萬斯同撰　清光緒
十五年(1889)廣雅書局刻廣雅書局叢書本
六冊

210000－0701－0015131　021220

歷代史表五十九卷　（清）萬斯同撰　清光緒
十九年(1893)上海古香閣石印本　八冊

210000－0701－0015132　021224

讀通鑑論三十卷末一卷　（清）王夫之撰　清
光緒二十八年(1902)志古堂刻船山遺書本
十五冊

210000－0701－0015133　021224

宋論十五卷　（清）王夫之撰　清光緒二十八
年(1902)志古堂刻船山遺書本　五冊

210000－0701－0015134　021225

讀通鑑論十六卷附宋論十五卷　（清）王夫之
撰　清光緒三十一年(1905)商務印書館鉛印
本　十冊

210000－0701－0015135　021226

讀通鑑論十六卷附宋論十五卷　（清）王夫之
撰　清光緒三十一年(1905)商務印書館鉛印
本　十冊

210000－0701－0015136　021227

讀通鑑論十六卷附宋論十五卷　（清）王夫之
撰　清光緒三十一年(1905)商務印書館鉛印
本　十冊

210000－0701－0015137　021228

讀通鑑論十六卷附宋論十五卷　（清）王夫之
撰　清光緒三十一年(1905)商務印書館鉛印
本　十冊

210000－0701－0015138　021229

讀通鑑論十六卷附宋論十五卷　（清）王夫之
撰　清光緒三十一年(1905)商務印書館鉛印
本　十冊

210000－0701－0015139　021230

讀通鑑論十六卷附宋論十五卷　（清）王夫之
撰　清光緒三十一年(1905)商務印書館鉛印
本　十冊

210000－0701－0015140　021235

讀通鑑劄記二十卷　（清）章邦元　附年譜一
卷日記一卷　（清）章家祚撰　清光緒十六年
至十八年(1890－1892)銅陵章氏刻本　十
一冊

210000－0701－0015141　021235

翰馨書屋賦餘二卷　（清）章邦元撰　清光緒
十三年(1887)章家祚滬城刻本　一冊

210000－0701－0015142　021236

讀史碎金六卷讀史碎金註八十卷　（清）胡文
炳撰並注　清光緒元年(1875)蘭石齋刻本
八十八冊

210000－0701－0015143　021237

讀史大略六十卷附錄樂府一卷　（清）沙張白
撰　小沙子史略一卷　（清）沙晉撰　清道光
二十六年(1846)刻本　十六冊

210000－0701－0015144　021238

讀史大略六十卷附錄樂府一卷　（清）沙張白
撰　小沙子史略一卷　（清）沙晉撰　清咸豐
七年(1857)邵綏名刻本　十二冊

210000－0701－0015145　021239

讀史大略六十卷附錄樂府一卷　（清）沙張白
撰　小沙子史略一卷　（清）沙晉撰　清咸豐
七年(1857)邵綏名刻本　十二冊

210000－0701－0015146　021240

讀史探驪錄五卷　（清）姚芝生撰　清光緒上
海申報館鉛印申報館叢書本　五冊

210000－0701－0015147　021241

讀史鏡古編三十二卷　（清）潘世恩輯　清同
治十三年(1874)冶城飛霞閣刻本　六冊

210000－0701－0015148　021242

十年讀書之廬重刊韻史二卷　（清）許遯翁撰
　十年讀書之廬重刊韻史補一卷　（清）朱玉岑撰　清咸豐十一年（1861）十年讀書之廬刻本　二冊

210000－0701－0015149　021243

十年讀書之廬重刊韻史二卷　（清）許遯翁撰
　十年讀書之廬重刊韻史補一卷　（清）朱玉岑撰　清咸豐十一年（1861）十年讀書之廬刻本　二冊

210000－0701－0015150　021244

十年讀書之廬重刊韻史二卷　（清）許遯翁撰
　十年讀書之廬重刊韻史補一卷　（清）朱玉岑撰　清咸豐十一年（1861）十年讀書之廬刻光緒元年（1875）印本　二冊

210000－0701－0015151　021245

韻史二卷　（清）許遯翁撰　**韻史補一卷**　（清）朱玉岑撰　清同治五年（1866）吳坤修皖城藩署刻半畝園叢書本　一冊

210000－0701－0015152　021246

韻史二卷　（清）許遯翁撰　**韻史補一卷**　（清）朱玉岑撰　清同治五年（1866）吳坤修皖城藩署刻半畝園叢書本　一冊

210000－0701－0015153　021247

韻史二卷　（清）許遯翁撰　**韻史補一卷**　（清）朱玉岑撰　清光緒二十六年（1900）善成堂刻本　一冊

210000－0701－0015154　021248

韻史二卷　（清）許遯翁撰　**韻史補一卷**　（清）朱玉岑撰　清光緒二十六年（1900）善成堂刻本　一冊

210000－0701－0015155　021249

韻史二卷　（清）許遯翁撰　**韻史補一卷**　（清）朱玉岑撰　清光緒二十六年（1900）善成堂刻本　一冊

210000－0701－0015156　021250

韻史二卷　（清）許遯翁撰　**韻史補一卷**　（清）朱玉岑撰　清光緒二十六年（1900）善成

210000－0701－0015157　021251

韻史二卷　（清）許遯翁撰　**韻史補一卷**　（清）朱玉岑撰　清光緒二十六年（1900）善成堂刻本　一冊

210000－0701－0015158　021252

廿一史提綱歌二卷　（清）李兆洛撰　清江楚書局刻本　一冊

210000－0701－0015159　021253

二十四史論海三十二卷　（清）知新子輯　清光緒三十一年（1905）美華鑑記石印本　二十七冊　缺三卷（九、十二、二十八）

210000－0701－0015160　021254

竹林答問一卷　（清）陳僅撰　**西漢節義傳論二卷**　（清）李鄰嗣撰　清光緒十一年（1885）金羹山館刻金羹山館叢書本　一冊

210000－0701－0015161　021255

國朝百六名家史論八卷　（清）李毓俊輯　清光緒二十九年（1903）奎章書局石印本　八冊

210000－0701－0015162　021257

通鑑總類二十卷　（宋）沈樞撰　清光緒十七年（1891）讀我書齋刻本　二十

210000－0701－0015163　021258

綱鑑擇語十卷　（清）司徒修輯　清同治八年（1869）江右五柳堂刻本　十冊

210000－0701－0015164　021259

綱鑑擇語十卷　（清）司徒修輯　清道光十六年（1836）絡野堂刻本　二冊

210000－0701－0015165　021261

澂景堂史測十四卷　（清）施鴻撰　清光緒十三年（1887）刻邵武徐氏叢書本　二冊

210000－0701－0015166　021262

李氏蒙求補注六卷　（後晉）李瀚撰　（清）金三俊補注　**附考證一卷**　（清）金三俊撰　清道光二十八年（1848）大文堂刻本　三冊

210000－0701－0015167　021262

王先生十七史蒙求十六卷　（宋）王令輯　清

道光二十八年(1848)大文堂刻本　三冊

210000－0701－0015168　021263
古今史論大觀前編十五卷後編十七卷　雷瑨
輯　清光緒二十七年(1901)硯耕山莊石印本
九冊　缺三卷(前編十三至十五)

210000－0701－0015169　021267
史通通釋二十卷　(唐)劉知幾撰　(清)浦起
龍釋　清翰墨園刻本　六冊

210000－0701－0015170　021268
史通通釋二十卷　(唐)劉知幾撰　(清)浦起
龍釋　清光緒十一年(1885)刻本　八冊

210000－0701－0015171　021274
史通削繁四卷　(唐)劉知幾撰　(清)浦起龍
注　(清)紀昀刪並評　(清)吳蘭修再刪　清
道光十三年(1833)盧坤兩廣節署刻朱墨套印
本　四冊

210000－0701－0015172　021275
史通削繁四卷　(唐)劉知幾撰　(清)浦起龍
注　(清)紀昀刪並評　(清)吳蘭修再刪　清
道光十三年(1833)盧坤兩廣節署刻朱墨套印
本　四冊

210000－0701－0015173　021276
史通削繁四卷　(唐)劉知幾撰　(清)浦起龍
注　(清)紀昀刪並評　(清)吳蘭修再刪　清
道光十三年(1833)盧坤兩廣節署刻朱墨套印
本　四冊

210000－0701－0015174　021279
史林測義三十八卷　(清)計大受撰　清嘉慶
十九年(1814)楓溪別墅刻本　六冊

210000－0701－0015175　021280
史抽一卷　(清)袁惟清撰　清嘉慶八年
(1803)刻本　一冊

210000－0701－0015176　021283
歷代史論十二卷　(明)張溥撰　**左傳史論二
卷**　(清)高士奇撰　**明史論四卷**　(清)谷應
泰撰　清光緒五年(1879)西江裴氏刻本
四冊

210000－0701－0015177　021284
歷代史論十二卷宋史論三卷元史論一卷
(明)張溥撰　**左傳史論二卷**　(清)高士奇撰
明史論四卷　(清)谷應泰撰　清光緒五年
(1879)西江裴氏刻本　八冊

210000－0701－0015178　021285
歷代史論十二卷　(明)張溥撰　清光緒八年
(1882)修文堂刻本　四冊

210000－0701－0015179　021286
歷代史論十二卷宋史論三卷元史論一卷
(明)張溥撰　**左傳史論二卷**　(清)高士奇撰
明史論四卷　(清)谷應泰撰　清浙江書局
刻套印本　十二冊

210000－0701－0015180　021287
歷代史論十二卷宋史論三卷元史論一卷
(明)張溥撰　(清)孫琮評　**左傳史論二卷**
(清)高士奇撰　**明史論四卷**　(清)谷應泰撰
清光緒九年(1883)都城蒼松山房刻本
八冊

210000－0701－0015181　021288
歷代史論十二卷宋史論三卷元史論一卷
(明)張溥撰　(清)孫琮評　**左傳史論二卷**
(清)高士奇撰　**明史論四卷**　(清)谷應泰撰
清光緒十三年(1887)掃葉山房刻本　八冊

210000－0701－0015182　021291
鑑古齋日記四卷　(清)皮錫瑞評撰　(清)陳
紹庭記　清光緒二十八年(1902)長沙刻本
四冊

210000－0701－0015183　021304
二十四史九通政典類要合編三百二十卷
(清)黃書霖輯　清光緒二十八年(1902)約雅
堂石印本　六十冊

210000－0701－0015184　021305
二十四史九通政典類要合編三百二十卷
(清)黃書霖輯　清光緒二十八年(1902)約雅
堂石印本　五十冊　缺五十三卷(二百十七
至二百六十九)

210000－0701－0015185　021306

229

三吳舊語一卷　（清）顧苓撰　清光緒九年
（1883）刻本　一冊

210000－0701－0015186　021307

武林掌故叢編　（清）丁丙輯　清光緒丁氏嘉
惠堂刻本　一百三十六冊　存十七集（一至
十七）

210000－0701－0015187　021308

學史四十八卷　（清）王希廉輯　清光緒二年
（1876）申報館鉛印本　八冊

210000－0701－0015188　021309

皇朝藩屬輿地叢書　（清）浦□輯　清光緒二
十九年（1903）金匱浦氏靜寄東軒石印本　四
十八冊

210000－0701－0015189　021311

邊事彙鈔十二卷續鈔八卷　（清）朱克敬輯評
　清光緒六年（1880）長沙刻本　十冊

210000－0701－0015190　021314

古今紀始通考四卷補遺一卷　（清）魏崧撰
清末佑廉樞記石印本　四冊

210000－0701－0015191　021317

清光緒二十四年中外大事彙記不分卷　（清）
倚劍生撰　清光緒二十四年（1898）廣智報局
鉛印本　十四冊

210000－0701－0015192　021318

清光緒二十四年中外大事彙記不分卷　（清）
倚劍生撰　清光緒二十四年（1898）廣智報局
鉛印本　十冊　存（論說彙、學術彙、掌故彙、
官常彙、交涉彙、商業彙、工藝彙、礦物彙、曆
算彙、醫理彙、新聞彙、格致彙）

210000－0701－0015193　021321

史學叢書　（清）□□輯　清光緒二十五年
（1899）文瀾書局石印本　三十二冊

210000－0701－0015194　021322

史學叢書　（清）□□輯　清光緒二十五年
（1899）文瀾書局石印本　三十二冊

210000－0701－0015195　021323

史學叢書　（清）□□輯　清末石印本　七冊

存六種四十五卷（史記志疑七至三十六、史
功表比說一卷、史記天官書補目一卷、楚漢諸
侯疆域志三卷、史漢駢枝一卷、人表攷九卷）

210000－0701－0015196　021341

觀海堂地理書　楊守敬輯　清光緒至宣統楊
氏觀海堂刻朱墨套印本　九冊　存九種十一
卷（梁疆域圖一卷、陳疆域圖一卷、北魏地理
圖志一卷札記一卷、西魏疆域圖一卷西魏書
地域攷補正一卷、北周疆域圖一卷、隋地理志
圖一卷、唐地理志圖一卷、後梁並十國圖一
卷、後周並十國圖一卷）

210000－0701－0015197　021343

欽定萬年書二卷　清刻本　四冊

210000－0701－0015198　021344

中國文明小史不分卷　（日本）田□卯吉撰
（清）劉陶譯　清光緒二十八年（1902）上海廣
智書局鉛印本　一冊

210000－0701－0015199　021345

廿一史約編八卷首一卷　（清）鄭元慶輯　清
紫文閣刻本　八冊

210000－0701－0015200　021346

廿一史約編八卷首一卷　（清）鄭元慶輯　清
紫文閣刻上洋江左書林印本　八冊

210000－0701－0015201　021347

廿一史約編八卷首一卷　（清）鄭元慶輯　清
善成堂刻本　八冊

210000－0701－0015202　021348

廿一史約編八卷首一卷　（清）鄭元慶輯　清
善成堂刻本　八冊

210000－0701－0015203　021349

廿一史四譜五十四卷　（清）沈炳震撰　清刻
本　十六冊

210000－0701－0015204　021350

廿二史諱略一卷　（清）周榘輯　清周氏藏山
書塾刻本　一冊

210000－0701－0015205　021352

廿二史劄記三十六卷補遺一卷　（清）趙翼撰

清嘉慶五年(1800)刻本 十冊

210000 - 0701 - 0015206 021353

廿二史劄記三十六卷補遺一卷 (清)趙翼撰
清光緒二十六年(1900)上海書局石印本
八冊

210000 - 0701 - 0015207 021354

廿二史劄記三十六卷補遺一卷 (清)趙翼撰
清光緒二十六年(1900)上海書局石印本
八冊

210000 - 0701 - 0015208 021355

廿二史劄記三十六卷補遺一卷 (清)趙翼撰
清光緒二十六年(1900)上海書局石印本
七冊 殘五卷(十五至十九)

210000 - 0701 - 0015209 021363

重刊二十四史 清同治八年(1869)嶺南菊古
堂刻本 七百八十冊 缺三種二百四十三卷
(晉書一百三十卷、北史四十七卷、宋史六十
六卷)

210000 - 0701 - 0015210 021364

重刊二十四史 清同治八年(1869)嶺南菊古
堂刻本 八百五十冊

210000 - 0701 - 0015211 021365

二十四史 清光緒五年(1879)湖北書局彙印
本 五百七十九冊

210000 - 0701 - 0015212 021366

二十四史 清光緒十年(1884)上海同文書局
影印本 七百十一冊

210000 - 0701 - 0015213 021367

二十四史 清光緒十年(1884)上海同文書局
影印本 七百十一冊

210000 - 0701 - 0015214 021368

二十四史 清光緒二十八年(1902)武林竹簡
齋石印本 二百冊

210000 - 0701 - 0015215 021369

二十四史 清光緒十四年(1888)上海圖書集
成印書館鉛印本[陳書三十六卷補配清光緒
二十九年(1903)五洲同文局石印本] 三百

九十二冊

210000 - 0701 - 0015216 021371

廿二史考異一百卷 (清)錢大昕撰 清乾隆
四十五年(1780)潛研堂錢氏刻本 十六冊

210000 - 0701 - 0015217 021373

元經薛氏傳十卷 (隋)王通撰 (唐)薛收傳
(宋)阮逸注 清乾隆刻本 三冊

210000 - 0701 - 0015218 021374

汲古閣十七史 (明)毛晉輯 **附二種** 清書
業堂趙氏刻本 三百四十二冊

210000 - 0701 - 0015219 021375

汲古閣十七史 (明)毛晉輯 **附二種** 清書
業堂趙氏刻本 三百八十一冊

210000 - 0701 - 0015220 021376

十七史商榷一百卷 (清)王鳴盛撰 清刻本
二十四冊

210000 - 0701 - 0015221 021377

十七史商榷一百卷 (清)王鳴盛撰 清乾隆
五十二年(1787)洞涇草堂刻本 二十冊

210000 - 0701 - 0015222 021378

十七史商榷一百卷 (清)王鳴盛撰 清光緒
六年(1880)太原王氏刻本 二十四冊

210000 - 0701 - 0015223 021379

十七史商榷一百卷 (清)王鳴盛撰 清光緒
十九年(1893)廣雅書局刻廣雅書局叢書本
二十冊

210000 - 0701 - 0015224 021380

十七史商榷一百卷 (清)王鳴盛撰 清光緒
十九年(1893)廣雅書局刻廣雅書局叢書本
二十冊

210000 - 0701 - 0015225 021381

二十四史 清乾隆武英殿刻道光四年(1824)
重修二十四史本 七百二十一冊

210000 - 0701 - 0015226 021383

四史 清光緒二十四年(1898)上海點石齋石
印本 二十四冊

210000 - 0701 - 0015227　021385

寰宇分合志八卷附錄一卷　（明）徐楒輯　增
輯一卷附錄一卷　（清）鄭元慶撰　清光緒二
十八年(1902)湘潭楊氏刻本　八冊

210000 - 0701 - 0015228　021386

寰宇分合志八卷附錄一卷　（明）徐楒輯　增
輯一卷附錄一卷　（清）鄭元慶撰　清光緒二
十八年(1902)湘潭楊氏刻本　八冊

210000 - 0701 - 0015229　021387

支那通史七卷　（日本）那珂通世編　清末鉛
印本　四冊　存四卷(一至四)

210000 - 0701 - 0015230　021388

增補支那通史十卷　（日本）那珂通世撰
（日本）狩野良知補　清光緒三十年(1904)文
學圖書公司石印本　六冊

210000 - 0701 - 0015231　021389

史緯三百三十卷　（清）陳允錫編　清光緒二
十九年(1903)文來書局石印本　六十冊

210000 - 0701 - 0015232　021390

史闕十四卷　（清）張岱撰　（清）鄭佶編　清
道光四年(1824)刻本　六冊

210000 - 0701 - 0015233　021391

蜀鑑十卷　（宋）郭允蹈撰　札記一卷　（清）
吳文昇撰　清光緒五年(1879)吳氏詒穀堂刻
七年(1881)吳文昇存仁堂補刻本　四冊

210000 - 0701 - 0015234　021392

評鑑闡要十二卷　（清）劉統勳等纂　清刻本
十二冊

210000 - 0701 - 0015235　021393

讀史兵略四十六卷　（清）胡林翼撰　清咸豐
十一年(1861)武昌節署刻本　十六冊

210000 - 0701 - 0015236　021395

司馬溫公稽古錄二十卷　（宋）司馬光撰　清
同治十一年(1872)湖北崇文書局刻本　四冊

210000 - 0701 - 0015237　021396

司馬溫公稽古錄二十卷　（宋）司馬光撰　清
同治十一年(1872)湖北崇文書局刻本　四冊

210000 - 0701 - 0015238　021397

司馬溫公稽古錄二十卷　（宋）司馬光撰　清
同治十一年(1872)湖北崇文書局刻本　四冊

210000 - 0701 - 0015239　021398

司馬溫公稽古錄二十卷　（宋）司馬光撰　清
同治十一年(1872)湖北崇文書局刻本　四冊

210000 - 0701 - 0015240　021399

司馬溫公稽古錄二十卷　（宋）司馬光撰　清
同治十一年(1872)湖北崇文書局刻本　四冊

210000 - 0701 - 0015241　021400

司馬溫公稽古錄二十卷　（宋）司馬光撰　校
勘記一卷　清光緒五年(1879)江蘇書局刻資
治通鑑彙刻本　四冊　缺一卷(校勘記一卷)

210000 - 0701 - 0015242　021401

司馬溫公稽古錄二十卷　（宋）司馬光撰　校
勘記一卷　清光緒五年(1879)江蘇書局刻資
治通鑑彙刻本　四冊

210000 - 0701 - 0015243　021402

司馬溫公稽古錄二十卷　（宋）司馬光撰　校
勘記一卷　清光緒五年(1879)江蘇書局刻資
治通鑑彙刻本　四冊

210000 - 0701 - 0015244　021405

綱鑑正史約三十六卷附記一卷　（明）顧錫疇
輯　（清）陳弘謀增訂　甲子紀元一卷　（清）
陳弘謀輯　清同治八年(1869)浙江書局刻本
二十冊

210000 - 0701 - 0015245　021406

綱鑑正史約三十六卷附記一卷　（明）顧錫疇
輯　（清）陳弘謀增訂　甲子紀元一卷　清同
治八年(1869)浙江書局刻本　二十冊

210000 - 0701 - 0015246　021407

綱鑑正史約三十六卷附記一卷　（明）顧錫疇
輯　（清）陳弘謀增訂　甲子紀元一卷　清光
緒九年(1883)湖南官書局刻本　十冊

210000 - 0701 - 0015247　021408

尺木堂綱鑑易知錄九十二卷尺木堂明鑑易知
錄十五卷　（清）吳乘權等輯　清刻本　五

十冊

210000－0701－0015248　021409

御撰資治通鑑綱目三編二十卷　（清）張廷玉等纂　大文堂綱鑑易知錄九十二卷　（清）吳乘權等輯　清刻本　四十八冊

210000－0701－0015249　021410

尺木堂綱鑑易知錄九十二卷　（清）吳乘權等輯　清暨陽聚珍堂刻本　四十二冊

210000－0701－0015250　021411

尺木堂綱鑑易知錄九十二卷尺木堂明鑑易知錄十五卷　（清）吳乘權等輯　清光緒三十一年（1905）上海商務印書館鉛印本　十六冊

210000－0701－0015251　021419

增評加批歷史綱鑑補三十九卷首一卷　（明）王世貞　（明）袁黃編纂　御撰資治通鑑綱目三編六卷　清光緒二十八年（1902）上海富強齋石印本　十六冊

210000－0701－0015252　021420

袁王綱鑑合編三十九卷首一卷御撰明紀綱目二十卷　（明）袁黃　（明）王世貞編　清光緒三十年（1904）上海商務印書館鉛印本　十六冊

210000－0701－0015253　021421

袁王綱鑑合編三十九卷首一卷御撰明紀綱目二十卷　（明）袁黃　（明）王世貞編　清光緒三十年（1904）上海商務印書館鉛印本　十六冊

210000－0701－0015254　021422

袁王綱鑑合編三十九卷首一卷御撰明紀綱目二十卷　（明）袁黃　（明）王世貞編　清光緒三十年（1904）上海商務印書館鉛印本　十六冊

210000－0701－0015255　021423

袁王綱鑑會纂三十九卷首一卷　（明）袁黃　（明）王世貞編　清光緒三十三年（1907）上海華商集成圖書公司鉛印本　十八冊

210000－0701－0015256　021431

通鑑元本校勘記二卷　（清）張瑛撰　清光緒八年（1882）江蘇書局刻通鑑彙刻本　一冊

210000－0701－0015257　021432

資治通鑑外紀十卷　（宋）劉恕編　（清）胡克家注補　資治通鑑外紀目錄五卷　（宋）劉恕編　清同治十年（1871）江蘇書局刻本　十冊

210000－0701－0015258　021433

通鑑總類二十卷　（宋）沈樞撰　清讀我書齋刻本　二十冊

210000－0701－0015259　021434

資治通鑑綱目前編二十五卷資治通鑑綱目五十九卷續資治通鑑綱目二十七卷　（明）陳仁錫評　御撰資治通鑑綱目三編二十卷　（清）張廷玉等編　清刻本　一百六十冊

210000－0701－0015260　021435

御批資治通鑑綱目五十九卷　（宋）朱熹撰　（清）聖祖玄燁批　清光緒二十八年（1902）美華書局石印本　十三冊

210000－0701－0015261　021436

御批資治通鑑綱目前編十八卷舉要三卷首一卷　（宋）金履祥撰　（清）聖祖玄燁批　御批續資治通鑑綱目二十七卷　（明）商輅撰　（清）聖祖玄燁批　御撰資治通鑑綱目三編六卷　（清）張廷玉等編　清光緒二十八年（1902）美華書局石印本　十一冊

210000－0701－0015262　021437

御批續資治通鑑綱目二十七卷　（明）商輅撰　（清）聖祖玄燁批　清末石印本　六冊

210000－0701－0015263　021438

通鑑綱目分註補遺四卷附通鑑綱目書法存疑一卷　（清）芮長恤撰　清光緒十六年（1890）繆氏小峌山館刻本　四冊

210000－0701－0015264　021440

通鑑注商十八卷　（清）趙紹祖撰　清嘉慶二十四年（1819）古墨齋刻本　四冊

210000－0701－0015265　021441

通鑑注辯正二卷　（清）錢大昕撰　清刻本

一冊

210000－0701－0015266　021442

嚴永思先生通鑑補正略三卷　（明）嚴衍撰
（清）張敦仁輯錄　清光緒十三年（1887）時報
館鉛印本　二冊

210000－0701－0015267　021444

通鑑地理通釋十四卷　（宋）王應麟撰　清嘉
慶十年（1805）虞山張氏照曠閣刻學津討原本
十冊

210000－0701－0015268　021445

通鑑地理通釋十四卷　（宋）王應麟撰　清嘉
慶十年（1805）虞山張氏照曠閣刻學津討原本
八冊

210000－0701－0015269　021446

資治通鑑地理今釋十六卷　（清）吳熙載撰
清光緒二十三年（1897）廣東經史閣刻本
四冊

210000－0701－0015270　021447

資治通鑑地理今釋十六卷　（清）吳熙載撰
清光緒八年（1882）江蘇書局刻本　三冊

210000－0701－0015271　021448

御批歷代通鑑輯覽一百二十卷　（清）傅恒等
撰　清同治十年（1871）浙江書局刻朱墨套印
本　四十八冊

210000－0701－0015272　021449

御批歷代通鑑輯覽一百二十卷　（清）傅恒等
撰　清同治十年（1871）浙江書局刻朱墨套印
本　四十八冊

210000－0701－0015273　021450

御批歷代通鑑輯覽一百二十卷　（清）傅恒等
撰　清同治十年（1871）潯陽萬氏刻本　九十
九冊

210000－0701－0015274　021451

御批歷代通鑑輯覽一百二十卷　（清）傅恒等
撰　清光緒五年（1879）刻朱墨套印本　五十
八冊

210000－0701－0015275　021452

御批歷代通鑑輯覽一百二十卷　（清）傅恒等
撰　清光緒五年（1879）刻朱墨套印本　五十
八冊

210000－0701－0015276　021453

御批歷代通鑑輯覽一百二十卷　（清）傅恒等
撰　清光緒五年（1879）刻朱墨套印本　五十
八冊

210000－0701－0015277　021454

御批歷代通鑑輯覽一百二十卷　（清）傅恒等
撰　清光緒五年（1879）刻朱墨套印本　五十
八冊

210000－0701－0015278　021455

御批歷代通鑑輯覽一百二十卷　（清）傅恒等
撰　清光緒二十九年（1903）上海官書局石印
本　二十冊

210000－0701－0015279　021456

御批歷代通鑑輯覽一百二十卷　（清）傅恒等
撰　清光緒二十九年（1903）博通學會石印本
二十四冊

210000－0701－0015280　021457

御批歷代通鑑輯覽一百二十卷　（清）傅恒等
撰　清光緒三十年（1904）上海通元書局石印
本　二十四冊

210000－0701－0015281　021458

御批歷代通鑑輯覽一百二十卷　（清）傅恒等
撰　清光緒三十年（1904）上海商務印書館鉛
印本　二十四冊

210000－0701－0015282　021459

御批歷代通鑑輯覽一百二十卷　（清）傅恒等
撰　清光緒三十年（1904）上海商務印書館鉛
印本　四十冊

210000－0701－0015283　021461

御批歷代通鑑輯覽一百二十卷　（清）傅恒等
撰　清光緒三十年（1904）上海錦章書局石印
本　二十八冊

210000－0701－0015284　021466

分類歷代通鑑輯覽六十四卷終一卷　（清）陳

善輯　清光緒二十九年(1903)文瀾書局石印本　二十四冊

210000－0701－0015285　021467

分類歷代通鑑輯覽六十四卷終一卷　（清）陳善輯　清光緒二十九年(1903)點石齋石印本　二十四冊

210000－0701－0015286　021470

資治通鑑二百九十四卷目錄三十卷　（宋）司馬光撰　（元）胡三省音注　清光緒二十六年(1900)圖書集成局鉛印本　四冊　存三十卷(目錄三十卷)

210000－0701－0015287　021477

歷代通鑑纂要九十二卷　（明）李東陽　（明）劉機等撰　清光緒二十三年(1897)廣雅書局刻本　四十八冊

210000－0701－0015288　021478

通鑑類纂二十卷目錄一卷　（清）松椿撰　清光緒二十三年(1897)上海天章書局石印本　十二冊

210000－0701－0015289　021479

資治通鑑二百九十四卷　（宋）司馬光撰　（元）胡三省音注　**通鑑釋文辯誤十二卷**　（元）胡三省撰　清嘉慶二十一年(1816)鄱陽胡氏刻本　一百六十冊

210000－0701－0015290　021480

資治通鑑二百九十四卷目錄三十卷　（宋）司馬光撰　（元）胡三省音注　**通鑑釋文辯誤十二卷**　（元）胡三省撰　清嘉慶二十一年(1816)鄱陽胡氏刻同治七年至八年(1868－1869)江蘇書局補刻本　一百十三冊　缺三十卷(目錄三十卷)

210000－0701－0015291　021481

資治通鑑二百九十四卷目錄三十卷　（宋）司馬光撰　（元）胡三省音注　**通鑑釋文辯誤十二卷**　（元）胡三省撰　清嘉慶二十一年(1816)鄱陽胡氏刻同治七年至八年(1868－1869)江蘇書局補刻本　一百十冊

210000－0701－0015292　021482

資治通鑑二百九十四卷目錄三十卷　（宋）司馬光撰　（元）胡三省音注　**通鑑釋文辯誤十二卷**　（元）胡三省撰　清嘉慶二十一年(1816)鄱陽胡氏刻同治七年至八年(1868－1869)江蘇書局補刻本　九十一冊　缺六十三卷(二百七十四至二百九十四、目錄三十卷、通鑑釋文辯誤十二卷)

210000－0701－0015293　021483

資治通鑑二百九十四卷目錄三十卷　（宋）司馬光撰　**資治通鑑釋文辯誤十二卷**　（元）胡三省撰　**資治通鑑外紀十卷資治通鑑外紀目錄五卷**　（宋）劉恕撰　（清）胡克家注補　清光緒十三年(1887)長沙解州書院刻本　一百二十冊

210000－0701－0015294　021484

校刊資治通鑑全書　（清）胡元常輯並校　清光緒十四年至十七年(1888－1891)長沙楊氏刻本　一百冊

210000－0701－0015295　021485

資治通鑑二百九十四卷目錄三十卷　（宋）司馬光撰　（元）胡三省音注　清光緒二十六年(1900)圖書集成局鉛印本　四十四冊

210000－0701－0015296　021497

續資治通鑑二百二十卷　（清）畢沅撰　清鎮洋畢氏刻嘉慶六年(1801)馮集梧續刻同治六年(1867)應寶時蘇淞太道署補刻本　六十四冊

210000－0701－0015297　021498

續資治通鑑二百二十卷　（清）畢沅撰　清鎮洋畢氏刻嘉慶六年(1801)馮集梧續刻同治遞修本　六十冊

210000－0701－0015298　021499

續資治通鑑二百二十卷　（清）畢沅撰　清鎮洋畢氏刻嘉慶六年(1801)馮集梧續刻同治遞修本　六十冊

210000－0701－0015299　021500

續資治通鑑二百二十卷　（清）畢沅撰　清鎮洋畢氏刻嘉慶六年(1801)馮集梧續刻清末遞

修本 六十冊

210000 – 0701 – 0015300 021501

續資治通鑑二百二十卷 （清）畢沅撰 清鎮
洋畢氏刻嘉慶六年（1801）馮集梧續刻清末遞
修本 六十冊

210000 – 0701 – 0015301 021502

續資治通鑑二百二十卷 （清）畢沅撰 清鎮
洋畢氏刻嘉慶六年（1801）馮集梧續刻清末遞
修本 六十冊

210000 – 0701 – 0015302 021503

續資治通鑑二百二十卷 （清）畢沅撰 清光
緒二十六年（1900）圖書集成局鉛印本 二十
八冊

210000 – 0701 – 0015303 021508

資治通鑑後編一百八十四卷 （清）徐乾學編
清光緒富陽夏氏刻本 四十八冊

210000 – 0701 – 0015304 021509

資治通鑑刊本識誤三卷 （清）張敦仁撰 清
道光七年（1827）陳宗彝刻獨抱廬叢刻本
三冊

210000 – 0701 – 0015305 021510

資治通鑑刊本識誤三卷 （清）張敦仁撰 清
光緒十二年（1886）刻新陽趙氏叢刊本 三冊

210000 – 0701 – 0015306 021511

資治通鑑刊本識誤三卷 （清）張敦仁撰 清
光緒十二年（1886）刻新陽趙氏叢刊本 三冊

210000 – 0701 – 0015307 021512

資治通鑑刊本識誤三卷 （清）張敦仁撰 清
光緒十二年（1886）刻新陽趙氏叢刊本 三冊

210000 – 0701 – 0015308 021513

資治通鑑外紀十卷資治通鑑外紀目錄五卷
(宋)劉恕編 （清）胡克家注補 清同治十年
（1871）江蘇書局刻資治通鑑彙刻本 十冊

210000 – 0701 – 0015309 021514

資治通鑑外紀十卷資治通鑑外紀目錄五卷
(宋)劉恕編 （清）胡克家注補 清同治十年
（1871）江蘇書局刻資治通鑑彙刻本 六冊

存十卷(外紀十卷)

210000 – 0701 – 0015310 021515

資治通鑑外紀十卷資治通鑑外紀目錄五卷
(宋)劉恕編 （清）胡克家注補 清同治十年
（1871）江蘇書局刻資治通鑑彙刻本 五冊
存八卷(外紀八至十、目錄五卷)

210000 – 0701 – 0015311 021516

資治通鑑外紀十卷資治通鑑外紀目錄五卷
(宋)劉恕編 清末石印本 十冊

210000 – 0701 – 0015312 021519

東萊呂紫微師友雜志一卷 （宋）呂本中撰
清光緒三年（1877）吳興陸氏刻本 一冊

210000 – 0701 – 0015313 021519

東萊呂紫微雜說一卷 （宋）呂本中撰 清光
緒二年（1876）歸安陸氏刻十萬卷樓叢書本
一冊

210000 – 0701 – 0015314 021519

資治通鑑釋文三十卷 （宋）史炤撰 清光緒
五年（1879）吳興陸氏刻十萬卷樓叢書本
三冊

210000 – 0701 – 0015315 021522

**資治通鑑綱目五十九卷首一卷資治通鑑綱目
前編二十五卷續通鑑綱目二十七卷資治通鑑
綱目續編末一卷** （宋）朱熹等撰 （明）陳仁
錫評閱 清嘉慶九年（1804）姑蘇聚文堂刻本
一百十四冊 缺四卷(資治通鑑綱目二十
七、四十四至四十六)

210000 – 0701 – 0015316 021523

續資治通鑑綱目二十七卷 （明）商輅等撰
(明)陳仁錫評 清嘉慶九年（1804）姑蘇聚文
堂刻本 三十二冊

210000 – 0701 – 0015317 021524

**御批資治通鑑綱目五十九卷首一卷御批續資
治通鑑綱目二十七卷** （清）聖祖玄燁批 清
康熙四十六年（1707）宋犖刻本 四十二冊

210000 – 0701 – 0015318 021525

資治通鑑綱目前編二十五卷 （明）陳仁錫評

清刻本　十二册

210000 – 0701 – 0015319　021526
資治通鑑補二百九十四卷　（宋）司馬光編
（元）胡三省音注　（明）嚴衍補　清光緒二年
（1876）盛氏思補樓木活字印本　八十册

210000 – 0701 – 0015320　021527
資治通鑑補二百九十四卷　（宋）司馬光編
（元）胡三省音注　（明）嚴衍補　清光緒二年
（1876）盛氏思補樓木活字印本　八十册

210000 – 0701 – 0015321　021528
資治通鑑補正二百九十四卷首一卷　（宋）司
馬光編　（元）胡三省音注　（明）嚴衍補　清
光緒二十八年（1902）祝壽慈上海石印本　四
十八册

210000 – 0701 – 0015322　021531
通鑑宋本校勘記五卷通鑑元本校勘記二卷
（清）張瑛撰　清光緒八年（1882）江蘇書局刻
資治通鑑彙刻本　一册

210000 – 0701 – 0015323　021532
資治通鑑地理今釋十六卷　（清）吳熙載撰
清光緒八年（1882）江蘇書局刻本　三册

210000 – 0701 – 0015324　021536
資治通鑑目錄三十卷　（宋）司馬光編　清同
治八年（1869）江蘇書局刻資治通鑑彙刻本
十册

210000 – 0701 – 0015325　021537
資治通鑑目錄三十卷　（宋）司馬光編　清同
治八年（1869）江蘇書局刻資治通鑑彙刻本
十册

210000 – 0701 – 0015326　021538
資治通鑑目錄三十卷　（宋）司馬光編　清同
治八年（1869）江蘇書局刻資治通鑑彙刻本
十册

210000 – 0701 – 0015327　021539
資治通鑑目錄三十卷　（宋）司馬光編　清同
治八年（1869）江蘇書局刻資治通鑑彙刻本
十册

210000 – 0701 – 0015328　021541
續資治通鑑長編五百二十卷目錄二卷　（宋）
李燾撰　**續資治通鑑長編拾補六十卷**　（清）
秦緗業等輯注　清光緒七年至九年（1881 –
1883）浙江書局刻本　一百三十六册

210000 – 0701 – 0015329　021542
校刊資治通鑑全書　（清）胡元常輯並校　清
光緒十四年至十七年（1888 – 1891）長沙楊氏
刻本　九十九册

210000 – 0701 – 0015330　021543
續資治通鑑長編五百二十卷目錄二卷　（宋）
李燾撰　**續資治通鑑長編拾補六十卷**　（清）
秦緗業等輯注　清光緒七年至九年（1881 –
1883）浙江書局刻本　十六册　存六十卷（拾
補六十卷）

210000 – 0701 – 0015331　021544
廿四史綱鑑歌訣讀本二卷　（清）李兆洛撰
清光緒二十七年（1901）上海書局石印本
一册

210000 – 0701 – 0015332　021546
易知摘要類編十二卷　（清）富俊撰　清同治
十三年（1874）紹衣堂刻本　十二册

210000 – 0701 – 0015333　021547
鑑撮四卷　（清）曠敏本撰　**讀史論略一卷**
（清）杜詔撰　清末刻本　四册　存四卷（鑑
撮四卷）

210000 – 0701 – 0015334　021548
鑑撮四卷　（清）曠敏本撰　**讀史論略一卷**
（清）杜詔撰　清末刻本　五册

210000 – 0701 – 0015335　021549
紀事本末五種　（清）□□輯　清同治十二年
至十三年（1873 – 1874）江西書局刻本　一百
三十六册

210000 – 0701 – 0015336　021550
紀事本末五種　（清）□□輯　清光緒二十四
年（1898）湖南思賢書局刻本　一百十九册

210000 – 0701 – 0015337　021551

通鑑紀事本末二百三十九卷　（宋）袁樞編
（明）張溥論正　清同治十二年（1873）江西書
局刻紀事本末五種本　八十冊

210000－0701－0015338　021552

通鑑紀事本末二百三十九卷　（宋）袁樞編
（明）張溥論正　清同治十二年（1873）江西書
局刻紀事本末五種本　八十冊

210000－0701－0015339　021553

通鑑紀事本末二百三十九卷　（宋）袁樞編
（明）張溥論正　清同治十二年（1873）江西書
局刻紀事本末五種本　四十八冊

210000－0701－0015340　021554

通鑑紀事本末二百三十九卷　（宋）袁樞編
（明）張溥論正　清同治十二年（1873）江西書
局刻紀事本末五種本　八冊　存二十五卷
（一百四十七至一百七十一）

210000－0701－0015341　021555

歷朝紀事本末九種　（清）陳如升　（清）朱記
榮輯　清光緒十四年（1888）上海書業公所鉛
印光緒二十八年（1902）上海著易堂書局續印
本　三十九冊　存四種四百四十一卷（左傳
紀事本末五十三卷、通鑑紀事本末二百三十
九卷、宋史紀事本末一百九卷、遼史紀事本末
四十卷）

210000－0701－0015342　021556

通鑑紀事本末二百三十九卷　（宋）袁樞編
（明）張溥論正　清宣統二年（1910）上海文盛
書局石印本　十六冊　缺八卷（二百三十二
至二百三十九）

210000－0701－0015343　021562

歷朝紀事本末九種六百五十八卷　（清）陳如
升　（清）朱記榮輯　（清）慎記主人增輯　清
光緒二十五年（1899）上海慎記書莊石印本
四十六冊　缺一百十五卷（金史紀事本末十
四至二十六、明史紀事本末八十卷、三藩紀事
本末二十二卷）

210000－0701－0015344　021565

諸史考異十八卷　（清）洪頤煊撰　清光緒十

五年（1889）廣雅書局刻廣雅書局叢書本
三冊

210000－0701－0015345　021566

諸史拾遺五卷　（清）錢大昕撰　清光緒十七
年（1891）廣雅書局刻本　一冊

210000－0701－0015346　021567

讀史論略一卷　（清）杜詔撰　清光緒二十九
年（1903）鎮江善化善書局刻本　一冊

210000－0701－0015347　021568

讀史舉正八卷　（清）張熷撰　清光緒十七年
（1891）廣雅書局刻本　二冊

210000－0701－0015348　021570

豐鎬考信錄八卷　（清）崔述撰　清嘉慶二十
二年（1817）陳履和太谷縣署刻崔東壁先生遺
書本　四冊

210000－0701－0015349　021571

豐鎬考信別錄三卷　（清）崔述撰　清道光四
年（1824）陳履和東陽縣署刻崔東壁先生遺書
本　六冊

210000－0701－0015350　021572

皇朝聖師考七卷　（清）鄭曉如撰　首一卷
清同治八年（1869）廣州華文堂刻鄭氏四種本
三冊

210000－0701－0015351　021573

綱目議二卷　（清）朱直撰　清同治十年
（1871）胡承志堂刻本　一冊

210000－0701－0015352　021574

綱目續議二卷　（清）胡爾梅撰　附評語一卷
清同治十年（1871）胡承志堂刻本　一冊

210000－0701－0015353　021576

史通通釋二十卷附錄一卷　（清）浦起龍撰
清翰墨園刻本　六冊

210000－0701－0015354　021580

史通削繁四卷　（唐）劉知幾撰　（清）浦起龍
注　（清）紀昀刪並評　（清）吳蘭修再刪　清
道光十三年（1833）盧坤兩廣節署刻套印本
三冊

210000－0701－0015355　021581

史通削繁四卷　（唐）劉知幾撰　（清）浦起龍注　（清）紀昀刪　清粵東省城翰墨園刻套印本　四冊

210000－0701－0015356　021582

史通削繁四卷　（唐）劉知幾撰　（清）紀昀刪　清光緒元年(1875)湖北崇文書局刻本　四冊

210000－0701－0015357　021583

史通削繁四卷　（唐）劉知幾撰　（清）紀昀刪　清光緒元年(1875)湖北崇文書局刻本　四冊

210000－0701－0015358　021584

史通削繁四卷　（唐）劉知幾撰　（清）紀昀刪　清光緒元年(1875)湖北崇文書局刻本　四冊

210000－0701－0015359　021586

史目表二卷　（清）洪飴孫撰　清光緒三年(1877)洪用懃授經堂刻洪北江全集本　一冊

210000－0701－0015360　021587

史目表二卷　（清）洪飴孫撰　清光緒三年(1877)洪用懃授經堂刻洪北江全集本　一冊

210000－0701－0015361　021588

史目表二卷　（清）洪飴孫撰　清光緒四年(1878)啟秀山房刻本　一冊

210000－0701－0015362　021590

敘文書說一卷　（宋）鄭伯熊撰　清刻本　一冊

210000－0701－0015363　021591

四史發伏十卷　（清）洪亮吉撰　清光緒八年(1882)小石山房刻本　二冊

210000－0701－0015364　021592

歷代帝王紀年考一卷　（清）王檢心撰　清道光二十三年(1843)慎修堂刻本　一冊

210000－0701－0015365　021593

歷代帝王紀年考一卷　（清）王檢心撰　清咸豐五年(1855)慎修堂刻本　一冊

210000－0701－0015366　021595

帝王廟謚年諱譜一卷　（清）陸費墀撰　清刻本　一冊

210000－0701－0015367　021596

帝王廟謚年諱譜一卷　（清）陸費墀撰　清刻本　一冊

210000－0701－0015368　021597

帝王世紀纂要四卷　（清）高沖霄撰　清嘉慶十七年(1812)刻本　四冊

210000－0701－0015369　021598

三史拾遺五卷諸史拾遺五卷　（清）錢大昕撰　清嘉慶十二年(1807)李賡芸嘉興郡齋刻本　八冊

210000－0701－0015370　021599

西陲考略六卷　（清）金永森撰　清光緒二十九年(1903)武昌刻本　五冊

210000－0701－0015371　021604

欽定古今儲貳全鑑六卷　清刻本　四冊

210000－0701－0015372　021605

中國歷史課本　（清）劉乃晟編　（清）常堉璋編訂　清光緒三十一年(1905)保定高等學堂奉天學務處北京鉛印本　四冊

210000－0701－0015373　021607

史鑑節要便讀六卷　（清）鮑東里撰　清光緒元年(1875)湖北崇文書局刻本　二冊

210000－0701－0015374　021608

史鑑節要便讀六卷　（清）鮑東里撰　清光緒十三年(1887)姑胥刻本　二冊

210000－0701－0015375　021609

史鑑節要便讀六卷　（清）鮑東里撰　清光緒十三年(1887)姑胥刻本　二冊

210000－0701－0015376　021611

國語校注本三種　（清）汪遠孫撰　清道光二十六年(1846)汪氏振綺堂刻本　六冊

210000－0701－0015377　021612

漢晉迄明謚彙考十卷皇朝謚彙考五卷續編五卷二次續一卷　（清）劉長華撰　清光緒刻民

國十五年(1926)陳氏愼初堂印崇川劉氏叢書
本　五冊

210000－0701－0015378　021614
鑑略四卷　(清)王仕雲撰　(清)周曉春注
清咸豐三年(1853)刻本　一冊

210000－0701－0015379　021615
重訂鑑略四卷　(清)王仕雲撰　(清)周曉春
注　清光緒元年(1875)刻本　四冊

210000－0701－0015380　021616
重訂鑑略四卷　(清)王仕雲撰　(清)周曉春
注　清光緒元年(1875)刻本　四冊

210000－0701－0015381　021621
毛公鼎釋文一卷　(清)吳大澂撰　清光緒十
三年(1887)上海同文書局石印本　一冊

210000－0701－0015382　021622
春秋中國夷狄辨三卷　徐勤撰　清末刻本
一冊

210000－0701－0015383　021624
東萊先生左氏博議二十五卷　(宋)呂祖謙撰
　虛字注釋備考六卷　(清)張文炳點定　清
光緒二十四年(1898)掃葉山房刻本　六冊

210000－0701－0015384　021625
東萊先生左氏博議二十五卷　(宋)呂祖謙撰
　虛字注釋備考六卷　(清)張文炳點定　清
刻本　六冊

210000－0701－0015385　021626
東萊博議四卷　(宋)呂祖謙撰　**增補虛字注
釋一卷**　(清)馮泰松點定　清光緒七年
(1881)鳳城官舍刻本　四冊

210000－0701－0015386　021627
東萊博議四卷　(宋)呂祖謙撰　**增補虛字注
釋一卷**　(清)馮泰松點定　(清)馮泰松點定
　清光緒七年(1881)鳳城官舍刻本　四冊

210000－0701－0015387　021628
東萊博議四卷　(宋)呂祖謙撰　**增補虛字注
釋一卷**　(清)馮泰松點定　清光緒二十四年
(1898)煥文書局石印本　四冊

210000－0701－0015388　021629
東萊博議四卷　(宋)呂祖謙撰　**增補虛字注
釋一卷**　(清)馮泰松點定　清光緒二十四年
(1898)上海點石齋石印本　四冊

210000－0701－0015389　021630
東萊博議四卷　(宋)呂祖謙撰　**增補虛字注
釋一卷**　(清)馮泰松點定　清光緒二十五年
(1899)掃葉山房刻本　四冊

210000－0701－0015390　021631
增批輯註東萊博議四卷　(宋)呂祖謙撰
(清)劉鍾英輯注　**附注釋一卷**　清宣統三年
(1911)上海會文堂粹記石印本　四冊

210000－0701－0015391　021632
增批輯註東萊博議四卷附註釋一卷　(宋)呂
祖謙撰　(清)劉鍾英輯注　清宣統三年
(1911)上海會文堂粹記石印本　四冊

210000－0701－0015392　021633
東萊博議四卷　(宋)呂祖謙撰　清光緒二十
四年(1898)雙芙蓉館石印本　四冊

210000－0701－0015393　021636
校刊史記集解索隱正義札記五卷　(清)張文
虎撰　清同治十一年(1872)金陵書局刻本
二冊

210000－0701－0015394　021637
楚漢諸侯疆域志三卷　(清)劉文淇撰　清光
緒二年(1876)金陵刻本　一冊

210000－0701－0015395　021639
史記一百三十卷　(漢)司馬遷撰　(南朝宋)
裴駰集解　清宣統元年(1909)上海商務印書
館坿設圖書館影印本　二十四冊

210000－0701－0015396　021640
史記一百三十卷　(漢)司馬遷撰　(南朝宋)
裴駰集解　清光緒四年(1878)金陵書局刻本
　十六冊

210000－0701－0015397　021643
史記一百三十卷　(漢)司馬遷撰　(南朝宋)
裴駰集解　(唐)司馬貞索隱　(唐)張守節正

義　清同治九年(1870)楚北崇文書局刻本　二十三冊　缺四卷(一百二十七至一百三十)

210000－0701－0015398　021644

史記一百三十卷　(漢)司馬遷撰　(南朝宋)裴駰集解　(唐)司馬貞索隱　(唐)張守節正義　**附考證**　清光緒十年(1884)上海同文書局影印本　二十六冊

210000－0701－0015399　021645

史記一百三十卷　(漢)司馬遷撰　(南朝宋)裴駰集解　(唐)司馬貞索隱　(唐)張守節正義　**附考證**　清光緒二十九年(1903)五洲同文局影印本　二十五冊　缺四卷(二十三至二十六)

210000－0701－0015400　021646

史記一百三十卷　(漢)司馬遷撰　(南朝宋)裴駰集解　(唐)司馬貞索隱　(唐)張守節正義　**附考證**　(唐)司馬貞撰注　清光緒三十一年(1905)武林竹簡齋石印本　八冊

210000－0701－0015401　021647

後漢書一百二十卷　(南朝宋)范曄撰　(唐)李賢注　清光緒三十一年(1905)武林竹簡齋石印本　五冊　存六十八卷(五十三至一百二十)

210000－0701－0015402　021647

前漢書一百卷　(漢)班固撰　**附考證**　清光緒三十一年(1905)武林竹簡齋石印本　七冊　存六十二卷(一至五十七、九十六至一百)

210000－0701－0015403　021647

史記一百三十卷附考證　(漢)司馬遷撰　(南朝宋)裴駰集解　(唐)司馬貞索隱　(唐)張守節正義　**附考證**　清光緒三十一年(1905)武林竹簡齋石印本　二冊　存十四卷(一至十四)

210000－0701－0015404　021652

史記一百三十卷　(漢)司馬遷撰　(明)歸有光評　**附方望溪評點史記四卷**　(清)方苞撰　清光緒二年(1876)武昌刻本　二十冊

210000－0701－0015405　021659

史記評林一百三十卷　(明)凌稚隆輯　清同治十三年(1874)長沙魏氏養翻書屋刻本　二十八冊

210000－0701－0015406　021660

史記評林一百三十卷　(明)凌稚隆輯　清同治十三年(1874)長沙魏氏養翻書屋刻本　二十八冊

210000－0701－0015407　021661

史記評林一百三十卷　(明)凌稚隆輯　清同治十三年(1874)長沙魏氏養翻書屋刻本　二十八冊

210000－0701－0015408　021665

史記天官書補目一卷　(清)孫星衍撰　清光緒十三年(1887)廣雅書局刻廣雅書局叢書本　一冊

210000－0701－0015409　021677

史記一百三十卷　(漢)司馬遷撰　(南朝宋)裴駰集解　清光緒四年(1878)金陵書局刻本　十六冊

210000－0701－0015410　021678

校刊史記集解索隱正義札記五卷　(清)張文虎撰　清同治十一年(1872)金陵書局刻本　二冊

210000－0701－0015411　021679

史記注補正一卷　(清)方苞撰　清光緒二十年(1894)廣雅書局刻廣雅書局叢書本　一冊

210000－0701－0015412　021680

史記志疑三十六卷附錄三卷　(清)梁玉繩撰　清光緒十三年(1887)廣雅書局刻廣雅書局叢書本　十四冊

210000－0701－0015413　021682

史記志疑三十六卷附錄三卷　(清)梁玉繩撰　清光緒十三年(1887)廣雅書局刻廣雅書局叢書本　十四冊　缺三卷(附錄三卷)

210000－0701－0015414　021683

史記志疑三十六卷附錄三卷　(清)梁玉繩撰　清光緒十三年(1887)廣雅書局刻廣雅書局

叢書本　十三冊　缺六卷(三十四至三十六、附錄三卷)

210000－0701－0015415　021684
史記志疑三十六卷　（清）梁玉繩撰　**補遺一卷**　（清）梁學昌撰　清光緒十四年(1888)餘姚朱氏刻本　十六冊

210000－0701－0015416　021685
史記索隱三十卷　（唐）司馬貞撰　清光緒十九年(1893)廣雅書局刻廣雅書局叢書本　四冊

210000－0701－0015417　021686
史記菁華錄六卷　（清）姚苧田輯　清道光四年(1824)吳興姚氏扶荔山房刻朱墨套印本　六冊

210000－0701－0015418　021687
史記菁華錄六卷　（清）姚苧田輯　清成文堂刻本　六冊

210000－0701－0015419　021694
史記月表正譌一卷　（清）王元啓撰　清光緒二十年(1894)廣雅書局刻廣雅書局叢書本　一冊

210000－0701－0015420　021695
史記一百三十卷　（漢）司馬遷撰　（明）歸有光評　**附方望溪評點史記四卷**　（清）方苞撰　清光緒二年(1876)武昌張氏刻本　二十冊

210000－0701－0015421　021696
史記菁華錄六卷　（清）姚苧田輯　清光緒九年(1883)廣州翰墨園刻套印本　六冊

210000－0701－0015422　021709
王會篇箋釋三卷　（清）何秋濤撰　清光緒十七年(1891)江蘇書局刻本　三冊

210000－0701－0015423　021710
王會篇箋釋三卷　（清）何秋濤撰　清光緒十七年(1891)江蘇書局刻本　三冊

210000－0701－0015424　021711
王會篇箋釋三卷　（清）何秋濤撰　清光緒十七年(1891)江蘇書局刻本　三冊

210000－0701－0015425　021712
疏証一卷　（清）□□撰　清道光刻本　一冊

210000－0701－0015426　021716
禹貢本義一卷　楊守敬撰　清光緒三十二年(1906)鄂城菊灣刻本　一冊

210000－0701－0015427　021717
禹貢指南四卷　（宋）毛晃撰　清蘇州府刻本　一冊

210000－0701－0015428　021718
禹貢今注一卷　閻寶森撰　清宣統三年(1911)鉛印本　一冊

210000－0701－0015429　021719
繹史一百六十卷世系圖一卷年表一卷　（清）馬驌撰　清刻本　四十八冊

210000－0701－0015430　021720
繹史一百六十卷世系圖一卷年表一卷　（清）馬驌撰　清刻同治七年(1868)姑蘇亦西齋印本　五十冊

210000－0701－0015431　021721
繹史一百六十卷世系圖一卷年表一卷　（清）馬驌撰　清光緒二十三年(1897)武林尚友齋石印本　二十四冊

210000－0701－0015432　021723
周書十卷逸文一卷　（清）朱右曾集訓校譯　清光緒三年(1877)湖北崇文書局刻民國元年(1912)鄂官書處印本　二冊

210000－0701－0015433　021724
周書十卷逸文一卷　（清）朱右曾集訓校譯　清光緒三年(1877)湖北崇文書局刻民國元年(1912)鄂官書處印本　二冊

210000－0701－0015434　021728
周書十卷逸文一卷　（清）朱右曾集訓校譯　清光緒三年(1877)湖北崇文書局刻本　二冊

210000－0701－0015435　021729
逸周書二十二卷首一卷末一卷　（晉）孔晁注　（清）陳逢衡撰　清道光五年(1825)修梅山館刻本　六冊

210000－0701－0015436　021746

世本十卷　（清）秦嘉謨輯補　清嘉慶二十三年(1818)琳琅仙館刻本　六冊

210000－0701－0015437　021747

世本二卷　（漢）宋衷注　（清）雷學淇校輯
附世本考證一卷　（清）雷學淇撰　清刻本
一冊

210000－0701－0015438　021748

世本十卷　（清）秦嘉謨輯補　清嘉慶二十三年(1818)琳琅仙館刻本　四冊

210000－0701－0015439　021749

世本十卷　（清）秦嘉謨輯補　清嘉慶二十三年(1818)琳琅仙館刻本　六冊

210000－0701－0015440　021750

世本十卷　（清）秦嘉謨輯補　清嘉慶二十三年(1818)琳琅仙館刻本　三冊

210000－0701－0015441　021755

書集傳六卷　（宋）蔡沈撰　清同治七年(1868)刻本　四冊

210000－0701－0015442　021756

書集傳六卷　（宋）蔡沈撰　清光緒七年(1881)江西書局刻本　四冊

210000－0701－0015443　021757

書經六卷　（宋）蔡沈集傳　清末李光明家刻光緒十二年(1886)席氏掃葉山房印本　四冊

210000－0701－0015444　021758

書經六卷　（宋）蔡沈集傳　清掃葉山房刻本　四冊

210000－0701－0015445　021759

書經六卷　（宋）蔡沈集注　清光緒十七年(1891)掃葉山房刻本　四冊

210000－0701－0015446　021760

書經六卷　（宋）蔡沈集注　清光緒十七年(1891)掃葉山房刻本　四冊

210000－0701－0015447　021761

書經六卷首一卷末一卷　（宋）蔡沈集傳　清光緒二十二年(1896)新化三味堂刻本　四冊

210000－0701－0015448　021762

書經六卷首一卷末一卷　（宋）蔡沈集傳　清光緒二十二年(1896)新化三味堂刻本　四冊

210000－0701－0015449　021763

書經六卷　（宋）蔡沈集傳　清崇文堂刻本　四冊

210000－0701－0015450　021764

書經六卷　（宋）蔡沈集傳　清宣統二年(1910)校經山房石印本　四冊

210000－0701－0015451　021768

書經六卷　（宋）蔡沈集傳　清光緒三十四年(1908)學部圖書局影印本　六冊

210000－0701－0015452　021769

書經集傳六卷　（宋）蔡沈撰　清光緒三十四年(1908)學部圖書館石印本　六冊

210000－0701－0015453　021770

書集傳六卷首一卷末一卷　（宋）蔡沈撰（元）鄒季友音釋　清光緒十五年(1889)江南書局刻本　六冊

210000－0701－0015454　021771

書集傳六卷　（宋）蔡沈撰　清光緒十一年(1885)京都老二酉刻本　四冊

210000－0701－0015455　021772

書經二十卷　（漢）孔安國傳　（唐）陸德明音義　明崇禎十二年(1639)永懷堂刻清同治八年(1869)浙江書局校修印十三經古注本
三冊

210000－0701－0015456　021773

書經六卷首一卷末一卷　（宋）蔡沈集傳　清光緒七年(1881)金陵書局刻本　四冊

210000－0701－0015457　021774

欽定書經傳說彙纂二十一卷首二卷書序一卷　（清）王頊齡等撰　清刻本　十四冊

210000－0701－0015458　021775

欽定書經傳說彙纂二十一卷首二卷書序一卷　（清）王頊齡等撰　清同治七年(1868)馬新貽、李瀚章刻本　十二冊

210000－0701－0015459　021776

欽定書經傳說彙纂二十一卷首二卷書序一卷
（清）王頊齡等撰　清同治七年（1868）馬新貽、李瀚章刻本　十二冊

210000－0701－0015460　021777

欽定書經圖說五十卷　（清）孫家鼐等撰
（清）詹秀林等繪圖　清光緒三十一年（1905）
內府影印本　十六冊

210000－0701－0015461　021778

欽定書經圖說五十卷　（清）孫家鼐等撰
（清）詹秀林等繪圖　清光緒三十一年（1905）
內府影印本　十六冊

210000－0701－0015462　021779

欽定書經圖說五十卷　（清）孫家鼐等撰
（清）詹秀林等繪圖　清光緒三十一年（1905）
內府影印本　十六冊

210000－0701－0015463　021780

欽定書經圖說五十卷　（清）孫家鼐等撰
（清）詹秀林等繪圖　清光緒三十一年（1905）
內府影印本　十六冊

210000－0701－0015464　021781

欽定書經圖說五十卷　（清）孫家鼐等撰
（清）詹秀林等繪圖　清光緒三十一年（1905）
內府影印本　十六冊

210000－0701－0015465　021782

欽定書經圖說五十卷　（清）孫家鼐等撰
（清）詹秀林等繪圖　清光緒三十一年（1905）
內府影印本　十六冊

210000－0701－0015466　021783

欽定書經圖說五十卷　（清）孫家鼐等撰
（清）詹秀林等繪圖　清光緒三十一年（1905）
內府影印本　十六冊

210000－0701－0015467　021784

書經體註大全合參六卷　（宋）蔡沈集傳
（清）錢希祥輯注　清道光二十四年（1844）金
閶綠蔭堂刻本　四冊

210000－0701－0015468　021785

書經體註大全合參六卷　（宋）蔡沈集傳
（清）錢希祥纂輯　清兩儀堂刻本　四冊

210000－0701－0015469　021786

書經恒解六卷書序辨正一卷　（清）劉沅撰
清豫誠堂刻本　六冊

210000－0701－0015470　021787

書經精華六卷　（清）薛嘉穎輯注　清咸豐十
一年（1861）緯文堂刻本　二冊

210000－0701－0015471　021788

書經精華六卷　（清）薛嘉穎輯注　清同治五
年（1866）刻本　四冊

210000－0701－0015472　021789

書經精華六卷　（清）薛嘉穎輯注　清末善成
堂刻本　四冊

210000－0701－0015473　021790

書經精華六卷　（清）薛嘉穎輯注　清末善成
堂刻本　四冊

210000－0701－0015474　021791

書經精華六卷　（清）薛嘉穎輯注　清末善成
堂刻本　四冊

210000－0701－0015475　021792

書經精華十卷首一卷　（清）薛嘉穎輯注　清
刻本　四冊

210000－0701－0015476　021795

日講書經解義六卷　（清）庫勒納等撰　清刻
本　六冊

210000－0701－0015477　021805

**重訂路史全本前紀九卷後紀十四卷國名紀八
卷發揮六卷餘論十卷**　（宋）羅泌撰　（宋）羅
苹注　（明）吳弘基訂　清嘉慶六年（1801）西
山堂刻本　二十四冊

210000－0701－0015478　021806

**重訂路史全本前紀九卷後紀十四卷國名紀八
卷發揮六卷餘論十卷**　（宋）羅泌撰　（宋）羅
苹注　（明）吳弘基訂　清嘉慶六年（1801）西
山堂刻本　二十四冊

210000－0701－0015479　021810

路史節讀十卷　（宋）羅泌撰　（清）廖文錦節
訂　清光緒二十七年(1901)刻本　四冊

210000－0701－0015480　021811
路史節讀十卷　（宋）羅泌撰　（清）廖文錦節
訂　清光緒二十七年(1901)刻本　四冊

210000－0701－0015481　021812
周書斠補四卷　（清）孫詒讓撰　清光緒二十
六年(1900)刻本　二冊

210000－0701－0015482　021813
周書斠補四卷　（清）孫詒讓撰　清光緒二十
六年(1900)刻本　二冊

210000－0701－0015483　021814
尚史七十二卷　（清）李鍇撰　清嘉慶十九年
(1814)晚香草堂刻本　二十四冊

210000－0701－0015484　021823
尚書離句六卷　（清）錢在培撰　清光緒十八
年(1892)成文信刻本　二冊

210000－0701－0015485　021824
尚書離句六卷　（清）錢在培撰　清光緒十八
年(1892)成文信刻本　二冊

210000－0701－0015486　021825
尚書離句六卷　（清）錢在培撰　清光緒三十
二年(1906)校經山房刻本　四冊

210000－0701－0015487　021826
尚書離句六卷　（清）錢在培撰　清掃葉山房
刻本　四冊

210000－0701－0015488　021827
尚書離句四卷　（清）錢在培撰　清掃葉山房
刻本　二冊

210000－0701－0015489　021836
尚書孔傳參正三十六卷序例一卷異同表一卷
　　王先謙撰　清光緒三十年(1904)虛受堂刻
本　六冊

210000－0701－0015490　021837
尚書孔傳參正三十六卷序例一卷異同表一卷
　　王先謙撰　清光緒三十年(1904)虛受堂刻
本　六冊

210000－0701－0015491　021838
尚書孔傳參正三十六卷序例一卷異同表一卷
　　王先謙撰　清光緒三十年(1904)虛受堂刻
本　六冊

210000－0701－0015492　021839
書集傳六卷　（宋）蔡沈撰　清光緒十三年
(1887)掃葉山房刻本　四冊

210000－0701－0015493　021841
尚書約註四卷　（清）任啓運撰　清光緒十二
年(1886)刻本　二冊

210000－0701－0015494　021843
尚書注疏十九卷尚書序一卷　（漢）孔安國傳
　（唐）陸德明音義　（唐）孔穎達疏　附考証
　（清）齊召南等撰　清乾隆四年(1739)武英
殿刻十三經注疏本　六冊

210000－0701－0015495　021844
附釋音尚書注疏二十卷　（漢）孔安國傳
（唐）陸德明音義　（唐）孔穎達疏　附尚書注
疏校勘記二十卷　（清）阮元撰　（清）盧宣旬
摘錄　清嘉慶二十年(1815)江西南昌府學刻
道光六年(1826)重修重栞宋本十三經注疏本
　八冊

210000－0701－0015496　021845
附釋音尚書注疏二十卷　（漢）孔安國傳
（唐）陸德明音義　（唐）孔穎達疏　附尚書注
疏校勘記二十卷　（清）阮元撰　（清）盧宣旬
摘錄　清嘉慶二十年(1815)江西南昌府學刻
道光六年(1826)重修同治十二年(1873)江西
書局遞修本　十冊

210000－0701－0015497　021846
尚書要義二十卷　（宋）魏了翁撰　清光緒十
年(1884)江蘇書局刻五經要義本　六冊

210000－0701－0015498　021850
尚書逸湯誓考六卷　（清）徐時棟撰　附校勘
一卷　（清）王蜺撰　清同治十一年(1872)城
西草堂刻煙嶼樓集本　二冊

210000－0701－0015499　021854
尚書大傳四卷　（漢）伏勝撰　（漢）鄭玄注

附考異一卷補遺一卷續補遺一卷　（清）盧文
弨撰　清光緒三年(1877)湖北崇文書局刻崇
文書局彙刻書本　一冊

210000－0701－0015500　021855

尚書大傳四卷　（漢）伏勝撰　（漢）鄭玄注
附考異一卷補遺一卷續補遺一卷　（清）盧文
弨撰　清光緒三年(1877)湖北崇文書局刻崇
文書局彙刻書本　一冊

210000－0701－0015501　021856

尚書大傳四卷　（漢）伏勝撰　（漢）鄭玄注
附考異一卷補遺一卷續補遺一卷　（清）盧文
弨撰　清光緒三年(1877)湖北崇文書局刻崇
文書局彙刻書本　一冊

210000－0701－0015502　021857

尚書大傳疏證七卷　（清）皮錫瑞撰　清光緒
二十二年(1896)師伏堂刻師伏堂叢書本
四冊

210000－0701－0015503　021858

尚書大傳疏證七卷　（清）皮錫瑞撰　清光緒
二十二年(1896)師伏堂刻師伏堂叢書本
四冊

210000－0701－0015504　021859

尚書大傳疏證七卷　（清）皮錫瑞撰　清光緒
二十二年(1896)師伏堂刻師伏堂叢書本
四冊

210000－0701－0015505　021860

尚書大傳七卷　（漢）伏勝撰　（漢）鄭玄注
王闓運補注　清光緒十二年(1886)成都尊經
書院刻本　一冊

210000－0701－0015506　021864

尚書考異六卷　（明）梅鷟撰　清道光五年
(1825)朱琳立本齋刻本　六冊

210000－0701－0015507　021865

尚書考異六卷　（明）梅鷟撰　清光緒十八年
(1892)浙江書局刻本　四冊

210000－0701－0015508　021866

書集傳六卷　（宋）蔡沈撰　清光緒七年

(1881)江蘇書局刻本　四冊

210000－0701－0015509　021867

書集傳六卷　（宋）蔡沈撰　清光緒七年
(1881)江蘇書局刻本　四冊

210000－0701－0015510　021868

書集傳六卷　（宋）蔡沈撰　清光緒七年
(1881)江蘇書局刻本　四冊

210000－0701－0015511　021869

尚書圖一卷　（清）楊魁植撰　（清）楊文源增
訂　清信芳書房刻本　一冊

210000－0701－0015512　021870

尚書既見三卷　（清）莊存與撰　清刻本
二冊

210000－0701－0015513　021876

玉玲瓏閣叢刻　（唐）陸淳撰　（清）龔翔麟輯
清康熙龔氏玉玲瓏閣刻本　十二冊

210000－0701－0015514　021877

太史張天如詳節春秋綱目左傳句解六卷
（清）韓菼重訂　清濰陽成文信刻本　六冊

210000－0701－0015515　021878

評點春秋綱目左傳句解彙雋六卷　（清）韓菼
重訂　清宣統元年(1909)石印本　六冊

210000－0701－0015516　021882

讀左巵言二卷　題（清）曼叟撰　清刻本
二冊

210000－0701－0015517　021883

讀左補義五十卷首一卷　（清）姜炳璋撰　清
蔚文堂刻本　十六冊

210000－0701－0015518　021884

讀左補義五十卷首一卷　（清）姜炳璋撰　清
善成堂刻本　十六冊

210000－0701－0015519　021885

讀左補義五十卷首一卷　（清）姜炳璋撰　清
善成堂刻本　十六冊

210000－0701－0015520　021886

汲冢紀年存眞二卷周年表一卷　（清）朱右曾

撰　清道光二十六年(1846)歸硯齋刻本　二册

210000－0701－0015521　021887
春秋左傳五十卷　(晉)杜預　(宋)林堯叟注釋　(唐)陸德明音義　(明)孫鑛等評點　清五雲樓刻本　十四册

210000－0701－0015522　021890
欽定春秋左傳讀本三十卷　(清)英和等撰　清道光二年(1822)武英殿刻本　二十二册　缺八卷(一至八)

210000－0701－0015523　021891
太史張天如詳節春秋綱目左傳句解六卷　(清)韓菼重訂　清光緒善成堂刻本　六册

210000－0701－0015524　021892
評點春秋綱目左傳句解彙雋六卷　(清)韓菼重訂　清光緒九年(1883)掃葉山房刻本　六册

210000－0701－0015525　021893
評點春秋綱目左傳句解彙雋六卷　(清)韓菼重訂　清刻本　六册

210000－0701－0015526　021905
春秋左傳五十卷　(晉)杜預　(宋)林堯叟注釋　(唐)陸德明音義　(明)孫鑛等評點　清光緒三十一年(1905)直隸官書局刻本　八册　缺二十四卷(二十七至五十)

210000－0701－0015527　021906
左傳事緯十二卷附字釋一卷　(清)馬驌撰　(清)吳霨校　清光緒四年(1878)潘氏敏德堂刻本　十册

210000－0701－0015528　021907
左傳事緯十二卷附字釋一卷　(清)馬驌撰　(清)吳霨校　清光緒四年(1878)潘氏敏德堂刻本　十册

210000－0701－0015529　021912
左傳分國摘要二十卷世次圖一卷　(清)史宗恒輯　清光緒元年(1875)玉池山房刻本　四册

210000－0701－0015530　021914
左傳易讀六卷　(清)司徒修撰訂　清道光三十年(1850)刻本　六册

210000－0701－0015531　021915
曲江書屋新訂批註左傳快讀十八卷首一卷　(清)李紹崧選訂　清光緒二十八年(1902)新化三味書室刻本　十六册

210000－0701－0015532　021916
曲江書屋新訂批註左傳快讀十八卷　(清)李紹崧選訂　清光緒二十八年(1902)巴蜀善成堂刻本　十六册

210000－0701－0015533　021920
左繡三十卷首一卷　(清)馮李驊　(清)陸浩評輯　清光緒九年(1883)經國堂刻本　十六册

210000－0701－0015534　021921
左繡三十卷首一卷　(清)馮李驊　(清)陸浩評輯　清佛山翰寶樓刻本　十六册

210000－0701－0015535　021922
左通補釋三十二卷　(清)梁履繩撰　清道光九年(1829)錢塘汪氏振綺堂刻光緒元年(1875)補刻本　十二册

210000－0701－0015536　021923
左通補釋三十二卷　(清)梁履繩撰　清道光九年(1829)錢塘汪氏振綺堂刻光緒元年(1875)補刻本　十二册

210000－0701－0015537　021924
左氏春秋聚十八卷首四卷末二卷　(清)張用星撰　清嘉慶二十四年(1819)金沙官署刻本　十四册

210000－0701－0015538　021927
大事記十二卷通釋三卷解題十二卷　(宋)呂祖謙撰　清同治十二年(1873)胡氏退補齋刻金華叢書本　十三册

210000－0701－0015539　021928
大事記十二卷通釋三卷解題十二卷　(宋)呂祖謙撰　清同治十二年(1873)胡氏退補齋刻

金華叢書本　十三冊

210000－0701－0015540　021930
春秋三十卷　（宋）胡安國傳　（宋）林堯叟音注　清刻本　八冊

210000－0701－0015541　021931
春秋穀梁傳十二卷　（晉）范甯集解　（唐）陸德明音義　**附考異一卷**　楊守敬撰　清光緒九年(1883)遵義黎氏日本東京使署影刻古逸叢書本　二冊

210000－0701－0015542　021940
春秋傳三十卷　（宋）胡安國傳　（宋）林堯叟音注　清刻本　八冊

210000－0701－0015543　021941
春秋諸家解十二卷總論一卷　（清）毛士撰　清同治十一年(1872)深澤王氏刻毛氏春秋三種本　八冊

210000－0701－0015544　021942
春秋十六卷首一卷附錄一卷　（清）□□輯　**附陸氏三傳釋文音義十六卷**　（唐）陸德明撰　清嘉慶十年(1805)揚州鮑氏樗園刻五經四書讀本本　十六冊

210000－0701－0015545　021945
春秋王霸列國世紀編三卷　（宋）李琪撰　**附春秋世族譜一卷**　（清）陳厚耀撰　清刻本　四冊

210000－0701－0015546　021947
春秋比二卷　（清）郝懿行撰　清刻本　一冊

210000－0701－0015547　021949
春秋集義十二卷　（清）方宗誠撰　清光緒八年(1882)桐城方氏刻柏堂遺書本　八冊

210000－0701－0015548　021950
春秋比事參義十六卷　（清）桂含章輯　清光緒八年(1882)石埭桂氏務本堂金陵刻本　十六冊

210000－0701－0015549　021951
春秋三卷　王闓運輯　清光緒七年(1881)尊經書院刻本　一冊

210000－0701－0015550　021952
左繡三十卷首一卷　（清）馮李驊　（清）陸浩評輯　清刻本　十六冊

210000－0701－0015551　021953
左繡三十卷首一卷　（清）馮李驊　（清）陸浩評輯　清光緒六年(1880)掃葉山房刻本　十六冊

210000－0701－0015552　021954
左繡三十卷首一卷　（清）馮李驊　（清）陸浩評輯　清光緒六年(1880)掃葉山房刻本　十六冊

210000－0701－0015553　021955
春秋經傳集解三十卷　（晉）杜預撰　（唐）陸德明釋文　清宣統二年(1910)學部圖書局影印本　十五冊

210000－0701－0015554　021960
春秋經傳比事二十二卷　（清）林春溥撰　清咸豐元年(1851)竹柏山房刻本　八冊

210000－0701－0015555　021961
春秋例表不分卷　（清）王代豐撰　（清）廖震等增補　清光緒三十四年(1908)東州刻本　二冊

210000－0701－0015556　021962
欽定春秋傳說彙纂三十八卷　（清）王掞撰　清刻本　三十二冊

210000－0701－0015557　021963
欽定春秋傳說彙纂三十八卷首二卷　（清）王掞撰　清刻本　二十四冊

210000－0701－0015558　021964
欽定春秋傳說彙纂三十八卷首二卷　（清）王掞撰　清同治九年(1870)浙江刻本　二十冊

210000－0701－0015559　021965
欽定春秋傳說彙纂三十八卷首二卷　（清）王掞撰　清同治九年(1870)浙江刻本　二十冊

210000－0701－0015560　021966
欽定春秋傳說彙纂三十八卷首二卷　（清）王掞撰　清光緒十四年(1888)戶部刻本　二

十冊

210000－0701－0015561　021967

春秋疑義錄二卷　（清）劉士毅撰　清光緒六年(1880)刻本　一冊

210000－0701－0015562　021968

評點春秋綱目左傳句解彙雋六卷　（清）韓菼重訂　清綠蔭堂刻本　六冊

210000－0701－0015563　021972

春秋左傳三十卷　（晉）杜預集解　（唐）陸德明音義　（明）金蟠校訂　明崇禎十二年(1639)永懷堂刻清同治八年(1869)浙江書局補刻十三經古注本　十冊

210000－0701－0015564　021975

春秋左傳五十卷　（晉）杜預　（宋）林堯叟注釋　（唐）陸德明音義　（明）孫鑛等評點　清刻本　十六冊

210000－0701－0015565　021976

春秋左傳五十卷　（晉）杜預　（宋）林堯叟注釋　（明）韓范評　附異名考一卷　（明）閔光德輯　清光緒十一年(1885)融經館刻本　十六冊

210000－0701－0015566　021977

春秋左傳三十卷首一卷　（晉）杜預注　（唐）陸德明音譯　（宋）林堯叟附注　（清）馮李驊集解　清光緒二十二年(1896)淮南書局刻本　十二冊

210000－0701－0015567　021978

春秋左傳詁二十卷　（清）洪亮吉撰　清光緒四年(1878)洪用懃授經堂刻洪北江全集本　十冊

210000－0701－0015568　021981

欽定春秋左傳讀本三十卷　（清）英和等撰　清同治十一年(1872)山東書局刻十三經讀本附校勘記本　十六冊

210000－0701－0015569　021982

春秋左傳釋人十二卷世系圖一卷年表一卷附錄一卷　（清）范照藜撰　清嘉慶八年(1803)

如不及齋刻本　六冊

210000－0701－0015570　021983

太史張天如詳節春秋綱目左傳句解六卷　（清）韓菼重訂　清濰陽成文信刻本　六冊

210000－0701－0015571　021986

春秋左傳綱目杜林詳註十四卷　（晉）杜預（宋）林堯叟注　清刻本　八冊

210000－0701－0015572　021987

春秋左傳註疏六十卷　（晉）杜預注　（唐）孔穎達疏　（唐）陸德明音義　清四友堂刻本　七冊

210000－0701－0015573　021988

彙輯輿圖備考全書十八卷　（明）潘光祖輯　明崇禎六年(1633)傅昌辰版築居刻本　十六冊

210000－0701－0015574　021989

附釋音春秋左傳注疏六十卷　（晉）杜預注（唐）孔穎達疏　（唐）陸德明音義　附校勘記六十卷　（清）阮元撰　（清）盧宣旬摘錄　清嘉慶二十年（1815）南昌府學刻道光六年(1826)重修本　三十冊

210000－0701－0015575　021990

附釋音春秋左傳注疏六十卷　（晉）杜預注（唐）孔穎達疏　（唐）陸德明音義　附校勘記六十卷　（清）阮元撰　（清）盧宣旬摘錄　清嘉慶二十年(1815)南昌府學刻重修本　八冊存十五卷(十六至三十)

210000－0701－0015576　021992

春秋左傳杜注三十卷首一卷　（清）姚培謙撰清同治五年(1866)金陵書局刻本　十冊

210000－0701－0015577　021993

春秋左傳杜注三十卷首一卷　（清）姚培謙撰清光緒九年(1883)江南書局刻本　十冊

210000－0701－0015578　021994

春秋左傳杜注三十卷首一卷　（清）姚培謙撰清光緒十五年(1889)戶部刻本　十冊

210000－0701－0015579　021996

春秋左傳杜注三十卷首一卷 （清）姚培謙撰
清光緒十六年（1890）思賢講舍刻本 十
二冊

210000－0701－0015580 021997

春秋左傳杜注三十卷首一卷 （清）姚培謙撰
清光緒十六年（1890）思賢講舍刻本 十
二冊

210000－0701－0015581 021998

春秋左傳杜注三十卷首一卷 （清）姚培謙撰
清光緒十六年（1890）思賢講舍刻本 十
二冊

210000－0701－0015582 021999

春秋左傳杜注三十卷首一卷 （清）姚培謙撰
清光緒十六年（1890）思賢講舍刻本 十
二冊

210000－0701－0015583 022000

春秋左傳杜注三十卷首一卷 （清）姚培謙撰
清光緒十六年（1890）思賢講舍刻本 十
二冊

210000－0701－0015584 022001

春秋左傳杜注三十卷首一卷 （清）姚培謙撰
清光緒十六年（1890）思賢講舍刻本 十
二冊

210000－0701－0015585 022002

春秋左傳杜註三十卷首一卷 （清）姚培謙撰
（清）龐佑清增補 清道光七年（1827）洪都
漱經堂刻朱墨印本［卷十六至三十配清乾隆
十一年（1746）小鬱林刻本］ 八冊

210000－0701－0015586 022003

春秋左傳杜注三十卷首一卷 （清）姚培謙撰
（清）闞瀋鼎批校並跋 清同治五年（1866）
金陵書局刻本 十冊

210000－0701－0015587 022004

春秋左傳杜注三十卷首一卷 （清）姚培謙撰
清光緒十六年（1890）思賢講舍刻本 十
二冊

210000－0701－0015588 022005

春秋左傳杜注校勘記一卷 （清）黎庶昌撰
清光緒二十年（1894）貴陽陳氏刻靈峰草堂叢
書本 一冊

210000－0701－0015589 022006

春秋左傳五十卷 （晉）杜預 （宋）林堯叟注
釋 （唐）陸德明音義 （明）孫鑛等評點 清
光緒三十一年（1905）校經山房石印本 十
二冊

210000－0701－0015590 022007

春秋左傳十八卷 （晉）杜預 （宋）林堯叟注
釋 （唐）陸德明音義 （明）孫鑛等評點 清
光緒三十年（1904）京都鴻文齋石印本 十
二冊

210000－0701－0015591 022009

春秋左繡三十卷首一卷 （清）馮李驊 （清）
陸浩評輯 清刻本 十六冊

210000－0701－0015592 022011

春秋左氏傳賈服註輯述二十卷 （清）李貽德
撰 清光緒八年（1882）江蘇書局刻本 六冊

210000－0701－0015593 022012

春秋左傳分類賦四卷 （清）夏大觀撰 （清）
夏大鼎注 讀左約箋二卷 （清）馮李驊撰
（清）夏大觀注 清咸豐元年（1851）盛氏海清
樓刻德元堂補刻本 六冊

210000－0701－0015594 022014

春秋大事表五十卷輿圖一卷附錄一卷 （清）
顧棟高撰 清同治十二年（1873）山東尚志堂
刻本 二十冊

210000－0701－0015595 022015

春秋大事表五十卷輿圖一卷附錄一卷 （清）
顧棟高撰 清光緒十四年（1888）陝西求友齋
刻本 二十四冊

210000－0701－0015596 022016

春秋大事表五十卷輿圖一卷附錄一卷 （清）
顧棟高撰 清光緒十四年（1888）陝西求友齋
刻本 二十四冊

210000－0701－0015597 022017

御纂春秋直解十二卷 　（清）傅恒等撰　清刻本　八册

210000－0701－0015598　022018
增訂春秋世族源流圖考六卷春秋女譜一卷 （清）常茂徕撰　清道光三十年(1850)夷門怡古堂刻本　四册

210000－0701－0015599　022019
增訂春秋世族源流圖考六卷春秋女譜一卷 （清）常茂徕撰　清道光三十年(1850)夷門怡古堂刻本　四册

210000－0701－0015600　022022
春秋穀梁經傳補注二十四卷首一卷末一卷 （清）鍾文烝撰　清光緒二年(1876)鍾氏信美室刻本　八册

210000－0701－0015601　022024
春秋穀梁傳十二卷　（晉）范甯集解　（唐）陸德明音義　附校勘記一卷　清同治十一年(1872)山東書局刻尚志堂印本　四册

210000－0701－0015602　022025
春秋穀梁傳十二卷　（晉）范甯集解　（唐）陸德明音義　附考異一卷　楊守敬撰　清光緒九年(1883)遵義黎氏日本東京使署影刻古逸叢書本　二册

210000－0701－0015603　022031
春秋穀梁傳音訓不分卷　（清）楊國楨撰　清光緒三年(1877)湖北崇文書局刻十一經音訓本　二册

210000－0701－0015604　022032
春秋穀梁傳十二卷　（晉）范甯集解　（唐）陸德明音義　附校刊記一卷　清光緒八年(1882)錦江書局影刻山東尚志堂本　四册

210000－0701－0015605　022041
春秋穀梁注疏二十卷　（晉）范甯集解　（唐）楊士勛疏　（唐）陸德明音義　清刻本　四册

210000－0701－0015606　022042
春秋穀梁注疏二十卷　（晉）范甯集解　（唐）楊士勛疏　（唐）陸德明音義　清四友堂刻本　七册

210000－0701－0015607　022043
監本附音春秋穀梁注疏二十卷　（晉）范甯集解　（唐）陸德明音義　（唐）楊士勛疏　附校勘記二十卷　（清）阮元撰　（清）盧宣旬摘錄　清嘉慶二十年(1815)南昌府學刻清修本　六册

210000－0701－0015608　022044
監本附音春秋穀梁注疏二十卷　（晉）范甯集解　（唐）陸德明音義　（唐）楊士勛疏　附校勘記二十卷　（清）阮元撰　（清）盧宣旬摘錄　清同治十二年(1873)江西書局刻重刊宋本十三經註疏附校勘記本　六册

210000－0701－0015609　022045
春秋公羊傳十一卷　（漢）何休解詁　（唐）陸德明音義　春秋穀梁傳二十卷　（晉）范甯集解　（唐）陸德明音義　清同治七年(1868)湖北崇文書局刻本　八册

210000－0701－0015610　022046
春秋屬辭辨例編六十卷首二卷　（清）張應昌撰　清同治十二年(1873)江蘇書局刻本　三十二册

210000－0701－0015611　022047
春秋全經左傳句解八卷首一卷　（宋）朱申注釋　（明）孫鑛批點　清道光九年(1829)繡谷令德堂刻本　八册

210000－0701－0015612　022049
春秋公法比義發微六卷　藍光策撰　清宣統三年(1911)南洋印刷官廠鉛印本　三册

210000－0701－0015613　022050
春秋義存錄十二卷首一卷　（清）陸奎勳撰　清康熙五十四年(1715)陸堂刻陸堂經學叢書本　四册

210000－0701－0015614　022052
春秋列國地圖不分卷　楊守敬　熊會貞撰　清光緒三十二年(1906)刻朱墨套印本　一册

210000－0701－0015615　022053

春秋公羊經傳解詁十二卷 （漢）何休撰　清道光四年(1824)揚州汪氏問禮堂刻十三經讀本同治金陵書局印本　一冊　缺六卷(七至十二)

210000－0701－0015616　022054

春秋穀梁傳十二卷 （晉）范甯集解　**春秋公羊經傳解詁十二卷** （漢）何休撰　（唐）陸德明音義　清末李光明莊刻本　四冊

210000－0701－0015617　022057

春秋公羊經傳解詁十一卷 （漢）何休撰　王闓運箋　清光緒十一年(1885)成都尊經書局刻本　六冊

210000－0701－0015618　022058

春秋公羊經傳解詁十二卷 （漢）何休撰（唐）陸德明音義　**附重刊宋紹熙公羊傳注附音本校記** （清）魏彥撰　清光緒二十一年(1895)金陵書局刻本　二冊

210000－0701－0015619　022059

春秋公羊傳十一卷 （漢）何休解詁　（唐）陸德明音義　**附校刊記一卷** 清同治十一年(1872)山東書局刻十三經讀本附校勘記本　四冊

210000－0701－0015620　022060

春秋公羊傳十一卷 （漢）何休解詁　（唐）陸德明音義　**附校刊記一卷** 清光緒八年(1882)錦江書局影刻山東尚志堂本　四冊

210000－0701－0015621　022064

監本附音春秋公羊注疏二十八卷 （漢）何休注　（唐）徐彥疏　（唐）陸德明音義　**附校勘記二十八卷** （清）阮元撰　（清）盧宣旬摘錄　清嘉慶二十年(1815)江西南昌府學刻重刊宋本十三經註疏附校勘記道光、同治遞修本　十冊

210000－0701－0015622　022065

監本附音春秋公羊注疏二十八卷 （漢）何休注　（唐）徐彥疏　（唐）陸德明音義　**附校勘記二十八卷** （清）阮元撰　（清）盧宣旬摘錄　清嘉慶二十年(1815)江西南昌府學刻清修

本　八冊

210000－0701－0015623　022066

春秋公羊註疏二十八卷 （漢）何休注　（唐）徐彥疏　（唐）陸德明音義　清刻本　八冊

210000－0701－0015624　022067

春秋公羊註疏二十八卷 （漢）何休注　（唐）徐彥疏　（唐）陸德明音義　清刻本　十冊

210000－0701－0015625　022068

春秋公羊傳二十八卷 （漢）何休解詁　（唐）陸德明音義　**春秋穀梁傳二十卷** （晉）范甯集解　（唐）陸德明音義　明崇禎永懷堂刻十三經古注本　六冊

210000－0701－0015626　022069

春秋公羊傳二十八卷 （漢）何休解詁　（唐）陸德明音義　**春秋穀梁傳二十卷** （晉）范甯集解　（唐）陸德明音義　明崇禎永懷堂刻清同治八年(1869)浙江書局補刻本　六冊

210000－0701－0015627　022070

春秋穀梁傳二十卷 （晉）范甯集解　（唐）陸德明音義　**春秋公羊經傳解詁十二卷** （漢）何休撰　清同治七年(1868)金陵書局刻十三經讀本本　四冊

210000－0701－0015628　022074

春秋繁露十七卷 （漢）董仲舒撰　（清）盧文弨校　**附錄一卷** 清同治十二年(1873)粵東書局刻古經解彙函本　二冊

210000－0701－0015629　022075

董子春秋繁露十七卷 （漢）董仲舒撰　**附錄一卷** 清光緒二年(1876)浙江書局刻二十二子本　二冊

210000－0701－0015630　022082

周季編略九卷 （清）黃式三撰　清同治十二年(1873)浙江書局刻儆居遺書本　四冊

210000－0701－0015631　022086

公羊穀梁春秋合編附註疏纂十二卷 （明）朱泰楨撰　清乾隆五十八年(1793)大文堂刻本　六冊

210000－0701－0015632　022087

張氏公羊二種　（清）張憲和撰　清光緒刻本
　　四冊

210000－0701－0015633　022092

竹書紀年六卷　（南朝梁）沈約注　（清）雷學
淇校訂　竹書紀年辨誤一卷考證一卷年表二
卷曆法天象圖一卷地形都邑圖一卷世系名號
圖二卷　（清）雷學淇撰　清潤身堂刻本
　　二冊

210000－0701－0015634　022094

竹書紀年集證五十卷首一卷　（清）陳逢衡撰
　　清嘉慶十八年(1813)裹露軒刻江都陳氏叢
書本　八冊　缺二十二卷(二十九至五十)

210000－0701－0015635　022095

竹書紀年集證五十卷　（清）陳逢衡撰　清嘉
慶十八年(1813)裹露軒刻江都陳氏叢書本
二十四冊

210000－0701－0015636　022096

竹書紀年集證五十卷　（清）陳逢衡撰　清嘉
慶十八年(1813)裹露軒刻江都陳氏叢書本
二十四冊

210000－0701－0015637　022097

竹書紀年二卷　（清）陳詩集注　清嘉慶十年
(1805)刻本　一冊

210000－0701－0015638　022098

竹書紀年二卷　（南朝梁）沈約注　明刻古今
逸史本　二冊

210000－0701－0015639　022099

竹書紀年統箋十二卷　（南朝梁）沈約注
(清)徐文靖箋　附雜述一卷前編一卷　（清）
徐文靖撰　清光緒三年(1877)浙江書局刻本
　　四冊

210000－0701－0015640　022100

竹書紀年統箋十二卷　（南朝梁）沈約注
(清)徐文靖箋　附雜述一卷前編一卷　（清）
徐文靖撰　清光緒三年(1877)浙江書局刻本
　　四冊

210000－0701－0015641　022101

竹書紀年統箋十二卷　（南朝梁）沈約注
(清)徐文靖箋　附雜述一卷前編一卷　（清）
徐文靖撰　清光緒三年(1877)浙江書局刻本
　　四冊

210000－0701－0015642　022102

商君書五卷　（周）商鞅撰　（清）嚴可均校
附考一卷　清光緒二年(1876)浙江書局刻本
　　一冊

210000－0701－0015643　022102

竹書紀年統箋十二卷　（南朝梁）沈約注
(清)徐文靖箋　附雜述一卷前編一卷　（清）
徐文靖撰　清光緒三年(1877)浙江書局刻本
　　四冊

210000－0701－0015644　022103

竹書紀年統箋十二卷　（南朝梁）沈約注
(清)徐文靖箋　附前編一卷雜述一卷　（清）
徐文靖撰　清光緒二十三年(1897)圖書集成
局鉛印本　二冊

210000－0701－0015645　022104

竹書紀年校正十四卷　（南朝梁）沈約注
(清)郝懿行校正　附通考一卷　（清）郝懿行
撰　清光緒五年(1879)東路廳署刻郝氏遺書
本　二冊

210000－0701－0015646　022108

讀通鑑綱目條記二十卷首一卷　（清）李述來
撰　清嘉慶刻本　八冊

210000－0701－0015647　022110

左傳紀事本末五十三卷　（清）高士奇撰　清
同治十二年(1873)江西書局刻紀事本末五種
本　十二冊

210000－0701－0015648　022111

左傳紀事本末五十三卷　（清）高士奇撰　清
同治十二年(1873)江西書局刻紀事本末五種
本　十二冊

210000－0701－0015649　022112

左傳紀事本末五十三卷　（清）高士奇撰　清
同治十二年(1873)江西書局刻紀事本末五種

本 十二冊

210000－0701－0015650 022113

左傳紀事本末五十三卷 （清）高士奇撰
（清）閔萃祥點勘 清光緒十四年(1888)上海
書業公所崇德堂鉛印歷朝紀事本末本 五冊

210000－0701－0015651 022115

重訂古史全本六十卷 （宋）蘇轍撰 明末刻
本 二十二冊

210000－0701－0015652 022116

補上古考信錄二卷 （清）崔述撰 清光緒五
年(1879)定州王氏謙德堂刻畿輔叢書本
一冊

210000－0701－0015653 022119

通鑑釋文辯誤十二卷 （元）胡三省撰 清刻
本 四冊

210000－0701－0015654 022120

左傳舊疏考正八卷 （清）劉文淇撰 清光緒
三年(1877)湖北崇文書局刻崇文書局彙刻書
本 四冊

210000－0701－0015655 022124

井田圖考二卷 （清）朱克已撰 清光緒十六
年(1890)山東書局刻本 二冊

210000－0701－0015656 022125

晉史乘一卷 （清）汪士漢考校 清刻秘書二
十一種本 一冊

210000－0701－0015657 022130

竹書穆天子傳六卷 （晉）郭璞注 （清）洪頤
煊校 清嘉慶九年(1804)金薤山房刻本
一冊

210000－0701－0015658 022131

穆天子傳六卷 （晉）郭璞注 （清）翟云升校
附校定穆天子傳補遺一卷 清道光十八年
(1838)五經歲徧齋刻本 一冊

210000－0701－0015659 022134

春秋詞命三卷 題(明)王鏊撰 （明）王徹注
清宣統二年(1910)通州翰墨林書局鉛印本
一冊

210000－0701－0015660 022141

國語二十一卷 （三國吳）韋昭注 （宋）宋庠
補音 明刻本 四冊

210000－0701－0015661 022148

國語二十一卷 （三國吳）韋昭注 **札記一卷**
（清）黃丕烈撰 清嘉慶五年(1800)黃氏讀
未見書齋刻士禮居黃氏叢書本 六冊

210000－0701－0015662 022149

國語二十一卷 （三國吳）韋昭注 **札記一卷**
（清）黃丕烈撰 清嘉慶五年(1800)黃氏讀
未見書齋刻士禮居黃氏叢書本 六冊

210000－0701－0015663 022150

國語二十一卷 （三國吳）韋昭注 **札記一卷**
（清）黃丕烈撰 **考異四卷** （清）汪遠孫撰
清同治八年(1869)湖北崇文書局刻本
五冊

210000－0701－0015664 022151

國語二十一卷 （三國吳）韋昭注 **札記一卷**
（清）黃丕烈撰 **考異四卷** （清）汪遠孫撰
清同治八年(1869)湖北崇文書局刻本
五冊

210000－0701－0015665 022152

國語二十一卷 （三國吳）韋昭注 **札記一卷**
（清）黃丕烈撰 **考異四卷** （清）汪遠孫撰
清同治八年(1869)湖北崇文書局刻本
五冊

210000－0701－0015666 022153

國語二十一卷 （三國吳）韋昭注 **札記一卷**
（清）黃丕烈撰 **考異四卷** （清）汪遠孫撰
清同治八年(1869)湖北崇文書局刻本
五冊

210000－0701－0015667 022154

國語二十一卷 （三國吳）韋昭注 **札記一卷**
（清）黃丕烈撰 **考異四卷** （清）汪遠孫撰
清同治八年(1869)湖北崇文書局刻本
五冊

210000－0701－0015668 022155

國語二十一卷 （三國吳）韋昭注 **札記一卷**

（清）黃丕烈撰 **考異四卷** （清）汪遠孫撰
清同治八年(1869)湖北崇文書局刻民國元
年(1912)印本 五冊

210000－0701－0015669 022156
國語二十一卷 （三國吳）韋昭注 **札記一卷**
（清）黃丕烈撰 清光緒三年(1877)永康退
補齋刻本 四冊

210000－0701－0015670 022157
國語二十一卷 （三國吳）韋昭注 **札記一卷**
（清）黃丕烈撰 清光緒二十七年(1901)上
海鴻寶齋刻本 二冊

210000－0701－0015671 022164
國語翼解六卷 （清）陳瑑撰 清光緒十八年
(1892)廣雅書局刻本 二冊

210000－0701－0015672 022166
國語補音三卷 （宋）宋庠撰 **附札記一卷**
(清)錢保塘撰 清光緒二年(1876)成都尊經
書院刻本 一冊

210000－0701－0015673 022168
國語校注本三種 （清）汪遠孫撰 清道光二
十六年(1846)汪氏振綺堂刻本 八冊

210000－0701－0015674 022169
重訂國語國策合註 清同治九年(1870)經綸
堂刻本 十四冊

210000－0701－0015675 022171
四書左國彙纂四卷 （清）高其名 （清）鄭師
成輯 清本立堂刻本 四冊

210000－0701－0015676 022172
四書左國輯要四卷 （清）周龍官輯 清尚德
堂刻本 四冊

210000－0701－0015677 022176
戰國策三十三卷 （漢）高誘注 **附札記三卷**
（清）黃丕烈撰 清光緒二十七年(1901)上
海鴻寶齋石印本 四冊

210000－0701－0015678 022181
國語二十一卷 （清）吳汝綸點勘 清宣統二
年(1910)鉛印本 二冊

210000－0701－0015679 022186
戰國策釋地二卷 （清）張琦撰 清道光張氏
宛鄰書屋刻宛鄰書屋叢書本 一冊

210000－0701－0015680 022187
戰國策釋地二卷 （清）張琦撰 清光緒十一
年(1885)趙氏刻新陽趙氏叢刊本 一冊

210000－0701－0015681 022188
戰國策釋地二卷 （清）張琦撰 清光緒二十
六年(1900)廣雅書局刻本 一冊

210000－0701－0015682 022189
戰國策釋地二卷 （清）張琦撰 清刻本
二冊

210000－0701－0015683 022190
戰國策十卷 （宋）鮑彪校注 （元）吳師道重
校 清乾隆三十年(1765)文盛堂刻本 六冊

210000－0701－0015684 022193
國語二十一卷 （三國吳）韋昭注 **附札記一
卷** （清）黃丕烈撰 清宣統元年(1909)鴻寶
齋石印本 三冊

210000－0701－0015685 022193
戰國策三十三卷 （漢）高誘注 **附札記三卷**
（清）黃丕烈撰 清宣統元年(1909)鴻寶齋
石印本 五冊

210000－0701－0015686 022195
晉太康三年地記一卷 （清）畢沅輯 清光緒
二十一年(1895)廣雅書局刻廣雅書局叢書本
一冊

210000－0701－0015687 022196
補梁疆域志四卷 （清）洪齮孫撰 清光緒十
七年(1891)廣雅書局刻廣雅書局叢書本
二冊

210000－0701－0015688 022198
十六國疆域志十六卷 （清）洪亮吉撰 清嘉
慶三年(1798)刻洪北江全集本 四冊

210000－0701－0015689 022199
十六國疆域志十六卷 （清）洪亮吉撰 清嘉
慶三年(1798)刻洪北江全集本 六冊

210000－0701－0015690　022200

東晉疆域志四卷　（清）洪亮吉撰　清嘉慶元年(1796)京師刻北江全集本　二冊

210000－0701－0015691　022201

東晉疆域志四卷　（清）洪亮吉撰　清嘉慶元年(1796)京師刻北江全集本　二冊

210000－0701－0015692　022202

東晉南北朝輿地表二十八卷　（清）徐文範撰　清光緒二十四年(1898)廣雅書局刻廣雅書局叢書本　十冊

210000－0701－0015693　022203

三國疆域圖一卷　楊守敬撰　熊會貞繪　清光緒三十三年(1907)鄂城刻朱墨套印本　一冊

210000－0701－0015694　022204

三國疆域圖一卷　楊守敬撰　熊會貞繪　清光緒三十三年(1907)鄂城刻朱墨套印本　一冊

210000－0701－0015695　022205

觀海堂輿地圖　楊守敬輯　清刻本　八冊

210000－0701－0015696　022208

兩漢金石記二十二卷　（清）翁方綱撰　清乾隆五十四年(1789)南昌使院刻蘇齋叢書本　八冊

210000－0701－0015697　022209

兩漢金石記二十二卷　（清）翁方綱撰　清乾隆五十四年(1789)南昌使院刻蘇齋叢書本　八冊

210000－0701－0015698　022212

前漢匈奴表三卷附錄一卷　（清）沈惟賢撰　清末修□書館鉛印本　二冊

210000－0701－0015699　022214

新斠注地理志十六卷　（清）錢坫撰　（清）徐松集釋　清同治十三年(1874)會稽章氏刻本　八冊

210000－0701－0015700　022215

新斠注地理志十六卷　（清）錢坫撰　（清）徐松集釋　清同治十三年(1874)會稽章氏刻本　八冊

210000－0701－0015701　022216

新斠注地理志十六卷　（清）錢坫撰　（清）徐松集釋　清同治十三年(1874)會稽章氏刻本　八冊

210000－0701－0015702　022220

補三國疆域志二卷　（清）洪亮吉撰　清光緒四年(1878)授經堂刻洪北江全集本　一冊

210000－0701－0015703　022221

補三國疆域志二卷　（清）洪亮吉撰　清光緒十七年(1891)廣雅書局刻廣雅書局叢書本　一冊

210000－0701－0015704　022222

補三國疆域志二卷　（清）洪亮吉撰　清光緒十七年(1891)廣雅書局刻廣雅書局叢書本　一冊

210000－0701－0015705　022223

三國疆域志補注　（清）謝鍾英撰　清光緒二十四年(1898)湘中刻本　八冊

210000－0701－0015706　022224

三國疆域志補注　（清）謝鍾英撰　清光緒二十四年(1898)湘中刻本　八冊

210000－0701－0015707　022225

三國疆域志補注　（清）謝鍾英撰　清光緒二十四年(1898)湘中刻本　八冊

210000－0701－0015708　022226

三國職官表三卷　（清）洪飴孫撰　清光緒十七年(1891)廣雅書局刻廣雅書局叢書本　三冊

210000－0701－0015709　022227

三國郡縣表八卷　（清）吳增僅撰　清光緒二十一年(1895)木活字印本　四冊

210000－0701－0015710　022228

三國郡縣表八卷　（清）吳增僅撰　清光緒二十一年(1895)木活字印本　四冊

210000－0701－0015711　022229

三國郡縣表八卷　（清）吳增僅撰　清光緒二十一年(1895)木活字印本　四冊

210000－0701－0015712　022230

三國郡縣表八卷　（清）吳增僅撰　清光緒二十一年(1895)木活字印本　四冊

210000－0701－0015713　022231

三國郡縣表八卷　（清）吳增僅撰　楊守敬補正　清光緒三十三年(1907)鄂城刻本　四冊

210000－0701－0015714　022232

三國郡縣表八卷　（清）吳增僅撰　楊守敬補正　清光緒三十三年(1907)鄂城刻本　四冊

210000－0701－0015715　022233

三國郡縣表八卷　（清）吳增僅撰　楊守敬補正　清光緒三十三年(1907)鄂城刻本　四冊

210000－0701－0015716　022234

三國紀年表一卷　（清）周嘉猷撰　清光緒十七年(1891)廣雅書局刻廣雅書局叢書本　一冊

210000－0701－0015717　022236

三國志六十五卷　（晉）陳壽撰　（南朝宋）裴松之注　清同治九年(1870)金陵書局刻本　八冊

210000－0701－0015718　022237

三國志六十五卷　（晉）陳壽撰　（南朝宋）裴松之注　清光緒十三年(1887)江南書局刻本　八冊

210000－0701－0015719　022238

三國志六十五卷　（晉）陳壽撰　（南朝宋）裴松之注　附考證六十五卷　清乾隆四年(1739)武英殿刻本　十二冊　缺十二卷(三十九至四十五、四十九至五十三)

210000－0701－0015720　022244

三國志旁證三十卷　（清）梁章鉅撰　清光緒十五年(1889)廣雅書局刻廣雅書局叢書本　六冊

210000－0701－0015721　022245

三國志辨疑三卷　（清）錢大昭撰　清光緒十

五年(1889)廣雅書局刻廣雅書局叢書本　一冊

210000－0701－0015722　022246

三國志證聞三卷　（清）錢儀吉撰　清光緒十一年(1885)江蘇書局刻本　一冊

210000－0701－0015723　022247

三國志證聞三卷　（清）錢儀吉撰　清光緒十一年(1885)江蘇書局刻本　二冊

210000－0701－0015724　022248

三國志證聞三卷　（清）錢儀吉撰　清光緒十一年(1885)江蘇書局刻本　一冊

210000－0701－0015725　022249

三國志證聞三卷　（清）錢儀吉撰　清光緒十一年(1885)江蘇書局刻本　一冊　存一卷(上)

210000－0701－0015726　022250

三國志裴注述二卷　（清）林國贊撰　清光緒學海堂刻本　一冊

210000－0701－0015727　022254

補三國疆域志二卷　（清）洪亮吉撰　清乾隆四十六年(1781)西安刻洪北江全集本　二冊

210000－0701－0015728　022255

補三國疆域志二卷　（清）洪亮吉撰　清乾隆四十六年(1781)西安刻洪北江全集本　二冊

210000－0701－0015729　022256

三國志續考證一卷　（清）盧文弨撰　清天尺樓鈔本　一冊

210000－0701－0015730　022257

三國志註證遺四卷補四卷　（清）周壽昌撰　清光緒九年(1883)長沙周氏小對竹軒刻思益堂文學三種本　二冊

210000－0701－0015731　022258

三國志考證八卷　（清）潘眉撰　清光緒十五年(1889)廣雅書局刻廣雅書局叢書本　二冊

210000－0701－0015732　022259

三國志補注續一卷　（清）侯康撰　清光緒十七年(1891)廣雅書局刻廣雅書局叢書本

一冊

210000－0701－0015733　022260

三國志注補六十五卷　（清）趙一清撰　清光緒廣雅書局刻本　十冊

210000－0701－0015734　022262

三國志考證八卷　（清）潘眉撰　清光緒十五年(1889)廣雅書局刻廣雅書局叢書本　二冊

210000－0701－0015735　022269

正心會前漢書抄一卷正心會後漢書抄一卷（明）趙南星輯　清康熙五十九年(1720)刻本　二冊

210000－0701－0015736　022270

兩漢刊誤補遺十卷　（宋）吳仁傑撰　**附錄一卷**　清同治七年(1868)金陵書局木活字印本　二冊

210000－0701－0015737　022271

漢書辨疑二十三卷　（清）錢大昭撰　清光緒十三年(1887)廣雅書局刻廣雅書局叢書本　五冊

210000－0701－0015738　022272

漢書疏證三十卷　（清）沈欽韓撰　清光緒二十六年(1900)浙江書局刻本　二十四冊

210000－0701－0015739　022272

後漢書疏證三十卷　（清）沈欽韓撰　清光緒二十六年(1900)浙江書局刻本　十六冊

210000－0701－0015740　022273

前漢書注考證一卷後漢書注考證一卷　（清）何若瑤撰　清光緒二十年(1894)廣雅書局刻廣雅書局叢書本　一冊

210000－0701－0015741　022276

晉書一百三十卷　（唐）房玄齡等撰　晉書音義三卷　（唐）何超撰　清同治十年(1871)金陵書局刻本　二十冊

210000－0701－0015742　022277

晉書一百三十卷　（唐）房玄齡等撰　**附考證**一百三十卷晉書音義三卷　（唐）何超撰　清乾隆四年(1739)刻本　三十八冊

210000－0701－0015743　022278

晉書一百三十卷　（唐）房玄齡撰　**附考證一百三十卷**晉書音義三卷　（唐）何超撰　清乾隆四年(1739)武英殿刻清修本　三十冊

210000－0701－0015744　022279

晉書一百三十卷　（唐）房玄齡等撰　**附考證一百三十卷**晉書音義三卷　（唐）何超撰　清光緒十四年(1888)上海圖書集成印書局鉛印本　十六冊

210000－0701－0015745　022280

晉書一百三十卷　（唐）房玄齡等撰　**附考證一百三十卷**晉書音義三卷　（唐）何超撰　清光緒二十八年(1902)竢實齋石印本　八冊

210000－0701－0015746　022281

晉書一百三十卷　（唐）房玄齡等撰　**附考證一百三十卷**晉書音義三卷　（唐）何超撰　清光緒二十九年(1903)五洲同文局影印二十四史本［卷九十八至一百三十、音義三卷配民國五年(1916)涵芬樓影印本］　十二冊

210000－0701－0015747　022282

晉書一百三十卷　（唐）房玄齡等撰　**附考證一百三十卷**晉書音義三卷　（唐）何超撰　清光緒三十三年(1907)上海華商集成圖書公司鉛印本　十六冊

210000－0701－0015748　022289

晉書校勘記五卷　（清）周家祿撰　清光緒十四年(1888)廣雅書局刻廣雅書局叢書本　一冊

210000－0701－0015749　022290

晉書校文五卷　丁國鈞撰　清光緒二十年(1894)木活字印常熟丁氏叢書本　一冊

210000－0701－0015750　022292

晉書校勘記三卷　（清）勞格撰　清光緒十六年(1890)廣雅書局刻廣雅書局叢書本　一冊

210000－0701－0015751　022293

新校晉書地理志一卷　（清）方愷撰　清光緒二十一年(1895)廣雅書局刻廣雅書局叢書本　一冊

210000－0701－0015752　022294

晉書地理志新補正五卷　（清）畢沅撰　清乾隆畢氏靈巖山館刻本　一冊

210000－0701－0015753　022297

北齊書五十卷　（唐）李百藥撰　清同治十三年(1874)金陵書局刻本　四冊

210000－0701－0015754　022298

補晉兵志一卷　（清）錢儀吉撰　清光緒十七年(1891)廣雅書局刻廣雅書局叢書本　一冊

210000－0701－0015755　022299

北齊書五十卷　（唐）李百藥撰　清同治十三年(1874)金陵書局刻本　四冊

210000－0701－0015756　022300

北齊書五十卷　（唐）李百藥撰　**附考證**　清乾隆四年(1739)刻本　八冊

210000－0701－0015757　022301

北齊書五十卷　（唐）李百藥撰　**附考證**　清光緒十四年(1888)上海圖書集成印書局鉛印本　六冊

210000－0701－0015758　022302

北齊書五十卷　（唐）李百藥撰　清光緒二十八年(1902)竢實齋石印本　二冊

210000－0701－0015759　022303

北齊書五十卷　（唐）李百藥撰　**附考證**　清光緒二十八年(1902)武林竹簡齋石印本　二冊

210000－0701－0015760　022304

北齊書五十卷　（唐）李百藥撰　**附考證**　清光緒二十八年(1902)武林竹簡齋石印本　二冊

210000－0701－0015761　022304

周書五十卷　（唐）令狐德棻等撰　**附考證**　清光緒二十八年(1902)武林竹簡齋石印本　二冊

210000－0701－0015762　022309

北史一百卷　（唐）李延壽撰　清同治十一年(1872)金陵書局刻本　二十冊

210000－0701－0015763　022310

北史一百卷　（唐）李延壽撰　**附考證**　清乾隆四年(1739)武英殿刻本　二十一冊　缺二十九卷(四十二至七十)

210000－0701－0015764　022311

北史一百卷　（唐）李延壽撰　**附考證**　清光緒十四年(1888)上海圖書集成印書局鉛印本　十六冊

210000－0701－0015765　022312

北史一百卷　（唐）李延壽撰　**附考證**　清光緒三十三年(1907)上海華商集成圖書公司鉛印本　十六冊

210000－0701－0015766　022313

北史一百卷　（唐）李延壽撰　**附考證**　清光緒二十八年(1902)武林竹簡齋石印本　八冊

210000－0701－0015767　022319

後漢三公年表一卷　（清）華湛恩撰　清光緒十七年(1891)廣雅書局刻廣雅書局叢書本　一冊

210000－0701－0015768　022321

後漢書九十卷　（南朝宋）范曄撰　（唐）李賢注　志三十卷　（晉）司馬彪撰　（南朝梁）劉昭注補　清刻本　二十冊　存九十卷(一至九十)

210000－0701－0015769　022322

後漢書九十卷　（南朝宋）范曄撰　（唐）李賢注　志三十卷　（晉）司馬彪撰　（南朝梁）劉昭注補　清刻本　四十八冊

210000－0701－0015770　022323

後漢書九十卷　（南朝宋）范曄撰　（唐）李賢注　志三十卷　（晉）司馬彪撰　（南朝梁）劉昭注補　清同治八年(1869)金陵書局刻本　十六冊

210000－0701－0015771　022324

後漢書九十卷　（南朝宋）范曄撰　（唐）李賢注　志三十卷　（晉）司馬彪撰　（南朝梁）劉昭注補　清同治八年(1869)金陵書局刻本　十六冊

210000－0701－0015772　022325

後漢書九十卷 （南朝宋）范曄撰　（唐）李賢注　志三十卷　（晉）司馬彪撰　（南朝梁）劉昭注補　清同治八年（1869）金陵書局刻本　十六冊

210000－0701－0015773　022326

後漢書九十卷 （南朝宋）范曄撰　（唐）李賢注　志三十卷　（晉）司馬彪撰　（南朝梁）劉昭注補　清同治十二年（1873）嶺東使署刻本　十六冊

210000－0701－0015774　022327

後漢書九十卷 （南朝宋）范曄撰　（唐）李賢注　志三十卷　（晉）司馬彪撰　（南朝梁）劉昭注補　清光緒十三年（1887）金陵書局刻本　十六冊

210000－0701－0015775　022328

後漢書九十卷 （南朝宋）范曄撰　（唐）李賢注　志三十卷　（晉）司馬彪撰　（南朝梁）劉昭注補　**附考證**　清乾隆四年（1739）武英殿刻本　三十二冊

210000－0701－0015776　022329

後漢書九十卷 （南朝宋）范曄撰　（唐）李賢注　志三十卷　（晉）司馬彪撰　（南朝梁）劉昭注補　**附考證**　清同治十年（1871）成都書局刻本　二十六冊

210000－0701－0015777　022330

後漢書九十卷 （南朝宋）范曄撰　（唐）李賢注　志三十卷　（晉）司馬彪撰　（南朝梁）劉昭注補　**附考證**　清光緒十八年（1892）武林竹簡齋石印本　八冊

210000－0701－0015778　022331

後漢書九十卷 （南朝宋）范曄撰　（唐）李賢注　志三十卷　（晉）司馬彪撰　（南朝梁）劉昭注補　**附考證**　清光緒二十八年（1902）武林竹簡齋石印本　八冊

210000－0701－0015779　022336

後漢書辨疑十一卷 （清）錢大昭撰　清光緒十四年（1888）廣雅書局刻廣雅書局叢書本一冊

210000－0701－0015780　022337

後漢書疏證三十卷 （清）沈欽韓撰　清光緒二十六年（1900）浙江書局刻本　十六冊

210000－0701－0015781　022341

後漢書注補正八卷 （清）周壽昌撰　清光緒十七年（1891）廣雅書局刻廣雅書局叢書本一冊

210000－0701－0015782　022342

後漢書注又補一卷 （清）沈銘彝撰　清道光十七年（1837）刻同治八年（1869）補刻本一冊

210000－0701－0015783　022343

後漢書補注續一卷 （清）侯康撰　清光緒十七年（1891）廣雅書局刻本　一冊

210000－0701－0015784　022344

魏書一百十四卷 （北齊）魏收撰　清同治十一年（1872）金陵書局刻本　二十冊

210000－0701－0015785　022345

魏書一百十四卷 （北齊）魏收撰　**附考證**　清乾隆四年（1739）刻本　二十四冊

210000－0701－0015786　022346

魏書一百十四卷 （北齊）魏收撰　**附考證**　清乾隆四年（1739）刻本　二十四冊

210000－0701－0015787　022347

魏書一百十四卷 （北齊）魏收撰　**附考證**　清光緒二十八年（1902）武林竹簡齋石印本七冊

210000－0701－0015788　022349

魏書一百十四卷 （北齊）魏收撰　**附考證**　清光緒十四年（1888）上海圖書集成印書局鉛印本　十四冊

210000－0701－0015789　022354

魏書官氏志疏證一卷 （清）陳毅撰　清光緒二十三年（1897）刻本　一冊

210000－0701－0015790　022355

魏書官氏志疏證一卷 （清）陳毅撰　清光緒

二十三年(1897)刻本　一冊

210000－0701－0015791　022356

魏書官氏志疏證一卷　(清)陳毅撰　清光緒
二十三年(1897)刻本　二冊

210000－0701－0015792　022363

魏書校勘記一卷　王先謙輯　清光緒九年
(1883)長沙王氏刻王益吾所刻書本　一冊

210000－0701－0015793　022364

魏書校勘記一卷　王先謙輯　清光緒十七年
(1891)廣雅書局刻廣雅書局叢書本　一冊

210000－0701－0015794　022366

陳書三十六卷　(唐)姚思廉撰　**附考證**　清
光緒二十八年(1902)竢實齋石印本　一冊

210000－0701－0015795　022366

梁書五十六卷　(唐)姚思廉撰　**附考證**　清
光緒二十八年(1902)竢實齋石印本　二冊

210000－0701－0015796　022366

南齊書五十九卷　(南朝梁)蕭子顯撰　**附考
證**　清光緒二十八年(1902)竢實齋石印本
二冊

210000－0701－0015797　022366

宋書一百卷　(南朝梁)沈約撰　**附考證**　清
光緒二十八年(1902)竢實齋石印本　六冊

210000－0701－0015798　022367

宋州郡志校勘記一卷　(清)成蓉鏡撰　清光
緒十三年(1887)廣雅書局刻廣雅書局叢書本
　一冊

210000－0701－0015799　022368

宋書一百卷　(南朝梁)沈約撰　明萬曆二十
二年(1594)北京國子監刻清康熙二十五年
(1686)重修本　二十二冊

210000－0701－0015800　022369

宋書一百卷　(南朝梁)沈約撰　清同治十一
年(1872)金陵書局刻本　十六冊

210000－0701－0015801　022370

宋書一百卷　(南朝梁)沈約撰　**附考證**　清
乾隆四年(1739)刻二十四史本　二十四冊

210000－0701－0015802　022371

宋書一百卷　(南朝梁)沈約撰　**附考證**　清
光緒十四年(1888)上海圖書集成印書局鉛印
本　十二冊

210000－0701－0015803　022372

宋書一百卷　(南朝梁)沈約撰　**附考證**　清
光緒二十八年(1902)武林竹簡齋石印本
六冊

210000－0701－0015804　022379

補宋書刑法志一卷補宋書食貨志一卷　(清)
郝懿行撰　清光緒十七年(1891)廣雅書局刻
廣雅書局叢書本　一冊

210000－0701－0015805　022380

梁書五十六卷　(唐)姚思廉撰　清同治十三
年(1874)金陵書局刻本　六冊

210000－0701－0015806　022381

梁書五十六卷　(唐)姚思廉撰　清同治十三
年(1874)金陵書局刻本　六冊

210000－0701－0015807　022382

梁書五十六卷　(唐)姚思廉撰　**附考證**　清
乾隆四年(1739)武英殿刻本　八冊

210000－0701－0015808　022383

梁書五十六卷　(唐)姚思廉撰　**附考證**　清
乾隆四年(1739)武英殿刻本　八冊

210000－0701－0015809　022384

梁書五十六卷　(唐)姚思廉撰　**附考證**　清
乾隆四年(1739)刻道光十六年(1836)重修本
　八冊

210000－0701－0015810　022385

梁書五十六卷　(唐)姚思廉撰　**附考證**　清
光緒十四年(1888)上海圖書集成印書局鉛印
本　四冊

210000－0701－0015811　022386

梁書五十六卷　(唐)姚思廉撰　**附考證**　清
光緒二十九年(1903)五洲同文局石印本
八冊

210000－0701－0015812　022387

梁書五十六卷 （唐）姚思廉撰 **附考證** 清光緒二十九年（1903）五洲同文局石印本 八冊

210000－0701－0015813　022388

梁書五十六卷 （唐）姚思廉撰 **附考證** 清光緒三十三年（1907）上海華商集成圖書公司鉛印本 四冊

210000－0701－0015814　022391

漢志水道疏證四卷 （清）洪頤煊撰 清光緒十三年（1887）長洲蔣鳳藻心矩齋刻心矩齋叢書本 一冊

210000－0701－0015815　022392

漢志水道疏證四卷 （清）洪頤煊撰 清光緒十三年（1887）長洲蔣鳳藻心矩齋刻心矩齋叢書本 一冊 存三卷（一至三）

210000－0701－0015816　022393

漢志水道疏證四卷 （清）洪頤煊撰 清光緒十八年（1892）廣雅書局刻廣雅書局叢書本 一冊

210000－0701－0015817　022394

前漢書一百卷 （漢）班固撰 （唐）顏師古注 清刻本 四十八冊

210000－0701－0015818　022395

漢書一百卷 （漢）班固撰 （唐）顏師古注 清同治八年（1869）金陵書局刻本 十六冊

210000－0701－0015819　022396

漢書一百卷 （漢）班固撰 （唐）顏師古注 清光緒十三年（1887）金陵書局刻本 十六冊

210000－0701－0015820　022397

漢書一百卷 （漢）班固撰 （唐）顏師古注 清光緒上海點石齋石印本 八冊

210000－0701－0015821　022398

漢書西域傳補注二卷 （清）徐松撰 清光緒六年（1880）刻本 一冊

210000－0701－0015822　022399

漢書辨疑二十二卷 （清）錢大昭撰 清光緒十三年（1887）廣雅書局刻廣雅書局叢書本 五冊

210000－0701－0015823　022400

續漢書辨疑九卷 （清）錢大昭撰 清光緒十四年（1888）廣雅書局刻廣雅書局叢書本 一冊

210000－0701－0015824　022402

漢書評林一百卷 （明）凌稚隆輯 清同治十三年（1874）長沙魏氏養翹書屋刻本 三十二冊

210000－0701－0015825　022404

漢書疏證三十六卷 （清）沈欽韓撰 清光緒二十六年（1900）浙江書局刻本 二十四冊

210000－0701－0015826　022405

漢書疏證三十六卷 （清）沈欽韓撰 清光緒二十六年（1900）浙江書局刻本 二十四冊

210000－0701－0015827　022406

漢書疏證三十六卷 （清）沈欽韓撰 清光緒二十六年（1900）浙江書局刻本 二十四冊

210000－0701－0015828　022407

漢書西域傳補注二卷 （清）徐松撰 清刻本 一冊

210000－0701－0015829　022408

漢書西域傳補注二卷 （清）徐松撰 清光緒二十年（1894）廣雅書局刻廣雅書局叢書本 一冊

210000－0701－0015830　022409

漢書引經異文錄證六卷 （清）繆祐孫撰 清光緒十一年（1885）刻本 二冊

210000－0701－0015831　022410

思益堂史學三種 （清）周壽昌撰 清光緒周氏小對竹軒刻本 十六冊

210000－0701－0015832　022411

思益堂史學三種 （清）周壽昌撰 清光緒周氏小對竹軒刻本 十六冊

210000－0701－0015833　022412

漢書注校補五十六卷 （清）周壽昌撰 清光緒十七年（1891）廣雅書局刻廣雅書局叢書本

十二冊

210000－0701－0015834　022413

漢書注校補五十六卷　（清）周壽昌撰　清光緒十七年（1891）廣雅書局刻廣雅書局叢書本　十二冊　缺五卷（四十一至四十五）

210000－0701－0015835　022415

漢書地理志校本二卷　（清）汪遠孫撰　清道光二十八年（1848）汪氏振綺堂刻振綺堂遺書本　四冊

210000－0701－0015836　022416

漢書地理志水道圖說七卷　（清）陳澧撰　**附考正德清胡氏禹貢圖一卷**　（清）陳宗誼撰　清同治二年（1863）刻十一年（1872）補刻番禺陳氏東塾叢書本　二冊

210000－0701－0015837　022417

漢書地理志補校二卷　楊守敬撰　清光緒刻本　一冊

210000－0701－0015838　022418

漢書地理志校注二卷　（清）王紹蘭撰　清光緒二十二年（1896）蕭山陳氏遺經樓刻本　一冊　存一卷（上）

210000－0701－0015839　022419

漢書地理志校本二卷　（清）汪遠孫撰　清道光二十八年（1848）汪氏振綺堂刻振綺堂遺書本　一冊

210000－0701－0015840　022420

漢書地理志二卷　（漢）班固撰　（唐）顏師古注　（清）汪遠孫撰　清同治十年（1871）胡氏退補齋刻本　一冊

210000－0701－0015841　022421

清白士集　（清）梁玉繩撰　清嘉慶刻本　九冊　存九卷（人表考九卷）

210000－0701－0015842　022422

人表考九卷　（清）梁玉繩撰　清光緒十四年（1888）廣雅書局刻廣雅書局叢書本　四冊

210000－0701－0015843　022423

影唐寫本漢書食貨志一卷　（漢）班固撰

（唐）顏師古注　清光緒八年（1882）遵義黎氏日本東京使署影刻本（原缺卷下）　一冊

210000－0701－0015844　022424

漢書管見四卷　（清）朱一新撰　清光緒葆真堂刻本　四冊

210000－0701－0015845　022427

南齊書五十九卷　（南朝梁）蕭子顯撰　清同治十三年（1874）金陵書局刻本　六冊

210000－0701－0015846　022428

南齊書五十九卷　（南朝梁）蕭子顯撰　清同治十三年（1874）金陵書局刻本　六冊

210000－0701－0015847　022429

南齊書五十九卷　（南朝梁）蕭子顯撰　**附考證**　清乾隆四年（1739）武英殿刻本　八冊

210000－0701－0015848　022430

南齊書五十九卷　（南朝梁）蕭子顯撰　**附考證**　清乾隆四年（1739）武英殿刻本　八冊

210000－0701－0015849　022431

南齊書五十九卷　（南朝梁）蕭子顯撰　**附考證**　清光緒十四年（1888）上海圖書集成印書局鉛印本　六冊

210000－0701－0015850　022432

南齊書五十九卷　（南朝梁）蕭子顯撰　**附考證**　清乾隆四年（1739）武英殿刻本　八冊

210000－0701－0015851　022433

南齊書五十九卷　（南朝梁）蕭子顯撰　**附考證**　清乾隆四年（1739）武英殿刻本　八冊

210000－0701－0015852　022434

南齊書五十九卷　（南朝梁）蕭子顯撰　**附考證**　清光緒二十九年（1903）五洲同文局石印本　八冊

210000－0701－0015853　022435

南齊書五十九卷　（南朝梁）蕭子顯撰　**附考證**　清光緒三十三年（1907）上海華商集成圖書公司鉛印本　六冊

210000－0701－0015854　022440

南北史識小錄　（清）沈名蓀　（清）朱昆田輯

（清）張應昌補正　清同治十年（1871）武林吳氏清來堂刻本　八冊

210000－0701－0015855　022441
南北史識小錄　（清）沈名蓀　（清）朱昆田輯　（清）張應昌補正　清同治十年（1871）武林吳氏清來堂刻本　八冊

210000－0701－0015856　022442
南北史識小錄　（清）沈名蓀　（清）朱昆田輯　（清）張應昌補正　清同治十年（1871）武林吳氏清來堂刻本　八冊

210000－0701－0015857　022443
南北史補志十四卷贊一卷　（清）汪士鐸撰　清光緒四年（1878）淮南書局刻本　六冊

210000－0701－0015858　022445
南史八十卷　（唐）李延壽撰　清乾隆四年（1739）武英殿刻本　二十冊

210000－0701－0015859　022446
南史八十卷　（唐）李延壽撰　清乾隆四年（1739）武英殿刻本　二十五冊

210000－0701－0015860　022447
南史八十卷　（唐）李延壽撰　**附考證**　清光緒十四年（1888）上海圖書集成印書局鉛印本　十二冊

210000－0701－0015861　022448
南史八十卷　（唐）李延壽撰　**附考証**　清光緒二十八年（1902）武林竹簡齋石印本　六冊

210000－0701－0015862　022449
南史八十卷　（唐）李延壽撰　**附考証**　清光緒二十九年（1903）五洲同文局石印本　二十冊

210000－0701－0015863　022450
南史八十卷　（唐）李延壽撰　**附考証**　清光緒三十三年（1907）上海華商集成圖書公司鉛印本　十二冊

210000－0701－0015864　022456
前漢書表八卷　（清）夏燮校　清光緒十六年（1890）夏誠楨江城公所刻本　六冊

210000－0701－0015865　022457
前漢書表八卷　（清）夏燮校　清光緒十六年（1890）夏誠楨江城公所刻本　六冊

210000－0701－0015866　022458
史漢駢枝一卷　（清）成儒撰　清光緒十四年（1888）廣雅書局刻廣雅書局叢書本　一冊

210000－0701－0015867　022459
史漢駢枝一卷　（清）成儒撰　清光緒十四年（1888）廣雅書局刻廣雅書局叢書本　一冊

210000－0701－0015868　022460
隋書八十五卷　（唐）魏徵等撰　清同治十年（1871）淮南書局刻本　十六冊

210000－0701－0015869　022461
隋書八十五卷　（唐）魏徵等撰　**附考證**　清乾隆四年（1739）武英殿刻本　二十一冊　缺七卷（十三至十五、三十二至三十五）

210000－0701－0015870　022462
隋書八十五卷　（唐）魏徵等撰　**附考證**　清光緒十四年（1888）上海圖書集成印書局鉛印本　十二冊

210000－0701－0015871　022463
隋書八十五卷　（唐）魏徵等撰　**附考證**　清光緒二十八年（1902）武林竹簡齋石印本　六冊

210000－0701－0015872　022464
隋書八十五卷　（唐）魏徵等撰　**附考證**　清光緒三十三年（1907）上海華商集成圖書公司鉛印本　十二冊

210000－0701－0015873　022467
隋書地理志考證九卷補遺一卷漢書地理志補校二卷　楊守敬撰　清光緒二十七年（1901）刻本　六冊

210000－0701－0015874　022468
陳書三十六卷　（唐）姚思廉撰　清同治十一年（1872）金陵書局刻本　四冊

210000－0701－0015875　022469
陳書三十六卷　（唐）姚思廉撰　**附考證**　清

乾隆四年(1739)武英殿刻本　六冊

210000－0701－0015876　022470
陳書三十六卷　(唐)姚思廉撰　**附考證**　清乾隆四年(1739)武英殿刻本　六冊

210000－0701－0015877　022471
陳書三十六卷　(唐)姚思廉撰　**附考證**　清光緒十四年(1888)上海圖書集成印書局鉛印本　四冊

210000－0701－0015878　022472
陳書三十六卷　(唐)姚思廉撰　**附考證**　清光緒二十八年(1902)武林竹簡齋石印本　一冊

210000－0701－0015879　022473
陳書三十六卷　(唐)姚思廉撰　**附考證**　清光緒三十三年(1907)上海華商集成圖書公司鉛印本　四冊

210000－0701－0015880　022478
周書五十卷　(唐)令狐德棻等撰　清同治十三年(1874)金陵書局刻本　四冊

210000－0701－0015881　022479
周書五十卷　(唐)令狐德棻等撰　**附考證**　清乾隆四年(1739)武英殿刻本　六冊　存三十五卷(十六至五十)

210000－0701－0015882　022480
周書五十卷　(唐)令狐德棻撰　**附考證**　清光緒十年(1884)上海同文書局影印本　八冊

210000－0701－0015883　022481
周書五十卷　(唐)令狐德棻撰　**附考證**　清光緒三十三年(1907)上海華商集成圖書公司鉛印本　四冊

210000－0701－0015884　022485
漢書一百卷　(漢)班固撰　(唐)顏師古注　清光緒十三年(1887)金陵書局刻本　十六冊

210000－0701－0015885　022485
後漢書九十卷　(南朝宋)范曄撰　(唐)李賢注　志三十卷　(晉)司馬彪撰　(南朝梁)劉昭注補　清光緒十三年(1887)金陵書局刻本

十六冊

210000－0701－0015886　022488
漢書一百卷　(漢)班固撰　(唐)顏師古注　清刻本　二十冊

210000－0701－0015887　022489
漢書一百卷　(漢)班固撰　(唐)顏師古注　清刻本　四十冊

210000－0701－0015888　022490
漢書一百卷　(漢)班固撰　(唐)顏師古注　清同治八年(1869)金陵書局刻本　十六冊

210000－0701－0015889　022491
漢書一百卷　(漢)班固撰　(唐)顏師古注　清同治十二年(1873)嶺東使署刻本　十六冊

210000－0701－0015890　022492
漢書一百卷　(漢)班固撰　(唐)顏師古注　清同治十二年(1873)嶺東使署刻本　十六冊

210000－0701－0015891　022493
漢書一百卷　(漢)班固撰　(唐)顏師古注　清光緒十三年(1887)金陵書局刻本　十六冊

210000－0701－0015892　022494
前漢書一百卷　(漢)班固撰　(唐)顏師古注　**附考證**　清乾隆四年(1739)武英殿刻本　二十六冊　缺二十八卷(三十一至五十八)

210000－0701－0015893　022495
前漢書一百卷　(漢)班固撰　(唐)顏師古注　**附考證**　清同治十年(1871)成都書局刻本　十七冊

210000－0701－0015894　022496
前漢書一百卷　(漢)班固撰　(唐)顏師古注　**附考證**　清同治十年(1871)成都書局刻本　三十二冊

210000－0701－0015895　022497
前漢書一百卷　(漢)班固撰　(唐)顏師古注　**附考證**　清光緒十年(1884)上海同文書局影印本　八冊

210000－0701－0015896　022498
前漢書一百卷　(漢)班固撰　(唐)顏師古注

附考證 清光緒十八年(1892)武林竹簡齋石印本 十二冊

210000－0701－0015897　022499
前漢書一百卷 (漢)班固撰 (唐)顏師古注
附考證 清光緒二十八年(1902)武林竹簡齋石印本 八冊

210000－0701－0015898　022501
漢書一百卷首一卷 (漢)班固撰 (唐)顏師古注 王先謙補注 清光緒二十六年(1900)長沙王氏虛受堂刻本 三十二冊

210000－0701－0015899　022502
漢書一百卷首一卷 (漢)班固撰 (唐)顏師古注 王先謙補注 清光緒二十六年(1900)長沙王氏虛受堂刻本 三十二冊

210000－0701－0015900　022503
西魏書二十四卷 (清)謝啓昆撰 清乾隆六十年(1795)樹經堂刻樹經堂叢書本 六冊

210000－0701－0015901　022504
西漢年紀三十卷 (宋)王益之撰 清掃葉山房刻本 四冊

210000－0701－0015902　022505
晉記六十八卷首一卷 (清)郭倫撰 清乾隆五十一年(1786)有斐堂刻本 十六冊

210000－0701－0015903　022506
晉紀輯本七卷 (清)湯球輯 清光緒廣雅書局刻廣雅書局叢書本 一冊

210000－0701－0015904　022507
晉書輯本 (清)湯球輯 清光緒廣雅書局刻廣雅書局叢書本 六冊

210000－0701－0015905　022508
晉略六十五卷序目一卷 (清)周濟撰 清道光十九年(1839)周天爵楚北夏口刻本 十二冊

210000－0701－0015906　022509
晉略六十五卷序目一卷 (清)周濟撰 清道光十九年(1839)周天爵楚北夏口刻荊溪周氏味儁齋印本 十冊

210000－0701－0015907　022510
晉略六十五卷序目一卷 (清)周濟撰 清光緒二年(1876)味儁齋刻本 十冊

210000－0701－0015908　022511
晉略六十五卷序目一卷 (清)周濟撰 清光緒二年(1876)味儁齋刻本 十冊

210000－0701－0015909　022512
晉略六十五卷序目一卷 (清)周濟撰 清光緒二年(1876)味儁齋刻本 十冊

210000－0701－0015910　022515
晉陽秋輯本 (清)湯球輯 清光緒廣雅書局刻廣雅書局叢書本 一冊

210000－0701－0015911　022516
建康實錄二十卷 (唐)許嵩撰 附校勘記一卷 (清)甘曾沂撰 清光緒二十八年(1902)甘氏刻本 六冊

210000－0701－0015912　022517
建康實錄二十卷 (唐)許嵩撰 附校勘記一卷 (清)甘曾沂撰 清光緒二十八年(1902)甘氏刻本 六冊

210000－0701－0015913　022518
建康實錄二十卷 (唐)許嵩撰 附校勘記一卷 (清)甘曾沂撰 清光緒二十八年(1902)甘氏刻本 六冊

210000－0701－0015914　022521
季漢書六十卷正論一卷答問一卷 (明)謝陛撰 明末刻本 十五冊 缺六卷(內傳六至十一)

210000－0701－0015915　022522
七家後漢書 (清)汪文臺輯 清光緒八年(1882)刻本 六冊

210000－0701－0015916　022523
續後漢書九十卷 (元)郝經撰 (元)苟宗道注 清光緒五年(1879)刻本 十二冊

210000－0701－0015917　022529
漢晉春秋輯本 (清)湯球輯 清光緒廣雅書局刻廣雅書局叢書本 一冊

210000－0701－0015918　022531

影唐寫本漢書食貨志一卷　（漢）班固撰
（唐）顏師古注　清光緒八年(1882)遵義黎氏
日本東京使署影刻本(原缺卷下)　一冊

210000－0701－0015919　022532

鄴中記一卷　（晉）陸翽撰　清刻本　一冊

210000－0701－0015920　022533

十六國春秋一百卷　題(北魏)崔鴻撰　清乾
隆三十九年(1774)汪日桂欣託山房刻本　二
十冊

210000－0701－0015921　022534

十六國春秋一百卷　題(北魏)崔鴻撰　清乾
隆三十九年(1774)汪氏欣託山房刻四十六年
(1781)重修本　二十冊

210000－0701－0015922　022535

十六國春秋一百卷　題(北魏)崔鴻撰　清光
緒元年(1875)湖北崇文書局刻本　十二冊

210000－0701－0015923　022537

孫盛晉陽秋三卷　（清）湯球輯　清廣雅書局
刻廣雅書局叢書晉陽秋輯本本　一冊

210000－0701－0015924　022537

檀道鸞續晉陽秋二卷　（清）湯球輯　清廣雅
書局刻廣雅書局叢書晉陽秋輯本本　一冊

210000－0701－0015925　022537

王隱晉書十一卷　（清）湯球輯　清廣雅書局
刻廣雅書局叢書本　二冊

210000－0701－0015926　022537

習鑿齒漢晉春秋三卷　（清）湯球輯　清廣雅
書局刻廣雅書局叢書晉陽秋輯本本　一冊

210000－0701－0015927　022537

臧榮緒晉書十七卷補遺一卷　（清）湯球輯
清廣雅書局刻廣雅書局叢書本　二冊

210000－0701－0015928　022540

東觀漢記二十四卷　（漢）劉珍等撰　清刻道
光十年(1830)重修本　四冊

210000－0701－0015929　022541

西漢年紀三十卷　（宋）王益之撰　清掃葉山
房刻本　六冊

210000－0701－0015930　022544

後漢紀三十卷　（晉）袁宏撰　兩漢紀校記二
卷　（清）陳璞撰　清光緒二年(1876)嶺南述
古堂刻本　七冊　缺四卷(十八至二十一)

210000－0701－0015931　022545

後漢紀三十卷　（晉）袁宏撰　清康熙三十五
年(1696)蔣氏刻清補刻本　六冊

210000－0701－0015932　022548

兩漢紀六十卷附兩漢紀字句異同考一卷
（宋）王銍輯　清康熙三十五年(1696)蔣氏刻
五峯閣印本　十六冊

210000－0701－0015933　022549

三十國春秋輯本　（清）湯球輯　清光緒廣雅
書局刻本　一冊

210000－0701－0015934　022550

三十國春秋輯本　（清）湯球輯　清光緒廣雅
書局刻本　一冊

210000－0701－0015935　022552

獨斷一卷　（漢）蔡邕撰　清光緒元年(1875)
湖北崇文書局刻子書百家本　一冊

210000－0701－0015936　022553

六朝事跡編類十四卷　（宋）張敦頤撰　清光
緒十三年(1887)寶章閣刻本　四冊

210000－0701－0015937　022554

六朝事跡編類十四卷　（宋）張敦頤撰　清光
緒十三年(1887)寶章閣刻本　二冊

210000－0701－0015938　022555

雜事秘辛一卷　（□）□□撰　清刻本　一冊

210000－0701－0015939　022557

漢官七種　（清）孫星衍校輯　清光緒九年
(1883)虞山後知不足齋刻本　二冊

210000－0701－0015940　022558

舊史內篇八卷　（清）楊世猷撰　清光緒二十
八年(1902)刻本　六冊

210000－0701－0015941　022560

史拾十八種　（明）吳弘基輯　明末刻本　十三冊　缺一種一卷（古扐一卷）

210000－0701－0015942　022565
唐書二百二十五卷　（宋）歐陽修　（宋）宋祁等撰　清同治十二年（1873）浙江書局刻本　四十冊

210000－0701－0015943　022566
唐書二百二十五卷　（宋）歐陽修　（宋）宋祁等撰　清同治十二年（1873）浙江書局刻本　四十八冊

210000－0701－0015944　022567
唐書二百二十五卷　（宋）歐陽修　（宋）宋祁等撰　清同治十二年（1873）浙江書局刻本　四十八冊

210000－0701－0015945　022568
唐書二百二十五卷　（宋）歐陽修　（宋）宋祁等撰　**唐書釋音二十五卷**　（宋）董衝撰　**附考證**　清光緒十四年（1888）上海圖書集成印書局鉛印本　三十二冊

210000－0701－0015946　022570
唐書合鈔補正六卷　（清）丁子復撰　清嘉慶十五年（1810）查世倓吳門刻本　二冊

210000－0701－0015947　022571
唐書合鈔補正六卷　（清）丁子復撰　清嘉慶十五年（1810）查世倓吳門刻本　二冊

210000－0701－0015948　022572
唐書合鈔補正六卷　（清）丁子復撰　清嘉慶十五年（1810）查世倓吳門刻本　二冊

210000－0701－0015949　022573
唐書二百二十五卷　（宋）歐陽修　（宋）宋祁等撰　**唐書釋音二十五卷**　（宋）董衝撰　**附考證**　清乾隆四年（1739）武英殿刻本　六十冊

210000－0701－0015950　022574
唐書二百二十五卷　（宋）歐陽修　（宋）宋祁等撰　**唐書釋音二十五卷**　（宋）董衝撰　**附考證**　清光緒二十八年（1902）武林竹簡齋石

印本　十六冊

210000－0701－0015951　022579
新舊唐書互證二十卷　（清）趙紹祖撰　清嘉慶十八年（1813）涇縣趙氏古墨齋刻古墨齋集本　六冊

210000－0701－0015952　022580
新舊唐書互證二十卷　（清）趙紹祖撰　清光緒十七年（1891）廣雅書局刻廣雅書局叢書本　四冊

210000－0701－0015953　022581
新舊唐書合鈔二百六十卷首一卷唐書宰相世系表訂譌十二卷　（清）沈炳震撰　**唐書合鈔補正六卷**　（清）丁子復撰　清嘉慶十五年（1810）查世倓吳門刻同治十年（1871）武林吳氏清來堂補刻本　八十冊

210000－0701－0015954　022582
五代史記七十四卷　（宋）歐陽修撰　（宋）徐無黨注　清乾隆四年（1739）武英殿刻本　四冊　存二十三卷（四十四至六十六）

210000－0701－0015955　022585
五代史記七十四卷　（宋）歐陽修撰　（宋）徐無黨注　清同治十一年（1872）湖北崇文書局刻本　八冊

210000－0701－0015956　022586
五代史記七十四卷　（宋）歐陽修撰　（宋）徐無黨注　清同治十一年（1872）湖北崇文書局刻本　八冊

210000－0701－0015957　022587
五代史記七十四卷　（宋）歐陽修撰　（宋）徐無黨注　清同治十一年（1872）湖北崇文書局刻本　八冊

210000－0701－0015958　022588
五代史記七十四卷　（宋）歐陽修撰　（宋）徐無黨注　清同治十一年（1872）湖北崇文書局刻本　八冊

210000－0701－0015959　022589
五代史記七十四卷　（宋）歐陽修撰　（宋）徐

無黨注 **附考證** 清乾隆四年(1739)武英殿刻本 六冊

210000－0701－0015960 022590
五代史記七十四卷 (宋)歐陽修撰 (宋)徐無黨注附考證 清光緒元年(1875)成都書局刻本 十冊

210000－0701－0015961 022591
五代史記七十四卷 (宋)歐陽修撰 (宋)徐無黨注附考證 清光緒十四年(1888)上海圖書集成印書局鉛印本 六冊

210000－0701－0015962 022592
舊五代史一百五十卷目錄二卷 (宋)薛居正等撰 **附考證** 清光緒二十八年(1902)竢實齋石印本 六冊

210000－0701－0015963 022592
五代史記七十四卷 (宋)歐陽修撰 (宋)徐無黨注附考證 清光緒二十八年(1902)竢實齋石印本 二冊

210000－0701－0015964 022593
五代史記七十四卷 (宋)歐陽修撰 (宋)徐無黨注附考證 清光緒二十八年(1902)武林竹簡齋石印本 二冊

210000－0701－0015965 022594
五代史記七十四卷 (宋)歐陽修撰 (宋)徐無黨注附考證 清光緒三十四年(1908)上海集成圖書公司鉛印本 六冊

210000－0701－0015966 022596
五代史記七十四卷 (宋)歐陽修撰 (宋)徐無黨注 (清)彭元瑞注 清道光八年(1828)雲娃書屋刻本 四十冊

210000－0701－0015967 022597
五代史記七十四卷 (宋)歐陽修撰 (宋)徐無黨注 (清)彭元瑞注 清道光八年(1828)雲娃書屋刻本 四十冊

210000－0701－0015968 022598
五代史記七十四卷 (宋)歐陽修撰 (宋)徐無黨注 清宣統元年至三年(1909－1911)貴

池劉氏玉海堂刻本 十二冊

210000－0701－0015969 022600
五代史記纂誤續補六卷 (清)吳光耀撰 清光緒十四年(1888)江夏吳氏刻本 六冊

210000－0701－0015970 022601
五代史記纂誤補四卷附錄一卷 (清)吳蘭庭撰 清嘉慶八年(1803)刻本 一冊

210000－0701－0015971 022602
五代史續補二卷 (清)牛坤撰 清道光二十三年(1843)刻本 一冊 缺一卷(廢朱梁論)

210000－0701－0015972 022604
舊唐書二百卷 (五代)劉昫等撰 **附考證** 清乾隆四年(1739)武英殿刻本 六十冊

210000－0701－0015973 022605
舊唐書二百卷 (五代)劉昫等撰 清同治十一年(1872)浙江書局刻本 四十八冊

210000－0701－0015974 022606
舊唐書二百卷 (五代)劉昫等撰 清同治十一年(1872)浙江書局刻本 三十九冊 缺二卷(一百八十九至一百九十)

210000－0701－0015975 022607
舊唐書二百卷 (五代)劉昫等撰 **附考證** 清光緒十四年(1888)上海圖書集成印書局鉛印本 三十冊

210000－0701－0015976 022609
舊唐書二百卷 (五代)劉昫等撰 **附考證** 清光緒三十三年(1907)上海華商集成圖書公司鉛印本 三十冊

210000－0701－0015977 022612
舊唐書二百卷 (五代)劉昫等撰 **校勘記六十六卷** (清)岑建功等撰 **逸文十二卷** (清)岑建功撰 清同治十一年(1872)定遠方氏刻本 六十冊

210000－0701－0015978 022614
舊五代史一百五十卷目錄二卷 (宋)薛居正等撰 (清)邵晉涵等輯 **附考證** 清乾隆四十九年(1784)武英殿刻本 二十三冊 缺六

卷（一百十一至一百十六）

210000－0701－0015979　022615
舊五代史一百五十卷目録二卷　（宋）薛居正
等撰　**附考證**　清同治十一年（1872）湖北崇
文書局刻本　十六冊

210000－0701－0015980　022616
舊五代史一百五十卷目録二卷　（宋）薛居正
等撰　**附考證**　清同治十一年（1872）湖北崇
文書局刻本　十六冊

210000－0701－0015981　022617
舊五代史一百五十卷目録二卷附考證　（宋）
薛居正等撰　（清）邵晉涵等輯　清同治十一
年（1872）湖北崇文書局刻本　十六冊

210000－0701－0015982　022618
舊五代史一百五十卷目録二卷　（宋）薛居正
等撰　**附考證**　清光緒十四年（1888）上海圖
書集成印書局鉛印本　十二冊

210000－0701－0015983　022619
舊唐書二百卷　（五代）劉昫等撰　**附考證**
清光緒二十八年（1902）武林竹簡齋石印本
十六冊

210000－0701－0015984　022629
歐陽文忠公五代史抄二十卷　（宋）歐陽修撰
　（明）茅坤批評　清刻本　四冊

210000－0701－0015985　022632
東萊先生音註唐鑑二十四卷　（宋）范祖禹撰
　（宋）呂祖謙音注　清光緒十八年（1892）浙
江書局刻本　四冊

210000－0701－0015986　022633
續唐書七十卷　（清）陳鱣撰　清光緒二十一
年（1895）廣雅書局刻廣雅書局叢書本　十冊

210000－0701－0015987　022634
吳越備史四卷首一卷　題（宋）錢儼撰　清掃
葉山房刻本　二冊

210000－0701－0015988　022636
吳越春秋十卷　（漢）趙曄撰　（宋）徐天祐音
注　**附補注一卷逸文一卷札記一卷**　徐乃昌

撰並輯　清光緒三十二年（1906）南陵徐氏刻
隨盦叢書本　二冊

210000－0701－0015989　022638
南唐書三十卷　（宋）馬令撰　**考異一卷**
（清）趙泰撰　清嘉慶十八年（1813）嘯園沈氏
木活字印本　六冊

210000－0701－0015990　022646
南唐書十八卷　（宋）陸游撰　（清）湯運泰注
　附録一卷　清道光二年（1822）湯氏綠籤山
房刻本　八冊

210000－0701－0015991　022647
南漢春秋十三卷　（清）劉應麟撰　清道光三
十年（1850）刻本　四冊

210000－0701－0015992　022648
南漢紀五卷　（清）吳蘭修撰　清道光十四年
（1834）鄭氏淳一堂刻本　一冊

210000－0701－0015993　022648
**南漢書十八卷考異十八卷南漢文字略四卷南
漢叢録二卷**　（清）梁廷柟撰　清道光九年
（1829）梁氏藤花亭刻藤花亭十種本　八冊

210000－0701－0015994　022649
南漢書十八卷考異十八卷南漢文字略四卷
（清）梁廷柟撰　清道光九年（1829）梁氏藤花
亭刻藤花亭十種本　六冊

210000－0701－0015995　022650
**南漢書十八卷考異十八卷南漢文字略四卷南
漢叢録二卷**　（清）梁廷柟撰　清光緒二十一
年（1895）刻本　八冊

210000－0701－0015996　022651
大唐創業起居注三卷　（唐）溫大雅撰　明崇
禎毛氏汲古閣刻津逮秘書本　一冊

210000－0701－0015997　022675
奉天録四卷　（唐）趙元一撰　清道光十年
（1830）江都秦氏享帚精舍刻石研齋四種本
一冊

210000－0701－0015998　022677
全唐文紀事一百二十二卷首三卷　（清）陳鴻

埰纂　清同治十二年(1873)方功惠廣州刻本
　　三十二冊

210000－0701－0015999　022678
元史氏族表三卷元史藝文志四卷　(清)錢大
昕撰　清嘉慶十一年(1806)刻嘉定錢氏潛研
堂全書本　六冊

210000－0701－0016000　022679
元豐九域志十卷　(宋)王存等撰　清光緒八
年(1882)金陵書局刻本　四冊

210000－0701－0016001　022680
元秘史山川地名考十二卷　(清)施世傑撰
清光緒二十三年(1897)會稽施氏刻酈鄭學廬
地理叢刊本　一冊

210000－0701－0016002　022694
李忠定公別集　(宋)李綱撰　清光緒十八年
(1892)吉林探源書舫刻吉林探源書舫叢書本
　三冊

210000－0701－0016003　022706
元史二百十卷目錄二卷　(明)宋濂等撰　**附
考證**　清乾隆四年(1739)武英殿刻清修本
四十八冊　缺十二卷(一百五十七至一百六
十八)

210000－0701－0016004　022707
元史二百十卷目錄二卷附考證　(明)宋濂等
撰　**欽定元史語解二十四卷**　清道光四年
(1824)武英殿刻本　九十二冊

210000－0701－0016005　022708
元史二百十卷目錄二卷　(明)宋濂等撰　**附
考證**　清同治十三年(1874)江蘇書局刻本
四十冊

210000－0701－0016006　022709
元史二百十卷目錄二卷附考證　(明)宋濂等
撰　清同治十三年(1874)江蘇書局刻本　四
十冊

210000－0701－0016007　022710
元史二百十卷目錄二卷　(明)宋濂等撰　**附
考證**　清光緒二十八年(1902)武林竹簡齋石

印本　十四冊

210000－0701－0016008　022711
元史二百十卷目錄二卷　(明)宋濂等撰　**附
考證**　清光緒二十八年(1902)竢實齋石印本
　十四冊

210000－0701－0016009　022712
元史二百十卷　(明)宋濂等撰　**附考證**　清
光緒二十九年(1903)上海點石齋石印本　十
四冊

210000－0701－0016010　022715
元史九十五卷　(清)魏源撰　清光緒三十一
年(1905)邵陽魏慎微堂刻本　三十二冊

210000－0701－0016011　022716
元史本證五十卷　(清)汪輝祖撰　清嘉慶七
年(1802)刻本　五冊

210000－0701－0016012　022717
欽定元史語解二十四卷　清光緒四年(1878)
江蘇書局刻遼金元三史語解本　六冊

210000－0701－0016013　022718
元史譯文證補三十卷　(清)洪鈞撰　清光緒
二十三年(1897)陸潤庠刻本　四冊

210000－0701－0016014　022719
元史譯文證補三十卷　(清)洪鈞撰　清光緒
二十三年(1897)陸潤庠刻本　四冊

210000－0701－0016015　022720
元史譯文證補三十卷　(清)洪鈞撰　清光緒
二十三年(1897)陸潤庠刻本　四冊

210000－0701－0016016　022723
元史氏族表三卷　(清)錢大昕撰　清嘉慶十
一年(1806)嘉定黃鐘等刻本　二冊

210000－0701－0016017　022724
元史氏族表三卷元史藝文志四卷　(清)錢大
昕撰　清江蘇書局刻本　三冊

210000－0701－0016018　022727
宋遼金元四史朔閏考二卷　(清)錢大昕撰
(清)錢侗　(清)錢東垣增補　清嘉慶二十五
年(1820)阮福廣東節署刻本　一冊

210000－0701－0016019　022728

宋遼金元四史朔閏考二卷　（清）錢大昕撰
（清）錢侗　（清）錢東垣增補　清光緒十年
(1884)長沙龍氏刻嘉定錢氏潛研堂全書本
一冊

210000－0701－0016020　022729

宋遼金元四史朔閏考二卷　（清）錢大昕撰
（清）錢侗　（清）錢東垣增補　清光緒十七年
(1891)廣雅書局刻廣雅書局叢書本　一冊

210000－0701－0016021　022731

宋史四百九十六卷目錄三卷　（元）脫脫等撰
清光緒元年(1875)浙江書局刻本　一百冊

210000－0701－0016022　022732

宋史四百九十六卷目錄三卷　（元）脫脫等撰
附考證　清乾隆四年(1739)武英殿刻本
一百冊　缺二卷(三百八十四至三百八十五)

210000－0701－0016023　022733

宋史四百九十六卷目錄三卷　（元）脫脫等撰
附考證　清光緒十四年(1888)上海圖書集
成印書局鉛印本　六十冊

210000－0701－0016024　022739

金史一百十六卷附考證　（元）脫脫等撰　清
乾隆四年(1739)武英殿刻本　九冊　缺四卷
(四十八至五十一)

210000－0701－0016025　022740

補宋書刑法志一卷　（清）郝懿行撰　清刻郝
氏遺書本　一冊

210000－0701－0016026　022740

補宋書食貨志一卷　（清）郝懿行撰　清刻郝
氏遺書本　與 210000－0701－0016025、
0016027 合冊

210000－0701－0016027　022740

晉宋書故一卷　（清）郝懿行撰　清嘉慶二十
一年(1816)刻郝氏遺書本　與210000－0701－
0016025 至 0016026 合冊

210000－0701－0016028　022741

遼史一百十六卷　（元）脫脫等撰　**附考證**

清光緒十四年(1888)上海圖書集成印書局鉛
印二十四史本　八冊

210000－0701－0016029　022742

遼史一百十六卷　（元）脫脫等撰　**附考證**
清光緒三十三年(1907)上海華商集成圖書公
司鉛印本　八冊

210000－0701－0016030　022743

遼史一百十六卷　（元）脫脫等撰　**附考證**
清光緒二十八年(1902)武林竹簡齋石印本
三冊

210000－0701－0016031　022744

金史一百三十五卷　（元）脫脫等撰　清光緒
二十八年(1902)竢實齋石印本　八冊

210000－0701－0016032　022744

遼史一百十六卷　（元）脫脫等撰　**附考證**
清光緒二十八年(1902)竢實齋石印本　三冊

210000－0701－0016033　022748

遼史一百十六卷　（元）脫脫等撰　**附考證**
附語解十卷　清道光四年(1824)武英殿刻本
二十冊

210000－0701－0016034　022749

遼史一百十五卷　（元）脫脫等撰　**附考證**
清刻本　十二冊

210000－0701－0016035　022750

遼史一百十六卷　（元）脫脫等撰　**附考證**
清光緒十年(1884)上海同文書局影印二十四
史本　八冊

210000－0701－0016036　022751

遼史一百十五卷　（元）脫脫等撰　**附考證**
清刻本　十二冊

210000－0701－0016037　022752

遼史一百十五卷　（元）脫脫等撰　**附考證**
清刻本　十二冊

210000－0701－0016038　022753

遼史一百十五卷　（元）脫脫等撰　**附考證**
清刻本　十二冊

210000－0701－0016039　022754

遼史一百十五卷 （元）脫脫等撰 清光緒成
都尊經書局刻本 十冊

210000－0701－0016040 022755
欽定遼史語解十卷欽定金史語解十二卷欽定
元史語解二十四卷 清光緒四年(1878)江蘇
書局刻本 八冊

210000－0701－0016041 022761
遼史地理志考五卷 （清）李慎儒撰 清光緒
二十八年(1902)丹徒李氏刻本 二冊

210000－0701－0016042 022762
遼史拾遺二十四卷 （清）厲鶚撰 遼史紀年
表一卷西遼紀年表一卷 （清）汪遠孫撰 清
光緒元年(1875)江蘇書局刻本 八冊

210000－0701－0016043 022763
遼史拾遺二十四卷 （清）厲鶚撰 遼史紀年
表一卷西遼紀年表一卷 （清）汪遠孫撰 清
光緒元年(1875)江蘇書局刻本 八冊

210000－0701－0016044 022764
遼史拾遺補五卷 （清）楊復吉撰 清光緒三
年(1877)江蘇書局刻本 二冊

210000－0701－0016045 022764
遼史拾遺二十四卷 （清）厲鶚撰 遼史紀年
表一卷西遼紀年表一卷 （清）汪遠孫撰 清
光緒元年(1875)江蘇書局刻本 八冊

210000－0701－0016046 022765
遼史拾遺二十四卷 （清）厲鶚撰 遼史紀年
表一卷西遼紀年表一卷 （清）汪遠孫撰 清
光緒元年(1875)江蘇書局刻本 八冊

210000－0701－0016047 022766
遼史拾遺二十四卷 （清）厲鶚撰 遼史紀年
表一卷西遼紀年表一卷 （清）汪遠孫撰 清
光緒二十六年(1900)廣雅書局刻廣雅書局叢
書本 六冊

210000－0701－0016048 022767
遼史拾遺補五卷 （清）楊復吉撰 清光緒三
年(1877)江蘇書局刻本 二冊

210000－0701－0016049 022768

遼史拾遺補五卷 （清）楊復吉撰 清光緒三
年(1877)江蘇書局刻本 二冊

210000－0701－0016050 022769
欽定遼史語解十卷欽定金史語解十二卷欽定
元史語解二十四卷 清光緒四年(1878)江蘇
書局刻本 八冊

210000－0701－0016051 022770
欽定遼史語解十卷欽定金史語解十二卷欽定
元史語解二十四卷 清光緒四年(1878)江蘇
書局刻本 八冊 存三十八卷(遼史語解十
卷、金史語解十二卷、元史語解一至十六)

210000－0701－0016052 022773
金史一百三十五卷 （元）脫脫等撰 附考證
 清乾隆四年(1739)武英殿刻本 十二冊
存七十三卷(六十三至一百三十五)

210000－0701－0016053 022774
金史一百三十五卷 （元）脫脫等撰 附考證
附欽定金史語解一卷 清同治十三年(1874)
江蘇書局刻本 二十冊

210000－0701－0016054 022775
金史一百三十五卷 （元）脫脫等撰 附考證
附欽定金史語解一卷 清光緒十四年(1888)
上海圖書集成印書局鉛印本 十六冊

210000－0701－0016055 022776
金史一百三十五卷 （元）脫脫等撰 附考證
附欽定金史語解一卷 清光緒二十八年
(1902)武林竹簡齋石印本 八冊

210000－0701－0016056 022777
金史一百三十五卷 （元）脫脫等撰 附考證
附欽定金史語解一卷 清光緒二十九年
(1903)五洲同文局石印本 二十四冊

210000－0701－0016057 022778
金史一百三十五卷 （元）脫脫等撰 附考證
附欽定金史語解一卷 清光緒二十九年
(1903)上海點石齋石印本 八冊

210000－0701－0016058 022779
金史一百三十五卷 （元）脫脫等撰 附考證

附欽定金史語解一卷　清光緒三十三年（1907）上海華商集成圖書公司鉛印本　十六冊

210000－0701－0016059　022781

金史一百三十五卷　（元）脫脫等撰　**附考證附欽定金史語解一卷**　清道光四年（1824）武英殿刻本　五十六冊

210000－0701－0016060　022782

金史一百三十五卷　（元）脫脫等撰　清光緒十四年（1888）成都尊經書局刻本　二十四冊

210000－0701－0016061　022783

金史詳校十卷首一卷末一卷　（清）施國祁撰　清光緒六年（1880）會稽章氏刻本　十冊

210000－0701－0016062　022784

金史詳校十卷首一卷末一卷　（清）施國祁撰　清光緒六年（1880）會稽章氏刻本　十冊

210000－0701－0016063　022785

金史詳校十卷首一卷末一卷　（清）施國祁撰　清光緒六年（1880）會稽章氏刻本　十冊

210000－0701－0016064　022787

三朝北盟會編二百五十卷　（宋）徐夢莘撰　首一卷校勘記二卷補遺一卷　清光緒四年（1878）越東鉛印本　四十二冊

210000－0701－0016065　022788

三朝北盟會編二百五十卷　（宋）徐夢莘撰　首一卷校勘記二卷補遺一卷　清光緒四年（1878）越東鉛印本　四十二冊

210000－0701－0016066　022789

三朝北盟會編二百五十卷　（宋）徐夢莘撰　首一卷校勘記二卷補遺一卷　清光緒四年（1878）越東鉛印本　四十二冊

210000－0701－0016067　022790

三朝北盟會編二百五十卷　（宋）徐夢莘撰　附校勘記　清光緒三十三年至宣統二年（1907－1910）刻本　四十冊

210000－0701－0016068　022791

三朝北盟會編二百五十卷　（宋）徐夢莘撰

附校勘記　清光緒三十三年至宣統二年（1907－1910）刻本　四十冊

210000－0701－0016069　022792

三朝北盟會編二百五十卷　（宋）徐夢莘撰　附校勘記　清光緒三十三年至宣統二年（1907－1910）刻本　四十冊　存六十四卷（五十九至一百二十二）

210000－0701－0016070　022794

元秘史李注補正十五卷　（清）高寶銓撰　清光緒二十八年（1902）刻本　二冊

210000－0701－0016071　022795

元秘史李注補正十五卷　（清）高寶銓撰　清光緒二十八年（1902）刻本　二冊

210000－0701－0016072　022796

元朝秘史十卷續集二卷　（元）□□撰　清光緒三十四年（1908）葉氏觀古堂刻郎園先生全書本　六冊

210000－0701－0016073　022797

元朝秘史十卷續集二卷　（元）□□撰　清光緒三十四年（1908）葉氏觀古堂刻郎園先生全書本　六冊　存八卷（一至六、續集二卷）

210000－0701－0016074　022798

元朝秘史十卷續集二卷　（元）□□撰　清光緒三十四年（1908）葉氏觀古堂刻郎園先生全書本　六冊

210000－0701－0016075　022799

元朝秘史十卷續集二卷　（元）□□撰　清光緒三十四年（1908）葉氏觀古堂刻郎園先生全書本　六冊

210000－0701－0016076　022800

元朝秘史十卷續集二卷　（元）□□撰　清光緒三十四年（1908）葉氏觀古堂刻郎園先生全書本　六冊

210000－0701－0016077　022801

元朝秘史十五卷　（元）□□撰　（清）李文田注　清末石印本　四冊

210000－0701－0016078　022802

元朝秘史十五卷 　（元）□□撰　（清）李文田注　清光緒二十九年（1903）石印書局石印本　六冊

210000 – 0701 – 0016079　022803
元朝秘史十卷續集二卷　（元）□□撰　清光緒三十四年（1908）葉氏觀古堂刻郋園先生全書本　六冊

210000 – 0701 – 0016080　022804
元朝秘史十五卷　（元）□□撰　（清）李文田注　清光緒二十二年（1896）通隱堂刻漸西村舍彙刊本　四冊

210000 – 0701 – 0016081　022805
元朝秘史十五卷　（元）□□撰　（清）李文田注　清光緒二十二年（1896）通隱堂刻漸西村舍彙刊本　四冊

210000 – 0701 – 0016082　022806
元朝秘史十五卷　（元）□□撰　（清）李文田注　清光緒二十二年（1896）通隱堂刻漸西村舍彙刊本　四冊

210000 – 0701 – 0016083　022807
元史類編四十二卷　（清）邵遠平撰　清乾隆六十年（1795）掃葉山房刻本　十六冊

210000 – 0701 – 0016084　022808
續弘簡錄元史類編四十二卷　（清）邵遠平撰　清康熙刻乾隆印本　二十冊

210000 – 0701 – 0016085　022809
元書一百二卷首一卷　曾廉撰　清宣統三年（1911）層漪堂刻本　二十冊

210000 – 0701 – 0016086　022810
元書一百二卷首一卷　曾廉撰　清宣統三年（1911）層漪堂刻本　二十冊

210000 – 0701 – 0016087　022811
元書一百二卷首一卷　曾廉撰　清宣統三年（1911）層漪堂刻本　二十冊

210000 – 0701 – 0016088　022820
宋遼金元四史　（清）席世臣輯　清乾隆六十年至嘉慶三年（1795 – 1798）掃葉山房刻本　五十六冊

210000 – 0701 – 0016089　022821
宋朝事實二十卷　（宋）李攸撰　清刻本　八冊

210000 – 0701 – 0016090　022824
宋史翼四十卷　（清）陸心源輯　清光緒三十二年（1906）歸安陸氏十萬卷樓刻潛園總集本　十冊

210000 – 0701 – 0016091　022825
宋史翼四十卷　（清）陸心源輯　清光緒三十二年（1906）歸安陸氏十萬卷樓刻潛園總集本　十冊

210000 – 0701 – 0016092　022826
三史同名錄四十卷　（清）汪輝祖撰　（清）汪繼培補　清嘉慶三年（1798）刻本　五冊

210000 – 0701 – 0016093　022829
大金國志四十卷金國九主年譜一卷　（宋）宇文懋昭撰　清嘉慶二年（1797）席氏掃葉山房刻宋遼金元別史本　六冊

210000 – 0701 – 0016094　022830
大金國志四十卷金國九主年譜一卷　（宋）宇文懋昭撰　清嘉慶二年（1797）席氏掃葉山房刻宋遼金元別史本　六冊

210000 – 0701 – 0016095　022831
東都事略一百三十卷　（宋）王偁撰　清刻本　二十四冊

210000 – 0701 – 0016096　022832
東都事略一百三十卷　（宋）王偁撰　清刻本　二十四冊

210000 – 0701 – 0016097　022833
東都事略一百三十卷　（宋）王偁撰　清刻本　三冊　存六十七卷（十八至四十二、八十九至一百三十）

210000 – 0701 – 0016098　022834
東都事略一百三十卷　（宋）王偁撰　清光緒九年（1883）淮南書局刻本　八冊

210000 – 0701 – 0016099　022835

東都事略一百三十卷 （宋）王偁撰 清光緒
九年(1883)淮南書局刻本 八冊

210000－0701－0016100 022837

契丹國志二十七卷 （宋）葉隆禮撰 清嘉慶
二年(1797)掃葉山房刻本 二冊

210000－0701－0016101 022839

鄂國金佗粹編二十八卷續編三十卷 （宋）岳
珂撰 清光緒九年(1883)浙江書局刻本 十
二冊 存二十八卷(金佗粹編二十八卷)

210000－0701－0016102 022840

鄂國金佗粹編二十八卷續編三十卷 （宋）岳
珂撰 清光緒九年(1883)浙江書局刻本 十
二冊

210000－0701－0016103 022841

鄂國金佗粹編二十八卷續編三十卷 （宋）岳
珂撰 清光緒九年(1883)浙江書局刻本 十
二冊

210000－0701－0016104 022846

建炎以來繫年要錄二百卷 （宋）李心傳撰
清光緒八年(1882)仁壽蕭氏刻本 四十八冊

210000－0701－0016105 022847

建炎以來繫年要錄二百卷 （宋）李心傳撰
清光緒八年(1882)仁壽蕭氏刻本 四十八冊

210000－0701－0016106 022865

中興小紀四十卷 （宋）熊克撰 清光緒十七
年(1891)廣雅書局刻廣雅書局叢書本 六冊

210000－0701－0016107 022866

中興小紀四十卷 （宋）熊克撰 清光緒十七
年(1891)廣雅書局刻廣雅書局叢書本 六冊

210000－0701－0016108 022870

金史紀事本末五十二卷 （清）李有棠撰 清
光緒二十八年(1902)上海書局石印本 三冊

210000－0701－0016109 022870

遼史紀事本末四十卷 （清）李有棠撰 清光
緒二十八年(1902)上海書局石印本 一冊

210000－0701－0016110 022870

西夏紀事本末三十六卷首二卷 （清）張鑑撰

清光緒二十八年(1902)上海書局石印本
一冊

210000－0701－0016111 022871

校正元親征錄一卷 （元）□□撰 （清）何秋
濤校正 清光緒二十年(1894)小漚巢刻漸西
村舍彙刊本 一冊

210000－0701－0016112 022874

金史紀事本末五十二卷 （清）李有棠撰 清
光緒二十八年(1902)上海著易堂書局鉛印本
四冊

210000－0701－0016113 022874

歷朝紀事本末 （清）陳如升 （清）朱記榮輯
（清）慎記主人增輯 清光緒十四年(1888)
上海書業公所崇德堂鉛印本 十二冊 存三
種一百七十四卷(宋史紀事本末一百九卷、元
史紀事本末二十七卷、西夏紀事本末三十六
卷首二卷)

210000－0701－0016114 022874

遼史紀事本末四十卷 （清）李有棠撰 清光
緒二十八年(1902)上海著易堂書局鉛印本
二冊

210000－0701－0016115 022875

元史紀事本末二十七卷 （明）陳邦瞻撰
（明）張溥論正 清光緒二十四年(1898)湖南
思賢書局刻紀事本末五種本 四冊

210000－0701－0016116 022876

元史紀事本末二十七卷 （明）陳邦瞻撰
（明）張溥論正 清同治十三年(1874)江西書
局刻紀事本末五種本 四冊

210000－0701－0016117 022877

元史紀事本末二十七卷 （明）陳邦瞻撰
（明）張溥論正 清同治十三年(1874)江西書
局刻紀事本末五種本 四冊

210000－0701－0016118 022878

元史紀事本末二十七卷 （明）陳邦瞻撰
（明）張溥論正 清同治十三年(1874)江西書
局刻紀事本末五種本 四冊

210000－0701－0016119　022879

明史紀事本末八十卷　（清）谷應泰撰　清光緒二十八年（1902）上海書局石印本　六冊

210000－0701－0016120　022879

三藩紀事本末二十二卷　（清）楊陸榮撰　清光緒二十八年（1902）上海書局石印本　一冊

210000－0701－0016121　022879

元史紀事本末二十七卷　（明）陳邦瞻撰（明）張溥論正　清光緒二十八年（1902）上海書局石印本　一冊

210000－0701－0016122　022880

歷朝紀事本末　（清）陳如升　（清）朱記榮輯（清）慎記主人增輯　清宣統二年（1910）上海文盛書局石印本　十冊

210000－0701－0016123　022881

西夏紀事本末三十六卷首二卷　（清）張鑑撰清光緒十年（1884）江蘇書局刻本　四冊

210000－0701－0016124　022887

宋史紀事本末一百九卷　（明）馮琦撰　（明）陳邦瞻增訂　（明）張溥論正　清同治十三年（1874）江西書局刻紀事本末五種　二十冊

210000－0701－0016125　022888

宋史紀事本末一百九卷　（明）馮琦撰　（明）陳邦瞻增訂　（明）張溥論正　清同治十三年（1874）江西書局刻紀事本末五種本　二十冊

210000－0701－0016126　022889

宋史紀事本末一百九卷　（明）馮琦撰　（明）陳邦瞻增訂　（明）張溥論正　清同治十三年（1874）江西書局刻紀事本末五種本　二十冊

210000－0701－0016127　022890

宋史紀事本末一百九卷　（明）馮琦撰　（明）陳邦瞻增訂　（明）張溥論正　清同治十三年（1874）江西書局刻紀事本末五種本　二十冊　存三十七卷（一至三十七）

210000－0701－0016128　022892

遼史紀事本末四十卷　（清）李有棠撰　清光緒十九年（1893）李杄鄂樓刻本　四冊

210000－0701－0016129　022893

遼史紀事本末四十卷首一卷末一卷　（清）李有棠撰　清光緒二十九年（1903）李杄鄂樓刻本　八冊

210000－0701－0016130　022894

蜀鑑十卷　（宋）郭允蹈撰　清詒穀堂吳氏刻本　二冊

210000－0701－0016131　022895

金史紀事本末五十二卷　（清）李有棠撰　清光緒十九年（1893）李杄鄂樓刻本　六冊

210000－0701－0016132　022896

金史紀事本末五十二卷首一卷末一卷　（清）李有棠撰　清光緒二十九年（1903）李杄鄂樓刻本　十二冊

210000－0701－0016133　022899

元史考訂四卷　曾廉撰　清宣統三年（1911）層漪堂刻本　一冊

210000－0701－0016134　022900

元史譯文證補三十卷　（清）洪鈞撰　清光緒二十三年（1897）刻本（卷七至八、十三、十六至十七、十九至二十一、二十五、二十八、目錄注云原缺）　四冊

210000－0701－0016135　022902

靖康要錄十六卷　（宋）□□撰　清光緒十二年（1886）陸氏刻十萬卷樓叢書本　七冊

210000－0701－0016136　022902

麟臺故事四卷補遺一卷　（宋）程俱撰　清光緒十二年（1886）陸氏刻十萬卷樓叢書本　一冊

210000－0701－0016137　022903

三河創業記五卷　（清）范壽金撰　清光緒三十三年（1907）石印本　二冊

210000－0701－0016138　022907

武林舊事十卷　（宋）周密撰　**附錄一卷**　清光緒三年（1877）正俗堂丁氏刻本　三冊

210000－0701－0016139　022908

建炎以來朝野雜記甲集二十卷乙集二十卷

（宋）李心傳撰　清刻本　十三冊

210000－0701－0016140　022909
建炎以來朝野雜記甲集二十卷乙集二十卷
（宋）李心傳撰　甲集校勘記二卷　（清）孫星
華撰　清光緒二十年(1894)刻本　十二冊
存二十卷(甲集二十卷)

210000－0701－0016141　022910
建炎以來朝野雜記甲集二十卷乙集二十卷
（宋）李心傳撰　甲集校勘記二卷　（清）孫星
華撰　清光緒二十年(1894)刻本　十二冊
存二十卷(乙集二十卷)

210000－0701－0016142　022915
宋遺民類集序例總目一卷　（清）黃允中撰
清宣統二年(1910)京華印書局鉛印本　一冊

210000－0701－0016143　022917
涑水記聞十六卷補遺一卷　（宋）司馬光撰
清光緒元年(1875)湖北崇文書局刻崇文書局
彙刻書本　四冊

210000－0701－0016144　022918
涑水記聞十六卷補遺一卷　（宋）司馬光撰
清光緒元年(1875)湖北崇文書局刻崇文書局
彙刻書本　四冊

210000－0701－0016145　022919
涑水記聞十六卷補遺一卷　（宋）司馬光撰
清光緒元年（1875）湖北崇文書局刻三年
(1877)印本　四冊

210000－0701－0016146　022926
南燼紀聞一卷竊憤錄一卷竊憤續錄一卷阿計
替傳一卷　（宋）辛棄疾撰　清抄本　四冊

210000－0701－0016147　022929
桯史十五卷附錄一卷　（宋）岳珂撰　明崇禎
虞山毛氏汲古閣刻津逮秘書本　一冊　存一
卷(附錄一卷)

210000－0701－0016148　022930
松漠紀聞一卷續一卷補遺一卷　（宋）洪皓撰
　清嘉慶十年(1805)虞山張氏照曠閣刻學津
討原本　一冊

210000－0701－0016149　022931
東軒筆錄十五卷　（宋）魏泰撰　明萬曆刻稗
海本　二冊　存八卷(一至八)

210000－0701－0016150　022936
隆平集二十卷　（宋）曾鞏撰　（清）彭期訂
清康熙四十年(1701)彭期七業堂刻本　六冊

210000－0701－0016151　022937
金源紀事詩八卷　（清）湯運泰撰　（清）湯顯
業　（清）湯顯榦注　清同治十二年(1873)淮
南書局刻本　四冊

210000－0701－0016152　022938
金源紀事詩八卷　（清）湯運泰撰　（清）湯顯
業　（清）湯顯榦注　清同治十二年(1873)淮
南書局刻本　四冊

210000－0701－0016153　022939
金源紀事詩八卷　（清）湯運泰撰　（清）湯顯
業　（清）湯顯榦注　清同治十二年(1873)淮
南書局刻本　四冊

210000－0701－0016154　022940
爐餘錄甲編一卷乙編一卷　（元）徐大焯撰
清光緒刻望炊樓叢書本　一冊

210000－0701－0016155　022941
爐餘錄甲編一卷乙編一卷　（元）徐大焯撰
清光緒刻望炊樓叢書本　一冊

210000－0701－0016156　022942
爐餘錄甲編一卷乙編一卷　（元）徐大焯撰
清光緒刻望炊樓叢書本　一冊

210000－0701－0016157　022945
海東逸史十八卷　題(清)翁洲老民撰　清光
緒十年(1884)慈谿楊氏經畬塾刻本　二冊

210000－0701－0016158　022947
明史論四卷　（清）谷應泰撰　清刻本　一冊

210000－0701－0016159　022949
痛史二十種　樂天居士輯　清宣統三年至民
國元年(1911－1912)商務印書館鉛印本　三
十一冊

210000－0701－0016160　022950

痛史二十種　樂天居士輯　清宣統三年至民國元年(1911－1912)商務印書館鉛印本　二十冊　存十二種(二至四、六至十、十四至十七)

210000－0701－0016161　023000
勝朝遺事初編三十二種二編十八種　(清)吳彌光輯　(清)宋澤元增輯　清光緒九年(1883)宋澤元懺花盦刻本　十八冊

210000－0701－0016162　023001
金源劄記二卷序例一卷金源又劄一卷史論五答一卷吉貝居暇唱一卷　(清)施國祁撰　清嘉慶十七年至二十一年(1812－1816)吉貝居刻本　二冊

210000－0701－0016163　023002
金源劄記二卷序例一卷金源又劄一卷史論五答一卷吉貝居暇唱一卷　(清)施國祁撰　清嘉慶十七年至二十一年(1812－1816)吉貝居刻本　二冊

210000－0701－0016164　023008
史記一百三十卷　(漢)司馬遷撰　(南朝宋)裴駰集解　(唐)司馬貞索隱　(唐)張守節正義　考證一百三十二卷　(清)張照等撰　清同治十一年(1872)成都書局刻四史本　三十六冊

210000－0701－0016165　023009
明史三百三十二卷目錄四卷　(清)張廷玉等撰　清乾隆四年(1739)武英殿刻本　七十冊

210000－0701－0016166　023010
明史三百三十二卷目錄四卷　(清)張廷玉等撰　清乾隆四年(1739)武英殿刻本　一百二冊

210000－0701－0016167　023011
明史三百三十二卷目錄四卷　(清)張廷玉等撰　清光緒三年(1877)湖北崇文書局刻本　六十冊

210000－0701－0016168　023012
明史三百二十二卷目錄四卷　(清)張廷玉等撰　清光緒十四年(1888)上海圖書集成局鉛印本　二十九冊　存二百四十八卷(一至一百二十三、一百三十六至二百六十)

210000－0701－0016169　023021
明史稿三百十卷目錄三卷　(清)王鴻緒撰　清雍正元年(1723)敬慎堂刻本　八十冊

210000－0701－0016170　023022
明史稿三百十卷目錄三卷　(清)王鴻緒撰　清雍正元年(1723)敬慎堂刻本　八十冊

210000－0701－0016171　023027
荊駝逸史五十二種　(清)陳湖逸士輯　附一種　清刻本　二十四冊

210000－0701－0016172　023028
海東逸史十八卷　題(清)翁洲老民撰　(清)徐鼒校　清光緒徐鼒刻邵武徐氏叢書本　一冊

210000－0701－0016173　023029
海東逸史十八卷　題(清)翁洲老民撰　清光緒徐鼒刻邵武徐氏叢書本　一冊

210000－0701－0016174　023031
南天痕二十六卷附錄一卷　(清)凌雪撰　清宣統二年(1910)復古社鉛印本　六冊

210000－0701－0016175　023032
南天痕二十六卷附錄一卷　(清)凌雪撰　清宣統二年(1910)復古社鉛印本　六冊

210000－0701－0016176　023036
史外三十二卷　(清)汪有典撰　清末刻本　八冊

210000－0701－0016177　023037
史外八卷　(清)汪有典撰　清光緒三年(1877)謝維藩刻本　八冊

210000－0701－0016178　023038
史外八卷　(清)汪有典撰　清光緒三年(1877)謝維藩刻本　八冊

210000－0701－0016179　023041
明季三朝野史四卷　(清)顧炎武撰　清光緒三十四年(1908)張慕廬石印本　一冊

210000－0701－0016180　023042

新刻明朝通紀會纂七卷　（明）鍾惺定　（明）王世貞會纂　（明）陳繼儒批點　（明）王政敏訂正　（明）王汝南補定　清初刻本　六冊

210000－0701－0016181　023044

明書一百七十一卷　（清）傅維鱗撰　清光緒五年（1879）王氏謙德堂刻畿輔叢書本　六冊存二十六卷（一百二十一至一百四十六）

210000－0701－0016182　023051

永曆實錄二十六卷　（清）王夫之撰　清同治四年（1865）曾國荃金陵刻船山遺書本（原缺卷十六）　四冊

210000－0701－0016183　023052

永曆實錄二十六卷　（清）王夫之撰　清同治四年（1865）曾國荃金陵刻船山遺書本（原缺卷十六）　三冊

210000－0701－0016184　023057

通紀直解十四卷續二卷　清初刻本　十二冊

210000－0701－0016185　023058

御撰資治通鑑綱目三編二十卷　（清）張廷玉等撰　清乾隆十一年（1746）武英殿刻本　四冊

210000－0701－0016186　023059

御撰資治通鑑綱目三編二十卷　（清）張廷玉等撰　清刻本　六冊

210000－0701－0016187　023060

御撰資治通鑑綱目三編二十卷　（清）張廷玉等撰　清刻本　八冊

210000－0701－0016188　023061

御撰資治通鑑綱目三編二十卷　（清）張廷玉等撰　清刻本　四冊

210000－0701－0016189　023062

古香齋新刻袖珍資治通鑑綱目三編二十卷　（清）張廷玉等撰　清刻本　四冊

210000－0701－0016190　023063

御撰資治通鑑綱目三編四十卷　（清）朱珪等撰　清同治十一年（1872）江西書局刻本　十

二冊

210000－0701－0016191　023064

明紀六十卷　（清）陳鶴撰　清同治十年（1871）江蘇書局刻本　二十冊

210000－0701－0016192　023065

明紀六十卷　（清）陳鶴撰　清同治十年（1871）江蘇書局刻本　二十四冊

210000－0701－0016193　023066

明紀六十卷　（清）陳鶴撰　清同治十年（1871）江蘇書局刻本　二十冊

210000－0701－0016194　023070

綱鑑會通明紀十五卷　（清）陳志襄撰　清刻本　八冊

210000－0701－0016195　023073

明通鑑九十卷首一卷目錄二十卷前編四卷附編六卷　（清）夏燮撰　清同治十二年（1873）宜黃官廨刻本　四十八冊

210000－0701－0016196　023074

明通鑑九十卷首一卷目錄二十卷前編四卷附編六卷　（清）夏燮撰　清同治十二年（1873）宜黃官廨刻本　四十八冊

210000－0701－0016197　023075

明通鑑九十卷首一卷前編四卷附編六卷　（清）夏燮撰　清光緒二十三年（1897）湖北官書處刻本　四十冊

210000－0701－0016198　023076

明通鑑九十卷首一卷目錄二十卷前編四卷附編六卷　（清）夏燮撰　清同治十二年（1873）宜黃官廨刻本　二十五冊　存五十九卷（一至九、七十二至九十，首一卷,目錄二十卷,前編四卷,附編六卷）

210000－0701－0016199　023077

明大政纂要六十三卷　（明）譚希思撰　清光緒二十一年（1895）湖南思賢書局刻本　二十八冊

210000－0701－0016200　023078

明大政纂要六十三卷　（明）譚希思撰　清光

緒二十一年(1895)湖南思賢書局刻本　二十
八冊

210000－0701－0016201　023079
欽定明鑑二十四卷首一卷　（清）胡敬等撰
清同治九年(1870)崇文書局刻本　十冊

210000－0701－0016202　023080
欽定明鑑二十四卷首一卷　（清）胡敬等撰
清同治九年(1870)崇文書局刻本　十冊

210000－0701－0016203　023081
欽定明鑑二十四卷首一卷　（清）胡敬等撰
清同治九年(1870)崇文書局刻本　十冊

210000－0701－0016204　023083
三朝要典二十四卷原始一卷　（明）顧秉謙
（明）徐紹言等撰　（清）吳重熹跋　清光緒十
三年(1887)吳氏石蓮闇鈔本　八冊

210000－0701－0016205　023084
平叛記二卷　（清）毛霱撰　清康熙五十五年
(1716)刻乾隆印本　四冊

210000－0701－0016206　023086
西南紀事十二卷　（清）邵廷采撰　清光緒十
年(1884)徐榦刻邵武徐氏叢書本　一冊

210000－0701－0016207　023087
西南紀事十二卷　（清）邵廷采撰　清光緒十
年(1884)徐榦刻邵武徐氏叢書本　二冊

210000－0701－0016208　023113
綏寇紀略十二卷補遺三卷　（清）吳偉業撰
清嘉慶十年(1805)張海鵬照曠閣刻學津討原
本　六冊

210000－0701－0016209　023114
綏寇紀略十二卷補遺三卷　（清）吳偉業撰
清嘉慶十年(1805)張海鵬照曠閣刻學津討原
本　六冊

210000－0701－0016210　023115
綏寇紀略十二卷補遺三卷　（清）吳偉業撰
清嘉慶十年(1805)張海鵬照曠閣刻學津討原
本　六冊

210000－0701－0016211　023116

綏寇紀略十二卷補遺三卷　（清）吳偉業撰
清光緒三年(1877)申報館鉛印申報館叢書本
　八冊

210000－0701－0016212　023117
綏寇紀略十二卷補遺三卷　（清）吳偉業撰
清光緒三年(1877)申報館鉛印申報館叢書本
　八冊

210000－0701－0016213　023117
續編綏寇紀略五卷　（清）葉夢珠撰　清光緒
申報館鉛印申報館叢書本　二冊

210000－0701－0016214　023128
九朝野記四卷　（明）祝允明撰　清宣統三年
(1911)時中書局鉛印本　二冊

210000－0701－0016215　023137
東林本末三卷　（明）吳應箕撰　清光緒二十
四年(1898)劉世珩刻本　一冊

210000－0701－0016216　023138
東林本末三卷　（明）吳應箕撰　清光緒二十
四年(1898)劉世珩刻本　一冊

210000－0701－0016217　023143
明季北略二十四卷　（清）計六奇撰　清刻本
　十二冊

210000－0701－0016218　023144
明季北略二十四卷　（清）計六奇撰　清刻本
　十二冊

210000－0701－0016219　023145
明季南略十八卷　（清）計六奇撰　清刻本
八冊

210000－0701－0016220　023146
明季南略十八卷　（清）計六奇撰　清刻本
十二冊

210000－0701－0016221　023147
明季南略十八卷　（清）計六奇撰　清刻本
八冊

210000－0701－0016222　023148
明季北略二十四卷南略十八卷　（清）計六奇
撰　清刻本　二十冊

210000－0701－0016223　023152

明朝紀事本末八十卷　（清）谷應泰撰　**正誤一卷**　清朝宗書室木活字印本　二十冊

210000－0701－0016224　023153

明史紀事本末八十卷　（清）谷應泰撰　清同治十三年(1874)江西書局刻紀事本末五種本　二十冊

210000－0701－0016225　023154

明史紀事本末八十卷　（清）谷應泰撰　清同治十三年(1874)江西書局刻紀事本末五種本　二十冊

210000－0701－0016226　023155

明史紀事本末八十卷　（清）谷應泰撰　清光緒十四年(1888)上海書業公所鉛印歷朝紀事本末本　八冊

210000－0701－0016227　023156

明史論斷一卷　（清）谷應泰撰　清末抄本　一冊

210000－0701－0016228　023157

明氏實錄一卷　（明）楊學可撰　清抄本　一冊

210000－0701－0016229　023160

二申野錄八卷　（清）孫之騄撰　清道光二十一年(1841)吟香館刻本　六冊

210000－0701－0016230　023161

二申野錄八卷　（清）孫之騄撰　清道光二十一年(1841)吟香館刻本　四冊

210000－0701－0016231　023162

二申野錄八卷　（清）孫之騄撰　清道光二十一年(1841)吟香館刻同治六年(1867)印本　四冊

210000－0701－0016232　023163

三湘從事錄一卷　（明）蒙正發撰　清光緒三十四年(1908)北新書局鉛印本　一冊

210000－0701－0016233　023186

續藏書二十七卷　（明）李贄撰　（明）陳仁錫評　明末刻本　十六冊

210000－0701－0016234　023188

皇明嘉隆兩朝聞見紀十二卷　（明）沈越撰　（明）沈朝陽編　明萬曆二十七年(1599)沈朝陽刻本　五冊　存十卷(一至二、五至十二)

210000－0701－0016235　023189

復社姓氏二卷留都防亂公揭姓氏一卷　（明）吳應箕撰　**復社姓氏補錄一卷**　（清）吳銘道撰　清刻本　一冊

210000－0701－0016236　023192

崇祀鄉賢錄二卷　（清）李爲淦撰　清道光二十二年(1842)李開鄴刻本　二冊

210000－0701－0016237　023192

守汴日志一卷　（明）李光壂撰　清道光七年(1827)李開鄴滇南刻二十二年(1842)印本　一冊

210000－0701－0016238　023193

守汴日志一卷　（明）李光壂撰　清道光七年(1827)李開鄴滇南刻光緒二十四年(1898)杜夢麟杞縣補刻本　一冊

210000－0701－0016239　023196

滇粹不分卷　（清）呂志伊　（清）李根源輯　清宣統元年(1909)鉛印本　一冊

210000－0701－0016240　023197

海東逸史十八卷　題（清）翁洲老民撰　清光緒徐榦刻邵武徐氏叢書本　二冊

210000－0701－0016241　023198

九朝野記四卷　（明）祝允明撰　清宣統三年(1911)時中書局鉛印本　二冊

210000－0701－0016242　023199

九朝野記四卷　（明）祝允明撰　清宣統三年(1911)時中書局鉛印本　二冊

210000－0701－0016243　023200

南天痕二十六卷附錄一卷　（清）凌雪撰　清宣統二年(1910)復古社鉛印本　六冊

210000－0701－0016244　023202

紀載彙編十種　（清）□□輯　清光緒申報館鉛印申報館叢書本　四冊

210000－0701－0016245　023203

復社姓氏二卷留都防亂公揭姓氏一卷　（明）吳應箕撰　**復社姓氏補錄一卷**　（清）吳銘道撰　清刻本　一冊

210000－0701－0016246　023205

荊駝逸史五十二種附一種　（清）陳湖逸士輯　清刻本　二十四冊

210000－0701－0016247　023207

荊駝逸史五十種　（清）陳湖逸士輯　題（清）藝柿山人刪補　清道光古槐山房木活字印本　二十四冊

210000－0701－0016248　023208

荊駝逸史五十種　（清）陳湖逸士輯　題（清）藝柿山人刪補　清道光古槐山房木活字印本　九冊　缺十一種三十六卷（三朝野記七卷、聖安本紀六卷、所知錄三卷、行朝錄三卷、懿安史略一卷、熹朝忠節死臣列傳一卷、恩卹諸公志略二卷、東林本末三卷、念陽徐公定蜀記一卷、甲行日注八卷、倣指南錄一卷）

210000－0701－0016249　023212

燕都日記一卷　（明）馮夢龍撰　（清）莫釐山人增補　清刻紀載彙編本　一冊

210000－0701－0016250　023216

萬曆野獲續編四卷　（明）沈德符撰　清抄本　二冊

210000－0701－0016251　023217

劫灰錄一卷　（明）珠江寓舫撰　清光緒三十二年(1906)國學保存會鉛印國粹叢書本　一冊

210000－0701－0016252　023226

東南紀事十二卷　（清）邵廷采撰　清光緒徐氏刻邵武徐氏叢書本　二冊

210000－0701－0016253　023227

東南紀事十二卷　（清）邵廷采撰　清光緒徐氏刻邵武徐氏叢書本　二冊

210000－0701－0016254　023228

東南紀事十二卷　（清）邵廷采撰　清光緒徐氏刻邵武徐氏叢書本　六冊

210000－0701－0016255　023229

典故紀聞十八卷　（明）余繼登撰　清光緒十三年(1887)刻畿輔叢書本　六冊

210000－0701－0016256　023230

蜀碧四卷附記一卷　（清）彭遵泗撰　清刻本　二冊

210000－0701－0016257　023231

蜀碧四卷附記一卷　（清）彭遵泗撰　清嘉慶二十年(1815)天祿閣刻本　二冊

210000－0701－0016258　023232

蜀碧四卷附記一卷　（清）彭遵泗撰　清光緒申報館鉛印申報館叢書本　二冊

210000－0701－0016259　023234

甲申傳信錄十卷　（明）錢𩱳撰　清光緒申報館鉛印申報館叢書本　四冊

210000－0701－0016260　023236

明詩紀事一百八十七卷　陳田撰　清光緒二十三年至宣統三年(1897－1911)貴陽陳氏聽詩齋刻本(壬癸兩籤原書未刻)　三十九冊

210000－0701－0016261　023237

明季稗史彙編十六種　（清）留雲居士編　清刻本　十六冊

210000－0701－0016262　023241

明季稗史彙編十六種　（清）留雲居士編　清刻本　十六冊

210000－0701－0016263　023242

明季稗史彙編十六種　（清）留雲居士編　清光緒二十二年(1896)上海圖書集成印書局鉛印本　六冊

210000－0701－0016264　023249

明宮雜詠二十卷　（清）饒智元撰　清刻本　六冊

210000－0701－0016265　023250

明宮史八卷　（明）劉若愚撰　清宣統二年(1910)國學扶輪社鉛印本　二冊

210000－0701－0016266　023251

明宮史八卷　（明）劉若愚撰　清宣統二年(1910)國學扶輪社鉛印本　二冊

210000－0701－0016267　023252

明宮史八卷　（明）劉若愚撰　清宣統二年(1910)國學扶輪社鉛印本　二冊

210000－0701－0016268　023255

明鑑前紀二卷　（清）齊召南撰　清光緒十五年(1889)金峨山館刻本　一冊

210000－0701－0016269　023256

野記四卷　（明）祝允明撰　清同治十三年(1874)祝氏刻本　二冊

210000－0701－0016270　023257

野記四卷　（明）祝允明撰　清同治十三年(1874)祝氏刻本　二冊

210000－0701－0016271　023258

野記四卷　（明）祝允明撰　清同治十三年(1874)祝氏刻本　二冊

210000－0701－0016272　023259

野獲編三十卷補遺四卷　（明）沈德符撰　清道光七年(1827)姚氏扶荔山房刻本　二十冊

210000－0701－0016273　023260

野獲編三十卷補遺四卷　（明）沈德符撰　清道光七年(1827)姚氏扶荔山房刻同治八年(1869)補刻本　二十冊

210000－0701－0016274　023262

弇山堂別集一百卷　（明）王世貞撰　清廣雅書局刻本　二十冊

210000－0701－0016275　023263

小腆紀傳六十五卷　（清）徐鼒撰　**補遺五卷補遺考異一卷**　（清）徐承禮撰　清光緒十三年至十四年(1887－1888)金陵刻本　十七冊
存六十三卷(一至六十三)

210000－0701－0016276　023264

小腆紀年附考二十卷　（清）徐鼒撰　清咸豐十一年(1861)刻本　十二冊

210000－0701－0016277　023265

小腆紀年附考二十卷　（清）徐鼒撰　清光緒四年(1878)刻本　十冊

210000－0701－0016278　023270

教務紀略四卷首一卷　（清）李剛己撰　清光緒三十年(1904)山東山東印書局鉛印本　四冊

210000－0701－0016279　023271

中東戰紀一卷　（清）洪棄父撰　清光緒三十二年(1906)鉛印本　一冊

210000－0701－0016280　023272

中日戰輯六卷　（清）王炳耀撰　清光緒二十一年(1895)森寶閣鉛印本　四冊

210000－0701－0016281　023275

京畿金石考二卷　（清）孫星衍撰　清光緒刻本　二冊

210000－0701－0016282　023279

庚子畿疆教案賠款記一卷　（清）王振聲撰　清光緒二十七年(1901)鉛印本　一冊

210000－0701－0016283　023280

教務紀略四卷首一卷　（清）李剛己撰　清光緒三十一年(1905)河南排印處鉛印本　四冊

210000－0701－0016284　023281

庚辛之際月表一卷　（清）王延釗撰　清光緒三十三年(1907)京華印書局鉛印本　一冊

210000－0701－0016285　023303

北京新聞彙報不分卷(光緒二十七年正月初十日至十四日、二十一日至二十九日)　清光緒二十七年(1901)木活字印本　三冊

210000－0701－0016286　023307

皇朝掌故二卷　（清）張一鵬撰　（清）陳蔚文注　清光緒二十八年(1902)浙江杞廬刻本　一冊

210000－0701－0016287　023308

皇朝掌故彙編內編六十卷首一卷外編四十卷首一卷　張壽鏞等撰　清光緒求實書社鉛印本　五十九冊　存一百卷(內編一至十八、二十一至六十,首一卷;外編一至四十、首一卷)

210000－0701－0016288　023309

皇朝掌故彙編內編六十卷首一卷外編四十卷
首一卷　張壽鏞等撰　清光緒求實書社鉛印
本　六十冊

210000－0701－0016289　023312

從戎紀略一卷　（清）朱洪章撰　清光緒十九
年（1893）紫陽堂刻本　一冊

210000－0701－0016290　023337

邸鈔全錄　清光緒字林滬報鉛印本　八冊
存（光緒十三年正月至十四年四月）

210000－0701－0016291　023344

寧古塔地方鄉土志不分卷　清光緒十七年
（1891）抄本　一冊

210000－0701－0016292　023401

東華續錄六十卷（道光）　王先謙撰　清末鉛
印本　六冊

210000－0701－0016293　023402

東華全錄（天命、天聰、崇德、順治、康熙、雍
正、乾隆、嘉慶、道光、咸豐）　王先謙　潘頤
福撰　清光緒十三年（1887）京都善成堂刻本
一百四十四冊

210000－0701－0016294　023403

東華全錄（天命、天聰、崇德、順治、康熙、雍
正、乾隆、嘉慶、道光、咸豐）　王先謙　潘頤
福撰　清光緒十三年（1887）京都善成堂刻本
一百四十四冊

210000－0701－0016295　023404

十朝東華錄（天命、天聰、崇德、順治、康熙、雍
正、乾隆、嘉慶、道光、咸豐）　王先謙　潘頤
福撰　清光緒二十五年（1899）石印本　六十
四冊

210000－0701－0016296　023404

東華續錄（同治）　王先謙撰　清光緒二十四
年（1898）文瀾書局石印本　二十四冊

210000－0701－0016297　023405

十朝東華錄（天命、天聰、崇德、順治、康熙、雍
正、乾隆、嘉慶、道光、咸豐）　王先謙　潘頤

福撰　清光緒二十五年（1899）石印本　六十
四冊

210000－0701－0016298　023405

東華續錄（同治）　王先謙撰　清光緒二十四
年（1898）文瀾書局石印本　二十四冊

210000－0701－0016299　023406

東華續錄二百二十卷（光緒）　（清）朱壽朋撰
清宣統元年（1909）上海集成圖書公司鉛印
本　六十四冊

210000－0701－0016300　023407

十朝東華錄（天命、天聰、崇德、順治、康熙、雍
正、乾隆、嘉慶、道光、咸豐）　王先謙　潘頤
福撰　清光緒二十五年（1899）石印本　五十
七冊　存六朝（康熙，雍正，乾隆十二至二十
四、三十一至一百二十,嘉慶,道光,咸豐）

210000－0701－0016301　023407

東華續錄（同治）　王先謙撰　清光緒二十四
年（1898）文瀾書局石印本　二十四冊

210000－0701－0016302　023408

東華續錄一百卷（同治）　王先謙撰　清光緒
刻本　八十冊

210000－0701－0016303　023409

東華續錄二百二十卷（光緒）　（清）朱壽朋撰
清宣統元年（1909）上海集成圖書公司鉛印
本　六十四冊

210000－0701－0016304　023410

家語十卷　（清）姜兆錫正義　清雍正十一年
（1733）刻本　十冊

210000－0701－0016305　023412

東華續錄二百二十卷（光緒）　（清）朱壽朋撰
清宣統元年（1909）上海集成圖書公司鉛印
本　六十四冊

210000－0701－0016306　023413

東華錄四百二十五卷（天命、天聰、崇德、順
治、康熙、雍正、乾隆、嘉慶、道光）　王先謙撰
清光緒十年（1884）刻本　十冊

210000－0701－0016307　023414

東華錄四百二十五卷（天命、天聰、崇德、順治、康熙、雍正、乾隆、嘉慶、道光）　王先謙撰　清光緒十年(1884)刻本　一百六十冊

210000－0701－0016308　023415

東華錄三十二卷（天命、天聰、崇德、順治、康熙、雍正）　（清）蔣良騏撰　清末刻本　十二冊

210000－0701－0016309　023416

東華錄五種（天命、天聰崇德、順治、康熙、雍正）東華續錄三種（乾隆、嘉慶、道光）　王先謙撰　清光緒石印本　六十冊

210000－0701－0016310　023418

東華錄三十二卷（天命、天聰、崇德、順治、康熙、雍正）　（清）蔣良騏撰　清末刻本　八冊

210000－0701－0016311　023418

貳臣傳十二卷逆臣傳四卷　清末刻本　八冊

210000－0701－0016312　023419

東華錄五百二十五卷（天命、天聰、崇德、順治、康熙、雍正、乾隆、嘉慶、道光、咸豐）　王先謙　潘頤福撰　清光緒二十年(1894)上海積山書局石印本　八十八冊

210000－0701－0016313　023419

東華續錄（光緒）　（清）朱壽朋撰　清宣統元年(1909)上海集成圖書公司鉛印本　六十四冊

210000－0701－0016314　023420

東華續錄六十卷（道光）　王先謙撰　清末鉛印本　六冊　存五十八卷(一至六、九至六十)

210000－0701－0016315　023421

東華錄三十二卷（天命、天聰、崇德、順治、康熙、雍正）　（清）蔣良騏撰　清末如不及齋刻本　八冊　存十六卷(一至十六)

210000－0701－0016316　023422

東華錄五百九十四卷（天命、天聰、崇德、順治、康熙、雍正、乾隆、嘉慶、道光、咸豐、同治）　王先謙　潘頤福撰　清宣統三年(1911)存

古齋鉛印本　一百二十四冊

210000－0701－0016317　023423

東華錄三十二卷（天命、天聰、崇德、順治、康熙、雍正）　（清）蔣良騏撰　清刻本　八冊

210000－0701－0016318　023424

東華續錄二百二十卷（光緒）　（清）朱壽朋撰　清宣統元年(1909)上海集成圖書公司鉛印本　六十四冊

210000－0701－0016319　023425

東華錄肇要一百十四卷　（清）汪文安撰　清光緒二十九年(1903)上海商務印書館鉛印本　二十八冊

210000－0701－0016320　023426

東華錄詳節二十四卷　（清）鄔樹庭撰　清光緒二十六年(1900)上海東文學堂石印本　十六冊

210000－0701－0016321　023427

東華錄五種（天命、天聰崇德、順治、康熙、雍正）東華續錄三種（乾隆、嘉慶、道光）　王先謙撰　清光緒石印本　六十冊

210000－0701－0016322　023428

東華錄肇要一百十四卷　（清）汪文安撰　清光緒二十九年(1903)上海商務印書館鉛印本　二十八冊

210000－0701－0016323　023429

東華全錄（天命、天聰、崇德、順治、康熙、雍正、乾隆、嘉慶、道光、咸豐）　王先謙　潘頤福撰　清光緒十三年(1887)京都善成堂刻本　一百四十冊

210000－0701－0016324　023439

銅官感舊圖題詠一卷　（清）章壽麟輯　清光緒鉛印本　一冊

210000－0701－0016325　023440

銅官感舊圖題詠一卷　（清）章壽麟輯　清光緒鉛印重印本　一冊

210000－0701－0016326　023441

竹窗筆記一卷　（清）奕譞撰　清光緒刻本

一冊

210000－0701－0016327　023447

皇朝掌故彙編外編四十卷　清光緒求實書社
鉛印本　十二冊

210000－0701－0016328　023448

掌故叢編四種　清光緒二十九年(1903)掃葉
山房石印本　六冊

210000－0701－0016329　023462

義和拳教門源流考一卷　勞乃宣撰　清光緒
二十六年(1900)活字印本　一冊

210000－0701－0016330　023475

皇朝政典犖要八卷　(日本)增田貢撰　(清)
毛淦補編　(清)汪厚昌　(清)顧梓田訂正
清光緒二十七年(1901)知新書局石印本
四冊

210000－0701－0016331　023476

皇朝政典犖要八卷　(日本)增田貢撰　(清)
毛淦補編　(清)汪厚昌　(清)顧梓田訂正
清末鉛印本　一冊

210000－0701－0016332　023478

國朝事略六卷　(清)金陵江楚編譯官書局編
輯　清光緒三十二年(1906)金陵江楚編譯官
書局石印本　二冊

210000－0701－0016333　023479

國朝事略五卷　(清)金陵江楚編譯官書局編
輯　清末鉛印本　五冊

210000－0701－0016334　023501

清穆宗毅皇帝實錄不分卷　清末抄本　八冊
　存同治元年

210000－0701－0016335　023502

清穆宗毅皇帝實錄不分卷　清末抄本　三冊
　存同治三年

210000－0701－0016336　023503

大清德宗景皇帝實錄一卷　稿本　一冊　存
光緒二十二年十一月

210000－0701－0016337　023532

國朝柔遠記十八卷附編二卷　(清)王之春撰

清光緒十七年(1891)廣雅書局刻本　六冊

210000－0701－0016338　023533

國朝柔遠記十八卷附編二卷　(清)王之春撰
清光緒十七年(1891)廣雅書局刻本　六冊

210000－0701－0016339　023534

國朝柔遠記十八卷附編二卷　(清)王之春撰
清光緒十七年(1891)廣雅書局刻本　六冊

210000－0701－0016340　023535

皇清開國方略三十二卷首一卷　(清)阿桂等
撰　清光緒十三年(1887)廣百宋齋鉛印本
六冊

210000－0701－0016341　023536

皇清開國方略三十二卷首一卷　(清)阿桂等
撰　清光緒十三年(1887)廣百宋齋鉛印本
六冊

210000－0701－0016342　023537

光緒政要三十四卷　(清)沈桐生輯　清宣統
元年(1909)上海崇義堂石印本　三十冊

210000－0701－0016343　023544

庚子北京事變紀略一卷　清光緒二十七年
(1901)刻本　一冊

210000－0701－0016344　023546

庚子海外紀事四卷　(清)呂海寰編　清光緒
二十七年(1901)上海辦理商約行轅鉛印本
一冊

210000－0701－0016345　023547

庚子海外紀事四卷　(清)呂海寰編　清光緒
二十七年(1901)上海辦理商約行轅鉛印本
一冊

210000－0701－0016346　023548

庚子海外紀事四卷　(清)呂海寰編　清光緒
二十七年(1901)上海辦理商約行轅鉛印本
一冊

210000－0701－0016347　023549

庚子海外紀事四卷　(清)呂海寰編　清光緒
二十七年(1901)上海辦理商約行轅鉛印本
一冊

210000－0701－0016348　023550

庚子海外紀事四卷　（清）吕海寰編　清光緒
二十七年(1901)上海辦理商約行轅鉛印本
一冊

210000－0701－0016349　023552

六合紀事四卷　（清）周長森撰　**附記一卷**
清宣統三年(1911)鉛印本　一冊

210000－0701－0016350　023553

京津拳匪紀略八卷前編二卷後編二卷　（清）
僑析生　（清）縉雲氏撰　清光緒二十七年
(1901)香港書局石印本　六冊

210000－0701－0016351　023554

京津拳匪紀略八卷前編二卷後編二卷　（清）
僑析生　（清）縉雲氏撰　清光緒二十七年
(1901)香港書局石印本　六冊　存十卷(紀
略八卷、前編二卷)

210000－0701－0016352　023558

靖逆記六卷　題(清)蘭簃外史撰　清嘉慶二
十五年(1820)文盛堂刻本　二冊

210000－0701－0016353　023559

靖逆記六卷　題(清)蘭簃外史撰　清道光元
年(1821)聚經堂刻本　一冊

210000－0701－0016354　023561

三藩紀事本末四卷　（清）楊陸榮撰　清刻本
二冊

210000－0701－0016355　023563

平定粵寇紀略十八卷附記四卷　（清）杜文瀾
撰　清光緒元年(1875)詒縠堂刻本　十二冊

210000－0701－0016356　023564

平定粵匪紀略十八卷附記四卷　（清）杜文瀾
撰　清同治九年(1870)刻本　十冊

210000－0701－0016357　023566

欽定平定貴州苗匪紀略四十卷　（清）奕訢等
纂　清光緒鉛印本　十冊

210000－0701－0016358　023567

**欽定平定陝甘新疆回匪方略三百二十卷首一
卷**　（清）奕訢等撰　清光緒鉛印本　八十冊

210000－0701－0016359　023568

**欽定平定陝甘新疆回匪方略三百二十卷首一
卷**　（清）奕訢等撰　清光緒鉛印本　八十冊

210000－0701－0016360　023569

平定關隴紀略十三卷　（清）易孔昭等撰　清
光緒十三年(1887)刻本　六冊

210000－0701－0016361　023572

平浙紀略十六卷　（清）秦緗業　（清）陳鍾英
撰　清同治十二年(1873)浙江書局刻本
四冊

210000－0701－0016362　023573

平浙紀略十六卷　（清）秦緗業　（清）陳鍾英
撰　清同治十二年(1873)浙江書局刻本
四冊

210000－0701－0016363　023574

平浙紀略十六卷　（清）秦緗業　（清）陳鍾英
撰　清同治十二年(1873)浙江書局刻本
四冊

210000－0701－0016364　023575

平定猺匪述略二卷　（清）周存義撰　清道光
十四年(1834)刻本　二冊

210000－0701－0016365　023576

平定猺匪述略二卷　（清）周存義撰　清道光
刻本　一冊

210000－0701－0016366　023577

平回志八卷首一卷　（清）楊毓秀撰　清光緒
十五年(1889)劍南王氏紅杏山房刻本　四冊

210000－0701－0016367　023578

平原拳匪紀事一卷　（清）蔣楷撰　清光緒刻
本　一冊

210000－0701－0016368　023580

西甯軍務節略一卷　（清）奎順撰　清光緒石
印本　一冊

210000－0701－0016369　023581

西甯軍務節略一卷　（清）奎順撰　清光緒石
印本　一冊

210000－0701－0016370　023586

西巡大事本末記六卷 （日本）吉田良太郎撰
清光緒二十七年（1901）上海書局石印本
六冊

210000－0701－0016371　023591
張公襄理軍務記略六卷 （清）丁運樞等撰
清宣統元年（1909）石印本　六冊

210000－0701－0016372　023592
張公襄理軍務記略六卷 （清）丁運樞等撰
清宣統元年（1909）石印本　六冊

210000－0701－0016373　023595
聖武記十四卷 （清）魏源撰　清道光二十二
年（1842）刻本　十二冊

210000－0701－0016374　023596
聖武記十四卷 （清）魏源撰　清道光二十二
年（1842）刻本　四冊　存十卷（五至十四）

210000－0701－0016375　023597
聖武記十四卷 （清）魏源撰　清道光二十二
年（1842）刻重修本　十六冊

210000－0701－0016376　023599
聖武記十四卷 （清）魏源撰　清古微堂刻本
　十二冊

210000－0701－0016377　023600
聖武記十四卷 （清）魏源撰　清古微堂刻本
　十二冊

210000－0701－0016378　023601
聖武記十四卷 （清）魏源撰　清古微堂刻本
　十二冊

210000－0701－0016379　023602
聖武記十四卷 （清）魏源撰　清古微堂刻本
　十二冊

210000－0701－0016380　023603
聖武記十四卷 （清）魏源撰　清古微堂刻本
　十二冊

210000－0701－0016381　023604
聖武記十四卷 　（清）魏源撰　清光緒七年
（1881）粵垣権署刻本　十二冊

210000－0701－0016382　023608
聖祖五幸江南全錄一卷 （清）□□撰　清宣
統二年（1910）汪氏京師鉛印振綺堂叢書本
一冊

210000－0701－0016383　023609
豫軍紀略十二卷 （清）尹耕雲等撰　清光緒
三年（1877）上海申報館鉛印申報館叢書本
六冊

210000－0701－0016384　023613
征南輯略八卷 （清）都啓模輯　清光緒十年
（1884）刻本　七冊　存七卷（二至八）

210000－0701－0016385　023614
盧忠肅公燬玉雙印記一卷 （明）盧葆文輯
清末刻本　一冊

210000－0701－0016386　023615
山東軍興紀略二十二卷 （清）管晏等撰　清
光緒五年（1879）上海申報館鉛印申報館叢書
本　十冊

210000－0701－0016387　023616
山東軍興紀略二十二卷 （清）管晏等撰　清
光緒五年（1879）上海申報館鉛印申報館叢書
本　十冊

210000－0701－0016388　023617
欽定剿平粵匪方略四百二十卷首一卷目錄一
卷 （清）奕訢等纂　清同治十一年（1872）鉛
印本　一百四十冊

210000－0701－0016389　023618
欽定剿平粵匪方略四百二十卷首一卷目錄一
卷 （清）奕訢等纂　清同治十一年（1872）鉛
印本　一百四十冊

210000－0701－0016390　023619
欽定剿平捻匪方略三百二十卷首一卷 （清）
奕訢等纂　清同治十一年（1872）鉛印本　一
百冊

210000－0701－0016391　023620
欽定剿平捻匪方略三百二十卷首一卷 （清）
奕訢等纂　清同治十一年（1872）鉛印本　一

百冊

210000－0701－0016392　023623
皇朝武功紀盛四卷　（清）趙翼撰　清乾隆五十七年(1792)湛貽堂刻甌北全集本　一冊

210000－0701－0016393　023625
吳中平寇記八卷　（清）錢勖撰　清末刻本　二冊　存六卷(一至四、七至八)

210000－0701－0016394　023626
吳中平寇記八卷　（清）錢勖撰　清光緒元年(1875)申報館鉛印申報館叢書本　二冊

210000－0701－0016395　023627
黎陽見聞錄一卷　（清）趙如椿撰　清刻本　一冊

210000－0701－0016396　023629
從征圖記不分卷　（清）唐訓方撰　（清）廖筠繪　清光緒十七年(1891)刻本　二冊

210000－0701－0016397　023630
淮軍平捻記十二卷　（清）周世澄撰　清光緒三年(1877)申報館鉛印申報館叢書本　四冊

210000－0701－0016398　023631
淮軍平捻記十二卷　（清）周世澄撰　清末刻本　四冊

210000－0701－0016399　023632
淮軍平捻記十二卷　（清）周世澄撰　清末刻本　四冊　存十卷(一至十)

210000－0701－0016400　023633
淮軍平捻記十二卷　（清）周世澄撰　清末刻本　五冊　存十卷(一至十)

210000－0701－0016401　023634
淮軍平捻記十二卷　（清）周世澄撰　清末刻本　六冊

210000－0701－0016402　023635
扈從西巡日錄一卷　（清）高士奇撰　清康熙刻本　一冊

210000－0701－0016403　023636
扈從錄一卷　（清）張思恭撰　清光緒七年

(1881)丹徒張氏留書堂刻本　一冊

210000－0701－0016404　023640
治臺必告錄八卷　（清）丁曰健輯　清同治六年(1867)知足知止園刻本　八冊

210000－0701－0016405　023641
治臺必告錄八卷　（清）丁曰健輯　清同治六年(1867)知足知止園刻本　八冊

210000－0701－0016406　023642
灃山守禦志二卷外編一卷　（清）孫振銓輯　清同治四年(1865)培本堂刻本　二冊

210000－0701－0016407　023649
湘軍記二十卷　（清）王定安撰　清光緒十五年(1889)江南書局刻本　十二冊

210000－0701－0016408　023650
湘軍記二十卷　（清）王定安撰　清光緒十五年(1889)江南書局刻本　十二冊

210000－0701－0016409　023651
湘軍記二十卷　（清）王定安撰　清光緒十五年(1889)江南書局刻本　十二冊

210000－0701－0016410　023652
湘軍記二十卷　（清）王定安撰　清光緒十五年(1889)江南書局刻本　十二冊　存十七卷(一至十七)

210000－0701－0016411　023653
湘軍水陸戰紀十六卷　王闓運撰　清光緒鉛印本　一冊

210000－0701－0016412　023654
湘軍志十六卷　王闓運撰　清光緒十一年(1885)養翾齋刻本　六冊

210000－0701－0016413　023655
湘軍志十六卷　王闓運撰　清光緒刻本　四冊

210000－0701－0016414　023656
湘軍志十六卷　王闓運撰　清光緒十二年(1886)成都墨香書屋刻本　四冊

210000－0701－0016415　023657

湘軍志十六卷　王闓運撰　清光緒刻本
四冊

210000－0701－0016416　023658

湘軍志十六卷　王闓運撰　清光緒十二年
(1886)成都墨香書屋刻本　四冊

210000－0701－0016417　023660

滄城殉難錄四卷　(清)王國均等撰　清同治
刻本　二冊

210000－0701－0016418　023661

滄城殉難錄四卷　(清)王國均等撰　清同治
刻本　二冊

210000－0701－0016419　023662

遵義平匪日記一卷　題(清)空六居士撰　清
宣統二年(1910)鉛印振綺堂叢書本　二冊

210000－0701－0016420　023668

直東剿匪電存四卷首一卷　(清)林學瑊輯
清光緒三十二年(1906)石印本　四冊

210000－0701－0016421　023669

臺灣戰紀二卷　(清)洪棄父撰　清光緒三十
二年(1906)鉛印本　二冊

210000－0701－0016422　023676

克復金陵勳德記一卷　(清)劉毓崧撰　清同
治五年(1866)刻本　一冊

210000－0701－0016423　023687

李鴻章　梁啓超撰　清光緒鉛印本　一冊

210000－0701－0016424　023690

樞垣紀略二十八卷　(清)梁章鉅撰　(清)朱
智補撰　清光緒鉛印本　六冊

210000－0701－0016425　023691

樞垣紀略二十八卷　(清)梁章鉅撰　(清)朱
智補撰　清光緒鉛印本　六冊

210000－0701－0016426　023692

樞垣紀略二十八卷　(清)梁章鉅撰　(清)朱
智補撰　清光緒鉛印本　六冊

210000－0701－0016427　023693

戡靖教匪述編十二卷　(清)石香村居士輯

清末京都琉璃廠刻本　三冊

210000－0701－0016428　023694

戡定新疆記八卷　(清)魏光燾撰　清光緒二
十五年(1899)鉛印本　四冊

210000－0701－0016429　023695

戡定新疆記八卷　(清)魏光燾撰　清光緒二
十五年(1899)鉛印本　四冊

210000－0701－0016430　023696

皇朝藩部要略十八卷世系表四卷　(清)祁韻
士撰　清道光二十六年(1846)筠淥山房刻本
八冊

210000－0701－0016431　023697

皇朝藩部要略十八卷世系表四卷　(清)祁韻
士撰　清道光二十六年(1846)筠淥山房刻本
八冊

210000－0701－0016432　023698

皇朝藩部要略十八卷世系表四卷　(清)祁韻
士撰　清道光二十六年(1846)筠淥山房刻本
八冊

210000－0701－0016433　023699

皇朝藩部要略十八卷世系表四卷　(清)祁韻
士撰　清道光二十六年(1846)筠淥山房刻本
八冊

210000－0701－0016434　023700

皇朝藩部要略十八卷世系表四卷　(清)祁韻
士撰　清光緒十年(1884)浙江書局刻本
八冊

210000－0701－0016435　023701

皇朝藩部要略十八卷世系表四卷　(清)祁韻
士撰　清光緒十年(1884)浙江書局刻本
八冊

210000－0701－0016436　023702

皇朝藩部要略十八卷世系表四卷　(清)祁韻
士撰　清光緒十年(1884)浙江書局刻本
八冊

210000－0701－0016437　023703

皇朝藩部要略十八卷世系表四卷　(清)祁韻

士撰　清光緒十年(1884)浙江書局刻本
八冊

210000－0701－0016438　023704
皇朝藩部要略十八卷世系表四卷　(清)祁韻
士撰　清光緒十年(1884)浙江書局刻本
八冊

210000－0701－0016439　023705
皇朝藩部要略十八卷世系表四卷　(清)祁韻
士撰　清光緒十年(1884)浙江書局刻本
八冊

210000－0701－0016440　023706
皇朝藩部要略十八卷世系表四卷　(清)祁韻
士撰　清光緒十年(1884)浙江書局刻本
八冊

210000－0701－0016441　023707
皇朝藩部要略十八卷世系表四卷　(清)祁韻
士撰　清光緒十年(1884)浙江書局刻本
八冊

210000－0701－0016442　023710
苗防備覽二十二卷　(清)嚴如熤撰　清道光
二十三年(1843)紹義堂刻本　八冊

210000－0701－0016443　023711
苗防備覽二十二卷　(清)嚴如熤撰　清道光
二十三年(1843)紹義堂刻本　八冊

210000－0701－0016444　023712
增訂教案彙編六卷首一卷　(清)程宗裕輯
清光緒二十八年(1902)寔學書社鉛印本
六冊

210000－0701－0016445　023713
中西紀事二十四卷首一卷　(清)夏燮撰　清
光緒二十四年(1898)藜照書屋刻本　七冊
存二十二卷(一至五、九至二十四,首一卷)

210000－0701－0016446　023714
中西紀事二十四卷首一卷　(清)夏燮撰　清
光緒二十四年(1898)藜照書屋刻本　八冊

210000－0701－0016447　023715
中倭戰守始末記四卷附中俄交涉一卷中法交

涉一卷　清光緒二十一年(1895)上海書局石
印本　四冊

210000－0701－0016448　023716
中東戰紀本末八卷續編四卷三編四卷　(美
國)林樂知譯撰　清光緒二十二年至二十六
年(1896－1900)上海廣學會鉛印本　十六冊

210000－0701－0016449　023717
中東戰紀本末八卷續編四卷三編四卷　(美
國)林樂知譯撰　清光緒二十二年至二十六
年(1896－1900)上海廣學會鉛印本　十二冊
缺四卷(三編四卷)

210000－0701－0016450　023719
秦隴回務紀略八卷　(清)余澍疇撰　清光緒
六年(1880)鎮平縣署刻本　一冊

210000－0701－0016451　023721
鹿洲全集　(清)藍鼎元撰　清同治四年
(1865)廣東緯文堂刻本　六冊　存四種十一
卷(平臺紀略一卷、東征集六卷、鹿洲公案二
卷、脩史試筆二卷)

210000－0701－0016452　023722
東牟守城紀略一卷東牟守城詩一卷　(清)戴
燮元撰　清同治八年(1869)羊城刻本　一冊

210000－0701－0016453　023723
東牟守城紀略一卷東牟守城詩一卷　(清)戴
燮元撰　**新修登州府志兵事一卷**　清同治八
年(1869)羊城刻光緒十二年(1886)續刻本
一冊

210000－0701－0016454　023725
東南紀事十二卷　(清)邵廷采撰　清光緒徐
氏刻邵武徐氏叢書本　二冊

210000－0701－0016455　023728
援黔錄十二卷　清末刻本　四冊

210000－0701－0016456　023735
蜀龜鑑七卷首一卷　(清)劉景伯輯　清宣統
三年(1911)裴氏刻本　三冊

210000－0701－0016457　023736
國朝先正事略六十卷　(清)李元度撰　清光

緒二十二年(1896)上洋文盛書局石印本　十一冊

210000－0701－0016458　023736
國朝先正事略續編八卷　朱孔彰撰　清光緒二十七年(1901)文盛書局石印本　與210000－0701－0016457合冊

210000－0701－0016459　023737
秦隴回務紀略八卷　(清)余澍疇撰　清光緒六年(1880)鎮平縣署刻本　一冊

210000－0701－0016460　023742
鴉片事略二卷　(清)李圭撰　清光緒二十一年(1895)海甯州署刻本　二冊

210000－0701－0016461　023746
熙朝紀政六卷　(清)王慶雲撰　清光緒二十四年(1898)石印本　六冊

210000－0701－0016462　023747
熙朝紀政六卷　(清)王慶雲撰　清光緒二十四年(1898)石印本　六冊

210000－0701－0016463　023748
熙朝紀政六卷　(清)王慶雲撰　清光緒二十四年(1898)石印本　六冊　存四卷(三至六)

210000－0701－0016464　023749
前守寶錄五卷後守寶錄二十卷　(清)王沿模撰　(清)魁聯輯　清咸豐三年(1853)寶慶府署刻本　八冊

210000－0701－0016465　023750
義和拳教門源流考一卷　勞乃宣撰　清光緒二十五年(1899)刻本　一冊

210000－0701－0016466　023754
光緒政要三十四卷　(清)沈桐生輯　清宣統元年(1909)上海崇義堂石印本　三十冊

210000－0701－0016467　023755
光緒政要三十四卷　(清)沈桐生輯　清宣統元年(1909)上海崇義堂石印本　三十冊

210000－0701－0016468　023756
光緒政要三十四卷　(清)沈桐生輯　清宣統元年(1909)上海崇義堂石印本　三十冊

210000－0701－0016469　023758
拳匪紀略八卷前編二卷後編二卷　(清)僑析生撰　清光緒二十九年(1903)上洋書局石印本　六冊

210000－0701－0016470　023759
拳匪紀略八卷前編二卷後編二卷　(清)僑析生撰　清光緒二十九年(1903)上洋書局石印本　六冊

210000－0701－0016471　023760
拳匪紀略八卷前編二卷後編二卷　(清)僑析生撰　清光緒二十九年(1903)上洋書局石印本　六冊

210000－0701－0016472　023763
黃書一卷　(清)王夫之撰　清宣統二年(1910)刻本　一冊

210000－0701－0016473　023764
野獲編三十卷補遺四卷　(明)沈德符撰　(清)錢枋輯　清道光七年(1827)姚氏羊城扶荔山房刻本　六冊

210000－0701－0016474　023767
庚子北京事變紀略不分卷　清光緒二十七年(1901)刻本　二冊

210000－0701－0016475　023781
五次問答節略一卷　清末石印本　一冊

210000－0701－0016476　023785
兩淮戡亂記一卷附中興樂府一卷　(清)張瑞墀撰　清宣統元年(1909)夢雨樓鉛印本　一冊

210000－0701－0016477　023786
兩淮戡亂記一卷附中興樂府一卷　(清)張瑞墀撰　清宣統元年(1909)夢雨樓鉛印本　一冊

210000－0701－0016478　023787
平匪紀略摘鈔六卷　(清)蘭籍外史撰　清刻本　四冊

210000－0701－0016479　023789
平南王元功垂範二卷　(清)釋今釋撰　清康

熙刻本　二冊

210000－0701－0016480　023790

平南王元功垂範二卷　（清）釋今釋撰　清康
熙刻本　四冊

210000－0701－0016481　023790

平南王元功垂範續編一卷　（清）張允格撰
清乾隆刻本　一冊

210000－0701－0016482　023791

石渠餘紀六卷　（清）王慶雲撰　清光緒十六
年(1890)龍氏刻本　六冊

210000－0701－0016483　023792

石渠餘紀六卷　（清）王慶雲撰　清光緒刻本
六冊

210000－0701－0016484　023797

採風記五卷附紀程感事詩一卷時務論一卷
（清）宋育仁撰　清光緒二十二年(1896)袖海
山房石印本　四冊

210000－0701－0016485　023799

皇朝謚法考五卷續編一卷補編一卷　（清）鮑
康輯　續補編一卷　（清）徐士鑾輯　清同治
三年(1864)刻五年至十一年(1866－1872)續
刻本　一冊

210000－0701－0016486　023800

皇朝謚法考五卷補編一卷　（清）鮑康撰　清
同治三年(1864)刻五年(1866)續刻本　一冊

210000－0701－0016487　023801

皇朝謚法考五卷補編一卷　（清）鮑康撰　清
同治三年(1864)刻五年(1866)續刻本　一冊

210000－0701－0016488　023802

皇朝謚法考五卷　（清）鮑康輯　續編五卷
（清）王鵬運輯　編年備考一卷　（清）薛浚輯
清同治三年(1864)刻光緒十七年(1891)二
十四年(1898)續刻本　一冊

210000－0701－0016489　023802

熙朝宰輔錄一卷　（清）潘世恩撰　（清）沈桂
芬續輯　（清）薛小雲　（清）查蔭階增輯　清
光緒二十二年(1896)刻本　一冊

210000－0701－0016490　023804

皇朝謚法考十六卷附二卷　李中輯　稿本
六冊

210000－0701－0016491　023805

皇朝謚法表十卷　（清）楊樹撰　清光緒二十
八年(1902)刻三十年(1904)重修本　二冊

210000－0701－0016492　023807

皇朝謚法表十卷　（清）楊樹撰　清光緒二十
八年(1902)刻三十年(1904)重修本　二冊

210000－0701－0016493　023808

皇朝政典挈要八卷　（日本）增田貢撰　（清）
毛淦補編　（清）汪厚昌　（清）顧梓田訂正
清光緒二十八年(1902)鉛印本　四冊

210000－0701－0016494　023809

御覽集不分卷　（清）葉志詵撰　清道光元年
(1821)京師虎坊橋寓刻本　五冊

210000－0701－0016495　023810

永清庚辛記略一卷　（清）髙紹陳撰　清光緒
三十四年(1908)石印本　一冊

210000－0701－0016496　023813

浙江辦理女匪秋瑾全案一卷　清末石印本
一冊

210000－0701－0016497　023819

扈從東巡日錄二卷附錄一卷　（清）高士奇撰
清康熙刻本　二冊

210000－0701－0016498　023825

滇事總錄二卷　（清）莊士敏撰　清光緒十六
年(1890)湖北崇文書局刻本　一冊

210000－0701－0016499　023837

清朝史略十一卷　（日本）佐藤楚材輯　清光
緒二十八年(1902)上海書局石印本　六冊

210000－0701－0016500　023841

清史攬要六卷　（日本）增田貢撰　清末刻本
二冊

210000－0701－0016501　023842

清史攬要六卷　（日本）增田貢撰　清末刻本
二冊

210000－0701－0016502　023843

燕下鄉脞錄十六卷　（清）陳康祺撰　清光緒
十一年(1885)暨陽刻本　三冊

210000－0701－0016503　023844

海龍戰守事蹟六種七卷　（清）依凌阿輯　清
宣統二年(1910)鉛印本　四冊

210000－0701－0016504　023846

十三日備嘗記一卷事略附記一卷　（清）曹晟
撰　清光緒申報館鉛印申報館叢書本　一冊

210000－0701－0016505　023848

杭州八旗駐防營志略二十五卷　（清）張大昌
撰　清光緒浙江書局刻本　一冊

210000－0701－0016506　023849

杭州八旗駐防營志略二十五卷　（清）張大昌
撰　清光緒浙江書局刻本　一冊

210000－0701－0016507　023850

戡靖教匪述編十二卷　（清）石香村居士輯
清末京都琉璃廠刻本　四冊

210000－0701－0016508　023851

蕩平髮逆圖記二十二卷圖一卷　（清）杜文瀾
撰　（清）白雲山人繪圖　清光緒上海漱六山
莊石印本　六冊

210000－0701－0016509　023854

莊氏史案叢鈔二卷　（清）傅以禮輯　清光緒
虞山周氏鴿峰草堂抄本　一冊

210000－0701－0016510　023856

槐廳載筆二十卷　（清）法式善輯　清嘉慶刻
本　六冊

210000－0701－0016511　023857

槐廳載筆二十卷　（清）法式善輯　清嘉慶刻
本　六冊

210000－0701－0016512　023858

國朝翰詹源流編年二卷國朝館選爵里謚法考
二卷國朝館職補選爵里謚法考一卷　（清）吳
鼎雯撰　清乾隆五十八年(1793)刻本　四冊

210000－0701－0016513　023859

國朝翰詹源流編年二卷　（清）吳鼎雯撰　清

乾隆五十八年(1793)刻嘉慶補刻本　一冊

210000－0701－0016514　023861

新編吏治懸鏡八卷　（清）徐文弼輯　清五蔭
山房刻本　八冊

210000－0701－0016515　023862

奏獎蕩平甘肅金積堡回匪出力員弁檔不分卷
清光緒三十年(1904)寫本　二冊

210000－0701－0016516　023863

東征集六卷　（清）藍鼎元撰　清光緒四年
(1878)上海申報館鉛印本　一冊

210000－0701－0016517　023865

戎疆瑣記一卷　（清）德印撰　清光緒十二年
(1886)盛京太和山房刻十八年(1892)續刻本
一冊

210000－0701－0016518　023865

營伍指要一卷　（清）慶寅撰　清光緒十四年
(1888)盛京太和山房刻本　一冊

210000－0701－0016519　023866

轉徙餘生記一卷　（清）許奉恩述　（清）方濬
頤記　清光緒二十年(1894)汪氏刻振綺堂叢
書本　一冊

210000－0701－0016520　023866

奉使英倫記一卷　（清）黎庶昌撰　清光緒二十
年(1894)汪氏刻振綺堂叢書本　與210000－
0701－0016519合冊

210000－0701－0016521　023867

國朝謚法考一卷　（清）趙鉞撰　清道光刻本
二冊

210000－0701－0016522　023868

國朝謚法考一卷　（清）趙鉞撰　清道光刻本
二冊

210000－0701－0016523　023882

國朝事略八卷　（清）金陵江楚編譯官書局
輯　清光緒三十二年(1906)金陵江楚編譯官
書局石印本　四冊

210000－0701－0016524　023883

恩福堂筆記二卷年譜一卷　（清）英和撰　清

道光十七年(1837)刻本　一冊

210000－0701－0016525　023884
明末紀事補遺十卷　題(清)三餘氏撰　清末刻本　六冊

210000－0701－0016526　023885
辟邪實錄一卷　(清)□□撰　清同治十二年(1873)刻本　一冊

210000－0701－0016527　023892
熙朝宰輔錄一卷　(清)潘世恩撰　(清)沈桂芬續輯　(清)薛小雲　(清)查蔭階增輯　清光緒二十二年(1896)刻本　一冊

210000－0701－0016528　023893
浙江八旗殉難錄四卷　(清)徐圓成輯　清光緒九年(1883)杭城八旗會館刻十三年(1887)補刻本　一冊

210000－0701－0016529　023895
八旗通志初集二百五十卷　(清)鄂爾泰等纂　清乾隆武英殿刻本　八十冊

210000－0701－0016530　023897
養吉齋叢錄二十六卷餘錄十卷　(清)吳振棫撰　清末刻本　八冊

210000－0701－0016531　023963
欽定蒙古源流八卷　(清)小徹辰薩囊台吉撰　清乾隆五十五年(1790)刻本　四冊

210000－0701－0016532　023964
欽定蒙古源流八卷　(清)小徹辰薩囊台吉撰　清乾隆五十五年(1790)刻本　四冊

210000－0701－0016533　023965
欽定蒙古源流八卷　(清)小徹辰薩囊台吉撰　清乾隆五十五年(1790)刻本　四冊

210000－0701－0016534　023966
欽定蒙古源流八卷　(清)小徹辰薩囊台吉撰　清乾隆五十五年(1790)刻本　三冊

210000－0701－0016535　023974
長春眞人西遊記二卷　(元)李志常撰　清末石印本　二冊

210000－0701－0016536　023974
蒙古游牧記十六卷　(清)張穆撰　清末石印本　六冊

210000－0701－0016537　023974
元朝祕史十五卷　(元)□□撰　清末石印本　二冊

210000－0701－0016538　023980
蒙古史二卷　(日本)河野元三撰　歐陽瑞華譯　清宣統三年(1911)江南圖書館鉛印本　二冊

210000－0701－0016539　023981
蒙古史二卷　(日本)河野元三撰　歐陽瑞華譯　清宣統三年(1911)江南圖書館鉛印本　二冊

210000－0701－0016540　023982
蒙韃備錄一卷　(宋)孟瑛撰　曹元忠校注　清光緒二十七年(1901)篆經室刻本　一冊

210000－0701－0016541　023983
蒙韃備錄一卷　(宋)孟瑛撰　曹元忠校注　清光緒二十七年(1901)篆經室刻本　一冊

210000－0701－0016542　023993
欽定滿洲源流考二十卷首一卷　(清)阿桂等撰　清光緒三十年(1904)中西書局石印本　四冊

210000－0701－0016543　023994
欽定滿洲源流考二十卷首一卷　(清)阿桂等撰　清光緒三十年(1904)中西書局石印本　四冊

210000－0701－0016544　023995
欽定滿洲源流考二十卷首一卷　(清)阿桂等撰　清光緒三十年(1904)中西書局石印本　四冊

210000－0701－0016545　023996
欽定滿洲源流考二十卷首一卷　(清)阿桂等撰　清光緒三十年(1904)中西書局石印本　四冊

210000－0701－0016546　023997

欽定滿洲源流考二十卷首一卷　（清）阿桂等
撰　清光緒三十年（1904）中西書局石印本
四冊

210000－0701－0016547　024002

欽定滿洲源流考二十卷首一卷　（清）阿桂等
撰　清乾隆四十二年（1777）刻本　十六冊

210000－0701－0016548　024003

欽定滿洲源流考二十卷首一卷　（清）阿桂等
撰　清乾隆四十二年（1777）刻本　八冊

210000－0701－0016549　024004

啓東錄六卷　（清）林壽圖撰　清光緒五年
（1879）黃鵠山人歐齋刻本　二冊

210000－0701－0016550　024005

啓東錄六卷　（清）林壽圖撰　清光緒五年
（1879）黃鵠山人歐齋刻本　四冊

210000－0701－0016551　024012

欽定滿洲源流考二十卷首一卷　（清）阿桂等
撰　清光緒十九年（1893）杭州便益書局石印
本　四冊

210000－0701－0016552　024013

東洋史要二卷　（日本）桑原騭藏撰　樊炳清
譯　清光緒二十五年（1899）東文學社石印本
四冊

210000－0701－0016553　024014

東洋史要二卷　（日本）桑原騭藏撰　樊炳清
譯　清光緒二十五年（1899）東文學社石印本
四冊

210000－0701－0016554　024015

東洋史要二卷　（日本）桑原騭藏撰　樊炳清
譯　清光緒二十五年（1899）東文學社石印本
四冊

210000－0701－0016555　024016

東洋史要二卷　（日本）桑原騭藏撰　樊炳清
譯　清光緒二十五年（1899）東文學社石印本
四冊

210000－0701－0016556　024017

東洋史要二卷　（日本）桑原騭藏撰　樊炳清

譯　清光緒二十五年（1899）鉛印本　一冊

210000－0701－0016557　024018

日俄戰紀上編　方若撰　清末鉛印本　一冊

210000－0701－0016558　024019

日本維新史　（日本）高山林次郎纂　羅孝高
譯　清光緒二十八年（1902）鉛印本　六冊

210000－0701－0016559　024020

日本外史二十二卷　（日本）賴襄子成撰
（清）錢懌評　清光緒十五年（1889）上海讀書
堂刻本　十二冊

210000－0701－0016560　024021

日本源流考二十二卷　王先謙撰　清光緒二
十八年（1902）思賢書局刻本　十冊

210000－0701－0016561　024022

日本史綱二卷　（清）江楚編譯局編　清光緒
三十二年（1906）南京官書總局石印本　一冊

210000－0701－0016562　024023

日本國志四十卷首一卷　（清）黃遵憲撰　清
光緒二十四年（1898）上海圖書集成印書局石
印本　十冊

210000－0701－0016563　024024

日本國志四十卷首一卷　（清）黃遵憲撰　清
光緒二十四年（1898）上海圖書集成印書局石
印本　十冊

210000－0701－0016564　024025

日本國志四十卷首一卷　（清）黃遵憲撰　清
光緒二十四年（1898）浙江書局刻本　十冊

210000－0701－0016565　024026

日本國志四十卷首一卷　（清）黃遵憲撰　清
光緒二十四年（1898）浙江書局刻本　十冊

210000－0701－0016566　024027

日本國志四十卷首一卷　（清）黃遵憲撰　清
光緒二十四年（1898）浙江書局刻本　八冊
存二十三卷（一至十四、十八至二十一、三十
七至四十，首一卷）

210000－0701－0016567　024028

中等教育日本歷史二卷首一卷　（日本）荻野

由之撰 （清）劉大猷譯 清光緒二十七年
(1901)教育世界社石印本 五冊

210000－0701－0016568 024029
中等教育日本歷史二卷首一卷 （日本）荻野
由之撰 （清）劉大猷譯 清光緒二十七年
(1901)教育世界社石印本 五冊

210000－0701－0016569 024030
元寇紀略二卷附年表 （日本）大橋順撰 清
光緒二十九年(1903)江蘇通州翰墨林編譯局
鉛印本 一冊

210000－0701－0016570 024031
元寇紀略二卷附年表 （日本）大橋順撰 清
光緒二十九年(1903)江蘇通州翰墨林編譯局
鉛印本 一冊

210000－0701－0016571 024032
元寇紀略二卷附年表 （日本）大橋順撰 清
光緒二十九年(1903)江蘇通州翰墨林編譯局
鉛印本 一冊

210000－0701－0016572 024033
元寇紀略二卷附年表 （日本）大橋順撰 清
光緒二十九年(1903)江蘇通州翰墨林編譯局
鉛印本 一冊

210000－0701－0016573 024034
元寇紀略二卷附年表 （日本）大橋順撰 清
光緒二十九年(1903)江蘇通州翰墨林編譯局
鉛印本 一冊

210000－0701－0016574 024043
大東紀年五卷 清光緒三十一年(1905)上海
美華書館鉛印本 五冊

210000－0701－0016575 024044
朝鮮世表一卷朝鮮載記備編一卷壽愷堂詩彙
一卷 （清）周家祿撰 清末刻本 一冊

210000－0701－0016576 024051
高麗國永樂好太王碑釋文纂考一卷 鄭文焯
撰 清光緒二十六年(1900)平湖朱氏經注經
齋刻本 一冊

210000－0701－0016577 024064

安南史四卷 （日本）引田利章撰 （清）毛乃
庸譯 清光緒二十九年(1903)教育世界社石
印本 四冊

210000－0701－0016578 024065
安南史四卷 （日本）引田利章撰 （清）毛乃
庸譯 清光緒二十九年(1903)教育世界社石
印本 四冊

210000－0701－0016579 024067
越南輯略不分卷 （清）徐延旭撰 清光緒三
年(1877)刻本 二冊

210000－0701－0016580 024068
印度國志 （清）學部編譯圖書局編 清光緒
三十三年(1907)學部圖書局鉛印本 一冊

210000－0701－0016581 024069
普法戰紀二十卷 （清）張宗良口譯 （清）王
韜撰輯 清光緒二十一年(1895)弢園王氏鉛
印本 十冊

210000－0701－0016582 024070
西國近事彙編十二卷 （美國）林樂知口譯
（清）蔡錫齡筆述 清光緒七年(1881)上海機
器製造局鉛印本 十二冊

210000－0701－0016583 024071
俄史輯譯 （英國）闞裴迪譯 （清）徐景羅重
譯 清光緒十四年(1888)益智書會刻本
四冊

210000－0701－0016584 024072
俄史輯譯 （英國）闞裴迪譯 （清）徐景羅重
譯 清光緒十四年(1888)益智書會刻本
四冊

210000－0701－0016585 024073
陶廬叢稿三種 王樹柟撰 清光緒二十八年
(1902)刻本 十一冊

210000－0701－0016586 024074
西史彙函正續編九種 新學書局等編輯 清
光緒末刻本 二十四冊

210000－0701－0016587 024075
海國大政記十二卷 （英國）麥丁富得力撰

（清）鄭昌棪譯　清光緒二十三年(1897)上海慎記書莊石印本　十二冊

210000－0701－0016588　024076

泰西新史攬要二十三卷附記一卷　（英國）馬懇西撰　（英國）李提摩太譯　蔡爾康述稿　清光緒二十三年(1897)上海美華書館鉛印本　八冊

210000－0701－0016589　024077

泰西新史攬要二十四卷　（英國）李提摩太譯　蔡爾康述稿　清光緒二十二年(1896)上海三味堂刻本　八冊

210000－0701－0016590　024078

節本泰西新史攬要八卷　（英國）李提摩太譯　周慶雲節錄　清光緒二十七年(1901)夢坡室刻本　四冊

210000－0701－0016591　024079

節本泰西新史攬要八卷　（英國）李提摩太譯　周慶雲節錄　清光緒二十七年(1901)夢坡室刻本　四冊

210000－0701－0016592　024080

節本泰西新史攬要八卷　（英國）李提摩太譯　周慶雲節錄　清光緒二十八年(1902)北洋官報總局鉛印本　二冊

210000－0701－0016593　024081

泰西民族文明史　（法國）賽奴巴撰　（清）沈是中　（清）俞子彝合譯　清光緒二十九年(1903)上海商務印書館鉛印本　一冊

210000－0701－0016594　024082

歐洲列國戰事本末二十二卷　王樹枏撰　清光緒二十八年(1902)陶廬刻陶廬叢稿本　八冊

210000－0701－0016595　024083

歐羅巴通史　（日本）箕作元八　（日本）峰岸米造纂　（清）胡景伊譯　清光緒二十六年(1900)東亞譯書會鉛印本　四冊

210000－0701－0016596　024084

歐羅巴通史　（日本）箕作元八　（日本）峰岸

米造纂　（清）胡景伊譯　清光緒二十六年(1900)東亞譯書會鉛印本　四冊

210000－0701－0016597　024085

俄史輯譯　（清）徐景羅譯　清光緒十四年(1888)益智書會刻本　四冊

210000－0701－0016598　024086

俄史輯譯　（清）徐景羅譯　清光緒十四年(1888)益智書會刻本　四冊

210000－0701－0016599　024087

俄史輯譯　（清）徐景羅譯　清光緒十四年(1888)益智書會刻本　四冊

210000－0701－0016600　024088

大英國志八卷　（英國）慕維廉譯　清光緒七年(1881)上海益智書局刻本　二冊

210000－0701－0016601　024089

日耳曼史　（英國）沙安撰　商務印書館譯　清光緒二十九年(1903)商務印書館鉛印本　一冊

210000－0701－0016602　024090

法蘭西史五卷　商務印書館編譯　清光緒二十九年(1903)上海商務印書館鉛印本　一冊

210000－0701－0016603　024091

法國革命戰史　（日本）澀江保撰　中國國民叢書社譯　清光緒二十九年(1903)上海商務印書館鉛印戰史叢書本　一冊

210000－0701－0016604　024092

義大利獨立戰史六卷　清光緒二十八年(1902)商務印書館鉛印戰史叢書本　一冊

210000－0701－0016605　024094

希臘史　（日本）桑原啓一撰　中國國民叢書社譯　清光緒二十二年(1896)上海商務印書館鉛印歷史叢書本　一冊

210000－0701－0016606　024095

希臘春秋八卷　王樹枏撰　清光緒三十二年(1906)陶廬刻陶廬叢刻本　四冊

210000－0701－0016607　024096

埃及近世史　（日本）柴四郎撰　章起謂譯

清光緒二十九年(1903)上海商務印書館鉛印歷史叢書本　一冊

210000－0701－0016608　024097
美國獨立戰史二卷　(日本)羽化生　(日本)澀江保撰　清末上海商務印書館鉛印戰史叢書本　一冊

210000－0701－0016609　024098
美史紀事本末八卷首一卷末一卷　(美國)姜甯撰　(清)章宗元輯譯　清光緒二十九年(1903)求我齋刻求我齋叢譯本　二冊

210000－0701－0016610　024099
經世學引初編附圖表　(清)陳聯元編　清光緒二十四年(1898)經世文社刻本　一冊

210000－0701－0016611　024102
瀛環志略四卷　(清)徐繼畬輯　清光緒二十三年(1897)上海書局石印本　四冊

210000－0701－0016612　024103
瀛環志略四卷　(清)徐繼畬輯　清光緒二十一年(1895)上海寶文局石印本　四冊

210000－0701－0016613　024104
海國圖志一百卷首一卷續集二十五卷首一卷　(清)魏源撰　清光緒二十四年(1898)文賢閣石印本　十六冊

210000－0701－0016614　024105
海國圖志一百卷首一卷續集二十五卷首一卷　(清)魏源撰　清光緒二十八年(1902)文賢閣石印本　十六冊

210000－0701－0016615　024106
海國圖志一百卷　(清)魏源撰　清光緒二年(1876)平慶涇固道署刻本　二十四冊

210000－0701－0016616　024107
海國圖志一百卷　(清)魏源撰　清同治七年(1868)刻本　二十四冊

210000－0701－0016617　024108
中外地輿圖說集成一百三十卷首三卷　題同康廬編　清光緒二十年(1894)順成書局石印本　二十四冊

210000－0701－0016618　024109
地球說略　(美國)禕理哲撰　清咸豐六年(1856)寧波華花聖經書房鉛印本　一冊

210000－0701－0016619　024110
中外地輿圖說集成一百三十卷首三卷　題同康廬編　清光緒二十年(1894)積山書局石印本　十七冊

210000－0701－0016620　024111
四述奇十六卷　(清)張德彝撰　清光緒九年(1883)同文館鉛印本　十六冊

210000－0701－0016621　024112
四述奇十六卷　(清)張德彝撰　清光緒九年(1883)同文館鉛印本　十六冊

210000－0701－0016622　024113
三洲日記八卷　(清)張蔭桓撰　清光緒二十二年(1896)京都刻本　八冊

210000－0701－0016623　024114
西學考略二卷　(美國)丁韙良撰　清光緒九年(1883)同文館鉛印本　二冊

210000－0701－0016624　024115
環游地球新錄四卷　(清)李圭撰　清光緒四年(1878)刻本　四冊

210000－0701－0016625　024116
環游地球新錄四卷　(清)李圭撰　清光緒四年(1878)鉛印本　四冊

210000－0701－0016626　024117
航海述奇四卷　(清)張德明撰　清同治六年(1867)鉛印本　二冊

210000－0701－0016627　024118
乘槎筆記　(清)斌椿撰　**天外歸帆草一卷海國勝遊草一卷**　(清)斌椿　(清)友松撰　清同治七年(1868)文寶堂刻本　三冊

210000－0701－0016628　024119
出使英法義比四國日記六卷　(清)薛福成撰　清光緒十八年(1892)上海鴻寶齋石印本　一冊

210000－0701－0016629　024120

出使英法義比四國日記六卷　（清）薛福成撰
清光緒二十二年（1896）上海圖書集成印書
局鉛印本　三冊

210000－0701－0016630　024121
出使英法義比四國日記六卷　（清）薛福成撰
清光緒十八年（1892）刻本　五冊

210000－0701－0016631　024122
出洋須知六卷　（清）袁祖志撰　清光緒二十
一年（1895）上海書局石印本　四冊

210000－0701－0016632　024123
初使泰西記四卷　（清）志剛撰　（清）避熱主
人編　清光緒三年（1877）北京避熱窩刻本
四冊

210000－0701－0016633　024124
初使泰西紀要四卷　（清）志剛撰　清光緒十
四年（1888）刻本　二冊

210000－0701－0016634　024125
遊記彙刊八種　清光緒二十三年（1897）湖南
新學書局刻本　十四冊　缺（附錄）

210000－0701－0016635　024126
道西齋日記一卷　（清）王詠霓撰　清光緒十
八年（1892）刻本　一冊

210000－0701－0016636　024127
道西齋日記一卷　（清）王詠霓撰　清光緒十
八年（1892）石印本　一冊

210000－0701－0016637　024128
遊歷圖經餘記十五卷　（清）傅雲龍撰　清光
緒十五年（1889）鉛印本　四冊

210000－0701－0016638　024129
遊歷圖經餘記十五卷　（清）傅雲龍撰　清光
緒十五年（1889）鉛印本　四冊

210000－0701－0016639　024130
遊歷圖經餘記十五卷　（清）傅雲龍撰　清光
緒十五年（1889）鉛印本　四冊

210000－0701－0016640　024131
遊歷圖經餘記十五卷　（清）傅雲龍撰　清光
緒十五年（1889）鉛印本　四冊

210000－0701－0016641　024132
遊歷圖經餘記十五卷　（清）傅雲龍撰　清光
緒十五年（1889）鉛印本　四冊

210000－0701－0016642　024134
英軺日記十二卷　載振撰　清光緒二十九年
（1903）上海文明編譯書局鉛印本　四冊

210000－0701－0016643　024135
英軺日記十二卷　載振撰　清光緒二十九年
（1903）上海文明編譯書局鉛印本　四冊

210000－0701－0016644　024136
英軺日記十二卷　載振撰　清光緒二十九年
（1903）上海文明編譯書局鉛印本　四冊

210000－0701－0016645　024137
樓船日記二卷　（清）余思詒撰　清光緒二十
七年（1901）上海石印本　二冊

210000－0701－0016646　024148
京口掌故叢編六種　（清）陶駿保輯　清光緒
三十四年（1908）丹徒陶氏刻本　二冊

210000－0701－0016647　024149
得一齋雜著四種　（清）黃楙材撰　清光緒十
二年（1886）夢花軒刻新陽趙氏叢刊本　二冊

210000－0701－0016648　024154
西遊錄注三種　（清）李若農撰　（清）李文田
注　清光緒二十三年（1897）施氏鄮鄭學廬刻
本　二冊

210000－0701－0016649　024155
李氏五種合刊　（清）李兆洛撰　清光緒二十
四年（1898）上海掃葉山房石印本　八冊

210000－0701－0016650　024156
李氏五種合刊　（清）李兆洛撰　清光緒二十
四年（1898）上海掃葉山房石印本　八冊

210000－0701－0016651　024157
李氏五種合刊　（清）李兆洛撰　清光緒二十
四年（1898）上海掃葉山房石印本　八冊

210000－0701－0016652　024158
李氏五種合刊　（清）李兆洛撰　清光緒十八
年（1892）金陵書局刻本　十六冊

210000 - 0701 - 0016653　024159

李氏五種合刊　（清）李兆洛撰　清光緒十八年（1892）金陵書局刻本　十六冊

210000 - 0701 - 0016654　024160

李氏五種合刊　（清）李兆洛撰　清同治九年（1870）李鴻章刻本　十一冊

210000 - 0701 - 0016655　024161

李氏五種合刊　（清）李兆洛撰　清光緒十四年（1888）上海掃葉山房刻本　十二冊

210000 - 0701 - 0016656　024162

李氏五種合刊　（清）李兆洛撰　清光緒十四年（1888）上海掃葉山房刻本　十二冊

210000 - 0701 - 0016657　024165

問影樓輿地叢書第一集　胡思敬輯　清光緒三十四年（1908）北京新昌胡氏鉛印本　十冊

210000 - 0701 - 0016658　024166

問影樓輿地叢書第一集　胡思敬輯　清光緒三十四年（1908）北京新昌胡氏鉛印本　十冊

210000 - 0701 - 0016659　024167

問影樓輿地叢書第一集　胡思敬輯　清光緒三十四年（1908）北京新昌胡氏鉛印本　十冊

210000 - 0701 - 0016660　024168

小方壺齋輿地叢鈔十二帙補編十二帙再補編十二帙　王錫祺輯　清光緒十七年至二十三年（1891 - 1897）上海著易堂鉛印本　八十四冊

210000 - 0701 - 0016661　024169

小方壺齋輿地叢鈔十二帙補編十二帙再補編十二帙　王錫祺輯　清光緒十七年至二十三年（1891 - 1897）上海著易堂鉛印本　六十六冊　存三十二帙（正編三至八、十一至十二，補編十二帙，再補編十二帙）

210000 - 0701 - 0016662　024170

小方壺齋輿地叢鈔補編　王錫祺輯　清光緒二十年（1894）上海著易堂鉛印本　四冊

210000 - 0701 - 0016663　024171

小方壺齋輿地叢鈔及補編　王錫祺輯　清光

緒二十年（1894）上海著易堂鉛印本　六十四冊

210000 - 0701 - 0016664　024172

小方壺齋輿地叢鈔補編　王錫祺輯　清光緒二十年（1894）上海著易堂鉛印本　四冊

210000 - 0701 - 0016665　024173

小方壺齋輿地叢鈔補編　王錫祺輯　清光緒二十年（1894）上海著易堂鉛印本　四冊

210000 - 0701 - 0016666　024174

小方壺齋輿地叢鈔及補編　王錫祺輯　清光緒二十年（1894）上海著易堂鉛印本　六十四冊

210000 - 0701 - 0016667　024175

小方壺齋輿地叢鈔再補編　王錫祺輯　清光緒二十三年（1897）上海著易堂鉛印本　十六冊

210000 - 0701 - 0016668　024176

小方壺齋輿地叢鈔再補編　王錫祺輯　清光緒二十三年（1897）上海著易堂鉛印本　十六冊

210000 - 0701 - 0016669　024177

小方壺齋輿地叢鈔再補編　王錫祺輯　清光緒二十三年（1897）上海著易堂鉛印本　十六冊

210000 - 0701 - 0016670　024178

大唐西域記十二卷　（唐）釋玄奘譯　（唐）釋辨機撰　清宣統元年（1909）常州天甯寺刻本　四冊

210000 - 0701 - 0016671　024179

王會新編　（清）茹鉉輯　清康熙三十二年（1693）刻本　四十冊

210000 - 0701 - 0016672　024180

元和郡縣志四十卷　（唐）李吉甫撰　清乾隆木活字印本　六冊

210000 - 0701 - 0016673　024187

元和郡縣圖志闕卷逸文三卷　（唐）李吉甫撰　繆荃孫輯　清光緒七年（1881）江陰繆氏刻

雲自在龕叢書本　一冊

210000－0701－0016674　024188

大清一統志五百卷　（清）和珅等纂　清光緒
二十七年(1901)上海寶善齋石印本　六十冊

210000－0701－0016675　024189

大清一統志五百卷　（清）和珅等纂　清光緒
二十七年(1901)上海寶善齋石印本　六十冊

210000－0701－0016676　024190

大清一統志五百卷　（清）和珅等纂　清光緒
二十七年(1901)上海寶善齋石印本　六十冊

210000－0701－0016677　024192

大清一統志五百卷　（清）和珅等纂　清光緒
二十八年(1902)上海寶善齋石印本　六十冊

210000－0701－0016678　024193

大清一統志五百卷　（清）和珅等纂　清光緒
二十八年(1902)上海寶善齋石印本　六十冊

210000－0701－0016679　024194

大清一統志五百卷　（清）和珅等纂　清光緒
二十八年(1902)上海寶善齋石印本　六十冊

210000－0701－0016680　024195

大清一統志五百卷　（清）和珅等纂　清光緒
二十八年(1902)上海寶善齋石印本　六十冊

210000－0701－0016681　024196

大清一統志五百卷　（清）和珅等纂　清光緒
二十八年(1902)上海寶善齋石印本　六十冊

210000－0701－0016682　024197

大清一統志三百五十六卷　（清）蔣廷錫等纂
修　清道光二十九年(1849)薛子瑜木活字印
本　二百三十五冊

210000－0701－0016683　024198

大清一統志五百卷　（清）和珅等纂　清光緒
二十八年(1902)上海寶善齋石印本　六十冊

210000－0701－0016684　024199

大清一統志五百卷　（清）和珅等纂　清光緒
二十八年(1902)上海寶善齋石印本　六十冊

210000－0701－0016685　024200

大清一統志表　（清）徐午輯　清乾隆五十八
年(1793)刻本　八冊

210000－0701－0016686　024201

大清一統志表　（清）徐午輯　清乾隆五十八
年(1793)刻本　六冊

210000－0701－0016687　024202

大清一統志表　（清）徐午輯　清乾隆五十九
年(1794)徐氏刻本　六冊

210000－0701－0016688　024203

大清一統志表　（清）徐午輯　清乾隆五十九
年(1794)徐氏刻本　六冊

210000－0701－0016689　024223

國朝先正事略六十卷首一卷　（清）李元度纂
清光緒十三年(1887)廣百宋齋鉛印本　九
冊　存四十九卷(一至三十六、四十八至六
十)

210000－0701－0016690　024225

皇朝直省府廳州縣歌括　（清）蔣升撰　清光
緒二十八年(1902)山東書局鉛印本　二冊

210000－0701－0016691　024229

羊城古鈔八卷首一卷　（清）仇池石纂　清嘉
慶十一年(1806)刻廣州方志本　六冊

210000－0701－0016692　024232

廣輿記二十四卷　（清）蔡方炳增輯　清乾隆
十五年(1750)刻本　八冊

210000－0701－0016693　024233

廣輿記二十四卷　（清）蔡方炳增輯　清嘉慶
七年(1802)刻本　十六冊

210000－0701－0016694　024234

廣輿記二十四卷　（清）蔡方炳增輯　清刻本
十二冊

210000－0701－0016695　024235

廣輿記二十四卷　（清）蔡方炳增輯　清康熙
二十五年(1686)刻本　十六冊

210000－0701－0016696　024236

讀史方輿紀要一百三十卷輿圖要覽四卷
(清)顧祖禹撰　清道光十一年(1831)敷文閣

刻本 六十册

210000－0701－0016697 024237
讀史方輿紀要一百三十卷輿圖要覽四卷
（清）顧祖禹撰 清光緒二十五年(1899)慎記
書莊石印本 三十二册

210000－0701－0016698 024238
讀史方輿紀要一百三十卷輿圖要覽四卷
（清）顧祖禹撰 清石印本 三十二册

210000－0701－0016699 024239
讀史方輿紀要一百三十卷輿圖要覽四卷
（清）顧祖禹撰 輿圖要覽四卷 （清）顧祖禹
撰 清道光十一年(1831)敷文閣刻本 六十
四册

210000－0701－0016700 024240
讀史方輿紀要一百三十卷輿圖要覽四卷
（清）顧祖禹撰 清光緒五年(1879)桐華書屋
補刻本 五十册

210000－0701－0016701 024241
讀史方輿紀要一百三十卷輿圖要覽四卷
（清）顧祖禹撰 清光緒五年(1879)桐華書屋
補刻本 六十二册

210000－0701－0016702 024242
讀史方輿紀要一百三十卷輿圖要覽四卷
（清）顧祖禹撰 清光緒五年(1879)桐華書屋
補刻本 六十四册

210000－0701－0016703 024243
讀史方輿紀要一百三十卷輿圖要覽四卷
（清）顧祖禹撰 清光緒五年(1879)桐華書屋
補刻本 五十册

210000－0701－0016704 024244
讀史方輿紀要一百三十卷 （清）顧祖禹撰
清光緒二十六年(1900)廣雅書局刻本 六册
存十二卷(七十七至八十八)

210000－0701－0016705 024245
讀史方輿紀要一百三十卷 （清）顧祖禹撰
清光緒二十六年(1900)廣雅書局刻本 七十
四册

210000－0701－0016706 024246
天下郡國利病書一百二十卷 （清）顧炎武撰
清光緒二十七年(1901)圖書集成局鉛印本
二十八册

210000－0701－0016707 024247
讀史方輿紀要一百三十卷附方輿全圖總說五
卷 （清）顧祖禹撰 清光緒二十七年(1901)
圖書集成局鉛印本 三十二册

210000－0701－0016708 024248
讀史方輿紀要一百三十卷附方輿全圖總說五
卷 （清）顧祖禹撰 清光緒二十七年(1901)
圖書集成局鉛印本 三十二册

210000－0701－0016709 024249
元和郡縣圖志四十卷 （唐）李吉甫撰 元和
郡縣補志九卷 （清）嚴觀輯 清光緒八年
(1882)金陵書局刻本 八册

210000－0701－0016710 024251
皇朝輿地略一卷 清光緒十年(1884)湖北官
書處刻本 一册

210000－0701－0016711 024252
皇朝輿地略一卷 （清）馮焌光撰 清同治二
年(1863)廣州寶華坊刻本 八册

210000－0701－0016712 024253
太平寰宇記二百卷 （宋）樂史撰 清嘉慶八
年(1803)萬廷蘭刻本 三十册 存一百九十
九卷(一至三、五至二百)

210000－0701－0016713 024254
太平寰宇記二百卷 （宋）樂史撰 清光緒八
年(1882)金陵書局刻本 三十六册

210000－0701－0016714 024255
太平寰宇記二百卷 （宋）樂史撰 太平寰宇
記補闕七卷 （清）陳蘭森輯 清刻本 四
十册

210000－0701－0016715 024256
太平寰宇記二百卷 （宋）樂史撰 太平寰宇
記補闕七卷 （清）陳蘭森輯 清刻本 四
十册

210000－0701－0016716　024257
太平寰宇記二百卷　（宋）樂史撰　清刻本
四十冊

210000－0701－0016717　024258
太平寰宇記二百卷　（宋）樂史撰　**太平寰宇
記補闕一卷朝代紀元表一卷**　清嘉慶八年
（1803）刻本　三十二冊　存一百九十三卷
（一至一百十二、一百二十至二百）

210000－0701－0016718　024259
李氏五種合刊　（清）李兆洛撰　清同治九年
（1870）合肥李鴻章刻本　九冊

210000－0701－0016719　024260
柳庭輿地隅說三卷　（清）孫蘭撰　清光緒十
一年（1885）儀徵吳氏刻蟄園叢刻本　一冊

210000－0701－0016720　024261
乾隆府廳州縣圖志五十卷　（清）洪亮吉撰
清光緒二十三年（1897）新化三味書室刻本
二十冊

210000－0701－0016721　024263
輿地廣記三十八卷　（宋）歐陽忞撰　**附校勘
札記二卷**　清光緒六年（1880）金陵書局刻本
四冊

210000－0701－0016722　024264
輿地廣記三十八卷　（宋）歐陽忞撰　**附校勘
札記二卷**　清光緒六年（1880）金陵書局刻本
四冊

210000－0701－0016723　024265
輿地形勢論一卷　（清）鮑振方撰　清同治十
三年（1874）鮑氏刻後知不足齋叢書本　一冊

210000－0701－0016724　024266
輿地紀勝二百卷　（宋）王象之撰　**輿地紀勝
補闕十卷**　（清）岑建功輯　**輿地紀勝校勘記
五十二卷**　（清）劉文淇撰　清道光二十九年
（1849）懼盈齋刻本　五十冊

210000－0701－0016725　024267
輿地紀勝二百卷　（宋）王象之撰　**輿地紀勝
補闕十卷**　（清）岑建功輯　**輿地紀勝校勘記
五十二卷**　（清）劉文淇撰　清道光二十九年
（1849）懼盈齋刻本　五十冊

210000－0701－0016726　024269
輿地紀勝補闕十卷　（清）岑建功撰　清道光
二十八年（1848）懼盈齋刻本　四冊

210000－0701－0016727　024270
輿地紀勝校勘記五十二卷　（清）劉文淇撰
輿地紀勝補闕十卷　（清）岑建功輯　清道光
二十九年（1849）懼盈齋刻本　十六冊

210000－0701－0016728　024271
輿地彙鈔十二卷圖二卷　（清）馬冠羣輯　清
光緒二十年（1894）蘇州文瑞樓石印本　四冊

210000－0701－0016729　024272
輿圖要覽四卷　（清）顧祖禹撰　清刻本
九冊

210000－0701－0016730　024273
彙輯輿圖備考全書十八卷　（明）潘光祖輯
（清）李為霖考　清順治七年（1650）刻本　四
冊　存十三卷（一至二、五至七、十一至十八）

210000－0701－0016731　024274
錦官錄圓海圖考四卷　原題見菴撰　清刻本
一冊

210000－0701－0016732　024275
盧山紀游　崔來福撰　清末活字印本　一冊

210000－0701－0016733　024276
康輶紀行十六卷　（清）姚瑩撰　清刻本　八
冊　存十五卷（一至十五）

210000－0701－0016734　024277
度隴記四卷　（清）董醇撰　清咸豐刻隨軺載
筆本　四冊

210000－0701－0016735　024278
辛卯侍行記六卷　（清）陶保廉撰　清光緒二
十三年（1897）養樹山房刻本　六冊

210000－0701－0016736　024279
辛卯侍行記六卷　（清）陶保廉撰　清光緒二
十三年（1897）養樹山房刻本　六冊

210000－0701－0016737　024280

辛卯侍行記六卷　（清）陶保廉撰　清光緒二十三年（1897）養樹山房刻本　六冊

210000－0701－0016738　024285

丁亥入都紀程二卷　（清）黎庶昌撰　清光緒十四年（1888）鉛印本　一冊

210000－0701－0016739　024286

丁亥入都紀程二卷　（清）黎庶昌撰　清光緒十四年（1888）鉛印本　一冊

210000－0701－0016740　024287

丙午扶桑遊記三卷　吳蔭培撰　清光緒三十二年（1906）刻本　一冊

210000－0701－0016741　024289

西遊錄注一卷附和林詩並注一卷　（清）李文田撰　清光緒二十三年（1897）施氏鄤鄭學廬刻本　一冊

210000－0701－0016742　024291

雲棧紀程八卷　（清）張邦伸撰　清乾隆五十九年（1794）敦彝堂刻本　一冊　存四卷（一至四）

210000－0701－0016743　024292

雲棧紀程八卷　（清）張邦伸撰　清刻本四冊

210000－0701－0016744　024295

仿南遊記　望眉顏撰　清光緒二十一年（1895）刻本　一冊

210000－0701－0016745　024296

行川必要一卷　（清）賀縉紳撰　清光緒四年（1878）刻本　一冊

210000－0701－0016746　024302

使琉球記六卷　（清）李鼎元撰　清嘉慶七年（1802）刻本　一冊

210000－0701－0016747　024304

使滇紀程不分卷　（清）晏端書撰　清光緒十三年（1887）刻本　一冊

210000－0701－0016748　024309

徐霞客遊記大觀十二卷一卷　（明）徐宏祖撰

附補編　清光緒七年（1881）瘦影山房刻本十二冊

210000－0701－0016749　024310

永甯祗謁筆記一卷　（清）董恂撰　清同治十一年（1872）刻本　一冊

210000－0701－0016750　024311

江窗山水記一卷　（清）趙國華撰　清同治十二年（1873）刻本　一冊

210000－0701－0016751　024312

河海崑崙錄　裴景福撰　清宣統元年（1909）鉛印本　四冊

210000－0701－0016752　024315

遊記續編　（明）陶宗儀輯　清光緒十二年（1886）新陽趙氏刻本　一冊

210000－0701－0016753　024316

譜餘錄一卷　（清）孫奇逢撰　清順治十二年（1655）刻本　一冊

210000－0701－0016754　024323

楚庭稗珠錄六卷　（清）檀萃撰　清乾隆三十八年（1773）刻本　四冊

210000－0701－0016755　024325

春融堂雜記八種　（清）王昶撰　清光緒申報館鉛印申報館叢書本　四冊

210000－0701－0016756　024328

歷下志遊正編四卷外編四卷　（清）師史氏撰　清光緒八年（1882）申報館鉛印申報館叢書本　二冊

210000－0701－0016757　024329

隴蜀餘聞一卷　（清）王士禛撰　清康熙刻王漁洋遺書本　一冊

210000－0701－0016758　024333

度隴記四卷　（清）董醇撰　清咸豐元年（1851）刻本　四冊

210000－0701－0016759　024334

鳳臺祗謁筆記一卷永甯祗謁筆記一卷　（清）董恂撰　清同治刻本　四冊

210000－0701－0016760　024335

鳳臺祇謁筆記一卷永甯祇謁筆記一卷　（清）
董恂撰　清同治刻本　一册

210000－0701－0016761　024336

周行俗覽六卷　題求放心齋輯　清刻本
六册

210000－0701－0016762　024343

廬山志十五卷首一卷　（清）盛元纂　清同治
十年(1871)刻本　十六册

210000－0701－0016763　024344

廬山志十五卷首一卷　（清）盛元纂　清同治
十二年(1873)刻本　十六册

210000－0701－0016764　024345

廬山志十五卷首一卷　朱錦等纂　清宣統二
年(1910)刻本　十六册

210000－0701－0016765　024346

廬山志十五卷　（清）毛德琦撰　清康熙五十
九年(1720)順德堂刻本　十六册

210000－0701－0016766　024347

廬山志十五卷首一卷　（清）盛元纂　清光緒
九年(1883)朱錫祁刻本　十六册

210000－0701－0016767　024348

廬山小志二十四卷首一卷　（清）蔡瀛撰　清
道光四年(1824)嫏環別館刻本　六册

210000－0701－0016768　024351

京口山水志十八卷首一卷末一卷　（清）楊棨
撰　清道光二十七年(1847)枕溪書屋刻本
四册

210000－0701－0016769　024352

京口山水志十八卷首一卷末一卷　（清）楊棨
撰　清道光二十七年(1847)枕溪書屋刻本
四册

210000－0701－0016770　024353

京口山水志十八卷首一卷末一卷　（清）楊棨
撰　清道光二十七年(1847)一枝巢刻本
四册

210000－0701－0016771　024354

龍井見聞錄十卷　（清）汪孟鋗纂　附宋僧元
淨外傳二卷　清光緒十年(1884)丁氏嘉惠堂
刻本　四册

210000－0701－0016772　024355

新疆山脈圖志六卷　王樹枏撰　清宣統元年
(1909)新城王氏刻陶廬叢刻本　六册

210000－0701－0016773　024356

天台山記　（唐）徐靈府撰　清光緒遵義黎氏
日本東京使署影刻古逸叢書本　一册

210000－0701－0016774　024357

說嵩三十二卷　（清）景日昣撰　清康熙六十
年(1721)刻本　十册

210000－0701－0016775　024358

靈峰志四卷　周慶雲纂　清宣統三年(1911)
夢坡室刻本　二册

210000－0701－0016776　024360

天台山全志十八卷　（清）張聯元輯　清康熙
五十六年(1717)刻本　六册

210000－0701－0016777　024361

天台山方外志三十卷　（明）釋傳燈撰　清光
緒二十年(1894)真覺寺刻本　八册

210000－0701－0016778　024362

石鐘山志十六卷　（清）丁義方　（清）李成謀
纂　清光緒九年(1883)聽濤眺雨軒刻本
八册

210000－0701－0016779　024363

石鐘山志十六卷　（清）丁義方　（清）李成謀
纂　清光緒九年(1883)聽濤眺雨軒刻本
八册

210000－0701－0016780　024364

續修雲林寺志八卷　（清）沈鑅彪纂　清光緒
十四年(1888)錢塘丁丙嘉惠堂刻武林掌故叢
編本　三册

210000－0701－0016781　024365

御覽孤山志一卷　（清）王復禮撰　清光緒七
年(1881)錢塘丁丙嘉惠堂刻武林掌故叢編本
　一册

210000－0701－0016782　024366

武夷山志二十四卷 （清）董天工纂　清道光
二十六年(1846)五夫尺木軒刻本　八冊

210000－0701－0016783　024367

武夷山志二十四卷 （清）董天工纂　清道光
二十六年(1846)五夫尺木軒刻本　八冊

210000－0701－0016784　024368

武夷山志二十四卷 （清）董天工纂　清道光
二十六年(1846)五夫尺木軒刻本　八冊

210000－0701－0016785　024369

武夷山志二十四卷 （清）董天工纂　清道光
二十六年(1846)五夫尺木軒刻本　八冊

210000－0701－0016786　024370

焦山志二十六卷首一卷 （清）吳雲輯　**焦山
續志八卷** （清）陳任暘輯　清同治十三年至
光緒三十一年(1874－1905)刻京口三山志本
　十冊

210000－0701－0016787　024371

焦山志二十六卷首一卷 （清）吳雲輯　**焦山
續志八卷** （清）陳任暘輯　清同治十三年至
光緒三十一年(1874－1905)刻京口三山志本
　十冊

210000－0701－0016788　024372

焦山志二十六卷首一卷 （清）吳雲輯　**焦山
續志八卷** （清）陳任暘輯　清同治十三年至
光緒三十一年(1874－1905)刻京口三山志本
　十冊

210000－0701－0016789　024373

焦山志二十六卷首一卷 （清）吳雲輯　**焦山
續志八卷** （清）陳任暘輯　清同治十三年至
光緒三十一年(1874－1905)刻京口三山志本
　十冊

210000－0701－0016790　024374

焦山志二十六卷首一卷 （清）吳雲輯　**焦山
續志八卷** （清）陳任暘輯　清同治十三年至
光緒三十一年(1874－1905)刻京口三山志本
　十冊

210000－0701－0016791　024375

焦山志二十六卷首一卷 （清）吳雲輯　**焦山
續志八卷** （清）陳任暘輯　清同治十三年至
光緒三十一年(1874－1905)刻京口三山志本
　十冊

210000－0701－0016792　024376

焦山志二十六卷首一卷 （清）吳雲輯　清同
治十三年(1874)刻本　八冊

210000－0701－0016793　024377

焦山志二十六卷首一卷 （清）吳雲輯　清同
治十三年(1874)刻本　八冊

210000－0701－0016794　024378

焦山續志八卷 （清）陳任暘輯　清光緒三十
一年(1905)刻本　二冊

210000－0701－0016795　024379

雞足山志十卷首一卷 （清）范承勳纂　清康
熙三十一年(1692)刻本　十四冊

210000－0701－0016796　024384

峨山圖志二卷 （清）黃綬芙撰　清光緒十四
年(1888)刻本　二冊

210000－0701－0016797　024385

峨山圖志二卷 （清）黃綬芙撰　清光緒十四
年(1888)刻本　二冊

210000－0701－0016798　024386

峨山圖志二卷 （清）黃綬芙撰　清光緒十七
年(1891)刻本　二冊

210000－0701－0016799　024395

盤山志十六卷首五卷 （清）蔣溥等纂　清乾
隆二十年(1755)刻本　十四冊

210000－0701－0016800　024396

盤山志十六卷首五卷 （清）蔣溥等纂　清乾
隆二十年(1755)刻本　十四冊

210000－0701－0016801　024397

寶華山志十五卷 （清）劉名芳纂　清刻本
四冊

210000－0701－0016802　024398

寶華山志十五卷 （清）劉名芳纂　清刻本

四册

210000－0701－0016803　024399

清涼山新志十卷　（清）老藏丹巴撰　清康熙
四十六年(1707)刻五臺山新志本　四册

210000－0701－0016804　024405

清涼山志輯要二卷　（清）汪本直輯　清刻本
二册

210000－0701－0016805　024412

九華山志十卷首一卷　（清）謝維喈　（清）周
贇纂　清光緒二十六年(1900)刻本　八册

210000－0701－0016806　024413

大嶽太和山紀畧八卷　（清）姚世倌纂　清乾
隆九年(1744)下荆南道署刻本　八册

210000－0701－0016807　024414

大別山志十卷　（清）胡鳳丹纂　清同治十三
年(1874)退補齋刻本　四册

210000－0701－0016808　024417

南嶽志八卷　（清）高自位重編　清乾隆十八
年(1753)開雲樓刻湖南衡山志本　六册

210000－0701－0016809　024419

大昭慶律寺志十卷　（清）釋篆玉撰　清光緒
八年(1882)丁丙嘉惠堂刻武林掌故叢編本
二册

210000－0701－0016810　024420

茅山志十四卷　（清）笪蟾光纂　附道秩考一
卷　清光緒元年(1875)刻本　八册

210000－0701－0016811　024421

茅山志十四卷　（清）笪蟾光纂　附道秩考一
卷　清光緒元年(1875)刻本　八册

210000－0701－0016812　024422

茅山志十四卷　（清）笪蟾光纂　附道秩考一
卷　清光緒二十四年(1898)劉鳳林刻本
六册

210000－0701－0016813　024423

蓮峰志五卷　（清）王夫之撰　清同治四年
(1865)曾國荃金陵刻船山遺書本　一册

210000－0701－0016814　024424

蓮峰志五卷　（清）王夫之撰　清同治四年
(1865)曾國荃金陵刻船山遺書本　一册

210000－0701－0016815　024425

萬山綱目二十一卷　（清）李誠纂　清光緒二
十六年(1900)陶祝華刻本　十册

210000－0701－0016816　024426

華嶽志八卷　（清）李榕纂　清道光十一年
(1831)刻光緒九年(1883)楊昌濬補刻本
四册

210000－0701－0016817　024427

華嶽志八卷　（清）李榕纂　清道光十一年
(1831)刻光緒九年(1883)楊昌濬補刻本
四册

210000－0701－0016818　024428

華嶽志八卷　（清）李榕纂　清道光十一年
(1831)刻光緒九年(1883)楊昌濬補刻本
四册

210000－0701－0016819　024431

黃山嶺要錄二卷　（清）汪洪度撰　清乾隆、
道光間長塘鮑氏刻知不足齋叢書本　一册

210000－0701－0016820　024438

明州阿育王山志十六卷　（明）郭子章纂　明
萬曆刻清乾隆補刻本　六册

210000－0701－0016821　024439

明州阿育王山志十六卷　（明）郭子章纂　明
萬曆刻清乾隆補刻本　六册

210000－0701－0016822　024440

馬鞍山志不分卷　（清）魯太璞錄　（清）李寅
賓重訂　合雲鄭仙師飛升建塔記　清末石印
本　一册

210000－0701－0016823　024441

長白山江岡志畧　（清）劉建封撰　清光緒三
十四年(1908)鉛印本　一册

210000－0701－0016824　024442

長白山錄一卷補遺一卷　（清）王士禛撰　清
康熙刻王漁洋遺書本　一册

210000 – 0701 – 0016825　024444

金山志十卷　（清）盧見曾撰　附續金山志二卷　清光緒二十六年(1900)刻本　六冊

210000 – 0701 – 0016826　024445

金山志二十卷首二卷　（清）周伯義纂　清光緒三十年(1904)刻京口三山志本　十冊

210000 – 0701 – 0016827　024446

金蓋山志四卷　（清）李宗蓮纂　附閔小艮先生金蓋志略一卷　清光緒二十二年(1896)古書隱樓刻本　二冊

210000 – 0701 – 0016828　024447

重修南海普陀山志二十卷　（清）秦耀曾纂　清道光二十三年(1843)刻本　四冊

210000 – 0701 – 0016829　024448

重修南海普陀山志二十卷　（清）秦耀曾纂　清道光二十三年(1843)刻本　四冊

210000 – 0701 – 0016830　024457

恆山志四卷　（清）桂敬順纂　清嘉慶二十四年(1819)刻本　五冊

210000 – 0701 – 0016831　024458

懷德府屬八縣水道圖　清刻本　一冊

210000 – 0701 – 0016832　024458

衛輝府屬十縣水道全圖　清刻本　一冊

210000 – 0701 – 0016833　024458

彰德府七縣水道圖　清刻本　一冊

210000 – 0701 – 0016834　024459

西域水道記五卷　（清）徐松撰　清道光三年(1823)刻本　五冊

210000 – 0701 – 0016835　024463

水經注四十卷　（北魏）酈道元撰　山海經十八卷　（晉）郭璞撰　清乾隆十八年(1753)槐蔭草堂刻本　十二冊

210000 – 0701 – 0016836　024464

水經注四十卷　（北魏）酈道元撰　（清）黃晟校　山海經十八卷　（晉）郭璞撰　清乾隆十八年(1753)槐蔭草堂刻本　十六冊

210000 – 0701 – 0016837　024465

水經注不分卷　（北魏）酈道元注　（清）戴震校　清乾隆刻本　十冊

210000 – 0701 – 0016838　024466

水經注不分卷　（北魏）酈道元注　（清）戴震校　清乾隆刻本　八冊

210000 – 0701 – 0016839　024467

水經注不分卷　（北魏）酈道元注　（清）戴震校　清乾隆刻本　十四冊

210000 – 0701 – 0016840　024468

水經注四十卷　（北魏）酈道元注　（清）薛福成校　附補遺一卷附錄二卷　清光緒十四年(1888)薛福成刻本　十六冊

210000 – 0701 – 0016841　024471

水經注四十卷　（北魏）酈道元注　（清）項絪校　山海經十八卷　（晉）郭璞撰　清康熙五十三年(1714)項氏群玉書堂刻本　十二冊

210000 – 0701 – 0016842　024472

重校天都黃氏本水經注四十卷　（北魏）酈道元注　（清）黃晟校　（清）張矅馨重校　清福州張氏勵志書屋刻本　十二冊

210000 – 0701 – 0016843　024474

水經注疏要刪四十卷附補遺四十卷　楊守敬纂　清光緒三十一年(1905)觀海堂刻本　十二冊

210000 – 0701 – 0016844　024475

水經注釋四十卷首一卷　（清）趙一清錄　（清）張壽榮校　水經注釋附錄二卷　水經注箋刊誤十二卷　（清）趙一清錄　清光緒六年(1880)蛟川花雨樓張壽榮刻秋樹根齋叢書本　二十冊

210000 – 0701 – 0016845　024476

水經注釋四十卷首一卷　（清）趙一清錄　（清）張壽榮校　水經注釋附錄二卷　水經注箋刊誤十二卷　（清）趙一清錄　清光緒六年(1880)蛟川花雨樓張壽榮刻秋樹根齋叢書本　二十冊

210000－0701－0016846　024477

水經注釋地四十卷補遺二卷　（清）張匡學釋補　附水道直指一卷　清嘉慶二年(1797)上池書屋刻本　十二冊

210000－0701－0016847　024479

水經注圖及附錄二卷　（清）汪士鐸撰　清咸豐十一年(1861)刻同治元年(1862)補刻本　一冊

210000－0701－0016848　024480

水經注圖及附錄二卷　（清）汪士鐸撰　清末石印本　二冊

210000－0701－0016849　024481

水經注圖及附錄二卷　（清）汪士鐸撰　清末石印本　二冊

210000－0701－0016850　024482

水經注圖　楊守敬纂　清光緒三十一年(1905)觀海堂刻朱墨套印本　八冊

210000－0701－0016851　024483

水經注圖及附錄二卷　（清）汪士鐸撰　清咸豐十一年(1861)刻同治元年(1862)補刻本　一冊

210000－0701－0016852　024484

水經注圖及附錄二卷　（清）汪士鐸撰　清咸豐十一年(1861)刻同治元年(1862)補刻本　一冊

210000－0701－0016853　024485

水經注匯校四十卷首一卷　（北魏）酈道元注　（清）楊希閔校　水經注釋附錄二卷　（清）趙一清錄　清光緒七年(1881)福州刻本　十六冊

210000－0701－0016854　024486

水經注匯校四十卷首一卷　（北魏）酈道元注　（清）楊希閔校　水經注釋附錄二卷　（清）趙一清錄　清光緒七年(1881)福州刻本　八冊

210000－0701－0016855　024487

皇朝輿地水道源流五卷　（清）胡宣慶纂　清

光緒十七年(1891)長沙胡鴻賓刻本　一冊

210000－0701－0016856　024491

水道提綱二十八卷　（清）齊召南撰　清光緒上海文瑞樓鉛印本　八冊

210000－0701－0016857　024492

水道提綱二十八卷　（清）齊召南撰　清光緒四年(1878)霞城精舍刻本　八冊

210000－0701－0016858　024493

水道提綱二十八卷　（清）齊召南撰　清光緒四年(1878)霞城精舍刻本　八冊

210000－0701－0016859　024494

水道提綱二十八卷　（清）齊召南撰　清光緒二十四年(1898)新化三味書室刻本　八冊

210000－0701－0016860　024497

增訂夏書禹貢註讀不分卷　（清）徐鹿苹續輯　清光緒四年(1878)上海集成堂刻本　二冊

210000－0701－0016861　024498

續行水金鑑一百五十六卷首一卷圖一卷　（清）黎世序等纂　清道光十二年(1832)河庫道署刻本　八十冊

210000－0701－0016862　024499

畿輔河道水利叢書八種　（清）吳邦慶纂　清道光四年(1824)益津吳氏刻本　十冊

210000－0701－0016863　024500

山東直隸河南三省黃河全圖　（清）劉瑞祺等纂　清光緒十六年(1890)上海鴻文書局石印本　五冊

210000－0701－0016864　024501

山東直隸河南三省黃河全圖　（清）劉瑞祺等纂　清光緒十六年(1890)上海鴻文書局石印本　四冊　存四冊(二至五)

210000－0701－0016865　024502

山東全河備考四卷　（清）葉方恆纂　清康熙十九年(1680)刻本　四冊

210000－0701－0016866　024504

永定河志三十二卷首一卷附治河摘要一卷　（清）李逢亨纂　清嘉慶刻本　七十六冊

210000 – 0701 – 0016867　024505

永定河續志十六卷補錄一卷　（清）朱其詔纂
清光緒八年(1882)刻本　十二冊

210000 – 0701 – 0016868　024507

江蘇海塘新志八卷　（清）李慶雲纂　清光緒
十六年(1890)刻本　四冊

210000 – 0701 – 0016869　024510

浙西水利備考不分卷　（清）王鳳生撰　（清）
梅啟照校　清光緒四年(1878)浙江書局刻本
四冊

210000 – 0701 – 0016870　024511

浙西水利備考不分卷　（清）王鳳生撰　（清）
梅啟照校　清光緒四年(1878)浙江書局刻本
四冊

210000 – 0701 – 0016871　024514

河套志六卷　（清）陳履中纂　清乾隆七年
(1742)刻本　四冊

210000 – 0701 – 0016872　024515

洞庭石磯圖說一卷行舟要覽一卷　（清）任鶚
纂　清光緒九年(1883)刻本　一冊

210000 – 0701 – 0016873　024516

迴瀾紀要二卷安瀾紀要二卷　（清）徐端撰
清嘉慶十八年(1813)刻本　四冊

210000 – 0701 – 0016874　024519

浙西水利備考不分卷　（清）王鳳生撰　（清）
梅啟照校　清光緒四年(1878)浙江書局刻本
四冊

210000 – 0701 – 0016875　024520

澉水志二卷　（宋）常棠撰　**嘉禾志三十二卷**
　（元）徐碩撰　（清）李文杏校　清咸豐七年
(1857)刻本　八冊

210000 – 0701 – 0016876　024521

太湖備考十六卷首一卷　（清）金友理纂　**湖
程紀略一卷**　（清）吳曾纂　**太湖備考續編四
卷**　（清）鄭言紹纂　清光緒二十九年(1903)
刻本　十二冊

210000 – 0701 – 0016877　024522

楚漕江程十六卷　（清）董恂纂　清光緒三年
(1877)齊長鴻刻本　十六冊

210000 – 0701 – 0016878　024525

黃運河口古今圖說　（清）麟慶纂　清道光二
十一年(1841)雲蔭堂刻本　一冊

210000 – 0701 – 0016879　024526

揚州水道記四卷　（清）劉文淇纂　清道光十
八年(1838)欲寡過齋刻本　四冊

210000 – 0701 – 0016880　024527

蜀水考四卷　（清）陳登龍撰　（清）朱錫穀補
注　清道光五年(1825)刻本　二冊

210000 – 0701 – 0016881　024528

蜀水考四卷　（清）陳登龍撰　（清）朱錫穀補
注　清道光五年(1825)刻本　二冊

210000 – 0701 – 0016882　024529

晦明軒稿不分卷　楊守敬撰　清光緒二十七
年(1901)鄰蘇園刻本　二冊

210000 – 0701 – 0016883　024530

歷代黃河變遷圖考十卷　（清）劉鶚撰　清光
緒十九年(1893)袖海山房石印本　四冊

210000 – 0701 – 0016884　024533

調查延吉邊務報告書三卷　（清）吳祿貞等編
清光緒三十四年(1908)鉛印本　三冊

210000 – 0701 – 0016885　024537

桑園圍總志十四卷　（清）明之綱纂　清同治
九年(1870)刻本　八冊

210000 – 0701 – 0016886　024539

今水經一卷今水經表一卷　（清）黃宗羲撰
清六有齋刻本　一冊

210000 – 0701 – 0016887　024540

今水經一卷今水經表一卷　（清）黃宗羲撰
清光緒二十二年(1896)新化三昧堂刻本
一冊

210000 – 0701 – 0016888　024541

今水經一卷今水經表一卷　（清）黃宗羲撰
清乾隆四十九年(1784)刻知不足齋叢書本
一冊

210000 – 0701 – 0016889　024542

苗防備覽二十二卷　（清）嚴如熤撰　清道光
二十三年(1843)刻本　八冊

210000 – 0701 – 0016890　024542

三省邊防備覽十四卷　（清）嚴如熤撰　清道
光二年(1822)嚴氏三魚書屋刻本　六冊

210000 – 0701 – 0016891　024543

三省邊防備覽十四卷　（清）嚴如熤撰　清道
光二年(1822)嚴氏三魚書屋刻本　八冊

210000 – 0701 – 0016892　024544

三省邊防備覽十四卷　（清）嚴如熤撰　清道
光二年(1822)嚴氏三魚書屋刻本　八冊

210000 – 0701 – 0016893　024545

三省邊防備覽十四卷　（清）嚴如熤撰　清道
光二年(1822)嚴氏三魚書屋刻本　六冊

210000 – 0701 – 0016894　024546

西招圖略不分卷　（清）松筠撰　清道光二十
七年(1847)刻本　二冊

210000 – 0701 – 0016895　024547

西招圖略不分卷　（清）松筠撰　清道光二十
七年(1847)刻本　二冊

210000 – 0701 – 0016896　024548

雲南勘界籌邊紀二卷　姚文棟撰　清光緒十
七年(1891)成都尊經書院刻本　二冊

210000 – 0701 – 0016897　024549

雲南勘界籌邊紀二卷　姚文棟撰　清光緒刻
本　二冊

210000 – 0701 – 0016898　024550

延吉邊防報告八章　（清）吳祿貞撰　清光緒
三十四年(1908)奉天學務公所鉛印本　四冊

210000 – 0701 – 0016899　024551

延吉邊防報告八章　（清）吳祿貞撰　清光緒
三十四年(1908)奉天學務公所鉛印本　四冊

210000 – 0701 – 0016900　024555

守邊輯要一卷　（清）璧昌撰　**守邊約言一卷**
（清）齡山撰　清道光刻本　一冊

210000 – 0701 – 0016901　024558

海國聞見錄二卷　（清）陳倫炯撰　（清）張久
照重輯　清道光三年(1823)刻本　二冊

210000 – 0701 – 0016902　024560

奉天全省地輿圖說圖表　（清）王志修撰　清
光緒二十年(1894)王志修刻本　一冊

210000 – 0701 – 0016903　024562

呼倫貝爾邊務調查報告書二卷　（清）宋小濂
撰　清宣統元年(1909)鉛印本　一冊

210000 – 0701 – 0016904　024568

朔方備乘六十八卷首十二卷凡例目錄一卷
（清）何秋濤纂　清光緒七年(1881)刻本　二
十四冊

210000 – 0701 – 0016905　024569

朔方備乘六十八卷首十二卷凡例目錄一卷附
中俄交界全圖　（清）何秋濤纂　清光緒七年
(1881)刻本　二十五冊

210000 – 0701 – 0016906　024570

朔方備乘六十八卷首十二卷凡例目錄一卷附
中俄交界全圖　（清）何秋濤纂　清光緒七年
(1881)刻本　二十五冊

210000 – 0701 – 0016907　024571

朔方備乘六十八卷首十二卷凡例目錄一卷
（清）何秋濤纂　清光緒七年(1881)刻本　二
十四冊

210000 – 0701 – 0016908　024572

朔方備乘六十八卷首十二卷凡例目錄一卷
（清）何秋濤纂　清光緒七年(1881)刻本　二
十四冊

210000 – 0701 – 0016909　024575

朔方備乘六十八卷首十二卷凡例目錄一卷
（清）何秋濤纂　清光緒七年(1881)畿輔通志
局刻本　二十二冊　存七十六卷(一至四十、
四十六至六十八,首十二卷,凡例目錄一卷)

210000 – 0701 – 0016910　024577

朔方備乘六十八卷首十二卷凡例目錄一卷
（清）何秋濤纂　清光緒七年(1881)畿輔通志

局刻本　二十四冊

210000－0701－0016911　024578
朔方備乘劄記一卷　（清）李文田撰　清光緒
二十三年(1897)會稽施氏刻邨鄭學廬地理叢
刊本　一冊

210000－0701－0016912　024584
勅建弘慈廣濟寺新志三卷　（清）釋然叢撰
清康熙四十三年(1704)弘慈廣濟寺大悲壇刻
本　三冊

210000－0701－0016913　024584
弘慈廣濟志一卷　（清）釋湛祐撰　清康熙二
十三年(1684)弘慈廣濟寺大悲壇刻本　一冊

210000－0701－0016914　024585
勅建弘慈廣濟寺新志三卷　（清）釋然叢撰
清康熙四十三年(1704)弘慈廣濟寺大悲壇刻
本　三冊

210000－0701－0016915　024586
龍瑞觀禹穴陽明洞天圖經一卷附錄一卷
（宋）葉樞撰　（宋）李宗諤修定　清末抄本
一冊

210000－0701－0016916　024589
三輔黃圖一卷　（漢）□□撰　（清）莊逵吉校
正　清乾隆五十一年(1786)咸寧官舍刻本
一冊

210000－0701－0016917　024590
五畝園小志題詠合刻　（清）謝家福輯　清光
緒吳縣謝氏刻本　一冊　存二卷(五畝園小
志一卷、五畝園志餘一卷)

210000－0701－0016918　024591
五畝園小志題詠合刻　（清）謝家福輯　清光
緒吳縣謝氏刻民國十三年(1924)補刻本　二
冊　存五卷(五畝園小志一卷、五畝園志餘一
卷、五畝園題詠一卷、五畝園懷古一卷、桃防
隖百詠一卷)

210000－0701－0016919　024594
兩浙防護陵寢祠墓錄不分卷　（清）阮元輯
清刻本　二冊

210000－0701－0016920　024595
平山堂圖志十卷首一卷　（清）趙之壁編纂
清光緒九年(1883)歐陽利見刻本　四冊

210000－0701－0016921　024596
平山堂圖志十卷清世祖聖祖世宗宸翰一卷名
勝全圖一卷　（清）趙之壁編纂　清乾隆刻本
四冊

210000－0701－0016922　024597
平江記事一卷　（元）高德基撰　清光緒望炊
樓叢書本　一冊

210000－0701－0016923　024600
天童寺志十卷　（清）聞性道　（清）釋德介撰
清刻本　四冊

210000－0701－0016924　024601
天台齊袁兩先生遊記二卷　（清）袁之球輯
清宣統二年(1910)鉛印本　一冊

210000－0701－0016925　024615
西湖三祠名賢考略三卷首一卷　（清）戴啟文
撰　清光緒三十年(1904)杭州任有容齋刻本
二冊

210000－0701－0016926　024616
西湖集覽二十六種　（清）丁丙輯　清光緒九
年(1883)錢塘丁氏嘉惠堂刻本　八冊

210000－0701－0016927　024617
西湖集覽二十六種　（清）丁丙輯　清光緒九
年(1883)錢塘丁氏嘉惠堂刻本　十冊

210000－0701－0016928　024619
西湖遊覽志二十四卷志餘二十六卷　（明）田
汝成撰　清光緒二十二年(1896)錢塘丁氏嘉
惠堂刻武林掌故叢編本　八冊

210000－0701－0016929　024620
西湖遊覽志二十四卷志餘二十六卷　（明）田
汝成撰　清光緒二十二年(1896)錢塘丁氏嘉
惠堂刻武林掌故叢編本　八冊

210000－0701－0016930　024621
西湖遊覽志二十四卷　（明）田汝成撰　清光
緒二十二年(1896)錢塘丁氏嘉惠堂刻武林掌

故叢編本　四冊

210000－0701－0016931　024622
西湖遊覽志餘二十六卷　（明）田汝成撰　清
光緒二十二年(1896)錢塘丁氏嘉惠堂刻武林
掌故叢編本　八冊

210000－0701－0016932　024623
西湖志四十八卷　（清）傅王露等修　清光緒
四年(1878)浙江書局刻本　二十冊

210000－0701－0016933　024624
西湖志四十八卷　（清）傅王露等修　清光緒
四年(1878)浙江書局刻本　二十冊

210000－0701－0016934　024625
西湖志四十八卷　（清）傅王露等修　清光緒
四年(1878)浙江書局刻本　二十冊

210000－0701－0016935　024626
西湖志四十八卷　（清）傅王露等修　清光緒
四年(1878)浙江書局刻本　二十冊

210000－0701－0016936　024627
西湖志四十八卷　（清）傅王露等修　清光緒
四年(1878)浙江書局刻本　二十冊

210000－0701－0016937　024628
西湖志四十八卷　（清）傅王露等修　清光緒
四年(1878)浙江書局刻本　二十冊

210000－0701－0016938　024630
西湖圖　彩繪本　一冊

210000－0701－0016939　024631
西湖覽勝詩志八卷　（清）夏基撰　清乾隆三
十七年(1772)陳愷補刻本　四冊

210000－0701－0016940　024632
西湖志纂十五卷首一卷　（清）梁詩正等纂
清乾隆二十七年(1762)賜經堂刻本　七冊

210000－0701－0016941　024634
五園區額五卷附一卷　（清）文嶸輯　稿本
一冊

210000－0701－0016942　024638
建隆寺志略十卷首一卷　（清）昌立撰　清道

光十九年(1839)吾無隱居刻本　二冊

210000－0701－0016943　024643
白鹿書院志十九卷　（清）毛德琦輯　（清）周
兆蘭重修　清乾隆六十年(1795)刻同治十年
(1871)補刻本　八冊

210000－0701－0016944　024645
粵東葺勝記八卷首二卷　徐琪撰　清光緒二
十九年(1903)刻本　五冊

210000－0701－0016945　024648
江塘志略一卷　（清）甘國奎輯　清康熙五十
四年(1715)勁節堂刻本　一冊

210000－0701－0016946　024649
潭柘山岫雲寺志二卷　（清）神穆德撰　續刊
潭柘山志略一卷　（清）釋義菴續撰　清光緒
刻本　二冊

210000－0701－0016947　024650
潭柘山岫雲寺志二卷　（清）神穆德撰　續刊
潭柘山志略一卷　（清）釋義菴續撰　清光緒
刻本　二冊

210000－0701－0016948　024651
浯溪考二卷　（清）王士禎撰　清康熙刻乾隆
印本　一冊

210000－0701－0016949　024652
浙程備覽五卷　（清）于敏中撰　清光緒十四
年(1888)徐氏觀自得齋刻本　二冊

210000－0701－0016950　024657
洪山勅賜寶通禪寺志三卷　（清）釋無相撰
（清）釋佛林增輯　**洪山勅賜寶通禪寺志增補
集**　（清）釋達澄撰　清光緒八年(1882)洪山
寶通寺刻本　二冊

210000－0701－0016951　024658
湯陰精忠廟志十卷　（明）張應登　（明）鄭懋
洵輯　（清）楊世達增輯　清雍正十三年
(1735)刻乾隆增刻本　六冊

210000－0701－0016952　024659
湯陰精忠廟志十卷　（明）張應登　（明）鄭懋
洵輯　（清）楊世達增輯　清雍正十三年

(1735)刻乾隆增刻本　六册

210000－0701－0016953　024660
湖山便覽十二卷　（清）翟灝　（清）翟瀚輯
清光緒元年(1875)王氏槐蔭堂刻本　六册

210000－0701－0016954　024661
湖山便覽十二卷　（清）翟灝　（清）翟瀚輯
清光緒元年(1875)王氏槐蔭堂刻本　六册

210000－0701－0016955　024662
洛陽伽藍記五卷　（北魏）楊衒之撰　明末刻
本　一册

210000－0701－0016956　024663
洛陽伽藍記五卷　（北魏）楊衒之撰　**洛陽伽
藍記集證一卷**　（清）吳若準撰　清道光十四
年(1834)錢塘吳氏刻本　二册

210000－0701－0016957　024664
洛陽伽藍記五卷　（北魏）楊衒之撰　**洛陽伽
藍記集證一卷**　（清）吳若準撰　清光緒三十
年(1904)說劍齋刻朱印本　二册

210000－0701－0016958　024670
滄浪小志二卷　（清）宋犖輯　清光緒十年
(1884)江蘇書局刻本　一册

210000－0701－0016959　024671
滄浪小志二卷　（清）宋犖輯　清光緒十年
(1884)江蘇書局刻本　一册

210000－0701－0016960　024674
蘭亭志五卷首一卷　（清）吳高增撰　清乾隆
十七年(1752)凝秀堂刻本　二册

210000－0701－0016961　024675
莫愁湖楹聯便覽一卷　（清）釋壽安輯　清光
緒刻本　一册

210000－0701－0016962　024675
莫愁湖志六卷首一卷　（清）馬士圖纂　清光
緒八年(1882)刻十七年(1891)增刻本　二册

210000－0701－0016963　024676
莫愁湖志六卷首一卷　（清）馬士圖纂　清光
緒八年(1882)刻十七年(1891)增刻本　二册

210000－0701－0016964　024677
莫愁湖志六卷首一卷　（清）馬士圖纂　清光
緒八年(1882)刻十七年(1891)增刻本　二册

210000－0701－0016965　024678
莫愁湖志六卷首一卷　（清）馬士圖纂　清光
緒八年(1882)刻十七年(1891)增刻本　二册

210000－0701－0016966　024679
莫愁湖志六卷首一卷　（清）馬士圖纂　清光
緒八年(1882)刻十七年(1891)增刻本　二册
存五卷(一至四、首一卷)

210000－0701－0016967　024680
莫愁湖志六卷首一卷　（清）馬士圖纂　清光
緒八年(1882)刻十七年(1891)增刻本　二册
存二卷(五至六)

210000－0701－0016968　024681
莫愁湖志六卷首一卷　（清）馬士圖纂　清光
緒八年(1882)刻十七年(1891)增刻本　一册
存二卷(五至六)

210000－0701－0016969　024682
黃山紀遊詩　（清）程之鵔撰　清乾隆六年
(1741)刻本　一册

210000－0701－0016970　024683
申江勝景圖二卷　（清）吳嘉猷繪　清光緒十
年(1884)上海點石齋石印本　二册

210000－0701－0016971　024687
青冢志十二卷首一卷　（清）胡鳳丹輯　清光
緒三年(1877)永康胡氏退補齋刻本　四册

210000－0701－0016972　024688
東林書院志二十二卷　（清）高廷珍等輯　清
光緒七年(1881)趙棨刻本　八册

210000－0701－0016973　024692
慧因寺志十二卷　（明）李蕣輯　**附錄一卷**
（清）丁丙輯　清光緒八年(1882)錢塘丁氏竹
書堂刻本　四册

210000－0701－0016974　024693
揚州畫舫錄十八卷　（清）李斗撰　清乾隆六
十年(1795)儀徵自然盦刻同治十一年(1872)

印本　四册

210000－0701－0016975　024694

揚州畫舫錄十八卷　（清）李斗撰　清乾隆六十年(1795)儀徵自然盦刻同治十一年(1872)印本　四册

210000－0701－0016976　024695

揚州畫舫錄十八卷　（清）李斗撰　清乾隆六十年(1795)儀徵自然盦刻同治十一年(1872)印本　四册

210000－0701－0016977　024696

揚州畫舫錄十八卷　（清）李斗撰　清乾隆六十年(1795)儀徵自然盦刻同治十一年(1872)印本　四册

210000－0701－0016978　024697

揚州畫舫錄十八卷　（清）李斗撰　清光緒元年(1875)上海申報館鉛印本　二册

210000－0701－0016979　024698

戰國策三十三卷　（漢）高誘注　（宋）姚宏校正　清乾隆二十一年(1756)雅雨堂刻雅雨堂藏書本　三册

210000－0701－0016980　024700

蜀中名勝記三十卷　（明）曹學佺撰　清宣統二年(1910)四川官印刷局刻朱印本　八册

210000－0701－0016981　024701

蜀中名勝記三十卷　（明）曹學佺撰　清宣統二年(1910)四川官印刷局刻朱印本　十册

210000－0701－0016982　024702

四明談助四十六卷首一卷　（清）徐兆昺撰　清道光七年(1827)木活字印本　二十册　存二十卷(三至二十二)

210000－0701－0016983　024703

四明談助四十六卷首一卷　（清）徐兆昺撰　清道光七年(1827)木活字印本　二十册　存二十卷(三至二十二)

210000－0701－0016984　024704

四明古跡四卷詩餘一卷　（清）陳之綱輯　清道光二年(1822)是亦樓刻本　二册

210000－0701－0016985　024705

四明古跡四卷詩餘一卷　（清）陳之綱輯　清道光二年(1822)是亦樓刻本　二册

210000－0701－0016986　024707

歷代陵寢備攷五十卷　（清）朱孔陽輯　清光緒三年(1877)上海申報館鉛印申報館叢書本　十二册

210000－0701－0016987　024708

歷代陵寢備攷五十卷宗廟附攷八卷　（清）朱孔陽輯　清光緒三年(1877)上海申報館鉛印申報館叢書本　十四册

210000－0701－0016988　024709

奉天全省地輿圖說圖表不分卷　（清）王志修編　清光緒二十年(1894)刻本　一册

210000－0701－0016989　024710

歷代陵寢備攷五十卷宗廟附攷八卷　（清）朱孔陽輯　清光緒三年(1877)上海申報館鉛印申報館叢書本　十四册

210000－0701－0016990　024711

廣雁蕩山志二十八卷首一卷末一卷書後一卷　（清）范鍈輯　清乾隆五十五年(1790)刻嘉慶十三年(1808)東嘉依綠園補刻本　八册

210000－0701－0016991　024712

廣雁蕩山志二十八卷首一卷末一卷書後一卷　（清）范鍈輯　清乾隆五十五年(1790)刻清末補刻本　八册

210000－0701－0016992　024713

長白山靈跡全影　清宣統照片　一册

210000－0701－0016993　024714

岳廟志略十卷首一卷　（清）馮培撰　清嘉慶八年(1803)岳廟刻本　八册

210000－0701－0016994　024715

岳廟志略十卷首一卷　（清）馮培撰　清光緒五年(1879)浙江書局刻本　四册

210000－0701－0016995　024716

岳廟志略十卷首一卷　（清）馮培撰　清光緒五年(1879)浙江書局刻本　四册

210000 – 0701 – 0016996　024717

臥龍崗志二卷　（清）羅景撰　清康熙五十一年(1712)刻本　二冊

210000 – 0701 – 0016997　024718

開元寺志八卷附錄一卷別裁一卷　（清）潘曾沂撰　清末鉛印本　一冊　存六卷(一至六)

210000 – 0701 – 0016998　024719

闕里廣志二十卷　（清）宋際　（清）宋慶長撰　清同治九年(1870)刻本　十二冊

210000 – 0701 – 0016999　024720

闕里纂要四卷　（清）孔衍睮撰　清刻本　四冊

210000 – 0701 – 0017000　024721

金鼓洞志八卷首一卷　（清）朱文藻撰　清光緒五年(1879)刻本　三冊

210000 – 0701 – 0017001　024722

鑲黃旗滿洲鈕祜祿氏弘毅公祠堂寶塋圖一卷　清嘉慶稿本　一冊

210000 – 0701 – 0017002　024732

廣西全省地輿圖說　（清）蘇鳳文撰　清同治五年(1866)刻本　四冊

210000 – 0701 – 0017003　024733

廣東圖說九十二卷首一卷　（清）毛鴻賓撰　清廣東刻本　九冊

210000 – 0701 – 0017004　024734

廣東圖二十三卷　清同治五年(1866)刻本　三冊

210000 – 0701 – 0017005　024735

廣東圖二十三卷　清同治五年(1866)刻本　三冊

210000 – 0701 – 0017006　024736

廣東圖二十三卷　清同治五年(1866)刻本　三冊

210000 – 0701 – 0017007　024737

廣東全省圖　清光緒二十三年(1897)廣州石印本　二冊

210000 – 0701 – 0017008　024738

皇朝一統輿地全圖　（清）董祐誠撰　清道光十二年(1832)陽湖李氏辨志書塾刻本　五十一幅

210000 – 0701 – 0017009　024739

廣東全省圖　石印本　七冊

210000 – 0701 – 0017010　024740

東三省政略附圖　徐世昌輯　清宣統三年(1911)鉛印本　四十七張

210000 – 0701 – 0017011　024741

東三省政略附圖　徐世昌輯　清宣統三年(1911)鉛印本　四十七張

210000 – 0701 – 0017012　024742

山東運河圖　彩繪本　一軸

210000 – 0701 – 0017013　024743

皇清地理圖　（清）董祐誠製圖　清同治十年(1871)俞守義粵東省城刻本　三冊

210000 – 0701 – 0017014　024744

皇朝一統直省府廳州縣全圖　清刻本　四冊

210000 – 0701 – 0017015　024745

皇朝一統直省府廳州縣全圖　清刻本　四冊

210000 – 0701 – 0017016　024746

皇朝一統直省府廳州縣全圖　清刻本　四冊

210000 – 0701 – 0017017　024747

皇朝一統輿地全圖　（清）董祐誠撰　清道光二十二年(1842)刻本　八冊

210000 – 0701 – 0017018　024748

皇朝一統輿地全圖　（清）董祐誠撰　清道光二十二年(1842)刻本　八冊

210000 – 0701 – 0017019　024749

皇朝一統輿地全圖　（清）欽乃軒主人輯　清光緒二十年(1894)上海鴻寶齋石印本　二冊

210000 – 0701 – 0017020　024750

皇朝直省地輿全圖　清光緒二十一年(1895)上海點石齋石印本　二十六幅

210000 – 0701 – 0017021　024751

318

大清中外一統輿圖三十一卷首一卷 （清）鄒
世詒 （清）晏啟鎮繪 （清）李廷簫 （清）
汪士鐸增訂 清同治二年(1863)湖北撫署刻
本 十二冊

210000－0701－0017022 024752
大清中外一統輿圖三十一卷首一卷 （清）鄒
世詒 （清）晏啟鎮繪 （清）李廷簫 （清）
汪士鐸增訂 清同治二年(1863)湖北撫署刻
本 十二冊

210000－0701－0017023 024753
皇輿全圖 （清）鄒伯奇繪 清同治十三年
(1874)馮焌光粵東省城刻本 九冊

210000－0701－0017024 024754
江甯輿圖 清同治十二年(1873)江寧藩署刻
民國十年(1921)江蘇官書局補刻本 四冊

210000－0701－0017025 024755
江蘇全省輿圖 （清）諸可寶 （清）吳壽萱等
撰 清光緒二十一年(1895)江蘇書局刻本
三冊

210000－0701－0017026 024756
江蘇全省輿圖 （清）諸可寶 （清）吳壽萱等
撰 清光緒二十一年(1895)江蘇書局刻本
三冊

210000－0701－0017027 024757
河南省圖 （清）劉恂繪 清同治九年(1870)
刻本 一冊

210000－0701－0017028 024758
浙江全省輿圖並水陸道里記 （清）宗源瀚撰
清光緒二十七年(1901)浙江輿圖總局石印
本 二十冊

210000－0701－0017029 024759
浙江全省輿圖並水陸道里記 （清）宗源瀚撰
清光緒二十七年(1901)浙江輿圖總局石印
本 二十冊

210000－0701－0017030 024760
洪澤湖附近水運圖 彩繪本 一軸

210000－0701－0017031 024761
大清中外一統輿圖三十一卷首一卷 （清）鄒
世詒 （清）晏啟鎮繪 （清）李廷簫 （清）
汪士鐸增訂 清末刻本 十冊

210000－0701－0017032 024762
湖北輿地圖 （清）湖北輿圖局繪 清光緒二
十年(1894)石印本 三冊

210000－0701－0017033 024763
湖北輿地圖 （清）湖北輿圖局繪 清光緒二
十年(1894)石印本 四冊

210000－0701－0017034 024764
湖北輿地圖 （清）湖北輿圖局繪 清光緒二
十年(1894)石印本 四冊

210000－0701－0017035 024765
湖北輿地記二十四卷 （清）湖北輿圖局纂
清光緒二十年(1894)刻本 二十四冊

210000－0701－0017036 024766
湖北輿地記二十四卷 （清）湖北輿圖局纂
清光緒二十年(1894)刻本 二十四冊 存二
十一卷(一至十三、十七至二十四)

210000－0701－0017037 024767
觀海堂地理書 楊守敬輯 清光緒至宣統楊
氏觀海堂刻朱墨套印本 四十二冊

210000－0701－0017038 024769
湖南全省輿地圖表不分卷 清光緒二十二年
(1896)石印本 十六冊

210000－0701－0017039 024770
湖南輿圖 （清）彭清瑋 （清）左學呂繪 清
末刻本 二冊

210000－0701－0017040 024771
大清一統天下各省地理全圖 清彩繪本 十
八幅

210000－0701－0017041 024772
左江道屬太平思廳歸州屬圖 清末繪本
一軸

210000－0701－0017042 024773
沿海要塞圖 （清）余仁繪 （清）呂清翰摹
墨繪本 一軸

210000－0701－0017043　024774

沿海全圖　（清）陳倫炯撰　清刻本　一冊

210000－0701－0017044　024775

大清中外一統輿圖三十一卷首一卷　（清）鄒
世詒　（清）晏啟鎮繪　（清）李廷簫　（清）
汪士鐸增訂　清同治二年(1863)湖北撫署刻
本　十二冊

210000－0701－0017045　024776

大清中外一統輿圖三十一卷首一卷　（清）鄒
世詒　（清）晏啟鎮繪　（清）李廷簫　（清）
汪士鐸增訂　清同治二年(1863)湖北撫署刻
本　十二冊

210000－0701－0017046　024777

大清中外一統輿圖三十一卷首一卷　（清）鄒
世詒　（清）晏啟鎮繪　（清）李廷簫　（清）
汪士鐸增訂　清末刻本　十冊

210000－0701－0017047　024778

大清中外一統輿圖三十一卷首一卷　（清）鄒
世詒　（清）晏啟鎮繪　（清）李廷簫　（清）
汪士鐸增訂　清末刻本　十冊

210000－0701－0017048　024779

古香齋鑒賞袖珍春明夢餘錄七十卷　（清）孫
承澤撰　清光緒九年(1883)廣州惜分陰館刻
本　二十四冊

210000－0701－0017049　024780

大清中外一統輿圖三十一卷首一卷　（清）鄒
世詒　（清）晏啟鎮繪　（清）李廷簫　（清）
汪士鐸增訂　清末刻本　十冊

210000－0701－0017050　024781

大清中外一統輿圖三十一卷首一卷　（清）鄒
世詒　（清）晏啟鎮繪　（清）李廷簫　（清）
汪士鐸增訂　清末刻本　十冊

210000－0701－0017051　024782

大清中外一統輿圖三十一卷首一卷　（清）鄒
世詒　（清）晏啟鎮繪　（清）李廷簫　（清）
汪士鐸增訂　清末刻本　十冊

210000－0701－0017052　024783

大清直省全圖　（清）湖北官書局製　清同治
三年(1864)湖北官書局刻本　二十六幅

210000－0701－0017053　024784

大清萬年一統天下全圖　清嘉慶八年(1803)
刻本　一軸

210000－0701－0017054　024785

直隸通省輿圖　（清）徐志導繪　清咸豐九年
至同治元年(1859－1862)保定府署刻本
一冊

210000－0701－0017055　024787

七省沿海全圖　（清）程遵道繪　清同治十年
(1871)彩繪本　一軸

210000－0701－0017056　024788

七省沿海全圖　（清）程遵道繪　清同治十年
(1871)彩繪本　一軸

210000－0701－0017057　024790

李氏歷代輿地沿革圖校勘記一卷　（清）惲毓
嘉等撰　清光緒十四年(1888)毘陵惲氏家塾
刻本　一冊　存(禹貢地圖校勘記至南宋州
郡圖校勘記)

210000－0701－0017058　024791

地圖分編　（清）劉鐸撰　清光緒三十二年
(1906)外務部鉛印本　一冊

210000－0701－0017059　024794

大清直省全圖　（清）湖北官書局製　清同治
三年(1864)湖北官書局刻本　二十六幅

210000－0701－0017060　024795

奉天全省輿圖　清末鉛印本　三十一幅

210000－0701－0017061　024796

東三省地圖正誤　清末抄本　一冊

210000－0701－0017062　024797

奉天全省地輿圖說圖表　（清）王志修撰　清
光緒二十年(1894)王志修校刻本　一冊

210000－0701－0017063　024798

黑龍江省各屬城鎮鄉地方自治區域圖　清宣
統二年(1910)彩繪本　二冊

210000 – 0701 – 0017064　024799

歷代地理沿革圖一卷　（清）馬徵麟訂正　清
同治十年(1871)刻套印本　一冊

210000 – 0701 – 0017065　024800

歷代輿地沿革險要圖一卷　楊守敬　饒敦秩
撰　清光緒五年(1879)東湖饒氏刻套印本
二冊

210000 – 0701 – 0017066　024801

歷代輿地沿革險要圖一卷　楊守敬　饒敦秩
撰　清光緒三十二年(1906)楊氏觀海堂刻套
印本　一冊

210000 – 0701 – 0017067　024802

中國江海險要圖志二十二卷首一卷補編五卷
圖五卷　（英國)海軍海圖官局編　陳壽彭譯
清光緒三十三年(1907)廣東廣雅書局石印
本　五冊　存五卷(圖五卷)

210000 – 0701 – 0017068　024803

中國江海險要圖志二十二卷首一卷補編五卷
（英國)海軍海圖官局編　陳壽彭譯　清光
緒二十七年(1901)常州經世文社石印本
十冊

210000 – 0701 – 0017069　024804

中國江海險要圖志二十二卷首一卷補編五卷
圖五卷　陳壽彭譯　清光緒三十三年(1907)
廣東廣雅書局石印本　十五冊

210000 – 0701 – 0017070　024805

觀海堂地理書　楊守敬輯　清光緒至宣統楊
氏觀海堂刻朱墨套印本　四十二冊　缺(水
經注圖)

210000 – 0701 – 0017071　024806

觀海堂地理書　楊守敬輯　清光緒至宣統楊
氏觀海堂刻朱墨套印本　四十二冊　缺(水
經注圖)

210000 – 0701 – 0017072　024807

歷代地理沿革表四十七卷　（清）陳芳績撰
清光緒二十一年(1895)廣雅書局刻本　十
五
冊

210000 – 0701 – 0017073　024809

西北邊界圖地名譯漢考證二卷　（清）許景澄
編　清光緒二十二年(1896)刻本　三冊

210000 – 0701 – 0017074　024810

西北邊界圖地名譯漢考證二卷　（清）許景澄
編　清光緒二十二年(1896)刻本　三冊

210000 – 0701 – 0017075　024811

郡縣分韻考十卷　（清）黃本驥編　清光緒二
十七年(1901)黃本驥三長物齋刻本　三冊

210000 – 0701 – 0017076　024812

皇朝內府輿地圖編一卷皇朝輿地韻編一卷皇
朝輿地略一卷　清光緒十年(1884)湖北官書
處刻本　二冊

210000 – 0701 – 0017077　024813

皇朝內府輿地圖編一卷皇朝輿地韻編一卷皇
朝輿地略一卷　清光緒十年(1884)湖北官書
處刻本　二冊

210000 – 0701 – 0017078　024814

瀛寰譯音異名記十二卷　（清）杜宗預編　清
光緒三十年(1904)鄂城刻本　六冊

210000 – 0701 – 0017079　024815

地輿名目一卷　（清）釋儀潤輯錄　清刻本
一冊

210000 – 0701 – 0017080　024817

中國地名韻語新讀本　（清）陳樹鏞纂　（清）
韓名基補　清光緒二十八年(1902)上海廣智
書局鉛印本　一冊

210000 – 0701 – 0017081　024822

歷代地理沿革表四十七卷　（清）陳芳績撰
清光緒二十一年(1895)廣雅書局刻本　十
五
冊

210000 – 0701 – 0017082　024823

歷代地理沿革表四十七卷　（清）陳芳績撰
清光緒二十一年(1895)廣雅書局刻本　十
五
冊

210000 – 0701 – 0017083　024824

李氏五種　（清）李兆洛輯　清同治九年

(1870)合肥李鴻章刻本　十冊

210000－0701－0017084　024825

歷代地理志韻編今釋二十卷皇朝輿地韻編二卷　(清)李兆洛輯　清道光十七年(1837)董學齋木活字印本　八冊　存十六卷(一至十六)

210000－0701－0017085　024826

歷代地理志韻編今釋二十卷皇朝輿地韻編二卷　(清)李兆洛輯　清道光十七年(1837)董學齋木活字印本　八冊

210000－0701－0017086　024827

歷代地理志韻編今釋二十卷皇朝輿地韻編二卷　(清)李兆洛輯　清道光十七年(1837)董學齋木活字印本　八冊

210000－0701－0017087　024832

輿地沿革表四十卷首一卷　(清)楊丕復撰　清光緒十四年(1888)楊琪光刻本　二十冊

210000－0701－0017088　024833

輿地沿革表四十卷首一卷　(清)楊丕復撰　清光緒十四年(1888)楊琪光刻本　二十四冊

210000－0701－0017089　024835

光緒輿地韻編一卷　(清)錢保塘編　清光緒十九年(1893)錢保塘清風室叢刻本　一冊

210000－0701－0017090　024843

天下山河兩戒考十四卷圖一卷　(清)徐文靖撰　清雍正元年(1723)刻本　四冊

210000－0701－0017091　024845

北隅掌錄二卷　(清)黃士珣編　清道光二十五年(1845)錢塘汪氏振綺堂刻本　一冊

210000－0701－0017092　024846

北隅掌錄二卷　(清)黃士珣編　清道光二十五年(1845)錢塘汪氏振綺堂刻本　二冊

210000－0701－0017093　024847

武林舊事十卷　(宋)周密撰　(清)潛夫輯　清光緒三年(1877)丁氏正脩堂刻本　三冊

210000－0701－0017094　024848

白下瑣言十卷　(清)甘熙撰　清光緒十六年

(1890)築野堂刻本　四冊

210000－0701－0017095　024849

吳中舊事一卷　(元)陸友仁撰　清光緒吳縣謝氏刻望炊樓叢書本　一冊

210000－0701－0017096　024850

白下瑣言十卷　(清)甘熙撰　清光緒十六年(1890)築野堂刻本　四冊

210000－0701－0017097　024852

吳興記一卷　(宋)山謙之撰　繆荃孫校　**吳興山墟名一卷**　(宋)張元之撰　繆荃孫校　清光緒十五年(1889)刻本　一冊

210000－0701－0017098　024853

谿上詩輯十四卷　(清)林鹿園輯　(清)尹元煒　(清)馮本懷删補　清道光二十九年(1849)尹元煒抱珠樓刻本　六冊

210000－0701－0017099　024853

谿上遺聞集錄十卷別錄二卷　(清)尹元煒撰　(清)馮本懷輯　清道光二十八年(1848)尹元煒抱珠樓刻本　五冊

210000－0701－0017100　024854

漢口叢談五卷　(清)范鍇撰　清道光二年(1822)刻本　六冊

210000－0701－0017101　024859

清波三志三卷　(清)陳景鍾輯　清光緒二十一年(1895)錢塘丁氏嘉惠堂刻武林掌故叢編本　三冊

210000－0701－0017102　024860

清波小志二卷　(清)徐逢吉輯　**清波小志補一卷**　(清)陳景鍾輯　清光緒七年(1881)丁氏竹書堂刻本　一冊

210000－0701－0017103　024861

西藏賦一卷　(清)和寧撰　**卜魁城賦一卷**　(清)英和撰　**新疆賦一卷**　(清)徐松撰　清光緒八年至九年(1882－1883)元尚居刻本　一冊

210000－0701－0017104　024862

增訂南詔野史二卷　(明)楊慎輯　(清)胡蔚

訂正　清光緒六年(1880)雲南書局刻本
二冊

210000－0701－0017105　024863
增訂南詔野史二卷　(明)楊慎輯　(清)胡蔚
訂正　清光緒六年(1880)雲南書局刻本
二冊

210000－0701－0017106　024864
東城雜記二卷　(清)厲鶚撰　清嘉慶二十五
年(1820)汪遠孫振綺堂刻本　一冊

210000－0701－0017107　024865
蜀都碎事四卷藝文補遺二卷　(清)陳祥裔輯
　清末上海進步書局石印本　四冊

210000－0701－0017108　024866
明州繫年錄七卷　(清)董沛撰　清光緒四年
(1878)刻本　三冊

210000－0701－0017109　024867
錢塘遺事十卷　(元)劉一清撰　清嘉慶四年
(1799)掃葉山房刻本　二冊

210000－0701－0017110　024868
錢塘遺事十卷　(元)劉一清撰　清嘉慶四年
(1799)掃葉山房刻本　二冊

210000－0701－0017111　024869
錢塘遺事十卷　(元)劉一清撰　清嘉慶四年
(1799)掃葉山房刻本　二冊

210000－0701－0017112　024872
問影樓輿地叢書第一集　胡思敬輯　清光緒
三十四年(1908)新昌胡氏京師鉛印本　十冊

210000－0701－0017113　024873
麓山精舍叢書　陳運溶輯　清光緒二十四年
至二十六年(1898－1900)湘西陳氏刻本　六
冊　存(第一集)

210000－0701－0017114　024877
綏中縣鄉土志不分卷　清光緒抄本　一冊

210000－0701－0017115　024887
吉林外記十卷　(清)薩英額撰　清光緒二十
六年(1900)廣雅書局刻廣雅書局叢書本
四冊

210000－0701－0017116　024888
吉林外記十卷　(清)薩英額撰　清光緒二十
六年(1900)廣雅書局刻廣雅書局叢書本
二冊

210000－0701－0017117　024889
吉林外記十卷　(清)薩英額撰　清光緒二十
一年(1895)桐廬袁氏漸西村舍刻漸西村舍彙
刊本　四冊

210000－0701－0017118　024890
吉林外記十卷　(清)薩英額撰　清光緒二十
六年(1900)廣雅書局刻廣雅書局叢書本
四冊

210000－0701－0017119　024891
吉林外記十卷　(清)薩英額撰　清光緒二十
一年(1895)桐廬袁氏漸西村舍刻漸西村舍彙
刊本　二冊

210000－0701－0017120　024892
吉林外記十卷　(清)薩英額撰　清光緒二十
六年(1900)廣雅書局刻廣雅書局叢書本
二冊

210000－0701－0017121　024893
黑龍江外記八卷　(清)西清撰　清光緒二十
六年(1900)廣雅書局叢書本　二冊

210000－0701－0017122　024893
吉林外記十卷　(清)薩英額撰　清光緒二十
六年(1900)廣雅書局刻本　四冊

210000－0701－0017123　024894
吉林外記十卷　(清)薩英額撰　清光緒二十
一年(1895)桐廬袁氏漸西村舍刻漸西村舍彙
刊本　四冊

210000－0701－0017124　024897
[光緒]吉林通志一百二十二卷圖一卷　(清)
長順　(清)訥欽修　(清)李桂林　(清)顧
雲纂　清光緒十七年(1891)刻民國十九年
(1930)重印本　四十八冊

210000－0701－0017125　024898
[光緒]吉林通志一百二十二卷圖一卷　(清)

長順 （清）訥欽修 （清）李桂林 （清）顧雲纂 清光緒十七年(1891)刻民國十九年(1930)重印本 四十八冊

210000－0701－0017126 024899

[光緒]吉林通志一百二十二卷圖一卷 （清）長順 （清）訥欽修 （清）李桂林 （清）顧雲纂 清光緒十七年(1891)刻本 四十八冊 缺二卷(十九至二十)

210000－0701－0017127 024900

[光緒]吉林通志一百二十二卷圖一卷 （清）長順 （清）訥欽修 （清）李桂林 （清）顧雲纂 清光緒十七年(1891)刻本 三十三冊 存八十五卷(一至四十、六十一至一百四,圖一卷)

210000－0701－0017128 024901

[光緒]吉林通志一百二十二卷圖一卷 （清）長順 （清）訥欽修 （清）李桂林 （清）顧雲纂 清光緒十七年(1891)刻本 四十九冊

210000－0701－0017129 024902

[光緒]吉林通志一百二十二卷圖一卷 （清）長順 （清）訥欽修 （清）李桂林 （清）顧雲纂 清光緒十七年(1891)刻民國十九年(1930)重印本 四十八冊

210000－0701－0017130 024909

[光緒]吉林輿地略二卷 （清）楊伯馨 （清）秦世銓纂 清光緒二十四年(1898)石印本 二冊

210000－0701－0017131 024910

[光緒]吉林輿地略二卷 （清）楊伯馨 （清）秦世銓纂 清光緒二十四年(1898)石印本 二冊

210000－0701－0017132 024922

奉天郡邑志五卷 吳廷燮纂 清抄本 五冊

210000－0701－0017133 024923

奉天沿革表不分卷 清末抄本 二冊

210000－0701－0017134 024925

東三省沿革表六卷 吳廷燮撰 清宣統元年

(1909)徐世昌退耕堂刻本 六冊

210000－0701－0017135 024926

東三省沿革表六卷 吳廷燮撰 清宣統元年(1909)徐世昌退耕堂刻本 六冊

210000－0701－0017136 024927

東三省沿革表六卷 吳廷燮撰 清宣統元年(1909)徐世昌退耕堂刻本 六冊

210000－0701－0017137 024928

東三省沿革表六卷 吳廷燮撰 清宣統元年(1909)徐世昌退耕堂刻本 六冊

210000－0701－0017138 024930

東三省沿革表六卷 吳廷燮撰 清宣統元年(1909)徐世昌退耕堂刻本 六冊

210000－0701－0017139 024931

東三省沿革表六卷 吳廷燮撰 清宣統元年(1909)徐世昌退耕堂刻本 六冊

210000－0701－0017140 024934

東三省輿圖說一卷 （清）曹廷杰撰 清光緒二十三年(1897)石印本 一冊

210000－0701－0017141 024935

按屬考查日記不分卷 （清）謝汝欽撰 清末吉林官書刷印局鉛印本 一冊

210000－0701－0017142 024936

盛京疆域考六卷 （清）楊同桂 （清）孫宗翰輯 清光緒貴池劉氏聚學軒叢書本 一冊

210000－0701－0017143 024937

[乾隆]盛京通志四十八卷圖一卷 （清）呂耀曾等修 （清）魏樞等纂 清乾隆元年(1736)刻咸豐二年(1852)雷以誠校補重印本 二十冊

210000－0701－0017144 024939

[乾隆]盛京通志四十八卷圖一卷 （清）呂耀曾等修 （清）魏樞等纂 清乾隆元年(1736)刻咸豐二年(1852)雷以誠校補重印本 二十冊

210000－0701－0017145 024941

[乾隆]盛京通志四十八卷圖一卷 （清）呂耀

曾等修　(清)魏樞等纂　清乾隆元年(1736)
刻咸豐二年(1852)雷以諴校補重印本　二
十冊

210000－0701－0017146　024943
[乾隆]盛京通志四十八卷圖一卷　(清)呂耀
曾等修　(清)魏樞等纂　清乾隆元年(1736)
刻咸豐二年(1852)雷以諴校補重印本　二
十冊

210000－0701－0017147　024946
黑龍江述略六卷　(清)徐宗亮撰　清光緒十
七年(1891)鉛印觀自得齋叢書本　一冊　存
三卷(一至三)

210000－0701－0017148　024965
光緒增改郡縣表一卷　吳廷燮編　清光緒涇
陽刻本　一冊

210000－0701－0017149　024966
[宣統]承德縣志不分卷　(清)金正元修
(清)張子瀛等增輯　清宣統二年(1910)奉天
作新石印局石印本　二冊

210000－0701－0017150　024967
[宣統]承德縣志不分卷　(清)金正元修
(清)張子瀛等增輯　清宣統二年(1910)奉天
作新石印局石印本　二冊

210000－0701－0017151　024968
[宣統]承德縣志不分卷　(清)金正元修
(清)張子瀛等增輯　清宣統二年(1910)奉天
作新石印局石印本　二冊

210000－0701－0017152　024977
陪京雜述不分卷　繆東霖撰　清末刻本
一冊

210000－0701－0017153　024978
瀋陽百詠不分卷　繆潤紱撰　清光緒四年
(1878)繆潤紱刻本　一冊

210000－0701－0017154　024983
[宣統]撫順縣志略二十二卷　(清)趙宇航
(清)程廷恆修　(清)黎鏡蓉等纂　清宣統三
年(1911)石印本　二冊

210000－0701－0017155　024987
[宣統]撫順縣志略二十二卷　(清)趙宇航
(清)程廷恆修　(清)黎鏡蓉等纂　清宣統三
年(1911)石印本　二冊

210000－0701－0017156　024992
[宣統]西安縣志略十三卷　(清)雷飛鵬修
(清)段盛梓等纂　清宣統三年(1911)石印本
二冊

210000－0701－0017157　024993
[宣統]西安縣志略十三卷　(清)雷飛鵬修
(清)段盛梓等纂　清宣統三年(1911)石印本
二冊

210000－0701－0017158　024994
[宣統]西安縣志略十三卷　(清)雷飛鵬修
(清)段盛梓等纂　清宣統三年(1911)石印本
二冊

210000－0701－0017159　024995
[宣統]西安縣志略十三卷　(清)雷飛鵬修
(清)段盛梓等纂　清宣統三年(1911)石印本
二冊

210000－0701－0017160　024996
[宣統]奉天西豐縣鄉土志一卷　清末民國抄
本　一冊

210000－0701－0017161　024997
[光緒]西安縣鄉土志不分卷　(清)孟憲彝
(清)金正元編　清末抄本　一冊

210000－0701－0017162　025001
[光緒]西豐縣修建縣署土城圖　清末抄本
四張

210000－0701－0017163　025006
[宣統]承德縣志書不分卷　(清)金正元修
(清)張子瀛等增輯　清宣統二年(1910)奉天
作新石印局石印本　二冊

210000－0701－0017164　025007
[宣統]承德縣志書不分卷　(清)金正元修
(清)張子瀛等增輯　清宣統二年(1910)奉天
作新石印局石印本　二冊

210000－0701－0017165　025008

[宣統]承德縣志書不分卷　（清）金正元修
（清）張子瀛等增輯　清宣統二年(1910)奉天
作新石印局石印本　二冊

210000－0701－0017166　025009

[宣統]承德縣志書不分卷　（清）金正元修
（清）張子瀛等增輯　清宣統二年(1910)奉天
作新石印局石印本　二冊

210000－0701－0017167　025012

奉天省岫巖縣鄉土志不分卷　清末抄本
一冊

210000－0701－0017168　025013

奉天省岫巖縣鄉土志不分卷　清末抄本
一冊

210000－0701－0017169　025018

古文發蒙集六卷　（清）王相晉輯　清康熙三
十二年(1693)刻本　六冊

210000－0701－0017170　025020

復縣鄉土志不分卷　清末抄本　一冊

210000－0701－0017171　025027

寬甸縣鄉土志　（清）馬夢吉　（清）鄭英瀾編
清末民國抄本　一冊

210000－0701－0017172　025033

[宣統]奉天鳳凰直隸廳寬甸縣分志　（清）金
萃康纂修　清宣統三年(1911)石印本　一冊

210000－0701－0017173　025035

[宣統]奉天鳳凰直隸廳寬甸縣分志　（清）金
萃康纂修　清末民國抄本　一冊

210000－0701－0017174　025036

[光緒]安東縣志十五卷首一卷　（清）金元烺
修　（清）吳昆田等纂　清光緒元年(1875)刻
本　四冊

210000－0701－0017175　025037

[光緒]安東縣志十五卷首一卷　（清）金元烺
修　（清）吳昆田等纂　清光緒元年(1875)刻
本　四冊

210000－0701－0017176　025048

遼陽鄉土志不分卷　（清）洪汝沖修　（清）白
永貞編　清光緒三十四年(1908)鉛印本
一冊

210000－0701－0017177　025053

遼陽鄉土志不分卷　（清）洪汝沖修　（清）白
永貞編　清光緒三十四年(1908)鉛印本
一冊

210000－0701－0017178　025054

遼陽鄉土志不分卷　（清）洪汝沖修　（清）白
永貞編　清光緒三十四年(1908)鉛印本
一冊

210000－0701－0017179　025055

遼陽鄉土志不分卷　（清）洪汝沖修　（清）白
永貞編　清光緒三十四年(1908)鉛印本
一冊

210000－0701－0017180　025057

遼陽鄉土志不分卷　（清）洪汝沖修　（清）白
永貞編　清光緒三十四年(1908)鉛印本
一冊

210000－0701－0017181　025059

遼陽鄉土志不分卷　（清）洪汝沖修　（清）白
永貞編　清光緒三十四年(1908)鉛印本
一冊

210000－0701－0017182　025071

[正德]武功縣志三卷首一卷　（明）康海纂
（清）孫景烈評注　清同治十二年(1873)湖北
崇文書局刻本　一冊

210000－0701－0017183　025083

[光緒]海龍府鄉土志　（清）海龍府勸學所同
人編　清末民國抄本　一冊

210000－0701－0017184　025084

[光緒]海龍府鄉土志　（清）海龍府勸學所同
人編　清末民國抄本　一冊

210000－0701－0017185　025092

[光緒]海龍府鄉土志　（清）海龍府勸學所同
人編　清末民國抄本　一冊

210000－0701－0017186　025097

[光緒]海城縣志不分卷　管鳳龢等修　張文藻等纂　清宣統元年(1909)鉛印本　一冊

210000－0701－0017187　025098

[光緒]海城縣志不分卷　管鳳龢等修　張文藻等纂　清宣統元年(1909)鉛印本　一冊

210000－0701－0017188　025099

[光緒]海城縣志不分卷　管鳳龢等修　張文藻等纂　清宣統元年(1909)鉛印本　一冊

210000－0701－0017189　025126

[宣統]懷仁縣志十四卷末一卷　(清)馬俊顯修　(清)劉熙春等纂　清宣統二年(1910)鉛印本　四冊

210000－0701－0017190　025137

柳河縣鄉土志　(清)鄒銘勳　(清)奎斌纂　清末民國抄本　一冊

210000－0701－0017191　025140

柳河縣鄉土志　(清)鄒銘勳　(清)奎斌纂　清末民國抄本　一冊

210000－0701－0017192　025144

奉天全省地輿圖說圖表不分卷　(清)王志修編　清光緒二十年(1894)刻本　一冊

210000－0701－0017193　025145

[光緒]奉化縣志十四卷末一卷　(清)錢開震修　(清)陳文焯纂　清光緒十一年(1885)刻本　四冊

210000－0701－0017194　025148

[光緒]東平縣鄉土志不分卷　(清)趙國熙纂　清末民初抄本　一冊

210000－0701－0017195　025155

盛京典制備考八卷首一卷　(清)崇厚等輯　清光緒四年(1878)盛京軍署刻本　六冊

210000－0701－0017196　025173

[宣統]長白彙徵錄八卷　(清)張鳳臺等修　(清)劉龍光等纂　清宣統二年(1910)鉛印本　四冊

210000－0701－0017197　025174

[宣統]長白彙徵錄八卷　(清)張鳳臺等修　(清)劉龍光等纂　清宣統二年(1910)鉛印本　四冊

210000－0701－0017198　025175

[宣統]長白彙徵錄八卷　(清)張鳳臺等修　(清)劉龍光等纂　清宣統二年(1910)鉛印本　四冊

210000－0701－0017199　025176

[宣統]長白彙徵錄八卷　(清)張鳳臺等修　(清)劉龍光等纂　清宣統二年(1910)鉛印本　四冊

210000－0701－0017200　025201

[同治]臨江府志三十二卷首一卷　(清)德馨等修　(清)朱孫詒等纂　清同治十年(1871)刻本　六冊

210000－0701－0017201　025219

[宣統]輝南廳志二卷　(清)薛德履修　(清)張見田　(清)于龍辰纂　清末民國抄本　二冊

210000－0701－0017202　025220

[宣統]輝南廳志二卷　(清)薛德履修　(清)張見田　(清)于龍辰纂　清宣統二年(1910)石印本　一冊

210000－0701－0017203　025221

[宣統]輝南廳志二卷　(清)薛德履修　(清)張見田　(清)于龍辰纂　清宣統二年(1910)石印本　一冊

210000－0701－0017204　025222

[宣統]輝南廳志二卷　(清)薛德履修　(清)張見田　(清)于龍辰纂　清宣統二年(1910)石印本　一冊

210000－0701－0017205　025231

[宣統]遼源州志書不分卷　清宣統二年(1910)抄本　一冊

210000－0701－0017206　025234

廣寧縣鄉土志不分卷　(清)蕭雨春編　清末民國抄本　一冊

210000－0701－0017207　025240

廣寧縣鄉土志不分卷 （清）蕭雨春編 清光緒三十三年(1907)油印本 一冊

210000－0701－0017208 025241
廣寧縣鄉土志不分卷 （清）蕭雨春編 清光緒三十四年(1908)鉛印本 一冊

210000－0701－0017209 025242
廣寧縣鄉土志不分卷 （清）蕭雨春編 清光緒三十四年(1908)鉛印本 一冊

210000－0701－0017210 025254
[宣統]新民府志不分卷 管鳳龢纂修 清宣統元年(1909)鉛印本 一冊

210000－0701－0017211 025255
[宣統]新民府志不分卷 管鳳龢纂修 清宣統元年(1909)鉛印本 一冊

210000－0701－0017212 025256
[宣統]新民府志不分卷 管鳳龢纂修 清宣統元年(1909)鉛印本 一冊

210000－0701－0017213 025257
新民府鄉土志不分卷 （清）□□編 清末民國抄本 一冊

210000－0701－0017214 025291
[宣統]盤山廳志 （清）楊紹宗纂修 清末民國抄本 一冊

210000－0701－0017215 025295
[光緒]寧遠州志不分卷 （清）□□纂 清末民國抄本 二冊

210000－0701－0017216 025297
法庫廳鄉土志不分卷 （清）劉鳴復撰 清稿本 一冊

210000－0701－0017217 025300
遼中縣鄉土志 （清）馬星衡修 （清）李植嘉等編 清末民國抄本 一冊

210000－0701－0017218 025313
[光緒]奉化縣志十四卷末一卷 （清）錢開震修 （清）陳文焯纂 清光緒十一年(1885)刻本 四冊

210000－0701－0017219 025314
[光緒]奉化縣志十四卷末一卷 （清）錢開震修 （清）陳文焯纂 清光緒十一年(1885)刻本 四冊

210000－0701－0017220 025315
[光緒]奉化縣志十四卷末一卷 （清）錢開震修 （清）陳文焯纂 清光緒十一年(1885)刻本 四冊

210000－0701－0017221 025322
昌圖府鄉土志不分卷卷 （清）查富璣編 清末抄本 一冊

210000－0701－0017222 025323
[宣統]昌圖府志不分卷 （清）洪汝沖纂修 清宣統二年(1910)奉天圖書印刷所鉛印本 一冊

210000－0701－0017223 025324
[宣統]昌圖府志不分卷 （清）洪汝沖纂修 清宣統二年(1910)奉天圖書印刷所鉛印本 一冊

210000－0701－0017224 025325
[宣統]昌圖府志不分卷 （清）洪汝沖纂修 清宣統二年(1910)奉天圖書印刷所鉛印本 二冊

210000－0701－0017225 025344
[咸豐]開原縣志八卷首一卷 （清）全錄修 （清）張式金纂 清咸豐七年(1857)刻本 八冊

210000－0701－0017226 025345
[咸豐]開原縣志八卷首一卷 （清）全錄修 （清）張式金纂 清咸豐七年(1857)刻本 八冊

210000－0701－0017227 025346
[咸豐]開原縣志八卷首一卷 （清）全錄修 （清）張式金纂 清咸豐七年(1857)刻本 八冊

210000－0701－0017228 025370
鐵嶺鄉土志不分卷 清末民國抄本 一冊

210000－0701－0017229　025371

[康熙]鐵嶺縣志二卷　（清）賈弘文修
（清）董國祥纂　清康熙十六年(1677)刻本
一冊

210000－0701－0017230　025373

鐵嶺鄉土志不分卷　清光緒三十二年(1906)
抄本　二冊

210000－0701－0017231　025390

鎮安縣鄉土志一卷　（清）張霽編　清光緒三
十三年(1907)鉛印本　一冊

210000－0701－0017232　025391

鎮安縣鄉土志一卷　（清）張霽編　清光緒三
十三年(1907)鉛印本　一冊

210000－0701－0017233　025409

[光緒]三姓志不分卷　清光緒十七年(1891)
稿本　一冊

210000－0701－0017234　025482

黑龍江外記八卷　（清）西清撰　清光緒中桐
廬袁氏漸西村舍刻本　二冊

210000－0701－0017235　025483

黑龍江外記八卷　（清）西清撰　清光緒中桐
廬袁氏漸西村舍刻本　二冊　存四卷(一至
四)

210000－0701－0017236　025484

黑龍江外記八卷　（清）西清撰　清光緒中桐
廬袁氏漸西村舍刻本　二冊

210000－0701－0017237　025485

黑龍江外記八卷　（清）西清撰　清光緒中桐
廬袁氏漸西村舍刻本　二冊

210000－0701－0017238　025486

黑龍江外記八卷　（清）西清撰　清光緒中桐
廬袁氏漸西村舍刻本　二冊

210000－0701－0017239　025487

鎮安縣鄉土志一卷　（清）張霽編　清光緒三
十三年(1907)鉛印本　一冊

210000－0701－0017240　025488

黑龍江外記八卷　（清）西清撰　清光緒桐廬
袁氏漸西村舍刻本　二冊

210000－0701－0017241　025494

[光緒]黑龍江述略六卷　（清）徐宗亮撰　清
光緒十七年(1891)鉛印觀自得齋叢書本
二冊

210000－0701－0017242　025495

[光緒]黑龍江述略六卷　（清）徐宗亮撰　清
光緒十七年(1891)鉛印觀自得齋叢書本
二冊

210000－0701－0017243　025496

[光緒]黑龍江述略六卷　（清）徐宗亮撰　清
光緒十七年(1891)鉛印觀自得齋叢書本
二冊

210000－0701－0017244　025497

[光緒]黑龍江述略六卷　（清）徐宗亮撰　清
末民初刻本　四冊

210000－0701－0017245　025498

[光緒]黑龍江述略六卷　（清）徐宗亮撰　清
末民初刻本　二冊

210000－0701－0017246　025511

敦化縣地理調查表不分卷　（清）謝祖蔭編
清宣統元年(1909)抄本　一冊

210000－0701－0017247　025516

醫案五卷　（明）孫一奎撰　明刻本　八冊

210000－0701－0017248　025517

[光緒]琿春地理志不分卷　清光緒抄本
一冊

210000－0701－0017249　025522

伯都訥鄉土志不分卷　清光緒十七年(1891)
抄本　一冊

210000－0701－0017250　025523

伯都訥鄉土志不分卷　清光緒十七年(1891)
抄本　一冊

210000－0701－0017251　025527

寧古塔記略一卷　（清）吳桭臣撰　清光緒桐
廬袁氏漸西村舍刻漸西村舍彙刊本　一冊

210000－0701－0017252　025528

甯古塔記略一卷　(清)吳桭臣撰　清光緒桐
廬袁氏漸西村舍刻漸西村舍彙刊本　一冊

210000－0701－0017253　025529

甯古塔記略一卷　(清)吳桭臣撰　清光緒桐
廬袁氏漸西村舍刻漸西村舍彙刊本　一冊

210000－0701－0017254　025530

寧古塔地方鄉土志不分卷　清光緒十七年
(1891)抄本　一冊

210000－0701－0017255　025535

古文發蒙集六卷　(清)王相晉輯　清康熙三
十二年(1693)文盛堂刻本　六冊

210000－0701－0017256　025536

吉林外記十卷　(清)薩英額撰　清光緒二十
一年(1895)桐廬袁氏漸西村舍刻本　四冊

210000－0701－0017257　025537

吉林外記十卷　(清)薩英額撰　清光緒二十
一年(1895)桐廬袁氏漸西村舍刻本　四冊

210000－0701－0017258　025538

吉林外記十卷　(清)薩英額撰　清光緒二十
一年(1895)桐廬袁氏漸西村舍刻本　四冊

210000－0701－0017259　025539

吉林外記十卷　(清)薩英額撰　清光緒二十
六年(1900)廣雅書局刻廣雅書局叢書本
二冊

210000－0701－0017260　025541

吉林紀事詩四卷首一卷末一卷　沈兆禔著並
注　清宣統三年(1911)金陵鉛印本　二冊

210000－0701－0017261　025542

吉林紀事詩四卷首一卷末一卷　沈兆禔著並
注　清宣統三年(1911)金陵鉛印本　二冊

210000－0701－0017262　025543

吉林紀事詩四卷首一卷末一卷　沈兆禔著並
注　清宣統三年(1911)金陵鉛印本　二冊

210000－0701－0017263　025544

吉林紀事詩四卷首一卷末一卷　沈兆禔著並
注　清宣統三年(1911)金陵鉛印本　二冊

210000－0701－0017264　025545

吉林紀事詩四卷首一卷末一卷　沈兆禔著並
注　清宣統三年(1911)金陵鉛印本　二冊

210000－0701－0017265　025558

[光緒]綏遠志十卷首一卷　(清)貽穀修　高
賡恩纂　清光緒三十四年(1908)刻本　六冊

210000－0701－0017266　025559

[光緒]綏遠志十卷首一卷　(清)貽穀修　高
賡恩纂　清光緒三十四年(1908)刻本　六冊

210000－0701－0017267　025569

農邑鄉土志不分卷　清末抄本　一冊

210000－0701－0017268　025570

[宣統]長白彙徵錄八卷　(清)張鳳臺等修
(清)劉龍光等纂　清宣統二年(1910)鉛印本
四冊

210000－0701－0017269　025571

[宣統]長白彙徵錄八卷　(清)張鳳臺等修
(清)劉龍光等纂　清宣統二年(1910)鉛印本
四冊

210000－0701－0017270　025585

昌圖府懷德縣鄉土志不分卷　清末抄本
一冊

210000－0701－0017271　025586

[道光]承德府志六十卷首二十六卷　(清)海
忠纂修　清道光十一年(1831)刻光緒十三年
(1887)重修本　二十四冊

210000－0701－0017272　025587

[道光]承德府志六十卷首二十六卷　(清)海
忠纂修　清道光十一年(1831)刻光緒十三年
(1887)重修本　二十四冊

210000－0701－0017273　025588

[道光]承德府志六十卷首二十六卷　(清)海
忠纂修　清道光十一年(1831)刻光緒十三年
(1887)重修本　二十四冊

210000－0701－0017274　025589

[道光]承德府志六十卷首二十六卷　(清)海
忠纂修　清道光十一年(1831)刻光緒十三年

(1887)重修本　二十四冊

210000－0701－0017275　025590

[道光]承德府志六十卷首二十六卷　（清）海忠纂修　清道光十一年（1831）刻光緒十三年（1887）重修本　二十四冊　存二十三卷（一至十七、首二十一至二十六）

210000－0701－0017276　025608

[同治]畿輔通志三百卷首一卷　（清）李鴻章等修　（清）黃彭年等纂　清光緒十年（1884）古蓮華池刻本　二百四十冊

210000－0701－0017277　025609

[同治]畿輔通志三百卷首一卷　（清）李鴻章等修　（清）黃彭年等纂　清光緒十年（1884）古蓮華池刻本　二百四十冊

210000－0701－0017278　025610

[雍正]山西通志二百三十卷　（清）覺羅石麟修　（清）儲大文纂　清嘉慶十六年（1811）衡齡刻本　一百冊

210000－0701－0017279　025611

[雍正]山西通志二百三十卷　（清）覺羅石麟修　（清）儲大文纂　清嘉慶十六年（1811）衡齡刻本　一百冊

210000－0701－0017280　025612

[雍正]山西通志二百三十卷　（清）覺羅石麟修　（清）儲大文纂　清嘉慶十六年（1811）衡齡刻本　一百冊　存二百十一卷（一至六、九至五十六、六十一至一百六十一、一百七十五至二百三十）

210000－0701－0017281　025613

[光緒]山西通志一百八十四卷首一卷　（清）曾國荃等修　（清）王軒　（清）楊篤纂　清光緒十八年（1892）刻本　九十六冊

210000－0701－0017282　025614

[光緒]山西通志一百八十四卷首一卷　（清）曾國荃等修　（清）王軒　（清）楊篤纂　清光緒十八年（1892）刻本　九十六冊

210000－0701－0017283　025615

[乾隆]山西志輯要十卷首一卷　（清）雅德修　（清）汪本直纂　清乾隆四十五年（1780）刻本　十二冊

210000－0701－0017284　025617

[光緒]綏遠志十卷首一卷　（清）貽穀修　高賡恩纂　清光緒三十四年（1908）刻本　六冊

210000－0701－0017285　025622

棗強縣古漳河官隄志十卷　（清）扈維藩輯　（清）陶和春纂　清光緒三十二年（1906）棗強縣署刻本　九冊

210000－0701－0017286　025625

帝京景物略八卷　（明）劉侗　（明）于奕正修　清乾隆刻本　八冊

210000－0701－0017287　025633

京師地名對二卷　（清）巴哩克杏芬輯　清光緒二十六年（1900）丹徒支恒榮署刻本　二冊

210000－0701－0017288　025634

京師地名對二卷　（清）巴哩克杏芬輯　清光緒二十六年（1900）丹徒支恒榮署刻本　二冊

210000－0701－0017289　025635

京師地名對二卷　（清）巴哩克杏芬輯　清光緒二十六年（1900）丹徒支恒榮署刻本　二冊

210000－0701－0017290　025636

天咫偶聞十卷　震鈞撰　清光緒三十三年（1907）甘棠轉舍刻本　八冊

210000－0701－0017291　025637

天咫偶聞十卷　震鈞撰　清光緒三十三年（1907）甘棠轉舍刻本　八冊

210000－0701－0017292　025638

天咫偶聞十卷　震鈞撰　清光緒三十三年（1907）甘棠轉舍刻本　八冊

210000－0701－0017293　025639

天咫偶聞十卷　震鈞撰　清光緒三十三年（1907）甘棠轉舍刻本　八冊

210000－0701－0017294　025640

北行日記一卷　（清）薛寶田撰　清光緒刻本　一冊

210000－0701－0017295　025646

[光緒]順天府志一百三十卷附錄一卷　（清）萬青藜　（清）周家楣修　（清）張之洞　繆荃孫纂　清光緒十五年(1889)刻本　六十四冊

210000－0701－0017296　025648

[光緒]順天府志一百三十卷附錄一卷　（清）萬青藜　（清）周家楣修　清光緒十二年(1886)刻本　六十四冊

210000－0701－0017297　025649

[光緒]順天府志一百三十卷附錄一卷　（清）萬青藜　（清）周家楣修　清光緒十二年(1886)刻本　六十四冊

210000－0701－0017298　025651

宸垣識畧十六卷　（清）吳長元輯　清咸豐二年(1852)藻思堂刻本　八冊

210000－0701－0017299　025652

宸垣識畧十六卷　（清）吳長元輯　清乾隆五十三年(1788)池北草堂刻本　八冊

210000－0701－0017300　025653

宸垣識畧十六卷　（清）吳長元輯　清乾隆五十三年(1788)池北草堂刻本　八冊

210000－0701－0017301　025654

宸垣識畧十六卷　（清）吳長元輯　清乾隆五十三年(1788)池北草堂刻本　八冊

210000－0701－0017302　025655

宸垣識畧十六卷　（清）吳長元輯　清光緒二年(1876)刻本　八冊

210000－0701－0017303　025656

宸垣識畧十六卷　（清）吳長元輯　清乾隆五十三年(1788)池北草堂刻本　八冊

210000－0701－0017304　025661

都門彙纂四卷菊部羣英二卷　（清）楊靜亭輯　清光緒六年(1880)刻本　六冊

210000－0701－0017305　025662

朝市叢載八卷　（清）李虹若輯　清光緒十二年(1886)刻本　八冊

210000－0701－0017306　025663

朝市叢載八卷　（清）李虹若輯　清光緒十二年(1886)刻本　八冊

210000－0701－0017307　025664

朝市叢載八卷　（清）李虹若輯　清光緒十二年(1886)刻本　八冊

210000－0701－0017308　025665

朝市叢載八卷　（清）李虹若輯　清光緒十二年(1886)刻本　八冊

210000－0701－0017309　025666

朝市叢載八卷　（清）李虹若輯　清光緒十二年(1886)刻本　八冊

210000－0701－0017310　025668

都門彙纂四卷菊部羣英二卷　（清）楊靜亭輯　（清）李靜山增補　國朝鼎甲錄一卷　（清）陳鍾原輯　清光緒五年(1879)刻本　五冊

210000－0701－0017311　025669

都門彙纂四卷菊部羣英二卷　（清）楊靜亭輯　（清）李靜山增補　國朝鼎甲錄一卷　（清）陳鍾原輯　清光緒四年(1878)刻本　十冊

210000－0701－0017312　025670

都門紀略一卷都門雜詠一卷　（清）楊靜亭輯　清道光二十五年(1845)刻本　二冊

210000－0701－0017313　025671

新增都門紀略七卷　（清）楊靜亭輯　清宣統元年(1909)京都榮錄堂刻本　七冊

210000－0701－0017314　025672

都門紀略一卷都門雜詠一卷　（清）楊靜亭輯　清道光二十五年(1845)刻本　二冊

210000－0701－0017315　025675

古香齋鑒賞袖珍春明夢餘錄七十卷　（清）孫承澤撰　清光緒八年(1882)刻本　二十冊

210000－0701－0017316　025676

古香齋鑒賞袖珍春明夢餘錄七十卷　（清）孫承澤撰　清光緒九年(1883)廣州惜分陰館刻本　二十四冊

210000－0701－0017317　025677

古香齋鑒賞袖珍春明夢餘錄七十卷　（清）孫

承澤撰　清刻本　二十三冊

210000－0701－0017318　025678
古香齋鑒賞袖珍春明夢餘錄七十卷　（清）孫
承澤撰　清光緒九年(1883)廣州惜分陰館刻
本　二十四冊

210000－0701－0017319　025679
日下舊聞四十二卷　（清）朱彝尊撰　補遺四
十二卷　（清）朱昆田撰　清康熙二十七年
(1688)崑山徐氏刻秀水朱氏六峰閣刻本　二
十四冊

210000－0701－0017320　025680
日下舊聞四十二卷　（清）朱彝尊撰　補遺四
十二卷　（清）朱昆田撰　清康熙二十七年
(1688)崑山徐氏刻秀水朱氏六峰閣刻本　二
十四冊

210000－0701－0017321　025681
日下舊聞四十二卷　（清）朱彝尊撰　補遺四
十二卷　（清）朱昆田撰　清康熙二十七年
(1688)崑山徐氏刻秀水朱氏六峰閣刻本　二
十四冊

210000－0701－0017322　025682
欽定日下舊聞考一百六十卷　（清）于敏中
（清）竇光鼐等纂修　清乾隆刻本　四十冊

210000－0701－0017323　025683
欽定日下舊聞考一百六十卷　（清）于敏中
（清）竇光鼐等纂修　清乾隆刻本　四十冊

210000－0701－0017324　025684
欽定日下舊聞考一百六十卷　（清）于敏中
（清）竇光鼐等纂修　清乾隆刻本　四十冊

210000－0701－0017325　025685
日下尊聞錄五卷　（清）□□輯　清咸豐二年
(1852)安和軒刻本　一冊

210000－0701－0017326　025686
日下尊聞錄五卷　（清）□□輯　清咸豐二年
(1852)安和軒刻本　一冊

210000－0701－0017327　025687
日下尊聞錄五卷　（清）□□輯　清咸豐二年

(1852)安和軒刻本　一冊

210000－0701－0017328　025688
［光緒］重修天津府志五十四卷首一卷末一卷
沈家本　（清）榮銓修　（清）徐宗亮
（清）蔡啟盛纂　清光緒二十五年(1899)刻本
二十八冊

210000－0701－0017329　025689
［光緒］重修天津府志五十四卷首一卷末一卷
沈家本　（清）榮銓修　（清）徐宗亮
（清）蔡啟盛纂　清光緒二十五年(1899)刻本
二十八冊

210000－0701－0017330　025690
［光緒］重修天津府志五十四卷首一卷末一卷
沈家本　（清）榮銓修　（清）徐宗亮
（清）蔡啟盛纂　清光緒二十五年(1899)刻本
二十八冊

210000－0701－0017331　025694
［乾隆］天津縣志二十四卷　（清）朱奎揚
（清）張志奇修　（清）吳廷華纂　清乾隆四年
(1739)刻本　八冊

210000－0701－0017332　025694
［同治］續天津縣志二十卷首一卷　（清）吳惠
元修　（清）蔣玉虹　（清）俞樾纂　清同治九
年(1870)刻本　八冊

210000－0701－0017333　025695
［乾隆］天津縣志二十四卷　（清）朱奎揚
（清）張志奇修　（清）吳廷華纂　清乾隆四年
(1739)刻本　八冊

210000－0701－0017334　025695
［同治］續天津縣志二十卷首一卷　（清）吳惠
元修　（清）蔣玉虹　（清）俞樾纂　清同治九
年(1870)刻本　八冊

210000－0701－0017335　025696
［乾隆］天津縣志二十四卷　（清）朱奎揚
（清）張志奇修　（清）吳廷華纂　清乾隆四年
(1739)刻本　八冊

210000－0701－0017336　025697

[同治]續天津縣志二十卷首一卷 （清）吳惠元修 （清）蔣玉虹 （清）俞樾纂 清同治九年(1870)刻本 八冊

210000－0701－0017337 025700

津門雜記三卷 （清）張燾撰 清光緒十年(1884)刻本 三冊

210000－0701－0017338 025701

津門雜記三卷 （清）張燾撰 清光緒十年(1884)刻本 三冊

210000－0701－0017339 025702

津門雜記三卷 （清）張燾撰 清光緒十年(1884)刻本 三冊

210000－0701－0017340 025704

[雍正]高陽縣志六卷 （清）嚴宗嘉修 (清)李其旋纂 清雍正八年(1730)刻本 六冊

210000－0701－0017341 025705

[光緒]唐山縣志十二卷首一卷末一卷 （清）蘇玉修 （清）杜翯 （清）李飛鳴纂 清光緒七年(1881)刻本 八冊

210000－0701－0017342 025706

[光緒]唐山縣志十二卷首一卷末一卷 （清）蘇玉修 （清）杜翯 （清）李飛鳴纂 清光緒七年(1881)刻本 八冊

210000－0701－0017343 025707

[光緒]唐山縣志十二卷首一卷末一卷 （清）蘇玉修 （清）杜翯 （清）李飛鳴纂 清光緒七年(1881)刻本 八冊

210000－0701－0017344 025708

[光緒]唐山縣志十二卷首一卷末一卷 （清）蘇玉修 （清）杜翯 （清）李飛鳴纂 清光緒七年(1881)刻本 八冊

210000－0701－0017345 025709

[光緒]唐縣志十二卷首一卷 （清）陳詠修 (清)張惇德纂 清光緒四年(1878)刻本 八冊

210000－0701－0017346 025710

[光緒]廣平府志六十三卷首一卷 （清）吳中彥修 （清）胡景桂纂 清光緒二十年(1894)刻本 二十四冊

210000－0701－0017347 025711

[光緒]廣平府志六十三卷首一卷 （清）吳中彥修 （清）胡景桂纂 清光緒二十年(1894)刻本 二十四冊

210000－0701－0017348 025713

[康熙]廣平縣志五卷 （清）夏顯煜修 (清)王俞巽纂 清康熙十五年(1676)刻本 五冊

210000－0701－0017349 025715

[道光]新城縣志十八卷首一卷 （清）李廷榮修 （清）王振鍾等纂 清道光十八年(1838)刻本 八冊

210000－0701－0017350 025718

[乾隆]三河縣志十六卷首一卷 （清）陳昶修 （清）王大信等纂 清乾隆二十五年(1760)刻本 四冊

210000－0701－0017351 025719

[光緒]正定縣志四十六卷首一卷末一卷 (清)慶之金 （清）賈孝彰修 （清）趙文濂等纂 清光緒元年(1875)刻本 十四冊

210000－0701－0017352 025720

[光緒]正定縣志四十六卷首一卷末一卷 (清)慶之金 （清）賈孝彰修 （清）趙文濂等纂 清光緒元年(1875)刻本 十四冊

210000－0701－0017353 025721

[光緒]正定縣志四十六卷首一卷末一卷 (清)慶之金 （清）賈孝彰修 （清）趙文濂等纂 清光緒元年(1875)刻本 十四冊

210000－0701－0017354 025722

[乾隆]正定府志五十卷首一卷 （清）鄭大進纂修 清乾隆二十七年(1762)刻本 三十一冊

210000－0701－0017355 025723

[光緒]玉田縣志三十卷首一卷 （清）夏子鐊

修 （清）李昌時 （清）丁維續纂　清光緒十年(1884)刻本　六冊

210000－0701－0017356　025724
[康熙]靈壽縣志十卷末一卷 （清）陸隴其修 （清）傅維櫺纂　清康熙二十五年(1686)刻本　四冊

210000－0701－0017357　025725
[嘉慶]廣宗縣志十二卷 （清）李師舒纂修 清嘉慶七年(1802)刻本　四冊

210000－0701－0017358　025727
[康熙]文安縣志八卷 （清）楊朝麟修 （清）胡涝等纂　清康熙四十二年(1703)刻本　八冊

210000－0701－0017359　025728
[光緒]重修新樂縣志六卷首一卷 （清）雷鶴鳴修 （清）趙文濂纂　清光緒十一年(1885)刻本　六冊

210000－0701－0017360　025730
[光緒]新河縣志十六卷 （清）趙鴻鈞修 （清）沈家煥纂　清光緒二年(1876)刻本　四冊

210000－0701－0017361　025734
[康熙]靈壽縣志十卷末一卷 （清）陸隴其修 （清）傅維櫺纂　清康熙二十五年(1686)刻本　四冊

210000－0701－0017362　025735
[康熙]靈壽縣志十卷末一卷 （清）陸隴其修 （清）傅維櫺纂　清康熙二十五年(1686)刻本　四冊

210000－0701－0017363　025736
[康熙]靈壽縣志十卷末一卷 （清）陸隴其修 （清）傅維櫺纂　清康熙二十五年(1686)刻本　四冊

210000－0701－0017364　025738
[光緒]元氏縣志十四卷首一卷末一卷 （清）胡岳修 （清）趙文濂 （清）王鈞如纂　清光緒元年(1875)刻本　八冊

210000－0701－0017365　025739
[同治]續修元城縣志六卷首一卷 （清）金世德修 （清）陳偉 （清）郭景儀纂 （清）李鴻章續修 （清）吳大鏞 （清）王仲甡續纂　清同治十一年(1872)刻本　六冊

210000－0701－0017366　025740
[同治]平鄉縣志十二卷首一卷 （清）蘇性纂修　清同治七年(1868)刻光緒十二年(1886)吳沂增刻本　四冊

210000－0701－0017367　025741
[同治]平鄉縣志十二卷首一卷 （清）蘇性纂修　清同治七年(1868)刻光緒十二年(1886)吳沂增刻本　四冊

210000－0701－0017368　025742
[同治]平鄉縣志十二卷首一卷 （清）蘇性纂修　清同治七年(1868)刻光緒十二年(1886)吳沂增刻本　四冊

210000－0701－0017369　025743
[同治]平山縣續志八卷末一卷 （清）熊壽籛纂修　清光緒二十四年(1898)刻本　二冊

210000－0701－0017370　025750
[康熙]晉州志十卷 （清）郭建章修 （清）關永清纂 （清）康如璉續修 （清）劉士鱗續纂　清康熙三十九年(1700)刻咸豐十年(1860)補刻本　六冊

210000－0701－0017371　025756
[同治]武邑縣志十卷首一卷 （清）彭美修 （清）龍文彬纂　清同治十一年(1872)刻本　八冊

210000－0701－0017372　025757
[乾隆]武清縣志十二卷首一卷末一卷 （清）吳翀修 （清）曹涵 （清）趙晃纂　清乾隆七年(1742)刻本　八冊

210000－0701－0017373　025758
[乾隆]邢臺縣志十八卷首一卷 （清）劉蒸雯修 （清）李嶸纂　清乾隆六年(1741)刻本　四冊

335

210000－0701－0017374　025759

[光緒]邢臺縣志八卷首一卷　（清）戚朝卿修
（清）周祐纂　清光緒三十一年(1905)刻本
六冊

210000－0701－0017375　025760

[康熙]磁州志十八卷　（清）蔣擢修　（清）
樂玉聲纂　清康熙四十二年(1703)刻本
六冊

210000－0701－0017376　025762

[乾隆]行唐縣新志十六卷　（清）吳高增纂修
清乾隆二十八年(1763)刻本　六冊

210000－0701－0017377　025763

[乾隆]衡水縣志十四卷　（清）陶淑纂修　清
乾隆三十二年(1767)刻本　五冊

210000－0701－0017378　025764

[乾隆]豐潤縣志八卷　（清）吳愼纂修　清乾
隆二十年(1755)刻本　四冊

210000－0701－0017379　025766

[乾隆]任丘縣志十二卷首一卷　（清）劉統修
（清）劉炳等纂　清乾隆二十七年(1762)刻
本　十冊

210000－0701－0017380　025768

[同治]畿輔通志三百卷首一卷　（清）李鴻章
等修　（清）黃彭年等纂　清光緒十年(1884)
古蓮華池刻本　二百四十冊

210000－0701－0017381　025769

[光緒]樂亭縣志十卷首一卷末一卷　（清）游
智開修　（清）史夢蘭纂　清光緒三年(1877)
刻本　六冊

210000－0701－0017382　025770

[光緒]樂亭縣志十卷首一卷末一卷　（清）游
智開修　（清）史夢蘭纂　清光緒三年(1877)
刻本　六冊

210000－0701－0017383　025771

[光緒]樂亭縣志十卷首一卷末一卷　（清）游
智開修　（清）史夢蘭纂　清光緒三年(1877)
刻本　六冊

210000－0701－0017384　025772

[同治]欒城縣志十四卷首一卷末一卷　（清）
陳詠修　（清）張惇德纂　清同治十一年至十
二年(1872－1873)刻本　六冊

210000－0701－0017385　025773

[同治]欒城縣志十四卷首一卷末一卷　（清）
陳詠修　（清）張惇德纂　清同治十一年至十
二年(1872－1873)刻本　六冊

210000－0701－0017386　025776

[乾隆]獻縣志二十卷圖一卷表一卷　（清）萬
廷蘭修　（清）戈濤纂　清乾隆二十六年
(1761)刻本　十四冊

210000－0701－0017387　025777

[光緒]續修贊皇縣志二十九卷首一卷　（清）
史賡雲　（清）周晉塈修　（清）趙萬泰等纂
清光緒二年(1876)刻本　二冊

210000－0701－0017388　025777

[乾隆]贊皇縣志十卷首一卷末一卷　（清）黃
崗竹纂修　清乾隆十六年(1751)刻本　四冊

210000－0701－0017389　025778

[康熙]保定府志二十九卷　（清）紀弘謨修
（清）郭棻纂　清康熙十九年(1680)刻本　十
二冊

210000－0701－0017390　025779

[康熙]保定府志二十九卷　（清）紀弘謨修
（清）郭棻纂　清康熙十九年(1680)刻本　十
二冊

210000－0701－0017391　025780

[光緒]保定府志七十九卷首一卷　（清）李培
祐　（清）朱靖旬修　（清）張豫塏纂　清光緒
十二年(1886)刻本　二十二冊

210000－0701－0017392　025782

[光緒]保定府志七十九卷首一卷　（清）李培
祐　（清）朱靖旬修　（清）張豫塏纂　清光緒
十二年(1886)刻本　二十二冊

210000－0701－0017393　025783

[康熙]保定縣志四卷首一卷　（清）成其範修

(清)柴經國纂　清康熙十二年(1673)刻本
四册

210000－0701－0017394　025784
[光緒]吳橋縣志十二卷　(清)倪昌燮修
(清)馮慶楊纂　清光緒元年(1875)瀾陽書院
刻本　八册

210000－0701－0017395　025785
[光緒]吳橋縣志十二卷　(清)倪昌燮修
(清)馮慶楊纂　清光緒元年(1875)瀾陽書院
刻本　八册

210000－0701－0017396　025786
[光緒]蠡縣志十卷　(清)韓志超　(清)何
雲誥修　(清)張瑝　(清)王其衡纂　清光緒
二年(1876)刻本　十册

210000－0701－0017397　025789
[康熙]寧晉縣志十卷　(清)萬任纂修　清康
熙十八年(1679)刻本　六册

210000－0701－0017398　025791
[乾隆]寧河縣志十六卷　(清)関廷牧修
(清)徐以觀纂　清乾隆四十四年(1779)刻本
六册

210000－0701－0017399　025792
[乾隆]寧河縣志十六卷　(清)関廷牧修
(清)徐以觀纂　清乾隆四十四年(1779)刻本
六册

210000－0701－0017400　025793
[光緒]寧津縣志十二卷首一卷　(清)祝嘉庸
修　(清)吳潯源纂　清光緒二十六年(1900)
刻本　八册

210000－0701－0017401　025794
[光緒]寧津縣志十二卷首一卷　(清)祝嘉庸
修　(清)吳潯源纂　清光緒二十六年(1900)
刻本　八册

210000－0701－0017402　025795
[光緒]寧津縣志十二卷首一卷　(清)祝嘉庸
修　(清)吳潯源纂　清光緒二十六年(1900)
刻本　八册

210000－0701－0017403　025796
[光緒]寧津縣志十二卷首一卷　(清)祝嘉庸
修　(清)吳潯源纂　清光緒二十六年(1900)
刻本　八册

210000－0701－0017404　025797
[康熙]宛平縣志六卷　(清)王養濂修
(清)李開泰　(清)張采纂　抄本　十册

210000－0701－0017405　025799
[光緒]永平府志七十二卷首一卷末一卷
(清)游智開修　(清)史夢蘭纂　清光緒五年
(1879)敬勝書院刻本　二册

210000－0701－0017406　025800
[乾隆]永平府志二十四卷首一卷末一卷
(清)李奉翰　(清)顧學潮修　(清)王金英
纂　清乾隆三十九年(1774)刻本　十六册

210000－0701－0017407　025801
[乾隆]永清縣志二十五篇　(清)周震榮修
(清)章學誠纂　清乾隆四十四年(1779)刻本
四册

210000－0701－0017408　025802
[乾隆]永清縣志二十五篇　(清)周震榮修
(清)章學誠纂　清乾隆四十四年(1779)刻本
四册

210000－0701－0017409　025803
[光緒]永年縣志四十卷首一卷　(清)孔廣棣
纂修　(清)夏詒鈺續纂修　清光緒三年
(1877)刻本　八册

210000－0701－0017410　025805
[乾隆]安肅縣志十六卷　(清)張鈍修
(清)史元善等纂　清乾隆四十三年(1778)刻
嘉慶十三年(1808)石梁補刻本　八册

210000－0701－0017411　025806
[乾隆]容城縣志八卷　(清)王克淳纂修　清
乾隆二十六年(1761)刻本　四册

210000－0701－0017412　025807
[光緒]容城縣志八卷　(清)俞廷獻等纂　清
光緒二十二年(1896)刻本　六册

210000－0701－0017413　025808

[咸豐]容城縣志八卷　（清）詹作周　（清）裴福德修　（清）王振綱纂　清咸豐七年(1857)刻本　六冊

210000－0701－0017414　025813

[咸豐]直隸定州續志四卷　（清）王榕吉修　(清)張樸纂　清咸豐十年(1860)刻本　二冊

210000－0701－0017415　025814

[道光]直隸定州志二十二卷首一卷　（清）寶琳　（清）勞沅恩纂修　清道光三十年(1850)刻本　十二冊

210000－0701－0017416　025815

[道光]直隸定州志二十二卷首一卷　（清）寶琳　（清）勞沅恩纂修　清道光三十年(1850)刻本　十二冊

210000－0701－0017417　025816

[道光]直隸定州志二十二卷首一卷　（清）寶琳　（清）勞沅恩纂修　清道光三十年(1850)刻本　十四冊

210000－0701－0017418　025817

[道光]直隸定州志二十二卷首一卷　（清）寶琳　（清）勞沅恩纂修　清道光三十年(1850)刻本　十二冊

210000－0701－0017419　025818

[光緒]定興縣志二十六卷首一卷　（清）張主敬修　（清)楊晨纂　清光緒十六年(1890)刻十九年(1893)校定本　十二冊

210000－0701－0017420　025819

[乾隆]寶坻縣志十八卷　（清）洪肇楙修　(清)蔡寅斗纂　清乾隆十年(1745)刻本　八冊

210000－0701－0017421　025827

[乾隆]河間府新志二十卷首一卷　（清）杜甲修　（清）黃文蓮　（清）胡天游纂　清乾隆二十五年(1760)刻本　十冊

210000－0701－0017422　025828

[乾隆]河間縣志六卷　（清）吳山鳳修

（清）黃文蓮　（清）梁志恪纂　清乾隆二十五年(1760)刻本　六冊

210000－0701－0017423　025831

[乾隆]涿州志二十二卷首一卷　（清）吳山鳳纂修　清乾隆三十年(1765)刻光緒元年(1875)印本　十二冊

210000－0701－0017424　025832

[同治]遷安縣志十八卷首一卷末一卷　（清）韓耀光修　（清）史夢蘭纂　清同治十二年(1873)文峰書院刻本　八冊

210000－0701－0017425　025833

[嘉慶]灤州志八卷首一卷末一卷　（清）吳士鴻修　（清)孫學恆纂　清嘉慶十五年(1810)刻本　八冊

210000－0701－0017426　025834

[嘉慶]灤州志八卷首一卷末一卷　（清）吳士鴻修　（清)孫學恆纂　清嘉慶十五年(1810)刻本　八冊

210000－0701－0017427　025835

[光緒]淶水縣志八卷首一卷末一卷　（清）陳傑等纂修　清光緒二十一年(1895)刻本　八冊

210000－0701－0017428　025837

津門雜記三卷　（清）張燾撰　清光緒十年(1884)刻本　三冊

210000－0701－0017429　025838

津門雜記三卷　（清）張燾撰　清光緒十年(1884)刻本　三冊　殘一卷(中)

210000－0701－0017430　025840

[光緒]清源鄉志十八卷首一卷　（清）王勳祥修　（清)王效尊纂　清光緒八年(1882)梗陽書院刻朱印本　六冊

210000－0701－0017431　025843

[同治]清苑縣志十八卷首一卷　（清）李逢源修　（清)諸崇儉纂　清同治十二年(1873)刻本　八冊

210000－0701－0017432　025844

[同治]清苑縣志十八卷首一卷　（清）李逢源修　（清）諸崇儉纂　清同治十二年(1873)刻民國二十八年(1939)重印本　八冊

210000－0701－0017433　025845
[康熙]清苑縣志十二卷首一卷　（清）時來敏修　（清）郭棻等纂　清康熙十六年(1677)刻本　八冊

210000－0701－0017434　025846
[同治]清豐縣志十卷　（清）楊燨纂修　(清)李鴻章等續修　（清）高俊等續纂　清同治十一年(1872)刻本　四冊

210000－0701－0017435　025847
[道光]深州直隸州志十卷首一卷末一卷　(清)張範東修　（清）李廣滋纂　清道光七年(1827)刻本　四冊

210000－0701－0017436　025848
[道光]深州直隸州志十卷首一卷末一卷　(清)張範東修　（清）李廣滋纂　清道光七年(1827)刻本　四冊

210000－0701－0017437　025849
深州風土記二十二卷附表五卷　（清）吳汝綸纂　清光緒二十六年(1900)文瑞書院刻本　八冊

210000－0701－0017438　025851
深州風土記二十二卷附表五卷　（清）吳汝綸纂　清光緒二十六年(1900)文瑞書院刻本　八冊

210000－0701－0017439　025852
深州風土記二十二卷附表五卷　（清）吳汝綸纂　清光緒二十六年(1900)文瑞書院刻本　八冊

210000－0701－0017440　025853
[乾隆]祁州志八卷　（清）羅以桂　（清）王楷修　（清）張萬銓　（清）刁錦纂　清乾隆二十一年(1756)刻本　四冊

210000－0701－0017441　025854
[乾隆]祁州志八卷　（清）羅以桂　（清）王

楷修　（清）張萬銓　（清）刁錦纂　清乾隆二十一年(1756)刻本　四冊

210000－0701－0017442　025855
[光緒]祁州續志四卷　（清）趙秉恆等修　(清)劉學海等纂　清光緒八年(1882)刻本　二冊

210000－0701－0017443　025855
[乾隆]祁州志八卷　（清）羅以桂　（清）王楷修　（清）張萬銓　（清）刁錦纂　清乾隆二十一年(1756)刻清末補刻本　四冊

210000－0701－0017444　025856
[乾隆]祁州志八卷　（清）羅以桂　（清）王楷修　（清）張萬銓　（清）刁錦纂　清乾隆二十一年(1756)刻清末補刻本　四冊

210000－0701－0017445　025857
[光緒]定興縣志二十六卷首一卷　（清）張主敬修　（清）楊晨纂　清光緒十六年(1890)刻十九年(1893)校定本　十二冊

210000－0701－0017446　025858
[光緒]通州志十卷首一卷末一卷　（清）高建勳等修　（清）王維珍等纂　清光緒五年(1879)刻九年(1883)增刻本　十二冊

210000－0701－0017447　025859
[光緒]通州志十卷首一卷末一卷　（清）高建勳等修　（清）王維珍等纂　清光緒五年(1879)刻九年至十五年(1883－1889)遞增刻本　十二冊

210000－0701－0017448　025861
[乾隆]滄州志十六卷　（清）徐時作修　(清)胡淰等纂　清乾隆八年(1743)刻本　十二冊

210000－0701－0017449　025862
[乾隆]滄州志十六卷　（清）徐時作修　(清)胡淰等纂　清乾隆八年(1743)刻本　十二冊

210000－0701－0017450　025863
[乾隆]滄州志十六卷　（清）徐時作修

（清）胡淦等纂　清乾隆八年(1743)刻本　十二冊

210000－0701－0017451　025866

［乾隆］直隸遵化州志二十卷　（清）傅修等纂修　清乾隆五十九年(1794)刻本　八冊

210000－0701－0017452　025867

［乾隆］直隸遵化州志二十卷　（清）傅修等纂修　清乾隆五十九年(1794)刻本　八冊

210000－0701－0017453　025871

［光緒］大城縣志十二卷首一卷　（清）趙炳文（清）徐國楨修　（清）劉鍾英　（清）鄧毓怡纂　清光緒二十三年(1897)刻本　十二冊

210000－0701－0017454　025872

［咸豐］大名府志二十二卷首一卷續志六卷末一卷　（清）朱煥等纂修　（清）武蔚文續修（清）郭程光續纂　（清）高繼珩增補　清咸豐三年(1853)刻本　二十一冊

210000－0701－0017455　025873

［咸豐］大名府志二十二卷首一卷續志六卷末一卷　（清）朱煥等纂修　（清）武蔚文續修（清）郭程光續纂　（清）高繼珩增補　清咸豐三年(1853)刻本　二十一冊

210000－0701－0017456　025874

［乾隆］大名縣志四十卷首一卷　（清）張維祺（清）李棠纂修　清乾隆五十四年(1789)刻本　十二冊

210000－0701－0017457　025876

［光緒］南和縣志十二卷首一卷　（清）王立勳修　（清）李清芝纂　清光緒十九年(1893)抄本　六冊

210000－0701－0017458　025878

［光緒］南樂縣志十卷首一卷補遺一卷　（清）施有方　（清）陸維炘修　（清）武勳朝（清）李雲峰纂　清光緒二十九年(1903)刻本　八冊

210000－0701－0017459　025879

［道光］南宮縣志十六卷　（清）周杙修

（清）陳柱纂　清道光十一年(1831)刻本　八冊

210000－0701－0017460　025883

［道光］南宮縣志十六卷　（清）周杙修（清）陳柱纂　清道光十一年(1831)刻本　八冊

210000－0701－0017461　025884

［道光］南宮縣志十六卷　（清）周杙修（清）陳柱纂　清道光十一年(1831)刻本　八冊

210000－0701－0017462　025885

［光緒］南皮縣志十五卷首一卷末一卷　（清）殷樹森修　（清）汪寶樹　（清）傅金鑠纂　清光緒十四年(1888)刻本　八冊

210000－0701－0017463　025887

［道光］內邱縣志四卷　（清）汪匡鼎修（清）和羹纂　（清）施彥士續纂修　清康熙七年(1668)刻道光十二年(1832)增刻本　四冊

210000－0701－0017464　025890

薊旋錄一卷　（明）李日華撰　明刻清乾隆三十三年(1768)曹秉鈞補刻李竹嬾先生說部全書叢書本　一冊

210000－0701－0017465　025890

璽召錄一卷　（明）李日華撰　明刻清乾隆三十三年(1768)曹秉鈞補刻李竹嬾先生說部全書叢書本　與 210000－0701－0017464、0017466 合冊

210000－0701－0017466　025890

續畫媵一卷　（明）李日華撰　明刻清乾隆三十三年(1768)曹秉鈞補刻李竹嬾先生說部全書叢書本　與 210000－0701－0017464 至0017465 合冊

210000－0701－0017467　025891

［順治］真定縣志十四卷　（清）陳謙纂修　清順治三年(1646)刻本　四冊

210000－0701－0017468　025892

［乾隆］博野縣志八卷首一卷末一卷　（清）吳

鳌修 （清）朱基 （清）尹啓銓纂 清乾隆三十一年(1766)刻本 六冊

210000－0701－0017469 025894
[乾隆]獲鹿縣志十二卷 （清）韓國瓚修 （清）石光璽纂 清乾隆元年(1736)刻本 四冊

210000－0701－0017470 025895
[光緒]獲鹿縣志十四卷首一卷末一卷 （清）俞錫綱修 （清）曹鑅纂 清光緒七年(1881)刻本 九冊 存十四卷(二至十三、首一卷、末一卷)

210000－0701－0017471 025896
[光緒]獲鹿縣志十四卷首一卷末一卷 （清）俞錫綱修 （清）曹鑅纂 清光緒七年(1881)刻本 九冊 存十五卷(一至十四、末一卷)

210000－0701－0017472 025898
[道光]薊州志十卷首一卷 （清）沈銳纂修 清道光十一年(1831)刻咸豐二年(1852)補刻本 十三冊

210000－0701－0017473 025899
[道光]薊州志十卷首一卷 （清）沈銳纂修 清道光十一年(1831)刻本 六冊

210000－0701－0017474 025900
[道光]薊州志十卷首一卷 （清）沈銳纂修 清道光十一年(1831)刻咸豐二年(1852)補刻本 十三冊

210000－0701－0017475 025901
[康熙]薊州志八卷 （清）張朝琮修 （清）鄔棠等纂 清康熙四十三年(1704)刻本 八冊

210000－0701－0017476 025903
[光緒]藁城縣志續補十一卷 （清）朱紹穀修 （清）張毓溫纂 清光緒七年(1881)刻本 一冊

210000－0701－0017477 025903
[康熙]藁城縣志十二卷 （清）賴于宣修 （清）張丙宿纂 清康熙三十七年(1698)刻本

三冊

210000－0701－0017478 025905
[乾隆]柏鄉縣志十卷首一卷 （清）鍾賡華纂修 清乾隆三十一年(1766)刻本 六冊

210000－0701－0017479 025906
[乾隆]邯鄲縣志十二卷首一卷 （清）王炯纂修 清乾隆二十一年(1756)刻本 六冊

210000－0701－0017480 025907
[乾隆]邯鄲縣志十二卷首一卷 （清）王炯纂修 清乾隆二十一年(1756)刻本 六冊

210000－0701－0017481 025910
[光緒]續修故城縣志十二卷首一卷 （清）丁燦修 （清）王堉德纂 （清）張煐續修 （清）范翰文續纂 清光緒十一年(1885)刻本 八冊

210000－0701－0017482 025912
[光緒]直隸趙州志十六卷首一卷末一卷 （清）孫傳栻修 （清）王景美纂 清光緒二十三年(1897)刻本 六冊

210000－0701－0017483 025913
[光緒]直隸趙州志十六卷首一卷末一卷 （清）孫傳栻修 （清）王景美纂 清光緒二十三年(1897)刻本 六冊

210000－0701－0017484 025914
[光緒]直隸趙州志十六卷首一卷末一卷 （清）孫傳栻修 （清）王景美纂 清光緒二十三年(1897)刻本 六冊

210000－0701－0017485 025915
[乾隆]肅甯縣志十卷 （清）尹侃 （清）范森修 （清）談有典纂 清乾隆二十一年(1756)刻本 五冊

210000－0701－0017486 025916
[嘉慶]青縣志八卷 （清）沈聯芳修 （清）倪鑅纂 清嘉慶八年(1803)刻同治五年(1866)補刻本 四冊

210000－0701－0017487 025917
[光緒]重修青縣志十卷 （清）江貢琛修

(清)茹岱林纂　清光緒八年(1882)刻本
四冊

210000－0701－0017488　025922
[嘉慶]束鹿縣志十卷　(清)李符清修
(清)斐顯相　(清)沈樂善纂　清嘉慶四年
(1799)刻本　四冊

210000－0701－0017489　025923
[嘉慶]束鹿縣志十卷　(清)李符清修
(清)斐顯相　(清)沈樂善纂　清嘉慶四年
(1799)刻本　四冊

210000－0701－0017490　025924
[光緒]棗強縣志補正五卷　(清)方宗誠纂修
　清光緒二年(1876)刻本　二冊

210000－0701－0017491　025925
[嘉慶]棗強縣志二十卷　(清)任衢薰修
(清)楊元錫纂　清嘉慶九年(1804)刻本
六冊

210000－0701－0017492　025926
[嘉慶]棗強縣志二十卷　(清)任衢薰修
(清)楊元錫纂　清嘉慶九年(1804)刻本
六冊

210000－0701－0017493　025928
[光緒]棗強縣志補正五卷　(清)方宗誠纂修
　清光緒二年(1876)刻本　二冊

210000－0701－0017494　025929
[光緒]東光縣志十二卷首一卷　(清)周植瀛
修　(清)吳潯源纂　清光緒十四年(1888)刻
本　十冊

210000－0701－0017495　025930
[光緒]東光縣志十二卷首一卷　(清)周植瀛
修　(清)吳潯源纂　清光緒十四年(1888)刻
本　十冊

210000－0701－0017496　025932
[同治]靜海縣志八卷　(清)鄭士薰纂修　清
同治十二年(1873)刻本　四冊

210000－0701－0017497　025933
[同治]靜海縣志八卷　(清)鄭士薰纂修　清

同治十二年(1873)刻本　四冊

210000－0701－0017498　025934
[康熙]靜海縣志四卷　(清)閻甲胤修
(清)馬方伸纂　清康熙十二年(1673)刻本
四冊

210000－0701－0017499　025935
[康熙]威縣志十六卷　(清)李之棟纂修　清
康熙十二年(1673)刻本　四冊

210000－0701－0017500　025936
[康熙]成安縣志十二卷　(清)王公楷修
(清)張槲纂　清康熙十二年(1673)刻本
六冊

210000－0701－0017501　025937
[光緒]續修井陘縣志三十六卷　(清)常善修
　(清)趙文濂纂　清光緒元年(1875)刻本
二冊

210000－0701－0017502　025937
[雍正]井陘縣志八卷　(清)鍾文英纂修　清
雍正八年(1730)刻本　四冊

210000－0701－0017503　025938
[康熙]曲陽縣新志十一卷　(清)劉師峻纂修
　清康熙十一年(1672)刻本　四冊

210000－0701－0017504　025939
[光緒]撫寧縣志十六卷首一卷　(清)張上龢
修　(清)史夢蘭纂　清光緒三年(1877)刻本
　六冊

210000－0701－0017505　025940
[雍正]井陘縣志八卷　(清)鍾文英纂修　清
雍正八年(1730)刻本　四冊

210000－0701－0017506　025942
[乾隆]直隸易州志十八卷首一卷　(清)楊芊
纂修　(清)張登高續纂修　清乾隆十二年
(1747)刻本　八冊

210000－0701－0017507　025943
[乾隆]直隸易州志十八卷首一卷　(清)楊芊
纂修　(清)張登高續纂修　清乾隆十二年
(1747)刻本　八冊

210000－0701－0017508　025944

[乾隆]直隸易州志十八卷首一卷　（清）楊芊
纂修　（清）張登高續纂修　清乾隆十二年
(1747)刻本　八冊

210000－0701－0017509　025945

[光緒]昌平外志六卷　（清）麻兆慶纂　清光
緒十八年(1892)刻本　四冊

210000－0701－0017510　025946

[光緒]昌平外志六卷　（清）麻兆慶纂　清光
緒十八年(1892)刻本　四冊

210000－0701－0017511　025948

[同治]昌黎縣志十卷　（清）何崧泰修
（清）馬恂　（清）何爾泰纂　清同治五年
(1866)刻本　四冊

210000－0701－0017512　025949

[同治]昌黎縣志十卷　（清）何崧泰修
（清）馬恂　（清）何爾泰纂　清同治五年
(1866)刻本　四冊

210000－0701－0017513　025954

[咸豐]固安縣志八卷　（清）陳崇砥修
（清）陳福嘉　（清）吳三峰纂　清咸豐九年
(1859)刻本　六冊

210000－0701－0017514　025956

[乾隆]景州志六卷首一卷　（清）屈成霖纂修
　清乾隆十年(1745)刻本　六冊

210000－0701－0017515　025957

[嘉慶]長垣縣志十六卷　（清）李于垣修
（清）楊元錫纂　清嘉慶十五年(1810)刻本
八冊

210000－0701－0017516　025958

[同治]增續長垣縣志二卷　（清）觀祐
（清）費瀛修　（清）齊聯芳　（清）李元鵬纂
　清同治十二年(1873)刻本　二冊

210000－0701－0017517　025963

[光緒]開州志八卷首一卷　（清）陳兆麟修
（清）祁德昌纂　清光緒八年(1882)刻本
八冊

210000－0701－0017518　025964

[嘉慶]開州志十卷首一卷　（清）李符清修
（清）沈樂善纂　清嘉慶十一年(1806)刻本
六冊

210000－0701－0017519　025976

[同治]鹽山縣志十六卷首一卷末一卷　（清）
王福謙　（清）江毓秀修　（清）潘震乙纂　清
同治七年(1868)京都文采齋刻本　八冊

210000－0701－0017520　025977

[同治]鹽山縣志十六卷首一卷末一卷　（清）
王福謙　（清）江毓秀修　（清）潘震乙纂　清
同治七年(1868)京都文采齋刻本　八冊

210000－0701－0017521　025978

[光緒]臨榆縣志二十四卷首一卷　（清）趙允
祐修　（清）高錫疇纂　清光緒四年(1878)刻
本　十冊

210000－0701－0017522　025979

[乾隆]臨榆縣志十四卷首一卷　（清）鍾和梅
纂修　清乾隆二十一年(1756)刻本　六冊

210000－0701－0017523　025980

[光緒]臨榆縣志二十四卷首一卷　（清）趙允
祐修　（清）高錫疇纂　清光緒四年(1878)刻
本　十冊

210000－0701－0017524　025981

[光緒]臨榆縣志二十四卷首一卷　（清）趙允
祐修　（清）高錫疇纂　清光緒四年(1878)刻
本　十冊

210000－0701－0017525　025982

[光緒]臨榆縣志二十四卷首一卷　（清）趙允
祐修　（清）高錫疇纂　清光緒四年(1878)刻
本　十冊

210000－0701－0017526　025983

[乾隆]臨榆縣志十四卷首一卷　（清）鍾和梅
纂修　清乾隆二十一年(1756)刻本　六冊

210000－0701－0017527　025984

[康熙]臨城縣志八卷　（清）楊寬修　（清）
喬巳百纂　清康熙三十年(1691)刻本　五冊

210000－0701－0017528　025986

[乾隆]無極縣志十一卷末一卷　（清）黃可潤
纂修　清乾隆二十二年(1757)刻光緒十九年
(1893)補刻本　四冊

210000－0701－0017529　025987

[光緒]無極縣續志十卷首一卷末一卷　（清）
曹鳳來纂修　清光緒十九年(1893)刻本
四冊

210000－0701－0017530　025988

[光緒]鉅鹿縣志十二卷首一卷　（清）凌燮等
修　（清）夏應麟纂　清光緒十二年(1886)刻
本　六冊

210000－0701－0017531　025989

[康熙]懷柔縣新志八卷　（清）吳景果纂修
清康熙六十年(1721)刻本　四冊

210000－0701－0017532　025990

[乾隆]高平縣志二十二卷末一卷　（清）傅德
宜修　（清）戴純纂　清乾隆三十九年(1774)
刻本　八冊

210000－0701－0017533　025991

[光緒]應州再續志二卷　（清）湯學治纂修
清光緒八年(1882)刻本　二冊

210000－0701－0017534　025992

[光緒]永濟縣志二十四卷　（清）李榮和
(清)劉鍾麟修　（清）張元懋纂　清光緒十二
年(1886)刻本　十四冊

210000－0701－0017535　025993

[雍正]襄陵縣志二十四卷　（清）趙懋本修
(清)盧秉純纂　清雍正十年(1732)刻本
四冊

210000－0701－0017536　025994

[雍正]襄陵縣志二十四卷　（清）趙懋本修
(清)盧秉純纂　清雍正十年(1732)刻本
四冊

210000－0701－0017537　025995

[光緒]文水縣志十二卷首一卷末一卷　（清）
范啟埏　(清)王煒修　（清）陰步霞纂　清光

緒九年(1883)刻本　六冊

210000－0701－0017538　025996

[光緒]廣靈縣補志十卷首一卷末一卷　（清）
楊亦銘纂修　清光緒七年(1881)刻本　二冊

210000－0701－0017539　025996

[乾隆]廣靈縣志十卷首一卷末一卷　（清）郭
磊纂修　清乾隆十九年(1754)刻光緒七年
(1881)印本　與 210000－0701－0017538
合冊

210000－0701－0017540　025997

[乾隆]廣靈縣志十卷首一卷末一卷　（清）郭
磊纂修　清乾隆十九年(1754)刻光緒七年
(1881)印本　四冊

210000－0701－0017541　025998

[光緒]廣靈縣補志十卷首一卷末一卷　（清）
楊亦銘纂修　清光緒七年(1881)刻本　二冊

210000－0701－0017542　025998

[乾隆]廣靈縣志十卷首一卷末一卷　（清）郭
磊纂修　清乾隆十九年(1754)刻光緒七年
(1881)印本　六冊

210000－0701－0017543　025999

[乾隆]重修襄垣縣志八卷　（清）李廷芳修
(清)徐珏　(清)陳于廷纂　清乾隆四十七年
(1782)刻本　八冊

210000－0701－0017544　026001

[光緒]五臺新志四卷首一卷　（清）徐繼畬纂
修　(清)孫汝明　(清)王步墀續修　（清）
楊篤續纂　清光緒九年(1883)刻本　四冊

210000－0701－0017545　026002

[光緒]五臺新志四卷首一卷　（清）徐繼畬纂
修　(清)孫汝明　(清)王步墀續修　（清）
楊篤續纂　清光緒九年(1883)刻本　四冊

210000－0701－0017546　026003

[乾隆]五臺縣志八卷　（清）王秉韜纂修　清
乾隆四十五年(1780)刻本　五冊

210000－0701－0017547　026004

[光緒]孟縣志二十二卷首一卷末一卷　（清）

張嵐奇　（清）劉鴻達修　（清）武纘緒
（清）劉懋功纂　清光緒七年（1881）刻本
十冊

210000－0701－0017548　026005

［光緒］孟縣志二十二卷首一卷末一卷　（清）
張嵐奇　（清）劉鴻達修　（清）武纘緒
（清）劉懋功纂　清光緒七年（1881）刻本
十冊

210000－0701－0017549　026006

［嘉慶］靈石縣志十二卷　（清）王志瀜修
（清）黃憲臣纂　清嘉慶二十二年（1817）刻本
六冊

210000－0701－0017550　026008

［康熙］靈邱縣志四卷　（清）宋起鳳纂修
（清）岳宏譽增訂　清康熙二十三年（1684）刻
本　四冊

210000－0701－0017551　026009

［光緒］夏縣志十卷首一卷　（清）黃緝榮
（清）萬啓鈞修　（清）張承熊纂　清光緒四年
（1878）刻本　四冊

210000－0701－0017552　026010

［乾隆］解州夏縣志十六卷首一卷　（清）言如
泗修　（清）李遵唐纂　清乾隆二十九年
（1764）刻本　四冊

210000－0701－0017553　026011

［光緒］平定州志十六卷首一卷　（清）賴昌期
（清）張彬纂修　清光緒八年（1882）刻本
十六冊

210000－0701－0017554　026012

［乾隆］平定州志十卷圖一卷　（清）金明源修
（清）竇忻　（清）張佩芳纂　清乾隆五十五
年（1790）涌雲樓刻本　十冊

210000－0701－0017555　026013

［康熙］重修平遙縣志八卷　（清）王綬修
（清）康乃心纂　清康熙四十五年（1706）刻本
四冊

210000－0701－0017556　026014

［康熙］重修平遙縣志八卷　（清）王綬修
（清）康乃心纂　清康熙四十五年（1706）刻本
四冊

210000－0701－0017557　026015

［乾隆］解州平陸縣志十六卷首一卷　（清）言
如泗　（清）韓夒典修　（清）杜若拙　（清）
荆如棠纂　清乾隆二十九年（1764）刻本
四冊

210000－0701－0017558　026016

［光緒］平遙縣志十二卷　（清）恩端修
（清）武達材　（清）王舒萼纂　清光緒八年
（1882）刻本　八冊

210000－0701－0017559　026017

［雍正］石樓縣志八卷首一卷　（清）袁學謨修
（清）秦燮等纂　清雍正十年（1732）刻本
八冊

210000－0701－0017560　026018

［雍正］平陽府志三十六卷　（清）章廷珪修
（清）范安治纂　清乾隆元年（1736）刻本　十
八冊

210000－0701－0017561　026020

［乾隆］翼城縣志二十八卷　（清）許崇楷纂修
清乾隆三十六年（1771）刻本　十六冊

210000－0701－0017562　026021

［光緒］翼城縣志二十八卷　（清）王耀章
（清）龔履坦纂修　清光緒七年（1881）刻本
八冊

210000－0701－0017563　026022

［光緒］續修崞縣志八卷　（清）邵豐　（清）
顧弼修　（清）賈瀛纂　（清）趙冠卿等續修
（清）潘肯堂等續纂　清光緒八年（1882）刻本
八冊

210000－0701－0017564　026025

［光緒］虞鄉縣志十二卷首一卷　（清）崔鑄善
修　（清）陳鼎隆　（清）全謀愷纂　清光緒十
二年（1886）刻本　四冊

210000－0701－0017565　026026

[雍正]山西通志一百八十四卷首一卷　（清）曾國荃等修　（清）王軒　（清）楊篤纂　清光緒十八年(1892)刻本　九十六冊

210000－0701－0017566　026029

[光緒]代州志十二卷首一卷　（清）俞廉三修　（清）楊篤纂　清光緒八年(1882)代山書院刻本　六冊

210000－0701－0017567　026030

[光緒]代州志十二卷首一卷　（清）俞廉三修　（清）楊篤纂　清光緒八年(1882)代山書院刻本　六冊

210000－0701－0017568　026031

[光緒]代州志十二卷首一卷　（清）俞廉三修　（清）楊篤纂　清光緒八年(1882)代山書院刻本　六冊

210000－0701－0017569　026032

[乾隆]直隸代州志六卷　（清）吳重光纂修　清乾隆四十九年(1784)刻本　八冊

210000－0701－0017570　026033

[道光]保德州志十二卷首一卷　（清）王克昌修　（清）殷夢高纂　（清）王秉韜續纂修　清康熙四十九年(1710)刻道光增刻本　十冊

210000－0701－0017571　026034

[同治]稷山縣志十卷　（清）沈鳳朔修　（清）鄧嘉紳等纂　清同治四年(1865)刻本　八冊

210000－0701－0017572　026035

[乾隆]鄉寧縣志十五卷　（清）葛清等纂修　清乾隆四十九年(1784)刻本　四冊

210000－0701－0017573　026036

[光緒]續修鄉寧縣志十五卷　（清）馮安瀾修　（清）崔鍾淦纂　清光緒七年(1881)刻本　一冊

210000－0701－0017574　026037

[乾隆]絳縣志十四卷　（清）拉昌阿修　（清）王本智纂　清乾隆三十年(1765)刻本　四冊

210000－0701－0017575　026038

[光緒]黎城縣續志四卷　（清）鄭灝等修　（清）楊恩樹纂　清光緒九年(1883)刻本　四冊

210000－0701－0017576　026039

[光緒]黎城縣續志四卷　（清）鄭灝等修　（清）楊恩樹纂　清光緒九年(1883)刻本　四冊

210000－0701－0017577　026040

[光緒]解州志十八卷首一卷　（清）馬丕瑤（清）魏象乾修　（清）張承熊纂　清光緒七年(1881)刻本　六冊

210000－0701－0017578　026041

[乾隆]解州安邑縣運城志十六卷首一卷（清）言如泗修　（清）呂瀟等纂　清乾隆二十九年(1764)刻本　四冊

210000－0701－0017579　026042

[乾隆]解州全志十八卷圖一卷　（清）言如泗修　（清）呂瀟等纂　清乾隆二十九年(1764)刻本　四冊

210000－0701－0017580　026043

[乾隆]解州全志十八卷圖一卷　（清）言如泗修　（清）呂瀟等纂　清乾隆二十九年(1764)刻本　四冊

210000－0701－0017581　026044

[光緒]絳縣志十四卷　（清）劉斌修　（清）張于鑄纂　清光緒六年(1880)刻本　六冊

210000－0701－0017582　026045

[乾隆]直隸絳州志二十卷圖攷一卷　（清）張成德修　（清）李友洙　（清）張我觀纂　清乾隆三十年(1765)刻本　八冊

210000－0701－0017583　026046

[光緒]永濟縣志二十四卷　（清）李榮和（清）劉鍾麟修　（清）張元懋纂　清光緒十二年(1886)刻本　十四冊

210000－0701－0017584　026047

[乾隆]寧武府志十二卷首一卷　（清）魏元樞

（清）周景柱纂修　清乾隆十五年(1750)刻本　七冊

210000－0701－0017585　026048

[雍正]定襄縣志八卷　（清）王時烱修
（清）牛翰坦纂　（清）王會隆續纂修　清康熙五十一年(1712)刻雍正五年(1727)增補刻本　六冊

210000－0701－0017586　026049

[乾隆]解州安邑縣運城志十六卷首一卷
（清）言如泗修　（清）呂瀟等纂　清乾隆二十九年(1764)刻本　四冊

210000－0701－0017587　026050

[乾隆]解州安邑縣運城志十六卷首一卷
（清）言如泗修　（清）呂瀟等纂　清乾隆二十九年(1764)刻本　四冊

210000－0701－0017588　026051

[乾隆]解州安邑縣運城志十六卷首一卷
（清）言如泗修　（清）呂瀟等纂　清乾隆二十九年(1764)刻本　四冊

210000－0701－0017589　026052

[光緒]河津縣志十四卷首一卷　（清）茅丕熙
（清）楊漢章修　（清）程象濂　（清）韓秉鈞纂　清光緒六年(1880)刻本　十冊

210000－0701－0017590　026053

[同治]河曲縣志八卷　（清）金福增修
（清）張兆魁　（清）金鍾彥纂　清同治十一年(1872)刻本　十四冊

210000－0701－0017591　026054

[乾隆]沁州志十卷首一卷　（清）葉士寬修
（清）吳正纂　（清）姚學瑛續修　（清）姚學甲續纂　清乾隆六年(1741)刻三十六年(1771)增刻本　十冊

210000－0701－0017592　026055

[雍正]沁源縣志十卷首一卷　（清）韓瑛纂修
（清）王廷掄續修　清雍正八年(1730)刻本　四冊

210000－0701－0017593　026057

[雍正]洪洞縣志九卷　（清）余世堂修
（清）蔡行仁纂　清雍正八年(1730)刻本　二十四冊

210000－0701－0017594　026058

[雍正]洪洞縣志九卷　（清）余世堂修
（清）蔡行仁纂　清雍正八年(1730)刻本　二十四冊

210000－0701－0017595　026060

[雍正]洪洞縣志九卷　（清）余世堂修
（清）蔡行仁纂　清雍正八年(1730)刻本　二十四冊

210000－0701－0017596　026061

[光緒]渾源州志十卷　（清）桂敬順纂修　清乾隆二十八年(1763)刻清末印本　五冊

210000－0701－0017597　026062

[光緒]渾源州續志十卷　（清）賀澍恩纂修
清光緒七年(1881)刻本　六冊

210000－0701－0017598　026062

[乾隆]渾源州志十卷　（清）桂敬順纂修　清乾隆二十八年(1763)刻本　五冊

210000－0701－0017599　026063

[乾隆]潞安府志四十卷首一卷　（清）張淑渠
（清）姚學瑛修　（清）姚學甲纂　清乾隆三十五年(1770)刻本　二十四冊

210000－0701－0017600　026064

[康熙]潞城縣志八卷　（清）張士浩修
（清）申伯纂　清康熙四十五年(1706)刻本　四冊

210000－0701－0017601　026065

[光緒]潞城縣志四卷首一卷　（清）崔曉然
（清）曾雲章修　（清）楊篤纂　清光緒十年(1884)刻　六冊

210000－0701－0017602　026066

[光緒]祁縣志十六卷　（清）陳時纂修
（清）劉發岐續修　（清）李芬續纂　清光緒八年(1882)刻本　十冊

210000－0701－0017603　026067

[乾隆]汾州府志三十四卷首一卷 （清）孫和相修 （清）戴震纂 清乾隆三十六年(1771)刻本 十六冊

210000－0701－0017604 026068
[乾隆]汾州府志三十四卷首一卷 （清）孫和相修 （清）戴震纂 清乾隆三十六年(1771)刻本 十六冊

210000－0701－0017605 026069
[光緒]汾陽縣志十四卷首一卷 （清）周贻緯修 （清）曹樹穀纂 （清）方家駒 （清）慶文續修 （清）王文員續纂 清光緒十年(1884)刻本 十冊

210000－0701－0017606 026070
[乾隆]汾陽縣志十四卷首一卷 （清）李文起修 （清）戴震纂 清乾隆三十七年(1772)刻本 六冊

210000－0701－0017607 026071
[道光]汾陽縣志十四卷首一卷 （清）李文起修 （清）戴震纂 （清）周贻緯續修 （清）曹樹穀續纂 清咸豐元年(1851)刻本 八冊

210000－0701－0017608 026073
[乾隆]大同府志三十二卷首一卷 （清）吳輔宏纂修 （清）文光校訂 清乾隆四十七年(1782)刻本 十六冊

210000－0701－0017609 026074
[道光]大同縣志二十卷首一卷末一卷 （清）黎中輔纂修 清道光十年(1830)刻本 八冊

210000－0701－0017610 026075
[乾隆]太原府志六十卷 （清）費淳 （清）沈樹聲纂修 清乾隆四十八年(1783)刻本 二十四冊

210000－0701－0017611 026076
[道光]大同縣志二十卷首一卷末一卷 （清）黎中輔纂修 清道光十年(1830)刻本 八冊

210000－0701－0017612 026077
[雍正]重修太原縣志十六卷 （清）龔新 （清）沈繼賢修 （清）高若岐等纂 清雍正九年(1731)刻乾隆、嘉慶間印本 四冊

210000－0701－0017613 026078
[道光]太原縣志十八卷圖一卷 （清）員佩蘭修 （清）楊國泰纂 清道光六年(1826)刻本 六冊

210000－0701－0017614 026078
[光緒]續太原縣志二卷 （清）薛元釗修 （清）王效尊纂 清光緒八年(1882)刻本 二冊

210000－0701－0017615 026079
[道光]太原縣志十八卷圖一卷 （清）員佩蘭修 （清）楊國泰纂 清道光六年(1826)刻本 六冊

210000－0701－0017616 026080
[道光]太平縣志十六卷首一卷 （清）李炳彥修 （清）梁棲鸞纂 清道光五年(1825)刻本 八冊

210000－0701－0017617 026081
[道光]太平縣志十六卷首一卷 （清）李炳彥修 （清）梁棲鸞纂 清道光五年(1825)刻本 八冊

210000－0701－0017618 026082
[光緒]太平縣志十四卷首一卷 （清）勞文慶 （清）朱文綬修 （清）婁道南纂 清光緒八年(1882)刻本 十冊

210000－0701－0017619 026083
[乾隆]太谷縣志八卷 （清）郭晉修 （清）管粵秀纂 清乾隆六十年(1795)刻本 八冊

210000－0701－0017620 026084
[光緒]太谷縣志八卷首一卷末一卷 （清）恩浚 （清）趙冠卿修 （清）王效尊等纂 清光緒十二年(1886)刻本 八冊

210000－0701－0017621 026085
[咸豐]太谷縣志八卷首一卷末一卷 （清）章青選 （清）汪和修 （清）章嗣衡纂 清咸豐五年(1855)刻本 八冊

210000－0701－0017622 026086

[咸豐]太谷縣志八卷首一卷末一卷　（清）章
青選　（清）汪和修　（清）章嗣衡纂　清咸豐
五年(1855)刻本　　八冊

210000－0701－0017623　026089
[光緒]直隸絳州志二十卷首一卷　（清）李煥
揚修　（清）張于鑄纂　清光緒五年(1879)刻
本　十冊

210000－0701－0017624　026090
[道光]直隸霍州志二十五卷首一卷　（清）崔
允昭修　（清）李培謙纂　清道光六年(1826)
刻本　六冊

210000－0701－0017625　026091
[道光]壺關縣志十卷首一卷　（清）茹金纂修
　清道光十四年(1834)刻本　六冊

210000－0701－0017626　026092
[乾隆]壽陽縣志十卷首一卷　（清）龔導江纂
修　清乾隆三十六年(1771)刻本　四冊

210000－0701－0017627　026093
[光緒]壽陽縣志十三卷首一卷　（清）馬家鼎
　（清）白昶修　（清）張嘉言　（清）祁世長
續纂　清光緒八年(1882)刻十六年(1890)陳
守中校補刻本　六冊

210000－0701－0017628　026094
[乾隆]蒲州府志二十四卷圖一卷　（清）喬光
烈　（清）周景柱纂修　清乾隆二十年(1755)
刻本　十冊

210000－0701－0017629　026095
[乾隆]蒲州府志二十四卷圖一卷　（清）喬光
烈　（清）周景柱纂修　清乾隆二十年(1755)
刻本　十冊

210000－0701－0017630　026096
[乾隆]蒲州府志二十四卷圖一卷　（清）喬光
烈　（清）周景柱纂修　清乾隆二十年(1755)
刻本　十冊

210000－0701－0017631　026097
[同治]榆次縣志十六卷首一卷末一卷　（清）
俞世銓　（清）陶良駿修　（清）王平格

（清）王序賓纂　清同治二年(1863)刻本
八冊

210000－0701－0017632　026098
[同治]榆次縣志十六卷首一卷末一卷　（清）
俞世銓　（清）陶良駿修　（清）王平格
（清）王序賓纂　清同治二年(1863)刻本
八冊

210000－0701－0017633　026099
[光緒]榆社縣志十卷首一卷末一卷　（清）王
家坊修　（清）葛士達纂　清光緒七年(1881)
刻本　八冊

210000－0701－0017634　026100
[乾隆]孝義縣志二十卷　（清）鄧必安修
（清）鄧常纂　清乾隆三十五年(1770)刻本
八冊

210000－0701－0017635　026101
[道光]趙城縣志三十七卷首一卷　（清）楊延
亮纂修　清道光七年(1827)刻本　八冊

210000－0701－0017636　026102
[光緒]續修曲沃縣志三十二卷　（清）張鴻逵
　（清）茅丕熙修　（清）韓子泰纂　清光緒六
年(1880)刻本　六冊

210000－0701－0017637　026105
[嘉慶]長子縣志二十一卷首一卷　（清）劉樾
修　（清）樊兌纂　清嘉慶二十一年(1816)刻
本　八冊

210000－0701－0017638　026106
[乾隆]長治縣志二十八卷首一卷末一卷
（清）吳九齡修　（清）蔡履豫纂　清乾隆二十
八年(1763)榮暉堂刻本　十冊

210000－0701－0017639　026107
[光緒]長治縣志八卷首一卷　（清）李禎
（清）馬鑑修　（清）楊篤纂　清光緒二十年
(1894)刻本　十冊

210000－0701－0017640　026109
[雍正]陽高縣志六卷　（清）房裔蘭修
（清）蘇之芬纂　清雍正七年(1729)刻本

四冊

210000－0701－0017641　026110

[同治]陽城縣志十八卷首一卷　（清）賴其昌修　（清）譚澐（清）盧廷棻纂　清同治十三年(1874)刻本　八冊

210000－0701－0017642　026111

[乾隆]陽城縣志十六卷　（清）楊善慶修（清）田懋纂　清乾隆二十年(1755)刻本　八冊

210000－0701－0017643　026113

[道光]陽曲縣志十六卷　（清）李培謙（清）華典修　（清）閻士驤　（清）鄭起昌纂　清道光二十三年(1843)刻本　十冊

210000－0701－0017644　026114

[道光]陽曲縣志十六卷　（清）李培謙（清）華典修　（清）閻士驤　（清）鄭起昌纂　清道光二十三年(1843)刻本　十冊

210000－0701－0017645　026115

[乾隆]鳳臺縣志二十卷首一卷　（清）林荔修　（清）姚學甲纂　清乾隆四十九年(1784)刻本　十冊

210000－0701－0017646　026117

[乾隆]聞喜縣志十二卷首一卷　（清）李遵唐纂修　清乾隆三十一年(1766)刻本　六冊

210000－0701－0017647　026118

[光緒]聞喜縣志補四卷　（清）陳作哲修（清）楊深秀纂　清光緒六年(1880)刻本一冊

210000－0701－0017648　026118

[光緒]聞喜縣志斠三卷首一卷　（清）陳作哲修　（清）楊深秀纂　清光緒六年(1880)刻本一冊

210000－0701－0017649　026118

[光緒]聞喜縣志續四卷　（清）陳作哲修（清）楊深秀纂　清光緒六年(1880)刻本二冊

210000－0701－0017650　026118

[乾隆]聞喜縣志十二卷首一卷　（清）李遵唐纂修　清乾隆三十一年(1766)刻光緒六年(1880)印本　六冊

210000－0701－0017651　026119

[乾隆]臨晉縣志八卷　（清）王正茂纂修　清乾隆三十八年(1773)刻本　四冊

210000－0701－0017652　026120

[光緒]續修臨晉縣志二卷　（清）艾紹濂（清）吳曾榮修　（清）姚東濟纂　清光緒六年(1880)刻本　二冊

210000－0701－0017653　026120

[乾隆]臨晉縣志八卷　（清）王正茂纂修　清乾隆三十八年(1773)刻光緒六年(1880)印本四冊

210000－0701－0017654　026121

[光緒]續修臨晉縣志二卷　（清）艾紹濂（清）吳曾榮修　（清）姚東濟纂　清光緒六年(1880)刻本　二冊

210000－0701－0017655　026122

[嘉慶]介休縣志十四卷　（清）徐品山（清）陸元鏸修　（清）熊兆占等纂　清嘉慶二十四年(1819)刻本　八冊

210000－0701－0017656　026123

[乾隆]介休縣志十四卷　（清）王謀文纂修清乾隆三十五年(1770)刻本　八冊

210000－0701－0017657　026124

[嘉慶]介休縣志十四卷　（清）徐品山（清）陸元鏸修　（清）熊兆占等纂　清嘉慶二十四年(1819)刻本　八冊

210000－0701－0017658　026125

[雍正]朔平府志十二卷　（清）劉士銘修（清）王霨纂　清雍正十一年(1733)刻本十冊

210000－0701－0017659　026126

[雍正]朔平府志十二卷　（清）劉士銘修（清）王霨纂　清雍正十一年(1733)刻本十冊

210000－0701－0017660　026127

[雍正]朔州志十二卷　（清）汪嗣聖修
（清）王霨纂　清雍正十三年（1735）刻本
十冊

210000－0701－0017661　026129

[光緒]繁峙縣志四卷首一卷　（清）何才價修
（清）楊篤纂　清光緒七年（1881）刻本
四冊

210000－0701－0017662　026130

[道光]繁峙縣志六卷　（清）吳其均纂修　清
道光十六年（1836）刻本　六冊

210000－0701－0017663　026131

[乾隆]忻州志六卷　（清）竇容邃纂修　清乾
隆十二年（1747）刻本　六冊

210000－0701－0017664　026132

[光緒]忻州志四十二卷　（清）方戊昌修
（清）方淵如纂　清光緒六年（1880）刻本
八冊

210000－0701－0017665　026133

[光緒]忻州志四十二卷　（清）方戊昌修
（清）方淵如纂　清光緒六年（1880）刻本
八冊

210000－0701－0017666　026134

[光緒]榮河縣志十四卷首一卷　（清）馬鑑
（清）王希濂修　（清）尋鑾煒纂　清光緒七年
（1881）刻本　六冊

210000－0701－0017667　026135

[康熙]龍門縣志十六卷　（清）章焞纂修　清
康熙五十一年（1712）刻乾隆印本　五冊

210000－0701－0017668　026140

[乾隆]延慶州志十卷首一卷　（清）李鍾偉修
（清）穆元肇　（清）方世熙纂　清乾隆七年
（1742）刻本　六冊

210000－0701－0017669　026143

[道光]保安州志八卷　（清）楊桂森纂修　清
道光十五年（1835）刻光緒三年（1877）印本
四冊

210000－0701－0017670　026143

[光緒]保安州續志四卷　（清）尋鑾晉
（清）張毓生纂修　清光緒三年（1877）刻本
一冊

210000－0701－0017671　026144

[乾隆]宣化府志四十二卷首一卷　（清）王者
輔　（清）王畹修　（清）吳廷華纂　（清）張
志奇續修　（清）黃可潤續纂　清乾隆八年
（1743）刻二十二年（1757）增刻本　十六冊

210000－0701－0017672　026150

[乾隆]赤城縣志八卷首一卷　（清）孟思誼修
（明）張曾炳纂　清乾隆二十四年（1759）黃
紹才補刻本　四冊

210000－0701－0017673　026151

[光緒]蔚州志二十卷首一卷　（清）慶之金修
（清）楊篤纂　清光緒三年（1877）刻本
八冊

210000－0701－0017674　026152

[光緒]蔚州志二十卷首一卷　（清）慶之金修
（清）楊篤纂　清光緒三年（1877）刻本
八冊

210000－0701－0017675　026153

[光緒]蔚州志二十卷首一卷　（清）慶之金修
（清）楊篤纂　清光緒三年（1877）刻本
八冊

210000－0701－0017676　026154

[乾隆]蔚州志補十二卷首一卷　（清）楊世昌
修　（清）吳廷華等纂　清乾隆十年（1745）刻
本　五冊

210000－0701－0017677　026155

[道光]萬全縣志十卷首一卷　（清）左承業纂
修　（清）施彥士續纂修　清乾隆十年（1745）
刻道光十四年（1834）增刻本　六冊

210000－0701－0017678　026156

[道光]萬全縣志十卷首一卷　（清）左承業纂
修　（清）施彥士續纂修　清乾隆十年（1745）
刻道光十四年（1834）增刻本　六冊

210000－0701－0017679　026157

［道光］萬全縣志十卷首一卷　（清）左承業纂修　（清）施彥士續纂修　清乾隆十年(1745)刻道光十四年(1834)增刻本　六冊

210000－0701－0017680　026158

［乾隆］口北三廳志十六卷首一卷　（清）黃可潤纂修　清乾隆二十三年(1758)刻本　十六冊

210000－0701－0017681　026159

［乾隆］口北三廳志十六卷首一卷　（清）黃可潤纂修　清乾隆二十三年(1758)刻本　十六冊

210000－0701－0017682　026160

［乾隆］口北三廳志十六卷首一卷　（清）黃可潤纂修　清乾隆二十三年(1758)刻本　十六冊

210000－0701－0017683　026164

［光緒］懷安縣志八卷首一卷末一卷　（清）蔭祿　（清）程夒奎纂修　清光緒二年(1876)刻本　四冊

210000－0701－0017684　026165

［光緒］懷安縣志八卷首一卷末一卷　（清）蔭祿　（清）程夒奎纂修　清光緒二年(1876)刻本　四冊

210000－0701－0017685　026166

［光緒］懷安縣志八卷首一卷末一卷　（清）蔭祿　（清）程夒奎纂修　清光緒二年(1876)刻本　四冊

210000－0701－0017686　026167

［光緒］懷來縣志十八卷首一卷　（清）朱乃恭修　（清）席之瓚纂　清光緒八年(1882)刻本　四冊

210000－0701－0017687　026170

［光緒］綏遠志十卷首一卷　（清）貽穀修　高賡恩纂　清光緒三十四年(1908)刻本　六冊

210000－0701－0017688　026171

［光緒］綏遠志十卷首一卷　（清）貽穀修　高

賡恩纂　清光緒三十四年(1908)刻本　六冊

210000－0701－0017689　026173

［咸豐］和林格爾城志四卷　（清）德齡纂修　清咸豐二年(1852)木活字印本　二冊

210000－0701－0017690　026178

［光緒］土默特旗志十卷　（清）貽穀修　高賡恩纂　清光緒三十四年(1908)刻本　二冊

210000－0701－0017691　026185

［雍正］陝西通志一百卷首一卷　（清）劉於義修　（清）沈青崖纂　清雍正十三年(1735)刻本　四十二冊

210000－0701－0017692　026186

［雍正］陝西通志一百卷首一卷　（清）劉於義修　（清）沈青崖纂　清雍正十三年(1735)刻本　一百冊

210000－0701－0017693　026187

［雍正］陝西通志一百卷首一卷　（清）劉於義修　（清）沈青崖纂　清雍正十三年(1735)刻本　一百冊

210000－0701－0017694　026189

［道光］陝西志輯要六卷首一卷　（清）王志沂纂　關中漢唐存碑跋一卷漢南遊草一卷　（清）王志沂纂　秦疆治略一卷　（清）盧坤撰　清道光七年(1827)刻本　九冊

210000－0701－0017695　026190

［道光］陝西志輯要六卷首一卷　（清）王志沂纂　關中漢唐存碑跋一卷漢南遊草一卷　（清）王志沂纂　秦疆治略一卷　（清）盧坤撰　清道光七年(1827)刻本　八冊

210000－0701－0017696　026191

［道光］陝西志輯要六卷首一卷　（清）王志沂纂　關中漢唐存碑跋一卷漢南遊草一卷　（清）王志沂纂　秦疆治略一卷　（清）盧坤撰　清道光七年(1827)刻本　六冊

210000－0701－0017697　026192

［乾隆］直隸商州志十四卷首一卷　（清）王如玖纂修　清乾隆九年(1744)刻本　八冊

210000－0701－0017698　026193

[康熙]長安縣志八卷　（清）梁禹甸纂修　清康熙七年(1668)刻本　二冊

210000－0701－0017699　026194

[乾隆]續商州志十卷　（清）羅文思纂修　清乾隆二十三年(1758)刻本　二冊

210000－0701－0017700　026194

[乾隆]直隸商州志十四卷首一卷　（清）王如玖纂修　清乾隆二十三年(1758)刻本　八冊

210000－0701－0017701　026195

[光緒]高陵縣續志八卷　（清）程維維修（清）白遇道纂　清光緒十年(1884)刻本　二冊

210000－0701－0017702　026195

[嘉靖]高陵縣志七卷　（明）呂柟纂修　清光緒十年(1884)刻本　二冊

210000－0701－0017703　026196

[光緒]高陵縣續志八卷　（清）程維維修（清）白遇道纂　清光緒十年(1884)刻本　二冊

210000－0701－0017704　026197

[嘉靖]高陵縣志七卷　（明）呂柟纂修　清嘉慶三年(1798)刻本　二冊

210000－0701－0017705　026198

[光緒]麟遊縣新志草十卷首一卷　（清）彭洵纂修　清光緒九年(1883)刻本　三冊

210000－0701－0017706　026199

三輔黃圖六卷補遺一卷　（漢）□□撰　（清）畢沅校　清乾隆四十九年(1784)靈巖山館刻抱經堂叢書本　一冊

210000－0701－0017707　026200

[光緒]三原縣新志八卷　（清）焦雲龍修（清）賀瑞麟纂　清光緒六年(1880)刻本　四冊

210000－0701－0017708　026201

[乾隆]三原縣志十八卷首一卷　（清）劉紹攽纂　清乾隆四十八年(1783)刻本　六冊

210000－0701－0017709　026203

元和郡縣補志不分卷　（清）嚴觀撰　清乾隆四十年(1775)蒲廬學舍刻本　二冊

210000－0701－0017710　026203

元和郡縣圖志四十卷　（唐）李吉甫撰　闕卷逸文一卷　（清）孫星衍輯　清嘉慶元年(1796)蘭陵孫氏刻岱南閣叢書本　八冊

210000－0701－0017711　026204

[乾隆]平利縣志四卷　（清）黃寬纂修　清乾隆二十一年(1756)刻本　一冊

210000－0701－0017712　026205

[乾隆]平利縣志四卷　（清）黃寬纂修　清乾隆二十一年(1756)刻本　一冊

210000－0701－0017713　026206

[道光]石泉縣志四卷　（清）舒鈞纂修　清道光二十九年(1849)刻本　二冊

210000－0701－0017714　026207

[康熙]延綏鎮志六卷　（清）譚吉聰纂修　清康熙十二年(1673)刻本　七冊

210000－0701－0017715　026209

[嘉慶]重修延安府志八十卷　（清）洪蕙纂修　清嘉慶七年(1802)刻本　十六冊

210000－0701－0017716　026212

[正德]武功縣志三卷首一卷　（明）康海纂（清）孫景烈評注　清乾隆二十六年(1761)刻本　二冊

210000－0701－0017717　026213

[正德]武功縣志三卷首一卷　（明）康海纂（清）孫景烈評注　清乾隆二十六年(1761)刻本　二冊

210000－0701－0017718　026214

[正德]武功縣志三卷首一卷　（明）康海纂（清）孫景烈評注　清同治十二年(1873)湖北崇文書局刻本　一冊

210000－0701－0017719　026215

[正德]武功縣志三卷首一卷　（明）康海纂（清）孫景烈評注　清同治十二年(1873)湖北

崇文書局刻本　一冊

210000－0701－0017720　026216

[正德]武功縣志三卷　（明）康海纂　清同治十三年（1874）刻本　一冊

210000－0701－0017721　026218

[乾隆]醴泉縣志十四卷圖一卷　（清）蔣騏昌修　（清）孫星衍纂　清乾隆四十九年（1784）刻本　四冊

210000－0701－0017722　026219

[乾隆]醴泉縣志十四卷圖一卷　（清）蔣騏昌修　（清）孫星衍纂　清乾隆四十九年（1784）刻本　四冊

210000－0701－0017723　026222

[乾隆]鄠縣新志六卷　（清）汪以誠修　（清）孫景烈纂　清乾隆四十二年（1777）刻本　四冊

210000－0701－0017724　026223

[乾隆]雒南縣志十二卷　（清）范啟源纂修　（清）薛韞訂正　清乾隆十一年（1746）刻本　四冊

210000－0701－0017725　026224

[道光]紫陽縣志八卷首一卷　（清）陳僅　（清）吳純修　（清）楊家坤　（清）曹學易纂　清光緒八年（1882）吳世澤補刻本　四冊

210000－0701－0017726　026226

[同治]重修山陽縣志二十一卷圖一卷　（清）張兆棟　（清）孫雲修　（清）何紹基　（清）丁晏等纂　清同治十二年（1873）刻本　八冊

210000－0701－0017727　026227

[光緒]岐山縣志八卷　（清）胡昇猷修　（清）張殿元纂　清光緒十年（1884）刻本　四冊

210000－0701－0017728　026228

[乾隆]岐山縣志八卷　（清）平世增　（清）郭履恒修　（清）蔣兆甲纂　清乾隆四十四年（1779）刻本　四冊

210000－0701－0017729　026229

[光緒]岐山縣志八卷　（清）胡昇猷修　（清）張殿元纂　清光緒十年（1884）刻本　四冊

210000－0701－0017730　026231

[光緒]白河縣志十三卷　（清）顧騄修　（清）王賢輔　（清）李宗麟纂　清光緒十九年（1893）刻本　四冊

210000－0701－0017731　026236

[嘉慶]續修潼關廳志三卷　（清）向淮修　（清）王森文纂　清嘉慶二十二年（1817）刻本　二冊

210000－0701－0017732　026237

[雍正]宜君縣志不分卷　（清）查遜纂修　（清）沈華訂正　清雍正十年（1732）刻本　一冊

210000－0701－0017733　026238

[康熙]潼關衛志三卷　（清）唐咨伯修　（清）楊端本纂　清康熙二十四年（1685）刻本　二冊

210000－0701－0017734　026239

[乾隆]淳化縣志三十卷　（清）萬廷樹修　（清）洪亮吉纂　清乾隆四十九年（1784）刻本　四冊

210000－0701－0017735　026240

[光緒]寧羌州志五卷　（清）馬毓華修　（清）鄭書香　（清）曹良模纂　清光緒十四年（1888）刻本　五冊

210000－0701－0017736　026241

[光緒]寧羌州志五卷　（清）馬毓華修　（清）鄭書香　（清）曹良模纂　清光緒十四年（1888）刻本　五冊

210000－0701－0017737　026242

[乾隆]永壽縣新志十卷　（清）蔣基修　（清）王開沃纂　清乾隆五十六年（1791）刻本　四冊

210000－0701－0017738　026243

[光緒]富平縣志稿十卷首一卷　樊增祥

(清)劉錕修 （清)譚麐纂 清光緒十七年
(1891)刻本 十冊

210000－0701－0017739 026244
[萬曆]富平縣志十卷 （明)劉兌修 （清)
孫丕揚纂 清乾隆四十三年(1778)吳六鰲刻
本 二冊

210000－0701－0017740 026245
[光緒]定遠廳志二十六卷首一卷末一卷
(清)余修鳳纂修 清光緒五年(1879)刻本
五冊

210000－0701－0017741 026246
[光緒]定遠廳志二十六卷首一卷末一卷
(清)余修鳳纂修 清光緒五年(1879)刻本
五冊

210000－0701－0017742 026247
[宣統]重修涇陽縣志十六卷首一卷末一卷
(清)劉懋官修 （清)朱伯魯 （清)周斯億
纂 清宣統三年(1911)天津華新印刷局鉛印
本 四冊

210000－0701－0017743 026248
[宣統]重修涇陽縣志十六卷首一卷末一卷
(清)劉懋官修 （清)朱伯魯 （清)周斯億
纂 清宣統三年(1911)天津華新印刷局鉛印
本 四冊

210000－0701－0017744 026249
[光緒]沔縣新志四卷 （清)孫銘鍾 （清)
羅桂銘修 （清)彭齡纂 清光緒九年(1883)
刻本 四冊

210000－0701－0017745 026250
[道光]重修汧陽縣志十二卷首一卷 （清)羅
曰璧纂修 清道光二十一年(1841)刻本
四冊

210000－0701－0017746 026251
[道光]重修汧陽縣志十二卷首一卷 （清)羅
曰璧纂修 清道光二十一年(1841)刻本
四冊

210000－0701－0017747 026252

[嘉靖]澄城縣志二卷 （明)徐效賢 （明)
敖佐修 （明)石道立纂 清咸豐元年(1851)
刻本 一冊

210000－0701－0017748 026252
[順治]澄城縣志二卷 （清)姚欽明修
(清)路世美纂 清咸豐元年(1851)刻本
一冊

210000－0701－0017749 026252
[咸豐]澄城縣志三十卷 （清)金玉麟修
(清)韓亞熊纂 清咸豐元年(1851)刻本
八冊

210000－0701－0017750 026253
[嘉慶]漢南續修郡志三十二卷首一卷 （清)
嚴如熤修 （清)鄭炳然等纂 清嘉慶十九年
(1814)刻本 十六冊

210000－0701－0017751 026255
[乾隆]澄城縣志二十卷 （清)戴治修
(清)洪亮吉 （清)孫星衍纂 清乾隆四十九
年(1784)刻本 四冊

210000－0701－0017752 026256
[乾隆]澄城縣志二十卷 （清)戴治修
(清)洪亮吉 （清)孫星衍纂 清乾隆四十九
年(1784)刻本 四冊

210000－0701－0017753 026257
[嘉慶]漢陰廳志十卷首一卷 （清)錢鶴年修
(清)董詔纂 清嘉慶二十三年(1818)刻本
六冊

210000－0701－0017754 026258
[道光]清澗縣志八卷首五卷 （清)鍾章元
(清)陳頌第纂修 清道光八年(1828)刻本
四冊

210000－0701－0017755 026259
[乾隆]洵陽縣志十四卷 （清)鄧夢琴纂修
清乾隆四十八年(1783)刻同治九年(1870)增
刻本 四冊

210000－0701－0017756 026261
[道光]大荔縣志十六卷首一卷 （清)熊兆麟

纂修 附足徵錄四卷 清道光三十年(1850)
刻本 六冊

210000 – 0701 – 0017757 026262
[光緒]大荔縣續志十二卷首一卷附足徵錄四
卷 (清)周銘旂修 (清)李志復纂 清光緒
十一年(1885)馮翊書院刻本 六冊

210000 – 0701 – 0017758 026263
[康熙]城固縣志十卷 (清)王穆纂修 清光
緒四年(1878)刻本 四冊

210000 – 0701 – 0017759 026264
[乾隆]蒲城縣志十五卷 (清)張心鏡修
(清)吳泰來纂 清乾隆四十六年(1781)刻本
六冊

210000 – 0701 – 0017760 026265
[乾隆]蒲城縣志十五卷 (清)張心鏡修
(清)吳泰來纂 清乾隆四十六年(1781)刻本
六冊

210000 – 0701 – 0017761 026266
[光緒]蒲城縣新志十三卷首一卷 (清)李體
仁修 (清)王學禮纂 清光緒三十一年
(1905)刻本 四冊

210000 – 0701 – 0017762 026267
莫愁湖志六卷首一卷 (清)馬士圖纂 清光
緒八年(1882)刻本 二冊

210000 – 0701 – 0017763 026268
[嘉慶]韓城縣續志五卷 (清)冀蘭泰修
(清)陸耀遹纂 清嘉慶二十三年(1818)刻本
一冊

210000 – 0701 – 0017764 026268
[乾隆]韓城縣志十六卷首一卷 (清)傅應奎
(清)錢坫纂修 清乾隆四十九年(1784)刻
嘉慶二十三年(1818)印本 六冊

210000 – 0701 – 0017765 026269
[乾隆]韓城縣志十六卷首一卷 (清)傅應奎
(清)錢坫纂修 清乾隆四十九年(1784)刻
嘉慶二十三年(1818)印本 六冊

210000 – 0701 – 0017766 026270

[隆慶]華州志二十四卷 (明)李可久修
(明)張光孝纂 清光緒八年(1882)刻民國四
年(1915)修補重印本 四冊

210000 – 0701 – 0017767 026271
[光緒]三續華州志十二卷 (清)吳炳南修
(清)劉城纂 清光緒八年(1882)刻本 六冊

210000 – 0701 – 0017768 026271
[乾隆]再續華州志十二卷 (清)汪以誠修
(清)史蕚纂 清光緒八年(1882)刻本 二冊

210000 – 0701 – 0017769 026272
[嘉慶]咸寧縣志二十六卷首一卷 (清)高廷
法 (清)沈琮修 (清)陸耀遹 (清)董祐
誠纂 清嘉慶二十三年(1818)刻本 八冊

210000 – 0701 – 0017770 026273
[光緒]藍田縣志十六卷 (清)呂懋勳修
(清)袁廷俊纂 清光緒元年(1875)刻本
六冊

210000 – 0701 – 0017771 026274
[嘉慶]葭州志二卷 (清)高珣修 (清)龔
玉麟纂 清嘉慶十五年(1810)刻本 二冊

210000 – 0701 – 0017772 026275
[乾隆]朝邑縣志十一卷首一卷 (清)金嘉琰
(清)朱廷模修 (清)錢坫纂 清乾隆四十
五年(1780)刻本 四冊

210000 – 0701 – 0017773 026275
[乾隆]朝邑縣志十一卷首一卷 (清)金嘉琰
(清)朱廷模修 (清)錢坫纂 清乾隆四十
五年(1780)刻道光十一年(1831)補刻本
四冊

210000 – 0701 – 0017774 026275
[萬曆]續朝邑縣志八卷 (明)郭實修
(明)王學謨纂 清康熙五十一年(1712)王兆
鰲刻本 二冊

210000 – 0701 – 0017775 026275
[正德]朝邑縣志二卷 (明)王道修 (明)
韓邦靖纂 清刻本 一冊

210000 – 0701 – 0017776 026276

[乾隆]朝邑縣志十一卷首一卷　（清）金嘉琰（清）朱廷模修　（清）錢坫纂　清乾隆四十五年(1780)刻道光十一年(1831)補刻本四冊

210000－0701－0017777　026277

[乾隆]朝邑縣志十一卷首一卷　（清）金嘉琰（清）朱廷模修　（清）錢坫纂　清乾隆四十五年(1780)刻道光十一年(1831)補刻本四冊

210000－0701－0017778　026278

[康熙]朝邑縣後志八卷　（清）王兆鰲修（清）王鵬翼纂　清補刻本　三冊

210000－0701－0017779　026278

[萬曆]續朝邑縣志八卷　（明）郭實修（明）王學謨纂　清康熙五十一年(1712)王兆鰲刻本　二冊

210000－0701－0017780　026278

[正德]朝邑縣志二卷　（明）王道修　（明）韓邦靖纂　清刻本　一冊

210000－0701－0017781　026279

[雍正]重修陝西乾州志六卷　（清）拜斯呼朗纂修　清雍正刻本　六冊

210000－0701－0017782　026280

[光緒]乾州志稿十四卷首一卷附別錄五卷（清）周銘旂纂修　清光緒十年(1884)乾陽書院刻本　六冊

210000－0701－0017783　026281

[光緒]乾州志稿十四卷首一卷附別錄五卷（清）周銘旂纂修　清光緒十年(1884)乾陽書院刻本　六冊

210000－0701－0017784　026282

[光緒]乾州志稿補正一卷　（清）周銘旂纂清光緒十七年(1891)刻本　一冊

210000－0701－0017785　026282

[光緒]乾州志稿十四卷首一卷附別錄五卷（清）周銘旂纂修　清光緒十年(1884)乾陽書院刻本　六冊

210000－0701－0017786　026283

[光緒]乾州志稿補正一卷　（清）周銘旂纂清光緒十七年(1891)刻本　一冊

210000－0701－0017787　026284

[道光]榆林府志五十卷首一卷　（清）李熙齡纂修　清道光二十一年(1841)刻本　十二冊

210000－0701－0017788　026287

[道光]續修咸陽縣志一卷　（清）陳堯書纂修清道光十六年(1836)刻清印本　四冊

210000－0701－0017789　026287

[乾隆]咸陽縣志二十二卷首一卷　（清）臧應桐纂修　清道光十六年(1836)刻清印本　與210000－0701－0017788 合冊

210000－0701－0017790　026288

[乾隆]咸陽縣志二十二卷首一卷　（清）臧應桐纂修　清道光十六年(1836)刻清印本四冊

210000－0701－0017791　026293

[嘉慶]咸寧縣志二十六卷首一卷　（清）高廷法　（清）沈琮修　（清）陸耀遹　（清）董祐誠纂　清嘉慶二十四年(1819)刻本　八冊

210000－0701－0017792　026294

[嘉慶]扶風縣志十八卷首一卷　（清）宋世犖修　（清）吳鵬翱　（清）王樹棠纂　清嘉慶二十四年(1819)刻本　四冊

210000－0701－0017793　026295

[嘉慶]扶風縣志十八卷首一卷　（清）宋世犖修　（清）吳鵬翱　（清）王樹棠纂　清嘉慶二十四年(1819)刻本　四冊

210000－0701－0017794　026296

[康熙]隴州志八卷首一卷　（清）羅彰彝纂修清康熙五十二年(1713)刻本　四冊

210000－0701－0017795　026297

[乾隆]隴州續志八卷首一卷末一卷　（清）吳炳纂修　清乾隆三十一年(1766)刻本　四冊

210000－0701－0017796　026298

[乾隆]隴州續志八卷首一卷末一卷　（清）吳

炳纂修　清乾隆三十一年(1766)刻本　四冊

210000－0701－0017797　026300

[熙寧]長安志二十卷圖三卷　(宋)宋敏求纂　(元)李好文繪　清乾隆四十九年(1784)鎮洋畢氏靈巖山館刻經訓堂叢書本　八冊

210000－0701－0017798　026307

[光緒]鳳縣志十卷首一卷　(清)朱子春修　(清)段澍霖纂　清光緒十八年(1892)刻本　四冊

210000－0701－0017799　026308

[光緒]鳳縣志十卷首一卷　(清)朱子春修　(清)段澍霖纂　清光緒十八年(1892)刻本　四冊

210000－0701－0017800　026309

[乾隆]鳳翔府志十二卷首一卷　(清)達靈阿修　(清)周方炯　(清)高登科纂　清乾隆三十一年(1766)刻本　十二冊

210000－0701－0017801　026310

[乾隆]鳳翔縣志八卷首一卷　(清)羅鰲修　(清)周方炯　(清)劉震纂　清乾隆三十二年(1767)刻本　八冊

210000－0701－0017802　026311

[乾隆]鳳翔縣志八卷首一卷　(清)羅鰲修　(清)周方炯　(清)劉震纂　清乾隆三十二年(1767)刻本　八冊

210000－0701－0017803　026312

[咸豐]同州府志三十四卷首二卷　(清)李恩繼　(清)文廉修　(清)蔣湘南纂　清咸豐二年(1852)刻本　二十四冊

210000－0701－0017804　026313

[咸豐]同州府志三十四卷首二卷　(清)李恩繼　(清)文廉修　(清)蔣湘南纂　清咸豐二年(1852)刻本　三十冊

210000－0701－0017805　026314

[乾隆]同州府志二十卷首一卷　(清)張奎祥修　(清)李之蘭等纂　清乾隆六年(1741)刻本　二十冊

210000－0701－0017806　026315

[光緒]同州府續志十六卷首一卷　(清)饒應祺修　(清)馬光登　(清)王守恭纂　清光緒七年(1881)刻本　六冊

210000－0701－0017807　026316

[乾隆]鄜縣志十八卷首一卷　(清)李帶雙修　(清)張若纂　清乾隆四十三年(1778)刻本　四冊

210000－0701－0017808　026317

[乾隆]鄜縣志十八卷首一卷　(清)李帶雙修　(清)張若纂　清乾隆四十三年(1778)刻本　四冊

210000－0701－0017809　026318

[道光]留壩廳志十卷　(清)賀仲瑊修　(清)蔣湘南纂　清道光二十二年(1842)刻本　二冊

210000－0701－0017810　026319

[乾隆]興平縣志二十五卷　(清)顧聲雷修　(清)張塤纂　清乾隆四十四年(1779)刻本　六冊

210000－0701－0017811　026321

[嘉慶]續興安府志八卷　(清)葉世倬纂修　清嘉慶十七年(1812)刻本　二冊

210000－0701－0017812　026321

[乾隆]興安府志三十卷　(清)李國麟纂修　清乾隆五十三年(1788)刻本　六冊

210000－0701－0017813　026322

[乾隆]臨潼縣志九卷圖一卷　(清)史傳遠纂修　清乾隆四十一年(1776)刻光緒十六年(1890)印本　六冊

210000－0701－0017814　026323

[乾隆]臨潼縣志九卷圖一卷　(清)史傳遠纂修　清乾隆四十一年(1776)刻光緒十六年(1890)印本　六冊

210000－0701－0017815　026324

[乾隆]直隸邠州志二十五卷　(清)王朝爵　(清)王灼修　(清)孫星衍纂　清乾隆四十九

年(1784)刻本　四册

210000－0701－0017816　026325
[乾隆]郃陽縣全志四卷　（清）席奉乾修
（清）孫景烈纂　清乾隆三十四年(1769)刻本
　四册

210000－0701－0017817　026326
[乾隆]郃陽縣全志四卷　（清）席奉乾修
（清）孫景烈纂　清乾隆三十四年(1769)刻本
　四册

210000－0701－0017818　026327
[乾隆]郃陽縣全志四卷　（清）席奉乾修
（清）孫景烈纂　清乾隆三十四年(1769)刻本
　四册

210000－0701－0017819　026328
[康熙]米脂縣志八卷　（清）寧養氣纂修　清
康熙二十年(1681)刻本　二册

210000－0701－0017820　026329
[光緒]米脂縣志十二卷　（清）高照煦纂
（清）高增融校訂　清光緒三十三年(1907)鉛
印本　四册

210000－0701－0017821　026330
[嘉靖]耀州志十一卷　（明）李廷寶修
（明）喬世定纂　清光緒十六年(1890)增補印
本　二册

210000－0701－0017822　026330
[乾隆]續耀州志十一卷　（清）汪灝修
（清）鍾麟書纂　清光緒十六年(1890)增刻本
　二册

210000－0701－0017823　026331
[嘉靖]耀州志十一卷　（明）李廷寶修
（明）喬世定纂　清光緒十六年(1890)增補印
本　二册

210000－0701－0017824　026331
[乾隆]續耀州志十一卷　（清）汪灝修
（清）鍾麟書纂　清光緒十六年(1890)增刻本
　二册

210000－0701－0017825　026332

[嘉靖]耀州志十一卷　（明）李廷寶修
（明）喬世定纂　清光緒十六年(1890)增補印
本　二册

210000－0701－0017826　026332
[乾隆]續耀州志十一卷　（清）汪灝修
（清）鍾麟書纂　清光緒十六年(1890)增刻本
　二册

210000－0701－0017827　026333
[乾隆]續耀州志十一卷　（清）汪灝修
（清）鍾麟書纂　清乾隆二十七年(1762)刻本
　二册

210000－0701－0017828　026335
[道光]靖遠縣志八卷首一卷　（清）陳之驥修
　（清）尹世阿纂　清道光十三年(1833)刻本
　八册

210000－0701－0017829　026336
[道光]敦煌縣志七卷首一卷　（清）蘇履吉修
　（清）曾誠纂　清道光十一年(1831)刻本
四册

210000－0701－0017830　026337
[康熙]靈壽縣志十卷末一卷　（清）陸隴其修
　（清）傅維橒纂　清康熙二十五年(1686)刻
本　四册

210000－0701－0017831　026338
[乾隆]西寧府新志四十卷　（清）楊應琚纂修
　清乾隆十二年(1747)刻本　十二册

210000－0701－0017832　026339
[嘉慶]武階備志二十二卷　（清）吳鵬翱纂
清同治十二年(1873)洪惟善刻本　十二册

210000－0701－0017833　026340
[乾隆]皋蘭縣志二十卷　（清）吳鼎新修
（清）黃建中纂　清乾隆四十三年(1778)刻本
　四册

210000－0701－0017834　026342
[光緒]重纂禮縣新志四卷首一卷　（清）雷文
淵修　（清）王思溫纂　清光緒十六年(1890)
刻本　八册

210000－0701－0017835　026343

西州圖經一卷　清宣統元年(1909)羅振玉影印本　一冊

210000－0701－0017836　026344

西州圖經一卷　清宣統元年(1909)羅振玉影印本　一冊

210000－0701－0017837　026345

[道光]蘭州府志十二卷首一卷　(清)陳士楨修　(清)涂鴻儀纂　清道光十三年(1833)刻本　八冊

210000－0701－0017838　026346

[道光]蘭州府志十二卷首一卷　(清)陳士楨修　(清)涂鴻儀纂　清道光十三年(1833)刻本　八冊

210000－0701－0017839　026347

[乾隆]甘州府志十六卷首一卷　(清)鍾賡起纂修　清乾隆四十四年(1779)刻本　十冊

210000－0701－0017840　026348

[乾隆]甘肅通志五十卷首一卷　(清)許容修　(清)李迪等纂　清乾隆元年(1736)刻本　三十六冊

210000－0701－0017841　026349

[光緒]甘肅新通志一百卷首五卷　(清)昇允　(清)長庚修　(清)安維峻纂　清宣統元年(1909)刻本　八十一冊

210000－0701－0017842　026352

[光緒]重纂秦州直隸州新志二十四卷首一卷　(清)余澤春修　(清)王權　(清)任其昌纂　清光緒十五年(1889)隴南書院刻本　二十四冊

210000－0701－0017843　026357

會稽三賦四卷　(宋)王十朋撰　(明)南逢吉注　清同治十三年(1874)會稽章氏刻本　二冊

210000－0701－0017844　026358

欽定新疆識略十二卷首一卷　(清)松筠等纂　清道光元年(1821)武英殿刻本　八冊

210000－0701－0017845　026359

欽定新疆識略十二卷首一卷　(清)松筠等纂　清道光元年(1821)武英殿刻本　八冊

210000－0701－0017846　026367

新疆道里郵政鹽產電綫實業全圖　刻本　一冊

210000－0701－0017847　026368

新疆大記六卷　(清)闞鳳樓撰　清光緒三十四年(1908)鉛印本　一冊

210000－0701－0017848　026369

新疆大記六卷　(清)闞鳳樓撰　清光緒三十四年(1908)鉛印本　一冊

210000－0701－0017849　026377

新疆國界圖志八卷山脉志六卷　王樹枏纂　清宣統元年(1909)刻陶廬叢刻本　八冊　缺六卷(山脉志六卷)

210000－0701－0017850　026378

新疆國界圖志八卷山脉志六卷　王樹枏纂　清宣統元年(1909)刻陶廬叢刻本　十冊

210000－0701－0017851　026388

西域記八卷　(清)七十一(椿園)撰　清光緒七年(1881)聚英堂刻本　二冊

210000－0701－0017852　026389

西域記八卷　(清)椿園撰　清光緒七年(1881)聚英堂刻本　二冊

210000－0701－0017853　026390

西域記八卷　(清)椿園撰　清嘉慶十九年(1814)刻本　四冊

210000－0701－0017854　026391

西域釋地一卷　(清)祁韻士撰　清道光十六年(1836)刻本　一冊

210000－0701－0017855　026392

大興徐氏三種　(清)徐松撰　清道光北平隆福寺文奎堂刻本　八冊

210000－0701－0017856　026393

大興徐氏三種　(清)徐松撰　清道光北平隆福寺文奎堂刻本　八冊

210000－0701－0017857　026394
新疆外藩紀略二卷　（清）椿園撰　清刻本
二冊

210000－0701－0017858　026397
西域聞見錄八卷首一卷　（清）椿園撰　清刻
本　四冊

210000－0701－0017859　026399
西域總志四卷　（清）椿園撰　（清）周宅仁輯
　清嘉慶八年(1803)周氏刻本　四冊

210000－0701－0017860　026400
西陲要略四卷　（清）祁韻士纂　清光緒四年
(1878)同文館鉛印本　二冊

210000－0701－0017861　026401
西陲要略四卷　（清）祁韻士纂　清光緒四年
(1878)同文館鉛印本　二冊

210000－0701－0017862　026402
西陲要略四卷　（清）祁韻士纂　清道光十七
年(1837)筠淥山房刻本　三冊

210000－0701－0017863　026403
[乾隆]西陲總統事略十二卷附二卷　（清）松
筠纂　（清）祁韻士編　服紀略圖詩一卷
（清）松筠撰　西陲竹枝詞一卷　（清）祁韻士
撰　清嘉慶十四年(1809)程振甲刻本　八冊

210000－0701－0017864　026404
[乾隆]西陲總統事略十二卷附二卷　（清）松
筠纂　（清）祁韻士編　清嘉慶十四年(1809)
程振甲刻本　八冊

210000－0701－0017865　026406
[乾隆]西陲總統事略十二卷附二卷　（清）松
筠纂　（清）祁韻士編　清嘉慶十四年(1809)
程振甲刻本　八冊

210000－0701－0017866　026408
[乾隆]伊江匯覽不分卷　（清）格琫額撰　抄
本　四冊

210000－0701－0017867　026411
大興徐氏三種　（清）徐松撰　清道光北平隆
福寺文奎堂刻本　八冊

210000－0701－0017868　026420
[雍正]山東通志三十六卷首一卷　（清）岳濬
　（清）法敏修　（清）杜詔　（清）顧瀛纂
清乾隆元年(1736)刻道光十七年(1837)補修
本　四十二冊

210000－0701－0017869　026423
[雍正]山東通志三十六卷首一卷　（清）岳濬
　（清）法敏修　（清）杜詔　（清）顧瀛纂
清乾隆元年(1736)刻道光十七年(1837)補刻
本　四十二冊

210000－0701－0017870　026426
[乾隆]江南通志二百卷首四卷　（清）尹繼善
　（清）趙國麟修　（清）黃之雋　（清）章士
鳳纂　清乾隆元年(1736)尊經閣刻本　八
十冊

210000－0701－0017871　026427
[乾隆]江南通志二百卷首四卷　（清）尹繼善
　（清）趙國麟修　（清）黃之雋　（清）章士
鳳纂　清乾隆元年(1736)尊經閣刻本　八
十冊

210000－0701－0017872　026430
[雍正]浙江通志二百八十卷首三卷　（清）李
衛　（清）嵇曾筠等修　（清）沈翼機　（清）
傅王露等纂　清乾隆元年(1736)刻嘉慶十七
年(1812)補刻本　一百二十冊

210000－0701－0017873　026431
[雍正]浙江通志二百八十卷首三卷　（清）李
衛　（清）嵇曾筠等修　（清）沈翼機　（清）
傅王露等纂　清光緒二十五年(1899)浙江書
局刻本　一百二十冊

210000－0701－0017874　026432
[雍正]浙江通志二百八十卷首三卷　（清）李
衛　（清）嵇曾筠等修　（清）沈翼機　（清）
傅王露等纂　清光緒二十五年(1899)浙江書
局刻本　一百二十冊

210000－0701－0017875　026440
[同治]上海縣志三十二卷首一卷末一卷附補
遺敍錄　（清）應寶時等修　（清）俞樾等纂

清同治十年(1871)吳門臬署刻十一年(1872)南園志局重校光緒八年(1882)補刻本　十六冊

210000－0701－0017876　026441

[同治]上海縣志三十二卷首一卷末一卷附補遺敘錄　(清)應寶時等修　(清)俞樾等纂　清同治十年(1871)吳門臬署刻十一年(1872)南園志局重校光緒八年(1882)補刻本　十六冊

210000－0701－0017877　026446

秣陵集六卷圖考一卷金陵歷代紀年事表一卷　(清)陳文述撰　清光緒十年(1884)淮南書局刻本　三冊

210000－0701－0017878　026447

秣陵集六卷圖考一卷金陵歷代紀年事表一卷　(清)陳文述撰　清光緒十年(1884)淮南書局刻本　三冊

210000－0701－0017879　026452

瀛壖雜志六卷　(清)王韜撰　清光緒元年(1875)刻本　二冊

210000－0701－0017880　026453

滬游雜記四卷　(清)葛元煦撰　清光緒二年(1876)葛氏嘯園刻本　四冊

210000－0701－0017881　026454

滬城備考六卷　(清)褚華撰　清光緒四年(1878)鉛印申報館叢書本　二冊

210000－0701－0017882　026456

金陵待徵錄十卷　(清)金鰲撰　**金陵詩徵一卷**　(清)朱緒曾撰　清光緒二年(1876)刻本　二冊

210000－0701－0017883　026458

金陵通紀十卷國朝金陵通紀四卷　陳作霖撰　清光緒三十年(1904)瑞華館刻本　四冊

210000－0701－0017884　026459

[乾隆]兗州府志三十二卷首二卷圖考一卷　(清)陳顧澥等纂修　清乾隆三十五年(1770)刻本　十六冊

210000－0701－0017885　026460

[乾隆]兗州府志三十二卷首二卷圖考一卷　(清)陳顧澥等纂修　清乾隆三十五年(1770)刻本　十六冊

210000－0701－0017886　026461

[乾隆]兗州府志三十二卷首二卷圖考一卷　(清)陳顧澥等纂修　清乾隆三十五年(1770)刻本　十六冊

210000－0701－0017887　026462

[光緒]高唐州志八卷首一卷末一卷　(清)周家齊修　(清)鞠建章纂　清光緒三十三年(1907)刻本　六冊

210000－0701－0017888　026463

[乾隆]高密縣志十卷首一卷末一卷　(清)張乃史修　(清)錢廷熊纂　清乾隆十九年(1754)刻本　四冊

210000－0701－0017889　026465

[乾隆]高苑縣志十卷　(清)張耀璧纂修　清乾隆二十三年(1758)刻本　六冊

210000－0701－0017890　026466

[乾隆]高苑縣志十卷　(清)張耀璧纂修　清乾隆二十三年(1758)刻本　六冊

210000－0701－0017891　026467

[雍正]齊河縣志十卷首一卷　(清)上官有儀修　(清)許琰纂　清乾隆二年(1737)刻本　五冊

210000－0701－0017892　026468

[雍正]齊河縣志十卷首一卷　(清)上官有儀修　(清)許琰纂　清乾隆二年(1737)刻本　五冊

210000－0701－0017893　026469

[雍正]齊河縣志十卷首一卷　(清)上官有儀修　(清)許琰纂　清乾隆二年(1737)刻本　五冊

210000－0701－0017894　026471

[道光]商河縣志八卷首一卷　(清)龔廷煌等纂修　清道光十六年至十九年(1836－1839)

刻本　八冊

210000－0701－0017895　026472
[道光]商河縣志八卷首一卷　（清）龔廷煌等
纂修　清道光十六年至十九年（1836－1839）
刻本　八冊

210000－0701－0017896　026473
[道光]商河縣志八卷首一卷　（清）龔廷煌等
纂修　清道光十六年至十九年（1836－1839）
刻本　八冊

210000－0701－0017897　026477
[道光]章邱縣志十六卷首一卷末一卷　（清）
吳璋修　（清）曹楙堅纂　清道光十三年
（1833）刻本　八冊

210000－0701－0017898　026478
[道光]章邱縣志十六卷首一卷末一卷　（清）
吳璋修　（清）曹楙堅纂　清道光十三年
（1833）刻本　八冊

210000－0701－0017899　026479
[道光]章邱縣志十六卷首一卷末一卷　（清）
吳璋修　（清）曹楙堅纂　清道光十三年
（1833）刻本　八冊

210000－0701－0017900　026480
[乾隆]章邱縣志十三卷首一卷　（清）張萬青
纂修　清乾隆二十一年（1756）刻本　八冊

210000－0701－0017901　026481
[道光]文登縣志十卷　（清）蔡培等修
（清）林汝謨纂　清道光十九年（1839）刻本
四冊

210000－0701－0017902　026482
[道光]文登縣志十卷　（清）蔡培等修
（清）林汝謨纂　清道光十九年（1839）刻本
四冊

210000－0701－0017903　026485
[康熙]新城縣志八卷首一卷　（清）張瓚纂修
清康熙十二年（1673）刻本　二冊

210000－0701－0017904　026486
[康熙]新城縣志十四卷首一卷　（清）崔懋修

（清）嚴濂會纂　清康熙三十二年（1693）刻
本　五冊

210000－0701－0017905　026487
[乾隆]新泰縣志二十卷首一卷　（清）江乾達
修　（清）牛士瞻等纂　清乾隆四十九年
（1784）刻光緒十七年（1891）徐致愉增修本
七冊

210000－0701－0017906　026488
[乾隆]新泰縣志二十卷首一卷　（清）江乾達
修　（清）牛士瞻等纂　清乾隆四十九年
（1784）刻本　六冊

210000－0701－0017907　026489
[乾隆]諸城縣志四十六卷　（清）宮懋讓修
（清）李文藻等纂　清乾隆二十九年（1764）刻
本　八冊

210000－0701－0017908　026490
[乾隆]諸城縣志四十六卷　（清）宮懋讓修
（清）李文藻等纂　清乾隆二十九年（1764）刻
本　八冊

210000－0701－0017909　026491
[道光]諸城縣續志二十三卷　（清）劉光斗修
（清）朱學海纂　清道光十四年（1834）刻本
四冊

210000－0701－0017910　026491
[乾隆]諸城縣志四十六卷　（清）宮懋讓修
（清）李文藻等纂　清乾隆二十九年（1764）刻
本　八冊

210000－0701－0017911　026492
[光緒]霑化縣志十六卷首一卷　（清）聯印修
（清）張會一等纂　清光緒十七年（1891）刻
本　四冊

210000－0701－0017912　026493
[乾隆]夏津縣志十卷首一卷　（清）方學成修
（清）梁大鯤纂　清乾隆六年（1741）刻本
六冊

210000－0701－0017913　026494
[乾隆]夏津縣志十卷首一卷　（清）方學成修

（清）梁大鯤纂 清乾隆六年(1741)刻本 六册

210000－0701－0017914 026499

[道光]重修平度州志二十七卷 （清）保忠等修 （清）李圖等纂 清道光二十九年(1849)刻本 八册

210000－0701－0017915 026500

[道光]重修平度州志二十七卷 （清）保忠等修 （清）李圖等纂 清道光二十九年(1849)刻本 八册

210000－0701－0017916 026502

[乾隆]平原縣志十卷首一卷 （清）黄懷祖修 （清）黄兆熊纂 清乾隆十四年(1749)刻本 四册

210000－0701－0017917 026503

[乾隆]平原縣志十卷首一卷 （清）黄懷祖修 （清）黄兆熊纂 清乾隆十四年(1749)刻本 四册

210000－0701－0017918 026505

[嘉慶]平陰縣志四卷 （清）喻春林修 （清）朱續孜纂 清嘉慶十三年(1808)刻本 四册

210000－0701－0017919 026506

[乾隆]續登州府志十二卷 （清）永泰纂修 清乾隆七年(1742)刻本 四册

210000－0701－0017920 026507

[光緒]增修登州府志六十九卷 （清）方汝翼等修 （清）周悦讓等纂 清光緒七年(1881)刻本 二十册

210000－0701－0017921 026508

[光緒]增修登州府志六十九卷 （清）方汝翼等修 （清）周悦讓等纂 清光緒七年(1881)刻本 二十四册

210000－0701－0017922 026509

[光緒]增修登州府志六十九卷 （清）方汝翼等修 （清）周悦讓等纂 清光緒七年(1881)刻本 二十册

210000－0701－0017923 026510

[道光]武城縣志續編十四卷首一卷 （清）厲秀芳纂修 清道光二十一年(1841)刻本 四册

210000－0701－0017924 026511

[咸豐]武定府志三十八卷首一卷 （清）李熙齡纂修 清咸豐九年(1859)刻本 二十四册

210000－0701－0017925 026512

[咸豐]武定府志三十八卷首一卷 （清）李熙齡纂修 清咸豐九年(1859)刻本 二十四册

210000－0701－0017926 026513

[宣統]聊城縣志十二卷首一卷 陳慶蕃修 葉錫麟 靳維熙纂 耆獻文徵三卷 葉錫麟輯 清宣統二年(1910)刻本 八册

210000－0701－0017927 026514

[康熙]聊城縣志四卷 （清）何一傑纂修 清康熙二年(1663)刻本 四册

210000－0701－0017928 026515

[嘉慶]禹城縣志十二卷 （清）董鵬翱修 （清）牟應震纂 清嘉慶十三年(1808)刻本 四册

210000－0701－0017929 026516

[嘉慶]禹城縣志十二卷 （清）董鵬翱修 （清）牟應震纂 清嘉慶十三年(1808)刻本 四册

210000－0701－0017930 026518

[乾隆]樂陵縣志八卷首一卷 （清）王謙益修 （清）莊肇奎纂 清乾隆二十七年(1762)刻本 八册

210000－0701－0017931 026519

[乾隆]樂陵縣志八卷首一卷 （清）王謙益修 （清）莊肇奎纂 清乾隆二十七年(1762)刻本 八册

210000－0701－0017932 026521

[雍正]樂安縣志二十卷 （清）李方膺纂修 清雍正十一年(1733)刻本 四册

210000－0701－0017933 026529

[嘉慶]德平縣志十卷首一卷 （清）鍾大受纂修 清嘉慶元年(1796)鍾大受刻本 四冊

210000－0701－0017934 026530
[乾隆]德州志十二卷首一卷 （清）王道亨修 （清）張慶源纂 清乾隆五十三年(1788)刻本 八冊

210000－0701－0017935 026531
[乾隆]德州志十二卷首一卷 （清）王道亨修 （清）張慶源纂 清乾隆五十三年(1788)刻本 八冊

210000－0701－0017936 026534
[乾隆]嶧縣志十卷首一卷 （清）忠璉纂修 清乾隆二十六年(1761)刻本 六冊

210000－0701－0017937 026535
[光緒]魚臺縣志四卷首一卷末一卷 （清）趙英祚纂修 清光緒十五年(1889)刻本 四冊

210000－0701－0017938 026536
[康熙]鄒縣志三卷 （清）婁一均修 （清）周翼纂 清康熙五十五年(1716)刻本 四冊

210000－0701－0017939 026537
[康熙]鄒縣志三卷 （清）婁一均修 （清）周翼纂 清康熙五十五年(1716)刻本 四冊

210000－0701－0017940 026538
[康熙]鄒縣志三卷 （清）婁一均修 （清）周翼纂 賦役全書一卷 清康熙五十五年(1716)刻本 四冊

210000－0701－0017941 026540
[道光]鄒平縣志十八卷 （清）羅宗瀛修 （清）成瓘纂 清道光十六年(1836)刻本 八冊

210000－0701－0017942 026542
[道光]鄒平縣志十八卷 （清）羅宗瀛修 （清）成瓘纂 清道光十六年(1836)刻本 八冊

210000－0701－0017943 026544
[乾隆]濰縣志六卷首一卷末一卷 （清）張耀璧修 （清）王誦芬纂 清乾隆二十五年(1760)刻本 六冊

210000－0701－0017944 026545
[乾隆]濰縣志六卷首一卷末一卷 （清）張耀璧修 （清）王誦芬纂 清乾隆二十五年(1760)刻本 六冊

210000－0701－0017945 026546
[乾隆]濰縣志六卷首一卷末一卷 （清）張耀璧修 （清）王誦芬纂 清乾隆二十五年(1760)刻本 六冊

210000－0701－0017946 026547
[乾隆]濟寧直隸州志三十四卷首一卷 （清）王道亨修 （清）盛百二纂 清乾隆五十年(1785)刻本 二十冊

210000－0701－0017947 026548
[道光]濟寧直隸州志十卷首一卷末一卷圖一卷 （清）徐宗幹修 （清）許瀚纂 清咸豐九年(1859)刻本 二十冊

210000－0701－0017948 026548
[咸豐]濟寧直隸州續志四卷 （清）盧朝安纂修 清咸豐九年(1859)刻本 四冊

210000－0701－0017949 026549
[道光]濟寧直隸州志十卷首一卷末一卷圖一卷 （清）徐宗幹修 （清）許瀚纂 清咸豐九年(1859)刻本 二十冊

210000－0701－0017950 026549
[咸豐]濟寧直隸州續志四卷 （清）盧朝安纂修 清咸豐九年(1859)刻本 四冊

210000－0701－0017951 026550
[嘉慶]昌樂縣志三十二卷首一卷 （清）魏禮焯等修 （清）閻學夏等纂 清嘉慶十四年(1809)刻本 六冊

210000－0701－0017952 026551
[道光]濟寧直隸州志十卷首一卷末一卷圖一卷 （清）徐宗幹修 （清）許瀚纂 清咸豐九年(1859)刻本 二十冊

210000－0701－0017953 026551
[咸豐]濟寧直隸州續志四卷 （清）盧朝安纂

365

修　清咸豐九年(1859)刻本　四冊

210000－0701－0017954　026555

[道光]濟南府志七十二卷首一卷　(清)王贈芳等修　(清)成瓘等纂　清道光二十年(1840)刻本　四十冊

210000－0701－0017955　026556

[道光]濟南府志七十二卷首一卷　(清)王贈芳等修　(清)成瓘等纂　清道光二十年(1840)刻本　四十冊

210000－0701－0017956　026557

[乾隆]濟陽縣志十四卷首一卷　(清)胡德琳修　(清)何明禮　(清)章承茂纂　清乾隆三十年(1765)刻本　八冊

210000－0701－0017957　026558

[乾隆]濟陽縣志十四卷首一卷　(清)胡德琳修　(清)何明禮　(清)章承茂纂　清乾隆三十年(1765)刻本　八冊

210000－0701－0017958　026560

[萬曆]汶上縣志八卷　(明)栗可仕修　(清)王命新纂　明萬曆三十六年(1608)刻清康熙五十六年(1717)補刻本　二冊

210000－0701－0017959　026561

[萬曆]汶上縣志八卷　(明)栗可仕修　(清)王命新纂　明萬曆三十六年(1608)刻清康熙五十六年(1717)補刻本　二冊

210000－0701－0017960　026562

[康熙]續修汶上縣志六卷　(清)聞元炅纂修　清康熙五十六年(1717)刻本　二冊

210000－0701－0017961　026562

[萬曆]汶上縣志八卷　(明)栗可仕修　(清)王命新纂　明萬曆三十六年(1608)刻清康熙五十六年(1717)補刻本　二冊

210000－0701－0017962　026563

[康熙]續修汶上縣志六卷　(清)聞元炅纂修　清康熙五十六年(1717)刻本　二冊

210000－0701－0017963　026565

[咸豐]寧陽縣志二十四卷　(清)陳紀勳修

(清)黃恩彤纂　清咸豐二年(1852)刻本　五冊　存二十卷(五至二十四)

210000－0701－0017964　026566

[光緒]寧陽縣志二十四卷　(清)高陞榮修　(清)黃恩彤纂　清光緒十三年(1887)刻本　十二冊

210000－0701－0017965　026567

[同治]重修寧海州志二十六卷　(清)舒孔安修　(清)王厚階纂　清同治三年(1864)刻本　六冊

210000－0701－0017966　026568

[乾隆]定陶縣志十卷首一卷　(清)雷宏宇修　(清)劉珠等纂　清乾隆十八年(1753)刻光緒二年(1876)周忠補修本　四冊

210000－0701－0017967　026569

[乾隆]福山縣志十二卷　(清)何樂善修　(清)蕭劼　(清)王積熙纂　清乾隆二十八年(1763)刻本　八冊

210000－0701－0017968　026571

[康熙]沂州志八卷　(清)邵士修　(清)王壎等纂　清康熙十三年(1674)刻本　八冊

210000－0701－0017969　026572

[康熙]沂州志八卷　(清)邵士修　(清)王壎等纂　清康熙十三年(1674)刻本　八冊

210000－0701－0017970　026573

[乾隆]沂州府志三十六卷首一卷　(清)李希賢修　(清)潘遇莘　(清)丁愷會纂　清乾隆二十五年(1760)刻本　十二冊

210000－0701－0017971　026574

[乾隆]沂州府志三十六卷首一卷　(清)李希賢修　(清)潘遇莘　(清)丁愷會纂　清乾隆二十五年(1760)刻本　十二冊

210000－0701－0017972　026575

[乾隆]沂州府志三十六卷首一卷　(清)李希賢修　(清)潘遇莘　(清)丁愷會纂　清乾隆二十五年(1760)刻本　十二冊

210000－0701－0017973　026576

[道光]沂水縣志十卷 （清）張鑾修 （清）
劉承謙纂 清道光七年(1827)刻本 四冊
存八卷(一至二、五至十)

210000－0701－0017974 026577

[道光]沂水縣志十卷 （清）張鑾修 （清）
劉承謙纂 清道光七年(1827)刻本 四冊

210000－0701－0017975 026578

[道光]沂水縣志十卷 （清）張鑾修 （清）
劉承謙纂 清道光七年(1827)刻本 四冊

210000－0701－0017976 026579

[道光]沂水縣志十卷 （清）張鑾修 （清）
劉承謙纂 清道光七年(1827)刻本 四冊

210000－0701－0017977 026582

[乾隆]淄川縣志八卷首一卷 （清）張鳴鐸修
（清）張廷寀等纂 清乾隆四十一年(1776)
刻本 四冊 存七卷(一至六、首一卷)

210000－0701－0017978 026584

[康熙]濱州志八卷首一卷 （清）楊容盛等纂
修 清康熙四十年(1701)刻本 四冊

210000－0701－0017979 026585

[咸豐]濱州志十二卷首一卷 （清）李熙齡纂
修 清咸豐十年(1860)刻本 四冊

210000－0701－0017980 026586

[咸豐]濱州志十二卷首一卷 （清）李熙齡纂
修 清咸豐十年(1860)刻本 四冊

210000－0701－0017981 026587

[順治]泗水縣志十二卷 （清）劉桓修
(清)杜燦然纂 清康熙六十一年(1722)刻本
六冊

210000－0701－0017982 026588

[光緒]泗水縣志十五卷首一卷 （清）趙英祚
修 （清）黃承驤纂 清光緒十八年(1892)刻
本 八冊

210000－0701－0017983 026592

[光緒]鄆城縣志十六卷首一卷 （清）畢炳炎
修 （清）趙翰鑾纂 清光緒十九年(1893)刻
本 八冊

210000－0701－0017984 026593

[光緒]滋陽縣志十四卷 （清）莫熾修
(清)黃恩彤纂 清光緒十四年(1888)刻本
十冊

210000－0701－0017985 026594

[康熙]海豐縣志十二卷首一卷 （清）胡公著
修 （清）張克家纂 清康熙九年(1670)刻本
四冊

210000－0701－0017986 026595

[乾隆]海陽縣志八卷 （清）包桂纂修 清乾
隆七年(1742)刻本 四冊

210000－0701－0017987 026596

[光緒]海陽縣續志十卷首一卷 （清）王敬勳
修 （清）李爾海等纂 清光緒六年(1880)刻
本 六冊

210000－0701－0017988 026597

[嘉慶]壽光縣志二十卷 （清）劉翰周纂修
清嘉慶五年(1800)刻本 六冊

210000－0701－0017989 026598

[嘉慶]壽光縣志二十卷 （清）劉翰周纂修
清嘉慶五年(1800)刻本 六冊

210000－0701－0017990 026600

[康熙]壽張縣志八卷 （清）滕永禎纂修 清
康熙五十六年(1717)刻本 四冊

210000－0701－0017991 026601

[光緒]壽張縣志十卷首一卷 （清）劉文烇
(清)王守謙纂修 清光緒二十六年(1900)刻
本 六冊

210000－0701－0017992 026602

[光緒]壽張縣志十卷首一卷 （清）劉文烇
(清)王守謙纂修 清光緒二十六年(1900)刻
本 六冊

210000－0701－0017993 026605

[道光]博平縣志六卷 （清）楊祖憲修
(清)烏竹芳纂 清道光十一年(1831)刻本
六冊

210000－0701－0017994 026606

[道光]博平縣志六卷 （清）楊祖憲修
（清）烏竹芳纂 清道光十一年(1831)刻本
六冊

210000－0701－0017995 026607

[康熙]博平縣志五卷 （清）堵巇修 （清）
張翕纂 清康熙三年(1664)刻本 六冊

210000－0701－0017996 026608

[乾隆]博山縣志十卷首一卷 （清）富申修
（清）田士麟纂 清乾隆十八年(1753)刻本
四冊

210000－0701－0017997 026610

[道光]重修博興縣志十三卷 （清）周任福修
（清）李同纂 清道光二十年(1840)刻本
四冊

210000－0701－0017998 026611

[道光]城武縣志十四卷首一卷 （清）袁章華
修 （清）劉士瀛纂 清道光十年(1830)刻本
八冊

210000－0701－0017999 026612

[乾隆]蒲臺縣志四卷首一卷 （清）嚴文典
（清）任相纂修 清乾隆二十八年(1763)刻本
四冊

210000－0701－0018000 026613

[乾隆]蒲臺縣志四卷首一卷 （清）嚴文典
（清）任相纂修 清乾隆二十八年(1763)刻本
四冊

210000－0701－0018001 026614

[康熙]茌平縣志五卷 （清）王世臣修
（清）孫克緒纂 清康熙四十九年(1710)刻本
五冊

210000－0701－0018002 026615

[康熙]茌平縣志五卷 （清）王世臣修
（清）孫克緒纂 清康熙四十九年(1710)刻本
五冊

210000－0701－0018003 026616

[康熙]茌平縣志五卷 （清）王世臣修
（清）孫克緒纂 清康熙四十九年(1710)刻本

五冊

210000－0701－0018004 026618

[光緒]菏澤縣志十八卷 （清）凌壽柏修
（清）葉道源纂 清光緒十一年(1885)刻本
六冊

210000－0701－0018005 026619

[道光]重修蓬萊縣志十四卷 （清）王文燾修
（清）張本等纂 清道光十九年(1839)刻本
八冊

210000－0701－0018006 026619

[光緒]蓬萊縣續志十四卷 （清）鄭錫鴻
（清）江瑞采修 （清）王爾植等纂 清光緒八
年(1882)刻本 四冊

210000－0701－0018007 026620

[道光]重修蓬萊縣志十四卷 （清）王文燾修
（清）張本等纂 清道光十九年(1839)刻本
八冊

210000－0701－0018008 026620

[光緒]蓬萊縣續志十四卷 （清）鄭錫鴻
（清）江瑞采修 （清）王爾植等纂 清光緒八
年(1882)刻本 四冊

210000－0701－0018009 026621

[光緒]莘縣志十卷 （清）張朝瑋修 （清）
孔廣海纂 清光緒十三年(1887)刻本 六冊

210000－0701－0018010 026622

[光緒]莘縣志十卷 （清）張朝瑋修 （清）
孔廣海纂 清光緒十三年(1887)刻本 六冊

210000－0701－0018011 026626

[民國]莘縣鄉土志不分卷 （清）孔廣文纂
清宣統元年(1909)石印本 一冊

210000－0701－0018012 026627

[嘉慶]莒州志十六卷首一卷 （清）許紹錦纂
修 清嘉慶元年(1796)刻本 六冊

210000－0701－0018013 026628

[嘉慶]莒州志十六卷首一卷 （清）許紹錦纂
修 清嘉慶元年(1796)刻本 六冊

210000－0701－0018014 026630

[同治]黃縣志十四卷首一卷末一卷　（清）尹繼美纂修　清同治十年(1871)刻本　四冊

210000－0701－0018015　026631
[同治]黃縣志十四卷首一卷末一卷　（清）尹繼美纂修　清同治十年(1871)刻本　四冊

210000－0701－0018016　026632
[乾隆]萊州府志十六卷首一卷　（清）嚴有禧纂修　清乾隆五年(1740)刻本　八冊

210000－0701－0018017　026633
[乾隆]萊州府志十六卷首一卷　（清）嚴有禧纂修　清乾隆五年(1740)刻本　八冊

210000－0701－0018018　026634
[乾隆]萊州府志十六卷首一卷　（清）嚴有禧纂修　清乾隆五年(1740)刻本　八冊

210000－0701－0018019　026636
[康熙]新修萊蕪縣志十卷　（清）鍾國義等纂修　清乾隆刻本　四冊

210000－0701－0018020　026637
[康熙]新修萊蕪縣志十卷　（清）鍾國義等纂修　清乾隆刻本　四冊

210000－0701－0018021　026638
[康熙]新修萊蕪縣志十卷　（清）鍾國義等纂修　清乾隆刻本　四冊

210000－0701－0018022　026640
[康熙]萊陽縣志十卷　（清）萬邦維　（清）衛元爵修　（清）張重潤纂　清康熙十七年(1678)刻本　四冊

210000－0701－0018023　026641
[康熙]萊陽縣志十卷　（清）萬邦維　（清）衛元爵修　（清）張重潤纂　清康熙十七年(1678)刻本　四冊

210000－0701－0018024　026642
[光緒]棲霞縣續志十卷首一卷　（清）黃麗中修　（清）于如川纂　清光緒五年(1879)刻本　八冊

210000－0701－0018025　026642
[乾隆]棲霞縣志十卷　（清）衛萇纂修　清乾

隆十九年(1754)刻本　八冊

210000－0701－0018026　026643
[光緒]棲霞縣續志十卷首一卷　（清）黃麗中修　（清）于如川纂　清光緒五年(1879)刻本　八冊

210000－0701－0018027　026643
[乾隆]棲霞縣志十卷　（清）衛萇纂修　清乾隆十九年(1754)刻本　八冊

210000－0701－0018028　026647
[乾隆]掖縣志八卷首一卷　（清）張思勉修　（清）于始瞻纂　清乾隆二十三年(1758)刻本　八冊

210000－0701－0018029　026649
[乾隆]泰安府志三十卷前一卷首二卷　（清）顏希深修　（清）成城等纂　清乾隆二十五年(1760)刻本　二十冊

210000－0701－0018030　026650
[乾隆]泰安府志三十卷前一卷首二卷　（清）顏希深修　（清）成城等纂　清乾隆二十五年(1760)刻本　二十冊

210000－0701－0018031　026651
[乾隆]泰安府志三十卷前一卷首二卷　（清）顏希深修　（清）成城等纂　清乾隆二十五年(1760)刻本　二十冊

210000－0701－0018032　026654
[道光]泰安縣志十二卷首一卷末一卷　（清）徐宗幹修　（清）蔣大慶纂　清道光八年(1828)刻本　十四冊

210000－0701－0018033　026655
[道光]泰安縣志十二卷首一卷末一卷　（清）徐宗幹修　（清）蔣大慶纂　清道光八年(1828)刻同治六年(1867)修補本　十四冊

210000－0701－0018034　026656
[乾隆]泰安縣志十二卷首一卷末一卷　（清）黃鈐修　（清）蕭儒林等纂　清乾隆四十七年(1782)刻本　十冊

210000－0701－0018035　026658

[咸豐]青州府志六十四卷　（清）毛永柏修
（清）李圖　（清）劉燿椿纂　清咸豐九年
（1859）刻本　三十冊

210000－0701－0018036　026661
[咸豐]青州府志六十四卷　（清）毛永柏修
（清）李圖　（清）劉燿椿纂　清咸豐九年
（1859）刻本　三十冊

210000－0701－0018037　026662
[康熙]青州府志二十二卷　（清）陶錦修
（清）王昌學等纂　清康熙六十年（1721）刻本
八冊

210000－0701－0018038　026663
[乾隆]青城縣志十二卷　（清）方鳳修
（清）戴文熾　（清）周珹纂　清乾隆二十四年
（1759）刻道光二十六年（1846）增刻本　四冊

210000－0701－0018039　026665
[光緒]東平州志二十七卷圖一卷首編四卷
（清）左宜似等修　（清）盧崟等纂　清光緒七
年（1881）刻本　二十冊

210000－0701－0018040　026666
[道光]東平州志三十卷首二卷　（清）周雲鳳
修　（清）唐鑑等纂　清道光五年（1825）刻本
十六冊

210000－0701－0018041　026667
[乾隆]東平州志二十卷首一卷補遺一卷
（清）沈維基修　（清）胡彥昇纂　清乾隆三十
六年（1771）刻本　十冊

210000－0701－0018042　026668
[道光]東阿縣志二十四卷首一卷　（清）李賢
書修　（清）吳怡等纂　清道光九年（1829）刻
本　十二冊

210000－0701－0018043　026669
[道光]東阿縣志二十四卷首一卷　（清）李賢
書修　（清）吳怡等纂　清道光九年（1829）刻
本　十二冊

210000－0701－0018044　026670
[道光]東阿縣志二十四卷首一卷　（清）李賢

書修　（清）吳怡等纂　清道光九年（1829）刻
本　十二冊

210000－0701－0018045　026676
[乾隆]曲阜縣志一百卷　（清）潘相纂修　清
乾隆三十九年（1774）刻本　十二冊

210000－0701－0018046　026677
[乾隆]曲阜縣志一百卷　（清）潘相纂修　清
乾隆三十九年（1774）刻本　十二冊

210000－0701－0018047　026678
[乾隆]曲阜縣志一百卷　（清）潘相纂修　清
乾隆三十九年（1774）刻本　十二冊

210000－0701－0018048　026679
[乾隆]曹州府志二十二卷　（清）周尙質修
（清）李登明　（清）謝冠纂　清乾隆二十一年
（1756）刻本　十二冊

210000－0701－0018049　026680
[康熙]兗州府曹縣志十八卷　（清）朱琦修
（清）藍庚生纂　清康熙二十四年（1685）刻本
十冊

210000－0701－0018050　026681
[光緒]曹縣志十八卷首一卷　（清）陳嗣良修
（清）孟廣來　（清）賈迺延纂　清光緒十年
（1884）居敬書院刻本　十二冊

210000－0701－0018051　026682
[光緒]曹縣志十八卷首一卷　（清）陳嗣良修
（清）孟廣來　（清）賈迺延纂　清光緒十年
（1884）居敬書院刻本　十二冊

210000－0701－0018052　026683
[光緒]費縣志十六卷首一卷　（清）李敬修纂
修　清光緒二十二年（1896）刻本　十冊

210000－0701－0018053　026684
[光緒]費縣志十六卷首一卷　（清）李敬修纂
修　清光緒二十二年（1896）刻本　十冊

210000－0701－0018054　026685
[道光]招遠縣續志四卷　（清）陳國器修
（清）李蔭纂　清道光二十六年（1846）刻本
四冊

210000－0701－0018055　026685

[順治]招遠縣志十二卷　（清）張作礪修
（清）張鳳羽纂　清道光二十六年(1846)刻本
　　四冊

210000－0701－0018056　026686

[道光]招遠縣續志四卷　（清）陳國器修
（清）李蔭纂　清道光二十六年(1846)刻本
　　四冊

210000－0701－0018057　026686

[順治]招遠縣志十二卷　（清）張作礪修
（清）張鳳羽纂　清道光二十六年(1846)刻本
　　四冊

210000－0701－0018058　026687

[道光]招遠縣續志四卷　（清）陳國器修
（清）李蔭纂　清道光二十六年(1846)刻本
　　四冊

210000－0701－0018059　026687

[順治]招遠縣志十二卷　（清）張作礪修
（清）張鳳羽纂　清道光二十六年(1846)刻本
　　四冊

210000－0701－0018060　026688

[道光]招遠縣續志四卷　（清）陳國器修
（清）李蔭纂　清道光二十六年(1846)刻本
　　四冊

210000－0701－0018061　026688

[順治]招遠縣志十二卷　（清）張作礪修
（清）張鳳羽纂　清道光二十六年(1846)刻本
　　四冊

210000－0701－0018062　026689

[光緒]日照縣志十二卷首一卷　（清）陳懋修
　（清）張庭詩　（清）李堉纂　清光緒十二年
(1886)刻本　　四冊

210000－0701－0018063　026690

[萬曆]恩縣志六卷　（明）孫居相修　（明）
雷金聲纂　明萬曆二十六年(1598)刻清乾隆
補刻本　　三冊

210000－0701－0018064　026690

[雍正]恩縣續志五卷　（清）陳學海修
（清）韓天篤纂　清雍正元年(1723)刻本
一冊

210000－0701－0018065　026691

[宣統]重修恩縣志十卷首一卷　（清）汪鴻孫
修　（清）劉儒臣　（清）王金階纂　清宣統元
年(1909)刻本　　四冊

210000－0701－0018066　026692

[宣統]重修恩縣志十卷首一卷　（清）汪鴻孫
修　（清）劉儒臣　（清）王金階纂　清宣統元
年(1909)刻本　　四冊

210000－0701－0018067　026693

[嘉慶]昌樂縣志三十二卷首一卷　（清）魏禮
焯等修　（清）閻學夏等纂　清嘉慶十四年
(1809)刻本　　六冊

210000－0701－0018068　026694

[嘉慶]昌樂縣志三十二卷首一卷　（清）魏禮
焯等修　（清）閻學夏等纂　清嘉慶十四年
(1809)刻本　　六冊

210000－0701－0018069　026696

[乾隆]昌邑縣志八卷　（清）周來邰纂修　清
乾隆七年(1742)刻本　　四冊

210000－0701－0018070　026697

[乾隆]昌邑縣志八卷　（清）周來邰纂修　清
乾隆七年(1742)刻本　　四冊

210000－0701－0018071　026698

[乾隆]昌邑縣志八卷　（清）周來邰纂修　清
乾隆七年(1742)刻本　　四冊

210000－0701－0018072　026699

[乾隆]單縣志十三卷　（清）普爾泰修
（清）傅爾德等纂　清乾隆二十五年(1760)刻
本　十二冊

210000－0701－0018073　026700

[乾隆]單縣志十三卷　（清）普爾泰修
（清）傅爾德等纂　清乾隆二十五年(1760)刻
本　十三冊

210000－0701－0018074　026703

[乾隆]歷城縣志五十卷首一卷 （清）胡德琳
修 （清）李文藻等纂 清乾隆三十七年
(1772)刻本 十六冊

210000－0701－0018075 026704

[乾隆]歷城縣志五十卷首一卷 （清）胡德琳
修 （清）李文藻等纂 清乾隆三十七年
(1772)刻本 十六冊

210000－0701－0018076 026705

[乾隆]歷城縣志五十卷首一卷 （清）胡德琳
修 （清）李文藻等纂 清乾隆三十七年
(1772)刻本 十六冊

210000－0701－0018077 026707

[嘉慶]長山縣志十六卷首一卷 （清）倪企望
修 （清）鍾廷瑛 （清）徐果行纂 清嘉慶六
年(1801)刻本 十冊

210000－0701－0018078 026708

[嘉慶]長山縣志十六卷首一卷 （清）倪企望
修 （清）鍾廷瑛 （清）徐果行纂 清嘉慶六
年(1801)刻本 十冊

210000－0701－0018079 026709

[道光]長清縣志十六卷首四卷末二卷 （清）
舒化民修 （清）徐德城纂 清道光十五年
(1835)刻本 八冊

210000－0701－0018080 026710

[道光]長清縣志十六卷首四卷末二卷 （清）
舒化民修 （清）徐德城纂 清道光十五年
(1835)刻本 八冊

210000－0701－0018081 026711

[道光]長清縣志十六卷首四卷末二卷 （清）
舒化民修 （清）徐德城纂 清道光十五年
(1835)刻本 八冊

210000－0701－0018082 026712

[道光]陵縣志二十二卷首一卷 （清）沈淮修
（清）李圖纂 （清）戴傑增補纂修 清道光
二十六年(1846)刻光緒元年(1875)補刻本
八冊

210000－0701－0018083 026713

[道光]陵縣志二十二卷首一卷 （清）沈淮修
（清）李圖纂 （清）戴傑增補纂修 清道光
二十六年(1846)刻光緒元年(1875)補刻本
八冊

210000－0701－0018084 026714

[道光]陵縣志二十二卷首一卷 （清）沈淮修
（清）李圖纂 清道光二十六年(1846)刻本
四冊

210000－0701－0018085 026718

[乾隆]陽信縣志八卷首一卷 （清）王允深修
（清）沈佐清等纂 清乾隆二十四年(1759)
刻本 五冊

210000－0701－0018086 026719

[乾隆]即墨縣志十二卷首一卷 （清）尤淑孝
修 （清）李元正纂 清乾隆二十九年(1764)
刻本 六冊

210000－0701－0018087 026723

[光緒]肥城縣鄉土志九卷 （清）李傳煦纂修
（清）鍾樹森續修 清光緒三十四年(1908)
石印本 二冊

210000－0701－0018088 026724

[道光]重修膠州志四十卷 （清）張同聲修
（清）李圖等纂 清道光二十五年(1845)刻本
八冊

210000－0701－0018089 026725

[道光]重修膠州志四十卷 （清）張同聲修
（清）李圖等纂 清道光二十五年(1845)刻本
八冊

210000－0701－0018090 026726

[乾隆]膠州志 （清）周于智 （清）宋文錦
修 （清）劉恬等纂 清乾隆十七年(1752)刻
本 八冊

210000－0701－0018091 026732

[同治]即墨縣志十二卷 （清）林溥修
（清）周翕鑣纂 清同治十二年(1873)刻本
八冊

210000－0701－0018092 026733

[同治]即墨縣志十二卷　（清）林溥修
（清）周翕鑅纂　清同治十二年(1873)刻本
八冊

210000－0701－0018093　026734
[乾隆]臨淄縣志十六卷　（清）鄧性修
（清）李煥章纂　清康熙十一年(1672)刻本
四冊　存十五卷(一至十五)

210000－0701－0018094　026735
[乾隆]臨清直隸州志十一卷首一卷　（清）張
度　（清）鄧希曾修　（清）朱鍾纂　清乾隆五
十年(1785)刻本　十一冊

210000－0701－0018095　026737
[乾隆]臨清直隸州志十一卷首一卷　（清）張
度　（清）鄧希曾修　（清）朱鍾纂　清乾隆五
十年(1785)刻本　十冊

210000－0701－0018096　026738
[乾隆]臨清直隸州志十一卷首一卷　（清）張
度　（清）鄧希曾修　（清）朱鍾纂　清乾隆五
十年(1785)刻本　十一冊

210000－0701－0018097　026739
[道光]臨邑縣志十六卷首一卷末一卷　（清）
沈淮纂修　（清）陳鴻翽續修　（清）翟振慶續
纂　清道光十七年(1837)刻同治十三年
(1874)補刻本　八冊

210000－0701－0018098　026740
[道光]臨邑縣志十六卷首一卷末一卷　（清）
沈淮纂修　（清）陳鴻翽續修　（清）翟振慶續
纂　清道光十七年(1837)刻同治十三年
(1874)補刻本　八冊

210000－0701－0018099　026741
[道光]臨邑縣志十六卷首一卷末一卷　（清）
沈淮原本　（清）陳鴻翽續修　（清）翟振慶續
纂　清道光十七年(1837)刻同治十三年
(1874)補刻本　八冊

210000－0701－0018100　026746
[光緒]臨朐縣志十六卷　（清）姚廷福修
（清）鄧嘉緝　（清）蔣師轍纂　清光緒十年
(1884)刻本　六冊

210000－0701－0018101　026747
[光緒]臨朐縣志十六卷　（清）姚廷福修
（清）鄧嘉緝　（清）蔣師轍纂　清光緒十年
(1884)刻本　六冊

210000－0701－0018102　026748
[光緒]臨朐縣志十六卷　（清）姚廷福修
（清）鄧嘉緝　（清）蔣師轍纂　清光緒十年
(1884)刻本　六冊

210000－0701－0018103　026750
[康熙]臨朐縣志四卷　（清）屠壽徵修
（清）尹所遴纂　清康熙十一年(1672)刻本
四冊

210000－0701－0018104　026751
[道光]滕縣志十四卷首一卷　（清）王政修
（清）王庸立　（清）黃來麟纂　清道光二十六
年(1846)刻本　八冊

210000－0701－0018105　026752
[道光]滕縣志十四卷首一卷　（清）王政修
（清）王庸立　（清）黃來麟纂　清道光二十六
年(1846)刻本　八冊

210000－0701－0018106　026753
[道光]滕縣志十四卷首一卷　（清）王政修
（清）王庸立　（清）黃來麟纂　清道光二十六
年(1846)刻本　八冊

210000－0701－0018107　026754
[乾隆]金鄉縣志二十卷　（清）王天秀修
（清）孫巽纂　清乾隆三十三年(1768)刻四十
六年(1781)補刻本　四冊

210000－0701－0018108　026755
[咸豐]金鄉縣志十二卷首一卷　（清）李壘纂
修　清同治元年(1862)刻本　四冊

210000－0701－0018109　026756
[康熙]益都縣志十四卷首一卷　（清）陳食花
修　（清）鍾鍔等纂　清康熙十一年(1672)刻
康熙末年補刻本　六冊

210000－0701－0018110　026757
[康熙]益都縣志十四卷首一卷　（清）陳食花

修 （清）鍾鍔等纂　清康熙十一年(1672)刻
康熙末年補刻本　六冊

210000－0701－0018111　026758
[康熙]益都縣志十四卷首一卷　（清）陳食花
修　（清）鍾鍔等纂　清康熙十一年(1672)刻
康熙末年補刻本　六冊

210000－0701－0018112　026759
[光緒]益都縣圖志五十四卷首一卷　（清）張
承燮修　（清）法偉堂等纂　清光緒三十三年
(1907)刻本　十六冊

210000－0701－0018113　026760
[光緒]益都縣圖志五十四卷首一卷　（清）張
承燮修　（清）法偉堂等纂　清光緒三十三年
(1907)刻本　十六冊

210000－0701－0018114　026761
[嘉慶]介休縣志十四卷　（清）徐品山
(清)陸元鏸修　（清）熊兆占等纂　清嘉慶二
十四年(1819)刻本　八冊

210000－0701－0018115　026763
[雍正]館陶縣志十二卷　（清）趙知希纂修
(清)張興宗增修　清光緒十九年(1893)刻本
四冊

210000－0701－0018116　026764
[康熙]堂邑縣志二十卷　（清）盧承琰修
(清)劉淇纂　清光緒十八年(1892)刻本
三冊

210000－0701－0018117　026765
[嘉慶]續修郯城縣志十卷　（清）吳堦修
(清)陸繼輅纂　清嘉慶十五年(1810)刻本
四冊

210000－0701－0018118　026766
[嘉慶]續修郯城縣志十卷　（清）吳堦修
(清)陸繼輅纂　清嘉慶十五年(1810)刻本
四冊

210000－0701－0018119　026767
[道光]榮城縣志十卷　（清）李天驚修
(清)岳賡廷等纂　清道光二十年(1840)刻本

四冊

210000－0701－0018120　026768
[光緒]高淳縣志二十八卷首一卷　（清）楊福
鼎修　（清）陳嘉謀纂　清光緒七年(1881)學
山書院刻本　十冊

210000－0701－0018121　026769
[光緒]高淳縣志二十八卷首一卷　（清）楊福
鼎修　（清）陳嘉謀纂　清光緒七年(1881)學
山書院刻本　十冊

210000－0701－0018122　026771
[道光]續增高郵州志不分卷　（清）左輝春等
纂修　清道光二十三年(1843)刻本　六冊

210000－0701－0018123　026771
[光緒]再續高郵州志八卷首一卷　（清）金元
烺修　（清）夏子鐊纂　清光緒九年(1883)刻
本　六冊

210000－0701－0018124　026771
[嘉慶]高郵州志十二卷首一卷　（清）楊宜崙
修　（清）夏之蓉　（清）沈之本纂　（清）馮
馨增修　清道光二十五年(1845)刻本　二
十冊

210000－0701－0018125　026772
[光緒]再續高郵州志八卷首一卷　（清）金元
烺修　（清）夏子鐊纂　清光緒九年(1883)刻
本　六冊

210000－0701－0018126　026773
[嘉慶]高郵州志十二卷首一卷　（清）楊宜崙
修　（清）夏之蓉　（清）沈之本纂　（清）馮
馨增修　清嘉慶二十五年(1820)刻本　二
十冊

210000－0701－0018127　026774
廣陵通典十卷　（清）汪中撰　清道光三年
(1823)刻本　三冊

210000－0701－0018128　026775
廣陵通典十卷　（清）汪中撰　清道光三年
(1823)刻本　三冊

210000－0701－0018129　026776

廣陵通典十卷 （清）汪中撰 清道光三年
(1823)刻本 三冊

210000－0701－0018130 026777

廣陵通典十卷 （清）汪中撰 清道光三年
(1823)刻本 三冊

210000－0701－0018131 026778

廣陵通典十卷 （清）汪中撰 清道光三年
(1823)刻本 三冊

210000－0701－0018132 026779

廣陵通典十卷 （清）汪中撰 清道光三年
(1823)刻本 三冊

210000－0701－0018133 026780

[嘉慶]廣陵事略七卷 （清）姚文田輯 清嘉
慶十七年(1812)開封節院刻本 四冊

210000－0701－0018134 026781

廣陵通典十卷 （清）汪中撰 清同治八年
(1869)揚州書局刻本 二冊

210000－0701－0018135 026782

[光緒]六合縣志八卷圖說一卷附錄一卷
(清)謝延庚等修 （清）賀廷壽等纂 清光緒
十年(1884)刻本 十冊

210000－0701－0018136 026783

[光緒]六合縣志八卷圖說一卷附錄一卷
(清)謝延庚等修 （清）賀廷壽等纂 清光緒
十年(1884)刻本 十冊

210000－0701－0018137 026786

[光緒]靖江縣志十六卷 （清）葉滋森修
(清)褚翔等纂 清光緒五年(1879)刻本
八冊

210000－0701－0018138 026788

[光緒]贛榆縣志十八卷 （清）王豫熙修 張
謇纂 清光緒十四年(1888)刻本 四冊

210000－0701－0018139 026791

五畝園小志一卷 （清）謝家福輯 五畝園志
餘一卷 （清）凌泗 （清）謝家福輯 清光緒
刻民國十三年(1924)印望炊樓叢書本 一冊

210000－0701－0018140 026792

元和郡縣圖志四十卷 （唐）李吉甫撰 抄本
五冊 存三十三卷(八至四十)

210000－0701－0018141 026793

元和郡縣圖志四十卷 （唐）李吉甫撰 闕卷
逸文一卷 （清）孫星衍輯 清光緒六年
(1880)金陵書局刻本 六冊

210000－0701－0018142 026793

元和郡縣補志九卷 （清）嚴觀輯 清光緒八
年(1882)金陵書局刻本 二冊

210000－0701－0018143 026794

元和郡縣補志九卷 （清）嚴觀輯 清光緒八
年(1882)金陵書局刻本 二冊

210000－0701－0018144 026795

[乾隆]震澤縣志三十八卷首一卷 （清）陳和
志修 （清）倪師孟 （清）沈彤纂 清光緒十
九年(1893)刻本 八冊

210000－0701－0018145 026796

干巷志六卷首一卷 （清）朱棟纂 清嘉慶六
年(1801)柘湖丁氏種松山房刻民國二十二年
(1933)印本 二冊

210000－0701－0018146 026797

[光緒]武進陽湖縣志三十卷首一卷 （清）王
其淦 （清）吳康壽修 （清）湯成烈纂 清光
緒五年(1879)刻本 二十冊

210000－0701－0018147 026798

[道光]武進陽湖縣合志三十六卷首一卷
(清)孫琬 （清）王德茂修 （清）李兆洛
(清)周儀暐纂 清光緒十二年(1886)木活字
印本 三十冊

210000－0701－0018148 026799

[光緒]武陽志餘十二卷首一卷 （清）莊毓鋐
(清)陸鼎翰纂修 清光緒十四年(1888)木
活字印本 十七冊

210000－0701－0018149 026803

[咸豐]邳州志二十卷首一卷 （清）董用威
(清)馬軼羣修 （清）魯一同纂 清咸豐元年
(1851)刻本 四冊

210000 – 0701 – 0018150　026804

[咸豐]邳州志二十卷首一卷　（清）董用威
（清）馬軼羣修　（清）魯一同纂　清咸豐元年
(1851)刻光緒三十一年(1905)重印本　四冊

210000 – 0701 – 0018151　026805

[咸豐]邳州志二十卷首一卷　（清）董用威
（清）馬軼羣修　（清）魯一同纂　清咸豐元年
(1851)刻光緒三十一年(1905)重印本　四冊

210000 – 0701 – 0018152　026806

[康熙]上虞縣志二十卷首一卷　（清）鄭僑修
（清）唐徵麟等纂　清康熙十年(1671)刻本
八冊

210000 – 0701 – 0018153　026807

[同治]上江兩縣志二十九卷首一卷　（清）莫
祥芝　（清）甘紹盤修　（清）汪士鐸等纂　清
同治十三年(1874)刻本　十二冊

210000 – 0701 – 0018154　026808

[同治]上江兩縣志二十九卷首一卷　（清）莫
祥芝　（清）甘紹盤修　（清）汪士鐸等纂　清
同治十三年(1874)刻本　十二冊

210000 – 0701 – 0018155　026809

[同治]上江兩縣志二十九卷首一卷　（清）莫
祥芝　（清）甘紹盤修　（清）汪士鐸等纂　清
同治十三年(1874)刻光緒二年(1876)重印本
十二冊

210000 – 0701 – 0018156　026810

[同治]上江兩縣志二十九卷首一卷　（清）莫
祥芝　（清）甘紹盤修　（清）汪士鐸等纂　清
同治十三年(1874)刻本　十二冊

210000 – 0701 – 0018157　026811

上元江甯鄉土合志六卷　陳作霖編　清宣統
二年(1910)江楚編譯書局刻本　六冊

210000 – 0701 – 0018158　026812

[光緒]川沙廳志十四卷首一卷末一卷　（清）
陳方瀛修　（清）俞樾等纂　清光緒五年
(1879)刻本　六冊

210000 – 0701 – 0018159　026813

[道光]崑新兩縣志四十卷首一卷末一卷
（清）張鴻　（清）來汝緣修　（清）王學浩等
纂　清道光六年(1826)刻本　十六冊

210000 – 0701 – 0018160　026814

[光緒]崑新兩縣續修合志五十二卷首一卷末
一卷　（清）金吳瀾　（清）李福沂修　（清）
汪堃　（清）朱成熙纂　清光緒六年(1880)刻
本　二十四冊

210000 – 0701 – 0018161　026816

[同治]重修山陽縣志二十一卷圖一卷　（清）
張兆棟　（清）孫雲修　（清）何紹基　（清）
丁晏等纂　清同治十二年(1873)刻本　八冊

210000 – 0701 – 0018162　026817

[同治]重修山陽縣志二十一卷圖一卷　（清）
張兆棟　（清）孫雲修　（清）何紹基　（清）
丁晏等纂　清同治十二年(1873)刻本　八冊

210000 – 0701 – 0018163　026818

[同治]重修山陽縣志二十一卷圖一卷　（清）
張兆棟　（清）孫雲修　（清）何紹基　（清）
丁晏等纂　清同治十二年(1873)刻本　八冊

210000 – 0701 – 0018164　026819

[乾隆]山陽縣志二十二卷首一卷　（清）金秉
祚修　（清）丁一燾等纂　清乾隆十四年
(1749)刻本　十二冊

210000 – 0701 – 0018165　026822

[乾隆]崇明縣志二十卷首一卷　（清）趙廷健
修　（清）韓彥曾等纂　清乾隆二十五年
(1760)刻本　十冊

210000 – 0701 – 0018166　026824

[光緒]崇明縣志十八卷　（清）林達泉
（清）譚泰來修　（清）李聯琇等纂　清光緒七
年(1881)刻本　十二冊

210000 – 0701 – 0018167　026825

[光緒]崇明縣志十八卷　（清）林達泉
（清）譚泰來修　（清）李聯琇等纂　清光緒七
年(1881)刻本　十二冊

210000 – 0701 – 0018168　026828

[乾隆]吳江縣志五十八卷首一卷 （清）陳葵
纂 （清）丁元正修 （清）倪師孟 （清）沈
彤纂 清乾隆十二年(1747)刻本 十六冊

210000－0701－0018169 026829
[光緒]吳江縣續志四十卷首一卷 （清）金福
曾等修 （清）熊其英等纂 清光緒五年
(1879)刻本 八冊

210000－0701－0018170 026831
吳縣晶圖不分卷 清同治十三年(1874)刻本
六冊

210000－0701－0018171 026832
吳門補乘九卷首一卷 （清）錢思元纂 續編
一卷 （清）錢士鎬輯 清道光十年(1830)刻
本 五冊

210000－0701－0018172 026833
黎里續志十六卷首一卷 （清）蔡丙圻纂 清
光緒二十五年(1899)禊湖書院刻本 一冊
存四卷(一至三、首一卷)

210000－0701－0018173 026833
黎里志十六卷首一卷 （清）徐達源纂 清嘉
慶十年(1805)刻光緒二十五年(1899)禊湖書
院重印本 四冊

210000－0701－0018174 026834
黎里志十六卷首一卷 （清）徐達源纂 清嘉
慶十年(1805)吳江徐氏孚遠堂刻本 八冊

210000－0701－0018175 026835
[光緒]阜寧縣志二十四卷首一卷 （清）阮本
焱等修 （清）陳肇礽 （清）殷自芳纂 清光
緒十二年(1886)刻本 十冊

210000－0701－0018176 026836
[光緒]阜寧縣志二十四卷首一卷 （清）阮本
焱等修 （清）陳肇礽 （清）殷自芳纂 清光
緒十二年(1886)刻本 十冊

210000－0701－0018177 026838
[光緒]續纂句容縣志二十卷首一卷末一卷
(清)張紹棠修 （清)蕭穆等纂 清光緒三十
年(1904)刻本 二十冊

210000－0701－0018178 026840
[道光]重修儀徵縣志五十卷首一卷 （清）王
檢心修 （清）劉文淇 （清）張安保纂 清光
緒十六年(1890)刻本 二十四冊

210000－0701－0018179 026842
[同治]徐州府志二十五卷 （清）吳世熊
(清)朱忻修 （清)劉庠 （清)方駿謨纂
清同治十三年(1874)刻本 十四冊

210000－0701－0018180 026845
[嘉慶]重刊宜興縣舊志十卷首一卷末一卷
(清)李先榮修 （清)徐喈鳳纂 （清)阮升
基增修 （清)甯楷等增纂 清嘉慶二年
(1797)刻本 十冊

210000－0701－0018181 026846
[嘉慶]新修荊溪縣志四卷首一卷 （清）唐仲
冕修 （清)甯楷纂 清嘉慶二年(1797)刻本
二冊

210000－0701－0018182 026846
[嘉慶]重刊宜興縣志四卷首一卷 （清）阮升
基修 （清)甯楷纂 清嘉慶二年(1797)刻本
二冊

210000－0701－0018183 026847
[道光]重刊續纂宜荊縣志十卷首一卷 （清）
顧名 （清)龔潤森修 （清)吳德旋纂 清道
光二十年(1840)刻本 四冊

210000－0701－0018184 026848
[光緒]宜興荊溪縣新志十卷首一卷末一卷
(清)施惠 （清)錢志澄修 （清)吳景牆等
纂 清光緒八年(1882)刻宜興荊溪舊志五種
本 八冊

210000－0701－0018185 026849
[光緒]宜興荊溪縣新志十卷首一卷末一卷
(清)施惠 （清)錢志澄修 （清)吳景牆等
纂 清光緒八年(1882)刻宜興荊溪舊志五種
本 八冊

210000－0701－0018186 026850
[光緒]宜興荊溪縣新志十卷首一卷末一卷
(清)施惠 （清)錢志澄修 （清)吳景牆等

纂 清光緒八年(1882)刻宜興荊溪舊志五種
本 八冊

210000－0701－0018187 026851
[光緒]淮安府志四十卷首一卷 (清)孫雲錦
修 (清)吳昆田 (清)高延第纂 清光緒十
年(1884)刻本 十六冊

210000－0701－0018188 026853
[光緒]淮安府志四十卷首一卷 (清)孫雲錦
修 (清)吳昆田 (清)高延第纂 清光緒十
年(1884)刻本 十六冊

210000－0701－0018189 026854
[光緒]淮安府志四十卷首一卷 (清)孫雲錦
修 (清)吳昆田 (清)高延第纂 清光緒十
年(1884)刻本 十六冊

210000－0701－0018190 026855
[乾隆]淮安府志三十二卷 (清)衛哲治等修
(清)葉長揚 (清)顧棟高等纂 清咸豐二
年(1852)刻本 十六冊

210000－0701－0018191 026858
續纂淮關統志十四卷 (清)元成纂修 清嘉
慶二十一年(1816)刻光緒補刻本 六冊

210000－0701－0018192 026859
續纂淮關統志十四卷 (清)元成纂修 清嘉
慶二十一年(1816)刻光緒補刻本 六冊

210000－0701－0018193 026861
[同治]宿遷縣志十九卷 (清)李德溥修
(清)方駿謨等纂 清同治十三年(1874)刻本
六冊

210000－0701－0018194 026862
[同治]宿遷縣志十九卷 (清)李德溥修
(清)方駿謨等纂 清同治十三年(1874)刻本
六冊

210000－0701－0018195 026863
[光緒]寶山縣志十四卷首一卷 (清)梁蒲貴
(清)吳康壽修 (清)朱延射 (清)潘履
祥纂 清光緒八年(1882)學海書院刻本
八冊

210000－0701－0018196 026864
[光緒]寶山縣志十四卷首一卷 (清)梁蒲貴
(清)吳康壽修 (清)朱延射 (清)潘履
祥纂 清光緒八年(1882)學海書院刻本
八冊

210000－0701－0018197 026866
[道光]重修寶應縣志二十八卷首一卷 (清)
孟毓蘭修 (清)喬載縣等纂 清道光二十年
(1840)湯氏沐華堂刻本 十冊

210000－0701－0018198 026867
[康熙]寶應縣志二十四卷 (清)徐鏈修
(清)喬萊纂 清康熙二十九年(1690)刻本
八冊

210000－0701－0018199 026868
[道光]重修寶應縣志二十八卷首一卷 (清)
孟毓蘭修 (清)喬載縣等纂 清道光二十年
(1840)湯氏沐華堂刻本 十冊

210000－0701－0018200 026871
[道光]寶應圖經六卷首二卷 (清)劉寶楠纂
清光緒九年(1883)淮南書局刻本 四冊

210000－0701－0018201 026872
[光緒]續纂江寧府志十五卷首一卷 (清)蔣
啟勳 (清)趙佑宸修 (清)汪士鐸等纂 清
光緒六年(1880)刻本 十二冊

210000－0701－0018202 026872
[嘉慶]重刊江寧府志五十六卷校勘記一卷
(清)呂燕昭修 (清)姚鼐纂 清光緒六年
(1880)刻本 十二冊

210000－0701－0018203 026873
[光緒]續纂江寧府志十五卷首一卷 (清)蔣
啟勳 (清)趙佑宸修 (清)汪士鐸等纂 清
光緒六年(1880)刻本 十二冊

210000－0701－0018204 026873
[嘉慶]新修江寧府志五十六卷校勘記一卷
(清)呂燕昭修 (清)姚鼐纂 清光緒六年
(1880)刻本 十二冊

210000－0701－0018205 026874

[光緒]續纂江寧府志十五卷首一卷　（清）蔣啟勳　（清）趙佑宸修　（清）汪士鐸等纂　清光緒六年(1880)刻本　十二冊

210000－0701－0018206　026874

[嘉慶]新修江寧府志五十六卷校勘記一卷　（清）呂燕昭修　（清）姚鼐纂　清光緒六年(1880)刻本　十二冊

210000－0701－0018207　026881

[雍正]江都縣志二十卷圖一卷　（清）陸朝璣修　（清）程夢星　（清）蔣繼軾纂　清雍正七年(1729)刻本　二十冊

210000－0701－0018208　026882

[乾隆]江都縣志三十二卷　（清）五格　（清）黃湘纂修　清光緒七年(1881)劉汝賢刻本　十冊

210000－0701－0018209　026883

[嘉慶]江都縣續志十二卷首一卷　（清）王逢源修　李保泰纂　清嘉慶二十四年(1819)刻光緒六年(1880)補鉛印本　四冊

210000－0701－0018210　026885

[光緒]江都續志三十卷首一卷　（清）謝延庚修　（清）劉壽曾纂　清光緒十年(1884)刻本　八冊

210000－0701－0018211　026886

[光緒]江陰縣志三十卷首一卷　（清）盧思誠修　（清）馮壽鏡修　（清）季念詒　（清）夏煒如纂　清光緒四年(1878)刻本　二十冊

210000－0701－0018212　026887

[光緒]江陰縣志三十卷首一卷　（清）盧思誠修　（清）馮壽鏡修　（清）季念詒　（清）夏煒如纂　清光緒四年(1878)刻本　二十冊

210000－0701－0018213　026891

[光緒]溧水縣志二十二卷首一卷　（清）傅觀光修　（清）丁維誠纂　清光緒九年(1883)刻十五年(1889)印本　十二冊

210000－0701－0018214　026892

[光緒]溧水縣志二十二卷首一卷　（清）傅觀光修　（清）丁維誠纂　清光緒九年(1883)刻民國四年(1915)印本　十二冊

210000－0701－0018215　026893

[嘉慶]溧陽縣志十六卷　（清）李景嶧　（清）陳鴻壽修　（清）史炳　（清）史津纂　清光緒二十二年(1896)木活字印本　十冊

210000－0701－0018216　026894

[光緒]溧陽縣續志十六卷末一卷　（清）朱畯等修　（清）馮煦等纂　清光緒二十五年(1899)木活字印本　八冊

210000－0701－0018217　026895

[嘉慶]溧陽縣志十六卷　（清）李景嶧　（清）陳鴻壽修　（清）史炳　（清）史津纂　清光緒二十二年(1896)木活字印本　十冊

210000－0701－0018218　026900

[咸豐]清河縣志二十四卷首一卷　（清）吳棠修　（清）魯一同纂　清咸豐四年(1854)刻本　六冊

210000－0701－0018219　026901

[光緒]清河縣志四卷　（清）黃汝香纂修　清光緒九年(1883)刻本　四冊

210000－0701－0018220　026904

[光緒]通州直隸州志十六卷首一卷末一卷　（清）梁悅馨　（清）莫祥芝修　（清）季念詒　（清）沈鍠纂　清光緒二年(1876)刻本　十六冊

210000－0701－0018221　026907

海州文獻錄十六卷　（清）許喬林纂　清道光二十五年(1845)刻本　四冊

210000－0701－0018222　026908

[嘉慶]海州直隸州志三十二卷首一卷　（清）唐仲冕修　（清）汪梅燕纂　清嘉慶十年(1805)刻十六年(1811)補刻本　十冊

210000－0701－0018223　026909

[嘉慶]海州直隸州志三十二卷首一卷　（清）唐仲冕修　（清）汪梅燕纂　清嘉慶十年(1805)刻十六年(1811)補刻本　十冊　存十

五卷(一至十五)

210000－0701－0018224　026911

太湖備考十六卷首一卷　（清）金友理纂　**湖程紀略一卷**　（清）吳曾纂　清乾隆十五年(1750)藝蘭圃刻本　八冊

210000－0701－0018225　026913

壬癸志稿二十八卷　（清）錢寶琛撰　清光緒六年(1880)刻錢頤壽中丞全集續編本　四冊

210000－0701－0018226　026914

彙刻太倉舊志五種　（清）繆朝荃等輯　清宣統元年(1909)太倉繆氏刻本　八冊

210000－0701－0018227　026917

[光緒]南匯縣志二十二卷首一卷末一卷（清）金福曾等修　（清）張文虎等纂　清光緒五年(1879)刻民國十六年(1927)重印本　十二冊

210000－0701－0018228　026918

[乾隆]南匯縣新志十五卷首一卷　（清）胡志熊修　（清）吳省欽纂　清乾隆五十八年(1793)刻本　十二冊

210000－0701－0018229　026919

[光緒]南匯縣志二十二卷首一卷末一卷（清）金福曾等修　（清）張文虎等纂　清光緒五年(1879)刻本　十二冊

210000－0701－0018230　026922

[光緒]嘉定縣志三十二卷首一卷補遺一卷（清）程其珏修　（清）楊震福纂　清光緒八年(1882)刻本　十六冊

210000－0701－0018231　026923

[光緒]嘉定縣志三十二卷首一卷補遺一卷（清）程其珏修　（清）楊震福纂　清光緒八年(1882)刻本　十六冊

210000－0701－0018232　026924

[光緒]嘉定縣志三十二卷首一卷補遺一卷（清）程其珏修　（清）楊震福纂　清光緒八年(1882)刻本　十六冊

210000－0701－0018233　026927

[嘉定]鎮江志二十二卷首一卷校勘記二卷（宋）盧憲纂　清宣統二年(1910)金陵刻本八冊

210000－0701－0018234　026928

[嘉慶]新修荊溪縣志四卷首一卷　（清）唐仲冕修　（清）甯楷纂　清嘉慶二年(1797)刻本二冊

210000－0701－0018235　026930

[嘉慶]蕭縣志十八卷首一卷　（清）潘鎔修（清）沈學淵等纂　清嘉慶二十年(1815)刻本十冊

210000－0701－0018236　026931

[道光]蘇州府志一百五十卷首一卷　（清）宋如林等修　（清）石韞玉纂　清道光四年(1824)刻本　八十一冊

210000－0701－0018237　026932

[乾隆]蘇州府志八十卷首一卷　（清）雅爾哈善等修　（清）習寯等纂　清乾隆十三年(1748)刻本　四十冊

210000－0701－0018238　026933

[同治]蘇州府志一百五十卷首三卷　（清）李銘皖等修　（清）馮桂芬纂　清光緒八年(1882)江蘇書局刻本　八十冊

210000－0701－0018239　026934

[光緒]重修華亭縣志二十四卷首一卷末一卷（清）楊開第修　（清）姚光發等纂　清光緒五年(1879)刻本　十冊

210000－0701－0018240　026937

[乾隆]甘泉縣志二十卷首一卷　（清）吳鶚峙（清）張宏運等纂修　清乾隆八年(1743)刻本　二十

210000－0701－0018241　026942

[光緒]增修甘泉縣志二十四卷首一卷　（清）徐成敤　（清）桂正華修　（清）陳浩恩等纂清光緒七年(1881)刻本　二十冊

210000－0701－0018242　026943

[光緒]增修甘泉縣志二十四卷首一卷　（清）

徐成黻 （清）桂正華修 （清）陳浩恩等纂
清光緒七年(1881)刻本 二十冊

210000－0701－0018243 026944
甘棠小志四卷首一卷末一卷 （清）董醇纂
清咸豐五年(1855)董氏荻芬書屋刻本 四冊

210000－0701－0018244 026945
[道光]如皋縣續志十二卷 （清）范仕義修
（清）吳鎧纂 清道光十七年(1837)刻本
二冊

210000－0701－0018245 026945
[嘉慶]如皋縣志二十四卷 （清）楊受廷
（清）左元鎮修 （清）馬汝舟 （清）江大鍵
纂 清嘉慶十三年(1808)刻本 十二冊

210000－0701－0018246 026946
[道光]如皋縣續志十二卷 （清）范仕義修
（清）吳鎧纂 清道光十七年(1837)刻本
二冊

210000－0701－0018247 026946
[同治]如皋縣續志十六卷 （清）周際霖
（清）胡維藩修 （清）周頊 （清）吳開陽纂
清同治十二年(1873)刻本 六冊

210000－0701－0018248 026947
[嘉慶]如皋縣志二十四卷 （清）楊受廷
（清）左元鎮修 （清）馬汝舟 （清）江大鍵
纂 清嘉慶十三年(1808)刻本 十二冊

210000－0701－0018249 026948
[道光]如皋縣續志十二卷 （清）范仕義修
（清）吳鎧纂 清道光十七年(1837)刻本
二冊

210000－0701－0018250 026949
[同治]如皋縣續志十六卷 （清）周際霖
（清）胡維藩修 （清）周頊 （清）吳開陽纂
清同治十二年(1873)刻本 六冊

210000－0701－0018251 026950
[宣統]續修楓涇小志十卷首一卷 （清）程兼
善纂 清宣統三年(1911)鉛印本 四冊

210000－0701－0018252 026951

[嘉慶]松江府志八十四卷首二卷圖一卷
（清）宋如林修 （清）莫晉 （清）孫星衍纂
清嘉慶二十三年(1818)松江府學明倫堂刻
本 四十冊

210000－0701－0018253 026952
[光緒]松江府續志四十卷圖一卷 （清）博潤
修 （清）姚光發等纂 清光緒十年(1884)刻
本 二十四冊

210000－0701－0018254 026953
[光緒]松江府續志四十卷 （清）博潤修
（清）姚光發等纂 清光緒十年(1884)刻本
二十四冊

210000－0701－0018255 026953
[嘉慶]松江府志八十四卷首二卷 （清）宋如
林修 （清）莫晉 （清）孫星衍纂 清嘉慶二
十三年(1818)松江府學明倫堂刻本 四十冊

210000－0701－0018256 026954
梅里志四卷首一卷 （清）吳存禮纂 清道光
四年(1824)刻本 四冊

210000－0701－0018257 026955
泰伯梅里志八卷 （清）吳熙纂 清光緒二十
三年(1897)刻本 四冊

210000－0701－0018258 026956
[道光]泰州志三十六卷首一卷 （清）王有慶
等修 （清）陳世鎔等纂 清道光七年(1827)
刻光緒三十四年(1908)補刻本 十二冊

210000－0701－0018259 026957
[光緒]泰興縣志二十六卷首一卷末一卷
（清）楊激雲修 （清）顧曾烜纂 清光緒十二
年(1886)刻本 十冊

210000－0701－0018260 026958
[光緒]泰興縣志二十六卷首一卷末一卷
（清）楊激雲修 （清）顧曾烜纂 清光緒十二
年(1886)刻本 十冊

210000－0701－0018261 026959
[光緒]泰興縣志二十六卷首一卷末一卷
（清）楊激雲修 （清）顧曾烜纂 清光緒十二

年(1886)刻本　十冊

210000－0701－0018262　026961
[光緒]青浦縣志三十卷首二卷末一卷　（清）汪祖綬修　（清）熊其英　（清）邱式金纂　清光緒五年(1879)尊經閣刻本　十二冊

210000－0701－0018263　026962
[乾隆]婁縣志三十卷首二卷　（清）謝庭薰修　（清）陸錫熊纂　清乾隆五十三年(1788)刻本　六冊

210000－0701－0018264　026963
[光緒]婁縣續志二十卷　（清）汪坤厚　（清）程其珏修　（清）張雲望等纂　清光緒五年(1879)刻本　六冊

210000－0701－0018265　026964
[光緒]重修奉賢縣志二十卷首一卷末一卷　（清）韓佩金修　（清）張文虎纂　清光緒四年(1878)刻本　六冊

210000－0701－0018266　026966
[光緒]重修奉賢縣志二十卷首一卷末一卷　（清）韓佩金修　（清）張文虎纂　清光緒四年(1878)刻本　六冊

210000－0701－0018267　026967
[雍正]揚州府志四十卷　（清）尹會一修　（清）程夢星纂　清雍正十一年(1733)刻本　十二冊

210000－0701－0018268　026968
[嘉慶]重修揚州府志七十二卷首一卷　（清）阿克當阿修　（清）姚文田纂　清嘉慶十五年(1810)刻本　四十七冊　存七十一卷(一至六十九、七十二,首一卷）

210000－0701－0018269　026969
[雍正]揚州府志四十卷　（清）尹會一修　（清）程夢星纂　清雍正十一年(1733)刻本　十二冊

210000－0701－0018270　026971
[嘉慶]重修揚州府志七十二卷首一卷　（清）阿克當阿修　（清）姚文田纂　清嘉慶十五年

(1810)刻本　四十八冊

210000－0701－0018271　026972
[同治]續纂揚州府志二十四卷　（清）方濬頤修　（清）晏端書等纂　清同治十三年(1874)刻本　八冊

210000－0701－0018272　026973
[同治]續纂揚州府志二十四卷　（清）方濬頤修　（清）晏端書等纂　清同治十三年(1874)刻本　八冊

210000－0701－0018273　026974
[嘉慶]重修揚州府志七十二卷首一卷　（清）阿克當阿修　（清）姚文田纂　清嘉慶十五年(1810)刻本　四十八冊

210000－0701－0018274　026974
[同治]續纂揚州府志二十四卷　（清）方濬頤修　（清）晏端書等纂　清同治十三年(1874)刻本　八冊

210000－0701－0018275　026975
北湖小志六卷首一卷　（清）焦循纂　清嘉慶十三年(1808)揚州阮氏刻本　二冊

210000－0701－0018276　026976
揚州營志十六卷　（清）陳述祖纂修　清道光十一年(1831)刻揚州古舊書店印本　八冊

210000－0701－0018277　026977
揚州營志十六卷　（清）陳述祖纂修　清道光十一年(1831)刻揚州古舊書店印本　八冊

210000－0701－0018278　026978
[光緒]睢寧縣志稿十八卷　（清）侯紹瀛修　（清）丁顯纂　清光緒十三年(1887)刻本　六冊

210000－0701－0018279　026979
[光緒]睢寧縣志稿十八卷　（清）侯紹瀛修　（清）丁顯纂　清光緒十三年(1887)刻本　六冊

210000－0701－0018280　026980
[光緒]羅店鎮志八卷羅溪文徵一卷　（清）王樹棻修　（清）潘履祥纂　清光緒十五年

(1889)鉛印本　五冊

210000－0701－0018281　026981

[雍正]昭文縣志十卷首一卷　(清)勞必達修
　(清)陳祖范等纂　清雍正九年(1731)刻本
四冊

210000－0701－0018282　026983

同里志二十四卷首一卷　(清)閻登雲修
(清)周之楨纂　清嘉慶十七年(1812)刻本
八冊

210000－0701－0018283　026984

[光緒]丹徒縣志六十卷首四卷　(清)呂耀斗
修　(清)楊履泰纂　清光緒五年(1879)刻本
　三十二冊

210000－0701－0018284　026986

[光緒]丹徒縣志六十卷首四卷　(清)呂耀斗
修　(清)楊履泰纂　清光緒五年(1879)刻本
　三十二冊

210000－0701－0018285　026987

[光緒]丹徒縣志六十卷首四卷　(清)呂耀斗
修　(清)楊履泰纂　清光緒五年(1879)刻本
　三十二冊

210000－0701－0018286　026990

[光緒]丹陽縣志三十六卷首一卷　(清)劉誥
等修　(清)徐錫麟等纂　清光緒十一年
(1885)鴻鳳書院刻本　十六冊

210000－0701－0018287　026992

[光緒]丹陽縣志三十六卷首一卷　(清)劉誥
等修　(清)徐錫麟等纂　清光緒十一年
(1885)鴻鳳書院刻民國十六年(1927)重印本
　十六冊

210000－0701－0018288　026993

[光緒]丹陽縣志三十六卷首一卷　(清)劉誥
等修　(清)徐錫麟等纂　清光緒十一年
(1885)鴻鳳書院刻本　十六冊

210000－0701－0018289　026995

[咸豐]重修興化縣志十卷　(清)梁園棣修
(清)鄭之僑等纂　清咸豐二年(1852)刻本

四冊　存八卷(一、四至十)

210000－0701－0018290　027000

[光緒]鹽城縣志十七卷首一卷　(清)劉崇照
修　(清)龍繼棟　(清)陳玉樹纂　清光緒二
十一年(1895)刻本　八冊

210000－0701－0018291　027001

[光緒]金山縣志三十卷首一卷　(清)龔寶琦
　(清)崔廷鏞修　(清)黃厚本等纂　清光緒
四年(1878)刻本　八冊

210000－0701－0018292　027002

[光緒]金山縣志三十卷首一卷　(清)龔寶琦
　(清)崔廷鏞修　(清)黃厚本等纂　清光緒
四年(1878)刻本　八冊

210000－0701－0018293　027003

[光緒]金山縣志三十卷首一卷　(清)龔寶琦
　(清)崔廷鏞修　(清)黃厚本等纂　清光緒
四年(1878)刻本　八冊

210000－0701－0018294　027005

分湖小識六卷　(清)柳樹芳纂　清道光二十
七年(1847)勝溪草堂刻本　四冊

210000－0701－0018295　027006

[光緒]無錫金匱縣志四十卷首一卷　(清)裴
大中等修　(清)秦緗業等纂　清光緒七年
(1881)刻本　二十冊

210000－0701－0018296　027007

[嘉定]鎮江志二十二卷首一卷附錄一卷
(宋)盧憲纂　清道光二十二年(1842)丹徒包
氏刻本　七冊

210000－0701－0018297　027008

[至順]鎮江志二十一卷首一卷　(元)脫因修
　(元)俞希魯纂　清道光二十二年(1842)刻
本　六冊

210000－0701－0018298　027012

[乾隆]鎮海縣志八卷首一卷　(清)王夢弼纂
修　清乾隆十七年(1752)刻本　十四冊

210000－0701－0018299　027015

[道光]銅山縣志二十四卷首一卷　(清)崔志

元纂　清道光十年(1830)刻本　十二册

210000－0701－0018300　027017
銅山縣鄉土志不分卷　(清)袁國均　(清)楊
世楨編　清光緒三十年(1904)刻本　一册

210000－0701－0018301　027020
[光緒]常州府志三十八卷首一卷　(清)于琨
修　(清)陳玉璂纂　清光緒十二年(1886)木
活字印本　二十一册

210000－0701－0018302　027021
常州賦不分卷　(清)褚邦慶編　清光緒四年
(1878)刻本　一册

210000－0701－0018303　027022
常州賦不分卷　(清)褚邦慶編　清光緒四年
(1878)刻本　一册

210000－0701－0018304　027023
[康熙]常熟縣志二十六卷首一卷　(清)高士
䱍　(清)楊振藻修　(清)錢陸燦等纂　清康
熙二十六年(1687)刻本　十二册

210000－0701－0018305　027024
[光緒]常昭合志稿四十八卷首一卷末一卷
(清)鄭鍾祥　(清)張瀛修　(清)龐鴻文纂
清光緒三十年(1904)木活字印本　十六册

210000－0701－0018306　027025
[光緒]常昭合志稿四十八卷首一卷末一卷
(清)鄭鍾祥　(清)張瀛修　(清)龐鴻文纂
清光緒三十年(1904)木活字印本　十六册

210000－0701－0018307　027026
[乾隆]常昭合志十二卷首一卷　(清)王錦等
修　(清)言如泗纂　清乾隆六十年(1795)刻
嘉慶補刻本　十二册

210000－0701－0018308　027027
常郡八邑藝文志十二卷　(清)盧文弨纂　清
光緒十六年(1890)刻本　十六册

210000－0701－0018309　027028
[嘉定]剡錄十卷　(宋)史安之修　(宋)高
似孫纂　清道光八年(1828)李式圃刻本
二册

210000－0701－0018310　027029
[光緒]慶元縣志十二卷首一卷　(清)林步瀛
(清)史恩緯修　(清)史恩緒等纂　清光緒
三年(1877)刻本　十册

210000－0701－0018311　027030
唐棲志二十卷　(清)王同纂　清光緒十五年
至十六年(1889－1890)刻本　八册

210000－0701－0018312　027031
[乾隆]龍泉縣志十二卷首一卷　(清)蘇遇龍
修　(清)沈光厚纂　清乾隆二十七年(1762)
刻本　四册

210000－0701－0018313　027032
[光緒]龍泉縣志十二卷首一卷　(清)顧國詔
(清)張世垿修　清光緒三年(1877)刻本
六册

210000－0701－0018314　027033
[康熙]龍游縣志十二卷首一卷　(清)盧燦修
(清)余恂纂　清光緒八年(1882)刻本
六册

210000－0701－0018315　027040
談浙四卷　(清)許瑤光輯　清光緒十四年
(1888)刻本　二册

210000－0701－0018316　027041
[宣統]諸暨縣志六十一卷首一卷　(清)陳遹
聲修　(清)蔣鴻藻纂　清宣統二年(1910)刻
本　十八册

210000－0701－0018317　027042
[嘉慶]於潛縣志十六卷首一卷末一卷　(清)
蔣光弼修　(清)張燮纂　清嘉慶十七年
(1812)木活字印本　八册

210000－0701－0018318　027043
[光緒]玉環廳志十六卷首一卷　(清)杜冠英
(清)胥壽榮修　(清)呂鴻壽纂　清光緒六
年(1880)玉環廳屬刻十四年(1888)胡鍾駿續
增刻本　九册

210000－0701－0018319　027045
[光緒]靈邱縣補志十卷　(清)雷棅榮

(清)嚴潤林修　(清)陸泰元纂　清光緒八年
(1882)刻本　四冊

210000－0701－0018320　027046
[乾隆]平湖縣志十卷首一卷末一卷　(清)王
恒修　(清)張誠等纂　清乾隆五十二年至五
十五年(1787－1790)平湖縣署刻本　二十冊

210000－0701－0018321　027047
[光緒]平湖縣志二十五卷首一卷末一卷
(清)彭潤章修　(清)葉廉鍔等纂　清光緒十
二年(1886)刻本　十一冊　存二十五卷(一
至二十四、首一卷)

210000－0701－0018322　027048
[光緒]平湖縣志二十五卷首一卷末一卷
(清)彭潤章修　(清)葉廉鍔等纂　清光緒十
二年(1886)刻本　十二冊　存二十五卷(一
至二十四、首一卷)

210000－0701－0018323　027049
[乾隆]平陽縣志二十卷首一卷　(清)徐恕修
(清)張南英　(清)孫謙纂　清乾隆二十五
年(1760)刻本　八冊

210000－0701－0018324　027050
[康熙]天台縣志十五卷圖一卷　(清)李德耀
(清)黃執中纂修　清康熙二十三年(1684)
刻本　六冊

210000－0701－0018325　027051
[光緒]石門縣志十一卷首一卷　(清)余麗元
等纂修　清光緒四年至五年(1878－1879)傳
貽書院刻本　十四冊

210000－0701－0018326　027053
[雍正]西湖志四十八卷　(清)傅王露修　清
光緒四年(1878)浙江書局刻本　二十冊

210000－0701－0018327　027054
[同治]雲和縣志十六卷首一卷　(清)伍承吉
修　(清)涂冠續修　(清)王士鈖纂　清咸豐
七年至同治三年(1857－1864)刻本　六冊

210000－0701－0018328　027055
[同治]麗水縣志十五卷　(清)彭潤章修　清

同治十三年(1874)刻本　八冊

210000－0701－0018329　027056
[嘉慶]瑞安縣志十卷圖一卷　(清)王殿金
(清)黃徵義修　清嘉慶十三年(1808)瑞安學
署刻本　八冊

210000－0701－0018330　027059
[康熙]秀水縣志十卷　(清)任之鼎修
(清)范正輅纂　清康熙二十四年(1685)刻本
十二冊

210000－0701－0018331　027062
[光緒]上虞縣志四十八卷首一卷末一卷
(清)唐熙春修　(清)朱士黻纂　清光緒十六
年至十七年(1890－1891)刻本　二十冊

210000－0701－0018332　027063
[光緒]上虞縣志四十八卷首一卷末一卷
(清)唐熙春修　(清)朱士黻纂　清光緒十六
年至十七年(1890－1891)刻本　二十冊

210000－0701－0018333　027064
[光緒]上虞縣志四十八卷首一卷末一卷
(清)唐熙春修　(清)朱士黻纂　清光緒十六
年至十七年(1890－1891)刻本　二十冊

210000－0701－0018334　027065
[嘉慶]上虞縣志十四卷首一卷　(清)李方湛
等修　清嘉慶十六年(1811)刻本　十冊

210000－0701－0018335　027066
[嘉靖]仁和縣志十四卷　(明)沈朝宣纂修
清光緒十九年(1893)武林丁氏刻武林掌故叢
編本　六冊

210000－0701－0018336　027067
[嘉靖]仁和縣志十四卷　(明)沈朝宣纂修
清光緒十九年(1893)武林丁氏刻武林掌故叢
編本　六冊

210000－0701－0018337　027068
[嘉靖]仁和縣志十四卷　(明)沈朝宣纂修
清光緒十九年(1893)武林丁氏刻武林掌故叢
編本　十冊

210000－0701－0018338　027069

[康熙]衢州府志四十卷首一卷　（清）楊廷望修　清光緒八年（1882）衢州府署刻本　十二冊

210000－0701－0018339　027070

[光緒]處州府志三十卷首一卷末一卷　（清）潘紹詒修　（清）周榮椿纂　清光緒三年（1877）刻本　二十八冊

210000－0701－0018340　027071

[光緒]處州府志三十卷首一卷末一卷　（清）潘紹詒修　（清）周榮椿纂　清光緒三年（1877）刻本　二十八冊

210000－0701－0018341　027076

[同治]嵊縣志三十六卷首一卷末一卷　（清）嚴思忠　（清）陳仲麟修　（清）蔡以瑺等纂　清同治九年（1870）嵊縣縣署刻本　十二冊

210000－0701－0018342　027077

[光緒]樂清縣志十六卷首一卷　（清）李登雲　（清）錢寶鎔修　（清）陳珅纂　清光緒二十七年（1901）刻民國二十年（1931）高誼校印本　十五冊

210000－0701－0018343　027086

續海塘新志四卷　清刻本　四冊

210000－0701－0018344　027091

吳興合璧四卷　（清）陳文煜輯　清光緒聚珍齋木活字印本　一冊

210000－0701－0018345　027092

[光緒]歸安縣志五十二卷首一卷　（清）陸心源修　清光緒八年（1882）刻本　十五冊

210000－0701－0018346　027093

[光緒]歸安縣志五十二卷首一卷　（清）陸心源修　清光緒八年（1882）刻本　十二冊

210000－0701－0018347　027094

[光緒]歸安縣志五十二卷首一卷　（清）陸心源修　清光緒八年（1882）刻本　十六冊

210000－0701－0018348　027095

[乾隆]象山縣志十二卷圖一卷　（清）史鳴皋修　（清）姜炳璋　（清）冒春榮纂　清乾隆二十三年（1758）刻本　八冊

210000－0701－0018349　027098

[光緒]烏程縣志三十六卷圖一卷　（清）潘玉璿等修　（清）周學濬纂　清光緒七年（1881）刻本　十二冊

210000－0701－0018350　027099

[光緒]烏程縣志三十六卷圖一卷　（清）潘玉璿等修　（清）周學濬纂　清光緒七年（1881）刻本　十六冊

210000－0701－0018351　027106

[康熙]紹興府志五十八卷　（清）王之賓修　（清）董欽德纂　清康熙二十二年（1683）刻本　十冊

210000－0701－0018352　027107

[光緒]宣平縣志二十卷首一卷　（清）皮樹棠纂修　清光緒四年（1878）宣平縣署刻本　八冊

210000－0701－0018353　027108

[光緒]宣平縣志二十卷首一卷　（清）皮樹棠纂修　清光緒四年（1878）宣平縣署刻本　八冊

210000－0701－0018354　027109

[光緒]淳安縣志十六卷首一卷　（清）劉世甯修　（清）方桼如纂　（清）李詩續纂　清光緒十年（1884）淳安縣署刻本　八冊

210000－0701－0018355　027111

[雍正]寧波府志三十六卷首一卷　（清）曹秉仁等修　（清）萬經等纂　清道光二十六年（1846）刻本　八冊

210000－0701－0018356　027112

[雍正]寧波府志三十六卷首一卷　（清）曹秉仁等修　（清）萬經等纂　清雍正十一年（1733）刻本　二十冊

210000－0701－0018357　027113

[光緒]寧海縣志二十四卷首一卷　（清）王瑞成修　（清）張濬纂　清光緒二十八年（1902）刻本　十二冊

210000－0701－0018358　027115

[光緒]永嘉縣志三十八卷首一卷　(清)張寶琳修　(清)王棻　(清)孫詒讓纂　清光緒八年(1882)刻本　三十二冊

210000－0701－0018359　027116

[光緒]永嘉縣志三十八卷首一卷　(清)張寶琳修　(清)王棻　(清)孫詒讓纂　清光緒八年(1882)刻民國二十四年(1935)劉景晨補刻本　二十四冊

210000－0701－0018360　027117

[康熙]安吉州志十卷　(清)曹封祖等纂修　清康熙十年(1671)刻本　二冊

210000－0701－0018361　027119

[光緒]永康縣志十二卷首一卷　(清)李汝爲　(清)郭文魁修　(清)潘樹棠等纂　清光緒十八年(1892)刻本　十二冊

210000－0701－0018362　027120

[同治]安吉縣志十八卷首一卷　(清)汪榮　(清)劉蘭敏修　(清)張行孚　(清)丁寶書纂　清同治十三年(1874)刻本　十六冊

210000－0701－0018363　027121

[光緒]定海廳志三十卷首一卷　(清)史致馴修　(清)陳重威　(清)黃以周纂　清光緒十一年(1885)黃樹藩刻民國三年(1914)印本　十冊

210000－0701－0018364　027122

[光緒]定海廳志三十卷首一卷　(清)史致馴修　(清)陳重威　(清)黃以周纂　清光緒十一年(1885)黃樹藩刻御書樓重修本　十冊

210000－0701－0018365　027125

[同治]江山縣志十二卷首一卷末一卷　(清)王彬　(清)孫晉梓修　(清)朱寶慈等纂　清同治十二年(1873)文溪書院刻本　八冊

210000－0701－0018366　027126

[同治]江山縣志十二卷首一卷末一卷　(清)王彬　(清)孫晉梓修　(清)朱寶慈等纂　清同治十二年(1873)文溪書院刻本　八冊

210000－0701－0018367　027131

浙江沿海圖說不分卷　(清)朱正元撰　清光緒二十五年(1899)上海鉛印本　一冊

210000－0701－0018368　027135

[乾隆]溫州府志三十卷首一卷　(清)李琬修　(清)齊召南　(清)汪沆修　清乾隆二十七年(1762)刻同治四年(1865)周開錫、陳思燏補版印本　二十冊

210000－0701－0018369　027136

[乾隆]溫州府志三十卷首一卷　(清)李琬修　(清)齊召南　(清)汪沆修　清乾隆二十七年(1762)刻同治四年(1865)周開錫、陳思燏補版印本　二十冊

210000－0701－0018370　027141

[同治]湖州府志九十六卷首一卷　(清)宗源瀚　(清)郭式昌修　(清)周學濬　(清)陸心源纂　清同治十三年(1874)愛山書院刻本　四冊

210000－0701－0018371　027142

[同治]湖州府志九十六卷首一卷　(清)宗源瀚　(清)郭式昌修　(清)周學濬　(清)陸心源纂　清同治十三年(1874)愛山書院刻本　四冊

210000－0701－0018372　027143

[乾隆]湖州府志四十八卷首一卷　(清)胡承謀纂修　(清)李堂增纂　清乾隆二十三年(1758)李堂刻本　二十四冊

210000－0701－0018373　027144

[同治]湖州府志九十六卷首一卷　(清)宗源瀚　(清)郭式昌修　(清)周學濬　(清)陸心源纂　清同治十三年(1874)愛山書院刻本　四冊

210000－0701－0018374　027145

湖雅九卷　(清)汪日楨撰　清光緒六年(1880)刻本　三冊

210000－0701－0018375　027146

湖墅小志四卷　(清)高鵬年撰　清光緒二十二年(1896)石印本　二冊

210000－0701－0018376　027147

湖墅小志四卷　（清）高鵬年撰　清光緒二十二年(1896)石印本　二冊

210000－0701－0018377　027149

[順治]海寧縣志略不分卷附錄一卷　（清）秦嘉系修　（清）范驤纂　清光緒八年(1882)刻清風室叢刊本　一冊

210000－0701－0018378　027150

[嘉靖]海寧縣志九卷首一卷　（明）蔡完修（明）董穀纂　清光緒二十四年(1898)許仁沐刻本　四冊

210000－0701－0018379　027152

[光緒]海鹽縣志二十二卷首一卷末一卷（清）王彬修　（清）徐用儀纂　清光緒三年(1877)蔚文書院刻本　十六冊

210000－0701－0018380　027153

[乾隆]海鹽縣續圖經七卷　（清）王如珪修（清）陳世倕　（清）錢元昌纂　清乾隆十三年(1748)刻本　十一冊

210000－0701－0018381　027154

海昌備志五十二卷圖一卷附錄二卷　（清）錢泰吉等纂修　清道光二十七年(1847)尊經閣刻本　十四冊

210000－0701－0018382　027155

[乾隆]遂安縣志十卷首一卷　（清）鄒錫疇修　（清）方引彥等纂　清光緒十六年(1890)唐濟木活字印本　八冊

210000－0701－0018383　027158

[嘉慶]太平縣志十八卷　（清）慶霖修（清）戚學標等纂　清光緒二十二年(1896)刻本　十冊

210000－0701－0018384　027159

[咸豐]南潯鎮志四十卷首一卷　（清）汪曰楨纂　清同治二年(1863)刻本　十冊

210000－0701－0018385　027160

[咸豐]南潯鎮志四十卷首一卷　（清）汪曰楨纂　清同治二年(1863)刻本　十冊

210000－0701－0018386　027161

[咸豐]南潯鎮志四十卷首一卷　（清）汪曰楨纂　清同治二年(1863)刻本　十冊

210000－0701－0018387　027164

[嘉定]赤城志四十卷　（宋）黃䇖（宋）齊碩修　（宋）陳耆卿纂　清嘉慶二十三年(1818)台州叢書本　八冊

210000－0701－0018388　027166

[光緒]嘉興府志八十八卷首二卷　（清）許瑤光修　（清）吳仰賢等纂　清光緒四年(1878)鴛湖書院刻本　四十八冊

210000－0701－0018389　027167

[光緒]嘉興府志八十八卷首二卷　（清）許瑤光修　（清）吳仰賢等纂　清光緒四年(1878)鴛湖書院刻本　四十八冊

210000－0701－0018390　027168

[嘉慶]嘉興府志八十卷首三卷　（清）伊湯安修　（清）馮應榴　（清）沈啟震纂　清嘉慶六年(1801)刻本　三十冊

210000－0701－0018391　027169

[康熙]嘉興府志十六卷　（清）吳永芳修（清）錢以垲等纂　清康熙六十年(1721)刻本　二十冊

210000－0701－0018392　027170

[光緒]嘉興府志八十八卷首二卷　（清）許瑤光修　（清）吳仰賢纂　清光緒四年(1878)刻本　三十五冊　存六十六卷(一至十七、二十一至六十七,首二卷)

210000－0701－0018393　027171

[光緒]重修嘉善縣志三十六卷首一卷　（清）江峰青修　（清）顧福仁纂　清光緒二十年(1894)嘉善縣署刻本　十六冊

210000－0701－0018394　027174

[康熙]杭州府志四十卷圖一卷　（清）馬如龍修　（清）楊鼐等纂　清康熙二十六年(1687)刻本　二十冊

210000－0701－0018395　027178

[光緒]杭州府志十卷　清光緒三十四年(1908)長沙刻朱印本　四冊

210000－0701－0018396　027179
杭州八旗駐防營志略二十五卷　(清)張大昌撰　清光緒十九年(1893)浙江書局刻本　六冊

210000－0701－0018397　027181
[光緒]蘭谿縣志八卷首一卷附補遺一卷(清)秦簧　(清)邵秉經修　(清)唐壬森纂　清光緒十三年至十五年(1887－1889)刻本　十冊

210000－0701－0018398　027183
[同治]孝豐縣志十卷首一卷　(清)劉濬修(清)潘宅仁等纂　清同治十二年至光緒五年(1873－1879)刻本　十冊

210000－0701－0018399　027185
鄞縣會館叢實錄不分卷　清光緒刻本　一冊

210000－0701－0018400　027186
[乾隆]鄞縣志三十卷首一卷　(清)錢維喬修(清)錢大昕纂　清乾隆五十三年(1788)鄞縣衙署刻本　二十四冊

210000－0701－0018401　027188
[同治]鄞縣志七十五卷　(清)戴枚修(清)張恕　(清)董沛等纂　清光緒三年(1877)刻本　三十四冊

210000－0701－0018402　027189
[同治]鄞縣志七十五卷　(清)戴枚修(清)張恕　(清)董沛纂　清光緒三年(1877)刻本　三十二冊

210000－0701－0018403　027191
[同治]鄞縣志七十五卷　(清)戴枚修(清)張恕　(清)董沛纂　清光緒三年(1877)刻本　三十四冊

210000－0701－0018404　027192
[光緒]桐鄉縣志二十四卷首四卷　(清)嚴辰纂　楊園淵源錄四卷　(清)沈曰富輯　清光緒十三年(1887)蘇州陶潄藝齋刻本　二十

四冊

210000－0701－0018405　027193
[光緒]桐鄉縣志二十四卷首四卷　(清)嚴辰纂　楊園淵源錄四卷　(清)沈曰富輯　清光緒十三年(1887)蘇州陶潄藝齋刻本　三十二冊

210000－0701－0018406　027194
[光緒]松陽縣志十二卷首一卷　(清)支恒椿修　(清)丁鳳章等纂　清同治十三年至光緒元年(1874－1875)刻本　八冊

210000－0701－0018407　027195
梅里志四卷首一卷　(清)吳存禮纂　清道光四年(1824)刻本　四冊

210000－0701－0018408　027196
[同治]泰順分疆錄十二卷首一卷　(清)林鶚纂　(清)林用霖續纂　清光緒四年(1878)修五年(1879)林氏望山堂刻本　十二冊

210000－0701－0018409　027197
[光緒]青田縣志十八卷首一卷　(清)雷銑修(清)王棻纂　清光緒元年至二年(1875－1876)青田縣署寅賓館刻本　十四冊

210000－0701－0018410　027198
[光緒]奉化縣志四十卷首一卷　(清)李前泮修　(清)張美翊等纂　清光緒三十四年(1908)刻本　六冊

210000－0701－0018411　027199
[咸淳]臨安志一百卷　(元)潛說友纂　清道光十年(1830)錢塘汪氏振綺堂刻本　二十四冊

210000－0701－0018412　027200
[咸淳]臨安志一百卷　(元)潛說友纂　清道光十年(1830)錢塘汪氏振綺堂刻本　二十四冊

210000－0701－0018413　027203
[同治]景寧縣志十四卷首一卷末一卷　(清)周傑修　清同治十一年至十二年(1872－1873)刻本　八冊

210000－0701－0018414　027204

[景定]嚴州續志三卷　（宋）鄭瑤撰　清光緒桐廬袁氏漸西村舍刻漸西村舍彙刊本　二冊

210000－0701－0018415　027205

[景定]嚴州續志三卷　（宋）鄭瑤撰　清光緒桐廬袁氏漸西村舍刻漸西村舍彙刊本　二冊

210000－0701－0018416　027206

[景定]嚴州續志三卷　（宋）鄭瑤撰　圖經三卷　（宋）陳公亮撰　嚴州圖經重刊校字記一卷　（清）袁昶撰　清光緒桐廬袁氏刻漸西村舍彙刊本　二冊

210000－0701－0018417　027207

嚴州圖經三卷　（宋）陳公亮撰　清光緒二十二年(1896)桐廬漸西村舍刻漸西村舍彙刊本　二冊

210000－0701－0018418　027208

[光緒]嚴州府志三十八卷首一卷　（清）吳士進修　（清）吳世榮續修　（清）鄒伯森（清）馬斯臧等續纂　清光緒八年(1882)刻本　二十八冊

210000－0701－0018419　027209

[光緒]嚴州府志三十八卷首一卷　（清）吳士進修　（清）吳世榮續修　（清）鄒伯森（清）馬斯臧等續纂　清光緒八年(1882)刻本　二十八冊

210000－0701－0018420　027211

[同治]長興縣志三十二卷　（清）趙定邦修（清）周學濬　（清）丁寶書纂　清同治十三年至光緒元年（1874－1875）刻光緒十八年(1892)邵同珩、孫德祖增補刻本　十六冊

210000－0701－0018421　027212

[同治]長興縣志三十二卷　（清）趙定邦修（清）周學濬　（清）丁寶書纂　清同治十三年至光緒元年（1874－1875）刻光緒十八年(1892)邵同珩、孫德祖增補刻本　十六冊

210000－0701－0018422　027213

[光緒]開化縣志十四卷首一卷　（清）徐名立（清）潘紹詒修　（清）潘樹棠纂　清光緒二

十四年(1898)刻本　十六冊

210000－0701－0018423　027215

[康熙]臨海縣志十五卷首一卷　（清）洪若臬纂　清康熙二十二年(1683)刻後印本　七冊

210000－0701－0018424　027216

[宣統]臨安縣志八卷首一卷末一卷　（清）彭循堯修　（清）董運昌　（清）周鼎纂　清宣統二年(1910)木活字印本　六冊

210000－0701－0018425　027217

[乾道]臨安志十五卷　（宋）周淙纂　清光緒四年(1878)會稽章氏刻武訓堂叢書本　一冊

210000－0701－0018426　027220

[光緒]分水縣志十卷首一卷末一卷　（清）陳常鏵　（清）馮圻修　（清）臧承宣等纂　清光緒三十二年(1906)刻本　六冊

210000－0701－0018427　027221

[光緒]分水縣志十卷首一卷末一卷　（清）陳常鏵　（清）馮圻修　（清）臧承宣等纂　清光緒三十二年(1906)刻本　六冊

210000－0701－0018428　027222

[光緒]慈谿縣志五十六卷附編一卷　（清）楊泰亨　（清）馮可鏞纂　清光緒二十五年(1899)德潤書院刻民國三年(1914)印本　二十四冊

210000－0701－0018429　027223

[光緒]慈谿縣志五十六卷附編一卷　（清）楊泰亨　（清）馮可鏞纂　清光緒二十五年(1899)德潤書院刻民國三年(1914)印本　二十四冊

210000－0701－0018430　027225

[康熙]會稽縣志二十八卷首一卷　（清）王元臣修　（清）董欽德　（清）金炯纂　清康熙二十二年(1683)刻本　八冊

210000－0701－0018431　027230

[萬曆]錢塘縣志十紀　（明）聶心湯纂修　清光緒十九年(1893)武林丁氏刻武林掌故叢編本　六冊

210000 – 0701 – 0018432　027232

[乾隆]鎮海縣志四十卷　（清）于萬川修
（清）俞樾纂　清光緒五年(1879)鯤池書院刻
本　十六冊

210000 – 0701 – 0018433　027238

[光緒]餘姚縣志二十七卷首一卷末一卷
（清）周炳麟修　（清）邵友濂　（清）孫德祖
纂　清光緒二十五年(1899)刻本　十六冊
存二十八卷（一至二十三、二十五至二十七，
首一卷,末一卷）

210000 – 0701 – 0018434　027239

[乾隆]餘姚志四十卷　（清）唐若瀛修
（清）邵晉涵纂　清乾隆四十六年(1781)刻本
　八冊

210000 – 0701 – 0018435　027240

[光緒]餘姚縣志二十七卷首一卷末一卷
（清）周炳麟修　（清）邵友濂　（清）孫德祖
纂　清光緒二十五年(1899)刻本　十六冊

210000 – 0701 – 0018436　027241

[光緒]常山縣志六十八卷首一卷末一卷
（清）李瑞鍾修　（清）朱昌泰等纂　清光緒十
二年(1886)常山縣署刻本　十六冊

210000 – 0701 – 0018437　027242

[光緒]常山縣志六十八卷首一卷末一卷
（清）李瑞鍾修　（清）朱昌泰等纂　清光緒十
二年(1886)常山縣署刻本　十二冊

210000 – 0701 – 0018438　027243

剡錄十卷　（宋）史安之修　（宋）高似孫纂
清同治九年(1870)剡縣縣署刻本　四冊

210000 – 0701 – 0018439　027244

西州圖經一卷　清宣統元年(1909)羅振玉影
印本　一冊

210000 – 0701 – 0018440　027245

西州圖經一卷　清宣統元年(1909)羅振玉影
印本　一冊

210000 – 0701 – 0018441　027246

西州圖經一卷　清宣統元年(1909)羅振玉影

印本　一冊

210000 – 0701 – 0018442　027249

[光緒]廬江縣志十六卷首一卷　（清）錢鑅修
　（清）盧鈺等纂　清光緒十一年(1885)刻本
　十六冊

210000 – 0701 – 0018443　027250

[光緒]續修廬州府志一百卷首一卷末一卷
（清）黃雲修　（清）林之望等纂　清光緒十一
年(1885)刻本　四十八冊

210000 – 0701 – 0018444　027251

[光緒]續修廬州府志一百卷首一卷末一卷
（清）黃雲修　（清）林之望等纂　清光緒十一
年(1885)刻本　四十八冊

210000 – 0701 – 0018445　027252

[光緒]續修廬州府志一百卷首一卷末一卷
（清）黃雲修　（清）林之望等纂　清光緒十一
年(1885)刻本　四十八冊

210000 – 0701 – 0018446　027254

[光緒]亳州志二十卷首一卷　（清）鍾泰修
（清）宗能徵纂　清光緒二十年(1894)木活字
印本　十四冊

210000 – 0701 – 0018447　027255

[淳熙]新安志十卷　（宋）羅願纂　清光緒十
四年(1888)刻本　四冊

210000 – 0701 – 0018448　027256

[淳熙]新安志十卷　（宋）羅願纂　清光緒十
四年(1888)刻本　四冊

210000 – 0701 – 0018449　027258

[光緒]重修五河縣志二十卷首一卷末一卷
（清）賴同晏　（清）孫玉銘修　（清）俞宗誠
等纂　清光緒二十年(1894)刻本　八冊

210000 – 0701 – 0018450　027259

[乾隆]靈璧縣志略四卷首一卷　（清）貢震纂
修　清乾隆二十五年(1760)刻民國二十三年
(1934)縣財務委員會補板重印本　四冊

210000 – 0701 – 0018451　027266

[乾隆]婺源縣志三十九卷首一卷　（清）俞雲

耕修 （清）潘繼善纂 清乾隆二十二年(1757)刻本 二十四冊

210000－0701－0018452 027267
[光緒]婺源縣志六十四卷首一卷 （清）吳鶚修 （清）汪正元纂 清光緒九年(1883)刻本 二十四冊

210000－0701－0018453 027268
[同治]潁上縣志十二卷首一卷 （清）都寵錫等修 （清）李道章 （清）鄭以莊纂 清同治九年(1870)刻光緒四年(1878)補刻本 八冊

210000－0701－0018454 027273
[道光]皖省志略四卷附錄一卷 （清）朱雲錦輯 清道光元年(1821)金閶傳書齋毛上珍刻本 四冊

210000－0701－0018455 027274
[道光]皖省志略四卷附錄一卷 （清）朱雲錦輯 清道光元年(1821)金閶傳書齋毛上珍刻本 四冊

210000－0701－0018456 027275
[道光]徽州府志十六卷首一卷 （清）馬步蟾纂 清道光七年(1827)刻本 三十冊

210000－0701－0018457 027276
[康熙]徽州府志十八卷 （清）丁廷楗 （清）盧詢修 （清）趙吉士等纂 清康熙三十八年(1699)刻本 十冊

210000－0701－0018458 027277
淮壖小記四卷 （清）范以煦撰 清咸豐五年(1855)刻本 二冊

210000－0701－0018459 027283
[光緒]重修安徽通志三百五十卷補遺十卷 （清）沈葆楨等修 （清）何紹基等纂 清光緒四年(1878)刻本 一百八冊 存三百二十五卷(一至七十八、一百十四至三百五十,補遺十卷)

210000－0701－0018460 027284
[光緒]重修安徽通志三百五十卷補遺十卷 （清）沈葆楨等修 （清）何紹基等纂 清光緒

四年(1878)刻本 一百二十冊

210000－0701－0018461 027285
[光緒]重修安徽通志三百五十卷補遺十卷 （清）吳坤修 （清）沈葆楨等修 （清）何紹基等纂 清光緒四年(1878)刻本 一百二十冊

210000－0701－0018462 027288
安徽輿圖表說十卷 清光緒二十二年(1896)石印本 三冊

210000－0701－0018463 027290
[順治]安慶府灊山縣志十卷首一卷 （清）鄭通玄等修 （清）陳衷赤等纂 清順治十一年(1654)刻本 六冊 缺二卷(七缺十九葉、九缺三十九葉)

210000－0701－0018464 027291
[同治]祁門縣志三十六卷首一卷 （清）周溶修 （清）汪韻珊纂 清同治十二年(1873)刻本 十二冊

210000－0701－0018465 027292
安徽安慶等各府治詳說不分卷 （清）王起泰纂 清王起泰稿本 二冊

210000－0701－0018466 027296
[光緒]滁州志十卷首一卷末一卷 （清）熊祖詒纂修 清光緒二十二年(1896)木活字印本 十冊

210000－0701－0018467 027297
[同治]太湖縣志四十六卷首一卷末一卷 （清）符兆鵬修 （清）趙繼元纂 清同治十一年(1872)熙湖書院刻本 十二冊

210000－0701－0018468 027298
[乾隆]太平府志四十四卷 （清）朱肇基修 （清）陸綸纂 清乾隆二十二年(1757)刻本 二十六冊

210000－0701－0018469 027299
[康熙]太平府志四十卷 （清）黃桂修 （清）宋驤 （清）郝煌纂 清光緒二十九年(1903)木活字印本 二十冊

210000－0701－0018470　027300

[乾隆]太和縣志八卷　（清）成兆豫修
（清）吳中最　（清）洪朝元纂　清乾隆十六年
(1751)刻本　四冊

210000－0701－0018471　027302

[光緒]壽州志三十六卷首一卷末一卷　（清）
曾道唯等修　（清）葛陰南等纂　清光緒十五
年(1889)木活字印本　十六冊

210000－0701－0018472　027303

[嘉慶]蕪湖縣志二十四卷首一卷　（清）梁啟
讓修　（清）陳春華纂　清嘉慶十二年(1807)
刻本　十二冊

210000－0701－0018473　027307

[康熙]黃山志十卷　（清）釋弘眉纂　清康熙
八年(1669)刻本　十冊

210000－0701－0018474　027309

[光緒]貴池縣志四十四卷首一卷　（清）陸延
齡修　（清）桂迓衡等纂　清光緒九年(1883)
木活字印本　二十冊

210000－0701－0018475　027310

貴池縣沿革表一卷　劉世珩撰　清光緒二十
八年(1902)刻聖廎叢書本　一冊

210000－0701－0018476　027311

[光緒]盱眙縣志稿十七卷首一卷校勘記一卷
　（清）王錫元修　（清）高延第等纂　清光緒
十七年(1891)刻本　八冊

210000－0701－0018477　027312

[光緒]盱眙縣志稿十七卷首一卷校勘記一卷
　（清）王錫元修　（清）高延第等纂　清光緒
十七年(1891)刻本　八冊

210000－0701－0018478　027313

[光緒]盱眙縣志稿十七卷首一卷　（清）王錫
元修　（清）高延第等纂　清光緒十七年
(1891)刻二十九年(1903)增刻本　八冊

210000－0701－0018479　027314

[同治]黟縣三志十六卷首一卷末一卷　（清）
謝永泰修　（清）程鴻詔等纂　清同治十年

(1871)刻本　十六冊

210000－0701－0018480　027315

[嘉慶]黟縣志十六卷首一卷末一卷　（清）吳
甸華修　（清）程汝翼　（清）俞正燮纂　[道
光]黟縣續志不分卷　（清）呂子珏修　（清）
詹錫齡纂　清同治十年(1871)刻本　十六冊

210000－0701－0018481　027316

[乾隆]歷陽典錄三十四卷　（清）陳廷桂纂
清同治六年(1867)和州官舍刻本　十二冊

210000－0701－0018482　027317

[光緒]鳳陽縣志十六卷首一卷　（清）于萬培
纂修　（清）謝永泰續修　（清）王汝琛續纂
清光緒十三年(1887)刻本　十二冊

210000－0701－0018483　027326

[乾隆]繁昌縣志三十卷　（清）王熊飛纂修
清乾隆十六年(1751)刻本　六冊

210000－0701－0018484　027330

[道光]懷寧縣志二十八卷首一卷末一卷
（清）王毓芳　（清）趙梅修　（清）江爾維等
纂　清道光四年(1824)刻本　十冊

210000－0701－0018485　027331

[嘉慶]懷遠縣志二十八卷　（清）孫讓修
（清）李兆洛纂　清嘉慶二十四年(1819)木活
字印本　十二冊

210000－0701－0018486　027332

[道光]廈門志十六卷　（清）周凱等纂修　清
道光十九年(1839)玉屏書院刻本　十二冊

210000－0701－0018487　027333

[光緒]龍溪縣志二十四卷首一卷增編二卷
（清）吳宜燮修　（清）黃惠　（清）李疇纂
（清）吳聯薰增修　清光緒五年(1879)吳聯薰
刻本　十冊

210000－0701－0018488　027336

[康熙]詔安縣志十二卷　（清）秦炯纂修　清
康熙三十三年(1694)刻本　五冊

210000－0701－0018489　027340

[乾隆]延平府志四十六卷首一卷　（清）傅爾

泰修　（清）陶元藻纂　清乾隆三十年（1765）
刻本　六冊

210000－0701－0018490　027341
[乾隆]延平府志四十六卷首一卷　（清）傅爾
泰修　（清）陶元藻纂　清同治十二年（1873）
徐震耀補刻本　二十四冊

210000－0701－0018491　027347
[光緒]重纂邵武府志三十卷首一卷　（清）王
琛　（清）徐兆豐修　（清）張景祁　（清）張
元奇等纂　清光緒二十四年（1898）刻本　二
十冊

210000－0701－0018492　027351
[康熙]寧化縣志七卷　（清）祝文郁修
（清）李世熊纂　清同治八年（1869）刻本
八冊

210000－0701－0018493　027352
[康熙]寧化縣志七卷　（清）祝文郁修
（清）李世熊纂　清同治八年（1869）刻本
八冊

210000－0701－0018494　027356
[乾隆]福建通志七十八卷首一卷　（清）郝玉
麟　（清）盧焯等修　（清）謝道承　（清）劉
敬與纂　清乾隆二年（1737）刻本　六十冊

210000－0701－0018495　027357
[道光]重纂福建通志二百七十八卷首七卷
（清）孫爾準等修　（清）陳壽祺纂　（清）程
祖洛等續修　（清）魏敬中續纂　清同治十年
（1871）正誼書院刻本　一百四十冊

210000－0701－0018496　027360
[乾隆]福州府志七十六卷首一卷　（清）徐景
熹修　（清）魯曾煜　（清）施廷樞等纂　清乾
隆十九年（1754）刻本　四十冊

210000－0701－0018497　027362
[乾隆]福清縣志二十卷圖一卷　（清）饒安鼎
修　（清）林昂　（清）李修卿纂　清光緒二十
四年（1898）劉玉璋刻本　十二冊

210000－0701－0018498　027363
[乾隆]海澄縣志二十四卷首一卷　（清）陳鍈
（清）王作霖修　（清）葉廷推　（清）鄧來
祚纂　清乾隆二十七年（1762）刻本　十冊

210000－0701－0018499　027364
[同治]淡水廳志十六卷　（清）陳培桂等纂修
清同治十年（1871）刻本　八冊

210000－0701－0018500　027367
[康熙]壽寧縣志八卷　（清）趙廷璣修
（清）王錫卣等纂　清康熙二十五年（1686）刻
本　三冊

210000－0701－0018501　027371
[乾隆]馬巷廳志十八卷首一卷　（清）萬友正
纂　附錄三卷　（清）黄家鼎撰　清光緒十九
年（1893）黄家鼎補刻本　十冊

210000－0701－0018502　027374
[同治]長樂縣志二十卷首一卷　（清）彭光藻
（清）王家駒修　（清）楊希閔　（清）黄見
三等纂　清同治八年（1869）刻本　十冊

210000－0701－0018503　027375
[光緒]長汀縣志三十三卷首一卷末一卷
（清）王暟撰　（清）謝昌霖續修　（清）劉國
光續纂　清光緒五年（1879）刻本　十四冊

210000－0701－0018504　027376
閩產錄異六卷　（清）郭柏蒼輯　清光緒十二
年（1886）郭氏叢刻本　四冊

210000－0701－0018505　027377
閩雜記十二卷　（清）施鴻保撰　清光緒四年
（1878）申報館鉛印本　三冊

210000－0701－0018506　027378
[萬曆]閩都記三十二卷　（清）王應山纂　清
道光十一年（1831）求放心齋刻本　六冊

210000－0701－0018507　027381
[嘉慶]同安縣志三十卷首一卷　（清）吳堂修
（清）劉光鼎等纂　清光緒十二年（1886）朱
承烈刻本　十二冊

210000－0701－0018508　027382
[弘治]重刊興化府志五十四卷　（明）陳效修

（清）周瑛　（清）黃仲昭纂　清同治十年(1871)林慶貽刻本　二十四冊

210000－0701－0018509　027388

[乾隆]續修臺灣府志二十六卷首一卷　（清）余文儀修　（清）黃俗纂　清乾隆三十九年(1774)刻本　二十冊

210000－0701－0018510　027391

臺灣雜記不分卷　（清）黃逢昶輯　抄本　一冊

210000－0701－0018511　027392

臺灣雜記不分卷　（清）黃逢昶輯　抄本　一冊

210000－0701－0018512　027393

臺灣輿圖不分卷　（清）夏獻綸撰　清光緒五年(1879)刻本　一冊

210000－0701－0018513　027394

臺海使槎錄八卷　（清）黃叔璥撰　清光緒五年(1879)謙德堂刻畿輔叢書本　二冊

210000－0701－0018514　027395

臺海使槎錄八卷　（清）黃叔璥撰　清光緒五年(1879)謙德堂刻畿輔叢書本　二冊

210000－0701－0018515　027396

東槎紀略五卷　（清）姚瑩撰　清道光刻本　二冊

210000－0701－0018516　027397

東槎紀略五卷　（清）姚瑩撰　清道光刻本　二冊

210000－0701－0018517　027399

[嘉慶]廣西通志二百七十九卷首一卷　（清）謝啟昆修　（清）胡虔纂　清嘉慶六年(1801)刻同治四年(1865)補刻本　八十冊

210000－0701－0018518　027400

[嘉慶]廣西通志二百七十九卷首一卷　（清）謝啟昆修　（清）胡虔纂　清嘉慶六年(1801)刻同治四年(1865)補刻本　八十冊

210000－0701－0018519　027401

[道光]廣東通志三百三十四卷首一卷　（清）

阮元修　（清）陳昌齊等纂　清同治三年(1864)刻本　一百二十冊

210000－0701－0018520　027402

[雍正]廣東通志六十四卷　（清）郝玉麟修（清）魯曾煜等修　清雍正九年(1731)刻本　四十四冊

210000－0701－0018521　027403

[道光]廣東通志三百三十四卷首一卷　（清）阮元修　（清）陳昌齊等纂　清同治三年(1864)刻本　一百二十冊

210000－0701－0018522　027404

廣西全省地輿圖說不分卷　（清）蘇鳳文撰　清同治六年(1867)刻本　四冊

210000－0701－0018523　027406

[道光]廣東通志三百三十四卷首一卷　（清）阮元修　（清）陳昌齊等纂　清道光二年(1822)刻本　一百二十冊

210000－0701－0018524　027407

[光緒]江西通志一百八十卷首五卷　（清）劉坤一等修　（清）劉鐸　（清）趙之謙等纂　清光緒七年(1881)刻本　一百二十冊

210000－0701－0018525　027408

[光緒]江西通志一百八十卷首五卷　（清）劉坤一等修　（清）劉鐸　（清）趙之謙等纂　清光緒七年(1881)刻本　一百二十冊

210000－0701－0018526　027409

[康熙]江西通志五十四卷　（清）于成龍等修　（清）杜果等纂　清康熙二十二年(1683)刻本　四十冊

210000－0701－0018527　027410

[雍正]江西通志一百六十二卷首三卷　（清）謝旻等修　（清）惲鶴生纂　清雍正十年(1732)刻本　六十八冊

210000－0701－0018528　027413

[嘉慶]湖北通志一百卷首五卷　（清）吳熊光（清）吳烜修　（清）陳詩　（清）張承寵纂　清嘉慶九年(1804)刻本　六十四冊

210000－0701－0018529　027415

湖北通志凡例一卷辨例一卷　（清）章學誠撰
　　清光緒八年（1882）武昌官書処鉛印本
　　一冊

210000－0701－0018530　027416

［嘉慶］湖南通志二百十九卷首三卷末六卷
（清）巴哈布　（清）翁元圻等修　（清）王煦
　　（清）黃本驥纂　清嘉慶二十五年（1820）刻
　　本　八十冊

210000－0701－0018531　027417

［乾隆］湖南通志一百七十四卷首一卷　（清）
陳弘謀修　（清）范咸　（清）歐陽正煥纂　清
　　乾隆二十二年（1757）刻本　一百二十冊

210000－0701－0018532　027418

［嘉慶］湖南通志二百十九卷首三卷末六卷
（清）巴哈布　（清）翁元圻等修　（清）王煦
　　（清）黃本驥纂　清嘉慶二十五年（1820）刻
　　本　八十冊

210000－0701－0018533　027419

［光緒］湖南通志二百八十八卷首八卷末十九
卷　（清）卞寶第　（清）李瀚章等修　（清）
曾國荃　（清）郭嵩燾等纂　清光緒十一年
（1885）刻本　一百六十八冊

210000－0701－0018534　027420

［光緒］湖南通志二百八十八卷首八卷末十九
　　卷　（清）卞寶第　（清）李瀚章等修　（清）
曾國荃　（清）郭嵩燾等纂　清光緒十一年
（1885）刻本　一百六十八冊

210000－0701－0018535　027421

［光緒］湖南通志二百八十八卷首八卷末十九
卷　（清）卞寶第　（清）李瀚章等修　（清）
曾國荃　（清）郭嵩燾等纂　清光緒十一年
（1885）刻本　一百六十八冊

210000－0701－0018536　027422

［光緒］鹿邑縣志十六卷首一卷　（清）于滄瀾
　　（清）馬家彥修　（清）蔣師轍纂　清光緒二
十二年（1896）刻本　七冊

210000－0701－0018537　027423

［乾隆］鹿邑縣志十二卷首一卷　（清）許葵纂
修　清乾隆十八年（1753）眞源書院刻本
四冊

210000－0701－0018538　027424

［光緒］武昌縣志二十六卷首一卷末一卷
（清）鍾桐山修　（清）柯逢時纂　清光緒十一
年（1885）刻本　十冊

210000－0701－0018539　027425

［光緒］漢陽縣識十卷首一卷　（清）濮文昶修
　　（清）張行簡纂　清光緒十五年（1889）刻本
五冊　存四卷（一至三、八）

210000－0701－0018540　027426

漢口竹枝詞六卷　（清）葉調元撰　清道光三
十年（1850）刻本　二冊

210000－0701－0018541　027427

［乾隆］商水縣志十卷首一卷　（清）張崇樸修
　　（清）郭熙纂　清乾隆四十八年（1783）牛問
仁校刻本　八冊

210000－0701－0018542　027428

［乾隆］商水縣志十卷首一卷　（清）張崇樸修
　　（清）郭熙纂　清乾隆四十八年（1783）牛問
仁校刻本　八冊

210000－0701－0018543　027430

［康熙］商丘縣志二十卷首一卷　（清）劉德昌
修　（清）葉澐纂　清光緒十一年（1885）刻本
六冊

210000－0701－0018544　027432

［康熙］商丘縣志二十卷首一卷　（清）劉德昌
修　（清）葉澐纂　清康熙四十四年（1705）刻
本　六冊

210000－0701－0018545　027434

［乾隆］襄城縣志十四卷　（清）汪運正纂修
清乾隆十一年（1746）刻本　十冊

210000－0701－0018546　027435

［乾隆］彰德府志三十二卷首一卷　（清）盧崧
修　（清）江大鍵　（清）程煥纂　清乾隆五十
二年（1787）刻本　二十冊

210000－0701－0018547　027437

[乾隆]新鄉縣志三十四卷首一卷　(清)趙開元修　(清)暢俊纂　清乾隆十二年(1747)刻本　六冊

210000－0701－0018548　027438

[乾隆]新鄉縣志三十四卷首一卷　(清)趙開元修　(清)暢俊纂　清乾隆十二年(1747)刻本　六冊

210000－0701－0018549　027439

[乾隆]新野縣志九卷首一卷　(清)徐金位纂修　清乾隆十九年(1754)刻本　四冊

210000－0701－0018550　027440

[乾隆]新鄭縣志三十一卷首一卷　(清)黃本誠纂修　清乾隆四十一年(1776)刻本　十二冊

210000－0701－0018551　027441

[乾隆]新安縣志十四卷首一卷末一卷　(清)邱峩修　(清)呂宣曾纂　清乾隆三十一年(1766)刻本　十冊

210000－0701－0018552　027443

[道光]許州志十六卷首一卷　(清)蕭元吉修　(清)李堯觀纂　清道光十八年(1838)刻本　十二冊

210000－0701－0018553　027447

[光緒]重修靈寶縣志八卷　(清)周淦　(清)方昨勛修　(清)高錦榮　(清)李鏡江纂　清光緒二年(1876)刻本　八冊

210000－0701－0018554　027449

[康熙]西平縣志十卷　(清)沈棻纂修　(清)李植續修　清康熙九年(1670)刻三十一年(1692)續刻本　四冊

210000－0701－0018555　027450

[乾隆]西華志十四卷首一卷　(清)宋恂修　(清)于大猷纂　清乾隆十九年(1754)刻本　六冊

210000－0701－0018556　027451

[乾隆]登封縣志三十二卷　(清)陸繼萼修

210000－0701－0018557　027452

(清)洪亮吉纂　清乾隆五十二年(1787)刻本　八冊

210000－0701－0018557　027452

[乾隆]登封縣志三十二卷　(清)陸繼萼修　(清)洪亮吉纂　清乾隆五十二年(1787)刻本　八冊

210000－0701－0018558　027453

[康熙]延津縣志十卷　(清)余心孺纂修　清康熙四十一年(1702)刻本　四冊

210000－0701－0018559　027454

[嘉靖]延津志一卷　(明)張宗江纂　抄本　一冊

210000－0701－0018560　027455

[道光]武陟縣志三十六卷　(清)王榮陛修　(清)方履籛纂　清道光九年(1829)刻本　八冊

210000－0701－0018561　027458

[乾隆]孟縣志十卷　(清)仇汝湖修　(清)馮敏昌纂　清乾隆五十五年(1790)刻本　十冊

210000－0701－0018562　027459

[道光]鄢陵縣志十八卷　(清)何鄂聯修　(清)洪符孫纂　清道光十三年(1833)刻本　八冊

210000－0701－0018563　027461

[乾隆]鞏縣志二十卷首一卷　(清)李述武修　(清)張紫峴纂　清乾隆五十四年(1789)刻本　六冊

210000－0701－0018564　027462

[道光]禹州志二十六卷　(清)朱煒修　(清)姚椿　(清)洪符孫纂　清道光十五年(1835)刻本　十三冊

210000－0701－0018565　027464

[道光]修武縣志十二卷首一卷　(清)馮繼照修　(清)金皋　(清)袁俊纂　清道光十九年(1839)刻本　十二冊

210000－0701－0018566　027465

[康熙]上蔡縣志十五卷　（清）楊廷望修
（清）張沐纂　清康熙二十九年(1690)刻本
八冊

210000－0701－0018567　027466
[道光]修武縣志十二卷首一卷　（清）馮繼照
修　（清）金皋　（清）袁俊纂　清道光十九年
(1839)刻本　十二冊

210000－0701－0018568　027467
[乾隆]偃師縣志三十卷首一卷　（清）湯毓倬
修　（清）孫星衍　（清）武億纂　清乾隆五十
四年(1789)刻本　十六冊

210000－0701－0018569　027468
[光緒]虞城縣志十卷　（清）張元鑑等修
（清）沈儼纂　（清）李淇增修　（清）席慶雲
增纂　清光緒二十一年(1895)刻本　十二冊

210000－0701－0018570　027469
[乾隆]歸德府志三十六卷首一卷　（清）陳錫
輅　（清）永泰修　（清）查岐昌纂　清光緒十
九年(1893)刻本　十冊

210000－0701－0018571　027473
[道光]淮寧縣志二十七卷　（清）永銘修
（清）趙任之　（清）吳純夫纂　清道光六年
(1826)刻本　十二冊

210000－0701－0018572　027474
[嘉慶]續濟源縣志十二卷　（清）何荇芳修
（清）劉大觀纂　清嘉慶十八年(1813)刻本
四冊

210000－0701－0018573　027474
[乾隆]濟源縣志十六卷首一卷末一卷　（清）
蕭應植修　（清）沈梧莊纂　清乾隆二十六年
(1761)刻本　六冊

210000－0701－0018574　027475
[康熙]寧陵縣志十二卷首一卷　（清）王國寧
修　（清）王肇棟纂　清光緒十九年(1893)汪
鈞澤刻本　四冊

210000－0701－0018575　027476
[光緒]永城縣志三十八卷首一卷　（清）岳廷

楷修　（清）胡贊采　（清）呂永輝纂　清光緒
二十七年(1901)刻本　八冊

210000－0701－0018576　027477
[嘉慶]安陽縣志二十八卷首一卷　（清）貴泰
修　（清）武穆淳纂　清嘉慶二十四年(1819)
刻本　十冊

210000－0701－0018577　027480
[嘉慶]密縣志十六卷首一卷　（清）景綸修
（清）謝增纂　清嘉慶二十二年(1817)刻本
四冊

210000－0701－0018578　027481
[道光]河內縣志三十六卷　（清）袁通修
（清）方履籛　（清）吳育纂　清道光五年
(1825)刻本　十冊

210000－0701－0018579　027482
[道光]河內縣志三十六卷　（清）袁通修
（清）方履籛　（清）吳育纂　清道光五年
(1825)刻本　十冊

210000－0701－0018580　027483
[道光]河內縣志三十六卷　（清）袁通修
（清）方履籛　（清）吳育纂　清道光五年
(1825)刻本　十冊

210000－0701－0018581　027484
[乾隆]河南府志一百十六卷首四卷　（清）施
誠修　（清）童鈺　（清）裴希純纂　清乾隆四
十四年(1779)刻同治六年(1867)陳肇鏞補刻
本　二十四冊

210000－0701－0018582　027485
[光緒]續河南通志八十卷首四卷　（清）阿思
哈　（清）嵩貴纂修　清乾隆三十二年(1767)
刻光緒十八年(1892)補刻本　二十冊

210000－0701－0018583　027488
[光緒]續河南通志八十卷首四卷　（清）阿思
哈　（清）嵩貴纂修　清乾隆三十二年(1767)
刻光緒十八年(1892)補刻本　二十冊

210000－0701－0018584　027489
[乾隆]續河南通志八十卷首四卷　（清）阿思

哈　(清)嵩貴纂修　清乾隆三十二年(1767)
刻本　三十二冊

210000－0701－0018585　027492
[雍正]河南通志八十卷　(清)田文鏡等修
(清)孫灝等纂　清雍正十三年(1735)刻同治
八年(1869)補刻本　四十冊

210000－0701－0018586　027495
[光緒]續濬縣志八卷　(清)黃璟修　(清)
李作霖　(清)喬景濂纂　清光緒十二年
(1886)刻本　十六冊

210000－0701－0018587　027496
[咸豐]淅川廳志四卷　(清)徐光第纂修　清
咸豐十年(1860)刻本　四冊

210000－0701－0018588　027497
[康熙]泌陽縣志四卷　(清)程儀千修
(清)馬之起纂　清康熙五十三年(1714)刻本
　四冊

210000－0701－0018589　027498
[道光]泌陽縣志十二卷首一卷　(清)倪明進
修　(清)栗郢纂　清道光八年(1828)刻本
六冊

210000－0701－0018590　027499
[乾隆]沈邱縣志十二卷　(清)何源洙修
(清)魯之瑤纂　清乾隆十一年(1746)刻本
四冊

210000－0701－0018591　027500
[道光]汝州全志十卷首一卷　(清)白明義修
　(清)趙林成纂　清道光二十年(1840)刻本
　十冊

210000－0701－0018592　027501
[道光]汝州全志十卷首一卷　(清)白明義修
　(清)趙林成纂　清道光二十年(1840)刻本
　十冊

210000－0701－0018593　027503
[順治]汝陽縣志十卷　(清)紀國珍修
(清)劉元琬　(清)羊璘纂　清順治十七年
(1660)刻本　八冊

210000－0701－0018594　027504
[順治]淇縣志十卷圖考一卷　(清)王謙吉
(清)王南國修　(清)白龍躍等纂　清順治十
七年(1660)刻本　二冊

210000－0701－0018595　027505
[乾隆]溫縣志十二卷首一卷　(清)王其華修
　(清)苗子京纂　清乾隆二十四年(1759)刻
本　四冊

210000－0701－0018596　027506
[乾隆]湯陰縣志十卷　(清)楊世達纂修　清
乾隆三年(1738)刻本　四冊

210000－0701－0018597　027507
[嘉慶]澠池縣志十六卷　(清)甘揚聲修
(清)劉文運纂　清嘉慶十五年(1810)刻本
八冊

210000－0701－0018598　027508
[嘉慶]澠池縣志十六卷　(清)甘揚聲修
(清)劉文運纂　清嘉慶十五年(1810)刻本
八冊

210000－0701－0018599　027509
[同治]滑縣志十二卷　(清)姚錕修　(清)
徐光第纂　清同治六年(1867)刻本　八冊

210000－0701－0018600　027510
[嘉慶]洛陽縣志六十卷　(清)魏襄修
(清)陸繼輅纂　清嘉慶十八年(1813)刻本
二十二冊

210000－0701－0018601　027512
[乾隆]汲縣志十四卷首一卷末一卷　(清)徐
汝瓚修　(清)杜崑纂　清乾隆二十年(1755)
刻本　六冊

210000－0701－0018602　027515
[乾隆]通許縣志十卷　(清)阮龍光修
(清)邵自祐纂　清乾隆三十五年(1770)刻本
　六冊

210000－0701－0018603　027518
[康熙]內鄉縣志十二卷　(清)竇鼎望修
(清)高佑釲纂　清康熙三十二年(1693)刻本

四冊

210000－0701－0018604　027520

[乾隆]通許縣志十卷　（清）阮龍光修
（清）邵自祐纂　清乾隆三十五年(1770)刻本
六冊

210000－0701－0018605　027521

[乾隆]祥符縣志二十二卷　（清）張淑載
（清）魯曾煜纂　清乾隆四年(1739)刻本　十
二冊

210000－0701－0018606　027522

[光緒]祥符縣志二十四卷首一卷　（清）沈傳
義　（清）俞紀瑞修　（清）黃舒昺纂　清光緒
二十四年(1898)刻本　二十冊

210000－0701－0018607　027523

[乾隆]裕州志六卷　（清）董學禮纂修
（清）宋名立續修　清康熙五十五年(1716)刻
乾隆五年(1740)增刻本　四冊

210000－0701－0018608　027524

[道光]太康縣志八卷　（清）戴鳳翔修
（清）高崧　（清）江練纂　清道光八年
(1828)刻本　八冊

210000－0701－0018609　027525

[嘉慶]南陽府志六卷圖一卷　（清）孔傳金纂
修　清嘉慶十二年(1807)刻本　十二冊

210000－0701－0018610　027526

[嘉慶]南陽府志六卷圖一卷　（清）孔傳金纂
修　清嘉慶十二年(1807)刻本　十二冊

210000－0701－0018611　027527

[康熙]南陽縣志六卷首一卷　（清）張光祖修
（清）宋景愈　（清）徐永芝纂　清康熙三十
二年(1693)刻本　六冊

210000－0701－0018612　027528

[康熙]南陽縣志六卷首一卷　（清）張光祖修
（清）宋景愈　（清）徐永芝纂　清康熙三十
二年(1693)刻本　六冊

210000－0701－0018613　027529

[光緒]南陽縣志十二卷首一卷　（清）潘守廉

修　（清）張嘉謀　（清）張鳳岡纂　清光緒三
十年(1904)刻本　八冊

210000－0701－0018614　027530

[乾隆]內黃縣志十八卷首一卷　（清）李滇修
（清）黃之徵纂　清乾隆四年(1739)刻本
六冊

210000－0701－0018615　027532

[光緒]柘城縣志十卷首一卷　（清）元淮
（清）傅鐘浚纂修　清光緒二十二年(1896)刻
本　十冊

210000－0701－0018616　027533

[乾隆]柘城縣志十八卷首一卷　（清）李志魯
纂修　清乾隆三十八年(1773)刻本　八冊

210000－0701－0018617　027534

[康熙]考城縣志四卷　（清）陳德敏修
（清）黃貫三纂　清康熙三十七年(1698)刻本
四冊

210000－0701－0018618　027537

[乾隆]興化府莆田縣志三十六卷首一卷
（清）汪大經　（清）王恒等修　（清）廖必琦
（清）林黌纂　清乾隆二十三年(1758)刻光
緒五年(1879)潘文鳳刻本　二冊

210000－0701－0018619　027538

[乾隆]獲嘉縣志十六卷首一卷　（清）吳喬齡
修　（清）李棟纂　清乾隆二十一年(1756)刻
本　六冊

210000－0701－0018620　027539

[乾隆]獲嘉縣志十六卷首一卷　（清）吳喬齡
修　（清）李棟纂　清乾隆二十一年(1756)刻
本　六冊

210000－0701－0018621　027541

[同治]葉縣志十卷首一卷　（清）歐陽霖
（清）張佩訓修　（清）倉景恬　（清）胡廷楨
纂　清同治十一年(1872)刻本　八冊

210000－0701－0018622　027542

[乾隆]林縣志十卷首一卷末一卷　（清）楊潮
觀纂修　清乾隆十七年(1752)黃華書院刻本

四冊

210000－0701－0018623　027543

[乾隆]林縣志十卷首一卷末一卷　（清）楊潮
觀纂修　清乾隆十七年(1752)黃華書院刻本
四冊

210000－0701－0018624　027545

[乾隆]杞縣志二十四卷　（清）周璣修
（清）朱璿纂　清乾隆五十三年(1788)刻本
十二冊

210000－0701－0018625　027546

[乾隆]桐柏縣志八卷首一卷　（清）鞏敬緒修
（清）李南暉纂　清乾隆十八年(1753)刻本
八冊

210000－0701－0018626　027547

[乾隆]中牟縣志十一卷首一卷　（清）孫和相
修　（清）王廷宣纂　清乾隆十九年(1754)刻
本　六冊

210000－0701－0018627　027548

[同治]中牟縣志十二卷首一卷末一卷　（清）
吳若烺修　（清）焦子蕃纂　清同治九年
(1870)刻本　六冊

210000－0701－0018628　027556

[光緒]扶溝縣志十六卷首一卷　（清）熊燦修
（清）張文楷纂　清光緒十九年(1893)大程
書院刻本　六冊

210000－0701－0018629　027557

[乾隆]固始縣志二十六卷首一卷　（清）謝聘
修　（清）洪亮吉纂　清乾隆五十一年(1786)
刻本　十六冊

210000－0701－0018630　027558

[乾隆]羅山縣志八卷　（清）葛荃修　（清）
李之杜　（清）謝寶樹纂　清乾隆十一年
(1746)刻本　六冊

210000－0701－0018631　027559

[光緒]續修睢州志十二卷首一卷　（清）王玫
修　（清）徐紹廉纂　清光緒十八年(1892)刻
本　八冊

210000－0701－0018632　027560

[乾隆]原武縣志十卷　（清）吳文炘修
(清)何遠纂　清乾隆十二年(1747)刻本
六冊

210000－0701－0018633　027561

[乾隆]長葛縣志十卷　（清）阮景咸修
(清)李秀生等纂　清乾隆十二年(1747)刻本
四冊

210000－0701－0018634　027563

[道光]尉氏縣志二十卷首一卷　（清）劉厚滋
（清）沈湉修　（清）王觀潮等纂　清道光十
一年(1831)刻本　八冊

210000－0701－0018635　027564

[乾隆]重修直隸陝州志二十卷首一卷　（清）
龔崧林修　（清）楊建章纂　清乾隆十二年
(1747)刻二十一年(1756)張學林重修本　三
冊　存七卷(一、三至八)

210000－0701－0018636　027565

[宣統]陳留縣志四十二卷首一卷　（清）鍾定
纂修　（清）武從超續修　（清）趙文琳續纂
清宣統二年(1910)石印本　四冊

210000－0701－0018637　027566

[乾隆]陽武縣志十二卷　（清）談諟曾修
(清)楊仲震纂　清乾隆十年(1745)刻本
六冊

210000－0701－0018638　027567

[乾隆]陽武縣志十二卷　（清）談諟曾修
(清)楊仲震纂　清乾隆十年(1745)刻本
六冊

210000－0701－0018639　027569

[光緒]閿鄉縣志十二卷首一卷末一卷　（清）
劉思恕　（清）汪鼎臣修　（清）王維國
(清)王守恭纂　清光緒二十年(1894)刻本
八冊

210000－0701－0018640　027570

[康熙]開封府志四十卷　（清）管竭忠修
(清)張沐纂　清康熙三十四年(1695)刻本
十二冊

210000－0701－0018641　027571

[康熙]開封府志四十卷　（清）管竭忠修
（清）張沐纂　清同治二年(1863)修鋟本
十冊

210000－0701－0018642　027574

[順治]胙城縣志四卷　（清）劉純德修
（清）郭金鼎纂　清順治十六年(1659)刻本
二冊

210000－0701－0018643　027576

[順治]臨穎縣志八卷　（清）李馥先修
（清）吳中奇纂　清順治十七年(1660)刻本
六冊

210000－0701－0018644　027577

[光緒]臨漳縣志十八卷首一卷　（清）周秉彝
修　（清）周壽梓　（清）李燿中纂　清光緒三
十年(1904)刻本　十二冊

210000－0701－0018645　027578

[道光]舞陽縣志十二卷　（清）王德瑛纂修
清道光十五年(1835)刻本　四冊

210000－0701－0018646　027579

[光緒]鎮平縣志六卷　（清）吳聯元修
（清）王翊運纂　清光緒二年(1876)刻本
四冊

210000－0701－0018647　027580

[乾隆]鄭州志十二卷首一卷　（清）張鉞修
（清）毛如誑纂　清乾隆十三年(1748)刻本
六冊

210000－0701－0018648　027581

[乾隆]鄭州志十二卷首一卷　（清）張鉞修
（清）毛如誑纂　清乾隆十三年(1748)刻本
六冊

210000－0701－0018649　027582

[乾隆]鄭州志十二卷首一卷　（清）張鉞修
（清）毛如誑纂　清乾隆十三年(1748)刻本
六冊

210000－0701－0018650　027583

[乾隆]新修懷慶府志三十二卷首一卷圖經一

卷　（清）唐侍陛　（清）杜琮修　（清）洪亮
吉纂　清乾隆五十四年(1789)刻本　十六冊

210000－0701－0018651　027584

[乾隆]新修懷慶府志三十二卷首一卷圖經一
卷　（清）唐侍陛　（清）杜琮修　（清）洪亮
吉纂　清乾隆五十四年(1789)刻本　十六冊

210000－0701－0018652　027586

[光緒]光州志十二卷首一卷　（清）楊修田修
（清）馬佩玖纂　清光緒十二年(1886)刻本
十二冊

210000－0701－0018653　027587

[道光]輝縣志二十卷首一卷末一卷　（清）周
際華修　（清）戴銘纂　清道光十五年(1835)
刻本　八冊

210000－0701－0018654　027588

[乾隆]滎陽縣志十二卷　（清）李煦修
（清）李清纂　清乾隆十二年(1747)刻本
四冊

210000－0701－0018655　027590

[乾隆]滎澤縣志十四卷圖一卷　（清）崔淇修
（清）王博　（清）李維嶠纂　清乾隆十三年
(1748)刻本　四冊

210000－0701－0018656　027591

[同治]應山縣志三十六卷首一卷末一卷
（清）劉宗元等修　（清）吳天錫纂　清同治十
年(1871)刻本　十六冊

210000－0701－0018657　027592

[光緒]應城志十四卷首一卷　（清）羅緗
（清）陳豪修　（清）王承禧纂　清光緒八年
(1882)蒲陽書院刻本　八冊

210000－0701－0018658　027596

[乾隆]襄陽府志四十卷圖一卷　（清）陳鍔纂
修　清乾隆二十五年(1760)刻本　十六冊

210000－0701－0018659　027597

[光緒]襄陽府志二十六卷志餘一卷　（清）恩
聯等修　（清）王萬芳等纂　清光緒十一年
(1885)刻本　十六冊

210000－0701－0018660　027598

[乾隆]襄陽府志四十卷圖一卷　（清）陳鍔纂修　清乾隆二十五年(1760)刻本　十六冊

210000－0701－0018661　027600

[同治]襄陽縣志七卷首一卷　（清）楊宗時修　（清）崔淦纂　（清）吳耀斗續修　（清）李士彬續纂　清同治十三年(1874)刻本　八冊

210000－0701－0018662　027603

[光緒]京山縣志二十三卷首一卷　（清）沈星標修　（清）曾憲德　（清）秦有鍠纂　清光緒八年(1882)刻本　十四冊

210000－0701－0018663　027604

[光緒]施南府志續編十卷　（清）王庭楨　（清）李謙修　（清）雷春沼　（清）尹壽衡纂　清光緒十一年(1885)刻本　二冊

210000－0701－0018664　027605

[同治]增修施南府志三十卷首一卷　（清）松林　（清）周慶榕修　（清）何遠鑒　（清）廖彭齡纂　清同治十年(1871)刻本　十二冊

210000－0701－0018665　027609

[光緒]續雲夢縣志略十卷首一卷末一卷　(清)吳念椿修　（清）程壽昌　（清）曾廣浚纂　清光緒九年(1883)刻本　四冊

210000－0701－0018666　027610

[光緒]續雲夢縣志略十卷首一卷末一卷　(清)吳念椿修　（清）程壽昌　（清）曾廣浚纂　清光緒九年(1883)刻本　四冊

210000－0701－0018667　027611

[乾隆]武昌縣志十卷首一卷　（清）邵遐齡修　（清）談有典纂　清乾隆二十八年(1763)刻本　十冊

210000－0701－0018668　027612

[光緒]武昌縣志二十六卷首一卷末一卷　(清)鍾桐山修　（清）柯逢時纂　清光緒十一年(1885)刻本　十冊

210000－0701－0018669　027613

[同治]建始縣志八卷首一卷　（清）熊啟詠纂修　清同治五年(1866)刻本　四冊

210000－0701－0018670　027614

[光緒]利川縣志十四卷首一卷　（清）黃世崇纂修　清光緒二十年(1894)鐘靈書院刻本　四冊

210000－0701－0018671　027615

[同治]崇陽縣志十二卷首一卷　（清）高佐廷修　（清）傅燮鼎纂　清同治五年(1866)木活字印本　十二冊

210000－0701－0018672　027616

[光緒]德安府志二十卷首一卷補遺一卷　(清)賡音布修　（清）劉國光　（清）李春澤纂　清光緒十四年(1888)刻本　二十冊

210000－0701－0018673　027617

[光緒]德安府志二十卷首一卷補遺一卷　(清)賡音布修　（清）劉國光　（清）李春澤纂　清光緒十四年(1888)刻本　二十冊

210000－0701－0018674　027618

[同治]保康縣志七卷首一卷　（清）林讓昆　(清)宋熙曾修　（清）楊世霖纂　清同治五年(1866)刻十年(1871)補刻本　二冊

210000－0701－0018675　027619

[光緒]歸州志十七卷　（清）黃世崇纂修　清光緒二十七年(1901)刻本　四冊

210000－0701－0018676　027620

[同治]宜城縣志十卷　（清）程啟安修　(清)張炳鐘　（清）魯齋曾纂　清同治五年(1866)刻本　八冊

210000－0701－0018677　027621

[康熙]宜都縣志十二卷首一卷末一卷　（清）劉顯功纂修　清咸豐九年(1859)刻本　八冊

210000－0701－0018678　027625

[同治]宣恩縣志二十卷首一卷　（清）張金瀾修　（清）蔡景星　（清）張金圻纂　清同治二年(1863)刻本　四冊

210000－0701－0018679　027626

[同治]宜昌縣志十六卷首一卷　（清）聶光鑾

修　（清）王柏心　（清）雷春沼纂　清同治五年(1866)刻本　十八册

210000－0701－0018680　027627

[同治]宜昌縣志十六卷首一卷　（清）聶光鑾修　（清）王柏心　（清）雷春沼纂　清同治五年(1866)刻本　十八册

210000－0701－0018681　027628

[同治]房縣志十二卷首一卷　（清）楊延烈修　（清）郁方董　（清）劉元棟纂　清同治四年(1865)刻本　六册

210000－0701－0018682　027629

[光緒]續修江陵縣志六十五卷首一卷　（清）蒯正昌　（清）吳耀斗修　（清）胡九皋（清）劉長謙纂　清光緒三年(1877)賓興館刻本　二十册

210000－0701－0018683　027630

[光緒]續修江陵縣志六十五卷首一卷　（清）蒯正昌　（清）吳耀斗修　（清）胡九皋（清）劉長謙纂　清光緒三年(1877)賓興館刻本　二十四册

210000－0701－0018684　027631

[同治]江夏縣志八卷首一卷　（清）王庭楨修　（清）彭崧毓纂　清同治八年(1869)刻本十册

210000－0701－0018685　027632

[同治]江夏縣志八卷首一卷　（清）王庭楨修　（清）彭崧毓纂　清同治八年(1869)刻本十册

210000－0701－0018686　027633

[光緒]沔陽州志十二卷首一卷　（清）葛振元修　（清）楊鉅纂　清光緒二十年(1894)刻本十六册

210000－0701－0018687　027634

[光緒]潛江縣志續二十卷首一卷　（清）史致謨修　（清）劉恭冕　（清）郭士元纂　清光緒五年(1879)傳經書院刻本　六册

210000－0701－0018688　027635

[光緒]潛江縣志二十卷首一卷　（清）劉渙修（清）朱載震纂　清光緒五年(1879)傳經書院刻本　八册

210000－0701－0018689　027636

[同治]漢川縣志二十二卷首一卷　（清）德廉（清）袁鳴珂修　（清）林祥瑗纂　清同治十二年(1873)刻本　十二册

210000－0701－0018690　027637

[同治]續輯漢陽縣志二十八卷　（清）黃式度修　（清）王柏心纂　清同治七年(1868)刻本二十册

210000－0701－0018691　027638

[乾隆]漢川縣志五卷首一卷　（清）魏金榜纂清胡向暄抄本　一册

210000－0701－0018692　027640

漢口叢談六卷　（清）范鍇纂　清漢口自在庵張明心刻本　二册

210000－0701－0018693　027641

[同治]遠安縣志八卷首一卷　（清）鄭燡林修（清）周葆恩纂　清同治五年(1866)刻本八册

210000－0701－0018694　027642

[雍正]湖廣通志一百二十卷首一卷　（清）邁柱修　（清）夏力恕纂　清雍正十一年(1733)刻本　八十册

210000－0701－0018695　027644

湖北輿地記二十四卷　（清）湖北輿圖局編清光緒二十四年(1898)刻本　二十四册　存二十三卷(一至二十三)

210000－0701－0018696　027646

[乾隆]湖北下荊南道志二十八卷　（清）魯之裕修　（清）靖道謨纂　清嘉慶二十一年(1816)補刻本　十六册

210000－0701－0018697　027647

[同治]通山縣志八卷首一卷　（清）羅登瀛（清）胡昌銘修　（清）朱美鑾　（清）樂純青纂　清同治七年(1868)心田局木活字印本

八冊

210000－0701－0018698　027648

[光緒]大冶縣志後編二卷　（清）陳黿纂　清
光緒二十三年(1897)刻本　一冊

210000－0701－0018699　027648

[光緒]大冶縣志續編七卷首一卷末一卷
（清）林佐修　（清）陳黿纂　清光緒十年
(1884)刻本　二冊

210000－0701－0018700　027649

[同治]重修嘉魚縣志十二卷　（清）鍾傳益修
　（清）俞焜纂　清同治五年(1866)刻本　十
二冊

210000－0701－0018701　027650

[寶祐]壽昌乘不分卷　（宋）□□纂　（清）
文廷式輯　清光緒三十三年(1907)柯氏息園
刻本　一冊

210000－0701－0018702　027651

[同治]來鳳縣志三十二卷首一卷末一卷
（清）李勗修　（清）何遠鑒　（清）張鈞纂
清同治五年(1866)刻本　八冊

210000－0701－0018703　027652

[同治]來鳳縣志三十二卷首一卷末一卷
（清）李勗修　（清）何遠鑒　（清）張鈞纂
清同治五年(1866)刻本　八冊

210000－0701－0018704　027653

[光緒]荆州府志八十卷首一卷　（清）倪文蔚
　（清）蔣銘勛修　（清）顧嘉蘅　（清）李廷
鈇纂　清光緒六年(1880)刻本　三十二冊

210000－0701－0018705　027654

[光緒]荆州府志八十卷首一卷　（清）倪文蔚
　（清）蔣銘勛修　（清）顧嘉蘅　（清）李廷
鈇纂　清光緒六年(1880)刻本　三十二冊

210000－0701－0018706　027655

荆州駐防八旗志十六卷　（清）侯希元纂
（清）思澤等修　清光緒五年(1879)荆州軍署
刻本　十冊

210000－0701－0018707　027656

[光緒]荆州府志八十卷首一卷　（清）倪文蔚
　（清）蔣銘勛修　（清）顧嘉蘅　（清）李廷
鈇纂　清光緒六年(1880)刻本　三十二冊

210000－0701－0018708　027657

荆州記三卷　（南朝宋）盛宏之撰　曹元忠輯
　清光緒十九年(1893)刻箋經室叢書本
一冊

210000－0701－0018709　027658

荆州萬城隄志十卷首一卷末一卷　（清）倪文
蔚纂　清光緒二年(1876)刻本　六冊

210000－0701－0018710　027659

[乾隆]蘄州志二十卷首一卷　（清）周茂建修
　（清）錢鋆纂　清乾隆二十年(1755)刻本
十冊

210000－0701－0018711　027660

[光緒]孝感縣志二十四卷續補志一卷　（清）
朱希白修　（清）沈用增纂　清光緒八年
(1882)刻本　十二冊

210000－0701－0018712　027661

華陽國志十二卷附錄一卷　（晉）常璩撰　清
嘉慶十九年(1814)題襟館刻本　四冊

210000－0701－0018713　027662

[光緒]黃州府志四十卷首一卷　（清）英啟修
　（清）鄧琛纂　清光緒十年(1884)刻本　四
十冊

210000－0701－0018714　027663

[光緒]黃州府志四十卷首一卷　（清）英啟修
　（清）鄧琛纂　清光緒十年(1884)刻本　四
十冊

210000－0701－0018715　027664

[光緒]黃州府志四十卷首一卷　（清）英啟修
　（清）鄧琛纂　清光緒十年(1884)刻本　四
十冊

210000－0701－0018716　027667

[光緒]黃梅縣志四十卷首一卷　（清）覃瀚元
　（清）袁瓚修　（清）宛名昌　（清）余邦士
纂　清光緒二年(1876)刻本　十二冊

210000－0701－0018717　027668

[光緒]黃岡縣志二十四卷首一卷　（清）戴昌言修　（清）劉恭冕纂　清光緒八年(1882)刻本　二十四冊

210000－0701－0018718　027669

[同治]枝江縣志二十卷首一卷　（清）查子庚修　（清）熊文瀾等纂　清同治五年(1866)刻本　七冊　存十九卷(二至二十)

210000－0701－0018719　027670

[光緒]續輯均州志十六卷首一卷　（清）馬雲龍修　（清）賈洪詔纂　清光緒十年(1884)均州志局刻本　十冊

210000－0701－0018720　027671

[光緒]續輯均州志十六卷首一卷　（清）馬雲龍修　（清）賈洪詔纂　清光緒十年(1884)均州志局刻本　十冊

210000－0701－0018721　027672

[光緒]續輯均州志十六卷首一卷　（清）馬雲龍修　（清）賈洪詔纂　清光緒十年(1884)均州志局刻本　十冊

210000－0701－0018722　027673

[道光]鶴峯州志十四卷首一卷　（清）吉鐘穎修　（清）洪先燾纂　清道光二年(1822)刻本　四冊

210000－0701－0018723　027674

[光緒]鶴峯州志續修十四卷首一卷　（清）長庚　（清）厲祥官修　（清）陳鴻漸纂　清光緒十一年(1885)刻本　一冊

210000－0701－0018724　027675

[同治]穀城縣志八卷　（清）承印修　（清）蔣海澄　（清）黃定鏞纂　清同治六年(1867)刻本　八冊

210000－0701－0018725　027676

[同治]續修東湖縣志三十卷首一卷續補藝文一卷　（清）金大鏞修　（清）王柏心纂　清同治三年(1864)刻本　十冊

210000－0701－0018726　027677

[同治]續修東湖縣志三十卷首一卷續補藝文一卷　（清）金大鏞修　（清）王柏心纂　清同治三年(1864)刻本　十冊

210000－0701－0018727　027678

[同治]棗陽縣志三十卷首一卷末一卷　（清）張聲正修　（清）史策先纂　清同治四年(1865)刻本　八冊

210000－0701－0018728　027679

[同治]棗陽縣志三十卷首一卷末一卷　（清）張聲正修　（清）史策先纂　清同治四年(1865)刻本　八冊

210000－0701－0018729　027680

[光緒]續輯咸寧縣志八卷首一卷　（清）陳樹楠　（清）諸可權修　（清）錢光奎　（清）余益杞纂　清光緒八年(1882)刻本　八冊

210000－0701－0018730　027681

[同治]恩施縣志十二卷首一卷　（清）多壽修　（清）羅凌漢纂　清同治三年(1864)麟溪書院刻本　六冊

210000－0701－0018731　027682

[同治]鄖陽志八卷首一卷　（清）吳保儀修　（清）王嚴恭纂　清同治九年(1870)鄖山書院刻本　十二冊

210000－0701－0018732　027683

[同治]鄖陽志八卷首一卷　（清）吳保儀修　（清）王嚴恭纂　清同治九年(1870)鄖山書院刻本　十二冊

210000－0701－0018733　027684

[同治]鄖陽志八卷首一卷　（清）吳保儀修　（清）王嚴恭纂　清同治九年(1870)鄖山書院刻本　十二冊

210000－0701－0018734　027685

[同治]鄖陽志八卷首一卷　（清）吳保儀修　（清）王嚴恭纂　清同治九年(1870)鄖山書院刻本　十二冊

210000－0701－0018735　027686

[同治]鄖縣志十卷首一卷　（清）周瑞

(清)定熙修　（清)余灃廷　（清)崔誥纂
清同治五年(1866)刻本　八冊

210000－0701－0018736　027687

[同治]長樂縣志二十卷首一卷　（清)彭光藻
（清)王家駒修　（清)楊希閔　（清)黃見
三等纂　清同治八年(1869)刻本　十冊

210000－0701－0018737　027688

[同治]長陽縣志七卷首一卷　（清)陳惟模修
（清)譚大勳纂　清同治五年(1866)刻本
六冊

210000－0701－0018738　027689

[同治]隋州志三十二卷首一卷　（清)文齡
(清)孫文俊修　（清)史策先纂　清同治八年
(1869)刻本　十六冊

210000－0701－0018739　027690

[光緒]興山縣志二十二卷　（清)黃世崇纂修
清光緒十一年(1885)經心書院刻本　四冊

210000－0701－0018740　027691

[光緒]興山縣志二十二卷　（清)黃世崇纂修
清光緒十一年(1885)經心書院刻本　四冊

210000－0701－0018741　027692

[光緒]興國州志三十六卷首一卷　（清)吳大
訓等修　（清)陳光亨纂　（清)劉鳳綸
(清)王鳳池續纂　清光緒十五年(1889)富川
書院刻本　十四冊

210000－0701－0018742　027693

[同治]巴東縣志十六卷首一卷　（清)廖恩樹
修　（清)蕭佩聲纂　清光緒六年(1880)刻本
六冊

210000－0701－0018743　027694

[同治]巴東縣志十六卷首一卷　（清)廖恩樹
修　（清)蕭佩聲纂　清光緒六年(1880)刻本
六冊

210000－0701－0018744　027695

[同治]監利縣志十二卷首一卷　（清)徐兆英
（清)林瑞枝修　（清)王柏心纂　清同治十
一年(1872)刻本　十冊

210000－0701－0018745　027696

[同治]鐘祥縣志二十卷　（清)孫福海等纂修
清同治六年(1867)刻本　十四冊

210000－0701－0018746　027697

[光緒]光化縣志八卷首一卷　（清)鍾桐山修
（清)段映斗纂　清光緒十年(1884)刻本
八冊

210000－0701－0018747　027698

[同治]當陽縣志十八卷首一卷末一卷　（清)
阮恩光修　（清)王柏心等纂　清同治五年
(1866)刻本　十冊

210000－0701－0018748　027699

[光緒]當陽縣補續志四卷首一卷　（清)李元
才等修　（清)李葆貞纂　清光緒十五年
(1889)刻本　四冊

210000－0701－0018749　027702

靖州鄉土志四卷　金蓉鏡編　清光緒三十四
年(1908)刻本　二冊

210000－0701－0018750　027703

[嘉慶]零陵縣志十六卷　（清)武占熊修
(清)劉方璿纂　清嘉慶十五年(1810)刻本
十二冊

210000－0701－0018751　027704

[光緒]零陵縣志十五卷補遺一卷　（清)嵇有
慶　（清)徐保齡修　（清)劉沛纂　清光緒二
年(1876)刻本　八冊

210000－0701－0018752　027705

[同治]平江縣志五十五卷首二卷末一卷
(清)張培江　（清)麻維緒修　（清)李元度
等纂　清同治十三年(1874)刻本　十六冊

210000－0701－0018753　027706

[同治]石門縣志十四卷首一卷　（清)林葆元
（清)陳煊修　（清)申正颺纂　清同治七年
(1868)刻十三年(1874)補刻本　十二冊

210000－0701－0018754　027707

[同治]武陵縣志四十八卷　（清)惲世臨
(清)孫翹澤修　（清)陳啟邁纂　清同治二年

(1863)刻本 十二冊

210000－0701－0018755 027708

[同治]醴陵縣志十四卷首一卷末一卷 （清）徐淦等修 （清）江普光等纂 清同治九年(1870)刻本 六冊

210000－0701－0018756 027709

[同治]衡陽縣志十二卷 （清）羅慶薌修 （清）彭玉麟等纂 清同治十三年(1874)刻本 七冊

210000－0701－0018757 027710

[同治]衡陽縣志十二卷 （清）羅慶薌修 （清）彭玉麟等纂 清同治十三年(1874)刻本 七冊

210000－0701－0018758 027711

[乾隆]衡州府志三十三卷首一卷 （清）饒佺修 （清）曠敏本纂 清乾隆二十八年(1763)刻光緒元年(1875)補刻本 二十冊

210000－0701－0018759 027712

甯鄉賓興志四卷 （清）劉倬雲等撰 清光緒四年(1878)刻本 二冊

210000－0701－0018760 027713

[乾隆]衡州府志三十三卷首一卷 （清）饒佺修 （清）曠敏本纂 清乾隆二十八年(1763)刻光緒元年(1875)補刻本 二十冊

210000－0701－0018761 027714

[乾隆]衡州府志三十三卷首一卷 （清）饒佺修 （清）曠敏本纂 清乾隆二十八年(1763)刻光緒元年(1875)補刻本 二十冊

210000－0701－0018762 027715

[道光]永州府志十八卷首一卷 （清）呂恩湛修 （清）宗績辰纂 清道光八年(1828)刻本 二十二冊

210000－0701－0018763 027716

[道光]永州府志十八卷首一卷 （清）呂恩湛修 （清）宗績辰纂 清道光八年(1828)刻本 二十二冊

210000－0701－0018764 027718

[乾隆]沅州府志四十卷首一卷 （清）張官五等纂修 清乾隆五十五年(1790)刻本 十六冊

210000－0701－0018765 027721

[乾隆]清泉縣志三十六卷首一卷 （清）江恂修 （清）江昱纂 清乾隆二十八年(1763)刻本 二十冊

210000－0701－0018766 027722

[同治]清泉縣志十卷首一卷末一卷 （清）王開運修 （清）張修府纂 清同治八年(1869)刻本 二冊

210000－0701－0018767 027723

湖南程限不分卷 清稿本 五冊

210000－0701－0018768 027726

[同治]湘鄉縣志二十三卷首一卷末一卷 （清）齊德五 （清）王述恩修 （清）黃楷盛纂 清同治十三年(1874)刻本 二十四冊

210000－0701－0018769 027727

[光緒]湘潭縣志十二卷 （清）陳嘉榆等修 王闓運等纂 清光緒十五年(1889)刻本 十冊

210000－0701－0018770 027728

[光緒]湘潭縣志十二卷 （清）陳嘉榆等修 王闓運等纂 清光緒十五年(1889)刻本 十冊

210000－0701－0018771 027729

[同治]瀏陽縣志二十四卷 （清）王汝惺等修 （清）鄒焌傑等纂 清同治十二年(1873)刻本 十二冊

210000－0701－0018772 027730

湘陰縣圖志三十四卷首一卷末一卷 （清）郭嵩燾等纂修 清光緒六年(1880)縣志局刻本 十六冊

210000－0701－0018773 027731

湘陰縣圖志三十四卷首一卷末一卷 （清）郭嵩燾等纂修 清光緒六年(1880)縣志局刻本 十四冊

210000－0701－0018774　027732

湘陰縣圖志三十四卷首一卷末一卷　(清)郭嵩燾等纂修　清光緒六年(1880)縣志局刻本　十四冊

210000－0701－0018775　027733

[光緒]道州志十二卷首一卷　(清)李鏡蓉(清)盛慶修　(清)許清源　(清)洪廷揆纂　清光緒四年(1878)刻本　四冊

210000－0701－0018776　027734

[嘉慶]祁陽縣志二十四卷首一卷　(清)萬在衡修　(清)甘慶增纂　清嘉慶十七年(1812)刻本　十二冊

210000－0701－0018777　027736

[同治]茶陵州志二十四卷　(清)福昌修(清)譚鍾麟纂　清同治十年(1871)刻本　八冊

210000－0701－0018778　027737

[同治]桂陽直隸州志二十七卷首一卷　(清)汪敦灝修　王闓運纂　清同治七年(1868)刻本　十二冊

210000－0701－0018779　027738

[同治]桂陽縣志二十二卷首一卷　(清)錢紹文　(清)孫光燮修　(清)朱炳元　(清)何俊纂　清同治六年(1867)刻本　十二冊

210000－0701－0018780　027739

[同治]桂陽直隸州志二十七卷首一卷　(清)汪敦灝修　王闓運纂　清同治七年(1868)刻本　十二冊

210000－0701－0018781　027740

[光緒]乾州廳志十六卷首一卷　(清)蔣琦溥修　(清)林書勳續修　(清)張先達纂　清同治十一年(1872)刻光緒三年(1877)續修刻本　十八冊

210000－0701－0018782　027741

[光緒]耒陽縣志八卷首一卷　(清)李師濂(清)于學琴修　(清)宋世煦纂　清光緒十一年(1885)刻本　十冊

210000－0701－0018783　027742

[道光]辰谿志四十卷首一卷末一卷　(清)徐會雲等修　(清)劉家傳等纂　清道光元年(1821)刻本　十冊

210000－0701－0018784　027743

[同治]長沙縣志三十六卷首一卷　(清)劉采邦等修　(清)張延珂　(清)袁繼翰纂　清同治十年(1871)刻本　二十冊

210000－0701－0018785　027744

[嘉慶]長沙縣志二十八卷首一卷　(清)趙文在等纂修　(清)陳光詔續修　(清)艾以清(清)熊授南續纂　清嘉慶十五年(1810)刻二十二年(1817)增刻本　十冊

210000－0701－0018786　027745

[乾隆]長沙府志五十卷首一卷　(清)呂肅高修　(清)張雄圖　(清)王文清纂　清乾隆十二年(1747)刻本　三十二冊

210000－0701－0018787　027746

[同治]長沙縣志三十六卷首一卷　(清)劉采邦等修　(清)張延珂　(清)袁繼翰纂　清同治十年(1871)刻本　二十冊

210000－0701－0018788　027747

[道光]鳳凰廳志二十卷首一卷　(清)黃應培修　(清)孫均銓　(清)黃元復纂　清道光四年(1824)刻本　八冊

210000－0701－0018789　027748

[光緒]巴陵縣志八十一卷首一卷　(清)姚詩德　(清)鄭桂星　(清)杜貴墀等纂　清光緒十七年(1891)刻本　十六冊

210000－0701－0018790　027749

[光緒]善化縣志三十四卷首一卷　(清)吳兆熙　(清)冒沅修　(清)張先掄　(清)韓炳章纂　清光緒三年(1877)刻本　二十冊

210000－0701－0018791　027751

[同治]廣信府志十二卷首一卷　(清)蔣繼洙纂修　清同治十二年(1873)刻本　三十冊

210000－0701－0018792　027752

[同治]廬陵縣志五十六卷首一卷附補編一卷
（清）陳汝楨等修　（清）匡汝諧等纂　清同
治十二年(1873)刻本　二十四冊

210000－0701－0018793　027753
[道光]龍南縣志八卷首一卷　（清）王所舉
（清）石家紹修　（清）徐思諫等纂　清道光六
年(1826)刻本　十二冊

210000－0701－0018794　027754
[道光]新建縣志九十卷首一卷末一卷　（清）
崔登鼇　（清）彭宗岱修　（清）涂蘭玉纂　清
道光二十九年(1849)刻本　四十冊

210000－0701－0018795　027755
[同治]江西新城縣志十二卷首一卷末一卷
（清）劉昌嶽修　（清）鄧家祺纂　清同治十年
(1871)刻本　十六冊

210000－0701－0018796　027758
[道光]贛州府志七十八卷首一卷　（清）李本
仁修　（清）陳觀酉纂　清道光二十八年
(1848)刻本　二十四冊

210000－0701－0018797　027759
[同治]贛州府志七十八卷首一卷　（清）魏瀛
修　（清）魯琪光　（清）鍾音鴻纂　清同治十
二年(1873)刻本　二十四冊

210000－0701－0018798　027760
[同治]贛州府志七十八卷首一卷　（清）魏瀛
修　（清）魯琪光　（清）鍾音鴻纂　清同治十
二年(1873)刻本　二十四冊

210000－0701－0018799　027761
[同治]贛縣志五十四卷首一卷　（清）黃德溥
（清）崔國榜修　（清）褚景昕纂　清同治十
一年(1872)刻本　十八冊

210000－0701－0018800　027762
[同治]雩都縣志十六卷首一卷　（清）顏壽芝
（清）王穎修　（清）何戴江　（清）洪霖纂
清同治十三年(1874)刻本　十八冊

210000－0701－0018801　027763
[順治]雩都縣志十四卷　（清）李祐之修

（清）易學實等纂　清康熙元年(1662)刻本
八冊

210000－0701－0018802　027764
[康熙]西江志二百六卷圖一卷　（清）白潢修
（清）查慎行等纂　清康熙五十九年(1720)
刻本　八十冊

210000－0701－0018803　027765
[同治]瑞州府志二十四卷首一卷　（清）黃廷
金修　（清）蕭浚蘭　（清）熊松之等纂　清同
治十二年(1873)刻本　十四冊

210000－0701－0018804　027766
[同治]瑞州府志二十四卷首一卷　（清）黃廷
金修　（清）蕭浚蘭　（清）熊松之等纂　清同
治十二年(1873)刻本　十四冊

210000－0701－0018805　027767
[同治]瑞昌縣志十卷首一卷　（清）姚暹修
（清）馮士傑等纂　清同治十年(1871)瀼溪書
院刻本　十二冊

210000－0701－0018806　027773
[同治]建昌府志十卷首一卷　（清）邵子彝修
（清）魯琪光纂　清同治十一年(1872)刻本
二十八冊

210000－0701－0018807　027776
[乾隆]上饒縣志十三卷　（清）程肇豐纂修
清乾隆四十九年(1784)刻本　五冊

210000－0701－0018808　027777
[同治]上饒縣志二十六卷首一卷　（清）王恩
溥　（清）邢德裕修　（清）李樹藩等纂　清同
治十一年(1872)刻本　二十冊

210000－0701－0018809　027778
[同治]德化縣志五十四卷首一卷　（清）陳鼒
修　（清）吳彬等纂　清同治十一年(1872)刻
本　十六冊

210000－0701－0018810　027781
[同治]德興縣志十卷首一卷末一卷　（清）孟
慶雲修　（清）楊重雅等纂　清同治十一年
(1872)興賢書院刻本　十二冊

210000－0701－0018811　027782

[同治]建昌縣志十二卷首一卷　（清）陳惟清修　（清）閔方言　（清）王士彬纂　清同治十年(1871)刻本　十冊

210000－0701－0018812　027783

[同治]鄱陽縣志二十四卷首一卷末一卷（清）陳志培修　（清）王廷鑑等纂　清同治十年(1871)刻本　十二冊

210000－0701－0018813　027784

[道光]鄱陽縣志三十二卷首一卷末一卷（清）陳驤修　（清）張瓊英纂　清道光四年(1824)刻本　十八冊

210000－0701－0018814　027785

[道光]宜黃縣志三十二卷首一卷　（清）札隆阿等修　（清）程卓樑等纂　清道光五年(1825)刻本　十五冊

210000－0701－0018815　027786

[同治]宜黃縣志五十卷首一卷　（清）張興言等修　（清）謝煌等纂　清同治十年(1871)刻本　二十四冊

210000－0701－0018816　027788

[同治]永新縣志二十六卷首一卷　（清）蕭玉春　（清）陳恩浩修　（清）李煒　（清）段夢龍纂　清同治十三年(1874)刻本　二十四冊

210000－0701－0018817　027790

[同治]進賢縣志二十五卷首一卷　（清）江璧等修　（清）胡景辰等纂　清同治十年(1871)刻本　十六冊

210000－0701－0018818　027791

[同治]安義縣志十六卷首一卷末一卷　（清）杜林修　（清）彭斗山　（清）熊寶善纂　清同治十年(1871)木活字印本　八冊

210000－0701－0018819　027792

[同治]安遠縣志十卷首一卷　（清）黃瑞圖修　（清）歐陽鐸纂　清同治十一年(1872)刻本　八冊

210000－0701－0018820　027793

江西省輿圖十四卷　（清）曾國藩　（清）劉坤一等纂　清同治七年(1868)刻本　十五冊

210000－0701－0018821　027795

[同治]清江縣志十卷首一卷　（清）潘懿（清）胡湛修　（清）朱孫詒等纂　清同治九年(1870)刻本　十冊

210000－0701－0018822　027796

[同治]清江縣志十卷首一卷　（清）潘懿（清）胡湛修　（清）朱孫詒等纂　清同治九年(1870)刻本　十冊

210000－0701－0018823　027797

洞庭湖志十四卷　（清）萘世基撰　（清）沈筠堂纂　清道光五年(1825)刻本　八冊

210000－0701－0018824　027798

[同治]九江府志五十四卷首一卷末一卷（清）達春布修　（清）黃鳳樓　（清）歐陽壽纂　清同治十三年(1874)刻本　二十四冊

210000－0701－0018825　027799

[同治]南康縣志十四卷首一卷　（清）沈恩華修　（清）盧鼎峋纂　清同治十一年(1872)刻本　十二冊

210000－0701－0018826　027801

[同治]南豐縣志四十六卷首一卷末一卷（清）柏春修　（清）魯琪光等纂　清同治十年(1871)刻本　二十八冊

210000－0701－0018827　027802

[道光]南豐縣續志節錄二十六卷首一卷（清）徐江修　（清）徐湘潭纂　清道光七年(1827)刻本　三冊

210000－0701－0018828　027805

[乾隆]南昌縣志三十二卷首一卷末一卷（清）徐午修　（清）萬廷蘭纂　清乾隆五十九年(1794)刻本　十二冊

210000－0701－0018829　027808

[乾隆]南昌府志七十六卷首一卷末一卷（清）陳蘭森等修　（清）謝啟昆纂　清乾隆五十四年(1789)刻本　二十六冊　存四十八卷

（一至四十七、首一卷）

210000－0701－0018830　027809

[道光]南昌縣志三十九卷首一卷末一卷
（清）慶雲　（清）張賦林修　（清）吳啟楠
（清）姜曾纂　清道光二十九年(1849)刻本
十六冊　存二十一卷(一至三、五至十一、三
十一至三十九,首一卷,末一卷)

210000－0701－0018831　027810

御製般若波羅蜜經集解一卷　（後秦）釋鳩摩
羅什譯　（明）成祖朱棣輯　明永樂二十一年
(1423)刻本　三冊

210000－0701－0018832　027812

[乾隆]袁州府志三十八卷首一卷　（清）陳廷
枚修　（清）熊曄　（清）魯鴻纂　清乾隆二十
五年(1760)刻本　十六冊

210000－0701－0018833　027813

[同治]袁州府志十卷首一卷　（清）駱敏修
（清）黃思浩　（清）蕭玉銓等纂　清同治十三
年(1874)刻本　十七冊

210000－0701－0018834　027814

[光緒]吉安府志五十三卷首一卷　（清）定祥
（清）特克紳布修　（清）劉繹　（清）周立
瀛纂　清光緒元年(1875)刻本　四十冊

210000－0701－0018835　027815

[光緒]吉安府志五十三卷首一卷　（清）定祥
（清）特克紳布修　（清）劉繹　（清）周立
瀛纂　清光緒元年(1875)刻本　四十冊　存
五十二卷(一、四至五十三,首一卷)

210000－0701－0018836　027816

[同治]蓮花廳志八卷首一卷末一卷　（清）李
其昌纂修　（清）張樹萱增訂　清乾隆二十五
年(1760)刻同治四年(1865)增補刻本　十冊

210000－0701－0018837　027817

[同治]蓮花廳志八卷首一卷末一卷　（清）李
其昌纂修　（清）張樹萱增訂　清乾隆二十五
年(1760)刻同治四年(1865)增補刻本　十冊

210000－0701－0018838　027819

[光緒]泰和縣志三十卷首一卷　（清）宋瑛修
（清）彭啟瑞等纂　（清）周之鏞續修　清光
緒四年(1878)周之鏞刻本　十六冊

210000－0701－0018839　027820

[同治]貴溪縣志十卷首一卷　（清）楊長傑修
（清）黃聯玉等纂　清同治十年(1871)刻本
十三冊

210000－0701－0018840　027821

[同治]貴溪縣志十卷首一卷　（清）楊長傑修
（清）黃聯玉等纂　清同治十年(1871)刻本
十三冊

210000－0701－0018841　027824

[同治]臨川縣志五十四卷首一卷末一卷
（清）童範儼修　（清）陳慶齡等纂　清同治九
年(1870)刻本　二十四冊

210000－0701－0018842　027826

[同治]饒州府志三十三卷首一卷　（清）錫德
修　（清）石景芬等纂　清同治十一年(1872)
刻本　三十二冊

210000－0701－0018843　027827

[同治]饒州府志三十三卷首一卷　（清）錫德
修　（清）石景芬等纂　清同治十一年(1872)
刻本　三十二冊

210000－0701－0018844　027828

[道光]高州府志十六卷　（清）黃安濤
（清）海壽等修　（清）潘眉纂　清道光七年
(1827)刻本　十六冊

210000－0701－0018845　027829

[道光]廉州府志三十六卷首一卷　（清）張堉
春修　（清）陳治昌等纂　清道光十三年
(1833)刻本　二十冊

210000－0701－0018846　027830

廣東新語二十八卷　（清）屈大均撰　清康熙
三十九年(1700)刻本　十六冊

210000－0701－0018847　027831

[光緒]廣州府志一百六十三卷　（清）戴肇辰
（清）蘇佩訓修　（清）史澄　（清）李光廷

纂　清光緒五年(1879)粤秀書院刻本　六
十册

210000－0701－0018848　027832
廣東省各府治詳說不分卷　(清)王起泰纂
清抄本　一册

210000－0701－0018849　027833
廣東輿地圖說十四卷首一卷　(清)李瀚章等
修　(清)廖廷相等纂　清宣統元年(1909)廣
東參謀處鉛印本　四册

210000－0701－0018850　027837
[道光]新會縣志十四卷首一卷　(清)林星章
修　(清)黃培芳　(清)曾釗纂　清道光二十
一年(1841)刻本　十二册

210000－0701－0018851　027838
[康熙]韶州府志十八卷　(清)唐宗堯修
(清)秦嗣美纂　清康熙二十六年(1687)刻本
十八册

210000－0701－0018852　027839
[嘉慶]三水縣志十六卷首一卷　(清)李友榕
(清)汪雲任修　(清)鄧雲龍　(清)董思
誠纂　清嘉慶二十四年(1819)刻本　八册

210000－0701－0018853　027840
[同治]三水縣志十二卷首一卷　(清)姜桐岡
修　(清)郭四維纂　清同治十一年(1872)刻
本　四册

210000－0701－0018854　027841
[光緒]石城縣志九卷首一卷末一卷　(清)蔣
廷桂修　(清)陳蘭彬等纂　清光緒十八年
(1892)刻本　八册

210000－0701－0018855　027842
[咸豐]瓊山縣志三十卷首一卷　(清)李文烜
修　(清)鄭文彩　(清)蔡藩纂　清咸豐七年
(1857)刻本　十八册

210000－0701－0018856　027843
[道光]瓊州府志四十四卷首一卷　(清)明誼
修　(清)張岳崧纂　清道光二十一年(1841)
刻本　二十一册

210000－0701－0018857　027844
[道光]瓊州府志四十四卷首一卷　(清)明誼
修　(清)張岳崧纂　清道光二十一年(1841)
刻本　二十六册

210000－0701－0018858　027845
[道光]香山縣志八卷首一卷附錄一卷　(清)
祝淮修　(清)黃培芳纂　清道光八年(1828)
刻本　八册　存九卷(一至四、六至八,首一
卷,附錄一卷)

210000－0701－0018859　027847
[光緒]香山縣志二十二卷　(清)田明曜修
(清)陳澧纂　清光緒五年(1879)刻本　十
八册

210000－0701－0018860　027849
[同治]番禺縣志五十四卷首一卷附錄一卷
(清)李福泰修　(清)史澄　(清)何若瑤纂
清同治十年(1871)刻本　十六册

210000－0701－0018861　027850
[咸豐]順德縣志三十三卷　(清)郭汝誠
(清)馮奉初修　清咸豐六年(1856)刻本　十
六册

210000－0701－0018862　027855
[光緒]化州志十二卷　(清)彭貽蓀　(清)
章毓桂修　(清)彭興瀛等纂　清光緒十六年
(1890)刻本　八册

210000－0701－0018863　027856
[道光]佛岡縣直隸軍民廳志四卷　(清)龔耿
光纂修　清咸豐元年(1851)刻本　八册

210000－0701－0018864　027857
[道光]佛山忠義鄉志十四卷　(清)吳榮光纂
清道光十一年(1831)刻本　七册

210000－0701－0018865　027858
[光緒]吳川縣志十卷首一卷　(清)毛昌善修
(清)陳蘭彬纂　清光緒十八年(1892)刻二
十三年(1897)印本　十册

210000－0701－0018866　027860
[道光]永安縣續志十卷首一卷　(清)孫義修

413

（清）陳樹蘭　（清）劉承美纂　清道光十三年（1833）刻本　四冊

210000－0701－0018867　027860

[雍正]永安縣志十卷首一卷　（清）裘樹榮等纂修　清道光十三年（1833）孫義增刻本　四冊

210000－0701－0018868　027861

[同治]石首縣志八卷　（清）朱榮實修　（清）傅如筠纂　清同治五年（1866）刻本　十二冊

210000－0701－0018869　027862

[嘉慶]澄海縣志二十六卷首一卷　（清）李書吉等纂修　清嘉慶二十年（1815）刻本　八冊

210000－0701－0018870　027863

[光緒]潮州府志四十二卷首一卷　（清）周碩勳纂修　清光緒十九年（1893）刻本　二十五冊

210000－0701－0018871　027865

[乾隆]澳門記略二卷首一卷末一卷　（清）印光任　（清）張汝霖纂　清嘉慶五年（1800）江寧藩署刻本　二冊

210000－0701－0018872　027866

[乾隆]海豐縣志十卷末一卷　（清）于卜熊修　（清）史本纂　清乾隆十五年（1750）刻本　四冊

210000－0701－0018873　027867

[乾隆]海豐縣志十卷末一卷　（清）于卜熊修　（清）史本纂　清乾隆十五年（1750）刻本　四冊

210000－0701－0018874　027868

[光緒]海陽縣志四十六卷首一卷　（清）盧蔚猷修　（清）吳道鎔纂　清光緒二十六年（1900）刻本　十二冊

210000－0701－0018875　027869

[道光]肇慶府志二十二卷首一卷　（清）屠英等修　（清）江藩等纂　清道光十三年（1833）刻本　二十冊

210000－0701－0018876　027870

[道光]肇慶府志二十二卷首一卷　（清）屠英等修　（清）江藩等纂　清道光十三年（1833）刻本　二十冊

210000－0701－0018877　027874

[道光]直隸南雄州志三十四卷首一卷　（清）余保純等修　（清）黃其勤纂　（清）戴錫倫續纂修　清道光四年（1824）刻本　十六冊

210000－0701－0018878　027875

[宣統]南海縣志二十六卷末一卷　清宣統二年（1910）刻本　十四冊

210000－0701－0018879　027876

[同治]南海縣志二十六卷首一卷　（清）鄭夢玉等修　（清）梁紹獻等纂　清同治十一年（1872）刻本　十二冊

210000－0701－0018880　027878

[乾隆]博羅縣志十四卷　（清）陳裔虞纂修　清乾隆二十八年（1763）刻本　六冊

210000－0701－0018881　027879

[康熙]惠州府志二十卷首一卷　（清）呂應奎等修　（清）黃振華等纂　清康熙二十七年（1688）刻本　十二冊

210000－0701－0018882　027889

[康熙]惠州府志二十卷首一卷　（清）呂應奎等修　（清）黃振華等纂　清康熙二十七年（1688）刻本　十二冊

210000－0701－0018883　027895

[嘉慶]東莞縣志四十六卷　（清）彭人傑（清）范文安修　（清）黃時沛等纂　清嘉慶二年（1797）刻本　八冊

210000－0701－0018884　027898

[光緒]曲江縣志十六卷　（清）張希京修（清）歐樾華　（清）馮翼之纂　清光緒元年（1875）刻本　八冊

210000－0701－0018885　027903

駐粵八旗志二十四卷首一卷　（清）長善等纂修　清光緒五年（1879）刻本　十六冊

210000 - 0701 - 0018886　027904

[乾隆]陸豐縣志十二卷　(清)王之正等修
(清)沈展才等纂　清乾隆十年(1745)刻本
十二冊

210000 - 0701 - 0018887　027908

[道光]陽春縣志十四卷首一卷　(清)陸向榮
等修　(清)劉彬華纂　清道光元年(1821)廣
州六書齋刻本　四冊

210000 - 0701 - 0018888　027910

[道光]陽山縣志十五卷首一卷　(清)陸向榮
等修　(清)劉彬華纂　清道光三年(1823)刻
本　十二冊

210000 - 0701 - 0018889　027912

[嘉慶]興寧縣志十二卷首一卷　(清)仲振履
纂修　(清)張鶴齡增修　(清)曾士梅增纂
清嘉慶十六年(1811)刻咸豐六年(1856)增補
本　十二冊

210000 - 0701 - 0018890　027913

桑園圍志十七卷　(清)何如銓纂　清光緒十
五年(1889)刻本　六冊

210000 - 0701 - 0018891　027916

[嘉慶]會同縣志十卷　(清)陳述芹纂修　清
康熙刻嘉慶二十五年(1820)遞修本　十冊

210000 - 0701 - 0018892　027918

[光緒]平樂縣志十卷　(清)全文炳修
(清)伍嘉猷　(清)羅正宗纂　清光緒十年
(1884)刻本　十冊

210000 - 0701 - 0018893　027919

[光緒]百色廳志八卷首一卷　(清)陳如金等
修　(清)華本松等纂　清光緒十七年(1891)
增刻本　四冊

210000 - 0701 - 0018894　027922

[光緒]上林縣志十卷首一卷末一卷　(清)徐
衡紳修　(清)周世德纂　清光緒二年(1876)
刻本　四冊

210000 - 0701 - 0018895　027923

[同治]象州志二卷　(清)李世椿修　(清)

鄭獻甫纂　清同治九年(1870)桂林鴻文堂刻
本　二冊

210000 - 0701 - 0018896　027924

灕江游草一卷　金武祥撰　清光緒二十三年
(1897)粟香室刻本　一冊

210000 - 0701 - 0018897　027926

[光緒]遷江縣志四卷　(清)顏嗣徽纂修　清
光緒十七年(1891)桂林書局刻本　四冊

210000 - 0701 - 0018898　027933

[康熙]雲南通志三十卷首一卷　(清)范承勳
(清)王繼文修　(清)吳自肅　(清)丁煒
纂　清康熙三十年(1691)刻本　二十四冊
存二十八卷(一至三、六至十五、十七至三十,
首一卷)

210000 - 0701 - 0018899　027934

[康熙]貴州通志三十七卷　(清)衛既齊修
(清)薛載德纂　清康熙三十六年(1697)刻本
二十四冊

210000 - 0701 - 0018900　027935

[乾隆]貴州通志四十六卷首一卷　(清)鄂爾
泰　(清)張廣泗修　(清)靖道謨　(清)杜
詮纂　清乾隆六年(1741)刻本　三十二冊

210000 - 0701 - 0018901　027936

[嘉慶]四川通志二百四卷首二十二卷　(清)
常明等修　(清)楊芳燦　(清)譚光祜等纂
清嘉慶二十一年(1816)刻本　一百四十冊

210000 - 0701 - 0018902　027937

[嘉慶]四川通志二百四卷首二十二卷　(清)
常明等修　(清)楊芳燦　(清)譚光祜等纂
清嘉慶二十一年(1816)刻本　一百六十冊

210000 - 0701 - 0018903　027938

[嘉慶]四川通志二百四卷首二十二卷　(清)
常明等修　(清)楊芳燦　(清)譚光祜等纂
清嘉慶二十一年(1816)刻本　一百五十九冊

210000 - 0701 - 0018904　027940

[光緒]廣州新志四十三卷首一卷　(清)周克
堃纂　清宣統二年(1910)刻民國十六年

(1927)廣安縣教育局印本　十冊

210000－0701－0018905　027946

[同治]新繁縣志十六卷首一卷　（清）張文珍　（清）李應觀修　（清）楊益豫等纂　清同治十二年(1873)新繁縣署刻本　八冊

210000－0701－0018906　027947

[道光]新都縣志十八卷首一卷　（清）張奉書等修　（清）張懷洵等纂　清道光二十四年(1844)尊經閣刻本　十冊

210000－0701－0018907　027952

[道光]石泉縣志十卷　（清）趙德林等修　（清）張沆等纂　清道光十四年(1834)刻本　十冊

210000－0701－0018908　027953

[道光]補輯石砫廳新志十二卷　（清）王槐齡纂修　清道光二十三年(1843)刻本　四冊

210000－0701－0018909　027955

[道光]西充縣志十四卷圖一卷　（清）高培轂修　（清）劉藻纂　清光緒元年(1875)刻本　六冊

210000－0701－0018910　027956

[光緒]雷波廳志三十六卷首一卷　（清）秦雲龍修　（清）萬科進纂　清光緒十九年(1893)錦屏書院刻民國二十七年(1938)補刻本　六冊

210000－0701－0018911　027960

[光緒]雙流縣志二卷　（清）彭琬等修　（清）吳特仁增訂　清光緒二十年(1894)刻民國二十一年(1932)補刻養正堂遺書本　八冊

210000－0701－0018912　027961

[光緒]雙流縣志二卷　（清）彭琬等修　（清）吳特仁增訂　清光緒二十年(1894)刻民國二十一年(1932)補刻養正堂遺書本　四冊

210000－0701－0018913　027963

[同治]仁壽縣志十五卷首一卷　（清）羅廷權等修　（清）馬凡若纂　清同治五年(1866)刻本　十四冊

210000－0701－0018914　027964

[道光]仁壽縣新志八卷　（清）馬百齡修　（清）魏崧　（清）鄭宗垣纂　清道光十七年(1837)刻本　八冊

210000－0701－0018915　027965

[光緒]補纂仁壽縣原志六卷末一卷　（清）翁植　（清）楊作霖等修　（清）陳韶湘纂　清光緒七年(1881)邑城公局刻本　七冊

210000－0701－0018916　027967

[嘉慶]邛州直隸州志四十六卷首一卷　（清）吳鞏修　（清）王來遴纂　清嘉慶二十三年(1818)刻本　十二冊

210000－0701－0018917　027968

[道光]重慶府志九卷　（清）王夢庚修　（清）寇宗纂　清道光二十三年(1843)刻本　十二冊

210000－0701－0018918　027969

[光緒]秀山縣志十四卷首一卷　（清）王壽松修　（清）李稽勳等纂　清光緒十七年(1891)刻本　四冊

210000－0701－0018919　027970

[光緒]增修崇慶州志十二卷首一卷　（清）沈恩培修　（清）胡麟等纂　清光緒三年(1877)刻本　十冊

210000－0701－0018920　027974

[嘉慶]樂山縣志十六卷首一卷　（清）龔傳黻纂修　清嘉慶十七年(1812)刻本　六冊

210000－0701－0018921　027976

綏靖屯志十卷首一卷　（清）李涵元修　（清）潘時彤纂　清道光五年(1825)刻本(卷首、卷一抄配)　六冊

210000－0701－0018922　027977

[嘉慶]峨眉縣志十卷首一卷　（清）王燮修　（清）張希縉　（清）張希翀纂　清嘉慶十八年(1813)峨眉縣署刻本　四冊

210000－0701－0018923　027978

[宣統]峨眉縣續志十卷圖一卷　（清）李錦成

修　(清)朱榮邦等纂　清宣統三年(1911)刻民國二十四年(1935)補刻本　五册

210000－0701－0018924　027979
[道光]樂至縣志十六卷首一卷　(清)裴顯忠修　(清)劉碩輔纂　清道光二十年(1840)賓興局刻同治八年(1869)補刻本　四册

210000－0701－0018925　027980
[光緒]續增樂至縣志四卷首一卷　(清)胡書雲修　(清)李星根等纂　清光緒九年(1883)賓興局刻本　三册

210000－0701－0018926　027981
[光緒]射洪縣志十八卷首一卷　(清)黄允欽等修　(清)羅錦城等纂　清光緒十年(1884)刻民國二十八年(1939)印本　十册

210000－0701－0018927　027982
[光緒]射洪縣志十八卷首一卷　(清)黄允欽等修　(清)羅錦城等纂　清光緒十年(1884)刻民國二十八年(1939)印本　十册

210000－0701－0018928　027983
[嘉慶]什邡縣志五十四卷　(清)紀大奎修　(清)林時春等纂　清嘉慶十八年(1813)刻道光十六年(1836)增刻本　十册

210000－0701－0018929　027983
[同治]續增什邡縣志五十四卷　(清)傅華桂修　(清)王璽尊等纂　清同治四年(1865)刻本　四册

210000－0701－0018930　027984
[道光]德陽縣新志十二卷首一卷末一卷　(清)裴顯忠修　(清)劉碩輔纂　清道光十七年(1837)刻本　六册

210000－0701－0018931　027985
[道光]德陽縣新志十二卷首一卷末一卷　(清)裴顯忠修　(清)劉碩輔纂　清道光十七年(1837)刻本　六册

210000－0701－0018932　027987
[嘉慶]犍爲縣志十卷首一卷　(清)王夢庚纂修　清嘉慶二十一年(1816)刻本　八册

210000－0701－0018933　027989
[道光]保寧府志六十二卷　(清)黎學錦　(清)徐雙桂等修　(清)史觀等纂　清道光元年(1821)刻二十三年(1843)補刻本　十六册

210000－0701－0018934　027991
綿竹縣鄉土志不分卷　(清)田明理　(清)黄尚毅纂修　清光緒三十四年(1908)刻本　一册

210000－0701－0018935　027994
[同治]郫縣志四十四卷　(清)陳慶熙修　(清)高升之等纂　清同治九年(1870)墨韻堂刻本　八册

210000－0701－0018936　027995
[光緒]酆都縣志四卷首一卷　(清)田秀栗　(清)徐濬鏞修　(清)徐昌緒纂　(清)蔣履泰增纂　清同治四年(1865)刻光緒十九年(1893)增刻本　六册

210000－0701－0018937　027999
[光緒]新修潼川府志三十卷　(清)阿麟修　(清)王龍勲等纂　清光緒二十三年(1897)刻本　十六册

210000－0701－0018938　028000
[光緒]新修潼川府志三十卷　(清)阿麟修　(清)王龍勲等纂　清光緒二十三年(1897)刻本　十六册

210000－0701－0018939　028008
[光緒]永川縣志十卷首一卷　(清)許曾蔭等修　(清)馬慎修等纂　清光緒二十年(1894)賓興公局刻本　十册

210000－0701－0018940　028010
[道光]安岳縣志十六卷首一卷　(清)濮瑗修　(清)周國頤纂　清道光十六年(1836)刻本　八册

210000－0701－0018941　028011
[光緒]續修安岳縣志四卷　(清)陳其寬修　(清)鄒宗垣等纂　清光緒二十三年(1897)刻本　四册

210000－0701－0018942　028012

[乾隆]富順縣志五卷首一卷　（清）段玉裁
（清）李芝纂修　清光緒八年(1882)釜江書社
刻本　五冊

210000－0701－0018943　028013

[乾隆]富順縣志五卷首一卷　（清）段玉裁
（清）李芝纂修　清光緒八年(1882)釜江書社
刻本　五冊

210000－0701－0018944　028015

[同治]富順縣志三十八卷　（清）羅廷權等修
（清）呂上珍等纂　清同治十一年(1872)刻
本　八冊

210000－0701－0018945　028016

[光緒]定遠縣志六卷　（清）姜由範等修
（清）王鏞等纂　清光緒元年(1875)刻　十
二冊

210000－0701－0018946　028023

[光緒]瀘州直隸州志十二卷　（清）田秀栗等
修　（清）華國清等纂　清光緒八年(1882)刻
本　十二冊

210000－0701－0018947　028026

[同治]渠縣志五十二卷首一卷　（清）何慶恩
修　（清）賈振麟　（清）金傳培纂　清同治三
年(1864)刻本　十四冊

210000－0701－0018948　028027

[光緒]梁山縣志十卷首一卷　（清）朱言詩等
纂修　清光緒二十年(1894)刻本　十冊

210000－0701－0018949　028028

[光緒]增修灌縣志十四卷首一卷　（清）莊思
恒修　（清）鄭珶山纂　清光緒十二年(1886)
刻民國三年(1914)楊端宇增補本　十冊

210000－0701－0018950　028029

[乾隆]灌縣志十二卷首一卷　（清）孫天寧纂
修　清乾隆五十一年(1786)刻本　六冊

210000－0701－0018951　028030

灌縣鄉土志二卷　（清）鍾文虎修　（清）徐昱
等纂　清光緒三十三年(1907)刻本　二冊

210000－0701－0018952　028031

[同治]續漢州志二十四卷首一卷補遺一卷
（清）張超等修　（清）曾履中　（清）張敏行
纂　清同治八年(1869)刻本　八冊

210000－0701－0018953　028032

[嘉慶]漢州志四十卷首一卷末一卷　（清）劉
長庚修　（清）侯肇元　（清）張懷泗纂　清嘉
慶二十二年(1817)刻本　十二冊

210000－0701－0018954　028033

[光緒]洪雅縣志十二卷首一卷　（清）郭世棻
修　（清）鄧敏修等纂　清光緒十年(1884)刻
本　五冊

210000－0701－0018955　028034

[嘉慶]洪雅縣志二十五卷首一卷　（清）王好
音修　（清）張桂等纂　清嘉慶十八年(1813)
刻本　七冊

210000－0701－0018956　028035

[嘉慶]清溪縣志四卷　（清）劉傳經修
（清）陳一沺纂　清嘉慶五年(1800)刻本
四冊

210000－0701－0018957　028040

[光緒]遂寧縣志六卷首一卷　（清）孫海等修
（清）李星根等纂　清光緒五年(1879)刻本
十冊

210000－0701－0018958　028041

[嘉慶]夾江縣志十二卷首一卷　（清）王佐纂
修　清嘉慶十八年(1813)刻光緒十四年
(1888)補版重印本　四冊

210000－0701－0018959　028043

[光緒]大寧縣志八卷首一卷　（清）高維嶽修
（清）魏遠猷等纂　清光緒十一年(1885)刻
本　八冊

210000－0701－0018960　028044

[道光]大竹縣志四十卷　（清）翟璟修
（清）王懷孟等纂　（清）蔡以修續修　（清）
劉漢昭等續纂　清道光二年(1822)刻本
六冊

210000－0701－0018961　028049

[道光]南江縣志三卷　（清）胡炳修　（清）彭暎纂　清道光七年(1827)刻本　三冊

210000－0701－0018962　028052

[同治]南溪縣志八卷　（清）福倫修　（清）胡元翔　（清）唐毓彤纂　清同治十三年(1874)校士館刻本　八冊

210000－0701－0018963　028056

[同治]嘉定府志四十八卷首一卷　（清）文良　（清）朱慶鏞等修　（清）陳堯采等纂　清同治三年(1864)刻本　十六冊

210000－0701－0018964　028057

[咸豐]重修梓潼縣志六卷　（清）張香海修（清）楊曦等纂　清咸豐八年(1858)刻本　六冊

210000－0701－0018965　028058

[嘉慶]彭山縣志六卷　（清）史欽義等纂修　清嘉慶十九年(1814)刻本　六冊

210000－0701－0018966　028059

[光緒]重修彭縣志十三卷首一卷末一卷補遺一卷　（清）張龍甲修　（清）呂調陽等纂　清光緒六年(1880)刻本　八冊

210000－0701－0018967　028061

[光緒]越嶲廳全志十二卷　（清）馬忠良修（清）馬湘等纂　孫鏘等續修　清光緒三十二年(1906)鉛印本　六冊

210000－0701－0018968　028062

[乾隆]塔子溝紀略十二卷　（清）哈達清格撰　清乾隆刻本　四冊

210000－0701－0018969　028063

[光緒]蒲江縣志五卷　（清）孫清士修（清）解璜　（清）徐元善纂　清光緒四年(1878)文昌宮刻本　五冊

210000－0701－0018970　028064

[道光]茂州志四卷首一卷　（清）楊迦懌等修（清）劉輔廷纂　清道光十一年(1831)刻本　四冊

210000－0701－0018971　028065

[光緒]蓬溪縣續志十四卷首一卷　（清）周學銘修　（清）熊祥謙等纂　清光緒二十五年(1899)刻本　四冊

210000－0701－0018972　028068

[道光]蓬溪縣志十六卷首一卷　（清）吳章祁等修　（清）顧士英等纂　清道光二十五年(1845)縣署刻本　八冊

210000－0701－0018973　028069

[道光]蓬溪縣志十六卷首一卷　（清）吳章祁等修　（清）顧士英等纂　清道光二十五年(1845)縣署刻本　八冊

210000－0701－0018974　028070

[光緒]蓬州志十五卷　（清）方旭修　（清）張禮杰等纂　清光緒二十三年(1897)刻本　三冊

210000－0701－0018975　028073

[同治]增修萬縣志三十六卷首一卷　（清）王玉鯨　（清）張琴等修　（清）范泰衡等纂　清同治五年(1866)刻本　十冊

210000－0701－0018976　028074

[同治]增修萬縣志三十六卷首一卷　（清）王玉鯨　（清）張琴等修　（清）范泰衡等纂　清同治五年(1866)刻本　十冊

210000－0701－0018977　028079

[嘉慶]華陽縣志四十四卷首一卷　（清）吳鞏　（清）董淳修　（清）潘時彤等纂　清嘉慶二十一年(1816)文昌宮刻光緒十八年(1892)補刻本　十六冊

210000－0701－0018978　028080

[嘉慶]華陽國志十二卷　（晉）常璩撰　補華陽國志三州郡縣目錄一卷　（清）廖寅撰　清嘉慶十九年(1814)題襟館刻本　六冊

210000－0701－0018979　028084

[同治]松潘記略不分卷　（清）何遠慶纂修　清同治十二年(1873)刻本　一冊

210000－0701－0018980　028086

[道光]中江縣新志八卷首一卷 （清）楊需修 （清）李福源 （清）范泰衡纂 清道光十九年(1839)刻本 六冊

210000－0701－0018981　028087

[光緒]青神縣志五十四卷首一卷 （清）郭世棻修 （清）文筆超等纂 清光緒三年(1877)刻本 六冊

210000－0701－0018982　028089

[道光]忠州直隸州志八卷首一卷 （清）吳友篪修 （清）熊履青纂 清道光六年(1826)刻本(卷三、八配抄本) 八冊

210000－0701－0018983　028090

[光緒]奉節縣志三十六卷首一卷 （清）曾秀翹修 （清）楊德坤等纂 清光緒十九年(1893)鉛印本(卷三十至三十五配抄本) 八冊

210000－0701－0018984　028091

[嘉慶]成都縣志六卷首一卷 （清）王泰雲修 （清）衷以壎等纂 （清）楊芳燦續纂 清嘉慶二十一年(1816)刻咸豐十年(1860)補刻本 六冊

210000－0701－0018985　028092

[同治]重修成都縣志十六卷首一卷 （清）李玉宣等修 （清）衷興鑑等纂 清同治十二年(1873)刻本 八冊

210000－0701－0018986　028093

[光緒]井研志四十二卷首一卷 （清）葉桂年等修 （清）吳嘉謨 （清）龔煦春纂 清光緒二十六年(1900)刻本 十二冊

210000－0701－0018987　028094

蜀典十二卷 （清）張澍纂 清光緒二年(1876)尊經書院刻本 四冊

210000－0701－0018988　028095

蜀典十二卷 （清）張澍纂 清光緒二年(1876)尊經書院刻本 四冊

210000－0701－0018989　028096

蜀典十二卷 （清）張澍纂 清光緒二年(1876)尊經書院刻本 四冊

210000－0701－0018990　028097

蜀典十二卷 （清）張澍纂 清光緒二年(1876)尊經書院刻本 四冊

210000－0701－0018991　028098

蜀典十二卷 （清）張澍纂 清光緒二年(1876)尊經書院刻本 四冊

210000－0701－0018992　028099

蜀典十二卷 （清）張澍纂 清光緒二年(1876)尊經書院刻本 四冊

210000－0701－0018993　028100

蜀故二十七卷 （清）彭遵泗纂 清光緒二十八年(1902)耕道齋刻本 六冊

210000－0701－0018994　028101

蜀故二十七卷 （清）彭遵泗纂 清光緒二年(1876)讀書堂刻本 八冊

210000－0701－0018995　028107

[咸豐]冕寧縣志十二卷首一卷末一卷 （清）李英粲修 （清）李昭纂 清咸豐七年(1857)刻本 十二冊

210000－0701－0018996　028108

[嘉慶]羅江縣志三十六卷 （清）李桂林等纂修 清嘉慶二十年(1815)刻同治四年(1865)印本 四冊

210000－0701－0018997　028108

[同治]續修羅江縣志二十四卷 （清）馬傳業修 （清）劉正慧等纂 清同治四年(1865)刻本 二冊

210000－0701－0018998　028109

[嘉慶]羅江縣志十卷 （清）李調元纂修 清嘉慶七年(1802)刻本 一冊

210000－0701－0018999　028110

[嘉慶]羅江縣志十卷 （清）李調元纂修 清嘉慶七年(1802)刻本 二冊

210000－0701－0019000　028112

[同治]續增黔江縣志一卷 （清）張銳堂修 （清）程尚川等纂 清同治三年(1864)刻本

一冊

210000－0701－0019001　028112

[咸豐]黔江縣志四卷首一卷　（清）張紹齡纂
修　清咸豐元年(1851)刻本　四冊

210000－0701－0019002　028113

[同治]璧山縣志十卷首一卷末一卷　（清）寇
用平修　（清）陳錦堂　（清）盧有徽纂　清同
治四年(1865)刻本　六冊

210000－0701－0019003　028114

[乾隆]雅州府志十六卷　（清）曹掄彬修
（清）曹掄翰纂　清乾隆四年(1739)刻嘉慶十
六年(1811)補刻本　十二冊

210000－0701－0019004　028115

[乾隆]雅州府志十六卷　（清）曹掄彬修
（清）曹掄翰纂　清乾隆四年(1739)刻嘉慶十
六年(1811)、光緒十三年(1887)補刻本　十
二冊

210000－0701－0019005　028120

長壽縣屬山河鄉屯道里清冊　清宣統元年
(1909)抄本　一冊

210000－0701－0019006　028121

[光緒]嶽池縣志二十卷首一卷　（清）何其泰
等修　（清）吳新德纂　清光緒元年(1875)刻
本　十冊

210000－0701－0019007　028122

[光緒]屏山縣續志二卷首一卷　（清）張九章
修　（清）陳藩垣纂　清光緒二十四年(1898)
刻本　二冊

210000－0701－0019008　028125

[咸豐]開縣志二十七卷首一卷　（清）朱肇奎
等修　（清）陳崑等纂　清咸豐三年(1853)刻
本　六冊

210000－0701－0019009　028128

[乾隆]巴縣志十七卷首一卷　（清）王爾鑑修
（清）王世沿等纂　清嘉慶二十五年(1820)
刻本　十二冊

210000－0701－0019010　028129

[光緒]興文縣志六卷首一卷　（清）江亦顯
（清）郭天章修　（清）黃相堯纂　清光緒十三
年(1887)刻民國二十五年(1936)重修本
四冊

210000－0701－0019011　028130

[光緒]興文縣志六卷首一卷　（清）江亦顯
（清）郭天章修　（清）黃相堯纂　清光緒十三
年(1887)刻本　九冊

210000－0701－0019012　028132

[咸豐]閬中縣志八卷　（清）徐繼鏞修
（清）李惺等纂　清咸豐元年(1851)刻本
四冊

210000－0701－0019013　028135

[道光]夔州府志三十六卷首一卷　（清）恩成
修　（清）劉德銓纂　清道光七年(1827)刻光
緒十七年(1891)補刻本　二十四冊

210000－0701－0019014　028137

[光緒]會理州續志二卷　（清）蔣金生修
（清）徐昱纂　清光緒三十一年(1905)刻本
一冊

210000－0701－0019015　028139

[同治]合江縣志五十四卷首一卷　（清）秦湘
修　（清）楊致道　（清）鄭國楹纂　（清）瞿
樹蔭等增修　（清）羅增垣等增纂　清嘉慶十
一年(1806)刻同治十年(1871)增刻本　十
二冊

210000－0701－0019016　028141

[同治]公安縣志八卷首一卷　（清）周承弼修
（清）王慰纂　清同治十三年(1874)刻本
八冊

210000－0701－0019017　028142

四川新設爐霍屯志略不分卷　（清）李之珂纂
修　清光緒三十二年(1906)鉛印本　二冊

210000－0701－0019018　028143

[光緒]銅梁縣志十六卷首一卷　（清）韓清桂
等修　（清）陳昌等纂　清光緒元年(1875)刻
本　八冊

210000 – 0701 – 0019019   028145

[同治]劍州志十卷 （清）李溶 （清）余文煥修 （清）李榕等纂 清同治十二年(1873)刻本 四冊

210000 – 0701 – 0019020   028146

[光緒]敘州府志四十三卷首一卷末一卷 （清）王麟祥修 （清）邱晉成等纂 清光緒二十二年(1896)刻本 二十八冊

210000 – 0701 – 0019021   028148

[光緒]簡州續志十四卷 （清）易家霖修 （清）傅為霖等纂 清光緒二十三年(1897)刻本 二冊

210000 – 0701 – 0019022   028148

[咸豐]簡州志十四卷 （清）濮瑗修 （清）黃樸 （清）陳治安纂 清咸豐三年(1853)刻本 十冊

210000 – 0701 – 0019023   028151

[道光]鄰水縣志六卷首一卷 （清）曾燦奎 （清）劉光第修 （清）甘家斌等纂 清道光十五年(1835)刻本 六冊

210000 – 0701 – 0019024   028152

[同治]營山縣志三十卷 （清）翁道均修 （清）熊毓藩等纂 清同治九年(1870)刻本 八冊

210000 – 0701 – 0019025   028154

[道光]榮縣志三十八卷首一卷 （清）王培荀等纂修 清道光二十五年(1845)刻本 八冊

210000 – 0701 – 0019026   028164

[乾隆]石屏州志八卷 （清）管學宣纂修 [乾隆]石屏州續志二卷 （清）呂纘先修 （清）羅元琦纂 清抄本（卷一配乾隆二十四年刻本） 十二冊

210000 – 0701 – 0019027   028166

雲南備徵志二十一卷 （清）王崧纂 清道光十一年(1831)刻本 十二冊 缺三卷(十八至二十)

210000 – 0701 – 0019028   028167

續雲南通志一百九十四卷首六卷 （清）王文韶 （清）魏光燾修 （清）唐炯等纂 清光緒二十六年(1900)四川嶽池刻本 一百冊

210000 – 0701 – 0019029   028168

[咸豐]鄧川州志十六卷首一卷末一卷 （清）鈕方圖修 （清）侯允欽纂 清咸豐三年(1853)楊炳鋥刻本 八冊

210000 – 0701 – 0019030   028171

[光緒]續順寧府志稿三十八卷 （清）黨蒙等修 （清）周宗洛纂 清末抄本 十二冊

210000 – 0701 – 0019031   028172

蠻書十卷 （唐）樊綽撰 清光緒桐廬袁氏刻漸西村舍彙刊本 一冊

210000 – 0701 – 0019032   028173

蠻書十卷 （唐）樊綽撰 清光緒桐廬袁氏刻漸西村舍彙刊本 一冊

210000 – 0701 – 0019033   028176

[光緒]永昌府志六十六卷首一卷 （清）劉毓珂等纂修 清光緒十一年(1885)刻民國二十五年(1936)保山輔文館印本 十四冊

210000 – 0701 – 0019034   028178

滇考二卷 （清）馮甦撰 清道光元年(1821)臨海宋氏刻台州叢書本 二冊

210000 – 0701 – 0019035   028179

滇考二卷 （清）馮甦撰 清道光元年(1821)臨海宋氏刻台州叢書本 二冊

210000 – 0701 – 0019036   028182

滇考二卷 （清）馮甦撰 清道光元年(1821)臨海宋氏刻台州叢書本 二冊

210000 – 0701 – 0019037   028186

滇南雜志二十四卷 （清）曹樹翹編 清光緒申報館鉛印申報館叢書本 十冊

210000 – 0701 – 0019038   028187

滇南雜志二十四卷 （清）曹樹翹編 清光緒申報館鉛印申報館叢書本 八冊

210000 – 0701 – 0019039   028189

滇繫不分卷 （清）師範纂 清光緒十三年

(1887)雲南通志局刻本　四十冊

210000－0701－0019040　028192

[道光]大姚縣志十六卷　（清）黎恂修
（清）劉榮黼纂　清末民國抄本　十二冊

210000－0701－0019041　028195

[光緒]呈貢縣志八卷　（清）朱若功修
（清）李明鎣續修　（清）李蔚文等續纂　清雍
正三年(1725)刻光緒十一年(1885)增刻本
十二冊

210000－0701－0019042　028197

[道光]昆明縣志十卷　（清）戴絅孫纂修　清
光緒二十七年(1901)文廟桂香樓刻本　六冊

210000－0701－0019043　028198

[道光]昆明縣志十卷　（清）戴絅孫纂修　清
光緒二十七年(1901)文廟桂香樓刻本　六冊

210000－0701－0019044　028199

[光緒]羅次縣志四卷　（清）胡毓麒修
（清）楊鍾璧纂　清光緒十三年(1887)刻本
八冊

210000－0701－0019045　028201

[光緒]全滇紀要不分卷　（清）雲南課吏館纂
清光緒三十一年(1905)鉛印本　十冊

210000－0701－0019046　028202

[光緒]黎平府志八卷首一卷　（清）俞渭修
（清）陳瑜纂　清光緒十八年(1892)黎平府志
書局刻本　十四冊

210000－0701－0019047　028203

[道光]遵義府志四十八卷首一卷　（清）平翰
等修　（清）鄭珍　（清）莫友芝纂　清道光二
十一年(1841)刻本　二十四冊

210000－0701－0019048　028209

[乾隆]貴州通志四十六卷首一卷　（清）鄂爾
泰　（清）張廣泗修　（清）靖道謨　（清）杜
詮纂　清乾隆六年(1741)刻本　二十四冊

210000－0701－0019049　028210

[乾隆]貴州通志四十六卷首一卷　（清）鄂爾
泰　（清）張廣泗修　（清）靖道謨　（清）杜

詮纂　清乾隆六年(1741)刻本　二十冊

210000－0701－0019050　028211

[乾隆]貴州通志四十六卷首一卷　（清）鄂爾
泰　（清）張廣泗修　（清）靖道謨　（清）杜
詮纂　清乾隆六年(1741)刻本　三十二冊

210000－0701－0019051　028213

黔書二卷　（清）田雯撰　清嘉慶十三年
(1808)刻本　四冊

210000－0701－0019052　028214

黔書二卷　（清）田雯撰　清刻本　六冊

210000－0701－0019053　028215

黔語二卷　（清）吳振棫撰　清刻本　一冊

210000－0701－0019054　028216

[乾隆]黔南識略三十二卷　（清）愛必達纂修
清道光二十七年(1847)刻本　六冊

210000－0701－0019055　028217

[乾隆]黔南識略三十二卷　（清）愛必達纂修
清道光二十七年(1847)刻本　四冊

210000－0701－0019056　028218

[道光]黔南職方紀略九卷　（清）羅繞典纂
清道光二十七年(1847)刻本　二冊

210000－0701－0019057　028223

西域總志四卷　（清）七十一撰　（清）周宅仁
輯　清嘉慶二十三年(1818)強恕堂刻本
四冊

210000－0701－0019058　028224

西域三種八卷　（清）徐松撰　清道光刻本
八冊

210000－0701－0019059　028225

新疆國界圖志八卷　王樹枏纂　清宣統元年
(1909)刻陶廬叢刻本　四冊

210000－0701－0019060　028228

突泉鄉土志一卷　清末民國抄本　一冊

210000－0701－0019061　028238

蒙古遊牧記十六卷　（清）張穆纂　清同治六
年(1867)刻本　四冊

210000－0701－0019062　028239

蒙古遊牧記十六卷　（清）張穆纂　清同治六年(1867)刻本　四册

210000－0701－0019063　028240

蒙古遊牧記十六卷　（清）張穆纂　清同治六年(1867)刻本　四册

210000－0701－0019064　028241

蒙古遊牧記十六卷　（清）張穆纂　清同治六年(1867)刻本　四册

210000－0701－0019065　028242

蒙古遊牧記十六卷　（清）張穆纂　清同治六年(1867)刻本　四册

210000－0701－0019066　028243

蒙古遊牧記十六卷　（清）張穆纂　清同治六年(1867)刻本　四册

210000－0701－0019067　028252

[康熙]西寧縣志八卷首一卷　（清）張充國纂修　清康熙五十一年(1712)刻本　四册

210000－0701－0019068　028268

赤水玄珠三十卷醫旨緒餘二卷　（明）孫一奎撰　明刻清印本　四十五册

210000－0701－0019069　028274

西藏通覽不分卷　（日本）山縣初男編　清宣統元年(1909)四川西藏研究會鉛印本　四册

210000－0701－0019070　028275

西藏通覽不分卷　（日本）山縣初男編　清宣統元年(1909)四川西藏研究會鉛印本　四册

210000－0701－0019071　028276

[光緒]西藏圖考八卷首一卷　（清）黃沛翹纂　清光緒二十年(1894)北平琉璃廠文友堂刻本　四册

210000－0701－0019072　028277

[光緒]西藏圖考八卷首一卷　（清）黃沛翹纂　清光緒十二年(1886)滇南李培榮刻本　四册

210000－0701－0019073　028278

[光緒]西藏圖考八卷首一卷　（清）黃沛翹纂　清光緒十二年(1886)滇南李培榮刻本　四册

210000－0701－0019074　028279

[光緒]西藏圖考八卷首一卷　（清）黃沛翹纂　清光緒十二年(1886)滇南李培榮刻本　四册

210000－0701－0019075　028280

[光緒]西藏圖考八卷首一卷　（清）黃沛翹纂　清光緒十二年(1886)滇南李培榮刻本　四册

210000－0701－0019076　028281

[光緒]西藏圖考八卷首一卷　（清）黃沛翹纂　清光緒十二年(1886)滇南李培榮刻本　四册

210000－0701－0019077　028282

[道光]西招圖略一卷附錄前藏至西寧路程一卷西藏圖說一卷附自成都至後藏路程一卷　（清）松筠纂　清道光二十七年(1847)刻西招五種本　二册

210000－0701－0019078　028283

西藏賦一卷　（清）和寧撰　清嘉慶二年(1797)刻本　一册

210000－0701－0019079　028284

西藏小識四卷　（清）單毓年撰　清末抄本　四册

210000－0701－0019080　028285

[嘉慶]衛藏通志十六卷首一卷　（清）和琳纂　清末石印本　八册

210000－0701－0019081　028286

[嘉慶]衛藏通志十六卷首一卷　（清）和琳纂　清末石印本　八册

210000－0701－0019082　028287

[嘉慶]衛藏通志十六卷首一卷　（清）和琳纂　清光緒二十一年(1895)漸西村舍刻漸西村舍彙刊本　八册

210000－0701－0019083　028288

[嘉慶]衛藏通志十六卷首一卷　（清）和琳纂

清光緒二十一年(1895)漸西村舍刻漸西村舍彙刊本　八冊

210000－0701－0019084　028289

[嘉慶]衛藏通志十六卷首一卷　(清)和琳纂
清光緒二十一年(1895)漸西村舍刻漸西村舍彙刊本　八冊

210000－0701－0019085　028290

衛藏圖識二卷　清刻本　二冊

210000－0701－0019086　028291

[雍正]藏紀概三卷　(清)李鳳彩纂　清光緒六年(1880)油印本　一冊

210000－0701－0019087　028293

鑪藏道里最新考不分卷　(清)張其勤撰　清光緒三十三年(1907)鉛印本　一冊

210000－0701－0019088　028298

亞細亞洲志一卷新志一卷　(清)學部編譯圖書局編　清光緒三十四年(1908)學部圖書局鉛印本　一冊

210000－0701－0019089　028299

琉球地理小志一卷琉球小志補遺一卷琉球說略一卷　(清)姚子樑譯　清光緒九年(1883)刻本　一冊

210000－0701－0019090　028306

中山傳信錄六卷　(清)徐葆光撰　清康熙六十年(1721)二友齋刻本　六冊

210000－0701－0019091　028316

中山傳信錄六卷　(清)徐葆光撰　清康熙六十年(1721)二友齋刻本　六冊

210000－0701－0019092　028318

使東述略一卷使東雜詠一卷　(清)何如璋撰　清刻本　一冊

210000－0701－0019093　028328

東航紀遊一卷　(清)李玆在撰　清光緒三十三年(1907)北京新學會社鉛印本　一冊

210000－0701－0019094　028330

扶桑兩月記一卷　羅振玉撰　清光緒二十八年(1902)教育世界社石印本　一冊

210000－0701－0019095　028336

四十日萬八千里之遊記不分卷　管鳳龢撰　清宣統二年(1910)圖書印刷所鉛印本　一冊

210000－0701－0019096　028337

日本地理志一卷　王國維譯　清光緒二十七年(1901)金粟齋譯書處鉛印本　一冊

210000－0701－0019097　028338

日本地理兵要十卷　姚文棟撰　清光緒十年(1884)總理衙門鉛印本　八冊

210000－0701－0019098　028339

日本國志四十卷首一卷　(清)黃遵憲撰　清光緒二十四年(1898)浙江書局刻本　十冊

210000－0701－0019099　028343

宣和奉使高麗圖經四十卷附錄一卷　(宋)徐兢撰　清乾隆、道光間長塘鮑氏刻知不足齋叢書本　四冊

210000－0701－0019100　028344

宣和奉使高麗圖經四十卷附錄一卷　(宋)徐兢撰　清乾隆、道光間長塘鮑氏刻知不足齋叢書本　三冊

210000－0701－0019101　028347

東藩紀要十二卷補錄一卷　(清)薛培榕編　清光緒八年(1882)上海申報舘鉛印本　四冊

210000－0701－0019102　028348

東藩紀要十二卷補錄一卷　(清)薛培榕編　清光緒八年(1882)上海申報舘鉛印本　四冊

210000－0701－0019103　028352

緬甸國志一卷英領緬甸志一卷緬甸新志一卷暹羅國志一卷布哈爾志一卷　(清)學部編譯圖書局編　清光緒三十三年(1907)學部圖書舘鉛印本　一冊

210000－0701－0019104　028356

安南志略十九卷　(越南)黎崱編　清光緒十年(1884)上海樂善堂鉛印本　四冊

210000－0701－0019105　028357

越南地輿圖說六卷越南全圖一卷　(清)盛慶紱纂　清光緒九年(1883)盛慶紱求忠堂刻本

一冊　存二卷(一至二)

210000－0701－0019106　028358

越南地輿圖說六卷越南全圖一卷　（清）盛慶
綏纂　清光緒九年(1883)盛慶綏求忠堂刻本
二冊

210000－0701－0019107　028366

阿達曼群島志一卷阿達曼群島新志一卷
（清）學部編譯圖書局編　清光緒三十四年
(1908)學部圖書局鉛印本　一冊

210000－0701－0019108　028367

俾路芝志一卷馬留士股志一卷紐吉尼亞島志
一卷西里伯島志一卷附新志一卷　（清）學部
編譯圖書局編　清光緒三十三年(1907)學部
圖書局鉛印本　一冊

210000－0701－0019109　028370

阿富汗土耳基斯坦志一卷阿富汗斯坦志一卷
附新志一卷土耳基斯坦志一卷東土耳基斯坦
志一卷　（清）學部編譯圖書局纂　清光緒三
十三年(1907)學部圖書局鉛印本　一冊

210000－0701－0019110　028371

波斯志一卷　（清）學部編譯圖書局編　清光
緒三十三年(1907)學部圖書局鉛印本　一冊

210000－0701－0019111　028372

亞拉伯志一卷亞拉伯新志一卷　（清）學部編
譯圖書局纂　清光緒三十三年(1907)學部圖
書局鉛印本　一冊

210000－0701－0019112　028373

小亞細亞志一卷　（清）學部編譯圖書局纂
清光緒三十三年(1907)學部圖書局鉛印本
一冊

210000－0701－0019113　028374

土耳基國志一卷土耳基新志一卷　（清）學部
編譯圖書局纂　清光緒三十三年(1907)學部
圖書局鉛印本　一冊

210000－0701－0019114　028375

歐遊隨筆二卷　（清）錢德培撰　清末民國初
木活字印本　二冊

210000－0701－0019115　028376

巴西國地理兵要一卷巴西政治考一卷　（清）
顧厚焜編　（清）鄭之驍譯　清光緒十五年
(1889)石印本　一冊

210000－0701－0019116　028376

俄遊彙編八卷　（清）繆祐孫撰　清光緒二十
一年(1895)上海江左書林石印本　四冊

210000－0701－0019117　028377

俄國新志八卷　（英國）傅蘭雅　（清）潘松譯
清光緒二十四年(1898)上海製造總局刻本
四冊

210000－0701－0019118　028378

異域錄一卷異域錄輿圖一卷　（清）圖理琛撰
清雍正元年(1723)刻本　四冊

210000－0701－0019119　028379

異域錄二卷　（清）圖理琛撰　清末刻本
二冊

210000－0701－0019120　028380

朔方備乘六十八卷首十二卷　（清）何秋濤纂
清光緒七年(1881)畿輔通志局刻本　四
十冊

210000－0701－0019121　028381

西比利亞志一卷西比利亞新志一卷　（清）學
部圖書局編　清光緒三十四年(1908)學部圖
書局鉛印本　一冊

210000－0701－0019122　028382

中亞洲俄屬遊記二卷　（英國）蘭士德撰
（清）莫鎮藩　（清）楊樞譯　清光緒二十年
(1894)鉛印本　二冊

210000－0701－0019123　028384

乘槎筆記一卷　（清）斌椿撰　天外歸帆草一
卷海國勝遊草一卷　（清）斌椿　（清）友松撰
清同治七年(1868)善成堂刻本　二冊

210000－0701－0019124　028385

各國時事類編十八卷　（清）沈純輯　清光緒
二十一年(1895)上海書局石印本　四冊

210000－0701－0019125　028387

亞斐利加洲志一卷亞斐利加洲新志一卷
（清）學部編譯圖書局編　清宣統元年（1909）
學部圖書局鉛印本　一冊

210000－0701－0019126　028388

英領開浦殖民地志一卷　（清）學部編譯圖書
局纂　清光緒三十四年（1908）學部圖書局鉛
印本　一冊

210000－0701－0019127　028389

遊歷加納大圖經八卷　（清）傅雲龍撰　清光
緒二十八年（1902）石印本　二冊

210000－0701－0019128　028390

遊歷加納大圖經八卷　（清）傅雲龍撰　清光
緒二十八年（1902）石印本　二冊

210000－0701－0019129　028391

遊歷加納大圖經八卷　（清）傅雲龍撰　清光
緒二十八年（1902）石印本　二冊

210000－0701－0019130　028392

遊歷加納大圖經八卷　（清）傅雲龍撰　清光
緒二十八年（1902）石印本　二冊

210000－0701－0019131　028393

遊歷加納大圖經八卷　（清）傅雲龍撰　清光
緒二十八年（1902）石印本　二冊

210000－0701－0019132　028394

遊歷加納大圖經八卷　（清）傅雲龍撰　清光
緒二十八年（1902）石印本　二冊

210000－0701－0019133　028395

遊歷加納大圖經八卷　（清）傅雲龍撰　清光
緒二十八年（1902）石印本　二冊

210000－0701－0019134　028396

遊歷加納大圖經八卷　（清）傅雲龍撰　清光
緒二十八年（1902）石印本　二冊

210000－0701－0019135　028397

遊歷加納大圖經八卷　（清）傅雲龍撰　清光
緒二十八年（1902）石印本　二冊

210000－0701－0019136　028398

遊歷加納大圖經八卷　（清）傅雲龍撰　清光
緒二十八年（1902）石印本　二冊

210000－0701－0019137　028400

使美紀略一卷　（清）陳蘭彬撰　清末民國初
鉛印本　一冊

210000－0701－0019138　028401

古巴雜記一卷　（清）譚乾初譯　清光緒十三
年（1887）中華印務總局鉛印本　一冊

210000－0701－0019139　028402

遊歷巴西國圖經十卷　（清）傅雲龍撰　清光
緒二十七年（1901）石印本　二冊

210000－0701－0019140　028403

遊歷巴西國圖經十卷　（清）傅雲龍撰　清光
緒二十七年（1901）石印本　二冊

210000－0701－0019141　028404

遊歷巴西國圖經十卷　（清）傅雲龍撰　清光
緒二十七年（1901）石印本　二冊

210000－0701－0019142　028405

遊歷巴西國圖經十卷　（清）傅雲龍撰　清光
緒二十七年（1901）石印本　二冊

210000－0701－0019143　028406

遊歷巴西國圖經十卷　（清）傅雲龍撰　清光
緒二十七年（1901）石印本　二冊

210000－0701－0019144　028407

秘遊隨錄一卷　（清）陳汝楨撰　清光緒三十
二年（1906）刻本　一冊

210000－0701－0019145　028408

遊歷秘魯圖經四卷　（清）傅雲龍撰　清光緒
二十七年（1901）石印本　二冊

210000－0701－0019146　028409

遊歷秘魯圖經四卷　（清）傅雲龍撰　清光緒
二十七年（1901）石印本　二冊

210000－0701－0019147　028410

遊歷秘魯圖經四卷　（清）傅雲龍撰　清光緒
二十七年（1901）石印本　二冊

210000－0701－0019148　028411

遊歷秘魯圖經四卷　（清）傅雲龍撰　清光緒
二十七年（1901）石印本　二冊

210000－0701－0019149　028412

遊歷秘魯圖經四卷　（清）傅雲龍撰　清光緒
二十七年(1901)石印本　二冊

210000－0701－0019150　028416

文文忠公事略四卷　（清）文祥等撰　清光緒
八年(1882)刻本　四冊

210000－0701－0019151　028417

文文忠公事略四卷　（清）文祥等撰　清光緒
八年(1882)刻本　四冊

210000－0701－0019152　028419

文獻徵存錄十卷　（清）錢林輯　（清）王藻編
　清咸豐八年(1858)有嘉樹軒刻本　十二冊

210000－0701－0019153　028420

文獻徵存錄十卷　（清）錢林輯　（清）王藻編
　清咸豐八年(1858)有嘉樹軒刻本　二冊
存二卷(一至二)

210000－0701－0019154　028421

大日本中興先覺志二卷　（日本）岡本監輔撰
　清光緒二十七年(1901)杭州開導社刻本
二冊

210000－0701－0019155　028424

外國列女傳八卷　陳壽彭譯　薛紹徽編　清
光緒二十九年(1903)江楚編譯局石印本
三冊

210000－0701－0019156　028426

鹿洲公案二卷　（清）藍鼎元撰　（清）曠敏本
評　清雍正十年(1732)刻鹿洲全集本　二冊

210000－0701－0019157　028426

平臺紀略一卷　（清）藍鼎元撰　（清）王者輔
評點　清雍正十年(1732)刻鹿洲全集本
一冊

210000－0701－0019158　028427

鹿洲公案二卷　（清）藍鼎元撰　清光緒七年
(1881)江州官舍刻本　二冊

210000－0701－0019159　028428

船山師友記十七卷首一卷　（清）羅正鈞輯
清光緒三十三年(1907)刻本　四冊

210000－0701－0019160　028432

高士傳三卷　（晉）皇甫謐撰　清光緒元年
(1875)湖北崇文書局刻本　一冊

210000－0701－0019161　028433

高士傳三卷　（晉）皇甫謐撰　清光緒元年
(1875)湖北崇文書局刻本　一冊

210000－0701－0019162　028434

高士傳三卷　（晉）皇甫謐撰　清光緒元年
(1875)湖北崇文書局刻三年(1877)印本
一冊

210000－0701－0019163　028436

高士傳三卷　（晉）皇甫謐撰　圖一卷　（清）
任熊繪　清咸豐八年(1858)蕭山王氏刻光緒
三年(1877)張氏印本　四冊

210000－0701－0019164　028437

清故團練大臣贈侍郎銜賜諡文敏國子監祭酒
王公家傳　（清）陳代卿撰　清刻本　一冊

210000－0701－0019165　028438

王思質葬錄不分卷　清刻本　一冊

210000－0701－0019166　028439

先考詔進階亞中大夫江西南安府知府文純巖
潭王公行實一卷先妣勅誥重封宜人左氏行實
一卷　（明）王文炯撰　清刻本　一冊

210000－0701－0019167　028442

高士傳三卷　（晉）皇甫謐撰　圖一卷　（清）
任熊繪　清咸豐八年(1858)蕭山王氏刻光緒
三年(1877)張氏印本　四冊

210000－0701－0019168　028442

於越先賢像傳贊二卷　（清）王齡撰　（清）任
熊繪　清咸豐六年(1856)蕭山王氏刻光緒三
年(1877)張氏印本　四冊

210000－0701－0019169　028443

高士傳三卷　（晉）皇甫謐撰　圖一卷　（清）
任熊繪　清咸豐八年(1858)蕭山王氏刻光緒
三年(1877)張氏印本　二冊

210000－0701－0019170　028443

於越先賢像傳贊二卷　（清）王齡撰　（清）任

熊繪　清咸豐六年(1856)蕭山王氏刻光緒三
年(1877)張氏印本　二冊

210000－0701－0019171　028447
唐書宰相世系表訂譌十二卷　(清)沈炳震撰
　清刻本　六冊

210000－0701－0019172　028448
追贈朝議大夫誥封光祿大夫建威將軍文公魯
齋陽谷殉難事實一卷　(清)趙達綸撰　清光
緒十九年(1893)石印本　一冊

210000－0701－0019173　028449
追贈朝議大夫誥封光祿大夫建威將軍文公魯
齋陽谷殉難事實一卷　(清)趙達綸撰　清光
緒十九年(1893)石印本　一冊

210000－0701－0019174　028450
辛酉記一卷　(清)張光烈撰　清光緒十六年
(1890)吳中旅邸刻本　一冊

210000－0701－0019175　028451
言子文學錄三卷首一卷末一卷　(周)言偃撰
　(清)言如泗輯　(清)言家駒補輯　清光緒
二十三年(1897)刻本　八冊

210000－0701－0019176　028457
詞科掌錄十七卷餘話七卷　(清)杭世駿撰
清乾隆道古堂刻本　十冊

210000－0701－0019177　028458
旌忠錄五卷　(清)陳祖確輯　(清)陳愈晪增
訂　清光緒五年(1879)四明陳氏木活字印本
　二冊

210000－0701－0019178　028459
高士傳三卷附圖一卷　(晉)皇甫謐撰　清咸
豐八年(1858)蕭山王氏刻光緒三年(1877)張
氏印本　四冊

210000－0701－0019179　028459
於越先賢像傳贊二卷　(清)王齡撰　(清)任
熊繪　清咸豐六年(1856)蕭山王氏刻光緒三
年(1877)張氏印本　四冊

210000－0701－0019180　028462
分巡松威道今陞直隸口北道藩參王公驄治績

紀略一卷　清康熙二十六年(1687)刻本
一冊

210000－0701－0019181　028463
皇清敕授文林郎內閣中書銜加三級紀錄四次
甯波府學教授顯考酈庭府君[許如瓚]行略
(清)許以鋆撰　清光緒三年(1877)刻本
一冊

210000－0701－0019182　028464
皇清誥授榮錄大夫江南河道總督庫倫辦事大
臣候補四品京堂顯考見亭府君行述　(清)崇
實　(清)崇厚撰　清刻本　一冊

210000－0701－0019183　028466
二百冊孝圖四卷　(清)胡文炳輯　清光緒五
年(1879)蘭石齋刻本　四冊

210000－0701－0019184　028469
正氣集十卷　(清)王式輯　清宣統三年
(1911)不讀非道書齋鉛印本　四冊

210000－0701－0019185　028470
正氣集十卷　(清)王式輯　清宣統三年
(1911)不讀非道書齋鉛印本　四冊

210000－0701－0019186　028471
玉池老人自敍一卷　(清)郭嵩燾撰　清光緒
十九年(1893)養知書屋刻本　一冊

210000－0701－0019187　028472
皇清誥授中憲大夫安徽甯池太廣兵備道并署
安徽按察使司按察使浙江委用道賞戴花翎加
四級隨帶加六級紀錄十次子美府君行狀
(清)王思寬等撰　清刻本　一冊

210000－0701－0019188　028476
皇清誥授朝議大夫四川甯遠府知府鄉謚孝敏
顯考春舫府君[王者政]行述　(清)王澤述
清同治二年(1863)刻本　一冊

210000－0701－0019189　028478
皇清敕授文林郎原任湖北鍾祥縣知縣誥封朝
議大夫雲南澂江府知府顯考雪舫王公[餘昌]
行述　(清)王厚慶等撰　清道光刻本　一冊

210000－0701－0019190　028479

元朝名臣事略十五卷　（元）蘇天爵撰　清光緒十三年(1887)王氏謙德堂刻畿輔叢書本　四冊

210000－0701－0019191　028480

兩浙名賢錄六十二卷　（明）徐象梅撰　清光緒二十六年(1900)浙江書局刻本　六十二冊

210000－0701－0019192　028481

孤忠錄二卷附錄一卷　（清）袁祖志輯　清光緒十二年(1886)上海文瑞樓刻本　三冊

210000－0701－0019193　028482

孤忠錄二卷附錄一卷　（清）袁祖志輯　清光緒十二年(1886)上海文瑞樓刻本　三冊

210000－0701－0019194　028483

孤忠錄二卷附一卷　（清）袁祖志輯　清光緒十二年(1886)萬選樓刻本　三冊

210000－0701－0019195　028484

孤忠錄二卷附一卷　（清）袁祖志輯　清光緒十二年(1886)萬選樓刻本　二冊

210000－0701－0019196　028488

貳臣傳十二卷逆臣傳四卷　清末刻本　八冊

210000－0701－0019197　028489

平湖殉難錄一卷　（清）彭潤章輯　清同治、光緒間刻本　一冊

210000－0701－0019198　028490

雷塘庵主[阮元]弟子記七卷　（清）張鑑等撰　清道光二十一年(1841)刻本　四冊

210000－0701－0019199　028491

雷塘庵主[阮元]弟子記八卷　（清）張鑑等撰　（清）柳興恩續撰　清刻本　四冊

210000－0701－0019200　028494

北學編四卷　（清）魏一鰲等輯　（清）尹會一（清）戈濤續輯　清道光二十四年(1844)孔慶鈺刻本　二冊

210000－0701－0019201　028496

皇清敕授修職郎晉授文林郎定海廳學教諭內閣中書舍人陞任嘉興府學教授覃恩加二級顯考米叔府君[張慶璜]行述　（清）張祚安撰

清光緒六年(1880)刻本　一冊

210000－0701－0019202　028497

張制軍[亮基]行狀一卷　清光緒三十一年(1905)張祖祐刻本　一冊

210000－0701－0019203　028498

誥授振威將軍記名提督廣西右江鎮總兵捍勇巴圖魯追贈太子少保衛予諡勇烈敕建專祠世襲騎都尉兼一雲騎尉張公[樹珊]行狀　（清）錢鼎銘撰　清刻本　一冊

210000－0701－0019204　028499

例授文林郎正黃旗漢官學教習揀選知縣誥封奉政大夫翰林院編修加四級累封通議大夫正三品銜山東郡補道顯祖考鐵峯府君行狀一卷　（清）張鵬翼述　清光緒刻本　一冊

210000－0701－0019205　028500

皇清誥授中憲大夫晉贈通議大夫花翎道員用原任浙江湖州府知府字慰農瑞公[春]行畧一卷　（清）謝祖源撰　清光緒刻本　一冊

210000－0701－0019206　028501

皇清誥授中憲大夫晉贈通議大夫花翎道員用原任浙江湖州府知府字慰農瑞公[春]行畧一卷　（清）謝祖源撰　清光緒刻本　一冊

210000－0701－0019207　028504

聖賢像贊不分卷　（明）冠洋子輯　清光緒四年(1878)孔憲蘭曲阜會文堂刻本　四冊

210000－0701－0019208　028505

碧血錄五卷　（清）莊仲方撰　（清）夏鸞翔繪圖　清光緒八年(1882)上海同文書局石印本　五冊

210000－0701－0019209　028506

碧血錄五卷　（清）莊仲方撰　（清）夏鸞翔繪圖　清光緒八年(1882)上海同文書局石印本　五冊

210000－0701－0019210　028507

碧血錄五卷　（清）莊仲方撰　（清）夏鸞翔繪圖　清光緒八年(1882)上海同文書局石印本　十冊

210000－0701－0019211　028508

碧血錄五卷　（清）莊仲方撰　（清）夏鸞翔繪圖　清光緒八年(1882)上海同文書局石印本　五冊

210000－0701－0019212　028509

碧血錄五卷　（清）莊仲方撰　（清）夏鸞翔繪圖　清光緒八年(1882)上海同文書局石印本　五冊

210000－0701－0019213　028510

碑傳集一百六十卷首二卷末二卷　（清）錢儀吉輯　（清）黃彭年編訂　清光緒十九年(1893)江蘇書局刻本　六十冊

210000－0701－0019214　028511

碑傳集一百六十卷首二卷末二卷　（清）錢儀吉輯　（清）黃彭年編訂　清光緒十九年(1893)江蘇書局刻本　六十冊

210000－0701－0019215　028512

碑傳集一百六十卷首二卷末二卷　（清）錢儀吉輯　（清）黃彭年編訂　清光緒十九年(1893)江蘇書局刻本　六十冊

210000－0701－0019216　028513

碑傳集一百六十卷首二卷末二卷　（清）錢儀吉輯　（清）黃彭年編訂　清光緒十九年(1893)江蘇書局刻本　五十六冊　缺九卷（七至十一、十四至十五、二十四至二十五）

210000－0701－0019217　028517

[光緒]江油縣志二十四卷　（清）武丕文修（清）歐培槐等纂　清光緒二十九年(1903)刻本　六冊

210000－0701－0019218　028519

續碑傳集八十六卷首二卷　繆荃孫輯　清宣統二年(1910)江楚編譯書局刻本　二十四冊

210000－0701－0019219　028520

續碑傳集八十六卷首二卷　繆荃孫輯　清宣統二年(1910)江楚編譯書局刻本　二十四冊

210000－0701－0019220　028521

政學錄初彙八卷　（清）陸言輯　清道光十三

年(1833)無錫鄒鳴鶴刻本　八冊

210000－0701－0019221　028522

壬癸志稿二十八卷　（清）錢寶琛撰　清光緒六年(1880)刻錢頤壽中丞全集續編本　四冊

210000－0701－0019222　028523

岑襄勤公[毓英]勳德介福圖一卷　（清）岑春榮等輯　清光緒十七年(1891)石印本　一冊

210000－0701－0019223　028524

皇清例授文林郎例晉儒林郎光祿寺署正銜截取知縣顯考幼竹府君[盧傑]行述一卷　（清）盧友焜　（清）盧友熺撰　清光緒刻本　一冊

210000－0701－0019224　028525

衍慶錄[額宜都]十卷　（清）愛必達輯　清乾隆十一年(1746)刻本　二冊

210000－0701－0019225　028526

虞陽旄表姓氏錄五卷　（清）許家瑞等輯　**續錄十卷**　（清）許家瑞等輯　（清）李廣文等續輯　**三錄三卷**　（清）狄嘉麟等輯　清同治七年至光緒二十一年(1868－1895)虞陽節孝總祠刻本　八冊

210000－0701－0019226　028527

國史列傳一卷崇祀鄉賢祿一卷　清光緒刻本　一冊

210000－0701－0019227　028528

勒授儒林郎光祿寺署正銜特用訓導道光丁酉科拔貢庚子科副榜蘇公[源生]崇祀鄉賢錄一卷　清光緒六年(1880)刻本　一冊

210000－0701－0019228　028529

崇川書香錄不分卷　（清）袁景星　（清）劉長華輯　清同治崇川劉氏刻民國十五年(1926)海寧陳氏慎初堂印崇川劉氏叢書本　四冊

210000－0701－0019229　028534

皇清誥封資政大夫禮部侍郎顯考嵩厓景公府君行畧述一卷　（清）景崴撰　清末抄本　一冊

210000－0701－0019230　028535

任學士功績錄一卷　曹允源等撰　清光緒二

十一年(1895)刻本 一冊

210000－0701－0019231 028538
國朝先正事略六十卷 （清）李元度輯 清刻
光緒二十六年(1900)兩儀堂印本 二十冊

210000－0701－0019232 028539
國朝先正事略六十卷 （清）李元度輯 清刻
光緒二十六年(1900)兩儀堂印本 三十二冊

210000－0701－0019233 028540
國朝先正事略六十卷 （清）李元度輯 清刻
光緒二十六年(1900)兩儀堂印本 三十二冊

210000－0701－0019234 028541
國朝先正事略六十卷 （清）李元度輯 清同
治五年(1866)刻本 二十冊

210000－0701－0019235 028542
國朝先正事略六十卷 （清）李元度輯 清同
治五年(1866)刻本 二十四冊

210000－0701－0019236 028543
國朝先正事略六十卷 （清）李元度輯 清刻
本 二十四冊

210000－0701－0019237 028544
國朝先正事略六十卷 （清）李元度輯 清光
緒二十一年(1895)上海點石齋石印本 八冊

210000－0701－0019238 028545
國朝先正事略六十卷 （清）李元度輯 清光
緒二十五年(1899)上海圖書集成印書局鉛印
本 八冊

210000－0701－0019239 028545
中興名臣事略八卷 朱孔彰撰 清光緒二十
五年(1899)上海圖書集成印書局鉛印本 一
冊 存四卷(一至四)

210000－0701－0019240 028546
國朝先正事略六十卷 （清）李元度輯 清光
緒二十五年(1899)上海圖書集成印書局鉛印
本 八冊

210000－0701－0019241 028546
中興名臣事略八卷 朱孔彰撰 清光緒二十
五年(1899)上海圖書集成印書局鉛印本

二冊

210000－0701－0019242 028547
國朝先正事略六十卷 （清）李元度撰 清光
緒二十五年(1899)上海圖書集成印書局鉛印
本 八冊

210000－0701－0019243 028547
中興名臣事略八卷 朱孔彰撰 清光緒二十
五年(1899)上海圖書集成印書局鉛印本
四冊

210000－0701－0019244 028548
國朝先正事略六十卷 （清）李元度輯 清光
緒二十五年(1899)上海圖書集成印書局鉛印
本 八冊

210000－0701－0019245 028549
國朝先正事略補編二卷 （清）李元度輯 清
光緒十一年(1885)敦懷書屋刻本 二冊

210000－0701－0019246 028553
先光祿公事略一卷 （清）徐樹銘等撰 清光
緒刻本 一冊

210000－0701－0019247 028554
續碑傳集八十六卷首二卷 繆荃孫輯 清宣
統二年(1910)江楚編譯書局刻本 二十四冊

210000－0701－0019248 028556
**皇清誥授榮祿大夫追贈右都御史二品頂戴江
南淮徐揚海兵備道朱公[善張]崇祀名宦鄉賢
錄一卷** 清末刻本 一冊

210000－0701－0019249 028557
續碑傳集八十六卷首二卷 繆荃孫輯 清宣
統二年(1910)江楚編譯書局刻本 二十四冊

210000－0701－0019250 028558
續碑傳集八十六卷首二卷 繆荃孫輯 清宣
統二年(1910)江楚編譯書局刻本 二十四冊

210000－0701－0019251 028560
純德彙編七卷首一卷 （清）董華鈞輯 **續刻
一卷** （清）董景沛輯 清嘉慶二十三年
(1818)春暉堂刻本 四冊

210000－0701－0019252 028561

純德彙編七卷首一卷　（清）董華鈞輯　續刻一卷　（清）董景沛輯　清嘉慶二十三年(1818)春暉堂刻本　四冊

210000－0701－0019253　028562
純德彙編七卷首一卷　（清）董華鈞輯　續刻一卷　（清）董景沛輯　清嘉慶二十三年(1818)春暉堂刻本　八冊

210000－0701－0019254　028565
息園舊德錄一卷　（清）胡念萱輯　清光緒二十六年(1900)刻鵠齋叢書本　一冊

210000－0701－0019255　028566
吳郡名賢圖傳贊二十卷　（清）顧沅輯　清道光九年(1829)長洲顧氏刻本　八冊

210000－0701－0019256　028567
吳郡名賢圖傳贊二十卷　（清）顧沅輯　清道光九年(1829)長洲顧氏刻本　八冊

210000－0701－0019257　028571
皇清儀徵廩監生奉旨旌卹入祀忠義祠先考玉才府君[程兆棟]行述一卷　（清）程守謙述　清咸豐八年(1858)刻本　一冊

210000－0701－0019258　028573
伊爾根覺羅氏家傳一卷　（清）鄂恒撰　清咸豐四年(1854)刻本　一冊

210000－0701－0019259　028575
江忠烈公[忠源]行狀一卷　（清）左宗棠撰　（清）郭嵩燾撰　江壯節公[君]行狀一卷　（清）鄧瑤撰　清同治十二年(1873)刻本　一冊

210000－0701－0019260　028577
皇清誥授朝議大夫福建漳州府知府署理浙江寧紹臺兵備道特用六部員外郎顯考葉塘府君[畢所謂]行述一卷　（清）畢以齡等撰　清道光刻本　一冊

210000－0701－0019261　028578
宋忠定趙周王[汝愚]別錄八卷附刻一卷　葉德輝輯　清光緒三十四年(1908)長沙葉氏刻本　四冊

210000－0701－0019262　028579
欽定宗室王公功績表傳十二卷首一卷　（清）阿桂等纂　清京都琉璃廠刻本　十冊

210000－0701－0019263　028580
多忠勇公勤勞錄四卷　（清）雷正綰纂　清光緒元年(1875)固原提署刻本　四冊

210000－0701－0019264　028581
皇清誥贈資政大夫蒼溪倪公[承弼]崇祀鄉賢錄一卷年譜一卷　（清）倪寶璜輯　清同治七年(1868)刻本　一冊

210000－0701－0019265　028583
伊壯湣公事實四卷　（清）盛福輯　清同治五年(1866)刻本　二冊

210000－0701－0019266　028584
皇清誥封中憲大夫吏部文選司主事加四級特恩晉封通議大夫吏部驗封司郎中顯考幼宣府君[鮑上傳]行述　（清）鮑心增等撰　清光緒三十四年(1908)刻本　一冊

210000－0701－0019267　028586
船山師友記十七卷首一卷　（清）羅正鈞輯　清光緒三十三年(1907)刻本　四冊

210000－0701－0019268　028587
名宦錄一卷　（清）馬家鼎　（清）馬家彥輯　清光緒二十三年(1897)馬氏刻本　一冊

210000－0701－0019269　028588
繩枻齋[蔣攸銛]年譜二卷　（清）蔣攸銛撰　（清）蔣霨遠附注　清道光十五年(1835)蔣霨遠刻本　二冊

210000－0701－0019270　028589
徐用儀事略一卷　清光緒刻本　一冊

210000－0701－0019271　028590
誥授光祿大夫致仕太子太傅武英殿大學士賞食全俸贈太保予諡文靖顯考佩蘅府君[寶鋆]行述一卷　（清）景灃撰　清光緒十八年(1892)刻本　一冊

210000－0701－0019272　028591
繪圖歷代神仙傳二十四卷　清宣統元年

（1909）上海掃葉山房石印本　八冊

210000－0701－0019273　028593

誥贈朝議大夫予雲騎尉世職寶君家傳一卷誥
封太恭人旌表節孝寶母張太恭人家傳一卷
（清）俞樾撰　清光緒二十八年（1902）刻本
一冊

210000－0701－0019274　028594

宋儒袁正獻公從祀錄六卷　清末刻本　一冊

210000－0701－0019275　028595

庚生府君［吳嶼］行略一卷　（清）吳保鐸撰
清光緒吳氏刻本　一冊

210000－0701－0019276　028596

宋名臣言行錄　（宋）朱熹撰　（宋）□□輯
（清）顧廣圻校　清道光元年（1821）洪氏積學
堂刻本　六冊　缺三十七卷（五朝名臣言行
錄十卷、三朝名臣言行錄十四卷、四朝名臣言
行錄下卷一至十三）

210000－0701－0019277　028597

浙江忠義錄十卷　清同治七年（1868）浙江採
訪忠義總局刻本　四冊

210000－0701－0019278　028598

浙江忠義錄十卷表八卷又一卷續編二卷續表
九卷　（清）浙江採訪忠義總局編　清光緒元
年（1875）浙江採訪忠義總局刻本　三十二冊

210000－0701－0019279　028599

浙江忠義錄十卷續編二卷表八卷又一卷續表
九卷　（清）浙江採訪忠義總局編　清光緒元
年（1875）浙江採訪忠義總局刻本　三十一冊
缺二卷（續職官表一卷、士續表上半卷）

210000－0701－0019280　028600

滿洲名臣傳四十八卷　（清）國史館編　清京
都琉璃廠榮錦書坊木活字印本　四十六冊
存四十六卷（一至十五、十七至十九、二十一
至四十八）

210000－0701－0019281　028601

滿洲名臣傳四十八卷　清刻本　四十八冊

210000－0701－0019282　028602

滿洲名臣傳四十八卷目錄一卷　清刻本　九
十六冊

210000－0701－0019283　028603

滿洲名臣傳四十八卷　清刻本　四十八冊

210000－0701－0019284　028605

［宣統］奉天省靖安縣志不分卷　（清）朱佩蘭
纂修　清宣統元年（1909）抄本　一冊

210000－0701－0019285　028606

漢名臣傳三十二卷　（清）國史館編　清刻本
三十二冊

210000－0701－0019286　028607

漢名臣傳三十二卷　（清）國史館編　清刻本
三十二冊

210000－0701－0019287　028608

漢壽亭侯遺集二卷首一卷漢壽亭侯外集三卷
（清）陳敬璋輯　清刻本　一冊

210000－0701－0019288　028612

滿洲名臣傳四十八卷漢名臣傳三十二卷
（清）國史館編　清京都琉璃廠榮錦書坊木活
字印本　六十四冊

210000－0701－0019289　028613

誥封榮祿大夫一品封典賞戴花翎二品頂戴前
河南按察使司按察使加四級軍功隨帶加六級
顯考汝舟府君暨誥封一品夫人旌表存行顯妣
陸夫人行述一卷　（清）洪大樾等述　清光緒
三年（1877）刻本　一冊

210000－0701－0019290　028621

定海遺愛錄一卷附錄一卷　（清）□□撰　清
光緒繆氏刻雲自在龕叢書本　一冊

210000－0701－0019291　028623

湖海詩傳小傳六卷　（清）王昶撰　清光緒四
年（1878）上海淞隱閣鉛印本　二冊

210000－0701－0019292　028624

凝香室鴻雪因緣圖記二卷　（清）麟慶撰　題
詞二卷　（清）戈載撰　清道光十八年至二十
一年（1838－1841）雲蔭堂刻本　二冊

210000－0701－0019293　028625

凝香室鴻雪因緣圖記一集二卷二集二卷三集二卷 （清）麟慶撰 清道光二十七年(1847) 揚州刻本 六冊

210000－0701－0019294 028626

凝香室鴻雪因緣圖記一集二卷二集二卷三集二卷 （清）麟慶撰 清道光二十七年(1847) 揚州刻本 十二冊

210000－0701－0019295 028627

凝香室鴻雪因緣圖記一集二卷二集二卷三集二卷 （清）麟慶撰 清道光二十七年(1847) 揚州刻本 六冊

210000－0701－0019296 028628

凝香室鴻雪因緣圖記一集二卷二集二卷三集二卷 （清）麟慶撰 清道光二十七年(1847) 揚州刻本 六冊

210000－0701－0019297 028629

凝香室鴻雪因緣圖記一集二卷二集二卷三集二卷 （清）麟慶撰 清道光二十七年(1847) 揚州刻本 六冊

210000－0701－0019298 028630

凝香室鴻雪因緣圖記一集二卷二集二卷三集二卷 （清）麟慶撰 清道光二十七年(1847) 揚州刻本 六冊

210000－0701－0019299 028631

凝香室鴻雪因緣圖記一集二卷二集二卷三集二卷 （清）麟慶撰 清道光二十七年(1847) 揚州刻本 六冊

210000－0701－0019300 028632

凝香室鴻雪因緣圖記一集二卷二集二卷三集二卷 （清）麟慶撰 清道光二十七年(1847) 揚州刻本 六冊

210000－0701－0019301 028633

凝香室鴻雪因緣圖記一集二卷二集二卷三集二卷 （清）麟慶撰 清道光二十七年(1847) 揚州刻本 六冊

210000－0701－0019302 028634

凝香室鴻雪因緣圖記一集二卷二集二卷三集

二卷 （清）麟慶撰 清道光二十七年(1847) 揚州刻本 六冊

210000－0701－0019303 028635

凝香室鴻雪因緣圖記一集二卷二集二卷三集二卷 （清）麟慶撰 清光緒十二年(1886)上海點石齋石印本 六冊

210000－0701－0019304 028636

凝香室鴻雪因緣圖記一集二卷二集二卷三集二卷 （清）麟慶撰 清光緒二十二年(1896)上海點石齋石印本 六冊

210000－0701－0019305 028640

海岱史略一百四十卷附錄十卷 （清）王馭超輯 清刻本 二十四冊

210000－0701－0019306 028641

海岱史略一百四十卷附錄十卷 （清）王馭超輯 清刻本 二十四冊

210000－0701－0019307 028642

海城李公[秉衡]勤王紀略一卷 朱祖懋撰 清光緒二十九年(1903)鉛印本 一冊

210000－0701－0019308 028648

海東逸史十八卷 題(清)翁洲老民撰 清光緒邵武徐榦刻邵武徐氏叢書本 一冊

210000－0701－0019309 028649

祥符劉觀察名宦錄一卷 清光緒刻本 一冊

210000－0701－0019310 028650

逆臣傳四卷 清善成堂刻本 二冊

210000－0701－0019311 028651

逆臣傳四卷貳臣傳十二卷 清刻本 八冊

210000－0701－0019312 028652

逆臣傳四卷貳臣傳十二卷 清刻本 八冊

210000－0701－0019313 028653

貳臣傳八卷 清刻本 四冊

210000－0701－0019314 028653

逆臣傳二卷 清刻本 二冊

210000－0701－0019315 028657

太常袁公行略一卷 袁允櫺等輯 清光緒三

十一年(1905)石印本　　一冊

210000－0701－0019316　028658

顯考查浦府君行述一卷　　（清）查學　（清）查開撰　清抄本　　一冊

210000－0701－0019317　028661

南湖舊話六卷　（清）李延昰撰　清嘉慶二十三年(1818)張氏書三味樓刻本　一冊　存三卷(四至六)

210000－0701－0019318　028667

古品節錄六卷　（清）松筠撰　清嘉慶四年(1799)刻本　二冊

210000－0701－0019319　028668

古品節錄六卷　（清）松筠撰　清宣統二年(1910)守政書局刻本　六冊

210000－0701－0019320　028669

古今楹聯彙刻小傳十二卷首一卷外集一卷
吳隱輯　清光緒三十二年(1906)西泠印社刻宣統三年(1911)印本　二冊

210000－0701－0019321　028674

貳臣傳十二卷　清善成堂刻本　六冊

210000－0701－0019322　028675

貳臣傳二十卷　清末木活字印本　五冊

210000－0701－0019323　028675

逆臣傳八卷　清末木活字印本　二冊

210000－0701－0019324　028676

皇清誥授資政大夫覃恩晉封榮祿大夫三品銜廣東補用道加七級先考友梅府君[戴肇辰]行述一卷　（清）戴燮元　（清）戴惠元輯　清光緒刻本　　一冊

210000－0701－0019325　028677

范文正公集補編五卷范文正公褒賢集五卷
清道光十年(1830)歲寒堂刻本　　六冊

210000－0701－0019326　028678

夢跡圖一卷　（清）寶琳繪　清光緒上海點石齋石印本　二冊

210000－0701－0019327　028679

草莽私乘一卷　（明）陶宗儀輯　清光緒十五年(1889)新陽趙氏刻二十五年(1899)重校本　一冊

210000－0701－0019328　028680

英果敏公碑傳集五種　（清）英壽輯　清光緒十年(1884)刻本　　五冊

210000－0701－0019329　028681

姑蘇名賢小紀二卷　（明）文震孟撰　清光緒九年(1883)長洲蔣氏心矩齋刻心矩齋叢書本　一冊

210000－0701－0019330　028682

世篤忠貞錄不分卷　（清）榮祿　（清）蔭祿等輯　清刻本　一冊

210000－0701－0019331　028683

黃文貞公忠節紀略四卷首一卷　（清）柯自遂輯　（清）劉瑞芬重編　清光緒元年(1875)刻本　二冊

210000－0701－0019332　028684

黃孝子紀程二卷　（清）黃向堅撰　黃孝子傳一卷　（清）歸莊撰　清長塘鮑氏刻知不足齋叢書本　一冊

210000－0701－0019333　028685

誥封中憲大夫翰林院待詔太學生養齋府君行述　（清）黃雲冕撰　清宣統二年(1910)刻本　一冊

210000－0701－0019334　028686

先考仲丹府君[杜貴墀]行略　（清）杜幼穌等撰　清光緒二十七年(1901)刻本　一冊

210000－0701－0019335　028687

省身錄六卷　（清）王恕撰　清宣統三年(1911)金陵鉛印本　二冊

210000－0701－0019336　028692

楊時齋宮保中外勤勞錄一卷　（清）楊芳撰　清道光宮保府刻本　一冊

210000－0701－0019337　028693

皇清誥授光祿大夫太子太保一等昭勇侯予告陝甘總督晉贈太子太傅兵部尚書諡忠武顯考

時齋府君行述一卷　（清）楊國佐　（清）楊國槙撰　清道光名山閣刻本　一冊

210000－0701－0019338　028694

楊忠湣公遺書不分卷　（明）楊繼盛撰　清道光三十年(1850)張氏文會堂刻本　一冊

210000－0701－0019339　028695

楊忠湣公遺書不分卷　（明）楊繼盛撰　清光緒十二年(1886)遐齡書舍刻本　一冊

210000－0701－0019340　028696

楊氏一門忠節錄五卷首一卷末一卷　（清）楊學泗輯　清道光二十六年(1846)木活字印本　二冊

210000－0701－0019341　028699

鶴徵錄八卷首一卷　（清）李集輯　（清）李富孫　（清）李遇孫續輯　後錄十二卷首一卷（清）李富孫輯　清嘉慶二年(1797)李氏漾葭老屋刻十五年(1810)續刻本　六冊　缺七卷（後錄六至十二）

210000－0701－0019342　028700

鶴徵錄八卷首一卷　（清）李集輯　（清）李富孫　（清）李遇孫續輯　後錄十二卷首一卷（清）李富孫輯　清嘉慶二年(1797)李氏漾葭老屋刻十五年(1810)續刻同治十一年(1872)補刻本　八冊

210000－0701－0019343　028701

鶴徵錄八卷首一卷　（清）李集輯　（清）李富孫　（清）李遇孫續輯　後錄十二卷首一卷（清）李富孫輯　清嘉慶二年(1797)李氏漾葭老屋刻十五年(1810)續刻同治十一年(1872)補刻本　六冊

210000－0701－0019344　028703

皇清誥授中憲大夫賞戴花翎欽加道衔江蘇候補知府誥封資政大夫戶部山東司員外郎加七級顯考樸齋府君[趙立誠]行述一卷　趙家薰撰　清光緒四年(1878)刻本　一冊

210000－0701－0019345　028705

中州人物考八卷　（清）孫奇逢輯　清道光二十四年(1844)謝益刻本　六冊

210000－0701－0019346　028709

中興將帥別傳三十卷　朱孔彰撰　清光緒二十三年(1897)江寧刻本　八冊

210000－0701－0019347　028710

中興將帥別傳三十卷　朱孔彰撰　清光緒二十五年(1899)掃葉山房石印本　六冊

210000－0701－0019348　028711

中興名臣事畧八卷　朱孔彰撰　清光緒二十四年(1898)上海書局石印本　四冊

210000－0701－0019349　028712

史略八十七卷　（清）朱墅輯　清光緒十九年(1893)上海宏文閣鉛印本　六冊

210000－0701－0019350　028713

史略八十七卷　（清）朱墅輯　清光緒二十四年(1898)蜚英館石印本　六冊

210000－0701－0019351　028715

忠武誌八卷　（清）張鵬翮輯　清康熙四十四年(1705)南陽武侯祠冰雪堂刻本　八冊

210000－0701－0019352　028716

忠武誌八卷　（清）張鵬翮輯　臥龍崗志二卷　（清）羅景輯　清康熙南陽武侯祠冰雪堂刻同治八年(1869)李澍補刻本　十冊

210000－0701－0019353　028718

忠義紀聞錄三十卷忠義紀聞續錄十卷　（清）陳繼聰撰　清光緒八年(1882)刻九年(1883)續刻十六年(1890)印本　八冊

210000－0701－0019354　028720

惠獻貝子功績錄六卷　（清）黃任　（清）陳繩輯　清乾隆刻本　十冊

210000－0701－0019355　028722

表忠錄不分卷　金武祥輯　清光緒二十八年(1902)江陰金氏粟香室刻粟香室叢書本　一冊

210000－0701－0019356　028725

東林列傳二十四卷　（清）陳鼎輯　清康熙五十年(1711)售山山壽堂刻本　六冊

210000－0701－0019357　028728

擬明代人物志十卷　（清）劉青芝撰　清乾隆二十年(1755)刻劉氏傳家集本　四冊　存七卷(二至三、六至十)

210000－0701－0019358　028729

輶軒博紀四卷　邵松年輯　清光緒二十年(1894)刻本　四冊

210000－0701－0019359　028730

國朝鼎甲徵信錄四卷　（清）閻湘蕙撰　（清）張椿齡增訂　清末刻本　二冊

210000－0701－0019360　028732

國朝耆獻類徵初編四百八十四卷總目二十卷通檢十卷滿漢同姓名錄一卷卷之首一卷卷首二百四卷　（清）李桓輯　清光緒十年(1884)湘陰李氏刻本　二百九十四冊

210000－0701－0019361　028732

國朝賢媛類徵初編十二卷　（清）李桓輯　清光緒十七年(1891)湘陰李氏刻本　六冊

210000－0701－0019362　028733

國朝耆獻類徵初編四百八十四卷總目二十卷通檢十卷滿漢同姓名錄一卷卷之首一卷卷首二百四卷　（清）李桓輯　清光緒十年(1884)湘陰李氏刻本　二百九十四冊

210000－0701－0019363　028733

國朝賢媛類徵初編十二卷　（清）李桓輯　清光緒十七年(1891)湘陰李氏刻本　六冊

210000－0701－0019364　028734

國朝耆獻類徵初編四百八十四卷總目二十卷通檢十卷滿漢同姓名錄一卷卷之首一卷卷首二百四卷　（清）李桓輯　清光緒十年(1884)湘陰李氏刻本　二百九十三冊　缺二卷(六十一至六十二)

210000－0701－0019365　028734

國朝賢媛類徵初編十二卷　（清）李桓輯　清光緒十七年(1891)湘陰李氏刻本　六冊

210000－0701－0019366　028735

國朝歷科館選錄不分卷　清乾隆三十一年(1766)至咸豐翰林院刻本　四冊

210000－0701－0019367　028736

國朝歷科館選錄不分卷　清乾隆三十一年(1766)至光緒翰林院刻本　二冊

210000－0701－0019368　028737

國史文苑傳二卷　（清）阮元撰　清刻本　二冊

210000－0701－0019369　028745

國史儒林傳二卷　（清）阮元撰　清刻本　二冊

210000－0701－0019370　028747

四明人鑑不分卷　（清）劉慈孚輯　（清）虞琛繪　清光緒十二年至十八年(1886－1892)石印本　四冊

210000－0701－0019371　028755

皇清賜進士出身誥授光祿大夫諭賜祭葬都察院左副都御史署兩廣總督前浙江巡撫顯考肜甫府君[晏端書]行略一卷　（清）晏方琦撰　清光緒刻本　一冊

210000－0701－0019372　028756

畢少保公傳一卷　（清）蔣平階撰　故明太子太保戶部尚書白陽畢公墓碑一卷　（清）孫廷銓撰　清康熙刻本　一冊

210000－0701－0019373　028758

景陸稡編八卷首一卷附錄一卷　（清）許仁沐輯　清光緒二十三年至二十四年(1897－1898)平湖書局刻本　六冊

210000－0701－0019374　028760

疇人傳四十六卷　（清）阮元撰　清嘉慶四年(1799)揚州阮氏琅嬛僊館刻本　十冊

210000－0701－0019375　028767

前明忠義別傳三十二卷　（清）汪有典撰　清道光二十五年(1845)墨花齋木活字印本　八冊

210000－0701－0019376　028768

昭代名人尺牘小傳二十四卷　（清）吳修輯　清光緒七年(1881)杭州亦鹵齋刻本　二冊　存二十三卷(一至二十三)

210000－0701－0019377　028769

昭代名人尺牘小傳二十四卷　（清）吳修輯
清光緒三十四年(1908)石印本　二冊

210000－0701－0019378　028770

昭代名人尺牘小傳二十四卷　（清）吳修輯
清光緒三十四年(1908)石印本　二冊

210000－0701－0019379　028771

昭代尚友錄一卷　清抄本　一冊

210000－0701－0019380　028774

歷代名臣言行錄二十四卷　（清）朱桓輯　清
刻本　三十二冊

210000－0701－0019381　028775

歷代名臣言行錄二十四卷　（清）朱桓輯　清
光緒二十六年(1900)湖南書局刻本　三十冊
存二十卷(一至十、十五至二十四)

210000－0701－0019382　028776

歷代名臣言行錄二十四卷　（清）朱桓輯　清
光緒三十年(1904)上海商務印書館鉛印本
八冊

210000－0701－0019383　028778

歷代名臣傳續編五卷　（清）朱軾　（清）蔡世
遠輯　清刻本　三冊

210000－0701－0019384　028781

歷代史纂左編一百四十二卷　（明）唐順之輯
明萬曆吳用先刻明末重修本　四十冊　存
九十六卷(一至七十一、九十五至一百十九)

210000－0701－0019385　028782

歷代人物紀畧十三卷　清光緒抄本　六冊

210000－0701－0019386　028783

關帝聖蹟圖誌全集十卷　（清）盧湛輯　（清）
王玉樹重訂　清道光三十年(1850)慶廉浙江
刻本　四冊

210000－0701－0019387　028785

關聖保列傳一卷　清抄本　一冊

210000－0701－0019388　028788

關夫子新書七卷　（清）張石虹　（清）張子大
撰　清刻本　二冊

210000－0701－0019389　028792

**誥授資政大夫誥封榮祿大夫賞戴花翎二品頂
戴前廣東高濂嶽備道加四級顯考存齋府君
[陸心源]行狀一卷**　（清）陸樹藩撰　清光緒
二十一年(1895)刻本　一冊

210000－0701－0019390　028793

**誥授資政大夫誥封榮祿大夫賞戴花翎二品頂
戴前廣東高濂嶽備道加四級顯考存齋府君
[陸心源]行狀一卷**　（清）陸樹藩撰　清光緒
二十一年(1895)刻本　一冊

210000－0701－0019391　028794

**故江蘇候補道前署廣東韶州府知府兼權南韶
連道陳府君[應聘]家傳一卷**　（清）孫葆田撰
清光緒刻本　一冊

210000－0701－0019392　028795

**誥授資政大夫鹽運使衛山東記名道署登萊青
兵備道顯考秉初府君[陳顯彝]行述一卷**
（清）陳恩壽撰　清光緒四年(1878)刻本
一冊

210000－0701－0019393　028796

**皇清誥授奉政大夫雲南楚雄府同知顯祖考陳
公景皇太府君行述一卷**　（清）陳泰來撰　清
乾隆十四年(1749)刻藍印本　一冊

210000－0701－0019394　028797

周端孝先生血疏題跋一卷　（清）萬福康輯
清光緒二十四年(1898)南昌萬氏刻本　一冊

210000－0701－0019395　028798

周列士傳一卷　（清）顧壽楨撰　清同治五年
(1866)見素抱樸齋刻本　一冊

210000－0701－0019396　028800

熙朝宰輔錄一卷　（清）潘世恩撰　清道光二
十八年(1848)刻本　一冊

210000－0701－0019397　028801

關聖帝君聖蹟圖誌全集五卷　（清）盧湛輯
清道光十八年(1838)廣東關天培刻本　五冊

210000－0701－0019398　028802

勝朝殉揚錄三卷　（清）劉寶楠輯　清同治十

年(1871)淮南書局刻本　一冊

210000－0701－0019399　028803

欽定勝朝殉節諸臣錄十二卷首一卷　清刻本
六冊

210000－0701－0019400　028806

全軍門戰功敘略二卷　（清）宋錫恩等撰　紀
恩述德一卷　（清）全祖凱輯　清光緒九年
(1883)刻本　二冊

210000－0701－0019401　028811

金華徵獻略二十卷　（清）王崇炳撰　清刻本
八冊

210000－0701－0019402　028812

金華賢達傳十二卷　（明）鄭柏撰　清康熙四
十二年(1703)鄭璧刻本　二冊

210000－0701－0019403　028815

金陵通傳四十五卷金陵通傳補遺四卷　陳作
霖撰　金陵通傳姓名韻編一卷續金陵通傳七
卷補傳一卷　陳詒紱撰　清光緒三十年
(1904)瑞華館刻民國七年(1918)續刻本
八冊

210000－0701－0019404　028816

乍浦人物備采一卷　（清）沈筠撰　清道光二
十四年(1844)刻本　一冊

210000－0701－0019405　028817

前明忠義別傳三十二卷　（清）汪有典撰　清
道光二十五年(1845)墨花齋木活字印本
六冊

210000－0701－0019406　028818

念昔齋竊言圖纂不分卷　（清）黃雲鵠撰　清
光緒十二年(1886)成都黃氏刻本　二冊

210000－0701－0019407　028820

曾文正公事略四卷附一卷　（清）王定安撰
清光緒元年(1875)龍文齋刻本　四冊

210000－0701－0019408　028821

曾文正公事略四卷　（清）王定安撰　清光緒
刻本　四冊

210000－0701－0019409　028825

誥授資政晉封榮祿大夫二品頂戴花翎前署江
蘇常鎮通海道顯考君硯府君行述一卷　（清）
錢紹楨撰　清光緒刻本　一冊

210000－0701－0019410　028827

錦里新編十六卷　（清）張邦伸撰　清嘉慶五
年(1800)敦彝堂刻本　六冊

210000－0701－0019411　028828

衍慶錄[額宜都]一卷　（清）愛必達撰　清刻
本　一冊

210000－0701－0019412　028829

皇清誥授朝議大夫刑部廣東司員外郎顯考玉
峯府君行述一卷　（清）鄭偉等撰　清嘉慶二
十三年(1818)刻本　一冊

210000－0701－0019413　028830

敏求軒述記十六卷　（清）陳世箴輯　清道光
三十年(1850)刻本　八冊

210000－0701－0019414　028833

尚友錄二十二卷　（明）廖用賢撰　（清）張伯
琮補輯　清刻本　二十一冊　缺一卷(一)

210000－0701－0019415　028834

尚友錄二十二卷　（明）廖用賢撰　（清）張伯
琮補輯　清刻本　二十二冊

210000－0701－0019416　028835

尚友錄二十二卷　（明）廖用賢撰　（清）張伯
琮補輯　清光緒十六年(1890)上海掃葉山房
鉛印本　六冊

210000－0701－0019417　028836

增廣尚友錄統編二十二卷　應祖錫輯　清光
緒二十八年(1902)上海鴻寶齋石印本　十
二冊

210000－0701－0019418　028837

增廣尚友錄統編二十二卷　應祖錫輯　清光
緒二十八年(1902)上海鴻寶齋石印本　十
四冊

210000－0701－0019419　028839

滎陽知縣羅公崇祀名宦錄一卷　清光緒五年
(1879)刻本　一冊

210000－0701－0019420　028840
廣列女傳二十卷　（清）劉開撰　**附存一卷**
清光緒十年(1884)皖城刻本　六冊

210000－0701－0019421　028841
文獻徵存錄十卷　（清）錢林輯　（清）王藻編
清咸豐八年(1858)王氏有嘉樹軒刻本
十冊

210000－0701－0019422　028842
文獻徵存錄十卷　（清）錢林輯　（清）王藻編
清咸豐八年(1858)王氏有嘉樹軒刻本
十冊

210000－0701－0019423　028843
曹江孝女廟誌八卷首一卷末一卷圖一卷
(清)金廷棟撰　（清）夏之時增輯　（清）潘
嵐繪　**補遺一卷**　（清）唐煦春輯　清光緒八
年(1882)五社公所刻本　四冊

210000－0701－0019424　028844
王宜人傳一卷　（清）李品芳等撰　清道光刻
本　一冊

210000－0701－0019425　028845
典故列女傳四卷　清光緒八年(1882)姑蘇綠
蔭堂刻本　四冊

210000－0701－0019426　028846
列女傳七卷續列女傳一卷　（漢）劉向撰
（清）梁端校注　清道光十七年(1837)錢塘汪
氏振綺堂刻本　二冊

210000－0701－0019427　028847
列女傳七卷續列女傳一卷　（漢）劉向撰
（清）梁端校注　清道光十七年(1837)刻同治
十三年(1874)補刻本　二冊

210000－0701－0019428　028848
列女傳八卷　（漢）劉向撰　（清）梁端校注
清宣統二年(1910)上海會文堂書局石印本
四冊

210000－0701－0019429　028852
列女傳補注八卷敍錄一卷校正一卷　（清）王
照圓撰　清嘉慶十七年(1812)郝氏曬書堂刻

郝氏遺書本　三冊

210000－0701－0019430　028852
列仙傳校正本二卷讚一卷　（漢）劉向撰
（清）王照圓校　清嘉慶十七年(1812)郝氏曬
書堂刻郝氏遺書本　一冊

210000－0701－0019431　028852
夢書一卷　（清）王照圓輯　清嘉慶十七年
(1812)郝氏曬書堂刻郝氏遺書本　與210000－
0701－0019430 合冊

210000－0701－0019432　028853
列女傳補注八卷敍錄一卷校正一卷　（清）王
照圓撰　清嘉慶十七年(1812)郝氏曬書堂刻
本　一冊

210000－0701－0019433　028854
列女傳七卷續列女傳一卷　（漢）劉向撰
（清）梁端校注　清道光十七年(1837)刻同治
十三年(1874)補刻本　二冊

210000－0701－0019434　028856
自記年譜一卷　（清）孫玉庭撰　清道光十四
年(1834)刻本　一冊

210000－0701－0019435　028857
重刻勁節樓圖紀三卷首一卷末一卷　（清）徐
憙原輯　清光緒十年(1884)楓江徐氏刻蘇城
安節局印本　一冊

210000－0701－0019436　028858
重刻勁節樓圖紀三卷首一卷末一卷　（清）徐
憙原輯　清光緒十年(1884)楓江徐氏刻蘇城
安節局印本　一冊

210000－0701－0019437　028859
**誥封宜人覃恩晉封太夫人顯妣任太夫人行述
一卷**　（清）張壬林撰　清光緒刻本　一冊

210000－0701－0019438　028860
宮閨聯名譜二十二卷　（清）董恂撰　（清）陸
繼補輯　清光緒二年(1876)上海申報館鉛印
申報館叢書本　十冊

210000－0701－0019439　028861
宮閨聯名譜二十二卷　（清）董恂撰　（清）陸

續補輯　清光緒二年(1876)上海申報舘鉛印申報舘叢書本　六冊　存十二卷(二至十三)

210000－0701－0019440　028862

河東君傳一卷　(清)顧苓撰　清光緒三十三年(1907)羅振玉影印本　一冊

210000－0701－0019441　028863

河東君傳一卷　(清)顧苓撰　清光緒三十三年(1907)羅振玉影印本　一冊

210000－0701－0019442　028868

新刊古列女傳八卷　(漢)劉向撰　(晉)顧愷之繪圖　清道光五年(1825)揚州阮福刻本　四冊

210000－0701－0019443　028869

越女表徵錄六卷首一卷　(清)汪輝祖撰　清乾隆五十年(1785)刻本　一冊

210000－0701－0019444　028870

皇清例贈孺人應晉宜人顯妣蕭太君行述一卷　(清)劉懋泰撰　清雍正刻本　一冊

210000－0701－0019445　028871

蘭閨寶錄六卷　(清)惲珠輯　清道光十一年(1831)紅香舘刻本　六冊

210000－0701－0019446　028872

楊太真外傳二卷　(宋)樂史撰　清嘉慶十年(1805)青芝山舘刻本　一冊

210000－0701－0019447　028873

皇清欽旌節孝例封孺人誥封宜人晉封夫人顯妣胡太夫人行狀一卷　(清)王福昌　(清)王保謙撰　清光緒刻本　一冊

210000－0701－0019448　028876

國朝賢媛類徵初編十二卷　(清)李桓輯　清光緒十七年(1891)湘陰李氏刻本　十二冊

210000－0701－0019449　028879

歷代名媛圖說二卷　(漢)劉向撰　(明)汪□增輯　清光緒五年(1879)上海點石齋石印本　二冊

210000－0701－0019450　028880

歷代名賢列女氏姓譜一百五十七卷　(清)蕭

智漢輯　清乾隆五十七年(1792)蕭氏聽濤山房刻嘉慶二十年(1815)印本　一百二十冊

210000－0701－0019451　028881

皇清誥封宜人晉封太宜人顯妣劉太宜人行述一卷　(清)薛淇　(清)薛淦撰　清嘉慶刻本　一冊

210000－0701－0019452　028883

翁母浦孺人表貞集一卷　(清)翁天麟輯　清康熙十九年(1680)施鑒範刻本　一冊

210000－0701－0019453　028884

忻氏兩世旌節事略一卷　(清)忻錦崖輯　清宣統二年(1910)木活字印本　一冊

210000－0701－0019454　028885

閨訓圖說二卷　(清)俞增光撰　(清)何雲梯繪　清光緒四年(1878)俞敬義堂刻本　一冊　存一卷(上)

210000－0701－0019455　028886

光緒癸卯補行辛丑壬寅恩正併科會試同年全錄不分卷　清光緒二十九年(1903)刻本　一冊

210000－0701－0019456　028896

同官錄不分卷　清同治刻本　二冊

210000－0701－0019457　028897

兩浙令長考三卷　(清)董沛撰　清光緒七年(1881)刻本　一冊

210000－0701－0019458　028902

貢舉考畧　(清)黃崇蘭輯　清道光元年(1821)姑蘇經義堂刻本　四冊

210000－0701－0019459　028903

最新職官全錄四卷增補最新職官全錄一卷　清光緒三十四年(1908)北京榮寶齋刻本　五冊

210000－0701－0019460　028904

[清道光十五年]乙未科會試同年齒錄二卷首一卷　清道光二十二年(1842)刻本　二冊

210000－0701－0019461　028905

壬寅乍浦殉難錄一卷補遺一卷附錄一卷

（清）沈筠撰　清道光二十四年(1844)刻本
一冊

210000－0701－0019462　028906
重建昭忠祠爵秩姓名錄六卷　（清）鹿傳霖輯
清光緒三十四年(1908)刻本　六冊

210000－0701－0019463　028907
師友集十卷　（清）梁章鉅撰　清道光二十五
年(1845)梁氏北東園刻本　八冊

210000－0701－0019464　028908
[康熙二十六年]山東丁卯科歲進士題名錄一
卷　清康熙刻本　一冊

210000－0701－0019465　028909
續疑年錄四卷　（清）吳修撰　清嘉慶二十三
年(1818)刻本　一冊

210000－0701－0019466　028910
吳興科第表不分卷　清同治十一年(1872)吳
興會館清遠堂刻同治、光緒續刻光緒三十年
(1904)印本　二冊

210000－0701－0019467　028911
[清順治元年至光緒十六年]國朝御史題名一
卷　（清）黃玉圃輯　國朝滿洲蒙古御史題名
一卷　（清）蘇樹蕃編輯　清光緒刻本　五冊

210000－0701－0019468　028912
疑年錄四卷　（清）錢大昕撰　清嘉慶十八年
(1813)刻本　一冊

210000－0701－0019469　028913
三續疑年錄十卷　（清）陸心源撰　清光緒五
年(1879)刻存齋雜纂本　三冊

210000－0701－0019470　028914
三續疑年錄十卷　（清）陸心源撰　清光緒五
年(1879)刻存齋雜纂本　三冊

210000－0701－0019471　028919
淳熙薦士錄一卷　（宋）楊萬里撰　清刻本
一冊

210000－0701－0019472　028919
江淮異人錄二卷　（宋）吳淑撰　清刻本　與
210000－0701－0019471 合冊

210000－0701－0019473　028920
宗室貢舉備考不分卷　（清）瑞聯撰　清光緒
十三年(1887)刻本　二冊

210000－0701－0019474　028921
[乾隆三年戊午科]江南鄉試錄一卷　（清）陳
悳華輯　清乾隆刻本　一冊

210000－0701－0019475　028922
江蘇同官錄不分卷　清光緒六年(1880)刻本
八冊

210000－0701－0019476　028923
[光緒十五年]河南己丑恩科鄉試題名錄一卷
清光緒抄本　一冊

210000－0701－0019477　028924
同治四年補行辛酉正科並壬戌恩科浙江鄉試
錄一卷　清同治刻本　一冊

210000－0701－0019478　028925
[道光拾肆年甲午科]浙江鄉試錄一卷　清道
光刻本　一冊

210000－0701－0019479　028925
[咸豐伍年乙卯科]浙江鄉試錄一卷　清咸豐
刻本　一冊

210000－0701－0019480　028925
道光貳拾肆年甲辰恩科浙江鄉試錄一卷　清
道光刻本　一冊

210000－0701－0019481　028926
[咸豐貳年壬子科]浙江鄉試錄一卷　清咸豐
刻本　一冊

210000－0701－0019482　028927
[浙江歷科]各學舉人一卷　清抄本　四冊

210000－0701－0019483　028928
補疑年錄四卷　（清）錢椒撰　清道光十八年
(1838)刻本　一冊

210000－0701－0019484　028929
國朝滿洲蒙古御史題名一卷　（清）蘇樹蕃輯
清道光京畿道刻本　一冊

210000－0701－0019485　028930

[國朝六科]漢給事中題名錄一卷　清光緒吏科刻本　一冊

210000－0701－0019486　028933
清秘述聞十六卷　（清）法式善撰　（清）錢維福重校　清刻本　一冊

210000－0701－0019487　028934
[清順治元年至光緒十六年]國朝御史題名一卷　（清）黃玉圃輯　國朝滿洲蒙古御史題名一卷　（清）蘇樹蕃編輯　清光緒刻本　五冊

210000－0701－0019488　028935
史姓韻編六十四卷　（清）汪輝祖輯　清光緒十年(1884)慈谿馮氏耕餘樓鉛印本　十六冊

210000－0701－0019489　028939
道光庚戌科拔貢朝考同年齒錄不分卷　清韞寶齋刻本　二冊

210000－0701－0019490　028940
[道光十二年壬辰科]各省鄉試錄一卷　清抄本　一冊

210000－0701－0019491　028942
道光九年進士登科錄一卷　清道光刻本　一冊

210000－0701－0019492　028943
直屬現任正佐教職各官簡明履歷錦摺三種　清宣統元年(1909)抄本　三冊

210000－0701－0019493　028944
直屬候補道府同通州縣各官簡明履歷錦摺　清宣統元年(1909)抄本　一摺

210000－0701－0019494　028945
[道光二十三年癸卯科]直省同年全錄不分卷　清道光刻同治十年(1871)翰茂齋重修本　六冊

210000－0701－0019495　028946
內閣漢票簽中書舍人題名一卷補遺一卷續補遺一卷續編一卷續編補遺一卷續編續補遺一卷　（清）鮑康　又續編補遺一卷　（清）徐士鑾撰　清咸豐十一年(1861)內閣直房刻同治遞修同治十年(1871)印本　一冊

210000－0701－0019496　028947
古今長者錄八卷　（明）黃文焴撰　清同治八年(1869)牛樹梅成都刻本　四冊

210000－0701－0019497　028948
樞桓題名四卷　清道光十八年(1838)七峰別墅刻咸豐十一年(1861)增刻本　一冊

210000－0701－0019498　028949
蘇州府長元吳三邑諸生譜九卷首一卷　（清）錢國祥等輯　清光緒三十二年(1906)蘇州府學刻本　二冊

210000－0701－0019499　028950
國朝蘇州府長元吳三邑科第譜四卷　（清）陸懋修撰　陸潤庠補編　清光緒三十二年(1906)刻本　二冊

210000－0701－0019500　028952
國朝春曹題名二卷　（清）費庚吉撰　（清）劉毓楠增輯　清咸豐八年(1858)禮部刻本　二冊

210000－0701－0019501　028954
嘉慶辛酉科各直省拔貢錄一卷　（清）胡開益撰　清道光五年(1825)刻本　一冊

210000－0701－0019502　028955
曰若編七卷　（清）呂調陽撰　清光緒十四年(1888)葉長高刻觀象廬叢書本　七冊

210000－0701－0019503　028956
浙館奉祀鄉賢姓氏錄一卷浙館增祀鄉賢姓氏事實錄一卷　清同治元年(1862)蜀省浙江會館刻本　一冊

210000－0701－0019504　028958
國朝兩浙科名錄不分卷　（清）黃安綏輯　清咸豐七年(1857)京師刻本　二冊

210000－0701－0019505　028959
國朝虞陽科名錄四卷首一卷附錄一卷補遺一卷　清道光三十年(1850)王元鍾清暉書屋刻咸豐、同治、光緒增刻光緒三十年(1904)印本　六冊

210000－0701－0019506　028960

[清順治元年至光緒十六年]國朝御史題名一卷 （清）黃玉圃輯 國朝滿洲蒙古御史題名一卷 （清）蘇樹蕃編輯 清光緒刻本 五冊

210000－0701－0019507 028961

國朝湖州府科第表不分卷 清同治十一年（1872）湖州府會館清遠堂刻同治、光緒續刻光緒十七年（1891）印本 二冊

210000－0701－0019508 028962

國朝歷科蕭山貢舉錄一卷國朝蕭山縣學廩生錄一卷國朝紹興府學廩生錄一卷國朝蕭山文學貢監錄一卷 清抄本 二冊

210000－0701－0019509 028963

國朝歷科題名碑錄初集不分卷附明洪武至崇禎各科不分卷 清康熙五十九年（1720）國子監教習庶常館刻雍正、乾隆續刻本 八冊

210000－0701－0019510 028964

國朝歷科題名碑錄初集不分卷附明洪武至崇禎各科不分卷 清康熙五十九年（1720）國子監教習庶常館刻雍正、乾隆續刻本 八冊

210000－0701－0019511 028965

甲丁鄉試同年錄三卷 （清）董沛撰 清光緒六年（1880）刻本 一冊

210000－0701－0019512 028966

異號類編二十卷 （清）史夢蘭輯 清同治四年（1865）止園刻止園叢書本 四冊

210000－0701－0019513 028967

異號類編二十卷 （清）史夢蘭輯 清同治四年（1865）止園刻止園叢書本 四冊

210000－0701－0019514 028968

異號類編二十卷 （清）史夢蘭輯 清同治四年（1865）止園刻止園叢書本 四冊

210000－0701－0019515 028970

毗陵科第攷八卷 （清）趙熙鴻撰 （清）劉漢卿等續輯 （清）陸黻恩等校補 清同治七年（1868）刻十二年（1873）重修本 二冊

210000－0701－0019516 028971

[明天順至清光緒十年]毗陵鄉貢攷五卷

（清）林湘洲等編 清光緒十年（1884）刻本 一冊

210000－0701－0019517 028973

歷代名賢齒譜九卷歷代名媛齒譜三卷 （清）易宗涒輯 清賜書堂刻本 二十冊

210000－0701－0019518 028974

歷朝人物志十七卷 （清）羅琳之撰 清同治十三年（1874）羅春伯刻本 四冊

210000－0701－0019519 028975

歷朝人物志十七卷 （清）羅琳之撰 清同治十三年（1874）羅春伯刻本 六冊 存十卷（一、三至十一）

210000－0701－0019520 028976

人壽金鑑二十二卷 （清）程得齡輯 清光緒元年（1875）湖北崇文書局刻本 六冊

210000－0701－0019521 028977

甌海軼聞五十八卷補遺一卷 （清）孫衣言撰 清光緒瑞安孫氏刻1963年杭州古籍書店印本 二十冊

210000－0701－0019522 028978

[光緒二十年甲午科]陝西鄉試題名錄一卷 清光緒二十年（1894）刻本 一冊

210000－0701－0019523 028979

[光緒二十八年壬寅補行庚子恩正併科]陝西鄉試題名錄一卷 清光緒二十八年（1902）刻本 一冊

210000－0701－0019524 028980

皇清陝西歷科進士錄一卷 清康熙五十二年（1713）刻康熙至光緒增刻光緒十六年（1890）印本 一冊

210000－0701－0019525 028981

人壽金鑑二十二卷 （清）程得齡輯 清嘉慶二十五年（1820）柳衣園刻本 六冊

210000－0701－0019526 028982

人壽金鑑二十二卷 （清）程得齡輯 清光緒元年（1875）湖北崇文書局刻本 六冊

210000－0701－0019527 028985

同治七年戊辰科會試同年齒錄不分卷　清同治刻本　四冊

210000-0701-0019528　028986

[道光九年己丑科]會試錄一卷　清道光刻本　一冊

210000-0701-0019529　028987

養蒙金鑑二卷　(清)林之望輯　(清)沈錫慶刪訂　清光緒元年(1875)鄂垣藩署刻本　二冊

210000-0701-0019530　028988

增廣尚友錄統編二十二卷　應祖錫輯　清光緒二十八年(1902)上海鴻寶齋石印本　十二冊

210000-0701-0019531　028989

汪龍莊先生遺書合刊三種　(清)汪輝祖撰　清咸豐元年(1851)清河龔氏刻本　四冊

210000-0701-0019532　028990

汪龍莊先生遺書三種　(清)汪輝祖撰　清光緒山東書局刻本　四冊

210000-0701-0019533　028991

汪龍莊先生遺書三種　(清)汪輝祖撰　清光緒山東書局刻本　三冊　缺六卷(雙節堂庸訓六卷)

210000-0701-0019534　028992

鹿忠節公[善繼]年譜一卷　(清)陳鋐撰　清康熙六年(1667)尋樂堂刻本　二冊

210000-0701-0019535　028993

鹿忠節公[善繼]年譜一卷　(清)陳鋐撰　清光緒定州王氏謙德堂刻畿輔叢書本　一冊

210000-0701-0019536　028994

蓉川集四卷　(明)齊之鸞撰　首一卷　清光緒二十三年(1897)徐氏刻本　二冊

210000-0701-0019537　028995

齊威烈公[清阿]年譜一卷　(清)常恩撰　清咸豐四年(1854)刻本　一冊

210000-0701-0019538　028996

齊威烈公[清阿]年譜一卷　(清)常恩撰　清咸豐四年(1854)刻本　一冊

210000-0701-0019539　028997

桐城方文通先生[潛]年譜略一卷　(清)方敦吉撰　清光緒二十九年(1903)蘇州刻本　一冊

210000-0701-0019540　028998

方望溪先生[苞]年譜一卷附錄一卷　(清)蘇惇元撰　清咸豐元年(1851)戴鈞衡刻本　一冊

210000-0701-0019541　028999

未能錄二卷　(清)方東樹撰　清光緒十六年(1890)刻方植之全集本　一冊

210000-0701-0019542　028999

[方東樹]年譜一卷　(清)鄭福照撰　清光緒十五年(1889)刻方植之全集本　與210000-0701-0019541合冊

210000-0701-0019543　029000

庾子山[信]年譜一卷　(清)倪璠撰　清康熙二十六年(1687)刻本　一冊

210000-0701-0019544　029001

廣元遺山[好問]年譜二卷　(清)李光廷撰　清同治五年(1866)刻本　二冊

210000-0701-0019545　029002

廣元遺山[好問]年譜二卷　(清)李光廷撰　清同治五年(1866)刻本　二冊

210000-0701-0019546　029006

文端公[錢陳羣]年譜三卷　(清)錢儀吉撰　(清)錢志澄增訂　清光緒二十年(1894)刻本　三冊

210000-0701-0019547　029007

先文端公[翁心存]年譜一卷　(清)翁同書等撰　清同治刻本　一冊

210000-0701-0019548　029009

潘文恭公自訂年譜一卷　(清)潘世恩撰　清同治二年(1863)潘儀鳳刻本　一冊

210000-0701-0019549　029010

先文忠公自訂年譜一卷　(清)沈兆霖撰　清

同治刻本 一册

210000－0701－0019550 029011
辛筠毅[從益]年譜不分卷 （清）辛從益撰
（清）辛桂雲等補輯 清道光三十年(1850)刻
本 二册

210000－0701－0019551 029012
玉牒不分卷 清道光抄本 六册

210000－0701－0019552 029017
定盦先生[龔自珍]年譜一卷後記一卷 吳昌
綬撰 清光緒三十三年(1907)京師刻朱印本
一册

210000－0701－0019553 029018
詒穀老人自訂年譜一卷 （清）彭蘊章撰 清
同治刻本 二册

210000－0701－0019554 029019
漢諸葛忠武侯[亮]年譜一卷 （清）楊希閔撰
清光緒四年(1878)福州刻四朝先賢六家年
譜本 一册

210000－0701－0019555 029021
許魯齋先生[衡]年譜一卷 （清）鄭士範撰
魯齋心法約編一卷 （元）許衡撰 （清）鄭士
範輯 清光緒六年(1880)鳳翔周氏正誼堂刻
本 一册

210000－0701－0019556 029022
一西自記年譜不分卷 （清）張師誠撰 附述
一卷 （清）張應昌等撰 清道光刻本 二册

210000－0701－0019557 029024
王先謙自定年譜三卷 王先謙撰 清光緒三
十四年(1908)刻本 三册

210000－0701－0019558 029025
王先謙自定年譜三卷 王先謙撰 清光緒三
十四年(1908)刻本 二册 存二卷(一、三)

210000－0701－0019559 029026
王靖毅公[懿德]年譜二卷 （清）王家勤撰
公餘瑣言一卷 （清）王懿德輯 鄉會試硃卷
一卷 （清）王懿德撰 先靖毅公行述一卷
(清)王守愚等撰 王靖毅公列傳一卷 （清）

薛斯來撰 清刻本 六册

210000－0701－0019560 029027
王靖毅公[懿德]年譜二卷 （清）王家勤撰
公餘瑣言一卷 （清）王懿德輯 鄉會試硃卷
一卷 （清）王懿德撰 先靖毅公行述一卷
(清)王守愚等撰 王靖毅公列傳一卷 （清）
薛斯來撰 清刻本 六册

210000－0701－0019561 029028
三松自訂年譜一卷 （清）潘奕雋撰 清道光
十年(1830)潘遵祁刻本 一册

210000－0701－0019562 029031
王文肅公[錫爵]年譜一卷 （明）王衡撰
(清)王時敏續撰 清光緒二十五年(1899)王
宗愈刻本 一册

210000－0701－0019563 029032
王文靖公[熙]年譜一卷 （清）王熙撰 清初
刻本 二册

210000－0701－0019564 029034
先文勤公自訂年譜一卷 （清）王凱泰撰 清
光緒家刻本 一册

210000－0701－0019565 029035
王文公[安石]年譜考略節要四卷附存二卷
(清)蔡上翔撰 （清）楊希閔節錄 清光緒四
年(1878)福州刻本 五册

210000－0701－0019566 029036
王文公[安石]年譜考略節要四卷附存二卷
(清)蔡上翔撰 （清）楊希閔節錄 清光緒四
年(1878)福州刻本 四册 缺一卷(附存二)

210000－0701－0019567 029037
明王文成公[守仁]年譜節鈔二卷 （明）錢德
洪編 （清）楊希閔抄 清光緒四年(1878)福
州刻本 二册

210000－0701－0019568 029038
明王文成公[守仁]年譜節鈔二卷 （明）錢德
洪編 （清）楊希閔抄 清光緒四年(1878)福
州刻本 二册

210000－0701－0019569 029041

行年紀略[王寶仁]一卷 （清）王寶仁撰 清光緒九年(1883)王維驎刻本 一冊

210000－0701－0019570 029042
王深寧先生[應麟]年譜一卷 （清）陳僅 （清）張恕撰 清刻本 一冊

210000－0701－0019571 029043
王船山先生[夫之]年譜二卷 （清）劉毓崧編 清光緒十二年(1886)江南書局刻本 二冊

210000－0701－0019572 029044
王船山先生[夫之]年譜二卷 （清）劉毓崧編 清光緒十二年(1886)江南書局刻本 二冊

210000－0701－0019573 029045
王船山先生[夫之]年譜二卷 （清）劉毓崧編 清光緒十二年(1886)江南書局刻本 二冊

210000－0701－0019574 029046
王壯武公[鑫]年譜二卷 （清）羅正鈞撰 清末刻本 二冊

210000－0701－0019575 029049
大司農王公[隲]年譜一卷 （清）周清原撰 清嘉慶十八年(1813)福德堂刻本 一冊

210000－0701－0019576 029050
先太夫人[王先謙母]年譜一卷 王先謙撰 清光緒刻本 一冊

210000－0701－0019577 029051
王蘭昇家傳一卷 （清）王埁等撰 清光緒刻本 一冊

210000－0701－0019578 029052
蘭史自訂年譜一卷 （清）王錫九撰 清同治六年(1867)王宗濂刻本 一冊

210000－0701－0019579 029058
介山自定年譜一卷附會試硃卷一卷 （清）王又樸撰 **春秋繁露止雨求雨一則附土星祠記並說** 清乾隆刻本 一冊

210000－0701－0019580 029059
王念菴[沛憻]年譜二卷附左都御使王公傳一卷 （清）王棠 （清）王槩撰 清雍正刻本 二冊

210000－0701－0019581 029060
先府君[王用誥]年譜一卷附行狀一卷 （清）王孝箴等撰 清光緒刻本 一冊

210000－0701－0019582 029065
雷塘庵主[阮元]弟子記八卷 （清）張鑑等撰 清琅嬛僊館刻本 四冊

210000－0701－0019583 029066
雷塘庵主[阮元]弟子記八卷附鄉賢錄專祠錄事實浙江專祠錄鄉賢錄事實 （清）張鑑等撰 清琅嬛僊館刻本 四冊

210000－0701－0019584 029067
陳文肅公[大受]年譜一卷 （清）陳輝祖等撰 清光緒十六年(1890)素園鉛印本 一冊

210000－0701－0019585 029068
露桐先生[李殿圖]年譜前編四卷續編二卷 （清）錢景星 （清）李轍通撰 清嘉慶八年(1803)李氏刻本 六冊

210000－0701－0019586 029069
露桐先生[李殿圖]年譜前編四卷 （清）錢景星撰 清嘉慶八年(1803)李氏刻本 四冊

210000－0701－0019587 029072
如山于公[成龍]年譜二卷遺本一卷 （清）宋犖 （清）李樹德撰 清道光十八年(1838)于卿保刻本 二冊

210000－0701－0019588 029073
平叔府君[孫爾準]年譜一卷 （清）孫慧惇 （清）孫慧翼撰 清刻本 一冊

210000－0701－0019589 029076
云翁自訂年譜一卷 （清）王楚堂撰 清道光仁和王鈺等刻本 一冊

210000－0701－0019590 029083
張制軍[亮基]年譜二卷 （清）張祖佑撰 （清）林紹年校訂 清光緒三十一年(1905)張祖祐刻本 二冊

210000－0701－0019591 029084
張制軍[亮基]年譜二卷附錄一卷 （清）張祖佑撰 （清）林紹年校訂 清光緒三十一年

(1905)張祖祐刻本　　六冊

210000－0701－0019592　029085

張楊園先生[履祥]年譜一卷附錄一卷　（清）
蘇惇元撰　清同治三年(1864)錢塘丁氏當歸
草堂刻本　　一冊

210000－0701－0019593　029086

張楊園先生[履祥]年譜一卷附錄一卷　（清）
蘇惇元撰　清刻本　　一冊

210000－0701－0019594　029089

張忠烈公[煌言]年譜一卷　（清）趙之謙撰
清光緒二十二年(1896)慈溪童廕年刻本
一冊

210000－0701－0019595　029092

罘齋自訂年譜一卷　（清）翁同書撰　（清）翁
同龢續撰　清刻本　　一冊

210000－0701－0019596　029094

重刻延平四先生年譜四卷　（清）毛念恃撰
清乾隆十年(1745)洛陽張坦刻本　　二冊

210000－0701－0019597　029095

重刻延平四先生年譜四卷　（清）毛念恃撰
清乾隆十年(1745)洛陽張坦刻本　　二冊　存
三卷(二至四)

210000－0701－0019598　029098

高陽太傅孫文正公年譜五卷　（明）孫銓輯
（清）孫奇逢訂正　清孫爾然師儉堂刻本
四冊

210000－0701－0019599　029099

高陽太傅孫文正公年譜五卷　（明）孫銓輯
（清）孫奇逢訂正　清孫爾然師儉堂刻本
五冊

210000－0701－0019600　029100

高陽太傅孫文正公年譜五卷　（明）孫銓輯
（清）孫奇逢訂正　清孫爾然師儉堂刻本
四冊

210000－0701－0019601　029101

孫夏峰先生[奇逢]年譜二卷　（清）湯斌等撰
（清）方苞訂正　清光緒五年(1879)定州王

氏謙德堂刻畿輔叢書本　　一冊

210000－0701－0019602　029102

孫淵如先生[星衍]年譜二卷　（清）張紹南撰
（清）王德福續撰　清光緒、宣統繆荃孫刻
藕香零拾本　　一冊

210000－0701－0019603　029104

[武秋瀛自訂]年譜一卷　（清）武澄清撰　清
光緒十四年(1888)刻本　　一冊

210000－0701－0019604　029105

黃子[道周]年譜一卷　（清）洪思撰　清道光
二十四年(1844)養仕北義塾刻本　　一冊

210000－0701－0019605　029107

鄧尚書[廷楨]年譜一卷補遺一卷　鄧邦康撰
清宣統元年(1909)江浦陳潛刻本　　一冊

210000－0701－0019606　029108

甬上族望表二卷　（清）全祖望撰　清嘉慶十
九年(1814)刻本　　一冊

210000－0701－0019607　029109

子穎林公[穗]年譜一卷　（清）林綺撰　善餘
堂家訓一卷　（清）林穗撰　清光緒三十二年
(1906)刻本　　二冊

210000－0701－0019608　029113

致初自譜一卷　（清）徐棟撰　（清）徐炳華續
撰　清同治徐炳華刻本　　一冊

210000－0701－0019609　029115

雙池先生[汪紱]年譜四卷　（清）余龍光撰
清光緒二十二年(1896)刻本　　二冊

210000－0701－0019610　029116

厚山[盧玿]府君年譜一卷　（清）盧端黼撰
清道光盧氏刻本　　一冊

210000－0701－0019611　029117

盧文肅公手輯年譜一卷　（清）盧蔭溥撰　清
道光十九年(1839)盧氏刻本　　一冊

210000－0701－0019612　029118

衍慶錄[額宜都]十卷首一卷　（清）愛必達撰
清嘉慶六年(1801)福慶刻本　　五冊

449

210000－0701－0019613　029119

岑襄勤公［毓英］年譜十卷　趙藩撰　清光緒
二十五年(1899)河朔使署刻本　五冊

210000－0701－0019614　029120

岑襄勤公［毓英］年譜十卷　趙藩撰　清光緒
二十五年(1899)河朔使署刻本　二冊　存四
卷(一至四)

210000－0701－0019615　029122

傅青主先生［山］年譜一卷　（清）丁寶銓撰
清宣統三年(1911)刻本　一冊

210000－0701－0019616　029123

傅青主先生［山］年譜一卷　（清）丁寶銓撰
清宣統三年(1911)刻本　一冊

210000－0701－0019617　029124

編年自記一卷　（清）丁守存撰　清末刻本
一冊

210000－0701－0019618　029125

稼書先生［陸隴其］年譜一卷　（清）陸宸徵
(清)李鉉撰　汲古閣校刻書目一卷補遺一卷
汲古閣刻板存亡考一卷　（清）顧湘校　清同
治十三年(1874)顧氏刻小石山房叢書本
一冊

210000－0701－0019619　029126

先溫和公［張祥河］年譜一卷　（清）張茂辰等
撰　清末刻本　一冊

210000－0701－0019620　029127

先恭公［陳弘謀］年譜十二卷　（清）陳鍾珂撰
清刻本　二冊　存七卷(一至七)

210000－0701－0019621　029128

先光祿公［郭沛霖］年譜二卷　（清）郭階撰
清末刻本　一冊　存一卷(上)

210000－0701－0019622　029129

黃梨洲先生［宗羲］年譜三卷　（清）黃炳垕輯
清同治十二年(1873)黃炳垕刻本　一冊

210000－0701－0019623　029132

德壯果公［楞泰］年譜三十二卷　（清）花沙納
撰　清咸豐六年(1856)致遠堂刻本　十六冊

210000－0701－0019624　029133

德壯果公［楞泰］年譜三十二卷　（清）花沙納
撰　清咸豐六年(1856)致遠堂刻本　十六冊

210000－0701－0019625　029134

德壯果公［楞泰］年譜三十二卷　（清）花沙納
撰　清咸豐六年(1856)致遠堂刻本　一冊
存二卷(一至二)

210000－0701－0019626　029135

仲升自訂年譜一卷　（清）徐廣縉撰　清宣統
二年(1910)鹿邑徐氏鉛印本　一冊

210000－0701－0019627　029136

朱文端公［軾］年譜一卷　（清）朱瀚撰
（清）朱舲增訂　清同治十年(1871)朱氏家刻
本　一冊

210000－0701－0019628　029137

文公［朱熹］年譜一卷　（清）王懋存撰　清乾
隆五年(1740)強恕齋刻朱子文公傳道經世言
行錄本　一冊

210000－0701－0019629　029138

考訂朱子世家一卷　（清）江永撰　清同治六
年(1867)朱宗潘刻本　一冊

210000－0701－0019630　029139

朱子［熹］年譜四卷考異四卷朱子論學切要語
二卷　（清）王懋竑輯　清同治九年(1870)應
寶時白田草堂刻本　六冊

210000－0701－0019631　029140

朱子［熹］年譜四卷考異四卷朱子論學切要語
二卷　（清）王懋竑輯　清乾隆十六年(1751)
王氏白田草堂刻浙江書局補刻本　四冊

210000－0701－0019632　029141

朱子［熹］年譜四卷考異四卷朱子論學切要語
二卷　（清）王懋竑輯　清乾隆十六年(1751)
王氏白田草堂刻浙江書局補刻本　四冊

210000－0701－0019633　029142

朱子［熹］年譜一卷　（清）鄭士範撰　清光緒
六年(1880)鳳翔周氏正誼堂刻本　一冊

210000－0701－0019634　029143

朱子[熹]年譜四卷考異四卷朱子論學切要語
二卷　(清)王懋竑撰　清乾隆十六年(1751)
王氏白田草堂刻本　四冊

210000－0701－0019635　029144

朱子[熹]年譜四卷考異四卷朱子論學切要語
二卷　(清)王懋竑撰　校勘記三卷　(清)王
炳　(清)惲祖冀撰　清光緒九年(1883)武昌
書局刻本　四冊

210000－0701－0019636　029146

吳聘君[與弼]年譜一卷胡文敬公[居仁]年譜
一卷　(清)楊希閔撰　清光緒四年(1878)楊
氏刻先賢十五家年譜叢書本　一冊

210000－0701－0019637　029147

吳聘君[與弼]年譜一卷胡文敬公[居仁]年譜
一卷　(清)楊希閔撰　清光緒四年(1878)楊
氏刻先賢十五家年譜叢書本　一冊

210000－0701－0019638　029149

清代王公世系不分卷　清抄本　二冊　存
(顯祖宣皇帝系、太祖高皇帝系)

210000－0701－0019639　029151

吳竹如先生[廷棟]年譜一卷　(清)方宗誠撰
　清光緒四年(1878)畿輔志局刻本　一冊

210000－0701－0019640　029157

文節府君[吳文鎔]年譜一卷　(清)吳養原撰
　清吳氏刻吳文節公遺集本　一冊

210000－0701－0019641　029158

吳士堅年譜草稿一卷　(清)徐紹基撰　稿本
　一冊

210000－0701－0019642　029159

先考侍郎公[寶廷]年譜一卷　(清)壽富等撰
　清宣統二年(1910)鉛印本　一冊

210000－0701－0019643　029160

畿輔叢書年譜三種　清光緒五年(1879)王氏
謙德堂刻本　三冊

210000－0701－0019644　029162

白香山[居易]年譜一卷　(清)汪立名撰　清
康熙四十二年(1703)汪立名一隅草堂刻本

一冊

210000－0701－0019645　029164

宋儒龜山楊先生[時]年譜一卷　(清)毛念恃
訂　清刻本　一冊

210000－0701－0019646　029166

漢徐徵士[穉]年譜一卷晉陶徵士[潛]年譜一
卷　(清)楊希閔撰　清光緒四年(1878)楊氏
刻豫章先賢九家年譜本　二冊

210000－0701－0019647　029167

先恭勤公[徐澤醇]年譜四卷誄詞一卷　(清)
徐彬　(清)徐桐撰　清咸豐九年(1859)家刻
本　四冊

210000－0701－0019648　029168

斯未信齋主人自訂年譜一卷　(清)徐宗幹撰
　清同治家刻本　一冊

210000－0701－0019649　029179

歸顧朱三先生年譜合刻五卷附刻一卷　(清)
金吳瀾輯　清光緒五年(1879)嘉興金氏刻本
　六冊

210000－0701－0019650　029180

歸震川先生[有光]年譜一卷歸氏世系一卷
(清)孫岱撰　清光緒五年(1879)嘉興金吳瀾
刻歸顧朱三先生年譜合刻本　一冊

210000－0701－0019651　029181

歸震川先生[有光]年譜一卷歸氏世系一卷
(清)孫岱撰　清光緒五年(1879)嘉興金吳瀾
刻歸顧朱三先生年譜合刻本　一冊

210000－0701－0019652　029182

倪文正公[元璐]年譜四卷　(清)倪會鼎撰
清刻本　一冊

210000－0701－0019653　029183

倪高士[瓚]年譜一卷　(清)沈世良撰　清宣
統元年(1909)沈澤棠刻本　一冊

210000－0701－0019654　029184

殷譜經侍郎自定年譜二卷　(清)殷兆鏞撰
清宣統三年(1911)殷柏齡、殷杞齡鉛印本
二冊

210000－0701－0019655　029191

船山公［王夫之］年譜前編一卷後編一卷
（清）王之春撰　清光緒十九年（1893）王之春
鄂藩使署刻 1974 年衡陽市博物館印本　二册

210000－0701－0019656　029192

顧端文公［憲成］年譜二卷譜前一卷譜後一卷
　（明）顧與沐記略　（清）顧樞初編　（清）
顧貞觀訂補　清康熙三十三年（1694）刻顧端
文公遺書本　一册

210000－0701－0019657　029193

宋孫莘老先生［覺］年譜一卷補遺一卷　（清）
茆泮林撰　清道光二十五年（1845）刻本
一册

210000－0701－0019658　029196

宋楊文靖公龜山先生［時］年譜二卷　（清）張
夏撰　清康熙三十一年（1692）楊用徵等索林
道南祠刻本　一册

210000－0701－0019659　029198

安道公［陳瑚］年譜二卷　（清）陳溥撰　清光
緒十八年（1892）太倉繆氏刻東倉書庫叢刻初
編本　一册

210000－0701－0019660　029199

船山公［王夫之］年譜前編一卷後編一卷
（清）王之春撰　清光緒十九年（1893）王之春
鄂藩使署刻 1974 年衡陽市博物館印本　二册

210000－0701－0019661　029200

船山公［王夫之］年譜前編一卷後編一卷
（清）王之春撰　清光緒十九年（1893）王之春
鄂藩使署刻 1974 年衡陽市博物館印本　二册

210000－0701－0019662　029201

船山公［王夫之］年譜前編一卷後編一卷
（清）王之春撰　清光緒十九年（1893）王之春
鄂藩使署刻 1974 年衡陽市博物館印本　二册

210000－0701－0019663　029202

船山公［王夫之］年譜前編一卷後編一卷
（清）王之春撰　清光緒十九年（1893）王之春
鄂藩使署刻 1974 年衡陽市博物館印本　二册

210000－0701－0019664　029204

續疑年錄四卷　（清）吳修編　清嘉慶刻本
一册

210000－0701－0019665　029205

續疑年錄四卷　（清）吳修編　清嘉慶刻本
一册

210000－0701－0019666　029206

文貞公［繆昌期］年譜一卷　（清）繆之鎔撰
清同治十三年（1874）刻從野堂存稿本　一册

210000－0701－0019667　029207

徵君孫先生［奇逢］年譜二卷　（清）湯斌等編
　（清）方苞訂正　清乾隆刻本　一册

210000－0701－0019668　029208

顧亭林先生［炎武］年譜一卷　（清）張穆撰
清道光二十四年（1844）刻本　一册

210000－0701－0019669　029210

馮潛齋先生［成修］年譜一卷　（清）勞潼撰
清宣統三年（1911）馮氏學古堂刻本　一册

210000－0701－0019670　029213

李忠定公［綱］年譜一卷附刻一卷　（清）黃宅
中撰　清道光十五年（1835）黃氏刻本　一册

210000－0701－0019671　029214

顧亭林先生［炎武］年譜一卷　（清）張穆撰
清道光二十四年（1844）刻本　一册

210000－0701－0019672　029215

閻潛丘先生［若璩］年譜不分卷　（清）張穆撰
　清道光二十七年（1847）壽陽祁氏刻本
一册

210000－0701－0019673　029216

閻潛丘先生［若璩］年譜不分卷　（清）張穆撰
　清道光二十七年（1847）壽陽祁氏刻本
一册

210000－0701－0019674　029217

顧亭林先生［炎武］年譜一卷　（清）吳映奎撰
　清光緒四年（1878）嘉興金吳瀾刻本　一册

210000－0701－0019675　029221

雙池先生［汪紱］年譜四卷　（清）余龍光撰

清同治五年(1866)刻本　　二冊

210000－0701－0019676　029222

雙池先生[汪紱]年譜四卷　　(清)余龍光撰
清同治五年(1866)刻本　　二冊

210000－0701－0019677　029224

容甫先生[汪中]年譜一卷　(清)汪喜孫撰
清嘉慶二十五年(1820)汪氏刻本　一冊

210000－0701－0019678　029230

潛研堂五家年譜五種　(清)錢大昕撰　清刻
本　　一冊

210000－0701－0019679　029232

閻潛丘先生[若璩]年譜不分卷　(清)張穆撰
　清道光二十七年(1847)壽陽祁氏刻本
一冊

210000－0701－0019680　029233

澄懷主人自訂年譜六卷　(清)張廷玉撰
(清)張紹文重校　清光緒六年(1880)龐山張
氏刻本　二冊

210000－0701－0019681　029234

潘紱庭先生自訂年譜一卷　(清)潘曾綬撰
(清)潘祖蔭等補　清光緒九年(1883)潘氏家
刻本　一冊

210000－0701－0019682　029235

潘紱庭先生自訂年譜一卷　(清)潘曾綬撰
(清)潘祖蔭等補　清光緒九年(1883)潘氏家
刻本　一冊

210000－0701－0019683　029236

潘文恭公自訂年譜一卷　(清)潘世恩撰　清
同治二年(1863)潘儀鳳刻本　一冊

210000－0701－0019684　029237

潘文勤公[祖蔭]年譜一卷　(清)潘祖年撰
清光緒十七年(1891)家刻本　一冊

210000－0701－0019685　029241

自訂年譜一卷　(清)沈峻撰　清咸豐四年
(1854)自刻本　一冊

210000－0701－0019686　029242

皇清誥授榮祿大夫工部左侍郎兼署錢法堂事

務加一級顯考鼎甫府君[維鐈]年譜一卷
(清)沈宗涵　(清)沈宗濟撰　清道光三十年
(1850)家刻本　一冊

210000－0701－0019687　029243

沈端恪公[近思]年譜二卷　(清)沈曰富撰
清同治十二年(1873)浙江書局刻本　一冊

210000－0701－0019688　029244

**漢徐徵士[稚]年譜一卷晉陶徵士[潛]年譜一
卷**　(清)楊希閔撰　清光緒四年(1878)刻豫
章先賢九家年譜本　一冊

210000－0701－0019689　029245

洪北江先生[亮吉]年譜一卷　(清)呂培等編
　附錄一卷　清嘉慶十四年(1809)家刻本
一冊

210000－0701－0019690　029246

洪北江先生[亮吉]年譜一卷　(清)呂培等編
　附錄一卷　清嘉慶十四年(1809)家刻本
一冊

210000－0701－0019691　029247

禧壽堂自訂年譜一卷　(清)盧蔭溥自訂　清
道光十九年(1839)家刻本　　一冊

210000－0701－0019692　029248

先大父泗州府君[張佩芳]事蹟一卷　(清)張
穆撰　清道光二十七年(1847)張氏刻本
一冊

210000－0701－0019693　029249

[湯斌]年譜初本一卷　(清)王廷燦撰　清同
治九年(1870)沈祥年刻本　一冊

210000－0701－0019694　029251

還讀我書室老人手訂年譜二卷　(清)董恂撰
　清光緒十八年(1892)刻本　二冊

210000－0701－0019695　029252

還讀我書室老人手訂年譜二卷　(清)董恂撰
　清光緒十八年(1892)刻本　二冊

210000－0701－0019696　029253

還讀我書室老人手訂年譜二卷　(清)董恂撰
　清光緒十八年(1892)刻本　二冊

210000－0701－0019697　029254

漁洋山人自訂年譜二卷　（清）王士禛撰
（清）惠棟注補　清乾隆吳縣惠氏紅豆齋刻本
　一冊

210000－0701－0019698　029255

漁洋山人自撰年譜二卷　（清）王士禛撰
（清）惠棟注補　金氏精華錄箋注辯訛一卷
（清）惠棟撰　清乾隆吳縣惠氏紅豆齋刻本
　一冊

210000－0701－0019699　029258

王深寧先生[應麟]年譜一卷　（清）張大昌撰
　清光緒十六年（1890）浙江書局刻本　一冊

210000－0701－0019700　029260

退菴自訂年譜一卷　（清）梁章鉅撰　清道光
二十四年（1844）家刻本　一冊

210000－0701－0019701　029261

皇清誥授光祿大夫太子太傅兵部尚書都察院
右都御史陝甘總督管巡撫事予謚莊毅顯考東
巖府君[裕泰]年譜一卷　（清）長啓等撰　清
同治九年（1870）廣州刻本　二冊

210000－0701－0019702　029262

遂翁自訂年譜一卷　（清）趙昀撰　（清）趙繼
元等補編　清光緒刻本　一冊

210000－0701－0019703　029263

十五家年譜叢書　（清）楊希閔撰　清光緒揚
州書林陳履恆補刻本　十六冊

210000－0701－0019704　029264

十五家年譜叢書　（清）楊希閔撰　清光緒揚
州書林陳履恆補刻本　十六冊

210000－0701－0019705　029266

左忠毅公[光斗]年譜二卷　（清）左宰撰　清
光緒四年（1878）家刻本　二冊

210000－0701－0019706　029273

太常公[錢薇]年譜一卷　（清）錢泰吉撰　清
光緒三十年（1904）家刻本　一冊

210000－0701－0019707　029277

唐李鄴侯[泌]年譜一卷　（清）楊希閔撰　清

光緒五年（1879）福州刻先賢十五家年譜本
一冊

210000－0701－0019708　029278

李天山夫子[登瀛]年譜一卷　（清）潘安禮撰
　清雍正刻本　一冊

210000－0701－0019709　029279

歷年紀略[李顒]一卷　（清）惠竈嗣撰　清光
緒三年（1877）彭家麟刻本　一冊

210000－0701－0019710　029280

明李文正公[東陽]年譜七卷　（清）法式善撰
　（清）唐仲冕增補　清嘉慶十四年（1809）李
宗瀚刻懷麓堂集本　二冊

210000－0701－0019711　029281

李文襄公[之芳]年譜一卷　（清）程光袒撰
清康熙四十一年（1702）刻本　一冊

210000－0701－0019712　029282

皇清誥授光祿大夫經筵日講起居注官太子太
傅南書房供奉體仁閣大學士管理工部兼翰林
院掌院學士贈太傅入祀賢良祠賜謚文正顯考
南匡府君[朱珪]年譜三卷　（清）朱錫經撰
清嘉慶刻本　一冊

210000－0701－0019713　029283

南畇老人自訂年譜一卷　（清）彭定求撰
（清）彭祖賢改編　清光緒六年（1880）長洲彭
氏刻長洲彭氏家集本　一冊

210000－0701－0019714　029284

南溪韓公[超]年譜一卷　（清）陳昌運撰　清
宣統二年（1910）汪氏鉛印振綺堂叢書本
一冊

210000－0701－0019715　029287

武進李申耆先生[兆洛]年譜三卷附先師小德
錄一卷　（清）蔣彤撰　清光緒十三年（1887）
嘉興金吾瀾木活字印本　二冊

210000－0701－0019716　029288

武進李申耆先生[兆洛]年譜三卷附先師小德
錄一卷　（清）蔣彤撰　清光緒十三年（1887）
嘉興金吾瀾木活字印本　二冊

210000－0701－0019717　029290

李忠定公[綱]年譜一卷　（清）楊希閔撰　清
光緒三年(1877)刻本　一冊

210000－0701－0019718　029291

李忠定公[綱]年譜一卷　（清）楊希閔撰　清
光緒三年(1877)刻本　一冊

210000－0701－0019719　029293

右軍[王羲之]年譜不分卷　（清）魯一同撰
清咸豐五年(1855)刻本　一冊

210000－0701－0019720　029295

皇清誥授中議大夫鹽運使銜浙江金華府知府
顯考嗇庵府君[趙曾向]年狀一卷　（清）趙徹
等撰　清光緒八年(1882)家刻本　一冊

210000－0701－0019721　029296

皇清誥授資政大夫兵部侍郎都察院右副都御
使巡撫湖南等處地方提督軍務糧餉加三級顯
考杏莊府君自敘年譜一卷　（清）左輔撰　誥
授資政大夫湖南巡撫杏莊左公崇祀賢良錄一
卷　清宣統二年(1910)木活字印本　一冊

210000－0701－0019722　029298

太史來瞿唐先生[知德]年譜一卷　（明）古之
賢等編　清光緒七年(1881)桂香書院刻本
一冊

210000－0701－0019723　029299

孝侯公[周處]年譜一卷簡惠公[周葵]年譜一
卷　（清）周湛霖輯注　清光緒七年(1881)木
活字印本　一冊

210000－0701－0019724　029300

草心閣自訂年譜一卷　（清）徐景軾撰　清光
緒刻本　一冊

210000－0701－0019725　029301

蘇潁濱[轍]年表一卷　（宋）孫汝聽撰　清宣
統元年(1909)刻本　一冊

210000－0701－0019726　029302

皇清誥授光祿大夫太子太傅兵部尚書都察院
右都御史陝甘總督管巡撫事予諡莊毅顯考東
巖府君[裕泰]年譜一卷　（清）長啓等撰　清

同治九年(1870)廣州刻本　二冊

210000－0701－0019727　029303

夢興老人手訂年譜一卷　（清）胡家玉撰　清
光緒家刻本　一冊

210000－0701－0019728　029304

堵文忠公[胤錫]年譜一卷　（清）張夏撰　清
道光二十三年(1843)錫山潘氏刻本　一冊

210000－0701－0019729　029305

范文正公[仲淹]年譜一卷　（宋）樓鑰撰　保
賢祠錄二卷　清刻本　二冊

210000－0701－0019730　029307

詒穀老人自訂年譜一卷　（清）彭蘊章撰　清
同治元年(1862)彭祖賢跋刻本　一冊

210000－0701－0019731　029308

姚惜抱先生[鼐]年譜一卷　（清）鄭福照撰
清同治七年(1868)姚濬昌跋刻本　一冊

210000－0701－0019732　029309

太史來瞿唐先生[知德]年譜一卷　（明）古之
賢等編　附錄一卷　清道光十一年(1831)區
拔熙梁山縣署刻本　一冊

210000－0701－0019733　029310

[陽羨]芹香錄不分卷　（清）徐葆辰撰　清光
緒三十二年(1906)聚珍板印本　二冊

210000－0701－0019734　029311

古歡堂集三十六卷　（清）田雯撰　清康熙、
乾隆刻德州田氏叢書本　二冊　存三卷(山
蕳詩選卷一五言律、五言排律、七言律、五言
絕、七言絕,卷二五言律、七言律、七言絕,卷
三七言絕)

210000－0701－0019735　029311

蒙齋[田雯]年譜一卷續一卷　（清）田雯撰
補年譜一卷　（清）田肇麗撰　清康熙五十二
年(1713)刻德州田氏叢書本　一冊

210000－0701－0019736　029311

有懷堂文集一卷詩集一卷　（清）田肇麗撰
清乾隆八年(1743)刻德州田氏叢書本　一冊

210000－0701－0019737　029320

萬清軒先生［斛泉］年譜一卷　（清）張鼎元撰
清光緒三十二年（1906）疊山書院刻本
一冊

210000－0701－0019738　029321
蓮洋吳徵君［雯］年譜一卷　（清）翁方綱撰
清刻本　一冊

210000－0701－0019739　029322
薛仁齋先生［於瑛］年譜一卷　（清）王守恭撰
清光緒十四年（1888）刻本　一冊

210000－0701－0019740　029323
薛文清公［瑄］年譜一卷　（明）楊鶴撰　清康
熙五十二年（1713）薛仍刻本　一冊

210000－0701－0019741　029327
宋韓忠獻公［琦］年譜一卷　（清）楊希閔撰
清光緒四年（1878）新城楊氏福州刻本　一冊

210000－0701－0019742　029328
宋韓忠獻公［琦］年譜一卷　（清）楊希閔撰
清光緒四年（1878）新城楊氏福州刻本　一冊

210000－0701－0019743　029329
韓吏部文公［愈］年譜一卷　（宋）呂大防撰
清光緒元年（1875）隸釋齋刻韓文類譜本
一冊

210000－0701－0019744　029329
韓文公［愈］歷官記一卷　（宋）程俱撰　清光
緒元年（1875）隸釋齋刻韓文類譜本　一冊

210000－0701－0019745　029329
韓子［愈］年譜五卷　（宋）洪興祖撰　清光緒
元年（1875）隸釋齋刻韓文類譜本　二冊

210000－0701－0019746　029329
柳先生［宗元］年譜一卷　（宋）文安禮撰　清
光緒元年（1875）隸釋齋刻韓文類譜本　一冊

210000－0701－0019747　029330
黃忠端公［尊素］年譜二卷　（清）黃炳垕撰
清光緒元年（1875）留書種閣刻本　一冊

210000－0701－0019748　029331
黃忠端公［尊素］年譜二卷　（清）黃炳垕撰
清光緒元年（1875）留書種閣刻本　一冊

210000－0701－0019749　029332
黃文節公［庭堅］年譜一卷　（清）楊希閔撰
清光緒四年（1878）新城楊氏福州刻豫章先賢
九家年譜本　一冊

210000－0701－0019750　029333
黃文節公［庭堅］年譜一卷　（清）楊希閔撰
清光緒四年（1878）新城楊氏福州刻豫章先賢
九家年譜本　一冊

210000－0701－0019751　029334
黃梨洲先生［宗羲］年譜三卷　（清）黃炳垕輯
清同治十二年（1873）黃炳垕刻本　一冊

210000－0701－0019752　029335
［黃鉞］年譜一卷　（清）黃鉞撰　（清）黃富
民續　清同治五年（1866）家刻本　一冊

210000－0701－0019753　029336
黃梨洲先生［宗羲］年譜三卷　（清）黃炳垕撰
清同治十二年（1873）黃炳垕刻本　一冊

210000－0701－0019754　029336
［黃鉞］年譜一卷　（清）黃鉞撰　（清）黃富
民續　清同治五年（1866）刻本　與210000－
0701－0019753 合冊

210000－0701－0019755　029337
黃蕘圃先生［丕烈］年譜二卷　（清）江標撰
清光緒二十三年（1897）元和江氏長沙使院刻
靈鶼閣叢書本　二冊

210000－0701－0019756　029339
杜文端公自訂年譜一卷　（清）杜堮撰　清咸
豐九年（1859）家刻本　一冊

210000－0701－0019757　029348
楊介坪先生自敍年譜一卷　（清）楊懌曾撰
（清）楊用澍續補　清道光家刻本　一冊

210000－0701－0019758　029349
楊國楨海梁氏自敍年譜一卷　（清）楊國楨撰
（清）楊炘補述　清道光三十年（1850）家刻
本　一冊

210000－0701－0019759　029350
忠武公［楊遇春］年譜一卷　（清）楊國佐

（清）楊國楨合撰　清道光十九年（1839）家刻
本　一冊

210000－0701－0019760　029351

楊國楨海梁氏自敘年譜一卷　（清）楊國楨撰
（清）楊炘補述　清道光三十年（1850）家刻
本　一冊

210000－0701－0019761　029352

楊蓉裳先生［芳燦］年譜一卷　（清）余一鼇撰
清光緒五年（1879）上饒盧紹緒刻本　一冊

210000－0701－0019762　029353

賜進士及第誥授資政大夫南書房行走太常寺
少卿加四級前日講起居注官隨帶加三級先考
濱石府君［楊泗孫］年狀一卷　（清）楊同升
（清）楊同元合撰　清光緒家刻本　一冊

210000－0701－0019763　029354

楊文憲公升庵先生［慎］年譜一卷　（清）簡紹
芳撰　（清）程封改輯　（清）孫鑨補訂　清道
光鄞縣孫氏刻古棠書屋補訂本　一冊

210000－0701－0019764　029358

散樗老人自記年譜一卷　（清）蔣祥墀撰　清
道光家刻本　一冊

210000－0701－0019765　029359

皇清敕授修職郎誥封朝議大夫顯考警石府君
［錢泰吉］年譜一卷　（清）錢應溥撰　邠農偶
吟稿一卷　（清）錢炳森撰　清同治十一年
（1872）家刻本　一冊

210000－0701－0019766　029360

蘙閒［潘曾瑋］年譜一卷　（清）潘曾瑋撰　清
光緒十三年（1887）刻本　一冊

210000－0701－0019767　029361

桐溪達叟自編年譜一卷　（清）嚴辰撰　清光
緒十四年（1888）自刻本　一冊

210000－0701－0019768　029362

趙文恪公自訂年譜不分卷附趙文恪公遺集二
卷　（清）趙光撰　清光緒十六年（1890）刻本
六冊

210000－0701－0019769　029363

趙文恪公自訂年譜不分卷附趙文恪公遺集二
卷　（清）趙光撰　清光緒十六年（1890）刻本
六冊

210000－0701－0019770　029365

趙客亭先生［於京］年譜紀略一卷　（清）呂元
亮撰　清乾隆十四年（1749）序刻本　一冊

210000－0701－0019771　029367

忠節吳次尾先生［應箕］年譜一卷附樓山遺事
一卷　（清）夏燮撰　清同治當塗夏氏刻樓山
堂遺書本　二冊

210000－0701－0019772　029368

泰舒胡先生［寶瑔］年譜一卷　（清）王永祺撰
清光緒二十九年（1903）歙縣胡氏刻本
一冊

210000－0701－0019773　029370

戚少保［繼光］年譜耆編十二卷首一卷　（明）
戚祚國撰　清光緒四年（1878）仙遊崇勳祠補
刻本　十二冊

210000－0701－0019774　029371

戚少保［繼光］年譜耆編十二卷首一卷　（明）
戚祚國撰　清光緒四年（1878）仙遊崇勳祠補
刻本　十二冊

210000－0701－0019775　029372

皇清誥授光祿大夫太子太傅兵部尚書都察院
右都御史陝甘總督管巡撫事予諡莊毅顯考東
巖府君［裕泰］年譜一卷　（清）長啟等撰　清
同治九年（1870）廣州刻本　二冊

210000－0701－0019776　029373

成山老人自撰年譜六卷附錄一卷　（清）唐炯
撰　（清）唐堅續　清宣統二年（1910）京師鉛
印本　三冊

210000－0701－0019777　029374

曹月川先生［端］年譜一卷　（明）張信民撰
清順治十五年（1658）張氏自刻本　一冊

210000－0701－0019778　029378

四朝先賢六家年譜　（清）楊希閔撰　清光緒
四年（1878）楊氏福州刻本　六冊

210000－0701－0019779　029379

思補過齋主人自敘年譜一卷　（清）李基溥撰
（清）李鍾文補注　清同治家刻本　一冊

210000－0701－0019780　029380

恩福堂［英和］年譜一卷　（清）英和撰
（清）奎照續補　清道光家刻本　一冊

210000－0701－0019781　029381

恩福堂［英和］年譜一卷　（清）英和撰
（清）奎照續補　清道光家刻本　一冊

210000－0701－0019782　029382

恩福堂［英和］年譜一卷　（清）英和撰
（清）奎照續補　清道光家刻本　一冊

210000－0701－0019783　029383

四洪［皓、遵、邁、适］年譜四卷　（清）洪汝奎
撰　清宣統元年(1909)晦木齋刻本　四冊

210000－0701－0019784　029384

四洪［皓、遵、邁、适］年譜四卷　（清）洪汝奎
撰　清宣統元年(1909)晦木齋刻本　四冊

210000－0701－0019785　029385

四洪［皓、遵、邁、适］年譜四卷　（清）洪汝奎
撰　清宣統元年(1909)晦木齋刻本　四冊

210000－0701－0019786　029386

四洪［皓、遵、邁、适］年譜四卷　（清）洪汝奎
撰　清宣統元年(1909)晦木齋刻本　四冊

210000－0701－0019787　029388

舜山是仲明先生［鏡］年譜一卷　（清）張敬立
撰　（清）金吳瀾補注　附錄一卷　清光緒十
三年(1887)嘉興金氏木活字印本　二冊

210000－0701－0019788　029389

呂明德先生［維祺］年譜四卷　（清）姚廣唐等
編次　清康熙二年(1663)刻本　四冊

210000－0701－0019789　029390

昇勤直公［寅］年譜二卷　（清）寶琳　（清）
寶珣撰　清道光十六年(1836)刻本　二冊

210000－0701－0019790　029391

昇勤直公［寅］年譜二卷　（清）寶琳　（清）
寶珣撰　清道光十六年(1836)刻本　二冊

210000－0701－0019791　029394

皇清誥授光祿大夫經筵講官戶部尚書兼署工
部尚書官理三庫事務武英殿總裁署翰林院掌
院學士諭賜祭葬予諡文恪顯考椒生府君［惇
衍］年譜一卷　（清）羅惇衍撰　（清）羅棨等
續編　清光緒順德羅氏刻本　一冊

210000－0701－0019792　029395

羅壯勇公［思舉］年譜一卷　（清）羅思舉撰
清刻振綺堂叢書本　一冊

210000－0701－0019793　029396

羅忠節公［澤南］年譜二卷　（清）□□撰　清
同治二年(1863)長沙刻本　一冊

210000－0701－0019794　029397

皇清誥授朝議大夫安徽和州直隸州知州先考
羅公［錫疇］紀年錄一卷　（清）羅春駬撰　清
光緒家刻本　一冊

210000－0701－0019795　029402

明李文正公［東陽］年譜七卷　（清）法式善撰
清嘉慶九年(1804)法氏詩龕刻本　二冊

210000－0701－0019796　029403

啖蔗軒自訂年譜一卷　（清）方士淦撰　清同
治十一年(1872)兩淮運署刻本　一冊

210000－0701－0019797　029404

啖蔗軒自訂年譜一卷　（清）方士淦撰　清同
治十一年(1872)兩淮運署刻本　一冊

210000－0701－0019798　029405

歷代名人年譜十卷存疑一卷無考一卷　（清）
吳榮光撰　清光緒北京正文齋刻本　十冊

210000－0701－0019799　029406

歷代名人年譜十卷存疑一卷無考一卷　（清）
吳榮光撰　清光緒北京正文齋刻本　十冊

210000－0701－0019800　029407

歷代名人年譜十卷存疑一卷無考一卷　（清）
吳榮光撰　清光緒北京晉華書局刻本　十冊

210000－0701－0019801　029408

歷代名人年譜十卷存疑一卷無考一卷　（清）
吳榮光撰　清光緒二年(1876)北京寶經書坊

刻本 十冊

210000－0701－0019802　029409

阿文成公[桂]年譜三十四卷　（清）那彥成編
清嘉慶十八年(1813)家刻本　三十二冊

210000－0701－0019803　029410

阿文成公[桂]年譜三十四卷　（清）那彥成編
清嘉慶十八年(1813)家刻本　三十二冊

210000－0701－0019804　029411

阿文成公[桂]年譜三十四卷　（清）那彥成編
清嘉慶十八年(1813)家刻本　三十二冊

210000－0701－0019805　029412

頤志齋四譜　（清）丁晏撰　清道光二十三年
(1843)山陽丁氏木活字印本　一冊

210000－0701－0019806　029413

頤志齋四譜　（清）丁晏撰　清道光二十三年
(1843)山陽丁氏木活字印本　一冊

210000－0701－0019807　029414

懋亭自定年譜四卷　（清）長齡撰　清道光二
十一年(1841)桂叢堂刻本　一冊

210000－0701－0019808　029415

懋亭自定年譜四卷　（清）長齡撰　清道光二
十一年(1841)桂叢堂刻本　一冊

210000－0701－0019809　029416

懋亭自定年譜四卷　（清）長齡撰　清道光二
十一年(1841)桂叢堂刻本　一冊

210000－0701－0019810　029417

**皇清誥授光祿大夫特贈太子太保兵部尚書兼
都察院右都御史兩江總督馬端敏公[新貽]年
譜一卷**　（清）馬新佑撰　清光緒三年(1877)
家刻本　一冊

210000－0701－0019811　029418

甌北先生[趙翼]年譜一卷　（清）□□撰　清
光緒三年(1877)唐有耕刻甌北全集本　一冊

210000－0701－0019812　029419

頤壽老人[錢寶琛]年譜二卷　（清）錢寶琛
（清）錢鼎銘　（清）錢蕭銘撰　清同治八年
(1869)家刻本　一冊

210000－0701－0019813　029420

劉武慎公[長佑]年譜二卷　（清）鄧輔綸
（清）王政慈合撰　清光緒二十五年(1899)刻
劉武慎公遺書本　三冊

210000－0701－0019814　029423

質齋先生[蕭培元]年譜一卷　（清）王其慎撰
清同治十二年(1873)寫刻本　一冊

210000－0701－0019815　029424

陸文安公[九淵]年譜二卷　（清）楊希閔撰
清光緒四年(1878)福州刻豫章先賢九家年譜
本　一冊

210000－0701－0019816　029425

陸文安公[九淵]年譜二卷　（清）楊希閔撰
清光緒四年(1878)福州刻豫章先賢九家年譜
本　一冊

210000－0701－0019817　029427

陸子[隴其]年譜二卷　（清）張師載撰　清乾
隆十年(1745)張氏刻本　二冊

210000－0701－0019818　029428

陸子[隴其]年譜二卷　（清）張師載撰　清乾
隆十六年(1751)雷鋐刻本　二冊

210000－0701－0019819　029429

陸稼書先生[隴其]年譜定本二卷附錄一卷
（清）吳光西輯　清乾隆六年(1741)清風堂刻
本　三冊

210000－0701－0019820　029430

唐陸宣公[贄]年譜一卷　（清）楊希閔撰　清
光緒四年(1878)福州刻本　一冊

210000－0701－0019821　029431

唐陸宣公[贄]年譜一卷　（清）楊希閔撰　清
光緒四年(1878)福州刻本　一冊

210000－0701－0019822　029432

陸清獻先生[隴其]年譜原本不分卷　（清）楊
開基撰　清嘉慶二十五年(1820)陸光宗心太
平室刻本　一冊

210000－0701－0019823　029433

陸稼書先生[隴其]年譜定本二卷附錄一卷

（清）吳光酉輯　清乾隆六年（1741）賀長齡刻本　三冊

210000－0701－0019824　029434

陸稼書先生［隴其］年譜一卷　（清）陸宸徵
（清）李鉉同輯　（清）吳光酉編次　清同治七年（1868）武林薇署刻本　一冊

210000－0701－0019825　029435

陸稼書先生［隴其］年譜定本二卷附錄一卷
（清）吳光酉輯　清乾隆六年（1741）清風堂刻本　四冊

210000－0701－0019826　029440

安道公［陳瑚］年譜二卷　（清）陳溥撰　清光緒十八年（1892）太倉繆氏刻東倉書庫叢刻初編本　一冊

210000－0701－0019827　029441

安道公［陳瑚］年譜二卷　（清）陳溥撰　清光緒十八年（1892）太倉繆氏刻東倉書庫叢刻初編本　一冊

210000－0701－0019828　029453

濂溪志七卷　（清）周孝廉續輯　清道光十九年（1839）愛蓮堂刻本　四冊

210000－0701－0019829　029454

周文襄公［忱］年譜一卷附錄一卷校勘記一卷
　（明）周仁俊撰　（明）顧清刪定　（清）陸鼎翰校補　附錄一卷校勘記一卷　清光緒十五年（1889）中吳陸氏木活字印本　二冊

210000－0701－0019830　029455

周文襄公［忱］年譜一卷附錄一卷校勘記一卷
　（明）周仁俊撰　（明）顧清刪定　（清）陸鼎翰校補　附錄一卷校勘記一卷　清光緒十五年（1889）中吳陸氏木活字印本　二冊

210000－0701－0019831　029457

周公［姬］年表一卷　（清）牟庭編　清光緒五年（1879）受經堂張氏刻本　一冊

210000－0701－0019832　029463

明翰林學士當塗陶主敬先生［安］年譜一卷
（清）夏炘撰　清同治五年（1866）永寧官廨刻

陶學士先生文集本　一冊

210000－0701－0019833　029464

丹魁堂自訂年譜一卷附感遇錄一卷　（清）季芝昌撰　清同治三年（1864）崇川文成堂刻本　一冊

210000－0701－0019834　029466

邱文莊公［濬］年譜一卷　（清）王國棟撰　清光緒二十四年（1898）瓊山罕經書院刻本　一冊

210000－0701－0019835　029467

閑閑老人［趙秉文］年譜二卷　王樹枬撰　清光緒至民國王氏刻陶廬叢刻本　一冊

210000－0701－0019836　029468

歐陽文忠公［修］年譜一卷　（清）楊希閔撰　清光緒四年（1878）楊氏刻豫章先賢九家年譜本　一冊

210000－0701－0019837　029471

駱文忠公［秉章］年譜二卷　（清）駱秉章撰　清光緒二十一年（1895）張蔭桓都門刻本　二冊

210000－0701－0019838　029472

駱文忠公［秉章］年譜二卷　（清）駱秉章撰　清光緒二十一年（1895）張蔭桓都門刻本　二冊

210000－0701－0019839　029473

八旗奉直宦豫同鄉錄二卷　（清）王夢熊輯　清宣統元年（1909）石印本　二冊

210000－0701－0019840　029474

金正希先生［聲］年譜一卷　（清）劉洪烈撰　清光緒二十三年（1897）兩湘書院木活字印本　一冊

210000－0701－0019841　029478

弇山畢公［沅］年譜　（清）史善長撰　清同治十一年（1872）畢長慶刻本　一冊

210000－0701－0019842　029479

弇山畢公［沅］年譜　（清）史善長撰　清同治十一年（1872）畢長慶刻本　一冊

210000－0701－0019843　029484

[錢世銘]年譜一卷春風草廬遺稿一卷　（清）
錢世銘撰　心白齋賸稿一卷　（清）錢學銘撰
清宣統三年（1911）刻本　一冊

210000－0701－0019844　029487

文端公[錢陳羣]年譜三卷　（清）錢儀吉撰
（清）錢志澄增訂　清光緒二十年（1894）刻本
三冊

210000－0701－0019845　029488

錢辛楣先生[大昕]年譜一卷　（清）錢大昕撰
（清）錢慶曾注　竹汀居士[錢大昕]年譜續
編一卷　（清）錢慶曾續編　清咸豐十年
（1860）家刻本　一冊

210000－0701－0019846　029489

皇清誥封中議大夫工部屯田司郎中前同知衙
江蘇婁縣知縣顯考繭山府君[余龍光]年譜一
卷　（清）余香祖撰　清光緒刻本　一冊

210000－0701－0019847　029490

余孝惠先生[治]年譜一卷　（清）吳師澄撰
清光緒元年（1875）刻本　一冊

210000－0701－0019848　029491

曾文正公[國藩]年譜十二卷　（清）黎庶昌撰
清光緒二年（1876）傳忠書局刻本　五冊

210000－0701－0019849　029492

曾文定公[鞏]年譜一卷　（清）楊希閔撰　清
光緒四年（1878）福州刻豫章先賢九家年譜本
一冊

210000－0701－0019850　029493

曾文定公[鞏]年譜一卷　（清）楊希閔撰　清
光緒四年（1878）福州刻豫章先賢九家年譜本
一冊

210000－0701－0019851　029494

鄭大司農[玄]蔡中郎[邕]年譜合表　（清）
林春溥編　清光緒九年（1883）蔡學蘇刻三餘
叢書本　二冊

210000－0701－0019852　029495

鄭冶亭[士範]年譜一卷　（清）鄭書琛撰

（清）胡薇元刪定　清宣統二年（1910）周正誼
堂刻本　二冊

210000－0701－0019853　029497

漢大司農康成鄭公[玄]年譜一卷　（清）侯登
岸撰　清道光二十一年（1841）寫刻本　一冊

210000－0701－0019854　029500

知所止齋自訂年譜一卷　（清）何汝霖撰
（清）何兆瀛補編　清咸豐三年（1853）家刻本
一冊

210000－0701－0019855　029501

廬江錢氏年譜六卷續編六卷　（清）錢儀吉撰
清宣統三年（1911）鉛印本　十二冊

210000－0701－0019856　029502

[江蘇吳縣]洞庭東山翁氏世譜八卷首一卷
（清）翁同春撰　清康熙十一年（1672）刻本
佚名增補並校　三冊

210000－0701－0019857　029503

舒觀蔡公[成龍]年譜一卷　（清）蔚柱撰　清
乾隆三十年（1765）刻本　二冊

210000－0701－0019858　029504

先考至山府君[林希祖]年譜一卷　（清）林履
莊撰　清光緒十一年（1885）大樑刻本　一冊

210000－0701－0019859　029506

小浮山人[潘曾沂]年譜一卷附續編　（清）潘
曾沂撰　（清）潘儀鳳續編　清咸豐刻本
一冊

210000－0701－0019860　029507

敝帚齋主人[徐鼒]年譜一卷　（清）徐鼒撰
敝帚齋主人[徐鼒]年譜補一卷　（清）徐承禧
等補注　清光緒三年（1877）刻敝帚齋遺書本
一冊

210000－0701－0019861　029508

敝帚齋主人[徐鼒]年譜一卷　（清）徐鼒撰
敝帚齋主人[徐鼒]年譜補一卷　（清）徐承禧
等補注　清同治十三年（1874）福州邸舍刻本
一冊

210000－0701－0019862　029511

愓盒[崇實]年譜一卷　(清)崇實撰　清光緒
三年(1877)北京煥文齋刻本　一冊

210000－0701－0019863　029512

米海嶽[芾]年譜一卷　(清)翁方綱撰　清咸
豐五年(1855)南海伍崇曜刻粵雅堂叢書本
一冊

210000－0701－0019864　029512

元遺山先生[好問]年譜三卷
　附錄一卷　(清)汪本直輯　清咸豐五年
(1855)南海伍崇曜刻粵雅堂叢書本　與
210000－0701－0019863 合冊

210000－0701－0019865　029515

史姓韻編六十四卷　(清)汪輝祖輯　清光緒
十年(1884)上海中西書局石印本　四冊

210000－0701－0019866　029518

元和姓纂十卷　(唐)林寶撰　(清)孫星衍
(清)洪瑩校　清光緒六年(1880)金陵書局刻
本　四冊

210000－0701－0019867　029519

元和姓纂十卷　(唐)林寶撰　(清)孫星衍
(清)洪瑩校　清光緒六年(1880)金陵書局刻
本　四冊

210000－0701－0019868　029520

元和姓纂十卷　(唐)林寶撰　(清)孫星衍
(清)洪瑩校　清光緒六年(1880)金陵書局刻
本　四冊

210000－0701－0019869　029522

新纂氏族箋釋八卷　(清)熊峻運撰　清雍正
二年(1724)文秀堂刻本　四冊

210000－0701－0019870　029523

新纂氏族箋釋八卷　(清)熊峻運撰　清雍正
二年(1724)裕元堂刻本　八冊

210000－0701－0019871　029524

史姓韻編二十四卷　(清)汪輝祖輯　清光緒
二十九年(1903)上海文瀾書局石印本　八冊

210000－0701－0019872　029525

史姓韻編二十四卷　(清)汪輝祖輯　清光緒
二十九年(1903)上海文瀾書局石印本　八冊

210000－0701－0019873　029526

史姓韻編二十四卷　(清)汪輝祖輯　清光緒
二十九年(1903)上海文瀾書局石印本　八冊

210000－0701－0019874　029527

史姓韻編六十四卷　(清)汪輝祖輯　清光緒
十年(1884)慈谿耕餘樓鉛印本　十六冊

210000－0701－0019875　029528

史姓韻編六十四卷　(清)汪輝祖輯　清光緒
十年(1884)慈谿耕餘樓鉛印本　十六冊

210000－0701－0019876　029529

史姓韻編六十四卷　(清)汪輝祖輯　清光緒
十年(1884)慈谿耕餘樓鉛印本　十六冊

210000－0701－0019877　029530

史姓韻編六十四卷　(清)汪輝祖輯　清同治
九年(1870)金陵書局鉛印本　二十四冊

210000－0701－0019878　029531

史姓韻編六十四卷　(清)汪輝祖輯　清同治
九年(1870)金陵書局鉛印本　二十四冊

210000－0701－0019879　029532

史鑑姓氏便檢八卷　日商降雪齋書局編　清
光緒二十九年(1903)降雪齋書局石印本
一冊

210000－0701－0019880　029534

歷代同姓名錄二十三卷　(清)劉長華纂輯
清同治九年(1870)刻本　八冊

210000－0701－0019881　029535

姓氏彙典二卷　清齊美堂刻本　二冊

210000－0701－0019882　029542

[山東]高密單氏家乘五卷　(清)單可瓛纂修
　清道光二年(1822)刻本　五冊

210000－0701－0019883　029543

[山東]高密單氏家乘三卷　(清)單燝纂修
清乾隆四十四年(1779)刻本　三冊

210000－0701－0019884　029544

[山東]高密單氏家乘不分卷　(清)單作哲纂

修　清乾隆十七年(1752)刻本　一冊

210000－0701－0019885　029545

[江蘇鎮江丹徒]高氏宗譜四卷　(清)高壽昌
纂修　清光緒二十二年(1896)木活字印本
四冊

210000－0701－0019886　029546

[江蘇泰州]南沙康氏重修宗譜二十四卷
(清)康汶泉等纂修　清咸豐元年(1851)木活
字印本　二十冊

210000－0701－0019887　029549

章氏世譜　(清)章日輝　(清)章元烈撰　清
乾隆三十九年(1774)抄本　二冊

210000－0701－0019888　029550

[江蘇鎮江]京江丁氏支譜傳略彙錄　丁立中
等纂修　清光緒三十一年(1905)金陵松銘堂
木活字印本　一冊

210000－0701－0019889　029551

[江蘇鎮江]京江郭氏家乘八卷　(清)郭開沚
修　立齋遺詩六卷附錄一卷舫樓拾遺彙鈔一
卷　(清)郭家駒撰　種蕉館詩集六卷補遺一
卷附錄一卷　(清)郭堃撰　清宣統三年
(1911)續古堂木活字印本　十冊

210000－0701－0019890　029554

[江蘇鎮江]京江柳氏宗譜十卷　(清)柳立凡
等纂修　清光緒十七年(1891)思成堂木活字
印本　十二冊

210000－0701－0019891　029556

[陝西三原]三原梁氏舊譜一卷　(清)梁崧等
纂修　清嘉慶九年(1804)刻本　一冊

210000－0701－0019892　029559

[山東濰坊]郭氏族譜十卷　(清)郭阮容纂修
清道光二十二年(1842)刻本　十四冊

210000－0701－0019893　029560

[山東萊州]郭氏族譜八卷　(清)郭見龍纂修
清嘉慶十五年(1810)刻本　八冊

210000－0701－0019894　029561

[江蘇鎮江]王氏家乘八卷　(清)王明松等纂

修　清嘉慶五年(1800)潤東王氏木活字印本
八冊

210000－0701－0019895　029562

[山西靈石]王氏族譜二十卷　(清)王中極纂
修　清乾隆五十五年(1790)存厚堂刻本　二
十冊

210000－0701－0019896　029563

[浙江蕭山]浙紹蕭山縣車里莊王氏家譜四卷
首四卷　(清)王壽椿等纂修　清光緒十二年
(1886)三槐堂鉛印本　十二冊

210000－0701－0019897　029565

[安徽懷邑]王氏宗譜續修十卷首一卷末一卷
　(清)王光容　(清)王律潮續修　清光緒二
十六年(1900)三槐堂鉛印本　十冊　缺一卷
(七)

210000－0701－0019898　029566

[江蘇婁江]王氏宗譜八卷　(清)王堉等纂修
清光緒三十一年(1905)三槐堂刻本　四冊

210000－0701－0019899　029567

[山東曲阜]至聖先師[孔丘]世系考　陳敬基
撰　從祀文廟諸賢　清宣統元年(1909)石印
本　一冊

210000－0701－0019900　029568

[河北]正定王氏家傳六卷　(清)王耕心纂修
清光緒十九年(1893)龍樹精舍刻本　一冊

210000－0701－0019901　029570

[江蘇吳縣]夫椒丁氏族譜六卷　(清)丁夢罷
等纂修　清道光三年(1823)椒蔭堂木活字印
本　六冊

210000－0701－0019902　029571

[山東龍口]丁氏族譜十二卷首一卷　(清)丁
在麟等纂修　清宣統元年(1909)刻本　十
二冊

210000－0701－0019903　029574

[河北東光]霍氏十修家乘不分卷　(清)霍官
雲等纂修　清宣統三年(1911)刻本　二冊

210000－0701－0019904　029575

[浙江蕭山]蕭南厲墅湖丁氏宗譜六卷 （清）丁仕蛟等纂修　清道光八年(1828)丁氏瑞松堂刻本　六冊

210000－0701－0019905　029576

[浙江紹興]夏孝湯氏家譜不分卷 （清）湯金釗等纂　清抄本　二冊

210000－0701－0019906　029577

[江蘇常州]晉陵莊氏家譜不分卷 （清）莊錫齡纂修　清光緒十三年(1887)莊氏願賢堂鉛印本　二十四冊

210000－0701－0019907　029582

[山西平定]張氏族譜不分卷 （清）張文選等纂修　清道光二十八年(1848)刻本　四冊

210000－0701－0019908　029583

[□□]張氏族譜□□卷 （清）□□纂修　清刻本　二冊　存八卷(家傳二、閨淑三、家範四至考疑九,五至十六世世系表)

210000－0701－0019909　029585

[山西聞喜]裴氏世牒四卷 （清）翟鳳翥纂 （清）裴紹義續纂　清康熙七年(1668)間門書林朱上如刻乾隆十八年(1753)續刻本　四冊

210000－0701－0019910　029587

[遼寧北鎮]張氏家譜不分卷　清咸豐抄本　八冊

210000－0701－0019911　029588

[江蘇丹徒]水東夏氏家譜六卷 （清）夏翱等纂修　清嘉慶三年(1798)刻本　六冊

210000－0701－0019912　029589

[浙江紹興]重修登榮張氏族譜二十四卷 （清）張景燾等纂修　清道光二十一年(1841)登榮張氏木活字印本　四冊

210000－0701－0019913　029590

[浙江紹興]水澄劉氏支譜不分卷 （清）劉瀚撰纂修　清光緒二十八年(1902)水澄劉氏刻本　一冊

210000－0701－0019914　029591

[江西永新]環溡尹氏洞麓堂家譜義例三卷

（清）尹繼隆纂修　清同治六年(1867)刻本　一冊

210000－0701－0019915　029593

[江蘇蘇州]武陵[顧氏]宗譜不分卷 （清）顧道永纂修　清乾隆三十九年(1774)文遠齋刻本　六冊

210000－0701－0019916　029594

[湖南寧鄉]武城曾氏重修族譜不分卷　清木活字印本　一冊

210000－0701－0019917　029596

[江蘇江都]孫氏族譜十卷 （清）孫肇綏纂輯　清光緒九年(1883)木活字印本　十冊

210000－0701－0019918　029598

[江蘇丹陽]尹氏家乘十四卷 （清）尹聞鳴等纂修　清嘉慶三年(1798)木活字印本　十冊

210000－0701－0019919　029602

[河北]任邱李氏四門支譜不分卷 （清）李樹道纂修　清光緒二十九年(1903)稿本　二冊

210000－0701－0019920　029603

[江蘇常熟]虞山宗氏譜略一卷 （清）宗汝剛等纂修　清光緒十六年(1890)木活字印本　一冊

210000－0701－0019921　029606

[浙江蕭山]山陰碧山許氏宗譜二十三卷 （清）許在衡等纂修　附錄四卷 （清）許守倫 （清）許在衡重修　清光緒十四年(1888)希範堂木活字印本　十冊

210000－0701－0019922　029607

[浙江紹興]山陰白洋朱氏宗譜三十二卷首一卷 （清）朱增纂修　清光緒二十一年(1895)朱曾富玉泉堂木活字印本　二十八冊

210000－0701－0019923　029608

[浙江紹興]山陰江頭宋氏世譜二十四卷 （宋）宋汝輯等纂修　清咸豐十一年(1861)木活字印本　十冊

210000－0701－0019924　029609

[浙江紹興]山陰縣州山吳氏族譜三十一卷

(清)吳國樑等纂修　清道光二十年(1840)木
活字印本　三十一冊

210000－0701－0019925　029610
[浙江紹興]山陰李氏家譜八卷首一卷　(清)
李世法等纂修　清光緒元年(1875)李氏永思
堂木活字印本　四冊

210000－0701－0019926　029612
[江蘇南通]崇川錢氏世譜十卷首一卷末一卷
　(清)錢械林纂修　清道光七年(1827)錢氏
惇敘堂刻本　八冊

210000－0701－0019927　029614
[浙江紹興]山陰阮社章氏宗譜十四卷　(清)
章錫齡等纂修　清光緒二十三年(1897)亦政
堂木活字印本　十四冊

210000－0701－0019928　029616
[山西代縣]道後馮氏世譜一卷誌傳二卷
(清)馮廷正纂修　清乾隆五十二年(1787)刻
本　四冊

210000－0701－0019929　029621
[安徽滁縣]菱溪朱氏族譜　清澹遠堂抄本
三冊

210000－0701－0019930　029622
[江蘇崑山]朱氏家譜不分卷　(清)朱紹成等
纂修　清光緒二十九年(1903)刻本　八冊

210000－0701－0019931　029623
[浙江桐鄉]月潭朱氏重修遷浙支譜十卷首一
卷　(清)朱之榛等纂修　清宣統元年(1909)
刻本　八冊

210000－0701－0019932　029625
[浙江海鹽]白苧派朱氏宗譜九卷首一卷
(清)朱壽均等纂修　清光緒十三年(1887)樹
德堂刻本　六冊

210000－0701－0019933　029626
[浙江]海鹽朱氏宗譜十二卷　(清)朱思諫纂
修　清乾隆四十五年(1780)刻本　十六冊

210000－0701－0019934　029628
[湖北]松滋吳氏宗譜四十六卷首一卷末二卷

(清)吳慶揚纂修　清光緒三十二年(1906)
延陵郡吳氏至德堂木活字印本　四十七冊

210000－0701－0019935　029629
[江蘇吳縣]吳氏家譜不分卷　(元)吳毅纂修
清光緒二年(1876)刻本　一冊

210000－0701－0019936　029630
[安徽歙縣]昌溪太湖支吳氏族譜不分卷
(清)吳錫純纂修　清光緒二十五年(1899)敘
倫堂木活字印本　一冊

210000－0701－0019937　029631
[江蘇無錫]吳氏宗譜十四卷　(清)吳振鈞纂
修　清光緒七年(1881)至德堂木活字印本
十冊

210000－0701－0019938　029632
[山東無棣]山東海豐吳氏世德錄五卷　(清)
吳重熹纂修　清光緒元年(1875)刻朱印本
五冊

210000－0701－0019939　029633
[江蘇吳縣]吳氏支譜十二卷首一卷　(清)吳
廷瓚纂修　清道光三年(1823)刻本　六冊

210000－0701－0019940　029636
[福建連江]吳氏本支家譜一卷　(清)吳若烺
纂修　清光緒十八年(1892)鉛印本　一冊

210000－0701－0019941　029638
[江蘇蘇州]吳縣張氏家譜一卷　張茂鏞纂修
　清光緒二十五年(1899)刻本　一冊

210000－0701－0019942　029639
[安徽桐城]日公冲程氏宗譜三十三卷首一卷
末三卷　(清)程奉箋等纂修　清同治七年
(1868)四箴堂木活字印本　三十七冊

210000－0701－0019943　029643
[河北文安]紀氏家譜不分卷　(清)紀昌期等
纂修　清道光十五年(1835)刻本　一冊

210000－0701－0019944　029644
[甘肅永登]魯氏世譜不分卷　(清)魯紀勛纂
修　清咸豐元年(1851)刻本　二冊

210000－0701－0019945　029645

[浙江桐鄉]烏鎮丁家譜不分卷　（清）丁壽祺纂修　清光緒二十二年(1896)稿本　一册

210000－0701－0019946　029646
[江蘇常熟]海虞曾氏家譜不分卷　（清）曾達文等纂修　清光緒二十年(1894)曾氏義莊木活字印本　一册

210000－0701－0019947　029647
宗室王公世職章京襲次簡明全册　清抄本一册

210000－0701－0019948　029648
宗室王公章京世襲爵秩册五本　清皇檔房寫本　四册

210000－0701－0019949　029649
[遼寧]沙濟富察氏家譜不分卷　（清）寶輪等纂修　清道光七年(1827)刻本　一册

210000－0701－0019950　029650
[北京豐臺]宛平王氏宗譜十七卷　（清）王惺（清）王元鳳纂修　附錄一卷　清乾隆六十年(1795)青箱堂刻本　四册

210000－0701－0019951　029651
宣宗成皇帝位下多羅隱志郡王家譜　清抄本三册

210000－0701－0019952　029654
江西廣信府貴溪縣籍世襲譜一卷　清光緒二十八年(1902)抄本　一册

210000－0701－0019953　029658
[江蘇鎮江]潘氏宗譜四卷　（清）潘鈖等纂修　清道光二十四年(1844)三槐堂木活字印本　四册

210000－0701－0019954　029662
[江蘇吳江]河東[柳氏]家乘二卷續編二卷（清）柳樹芳　（清）柳兆薰纂修　清光緒八年(1882)刻本　二册

210000－0701－0019955　029663
[河南伊川]河南程氏正宗譜世系一卷　（清）程圭璋等纂修　明隆慶六年(1572)刻清康熙四十五年(1706)、乾隆五十七年(1792)續刻

466

本　一册

210000－0701－0019956　029664
[山西洪洞]洪洞劉氏宗譜六卷首一卷　（清）劉大悊纂修　清嘉慶十五年(1810)刻本六册

210000－0701－0019957　029665
[浙江湖州]重輯桃邑沈氏宗譜不分卷　（清）沈潋輯　清抄本　一册

210000－0701－0019958　029668
[浙江平湖]沈氏家譜不分卷　（清）沈守謙纂修　清光緒三十四年(1908)沈氏刻本　二册

210000－0701－0019959　029669
[山西]洪洞劉氏族譜五卷附劉氏族譜圖玫一册　（清）劉振基等纂修　清道光元年(1821)洪洞劉氏刻本(附册為清抄本)　八册

210000－0701－0019960　029676
禮府家傳不分卷附友竹軒遺稿一卷南征圖詩草一卷　清乾隆四十三年(1778)刻本　二册

210000－0701－0019961　029680
[貴州]遵義沙灘黎氏家譜一卷　（清）黎庶昌纂修　清光緒二年(1876)刻本　一册

210000－0701－0019962　029681
[浙江]海寧查氏族譜十六卷　（清）查燕緒等纂修　清宣統元年(1909)查氏義莊刻本　十六册

210000－0701－0019963　029683
[浙江嘉興]大易馮氏譜不分卷　（清）馮秉良纂修　清雍正二年(1724)刻本　三册

210000－0701－0019964　029684
[江蘇蘇州]大阜潘氏支譜二十四卷首一卷（清）潘觀保纂修　清光緒十三年(1887)潘氏松鱗莊木活字印本　十四册

210000－0701－0019965　029685
[浙江湖州]菱湖王氏支譜八卷　（清）王榮泰等纂修　清光緒二十年(1894)刻本　八册

210000－0701－0019966　029687
[江蘇吳縣]太原家譜二十八卷首一卷末一卷

葉耀元編纂 清宣統三年(1911)木活字印本 三十冊

210000－0701－0019967 029688
[廣東]南海九江朱氏家譜十二卷首一卷 (清)朱學懋撰 (清)朱宗琦續修 朱氏傳芳集八卷 清同治八年(1869)刻本 十七冊

210000－0701－0019968 029689
[江蘇常熟]南張世譜不分卷 (清)張廷桂等纂修 清光緒八年(1882)刻本 二冊

210000－0701－0019969 029691
[山東]鄒平李氏族譜三卷 (清)李鴻翔 (清)李濤纂修 清道光三十年(1850)刻本 三冊

210000－0701－0019970 029697
[江蘇]如皋西鄉李氏族譜十二卷 (清)李松樓等纂修 清光緒三十年(1904)隴西堂木活字印本 十二冊

210000－0701－0019971 029698
[河北任邱]李氏強恕堂本支譜十卷 清光緒二十年(1894)稿本 二冊

210000－0701－0019972 029699
[遼寧大石橋]李氏宗譜一卷 (清)李秉衡纂修 清光緒二十七年(1901)刻本 一冊

210000－0701－0019973 029701
[江蘇鎮江]韋氏家乘六卷 (清)韋振鑫纂修 清光緒三十四年(1908)儲書堂木活字印本 六冊

210000－0701－0019974 029702
[浙江]嘉興譚氏家乘十卷首一卷 (清)譚新嘉等纂修 清光緒三十一年(1905)慎遠義莊刻本 六冊

210000－0701－0019975 029703
[江蘇鎮江]古潤顧氏宗譜十二卷 (清)顧沅等纂修 清道光二十一年(1841)木活字印本 十二冊

210000－0701－0019976 029705
[山東滕州]殷氏族譜八卷 (清)殷獻昌纂修

清同治十二年(1873)養雲書屋刻本 八冊

210000－0701－0019977 029710
[浙江蕭山]來蘇周氏宗譜十八卷 (清)周家楨等纂修 清光緒十五年(1889)木活字印本 四十八冊

210000－0701－0019978 029711
杭州瓜爾佳氏節孝忠義合傳一卷 金梁撰述德記及續一卷 清光緒三十四年(1908)鉛印本 一冊

210000－0701－0019979 029712
[江蘇武進]樟村陸氏宗譜十六卷 (清)陸德秉等纂修 清光緒六年(1880)繼述堂刻本 十六冊

210000－0701－0019980 029713
[江蘇徐州]彭城俞氏世譜一卷 (清)俞鍾鑾等纂修 清光緒十五年(1889)刻本 一冊

210000－0701－0019981 029715
[安徽桐城]麻溪宗譜二十四卷姚氏先德傳七卷 (清)姚壽昌等纂修 清光緒四年(1878)刻本 一冊 存七卷(先德傳七卷)

210000－0701－0019982 029716
[浙江湖州]吳興姚氏家乘二十卷首一卷 (清)姚學邃等纂修 清光緒二十三年(1897)刻本 十二冊

210000－0701－0019983 029717
[江蘇蘇州]范氏家乘左編二十四卷末一卷右編十六卷首一卷 (清)范宏金等纂修 清道光三十年(1850)刻本 三十五冊

210000－0701－0019984 029718
[江蘇常州]花氏宗譜十二卷 (清)花庚富等纂修 清光緒四年(1878)含英堂木活字印本 十四冊

210000－0701－0019985 029719
[江西婺源]考川明經胡氏宗譜十一卷首一卷 (清)胡越等纂修 清光緒二十二年(1896)世德堂木活字印本 八冊

210000－0701－0019986 029720

[浙江]蕭山吳氏宗譜六卷　（清）吳其燁纂修　清光緒三十年（1904）愛敬堂木活字印本　八冊

210000 - 0701 - 0019987　029721

[浙江]蕭山東門林氏宗譜六卷　（清）林鳳岐纂修　清光緒二十三年（1897）林氏宗祠友慶堂木活字印本　六冊

210000 - 0701 - 0019988　029722

[浙江]蕭山長巷沈氏宗譜四十卷　（清）沈荇續修　清光緒十九年（1893）承裕堂木活字印本　三十冊

210000 - 0701 - 0019989　029723

[浙江]蕭山史村曹氏宗譜二十五卷補遺一卷　（清）曹隆茂等纂修　清光緒六年（1880）惇敘堂木活字印本　二十二冊

210000 - 0701 - 0019990　029724

[浙江蕭山]長浜陳氏宗譜八卷　（清）陳錫均重修　清同治十一年（1872）敬睦堂木活字印本　八冊

210000 - 0701 - 0019991　029725

[浙江]蕭山田氏宗譜不分卷　（清）田增鑫等纂修　清光緒三十年（1904）守正堂木活字印本　六冊

210000 - 0701 - 0019992　029728

[安徽休寧]新安蘇氏族譜十五卷首一卷　（明）蘇大纂修　明成化三年（1467）刻清乾隆元年（1736）孝忠堂印本　二冊

210000 - 0701 - 0019993　029730

[浙江]餘姚竹橋黃氏世德傳贊一卷　（清）黃炳垕撰　清光緒十六年（1890）留書種閣刻本　一冊

210000 - 0701 - 0019994　029733

[全國]河南始祖蔡氏開派各省通譜二卷　（清）蔡國祥等纂修　清同治五年（1866）刻本　二冊

210000 - 0701 - 0019995　029735

[湖北黃岡]楚黃周氏族譜二十五卷首六卷　周文采纂修　清光緒三十年（1904）敦本堂刻本　十二冊

210000 - 0701 - 0019996　029737

[江蘇常州]江村賀氏河西分支宗譜十卷首一卷　（清）賀關福等纂修　清光緒十四年（1888）敦本堂木活字印本　十四冊

210000 - 0701 - 0019997　029739

[遼寧]瀋陽甘氏宗譜一卷　（清）甘運滄等纂修　清嘉慶九年（1804）甘運濂刻本　一冊

210000 - 0701 - 0019998　029739

[遼寧]瀋陽甘氏宗譜一卷　（清）甘士鑑等纂修　清乾隆三十六年（1771）甘運滄木活字印本　一冊

210000 - 0701 - 0019999　029739

[遼寧]瀋陽甘氏宗譜一卷　（清）甘運滄等纂修　清嘉慶九年（1804）甘運濂刻本　一冊

210000 - 0701 - 0020000　029739

[遼寧]瀋陽旗漢甘氏宗譜不分卷　（清）甘書芬纂修　清道光二十六年（1846）甘恪修刻本　一冊

210000 - 0701 - 0020001　029740

[江蘇無錫]鴻山楊氏宗譜六卷　（清）楊際昌纂修　清同治九年（1870）四知堂木活字印本　六冊

210000 - 0701 - 0020002　029741

授業師及門弟子登記一卷　清光緒寫本　一冊

210000 - 0701 - 0020003　029745

[安徽桐城]胡氏宗譜五卷首一卷　（清）胡乙然　（清）胡澤潤纂修　清道光十年（1830）孝義堂木活字印本　十八冊

210000 - 0701 - 0020004　029747

[湖南湘潭]胡氏姓典十一卷附錄一卷　（清）胡元儀纂修　清光緒三十一年（1905）刻本　一冊

210000 - 0701 - 0020005　029748

[安徽青陽]墩頭曹氏纂修宗譜八卷首一卷末

一卷　（清）曹氏合族纂修　清光緒二十年(1894)木活字印本　三十四冊

210000－0701－0020006　029749

[江蘇蘇州]東滙潘氏族譜八卷首四卷末一卷　（清）潘紹澂纂修　清光緒十八年(1892)承志堂刻本　八冊

210000－0701－0020007　029751

[江蘇如皋]東院王氏家譜十二卷　（清）王錡等纂修　清道光二十一年(1841)敦睦堂刻本　十二冊

210000－0701－0020008　029752

[江蘇鎮江]東興繆氏潤州分支宗譜十六卷首一卷末一卷附錄二卷　（清）繆之鋧纂修　清宣統三年(1911)世慶堂木活字印本　十四冊

210000－0701－0020009　029753

[湖北黃州]秦氏宗譜十卷　（清）秦際清等纂修　清光緒十五年(1889)繼述堂木活字印本　十冊

210000－0701－0020010　029754

[江蘇吳縣]平江盛氏家乘初稿三十八卷首一卷末一卷　（清）盛鍾岐纂修　清同治十三年(1874)吳中十賢祠木活字印本　十六冊

210000－0701－0020011　029755

[廣東中山]香山盛氏族譜一卷　（清）盛俊廷纂修　清同治五年(1866)刻本　一冊

210000－0701－0020012　029760

[湖南]湘鄉易氏支譜六卷　（清）易大裕纂修　清同治六年(1867)敦本堂木活字印本　四冊

210000－0701－0020013　029761

[浙江寧波]四明水氏留碩稿水氏傳經世系表一卷　（清）水嘉穀纂修　清光緒十八年(1892)刻本　一冊

210000－0701－0020014　029763

[江蘇常州]毗陵承氏宗譜五十八卷首一卷末一卷　（清）承錫齡等纂修　清光緒二十九年(1903)聽經堂木活字印本　三十冊

210000－0701－0020015　029764

[江蘇武進]毗陵呂氏族譜十八卷　（清）呂子珊等纂修　清道光二十年(1840)木活字暨刻本　十二冊

210000－0701－0020016　029765

正紅旗滿洲哈達瓜爾佳氏家譜六卷首一卷末一卷　（清）恩齡纂修　清道光二十九年(1849)刻本　八冊

210000－0701－0020017　029766

正紅旗滿洲哈達瓜爾佳氏家譜六卷首一卷末一卷　（清）恩齡纂修　清道光二十九年(1849)刻本　八冊

210000－0701－0020018　029767

[江蘇鎮江]嚴氏宗譜九卷　（清）嚴開甲等纂修　清光緒二十八年(1902)嚴氏錫類堂木活字印本　八冊

210000－0701－0020019　029768

[江蘇昆山]馬氏族譜不分卷　（清）馬雲犨纂修　清抄本　八冊

210000－0701－0020020　029771

馬氏名賢類輯八卷　（清）馬逋元輯　清康熙五十年(1711)馬蔡授刻本　五冊

210000－0701－0020021　029772

[江蘇吳縣]古吳西洞庭馬氏家乘十卷首一卷　（清）馬顯嶽等纂修　清乾隆四十五年(1780)刻本　四冊

210000－0701－0020022　029773

[江蘇吳縣]洞庭林屋馬氏宗譜六卷首一卷　（清）馬世均纂修　清嘉慶二十三年(1818)刻本　六冊

210000－0701－0020023　029775

[湖南]長沙黃氏支譜四卷首一卷　（清）黃瓚鼎纂修　清光緒三十一年(1905)四善堂刻本　四冊

210000－0701－0020024　029776

[湖南湘陰]劉家塘劉氏族譜不分卷　（清）劉頌章等纂修　清光緒十年(1884)劉氏木活字

印本　二十冊

210000－0701－0020025　029777

[河北]滄州劉氏家譜三卷首一卷　（清）劉玉策纂修　清乾隆三十二年(1767)刻本　四冊

210000－0701－0020026　029779

[江蘇常熟]陳氏家乘十卷世系表七卷　（清）陳星涵纂修　清光緒三十三年(1907)西安佐署刻本　二冊

210000－0701－0020027　029780

[浙江紹興]陳氏家譜不分卷　清朱墨抄本　二冊

210000－0701－0020028　029782

[浙江紹興]陡亹黃氏宗譜不分卷　（清）黃善經纂修　清光緒二十年(1894)黃氏追遠堂木活字印本　四冊

210000－0701－0020029　029783

[江蘇蘇州]陸氏宗譜源流大略不分卷　清抄本　二冊

210000－0701－0020030　029784

正紅旗滿洲哈達瓜爾佳氏家譜六卷首一卷末一卷　（清）恩齡纂修　清道光二十九年(1849)刻本　八冊

210000－0701－0020031　029785

[江蘇]如皋縣東石家甸陳氏增輯宗譜二十八卷　（清）陳樹獻等纂修　清光緒三十三年(1907)潤東圖南王雲卿木活字印本　二十六冊

210000－0701－0020032　029786

[浙江蕭山]澇湖陳氏宗譜十卷　（清）陳校風纂修　清道光六年(1826)陳氏推己堂木活字印本　十冊

210000－0701－0020033　029787

[江蘇蘇州]陳氏世譜四卷首一卷　（清）陳宗浩等纂修　清光緒十六年(1890)刻朱墨套印本　五冊

210000－0701－0020034　029788

[江蘇無錫]錫山周氏宗譜十二卷首一卷

（清）周景濂纂修　清光緒二十八年(1902)惇敘堂刻本　十二冊

210000－0701－0020035　029791

[江西南昌]鳳岐岸湖張氏義房支譜三卷首一卷末一卷　（清）張善坦等纂修　清光緒八年(1882)孝友堂木活字印本　二冊

210000－0701－0020036　029795

[江蘇常州]屠氏毗陵支譜二十卷首一卷末一卷　屠寄纂修　清光緒三十年(1904)敬齊堂木活字印本　二十冊

210000－0701－0020037　029796

歐陽氏六宗通譜不分卷　（清）歐陽安修　清乾隆十五年(1750)石印本　十六冊

210000－0701－0020038　029797

[山東]昌樂閻氏家乘五卷　（清）閻愉等纂修　清康熙五十三年(1714)樹滋堂刻本　四冊

210000－0701－0020039　029798

[江蘇]丹陽蔡氏重修宗譜十六卷　（清）蔡景洪等纂修　清光緒十二年(1886)貽善堂木活字印本　十二冊

210000－0701－0020040　029802

八旗滿洲氏族通譜八十卷首一卷　（清）鄂爾泰等纂　清乾隆九年(1744)武英殿刻本　二十四冊

210000－0701－0020041　029803

八旗佐領襲職緣由家譜不分卷　清抄本　四冊　存四冊(光緒十九年一冊、光緒二十九年三冊)

210000－0701－0020042　029805

鑲黃旗滿洲鈕祜祿氏弘毅公家譜　清抄本　二冊　存二冊(十三房、十五房)

210000－0701－0020043　029806

[浙江嘉興]金氏如心堂譜不分卷　（清）金兆蕃纂修　清光緒二十五年(1899)刻本　二冊

210000－0701－0020044　029808

[浙江]慈溪宋氏宗譜十二卷首一卷　（清）宋錞纂修　清嘉慶二十四年(1819)貽安堂修道

光二十一年(1841)續修稿本　十六冊

210000－0701－0020045　029809

[江西德安]義門陳氏宗譜八卷首一卷　(清)陳生雄等纂修　清光緒三十一年(1905)德星堂木活字印本　十四冊

210000－0701－0020046　029810

[安徽合肥]合肥龔氏宗譜八卷首二卷世系表一卷附卷一卷　(清)龔照昕等纂修　清光緒十六年(1890)福壽堂木活字印本　十六冊

210000－0701－0020047　029811

[四川]合江東鄉中匯支篆洞園李氏族譜十卷首一卷末一卷　(清)李超元　(清)李超瓊纂修　清光緒二十一年(1895)陽湖官廨木活字印本　四冊

210000－0701－0020048　029813

[浙江紹興]會稽孫氏宗譜十四編三十卷　(清)孫鏡清等纂　清光緒二十年(1894)垂裕堂木活字印本　十四冊

210000－0701－0020049　029814

[浙江紹興]會稽偁山章氏家乘彙集六卷首一卷　(明)章仕淳等纂修　明崇禎刻清增補本　十冊

210000－0701－0020050　029815

[浙江紹興]會稽秦氏宗譜不分卷　(清)秦基纂修　清宣統三年(1911)秦氏石印本　二冊

210000－0701－0020051　029816

[浙江紹興]會稽吳融鍾氏宗譜十五卷　(清)鍾之英纂修　清光緒八年(1882)至德堂木活字印本　十五冊

210000－0701－0020052　029820

[浙江杭州]錢塘許氏家譜不分卷　清抄本　一冊

210000－0701－0020053　029822

[江蘇無錫]錫山張氏宗譜十六卷　張彥昭纂修　清宣統元年(1909)三知堂木活字印本　十六冊

210000－0701－0020054　029823

[江蘇無錫]梁溪沈氏宗譜二十四卷首一卷　(清)沈景德等纂修　清光緒二十三年(1897)沈氏世餘堂木活字印本　二十六冊

210000－0701－0020055　029824

[江蘇無錫]錫山秦氏宗譜十二卷　(清)秦緗等纂修　淮海先生[秦觀]年譜一卷　(清)秦瀛重編　清同治十二年(1873)秦氏木活字印本　十四冊

210000－0701－0020056　029826

[江蘇]常州觀莊趙氏支譜十六卷首一卷末一卷　(清)趙烈文纂修　清光緒二年(1876)通德堂木活字印本　八冊

210000－0701－0020057　029827

[江蘇]常熟小山鄒氏宗譜一卷　(清)鄒冠瀛纂修　清光緒三十四年(1908)常熟小山鄒氏刻本　一冊

210000－0701－0020058　029828

[浙江餘杭]餘杭閑林盛氏宗譜六卷　(清)盛起纂修　清光緒二十七年(1901)盛氏敬愛堂木活字印本　六冊

210000－0701－0020059　029833

重纂三遷志十卷首一卷　(清)陳錦重纂　清光緒十三年(1887)山東書局刻本　六冊

210000－0701－0020060　029834

學宮譜一卷　(清)孫錫疇輯　清光緒十三年(1887)刻本　一冊

210000－0701－0020061　029835

高僧傳三集三十卷　(宋)釋贊寧撰　清光緒十三年(1887)江北刻經處刻本　六冊

210000－0701－0020062　029836

節慈遺範一卷　(清)陸祥熊撰　清光緒八年(1882)松竹居刻本　一冊

210000－0701－0020063　029839

漢丞相諸葛忠武侯列傳一卷　(宋)張栻撰　附錄一卷　清同治二年(1863)長沙余肇鋆刻本　一冊

210000－0701－0020064　029839

諸葛忠武書十卷　（明）楊時偉編　清同治六
年(1867)余肇鈞明辨齋刻本　二冊

210000－0701－0020065　029840
烈皇小識八卷　（清）文秉撰　清刻本　七冊

210000－0701－0020066　029846
李鴻章十二章　梁啓超撰　清光緒二十七年
(1901)石印本　一冊

210000－0701－0020067　029847
[康熙]臥龍崗志二卷　（清）羅景輯　清康熙
五十一年(1712)刻本　二冊

210000－0701－0020068　029847
忠武誌八卷　（清）張鵬翮輯　清康熙四十四
年(1705)南陽武侯祠冰雪堂刻本　八冊

210000－0701－0020069　029848
忠武誌八卷　（清）張鵬翮輯　清康熙四十四
年(1705)南陽武侯祠冰雪堂刻本　四冊

210000－0701－0020070　029849
歷代名臣言行錄二十四卷　（清）朱栢輯
（清）潘永　（清）李絜莘校　（清）王涵青再
校　清光緒十二年(1886)石印本　八冊

210000－0701－0020071　029860
後漢書華佗傳補注一卷　（南朝宋）范曄撰
張驥補注　清光緒元年(1875)刻本　一冊

210000－0701－0020072　029863
洛學編四卷　（清）湯斌輯　洛學續編一卷
（清）尹會一輯　洛學補編一卷　（清）郭程先
輯　清光緒二年(1876)有不爲齋刻本　二冊

210000－0701－0020073　029864
選材錄一卷　（清）周春纂　清乾隆二十五年
(1760)刻本　一冊

210000－0701－0020074　029865
國朝詩人徵略六十卷　（清）張維屏輯　清道
光十年(1830)粵東富文齋刻本　十冊

210000－0701－0020075　029872
謹度錄二卷通侯雜述一卷　黃鳳岐纂輯　清
光緒十九年(1893)上海製造總局鉛印本
一冊

210000－0701－0020076　029873
張文襄幕府紀聞二卷　辜鴻銘撰　清宣統二
年(1910)鉛印本　二冊

210000－0701－0020077　029874
顧先生[炎武]祠會祭題名第一卷子　清光緒
二十五年(1899)影印本　一冊

210000－0701－0020078　029875
吳中舊事一卷　（元）陸友仁撰　清光緒吳縣
謝氏刻民國蘇州文學山房印望炊樓叢書本
一冊

210000－0701－0020079　029881
欽定元承華事略補圖六卷　（元）王惲撰
（清）徐郙等補　清光緒二十四年(1898)上海
掃葉山房石印本　二冊

210000－0701－0020080　029882
仙儒外紀十卷　（清）劉霨輯　清刻本　二冊

210000－0701－0020081　029890
連氏義田紀畧三卷　清光緒十四年(1888)枕
湖樓刻本　一冊

210000－0701－0020082　029892
杭州脫險錄一卷　張書坤撰　清宣統三年
(1911)奉天大德山房鉛印本　一冊

210000－0701－0020083　029894
貽[穀]案始末十六章　題天涯恨恨生撰　清
宣統三年(1911)鉛印本　一冊

210000－0701－0020084　029895
歷仕錄[王之垣]一卷　（明）王之垣撰　清康
熙四十一年(1702)王氏刻本　一冊

210000－0701－0020085　029896
養蒙金鑑二卷　（清）林之望編　清光緒元年
(1875)鄂垣藩署刻本　二冊

210000－0701－0020086　029897
大日本中興先覺志二卷　（日本）岡本監輔撰
清光緒二十七年(1901)開導社刻本　二冊

210000－0701－0020087　029899
朝鮮雜鈔不分卷　清光緒十五年(1889)抄本
一冊

210000－0701－0020088　029900

華盛頓傳八卷七十六章　（清）黎汝謙　（清）蔡國昭譯　清光緒十二年(1886)鉛印本　八冊

210000－0701－0020089　029901

女豪傑一卷　清光緒二十九年(1903)武林印刷所鉛印本　一冊

210000－0701－0020090　029902

拿破崙本紀四十二章　（英國）洛加德撰　林紓　魏易譯　清光緒三十一年(1905)京師學務處官書局鉛印本　四冊

210000－0701－0020091　029904

[嘉慶]臨桂縣志三十二卷　（清）蔡呈韶（清）金毓奇修　（清）胡虔　（清）朱依真纂　清嘉慶七年(1802)刻本　十六冊

210000－0701－0020092　029905

[道光]欽州志十二卷首一卷　（清）朱椿年修　（清）杜以寬　（清）葉輪纂　清道光十四年(1834)刻本　八冊

210000－0701－0020093　029907

[乾隆]汾州府志三十四卷首一卷　（清）孫和相修　（清）戴震纂　清乾隆三十六年(1771)刻本　十六冊

210000－0701－0020094　029908

鄭許字義異同評二卷　胡元玉撰　清光緒十七年(1891)鏡珠齋彙刻本　一冊

210000－0701－0020095　029914

小爾雅疏八卷　（清）王煦撰　清光緒十一年(1885)邵武徐氏刻邵武徐氏叢書本　二冊

210000－0701－0020096　029915

小爾雅疏證五卷　（清）葛其仁撰　清道光十九年(1839)刻本　一冊　存二卷(一至二)

210000－0701－0020097　029918

小學考五十卷　（清）謝啓昆撰　清光緒十四年(1888)浙江書局刻本　二十冊

210000－0701－0020098　029919

小學考五十卷　（清）謝啓昆撰　清光緒十四年(1888)浙江書局刻本　二十冊

210000－0701－0020099　029920

小學考五十卷　（清）謝啓昆撰　清光緒十四年(1888)浙江書局刻本　二十冊

210000－0701－0020100　029921

小學考五十卷　（清）謝啓昆撰　清光緒十四年(1888)浙江書局刻本　二十冊

210000－0701－0020101　029922

小學考五十卷　（清）謝啓昆撰　清光緒十四年(1888)浙江書局刻本　二十冊

210000－0701－0020102　029923

小學鉤沈十九卷　（清）任大椿撰　清光緒十年(1884)龍氏刻本　四冊

210000－0701－0020103　029924

小學鉤沈十九卷　（清）任大椿撰　清光緒十年(1884)龍氏刻本　二冊

210000－0701－0020104　029926

類篇十五卷　（宋）司馬光等撰　清康熙四十五年(1706)揚州使院刻曹棟亭五種本　三十二冊

210000－0701－0020105　029927

類篇十五卷　（宋）司馬光等撰　清光緒二年(1876)歸安姚氏川東官舍刻姚氏叢刻本　十五冊

210000－0701－0020106　029929

康熙字典四十二卷　（清）張玉書等撰　清刻本　四十冊

210000－0701－0020107　029930

康熙字典四十二卷　（清）張玉書等撰　清刻本　二十九冊　缺四卷(總目一卷、檢字一卷、辨似一卷、等韻一卷)

210000－0701－0020108　029931

康熙字典四十二卷　（清）張玉書等撰　清刻本　四十冊

210000－0701－0020109　029932

康熙字典四十二卷　（清）張玉書等撰　清光緒元年(1875)湖北崇文書局刻本　四十冊

210000－0701－0020110　029933
康熙字典四十二卷　（清）張玉書等撰　**字典考證不分卷**　（清）王引之撰　清光緒十三年(1887)上海積山書局石印本　七冊

210000－0701－0020111　029934
康熙字典四十二卷　（清）張玉書等撰　清光緒十六年(1890)上洋鴻寶齋石印本　六冊

210000－0701－0020112　029935
康熙字典四十二卷　（清）張玉書等撰　清光緒二十年(1894)上海寶善書局石印本　六冊

210000－0701－0020113　029936
康熙字典四十二卷　（清）張玉書等撰　清光緒二十二年(1896)上海點石齋石印本　六冊

210000－0701－0020114　029937
康熙字典四十二卷　（清）張玉書等撰　清光緒二十四年(1898)上海文盛堂書莊石印本　六冊

210000－0701－0020115　029938
康熙字典四十二卷　（清）張玉書等撰　清光緒二十八年(1902)上海寶善齋石印本　八冊

210000－0701－0020116　029939
康熙字典四十二卷　（清）張玉書等撰　清光緒三十四年(1908)育文書局石印本　六冊

210000－0701－0020117　029940
康熙字典四十二卷　（清）張玉書等撰　清末上海鴻寶書局石印本　六冊

210000－0701－0020118　029941
康熙字典四十二卷　（清）張玉書等撰　清末上海商務印書館銅版印本　七冊

210000－0701－0020119　029942
康熙字典四十二卷　（清）張玉書等撰　清末石印本　六冊

210000－0701－0020120　029944
小學類編六種附一種　（清）李祖望輯　清咸豐至同治江都李氏半畝園刻本　八冊

210000－0701－0020121　029947
康熙字典四十二卷　（清）張玉書等撰　清刻

210000－0701－0020122　029948
康熙字典四十二卷　（清）張玉書等撰　清刻本　四十冊

210000－0701－0020123　029949
文科大辭典十二卷　（清）國學扶輪社輯　清宣統三年(1911)上海扶輪社鉛印本　十二冊

210000－0701－0020124　029951
正字通十二卷　（明）張自烈　（清）廖文英撰　清帶月樓刻本　二十五冊

210000－0701－0020125　029957
彙鈔三館字例四卷附二卷　（清）會典館編　清光緒刻本　六冊

210000－0701－0020126　029958
字彙十二卷首一卷末一卷韻法直圖一卷韻法橫圖一卷　（明）梅膺祚撰　清文英堂刻本　十四冊

210000－0701－0020127　029959
字典考證不分卷　（清）王引之撰　清愛日堂刻本　八冊

210000－0701－0020128　029960
字典考證不分卷　（清）王引之撰　清愛日堂刻本　八冊

210000－0701－0020129　029961
字典考證不分卷　（清）王引之撰　清愛日堂刻本　八冊

210000－0701－0020130　029962
字典考證不分卷　（清）王引之撰　清光緒二年(1876)崇文書局刻本　六冊

210000－0701－0020131　029963
字典考證不分卷　（清）王引之撰　清光緒二年(1876)崇文書局刻本　六冊

210000－0701－0020132　029964
字典考證不分卷　（清）王引之撰　清光緒二年(1876)崇文書局刻本　六冊

210000－0701－0020133　029971

普通百科新大詞典十二卷總目一卷分類目錄一卷異名目錄一卷補遺一卷別表一卷　黃人撰　清宣統三年(1911)中國詞典公司鉛印本　十五冊

210000－0701－0020134　029972
養蒙針度五卷　(清)潘子聲撰　清光緒十一年(1885)上海皕忍堂刻上海掃葉山房印本　二冊

210000－0701－0020135　029973
廣韻五卷　(宋)陳彭年等撰　清康熙四十三年(1704)張士俊刻澤存堂五種本　五冊

210000－0701－0020136　029975
音韻闡微十八卷韻譜一卷　(清)李光地等撰　清光緒七年(1881)淮南書局刻本　六冊

210000－0701－0020137　029976
龍文鞭影二卷　(明)蕭良有撰　(明)楊臣諍贈訂　(清)來集之音注　龍文鞭影二集二卷　(清)李暉吉　(清)徐瓚撰　清末上海江東書局石印本　二冊

210000－0701－0020138　029980
詩韻集成十卷詞林典腋一卷　(清)余照輯　清同治三年(1864)京都善成堂刻本　四冊

210000－0701－0020139　029981
詩韻集成十卷詞林典腋一卷　(清)余照輯　清末上海掃葉山房刻本　四冊

210000－0701－0020140　029984
詩韻合璧五卷　(清)湯文潞輯　清光緒十二年(1886)上洋公興書局鉛印本　五冊

210000－0701－0020141　029988
山門新語二卷　(清)周贇撰　清光緒十九年(1893)周氏六聲草堂刻本　二冊

210000－0701－0020142　029989
山門新語二卷　(清)周贇撰　清光緒十九年(1893)周氏六聲草堂刻本　二冊

210000－0701－0020143　029991
佩文詩韻五卷　(清)張玉書　(清)蔡升元等輯　清刻本　一冊

210000－0701－0020144　029992
佩文韻府一百六卷　(清)張玉書　(清)蔡升元等纂　韻府拾遺一百六卷　(清)汪灝　(清)何焯等輯　清嶺南潘氏海山仙館刻本　一百七冊

210000－0701－0020145　029995
初學檢韻袖珍十二卷　(清)姚文登撰　佩文詩韻一卷　清嘉慶七年(1802)遜齋刻本　四冊

210000－0701－0020146　029996
松花庵韻史一卷　(清)吳鎮編　清光緒四年(1878)葛元煦刻嘯園叢書本　一冊

210000－0701－0020147　029998
經傳釋詞再補一卷　(清)孫經世撰　清光緒十一年(1885)長洲蔣氏心矩齋刻本　一冊

210000－0701－0020148　030000
金壺精粹五卷　(清)張仰山輯　清光緒二年(1876)京師松竹齋刻本　二冊

210000－0701－0020149　030002
輶軒使者絕代語釋別國方言十三卷首一卷　(漢)揚雄撰　(晉)郭璞注　續方言二卷　(清)杭世駿撰　續方言補一卷　(清)程際盛撰　清光緒十七年(1891)湖南思賢講舍刻本　三冊

210000－0701－0020150　030003
輶軒使者絕代語釋別國方言十三卷首一卷　(漢)揚雄撰　(晉)郭璞注　續方言二卷　(清)杭世駿撰　續方言補一卷　(清)程際盛撰　清光緒十七年(1891)湖南思賢講舍刻本　三冊

210000－0701－0020151　030004
輶軒使者絕代語釋別國方言十三卷首一卷　(漢)揚雄撰　(晉)郭璞注　清光緒十七年(1891)湖南思賢講舍刻本　二冊

210000－0701－0020152　030005
輶軒使者絕代語釋別國方言十三卷　(漢)揚雄撰　(晉)郭璞注　清光緒八年(1882)汗青簃刻本　四冊

210000－0701－0020153　030006

輶軒使者絕代語釋別國方言十三卷　（漢）揚雄撰　（晉）郭璞注　**續方言二卷**　（清）杭世駿撰　清刻本　二冊

210000－0701－0020154　030009

方言別錄二卷　（清）張愼儀撰　清宣統三年（1911）刻箋園叢書本　一冊

210000－0701－0020155　030011

廣續方言四卷拾遺一卷　程先甲輯　清宣統二年（1910）江寧程氏刻千一齋全書本　一冊

210000－0701－0020156　030014

稱謂錄三十二卷　（清）梁章鉅撰　清同治三年至光緒十年（1864－1884）梁恭辰刻本　八冊

210000－0701－0020157　030015

稱謂錄三十二卷　（清）梁章鉅撰　清同治三年至光緒十年（1864－1884）梁恭辰刻本　八冊

210000－0701－0020158　030016

稱謂錄三十二卷　（清）梁章鉅撰　清同治三年至光緒十年（1864－1884）梁恭辰刻本　八冊

210000－0701－0020159　030020

邇言六卷　（清）錢大昭撰　清咸豐元年（1851）刻本　五冊

210000－0701－0020160　030021

通俗編三十八卷　（清）翟灝撰　清乾隆無不宜齋刻本　十二冊

210000－0701－0020161　030022

通俗編三十八卷　（清）翟灝撰　清乾隆無不宜齋刻本　十二冊

210000－0701－0020162　030023

通俗編三十八卷　（清）翟灝撰　清乾隆無不宜齋刻本　十冊

210000－0701－0020163　030025

古謠諺一百卷　（清）杜文瀾輯　清咸豐十一年（1861）秀水杜氏刻曼陀羅華閣叢書本　十

六冊

210000－0701－0020164　030027

越諺三卷附越諺賸語二卷　（清）范寅輯　清光緒八年（1882）谷應山房刻本　三冊

210000－0701－0020165　030028

越諺三卷附越諺賸語二卷　（清）范寅輯　清光緒八年（1882）谷應山房刻本　六冊

210000－0701－0020166　030029

越諺三卷附越諺賸語二卷　（清）范寅輯　清光緒八年（1882）谷應山房刻民國二十一年（1932）北平來薰閣印本　三冊

210000－0701－0020167　030030

越諺三卷附越諺賸語二卷　（清）范寅輯　清光緒八年（1882）谷應山房刻民國二十一年（1932）北平來薰閣印本　三冊

210000－0701－0020168　030031

新增攷正俗言智燈難字二卷新增雅語巧對錄一卷　（清）范寅輯　清光緒三十二年（1906）浙江紹興墨潤堂石印本　三冊

210000－0701－0020169　030032

燕說四卷　（清）史夢蘭撰　清同治六年（1867）史氏止園刻止園叢書本　一冊

210000－0701－0020170　030039

蜀方言二卷　（清）張愼儀撰　清光緒刻箋園叢書本　一冊

210000－0701－0020171　030042

常語尋源二卷　（清）鄭志鴻撰　清光緒三年（1877）刻本　二冊

210000－0701－0020172　030044

女子國文讀本　方瀏生輯　清光緒三十一年（1905）商務印書館鉛印本　一冊

210000－0701－0020173　030045

李氏蒙求八卷　（後晉）李瀚撰　（清）楊迦懌集注　清光緒二十二年（1896）新化三味堂刻本　六冊

210000－0701－0020174　030046

鑑略四字書一卷提綱釋義一卷　（清）王仕雲

撰　清光緒二十一年(1895)姑蘇掃葉山房刻本　一冊

210000－0701－0020175　030048
六藝綱目二卷附錄二卷　(元)舒天民撰 (元)舒恭注　(明)趙宜中附注　**重刊六藝綱目劄記一卷**　(清)管禮耕撰　清光緒七年(1881)籀書誃汪氏刻本　四冊

210000－0701－0020176　030049
龍文鞭影二卷　(明)蕭良有撰　(明)楊臣諍增訂　(清)來集之音注　清道光十二年(1832)刻本　二冊

210000－0701－0020177　030050
龍文鞭影二卷　(明)蕭良有撰　(明)楊臣諍增訂　(清)來集之音注　清道光十二年(1832)刻本　二冊

210000－0701－0020178　030051
龍文鞭影二卷　(明)蕭良有撰　(明)楊臣諍增訂　清光緒三年(1877)上海掃葉山房刻本　二冊

210000－0701－0020179　030052
龍文鞭影二卷　(明)蕭良有纂撰　(明)楊臣諍增訂　(清)李恩綏校補　清光緒十三年(1887)上海掃葉山房刻本　二冊

210000－0701－0020180　030053
龍文鞭影二集二卷　(清)李暉吉　(清)徐澶輯　清光緒六年(1880)紫文閣刻本　二冊

210000－0701－0020181　030053
龍文鞭影二卷　(明)蕭良有纂　(明)楊臣諍增訂　清光緒十二年(1886)上洋江左書林刻本　二冊

210000－0701－0020182　030054
龍文鞭影二卷　(明)蕭良有撰　(明)楊臣諍增訂　**龍文鞭影二集二卷**　(清)李暉吉 (清)徐澶輯　清光緒十二年至十三年(1886－1887)江左書林刻本　四冊

210000－0701－0020183　030055
龍文鞭影二卷　(明)蕭良有纂　(明)楊臣諍

增訂　**龍文鞭影二集二卷**　(清)李暉吉 (清)徐澶輯　**龍文鞭影三集三卷**　(清)賀鳴鸞撰　(清)賀緒蕃注　清光緒善成堂刻本　六冊

210000－0701－0020184　030060
三字經訓詁二卷　(宋)王應麟撰　(清)王相訓詁　(清)徐士業增補　清光緒十七年(1891)掃葉山房刻本　一冊　存一卷(一)

210000－0701－0020185　030061
徐氏三種　(清)徐士業輯　清光緒十年(1884)蘇州掃葉山房刻本　三冊

210000－0701－0020186　030062
新鎸三字經註解一卷　(宋)王應麟撰　(清)王相注解　清刻本　一冊

210000－0701－0020187　030063
三字經註解備要二卷　(宋)王應麟撰　(清)賀興思注解　清光緒十二年(1886)上海掃葉山房刻本　二冊

210000－0701－0020188　030064
三字經註解備要二卷　(宋)王應麟撰　(清)賀興思注解　清光緒十二年(1886)上海掃葉山房刻本　一冊　存一卷(上)

210000－0701－0020189　030065
三字經註解備要二卷　(宋)王應麟撰　(清)賀興思注解　清光緒十一年(1885)江左書林刻本　二冊

210000－0701－0020190　030066
百家姓考略一卷　(清)王相箋注　清光緒十七年(1891)席氏掃葉山房刻本　一冊

210000－0701－0020191　030067
三字經註解備要一卷　(宋)王應麟撰　(清)賀興思注解　清光緒三十年(1904)上海掃葉山房鉛印本　一冊

210000－0701－0020192　030068
百千音義二種　清末李光明莊刻本　一冊

210000－0701－0020193　030069
狀元閣千字文一卷　清末李光明莊刻本

一冊

210000－0701－0020194　030071

三字經註解備要二卷　（宋）王應麟撰　（清）
賀興思注解　清光緒二十二年（1896）北京同
善堂刻本　一冊　存一卷（一）

210000－0701－0020195　030072

寄傲山房塾課新增幼學故事瓊林四卷首一卷
　（清）程允升撰　（清）鄒聖脈增補　清末李
光明莊刻本　四冊

210000－0701－0020196　030075

幼學歌五卷續幼學歌一卷　（清）王用臣撰
清光緒十一年至十二年（1885－1886）深澤王
氏斯陶書屋刻本　二冊

210000－0701－0020197　030076

育正堂重訂幼學須知句解四卷　（清）程允升
撰　清刻本　四冊

210000－0701－0020198　030077

紫文閣重訂幼學須知句解四卷首一卷　（清）
程允升撰　清光緒十二年（1886）上洋江左書
林刻本　四冊

210000－0701－0020199　030078

文成堂重訂幼學須知句解四卷　（清）程允升
撰　清光緒十三年（1887）上洋文成堂刻本
四冊

210000－0701－0020200　030079

寄傲山房塾課新增幼學故事瓊林四卷首一卷
　（清）程允升撰　（清）鄒聖脈增補　清光緒
十一年（1885）上洋掃葉山房刻本　四冊

210000－0701－0020201　030080

上海鴻寶齋書局精校新增繪圖幼學故事瓊林
四卷首一卷　（清）程允升撰　（清）鄒聖脈增
補　清光緒三十年（1904）上海鴻寶齋石印本
　一冊

210000－0701－0020202　030082

育正堂重訂幼學須知句解四卷　（清）程允升
撰　清咸豐十一年（1861）周浦保素堂刻本
四冊

210000－0701－0020203　030083

重訂幼學須知句解四卷　（清）程允升撰　清
光緒二十二年（1896）掃葉山房刻本　四冊

210000－0701－0020204　030085

徐氏三種　（清）徐士業輯　清康熙刻本
三冊

210000－0701－0020205　030086

澄衷蒙學堂字課圖說四卷檢字一卷類字一卷
　（清）劉樹屏撰　（清）吳子城繪圖　清光緒
二十九年（1903）澄衷學堂印書處石印本
四冊

210000－0701－0020206　030087

新編精圖壹萬字文二卷　清光緒三十四年
（1908）上海章福記石印本　二冊

210000－0701－0020207　030088

狀元閣女四書　（清）王相箋注　清光緒六年
（1880）李光明莊刻本　二冊

210000－0701－0020208　030089

十三經集字摹本不分卷分畫便查一卷摘錄一
卷　（清）彭玉雯輯　清上洋掃葉山房刻本
十二冊

210000－0701－0020209　030090

廿一史彈詞註十卷　（明）楊慎撰　（清）張三
異增定　（清）張仲璜注　明史彈詞注一卷
（清）張三異撰　（清）張仲璜注　清乾隆五十
一年（1786）張任佐視履堂刻本　十二冊

210000－0701－0020210　030092

史鑑節要便讀六卷　（清）鮑東里撰　清同治
十二年（1873）崇文書局刻本　二冊

210000－0701－0020211　030093

史鑑節要便讀六卷　（清）鮑東里撰　清同治
十三年（1874）江蘇書局刻本　二冊

210000－0701－0020212　030094

史鑑節要便讀六卷　（清）鮑東里撰　清同治
十三年（1874）江蘇書局刻本　二冊

210000－0701－0020213　030095

春雨樓訓蒙百首詩一卷　（清）董秉純輯注

清刻本　一册

210000－0701－0020214　030096
春雨樓訓蒙百首詩一卷 （清）董秉純輯注
清刻本　一册

210000－0701－0020215　030097
提綱釋義一卷　清光緒李光明莊刻本　一册

210000－0701－0020216　030098
重訂四字經箋註一卷 （明）蕭良有撰　（清）
王相注　清刻本　一册

210000－0701－0020217　030099
鑑略四字書一卷 （清）王仕雲撰　清刻本
一册

210000－0701－0020218　030100
**增補詳註歷朝捷覽四卷首一卷啟蒙歷代鑑譜
一卷** （清）王廷垣撰　清康熙三年(1664)涵
遠堂刻本　六册

210000－0701－0020219　030101
養蒙針度五卷 （清）潘子聲撰　清末上海掃
葉山房石印本　一册

210000－0701－0020220　030102
小四書五卷 （明）朱升輯　（清）陸隴其校訂
清末抄本　一册

210000－0701－0020221　030103
小學集註六卷 （明）陳選撰　清刻本　二册

210000－0701－0020222　030104
小學集註六卷 （宋）朱熹撰　（明）陳選集注
　忠經集註一卷 （漢）馬融撰　（漢）鄭玄集
注　**孝經集註一卷** （明）陳選集注　清末江
左書林刻本　五册

210000－0701－0020223　030105
小學集解六卷 （宋）朱熹撰　（清）張伯行輯
注　清同治五年(1866)福州正誼書局刻正誼
堂全書本　二册

210000－0701－0020224　030106
小學集解六卷 （宋）朱熹撰　（清）張伯行輯
注　清同治六年(1867)楚北崇文書局刻本
四册

210000－0701－0020225　030107
小學集解六卷 （宋）朱熹撰　（清）張伯行輯
注　清同治六年(1867)楚北崇文書局刻本
四册

210000－0701－0020226　030108
小學集解六卷 （宋）朱熹撰　（清）張伯行輯
注　清同治六年(1867)楚北崇文書局刻本
四册

210000－0701－0020227　030109
小學集解六卷 （宋）朱熹撰　（清）張伯行輯
注　清同治六年(1867)楚北崇文書局刻本
四册

210000－0701－0020228　030110
小學集解六卷 （宋）朱熹撰　（清）張伯行輯
注　（清）俞長贊校訂並釋音　清光緒元年
(1875)湖北崇文書局刻本　三册

210000－0701－0020229　030111
小學集解六卷 （宋）朱熹撰　（清）張伯行輯
注　（清）俞長贊校訂並釋音　清光緒元年
(1875)湖北崇文書局刻本　三册

210000－0701－0020230　030112
小學纂註六卷 （清）高愈撰　**為學大指一卷**
　（清）倭仁撰　清光緒二十九年(1903)成都
志古堂刻本　四册

210000－0701－0020231　030113
小學集註六卷 （宋）朱熹撰　（清）韓曉春訂
並釋音　清同治十一年(1872)錦府文德堂刻
本　四册

210000－0701－0020232　030114
小學纂註六卷文公朱子[朱熹]年譜一卷
（清）高愈撰　**忠經一卷**　清嘉慶十八年
(1813)刻本　四册

210000－0701－0020233　030115
小學纂註六卷 （清）高愈撰　**文公朱子[朱
熹]年譜一卷** （清）高愈撰　**忠經一卷**
（漢）馬融撰　（漢）鄭玄集注　**孝經一卷**
（明）陳選集注　清光緒十二年(1886)上洋掃
葉山房刻本　五册

210000－0701－0020234　030116

小學纂註六卷　（清）高愈撰　**文公朱子[朱熹]年譜一卷**　（清）高愈撰　**忠經一卷**（漢）馬融撰　（漢）鄭玄集注　**孝經一卷**（明）陳選集注　清光緒十二年(1886)上洋掃葉山房刻本　五冊

210000－0701－0020235　030117

小學纂註六卷　（清）高愈撰　**文公朱子[朱熹]年譜一卷**　（清）高愈撰　**忠經一卷**（漢）馬融撰　（漢）鄭玄集注　**孝經一卷**（明）陳選集注　清光緒十二年(1886)上洋掃葉山房刻本　五冊

210000－0701－0020236　030118

小學纂註六卷　（清）高愈撰　**文公朱子[朱熹]年譜一卷**　（清）高愈撰　**忠經一卷**（漢）馬融撰　（漢）鄭玄集注　**孝經一卷**（明）陳選集注　清光緒十四年(1888)蘇州掃葉山房刻本　五冊

210000－0701－0020237　030119

小學纂註六卷文公朱夫子[朱熹]年譜一卷（清）高愈撰　（清）蔣若采校訂　清光緒十四年(1888)城都書室刻本　五冊

210000－0701－0020238　030121

可儀堂古文選不分卷　（清）俞長城評點　清含暉閣刻本　十六冊

210000－0701－0020239　030123

金罏精萃五卷策覽一卷　題(清)楓橋主人撰　**初學題類文法合編二卷**　（清）楊紀元撰　清光緒刻本　五冊

210000－0701－0020240　030126

蒙求增輯三卷　（清）唐仲冕撰　（清）劉冕增輯　（清）徐朝俊注　清同治二年(1863)善化劉氏刻本　二冊

210000－0701－0020241　030127

曲園課孫草不分卷　（清）俞樾撰　清光緒二十一年(1895)四川刻本　二冊

210000－0701－0020242　030128

京音簡字述略一卷　勞乃宣撰　清光緒三十

三年(1907)金陵刻本　一冊

210000－0701－0020243　030130

增訂合聲簡字譜一卷　勞乃宣撰　清光緒三十二年(1906)江寧刻本　一冊

210000－0701－0020244　030131

簡字叢錄　勞乃宣撰　清光緒三十二年(1906)金陵刻本　一冊

210000－0701－0020245　030132

簡字全譜　勞乃宣撰　清光緒三十三年(1907)金陵刻本　一冊

210000－0701－0020246　030133

三合名賢集　清刻本　一冊

210000－0701－0020247　030134

滿蒙合璧三字經註解二卷　（清）富俊輯注(清)英俊譯　清道光十二年(1832)京都三槐堂刻本　四冊

210000－0701－0020248　030135

庸言知旨二卷　（清）宜興撰　清嘉慶二十四年(1819)查清阿刻本　二冊

210000－0701－0020249　030136

廣彙全書四卷　（清）劉順　（清）桑格輯　清康熙四十一年(1702)金陵聽松樓刻本　四冊

210000－0701－0020250　030137

音漢清文鑑二十卷　（清）明鐸撰　清乾隆二十二年(1757)繡谷中和堂刻本　四冊

210000－0701－0020251　030138

六部成語六卷　（清）□□纂　清嘉慶二十一年(1816)京都文盛堂刻本　六冊

210000－0701－0020252　030139

六事箴言不分卷　（清）葉玉屏輯　清北京三槐堂刻本　四冊

210000－0701－0020253　030140

三合語錄不分卷　（清）智信撰　（清）富俊譯　清道光十年(1830)北京五雲堂刻本　四冊

210000－0701－0020254　030141

讀史論畧二卷　（清）慶詔撰　（清）興德校訂

清京都三槐堂刻本　二册

210000－0701－0020255　030142

讀史論畧二卷　（清）慶詔撰　（清）興德校訂
清京都三槐堂刻本　二册

210000－0701－0020256　030144

三合便覽不分卷　（清）富俊增輯　清刻本
十二册

210000－0701－0020257　030145

三合類編四卷　清宣統三年（1911）石印本
四册

210000－0701－0020258　030146

文昌帝君陰騭文一卷　清嘉慶二十四年
（1819）依克坦布刻本　一册

210000－0701－0020259　030147

孫子兵法四卷　（清）耆英譯　清京都聚珍堂
刻本　四册

210000－0701－0020260　030148

孫子兵法四卷　（清）耆英譯　清京都聚珍堂
刻本　四册

210000－0701－0020261　030149

三合聖諭廣訓不分卷　（清）世宗胤禛撰　清
同治十三年（1874）京都蕭氏刻本　四册

210000－0701－0020262　030150

御製聖諭廣訓不分卷　（清）聖祖玄燁撰
（清）世宗胤禛廣訓　清道光二十五年（1845）
許蕙抄本　二册

210000－0701－0020263　030151

醒世要言四卷　（明）呂坤撰　（清）和素摘譯
（清）孟保增輯並譯　清刻本　四册

210000－0701－0020264　030152

御製繙譯四書　清光緒十四年（1888）京都聚
珍堂刻本　六册

210000－0701－0020265　030153

御製繙譯四書　清光緒十四年（1888）京都聚
珍堂刻本　六册

210000－0701－0020266　030154

御製繙譯四書　清刻本　六册

210000－0701－0020267　030155

翻譯類編四卷　（清）冠景撰　清乾隆十四年
（1749）鴻運堂刻本　四册

210000－0701－0020268　030156

翻譯類編四卷　（清）冠景撰　清乾隆十四年
（1749）鴻運堂刻本　四册

210000－0701－0020269　030158

射的說一卷　題（清）止溪厓人撰　清刻本
一册

210000－0701－0020270　030159

翻譯類編四卷　（清）冠景撰　清文淵堂刻本
四册

210000－0701－0020271　030160

朱夫子家訓一卷　清寶山抄本　五册

210000－0701－0020272　030161

朱子節要十四卷　（明）高攀龍撰　清刻本
五册

210000－0701－0020273　030162

清文字法舉一歌不分卷　（清）徐隆泰撰　清
末刻本　二册

210000－0701－0020274　030163

滿漢合璧雜鈔　清抄本　二册

210000－0701－0020275　030164

滿文遊記資料不分卷　清刻本　四册

210000－0701－0020276　030165

初學必讀不分卷　清光緒十六年（1890）京都
聚珍堂刻本　六册

210000－0701－0020277　030166

翻譯四十條不分卷　清刻本　一册

210000－0701－0020278　030167

六部成語六卷　（清）□□纂　清乾隆七年
（1742）京都永魁齋刻本　六册

210000－0701－0020279　030168

滿漢文六部成語六卷　（清）□□纂　清抄本
六册

210000 – 0701 – 0020280　030169

滿漢西廂記四卷　清刻本　四冊

210000 – 0701 – 0020281　030170

滿漢經文成語不分卷　（清）董佳明鐸編譯
清乾隆二年(1737)京都英華堂刻本　四冊

210000 – 0701 – 0020282　030171

滿漢同文全書八卷　清康熙二十九年(1690)
刻本　八冊

210000 – 0701 – 0020283　030172

滿漢合璧三字經註解二卷　（清）陶格譯　清
二南堂刻本　一冊

210000 – 0701 – 0020284　030173

滿漢合璧書札　清末抄本　四冊

210000 – 0701 – 0020285　030174

翻譯四十條不分卷　清京都宏文閣刻本　一
冊　存二十二條(一至二十二)

210000 – 0701 – 0020286　030176

滿漢會話不分卷　清抄本　五冊

210000 – 0701 – 0020287　030177

清文虛字指南編一卷　（清）萬福撰　清光緒
刻本　一冊

210000 – 0701 – 0020288　030178

重刻清文虛字指南編二卷　（清）萬福撰
（清）鳳山訂　清光緒二十年(1894)京都聚珍
堂刻　二冊

210000 – 0701 – 0020289　030179

重刻清文虛字指南編二卷　（清）萬福撰
（清）鳳山訂　清光緒二十年(1894)京都聚珍
堂刻本　二冊

210000 – 0701 – 0020290　030180

清文彙書十二卷　（清）李延基撰　清乾隆十
六年(1751)京都中和堂刻本　十二冊

210000 – 0701 – 0020291　030181

清文彙書十二卷　（清）李延基撰　清乾隆十
六年(1751)京都中和堂刻本　十二冊

210000 – 0701 – 0020292　030182

清文彙書十二卷　（清）李延基撰　清乾隆十
六年(1751)京都中和堂刻嘉慶十一年(1806)
京都雙峯閣印本　四冊

210000 – 0701 – 0020293　030183

清文彙書十二卷　（清）李延基撰　清四合堂
刻本　十二冊

210000 – 0701 – 0020294　030184

清文彙書十二卷　（清）李延基撰　清四合堂
刻本　十二冊

210000 – 0701 – 0020295　030185

清文彙書十二卷　（清）李延基撰　清四合堂
刻本　十二冊

210000 – 0701 – 0020296　030186

清文彙書十二卷　（清）李延基撰　清四合堂
刻本　十二冊

210000 – 0701 – 0020297　030187

清文彙書十二卷　（清）李延基撰　清四合堂
刻三槐堂書坊印本　六冊

210000 – 0701 – 0020298　030188

清文總彙十二卷　（清）志寬　（清）培寬輯
清光緒二十三年(1897)荊州駐防繙譯總學刻
本　十二冊

210000 – 0701 – 0020299　030189

清文補彙八卷　（清）宜興撰　清嘉慶七年
(1802)刻本　八冊

210000 – 0701 – 0020300　030190

清文補彙八卷　（清）宜興撰　清嘉慶七年
(1802)刻本　八冊

210000 – 0701 – 0020301　030191

清文補彙八卷　（清）宜興撰　清嘉慶七年
(1802)刻本　八冊

210000 – 0701 – 0020302　030192

清文補彙八卷　（清）宜興撰　清嘉慶七年
(1802)刻本　八冊

210000 – 0701 – 0020303　030193

清文補彙八卷　（清）宜興撰　清嘉慶刻本
八冊

210000－0701－0020304　030194

清文補彙八卷　（清）宜興撰　清嘉慶七年(1802)刻本　八冊

210000－0701－0020305　030195

清文補彙八卷　（清）宜興撰　清嘉慶七年(1802)刻本　八冊

210000－0701－0020306　030196

清文補彙八卷　（清）宜興撰　清光緒十六年(1890)京都書業堂刻本　八冊

210000－0701－0020307　030197

滿漢字清文啓蒙四卷　（清）舞格撰　清文寶堂刻本　四冊

210000－0701－0020308　030198

滿漢字清文啓蒙四卷　（清）舞格撰　清三槐堂刻本　四冊

210000－0701－0020309　030199

滿漢字清文啓蒙四卷　（清）舞格撰　清三槐堂刻本　四冊

210000－0701－0020310　030200

清文接字一卷　（清）嵩洛峰撰　清光緒十四年(1888)京都三槐堂刻本　一冊

210000－0701－0020311　030201

清文指要三卷續編兼漢清文指要二卷　清嘉慶十四年(1809)三槐堂刻本　四冊

210000－0701－0020312　030202

清文典要四卷　題(清)秋芳堂主人輯　清光緒四年(1878)文淵堂刻本　四冊

210000－0701－0020313　030203

音漢清文鑑二十卷　（清）明鐸撰　清雍正十三年(1735)騎河樓文瑞堂刻清京都英華堂印本　四冊

210000－0701－0020314　030204

御製增訂清文鑑三十二卷總綱八卷補編四卷補編總綱二卷續入新語一卷　清乾隆內府刻本　四十八冊

210000－0701－0020315　030205

御製增訂清文鑑三十二卷總綱八卷補編四卷補編總綱二卷續入新語一卷二次續入新清語一卷　清乾隆內府刻本　二十八冊　存二十四卷(一至二十二、續入新語一卷、二次續入新清語一卷)

210000－0701－0020316　030206

御製增訂清文鑑補編四卷補編總綱二卷　清乾隆內府刻本　五冊　缺一卷(總綱一卷)

210000－0701－0020317　030207

御製滿洲蒙古漢字三合切音清文鑑三十一卷　清刻本　二十七冊　存二十七卷(五至三十一)

210000－0701－0020318　030208

清語摘鈔四種　（清）□□輯　清光緒十五年(1889)京都三槐堂刻本　四冊

210000－0701－0020319　030210

清漢文海四十卷　（清）巴尼琿撰　清道光元年(1821)江南駐防衙門刻本　二十冊

210000－0701－0020320　030211

欽定清漢對音字式不分卷　清乾隆三十七年(1772)武英殿刻道光十六年(1836)印本　一冊

210000－0701－0020321　030212

清漢對音字式不分卷　清光緒十六年(1890)京都聚珍堂刻本　一冊

210000－0701－0020322　030213

清漢對音字式不分卷　清光緒十六年(1890)京都聚珍堂刻本　一冊

210000－0701－0020323　030213

清漢對音字式不分卷　清光緒十六年(1890)京都聚珍堂刻本　一冊

210000－0701－0020324　030214

清漢對音字式不分卷　清宣統元年(1909)京都鏡古堂刻本　一冊

210000－0701－0020325　030215

初學必讀不分卷　清光緒十六年(1890)京都聚珍堂刻本　六冊

210000－0701－0020326　030216

210000－0701－0020374　030329

讀易備忘四卷圖說一卷　（清）王滌心集注
清道光二十九年(1849)慎修堂刻本　六冊

210000－0701－0020375　030330

讀易初稿八卷　（清）丁敘忠纂　清同治二年
(1863)白芙堂木活字印本　八冊

210000－0701－0020376　030331

讀易錄十八卷　（清）陳克緒撰　清同治三年
(1864)陳紱麟等刻本　六冊

210000－0701－0020377　030332

讀易集說不分卷　（清）朱勳撰　清嘉慶二十
二年(1817)資善堂刻本　十二冊

210000－0701－0020378　030333

讀易匯參十五卷首一卷　（清）和瑛撰　清道
光二十三年(1843)易簡書室刻本　十六冊

210000－0701－0020379　030334

讀易匯參十五卷首一卷　（清）和瑛撰　清道
光二十三年(1843)易簡書室刻本　十六冊

210000－0701－0020380　030335

讀易通解十二卷　（清）丁敘忠撰　清同治十
年(1871)白芙堂刻本　十冊

210000－0701－0020381　030336

讀易述訓四卷　（清）蔡顯原撰　清同治六年
(1867)蔡敦睦堂刻本　四冊

210000－0701－0020382　030337

讀易質疑二卷　（清）金谷春撰　清光緒二十
七年(1901)刻本　二冊

210000－0701－0020383　030338

讀易匯參十五卷首一卷　（清）和瑛撰　清道
光二十三年(1843)易簡書室刻本　十六冊

210000－0701－0020384　030339

讀易通解十二卷　（清）丁敘忠撰　清同治十
年(1871)白芙堂刻本　十冊

210000－0701－0020385　030340

讀易大旨五卷　（清）孫奇逢撰　（清）耿極校
訂　清刻本　六冊

210000－0701－0020386　030341

西樓易說十八卷　（清）楊家洙撰　清光緒十
四年(1888)楊氏木活字印本　十八冊

210000－0701－0020387　030342

玩易四道十三卷首一卷末一卷　（清）黃寅階
撰　清同治十二年(1873)粵東省城青雲樓書
坊刻本　十冊

210000－0701－0020388　030344

焦氏易林四卷　題（漢）焦贛撰　清光緒元年
(1875)湖北崇文書局刻本　四冊

210000－0701－0020389　030345

睿川易義合編九卷　徐天璋撰　清宣統三年
(1911)鉛印本　八冊

210000－0701－0020390　030346

先天易貫五卷　（清）劉元龍撰　清居易齋刻
本　五冊

210000－0701－0020391　030348

漢魏二十一家易註　（清）孫堂輯　清嘉慶四
年(1799)平湖孫氏映雪草堂刻本　二十四冊

210000－0701－0020392　030349

漢魏二十一家易註　（清）孫堂輯　清嘉慶四
年(1799)平湖孫氏映雪草堂刻本　八冊　缺
一卷(周易義疏)

210000－0701－0020393　030350

湘薌漫錄三卷　（清）查彬撰　清道光十九年
(1839)查氏有懷堂刻本　五冊

210000－0701－0020394　030351

經言拾遺十四卷　（清）徐文靖撰　清乾隆二
十年(1755)志寧堂刻徐位山六種本　六冊

210000－0701－0020395　030352

樂山家藏易經評義二十六卷首一卷　（清）陸
顯仁撰　清乾隆二十九年(1764)刻本　二十
四冊

210000－0701－0020396　030353

伊川易傳四卷　（宋）程頤撰　清木活字印本
四冊

210000－0701－0020397　030356

漢魏二十一家易註 (清)孫堂輯 清嘉慶四年(1799)平湖孫氏映雪草堂刻本 五冊

210000－0701－0020398 030358

誠齋易傳二十卷 (宋)楊萬里撰 清光緒二十一年(1895)湖北官書處刻本 八冊

210000－0701－0020399 030359

楊氏誠齋先生易傳二十卷首一卷 (宋)楊萬里撰 清光緒二十五年(1899)延茂刻三十四年(1908)太和山房印本 二冊 存十卷(一至十)

210000－0701－0020400 030360

觀易外編六卷 (清)紀大奎撰 清嘉慶十三年(1808)刻紀慎齋先生全集本 六冊

210000－0701－0020401 030362

楊氏誠齋先生易傳二十卷首一卷 (宋)楊萬里撰 清光緒二十五年(1899)延茂刻三十四年(1908)太和山房印本 四冊

210000－0701－0020402 030363

河上易註八卷圖說二卷 (清)黎世序撰 清道光元年(1821)謙豫齋刻本 八冊

210000－0701－0020403 030364

宗經齋易圖說四卷 (清)姚象申撰 清咸豐八年(1858)贛城集利文堂刻本 四冊

210000－0701－0020404 030365

楊氏誠齋先生易傳二十卷首一卷 (宋)楊萬里撰 清光緒二十五年(1899)延茂刻三十四年(1908)太和山房印本 四冊

210000－0701－0020405 030366

楊氏誠齋先生易傳二十卷首一卷 (宋)楊萬里撰 清光緒二十五年(1899)延茂刻三十四年(1908)太和山房印本 四冊

210000－0701－0020406 030367

楊氏誠齋先生易傳二十卷首一卷 (宋)楊萬里撰 清光緒二十五年(1899)延茂刻三十四年(1908)太和山房印本 四冊

210000－0701－0020407 030368

楊氏誠齋先生易傳二十卷首一卷 (宋)楊萬

里撰 清光緒二十五年(1899)延茂刻民國二十一年(1932)徐鐵翹瀋陽印本 四冊

210000－0701－0020408 030369

費氏古易訂文十二卷 王樹柟撰 清光緒十七年(1891)新城王氏文莫室刻陶廬叢刻本 四冊

210000－0701－0020409 030370

楊氏誠齋先生易傳二十卷首一卷 (宋)楊萬里撰 清光緒二十五年(1899)延茂刻民國二十一年(1932)徐鐵翹瀋陽印本 四冊

210000－0701－0020410 030371

春秋內外傳筮辭考證三卷 (清)章耒撰 清光緒九年(1883)刻本 一冊

210000－0701－0020411 030372

費氏古易訂文十二卷 王樹柟撰 清光緒十七年(1891)新城王氏文莫室刻陶廬叢刻本 四冊

210000－0701－0020412 030374

李氏易解賸義三卷 (清)李富孫輯 清光緒十三年(1887)吳縣朱氏家塾刻槐廬叢書本 二冊

210000－0701－0020413 030375

古本易鏡十一卷周易圖說一卷學易管窺二卷 (清)何毓福撰 清光緒十年(1884)何氏刻本 十三冊

210000－0701－0020414 030376

古易音訓二卷 (宋)呂祖謙撰 (清)宋咸熙輯 清嘉慶七年(1802)刻本 二冊

210000－0701－0020415 030377

楊氏誠齋先生易傳二十卷首一卷 (宋)楊萬里撰 清光緒二十五年(1899)延茂刻三十四年(1908)太和山房印本 四冊

210000－0701－0020416 030378

周易四卷筮儀一卷圖說一卷 (宋)朱熹本義 清光緒二十四年(1898)掃葉山房刻本 二冊

210000－0701－0020417 030379

新刻來瞿唐先生易註十五卷首一卷末一卷圖像一卷　（明）來知德撰　清朝爽堂刻本十冊

210000－0701－0020418　030380
新刻來瞿唐先生易註十五卷首一卷末一卷圖像一卷　（明）來知德撰　清同治十年（1871）刻本（卷十五配寧遠堂刻本）　十冊

210000－0701－0020419　030382
易經八卷卦歌一卷上下篇義一卷　（宋）程頤傳　清光緒九年（1883）江南書局刻本　三冊

210000－0701－0020420　030386
易經八卷卦歌一卷上下篇義一卷　（宋）程頤傳　清光緒九年（1883）江南書局刻本　三冊

210000－0701－0020421　030387
易君子以錄二卷　（清）夏炘撰　清同治十二年（1873）景紫山房刻本　二冊

210000－0701－0020422　030394
周易四卷　（清）□□譯　清乾隆三十年（1765）武英殿刻本　四冊

210000－0701－0020423　030397
寄傲山房塾課纂輯易經備旨七卷圖一卷（清）鄒聖脈輯　清光緒三十年（1904）文盛書局石印本　四冊

210000－0701－0020424　030398
寄傲山房塾課纂輯御案易經備旨七卷圖一卷　（清）鄒聖脈輯　清嘉慶三年（1798）刻本六冊

210000－0701－0020425　030399
新刻增補周易備旨一見能解六卷上下篇義一卷圖一卷筮儀一卷　（明）黃淳耀撰　（清）嚴而寬增補　清敬文堂刻本　六冊

210000－0701－0020426　030400
寄傲山房塾課纂輯易經備旨七卷圖一卷（清）鄒聖脈輯　清光緒三十年（1904）文盛書局石印本　四冊

210000－0701－0020427　030401
易經精華六卷首一卷末一卷　（清）薛嘉穎輯

清道光五年（1825）光韡堂刻本　四冊

210000－0701－0020428　030402
河上易註八卷圖說二卷　（清）黎世序撰　清道光元年（1821）謙豫齋刻本　六冊

210000－0701－0020429　030403
易緯八種十二卷　（漢）鄭玄注　清同治十二年（1873）粵東書局刻古經解彙函本　二冊

210000－0701－0020430　030404
易經精華六卷首一卷末一卷　（清）薛嘉穎輯清道光元年（1821）刻本　四冊

210000－0701－0020431　030405
易註十二卷附洪範傳一卷　（清）崔致遠撰清乾隆八年（1743）絳雲樓刻本　九冊

210000－0701－0020432　030406
易酌十四卷周易雜卦圖一卷　（清）刁包撰清道光二十三年（1843）祁陽順積樓刻本　十四冊

210000－0701－0020433　030408
易酌十四卷周易雜卦圖一卷　（清）刁包撰清道光二十三年（1843）祁陽順積樓刻本八冊

210000－0701－0020434　030409
易見九卷易見啟蒙二卷　（清）貢渭濱輯　清嘉慶元年（1796）郁文堂刻本　十六冊

210000－0701－0020435　030410
易解醒豁二卷　（清）梁欽辰撰　清光緒刻本二冊

210000－0701－0020436　030411
重刻解元會魁紫溪蘇先生心傳周易兒說四卷圖說一卷　（明）蘇濬撰　清康熙二十五年（1686）蘇堯松等刻本　十二冊

210000－0701－0020437　030412
古本易鏡十一卷周易圖說一卷學易管窺二卷（清）何毓福撰　清光緒十年（1884）何氏刻本　十三冊

210000－0701－0020438　030413
易確二十卷首一卷　（清）許桂林撰　清道光

十七年(1837)刻本　十冊

210000－0701－0020439　030414

易酌十四卷周易雜卦圖一卷　(清)刁包撰
清道光二十三年(1843)祁陽順積樓刻本　十
四冊

210000－0701－0020440　030415

易說十二卷　(清)郝懿行撰　**易說便錄一卷**
　(清)郝懿行輯　清光緒八年(1882)東路廳
署刻本　四冊

210000－0701－0020441　030417

易經八卷卦歌一卷上下篇義一卷　(宋)程頤
傳　清光緒九年(1883)江南書局刻本　三冊

210000－0701－0020442　030418

周易四卷圖說一卷卦歌一卷　(宋)朱熹本義
　清經綸堂書屋刻本　二冊

210000－0701－0020443　030419

易經詳說五十卷　(清)冉覲祖輯　清光緒七
年(1881)大梁書局刻本　五十冊

210000－0701－0020444　030420

周易四卷易圖一卷筮儀一卷圖說一卷　(宋)
朱熹注　清光緒五年(1879)紫文閣刻本
二冊

210000－0701－0020445　030421

易經八卷卦歌一卷上下篇義一卷　(宋)程頤
傳　清光緒九年(1883)江南書局刻本　三冊

210000－0701－0020446　030422

易經八卷卦歌一卷上下篇義一卷　(宋)程頤
傳　清光緒九年(1883)江南書局刻本　三冊

210000－0701－0020447　030423

周易四卷圖說一卷新增圖說一卷卦歌一卷
(宋)朱熹本義　清光緒十二年(1886)湖北官
書處刻本　二冊

210000－0701－0020448　030425

易經八卷卦歌一卷上下篇義一卷　(宋)程頤
傳　清光緒九年(1883)江南書局刻本　三冊

210000－0701－0020449　030426

日講易經解義十八卷筮儀一卷朱子圖說一卷
(清)牛鈕等撰　清康熙二十二年(1683)內
府刻本　五冊　存五卷(一至五)

210000－0701－0020450　030427

**周易傳義大全二十四卷筮儀一卷上下篇義一
卷易五贊一卷朱子圖說一卷易說綱領一卷**
(明)胡廣等輯　**易經考異一卷**　(宋)王應麟
撰　清菊僩書屋刻本　二十四冊

210000－0701－0020451　030428

易經通注九卷　(清)傅以漸　(清)曹本榮撰
　清光緒十二年(1886)雛園刻本　八冊

210000－0701－0020452　030429

**來瞿唐先生易註十五卷圖像一卷首一卷末一
卷**　(明)來知德撰　清善成堂刻本　十六冊

210000－0701－0020453　030430

易經大全會解不分卷　(清)來爾繩輯　**周易
四卷圖說一卷**　(宋)朱熹本義　清會文堂刻
本　四冊

210000－0701－0020454　030431

**易占經緯四卷卦變圖易占圖焦氏易林占圖易
象爻辭一卷**　(明)韓邦奇撰　清乾隆十六年
(1751)刻嘉慶七年(1802)補刻本　四冊

210000－0701－0020455　030432

易解拾遺七卷周易讀本四卷　(清)周世金撰
　清刻朱墨套印本　六冊

210000－0701－0020456　030433

易守三十二卷易卦總論一卷　(清)葉佩蓀撰
　清嘉慶十五年(1810)慎餘齋刻本　十冊

210000－0701－0020457　030434

易守三十二卷易卦總論一卷　(清)葉佩蓀撰
　清嘉慶十五年(1810)慎餘齋刻本　八冊

210000－0701－0020458　030435

**三元堂新訂增刪易經彙纂詳解六卷周易上下
篇義一卷讀易二十四辨一卷筮儀一卷圖說一
卷卦歌一卷**　(清)呂留良撰　清刻本　四冊

210000－0701－0020459　030436

**新刻來瞿唐先生易註十五卷首一卷末一卷圖
像一卷**　(明)來知德撰　清朝爽堂刻本

八冊

210000 - 0701 - 0020460　030437

易學濫觴一卷　（元）黃澤撰　清乾隆四十七年(1782)武英殿木活字印武英殿聚珍版書本　一冊

210000 - 0701 - 0020461　030438

來瞿唐先生易注十五卷圖像一卷首一卷末一卷　（明）來知德撰　清道光二十六年(1846)蕭山來錫蕃刻本　十二冊

210000 - 0701 - 0020462　030439

易象合參十三卷首一卷末一卷　（清）崔謨撰　清一以堂刻本　十冊

210000 - 0701 - 0020463　030440

易學宗翼二十九卷首一卷　題（清）默希老圃撰　清光緒三年(1877)浮園刻本　十二冊

210000 - 0701 - 0020464　030441

易傳十七卷　（唐）李鼎祚集解　**周易音義一卷**　（唐）陸德明撰　清乾隆二十一年(1756)盧氏雅雨堂刻雅雨堂叢書本　八冊

210000 - 0701 - 0020465　030441

鄭司農集一卷　（漢）鄭玄撰　清乾隆二十一年(1756)盧氏雅雨堂刻雅雨堂叢書本　一冊

210000 - 0701 - 0020466　030444

易碻二十卷首一卷　（清）許桂林撰　清道光十四年(1834)江寧劉文奎局刻本　二冊

210000 - 0701 - 0020467　030445

易學濫觴一卷　（元）黃澤撰　清咸豐四年(1854)刻小萬卷樓叢書本　一冊

210000 - 0701 - 0020468　030446

易卦私箋二卷　（清）蔣衡撰　清嘉慶元年(1796)蔣和刻本　二冊

210000 - 0701 - 0020469　030447

易卦圖說六卷　（清）胡嗣超撰　清道光十七年(1837)香雪齋刻本　二冊

210000 - 0701 - 0020470　030448

易宗十二卷首一卷　（清）孫宗彝撰　清康熙二十九年(1690)天心閣刻本　四冊

210000 - 0701 - 0020471　030449

易卦圖說六卷　（清）胡嗣超撰　清道光十七年(1837)香雪齋刻本　四冊

210000 - 0701 - 0020472　030454

易守三十二卷易卦總論一卷　（清）葉佩蓀撰　清嘉慶十五年(1810)愼餘齋刻本　十冊

210000 - 0701 - 0020473　030455

易經旁訓三卷圖說一卷附周易卦歌　（清）徐立綱撰　**周易精義一卷**　（清）黃塗撰　清光緒九年(1883)古香閣魏氏校刻本　三冊

210000 - 0701 - 0020474　030457

易象意言一卷　（宋）蔡淵撰　清乾隆武英殿木活字印武英殿聚珍版書本　一冊

210000 - 0701 - 0020475　030458

易象意言一卷　（宋）蔡淵撰　清光緒二十五年(1899)廣雅書局刻武英殿聚珍版書本　一冊

210000 - 0701 - 0020476　030459

易經音訓不分卷輯說一卷義例一卷　（清）楊國楨撰　清刻本　一冊

210000 - 0701 - 0020477　030460

易經讀本不分卷　清光緒十四年(1888)陝西求友齋刻本　二冊

210000 - 0701 - 0020478　030462

易林釋文二卷　（清）丁晏輯　清光緒廣雅書局刻本　一冊

210000 - 0701 - 0020479　030464

易說旁通十卷　（清）吳岳撰　清同治十年(1871)佑啟堂刻本　十冊

210000 - 0701 - 0020480　030465

易拇十五卷　（清）萬年淳撰　清道光四年(1824)刻本　十冊

210000 - 0701 - 0020481　030466

方氏易學五種　（清）方申撰　清道光二十五年(1845)青溪舊屋刻本　二冊

210000 - 0701 - 0020482　030468

易經八卷卦歌一卷上下篇義一卷　（宋）程頤

傳　清光緒九年(1883)江南書局刻本　三冊

210000－0701－0020483　030470

古本易鏡十一卷周易圖說一卷學易管窺二卷
（清）何毓福撰　清光緒十年(1884)何氏刻本　十三冊

210000－0701－0020484　030471

易箋八卷首一卷圖說一卷　（清）陳法撰　清乾隆三十年(1765)敬和堂刻光緒十四年(1888)陳希謙重修本　六冊

210000－0701－0020485　030472

田間易學五卷圖象一卷　（清）錢澄之撰　清同治二年(1863)桐城斠雉堂刻桐城錢飲光先生全書本　四冊

210000－0701－0020486　030473

經笥質疑易義原則六卷　（清）張瓚昭撰　清道光七年(1827)琉璃廠學城堂刻本　六冊

210000－0701－0020487　030474

方氏易學五種　（清）方申撰　清道光二十五年(1845)青溪舊屋刻本　二冊　存三種三卷（諸家易象別錄一卷、虞氏易象彙編一卷、周易卦象集證一卷）

210000－0701－0020488　030475

易聞十二卷首一卷　（清）歸起先撰　清乾隆六十年(1795)歸氏玉鑰堂刻本　四冊

210000－0701－0020489　030477

易鑑三十八卷　（清）歐陽厚均撰　清同治三年(1864)歐陽世洵刻本　十冊

210000－0701－0020490　030478

易鑑三十八卷　（清）歐陽厚均纂　清道光二十七年(1847)安仁歐陽氏刻本　十冊

210000－0701－0020491　030479

易鑑三十八卷　（清）歐陽厚均纂　清道光二十七年(1847)安仁歐陽氏刻本　十冊

210000－0701－0020492　030480

陳氏易說五卷　（清）陳壽熊撰　清光緒二十一年(1895)木活字印本　二冊

210000－0701－0020493　030481

周易四卷筮儀一卷卦歌一卷圖說一卷　（宋）朱熹本義　清嘉慶十年(1805)揚州鮑氏樗園刻五經四書讀本本　二冊

210000－0701－0020494　030482

周易本義四卷圖說一卷卦歌一卷筮儀一卷新圖說一卷　（宋）朱熹撰　清光緒二十年(1894)淮南書局刻五經四書本　二冊

210000－0701－0020495　030484

周易變通解六卷首一卷末一卷　（清）萬裕澐注　清光緒元年(1875)麻邑徐氏、唐氏刻本　六冊

210000－0701－0020496　030485

周易廣義六卷　（清）潘元懋輯　清康熙十二年(1673)劉元琬刻本　六冊

210000－0701－0020497　030486

周易兼義九卷　（唐）孔穎達撰　**音義一卷**（唐）陸德明撰　**注疏校勘記九卷釋文校勘記一卷**　（清）阮元撰　清嘉慶二十年(1815)江西南昌府學刻重刊宋本十三經注疏本　六冊

210000－0701－0020498　030487

周易禪解十卷　（清）釋智旭撰　清刻本　一冊　存三卷(一至三)

210000－0701－0020499　030488

周易辨畫四十卷　（清）連斗山撰　清乾隆四十年(1775)刻本　十二冊

210000－0701－0020500　030489

周易辨畫四十卷　（清）連斗山撰　清乾隆四十年(1775)刻本　十二冊

210000－0701－0020501　030490

周易串解四卷首一卷末一卷　（清）艾庭晰撰　清光緒三十一年(1905)四川官報書局鉛印本　四冊

210000－0701－0020502　030492

周易說略四卷　（清）張爾岐撰　清嘉慶二年(1797)奎文堂刻本　四冊

210000－0701－0020503　030494

周易要義十卷首一卷　（宋）魏了翁撰　清光

緒十三年(1887)江蘇書局刻五經要義本　四冊

210000－0701－0020504　030495

周易孔義集說二十卷　（清）沈起元撰　清光緒八年(1882)江蘇書局刻本　八冊

210000－0701－0020505　030498

周易虞氏義九卷周易虞氏消息二卷　（清）張惠言撰　清嘉慶八年(1803)揚州阮氏琅嬛僊館刻本　四冊

210000－0701－0020506　030500

周易傳義音訓八卷首一卷末一卷　（宋）程頤傳　（宋）朱熹本義　（宋）呂祖謙音訓　清光緒十五年(1889)江南書局刻本　八冊

210000－0701－0020507　030501

周易傳義音訓八卷首一卷末一卷　（宋）程頤傳　（宋）朱熹本義　（宋）呂祖謙音訓　清光緒十五年(1889)江南書局刻本　八冊

210000－0701－0020508　030504

周易內傳十二卷　（清）金士升撰　清道光二年(1822)楊學烈退思堂刻本　六冊

210000－0701－0020509　030506

田間易學五卷圖象一卷　（清）錢澄之撰　清同治二年(1863)桐城斟雉堂刻桐城錢飲光先生全書本　二冊

210000－0701－0020510　030509

御纂周易折中二十二卷首一卷　（清）李光地等撰　清同治十年(1871)湖北崇文書局刻本　十二冊

210000－0701－0020511　030510

周易函書補義八卷　（清）李源撰　清光緒元年(1875)李氏所慎齋刻本　八冊

210000－0701－0020512　030511

易經八卷上下篇義一卷　（宋）程頤傳　清同治五年(1866)金陵書局刻本　三冊

210000－0701－0020513　030512

周易程傳六卷　（宋）程頤撰　清光緒三十三年(1907)湖北工業傳習所鉛印本　四冊

210000－0701－0020514　030514

陶廬叢刻四種　王樹枏撰　清光緒十一年至民國十三年(1885－1924)刻本　四冊

210000－0701－0020515　030516

周易或問六卷　（清）文天駿撰　清光緒十一年(1885)自刻本　六冊

210000－0701－0020516　030519

周易補義六卷　（清）史褒撰　清光緒十七年(1891)趙氏聚星堂刻本　二冊

210000－0701－0020517　030521

周易述翼五卷　（清）黃應麟撰　清光緒宋澤元刻懺花盦叢書本　八冊

210000－0701－0020518　030522

周易遵述不分卷周易賸義一卷　（清）蔣本撰　清道光十年(1830)信芳閣木活字印本　六冊

210000－0701－0020519　030524

周易直本中觀不分卷　（清）夏封泰撰　清嘉慶十八年(1813)始穀堂刻本　六冊

210000－0701－0020520　030525

周易爻物當名二卷　（明）黎遂球撰　清道光三十年(1850)伍崇曜粵雅堂刻嶺南遺書本　四冊

210000－0701－0020521　030526

周易爻徵廣義六卷首一卷末一卷　（清）閻汝弼撰　清光緒元年(1875)刻本　八冊

210000－0701－0020522　030527

御纂周易折中二十二卷首一卷　（清）李光地等撰　清同治六年(1867)馬新貽刻本　十冊

210000－0701－0020523　030528

御纂周易折中二十二卷首一卷　（清）李光地等撰　清同治六年(1867)馬新貽刻本　十冊

210000－0701－0020524　030529

周易姚氏學十六卷首一卷　（清）姚配中撰　清光緒元年(1875)湖北崇文書局刻本　四冊

210000－0701－0020525　030530

周易姚氏學十六卷首一卷　（清）姚配中撰

清光緒元年(1875)湖北崇文書局刻本　四冊

210000－0701－0020526　030533

周易象義串解六卷首一卷　(清)羅昌鸞撰
清咸豐二年(1852)燕貽堂刻本　六冊

210000－0701－0020527　030534

周易索詁十二卷首一卷　(清)倪象占撰　清
嘉慶刻本　六冊

210000－0701－0020528　030535

周易舊注十二卷　(清)徐鼐撰　清光緒十二
年(1886)徐承祖刻本　六冊

210000－0701－0020529　030536

增定周易去疑十一卷首一卷末一卷　(清)舒
宏諤撰　清光緒養雲書屋刻本　十二冊

210000－0701－0020530　030537

周易卦象六卷占易秘解一卷　(清)張丙矗撰
清光緒二十二年(1896)刻本　七冊

210000－0701－0020531　030538

周易觀象十二卷　(清)李光地撰　清嘉慶九
年(1804)梅照壁刻本　四冊

210000－0701－0020532　030539

周易史證四卷　(清)彭作邦撰　清同治四年
(1865)彭氏家刻本　四冊

210000－0701－0020533　030540

周易四卷筮儀一卷卦歌一卷圖說一卷　(宋)
朱熹本義　清刻本　二冊

210000－0701－0020534　030541

周易四卷圖說一卷卦歌一卷筮儀一卷　(宋)
朱熹本義　清光緒七年(1881)江蘇書局刻本
二冊

210000－0701－0020535　030542

周易四卷圖說一卷筮儀一卷卦歌一卷　(宋)
朱熹本義　清狀元閣刻本　二冊

210000－0701－0020536　030545

周易四卷圖說一卷筮儀一卷卦歌一卷　(宋)
朱熹本義　清狀元閣刻本　二冊

210000－0701－0020537　030546

易經十二卷首一卷末一卷　(宋)朱熹本義
(宋)呂祖謙音訓　**易經攷一卷**　(清)劉世讜
輯　清同治四年(1865)金陵書局刻本　二冊

210000－0701－0020538　030547

周易本義補說六卷　(清)蔡紹江撰　清道光
十三年(1833)修吉堂刻本　五冊

210000－0701－0020539　030548

精詳考正演禽三世相量天尺一卷　清掃葉山
房刻本　二冊

210000－0701－0020540　030549

御纂周易折中二十二卷首一卷　(清)李光地
等撰　清同治六年(1867)馬新貽刻本　十冊

210000－0701－0020541　030550

周易傳註七卷周易筮考一卷　(清)李塨撰
清道光二十三年(1843)博陵養正堂刻本
四冊

210000－0701－0020542　030551

周易舊注十二卷　(清)徐鼐撰　清光緒十二
年(1886)徐承祖刻本　六冊

210000－0701－0020543　030553

**周易指三十八卷易例一卷易圖五卷易斷辭一
卷**　(清)端木國瑚撰　清刻本　十六冊

210000－0701－0020544　030554

周易質實講義四卷　(清)劉鳳翰撰　清嘉慶
八年(1803)刻本　四冊

210000－0701－0020545　030555

御纂周易折中二十二卷首一卷　(清)李光地
等撰　清刻本　十二冊

210000－0701－0020546　030556

御纂周易折中二十二卷首一卷　(清)李光地
等撰　清刻本　十二冊

210000－0701－0020547　030557

周易臆解六卷　(清)楊以迥撰　清光緒十年
(1884)自刻本　五冊

210000－0701－0020548　030558

御纂周易折中二十二卷首一卷　(清)李光地
等撰　清光緒十四年(1888)江南書局刻本

十冊

210000－0701－0020549　030559

御纂周易折中二十二卷首一卷　（清）李光地
等撰　清刻本　十冊

210000－0701－0020550　030560

御纂周易折中二十二卷首一卷　（清）李光地
等撰　清同治六年(1867)馬新貽刻本　十冊

210000－0701－0020551　030561

御纂周易折中二十二卷首一卷　（清）李光地
等撰　清刻本　十冊

210000－0701－0020552　030562

御纂周易折中二十二卷首一卷　（清）李光地
等撰　清同治六年(1867)馬新貽刻本　十冊

210000－0701－0020553　030563

批點大學衍義四十三卷　（宋）眞德秀撰
（明）陳仁錫評　清光緒三十一年(1905)河南
茹古山房石印本　六冊

210000－0701－0020554　030564

御纂周易折中二十二卷首一卷　（清）李光地
等撰　清同治六年(1867)馬新貽刻本　十冊

210000－0701－0020555　030565

御纂周易折中二十二卷首一卷　（清）李光地
等撰　清同治六年(1867)浙江馬新貽刻本
十冊

210000－0701－0020556　030568

**新鐫增補周易備旨一見能解六卷易經圖攷一
卷**　（明）黃淳耀撰　（清）嚴而寬增補　清書
業堂刻本　六冊

210000－0701－0020557　030569

周易集解十一卷首一卷　（清）詹鯤撰　清道
光五年(1825)羅陽學署刻本　六冊

210000－0701－0020558　030571

大學直解二卷　（清）王建常撰　清同治王氏
刻十二年(1873)劉毓英印本　二冊

210000－0701－0020559　030575

周易闡眞四卷首一卷孔易闡眞二卷　（清）劉
一明撰　清嘉慶二十四年(1819)護國菴刻本

六冊

210000－0701－0020560　030576

周易衷翼集解二十卷　（清）汪烜撰　清嘉慶
汪氏穈經堂刻本　十二冊

210000－0701－0020561　030578

周易輯義初編四卷　（清）盧兆鰲撰　清道光
八年(1828)刻本　四冊

210000－0701－0020562　030581

大學古本質言一卷　（清）劉沅撰　清咸豐十
一年(1861)虛受齋刻本　一冊

210000－0701－0020563　030583

周易撥易堂解二十卷首二卷末二卷　（清）劉
斯組撰　清道光刻本　二十四冊

210000－0701－0020564　030584

**周易指三十八卷易例一卷易圖五卷易斷辭一
卷**　（清）端木國瑚撰　清刻本　十五冊

210000－0701－0020565　030585

**周易四卷圖說一卷新增圖說一卷卦歌一卷筮
儀一卷**　（宋）朱熹本義　清光緒十六年
(1890)桂垣書局刻本　二冊

210000－0701－0020566　030591

四書或問三十九卷考異一卷　（宋）朱熹集撰
清同治十二年(1873)霍山劉氏五忠堂刻本
一冊　存五卷(大學二卷、中庸三卷)

210000－0701－0020567　030593

周易圖一卷　清刻本　一冊

210000－0701－0020568　030594

周易圖說述四卷首一卷　（清）王弘撰　清光
緒三十三年(1907)敬義堂刻本　四冊

210000－0701－0020569　030597

周易用初四卷讀易約解一卷　（清）杜宗嶽撰
清道光二十二年(1842)寶孺堂刻本　八冊

210000－0701－0020570　030598

周易用初四卷讀易約解一卷　（清）杜宗嶽撰
清道光二十二年(1842)寶孺堂刻本　八冊

210000－0701－0020571　030599

周易介五卷 （清）單維輯 清嘉慶二十一年
(1816)單程半山亭刻本 五冊

210000－0701－0020572 030600

周易介五卷 （清）單維輯 清嘉慶二十一年
(1816)單程半山亭刻本 五冊

210000－0701－0020573 030602

周易鄭氏義三卷虞氏易禮二卷易義別錄十四
卷 （清）張惠言撰 清道光元年(1821)合河
康氏刻本 四冊

210000－0701－0020574 030605

童蒙學易門徑一卷 （清）官德撰 清同治九
年(1870)養原堂刻本 一冊

210000－0701－0020575 030606

知非齋易注三卷首一卷末一卷 （清）陳懋侯
撰 清光緒十四年(1888)陳氏刻本 三冊

210000－0701－0020576 030607

鄭氏爻辰補六卷首一卷 （清）戴棠撰 清道
光二十九年(1849)燕山書屋刻本 四冊

210000－0701－0020577 030608

讀四書大全說十卷 （清）王夫之撰 清同治
四年(1865)湘鄉曾氏金陵節署刻船山遺書本
九冊

210000－0701－0020578 030609

說苑二十卷 （漢）劉向撰 清乾隆五十六年
(1791)金谿王氏刻增訂漢魏叢書本 四冊

210000－0701－0020579 030615

周易谿解六卷 （清）陳誼輯 清道光十二年
(1832)阜南書屋刻本 六冊

210000－0701－0020580 030617

周易通解四卷圖說二卷 （清）楊以迥撰 清
光緒十年(1884)自刻本 五冊

210000－0701－0020581 030622

三禮通釋二百八十卷目錄四卷首一卷 （清）
林昌彝撰 清同治三年(1864)歷城毛鴻賓廣
州刻本 四十八冊

210000－0701－0020582 030623

論語集解義疏十卷 （三國魏）何晏集解

（南朝梁）皇侃義疏 清乾隆、道光長塘鮑氏
刻知不足齋本 五冊

210000－0701－0020583 030624

論孟學庸注疏正義讀本 （清）武寧盧氏校
清末刻本 七冊 存三十四卷(論語注疏二
十卷、孟子注疏十四卷)

210000－0701－0020584 030629

夏小正通釋一卷 （清）梁章鉅撰 清光緒十
三年(1887)浙江書局刻本 一冊

210000－0701－0020585 030630

王菉友九種 （清）王筠撰 清道光、咸豐間
刻本 二冊 存四種(夏小正、弟子職、重言、
雙聲疊韻)

210000－0701－0020586 030631

聖賢像贊四卷 （明）冠洋子輯 清光緒四年
(1878)孔憲蘭會文堂刻本 四冊

210000－0701－0020587 030632

此木軒四書說九卷 （清）焦袁熹撰 清道光
二十四年(1844)守山閣刻本 四冊

210000－0701－0020588 030635

續禮記集說一百卷 （清）杭世駿撰 清光緒
二十一年至三十年(1895－1904)浙江書局刻
本 四十冊

210000－0701－0020589 030653

續禮記集說一百卷 （清）杭世駿撰 清光緒
二十一年至三十年(1895－1904)浙江書局刻
本 四十冊

210000－0701－0020590 030654

禮記四十九卷 （漢）鄭玄注 （唐）陸德明音
義 （明）金蟠 （明）葛鼐校 明崇禎十二年
(1639)永懷堂刻清同治八年(1869)浙江書局
校修印十三經古注本 八冊

210000－0701－0020591 030656

禮記訓纂四十九卷 （清）朱彬輯 清咸豐元
年(1851)朱氏宜祿堂刻咸豐六年(1856)重修
同治五年(1866)印本 八冊

210000－0701－0020592 030657

禮記訓纂四十九卷 （清）朱彬輯 清咸豐元年(1851)朱氏宜禄堂刻咸豐六年(1856)重修同治五年(1866)印本 八冊

210000－0701－0020593 030658

禮記四十九卷 （漢）鄭玄注 （唐）陸德明音義 （明）金蟠 （明）葛鼐校 明崇禎十二年(1639)永懷堂刻清同治八年(1869)浙江書局校修印十三經古注本 八冊

210000－0701－0020594 030666

禮記注疏六十三卷附考證 （漢）鄭玄注 （唐）陸德明音義 （唐）孔穎達疏 清乾隆四年(1739)武英殿刻十三經註疏附考證本 二十冊

210000－0701－0020595 030668

禮記十卷 （元）陳澔集說 清光緒二年(1876)掃葉山房刻本 十冊

210000－0701－0020596 030669

禮記約編十卷 （清）汪基撰 清宣統三年(1911)直隸官書局刻本 三冊

210000－0701－0020597 030670

禮記十卷 （元）陳澔集說 清渝城善成堂刻本 十冊

210000－0701－0020598 030671

禮記十卷 （元）陳澔集說 清光緒十九年(1893)江南書局刻本 十冊

210000－0701－0020599 030672

禮記十卷 （元）陳澔集說 清嘉慶十年(1805)刻本 十冊

210000－0701－0020600 030674

禮記六十一卷尚書顧命解一卷 （清）孫希旦集解 清咸豐十年至同治十年(1860－1871)瑞安孫氏盤谷艸堂刻本 十冊

210000－0701－0020601 030675

禮記十卷 （元）陳澔集說 清掃葉仁記刻本 十冊

210000－0701－0020602 030677

禮記註疏六十三卷 （漢）鄭玄注 （唐）陸德

明音義 （唐）孔穎達疏 清刻十三經注疏本 二十四冊

210000－0701－0020603 030678

附釋音禮記註疏六十三卷 （漢）鄭玄注 （唐）陸德明音義 （唐）孔穎達疏 校勘記六十三卷 （清）阮元撰 清嘉慶二十年(1815)江西南昌府學刻重刊宋本十三經註疏附校勘記本 三十冊

210000－0701－0020604 030681

禮記心典傳本三卷 （清）胡瑤光撰 清光緒六年(1880)校經山房刻本 四冊

210000－0701－0020605 030685

禮記體註四卷 （清）范翔撰 清桐石山房刻本 四冊

210000－0701－0020606 030686

禮記體註四卷 （清）范翔撰 清文盛堂刻本 四冊

210000－0701－0020607 030687

禮記體註四卷 （清）范翔撰 清善成堂刻本 四冊

210000－0701－0020608 030688

禮記體註四卷 （清）范翔撰 清漱芳軒刻本 四冊

210000－0701－0020609 030690

禮記訓纂四十九卷 （清）朱彬輯 清咸豐元年(1851)朱氏宜禄堂刻本 十冊

210000－0701－0020610 030691

禮記章句十卷 （宋）朱熹章句 （清）任啓運注 清光緒二十一年(1895)藏蔭堂刻本 十冊

210000－0701－0020611 030692

禮記二十卷附考證二十卷 （漢）鄭玄注 （唐）陸德明音義 清刻本 九冊

210000－0701－0020612 030695

禮記十卷 （元）陳澔集說 清同治七年(1868)崇文書局刻本 十冊

210000－0701－0020613 030696

496

禮記十卷　（元）陳澔集說　清楊郡二郎廟內片善堂惜字公局刻本　十冊

210000－0701－0020614　030697

欽定禮記義疏八十二卷首一卷　（清）鄂爾泰等撰　清刻本　三十二冊

210000－0701－0020615　030698

欽定禮記義疏八十二卷首一卷　（清）鄂爾泰等撰　清刻本　三十二冊

210000－0701－0020616　030699

欽定禮記義疏八十二卷首一卷　（清）鄂爾泰等撰　清刻本　四十二冊

210000－0701－0020617　030700

禮記箋四十九卷　（清）郝懿行撰　清光緒八年(1882)東路廳署刻郝氏遺書本　十冊

210000－0701－0020618　030701

禮經校釋二十二卷　曹元弼撰　清光緒十八年至二十年(1892－1894)刻三十四年(1908)補刻本　十二冊

210000－0701－0020619　030702

禮記節本六卷　（清）學部編譯圖書局纂　清宣統二年(1910)北京學部印書局鉛印本　六冊

210000－0701－0020620　030703

禮記節本十卷圖一卷　（清）汪基輯　（清）江永校纂　清宣統二年(1910)上海章福記石印本　六冊

210000－0701－0020621　030704

禮記節本十卷附圖一卷　（清）汪基輯　（清）江永校纂　清宣統元年(1909)上海會文學社石印本　六冊

210000－0701－0020622　030705

禮記節本十卷附圖一卷　（清）汪基輯　（清）江永校纂　清宣統元年(1909)上海會文學社石印本　六冊

210000－0701－0020623　030706

禮記省度四卷　（清）彭頤纂　清光緒七年(1881)刻朱墨套印本　四冊

210000－0701－0020624　030707

禮記省度四卷　（清）彭頤纂　清光緒七年(1881)刻朱墨套印本　四冊

210000－0701－0020625　030708

禮書一百五十卷　（宋）陳祥道撰　清光緒二年(1876)廣州菊坡精舍刻本　十二冊

210000－0701－0020626　030709

禮經箋十七卷　（漢）鄭玄注　王闓運箋　清光緒十一年(1885)成都尊經局刻本　六冊

210000－0701－0020627　030713

禮經學七卷　曹元弼撰　清宣統元年(1909)刻本　七冊

210000－0701－0020628　030714

禮記十卷　（元）陳澔集說　清光緒二十二年(1896)新化三味堂刻本　十冊

210000－0701－0020629　030717

校正孔氏大戴禮記補注十三卷　王樹柟撰　清光緒九年(1883)刻陶廬叢刊本　二冊

210000－0701－0020630　030718

松陽講義十二卷松陽鈔存二卷　（清）陸隴其撰　清同治十三年(1874)湖南省城書局刻本　八冊

210000－0701－0020631　030719

松陽講義十二卷　（清）陸隴其撰　清末刻本　六冊

210000－0701－0020632　030720

中庸章句本義匯參六卷首一卷　（清）王步青輯　清敦復堂刻本　四冊

210000－0701－0020633　030738

日講四書解義二十六卷　（清）喇沙里等撰　清刻本　十冊　存十卷(一至十)

210000－0701－0020634　030739

四書十九卷　（宋）朱熹集注　清光緒十五年(1889)三義堂刻本　六冊

210000－0701－0020635　030740

監本四書十九卷　（宋）朱熹集注　清嘉慶十年(1805)刻本　六冊

210000－0701－0020636　030741

監本四書十九卷　（宋）朱熹集注　（清）李日煜輯　清嘉慶十六年(1811)寶章堂刻本十冊

210000－0701－0020637　030742

此木軒四書說九卷　（清）焦袁熹撰　清道光二十四年(1844)守山閣刻本　四冊

210000－0701－0020638　030745

四書訓義三十六卷四書稗疏二卷附考異一卷（清）王夫之撰　清光緒十三年(1887)潞河啖柘山房刻船山遺書本　二十八冊

210000－0701－0020639　030746

四書章句集注二十六卷　（宋）朱熹撰　**四書章句附攷四卷**　（清）吳志忠撰　**四書章句集注定本辨一卷四書家塾讀本句讀一卷**　（清）吳英撰　清嘉慶十六年(1811)眞意堂刻本十冊

210000－0701－0020640　030747

四書章句集注二十六卷　（宋）朱熹撰　**四書章句附攷四卷**　（清）吳志忠撰　**四書章句集注定本辨一卷四書家塾讀本句讀一卷**　（清）吳英撰　清光緒七年(1881)淮南書局刻本七冊

210000－0701－0020641　030749

四書改錯二十二卷　（清）毛奇齡撰　清嘉慶十六年(1811)學圃刻本　六冊

210000－0701－0020642　030750

監本四書十九卷　（宋）朱熹集注　清光緒二十八年(1902)掃葉山房刻本　六冊

210000－0701－0020643　030752

三訂四書辨疑二十二卷補一卷　（清）張江撰　清咸豐三年(1853)高希有忠厚堂刻本　十二冊

210000－0701－0020644　030753

四書證疑八卷　（清）李允升撰　清道光四年(1824)易簡堂刻本　四冊

210000－0701－0020645　030754

四書章句集注二十六卷　（宋）朱熹撰　**四書章句附攷四卷**　（清）吳志忠撰　**四書章句集注定本辨一卷四書家塾讀本句讀一卷**　（清）吳英撰　清嘉慶十六年(1811)眞意堂刻本八冊

210000－0701－0020646　030755

四書一貫錄三卷　（清）劉克柔撰　稿本一冊

210000－0701－0020647　030760

四書集注正蒙十九卷附音義辨一卷　（宋）朱熹撰　清光緒十四年(1888)八旗官學刻本六冊

210000－0701－0020648　030761

四書集註十九卷　（宋）朱熹撰　清光緒八年(1882)金陵書局刻本　六冊

210000－0701－0020649　030762

四書集疏附正二十二卷附論語緒言一卷（清）張秉直撰　（清）張南雅編輯　清道光十五年(1835)劉氏傳經堂刻本　十冊

210000－0701－0020650　030763

四書集編三十九卷　（宋）眞德秀撰　清光緒八年(1882)清芬館刻本　十冊

210000－0701－0020651　030764

四書章句集注二十六卷　（宋）朱熹撰　**四書章句附攷四卷**　（清）吳志忠撰　**四書章句集注定本辨一卷四書家塾讀本句讀一卷**　（清）吳英撰　清嘉慶十六年(1811)眞意堂刻本十冊

210000－0701－0020652　030765

四書集註十九卷　（宋）朱熹撰　清光緒二十年(1894)金陵書局刻本　六冊

210000－0701－0020653　030768

四書集註十九卷附字辨一卷句辨一卷　（宋）朱熹撰　清同治六年(1867)湖北崇文書局刻本　五冊

210000－0701－0020654　030769

四書集註十九卷　（宋）朱熹撰　清光緒二十

年(1894)金陵書局刻本　六冊

210000－0701－0020655　030770
四書集注正蒙十九卷附音義辨一卷　（宋）朱熹撰　清光緒十四年(1888)八旗官學刻本六冊

210000－0701－0020656　030771
四書集注正蒙十九卷附音義辨一卷　（宋）朱熹撰　清光緒十四年(1888)八旗官學刻本六冊

210000－0701－0020657　030772
四書集注正蒙十九卷附音義辨一卷　（宋）朱熹撰　清光緒十四年(1888)八旗官學刻本六冊

210000－0701－0020658　030773
四書集注正蒙十九卷附音義辨一卷　（宋）朱熹撰　清光緒十四年(1888)八旗官學刻本六冊

210000－0701－0020659　030776
四書集註闡微直解二十七卷　（明）張居正撰　清光緒八旗經正書院刻本　十二冊

210000－0701－0020660　030778
四書集註闡微直解二十七卷　（明）張居正撰　清光緒八旗經正書院刻本　六冊　存十二卷(六至九、二十至二十七)

210000－0701－0020661　030779
四書集註十九卷　（宋）朱熹撰　清末謝氏毓蘭書屋刻本　六冊

210000－0701－0020662　030782
四書味根錄三十七卷首二卷　（清）金澧撰清咸豐十年(1860)綠蕓書舍刻本　十五冊缺二卷(十一至十二)

210000－0701－0020663　030783
四書集註闡微直解二十七卷　（明）張居正撰　清光緒八旗經正書院刻本　十二冊

210000－0701－0020664　030784
四書大全四十二卷　（清）汪份輯　清康熙刻本　二十五冊

210000－0701－0020665　030785
新訂四書補註備旨十卷　（明）鄧林撰　（清）杜定基增訂　清光緒二十四年(1898)上海文瑞樓刻本　八冊

210000－0701－0020666　030786
新訂四書補註備旨十九卷　（明）鄧林撰（清）杜定基增訂　清光緒九年(1883)善成堂刻清末恒新書社印本　八冊

210000－0701－0020667　030788
四書證疑八卷　（清）李允升撰　清道光四年(1824)易簡堂刻本　四冊

210000－0701－0020668　030789
四書訓解參證十二卷補遺四卷補拙山房詩鈔十卷　（清）張定鋆撰　清咸豐二年至同治十一年(1852－1872)刻本　八冊

210000－0701－0020669　030790
新訂四書補註備旨十卷　（明）鄧林撰　（清）杜定基增訂　清光緒十二年(1886)三義堂刻本　六冊

210000－0701－0020670　030792
四書翊註四十二卷首一卷　（清）刁包撰　清道光二十七年(1847)刁繼祖等惇德堂刻本二十四冊

210000－0701－0020671　030802
四書翼註論文十二卷　（清）鄭獻甫撰　清光緒五年(1879)林肇元黔南節署刻本　十二冊

210000－0701－0020672　030803
四書朱子本義匯參四十三卷首四卷　（清）王步青輯　（清）王士鰲編　清乾隆十年(1745)敦復堂刻光緒五年(1879)上海江左書林印本　三十二冊

210000－0701－0020673　030807
四書釋地補一卷續補一卷又續補一卷三續補一卷　（清）閻若璩撰　（清）樊廷枚校補　清嘉慶二十一年(1816)梅陽海涵堂刻本　八冊

210000－0701－0020674　030808
四書釋地補一卷續補一卷又續補一卷三續補

一卷 （清）閻若璩撰 （清）樊廷枚校補 清
嘉慶二十一年(1816)梅陽海涵堂刻本 八冊

210000－0701－0020675 030809
四書釋地補一卷續補一卷又續補一卷三續補
一卷 （清）閻若璩撰 （清）樊廷枚校補 清
嘉慶二十一年(1816)梅陽海涵堂刻本 八冊

210000－0701－0020676 030810
四書蠡簡六卷 （清）李詒經撰 清道光十年
(1830)單偉志刻本 五冊

210000－0701－0020677 030812
新訂四書補註備旨十卷 （明）鄧林撰 （清）
杜定基增訂 清光緒二十二年(1896)刻本
八冊

210000－0701－0020678 030815
新增四書備旨靈捷解八卷 （清）張素存撰
（清）鄒蒼崖增補 清刻本 八冊

210000－0701－0020679 030816
新訂四書補註備旨十卷 （明）鄧林撰 （清）
杜定基增訂 清光緒三年(1877)光華堂刻本
八冊

210000－0701－0020680 030817
新訂四書補註備旨十卷 （明）鄧林撰 （清）
杜定基增訂 清光緒九年(1883)掃葉山房刻
本 六冊

210000－0701－0020681 030818
新訂四書補註備旨十卷 （明）鄧林撰 （清）
杜定基增訂 清同治十年(1871)文益堂刻本
六冊

210000－0701－0020682 030819
新訂四書補註備旨十卷 （明）鄧林撰 （清）
杜定基增訂 清會文堂刻本 六冊

210000－0701－0020683 030820
新訂四書補註備旨十卷 （明）鄧林撰 （清）
杜定基增訂 清末李光明莊刻本 六冊

210000－0701－0020684 030822
四書摭餘說七卷 （清）曹之升撰 清嘉慶三
年(1798)刻本 六冊

210000－0701－0020685 030823
四書大全四十七卷 （清）陸隴其輯 清康熙
三十七年(1698)席永恂、王前席刻本 三十
二冊

210000－0701－0020686 030824
四書敎子尊經求通錄六卷 （清）楊一崑撰
（清）楊恒占編 清楊雲書等刻本 六冊

210000－0701－0020687 030825
四書典故辨正二十卷附錄一卷 （清）周柄中
撰 清光緒十六年(1890)習靜齋刻本 六冊

210000－0701－0020688 030826
四書味根錄三十七卷首二卷附四書宗旨
（清）金澂撰 清光緒二十九年(1903)上海鴻
寶齋石印本 六冊

210000－0701－0020689 030827
四書味根錄三十七卷首二卷 （清）金澂撰
清咸豐十年(1860)綠蔭書舍刻本 十六冊

210000－0701－0020690 030830
四書集註十九卷 （宋）朱熹撰 清京都鏡古
堂隆福寺刻本 六冊

210000－0701－0020691 030831
四書味根錄三十七卷首二卷 （清）金澂撰
清咸豐十年(1860)綠蔭書舍刻本 十六冊

210000－0701－0020692 030832
四書古注羣義彙解九種 清光緒十九年
(1893)上洋鴻寶齋石印本 十六冊

210000－0701－0020693 030833
四書題鏡三十六卷附總論二十則 （清）汪鯉
翔纂 清乾隆十七年(1752)刻本 十六冊

210000－0701－0020694 030835
四書題鏡三十六卷附總論二十則 （清）汪鯉
翔纂 清乾隆五十一年(1786)書業堂刻本
八冊 存十七卷二十則(大學一卷、中庸一
卷、上論語一至十、下論語一至五,總論二十
則)

210000－0701－0020695 030836
增廣四書題鏡味根錄附增四書宗旨 （清）金

澂撰　清光緒二十一年(1895)上海寶文書局石印本　八冊

210000－0701－0020696　030837

四書緯四卷　（清）常增撰　清光緒十二年(1886)刻本　四冊

210000－0701－0020697　030838

新訂四書補註備旨十卷　（明）鄧林撰　（清）杜定基增訂　清光緒十二年(1886)上海點石齋刻本　八冊

210000－0701－0020698　030839

四書說苑十一卷首一卷補遺一卷續遺一卷　(清)孫應科撰　清道光四年(1824)刻二十八年(1848)補刻本　四冊

210000－0701－0020699　030840

四書反身錄八卷　(清)李顒撰　清道光十一年(1831)浙江書局刻本　四冊

210000－0701－0020700　030841

加批增補四書味根錄三十七卷首二卷附疑題解　(清)金澂撰　清光緒十五年(1889)上海蜚英館石印本　六冊

210000－0701－0020701　030842

四書貫珠講義十九卷　(清)林文竹輯　清光緒三年(1877)西腴仙館鉛印本　六冊

210000－0701－0020702　030844

集虛齋四書口義十卷　(清)方楘如撰　清乾隆五十三年(1788)務本堂刻本　十冊

210000－0701－0020703　030845

四書反身錄五卷附二孟續補一卷　(清)李顒撰　清光緒十三年(1887)萊州郡署刻本　四冊

210000－0701－0020704　030846

四書反身錄八卷　(清)李顒撰　清道光十一年(1831)浙江書局刻本　四冊

210000－0701－0020705　030847

四書反身錄八卷　(清)李顒撰　清道光十一年(1831)浙江書局刻本　四冊

210000－0701－0020706　030850

增補四書精繡圖像人物備考十二卷　（明）薛應旂撰　（明）陳仁錫增訂　清乾隆二十一年(1756)文錦堂刻本　四冊

210000－0701－0020707　030851

銅板四書體注合講十九卷附四書人物備考四卷　(清)翁復撰　清光緒二十一年(1895)羊城寶經閣刻本　六冊

210000－0701－0020708　030852

新訂四書補註備旨十卷　（明）鄧林撰　（清）杜定基增訂　清光緒二十六年(1900)新化三味堂刻本　六冊

210000－0701－0020709　030854

四子書十九卷附四書句辨疑字辨四書圖一卷　(宋)朱熹集注　清光緒五年(1879)掃葉主人刻本　六冊

210000－0701－0020710　030855

四書箋解十一卷　(清)王夫之撰　清光緒二十年(1894)王之春鄂藩官解刻本　四冊

210000－0701－0020711　030858

論學酬答四卷　(清)陸世儀撰　清光緒二十五年(1899)唐受祺刻桴亭先生遺書本　二冊

210000－0701－0020712　030858

思辨錄輯要前集二十二卷後集十三卷　（清）陸世儀撰　清宣統三年(1911)唐受祺刻本　八冊

210000－0701－0020713　030859

困教錄二卷　(清)杜宗嶽撰　清道光寶孺堂刻本　四冊

210000－0701－0020714　030861

八銘制藝　（□）□□□輯　清抄本　一冊

210000－0701－0020715　030862

四書纂言四十卷　(清)宋翔鳳撰　清光緒八年(1882)古吳李祖榮岸崿山房刻本　十六冊

210000－0701－0020716　030863

四書恒解十一卷　(清)劉沅撰　清咸豐五年(1855)豫誠堂刻本　十冊　缺一卷(孟子二)

210000－0701－0020717　030864

文廟祀位不分卷　清李觀濤刻本　一冊

210000－0701－0020718　030865

文廟通考六卷　（清）牛樹梅撰　清同治十一年(1872)浙江書局刻本　二冊

210000－0701－0020719　030869

論語注疏解經二十卷附校勘記二十卷　（三國魏）何晏集解　（宋）邢昺疏　（清）阮元撰校勘記　清道光六年(1826)南昌府學刻重刊宋本十三經注疏附校勘記本　六冊

210000－0701－0020720　030870

論語正義二十四卷　（清）劉寶楠撰　清同治五年(1866)劉恭冕刻本　六冊

210000－0701－0020721　030873

論語後案二十卷　（清）黃式三撰　清同治九年(1870)浙江書局刻儆居遺書本　十冊

210000－0701－0020722　030874

論語經正錄二十卷　（清）王肇晉　（清）王用誥撰　先府君[王用誥]年譜一卷　（清）王孝篋撰　清光緒二十年(1894)刻本　十一冊

210000－0701－0020723　030875

論語筆解二卷　（唐）韓愈　（唐）李翱撰　清同治十二年(1873)粵東書局刻古經解彙函本　一冊

210000－0701－0020724　030875

鄭志三卷補遺一卷　（三國魏）鄭小同編　(清)王復輯　清同治十二年(1873)粵東書局刻古經解彙函本　與210000－0701－0020723合冊

210000－0701－0020725　030876

論語或問二十卷　（宋）朱熹撰　清刻本　四冊

210000－0701－0020726　030879

論語二十卷附古註論語姓氏攷　（三國魏）何晏集解　明崇禎十二年(1639)永懷堂刻清同治八年(1869)浙江書局補刻十三經古注本　二冊

210000－0701－0020727　030883

論語解義二十卷敘說一卷　（清）凌鳴喈撰（清）凌江注　清嘉慶十七年(1812)刻本　四冊

210000－0701－0020728　030884

論語古訓十卷　（清）陳鱣撰　清光緒九年(1883)浙江書局刻本　二冊

210000－0701－0020729　030885

論語古訓十卷　（清）陳鱣撰　清光緒九年(1883)浙江書局刻本　二冊

210000－0701－0020730　030888

論語古注集箋十卷論語考一卷　（清）潘維城撰　清同治十一年(1872)刻本　六冊

210000－0701－0020731　030889

論語注疏二十卷附考證　（三國魏）何晏集解　（唐）陸德明音義　（宋）邢昺疏　清乾隆四年(1739)武英殿刻十三經註疏附考證本　四冊

210000－0701－0020732　030890

論語二卷附錄許氏說文引論語三十六條　(清)吳大澂篆文　清光緒十一年(1885)同文書局石印本　二冊

210000－0701－0020733　030891

論語二卷　（清）吳大澂篆書　清末石印本　四冊

210000－0701－0020734　030893

孔子集語二卷　（宋）薛據輯　清光緒元年(1875)湖北崇文書局刻子書百家本　一冊

210000－0701－0020735　030894

孔子集語二卷　（宋）薛據輯　清光緒元年(1875)湖北崇文書局刻子書百家本　一冊

210000－0701－0020736　030895

孔子年譜綱目一卷附孔廟正位圖一卷　（明）夏洪基編　清同治刻本　二冊

210000－0701－0020737　030896

孔子編年五卷　（宋）胡仔編　清嘉慶二十三年(1818)胡培翬金紫家祠刻本　一冊

210000－0701－0020738　030899

孔子集語十七卷 （清）孫星衍輯 清光緒三年(1877)浙江書局刻二十二子本 四冊

210000 – 0701 – 0020739　030900

孔子編年五卷 （宋）胡仔編 清同治九年(1870)胡湛刻本 二冊

210000 – 0701 – 0020740　030902

孔子編年四卷 （清）狄子奇編 清道光十年(1830)刻本 二冊

210000 – 0701 – 0020741　030903

孔子編年四卷 （清）狄子奇編 清道光十年(1830)刻本 二冊

210000 – 0701 – 0020742　030904

孔子編年四卷孟子編年四卷 （清）狄子奇編 清光緒十三年(1887)浙江書局刻本 二冊

210000 – 0701 – 0020743　030905

朱子論語集注訓詁考二卷 （清）潘衍桐撰 清光緒十七年(1891)浙江書局刻本 一冊

210000 – 0701 – 0020744　030906

先聖生卒年月日考二卷 （清）孔廣牧撰 清光緒十九年(1893)浙江書局刻本 一冊

210000 – 0701 – 0020745　030907

論語鄉黨篇訂疑四卷 （清）霍禮運輯 清咸豐六年(1856)雙門底刻本 四冊

210000 – 0701 – 0020746　030908

鄉黨圖考十卷 （清）江永撰 清謙受堂刻本 四冊

210000 – 0701 – 0020747　030909

鄉黨圖考十卷 （清）江永撰 清文禧堂刻本 五冊

210000 – 0701 – 0020748　030910

鄉黨圖考十卷 （清）江永撰 清集秀堂刻本 四冊

210000 – 0701 – 0020749　030911

鄉黨圖考補證六卷 （清）王漸鴻撰 札記一卷 （清）張庭詩撰 清光緒三十四年(1908)黃縣丁氏海隅山館刻本 六冊

210000 – 0701 – 0020750　030912

澤宮序次舉要二卷 （清）洪恩波撰 清光緒二十三年(1897)刻本 二冊

210000 – 0701 – 0020751　030913

逸語十卷 （清）曹庭棟輯並注 清乾隆十二年(1747)刻本 二冊

210000 – 0701 – 0020752　030915

闕里文獻考一百卷首一卷末一卷 （清）孔繼汾撰 清乾隆二十七年(1762)刻本 八冊

210000 – 0701 – 0020753　030916

墨子十五卷 （清）畢沅撰 清光緒二年(1876)江西書局刻本 四冊

210000 – 0701 – 0020754　030917

闕里文獻考一百卷首一卷末一卷 （清）孔繼汾撰 清乾隆二十七年(1762)刻本 八冊

210000 – 0701 – 0020755　030918

增訂二論詳解四卷 （清）劉忠輯 清光緒十二年(1886)刻本 二冊

210000 – 0701 – 0020756　030920

孔子編年四卷孟子編年四卷 （清）狄子奇編 清光緒十三年(1887)浙江書局刻本 二冊

210000 – 0701 – 0020757　030921

古三疾齋論語直旨四卷 （清）何綸錦撰 清嘉慶刻古三疾齋三種本 四冊

210000 – 0701 – 0020758　030922

闕里文獻考一百卷首一卷末一卷續篇五卷 （清）孔繼汾撰 清乾隆二十七年(1762)刻後補刻本 八冊

210000 – 0701 – 0020759　030923

闕里述聞十四卷 （清）鄭曉如撰 清同治七年(1868)廣州華文堂刻九年(1870)補刻本 八冊

210000 – 0701 – 0020760　030924

闕里文獻考一百卷首一卷末一卷續篇五卷 （清）孔繼汾撰 清乾隆二十七年(1762)刻後補刻本 八冊

210000 – 0701 – 0020761　030925

闕里述聞十四卷 （清）鄭曉如撰 清同治七年(1868)廣州華文堂刻九年(1870)補刻本 八冊

210000－0701－0020762 030926

宗聖志二十卷 （清）曾國荃重修 （清）王定安輯 清光緒十六年(1890)金陵刻本 六冊

210000－0701－0020763 030927

宗聖志十二卷首一卷 （明）呂兆祥重修 （明）曾承業等訂 明崇禎二年(1629)刻本 八冊

210000－0701－0020764 030931

大學衍義四十三卷 （宋）眞德秀撰 清同治十一年(1872)浙江書局刻本 十冊

210000－0701－0020765 030932

大學衍義四十三卷 （宋）眞德秀撰 清同治十三年(1874)金陵書局刻本 八冊

210000－0701－0020766 030933

大學衍義四十三卷 （宋）眞德秀撰 清刻本 十二冊

210000－0701－0020767 030935

大學衍義補一百六十卷首一卷 （明）丘濬撰 （明）陳仁錫評 明末刻清京都文錦堂印本 三十二冊

210000－0701－0020768 030936

大學衍義補一百六十卷首一卷 （明）丘濬撰 清刻本 四十八冊

210000－0701－0020769 030937

大學衍義補一百六十卷首一卷 （明）丘濬撰 清刻本 四十八冊

210000－0701－0020770 030938

大學衍義補輯要十二卷首一卷 （明）丘濬撰 （清）陳弘謀輯 清道光二十二年(1842)寶恕堂刻本 十二冊

210000－0701－0020771 030938

大學衍義輯要六卷 （宋）眞德秀撰 （清）陳弘謀輯 清道光二十二年(1842)寶恕堂刻本 二冊

210000－0701－0020772 030939

大學衍義補輯要十二卷首一卷 （明）丘濬撰 （清）陳弘謀輯 清道光二十二年(1842)寶恕堂刻本 十二冊

210000－0701－0020773 030939

大學衍義輯要六卷 （宋）眞德秀撰 （清）陳弘謀輯 清道光二十二年(1842)寶恕堂刻本 二冊

210000－0701－0020774 030940

大學衍義補輯要十二卷首一卷 （明）丘濬撰 （清）陳弘謀輯 清道光二十二年(1842)寶恕堂刻本 十二冊

210000－0701－0020775 030940

大學衍義輯要六卷 （宋）眞德秀撰 （清）陳弘謀輯 清道光二十二年(1842)寶恕堂刻本 二冊

210000－0701－0020776 030941

中庸衍義十七卷 （明）夏良勝撰 清同治十年(1871)江西刻本 十二冊

210000－0701－0020777 030942

中庸衍義十七卷 （明）夏良勝撰 清同治十年(1871)江西刻本 八冊

210000－0701－0020778 030943

中庸參註貫解二卷中庸備考便覽三卷中庸辨義一卷 （清）韓曉春撰 稿本 四冊

210000－0701－0020779 030951

孟子師說七卷 （清）黃宗羲撰 清光緒八年(1882)慈谿醉經閣馮氏刻本 一冊

210000－0701－0020780 030952

孟子集注箋正十四卷 徐天璋箋正 清宣統二年(1910)簫聲館鉛印本 七冊

210000－0701－0020781 030953

國朝諸老先生孟子精義十四卷附綱領一卷 （宋）朱熹輯 清刻本 二冊

210000－0701－0020782 030964

大學古本質言一卷 （清）劉沅撰 清光緒三十一年(1905)刻槐軒全書本 一冊

210000－0701－0020783　030965

松陽講義十二卷松陽鈔存二卷　（清）陸隴其
撰　清同治十三年(1874)湖南省城書局刻本
六冊

210000－0701－0020784　030966

孟子七卷　清光緒三十四年(1908)學部圖書
局石印本　一冊

210000－0701－0020785　030967

孟子七卷　（宋）朱熹集注　清寶恕齋刻本
七冊

210000－0701－0020786　030968

孟子七卷　（宋）朱熹集注　清刻本　七冊

210000－0701－0020787　030971

孟子注疏解經十四卷　（漢）趙岐注　（宋）孫
奭疏並撰音義　**校勘記十四卷**　（清）阮元撰
清道光六年(1826)南昌府學刻重刊宋本十
三經注疏附校勘記本　八冊

210000－0701－0020788　030974

孟子要略五卷附錄一卷　（宋）朱熹撰　（清）
劉傳瑩輯　（清）曾國藩按語　清道光二十九
年(1849)漢陽劉氏刻本　一冊

210000－0701－0020789　030975

孟子七卷　（宋）朱熹集注　清光緒三十三年
(1907)學部圖書局石印本　七冊

210000－0701－0020790　030976

孟子師說七卷　（清）黃宗羲撰　清道光十一
年(1831)刻本　一冊

210000－0701－0020791　030977

孟子編年四卷　（清）狄子奇撰　清道光十年
(1830)刻本　二冊

210000－0701－0020792　030979

孟子時事考徵四卷　（清）陳寶泉撰　清嘉慶
粹經堂刻本　四冊

210000－0701－0020793　030980

目耕齋全集十二卷　（清）沈叔眉輯　清道光
十一年(1831)沈叔眉刻本　六冊

210000－0701－0020794　030988

荀子二十卷附校勘補遺一卷　（戰國）荀況撰
（唐）楊倞注　（清）謝墉校　清光緒二年
(1876)浙江書局刻二十二子本　六冊

210000－0701－0020795　030991

荀子集解二十卷考證一卷　王先謙撰　清光
緒十七年(1891)王氏刻本　六冊

210000－0701－0020796　030994

荀子集解二十卷考證一卷　王先謙撰　清光
緒十七年(1891)王氏刻本　六冊

210000－0701－0020797　030995

荀子集解二十卷考證一卷　王先謙撰　清光
緒十七年(1891)王氏刻本　六冊

210000－0701－0020798　030996

荀子集解二十卷考證一卷　王先謙撰　清光
緒十七年(1891)王氏刻本　六冊

210000－0701－0020799　030997

荀子集解二十卷考證一卷　王先謙撰　清光
緒十七年(1891)王氏刻本　六冊

210000－0701－0020800　031002

荀子補注二卷　（戰國）荀況撰　（清）郝懿行
補注　清刻本　一冊

210000－0701－0020801　031004

新書十卷　（漢）賈誼撰　（清）盧文弨校　清
光緒元年(1875)浙江書局刻二十二子本
二冊

210000－0701－0020802　031005

論衡三十卷　（漢）王充撰　清光緒元年
(1875)湖北崇文書局刻子書百家本　六冊

210000－0701－0020803　031006

新書十卷　（漢）賈誼撰　（清）盧文弨校　清
光緒元年(1875)湖北崇文書局刻子書百家本
二冊

210000－0701－0020804　031019

賈子十六卷　（漢）賈誼撰　（清）王耕心次詁
清光緒二十九年(1903)王氏刻本　二冊

210000－0701－0020805　031020

孔叢子二卷　（漢）孔鮒撰　清光緒元年

（1875）湖北崇文書局刻民國元年（1912）鄂官書處印子書百家本　一冊

210000－0701－0020806　031021

孔叢子二卷　（漢）孔鮒撰　清光緒元年（1875）湖北崇文書局刻民國元年（1912）鄂官書處印子書百家本　一冊

210000－0701－0020807　031022

新書十卷　（漢）賈誼撰　（清）盧文弨校　清光緒元年（1875）浙江書局刻二十二子本　二冊

210000－0701－0020808　031023

孔子家語十卷　（三國魏）王肅注　清李光明莊刻本　四冊

210000－0701－0020809　031024

孔子家語十卷　（三國魏）王肅注　清光緒元年（1875）湖北崇文書局刻子書百家本　二冊

210000－0701－0020810　031028

孔子家語四卷　（三國魏）王肅注　（清）鍾衡校　清文淵堂刻本　二冊

210000－0701－0020811　031029

延平李先生師弟子答問二卷　（宋）朱熹輯　清光緒二年（1876）延平府署刻本　二冊

210000－0701－0020812　031030

延平李先生師弟子答問二卷　（宋）朱熹輯　清光緒二年（1876）延平府署刻本　二冊

210000－0701－0020813　031031

孔子家語十卷　（三國魏）王肅注　清李光明莊刻本　二冊

210000－0701－0020814　031035

孔子家語十卷　（三國魏）王肅注　清光緒元年（1875）湖北崇文書局刻子書百家本　二冊

210000－0701－0020815　031041

經畬堂稿四卷經畬堂課孫草一卷　（清）儲在文撰　清敦化堂刻本　五冊

210000－0701－0020816　031042

傅子一卷　（晉）傅玄撰　**續孟子二卷**　（唐）林慎思撰　清光緒元年（1875）湖北崇文書局

刻子書百家本　一冊

210000－0701－0020817　031043

傅子一卷　（晉）傅玄撰　**續孟子二卷**　（唐）林慎思撰　清光緒元年（1875）湖北崇文書局刻子書百家本　一冊

210000－0701－0020818　031044

伸蒙子三卷　（唐）林慎思撰　**素履子三卷**（唐）張弧撰　清光緒元年（1875）湖北崇文書局刻子書百家本　一冊

210000－0701－0020819　031045

伸蒙子三卷　（唐）林慎思撰　清刻函海本一冊

210000－0701－0020820　031046

潛夫論十卷　（漢）王符撰　明萬曆程榮刻漢魏叢書本　二冊

210000－0701－0020821　031048

遜翁苦口一卷　（清）顧廣圻輯　清道光十二年（1832）晉陽書院刻本　一冊

210000－0701－0020822　031049

潛夫論十卷　（漢）王符撰　清光緒元年（1875）湖北崇文書局刻民國元年（1912）鄂官書處印子書百家本　二冊

210000－0701－0020823　031050

春秋繁露十七卷　（漢）董仲舒撰　清光緒元年（1875）湖北崇文書局刻崇文書局彙刻書本二冊

210000－0701－0020824　031051

孔子家語十卷　（三國魏）王肅注　**札記一卷**劉世珩撰　清光緒二十四年（1898）劉氏武昌刻本　四冊

210000－0701－0020825　031052

傅子三卷　（晉）傅玄撰　葉德輝輯　**傅子訂譌一卷**　葉德輝撰　清光緒二十八年（1902）長沙葉氏刻觀古堂所著書本　一冊

210000－0701－0020826　031053

繹志十九卷　（清）胡承諾撰　清同治十一年（1872）浙江書局刻本　八冊

210000－0701－0020827　031055

董子春秋繁露十七卷 （漢）董仲舒撰　**附錄一卷**　清光緒二十三年(1897)圖書集成局鉛印本　二冊

210000－0701－0020828　031056

潛夫論十卷 （漢）王符撰　（清）汪繼培箋　清光緒十七年(1891)思賢講舍刻本　四冊

210000－0701－0020829　031062

董子二卷 （漢）董仲舒撰　（清）譚獻校　清宣統二年(1910)山陰胡氏刻鵠齋刻本　二冊

210000－0701－0020830　031063

荀子二十卷 （戰國）荀況撰　（唐）楊倞注　清光緒十年(1884)遵義黎氏刻古逸叢書本　八冊

210000－0701－0020831　031065

海樵子一卷 （明）王崇慶撰　清光緒元年(1875)湖北崇文書局刻子書百家本　一冊

210000－0701－0020832　031065

胡子知言六卷附錄一卷疑義一卷 （宋）胡宏撰　清光緒元年(1875)湖北崇文書局刻子書百家本　與210000－0701－0020831、0020833合冊

210000－0701－0020833　031065

薛子道論三卷 （明）薛瑄撰　清光緒元年(1875)湖北崇文書局刻子書百家本　與210000－0701－0020831至0020832合冊

210000－0701－0020834　031066

申鑒五卷 （漢）荀悅撰　清光緒元年(1875)湖北崇文書局刻子書百家本　一冊

210000－0701－0020835　031066

中論二卷 （漢）徐幹撰　清光緒元年(1875)湖北崇文書局刻子書百家本　與210000－0701－0020834合冊

210000－0701－0020836　031067

申鑒五卷 （漢）荀悅撰　清光緒元年(1875)湖北崇文書局刻子書百家本　一冊

210000－0701－0020837　031067

中論二卷 （漢）徐幹撰　清光緒元年(1875)湖北崇文書局刻子書百家本　與210000－0701－0020836合冊

210000－0701－0020838　031070

春秋繁露十七卷 （漢）董仲舒撰　清光緒元年(1875)湖北崇文書局刻崇文書局彙刻書本　二冊

210000－0701－0020839　031072

補續未了緣合訂 （清）杜宗嶽撰　清咸豐元年(1851)寶孺堂家刻本　八冊

210000－0701－0020840　031073

逸子書七種 （清）孫馮翼輯　清嘉慶七年(1802)承德孫氏刻本　一冊　存二種二卷(典論一卷、皇覽一卷)

210000－0701－0020841　031075

揚子法言十三卷 （漢）揚雄撰　（晉）李軌注　**音義一卷**　（宋）□□撰　清光緒二年(1876)浙江書局刻二十二子本　一冊

210000－0701－0020842　031081

晏子春秋八卷 （周）晏嬰撰　清光緒元年(1875)湖北崇文書局刻子書百家本　二冊

210000－0701－0020843　031082

晏子春秋八卷 （周）晏嬰撰　清光緒元年(1875)湖北崇文書局刻子書百家本　二冊

210000－0701－0020844　031084

晏子春秋七卷 （周）晏嬰撰　清光緒十八年(1892)思賢講舍刻本　二冊

210000－0701－0020845　031085

晏子春秋七卷 （周）晏嬰撰　清光緒十八年(1892)思賢講舍刻本　二冊

210000－0701－0020846　031092

鹽鐵論二卷 （漢）桓寬撰　清光緒元年(1875)湖北崇文書局刻民國元年(1912)鄂官書處印子書百家本　二冊

210000－0701－0020847　031093

鹽鐵論二卷 （漢）桓寬撰　清光緒元年(1875)湖北崇文書局刻子書百家本　二冊

210000－0701－0020848　031095

晏子春秋八卷　（周）晏嬰撰　清嘉慶二十一年(1816)全椒吳氏刻本　四冊

210000－0701－0020849　031097

韋菴經說一卷　（清）周象明撰　清同治十三年(1874)虞山顧氏刻小石山房叢書本　一冊

210000－0701－0020850　031101

鹽鐵論十卷　（漢）桓寬撰　**校勘小識一卷**　王先謙撰　清光緒十七年(1891)思賢講舍刻本　二冊

210000－0701－0020851　031102

揚子法言十三卷附音義一卷　（漢）揚雄撰（晉）李軌注　**音義一卷**　（宋）□□撰　清嘉慶二十四年(1819)江都秦氏石研齋刻本　二冊

210000－0701－0020852　031104

曾子家語六卷　（清）王定安編輯　清光緒十六年(1890)金陵刻本　二冊

210000－0701－0020853　031107

道德經釋義二卷金玉經一卷常清靜經一卷　題(□)純陽眞人釋義　（清）牟目源訂　**道德經古今本考証二卷**　（清）牟目源撰　**道德經轉語二卷**　（元）陳致虛撰　清嘉慶十四年(1809)鄒學鯤羊城刻本　二冊

210000－0701－0020854　031107

太上黃庭經註三卷陰符經註一卷　（清）石和陽述　（清）李明徹評閱　清乾隆五十八年(1793)李明徹白雲山房刻本　二冊

210000－0701－0020855　031108

道德經解二卷　題(□)純陽帝君釋義　雲門魯史纂述　清同治元年(1862)四書草堂刻本　一冊

210000－0701－0020856　031109

道德經釋義二卷金玉經一卷常清靜經一卷　題(□)純陽眞人釋義　（清）牟目源訂　**道德經古今本考証二卷**　（清）牟目源撰　**道德經轉語二卷**　（元）陳致虛撰　清嘉慶十四年(1809)鄒學鯤羊城刻本　二冊

210000－0701－0020857　031109

太上黃庭經註三卷陰符經註一卷　（清）石和陽述　（清）李明徹評閱　清乾隆五十八年(1793)李明徹白雲山房刻本　二冊

210000－0701－0020858　031111

西川尤先生要語一卷　（明）尤時熙撰　**教諭語四卷**　（清）謝金鑾撰　清光緒七年(1881)長白崑氏刻本　一冊

210000－0701－0020859　031120

道德眞經註四卷　（元）吳澄注　清光緒元年(1875)湖北崇文書局刻民國元年(1912)鄂官書處印子書百家本　一冊

210000－0701－0020860　031120

老子道德經二卷　（晉）王弼注　清光緒元年(1875)湖北崇文書局刻子書百家本　一冊

210000－0701－0020861　031121

道德眞經註四卷　（元）吳澄注　清光緒元年(1875)湖北崇文書局刻民國元年(1912)鄂官書處印子書百家本　一冊

210000－0701－0020862　031121

老子道德經二卷　（晉）王弼注　清光緒元年(1875)湖北崇文書局刻子書百家本　一冊

210000－0701－0020863　031124

道德寶章一卷　（宋）白玉蟾注　清光緒八年(1882)京都白雲觀刻本　一冊

210000－0701－0020864　031128

老子翼八卷　（明）焦竑撰　清光緒二十一年(1895)金陵刻經處刻本　四冊

210000－0701－0020865　031132

老子集解二卷考異一卷　（明）薛蕙撰　清道光二十六年(1846)宏道書院刻惜陰軒叢書本　二冊

210000－0701－0020866　031133

老子翼八卷　（明）焦竑撰　清光緒二十一年(1895)金陵刻經處刻本　四冊

210000－0701－0020867　031141

徐靈胎先生雜箸五種　（清）徐大椿撰　清光

緒十四年(1888)江左書林刻本　一冊

210000－0701－0020868　031151

老子翼八卷　(明)焦竑撰　清光緒二十一年(1895)金陵刻經處刻本　四冊

210000－0701－0020869　031162

列子八卷　(晉)張湛注　(唐)殷敬順釋文　清光緒二年(1876)浙江書局刻二十二子本　二冊

210000－0701－0020870　031165

列子八卷　(晉)張湛注　(唐)殷敬順釋文　清光緒二年(1876)浙江書局刻二十二子本　二冊

210000－0701－0020871　031170

沖虛至德眞經八卷　(晉)張湛注　(唐)殷敬順釋文　清嘉慶九年(1804)寶慶經綸堂刻本　三冊

210000－0701－0020872　031172

鬼谷子三卷　(南朝梁)陶弘景注　(清)秦恩復校　**篇目考一卷**　(清)秦恩復輯　清嘉慶十年(1805)江都秦氏刻石研齋四種本　一冊

210000－0701－0020873　031172

列子八卷　(唐)盧重元注　**考證一卷**　(清)秦恩復撰　清嘉慶八年(1803)江都秦氏刻石研齋四種本　二冊

210000－0701－0020874　031173

南華眞經十卷　(晉)郭象注　(唐)陸德明音義　清金閶聚文堂刻本　六冊

210000－0701－0020875　031175

列子八卷　(唐)盧重元注　**考證一卷**　(清)秦恩復撰　清嘉慶八年(1803)江都秦氏刻石研齋四種本　四冊

210000－0701－0020876　031178

南華眞經旁注五卷　(晉)郭象評　(晉)向秀注　清康熙五十五年(1716)世榮堂刻本　六冊

210000－0701－0020877　031184

南華眞經正義不分卷附識餘　(清)陳壽昌輯

清光緒十九年(1893)怡顏齋刻本　六冊

210000－0701－0020878　031185

南華眞經解六卷　(清)宣穎撰　清海清樓刻本　六冊

210000－0701－0020879　031186

莊子注二卷　王闓運撰　清刻湘綺樓全書本　四冊

210000－0701－0020880　031187

莊子十卷　(晉)郭象注　(唐)陸德明音義　清光緒二年(1876)浙江書局刻二十二子本　四冊

210000－0701－0020881　031188

莊子十卷　(晉)郭象注　(唐)陸德明音義　清光緒二年(1876)浙江書局刻二十二子本　四冊

210000－0701－0020882　031192

莊子雪三卷　(清)陸樹芝撰　清嘉慶四年(1799)文選樓刻本　六冊

210000－0701－0020883　031194

莊子集釋十卷　(清)郭慶藩輯　清光緒二十年(1894)思賢講舍刻本　八冊

210000－0701－0020884　031195

莊子集釋十卷　(清)郭慶藩輯　清光緒二十年(1894)思賢講舍刻本　八冊

210000－0701－0020885　031196

莊子集釋十卷　(清)郭慶藩輯　清光緒二十年(1894)思賢講舍刻本　八冊

210000－0701－0020886　031197

莊子集釋十卷　(清)郭慶藩輯　清光緒二十年(1894)思賢講舍刻本　八冊

210000－0701－0020887　031198

莊子集釋十卷　(清)郭慶藩輯　清光緒二十年(1894)思賢講舍刻本　八冊

210000－0701－0020888　031199

莊子集釋十卷　(清)郭慶藩輯　清光緒二十年(1894)思賢講舍刻本　八冊

210000－0701－0020889　031202

莊子集解八卷　王先謙撰　清宣統元年(1909)思賢書局刻本　四冊

210000－0701－0020890　031203

莊子集解八卷　王先謙撰　清宣統元年(1909)思賢書局刻本　四冊

210000－0701－0020891　031204

莊子十卷　(晉)郭象注　(唐)陸德明音義　清光緒二年(1876)浙江書局刻二十二子本　四冊

210000－0701－0020892　031205

莊子南華眞經內篇一卷外篇一卷雜篇一卷　(戰國)莊周撰　札記一卷　(清)郭嵩燾撰　清光緒元年(1875)湖北崇文書局刻子書百家本　二冊

210000－0701－0020893　031205

莊子闕誤一卷　(明)楊愼撰　清光緒元年(1875)湖北崇文書局刻子書百家本　與210000－0701－0020892 合刊

210000－0701－0020894　031206

莊子南華眞經內篇一卷外篇一卷雜篇一卷　(戰國)莊周撰　札記一卷　(清)郭嵩燾撰　清光緒元年(1875)湖北崇文書局刻子書百家本　二冊

210000－0701－0020895　031206

莊子闕誤一卷　(明)楊愼撰　清光緒元年(1875)湖北崇文書局刻子書百家本　與210000－0701－0020894 合刊

210000－0701－0020896　031210

莊子內篇註四卷　(明)釋德清撰　清光緒十四年(1888)金陵刻經處刻本　二冊

210000－0701－0020897　031213

莊子集解八卷　王先謙撰　清宣統元年(1909)思賢書局刻本　三冊

210000－0701－0020898　031214

莊子集解八卷　王先謙撰　清末民國初校經山房成記書局石印本　四冊

210000－0701－0020899　031223

文中子中說十卷　(隋)王通撰　(宋)阮逸注　清道光五年(1825)賈霈刻本　四冊

210000－0701－0020900　031233

莊子集解八卷　王先謙撰　清宣統元年(1909)思賢書局刻本　四冊

210000－0701－0020901　031234

莊子因六卷　(清)林雲銘撰　清康熙二十七年(1688)林氏刻本　闞鳳樓批校　三冊

210000－0701－0020902　031240

文子纘義十二卷　(元)杜道堅撰　清光緒九年(1883)湖南傳忠書局刻本　四冊

210000－0701－0020903　031241

中說十卷　(隋)王通撰　(宋)阮逸注　清光緒十六年(1890)貴陽陳氏刻本　一冊

210000－0701－0020904　031242

中說十卷　(隋)王通撰　(宋)阮逸注　清光緒十六年(1890)貴陽陳氏刻本　二冊

210000－0701－0020905　031246

子書百家　(清)崇文書局輯　清光緒元年(1875)湖北崇文書局刻民國元年(1912)鄂官書處印本　一冊　存六種八卷(亢倉子一卷、玄眞子一卷、天隱子一卷、无能子三卷、胎息經疏一卷、胎息經一卷)

210000－0701－0020906　031247

至游子二卷　(明)□□撰　清光緒元年(1875)湖北崇文書局刻子書百家本　一冊

210000－0701－0020907　031248

至游子二卷　(明)□□撰　清光緒元年(1875)湖北崇文書局刻子書百家本　一冊

210000－0701－0020908　031249

子書百家　清光緒元年(1875)湖北崇文書局刻本　一冊　存四種四卷(愼子一卷、尹文子一卷、公孫龍子一卷、鬼谷子一卷)

210000－0701－0020909　031250

鄧子一卷　(春秋)鄧析撰　清光緒元年(1875)湖北崇文書局刻子書百家本　一冊

210000－0701－0020910　031250
尸子二卷　（戰國）尸佼撰　清光緒元年
（1875）湖北崇文書局刻子書百家本　與
210000－0701－0020909 合冊

210000－0701－0020911　031251
御纂性理精義十二卷　（清）李光地等纂修
清刻本　六冊

210000－0701－0020912　031252
文廟祀位　清李觀濤刻本　一冊

210000－0701－0020913　031255
抱朴子內篇四卷外篇四卷　（晉）葛洪撰　清
光緒元年(1875)湖北崇文書局刻子書百家本
四冊

210000－0701－0020914　031260
抱朴子內篇二十卷外篇五十卷　（晉）葛洪撰
附篇十卷　（清）李佳繼昌輯　清光緒十年
至十一年(1884－1885)吳縣朱氏槐廬家塾刻
平津館叢書本　六冊

210000－0701－0020915　031262
抱朴子內篇二十卷外篇五十卷　（晉）葛洪撰
附篇十卷　（清）李佳繼昌輯　清光緒十年
至十一年(1884－1885)吳縣朱氏槐廬家塾刻
平津館叢書本　六冊

210000－0701－0020916　031265
鶡冠子三卷　（宋）陸佃解　（明）王宇評
(明)朱養純　（明）汪際明參評　清嘉慶九年
(1804)刻本　三冊

210000－0701－0020917　031266
鶡冠子三卷　（宋）陸佃解　清光緒元年
(1875)湖北崇文書局刻子書百家本　一冊

210000－0701－0020918　031269
墨子十五卷　（清）畢沅撰　清光緒二年
(1876)江西書局刻本　四冊

210000－0701－0020919　031274
墨子不分卷　（周）墨翟撰　王闓運注　清光
緒三十年(1904)江西官書局刻本　四冊

210000－0701－0020920　031276
墨子閒詁十五卷目錄一卷附錄一卷後語二卷
（清）孫詒讓撰　清末刻本　八冊

210000－0701－0020921　031277
墨子閒詁十五卷目錄一卷附錄一卷後語二卷
（清）孫詒讓撰　清末刻本　八冊

210000－0701－0020922　031278
墨子閒詁十五卷目錄一卷附錄一卷後語二卷
（清）孫詒讓撰　清末刻本　八冊

210000－0701－0020923　031283
墨子十六卷篇目考一卷　（清）畢沅撰　清光
緒元年(1875)湖北崇文書局刻子書百家本
四冊

210000－0701－0020924　031284
墨子經說解二卷　（清）張惠言述　清宣統元
年(1909)國學保存會石印本　一冊

210000－0701－0020925　031285
墨子經說解二卷　（清）張惠言述　清宣統元
年(1909)國學保存會石印本　一冊

210000－0701－0020926　031297
公孫龍子一卷　（清）辛從益注　清刻本
一冊

210000－0701－0020927　031306
尸子尹文子合刻　（清）汪繼培輯　清嘉慶十
七年(1812)陳春刻湖海樓叢書本　三冊

210000－0701－0020928　031308
鄧子一卷　（春秋）鄧析撰　清光緒元年
(1875)湖北崇文書局刻子書百家本　一冊

210000－0701－0020929　031308
尸子二卷　（戰國）尸佼撰　清光緒元年
(1875)湖北崇文書局刻子書百家本　與
210000－0701－0020928 合冊

210000－0701－0020930　031309
尸子二卷存疑一卷　（戰國）尸佼撰　（清）汪
繼培輯　清光緒三年(1877)浙江書局刻二十
二子本　一冊

210000－0701－0020931　031314
子書百家　（清）崇文書局輯　清光緒元年

(1875)崇文書局刻本　一冊　存六卷(鬻子一卷補一卷、計倪子一卷、於陵子一卷、子華子二卷)

210000－0701－0020932　031315

子書百家　(清)崇文書局輯　清光緒元年(1875)崇文書局刻本　一冊　存六卷(鬻子一卷補一卷、計倪子一卷、於陵子一卷、子華子二卷)

210000－0701－0020933　031319

稱謂錄三十二卷　(清)梁章鉅輯　清光緒元年至十年(1875－1884)梁恭辰刻本　八冊

210000－0701－0020934　031322

鬼谷子三卷　(南朝梁)陶弘景注　篇目考一卷　(清)秦恩復撰　清嘉慶十年(1805)江都秦氏刻石研齋四種本　一冊

210000－0701－0020935　031323

鬼谷子三卷　(南朝梁)陶弘景注　篇目考一卷　(清)秦恩復撰　清嘉慶十年(1805)江都秦氏刻石研齋四種本　二冊

210000－0701－0020936　031324

鬼谷子三卷　(南朝梁)陶弘景注　篇目考一卷　(清)秦恩復撰　清嘉慶十年(1805)江都秦氏刻石研齋四種本　二冊

210000－0701－0020937　031325

鬼谷子三卷　(南朝梁)陶弘景注　篇目考一卷　(清)秦恩復撰　清嘉慶十年(1805)江都秦氏刻石研齋四種本　二冊

210000－0701－0020938　031326

稱謂錄三十二卷　(清)梁章鉅輯　清光緒元年至十年(1875－1884)梁恭辰刻本　八冊

210000－0701－0020939　031335

淮南子二十一卷　(漢)劉安撰　(漢)高誘注　清嘉慶九年(1804)姑蘇聚文堂刻本　四冊

210000－0701－0020940　031336

淮南鴻烈閒詁二卷　(漢)許慎撰　清光緒二十一年(1895)長沙葉德輝郎園刻本　一冊

210000－0701－0020941　031338

淮南天文訓補注二卷　(清)錢塘撰　清光緒元年(1875)湖北崇文書局刻崇文書局彙刻書本　二冊

210000－0701－0020942　031339

淮南天文訓補注二卷　(清)錢塘撰　清光緒元年(1875)湖北崇文書局刻崇文書局彙刻書本　三冊

210000－0701－0020943　031342

淮南子二十一卷　(漢)劉安撰　(漢)高誘注　(清)莊逵吉校　清光緒二年(1876)浙江書局刻本　六冊

210000－0701－0020944　031343

淮南天文訓補注二卷　(清)錢塘撰　清光緒元年(1875)湖北崇文書局刻崇文書局彙刻書本　二冊

210000－0701－0020945　031350

淮南鴻烈解二十一卷　(漢)劉安撰　(漢)高誘注　清光緒二十年(1894)藝文書局刻本　六冊

210000－0701－0020946　031351

淮南雜識四卷　(清)聞益撰　荊園小語一卷荊園進語一卷　(清)申涵光撰　清同治刻本　六冊

210000－0701－0020947　031352

心傳韻語五卷　(清)何謙撰　清末上海河南路中市宏大善書局石印本　五冊

210000－0701－0020948　031353

弦雪居重訂遵生八牋十九卷目錄一卷　(明)高濂撰　清道光十二年(1832)步月樓刻本　二十四冊

210000－0701－0020949　031354

弦雪居重訂遵生八牋十九卷目錄一卷　(明)高濂撰　清道光十二年(1832)步月樓刻本　二十冊

210000－0701－0020950　031355

呂氏春秋二十六卷附考一卷　(秦)呂不韋撰　(漢)高誘注　(清)畢沅校　清光緒元年

（1875）浙江書局刻二十二子本　六冊

210000－0701－0020951　031358

鶡冠子三卷　（宋）陸佃解　（明）王宇評　清嘉慶九年（1804）姑蘇聚文堂刻本　一冊

210000－0701－0020952　031359

鶡冠子三卷　（宋）陸佃解　清光緒元年（1875）湖北崇文書局刻子書百家本　一冊

210000－0701－0020953　031360

子書百家　（清）崇文書局輯　清光緒元年（1875）湖北崇文書局刻民國元年（1912）鄂官書處印本　一冊　存三種七卷（郁離子一卷、空洞子一卷、海沂子五卷）

210000－0701－0020954　031361

子書百家　（清）崇文書局輯　清光緒元年（1875）湖北崇文書局刻民國元年（1912）鄂官書處印本　一冊　存三種七卷（郁離子一卷、空洞子一卷、海沂子五卷）

210000－0701－0020955　031362

子書百家　（清）崇文書局輯　清光緒元年（1875）湖北崇文書局刻本　一冊　存三種八卷（聲隅子歐欷瑣微論二卷、懶眞子五卷、廣成子解一卷）

210000－0701－0020956　031363

子書百家　（清）崇文書局輯　清光緒元年（1875）湖北崇文書局刻本　一冊　存三種八卷（聲隅子歐欷瑣微論二卷、懶眞子五卷、廣成子解一卷）

210000－0701－0020957　031364

淮南子二十一卷　（漢）劉安撰　（漢）高誘注　（清）莊逵吉校　清光緒二年（1876）浙江書局刻本　六冊

210000－0701－0020958　031365

呂氏春秋二十六卷　（秦）呂不韋撰　清光緒元年（1875）湖北崇文書局刻子書百家本　四冊

210000－0701－0020959　031366

呂氏春秋二十六卷　（秦）呂不韋撰　清光緒

元年（1875）湖北崇文書局刻子書百家本　四冊

210000－0701－0020960　031369

呂氏春秋二十六卷附考一卷　（秦）呂不韋撰　（漢）高誘注　（清）畢沅校　清光緒元年（1875）浙江書局刻二十二子本　六冊

210000－0701－0020961　031370

呂氏春秋二十六卷附考一卷　（秦）呂不韋撰　（漢）高誘注　（清）畢沅校　清光緒元年（1875）浙江書局刻二十二子本　六冊

210000－0701－0020962　031380

劉子二卷　（北齊）劉書撰　清光緒元年（1875）湖北崇文書局刻子書百家本　一冊

210000－0701－0020963　031387

五子會要　（清）張官德集注　清同治九年（1870）養原堂刻本　一冊

210000－0701－0020964　031388

理學宗傳二十六卷　（清）孫奇逢撰　清康熙刻道光光緒遞刻孫夏峰全傳本　二十冊

210000－0701－0020965　031389

理學宗傳二十六卷　（清）孫奇逢撰　清光緒六年（1880）浙江書局刻本　十一冊　缺二卷（九至十）

210000－0701－0020966　031390

理學宗傳二十六卷　（清）孫奇逢撰　清光緒六年（1880）浙江書局刻本　十二冊

210000－0701－0020967　031391

二程全書　（宋）程顥　（宋）程頤撰　清小嫏嬛山館刻本　二十四冊

210000－0701－0020968　031392

二程全書　（宋）程顥　（宋）程頤撰　清小嫏嬛山館刻本　十二冊　存四種十八卷（伊川文集五至八、伊川易傳四卷、伊川經說八卷、二程粹言二卷）

210000－0701－0020969　031395

理學宗傳二十六卷　（清）孫奇逢撰　清康熙刻道光光緒遞刻孫夏峰全傳本　十六冊

210000－0701－0020970　031398

張子全書十五卷　(宋)張載撰　清道光二十二年(1842)張連科刻同治九年(1870)李愼補刻本　八冊

210000－0701－0020971　031399

理學宗傳二十六卷　(清)孫奇逢撰　清光緒六年(1880)浙江書局刻本　十二冊

210000－0701－0020972　031400

習學記言五十卷　(宋)葉適撰　清光緒十年(1884)黃體芳刻本　十冊

210000－0701－0020973　031402

朱程問答三卷附集一卷　(明)程資輯　清宣統二年(1910)程氏刻本　一冊

210000－0701－0020974　031407

朱子語類一百四十卷　(宋)朱熹撰　(宋)黎清德輯　清同治十一年(1872)刻本　四十冊

210000－0701－0020975　031408

朱子遺書一百三卷　(宋)朱熹撰　清康熙呂氏寶誥堂刻本　十冊

210000－0701－0020976　031409

淵鑒齋御纂朱子全書六十六卷　(宋)朱熹撰　(清)李光地等纂　清康熙刻本　十六冊

210000－0701－0020977　031410

淵鑒齋御纂朱子全書六十六卷　(宋)朱熹撰　(清)李光地等纂　清同治八年(1869)四川吳棠刻本　三十二冊

210000－0701－0020978　031411

學治臆說二卷　(清)汪輝祖撰　清乾隆五十八年(1793)蕭山環碧山房刻本　一冊

210000－0701－0020979　031412

淵鑒齋御纂朱子全書六十六卷　(宋)朱熹撰　(清)李光地等纂　清康熙刻本　二十四冊

210000－0701－0020980　031413

朱子集一百四卷目錄二卷　(宋)朱熹撰　清咸豐十年(1860)刻本　四十冊

210000－0701－0020981　031418

叔苴子內篇內篇六卷外篇二卷　(明)莊元臣

撰　清光緒元年(1875)湖北崇文書局刻民國元年(1912)鄂官書處印子書百家本　二冊

210000－0701－0020982　031419

濂洛關閩書十九卷　(清)張伯行輯並注　清同治五年(1866)福州正誼書局刻本　八冊

210000－0701－0020983　031420

北溪先生字義二卷補遺一卷　(宋)陳淳撰　清光緒二十二年(1896)侯耀刻本　二冊

210000－0701－0020984　031421

宋元學案一百卷首一卷　(清)黃宗羲撰　(清)全祖望修定　(清)王梓材等校　**考略一卷**　(清)王梓材等撰　清光緒五年(1879)長沙寄廬刻本　四十冊

210000－0701－0020985　031422

宋元學案一百卷首一卷　(清)黃宗羲撰　(清)全祖望修定　(清)王梓材等校　**考略一卷**　(清)王梓材等撰　清光緒五年(1879)長沙寄廬刻本　四十冊

210000－0701－0020986　031423

宋元學案一百卷首一卷　(清)黃宗羲撰　(清)全祖望修定　(清)王梓材等校　**考略一卷**　(清)王梓材等撰　清光緒五年(1879)長沙寄廬刻本　三十二冊

210000－0701－0020987　031424

宋元學案一百卷首一卷　(清)黃宗羲撰　(清)全祖望修定　(清)王梓材等校　**考略一卷**　(清)王梓材等撰　清光緒五年(1879)長沙寄廬刻本　四十冊

210000－0701－0020988　031425

宋元學案一百卷首一卷　(清)黃宗羲撰　(清)全祖望修定　(清)王梓材等校　**考略一卷**　(清)王梓材等撰　清光緒五年(1879)長沙寄廬刻本　四十冊

210000－0701－0020989　031426

宋元學案一百卷首一卷　(清)黃宗羲撰　(清)全祖望修定　(清)王梓材等校　**考略一卷**　(清)王梓材等撰　清光緒五年(1879)長沙寄廬刻本　四十冊

210000 – 0701 – 0020990　031435
宋元學案一百卷首一卷　（清）黃宗羲撰
（清）全祖望修定　（清）王梓材等校　**考略一
卷**　（清）王梓材等撰　清光緒五年(1879)長
沙寄廬刻本　四十冊

210000 – 0701 – 0020991　031436
明儒學案六十二卷師說一卷　（清）黃宗羲撰
　清光緒十四年(1888)南昌縣學刻本　二十
四冊

210000 – 0701 – 0020992　031438
明儒學案六十二卷師說一卷　（清）黃宗羲撰
　清光緒十四年(1888)南昌縣學刻本　二十
八冊

210000 – 0701 – 0020993　031439
近思錄集注十四卷考訂朱子世家一卷　（清）
江永撰　**近思錄集注校勘記一卷**　（清）王炳
錄　清同治八年(1869)江蘇書局刻本　四冊

210000 – 0701 – 0020994　031440
近思錄集注十四卷考訂朱子世家一卷　（清）
江永撰　**近思錄集注校勘記一卷**　（清）王炳
錄　清同治八年(1869)江蘇書局刻本　四冊

210000 – 0701 – 0020995　031441
**朱子原訂近思錄集注十四卷考訂朱子世家一
卷**　（清）江永撰　**近思錄集注校勘記一卷**
（清）王炳錄　清光緒十一年(1885)江西書局
刻本　四冊

210000 – 0701 – 0020996　031442
近思錄集注十四卷　（清）江永撰　清光緒十
四年(1888)山西濬文書局刻本　四冊

210000 – 0701 – 0020997　031443
近思錄集注十四卷考訂朱子世家一卷　（清）
江永撰　**近思錄集注校勘記一卷**　（清）王炳
錄　清光緒十五年(1889)掃葉山房刻本
六冊

210000 – 0701 – 0020998　031444
近思錄補注十四卷　（清）陳沆補注　清末刻
本　四冊

210000 – 0701 – 0020999　031445
周子通書半解一卷八角磨盤圖說一卷　（清）
秦鏞撰　**大音先生平書十六通**　（清）秦震鈞
撰　清嘉慶四年(1799)秦氏刻本　四冊

210000 – 0701 – 0021000　031446
陳清瀾先生學蔀通辯十二卷　（明）陳建撰
清同治五年(1866)福州正誼書院刻正誼堂全
書本　四冊

210000 – 0701 – 0021001　031446
羅整庵先生困知記四卷　（明）羅欽順撰　清
同治五年(1866)福州正誼書院刻正誼堂全書
本　一冊

210000 – 0701 – 0021002　031446
朱子學的二卷　（明）丘濬輯　清同治五年
(1866)福州正誼書院刻正誼堂全書本　三冊

210000 – 0701 – 0021003　031447
金華理學粹編十卷　（清）戴殿江輯　清光緒
十五年(1889)應寶時刻本　四冊

210000 – 0701 – 0021004　031448
讀書錄十一卷續錄十二卷　（明）薛瑄撰　清
乾隆二十六年(1761)刻本　四冊

210000 – 0701 – 0021005　031451
讀書錄十一卷續錄十二卷　（明）薛瑄撰　清
乾隆二十六年(1761)刻本　二冊　存十一卷
(讀書錄十一卷)

210000 – 0701 – 0021006　031454
薛文清公讀書錄十一卷續錄十二卷　（明）薛
瑄撰　清乾隆十一年(1746)刻本　八冊

210000 – 0701 – 0021007　031455
尋常語不分卷　（清）劉沅撰　清光緒十七年
(1891)平遙李氏刻雙流劉止唐先生全書本
一冊

210000 – 0701 – 0021008　031456
陽明先生集要　（明）王守仁撰　（明）施邦曜
評輯　清光緒三十二年(1906)鉛印本　五冊
　存三種九卷(陽明先生集要文章編四卷、古
本大學原文一卷、陽明先生集要理學集四卷)

210000－0701－0021009　031458

顏氏學記十卷　（清）戴望撰　清同治十年
(1871)冶城山館刻本　四冊

210000－0701－0021010　031459

叔苴子内篇六卷外篇二卷　（明）莊元臣撰
清光緒元年(1875)湖北崇文書局刻子書百家
本　二冊

210000－0701－0021011　031461

薛子條貫篇十三卷　（明）薛瑄撰　（清）戴楫
輯　清光緒十九年(1893)齊州府署刻本
二冊

210000－0701－0021012　031462

胡子知言六卷　（宋）胡宏撰　**薛子道論三卷**
（明）薛瑄撰　**海樵子一卷**　（明）王崇慶撰
清光緒元年(1875)湖北崇文書局刻子書百
家本　一冊

210000－0701－0021013　031463

胡子知言六卷　（宋）胡宏撰　**薛子道論三卷**
（明）薛瑄撰　**海樵子一卷**　（明）王崇慶撰
清光緒元年(1875)湖北崇文書局刻子書百
家本　一冊

210000－0701－0021014　031465

涇野子内篇二十七卷　（明）呂柟撰　清乾隆
四年(1739)刻本　六冊

210000－0701－0021015　031469

明儒學案六十二卷師說一卷　（清）黃宗羲撰
清光緒十四年(1888)南昌縣學刻本　三十
六冊

210000－0701－0021016　031471

明儒學案六十二卷師說一卷　（清）黃宗羲撰
清光緒十四年(1888)南昌縣學刻本　二十
四冊

210000－0701－0021017　031474

潛書二篇　（清）唐甄撰　清光緒三十二年
(1906)山東全省官印書局鉛印本　四冊

210000－0701－0021018　031477

漢學商兌三卷　（清）方東樹撰　清同治十年

(1871)望三益齋刻本　四冊

210000－0701－0021019　031478

漢儒通義七卷　（清）陳澧撰　清光緒二十五
年(1899)刻蔭立堂叢書本　二冊

210000－0701－0021020　031479

御纂性理精義十二卷　（清）李光地等纂　清
刻本　六冊

210000－0701－0021021　031480

楊園先生全集　（清）張履祥撰　清同治九年
(1870)山東尚志堂刻本　六冊

210000－0701－0021022　031486

起黃二卷質顧一卷廣王二卷　（清）吳光耀撰
清宣統元年(1909)刻本　五冊

210000－0701－0021023　031487

西漢儒林傳經表二卷　（清）周廷寀輯　清乾
隆五十六年(1791)刻本　一冊

210000－0701－0021024　031488

平平錄十卷　（清）楊芳撰　清道光十三年
(1833)華陽王文運刻本　四冊

210000－0701－0021025　031489

道一錄五卷　（清）張沐輯　清康熙五年
(1666)刻同治補修本　二冊

210000－0701－0021026　031489

上蔡謝先生語錄三卷考證一卷　（宋）謝良佐
撰　（宋）朱熹輯　清同治二年(1863)上蔡學
署刻本　二冊

210000－0701－0021027　031489

學道六書六卷　（清）張沐撰　清康熙刻同治
補修本　二冊

210000－0701－0021028　031493

漢學商兌三卷　（清）方東樹撰　清光緒十七
年(1891)刻方植之全集本　孫丹階校並題識
四冊

210000－0701－0021029　031501

原善三卷　（清）戴震撰　清雙流李天根刻本
一冊

210000 – 0701 – 0021030　031502

體微齋遺編　（清）祝塏撰　清光緒十七年（1891）刻本　六冊

210000 – 0701 – 0021031　031503

銖寸錄八卷　（清）竇垿撰　清咸豐十一年（1861）東川書院刻本　四冊

210000 – 0701 – 0021032　031504

御纂性理精義十二卷　（清）李光地等纂　清咸豐二年（1852）綠蔭堂刻本　六冊

210000 – 0701 – 0021033　031505

御纂性理精義十二卷　（清）李光地等纂　清雍正刻本　四冊

210000 – 0701 – 0021034　031507

國朝學案小識十四卷首一卷末一卷　（清）唐鑑撰　清光緒十年（1884）刻本　十二冊

210000 – 0701 – 0021035　031512

毋不敬齋全書三十一卷　（清）方潛撰　包軒遺編三卷　（清）張泰萊撰　清光緒十五年（1889）方敦吉濟南刻二十三年（1897）本　十六冊

210000 – 0701 – 0021036　031513

正誖八卷　（清）劉沅撰　清同治十年（1871）致福樓刻雙流劉止唐先生全書本　四冊

210000 – 0701 – 0021037　031517

庸庵海外文編四卷　（清）薛福成撰　清光緒二十一年（1895）無錫薛氏刻庸庵全集本　四冊

210000 – 0701 – 0021038　031518

輶軒博紀四卷　邵松年輯　清光緒二十年（1894）刻本　一冊

210000 – 0701 – 0021039　031521

陽明先生集要　（明）王守仁撰　（明）施邦曜評輯　清光緒三十二年（1906）鉛印本　十二冊

210000 – 0701 – 0021040　031527

群學肄言　（英國）斯賓塞爾撰　嚴復譯　清光緒二十九年（1903）上海文明書局鉛印本　四冊

210000 – 0701 – 0021041　031529

內則衍義十六卷　（清）世祖福臨撰　清刻本　八冊

210000 – 0701 – 0021042　031530

小學六卷朱子小學總論一卷　（宋）朱熹撰　（清）高愈纂注　文公朱夫子［朱熹］年譜一卷　（清）高愈撰　清同治八年（1869）江蘇書局刻本　二冊

210000 – 0701 – 0021043　031531

小學集注六卷　（宋）朱熹撰　（明）陳選注　清光緒三十三年（1907）學部圖書局石印本　一冊

210000 – 0701 – 0021044　031534

孝經注疏九卷　（唐）玄宗李隆基注　（宋）邢昺疏　校勘記九卷　（清）阮元撰　清道光六年（1826）南昌府學刻本　二冊

210000 – 0701 – 0021045　031538

篆文孝經一卷　（清）吳大澂書　清光緒十一年（1885）上海同文書局石印本　一冊

210000 – 0701 – 0021046　031540

文昌孝經注一卷　（清）王德瑛注　清道光十四年（1834）刻本　一冊

210000 – 0701 – 0021047　031542

小學集解六卷　（宋）朱熹撰　（清）張伯行集解　清末刻本　四冊

210000 – 0701 – 0021048　031544

實政錄七卷　（明）呂坤撰　清同治十一年（1872）江蘇書局刻本　六冊

210000 – 0701 – 0021049　031545

為政忠告三種　（元）張養浩撰　清道光十一年（1831）歷城尹濟源刻本　二冊

210000 – 0701 – 0021050　031546

福惠全書三十二卷　（清）黃六鴻撰　清文瑞樓刻本　十冊

210000 – 0701 – 0021051　031547

福惠全書三十二卷　（清）黃六鴻撰　清康熙

刻本　十冊

210000－0701－0021052　031549

修身學講義不分卷　（清）書銘纂　清光緒三
十二年(1906)石印本　七冊

210000－0701－0021053　031550

修身學講義不分卷　（清）書銘纂　清光緒三
十二年(1906)石印本　七冊

210000－0701－0021054　031551

修身學講義不分卷　（清）書銘纂　清光緒三
十二年(1906)石印本　七冊

210000－0701－0021055　031552

倫理學講義　（清）書銘輯　清末石印本
九冊

210000－0701－0021056　031553

倫理學講義　（清）書銘輯　清末石印本
九冊

210000－0701－0021057　031554

倫理學講義　（清）書銘輯　清末石印本
九冊

210000－0701－0021058　031555

倫理學講義　（清）書銘輯　清末石印本
九冊

210000－0701－0021059　031559

二十二史感應錄二卷　（清）彭希涑撰　清光
緒十二年(1886)鐵老鸛廟合成報房刻本
一冊

210000－0701－0021060　031560

溫故錄一卷　（清）長庚撰　清光緒三十三年
(1907)刻朱印本　一冊

210000－0701－0021061　031563

聖諭像解二十卷　（清）梁延年撰　清光緒二
十八年(1902)恩壽浙江撫署石印本　十冊

210000－0701－0021062　031564

元張文忠公忠告全書四卷　（元）張養浩撰
清道光三十年(1850)徐澤醇刻本　二冊

210000－0701－0021063　031565

聖諭廣訓十六條　清光緒十九年(1893)保定
官書局刻本　一冊

210000－0701－0021064　031566

聖諭像解二十卷　（清）梁延年編輯　清北洋
官報局石印本　五冊　存九卷(一至九)

210000－0701－0021065　031567

平平言四卷　（清）方大湜撰　清光緒十三年
(1887)劉燁常德署刻本　四冊

210000－0701－0021066　031568

欽定元承華事略補圖六卷　（元）王惲撰　清
光緒二十四年(1898)上海掃葉山房石印本
一冊

210000－0701－0021067　031569

司牧寶鑑一卷　（清）李顒撰　清光緒元年
(1875)湖南省荷池書局刻本　一冊

210000－0701－0021068　031574

孝經一卷　（唐）玄宗李隆基注　（唐）陸德明
音義　清刻本　一冊

210000－0701－0021069　031576

孝經一卷　（唐）玄宗李隆基注　（唐）陸德明
音義　**忠經一卷**　（漢）馬融撰　（漢）鄭玄注
清光緒十二年(1886)湖北官書處刻本
一冊

210000－0701－0021070　031577

孝經一卷　（唐）玄宗李隆基注　（唐）陸德明
音義　**忠經一卷**　（漢）馬融撰　（漢）鄭玄注
清光緒十二年(1886)湖北官書處刻本
一冊

210000－0701－0021071　031580

孝經一卷　（唐）玄宗李隆基注　（唐）陸德明
音義　清光緒十二年(1886)湖北官書處刻本
一冊

210000－0701－0021072　031584

孝經傳說圖解二卷孝經一卷　（清）金戴撰
清同治十年(1871)樂清梅溪書院刻本　二冊

210000－0701－0021073　031585

學治臆說二卷續說一卷說贅一卷　（清）汪輝

祖撰　清同治七年(1868)湖北崇文書局刻本
　二冊

210000－0701－0021074　031586
學治一得編一卷　（清）何耿繩輯　清同治十
三年(1874)湖北崇文書局刻牧令書本　一冊

210000－0701－0021075　031588
從政遺規摘鈔二卷　（清）陳弘謀編　（清）劉
肇紳摘鈔　清同治七年(1868)楚北崇文書局
刻本　一冊

210000－0701－0021076　031589
在官法戒錄摘鈔四卷　（清）陳弘謀編　（清）
劉肇紳摘鈔　清末鉛印本　二冊

210000－0701－0021077　031590
浣霞摸心記三卷　（清）金城撰　清道光刻本
　三冊

210000－0701－0021078　031591
牧令書二十三卷保甲書四卷　（清）徐棟輯
清道光二十八年(1848)楚興国李燁校刻本
二十一冊

210000－0701－0021079　031592
從政遺規摘鈔二卷　（清）陳弘謀編　（清）劉
肇紳摘鈔　清同治七年(1868)楚北崇文書局
刻本　一冊

210000－0701－0021080　031593
從政遺規摘鈔二卷　（清）陳弘謀編　（清）劉
肇紳摘鈔　清同治七年(1868)楚北崇文書局
刻本　一冊

210000－0701－0021081　031594
牧令書輯要十卷　（清）徐棟編　（清）丁日昌
重編　清同治八年(1869)湖北崇文書局刻本
　十冊

210000－0701－0021082　031596
聖諭廣訓十六條　（清）世宗胤禛撰　清末刻
本　二冊

210000－0701－0021083　031597
從政遺規摘鈔二卷　（清）陳弘謀編　（清）劉
肇紳摘鈔　清同治七年(1868)楚北崇文書局

刻本　一冊

210000－0701－0021084　031598
從政遺規摘鈔二卷　（清）陳弘謀編　（清）劉
肇紳摘鈔　清同治七年(1868)楚北崇文書局
刻本　一冊

210000－0701－0021085　031599
牧令書輯要十卷　（清）徐棟編　（清）丁日昌
重編　清同治八年(1869)湖北崇文書局刻本
　十冊

210000－0701－0021086　031600
牧令書二十三卷保甲書四卷　（清）徐棟輯
清道光二十八年(1848)刻本　二十一冊

210000－0701－0021087　031602
牧令書輯要十卷　（清）徐棟編　（清）丁日昌
重編　清同治八年(1869)湖北崇文書局刻本
　十冊

210000－0701－0021088　031603
牧令全書　（清）丁日昌輯　清光緒二十二年
(1896)上海圖書集成印書局鉛印本　八冊

210000－0701－0021089　031604
在官法戒錄摘鈔四卷　（清）陳弘謀編　（清）
劉肇紳摘鈔　清同治七年(1868)楚北崇文書
局刻本　二冊

210000－0701－0021090　031605
汪龍莊先生遺書　（清）汪輝祖撰　清光緒山
東書局刻本　六冊

210000－0701－0021091　031606
福惠全書三十二卷　（清）黃六鴻撰　清康熙
刻本　八冊

210000－0701－0021092　031608
福惠全書三十二卷　（清）黃六鴻撰　清刻本
　十二冊

210000－0701－0021093　031610
祥刑古鑑二卷附編一卷　（清）宋邦德輯　清
同治六年(1867)天門程廷榮刻本　二冊

210000－0701－0021094　031611
在官法戒錄摘鈔四卷　（清）陳弘謀編　（清）

劉肇紳摘鈔　清同治七年(1868)楚北崇文書局刻本　一冊

210000－0701－0021095　031612

在官法戒錄摘鈔四卷　（清)陳弘謀輯　（清)劉肇紳摘鈔　清同治七年(1868)楚北崇文書局刻本　一冊

210000－0701－0021096　031613

牧令全書　（清)丁日昌輯　清光緒二十二年(1896)上海圖書集成印書局鉛印本　八冊

210000－0701－0021097　031614

實政錄七卷　（明)呂坤撰　清道光七年(1827)開封府署刻本　六冊

210000－0701－0021098　031615

御製人臣儆心錄一卷　（清)世祖福臨撰　清光緒二十二年(1896)徐桐刻本　一冊

210000－0701－0021099　031616

袁易齋先生圖民錄四卷　（清)袁守定撰　清同治十二年(1873)湘鄉楊昌濬刻本　二冊

210000－0701－0021100　031617

居官日省錄六卷　（清)潤泉撰　清同治十二年(1873)刻本　六冊

210000－0701－0021101　031618

居官鏡一卷　（清)剛毅撰　清光緒十八年(1892)刻本　一冊

210000－0701－0021102　031620

袁易齋先生圖民錄四卷　（清)袁守定撰　清同治十二年(1873)湘鄉楊昌濬刻本　二冊

210000－0701－0021103　031621

學治臆說二卷續說一卷說贅一卷　（清)汪輝祖撰　清同治七年(1868)湖北崇文書局刻本　二冊

210000－0701－0021104　031622

御製人臣儆心錄一卷　（清)世祖福臨撰　清光緒二十二年(1896)徐桐刻本　一冊

210000－0701－0021105　031623

內則衍義十六卷　（清)世祖福臨撰　清刻本　八冊

210000－0701－0021106　031624

內則衍義十六卷　（清)世祖福臨撰　清刻本　八冊

210000－0701－0021107　031626

教女遺規摘鈔一卷教女遺規摘鈔補鈔一卷　（清)陳弘謀編　（清)劉肇紳摘鈔　清同治七年(1868)楚北崇文書局刻本　一冊

210000－0701－0021108　031627

奇門遁甲統宗十二卷　清刻本　六冊

210000－0701－0021109　031628

教女遺規摘鈔一卷教女遺規摘鈔補鈔一卷　（清)陳弘謀編　（清)劉肇紳摘鈔　清同治七年(1868)楚北崇文書局刻本　一冊

210000－0701－0021110　031629

新刊校正增釋合併麻衣先生人相編五卷相法圖一卷　（明)陸位崇編　清光緒二十三年(1897)蘇州掃葉山房刻本　二冊

210000－0701－0021111　031632

閨門學史不分卷　（清)書銘纂輯　清末石印本　四冊

210000－0701－0021112　031633

閨門學史不分卷　（清)書銘纂輯　清末石印本　四冊

210000－0701－0021113　031634

閨門學史不分卷　（清)書銘纂輯　清末石印本　四冊

210000－0701－0021114　031637

訓俗遺規四卷　（清)陳弘謀輯　訓俗遺規補編一卷　（清)華希閎輯　清光緒三十四年(1908)學部圖書局石印本　四冊

210000－0701－0021115　031638

訓俗遺規摘鈔四卷　（清)陳弘謀編　（清)劉肇紳摘鈔　清同治七年(1868)楚北崇文書局刻本　二冊

210000－0701－0021116　031639

訓俗遺規摘鈔四卷　（清)陳弘謀編　（清)劉肇紳摘鈔　清同治七年(1868)楚北崇文書局

刻本 二册

210000－0701－0021117 031640

訓俗遺規摘鈔四卷 （清）陳弘謀編 （清）劉肇紳摘鈔 清同治七年(1868)楚北崇文書局刻本 二册

210000－0701－0021118 031641

讀史鏡古編三十二卷 （清）潘世恩輯 清同治十三年(1874)冶城飛霞閣刻本 六册

210000－0701－0021119 031642

讀史鏡古編三十二卷 （清）潘世恩輯 清同治十三年(1874)冶城飛霞閣刻本 六册

210000－0701－0021120 031643

五種遺規 （清）陳弘謀輯 （清）陳鍾珂等補編 清光緒十九年(1893)上海洋布公所振華堂刻本 十九册 缺二卷(從政遺規一至二)

210000－0701－0021121 031644

五種遺規摘鈔 （清）陳弘謀編 （清）劉肇紳摘鈔 清同治七年(1868)楚北崇文書局刻本 六册 缺一種四卷(訓俗遺規摘鈔四卷)

210000－0701－0021122 031646

五種遺規 （清）陳弘謀輯 清宣統三年(1911)上海商務印書館鉛印本 五册

210000－0701－0021123 031649

五種遺規 （清）陳弘謀輯 清宣統三年(1911)上海商務印書館鉛印本 五册

210000－0701－0021124 031650

五種遺規摘鈔 （清）陳弘謀編 （清）劉肇紳摘鈔 清同治七年(1868)楚北崇文書局刻本 八册

210000－0701－0021125 031651

習是編二卷 （清）屈成霖輯 清同治九年(1870)屈逢源刻本 四册

210000－0701－0021126 031652

習是編二卷 （清）屈成霖輯 清同治九年(1870)屈逢源刻本 四册

210000－0701－0021127 031653

儒門法語一卷 （清）彭定求撰 清宣統元年

(1909)奉天太古山房鉛印本 一册

210000－0701－0021128 031654

儒門法語一卷 （清）彭定求撰 （清）湯金釗輯要 清咸豐二年(1852)刻本 一册

210000－0701－0021129 031655

儒門法語一卷 （清）彭定求撰 （清）湯金釗輯要 清咸豐二年(1852)刻同治三年(1864)徐桐味道腴軒印本 一册

210000－0701－0021130 031660

荆園小語集四卷 （清）申涵光撰 （清）張子覺輯 清同治八年(1869)瀋北聿觀藺天成刻本 二册

210000－0701－0021131 031661

荆園小語集四卷 （清）申涵光撰 （清）張子覺輯 清同治八年(1869)瀋北聿觀藺天成刻本 二册

210000－0701－0021132 031662

勸學篇二卷 （清）張之洞撰 清光緒石印本 一册

210000－0701－0021133 031663

勸學篇二卷 （清）張之洞撰 清光緒二十四年(1898)兩湖書院刻本 一册 缺(外篇第十五非攻教)

210000－0701－0021134 031664

勸學篇二卷 （清）張之洞撰 清光緒石印本 一册

210000－0701－0021135 031665

桐城兩相國語錄八卷 （清）張紹文輯 清光緒三十一年(1905)張紹華鉛印本 二册

210000－0701－0021136 031666

桐城兩相國語錄八卷 （清）張紹文輯 清光緒三十一年(1905)張紹華鉛印本 二册

210000－0701－0021137 031667

呻吟語六卷 （明）呂坤撰 清乾隆五十九年(1794)呂燕昭刻本 六册

210000－0701－0021138 031668

呻吟語六卷 （明）呂坤撰 清乾隆五十九年

（1794）呂燕昭刻本　佚名批校　六冊

210000－0701－0021139　031669

呻吟語六卷　（明）呂坤撰　清同治七年（1868）曾壽麟刻本　六冊

210000－0701－0021140　031670

呻吟語六卷　（明）呂坤撰　清同治七年（1868）曾壽麟刻本　六冊

210000－0701－0021141　031671

呂語集粹四卷呂近溪小兒語一卷呂新吾續小兒語一卷　（明）呂坤撰　（清）陳弘謀評　清末民初江左書林石印本　二冊

210000－0701－0021142　031674

養正遺規二卷補編一卷　（清）陳弘謀編輯　清光緒三十四年（1908）學部圖書局石印本　二冊

210000－0701－0021143　031675

養正遺規摘鈔一卷補鈔一卷　（清）陳弘謀編　清同治七年（1868）楚北崇文書局刻五種遺規本　一冊

210000－0701－0021144　031680

媿林漫錄不分卷　（明）瞿式耜輯　清光緒十六年（1890）江蘇書局刻本　二冊

210000－0701－0021145　031682

讀書樂趣八卷　（清）伍涵芬撰　清康熙三十七年（1698）華日堂刻乾隆印本　八冊

210000－0701－0021146　031683

文莫書屋詹詹言二卷　（清）陳僅撰　清道光二十五年（1845）四明繼雅堂刻本　一冊

210000－0701－0021147　031691

輶軒語不分卷　（清）張之洞撰　清光緒四年（1878）敏德堂潘氏刻本　二冊

210000－0701－0021148　031692

最樂編二卷　（清）保光輯　清乾隆六十年（1795）刻本　一冊

210000－0701－0021149　031693

呂子節錄四卷　（明）呂坤撰　（清）陳弘謀評輯　清乾隆五十一年（1786）蔣兆奎晉刻本

一冊

210000－0701－0021150　031694

呂子節錄四卷　（明）呂坤撰　（清）陳弘謀評輯　清光緒九年（1883）津河廣仁堂刻津河廣仁堂所刻書本　二冊

210000－0701－0021151　031695

增訂願體集四卷首一卷經驗良方一卷　（清）李仲麟輯　（清）于錕增校　清光緒二年（1876）于錕盛京刻本　四冊

210000－0701－0021152　031696

增訂願體集四卷首一卷經驗良方一卷　（清）李仲麟輯　（清）于錕增校　清光緒二年（1876）于錕盛京刻本　四冊

210000－0701－0021153　031697

增訂願體集四卷首一卷經驗良方一卷　（清）李仲麟輯　（清）于錕增校　清光緒二年（1876）于錕盛京刻本　三冊　缺一卷（三）

210000－0701－0021154　031709

聖祖仁皇帝庭訓格言一卷　（清）世宗胤禛撰　清末刻本　一冊　缺五葉（八十三至八十七）

210000－0701－0021155　031710

讀選集箴四卷　（清）何其傑輯　清光緒九年（1883）陳鳳堂刻本　一冊

210000－0701－0021156　031711

薛文清公讀書錄鈔四卷　（明）薛瑄撰　（清）陸緯輯　清光緒七年（1881）葛氏嘯園刻嘯園叢書本　一冊

210000－0701－0021157　031712

孔子心法二卷　（清）梁書鑄撰　稿本　一冊

210000－0701－0021158　031715

清夜鐘一卷　（清）羅□撰　清光緒三年（1877）王藍岑盛京刻本　一冊

210000－0701－0021159　031717

便蒙習論一卷　題東山翁撰　**經驗良方一卷**　清光緒十年（1884）養玉齋京師刻本　一冊

210000－0701－0021160　031717

清夜鐘一卷 （清）羅□撰 清光緒十年(1884)京師養玉齋刻本 一冊

210000－0701－0021161 031723
重刊增訂菜根譚一卷 （明）洪應明撰 清光緒十三年(1887)資福寺天朗了睿刻本 一冊

210000－0701－0021162 031724
重刊增訂菜根譚一卷 （明）洪應明撰 清光緒十三年(1887)資福寺天朗了睿刻本 一冊

210000－0701－0021163 031726
格言聯璧一卷 （清）金纓撰 清光緒十一年(1885)刻本 一冊

210000－0701－0021164 031728
格言聯璧一卷 （清）金纓撰 **附錄一卷** 清光緒十六年(1890)陳玉麟上海刻本 二冊

210000－0701－0021165 031729
格言聯璧一卷 （清）金纓撰 **附錄一卷** 清光緒十六年(1890)陳玉麟上海刻本 二冊

210000－0701－0021166 031730
格言聯璧一卷 （清）金纓撰 **附錄一卷** 清光緒十六年(1890)陳玉麟上海刻本 二冊

210000－0701－0021167 031732
重訂增廣一卷 （清）周希陶訂 鉛印本 一冊

210000－0701－0021168 031733
靜怡齋約言錄二卷 （清）魏裔介撰 （清）魏荔彤編 清順治十一年(1654)魏氏刻龍江書院補本 一冊 存一卷(內篇)

210000－0701－0021169 031736
讀史鏡古編三十二卷 （清）潘世恩輯 清同治十三年(1874)冶城飛霞閣刻本 六冊

210000－0701－0021170 031737
廿二史言行略四十二卷 （清）過元吠輯 清嘉慶四年(1799)謝希曾等刻本 十四冊

210000－0701－0021171 031740
潛齋尚書六十賜壽圖四卷 （清）李伯至編 清光緒三十三年(1907)京師官書局鉛印本 一冊

210000－0701－0021172 031741
先正遺規二卷 （清）汪正輯 清光緒十九年(1893)浙江書局刻本 一冊

210000－0701－0021173 031742
皇朝儒行所知錄六卷首一卷 （清）范臺輯 清道光二十八年(1848)王秉淦、朱黻刻本 一冊

210000－0701－0021174 031743
多忠勇公勤勞錄四卷 （清）雷正縮纂 清光緒元年(1875)固原提署刻本 四冊

210000－0701－0021175 031744
自求集四卷 題(□)思齊居士彙輯 清吳門文寶齋刻本 四冊

210000－0701－0021176 031749
資治新書十四卷首一卷二集二十卷 （清）李漁撰 清光緒二十年(1894)上海圖書集成印書局鉛印本 十二冊

210000－0701－0021177 031750
資治新書十四卷二集二十卷首一卷 （清）李漁輯 清同治五年(1866)佛山翰寶樓刻本 二十四冊

210000－0701－0021178 031751
勸戒近錄六卷續錄六卷三錄六卷四錄六卷 （清）梁恭辰撰 清光緒六年(1880)李崇福瀋陽刻本 八冊

210000－0701－0021179 031753
孝弟圖說二卷 （清）李文耕撰 （清）徐□重輯 清同治四年(1865)刻本 二冊

210000－0701－0021180 031754
廿四史分類言行錄四十二卷 （清）錢大昕輯 清光緒二十八年(1902)上海書局石印本 八冊

210000－0701－0021181 031758
日本維新名人言行錄四卷 李盛鐸輯 清光緒三十年(1904)三樂書屋石印本 四冊

210000－0701－0021182 031759
國朝名臣言行錄三十卷首一卷 （清）董壽輯

清光緒二十九年(1903)石印本　八冊

210000－0701－0021183　031760

昨非錄十二卷　(明)鄭諠明撰　清光緒十一年(1885)石印本　二冊

210000－0701－0021184　031761

歷代名臣言行錄二十四卷　(清)朱桓輯　清光緒三十年(1904)上海同文升記書局鉛印本　十二冊

210000－0701－0021185　031762

歷代名臣言行錄二十四卷　(清)朱桓輯　清光緒十二年(1886)鉛印本　十二冊

210000－0701－0021186　031763

歷代名臣言行錄二十四卷　(清)朱桓輯　清光緒二十四年(1898)上海宏文閣石印本　八冊

210000－0701－0021187　031764

歷代名臣言行錄二十四卷　(清)朱桓輯　清末上海會文堂石印本　八冊

210000－0701－0021188　031773

學仕遺規四卷學仕遺規補四卷　(清)陳弘謀輯　清宣統二年(1910)學部圖書局石印本　五冊

210000－0701－0021189　031774

關帝寶訓像註四卷　清刻本　四冊

210000－0701－0021190　031775

人範須知六卷　(清)盛隆輯　清同治二年(1863)石竹山房刻本　六冊

210000－0701－0021191　031778

人譜一卷人譜續編二卷日記法一卷家塾規一卷　(明)劉宗周撰　人譜類記六卷　(清)方願瑛撰　清嘉慶二十年(1815)文陰堂刻本　王詩樵　李中跋　二冊

210000－0701－0021192　031779

蕺山先生人譜一卷人譜類記二卷　(明)劉宗周撰　清光緒六年(1880)刻本　二冊

210000－0701－0021193　031782

蕺山先生人譜一卷人譜類記二卷　(明)劉宗

周撰　清光緒六年(1880)刻本　二冊

210000－0701－0021194　031783

天文星象形圖不分卷　(清)余仁撰　清光緒十一年(1885)余仁進呈寫本　二冊

210000－0701－0021195　031784

人譜正篇一卷續編二卷人譜類記增訂六卷　(明)劉宗周撰　清同治七年(1868)吳興丁氏濟南公廨刻本　一冊

210000－0701－0021196　031785

人譜一卷人譜類記二卷　(明)劉宗周撰　清光緒三十二年(1906)石印本　一冊

210000－0701－0021197　031786

養正圖說初篇一卷　(清)愼三生撰　清光緒三十年(1904)學務處石印本　一冊

210000－0701－0021198　031788

夜燈庭訓一卷　(清)吳七元撰　清光緒二十年(1894)刻本　一冊

210000－0701－0021199　031792

顏氏家訓二卷　(北齊)顏之推撰　清光緒元年(1875)湖北崇文書局刻子書百家本　一冊

210000－0701－0021200　031793

顏氏家訓二卷　(北齊)顏之推撰　清光緒元年(1875)湖北崇文書局刻子書百家本　一冊

210000－0701－0021201　031801

聰訓齋語一卷　(清)張英撰　清宣統三年(1911)石印本　一冊

210000－0701－0021202　031803

了凡四訓一卷　(明)袁黃撰　清光緒十五年(1889)湖北官書處刻本　一冊

210000－0701－0021203　031804

了凡四訓一卷　(明)袁黃撰　清光緒十五年(1889)湖北官書處刻本　一冊

210000－0701－0021204　031806

慮得集四卷附錄二卷　(明)華悰韡撰　清同治十一年(1872)詒穀堂刻本　三冊

210000－0701－0021205　031807

傳家寶初集八卷二集八卷三集八卷四集八卷
（清）石成金撰　清道光十四年(1834)掃葉
山房刻本(三集配另一清刻本)　三十二冊

210000－0701－0021206　031809

家庭直講三卷　（清）陸韜輯　清末蘇州元妙
觀內存得見齋善書坊刻本　一冊

210000－0701－0021207　031811

家庭講話三卷　（清）陸起鯤撰　（清）陸韜輯
清光緒十二年(1886)姑蘇瑪瑙經房刻本
一冊

210000－0701－0021208　031812

家言隨記四卷退齋遺稿一卷　（清）王賢儀撰
歷下七十二泉考一卷　（清）王鍾霖撰　清
同治九年(1870)素風堂刻本　四冊

210000－0701－0021209　031813

家訓一卷　（清）佟佳氏撰　稿本　一冊

210000－0701－0021210　031815

澄懷園語四卷　（清）張廷玉撰　清光緒十四
年(1888)合肥蒯氏鉛印本　一冊

210000－0701－0021211　031820

趨庭瑣語八卷　（清）史澄撰　清光緒十一年
(1885)繼園刻本　四冊

210000－0701－0021212　031821

梅叟閒評四卷　（清）郝培元撰　（清）郝懿行
注　清光緒十年(1884)東路廳署刻郝氏遺書
本　二冊

210000－0701－0021213　031823

四禮翼不分卷　（明）呂坤撰　清光緒二十一
年(1895)湖北官書處刻本　一冊

210000－0701－0021214　031824

弟子職箋釋一卷　（清）洪亮吉撰　清光緒三
年(1877)洪用懃刻洪北江全集本　一冊

210000－0701－0021215　031825

弟子職箋釋一卷　（清）洪亮吉撰　清光緒三
年(1877)洪用懃刻洪北江全集本　一冊

210000－0701－0021216　031830

神氣通三卷　（清）崔漢綺撰　清北京人和堂

刻本　二冊

210000－0701－0021217　031832

玄空秘旨一卷　（清）幕講禪師撰　（清）螺岡
居士淺注　清蔣氏別下齋刻本　一冊

210000－0701－0021218　031833

心靈學　（美國）海文著　（清）顏永京譯　清
光緒十五年(1889)益智書會刻本　一冊

210000－0701－0021219　031835

觀象玩占五十卷　題(唐)李淳風撰　清抄本
二十四冊

210000－0701－0021220　031836

欽定協紀辨方書三十六卷　（清）允祿等撰
清乾隆六年(1741)武英殿刻本　二十四冊

210000－0701－0021221　031839

風角書八卷　（清）張爾岐撰　清道光十四年
(1834)來鹿堂刻本　二冊

210000－0701－0021222　031840

登科記考三十卷　（清）徐松輯　清光緒十四
年(1888)南菁書院刻南菁書院叢書本　十一
冊　存二十八卷(一至八、十一至三十)

210000－0701－0021223　031841

望斗經一卷　清抄本　二冊

210000－0701－0021224　031842

永寧通書四集十二卷　（清）王維德纂輯　清
光緒十二年(1886)掃葉山房刻本　四冊

210000－0701－0021225　031843

新刊合併官板音義評註淵海子平五卷　（宋）
徐昇編　清刻本　二冊

210000－0701－0021226　031845

乾坤法竅三卷　（清）范宜賓集　清乾隆三十
一年(1766)刻本　三冊

210000－0701－0021227　031845

陰符玄解一卷　（清）范宜賓注釋　清乾隆三
十七年(1772)林勿堂刻本　與210000－0701－
0021226 合冊

210000－0701－0021228　031846

新刻合併官板音義評註淵海子平五卷 （宋）
徐昇編　清乾隆三十六年(1771)聚錦堂刻本
　五冊

210000－0701－0021229　031848

陽宅愛衆篇四卷 （清）張覺正撰　清光緒五
年(1879)有益堂刻本　二冊

210000－0701－0021230　031849

新刻東海王先生纂輯陽宅十書四卷 （明）王
君榮纂輯　清刻本　四冊

210000－0701－0021231　031850

八宅明鏡二卷　清乾隆五十五年(1790)樂眞
堂刻本　一冊

210000－0701－0021232　031851

祝由科六卷　清抄本　七冊　存五卷(二至
六)

210000－0701－0021233　031853

奇門闡秘前編六卷 （清）羅世瑤撰　清咸豐
元年(1851)羅世瑤生白虛齋刻本　三冊

210000－0701－0021234　031854

奇門行軍要略四卷 （清）劉文瀾撰　清道光
十五年(1835)刻本　四冊

210000－0701－0021235　031855

峋嶁神書不分卷　清光緒三年(1877)抄本
二冊

210000－0701－0021236　031856

奇門遁甲鳴法二卷 （清）龍伏山人撰　清抄
本　一冊

210000－0701－0021237　031858

奇門闡秘前編六卷 （清）羅世瑤撰　清咸豐
元年(1851)羅世瑤生白虛齋刻本　四冊

210000－0701－0021238　031859

奇門遁甲元靈經二十四卷　清光緒九年
(1883)刻本　二冊

210000－0701－0021239　031860

新刻萬法歸宗諸仙箕法五卷　清刻本　五冊

210000－0701－0021240　031861

新刊陰陽護救千鎮壓法經四卷古賢桃花女周
公講論鎮書二卷太上感應秘法靈符一卷新刊
龍蜀經鎮書　清刻本　六冊

210000－0701－0021241　031865

六壬神課金口訣四卷 （□）陶中輔重訂　清
敬文堂刻本　四冊

210000－0701－0021242　031867

六壬指南五卷 （明）陳良謨 （清）莊廣之撰
　清經藝堂刻本　四冊

210000－0701－0021243　031868

六壬粹言六卷圖說一卷 （清）劉赤江撰　清
道光六年(1826)知止齋刻本　六冊

210000－0701－0021244　031869

六壬粹言六卷圖說一卷 （清）劉赤江撰　清
咸豐十年(1860)品蓮堂刻本　八冊

210000－0701－0021245　031871

諏吉便覽不分卷寶鏡圖一卷陽宅都天發用全
書一卷　清光緒十五年(1889)京都文成堂刻
本　六冊

210000－0701－0021246　031872

靈棋經二卷 （晉）顏幼明 （南朝宋）何承天
注 （元）陳師凱 （明）劉基解　清刻本
一冊

210000－0701－0021247　031876

新刻搜集諸家卜筮源流斷易大全四卷 （清）
余興國撰　清致和堂刻本　二冊

210000－0701－0021248　031877

增刪卜易六卷 （清）野鶴老人撰 （清）李文
輝刪　清同治九年(1870)掃葉山房刻本
六冊

210000－0701－0021249　031878

卜筮正宗十四卷 （清）王維德撰　清鳳梧樓
刻本　四冊

210000－0701－0021250　031879

新鐫希夷陳先生紫微斗數全書四卷 （宋）陳
摶撰　清文誠堂刻本　四冊

210000－0701－0021251　031880

卜筮正宗十四卷 （清）王維德撰 清光緒二十三年(1897)掃葉山房刻本 六冊

210000－0701－0021252 031881

卜筮正宗十四卷 （清）王維德撰 清光緒三十年(1904)北京文成堂刻本 六冊

210000－0701－0021253 031882

卜筮正宗十四卷 （清）王維德撰 清乾隆五十二年(1787)金閶講德齋刻本 六冊

210000－0701－0021254 031883

秘授命理須知滴天髓二卷 （□）京圖撰 （明）劉基注 清道光四年(1824)程芝雲刻百二漢鏡齋秘書四種本 一冊

210000－0701－0021255 031885

達摩祖師一掌金一卷 （唐）釋一行撰 清光緒二十年(1894)比丘本善刻本 一冊

210000－0701－0021256 031886

新鐫神峯張先生通考闢謬命理正宗大全六卷 （明）張楠撰 清掃葉山房刻本 六冊

210000－0701－0021257 031887

新鐫神峯張先生通考闢謬命理正宗大全六卷 （明）張楠撰 清郁文堂刻本 六冊

210000－0701－0021258 031888

選時四卷 （清）青江子撰 清刻本 四冊

210000－0701－0021259 031890

斷易黃金策九卷 清致和堂刻本 六冊

210000－0701－0021260 031891

星相一掌經一卷 清常州天寧寺刻本 一冊

210000－0701－0021261 031894

牙牌神術註解一卷 （清）岳慶山樵撰 清光緒九年(1883)戴兆春抄本 一冊

210000－0701－0021262 031899

武帝全書□卷 清刻本 一冊 存一卷(十二)

210000－0701－0021263 031902

新鐫神峯張先生通考闢謬命理正宗大全六卷 （明）張楠撰 清經綸堂刻本 六冊

210000－0701－0021264 031904

鄭氏爻辰補六卷 （清）戴棠撰 清道光二十九年(1849)燕山書屋刻本 一冊

210000－0701－0021265 031905

筮吉肘後經二卷 （明）涵虛矓仙編 （清）林泉散人重訂 清同治五年(1866)知足老人刻本 二冊

210000－0701－0021266 031906

乙巳占十卷 （唐）李淳風撰 清光緒三年(1877)陸心源刻十萬卷樓叢書初編本 五冊

210000－0701－0021267 031907

學疆恕齋攷訂步天歌一卷 （清）梅啓照考訂 清同治十三年(1874)梅氏刻本（配抄本） 四冊

210000－0701－0021268 031909

中西星要十二卷 （清）倪榮桂輯 清光緒六年(1880)紅杏山房刻本 四冊

210000－0701－0021269 031915

管窺輯要八十卷 （清）黃鼎撰 天文步天歌一卷 清巴蜀善成堂刻本 四十冊

210000－0701－0021270 031918

戒淫寶錄二卷 清宣統三年(1911)天津觀禮堂刻本 二冊

210000－0701－0021271 031920

參星秘要諏吉便覽二卷 （清）俞榮寬撰 清光緒八年(1882)掃葉山房刻本 一冊

210000－0701－0021272 031920

陽宅都天發用全書一卷 （清）瞿天賚校正 清光緒四年(1878)掃葉山房刻本 與210000－0701－0021271 合冊

210000－0701－0021273 031922

戴東原集十二卷 （清）戴震撰 年譜一卷覆校札記一卷 （清）段玉裁撰 清宣統二年(1910)渭南嚴氏孝義家塾刻民國十六年(1927)補刻本 四冊

210000－0701－0021274 031923

戴東原集十二卷 （清）戴震撰 年譜一卷覆

校札記一卷　（清）段玉裁撰　清宣統二年(1910)渭南嚴氏孝義家塾刻民國十六年(1927)補刻本　六冊

210000－0701－0021275　031924

蠹書三篇附錄一篇　（清）吳之珽撰　清乾隆刻本　一冊

210000－0701－0021276　031925

聖像全圖忠孝經五卷　秦省三輯　清光緒二十七年至民國十一年(1901－1922)吉林伊通集資刻本　五冊

210000－0701－0021277　031926

六圍沈新周先生地學二卷　（清）沈新周撰　清同治七年(1868)元興堂刻本　二冊

210000－0701－0021278　031927

學案小識十四卷首一卷末一卷　（清）唐鑑撰　清光緒十年(1884)刻本　十二冊

210000－0701－0021279　031930

註心賦四卷　（宋）釋延壽撰　清光緒三年(1877)金陵刻經處刻本　四冊

210000－0701－0021280　031931

雪心賦正解四卷　（唐）卜應天撰　（清）孟浩注　辯論三十篇一卷　（清）孟浩撰　清大文堂刻本　四冊

210000－0701－0021281　031932

雪心賦正解四卷　（唐）卜應天撰　（清）孟浩注　辯論三十篇一卷　（清）孟浩撰　清掃葉山房刻本　四冊

210000－0701－0021282　031933

雪心賦正解四卷　（唐）卜應天撰　（清）孟浩注　辯論三十篇一卷　（清）孟浩撰　清碧梧齋刻本　四冊

210000－0701－0021283　031934

平陽全書十五卷　（清）葉泰輯　清康熙三十五年(1696)學山堂刻本　五冊　存八卷(一至八)

210000－0701－0021284　031935

天元五歌闡義五卷附保養良規　（清）蔣大鴻

撰　（清）無心道人注　元空秘旨一卷　（清）目講禪師撰　（清）無心道人解　上海校經山房石印本　一冊

210000－0701－0021285　031936

雪心賦正解四卷　（唐）卜應天撰　（清）孟浩注　辯論三十篇一卷　（清）孟浩撰　清宣統元年(1909)掃葉山房刻本　二冊

210000－0701－0021286　031937

嚴陵張九儀增釋地理琢玉斧巒頭歌括不分卷　（清）張鳳藻撰　上海廣益書局石印本　四冊

210000－0701－0021287　031938

三白寶海三卷　（元）釋幕講撰　清乾隆五十五年(1790)姑蘇顧氏樂眞堂刻陰陽五要奇書本　一冊

210000－0701－0021288　031939

重鐫官板天機會元增補地學剖秘萬金琢玉斧三卷　（明）徐之鏌撰　明末刻清文林堂重修本　六冊

210000－0701－0021289　031940

秘傳水龍經五卷　（清）蔣平階輯訂　清道光二十八年(1848)經飴山房刻本　五冊　存四卷(一、三至五)

210000－0701－0021290　031941

理氣三訣四卷　（清）葉泰撰　清康熙三十二年(1693)刻本　四冊

210000－0701－0021291　031942

仁孝必讀六卷　（清）周梅梁輯　清光緒三年(1877)越城水澄巷橋南奎照樓書室王氏刻本　四冊

210000－0701－0021292　031943

山法全書二卷　（清）葉泰輯　（清）高其倬批注　三世墓圖記一卷　（清）高其倬撰　山水忠肝集摘要一卷消納水法外向順逆八局之圖一卷　清刻本　四冊

210000－0701－0021293　031944

山洋指迷原本四卷　（明）周景一撰　清乾隆

五十二年(1787)刻本 四冊

210000－0701－0021294 031945
山法全書二卷 (清)葉泰輯 (清)高其倬批
注 三世墓圖記一卷 (清)高其倬撰 山水
忠肝集摘要一卷消納水法外向順逆八局之圖
一卷 清刻本 二冊

210000－0701－0021295 031946
秘藏千里眼二卷 (元)釋法心撰 清刻本
二冊

210000－0701－0021296 031947
術數書三種合刻 上海校經山房石印本
六冊

210000－0701－0021297 031948
測字秘牒一卷 (清)程省撰 清道光四年
(1824)湖邊程氏刻百二漢鏡齋秘書四種本
三冊

210000－0701－0021298 031949
心眼指要四卷 (清)無心道人撰 清可久堂
刻本 二冊

210000－0701－0021299 031950
地理五訣八卷 (清)趙廷棟撰 清光緒翠筠
山房刻本 四冊

210000－0701－0021300 031950
陽宅三要四卷 (清)趙廷棟撰 清光緒十年
(1884)翠筠山房刻本 二冊

210000－0701－0021301 031951
地理五訣八卷 (清)趙廷棟撰 清嘉慶十年
(1805)崇文堂刻本 四冊

210000－0701－0021302 031954
地理孝思集十五卷首一卷 (清)舒鳳儀輯
清古吳光德堂刻本 七冊

210000－0701－0021303 031955
地理參贊玄機僊婆集十三卷 (明)張鳴鳳撰
清學古堂刻本 八冊

210000－0701－0021304 031956
地理書七種二十九卷 清刻彙印本 二十
二冊

210000－0701－0021305 031957
地理四彈子 (清)張鳳藻輯 清聚錦堂刻本
四冊

210000－0701－0021306 031958
嚴穿張九儀地理穿山透地真傳不分卷 (清)
張鳳藻撰 清文興堂刻本 二冊

210000－0701－0021307 031959
地理辨正疏五卷首一卷末一卷 (清)張心言
撰 清光緒四年(1878)學元堂刻本 四冊

210000－0701－0021308 031960
地理啖蔗錄六卷 (清)袁守定撰 清刻本
四冊

210000－0701－0021309 031961
地理青囊經天玉心印奧語續編註解八卷
(清)王宗臣撰 上海廣益書局石印本 二冊

210000－0701－0021310 031965
地理辨別四生羅經解一卷 清光緒十七年
(1891)薛氏抄本 一冊

210000－0701－0021311 031966
堪輿管見一卷 (明)謝廷柱撰 清道光九年
(1829)江寧友恭堂刻本 一冊

210000－0701－0021312 031967
嚴穿張九儀地理穿山透地真傳不分卷 (清)
張鳳藻撰 清道光九年(1829)佛鎮四美堂刻
本 二冊

210000－0701－0021313 031968
地理形勢集八卷 (清)倪化南撰 清乾隆倪
化南保合堂刻本 八冊

210000－0701－0021314 031969
嚴陵張九儀增釋地理琢玉斧巒頭歌括四卷
(清)張鳳藻撰 清末石印本 四冊

210000－0701－0021315 031971
重校刊官板地理玉髓真經二十八卷後卷一卷
(宋)張洞玄撰 (宋)劉允中注 清龍溪堂
刻本 十二冊

210000－0701－0021316 031972
燕山集五卷 (清)石楷撰 清道光二十四年

(1844)藝海堂刻本　四冊

210000－0701－0021317　031973

燕山集五卷　(清)石楷撰　清漁古山房刻本　四冊

210000－0701－0021318　031974

柳氏家藏三元錄三卷　(明)□□撰　上海江東書局石印本　二冊

210000－0701－0021319　031975

地理青囊經天玉心印奧語續編註解八卷　(清)王宗臣注　清光緒三十年(1904)善成堂刻本　二冊

210000－0701－0021320　031976

撼龍經批注校補不分卷疑龍經批注校補三卷　(唐)楊益撰　(清)高其卓批點　(清)寇宗集注　(清)榮錫雄校補　清光緒十八年(1892)巴蜀善成堂刻本　五冊

210000－0701－0021321　031977

金精廖公秘授地學心法正傳畫筴扒砂經四卷補遺一卷　(宋)廖瑀撰　(明)江之棟輯　清嘉慶二十二年(1817)經國堂刻本　六冊

210000－0701－0021322　031978

相理衡眞十卷　(清)陳釗撰　清咸豐十一年(1861)樵雪居刻本　十冊

210000－0701－0021323　031979

四秘全書十二種二十四卷　(清)尹有本輯　清嘉慶經元堂刻本　十二冊

210000－0701－0021324　031985

陽宅大全十卷　(明)周繼撰　清光緒二年(1876)寶興堂刻本　六冊

210000－0701－0021325　031986

陽宅三要四卷　(清)趙廷棟撰　清乾隆積德堂刻本　四冊

210000－0701－0021326　031988

陰宅集要四卷　(清)姚廷鑾撰　清乾隆十三年至十七年(1748－1752)刻本　四冊

210000－0701－0021327　031990

陽宅拾遺四卷地理隅圖說一卷　(清)多隆阿

撰　清咸豐二年(1852)何維墀刻本　五冊

210000－0701－0021328　031994

入地眼全書十卷　(宋)釋靜道撰　(清)萬樹華編　清道光五年(1825)乾元堂刻本　五冊　缺二卷(七至八)

210000－0701－0021329　031995

人倫大統賦二卷　(金)張行簡撰　(元)薛延年注　清光緒三年(1877)吳興陸心源十萬卷樓刻本　一冊

210000－0701－0021330　032005

新刻黃掌綸先生評訂神仙鑑三集二十二卷　(清)徐道撰　清刻本　三十六冊

210000－0701－0021331　032006

重刻二忠祠紀略不分卷　(清)黃贊湯編　清同治八年(1869)刻民國二十二年(1933)胡樹楷重修本　一冊

210000－0701－0021332　032007

樂邦文類五卷　(宋)釋宗曉編　清刻本　五冊

210000－0701－0021333　032014

佛爾雅八卷　(清)周春撰　清光緒八年(1882)許靈虛刻本　一冊

210000－0701－0021334　032016

翻譯名義集二十卷　(宋)釋法雲撰　清光緒四年(1878)金陵刻經處刻本　六冊

210000－0701－0021335　032016

佛爾雅八卷　(清)周春撰　清光緒八年(1882)許靈虛刻本　一冊

210000－0701－0021336　032019

法苑珠林一百二十卷　(唐)釋道世撰　清刻本　十冊　存三十卷(一至三十)

210000－0701－0021337　032020

佛爾雅八卷　(清)周春撰　清光緒八年(1882)許靈虛刻本　一冊

210000－0701－0021338　032022

翻譯名義集選四十五篇　(宋)釋法雲撰　清刻本　一冊

210000－0701－0021339　032023

奇門遁甲秘笈大全三十卷　（明）劉基輯　諸
葛武侯行兵遁甲金函玉鏡六卷　題（三國蜀）
諸葛亮撰　清光緒二十二年（1896）上海大成
書局石印本　四冊

210000－0701－0021340　032035

萬善歸一四卷　（清）張雲霞撰　清光緒十一
年（1885）成都王成文齋刻本　四冊

210000－0701－0021341　032036

三世因果一卷　清同治九年（1870）淨空刻本
一冊

210000－0701－0021342　032042

金剛藥師觀音三經　清刻本　三冊

210000－0701－0021343　032043

金剛藥師觀音三經　北京琉璃廠漱潤齋刻本
三冊

210000－0701－0021344　032046

一切經音義二十三卷　（唐）釋元應撰　補訂
新譯大方廣佛華嚴經音義二卷　（唐）釋慧苑
撰　清同治八年（1869）武林張氏寶晉齋刻本
四冊

210000－0701－0021345　032049

禪源諸詮集都序二卷　（唐）釋宗密撰　清康
熙三年（1664）福建鼓山比丘道霈道宗等刻重
修本　一冊

210000－0701－0021346　032050

明成祖寫經四十一種　（明）成祖朱棣寫　影
印本　三冊

210000－0701－0021347　032051

明成祖寫經四十一種　（明）成祖朱棣寫　影
印本　三冊

210000－0701－0021348　032052

明成祖寫經四十一種　（明）成祖朱棣寫　影
印本　三冊

210000－0701－0021349　032053

明成祖寫經四十一種　（明）成祖朱棣寫　影
印本　三冊

210000－0701－0021350　032054

明成祖寫經四十一種　（明）成祖朱棣寫　影
印本　三冊

210000－0701－0021351　032063

在官法戒錄摘鈔四卷　（清）陳弘謀輯　（清）
劉肇紳摘鈔　清同治七年（1868）楚北崇文書
局刻本　一冊

210000－0701－0021352　032064

維摩詰所說經三卷　（後秦）釋鳩摩羅什譯
清雍正十三年（1735）刻本　一冊

210000－0701－0021353　032065

佛說阿彌陀經一卷　（後秦）釋鳩摩羅什譯
佛說阿彌陀經直解正行一卷　（清）釋了根纂
注　清乾隆四十九年（1784）杭州西湖照慶寺
刻本　一冊

210000－0701－0021354　032066

淨土三部經音義集四卷　（日本）釋信瑞撰
鉛印本　一冊

210000－0701－0021355　032067

大佛頂如來密因修證了義諸菩薩萬行首楞嚴
經十卷　（唐）釋般剌密帝譯　（清）釋智旭文
句　清同治十三年（1874）金陵刻經處刻本
九冊

210000－0701－0021356　032070

大方廣佛華嚴經行願品懺法三卷　（唐）釋般
若譯　清康熙四十一年（1702）莊親王府刻本
三冊

210000－0701－0021357　032075

勝鬘師子吼一乘大方便方廣經一卷　（南朝
宋）釋求那跋陀羅譯　勝鬘夫人會一卷
（唐）釋菩提流志譯　清光緒二十二年（1896）
金陵刻經處刻本　一冊

210000－0701－0021358　032077

維摩詰所說經三卷　（後秦）釋鳩摩羅什譯
清同治九年（1870）金陵刻經處刻本　一冊

210000－0701－0021359　032083

菩薩瓔珞經二十卷　（後秦）釋竺佛念譯　清

光緒十八年（1892）揚州江北刻經處刻本
五冊

210000－0701－0021360　032084
虛空藏菩薩經一卷　（後秦）釋佛陀耶舍譯
清光緒八年（1882）常熟刻經處刻本　一冊

210000－0701－0021361　032084
虛空藏菩薩神呪經一卷觀虛空藏菩薩經一卷
（南朝宋）曇摩密多譯　清光緒八年（1882）
常熟刻經處刻本　與 210000－0701－
0021360、0021362 合冊

210000－0701－0021362　032084
虛空孕菩薩經二卷　（隋）釋闍那崛多譯　清光
緒五年（1879）姑蘇刻經處刻本　與 210000－
0701－0021360 至 0021361 合冊

210000－0701－0021363　032087
楞嚴經指掌疏十卷　（清）釋達天通理撰　**首
楞嚴經指掌事義十卷**　清光緒二十七年
（1901）維揚藏經院刻本　十一冊

210000－0701－0021364　032091
金剛般若波羅蜜經一卷　（後秦）釋鳩摩羅什
譯　清刻本　一冊

210000－0701－0021365　032099
金剛般若波羅蜜經一卷　（後秦）釋鳩摩羅什
譯　**般若波羅蜜多心經一卷大悲心陀羅尼一
卷**　清光緒二十三年（1897）刻本　一冊

210000－0701－0021366　032101
佛說阿彌陀經一卷一般若波羅蜜多心經一卷
清刻本　一冊

210000－0701－0021367　032103
金剛經解義二卷心經解義一卷　（清）徐槐廷
撰　清咸豐八年（1858）刻本　一冊

210000－0701－0021368　032105
般若心經口義別一卷　（清）釋大璸撰　清宣
統元年（1909）揚州藏經院刻本　二冊

210000－0701－0021369　032105
金剛般若波羅蜜經心印疏二卷　（清）釋溥畹
撰　清光緒二十七年（1901）揚州藏經院刻本

與 210000－0701－0021368 合冊

210000－0701－0021370　032106
金剛經直解一卷　題（清）圓通文尼自在光佛
撰　清光緒二十三年（1897）惲炳孫賜福堂刻
本　一冊

210000－0701－0021371　032110
金剛般若波羅蜜經四卷　（明）成祖朱棣集注
清道光二十六年（1846）刻民國十九年
（1930）重修本　一冊

210000－0701－0021372　032117
妙法蓮華經七卷　（後秦）釋鳩摩羅什譯　清
刻本　三冊

210000－0701－0021373　032127
永明心賦註四卷　（宋）釋延壽撰　清光緒二
十二年（1896）北京圓光寺刻二十三年（1897）
印本　二冊

210000－0701－0021374　032128
宗鏡錄一百卷　（宋）釋延壽撰　清光緒二十
五年（1899）江北刻經處刻本　二十冊

210000－0701－0021375　032131
唯識二十論一卷　（唐）釋玄奘譯　**唯識二十
論述記四卷**　（唐）釋窺基撰　清宣統二年
（1910）江西刻經處刻本　二冊

210000－0701－0021376　032133
大乘起信論纂註二卷　（明）釋真界撰　清光
緒十一年（1885）金陵刻經處刻本　一冊

210000－0701－0021377　032136
永明心賦註四卷　（宋）釋延壽撰　清光緒二
十二年（1896）北京圓光寺刻本　二冊

210000－0701－0021378　032138
五燈會元二十卷　（宋）釋慧明撰　清光緒二
十八年至三十二年（1902－1906）劉世珩影印
本　十二冊

210000－0701－0021379　032140
禪門佛事二卷　清道光二年（1822）刻光緒七
年（1881）印本　一冊

210000－0701－0021380　032148

師子峯如如顏丙勸修靜業文一卷　清刻本
一冊

210000－0701－0021381　032164
高峰語錄佛事要略　（清）釋高峰撰　清宣統
二年(1910)瑞果抄本　一冊

210000－0701－0021382　032168
御選語錄十九卷　（清）世宗胤禛輯　清光緒
四年(1878)金陵刻經處刻本　十四冊

210000－0701－0021383　032175
弘明集十四卷　（南朝梁）釋僧祐輯　清光緒
二十二年(1896)金陵刻經處刻本　四冊

210000－0701－0021384　032176
弘明集十四卷　（南朝梁）釋僧祐輯　清光緒
二十二年(1896)金陵刻經處刻本　四冊

210000－0701－0021385　032179
弘明集十四卷　（南朝梁）釋僧祐輯　清光緒
二十二年(1896)金陵刻經處刻本　四冊

210000－0701－0021386　032180
弘明集十四卷　（南朝梁）釋僧祐輯　清光緒
二十二年(1896)金陵刻經處刻本　四冊

210000－0701－0021387　032181
衛生集二卷　（清）梧栖老人輯　清同治八年
(1869)刻本　一冊

210000－0701－0021388　032182
紫柏老人集二十九卷首一卷　（明）釋真可撰
　清刻本　十冊

210000－0701－0021389　032185
林野奇禪師語錄八卷附一卷　（清）釋行謐等
輯　清順治刻本　四冊

210000－0701－0021390　032188
竹窗隨筆一卷　（明）釋袾宏撰　清光緒二十
四年(1898)金陵刻經處刻本　一冊

210000－0701－0021391　032189
高僧傳初集十五卷首一卷　（南朝梁）釋慧皎
撰　清光緒十年(1884)金陵刻經處刻本
四冊

210000－0701－0021392　032190
高僧傳初集十五卷首一卷　（南朝梁）釋慧皎
撰　清光緒十年(1884)金陵刻經處刻本
四冊

210000－0701－0021393　032191
高僧傳二集四十卷　（唐）釋道宣撰　清光緒
十六年(1890)江北刻經處刻本　十冊

210000－0701－0021394　032194
淨業染香集一卷　（清）釋悟靈輯　清道光十
七年(1837)刻光緒重修本　一冊

210000－0701－0021395　032204
瑜伽燄口施食起止規範不分卷　清刻本
一冊

210000－0701－0021396　032206
百丈叢林清規證義記九卷首一卷　（唐）釋懷
海集　（清）釋儀潤證義　清光緒四年(1878)
刻二十四年(1898)重修本　四冊

210000－0701－0021397　032208
破邪論二卷　（唐）釋法琳　清光緒三十四年
(1908)揚州藏經院刻本　一冊

210000－0701－0021398　032209
善女人傳二卷　（清）知歸子撰　清同治十一
年(1872)常熟刻本　一冊

210000－0701－0021399　032210
釋氏稽古略四卷　（元）釋覺岸撰　釋鑑稽古
略續集三卷　（明）釋大聞撰　清光緒十二年
(1886)刻本　五冊

210000－0701－0021400　032211
釋氏稽古略四卷　（元）釋覺岸撰　釋鑑稽古
略續集三卷　（明）釋大聞撰　清光緒十二年
(1886)刻本　五冊

210000－0701－0021401　032212
釋鑑稽古略續集三卷　（明）釋大聞撰　清光
緒十二年(1886)刻本　一冊

210000－0701－0021402　032213
釋氏稽古略四卷　（元）釋覺岸撰　釋鑑稽古
略續集三卷　（明）釋大聞撰　清光緒十二年

(1886)刻本　五冊

210000－0701－0021403　032220
居士傳五十六卷　（清）知歸子撰　清光緒四年(1878)許靈虛刻本　四冊

210000－0701－0021404　032221
居士傳五十六卷　（清）知歸子撰　清光緒四年(1878)許靈虛刻本　四冊

210000－0701－0021405　032222
居士傳五十六卷　（清）知歸子撰　清光緒四年(1878)許靈虛刻本　四冊

210000－0701－0021406　032226
太上混元道德眞經不分卷　題孚佑上帝闡義八洞仙祖合注　清刻本　二冊

210000－0701－0021407　032228
道言内外五種秘錄　（清）陶素耜撰　清嘉慶五年(1800)瀛經堂刻本　六冊

210000－0701－0021408　032229
黄帝五書五種七卷　（清）孫星衍校輯　清光緒十一年(1885)吳縣朱氏槐廬家塾刻平津館叢書本　一冊

210000－0701－0021409　032238
太上感應篇圖說八卷　（清）許公允纂集（清）張錡重輯　清咸豐元年(1851)刻本　八冊

210000－0701－0021410　032240
陰符經之皇玉訣三卷　清刻本　一冊

210000－0701－0021411　032243
辨惑論等五種雜鈔不分卷　清鈔本　一冊

210000－0701－0021412　032244
敲蹻洞章二卷　（清）劉琇峰撰　清光緒十八年(1892)北京永盛齋刻本　二冊

210000－0701－0021413　032246
元丹篇約註二卷　（清）董德寧撰　（清）章世乾注　清嘉慶九年(1804)集陽樓刻本　二冊

210000－0701－0021414　032248
化書一卷　（五代）譚峭撰　清光緒八年

(1882)武昌書局刻本　一冊

210000－0701－0021415　032249
修眞秘訣二卷　題(唐)呂洞賓撰　清丹陽道人醉仙亭刻本　二冊

210000－0701－0021416　032251
祝由科太醫十三科二卷　清品蓮堂刻本　一冊

210000－0701－0021417　032252
道原一貫三種六卷　（清）雲巖居士輯　清刻延古齋彙印本　四冊

210000－0701－0021418　032254
女丹合編十二種十四卷　（清）賀龍驤輯　清光緒三十二年(1906)成都二仙菴刻本　一冊

210000－0701－0021419　032255
指南針　（清）劉一明輯　清嘉慶刻本　十三冊

210000－0701－0021420　032260
四註悟眞篇四種八卷　（清）傅金銓輯　清善成堂刻本　六冊

210000－0701－0021421　032266
帝君戒士子文一卷帝君垂訓蕉牕十則一卷帝君寶訓一卷松山訓士一卷　清道光十七年(1837)北京晉文齋刻本　一冊

210000－0701－0021422　032266
性天眞境一卷　（清）黄正元注釋　清道光十七年(1837)北京晉文齋刻本　一冊

210000－0701－0021423　032266
欲海慈航一卷　（清）黄正元纂輯　清道光十七年(1837)北京晉文齋刻本　一冊

210000－0701－0021424　032266
御虛階功過格一卷　清道光十七年(1837)北京晉文齋刻本　一冊

210000－0701－0021425　032267
陰騭文圖說四卷　（清）黄正元纂輯　（清）周兆璧寫圖　清道光十七年(1837)北京晉文齋刻本　四冊

210000－0701－0021426　032269

陰騭文圖證　(清)費丹旭繪圖　(清)許光清集證　清光緒九年(1883)長安薛福齡刻本　二冊

210000－0701－0021427　032271

四註悟眞篇四種八卷　(清)傅金銓輯　清善成堂刻本　六冊

210000－0701－0021428　032275

張三丰先生全集二十一卷　(明)張君寶撰　(清)汪錫齡輯　(清)李西月補輯　清朱道生刻本　六冊　存六卷(一至六)

210000－0701－0021429　032276

張三丰先生全集二十一卷　(明)張君寶撰　(清)汪錫齡輯　(清)李西月補輯　清道光二十四年(1844)刻本　八冊

210000－0701－0021430　032277

繪像列仙傳四卷　(明)洪應明撰　清光緒十三年(1887)掃葉山房刻本　四冊

210000－0701－0021431　032278

繪像列仙傳四卷　(明)洪應明撰　清光緒十三年(1887)掃葉山房刻本　四冊

210000－0701－0021432　032280

白雲僊表一卷　(清)完顏崇實撰　清道光二十八年(1848)完顏崇實刻本　一冊

210000－0701－0021433　032283

呂祖全書十八卷　(唐)呂巖撰　(清)劉體恕輯　清刻本　九冊

210000－0701－0021434　032284

渡生船□卷　清宣統元年(1909)吉林榆樹縣大中堂刻本　六冊　存六卷(一至六)

210000－0701－0021435　032289

醫俗若言一卷　清刻本　一冊

210000－0701－0021436　032290

古書隱樓藏書　(清)閔苕旉輯　清吳興金蓋山純陽宮刻本　十四冊

210000－0701－0021437　032292

重鐫清靜經圖註一卷　題水精子注解　混沌子付圖　清光緒三十四年(1908)遼陽石城峪王永林等刻本　一冊

210000－0701－0021438　032293

易象集解十卷　(清)黃守平撰　清同治十三年(1874)黃氏漱芳園家刻本　四冊

210000－0701－0021439　032294

長春道教源流八卷　(清)陳銘珪撰　清光緒荔莊刻本　八冊

210000－0701－0021440　032295

正教眞詮二卷首一卷　(清)眞回老人撰　清同治十二年(1873)錦城寶眞堂刻本　五冊

210000－0701－0021441　032296

天方至聖實錄二十卷首一卷　(清)劉智撰　清同治十三年(1874)京口清眞寺刻本　十冊

210000－0701－0021442　032297

正教眞詮二卷首一卷　(清)眞回老人撰　清刻本　四冊

210000－0701－0021443　032298

清眞釋疑補輯不分卷　(清)金天柱撰　清光緒七年(1881)刻九年(1883)補刻本　一冊

210000－0701－0021444　032300

清眞指南十卷　(清)馬注撰　清光緒十一年(1885)成都寶眞堂刻本　十冊

210000－0701－0021445　032301

清眞釋疑補輯不分卷　(清)金天柱撰　清光緒七年(1881)刻九年(1883)補刻本　一冊

210000－0701－0021446　032302

清眞釋疑補輯二卷　(清)金天柱撰　清光緒七年(1881)京都清真寺刻本　四冊

210000－0701－0021447　032303

清眞釋疑補輯二卷　(清)金天柱撰　清光緒七年(1881)京都清真寺刻本重修本　二冊

210000－0701－0021448　032305

天方至聖實錄二十卷首一卷　(清)劉智撰　清同治十三年(1874)京口清眞寺刻本　十冊

210000－0701－0021449　032306

天方至聖實錄二十卷首一卷　（清）劉智撰
清同治十一年（1872）錦城寶眞堂刻本　十冊

210000－0701－0021450　032307

天方至聖實錄二十卷首一卷　（清）劉智撰
清同治十三年（1874）京口清眞寺刻本　五冊
　存十卷（一至十）

210000－0701－0021451　032310

上海清眞寺成立董事會誌一卷　清宣統二年
（1910）鉛印本　一冊

210000－0701－0021452　032311

燕京開教畧三卷　（清）樊國棟撰　清光緒三
十一年（1905）救世堂鉛印本　三冊

210000－0701－0021453　032312

慈母堂叢刊　清同治上海慈母堂刻本　六冊

210000－0701－0021454　032313

格物探原六卷　（清）韋廉臣撰　清光緒六年
（1880）刻本　四冊

210000－0701－0021455　032314

正教奉傳不分卷　（清）黃伯祿編　清光緒三
十四年（1908）上海慈母堂鉛印本　二冊

210000－0701－0021456　032315

正教奉褒不分卷　（清）黃伯祿編　清光緒三
十年（1904）上海慈母堂鉛印本　二冊

210000－0701－0021457　032316

燕京開教畧三卷　（清）樊國棟撰　清光緒三
十一年（1905）救世堂鉛印本　三冊

210000－0701－0021458　032317

燕京開教畧三卷　（清）樊國棟撰　清光緒三
十一年（1905）救世堂鉛印本　三冊

210000－0701－0021459　032319

格物探原三卷　（清）韋廉臣撰　清光緒二年
（1876）鉛印本　三冊

210000－0701－0021460　032320

天道溯原三卷　（美國）丁韙良撰　清光緒二
十三年（1897）上海中國聖教會鉛印本　一冊

210000－0701－0021461　032323

正教奉褒不分卷　（清）黃伯祿編　清光緒三
十年（1904）上海慈母堂鉛印本　一冊　殘

210000－0701－0021462　032324

祝天大讚一卷　（清）馬復初撰　（清）阿日孚
箋注　清光緒二十二年（1896）粵東懷聖清眞
禮拜寺刻本　一冊

210000－0701－0021463　032325

天主實義二卷　（意大利）利瑪竇撰　清光緒
二十四年（1898）河間府勝世堂鉛印本　二冊

210000－0701－0021464　032326

理窟九卷　（清）李杕撰　清光緒二十七年
（1901）上海慈母堂鉛印本　四冊

210000－0701－0021465　032328

天道講臺三卷　（清）杜步西撰　清光緒三十
二年（1906）上海華美書館鉛印本　一冊

210000－0701－0021466　032329

誚眞辨妄一卷　（清）黃伯祿撰　清光緒十六
年（1890）上海慈母堂鉛印本　一冊

210000－0701－0021467　032332

支那教案論一卷　（英國）宓克撰　嚴復譯
清末南洋公學譯書局鉛印本　一冊

210000－0701－0021468　032333

教務紀略四卷首一卷　（清）李綱己編　清光
緒三十年（1904）山東印書局鉛印本　五冊

210000－0701－0021469　032337

聖域述聞二十八卷　（清）黃本驥編輯　清道
光二十七年（1847）知敬學齋刻三長物齋叢書
本　四冊

210000－0701－0021470　032338

御虛階功過格一卷　（清）黃正元校訂　清道
光十七年（1837）北京晉文齋刻本　一冊

210000－0701－0021471　032340

慾海慈航一卷　（清）黃正元纂輯　清道光十
七年（1837）北京晉文齋刻本　一冊

210000－0701－0021472　032342

性天眞境一卷　（清）黃正元注釋　清道光十
七年（1837）北京晉文齋刻本　一冊

210000－0701－0021473　032344

闢邪錄三卷闢邪歌一卷　王錫祺輯　清光緒
南清河王氏小方壺齋鉛印本　二冊

210000－0701－0021474　032344

閏八月考三卷　（清）龔楔推步　王錫祺編輯
清光緒南清河王氏小方壺齋鉛印本　一冊

210000－0701－0021475　032366

丹桂籍六卷　清咸豐七年(1857)刻本　六冊

210000－0701－0021476　032370

兩般秋雨盦隨筆八卷　（清）梁紹壬撰　清末
刻本　七冊　存七卷(二至八)

210000－0701－0021477　032371

斷腸漱玉詞合刊　（明）毛晉輯　清末石印本
一冊

210000－0701－0021478　032375

兩浙防護錄不分卷　（清）阮元撰　清光緒十
五年(1889)浙江書局刻本　一冊　存(上諭
至寧波府屬)

210000－0701－0021479　032377

詒晉齋集八卷後集一卷隨筆一卷　（清）永瑆
撰　清道光二十八年(1848)載銳刻本　四冊

210000－0701－0021480　032379

商丘宋氏三世遺集八卷　（清）宋犖編　清康
熙宋氏刻本　二冊

210000－0701－0021481　032380

長恩書室叢書　（清）莊肇麟輯　清咸豐四年
(1854)新昌莊氏過客軒刻本　十三冊　缺十
三卷(何博士備論一卷、守城錄四卷、歷代兵
制八卷)

210000－0701－0021482　032382

清史稿地理志不分卷　秦樹聲　王樹枏撰
稿本　二十五冊

210000－0701－0021483　032384

四書大全摘要二十卷　（清）李武纂　清雍正
九年(1731)煥文堂刻本　十五冊　缺二卷
(中庸一、孟子七下)

210000－0701－0021484　032385

荊駝逸史五十二種　（清）陳湖逸士輯　附一
種　清刻本　二十四冊

210000－0701－0021485　032386

嘯亭雜錄十卷續錄三卷　（清）昭槤撰　清宣
統元年(1909)中國圖書公司鉛印本　四冊

210000－0701－0021486　032392

文溯閣四庫全書分架圖　稿本　一冊

210000－0701－0021487　032396

古唐詩合解十六卷　（清）王堯衢注　清光緒
十年(1884)刻本　六冊

210000－0701－0021488　032397

百寶箱二卷　題梅窗主人撰　清光緒二十年
(1894)袖海山房石印本　四冊

210000－0701－0021489　032401

豫南書院志　（清）朱壽鏞輯　清光緒刻本
一冊

210000－0701－0021490　032402

廣續方言四卷拾遺一卷　程先甲撰　清宣統
二年(1910)程氏刻千一齋全書本　三冊

210000－0701－0021491　032402

選雅二十卷　程先甲撰　清光緒二十八年
(1902)程氏刻千一齋全書本　八冊

210000－0701－0021492　032403

秘集十五種　（明）鍾惺編　明崇禎元年
(1628)刻本　一冊　存八卷(一、六至九、十
三至十五)

210000－0701－0021493　032405

易序圖說二卷　（清）秦鏞撰　清江南製造局
刻本　四冊

210000－0701－0021494　032406

至聖先師孔子年譜三卷首一卷　（清）楊方晃
撰　清乾隆二年(1737)存存齋刻本　四冊

210000－0701－0021495　032407

翼藝典略註釋十卷　（清）蕭正發撰　清奎聚
堂刻本　六冊

210000－0701－0021496　032408

曼陀羅館紀程詩鈔一卷 （清）恩錫撰 清同治十年(1871)刻本 一冊

210000－0701－0021497 032413

五種遺規摘鈔 （清）陳弘謀編 （清）劉肇紳摘鈔 清同治七年(1868)楚北崇文書局刻本 八冊

210000－0701－0021498 032414

在官法戒錄摘鈔四卷 （清）陳弘謀輯 （清）劉肇紳摘鈔 清同治七年(1868)楚北崇文書局刻本 二冊

210000－0701－0021499 032437

詩經觸義六卷 （清）賀貽孫撰 清咸豐二年(1852)勅書樓刻本 六冊

210000－0701－0021500 032439

周易本義四卷圖說一卷卦歌一卷筮儀一卷 （宋）朱熹撰 清刻本 二冊

210000－0701－0021501 032442

曝書亭集二十三卷 （清）朱彝尊撰 （清）孫銀槎輯注 清嘉慶五年(1800)三有堂刻本 八冊

210000－0701－0021502 032443

易經如話十二卷首一卷 （清）汪紱撰 清末曲水書局泥活字印本 六冊

210000－0701－0021503 032444

中州金石記五卷 （清）畢沅撰 清刻本 二冊

210000－0701－0021504 032445

紅荔山房吟稿二卷 （清）唐金華撰 清咸豐十年(1860)江門臨江閣刻本 一冊

210000－0701－0021505 032446

書經六卷首一卷末一卷 （宋）蔡沈集傳 清刻本 四冊

210000－0701－0021506 032447

杜律通解四卷 （唐）杜甫撰 （清）李文煒箋釋 清康熙六十年(1721)刻本 四冊

210000－0701－0021507 032448

玉池生稿五卷 （清）岳端撰 附二卷 清康熙三十五年(1696)刻本 六冊

210000－0701－0021508 032449

李長吉昌谷集句解定本四卷 （唐）李賀撰 （清）姚佺箋 （清）丘象隨辯注 清初丘象隨西軒刻梅邨書屋印本 四冊

210000－0701－0021509 032450

三蘇先生文粹七十卷首一卷 明嘉靖九年(1530)劉氏安正堂刻本 十六冊

210000－0701－0021510 032451

河東先生集四十五卷外集二卷龍城錄二卷附錄二卷傳一卷 （唐）柳宗元撰 （宋）廖瑩中校正 明東吳郭雲鵬濟美堂刻本 十九冊 缺五卷(河東先生集四十一至四十五)

210000－0701－0021511 032452

弇州山人四部稿選十六卷 （明）王世貞撰 （明）沈一貫輯 明刻本 八冊

210000－0701－0021512 032453

捷錄法原旁註十二卷 （清）錢炅輯 清康熙二十五年(1686)刻本 八冊

210000－0701－0021513 032454

杜詩論文五十六卷 （唐）杜甫撰 （清）吳見思注 （清）潘眉評 清康熙十一年(1672)常州岱淵堂刻吳郡寶翰樓印本 八冊

210000－0701－0021514 032455

杜詩會粹二十四卷 （唐）杜甫撰 （清）張遠箋注 本傳年譜墓誌 清康熙有文堂刻本 二十四冊

210000－0701－0021515 032456

唐詩貫珠六十卷 （清）胡以梅輯並箋 清康熙五十四年(1715)蘇城胡氏素心堂刻本 十二冊

210000－0701－0021516 032457

沈歸愚詩文全集 （清）沈德潛撰 清乾隆中教忠堂刻本 二十六冊

210000－0701－0021517 032458

貫華堂選批唐才子詩甲集七言律八卷 （清）金人瑞輯 （清）金雍注 清初刻本 六冊

210000 – 0701 – 0021518　032459

誠正堂稿八卷詞稿一卷文稿一卷時藝一卷
（清）永恩撰　清乾隆禮親王府刻本　七冊

210000 – 0701 – 0021519　032460

古文眉詮七十九卷　（清）浦起龍輯　清乾隆
九年(1744)三山書院刻本　二十四冊

210000 – 0701 – 0021520　032461

欽定書經傳說彙纂二十一卷首二卷書序一卷
　（清）王頊齡等撰　清雍正八年(1730)內府
刻本　十四冊

210000 – 0701 – 0021521　032462

杜工部集二十卷　（唐）杜甫撰　（清）錢謙益
箋注　年譜一卷諸家詩話一卷唱酬題詠附錄
一卷附錄一卷　清康熙六年(1667)季振宜刻
本　十二冊

210000 – 0701 – 0021522　032464

鳳池集十卷　（清）沈玉亮　（清）吳陳琰輯
清康熙四十四年(1705)刻本　四冊

210000 – 0701 – 0021523　032465

安雅堂全集　（清）宋琬撰　清順治至乾隆間
刻本　十一冊　缺一卷(祭皋陶一卷)

210000 – 0701 – 0021524　032466

廿二史考異一百卷　（清）錢大昕撰　清乾隆
四十五年(1780)錢氏潛研堂刻本　十六冊

210000 – 0701 – 0021525　032467

春秋屬辭十五卷師說三卷附錄二卷春秋左氏
傳補注十卷　（明）趙汸撰　清康熙二十九年
(1690)趙吉士刻本　六冊

210000 – 0701 – 0021526　032468

讀史提要錄十二卷　（清）夏之蓉撰　清乾隆
三十七年(1772)刻本　六冊

210000 – 0701 – 0021527　032469

十七史商榷一百卷　（清）王鳴盛撰　清乾隆
五十二年(1787)洞涇草堂刻本　二十冊

210000 – 0701 – 0021528　032470

印典八卷　（清）朱象賢撰　清康熙、雍正間
就閒堂刻乾隆重修本　四冊

210000 – 0701 – 0021529　032471

松桂堂全集三十七卷　（清）彭孫遹撰　清乾
隆八年(1743)刻本　六冊

210000 – 0701 – 0021530　032472

韓子粹言一卷　（唐）韓愈撰　（清）李光地輯
清康熙五十二年(1713)刻本　二冊

210000 – 0701 – 0021531　032473

宋詩略十八卷　（清）汪景龍　（清）姚壎輯
清乾隆三十五年(1770)刻本　四冊

210000 – 0701 – 0021532　032474

王陽明先生全集二十二卷首一卷　（明）王守
仁撰　（清）俞嶙輯　清康熙十二年(1673)俞
氏自公堂刻本　二十三冊

210000 – 0701 – 0021533　032475

文章練要□卷　（清）王源撰　清乾隆九年
(1744)居業堂刻本　二十九冊　存十卷(一
至十、左傳評)

210000 – 0701 – 0021534　032476

演露堂印賞四卷　（明）夏樹芳輯　（明）陳繼
儒參　明崇禎六年(1633)刻本　四冊

210000 – 0701 – 0021535　032477

輟鍛錄一卷　（清）方貞觀撰　清刻本　四冊

210000 – 0701 – 0021536　032477

詩法入門四卷首一卷　（清）游藝撰　清康熙
五十四年(1715)金陵白玉文德堂刻本　與
210000 – 0701 – 0021535 合冊

210000 – 0701 – 0021537　032478

施愚山先生全集　（清）施閏章撰　清康熙至
乾隆間刻本　二十冊

210000 – 0701 – 0021538　032479

亦政堂重修宣和博古圖錄三十卷　（宋）王黼
等撰　亦政堂重修考古圖十卷　（宋）呂大臨
撰　亦政堂重修考古玉圖二卷　（元）朱德潤
撰　清乾隆十五年至十八年(1750 – 1753)黃晟
槐蔭草堂刻本　十八冊

210000 – 0701 – 0021539　032480

讀書堂杜工部詩集註解二十卷文集註解二卷

（唐）杜甫撰　（清）張溍注解　**杜工部編年
詩史譜目一卷**　清康熙三十七年(1698)張氏
讀書堂刻本　十二冊

210000－0701－0021540　032481
合選文章軌範十卷補二卷　（明）張鼐輯
（明）陳繼儒補　明末南城翁氏刻本　六冊

210000－0701－0021541　032482
霏屑集八卷　（清）朱載鬱撰　清雍正三年
(1725)墨山莊刻本　四冊

210000－0701－0021542　032483
金石錄三十卷　（宋）趙明誠撰　清順治七年
(1650)謝世箕刻本　六冊

210000－0701－0021543　032484
類聯集古四卷　（清）劉慶觀輯　清乾隆二十
八年(1763)刻本　二冊

210000－0701－0021544　032485
掩陋集四卷　（清）許友仁輯並評　清乾隆二
十四年(1759)稿本　四冊

210000－0701－0021545　032487
**昌黎先生全集四十卷外集十卷遺文一卷傳一
卷**　（唐）韓愈撰　（明）葛鼒校　明末葛氏永
懷堂刻清乾隆六年(1741)葛正笏重修本
六冊

210000－0701－0021546　032488
律呂原音四卷　（清）永恩撰　清乾隆三十八
年(1773)刻本　四冊

210000－0701－0021547　032489
雲林先生詩集十卷　（元）倪瓚撰　清康熙二
十二年(1683)倪之煜校刻本　二冊

210000－0701－0021548　032490
蘇詩續補遺二卷　（宋）蘇軾撰　（清）馮景補
注　清康熙刻本　一冊

210000－0701－0021549　032491
唐柳河東集四十五卷外集五卷遺文一卷
（唐）柳宗元撰　（清）蔣之翹輯注　**附錄一卷**
明崇禎六年(1633)蔣之翹三徑堂刻韓柳全
集本　十二冊

210000－0701－0021550　032492
王遵巖集十卷　（明）王慎中撰　（清）張汝瑚
評選　清康熙郢雪書林刻本　十冊

210000－0701－0021551　032493
鈐山堂集四十卷　（明）嚴嵩撰　清乾隆二十
三年(1758)刻本　十冊

210000－0701－0021552　032494
唐詩韶音箋註五卷　（清）沈廷芳選　（清）吳
壽祺　（清）吳元治注　清乾隆二十三年
(1758)吳氏刻本　二冊

210000－0701－0021553　032495
南軒先生文集四十四卷　（宋）張栻撰　（清）
張純修輯　清康熙刻本　四冊

210000－0701－0021554　032496
文選六十卷　（南朝梁）蕭統撰　（唐）李善注
清乾隆十一年(1746)懷德堂刻本　十六冊

210000－0701－0021555　032497
柳待制文集二十卷　（元）柳貫撰　**附錄一卷**
清順治十一年(1654)馮如京刻本　二十冊

210000－0701－0021556　032498
天傭子集二十卷　（明）艾南英撰　（清）張符
驤評　**首一卷末一卷**　清康熙三十四年
(1695)張符驤刻本　王步瀛跋　十冊

210000－0701－0021557　032498
依歸草二卷　（清）張符驤撰　清康熙三十四
年(1695)張符驤刻本　二冊

210000－0701－0021558　032499
唐陸宣公翰苑集二十四卷　（唐）陸贄撰
（清）張佩芳注　清乾隆張氏希音堂刻本
十冊

210000－0701－0021559　032500
白田草堂存稿二十四卷　（清）王懋竑撰　**附
錄一卷**　清乾隆刻本　六冊

210000－0701－0021560　032501
杜詩鏡銓二十卷年譜一卷附錄一卷　（唐）杜
甫撰　（清）楊倫輯注　清乾隆九柏山房刻本
十冊

210000－0701－0021561　032502

御纂春秋直解十二卷 （清）梁錫璵廣義　清乾隆刻本　八冊

210000－0701－0021562　032503

廿一史彈詞十卷 （明）楊愼撰　（清）張三異增定　（清）張仲璜注　**明史彈詞注一卷** （清）張三異撰　（清）張仲璜注　清乾隆五十一年(1786)視覆堂刻本　十二冊

210000－0701－0021563　032504

文字會寶不分卷 （明）朱文治輯　明萬曆三十六年(1608)朱文治刻本　一冊

210000－0701－0021564　032505

東觀餘論二卷附錄一卷 （宋）黃伯思撰　（明）項篤壽校　明萬曆十二年(1584)項氏萬卷堂刻本　二冊

210000－0701－0021565　032506

疎簾淡月屋詞草不分卷雜記一卷 （清）英瑞撰　稿本　濮文暹題識　六冊

210000－0701－0021566　032507

歐陽文忠公文抄十卷 （宋）歐陽修撰　（明）茅坤等評　清初刻朱墨套印本　五冊

210000－0701－0021567　032508

臥象山房詩正集七卷白雲村文集四卷 （清）李澄中撰　清康熙四十四年(1705)刻本　二冊

210000－0701－0021568　032509

南陽樂傳奇二卷 （清）夏綸撰　（清）徐夢元評　清乾隆十六年(1751)世光堂刻惺齋五種本　二冊

210000－0701－0021569　032510

唐詩選七卷詩韻輯要五卷 （明）李攀龍輯　（明）蔣一葵箋譯　（明）高江批點　清康熙三十一年(1692)友益齋刻本　六冊

210000－0701－0021570　032511

邊華泉集稿六卷邊華泉集八卷 （明）邊貢撰　清康熙四十四年(1705)張澄源刻嘉慶十年(1805)李肇慶修補本　六冊

210000－0701－0021571　032512

安雅堂未刻稿八卷入蜀集二卷安雅堂書啓一卷 （清）宋琬撰　清乾隆三十一年(1766)安雅堂刻安雅堂全集本　六冊

210000－0701－0021572　032513

聰山集十三卷 （清）申涵光撰　**年譜一卷崇祀鄉賢錄一卷** 清康熙刻本　八冊

210000－0701－0021573　032514

太白山人漫稿五卷 （明）孫一元撰　（明）孫志道輯　明孫志道刻本　一冊

210000－0701－0021574　032515

宋王忠文公文集五十卷目錄四卷 （宋）王十朋撰　（清）唐傳鉎重編　**年譜一卷** （清）徐炯文撰　清雍正六年(1728)唐傳鉎刻本　十六冊

210000－0701－0021575　032516

資治通鑑綱目發明五十九卷 （宋）尹起莘撰　清雍正八年至十一年(1730－1733)刻本　十二冊

210000－0701－0021576　032517

古唐詩選七卷 （明）李攀龍輯　（清）吳吳山注　清康熙三十八年(1699)寶善堂刻本　一冊

210000－0701－0021577　032518

春秋左傳杜注三十卷首一卷 （清）姚培謙撰　清乾隆十一年(1746)陸氏小鬱林刻本　十卷

210000－0701－0021578　032519

勉齋先生遺集三卷 （明）鄭滿撰　（清）鄭梁輯　清康熙刻本　二冊

210000－0701－0021579　032520

唐人省試詩箋三卷附錄一卷 （清）張桐孫輯並注　清康熙香遠亭刻本　四冊

210000－0701－0021580　032521

峋嶁叢書 （清）曠敏本撰　清乾隆刻本　十冊　存六種十五卷(峋嶁韻賤一、三、五，峋嶁韻語八卷，峋嶁刪除文草一卷、峋嶁文草雜著

一卷、岣嶁刪除詩草一卷、岣嶁仿古吟一卷)

210000－0701－0021581 032522
幽夢影二卷 (清)張潮撰 清康熙刻本
一冊

210000－0701－0021582 032523
石榴記傳奇四卷 (清)黃振撰 清乾隆三十
七年(1772)黃氏柴灣村舍刻本 四冊

210000－0701－0021583 032524
海忠介公集六卷 (明)海瑞撰 (清)焦映漢
選 清康熙四十九年(1710)焦氏刻丘海二公
文集合編本 四冊

210000－0701－0021584 032525
西青散記四卷 (清)史震林撰 清乾隆三年
(1738)刻本 四冊

210000－0701－0021585 032526
新刻天傭子全集十卷 (明)艾南英撰 清康
熙三十八年(1699)艾為珖刻本 五冊

210000－0701－0021586 032527
子永璔作不分卷 (清)永璔撰 清乾隆抄本
四冊

210000－0701－0021587 032528
太古遺音不分卷 (明)楊掄輯 明末刻本
六冊

210000－0701－0021588 032529
蒼谷全集十二卷附錄一卷 (明)王尙絅撰
清乾隆二十三年(1758)王純刻本 十六冊

210000－0701－0021589 032530
同安林次崖先生文集十八卷 (明)林希元撰
清乾隆十七年(1752)陳臚聲刻本 五冊

210000－0701－0021590 032531
楚辭集註八卷 (宋)朱熹撰 清乾隆五十三
年(1788)套印本 八冊

210000－0701－0021591 032532
楊忠介公集十三卷 (明)楊爵撰 附錄五卷
(清)楊昱輯 清順治八年(1651)楊紹武刻
本 八冊

210000－0701－0021592 032533
唐四家詩二卷 (清)汪立名輯 清康熙三十
四年(1695)刻本 一冊 存二卷(王右丞集
二卷)

210000－0701－0021593 032534
苑洛集二十二卷 (明)韓邦奇撰 清乾隆十
六年(1751)成邦彥刻本 十冊

210000－0701－0021594 032535
五代詩話漁洋詩話一卷 (清)王士禛撰 清
乾隆十三年(1748)刻本 六冊

210000－0701－0021595 032536
杜詩會粹二十四卷 (唐)杜甫撰 (清)張遠
箋注 本傳年譜墓誌 清康熙有文堂刻本
十二冊

210000－0701－0021596 032537
唐宋八大家類選十四卷 (清)儲欣評 清乾
隆十年(1745)受祉堂刻本 佚名批校並題識
十冊

210000－0701－0021597 032538
李空同集六卷 (明)李夢陽撰 (清)張汝瑚
選並評 清康熙二十一年(1682)鄧雪書等刻
本 四冊

210000－0701－0021598 032539
思綺堂文集十卷 (清)章藻功撰並注 清康
熙六十一年(1722)凌雲書屋刻本 十冊

210000－0701－0021599 032540
葉忠節公遺稿十二卷 (清)葉映榴撰 清乾
隆十九年(1754)刻本 八冊

210000－0701－0021600 032541
樂書內篇二十卷 (清)張宣猷 (清)鄭先慶
輯 清順治九年(1652)刻本 四冊

210000－0701－0021601 032542
叩鉢齋纂行廚集十七卷叩鉢齋應酬詩集四卷
(清)李之渼 (清)汪建封輯 (清)汪志
瑞等注譯 清乾隆九年(1744)清畏堂刻本
二十四冊

210000－0701－0021602 032543

賜餘堂集十卷　（明）錢士升撰　**年譜一卷**
（明）許重熙輯要　清乾隆四年(1739)錢佳刻
本　四冊

210000－0701－0021603　032544

榕樹全集四十卷　（清）李光地撰　清乾隆元
年(1736)刻本　十六冊

210000－0701－0021604　032545

御選唐宋詩醇四十七卷目錄二卷　（清）弘晝
　（清）梁詩正等編　清乾隆二十五年(1760)
珊城遺安堂刻套印本　二十四冊

210000－0701－0021605　032547

楊氏全書三十六卷　（清）楊名時撰　清乾隆
五十九年(1794)葉廷甲水心草堂刻本　八冊

210000－0701－0021606　032548

方正學先生遜志齋集二十四卷拾補一卷
（明）方孝孺撰　**外紀一卷年譜一卷**　清康熙
三十七年（1698）俞化鵬寧海刻四十四年
(1705)印本　十六冊

210000－0701－0021607　032549

來禽館集二十九卷　（明）邢侗撰　明萬曆四
十六年(1618)史高先刻清康熙十九年(1680)
鄭雍修道光九年(1829)邢慈等遞修本　十
二冊

210000－0701－0021608　032550

詩經正解三十卷首一卷　（清）姜文璨　（清）
吳荃撰　清康熙二十三年(1684)深柳堂刻本
　二十四冊

210000－0701－0021609　032551

尚書後案三十卷後辨一卷　（清）王鳴盛撰
清康熙四十五年(1706)禮堂刻本　八冊

210000－0701－0021610　032552

唐詩箋註十卷　（清）黃叔璨箋註　清康熙三
十年(1691)松筠書屋刻本　十冊

210000－0701－0021611　032553

唐詩品彙九十卷詩人爵里詳節一卷　（明）高
棅輯　（明）張恂重訂　明京都文錦堂刻本
二十冊

210000－0701－0021612　032554

楊忠愍公全集四卷　（明）楊繼盛撰　章鈺輯
　清康熙三十七年(1698)章鈺敬一齋刻本
二冊

210000－0701－0021613　032555

何大復先生集三十八卷附錄一卷　（明）何景
明撰　清乾隆十五年(1750)何輝少刻本
八冊

210000－0701－0021614　032556

仙機武庫不分卷　（明）陸玄宇撰　明崇禎二
年(1629)碧雲書屋刻本　四冊

210000－0701－0021615　032557

金石圖不分卷　（清）褚峻摹圖　（清）牛運震
釋　清乾隆八年(1743)刻拓本　四冊

210000－0701－0021616　032558

弘簡錄二百五十四卷　（明）邵經邦輯　**續弘
簡錄元史類編四十二卷**　（清）邵遠平撰　清
康熙刻本　一百冊

210000－0701－0021617　032559

三才藻異三十三卷　（清）屠粹忠撰　清康熙
二十八年(1689)刻本　十六冊

210000－0701－0021618　032560

唐宋八大家文鈔一百四十四卷　（明）茅坤評
　清康熙刻本　四十冊

210000－0701－0021619　032561

唐音戊籤一百十一卷餘閏六十三卷餘諸國主
詩一卷　（明）胡震亨輯　清康熙二十六年
(1687)胡氏南益堂刻本　四十二冊

210000－0701－0021620　032562

通鑑本末紀要八十一卷首三卷　（清）蔡毓榮
撰　（清）林子卿注　清康熙刻本　四十冊

210000－0701－0021621　032563

草廬吳文正公外集四十九卷首一卷　（元）吳
澄撰　清康熙二十一年(1682)萬璜刻本　三
十六冊

210000－0701－0021622　032564

東坡先生全集七十五卷目錄一卷　（宋）蘇軾

撰 （明）陳明卿訂正 明末文盛堂刻本 二十冊

210000－0701－0021623 032565
繹史一百六十卷世系圖一卷年表一卷 （清）馬繡撰 清康熙刻本 四十四冊

210000－0701－0021624 032566
廿二史文鈔 （清）納蘭常安撰 清乾隆十二年（1747）刻本 三十六冊

210000－0701－0021625 032567
全唐詩鈔八十卷補遺十六卷詩人爵里節畧一卷 （清）吳成儀輯 清乾隆二十四年（1759）家刻本 二十四冊

210000－0701－0021626 032568
叩鉢齋四六春華十二卷 （清）李之泓 （清）汪建封輯 清康熙二十九年（1690）學山堂刻本 十二冊

210000－0701－0021627 032569
亦玉堂稿十卷 （明）沈鯉撰 清康熙二十九年（1690）劉榛刻本 四冊

210000－0701－0021628 032570
宋四六選二十四卷 （清）彭元瑞撰 （清）曹振鏞編 清乾隆四十一年（1776）曹氏刻四十二年（1777）重校本 十冊

210000－0701－0021629 032571
水心文集二十九卷首一卷 （宋）葉適撰 清乾隆二十年（1755）刻本 十二冊

210000－0701－0021630 032572
重訂李義山詩集箋注三卷集外詩箋注一卷 （唐）李商隱撰 （清）朱鶴齡箋注 （清）程夢星刪補 清乾隆十一年（1746）東柯草堂刻本 八冊

210000－0701－0021631 032573
三蘇文匯六十卷 （明）張煥如輯 明末刻本 十冊 存三十一卷（合刻三先生老泉文匯十卷、合刻三先生東坡文匯一至二十一）

210000－0701－0021632 032574
宋四名家詩 （清）周之鱗 （清）柴升選輯

清康熙三十二年（1693）弘訓堂刻本 八冊

210000－0701－0021633 032575
貫華堂選批唐才子詩甲集七言律八卷 （清）金人瑞輯 （清）金雍注 清初刻本 六冊

210000－0701－0021634 032576
劉練江先生集八卷年譜一卷 （明）劉永澄撰 （清）劉穎輯 清乾隆十三年至十五年（1748－1750）劉穎刻本 三冊

210000－0701－0021635 032577
杜詩論文五十六卷 （唐）杜甫撰 （清）吳見思注 （清）潘眉評 清康熙十一年（1672）常州岱淵堂刻吳郡寶翰樓印本 八冊

210000－0701－0021636 032578
陳定宇先生文集十六卷別集一卷 （元）陳櫟撰 清康熙三十三年（1694）陳嘉基刻本 六冊

210000－0701－0021637 032579
刪訂唐詩解二十四卷 （明）唐汝詢選釋 （清）吳昌祺評定 清康熙四十年（1701）誦懿堂刻本 六冊

210000－0701－0021638 032580
杜工部詩集二十卷集外詩一卷杜詩補注一卷文集二卷 （唐）杜甫撰 （清）朱鶴齡輯注 年譜一卷 （清）朱鶴齡撰 清康熙金陵葉永茹刻本 八冊

210000－0701－0021639 032581
吳書山先生遺集二十卷首一卷末一卷附錄一卷 （元）吳慶伯撰 吳疎山先生遺集十七卷首一卷 （明）吳悌撰 清乾隆三十四年（1769）吳尚絅刻本 七冊

210000－0701－0021640 032582
秀擢堂唐詩自怡十五卷 （清）吳啟元輯 清抄本 八冊

210000－0701－0021641 032583
李義山詩集三卷 （唐）李商隱撰 （清）朱鶴齡箋注 清初刻本 四冊

210000－0701－0021642　032584

陶詩集註四卷　（晉）陶潛撰　（清）詹夔錫集注　東坡和陶詩一卷　（宋）蘇軾撰　清康熙三十三年(1694)詹氏寶墨堂刻同人堂印本　二冊

210000－0701－0021643　032585

本朝應制和聲集六卷首三卷二集三卷首一卷二集補編一卷御製圓明園詩詞一卷　（清）沈德潛　（清）王居正輯評　清乾隆九年(1744)京都永魁齋刻十三年(1748)續刻本　十二冊

210000－0701－0021644　032586

唐宮閨詩二卷女校書詩一卷女冠詩一卷　（清）劉雲份輯　清康熙夢香閣刻吳郡大來堂印本　一冊　存一卷(正集正卷)

210000－0701－0021645　032587

倚湖樵書初編六卷二編六卷　（清）來集之纂輯　清乾隆五十三年(1788)慎儉堂刻本　十二冊

210000－0701－0021646　032612

皋鶴堂批評第一奇書金瓶梅一百回　（明）蘭陵笑笑生撰　清康熙三十四年(1695)皋鶴草堂刻本　十二冊

210000－0701－0021647　032613

皋鶴堂批評第一奇書金瓶梅一百回　（明）蘭陵笑笑生撰　清影松軒刻本　四十二冊　缺十一回(七十七至八十七)

210000－0701－0021648　032614

皋鶴堂批評第一奇書金瓶梅一百回　（明）蘭陵笑笑生撰　清康熙三十四年(1695)皋鶴草堂刻本　八冊

210000－0701－0021649　032615

皋鶴堂批評第一奇書金瓶梅一百回　（明）蘭陵笑笑生撰　清康熙三十四年(1695)皋鶴草堂刻本　二十四冊

210000－0701－0021650　032616

皋鶴堂批評第一奇書金瓶梅一百回　（明）蘭陵笑笑生撰　清康熙三十四年(1695)皋鶴草堂刻本　六冊　存三十八回(一至二、二十二至五十七)

210000－0701－0021651　032619

重刊二十四史　清同治八年(1869)嶺南菊古堂刻本　八百五十冊

210000－0701－0021652　032621

佩文韻府一百六卷　（清）張玉書　（清）蔡升元等輯　拾遺一百六卷　（清）汪灝　（清）何焯等輯　清光緒十八年(1892)上海鴻寶齋石印本　二百冊

210000－0701－0021653　032623

欽定大清會典一百卷首一卷欽定大清會典事例一千二百二十卷目錄八卷　（清）崑岡等修纂　清宣統元年(1909)商務印書館石印本　一百六十冊

210000－0701－0021654　032624

西清續鑑甲編二十卷附錄一卷　（清）王傑等纂修　清宣統三年(1911)上海商務印書館影印本　四十二冊

210000－0701－0021655　032626

西清古鑑四十卷錢錄十六卷　（清）梁詩正（清）蔣溥等撰　清光緒十四年(1888)邁宋書館影印本　二十四冊

210000－0701－0021656　032627

西清古鑑四十卷錢錄十六卷　（清）梁詩正（清）蔣溥等撰　清光緒十四年(1888)邁宋書館影印本　二十四冊

210000－0701－0021657　032629

東漢會要四十卷　（宋）徐天麟撰　清乾隆武英殿木活字印本　十八冊

210000－0701－0021658　032630

路史前紀九卷後紀十三卷發揮六卷國名紀七卷餘論十卷　（宋）羅泌撰　（宋）羅苹注（明）喬可傳校　清光緒二年(1876)紅杏山房刻趙承思重修本　二十冊

210000－0701－0021659　032631

宋書一百卷　（南朝梁）沈約撰　考證一百卷（清）陳浩侍　（清）萬承蒼等撰　清光緒二

十九年(1903)五洲同文局石印本 二十四冊

210000－0701－0021660 032632

魏書一百十四卷 （北齊）魏收撰 考證一百十四卷 （清）孫人龍 （清）陳浩等撰 清光緒二十九年(1903)五洲同文局石印本 二十四冊

210000－0701－0021661 032633

十七史商榷一百卷 （清）王鳴盛撰 清乾隆五十二年(1787)洞涇草堂刻本 二十冊

210000－0701－0021662 032634

金史一百三十五卷 （元）脫脫等撰 清乾隆四年(1739)武英殿刻本 二十四冊

210000－0701－0021663 032635

北史一百卷 （唐）李延壽撰 清乾隆四年(1739)武英殿刻本 二十四冊

210000－0701－0021664 032636

北史一百卷 （唐）李延壽撰 清同治十一年(1872)金陵書局刻本 二十冊

210000－0701－0021665 032637

湖北叢書 （清）趙尚輔輯 清光緒十七年(1891)三餘草堂刻本 一百冊

210000－0701－0021666 032641

誠正堂稿八卷詞稿一卷文稿一卷 （清）永恩撰 清乾隆禮親王府刻本 六冊

210000－0701－0021667 032642

金石圖不分卷 （清）褚峻摹圖 （清）牛運震釋 清乾隆八年(1743)刻拓本 四冊

210000－0701－0021668 032665

大事記十二卷通釋三卷 （宋）呂祖謙撰 清刻本 八冊

210000－0701－0021669 032666

增補地理直指原眞三卷首一卷 （清）釋如玉 （清）釋徹瑩撰 清光緒十四年(1888)掃葉山房石印本 一冊

210000－0701－0021670 032668

地理五訣八卷 （清）趙廷棟著 （清）王庸弼 （清）張含章參著 清刻本 四冊

210000－0701－0021671 032669

相理衡眞十卷首一卷 （清）陳釗著 清道光十三年(1833)英德堂刻本 六冊

210000－0701－0021672 032670

增補地理直指原眞三卷首一卷 （清）釋如玉 （清）釋徹瑩撰 清刻本 七冊

210000－0701－0021673 032671

澄衷蒙學堂字課圖說四卷檢字一卷類字一卷 （清）劉樹屏撰 （清）吳子城繪圖 清光緒二十七年(1901)澄衷蒙學堂石印本 八冊

210000－0701－0021674 032672

周易折中二十二卷首一卷 （清）李光地等纂 清康熙五十四年(1715)刻本 八冊

210000－0701－0021675 032674

絳雲樓書目補遺一卷 （清）錢謙益撰 靜惕堂書目二卷 （清）曹溶撰 清光緒二十八年(1902)長沙葉氏刻觀古堂書目叢刊本 一冊

210000－0701－0021676 032674

徵刻唐宋祕本書目一卷 （清）黃虞稷 （清）周在浚撰 考證一卷徵刻書啟五先生事畧一卷 葉德輝撰 清光緒三十四年(1908)長沙葉氏刻觀古堂書目叢刊本 一冊

210000－0701－0021677 032674

竹崦傳鈔書目一卷 （清）趙魏撰 清光緒三十年(1904)長沙葉氏觀古堂刻觀古堂書目叢刊本 一冊

210000－0701－0021678 032676

古今書刻二卷 （明）周弘祖撰 清光緒三十二年(1906)長沙葉氏觀古堂刻觀古堂書目叢刊本 一冊 存一卷(上)

210000－0701－0021679 032678

百宋一廛賦一卷 （清）顧廣圻撰 （清）黃丕烈注 清光緒三年(1877)刻本 一冊

210000－0701－0021680 032679

御撰資治通鑑綱目三編二十卷 （清）張廷玉等纂 清乾隆十一年(1746)武英殿刻本 四冊

210000－0701－0021681　032680

孟子編年四卷　（清）狄子奇撰　清道光十年
(1830)刻本　一冊

210000－0701－0021682　032681

詒謀一寶五卷　（清）宣元仁撰　清康熙京都
鴻遠堂刻本　二冊

210000－0701－0021683　032682

李傅相歷聘歐美記二卷　（美國）林樂知譯
蔡爾康纂輯　清光緒上海廣學會鉛印本
二冊

210000－0701－0021684　032716

萬卷堂書目四卷　（明）朱睦㮮撰　清宣統二
年(1910)上虞羅氏石印玉簡齋叢書本　二冊

210000－0701－0021685　032717

萬卷堂書目四卷　（明）朱睦㮮撰　清宣統二
年(1910)上虞羅氏石印玉簡齋叢書本　二冊

210000－0701－0021686　032718

萬卷堂書目四卷　（明）朱睦㮮撰　清宣統二
年(1910)上虞羅氏石印玉簡齋叢書本　二冊

210000－0701－0021687　032719

萬卷堂書目四卷　（明）朱睦㮮撰　清宣統二
年(1910)上虞羅氏石印玉簡齋叢書本　二冊

210000－0701－0021688　032720

萬卷堂書目四卷　（明）朱睦㮮撰　清宣統二
年(1910)上虞羅氏石印玉簡齋叢書本　二冊

210000－0701－0021689　032722

奉天全省地輿圖說圖表不分卷　（清）王志修
撰　清光緒二十年(1894)刻本　一冊

210000－0701－0021690　032726

夢跡圖一卷　（清）寶琳繪　清光緒上海點石
齋石印本　一冊

210000－0701－0021691　032727

夢跡圖一卷　（清）寶琳繪　清光緒上海點石
齋石印本　一冊

210000－0701－0021692　032763

黃氏逸書考　（清）黃奭輯　清道光甘泉黃氏
刻民國二十三年(1934)江都朱氏補刻1984

年廣陵古籍刻印社印本　一百二十四冊

210000－0701－0021693　032768

振綺堂叢書　（清）汪康年輯　清宣統三年
(1911)汪氏鉛印本　一冊　存三種三卷(客
舍偶聞一卷、拳匪聞見錄一卷、克復諒山大略
一卷)

210000－0701－0021694　032783

**黃帝內經太素三十卷遺文一卷內經明堂一卷
附錄一卷**　（隋）楊上善撰注　清光緒二十三
年(1897)通隱堂刻1992年中國書店印本(原
缺七卷)　八冊

210000－0701－0021695　032784

**黃帝內經太素三十卷遺文一卷內經明堂一卷
附錄一卷**　（隋）楊上善撰注　清光緒二十三
年(1897)通隱堂刻1992年中國書店印本(原
缺七卷)　八冊

210000－0701－0021696　032855

漢魏六朝詩三百首七卷　周貞亮輯要　清光
緒沔陽盧氏刻1992年中國書店印慎始基齋叢
書本　一冊

210000－0701－0021697　032856

漢魏六朝詩三百首七卷　周貞亮輯要　清光
緒沔陽盧氏刻1992年中國書店印慎始基齋叢
書本　一冊

210000－0701－0021698　032866

蠻書十卷　（唐）樊綽撰　清光緒中桐廬袁氏
刻1992年中國書店印本　一冊

210000－0701－0021699　032867

蠻書十卷　（唐）樊綽撰　清光緒中桐廬袁氏
刻1992年中國書店印本　一冊

210000－0701－0021700　032868

蠻書十卷　（唐）樊綽撰　清光緒中桐廬袁氏
刻1992年中國書店印本　一冊

210000－0701－0021701　032888

屈原賦注七卷通釋二卷　（清）戴震撰　**音義
三卷**　（清）汪梧鳳撰　清乾隆二十五年
(1760)刻本　一冊

210000-0701-0021702　032892

徐孝穆全集六卷　（南朝陳）徐陵撰　（清）吳
兆宜箋注　清初揚州藝古堂刻本　六冊

210000-0701-0021703　032912

救偏瑣言五卷瑣言備用良方　（清）費啓泰撰
　清順治刻本　六冊

中華古籍保護計劃

ZHONG HUA GU JI BAO HU JI HUA CHENG GUO

·成 果·

遼寧省圖書館古籍普查登記目録（上）

全國古籍普查登記目録

國家圖書館出版社
National Library of China Publishing House

圖書在版編目（CIP）數據

遼寧省圖書館古籍普查登記目録：全三冊/遼寧省圖書館編. --北京：國家圖書館出版社，2016.12
（全國古籍普查登記目録）
ISBN 978 - 7 - 5013 - 5987 - 5

Ⅰ.①遼…　Ⅱ.①遼…　Ⅲ.①公共圖書館—古籍—圖書目録—遼寧　Ⅳ.①Z838

中國版本圖書館 CIP 數據核字（2016）第 266429 號

書　　　名　遼寧省圖書館古籍普查登記目録（全三冊）
著　　　者　遼寧省圖書館　編
責任編輯　趙　嫄

出　　　版　國家圖書館出版社（100034　北京市西城區文津街 7 號）
　　　　　　（原書目文獻出版社　北京圖書館出版社）
發　　　行　010 - 66114536　66126153　66151313　66175620
　　　　　　66121706（傳真）　66126156（門市部）
E-mail　　nlcpress@ nlc. cn（郵購）
Website　www. nlcpress. com →投稿中心
經　　　銷　新華書店
印　　　裝　河北三河弘翰印務有限公司
版　　　次　2016 年 12 月第 1 版　2016 年 12 月第 1 次印刷

開　　　本　787×1092（毫米）　1/16
印　　　張　88.25
字　　　數　1700 千字

書　　　號　ISBN 978 - 7 - 5013 - 5987 - 5
定　　　價　800.00 圓

《全國古籍普查登記目錄》

工作委員會

主　任：周和平

副主任：張永新　詹福瑞　劉小琴　李致忠　張志清

委　員（按姓氏筆畫排序）：

于立仁	王水喬	王　沛	王紅蕾	王筱雯
方自今	尹壽松	包菊香	任　競	全　勤
李西寧	李　彤	李忠昊	李春來	李　培
李曉秋	吳建中	宋志英	努　木	林世田
易向軍	周建文	洪　琰	倪曉建	徐欣禄
徐　蜀	高文華	郭向東	陳荔京	陳紅彥
張　勇	湯旭巖	楊　揚	賈貴榮	趙　嬿
鄭智明	劉洪輝	歷　力	鮑盛華	韓　彬
魏存慶	鍾海珍	謝冬榮	謝　林	應長興

《全國古籍普查登記目録》

序　言

　　全國古籍普查登記工作是"中華古籍保護計劃"的首要任務,是全面開展古籍搶救、保護和利用工作的基礎,也是有史以來第一次由政府組織、參加收藏單位最多的全國性古籍普查登記工作。

　　2007年國務院辦公廳發佈《關於進一步加强古籍保護工作的意見》(國辦發〔2007〕6號),明確了古籍保護工作的首要任務是對全國公共圖書館、博物館和教育、宗教、民族、文物等系統的古籍收藏和保護狀况進行全面普查,建立中華古籍聯合目録和古籍數字資源庫。2011年12月,文化部下發《文化部辦公廳關於加快推進全國古籍普查登記工作的通知》(文辦發〔2011〕518號),進一步落實了全國古籍普查登記工作。根據文化部2011年518號文件精神,國家古籍保護中心擬訂了《全國古籍普查登記工作方案》,進一步規範了古籍普查登記工作的範圍、内容、原則、步驟、辦法、成果和經費。目前進行的全國古籍普查登記工作的中心任務是通過每部古籍的身份證——"古籍普查登記編號"和相關信息,建立古籍總臺賬,全面瞭解全國古籍存藏情况,開展全國古籍保護的基礎性工作,加强各級政府對古籍的管理、保護和利用。

　　《全國古籍普查登記工作方案》規定了全國古籍普查登記工作的三個主要步驟:一、開展古籍普查登記工作;二、在古籍普查登記基礎上,編纂出版館藏古籍普查登記目録,形成《全國古籍普查登記目録》;三、在古籍普查登記工作基本完成的前提下,由省級古籍保護中心負責編纂出版本省古籍分類聯合目録《中華古籍總目》分省卷,由國家古籍保護中心負責編纂出版《中華古籍總目》統編卷。

　　在黨和政府領導下,在各地區、各有關部門和全社會共同努力下,古籍普查登記工作得以扎實推進。古籍普查已在除臺、港、澳之外的全國各省級行政區域開展,普查内容除漢文古籍外,還包括各少數民族文字古籍,特別是於2010年分別啓動了新疆古籍保護和西藏古籍保護專項,因地制宜,開展古籍普查登記工作;國家古籍保護中心研製的"全國古籍普查登記平臺"已覆蓋到全國各省級古籍保護中心,並進一步研發了"中華古籍索引庫",爲及時展現古籍普查成果提供有力支持;截至目前,已有11375部古籍進入《國家珍貴古籍名録》,浙江、江蘇、山東、河北等省公佈了省級《珍貴古籍名録》,古籍分級保護機制初步形成。

　　《全國古籍普查登記目録》是古籍普查工作的階段性成果,旨在摸清家底,揭示館藏,反映古籍的基本信息。原則上每申報單位獨立成册,館藏量少不能獨立成册者,則在本省範圍內幾個館目合併成册。無論獨立成册還是合併成册,均編製獨立的書名筆畫索引附於書後。著録的必填基本項目有:古籍普查登記編號、索書號、題名卷數、著者(含著作方式)、版本、册數及存缺卷數。其他擴展項目有:分類、批校題跋、版式、裝幀形式、叢書子目、書影、破損狀況等。有條件的收藏單位多著録的一些擴展項目,也反映在《全國古籍普查登記目録》上。目録編排按古籍普查登記編號排序,內在順序給予各古籍收藏單位較大自由度,可按分類排列古籍普查登記編號,也可按排架號、按同書名等排列古籍普查登記編號,以反映各館特色。

　　此次全國古籍普查登記工作,克服了古籍數量多、普查人員少、普查難度大等各種困難,也得到了全國古籍保護工作者的極大支持。在古籍普查登記過程中,國家古籍保護中心、各省古籍保護中心爲此舉辦了多期古籍普查、古籍鑒定、古籍普查目録審校等培訓班,全國共 1600 餘家單位參加了培訓,爲古籍普查登記工作培養了大量人才。同時在古籍普查登記工作中,也鍛煉了普查員的實踐能力,爲將來古籍保護事業發展奠定了良好的基礎。

　　《全國古籍普查登記目録》的出版,將摸清我國古籍家底,爲古籍保護和利用工作提供依據,也將是古籍保護長期工作的一個里程碑。

國家古籍保護中心

2013 年 10 月

《全國古籍普查登記目録》

編纂凡例

一、收録範圍爲我國境内各收藏機構或個人所藏，產生於 1912 年以前，具有文物價值、學術價值和藝術價值的文獻典籍，包括漢文古籍和少數民族文字古籍以及甲骨、簡帛、敦煌遺書、碑帖拓本、古地圖等文獻。其中，部分文獻的收録年限適當延伸。

二、以各收藏機構爲分册依據，篇幅較小者，適當合併出版。

三、一部古籍一條款目，複本亦單獨著録。

四、著録基本要求爲客觀登記、規範描述。

五、著録款目包括古籍普查登記編號、索書號、題名卷數、著者、版本、册數、存缺卷等。古籍普查登記編號的組成方式是：省級行政區劃代碼—單位代碼—古籍普查登記順序號。

六、以古籍普查登記編號順序排序。

七、編製各館藏目録書名筆畫索引附於書後，以便檢索。

《遼寧省圖書館古籍普查登記目録》

前　言

　　遼寧省圖書館前身爲東北圖書館,1947 年籌建,1948 年 8 月 15 日在哈爾濱正式對外開放,同年 11 月遷至瀋陽,1955 年更名爲"遼寧省圖書館"。遼寧省圖書館是由中國共產黨領導建立的第一所大型公共圖書館。

　　1946 年 5 月東北民主聯軍收繳的長春僞滿皇宮的一批宋元明版善本書和 1948 年 2 月哈爾濱的開明紳士孫丹階捐獻的家藏古籍及碑帖拓片 25000 餘册,成爲東北圖書館籌備階段的古籍藏書基礎。東北解放後,東北圖書館又接收了東北地區公藏機構的大部分古籍藏書。1948 年 11 月,接收了原國立瀋陽博物院籌備委員會圖書館藏書(其中包括原僞滿洲國立奉天圖書館、東北大學、馮庸大學、瀋陽故宫及張學良等公私藏書)及遼寧省立圖書館藏書。這其中包括瀋陽故宫文溯閣的清殿版書、新閣的《四庫全書》及明清檔案 230 萬件,豐富了館藏古籍文獻。同一時期東北地區的有識之士和藏書家也紛紛將所藏贈予東北圖書館。如羅振玉長孫羅繼祖先生、金毓黻先生捐贈了個人藏書及刊印的大批古籍。

　　歷經 68 年發展,因特殊的歷史原因及其間不斷的徵集、采購,遼寧省圖書館形成了包羅宏富、特色鮮明、精品突出的藏書特點。現館藏古籍文獻共計 61 萬餘册(包括 1912 年至 1949 年間的綫裝書),其中善本古籍 6200 餘部,12 萬餘册,普通綫裝本古籍 33000 餘部,34 萬餘册,未編目古籍 15 萬餘册。善本古籍以宋元版、閔凌刻、殿版書爲主,另有品種豐富的羅氏藏書、稿本、抄本、校本、朝日版古籍。館藏有相當部分爲存世孤本、珍本。如館藏近百部宋元版古籍,多出於原北京清宫,很多初刻初印、海内孤本。宋紹興二十二年(1152)臨安榮六郎刻本《抱朴子内篇》、宋刻本《韻補》均爲存世孤本。《抱朴子内篇》卷末的五行七十五字刻書牌記更被錢謙益稱爲"東京夢華録"。稿本《聊齋志異》是清代著名文學家蒲松齡手稿,有着特殊的文物價值和文獻價值,被譽爲鎮館之寶。閔版書收藏品種也爲國内最全。

　　遼寧省圖書館一直秉持優良的文獻整理、開發的歷史傳統。館藏古籍雖然數量巨大、品種及版本龐雜,但在歷代古籍工作人員的辛勤努力下,館藏古籍的編目基礎扎實。這使得我館在開展大型目録編製與特色文獻開發等工作上事半功倍。遼寧省圖書館多次參與大型聯合目録的編纂,牽頭主編區域性聯合目録,影印出版館藏特色文獻、珍稀文獻。如《中國叢書綜録》《中國地方志聯合目録》《中國古籍善本書目》《清代内府刻書目録解題》《東北地區古籍綫裝書聯合目録》《遼寧省圖書館孤本善本叢刊》《遼寧省圖書館藏陶湘舊藏閔凌刻本集成》等。

編纂出版《全國古籍普查登記目録》是"十二五"期間"中華古籍保護計劃"的重點工作之一。隨着古籍保護工作不斷深入開展，古籍普查登記工作已經進入成果出版的新階段。遼寧省圖書館作爲古籍收藏特色館，《古籍普查登記目録》編製與出版也是本館古籍工作中的重點。在已有編目成果的基礎上，古籍工作人員對古籍普查數據進行了嚴謹認真的核對、審校，確保每條款目的準確性與規範性，最終形成《遼寧省圖書館古籍普查登記目録》。《遼寧省圖書館古籍普查登記目録》收録館藏刊印、抄寫於 1912 年以前，具有傳統中國古典裝幀形式的古籍款目 21703 條，全面客觀地反映出館藏古籍的樣貌，精確揭示出每部古籍的普查號、索書號、書名、著者、版本、冊數、存卷等基本信息，是遼寧省圖書館實施古籍普查工作以來的階段性成果。不僅留香紙面，更重要的是形成了保護古籍的財產賬目冊，並向全社會公示，自覺接受社會的監督。同時，它也是一部具有較强檢索功能的古籍書目，可爲學者、社會大衆所利用。

由於《遼寧省圖書館古籍普查登記目録》的出版時間較爲倉促，編製工作又出自衆手，目録難免出現一些問題，在我們深表歉意的同時，還望廣大古籍工作同仁及時批評指正。

編　者
2016 年 10 月

目　　録

上冊

中冊

下冊

210000－0701－0000001　善00001

眞文忠公續文章正宗二十卷　（宋）眞德秀輯
宋刻本　三冊　存四卷（五至八）

210000－0701－0000002　善00002

抱朴子內篇二十卷　（晉）葛洪撰　宋紹興二
十二年（1152）臨安府榮六郎家刻本（卷十一
至十二、卷十七第八葉、卷十九第二葉配清初
錢氏述古堂抄本）　五冊

210000－0701－0000003　善00003

漢雋十卷　（宋）林鉞輯　宋淳熙十年（1183）
象山縣學刻本（卷五至六配元刻本）　五冊

210000－0701－0000004　善00004

畫繼十卷　（宋）鄧椿撰　**五代名畫補遺一卷**
（宋）劉道醇撰　宋臨安府陳道人書籍鋪刻
本　二冊

210000－0701－0000005　善00005

南齊書五十九卷　（南朝梁）蕭子顯撰　宋刻
元明遞修本　二十三冊　存五十四卷（一至
八、十至四十三、四十八至五十九）

210000－0701－0000006　善00006

南史八十卷　（唐）李延壽撰　宋刻本　二冊
存二卷（十四、七十）

210000－0701－0000007　善00007

**朱文公校昌黎先生集四十卷外集十卷遺文一
卷**　（唐）韓愈撰　（宋）朱熹考異　**集傳一卷**
南宋紹定六年（1233）臨江軍學刻本　三十
一冊　存五十卷（一至十四、十七至四十，外
集十卷，遺文一卷，集傳一卷）

210000－0701－0000008　善00008

朱文公校昌黎先生集四十卷　（唐）韓愈撰
（宋）朱熹考異　（宋）王伯大音釋　元刻本
（卷二、五、十至十四配另一元刻本）　八冊
存十二卷（二、五、十至十四、十九至二十、三
十二至三十四）

210000－0701－0000009　善00009

揚子法言十三卷　（漢）揚雄撰　（晉）李軌
（唐）柳宗元　（宋）宋咸　（宋）吳祕　（宋）
司馬光注　**音義一卷**　宋淳熙八年（1181）唐
仲友台州刻本　六冊

210000－0701－0000010　善00010

**增刊校正王狀元集注分類東坡先生詩二十五
卷**　（宋）蘇軾撰　題（宋）王十朋纂集　元建
安虞平齋務本書堂刻本　三冊　存三卷（十
五、十八至十九）

210000－0701－0000011　善00011

春秋經傳集解三十卷　（晉）杜預撰　（唐）陸
德明釋文　**春秋名號歸一圖二卷**　（後蜀）馮
繼先撰　明刻本　二十九冊　存二十九卷
（一、三、五至二十三、二十五至三十，名號歸
一圖二卷）

210000－0701－0000012　善00012

春秋經傳集解三十卷　（晉）杜預撰　（唐）陸
德明釋文　**春秋名號歸一圖二卷**　（後蜀）馮
繼先撰　明刻本　五冊　存十六卷（一至八、
十三至十八，名號歸一圖二卷）

210000－0701－0000013　善00013

童溪王先生易傳三十卷　（宋）王宗傳撰　宋
開禧元年（1205）建安劉日新宅三桂堂刻本
二冊　存六卷（十五至十七、二十五至二十
七）

210000－0701－0000014　善00014

**新刊名臣碑傳琬琰之集上集二十七卷中集五
十五卷下集二十五卷**　（宋）杜大珪輯　宋刻
本　六冊　存三十一卷（中集一至三十一）

210000－0701－0000015　善00015

韻補五卷　（宋）吳棫撰　宋刻本（卷三第一
葉抄補）　五冊　缺二葉（卷一第八至九）

210000－0701－0000016　善00016

春秋左傳三十卷　（晉）杜預注　（宋）林堯叟
音注　明弘治十九年（1506）刻本（卷十八、二
十一至二十二抄補）　三十冊

210000－0701－0000017　善00017

春秋意林二卷　（宋）劉敞撰　宋刻本　二冊

210000－0701－0000018　善00018

戰國策十卷　（宋）鮑彪校注　元刻本　一冊

存一卷(七)

210000－0701－0000019　善00019

周書五十卷　(唐)令狐德棻等撰　宋刻宋元明遞修本　十八冊　存四十六卷(一至三十五、三十八至四十八)

210000－0701－0000020　善00020

宋書一百卷　(南朝梁)沈約撰　宋刻宋元明遞修本　三十冊　存九十四卷(三至七十八、八十三至一百)

210000－0701－0000021　善00021

宋書一百卷　(南朝梁)沈約撰　宋刻宋元明遞修本　二十二冊　存六十二卷(本紀五至十,志一至六、九至十、十七至二十,列傳八至十七、二十至三十六、四十至五十六)

210000－0701－0000022　善00022

北齊書五十卷　(唐)李百藥撰　宋刻宋元明遞修本　十六冊

210000－0701－0000023　善00023

記纂淵海一百九十五卷　(宋)潘自牧輯　宋刻本　八冊　存十七卷(一至十二、一百六十六至一百七十)

210000－0701－0000024　善00024

晦庵先生朱文公文集一百卷　(宋)朱熹撰　宋咸淳元年(1265)建安書院刻宋元明遞修本　二十三冊　存三十八卷(一至八、十三至十四、十六至十七、十九至二十三、二十五至二十七、二十九、七十一、七十七至七十八、八十三至九十、九十五至一百)

210000－0701－0000025　善00025

宋書一百卷　(南朝梁)沈約撰　宋刻宋元明遞修本　二十冊

210000－0701－0000026　善00026

磧砂藏六千三百六十二卷　宋刻元補明遞修朱家經坊印本　三百四十二冊　存三百四十二卷

210000－0701－0000027　善00027

放光般若波羅蜜經三十卷　(晉)釋無羅義

(晉)釋竺叔蘭譯　宋淳祐三年(1243)平江府顧霆發刻磧砂藏本　一冊　存一卷(四)

210000－0701－0000028　善00028

般若燈論十五卷　(唐)釋波羅頗迦羅蜜多羅譯　宋元豐三年至政和二年(1080－1112)刻福州東禪等覺禪院崇寧萬壽大藏經本　一冊　存一卷(八)

210000－0701－0000029　善00029

佛說㮈女耆婆經一卷　(漢)釋安世高譯　宋元豐三年至政和二年(1080－1112)刻福州東禪等覺禪院崇寧萬壽大藏經本　一冊

210000－0701－0000030　善00030

大般若波羅蜜多經六百卷　(唐)釋玄奘譯　宋元豐三年至政和二年(1080－1112)刻福州東禪等覺禪院崇寧萬壽大藏經本　一冊　存一卷(三百五十七)

210000－0701－0000031　善00031

大寶積經一百二十卷　(北齊)釋那連提耶舍譯　宋元豐三年至政和二年(1080－1112)刻福州東禪等覺禪院崇寧萬壽大藏經本　一冊　存一卷(六十八)

210000－0701－0000032　善00032

禮記二十卷　(漢)鄭玄注　宋刻本　五冊　存五卷(一至五)

210000－0701－0000033　善00033

無文印二十卷語錄四卷讚一卷偈頌一卷題跋一卷　(宋)釋無文撰　宋咸淳九年(1273)惟康刻本(卷十二至二十、語錄、讚、偈頌、題跋配清抄本)　六冊

210000－0701－0000034　善00034

續資治通鑑長編一百八卷　(宋)李燾撰　宋刻本　四十九冊　存一百六卷(一至七十四、七十七至一百八)

210000－0701－0000035　善00035

自警編不分卷　(宋)趙善璙輯　宋端平元年(1234)九江郡齋刻本　清翁方綱題記　十二冊

210000－0701－0000036　善00036

通鑑紀事本末四十二卷　（宋）袁樞撰　宋寶祐五年(1257)趙與籌刻本　一冊　存一卷（二十三第一至六十葉）

210000－0701－0000037　善00037

周易本義十二卷五贊一卷筮儀一卷　（宋）朱熹撰　宋刻本　一冊　存（下經第二）

210000－0701－0000038　善00038

春秋集註十一卷綱領一卷　（宋）張洽撰　宋德祐元年(1275)衛宗武華亭義塾刻本　八冊

210000－0701－0000039　善00039

正法念處經七十卷　（北魏）釋瞿曇般若流支譯　宋元豐三年至政和二年（1080－1112）刻福州東禪等覺禪院崇寧萬壽大藏經本　一冊　存一卷（四十三）

210000－0701－0000040　善00040

廣大寶樓閣善住秘密陀羅尼經三卷　（唐）釋菩提流志譯　宋元豐三年至政和二年（1080－1112）刻福州東禪等覺禪院崇寧萬壽大藏經本　一冊

210000－0701－0000041　善01001

詳註東萊先生左氏博議二十五卷　（宋）呂祖謙撰　明刻本（呂祖謙序抄補）　一冊　存五卷（一至五）

210000－0701－0000042　善01002

文粹一百卷　（宋）姚鉉輯　明刻遞修本（第一冊內缺三葉）　一冊　存五卷（十至十四）

210000－0701－0000043　善01003

新增說文韻府羣玉二十卷　（元）陰時夫輯（元）陰中夫注　元至正十六年(1356)劉氏日新堂刻本（有抄配）　五冊　存五卷（一至五）

210000－0701－0000044　善01004

五代史記七十四卷　（宋）歐陽修撰　（宋）徐無黨注　元宗文書院刻明修本（卷一至三、六至七、九、二十六至二十九、四十八至五十一、五十六至五十七、五十九至六十一配清抄本）　八冊　存七十一卷（一至七十一）

210000－0701－0000045　善01005

五代史記七十四卷　（宋）歐陽修撰　（宋）徐無黨注　元刻明嘉靖修本　八冊　存六十四卷（七至五十六、六十一至七十四）

210000－0701－0000046　善01006

五代史記七十四卷　（宋）歐陽修撰　（宋）徐無黨注　元刻明嘉靖修本（卷一至六抄補）　十冊

210000－0701－0000047　善01007

廣韻五卷　（宋）陳彭年等重修　明刻本　五冊

210000－0701－0000048　善01008

樂府詩集一百卷目錄二卷　（宋）郭茂倩輯　元至正元年(1341)集慶路儒學刻明遞修本　二十二冊　存六十六卷（四至四十二、七十一至八十三、八十九至一百,目錄二卷）

210000－0701－0000049　善01009

增廣注釋音辯唐柳先生集四十三卷別集二卷外集二卷　（唐）柳宗元撰　（宋）童宗說注釋　（宋）張敦頤音辯　（宋）潘緯音義　**年譜一卷附錄一卷**　明初刻本　十冊　存四十五卷（柳先生集四十三卷、別集二卷）

210000－0701－0000050　善01010

誠齋四六發遣膏馥十卷　題（宋）楊萬里撰（宋）周公恕編　宋余卓刻本　四冊

210000－0701－0000051　善01011

後漢書九十卷　（南朝宋）范曄撰　（唐）李賢注　**志三十卷**　（晉）司馬彪撰　（南朝梁）劉昭注　元大德九年(1305)寧國路儒學刻明遞修本　二十一冊　存七十六卷（一至四、二十五至四十一、五十一至八十,志六至三十）

210000－0701－0000052　善01012

南史八十卷　（唐）李延壽撰　明初刻明修本（有補抄）　十五冊　存六十一卷（十五至二十六、三十二至八十）

210000－0701－0000053　善01013

南史八十卷　（唐）李延壽撰　明初刻明修本（有補抄）　三十七冊　存六十卷（一至三十

二、五十三至八十)

210000－0701－0000054　善01014

纂圖互註南華眞經十卷　(晉)郭象注　(唐)
陸德明音義　明初刻本　十冊

210000－0701－0000055　善01015

纂圖互註荀子二十卷　(唐)楊倞注　元刻明
修本　八冊

210000－0701－0000056　善01016

纂圖互注揚子法言十卷　(漢)揚雄撰　(晉)
李軌　(唐)柳宗元　(宋)宋咸　(宋)吳祕
(宋)司馬光注　明初刻本　四冊

210000－0701－0000057　善01017

疊山批點陸宣公奏議十五卷　(唐)陸贄撰
(元)謝枋得批點　明刻本　四冊

210000－0701－0000058　善01018

**增刊校正王狀元集註分類東坡先生詩二十五
卷**　(宋)蘇軾撰　題(宋)王十朋纂集
(宋)劉辰翁批點　元刻本　一冊　存六卷
(四、八至十、十三、十七)

210000－0701－0000059　善01019

王狀元集百家註分類東坡先生詩二十五卷
(宋)蘇軾撰　(宋)王十朋纂　(宋)劉辰翁
批點　宋刻本(卷二十配建安熊氏刻本)　三
冊　存三卷(七、十六、二十)

210000－0701－0000060　善01020

大學衍義四十三卷　(宋)眞德秀撰　元刻明
修本　十六冊

210000－0701－0000061　善01021

晉書一百三十卷　(唐)房玄齡等撰　**音義三
卷**　(唐)何超撰　元刻明正德十年(1515)司
禮監、嘉靖南京國子監遞修本　七十八冊
存一百二十九卷(一至一百二十二、一百二十
五至一百二十六、一百二十九至一百三十,音
義三卷)

210000－0701－0000062　善01022

晉書一百三十卷　(唐)房玄齡等撰　**音義三
卷**　(唐)何超撰　元刻明正德十年(1515)司

禮監、嘉靖萬曆南京國子監遞修本　二十
四冊

210000－0701－0000063　善01023

晉書一百三十卷　(唐)房玄齡等撰　**音義三
卷**　(唐)何超撰　元刻明正德十年(1515)司
禮監、嘉靖南京國子監遞修本　三十七冊
存一百二十四卷(三至九十四、九十八至一
百、一百五至一百三十,音義三卷)

210000－0701－0000064　善01024

通鑑總類二十卷　(宋)沈樞輯　元至正二十
三年(1363)吳郡庠刻本(卷九至十配清初抄
本)　三十二冊

210000－0701－0000065　善01025

學易記九卷圖經綱領一卷　(元)李簡撰　蒙
古中統刻本　七冊　存四卷(一至四上)

210000－0701－0000066　善01026

劉向新序十卷　(漢)劉向撰　明正德五年
(1510)楚府正心書院刻本　佚名批校題識
三冊　存七卷(一至五、九至十)

210000－0701－0000067　善01027

**新編事文類聚翰墨大全甲集十二卷乙集十八
卷丙集十四卷丁集十一卷戊集十三卷己集十
二卷庚集十五卷辛集十六卷壬集十七卷癸集
十七卷後甲集十五卷後乙集十三卷後丙集十
二卷後丁集十四卷後戊集九卷**　(元)劉應李
輯　明初刻本　四十二冊　存一百二十三卷
(甲集十二卷,乙集十八卷,丙集一至十、十三
至十四,丁集一至七,戊集一至二、六至十,己
集十二卷,庚集一至六、九至十,辛集十六卷,
壬集一至二、六至十七,癸集十七卷)

210000－0701－0000068　善01028

分門史志通典治原之書十五卷目錄一卷
(宋)□□輯　宋南陽子寶刻本　十二冊

210000－0701－0000069　善01029

春秋諸國統記六卷　(元)齊履謙撰　元延祐
刻本　二冊

210000－0701－0000070　善01030

困學紀聞二十卷　(宋)王應麟撰　明刻本

寶康跋 十六冊

210000－0701－0000071 善01031
世醫得效方二十卷 （元）危亦林輯 元至正
五年(1345)建寧路陳志刻本 七冊 存五卷
(二至三、五至六、九)

210000－0701－0000072 善01032
通志二百卷 （宋）鄭樵撰 元大德三山郡庠
刻元明遞修本 一百五冊 存一百七十七卷
(一至三十九、四十一至七十七、七十九至八
十五、九十至一百、一百二至一百十五、一百
十八至一百四十七、一百四十九至一百六十、
一百六十三至一百七十、一百七十三至一百
八十三、一百九十一至一百九十五、一百九十
七至一百九十八、二百)

210000－0701－0000073 善01033
朱子大全一百卷目錄二卷續集十卷別集十卷
（宋）朱熹撰 明天順四年(1460)賀沈、胡
緝刻本 十一冊 存十九卷(九至十二、十
五、十八、七十二至七十三、七十六、七十九至
八十二、九十一至九十四,目錄二卷)

210000－0701－0000074 善01034
國朝文類七十卷目錄三卷 （元）蘇天爵輯
元至元、至正西湖書院刻明修本 十六冊
存二十七卷(十六至十七、二十至三十二、三
十六至四十、五十六至五十七、六十七至七
十,目錄上)

210000－0701－0000075 善01035
唐書二百二十五卷 （宋）歐陽修 （宋）宋祁
等撰 釋音二十五卷 （宋）董衝撰 元大德
九年(1305)建康路儒學刻明成化、弘治南京
國子監遞修本 一百二十冊

210000－0701－0000076 善01036
北史一百卷 （唐）李延壽撰 元大德信州路
儒學刻明嘉靖遞修本(有抄配) 二十冊

210000－0701－0000077 善01037
北史一百卷 （唐）李延壽撰 元大德信州路
儒學刻明嘉靖遞修本 明徐波校點并跋 三
十六冊 存九十卷(一至十二、十六至四十

二、四十五至五十、五十四至九十、九十三至
一百)

210000－0701－0000078 善01038
宋季三朝政要六卷 元皇慶元年(1312)陳氏
餘慶堂刻本 清趙魏跋 二冊

210000－0701－0000079 善01039
唐書二百二十五卷 （宋）歐陽修 （宋）宋祁
等撰 釋音二十五卷 （宋）董衝撰 元大德
九年(1305)建康路儒學刻明成化、弘治南京
國子監遞修本(卷一百四至一百九抄補) 四
十三冊 存一百八十九卷(一至七十三、七十
五至一百六十八、二百四至二百二十五)

210000－0701－0000080 善01040
晉書一百三十卷 （唐）房玄齡等撰 音義三
卷 （唐）何超撰 元刻明正德十年(1515)司
禮監、嘉靖南京國子監遞修本 四十二冊
存一百十五卷(一至二十七、四十四至一百三
十,音義一)

210000－0701－0000081 善01041
大般若波羅蜜多經六百卷 （唐）釋玄奘譯
元至元杭州路南山普寧寺刻普寧藏本 一冊
存一卷(三百四十六)

210000－0701－0000082 善01042
大般若波羅蜜多經六百卷 （唐）釋玄奘譯
元至元杭州路南山普寧寺刻普寧藏本 一冊
存一卷(二百一)

210000－0701－0000083 善01043
根本說一切有部毗奈耶破僧事二十卷 （唐）
釋義淨譯 元至元杭州路南山普寧寺刻普寧
藏本 一冊 存一卷(十五)

210000－0701－0000084 善01044
虛空藏菩薩問七佛陀羅尼呪經一卷 元至元
二十一年(1284)杭州普寧寺刻普寧藏本
一冊

210000－0701－0000085 善01045
樂瓔珞莊嚴方便經一卷 （後秦）釋曇摩耶舍
譯 元至元杭州路普寧寺刻普寧藏本 一冊

210000－0701－0000086　善01046

大薩遮尼乾子受記經十卷　（北魏）釋菩提留支譯　元至元杭州路普寧寺刻普寧藏本　一冊　存一卷（六）

210000－0701－0000087　善01047

佛說耶祇經一卷佛說末羅王經一卷佛說摩達國王經一卷佛說旃陀越國王經一卷　（南朝宋）釋沮渠京聲譯　元至元杭州路普寧寺刻普寧藏本　一冊

210000－0701－0000088　善01048

佛說寶生陀羅尼經一卷　（宋）釋施護譯　佛說十號經一卷　（宋）釋天息災譯　毗沙門天王經一卷　（唐）釋不空譯　訶利帝母眞言法一卷　（唐）釋不空譯　元至元杭州路普寧寺刻普寧藏本　一冊

210000－0701－0000089　善01049

增壹阿含經五十一卷　（前秦）釋曇摩難提譯　元至元杭州路普寧寺刻普寧藏本　一冊　存一卷（五十一）

210000－0701－0000090　善01050

晉書一百三十卷　（唐）房玄齡等撰　音義三卷　（唐）何超撰　元刻明正德十年（1515）司禮監、嘉靖萬曆南京國子監遞修本　四十二冊　存一百八卷（一至六十七、九十三至一百三十，音義三卷）

210000－0701－0000091　善01051

西山先生眞文忠公文章正宗二十四卷　（宋）眞德秀編　明初刻本　八冊

210000－0701－0000092　善01052

三國志六十五卷　（晉）陳壽撰　（南朝宋）裴松之注　元刻明嘉靖、萬曆南京國子監遞修本　二十冊

210000－0701－0000093　善01053

唐書二百二十五卷　（宋）歐陽修　（宋）宋祁等撰　釋音二十五卷　（宋）董衝撰　元大德九年（1305）建康路儒學刻明清遞修本　三十五冊　存一百六十四卷（一至二、七至三十、四十一至五十七、六十一至六十四、七十至一百十二、一百十四至一百二十四、一百五十二至一百七十三、一百八十七至一百九十八、二百二十二至二百二十五，釋音二十五卷）

210000－0701－0000094　善01054

資治通鑑二百九十四卷　（宋）司馬光撰　（元）胡三省音注　通鑑釋文辯誤十二卷　（元）胡三省撰　元北京興文署刻明南京國子監遞修本　一百五十四冊　存二百九十五卷（三至一百十九、一百二十二至一百七十二、一百七十五至二百五十五、二百五十九至二百八十六、二百八十九至二百九十四，辯誤十二卷）

210000－0701－0000095　善01055

大佛頂如來密因修證了義諸菩薩萬行首楞嚴經十卷　（唐）釋般刺密帝　（唐）釋彌伽釋迦譯　（元）釋惟則會解　明刻本　十冊

210000－0701－0000096　善01056

資治通鑑二百九十四卷　（宋）司馬光撰　（元）胡三省音注　通鑑釋文辯誤十二卷　（元）胡三省撰　元刻明弘治、正德、嘉靖南京國子監遞修本　六十八冊　存二百七卷（三至二十六、三十至三十八、六十六至九十三、一百至一百五、一百十二至一百十八、一百二十五至二百四十三、二百三十至二百七十三）

210000－0701－0000097　善01057

玉海二百卷辭學指南四卷詩考一卷詩地理考六卷漢藝文志考證十卷通鑑地理通釋十四卷漢制考四卷踐阼篇集解一卷周易鄭康成注一卷姓氏急就篇二卷急就篇補注四卷周書王會補注一卷小學紺珠十卷六經天文篇二卷通鑑答問五卷　（宋）王應麟撰　元至元刻至正補刻明正德、嘉靖南京國子監遞修本　七十七冊　缺八卷（二十八至三十、三十七至四十一）

210000－0701－0000098　善01058

玉海二百卷辭學指南四卷詩考一卷詩地理考六卷漢藝文志考證十卷通鑑地理通釋十四卷漢制考四卷踐阼篇集解一卷周易鄭康成注一卷姓氏急就篇二卷急就篇補注四卷周書王會

補注一卷小學紺珠十卷六經天文篇二卷通鑑答問五卷 （宋）王應麟撰 元至元刻至正補刻明正德、嘉靖、萬曆南京國子監遞修本 一百册

210000－0701－0000099 善01059

南史八十卷 （唐）李延壽撰 元大德十年（1306）刻明嘉靖遞修本 二十册

210000－0701－0000100 善01060

玉海二百卷 （宋）王應麟撰 元至元慶元路儒學刻至正補刻明正德、嘉靖、萬曆南京國子監遞修本 十七册 存四十五卷（九十九至一百一十八，一百三十八至一百六十二）

210000－0701－0000101 善10001

此事難知二卷 （元）王好古撰 清刻本 二册

210000－0701－0000102 善10002

范文正公言行拾遺事錄四卷 （明）范惟元輯 義莊規矩一卷 明嘉靖三十九年（1560）范惟元刻本 一册

210000－0701－0000103 善10003

修習止觀坐禪法要二卷 （隋）釋智顗撰 明嘉靖四十三年（1564）趙瓚、秦鉞等刻本 一册

210000－0701－0000104 善10004

從古正文五卷字原釋義一卷 （明）黃諫撰 明嘉靖十五年（1536）李宗樞石疊山房刻本 清吳騫題識 二册

210000－0701－0000105 善10005

禮記集說大全三十卷 （明）胡廣等輯 明嘉靖九年（1530）安正堂刻本（卷一、十三、十八、二十八有抄補） 二十九册

210000－0701－0000106 善10006

禮記集說十六卷 （元）陳澔撰 明正統十二年（1447）司禮監刻本 十册

210000－0701－0000107 善10007

西山先生眞文忠公文章正宗二十四卷續文章正宗二十卷 （宋）眞德秀輯 明嘉靖四十三年（1564）蔣氏家塾刻本 四册 存十二卷（一至七，續三至四、十四至十六）

210000－0701－0000108 善10008

西山先生眞文忠公文章正宗二十四卷 （宋）眞德秀輯 明正德十五年（1520）馬卿刻本 十三册

210000－0701－0000109 善10009

西山先生眞文忠公續文章正宗二十卷 （宋）眞德秀輯 明嘉靖刻本 二册 存五卷（三至四、十四至十六）

210000－0701－0000110 善10010

集錄眞西山文章正宗三十卷 （宋）眞德秀輯 明嘉靖二十三年（1544）孔天胤刻三十九年（1560）范惟一補刻本 二十册

210000－0701－0000111 善10011

集錄眞西山文章正宗三十卷 （宋）眞德秀輯 明嘉靖二十三年（1544）孔天胤刻本 十二册

210000－0701－0000112 善10012

重校正唐文粹一百卷 （宋）姚鉉輯 明嘉靖三年（1524）徐焴刻萬曆重修本 三十二册

210000－0701－0000113 善10013

重校正唐文粹一百卷 （宋）姚鉉輯 明嘉靖三年（1524）徐焴刻萬曆重修本 四册 存九卷（四十至四十三、七十三至七十五、九十一至九十二）

210000－0701－0000114 善10014

重校正唐文粹一百卷 （宋）姚鉉輯 明嘉靖三年（1524）徐焴刻本 四十册

210000－0701－0000115 善10015

重刊校正唐荆川先生文集十二卷 （明）唐順之撰 明嘉靖三十二年（1553）葉氏寶山堂刻本 十六册

210000－0701－0000116 善10016

重刊校正唐荆川先生文集十二卷 （明）唐順之撰 明嘉靖三十二年（1553）葉氏寶山堂刻本 十二册

210000－0701－0000117　善 10017

文編六十四卷　（明）唐順之輯　明嘉靖胡帛
刻本　六十四冊

210000－0701－0000118　善 10018

詩集傳二十卷詩序辨說一卷詩傳綱領一卷詩
圖一卷　（宋）朱熹撰　明正統十二年(1447)
司禮監刻本　六冊

210000－0701－0000119　善 10019

詩集傳二十卷詩序辨說一卷詩傳綱領一卷詩
圖一卷　（宋）朱熹撰　明正統十二年(1447)
司禮監刻本　十二冊

210000－0701－0000120　善 10020

廣詩品彙九十卷拾遺十卷詩人爵里詳節一卷
　（明）高棅輯　（明）汪宗尼校訂　明刻本
十冊

210000－0701－0000121　善 10021

唐詩品彙九十卷拾遺十卷詩人爵里詳節一卷
　（明）高棅輯　明刻本　十七冊　存八十卷
（一至五十五、七十六至九十,拾遺十卷）

210000－0701－0000122　善 10022

類箋唐王右丞詩集十卷　（唐）王維撰　（明）
顧起經注　文集四卷集外編一卷　（唐）王維
撰　（明）顧起經輯　年譜一卷　（明）顧起經
撰　唐諸家同詠集一卷贈題集一卷歷朝諸家
評王右丞詩畫鈔一卷　（明）顧起經輯　明嘉
靖三十五年(1556)顧氏奇字齋刻本　十四冊

210000－0701－0000123　善 10023

類箋唐王右丞詩集十卷　（唐）王維撰　（明）
顧起經注　文集四卷集外編一卷　（唐）王維
撰　（明）顧起經輯　年譜一卷　（明）顧起經
撰　唐諸家同詠集一卷贈題集一卷歷朝諸家
評王右丞詩畫鈔一卷　（明）顧起經輯　明嘉
靖三十五年(1556)顧氏奇字齋刻本　十冊

210000－0701－0000124　善 10024

類箋唐王右丞詩集十卷　（唐）王維撰　（明）
顧起經注　文集四卷集外編一卷　（唐）王維
撰　（明）顧起經輯　年譜一卷　（明）顧起經
撰　唐諸家同詠集一卷贈題集一卷歷朝諸家

210000－0701－0000124a　善 10024

評王右丞詩畫鈔一卷　（明）顧起經輯　明嘉
靖三十五年(1556)顧氏奇字齋刻本　十二冊

210000－0701－0000125　善 10025

類箋唐王右丞詩集十卷文集四卷集外編一卷
　（唐）王維撰　（明）顧起經注　文集四卷集
外編一卷　（唐）王維撰　（明）顧起經輯　年
譜一卷　（明）顧起經撰　唐諸家同詠集一卷
贈題集一卷歷朝諸家評王右丞詩畫鈔一卷
（明）顧起經輯　明嘉靖三十五年(1556)顧起
經奇字齋刻本　六冊　存九卷(文集四卷、集
外編一卷、年譜一卷、唐諸家同詠集一卷、贈
題集一卷、歷朝諸家評王右丞詩畫鈔一卷)

210000－0701－0000126　善 10026

文選六十卷　（南朝梁）蕭統輯　（唐）李善注
　明嘉靖四年(1525)晉府養德書院刻本　二
十冊

210000－0701－0000127　善 10027

六家文選六十卷　（南朝梁）蕭統輯　（唐）李
善　（唐）呂延濟　（唐）劉良　（唐）張銑
（唐）呂向　（唐）李周翰注　明嘉靖十三年至
二十八年(1534－1549)袁褧嘉趣堂刻本　二
冊　存四卷(十八至十九、四十至四十一)

210000－0701－0000128　善 10028

六家文選六十卷　（南朝梁）蕭統輯　（唐）李
善　（唐）呂延濟　（唐）劉良　（唐）張銑
（唐）呂向　（唐）李周翰注　明嘉靖十三年至
二十八年(1534－1549)袁褧嘉趣堂刻本　三
十二冊

210000－0701－0000129　善 10029

六家文選六十卷　（南朝梁）蕭統輯　（唐）李
善　（唐）呂延濟　（唐）劉良　（唐）張銑
（唐）呂向　（唐）李周翰注　明嘉靖十三年至
二十八年(1534－1549)袁褧嘉趣堂刻本　三
十二冊

210000－0701－0000130　善 10030

唐詩紀事八十一卷　（宋）計有功撰　明嘉靖
二十四年(1545)洪楩清平山堂刻本　四十冊

210000－0701－0000131　善 10031

唐詩紀事八十一卷 （宋）計有功撰 明嘉靖二十四年(1545)張子立刻本 十四冊 存七十二卷(一至二十六、三十一至五十六、六十二至八十一)

210000－0701－0000132 善10032
唐餘紀傳十八卷 （明）陳霆撰 明嘉靖二十三年(1544)馮燠刻本 四冊

210000－0701－0000133 善10033
貞觀政要十卷 （唐）吳兢撰 （元）戈直集論 明成化元年(1465)內府刻本 瞿文選題識 六冊

210000－0701－0000134 善10034
貞觀政要十卷 （唐）吳兢撰 （元）戈直集論 明成化十二年(1476)崇府刻本 八冊

210000－0701－0000135 善10035
詩緝三十六卷 （宋）嚴粲撰 明嘉靖朱厚煜味經堂刻本(卷一至二、九至十二、二十八至三十、三十六抄配,卷四、三十五各抄補一葉) 二十冊

210000－0701－0000136 善10036
增廣註釋音辯唐柳先生集四十三卷別集二卷外集二卷 （唐）柳宗元撰 （宋）童宗說注釋 （宋）張敦頤音辯 （宋）潘緯音義 附錄一卷 明刻本 七冊 存二十八卷(一至十五、二十一至三十、四十一至四十三)

210000－0701－0000137 善10037
增廣註釋音辯唐柳先生集四十三卷別集二卷外集二卷 （唐）柳宗元撰 （宋）童宗說注釋 （宋）張敦頤音辯 （宋）潘緯音義 附錄一卷 明刻本 七冊 存二十五卷(一至七、十六至二十五、三十五至四十二)

210000－0701－0000138 善10038
貞觀政要十卷 （唐）吳兢撰 （元）戈直集論 明成化元年(1465)內府刻本 清周壽昌題識 八冊

210000－0701－0000139 善10039
誠意伯劉先生文集二十卷 （明）劉基撰 明成化六年(1470)戴用、張僖刻本 六冊 存

十六卷(五至二十)

210000－0701－0000140 善10040
中說十卷 題(隋)王通撰 （宋）阮逸注 明嘉靖十二年(1533)顧春世德堂刻六子全書本 四冊

210000－0701－0000141 善10041
中說十卷 題(隋)王通撰 （宋）阮逸注 明嘉靖十二年(1533)顧春世德堂刻六子全書本 四冊

210000－0701－0000142 善10042
後漢書九十卷 （南朝宋）范曄撰 （唐）李賢注 志三十卷 （晉）司馬彪撰 （南朝梁）劉昭注 明嘉靖七年至九年(1528－1530)南京國子監刻本 二十八冊

210000－0701－0000143 善10043
毛詩傳箋七卷 （漢）毛萇傳 （漢）鄭玄箋 明刻本 十冊

210000－0701－0000144 善10044
重刊儀禮考註十七卷 （元）吳澄撰 明嘉靖元年(1522)宗文書堂刻本 二冊

210000－0701－0000145 善10045
自警編八卷 （宋）趙善璙輯 明嘉靖二十四年(1545)唐曜刻本 十二冊 存七卷(二至八)

210000－0701－0000146 善10046
初學記三十卷 （唐）徐堅等輯 明嘉靖十三年(1534)晉府虛益堂刻本 十六冊

210000－0701－0000147 善10047
初學記三十卷 （唐）徐堅等輯 明楊鑨九洲書屋刻本 清楊霈題識 十五冊 存十五卷(一至十五)

210000－0701－0000148 善10048
初學記三十卷 （唐）徐堅等輯 明嘉靖十年(1531)錫山安國桂坡館刻本 清周星詒題識 十四冊

210000－0701－0000149 善10049
初學記三十卷 （唐）徐堅等輯 明嘉靖十三

年(1534)晉府虛益堂刻本 十二冊

210000－0701－0000150 善10050

自警編不分卷 (宋)趙善璙輯 宋端平元年(1234)九江郡齋刻本 三冊 存三編(甲、乙、戊)

210000－0701－0000151 善10051

後漢書九十卷 (南朝宋)范曄撰 (唐)李賢注 志三十卷 (晉)司馬彪撰 (南朝梁)劉昭注 明嘉靖七年至九年(1528－1530)南京國子監刻本 二十八冊 存二十一卷(列傳六十至八十)

210000－0701－0000152 善10052

大明集禮五十三卷 (明)徐一夔 (明)梁寅等撰 明嘉靖九年(1530)內府刻本 三十六冊

210000－0701－0000153 善10053

大明仁孝皇后勸善書二十卷 (明)仁孝皇后徐氏撰 明永樂五年(1407)內府刻本 十冊 缺二葉(卷五首葉、卷七首葉)

210000－0701－0000154 善10054

大明仁孝皇后勸善書二十卷 (明)仁孝皇后徐氏撰 明永樂五年(1407)內府刻本(卷十五第十二至十三、二十九、三十二葉,卷十六第二十八至三十、三十九、四十一至四十五葉,卷十八第四十葉抄補) 六冊

210000－0701－0000155 善10055

大明一統志九十卷 (明)李賢 (明)萬安等纂修 明天順五年(1461)內府刻本 四十冊

210000－0701－0000156 善10056

大學衍義四十三卷 (宋)真德秀撰 明嘉靖六年(1527)司禮監刻本 十二冊 存二十八卷(一至五、九至十七、二十至二十一、二十四至三十、三十五至三十九)

210000－0701－0000157 善10057

大學衍義四十三卷 (宋)真德秀撰 明嘉靖吉澄刻本 十冊

210000－0701－0000158 善10058

大學衍義四十三卷 (宋)真德秀撰 明嘉靖六年(1527)司禮監刻本 二十二冊 存四十卷(一至十八、二十至二十一、二十四至四十三)

210000－0701－0000159 善10059

分類補註李太白詩二十五卷 (唐)李白撰 (宋)楊齊賢集注 (元)蕭士贇補注 分類編次李太白文五卷 (唐)李白撰 (明)郭雲鵬編次 明嘉靖二十二年(1543)郭雲鵬寶善堂刻本 十二冊 缺(郭雲鵬跋)

210000－0701－0000160 善10060

大學衍義補一百六十卷首一卷 (明)丘濬撰 明嘉靖三十八年(1559)吉澄刻本 六十四冊

210000－0701－0000161 善10061

分類補註李太白詩二十五卷 (唐)李白撰 (宋)楊士賢集注 (宋)蕭士贇補注 年譜一卷 (宋)薛仲邕撰 明嘉靖二十五年(1546)玉几山人刻本 八冊 存十四卷(四至九、十八至二十五)

210000－0701－0000162 善10062

大明集禮五十三卷目錄一卷 (明)徐一夔 (明)梁寅等撰 明嘉靖九年(1530)內府刻本(卷一及目錄抄補) 三十六冊

210000－0701－0000163 善10063

大復集三十七卷 (明)何景明撰 明嘉靖三十四年(1555)袁璨刻本 十二冊

210000－0701－0000164 善10064

何大復先生集三十八卷 (明)何景明撰 明刻本 十二冊

210000－0701－0000165 善10065

大復集三十七卷 (明)何景明撰 明嘉靖三十四年(1555)袁璨刻本(有抄補三葉) 二十冊

210000－0701－0000166 善10066

分類補註李太白詩二十五卷 (唐)李白撰 (宋)楊齊賢集注 (元)蕭士贇補注 分類編次李太白文五卷 (唐)李白撰 (明)郭雲鵬

编次　明嘉靖二十二年(1543)郭雲鵬寶善堂
刻本　十八冊

210000－0701－0000167　善10067
分類補註李太白詩二十五卷　(唐)李白撰
(宋)楊士賢集注　(元)蕭士贇補注　**分類編**
次李太白文五卷　(唐)李白撰　(明)郭雲鵬
編次　明嘉靖二十二年(1543)郭雲鵬寶善堂
刻本　六冊

210000－0701－0000168　善10068
荀子二十卷　(戰國)荀況撰　(唐)楊倞注
明嘉靖十二年(1533)顧春世德堂刻六子全書
本　十冊

210000－0701－0000169　善10069
荀子二十卷　(戰國)荀況撰　(唐)楊倞注
明嘉靖十二年(1533)顧春世德堂刻六子全書
本　十冊　存七卷(一至三、七至十)

210000－0701－0000170　善10070
韓柳文一百卷　(明)游居敬編　明嘉靖三十
五年(1556)莫如士刻本　二十四冊

210000－0701－0000171　善10071
古今韻會舉要三十卷禮部韻略七音三十六母
通攷一卷　(元)熊忠撰　明嘉靖十五年
(1536)江西秦鉞、李舜臣刻十七年(1538)劉
儲秀補刻本　十冊

210000－0701－0000172　善10072
李翰林集十卷　(唐)李白撰　明正德十四年
(1519)陸元大刻清嘉慶八年(1803)淵雅堂重
修本　四冊

210000－0701－0000173　善10073
老子道德經二卷　(漢)河上公章句　明嘉靖
顧氏世德堂刻六子書本　二冊

210000－0701－0000174　善10074
韓文四十卷外集十卷遺集一卷　(唐)韓愈撰
集傳一卷　明嘉靖十六年(1537)游居敬刻
韓柳文本　十四冊

210000－0701－0000175　善10075
韓文四十卷外集十卷遺集一卷　(唐)韓愈撰

集傳一卷　明嘉靖三十五年(1556)莫如士
刻韓柳文本　六冊

210000－0701－0000176　善10076
韓文四十卷外集十卷遺集一卷　(唐)韓愈撰
集傳一卷　明嘉靖三十五年(1556)莫如士
刻韓柳文本　六冊

210000－0701－0000177　善10077
昌黎先生集四十卷外集十卷遺文一卷　(唐)
韓愈撰　(宋)廖瑩中校正　**朱子校昌黎先生**
集傳一卷　明嘉靖徐時泰東雅堂刻本　十五
冊　存三十一卷(一至三十一)

210000－0701－0000178　善10078
韓文四十卷外集十卷遺集一卷　(唐)韓愈撰
集傳一卷　明嘉靖三十五年(1556)莫如士
刻韓柳文本　六冊　存三十四卷(十九至四
十、外集十卷、遺集一卷、集傳一卷)

210000－0701－0000179　善10079
類編草堂詩餘四卷　(明)顧從敬編次　(明)
韓俞臣校正　明博雅堂刻本　四冊

210000－0701－0000180　善10080
集千家註杜工部詩集二十卷文集二卷　(唐)
杜甫撰　(宋)黃鶴補注　**附錄一卷**　明嘉靖
十五年(1536)玉几山人刻本　二十四冊

210000－0701－0000181　善10081
集千家註杜工部詩集二十卷文集二卷　(唐)
杜甫撰　(宋)黃鶴補注　**附錄一卷**　明嘉靖
十五年(1536)玉几山人刻本　十四冊

210000－0701－0000182　善10082
重廣補註黃帝內經素問二十四卷　(唐)王冰
注　(宋)林億等校正　(宋)孫兆改誤　明嘉
靖二十九年(1550)顧從德影宋刻本　十冊
存十九卷(一至九、十三至二十二)

210000－0701－0000183　善10083
重廣補註黃帝內經素問二十四卷　(唐)王冰
注　(宋)林億等校正　(宋)孫兆改誤　明嘉
靖二十九年(1550)顧從德影宋刻本　十二冊

210000－0701－0000184　善10084

楚騷五卷　（戰國）屈原撰　**附錄一卷**　（漢）司馬遷撰　明正德十五年（1520）熊宇刻篆字本　八冊

210000－0701－0000185　善10085

重廣補註黃帝內經素問二十四卷　（唐）王冰注　（宋）林億等校正　（宋）孫兆改誤　明嘉靖二十九年（1550）顧從德影宋刻本　十冊

210000－0701－0000186　善10086

周易傳義大全二十四卷上下篇義一卷周易朱子圖說一卷易五贊一卷筮儀一卷易說綱領一卷　（明）胡廣等輯　明刻本　十二冊

210000－0701－0000187　善10087

性理大全書七十卷　（明）胡廣等撰　明嘉靖二十二年（1543）應天府學刻本　八十冊

210000－0701－0000188　善10088

新刊性理大全七十卷　（明）胡廣等撰　明嘉靖十七年（1538）黃氏集義堂刻本　三十二冊

210000－0701－0000189　善10089

歐陽文忠公集一百五十三卷　（宋）歐陽修撰　（宋）周必大編　**年譜一卷**　（宋）胡柯撰　**附錄六卷**　明正德七年（1512）劉喬刻嘉靖十六年（1537）季本、詹治三十九年（1560）何遷遞修本　二十四冊

210000－0701－0000190　善10090

大學衍義補一百六十卷首一卷　（明）丘濬撰　明刻本　二十冊

210000－0701－0000191　善10091

歐陽文忠公全集一百三十五卷　（宋）歐陽修撰　明嘉靖三十四年（1555）陳珊刻本　二十四冊

210000－0701－0000192　善10092

歐陽文集五十卷　（宋）歐陽修撰　**年譜一卷**　（宋）胡柯撰　明嘉靖二十二年（1543）李冕刻本　二十四冊

210000－0701－0000193　善10093

朱文公校昌黎先生文集四十卷外集十卷遺文一卷　（唐）韓愈撰　（宋）朱熹考異　（宋）

王伯大音釋　**傳一卷**　明刻本　七冊　存三十二卷（一至十三、三十四至四十，外集十卷，遺文一卷，集傳一卷）

210000－0701－0000194　善10094

周易十卷　（宋）程頤傳　（宋）朱熹本義　**上下篇義一卷**　（宋）程頤撰　**易說綱領一卷**　（宋）程頤　（宋）朱熹撰　**易圖集錄一卷易五贊一卷筮儀一卷**　（宋）朱熹撰　明正統十二年（1447）司禮監刻本　六冊

210000－0701－0000195　善10095

柳文四十三卷別集二卷外集二卷附錄一卷　（唐）柳宗元撰　明嘉靖三十五年（1556）莫如士刻韓柳文本　六冊

210000－0701－0000196　善10096

性理大全書七十卷　（明）胡廣等撰　明內府刻本　二十冊　存四十九卷（二十二至七十）

210000－0701－0000197　善10097

註陸宣公奏議十五卷　（唐）陸贄撰　（宋）郎曄注　明嘉靖三十四年（1555）汪氏刻本　六冊

210000－0701－0000198　善10098

韋蘇州集十卷拾遺一卷　（唐）韋應物撰　明嘉靖二十年（1541）周桃村刻本　六冊

210000－0701－0000199　善10099

蘇文忠公全集一百十一卷　（宋）蘇軾撰　**年譜一卷**　（宋）王宗稷撰　**東坡先生墓誌銘一卷**　（宋）蘇轍撰　明嘉靖十三年（1534）江西布政司刻本（東坡續集目錄第十七葉、卷九第四葉抄補）　四十八冊

210000－0701－0000200　善10100

重刊嘉祐集十五卷　（宋）蘇洵撰　明嘉靖十一年（1532）張鏜刻本　四冊

210000－0701－0000201　善10101

元包經傳五卷　（北周）衛元嵩撰　（唐）蘇源明傳　（唐）李江注　**元包數總義二卷**　（宋）張行成撰　明刻本　四冊

210000－0701－0000202　善10102

春秋經傳集解三十卷 （晉）杜預撰 （唐）陸德明釋文 明嘉靖刻本 十冊 存十卷（十六至二十、二十六至三十）

210000－0701－0000203 善10103

戰國策十卷 （宋）鮑彪注 （元）吳師道補正 明刻本 八冊

210000－0701－0000204 善10104

六書精蘊六卷 （明）魏校撰 音釋舉要一卷 （明）徐官撰 明嘉靖十九年（1540）魏希明刻本 十二冊

210000－0701－0000205 善10105

六書精蘊六卷 （明）魏校撰 音釋舉要一卷 （明）徐官撰 明嘉靖十九年（1540）魏希明刻本 十二冊

210000－0701－0000206 善10106

文山先生全集二十卷 （宋）文天祥撰 （明）張元諭編校 明嘉靖三十九年（1560）張元諭刻本 十一冊 存十七卷（一至九、十一至十八）

210000－0701－0000207 善10107

文山先生全集二十卷 （宋）文天祥撰 （明）張元諭編校 明嘉靖三十九年（1560）張元諭刻本 九冊 存十八卷（一至十二、十五至二十）

210000－0701－0000208 善10108

河東先生集四十五卷外集二卷龍城錄二卷 （唐）柳宗元撰 （宋）廖瑩中校正 附錄二卷傳一卷 明郭雲鵬濟美堂刻本 十四冊

210000－0701－0000209 善10109

河東先生集四十五卷外集二卷龍城錄二卷 （唐）柳宗元撰 （宋）廖瑩中校正 附錄二卷傳一卷 明郭雲鵬濟美堂刻本 二十二冊

210000－0701－0000210 善10110

河東先生集四十五卷外集二卷龍城錄二卷 （唐）柳宗元撰 （宋）廖瑩中校正 附錄二卷傳一卷 明郭雲鵬濟美堂刻本 二十冊

210000－0701－0000211 善10111

金史一百三十五卷目錄二卷 （元）脫脫等撰 明嘉靖八年（1529）南京國子監刻本 二十八冊

210000－0701－0000212 善10112

金史一百三十五卷目錄二卷 （元）脫脫等撰 明嘉靖八年（1529）南京國子監刻本 二十冊

210000－0701－0000213 善10113

金史一百三十五卷目錄二卷 （元）脫脫等撰 明嘉靖八年（1529）南京國子監刻本 二十三冊 存一百三十一卷（一至四、九至一百三十五）

210000－0701－0000214 善10114

金史一百三十五卷目錄二卷 （元）脫脫等撰 明嘉靖八年（1529）南京國子監刻明清遞修本 二十四冊

210000－0701－0000215 善10115

大明正德乙亥重刊改併五音類聚四聲篇十五卷五音集韻十五卷 （金）韓道昭撰 新編經史正音切韻指南一卷 （元）劉鑑撰 新編篇韻貫珠集八卷直指玉匙門法一卷 （明）釋真空撰 明正德十一年（1516）金臺衍法寺釋覺恒刻本 十八冊 缺十五卷（五音集韻十五卷）

210000－0701－0000216 善10116

大明正德乙亥重刊改併五音集韻十五卷 （金）韓道昭撰 明正德十一年（1516）金臺衍法寺釋覺恒刻本 七冊

210000－0701－0000217 善10117

大明正德乙亥重刊改併五音類聚四聲篇十五卷 （金）韓道昭撰 明正德十一年（1516）金臺衍法寺釋覺恒刻嘉靖三十八年（1559）釋本贊修補印本 十冊

210000－0701－0000218 善10118

遼史一百十五卷 （元）脫脫等撰 明嘉靖八年（1529）南京國子監刻萬曆四年（1576）補刻本 十二冊

210000－0701－0000219 善10119

遼史一百十五卷 （元）脫脫等撰 明嘉靖八年(1529)南京國子監刻萬曆四年(1576)補刻本 十二冊

210000－0701－0000220 善10120

遼史一百十五卷 （元）脫脫等撰 明嘉靖八年(1529)南京國子監刻本 八冊

210000－0701－0000221 善10121

兩漢紀六十卷 （宋）王銍輯 明嘉靖二十七年(1548)黃姬水刻本 十六冊

210000－0701－0000222 善10122

兩漢紀六十卷 （宋）王銍輯 明嘉靖二十七年(1548)黃姬水刻本 二十二冊

210000－0701－0000223 善10123

遼史一百十六卷 （元）脫脫等撰 明嘉靖八年(1529)南京國子監刻明清遞修本 十二冊

210000－0701－0000224 善10124

楮記室十五卷 （明）潘塤輯 明嘉靖潘蔓刻本 八冊

210000－0701－0000225 善10125

楮記室十五卷 （明）潘塤輯 明嘉靖潘蔓刻本 二冊

210000－0701－0000226 善10126

古今說海一百三十五種一百四十二卷 （明）陸楫等編 明嘉靖二十三年(1544)儼山書院、雲山書院、青藜館刻本 四十冊

210000－0701－0000227 善10127

古今說海一百三十五種一百四十二卷 （明）陸楫等編 明嘉靖二十三年(1544)儼山書院、雲山書院、青藜館刻本 四十冊

210000－0701－0000228 善10128

六子書六十卷 （明）顧春輯 明嘉靖十二年(1533)吳郡顧春世德堂刻本 三十冊

210000－0701－0000229 善10129

六子書六十卷 （明）顧春輯 明嘉靖十二年(1533)吳郡顧春世德堂刻本 二十七冊 存五十一卷(南華眞經六至十、沖虛至德眞經八卷、荀子二十卷、新纂門目五臣音註揚子法言

三至十、中說十卷)

210000－0701－0000230 善10130

五燈會元二十卷 （宋）釋普濟撰 明成化十一年(1475)刻本 二十冊

210000－0701－0000231 善10131

藝文類聚一百卷 （唐）歐陽詢撰 明嘉靖二十八年(1549)平陽張松刻本 三十二冊

210000－0701－0000232 善10132

藝文類聚一百卷 （唐）歐陽詢撰 明嘉靖六年至七年(1527－1528)胡纘宗、陸采刻本 二十冊

210000－0701－0000233 善10133

藝文類聚一百卷 （唐）歐陽詢撰 明嘉靖二十八年(1549)平陽張松刻本 二十三冊 缺五卷(十至十三、二十一)

210000－0701－0000234 善10134

前漢書一百卷 （漢）班固撰 （唐）顏師古注 明嘉靖八年至九年(1529－1530)南京國子監刻明清遞修本 二十四冊

210000－0701－0000235 善10135

南豐先生元豐類藁五十卷 （宋）曾鞏撰 明成化八年(1472)南豐縣刻遞修本 十三冊 存四十一卷(一至四十一)

210000－0701－0000236 善10136

南豐先生元豐類藁五十卷 （宋）曾鞏撰 明成化八年(1472)南豐縣刻遞修本 十六冊

210000－0701－0000237 善10137

前漢書一百卷 （漢）班固撰 （唐）顏師古注 明嘉靖八年至九年(1529－1530)南京國子監刻本 六冊 存九卷(十九至二十七)

210000－0701－0000238 善10138

前漢書一百卷 （漢）班固撰 （唐）顏師古注 明嘉靖八年至九年(1529－1530)南京國子監刻本 二十五冊 存九十一卷(二至十八、二十七至一百)

210000－0701－0000239 善10139

後漢書九十卷 （南朝宋）范曄撰 （唐）李賢

注 志三十卷 （晉）司馬彪撰 （南朝梁）劉昭注 明嘉靖七年至九年(1528－1530)南京國子監刻本 二十二冊 存九十九卷(一至六十九、志三十卷)

210000－0701－0000240 善10140

十七史百將傳十卷 (宋)張預集 明景泰五年(1454)岑瑛刻本 七冊 存八卷(三至十)

210000－0701－0000241 善10141

丹溪心法附餘二十四卷首一卷 （明）方廣輯 明四知館楊君臨刻本 十四冊

210000－0701－0000242 善10142

丹溪心法附餘二十四卷首一卷 （明）方廣輯 明嘉靖十五年(1536)姚文清、陳講刻本 十二冊

210000－0701－0000243 善10143

雍錄十卷 （宋）程大昌撰 明嘉靖錫山安國刻本 二冊 存四卷(五至六、九至十)

210000－0701－0000244 善10144

齊乘六卷釋音一卷 （元）于欽纂修 明嘉靖四十三年(1564)刻本 六冊

210000－0701－0000245 善10145

三禮考註六十四卷 （元）吳澄撰 明成化九年(1473)謝士元校刻本 十冊

210000－0701－0000246 善10146

玉機微義五十卷 （明）徐彥純輯 （明）劉純續 明景泰二年(1451)吳從政刻本(有抄配) 二十冊

210000－0701－0000247 善10147

讀杜詩愚得十八卷 （明）單復撰 明邵廉刻本 十七冊 存十七卷(一至八、十至十八)

210000－0701－0000248 善10148

五倫書六十二卷 （明）宣宗朱瞻基撰 明正統十二年(1447)內府刻本 三十冊

210000－0701－0000249 善10149

兩漢博文十二卷 (宋)楊侃輯 明嘉靖三十七年(1558)黃魯曾刻本 十二冊

210000－0701－0000250 善10150

蓮谷先生讀易索隱六卷 （明）洪鼐撰 明嘉靖二十六年(1547)順裕堂刻本 三冊

210000－0701－0000251 善10151

讀易餘言五卷 （明）崔銑撰 明嘉靖十五年(1536)崔氏家塾刻本 四冊

210000－0701－0000252 善10152

嘉靖三十一年應天府鄉試錄一卷 明嘉靖刻本 四冊

210000－0701－0000253 善10153

誠齋先生易傳二十卷 (宋)楊萬里撰 明萬曆四十六年(1618)張惟任刻本 十二冊

210000－0701－0000254 善10154

元文類七十卷目錄三卷 （元）蘇天爵輯 明嘉靖十六年(1537)晉藩刻本 三十二冊

210000－0701－0000255 善10155

前漢書一百卷 （漢）班固撰 （唐）顏師古注 明嘉靖八年至九年(1529－1530)南京國子監刻本 三十二冊

210000－0701－0000256 善10156

建文遜國臣記八卷 （明）鄭曉撰 明嘉靖四十五年(1566)鄭履淳刻鄭端簡公全集本 一冊 存四卷(一至四)

210000－0701－0000257 善10157

建寧人物傳四卷 （明）李默撰 明嘉靖十七年(1538)李東光刻本 二冊

210000－0701－0000258 善10158

重恩錄三卷 （明）嚴嵩輯 明嘉靖三十三年(1554)自刻本 二冊

210000－0701－0000259 善10159

豫章黃先生文集三十卷外集十四卷別集二十卷簡尺二卷詞一卷 （宋）黃庭堅撰 青社黃先生伐檀集二卷 （宋）黃庶撰 山谷先生譜三十卷 （宋）黃營撰 明弘治葉天爵刻嘉靖六年(1527)喬遷、余載仕重修本 二十冊

210000－0701－0000260 善10160

蒙求續編二卷 （明）孫緒撰 （明）李際可注 明嘉靖十六年(1537)孫悟刻本 二冊

210000－0701－0000261　善10161

天啟聖德中興頌一卷　（明）朱拱櫏撰　明嘉靖十六年(1537)朱拱櫏刻本　一冊

210000－0701－0000262　善10162

錦繡萬花谷四十卷後集四十卷續集四十卷　明嘉靖十四年(1535)徽藩崇古書院刻本　三十六冊

210000－0701－0000263　善10163

前漢書一百卷　（漢）班固撰　（隋）顏師古注　明嘉靖八年至九年(1529－1530)南京國子監刻本　三十二冊

210000－0701－0000264　善10164

青社黃先生伐檀集二卷　（宋）黃庶撰　明弘治十八年(1505)葉天爵刻嘉靖六年(1527)喬遷重修本　二冊

210000－0701－0000265　善10165

樂經元義八卷　（明）劉濂撰　明嘉靖刻本　四冊

210000－0701－0000266　善10166

聯句私抄四卷　（明）毛紀輯　明嘉靖刻本　一冊

210000－0701－0000267　善10167

辭榮錄不分卷　（明）毛紀撰　明嘉靖刻本　一冊

210000－0701－0000268　善10168

朱子實紀十二卷　（明）戴銑輯　明正德八年(1513)鮑雄刻本　四冊

210000－0701－0000269　善10169

後漢書九十卷　（南朝宋）范曄等撰　（唐）李賢注　**志三十卷**　（晉）司馬彪撰　（南朝梁）劉昭注　明嘉靖七年至九年(1528－1530)南京國子監刻本　六十四冊

210000－0701－0000270　善10170

受菴功行譜一卷　（明）陳昌積撰　明嘉靖刻本　一冊

210000－0701－0000271　善10171

聖學心法四卷　（明）成祖朱棣撰　明永樂七年(1409)內府刻本　八冊

210000－0701－0000272　善10172

新刊仁齋直指附遺方論二十六卷小兒附方論五卷醫脈眞經二卷傷寒類書活人總括七卷　（宋）楊士瀛撰　（明）朱崇正補遺　明末書林熊咸初刻本　羅振玉跋　日本丹波元簡　日本澀江全善題記　八冊

210000－0701－0000273　善10173

皇明詔令二十一卷　明嘉靖十八年(1539)傅鳳翔刻二十七年(1548)浙江布政司增刻本　九冊　存十八卷（四至二十一）

210000－0701－0000274　善10174

錦繡萬花谷前集四十卷後集四十卷續集四十卷　明刻本　三十二冊

210000－0701－0000275　善10175

松陵集十卷　（唐）皮日休　（唐）陸龜蒙撰　明刻本　六冊

210000－0701－0000276　善10176

宋史四百九十六卷目錄三卷　（元）脫脫等撰　明成化七年至十六年(1471－1480)南京國子監朱英刻嘉靖、萬曆遞修本　一百六十冊

210000－0701－0000277　善10177

前漢書一百卷　（漢）班固撰　（唐）顏師古注　明嘉靖八年至九年(1529－1530)南京國子監刻本　十六冊　存五十二卷（帝紀十二卷、表八卷、列傳三十九至七十）

210000－0701－0000278　善10178

春秋集傳大全三十七卷序論一卷春秋二十國年表一卷諸國興廢說一卷　（明）胡廣等輯　明永樂內府刻本　十八冊

210000－0701－0000279　善10179

唐書二百卷　（五代）劉昫等撰　明嘉靖十四年至十七年(1535－1538)聞人詮刻本　八冊

210000－0701－0000280　善10180

六家文選六十卷　（南朝梁）蕭統輯　（唐）李善　（唐）呂延濟　（唐）劉良　（唐）張銑　（唐）呂向　（唐）李周翰注　明嘉靖十三年至

二十八年(1534-1549)袁褧嘉趣堂刻本　六十一冊

210000-0701-0000281　善10181
文山先生文集二十八卷　(宋)文天祥撰
(明)鄢懋卿輯　明嘉靖三十一年(1552)寧寵
刻本　五冊　存十四卷(十五至二十八)

210000-0701-0000282　善10182
春秋公羊註疏二十八卷　(漢)何休注　(唐)
徐彥疏　(唐)陸德明音義　明嘉靖李元陽、
江以達刻本　十冊

210000-0701-0000283　善10183
歐陽文忠公集一百五十三卷　(宋)歐陽修撰
　年譜一卷　(宋)胡柯撰　明天順六年
(1462)程宗刻弘治五年(1492)遞修本　二十
四冊　存八十六卷(一至八十五、年譜一卷)

210000-0701-0000284　善10184
唐丞相曲江張先生文集二十卷　(唐)張九齡
撰　明嘉靖十五年(1536)刻本　八冊

210000-0701-0000285　善10185
武經總要前集二十二卷後集二十一卷　(宋)
曾公亮等撰　行軍須知二卷百戰奇法二卷
明弘治十七年(1504)李贊刻本　十三冊　存
三十三卷(前集四至九、十八至二十一,後集
三至二十一,行軍須知二卷,百戰奇法二卷)

210000-0701-0000286　善10186
河南程氏遺書二十五卷附錄一卷外書十二卷
　(宋)程顥　(宋)程頤撰　(明)閭禹錫輯
明成化十二年(1476)段堅刻本　五冊

210000-0701-0000287　善10187
新增格古要論十三卷　(明)曹昭撰　(明)王
佐增補　明萬曆刻本　八冊

210000-0701-0000288　善10188
事物紀原集類十卷　(宋)高承輯　(明)閻敬
校　明成化八年(1472)李果刻本　十冊

210000-0701-0000289　善10189
禪林寶訓二卷　(宋)釋淨善輯　明弘治七年
(1494)刻本　二冊

210000-0701-0000290　善10190
教乘法數十二卷　(明)釋圓瀞輯　明萬曆十
七年(1589)刻本　八冊

210000-0701-0000291　善10191
宋丞相李忠定公奏議六十九卷附錄九卷
(宋)李綱撰　(明)朱欽彙校　明正德十一年
(1516)胡文靜、蕭泮刻本　十四冊　存六十
九卷(一至六十、附錄九卷)

210000-0701-0000292　善10192
[正德]姑蘇志六十卷　(明)王鏊等纂修　明
正德元年(1506)刻本(卷三十一抄補)　十八
冊　存五十三卷(四至六、十一至六十)

210000-0701-0000293　善10193
稼軒長短句十二卷　(宋)辛棄疾撰　(明)李
濂評　明嘉靖十五年(1536)王詔刻本　六冊

210000-0701-0000294　善10194
十七史詳節二百七十三卷　(宋)呂祖謙輯
明正德十一年(1516)慎獨齋刻本　清安璿題
識　四十冊

210000-0701-0000295　善10195
西軒效唐集錄十二卷　(明)丁養浩撰　明嘉
靖刻本　六冊

210000-0701-0000296　善10196
孝肅包公奏議集十卷　(宋)包拯撰　明弘治
五年(1492)合肥縣刻本　十冊

210000-0701-0000297　善10197
象山先生文集二十八卷外集四卷　(宋)陸九
淵撰　行狀一卷　(宋)楊簡撰　謚議一卷
(宋)孔煒撰　語錄四卷　(宋)傅子雲
(宋)嚴松輯　明正德十六年(1521)李茂元刻
本　十六冊

210000-0701-0000298　善10198
龍川先生文集三十卷　(宋)陳亮撰　明史朝
富刻本　十二冊

210000-0701-0000299　善10199
梅溪先生廷試策一卷奏議四卷文集二十卷後
集二十九卷　(宋)王十朋撰　附錄一卷　明

正統五年（1440）劉謙、何澥刻天順六年（1462）重修本　二十冊

210000－0701－0000300　善10200

勤有詩集一卷文集一卷　（明）朱孟烷撰　明正統六年（1441）楚藩朱季坎刻本　二冊

210000－0701－0000301　善10201

道德眞經傳四卷　（唐）陸希聲撰　明正統十年（1445）刻本　八冊

210000－0701－0000302　善10202

南軒先生文集四十四卷　（宋）張栻撰　明刻本　十一冊

210000－0701－0000303　善10203

書史會要九卷補遺一卷　（明）陶宗儀撰　明洪武九年（1376）盧祥、林應麟等刻本　四冊　存七卷（四至九、補遺一卷）

210000－0701－0000304　善10204

宋學士文集七十五卷　（明）宋濂撰　明正德九年（1514）張潃刻嘉靖四十四年（1565）劉祐重修本　九冊　存五十一卷（翰苑前集十卷、翰苑續集十卷、芝園集五至十、芝園後集十卷、芝園續集十卷、朝章稿五卷）

210000－0701－0000305　善10205

歷代君鑒五十卷　（明）代宗朱祁鈺撰　明景泰四年（1453）內府刻本　十冊

210000－0701－0000306　善10206

羣書考索前集六十六卷後集六十五卷續集五十六卷別集二十五卷　（宋）章如愚輯　明正德三年至十三年（1508－1518）劉洪慎獨書齋刻十六年（1521）重修本　六十三冊　存二百七卷（前集六十六卷，後集六十五卷，續集一至四十三、四十九至五十六，別集二十五卷）

210000－0701－0000307　善10207

孫眞人備急千金要方九十三卷目錄二卷　（唐）孫思邈撰　明嘉靖二十二年（1543）喬世定小丘山房刻本　四十八冊

210000－0701－0000308　善10208

羣書考索前集六十六卷後集六十五卷續集五

十六卷別集二十五卷　（宋）章如愚輯　明正德三年至十三年（1508－1518）劉洪慎獨書齋刻本（前集卷二十九至三十五抄補）　六十冊

210000－0701－0000309　善10209

至大重修宣和博古圖錄三十卷　（宋）王黼等撰　明嘉靖七年（1528）蔣暘刻本　十八冊　存十八卷（一至九、十六至二十二、二十四、二十七）

210000－0701－0000310　善10210

遜志齋集二十四卷　（明）方孝孺撰　**附錄一卷**　明正德十五年（1520）顧璘刻本　十六冊

210000－0701－0000311　善10211

唐盧戶部詩集十卷　（唐）盧綸撰　（明）蔣孝編　明嘉靖二十九年（1550）蔣孝刻中唐十二家詩集本　二冊

210000－0701－0000312　善10212

何氏語林三十卷　（明）何良俊撰　明嘉靖二十九年（1550）何氏清森閣刻本　十六冊

210000－0701－0000313　善10213

宋丞相崔清獻公全錄十卷　（宋）崔與之撰　（明）崔子璲輯　（明）崔曉增輯　明嘉靖三十二年（1553）刻本　五冊

210000－0701－0000314　善10214

新刊纂圖大字群書類要事林廣記□□卷　（宋）陳元靚輯　（明）□□補輯　明嘉靖二十年（1541）余氏敬賢堂刻本　五冊　存五卷（後集一卷、續集一卷、別集一卷、外集一卷、新集一卷）

210000－0701－0000315　善10215

鴻猷錄十六卷　（明）高岱撰　明嘉靖四十四年（1565）高思誠刻本　八冊

210000－0701－0000316　善10216

新編事文類聚翰墨全書己集七卷　（元）劉應李編　明初刻本　四冊

210000－0701－0000317　善10217

空同先生集六十三卷　（明）李夢陽撰　明嘉靖刻本　十六冊

210000－0701－0000318　善 10218

重刻渼陂王太史先生全集二十七卷　（明）王
九思撰　明嘉靖十二年(1533)山西王獻等刻
二十四年(1545)翁萬達、三十年(1551)宋廷
琦續刻崇禎十三年(1640)張宗孟重修本　十
六冊

210000－0701－0000319　善 10219

渼陂集正集十六卷續集三卷　（明）王九思撰
　明嘉靖十二年(1533)山西王獻等刻二十四
年(1545)翁萬達續刻崇禎十三年(1640)張宗
孟重修本　十一冊

210000－0701－0000320　善 10220

魁本袖珍方大全四卷　（明）李恒撰　明嘉靖
十八年(1539)楊氏清江書堂刻本　八冊

210000－0701－0000321　善 10221

王端毅公奏議十五卷　（明）王恕撰　明嘉靖
十三年(1534)刻清嘉慶十一年(1806)補刻本
　八冊

210000－0701－0000322　善 10222

洪範淺解十一卷　（明）程宗舜撰　明嘉靖三
十六年(1557)楊可教等刻本　六冊　缺(第
一冊第二葉)

210000－0701－0000323　善 10223

可泉擬涯翁擬古樂府二卷　（明）胡纘宗撰
（明）胡統宗注　（明）張光孝評　明嘉靖三十
六年(1557)汪瀚刻本　龔治初題識　二冊

210000－0701－0000324　善 10224

潛溪集八卷　（明）宋濂撰　附錄一卷　明嘉
靖十五年(1536)刻本　羅繼祖題識　二冊
存四卷(一至四)

210000－0701－0000325　善 10225

御著大狩龍飛錄二卷　（明）世宗朱厚熜撰
明嘉靖十八年(1539)朱厚煜刻本　一冊

210000－0701－0000326　善 10226

法藏碎金錄十卷　（宋）晁迥撰　明嘉靖二十
五年(1546)晁氏寶文堂刻本　五冊

210000－0701－0000327　善 10227

潘笠江先生集十二卷　（明）潘恩撰　明嘉靖
刻潘恭定公全集本　六冊　存五卷(一至五)

210000－0701－0000328　善 10228

嘉靖十六年浙江鄉試錄不分卷　明嘉靖刻本
　四冊

210000－0701－0000329　善 10229

[嘉靖]宣府鎮志四十二卷　（明）孫世芳
（明）欒尚約纂修　明嘉靖刻本　九冊

210000－0701－0000330　善 10230

六朝聲偶集七卷　（明）徐獻忠輯　明華亭徐
氏文房刻本　五冊

210000－0701－0000331　善 10231

名家詩法八卷　（明）黃省曾編　明嘉靖二十
四年(1545)結綠囊刻本　四冊

210000－0701－0000332　善 10232

廣中五先生詩集二卷附刻五卷　（明）談愷輯
　明嘉靖三十六年(1557)王國楨刻四十四年
(1565)陳暹補刻本　四冊

210000－0701－0000333　善 10233

古今合璧事類備要前集六十九卷後集八十一
卷續集五十六卷　（宋）謝維新輯　別集九十
四卷外集六十六卷　（宋）虞載輯　明嘉靖三
十一年至三十五年(1552－1556)夏相刻本
六十冊

210000－0701－0000334　善 10234

太平廣記五百卷目錄十卷　（宋）李昉等輯
明許自昌刻本　六十四冊

210000－0701－0000335　善 10235

桯史十五卷　（宋）岳珂撰　附錄一卷　明嘉
靖四年(1525)錢如京刻本　六冊

210000－0701－0000336　善 10236

古言二卷今言四卷　（明）鄭曉撰　明嘉靖四
十四年(1565)項篤壽刻本　十二冊

210000－0701－0000337　善 10237

青陽先生文集六卷　（元）余闕撰　（明）郭奎
輯　忠節附錄二卷　（明）張毅輯　（明）汪齡
重輯　明嘉靖十七年(1538)鄭錫麒刻本　八

册　缺二葉(附錄三十八至三十九)

210000－0701－0000338　善10238

秋崖先生小藁文集四十五卷詩集三十八卷
(宋)方岳撰　明嘉靖五年(1526)祁門方氏刻
二十一年(1542)印本　八册　存四十五卷
(文集四十五卷)

210000－0701－0000339　善10239

妙絕古今不分卷　(宋)湯漢輯　明刻本
四册

210000－0701－0000340　善10240

史記題評一百三十卷　(明)楊慎　(明)李元
陽輯　明嘉靖十六年(1537)胡有恒、胡瑞敦
刻本　三十九册　存一百二十八卷(一至六、
九至一百三十)

210000－0701－0000341　善10241

宋文鑑一百五十卷目錄三卷　(宋)呂祖謙輯
明嘉靖五年(1526)晉藩朱知烊養德書院刻
本　四十八册

210000－0701－0000342　善10242

宋文鑑一百五十卷目錄三卷　(宋)呂祖謙輯
明嘉靖五年(1526)晉藩朱知烊養德書院刻
本　二十七册　存一百十一卷(一至七、三十
二至五十、五十五至一百一、一百十三至一百
四十三、一百四十七至一百五十,目錄三卷)

210000－0701－0000343　善10243

史鉞二十卷　(明)晏璧撰　明嘉靖二十七年
(1548)刻藍印本　十册

210000－0701－0000344　善10244

新編分類夷堅志庚集五卷　(宋)洪邁撰
(宋)葉榮祖輯　明嘉靖二十五年(1546)清平
山堂刻本　二册

210000－0701－0000345　善10245

新刊詳增補註東萊先生左氏博議二十五卷
(宋)呂祖謙撰　明正德六年(1511)劉氏安正
堂刻本　四册

210000－0701－0000346　善10246

都公譚纂二卷　(明)都穆撰　(明)陸采輯

明刻本　二册

210000－0701－0000347　善10247

史記一百三十卷　(漢)司馬遷撰　(南朝宋)
裴駰集解　(唐)司馬貞索隱　(唐)張守節正
義　明嘉靖十三年(1534)秦藩朱惟焯刻本
二十册

210000－0701－0000348　善10248

歷代臣鑑三十七卷　(明)宣宗朱瞻基撰　明
宣德元年(1426)內府刻本　十二册　存三十
六卷(一至三十六)

210000－0701－0000349　善10249

陽明先生文錄五卷外集九卷別錄十卷　(明)
王守仁撰　明嘉靖三十六年(1557)胡宗憲刻
本　十八册　存十九卷(外集九卷、別錄十
卷)

210000－0701－0000350　善10250

臨川先生文集一百卷目錄二卷　(宋)王安石
撰　明嘉靖三十九年(1560)何遷刻本　四
十册

210000－0701－0000351　善10251

韓忠定公墓誌銘一卷　(明)楊一清撰　明嘉
靖五年(1526)韓廷偉刻本　一册

210000－0701－0000352　善10252

朝覲事宜一卷　(明)朱裳撰　明嘉靖刻本
一册

210000－0701－0000353　善10253

鹽鐵論十二卷　(漢)桓寬撰　(明)張之象注
明嘉靖三十三年(1554)張氏猗蘭堂刻本
十二册

210000－0701－0000354　善10254

勸忍百箴考註四卷　(明)釋覺澄撰　明嘉靖
二十七年(1548)張謙刻本　四册

210000－0701－0000355　善10255

春秋詞命三卷　(明)王鏊輯　明刻本　一册

210000－0701－0000356　善10256

念菴羅先生集十三卷　(明)羅洪先撰　明嘉
靖四十三年(1564)刻本　十二册

210000－0701－0000357　善10257

通典二百卷　（唐）杜佑撰　明刻本　稻葉岩吉題識　四十冊

210000－0701－0000358　善10258

鳥鼠山人小集十六卷　（明）胡纘宗撰　明嘉靖孫懋等刻本　二十三冊

210000－0701－0000359　善10258

鳥鼠山人後集二卷　（明）胡纘宗撰　明嘉靖路世龍等刻本　一冊

210000－0701－0000360　善10259

篁墩程先生文集九十三卷拾遺一卷　（明）程敏政撰　明正德二年（1507）何歆刻本　十六冊

210000－0701－0000361　善10260

小四書五卷　（明）朱昇編　明嘉靖二十三年（1544）刻本　四冊

210000－0701－0000362　善10261

周禮句解十二卷　（宋）朱申撰　明嘉靖三十五年（1556）蔡揚金刻本　六冊　存九卷（一至六、八至十）

210000－0701－0000363　善10262

丹鉛總錄二十七卷　（明）楊慎撰　明隆慶淩雲翼、黃思近刻本　十二冊

210000－0701－0000364　善10263

全唐詩話三卷　（宋）尤袤輯　明正德二年（1507）秦昂刻本　六冊

210000－0701－0000365　善10264

殿閣詞林記二十二卷　（明）廖道南撰　明嘉靖刻本　十六冊

210000－0701－0000366　善10265

半江趙先生文集十五卷　（明）趙寬撰　**附錄一卷**　明嘉靖四十年（1561）趙崘刻本　十冊

210000－0701－0000367　善10266

史衡六卷　（明）陳堯撰　明嘉靖刻本　三冊

210000－0701－0000368　善10267

恭簡歐陽公哀榮錄二卷　（明）歐陽獻輯　明嘉靖二十七年（1548）刻本　二冊

210000－0701－0000369　善10268

晦庵文鈔七卷詩鈔一卷　（宋）朱熹撰　（明）吳訥輯　明成化十八年（1482）周鳳刻本　四冊　存五卷（文鈔一至四、詩鈔一卷）

210000－0701－0000370　善10269

醫閭先生集九卷　（明）賀欽撰　明嘉靖二十三年（1544）齊宗道刻本　四冊

210000－0701－0000371　善10270

欣賞編十種十四卷　（明）沈津輯　明萬曆茅一相刻本　四冊　存七種十一卷（譜雙五卷、打馬圖一卷、古局象棋圖一卷、燕几圖一卷、漢晉印章圖譜一卷、茶具圖贊一卷、硯譜一卷）

210000－0701－0000372　善10271

閑闢錄十卷　（明）程曈撰　明嘉靖四十三年（1564）程纘洛刻本　六冊

210000－0701－0000373　善10272

明歐陽德傳集三卷　（明）雷禮撰　明嘉靖刻本　一冊

210000－0701－0000374　善10273

一切經音義二十五卷　（唐）釋玄應撰　明洪武五年（1372）刻明南藏本　十冊

210000－0701－0000375　善10274

大唐西域記十二卷　（唐）釋玄奘譯　（唐）釋辯機撰　大唐西域求法高僧傳一卷　（唐）釋義淨撰　明洪武五年（1372）刻明南藏本　三冊

210000－0701－0000376　善10275

大唐內典錄十卷續大唐內典錄一卷　（唐）釋道宣撰　明洪武五年（1372）刻明南藏本　十一冊

210000－0701－0000377　善10276

大藏聖教法寶標目十卷　（宋）王古撰　（元）釋管主人補訂　明洪武五年（1372）刻明南藏本　二冊

210000－0701－0000378　善10277

釋迦譜十卷　（南朝梁）釋僧祐撰　明洪武五

年(1372)刻明南藏本　二册　存六卷(五至十)

210000－0701－0000379　善10278

至元法寶勘同總錄十卷　(元)釋慶吉祥等撰　(元)釋恩吉祥等編　明洪武五年(1372)刻明南藏本　二册

210000－0701－0000380　善10279

古今譯經圖紀四卷　(唐)釋清邁撰　**續古今譯經圖紀一卷**　(唐)釋智昇撰　明洪武五年(1372)刻明南藏本　一册

210000－0701－0000381　善10280

新譯大方廣佛華嚴經二卷　(唐)釋慧苑撰　明洪武五年(1372)刻明南藏本　一册

210000－0701－0000382　善10281

紹興重雕大藏音三卷　(宋)釋處觀撰　明洪武五年(1372)刻明南藏本　一册

210000－0701－0000383　善10282

聯新事備詩學大成三十卷　(宋)毛直方輯　(元)林楨補輯　明内府刻本　十六册

210000－0701－0000384　善10283

聯新事備詩學大成三十卷　(宋)毛直方輯　(元)林楨補輯　明刻本　九册　存二十八卷(三至三十)

210000－0701－0000385　善10284

文翰類選大成一百六十三卷　(明)李伯璵(明)馮厚輯　明成化八年(1472)淮府刻弘治十四年(1501)、嘉靖二十五年(1546)遞修本　一百册

210000－0701－0000386　善10285

文翰類選大成一百六十三卷　(明)李伯璵(明)馮厚輯　明成化八年(1472)淮府刻弘治十四年(1501)、嘉靖二十五年(1546)遞修本　七册　存十七卷(九十八至一百三、一百八至一百十八)

210000－0701－0000387　善10286

陽明先生正錄五卷外錄九卷別錄十四卷　(明)王守仁撰　明嘉靖三十六年(1557)董聰

刻本　二册　存一卷(正錄一)

210000－0701－0000388　善10287

恩慶集二卷　(明)廖道南輯　明嘉靖刻本　一册

210000－0701－0000389　善10288

屏山集二十卷　(宋)劉子翬撰　明弘治十七年(1504)刻本　清章綬銜題識　六册

210000－0701－0000390　善10289

杜氏通典二百卷　(唐)杜佑撰　明嘉靖李元陽刻本　五十册

210000－0701－0000391　善10290

古今人物志略十二卷　(明)何璧輯　明嘉靖四十四年(1565)金陵書舍蔡前溪刻本　二册　存十卷(一至十)

210000－0701－0000392　善10291

金華文統十三卷　(明)趙鶴輯　明正德七年(1512)趙鶴、李玘刻本　四册

210000－0701－0000393　善10292

羅鄂州小集五卷遺文一卷　(宋)羅願撰　明弘治十一年(1498)羅文達刻本　郭宗熙批校　二册

210000－0701－0000394　善10293

四明文獻誌十卷　(明)李堂輯　明嘉靖刻本　三册

210000－0701－0000395　善10294

雲谿友議三卷　(唐)范攄撰　明刻本　三册

210000－0701－0000396　善10295

埤雅二十卷　(宋)陸佃撰　明刻本　六册

210000－0701－0000397　善10296

新刊埤雅二十卷　(宋)陸佃撰　明萬曆十六年(1588)瑞桃堂刻五雅本　八册

210000－0701－0000398　善10297

青陽先生文集九卷　(元)余闕撰　(明)郭奎輯　**忠節附錄二卷**　明刻本　五册

210000－0701－0000399　善10298

唐十二家詩集十二種四十九卷　明刻本　六

冊　存六種二十一卷(杜審言集二卷、駱賓王集二卷、高常侍集十卷、陳伯玉集二卷、宋之問集二卷、沈雲卿集三卷)

210000－0701－0000400　善10299
金小史八卷　(明)楊循吉撰　明嘉靖楊可刻本　一冊　存四卷(一至四)

210000－0701－0000401　善10300
東萊先生西漢詳節三十卷首一卷　(宋)呂祖謙撰　明嘉靖陝西布政司刻本　十六冊　存二十卷(一至十九、首一卷)

210000－0701－0000402　善10301
類編曆法通書大全三十卷　(元)宋魯珍通書　(元)何士泰曆法　(明)熊宗立類編　明刻本　二十冊

210000－0701－0000403　善10302
春秋集傳大全三十七卷序論一卷春秋二十國年表一卷諸國興廢說一卷　(明)胡廣等輯　明永樂內府刻本　十八冊

210000－0701－0000404　善10303
春秋經傳集解三十卷　(晉)杜預撰　(唐)陸德明釋文　明嘉靖刻本　二十四冊

210000－0701－0000405　善10304
春秋經傳集解三十卷　(晉)杜預撰　(唐)陸德明釋文　明嘉靖刻本　二十四冊

210000－0701－0000406　善10305
春秋經傳集解三十卷　(晉)杜預撰　(唐)陸德明釋文　明嘉靖刻本　二十四冊　存二十九卷(一至十三、十五至三十)

210000－0701－0000407　善10306
大藏一覽十卷　(明)陳實撰　明吳覺隆等刻本　蘇峰學人題識　五冊

210000－0701－0000408　善10307
古賦辨體十卷　(元)祝堯輯　明嘉靖十六年(1537)金宗潤刻本　四冊

210000－0701－0000409　善10308
唐宋白孔六帖一百卷目錄二卷　(唐)白居易撰　(宋)孔傳輯　明刻本　九十六冊

210000－0701－0000410　善10309
唐宋白孔六帖一百卷目錄二卷　(唐)白居易撰　(宋)孔傳輯　明刻本　一百一冊

210000－0701－0000411　善10310
新編古今事文類聚前集六十卷後集五十卷續集三十八卷別集三十二卷　(宋)祝穆編　(明)鄒可張訂　明嘉靖鄒可張刻本　三十三冊

210000－0701－0000412　善10311
寶古堂重考古玉圖二卷　(元)朱德潤撰　明萬曆三十一年(1603)吳萬化刻本　一冊

210000－0701－0000413　善10312
金石韻府五卷　(明)朱雲撰　明嘉靖十年(1531)俞顯謨刻朱印本　十冊

210000－0701－0000414　善10313
選詩補注八卷　(元)劉履撰　補遺二卷續編四卷　(元)劉履輯　明刻本　十冊

210000－0701－0000415　善10314
元史二百十卷目錄二卷　(明)宋濂等撰　明洪武三年(1370)內府刻嘉靖、萬曆南京國子監遞修本　五十冊

210000－0701－0000416　善10315
元史二百十卷目錄二卷　(明)宋濂等撰　明洪武三年(1370)內府刻嘉靖、萬曆南京國子監遞修本　三十六冊　缺五十四卷(本紀一至四十七、志一至三、列傳二十四至二十七)

210000－0701－0000417　善10316
元史二百十卷目錄二卷　(明)宋濂等撰　明洪武三年(1370)內府刻嘉靖、萬曆南京國子監遞修本　四十七冊　缺六卷(列傳三十八至四十三)

210000－0701－0000418　善10317
資治通鑑二百九十四卷考異三十卷　(宋)司馬光撰　明嘉靖二十三年至二十四年(1544－1545)杭州孔天胤刻本(卷一百十四至一百十六、二百十三至二百十九抄補)　一百十八冊　存二百九十卷(一至二、五至一百十八、一百二十一至二百九十四)

210000－0701－0000419　善 10318

大明會典一百八十卷　（明）徐溥等纂修　明正德六年(1511)司禮監刻本　一百冊

210000－0701－0000420　善 10319

資治通鑑綱目五十九卷　（宋）朱熹撰　（明）汪克寬考異　明嘉靖八年(1529)慎獨齋刻本（卷四十一、五十八抄補）　五十九冊

210000－0701－0000421　善 10320

資治通鑑綱目五十九卷　（宋）朱熹撰　明成化九年(1473)內府刻本　三十冊

210000－0701－0000422　善 10321

續資治通鑑綱目二十七卷　（明）商輅等撰　明成化十二年(1476)內府刻本　十四冊

210000－0701－0000423　善 10322

資治通鑑總目發明五十九卷　（宋）尹起莘撰　明內府刻本　四冊

210000－0701－0000424　善 10323

資治通鑑總目集覽五十九卷　（元）王幼學撰　明內府刻本　六冊

210000－0701－0000425　善 10324

續資治通鑑綱目二十七卷　（明）商輅撰　（明）周禮發明　（明）張時泰廣義　明弘治十七年(1504)慎獨齋刻本　二十四冊

210000－0701－0000426　善 10325

續資治通鑑綱目二十七卷　（明）商輅撰　（明）周禮發明　（明）張時泰廣義　明嘉靖十一年(1532)慎獨齋刻本　七冊　存十三卷（十五至二十七）

210000－0701－0000427　善 10326

文獻通考三百四十八卷　（元）馬端臨撰　明嘉靖馮天馭刻本　八十冊

210000－0701－0000428　善 10327

文獻通考三百四十八卷　（元）馬端臨撰　明嘉靖馮天馭刻本（卷二百八十八至二百九十抄補）　九十六冊　存三百三十八卷（五至三十一、三十八至三百四十八）

210000－0701－0000429　善 10328

文獻通考三百四十八卷　（元）馬端臨撰　明嘉靖三年(1524)司禮監刻本（第一冊序文抄補一葉半）　一百冊

210000－0701－0000430　善 10329

文獻通考三百四十八卷　（元）馬端臨撰　明嘉靖三年(1524)司禮監刻本　一百六十冊

210000－0701－0000431　善 10330

歷代通鑑纂要九十二卷　（明）李東陽　（明）劉機等撰　明正德二年(1507)內府刻本　六十冊

210000－0701－0000432　善 10331

唐宋白孔六帖一百卷　（唐）白居易編　（宋）孔傳輯　明刻本（目錄抄補十葉,卷七抄補二十九葉）　四十九冊

210000－0701－0000433　善 10332

後漢紀三十卷　（晉）袁宏撰　明嘉靖二十七年(1548)黃姬水刻本　十冊　存十五卷（十六至三十）

210000－0701－0000434　善 10333

歷代史纂左編一百四十二卷　（明）唐順之編　明嘉靖四十年(1561)胡宗憲刻本　一百冊

210000－0701－0000435　善 10334

宋史新編二百卷　（明）柯維騏撰　明嘉靖刻本　一百二十冊

210000－0701－0000436　善 10335

新刊四明先生高明大字續資治通鑑節要二十卷　（明）劉剡輯　（明）蔡亨嘉校正　明嘉靖張氏新賢堂刻本　鄭叔問題識　二十冊

210000－0701－0000437　善 10336

宋史四百九十六卷目錄三卷　（元）脫脫等撰　明成化七年至十六年(1471－1480)朱英刻嘉靖南京國子監補刻本　二百四十七冊　存四百七十四卷（一至二百七十六、二百八十至三百三十三、三百五十三至四百四十二、四百四十六至四百九十六,目錄三卷）

210000－0701－0000438　善 10337

六韜直解六卷　（明）劉寅解　明成化二十二

年(1486)趙英刻武經直解本　六冊

210000－0701－0000439　善10338

平胡錄一卷　(明)陸深撰　明嘉靖二十九年
至三十年(1550－1551)袁褧嘉趣堂刻金聲玉
振集本　一冊

210000－0701－0000440　善10339

新刊宋學士全集三十三卷首一卷　(明)宋濂
撰　明嘉靖三十年(1551)韓叔陽刻崇禎、清
順治遞修本　二十冊

210000－0701－0000441　善10340

象山先生全集三十六卷　(宋)陸九淵撰　**梭
山先生家制一卷**　(宋)陸九韶撰　**少胡徐先
生學則辨一卷**　(明)徐階撰　明嘉靖四十年
(1561)江西何遷刻清順治十一年(1654)補刻
本　八冊

210000－0701－0000442　善10341

顧氏明朝四十家小說　(明)顧元慶編　明嘉
靖十八年至二十年(1539－1541)顧元慶刻本
　一冊　存四種四卷(陽山新錄一卷、海槎餘
錄一卷、新倩籍一卷、君子堂日詢手鏡一卷)

210000－0701－0000443　善10342

修辭指南二十卷　(明)浦南金撰　明嘉靖三
十六年(1557)浦南金五樂堂刻本　于懷題記
　六冊

210000－0701－0000444　善10343

周易兼義九卷　(三國魏)王弼　(晉)韓康伯
注　(唐)孔穎達疏　**音義一卷**　(唐)陸德明
撰　**略例一卷**　(三國魏)王弼撰　明嘉靖李
元陽刻十三經注疏本　五冊

210000－0701－0000445　善10344

中阿含經六十卷　(晉)釋伽提婆譯　明正統
五年(1440)刻北藏本　三冊　存三卷

210000－0701－0000446　善10345

大寶積經一百二十卷　(唐)釋菩提流志譯
明正統五年(1440)刻北藏本　明萬煒題記
一冊　存一卷(二十一)

210000－0701－0000447　善10346

楞伽阿跋多羅寶經四卷　(南朝宋)釋求那跋
陀羅譯　明正統五年(1440)刻北藏本　一冊
存一卷(一)

210000－0701－0000448　善10347

大般若波羅蜜多經六百卷　(唐)釋玄奘譯
明正統五年(1440)刻北藏本　明萬煒題記
九冊　存九卷(一百十四至一百十五、一百十
八、一百二十一、五百六十一、五百六十三、五
百六十五至五百六十七)

210000－0701－0000449　善10348

大樂金剛不空眞實三昧耶經般若波羅蜜多理
趣釋三卷　(唐)釋不空譯　明正統五年
(1440)刻北藏本　一冊　存一卷(上)

210000－0701－0000450　善10349

大明三藏法數五十卷　(明)釋一如等集注
明正統五年(1440)刻北藏本　一冊　存一卷

210000－0701－0000451　善10350

經律異相五十卷　(南朝梁)釋寶唱撰　明正
統五年(1440)刻北藏本　一冊　存一卷(續)

210000－0701－0000452　善10351

四分律六十卷　(後秦)釋佛陀耶舍　(後秦)
釋竺佛念譯　明正統五年(1440)刻北藏本
一冊　存一卷(三十一)

210000－0701－0000453　善10352

根本說一切有部毗奈耶五十卷　(唐)釋義淨
譯　明正統五年(1440)刻北藏本　一冊　存
一卷(二十一)

210000－0701－0000454　善10353

攝大乘論釋十卷　(唐)釋玄奘譯　明正統五
年(1440)刻北藏本　一冊　存一卷(一)

210000－0701－0000455　善10354

佛說佛名經十二卷　(北魏)釋菩提流支譯
明正統五年(1440)刻北藏本　七冊　存七卷
(一至五、八至九)

210000－0701－0000456　善10355

妙法蓮華經解二十卷　(宋)釋戒環解　明正
統五年(1440)刻南藏本　二冊　存一卷(四)

210000－0701－0000457　善10356

大乘本生心地觀經□□卷　（唐）釋般若等譯
明嘉靖三十六年（1557）清鑑刻本　一冊
存一卷（八）

210000－0701－0000458　善10357

玉髓眞經後卷二十一卷　（宋）張洞玄撰
（宋）蘇居簡等述　明嘉靖二十九年（1550）福
州府刻本　四冊

210000－0701－0000459　善10358

範圍數不分卷　（明）趙迎撰　明嘉靖刻本
四冊

210000－0701－0000460　善10359

金丹正理大全四十二卷　明嘉靖十七年
（1538）周藩刻本　十二冊　存二十一卷（金
丹大要十卷、金碧古文龍虎上經三卷、周易參
同契通眞意三卷、周易參同契解三卷、周易參
同契分章注上卷、金丹四百字內外注解一卷）

210000－0701－0000461　善10360

藝文類聚一百卷　（唐）歐陽詢輯　明嘉靖六
年至七年（1527－1528）胡纘宗、陸采刻本
十五冊　存九十六卷（五至一百）

210000－0701－0000462　善10361

百川學海十集一百種　（宋）左圭輯　明弘治
十四年（1501）華珵刻本　四十八冊

210000－0701－0000463　善10362

少微通鑑節要五十卷外記四卷　（宋）江贄撰
明正德九年（1514）司禮監刻本　二十冊

210000－0701－0000464　善12001

陳眉公十種藏書六十二卷　（明）陳繼儒撰
明崇禎九年（1636）刻本　十七冊

210000－0701－0000465　善12002

居庸別編四卷　（明）顧存仁撰　明隆慶刻本
一冊

210000－0701－0000466　善12003

折徵籽粒本末四卷附馬房裁革本末一卷
（明）鹿善繼撰　明崇禎刻本　一冊

210000－0701－0000467　善12004

二如亭群芳譜四集二十八卷首一卷　（明）王
象晉撰　明末刻本　二十四冊

210000－0701－0000468　善12005

新增說文韻府群玉二十卷　（元）陰時夫輯
（元）陰中夫注　（明）王元貞校正　明萬曆十
八年（1590）王元貞刻本　二十冊

210000－0701－0000469　善12006

登壇必究四十卷　（明）王鳴鶴撰　清乾隆、
嘉慶刻本　四十冊　缺六葉（卷二十四第二
十六至三十一）

210000－0701－0000470　善12007

帝鑑圖說不分卷　（明）張居正　（明）呂調陽
撰　明萬曆元年（1573）江陵鄧氏刻本　四冊

210000－0701－0000471　善12008

阿育王山志略二卷　（明）郭子章撰　明天啓
四年（1624）陸基志刻本　一冊

210000－0701－0000472　善12009

阿育王山志略二卷　（明）郭子章撰　明天啓
四年（1624）陸基志刻本　一冊

210000－0701－0000473　善12010

林泉老人評唱丹霞淳禪師頌古虛堂習聽錄三
卷　（元）釋慧泉編　明萬曆十八年（1590）刻
本　三冊

210000－0701－0000474　善12011

列女傳十六卷　（漢）劉向撰　（明）汪道昆輯
（明）仇英繪圖　明萬曆汪氏刻清乾隆四十
四年（1779）鮑氏知不足齋印本　十六冊

210000－0701－0000475　善12012

列女傳十六卷　（漢）劉向撰　（明）汪道昆輯
（明）仇英繪圖　明萬曆汪氏刻清乾隆四十
四年（1779）鮑氏知不足齋印本　十六冊　存
八卷（九至十六）

210000－0701－0000476　善12013

列女傳十六卷　（漢）劉向撰　（明）汪道昆輯
（明）仇英繪圖　明萬曆汪氏刻清乾隆四十
四年（1779）鮑氏知不足齋印本　八冊　存八
卷（一至四、十三至十六）

210000－0701－0000477　善12014

西山先生眞文忠公文集五十五卷目錄二卷
(宋)眞德秀撰　(宋)楊鶚等重修　明萬曆二
十六年(1598)金學曾景賢堂刻崇禎十一年
(1638)、清康熙四年(1665)遞修本　羅振玉
題識　十二冊

210000－0701－0000478　善12015

西山先生眞文忠公文集五十五卷目錄二卷
(宋)眞德秀撰　(宋)楊鶚等重修　明萬曆二
十六年(1598)金學曾景賢堂刻崇禎十一年
(1638)、清康熙四年(1665)遞修本　十六冊

210000－0701－0000479　善12016

重校正唐文粹四卷　(宋)姚鉉輯　明刻本
一冊　存四卷(一至四)

210000－0701－0000480　善12017

新刊唐荆川先生稗編一百二十卷目錄三卷
(明)唐順之輯　明萬曆九年(1581)茅一相文
霞閣刻本　四十冊

210000－0701－0000481　善12018

新刊唐荆川先生稗編一百二十卷目錄三卷
(明)唐順之輯　明萬曆九年(1581)茅一相文
霞閣刻本　九冊　存三十二卷(八十七至一
百十五、一百十八至一百二十)

210000－0701－0000482　善12019

荆川先生右編四十卷　(明)唐順之編　(明)
劉曰寧補遺　明萬曆三十三年(1605)南京國
子監刻本　三十六冊

210000－0701－0000483　善12020

新刊唐荆川先生稗編一百二十卷目錄三卷
(明)唐順之輯　明萬曆九年(1581)茅一相文
霞閣刻本(卷四十一抄補二十六葉,四十二
補二十五葉半,四十三抄補四十六葉,五十二
抄補三十九葉半,五十至五十一配刻本)　三
十四冊

210000－0701－0000484　善12021

文編六十四卷　(明)唐順之輯　(明)陳元素
訂　明天啓刻本　二十冊

210000－0701－0000485　善12022

荆川先生右編四十卷　(明)唐順之輯　(明)
劉曰寧補遺　明萬曆三十三年(1605)南京國
子監刻崇禎十一年(1638)補刻本　三十二冊

210000－0701－0000486　善12023

歷代史纂左編一百四十二卷　(明)唐順之輯
明萬曆三十九年(1611)吳用先等刻本　六
十冊

210000－0701－0000487　善12024

荆川先生右編四十卷　(明)唐順之編　(明)
劉曰寧補遺　明萬曆三十三年(1605)刻崇禎
十一年(1638)補刻本　三十二冊

210000－0701－0000488　善12025

新刊唐荆川先生稗編一百二十卷目錄三卷
(明)唐順之輯　明萬曆九年(1581)茅一相文
霞閣刻本　六十冊

210000－0701－0000489　善12026

唐詩品彙九十卷拾遺十卷詩人爵里詳節一卷
(明)高棅編　明萬曆屠隆刻本(卷七十六
至九十抄補,卷二十三、三十一各抄補一葉)
丁家俊校　十冊

210000－0701－0000490　善12027

說文長箋一百卷附六書長箋七卷　(明)趙宧
光撰　明崇禎四年(1631)趙均小宛堂刻本
四十八冊

210000－0701－0000491　善12028

說文解字十二卷　(漢)許慎撰　明萬曆二十
六年(1598)陳大科刻本　十二冊

210000－0701－0000492　善12029

水經四十卷　(漢)桑欽撰　(北魏)酈道元注
(明)吳琯校　明萬曆十三年(1585)吳琯刻
本(卷三十六第十二葉抄補)　汪龍津題識
二十冊

210000－0701－0000493　善12030

文選纂註十二卷　(南朝梁)蕭統輯　(明)張
鳳翼纂注　明萬曆刻本　二十四冊

210000－0701－0000494　善12031

水經注箋四十卷　(明)朱謀㙔撰　明萬曆四

十三年(1615)李長庚刻本　佚名過錄清錢大
昕　清戴震校　十八冊

210000－0701－0000495　善12032
文選六十卷　(南朝梁)蕭統輯　(唐)李善注
明成化二十三年(1487)唐藩刻本　二冊

210000－0701－0000496　善12033
唐詩紀一百七十卷目錄三十四卷　(明)黃德
水　(明)吳琯輯　明萬曆十三年(1585)吳琯
刻本　四十四冊

210000－0701－0000497　善12034
張太岳先生全集四十六卷　(明)張居正撰
行實一卷　清刻本　十六冊

210000－0701－0000498　善12035
張太岳先生全集四十六卷　(明)張居正撰
行實一卷　清刻本　十六冊

210000－0701－0000499　善12036
張太岳先生全集四十六卷　(明)張居正撰
行實一卷　清刻本　十六冊

210000－0701－0000500　善12037
張太岳先生全集四十六卷　(明)張居正撰
行實一卷　清刻本　十五冊　缺三卷(十七
至十九)

210000－0701－0000501　善12038
元氏長慶集六十卷補遺六卷　(唐)元稹撰
(明)馬元調校　明萬曆三十二年(1604)馬元
調魚樂軒刻本　四冊

210000－0701－0000502　善12039
元氏長慶集六十卷補遺六卷　(唐)元稹撰
(明)馬元調校　明萬曆三十二年(1604)馬元
調魚樂軒刻本　六冊

210000－0701－0000503　善12040
元氏長慶集六十卷補遺六卷　(唐)元稹撰
(明)馬元調校　明萬曆三十二年(1604)馬元
調魚樂軒刻三十四年(1606)寶儉堂印本
四冊

210000－0701－0000504　善12041
元氏長慶集六十卷補遺六卷　(唐)元稹撰

(明)馬元調校　明萬曆三十二年(1604)馬元
調魚樂軒刻本　佚名題記　八冊

210000－0701－0000505　善12042
元氏長慶集六十卷補遺六卷　(唐)元稹撰
(明)馬元調校　明萬曆三十二年(1604)馬元
調魚樂軒刻本　四冊

210000－0701－0000506　善12043
元氏長慶集六十卷補遺六卷　(唐)元稹撰
(明)馬元調校　明萬曆三十二年(1604)馬元
調魚樂軒刻本　十二冊

210000－0701－0000507　善12044
三子口義十五卷　(宋)林希逸撰　(明)張四
維校　明萬曆二年(1574)敬義堂刻本　佚名
題識　八冊

210000－0701－0000508　善12045
玉臺新詠十卷　(南朝陳)徐陵輯　續玉臺新
詠五卷　(明)鄭玄撫輯　(明)茅元禎重校
明萬曆七年(1579)吳興茅元禎刻本　八冊
存十三卷(一至八、續五卷)

210000－0701－0000509　善12046
玉臺新詠十卷　(南朝陳)徐陵輯　續玉臺新
詠五卷　(明)鄭玄撫輯　(明)茅元禎重校
明萬曆七年(1579)吳興茅元禎刻本　八冊

210000－0701－0000510　善12047
李卓吾評選趙大洲先生文集四卷　(明)趙貞
吉撰　(明)李贄評　明刻本　四冊

210000－0701－0000511　善12048
山海經十八卷　(晉)郭璞傳　明末吳琯刻增
訂古今逸史本　四冊

210000－0701－0000512　善12049
說苑二十卷　(漢)劉向撰　(明)程榮校　明
萬曆程榮刻漢魏叢書本　八冊

210000－0701－0000513　善12050
詩紀一百五十六卷目錄三十六卷　(明)馮惟
訥輯　明萬曆吳琯等刻本　四十冊

210000－0701－0000514　善12051
新刻徐玄扈先生纂輯毛詩六帖講意四卷

（明）徐光啟輯　明萬曆四十五年（1617）金陵書林廣慶堂唐振吾、唐國達刻本　羅振玉題識　六冊

210000－0701－0000515　善12052
太師誠意伯劉文成公集二十卷　（明）劉基撰　明隆慶六年（1572）謝廷傑、陳烈刻本　十六冊

210000－0701－0000516　善12053
白氏長慶集七十一卷目錄二卷　（唐）白居易撰　附錄一卷　明萬曆三十四年（1606）馬元調魚樂軒刻本　十冊

210000－0701－0000517　善12054
白氏長慶集七十一卷目錄二卷　（唐）白居易撰　附錄一卷　明萬曆三十四年（1606）馬元調魚樂軒刻本　十冊

210000－0701－0000518　善12055
白氏長慶集七十一卷目錄二卷　（唐）白居易撰　附錄一卷　明萬曆三十四年（1606）馬元調魚樂軒刻本　九冊

210000－0701－0000519　善12056
毛詩鄭箋二十卷　（漢）毛萇傳　（漢）鄭玄箋　明萬曆二十二年（1594）程應衢玄鑒室刻本　十四冊

210000－0701－0000520　善12057
焦氏易林十六卷　題（漢）焦贛撰　明天啓六年（1626）唐瑜、唐琳刻本　八冊

210000－0701－0000521　善12058
白氏長慶集七十一卷目錄二卷　（唐）白居易撰　附錄一卷　明萬曆三十四年（1606）馬元調魚樂軒刻本　十六冊　存四十四卷（一至十五、四十三至七十一）

210000－0701－0000522　善12059
白氏長慶集七十一卷目錄二卷　（唐）白居易撰　附錄一卷　明萬曆三十四年（1606）馬元調魚樂軒刻本　二十冊

210000－0701－0000523　善12060
白氏長慶集七十一卷目錄二卷　（唐）白居易

撰　附錄一卷　明萬曆三十四年（1606）馬元調魚樂軒刻本　王禮培題記　十六冊

210000－0701－0000524　善12061
范氏後漢書批評一百卷　（明）顧起元撰　明萬曆四十七年（1619）顧起元刻本　二十冊　存八十六卷（一至八十六）

210000－0701－0000525　善12062
洪武正韻十六卷　（明）樂韶鳳　（明）宋濂等撰　明隆慶元年（1567）衡藩刻本　五冊

210000－0701－0000526　善12063
洪武正韻十卷　（明）樂韶鳳　（明）宋濂等撰　（明）楊時偉補箋　明崇禎四年（1631）刻本　八冊

210000－0701－0000527　善12064
洪武正韻十六卷　（明）樂韶鳳　（明）宋濂等撰　明萬曆三年（1575）司禮監刻本　五冊

210000－0701－0000528　善12065
初學記三十卷　（唐）徐堅撰　明萬曆十五年（1587）徐守銘刻本　十四冊

210000－0701－0000529　善12066
初學記三十卷　（唐）徐堅撰　明萬曆十五年（1587）徐守銘刻本　十四冊　存二十七卷（三至十五、十七至三十）

210000－0701－0000530　善12067
淮南鴻烈解二十八卷　（漢）劉安撰　（漢）高誘注　明萬曆七年（1579）朱東光刻中都四子集本　十冊

210000－0701－0000531　善12068
大明一統志九十卷　（明）李賢　（明）萬安等纂修　明萬壽堂刻本　五十冊

210000－0701－0000532　善12069
南齊書五十九卷　（南朝梁）蕭子顯撰　（明）趙用賢　（明）張一桂校　明萬曆十六年至十八年（1588－1590）南京國子監刻本　八冊

210000－0701－0000533　善12070
大學衍義補一百六十卷首一卷　（明）丘濬撰　（明）陳仁錫評閱　明崇禎陳仁錫刻本　六

十四冊

210000－0701－0000534　善12071
醉醒石十五回　題(明)東魯古狂生撰　明末刻本　六冊

210000－0701－0000535　善12072
大學衍義四十三卷　(宋)眞德秀撰　明萬曆四年(1576)吳情刻本　十二冊

210000－0701－0000536　善12073
大明一統志九十卷　(明)李賢　(明)萬安等纂修　明萬曆十六年(1588)楊氏歸仁齋刻本　十五冊　存六十三卷(一至三十九、六十七至九十)

210000－0701－0000537　善12074
分類補注李太白詩二十五卷　(唐)李白撰　(宋)楊齊賢集注　(元)蕭士贇補注　年譜一卷　明萬曆二十一年(1593)許自昌刻李杜全集本　十六冊

210000－0701－0000538　善12075
大學衍義補一百六十卷首一卷　(明)丘濬撰　(明)陳仁錫評閱　明崇禎陳仁錫刻本　二十冊

210000－0701－0000539　善12076
大學衍義四十三卷　(宋)眞德秀撰　明崇禎陳仁錫刻本　二十冊

210000－0701－0000540　善12076
大學衍義補一百六十卷首一卷　(明)丘濬撰　(明)陳仁錫評閱　明崇禎陳仁錫刻本　與10000－0701－0000539合冊　存九十九卷(一至九十九)

210000－0701－0000541　善12077
大學衍義補一百六十卷首一卷　(明)丘濬撰　(明)陳仁錫評閱　明崇禎陳仁錫刻本　二十四冊

210000－0701－0000542　善12078
類編草堂詩餘四卷　(明)顧從敬編次　題(明)崑石山人校　明刻本　六冊

210000－0701－0000543　善12079

類選箋釋草堂詩餘六卷　(明)顧從敬輯　續選草堂詩餘二卷　(明)錢允治箋釋　類編箋釋國朝詩餘五卷　(明)錢允治輯　(明)陳仁錫釋　明萬曆四十二年(1614)刻本　六冊

210000－0701－0000544　善12080
藏書六十八卷　(明)李贄撰　明萬曆二十七年(1599)焦竑刻本　三十二冊

210000－0701－0000545　善12081
南史八十卷　(唐)李延壽撰　(明)張溥點評　明張溥刻本　三十六冊

210000－0701－0000546　善12082
何大復先生集三十八卷　(明)何景明撰　附錄一卷　明萬曆五年(1577)陳名堂、胡秉性刻本　十二冊

210000－0701－0000547　善12083
古今韻會舉要小補三十卷　(明)方日升撰　明萬曆三十四年(1606)建陽周士顯刻本　十六冊

210000－0701－0000548　善12084
唐韓昌黎集四十卷外集十卷遺文一卷　(唐)韓愈撰　(清)蔣之翹輯注　附錄一卷　明崇禎六年(1633)蔣之翹三徑草堂刻韓柳全集本　三十二冊

210000－0701－0000549　善12085
南華眞經副墨八卷讀南華眞經雜說一卷　(明)陸西星撰　(明)孫大綬校　明萬曆十三年(1585)孫大綬刻本　十六冊

210000－0701－0000550　善12086
李氏焚書六卷　(明)李贄撰　明刻本　八冊

210000－0701－0000551　善12087
南華眞經副墨八卷讀南華眞經雜說一卷　(明)陸西星撰　(明)孫大綬校　明萬曆十三年(1585)孫大綬刻本　八冊

210000－0701－0000552　善12088
李氏焚書六卷　(明)李贄撰　明刻本　佚名題識　五冊

210000－0701－0000553　善12089

030

荀子二十卷 （唐）楊倞注 （明）孫鑛評 明天啓六年（1626）錢光彭刻本（卷五至十配明虞九章刻本） 五冊 存十卷（一至十）

210000－0701－0000554 善12090

荀子二十卷 （明）吳勉學校 明萬曆吳勉學刻本 四冊

210000－0701－0000555 善12091

世說新語八卷 （南朝宋）劉義慶撰 （南朝梁）劉孝標注 （明）張懋辰訂 世說新語補四卷 （明）何良俊增補 （明）王世貞刪 明萬曆刻本 十二冊

210000－0701－0000556 善12092

朱文公校昌黎先生集四十卷外集十卷遺文一卷 （唐）韓愈撰 （宋）朱熹考異 （宋）王伯大音釋 傳一卷 明萬曆三十三年（1605）朱崇沐刻本 二十冊

210000－0701－0000557 善12093

世說新語三卷 （南朝宋）劉義慶撰 （南朝梁）劉孝標注 明萬曆三十七年（1609）周氏博古堂刻本 六冊

210000－0701－0000558 善12094

昌黎先生集四十卷外集十卷遺文一卷 （唐）韓愈撰 （宋）廖瑩中校 朱子校昌黎先生集傳一卷 明徐氏東雅堂刻本（卷一至二抄補） 十七冊

210000－0701－0000559 善12095

南華眞經副墨八卷讀南華眞經雜說一卷 （明）陸西星撰 （明）凌蒞初等校 明萬曆六年（1578）李齊芳刻本 十六冊

210000－0701－0000560 善12096

昌黎先生集四十卷外集十卷遺文一卷 （唐）韓愈撰 （宋）廖瑩中校正 朱子校昌黎先生集傳一卷 明徐氏東雅堂刻本 清唐翰題題記 十六冊

210000－0701－0000561 善12097

世說新語八卷 （南朝宋）劉義慶撰 （南朝梁）劉孝標注 （明）王世懋批點 （明）凌瀛初校 明凌瀛初刻本 五冊 存五卷（一至四、七）

210000－0701－0000562 善12098

世說新語補二十卷 （南朝宋）劉義慶撰 （南朝梁）劉孝標注 （明）何良俊增補 （明）王世貞刪定 （明）王世懋批釋 （明）張文柱校注 附釋名一卷 明萬曆十三年（1585）張文柱刻本 十冊 存十卷（一至十）

210000－0701－0000563 善12099

世說新語補二十卷 （南朝宋）劉義慶撰 （南朝梁）劉孝標注 （明）何良俊增補 （明）王世貞刪定 （明）王世懋批釋 （明）張文柱校注 附釋名一卷 明萬曆十三年（1585）張文柱刻本 十冊

210000－0701－0000564 善12100

世說新語三卷 （南朝宋）劉義慶撰 （南朝梁）劉孝標注 明萬曆二十五年（1597）趙氏野鹿園刻本 清張拱端批校題跋 羅振玉題識 六冊

210000－0701－0000565 善12101

顧瑞屏太史評閱韓昌黎先生全集四十卷 （唐）韓愈撰 （明）顧錫疇評 明崇禎六年（1633）胡文柱刻本 六冊

210000－0701－0000566 善12102

朱文公校昌黎先生文集四十卷外集十卷遺文一卷 （唐）韓愈撰 （宋）朱熹考異 （宋）王伯大音釋 傳一卷 明嘉靖應鳴鳳刻本 十二冊

210000－0701－0000567 善12103

老子翼三卷莊子翼八卷 （明）焦竑輯 （明）王元貞校閱 明萬曆十六年（1588）王元貞刻本 十二冊 缺二葉（莊子翼焦竑序後一至二）

210000－0701－0000568 善12104

韓子二十卷附錄一卷 明天啓五年（1625）趙如源刻本 四冊 缺二卷（二十、附錄一卷）

210000－0701－0000569 善12105

新鋟南華眞經三註大全二十卷 （明）陳懿典輯 明萬曆二十一年（1593）余氏自新齋刻本

八冊

210000－0701－0000570　善12106

李卓吾批點世說新語補二十卷　（南朝宋）劉義慶撰　（南朝梁）劉孝標注　（明）何良俊增補　（明）王世貞刪定　（明）王世懋批釋（明）李贄批點　（明）張文柱校注　明刻本四冊

210000－0701－0000571　善12107

世說新語補四卷目錄一卷　（明）何良俊撰（明）王世貞刪定　（明）張文柱校注　（明）淩濛初考訂　明淩濛初刻本　五冊

210000－0701－0000572　善12108

莊子鬳齋口義三十二卷莊子釋音一卷　（宋）林希逸撰　（明）施觀民校　明萬曆四年（1576）陳氏積善堂刻本　六冊

210000－0701－0000573　善12109

集千家註杜工部詩集二十卷文集二卷　（唐）杜甫撰　（宋）黃鶴補注　明刻本（文集卷二爲配本）　十八冊　存十六卷（一至十一、十八至二十,文集二卷）

210000－0701－0000574　善12110

集千家註杜工部詩集二十卷文集二卷　（唐）杜甫撰　（宋）黃鶴補注　明萬曆三十年（1602）許自昌刻李杜全集本　二十冊

210000－0701－0000575　善12111

古香岑草堂詩餘四集十七卷　（明）顧從敬等輯　（明）沈際飛評　明刻吳門童湧泉印本十六冊

210000－0701－0000576　善12112

輟耕錄三十卷　（明）陶宗儀撰　明崇禎毛晉刻清廣文堂印津逮秘書本　八冊

210000－0701－0000577　善12113

新刻分類評釋草堂詩餘六卷　（明）李廷機評釋　明李良臣東壁軒刻本　四冊

210000－0701－0000578　善12114

草堂詩餘十六卷雜說一卷　題（明）陳繼儒評選　（明）卓人月輯　（明）徐士俊評　**徐卓晤**

歌一卷　（明）徐士俊　（明）卓人月撰　明崇禎刻本　八冊

210000－0701－0000579　善12115

莊子郭註十卷　（晉）郭象撰　（唐）陸德明音義　明萬曆三十三年（1605）鄒之嶧刻本六冊

210000－0701－0000580　善12116

杜詩分類五卷　（唐）杜甫撰　（明）傅振商輯明萬曆四十六年（1618）周光燮刻本　五冊

210000－0701－0000581　善12117

杜律選註六卷　（唐）杜甫撰　（明）范濂注明萬曆書林種德堂熊沖宇刻本　佚名批　清賀墳題識　六冊

210000－0701－0000582　善12118

杜詩分類五卷　（唐）杜甫撰　（明）傅振商輯明萬曆四十一年（1613）傅振商刻清順治八年（1651）杜澳重修本　五冊

210000－0701－0000583　善12119

呂氏春秋　（漢）高誘注　（明）汪一鸞重訂明萬曆三十三年（1605）汪一鸞刻本　八冊

210000－0701－0000584　善12120

柳文二十二卷　（唐）柳宗元撰　明萬曆二十年（1592）葉萬景刻本　十冊

210000－0701－0000585　善12121

唐柳先生集四十五卷外集二卷龍城錄二卷（唐）柳宗元撰　（宋）童宗說音注　（宋）張敦頤音辯　（宋）潘緯音義　**附錄二卷傳一卷**明萬曆刻本　二十冊

210000－0701－0000586　善12122

歐陽文忠公集一百五十三卷　（宋）歐陽修撰**附錄五卷**　明隆慶五年（1571）邵廉刻本六十四冊

210000－0701－0000587　善12123

陶靖節集十卷　（晉）陶潛撰　（宋）湯漢等箋注　**總論一卷**　明萬曆四年（1576）周敬松刻本　四冊

210000－0701－0000588　善12124

歐陽文忠公毛詩本義十六卷 （宋）歐陽修撰
明刻本 八冊

210000－0701－0000589 善12125
柳文二十二卷 （唐）柳宗元撰 明萬曆二十
年(1592)葉萬景刻本 十冊

210000－0701－0000590 善12126
管韓合刻四十四卷 （明）趙用賢編 明萬曆
十年(1582)趙用賢刻本 八冊

210000－0701－0000591 善12127
淮南鴻烈解二十一卷 （漢）劉安撰 （漢）高
誘注 （明）茅坤批評 明刻本 十冊

210000－0701－0000592 善12128
周易兼義九卷 （三國魏）王弼注 （晉）韓康
伯注 （唐）孔穎達正義 音義一卷 （唐）陸
德明撰 略例一卷 （三國魏）王弼撰 （唐）
邢璹注 明萬曆十四年(1586)北京國子監刻
崇禎六年(1633)修補十三經註疏本 五冊

210000－0701－0000593 善12129
陸宣公全集二十四卷 （唐）陸贄撰 （明）湯
賓尹評 明崇禎元年(1628)湯賓尹刻本
四冊

210000－0701－0000594 善12130
東坡先生詩集註三十二卷 （宋）蘇軾撰
(宋)王十朋纂集 明崇禎王永積刻本 二十
四冊

210000－0701－0000595 善12131
楚辭章句十七卷 （漢）王逸撰 附錄一卷
明萬曆十四年(1586)馮紹祖觀妙齋刻本
八冊

210000－0701－0000596 善12132
陶靖節集十卷 （晉）陶潛撰 （宋）湯漢等箋
注 總論一卷 明刻本 六冊

210000－0701－0000597 善12133
箋注陶淵明集六卷 （晉）陶潛撰 （宋）湯漢
等箋注 （明）張自烈評 總論一卷和陶一卷
（宋）蘇軾撰 律陶一卷 （明）王思任輯
敦好齋律陶纂一卷 （明）黃槐開撰 明崇禎

刻本 四冊

210000－0701－0000598 善12134
蘇文奇賞五十卷 （宋）蘇軾撰 （明）陳仁錫
選評 明崇禎四年(1631)陳仁錫刻本 十
六冊

210000－0701－0000599 善12135
宋大家蘇文忠公文鈔二十八卷 （宋）蘇軾撰
（明）茅坤批評 明萬曆七年(1579)茅一桂
刻唐宋八大家文鈔本 十六冊

210000－0701－0000600 善12136
蘇長公集選二十二卷 （宋）蘇軾撰 （明）錢
士鰲選 明萬曆二十六年(1598)何文叔刻本
八冊

210000－0701－0000601 善12137
蘇長公文燧不分卷 （宋）蘇軾撰 （明）陳紹
英輯 明崇禎四年(1631)刻本 十冊

210000－0701－0000602 善12138
東坡先生全集七十五卷 （宋）蘇軾撰 宋史
本傳一卷 （元）脫脫撰 墓志銘一卷 （宋）
蘇轍撰 年譜一卷 （宋）王宗稷撰 明萬曆
三十四年(1606)茅維刻本 三十二冊

210000－0701－0000603 善12139
宋大家蘇文定公文鈔二十卷 （宋）蘇轍撰
（明）茅坤批評 明萬曆七年(1579)茅一桂刻
唐宋八大家文鈔本 五冊

210000－0701－0000604 善12140
四書集註十九卷 （宋）朱熹撰 明吳勉學刻
本 八冊

210000－0701－0000605 善12141
楚辭集注八卷辯證二卷後語六卷 （宋）朱熹
撰 明萬曆二十一年(1593)刻本 六冊

210000－0701－0000606 善12142
陶靖節集十卷 （晉）陶潛撰 （宋）湯漢等箋
注 總論一卷 明萬曆十五年(1587)休陽程
氏刻本 一冊

210000－0701－0000607 善12143
蘇黃風流小品十六卷 （明）黃嘉惠編 明崇

禎爾如堂刻本　六冊

210000－0701－0000608　善12144

管子二十四卷　（唐）房玄齡注　明萬曆十年（1582）趙用賢刻本　六冊

210000－0701－0000609　善12145

東坡先生志林十二卷　（宋）蘇軾撰　明萬曆商濬半埜堂刻稗海本　四冊

210000－0701－0000610　善12146

草堂詩餘十七卷　（明）顧從敬等輯　（明）沈際飛評選　明末刻本　五冊　存五卷（別集一至二、新集三至五）

210000－0701－0000611　善12147

蘇門六君子文粹七十卷　（宋）陳亮編　明崇禎六年（1633）胡濬刻本　十六冊

210000－0701－0000612　善12148

遼史一百十六卷　（元）脫脫等撰　明嘉靖八年（1529）南京國子監刻明清遞修本　十二冊

210000－0701－0000613　善12149

通鑑總類二十卷　（宋）沈樞撰　明萬曆二十三年（1595）孫隆刻本　二十冊

210000－0701－0000614　善12150

通鑑總類二十卷　（宋）沈樞撰　明萬曆二十三年（1595）孫隆刻本　二十四冊

210000－0701－0000615　善12151

通鑑總類二十卷　（宋）沈樞撰　明萬曆二十三年（1595）孫隆刻本　二十冊

210000－0701－0000616　善12152

新刻風俗通義十卷　（漢）應劭撰　明萬曆三十一年（1603）胡文煥文會堂刻格致叢書本四冊

210000－0701－0000617　善12153

風俗通義十卷　（漢）應劭撰　明萬曆二十年（1592）程榮刻漢魏叢書本　二冊

210000－0701－0000618　善12154

漢書一百卷　（漢）班固撰　（唐）顏師古注（明）陳仁錫評　明崇禎刻本　二十四冊

210000－0701－0000619　善12155

漢書一百卷　（漢）班固撰　（唐）顏師古注（明）陳仁錫評　明崇禎陳仁錫刻本　二十冊

210000－0701－0000620　善12156

後漢書九十卷　（南朝宋）范曄撰　（唐）李賢注　志三十卷　（晉）司馬彪撰　（南朝梁）劉昭注　（明）陳仁錫評　明天啓七年（1627）刻本　二十冊

210000－0701－0000621　善12157

通鑑總類二十卷　（宋）沈樞編　明萬曆二十三年（1595）孫隆刻本　清貝墉題識　十五冊　存十五卷（一至十五）

210000－0701－0000622　善12158

宋元詩六十一種二百七十三卷　（明）潘是仁編　明萬曆四十三年（1615）潘是仁刻天啓二年（1622）重修本　六冊　存二十五種九十五卷（元遺山詩集十卷、劉靜修詩集三卷、陳笏齋詩集六卷、貫酸齋詩集二卷、困學齋詩集二卷、松雪齋詩集七卷、薩天錫詩集八卷、倪雲林詩集六卷、句曲張外史詩集六卷、陳荔溪詩集三卷、貢南湖詩集七卷、楊鐵崖古樂府三卷、張蛻庵詩集四卷、傅玉樓詩集四卷、柳初陽詩集三卷、泰顧北詩集一卷、李五峰詩集二卷、余竹窗詩集二卷、貢玩齋詩集三卷、成柳莊詩集四卷、陸湖峰詩集一卷、酒前岡詩集三卷、魚軒詩集二卷、松谷詩集二卷、春慵軒詩集一卷）

210000－0701－0000623　善12159

十七史詳節二百七十三卷　（宋）呂祖謙編　明嘉靖四十五年至隆慶四年（1566－1570）陝西布政司刻本　五冊　存二十二卷（史記詳節二十卷、西漢詳節一至二）

210000－0701－0000624　善12160

武經總要前集二十二卷後集二十一卷　（宋）曾公亮等撰　行軍須知二卷百戰奇法二卷　明金陵書林唐富春刻本　二十二冊

210000－0701－0000625　善12161

十七史詳節二百七十三卷　（宋）呂祖謙編　明嘉靖四十五年至隆慶四年（1566－1570）陝

西布政司刻本　六十册　存二百五十七卷
(史記詳節二十卷,西漢書詳節三十卷,東漢
書詳節一至十六、二十五至三十,三國志詳節
二十卷,晉書詳節三十卷,南史詳節二十五
卷,北史詳節二十八卷,隋書詳節二十卷,唐
書詳節一至二十六、三十五至六十,五代史詳
節十卷)

210000－0701－0000626　善12162

圖繪宗彝八卷　(明)楊爾曾輯　明萬曆三十
五年(1607)文林閣刻本　四册

210000－0701－0000627　善12163

新鐫玉茗堂批選王弇州先生豔異編四十卷續
編十九卷　(明)王世貞撰　明刻本　二十
四册

210000－0701－0000628　善12164

泊如齋重修宣和博古圖錄三十卷　(宋)王黼
等撰　明萬曆十六年(1588)泊如齋刻本　三
十册

210000－0701－0000629　善12165

穀詒彙十四卷首一卷　(明)陶希皋輯　明崇
禎七年(1634)陶以鉽、陶以鑄刻本　八册

210000－0701－0000630　善12166

新列國志一百八回　(明)馮夢龍編　(清)金
人瑞評　清初刻本　二十四册

210000－0701－0000631　善12167

十竹齋畫譜八卷　(明)胡正言輯　清刻彩色
套印本　十六册

210000－0701－0000632　善12168

牡丹亭還魂記二卷　(明)湯顯祖撰　明末朱
元鎮刻本　四册

210000－0701－0000633　善12169

雍錄十卷　(宋)程大昌撰　明萬曆吳琯刻本
四册

210000－0701－0000634　善12170

元文類七十卷目錄三卷　(元)蘇天爵輯　明
末修德堂刻古今逸史本　三十六册

210000－0701－0000635　善12171

新鐫批評出相韓湘子三十回　(明)楊爾曾撰
題(明)泰和仙客評閱　明天啓三年(1623)
金陵九如堂刻本　八册

210000－0701－0000636　善12172

重刊黃文獻公文集十卷　(元)黃溍撰　(明)
張維樞輯　明萬曆刻本　六册

210000－0701－0000637　善12173

雅尚齋遵生八牋十九卷目錄一卷　(明)高濂
撰　明萬曆十九年(1591)自刻本(目錄一卷
抄補)　三十六册

210000－0701－0000638　善12174

胡賢母傳一卷　(明)胡大慎撰　明末胡大慎
刻本　一册

210000－0701－0000639　善12175

香嚴古溪和尚語錄十二卷續編三卷　(明)釋
古溪撰　(明)釋明炬等輯　明萬曆三十四年
(1606)白邠刻本　四册

210000－0701－0000640　善12176

校正重刊官板宋朝文鑑一百五十卷目錄三卷
(宋)呂祖謙編　明刻本　二十册

210000－0701－0000641　善12177

趙清獻公集十卷目錄二卷　(宋)趙抃撰　明
刻本　四册

210000－0701－0000642　善12178

王奉常集詩十五卷　(明)王世懋撰　明萬曆
十七年(1589)刻本　一册　存八卷(一至八)

210000－0701－0000643　善12179

宋學士徐文惠公存稿五卷　(宋)徐經孫撰
附錄一卷　明萬曆四十二年(1614)徐鑒刻本
三册

210000－0701－0000644　善12180

欒城集五十卷後集二十四卷三集十卷應詔集
十二卷　(宋)蘇轍撰　明清夢軒刻本　三十
六册

210000－0701－0000645　善12181

二如亭群芳譜四集二十八卷首一卷　(明)王
象晉撰　明末沙村草堂刻本　十六册

210000－0701－0000646　善12182

湧幢小品三十二卷　（明）朱國禎撰　明天啓二年（1622）刻本　十六冊

210000－0701－0000647　善12183

子彙二十四種三十四卷　（明）周子義編　明萬曆四年至五年（1576－1577）南京國子監刻本　十九冊

210000－0701－0000648　善12184

尺牘清裁六十卷補遺一卷　（明）王世貞輯　（明）王世懋校　明隆慶五年（1571）王世懋刻本　八冊

210000－0701－0000649　善12185

荆石王相國叚註百家評林班馬英鋒選十卷　（明）王錫爵選　明萬曆二十九年（1601）周時泰刻本　十冊

210000－0701－0000650　善12186

兵錄十四卷　（明）何汝賓輯　明崇禎五年（1632）刻本　十冊

210000－0701－0000651　善12187

劉子威雜俎十卷　（明）劉鳳撰　明萬曆劉鴻英刻本　十冊

210000－0701－0000652　善12188

文字會寶不分卷　（明）朱文治輯　明萬曆三十六年（1608）朱文治刻本　六冊　缺（屈原卜居等五十七篇）

210000－0701－0000653　善12189

文字會寶不分卷　（明）朱文治輯　明萬曆三十六年（1608）朱文治刻本　十冊

210000－0701－0000654　善12190

聖壽萬年曆二卷萬年曆備考三卷律曆融通四卷音義一卷　（明）朱載堉撰　明萬曆鄭藩刻樂律全書本　二冊

210000－0701－0000655　善12191

東垣十書二十卷　（金）李杲等撰　明萬曆十一年（1583）周曰校刻本　六冊

210000－0701－0000656　善12192

唐詩三集合編七十四卷首一卷　（明）沈子來

輯　明天啓四年（1624）寧遠山房刻本　十二冊

210000－0701－0000657　善12193

綸扉簡牘十卷　（明）申時行撰　明萬曆二十四年（1596）申時行刻本　十冊

210000－0701－0000658　善12194

顏魯公文集十五卷補遺一卷　（唐）顏眞卿撰　**年譜一卷**　（宋）留元剛撰　**附錄一卷**　明萬曆十七年（1589）劉思誠刻本　六冊

210000－0701－0000659　善12195

班馬異同三十五卷　（宋）倪思撰　（宋）劉辰翁評　明刻本　八冊

210000－0701－0000660　善12196

說苑二十卷　（漢）劉向撰　（明）程榮校　明萬曆程榮刻漢魏叢書本　六冊

210000－0701－0000661　善12197

岱史十八卷　（明）查志隆輯　（清）張緒彥刪補　明萬曆十五年（1587）戴相堯刻清順治十一年（1654）傅應星補刻康熙三十八年（1699）勞繩祖增補本　七冊

210000－0701－0000662　善12198

顏魯公文集二十卷　（唐）顏眞卿撰　（明）顏欲章編　明萬曆顏欲章刻本　六冊

210000－0701－0000663　善12199

方氏墨譜六卷　（明）方于魯撰　明萬曆方氏美蔭堂刻本　八冊

210000－0701－0000664　善12200

先聖大訓六卷　（宋）楊簡撰　明刻本　十二冊

210000－0701－0000665　善12201

國朝列卿年表一百六十五卷　（明）雷禮輯　明萬曆十一年（1583）項篤壽刻本　十冊　存一百三十九卷（一至一百三十九）

210000－0701－0000666　善12202

幔亭集十五卷　（明）徐熥撰　（明）陳薦夫輯　明萬曆二十九年（1601）王若刻本（卷九至十計五十一葉抄補,末冊補半葉四行）　八冊

210000－0701－0000667　善 12203

今文選十二卷　（明）孫鑛　（明）余寅
（明）唐鶴徵輯評　明萬曆三十一年（1603）刻
本　六冊

210000－0701－0000668　善 12204

宋端明殿學士蔡忠惠公文集四十卷　（宋）蔡
襄撰　蔡端明別紀十卷　（明）徐𤊹輯　明陳
一元刻萬曆四十三年（1615）朱謀㙔、李克家
重修本　四冊

210000－0701－0000669　善 12205

[天啟]海鹽縣圖經十六卷　（明）胡震亨纂
（明）樊維城修　明天啓刻本　十冊

210000－0701－0000670　善 12206

新刊駱子集注四卷　（唐）駱賓王撰　（明）陳
魁士注　明萬曆七年（1579）劉大烈等刻本
四冊

210000－0701－0000671　善 12207

史義拾遺二卷　（元）楊維楨撰　左逸一卷短
長一卷　（明）蔣謹輯　明崇禎五年（1632）蔣
世枋刻本　四冊

210000－0701－0000672　善 12208

江漢叢談二卷　（明）陳士元撰　明隆慶六年
（1572）刻本　二冊

210000－0701－0000673　善 12209

楊大洪先生忠烈實錄一卷　（明）胡繼先輯
忠烈志銘一卷　（清）錢謙益撰　明崇禎二年
（1629）毛氏世美堂刻本　一冊

210000－0701－0000674　善 12210

溫先生稿不分卷　（明）溫純撰　（明）溫日知
等輯　明萬曆十三年（1585）刻本　二冊

210000－0701－0000675　善 12211

楊盈川集十卷　（唐）楊炯撰　附錄一卷　明
刻本　二冊

210000－0701－0000676　善 12212

夢山存家詩稿八卷　（明）楊巍撰　明萬曆三
十年（1602）刻本　一冊　存三卷（一至三）

210000－0701－0000677　善 12213

尺牘清裁六十卷補遺一卷　（明）王世貞輯
（明）王世懋校　明隆慶五年（1571）王世懋刻
本　三冊　存十五卷（一至十、四十一至四十
五）

210000－0701－0000678　善 12214

湖湘五略十卷　（明）錢春撰　明萬曆刻本
四冊　存四卷（湖湘讞略二卷、湖湘詳略二
卷）

210000－0701－0000679　善 12215

晉書一百三十卷　（唐）房玄齡等撰　（唐）何
超音義　明萬曆六年（1578）周若年、丁孟嘉
刻本　七十二冊　存一百六卷（一至五十九、
八十四至一百三十）

210000－0701－0000680　善 12216

南豐先生元豐類藁五十卷續附一卷　（宋）曾
鞏撰　明隆慶五年（1571）邵廉刻本　二十冊

210000－0701－0000681　善 12217

十六國春秋一百卷　題（北魏）崔鴻撰　明萬
曆三十七年（1609）屠遷蘭暉堂刻本　十五冊
存十一卷（三十九至四十九）

210000－0701－0000682　善 12218

甀甄洞稿五十四卷目錄二卷　（明）吳國倫撰
明萬曆刻本　二十冊

210000－0701－0000683　善 12219

牧齋初學集一百十卷目錄二卷　（清）錢謙益
撰　明崇禎十六年（1643）瞿式耜刻本　三十
二冊

210000－0701－0000684　善 12220

牧齋初學集一百十卷目錄二卷　（清）錢謙益
撰　明崇禎十六年（1643）瞿式耜刻本　清覺
軒題款　三十二冊

210000－0701－0000685　善 12221

建文朝野彙編二十卷　（明）屠叔方撰　明萬
曆刻本　十二冊　缺三葉（卷一末三葉）

210000－0701－0000686　善 12222

三國志六十五卷　（晉）陳壽撰　（南朝宋）裴
松之注　明萬曆二十四年（1596）南京國子監

刻本　十二冊

210000－0701－0000687　善12223

三國志六十五卷　（晉）陳壽撰　（南朝宋）裴松之注　明萬曆二十四年(1596)南京國子監刻清順治十六年（1659）、康熙三十九年(1700)遞修本　十二冊

210000－0701－0000688　善12224

玉茗堂四種傳奇八卷　（明）湯顯祖撰　明末刻本　十冊

210000－0701－0000689　善12225

海嶽靈秀集二十二卷　（明）朱觀㷛輯　明隆慶三年(1569)魯藩承訓書院刻本　十冊

210000－0701－0000690　善12226

壬辰翰林館課纂二十三卷　（明）翁正春（明）焦竑等撰　明萬曆劉孔當刻本　八冊

210000－0701－0000691　善12227

濟北晁先生雞肋集七十卷　（宋）晁補之撰　明崇禎八年(1635)顧凝遠詩廋閣刻本　十六冊

210000－0701－0000692　善12228

濟北晁先生雞肋集七十卷　（宋）晁補之撰　明崇禎八年(1635)顧凝遠詩廋閣刻本　二十冊

210000－0701－0000693　善12229

新刻全像三寶太監西洋記通俗演義二十卷一百回　（明）羅懋登撰　明三山道人刻清初步月樓重修本　二十冊

210000－0701－0000694　善12230

新刻全像三寶太監西洋記通俗演義二十卷一百回　（明）羅懋登撰　明三山道人刻清初步月樓重修本　二十冊　存十五卷(六至二十)

210000－0701－0000695　善12231

天中記五十卷　（明）陳耀文輯　明隆慶三年(1569)刻本(卷三第五葉補配)　五十冊

210000－0701－0000696　善12232

元曲選十集一百卷　（明）臧懋循編　論曲一卷　（明）陶宗儀等撰　元曲論一卷　明

萬曆刻博古堂印本　七十九冊　缺一卷(玉壺春)

210000－0701－0000697　善12233

晉書一百三十卷　（唐）房玄齡等撰　（唐）何超音義　明萬曆六年(1578)周若年、丁孟嘉刻本　六十四冊

210000－0701－0000698　善12234

元曲選十集一百卷　（明）臧懋循編　論曲一卷　（明）陶宗儀等撰　元曲論一卷　明萬曆刻博古堂印本　六十冊

210000－0701－0000699　善12235

宋史紀事本末二十八卷　（明）馮琦撰　（明）陳邦瞻補　明萬曆刻本　十六冊

210000－0701－0000700　善12236

唐類函二百卷目錄一卷　（明）俞安期輯　明萬曆三十一年(1603)刻四十六年(1618)重修本　四十冊

210000－0701－0000701　善12237

徐文長文集三十卷　（明）徐渭撰　（明）袁宏道評點　明萬曆四十二年(1614)鍾人傑刻本　八冊

210000－0701－0000702　善12238

宋宗伯徐清正公存稿六卷　（宋）徐鹿卿撰　附錄一卷　明萬曆四十二年(1614)徐鑒刻本　五冊

210000－0701－0000703　善12239

山居雜志二十三種四十一卷　（明）汪士賢輯　明萬曆汪氏刻本　十冊

210000－0701－0000704　善12240

落落齋遺集十卷　（明）李應昇撰　（清）李遜之輯　清康熙李遜之刻本　五冊

210000－0701－0000705　善12241

守令懿範四卷　（明）蔡國熙撰　明隆慶四年(1570)劉世昌刻本　六冊

210000－0701－0000706　善12242

墨池編六卷　（宋）朱長文輯　明萬曆八年(1580)虞德燁等刻本　六冊

210000－0701－0000707　善12243

循陔園集八卷　（明）丘禾實撰　明萬曆四十一年(1613)刻本　八冊

210000－0701－0000708　善12244

閱史約書四卷碧澥堂詩草一卷　（明）王光魯撰　清順治十三年(1656)熊維㲄刻本　八冊

210000－0701－0000709　善12245

楊鐵崖文集五卷史義拾遺二卷香奩集一卷西湖竹枝集一卷　（元）楊維楨撰　明陳子京刻本　六冊

210000－0701－0000710　善12246

山堂肆考宫集四十八卷商集四十八卷角集四十八卷徵集四十八卷羽集四十八卷補遺十二卷　（明）彭大翼撰　明萬曆二十三年(1595)刻四十七年(1619)重修本　四十冊

210000－0701－0000711　善12247

周書五十卷　（唐）令狐德棻等撰　明萬曆十六年(1588)南京國子監刻明清遞修本　十冊

210000－0701－0000712　善12248

天皇至道太清玉冊二卷　（明）朱權撰　明萬曆三十七年(1609)張進刻本　四冊

210000－0701－0000713　善12249

滄溟先生集三十卷　（明）李攀龍撰　**附錄一卷**　明刻本　十冊

210000－0701－0000714　善12250

小窗艷紀不分卷　（明）吳從先撰　明刻小窗四紀本　八冊

210000－0701－0000715　善12251

南齊書五十九卷　（南朝梁）蕭子顯撰　（明）趙用賢校　明萬曆十八年(1590)南京國子監刻明清遞修本　八冊

210000－0701－0000716　善12252

標題補注蒙求三卷　（唐）李翰撰　（宋）徐子光補注　（明）顧起綸補輯　（明）吳勉學校正　明萬曆刻本　三冊

210000－0701－0000717　善12253

六書正譌五卷　（元）周伯琦編　（元）胡正言訂　明崇禎七年(1634)胡正言十竹齋刻清古香閣印本　五冊

210000－0701－0000718　善12254

宋林和靖先生詩集四卷補遺一卷省心錄一卷　（宋）林逋撰　**附錄一卷**　明萬曆四十一年(1613)何養純、諸時寶刻本　四冊

210000－0701－0000719　善12255

陳思王集十卷　（三國魏）曹植撰　明萬曆二十年(1592)李禎刻本　四冊

210000－0701－0000720　善12256

史記評林一百三十卷　（明）凌稚隆輯　（明）李光縉增補　明熊氏宏遠堂刻本　佚名題記　三十二冊

210000－0701－0000721　善12257

孔聖全書三十五卷首二卷　（明）蔡復賞輯　明萬曆三十六年(1608)蔡氏德星堂刻本　三十二冊

210000－0701－0000722　善12258

琅邪代醉編四十卷　（明）張鼎思輯　明萬曆二十五年(1597)陳性學刻本　二十四冊

210000－0701－0000723　善12259

唐詩類苑二百卷　（明）張之象纂輯　（明）王徹增補　明萬曆二十九年(1601)曹仁孫刻本　六十四冊

210000－0701－0000724　善12260

唐詩類苑二百卷　（明）張之象纂輯　（明）王徹增補　明萬曆二十九年(1601)曹仁孫刻本　十冊

210000－0701－0000725　善12261

新刻臨川王介甫先生文集一百卷目錄二卷　（宋）王安石撰　（明）李光祚校　明萬曆四十年(1612)王鳳翔光啓堂刻本　二十四冊

210000－0701－0000726　善12262

由醇錄三十七卷　（明）沈節甫輯　明萬曆二十四年(1596)忠恕堂刻本　二十冊

210000－0701－0000727　善12263

空同子集六十六卷目錄三卷　（明）李夢陽撰

附錄二卷 明萬曆三十一年(1603)鄧雲霄刻本 二十冊

210000－0701－0000728 善12264

經史直解六卷 (明)殷士儋撰 明隆慶元年(1567)郝傑刻本 六冊

210000－0701－0000729 善12265

淮海集四十卷後集六卷長短句三卷 (宋)秦觀撰 明萬曆四十六年(1618)李之藻刻本 四冊

210000－0701－0000730 善12266

宋洪魏公進萬首唐人絕句四十卷目錄四卷 (宋)洪邁輯 (明)趙宧光 (明)黃習遠補 明萬曆三十五年(1607)趙宧光刻本 二十四冊

210000－0701－0000731 善12267

皇明史竊一百五卷 (明)尹守衡撰 明崇禎十一年(1638)刻本 佚名題記 二十四冊 缺五卷(八至十一、十四)

210000－0701－0000732 善12268

河防一覽十四卷 (明)潘季馴撰 明萬曆十八年(1590)刻本 二十冊

210000－0701－0000733 善12269

春秋穀梁注疏二十卷 (晉)范甯集解 (唐)楊士勛疏 明萬曆二十一年(1593)南京國子監刻十三經注疏本 五冊

210000－0701－0000734 善12270

阮嗣宗集二卷 (三國魏)阮籍撰 明萬曆天啓新安汪氏刻漢魏諸名家集本 一冊

210000－0701－0000735 善12271

六書正譌五卷 (元)周伯琦撰 (明)胡正言訂 明崇禎七年(1634)胡正言十竹齋刻本 五冊

210000－0701－0000736 善12272

唐甫里先生集二十卷 (唐)陸龜蒙撰 明萬曆許自昌刻陸魯望皮襲美二先生集本 八冊

210000－0701－0000737 善12273

張陽和先生不二齋文選七卷 (明)張元忭撰

明萬曆張汝霖、張汝懋刻本 六冊

210000－0701－0000738 善12274

新鐫歷世諸大名家往來翰墨分類纂註品粹十卷目錄一卷 (明)黃志清輯 明萬曆二十五年(1597)書林余象斗刻本 十二冊

210000－0701－0000739 善12275

梁書五十六卷 (唐)姚思廉撰 明萬曆三十三年(1605)北京國子監刻二十一史本 十冊

210000－0701－0000740 善12276

春秋疑問十二卷 (明)姚舜牧撰 明萬曆刻本 八冊

210000－0701－0000741 善12277

石墨鐫華八卷 (明)趙崡撰 明萬曆四十六年(1618)趙氏刻本 六冊

210000－0701－0000742 善12278

古史六十卷 (宋)蘇轍撰 明萬曆三十九年(1611)南京國子監刻本 十冊

210000－0701－0000743 善12279

重修政和經史證類備用本草三十卷 (宋)唐慎微撰 (宋)寇宗奭衍義 明隆慶三年(1569)刻本 九冊 存二十八卷(一至七、十至三十)

210000－0701－0000744 善12280

程氏墨苑十四卷人文爵里表九卷 (明)程大約撰 明萬曆程大約滋蘭堂刻本(陶湘抄補五十一葉) 二十四冊

210000－0701－0000745 善12281

楊升菴先生文集八十一卷目錄四卷 (明)楊慎撰 明萬曆二十九年(1601)王藩臣刻本 三十二冊

210000－0701－0000746 善12282

史纂四卷 (明)鄭奎光輯 明崇禎十五年(1642)刻本 一冊

210000－0701－0000747 善12283

甲子會紀五卷 (明)薛應旂撰 (明)陳仁錫評 明陳仁錫刻本 三冊

210000－0701－0000748 善12284

建文書法擬前編一卷正編二卷附編二卷
(明)朱鷺撰　明萬曆刻本　四冊

210000－0701－0000749　善12285

小字錄一卷小字錄補六卷　(宋)陳思輯　明
萬曆四十七年(1619)沈弘正暢閣刻本　四冊

210000－0701－0000750　善12286

欣賞續編十種十卷　(明)茅一相編　明萬曆
八年(1580)茅一相刻本　二冊　存四種四卷
(十友一卷、茶譜一卷、詞評一卷、曲藻一卷)

210000－0701－0000751　善12287

中川先生集□□卷　(明)王教撰　明朱睦㮮
刻本　一冊　存四卷(四至七)

210000－0701－0000752　善12288

小學集註六卷　(宋)朱熹撰　(明)陳選注
明崇禎八年(1635)刻本　四冊

210000－0701－0000753　善12289

王奉常集文五十四卷　(明)王世懋撰　明萬
曆刻本　四冊　存十八卷(文部一至十八)

210000－0701－0000754　善12290

漢魏叢書三十八種二百五十一卷　(明)程榮
編　明萬曆二十年(1592)程榮刻本　佚名題
記　六十四冊　缺一卷(孔叢子上)

210000－0701－0000755　善12291

增定古今逸史五十五種二百二十三卷　(明)
吳琯編　明吳琯刻本　五十六冊

210000－0701－0000756　善12292

月令通攷十六卷　(明)盧翰輯　明萬曆十七
年(1589)王道增刻本　十六冊

210000－0701－0000757　善12293

五雅七十三卷　(明)畢效欽輯　明萬曆十六
年(1588)瑞桃堂刻本　十六冊

210000－0701－0000758　善12294

晉書一百三十卷　(唐)房玄齡撰　(唐)何超
音義　明吳氏西爽堂刻本　清歸鍾曙題識
四十冊

210000－0701－0000759　善12295

快書五十種五十卷　(明)閔景賢編　(明)何

偉然訂　明天啓六年(1626)刻本　半園老人
題記　二十二冊

210000－0701－0000760　善12296

重修政和經史證類備用本草三十卷　(宋)唐
慎微撰　(宋)寇宗奭衍義　明隆慶六年
(1572)施篤臣、曹科刻公文紙印本　羅振玉
題識　二十四冊

210000－0701－0000761　善12297

昭代典則二十八卷　(明)黃光昇撰　(明)陸
翀之校　明萬曆二十八年(1600)周曰校萬卷
樓刻本　二十八冊

210000－0701－0000762　善12298

快雪堂集六十四卷　(明)馮夢禎撰　明萬曆
四十四年(1616)黃汝亨、朱之蕃等刻本　四
十冊

210000－0701－0000763　善12299

王文恪公集三十六卷　(明)王鏊撰　鶡音一
卷白社詩草一卷　(明)王禹聲撰　明萬曆王
氏三槐堂刻本　羅繼祖題記　十二冊

210000－0701－0000764　善12300

新刻皇輿要覽四卷　(明)胡文煥編　明萬曆
刻本　四冊

210000－0701－0000765　善12301

增定古今逸史五十五種二百二十三卷　(明)
吳琯編　明吳琯刻本　十一冊　存十種十卷
(楚史檮杌一卷、晉史乘一卷、教坊記一卷、博
異記一卷、集異記一卷、九經補韻一卷、小爾
雅一卷、風俗通義一卷、續齊諧記一卷、樂府
雜錄一卷)

210000－0701－0000766　善12302

寶顏堂訂正賢奕編四卷　(明)劉元卿撰
(明)陳繼儒等校　明萬曆刻寶顏堂秘笈本
四冊

210000－0701－0000767　善12303

弇州史料前集三十卷後集七十卷　(明)王世
貞撰　(明)董復表編　明萬曆四十二年
(1614)刻本　六十四冊　存七十九卷(前集
三十卷、後集二十二至七十)

210000 – 0701 – 0000768　善 12304

弇州山人續稿二百七卷目錄十卷　（明）王世
貞撰　明刻本　八十冊

210000 – 0701 – 0000769　善 12305

弇州山人四部稿一百七十四卷目錄十二卷
（明）王世貞撰　明萬曆五年（1577）王氏世經
堂刻本　六十冊

210000 – 0701 – 0000770　善 12306

翰苑新書前集七十卷後集三十二卷別集十二
卷續集四十二卷　（宋）□□撰　明萬曆十九
年（1591）周曰校仁壽堂刻本　二十八冊　存
十八卷（前集一至十二、後集下六卷）

210000 – 0701 – 0000771　善 12307

見素集二十八卷目錄一卷紀略一卷　（明）林
俊撰　明萬曆十三年（1585）林及祖刻本　十
六冊

210000 – 0701 – 0000772　善 12308

史記約言不分卷　（明）王錫侯選　明萬曆二
十一年（1593）陳登雲刻本　十二冊

210000 – 0701 – 0000773　善 12309

四唐詩不分卷　（明）畢校欽增定　明萬曆三
十六年（1608）刻本　十冊

210000 – 0701 – 0000774　善 12310

弇州史料後集七十卷　（明）王世貞撰　（明）
董復表編　明萬曆四十二年（1614）刻本　二
十四冊　存三十九卷（二十二至三十七、四十
八至七十）

210000 – 0701 – 0000775　善 12311

新刊史學備要綱鑑會編四十八卷新刊史學備
要史綱統會二十三卷　（明）王錫爵撰　明萬
曆六年（1578）福建鄭以厚刻本　二十冊

210000 – 0701 – 0000776　善 12312

東廓鄒先生文集十二卷　（明）鄒守益撰　明
隆慶六年（1572）邵廉刻本　吳雲題識　十冊

210000 – 0701 – 0000777　善 12313

新刊古今名賢品彙註釋玉堂詩選八卷　（明）
舒芬輯　（明）舒琛增補　（明）楊淙注　明萬

曆七年（1579）金陵富春堂刻積秀堂重修本
八冊

210000 – 0701 – 0000778　善 12314

新刻壬戌科翰林館課五卷後集五卷　（明）周
如磐　（明）汪煇輯　新刻己未科翰林館課一
卷　（明）鄭以偉輯　明天啓唐國達廣慶堂刻
本　十二冊

210000 – 0701 – 0000779　善 12315

丹溪先生心法五卷附餘六種　（元）朱震亨撰
明步月樓刻本　十六冊

210000 – 0701 – 0000780　善 12316

新鐫批評出像通俗演義禪真後史十集六十回
（明）方汝浩撰　明崇禎刻本　十六冊

210000 – 0701 – 0000781　善 12317

[萬曆] 紹興府志五十卷　（明）蕭良幹
（明）張元忭等纂修　明萬曆十五年（1587）刻
本　羅振玉題識　三十二冊

210000 – 0701 – 0000782　善 12318

尚白齋鐫陳眉公訂正秘籍二十一種四十九卷
（明）陳繼儒編　明萬曆三十四年（1606）沈
氏刻本　蕉孫題記　三冊　存七卷（樂郊私
語一卷、清暑筆談一卷、貧士傳二卷、焚椒錄
一卷、歸有園麈談一卷、書品一卷）

210000 – 0701 – 0000783　善 12319

瑯嬛記三卷　題（元）伊世珍輯　（明）黃正位
校　明萬曆曹學佺刻本　二冊

210000 – 0701 – 0000784　善 12320

名山勝概記四十六卷圖一卷　（明）何鏜撰
（明）慎蒙續　（清）張繼彥等補輯　附錄一卷
明崇禎六年（1633）刻本　八十冊

210000 – 0701 – 0000785　善 12321

事言要玄天集三卷地集八卷人集十四卷事集
四卷物集三卷　（明）陳懋學撰　明萬曆四十
六年（1618）楊秉正等刻本　三十冊

210000 – 0701 – 0000786　善 12322

昨非菴日纂二十卷二集二十卷三集二十卷
（明）鄭瑄撰　明崇禎十六年（1643）刻清順治

二年(1645)印本　二十四冊

210000－0701－0000787　善12323

稗史彙編一百七十五卷　（明）王圻撰　明萬曆三十六年(1608)刻本（卷八十五缺第二十一葉）　六十冊

210000－0701－0000788　善12324

名山勝概記四十六卷圖一卷　（明）何鏜撰（明）慎蒙續　（清）張縉彥等補輯　**附錄一卷**　明崇禎六年(1633)刻本　四十八冊　缺一卷(附錄一卷)

210000－0701－0000789　善12325

陳眉公訂正許然明先生茶疏一卷　（明）許次紓撰　**茶寮記一卷**　（明）陸樹聲撰　明萬曆三十五年(1607)許才甫刻本　一冊

210000－0701－0000790　善12326

物原不分卷　（明）羅頎撰　（明）胡文煥校　明萬曆刻本　一冊

210000－0701－0000791　善12327

顧伯子葬紀不分卷　（明）顧祖訓輯　明隆慶三年(1569)顧氏玄玉齋刻本　一冊

210000－0701－0000792　善12328

蔡中郎文集十卷外傳一卷　（漢）蔡邕撰　明萬曆二年(1574)刻本　佚名過錄清顧廣圻清黃丕烈校跋識語　四冊

210000－0701－0000793　善12329

世穆兩朝編年史六卷　（明）支大綸撰　明萬曆二十四年(1596)刻本　四冊　存四卷(永陵編年史一至四)

210000－0701－0000794　善12330

文章百段錦二卷　（宋）方頤孫輯　明隆慶二年(1568)河間府刻本　二冊

210000－0701－0000795　善12331

皇明後軍都督府署都督同知高公行狀一卷諭祭本揭一卷禮部劄付一卷　（明）高維岳等撰　明萬曆四十八年(1620)刻本　一冊

210000－0701－0000796　善12332

荒史六卷　（明）陳士元輯　明萬曆二年

(1574)德安府刻本　二冊

210000－0701－0000797　善12333

鮑明遠集十卷　（南朝宋）鮑照撰　明萬曆汪士賢刻漢魏諸名家集本　二冊

210000－0701－0000798　善12334

居家懿範八卷　（明）龔廷賓輯　明萬曆二十七年(1599)自刻本　四冊

210000－0701－0000799　善12335

讀禮日知二卷　（明）金涑撰　明萬曆二年(1574)馮筎刻本　羅振玉題識　二冊

210000－0701－0000800　善12336

海運新考三卷　（明）梁夢龍撰　明萬曆七年(1579)刻本　二冊

210000－0701－0000801　善12337

名山勝概記四十六卷圖一卷　（明）何鏜撰（明）慎蒙續　（清）張縉彥等補輯　**附錄一卷**　明崇禎六年(1633)刻本　二十八冊

210000－0701－0000802　善12338

新刻通鑑集要二十八卷　（明）諸燮輯　（明）吳守謨增刪　明萬曆三十五年(1607)吳守謨刻本　二十四冊

210000－0701－0000803　善12339

列子鬳齋口義八卷　（宋）林希逸注　明萬曆四年(1576)陳氏積善堂刻三子口義本　二冊

210000－0701－0000804　善12340

益智編四十一卷　（明）孫能傳輯　明萬曆四十二年(1614)孫能正刻本（卷一至五抄補）十二冊

210000－0701－0000805　善12341

新刻寰宇雜記二卷　（明）胡文煥輯　明刻本　二冊

210000－0701－0000806　善12342

國朝列卿紀一百六十五卷　（明）雷禮輯（明）雷暎等補　明萬曆徐鑒刻本　四十三冊　缺二十二卷(二至九、七十三至七十五、九十五至一百、一百十五至一百十九)

210000－0701－0000807　善12343

倪雲林詩集六卷　（元）倪瓚撰　（明）潘是仁輯　明萬曆潘是仁刻宋元四十三家集本　四冊

210000－0701－0000808　善12344

季漢書六十卷正論一卷答問一卷　（明）謝陛撰　明鍾人傑刻本　八冊　存三十二卷（本紀三卷、内傳十七卷、外傳十二卷）

210000－0701－0000809　善12345

筆叢三十二卷續集十六卷甲乙剩言一卷　（明）胡應麟撰　明崇禎五年（1632）吳國琦刻本　十六冊

210000－0701－0000810　善12346

兩蘇經解七種六十四卷　（明）焦竑輯　明萬曆二十五年（1597）畢氏刻本　三十五冊

210000－0701－0000811　善12347

中興閒氣集二卷　（唐）高仲武輯　明嘉靖刻唐人選唐詩六種本　一冊

210000－0701－0000812　善12348

眉公先生晚香堂小品二十四卷　（明）陳繼儒撰　明崇禎湯大節簡綠居刻本　十二冊

210000－0701－0000813　善12349

堯山堂偶雋七卷　（明）蔣一葵撰　明刻本　二冊

210000－0701－0000814　善12350

唐宋諸賢絕妙詞選十卷　（宋）黃昇輯　明萬曆四十二年（1614）秦塤刻本　二冊

210000－0701－0000815　善12351

閱耕餘錄六卷　（明）張所望撰　明天啓元年（1621）刻本　三冊

210000－0701－0000816　善12352

新刻古器具名二卷附古器總說一卷　（明）胡文煥輯　新刻山房十友圖贊一卷　（明）顧元慶撰　明萬曆刻本　三冊

210000－0701－0000817　善12353

脈經十卷　（晉）王叔和撰　明萬曆二十九年（1601）吳勉學刻古今醫統正脈全書本　羅振玉題識　二冊

新刻劍嘯閣批評西漢通俗演義八卷　（明）甄偉撰　東漢通俗演義十卷　（明）謝詔撰　明末刻本　十六冊

210000－0701－0000819　善12355

左氏兵略三十二卷　（明）陳禹謨撰　明萬曆吳用先、彭端吾等刻本　十六冊

210000－0701－0000820　善12356

律呂正聲六十卷　（明）王邦直撰　（明）黃作孚校　明萬曆三十六年（1608）黃作孚刻本（卷三十一至三十五補抄）　二十冊

210000－0701－0000821　善12357

萬曆疏鈔五十七卷　（明）周亮輯　明萬曆刻本　七冊　存十一卷（七至八、十一至十九）

210000－0701－0000822　善12358

薛文清公讀書全錄類編十七卷　（明）薛瑄撰　明萬曆二十七年（1599）薛應麟、薛應第刻本　五冊

210000－0701－0000823　善12359

兩漢文歸十六卷　（明）鍾惺選注　明崇禎刻本　八冊

210000－0701－0000824　善12360

劉河間醫學六書二十五卷　（金）劉完素等撰　（明）吳勉學等校　張子和心鏡別集一卷河間傷寒心要一卷　明歲月樓刻古今醫統正脈全書本　八冊

210000－0701－0000825　善12361

徽郡新刻國朝名公尺牘三卷目錄三卷　（明）程大約輯　明書林衝泉詹氏刻本　三冊

210000－0701－0000826　善12362

畫響不分卷　（明）李永昌撰　（明）吳繼鼎校　明末刻本　一冊　存一冊（四）

210000－0701－0000827　善12363

不如夷狄鈔三卷　題（明）不如子編纂　明萬曆刻本　六冊

210000－0701－0000828　善12364

不如婦寺鈔三卷　題（明）不如子編纂　明萬

曆刻本　六冊

210000－0701－0000829　善12365
樂律全書十五種四十八卷　（明）朱載堉撰
明萬曆鄭藩刻增修本　十九冊

210000－0701－0000830　善12366
百家類纂四十卷　（明）沈津輯　明隆慶元年
(1567)張思和等刻本　三十二冊　存二十五
卷(一至十八、三十四至四十)

210000－0701－0000831　善12367
**批點孫子正義十三卷新鐫孫子兵法衍義十三
卷**　（明）施逢源撰　明崇禎十二年(1639)自
刻本　十四冊

210000－0701－0000832　善12368
史質一百卷目錄一卷　（宋）王洙撰　明嘉靖
刻本　七冊　存五十二卷(一至九、十七至五
十八,目錄一卷)

210000－0701－0000833　善12369
廣諧史十卷　（明）陳邦俊撰　明刻本　二冊
存二卷(二至三)

210000－0701－0000834　善12370
陸士衡集十卷　（晉）陸機撰　明萬曆天啓汪
士賢刻漢魏六朝二十一名家集本　二冊

210000－0701－0000835　善12371
王氏畫苑十五種三十七卷　（明）王世貞編
明隆慶、萬曆刻本　二冊　存八卷(古畫品錄
一卷、續畫名錄一卷、後畫錄一卷、續畫品一
卷、貞觀公私畫史一卷、沈存中圖畫歌一卷、
筆法記一卷、王維山水論一卷)

210000－0701－0000836　善12372
漢魏六朝二十一名家集一百二十三卷　（明）
汪士賢輯　明萬曆天啓汪士賢刻本　七冊
存四種二十九卷(鮑明遠集十卷、庾開府集十
二卷、貞白集二卷、江文通文集五卷)

210000－0701－0000837　善12373
兩朝平攘錄五卷　（明）諸葛元聲輯　（明）商
濬校　明萬曆三十四年(1606)商濬繼錦堂刻
本　五冊　存三卷(一至三)

210000－0701－0000838　善12374
唐宋八大家文鈔一百四十四卷　（明）茅坤編
明崇禎刻本　四十八冊

210000－0701－0000839　善12375
彙鍥註釋三蘇文苑八卷　（宋）蘇洵　（宋）蘇
軾　（宋）蘇轍撰　（明）李叔元輯　明萬曆三
十二年(1604)建陽余泗泉萃慶堂刻本　八冊

210000－0701－0000840　善12376
三才圖會一百六卷　（明）王圻輯　明萬曆三
十七年(1609)王圻刻本（有抄補）　九十四冊
缺二十卷(地理五至十二、人事三卷、草木
九卷)

210000－0701－0000841　善12377
三才圖會一百六卷　（明）王圻輯　明萬曆三
十七年(1609)王圻刻清黃晟槐蔭草堂補刻本
一百二十冊

210000－0701－0000842　善12378
新唐書糾謬二十卷　（宋）吳縝撰　明趙開美
刻本　十四冊

210000－0701－0000843　善12379
水西薰不分卷　（明）張曉撰　明刻本　二冊

210000－0701－0000844　善12380
琴譜合璧兩種不分卷　（明）楊掄撰　明步月
樓刻本　六冊

210000－0701－0000845　善12381
大明會典二百二十八卷　（明）申時行　（明）
趙用賢等纂修　明天啓元年(1621)刻本　四
十六冊　存二百十六卷(一至十七、二十三至
二百二十一)

210000－0701－0000846　善12382
賦苑八卷　（明）李鴻輯　明萬曆刻本　八冊

210000－0701－0000847　善12383
梧岡詩集六卷　（明）陳堯撰　明刻本　二冊

210000－0701－0000848　善12384
弄石庵唐詩名花集四卷　（明）楊肇祉輯　明
末弄石庵刻本　二冊

210000－0701－0000849　善12385

名山藏□□種 （明）□□輯 明末刻本 十二冊 存三十八種

210000－0701－0000850 善12386

歷代地理指掌圖不分卷 題（宋）蘇軾撰 明刻本 四冊

210000－0701－0000851 善12387

青瑣高議前集十卷後集十卷別集七卷 （宋）劉斧撰 （明）張夢錫校 明萬曆張夢錫刻本 二冊

210000－0701－0000852 善12388

稗海全書七十種四百四十六卷 （明）高濬輯 （清）李孝源重訂 明萬曆商氏半埜堂刻清康熙、乾隆修補重訂本 一百冊

210000－0701－0000853 善12389

文苑英華一千卷 （宋）李昉等輯 明隆慶元年（1567）胡維新、戚繼光刻本 一百冊

210000－0701－0000854 善12390

文苑英華一千卷 （宋）李昉等輯 明隆慶元年（1567）胡維新、戚繼光刻本（卷九十三抄補三葉、九十四抄補二葉、一百抄補二葉、一百一抄補二葉、一百九抄補一葉） 一百二冊

210000－0701－0000855 善12391

經濟類編一百卷 （明）馮琦輯 明萬曆三十二年（1604）周棟刻本 一百冊

210000－0701－0000856 善12392

十三經註疏三百三十五卷 明萬曆十四年至二十一年（1586－1593）刻崇禎六年（1633）修補刻本 一百二十冊

210000－0701－0000857 善12393

唐人六集四十二卷 （明）毛晉輯 明崇禎毛晉汲古閣刻本 十六冊

210000－0701－0000858 善12394

冊府元龜一千卷目錄十卷 （宋）王欽若等輯 明崇禎十五年（1642）黃國琦刻本 三百一冊

210000－0701－0000859 善12395

冊府元龜一千卷目錄十卷 （宋）王欽若等輯

明崇禎十五年（1642）黃國琦刻清康熙十一年（1672）黃九錫五繡堂重修本 一百冊

210000－0701－0000860 善12396

冊府元龜一千卷目錄十卷 （宋）王欽若等輯 明崇禎十五年（1642）黃國琦刻本 二百冊

210000－0701－0000861 善12397

兩漢書選三卷 （明）趙南星輯 明天啓元年（1621）正心會刻本 四冊

210000－0701－0000862 善12398

五代史七十四卷 （宋）歐陽修撰 （宋）徐無黨注 明萬曆二十八年（1600）北京國子監刻本 十冊

210000－0701－0000863 善12399

三國志六十五卷 （晉）陳壽撰 （南朝宋）裴松之注 明萬曆二十四年（1596）南京國子監刻本 十二冊

210000－0701－0000864 善12400

新刻臨川王介甫先生文集一百卷 （宋）王安石撰 明萬曆四十年（1612）金陵王鳳翔光啓堂刻本 三十二冊

210000－0701－0000865 善12401

五雅四十一卷 （明）郎奎金輯 明天啓六年（1626）郎奎金堂策檻刻本 十二冊

210000－0701－0000866 善12402

王文恪公集三十六卷 （明）王鏊撰 鵑音一卷白社詩草一卷 （明）王禹聲撰 名公筆記一卷 明萬曆王氏三槐堂刻本 十二冊

210000－0701－0000867 善12403

王文端公尺牘八卷 （明）王家屏撰 （明）傅新德校 明萬曆四十五年（1617）刻本 八冊

210000－0701－0000868 善12404

春秋胡傳三十卷 （宋）胡安國撰 （宋）林堯叟音注 綱領一卷春秋列國東坡圖說一卷諸國興廢說一卷正經音訓一卷春秋提要一卷 明刻本 梁玉書題記 十二冊

210000－0701－0000869 善12405

王諫議集二卷 （漢）王褒撰 附錄一卷 明

天啓、崇禎刻七十二家集本　一冊

210000－0701－0000870　善12406

冊府元龜一千卷目錄十卷　（宋）王欽若等輯
　明崇禎十五年(1642)黃國琦刻清康熙十一
年(1672)黃九錫五繡堂重修本　二百二十冊

210000－0701－0000871　善12407

元曲選十集一百卷　（明）臧懋循編　**元曲論
一卷**　明萬曆博古堂刻本　四十冊

210000－0701－0000872　善12408

五經旁訓十九卷　（元）李恕撰　明崇禎二年
(1629)彙錦堂刻本　十四冊

210000－0701－0000873　善12409

詩雋類函一百五十卷　（明）俞安期輯　（明）
梅鼎祚增訂　明萬曆三十七年(1609)俞氏刻
本　三十冊

210000－0701－0000874　善12410

詩雋類函一百五十卷　（明）俞安期輯　（明）
梅鼎祚增訂　明萬曆三十七年(1609)俞氏刻
本　二十四冊　存一百二十卷(三十一至一
百五十)

210000－0701－0000875　善12411

證治準繩六種四十四卷　（明）王肯堂輯　明
萬曆三十年至三十六年(1602－1608)刻本
六十四冊　存五種三十六卷(證治準繩八卷、
雜病證治類方八卷、瘍醫準繩六卷、幼科證治
準繩九卷、女科證治準繩五卷)

210000－0701－0000876　善12412

天中記六十卷　（明）陳耀文輯　明萬曆刻本
六十冊

210000－0701－0000877　善12413

詩法指南二卷　（明）王檟輯　明萬曆蘊古堂
刻本　二冊

210000－0701－0000878　善12414

五車韻瑞一百六十卷附洪武正韻一卷　（明）
凌稚隆輯　明葉瑞池刻本　二十四冊

210000－0701－0000879　善12415

諸子彙函二十六卷　（明）歸有光輯　明天啓

五年(1625)刻本　十七冊

210000－0701－0000880　善12416

詩經世本古義二十八卷首一卷末一卷　（明）
何楷撰　明崇禎十四年(1641)刻本　八冊

210000－0701－0000881　善12417

說文解字十二卷　（漢）許慎撰　**說文異同一
卷**　（明）陳大科集　明萬曆二十六年(1598)
陳大科刻本　十二冊

210000－0701－0000882　善12418

詩所五十六卷歷代名氏爵里一卷　（明）臧懋
循輯　明萬曆臧懋循雕蟲館刻本　十六冊

210000－0701－0000883　善12419

說文解字十二卷　（漢）許慎撰　**說文異同一
卷**　（明）陳大科集　明萬曆二十六年(1598)
陳大科刻重修本　八冊

210000－0701－0000884　善12420

三教聖人修身圖訣一卷清修捷徑一卷　（明）
張我續撰　明崇禎刻本　一冊

210000－0701－0000885　善12421

新鐫繡像旁批詳注總斷廣百將傳二十卷
（明）黃道周撰　（明）周亮輔增補　明崇禎十
六年(1643)本立堂刻本　十二冊

210000－0701－0000886　善12422

廣快書五十種五十卷　（明）何偉然編　明崇
禎刻本　二十四冊

210000－0701－0000887　善12423

麟經指月十二卷　（明）馮夢龍撰　明泰昌元
年(1620)開美堂刻本　二冊　存二卷(隱公
一卷、桓公一卷)

210000－0701－0000888　善12424

龍谿王先生文錄鈔九卷　（明）王畿撰　（明）
李贄評　明萬曆二十七年(1599)何繼高刻本
八冊

210000－0701－0000889　善12425

漢丞相諸葛忠武侯集二十一卷　（三國蜀）諸
葛亮撰　（明）諸葛羲輯　清嘉慶刻道藏輯要
本　十二冊

210000－0701－0000890　善12426

廣輿圖二卷　（元）朱思本撰　（明）羅洪先
（明）胡松增補　清嘉慶三年（1798）刻本
二冊

210000－0701－0000891　善12427

正音攟言四卷　（明）王荔撰　（明）王允嘉注
明崇禎元年（1628）刻本　四冊

210000－0701－0000892　善12428

古今韻會舉要小補三十卷　（明）方日升撰
明萬曆三十四年（1606）建陽周士顯刻本
十冊

210000－0701－0000893　善12429

譚輅三卷　（明）張鳳翼撰　明萬曆刻本
三冊

210000－0701－0000894　善12430

元經薛氏傳十卷　（唐）薛收撰　（宋）阮逸注
明萬曆二十年（1592）程榮刻漢魏叢書本
四冊

210000－0701－0000895　善12431

讀書種子二十二卷　（明）唐一沂撰　明崇禎
六年（1633）唐氏問奇堂刻本　六冊

210000－0701－0000896　善12432

五雜組十六卷　（明）謝肇淛撰　明刻本
四冊

210000－0701－0000897　善12433

唐宋名臣筆錄二卷　（明）東棻輯　明崇禎八
年（1635）史文楷刻本　二冊

210000－0701－0000898　善12434

山海經十八卷　（晉）郭璞注　（宋）劉辰翁評
（明）閭光表訂　明閭光表刻本　四冊

210000－0701－0000899　善12435

論衡三十卷　（漢）王充撰　（明）劉光斗評
明天啓六年（1626）閭光表刻本　六冊

210000－0701－0000900　善12436

一化元宗十二卷　（明）高時明輯　明天啓四
年（1624）刻本　十二冊

210000－0701－0000901　善12437

詩紀一百五十六卷目錄三十六卷　（明）馮惟
訥輯　明萬曆吳琯、謝陛等刻本（卷一百十八
至一百四十配萬曆四十一年刻本）　二十冊
　存一百七十六卷（一至一百四十、目錄三十
六卷）

210000－0701－0000902　善12438

刪補唐詩選脈箋釋會通評林六十卷　（明）周
珽集注　（明）陳繼儒批點　明崇禎八年
（1635）周珽穀采齋刻本　二十四冊

210000－0701－0000903　善12439

唐宋八大家選二十四卷　（明）鍾惺輯並評
（明）汪應魁刪訂　明崇禎五年（1632）汪應魁
刻本　十冊

210000－0701－0000904　善12440

石林燕語十卷　（宋）葉夢得撰　明萬曆商濬
半埜堂刻稗海本　文思題記　二冊

210000－0701－0000905　善12441

潛確居類書一百二十卷首一卷　（明）陳仁錫
輯　明崇禎三年至五年（1630－1632）徐氏大
觀堂刻本　五十六冊

210000－0701－0000906　善12442

泊如齋重修宣和博古圖錄三十卷　（宋）王黼
等撰　明萬曆十六年（1588）刻本　三十冊

210000－0701－0000907　善12443

皇明奏疏類鈔六十一卷　（明）汪少泉輯
（明）孫維城等重輯　明萬曆十六年（1588）刻
本　三十一冊　存五十八卷（一至五、九至六
十一）

210000－0701－0000908　善12444

唐詩紀一百七十卷目錄三十四卷　（明）黃德
水　（明）吳琯輯　明萬曆十三年（1585）吳琯
刻方天眷重修文樞堂印本　三十二冊

210000－0701－0000909　善12445

宗伯集八十一卷首一卷　（明）馮琦撰　明萬
曆三十五年（1607）刻本　二十四冊

210000－0701－0000910　善12446

歸先生文集三十二卷附錄一卷　（明）歸有光

撰　（明）王執禮校　明萬曆四年(1576)翁良瑜雨金堂刻十六年(1588)雨金堂補刻本　歸寶熙題識　六冊

210000－0701－0000911　善12447
淮海集四十卷後集六卷長短句三卷　（宋）秦觀撰　（明）徐渭評　詩餘一卷　（宋）秦觀撰　（明）鄧章漢輯　明末段之錦刻本　十冊

210000－0701－0000912　善12448
空同子集六十六卷目錄二卷　（明）李夢陽撰　明萬曆三十年(1602)鄧雲霄刻本　十二冊

210000－0701－0000913　善12449
律呂正聲六十卷　（明）王邦直撰　明萬曆三十六年(1608)黃作孚刻本　十冊

210000－0701－0000914　善12450
詩經類考三十卷　（明）沈萬鈳撰　明崇禎十一年至十七年(1638－1644)刻本　八冊　存二十二卷(一至二十二)

210000－0701－0000915　善12451
諸子奇賞後集六十卷　（明）陳仁錫輯評　明天啓刻本　十冊

210000－0701－0000916　善12452
詳註百家唐詩彙選三十卷　（明）徐充輯並注　明萬曆世美堂刻本　八冊

210000－0701－0000917　善12453
唐宋八大家文鈔一百四十四卷　（明）茅坤編並評　明崇禎四年(1631)茅著刻本　二十四冊

210000－0701－0000918　善12454
詩歸五十一卷　（明）鍾惺　（明）譚元春輯　明末刻本　十冊

210000－0701－0000919　善12455
樂律全書十五種四十八卷　（明）朱載堉撰　明萬曆鄭藩刻增修本　十九冊

210000－0701－0000920　善12456
皇明世法錄九十二卷　（明）陳仁錫撰　明崇禎刻本　八十四冊　存七十八卷(一至六十八、八十三至九十二)

210000－0701－0000921　善12457
皇極篇二十七卷綱目三卷　（明）文翔鳳撰　明萬曆四十七年(1619)自刻本　十二冊

210000－0701－0000922　善12458
文致不分卷　（明）劉士鏻輯　明末刻本　二冊

210000－0701－0000923　善12459
許鍾斗文集五卷　（明）許獬撰　明萬曆四十年(1612)洪夢錫等刻本　二冊

210000－0701－0000924　善12460
謀野集十卷　（明）王穉登撰　明萬曆郁氏玉樹堂刻本　四冊

210000－0701－0000925　善12461
廣皇輿考二十卷　（明）張天復撰　（明）張元忭增補　明萬曆二十九年(1601)張汝霖刻天啓六年(1626)增修本　十二冊

210000－0701－0000926　善12462
語怪彙書□□種□□卷　明末刻本　四冊　存十八卷(異苑十卷、錄異記八卷)

210000－0701－0000927　善12463
麟旨明微十二卷　（明）吳希哲撰　明崇禎十四年至十七年(1641－1644)刻本　八冊

210000－0701－0000928　善12464
皇明從信錄四十卷　（明）陳建撰　（明）沈國元補訂　明末刻本　十八冊

210000－0701－0000929　善12465
文府滑稽十二卷　（明）鄒迪光輯　明萬曆三十七年(1609)鄒同光刻本　十二冊

210000－0701－0000930　善12466
唐伯虎先生集二卷外編五卷續刻十二卷　（明）唐寅撰　（明）何大成輯　六如唐先生畫譜三卷　（明）唐寅輯　明萬曆刻本　二冊　存六卷(續刻三卷、六如唐先生畫譜三卷)

210000－0701－0000931　善12467
唐詩選七卷　（明）李攀龍輯　（明）高江批點　（明）蔣一葵箋釋　（明）黃光圖重訂　明刻本　二冊

210000－0701－0000932　善12468

重刻讀書鏡十卷　（明）陳繼儒撰　（明）包衡等評　清初刻本　四冊

210000－0701－0000933　善12469

譚子化書六卷　（五代）譚峭撰　明萬曆刻本　二冊

210000－0701－0000934　善12470

八編類纂二百八十五卷　（明）陳仁錫輯　明天啓刻本　九十六冊

210000－0701－0000935　善12471

唐詩所四十七卷首一卷　（明）臧懋循輯　明萬曆刻本　二十四冊

210000－0701－0000936　善12472

季漢書六十卷正論一卷答問一卷　（明）謝陛撰　明末鍾人傑刻本　十四冊

210000－0701－0000937　善12473

文苑英華一千卷　（宋）李昉等輯　明隆慶元年（1567）胡維新、戚繼光刻隆慶六年（1572）、萬曆六年（1578）三十六年（1608）遞修本　四冊　存四十卷（一百一十一至一百二十、二百八十一至二百九十、三百五十一至三百六十、三百七十一至三百八十）

210000－0701－0000938　善12474

重刻黃文節山谷先生文集三十卷　（宋）黃庭堅撰　明萬曆元年至崇禎十七年（1573－1644）王鳳翔光啓堂刻本　十六冊

210000－0701－0000939　善12475

唐音貫玉三卷　（明）李文華集　明隆慶元年至崇禎十七年（1567－1644）刻本　三冊

210000－0701－0000940　善12476

類編標註文公先生經濟文衡前集二十五卷後集二十五卷續集二十二卷　（宋）朱熹撰　（宋）滕洪輯　明萬曆三十四年（1606）朱吾弼、朱崇沐等刻本　二十冊

210000－0701－0000941　善12477

標絧對類大全二十卷　明萬曆元年至崇禎十七年（1573－1644）二乙堂刻本　十冊　存十

八卷（一至十八）

210000－0701－0000942　善12478

白沙子全集九卷　（明）陳獻章撰　附錄一卷　明萬曆四十年（1612）何上新刻本　十冊

210000－0701－0000943　善12479

先聖大訓六卷　（宋）楊簡撰　明萬曆四十三年（1615）張翼軫刻本　六冊

210000－0701－0000944　善12480

幼科證治準繩九卷　（明）王肯堂撰　清九思堂刻六科證治準繩本　十二冊

210000－0701－0000945　善12481

帝京景物略八卷　（明）劉侗　（明）于奕正撰　明崇禎金陵弘道堂刻本　十冊

210000－0701－0000946　善12482

新刻翰林諸名公評註先秦兩漢文翼五卷　（明）王錫爵輯　（明）蕭良有　（明）李廷機校　明萬曆十八年（1590）余南扶刻本　八冊

210000－0701－0000947　善12483

朱文懿公奏疏十二卷　（明）朱賡撰　明萬曆刻本　八冊

210000－0701－0000948　善12484

重刻申閣老校正朱文公家禮正衡八卷　（宋）朱熹撰　（明）彭濱校補　明萬曆二十七年（1599）余明吾自新齋刻本　二冊

210000－0701－0000949　善12485

庾開府集十二卷　（北周）庾信撰　（明）汪士賢校　明萬曆天啓汪士賢刻漢魏諸名家集本　四冊

210000－0701－0000950　善12486

白榆集二十卷　（明）屠隆撰　明萬曆五年至四十八年（1577－1620）刻本　五冊

210000－0701－0000951　善12487

白蘇齋類集二十二卷　（明）袁宗道撰　（明）陳繼儒批　（明）袁宏道　（明）袁宗道校　明萬曆元年至三十八年（1573－1610）刻本　六冊　存四十四卷（四至四十七）

210000－0701－0000952　善12488

唐詩所四十七卷首一卷　（明）臧懋循輯　明萬曆刻本　十二冊　存四十四卷（四至四十七）

210000 – 0701 – 0000953　善 12489

河防一覽十四卷　（明）潘季馴撰　明萬曆十八年(1590)刻清順治遞修本　十冊

210000 – 0701 – 0000954　善 12490

陳眉公先生全集六十卷　（明）陳繼儒撰　明崇禎十三年至十七年（1640 – 1644）刻本　十六冊　存三十二卷(一至三十二)

210000 – 0701 – 0000955　善 12491

容齋隨筆十六卷續筆十六卷三筆十六卷四筆十六卷五筆十卷　（宋）洪邁撰　明崇禎三年(1630)馬元調刻本　十四冊

210000 – 0701 – 0000956　善 12492

皇明史概一百二十一卷　（明）朱國禎輯　明崇禎朱國禎刻本　六十九冊　存一百十三卷(大政記一、四至三十六,大訓記一至十六,大事記卷一至三十九、四十一至四十二、四十四、四十六至四十七、四十九至五十,開國臣傳一至十三,遜國臣傳二至五)

210000 – 0701 – 0000957　善 12493

宋元通鑑一百五十七卷　（明）薛應旂撰（明）陳仁錫評　明天啓六年(1626)陳仁錫刻本　三十六冊

210000 – 0701 – 0000958　善 12494

禮書一百五十卷　（宋）陳祥道撰　明張溥刻本　二十六冊

210000 – 0701 – 0000959　善 12495

刻漢唐宋名臣錄五卷　（明）李廷機編　明萬曆三十四年(1606)李存信刻本　十二冊

210000 – 0701 – 0000960　善 12496

字考啟蒙十六卷　（明）周宇撰　明萬曆十三年(1585)周傳誦刻本　二十二冊

210000 – 0701 – 0000961　善 12497

文選錦字錄二十一卷　（明）淩迪知輯　明萬曆五年(1577)淩氏桂芝館刻本　十冊

210000 – 0701 – 0000962　善 12498

清閟閣遺稿十五卷　（元）倪瓚撰　雲林世系圖一卷　（明）倪卓撰　明萬曆倪珵刻清遞修本　羅振玉題識　六冊

210000 – 0701 – 0000963　善 12499

徐文長文集三十卷　（明）徐渭撰　（明）袁宏道評點　明萬曆四十二年(1614)鍾人傑刻本　五冊

210000 – 0701 – 0000964　善 12500

梓溪文鈔內集八卷外集十卷行實一卷　（明）舒芬撰　（明）舒琛撰　明萬曆四十八年(1620)舒瑮刻本　十四冊

210000 – 0701 – 0000965　善 12501

鴻苞集四十八卷　（明）屠隆撰　（明）茅元儀訂　明萬曆三十八年至四十八年(1610 – 1620)刻本　二十二冊

210000 – 0701 – 0000966　善 12502

刻劉太史彙選古今舉業文弢注釋評林四卷　（明）劉日寧彙選　明萬曆二十四年(1596)金陵書坊周崑岡刻本　六冊

210000 – 0701 – 0000967　善 12503

五朝小說　題(明)若上野客輯　明崇禎刻本　十二冊　存十二卷(魏晉小說一至十二)

210000 – 0701 – 0000968　善 12504

牧齋初學集一百十卷目錄二卷　（清）錢謙益撰　明崇禎十六年(1643)刻本　十四冊

210000 – 0701 – 0000969　善 12505

宋李忠定公奏議選十五卷文集選二十九卷首四卷　（宋）李綱撰　（明）左光先　（明）李春熙輯　（明）李嗣玄選　明崇禎十二年(1639)李嗣玄息軒刻本　八冊

210000 – 0701 – 0000970　善 12506

方正學先生遜志齋集二十四卷　（明）方孝孺撰　明刻本　十二冊　存二十三卷(二至二十四)

210000 – 0701 – 0000971　善 12507

新編古今事文類聚前集六十卷後集五十卷續

集二十八卷別集三十二卷新集三十六卷外集十五卷遺集十五卷 （宋）祝穆撰 （元）富大用 （元）祝淵輯 明萬曆三十二年(1604)唐富春德壽堂刻本 六十二冊

210000－0701－0000972 善12508

註釋評點古今名將傳十七卷 （明）陳元素評點 附錄一卷 明天啓三年至七年(1623－1627)刻本 二十四冊

210000－0701－0000973 善12509

牡丹亭還魂記二卷 （明）湯顯祖撰 （明）朱元鎮校 明末懷德堂刻本 四冊

210000－0701－0000974 善12510

通鑑直解二十八卷 （明）張居正撰 明末刻本 二十一冊

210000－0701－0000975 善12511

新刻寶顏堂虎薈六卷 （明）陳繼儒輯 明萬曆元年至四十五年(1573－1617)刻寶顏堂續秘笈本 二冊

210000－0701－0000976 善12512

眞誥二十卷 （南朝梁）陶弘景撰 明萬曆二十八年(1600)刻三十二年(1604)重修本 羅繼祖題識 十二冊

210000－0701－0000977 善12513

博物典彙二十卷 （明）黃道周撰 明崇禎刻本 十冊

210000－0701－0000978 善12514

泊如齋重修宣和博古圖錄三十卷 （宋）王黼等撰 明萬曆十六年(1588)刻本 十冊 存十卷(五至九、二十一至二十五)

210000－0701－0000979 善12515

古逸書三十卷首一卷末一卷 （明）潘基慶輯 明萬曆刻本 十六冊

210000－0701－0000980 善12516

李于鱗先生滄溟集七卷 （明）李攀龍撰 明天啓四年(1624)刻皇明五先生文雋本 四冊

210000－0701－0000981 善12517

范忠宣公集十卷 （宋）范純仁撰 明萬曆三

十六年(1608)毛一鷺刻范文正公忠宣公全集本 六冊

210000－0701－0000982 善12518

治譜十卷續集一卷 （明）余自強撰 附錄一卷 明崇禎刻本 五冊

210000－0701－0000983 善12519

像抄六卷 （明）錢一本撰 明萬曆四十一年(1613)刻本 四冊

210000－0701－0000984 善12520

憲章外史續編十四卷 （明）許重熙撰 明崇禎刻本 五冊

210000－0701－0000985 善12521

新鎸五福萬壽丹書六卷 （明）龔居中撰 明天啓四年至七年(1624－1627)金陵書林周如泉刻本 二冊 存二卷(一至二)

210000－0701－0000986 善12522

宋祠部集六卷 （明）宋延年撰 （明）宋伯華輯 明萬曆三年(1575)宋伯華刻本 四冊

210000－0701－0000987 善12523

尚白齋鎸陳眉公寶顏堂秘笈十七種四十九卷 （明）陳繼儒撰 明萬曆沈氏尚白齋刻本 三冊 存三種六卷(眉公筆記二卷、偃曝談餘二卷、書蕉二卷)

210000－0701－0000988 善12524

雙峯先生存稿六卷 （宋）舒邦佐撰 （明）舒日敬等輯 明崇禎六年(1633)舒氏刻本 四冊

210000－0701－0000989 善12525

新刻李袁二先生精選唐詩訓解七卷首一卷 （明）李攀龍輯 （明）袁宏道校 明萬曆四十六年(1618)居仁堂余獻可刻本 四冊

210000－0701－0000990 善12526

綱鑑正史約三十六卷 （明）顧錫疇撰 明崇禎三年(1630)刻本 十六冊

210000－0701－0000991 善12527

刻徐文長先生秘集十二卷 題（明）徐渭輯 明天啓刻本 七冊 存十一卷(二至十二)

210000－0701－0000992　善12528

古今將略四卷　（明）馮孜輯　明萬曆十八年(1590)刻本　四冊

210000－0701－0000993　善12529

山谷老人刀筆二十卷　（宋）黄庭堅撰　明萬曆七年(1579)江西布政司刻本　二冊

210000－0701－0000994　善12530

滄溟先生集三十卷　（明）李攀龍撰　**附錄一卷**　明萬曆二十八年(1600)吳用光刻本　十六冊

210000－0701－0000995　善12531

彙選易見曆書六卷　（明）羅彦瞻編　明萬曆八年(1580)金陵書林周宗孔刻本　六冊

210000－0701－0000996　善12532

鍾伯敬評註唐詩選七卷附錄一卷　（明）李攀龍輯　（明）鍾惺評注　（明）劉孔敦批點　明末刻本　四冊

210000－0701－0000997　善12533

夢溪筆談二十六卷補筆談三卷續筆談一卷　（宋）沈括撰　明崇禎四年(1631)馬元調刻本　八冊

210000－0701－0000998　善12534

文苑彙雋二十四卷　（明）孫丕顯撰　明萬曆三十六年(1608)刻本　八冊

210000－0701－0000999　善12535

宋三大臣彙志三種二十一卷　（明）鄭鄤輯　明崇禎元年(1628)大觀堂刻本　十冊

210000－0701－0001000　善12536

新刻音釋啓蒙總龜對類大全八卷　（明）謝天祐訂正　明萬曆三十六年(1608)金陵唐氏富春堂刻本　八冊

210000－0701－0001001　善12537

祝子志怪錄五卷　（明）祝允明撰　明萬曆四十年(1612)祝世廉刻本　四冊

210000－0701－0001002　善12538

湯液本草三卷　（元）王好古撰　明萬曆三十四年至四十八年(1606－1620)步月樓刻東垣十書本　三冊

210000－0701－0001003　善12539

刪補古今文致十卷　（明）劉士鏻原選　（明）王宇增刪　明天啓刻本　六冊

210000－0701－0001004　善12540

唐李長吉詩集四卷外詩集一卷　（唐）李賀撰　（明）徐渭　（明）董懋策批注　明刻本　四冊

210000－0701－0001005　善12541

新刻四六旁訓古事苑二十三卷　（明）鄧志謨撰　明萬曆四十五年(1617)鄭大經四德堂刻本　四冊

210000－0701－0001006　善12542

古今韻史十二卷　（明）陳繼儒　（明）程銓撰　明崇禎刻本　六冊

210000－0701－0001007　善12543

資治通鑑綱目五十九卷　（宋）朱熹撰　**續資治通鑑綱目二十七卷**　（明）商輅撰　**資治通鑑綱目前編二十五卷**　（明）南軒撰　明崇禎三年(1630)陳仁錫刻本　一百四十四冊

210000－0701－0001008　善12544

資治通鑑二百九十四卷　（宋）司馬光撰　（元）胡三省音注　（明）陳仁錫評　**通鑑釋文辯誤十二卷**　（元）胡三省撰　明天啓五年(1625)陳仁錫刻本　二十二冊

210000－0701－0001009　善12545

武經直解十二卷　（明）劉寅撰　（明）張居正增訂　明崇禎十年(1637)翁鴻業刻本　十二冊

210000－0701－0001010　善12546

古學彙纂十卷　（明）周時雍輯　明崇禎十五年(1642)周氏愛日齋刻本　十六冊

210000－0701－0001011　善12547

重修正文對音捷要真傳琴譜大全十卷　（明）楊表正撰　明萬曆十三年(1585)唐富春富春堂刻本　十冊

210000－0701－0001012　善12548

唐荆川先生纂辑武编十二卷　（明）唐順之撰
　明萬曆四十六年（1618）徐象橒曼山館刻本
　十冊

210000－0701－0001013　善12549

太醫院校註婦人良方大全二十四卷　（宋）陳
　自明撰　（明）薛己注　明陳長卿刻本　十冊

210000－0701－0001014　善12550

新刊陳眉公先生精選古今人物論三十六卷
（明）鄭賢輯　（明）陳繼儒選　明末刻本　十
六冊

210000－0701－0001015　善12551

九愚山房集九十七卷　（明）何東序撰　明萬
曆二十八年（1600）刻本　二十一冊　存六十
五卷（一至六、十一至十三、十七至四十、四十
五至五十六、六十六至七十七、八十六至九十
三）

210000－0701－0001016　善12552

杜樊川集十七卷　（唐）杜牧撰　（清）朱一是
　（明）吳嶼評　明末吳氏西爽堂刻本　八冊

210000－0701－0001017　善12553

太史升菴文集八十一卷目錄四卷　（明）楊慎
撰　（明）趙開美校　明刻本　十四冊

210000－0701－0001018　善12554

唐陸宣公翰苑集二十四卷　（唐）陸贄撰　明
萬曆三十五年（1607）陸基忠刻本　四冊

210000－0701－0001019　善12555

增定古今逸史五十五種二百二十三卷　（明）
吳琯編　明萬曆吳琯刻本　二冊　存七種八
卷（桂海虞衡志一卷、北邊備對一卷、眞臘風
土記一卷、海內十洲記一卷、吳地記一卷後記
一卷、岳陽風土記一卷、洛陽名園記一卷）

210000－0701－0001020　善12556

新鐫漢丞相諸葛孔明異傳奇論注解評林五卷
　（明）章嬰撰　明萬曆二十六年（1598）書林
雙峰堂余文臺刻本　四冊

210000－0701－0001021　善12557

六朝餘韻八卷　（明）王良臣輯　明萬曆李之

才、梅繼祖等刻本　一冊　存二卷（一至二）

210000－0701－0001022　善12558

禪那集四卷　（明）張一卿撰　明萬曆二十四
年（1596）刻本　一冊　存一卷（一）

210000－0701－0001023　善12559

逍遙墟三卷　（明）洪應明撰　明萬曆刻本
一冊　缺（卷三王質以下二十一人小傳）

210000－0701－0001024　善12560

澠水燕談錄十卷　（宋）王闢之撰　明萬曆商
氏半埜堂刻稗海本　二冊

210000－0701－0001025　善12561

娥江贈言三卷　（明）鍾穀　（明）葛梡輯　明
萬曆十一年（1583）刻本　三冊

210000－0701－0001026　善12562

解學士全集年譜二卷　（明）解桐撰　明萬曆
晏良榮刻本　二冊

210000－0701－0001027　善12563

重刻增補燕居筆記十卷　（明）何大掄編　明
崇禎六年（1633）金陵書林李澄源刻本　七冊

210000－0701－0001028　善12564

大明會典二百二十八卷　（明）申時行　（明）
趙用賢等纂修　明天啓元年（1621）刻本　三
十六冊

210000－0701－0001029　善12565

資治通鑑綱目五十九卷首一卷　（宋）朱熹撰
　（宋）劉有益書法　（宋）尹起莘發明
（元）汪克寬考異　（元）徐文昭考證　（元）
王幼學集覽　（明）陳濟正誤　（明）馮質舒質
實　續資治通鑑綱目二十七卷　（明）商輅撰
　（明）周禮發明　（明）張時泰廣義　續資治
通鑑綱目末一卷　（明）陳桱撰　明刻本　九
十一冊　存七十三卷（一至四十五、首一卷、
續通鑑綱目二十七卷）

210000－0701－0001030　善12566

新刊陳眉公先生精選古論大觀四十卷　（明）
陳繼儒選　明刻本　三十一冊　存三十九卷
（一至二十八、三十至四十）

210000－0701－0001031　善 12567

重訂王鳳洲先生綱鑑會纂四十六卷續宋元紀二十三卷 （明）王世貞撰　（明）陳仁錫訂　明末刻本　三十六冊　存五十一卷（十九至四十六、續宋元紀二十三卷）

210000－0701－0001032　善 12568

新鐫古今大雅北宮詞紀六卷新鐫古今大雅南宮詞紀六卷 （明）陳所聞輯　明萬曆三十二年至三十三年（1604－1605）陳氏繼志齋刻本　六冊

210000－0701－0001033　善 12569

北齊書五十卷 （唐）李百藥撰　明萬曆十六年至十七年（1588－1589）南京國子監刻本　十冊

210000－0701－0001034　善 12570

登壇必究四十卷 （明）王鳴鶴撰　明萬曆刻本　四十八冊

210000－0701－0001035　善 12571

十六國春秋一百卷 題（北魏）崔鴻撰　明萬曆三十七年（1609）屠遷蘭暉堂刻本　十五冊

210000－0701－0001036　善 12572

東極篇四卷南極篇二十二卷 （明）文翔鳳撰　明萬曆刻本　十冊

210000－0701－0001037　善 12573

秋水庵花影集五卷 （明）施紹莘撰　明末刻本　十冊

210000－0701－0001038　善 12574

粲花齋新樂府八卷 （明）吳炳撰　明末兩衡堂刻本　八冊

210000－0701－0001039　善 12575

大唐新語十三卷 （唐）劉肅撰　明萬曆商氏刻稗海本　六冊

210000－0701－0001040　善 12576

古今將畧四卷 題（明）馮時寧輯　明遺經堂刻本　四冊

210000－0701－0001041　善 12577

李卓吾先生批評三大家文集三種二十八卷

（明）李贄評　（明）葉敬池輯　明萬曆葉敬池書種堂刻本　八冊

210000－0701－0001042　善 12578

薛子庸語十二卷 （明）薛應旂撰　（明）向程釋　明隆慶刻本　四冊　存四卷（一至四上）

210000－0701－0001043　善 12579

張河間集六卷附錄一卷 （漢）張衡撰　（明）張燮纂　明天啓、崇禎刻七十二家集本　四冊

210000－0701－0001044　善 12580

清窹齋心賞編一卷 （明）王象晉撰　明末刻本　一冊

210000－0701－0001045　善 12581

楓窗小牘二卷 （宋）袁褧撰　（宋）袁頤續　明萬曆商濬刻振鷺堂重編補刻稗海續集本　一冊

210000－0701－0001046　善 12582

媚幽閣文娛二集十卷 （明）鄭元勳輯　明崇禎十二年（1639）刻本　五冊　存五卷（甲、乙、戊、己、癸）

210000－0701－0001047　善 12583

續欣賞編十種十卷 （明）茅一相編　明萬曆八年（1580）茅一相刻本　五冊　存八種八卷（詩法一卷、繪妙一卷、詩評一卷、曲藻一卷、大石山房十龍譜一卷、茶譜一卷、除紅譜一卷、牌譜一卷）

210000－0701－0001048　善 12584

蓺林尋到源頭八卷 （明）余昌宗輯　明萬曆萃慶堂刻本　二冊　存四卷（一至四）

210000－0701－0001049　善 12585

家傳太素脈秘訣二卷 題（明）張太素撰　（明）劉伯祥注　明周文煒刻本　四冊

210000－0701－0001050　善 12586

栖碧先生黃楊集三卷補遺一卷 （元）華幼武撰　**附錄一卷** （明）俞貞木等撰　明崇禎十四年（1641）華允誠刻本　二冊

210000－0701－0001051　善 12587

說文字原二卷 （元）周伯琦撰 （明）胡正言訂 明崇禎七年(1634)胡正言十竹齋刻本 二冊

210000－0701－0001052 善12588

李景文先生空同子集八卷 （明）李夢陽撰 明天啓四年(1624)蘇文韓刻皇明五先生文雋本 四冊

210000－0701－0001053 善12589

秦漢文懷二十卷 （明）鍾惺輯並評 明崇禎六年(1633)刻本 二十冊

210000－0701－0001054 善12590

孔廟禮樂考六卷 （明）瞿九思撰 明萬曆三十五年(1607)史學遷刻本 十二冊

210000－0701－0001055 善12591

史記一百三十卷 （漢）司馬遷撰 （南朝宋）裴駰集解 （唐）司馬貞索隱 （唐）張守節正義 （明）徐孚遠 （明）陳子龍測議 明崇禎刻本 三十二冊

210000－0701－0001056 善12592

新鋟評林旁訓薛鄭二先生家藏酉陽掅古人物奇編十八卷首一卷 （明）薛應旂輯 （明）鄭以偉評注 明萬曆三十七年(1609)余應虬南京刻本 十二冊

210000－0701－0001057 善12593

史記一百三十卷 （漢）司馬遷撰 （明）黃嘉惠輯評 明末黃嘉惠刻本 十三冊

210000－0701－0001058 善12594

史記一百三十卷 （漢）司馬遷撰 （明）陳仁錫評 明崇禎刻本 二十冊

210000－0701－0001059 善12595

曲江張文獻先生文集十二卷附錄一卷 （唐）張九齡撰 明萬曆四十四年(1616)謝正蒙刻本 四冊

210000－0701－0001060 善12596

春秋穀梁注疏二十卷 （晉）范甯集解 （唐）楊士勛疏 明萬曆二十一年(1593)北京國子監刻十三經注疏本 五冊

210000－0701－0001061 善12597

東西洋考十二卷 （明）張燮撰 明萬曆四十六年(1618)刻本 六冊

210000－0701－0001062 善12598

新刻溪蠻叢笑一卷 （宋）朱輔撰 （明）胡文煥校 明萬曆胡文煥刻格致叢書本 一冊

210000－0701－0001063 善12599

武元衡集三卷 （唐）武元衡撰 明嘉靖三十三年(1554)黃氏浮玉山房刻唐詩二十六家本 一冊

210000－0701－0001064 善12600

侯鯖錄八卷 （宋）趙令畤撰 明萬曆商氏半埜堂刻清康熙補刻乾隆修補重訂稗海全書本 一冊

210000－0701－0001065 善12601

偶記四卷 （明）佘翹撰 明萬曆刻本 一冊 存二卷(三至四)

210000－0701－0001066 善12602

撫津疏草 （明）畢自嚴撰 明天啓刻本 四冊

210000－0701－0001067 善12603

聖門人物志十二卷 （明）郭子章撰 明萬曆二十二年(1594)趙彥刻本 四冊

210000－0701－0001068 善12604

農政全書六十卷 （明）徐光啟撰 明崇禎十二年(1639)平露堂刻本 十六冊

210000－0701－0001069 善12605

弇州山人四部稿一百七十四卷目錄十二卷 （明）王世貞撰 明萬曆五年(1577)王氏世經堂刻本 六十冊

210000－0701－0001070 善12606

書記洞詮一百二十卷目錄十卷 （明）梅鼎祚輯 明萬曆二十五年至二十七年(1597－1599)玄句堂刻本 四十八冊 存一百十八卷(一至一百九、目錄一至九)

210000－0701－0001071 善12607

本朝京省人物考一百十五卷 （明）過庭訓撰

明天啓二年(1622)刻本　四十一冊　存九十一卷(二十二至一百十二)

210000－0701－0001072　善12608

晉書一百三十卷　(唐)房玄齡等撰　(唐)何超音義　明萬曆六年(1578)周若年、丁孟嘉刻本　八冊　存三十五卷(帝紀一至二、六至十,列傳五至八、五十一至六十,載記六至十、二十二至三十)

210000－0701－0001073　善12609

類經三十二卷圖翼十一卷附翼四卷　(明)張介賓撰　明天啓四年(1624)天德堂刻本　三十二冊

210000－0701－0001074　善12610

弇州史料前集三十卷後集七十卷　(明)王世貞撰　(明)董復表編　明萬曆四十二年(1614)刻本　二十八冊

210000－0701－0001075　善12611

廣百川學海一百三十種一百五十六卷　(明)馮可賓編　明末刻本　十二冊

210000－0701－0001076　善12612

小窗自紀四卷小窗新語一卷小窗清紀不分卷小窗清紀附一卷小窗別紀四卷小窗艷紀十四卷　(明)吳從先撰　明末刻本　二十冊

210000－0701－0001077　善12613

快雪堂集六十四卷　(明)馮夢禎撰　明萬曆四十四年(1616)黃汝亨、朱之蕃刻本　二十四冊　存四十八卷(一至四十六、六十三至六十四)

210000－0701－0001078　善12614

歷代名臣奏議三百五十卷　(明)黃淮　(明)楊士奇等輯　(明)張溥刪正　明崇禎八年(1635)刻本　六十冊　存三百十九卷(一至三百十九)

210000－0701－0001079　善12615

北史一百卷　(唐)李延壽撰　明萬曆二十一年至二十六年(1593－1598)南京國子監刻清遞修二十一史本　三十二冊

210000－0701－0001080　善12616

智囊補二十八卷　(明)馮夢龍輯　明末刻本　十六冊

210000－0701－0001081　善12617

史記一百三十卷　(漢)司馬遷撰　(南朝宋)裴駰集解　(唐)司馬貞索隱　(唐)張守節正義　明萬曆二十六年(1598)北京國子監刻二十一史本　十八冊

210000－0701－0001082　善12618

天下一統志九十卷　(明)李賢　(明)萬安等纂修　明天順五年至崇禎十七年(1461－1644)萬壽堂刻清初印本　四十六冊

210000－0701－0001083　善12619

圖書編一百二十七卷　(明)章潢輯　明萬曆四十一年(1613)涂鏡源等刻天啓三年(1623)岳元聲印本　五十八冊

210000－0701－0001084　善12620

智品十三卷　(明)樊玉衡撰　(明)于倫增補　明萬曆四十二年(1614)于斯行刻本　二十八冊

210000－0701－0001085　善12621

建文朝野彙編二十卷　(明)屠叔方撰　明萬曆刻本　十二冊

210000－0701－0001086　善12622

智囊二十八卷　(明)馮夢龍輯　明末刻本　十二冊

210000－0701－0001087　善12623

東垣十書二十卷　(金)李杲等撰　附二卷　明萬曆步月樓刻本　七冊

210000－0701－0001088　善12624

聖學宗傳十八卷　(明)周汝登撰　明萬曆三十四年(1606)刻本　十二冊

210000－0701－0001089　善12625

呂新吾全集二十種六十卷　(明)呂坤撰　明萬曆刻清遞修本　二十二冊　存四十一卷(四禮疑五卷喪禮餘言一卷,四禮翼八卷,呂新吾先生閨範圖說二至四,呻吟語六卷,小兒語一卷演一卷續三卷,女小兒語一卷,交泰韻一卷,字符歌一卷,好人歌一卷,陰符經一卷,反輓歌一卷,墓誌銘一卷,疹科一卷,實政錄二、四至七)

210000－0701－0001090　善12626

箋釋梅亭先生四六標準四十卷目錄一卷　(宋)李劉撰　(明)孫雲翼箋　明萬曆四十四年(1616)金陵唐鯉飛刻本　十二冊

210000－0701－0001091　善12627

睽車志六卷　(宋)郭彖撰　明萬曆商濬半埜堂刻稗海本　二冊

210000－0701－0001092　善12628

野客叢書三十卷野老紀聞一卷　(宋)王楙撰　明刻本　十二冊

210000－0701－0001093　善12629

新鐫歷朝捷錄增定全編大成四卷　(明)顧充撰　(明)鍾惺補輯　明末刻本　十二冊

210000－0701－0001094　善12630

合刻冒伯麐先生詩集十六卷　(明)冒愈昌撰　明刻本　六冊

210000－0701－0001095　善12631

居家必備十卷　(明)□□輯　明末心遠堂刻本　十六冊

210000－0701－0001096　善12632

重訂批點類輯練兵諸書十八卷　(明)戚繼光撰　(明)董承詔輯　(明)陳士縝批點　傳略一卷　(明)董承詔撰　明天啓二年(1622)董承詔刻本　七冊　存九卷(二至四、十三至十八)

210000－0701－0001097　善12633

春草齋文集選六卷詩集選一卷詩集選附錄一卷　(明)烏斯道撰　(清)熊伯龍輯　(清)黃敬修評　清康熙烏震刻嘉慶重修本　六冊

210000－0701－0001098　善12634

前唐十二家詩二十四卷　(明)許自昌編　明瑯環齋鄭能刻本　八冊

210000－0701－0001099　善12635

新刻注釋故事白眉十卷　(明)許以忠輯　明書林崇文堂刻本　四冊

210000－0701－0001100　善12636

籌海圖編十三卷　(明)胡宗憲撰　明天啓四年(1624)胡維極刻本　八冊

210000－0701－0001101　善12637

金精廖公秘授地學心法正傳畫筴扒砂經四卷補遺一卷　(宋)廖瑀撰　(宋)彭大雄輯　明萬曆四十二年(1614)刻本　八冊

210000－0701－0001102　善12638

快書五十種五十卷　(明)閔景賢編　明天啓六年(1626)快堂刻本　十六冊

210000－0701－0001103　善12639

醫方考六卷脈語二卷　(明)吳崑撰　明刻本　四冊

210000－0701－0001104　善12640

尺牘青蓮鉢十二卷　(明)何偉然撰　明崇禎刻本　六冊

210000－0701－0001105　善12641

彙輯輿圖備考全書十八卷　(明)潘光祖輯　明崇禎六年(1633)傅昌辰版築居刻本　十五冊　缺一卷(二)

210000－0701－0001106　善12642

編注醫學入門七卷首一卷　(明)李梴撰　明萬曆刻本　八冊　存四卷(一至三、首一卷)

210000－0701－0001107　善12643

眉山蘇氏三大家文選四卷　(明)董應舉輯　明崇禎董應舉刻本　六冊

210000－0701－0001108　善12644

重刊人子須知資孝地理心學統宗三十九卷　(明)徐善繼　(明)徐善述撰　明萬曆十一年(1583)曾瑤刻本　十六冊

210000－0701－0001109　善12645

長生詮一卷逍遙墟三卷　(明)洪應明輯　明末刻本　三冊

210000－0701－0001110　善12646

秘傳眼科龍木醫書總論十卷附葆光道人秘傳

眼科一卷　題(明)葆光道人撰　明萬曆三年
(1575)刻本　四冊

210000－0701－0001111　善12647
遏峰宋先生集十卷首一卷　(明)宋淳撰　**附
錄一卷**　明萬曆刻本　六冊

210000－0701－0001112　善12648
呻吟語六卷　(明)呂坤撰　明萬曆刻本
六冊

210000－0701－0001113　善12649
實政錄七卷　(明)呂坤撰　明萬曆二十六年
(1598)趙文炳刻本　十冊

210000－0701－0001114　善12650
續百川學海十集一百十三種一百四十一卷
(明)吳永編　明刻本　十二冊

210000－0701－0001115　善12651
嘯餘譜十一卷　(明)程明善輯　明萬曆刻本
三冊　存八卷(一至八)

210000－0701－0001116　善12652
陳書三十六卷　(唐)姚思廉撰　明萬曆三十
三年(1605)北京國子監刻二十一史本　六冊

210000－0701－0001117　善12653
陳書三十六卷　(唐)姚思廉撰　明萬曆十五
年至十六年(1587－1588)南京國子監刻二十
一史本　四冊

210000－0701－0001118　善12654
闕里誌十二卷　(明)孔貞叢撰　明萬曆三十
七年(1609)刻本　六冊

210000－0701－0001119　善12655
書傳會表十卷　(明)曹學佺輯　明末刻本
十冊

210000－0701－0001120　善12656
鐫陳眉公評選秦漢文雋四卷　(明)陳繼儒評
選　(明)李廷機參詳　明末書林蕭少衢師儉
堂刻本　四冊

210000－0701－0001121　善12657
晉書詮要十二卷　(明)陳臣忠輯　明刻本
四冊

210000－0701－0001122　善12658
何大復先生學約古文十卷　(明)何景明輯
明萬曆三十六年(1608)謝守廉寶樹堂刻本
八冊

210000－0701－0001123　善12659
史綱要領三十六卷　(明)姚舜牧撰　明萬曆
三十八年(1610)刻本　八冊

210000－0701－0001124　善12660
弇州山人讀書後八卷　(明)王世貞撰　明刻
本　六冊

210000－0701－0001125　善12661
東軒筆錄十五卷　(宋)魏泰撰　明萬曆商氏
半埜堂刻清康熙振鷺堂重修稗海本　四冊

210000－0701－0001126　善12662
大雅堂訂正枕中十書十卷　題(明)李贄撰
明萬曆刻本　十冊

210000－0701－0001127　善12663
重刻翰林校正少微通鑑大全二十卷首二卷重
刻翰林校正資治通鑑大全二十卷　(明)唐順
之刪定　(明)張謙鼇正　明崇禎閩建邑書林
楊璧卿刻本　十二冊

210000－0701－0001128　善12664
新刊皇明小說今獻彙言二十五種三十三卷
(明)高鳴鳳編　明刻本　十三冊　缺六種六
卷(賢識錄一卷、遵聞錄一卷、守溪者語一卷、
西征石城記一卷、興復哈密記一卷、竹下寤言
一卷)

210000－0701－0001129　善12665
晉書載記三十卷　(唐)房玄齡等撰　(唐)何
超音義　明鍾人傑刻晉書本　十冊

210000－0701－0001130　善12666
歇菴集二十卷　(明)陶望齡撰　**附錄三卷**
明萬曆喬時敏刻本　一冊

210000－0701－0001131　善12667
車書樓選註當代名公四六天花八卷　(明)許
以忠選　(明)王世茂注　明末書林龔舜緒刻
本　二冊　存四卷(三至四、七至八)

210000－0701－0001132　善12668

長水先生文鈔□□卷　（明）沈懋孝撰　明萬曆刻本　三冊　存三卷(水雲緒編二卷、賁園草一卷)

210000－0701－0001133　善12669

新鐫張太史評選眉山橋梓名文雋三卷　（明）張蒿輯評　明末書林蕭世熙刻本　三冊

210000－0701－0001134　善12670

曹子建集十卷　（三國魏）曹植撰　音義一卷　明刻本　四冊

210000－0701－0001135　善12671

晉書鉤玄二卷　（明）錢普撰　明萬曆六年(1578)刻本　二冊

210000－0701－0001136　善12672

拾遺記十卷　（晉）王嘉撰　明末刻本　四冊

210000－0701－0001137　善12673

瓊臺詩話二卷　（明）蔣冕撰　明崇禎十三年(1640)愛吾廬刻本　二冊

210000－0701－0001138　善12674

梅太史訂選史記神駒四卷　（明）梅之煥輯　明萬曆三十四年(1606)書林劉大易刻本　一冊

210000－0701－0001139　善12675

涑水司馬氏源流集略八卷　（明）司馬晰輯　明萬曆十五年(1587)司馬祉刻三十五年(1607)司馬露增補本　四冊

210000－0701－0001140　善12676

新刻諸名家批評分類註釋百子抄奇四卷　（明）郭偉纂注　明王崇敦萬勝館刻本　四冊

210000－0701－0001141　善12677

轉情集二卷　（明）費元祿撰　清康熙九年(1670)甲秀園刻本　寧華野題記　四冊

210000－0701－0001142　善12678

四聲猿四卷　（明）徐渭撰　明延閣刻本　二冊

210000－0701－0001143　善12679

因話錄六卷　（唐）趙璘撰　明萬曆商濬半埜堂刻稗海本　一冊

210000－0701－0001144　善12680

辟寒部四卷　（明）陳繼儒撰　明萬曆刻寶顏堂秘笈本　四冊

210000－0701－0001145　善12681

唐類函二百卷目錄二卷　（明）俞安期輯　明萬曆三十一年(1603)刻四十六年(1618)重修本　八十冊

210000－0701－0001146　善12682

圖書編一百二十七卷　（明）章潢輯　明萬曆四十一年(1613)涂鏡源等刻天啟三年(1623)岳元聲印本　一百十冊

210000－0701－0001147　善12683

唐類函二百卷目錄二卷　（明）俞安期輯　明萬曆三十一年(1603)刻本　二十五冊　存一百二十五卷(一至一百、一百七十六至二百)

210000－0701－0001148　善12684

潛確居類書一百二十卷　（明）陳仁錫輯　明崇禎三年至五年(1630－1632)徐氏大觀堂刻本　四十冊

210000－0701－0001149　善12685

潛確居類書一百二十卷　（明）陳仁錫輯　明崇禎三年至五年(1630－1632)徐氏大觀堂刻本　六十四冊

210000－0701－0001150　善12686

山堂萃稿十六卷山堂續稿四卷讀書剳記八卷續記一卷答朋友書畧附一卷　（明）徐問撰　明嘉靖十三年至二十年(1534－1541)刻崇禎十二年(1639)徐邦式重修本　四冊

210000－0701－0001151　善12687

唐詩紀事八十一卷　（宋）計有功輯　明崇禎五年(1632)毛晉汲古閣刻本　十二冊

210000－0701－0001152　善12688

新鐫增訂評註批點便蒙通鑑八卷綱鑑總論一卷國朝紀略一卷　（宋）南宮靖一撰　（明）晏彥文續撰　（明）孫鑛批閱　（明）錢允治評注　明萬曆四十七年(1619)刻本　四冊

210000－0701－0001153　善12689

花菴絕妙詞選二十卷　（宋）黃昇輯　明末毛晉汲古閣刻詞苑英華本　八冊

210000－0701－0001154　善12690

學海君道部二百四十卷目錄八卷　（明）饒伸撰　明萬曆刻本　一冊　存三卷(四至六)

210000－0701－0001155　善12691

漢魏六朝百三名家集一百十八卷　（明）張溥輯　明末婁東張氏刻本　一百冊　缺三卷半(馬季專集一卷、孔少府集一卷、傅鶉觚集半卷、陸平原集二)

210000－0701－0001156　善12692

漢魏六朝百三名家集一百十八卷　（明）張溥輯　明末婁東張氏刻本　六十冊　存九十五家一百八卷

210000－0701－0001157　善12693

漢魏六朝百三名家集一百十八卷　（明）張溥編　明末婁東張氏刻金閶徐參微印本　一百二十八冊

210000－0701－0001158　善12694

梁昭明文選二十四卷　（南朝梁）蕭統輯　（明）張鳳翼纂注　（明）盧之頤重訂　文選音釋一卷　明天啓六年(1626)盧之頤刻本　十六冊

210000－0701－0001159　善12695

皇明大政記三十六卷　（明）朱國禎輯　明崇禎刻皇朝史概本　十二冊

210000－0701－0001160　善12696

喻林一百二十卷　（明）徐元太輯　明萬曆四十三年(1615)徐元太刻本　二十四冊

210000－0701－0001161　善12697

傷寒論條辨八卷本草鈔一卷或問一卷痙書一卷　（明）方有執撰　清康熙浩然樓刻本　八冊

210000－0701－0001162　善12698

籌海圖編十三卷　（明）胡宗憲撰　明天啓四年(1624)胡維極刻本　八冊

210000－0701－0001163　善12699

弇山堂別集一百卷　（明）王世貞撰　明萬曆十八年(1590)翁良瑜刻本　十六冊

210000－0701－0001164　善12700

蘇長公密語十六卷首一卷　（宋）蘇軾撰　（明）吳京輯　明天啓四年(1624)刻朱墨套印本　八冊

210000－0701－0001165　善12701

八行圖說八卷　（明）沈鯉撰　明末刻本　四冊

210000－0701－0001166　善12702

陳後主集一卷　（南朝陳）後主陳叔寶撰　明崇禎婁東張溥刻漢魏六朝一百三家集本　二冊

210000－0701－0001167　善12703

路史四十七卷　（宋）羅泌撰　明刻本　四冊　存二十二卷(前紀九卷、後紀十三卷)

210000－0701－0001168　善12704

拊膝錄四卷　（明）劉琳撰　明崇禎刻遜國逸書本　二冊

210000－0701－0001169　善12705

緝柳編三卷　（明）沈鷹元輯　明黃正位刻本　二冊

210000－0701－0001170　善12706

救命書一卷　（明）呂坤撰　明萬曆刻清遞修呂新吾全集本　一冊

210000－0701－0001171　善12707

新刻絕代語釋別國方言十三卷　（漢）揚雄撰　（晉）郭璞解　明胡文煥刻格致叢書本　一冊

210000－0701－0001172　善12708

春秋四傳斷六卷　（明）張溥撰　明末刻春秋三書本　三冊

210000－0701－0001173　善12709

同文千字文二卷　（明）汪以成輯注　明萬曆十年(1582)汪以成刻本　二冊

210000－0701－0001174　善12710

春秋列國論二十四卷 （明）張溥撰 明末刻本 一冊 存七卷(十八至二十四)

210000-0701-0001175 善12711

金陵瑣事四卷續二卷二續二卷 （明）周暉撰 明萬曆刻本 四冊 存四卷(金陵瑣事二、四,續下,二續上)

210000-0701-0001176 善12712

新纂事詞類奇三十卷 （明）徐常吉輯 明萬曆周曰校刻本 二冊 存六卷(四至九)

210000-0701-0001177 善12713

嘉靖以來首輔傳八卷 （明）王世貞撰 明萬曆四十五年(1617)茅元儀刻本 羅振玉題識 四冊 存六卷(三至八、序上半篇)

210000-0701-0001178 善12714

碧漸堂詩草一卷 （明）王光魯撰 清順治十三年(1656)刻本 一冊

210000-0701-0001179 善12715

駱丞集註四卷 （唐）駱賓王撰 （明）顏文選注 明萬曆四十三年(1615)顏氏刻本 四冊

210000-0701-0001180 善12716

隋書八十五卷 （唐）魏徵等撰 明萬曆二十二年至二十三年(1594-1595)南京國子監刻明清遞修二十一史本 二十四冊

210000-0701-0001181 善12717

春秋左傳十五卷 （明）孫鑛批點 明萬曆四十四年(1616)閔齊伋、閔象泰、閔齊華刻朱墨套印本 十二冊

210000-0701-0001182 善12718

五朝小說 （明）□□輯 明崇禎刻本 二十四冊 存二百二十九種

210000-0701-0001183 善12719

測量全義十卷 （意大利）羅雅谷撰 （德國）湯若望訂 明末刻西洋新法曆書本 四冊

210000-0701-0001184 善12720

詩所五十六卷歷代名氏爵里一卷 （明）臧懋循輯 明萬曆臧懋循雕蟲館刻本 十五冊

210000-0701-0001185 善12721

刪補古今文致十卷 （明）劉士鏻輯 （明）王宇增刪 明天啓刻本 六冊

210000-0701-0001186 善12722

滄溟先生集三十卷 （明）李攀龍撰 附錄一卷 明萬曆三年(1575)平陽胡來貢刻本 九冊 存二十八卷(一至九、十三至三十,附錄一卷)

210000-0701-0001187 善12723

弇山堂別集一百卷 （明）王世貞撰 明萬曆十八年(1590)翁良瑜雨金堂刻本 二十四冊 存六十六卷(一至六十六)

210000-0701-0001188 善12724

滄溟先生集三十一卷補遺一卷 （明）李攀龍撰 附錄一卷 明萬曆二十六年(1598)刻本 六冊

210000-0701-0001189 善12725

元經薛氏傳十卷 （唐）薛收撰 （宋）阮逸注 明萬曆二十年(1592)程榮刻漢魏叢書本 二冊

210000-0701-0001190 善12726

古香岑草堂詩餘四集十七卷 （明）顧從敬等輯 （明）沈際飛評 明末刻吳門童湧泉印本 六冊

210000-0701-0001191 善12727

唐詩紀一百七十卷目錄三十四卷 （明）黃德水 （明）吳琯輯 明萬曆十三年(1585)吳琯刻本 三十冊

210000-0701-0001192 善12728

北史一百卷 （唐）李延壽撰 明萬曆南京國子監刻清遞修本 二十八冊 存九十四卷(一至三十二、三十六至四十一、四十五至一百)

210000-0701-0001193 善12729

重修宣和博古圖三十卷 （宋）王黼等撰 明萬曆二十七年(1599)刻明末印本(卷一至二、十四、二十九、三十配萬曆十六年刻本) 二十四冊

210000 – 0701 – 0001194 善 12730

樂律全書四十八卷 （明）朱載堉撰 明萬曆
鄭藩刻增修本 二十四冊 存二十八卷(律
呂精義內篇十卷、律呂精義外篇十卷、律學新
說四卷、算學新說一卷、二佾綴兆圖一卷、六
代小舞譜一卷、靈星小舞譜一卷)

210000 – 0701 – 0001195 善 12731

**古今萬姓統譜一百四十卷歷代帝王姓系統譜
六卷氏族博考十四卷** （明）凌迪知輯 明萬
曆刻本 三十二冊

210000 – 0701 – 0001196 善 12732

名山諸勝一覽記十六卷 （明）慎蒙撰 明萬
曆四年(1576)慎蒙刻本 二十冊

210000 – 0701 – 0001197 善 12733

通鑑全書五百卷 （明）陳仁錫編 明崇禎二
年至十七年(1629 – 1644)陳仁錫刻彙賢齋印
本 一百八十冊

210000 – 0701 – 0001198 善 12734

陸士衡集十卷 （晉）陸機撰 明萬曆十一年
(1583)南城翁少麓刻漢魏六朝諸名家集本
二冊

210000 – 0701 – 0001199 善 12735

[萬曆]華陰縣志八卷 （明）王九疇 （明）
張毓翰纂修 明萬曆四十二年(1614)刻本
二冊

210000 – 0701 – 0001200 善 12736

齊民要術十卷雜說一卷 （北魏）賈思勰撰
明萬曆胡震亨、沈士龍刻秘冊彙函本 八冊

210000 – 0701 – 0001201 善 12737

野客叢書三十卷 （宋）王楙撰 **附錄一卷**
明萬曆商濬半埜堂刻續稗海本 十二冊

210000 – 0701 – 0001202 善 12738

冊府元龜一千卷目錄十卷 （宋）王欽若等輯
明崇禎十五年(1642)黃國琦刻本 三百十
一冊 存八百七十二卷(一至六十一、六十六
至六十九、七十三至三百六十七、三百七十二
至三百八十五、四百八十九至六百八十、六百
九十五至一千)

210000 – 0701 – 0001203 善 12739

二十一史二千五百六十七卷 明萬曆二十三
年至三十四年(1595 – 1606)北京國子監刻明
清遞修本 五百四十七冊 缺一百五十六卷
(三國志魏志二至七,元史五至八、三十二至
六十三、九十一至一百六十六、一百七十三至
二百十)

210000 – 0701 – 0001204 善 12740

籌海圖編十三卷 （明）胡宗憲撰 明天啟四
年(1624)胡維極刻本 八冊

210000 – 0701 – 0001205 善 12741

**朱文公校昌黎先生文集四十卷外集十卷遺文
一卷** （唐）韓愈撰 （宋）朱熹考異 （宋）
王伯大音釋 **傳一卷** 明萬曆朱崇沐刻本
十冊

210000 – 0701 – 0001206 善 12742

何大復先生集三十八卷 （明）何景明撰 **附
錄一卷** 明萬曆五年(1577)陳名堂、胡秉性
刻本 六冊

210000 – 0701 – 0001207 善 12743

古香岑草堂詩餘四集十七卷 （明）顧從敬等
輯 （明）沈際飛評 明末刻吳門童湧泉印本
七冊 缺一卷(正集一)

210000 – 0701 – 0001208 善 12744

岱史十八卷 （明）查志隆撰 （清）張縉彥刪
補 明萬曆十五年(1587)戴相堯刻清順治十
一年(1654)張縉彥刪補康熙三十八年(1699)
勞繩祖增補本 四冊

210000 – 0701 – 0001209 善 12745

容臺文集十卷詩集四卷別集四卷 （明）董其
昌撰 明崇禎八年(1635)刻本 五冊

210000 – 0701 – 0001210 善 12746

**朱文公校昌黎先生文集四十卷外集十卷遺文
一卷** （唐）韓愈撰 （宋）朱熹考異 （宋）
王伯大音釋 **傳一卷** 明萬曆朱崇沐刻本
八冊

210000 – 0701 – 0001211 善 12747

新鐫旁批詳註總斷廣名將譜二十卷 （明）黃

道周注斷　明崇禎十六年(1643)刻本　八冊

210000－0701－0001212　善12749

[萬曆]恩縣志六卷　(明)孫居相修　(明)雷金聲纂　明萬曆二十七年(1599)刻天啓補後印本　三冊

210000－0701－0001213　善12750

許刺史詩集六卷補遺一卷　(唐)許渾撰　(明)李之楨輯　明嘉靖刻本　二冊

210000－0701－0001214　善12751

唐音癸籤三十三卷　(明)胡震亨撰　清順治十五年(1658)雙與堂刻本　四冊

210000－0701－0001215　善12752

唐音癸籤三十三卷　(明)胡震亨撰　清順治十五年(1658)雙與堂刻本　四冊

210000－0701－0001216　善12753

瓊臺詩文會稿重編二十四卷　(明)丘濬撰　明天啓刻本　八冊　存十三卷(一至十三)

210000－0701－0001217　善12754

[萬曆]永新縣志八卷　(明)龔錫爵修　(明)尹臺纂　明萬曆六年(1578)刻本　八冊

210000－0701－0001218　善12755

經世急切時務九十九籌十卷　(明)顏季亨撰　明天啓刻本　八冊

210000－0701－0001219　善12756

陳眉公珍珠船四卷　(明)陳繼儒撰　明萬曆三十四年(1606)刻寶顏堂祕笈本　四冊

210000－0701－0001220　善12757

神農本草經疏三十卷　(明)繆希雍撰　(明)李枝參訂　明天啓五年(1625)毛晉綠君亭刻本(卷八至九抄補,卷十二第二十七至二十八葉、卷三十末兩葉抄補)　二十冊

210000－0701－0001221　善12758

晦庵題跋三卷　(宋)朱熹撰　明崇禎常熟毛晉汲古閣刻津逮秘書本　六冊

210000－0701－0001222　善12759

後漢書纂十二卷　(南朝宋)范曄撰　(明)凌濛初纂　明末稽古齋刻本　十冊

210000－0701－0001223　善12760

新刻圖畫要略一卷　(明)朱凱編　明胡文煥刻格致叢書本　一冊

210000－0701－0001224　善12761

新鐫工師雕斲正式魯班木經匠家鏡三卷附祕訣仙機一卷　(明)午榮　(明)章嚴撰　明末刻本　二冊　存二卷(一至二)

210000－0701－0001225　善12762

蘇東坡題跋雜書六卷　(宋)蘇軾撰　明萬曆刻本　二冊

210000－0701－0001226　善12763

黃庭內景經外景經三卷　(明)李一元注　(明)謝遷之校　(明)賈應璧訂　明萬曆二十七年(1599)賈應璧刻本　三冊

210000－0701－0001227　善12764

宋周公謹雲煙過眼錄四卷　(宋)周密撰　續錄一卷　(元)湯允謨撰　明萬曆三十四年(1606)秀州沈德先刻寶顏堂祕笈本　二冊

210000－0701－0001228　善12765

寶顏堂祕笈四種五卷　(明)陳繼儒輯　明末刻本　一冊

210000－0701－0001229　善12766

道言內外六卷　(明)彭好古輯　明萬曆吳勉學刻黃之寀重修本　八冊

210000－0701－0001230　善12767

唐六如先生畫譜四卷　(明)唐寅輯　袁中郎先生批評唐伯虎外集一卷　(明)祝允明撰　紀事一卷傳贊一卷　明刻本　一冊

210000－0701－0001231　善12768

桯史十五卷　(宋)岳珂撰　明萬曆會稽商氏半埜堂刻稗海叢書本　四冊

210000－0701－0001232　善12769

沈隱侯集二卷　(南朝梁)沈約撰　(明)張溥閱　明崇禎張溥刻漢魏六朝百三名家集本　四冊

210000－0701－0001233　善12770

十竹齋畫譜八卷　(明)胡正言輯　清初刻彩

色套印本　四冊　存四卷(墨華冊、蘭譜、書畫譜、梅譜)

210000－0701－0001234　善12771

陳書三十六卷　(唐)姚思廉撰　明萬曆三十三年(1605)北京國子監刻清康熙二十五年(1686)重修本　六冊

210000－0701－0001235　善12772

欒城集五十卷後集二十四卷三集十卷應詔集十二卷　(宋)蘇轍撰　明清夢軒刻清順治重修本　四十冊

210000－0701－0001236　善12773

冰川詩式十卷　(明)梁橋撰　明萬曆壽槐堂刻本　四冊

210000－0701－0001237　善12774

風俗通義十卷　(漢)應劭撰　明萬曆二十年(1592)程榮刻漢魏叢書本　二冊

210000－0701－0001238　善12775

寶顏堂續祕笈二種二卷　(明)陳繼儒編　明萬曆刻本　一冊

210000－0701－0001239　善12776

新鐫節義鴛鴦塚嬌紅紀二卷　(明)孟稱舜撰　(明)陳洪綬評點　明崇禎刻本　四冊

210000－0701－0001240　善12777

紀効新書十八卷首一卷　(明)戚繼光撰　明萬曆二十三年(1595)周世選刻本　汪昭昀題記　四冊

210000－0701－0001241　善12778

百家名書　(明)胡文煥編　明萬曆胡文煥刻本　一冊　存三種四卷(新刻寰宇雜記二卷、新刻星槎勝覽一卷、新刻溪蠻叢笑一卷)

210000－0701－0001242　善12779

新編古今品彙故事啟牘二十卷　(明)余應虬纂輯　(明)陳繼儒參訂　明末鄭思鳴奎璧堂刻本　六冊

210000－0701－0001243　善12780

袁中郎十集十六卷　(明)袁宏道撰　明刻本　二冊

210000－0701－0001244　善12781

武經直解十二卷　(明)劉寅撰　(明)張居正增訂　明崇禎十年(1637)翁鴻業刻本　十二冊

210000－0701－0001245　善12782

墨憨齋重定西樓楚江情傳奇二卷　(清)袁白賓撰　(明)馮夢龍重定　明末刻清初印本　一冊

210000－0701－0001246　善12783

鍥太上寶太素張神仙脈訣玄微綱領宗統七卷　(明)張太素撰　(明)劉伯祥注解　明刻劉志千重修本　四冊　存四卷(一至四)

210000－0701－0001247　善12784

文公家禮儀節八卷　(明)楊慎輯　明金閶舒瀛溪刻本　五冊

210000－0701－0001248　善12785

幼科證治準繩九卷　(明)王肯堂輯　明萬曆三十四年(1606)王肯堂刻六種證治準繩本　十二冊

210000－0701－0001249　善12786

班馬異同三十五卷　(宋)倪思撰　(宋)劉辰翁評　明天啓四年(1624)聞啓祥刻劉辰翁評點九種本　五冊

210000－0701－0001250　善12787

起信論疏筆削記二十卷　(宋)釋子璿撰　明萬曆十九年(1591)清涼山妙德庵般若堂刻徑山藏本　四冊

210000－0701－0001251　善12788

大明三藏法數五十卷　(明)釋一如等撰　明萬曆二十一年至二十三年(1593－1595)刻清康熙修補徑山藏本　十六冊

210000－0701－0001252　善12789

大方廣圓覺經大疏三卷　(唐)釋宗密撰　明般若堂刻本　六冊

210000－0701－0001253　善12791

詩經剖疑二十四卷　(明)曹學佺撰　明末刻本　十三冊　缺一卷(十三)

210000－0701－0001254　善12792

唐類函二百卷目錄二卷　（明）俞安期輯　明萬曆三十一年（1603）俞安期刻四十六年（1618）重修本　四十册

210000－0701－0001255　善12793

山谷題跋四卷尺牘二卷小詞二卷　（宋）黃庭堅撰　明末刻本　五册

210000－0701－0001256　善12794

南齊書五十九卷　（南朝梁）蕭子顯撰　明萬曆三十三年（1605）北京國子監刻明末北京國子監重修本　十册

210000－0701－0001257　善12795

攝生衆妙方十一卷　（明）張時徹集　（明）朱厚熿補　明隆慶三年（1569）衡王朱厚熿刻本　四册

210000－0701－0001258　善12796

急救良方二卷　（明）張時徹輯　明隆慶三年（1569）衡王朱厚熿刻本　一册

210000－0701－0001259　善12797

外科精義二卷　（元）齊德之撰　明萬曆吳勉學刻古今醫統正脈全書本　二册

210000－0701－0001260　善12798

唐荊川先生文集十二卷　（明）唐順之撰　明萬曆唐國達刻本　八册

210000－0701－0001261　善12799

朱文公校昌黎先生文集四十卷外集十卷遺文一卷傳一卷　（唐）韓愈撰　（宋）朱熹考異（宋）王伯大音釋　明萬曆朱崇沐刻重修本　十册

210000－0701－0001262　善12800

夢溪筆談二十六卷　（宋）沈括撰　明萬曆商氏半埜堂刻清康熙補刻乾隆補刻重訂稗海全書本　四册　缺二卷（補筆談一卷、續筆談一卷）

210000－0701－0001263　善12801

妙法蓮華經七卷　（後秦）釋鳩摩羅什譯　明崇禎九年（1636）刻本　二册　存二卷（六至七）

210000－0701－0001264　善12802

佛頂心陀羅尼經三卷　明萬曆四年（1576）慈聖皇太后刻本　一册

210000－0701－0001265　善12803

三昧水懺法三卷　明萬曆十四年（1586）刻本　三册

210000－0701－0001266　善12804

金光明最勝王經十卷　（唐）釋義淨譯　明崇禎七年（1634）楊光夔刻本　一册　存一卷（一）

210000－0701－0001267　善12805

杜子美詩集二十卷　（唐）杜甫撰　（宋）劉辰翁點評　明末刻合刻宋劉須溪點校書九種本　八册

210000－0701－0001268　善12806

墨客揮犀十卷　（宋）彭乘撰　（明）商濬校　明萬曆商濬半埜堂刻清康熙補刻乾隆補刻重訂稗海本　二册

210000－0701－0001269　善12807

寒山子詩集一卷　（唐）釋寒山撰　豐干拾得詩一卷　（唐）釋豐干　（唐）釋拾得撰　明刻本　一册

210000－0701－0001270　善12808

屈宋古音義三卷　（明）陳第撰　明刻本　一册

210000－0701－0001271　善12809

古詩正聲七卷　（南朝梁）蕭統輯　（明）吳勉學校　明刻本　二册

210000－0701－0001272　善12810

幼科證治準繩九卷　（明）王肯堂輯　明萬曆三十五年（1607）王肯堂刻本　十二册

210000－0701－0001273　善12811

陽宅大全六種十一卷　（明）吳勉學輯　明萬曆吳勉學刻本　六册

210000－0701－0001274　善12812

於陵子一卷　（周）陳仲子撰　明萬曆刻本

一冊

210000－0701－0001275　善 12813

重刊人子須知資孝地理心學統宗三十九卷
(明)徐善繼　(明)徐善述撰　明萬曆十一年
(1583)曾瑤刻遞修本　十六冊

210000－0701－0001276　善 12814

宋文文山先生全集十八卷附錄三卷　(宋)文
天祥撰　(明)鍾越評閱　明崇禎三年(1630)
鍾越刻本　八冊

210000－0701－0001277　善 12815

杜陽雜編三卷　(唐)蘇鶚撰　(明)陳汝元校
　明萬曆商濬半埜堂刻稗海本　一冊

210000－0701－0001278　善 12816

夏侯常侍集　(晉)夏侯湛撰　明萬曆張溥刻
漢魏六朝百三名家集本　一冊

210000－0701－0001279　善 12816

潘黃門集一卷　(晉)潘岳撰　明萬曆張溥刻
漢魏六朝百三名家集本　與 210000－0701－
0001278 合冊

210000－0701－0001280　善 12817

增訂二三場羣書備考四卷　(明)袁黃撰
(明)袁儼注　明崇禎大觀堂刻本　八冊

210000－0701－0001281　善 12818

三命通會十二卷　(明)萬民英撰　明萬曆刻
清雍正十三年(1735)蔣國祥補刻本　十二冊

210000－0701－0001282　善 12819

蘭雪齋增訂文致八卷　(明)劉士鏻輯評
(明)洪吉臣參閱　明崇禎元年(1628)劉士鏻
刻本　四冊

210000－0701－0001283　善 12820

唐柳河東集四十五卷外集五卷遺文一卷
(唐)柳宗元撰　(清)蔣之翹輯注　**附錄一卷**
　明崇禎六年(1633)蔣之翹三徑草堂刻韓柳
全集本　十六冊

210000－0701－0001284　善 12821

**文清公薛先生文集二十四卷讀書錄十一卷讀
書續錄十二卷策題一卷手稿一卷**　(明)薛瑄

撰　**行實錄五卷**　(明)王鴻編　**年譜一卷**
(明)楊鶴撰　明崇禎十六年(1643)薛繼巖、
薛昌胤刻本　二十八冊

210000－0701－0001285　善 12822

空同子集六十六卷目錄三卷　(明)李夢陽撰
　附錄二卷　明萬曆三十年(1602)鄧雲霄刻
本　十六冊

210000－0701－0001286　善 12823

九華山志八卷圖一卷　(清)顧元鏡輯　明崇
禎二年(1629)刻本　四冊

210000－0701－0001287　善 12824

新鐫古今大雅北宮詞紀六卷　(明)陳所聞輯
　明萬曆三十二年(1604)陳氏繼志齋刻本
八冊

210000－0701－0001288　善 12825

**五刻理氣纂要詳辯三台便覽通書正宗十八卷
首三卷**　(明)柯珮編輯　(明)林維松重編
附二卷　明崇禎十年(1637)余仰止刻本　一
冊　存二卷(附二卷)

210000－0701－0001289　善 12826

瀟碧堂集二十卷　(明)袁宏道撰　明萬曆三
十六年(1608)袁叔度書種堂刻本　四冊

210000－0701－0001290　善 12827

味檗齋遺筆一卷　(明)趙南星撰　明崇禎刻
味檗齋遺書六種本　一冊

210000－0701－0001291　善 12828

存心堂遺集十二卷　(元)吳萊撰　(明)宋濂
編　**附錄一卷**　明萬曆三十九年(1611)吳邦
彥刻本　四冊

210000－0701－0001292　善 12829

東垣十書二十卷　(金)李杲等撰　**附二卷**
明萬曆步月樓刻本　十六冊

210000－0701－0001293　善 12830

金剛般若波羅蜜經一卷　(後秦)釋鳩摩羅什
譯　(元)釋道肯集篆　明崇禎二年(1629)霍
燧刻本　四冊

210000－0701－0001294　善 12831

昌黎先生集四十卷外集十卷遺文一卷 （唐）
韓愈撰 朱子校昌黎先生集傳一卷 明徐氏
東雅堂刻清初冠山堂重修本 八冊

210000－0701－0001295 善12832

張子全書十五卷 （宋）張載撰 （宋）朱熹注
明萬曆刻本 八冊 存九卷(正蒙二卷、經
學理窟五卷、易說二卷)

210000－0701－0001296 善12833

續欣賞編十種十卷 （明）茅一相編 明萬曆
八年(1580)茅一相刻本 一冊 存一種一卷
(詩法一卷)

210000－0701－0001297 善12834

新鐫諸子玄言評苑二十一卷 （明）陸可教輯
明萬曆刻本 二十四冊

210000－0701－0001298 善12835

新鐫分類評註百子金丹十卷 （明）郭偉輯注
明末傅夢龍刻清乾隆經國堂印本 十冊

210000－0701－0001299 善12836

蟻蝝集五卷 （明）盧柟撰 明萬曆三十年
(1602)張其忠刻本 五冊

210000－0701－0001300 善12837

外科精要三卷 （宋）陳自明撰 （明）薛己注
明萬曆薛氏刻薛氏醫案本 一冊

210000－0701－0001301 善12838

外科樞要四卷 （明）薛己撰 明萬曆薛氏刻
薛氏醫案本 三冊

210000－0701－0001302 善12839

緱山先生集二十七卷 （明）王衡撰 明萬曆
刻本 十二冊

210000－0701－0001303 善12840

筆叢三十二卷續集十六卷 （明）胡應麟撰
明萬曆三十四年(1606)吳勉學刻本 二十冊

210000－0701－0001304 善12841

二十一史二千五百六十七卷 明萬曆二十四
年至三十八年(1596－1610)北京國子監刻
明清遞修本 二百十八冊 存一千九十七
卷(前漢書一百卷;後漢書一百二十卷;三國

志·魏志十五至二十五;宋書一百卷;梁書
五十六卷;陳書三十六卷;魏書一百四十
卷;周書二十一至五十;南史一至十五、二
十至四十、五十三至六十、六十六至八十;
唐書二至九十一、一百五至二百二十五,釋
音二十五卷;五代史七十四卷;金史一百三
十五卷)

210000－0701－0001305 善12842

東坡先生詩集註三十二卷 （宋）蘇軾撰
（宋）王十朋纂集 東坡紀年錄一卷 （宋）傅
藻撰 明萬曆吳興茅維刻本 二十冊

210000－0701－0001306 善12843

鹿門先生批點漢書鈔九十三卷 （明）茅坤評
選 明崇禎八年(1635)茅琛徵刻本 陳錫之
題識 十六冊

210000－0701－0001307 善12844

江文通文集十卷 （南朝梁）江淹撰 明萬曆
汪士賢刻漢魏六朝二十一名家集本 二冊

210000－0701－0001308 善12845

華先生中藏經八卷 題（漢）華陀撰 明萬曆
刻本 一冊

210000－0701－0001309 善12846

嘉興藏□□卷 （明）釋紫柏等輯 明萬曆
十七年至清康熙十五年(1589－1676)寺院
彙刻本 一千四百二十九冊 存六千五百
十九卷

210000－0701－0001310 善12847

晉書一百三十卷 （唐）房玄齡撰 （唐）何超
音義 明吳氏西爽堂刻本 四十冊

210000－0701－0001311 善14001

悟真篇三註三卷悟真篇外集一卷 （宋）張伯
端撰 （宋）薛道光 （元）陸墅 （元）陳致
虛注 明末廣陵程氏刻本 三冊

210000－0701－0001312 善14002

章大力先生叢書六種 （明）章世純撰 明崇
禎自刻本 九冊

210000－0701－0001313 善14003

寶顏堂秘笈 (明)陳繼儒編 明刻本 一冊
存二種(方洲先生奉使錄二卷、黃帝祠額解
一卷)

210000－0701－0001314 善14004

大全一統文武諸司衙門官制七卷 (明)徐大
儀校正 (明)王壯猷輯 清三桂堂王振華刻
本 六冊

210000－0701－0001315 善14005

麗句集六卷 (明)許之吉輯 明天啓刻本
十二冊

210000－0701－0001316 善14006

赤水玄珠三十卷 (明)孫一奎輯 明末刻本
十四冊 存十四卷(一至十四)

210000－0701－0001317 善14007

精選東萊先生左氏博議八卷 (宋)呂祖謙撰
明刻本 二冊 存四卷(五至八)

210000－0701－0001318 善14008

禮記集說三十卷 (元)陳澔撰 明末刻本
十二冊

210000－0701－0001319 善14009

唐文粹一百卷 (宋)姚鉉輯 明末刻本(卷
三十四卷補抄一葉、九十九補抄十葉、一百補
抄十九葉) 四十冊

210000－0701－0001320 善14010

唐荊川先生纂輯武編十二卷 (明)唐順之撰
明萬曆四十六年(1618)徐象橒曼山館刻本
十二冊

210000－0701－0001321 善14011

唐荊川先生文集十二卷 (明)唐順之撰 明
刻本 八冊

210000－0701－0001322 善14012

詩傳大全二十卷綱領一卷圖一卷詩序辨說一
卷 (明)胡廣等輯 明永樂十三年(1415)內
府刻本 十二冊

210000－0701－0001323 善14013

文選刪注十二卷 (明)王象乾撰 明萬曆刻
本 十二冊

210000－0701－0001324 善14014

廣韻五卷 (宋)陳彭年等重修 明刻本
五冊

210000－0701－0001325 善14015

白虎通德論二卷 (漢)班固纂 (明)楊祜校
明萬曆十年(1582)胡維新刻兩京遺編本
二冊

210000－0701－0001326 善14016

續附經驗奇方不分卷 (明)李日普輯 明萬
曆刻本 二冊 缺四節(三十六至三十九)

210000－0701－0001327 善14017

後漢書九十卷 (南朝宋)范曄撰 (唐)李賢
注 志三十卷 (晉)司馬彪撰 (南朝梁)劉
昭注 明嘉靖八年至九年(1529－1530)南京
國子監刻萬曆、天啓、崇禎、清順治、康熙遞修
本 二十冊

210000－0701－0001328 善14018

自警編十一卷 (宋)趙善璙撰 明刻本 三
冊 存三卷(二、五、七)

210000－0701－0001329 善14019

洪武正韻十六卷 (明)樂韶鳳 (明)宋濂等
撰 明刻本 五冊

210000－0701－0001330 善14020

洪武正韻十六卷 (明)樂韶鳳 (明)宋濂等
撰 洪武正韻玉鍵一卷 (明)張士佩撰 明
萬曆二年(1574)刻本 八冊 存十四卷(一
至八、十一至十六)

210000－0701－0001331 善14021

大學衍義四十三卷 (宋)眞德秀撰 明刻本
二十冊

210000－0701－0001332 善14022

南村輟耕錄三十卷 (明)陶宗儀撰 明玉蘭
草堂刻本 十四冊

210000－0701－0001333 善14023

南村輟耕錄三十卷 (明)陶宗儀撰 明玉蘭
草堂刻本 十二冊

210000－0701－0001334 善14024

楚辭十卷　（漢）王逸章句　（宋）朱熹注
（明）張鳳翼合纂　明末刻本　三冊

210000－0701－0001335　善14024
楚辭集注八卷辯證二卷後語八卷　（宋）朱熹
撰　（清）蔣之翹補輯并評　附覽二卷總評一
卷　（清）蔣之翹輯　明天啓六年(1626)蔣之
翹刻本　五冊

210000－0701－0001336　善14025
周會魁校正易經大全二十卷　（明）胡廣等輯
　（明）周士顯校正　明萬曆三十三年(1605)
書林余氏刻本　十二冊

210000－0701－0001337　善14026
四書名物考二十四卷　（明）陳禹謨輯　（明）
錢受益　（明）牛斗星補　明末讀書坊刻本
六冊

210000－0701－0001338　善14027
疊山先生批點陸宣公奏議十五卷　（唐）陸贄
撰　明刻本　十二冊

210000－0701－0001339　善14028
管子二十四卷　（明）黃之寀輯　明萬曆黃之
寀刻二十子本　八冊

210000－0701－0001340　善14028
韓非子二十卷　（明）黃之寀輯　明萬曆黃之
寀刻二十子本　與210000－0701－0001339
合冊

210000－0701－0001341　善14029
東坡全集一百十五卷目錄七卷　（宋）蘇軾撰
　年譜一卷　（宋）王宗稷撰　墓志銘一卷
(宋)蘇轍撰　明末刻本　二十冊

210000－0701－0001342　善14030
新纂門目五臣音注揚子法言十卷　（漢）揚雄
撰　（晉）李軌　（唐）柳宗元　（宋）宋咸
(宋)吳祕　（宋）司馬光注　明刻六子書本
六冊

210000－0701－0001343　善14031
肇論中吳集解三卷　（後秦）釋洪肇撰　（宋）
釋淨源集　明刻本　一冊

210000－0701－0001344　善14032
漫塘劉先生文集二十二卷　（宋）劉宰撰　明
木活字印本　十冊

210000－0701－0001345　善14033
春秋私考三十六卷　（明）季本撰　明刻本
六冊

210000－0701－0001346　善14034
風俗通義十卷　（漢）應劭撰　明刻本　一冊

210000－0701－0001347　善14035
孔子家語十卷　（三國魏）王肅注　明嘉靖三
十三年(1554)刻本　五冊

210000－0701－0001348　善14036
孔子家語十卷　明刻本　十三冊

210000－0701－0001349　善14037
帝學八卷　（宋）范祖禹撰　清省園刻本
四冊

210000－0701－0001350　善14038
泉齋簡端錄十二卷　（明）邵寶撰　（明）王宗
元編　明正德十三年(1518)華雲刻本　四冊

210000－0701－0001351　善14039
勤政要典一卷　（明）代宗朱祁鈺撰　明內府
刻本　一冊

210000－0701－0001352　善14040
東萊先生音注唐鑑二十四卷　（宋）范祖禹撰
　（宋）呂祖謙注　明刻本　十二冊

210000－0701－0001353　善14041
大廣益會玉篇三十卷　（南朝梁）顧野王撰
(唐)孫強增字　（宋）陳彭年等重修　玉篇廣
韻指南一卷　明刻本　四冊

210000－0701－0001354　善14042
陳眉公訂正蜀都雜抄一卷　（明）陸深撰　大
司寇蕭岳峰公夷俗記一卷　（明）蕭大亨纂
明刻本　一冊

210000－0701－0001355　善14043
詞林摘艷十卷　（明）張祿輯　明刻本　一冊
存一冊(癸集一部分)

210000－0701－0001356　善 14044

詞林摘艷十卷　(明)張祿輯　明刻本　一冊
　　存十六葉

210000－0701－0001357　善 14045

西湖遊覽志餘二十六卷　(明)田汝成輯撰
明刻本　四冊　存十卷(五至六、十二至十
三、二十一至二十六)

210000－0701－0001358　善 14046

雪菴清史五卷　(明)樂純撰　明刻本　五冊
　　存四卷(二至五)

210000－0701－0001359　善 14047

茶董二卷酒顛二卷　(明)夏樹芳輯　明萬曆
夏氏清遠樓刻本　四冊

210000－0701－0001360　善 14048

慈意方一卷慈義方一卷　(明)釋景隆撰　明
刻本　二冊

210000－0701－0001361　善 14049

史記選不分卷　(明)□□編　明上谷書院刻
本　四冊

210000－0701－0001362　善 14050

豔異編十九卷　(明)王世貞撰　明萬曆元年
至崇禎十六年(1573－1643)刻本　八冊

210000－0701－0001363　善 14051

范文正公集二十卷別集四卷政府奏議二卷尺
牘三卷　(宋)范仲淹撰　遺文一卷　(宋)范
純仁　(宋)范純粹撰　年譜一卷　(宋)樓鑰
撰　年譜補遺一卷祭文一卷褒賢集一卷褒賢
祠記二卷朝廷優崇一卷諸賢贊頌論疏一卷論
頌一卷詩頌一卷遺跡一卷言行拾遺事錄四卷
鄱陽遺事錄一卷遺跡一卷義莊規矩一卷　明
嘉靖范惟元刻本　十五冊

210000－0701－0001364　善 14051

范忠宣公文集二十卷　(宋)范純仁撰　明嘉
靖范惟元刻本　五冊

210000－0701－0001365　善 14052

嫩眞子五卷　(宋)馬永卿撰　(明)陳汝元校
明商氏半埜堂刻稗海本　二冊

210000－0701－0001366　善 14053

宋元資治通鑑六十四卷　(明)王宗沐撰　明
刻本　六冊

210000－0701－0001367　善 14054

璧水群英待問會元選要八十二卷　(宋)劉達
可編集　(明)沈子淮選　明嘉靖十一年
(1532)劉氏慎獨齋刻本　十五冊

210000－0701－0001368　善 14055

重刊巢氏諸病源候總論五十卷　(隋)巢元方
撰　明歙岩鎮汪氏主一齋刻本　七冊

210000－0701－0001369　善 14056

重刊許氏說文解字五音韻譜十二卷　(宋)李
燾撰　明刻本　十二冊

210000－0701－0001370　善 14057

王氏畫苑十五種三十七卷　明刻本　四冊
存十六卷(聖朝名畫評三卷五代名畫補遺一
卷、唐朝名畫錄一卷、畫繼十卷、米海嶽書史
一卷)

210000－0701－0001371　善 14058

新鐫玉茗堂批選王弇州先生豔異編四十卷續
編十九卷　(明)王世貞撰　明末刻補修本
二十冊

210000－0701－0001372　善 14059

新鐫奇傳空空幻十六回　題(清)梧崗主人編
次　題(清)臥雪居士評　清刻本　八冊

210000－0701－0001373　善 14060

木鐘臺再集十種十一卷　(明)唐樞撰　明嘉
靖、萬曆刻本　六冊

210000－0701－0001374　善 14061

蒙求續編二卷　(明)孫緒撰　(明)李際可注
明嘉靖十六年(1537)孫悟刻本　一冊

210000－0701－0001375　善 14062

權德輿集二卷　(唐)權德輿撰　明嘉靖十九
年(1540)刻唐百家詩本　一冊

210000－0701－0001376　善 14063

晉書一百三十卷　(唐)房玄齡等撰　音義三
卷　(唐)何超撰　明正德十年(1515)司禮監

刻嘉靖、萬曆、天啓、崇禎南京國子監清順治、
康熙遞修二十一史本　四十冊

210000－0701－0001377　善14064
三國志像一百二十幅　明刻本　一冊　存四
十五幅圖

210000－0701－0001378　善14065
春秋經傳集解三十卷　（晉）杜預撰　（唐）陸
德明釋文　明刻本　一冊　存四卷（九至十
二）

210000－0701－0001379　善14066
五朝小說　（明）□□輯　明崇禎刻本　二十
冊　存一百九十四種（唐宋部分）

210000－0701－0001380　善14067
莊子郭註十卷　（晉）郭象撰　（唐）陸德明音
義　明萬曆三十三年（1605）鄒之嶧刻本
五冊

210000－0701－0001381　善14068
莊子南華眞經十卷　（晉）郭象注　（明）王宗
沐　（明）袁宏道　（明）孫鑛評　明刻本
六冊

210000－0701－0001382　善14069
白沙先生詩教解十五卷　（明）陳獻章撰
（明）湛若水輯注　明嘉靖馬崧刻本　二冊

210000－0701－0001383　善14070
坐隱齋先生自訂棋譜全集不分卷　（元）嚴德
甫　（元）晏天章編輯　明嘉靖書林王公行刻
本　六冊

210000－0701－0001384　善14071
大方廣佛華嚴經八十卷　（明）釋實叉難陀譯
　明刻本　二十四冊　存十七卷（九、二十一
至二十五、三十四至三十五、三十七、三十九、
四十三至四十五、四十八、六十至六十一、六
十六）

210000－0701－0001385　善14072
大方廣佛華嚴經八十卷　（明）釋實叉難陀譯
　明刻本　十二冊　存十一卷（二、九、十四、
十八、二十、二十七、二十九、三十一至三十

四）

210000－0701－0001386　善14073
慈悲蘭盆目蓮懺法道場　（唐）釋惠然撰　明
萬曆四十二年（1614）刻本　二十一冊　存一
卷（卷上）

210000－0701－0001387　善14074
大般涅槃經四十卷　（北涼）釋曇無讖譯　明
刻本　一冊　存一卷（八）

210000－0701－0001388　善14075
摩訶般若波羅蜜多心經一卷　（唐）釋玄奘譯
　銷釋金剛科儀一卷　音釋一卷　金剛般若
波羅蜜經一卷　（後秦）釋鳩摩羅什譯　佛說
五十三佛三十五佛名經一卷　（南朝宋）畺良
耶舍譯　回向淨土文一卷　明刻本　一冊

210000－0701－0001389　善14076
金剛般若波羅蜜經一卷銷釋金剛科儀一卷
（後秦）釋鳩摩羅什譯　明刻本　一冊

210000－0701－0001390　善14077
大方便佛報恩經七卷　明刻本　一冊　存一
卷（四）

210000－0701－0001391　善14078
地藏菩薩本願經三卷　（唐）釋實叉難陀譯
明刻本　一冊　存一卷（二）

210000－0701－0001392　善14079
大方廣華嚴經八十卷　（明）釋寶叉難陀譯
明刻本　三十五冊　存三十五卷（三十六至
六十五、七十一至七十五）

210000－0701－0001393　善14080
宋之問集二卷　（唐）宋之問撰　明刻唐十二
家詩本　一冊

210000－0701－0001394　善14081
佛頂心大陀羅尼經三卷　明刻本　一冊

210000－0701－0001395　善14082
大佛頂如來密因修證了義諸菩薩萬行首楞嚴
經十卷　題（唐）釋剌密帝　（唐）釋彌伽釋
迦譯　明陳奉山刻本　二冊

210000－0701－0001396　善20001

詩經四卷 （明）鍾惺批點 明淩杜若刻朱墨
套印本 三冊

210000－0701－0001397 善20002

詩經四卷 （明）鍾惺批點 明淩杜若刻朱墨
套印本 三冊

210000－0701－0001398 善20003

讀風臆評一卷 （明）戴君恩撰 明萬曆四十
八年(1620)閔齊伋刻朱墨套印本 一冊

210000－0701－0001399 善20004

孟東野詩集十卷 （唐）孟郊撰 （宋）國材
（宋）劉辰翁評 明淩濛初刻朱墨套印盛唐四
名家集本 四冊

210000－0701－0001400 善20004

李長吉歌詩四卷外詩集一卷 （唐）李賀撰
（宋）劉辰翁評 明淩濛初刻朱墨套印盛唐四
名家集本 三冊

210000－0701－0001401 善20005

李長吉歌詩四卷外詩集一卷 （唐）李賀撰
（宋）劉辰翁評 明淩濛初刻朱墨套印盛唐四
名家集本 三冊

210000－0701－0001402 善20005

孟東野詩集十卷 （唐）孟郊撰 （宋）國材
（宋）劉辰翁評 明淩濛初刻朱墨套印盛唐四
名家集本 四冊

210000－0701－0001403 善20006

王摩詰詩集七卷 （唐）王維撰 （宋）劉辰翁
（明）顧璘評 明淩濛初刻朱墨套印盛唐四
名家集本 二冊

210000－0701－0001404 善20007

王摩詰詩集七卷 （唐）王維撰 （宋）劉辰翁
（明）顧璘評 明淩濛初刻朱墨套印盛唐四
名家集本 六冊

210000－0701－0001405 善20008

孟浩然詩集二卷 （唐）孟浩然撰 （宋）劉辰
翁 （明）李夢陽評 明萬曆淩濛初刻朱墨套
印本 二冊

210000－0701－0001406 善20009

王摩詰詩集七卷 （唐）王維撰 （宋）劉辰翁
（明）顧璘評 明淩濛初刻朱墨套印盛唐四
名家集本 三冊

210000－0701－0001407 善20010

詩經四卷卜子夏小序一卷 （明）鍾惺評點
明淩杜若刻三色套印本 四冊

210000－0701－0001408 善20011

歐陽文忠公五代史抄二十卷 （明）茅坤輯
明萬曆刻朱墨套印本 十冊

210000－0701－0001409 善20012

歐陽文忠公五代史抄二十卷 （明）茅坤輯
明閔氏刻朱墨套印本 十一冊

210000－0701－0001410 善20013

文選尤十四卷 （南朝梁）蕭統輯 （明）鄒思
明評閱 明天啓二年(1622)刻三色套印本
十四冊

210000－0701－0001411 善20014

文選尤十四卷 （南朝梁）蕭統輯 （明）鄒思
明評閱 明天啓二年(1622)刻三色套印本
十四冊

210000－0701－0001412 善20015

文選尤十四卷 （南朝梁）蕭統輯 （明）鄒思
明評閱 明天啓二年(1622)刻三色套印本
十四冊

210000－0701－0001413 善20016

文選後集五卷 （南朝梁）蕭統輯 （明）郭正
域評 明閔于忱刻朱墨套印本 五冊

210000－0701－0001414 善20017

文選後集五卷 （南朝梁）蕭統選 （明）郭正
域評 明閔于忱刻朱墨套印本 五冊

210000－0701－0001415 善20018

文選後集五卷 （南朝梁）蕭統輯 （明）郭正
域評 明閔于忱刻朱墨套印本 二冊

210000－0701－0001416 善20019

孫月峯先生評文選三十卷 （南朝梁）蕭統輯
（明）孫鑛評 （明）閔齊華注 明末閔氏刻
朱墨套印本 二十四冊

210000－0701－0001417　善20020

孟子二卷　（宋）蘇洵批點　明萬曆四十五年
(1617)閔齊伋刻三色套印本　四冊

210000－0701－0001418　善20021

孟子二卷　（宋）蘇洵批點　明萬曆四十五年
(1617)閔齊伋刻三色套印本　二冊

210000－0701－0001419　善20022

孟子二卷　（宋）蘇洵批點　明萬曆四十五年
(1617)閔齊伋刻三色套印本　二冊

210000－0701－0001420　善20023

老子道德眞經二卷　（春秋）李耳撰　音義一
卷　明閔齊伋刻套印三子合刊本　三冊

210000－0701－0001421　善20023

列子沖虛眞經一卷　（戰國）列禦寇撰　音義
一卷　明閔齊伋刻套印三子合刊本　與
10000－0701－0001420合冊

210000－0701－0001422　善20024

三子合刊十三卷　明閔齊伋刻套印本　八冊

210000－0701－0001423　善20025

三子合刊十三卷　明閔齊伋刻套印本　八冊

210000－0701－0001424　善20026

文致不分卷　（明）劉士鏻選　（明）閔無頗
(明)閔昭明集評　明天啓閔元衢刻朱墨套印
本　八冊

210000－0701－0001425　善20027

文致不分卷　（明）劉士鏻選　（明）閔無頗
(明)閔昭明集評　明天啓閔元衢刻朱墨套印
本　八冊

210000－0701－0001426　善20028

文致不分卷　（明）劉士鏻選　（明）閔無頗
(明)閔昭明集評　明天啓閔元衢刻朱墨套印
本　八冊

210000－0701－0001427　善20029

劉子文心雕龍二卷　（南朝梁）劉勰撰　（明）
楊慎等批點　明閔繩初刻五色套印本　四冊

210000－0701－0001428　善20030

劉子文心雕龍二卷　（南朝梁）劉勰撰　（明）

楊慎等批點　文心雕龍注二卷　（明）梅慶生
撰　明閔繩初刻五色套印本　六冊

210000－0701－0001429　善20031

劉子文心雕龍二卷　（南朝梁）劉勰撰　（明）
楊慎等批點　文心雕龍注二卷　（明）梅慶生
撰　明閔繩初刻五色套印本　五冊

210000－0701－0001430　善20032

選賦六卷　（南朝梁）蕭統選　（明）郭正域評
明凌氏鳳笙閣刻朱墨套印本　七冊

210000－0701－0001431　善20033

選賦六卷　（南朝梁）蕭統選　（明）郭正域評
明凌氏鳳笙閣刻朱墨套印本　六冊

210000－0701－0001432　善20034

選賦六卷　（南朝梁）蕭統選　（明）郭正域評
明凌氏鳳笙閣刻朱墨套印本　六冊　存四
卷(一至四)

210000－0701－0001433　善20035

選詩七卷　（南朝梁）蕭統輯　（明）郭正域批
點　（明）凌濛初輯評　明凌濛初刻朱墨套印
本　八冊

210000－0701－0001434　善20036

選詩七卷　（南朝梁）蕭統選　（明）郭正域批
點　（明）凌濛初輯評　明凌濛初刻朱墨套印
本　八冊

210000－0701－0001435　善20037

選詩七卷　（南朝梁）蕭統選　（明）郭正域批
點　（明）凌濛初輯評　明凌濛初刻朱墨套印
本　八冊

210000－0701－0001436　善20038

選詩七卷　（南朝梁）蕭統輯　（明）郭正域批
點　（明）凌濛初輯評　明凌濛初刻朱墨套印
本　八冊

210000－0701－0001437　善20039

選詩七卷　（南朝梁）蕭統選　（明）郭正域批
點　（明）凌濛初輯評　明凌濛初刻朱墨套印
本　八冊

210000－0701－0001438　善20040

淮南鴻烈解二十一卷　（漢）劉安撰　（明）茅
坤　（明）茅一桂輯評　明閔氏刻朱墨套印本
　六冊

210000－0701－0001439　善20041

淮南鴻烈解二十一卷　（漢）劉安撰　（明）茅
坤　（明）茅一桂輯評　明閔氏刻朱墨套印本
　十冊

210000－0701－0001440　善20042

淮南鴻烈解二十一卷　（漢）劉安撰　（明）茅
坤　（明）茅一桂輯評　明閔氏刻朱墨套印本
　八冊

210000－0701－0001441　善20043

莊子南華眞經四卷　（戰國）莊周撰　音義四
卷　（唐）陸德明撰　明閔齊伋刻朱墨套印三
子合刊本　四冊

210000－0701－0001442　善20044

莊子南華眞經四卷　（戰國）莊周撰　音義四
卷　（唐）陸德明撰　明閔齊伋刻朱墨套印三
子合刊本　六冊

210000－0701－0001443　善20045

莊子南華眞經四卷　（戰國）莊周撰　音義四
卷　（唐）陸德明撰　明閔齊伋刻朱墨套印三
子合刊本　四冊

210000－0701－0001444　善20046

李詩選五卷　（唐）李白撰　（明）楊慎選評
明刻朱墨套印李杜詩選本　六冊

210000－0701－0001445　善20047

杜詩選六卷　（唐）杜甫撰　（宋）劉辰翁
（明）楊慎等評　明刻朱墨套印李杜詩選本
三冊

210000－0701－0001446　善20048

李詩選五卷　（唐）李白撰　（明）楊慎選評
明刻朱墨套印李杜詩選本　二冊

210000－0701－0001447　善20049

杜詩選六卷　（唐）杜甫撰　（宋）劉辰翁
（明）楊慎等評　明刻朱墨套印李杜詩選本
二冊

210000－0701－0001448　善20050

韓文一卷　（唐）韓愈撰　（明）郭正域評　明
萬曆四十五年(1617)閔齊伋刻朱墨套印韓文
杜律本　一冊

210000－0701－0001449　善20051

杜子美七言律一卷　（唐）杜甫撰　（明）郭正
域評　明閔齊伋刻三色套印韓文杜律本
一冊

210000－0701－0001450　善20052

李氏焚書六卷　（明）李贄撰　（明）焦竑批點
　明閔氏刻朱墨套印本　六冊

210000－0701－0001451　善20053

李氏焚書六卷　（明）李贄撰　（明）焦竑批點
　明閔氏刻朱墨套印本　六冊

210000－0701－0001452　善20054

南華經十六卷　（戰國）莊周撰　（晉）郭象注
　（宋）林希逸口義　（宋）劉辰翁點校
（明）王世貞評點　（明）陳仁錫批注　明刻四
色套印本　十二冊

210000－0701－0001453　善20055

南華經十六卷　（戰國）莊周撰　（晉）郭象注
　（宋）林希逸口義　（宋）劉辰翁點校
（明）王世貞評點　（明）陳仁錫批注　明刻四
色套印本　八冊

210000－0701－0001454　善20056

草堂詩餘五卷　（明）楊慎批點　（明）閔暎璧
校訂　明吳興閔暎璧刻朱墨套印本　四冊
存四卷(一至四)

210000－0701－0001455　善20057

草堂詩餘五卷　（明）楊慎評點　（明）閔暎璧
校訂　明吳興閔暎璧刻朱墨套印本　四冊

210000－0701－0001456　善20058

草堂詩餘五卷　（明）楊慎批點　（明）閔暎璧
校訂　明吳興閔暎璧刻朱墨套印本　四冊

210000－0701－0001457　善20059

草堂詩餘五卷　（明）楊慎批點　（明）閔暎璧
校訂　明吳興閔暎璧刻朱墨套印本　四冊

210000－0701－0001458　善20060

道德經二卷老子攷異一卷　（宋）蘇轍注
（明）凌以棟批點　明凌氏刻朱墨套印本
四冊

210000－0701－0001459　善20061

老子道德眞經二卷　（春秋）李耳撰　**音義一
卷**　明閔齊伋刻朱墨套印本　一冊

210000－0701－0001460　善20062

道德經二卷老子攷異一卷　（宋）蘇轍注
（明）凌以棟批點　明凌氏刻朱墨套印本
四冊

210000－0701－0001461　善20063

世說新語八卷　（南朝宋）劉義慶撰　（南朝
梁）劉孝標注　（宋）劉辰翁　（宋）劉應登
（明）王世懋評　明凌瀛初刻四色套印本　四
冊　存四卷（一至四）

210000－0701－0001462　善20064

世說新語八卷　（南朝宋）劉義慶撰　（南朝
梁）劉孝標注　（宋）劉辰翁　（宋）劉應登
（明）王世懋評　明凌瀛初刻四色套印本
八冊

210000－0701－0001463　善20065

世說新語六卷　（南朝宋）劉義慶撰　（南朝
梁）劉孝標注　（宋）劉辰翁　（宋）劉應登
（明）王世懋評　明凌瀛初刻四色套印本
六冊

210000－0701－0001464　善20066

韓文公文鈔十六卷　（唐）韓愈撰　（明）茅坤
評點　明萬曆四十五年（1617）閔齊伋刻朱墨
套印本　八冊

210000－0701－0001465　善20067

世說新語八卷　（南朝宋）劉義慶撰　（南朝
梁）劉孝標注　（宋）劉辰翁　（宋）劉應登
（明）王世懋評　明凌瀛初刻四色套印本
八冊

210000－0701－0001466　善20068

韓子二十卷　題（明）門無子評　明刻朱墨套
印本　十冊

210000－0701－0001467　善20069

韓子二十卷　題（明）門無子評　明刻朱墨套
印本　八冊

210000－0701－0001468　善20070

韓子二十卷　題（明）門無子評　明刻朱墨套
印本　八冊

210000－0701－0001469　善20071

韓子二十卷　題（明）門無子評　明刻朱墨套
印本　十冊

210000－0701－0001470　善20072

韓文一卷　（唐）韓愈撰　（明）郭正域選評
明萬曆四十五年（1617）閔齊伋刻朱墨套印韓
文杜律本　二冊

210000－0701－0001471　善20073

韓文公文鈔十六卷　（唐）韓愈撰　（明）茅坤
評點　明萬曆四十五年（1617）閔齊伋刻朱墨
套印本　八冊

210000－0701－0001472　善20074

韓文公文鈔十六卷　（唐）韓愈撰　（明）茅坤
評點　明萬曆四十五年（1617）閔齊伋刻朱墨
套印本　八冊　存八卷（九至十六）

210000－0701－0001473　善20075

管子二十四卷　（明）凌汝亨集評　明萬曆四
十八年（1620）凌汝亨刻朱墨套印本　十冊

210000－0701－0001474　善20076

戰國策十二卷　（明）閔齊伋裁注　**元本目錄
一卷**　明萬曆四十八年（1620）凌汝亨刻三色
套印本　十二冊

210000－0701－0001475　善20077

戰國策十二卷　（明）閔齊伋裁注　**元本目錄
一卷**　明萬曆四十八年（1620）閔齊伋刻三色
套印本　十冊

210000－0701－0001476　善20078

戰國策十二卷　（明）閔齊伋裁注　**元本目錄
一卷**　明萬曆四十八年（1620）閔齊伋刻三色
套印本　八冊

210000－0701－0001477　善20079

管子二十四卷 （明）淩汝亨集評　明萬曆四十八年(1620)淩汝亨刻朱墨套印本　十冊

210000－0701－0001478　善20080

晏子春秋六卷 （周）晏嬰撰　明淩澄初刻朱墨套印本　六冊

210000－0701－0001479　善20081

戰國策十二卷 （明）閔齊伋注　元本目錄一卷　明萬曆四十八年(1620)閔齊伋刻三色套印本　四冊

210000－0701－0001480　善20082

晏子春秋六卷 （周）晏嬰撰　明淩澄初刻朱墨套印本　四冊

210000－0701－0001481　善20083

楚辭二卷 （戰國）屈原　（戰國）宋玉　（漢）賈誼等撰　（明）閔齊伋輯評　明萬曆四十八年(1620)吳興閔齊伋刻三色套印本　二冊

210000－0701－0001482　善20084

晏子春秋六卷 （周）晏嬰撰　明淩澄初刻朱墨套印本　三冊

210000－0701－0001483　善20085

呂氏春秋二十六卷 題(宋)陸游評　（明）淩稚隆批　明萬曆四十八年(1620)淩毓柟刻朱墨套印本　八冊

210000－0701－0001484　善20086

呂氏春秋二十六卷 題(宋)陸游評　（明）淩稚隆批　明萬曆四十八年(1620)淩毓柟刻朱墨套印本　八冊

210000－0701－0001485　善20087

楚辭章句十七卷 （漢）王逸敘次　（明）陳深批點　明淩毓柟刻朱墨套印本　四冊

210000－0701－0001486　善20088

杜子美七言律一卷 （唐）杜甫撰　（明）郭正域評　明閔齊伋刻三色套印韓文杜律本　一冊

210000－0701－0001487　善20089

韓文一卷 （唐）韓愈撰　（明）郭正域評　明閔齊伋刻三色套印韓文杜律本　一冊

210000－0701－0001488　善20090

陶靖節集八卷 （晉）陶潛撰　（明）淩濛初輯評　總論一卷　明淩濛初刻朱墨套印陶韋合集本　三冊

210000－0701－0001489　善20091

韋蘇州集十卷拾遺一卷 （唐）韋應物撰　（宋）劉辰翁等評　明淩濛初刻朱墨套印本　五冊

210000－0701－0001490　善20092

韋蘇州集十卷拾遺一卷 （唐）韋應物撰　（宋）劉辰翁等評　明淩濛初刻朱墨套印本　五冊

210000－0701－0001491　善20093

孟浩然詩集二卷 （唐）孟浩然撰　（宋）劉辰翁　（明）李夢陽評　明萬曆淩濛初刻朱墨套印本　二冊

210000－0701－0001492　善20094

韋蘇州集十卷拾遺一卷 （唐）韋應物撰　（宋）劉辰翁等評　明淩濛初刻朱墨套印本　四冊

210000－0701－0001493　善20095

孟浩然詩集二卷 （唐）孟浩然撰　（宋）劉辰翁　（明）李夢陽評　明萬曆淩濛初刻朱墨套印本　二冊

210000－0701－0001494　善20096

國語九卷 （明）閔齊伋裁注　明萬曆四十七年(1619)閔齊伋刻三色套印本　六冊

210000－0701－0001495　善20097

國語九卷 （明）閔齊伋裁注　明萬曆四十七年(1619)閔齊伋刻三色套印本　六冊

210000－0701－0001496　善20098

四書參十九卷 （明）楊起元輯　（明）張明憲等參訂　（明）李贄評　明淩啓康刻朱墨套印本　八冊

210000－0701－0001497　善20099

新刻顧鄰初先生批點四書大文五卷 （明）顧

起元批點　（明）丁嘉猷校訂　明天啓三年
(1623)王鳳翔刻朱墨套印本　七冊

210000－0701－0001498　善20100
歐陽文忠公文鈔十卷　（宋）歐陽修撰　（明）
茅坤評　明閔氏刻朱墨套印本　五冊

210000－0701－0001499　善20101
歐陽文忠公文鈔十卷　（宋）歐陽修撰　（明）
茅坤評　明閔氏刻朱墨套印本　五冊

210000－0701－0001500　善20102
陶靖節集八卷　（晉）陶潛撰　（明）凌濛初輯
評　**總論一卷**　明凌濛初刻朱墨套印陶韋合
集本　二冊

210000－0701－0001501　善20103
王摩詰詩集七卷　（唐）王維撰　（宋）劉辰翁
（明）顧璘評　明凌濛初刻朱墨套印盛唐四
名家集本　三冊

210000－0701－0001502　善20104
國語九卷　（明）閔齊伋裁注　明萬曆四十七
年(1619)閔齊伋刻三色套印本　六冊

210000－0701－0001503　善20105
國語九卷　（明）閔齊伋裁注　明萬曆四十七
年(1619)閔齊伋刻三色套印本　六冊

210000－0701－0001504　善20106
柳文七卷　（唐）柳宗元撰　（明）茅坤評點
明閔氏刻朱墨套印本　七冊

210000－0701－0001505　善20107
曹子建集十卷　（三國魏）曹植撰　（明）李夢
陽　（明）王世貞評　明天啓元年(1621)凌性
德刻朱墨套印本　四冊

210000－0701－0001506　善20108
陶靖節集八卷　（晉）陶潛撰　（明）凌濛初輯
評　**總論一卷**　明凌濛初刻朱墨套印陶韋合
集本　三冊

210000－0701－0001507　善20109
楚辭二卷　（戰國）屈原　（戰國）宋玉
（漢）賈誼等撰　明萬曆四十八年(1620)閔齊
伋刻三色套印本　二冊

210000－0701－0001508　善20109
楚辭章句十七卷　（漢）王逸敍次　（明）陳深
批點　明凌毓柟刻朱墨套印本　四冊

210000－0701－0001509　善20110
四書參十九卷　（明）楊起元輯　（明）張明憲
等參訂　（明）李贄評　明凌啓康刻朱墨套印
本　八冊

210000－0701－0001510　善20111
柳文七卷　（唐）柳宗元撰　（明）茅坤評　明
閔氏刻朱墨套印本　七冊

210000－0701－0001511　善20112
東坡先生志林五卷　（宋）蘇軾撰　（明）焦竑
評　明刻朱墨套印本　五冊

210000－0701－0001512　善20113
蘇文嗜六卷　（宋）蘇洵撰　（明）茅坤集評
明凌雲刻三色套印本　四冊

210000－0701－0001513　善20114
蘇老泉文集十二卷詩集一卷　（宋）蘇洵撰
（明）茅坤纂評　明凌濛初刻朱墨套印本
八冊

210000－0701－0001514　善20115
蘇長公小品四卷　（宋）蘇軾撰　（明）王納諫
評選　明吳興凌啓康刻朱墨套印本　四冊

210000－0701－0001515　善20116
空同詩選一卷　（明）李夢陽撰　（明）楊慎評
明吳興閔齊伋刻朱墨套印本　一冊

210000－0701－0001516　善20117
蘇長公小品四卷　（宋）蘇軾撰　（明）王納諫
評選　明吳興凌啓康刻朱墨套印本　四冊

210000－0701－0001517　善20118
空同詩選一卷　（明）李夢陽撰　（明）楊慎評
明吳興閔齊伋刻朱墨套印本　一冊

210000－0701－0001518　善20119
蘇老泉文集十二卷詩集一卷　（宋）蘇洵撰
（明）茅坤纂評　明凌濛初刻朱墨套印本　十
二冊

210000－0701－0001519　善20120

東坡書傳二十卷 （宋）蘇軾撰 明淩濛初刻
朱墨套印本 六冊

210000－0701－0001520 善20121

蘇文忠公策論選十二卷 （宋）蘇軾撰 （明）
茅坤 （明）鍾惺批評 明天啓元年(1621)閔
氏刻三色套印本 七冊

210000－0701－0001521 善20122

蘇文忠公策論選十二卷 （宋）蘇軾撰 （明）
茅坤 （明）鍾惺批評 明天啓元年(1621)閔
氏刻朱墨套印本(卷首抄補三葉) 七冊

210000－0701－0001522 善20123

東坡文選二十卷 （宋）蘇軾撰 （明）鍾惺輯
並評 明萬曆四十八年(1620)吳興閔氏刻朱
墨套印本 八冊

210000－0701－0001523 善20124

蘇文六卷 （宋）蘇軾撰 （明）錢豐寰批 明
閔氏刻三色套印本 六冊

210000－0701－0001524 善20125

東坡文選二十卷 （宋）蘇軾撰 （明）鍾惺輯
並評 明萬曆四十八年(1620)吳興閔氏刻朱
墨套印本 八冊

210000－0701－0001525 善20126

蘇文六卷 （宋）蘇軾撰 （明）錢豐寰批 明
閔氏刻三色套印本 六冊

210000－0701－0001526 善20127

蘇長公密語十六卷 （宋）蘇軾撰 （明）李一
公輯 （明）鍾敬伯等評 首一卷 明天啓元
年(1621)刻朱墨套印本 八冊

210000－0701－0001527 善20128

蘇長公密語十六卷 （宋）蘇軾撰 （明）李一
公選 （明）鍾敬伯等評 首一卷 明天啓元
年(1621)刻朱墨套印本 八冊

210000－0701－0001528 善20129

東坡禪喜集十四卷 （宋）蘇軾撰 （明）馮夢
禎批點 明天啓元年(1621)吳興淩濛初刻朱
墨套印本 四冊

210000－0701－0001529 善20130

蘇長公表啓五卷 （宋）蘇軾撰 （明）錢櫃輯
（明）李贄等評 明淩濛初刻朱墨套印本
四冊

210000－0701－0001530 善20131

蘇文嗜六卷 （宋）蘇洵撰 （明）茅坤集評
明淩雲刻三色套印本 四冊

210000－0701－0001531 善20132

蘇長公合作八卷補二卷 （宋）蘇軾撰 （明）
高啓 （明）李贄批點 （明）鄭之惠評選
（明）淩啓康攷釋 附錄一卷 明萬曆四十八
年(1620)淩啓康刻三色套印本 十二冊

210000－0701－0001532 善20133

蘇長公合作八卷補二卷 （宋）蘇軾撰 （明）
高啓 （明）李贄批點 （明）鄭之惠評選
（明）淩啓康攷釋 附錄一卷 明萬曆四十八
年(1620)淩啓康刻三色套印本 十一冊

210000－0701－0001533 善20134

東坡書傳二十卷 （宋）蘇軾撰 明淩濛初刻
朱墨套印本 六冊

210000－0701－0001534 善20135

東坡書傳二十卷 （宋）蘇軾撰 明淩濛初刻
朱墨套印本 八冊

210000－0701－0001535 善20136

歐陽文忠公五代史鈔二十卷 （明）茅坤輯
明閔齊伋刻朱墨套印本 十二冊

210000－0701－0001536 善20137

東坡書傳二十卷 （宋）蘇軾撰 明淩濛初刻
朱墨套印本 八冊

210000－0701－0001537 善20138

東坡禪喜集十四卷 （宋）蘇軾撰 （明）馮夢
禎批點 （明）淩濛初輯 明天啓元年(1621)
吳興淩濛初刻朱墨套印本 四冊

210000－0701－0001538 善20139

東坡禪喜集十四卷 （宋）蘇軾撰 （明）馮夢
禎批點 （明）淩濛初輯 明天啓元年(1621)
吳興淩濛初刻朱墨套印本 四冊

210000－0701－0001539 善20140

蘇長公表啟五卷　(宋)蘇軾撰　(明)錢櫃輯　(明)李贄等評　明凌濛初刻朱墨套印本　四冊

210000－0701－0001540　善20141
易傳八卷　(宋)蘇軾傳　王輔嗣論易一卷　(三國魏)王弼撰　明閔齊伋刻朱墨套印本　八冊

210000－0701－0001541　善20142
周易八卷　(宋)蘇軾傳　王輔嗣論易一卷　(三國魏)王弼撰　明凌氏刻朱墨套印本　八冊

210000－0701－0001542　善20143
明珠記五卷　(明)陸采撰　(明)王文衡繪圖　王無雙傳一卷　明刻朱墨套印本　四冊

210000－0701－0001543　善20144
琵琶記四卷　(元)高明撰　(明)王文衡繪圖　附錄一卷　明凌濛初刻朱墨套印本　四冊

210000－0701－0001544　善20145
唐詩豔逸品四卷　(明)楊肇祉編　(明)閔一栻輯評　明天啓元年(1621)閔一栻刻朱墨套印本　四冊

210000－0701－0001545　善20146
唐詩豔逸品四卷　(明)楊肇祉編　(明)閔一栻輯評　明天啓元年(1621)閔一栻刻朱墨套印本　四冊

210000－0701－0001546　善20147
邯鄲夢三卷　(明)湯顯祖撰　枕中記一卷　(唐)李泌撰　明天啓元年(1621)閔光瑜刻朱墨套印本　四冊

210000－0701－0001547　善20148
唐詩豔逸品四卷　(明)楊肇祉編　(明)閔一栻輯評　明天啓元年(1621)閔一栻刻朱墨套印本　二冊

210000－0701－0001548　善20149
唐詩絕句類選四卷總評一卷人物一卷　(明)敖英　(明)凌雲等輯　明崇禎三色套印本　三冊　存四卷(唐詩絕句類選四卷)

210000－0701－0001549　善20150
唐詩歸三十六卷　(明)鍾惺　(明)譚元春輯評　明崇禎閔振業刻三色套印詩歸本　十八冊

210000－0701－0001550　善20151
唐詩歸三十六卷　(明)鍾惺　(明)譚元春輯評　明崇禎閔振業刻三色套印詩歸本　十八冊

210000－0701－0001551　善20152
古詩歸十五卷　(明)鍾惺　(明)譚元春輯　明閔振業刻三色套印本　八冊

210000－0701－0001552　善20153
古詩歸十五卷　(明)鍾惺　(明)譚元春輯　明閔振業刻三色套印本　八冊

210000－0701－0001553　善20154
孫子一卷　(明)王世貞評釋　明萬曆四十八年(1620)閔于忱松筠館刻朱墨套印本　二冊

210000－0701－0001554　善20154
吳子一卷　(明)王世騏評釋　明萬曆四十八年(1620)閔于忱松筠館刻朱墨套印本　與210000－0701－0001553 合冊

210000－0701－0001555　善20154
孫子參同五卷　(明)閔于忱輯　明萬曆四十八年(1620)閔于忱松筠館刻朱墨套印本　六冊

210000－0701－0001556　善20155
孫子參同五卷　(明)閔于忱輯　明萬曆四十八年(1620)閔于忱松筠館刻朱墨套印本　六冊

210000－0701－0001557　善20156
孫子參同五卷　(明)閔于忱輯　明萬曆四十八年(1620)閔于忱松筠館刻朱墨套印本　五冊　缺一卷(一)

210000－0701－0001558　善20157
新鐫武經七書七卷　(明)王守仁批評　(明)胡宗憲參評　明天啓元年(1621)茅震東刻朱墨套印本　八冊

210000－0701－0001559　善 20158

三經評註五卷　（明）閔齊伋輯　明萬曆閔齊伋刻三色套印本　六冊

210000－0701－0001560　善 20159

三經評註五卷　（明）閔齊伋輯　明萬曆閔齊伋刻三色套印本　八冊

210000－0701－0001561　善 20160

三經評註五卷　（明）閔齊伋輯　明萬曆閔齊伋刻三色套印本　四冊

210000－0701－0001562　善 20161

草韻辨體五卷　（明）郭諶輯　明崇禎六年（1633）閔齊伋刻三色套印本　五冊

210000－0701－0001563　善 20162

周禮二十卷　（明）陳深批點　明凌杜若刻朱墨套印本(卷十三末半葉抄補)　六冊

210000－0701－0001564　善 20163

周禮二十卷　（明）陳深批點　明凌杜若刻朱墨套印本　六冊

210000－0701－0001565　善 20163－1

考工記二卷　（明）郭正域批點　明萬曆四十四年（1616）閔齊伋刻朱墨套印三經評注本　一冊

210000－0701－0001566　善 20163－2

檀弓一卷　（宋）謝疊山批點　（明）楊慎附注　明萬曆四十四年（1616）閔齊伋刻朱墨套印三經評注本　一冊

210000－0701－0001567　善 20164

花間集四卷　（後蜀）趙崇祚輯　（明）湯顯祖評　明萬曆四十八年（1620）閔齊伋刻本　四冊

210000－0701－0001568　善 20164

草堂詩餘五卷　（明）楊慎批點　（明）閔暎璧校訂　明吳興閔暎璧刻朱墨套印本　五冊

210000－0701－0001569　善 20165

史記纂二十四卷　（明）凌稚隆輯　（明）凌森美重校　明萬曆七年（1579）凌稚隆刻朱墨套印本　二十冊

210000－0701－0001570　善 20166

花間集四卷　（後蜀）趙崇祚輯　（明）湯顯祖評　明刻朱墨套印本　四冊

210000－0701－0001571　善 20167

繪孟七卷　（明）戴君恩撰　（明）閔齊伋訂　明天啟閔齊伋刻朱墨套印本　四冊

210000－0701－0001572　善 20168

史記纂二十四卷　（明）凌稚隆輯　（明）凌森美重校　明萬曆七年（1579）凌稚隆刻朱墨套印本　八冊　存十二卷(十三至二十四)

210000－0701－0001573　善 20169

考工記二卷　（明）郭正域批點　明萬曆四十四年（1616）閔齊伋刻朱墨套印本　一冊

210000－0701－0001574　善 20170

解莊十二卷　（明）郭正域評　（明）陶望齡解　明天啟元年（1621）茅兆河刻朱墨套印本　六冊

210000－0701－0001575　善 20171

解莊十二卷　（明）郭正域評　（明）陶望齡解　明天啟元年（1621）茅兆河刻朱墨套印本　六冊

210000－0701－0001576　善 20172

唐駱先生集八卷　（唐）駱賓王撰　（明）王衡等評釋　附錄一卷　明凌毓枏刻朱墨套印本　四冊

210000－0701－0001577　善 20173

王摩詰詩集七卷　（唐）王維撰　（宋）劉辰翁評　明凌濛初刻朱墨套印本　三冊

210000－0701－0001578　善 20173

唐駱先生集八卷　（唐）駱賓王撰　（明）王衡等評釋　附錄一卷　明凌毓枏刻朱墨套印本　四冊

210000－0701－0001579　善 20174

春秋左傳十五卷　（明）孫鑛批點　明萬曆四十四年（1616）閔齊伋、閔齊華、閔象泰刻朱墨套印本　十三冊

210000－0701－0001580　善 20175

春秋左傳十五卷　(明)孫鑛批點　明萬曆四十四年(1616)閔齊伋、閔齊華、閔象泰刻朱墨套印本　十六冊

210000－0701－0001581　善20176

春秋左傳十五卷　(明)孫鑛批點　明萬曆四十四年(1616)閔齊伋、閔齊華、閔象泰刻朱墨套印本　十四冊

210000－0701－0001582　善20177

春秋公羊傳十二卷　(明)閔齊伋裁注　考一卷　明天啓元年(1621)閔齊伋刻三色套印本　四冊

210000－0701－0001583　善20178

春秋穀梁傳十二卷　(明)閔齊伋裁注　考一卷　明天啓元年(1621)閔齊伋刻三色套印本　六冊

210000－0701－0001584　善20179

兵垣四編六卷九邊圖論一卷防海圖論一卷　(明)湯顯祖輯評　(明)閔暎張等參閱　明天啓元年(1621)閔氏刻朱墨套印本　五冊

210000－0701－0001585　善20180

兵垣四編六卷九邊圖論一卷防海圖論一卷　(明)湯顯祖輯評　(明)閔暎張等參閱　明天啓元年(1621)閔氏刻朱墨套印本　五冊

210000－0701－0001586　善20181

春秋公羊傳十二卷　(明)閔齊伋裁注　考一卷　明天啓元年(1621)閔齊伋刻三色套印本　四冊

210000－0701－0001587　善20181

春秋穀梁傳十二卷　(明)閔齊伋裁注　考一卷　明天啓元年(1621)閔齊伋刻三色套印本　四冊

210000－0701－0001588　善20182

春秋公羊傳十二卷　(明)閔齊伋裁注　考一卷　明天啓元年(1621)閔齊伋刻三色套印本　六冊

210000－0701－0001589　善20183

唐駱先生集八卷　(唐)駱賓王撰　(明)王衡

等評釋　附錄一卷　明凌毓枏刻朱墨套印本　二冊

210000－0701－0001590　善20184

檀弓一卷　(宋)謝疊山批點　(明)楊慎附注　明萬曆四十四年(1616)閔齊伋刻朱墨套印三經評注本　一冊

210000－0701－0001591　善20185

兵垣四編六卷九邊圖論一卷防海圖論一卷　(明)湯顯祖輯評　(明)閔暎張等參閱　明天啓元年(1621)閔氏刻朱墨套印本　一冊　存二卷(陰符經一卷、素書一卷)

210000－0701－0001592　善20186

史記鈔九十一卷　(明)茅坤選輯　明泰昌元年(1620)閔氏刻朱墨套印本　二十六冊

210000－0701－0001593　善20187

史記鈔九十一卷　(明)茅坤選輯　明泰昌元年(1620)閔氏刻朱墨套印本　二十四冊

210000－0701－0001594　善20188

史記鈔九十一卷　(明)茅坤選輯　明泰昌元年(1620)閔氏刻朱墨套印本　三十二冊

210000－0701－0001595　善20189

春秋左傳注評測義七十卷　(明)凌稚隆撰　明萬曆十六年(1588)刻本　二十四冊

210000－0701－0001596　善20190

史記評林一百三十卷　(明)凌稚隆輯　明刻本　三十冊

210000－0701－0001597　善20191

秦漢文鈔六卷　(明)閔邁德等輯　(明)楊融博批點　明萬曆四十八年(1620)閔氏刻朱墨套印本　六冊

210000－0701－0001598　善20192

秦漢文鈔六卷　(明)閔邁德等輯　(明)楊融博批點　明萬曆四十八年(1620)閔氏刻朱墨套印本　六冊

210000－0701－0001599　善20193

秦漢文鈔六卷　(明)閔邁德等輯　(明)楊融博批點　明萬曆四十八年(1620)閔氏刻朱墨

套印本　六冊

210000－0701－0001600　善20194

枕函小史四卷　（明）閔于忱輯　明閔于忱松
筠館刻朱墨套印本　四冊

210000－0701－0001601　善20195

湘煙錄十六卷　（明）閔元京　（明）凌義渠輯
　明天啓閔氏刻本　六冊

210000－0701－0001602　善20196

李長吉歌詩四卷外詩集一卷　（唐）李賀撰
（宋）劉辰翁評點　明末凌濛初刻朱墨套印盛
唐四名家集本　二冊

210000－0701－0001603　善20197

孟浩然詩集二卷　（唐）孟浩然撰　（宋）劉辰
翁　（明）李夢陽評　明萬曆凌濛初刻朱墨套
印本　二冊

210000－0701－0001604　善20198

枕函小史四卷　（明）閔于忱輯　明閔于忱松
筠館刻朱墨套印本　四冊

210000－0701－0001605　善20199

枕函小史四卷　（明）閔于忱輯　明閔于忱松
筠館刻朱墨套印本　四冊

210000－0701－0001606　善20200

曹子建集十卷　（三國魏）曹植撰　（明）李夢
陽　（明）王世貞評　明天啓元年(1621)凌性
德刻朱墨套印本　五冊

210000－0701－0001607　善20201

會稽三賦四卷　（宋）王十朋撰　（明）南逢吉
注　（明）尹壇補注　（明）陶望齡評　明天啓
元年(1621)凌弘憲刻朱墨套印本　四冊

210000－0701－0001608　善20202

虞初志七卷　（明）袁宏道評　（明）屠隆點閱
　明凌性德刻朱墨套印本　八冊

210000－0701－0001609　善20203

虞初志七卷　（明）袁宏道評　（明）屠隆點閱
　明凌性德刻朱墨套印本　八冊

210000－0701－0001610　善20204

初潭集三十卷　（明）李贄撰　（明）閔邃

（明）閔杲輯評　明閔氏刻朱墨套印本　十
二冊

210000－0701－0001611　善20205

李于鱗唐詩廣選七卷　（明）李攀龍評選
（明）凌瑞森等輯評　明凌氏刻朱墨套印本
七冊　缺一卷(三)

210000－0701－0001612　善20206

李于鱗唐詩廣選七卷　（明）李攀龍輯　（明）
凌瑞森等輯評　明凌氏刻朱墨套印本　六冊

210000－0701－0001613　善20207

李于鱗唐詩廣選七卷　（明）李攀龍輯　（明）
凌瑞森等輯評　明凌氏刻朱墨套印本　四冊
缺三卷(二、五、七)

210000－0701－0001614　善20208

初潭集三十卷　（明）李贄撰　（明）閔邃
（明）閔杲輯評　明閔氏刻朱墨套印本　十
二冊

210000－0701－0001615　善20209

**大佛頂如來密因修證了義諸菩薩萬行首楞嚴
經十卷**　（唐）釋般刺密帝　（唐）釋彌伽釋迦
譯　明凌毓柟刻朱墨套印本　五冊

210000－0701－0001616　善20210

**大佛頂如來密因修證了義諸菩薩萬行首楞嚴
經十卷**　（唐）釋般刺密帝　（唐）釋彌伽釋迦
譯　明凌毓柟刻朱墨套印本　五冊

210000－0701－0001617　善20211

會稽三賦四卷　（宋）王十朋撰　（明）南逢吉
注　（明）尹壇補注　（明）陶望齡評　明天啓
元年(1621)凌弘憲刻朱墨套印本　二冊

210000－0701－0001618　善20212

**大佛頂如來密因修證了義諸菩薩萬行首楞嚴
經十卷**　（唐）釋般刺密帝　（唐）釋彌伽釋迦
譯　（明）釋界澄疏證　（明）釋弘沈等會釋
明天啓元年(1621)凌弘憲刻三色套印本
十冊

210000－0701－0001619　善20213

金剛般若波羅蜜經一卷　（後秦）釋鳩摩羅什

譯　解一卷　（元）釋明本撰　（元）釋中峯禪師撰　明淩氏刻朱墨套印本　一冊

210000－0701－0001620　善20213

般若波羅蜜多心經一卷　（唐）釋玄奘釋　（明）釋如玘注　（明）李贄評　解一卷　（元）釋中峯禪師撰　明淩氏刻朱墨套印本　一冊

210000－0701－0001621　善20213

大方廣圓覺修多羅了義經二卷　（唐）釋佛陀多羅釋　明淩氏刻朱墨套印本　二冊

210000－0701－0001622　善20214

金剛般若波羅蜜經一卷　（後秦）釋鳩摩羅什譯　解一卷　（元）釋明本撰　明淩氏刻朱墨套印本　一冊

210000－0701－0001623　善20214

般若波羅蜜多心經一卷　（唐）釋玄奘釋　（明）釋如玘注　（明）李贄評　解一卷　（元）釋中峯禪師撰　明淩氏刻朱墨套印本　一冊

210000－0701－0001624　善20215

維摩詰所說經十四卷　（後秦）釋鳩摩羅什譯　釋迦如來成道記一卷　（唐）王勃撰　明淩濛初刻朱墨套印本　三冊

210000－0701－0001625　善20215

大方廣圓覺修多羅了義經二卷　（唐）釋佛陀多羅譯　明淩氏刻朱墨套印本　一冊

210000－0701－0001626　善20216

淮南鴻烈解二十一卷　（漢）劉安撰　（明）茅坤　（明）茅一桂輯評　明閔氏刻朱墨套印本　八冊

210000－0701－0001627　善20217

海防圖論一卷　（明）胡宗憲撰　（明）殷都閎　（明）湯顯祖輯評　明天啓元年（1621）閔氏刻朱墨套印兵垣四編本　一冊

210000－0701－0001628　善20218

詞的四卷　（明）茅暎輯　明刻朱墨套印本　二冊

210000－0701－0001629　善20219

維摩詰所說經十四卷　（後秦）釋鳩摩羅什譯　釋迦如來成道記一卷　（唐）王勃撰　明淩濛初刻朱墨套印本　三冊

210000－0701－0001630　善20220

列子沖虛真經八卷　（戰國）列禦寇撰　（明）閔齊伋校　音義一卷　明閔齊伋刻朱墨套印本　二冊

210000－0701－0001631　善20221

尺牘雋言十二卷　（明）陳臣忠輯　（明）閔邁德校　明閔邁德刻朱墨套印本　四冊

210000－0701－0001632　善20222

絕祖三卷　（明）茅翁積輯　（明）陳萬言評點　明茅兆河刻朱墨套印本　三冊

210000－0701－0001633　善20223

唐詩選七卷　（明）李攀龍編　詩韻輯要五卷　（明）王穉登編　唐詩選彙釋七卷　（明）蔣一葵箋釋　明刻朱墨套印本　十冊

210000－0701－0001634　善20224

奕藪四卷棋經注一卷　（明）蘇之軾撰　（明）程明宗校評　明天啓二年（1622）刻三色套印本　四冊

210000－0701－0001635　善20225

皇明將略四卷　（明）顧少軒輯　明天啓元年（1621）茅氏刻朱墨套印本　四冊

210000－0701－0001636　善20226

詩刪二十三卷　（明）李攀龍輯　（明）鍾惺　（明）譚元春評　明刻朱墨套印本　六冊　存十二卷（一至十二）

210000－0701－0001637　善20227

西廂會真傳五卷　（元）王實甫撰　（明）湯顯祖　（明）沈伯英批評　會真記一卷　（唐）元稹撰　明刻三色套印本　四冊

210000－0701－0001638　善20228

詩刪二十三卷　（明）李攀龍輯　（明）鍾惺　（明）譚元春評　明刻朱墨套印本　六冊

210000－0701－0001639　善20229

史記鈔九十一卷 （明）茅坤輯 明泰昌元年
(1620)閔氏刻朱墨套印本 二十四冊

210000－0701－0001640 善20230
唐駱先生集八卷 （唐）駱賓王撰 （明）王衡
等評釋 附錄一卷 明凌毓柟刻朱墨套印本
四冊

210000－0701－0001641 善20231
管子二十四卷 （明）趙用賢 （明）朱長春等
評 明萬曆四十八年(1620)凌汝亨刻朱墨套
印本 五冊 存十二卷(十三至二十四)

210000－0701－0001642 善20232
淮南鴻烈解二十一卷 （漢）劉安撰 （明）茅
坤 （明）茅一桂輯評 明閔氏刻朱墨套印本
八冊

210000－0701－0001643 善20233
莊子南華眞經四卷 （晉）郭象注 音義四卷
（唐）陸德明音義 明閔齊伋刻朱墨套印三
子合刊本 四冊

210000－0701－0001644 善20234
海防圖論一卷 （明）胡宗憲撰 明天啓元年
(1621)閔氏刻朱墨套印兵垣四編本 一冊

210000－0701－0001645 善20235
莊子南華眞經四卷 （晉）郭象注 音義四卷
（唐）陸德明音義 明閔齊伋刻朱墨套印三
子合刊本 四冊

210000－0701－0001646 善20236
三經評註五卷 （明）郭正域 （明）楊慎批點
明萬曆閔齊伋刻三色套印本 四冊

210000－0701－0001647 善20237
東坡書傳二十卷 （宋）蘇軾撰 明凌氏刻朱
墨套印本 六冊

210000－0701－0001648 善20238
史記鈔九十一卷 （明）茅坤輯 明泰昌元年
(1620)閔氏刻朱墨套印本 二十四冊

210000－0701－0001649 善20239
歐陽文忠公文鈔十卷 （宋）歐陽修撰 （明）
茅坤評 明刻朱墨套印本 五冊

210000－0701－0001650 善20240
春秋左傳十五卷 （明）孫鑛批點 明萬曆四
十四年(1616)閔齊伋刻朱墨套印本 六冊
存六卷(十至十五)

210000－0701－0001651 善20241
蘇長公合作八卷補二卷 （宋）蘇軾撰 （明）
高啟 （明）李贄批點 （明）鄭之惠評選
（明）凌啓康攷釋 附錄一卷 明萬曆四十八
年(1620)凌啓康刻三色套印本 二十四冊

210000－0701－0001652 善20242
王摩詰詩集七卷 （唐）王維撰 （宋）劉辰翁
評 （明）顧璘評 明凌濛初刻朱墨套印盛唐
四名家集本 四冊

210000－0701－0001653 善20243
東坡禪喜集十四卷 （宋）蘇軾撰 （明）凌濛
初輯 明天啓元年(1621)吳興凌濛初刻朱墨
套印本 四冊

210000－0701－0001654 善20244
選賦六卷 （南朝梁）蕭統輯 （明）郭正域評
名人世次爵里一卷 明凌氏鳳笙閣刻朱墨
套印本 六冊

210000－0701－0001655 善20245
韋蘇州集十卷拾遺一卷 （唐）韋應物撰
（宋）劉辰翁 （明）高棅等評 總論一卷 明
凌濛初刻朱墨套印陶韋合集本 六冊

210000－0701－0001656 善20246
蘇長公小品四卷 （宋）蘇軾撰 （明）王納諫
評 明凌啓康刻朱墨套印本 四冊

210000－0701－0001657 善20247
孟東野詩集十卷 （唐）孟郊撰 （宋）國材
（宋）劉辰翁評 明凌濛初刻朱墨套印盛唐四
名家集本 四冊

210000－0701－0001658 善20248
易傳八卷 （宋）蘇軾撰 王輔嗣論易一卷
(三國魏)王弼撰 明閔齊伋刻朱墨套印本
八冊

210000－0701－0001659 善20249

韋蘇州集十卷拾遺一卷　（唐）韋應物撰
（宋）劉辰翁　（明）高棅等評　總論一卷　明
淩濛初刻朱墨套印陶韋合集本　六冊

210000－0701－0001660　善20250

韓文一卷　（唐）韓愈撰　（明）郭正域評　明
閔齊伋刻朱墨套印韓文杜律本　二冊

210000－0701－0001661　善20251

南華經十六卷　（戰國）莊周撰　（晉）郭象注
（宋）林希逸口義　（宋）劉辰翁點校
（明）王世貞評點　（明）陳仁錫批注　明刻四
色套印本　八冊

210000－0701－0001662　善20252

杜子美七言律一卷　（唐）杜甫撰　（明）郭正
域評　明閔齊伋刻三色套印韓文杜律本
二冊

210000－0701－0001663　善20253

文選尤十四卷　（南朝梁）蕭統輯　（明）鄒思
明評閱　明天啓二年(1622)刻三色套印本
十四冊

210000－0701－0001664　善20254

管子二十四卷　（明）趙用賢　（明）朱長春等
評　明萬曆四十八年(1620)淩汝亨刻朱墨套
印本(卷十至十二抄補)　八冊

210000－0701－0001665　善20255

增定史記纂不分卷　（明）淩稚隆輯　明宗文
堂刻本　八冊

210000－0701－0001666　善20256

東坡文選二十卷　（宋）蘇軾撰　（明）鍾惺輯
並評　明萬曆四十八年(1620)吳興閔氏刻朱
墨套印本　八冊

210000－0701－0001667　善20257

淮南鴻烈解二十一卷　（漢）劉安撰　（漢）高
誘注　明萬曆十八年(1590)汪一鸞刻本　三
冊　存十六卷(一至十一、十七至二十一)

210000－0701－0001668　善20258

楚辭章句十七卷　（漢）王逸敍次　（明）陳深
批點　附錄一卷　明淩毓柟刻朱墨套印本

三冊

210000－0701－0001669　善20259

蘇文忠公策論選十二卷　（宋）蘇軾撰　（明）
茅坤　（明）鍾惺批評　明天啓元年(1621)閔
氏刻三色套印本　六冊

210000－0701－0001670　善20260

世說新語八卷　（南朝宋）劉義慶撰　（南朝
梁）劉孝標注　（宋）劉辰翁　（宋）劉應登
（明）王世懋評　明淩瀛初刻四色套印本
八冊

210000－0701－0001671　善22001

儀禮註疏十七卷　（漢）鄭玄注　（唐）賈公彥
疏　明崇禎九年(1636)汲古閣刻十三經注疏
本本　十二冊

210000－0701－0001672　善22002

毛詩註疏二十卷　（漢）毛亨傳　（漢）鄭玄箋
（唐）陸德明音義　（唐）孔穎達疏　明崇禎
三年(1630)汲古閣刻本(卷五至二十配清刻
本)　二十冊

210000－0701－0001673　善22003

五色線二卷　（宋）□□撰　（明）毛晉訂　明
崇禎二年(1629)汲古閣刻本　二冊

210000－0701－0001674　善22004

孝經註疏九卷　（唐）玄宗李隆基撰　（宋）邢
昺校　清刻本　一冊

210000－0701－0001675　善22005

法書要錄十卷　（唐）張彥遠輯　（明）毛晉校
明汲古閣刻津逮秘書本　八冊

210000－0701－0001676　善22006

毛詩註疏二十卷　（漢）毛亨傳　（漢）鄭玄箋
（唐）陸德明音義　（唐）孔穎達疏　清刻本
二十四冊

210000－0701－0001677　善22007

孟東野集十卷　（唐）孟郊撰　附錄一卷　明
末毛晉刻五唐人詩集本(第六冊抄補一葉)
六冊　源長宣題詩

210000－0701－0001678　善22008

孟東野集十卷　（唐）孟郊撰　**附録一卷**　明末常熟毛晉汲古閣刻五唐人詩集本　六冊

210000－0701－0001679　善22009
說文解字十五卷　（漢）許慎撰　（南唐）徐鉉校訂　清初常熟毛氏汲古閣刻初印本　宋小濂　崇彝題識　八冊

210000－0701－0001680　善22010
五代史補五卷　（宋）陶岳撰　**五代史闕文一卷**　（宋）王禹偁撰　明末毛晉汲古閣刻本　一冊

210000－0701－0001681　善22011
說文解字十五卷　（漢）許慎撰　（南唐）徐鉉校訂　清刻本　八冊

210000－0701－0001682　善22012
說文解字十五卷　（漢）許慎撰　（南唐）徐鉉校訂　清刻本　六冊

210000－0701－0001683　善22013
說文解字十五卷　（漢）許慎撰　（南唐）徐鉉校訂　清初常熟毛氏汲古閣刻乾隆印本　七冊

210000－0701－0001684　善22014
文選六十卷　（南朝梁）蕭統輯　（唐）李善注　明末常熟毛氏汲古閣刻本　惲毓鼎跋　張壽齡題記　十四冊　存四十二卷（一至三十、四十六至五十四、五十八至六十）

210000－0701－0001685　善22015
唐詩紀事八十一卷　（宋）計有功輯　明崇禎五年（1632）汲古閣刻本　二十四冊

210000－0701－0001686　善22016
唐人選唐詩八種二十三卷　（明）毛晉輯　明崇禎元年（1628）常熟毛晉汲古閣刻本　十二冊

210000－0701－0001687　善22017
唐人選唐詩八種二十三卷　（明）毛晉輯　明崇禎元年（1628）常熟毛晉汲古閣刻本　六冊

210000－0701－0001688　善22018
毛詩草木鳥獸蟲魚疏廣要二卷　（三國吳）陸璣撰　（明）毛晉參　明崇禎十二年（1639）汲古閣刻本　四冊

210000－0701－0001689　善22019
樂府詩集一百卷目錄二卷　（宋）郭茂倩輯　（明）毛晉訂正　（清）毛扆再訂　明崇禎毛晉汲古閣刻清康熙毛扆重修本　二十四冊

210000－0701－0001690　善22020
樂府詩集一百卷目錄二卷　（宋）郭茂倩輯　（明）毛晉訂正　（清）毛扆再訂　明崇禎毛晉汲古閣刻清康熙毛扆重修本　十二冊

210000－0701－0001691　善22021
樂府詩集一百卷目錄二卷　（宋）郭茂倩輯　（明）毛晉訂正　（清）毛扆再訂　明崇禎毛晉汲古閣刻清康熙毛扆重修本　二十冊　缺十七卷（四十八至五十一、五十六至六十四、八十六至八十九）

210000－0701－0001692　善22022
樂府詩集一百卷目錄二卷　（宋）郭茂倩輯　（明）毛晉訂正　（清）毛扆再訂　明崇禎毛晉汲古閣刻清康熙毛扆重修本　三十二冊

210000－0701－0001693　善22023
漢隸字源五卷碑目一卷附字一卷　（宋）婁機撰　明末常熟毛晉汲古閣刻本　五冊　缺二卷（下平聲一卷、附字一卷）

210000－0701－0001694　善22024
漢隸字源五卷碑目一卷附字一卷　（宋）婁機撰　明末常熟毛晉汲古閣刻本　陶湘題識并過錄清翁方綱跋　六冊

210000－0701－0001695　善22025
漢隸字源五卷碑目一卷附字一卷　（宋）婁機撰　明末常熟毛晉汲古閣刻本　陶湘過錄清翁方綱跋　六冊

210000－0701－0001696　善22026
儀禮注疏十七卷　（漢）鄭玄注　（唐）賈公彦疏　明崇禎九年（1636）毛氏汲古閣刻十三經注疏本　十二冊

210000－0701－0001697　善22027

杜工部詩集二十卷 （唐）杜甫撰 （明）毛晉
重訂 明常熟毛晉汲古閣刻本 十二冊

210000－0701－0001698 善22028

劍南詩稿八十五卷 （宋）陸游撰 明末常熟
毛晉汲古閣刻清康熙毛扆校印陸放翁全集本
三十二冊 缺五卷（五十至五十一、七十六
至七十八）

210000－0701－0001699 善22029

陸放翁全集六種一百五十七卷 （宋）陸游撰
明末毛氏汲古閣刻清康熙毛扆校補增刻本
四十八冊

210000－0701－0001700 善22030

陸放翁全集六種一百五十七卷 （宋）陸游撰
明末毛氏汲古閣刻清康熙毛扆校補增刻本
四十八冊 缺八十五卷（劍南詩稿一至八
十五）

210000－0701－0001701 善22031

陸放翁全集六種一百五十七卷 （宋）陸游撰
明末毛氏汲古閣刻清康熙毛扆校補增刻本
三十四冊 缺二種八十七卷（劍南詩稿一
至八十五、放翁逸事一至二）

210000－0701－0001702 善22032

周易兼義九卷 （唐）孔穎達撰 明崇禎四年
（1631）毛氏汲古閣刻十三經注疏本 四冊

210000－0701－0001703 善22033

神農本草經疏三十卷 （明）繆希雍撰 （明）
李枝參訂 明天啓五年（1625）毛晉綠君亭刻
本 十四冊

210000－0701－0001704 善22034

童子問八卷首一卷末一卷 （宋）輔廣撰 明
常熟毛氏汲古閣刻本 四冊 缺一卷（首一
卷）

210000－0701－0001705 善22035

童子問八卷首一卷末一卷 （宋）輔廣撰 明
常熟毛氏汲古閣刻本 四冊

210000－0701－0001706 善22036

詩詞雜俎十二種二十五卷 （明）毛晉編 明

天啓、崇禎常熟毛晉汲古閣刻本 八冊

210000－0701－0001707 善22037

詩詞雜俎十二種二十五卷 （明）毛晉編 明
天啓、崇禎常熟毛晉汲古閣刻清古松堂印本
十二冊 缺一卷（元宮詞一卷）

210000－0701－0001708 善22038

三唐人文集三十四卷 （明）毛晉編 明常熟
毛晉汲古閣刻本 八冊

210000－0701－0001709 善22039

五唐人詩集二十六卷 （明）毛晉編 明常熟
毛晉汲古閣刻本 十冊

210000－0701－0001710 善22040

唐人八家詩四十二卷 （明）毛晉編 明崇禎
十二年（1639）常熟毛晉汲古閣刻本 十二冊

210000－0701－0001711 善22041

三唐人文集三十四卷 （明）毛晉輯 明毛晉
汲古閣刻清嘉慶元年（1796）邵齊熊補刻本
六冊

210000－0701－0001712 善22042

三唐人文集三十四卷 （明）毛晉編 明毛晉
汲古閣刻清嘉慶元年（1796）邵齊熊補刻本
八冊

210000－0701－0001713 善22043

唐三高僧詩集四十七卷 （明）毛晉編 明毛
晉汲古閣刻本 三冊

210000－0701－0001714 善22044

唐三高僧詩集四十七卷 （明）毛晉編 明毛
晉汲古閣刻本 十三冊 缺八卷（杼山集二
至四、杼山集目錄六至十）

210000－0701－0001715 善22045

松陵集十卷 （唐）陸龜蒙等撰 明常熟毛晉
汲古閣刻本 四冊

210000－0701－0001716 善22046

松陵集十卷 （唐）陸龜蒙等撰 明常熟毛晉
汲古閣刻本（序文第一葉抄補） 六冊

210000－0701－0001717 善22047

唐英歌詩三卷 （唐）吳融撰 明崇禎常熟毛

晉汲古閣刻清洪氏因樹樓印唐人四集本
二冊

210000－0701－0001718　善22048

甲乙集十卷　(唐)羅隱撰　明崇禎十二年
(1639)常熟毛晉汲古閣刻唐人八家詩本　剛
父題記　孫丹階校並跋　一冊

210000－0701－0001719　善22049

李文山詩集三卷　(唐)李群玉撰　明崇禎十
二年(1639)常熟毛晉汲古閣刻唐人八家詩本
　蟄庵題記　一冊

210000－0701－0001720　善22050

唐人四集十二卷　(明)毛晉編　明常熟毛晉
汲古閣刻本　四冊

210000－0701－0001721　善22051

宋名家詞六十一種九十一卷　(明)毛晉編
明崇禎毛晉汲古閣刻本　三十二冊

210000－0701－0001722　善22052

河嶽英靈集三卷　(唐)殷璠集　明崇禎元年
(1628)常熟毛晉汲古閣刻唐人選唐詩八種本
　二冊

210000－0701－0001723　善22053

東坡詞一卷　(宋)蘇軾撰　明崇禎毛晉汲古
閣刻宋名家詞本　二冊

210000－0701－0001724　善22054

山谷詞一卷　(宋)黃庭堅撰　明崇禎毛晉汲
古閣刻宋名家詞本　一冊

210000－0701－0001725　善22055

片玉詞一卷補遺一卷　(宋)周邦彥撰　明崇
禎三年(1630)毛晉汲古閣刻本　徐沅過錄鄭
叔問　鶴道人等批校題跋　二冊

210000－0701－0001726　善22056

陳眉公先生訂正丹淵集四十四卷拾遺二卷
(宋)文同撰　石室先生年譜一卷　(宋)家誠
之撰　附錄一卷　(明)李應魁輯　明萬曆三
十八年(1610)吳一標刻崇禎四年(1631)毛氏
汲古閣重修本　十二冊

210000－0701－0001727　善22057

繡刻演劇六十種一百二十卷　(明)毛晉編
明末毛氏汲古閣刻本　一百二十冊

210000－0701－0001728　善22058

宋名家詞六十一種九十一卷　(明)毛晉編
明崇禎常熟毛晉汲古閣刻本　二十八冊

210000－0701－0001729　善22059

中州集十卷首一卷樂府一卷　(元)元好問輯
明汲古閣刻本　十冊

210000－0701－0001730　善22060

中州集十卷首一卷樂府一卷　(元)元好問輯
明汲古閣刻本　二十二冊

210000－0701－0001731　善22061

中州集十卷首一卷樂府一卷　(元)元好問輯
明汲古閣刻本　二十二冊

210000－0701－0001732　善22062

唐人八家詩四十二卷　(明)毛晉編　明崇禎
十二年(1639)毛氏汲古閣刻本　十二冊

210000－0701－0001733　善22063

臺閣集　(唐)李嘉祐撰　明崇禎十二年
(1639)常熟毛晉汲古閣刻唐人八家詩本
一冊

210000－0701－0001734　善22064

中州集十卷首一卷樂府一卷　(元)元好問輯
明常熟毛晉汲古閣刻本　二十冊

210000－0701－0001735　善22065

中州集十卷首一卷樂府一卷　(元)元好問輯
明常熟毛晉汲古閣刻本　十一冊

210000－0701－0001736　善22066

中州集十卷首一卷樂府一卷　(元)元好問輯
明常熟毛晉汲古閣刻本　十冊

210000－0701－0001737　善22067

中州集十卷首一卷樂府一卷　(元)元好問輯
明常熟毛晉汲古閣刻本　十冊

210000－0701－0001738　善22068

中州集十卷首一卷樂府一卷　(元)元好問輯
明常熟毛晉汲古閣刻本　十冊

210000－0701－0001739　善22069

元人集十種六十二卷　（明）毛晉編　明崇禎十一年(1638)毛氏汲古閣刻清初增刻本　九冊　存四種九卷(翠寒集一卷、玉山草堂集三卷、嘯嘰集一卷、薩天錫詩集四卷)

210000－0701－0001740　善22070

遺山先生詩集二十卷　（元)元好問撰　明崇禎十一年(1638)毛晉汲古閣刻元人集十種本　八冊

210000－0701－0001741　善22071

遺山先生詩集二十卷　（元)元好問撰　明崇禎十一年(1638)毛晉汲古閣刻元人集十種本　清趙翼題詩　八冊

210000－0701－0001742　善22072

元人集十種　（明）毛晉編　明崇禎十一年(1638)毛氏汲古閣刻清初增刻本　二十四冊

210000－0701－0001743　善22073

元人集十種　（明）毛晉編　明崇禎十一年(1638)毛晉汲古閣刻清初增刻本　八冊　存四種十五卷(句曲外史集三卷補遺三卷附一卷集外詩一卷、倪雲林先生詩集一卷附錄一卷集外詩一卷、嘯嘰集一卷、玉山草堂集二卷集外詩一卷)

210000－0701－0001744　善22074

元人集十種　（明）毛晉編　明崇禎十一年(1638)常熟毛晉汲古閣刻本　二十冊

210000－0701－0001745　善22075

元詩四大家二十七卷　（明）毛晉編　明崇禎常熟毛晉汲古閣刻本　八冊

210000－0701－0001746　善22076

元人集十種　（明）毛晉編　明崇禎十一年(1638)毛晉汲古閣刻清初增刻本　二十四冊

210000－0701－0001747　善22077

元詩四大家二十七卷　（明）毛晉編　明崇禎汲古閣刻本(范德機詩序、目第三十一葉,虞伯生詩目錄第四十三葉抄補)　十二冊

210000－0701－0001748　善22078

唐人選唐詩八種二十三卷　（明）毛晉編　明崇禎元年(1628)常熟毛晉汲古閣刻清乾隆席氏嘉會堂印本　十六冊

210000－0701－0001749　善22079

松陵集十卷　（唐)陸龜蒙等撰　明末常熟毛晉汲古閣刻清寒松堂印本　四冊

210000－0701－0001750　善22080

三唐人文集三十四卷　（明）毛晉編　明毛晉汲古閣刻本(此三集卷一首二葉抄補)　八冊

210000－0701－0001751　善22081

唐人六集四十二卷　（明）毛晉編　明崇禎常熟毛氏汲古閣刻清洪氏因樹樓印本　三冊　存三種二十八卷(韋蘇州集十卷拾遺一卷、姚少監詩集十卷、鮑溶詩六卷集外詩一卷)

210000－0701－0001752　善22082

陳眉公先生訂正丹淵集四十卷拾遺二卷　（宋)文同撰　**石室先生年譜一卷**　（宋)家誠之撰　**附錄一卷**　（明)李應魁參訂　明萬曆三十八年(1610)吳郡吳一標刻崇禎四年(1631)毛氏汲古閣重修本　十冊

210000－0701－0001753　善22083

唐人四集十二卷　（明）毛晉編　明崇禎毛晉汲古閣刻清洪氏因樹樓印本　二冊　存三種十一卷(歌詩編四卷、集外詩一卷、唐英歌詩三卷、唐風集三卷)

210000－0701－0001754　善22084

唐人六集四十二卷　（明）毛晉編　明崇禎毛氏汲古閣刻本　八冊

210000－0701－0001755　善22085

鐵崖先生古樂府十卷補六卷復古詩集六卷麗則遺音四卷附錄一卷　（元)楊維楨撰　明末常熟毛晉汲古閣刻本　十冊

210000－0701－0001756　善22086

谷音二卷　（元)杜本輯　明天啓、崇禎常熟毛晉汲古閣刻詩詞雜俎本　一冊

210000－0701－0001757　善22087

鐵崖先生古樂府十卷補六卷復古詩集六卷麗

則遺音四卷附錄一卷 （元）楊維楨撰 明末常熟毛晉汲古閣刻本（卷後跋末葉抄補）四冊

210000－0701－0001758 善22088

鐵崖先生古樂府十卷補六卷復古詩集六卷麗則遺音四卷附錄一卷 （元）楊維楨撰 明末常熟毛晉汲古閣刻本 四冊

210000－0701－0001759 善22089

忠義集七卷 （元）趙景良輯 明末毛晉汲古閣刻本 二冊

210000－0701－0001760 善22090

津逮秘書十五集一百四十一種七百四十八卷 （明）毛晉編 明崇禎毛晉汲古閣刻本 一百八十二冊 缺二種二卷（難解一卷、洛陽名園記一卷）

210000－0701－0001761 善22091

津逮秘書十五集一百四十一種七百四十八卷 （明）毛晉編 明崇禎毛晉汲古閣刻本 一百八十八冊 缺一種一卷（難解一卷）

210000－0701－0001762 善22092

中吳紀聞六卷 （宋）龔明之撰 明末毛氏汲古閣刻清毛扆校印本 二冊

210000－0701－0001763 善22093

筠溪牧潛集七卷 （元）釋圓至撰 明崇禎十二年(1639)常熟毛晉汲古閣刻本 二冊

210000－0701－0001764 善22094

冷齋夜話十卷 （宋）釋惠洪撰 明崇禎毛氏汲古閣刻津逮秘書本 二冊

210000－0701－0001765 善22095

津逮秘書十五集一百四十一種七百四十四卷附錄九卷 （明）毛晉編 明崇禎毛氏汲古閣刻本 一百四十二冊 存十五集一百四十種七百三十一卷（一集八種二十七卷、二集十一種四十七卷、三集六種四十四卷、四集十七種三十二卷、五集十一種十六卷、六集四種四十二卷、七集十種五十八卷、八集十二種七十卷、九集九種七十五卷、十集十二種四十五卷、十一集六種五十九卷、十二集十種三十七卷、十三集十種三十八卷、十四集四種三十卷、十五集十種一百二十六卷）

210000－0701－0001766 善22096

津逮秘書十五集一百四十一種七百四十八卷 （明）毛晉編 明崇禎毛氏汲古閣刻本 八十八冊 缺十一集二百九十八卷（一集八種二十七卷、二集十一種四十七卷、三集二十九卷、四集十五種十九卷附六卷、五集四種九卷、七集十四卷、十一集一種十卷、十二集九種三十五卷、十三集十種三十八卷、十四集三種十七卷、十五集四種四十七卷）

210000－0701－0001767 善22097

津逮秘書十五集一百四十一種七百四十八卷 （明）毛晉編 明崇禎毛氏汲古閣刻本 一百七冊 存三十二種二百十二卷（元包數總義二卷，周易舉證三卷，正義心法一卷，章氏易傳三卷，後山詩話一卷，二老堂詩話一卷，紫薇詩話一卷，竹坡詩話一卷，續詩話一卷，法書要錄十卷，東觀餘論二卷附錄一卷，圖畫見聞志六卷，圖繪寶鑑六卷補遺一卷，西溪叢語二卷，捫蝨新話十五卷，歲華紀麗四卷，泉志十五卷，芥隱筆記一卷，誠齋雜記二卷，五色線三卷，瑯嬛記三卷，輟耕錄三十卷，老學庵筆記十卷，東京夢華錄十卷，山谷題跋九卷，容齋題跋二卷，癸辛雜識別集二卷，揮塵錄前錄四卷後錄十一卷三錄三卷餘錄二卷，齊東野語一至七、十二至二十，夢溪筆談二十六卷，春渚紀聞十卷,避暑錄話二卷）

210000－0701－0001768 善22098

史記索隱三十卷 （唐）司馬貞撰 明末常熟毛晉汲古閣刻本 三冊

210000－0701－0001769 善22099

五代史補五卷 （宋）陶岳撰 五代史闕文一卷 （宋）王禹偁撰 明末毛晉汲古閣刻本 一冊

210000－0701－0001770 善22100

中吳紀聞六卷 （宋）龔明之紀 明末毛晉汲古閣刻清毛扆校印本 四冊

210000－0701－0001771 善22101

桯史十五卷附錄一卷　（宋）岳珂撰　明崇禎
毛晉汲古閣刻津逮祕書本　四冊

210000－0701－0001772　善22102

酉陽雜俎二十卷續集十卷　（唐）段成式撰
明崇禎毛晉汲古閣刻津逮祕書本　二冊　存
二十卷（酉陽雜俎二十卷）

210000－0701－0001773　善22103

史記索隱三十卷　（唐）司馬貞撰　明常熟毛
晉汲古閣刻本　四冊

210000－0701－0001774　善22104

江東白苧二卷續二卷　（明）梁辰魚撰　明末
梅華書屋刻本　四冊

210000－0701－0001775　善22105

蘇米志林三卷　（明）毛晉輯　明天啓五年
（1625）綠君亭刻本　三冊

210000－0701－0001776　善22106

麗則遺音四卷　（元）楊維楨撰　明末汲古閣
毛氏刻本　二冊

210000－0701－0001777　善22107

孟東野集十卷　（唐）孟郊撰　附錄一卷　明
末常熟毛晉汲古閣刻五唐人詩集本　四冊

210000－0701－0001778　善22108

遺山先生詩集二十卷　（元）元好問撰　明毛
晉汲古閣刻元人十種詩本　十二冊

210000－0701－0001779　善22109

國秀集三卷　（唐）芮挺章輯　明崇禎元年
（1628）常熟毛晉汲古閣刻唐人選唐詩本
二冊

210000－0701－0001780　善22110

山居小玩十種十四卷　（明）毛晉編　明末賴
書室刻本　八冊

210000－0701－0001781　善22111

陸放翁全集六種一百五十七卷　（宋）陸游撰
　明末毛晉汲古閣刻清康熙毛扆校補增刻張
氏詩禮堂印本　四十八冊

210000－0701－0001782　善22112

陸放翁全集六種一百五十七卷　（宋）陸游撰

明末毛晉汲古閣刻清康熙毛扆校補增刻本
六十四冊

210000－0701－0001783　善22113

渭南文集五十卷　（宋）陸游撰　明末常熟毛
晉汲古閣刻陸放翁全集本　十冊

210000－0701－0001784　善22114

劍南詩稿八十五卷　（宋）陸游撰　清嘉慶、
道光刻本　三十冊　存五十九卷（一至五十
九）

210000－0701－0001785　善22115

陸狀元增節音註精義資治通鑑一百二十卷目
錄三卷首一卷　（宋）陸唐老撰　明末毛晉汲
古閣刻本　三十六冊

210000－0701－0001786　善22116

陸放翁全集六種一百五十七卷　（宋）陸游撰
　明末毛晉汲古閣刻清康熙毛扆校補增刻本
　四十四冊　缺十八卷（南唐書十八卷）

210000－0701－0001787　善22117

［紹定］吳郡志五十卷　（宋）范成大纂修
（宋）汪泰亨等續修　明崇禎毛氏汲古閣刻本
　十二冊

210000－0701－0001788　善22118

鈍吟全集二十三卷　（清）馮班撰　清初毛氏
汲古閣刻康熙陸貽典等遞刻本　四冊　缺十
卷（鈍吟雜錄十卷）

210000－0701－0001789　善22119

鈍吟全集二十三卷　（清）馮班撰　清初毛氏
汲古閣刻康熙陸貽典等遞刻本　八冊

210000－0701－0001790　善22120

倪雲林先生詩集六卷集外詩一卷　（元）倪瓚
撰　附錄一卷　明崇禎十一年（1638）毛晉汲
古閣刻清順治十六年（1659）增刻元人集十種
本　八冊

210000－0701－0001791　善22121

翠寒集一卷　（元）宋无撰　明崇禎十一年
（1638）毛晉汲古閣刻本　一冊

210000－0701－0001792　善22122

鈍吟全集二十三卷　（清）馮班撰　清初毛氏汲古閣刻康熙陸貽典等遞刻本　二冊

210000－0701－0001793　善22123

草堂詩餘四卷　題(宋)武陵逸史輯　明末毛晉汲古閣刻詞苑英華本　三冊

210000－0701－0001794　善22124

神農本草經疏三十卷　（明）繆希雍撰　明天啓五年(1625)毛晉綠君亭刻本　十四冊

210000－0701－0001795　善22125

詞苑英華四十五卷　（明）毛晉編　明末常熟毛晉汲古閣刻本　十二冊　缺二種十四卷（花間集十卷、草堂詩餘四卷）

210000－0701－0001796　善22126

金臺集二卷　（元）迺賢撰　（明）危素編　明崇禎十一年(1638)汲古閣刻元人集十種本　二冊

210000－0701－0001797　善22127

滄螺集六卷　（明）孫作撰　明崇禎常熟毛晉汲古閣刻本　一冊

210000－0701－0001798　善22128

詞林萬選四卷　（明）楊慎輯　明末毛氏汲古閣刻詞苑英華本　二冊

210000－0701－0001799　善22129

詞苑英華四十五卷　（明）毛晉編　明末常熟毛晉汲古閣刻本　三冊　存九卷(詞林萬選四卷、詩餘圖譜三卷、尊前集二卷)

210000－0701－0001800　善22130

樂府詩集一百卷目錄二卷　（宋）郭茂倩輯　明末常熟毛晉汲古閣刻清康熙毛扆重修本　三十二冊

210000－0701－0001801　善22131

春秋左傳三十卷　（晉）杜預注　（明）鍾惺評　明崇禎四年(1631)毛氏汲古閣刻本　十冊

210000－0701－0001802　善22132

陸狀元增節音註精義資治通鑑一百二十卷目錄二卷首一卷　（宋）陸唐老撰　明末毛晉汲古閣刻本　四十八冊　存一百十六卷(一至

三十八、四十一至五十八、六十四至一百二十,目錄二卷,首一卷)

210000－0701－0001803　善22133

唐詩紀事八十一卷　（宋）計有功撰　明崇禎五年(1632)毛氏汲古閣刻本　三十冊

210000－0701－0001804　善22134

唐詩紀事八十一卷　（宋）計有功撰　明崇禎五年(1632)毛氏汲古閣刻本　二十四冊

210000－0701－0001805　善22135

唐詩紀事八十一卷　（宋）計有功撰　明崇禎五年(1632)毛氏汲古閣刻本　十二冊

210000－0701－0001806　善22136

樂府詩集一百卷目錄二卷　（宋）郭茂倩輯　明崇禎十二年(1639)常熟毛晉汲古閣刻本　十六冊

210000－0701－0001807　善22137

滑耀編四卷　（明）賈三近輯　明末常熟毛氏汲古閣刻本　八冊

210000－0701－0001808　善22138

屈陶合刻十六卷　（明）毛晉編　明萬曆四十六年(1618)、天啓五年(1625)毛氏綠君亭刻本　六冊

210000－0701－0001809　善22139

確庵文藁不分卷　（清）陳瑚撰　清順治十六年(1659)毛褒刻本　四冊

210000－0701－0001810　善22140

虞伯生詩八卷補遺一卷　（元）虞集撰　明末毛氏汲古閣刻元詩四大家本　四冊

210000－0701－0001811　善22141

孔子家語十卷　題(三國魏)王肅注　明末毛氏汲古閣刻本　三冊

210000－0701－0001812　善22142

鈍吟全集二十三卷　（清）馮班撰　清初毛氏汲古閣刻康熙陸貽典等遞刻本　三冊

210000－0701－0001813　善22143

漢隸字源五卷碑目一卷附字一卷　（宋）婁機撰　明末常熟毛氏汲古閣刻本　八冊

210000－0701－0001814　善22144

剪桐載筆一卷　（明）王象晉撰　明崇禎毛晉
汲古閣刻本　一冊

210000－0701－0001815　善22145

列朝詩集八十一卷　（清）錢謙益輯　清順治
九年(1652)常熟毛晉汲古閣刻本　四十八冊

210000－0701－0001816　善22146

列朝詩集八十一卷　（清）錢謙益輯　清順治
九年(1652)常熟毛晉汲古閣刻本　錢廷錦題
記　四十八冊　缺三卷(乙集三卷)

210000－0701－0001817　善22147

列朝詩集八十一卷　（清）錢謙益輯　清順治
九年(1652)常熟毛晉汲古閣刻本　三十二冊

210000－0701－0001818　善22148

列朝詩集八十一卷　（清）錢謙益輯　清順治
九年(1652)常熟毛晉汲古閣刻本　三十冊

210000－0701－0001819　善22149

十七史　（明）毛晉編　明崇禎至清順治毛氏
汲古閣刻本　二百六十九冊　缺三十五卷
(唐書二十五至四十九、七十二至八十一)

210000－0701－0001820　善22150

南唐書十八卷音釋一卷　（宋）陸游撰　明末
毛氏汲古閣刻陸放翁全集本清康熙毛扆補刻
張氏詩禮堂印本　二冊

210000－0701－0001821　善22151

前漢書一百二十卷　（漢）班固撰　（唐）顏師
古注　明崇禎十五年(1642)毛氏汲古閣刻本
三十二冊

210000－0701－0001822　善22152

十七史　（明）毛晉編　明崇禎至清順治毛氏
汲古閣刻本　二百七十八冊

210000－0701－0001823　善22153

十三經註疏三百三十三卷　明崇禎元年至十
二年(1628－1639)毛晉汲古閣刻本　一百二
十冊

210000－0701－0001824　善22154

毛詩草木鳥獸蟲魚疏廣要四卷　（明）毛晉撰

明崇禎毛氏汲古閣刻津逮秘書本　六冊

210000－0701－0001825　善22155

毛詩草木鳥獸蟲魚疏廣要四卷　（明）毛晉撰
　明崇禎毛氏汲古閣刻津逮秘書本　六冊

210000－0701－0001826　善22156

十三經註疏三百三十三卷　明崇禎元年至十
二年(1628－1639)毛晉汲古閣刻本　一百二
十冊　存二百五十四卷(尚書二十卷、毛詩十
二卷、周禮四十二卷、儀禮十七卷、禮記六十
三卷、左傳六十卷、穀梁傳二十卷、論語二十
卷)

210000－0701－0001827　善22157

十三經註疏三百三十三卷　明崇禎元年至十
二年(1628－1639)毛晉汲古閣刻本　九十七
冊　缺十八卷(春秋公羊傳注疏一至九、十七
至二十一,春秋左傳一至四)

210000－0701－0001828　善22158

焦氏易林四卷　題（漢）焦贛撰　明崇禎毛氏
汲古閣刻津逮秘書本　六冊

210000－0701－0001829　善22159

詩地理攷六卷詩攷一卷　（宋）王應麟撰　明
崇禎毛氏汲古閣刻津逮秘書本　六冊

210000－0701－0001830　善22160

春秋左傳三十卷　（晉）杜預注　（明）鍾惺評
　明崇禎四年(1631)毛氏汲古閣刻本　八冊
　存十五卷(十六至三十)

210000－0701－0001831　善22161

史記索隱三十卷　（唐）司馬貞撰　明末常熟
毛晉汲古閣刻本　二冊

210000－0701－0001832　善22162

九正易因不分卷　（明）李贄撰　（清）王崇銘
訂　清初毛氏汲古閣刻本　六冊

210000－0701－0001833　善22163

四書六經讀本一百十一卷　（明）毛晉編　明
崇禎十四年(1641)毛氏汲古閣刻本　五十冊

210000－0701－0001834　善22164

陸放翁全集六種一百五十七卷　（宋）陸游撰

明末毛氏汲古閣刻清康熙毛扆校補增刻本
四十冊　缺二卷(劍南詩稿十六至十七)

210000－0701－0001835　善22165
節俠記二卷　(明)許三階撰　明毛氏汲古閣
刻清道光補板重印六十種曲本　二冊

210000－0701－0001836　善22166
鸞鎞記二卷　(明)葉憲祖撰　明毛氏汲古閣
刻清道光補板重印六十種曲本　二冊

210000－0701－0001837　善22167
運甓記二卷　(明)吾丘瑞撰　明毛氏汲古閣
刻清道光補板重印六十種曲本　二冊

210000－0701－0001838　善22168
懷香記二卷　(明)陸采撰　明毛氏汲古閣刻
清道光補板重印六十種曲本　二冊

210000－0701－0001839　善22169
四賢記二卷　(明)□□撰　明毛氏汲古閣刻
清道光補板重印六十種曲本　二冊

210000－0701－0001840　善22170
幽閨記二卷　(元)施惠撰　明毛氏汲古閣刻
清道光補板重印六十種曲本　二冊

210000－0701－0001841　善22171
劇談錄二卷　(唐)康駢撰　(明)毛晉訂　明
崇禎毛晉汲古閣刻津逮秘書本　一冊

210000－0701－0001842　善22172
宣和書譜二十卷　(宋)□□撰　明崇禎毛氏
汲古閣刻津逮秘書本　四冊

210000－0701－0001843　善22173
芥隱筆記一卷　(宋)龔頤正撰　明崇禎毛氏
汲古閣刻津逮秘書本　二冊

210000－0701－0001844　善22174
蠨窟詞一卷　(宋)侯寘撰　明崇禎毛晉汲古
閣刻宋名家詞本　一冊

210000－0701－0001845　善22175
錦箋記二卷　(明)周履靖撰　明毛氏汲古閣
刻清道光補板重印六十種曲本　二冊

210000－0701－0001846　善22176

殺狗記二卷　(明)徐畛撰　(明)馮夢龍訂
明毛氏汲古閣刻清道光補板重印六十種曲本
　二冊

210000－0701－0001847　善22177
蘇米志林三卷　(宋)蘇軾　(宋)米芾撰
(明)毛晉輯　明天啓五年(1625)毛晉綠君亭
刻清文粹堂重修本　六冊

210000－0701－0001848　善22178
集聖賢群輔錄一卷　題(晉)陶潛撰　(□)
□□補撰　明末常熟毛晉綠君亭刻本　一冊

210000－0701－0001849　善22179
唐僧弘秀集十卷　(宋)李龏編　明末毛晉汲
古閣刻本　四冊

210000－0701－0001850　善22180
冷齋夜話十卷　(宋)釋惠洪撰　明崇禎毛氏
汲古閣刻津逮秘書本　二冊

210000－0701－0001851　善22181
竹坡詞三卷　(宋)周紫芝撰　明崇禎毛晉汲
古閣刻宋名家詞本　一冊

210000－0701－0001852　善22181
壽域詞一卷　(宋)杜安世撰　明崇禎毛晉汲
古閣刻宋名家詞本　與210000－0701－
0001851、0001853 合冊

210000－0701－0001853　善22181
聖求詞一卷　(宋)呂濱老撰　明崇禎毛晉汲
古閣刻宋名家詞本　與210000－0701－
0001851 至 0001852 合冊

210000－0701－0001854　善22182
竹山詞一卷　(宋)蔣捷撰　明末毛晉汲古閣
刻宋名家詞本　一冊

210000－0701－0001855　善22183
玉鏡臺記二卷　(明)朱鼎撰　明毛氏汲古閣
刻六十種曲本　四冊

210000－0701－0001856　善22184
漢隸字源五卷碑目一卷附字一卷　(宋)婁機
撰　明末常熟毛氏汲古閣刻本　六冊

210000－0701－0001857　善22185

唐人選唐詩八種二十三卷 （明）毛晉輯 明崇禎元年(1628)常熟毛晉汲古閣刻本 四冊 存四種七卷(篋中集一卷、搜玉小集一卷、國秀集三卷、極玄集二卷)

210000－0701－0001858 善22186

三元記二卷三十六齣 （明）沈受先撰 明末毛氏汲古閣刻六十種曲本 四冊

210000－0701－0001859 善22187

前漢書一百二十卷 （漢）班固撰 （唐）顏師古注 明崇禎元年至十七年(1628－1644)毛晉汲古閣刻清順治補輯十七史本 二十四冊

210000－0701－0001860 善22188

後漢書一百三十卷 （南朝宋）范曄撰 （唐）李賢注 志三十卷 （晉）司馬彪撰 （南朝梁）劉昭注 明崇禎元年至十七年(1628－1644)毛晉汲古閣刻清順治補輯十七史本 二十四冊

210000－0701－0001861 善22189

三國志六十五卷 （晉）陳壽撰 （南朝宋）裴松之注 明崇禎元年至十七年(1628－1644)毛晉汲古閣刻清順治補輯十七史本 十二冊

210000－0701－0001862 善22190

後漢書九十卷 （南朝宋）范曄撰 （唐）李賢注 志三十卷 （晉）司馬彪撰 （南朝梁）劉昭注 明崇禎元年至十七年(1628－1644)毛晉汲古閣刻清順治補輯十七史本 二十四冊

210000－0701－0001863 善22191

通古大象曆星經二卷 題(漢)甘公 （三國魏)石申撰 明崇禎毛氏汲古閣刻津逮秘書本 二冊

210000－0701－0001864 善30001

管窺輯要八十卷 （清）黃鼎輯 清刻本 三十二冊

210000－0701－0001865 善30002

因樹屋書影十卷 （清）周亮工撰 清周恒福刻本 五冊 缺二卷(四至五)

210000－0701－0001866 善30003

類書纂要三十三卷 （清）周魯輯 清康熙姑蘇三槐堂刻本 二十四冊

210000－0701－0001867 善30004

陽宅集成八卷 （清）姚廷鑾撰 清乾隆十六年至十九年(1751－1754)刻本 八冊

210000－0701－0001868 善30005

時規要略一卷 （清）納蘭常安輯 清乾隆十一年(1746)刻本 一冊

210000－0701－0001869 善30006

周官祿田考三卷釋骨一卷 （清）沈彤撰 清乾隆十五年(1750)沈彤果堂刻十六年(1751)沈彤增補本 二冊

210000－0701－0001870 善30007

周禮軍賦說四卷 （清）王鳴盛撰 清刻本 二冊

210000－0701－0001871 善30008

箋註繪像第六才子西廂釋解八卷末一卷 （元)王實甫撰 （清)金人瑞評 清致和堂刻本 八冊

210000－0701－0001872 善30009

忠義神武靈祐關聖大帝覺世寶訓圖說五卷首一卷 （清)沈維基撰 （清)胡文欽繪 清乾隆三十五年(1770)沈維基懷永堂刻三十九年(1774)補序本 五冊

210000－0701－0001873 善30010

周易洗心十卷 （清)任啓運注 清乾隆三十四年(1769)任慶范、耿毓孝清芬堂刻本 五冊

210000－0701－0001874 善30011

箋註繪像第六才子西廂釋解八卷 （元)王實甫撰 （清)金人瑞評 清郁郁堂刻本 五冊 缺一卷(六)

210000－0701－0001875 善30012

困學錄集粹八卷 （清)張伯行撰 清雍正張師栻、張師載刻本 四冊

210000－0701－0001876 善30013

蜀碧四卷 （清)彭遵泗撰 附錄一卷 清乾

隆刻本　二冊

210000－0701－0001877　善30014

明史擬稿六卷外國傳八卷　（清）尤侗編　清康熙刻本　五冊

210000－0701－0001878　善30015

外國竹枝詞不分卷　（清）尤侗撰　（清）尤珍注　清康熙二十年(1681)刻本　一冊

210000－0701－0001879　善30016

琉球入學見聞錄四卷　（清）潘相輯　清乾隆三十三年(1768)潘相醫文書屋刻本　四冊

210000－0701－0001880　善30017

太常紀要十五卷　（清）江繁輯　清康熙刻本　四冊　缺十五葉(卷四第一至十五)

210000－0701－0001881　善30018

總督兩河宣化錄四卷總督河南山東宣化錄四卷　（清）田文鏡撰　清雍正九年(1731)田文鏡刻本　六冊

210000－0701－0001882　善30019

西征紀畧二卷　（清）王萬祥撰　清雍正十二年(1734)王端采韻堂刻本　四冊

210000－0701－0001883　善30020

靖海紀不分卷　（清）施琅撰　（清）施世綸輯　清木活字印本　二冊

210000－0701－0001884　善30021

周易古本一卷　（明）華兆登編　**爾室校周易古本辨一卷記疑一卷**　（明）華兆登撰　清乾隆求是齋刻本　二冊

210000－0701－0001885　善30022

尸子三卷　（戰國）尸佼撰　（清）任兆麟校**附錄一卷**　（清）惠棟集　（清）任兆麟補遺　清乾隆五十三年(1788)任璋秉刻心齋十種後印本　一冊

210000－0701－0001886　善30023

性理真詮提綱四卷　（清）孫璋撰　清乾隆十八年(1753)刻本　二冊

210000－0701－0001887　善30024

棠陰比事不分卷　（宋）桂萬榮撰　清道光二十九年(1849)刻本　一冊

210000－0701－0001888　善30025

易研八卷圖一卷首一卷　（清）胡翹元撰　清乾隆五十七年(1792)胡永壽刻凝暉閣印本　八冊

210000－0701－0001889　善30026

庭聞錄六卷　（清）劉健撰　**平定緬甸一卷**　清刻本　四冊

210000－0701－0001890　善30027

清綺軒詞選十三卷　（清）夏秉衡選　清乾隆夏秉衡清綺軒刻本　十二冊

210000－0701－0001891　善30028

四雪草堂重訂通俗隋唐演義二十卷一百回　（清）褚人穫編　清刻本　二十冊

210000－0701－0001892　善30029

呂祖全書三十二卷　題（清）劉樵輯　清乾隆八年至九年(1743－1744)俞文耀刻本　十二冊

210000－0701－0001893　善30030

本草詩箋十卷　（清）朱鑰撰　清乾隆二十二年(1757)刻本　四冊

210000－0701－0001894　善30031

經武勝畧正集□□卷　（明）莊應會撰　明崇禎莊應會刻本　十冊　存十九卷(治理一卷、帥師四卷、材用一卷、武定四卷、謀成四卷、制勝三卷、軍實二卷)

210000－0701－0001895　善30032

痘疹會通五卷　（清）曾鼎撰　清乾隆五十一年(1786)曾氏忠恕堂刻本　八冊

210000－0701－0001896　善30033

賑紀八卷　（清）方觀承輯　清乾隆刻本　八冊

210000－0701－0001897　善30034

郭華野先生疏稿五卷備員條畧一卷　（清）郭琇撰　**郭華野公年譜一卷**　（清）孫若彝撰**墓誌銘一卷**　（清）楊玠撰　**行述一卷**　（清）郭廷翼等撰　**崇祀鄉賢錄一卷崇祀名宦錄一**

卷　（清）郭廷翼輯　清雍正十年至乾隆四年
(1732-1739)郭廷翼等刻本　五冊

210000-0701-0001898　善30035
痘疹慈航一卷麻疹秘書一卷附驗遇要方一卷
　（清）劉廷柱撰　清乾隆五十一年(1786)戴
成玉琢齋氏刻本　二冊

210000-0701-0001899　善30036
豳風廣義三卷　（清）楊屾撰　清乾隆七年
(1742)楊屾刻本　六冊

210000-0701-0001900　善30037
陰隲文圖解四卷　（清）趙如升撰　清乾隆四
十六年(1781)朱天鉦政和堂刻本　四冊

210000-0701-0001901　善30038
卜筮正宗十四卷　（清）王維德撰　清乾隆五
十二年(1787)金閶綠蔭堂刻本　六冊

210000-0701-0001902　善30039
使交紀事一卷　（清）鄔黑　（清）周燦撰　南
交好音一卷　（清）周燦輯　使交吟一卷安南
世系畧一卷　（清）周燦撰　清康熙刻本
一冊

210000-0701-0001903　善30040
痘疹全書十六卷　（明）萬全編　明萬曆三十
八年(1610)彭端吾刻清康熙二十六年至二十
九年(1687-1690)崔華、賈東昇補修五十六
年(1717)兩淮運庫印本　六冊

210000-0701-0001904　善30041
神仙通鑑三集二十二卷圖一卷　（清）徐衜述
　（清）程毓奇續　清康熙步月樓刻本　二十
二冊　缺五節(卷十六第一至五)

210000-0701-0001905　善30042
叩鉢齋纂行廚集十八卷　（清）李之泌　（清）
汪建封輯　清刻本(卷一配清刻本)　二十
四冊

210000-0701-0001906　善30043
司馬溫公文集八十二卷　（宋）司馬光撰　明
崇禎元年(1628)吳時亮刻清康熙四十七年
(1708)蔣起龍補刻本　二十四冊

210000-0701-0001907　善30044
重刊添補傳家寶俚言新本六集　（清）石成金
撰　清乾隆四年(1739)揚州石氏刻本　三十
二冊　存四集(一至四)

210000-0701-0001908　善30045
飛龍全傳六十回　（清）吳璿編　清文德堂刻
本　十六冊

210000-0701-0001909　善30046
唐詩解五十卷詩人爵里一卷　（明）唐汝詢撰
　　清順治十六年(1659)趙孟龍萬笈堂刻本
二十冊

210000-0701-0001910　善30047
成規拾遺不分卷　（清）萬維翰輯　清乾隆三
十九年(1774)雲暉堂刻本　四冊

210000-0701-0001911　善30048
名文小品冰雪攜六卷　（清）衛泳箋　清初刻
本　六冊

210000-0701-0001912　善30049
集驗良方六卷　（清）梁文科輯　清雍正二年
(1724)年希堯刻本　六冊

210000-0701-0001913　善30050
潛室劄記二卷　（清）刁包撰　刁氏闇墨一卷
鄉賢錄一卷　清雍正三年(1725)刁氏刻乾隆
三年(1738)補刻本　四冊

210000-0701-0001914　善30051
息齋疏草五卷　（清）金之俊撰　清康熙刻本
　二冊

210000-0701-0001915　善30052
上諭合律鄉約全書不分卷　（清）陳秉直
(清)許三禮輯　清康熙十八年(1679)許三禮
刻本　二冊

210000-0701-0001916　善30053
六壬晬斯四卷　（清）葉悔亭撰　清乾隆四十
年(1775)刻本　二冊

210000-0701-0001917　善30054
為政忠告四卷　（元）張養浩撰　元史張養浩
列傳一卷　清道光十三年(1833)盧坤芸葉軒

刻本　二冊

210000－0701－0001918　善30055

卜法詳考四卷　(清)胡煦撰　清葆璞堂刻本
四冊

210000－0701－0001919　善30056

太上感應篇注解大全三卷　清乾隆五年
(1740)刻本　三冊

210000－0701－0001920　善30057

孟忠毅公奏議二卷　(清)孟喬芳撰　清康熙
刻本　四冊

210000－0701－0001921　善30058

澄懷園語四卷　(清)張廷玉撰　清木活字印
本　四冊

210000－0701－0001922　善30059

逸語十卷　(清)曹廷棟輯注　清乾隆十二年
(1747)刻本　四冊

210000－0701－0001923　善30060

廣群芳譜一百卷　(明)王象晉撰　清刻本
四十八冊

210000－0701－0001924　善30061

天中足民錄不分卷　(清)王士俊輯　清雍正
十二年(1734)王士俊刻本　三冊

210000－0701－0001925　善30062

萬世玉衡錄四卷　(清)蔣伊撰　清康熙刻本
四冊

210000－0701－0001926　善30063

殘唐五代史演義傳十二卷六十回　(明)羅貫
中撰　(明)李贄評　清刻本　六冊

210000－0701－0001927　善30064

行水金鑑一百七十五卷　(清)傅澤洪撰　清
雍正三年(1725)淮揚官舍刻本　三十六冊

210000－0701－0001928　善30065

遠色編三卷　(清)彭啟豐輯　清乾隆三十八
年(1773)姑蘇厚德堂刻本　一冊

210000－0701－0001929　善30066

唐詩英華二十二卷　(清)顧有孝輯　清初顧

有孝寧遠堂刻本　六冊

210000－0701－0001930　善30067

張子全書十五卷　(宋)張載撰　清乾隆四十
九年(1784)臨潼橫渠書院宋廷尊刻五十年
(1785)宋永清補刻光緒九年(1883)王風欙補
修本　八冊

210000－0701－0001931　善30068

河東鹽法備覽十二卷　(清)蔣兆奎輯　清乾
隆五十五年(1790)蔣兆奎刻本　八冊

210000－0701－0001932　善30069

重刻繡像說唐演義後傳五十五回　題(清)鴛
湖漁叟校訂　清姑蘇綠慎堂刻本　十冊

210000－0701－0001933　善30070

重刻繡像說唐演義全傳六十八回　清姑蘇綠
慎堂刻本　十冊

210000－0701－0001934　善30071

新刻劍嘯閣批評西漢演義傳八卷一百則
(明)甄偉撰　(明)鍾惺評　清金閶書業堂刻
本　八冊

210000－0701－0001935　善30072

第九才子書平鬼傳四卷十回　(清)劉璋撰
清經綸堂刻本　四冊

210000－0701－0001936　善30073

讀書雜述十卷　(清)李鎧撰　清乾隆二十六
年(1761)李氏恪素堂刻本　二冊

210000－0701－0001937　善30074

洴澼百金方十四卷　(清)袁宮桂輯　清道光
陳階平刻本　八冊

210000－0701－0001938　善30075

李文襄公奏議二卷奏疏十卷首一卷別錄六卷
(清)李之芳撰　(清)李鍾麟編　年譜一卷
(清)程光裀編　清刻本　十冊

210000－0701－0001939　善30076

兩漢策要十二卷　(宋)陶叔獻編　(金)□□
補　(清)張朝樂校閱　清乾隆五十六年
(1791)張朝樂刻本　六冊　缺一卷(三)

210000－0701－0001940　善30077

天方典禮擇要解二十卷剪薙一卷　（清）劉智撰　清乾隆五年（1740）童國瑾、童國選刻本　六冊

210000－0701－0001941　善30078
平定浙東紀略一卷　（清）□自遠撰　（清）□易續編　清乾隆刻本　一冊

210000－0701－0001942　善30079
五先生學約十四卷　（清）孫承澤編　清康熙五年（1666）孫氏家塾刻本　四冊

210000－0701－0001943　善30080
增補武經全解二十卷　（清）丁洪章撰　（清）鄧琯輯　清繡谷聚錦堂、大盛堂刻本　十一冊

210000－0701－0001944　善30081
繡像東西漢全傳十六卷　（明）甄偉等撰　（明）鍾惺評　清同治十一年（1872）善成堂刻本　十四冊

210000－0701－0001945　善30082
嘉懿集初鈔四卷嘉懿集續鈔四卷　（清）高嵋輯　清乾隆五十四年（1789）培元堂刻本　八冊

210000－0701－0001946　善30083
格致鏡原一百卷　（清）陳元龍輯　清刻本　十冊

210000－0701－0001947　善30084
菇蒙平政錄一卷　（清）陳朝君撰　上諭律例淺說一卷　（清）陳朝君注釋　清康熙二十八年（1689）蒙陰陳朝君刻本　八冊

210000－0701－0001948　善30085
草木春秋演義三十二回　（清）雲間子（江洪）撰　清刻本　六冊

210000－0701－0001949　善30086
李文襄公奏議二卷奏疏十卷別錄六卷　（清）李之芳撰　（清）李鍾麟編　年譜一卷　（清）程光祖編　清雍正刻本　十冊

210000－0701－0001950　善30087
新序十卷　（漢）劉向撰　清初刻本　四冊

210000－0701－0001951　善30088
榕壇問業十八卷　（明）黃道周撰　清乾隆十五年（1750）福建郭文焱文林堂刻本　六冊

210000－0701－0001952　善30089
新書十卷　（漢）賈誼撰　清乾隆四十九年（1784）盧文弨抱經堂刻本　四冊

210000－0701－0001953　善30090
玉谿生詩箋註三卷首一卷　（唐）李商隱撰　（清）馮浩編　清乾隆刻本　四冊

210000－0701－0001954　善30091
總制浙閩文檄六卷　（清）劉兆麒撰　清康熙十一年（1672）刻本　六冊

210000－0701－0001955　善30092
王右丞集二十八卷首一卷末一卷　（唐）王維撰　（清）趙殿成箋注　清乾隆刻本　十二冊

210000－0701－0001956　善30093
地理啖蔗錄八卷　（清）袁守定編　清乾隆刻本　四冊

210000－0701－0001957　善30094
二十一史彈詞注十卷明史彈詞注一卷　（明）楊慎撰　（清）張三異增定　（清）張仲璜注　清乾隆五十一年（1786）張任佐視履堂刻本　八冊

210000－0701－0001958　善30095
庸行編八卷　（清）牟允中輯　清康熙三十一年（1692）尚朝柱、尚詮源刻本　四冊

210000－0701－0001959　善30096
六壬經緯六卷　（清）毛志道撰　清雍正三年（1725）丹徒縣衙刻本　四冊

210000－0701－0001960　善30097
武備心略六卷　（清）施永圖輯　清康熙臥雲居刻本　八冊

210000－0701－0001961　善30098
南華簡鈔四卷　（清）徐廷槐撰　清乾隆六年（1741）黎照樓刻本　四冊

210000－0701－0001962　善30099
莊子解十二卷　（清）吳世尚評注　清雍正四

年(1726)吳氏易老莊書屋刻本　八冊

210000 – 0701 – 0001963　善30100
南華眞經解三卷三十三首　（清）宣穎撰
（清）王暉吉校　清康熙六十年(1721)寶旭齋
刻本　六冊

210000 – 0701 – 0001964　善30101
學統五十六卷　（清）熊賜履撰　清道光退補
齋刻本　十六冊

210000 – 0701 – 0001965　善30102
理象解原四卷　（清）肫圖撰　清乾隆十二年
至十三年(1747 – 1748)紫竹齋刻本　四冊

210000 – 0701 – 0001966　善30103
讀書質疑二十卷　（清）汪璲撰　清康熙四十
年至四十三年(1701 – 1704)儀典堂刻本
六冊

210000 – 0701 – 0001967　善30104
周易補注十一卷　（清）德沛撰　清乾隆六年
(1741)刻本　八冊

210000 – 0701 – 0001968　善30105
易學圖說會通八卷　（清）楊方達述　清乾隆
復初堂刻本　四冊

210000 – 0701 – 0001969　善30106
喬氏易俟十八卷圖一卷　（清）喬萊撰　清康
熙竹深荷淨之堂刻本　四冊

210000 – 0701 – 0001970　善30107
乾坤法竅三卷　（清）范宜賓撰　清乾隆三十
一年(1766)范宜賓刻本　三冊

210000 – 0701 – 0001971　善30108
呂晚邨先生四書講義四十三卷　（清）呂留良
撰　（清）陳鏦編次　清刻本　六冊

210000 – 0701 – 0001972　善30109
呂晚村先生四書講義四十三卷　（清）呂留良
撰　（清）陳鏦編次　清刻本　四冊

210000 – 0701 – 0001973　善30110
駁呂留良四書講義八卷　（清）朱軾等撰　清
刻本　八冊

210000 – 0701 – 0001974　善30111
復堂易貫三卷復堂春秋貫一卷　（清）于大鯤
撰　清乾隆三十八年(1773)鄧顯□聽雨山房
刻本　一冊

210000 – 0701 – 0001975　善30112
批本學庸二卷　李中批注　清末民國初稿本
十冊

210000 – 0701 – 0001976　善30113
四書章句集注二十四卷　（宋）朱熹撰　清內
府刻本　十冊

210000 – 0701 – 0001977　善30114
大學衍義四十三卷　（宋）眞德秀撰　（清）孫
嘉淦校　清雍正刻本　八冊

210000 – 0701 – 0001978　善30115
朱子四書或問小注三十六卷　（宋）朱熹撰
（清）鄭任鑰校訂　清康熙六十一年(1722)鄭
任鑰刻本　八冊

210000 – 0701 – 0001979　善30116
三遷志十二卷　（清）孟衍泰等撰　清康熙六
十一年(1722)刻雍正三年(1725)增補本
四冊

210000 – 0701 – 0001980　善30117
陸稼書先生四書講義遺編六卷　（清）陸隴其
撰　（清）趙鳳翔編　清康熙四十四年(1705)
陸隴其三魚堂刻本　六冊

210000 – 0701 – 0001981　善30118
四書講義自得錄十卷　（清）何如澕撰　清乾
隆二十六年(1761)刻本　五冊

210000 – 0701 – 0001982　善30119
四書餘說二十卷　（清）孫爌撰　清康熙五十
七年(1718)惇裕堂刻本　十二冊

210000 – 0701 – 0001983　善30120
**朱子經濟文衡類編前集二十五卷後編二十五
卷續集二十二卷**　（宋）朱熹撰　（宋）滕珙編
清乾隆四年(1739)徽州府署刻本　十二冊

210000 – 0701 – 0001984　善30121
尋樂堂日錄二十五卷　（清）竇克勤撰　（清）

寶容莊等編　清康熙六十一年(1722)河南朱陽書院刻本　十二冊

210000－0701－0001985　善30122

幸魯盛典四十卷　(清)孔毓圻等纂　清康熙二十八年(1689)曲阜孔氏紅萼軒刻五十年(1711)孔氏紅萼軒修補本　十二冊

210000－0701－0001986　善30123

唐會要一百卷　(宋)王溥撰　清道光木活字印本　二十八冊

210000－0701－0001987　善30124

孟子十四卷　(漢)趙岐注　**音義二卷**　(宋)孫奭撰　(清)孔繼涵重校　清乾隆三十七年(1772)孔繼涵微波榭刻微波榭叢書本　八冊

210000－0701－0001988　善30125

五經文字三卷　(唐)張參撰　**五經文字疑一卷**　(清)孔繼涵撰　**新加九經字樣一卷**　(唐)唐玄度撰　**九經字樣疑一卷**　(清)孔繼涵撰　清乾隆刻微波榭叢書本　三冊

210000－0701－0001989　善30126

五禮通考二百六十二卷首四卷目錄二卷　(清)秦蕙田撰　清乾隆十八年(1753)味經窩刻本(卷首有十四葉抄補,卷一抄補)　一百二十冊

210000－0701－0001990　善30127

宋名臣言行錄七十五卷　(宋)李幼武輯　(清)顧廣圻校　清道光歙續學堂洪氏刻本　十四冊

210000－0701－0001991　善30128

撫苗錄不分卷沿邊營汛路程一卷新撫苗寨路程一卷　(清)鄂海編　清康熙五十二年(1713)鄂海拳石堂刻本　六冊

210000－0701－0001992　善30129

讀禮通攷一百二十卷　(清)徐乾學撰　清康熙三十五年(1696)崑山徐氏冠山堂刻本　二十五冊

210000－0701－0001993　善30130

靳文襄公奏疏八卷　(清)靳輔撰　清康熙靳治豫刻本　四冊

210000－0701－0001994　善30131

靳文襄公奏疏十六卷　(清)靳輔撰　清康熙靳治豫刻本　八冊

210000－0701－0001995　善30132

天台治略十卷　(清)戴兆佳撰　清康熙六十年(1721)木活字印本　六冊

210000－0701－0001996　善30133

大清律集解附例三十卷首二卷　(清)剛林等纂修　清康熙四十五年(1706)聽松樓刻朱墨套印本　十冊

210000－0701－0001997　善30134

律例圖說十卷　(清)萬維翰撰　清乾隆十五年(1750)芸暉堂刻本　六冊

210000－0701－0001998　善30135

欽定軍器則例二十卷　(清)史貽直等纂　清乾隆二十一年(1756)工部刻本　十冊　缺一卷(一)

210000－0701－0001999　善30136

律例圖說辨譌十卷荒政瑣言一卷　(清)萬維翰撰　清乾隆二十八年(1763)芸暉堂刻本　十冊

210000－0701－0002000　善30137

趙清獻公集六卷　(清)趙廷臣撰　清康熙二十二年(1683)趙言祺敬恕齋刻本　六冊

210000－0701－0002001　善30138

學規類編重纂二十八卷首二卷末六卷　(清)張伯行編　(清)蕭大成重纂　清康熙五十三年(1714)崇正書院刻本　六冊

210000－0701－0002002　善30139

漕運則例纂二十卷　(清)楊錫紱纂　清乾隆三十二年(1767)楊錫紱刻三十五年(1770)內府印本　二十冊

210000－0701－0002003　善30140

于清端公政書八卷首一卷外集一卷　(清)于成龍撰　(清)蔡方炳編　(清)于準錄　**續集一卷**　(清)于成龍撰　(清)金岳編　(清)

于大梃錄　清康熙四十六年(1707)于準刻乾隆二十六年(1761)于大梃續刻本　十一冊

210000－0701－0002004　善30141

于清端公政書八卷首一卷外集一卷　(清)于成龍撰　(清)蔡方炳編　(清)于準錄　清康熙四十六年(1707)于準刻本　十冊

210000－0701－0002005　善30142

李文襄公棘聽草十二卷外一卷賦役詳稿一卷　(清)李之芳撰　清康熙四十一年(1702)李鍾麟刻本　五冊

210000－0701－0002006　善30143

明儒學案六十二卷師說一卷　(清)黃宗羲撰　清康熙三十二年(1693)賈樸紫筠齋刻本二十冊

210000－0701－0002007　善30144

欽定物料價值則例二百二十卷　(清)快亮等撰　清乾隆三十三年(1768)武英殿刻本　二十四冊　存二十四卷(一至二十四直隸省部分)

210000－0701－0002008　善30145

定例全編五十卷續刊六卷　(清)李珍編　清康熙五十四年(1715)李氏榮錦堂刻雍正三年(1725)續刻本(卷四十八至五十,續刊卷五至六配抄本)　三十六冊

210000－0701－0002009　善30146

[康熙]西江志二百六卷　(清)白潢　(清)查慎行纂修　清康熙六十年(1721)刻本　七十五冊　缺十三卷(一至二、十五至十七、二十六至二十八、一百二十八至百三十、一百九十二至一百九十三)

210000－0701－0002010　善30147

[乾隆]西寧府新志四十卷　(清)楊應琚纂修　清乾隆十二年(1747)刻二十七年(1762)補刻本　二十四冊

210000－0701－0002011　善30148

[乾隆]紹興府志八十卷首一卷　(清)李亨特修　(清)平恕等纂　清乾隆刻本(卷四、五第三十五葉抄補)　四十六冊

210000－0701－0002012　善30149

[乾隆]山西志輯要十卷首一卷清涼山志輯要二卷　(清)雅德修　(清)汪本直纂　清乾隆四十五年(1780)刻本　十二冊

210000－0701－0002013　善30150

[乾隆]溫縣志十二卷首一卷　(清)王其華修　(清)苗于京纂　清乾隆二十四年(1759)刻本　四冊

210000－0701－0002014　善30151

[康熙]費縣志十卷　(清)黃學懃纂修　清康熙二十八年(1689)費縣衙刻康熙、乾隆補刻本　四冊

210000－0701－0002015　善30152

[嘉慶]旌德縣志十卷　(清)陳炳德　(清)趙良澍纂修　清嘉慶十三年(1808)旌德縣衙禮房刻本　十冊

210000－0701－0002016　善30153

[乾隆]垣曲縣志十四卷圖考一卷　(清)湯登泗　(清)張岳拱纂修　清乾隆三十一年(1766)垣曲縣官衙刻本　六冊

210000－0701－0002017　善30154

[順治]封邱縣志九卷首一卷　(清)余繒　(清)李嵩陽纂修　清順治十六年(1659)刻本　六冊

210000－0701－0002018　善30155

[乾隆]皐蘭縣志二十卷　(清)吳鼎新　(清)黃建中纂修　清乾隆四十三年(1778)刻本　六冊

210000－0701－0002019　善30156

[乾隆]宣化府志四十二卷首一卷　(清)王者輔　(清)王畹修　(清)吳廷華纂　清乾隆八年(1743)刻本　十六冊

210000－0701－0002020　善30157

德音堂琴譜十卷　(清)郭用英輯　清康熙六十年(1721)有文堂刻本　四冊

210000－0701－0002021　善30158

古今韻略五卷　(清)邵長蘅撰　清康熙三十

五年(1696)刻本　五冊

210000－0701－0002022　善30159
欽定國朝詩別裁集三十二卷　(清)沈德潛纂
評　清乾隆二十六年(1761)刻本　十六冊

210000－0701－0002023　善30160
玉堂才調集三十一卷　(清)于鵬翼輯　清康
熙刻本　六冊

210000－0701－0002024　善30161
誠一堂琴談二卷　(清)程允基輯　清康熙四
十四年(1705)程允基誠一堂刻本　二冊

210000－0701－0002025　善30162
鐵崖古樂府一卷復古詩一卷鐵崖先生集一卷
　(元)楊維楨撰　清康熙秀野草堂刻元詩選
本　二冊

210000－0701－0002026　善30163
道榮堂文集六卷滄洲近詩十卷首一卷　(清)
陳鵬年撰　清乾隆二十七年(1762)刻本　十
三冊

210000－0701－0002027　善30164
琴史六卷　(宋)朱長文撰　清康熙四十五年
(1706)揚州詩局刻楝亭藏書十二種本　二冊

210000－0701－0002028　善30165
新鐫批評出像通俗演義禪真後史八集五十三
回　(明)方汝浩撰　清刻本　八冊

210000－0701－0002029　善30166
日下尊聞錄五卷　清刻本　二冊

210000－0701－0002030　善30167
新刻繡像三寶開港西洋記二十卷一百二十回
　(明)羅懋登撰　清咸豐九年(1859)廈門文
德堂刻本　二十冊

210000－0701－0002031　善30168
史記論文一百三十卷　(清)吳見思撰　清康
熙二十六年(1687)吳興祚尺木堂刻本　二十
四冊

210000－0701－0002032　善30169
平妖傳八卷四十四回　(明)羅貫中撰　(明)
馮夢龍補　清光緒十四年(1888)綠蔭堂刻本

八冊

210000－0701－0002033　善30170
新鐫玉茗堂批點按鑑參補北宋志傳十卷五十
回新鐫玉茗堂批評按鑑參補南宋志傳十卷五
十回　題(明)研石山樵訂正　題(明)織里畸
人校閱　清京都文錦堂刻本　十冊

210000－0701－0002034　善30171
尚書十三卷　(漢)孔安國傳　(唐)陸德明音
義　清乾隆四十八年(1783)武英殿刻仿宋相
臺五經本　三冊

210000－0701－0002035　善30172
明詩別裁集十二卷　(清)沈德潛　(清)周準
輯　清乾隆四年(1739)小酉山房刻本　六冊

210000－0701－0002036　善30173
重訂唐詩別裁集二十卷　(清)沈德潛輯　清
刻本　六冊　存十二卷(九至二十)

210000－0701－0002037　善30174
國朝詩別裁集三十六卷　(清)沈德潛輯評
清乾隆二十四年(1759)刻本　十冊　存二十
卷(九至二十八)

210000－0701－0002038　善30175
堯峯文鈔四十卷　(清)汪琬撰　(清)林佶編
　清康熙三十二年(1693)汪氏家刻本　六冊

210000－0701－0002039　善30176
[乾隆]盛京通志四十八卷圖一卷　(清)呂耀
曾等修　(清)魏樞等纂　清乾隆元年(1736)
奉天府刻本　二十冊

210000－0701－0002040　善30177
[乾隆]盛京通志四十八卷圖一卷　(清)呂耀
曾等修　(清)魏樞等纂　清乾隆元年(1736)
奉天府刻本　二十冊

210000－0701－0002041　善30178
花間集十卷　(後蜀)趙崇祚編　清刻本
二冊

210000－0701－0002042　善30179
蘇子瞻文約選不分卷　(宋)蘇軾撰　清乾隆
果親王府刻本　三冊

210000－0701－0002043　善30180

蘇明允文約選不分卷　（宋）蘇洵撰　清乾隆果親王府刻本　三冊

210000－0701－0002044　善30181

詞律二十卷　（清）萬樹撰　清康熙二十六年(1687)萬樹堆絮園刻本　十冊

210000－0701－0002045　善30182

事類賦三十卷　（宋）吳淑撰注　（明）華麟祥校　清乾隆五十四年(1789)劍光閣刻本　六冊

210000－0701－0002046　善30183

雪橋遺稾五卷　（清）王乃新撰　清光緒十年(1884)含光堂刻本　二冊

210000－0701－0002047　善30184

雪橋遺稾五卷　（清）王乃新撰　清光緒十年(1884)含光堂刻本　一冊

210000－0701－0002048　善30185

陪都紀略二卷　（清）劉世英撰　清同治十二年(1873)木活字印本　二冊

210000－0701－0002049　善30186

[康熙]盛京通志三十二卷圖一卷　（清）董秉忠等修　（清）孫成等纂　清康熙二十三年(1684)刻本(卷十七至二十二抄配)　五冊　存二十五卷(一至二十五)

210000－0701－0002050　善30187

景岳全書六十四卷　（明）張介賓撰　（明）魯超訂　清乾隆三十三年(1768)越郡黎照樓刻本　二十四冊

210000－0701－0002051　善30188

張氏醫書七鍾　（清）張璐等撰　清康熙四十八年(1709)寶翰樓刻本　四十冊　缺三卷(傷寒緒論上、傷寒纘論二卷)

210000－0701－0002052　善30189

瘍瘡經驗全書十三卷　（宋）竇漢卿輯撰　清康熙五十六年(1717)陳友恭浩然樓刻本　十二冊

210000－0701－0002053　善30190

傷寒舌鑑一卷　（清）張登彙纂　（清）邵之鵬校　清康熙七年(1668)刻本　一冊

210000－0701－0002054　善30191

金匱心典三卷　（漢）張仲景撰　（清）尤怡集注　清雍正十年(1732)埽葉莊刻本　三冊

210000－0701－0002055　善30192

靈樞經九卷　（清）張志聰集注　清康熙刻本　十二冊

210000－0701－0002056　善30193

成方切用十二卷首一卷末一卷　（清）吳儀洛輯　清乾隆二十六年(1761)吳儀洛利濟堂刻本　十二冊

210000－0701－0002057　善30194

溫熱暑疫全書四卷　（清）周揚俊輯　清乾隆十九年(1754)刻本　二冊

210000－0701－0002058　善30195

瘟疫論二卷　（清）吳有性撰　清嘉慶四年(1799)刻聚錦堂印本　二冊

210000－0701－0002059　善30196

扁鵲心書三卷附神方一卷　（宋）竇材重集　（清）胡鈺參論　清乾隆二十三年(1758)刻醫林指月本　二冊

210000－0701－0002060　善30197

醫林指月二十卷　（清）王琦輯　清乾隆三十二年(1767)王琦刻本　十二冊

210000－0701－0002061　善30198

辨證錄十四卷洞垣全書脈訣闡微一卷　（清）陳士鐸述　（清）陶式玉參訂　清乾隆十二年(1747)刻黃晟槐蔭草堂後印本　十二冊

210000－0701－0002062　善30199

蠶尾集十卷後集二卷續集二卷南海集二卷雍益集一卷　（清）王士禎撰　清康熙三十五年(1696)宋犖刻王漁洋遺書本　八冊

210000－0701－0002063　善30200

漁洋山人精華錄十卷　（清）王士禎撰　清康熙三十九年(1700)林佶刻本　四冊

210000－0701－0002064　善30201

漁洋山人精華錄訓纂十卷總目二卷 （清）王士禛撰 （清）惠棟訓纂 漁洋山人自撰年譜二卷 （清）王士禛撰 （清）惠棟補注 金氏精華錄箋注辨訛 （清）惠棟撰 清惠棟紅豆齋刻本 十二冊

210000－0701－0002065 善30202

唐文粹補遺二十六卷 （清）郭麐輯 （清）金勇校 清嘉慶二十四年（1819）金勇刻本 四冊

210000－0701－0002066 善30203

唐文粹補遺二十六卷 （清）郭麐輯 （清）金勇校 清嘉慶二十四年（1819）金勇刻本 十冊

210000－0701－0002067 善30204

說文解字十五卷 （漢）許慎撰 （南唐）徐鉉校訂 清乾隆三十八年（1773）朱筠椒華吟舫刻本 六冊

210000－0701－0002068 善30205

廣韻五卷 （宋）陳彭年等重修 清康熙四十三年（1704）吳郡張士俊澤存堂刻澤存堂五種本 六冊

210000－0701－0002069 善30206

王右丞集三十卷 （唐）王維撰 （清）趙殿成箋注 清乾隆刻本 十冊

210000－0701－0002070 善30207

廣韻五卷 （宋）陳彭年等重修 清康熙四十三年（1704）吳郡張士俊澤存堂刻澤存堂五種本 六冊

210000－0701－0002071 善30208

說文解字繫傳四十卷 （五代）徐鍇撰 校勘記三卷 （清）祁寯藻撰 清道光十九年（1839）祁寯藻刻本 八冊

210000－0701－0002072 善30209

說文字原集註十六卷說文字原表一卷說文字原表說一卷 （清）蔣和撰 清乾隆刻本 八冊

210000－0701－0002073 善30210

水經注匯校四卷附錄二卷 （北魏）酈道元注 清光緒七年（1881）刻本（卷三十八第十七葉抄補） 王國維批校並題識 十二冊

210000－0701－0002074 善30211

苗氏說文四鍾 （清）苗夔撰 清道光、咸豐祁寯藻刻本 八冊

210000－0701－0002075 善30212

水經四十卷 （漢）桑欽撰 （北魏）酈道元注 清康熙項綱群玉書堂刻本 十六冊

210000－0701－0002076 善30213

說文解字注三十卷六書音韻表五卷 （清）段玉裁注 清乾隆、嘉慶經韻樓段玉裁刻同治十一年（1872）蘇州保息局吳宗麟補刻本 新豐鄉人題識 十六冊

210000－0701－0002077 善30214

說文解字注三十卷六書音韻表五卷 （清）段玉裁注 清乾隆、嘉慶經韻樓段玉裁刻同治十一年（1872）蘇州保息局吳宗麟補刻本 許克勤 王仁俊題識 十六冊

210000－0701－0002078 善30215

昭明文選六臣彙註疏解十九卷 （清）顧施禎撰 清心耕堂顧施禎刻本 十冊 存十卷（十至十九）

210000－0701－0002079 善30216

文選攷異十卷 （清）胡克家撰 清嘉慶十四年（1809）胡克家刻本 四冊

210000－0701－0002080 善30217

文選六十卷 （南朝梁）蕭統輯 （唐）李善注 攷異十卷 （清）胡克家撰 清嘉慶十四年（1809）胡克家刻本 十四冊 缺二十八卷（一至五、四十二至五十四,攷異十卷）

210000－0701－0002081 善30218

文選六十卷 （南朝梁）蕭統輯 （唐）李善注 攷異十卷 （清）胡克家撰 清嘉慶十四年（1809）胡克家刻本 二十四冊

210000－0701－0002082 善30219

文選六十卷 （南朝梁）蕭統輯 （唐）李善注

清刻本　十二冊

210000－0701－0002083　善30220
文選六十卷　（南朝梁）蕭統輯　（唐）李善注
清乾隆十一年(1746)懷德堂刻本　劉鵬振
題識　二十冊

210000－0701－0002084　善30221
文選六十卷　（南朝梁）蕭統輯　（唐）李善注
清嘉慶十四年(1809)胡克家刻本　二十
四冊

210000－0701－0002085　善30222
文選六十卷　（南朝梁）蕭統輯　（唐）李善注
攷異十卷　（清）胡克家撰　清同治八年
(1869)金陵書局刻本　十冊

210000－0701－0002086　善30223
文選六十卷　（南朝梁）蕭統輯　（唐）李善注
（清）何焯評　清翰墨園刻本　十六冊

210000－0701－0002087　善30224
元詩選初集十卷首一卷二集八卷三集八卷
（清）顧嗣立輯　清康熙三十三年至五十九年
(1694－1720)顧氏秀野草堂刻本　三十六冊

210000－0701－0002088　善30225
元詩選初集十卷首一卷二集八卷三集八卷
（清）顧嗣立輯　清康熙五十九年(1720)顧氏
秀野草堂刻本　四十冊

210000－0701－0002089　善30226
元詩選二集八卷　（清）顧嗣立輯　清康熙四
十一年(1702)顧氏秀野草堂刻本　十四冊

210000－0701－0002090　善30227
元詩選初集十卷首一卷　（清）顧嗣立輯　清
康熙三十三年(1694)顧氏秀野草堂刻本　二
十冊

210000－0701－0002091　善30228
元詩選初集十卷首一卷　（清）顧嗣立輯　清
康熙三十三年(1694)顧氏秀野草堂刻本　二
十二冊

210000－0701－0002092　善30229
唐詩玉臺新詠十卷　（清）朱存孝輯　清康熙

刻本　四冊

210000－0701－0002093　善30230
玉臺新詠十卷　（南朝陳）徐陵編　（清）吳兆
宜注　（清）程琰刪補　清乾隆三十九年
(1774)程琰稻香樓刻本　四冊

210000－0701－0002094　善30231
唐人選唐詩八種二十三卷　（明）毛晉輯　清
康熙三十二年(1693)黃虞學稼草堂刻本　十
六冊

210000－0701－0002095　善30232
**白香山詩長慶集二十卷後集十七卷別集一卷
補遺二卷**　（唐）白居易撰　**年譜一卷**　（清）
汪立名撰　**年譜舊本一卷**　（宋）陳振孫撰
清康熙四十一年至四十二年(1702－1703)汪
立名一隅草堂刻本　十六冊

210000－0701－0002096　善30233
**白香山詩長慶集二十卷後集十七卷別集一卷
補遺二卷**　（唐）白居易撰　**年譜一卷**　（清）
汪立名撰　**年譜舊本一卷**　（宋）陳振孫撰
清康熙四十一年至四十二年(1702－1703)汪
立名一隅草堂刻本　十四冊

210000－0701－0002097　善30234
**白香山詩長慶集二十卷後集十七卷別集一卷
補遺二卷**　（唐）白居易撰　**年譜一卷**　（清）
汪立名撰　**年譜舊本一卷**　（宋）陳振孫撰
清康熙四十一年至四十二年(1702－1703)汪
立名一隅草堂刻本　十冊

210000－0701－0002098　善30235
**白香山詩長慶集二十卷後集十七卷別集一卷
補遺二卷**　（唐）白居易撰　**年譜一卷**　（清）
汪立名撰　**年譜舊本一卷**　（宋）陳振孫撰
清康熙四十一年至四十二年(1702－1703)汪
立名一隅草堂刻本　稻葉岩吉題識　十冊

210000－0701－0002099　善30236
**白香山詩長慶集二十卷後集十七卷別集一卷
補遺二卷**　（唐）白居易撰　**年譜一卷**　（清）
汪立名撰　**年譜舊本一卷**　（宋）陳振孫撰
清康熙四十一年至四十二年(1702－1703)汪

立名一隅草堂刻本　十冊

210000－0701－0002100　善30237

白香山詩長慶集二十卷後集十七卷別集一卷補遺二卷　（唐）白居易撰　清康熙四十一年至四十二年(1702－1703)汪立名一隅草堂刻本　十二冊

210000－0701－0002101　善30238

白香山詩長慶集二十卷後集十七卷別集一卷補遺二卷　（唐）白居易撰　清康熙四十一年至四十二年(1702－1703)汪立名一隅草堂刻本　十二冊

210000－0701－0002102　善30239

白石道人詩集二卷外詩一卷　（宋）姜夔撰　清光緒刻本　王國維題識　一冊

210000－0701－0002103　善30240

姜白石詩詞合集十五卷　（宋）姜夔撰　清乾隆八年(1743)陸鍾輝水雲漁屋刻三十六年(1771)江春隨月讀書樓增刻本　四冊

210000－0701－0002104　善30241

白石詩集詞集二卷　（宋）姜夔撰　清康熙五十七年(1718)曾時璨廣陵書局刻本　二冊

210000－0701－0002105　善30242

後漢書補逸二十一卷　（清）姚之駰輯　清康熙五十三年(1714)姚之駰露滌齋刻本　四冊

210000－0701－0002106　善30243

白虎通疏證十二卷　（清）陳立撰　清光緒元年(1875)淮南書局刻本　王仁俊批校題識　四冊

210000－0701－0002107　善30244

王荆公唐百家詩選二十卷　（宋）王安石輯　清康熙四十三年(1704)宋犖、丘迴刻雙清閣印本本　四冊

210000－0701－0002108　善30245

王荆公唐百家詩選二十卷　（宋）王安石輯　清康熙四十三年(1704)宋犖、丘迴刻雙清閣印本　四冊

210000－0701－0002109　善30246

白虎通四卷　（漢）班固撰　**校勘補遺一卷闕文一卷**　清乾隆抱經堂刻本　四冊

210000－0701－0002110　善30247

焦氏易林十六卷　題(漢)焦贛撰　清嘉慶十三年(1808)黃丕烈士禮居刻本　六冊

210000－0701－0002111　善30248

焦氏易林十六卷　題(漢)焦贛撰　清嘉慶十三年(1808)黃丕烈士禮居刻本　四冊

210000－0701－0002112　善30249

毛詩稽古編三十卷　（清）陳啟源撰　清嘉慶十八年(1813)龐佑清刻本　八冊

210000－0701－0002113　善30250

毛詩名物圖說九卷　（清）徐鼎撰　清乾隆三十六年(1771)刻本　一冊

210000－0701－0002114　善30251

儀禮節畧二十卷　（清）朱軾撰　清康熙刻本　十二冊　存十六卷(一至十六)

210000－0701－0002115　善30252

儀禮疏五十卷　（唐）賈公彥等撰　清道光十年(1830)汪士鐘藝芸書舍刻本(原缺卷三十二至三十七)　十二冊

210000－0701－0002116　善30253

儀禮疏五十卷　（唐）賈公彥等撰　清道光十年(1830)汪士鐘藝芸書舍刻本(原缺卷三十二至三十七)　許珩題識　十二冊

210000－0701－0002117　善30254

溫飛卿詩集七卷別集一卷集外詩一卷　（唐）溫庭筠撰　（明）曾益注　（清）顧予咸補注　（清）顧嗣立續注　附錄一卷　清乾隆刻本　三冊

210000－0701－0002118　善30255

溫飛卿詩集七卷別集一卷集外詩一卷　（唐）溫庭筠撰　（明）曾益注　（清）顧予咸補注　（清）顧嗣立續注　附錄一卷　清乾隆刻本　四冊

210000－0701－0002119　善30256

溫飛卿詩集七卷別集一卷集外詩一卷　（唐）

溫庭筠撰　（明）曾益注　（清）顧予咸補　**附錄一卷**　清康熙三十六年(1697)顧嗣立秀野草堂刻本　四冊

210000－0701－0002120　善30257
溫飛卿詩集七卷別集一卷集外詩一卷　（唐）溫庭筠撰　（明）曾益注　（清）顧予咸補注　（清）顧嗣立續注　**附錄一卷**　清乾隆刻本　四冊

210000－0701－0002121　善30258
儀禮十七卷　（漢）鄭玄注　**嚴本儀禮鄭氏注校錄續校一卷**　（清）黃丕烈撰　清嘉慶二十年(1815)黃丕烈讀未見書齋刻本　四冊

210000－0701－0002122　善30259
查浦詩鈔十二卷　（清）查嗣瑮撰　清乾隆查氏刻本　四冊

210000－0701－0002123　善30260
查浦詩鈔十二卷　（清）查嗣瑮撰　清乾隆查氏刻本　十二冊

210000－0701－0002124　善30261
李太白文集三十卷　（唐）李白撰　清康熙五十六年(1717)繆曰芑雙泉草堂刻本　八冊

210000－0701－0002125　善30262
李太白文集三十卷　（唐）李白撰　清乾隆寶笏樓刻二十五年(1760)增刻本（卷二至三抄配）　孫丹階題識　十八冊

210000－0701－0002126　善30263
李太白文集三十卷　（唐）李白撰　清康熙五十六年(1717)繆曰芑雙泉草堂刻本　八冊

210000－0701－0002127　善30264
李太白文集三十卷　（唐）李白撰　清康熙五十六年(1717)繆曰芑雙泉草堂刻本　六冊

210000－0701－0002128　善30265
李迂仲黃實夫毛詩集解四十二卷首一卷　（宋）李樗撰　（宋）黃櫄講義　清康熙十九年(1680)納蘭成德刻通志堂經解本　十八冊

210000－0701－0002129　善30266
古今韻略五卷　（清）邵長蘅撰　清康熙三十

五年(1696)刻本　十冊

210000－0701－0002130　善30267
古今韻略五卷　（清）邵長蘅撰　清康熙三十五年(1696)刻本　五冊

210000－0701－0002131　善30268
李義山詩集十六卷　（唐）李商隱撰　（清）姚培謙箋　清乾隆五年(1740)姚培謙松桂讀書堂刻本　六冊

210000－0701－0002132　善30269
莊子十卷　（晉）郭象注　（唐）陸德明音義　清光緒二年(1876)浙江書局刻本　王仁俊批校並跋　四冊

210000－0701－0002133　善30270
查浦詩鈔十二卷　（清）查嗣瑮撰　清乾隆查氏刻本　四冊

210000－0701－0002134　善30271
老子道德經二卷　（三國魏）王弼注　（唐）陸德明音義　清光緒元年(1875)浙江書局刻本　王仁俊批校　一冊

210000－0701－0002135　善30272
帶經堂集九十二卷　（清）王士禎撰　（清）程哲編　清康熙五十一年(1712)程哲七略書堂刻本　三十二冊

210000－0701－0002136　善30273
李義山詩集十六卷　（唐）李商隱撰　（清）姚培謙箋　清乾隆五年(1740)姚培謙松桂讀書堂刻本　四冊

210000－0701－0002137　善30274
昌黎先生詩集注十一卷　（唐）韓愈撰　（清）顧嗣立刪補　**年譜一卷**　清康熙三十八年(1699)顧氏秀野草堂刻本　六冊

210000－0701－0002138　善30275
昌黎先生詩集注十一卷　（唐）韓愈撰　（清）顧嗣立刪補　**年譜一卷**　清康熙三十八年(1699)顧氏秀野草堂刻本　六冊

210000－0701－0002139　善30276
帶經堂集九十二卷　（清）王士禎撰　（清）程

哲編　清康熙五十一年(1712)程哲七略書堂刻本　二十冊

210000－0701－0002140　善30277

韓昌黎詩集編年箋注十二卷　(唐)韓愈撰
(清)方世舉考訂　清乾隆二十三年(1758)盧見曾雅雨堂刻本　四冊

210000－0701－0002141　善30278

韓晏合編三十一卷　(清)韓蕭編　清嘉慶吳蕭刻道光二十五年(1845)揚州汪氏編印本　八冊

210000－0701－0002142　善30279

帶經堂集九十二卷　(清)王士禎撰　(清)程哲編　清康熙五十一年(1712)程哲七略書堂刻本　二十冊

210000－0701－0002143　善30280

昌黎先生詩集注十一卷　(唐)韓愈撰　(清)顧嗣立刪補　**年譜一卷**　清康熙三十八年(1699)顧氏秀野草堂刻本　馬毅題識　四冊

210000－0701－0002144　善30281

昌黎先生詩集注十一卷　(唐)韓愈撰　(清)顧嗣立刪補　**年譜一卷**　清康熙三十八年(1699)顧氏秀野草堂刻本　四冊

210000－0701－0002145　善30282

韓非子二十卷　(戰國)韓非撰　**識誤三卷**
(清)顧廣圻撰　清嘉慶二十四年(1819)吳蕭刻本　六冊

210000－0701－0002146　善30283

韓非子二十卷　(戰國)韓非撰　**識誤三卷**
(清)顧廣圻撰　清嘉慶二十四年(1819)吳蕭刻本　八冊

210000－0701－0002147　善30284

新刊五百家註音辯昌黎先生文集四十卷
(唐)韓愈著　(宋)魏仲舉集注　清乾隆四十九年(1784)觀樓氏刻本　十六冊

210000－0701－0002148　善30285

昌黎先生集考異十卷　(宋)朱熹撰　清康熙四十七年(1708)李光地刻本　二冊

210000－0701－0002149　善30286

昌黎先生詩集注十一卷　(唐)韓愈撰　(清)顧嗣立刪補　**年譜一卷**　清康熙三十八年(1699)顧氏秀野草堂刻本　四冊

210000－0701－0002150　善30287

昌黎先生詩集注十一卷　(唐)韓愈撰　(清)顧嗣立刪補　**年譜一卷**　清康熙三十八年(1699)顧氏秀野草堂刻本　六冊

210000－0701－0002151　善30288

帶經堂集九十二卷　(清)王士禎撰　(清)程哲編　清康熙五十一年(1712)程哲七略書堂刻本　十二冊　存五十二卷(漁洋集五十二卷)

210000－0701－0002152　善30289

李義山詩集十六卷　(唐)李商隱撰　(清)姚培謙箋　清乾隆五年(1740)姚培謙松桂讀書堂刻本　六冊

210000－0701－0002153　善30290

莊子獨見不分卷　(清)胡文英撰　清乾隆刻本　六冊

210000－0701－0002154　善30291

李義山文集十卷　(唐)李商隱撰　(清)徐樹穀箋　(清)徐炯注　清康熙四十七年(1708)徐炯花谿草堂刻本　四冊

210000－0701－0002155　善30292

東都事略一百三十卷　(宋)王偁撰　清振鷺堂刻本　二十四冊

210000－0701－0002156　善30293

讀書堂杜工部詩集註解二十卷文集註解二卷　(唐)杜甫撰　(清)張溍注　**杜工部編年詩史譜目一卷**　清康熙三十七年(1698)張氏讀書堂刻本　二十四冊

210000－0701－0002157　善30294

杜詩詳註二十五卷　(唐)杜甫撰　(清)仇兆鰲輯　**首一卷附編二卷**　清康熙刻本　二十八冊

210000－0701－0002158　善30295

杜工部集二十卷首一卷　（唐）杜甫撰　（明）王世貞等評　清道光十四年(1834)盧坤刻六色套印本　八冊

210000－0701－0002159　善 30296

杜詩詳註二十五卷　（唐）杜甫撰　（清）仇兆鼇輯注　首一卷附編二卷　清康熙刻本　十冊

210000－0701－0002160　善 30297

東都事略一百三十卷　（宋）王偁撰　清振鷺堂刻本　八冊

210000－0701－0002161　善 30298

杜工部集二十卷　（唐）杜甫撰　（清）錢謙益箋注　年譜一卷諸家詩話一卷唱酬題詠附錄一卷附錄一卷　清康熙六年(1667)靜思堂刻本　十二冊

210000－0701－0002162　善 30299

楚辭章句十七卷　（漢）王逸撰　疑字直音補一卷　明崇禎十七年(1644)嚴敏刻本　六冊

210000－0701－0002163　善 30300

戰國策三十三卷　（漢）高誘注　清乾隆二十一年(1756)盧見曾雅雨堂刻本　六冊

210000－0701－0002164　善 30301

東都事略一百三十卷　（宋）王偁撰　清振鷺堂刻本　胡嗣瑗題識　十冊

210000－0701－0002165　善 30302

戰國策三十三卷　（漢）高誘注　重刻剡川姚氏本戰國策並札記三卷　（清）黃丕烈撰　清嘉慶八年(1803)黃丕烈讀未見書齋刻本　四冊

210000－0701－0002166　善 30303

莊子解三卷　（清）吳世尚撰　清康熙五十四年(1715)光裕堂刻本　七冊

210000－0701－0002167　善 30304

杜詩提要十四卷　（清）吳瞻泰評選　清乾隆山雨樓刻本　八冊

210000－0701－0002168　善 30305

杜詩偶評四卷　（清）沈德潛撰　（清）潘承松校　清乾隆十二年(1747)潘承松賦閒草堂刻本　四冊

210000－0701－0002169　善 30306

杜詩偶評四卷　（清）沈德潛撰　（清）潘承松校　清乾隆十二年(1747)潘承松賦閒草堂刻本　四冊

210000－0701－0002170　善 30307

易經貫一二十二卷　（清）金誠撰　清乾隆十七年(1752)金誠和序堂刻本　二十二冊

210000－0701－0002171　善 30308

周易函書五十二卷　（清）胡煦撰　清乾隆、嘉慶胡季堂葆璞堂刻本　二十六冊

210000－0701－0002172　善 30309

易經貫一二十二卷　（清）金誠撰　清乾隆十七年(1752)金誠和序堂刻本　二十二冊

210000－0701－0002173　善 30310

周易通義二十二卷　（清）蘇秉國撰　清嘉慶二十一年(1816)吳門毛上珍刻本　清丁晏題識　十二冊

210000－0701－0002174　善 30311

易貫十四卷首二卷　（清）張敘撰　清乾隆二十一年(1756)宋宗元刻本　六冊

210000－0701－0002175　善 30312

唐陸宣公集二十二卷　（唐）陸贄撰　（清）年羹堯重訂　清雍正元年(1723)年羹堯刻本　十冊

210000－0701－0002176　善 30313

金詩選四卷名字爵里錄一卷　（清）顧奎光選輯　（清）陶玉禾參評　清乾隆十六年(1751)顧奎光刻金元詩選本　四冊

210000－0701－0002177　善 30314

國語二十二卷　（三國吳）韋昭解　校刊明道本韋氏解國語札記一卷　（清）黃丕烈撰　清嘉慶五年(1800)黃丕烈讀未見書齋刻本　八冊

210000－0701－0002178　善 30315

國語明道本攷異四卷　（清）汪遠孫撰　清汪

111

氏刻本　二冊

210000－0701－0002179　善30316
**周易函書五十二卷約存十八卷約注十八卷別
集十六卷**　（清）胡煦撰　清乾隆五十九年
(1794)胡季堂葆璞堂刻本　二十冊　存三十
六卷(約存十八卷、約注十八卷)

210000－0701－0002180　善30317
四書集註二十一卷　（宋）朱熹集注　清乾隆
明善堂刻本　十二冊

210000－0701－0002181　善30318
管子集注二十四卷　王仁俊撰　稿本　四冊

210000－0701－0002182　善30319
**大學章句一卷或問一卷中庸章句一卷論語集
註十卷孟子集註七卷**　（宋）朱熹撰　明刻本
六冊

210000－0701－0002183　善30320
易註十二卷洪範傳一卷　（清）崔致遠撰　清
乾隆八年(1743)刻本　八冊

210000－0701－0002184　善30321
楚辭章句十七卷　（漢）王逸撰　（明）馮紹祖
校正　**附錄一卷**　清初三樂齋刻本　六冊

210000－0701－0002185　善30322
國語三君註輯存四卷發正二十一卷攷異四卷
　（清）汪遠孫撰　清道光二十六年(1846)汪
遠孫振綺堂刻本　六冊

210000－0701－0002186　善30323
陶淵明文集十卷　（晉）陶潛撰　清光緒五年
(1879)俞秀山刻本　四冊

210000－0701－0002187　善30324
唐陸宣公集二十二卷　（唐）陸贄撰　（清）年
羹堯重訂　清雍正元年(1723)年羹堯刻本
六冊

210000－0701－0002188　善30325
易翼述信十二卷　（清）王又樸撰　清乾隆詩
禮堂刻本　二十冊

210000－0701－0002189　善30326
周易圖說述四卷首一卷　（清）王宏撰　清乾

隆四十四年(1779)汝南趙振鐸先生堂刻本
四冊

210000－0701－0002190　善30327
周易彙統四卷周易圖一卷　（清）佟國維撰
清康熙刻本　四冊

210000－0701－0002191　善30328
國語二十一卷　（三國吳）韋昭注　**校刊明道
本韋氏解國語札記一卷**　（清）黃丕烈撰　清
嘉慶五年(1800)黃氏讀未見書齋刻本　二冊

210000－0701－0002192　善30329
蘇文忠詩合註五十卷首一卷目錄一卷　（宋）
蘇軾撰　（清）馮應榴輯注　清乾隆六十年
(1795)馮應榴踵息齋刻本　錢啓批校並錄清
紀昀批校　三十二冊

210000－0701－0002193　善30330
**水經註釋四十卷首一卷附錄二卷水經註箋勘
誤十二卷**　（清）趙一清撰　清乾隆五十一年
(1786)東潛趙氏小山堂刻本　清董恂題記
三十六冊

210000－0701－0002194　善30331
施註蘇詩四十二卷總目二卷　（宋）蘇軾撰
（宋）施元之　（宋）顧禧注　（清）邵長蘅
（清）顧嗣立　（清）宋至刪補　**蘇詩續補遺二
卷**　（清）馮景補注　**王注正譌一卷**　（清）邵
長蘅撰　**東坡先生年譜一卷**　（宋）王宗稷撰
清康熙三十八年(1699)宋犖刻本　二十冊

210000－0701－0002195　善30332
東坡先生編年詩補註五十卷　（宋）蘇軾撰
（清）查慎行補注　**年表一卷**　清乾隆二十六
年(1761)香雨齋刻本　二十冊

210000－0701－0002196　善30333
施註蘇詩四十二卷總目二卷　（宋）蘇軾撰
（宋）施元之　（宋）顧禧注　（清）邵長蘅等
刪補　**蘇詩續補遺二卷**　（清）馮景補注　**王
注正譌一卷**　（清）邵長蘅撰　**東坡先生年譜
一卷**　（宋）王宗稷撰　清康熙三十八年
(1699)宋犖刻本　十冊

210000－0701－0002197　善30334

施註蘇詩四十二卷總目二卷 （宋）蘇軾撰（宋）施元之 （宋）顧禧注 （清）邵長蘅等刪補 蘇詩續補遺二卷 （清）馮景補注 王注正譌一卷 （清）邵長蘅撰 東坡先生年譜一卷 （宋）王宗稷撰 清康熙三十八年(1699)宋犖刻本 十冊

210000－0701－0002198 善30335

東坡詩十八卷 （宋）蘇軾撰 （清）姚培謙訂 清康熙六十年(1721)姚培謙刻本 六冊

210000－0701－0002199 善30336

蘇學士文集十六卷 （宋）蘇舜欽撰 （清）徐惇復重訂 清康熙三十七年(1698)徐惇孝、徐惇復白華書屋刻本 四冊

210000－0701－0002200 善30337

東坡集四十卷後集二十卷內制集十卷樂語一卷外制集三卷應詔集十卷奏議十五卷續集十二卷 （宋）蘇軾撰 宋史本傳一卷 年譜一卷 （宋）王宗稷撰 墓誌銘一卷 （宋）蘇轍撰 校記二卷 繆荃孫撰 清光緒三十四年至宣統二年(1908－1910)寶華盦刻本 四十八冊

210000－0701－0002201 善30338

陶詩彙註四卷首一卷末一卷 （清）吳瞻泰輯 論陶一卷 （清）吳棠撰 清康熙四十四年(1705)程釜刻本 胡嗣瑗題識 二冊

210000－0701－0002202 善30339

周易本義十二卷 （宋）朱熹撰 清康熙五十年(1711)曹寅揚州刻本 二冊

210000－0701－0002203 善30340

周易述蘊四卷考義一卷圖說一卷卦歌一卷 （清）姜兆錫撰 清乾隆十四年(1749)姜氏寅清樓刻本 六冊

210000－0701－0002204 善30341

揚子法言十三卷 （漢）揚雄撰 （晉）李軌注 音義一卷 清嘉慶二十四年(1819)江都秦恩復石研齋刻本 二冊

210000－0701－0002205 善30342

韋蘇州集十卷 （唐）韋應物撰 （宋）王欽臣編次 清康熙刻本 四冊

210000－0701－0002206 善30343

揚子法言十三卷 （漢）揚雄撰 （晉）李軌注 音義一卷 清光緒二年(1876)浙江書局刻本 王仁俊批校 一冊

210000－0701－0002207 善30344

齊乘六卷 （元）于欽撰 清乾隆四十六年(1781)周繼千刻本 四冊

210000－0701－0002208 善30345

豫章先生遺文十二卷 （宋）黃庭堅撰 清乾隆四十五年(1780)汪大本刻本 八冊

210000－0701－0002209 善30346

豫章先生遺文十二卷 （宋）黃庭堅撰 清乾隆四十五年(1780)汪大本刻本 十二冊

210000－0701－0002210 善30347

宋學士全集二十六卷 （明）宋濂撰 附錄一卷 清康熙四十八年(1709)彭始摶刻本 十一冊 缺二卷(七至八)

210000－0701－0002211 善30348

忠義水滸全書一百二十回 （明）施耐庵撰 （明）李贄評 清郁郁堂刻本 三十二冊

210000－0701－0002212 善30349

新刻鍾伯敬先生批評封神演義十九卷一百回 （明）許仲琳撰 （明）鍾惺評 清康熙三十四年(1695)褚人穫四雪草堂刻本 二十冊

210000－0701－0002213 善30350

邊華全集八卷集稿六卷 （明）邊貢撰 清康熙四十四年(1705)張澄源刻嘉慶十年(1805)李肇慶補刻本 六冊

210000－0701－0002214 善30351

陶淵明文集十卷 （晉）陶潛撰 清刻本 四冊

210000－0701－0002215 善30352

焦氏說楛七卷 （明）焦周撰 清初懷德堂刻本 六冊

210000－0701－0002216 善30353

書系十六卷 （明）唐大章撰 清順治三年

113

(1646)刻本　十二冊　缺三卷(十四至十六)

210000－0701－0002217　善30354
隆平集二十卷　(宋)曾鞏撰　清木活字印本
六冊

210000－0701－0002218　善30355
新鐫批評出像通俗奇俠禪真逸史八集八卷四
十回　(明)方汝浩撰　清文新堂刻本　十二
冊　存五卷(一至五)

210000－0701－0002219　善30356
新鐫批評出像通俗奇俠禪真逸史八集四十回
　(明)方汝浩撰　清初爽閣刻本　二十冊

210000－0701－0002220　善30357
學的二卷　(明)丘濬輯　清初汪淼刻本
二冊

210000－0701－0002221　善30358
詞林片玉四卷　(明)吳之鵬評選　明山西平
陵張沛刻本　二冊

210000－0701－0002222　善30359
伊川擊壤集二十卷　(宋)邵雍撰　明末文靖
書院刻本　六冊

210000－0701－0002223　善30360
唐詩百名家全集三百二十六卷　(清)席啓寓
編　清康熙四十一年(1702)洞庭席氏琴川書
屋刻本　四十八冊

210000－0701－0002224　善30361
詩林韶濩選二十卷　(清)顧嗣立輯　清康熙
四十四年(1705)顧氏秀野草堂刻本　二十冊

210000－0701－0002225　善30362
讀禮通攷一百二十卷　(清)徐乾學撰　清康
熙三十五年(1696)崑山徐氏冠山堂刻本　三
十二冊

210000－0701－0002226　善30363
詞律二十卷　(清)萬樹撰　清康熙二十六年
(1687)萬樹堆絮園刻本　十二冊

210000－0701－0002227　善30364
廣雅疏證十卷　(清)王念孫撰　清嘉慶刻本
清王念孫　清王引之校補　黃海長跋

十冊

210000－0701－0002228　善30365
重訂唐詩別裁集二十卷　(清)沈德潛選評
清乾隆二十八年(1763)教忠堂刻本　二十冊

210000－0701－0002229　善30366
司馬文正公傳家集八十卷目錄二卷　(宋)司
馬光撰　(清)陳弘謀重訂　附錄一卷年譜一
卷　(清)陳弘謀輯　清乾隆六年(1741)陳弘
謀培遠堂刻本　十二冊

210000－0701－0002230　善30367
五經圖六卷　(清)□□撰　清雍正二年
(1724)刻本　六冊

210000－0701－0002231　善30368
五經圖六卷　(清)□□撰　清雍正二年
(1724)刻本　六冊

210000－0701－0002232　善30369
郡齋讀書志二十卷　(宋)晁公武撰　清嘉慶
二十四年(1819)吳門汪氏藝芸精舍刻本
十冊

210000－0701－0002233　善30370
郡齋讀書志二十卷　(宋)晁公武撰　清嘉慶
二十四年(1819)吳門汪氏藝芸精舍刻本
十冊

210000－0701－0002234　善30371
青邱高季迪先生詩集十八卷首一卷遺詩一卷
扣舷集一卷鳧藻集五卷　(明)高啟撰　(清)
金檀重訂　附錄一卷年譜一卷　(清)金檀輯
　清雍正六年至七年(1728－1729)金檀文瑞
樓刻本　十冊

210000－0701－0002235　善30372
王荊文公詩五十卷　(宋)王安石撰　(宋)李
壁箋注　清乾隆六年(1741)張宗松清綺齋刻
本　十二冊

210000－0701－0002236　善30373
六經正誤六卷　(宋)毛居正校勘　清康熙十
二年至二十四年(1673－1685)納蘭性德刻本
六冊

210000－0701－0002237　善 30374

三禮圖二十卷　（宋）聶崇義集注　（清）納蘭
性德校訂　清同治十二年(1873)粵東書局刻
通志堂經解本　四冊

210000－0701－0002238　善 30375

新定三禮圖二十卷　（宋）聶崇義集注　清康
熙十九年(1680)納蘭性德刻通志堂經解本
四冊

210000－0701－0002239　善 30376

唐人三家集二十六卷　（清）秦恩復編　清嘉
慶二十一年至道光七年(1816－1827)秦恩復
石研齋刻本　八冊

210000－0701－0002240　善 30377

西京雜記二卷　（漢）劉歆撰　清乾隆五十二
年(1787)盧文弨抱經堂刻本　二冊

210000－0701－0002241　善 30378

元次山集十二卷　（唐）元結撰　清康熙至雍
正兩間書屋刻本　四冊

210000－0701－0002242　善 30379

唐四家詩八卷　（清）汪立名輯　清康熙三十
四年(1695)汪立名刻本　六冊

210000－0701－0002243　善 30380

唐音審體二十卷　（清）錢良擇編　清康熙四
十三年(1704)昭質堂刻本　十冊

210000－0701－0002244　善 30381

廣東詩粹十二卷補編一卷　（清）梁善長輯
清乾隆十二年至六十年(1747－1795)梁善長
鑑塘刻本　四冊

210000－0701－0002245　善 30382

唐律消夏錄五卷　（清）顧安輯　清乾隆二十
七年(1762)何文煥刻本　五冊

210000－0701－0002246　善 30383

詩說三卷　（清）惠周惕撰　清康熙惠士奇紅
豆齋刻本　一冊

210000－0701－0002247　善 30384

群經音辨七卷　（宋）賈昌朝撰　清康熙五十
三年(1714)張士俊刻澤存堂五種本　三冊

210000－0701－0002248　善 30385

高季迪先生大全集十八卷　（明）高啟撰　清
康熙三十四年(1695)江蘇許廷鑅竹素園刻本
四冊

210000－0701－0002249　善 30386

群經音辨七卷　（宋）賈昌朝撰　清康熙五十
三年(1714)張士俊刻澤存堂五種本　二冊

210000－0701－0002250　善 30387

新安二布衣詩八卷　（清）王士禎選　清康熙
四十三年(1704)汪洪度刻本　四冊

210000－0701－0002251　善 30388

六朝文絜四卷　（清）許槤評選　（清）朱鈞參
校　清道光五年(1825)許槤刻本　二冊

210000－0701－0002252　善 30389

六朝文絜四卷　（清）許槤評選　（清）朱鈞參
校　清道光五年(1825)許槤刻本　二冊

210000－0701－0002253　善 30390

讀書後八卷　（明）王世貞撰　（清）顧朝泰校
清乾隆二十一年(1756)顧朝泰刻本　四冊

210000－0701－0002254　善 30391

論語註疏解經十卷　（三國魏）何晏集解
（宋）邢昺疏　札記一卷　清光緒三十三年
(1907)貴池劉氏玉海堂刻本　二冊

210000－0701－0002255　善 30392

論語註疏解經十卷　（三國魏）何晏集解
（宋）邢昺疏　札記一卷　清光緒三十三年
(1907)貴池劉氏玉海堂刻本　二冊

210000－0701－0002256　善 30393

[雍正]西湖志四十八卷　（清）傅王露
（清）李衛等重修　清雍正十三年(1735)兩浙
鹽驛道庫刻本　二十冊

210000－0701－0002257　善 30394

[雍正]西湖志四十八卷　（清）傅王露
（清）李衛等重修　清雍正十三年(1735)兩浙
鹽驛道庫刻本　四十冊

210000－0701－0002258　善 30395

西陂類稿五十卷　（清）宋犖撰　附錄一卷

清康熙五十年至六十一年（1711－1722）常熟毛扆刻本　十六冊

210000－0701－0002259　善30396

西陂類稿五十卷　（清）宋犖撰　**附錄一卷**
清康熙五十年至五十二年（1711－1713）常熟毛扆刻本　四十冊

210000－0701－0002260　善30397

司馬文正公傳家集八十卷目錄二卷　（宋）司馬光撰　（清）陳弘謀重訂　**年譜一卷附錄一卷**　（清）陳弘謀輯　清乾隆六年（1741）陳弘謀培遠堂刻本　二十四冊

210000－0701－0002261　善30398

千金翼方三十卷　（唐）孫思邈撰　（宋）林億等校正　清光緒四年（1878）獨山莫氏刻本　八冊

210000－0701－0002262　善30399

微波榭叢書一百四十五卷　（清）孔繼涵撰　清乾隆五十六年（1791）曲阜孔繼涵微波榭刻本　三十五冊　缺三卷（五經文字二卷、雜體文稿一卷）

210000－0701－0002263　善30400

水經注三十卷　（北魏）酈道元撰　清乾隆五十六年（1791）刻本　十四冊

210000－0701－0002264　善30401

文房肆攷圖說八卷　（清）唐秉鈞撰　（清）康愷繪　清乾隆四十三年（1778）竹映山莊刻本　八冊

210000－0701－0002265　善30402

蠶尾集二卷續詩集十卷文集八卷續文集二十卷　（清）王士禎撰　（清）程哲校編　清康熙五十年（1711）程哲七略書堂刻本　十二冊

210000－0701－0002266　善30403

夏小正戴氏傳四卷　（宋）傅崧卿撰　**夏小正經傳集解四卷**　（清）顧鳳藻撰　清道光元年（1821）黃丕烈士禮居刻本　二冊

210000－0701－0002267　善30404

聊齋志異十六卷　（清）蒲松齡撰　清乾隆三

十一年（1766）青柯亭刻本　十六冊

210000－0701－0002268　善30405

綿津山人詩集二十八卷　（清）宋犖撰　清康熙四十年（1701）江西宋氏刻本　十二冊

210000－0701－0002269　善30406

歷代詩話二十七種　（清）何文煥輯　**歷代詩話攷索一卷**　清乾隆三十五年（1770）何氏刻本　十六冊

210000－0701－0002270　善30407

歷代詩話二十七種　（清）何文煥輯　**歷代詩話攷索一卷**　清乾隆三十五年（1770）何氏刻本　十六冊

210000－0701－0002271　善30408

歷代詩話二十七種　（清）何文煥輯　**歷代詩話攷索一卷**　清乾隆三十五年（1770）何氏刻本　二十四冊

210000－0701－0002272　善30409

納書楹曲譜正集四卷續集四卷外集二卷補遺四卷　（清）葉堂訂譜　（清）王文治參訂　清乾隆五十七年（1792）納書楹刻本　十四冊

210000－0701－0002273　善30410

邵子湘全集三十卷　（清）邵長蘅撰　**邵氏家錄二卷**　清康熙三十二年至三十八年（1693－1699）青門草堂刻本　二十冊

210000－0701－0002274　善30411

曝書亭集八十卷　（清）朱彝尊撰　清康熙五十三年（1714）朱稻孫刻本　二十四冊

210000－0701－0002275　善30412

曝書亭集八十卷　（清）朱彝尊撰　清康熙五十三年（1714）朱稻孫刻本　十二冊

210000－0701－0002276　善30413

竹雲題跋四卷　（清）王澍撰　清乾隆三十三年（1768）錢人龍刻本　十冊

210000－0701－0002277　善30413

虛舟題跋十卷　（清）王澍撰　清乾隆三十五年（1770）楊建閳川易鶴軒刻本　與210000－0701－0002276合冊

210000－0701－0002278　善30414

竹雲題跋四卷　（清）王澍撰　清乾隆三十三年(1768)錢人龍刻本　十冊

210000－0701－0002279　善30414

虛舟題跋十卷又三卷　（清）王澍撰　清乾隆三十五年(1770)楊建聞川易鶴軒刻三十九年(1774)續刻本　與210000－0701－0002278合冊

210000－0701－0002280　善30415

十三唐人詩十五卷八劉唐人詩八卷　（清）劉雲份輯　清康熙四十二年(1703)野香堂刻金閶綠蔭堂印本　八冊

210000－0701－0002281　善30416

十三唐人詩十五卷八劉唐人詩八卷　（清）劉雲份輯　清康熙四十二年(1703)野香堂刻金閶綠蔭堂印本　十二冊

210000－0701－0002282　善30417

隸釋二十七卷隸續二十一卷　（宋）洪适撰　清乾隆四十二年至四十三年(1777－1778)汪日秀樓松書屋刻本　四冊

210000－0701－0002283　善30418

東周列國全志二十三卷首一卷一百八回　(清)蔡奡評點　清乾隆十七年(1752)經綸堂刻本　二十四冊

210000－0701－0002284　善30419

虛舟題跋十卷又三卷　（清）王澍撰　清乾隆三十五年(1770)楊建聞川易鶴軒刻三十九年(1774)續刻本　六冊

210000－0701－0002285　善30420

新刻出像玉鼎列國志十二卷一百八回　（明）陳繼儒訂正　清書林德聚堂刻本　二十三冊

210000－0701－0002286　善30421

吳淵穎先生集十二卷　（元）吳萊撰　（清）王邦采　（清）王繩曾箋　清康熙六十年(1721)刻本　十冊

210000－0701－0002287　善30422

受宜堂集四十卷目錄四卷　（清）納蘭常安撰

清雍正十三年(1735)納蘭常安受宜堂刻本二十冊

210000－0701－0002288　善30423

憺園文集三十六卷　（清）徐乾學撰　清康熙三十六年(1697)徐氏冠山堂刻本　十二冊

210000－0701－0002289　善30424

憺園文集三十六卷　（清）徐乾學撰　清康熙三十六年(1697)徐氏冠山堂刻本　十六冊

210000－0701－0002290　善30425

禁扁五卷　（元）王士點輯　清康熙四十五年(1706)曹寅揚州使院刻本　二冊

210000－0701－0002291　善30426

禁扁五卷　（元）王士點輯　清康熙四十五年(1706)曹寅揚州使院刻本　四冊

210000－0701－0002292　善30427

重刊校正笠澤叢書四卷補遺一卷續補遺一卷　（唐）陸龜蒙撰　清乾隆顧氏碧筠草堂刻本四冊

210000－0701－0002293　善30428

重刊校正笠澤叢書四卷補遺一卷續補遺一卷　（唐）陸龜蒙撰　清雍正九年(1731)陸氏水雲魚屋刻本　二冊

210000－0701－0002294　善30429

朱子可聞詩集五卷　（宋）朱熹撰　（清）洪力行鈔釋　清雍正、乾隆洪力行刻本　四冊

210000－0701－0002295　善30430

隸釋二十七卷隸續二十一卷　（宋）洪适撰　清乾隆四十二年至四十三年(1777－1778)汪氏樓松書屋刻本　十二冊

210000－0701－0002296　善30431

隸續二十一卷　（宋）洪适撰　清乾隆四十二年至四十三年(1777－1778)汪氏樓松書屋刻本　七冊

210000－0701－0002297　善30432

漢溪書法通解八卷　（清）戈守智撰　清乾隆十五年(1750)霽雲閣刻本　六冊

210000－0701－0002298　善30433

中州名賢文表三十卷 （明）劉昌輯 清康熙
四十五年(1706)錢塘汪立名刻本 十六冊

210000－0701－0002299 善30434

遼史拾遺二十四卷 （清）厲鶚撰 清道光二
年(1822)汪氏振綺堂刻本 八冊

210000－0701－0002300 善30435

中州名賢文表三十卷 （明）劉昌輯 清康熙
四十五年(1706)錢塘汪立名刻本 十二冊

210000－0701－0002301 善30436

綿津山人詩集三十卷楓香詞一卷漫堂說詩一
卷 （清）宋犖撰 清康熙四十年(1701)刻本
七冊 缺五卷(二十六至二十八、三十至三
十一)

210000－0701－0002302 善30437

淳化秘閣法帖考正十卷附二卷 （清）王澍撰
淳化閣帖釋文二卷 （清）沈宗騫較定 清
乾隆三十三年(1768)沈宗騫冰壺閣刻本 十
四冊

210000－0701－0002303 善30438

淳化祕閣法帖考正十二卷 （清）王澍詳定
（清）汪玉球參正 清雍正八年(1730)汪玉球
刻本 六冊

210000－0701－0002304 善30439

遺山先生文集四十卷 （元）元好問撰 （清）
張德輝類次 清康熙四十六年(1707)華希閔
劍光閣刻本 二十冊

210000－0701－0002305 善30440

葛莊分體詩鈔十三卷 （清）劉廷璣撰 清康
熙六十年(1721)劉永錫家刻本 四冊

210000－0701－0002306 善30441

葛莊分體詩鈔十二卷 （清）劉廷璣撰 清康
熙六十年(1721)劉永錫家刻本 六冊

210000－0701－0002307 善30442

淳化秘閣法帖考正十卷附二卷 （清）王澍撰
淳化閣帖釋文二卷 （清）沈宗騫較定 清
道光二十八年(1848)俞氏蘊玉山房刻本 十
二冊

澤存堂五種 （清）張士俊編 清康熙五十三
年(1714)張士俊澤存堂刻本 十七冊 存四
種四十三卷(大宋重修廣韻五卷、大廣益會玉
篇三十卷、佩觽三卷、字鑑五卷)

210000－0701－0002309 善30444

宋詩鈔初集九十五卷 （清）呂留良等輯 清
康熙十年(1671)吳之振鑑古堂刻本 三十
二冊

210000－0701－0002310 善30445

禮記注疏六十三卷 （漢）鄭玄注 （唐）孔穎
達等疏 （唐）陸德明釋文 清乾隆六十年
(1795)和珅刻本 二十冊

210000－0701－0002311 善30446

沈歸愚詩文全集七十三卷 （清）沈德潛撰
清乾隆三十二年(1767)教忠堂刻本 二十
四冊

210000－0701－0002312 善30447

宛陵先生文集六十卷 （宋）梅堯臣撰 清康
熙四十一年(1702)徐惇復白華書屋刻本 十
二冊

210000－0701－0002313 善30448

湯子遺書十卷 （清）湯斌撰 年譜一卷
（清）王廷燦撰 附錄一卷 清康熙四十二年
(1703)王廷燦刻本 四冊

210000－0701－0002314 善30449

堯峯文鈔四十卷 （清）汪琬撰 （清）林佶編
清康熙三十二年(1693)汪氏家刻本 六冊

210000－0701－0002315 善30450

漁隱叢話前集六十卷後集四十卷 （宋）胡仔
輯 清乾隆五年至六年(1740－1741)楊佑啓
耘經樓刻本 十冊

210000－0701－0002316 善30451

宋王黃州小畜集三十卷 （宋）王禹偁撰 清
乾隆二十五年(1760))趙熟典愛日堂刻本
十二冊

210000－0701－0002317 善30452

210000－0701－0002308 善30443

湖山靈秀集十六卷　（清）席玗輯　清乾隆二十一年(1756))凝和堂刻本　八冊

210000－0701－0002318　善30453

堯峰文鈔五十卷　（清）汪琬撰　（清）林佶編　清康熙三十二年(1693)汪氏家刻本　十冊

210000－0701－0002319　善30454

清江貝先生詩集十卷文集三十卷　（明）貝瓊撰　（清）金檀編　附錄一卷　清康熙五十八年(1719)金檀燕翼堂刻本　八冊

210000－0701－0002320　善30454

巽隱程先生詩集二卷文集二卷　（明）程本立撰　清康熙五十八年(1719)金檀燕翼堂刻本　二冊

210000－0701－0002321　善30455

清江貝先生詩集十卷文集三十卷　（明）貝瓊撰　（清）金檀編　附錄一卷　清康熙五十八年(1719)金檀燕翼堂刻本　八冊

210000－0701－0002322　善30456

鴻雪因緣圖記三集　（清）麟慶撰　清道光二十九年(1849)崇實、崇厚家刻本　六冊

210000－0701－0002323　善30457

蓮子居詞話四卷　（清）吳衡照輯　清嘉慶二十三年(1818)刻本　二冊

210000－0701－0002324　善30458

江左十五子詩選十五卷　（清）宋犖輯　清康熙四十二年(1703)宋犖刻本　六冊

210000－0701－0002325　善30459

清閟閣全集十二卷　（元）倪瓚撰　清康熙五十二年(1713)曹培廉城書室刻本　八冊

210000－0701－0002326　善30460

與梅堂遺集十二卷耳書一卷鮓話一卷　（清）佟世思撰　（清）范青重訂　清康熙四十年(1701)佟氏家刻本　六冊

210000－0701－0002327　善30461

古文苑九卷　（□）□□撰　清嘉慶十四年(1809)蘭陵孫星衍刻本　四冊

210000－0701－0002328　善30462

續古文苑二十卷　（清）孫星衍輯　清嘉慶十七年(1812)冶城山館刻本　十二冊

210000－0701－0002329　善30463

與梅堂遺集十二卷耳書一卷鮓話一卷　（清）佟世思撰　（清）范青重訂　清康熙四十年(1701)佟氏家刻本　四冊

210000－0701－0002330　善30464

嵩山集二卷　（清）桑調元撰　清乾隆十六年(1751)修汲堂刻本　一冊

210000－0701－0002331　善30465

鳧藻集五卷　（明）高啟撰　（清）金檀重輯　清雍正六年(1728)金檀文瑞樓刻本　二冊

210000－0701－0002332　善30466

積翠軒詩集不分卷　（清）高述明撰　清乾隆四年(1739)高晉等刻本　一冊

210000－0701－0002333　善30467

綱目訂誤四卷通鑑胡注舉正一卷　（清）陳景雲撰　清乾隆十九年(1754)陳黃中樸茂齋刻本　一冊

210000－0701－0002334　善30468

宋詩紀事一百卷　（清）厲鶚等輯　清乾隆十一年(1746)厲鶚樊榭山房刻本　三十二冊

210000－0701－0002335　善30469

大清一統志三百六十五卷　（清）蔣廷錫等修　清道光二十九年(1849)陽湖薛子瑜木活字印本　二百冊

210000－0701－0002336　善30470

道藏輯要二十八集二百十八卷　（清）蔣予蒲輯　清嘉慶二年至八年(1797－1803)蔣予蒲刻本　二百十八冊

210000－0701－0002337　善30471

漁洋山人精華錄十卷　（清）王士禛撰　清康熙三十九年(1700)林佶刻本　六冊

210000－0701－0002338　善30472

漁洋山人精華錄箋注十二卷補一卷　（清）王士禛撰　（清）金榮箋注　年譜一卷附錄一卷　清金氏鳳翿堂刻本　六冊　缺七卷(六至

十二)

210000－0701－0002339　善30473

備急千金要方三十卷　（唐)孫思邈撰　（宋)
林億等校正　清光緒四年(1878)黃學熙刻本
十二冊

210000－0701－0002340　善30474

石刻鋪敘二卷　（宋)曾宏父纂　清乾隆三十
四年(1769)刻本　清翁方綱校並并題識　羅
振玉題記　一冊

210000－0701－0002341　善30475

石鼓文釋存一卷　（清)張燕昌述　清光緒二
十八年(1902)劉士珩刻本　羅振玉校　一冊

210000－0701－0002342　善30476

爾雅注疏十一卷　（晉)郭璞注　（宋)邢昺疏
清崇德書院刻本　王仁俊批校　六冊

210000－0701－0002343　善30477

元史藝文志四卷　（清)錢大昕補纂　清嘉慶
五年(1800)黃丕烈刻本　二冊

210000－0701－0002344　善30478

禹貢錐指二十卷圖一卷　（清)胡渭撰　清康
熙漱六軒刻本　八冊

210000－0701－0002345　善30479

備急千金要方三十卷　（唐)孫思邈撰　（宋)
林億等校正　清光緒四年(1878)黃學熙刻本
十二冊

210000－0701－0002346　善30480

千金翼方三十卷　（唐)孫思邈撰　（宋)林億
等校正　清光緒四年(1878)獨山莫氏刻本
八冊

210000－0701－0002347　善30481

庚子銷夏記八卷　（清)孫承澤撰　清乾隆二
十六年(1761)鮑廷博知不足齋刻本　四冊

210000－0701－0002348　善30482

**震川大全集正集八卷別集十卷補集八卷餘集
八卷首集一卷**　（明)歸有光撰　**附錄一卷**
清嘉慶元年(1796)玉鑰堂刻本　十六冊

210000－0701－0002349　善30483

攟古錄紫樣校本二十卷　（清)吳式芬撰　清
宣統元年(1909)刻本　八冊　存八卷(五至
七、九至十、十二、十四、二十)

210000－0701－0002350　善30484

攟古錄紅樣校本九卷　（清)吳式芬撰　清宣
統元年(1909)刻本　三冊　存九卷(四至九、
十四至十六)

210000－0701－0002351　善30485

**范忠宣公集二十卷奏議二卷遺文一卷補編一
卷**　（宋)范純仁撰　**附錄一卷**　清康熙四十
六年(1707)范氏歲寒堂刻本　六冊

210000－0701－0002352　善30486

梁園風雅二十七卷　（明)趙彥復撰　清康熙
四十三年(1704)陸廷燦刻本　四冊

210000－0701－0002353　善30487

瀛奎律髓四十九卷　（元)方回輯　清康熙五
十一年(1712)吳寶芝刻本　八冊

210000－0701－0002354　善30488

梅村家藏藁五十八卷補遺一卷　（清)吳偉業
撰　**年譜四卷**　清宣統三年(1911)董氏誦芬
室刻本　八冊

210000－0701－0002355　善30489

攟古錄二十卷　（清)吳式芬撰　清宣統元年
(1909)抄本　十二冊　存十一卷(一至二、四
至六、八至九、十一至十二、十五至十六)

210000－0701－0002356　善30490

甫田集三十五卷　（明)文徵明撰　清刻本
十二冊

210000－0701－0002357　善30491

南屏山人詩集十卷南屏山人賦集一卷　（清)
任瑞書撰　清乾隆刻本　四冊

210000－0701－0002358　善30492

新鐫楊家府世代忠勇演義志傳八卷　（明)紀
振倫校閱　清康熙、乾隆刻本　八冊

210000－0701－0002359　善30493

趙文敏公松雪齋全集十卷外集一卷續集一卷
（元)趙孟頫撰　清康熙五十二年(1713)曹

培廉城書室刻本　十二冊

210000－0701－0002360　善30494

江邨銷夏錄三卷　（清）高士奇撰　清康熙三
十二年(1693)高士奇刻本　六冊

210000－0701－0002361　善30495

太平經國之書十二卷首一卷　（宋）鄭伯謙撰
　清康熙五十二年(1713)刻本　八冊

210000－0701－0002362　善30496

寶刻類編八卷　（宋）□□輯　清道光十八年
(1838)劉喜海十七樹梅花山館刻本　八冊

210000－0701－0002363　善30497

有懷堂文稿二十二卷詩稿六卷　（清）韓菼撰
　清康熙四十二年(1703)刻本　六冊

210000－0701－0002364　善30498

十家宮詞十二卷　（清）倪燦編　清康熙二十
八年(1689)胡介祉貞曜堂刻乾隆八年(1743)
史開基重修本　四冊

210000－0701－0002365　善30499

梅會詩選三十四卷　（清）李稻勝　（清）李集
輯　清乾隆三十二年(1767)寸碧山堂刻本
二十冊

210000－0701－0002366　善30500

松泉文集四十八卷　（清）汪由敦撰　清乾隆
四十三年(1778)汪氏刻本　十六冊

210000－0701－0002367　善30501

賴古堂文選二十卷　（清）周亮工輯　清康熙
六年(1667)周亮工自刻本　十二冊

210000－0701－0002368　善30502

湖海樓全集五十一卷　（清）陳維崧撰　清乾
隆六十年(1795)浩然堂刻本　十六冊

210000－0701－0002369　善30503

壽藤齋詩三十五卷　（清）鮑倚雲撰　清嘉慶
十三年(1808)鮑桂星刻本　八冊

210000－0701－0002370　善30504

獨學廬初稿十三卷二稿十二卷三稿十一卷四
稿九卷五稿八卷　（清）石韞玉撰　清乾隆六
十年至道光十七年(1795－1837)長沙官舍刻

本　四十冊

210000－0701－0002371　善30505

寒松堂全集十二卷　（清）魏象樞撰　清康熙
刻本　二十六冊

210000－0701－0002372　善30506

兼濟堂纂刻梅勿菴先生曆算全書二十九種七
十二卷　（清）梅文鼎撰　（清）魏荔彤輯　清
雍正元年(1723)魏荔彤兼濟堂刻本　十六冊

210000－0701－0002373　善30507

十六國春秋一百卷　題(北魏)崔鴻撰　清乾
隆四十六年(1781)汪日桂刻本　十六冊

210000－0701－0002374　善30508

黃籙科儀十二卷　（清）婁近垣輯　清乾隆十
五年(1750)弘晝刻朱墨套印本　八冊

210000－0701－0002375　善30509

華山集三卷　（清）桑調元撰　清乾隆桑調元
修汲堂刻本　一冊

210000－0701－0002376　善30510

表異錄二十卷　（明）王志堅輯　清康熙四十
七年(1708)陳世修漱六閣刻雍正重修本
二冊

210000－0701－0002377　善30511

聲畫集八卷　（宋）孫紹遠輯　清康熙四十五
年(1706)曹寅揚州詩局刻本　四冊

210000－0701－0002378　善30512

四雪草堂重訂通俗隋唐演義二十卷一百回
（清）褚人穫撰　清康熙文盛堂刻本　四十冊

210000－0701－0002379　善30513

古愚老人消夏錄　（清）汪汲錄　清乾隆五十
八年至嘉慶六年(1793－1801)家刻本　二十
八冊　缺三卷(宋樂類編一卷、漱經齋座右銘
續編一卷、怪疾奇方一卷)

210000－0701－0002380　善30514

竹雲題跋四卷　（清）王澍撰　清乾隆三十三
年(1768)錢人龍刻本　四冊

210000－0701－0002381　善30515

睎髮集十二卷　（元）謝翱撰　清康熙四十一

年(1702)陸大業刻本　　六冊

210000－0701－0002382　善30516

澄鑑堂琴譜不分卷琴譜指法二卷　　（清）徐常
遇輯　清康熙五十七年(1718)徐氏澄鑑堂刻
本　　四冊

210000－0701－0002383　善30517

鐵網珊瑚十六卷　　（明）朱存理輯　清雍正六
年(1728)年希堯刻本　　二十冊

210000－0701－0002384　善30518

[咸淳]臨安志一百卷　　（元）潛說友撰　**校刊
札記一卷**　（清）黃士珣撰　清道光十一年
(1831)汪氏振綺堂刻本　　十六冊　　缺四卷
（九十、九十八至一百）

210000－0701－0002385　善30519

春秋大事表五十卷　　（清）顧棟高撰　**附錄一
卷**　清乾隆十三年(1748)萬卷樓刻本　悔齋
題識　　二十冊

210000－0701－0002386　善30520

金石錄三十卷　　（宋）趙明誠撰　清乾隆二十
七年(1762)盧氏雅雨堂刻本　　六冊

210000－0701－0002387　善30521

皐鶴堂批評第一奇書金瓶梅一百回　　（清）張
竹坡評　清康熙三十四年(1695)刻本　　十
六冊

210000－0701－0002388　善30522

明善堂六經七十七卷　　（□）□□撰　清乾隆
七年(1742)弘曉明善堂刻本　　三十三冊

210000－0701－0002389　善30523

金薤琳琅二十卷補遺一卷　　（明）都穆撰　清
乾隆四十三年(1778)刻本　　六冊

210000－0701－0002390　善30524

金石錄三十卷　　（宋）趙明誠撰　清順治七年
(1650)謝世箕刻本　　十冊

210000－0701－0002391　善30525

仁山金先生文集四卷　　（宋）金履祥撰　（清）
金弘勳校輯　清雍正三年(1725)金弘勳刻本
二冊

210000－0701－0002392　善30526

今世說八卷　　（清）王晫撰　清康熙二十二年
(1683)霞舉堂刻本　　四冊

210000－0701－0002393　善30527

姜西溟先生文鈔四卷　　（清）姜宸英撰　清乾
隆四年(1739)趙氏匪懈堂刻本　　四冊

210000－0701－0002394　善30528

居濟一得不分卷　　（清）張伯行撰　清康熙刻
本　　五冊

210000－0701－0002395　善30529

午亭文編五十卷　　（清）陳廷敬撰　（清）林佶
輯錄　清康熙四十七年(1708)林佶刻五十八
年(1719)陳壯履補修乾隆四十三年(1778)平
陽學宮印本　　十六冊

210000－0701－0002396　善30530

輿地廣記三十八卷　　（宋）歐陽忞撰　**校勘記
二卷**　（清）黃丕烈撰　清嘉慶十四年至十七
年(1809－1812)黃丕烈刻士禮居叢書本
六冊

210000－0701－0002397　善30531

晚唐詩抄二十六卷　　（清）查克弘　（清）凌紹
乾輯　清康熙四十二年(1703)查氏刻本
十冊

210000－0701－0002398　善30532

納書楹四夢全譜四卷　　（清）葉堂訂譜　（清）
王文治參訂　清乾隆五十七年(1792)納書楹
刻本　　八冊

210000－0701－0002399　善30533

尚友錄二十二卷　　（明）廖用賢撰　清康熙五
年(1666)刻本　　二十二冊

210000－0701－0002400　善30534

尚書集注音疏十二卷　　（清）江聲學　清乾隆
五十八年(1793)江聲刻本　　八冊

210000－0701－0002401　善30535

二如亭群芳譜四集二十八卷首一卷　　（明）王
象晉撰　清文富堂刻本　　二十四冊

210000－0701－0002402　善30536

明史稿三百十卷目錄三卷 （清）王鴻緒撰
清雍正敬慎堂刻本 一百冊

210000－0701－0002403 善30537
兩漢紀六十卷 （宋）王銍輯 清康熙三十五
年(1696)蔣氏三樂堂刻本 十六冊

210000－0701－0002404 善30538
宋淳熙敕編古玉圖譜一百卷 題（宋）龍大淵
等編纂 清乾隆四十四年(1779)江氏康山草
堂刻本 十冊

210000－0701－0002405 善30539
錄鬼簿二卷 （元）鍾嗣成撰 清康熙四十五
年(1706)揚州詩局刻本 王國維校 二冊

210000－0701－0002406 善30540
儀禮十七卷 （漢）鄭玄注 清嘉慶二十年
(1815)黃丕烈讀未見書齋刻本 二冊

210000－0701－0002407 善30541
春秋取義測十二卷 （清）法坤宏撰 清乾隆
五十九年(1794)法氏六書齋刻本 六冊

210000－0701－0002408 善30542
駢體文鈔三十一卷 （清）李兆洛輯 清道光
合河康氏家塾刻本 八冊

210000－0701－0002409 善30543
皋鶴堂批評第一奇書金瓶梅一百回 （清）張
竹坡評 清康熙三十四年(1695)刻本 二
十冊

210000－0701－0002410 善30544
明詩綜一百卷 （清）朱彝尊輯 清康熙四十
四年(1705)刻本 二十八冊

210000－0701－0002411 善30545
方輿圖不分卷 （□）□□撰 清刻本 六冊

210000－0701－0002412 善30546
觀妙齋藏金石文攷略十六卷 （清）李光暎撰
清雍正七年(1729)觀妙齋刻本 八冊

210000－0701－0002413 善30547
山河全圖四卷 （□）□□撰 清古吳書院刻
本 四冊

210000－0701－0002414 善30548
銅鼓書堂遺稿三十二卷 （清）查禮撰 清乾
隆五十七年(1792)查淳刻本 四冊

210000－0701－0002415 善30549
公穀評本三卷 （清）王源評訂 清雍正八年
(1730)程茂刻本 二冊

210000－0701－0002416 善30550
尸子二卷存疑一卷 （清）汪繼培輯 清光緒
三年(1877)浙江書局刻二十二子本 王仁俊
校 一冊

210000－0701－0002417 善30551
玄玄棋經一卷 （宋）張儗撰 （元）晏天章注
清書林王公行刻本 一冊

210000－0701－0002418 善30552
司馬氏書儀十卷 （宋）司馬光撰 清雍正二
年(1724)汪氏研香木屋刻本 四冊

210000－0701－0002419 善30553
春秋公羊經傳解詁十二卷 （漢）何休撰
（唐）陸德明音義 清道光四年(1824)汪氏問
禮堂刻本 六冊

210000－0701－0002420 善30554
古文披金二十四卷 （清）納蘭常安評選 清
乾隆刻周振采等重修本 十冊 存十二卷
(一至十二)

210000－0701－0002421 善30555
四家詩選二十一卷 （□）□□撰 清刻本
八冊

210000－0701－0002422 善30556
文獻通考紀要二卷 （□）□□編 清乾隆、
嘉慶刻本 四冊

210000－0701－0002423 善30557
節孝先生文集三十卷語錄一卷附載一卷事實
一卷 （宋）徐積撰 清康熙六十年(1721)王
邦采刻本 十冊

210000－0701－0002424 善30558
三家詩八卷 （清）卓爾堪輯 清康熙卓爾堪
刻本 四冊

210000－0701－0002425　善30559

惠獻貝子功績錄六卷　（清）黃任　（清）陳繩
輯　清乾隆六年(1741)刻本　五冊　缺一卷
（一）

210000－0701－0002426　善30560

河汾諸老詩集八卷　（元）房祺輯　清乾隆四
十三年(1778)曹氏敬翼堂刻道光五年(1825)
補刻本　一冊

210000－0701－0002427　善30561

戎旃遣興草二卷　（清）晉昌撰　清道光五年
(1825)安素堂刻本　二冊

210000－0701－0002428　善30562

清異錄二卷　（宋）陶穀撰　清康熙四十七年
(1708)陳世修刻本　二冊

210000－0701－0002429　善30563

明內閣部院大臣年表十八卷　（明）許重熙輯
　清順治刻本　二冊

210000－0701－0002430　善30564

溫寶忠先生遺稿十二卷　（明）溫璜撰　清初
貞石堂刻本　二冊

210000－0701－0002431　善30565

無聲詩史七卷　（清）姜紹書撰　清康熙五十
九年(1720)李光暎刻本　六冊

210000－0701－0002432　善30566

龍龕手鑑四卷　（遼）釋行均撰　清刻本　孫
丹階題識　八冊

210000－0701－0002433　善30567

弔譜補遺八卷　（清）張且漁撰　清乾隆且漁
軒刻本　二冊

210000－0701－0002434　善30568

遣愁集十四卷　（清）張貴勝輯　清康熙二十
七年(1688)刻本　十二冊

210000－0701－0002435　善30569

代言選五卷講編二卷奏牘六卷　（明）倪元璐
撰　明崇禎王貽栻刻本　三冊　存八卷(代
言選五卷、奏牘一至三)

210000－0701－0002436　善30570

通紀直解十六卷　（明）張嘉和撰　明崇禎刻
清初增刻本　十五冊

210000－0701－0002437　善30571

蘭雪堂古事苑定本十二卷　（明）鄧志謨撰
清蘭雪堂刻本　六冊

210000－0701－0002438　善30572

天方典禮擇要解二十卷歸正儀解一卷　（清）
劉智撰　清乾隆五年(1740)京江童氏刻本
六冊

210000－0701－0002439　善30573

六書通十卷　（明）閔齊伋撰　清康熙五十九
年(1720)畢弘述刻本　十冊

210000－0701－0002440　善30574

汲古閣珍藏祕本書目一卷　（清）毛扆撰　**格
致叢書總目一卷**　清嘉慶五年(1800)黃丕
烈士禮居刻本　一冊

210000－0701－0002441　善30575

薛氏醫按二十四種一百七卷　（明）吳縉編
清東溪堂刻本　清姚衡批校並跋　三十冊

210000－0701－0002442　善30576

廣漢魏叢書八十種四百五十五卷　（明）何允
中編　清嘉慶刻本　九十八冊

210000－0701－0002443　善30577

遜國正氣紀八卷首一卷　（明）曹參芳輯　明
末刻本　羅振玉跋　二冊　存六卷(一至五、
首一卷)

210000－0701－0002444　善30578

道書全集真本二十五種九十四卷　（明）閻鶴
洲編　明萬曆十九年(1591)刻清康熙二十一
年(1682)周在延重修本　四十六冊

210000－0701－0002445　善30579

尹健餘先生全集六種三十一卷　（清）尹會一
撰　**尹少宰公[會一]年譜一卷**　清乾隆立誠
堂等刻本　八冊

210000－0701－0002446　善30580

六書故三十三卷通釋一卷　（宋）戴侗撰　清
乾隆四十九年(1784)李鼎元刻本　十六冊

210000－0701－0002447　善30581

尚書後案三十卷後辨一卷 （清）王鳴盛撰
清乾隆四十五年（1780）王鳴盛刻本　六冊

210000－0701－0002448　善30582

古經解鈎沉三十卷 （清）余蕭客撰　清乾隆
刻本　十冊

210000－0701－0002449　善30583

碩松堂讀易記十六卷首一卷 （清）邱仰文撰
清乾隆三十三年（1768）邱仰文碩松堂刻本
十六冊

210000－0701－0002450　善30584

**重校元本大板釋義全像音釋琵琶記三卷四十
二出** （元）高明撰　明雲林別墅刻清初重修
本　三冊

210000－0701－0002451　善30585

韓詩外傳十卷 （漢）韓嬰撰　**補逸一卷**
（清）趙懷玉輯　清乾隆五十五年（1790）趙懷
玉刻本　四冊

210000－0701－0002452　善30586

春秋繁露十七卷 （漢）董仲舒撰　（清）盧文
弨校　**附錄一卷**　清道光刻本　二冊

210000－0701－0002453　善30587

易堂問目四卷 （清）吳鼎撰　清乾隆三十七
年（1772）鄒蓉成刻本　二冊

210000－0701－0002454　善30588

［雍正］陝西通志一百卷首一卷 （清）劉於義
修　（清）沈青崖纂　清雍正十三年（1735）刻
本　一百冊

210000－0701－0002455　善30589

宋淳熙敕編古玉圖譜一百卷 題（宋）龍大淵
等編纂　清乾隆四十四年（1779）江氏康山草
堂刻本　二十四冊

210000－0701－0002456　善30590

亦政堂重修宣和博古圖錄三十卷 （宋）王黼
等撰　**考古圖十卷** （宋）呂大臨撰　**重考古
玉圖二卷** （元）朱德潤撰　清乾隆十五年至
十八年（1750－1753）黃晟槐蔭堂刻本　三十

六冊

210000－0701－0002457　善30591

正字通三十六卷首一卷 （明）張自烈撰　清
康熙二十四年（1685）吳起源刻本　十八冊
存九集二十六卷（子集上中下、丑集上中下、
寅集上中、午集上中下、未集上中下、申集上
中下、酉上中下、戌集上中下、亥集上中下）

210000－0701－0002458　善30592

竹雲題跋四卷 （清）王澍撰　清乾隆三十三
年（1768）錢人龍刻本　四冊

210000－0701－0002459　善30593

虛舟題跋十卷又三卷 （清）王澍撰　清乾隆
三十五年（1770）楊建聞川易鶴軒刻三十九年
（1774）續刻本　四冊

210000－0701－0002460　善30594

春秋屬辭十五卷 （明）趙汸撰　（清）趙吉士
校　清康熙二十九年（1690）趙吉士刻本
八冊

210000－0701－0002461　善30595

太平寰宇記二百卷目錄二卷 （宋）樂史撰
補缺一卷 （清）陳蘭森撰　**紀元表一卷**
（清）萬廷蘭撰　清嘉慶八年（1803）刻本　四
十八冊　存九十五卷（一至十二、一百二十二
至二百，目錄二卷，補缺一卷，紀元表一卷）

210000－0701－0002462　善30596

讀禮通攷一百二十卷 （清）徐乾學撰　清康
熙三十五年（1696）崑山徐氏冠山堂刻本　三
十二冊

210000－0701－0002463　善30597

隸釋二十七卷 （宋）洪适撰　清乾隆四十二
年（1777）汪日秀樓松書屋刻本　十二冊

210000－0701－0002464　善30598

古文尚書十卷 （漢）馬融　（漢）鄭玄注
（宋）王應麟輯　（清）孫星衍補　**類目表一卷**
（清）孫星衍撰　**逸文二卷** （清）江聲撰
（清）孫星衍輯補　清乾隆六十年（1795）孫星
衍問學堂刻本　二冊

210000－0701－0002465　善30599

金石癖十五卷　題(□)鈍根老人編　(清)李
調元校　清乾隆四十五年(1780)李調元刻本
　六冊

210000－0701－0002466　善30600

萬充宗先生經學五書十八卷　(清)萬斯大撰
　清乾隆二十四年至二十六年(1759－1761)
萬福辨志堂刻本　六冊

210000－0701－0002467　善30601

水經注四十卷　(北魏)酈道元撰　清康熙五
十三年至五十四年(1714－1715)項絪群玉書
堂刻本　十六冊

210000－0701－0002468　善30602

春秋集傳十五卷　(明)趙汸撰　(明)倪尚誼
補　清康熙十九年(1680)納蘭成德刻通志堂
經解本　六冊

210000－0701－0002469　善30603

國學禮樂錄二十卷　(清)李周望　(清)謝履
忠輯　清康熙五十八年(1719)國子監刻本
八冊

210000－0701－0002470　善30604

通志略五十二卷　(宋)鄭樵撰　(明)陳宗夔
校　清乾隆金匱山房刻本　二十冊

210000－0701－0002471　善30605

歷代名儒傳八卷　(清)朱軾　(清)蔡世遠輯
　清雍正七年(1729)刻本　四冊

210000－0701－0002472　善30606

洪範注補五卷　(清)潘士權撰　清乾隆四年
(1739)范錫篆刻本　四冊

210000－0701－0002473　善30607

南軒先生論語解十卷　(宋)張栻撰　宋始祖
南軒先生張宣公實紀一卷　清康熙三十六年
(1697)杭州張可元刻本　四冊

210000－0701－0002474　善30608

大清律集解附例三十卷附一卷　(清)剛林等
纂修　清康熙刻本　十冊

210000－0701－0002475　善30609

粵東金石略九卷首一卷　(清)翁方綱輯　附
錄二卷　清乾隆石州草堂刻本　四冊

210000－0701－0002476　善30610

水道提綱二十八卷　(清)齊召南撰　清乾隆
四十一年(1776)杭州戴殿海刻本　八冊

210000－0701－0002477　善30611

于清端公政書八卷外集一卷　(清)于成龍撰
　(清)蔡方炳等編　(清)于準錄　于清端公
政書續集一卷　(清)于成龍撰　(清)金岳編
　(清)于大棆錄　清康熙于氏家刻乾隆二十
六年(1761)續刻本　十冊

210000－0701－0002478　善30612

學統五十六卷　(清)熊賜履編　清康熙經義
齋刻本　十六冊

210000－0701－0002479　善30613

宋東京考二十卷　(清)周城撰　清乾隆六有
堂刻本　八冊

210000－0701－0002480　善30614

兩漢策要十二卷　(宋)陶叔獻編　清乾隆五
十六年(1791)張朝樂刻本(卷三未刻)　七冊
　存十卷(一至二、四至十一)

210000－0701－0002481　善30615

重定金石契不分卷　(清)張燕昌撰　清嘉慶
刻本　八冊

210000－0701－0002482　善30616

顧大司馬籌陝存牘類抄二卷　(明)顧其志撰
　先嚴逸事一卷　(清)顧紹詒撰　清康熙十
年(1671)顧紹詒刻本　六冊

210000－0701－0002483　善30617

公羊傳二卷穀梁傳一卷　(清)王源評　清康
熙五十五年(1716)程茂刻本　二冊

210000－0701－0002484　善30618

六書辨通五卷辨通補一卷續補一卷　(清)楊
錫觀編　清乾隆瑞石軒刻本　五冊

210000－0701－0002485　善30619

監本易經全文四卷　(清)□□輯　清初刻本
　四冊

210000－0701－0002486　善30620

嶺西水陸兵紀二卷拙政編一卷　（明）盛萬年撰　清雍正寶綸堂刻本　一冊　缺一卷（拙政編一卷）

210000－0701－0002487　善30621

中州金石攷八卷　（清）黃叔璥撰　清乾隆刻本　二冊

210000－0701－0002488　善30622

晉太康三年地記一卷　（晉）□□撰　（清）畢沅輯　**王隱晉書地道記一卷**　（晉）王隱撰　（清）畢沅輯　**晉書地理志新補正五卷**　（清）畢沅撰　清乾隆四十九年（1784）畢沅霧巖山舘刻經訓堂叢書本　一冊

210000－0701－0002489　善30623

幕學舉要一卷　（清）萬維翰撰　清乾隆三十五年（1770）芸暉堂刻本　一冊

210000－0701－0002490　善30624

泰山道里記一卷　（清）聶鈫撰　清乾隆三十八年（1773）雨山堂刻本　二冊

210000－0701－0002491　善30625

日下舊聞四十二卷　（清）朱彝尊輯　**補遺四十二卷**　（清）朱昆田撰　清康熙二十六年至二十七年（1687－1688）朱彝尊六峰閣刻本　四十八冊

210000－0701－0002492　善30626

明詩綜一百卷　（清）朱彝尊輯　清康熙四十四年（1705）六峰閣刻本　四十冊

210000－0701－0002493　善30627

五經四子書七十七卷　（□）□□撰　清乾隆七年（1742）怡府明善堂刻本　二十七冊　存五十七卷（周易四卷、詩經八卷、春秋三十卷、書經六卷、禮記一至九）

210000－0701－0002494　善30628

詩經集傳八卷　（宋）朱熹撰　清乾隆七年（1742）怡府明善堂刻五經四子書本　四冊

210000－0701－0002495　善30629

春秋傳三十卷　（宋）胡安國撰　（宋）林堯叟音注　清乾隆七年（1742）怡府明善堂刻五經四子書本　八冊

210000－0701－0002496　善30630

繹史一百六十卷世系圖一卷年表一卷　（清）馬驌撰　清刻本　五十冊

210000－0701－0002497　善30631

十七史商榷一百卷　（清）王鳴盛撰　清乾隆五十二年（1787）洞涇艸堂刻本　十五冊

210000－0701－0002498　善30632

康熙甲子史館新刊古今通韻十二卷論例一卷　（清）毛奇齡撰　清學聚堂刻本　十四冊

210000－0701－0002499　善30633

契丹國志二十七卷　（宋）葉隆禮撰　清乾隆五十八年（1793）承恩堂刻本　二冊

210000－0701－0002500　善30634

新集古文四聲韻五卷　（宋）夏竦撰　清乾隆四十四年（1779）汪啓淑刻本　五冊

210000－0701－0002501　善30635

明儒學案六十二卷師說一卷　（清）黃宗羲撰　清康熙三十二年（1693）賈樸紫筠齋刻本　十六冊

210000－0701－0002502　善30636

十六國春秋一百卷　題（北魏）崔鴻撰　清乾隆四十一年（1776）汪日桂刻本　二十四冊

210000－0701－0002503　善30637

晉記六十八卷首一卷　（清）郭倫撰　清乾隆五十一年（1786）有斐堂刻本　二十四冊

210000－0701－0002504　善30638

國朝詩別裁集三十六卷　（清）沈德潛輯評　清乾隆二十四年（1759）刻本　十四冊

210000－0701－0002505　善30639

國朝山左詩鈔六十卷　（清）盧見曾輯　清乾隆二十三年（1758）盧見曾刻本　二十冊

210000－0701－0002506　善30640

潛菴先生擬明史稿二十卷　（清）湯斌撰　（清）田蘭芳評　清康熙二十七年（1688）刻本　二十一冊

210000－0701－0002507　善30641(1)

弘簡錄二百五十四卷　（明）邵經邦撰　清康熙二十七年(1688)邵遠平刻本　六十四冊

210000－0701－0002508　善30641(2)

續弘簡錄元史類編四十二卷　（清）邵遠平撰　清康熙三十八年(1699)繼善堂刻本　十六冊

210000－0701－0002509　善30642

明詩別裁集十二卷　（清）沈德潛　（清）周準輯　清乾隆四年(1739)刻本　四冊

210000－0701－0002510　善30643

琉球國志略十六卷首一卷　（清）周煌撰　清乾隆二十四年(1759)漱潤堂刻本　六冊

210000－0701－0002511　善30644

省軒考古類編十二卷　（清）柴紹炳撰　（清）姚培謙評　清雍正四年(1726)刻本　八冊

210000－0701－0002512　善30645

[乾隆]太谷縣志八卷　（清）郭晉修　（清）管粵秀纂　清乾隆六十年(1795)刻本　八冊

210000－0701－0002513　善30646

潛研堂全書三種四卷　（清）錢大昕撰　清乾隆五十七年(1792)潛研堂刻本　一冊

210000－0701－0002514　善30647

新安二布衣詩八卷　（清）王士禎輯　清康熙四十三年(1704)汪洪度刻本　二冊

210000－0701－0002515　善30648

日知錄三十二卷　（清）顧炎武撰　清康熙三十四年(1695)潘耒遂初堂刻本　八冊

210000－0701－0002516　善30649

惺齋五種續編一種十二卷　（清）夏綸撰　（清）徐夢元評　清乾隆十八年(1753)世光堂刻本　十二冊

210000－0701－0002517　善30650

昭代詞選三十八卷　（清）蔣重光輯　清乾隆三十二年(1767)經鉬堂刻本　十六冊

210000－0701－0002518　善30651

詩林韶濩選二十卷　（清）顧嗣立輯　（清）周

煌重輯　清乾隆刻本　四冊

210000－0701－0002519　善30652

二曲集二十六卷　（清）李顒撰　清康熙鄭重刻本　八冊

210000－0701－0002520　善30653

康對山先生文集十卷諸家評語一卷　（明）康海撰　清乾隆二十六年(1761)武功縣刻本　六冊

210000－0701－0002521　善30654

畜德錄二十卷　（清）席啟圖撰　清康熙二十五年(1686)席氏繩武堂刻本　十冊

210000－0701－0002522　善30655

咏物詩選八卷　（清）俞琰輯　清雍正三年(1725)沈又彭刻本　八冊

210000－0701－0002523　善30656

奕理指歸二卷　（清）施紹闇撰　清乾隆刻本　二冊

210000－0701－0002524　善30657

尚書亼註音疏十二卷末一卷外編一卷　（清）江聲撰　清乾隆五十八年(1793)江氏近市居刻本　六冊

210000－0701－0002525　善30658

春秋經傳闕疑四十五卷　（元）鄭玉撰　清康熙五十年(1711)鄭肇新天游堂刻本　十冊

210000－0701－0002526　善30659

歷代史表五十九卷　（清）萬斯同撰　清嘉慶元年(1796)留香閣刻本　六冊

210000－0701－0002527　善30660

南軒先生孟子說七卷　（宋）張栻撰　清康熙三十六年(1697)張可元筹崎樓刻本　六冊

210000－0701－0002528　善30661

大廣益會玉篇三十卷　（南朝梁）顧野王撰　（唐）孫強增字　（宋）陳彭年等重修　清康熙四十三年(1704)張士俊刻澤存五種本　五冊

210000－0701－0002529　善30662

御刻三希堂石渠寶笈法帖釋文十六卷首一卷

（清）梁詩正等編　（清）陳焯釋文　清乾隆
六十年(1795)陳焯刻本　二冊

210000－0701－0002530　善 30663
度曲須知二卷絃索辨訛二卷　（明）沈寵綏撰
　明崇禎十二年(1639)自刻清順治六年
(1649)沈標重修本　四冊

210000－0701－0002531　善 30664
野香亭集十三卷　（清）李孚青撰　清康熙李
孚青刻本　四冊

210000－0701－0002532　善 30665
王荊公唐百家詩選二十卷　（宋）王安石輯
清康熙四十三年(1704)宋犖、丘迥刻雙清閣
印本　四冊

210000－0701－0002533　善 30666
文房肆攷圖說八卷　（清）唐秉鈞撰　（清）康
愷繪　清乾隆四十一年(1776)唐秉鈞刻本
六冊

210000－0701－0002534　善 30667
課子隨筆十卷　（清）張師載輯　清乾隆張師
載改過齋刻本　白盦主人題識　五冊

210000－0701－0002535　善 30668
廿一史彈詞注十卷明史彈詞注一卷　（明）楊
慎撰　（清）張三異增定　（清）張仲璜注　清
乾隆五十一年(1786)張任佐視履堂刻本
八冊

210000－0701－0002536　善 30669
音學五書三十八卷　（清）顧炎武撰　清康熙
六年(1667)張弨符山堂刻本　二十冊

210000－0701－0002537　善 30670
隸辨八卷　（清）顧藹吉撰　清乾隆八年
(1743)黃晟刻本　八冊

210000－0701－0002538　善 30671
史通通釋二十卷　（清）浦起龍撰　清乾隆十
七年(1752)浦氏求放心齋刻本　十冊

210000－0701－0002539　善 30672
字彙十四卷首一卷末一卷　（明）梅膺祚撰
清康熙二十七年(1688)靈隱寺刻本　十二冊

存十二卷(丑集、寅集、卯集、辰集、巳集、午
集、未集、申集、酉集、戌集、亥集,首一卷)

210000－0701－0002540　善 30673
重鐫朱青巖先生擬編明紀輯畧十六卷　（清）
朱璘撰　清康熙刻本　十六冊

210000－0701－0002541　善 30674
唐詩快十六卷　（明）黃周星輯　清康熙刻本
八冊

210000－0701－0002542　善 30675
詞科掌錄十七卷姓氏爵里一卷詞科餘話七卷
　（清）杭世駿輯　清乾隆杭世駿道古堂刻本
十六冊

210000－0701－0002543　善 30676
五經四書讀本七十七卷　（□）□□撰　清雍
正國子監刻本　二十五冊　存五十八卷(周
易本義四卷、書經集傳六卷、詩經集傳八卷、
禮記集說十卷、春秋傳三十卷)

210000－0701－0002544　善 30677
石園全集三十卷　（清）李元鼎撰　清康熙香
雪堂刻本　八冊

210000－0701－0002545　善 30678
**唐音戊籤二百一卷餘閏六十三卷餘諸國主詩
一卷**　（明）胡震亨輯　清康熙二十三年
(1684)胡氏南益堂刻本　二十冊

210000－0701－0002546　善 30679
施愚山先生全集九十六卷　（清）施閏章撰
清康熙四十七年(1708)棟亭刻乾隆施企曾等
續刻本　十四冊　存八十卷(施愚山先生學
餘文集二十八卷、施愚山先生學餘詩集五十
卷、施氏家風述略續編二卷)

210000－0701－0002547　善 30680
東嵒草堂評訂唐詩鼓吹十卷　（元）元好問輯
　（元）郝天挺注　（明）廖文炳解　（清）朱
三錫評　清康熙自怡居刻本　十冊

210000－0701－0002548　善 30681
唐音審體二十卷　（清）錢良擇輯　清刻本
六冊

210000－0701－0002549　善30682

唐詩排律七卷　（清）牟欽元輯　（清）牟渢箋注　清康熙五十四年（1715）牟欽元紫蘭書屋刻乾隆二十三年（1758）紫蘭書屋印本　六冊

210000－0701－0002550　善30683

雪莊西湖漁唱七卷　（清）許承祖撰　清乾隆刻本　四冊

210000－0701－0002551　善30684

六書通十卷　（明）閔齊伋撰　清乾隆六十年（1795）刻本　八冊

210000－0701－0002552　善30685

毘陵集二十卷補遺一卷　（唐）獨孤及撰　**附錄一卷**　清乾隆五十六年（1791）趙懷玉六有生齋刻本　八冊

210000－0701－0002553　善30686

唐詩觀瀾集二十四卷唐人小傳一卷　（清）李因培選評　（清）凌應曾編注　清乾隆二十四年（1759）暨陽李因培刻本　十冊

210000－0701－0002554　善30687

近光集二十八卷　（清）汪士鋐編纂　（清）徐修仁參注　清康熙五十八年（1719）刻本　八冊

210000－0701－0002555　善30688

唐詩金粉十卷　（清）沈炳震輯　清乾隆冬讀書齋刻本　四冊

210000－0701－0002556　善30689

唐詩掞藻八卷　（清）高士奇輯　清康熙三十二年（1693）錢塘高士奇刻本　八冊

210000－0701－0002557　善30690

安陽集五十卷　（宋）韓琦撰　**別錄三卷**（宋）王巖叟撰　**遺事一卷**（宋）強至撰　**家傳十卷**　清乾隆三十五年（1770）黃邦寧刻本　十冊

210000－0701－0002558　善30691

江文通集四卷　（南朝梁）江淹撰　（清）梁賓輯　清乾隆二十四年（1759）徐傳星刻本　四冊

210000－0701－0002559　善30692

王右丞集二十八卷首一卷末一卷　（唐）王維撰　（清）趙殿成箋注　清乾隆刻本　十二冊

210000－0701－0002560　善30693

讀書小記三十二卷　（清）范爾梅撰　清雍正七年（1729）濠上存古堂刻本　十二冊

210000－0701－0002561　善30694

兩漢紀六十卷　（宋）王銍輯　**字句異同考一卷**　清康熙三十五年（1696）蔣氏樂三堂刻本　十二冊

210000－0701－0002562　善30695

四大奇書第一種三國志一百二十回　（明）羅貫中撰　（清）毛宗崗評　清刻本　二十四冊

210000－0701－0002563　善30696

三國演義二十卷　（明）羅貫中撰　（清）毛宗崗評　清文英堂刻四大奇書本　二十冊

210000－0701－0002564　善30697

崇雅堂詩鈔十一卷　（清）李開業撰　清乾隆刻本　六冊

210000－0701－0002565　善30698

詞學全書十七卷　（清）查培繼輯　清乾隆查氏世德堂刻本　十二冊

210000－0701－0002566　善30699

漢魏六朝一百三家集一百十八卷　（明）張溥編　清刻本　七十三冊

210000－0701－0002567　善30700

詩林韶濩二十卷　（清）顧嗣立輯　清康熙四十四年（1705）顧氏秀野草堂刻本　八冊

210000－0701－0002568　善30701

蓮洋集二十卷　（清）吳雯撰　**年譜一卷附錄一卷**　清乾隆三十九年（1774）張體乾荆圃草堂刻本　八冊

210000－0701－0002569　善30702

通雅五十三卷首三卷　（清）方以智撰　清康熙五年（1666）刻本　二十四冊

210000－0701－0002570　善30703

宋百家詩存二十弓一百卷　（清）曹庭棟輯

清乾隆五年(1740)曹庭棟二六書堂刻本　四十冊

210000 - 0701 - 0002571　善 30704

汪鈍翁詩文全集一百十八卷 (清)汪琬撰
附七卷 清乾隆燕耀堂刻本　二十冊

210000 - 0701 - 0002572　善 30705

汪止庵遺集八卷首一卷 (明)江天一撰　清康熙祭書草堂刻嘉慶五年(1800)印本　四冊

210000 - 0701 - 0002573　善 30706

宛陵先生文集六十卷拾遺一卷 (宋)梅堯臣撰　清康熙四十一年(1702)徐惇復白華書屋刻本　十六冊

210000 - 0701 - 0002574　善 30707

徐位山先生六種八十七卷 (清)徐文靖撰
清雍正元年至乾隆二十年(1723 - 1755)志寧堂刻本　二十冊

210000 - 0701 - 0002575　善 30708

補瓢存稿六卷 (清)韓騏撰　清乾隆二十三年(1758)南蔭書屋刻本　六冊

210000 - 0701 - 0002576　善 30709

溉堂前集九卷續集六卷文集五卷詩餘二卷
(清)孫枝蔚撰　清康熙刻本　十二冊

210000 - 0701 - 0002577　善 30710

道園集不分卷 (元)虞集撰　清康熙刻本
二十冊

210000 - 0701 - 0002578　善 30711

寒瘦集一卷 (唐)孟郊　(唐)賈島撰
(清)岳端輯評　清康熙三十八年(1699)紅蘭室刻朱墨套印本　一冊

210000 - 0701 - 0002579　善 30712

海忠介公集六卷 (明)海瑞撰　清乾隆十八年(1753)邱氏可繼堂刻本　八冊

210000 - 0701 - 0002580　善 30713

洪辯百金方十四卷 (清)袁宮桂輯　清道光陳階平刻本　十六冊

210000 - 0701 - 0002581　善 30714

瀛奎律髓四十九卷 (元)方回輯　清康熙五

十一年(1712)吳寶芝刻本　十冊

210000 - 0701 - 0002582　善 30715

清吟堂全集十四種七十七卷 (清)高士奇撰
清康熙二十一年至三十九年(1682 - 1700)朗潤堂刻本　十二冊

210000 - 0701 - 0002583　善 30716

九史同姓名略七十二卷補遺四卷 (清)汪輝祖輯　清乾隆五十六年(1791)汪輝祖雙節堂刻本　十六冊

210000 - 0701 - 0002584　善 30717

廿一史彈詞注十卷明史彈詞注一卷 (明)楊慎撰　(清)張三異增訂　(清)張仲璜注　清雍正五年(1727)張坦麟刻本　十六冊

210000 - 0701 - 0002585　善 30718

湯子遺書十卷 (清)湯斌撰　**附錄一卷** 清康熙四十二年(1703)王廷燦刻本　六冊

210000 - 0701 - 0002586　善 30719

賓退錄十卷 (宋)趙與峕撰　清乾隆十七年(1752)存恕堂刻本　四冊

210000 - 0701 - 0002587　善 30720

雪月梅傳五十回 (清)陳朗撰　(清)董孟汾評釋　清乾隆四十年(1775)德華堂刻本
十冊

210000 - 0701 - 0002588　善 30721

天雨花三十回 (清)陶貞懷撰　清三餘堂刻本　三十二冊

210000 - 0701 - 0002589　善 30722

馮舍人遺詩六卷 (清)馮廷櫆撰　清雍正十一年(1733)馮德培刻本　三冊

210000 - 0701 - 0002590　善 30723

經義考三百卷 (清)朱彝尊撰　清乾隆二十年(1755)盧見曾刻本(原缺卷二百八十六、二百九十九至三百)　四十七冊

210000 - 0701 - 0002591　善 30724

經義考補正十二卷 (清)翁方綱撰　清乾隆刻本　四冊

210000 - 0701 - 0002592　善 30725

味和堂詩集六卷 （清）高其倬撰 清乾隆三
十一年（1766）高書勳刻本 二冊

210000－0701－0002593 善30726

羅鄂州小集六卷 （宋）羅願撰 羅鄂州遺文
一卷 （宋）羅頌撰 清康熙五十二年（1713）
程哲七略書堂刻本 六冊

210000－0701－0002594 善30727

南豐先生元豐類稿五十卷集外文二卷 （宋）
曾鞏撰 續附行狀碑志哀挽一卷 （清）顧崧
齡輯 清康熙五十六年（1717）顧崧齡刻本
八冊

210000－0701－0002595 善30728

石湖居士詩集三十四卷 （宋）范成大撰
（清）顧嗣協等重訂 清康熙二十七年（1688）
顧氏依園刻本 八冊

210000－0701－0002596 善30729

重訂唐詩別裁集二十卷 （清）沈德潛輯 清
乾隆二十八年（1763）教忠堂刻本 八冊

210000－0701－0002597 善30730

清容外集十四卷 （清）蔣士銓撰 清乾隆蔣
氏紅雪樓刻本 八冊

210000－0701－0002598 善30731

清綺軒詞選十三卷 （清）夏秉衡輯 清刻本
六冊

210000－0701－0002599 善30732

歧疑韻辨不分卷 （清）杜蕙輯 清乾隆五十
七年（1792）李鴻儀省過堂刻本 十二冊

210000－0701－0002600 善30733

新刻天花藏批評玉嬌梨四卷二十回新刻天花
藏批評平山冷燕四卷二十回 題（清）荻岸散
人編次 清乾隆四十七年（1782）振賢堂刻本
八冊

210000－0701－0002601 善30734

霓裳續譜八卷萬壽慶典一卷 （清）顏自德輯
（清）王延壽訂 清乾隆六十年（1795）集賢
堂刻本 四冊

210000－0701－0002602 善30735

新刻天花藏批評玉嬌梨四卷二十回 題（清）
荻岸散人編次 清道光二十七年（1847）玉尺
堂刻本 六冊

210000－0701－0002603 善30736

篆刻鍼度八卷 （清）陳克恕撰 清乾隆五十
一年（1786）存幾希齋刻本 四冊

210000－0701－0002604 善30737

新刻按鑑演義京本三國英雄志傳十二卷二百
四十則 （明）羅貫中撰 清松盛堂刻本 十
二冊

210000－0701－0002605 善30738

海叟詩集四卷集外詩一卷 （明）袁凱撰 附
錄一卷 清康熙六十一年（1722）曹炳曾城書
室刻本 伯屏題識 四冊

210000－0701－0002606 善30739

心齋十種二十一卷 （清）任兆麟撰 清乾隆
五十年至五十三年（1785－1788）任氏刻本
六冊

210000－0701－0002607 善30740

古今字正二卷 （清）蔣焜輯 清康熙十九年
（1680）蔣焜自刻本 二冊

210000－0701－0002608 善30741

五知齋琴譜八卷 （清）徐祺撰 （清）周魯封
輯 清乾隆二年（1737）栖心琴社紅杏山房刻
本 六冊

210000－0701－0002609 善30742

午夢堂集九卷 （明）葉紹袁編 （清）葉恆春
重編 清乾隆二十三年（1758）葉恆春刻本
四冊

210000－0701－0002610 善30743

廣事類賦四十卷 （清）華希閔撰 清乾隆二
十九年（1764）華希閔刻本 六冊 存三十卷
（一至二十四、三十五至四十）

210000－0701－0002611 善30744

餘生錄一卷塘報稿一卷 （清）邊大綬撰 清
順治邊大綬刻本 一冊

210000－0701－0002612 善30745

豫變紀略八卷紀事本末辨訛一卷明季遺聞辨訛一卷白愚濕襟錄摘語一卷 （清）鄭廉撰 燕都志變一卷 （清）徐應芬撰　虎口餘生記一卷 （清）邊大綬撰　清乾隆八年(1743)瞿瞿室刻本　四冊

210000 - 0701 - 0002613　善 30746

刪訂通鑑感應錄二卷 （清）秦鏡撰 （清）張聖左刪訂　清康熙五十四年(1715)張聖左慎修堂刻本　四冊

210000 - 0701 - 0002614　善 30747

讀史小論二卷 （清）吳成佐撰　清乾隆三十九年(1774)吳氏家刻本　二冊

210000 - 0701 - 0002615　善 30748

詠歸亭詩鈔八卷 （清）李果撰　清乾隆十七年(1752)朱昂養雲亭刻本　二冊

210000 - 0701 - 0002616　善 30749

金華徵獻略二十卷 （清）王崇炳撰　清雍正十一年(1733)金律婺東藕塘賢祠刻本　六冊

210000 - 0701 - 0002617　善 30750

唐律消夏錄五卷 （清）顧安輯　清乾隆二十七年(1762)何文煥刻本　二冊

210000 - 0701 - 0002618　善 30751

曉亭詩鈔四卷 （清）塞爾赫撰　鶴鳴集一卷 （清）伊都禮撰　清乾隆十四年(1749)鄂洛順刻本　四冊

210000 - 0701 - 0002619　善 30752

秋聲館吟稿一卷 （清）符之恆撰　清同治三年(1864)吳用威刻本　一冊

210000 - 0701 - 0002620　善 30753

讀書敏求記四卷 （清）錢曾撰　清乾隆十年(1745)沈尚傑雙桂草堂刻六十年(1795)沈炎者英堂重修本　蟫癡老逸題識　四冊

210000 - 0701 - 0002621　善 30754

戢思堂詩鈔二卷 （清）李宏撰　清乾隆五十七年(1792)李奉翰刻本　二冊

210000 - 0701 - 0002622　善 30755

遼詩話一卷 （清）周春輯　清刻松靄初刻六種本　一冊

210000 - 0701 - 0002623　善 30756

天全堂集四卷 （明）安希范撰　附錄一卷 清乾隆四十六年(1781)安吉刻本　二冊

210000 - 0701 - 0002624　善 30757

秦漢瓦當文字二卷續一卷 （清）程敦撰　清乾隆五十二年(1787)橫渠書院刻五十九年(1794)續刻本　三冊

210000 - 0701 - 0002625　善 30758

[康熙]鐵嶺縣志二卷 （清）賈弘文修 （清）董國祥纂　清康熙十六年(1677)刻本　二冊

210000 - 0701 - 0002626　善 30759

二仲詩二卷 （明）汪道貫 （明）汪道會撰 清康熙五十二年(1713)汪氏五世讀書園刻本　一冊

210000 - 0701 - 0002627　善 30760

眺秋樓詩八卷 （清）高岑撰　清乾隆二十二年(1757)刻本　四冊

210000 - 0701 - 0002628　善 30761

參讀禮志疑二卷 （清）汪紱撰　清乾隆三十六年(1771)洪騰蛟栖碧山房刻本　二冊

210000 - 0701 - 0002629　善 30762

文章軌範七卷 （元）謝枋得輯　清康熙五十七年(1718)姚培謙澹生堂刻本　四冊

210000 - 0701 - 0002630　善 30763

新評龍圖神斷公案十卷 （明）□□輯　清乾隆四十年(1775)書業堂刻本　六冊

210000 - 0701 - 0002631　善 30764

吳越春秋六卷 （漢）趙曄撰 （元）徐天祐音注　清乾隆七年(1742)文盛堂刻秘書二十一種本　四冊

210000 - 0701 - 0002632　善 30765

唐五言六韻詩豫四卷 題（清）花豫樓主人輯　清康熙花豫樓刻本　四冊

210000 - 0701 - 0002633　善 30766

姚少監詩集十卷 （唐）姚合撰　清康熙席氏

琴川書屋刻唐詩百名家全集本　二冊

210000－0701－0002634　善30767

中州詩選一卷　（明）程嘉燧輯　清刻本
一冊

210000－0701－0002635　善30768

壇廟祀典三卷　（清）方觀承撰　清乾隆刻本
三冊

210000－0701－0002636　善30769

楊鐵崖先生詠史古樂府四卷　（元）楊維禎撰
清乾隆三十八年(1773)王榮紱刻本　二冊

210000－0701－0002637　善30770

釣磯立談一卷　題(南唐)史虛白撰　清康熙
四十五年(1706)揚州使院刻棟亭藏書十二種
本　朱錫庚題識　一冊

210000－0701－0002638　善30771

元張文忠公歸田類稿二十卷　（元）張養浩撰
附錄一卷　清乾隆五十五年(1790)周永年
刻本　六冊

210000－0701－0002639　善30772

吟香堂曲譜四卷　（清）馮起鳳撰　清乾隆馮
懋才刻本　四冊

210000－0701－0002640　善30773

寒石先生文集三卷　（明）理安和撰　清乾隆
十七年(1752)張遠覽刻本　二冊

210000－0701－0002641　善30774

虞初新志二十卷補一卷　（清）張潮輯　清乾
隆二十九年(1764)羅興堂清遠閣刻本　十冊

210000－0701－0002642　善30775

貸園叢書初集十二種　（清）周永年編　清乾
隆五十四年(1789)周氏竹西書屋刻本　十
八冊

210000－0701－0002643　善30776

看雲樓集二十二卷　（清）李調元撰　清乾隆
刻本　四冊

210000－0701－0002644　善30777

神仙通鑑二十二卷圖一卷　（清）徐道撰
（清）程毓奇續撰　清刻本　二十四冊

210000－0701－0002645　善30778

王忠文公文集五十卷目錄四卷　（宋）王十朋
撰　（清）唐傳鉎重編　年譜一卷　清雍正七
年(1729)唐傳鉎鴈就堂刻本　二十四冊

210000－0701－0002646　善30779

司馬文正公傳家集八十卷目錄二卷　（宋）司
馬光撰　清乾隆六年(1741)刻本　三十二冊

210000－0701－0002647　善30780

豐川續集三十四卷　（清）王心敬撰　清乾隆
十六年(1751)王勍刻本　十六冊

210000－0701－0002648　善30781

吳詩集覽二十卷　（清）吳偉業撰　（清）靳榮
藩輯　清刻本　十六冊

210000－0701－0002649　善30782

尊水園集略十二卷補遺二卷　（清）盧世㴶撰
清順治十年(1653)刻十七年(1660)盧孝餘
續刻本　八冊

210000－0701－0002650　善30783

唐雅同聲五十卷目錄二卷　（明）毛懋宗輯
（清）朱統鉁重編　明萬曆十六年(1588)毛謙
依仁山館刻崇禎六年(1633)朱謀㙊重修清順
治十八年(1661)朱統鉁再修本　十六冊

210000－0701－0002651　善30784

高子詩集八卷文集六卷　（明）高攀龍撰　清
乾隆刻本　十二冊

210000－0701－0002652　善30785

亦政堂重修宣和博古圖錄三十卷　（宋）王黼
等撰　考古圖十卷　（宋）呂大臨撰　重考古
玉圖二卷　（元）朱德潤撰　清乾隆十五年至
十八年(1750－1753)黃晟槐蔭草堂刻本　二
十四冊

210000－0701－0002653　善30786

玉海纂二十二卷　（明）劉鴻訓撰　清順治四
年(1647)劉孔中刻本　十六冊

210000－0701－0002654　善30787

青邱高季迪先生詩集十八卷首一卷遺詩一卷
扣舷集一卷鳧藻集五卷　（明）高啟撰　（清）

金檀重訂　附錄一卷年譜一卷　（清）金檀輯
清雍正六年(1728)金檀文瑞樓刻文瑞樓匯
刻書本　十六冊

210000－0701－0002655　善30788

說鈴五十二種六十七卷　（清）吳震方輯　清
康熙刻本　三十二冊

210000－0701－0002656　善30789

石齋先生九種　（明）黃道周撰　清康熙三十
二年(1693)鄭肇刻道光二十八年(1848)彭蘊
章補刻本　十八冊　缺二種六卷(洪範明義
四卷、表記集傳二卷)

210000－0701－0002657　善30790

平閩紀十三卷　（清）楊捷撰　清康熙二十二
年(1683)楊氏世澤堂刻本　八冊

210000－0701－0002658　善30791

白田草堂存稿二十四卷　（清）王懋竑撰　崇
祀鄉賢錄一卷行狀一卷　清乾隆王箴聽刻本
六冊

210000－0701－0002659　善30792

政學合一集正編三十三種不分卷　（清）許三
禮撰　清康熙十四年至十七年(1675－1678)
刻本　十冊

210000－0701－0002660　善30793

納書楹曲譜正集四卷續集四卷外集二卷補遺
四卷　（清）葉堂訂譜　清乾隆五十七年
(1792)葉堂納書楹刻本　十四冊

210000－0701－0002661　善30794

鳧藻集五卷　（明）高啟撰　（清）金檀輯注
清雍正六年(1728)金氏刻文瑞樓匯刻書本
二冊

210000－0701－0002662　善30795

文道十書十二卷　（清）陳景雲撰　清乾隆十
九年(1754)陳黃中樸茂齋刻本　四冊　缺二
卷(紀元要略二卷)

210000－0701－0002663　善30796

片刻餘閒集二卷　（清）劉埥撰　清乾隆刻本
四冊

210000－0701－0002664　善30797

紫幢軒詩集三十二卷　（清）文昭撰　清雍正
刻本　十二冊

210000－0701－0002665　善30798

納書楹玉茗堂四夢全譜八卷　（清）葉堂訂譜
清乾隆五十七年(1792)葉堂納書楹刻本
八冊

210000－0701－0002666　善30799

綿津詩人詩集二十九卷楓香詞一卷漫堂說詩
一卷　（清）宋犖撰　清康熙刻本　八冊

210000－0701－0002667　善30800

山海經廣注十八卷雜述一卷圖五卷　（清）吳
任臣撰　清乾隆五十一年(1786)金閶書業堂
刻本　六冊

210000－0701－0002668　善30801

後邨居士詩二十卷　（宋）劉克莊撰　清康熙
五十九年(1720)姚培謙遂安堂刻本　八冊

210000－0701－0002669　善30802

龜山先生集四十三卷　（宋）楊時撰　清順治
八年(1651)楊令聞雪香齋刻本　六冊

210000－0701－0002670　善30803

紫藤書屋叢刻七種十四卷　（清）陳□編　清
乾隆五十七年(1792)秀水陳氏刻本　四冊

210000－0701－0002671　善30804

網師園唐詩箋十八卷　（清）宋宗元輯　清乾
隆三十二年(1767)宋宗元網師園刻本　八冊

210000－0701－0002672　善30805

吳江沈氏詩集十二卷　（清）沈祖禹輯　清乾
隆五年(1740)沈祖禹刻本　六冊

210000－0701－0002673　善30806

片雲集不分卷　（清）蔣廷錫撰　清康熙四十
一年(1702)蔣氏刻本　一冊

210000－0701－0002674　善30807

仁山金先生文集四卷　（宋）金履祥撰　附錄
一卷　清雍正三年(1725)金弘勳春暉堂刻本
四冊

210000－0701－0002675　善30808

歸愚文鈔二十卷　（清）沈德潛撰　清乾隆二十四年(1759)教忠堂刻沈歸愚詩文全集本　六冊

210000－0701－0002676　善30809

歸愚詩鈔二十卷　（清）沈德潛撰　年譜一卷　清乾隆教忠堂刻沈歸愚詩文全集本　六冊

210000－0701－0002677　善30810

歸愚詩鈔二十卷　（清）沈德潛撰　清乾隆教忠堂刻沈歸愚詩文全集本　六冊　存十卷（一至十）

210000－0701－0002678　善30811

伊川擊壤集二十卷　（宋）邵雍撰　明萬曆元年(1573)刻本　六冊

210000－0701－0002679　善30812

賴古堂尺牘新鈔三選結鄰集十六卷　（清）周亮工輯　清康熙九年(1670)周氏賴古堂刻本　十六冊

210000－0701－0002680　善30813

商丘宋氏家集八卷　（清）宋犖　（清）宋玉撰　清康熙刻本　四冊

210000－0701－0002681　善30814

雙清閣詩稿八卷　（清）勵廷儀撰　清乾隆三年(1738)勵宗萬刻本　四冊

210000－0701－0002682　善30815

紫竹山房詩集十二卷文集二十卷首一卷　（清）陳兆崙撰　清乾隆刻本　十二冊

210000－0701－0002683　善30816

向惕齋先生集十卷　（清）向璿撰　清乾隆十二年(1747)向宏運刻本　二冊

210000－0701－0002684　善30817

山海經十八卷　（晉）郭璞注　清乾隆十八年(1753)黃晟槐蔭草堂刻山水二經合刻本　二冊

210000－0701－0002685　善30818

出門吟不分卷　（清）李贊元撰　清康熙五年(1666)李贊元刻本　四冊

210000－0701－0002686　善30819

洹詞十二卷　（明）崔銑撰　清乾隆三十六年(1771)黃邦寧刻本　十二冊

210000－0701－0002687　善30820

香屑集十八卷首一卷末一卷　（清）黃之雋撰　清雍正十二年(1734)陳邦直刻本　六冊

210000－0701－0002688　善30821

清異錄二卷　（宋）陶穀撰　清康熙陳世修漱六閣刻本　二冊

210000－0701－0002689　善30822

神仙通鑑二十二卷　（清）徐衢撰　（清）程毓奇續撰　清康熙刻本　二冊

210000－0701－0002690　善30823

吳郡樂圃朱先生餘藁十卷附編一卷補遺一卷　（宋）朱長文撰　清康熙五十一年(1712)吳郡朱岳壽刻本　六冊

210000－0701－0002691　善30824

近思錄原本集解十四卷　（宋）朱熹　（宋）呂祖謙撰　（宋）葉采集解　清康熙十三年(1674)敬壽軒刻本　六冊

210000－0701－0002692　善30825

觚賸八卷續編四卷　（清）鈕琇輯　清康熙四十一年(1702)鈕琇臨野堂刻本　六冊

210000－0701－0002693　善30826

金石緣全傳八卷二十四回　題（清）靜恬主人撰　清同治四年(1865)古經閣刻本　四冊

210000－0701－0002694　善30827

鏡花緣二十卷一百回　（清）李汝珍撰　（清）菊如等評　清道光五年(1825)刻本　二十冊

210000－0701－0002695　善30828

今古奇觀四十卷　題（明）抱甕老人輯　清同文堂刻本　十五冊　缺二卷(十六至十七)

210000－0701－0002696　善30829

拍案驚奇八卷二十二回　（明）凌濛初撰　清乾隆四十三年(1778)消閒居刻本　六冊

210000－0701－0002697　善30830

今古奇觀四十卷　題（明）抱甕老人輯　清乾隆四十九年(1784)刻本　十六冊

210000－0701－0002698　善30831

拍案惊奇三十六卷　（明）淩濛初撰　清乾隆四十九年(1784)聚錦堂刻本　十冊

210000－0701－0002699　善30832

牧齋有學集五十一卷　（清）錢謙益撰　清康熙二十四年(1685)金匱山房刻本　二十四冊

210000－0701－0002700　善30833

改亭文集十六集詩集六卷　（清）計東撰　清康熙三十二年(1693)宋犖刻四十七年(1708)王廷揚刻本　十一冊

210000－0701－0002701　善30834

嘯餘譜十一卷　（明）程明善輯　清康熙聖雨齋刻本　二十冊

210000－0701－0002702　善30835

唐陸宣公集二十二卷　（唐）陸贄撰　清光緒十二年(1886)公善堂刻本　四冊

210000－0701－0002703　善30836

抱犢山房集六卷　（清）嵇永仁撰　附刻一卷　（清）王龍光　（清）沈上章撰　清雍正刻本　六冊

210000－0701－0002704　善30837

唐詩排律七卷　（清）牟欽元選輯　（清）牟融箋注　清康熙五十四年(1715)牟欽元紫蘭書屋刻本　八冊

210000－0701－0002705　善30838

草字彙十二卷　（清）石梁撰　清乾隆五十二年(1787)敬義齋刻本　六冊

210000－0701－0002706　善30839

御覽書苑菁華二十卷　（宋）陳思撰　清乾隆四十九年(1784)汪汝瑮振綺堂刻本　十冊

210000－0701－0002707　善30840

仰節堂集十四卷　（明）曹于汴撰　清康熙二年(1663)呂崇烈等刻本　十冊

210000－0701－0002708　善30841

中晚唐詩叩彈集十二卷續集三卷　（清）杜詔（清）杜庭珠輯注　清康熙四十三年(1704)采山亭刻本　八冊

210000－0701－0002709　善30842

劍虹齋集十二卷　（清）梁璥撰　清乾隆三十六年(1771)梁本榮一畝園刻本　六冊

210000－0701－0002710　善30843

張仲景金匱要略二十四卷　（清）沈明宗編注　清康熙致和堂刻本　六冊

210000－0701－0002711　善30844

閑青堂詩集十卷　（清）朱倫翰撰　清乾隆刻本　四冊

210000－0701－0002712　善30845

篋衍集三卷　（清）陳維崧輯　清康熙三十六年(1697)蔣國祥刻本　六冊

210000－0701－0002713　善30846

南史八十卷　（唐）李延壽撰　明崇禎元年至十七年(1628－1644)毛氏汲古閣刻清順治補輯十七史本　十六冊

210000－0701－0002714　善30847

閑情集六卷　（清）顧有孝輯　（清）陸世楷增訂　清康熙九年(1670)刻本　四冊

210000－0701－0002715　善30848

琴學內篇一卷外篇一卷　（清）曹庭棟撰　清乾隆刻本　四冊

210000－0701－0002716　善30849

[乾隆]蒙自縣志六卷　（清）李焜纂修　清乾隆五十六年(1791)刻本　六冊

210000－0701－0002717　善30850

漢書一百卷　（漢）班固撰　（唐）顏師古注　明末清初金閶書業堂刻本　二十五冊　缺六卷(三十四至三十九)

210000－0701－0002718　善30851

漢書一百卷　（漢）班固撰　（唐）顏師古注　明末清初金閶書業堂刻本　三十六冊

210000－0701－0002719　善30852

鴈門集六卷　（元）薩都剌撰　（清）薩龍光重校　清乾隆四十九年至五十年(1784－1785)薩龍光刻本　四冊

210000－0701－0002720　善30853

137

習是編二卷 （清）屈成霖撰 清乾隆十三年
(1748)刻本 四冊

210000－0701－0002721 善30854

飴山文集十二卷 （清）趙執信撰 **附錄一卷**
清乾隆三十九年(1774)因園刻本 六冊

210000－0701－0002722 善30855

陶菴全集二十二卷首一卷末一卷 （明）黃淳
耀撰 清乾隆二十六年(1761)陶應鯤等刻本
八冊

210000－0701－0002723 善30856

陸宣公集二十二卷 （唐）陸贄撰 清雍正元
年(1723)年羹堯刻本 十冊

210000－0701－0002724 善30857

唐詩類苑選三十四卷 （清）戴明說等選 清
順治十六年(1659)武林翼盛堂刻本 二十冊

210000－0701－0002725 善30858

性命圭旨四卷 （□）□□撰 清康熙九年
(1670)棣鄂堂刻本 四冊

210000－0701－0002726 善30859

感舊集十六卷 （清）王士禎輯 （清）盧見曾
補傳 清乾隆十七年(1752)盧見曾刻本
五冊

210000－0701－0002727 善30860

本朝館閣詩二十卷 （清）阮學浩 （清）阮學
濬編 **附錄一卷** 清乾隆二十三年(1758)阮
學濬困學書屋刻本 十二冊

210000－0701－0002728 善30861

午亭文編五十卷 （清）陳廷敬撰 （清）林佶
輯錄 清康熙四十七年(1708)林佶刻五十八
年(1719)陳壯履補修乾隆印本 十六冊

210000－0701－0002729 善30862

高陽太傅孫文正公年譜五卷 （明）孫銓輯
（清）孫奇逢訂正 清孫氏師儉堂刻本 四冊

210000－0701－0002730 善30863

萬口碑輯四卷 （清）張經等輯 **東南輿誦一
卷** （清）陸鳴球 （清）徐允哲輯 清康熙三
十九年(1700)刻本 六冊

210000－0701－0002731 善30864

國朝三家文鈔三十二卷 （清）宋犖 （清）許
汝霖輯 清康熙三十三年(1694)宋犖刻本
十六冊

210000－0701－0002732 善30865

董文敏公畫禪隨筆四卷 （明）董其昌撰
（清）汪汝祿輯 清康熙十七年(1678)汪汝祿
刻本 四冊

210000－0701－0002733 善30866

蓉槎蠡說十二卷 （清）程哲撰 清康熙五十
年(1711)程哲刻本 六冊

210000－0701－0002734 善30867

擇執錄十二卷 （清）王家啟輯 清康熙十二
年(1673)刻本 六冊

210000－0701－0002735 善30868

笛漁小稿十卷 （清）朱昆田撰 清康熙五十
三年(1714)朱稻孫刻曝書亭集本 二冊

210000－0701－0002736 善30869

詩存四卷 （清）金德瑛撰 清乾隆三十三年
(1768)金氏刻本 四冊

210000－0701－0002737 善30870

靜觀堂詩集二十四卷 （清）勞之辯撰 清康
熙四十年(1701)勞之辯刻本 四冊

210000－0701－0002738 善30871

本朝館閣賦前集十二卷後集七卷 （清）程洵
撰 清乾隆二十九年(1764)阮學濬困學齋刻
本 六冊 存十二卷(前集十二卷)

210000－0701－0002739 善30872

[淳熙]新安志十卷 （宋）羅願撰 **附錄一卷**
清康熙刻本 九冊 存十卷(二至十、附錄
一卷)

210000－0701－0002740 善30873

二家詩鈔二十卷 （清）邵長蘅輯 清康熙三
十四年(1695)刻本 十二冊

210000－0701－0002741 善30874

八代詩揆五卷補遺一卷 （清）陸奎勳輯 清
康熙刻本 二冊

210000－0701－0002742　善30875

孫氏世乘三卷　（清）孫兆熙等輯　清康熙刻本　二冊

210000－0701－0002743　善30876

王崑繩文集不分卷　（清）王源撰　清康熙信芳齋刻本　一冊

210000－0701－0002744　善30877

名句文身表異錄二十卷　（明）王志堅輯　清康熙四十七年(1708)陳世修刻本　二冊

210000－0701－0002745　善30878

愛吟草一卷愛吟前草一卷　（清）常紀撰　**恩卹道崇牧常君殉節錄一卷**　（清）張洲等撰　**慈惺圖庚寅草一卷**　（清）慈國璋撰　**集錄題常理齋愛吟草及殉節錄詩二卷**　（清）王爾烈輯　清乾隆五十三年至五十五年（1788－1790）王爾烈刻本　四冊

210000－0701－0002746　善30879

[光緒]廣西中越全界之圖不分卷　（清）蔡希邠　（法國）西威儀勘繪　清光緒十九年(1893)刻本　一冊

210000－0701－0002747　善30880

姜白石集九卷　（宋）姜夔撰　**附錄一卷**　清乾隆鮑廷博知不足齋刻姜白石詩詞合集本　四冊

210000－0701－0002748　善30881

圖繪寶鑑八卷　（元）夏文彥撰　清借綠草堂刻本　四冊

210000－0701－0002749　善30882

本事詩十二卷　（清）徐釚輯　清康熙四十三年(1704)鼉尾山房刻雍正十三年(1735)重修本　四冊

210000－0701－0002750　善30883

香祖筆記十二卷　（清）王士禛撰　清康熙刻王漁洋遺書本　六冊

210000－0701－0002751　善30884

德音堂琴譜十卷　（清）郭用英輯　清康熙六十年(1721)有文堂刻本　六冊

210000－0701－0002752　善30885

拜經樓叢書二十六種　（清）吳騫編　清康熙嘉慶吳氏拜經樓刻本　二十四冊

210000－0701－0002753　善30886

西河合集一百二十種四百九十七卷　（清）毛奇齡撰　清康熙書留草堂刻乾隆三十四年(1769)重修本　一百冊

210000－0701－0002754　善30887

雷峰塔傳奇四卷　（清）方重培重訂　清乾隆三十七年(1772)水竹居刻本　四冊

210000－0701－0002755　善30888

懷永堂繪像第六才子書八卷　（元）王實甫撰　（清）金人瑞評　清金閶書業堂刻本　六冊

210000－0701－0002756　善30889

評論出像水滸傳二十卷　（明）施耐庵撰　（清）金人瑞評　清刻本　二十四冊

210000－0701－0002757　善30890

檀几叢書一集五十種五十卷二集五十種五十卷餘集四十七種二卷　（清）王晫　（清）張潮輯　清康熙張潮霞舉堂刻本　十四冊

210000－0701－0002758　善30891

松泉詩集二十六卷文集二十卷　（清）汪由敦撰　清乾隆汪承霈刻本　二十冊

210000－0701－0002759　善30892

貫華堂才子書彙稿十種十五卷　（清）金人瑞撰　清刻本　八冊　存七種十卷(唱經堂杜詩解四卷附沈吟樓借杜詩一卷、唱經堂古詩解一卷、唱經堂左傳釋一卷、唱經堂釋小雅一卷、唱經堂釋孟子一卷、唱經堂批歐陽永叔詞十二首一卷)

210000－0701－0002760　善30893

瑞陽阿集十卷首一卷　（明）江東之撰　清乾隆八年(1743)江洪等刻本　八冊

210000－0701－0002761　善30894

東周列國全志二十三卷首一卷一百八回　（清）蔡昇評　清咸豐四年(1854)森寶齋刻朱墨套印本　二十四冊

210000－0701－0002762　善30895

西遊眞詮一百回　（清）陳士斌撰　清吳郡崇德書院刻本　二十冊

210000－0701－0002763　善30896

東周列國志二十三卷首一卷一百八十回（清）蔡界評點　清光緒十五年(1889)竹深山房刻三色套印本　二十四冊

210000－0701－0002764　善30897

林蕙堂全集二十六卷　（清）吳綺撰　清康熙三十九年(1700)吳壽潛刻本　十二冊

210000－0701－0002765　善30898

樓邨詩集二十五卷　（清）王式丹撰　清雍正四年(1726)王懋訥刻本　六冊

210000－0701－0002766　善30899

張龍湖先生文集十五卷　（明）張治撰　清雍正四年(1726)彭思春墨香閣刻本　八冊

210000－0701－0002767　善30900

新鐫重訂出像注釋通俗演義西晉志傳四卷東晉志傳八卷西晉紀元傳一卷　（明）□□輯（明）陳氏尺蠖齋評　清刻萬全書屋重修本十二冊

210000－0701－0002768　善30901

箓漪園懷舊集七卷　（清）永恩輯　清乾隆四十二年(1777)蘭亭主人永恩刻本　二冊

210000－0701－0002769　善30902

醒世姻緣傳一百回　題(清)西周生輯撰　清刻本　十二冊

210000－0701－0002770　善30903

納書楹西廂全譜二卷續譜一卷　（清）葉堂訂譜　清乾隆六十年(1795)葉氏納書楹刻本二冊

210000－0701－0002771　善30904

原李耳載二卷　（明）李中馥撰　清乾隆三十二年(1767)李青房刻本　二冊

210000－0701－0002772　善30905

澄鑑堂琴譜不分卷琴譜指法二卷　（清）徐常遇輯　清乾隆徐依采刻本　四冊

210000－0701－0002773　善30906

醫學啓蒙彙編六卷　（清）翟良撰　（清）翟文楠　（清）李聚和補訂　清康熙五年(1666)林起龍刻本　六冊　存五卷(一至五)

210000－0701－0002774　善30907

繡像西漢演義十卷　（明）甄偉撰　繡像東漢演義八卷　（明）謝詔撰　（明）鍾惺評　清大文堂刻本　十四冊

210000－0701－0002775　善30908

孟襄陽詩集二卷　（唐）孟浩然撰　（清）汪立名編　清康熙三十四年(1695)汪立名刻本二冊

210000－0701－0002776　善30909

趙文敏公松雪齋全集十卷外集一卷續集一卷（元）趙孟頫撰　清光緒八年(1882)洞庭楊氏刻本　十二冊

210000－0701－0002777　善30910

墨池編二十卷　（宋）朱長文輯　清康熙五十三年(1714)朱之勵刻本　十冊

210000－0701－0002778　善30910

印典八卷　（清）朱象賢輯　清刻本　與210000－0701－0002777 合冊

210000－0701－0002779　善30911

風箏誤傳奇二卷　（清）李漁撰　題(清)樸齋主人批評　清翼聖堂刻笠翁傳奇十種本四冊

210000－0701－0002780　善30912

明孫石臺先生質疑稿三卷　（明）孫揚撰　清乾隆二十五年(1760)戴文燈刻本　二冊

210000－0701－0002781　善30913

金梁夢月詞二卷懷夢詞一卷　（清）周之琦撰清愛日軒高景藩刻本　二冊

210000－0701－0002782　善30914

荷塘詩集十二卷　（清）張玉典撰　清乾隆五十二年(1787)刻本　四冊

210000－0701－0002783　善30915

陶人心語六卷可姬傳一卷　（清）唐英撰　清

嘉慶十一年(1806)唐奎聯刻本　五冊

210000－0701－0002784　善30916
郝文忠公陵川文集三十九卷　(元)郝經撰
附錄一卷　清乾隆三年(1738)王鏐刻本　六
冊　存二十四卷(十六至三十九)

210000－0701－0002785　善30917
榕邨詩選八卷首一卷　(清)李光地輯　清雍
正七年(1729)江都方覲刻本　六冊

210000－0701－0002786　善30918
楊忠愍公集四卷　(明)楊繼盛撰　(清)朱永
輝輯　清康熙三十三年(1694)朱永輝刻本
四冊

210000－0701－0002787　善30919
書畫跋跋三卷續三卷　(明)孫鑛著　清乾隆
五年(1740)孫氏居業堂刻本　四冊

210000－0701－0002788　善30920
乾坤法竅三卷陰浮玄解一卷　(清)范宜賓輯
注　清乾隆三十七年(1772)范宜賓林笏堂刻
本　六冊

210000－0701－0002789　善30921
苑洛集二十二卷　(明)韓邦奇撰　清乾隆十
六年(1751)西河書院刻本　十冊

210000－0701－0002790　善30922
博物典彙十八卷　(明)黃道周輯　清康熙刻
本　十六冊

210000－0701－0002791　善30923
聲調前譜一卷後譜一卷續譜一卷　(清)趙執
信撰　清刻本　一冊

210000－0701－0002792　善30924
弢甫集十四卷　(清)桑調元撰　旌門錄一卷
　(清)桑調元輯　清乾隆七年(1742)蘭陔草
堂刻本　四冊

210000－0701－0002793　善30925
悜齋五種十卷　(清)夏綸撰　(清)徐夢元評
　清乾隆十四年(1749)夏氏世光堂刻本
十冊

210000－0701－0002794　善30926

大還閣琴譜六卷谿山琴況一卷萬峰閣指法闓
箋一卷　(清)徐祺撰　清康熙十二年(1673)
蔡毓榮刻本　八冊

210000－0701－0002795　善30927
蘇門山人詩鈔三卷　(清)張符升撰　清乾隆
張愛鼎等刻本　二冊

210000－0701－0002796　善30928
七子詩選十四卷　(清)沈德潛選　清乾隆十
八年(1753)刻本　四冊

210000－0701－0002797　善30929
聊齋志異新評十六卷　(清)蒲松齡撰　(清)
王士禎　(清)但明倫評　(清)呂湛恩注　清
同治八年(1869)青雲樓刻朱墨套印本　十
六冊

210000－0701－0002798　善30930
中寰集十一卷　(明)何出光撰　清乾隆二十
八年至二十九年(1763－1764)何氏家刻本
十二冊

210000－0701－0002799　善30931
新刻逸田叟女仙外史大奇書一百回　(清)呂
熊撰　清康熙鈞璜軒刻本　十冊

210000－0701－0002800　善30932
雅雨堂藏書一百三十八卷　(清)盧見曾輯
清乾隆二十一年(1756)盧見曾雅雨堂刻本
四十八冊　缺二卷(尚書大傳續補遺一卷、攷
異一卷)

210000－0701－0002801　善30933
新編南詞定律十三卷首一卷　(清)呂士雄等
撰　清康熙五十九年(1720)香芸閣刻本
八冊

210000－0701－0002802　善30934
新鐫玉茗堂批評按鑑參補南宋志傳十卷五十
回新鐫玉茗堂批點按鑑參補楊家將傳十卷五
十回　(明)熊大木撰　題(明)研石山樵訂正
　清玉蘭堂刻本　十二冊

210000－0701－0002803　善30935
南堂詩鈔十二卷詞賦一卷　(清)施世綸撰

潯江施公傳一卷 （清）林之潗撰 清雍正四
年(1726)江寧施廷翰刻本 十四冊

210000－0701－0002804 善30936
唐石經校文十卷 （清）嚴可均撰 清嘉慶九
年(1804)刻本 二冊

210000－0701－0002805 善30937
九靈山房集三十卷補編二卷 （元）戴良撰
年譜一卷 （清）戴殿江 （清）戴殿泗撰 清
乾隆三十七年(1772)戴氏傳經書屋刻本 十
六冊

210000－0701－0002806 善30938
敬業堂詩集五十卷續集六卷 （清）查慎行撰
清康熙五十八年(1719)刻雍正增修乾隆查
學、查開續刻本 十冊

210000－0701－0002807 善30939
醒世姻緣傳一百回 題(清)西周生輯撰 題
(清)然藜子校定 清同治九年(1870)刻本
二十四冊

210000－0701－0002808 善30940
新鑴全像通俗演義隋煬帝艷史八卷四十回
題(明)齊東野人撰 題(明)不經先生評 清
刻本 十二冊

210000－0701－0002809 善30941
桃花扇傳奇二卷四十齣 （清）孔尚任撰 清
康熙刻本 四冊

210000－0701－0002810 善30942
志學後錄八卷渴露編一卷 （清）向璿撰 清
乾隆十年(1745)向宏運正學軒刻本 二冊

210000－0701－0002811 善30943
因樹屋書影十卷 （清）周亮工撰 清懷德堂
刻本 二冊 存五卷(一至五)

210000－0701－0002812 善30944
述學內篇三卷外篇一卷補遺一卷別錄一卷
（清）汪中撰 清道光汪喜孫刻本 二冊

210000－0701－0002813 善30945
續四才子兩交婚小傳雙飛鳳全傳四卷十八回
題(清)天花藏主人撰 清光緒十四年

(1888)姑蘇紅葉山房刻本 四冊

210000－0701－0002814 善30946
吳山三婦評箋注釋聖歎第六才子書八卷末一
卷 （元）王實甫撰 （清）金人瑞等評 清書
業堂刻本 六冊

210000－0701－0002815 善30947
花甲閒談十六卷 （清）張維屏撰 （清）葉夢
草繪 清光緒十年(1884)刻本 四冊

210000－0701－0002816 善30948
岳武穆精忠傳六卷六十八回 題(明)鄒元標
編訂 清刻本 六冊

210000－0701－0002817 善30949
吾盡吾意齋樂府二卷 （清）陳皋撰 清乾隆
刻本 二冊

210000－0701－0002818 善30950
桂山錄異八卷 （清）顧淰撰 清乾隆五十八
年(1793)顧淰碧梧堂刻本 八冊

210000－0701－0002819 善30951
脈訣彙辨十卷 （清）李延昰撰 清康熙五年
(1666)李氏家刻本 六冊

210000－0701－0002820 善30952
點石齋畫報二十八集 （清）吳友如等畫 清
宣統二年(1910)上海集成圖書公司石印本
五十八冊

210000－0701－0002821 善30953
成裕堂繪像第七才子書六卷 （元）高明撰
(清)毛宗崗評 （清）程士仕校 清雍正十三
年(1735)程士仕課花書屋刻本 六冊

210000－0701－0002822 善30954
清漪軒詞選十三卷 （清）夏秉衡輯 清芥子
園刻本 八冊

210000－0701－0002823 善30955
斜川集六卷 （宋）蘇過撰 清乾隆五十三年
(1788)趙懷玉亦有生齋刻本 胡嗣瑗題識
三冊

210000－0701－0002824 善30956
蔗塘未定稿九卷外集八卷 （清）查為仁

（清）金至元撰　清乾隆刻本　四冊

210000－0701－0002825　善30957

且亭詩六卷　（清）楊思聖撰　**本傳一卷**
（清）申涵光撰　清康熙七年(1668)楊履吉刻
本　六冊

210000－0701－0002826　善30958

巾箱小品十三種十三卷　（清）□□輯　清華
韵軒刻本　四冊

210000－0701－0002827　善30959

彈指詞二卷　（清）顧貞觀撰　清乾隆四十九
年(1784)顧氏刻本　一冊

210000－0701－0002828　善30960

穀山筆塵十八卷　（明）于慎行撰　明萬曆四
十一年(1613)于緯刻清康熙十六年(1677)于
繼善補刻本　四冊

210000－0701－0002829　善30961

檀園集十二卷　（明）李流芳撰　清康熙二十
八年(1689)嘉定陸廷燦刻本　六冊

210000－0701－0002830　善30962

有懷堂文藁二十二卷詩藁六卷　（清）韓菼撰
清康熙四十二年(1703)刻本　八冊

210000－0701－0002831　善30963

葛莊分類詩鈔十二卷補遺一卷　（清）劉廷璣
撰　清康熙刻本　十冊

210000－0701－0002832　善30964

芥子園畫傳初集五卷　（清）王槩輯　**芥子園
畫傳二集八卷**　（清）王槩等輯　清乾隆四十
七年(1782)金閶書業堂刻本　九冊

210000－0701－0002833　善30965

東周列國志二十三卷一百八回　（清）蔡奡評
點　清致和堂刻本　二十冊

210000－0701－0002834　善30966

格致鏡原一百卷　（清）陳元龍輯　清康熙五
十六年(1717)陳元龍刻雍正十三年(1735)印
本　三十二冊

210000－0701－0002835　善30967

眞詮二卷遇眞記一卷　（明）桑喬撰　清康熙

四十九年(1710)彭定求刻本　二冊

210000－0701－0002836　善30969

鳴盛集二卷　（清）弘瞻撰　清乾隆二十八年
(1763)弘瞻刻本　三冊

210000－0701－0002837　善30970

古夫于亭雜錄六卷　（清）王士禛撰　清康熙
刻本　四冊

210000－0701－0002838　善30971

寄園寄所寄十二卷　（清）趙吉士輯　清康熙
三十五年(1696)趙氏寄園刻本　二十二冊

210000－0701－0002839　善30972

牧齋初學集詩注二十卷有學集詩注十四卷
（清）錢謙益撰　（清）錢曾注　清凌鳳翔刻本
十八冊

210000－0701－0002840　善30973

牧齋初學集詩注二十卷　（清）錢謙益撰
（清）錢曾注　清凌鳳翔刻本　八冊

210000－0701－0002841　善30974

憐香伴傳奇二卷　（清）李漁撰　題(清)玄洲
逸叟批評　清康熙刻本　二冊

210000－0701－0002842　善30975

南越筆記十六卷　（清）李調元撰　清乾隆刻
本(卷十四至十六抄補)　六冊

210000－0701－0002843　善30976

魏叔子文集外篇二十二卷首一卷　（清）魏禧
撰　（清）魏世傑編次　（清）曾燦評點　清康
熙易堂刻本　十二冊

210000－0701－0002844　善30977

飴山詩集二十卷　（清）趙執信撰　清乾隆十
七年(1752)因園刻本　四冊

210000－0701－0002845　善30978

欽定授時通攷七十八卷　（清）鄂爾泰等編
清乾隆九年(1744)江西陳弘謀刻本　二十冊

210000－0701－0002846　善30979

新刻異說反唐全傳十四卷一百四十回　清嘉
慶瑞文堂刻本　十三冊　存十三卷(一至十
三)

210000－0701－0002847　善30980

宋氏家傳纂言四卷　（明）宋鳴梧輯　清乾隆
宋名立刻本　二冊

210000－0701－0002848　善30981

青邱高季迪先生詩集十八卷遺詩一卷扣舷集
一卷首一卷末一卷　（明）高啟撰　（清）金檀
輯注　清刻本　八冊

210000－0701－0002849　善30982

竹莊詩草十二卷賦鈔一卷　（清）傅玉書撰
清乾隆刻本　七冊

210000－0701－0002850　善30983

在亭叢稾十二卷和陶飲酒詩二十首　（清）李
果撰　清乾隆刻本　九冊　存十卷(三至十
二、和陶飲酒詩二十首)

210000－0701－0002851　善30984

地圖綜要三卷　（明）吳學儼等撰　明末刻本
八冊

210000－0701－0002852　善30985

亭林遺書十種二十七卷　（清）顧炎武撰　清
吳江潘氏遂初堂刻本　八冊

210000－0701－0002853　善30986

湛園未定稿六卷　（清）姜宸英撰　清康熙二
老閣刻本　六冊

210000－0701－0002854　善30987

榕邨講授三卷　（清）李光地輯　清刻本
三冊

210000－0701－0002855　善30988

埤雅二十卷　（宋）陸佃撰　清嘉慶九年
(1804)刻本　四冊

210000－0701－0002856　善30989

柯園十詠不分卷　（清）沈榪元輯　清刻本
四冊

210000－0701－0002857　善30990

韓五泉詩四卷[正德]韓邑縣志二卷　（明）韓
邦靖撰　附錄二卷　清刻本　三冊

210000－0701－0002858　善30991

味和堂詩集五卷　（清）高其倬撰　清乾隆高

恪、高麟刻本　三冊　存四卷(二至五)

210000－0701－0002859　善30992

麗句集六卷　（明）許之吉輯　清初刻本
二冊

210000－0701－0002860　善30993

姑蘇楊柳枝詞一卷補一卷補注一卷　（清）汪
琬等撰　（清）周枝槑編次　（清）周靖箋注
清康熙刻鈍翁全集本　二冊

210000－0701－0002861　善30994

趙虞選註杜工部五七言近體合刻六卷　（清）
查弘道撰　（清）金集補注　清乾隆查弘道刻
本　六冊

210000－0701－0002862　善30995

買愁集四卷　（清）錢尚濠輯　清郁郁堂刻本
八冊

210000－0701－0002863　善30996

古今詩話八卷　（明）陳繼儒輯　清初刻本
八冊

210000－0701－0002864　善30997

德州田氏叢書二十二卷　（清）田雯等輯　清
康熙、乾隆刻本　十二冊

210000－0701－0002865　善30998

東里子集五卷東里子前集二卷　（清）馮泌
（清）馮瑋撰　清康熙馮氏刻本　四冊

210000－0701－0002866　善30999

太古傳宗琵琶調西廂記曲譜六卷　（清）鄒金
生　（清）徐興華閱　（清）朱廷鏐　（清）朱
廷璋重訂　清乾隆十四年(1749)允祿刻本
六冊

210000－0701－0002867　善31000

杜詩鏡銓二十卷　（清）楊倫撰　年譜一卷附
錄一卷　清乾隆九柏山房刻本　八冊

210000－0701－0002868　善31001

車營百八叩不分卷　（明）孫承宗撰　清刻本
一冊

210000－0701－0002869　善31002

唐書宰相世系表訂譌十二卷　（清）沈炳震撰

清嘉慶十五年(1810)查世倓刻同治十年
(1871)吳煦清來堂重修本　四冊

210000－0701－0002870　善31003
明狀元圖考三卷　(明)顧祖訓撰　(明)吳承
恩　(明)程一楨增益　**三元喜讌詩二卷**
(清)錢啓　(清)孔傳編輯　清刻本　六冊

210000－0701－0002871　善31004
新刻明朝通紀會纂七卷　(明)王世貞會纂
(明)王政敏訂正　(清)王汝南補定　清刻本
六冊

210000－0701－0002872　善31005
豐川全集正編二十八卷續編二十三卷　(清)
王心敬撰　清康熙五十五年(1716)額氏刻本
十六冊

210000－0701－0002873　善31006
愼鸞交傳奇二卷　(清)李漁撰　清刻本
二冊

210000－0701－0002874　善31007
**獨學廬初稿詩八卷文三卷二稿詩三卷文三卷
三稿詩六卷文五卷四稿詩四卷文五卷五稿詩
六卷文三卷餘稿一卷附錄一卷**　(清)石韞玉
撰　清乾隆六十年(1795)至道光刻匯印本
十四冊

210000－0701－0002875　善31008
繡像紅樓夢全傳一百二十卷　(清)曹霑撰
(清)王希廉批評　清刻本　二十四冊

210000－0701－0002876　善31009
廣虞初新志四十卷　(清)黃承增輯　清嘉慶
八年(1803)黃承增刻本　二十冊

210000－0701－0002877　善31010
儒林外史五十六回　(清)吳敬梓撰　清嘉慶
刻本　十六冊

210000－0701－0002878　善31011
繡像芙蓉洞全傳十卷四十回　(清)陳遇乾撰
清道光十六年(1836)刻本　十冊

210000－0701－0002879　善31012
北史演義六十四卷　(清)杜綱撰　(清)許寶

善批評　清道光二十二年(1842)敬業山房刻
本　十二冊

210000－0701－0002880　善31013
奕餘一卷奕餘二集一卷綺語一卷又奕餘一卷
(明)項煜撰並輯　明末刻本　一冊

210000－0701－0002881　善31014
詩倫二卷　(清)汪薇輯　清康熙汪氏寒木堂
刻本　二冊

210000－0701－0002882　善31015
鐫補雷公炮製藥性解六卷　(清)李中梓編
(明)錢允治訂正　明末刻本　一冊

210000－0701－0002883　善31016
好逑傳四卷十八回　(清)□□撰　清同治二
年(1863)獨處軒刻本　四冊

210000－0701－0002884　善31017
紅樓夢散套十六卷　題(清)荊石山民填詞
(清)黃兆魁訂譜　清嘉慶刻本　四冊

210000－0701－0002885　善31018
紅樓夢傳奇八卷　(清)陳鍾麟撰　清道光十
五年(1835)漢青齋刻本　八冊

210000－0701－0002886　善31019
琴譜新聲六卷首一卷　(清)曹尚絅等撰　清
乾隆九年(1744)刻本　四冊

210000－0701－0002887　善31020
在園雜志四卷　(清)劉廷機撰　清康熙五十
四年(1715)刻本　四冊

210000－0701－0002888　善31021
新鐫分類便用書柬活套錦繡雲箋初集四卷
(清)王相輯　清鄭漢刻本　四冊

210000－0701－0002889　善31022
御覽曲洧舊聞十卷　(宋)朋九萬撰　清刻本
四冊

210000－0701－0002890　善31023
貫華堂第六才子書八卷才子西廂文一卷
(元)王德信(王實甫)　(元)關漢卿撰
(清)金人瑞評　清四美堂刻本　六冊

210000－0701－0002891　善31024

烏臺詩案一卷　題(宋)朋九萬輯　清刻本
一冊

210000－0701－0002892　善31025

板橋集六卷　(清)鄭燮撰　清乾隆四十八年
(1783)清暉書屋刻本　四冊

210000－0701－0002893　善31026

繡襦記二卷　(明)徐霖撰　明末毛氏汲古閣
刻清道光補刻重印繡刻演劇六十種本　四冊

210000－0701－0002894　善31027

新鎸批評繡像後西遊記四十回　題(清)天花
才子評點　清道光元年(1821)貴文堂刻本
十四冊

210000－0701－0002895　善31028

箋註繪像第六才子西廂釋解八卷末一卷
(元)王實甫撰　(清)金人瑞評　清致和堂刻
本　六冊

210000－0701－0002896　善31029

品花寶鑑六十回　(清)陳森撰　清刻本　十
二冊

210000－0701－0002897　善31030

[道光]續修定遠縣志二卷　(清)張嗣鴻纂修
　清道光刻本　二冊

210000－0701－0002898　善31030

[同治]續修定遠縣志二卷　(清)李玉宣纂修
　清同治刻本　二冊

210000－0701－0002899　善31031

爭春園全傳不分卷四十八回　題(清)寄生氏
撰　清嘉慶二十四年(1819)文德堂刻本　十
二冊

210000－0701－0002900　善31032

紅樓夢一百二十卷　(清)曹霑　(清)高鶚撰
　(清)王希廉批評　清道光十二年(1832)王
希廉雙清仙館刻本　二十四冊

210000－0701－0002901　善31033

宋元通鑑一百五十七卷　(明)薛應旂撰
(明)陳仁錫評　明天啓六年(1626)陳仁錫刻

本　三十冊

210000－0701－0002902　善31034

居家必備十卷　(明)□□輯　明末刻本　十
二冊

210000－0701－0002903　善31035

律呂正聲六十卷　(明)王邦直撰　明萬曆三
十六年(1608)黃作孚刻本　十一冊

210000－0701－0002904　善31036

[乾隆]盛京通志四十八卷　(清)呂耀曾等修
　(清)魏樞等纂　清乾隆元年(1736)奉天府
刻本　二十冊

210000－0701－0002905　善31037

儒林外史五十六回　(清)吳敬梓撰　清同治
八年(1869)群玉齋木活字印本　十二冊

210000－0701－0002906　善31038

果報錄十二卷一百回　(清)海芝濤撰　清海
芝濤木活字印本　十二冊

210000－0701－0002907　善31039

風俗通義十卷　(漢)應劭撰　明萬曆二十年
(1592)程榮刻漢魏叢書本　一冊

210000－0701－0002908　善31040

紅樓夢一百二十回　(清)曹霑　(清)高鶚撰
　(清)脂硯齋批評　清道光十年(1830)刻本
二十冊

210000－0701－0002909　善31041

繡像京本雲合奇蹤玉茗英烈全傳十卷八十回
　題(明)徐渭撰　清刻本　十冊

210000－0701－0002910　善31042

玉搔頭傳奇二卷　(清)李漁撰　清刻本
四冊

210000－0701－0002911　善31043

小慧集十二卷　(清)萬子后撰　清道光刻本
六冊

210000－0701－0002912　善31044

原本海公大紅袍傳六十卷六十回　(明)李春
芳輯　清道光二年(1822)書業堂刻本　八冊

210000 – 0701 – 0002913　善 31045

蘇米齋蘭亭考八卷　（清）翁方綱撰　清嘉慶刻蘇齋叢書本　二冊

210000 – 0701 – 0002914　善 31046

金陀祠事錄八卷首一卷　（清）岳鑑輯　清嘉慶二十五年(1820)岳氏家刻本　六冊

210000 – 0701 – 0002915　善 31047

續古文苑二十卷　（清）孫星衍輯　清嘉慶十七年(1812)冶城山館刻本　八冊

210000 – 0701 – 0002916　善 31048

蜃樓志八卷二十四回　（清）勞人撰　清嘉慶十二年(1807)刻本　四冊

210000 – 0701 – 0002917　善 31049

繡像第八才子書白圭志四卷　（清）崔象川撰　清嘉慶十年(1805)繡文堂刻本　四冊

210000 – 0701 – 0002918　善 31050

西游原旨二十四卷一百回　（清）劉一明撰　清嘉慶二十四年(1819)刻本　二十四冊

210000 – 0701 – 0002919　善 31051

則克彔三卷圖一卷　（明）焦勗撰　清道光汪于泗等刻本　四冊

210000 – 0701 – 0002920　善 31052

寒松堂全集十二卷　（清）魏象樞撰　**年譜一卷**　清嘉慶十六年(1811)魏煜刻本　十三冊

210000 – 0701 – 0002921　善 31053

呂新吾全集二十種六十卷　（明）呂坤撰　明萬曆刻清康熙同治、光緒遞修本　十冊　存十七卷(小兒語一卷演一卷續三卷、交泰韻一卷、好人歌一卷、黃帝陰符經一卷、反騷歌一卷、新吾呂君墓誌銘一卷、救命書一卷、河工書一卷、省心紀一卷、天日一卷、修城一卷、展城或問一卷、疾苦條陳一冊)

210000 – 0701 – 0002922　善 31054

明季北略二十四卷南略十八卷　（清）計六奇輯　清道光十年(1830)琉璃廠半松居士木活字印本　十一冊　存三十卷(北略一至二十一,南略五至九、十二至十五)

210000 – 0701 – 0002923　善 31055

銷夏錄六卷　（清）高士奇撰　清乾隆四年(1739)劉堅修潔齋刻本　六冊

210000 – 0701 – 0002924　善 31056

清白士集　（清）梁玉繩撰　清嘉慶五年(1800)刻本　二十冊

210000 – 0701 – 0002925　善 31057

本草綱目五十二卷附圖二卷瀕湖脈學一卷脈訣玫證一卷奇經八脈玫一卷　（明）李時珍撰　清順治十五年(1658)張朝璘刻本　四十冊

210000 – 0701 – 0002926　善 31058

古詩箋五言十七卷七言詩歌行鈔十五卷　（清）王士禛選　（清）聞人倓箋注　清乾隆三十一年(1766)芷蘭堂刻本　十二冊

210000 – 0701 – 0002927　善 31059

唐詩韻滙一百五十三卷　（清）施端教輯　清康熙三年(1664)刻二十年(1681)補刻本　四十冊

210000 – 0701 – 0002928　善 31060

楚風補四十八卷末編一卷　（清）廖元度輯　清乾隆十四年(1749)際恆堂刻十八年(1753)積慶堂補刻本　十冊

210000 – 0701 – 0002929　善 31061

辟疆園杜詩註解五言律十二卷七言律五卷　（唐）杜甫撰　（清）顧宸注　清康熙二年(1663)顧氏辟疆園刻本　十八冊

210000 – 0701 – 0002930　善 31062

古文披金二十四卷　（清）納蘭常安評選　清乾隆納蘭常安受宜堂刻本　二十冊

210000 – 0701 – 0002931　善 31063

遂初堂詩集十六卷文集二十卷別集四卷　(清)潘耒撰　清康熙刻本　二十四冊　存三十五卷(詩集一至十五、文集二十卷)

210000 – 0701 – 0002932　善 31064

京源廖氏族譜十卷　（清）廖自芳　（清）廖永坦等重修　清乾隆二十二年(1757)廖正炯抄本　一冊

210000－0701－0002933　善31065

淳化閣帖釋文十卷　（清）官文鑒定　（清）鄧師韓書　清同治四年(1865)官文敦教堂刻本　二冊

210000－0701－0002934　善31066

宋詩紀事一百卷　（清）厲鶚等輯　清乾隆十一年(1746)厲鶚樊榭山房刻本　四十八冊

210000－0701－0002935　善31067

明季北略二十四卷南略十八卷　（清）計六奇輯　清道光十年(1830)琉璃廠半松居士木活字印本　二十四冊

210000－0701－0002936　善31068

矢音集十卷　（清）梁詩正撰　清乾隆二十年(1755)梁詩正清琴堂刻本　八冊

210000－0701－0002937　善31069

葛莊詩鈔二十卷　（清）劉廷璣撰　清康熙四十年(1701)刻四十六年(1707)補刻本　十冊

210000－0701－0002938　善31070

松花菴全集二十二卷　（清）吳鎮撰　清乾隆蘭山書院刻嘉慶十六年(1811)重修本　十二冊

210000－0701－0002939　善31071

栖雲閣集十五卷詩十六卷拾遺三卷　（清）高珩撰　清乾隆三年(1738)、四十四年(1779)高肇豐刻本　十冊

210000－0701－0002940　善31072

記素齋文集六卷　（清）黎士弘撰　行述一卷　（清）劉元慧撰　清雍正二年(1724)黎致遠刻本　十六冊

210000－0701－0002941　善31073

盛朝律楷十二卷　（清）姚光緒輯　清乾隆迎曉書屋刻本　四冊

210000－0701－0002942　善31074

劉蕺山先生集十種二十四卷首一卷　（明）劉宗周撰　清乾隆十七年(1752)證人堂刻本　八冊

210000－0701－0002943　善31075

史通訓故補二十卷　（清）黃叔琳撰　清乾隆十二年(1747)黃叔琳養素堂刻本　六冊

210000－0701－0002944　善31076

康對山先生文集十卷　（明）康海撰　附錄一卷　清乾隆二十六年(1761)武功縣刻本　六冊

210000－0701－0002945　善31077

文獻通考詳節二十四卷　（元）馬端臨撰　（清）嚴虞惇詳節　清乾隆二十九年(1764)嚴有禧刻本　八冊

210000－0701－0002946　善31078

佩文詩韻五卷　（清）□□輯　清雍正刻本　一冊

210000－0701－0002947　善31078

佩文詩韻五卷　（清）□□輯　清雍正刻本　一冊

210000－0701－0002948　善31078

佩文詩韻五卷　（清）□□輯　清雍正刻本　一冊

210000－0701－0002949　善31079

拾雅六卷　（清）夏味堂撰　清嘉慶二十四年(1819)夏味堂刻本　四冊

210000－0701－0002950　善31080

平山堂圖志十卷清世祖聖祖世宗宸翰一卷名勝全圖一卷　（清）趙之壁編纂　清乾隆三十二年(1767)刻本　八冊

210000－0701－0002951　善31081

東巡金石錄八卷　（清）崔應階　（清）梁翥鴻輯　清乾隆三十二年(1767)刻本　二冊

210000－0701－0002952　善31082

五岳詩集四卷槐柳記略一卷二酉詩草四卷　（明）武圖功撰　清康熙刻本　六冊

210000－0701－0002953　善31083

草木疏校正二卷　（清）趙佑撰　清乾隆五十六年(1791)趙氏自刻本　二冊

210000－0701－0002954　善31084

振綺類纂四卷　（清）翁天游　（清）宗觀輯

清康熙三年(1664)刻本　四冊

210000－0701－0002955　善31085

續唐三體詩八卷　（清)高士奇輯　清康熙朗潤堂刻本　二冊

210000－0701－0002956　善31086

唐七律選四卷　（清)毛奇齡等輯　清康熙刻本　二冊

210000－0701－0002957　善31087

錦字箋四卷　（清)黃溰撰　清雍正九年(1731)刻本　四冊

210000－0701－0002958　善31088

江邨銷夏錄三卷　（清)高士奇撰　清康熙三十二年(1693)高士奇刻本　六冊

210000－0701－0002959　善31089

道古堂詩集二十六卷　（清)杭世駿撰　清乾隆刻本　十冊

210000－0701－0002960　善31090

稽古齋全集八卷　（清)弘晝撰　清乾隆十一年(1746)刻本　五冊

210000－0701－0002961　善31091

繩庵內集十六卷外集八卷　（清)劉倫撰　清乾隆用拙堂刻本　六冊

210000－0701－0002962　善31092

明善堂詩集四十二卷文集四卷詩餘一卷詞餘一卷　（清)弘曉撰　清乾隆四十二年(1777)明善堂弘曉刻本　六冊

210000－0701－0002963　善31093

兼本雜錄二十卷　（清)毛奇齡撰　清康熙刻本　六冊

210000－0701－0002964　善31094

雲汀詩鈔四卷　（清)張賓鶴撰　清乾隆五十六年(1791)刻本　四冊

210000－0701－0002965　善31095

海愚詩鈔十二卷　（清)朱孝純撰　清乾隆五十九年(1794)朱白泉刻本　四冊

210000－0701－0002966　善31096

葆璞堂詩集四卷　（清)胡煦撰　清乾隆三十七年(1772)胡季堂刻本　四冊

210000－0701－0002967　善31097

弢甫五岳集二十卷洞庭集二卷閩嶠集二卷　（清)桑調元撰　清乾隆修汲堂刻本　七冊

210000－0701－0002968　善31098

賴古堂詩集四卷　（清)周亮工撰　清康熙刻本　四冊

210000－0701－0002969　善31099

亭皋詩鈔四卷　（清)吳綺撰　清乾隆四十一年(1776)衷白堂刻本　二冊

210000－0701－0002970　善31100

竹溪詩集二編四卷　（清)宋廷魁撰　清乾隆二十五年(1760)刻本　一冊

210000－0701－0002971　善31101

塞外詞一卷　（清)張錦撰　清乾隆刻本　一冊

210000－0701－0002972　善31102

于邁草二卷于邁續草一卷　（清)劉紹攽撰　清乾隆刻本　一冊

210000－0701－0002973　善31103

金陵雜詠不分卷　（清)王友亮撰　清嘉慶刻本　一冊

210000－0701－0002974　善31104

迎暉樓詩集二卷　（清)甘亭撰　清康熙六十年(1721)甘氏刻本　一冊

210000－0701－0002975　善31105

抱山堂詩集十卷　（清)朱彭撰　清乾隆五十五年(1790)仇一鷗等刻本　二冊

210000－0701－0002976　善31106

百梅一韻詩一卷　（清)查嗣莪撰　清雍正刻本　一冊

210000－0701－0002977　善31107

穎陽琴譜四卷首一卷　（清)李郊撰　清乾隆十六年(1751)述德堂刻本　四冊

210000－0701－0002978　善31108

才調集補注十卷　（五代）韋縠輯　（清）殷元勳箋注　（清）宋邦綏補注　清乾隆五十八年(1793)宋思仁思補堂刻本　四冊

210000－0701－0002979　善31109

經玩二十卷　（清）沈淑輯　清雍正七年(1729)常熟沈氏刻本　十冊

210000－0701－0002980　善31110

晚笑堂竹莊畫傳不分卷　（清）上官周繪　清乾隆八年(1743)家刻本　二冊

210000－0701－0002981　善31111

粵東金石略九卷首一卷　（清）翁方綱撰　附錄二卷　清乾隆三十六年(1771)石州草堂刻本　二冊

210000－0701－0002982　善31112

解文毅公集十六卷首一卷附錄一卷　（明）解縉撰　附錄一卷　清乾隆三十二年(1767)敦仁堂解韜等刻本　六冊

210000－0701－0002983　善31113

唐賢三昧集箋注三卷　（清）王士禛輯　（清）吳煊等注　清乾隆吳煊聽雨齋刻本　三冊

210000－0701－0002984　善31114

朱子詩義補正八卷　（清）方苞撰　（清）單作哲編　清乾隆三十二年(1767)單氏刻本　六冊

210000－0701－0002985　善31115

靳文襄公治河方略十卷首一卷圖一卷　（清）靳輔撰　（清）崔應階重編　清乾隆三十二年(1767)俞調元、胡德琳刻本　八冊

210000－0701－0002986　善31116

詩傳名物集覽十二卷　（清）陳大章撰　清康熙五十三年(1714)陳子京刻本　二冊

210000－0701－0002987　善31117

金詩選四卷元詩選六卷補遺一卷總論一卷　（清）顧奎光輯　（清）陶瀚　（清）陶玉禾評　清乾隆十六年(1751)顧奎光刻本　六冊

210000－0701－0002988　善31118

二家詩鈔二十卷　（清）邵長蘅輯　清康熙三十四年(1695)邵長蘅刻本　四冊

210000－0701－0002989　善31119

七子詩選十四卷　（清）沈德潛輯　清乾隆十八年(1753)沈德潛刻本　四冊

210000－0701－0002990　善31120

麗奇軒文集四卷　（明）紀克揚撰　清乾隆二十六年(1761)紀邁宜刻本　六冊

210000－0701－0002991　善31121

吳江沈氏詩集十二卷　（清）沈祖禹輯　清乾隆五年(1740)沈祖禹刻本　六冊

210000－0701－0002992　善31122

受宜堂集四十卷目錄四卷　（清）納蘭常安撰　清雍正十二年至十三年(1734－1735)納蘭常安受宜堂刻本　二十冊

210000－0701－0002993　善31123

漑堂前集九卷續集六卷詩餘二卷後集六卷　（清）孫枝蔚撰　清康熙十八年(1679)趙玉峯刻六十年(1721)孫居貞續刻本　十六冊

210000－0701－0002994　善31124

西河文選十一卷　（清）毛奇齡撰　（清）汪霦等選評　清康熙三十五年(1696)汪霦刻本　六冊

210000－0701－0002995　善31125

穆堂別藁五十卷　（清）李紱撰　清乾隆十二年(1747)奉國堂刻本　十二冊

210000－0701－0002996　善31126

牧齋有學集五十卷　（清）錢謙益撰　清刻本　十二冊

210000－0701－0002997　善31127

夢樓詩集二十四卷　（清）王文治撰　清乾隆六十年(1795)王文治食舊堂刻本　八冊

210000－0701－0002998　善31128

漁洋山人精華錄箋注十二卷補一卷　（清）王士禛撰　（清）金榮箋注　年譜一卷　清乾隆刻本　八冊

210000－0701－0002999　善31129

夢堂詩稿十五卷　（清）英廉撰　清乾隆延福

等刻本　六冊

210000 – 0701 – 0003000　善 31130

榆塞吹蘆集四卷　（清）陳墊撰　清道光刻本
　一冊

210000 – 0701 – 0003001　善 31131

笛漁小稿十卷　（清）朱昆田撰　清康熙五十
三年(1714)朱稻孫刻曝書亭集本　一冊

210000 – 0701 – 0003002　善 31132

稽古齋全集八卷　（清）弘晝撰　清乾隆十一
年(1746)刻本　五冊

210000 – 0701 – 0003003　善 31133

唐堂集五十卷冬錄一卷目錄一卷　（清）黃之
雋撰　清乾隆六年(1741)黃之雋刻本　十
二冊

210000 – 0701 – 0003004　善 31134

樂府補題一卷　（宋）陳恕可輯　清乾隆鮑廷
博刻知不足齋叢書本　一冊

210000 – 0701 – 0003005　善 31134

蛻巖詞一卷　（元）張翥撰　清乾隆鮑廷博刻
知不足齋叢書本　與 210000 – 0701 –
0003004 合冊

210000 – 0701 – 0003006　善 31135

夢堂詩稿十五卷　（清）英廉撰　清刻本
四冊

210000 – 0701 – 0003007　善 31136

唐堂集五十卷冬錄一卷續集八卷補遺二卷
（清）黃之雋撰　清乾隆六年(1741)黃之雋刻
十二年(1747)補刻本　二十四冊

210000 – 0701 – 0003008　善 31137

獨學盧初稿十三卷二稿十一卷三稿十一卷外
集二卷讀論質疑一卷　（清）石韞玉撰　清乾
隆六十年至嘉慶二十二年(1795 – 1817)刻彙
印本　十四冊

210000 – 0701 – 0003009　善 31138

世經堂初集三十卷詩鈔二十一卷詞鈔五卷樂
府鈔四卷　（清）徐旭旦撰　（清）毛奇齡
（清）宋實穎選　清康熙四十八年至五十一年

(1709 – 1712)徐旭旦名山藏刻本　二十冊

210000 – 0701 – 0003010　善 31139

香樹齋詩集十八卷詩續集三十六卷文集二十
八卷文續鈔五卷　（清）錢陳群撰　清乾隆刻
本　十六冊

210000 – 0701 – 0003011　善 31140

蕉林詩集十八卷　（清）梁清標撰　清康熙十
七年(1678)梁允植家刻本　十二冊

210000 – 0701 – 0003012　善 31141

梅崖居士文集三十卷外集八卷　（清）朱仕琇
撰　清乾隆四十七年(1782)魯士驥刻本　十
一冊

210000 – 0701 – 0003013　善 31142

惺齋新曲六種十二卷　（清）夏綸撰　（清）徐
夢元評　清乾隆十八年(1753)夏氏世光堂刻
本　十二冊

210000 – 0701 – 0003014　善 31143

陸雲士雜著二十一卷　（清）陸次雲撰　清康
熙二十二年至二十三年(1683 – 1684)陸次雲
刻本　六冊　存八卷(澄江集一卷、北墅緒言
五卷、玉山詞一卷、湖壖雜記一卷)

210000 – 0701 – 0003015　善 31144

春和堂詩集一卷自得園文鈔不分卷恩旨彙紀
一卷恩賜彙紀一卷春和堂紀恩詩一卷奉使紀
行詩二卷　（清）允禮撰　清雍正十三年
(1735)和碩果親王府刻本　八冊

210000 – 0701 – 0003016　善 31145

臨野堂文集十卷詩集十三卷詩餘二卷尺牘四
卷　（清）鈕琇撰　清康熙刻本　五冊

210000 – 0701 – 0003017　善 31146

樗亭詩稿十四卷首一卷　（清）薩哈岱撰　清
乾隆七年(1742)薩哈岱刻本　三冊

210000 – 0701 – 0003018　善 31147

尹文端公詩集十卷　（清）尹繼善撰　清乾隆
刻本　四冊　缺二卷(五至六)

210000 – 0701 – 0003019　善 31148

存艸五卷　（清）郭九會撰　續存艸三卷

(清)郭為觀輯　**年譜一卷**　(清)郭為觀補校
　清康熙郭氏家刻本　二册　缺五卷(存卅
三至五、續存卅一至二)

210000－0701－0003020　善31149
廣輿吟藁六卷附編一卷　(清)宋思仁撰　清
乾隆四十一年(1776)刻五十年(1785)、五十
七年(1792)遞修本　二册

210000－0701－0003021　善31150
鳴秋合籟不分卷　(清)錢維喬等撰　清乾隆
刻本　二册

210000－0701－0003022　善31151
在璞堂吟稿不分卷　(清)方芳佩撰　清乾隆
十五年(1750)翁照刻本　一册

210000－0701－0003023　善31152
笑破口不分卷　(清)褚雯撰　清乾隆三十一
年(1766)褚席珍刻本　二册

210000－0701－0003024　善31153
善卷堂四六十卷　(清)陸繁弨撰　(清)吳自
高注　清乾隆刻本　四册

210000－0701－0003025　善31154
**吳詩集覽二十卷補注二十卷談藪二卷拾遺一
卷**　(清)吳偉業撰　(清)靳榮藩輯　清乾隆
四十年(1775)凌雲亭刻本　十一册　存十二
卷(一至十二)

210000－0701－0003026　善31155
蔎園詩集十卷　(清)程晉芳撰　清乾隆二十
七年(1762)敬箴堂刻本　四册

210000－0701－0003027　善31156
浙西六家詞十一卷　(清)龔翔麟輯　**山中白
雲詞八卷**　(宋)張炎撰　(清)朱彝尊輯　清
康熙龔翔麟玉玲瓏閣刻乾隆元年(1736)趙昱
印本　四册

210000－0701－0003028　善31157
銅鼓書堂遺藁三十二卷　(清)查禮撰　清乾
隆五十七年(1792)家刻本　四册

210000－0701－0003029　善31158
從遊集二卷　(清)陳瑚輯　(清)陳陸溥補輯

清順治十五年至十六年(1658－1659)陳瑚
刻康熙補刻本　一册

210000－0701－0003030　善31159
蓮洋集十二卷補遺一卷　(清)吳雯撰　(清)
王士禎評　清乾隆十五年(1750)劉組曾刻十
六年(1751)宋弼補刻本　六册

210000－0701－0003031　善31160
葛莊詩鈔十五卷　(清)劉廷璣撰　清康熙四
十年(1701)家刻本　六册

210000－0701－0003032　善31161
清綺軒初集賦一卷文一卷詩一卷詞一卷
(清)夏秉衡撰　清乾隆刻本　四册

210000－0701－0003033　善31162
玉華集六卷　(清)趙宏恩撰　清雍正十二年
(1734)刻本　五册

210000－0701－0003034　善31163
**友聲初集五卷後集五卷新集五卷尺牘偶存十
卷**　(清)張潮輯撰　清乾隆四十五年(1780)
張氏心齋刻本　十九册

210000－0701－0003035　善31164
知新錄三十二卷　(清)王棠輯　清康熙燕在
閣刻本　二十四册

210000－0701－0003036　善31165
鏡香園毛聲山評第七才子書十二卷首一卷
(元)高明撰　(清)毛宗崗評　清張元振刻本
十二册

210000－0701－0003037　善31166
**南州草堂集三十卷首一卷續集四卷楓江漁父
圖題詞一卷青門集一卷菊莊詞甲集一卷詞話
一卷**　(清)徐釚撰　清康熙三十四年(1695)
徐釚刻本　十六册

210000－0701－0003038　善31167
古愚心言八卷　(清)彭鵬撰　清康熙彭鵬愚
齋刻本　六册

210000－0701－0003039　善31168
蘭雪堂詩文集九種十三卷　(清)岳禮撰　清
乾隆五十九年(1794)岳先福刻本　四册

210000－0701－0003040　善 31169

湛園未定稿六卷　（清）姜宸英撰　清康熙刻本　六冊

210000－0701－0003041　善 31170

紅梨記二卷　（明）徐復祚撰　明汲古閣刻汲古閣六十種曲本　二冊

210000－0701－0003042　善 31171

覺世名言十二卷三十八回　（清）李漁撰　（清）杜濬批評　清乾隆五十五年(1790)文寶堂刻本　六冊

210000－0701－0003043　善 31172

思綺堂文集十卷　（清）章藻功撰注　清康熙六十一年(1722)章藻功刻本　十冊

210000－0701－0003044　善 31173

果報錄十二卷一百回　（清）海蘭濤撰　清木活字印本　十二冊

210000－0701－0003045　善 31174

水滸後傳十卷四十回　（明）陳忱撰　（清）蔡奡評定　清乾隆刻本　十冊

210000－0701－0003046　善 31175

東周列國全志二十三卷一百八回　（清）蔡奡評點　清桐石山房刻本　十二冊

210000－0701－0003047　善 31176

雅趣藏書不分卷　（清）錢書撰　清康熙四十二年(1703)刻本　二冊

210000－0701－0003048　善 31177

雅趣藏書不分卷　（清）錢書撰　清康熙四十二年(1703)刻本　二冊

210000－0701－0003049　善 31178

陶人心語六卷可姬小傳一卷　（清）唐英撰　清嘉慶十一年(1806)唐奎聯刻本　五冊

210000－0701－0003050　善 31179

南遊壎箎集二卷　（清）邊中寶　（清）邊連寶撰　清乾隆三十七年(1772)邊氏刻本　二冊

210000－0701－0003051　善 31180

春渚紀聞十卷　（宋）何薳撰　清嘉慶十年(1805)張海鵬照曠閣刻學津討原本　二冊

210000－0701－0003052　善 31181

快心編初集五卷十回二集五卷十回三集六卷十二回　（清）天花才子編　（清）四橋居士評　清課花書屋刻本　十六冊

210000－0701－0003053　善 31182

新刻唱白時調沉香閣二十四集二十四回　（清）□□撰　清閔忠恕堂刻本　四冊

210000－0701－0003054　善 31183

靜淨齋第八才子書花箋記六卷　（清）□□撰　清刻本　四冊

210000－0701－0003055　善 31184

新刻濟顛大師醉菩提四卷二十回　題(清)天花藏主人撰　清三元堂刻本　四冊

210000－0701－0003056　善 31185

金石緣全傳二十四回　（清）□□撰　清刻本　六冊

210000－0701－0003057　善 31186

新刻逸田叟女仙外史大奇書一百回　（清）呂熊撰　清康熙五十年(1711)刻本　十六冊

210000－0701－0003058　善 31187

長生殿傳奇二卷　（清）洪昇撰　（清）吳人評　清刻本　四冊

210000－0701－0003059　善 31188

成裕堂繪像第七才子書六卷　（元）高明撰　（清）毛宗崗評　清刻本　六冊

210000－0701－0003060　善 31189

聊齋志異十六卷　（清）蒲松齡撰　（清）王士禎評　清刻本　十六冊

210000－0701－0003061　善 31190

水滸後傳十卷四十回首一卷　（明）陳忱撰　（清）蔡奡評定　清乾隆刻本　十冊

210000－0701－0003062　善 31191

梅莊文集一卷梅莊集不分卷　（清）張遠撰　清康熙刻本　四冊

210000－0701－0003063　善 31192

西堂全集四種一百二十八卷　（清）尤侗撰　湘中草六卷　（清）湯傳楹撰　清刻本　三十

二冊　存三種六十二卷(西堂文集二十四卷
性理吟一卷、西堂詩集三十卷後性理吟一卷、
湘中草六卷)

210000－0701－0003064　善31193
堯峯文鈔四十卷詩十卷　(清)汪琬撰　(清)
林佶編　清康熙三十二年(1693)汪氏家刻本
六冊

210000－0701－0003065　善31194
堯峯文鈔四十卷詩十卷　(清)汪琬撰　(清)
林佶編　清康熙三十二年(1693)汪氏家刻本
十二冊

210000－0701－0003066　善31195
繡像雙珠鳳全傳十二卷八十回　題(清)一葉
主人撰　清刻本　十一冊　存十一卷(二至
十二)

210000－0701－0003067　善31196
重刻繡像說唐演義後傳五十五回　題(清)鴛
湖漁叟撰　清暢心堂刻本　十冊

210000－0701－0003068　善31197
增異說唐秘本後傳四卷十四回　(清)□□撰
清刻本　四冊

210000－0701－0003069　善31198
今古奇觀四十卷　題(明)抱甕老人輯　清同
文堂刻本　十二冊

210000－0701－0003070　善31199
新刻瓦車蓬血書牙痕記三十卷　(清)□□撰
清百城山房刻本　四冊

210000－0701－0003071　善31200
黃梨洲先生南雷文約四卷　(清)黃宗羲撰
清乾隆鄭性刻本　四冊

210000－0701－0003072　善31201
安序堂文鈔三十卷　(清)毛際可撰　(清)林
雲銘　(清)嚴允肇評　清康熙刻本　六冊

210000－0701－0003073　善31202
飴山集三十七卷　(清)趙執信撰　**附錄一卷**
清乾隆趙氏因園刻本　十八冊

210000－0701－0003074　善31203

笠翁覺世名言十二樓十二卷　(清)李漁撰
清刻本　八冊

210000－0701－0003075　善31204
諧鐸十二卷　(清)沈起鳳撰　清乾隆五十六
年(1791)刻本　六冊

210000－0701－0003076　善31205
新註二度梅奇說全集四卷四十回　題(清)惜
陰堂主人撰　清經元堂刻本　二冊

210000－0701－0003077　善31206
草珠一串不分卷　(清)□□撰　清刻本
一冊

210000－0701－0003078　善31207
新刻粉粧樓全傳十卷八十回　題(清)竹溪山
人撰　清翠筠山房刻本　六冊

210000－0701－0003079　善31208
**納書楹曲譜正集四卷續集四卷外集二卷補遺
四卷納書楹玉茗堂四夢全譜八卷**　(清)葉堂
訂譜　清乾隆五十七年至五十九年(1792－
1794)葉氏納書楹刻本　二十二冊

210000－0701－0003080　善31209
憑山閣留青采珍全集二十四卷　(清)陳枚輯
清康熙四十二年(1703)金閶寶翰樓刻本
二十四冊

210000－0701－0003081　善31210
來生福彈詞三十六回　題(清)橘中逸叟撰
清刻本　三十二冊

210000－0701－0003082　善31211
三才藻異三十三卷　(清)屠粹忠撰　清康熙
二十八年(1689)栩園刻本　八冊

210000－0701－0003083　善31212
**道腴堂詩編三十卷續十卷雜著一卷續雜著一
卷**　(清)鮑鉁撰　清刻道腴堂集本　十二冊

210000－0701－0003084　善31213
第五才子書水滸傳七十五卷七十回　(明)施
耐庵撰　(清)金人瑞評　清雍正十二年
(1734)刻本　二十四冊

210000－0701－0003085　善31214

青箱堂文集十二卷遺稿續刻一卷　（清）王崇
簡撰　年譜一卷　清康熙二十八年(1689)王
燕刻本　六冊

210000－0701－0003086　善31215
新刻京臺公餘勝覽國色天香十卷　（明）吳敬
所輯　清益元堂刻本　八冊

210000－0701－0003087　善31216
白田草堂存稿二十四卷　（清）王懋竑撰　崇
祀鄉賢錄一卷行狀一卷　清乾隆王箴聽刻本
六冊

210000－0701－0003088　善31217
尊聞居士集八卷　（清）羅有高撰　清光緒八
年(1882)彭祖賢刻本　四冊

210000－0701－0003089　善31217
觀河集四卷　（清）彭紹升撰　清道光三年
(1823)刻本　二冊

210000－0701－0003090　善31218
鳳凰山七十二卷七十二回　（清）□□撰　清
海陵軒刻本　三十六冊

210000－0701－0003091　善31219
近事叢殘四卷　（明）沈瓚撰　清乾隆五十九
年(1794)刻本　四冊

210000－0701－0003092　善31220
續板橋雜記三卷雪鴻小記一卷補遺一卷　題
(清)珠泉居士撰　清刻本　三冊

210000－0701－0003093　善31221
新刻聚仙爐二十四卷　（□）□□撰　清文華
堂刻本　四冊

210000－0701－0003094　善31222
姑妄聽之四卷　（清）紀昀撰　清乾隆五十八
年(1793)盛氏望益軒刻閱微草堂筆記本
四冊

210000－0701－0003095　善31223
鐫玉茗堂批點殘唐五代史演義傳二卷六十回
（明）羅貫中撰　清刻本　二冊

210000－0701－0003096　善31224
新鐫後續繡像五虎平南狄青演傳六卷四十二

回　（清）□□撰　清松盛堂刻本　六冊

210000－0701－0003097　善31225
新編批評後七國樂田演義十八回　題(清)遯
世老人撰　清古吳崇文堂刻本　四冊

210000－0701－0003098　善31226
新鐫孫龐演義六卷二十回　題(清)吳門嘯客
撰　清古吳崇文堂刻本　四冊

210000－0701－0003099　善31227
第八才子書白圭志五卷十六回　（清）崔象川
撰　（清）何晴川評　清刻本　四冊

210000－0701－0003100　善31228
賜書堂稿二卷杪晴堂四六二卷壽域頌言一卷
萬字祥書一卷省方紀盛一卷　（清）曹秀先撰
清賜書堂刻本　四冊　存六卷(賜書堂稿
二卷、杪晴堂四六上、壽域頌言一卷、萬字祥
書一卷、省方紀盛一卷)

210000－0701－0003101　善31229
受宜堂駐淮集十二卷　（清）納蘭常安撰　清
乾隆刻本　四冊

210000－0701－0003102　善31230
玉池生稿十卷　（清）岳端撰　雲笥詩一卷
(清)顧卓撰　識字詩一卷　（清）宋襄撰　清
康熙三十四年(1695)岳端刻四十三年(1704)
岳德普補刻本　二冊

210000－0701－0003103　善31231
山海經十八卷　（晉）郭璞傳　（清）畢沅校正
山海經篇目考一卷　清乾隆四十八年
(1783)畢沅刻經訓堂叢書本　三冊

210000－0701－0003104　善31232
增補遣愁集十四卷　（清）張貴勝撰　清雍正
九年(1731)刻本　八冊

210000－0701－0003105　善31233
湖海集十三卷　（清）孔尚任撰　清康熙介安
堂刻本　六冊　存七卷(一至七)

210000－0701－0003106　善31234
板橋雜記三卷　（清）余懷撰　續板橋雜記三
卷　題(清)珠泉居士撰　清乾隆刻本　二冊

210000－0701－0003107　善31235

醒夢駢言十二回　題(清)蒲崖主人輯　題(清)守樸翁編次　清刻本　三冊　存九回(四至十二)

210000－0701－0003108　善31236

據鞍錄一卷　(清)楊應琚撰　清乾隆刻本　一冊

210000－0701－0003109　善31237

清異錄二卷　(宋)陶穀撰　清康熙陳世修漱六閣刻本　一冊

210000－0701－0003110　善31238

獨學廬四稿五卷五稿三卷補遺一卷外集一卷　(清)石韞玉撰　清道光刻本　四冊

210000－0701－0003111　善31239

廣新聞八卷　題(清)無悶居士編　清刻本　三冊　存六卷(一至二、五至八)

210000－0701－0003112　善31240

排悶錄十二卷　(清)孫洙輯　清刻本　六冊

210000－0701－0003113　善31241

諧鐸十二卷　(清)沈起鳳撰　清乾隆五十六年(1791)刻本　六冊

210000－0701－0003114　善31242

鐵圍山叢談六卷　(宋)蔡絛撰　清乾隆至道光鮑廷博刻知不足齋叢書本　六冊

210000－0701－0003115　善31243

芸窗清賞二卷　(清)王世茂輯　清李調羹刻朱墨套印本　二冊

210000－0701－0003116　善31244

後續大宋楊家將文武曲星包公狄青初傳十四卷六十八回　(清)李雨堂撰　清長慶堂刻本　六冊

210000－0701－0003117　善31245

唐詩百名家全集三百二十六卷　(清)席啓寓輯　清康熙四十一年(1702)洞庭席氏琴川書屋刻本　六十三冊　缺三卷(劉隨州詩集一至三)

210000－0701－0003118　善31246

帝鑑圖說不分卷　(明)張居正　(明)呂調陽撰　清刻本　四冊

210000－0701－0003119　善31247

韓文起十二卷　(唐)韓愈撰　(清)林雲銘評注　年譜一卷　(清)林雲銘編　清康熙三十二年(1693)林雲銘挹奎樓刻本　八冊

210000－0701－0003120　善31248

天咫偶聞十卷　震鈞撰　清光緒三十三年(1907)甘棠轉舍刻本　八冊

210000－0701－0003121　善31249

船山詩草二十卷　(清)張問陶撰　清嘉慶二十年(1815)石韞玉刻本　四冊

210000－0701－0003122　善31250

長江圖說十二卷首二卷　(清)馬徵麟撰繪　清同治九年(1870)黃翼升刻本　十二冊

210000－0701－0003123　善31251

廿一史四譜五十四卷　(清)沈炳震撰　清刻本　十六冊

210000－0701－0003124　善31252

綿上四山人詩集□□卷　(清)董柴輯　清乾隆二十三年(1758)董柴刻本　四冊　存八卷(言志山房詩稿二卷、愛餘書屋詩稿二卷、半壁山房詩集四卷)

210000－0701－0003125　善31253

唐詩選勝直解八卷首一卷　(清)吳烶撰　清乾隆二十七年(1762)吳家齊、吳家裕刻本　二冊

210000－0701－0003126　善31254

唐詩箋注十卷　(清)黃叔燦撰　清乾隆刻本　四冊

210000－0701－0003127　善31255

十科策畧箋釋十卷　(明)劉定之撰　(清)劉作樑注釋　呆齋公[劉定之]年譜一卷　(清)劉作樑撰　清雍正七年(1729)積秀堂刻本　六冊

210000－0701－0003128　善31256

淳化祕閣法帖考正十卷　(清)王澍撰　淳化

閣帖釋文二卷　（清）沈宗騫校正　清道光二十八年(1848)刻本　六冊　存六卷(一至六)

210000－0701－0003129　善31257

墨麟詩卷十二卷　（清）馬維翰撰　清雍正刻本　四冊

210000－0701－0003130　善31258

十種唐詩選十七卷唐賢三昧集三卷　（清）王士禎輯　清康熙三十一年(1692)盛符升等刻王漁洋遺書本　四冊

210000－0701－0003131　善31259

重定金石契不分卷　（清）張燕昌撰　清嘉慶八年(1803)武林愛日軒刻本　四冊

210000－0701－0003132　善31260

問奇集一卷　（明）張位撰　清刻本　二冊

210000－0701－0003133　善31261

新刊補註銅人腧穴鍼灸圖經五卷　（宋）王惟一編　清宣統元年(1909)劉氏玉海堂影宋刻本　二冊

210000－0701－0003134　善31262

借間生詩三卷詞一卷　（清）汪遠孫撰　清道光二十年(1840)汪氏振綺堂刻本　二冊

210000－0701－0003135　善31262

缾笙館修簫譜四卷　（清）舒位撰　清道光十三年(1833)汪氏振綺堂刻本　一冊

210000－0701－0003136　善31263

歷代帝王年表十四卷　（清）齊召南撰　（清）阮福續編　帝王廟謚年諱譜一卷　（清）陸費墀撰　清道光四年(1824)小瑯嬛仙館刻本　四冊

210000－0701－0003137　善31264

歷朝名媛詩詞十二卷　（清）陸昶評選　清乾隆三十八年(1773)陸昶紅樹樓刻本　六冊

210000－0701－0003138　善31265

南宋雜事詩七卷首一卷　（清）沈嘉轍等撰　清道光九年(1829)姚祖恩扶荔山房刻本　八冊

210000－0701－0003139　善31266

十國春秋一百十四卷　（清）吳任臣撰　拾遺一卷備考一卷備考補一卷　（清）周昂輯　清乾隆五十八年(1793)周昂刻嘉慶四年(1799)補刻本　十六冊

210000－0701－0003140　善31267

閱微草堂筆記二十四卷　（清）紀昀撰　清嘉慶二十一年(1816)盛時彥刻本　十冊

210000－0701－0003141　善31268

新刻張太岳先生詩文集四十六卷　（明）張居正撰　明刻清補刻本　二十八冊　存二十八卷(一至二十八)

210000－0701－0003142　善31269

楚辭燈四卷楚懷襄二王在位事蹟考一卷　（清）林雲銘撰　屈原列傳一卷　（漢）司馬遷撰　清康熙林雲銘刻本　四冊

210000－0701－0003143　善31270

漢書地理志稽疑六卷　（清）全祖望撰　清得謨草堂刻本　二冊

210000－0701－0003144　善31271

蓼懷堂琴譜不分卷　（清）雲志高輯　清康熙蓼懷堂刻本　六冊

210000－0701－0003145　善31272

夢月巖詩集二十卷　（清）呂履恒撰　清雍正三年(1725)呂憲曾刻本　十冊

210000－0701－0003146　善31273

岑樓詩鈔五卷　（清）程鑾撰　清康熙刻本　二冊

210000－0701－0003147　善31274

鈍吟老人雜錄十卷　（清）馮班撰　清初毛氏汲古閣刻康熙陸貽典等刻鈍吟全集本　二冊

210000－0701－0003148　善31275

切問齋集十六卷切問齋文鈔三十卷　（清）陸燿撰　清乾隆五十七年(1792)刻本　十八冊

210000－0701－0003149　善31276

重刻恭簡公志樂二十卷　（明）韓邦奇撰　（清）上官有儀補注　清乾隆十一年(1746)薛宗泗刻本　十二冊

210000－0701－0003150　善31277

唐詩快十六卷　（明）黃周星輯　清康熙刻本
　六冊

210000－0701－0003151　善31278

小學鉤沈十九卷　（清）任大椿撰　清嘉慶二
十二年(1817)汪廷珍刻本　四冊

210000－0701－0003152　善31279

海虞詩苑十八卷　（清）王應奎輯　清乾隆二
十四年(1759)刻道光九年(1829)修補本
四冊

210000－0701－0003153　善31280

古詩箋三十二卷　（清）王士禎輯　（清）聞人
倓箋　清乾隆三十一年(1766)芝蘭堂刻本
十二冊　存十七卷(五言十七卷)

210000－0701－0003154　善31281

人壽金鑑二十二卷　（清）程得齡撰　清嘉慶
二十五年(1820)刻本　六冊

210000－0701－0003155　善31282

東坡全集一百十五卷目錄七卷　（宋）蘇軾撰
　墓志銘一卷　（宋）蘇轍撰　年譜一卷
(宋)王宗稷撰　明刻本　四十八冊

210000－0701－0003156　善31283

東坡集四十卷後集二十卷內制集十卷樂語一
卷外制集三卷應詔集十卷奏議十五卷續集十
二卷　（宋）蘇軾撰　年譜一卷　（宋）王宗稷
撰　墓志銘一卷　（宋）蘇轍撰　校記二卷
繆荃孫撰　清光緒三十四年至宣統二年
(1908－1910)寶華盦刻本　四十八冊

210000－0701－0003157　善31284

名家詞鈔三十一卷　（清）聶先　（清）曾王孫
纂定　清康熙八詠樓刻本　六冊

210000－0701－0003158　善31285

圖繪寶鑑八卷　（元）夏文彥撰　清康熙借綠
草堂刻本　四冊

210000－0701－0003159　善31286

新刻詩聯合選春聯譜二卷　（清）鄭鉁選輯
清康熙三年(1664)金陵奎壁齋刻本　一冊

210000－0701－0003160　善31287

繡像說唐前傳演義十卷六十八回　題(清)如
蓮居士編　清經文堂刻本　四冊

210000－0701－0003161　善31288

容齋千首詩八卷　（清）李天馥撰　（清）毛奇
齡等選　清康熙刻本　六冊

210000－0701－0003162　善31289

唐宮閨詩二卷女校書詩一卷女冠詩一卷
(清)劉雲份輯　清康熙劉雲份夢香閣刻本
四冊

210000－0701－0003163　善31290

外科大成四卷　（清）祁坤撰　清康熙四年
(1665)刻本　八冊

210000－0701－0003164　善31291

懷清堂集二十卷　（清）湯右曾撰　清乾隆十
一年(1746)湯學基、湯學顯刻本　四冊

210000－0701－0003165　善31292

南豐先生元豐類藁五十三卷　（宋）曾鞏撰
(清)顧崧齡輯　清康熙五十六年(1717)顧崧
齡刻本　八冊

210000－0701－0003166　善31293

長白山錄二卷補遺一卷　（清）王士禎撰
(清)王啓湅等校　清康熙三十六年(1697)王
氏刻本　一冊

210000－0701－0003167　善31294

元遺山詩集八卷　（元）元好問撰　清乾隆四
十三年(1778)萬廷蘭刻本　六冊

210000－0701－0003168　善31295

怡情書室詩鈔一卷　（清）如松撰　清乾隆五
十四年(1789)淳穎刻本　一冊

210000－0701－0003169　善31296

考槃餘事四卷　（明）屠隆撰　清乾隆六十年
(1795)刻本　四冊

210000－0701－0003170　善31297

清凉山新志十卷　（清）老藏丹巴撰　清康熙
四十六年(1707)刻本　四冊

210000－0701－0003171　善31298

秋笳集八卷　（清）吳兆騫撰　清康熙徐乾學
刻雍正四年(1726)吳椸臣增修本　六冊

210000－0701－0003172　善31299

辟疆園杜詩注解五言律十二卷　（唐）杜甫撰
　（清）顧宸注　清康熙二年(1663)吳門書林
刻本　六冊

210000－0701－0003173　善31300

大嶽太和山紀略八卷　（清）王槩修　（清）姚
世倌纂　清乾隆九年(1744)下荊南道署刻本
　八冊

210000－0701－0003174　善31301

[乾隆]廉州府志二十卷首一卷　（清）周碩勳
修　（清）王家憲纂　清乾隆二十一年(1756)
梅蒼書屋刻本　十二冊

210000－0701－0003175　善31302

王荊公唐百家詩選二十卷　（宋）王安石輯
清康熙四十三年(1704)刻本　四冊

210000－0701－0003176　善31303

重刊校正笠澤叢書四卷補遺一卷續補遺一卷
　（唐）陸龜蒙撰　清大疊山房刻本　二冊

210000－0701－0003177　善31304

庾子山全集十卷　（北周）庾信撰　（清）吳兆
宜箋注　清刻本　五冊

210000－0701－0003178　善31305

丁卯詩集二卷續集一卷續補一卷遺詩一卷
(唐)許渾撰　清康熙四十一年(1702)刻唐詩
百家全集本　二冊

210000－0701－0003179　善31306

愛日堂文集八卷　（清）孫宗彝撰　附錄一卷
　清康熙四十二年(1703)刻本　四冊

210000－0701－0003180　善31307

唐四家詩八卷　（清）汪立名輯　清康熙三十
四年(1695)汪立名刻本　六冊

210000－0701－0003181　善31308

證山堂詩集八卷　（清）周斯盛撰　清康熙刻
本　四冊

210000－0701－0003182　善31309

駱臨海集十卷　（唐）駱賓王撰　（清）趙忠補
輯　清康熙四十六年(1707)黃之琦刻本
二冊

210000－0701－0003183　善31310

詩餘協律二卷　（清）李文林輯　詞韻略一卷
　（清）沈謙撰　清乾隆三十四年(1769)刻本
三冊

210000－0701－0003184　善31311

才調集十卷　（五代）韋縠輯　清康熙四十三
年(1704)汪文珍垂雲堂刻本　六冊

210000－0701－0003185　善31312

羣雅集四卷續編一卷　（清）李振裕輯　清康
熙二十四年(1685)刻本　六冊

210000－0701－0003186　善31313

擬明代人物志十卷　（清）劉青芝撰　清乾隆
十一年(1746)刻本　六冊

210000－0701－0003187　善31314

詞苑叢談十二卷　（清）徐釚撰　清康熙二十
七年(1688)刻本　四冊

210000－0701－0003188　善31315

史懷十七卷　（明）鍾惺撰　（明）陶珽評　清
刻本　六冊

210000－0701－0003189　善31316

此觀堂集十二卷　（明）羅萬藻撰　清乾隆二
十一年(1756)刻本　六冊

210000－0701－0003190　善31317

侯鯖集十卷　（清）李友棠撰　清乾隆靜香閣
刻本　四冊

210000－0701－0003191　善31318

四松堂集五卷　（清）敦誠撰　清嘉慶元年
(1796)刻本　四冊

210000－0701－0003192　善31319

佳山堂詩集十卷二集九卷　（清）馮溥撰　清
康熙十九年至二十七年(1680－1688)馮氏刻
本　八冊

210000－0701－0003193　善31320

兩漢金石記二十二卷　（清）翁方綱撰　清乾

隆五十四年(1789)南昌使院刻本　八冊

210000－0701－0003194　善31321

諸葛丞相集四卷　(三國蜀)諸葛亮撰　(清)
朱璘輯　清康熙萬卷堂刻本　六冊

210000－0701－0003195　善31322

黃鍾通韻二卷補遺一卷　(清)都四德纂述
清乾隆十八年(1753)三餘堂刻本　二冊

210000－0701－0003196　善31323

月山詩集四卷末一卷　(清)恆仁撰　(清)宜
興輯　清乾隆六十年(1795)刻本　二冊

210000－0701－0003197　善31324

雍正程朱闕里志八卷增一卷首一卷　(明)趙
滂編集　(明)鮑應鰲纂次　清雍正七年
(1729)紫陽書院刻本　八冊

210000－0701－0003198　善31325

類編草堂詩餘四卷　(明)顧從敬輯　清乾隆
三十年(1765)陸炳業刻本　四冊

210000－0701－0003199　善31326

蠛磯山志二卷　(清)柯願輯　(清)張菁編
清康熙二十八年(1689)刻本　二冊

210000－0701－0003200　善31327

南漢春秋十三卷　(清)劉應麟輯　清道光七
年(1827)含章書屋刻本　二冊

210000－0701－0003201　善31328

南遊記不分卷　(清)孫嘉淦撰　清嘉慶十年
(1805)張菊溪刻朱墨套印本　二冊

210000－0701－0003202　善31329

四子譜二卷　(清)過文年撰　清乾隆五十一
年(1786)刻本　二冊

210000－0701－0003203　善31330

分類尺牘新語廣編二十四卷補編一卷　(清)
汪淇輯評　清康熙七年(1668)汪淇刻本
六冊

210000－0701－0003204　善31331

雲臺山志八卷首一卷末一卷　(清)崔應階撰
清乾隆三十七年(1772)刻本　四冊

210000－0701－0003205　善31332

學古緒言二十五卷　(明)婁堅撰　明崇禎刻
清康熙陸廷璨重修嘉定四先生集本　六冊

210000－0701－0003206　善31333

高季迪先生大全集十八卷　(明)高啟撰　清
康熙三十四年(1695)江蘇許廷鑅竹素園刻本
三冊

210000－0701－0003207　善31334

蘭皋明詞彙選八卷詩餘近選二卷　(清)胡應
宸等輯　清康熙六十一年(1722)刻本　四冊

210000－0701－0003208　善31335

宋百家詩存一百卷　(清)曹庭棟輯　清乾隆
六年(1741)曹氏二六書堂刻本　三十二冊

210000－0701－0003209　善31336

白香山詩長慶集二十卷後集十七卷別集一卷
補遺二卷　(唐)白居易撰　(清)汪立名編
年譜一卷　(清)汪立名撰　年譜舊本一卷
(宋)陳振孫撰　清康熙四十一年至四十二年
(1702－1703)汪立名一隅草堂刻本　十冊

210000－0701－0003210　善31337

通雅五十二卷首三卷　(清)方以智撰　清康
熙五年(1666)浮山此藏軒刻本　十二冊

210000－0701－0003211　善31338

史學提要箋釋五卷　(宋)黃繼善撰　(清)楊
錫祐釋　清康熙五十五年(1716)刻本　五冊

210000－0701－0003212　善31339

巽隱程先生詩集二卷文集二卷　(明)程本立
撰　清康熙五十八年(1719)金檀刻本　一冊

210000－0701－0003213　善31340

檮杌閒評五十回　(清)□□撰　清刻本　十
二冊

210000－0701－0003214　善31341

沈德潛手次年譜一卷　(清)沈德潛編　清乾
隆刻本　一冊

210000－0701－0003215　善31342

重刊宋文憲公集三十卷　(明)宋濂撰　清康
熙五十一年(1712)楊汝轂刻本　十六冊

210000－0701－0003216 善31343

分類尺牘新語二十四卷 （清）徐士俊 （清）汪淇輯評 清康熙二年(1663)汪淇刻本 十二冊

210000－0701－0003217 善31344

元次山集十二卷 （唐）元結撰 清兩間書屋刻本 四冊

210000－0701－0003218 善31345

陳定宇先生文集十七卷 （元）陳櫟撰 清康熙三十五年(1696)陳嘉基刻本 六冊

210000－0701－0003219 善31346

解毒編一卷 （清）汪汲輯 清乾隆五十九年(1794)古愚山房刻本 一冊

210000－0701－0003220 善31347

耳提錄一卷 （清）顧昌纂述 清乾隆二十年(1755)刻本 一冊

210000－0701－0003221 善31348

昭代詞選三十八卷 （清）蔣重光輯 清乾隆三十二年(1767)刻本 十六冊

210000－0701－0003222 善31349

鎮撫事宜五卷 （清）松筠撰 清道光三年(1823)刻本 四冊

210000－0701－0003223 善31350

大嶽太和山紀略八卷 （清）王槩修 （清）姚世倌纂 清乾隆九年(1744)下荆南道署刻本 八冊

210000－0701－0003224 善31351

夜譚隨錄十二卷 （清）和邦額撰 清乾隆四十四年(1779)刻本 六冊

210000－0701－0003225 善31352

咏物詩選八卷 （清）俞琰輯 清雍正三年(1725)寧儉堂刻本 四冊

210000－0701－0003226 善31353

穆堂初藁五十卷 （清）李紱撰 清乾隆五年(1740)王恕無恕軒刻本 十六冊

210000－0701－0003227 善31354

青邱高季迪先生詩集十八卷遺詩一卷扣舷集一卷鳧藻集五卷 （明）高啟撰 （清）金檀輯注 附錄一卷 清雍正六年(1728)金檀文瑞樓刻乾隆修補本 八冊

210000－0701－0003228 善31355

詩品唐律二卷 （清）福振輯 清崇恩、崇光刻本 二冊

210000－0701－0003229 善31356

百家姓類音正聲一卷 （清）胡濪輯 清康熙二十三年(1684)胡濪刻本 一冊

210000－0701－0003230 善31357

庚子銷夏記八卷 （清）孫承澤撰 清乾隆二十六年(1761)鮑廷博知不足齋刻本 四冊

210000－0701－0003231 善31358

愚峽山志四卷 （清）孫繩祖纂修 清康熙六十年(1721)刻本 四冊

210000－0701－0003232 善31359

西湖志纂十五卷首一卷 （清）梁詩正等纂 清乾隆二十七年(1762)賜經堂刻本 五冊

210000－0701－0003233 善31360

安陽集五十卷 （宋）韓琦撰 別錄三卷(宋)王巖叟撰 遺事一卷 （宋）強至撰 家傳十卷 清乾隆三十五年(1770)黃邦寧刻本 十冊

210000－0701－0003234 善31361

江文通集四卷 （南朝梁）江淹撰 （清）梁賓輯 清乾隆二十四年(1759)刻本 四冊

210000－0701－0003235 善31362

官板大字全像批評三國志二十四卷一百回 (明)羅貫中撰 （清）金人瑞 （清）毛宗崗批點 （清）李漁評閱 清雍正十二年(1734)郁郁堂、郁文堂刻本 十冊

210000－0701－0003236 善31363

雞足山志十卷首一卷 （清）范承勳纂 清康熙三十一年(1692)刻本 七冊

210000－0701－0003237 善31364

竹齋先生詩集四卷 （宋）裴萬頃撰 清康熙四十八年(1709)裴奏刻本 一冊

210000 – 0701 – 0003238　善 31365

蓮洋集二十卷　（清）吳雯撰　蓮洋吳徵君
[雯]年譜一卷　（清）翁方綱撰　附錄一卷
清乾隆三十九年(1774)刻本　十冊

210000 – 0701 – 0003239　善 31366

詞綜三十卷補遺六卷　（清）朱彝尊輯　清康
熙十七年(1678)刻本　六冊

210000 – 0701 – 0003240　善 31367

書傳鹽梅二十卷　（清）黃文蓮輯　清乾隆五
十二年(1787)刻本　十冊

210000 – 0701 – 0003241　善 31368

白香山詩長慶集二十卷後集十七卷別集一卷
補遺二卷　（唐）白居易撰　（清）汪立名編
年譜一卷　（清）汪立名撰　年譜舊本一卷
（宋）陳振孫撰　清康熙四十一年至四十二年
(1702 – 1703)汪立名一隅草堂刻本　十冊

210000 – 0701 – 0003242　善 31369

洹詞十二卷　（明）崔銑撰　清乾隆三十六年
(1771)黃邦寧刻本　十二冊

210000 – 0701 – 0003243　善 31370

金華徵獻畧二十卷　（清）王崇炳撰　清雍正
十一年(1733)金律婺東藕塘賢祠刻本　八冊

210000 – 0701 – 0003244　善 31371

郝文忠公陵川文集三十九卷首一卷　（元）郝
經撰　（清）王鏐編訂　清乾隆三年(1738)朱
鹿田刻嘉慶三年(1798)張大紱印本　十冊

210000 – 0701 – 0003245　善 31372

宋端明殿學士蔡忠惠公文集三十六卷　（宋）
蔡襄撰　宋蔡忠惠公別紀補遺二卷　（明）徐
燉編　（明）宋珏增補　清雍正、乾隆蔡廷魁
遜敏齋刻本　八冊

210000 – 0701 – 0003246　善 31373

盧忠烈公集三卷　（明）盧象昇撰　（清）盧安
節編　清乾隆盧安節刻本　一冊

210000 – 0701 – 0003247　善 31374

玉茗堂全集四十六卷　（明）湯顯祖撰　清康
熙三十三年(1694)阮峴刻本　二十四冊

210000 – 0701 – 0003248　善 31375

三家詩八卷　（清）張潮等輯　清康熙刻本
三冊

210000 – 0701 – 0003249　善 31376

湛甘泉先生文集三十二卷　（明）湛若水撰
清康熙二十年(1681)刻本　十冊

210000 – 0701 – 0003250　善 31377

夜譚隨錄十二卷　（清）和邦額撰　清乾隆四
十四年(1779)刻本　十二冊　存十卷(一至
六、八至十、十二)

210000 – 0701 – 0003251　善 31378

明史稿三百十卷目錄三卷　（清）王鴻緒撰
清雍正敬慎堂刻本　六十四冊

210000 – 0701 – 0003252　善 31379

國朝詩別裁集三十六卷　（清）沈德潛輯評
清乾隆二十四年(1759)刻本　十六冊

210000 – 0701 – 0003253　善 31380

南越筆記十六卷賦話十卷詩話二卷詞話四卷
曲話二卷　（清）李調元撰　清乾隆四十三年
(1778)刻本　七冊

210000 – 0701 – 0003254　善 31381

笠翁十種曲九十卷　（清）李漁撰　清康熙刻
本　二十冊

210000 – 0701 – 0003255　善 31382

揚州畫舫錄十八卷　（清）李斗撰　清嘉慶二
年(1797)自然盦刻本　八冊

210000 – 0701 – 0003256　善 31383

行水金鑑一百七十五卷圖一卷　（清）傅澤洪
撰　清雍正三年(1725)淮揚官舍刻本　四
十冊

210000 – 0701 – 0003257　善 31384

前八大家詩選五十六卷　（明）夏雲鼎輯　清
康熙二十一年(1682)季正爵刻本　八冊

210000 – 0701 – 0003258　善 31385

長白山錄一卷　（清）王士禛撰　清康熙三十
六年(1697)刻本　一冊

210000 – 0701 – 0003259　善 31386

近光集二十八卷　（清）汪士鋐編纂　（清）徐修仁參注　清康熙五十八年(1719)刻本　八冊

210000－0701－0003260　善31387

歐陽文忠公全集一百五十三卷　（宋）歐陽修撰　年譜一卷　（宋）胡柯撰　附錄五卷　清乾隆五十七年(1792)惇敍堂刻本　二十四冊

210000－0701－0003261　善31388

元豐類稿五十卷　（宋）曾鞏撰　清康熙四十九年(1710)刻本　十六冊

210000－0701－0003262　善31389

廣輿古今鈔二卷　（清）程晴川編　清乾隆六十年(1795)有誠堂刻本　四冊

210000－0701－0003263　善31390

禹貢錐指二十卷圖一卷　（清）胡渭撰　清康熙四十年(1701)漱六軒刻四十四年(1705)補刻本　十二冊

210000－0701－0003264　善31391

瀛奎律髓刊誤四十九卷　（元）方回編　（清）紀昀刊誤　清道光李光垣刻本　十六冊

210000－0701－0003265　善31392

朱飲山千金譜二十九卷三韻易知十卷　（清）朱燮撰　（清）楊廷茲輯　清乾隆五十五年(1790)刻本　十六冊

210000－0701－0003266　善31393

八紘譯史十三卷湖壖雜紀一卷　（清）陸次雲輯　清康熙二十二年(1683)刻本　六冊

210000－0701－0003267　善31394

隱拙齋集五十卷續集五卷　（清）沈廷芳撰　清乾隆二十二年至四十四年(1757－1779)沈世煒刻本　十冊

210000－0701－0003268　善31395

穆堂初藁五十卷別藁五十卷　（清）李紱撰　清道光十一年(1831)奉國堂、珊城阜祺堂刻本　三十六冊

210000－0701－0003269　善31396

定山堂詩集四十三卷詩餘四卷　（清）龔鼎孳撰　清乾隆刻本　十六冊

210000－0701－0003270　善31397

貫華堂選批唐才子詩甲集七言律八卷　（清）金人瑞選批　（清）金雍編　清初刻本　二十冊

210000－0701－0003271　善31398

白香山詩長慶集二十卷後集十七卷別集一卷補遺二卷　（唐）白居易撰　（清）汪立名編　年譜一卷　（清）汪立名撰　年譜舊本一卷　（宋）陳振孫撰　清康熙四十一年至四十二年(1702－1703)汪立名一隅草堂刻本　十冊

210000－0701－0003272　善31399

國朝山左詩鈔六十卷　（清）盧見曾輯　清乾隆二十三年(1758)雅雨堂刻本　二十冊

210000－0701－0003273　善31400

歷代名臣傳三十四卷續編五卷　（清）朱軾（清）蔡世遠輯　清雍正七年(1729)世恩堂刻本　十冊

210000－0701－0003274　善31401

甬上耆舊詩三十卷　（清）胡文學輯　清康熙十五年(1676)胡氏敬義堂刻本　十四冊

210000－0701－0003275　善31402

雪月梅傳奇十卷五十回　（清）陳朗撰　清聚錦堂刻本　十冊

210000－0701－0003276　善31403

東嵒艸堂評訂唐詩鼓吹十卷　（元）元好問輯（元）郝天挺注　清康熙二十七年(1688)刻本　十冊

210000－0701－0003277　善31404

新刊宋學士全集三十三卷首一卷　（明）宋濂撰　明嘉靖三十年(1551)韓叔陽刻崇禎、清順治遞修本　二十冊

210000－0701－0003278　善31405

說郛一百二十弓　（明）陶宗儀輯　續四十六弓　（明）陶珽輯　清順治三年(1646)李際期宛委山堂刻本　二百冊

210000－0701－0003279　善31406

戎旃遣興草二卷　（清）晉昌撰　清道光五年(1825)安素堂刻本　二冊

210000－0701－0003280　善31407
蝴蝶媒四卷十六回　題(清)南岳道人撰　題(清)青谿醉客評　清刻本　四冊

210000－0701－0003281　善31408
海剛峰先生文集二卷　（明）海瑞撰　（清）張伯行編訂　清康熙四十九年(1710)姑蘇張伯行正誼堂刻本　二冊

210000－0701－0003282　善31409
況靜安集四卷末一卷　（明）況鍾撰　（清）陳永懋輯　清道光陳永懋刻本　二冊

210000－0701－0003283　善31410
新選韜略元機象棋譜六卷　（清）王相　（清）張自文輯　清康熙文錦堂刻本　六冊

210000－0701－0003284　善31411
偷甲記二卷　（清）范希哲撰　清刻本　四冊

210000－0701－0003285　善31412
繡像八美圖五卷二十二回　（□）□□撰　清刻本　四冊

210000－0701－0003286　善31413
唐詩援二十卷選詩或問一卷　（清）李沂輯　清康熙柳園刻本　四冊

210000－0701－0003287　善31414
宋遼金元別史五種　（清）席世臣輯　清乾隆、嘉慶席氏掃葉山房刻本　四十冊

210000－0701－0003288　善31415
結水滸全傳七十卷七十回　（清）俞萬春撰　清咸豐三年(1853)徐佩珂刻本　二十四冊

210000－0701－0003289　善31416
南史演義三十二卷　（清）杜綱撰　（清）許寶善批評　清康熙六十年(1721)刻本　八冊

210000－0701－0003290　善31417
北史演義六十四卷　（清）杜綱撰　（清）許寶善批評　清道光二十二年(1842)敬業山房刻本　十冊　存五十四卷(一至五十四)

210000－0701－0003291　善31418
漁邨記二卷　題(清)妙有山人撰　（清）韓錫胙評點　南山法曲一卷　（清）韓錫胙撰　清乾隆三十三年(1768)妙有山房刻本　四冊

210000－0701－0003292　善31419
晚笑堂竹莊畫傳一卷明太祖功臣圖一卷　（清）上官周繪　清乾隆八年(1743)刻本　二冊

210000－0701－0003293　善31420
蕪城集三卷　（清）史申義撰　清康熙刻本　一冊

210000－0701－0003294　善31421
十二種曲二十四卷　題(清)偶塘居士輯　清道光二十五年(1845)刻本　二十冊　存十種二十卷(憐香伴傳奇二卷、風箏誤傳奇二卷、意中緣傳奇二卷、凰求鳳傳奇二卷、奈何天傳奇二卷、比目魚傳奇二卷、玉搔頭傳奇二卷、巧團圓傳奇二卷、慎鸞交傳奇二卷、邯鄲夢傳奇二卷)

210000－0701－0003295　善31422
使滇集三卷　（清）史申義撰　清康熙刻本　二冊

210000－0701－0003296　善31423
無聲詩史七卷　（清）姜紹書撰　清康熙五十九年(1720)李光暎刻本　四冊

210000－0701－0003297　善31424
賦鈔箋畧十五卷　（清）王煃輯　（清）雷琳（清）張杏濱注　清乾隆三十一年(1766)刻本　八冊

210000－0701－0003298　善31425
魚水緣傳奇二卷　（清）周書撰　題(清)竹軒主人評點　清乾隆二十六年(1761)博文堂刻本　四冊

210000－0701－0003299　善31426
補天石傳奇八卷　（清）周樂清撰　清道光十年(1830)靜遠草堂刻十七年(1837)印本　八冊

210000－0701－0003300　善31427

鬼谷子三卷　（南朝梁）陶弘景注　（清）秦恩
復校正　**篇目考一卷附錄一卷**　（清）秦恩復
輯　清乾隆五十四年(1789)秦氏石研齋刻本
三冊

210000－0701－0003301　善31428

新刻鍾伯敬先生批評封神演義十九卷一百回
（明）許仲琳撰　（明）鍾惺評　清康熙三十
四年(1695)四雪草堂刻本　二十冊

210000－0701－0003302　善31429

影梅菴傳奇二卷　（清）彭劍南撰　清道光六
年(1826)彭氏茗雪山房刻本　二冊

210000－0701－0003303　善31430

西澗草堂集四卷詩集四卷　（清）閻循觀撰
清乾隆三十八年(1773)樹滋堂刻本　二冊

210000－0701－0003304　善31431

香畹樓二卷　（清）彭劍南撰　清道光六年
(1826)彭氏茗雪山房刻本　二冊

210000－0701－0003305　善31432

說呼全傳十二卷四十回　題(清)半閒居士撰
清乾隆四十四年(1779)金閶書業堂刻本
六冊

210000－0701－0003306　善31433

繡像義妖全傳二十八卷五十回　（清）陳遇乾
撰　清金閶啓秀刻本　十冊

210000－0701－0003307　善31434

李詩直解六卷　（唐)李白撰　（清)□□直解
（清)沈寅　（清)朱崑補輯　清乾隆四十七
年(1782)鳳樓刻本　六冊

210000－0701－0003308　善31435

玉燕堂四種曲八卷　（清）張堅撰　清乾隆玉
燕堂刻本　十二冊

210000－0701－0003309　善31436

珊瑚玦傳奇二卷　（清)周稚廉撰　清刻本
二冊

210000－0701－0003310　善31437

懷沙記二卷　（清)張堅撰　（清)沈學子評點

清乾隆玉燕堂刻本　二冊

210000－0701－0003311　善31438

林蘭香八卷六十四回　題(清)隨緣下士撰
題(清)寄旅散人批點　清道光十八年(1838)
刻本　十二冊

210000－0701－0003312　善31439

水石緣六卷三十段　（清)李春榮撰　清經綸
堂刻本　四冊

210000－0701－0003313　善31440

釣渭閒褵膽十二卷　（清)潘炤撰　清嘉慶二
十年(1815)小百尺樓刻本　二冊

210000－0701－0003314　善31441

烏闌誓傳奇二卷　（清)潘炤撰　清嘉慶二十
年(1815)小百尺樓刻本　三冊

210000－0701－0003315　善31442

後續大宋楊家將文武曲星包公狄青初傳十四
卷六十八回　（清)李雨堂撰　清道光十一年
(1831)刻本　十四冊

210000－0701－0003316　善31443

無雙譜一卷　（清)金古良撰　清刻本　二冊

210000－0701－0003317　善31444

香譜一卷　（宋)洪芻撰　清順治三年(1646)
宛委山堂刻說郛本　一冊

210000－0701－0003318　善31445

高士傳三卷　（晉)皇甫謐撰　清康熙七年
(1668)汪士漢刻秘書廿一種本　一冊

210000－0701－0003319　善31446

劍俠傳四卷　（唐)□□撰　清康熙七年
(1668)汪士漢刻秘書廿一種本　二冊

210000－0701－0003320　善31447

墨憨齋重定量江記二卷　（明)佘翹撰　（明)
馮夢龍改定　清刻本　二冊

210000－0701－0003321　善31448

契丹國志二十七卷　（宋)葉隆禮撰　清乾
隆、嘉慶席氏掃葉山房刻宋遼金元別史本
二冊

210000－0701－0003322　善31449

鴛央湖櫂歌不分卷　（清）陸以誠輯　清乾隆
四十年（1775）陸以誠刻本　一冊

210000－0701－0003323　善31450

西巖詩集不分卷　（清）賈克明撰　清康熙四
十七年（1708）賈沅等刻本　一冊

210000－0701－0003324　善31451

怡怡堂圍碁新譜三卷首編一卷　（清）唐淦
（清）唐淦輯　清道光二十九年（1849）怡之堂
刻本　三冊

210000－0701－0003325　善31452

白沙子全集六卷首一卷　（明）陳獻章撰　清
康熙四十九年（1710）顧嗣協、何九疇刻本　
六冊

210000－0701－0003326　善31453

習之先生全集錄二卷　（唐）李翱撰　（清）儲
欣錄　清康熙刻本　二冊

210000－0701－0003327　善31454

大金國志四十卷　（宋）宇文懋昭撰　清嘉慶
二年（1797）席氏掃葉山房刻宋遼金元別史本
　四冊

210000－0701－0003328　善31455

契丹國志二十七卷　（宋）葉隆禮撰　清嘉慶
二年（1797）席氏掃葉山房刻宋遼金元別史本
　二冊

210000－0701－0003329　善31456

楊忠愍公集四卷　（明）楊繼盛撰　清康熙十
二年（1673）楊福聰刻本　四冊

210000－0701－0003330　善31457

忠武誌八卷　（清）張鵬翮輯　清康熙刻本　
八冊

210000－0701－0003331　善31458

臥龍崗志二卷　（清）羅景撰　清康熙五十一
年（1712）刻本　二冊

210000－0701－0003332　善31459

無瑕璧傳奇二卷　（清）夏綸撰　清乾隆十七
年（1752）夏氏世光堂刻本　三冊

210000－0701－0003333　善31460

橫經堂詩餘二卷　（清）張泰初撰　清咸豐元
年（1851）刻本　二冊

210000－0701－0003334　善31461

缾笙館修簫譜四種四卷　（清）舒位撰　清道
光十三年（1833）錢塘汪氏振綺堂刻本　二冊

210000－0701－0003335　善31462

文房肆攷圖說八卷　（清）唐秉鈞撰　（清）康
愷繪　清乾隆四十三年（1778）竹映山莊刻本　
八冊

210000－0701－0003336　善31463

高陽集二十卷　（明）孫承宗撰　清順治十二
年（1655）刻嘉慶十二年（1807）重修本　十
二冊

210000－0701－0003337　善31464

高陽太傅孫文正公年譜五卷　（明）孫銓輯
（清）孫奇逢訂正　清乾隆師儉堂刻本　四冊

210000－0701－0003338　善31465

玉燕堂四種曲八卷　（清）張堅撰　清乾隆刻
本　十冊

210000－0701－0003339　善31466

水滸後傳十卷四十回首一卷　（明）陳忱撰
（清）蔡昴評　清乾隆刻本　十冊

210000－0701－0003340　善31467

新鐫楊家府世代忠勇演義志傳八卷　題（明）
秦淮墨客校閱　題（□）煙波釣叟參訂　清乾
隆天德堂刻本　八冊

210000－0701－0003341　善31468

繡像京本雲合奇蹤玉茗英烈全傳十卷八十回
　題（明）徐渭撰　清刻本　十冊

210000－0701－0003342　善31469

閱微草堂筆記二十四卷　（清）紀昀撰　清嘉
慶二十一年（1816）盛時彥刻本　八冊　存十
八卷（一至三、七至二十一）

210000－0701－0003343　善31470

新刻逸田叟女仙外史大奇書一百回　（清）呂
熊撰　清刻本　十冊　存六十五回（二十三

至七十二、八十六至一百)

210000－0701－0003344　善31471

釣磯立談一卷　題(南唐)史虛白撰　清康熙
四十五年(1706)揚州使院刻楝亭藏書十二種
本　一冊

210000－0701－0003345　善31471

頤堂先生糖霜譜一卷　(宋)王灼撰　清康熙
四十五年(1706)揚州使院刻楝亭藏書十二種
本　與210000－0701－0003344合冊

210000－0701－0003346　善31472

莊子獨見不分卷　(清)胡文英撰　清文淵堂
刻本　六冊

210000－0701－0003347　善31473

契丹國志二十七卷　(宋)葉隆禮撰　清乾隆
五十八年(1793)承恩堂刻本　八冊

210000－0701－0003348　善31474

日下舊聞四十二卷　(清)朱彝尊輯　**補遺四
十二卷**　(清)朱昆田撰　清康熙二十六年至
二十七年(1687－1688)秀水朱彝尊刻本　十
六冊

210000－0701－0003349　善31475

日下舊聞四十二卷　(清)朱彝尊撰　**補遺四
十二卷**　(清)朱昆田撰　清康熙二十六年至
二十七年(1687－1688)秀水朱彝尊刻本　二
十四冊

210000－0701－0003350　善31476

音學五書　(清)顧炎武撰　清康熙六年
(1667)張弨符山堂刻本　十二冊

210000－0701－0003351　善31477

毛詩名物圖說九卷　(清)徐鼎撰　清乾隆三
十六年(1771)刻本　四冊

210000－0701－0003352　善31478

清異錄二卷　(宋)陶穀撰　清康熙陳世修漱
六閣刻本　二冊

210000－0701－0003353　善31479

宋淳熙敕編古玉圖譜一百卷　題(宋)龍大淵
等編纂　清乾隆四十四年(1779)江氏康山草

堂刻本　二十四冊

210000－0701－0003354　善31480

香祖筆記十二卷　(清)王士禛撰　清康熙刻
本　六冊

210000－0701－0003355　善31481

宋東京考二十卷　(清)周城撰　清乾隆六有
堂刻本　四冊

210000－0701－0003356　善31482

儒林外史五十六回　(清)吳敬梓撰　清木活
字印本　三冊　存十三回(一至四、十四至二
十二)

210000－0701－0003357　善31483

虞初新志二十卷　(清)張潮輯　清刻本
十冊

210000－0701－0003358　善31484

孔氏家語十卷　(三國魏)王肅注　清光緒二
十四年(1898)劉世珩刻本　四冊

210000－0701－0003359　善31485

隸辨八卷　(清)顧藹吉撰　清乾隆八年
(1743)黃晟刻本　八冊

210000－0701－0003360　善31486

李義山文集十卷　(唐)李商隱撰　(清)徐樹
穀箋　(清)徐炯注　清康熙四十七年(1708)
徐氏花谿草堂刻本　四冊

210000－0701－0003361　善31487

李義山詩集十六卷　(唐)李商隱撰　(清)姚
培謙箋　清乾隆五年(1740)姚氏松桂讀書堂
刻本　四冊

210000－0701－0003362　善31488

南豐先生元豐類藁五十卷集外文二卷　(宋)
曾鞏撰　**續附一卷**　(清)顧崧齡輯　清康熙
五十六年(1717)顧崧齡刻本　八冊

210000－0701－0003363　善31489

古今韻略五卷　(清)邵長蘅撰　清康熙三十
五年(1696)刻本　三冊

210000－0701－0003364　善31490

樊川文集二十卷外集一卷別集一卷　(唐)杜

牧撰　清末刻本　六冊

210000－0701－0003365　善31491

陶菴全集二十二卷首一卷末一卷　（明）黃淳
耀撰　清乾隆二十六年(1761)刻本　十冊

210000－0701－0003366　善31492

杜工部集二十卷首一卷　（唐）杜甫撰　（明）
王世貞等評　清光緒二年(1876)翰墨園刻六
色套印本　十冊

210000－0701－0003367　善31493

杜工部集二十卷首一卷　（唐）杜甫撰　（明）
王世貞等評　清光緒二年(1876)翰墨園刻六
色套印本　十冊

210000－0701－0003368　善31494

味和堂詩集六卷　（清）高其倬撰　清乾隆三
十一年(1766)高書勳刻本　四冊

210000－0701－0003369　善31495

元豐類藁五十卷　（宋）曾鞏撰　清康熙四十
九年(1710)曾國光西爽堂刻本　十六冊

210000－0701－0003370　善31496

南豐先生元豐類藁五十卷集外文二卷　（宋）
曾鞏撰　**續附一卷**　（清）顧崧齡輯　清康熙
五十六年(1717)顧崧齡刻本　十二冊

210000－0701－0003371　善31497

紅樓夢一百二十卷一百二十回　（清）曹雪芹
撰　（清）高鶚續撰　（清）王希廉評　**圖像一
卷論贊一卷**　題(□)讀花人戲編　清道光十
二年(1832)刻本　二十四冊

210000－0701－0003372　善31498

評論出像水滸傳二十卷七十回　（明）施耐庵
撰　（清）金人瑞評　清刻本　二十冊

210000－0701－0003373　善31499

石湖居士詩集三十四卷　（宋）范成大撰　清
康熙二十七年(1688)顧氏依園刻本　八冊

210000－0701－0003374　善31500

葦齋集十二卷　（宋）朱松撰　清康熙四十九
年(1710)朱昌辰刻本　三冊

210000－0701－0003375　善31501

石湖居士詩集三十四卷　（宋）范成大撰　清
康熙二十七年(1688)顧氏依園刻本　十冊

210000－0701－0003376　善31502

**范文正公集二十卷別集四卷政府奏議二卷尺
牘三卷**　（宋）范仲淹撰　**年譜一卷**　（宋）樓
鑰撰　**年譜補遺一卷言行拾遺事錄四卷鄱陽
遺事錄一卷遺蹟一卷義莊規矩一卷褒賢集五
卷補編五卷**　清康熙四十六年(1707)歲寒堂
刻本　十六冊　存三十八卷(范文正公集二
十卷、別集四卷、政府奏議二卷、尺牘三卷、年
譜一卷、年譜補遺一卷、言行拾遺事錄四卷、
鄱陽遺事錄一卷、遺蹟一卷、義莊規矩一卷)

210000－0701－0003377　善31503

雪月梅傳十卷五十回　（清）陳朗撰　（清）董
孟汾評　清乾隆四十年(1775)刻本　十冊

210000－0701－0003378　善31504

司馬文正公傳家集八十卷　（宋）司馬光撰
（清）陳弘謀重訂　**年譜一卷附錄一卷**　（清）
陳弘謀輯　清乾隆六年(1741)陳弘謀刻本
二十四冊

210000－0701－0003379　善31505

改亭文集十六卷詩集六卷　（清）計東撰　清
乾隆十三年(1748)計璸、計嘉禾刻本　八冊

210000－0701－0003380　善31506

鯤溟先生詩集四卷奏疏一卷　（明）郭諫臣撰
清嘉慶七年至十六年(1802－1811)郭一臨
刻本　四冊

210000－0701－0003381　善31507

**白香山詩長慶集二十卷後集十七卷別集一卷
補遺二卷**　（唐）白居易撰　（清）汪立名編
年譜一卷　（清）汪立名撰　**年譜舊本一卷**
(宋)陳振孫撰　清康熙四十一年至四十二年
(1702－1703)汪立名一隅草堂刻本　十六冊

210000－0701－0003382　善31508

**白香山詩長慶集二十卷後集十七卷別集一卷
補遺二卷**　（唐）白居易撰　（清）汪立名編
年譜一卷　（清）汪立名撰　**年譜舊本一卷**
(宋)陳振孫撰　清康熙四十一年至四十二年

(1702-1703)汪立名一隅草堂刻本　　十二冊

210000-0701-0003383　善31509

溫飛卿詩集七卷別集一卷集外詩一卷　（唐）溫庭筠撰　（明）曾益注　（清）顧予咸補注（清）顧嗣立續注　**附錄一卷**　清乾隆刻本四冊

210000-0701-0003384　善31510

羅鄂州小集六卷　（宋）羅願撰　**羅郢州遺文一卷**　（宋）羅頌撰　清康熙五十二年(1713)程哲七略書堂刻本　　四冊

210000-0701-0003385　善31511

羅鄂州小集六卷　（宋）羅願撰　**羅郢州遺文一卷**　（宋）羅頌撰　清康熙五十二年(1713)程哲七略書堂刻本　　四冊

210000-0701-0003386　善31512

白香山年譜舊本一卷　（宋）陳振孫撰　**白香山[居易]年譜一卷**　（清）汪立名撰　清康熙四十二年(1703)汪立名一隅草堂刻本　　一冊

210000-0701-0003387　善31513

洹詞十二卷　（明）崔銑撰　清乾隆三十六年(1771)黃邦寧刻本　　十二冊

210000-0701-0003388　善31514

午亭文編五十卷　（清）陳廷敬撰　（清）林佶輯錄　清康熙四十七年(1708)林佶刻五十八年(1719)陳壯履補修乾隆四十三年(1778)平陽學宮印本　　十二冊

210000-0701-0003389　善31515

斜川集六卷　（宋）蘇過撰　**訂誤一卷**　（清）吳長元撰　**附錄二卷**　（清）鮑廷博輯　清乾隆五十三年(1788)趙懷玉亦有生齋刻本四冊

210000-0701-0003390　善31516

感舊集十六卷　（清）王士禎輯　（清）盧見曾補傳　清乾隆十七年(1752)盧見曾雅雨堂刻本　　十六冊

210000-0701-0003391　善31517

瀛奎律髓四十九卷　（元）方回輯　**重刻記言**

一卷　（清）吳寶芝撰　清康熙五十一年(1712)吳氏黃葉邨莊刻本　　二十四冊

210000-0701-0003392　善31518

本事詩十二卷　（清）徐釚輯　清乾隆二十二年(1757)半松書屋刻本　　六冊

210000-0701-0003393　善31519

明詩別裁十二卷　（清）沈德潛　（清）周準輯清乾隆刻本　　四冊

210000-0701-0003394　善31520

王荊公唐百家詩選二十卷　（宋）王安石輯清康熙四十三年(1704)宋犖、丘迴刻雙清閣印本　　五冊

210000-0701-0003395　善31521

中晚唐詩叩彈集十二卷續集三卷　（清）杜詔（清）杜庭珠輯注　清康熙四十三年(1704)采山亭刻本　　五冊

210000-0701-0003396　善31522

榕村詩選八卷首一卷　（清）李光地輯　清雍正七年(1729)江都方覲刻本　　四冊

210000-0701-0003397　善31523

有懷堂詩藁六卷文藁二十二卷　（清）韓菼撰清康熙四十二年(1703)韓氏有懷堂刻本六冊　存十三卷(詩藁六卷、文藁一至七)

210000-0701-0003398　善31524

有懷堂文藁二十二卷　（清）韓菼撰　清康熙四十二年(1703)韓氏有懷堂刻本　　八冊

210000-0701-0003399　善31525

感舊集十六卷　（清）王士禎輯　（清）盧見曾補傳　清乾隆十七年(1752)盧見曾雅雨堂刻本　　八冊

210000-0701-0003400　善31526

欽定國朝詩別裁集三十二卷　（清）沈德潛輯清乾隆刻本　　十六冊

210000-0701-0003401　善31527

元詩選初集十卷首一卷　（清）顧嗣立輯　清康熙三十三年(1694)顧嗣立秀野草堂刻本十四冊

210000－0701－0003402　善31528

詩林韶濩二十卷　（清）顧嗣立輯　清康熙四十四年(1705)顧嗣立秀野草堂刻本　八冊

210000－0701－0003403　善31529

七子詩選十四卷　（清）沈德潛輯　清乾隆十八年(1753)刻本　四冊

210000－0701－0003404　善31530

七子詩選十四卷　（清）沈德潛輯　清刻本　六冊

210000－0701－0003405　善31531

國朝山左詩鈔六十卷　（清）盧見曾輯　清乾隆二十三年(1758)盧見曾雅雨堂刻本　十六冊

210000－0701－0003406　善31532

說鈴五十二種六十七卷　（清）吳震方輯　清康熙刻本　三十二冊

210000－0701－0003407　善31533

漁隱叢話前集六十卷後集四十卷　（宋）胡仔輯　清乾隆五年至六年(1740－1741)楊佑啓耘經樓刻本　八冊

210000－0701－0003408　善31534

漁隱叢話前集六十卷　（宋）胡仔輯　清乾隆五年至六年(1740－1741)楊佑啓耘經樓刻本　十二冊

210000－0701－0003409　善31535

今古奇觀四十卷　題(明)抱甕老人輯　清同文堂刻本　十二冊

210000－0701－0003410　善31536

十種唐詩選十七卷　（清）王士禛輯　清康熙三十一年至五十年(1692－1711)蘿筵齋刻本　八冊

210000－0701－0003411　善31537

十種唐詩選十七卷　（清）王士禛輯　清康熙三十一年至五十年(1692－1711)蘿筵齋刻本　六冊

210000－0701－0003412　善31538

唐人萬首絕句選七卷　（宋）洪邁輯　（清）王

士禛選　清康熙四十七年(1708)王士禛刻雍正重修王漁洋遺書本　二冊

210000－0701－0003413　善31539

納書楹曲譜正集四卷續集四卷外集二卷補遺四卷　（清）葉堂訂譜　清乾隆五十七年至五十九年(1792－1794)葉氏納書楹刻本　十四冊

210000－0701－0003414　善31540

昭代詞選三十八卷　（清）蔣重光輯　清乾隆三十二年(1767)經鉏堂刻本　二十四冊

210000－0701－0003415　善31541

青邱高季迪先生詩集十八卷遺詩一卷扣舷集一卷鳧藻集五卷　（明）高啟撰　（清）金檀輯注　**年譜一卷**　（清）金檀撰　**附錄一卷**　清雍正六年(1728)金檀文瑞樓刻乾隆修補本　六冊

210000－0701－0003416　善31542

雅雨堂叢書十三種　（清）盧見曾輯　清乾隆二十一年(1756)盧氏雅雨堂刻本　十八冊

210000－0701－0003417　善31543

雅雨堂叢書十三種　（清）盧見曾輯　清乾隆二十一年(1756)盧氏雅雨堂刻本　二十二冊

210000－0701－0003418　善31544

唐人五十家小集　（清）江標輯　清光緒二十一年(1895)元和江標靈鶼閣刻本　十六冊

210000－0701－0003419　善31545

[道光]永寧州志十二卷首一卷　（清）黃培傑等纂修　清道光十七年(1837)刻本　十五冊

210000－0701－0003420　善31546

表異錄二十卷　（明）王志堅輯　清康熙四十七年(1708)陳世修漱六閣刻雍正重修本　二冊

210000－0701－0003421　善31547

敬業堂詩集五十卷　（清）查慎行撰　清康熙五十八年(1719)刻雍正增刻本　十冊

210000－0701－0003422　善31548

徐氏一家詞五卷　徐琪輯　清光緒三十四年

（1908）徐氏家刻本　三冊

210000－0701－0003423　善31549
春渚紀聞十卷　（宋）何薳撰　清嘉慶十五年
（1810）留香室刻本　二冊

210000－0701－0003424　善31550
松雪齋集十卷外集一卷　（元）趙孟頫撰　趙
文敏公行狀一卷　（元）楊載撰　清康熙清德
堂刻本　六冊

210000－0701－0003425　善31551
字鑑五卷　（元）李文仲撰　清道光五年
（1825）許槤芊經書塾刻本　二冊

210000－0701－0003426　善31552
李長吉歌詩四卷外集一卷　（唐）李賀撰
（清）王琦彙解　首一卷　（清）王琦輯　清乾
隆二十五年（1760）王琦寶笏樓刻本　六冊

210000－0701－0003427　善31553
李長吉集四卷外集一卷　（唐）李賀撰　（明）
黃淳耀評　（清）黎簡批點　清光緒十八年
（1892）葉衍蘭刻朱墨套印本　二冊

210000－0701－0003428　善31554
玉搔頭傳奇二卷　（清）李漁撰　題（清）睡鄉
祭酒批評　清康熙刻笠翁傳奇十種本　二冊

210000－0701－0003429　善31555
宋名臣言行錄七十五卷　（宋）李幼武輯
（清）顧廣圻校　清道光歙績學堂洪氏刻本
十四冊

210000－0701－0003430　善31556
吳越春秋十卷　（漢）趙曄撰　（元）徐天祐音
注　補注一卷　（元）徐天祐撰　逸文一卷札
記一卷　徐乃昌輯並撰　清光緒三十二年
（1906）徐乃昌刻隨盦叢書本　四冊

210000－0701－0003431　善31557
駱賓王文集十卷　（唐）駱賓王撰　考異一卷
（清）顧廣圻撰　清嘉慶二十一年（1816）石
研齋秦恩復刻本　一冊

210000－0701－0003432　善31558
［乾道］臨安志三卷　（宋）周淙纂　清光緒孫

氏壽松堂刻本　二冊

210000－0701－0003433　善31559
新鐫批評出像通俗演義禪眞後史五十三回
（明）方汝浩撰　題（清）沖和居士評　清刻本
六冊

210000－0701－0003434　善31560
詩說十二卷總說一卷　（宋）劉克撰　清道光
八年（1828）汪氏藝芸書舍刻本　八冊

210000－0701－0003435　善31561
積古齋鐘鼎彝器款識十卷商周銅器說一卷
（清）阮元編錄　清嘉慶九年（1804）刻本
十冊

210000－0701－0003436　善31562
詩經音韻譜五卷序說一卷章句觸解一卷
（清）甄士林撰　清道光甄士林種松書屋刻本
五冊

210000－0701－0003437　善31563
班馬字類二卷　（宋）婁機撰　清刻本　四冊

210000－0701－0003438　善31564
鄭氏遺書五種　（漢）鄭玄撰　（清）王復輯
（清）武億校　清嘉慶王復、武億刻本　四冊

210000－0701－0003439　善31565
秦淮八艷圖詠不分卷　（清）葉衍蘭等撰
（清）葉衍蘭輯　清光緒十八年（1892）越華講
院葉衍蘭刻本　一冊

210000－0701－0003440　善31566
說文解字十五卷　（漢）許慎撰　（南唐）徐鉉
校定　清同治十三年（1874）浦氏刻本　三冊

210000－0701－0003441　善31567
說文古籀補十四卷補遺一卷　（清）吳大澂撰
附錄一卷　清光緒七年至九年（1881－
1883）刻本　二冊

210000－0701－0003442　善31568
晁具茨先生詩集十五卷　（宋）晁沖之撰　清
刻本　四冊

210000－0701－0003443　善31569
中晚唐詩紀六十二卷　（清）龔賢輯　清初龔

氏刻本　二十四冊　存五十八卷

210000－0701－0003444　善31570
香銷酒醒詞一卷　（清）趙慶熺撰　清光緒十一年(1885)許氏碧聲吟館刻本　一冊

210000－0701－0003445　善31571
隆平集二十卷　（宋）曾鞏撰　清康熙四十年(1701)彭期刻本　四冊

210000－0701－0003446　善31572
詩人玉屑二十卷　（宋）魏慶之輯　清處順堂刻本　十二冊

210000－0701－0003447　善31573
西泠詞萃六種　（清）丁丙輯　清光緒錢塘丁氏刻本　四冊

210000－0701－0003448　善31574
說文解字十五卷　（漢）許慎撰　清嘉慶九年(1804)孫氏五松書屋刻平津館叢書本　六冊

210000－0701－0003449　善31575
碎金詞一卷　（清）謝元淮撰　清道光刻朱墨套印本　一冊

210000－0701－0003450　善31576
養默山房詩餘三卷　（清）謝元淮撰　清刻朱墨套印本　二冊

210000－0701－0003451　善31577
異方便淨土傳燈歸元鏡三祖實錄二卷　（明）釋智達撰　清乾隆四十九年(1784)刻本二冊

210000－0701－0003452　善31578
精選名儒草堂詩餘三卷　（元）鳳林書院輯清嘉慶十六年(1811)秦恩復享帚精舍刻本三冊

210000－0701－0003453　善31579
范石湖詩集二十卷　（宋）范成大撰　清康熙二十七年(1688)黃昌衢藜照樓刻本　十冊

210000－0701－0003454　善31580
樊川文集二十卷外集一卷別集一卷　（唐）杜牧撰　清光緒二十二年(1896)楊壽昌刻本四冊

210000－0701－0003455　善31581
顏魯公文集十五卷補遺一卷附錄一卷　（唐）顏真卿撰　清嘉慶七年(1802)曲阜顏氏刻本　六冊

210000－0701－0003456　善31582
韋齋集十二卷　（宋）朱松撰　玉瀾集一卷（宋）朱槔撰　蜀中草一卷　（清）朱昇撰　清康熙朱昌辰刻本　八冊

210000－0701－0003457　善31583
楊仲宏集八卷　（元）楊載撰　清嘉慶十五年(1810)祝昌泰留香室刻浦城遺書本　二冊

210000－0701－0003458　善31584
邱真人西遊記一百回　（明）吳承恩撰　（清）含晶子評注　清光緒十八年(1892)刻本　二十冊

210000－0701－0003459　善31585
是程堂集十四卷　（清）屠倬撰　清嘉慶十九年(1814)刻本　四冊

210000－0701－0003460　善31586
壺山自吟槀三卷侯寧居偶詠一卷　（清）朱休度撰　附錄一卷　清嘉慶刻本　二冊

210000－0701－0003461　善31587
黃文節公文集正集三十二卷外集二十四卷別集十九卷　（宋）黃庭堅撰　（清）胡憬德重編　伐檀集二卷　（宋）黃庶撰　清乾隆三十年(1765)胡氏緝香堂刻本　六冊　存四十五卷(外集二十四卷、別集十九卷、伐檀集二卷)

210000－0701－0003462　善31588
隨庵徐氏叢書二十種　徐乃昌輯　清光緒二十九年至民國五年(1903－1916)徐乃昌刻本二十四冊

210000－0701－0003463　善31589
唐皮日休文藪十卷　（唐）皮日休撰　清光緒八年(1882)鄆城于氏刻本　二冊

210000－0701－0003464　善31590
味靈華館詩六卷　（清）商廷煥撰　清宣統二年(1910)刻本　二冊

210000－0701－0003465　善 31591

通雅五十二卷首三卷　（清）方以智撰　清嘉慶四年（1799）趙魏刻本　二十册

210000－0701－0003466　善 31592

靈芬館集九十二卷　（清）郭麐撰　清嘉慶、道光刻本　二十四册　存六十六卷（靈芬館詩初集四卷、二集十卷、三集四卷，靈芬館詞六卷，靈芬館雜著二卷、續編四卷，靈芬館詩四集十二卷，金石例補二卷，江行日記一卷，樗園消夏錄三卷，靈芬館詩話十二卷、續詩話六卷）

210000－0701－0003467　善 31593

林和靖先生詩集四卷林集詩話一卷省心錄一卷　（宋）林逋撰　清道光四年（1824）廣州葉夢龍友石齋刻本　四册

210000－0701－0003468　善 31594

夢月巖詩集二十卷詩餘一卷　（清）呂履恒撰　清雍正三年（1725）呂續曾刻乾隆重修本六册

210000－0701－0003469　善 31595

道光御選唐詩全函不分卷　（清）宣宗旻寧選　清木活字印本　一册

210000－0701－0003470　善 31596

漁洋山人精華錄訓纂十卷總目二卷　（清）王士禎撰　（清）惠棟注　**年譜補注二卷**　（清）惠棟撰　清惠氏紅豆齋刻本　二十三册

210000－0701－0003471　善 31597

六朝文絜四卷　（清）許槤評選　清道光五年（1825）朱鈞寶石齋刻朱墨套印本　二册

210000－0701－0003472　善 31598

澹香吟稿不分卷　題（清）淡香主人撰　清刻本　一册

210000－0701－0003473　善 31599

望溪先生文集十八卷集外文十卷補遺二卷　（清）方苞撰　清咸豐二年（1852）戴鈞衡刻本　十三册

210000－0701－0003474　善 31600

爾雅三卷　（晉）郭璞注　（唐）陸德明音義　清嘉慶十一年（1806）顧廣圻刻本　一册

210000－0701－0003475　善 31601

蘇老泉先生全集二十卷　（宋）蘇洵撰　**附錄二卷**　（宋）沈斐輯　清康熙三十七年（1698）邵仁弘安樂居刻文靖書院印本　八册

210000－0701－0003476　善 31602

鯤溟先生詩集四卷奏疏一卷　（明）郭諫臣撰　清嘉慶七年至十六年（1802－1811）郭一臨蠡溪草堂刻本　四册

210000－0701－0003477　善 31603

有正味齋駢體文二十四卷詩集十六卷詞集八卷外集五卷　（清）吳錫麒撰　清嘉慶十三年（1808）刻本　十二册

210000－0701－0003478　善 31604

重刊校正笠澤叢書四卷補遺一卷續補遺一卷　（唐）陸龜蒙撰　清大疊山房刻本　四册

210000－0701－0003479　善 31605

李衛公文集二十卷別集十卷外集四卷補遺一卷　（唐）李德裕撰　清刻本　六册

210000－0701－0003480　善 31606

唐人三家集二十六卷　（清）秦恩復輯　清嘉慶二十一年至道光七年（1816－1827）秦恩復石研齋刻道光十年（1830）印本　四册

210000－0701－0003481　善 31607

玉茗堂還魂記二卷圖一卷　（明）湯顯祖撰　**格正牡丹亭還魂記詞調二卷**　（明）鈕少雅撰　清光緒三十四年至民國三年（1908－1914）劉氏暖紅室刻彙刻傳劇本　六册

210000－0701－0003482　善 31608

說文引經考二卷　（清）吳玉搢撰　**補遺一卷**　（清）程贊詠撰　清道光元年（1821）程贊詠刻本　二册

210000－0701－0003483　善 31609

博物志十卷　（晉）張華撰　（宋）周日用注　清嘉慶九年（1804）黃丕烈刻士禮居叢書本　一册

210000－0701－0003484　善31610

金石三例十五卷　（清）盧見曾輯　清嘉慶十六年（1811）饒向榮刻本　四冊

210000－0701－0003485　善31611

蠶尾集十卷　（清）王士禛撰　清康熙刻雍正重修本　八冊

210000－0701－0003486　善31612

梅家村藏藁五十八卷補一卷　（清）吳偉業撰　梅村先生年譜四卷世系一卷　（清）顧師軾撰　清宣統三年（1911）董氏誦芬室刻本　八冊

210000－0701－0003487　善31613

袁文箋正十六卷　（清）袁枚撰　（清）石韞玉箋　小傳一卷　清嘉慶十七年（1812）刻本　十二冊

210000－0701－0003488　善31614

香南居士集六卷　（清）崇恩撰　清道光二十二年（1842）刻本　四冊

210000－0701－0003489　善31615

范文正公忠宣公全集七十三卷　（宋）范仲淹　（宋）范純仁撰　清康熙四十四年至四十六年（1705－1707）范時崇歲寒堂家刻本　十六冊

210000－0701－0003490　善31616

陳恪勤公詩集三十九卷　（清）陳鵬年撰　清刻本　六冊

210000－0701－0003491　善31617

瑞榴堂詩四卷　（清）托渾布撰　清道光十八年（1838）刻本　四冊

210000－0701－0003492　善31618

綠滿書牕六種　（清）□□輯　清嘉慶二十三年（1818）刻本　四冊

210000－0701－0003493　善31619

堯峰文鈔五十卷　（清）汪琬撰　（清）林佶編　清康熙三十二年（1693）汪氏家刻本　十二冊

210000－0701－0003494　善31620

唐人三家集二十六卷　（清）秦恩復輯　清嘉慶二十一年至道光七年（1816－1827）秦恩復石研齋刻本　八冊

210000－0701－0003495　善31621

太上洞玄靈寶高上玉皇本行集經三卷無上玉皇心印妙經一卷　（□）□□撰　清乾隆刻本　三冊

210000－0701－0003496　善31622

符秦武功蘇氏蕙若蘭織錦回文璇璣圖詩一卷　（前秦）蘇蕙撰　讀織錦回文法一卷　題（明）起宗道人分讀　（明）康萬民增讀　（明）康禹民又增讀　清刻本　一冊

210000－0701－0003497　善31623

山谷詩集注二十卷　（宋）黃廷堅撰　（宋）任淵注　外集詩注十七卷　（宋）黃庭堅撰　（宋）史容注　別集詩注二卷　（宋）黃庭堅撰　（宋）史季溫補注　清光緒二十一年至二十五年（1895－1899）陳三立刻宣統二年（1910）傅春官印本　二十冊

210000－0701－0003498　善31624

近思錄集解十四卷　（宋）葉采撰　清康熙刻本　四冊

210000－0701－0003499　善31625

汪本隸釋刊誤一卷　（清）黃丕烈撰　清嘉慶二十一年（1816）黃丕烈刻士禮居叢書本　二冊

210000－0701－0003500　善31626

困學紀聞二十卷　（宋）王應麟撰　（清）閻若璩箋　清乾隆三年（1738）馬曰琯叢書樓刻本　六冊

210000－0701－0003501　善31627

碎金詞譜六卷碎金詞一卷　（清）謝元淮撰　附錄一卷　清道光刻朱墨套印本　六冊

210000－0701－0003502　善31628

新鐫精忠演義說本岳王全傳二十卷八十回　（清）錢彩撰　清嘉慶三年（1798）刻本　二十冊

210000－0701－0003503　善31629

禮記二十卷　（漢）鄭玄撰　（唐）陸德明音義
釋文四卷　（唐）陸德明撰　**攷異二卷**
（清）張敦仁撰　清嘉慶十一年(1806)張敦仁
刻本　十冊

210000－0701－0003504　善31630

易經補義十二卷讀易雜記一卷　（清）葉酉撰
　清耕餘堂刻本　五冊

210000－0701－0003505　善31631

石索六卷　（清）馮雲鵬　（清）馮雲鵷輯　清
道光元年(1821)嶻陽署齋刻本　六冊

210000－0701－0003506　善31632

唐寫本說文解字木部箋異一卷　（清）莫友芝
撰　清同治二年(1863)曾國藩刻本　一冊

210000－0701－0003507　善31633

玉荷隱語二卷　（清）費源撰　**群珠集二卷**
（清）費源輯　清道光十一年(1831)刻本
四冊

210000－0701－0003508　善31634

學蔀通辯前編三卷後編三卷續編三卷終編三
卷　（明）陳建撰　清康熙十七年(1678)啓後
堂刻本　四冊

210000－0701－0003509　善31635

景定建康志五十卷　（宋）馬光祖修　（宋）周
應合纂　清嘉慶六年(1801)孫星衍、費淳等
刻本　二十四冊

210000－0701－0003510　善31636

禮記陳氏集說補正三十八卷　（清）納蘭性德
撰　清康熙十九年(1680)納蘭性德刻通志堂
經解本　四冊

210000－0701－0003511　善31637

論語注疏解經十卷　（三國魏）何晏集解
（宋）邢昺疏　**論札一卷**　劉世珩撰　清光緒
三十三年(1907)貴池劉氏刻玉海堂影宋元本
叢書本　三冊

210000－0701－0003512　善31638

欽定各郊壇廟樂章一卷　（清）張樂盛輯　清

咸豐四年(1854)神樂署刻本　二冊

210000－0701－0003513　善31639

呂氏家塾讀詩記三十二卷　（宋）呂祖謙撰
清刻本　十二冊

210000－0701－0003514　善31640

周禮十二卷　（漢）鄭玄注　**札記一卷**　（清）
黃丕烈撰　清嘉慶二十三年(1818)黃丕烈刻
士禮居叢書本　四冊

210000－0701－0003515　善31641

大乘起信論裂網疏六卷　（清）釋智旭撰　清
乾隆六十年(1795)刻本　二冊

210000－0701－0003516　善31642

念八翻傳奇二卷　（清）萬樹撰　（清）呂洪烈
題評　清康熙二十五年(1686)粲花別墅刻本
　二冊

210000－0701－0003517　善31643

巾經纂二十卷　（清）宋宗元撰　清乾隆刻本
　五冊

210000－0701－0003518　善31644

則所刪存詩十卷　（清）徐穎柔撰　清乾隆十
三年(1748)徐逑照刻本　四冊

210000－0701－0003519　善31645

強恕齋詩鈔四卷　（清）張庚撰　清乾隆十七
年(1752)魯克恭刻本　五冊

210000－0701－0003520　善31645

強恕齋文鈔五卷　（清）張庚撰　清乾隆二十
二年(1757)李堂刻本　與 210000－0701－
0003519 合冊

210000－0701－0003521　善31646

醫學心悟六卷外科十法一卷　（清）程國彭撰
　清乾隆五十六年(1791)書榮軒刻本　五冊

210000－0701－0003522　善31647

述本堂詩集二十五卷　（清）方觀承輯　清乾
隆二十年(1755)方觀承述本堂刻本　二冊
存六卷(依園詩略、垢硯吟、星硯齋存稿、陸塘
初稿、出關詩、龍沙紀略)

210000－0701－0003523　善31648

南陔堂詩集十二卷 （清）徐以升撰 清乾隆二十六年（1761）徐氏家刻本 四冊

210000－0701－0003524 善31649

塗鴉集二卷書問二卷雜錄一卷 （清）釋圓捷撰 清刻本 三冊

210000－0701－0003525 善31650

帝學八卷 （宋）范祖禹撰 清刻本 一冊

210000－0701－0003526 善31651

聽秋軒詩集四卷 （清）駱綺蘭撰 閨中同人集一卷贈言三卷來書一卷 （清）駱綺蘭輯 清乾隆六十年（1795）龔氏刻嘉慶元年至二年（1796－1797）駱氏增刻本 三冊

210000－0701－0003527 善31652

輿地廣記三十八卷 （宋）歐陽忞撰 校勘記二卷 （清）黃丕烈撰 清嘉慶十四年至十七年（1809－1812）黃氏刻士禮居叢書本 四冊

210000－0701－0003528 善31653

考功集選四卷 （清）王士禄撰 （清）王士禎批點 清康熙王士禎刻王漁洋遺書本 四冊

210000－0701－0003529 善31654

求古精舍金石圖四卷 （清）陳經輯 清嘉慶十八年至二十三年（1813－1818）烏程陳經說劍樓刻本 二冊

210000－0701－0003530 善31655

惠獻貝子忠定錄八卷 （清）德普編 清乾隆六年（1741）刻本 六冊

210000－0701－0003531 善31656

觀妙齋藏金石文攷略十六卷 （清）李光暎撰 清雍正刻道光十七年（1837）盛埔重印本 十二冊

210000－0701－0003532 善31657

禪林寶訓筆說三卷 （清）釋智祥撰 清乾隆十五年（1750）際存、了育刻本 六冊

210000－0701－0003533 善31658

新雕皇朝類苑七十八卷 （宋）江少虞撰 清宣統三年（1911）董康刻誦芬室叢刊本 十二冊

210000－0701－0003534 善31659

金石存十五卷 （清）吳玉搢撰 清嘉慶二十四年（1819）李宗昉聞妙香室刻本 四冊

210000－0701－0003535 善31660

爾雅便讀便摹二卷 清大雅堂刻本 四冊

210000－0701－0003536 善31661

慈溪黃氏日抄分類九十七卷古今紀要十九卷 （宋）黃震撰 清刻本 二十冊

210000－0701－0003537 善31662

聊齋志異評注十八卷 （清）蒲松齡撰 （清）王士禎評 （清）呂湛恩注 （清）但明倫批 清光緒十四年（1888）刻朱墨套印本 十六冊

210000－0701－0003538 善31663

五經四書十種一百二十七卷 清恕堂刻本 八冊 存三種五十卷（書經集傳六卷、春秋左傳一至十四、春秋胡傳三十卷）

210000－0701－0003539 善31664

清涼山志十卷 （明）釋鎮澄撰 清乾隆二十年（1755）刻光緒十三年（1887）印本 四冊

210000－0701－0003540 善31665

二程全書六十七卷 （宋）程顥 （宋）程頤撰 （宋）朱熹輯 清康熙呂氏寶誥堂刻本 十二冊

210000－0701－0003541 善31666

隸釋二十七卷隸續二十一卷 （宋）洪适撰 汪本隸釋刊誤一卷 （清）黃丕烈撰 清同治十一年（1872）洪氏晦木齋刻洪氏晦木齋叢書本 十二冊

210000－0701－0003542 善31667

華陽國志十二卷 （晉）常璩撰 補三州郡縣目錄一卷 （清）廖寅撰 清嘉慶十九年（1814）題襟館刻本 四冊

210000－0701－0003543 善31668

五經四書讀本八十卷 （清）□□編 清嘉慶十年（1805）刻本 四十二冊

210000－0701－0003544 善31669

隸篇十五卷隸篇續十五卷隸篇再續十五卷

（清）翟云升撰　清道光十七年至十八年（1837－1838）刻本　十冊

210000－0701－0003545　善31670

說文解字通釋四十卷　（五代）徐鍇撰　附錄一卷　清乾隆四十七年（1782）新安汪啓淑刻本　八冊

210000－0701－0003546　善31671

陳同甫集三十卷　（宋）陳亮撰　清木活字印本　八冊

210000－0701－0003547　善31672

金石苑不分卷　（清）劉喜海輯　清道光二十年（1840）刻本　五冊

210000－0701－0003548　善31673

張皋文箋易詮全集五十二卷　（清）張惠言撰　清嘉慶、道光刻本　二十四冊

210000－0701－0003549　善31674

聖廟祀典圖攷五卷首一卷孔孟聖蹟圖二卷（清）顧沅撰　（清）孔繼堯繪圖　清道光六年（1826）長洲顧沅賜硯堂刻本　六冊

210000－0701－0003550　善31675

知常先生雲山集一卷　（元）姚翼撰　清光緒二十七年（1901）吳氏雙照樓影元刻本　一冊

210000－0701－0003551　善31676

重校鶴山先生大全文集三卷　（宋）魏了翁撰　清光緒吳氏雙照樓影宋刻本　一冊

210000－0701－0003552　善31677

北江全集九種一百四十一卷　（清）洪亮吉撰　清乾隆、嘉慶刻本　三十六冊

210000－0701－0003553　善31678

漁隱叢話前集六十卷後集四十卷　（宋）胡仔撰　清乾隆五年至六年（1740－1741）楊佑啟耘經樓刻本　八冊

210000－0701－0003554　善31679

松雪齋集十卷外集一卷　（元）趙孟頫撰　趙文敏公行狀一卷　（元）楊載撰　清康熙清德堂刻本　六冊

210000－0701－0003555　善31680

乾隆府廳州縣圖志五十卷　（清）洪亮吉撰　清乾隆五十三年至嘉慶八年（1788－1803）刻本　十二冊

210000－0701－0003556　善31681

唐宮閨詩二卷女校書詩一卷女冠詩一卷（清）劉雲份輯　清康熙夢香閣刻本　四冊存三卷（宮閨詩二卷、女校書詩一卷）

210000－0701－0003557　善31682

回文類聚四卷　（宋）桑世昌輯　續編十卷（清）朱象賢輯　清麟玉堂刻本　八冊

210000－0701－0003558　善31683

隸韻十卷碑目一卷　（宋）劉球撰　碑目攷證一卷　（清）秦恩復撰　清嘉慶十四年（1809）秦恩復刻本　十二冊

210000－0701－0003559　善31684

初唐四傑文集二十一卷　（清）□□輯　清光緒五年（1879）刻本　八冊

210000－0701－0003560　善31685

中晚唐詩紀六十二卷　（清）龔賢輯　清初龔氏刻本　十六冊　缺一卷（張夫人一卷）

210000－0701－0003561　善31686

六朝事跡編類十四卷　（宋）張敦頤撰　清光緒十三年（1887）李濱寶章閣刻本　四冊

210000－0701－0003562　善31687

杜工部草堂詩箋四十卷外集一卷傳序碑銘一卷年譜二卷詩話二卷　（唐）杜甫撰　（宋）魯訔編　（宋）蔡夢弼會箋　補遺十卷　（宋）黃鶴集注　清光緒十年（1884）黎氏日本東京使署刻古逸叢書本　八冊

210000－0701－0003563　善31688

英雲夢傳八卷　（清）九容樓主人松雲氏撰（清）掃花頭陀剩齋氏評　清刻本　八冊

210000－0701－0003564　善31689

新刻金蘭筏四卷　題（清）惜陰堂主人編輯　題（清）繡虎堂主人評閱　清步月樓刻本　四冊

210000－0701－0003565　善31690

唐六典三十卷　（唐）玄宗李隆基撰　（唐）李林甫等注　清嘉慶五年(1800)掃葉山房刻本　八冊

210000－0701－0003566　善31691

弔譜集成六卷首一卷緒餘一卷　（清）退庵居士輯　清乾隆五十八年(1793)刻本　四冊

210000－0701－0003567　善31692

湖北金石志十四卷　張仲炘輯　清宣統三年(1911)刻本　八冊

210000－0701－0003568　善31693

御製避暑山莊圓明園圖詠二卷　（清）聖祖玄燁　（清）高宗弘曆撰　（清）揆敘等注　清光緒大同書局石印本　二冊

210000－0701－0003569　善31694

詩人玉屑二十卷　（宋）魏慶之輯　清處順堂刻本　六冊

210000－0701－0003570　善31695

皇朝沿海河道圖　清末石印本　三十五幅

210000－0701－0003571　善31696

增廣四書備旨遵注詳解不分卷　清光緒十六年(1890)上海書局石印本　二冊

210000－0701－0003572　善31697

姜白石集十卷　（宋）姜夔撰　清鮑氏知不足齋刻本　四冊

210000－0701－0003573　善31698

敦煌石室眞蹟錄六卷附一卷　王仁俊輯　清宣統三年(1911)國粹堂石印本　四冊

210000－0701－0003574　善31699

聖蹟圖不分卷　（清）□□繪　清康熙刻本　四冊

210000－0701－0003575　善31700

泛槎圖六集　（清）張寶繪　清光緒六年(1880)點石齋石印本　四冊

210000－0701－0003576　善31701

三國志像一百二十幅　清初刻本　三冊　存一百十八幅

210000－0701－0003577　善31702

大藏瑜伽施食儀不分卷　題（清）章嘉國師校　清乾隆刻朱墨套印本　一冊

210000－0701－0003578　善31703

鐘鼎款識不分卷　（宋）王厚之輯　（清）阮元釋　清嘉慶七年(1802)阮氏積古齋刻本　一冊

210000－0701－0003579　善31704

漁隱叢話前集六十卷後集四十卷　（宋）胡仔輯　清乾隆五年至六年(1740－1741)楊佑啓耘經樓刻本　十冊

210000－0701－0003580　善31705

古文苑九卷　（宋）□□輯　清嘉慶十四年(1809)蘭陵孫星衍刻本　四冊

210000－0701－0003581　善31706

新雕皇朝類苑七十八卷　（宋）江少虞撰　清宣統三年(1911)董康刻誦芬室叢刊本　十二冊

210000－0701－0003582　善31707

潘文勤公藏器墨本不分卷　（清）潘祖蔭藏　清潘氏拓印本　一冊

210000－0701－0003583　善31708

秦漢金石縮本　清拓本　紫霞老人　鄭丙朝跋　一冊

210000－0701－0003584　善31709

萋香軒吟草一卷　（清）裕瑞撰　清嘉慶七年(1802)刻思元齋全集本　義韓題識　一冊

210000－0701－0003585　善31709

樊學齋詩集一卷　（清）裕瑞撰　清嘉慶十年(1805)刻思元齋全集本　半聾題識　一冊

210000－0701－0003586　善31710

晁具茨先生詩集十五卷　（宋）晁沖之撰　清刻本　劉位坦題識　四冊

210000－0701－0003587　善31711

痘科大全三卷補遺一卷　（清）史錫節撰　（清）史端揆編　敬述一卷　（清）史端揆輯　附一卷　清康熙四十六年(1707)尺木堂刻本

四冊

210000－0701－0003588　善31712

清閟閣全集十二卷　（元）倪瓚撰　清康熙五十二年(1713)曹培廉城書室刻本　四冊

210000－0701－0003589　善31713

國朝翰詹源流編年二卷　（清）吳鼎雯撰　清刻本　二冊

210000－0701－0003590　善31714

本草經解要四卷　（清）葉桂集注　附餘一卷　清雍正二年(1724)楊緝祖刻本　四冊　缺（卷四人部人乳、小便、紫河車之後諸條）

210000－0701－0003591　善31715

痘疹百問秘本不分卷　（□）□□撰　（清）吳學損校訂　清康熙十五年(1676)三多齋刻痘疹四合全書本　二冊

210000－0701－0003592　善31716

錢氏小兒藥證直訣三卷　（宋）錢乙撰　（宋）閻孝忠輯　附方一卷　（宋）閻孝忠撰　董氏小兒斑疹備急方論一卷　（宋）董汲撰　清康熙五十八年(1719)陳氏起秀堂刻本　三冊

210000－0701－0003593　善31717

痘疹會通五卷　（清）曾鼎撰　清乾隆五十一年(1786)曾氏忠恕堂刻本　四冊

210000－0701－0003594　善31718

濟陰綱目十四卷　（明）武之望撰　（清）汪淇箋釋　清雍正六年(1728)金閶書業堂刻本　八冊

210000－0701－0003595　善31719

金詩選四卷名字爵里錄一卷　（清）顧奎光輯　（清）陶玉禾評　清乾隆十六年(1751)顧奎光刻金元詩選本　二冊

210000－0701－0003596　善31720

晰微補化全書二卷補遺一卷孳善堂芻言一卷藥言一卷　（清）王凱輯　附錄一卷傳一卷　清康熙二十九年(1690)王凱振古堂刻本　四冊

210000－0701－0003597　善31721

名醫方論四卷　（清）羅美輯　清康熙十四年(1675)羅氏古懷堂刻本　四冊

210000－0701－0003598　善31722

僧傳痘疹奇書三卷　（明）高如山撰　（明）高堯臣輯　清刻本　三冊

210000－0701－0003599　善31723

痘糠輯要四卷　（清）宋邦和輯　清乾隆三十六年(1771)宋冀魁刻本　四冊

210000－0701－0003600　善31724

痘學眞傳八卷　（清）葉大椿撰　清乾隆四十七年(1782)衛生堂刻本　六冊

210000－0701－0003601　善31725

外科大成四卷　（清）祁坤輯　清康熙四年(1665)古學堂刻本　四冊

210000－0701－0003602　善31726

痘疹四合全書十一卷　（清）吳學損編　清康熙十五年(1676)三多齋刻本　八冊

210000－0701－0003603　善31727

馮氏錦囊秘錄痘疹全集十五卷　（清）馮兆張撰　清康熙四十一年(1702)刻馮氏錦囊秘錄本　三冊

210000－0701－0003604　善31728

脾胃論三卷　（金）李杲撰　清刻本　二冊

210000－0701－0003605　善31729

香祖樓二卷　（清）蔣士銓撰　清乾隆紅雪樓刻紅雪樓九種曲本　四冊

210000－0701－0003606　善31730

侯鯖集十卷　（清）李友棠撰　清乾隆靜香閣刻本　四冊

210000－0701－0003607　善31731

廿一史約編八卷首一卷　（清）鄭元慶撰　清康熙聚瀛堂刻本　八冊

210000－0701－0003608　善31732

一笠庵北詞廣正譜十八卷南戲北詞正謬一卷　（清）李玉撰　清康熙青蓮書屋刻文靜書院印本　五冊　存十三卷(一至七、十二至十三、十五至十八)

210000－0701－0003609　善31733
讀禮通攷一百二十卷　（清）徐乾學撰　清康
熙三十五年（1696）崑山徐氏冠山堂刻本　三
十冊

210000－0701－0003610　善31734
資治通鑑二百九十四卷　（宋）司馬光撰
（元）胡三省音注　清嘉慶二十一年（1816）胡
克家刻本　一百冊

210000－0701－0003611　善31735
欽定錢錄十六卷　（清）梁詩正等纂　清刻本
四冊

210000－0701－0003612　善31736
金石圖不分卷　（清）褚峻摹圖　（清）牛運震
釋　清乾隆八年（1743）刻十年（1745）增刻本
四冊

210000－0701－0003613　善31737
恒山志五卷圖一卷　（清）桂敬順撰　清乾隆
二十八年（1763）刻本　五冊

210000－0701－0003614　善31738
御製勸善要言一卷　（清）世祖福臨撰　清光
緒直隸刻本　一冊

210000－0701－0003615　善31739
西藏賦一卷　（清）和寧撰　清嘉慶刻本
一冊

210000－0701－0003616　善31740
仁宗御製詩不分卷　（清）仁宗顒琰撰　清末
刻朱墨套印本　一冊

210000－0701－0003617　善31741
欽定修造吉方立成三卷　（清）徐森　（清）恒
安等撰　清光緒二十七年至二十九年（1901－
1903）欽天監刻本　三冊

210000－0701－0003618　善31742
大學衍義補輯要十二卷首一卷　（明）丘濬撰
（清）陳弘謀纂輯　清刻本　十二冊

210000－0701－0003619　善31743
韻鏡一卷　（清）□□撰　清光緒十年（1884）
黎庶昌日本東京使署刻古逸叢書刻本　二冊

210000－0701－0003620　善31744
佩文耕織圖二卷　（清）焦秉貞繪圖　（清）聖
祖玄燁撰詩　（清）世宗胤禛續詩　（清）高宗
弘曆和詩　清香祖齋刻本　二冊

210000－0701－0003621　善31745
盛京清宮寶器冊不分卷　清宣統石印本
三冊

210000－0701－0003622　善31746
西清古鑑四十卷錢錄十六卷　（清）梁詩正
（清）蔣溥等纂　清光緒十四年（1888）邁宋書
館日本銅版印本　二十四冊

210000－0701－0003623　善31747
唐開成石經一百六十四卷　清拓本　一百二
十八冊

210000－0701－0003624　善31748
西清古鑑四十卷錢錄十六卷　（清）梁詩正
（清）蔣溥等纂　清光緒十四年（1888）邁宋書
館日本銅版印本　二十三冊　存五十四卷
（一至三十五、三十八至四十，錢錄十六卷）

210000－0701－0003625　善31749
衍極五卷　（元）鄭杓撰　（元）劉有定釋　清
刻本　六冊

210000－0701－0003626　善31750
御選唐宋文醇五十八卷　（清）高宗弘曆選
（清）允祿等輯　清光緒謝蘭墀木活字五色套
印本　二十冊

210000－0701－0003627　善31751
御選唐宋詩醇四十七卷目錄二卷　（清）高宗
弘曆選　（清）弘晝　（清）梁詩正等編　清光
緒謝蘭墀木活字五色套印本　二十冊

210000－0701－0003628　善31752
隸韻十卷碑目一卷　（宋）劉球撰　碑目攷證
一卷　（清）秦恩復撰　清嘉慶十四年（1809）
秦恩復刻本　十二冊

210000－0701－0003629　善31753
新鐫小兒推拿方脈活嬰秘旨全書三卷　（明）
龔雲林撰　（明）姚國禎補輯　清刻本　二冊

210000 – 0701 – 0003630　善 31754
芥子園畫傳初集五卷二集八卷　（清）王槩等
輯　清嘉慶五年（1800）金陵芥子園刻本
九冊

210000 – 0701 – 0003631　善 31755
閒情偶寄十六卷　（清）李漁撰　清刻本　六
冊　存十二卷（一至八、十三至十六）

210000 – 0701 – 0003632　善 31756
西澗草堂全集十四卷　（清）閻循觀撰　清乾
隆三十八年（1773）樹滋堂刻本　四冊

210000 – 0701 – 0003633　善 31757
陳檢討四六二十卷　（清）陳維崧撰　（清）程
師恭注　清乾隆三十五年（1770）陳明善刻本
六冊

210000 – 0701 – 0003634　善 31758
庸行編八卷　（清）牟允中輯　清康熙三十一
年（1692）尚朝柱、尚詮源刻本　四冊

210000 – 0701 – 0003635　善 31759
新刻逸田叟女仙外史大奇書一百回　（清）呂
熊撰　清刻本　二十冊

210000 – 0701 – 0003636　善 31760
河洛精蘊九卷　（清）江永撰　清乾隆三十九
年（1774）黃聖謙刻本　六冊

210000 – 0701 – 0003637　善 31761
誠一堂琴譜六卷琴談二卷　（清）程允基輯
清康熙四十四年（1705）程允基誠一堂刻聚錦
堂印本　十冊

210000 – 0701 – 0003638　善 31762
王荆公唐百家詩選二十卷　（宋）王安石輯
清康熙四十三年（1704）宋犖、丘迥刻雙清閣
印本　四冊

210000 – 0701 – 0003639　善 31763
近體秋陽十七卷　（清）譚宗輯撰　清刻本
六冊

210000 – 0701 – 0003640　善 31764
高陽集二十卷　（明）孫承宗撰　清順治十二
年（1655）孫之澇刻本　十二冊

210000 – 0701 – 0003641　善 31765
廣聲調譜二卷　（清）李汝襄撰　清乾隆四十
二年（1777）易簡堂刻本　一冊

210000 – 0701 – 0003642　善 31766
唐人萬首絕句選七卷　（宋）洪邁輯　（清）王
士禛選　清康熙四十七年（1708）王士禛刻雍
正重修王漁洋遺書本　二冊

210000 – 0701 – 0003643　善 31767
傷寒來蘇集六卷　（清）柯琴撰　清乾隆二十
年（1755）金閶綠慎堂刻本　六冊

210000 – 0701 – 0003644　善 31768
唐詩金粉十卷　（清）沈炳震輯　清乾隆冬讀
書齋刻本　四冊

210000 – 0701 – 0003645　善 31769
養竹齋詩鈔一卷　（清）汪穀詒撰　清乾隆刻
本　一冊

210000 – 0701 – 0003646　善 31770
中晚唐詩叩彈集十二卷續集三卷　（清）杜詔
（清）杜庭珠輯注　清康熙四十三年（1704）
采山亭刻本　四冊

210000 – 0701 – 0003647　善 31771
國朝山左詩鈔六十卷　（清）盧見曾輯　清乾
隆二十三年（1758）盧氏雅雨堂刻本　二十冊

210000 – 0701 – 0003648　善 31772
近光集二十八卷　（清）汪士鋐輯　（清）徐修
仁等注　**雜論一卷**　（清）汪士鋐撰　清刻本
四冊

210000 – 0701 – 0003649　善 31773
救偏瑣言十卷備用良方一卷　（清）費啟泰撰
清康熙二十七年（1688）費氏惠迪堂刻本
四冊

210000 – 0701 – 0003650　善 31774
濂洛風雅九卷　（清）張伯行輯　（清）魏犖徵
校　清康熙張氏正誼堂刻本　二冊

210000 – 0701 – 0003651　善 31775
精選黃眉故事十卷　（明）鄧志謨輯　清乾隆
七年（1742）天德堂刻本　六冊

210000－0701－0003652　善 31776

符夢堂集一卷　（清）釋明鼎撰　清乾隆刻本
一冊

210000－0701－0003653　善 31777

陰陽五要奇書六種三十卷　（明）江之棟輯
（清）顧鶴庭重輯　清乾隆五十五年(1790)顧
氏樂真堂刻本　十冊

210000－0701－0003654　善 31778

至德志十卷首一卷　（清）吳鼎科輯　清乾隆
刻本　四冊

210000－0701－0003655　善 31779

綿津山人詩集二十二卷　（清）宋犖撰　清康
熙二十七年(1688)宋氏刻本　六冊

210000－0701－0003656　善 31780

痘疹正宗二卷　（清）宋麟祥撰　清雍正十一
年(1733)永慶堂刻本　二冊

210000－0701－0003657　善 31781

關帝寶訓像註四卷　（清）□□撰並繪圖　清
雍正九年(1731)京都文采齋刻本　四冊

210000－0701－0003658　善 31782

夜譚隨錄十二卷　（清）和邦額撰　清乾隆五
十四年(1789)刻本　十二冊

210000－0701－0003659　善 31783

查浦詩鈔十二卷　（清）查嗣瑮撰　清乾隆查
氏刻本　四冊

210000－0701－0003660　善 31784

隨輦集十卷續集一卷　（清）高士奇撰　清康
熙三十九年(1700)朗潤堂刻清吟堂全集本
四冊

210000－0701－0003661　善 31785

萬青閣詩餘三卷補遺一卷　（清）趙吉士撰
（清）江闓　（清）吳一元較評　清康熙刻本
二冊　存二卷(詩集長調一卷、補遺一卷)

210000－0701－0003662　善 31786

華泉先生集選四卷　（明）邊貢撰　（清）王士
禎選　睡足軒詩選一卷　（明）邊習撰　（清）
徐夜選　清康熙三十九年(1700)刻本　一冊

210000－0701－0003663　善 31787

大六壬大全十三卷　（清）郭載騋輯　清康熙
四十三年(1704)刻本　十三冊

210000－0701－0003664　善 31788

雙錘記二卷三十六齣　（清）范希哲撰　清初
刻傳奇十一種本　四冊

210000－0701－0003665　善 31789

歲華紀麗四卷　（唐）韓鄂撰　清順治三年
(1646)宛委山堂刻說郛本　一冊

210000－0701－0003666　善 31790

匡謬正俗八卷　（唐）顏師古撰　（清）顏揚庭
編　清乾隆二十一年(1756)盧見曾刻雅雨堂
叢書本　一冊

210000－0701－0003667　善 31791

北夢瑣言二十卷　（宋）孫光憲撰　清乾隆二
十一年(1756)盧見曾刻雅雨堂叢書本　三冊

210000－0701－0003668　善 31792

胡敬齋先生文集三卷　（明）胡居仁撰　（清）
張伯行重訂　清康熙四十七年(1708)張伯行
正誼堂刻本　一冊

210000－0701－0003669　善 31793

道統錄二卷總論一卷　（清）張伯行撰　附錄
一卷　清康熙四十七年(1708)張伯行正誼堂
刻本　二冊

210000－0701－0003670　善 31794

本草綱目圖三卷　（明）李時珍撰　清乾隆四
十九年(1784)書業堂刻本　二冊

210000－0701－0003671　善 31795

廣菴詩草十種十卷　（清）周金然撰　清康熙
三十九年(1700)周金然刻乾隆十二年(1747)
周廷蘭補刻本　二冊

210000－0701－0003672　善 31796

胡敬齋先生居業錄八卷　（明）胡居仁撰　清
康熙四十七年(1708)張伯行正誼堂刻本
二冊

210000－0701－0003673　善 31797

摭言十五卷　（五代）王定保撰　清乾隆二十

一年(1756)盧氏刻雅雨堂叢書本　三冊

210000－0701－0003674　善31798

封氏聞見記十卷　（唐）封演撰　清乾隆二十一年(1756)盧氏刻雅雨堂叢書本　一冊

210000－0701－0003675　善31799

子平四言集腋六卷　（清）廖冀亨撰　清雍正七年(1729)廖氏求可堂刻本　六冊

210000－0701－0003676　善31800

三才發祕九卷　（清）陳雯畊撰　清康熙三十六年(1697)刻本　九冊　存八卷(天部二卷、地部三卷、人部二至四)

210000－0701－0003677　善31801

有懷堂詩藁六卷文藁二十二卷　（清）韓菼撰　清康熙四十二年(1703)韓菼刻本　六冊

210000－0701－0003678　善31802

痘學眞傳八卷　（清）葉大椿撰　清乾隆四十七年(1782)衛生堂刻本　四冊

210000－0701－0003679　善31803

文昌雜錄六卷補遺一卷　（宋）龐元英撰　清乾隆二十一年(1756)盧見曾刻雅雨堂叢書本　一冊

210000－0701－0003680　善31803

鄭司農集一卷　（漢）鄭玄撰　清乾隆二十一年(1756)盧見曾刻雅雨堂叢書本　與210000－0701－0003679合冊

210000－0701－0003681　善31804

繡虎軒尺牘八卷二集八卷三集八卷　（清）曹煜撰　清康熙傳萬堂刻本　八冊　存十六卷(初集八卷、三集八卷)

210000－0701－0003682　善31805

草木春秋演義五卷三十二回　（清）雲間子(江洪)撰　清大文堂刻本　五冊

210000－0701－0003683　善31806

景岳全書六十四卷　（明）張介賓撰　清康熙四十九年(1710)廣東魯超刻本　四十冊

210000－0701－0003684　善31807

永寧通書四集十二卷　（清）王維德撰　清乾

隆五十二年(1787)博古堂刻本　四冊

210000－0701－0003685　善31808

徐氏一家詞五卷　徐琪輯　清光緒三十四年(1908)徐氏家刻本　三冊

210000－0701－0003686　善31809

南陽樂傳奇二卷贈言一卷　（清）夏綸輯（清）徐夢元評　清乾隆十六年(1751)世光堂刻惺齋五種本　四冊

210000－0701－0003687　善31810

大鶴山房全書十一種　鄭文焯撰　清光緒至民國刻民國九年(1920)蘇州交通局圖書館彙印本　八冊

210000－0701－0003688　善31811

城垣做法冊式一卷　（清）□□撰　清刻本　一冊

210000－0701－0003689　善31812

滿洲四禮集五卷　（清）索寧安輯　清嘉慶六年(1801)省非堂刻本　五冊

210000－0701－0003690　善31813

隸辨八卷　（清）顧藹吉撰　清乾隆八年(1743)黃晟刻本　八冊

210000－0701－0003691　善31814

蘇詩補注八卷　（宋）蘇軾撰　（清）翁方綱補注　**志道集一卷**　（宋）顧禧撰　清乾隆四十七年(1782)蘇齋刻本　二冊

210000－0701－0003692　善31815

城垣做法冊式一卷　（清）□□撰　清刻本　一冊

210000－0701－0003693　善31816

新刊古列女傳八卷　（漢）劉向撰　（晉）顧愷之繪圖　清道光五年(1825)阮福刻本　四冊

210000－0701－0003694　善31817

後山先生集二十四卷首一卷　（宋）陳師道撰　清光緒十一年(1885)陶福祥刻本　四冊

210000－0701－0003695　善31818

河工則例五卷　（清）□□纂修　清刻本　五冊

210000－0701－0003696　善31819

華陽國志十二卷　（晉）常璩撰　補華陽國志
三州郡縣目錄一卷　（清）廖寅撰　清嘉慶十
九年(1814)廖氏題襟館刻本　八冊

210000－0701－0003697　善31820

孔子家語十卷　（三國魏）王肅注　札記一卷
　劉世珩撰　清光緒二十四年(1898)劉氏玉
海堂刻本　四冊

210000－0701－0003698　善31821

品花寶鑑六十回　（清）陳森撰　清道光二十
九年(1849)幻中了幻齋刻本　二十四冊

210000－0701－0003699　善31822

白石道人集六卷　（宋）姜夔撰　清乾隆刻本
　四冊

210000－0701－0003700　善31823

多歲堂詩集四卷載賡集二卷試律詩集一卷賦
集一卷　（清）成書撰　清道光十一年(1831)
刻本　四冊

210000－0701－0003701　善31824

多歲堂詩集四卷載賡集二卷試律詩集一卷賦
集一卷　（清）成書撰　清道光十一年(1831)
刻本　四冊

210000－0701－0003702　善31825

摭言十五卷　（五代）王定保撰　清乾隆二十
一年(1756)盧見曾刻雅雨堂叢書本　二冊

210000－0701－0003703　善31826

北夢瑣言二十卷　（宋）孫光憲撰　清乾隆二
十一年(1756)盧見曾刻雅雨堂叢書本　二冊

210000－0701－0003704　善31827

大戴禮記十三卷　（漢）戴德撰　（北周）盧辯
注　清乾隆二十一年(1756)盧見曾刻雅雨堂
叢書本　一冊

210000－0701－0003705　善31828

天愚先生詩集六卷文集八卷詩鈔八卷文鈔八
卷別集四卷　（清）謝泰宗撰　清康熙五十五
年(1716)致遠堂刻本　二冊　存八卷(詩鈔
八卷)

210000－0701－0003706　善31829

本朝名媛詩鈔六卷　（清）胡孝思　（清）朱珧
輯評　清康熙五十五年(1716)凌雲閣刻本
二冊

210000－0701－0003707　善31830

痘疹正宗二卷　（清）宋麟祥撰　清乾隆八年
(1743)弘畯刻本　四冊

210000－0701－0003708　善31831

大金國志四十卷　（宋）宇文懋昭撰　清嘉慶
二年(1797)掃葉山房刻本　八冊

210000－0701－0003709　善31832

水鏡集四卷　題(清)右髻道人撰　清映雪堂
刻本　四冊

210000－0701－0003710　善31833

碧山學士傳稿不分卷　（明）黃洪憲撰　清刻
本　一冊

210000－0701－0003711　善31834

紀城文藁四卷　（清）安致遠撰　清康熙三十
四年(1695)安致遠蘭雪堂刻本　一冊　存二
卷(一至二)

210000－0701－0003712　善31835

載酒園詩話六卷鄒水軒詞筌一卷　（清）賀裳
撰　清初賀氏載酒園鄒水軒刻本　七冊　缺
一卷(晚唐一卷)

210000－0701－0003713　善31836

浣花集十卷　（唐）韋莊撰　清胡介祉谷園刻
本　二冊

210000－0701－0003714　善31837

新刊性理大全八卷　（清）張道升等纂輯　清
乾隆三十四年(1769)王氏三多齋刻本　四冊

210000－0701－0003715　善31838

讀杜心解六卷首二卷　（清）浦起龍撰　清乾
隆刻本　十冊

210000－0701－0003716　善31839

痘疹秘傳四卷　（清）秦希白輯　清道光二十
三年(1843)四合堂刻本　二冊

210000－0701－0003717　善31840

詩苑天聲二十二卷 （清）范良輯評 清順治十七年（1660）刻本 五冊

210000－0701－0003718 善31841

西青散記四卷 （清）史震林撰 清乾隆刻本 四冊

210000－0701－0003719 善31842

三韓尚氏族譜三卷 清康熙刻本 一冊

210000－0701－0003720 善31843

三韓尚氏宗譜六卷 （清）尚之隆 （清）尚之瑤纂修 清康熙五十三年（1714）刻本 二冊

210000－0701－0003721 善31844

三韓尚氏宗譜七卷 （清）尚玉成 （清）尚玉德纂修 （清）尚□續修 清尚氏刻本 七冊 缺（第二十六房之譜）

210000－0701－0003722 善31845

據梧詩集十五卷小遊仙集一卷 （清）管槤撰 清康熙刻本 六冊 存八卷（一至八）

210000－0701－0003723 善31846

什一錄四卷 （清）王沛憻撰 （清）王埏輯 清雍正刻本 四冊

210000－0701－0003724 善31847

滄洲近詩十卷 （清）陳鵬年撰 清乾隆刻本 五冊

210000－0701－0003725 善31848

歷朝名媛詩詞十二卷 （清）陸昶評選 清乾隆三十八年（1773）陸昶紅樹樓刻本 四冊 存八卷（一至八）

210000－0701－0003726 善31849

文心雕龍十卷 （南朝梁）劉勰撰 （清）黃叔琳輯注 清乾隆六年（1741）黃氏養素堂刻本 四冊

210000－0701－0003727 善31850

唐詩百名家全集三百二十六卷 （清）席啓寓編 清康熙四十一年（1702）洞庭席氏琴川書屋刻本 十五冊 存四種三十四卷（劉隨州詩集十卷補遺一卷、韋蘇州集十卷拾遺一卷、王建詩集十卷、張祜詩集二卷）

210000－0701－0003728 善31851

石湖居士詩集三十四卷 （宋）范成大撰 清康熙二十七年（1688）顧氏依園刻本 十二冊

210000－0701－0003729 善31852

清江貝先生詩集十卷文集三十卷 （明）貝瓊撰 （清）金檀編 附錄一卷 清康熙五十八年（1719）金檀燕翼堂刻乾隆二十四年（1759）汪垕屐硯齋補刻本 六冊

210000－0701－0003730 善31853

鼠璞二卷 （宋）戴埴撰 清順治三年（1646）李際期宛委山堂刻說郛本 二冊

210000－0701－0003731 善31854

分甘餘話四卷 （清）王士禛撰 清康熙刻王漁洋遺書本 二冊

210000－0701－0003732 善31855

漁洋山人續集十六卷 （清）王士禛撰 清康熙刻本 四冊

210000－0701－0003733 善31856

資治通鑑二百九十四卷 （宋）司馬光撰 （元）胡三省音注 通鑑釋文辯誤十二卷 清嘉慶二十一年（1816）胡克家刻本 一百十冊 存二百八十四卷

210000－0701－0003734 善31857

李太白文集三十卷 （唐）李白撰 清康熙五十六年（1717）繆曰芑雙泉草堂刻本 八冊 存十六卷（九至十四、十九至二十、二十三至三十）

210000－0701－0003735 善31858

唐詩鯨碧八卷 （清）邵仁泓輯注 清康熙四十六年（1707）邵仁泓刻本 四冊

210000－0701－0003736 善31859

經咫一卷 （清）陳祖范撰 清乾隆二十九年（1764）陳瑩刻陳司業先生集本 一冊

210000－0701－0003737 善31860

李太白文集三十卷 （唐）李白撰 清康熙五十六年（1717）繆曰芑雙泉草堂刻本 八冊

210000－0701－0003738 善31861

歷朝詞綜九十八卷 (清)朱彝尊 (清)王昶輯 清嘉慶七年(1802)王昶三泖漁莊刻本 三十四冊

210000－0701－0003739 善31862

外國竹枝詞一卷百末詞五卷詞餘一卷 (清)尤侗撰 清刻本 一冊

210000－0701－0003740 善31863

溫飛卿詩集七卷別集一卷集外詩一卷 (唐)溫庭筠撰 (明)曾益注 (清)顧予咸補注 (清)顧嗣立續注 附錄一卷 清乾隆刻本 二冊

210000－0701－0003741 善31864

漁洋山人精華錄十卷 (清)王士禎撰 清康熙三十九年(1700)林佶刻本 二冊

210000－0701－0003742 善31865

昌黎先生詩集注十一卷 (唐)韓愈撰 (清)顧嗣立刪補 年譜一卷 清康熙三十八年(1699)顧嗣立秀野草堂刻本 四冊

210000－0701－0003743 善31866

漁洋山人精華錄訓纂補十卷漁洋山人年譜補一卷 (清)惠棟撰 清乾隆二十二年(1757)惠氏紅豆齋刻本 四冊

210000－0701－0003744 善31867

願學堂集二卷 (清)周燦撰 清康熙刻本 二冊

210000－0701－0003745 善31868

沈歸愚詩文全集十四種 (清)沈德潛撰 清乾隆教忠堂刻本 二十四冊 缺一種(歸愚詩餘)

210000－0701－0003746 善31869

蠶尾集十卷續集二卷後集二卷 (清)王士禎撰 清雍正刻本 五冊

210000－0701－0003747 善31870

會昌進士詩集一卷補遺一卷 (唐)馬戴撰 喻鳧詩集一卷 (唐)喻鳧撰 (清)席啟寓輯 清康熙席啓寓刻唐詩百名家集本 一冊

210000－0701－0003748 善31871

幸魯盛典四十卷 (清)孔毓圻等纂 清康熙刻本 十二冊

210000－0701－0003749 善31872

漁洋山人精華錄會心偶筆六卷 (清)伊應鼎撰 清乾隆刻本 四冊

210000－0701－0003750 善31873

懷清堂集二十卷首一卷 (清)湯右曾撰 清乾隆十一年(1746)湯學基、湯學顯刻本 四冊

210000－0701－0003751 善31874

西湖志四十八卷 (清)傅王露等修 清雍正十三年(1735)鄭維翰等刻本 十六冊

210000－0701－0003752 善31875

周易函書約註十八卷 (清)胡煦撰 清雍正七年(1729)胡煦葆璞堂刻本 八冊

210000－0701－0003753 善31876

讀杜心解六卷首二卷 (清)浦起龍撰 (清)浦起麟參讀 清雍正二年至三年(1724－1725)浦氏寧我齋刻本 八冊

210000－0701－0003754 善31877

漆園指通三卷 (清)釋瀾挺撰 清康熙刻本 一冊

210000－0701－0003755 善31878

卜筮正宗十四卷 (清)王維德輯 清乾隆五十二年(1787)刻金閶講德齋印本 六冊

210000－0701－0003756 善31879

震川先生集三十卷別集十卷附錄一卷 (明)歸有光撰 清康熙十年至十四年(1671－1675)歸莊、歸玠刻本 十五冊 存三十九卷(正集三十卷、別集一至八、附錄一卷)

210000－0701－0003757 善31880

愛吟草一卷愛吟前草一卷 (清)常紀撰 恩卹道崇牧常君殉節錄一卷 (清)張洲等撰 慈惺圖庚寅草一卷 (清)慈國璋撰 集錄題常理齋愛吟草及殉節錄詩二卷 (清)王爾烈輯 清乾隆五十三年至五十五年(1788－1790)王爾烈刻本 四冊

210000－0701－0003758　善31881

歡喜冤家六卷二十四回　題(清)西湖漁隱主人撰　清二美堂刻本　十二冊

210000－0701－0003759　善31882

燕山草堂集五卷　(清)陳僖撰　清康熙刻本(卷一第五十葉、卷五第八十九葉複印補葉)　十冊

210000－0701－0003760　善31883

羅昭諫集八卷　(唐)羅隱撰　清康熙九年(1670)張瓚瑞榴堂刻本　四冊

210000－0701－0003761　善31884

金剛般若波羅蜜經二卷　(後秦)釋鳩摩羅什譯　(明)成祖朱棣集注　清康熙刻本　四冊

210000－0701－0003762　善31885

今雨堂詩墨四卷　(清)金甡撰　(清)洪鍾箋注　清乾隆三十一年(1766)洪鍾紫藤書塾刻本　二冊

210000－0701－0003763　善31886

塔射園詩鈔六卷　(清)張夢喈撰　清乾隆集古齋刻本　一冊

210000－0701－0003764　善31887

水心文集二十九卷　(宋)葉適撰　清乾隆二十年(1755)雷鋐等刻本　七冊　存十二卷(一至十二)

210000－0701－0003765　善31888

明人詩鈔正集十四卷續集十四卷　(清)朱琰輯　清乾隆二十五年(1760)樊桐山房刻本　八冊

210000－0701－0003766　善31889

帝鑑圖說不分卷　(明)張居正　(明)呂調陽撰　清江陵鄭氏刻本　四冊

210000－0701－0003767　善31890

文選六十卷　(南朝梁)蕭統輯　(唐)李善注　(清)何焯評　清乾隆三十七年(1772)葉樹藩海錄軒刻朱墨套印本　二十冊

210000－0701－0003768　善31891

文道十書十二卷　(清)陳景雲撰　清乾隆十

九年(1754)陳黃中樸茂齋刻本　六冊

210000－0701－0003769　善31892

傳演毘尼儀範四卷　(清)釋照福　(清)釋證林撰　清乾隆十八年(1753)源諒刻本　四冊

210000－0701－0003770　善31893

針灸大成十卷　(明)楊繼洲撰　清康熙李月桂刻本　十冊

210000－0701－0003771　善31894

重訂唐詩別裁集二十卷　(清)沈德潛輯　清乾隆二十八年(1763)教忠堂刻本　十冊

210000－0701－0003772　善31895

百末詞五卷詞餘一卷　(清)尤侗撰　清康熙刻西堂全集本　二冊

210000－0701－0003773　善31896

清江貝先生詩集十卷文集三十卷　(明)貝瓊撰　(清)金檀編　附錄一卷　清康熙五十八年(1719)金檀燕翼堂刻本　十四冊

210000－0701－0003774　善31897

禹貢錐指二十卷圖一卷　(清)胡渭撰　清康熙四十一年(1702)漱六軒刻四十四年(1705)補刻本　十冊

210000－0701－0003775　善31898

賞奇軒四種合編四卷　(清)□□輯　清刻本　四冊

210000－0701－0003776　善31899

文房肆攷圖說八卷　(清)唐秉鈞輯　(清)康愷繪　清乾隆四十三年(1778)唐氏竹映山莊刻本　十冊

210000－0701－0003777　善31900

淮南子二十一卷　(漢)劉安撰　(漢)高誘注　清光緒二年(1876)浙江書局刻本　六冊

210000－0701－0003778　善31901

樓邨詩集二十五卷　(清)王式丹撰　清雍正四年(1726)王懋訥刻本　四冊

210000－0701－0003779　善31902

未信編六卷　(清)潘杓燦撰　清康熙刻本　六冊

210000－0701－0003780　善31903
岳忠武王文集八卷首一卷末一卷　（宋）岳飛撰　（清）黃邦寧輯　清乾隆三十四年(1769)黃邦寧刻嘉慶二十一年(1816)郝延年補修本　五冊

210000－0701－0003781　善31904
王陽明先生文鈔十六卷　（明）王守仁撰　（清）張問達輯　清刻本　三冊　存四卷(一至四)

210000－0701－0003782　善31905
誠一堂琴譜六卷琴談二卷　（清）程允基撰　清康熙四十四年(1705)程允基誠一堂刻本　六冊

210000－0701－0003783　善31906
德音堂琴譜十卷　（清）郭用英輯　清康熙六十年(1721)有文堂刻本　六冊

210000－0701－0003784　善31907
重訂李義山詩集箋注三卷集外詩箋注一卷　(唐)李商隱撰　（清）朱鶴齡箋注　（清）程夢星刪補　**年譜一卷詩話一卷**　（清）程夢星輯　清乾隆東柯草堂刻本　八冊

210000－0701－0003785　善31908
全唐詩話八卷　（宋）尤袤輯　（清）孫濤訂並續輯　清乾隆三十九年(1774)孫濤刻本　四冊

210000－0701－0003786　善31909
中晚唐詩叩彈續集三卷　（清）杜詔　（清）杜庭珠輯注　清康熙四十三年(1704)采山亭刻本　一冊

210000－0701－0003787　善31910
金蘭集三卷　（明）徐達左輯　**續集一卷**　(清)徐堅輯　**畊漁軒遺書一卷**　（明）徐達左撰　清乾隆二十四年至二十五年(1759－1760)徐堅澔溪草堂刻本　四冊

210000－0701－0003788　善31911
阮亭選古詩三十二卷　（清）王士禎選　清康熙三十六年(1697)蔣景祁刻本　六冊

210000－0701－0003789　善31912
詩法火傳十六卷　（清）馬上巘撰　清順治十八年(1661)刻本　六冊

210000－0701－0003790　善31913
山海經十八卷　（晉）郭璞注　清乾隆十八年(1753)黃晟槐蔭草堂刻山水二經合刻本　二冊

210000－0701－0003791　善31914
檀几叢書　（清）王晫　（清）張潮輯　清康熙三十四年至三十六年(1695－1697)張氏霞舉堂刻本　二十冊　存一集、二集(缺新婦譜補一卷)

210000－0701－0003792　善31915
樊南文集箋註八卷　（唐）李商隱撰　（清）馮浩箋註　清乾隆刻本　三冊

210000－0701－0003793　善40001
御纂性理精義十二卷　（清）李光地等纂　清康熙五十四年(1715)武英殿刻本　六冊

210000－0701－0003794　善40002
欽定吏部品級考□□卷　（清）律例館纂修　清內府刻本　二冊　存五卷(欽定滿洲品級考二卷附欽定蒙古品級考、欽定漢品級考三卷附欽定漢軍品級考)

210000－0701－0003795　善40003
御錄經海一滴六卷　（清）世宗胤禛撰　清雍正十三年(1735)內府刻本　六冊

210000－0701－0003796　善40004
周易本義十二卷圖一卷五贊一卷筮儀一卷　(宋)朱熹撰　清康熙內府刻本　四冊

210000－0701－0003797　善40005
周易本義十二卷圖一卷五贊一卷筮儀一卷　(宋)朱熹撰　清康熙內府刻本　四冊

210000－0701－0003798　善40006
周易本義十二卷圖一卷五贊一卷筮儀一卷　(宋)朱熹撰　清康熙內府刻本　四冊

210000－0701－0003799　善40007
御纂周易折中二十二卷首一卷　（清）李光地

等纂　清康熙五十四年（1715）内府刻本
十册

210000－0701－0003800　善40008

淵鑒齋御纂朱子全書六十六卷　（宋）朱熹撰
　（清）李光地等編　清康熙五十三年（1714）
武英殿刻本　二十五册

210000－0701－0003801　善40009

御製詩集十卷　（清）聖祖玄燁撰　（清）高士
奇　（清）宋犖等編　清康熙四十三年（1704）
揚州詩局刻本　五册

210000－0701－0003802　善40010

[乾隆]欽定盛京通志一百三十卷　（清）阿桂
　（清）劉謹之等纂修　清乾隆四十九年
（1784）武英殿刻本　十册　存四十一卷(六
十七至六十九、八十一至八十四、九十七至一
百三十)

210000－0701－0003803　善40011

四書章句集注二十六卷　（宋）朱熹集注　清
内府刻本　十四册　存二十四卷(大學章句
一卷,中庸章句一卷,論語集注一至二、五至
十,孟子集注十四卷)

210000－0701－0003804　善40012

禮記集說十卷　（元）陳澔撰　清内府刻本
十册

210000－0701－0003805　善40013

禮記集說十卷　（元）陳澔撰　清内府刻本
十册

210000－0701－0003806　善40014

禮記集說十卷　（元）陳澔撰　清内府刻本
十册

210000－0701－0003807　善40015

易經揆十四卷易學啓蒙補二卷　（清）梁錫璵
撰　清乾隆十六年（1751）刻本　十册

210000－0701－0003808　善40016

欽定臺規四十卷　（清）松筠等纂　清道光都
察院刻本　十五册　存三十七卷(一至五、九
至四十)

210000－0701－0003809　善40017

御製資政要覽三卷　（清）世祖福臨撰　後序
一卷　（清）宋之繩撰　清順治十二年（1655）
内府刻本　四册

210000－0701－0003810　善40018

御製資政要覽三卷　（清）世祖福臨撰　後序
一卷　（清）宋之繩撰　清順治十二年（1655）
内府刻本　四册

210000－0701－0003811　善40019

御製資政要覽三卷　（清）世祖福臨撰　後序
一卷　（清）宋之繩撰　清順治十二年（1655）
内府刻本　四册

210000－0701－0003812　善40020

御製資政要覽三卷　（清）世祖福臨撰　後序
一卷　（清）宋之繩撰　清順治十二年（1655）
内府刻本　四册

210000－0701－0003813　善40021

御製資政要覽三卷　（清）世祖福臨撰　後序
一卷　（清）宋之繩撰　清順治十二年（1655）
内府刻本　三册

210000－0701－0003814　善40022

御製勸善要言一卷　（清）世祖福臨撰　清順
治十二年（1655）内府刻本　一册

210000－0701－0003815　善40023

御製勸善要言一卷　（清）世祖福臨撰　清順
治十二年（1655）内府刻本　一册

210000－0701－0003816　善40024

御製勸善要言一卷　（清）世祖福臨撰　清順
治十二年（1655）内府刻本　一册

210000－0701－0003817　善40025

御製人臣儆心錄一卷　（清）世祖福臨纂　清
順治十二年（1655）内府刻本　一册

210000－0701－0003818　善40026

御製人臣儆心錄一卷　（清）世祖福臨纂　清
順治十二年（1655）内府刻本　一册

210000－0701－0003819　善40027

御製人臣儆心錄一卷　（清）世祖福臨纂　清

順治十二年(1655)內府刻本　一冊

210000－0701－0003820　善40028

內政輯要不分卷　（清）世祖福臨輯注　清順治十二年(1655)內府刻本　一冊

210000－0701－0003821　善40029

御註孝經一卷　（清）世祖福臨撰　清順治內府刻本　一冊

210000－0701－0003822　善40030

御註孝經一卷　（清）世祖福臨撰　清順治內府刻本　一冊

210000－0701－0003823　善40031

御註孝經一卷　（清）世祖福臨撰　清順治十三年(1656)內府刻本　一冊

210000－0701－0003824　善40032

御註孝經一卷　（清）世祖福臨撰　清順治十三年(1656)內府刻本　一冊

210000－0701－0003825　善40033

御註孝經一卷　（清）世祖福臨撰　清順治十三年(1656)內府刻本　一冊

210000－0701－0003826　善40034

內則衍義十六卷　（清）世祖福臨撰　清順治十三年(1656)內府刻本　六冊

210000－0701－0003827　善40035

繹史一百六十卷世系圖一卷年表一卷　（清）馬驌撰　清康熙九年(1670)馬驌刻內府印本　二十四冊

210000－0701－0003828　善40036

日講四書解義二十六卷　（清）喇沙里等撰　清康熙十六年(1677)內府刻本　十二冊

210000－0701－0003829　善40037

古文淵鑒六十四卷　（清）徐乾學等輯並注　清康熙內府刻五色套印本　三十六冊

210000－0701－0003830　善40038

古文淵鑒六十四卷　（清）徐乾學等輯並注　清康熙內府刻五色套印本　二十四冊

210000－0701－0003831　善40039

古文淵鑒六十四卷　（清）徐乾學等輯並注　清康熙內府刻五色套印本　二十四冊

210000－0701－0003832　善40040

古文淵鑒六十四卷　（清）徐乾學等輯並注　清康熙內府刻五色套印本　二十四冊

210000－0701－0003833　善40041

古文淵鑒六十四卷　（清）徐乾學等輯並注　清康熙內府刻五色套印本　二十四冊

210000－0701－0003834　善40042

古文淵鑒六十四卷　（清）徐乾學等輯並注　清康熙內府刻五色套印本　四十冊

210000－0701－0003835　善40043

古文淵鑒六十四卷　（清）徐乾學等輯並注　清康熙內府刻五色套印本　二十八冊

210000－0701－0003836　善40044

古文淵鑒六十四卷　（清）徐乾學等輯並注　清康熙內府刻五色套印本　四十八冊

210000－0701－0003837　善40045

古文淵鑒六十四卷　（清）徐乾學等輯並注　清康熙內府刻本五色套印本　二十四冊

210000－0701－0003838　善40046

古文淵鑒六十四卷　（清）徐乾學等輯並注　清康熙內府刻五色套印本　三十冊

210000－0701－0003839　善40047

欽定選擇曆書十卷　（清）安泰等纂　清康熙二十四年(1685)欽天監刻本　十冊

210000－0701－0003840　善40048

欽定選擇曆書十卷　（清）安泰等纂　清康熙二十四年(1685)欽天監刻本　二十冊

210000－0701－0003841　善40049

孝經衍義一百卷首二卷　（清）葉方藹等撰　清康熙二十九年(1690)內府刻本　三十冊

210000－0701－0003842　善40050

孝經衍義一百卷首二卷　（清）葉方藹等撰　清康熙二十九年(1690)內府刻本　三十冊

210000－0701－0003843　善40051

幸魯盛典四十卷 （清）孔毓圻等纂 清康熙
五十年(1711)孔毓圻刻進呈本 十冊

210000－0701－0003844 善40052
幸魯盛典四十卷 （清）孔毓圻等纂 清康熙
五十年(1711)孔毓圻刻進呈本 十六冊

210000－0701－0003845 善40053
皇輿表十六卷 （清）喇沙里等纂修 （清）揆
敘等增修 清康熙四十三年(1704)揚州詩局
刻本 二十四冊

210000－0701－0003846 善40054
皇輿表十六卷 （清）喇沙里等纂修 （清）揆
敘等增修 清康熙四十三年(1704)揚州詩局
刻本 二十四冊

210000－0701－0003847 善40055
皇輿表十六卷 （清）喇沙里等纂修 （清）揆
敘等增修 清康熙四十三年(1704)揚州詩局
刻本 三十二冊

210000－0701－0003848 善40056
御定歷代賦彙正集一百四十卷外集二十卷逸
句二卷補遺二十二卷目錄二卷 （清）陳元龍
等編輯 清康熙四十五年(1706)揚州詩局刻
陳元龍進呈本 七十四冊

210000－0701－0003849 善40057
御定歷代賦彙正集一百四十卷外集二十卷逸
句二卷補遺二十二卷目錄二卷 （清）陳元龍
等編輯 清康熙四十五年(1706)揚州詩局刻
陳元龍進呈本 八十冊

210000－0701－0003850 善40058
御定歷代賦彙正集一百四十卷外集二十卷逸
句二卷補遺二十二卷目錄二卷 （清）陳元龍
等編輯 清康熙四十五年(1706)揚州詩局刻
陳元龍進呈本 六十四冊

210000－0701－0003851 善40059
御定歷代賦彙正集一百四十卷外集二十卷逸
句二卷補遺二十二卷目錄二卷 （清）陳元龍
等編輯 清康熙四十五年(1706)揚州詩局刻
陳元龍進呈本 四十冊

210000－0701－0003852 善40060
御定歷代賦彙正集一百四十卷外集二十卷逸
句二卷補遺二十二卷目錄二卷 （清）陳元龍
等編輯 清康熙四十五年(1706)揚州詩局刻
陳元龍進呈本 五十冊

210000－0701－0003853 善40061
御製耕織圖二卷 （清）聖祖玄燁撰 （清）焦
秉貞繪圖 清康熙三十五年(1696)內府刻本
二冊

210000－0701－0003854 善40062
大清會典一百六十二卷 （清）伊桑阿 （清）
王熙等纂 清康熙二十九年(1690)內府刻本
（卷一百三十四、一百四十抄配） 一百二
十冊

210000－0701－0003855 善40063
御定全唐詩錄一百卷 （清）徐倬輯 清康熙
四十五年(1706)揚州詩局刻本 二十四冊

210000－0701－0003856 善40064
御定全唐詩錄一百卷 （清）徐倬輯 清康熙
四十五年(1706)揚州詩局刻本 二十四冊

210000－0701－0003857 善40065
御定全唐詩錄一百卷 （清）徐倬輯 清康熙
四十五年(1706)揚州詩局刻本 三十冊

210000－0701－0003858 善40066
御定全唐詩錄一百卷 （清）徐倬輯 清康熙
四十五年(1706)揚州詩局刻本 二十二冊

210000－0701－0003859 善40067
御批資治通鑑綱目全書一百九卷 （清）宋犖
等編 清康熙四十六年至四十九年(1707－
1710)揚州詩局刻本 五十冊

210000－0701－0003860 善40068
御批資治通鑑綱目全書一百九卷 （清）宋犖
等編 清康熙四十六年至四十九年(1707－
1710)揚州詩局刻本 五十冊

210000－0701－0003861 善40069
佩文齋書畫譜一百卷 （清）孫岳頒等纂輯
清康熙四十七年(1708)內府刻本 六十四冊

210000－0701－0003862　善40070
佩文齋書畫譜一百卷　（清）孫岳頒等纂輯
清康熙四十七年(1708)內府刻本　三十二冊

210000－0701－0003863　善40071
佩文齋書畫譜一百卷　（清）孫岳頒等纂輯
清康熙四十七年(1708)內府刻本　九十六冊

210000－0701－0003864　善40072
佩文齋書畫譜一百卷　（清）孫岳頒等纂輯
清康熙四十七年(1708)內府刻本　一百十八
冊　存九十六卷(一至七十六、七十八至八十
一、八十三至九十、九十二至九十七、九十九
至一百)

210000－0701－0003865　善40073
佩文齋書畫譜一百卷　（清）孫岳頒等纂輯
清康熙四十七年(1708)內府刻本　三十冊
存五十二卷(一至三十八、五十六至六十九)

210000－0701－0003866　善40074
佩文齋詠物詩選四百八十六卷　（清）張玉書
等編　（清）聖祖玄燁御定　清康熙四十六年
(1707)揚州詩局刻高輿進呈本　六十四冊

210000－0701－0003867　善40075
佩文齋詠物詩選四百八十六卷　（清）張玉書
等編　（清）聖祖玄燁御定　清康熙四十六年
(1707)揚州詩局刻高輿進呈本　六十四冊

210000－0701－0003868　善40076
御選歷代詩餘一百二十卷　（清）聖祖玄燁選
　（清）沈辰垣　（清）王奕清等輯　清康熙四
十六年(1707)內府刻本　四十冊

210000－0701－0003869　善40077
御選歷代詩餘一百二十卷　（清）聖祖玄燁選
　（清）沈辰垣　（清）王奕清等輯　清康熙四
十六年(1707)內府刻本(有抄補)　四十八冊

210000－0701－0003870　善40078
御選歷代詩餘一百二十卷　（清）聖祖玄燁選
　（清）沈辰垣　（清）王奕清等輯　清康熙四
十六年(1707)內府刻本　四十四冊　存一百
九卷(十二至一百二十)

210000－0701－0003871　善40079
御選歷代詩餘一百二十卷　（清）聖祖玄燁選
　（清）沈辰垣　（清）王奕清等輯　清康熙四
十六年(1707)內府刻本　八冊　存十八卷
(七十九至九十六)

210000－0701－0003872　善40080
佩文齋廣群芳譜一百卷　（清）汪灝等編校
清康熙四十七年(1708)內府刻本　三十二冊

210000－0701－0003873　善40081
佩文齋廣群芳譜一百卷　（清）汪灝等編校
清康熙四十七年(1708)內府刻本　三十二冊

210000－0701－0003874　善40082
佩文齋廣群芳譜一百卷　（清）汪灝等編校
清康熙四十七年(1708)內府刻本　三十二冊

210000－0701－0003875　善40083
御定歷代題畫詩類一百二十卷　（清）陳邦彥
輯　清康熙四十六年(1707)揚州詩局刻陳邦
彥進呈本　二十二冊

210000－0701－0003876　善40084
性理大全書七十卷　（明）胡廣等撰　明永樂
司禮監刻清康熙十二年(1673)內府重修本
十六冊

210000－0701－0003877　善40085
御纂性理精義十二卷　（清）李光地等纂　清
康熙五十六年(1717)內府刻本　六冊

210000－0701－0003878　善40086
御纂性理精義十二卷　（清）李光地等纂　清
康熙五十六年(1717)內府刻本　八冊

210000－0701－0003879　善40087
御纂性理精義十二卷　（清）李光地等纂　清
康熙五十六年(1717)內府刻本　五冊

210000－0701－0003880　善40088
御纂性理精義十二卷　（清）李光地等纂　清
康熙五十六年(1717)內府刻本　五冊

210000－0701－0003881　善40089
御纂性理精義十二卷　（清）李光地等纂　清
康熙五十六年(1717)內府刻本　五冊

210000 – 0701 – 0003882　善 40090

御纂性理精義十二卷　（清）李光地等纂　清康熙五十六年(1717)內府刻本　五冊

210000 – 0701 – 0003883　善 40091

御纂性理精義十二卷　（清）李光地等纂　清康熙五十六年(1717)內府刻本　八冊

210000 – 0701 – 0003884　善 40092

御製數理精蘊上編五卷下編四十卷表八卷　（清）允祉等撰　清康熙內府銅活字印本　四十三冊　存四十二卷(上編五卷、下編一至二十九、表八卷)

210000 – 0701 – 0003885　善 40093

御選唐詩三十二卷目錄三卷　（清）聖祖玄燁選　（清）陳廷敬等輯注　清康熙五十二年(1713)內府刻朱墨套印本　十五冊

210000 – 0701 – 0003886　善 40094

御選唐詩三十二卷目錄三卷　（清）聖祖玄燁選　（清）陳廷敬等輯注　清康熙五十二年(1713)內府刻朱墨套印本　十六冊

210000 – 0701 – 0003887　善 40095

御選唐詩三十二卷目錄三卷　（清）聖祖玄燁選　（清）陳廷敬等輯注　清康熙五十二年(1713)內府刻朱墨套印本　十五冊

210000 – 0701 – 0003888　善 40096

御選唐詩三十二卷目錄三卷　（清）聖祖玄燁選　（清）陳廷敬等輯注　清康熙五十二年(1713)內府刻朱墨套印本　四冊　存十卷(七至十四、十九至二十)

210000 – 0701 – 0003889　善 40097

御選宋金元明四朝詩三百二卷首二卷姓名爵里十三卷　（清）聖祖玄燁選　（清）張豫章等輯　清康熙四十八年(1709)內府刻本　一百二十八冊

210000 – 0701 – 0003890　善 40098

御訂全金詩增補中州集七十二卷首二卷　（元）元好問編　（清）郭元釪補輯　清康熙五十年(1711)內府刻本　二十四冊

210000 – 0701 – 0003891　善 40099

御訂全金詩增補中州集七十二卷首二卷　（元）元好問編　（清）郭元釪補輯　清康熙五十年(1711)內府刻本　二十四冊

210000 – 0701 – 0003892　善 40100

淵鑒齋御纂朱子全書六十六卷　（宋）朱熹撰　（清）李光地等編　清康熙五十三年(1714)內府刻本　二十四冊

210000 – 0701 – 0003893　善 40101

淵鑒齋御纂朱子全書六十六卷　（宋）朱熹撰　（清）李光地等編　清康熙五十三年(1714)內府刻本　二十四冊

210000 – 0701 – 0003894　善 40102

淵鑒齋御纂朱子全書六十六卷　（宋）朱熹撰　（清）李光地等編　清康熙五十三年(1714)內府刻本　二十五冊

210000 – 0701 – 0003895　善 40103

淵鑒齋御纂朱子全書六十六卷　（宋）朱熹撰　（清）李光地等編　清康熙五十三年(1714)內府刻本　二十四冊

210000 – 0701 – 0003896　善 40104

淵鑒齋御纂朱子全書六十六卷　（宋）朱熹撰　（清）李光地等編　清康熙五十三年(1714)內府刻本　二十四冊

210000 – 0701 – 0003897　善 40105

淵鑒齋御纂朱子全書六十六卷　（宋）朱熹撰　（清）李光地等編　清康熙五十三年(1714)內府刻本　二十五冊

210000 – 0701 – 0003898　善 40106

欽定臺規四十二卷首一卷　（清）松筠等纂修　（清）延煦等續纂修　清光緒十八年(1892)都察院刻本　二十四冊

210000 – 0701 – 0003899　善 40107

御纂性理精義十二卷　（清）李光地等纂　清康熙五十六年(1717)內府刻本　六冊

210000 – 0701 – 0003900　善 40108

御製文集四十卷總目五卷二集五十卷總目六

卷三集五十卷總目六卷　（清）聖祖玄燁撰
（清）張玉書等編　清康熙五十三年（1714）內
府刻本　七十八冊

210000－0701－0003901　善40109

御製文二集五十卷　（清）聖祖玄燁撰　（清）
張玉書等編　清康熙五十三年（1714）內府刻
本　二十八冊

210000－0701－0003902　善40110

御製避暑山莊詩二卷　（清）聖祖玄燁撰
（清）揆敘等注　（清）沈崳繪圖　清康熙五十
一年（1712）內府刻朱墨套印本　一冊

210000－0701－0003903　善40111

御製避暑山莊詩二卷　（清）聖祖玄燁撰
（清）揆敘等注　（清）沈崳繪圖　清康熙五十
一年（1712）內府刻朱墨套印本　一冊

210000－0701－0003904　善40112

詞譜四十卷　（清）王奕清等撰　清康熙五十
四年（1715）內府刻朱墨套印本　四十冊

210000－0701－0003905　善40113

詞譜四十卷　（清）王奕清等撰　清康熙五十
四年（1715）內府刻朱墨套印本　二十冊

210000－0701－0003906　善40114

曲譜十二卷首一卷末一卷　（清）王奕清等撰
　清康熙內府刻朱墨套印本　六冊

210000－0701－0003907　善40115

諸史提要十五卷　（宋）錢端禮撰　（清）張英
補　清康熙五十二年（1713）內府刻本　十
二冊

210000－0701－0003908　善40116

御製親征朔漠紀略一卷　（清）聖祖玄燁撰
親征平定朔漠方略四十八卷　（清）溫達等撰
　清康熙四十七年（1708）內府刻本　五十冊

210000－0701－0003909　善40117

詞譜四十卷　（清）王奕清等撰　清康熙五十
四年（1715）內府刻朱墨套印本　四十冊　存
十卷（二十一至三十）

210000－0701－0003910　善40118

月令輯要二十四卷圖說一卷　（清）李光地等
撰　清康熙五十五年（1716）武英殿刻本　十
二冊

210000－0701－0003911　善40119

御製欽若曆書上編十六卷下編十卷表十六卷
　清康熙內府銅活字印本　十二冊　存十九
卷（上編十六卷、下編一至三）

210000－0701－0003912　善40120

御定歷代紀事年表一百卷歷代三元甲子編年
一卷　（清）龔士炯撰　（清）王之樞等續撰
清康熙五十四年（1715）王之樞刻內府印本
一百冊

210000－0701－0003913　善40121

御定歷代紀事年表一百卷歷代三元甲子編年
一卷　（清）龔士炯撰　（清）王之樞等續撰
清康熙五十四年（1715）王之樞刻內府印本
三十二冊　存八十九卷（一至二十六、三十九
至一百,編年一卷）

210000－0701－0003914　善40122

御定歷代紀事年表一百卷歷代三元甲子編年
一卷　（清）龔士炯撰　（清）王之樞等續撰
清康熙五十四年（1715）王之樞刻內府印本
九十冊　存九十一卷（一至二十、三十一至一
百,編年一卷）

210000－0701－0003915　善40123

御纂周易折中二十二卷首一卷　（清）李光地
等纂　清康熙五十四年（1715）內府刻本
十冊

210000－0701－0003916　善40124

御纂周易折中二十二卷首一卷　（清）李光地
等纂　清康熙五十四年（1715）內府刻本
十冊

210000－0701－0003917　善40125

千叟宴詩四卷　（清）聖祖玄燁等撰　清康熙
六十一年（1722）內府刻本　八冊

210000－0701－0003918　善40126

千叟宴詩四卷　（清）聖祖玄燁等撰　清康熙
六十一年（1722）內府刻本　三冊

210000－0701－0003919　善40127

萬壽盛典初集百二十卷　（清）王原祁等纂
清康熙五十四年至五十六年(1715－1717)武
英殿刻本　四十冊

210000－0701－0003920　善40128

萬壽盛典初集百二十卷　（清）王原祁等纂
清康熙五十四年至五十六年(1715－1717)武
英殿刻本　四十冊

210000－0701－0003921　善40129

萬壽盛典初集百二十卷　（清）王原祁等纂
清康熙五十四年至五十六年(1715－1717)武
英殿刻本　四十二冊

210000－0701－0003922　善40130

**康熙字典十二集三十六卷總目一卷檢字一卷
辨似一卷等韻一卷補遺一卷備考一卷**　（清）
張玉書等纂　清康熙五十五年(1716)內府刻
本　四十冊

210000－0701－0003923　善40131

**康熙字典十二集三十六卷總目一卷檢字一卷
辨似一卷等韻一卷補遺一卷備考一卷**　（清）
張玉書等纂　清康熙五十五年(1716)內府刻
本　四十冊

210000－0701－0003924　善40132

分類字錦六十四卷　（清）何焯等輯　清康熙
六十一年(1722)內府刻本　六十四冊

210000－0701－0003925　善40133

數表一卷　清康熙內府刻朱墨套印本　一冊

210000－0701－0003926　善40134

御定對數表二卷度數表一卷　清康熙內府刻
朱墨套印本　三冊

210000－0701－0003927　善40135

歷朝閨雅十二卷　（清）揆敘等編　清康熙內
府刻本　四冊

210000－0701－0003928　善40136

御定星曆考原六卷　（清）李光地等撰　清康
熙五十二年(1713)內府銅活字印本　六冊

210000－0701－0003929　善40137

國學禮樂錄二十卷　（清）李周望　（清）謝履
忠輯　清康熙五十八年(1719)國子監刻本
六冊

210000－0701－0003930　善40138

欽定春秋傳說彙纂三十八卷首二卷　（清）王
掞等撰　清康熙六十年(1721)內府刻本　二
十四冊

210000－0701－0003931　善40139

欽定春秋傳說彙纂三十八卷首二卷　（清）王
掞等撰　清康熙六十年(1721)內府刻本　二
十四冊

210000－0701－0003932　善40140

佩文韻府一百六卷　（清）張玉書　（清）蔡升
元等輯　清康熙五十年(1711)揚州詩局刻本
九十五冊

210000－0701－0003933　善40140

韻府拾遺一百六卷　（清）張廷玉　（清）汪灝
等輯　清康熙五十九年(1720)內府刻本　二
十冊

210000－0701－0003934　善40141

佩文韻府一百六卷　（清）張玉書　（清）蔡升
元等輯　清康熙五十年(1711)揚州詩局刻本
九十五冊

210000－0701－0003935　善40142

佩文韻府一百六卷　（清）張玉書　（清）蔡升
元等輯　清康熙五十年(1711)揚州詩局刻本
九十五冊

210000－0701－0003936　善40143

佩文韻府一百六卷　（清）張玉書　（清）蔡升
元等輯　清康熙五十年(1711)揚州詩局刻本
九十五冊

210000－0701－0003937　善40144

韻府拾遺一百六卷　（清）張廷玉　（清）汪灝
等輯　清康熙五十九年(1720)內府刻本　二
十冊

210000－0701－0003938　善40145

韻府拾遺一百六卷　（清）張廷玉　（清）汪灝

等輯　清康熙五十九年(1720)內府刻本　二十冊

210000－0701－0003939　善40146

韻府拾遺一百六卷　(清)張廷玉　(清)汪灝等輯　清康熙五十九年(1720)內府刻本　二十冊

210000－0701－0003940　善40147

讀書紀數略五十四卷　(清)宮夢仁輯　清康熙四十七年(1708)宮夢仁刻進呈本　十六冊

210000－0701－0003941　善40148

淵鑑類函四百五十卷目錄四卷　(清)張英等撰　清康熙四十九年(1710)揚州詩局刻本　一百四十冊

210000－0701－0003942　善40149

淵鑑類函四百五十卷目錄四卷　(清)張英等撰　清康熙四十九年(1710)揚州詩局刻本　九十冊

210000－0701－0003943　善40150

淵鑑類函四百五十卷目錄四卷　(清)張英等撰　清康熙四十九年(1710)揚州詩局刻本　一百四十冊

210000－0701－0003944　善40151

淵鑑類函四百五十卷目錄四卷　(清)張英等撰　清康熙四十九年(1710)揚州詩局刻本　一百四十冊　存四百四十二卷(一至四百十二、四百二十一至四百五十)

210000－0701－0003945　善40152

淵鑑類函四百五十卷目錄四卷　(清)張英等撰　清康熙四十九年(1710)揚州詩局刻本　一百三十三冊　缺二十一卷(三百五十六至三百七十六)

210000－0701－0003946　善40153

全唐詩九百卷目錄十二卷　(清)曹寅　(清)彭定求等輯　清康熙四十四年至四十六年(1705－1707)揚州詩局刻本　一百二十冊

210000－0701－0003947　善40154

全唐詩九百卷目錄十二卷　(清)曹寅　(清)

彭定求等輯　清康熙四十四年至四十六年(1705－1707)揚州詩局刻本　一百八冊　缺十一冊(二函一至十、三函十)

210000－0701－0003948　善40155

全唐詩九百卷目錄十二卷　(清)曹寅　(清)彭定求等輯　清康熙四十四年至四十六年(1705－1707)揚州詩局刻本　一百九冊　缺十一冊(一函九、四函一至十)

210000－0701－0003949　善40156

御製詩初集十卷二集十卷三集八卷　(清)聖祖玄燁撰　(清)高士奇等編　清康熙四十二年(1703)揚州詩局五十五年(1716)蘇州詩局刻本　八冊

210000－0701－0003950　善40157

篆文六經四書六十三卷　(清)李光地等輯　清康熙內府刻本　十六冊

210000－0701－0003951　善40158

分類字錦六十四卷　(清)何焯等輯　清康熙六十一年(1722)內府刻本　四十冊

210000－0701－0003952　善40159

分類字錦六十四卷　(清)何焯等輯　清康熙六十一年(1722)內府刻本　四十冊

210000－0701－0003953　善40160

分類字錦六十四卷　(清)何焯等輯　清康熙六十一年(1722)內府刻本　六十冊

210000－0701－0003954　善40161

律呂正義上編二卷下編二卷續編一卷　(清)允祉等撰　清康熙內府銅活字印本(有抄補)　十冊

210000－0701－0003955　善40162

御製朋黨論一卷　(清)世宗胤禛撰　清雍正三年(1725)內府刻本　一冊

210000－0701－0003956　善40163

音韻闡微十八卷韻譜一卷　(清)李光地　(清)王蘭生等撰　清雍正六年(1728)武英殿刻本　五冊

210000－0701－0003957　善40164

音韻闡微十八卷韻譜一卷 （清）李光地
（清）王蘭生等撰 清雍正六年(1728)武英殿
刻本 十冊

210000－0701－0003958 善40165
音韻闡微十八卷韻譜一卷 （清）李光地
（清）王蘭生等撰 清雍正六年(1728)武英殿
刻本 十冊

210000－0701－0003959 善40166
聖祖仁皇帝庭訓格言一卷 （清）聖祖玄燁撰
（清）世宗胤禛編 清雍正八年(1730)內府
刻本 一冊

210000－0701－0003960 善40167
御選語錄十九卷 （清）世宗胤禛選 清雍正
十一年(1733)內府刻本 十四冊

210000－0701－0003961 善40168
御選語錄十九卷 （清）世宗胤禛選 清雍正
十一年(1733)內府刻本 十四冊

210000－0701－0003962 善40169
御選語錄十九卷 （清）世宗胤禛選 清雍正
十一年(1733)內府刻本 十四冊

210000－0701－0003963 善40170
重訂教乘法數十二卷 （清）世宗胤禛重訂
清雍正十三年(1735)內府刻本 十六冊

210000－0701－0003964 善40171
御製文集四十卷總目五卷二集五十卷總目六
卷三集五十卷總目六卷四集三十六卷總目四
卷 （清）聖祖玄燁撰 （清）張玉書等編 清
康熙五十年(1711)、雍正十年(1732)內府刻
本 八十八冊 缺二十卷(四集十七至三十
六)

210000－0701－0003965 善40172
御製文集四十卷總目五卷二集五十卷總目六
卷三集五十卷總目六卷四集三十六卷總目四
卷 （清）聖祖玄燁撰 （清）張玉書等編 清
康熙五十年(1711)、雍正十年(1732)內府刻
本 一百六十冊 缺二卷(二集二十二至二
十三)

210000－0701－0003966 善40173
子史精華一百六十卷 （清）允祿 （清）吳襄
等纂 清雍正五年(1727)內府刻本 三十
二冊

210000－0701－0003967 善40174
子史精華一百六十卷 （清）允祿 （清）吳襄
等纂 清雍正五年(1727)內府刻本 四十六
冊 存一百五十四卷(一至三十六、四十至八
十九、九十三至一百六十)

210000－0701－0003968 善40175
子史精華一百六十卷 （清）允祿 （清）吳襄
等纂 清雍正五年(1727)內府刻本 五十四
冊 存一百三十二卷(二十九至一百六十)

210000－0701－0003969 善40176
子史精華一百六十卷 （清）允祿 （清）吳襄
等纂 清雍正五年(1727)內府刻本 八冊
存二十卷(四十五至六十四)

210000－0701－0003970 善40177
工程做法七十四卷 （清）允禮等纂 清乾隆
元年(1736)內府刻本 十六冊

210000－0701－0003971 善40178
聖諭廣訓一卷 （清）聖祖玄燁撰 （清）世宗
胤禛廣訓 清雍正二年(1724)內府刻本
一冊

210000－0701－0003972 善40179
聖諭廣訓一卷 （清）聖祖玄燁撰 （清）世宗
胤禛廣訓 清雍正二年(1724)內府刻本
一冊

210000－0701－0003973 善40180
聖祖仁皇帝庭訓格言一卷 （清）聖祖玄燁撰
（清）世宗胤禛編 清雍正八年(1730)內府
刻本 一冊

210000－0701－0003974 善40181
聖祖仁皇帝庭訓格言一卷 （清）聖祖玄燁撰
（清）世宗胤禛編 清雍正八年(1730)內府
刻本 一冊

210000－0701－0003975 善40182

聖祖仁皇帝庭訓格言一卷 （清）聖祖玄燁撰 （清）世宗胤禛編 清雍正八年（1730）內府刻本 一冊

210000－0701－0003976 善40183

硃批諭旨不分卷 （清）世宗胤禛撰 清雍正十年至乾隆三年（1732－1738）內府刻朱墨套印本 一百十二冊

210000－0701－0003977 善40184

硃批諭旨不分卷 （清）世宗胤禛撰 清雍正十年至乾隆三年（1732－1738）內府刻朱墨套印本 一百十二冊

210000－0701－0003978 善40185

硃批諭旨不分卷 （清）世宗胤禛撰 清雍正十年至乾隆三年（1732－1738）內府刻朱墨套印本 一百六冊 殘

210000－0701－0003979 善40186

二十八經同函一百四十七卷 清雍正十三年（1735）內府刻本 三十二冊

210000－0701－0003980 善40187

二十八經同函一百四十七卷 清雍正十三年（1735）內府刻本 三十二冊

210000－0701－0003981 善40188

御製文集四十卷總目五卷二集五十卷總目六卷三集五十卷總目六卷四集三十六卷總目四卷 （清）聖祖玄燁撰 （清）張玉書等編 清康熙五十年（1711）、雍正十年（1732）內府刻本 四十八冊

210000－0701－0003982 善40189

御製文集三十卷總目四卷 （清）世宗胤禛撰 交輝園遺稿一卷 （清）允祥撰 清乾隆三年（1738）武英殿刻本 十七冊

210000－0701－0003983 善40190

御製律曆淵源一百卷 （清）允祉 （清）允祿等撰 清雍正二年（1724）內府刻本 七十四冊

210000－0701－0003984 善40191

大清會典二百五十卷 （清）允祿等纂 清雍正十年（1732）武英殿刻本 一百冊

210000－0701－0003985 善40192

大禮記注二十卷 （清）張廷玉等撰 清雍正內府刻本 十冊

210000－0701－0003986 善40193

欽定書經傳說彙纂二十一卷首二卷 （清）王頊齡等撰 清雍正八年（1730）內府刻本 十二冊

210000－0701－0003987 善40194

欽定書經傳說彙纂二十一卷首二卷 （清）王頊齡等撰 清雍正八年（1730）內府刻本 二十冊

210000－0701－0003988 善40195

御定駢字類編二百四十卷 （清）沈宗敬等纂 清雍正六年（1728）武英殿刻本 一百六十冊

210000－0701－0003989 善40196

御定駢字類編二百四十卷 （清）沈宗敬等纂 清雍正六年（1728）武英殿刻本 一百二十冊

210000－0701－0003990 善40197

欽定詩經傳說彙纂二十一卷首二卷 （清）王鴻緒等撰 清雍正五年（1727）內府刻本 二十四冊

210000－0701－0003991 善40198

小學集註六卷 （宋）朱熹撰 （明）陳選注 清雍正五年（1727）武英殿刻本 二冊

210000－0701－0003992 善40199

小學集註六卷 （宋）朱熹撰 （明）陳選注 清雍正五年（1727）武英殿刻本 二冊

210000－0701－0003993 善40200

小學集註六卷 （宋）朱熹撰 （明）陳選注 清雍正五年（1727）武英殿刻本 二冊

210000－0701－0003994 善40201

孝經集註一卷 （清）世宗胤禛撰 清雍正五年（1727）內府刻本 一冊

210000－0701－0003995 善40202

孝經集註一卷 （清）世宗胤禛撰 清雍正五年(1727)內府刻本 一冊

210000－0701－0003996 善40203

孝經集註一卷 （清）世宗胤禛撰 清雍正五年(1727)內府刻本 一冊

210000－0701－0003997 善40204

古文約選不分卷 （清）允禮輯 清雍正十一年(1733)果親王府刻本 十冊

210000－0701－0003998 善40205

駁呂留良四書講義八卷 （清）朱軾等撰 清雍正內府刻本 八冊

210000－0701－0003999 善40206

欽定訓飭州縣規條二卷 （清）田文鏡 （清）李衛撰 清雍正八年(1730)內府刻本 一冊

210000－0701－0004000 善40207

大義覺迷錄四卷 （清）世祖胤禛撰 清雍正內府刻本 四冊

210000－0701－0004001 善40208

大義覺迷錄四卷 （清）世祖胤禛撰 清雍正內府刻本 四冊

210000－0701－0004002 善40209

宗鏡錄一百卷 （宋）釋延壽輯 清雍正十三年(1735)內府刻本 二十冊

210000－0701－0004003 善40210

御錄宗鏡大綱二十卷 （清）世宗胤禛錄 清雍正十二年(1734)內府刻本 四冊

210000－0701－0004004 善40211

御錄經海一滴六卷 （清）世宗胤禛錄 清雍正十三年(1735)武英殿刻本 六冊

210000－0701－0004005 善40212

御錄經海一滴六卷 （清）世宗胤禛錄 清雍正十三年(1735)武英殿刻本 六冊

210000－0701－0004006 善40213

善住意天子所問經三卷 （北魏）釋毗目智仙 （北魏）釋流支等譯 清雍正十三年(1735)內府刻本 三冊

210000－0701－0004007 善40214

御選寶筏精華二卷金屑一撮一卷 （清）世宗胤禛選 清雍正十一年(1733)內府刻本 三冊

210000－0701－0004008 善40215

御製揀魔辨異錄八卷 （清）世宗胤禛撰 清雍正內府刻本 四冊

210000－0701－0004009 善40216

萬善同歸集六卷 （宋）釋延壽撰 清雍正十一年(1733)內府刻本 二冊

210000－0701－0004010 善40217

新製儀象圖一百十七幅 （比利時）南懷仁繪 清康熙十三年(1674)武英殿刻本 一冊

210000－0701－0004011 善40218

子史精華一百六十卷 （清）允祿 （清）吳襄等纂 清雍正五年(1727)內府刻本 六十四冊

210000－0701－0004012 善40219

悅心集四卷 （清）世宗胤禛輯 清雍正四年(1726)內府刻本 二冊

210000－0701－0004013 善40220

清三朝聖訓十六卷 （清）聖訓館輯 清乾隆四年(1739)武英殿刻本 十六冊

210000－0701－0004014 善40221

清三朝聖訓十六卷 （清）聖訓館輯 清乾隆四年(1739)武英殿刻本 十六冊

210000－0701－0004015 善40222

清三朝聖訓十六卷 （清）聖訓館輯 清乾隆四年(1739)武英殿刻本 十六冊

210000－0701－0004016 善40223

清三朝聖訓十六卷 （清）聖訓館輯 清乾隆四年(1739)武英殿刻本 十六冊

210000－0701－0004017 善40224

清三朝聖訓十六卷 （清）聖訓館輯 清乾隆四年(1739)武英殿刻本 十六冊

210000－0701－0004018 善40225

清世宗御製文集三十卷目錄四卷 （清）世宗

胤禛撰　清乾隆三年（1738）內府刻本　十四冊

210000－0701－0004019　善40226
御製避暑山莊三十六景詩二卷　（清）聖祖玄燁　（清）高宗弘曆撰　（清）揆敍　（清）鄂爾泰等注　（清）沈崳繪圖　清乾隆六年（1741）武英殿刻朱墨套印本　二冊

210000－0701－0004020　善40227
御製避暑山莊三十六景詩二卷　（清）聖祖玄燁　（清）高宗弘曆撰　（清）揆敍　（清）鄂爾泰等注　（清）沈崳繪圖　清乾隆六年（1741）武英殿刻朱墨套印本　二冊

210000－0701－0004021　善40228
御製避暑山莊三十六景詩二卷　（清）聖祖玄燁　（清）高宗弘曆撰　（清）揆敍　（清）鄂爾泰等注　（清）沈崳繪圖　清乾隆六年（1741）武英殿刻朱墨套印本　二冊

210000－0701－0004022　善40229
宗室王公功績表傳六卷　（清）允祕等撰　清乾隆三十年（1765）武英殿刻本　四冊

210000－0701－0004023　善40230
宗室王公功績表傳六卷　（清）允祕等撰　清乾隆三十年（1765）武英殿刻本　六冊

210000－0701－0004024　善40231
勸善金科二十卷首一卷　（清）張照等撰　清乾隆武英殿刻五色套印本　二十冊

210000－0701－0004025　善40232
勸善金科二十卷首一卷　（清）張照等撰　清乾隆武英殿刻五色套印本　二十冊　缺一卷（七之上）

210000－0701－0004026　善40233
御選唐宋詩醇四十七卷目錄二卷　（清）高宗弘曆選　（清）弘晝　（清）梁詩正等編　清乾隆十六年（1751）武英殿刻四色套印本　二十冊

210000－0701－0004027　善40234
御選唐宋詩醇四十七卷目錄二卷　（清）高宗

弘曆選　（清）弘晝　（清）梁詩正等編　清乾隆十六年（1751）武英殿刻四色套印本　三十二冊

210000－0701－0004028　善40235
御製全韻詩五卷　（清）高宗弘曆撰　清乾隆彭元瑞刻進呈本　二冊

210000－0701－0004029　善40236
御製詩初集四十四卷目錄四卷　（清）高宗弘曆撰　（清）蔣溥等編　清乾隆十四年（1749）武英殿刻本　十六冊

210000－0701－0004030　善40237
御製詩初集四十四卷目錄四卷　（清）高宗弘曆撰　（清）蔣溥等編　清乾隆十四年（1749）武英殿刻本　十六冊

210000－0701－0004031　善40238
御製詩二集九十卷目錄十卷　（清）高宗弘曆撰　清乾隆二十四年（1759）內府刻本　三十二冊

210000－0701－0004032　善40239
御製詩五集一百卷目錄十二卷　（清）高宗弘曆撰　清乾隆六十年（1795）內府刻本　五十六冊

210000－0701－0004033　善40240
御製詩初集四十四卷目錄四卷二集九十卷目錄十卷三集一百卷目錄二十卷四集一百卷目錄十二卷五集一百卷目錄十二卷餘集二十卷目錄三卷　（清）高宗弘曆撰　（清）蔣溥等編　清乾隆十四年至嘉慶五年（1749－1800）武英殿刻本　二百四冊

210000－0701－0004034　善40241
御製詩初集四十四卷目錄四卷　（清）高宗弘曆撰　（清）蔣溥等編　清乾隆十四年（1749）內府刻本　十三冊　存二十四卷（一至二十四）

210000－0701－0004035　善40242
御製盛京賦一卷　（清）高宗弘曆撰　（清）鄂爾泰等注　清乾隆內府刻朱墨套印本　一冊

210000 – 0701 – 0004036　善 40243
御製盛京賦一卷　（清）高宗弘曆撰　（清）鄂
爾泰等注　清乾隆內府刻朱墨套印本　一冊

210000 – 0701 – 0004037　善 40244
御製盛京賦一卷　（清）高宗弘曆撰　（清）鄂
爾泰等注　清乾隆內府刻朱墨套印本　二冊

210000 – 0701 – 0004038　善 40245
御製盛京賦三十二卷　（清）高宗弘曆撰　清
乾隆十三年（1748）武英殿刻本　三十二冊

210000 – 0701 – 0004039　善 40246
評鑑闡要十二卷　（清）劉統勳等撰　清乾隆
三十六年（1771）內府刻本　十二冊

210000 – 0701 – 0004040　善 40247
評鑑闡要十二卷　（清）劉統勳等撰　清乾隆
三十六年（1771）內府刻本　十二冊

210000 – 0701 – 0004041　善 40248
評鑑闡要十二卷　（清）劉統勳等撰　清乾隆
三十六年（1771）內府刻本　六冊

210000 – 0701 – 0004042　善 40249
詞林典故八卷　（清）張廷玉等撰　清乾隆十
三年（1748）武英殿刻本　八冊

210000 – 0701 – 0004043　善 40250
詞林典故八卷　（清）張廷玉等撰　清乾隆十
三年（1748）武英殿刻本　八冊

210000 – 0701 – 0004044　善 40251
詞林典故八卷　（清）張廷玉等撰　清乾隆十
三年（1748）武英殿刻本　八冊

210000 – 0701 – 0004045　善 40252
御選唐宋文醇五十八卷　（清）高宗弘曆選
（清）允祿等輯　清乾隆三年（1738）內府刻四
色套印本　二十冊

210000 – 0701 – 0004046　善 40253
御選唐宋文醇五十八卷　（清）高宗弘曆選
（清）允祿等輯　清乾隆三年（1738）內府刻四
色套印本　二十冊

210000 – 0701 – 0004047　善 40254
御選唐宋文醇五十八卷　（清）高宗弘曆選

（清）允祿等輯　清乾隆三年（1738）內府刻四
色套印本　二十冊

210000 – 0701 – 0004048　善 40255
御選唐宋文醇五十八卷　（清）高宗弘曆選
（清）允祿等輯　清乾隆三年（1738）內府刻四
色套印本　二十冊

210000 – 0701 – 0004049　善 40256
御選唐宋文醇五十八卷　（清）高宗弘曆選
（清）允祿等輯　清乾隆三年（1738）內府刻四
色套印本　二十冊　缺十七卷（九至十五、二
十九至三十八）

210000 – 0701 – 0004050　善 40257
御製文初集三十卷目錄二卷　（清）高宗弘曆
撰　清乾隆二十八年（1763）內府刻本　四冊

210000 – 0701 – 0004051　善 40258
**御製文初集三十卷目錄二卷二集四十四卷目
錄二卷三集十六卷目錄二卷餘集二卷詩餘集
二十卷目錄三卷**　（清）高宗弘曆撰　清乾隆
二十八年至嘉慶五年（1763 – 1800）內府刻本
　二十八冊

210000 – 0701 – 0004052　善 40259
**御製文初集三十卷目錄二卷二集四十四卷目
錄二卷三集十六卷目錄二卷餘集二卷**　（清）
高宗弘曆撰　清乾隆二十八年至嘉慶五年
（1763 – 1800）內府刻本　三十六冊

210000 – 0701 – 0004053　善 40260
御製圓明園詩二卷　（清）高宗弘曆撰　（清）
鄂爾泰等注　清乾隆十年（1745）內府刻朱墨
套印本　二冊

210000 – 0701 – 0004054　善 40261
御製圓明園詩二卷　（清）高宗弘曆撰　（清）
鄂爾泰等注　清乾隆十年（1745）內府刻朱墨
套印本　二冊

210000 – 0701 – 0004055　善 40262
御製圓明園詩二卷　（清）高宗弘曆撰　（清）
鄂爾泰等注　清乾隆十年（1745）內府刻朱墨
套印本　二冊

210000－0701－0004056　善40263

御製圓明園詩二卷　（清）高宗弘曆撰　（清）鄂爾泰等注　清乾隆十年(1745)內府刻朱墨套印本　二冊

210000－0701－0004057　善40264

御製圓明園詩二卷　（清）高宗弘曆撰　（清）鄂爾泰等注　清乾隆十年(1745)內府刻朱墨套印本　二冊

210000－0701－0004058　善40265

御製圓明園詩二卷　（清）高宗弘曆撰　（清）鄂爾泰等注　清乾隆十年(1745)內府刻朱墨套印本　二冊

210000－0701－0004059　善40266

御製圓明園詩二卷　（清）高宗弘曆撰　（清）鄂爾泰等注　清乾隆十年(1745)內府刻朱墨套印本　二冊

210000－0701－0004060　善40267

御製圓明園詩二卷　（清）高宗弘曆撰　（清）鄂爾泰等注　清乾隆十年(1745)內府刻朱墨套印本　二冊

210000－0701－0004061　善40268

郭氏傳家易說十一卷　（宋）郭雍撰　清乾隆武英殿木活字印武英殿聚珍版書本　八冊

210000－0701－0004062　善40269

千叟宴詩三十四卷首二卷　（清）高宗弘曆等撰　清乾隆五十年(1785)武英殿刻本　三十六冊

210000－0701－0004063　善40270

千叟宴詩三十四卷首二卷　（清）高宗弘曆等撰　清乾隆五十年(1785)武英殿刻本　三十六冊

210000－0701－0004064　善40271

千叟宴詩三十四卷首二卷　（清）高宗弘曆等撰　清乾隆五十年(1785)武英殿刻本　十八冊

210000－0701－0004065　善40272

皇清職貢圖九卷　（清）董誥等纂修　（清）門慶安等繪　清乾隆武英殿刻本　九冊

210000－0701－0004066　善40273

皇清職貢圖九卷　（清）董誥等纂修　（清）門慶安等繪　清乾隆武英殿刻本　九冊

210000－0701－0004067　善40274

皇清職貢圖九卷　（清）董誥等纂修　（清）門慶安等繪　清乾隆武英殿刻本　九冊

210000－0701－0004068　善40275

皇清職貢圖九卷　（清）董誥等纂修　（清）門慶安等繪　清乾隆武英殿刻本　九冊

210000－0701－0004069　善40276

皇清職貢圖九卷　（清）董誥等纂修　（清）門慶安等繪　清乾隆武英殿刻本　九冊

210000－0701－0004070　善40277

五代會要三十卷　（宋）王溥撰　清乾隆武英殿木活字印武英殿聚珍版書本　六冊

210000－0701－0004071　善40278

華陽集四十卷　（宋）王珪撰　清乾隆武英殿木活字印武英殿聚珍版書本　二十冊

210000－0701－0004072　善40279

周易本義十二卷易圖一卷五贊一卷筮儀一卷　（宋）朱熹撰　清康熙內府刻本　四冊

210000－0701－0004073　善40280

御製古稀說一卷　（清）高宗弘曆撰　**古稀頌一卷**　（清）彭元瑞撰　清乾隆內府刻本　一冊

210000－0701－0004074　善40281

御製古稀說一卷　（清）高宗弘曆撰　**古稀頌一卷**　（清）彭元瑞撰　清乾隆內府刻本　一冊

210000－0701－0004075　善40282

御製古稀說一卷　（清）高宗弘曆撰　**古稀頌一卷**　（清）彭元瑞撰　清乾隆內府刻本　一冊

210000－0701－0004076　善40283

御製古稀說一卷　（清）高宗弘曆撰　**古稀頌一卷**　（清）彭元瑞撰　清乾隆內府刻本

一冊

210000－0701－0004077　善40284

御製古稀說一卷　（清）高宗弘曆撰　古稀頌
一卷　（清）彭元瑞撰　清乾隆内府刻本
一冊

210000－0701－0004078　善40285

御纂歷代三元甲子編年一卷御定萬年書一卷
　（清）欽天監纂　清乾隆内府刻本　一冊

210000－0701－0004079　善40286

御製歷代通鑑輯覽一百十六卷　（清）傅恒等
撰　清乾隆三十三年（1768）武英殿刻朱墨套
印本　三十二冊

210000－0701－0004080　善40287

御製歷代通鑑輯覽一百十六卷　（清）傅恒等
撰　清乾隆三十三年（1768）武英殿刻朱墨套
印本　五十九冊

210000－0701－0004081　善40288

御製擬白居易新樂府不分卷　（清）高宗弘曆
撰　清乾隆内府刻本　二冊

210000－0701－0004082　善40289

皇朝禮器圖式十八卷目錄六卷　（清）允祿等
纂　（清）福隆安等補纂　清乾隆三十一年
（1766）武英殿刻本　十六冊

210000－0701－0004083　善40290

皇朝禮器圖式十八卷目錄六卷　（清）允祿等
纂　（清）福隆安等補纂　清乾隆三十一年
（1766）武英殿刻本　三十一冊

210000－0701－0004084　善40291

皇朝禮器圖式十八卷目錄六卷　（清）允祿等
纂　（清）福隆安等補纂　清乾隆三十一年
（1766）武英殿刻本　一冊　存一卷（五）

210000－0701－0004085　善40292

世宗上諭内閣一百五十九卷　（清）世宗胤禛
撰　（清）允祿等編　清雍正九年（1731）内府
刻乾隆六年（1741）武英殿續刻本　三十四冊

210000－0701－0004086　善40293

樂善堂全集四十卷目錄四卷　（清）高宗弘曆

撰　清乾隆二年（1737）内府刻本　二十二冊
缺二卷（目錄一至二）

210000－0701－0004087　善40294

樂善堂全集四十卷目錄四卷　（清）高宗弘曆
撰　清乾隆二年（1737）内府刻本　二十冊
缺四卷（目錄四卷）

210000－0701－0004088　善40295

御覽經史講義三十二卷首一卷目錄一卷
（清）蔣溥等編　清乾隆二十年（1755）内府刻
本　三十二冊

210000－0701－0004089　善40296

御覽經史講義三十卷首一卷目錄一卷　（清）
蔣溥等編　清乾隆二十年（1755）内府刻本
三十二冊

210000－0701－0004090　善40297

樂善堂全集定本三十卷首一卷末一卷目錄一
卷　（清）高宗弘曆撰　（清）蔣溥等編　清乾
隆二十四年（1759）武英殿刻本　十八冊

210000－0701－0004091　善40298

樂善堂全集定本三十卷首一卷末一卷目錄一
卷　（清）高宗弘曆撰　（清）蔣溥等編　清乾
隆二十四年（1759）武英殿刻本　十八冊

210000－0701－0004092　善40299

樂善堂全集定本三十卷首一卷末一卷目錄一
卷　（清）高宗弘曆撰　（清）蔣溥等編　清乾
隆二十四年（1759）武英殿刻本　十八冊

210000－0701－0004093　善40300

御撰資治通鑑綱目三編二十卷　（清）張廷玉
等纂　清乾隆十一年（1746）内府刻本　四冊

210000－0701－0004094　善40301

御撰資治通鑑綱目三編二十卷　（清）張廷玉
等纂　清乾隆十一年（1746）内府刻本　四冊

210000－0701－0004095　善40302

御撰資治通鑑綱目三編二十卷　（清）張廷玉
等纂　清乾隆十一年（1746）内府刻本　四冊

210000－0701－0004096　善40303

御製冰嬉賦一卷　（清）高宗弘曆撰　清乾隆

十年(1745)內府刻朱墨套印本　一冊

210000－0701－0004097　善40304

御製冰嬉賦一卷　(清)高宗弘曆撰　清乾隆
十年(1745)內府刻朱墨套印本　一冊

210000－0701－0004098　善40305

御製冰嬉賦一卷　(清)高宗弘曆撰　清乾隆
十年(1745)內府刻朱墨套印本　一冊

210000－0701－0004099　善40306

御製冰嬉賦一卷　(清)高宗弘曆撰　清乾隆
十年(1745)內府刻朱墨套印本　一冊

210000－0701－0004100　善40307

御撰資治通鑑綱目三編四十卷　(清)舒赫德
等撰　清乾隆四十七年(1782)武英殿刻本
二十冊

210000－0701－0004101　善40308

御撰資治通鑑綱目三編四十卷　(清)舒赫德
等撰　清乾隆四十七年(1782)武英殿刻本
二十冊

210000－0701－0004102　善40309

皇清開國方略三十二卷首一卷　(清)阿桂等
撰　清乾隆五十一年(1786)武英殿刻本　十
五冊

210000－0701－0004103　善40310

皇清開國方略三十二卷首一卷　(清)阿桂等
撰　清乾隆五十一年(1786)武英殿刻本　十
五冊

210000－0701－0004104　善40311

周易十卷　(三國魏)王弼　(晉)韓康伯注
清乾隆四十八年(1783)武英殿影刻相臺岳氏
五經本　三冊

210000－0701－0004105　善40312

皇清開國方略三十二卷首一卷　(清)阿桂等
撰　清乾隆五十一年(1786)武英殿刻本　十
六冊

210000－0701－0004106　善40313

皇清開國方略三十二卷首一卷　(清)阿桂等
撰　清乾隆五十一年(1786)武英殿刻本　十

六冊

210000－0701－0004107　善40314

御纂醫宗金鑑九十卷首一卷　(清)鄂爾泰
(清)吳謙等纂　清乾隆七年(1742)武英殿刻
本　九十一冊

210000－0701－0004108　善40315

御纂醫宗金鑑九十卷首一卷　(清)鄂爾泰
(清)吳謙等纂　清乾隆七年(1742)武英殿刻
本　八十三冊　缺八卷(十八至二十五)

210000－0701－0004109　善40316

御纂醫宗金鑑九十卷首一卷　(清)鄂爾泰
(清)吳謙等纂　清乾隆七年(1742)武英殿刻
本　四冊　存十一卷(八至十八)

210000－0701－0004110　善40317

律例館校正洗冤錄四卷　(宋)宋慈撰　(清)
律例館編校　清乾隆五年(1740)內府刻本
二冊

210000－0701－0004111　善40318

律例館校正洗冤錄四卷　(宋)宋慈撰　(清)
律例館編校　清乾隆五年(1740)內府刻本
二冊

210000－0701－0004112　善40319

律例館校正洗冤錄四卷　(宋)宋慈撰　(清)
律例館編校　清乾隆五年(1740)內府刻本
二冊

210000－0701－0004113　善40320

盤山志十六卷首五卷　(清)蔣溥等纂　清乾
隆二十年(1755)內府刻本　十冊

210000－0701－0004114　善40321

盤山志十六卷首五卷　(清)蔣溥等纂　清乾
隆二十年(1755)內府刻本　十冊

210000－0701－0004115　善40322

御選宋金元明四朝詩三百二卷首二卷　(清)
聖祖玄燁選　(清)張豫章等輯　清康熙四十
八年(1709)內府刻本　一百二十八冊　缺二
十五卷(一至十九、五十九至六十一、九十一
至九十三)

210000－0701－0004116　善40323

御纂歷代三元甲子編年一卷御定萬年書一卷
（清）欽天監纂　清乾隆內府刻本　二冊

210000－0701－0004117　善40324

御纂歷代三元甲子編年一卷御定萬年書一卷
（清）欽天監纂　清乾隆內府刻本　二冊

210000－0701－0004118　善40325

御定七政四餘萬年書三卷　（清）欽天監纂
清乾隆內府刻本　三冊

210000－0701－0004119　善40326

萬年書十二卷　（清）欽天監纂　清乾隆武英
殿刻朱墨套印本　四冊

210000－0701－0004120　善40327

御定仿宋相臺岳氏五經九十六卷　（元）岳浚
編　清乾隆四十八年(1783)武英殿刻本　六
十冊

210000－0701－0004121　善40328

御定仿宋相臺岳氏五經九十六卷　（元）岳浚
編　清乾隆四十八年(1783)武英殿刻本　六
十冊

210000－0701－0004122　善40329

皇清文穎一百卷首二十四卷目錄六卷　（清）
張廷玉　（清）梁詩正等輯　清乾隆十二年
(1747)武英殿刻本　五十四冊

210000－0701－0004123　善40330

皇清文穎一百卷首二十四卷目錄六卷　（清）
張廷玉　（清）梁詩正等輯　清乾隆十二年
(1747)武英殿刻本　五十四冊

210000－0701－0004124　善40331

御製律呂正義後編一百二十卷上諭奏議二卷
（清）允祿　（清）張照等撰　清乾隆十一年
(1746)武英殿刻朱墨套印本　四十八冊

210000－0701－0004125　善40332

御製律呂正義後編八卷首一卷　（清）德保等
撰　清乾隆五十年(1785)武英殿木活字朱墨
套印本　四冊

210000－0701－0004126　善40333

欽定滿洲源流考二十卷　（清）阿桂等撰　清
乾隆四十二年(1777)內府刻本　八冊

210000－0701－0004127　善40334

世宗上諭內閣一百五十九卷　（清）世宗胤禛
撰　（清）允祿等編　清雍正九年(1731)內府
刻乾隆六年(1741)武英殿續刻本　三十一冊

210000－0701－0004128　善40335

世宗上諭八旗十三卷　（清）世宗胤禛撰
（清）允祿等編　清雍正九年(1731)內府刻乾
隆六年(1741)武英殿續刻本　十三冊

210000－0701－0004129　善40336

世宗上諭八旗十三卷　（清）世宗胤禛撰
（清）允祿等編　清雍正九年(1731)內府刻乾
隆六年(1741)武英殿續刻本　八冊

210000－0701－0004130　善40337

上諭旗務議覆十二卷　（清）世宗胤禛撰
（清）允祿等編　清雍正九年(1731)內府刻乾
隆六年(1741)武英殿續刻本　十二冊

210000－0701－0004131　善40338

五經四書讀本七十七卷　清雍正國子監刻本
三十冊

210000－0701－0004132　善40339

五經四書讀本七十七卷　清雍正國子監刻本
三十冊

210000－0701－0004133　善40340

諭行旗務奏議十三卷　（清）世宗胤禛撰
（清）允祿等輯　清雍正九年(1731)內府刻乾
隆六年(1741)武英殿續刻本　十三冊

210000－0701－0004134　善40341

聖祖仁皇帝聖訓六十卷　（清）聖祖玄燁撰
清乾隆六年(1741)武英殿刻本　六十冊

210000－0701－0004135　善40342

聖祖仁皇帝聖訓六十卷　（清）聖祖玄燁撰
清乾隆六年(1741)武英殿刻本　六十冊

210000－0701－0004136　善40343

聖祖仁皇帝聖訓六十卷　（清）聖祖玄燁撰
清乾隆六年(1741)武英殿刻本　六十冊

210000 - 0701 - 0004137　善 40344

聖祖仁皇帝聖訓六十卷　（清）聖祖玄燁撰
清乾隆六年(1741)武英殿刻本　六十冊

210000 - 0701 - 0004138　善 40345

聖祖仁皇帝聖訓六十卷　（清）聖祖玄燁撰
清乾隆六年(1741)武英殿刻本　六十冊

210000 - 0701 - 0004139　善 40346

聖祖仁皇帝聖訓六十卷　（清）聖祖玄燁撰
清乾隆六年(1741)武英殿刻本　六十冊

210000 - 0701 - 0004140　善 40347

聖祖仁皇帝聖訓六十卷　（清）聖祖玄燁撰
清乾隆六年(1741)武英殿刻本　六十冊

210000 - 0701 - 0004141　善 40348

聖祖仁皇帝聖訓六十卷　（清）聖祖玄燁撰
清乾隆六年(1741)武英殿刻本　六十冊

210000 - 0701 - 0004142　善 40349

聖祖仁皇帝聖訓六十卷　（清）聖祖玄燁撰
清乾隆六年(1741)武英殿刻本　六十冊

210000 - 0701 - 0004143　善 40350

世宗憲皇帝聖訓三十六卷　（清）世宗胤禛撰
清乾隆五年(1740)武英殿刻本　三十六冊

210000 - 0701 - 0004144　善 40351

世宗憲皇帝聖訓三十六卷　（清）世宗胤禛撰
清乾隆五年(1740)武英殿刻本　三十六冊

210000 - 0701 - 0004145　善 40352

世宗憲皇帝聖訓三十六卷　（清）世宗胤禛撰
清乾隆五年(1740)武英殿刻本　三十六冊

210000 - 0701 - 0004146　善 40353

世宗憲皇帝聖訓三十六卷　（清）世宗胤禛撰
清乾隆五年(1740)武英殿刻本　三十六冊

210000 - 0701 - 0004147　善 40354

世宗憲皇帝聖訓三十六卷　（清）世宗胤禛撰
清乾隆五年(1740)武英殿刻本　三十六冊

210000 - 0701 - 0004148　善 40355

世宗憲皇帝聖訓三十六卷　（清）世宗胤禛撰
清乾隆五年(1740)武英殿刻本　三十六冊

210000 - 0701 - 0004149　善 40356

世宗憲皇帝聖訓三十六卷　（清）世宗胤禛撰
清乾隆五年(1740)武英殿刻本　三十六冊

210000 - 0701 - 0004150　善 40357

世宗憲皇帝聖訓三十六卷　（清）世宗胤禛撰
清乾隆五年(1740)武英殿刻本　三十六冊

210000 - 0701 - 0004151　善 40358

世宗憲皇帝聖訓三十六卷　（清）世宗胤禛撰
清乾隆五年(1740)武英殿刻本　三十六冊

210000 - 0701 - 0004152　善 40359

清三朝聖訓十六卷　（清）聖訓館輯　清乾隆
四年(1739)武英殿刻本　十六冊

210000 - 0701 - 0004153　善 40360

清三朝聖訓十六卷　（清）聖訓館輯　清乾隆
四年(1739)武英殿刻本　十六冊

210000 - 0701 - 0004154　善 40361

清三朝聖訓十六卷　（清）聖訓館輯　清乾隆
四年(1739)武英殿刻本　十六冊

210000 - 0701 - 0004155　善 40362

清三朝聖訓十六卷　（清）聖訓館輯　清乾隆
四年(1739)武英殿刻本　十六冊

210000 - 0701 - 0004156　善 40363

大清通禮五十卷　（清）來保等纂　清乾隆武
英殿刻本　八冊

210000 - 0701 - 0004157　善 40364

大清通禮五十卷　（清）來保等纂　清乾隆武
英殿刻本　八冊

210000 - 0701 - 0004158　善 40365

清五朝聖訓一百十二卷　（清）聖訓館輯　清
乾隆四年至六年(1739 - 1741)內府刻本　二
十四冊

210000 - 0701 - 0004159　善 40366

**新定九宮大成南北詞宮譜八十一卷總目三卷
闈集一卷**　（清）允祿等編　清乾隆十一年
(1746)樂部刻朱墨套印本　五十冊

210000 - 0701 - 0004160　善 40367

新定九宮大成南北詞宮譜八十一卷總目三卷

閨集一卷 （清）允祿等編 清乾隆十一年 (1746)樂部刻朱墨套印本 五十冊

210000－0701－0004161 善40368

九家集注杜詩三十六卷目錄一卷 （唐）杜甫 撰 （宋）郭知達輯 清乾隆武英殿刻本 十 六冊

210000－0701－0004162 善40369

九家集注杜詩三十六卷目錄一卷 （唐）杜甫 撰 （宋）郭知達輯 清乾隆武英殿刻本 六 冊 存十三卷(十八至二十九、目錄一卷)

210000－0701－0004163 善40370

御纂周易述義十卷 （清）傅恆等撰 清乾隆 二十年(1755)內府刻本 四冊

210000－0701－0004164 善40371

御纂詩義折中二十卷 （清）孫嘉淦等撰 清 乾隆二十年(1755)武英殿刻本 八冊

210000－0701－0004165 善40372

論語集解義疏十卷 （三國魏）何晏集解 (南朝梁)皇侃義疏 清乾隆五十二年(1787) 武英殿刻本 五冊

210000－0701－0004166 善40373

論語集解義疏十卷 （三國魏）何晏集解 (南朝梁)皇侃義疏 清乾隆五十二年(1787) 武英殿刻本 五冊

210000－0701－0004167 善40374

周易九卷 （三國魏）王弼 （晉）韓康伯注
周易略例一卷 （三國魏）王弼撰 清乾隆四 十八年(1783)武英殿刻仿宋相臺岳氏五經本 三冊

210000－0701－0004168 善40375

周易九卷 （三國魏）王弼 （晉）韓康伯注
周易略例一卷 （三國魏）王弼撰 清乾隆四 十八年(1783)武英殿刻仿宋相臺岳氏五經本 三冊

210000－0701－0004169 善40376

太上感應篇圖說八卷 （清）許瓚曾輯 清康 熙刻本 十二冊

210000－0701－0004170 善40377

周易本義四卷 （宋）朱熹撰 清內府刻本 二冊

210000－0701－0004171 善40378

欽定盛京通志三十二卷 清乾隆武英殿刻本 十二冊

210000－0701－0004172 善40379

日講禮記解義六十四卷 （清）鄂爾泰 （清） 張廷玉等撰 清乾隆十四年(1749)武英殿刻 本 十六冊

210000－0701－0004173 善40380

日講春秋解義六十四卷 （清）庫勒納等撰 清乾隆二年(1737)武英殿刻本 三十冊

210000－0701－0004174 善40381

日講春秋解義六十四卷 （清）庫勒納等撰 清乾隆二年(1737)武英殿刻本 三十六冊

210000－0701－0004175 善40382

日講春秋解義六十四卷 （清）庫勒納等撰 清乾隆二年(1737)武英殿刻本 二十四冊

210000－0701－0004176 善40383

定武敷文一卷 （清）高宗弘曆撰 清乾隆內 府刻本 一冊

210000－0701－0004177 善40384

定武敷文一卷 （清）高宗弘曆撰 清乾隆內 府刻本 一冊

210000－0701－0004178 善40385

日知薈說四卷 （清）高宗弘曆撰 清乾隆元 年(1736)武英殿刻本 四冊

210000－0701－0004179 善40386

日知薈說四卷 （清）高宗弘曆撰 清乾隆元 年(1736)武英殿刻本 四冊

210000－0701－0004180 善40387

日知薈說四卷 （清）高宗弘曆撰 清乾隆元 年(1736)武英殿刻本 四冊

210000－0701－0004181 善40388

欽定叶韻彙輯十卷 （清）梁詩正等撰 清乾 隆十五年(1750)武英殿刻本 十冊

210000－0701－0004182　善40389

欽定叶韻彙輯十卷　（清）梁詩正等撰　清乾隆十五年(1750)武英殿刻本　十冊

210000－0701－0004183　善40390

欽定叶韻彙輯十卷　（清）梁詩正等撰　清乾隆十五年(1750)武英殿刻本　十冊

210000－0701－0004184　善40391

南巡盛典一百二十卷　（清）高晉等纂　清乾隆三十六年(1771)高晉等刻內府印本　四十八冊

210000－0701－0004185　善40392

南巡盛典一百二十卷　（清）高晉等纂　清乾隆三十六年(1771)高晉等刻內府印本　四十八冊

210000－0701－0004186　善40393

欽定河源紀略三十五卷　（清）紀昀等纂　清乾隆武英殿刻本　八冊

210000－0701－0004187　善40394

欽定河源紀略三十五卷　（清）紀昀等纂　清乾隆武英殿刻本　八冊

210000－0701－0004188　善40395

平定金川方略二十六卷圖說一卷　（清）來保等撰　清乾隆十七年(1752)武英殿刻本　三十六冊

210000－0701－0004189　善40396

欽定蘭州紀略二十卷首一卷　（清）阿桂等纂　清嘉慶三年(1798)武英殿刻本　八冊

210000－0701－0004190　善40397

欽定蘭州紀略二十卷首一卷　（清）阿桂等纂　清嘉慶三年(1798)武英殿刻本　八冊

210000－0701－0004191　善40398

欽定執中成憲八卷　（清）世宗胤禛編　清乾隆元年(1736)武英殿刻本　四冊

210000－0701－0004192　善40399

欽定執中成憲八卷　（清）世宗胤禛編　清乾隆元年(1736)武英殿刻本　四冊

210000－0701－0004193　善40400

欽定執中成憲八卷　（清）世宗胤禛編　清乾隆元年(1736)武英殿刻本　四冊

210000－0701－0004194　善40401

欽定執中成憲八卷　（清）世宗胤禛編　清乾隆元年(1736)武英殿刻本　四冊

210000－0701－0004195　善40402

欽定執中成憲八卷　（清）世宗胤禛編　清乾隆元年(1736)武英殿刻本　四冊

210000－0701－0004196　善40403

平定準噶爾方略前編五十四卷正編八十五卷續編三十二卷紀略一卷　（清）傅恒等纂　清乾隆三十五年(1770)武英殿刻本　一百冊

210000－0701－0004197　善40404

平定準噶爾方略前編五十四卷正編八十五卷續編三十二卷紀略一卷　（清）傅恆等纂　清乾隆三十五年(1770)武英殿刻本　九十九冊　缺一卷(紀略一卷)

210000－0701－0004198　善40405

欽定廓爾喀紀略五十四卷首四卷　清乾隆六十年(1795)武英殿刻本　三十二冊

210000－0701－0004199　善40406

欽定廓爾喀紀略五十四卷首四卷　清乾隆六十年(1795)武英殿刻本　三十二冊

210000－0701－0004200　善40407

欽定平定臺灣紀略六十五卷首五卷　清乾隆五十三年(1788)武英殿刻本　三十六冊

210000－0701－0004201　善40408

欽定平定臺灣紀略六十五卷首五卷　清乾隆五十三年(1788)武英殿刻本　三十六冊

210000－0701－0004202　善40409

欽定學政全書八卷　（清）禮部纂修　清乾隆武英殿刻本　八冊

210000－0701－0004203　善40410

欽定學政全書八十卷　（清）素爾訥等纂修　清乾隆三十九年(1774)武英殿刻本　十二冊

210000－0701－0004204　善40411

欽定學政全書八十卷　（清）素爾訥等纂修

清乾隆三十九年(1774)武英殿刻本 十二册

210000－0701－0004205 善40412
八旗滿洲氏族通譜八十卷目録二卷 (清)鄂
爾泰等纂 清乾隆九年(1744)武英殿刻本
二十六册

210000－0701－0004206 善40413
八旗滿洲氏族通譜八十卷目録二卷 (清)鄂
爾泰等纂 清乾隆九年(1744)武英殿刻本
二十六册

210000－0701－0004207 善40414
八旗滿洲氏族通譜八十卷 (清)鄂爾泰等纂
清乾隆九年(1744)武英殿刻本 二十六册

210000－0701－0004208 善40415
八旗滿洲氏族通譜八十卷 (清)鄂爾泰等纂
清乾隆九年(1744)武英殿刻本 二十六册

210000－0701－0004209 善40416
八旗滿洲氏族通譜八十卷 (清)鄂爾泰等纂
清乾隆九年(1744)武英殿刻本 二十六册

210000－0701－0004210 善40417
聖祖仁皇帝聖訓六十卷 (清)聖祖玄燁撰
清乾隆六年(1741)內府刻本 六十册

210000－0701－0004211 善40418
八旗滿洲氏族通譜八十卷 (清)鄂爾泰等纂
清乾隆九年(1744)武英殿刻本 二十六册

210000－0701－0004212 善40419
八旗滿洲氏族通譜八十卷 (清)鄂爾泰等纂
清乾隆九年(1744)武英殿刻本 二十六册

210000－0701－0004213 善40420
八旗滿洲氏族通譜八十卷 (清)鄂爾泰等纂
清乾隆九年(1744)武英殿刻本 二十六册

210000－0701－0004214 善40421
八旗滿洲氏族通譜八十卷 (清)鄂爾泰等纂
清乾隆九年(1744)武英殿刻本 二十六册

210000－0701－0004215 善40422
欽定周官義疏四十八卷首一卷 (清)鄂爾泰
等撰 清乾隆十九年(1754)武英殿刻本 四
十九册

210000－0701－0004216 善40423
周易本義十二卷易圖一卷五贊一卷筮儀一卷
 (宋)朱熹撰 清康熙五十三年(1714)內府
刻本 二册

210000－0701－0004217 善40424
欽定剿捕臨清逆匪紀略十六卷 (清)舒赫德
等纂 清乾隆四十六年(1781)武英殿刻本
十五册

210000－0701－0004218 善40425
欽定剿捕臨清逆匪紀略十六卷 (清)舒赫德
等纂 清乾隆四十六年(1781)武英殿刻本
十六册

210000－0701－0004219 善40426
欽定協紀辨方書三十六卷 (清)允祿 (清)
李廷耀等纂 清乾隆六年(1741)武英殿刻朱
墨套印本 十五册

210000－0701－0004220 善40427
欽定協紀辨方書三十六卷 (清)允祿 (清)
李廷耀等纂 清乾隆六年(1741)武英殿刻朱
墨套印本 十五册

210000－0701－0004221 善40428
欽定協紀辨方書三十六卷 (清)允祿 (清)
李廷耀等纂 清乾隆六年(1741)武英殿刻朱
墨套印本 十五册

210000－0701－0004222 善40429
欽定協紀辨方書三十六卷 (清)允祿 (清)
李廷耀等纂 清乾隆六年(1741)武英殿刻朱
墨套印本 十五册

210000－0701－0004223 善40430
琉球國志略十六卷首一卷 (清)周煌撰 清
乾隆四十二年(1777)福建刻武英殿聚珍版書
本 六册

210000－0701－0004224 善40431
欽定皇輿西域圖志四十八卷首四卷 (清)傅
恆等纂修 清乾隆四十七年(1782)武英殿刻
本 二十八册

210000－0701－0004225 善40432

欽定皇輿西域圖志四十八卷首四卷 （清）傅恆等纂 清乾隆四十七年（1782）武英殿刻本 二十八冊

210000－0701－0004226 善40433
御製曆象考成後編十卷 （清）允祿 （清）弘晝等纂 清乾隆七年（1742）武英殿刻本 十冊

210000－0701－0004227 善40434
欽定康濟錄四卷附錄一卷 （清）倪國璉編 清乾隆五年（1740）武英殿刻本 六冊

210000－0701－0004228 善40435
御纂春秋直解十二卷 （清）傅恆等撰 清乾隆二十三年（1758）武英殿刻本 八冊

210000－0701－0004229 善40436
明史三百三十二卷目錄四卷 （清）張廷玉等修 清乾隆四年（1739）武英殿刻本 八十八冊

210000－0701－0004230 善40437
欽定大清會典一百卷 （清）允裪等纂 清乾隆二十九年（1764）武英殿刻本 二十冊

210000－0701－0004231 善40438
欽定大清會典一百卷 （清）允裪等纂 清乾隆二十九年（1764）武英殿刻本 二十冊

210000－0701－0004232 善40439
文獻通考紀要二卷 （□）□□編 清武英殿刻本 二冊

210000－0701－0004233 善40440
萬壽衢歌樂章六卷 （清）彭元瑞輯 清刻本 三冊

210000－0701－0004234 善40441
西清古鑑四十卷錢錄十六卷 （清）梁詩正 （清）蔣溥等纂修 清乾隆二十年（1755）武英殿刻本 二十四冊

210000－0701－0004235 善40442
欽定歷代職官表七十二卷首一卷 （清）紀昀等撰 清乾隆武英殿刻本 三十六冊

210000－0701－0004236 善40443

欽定歷代職官表七十二卷首一卷 （清）紀昀等撰 清乾隆武英殿刻本 三十六冊

210000－0701－0004237 善40444
欽定歷代職官表七十二卷首一卷 （清）紀昀等撰 清乾隆武英殿刻本 三十六冊

210000－0701－0004238 善40445
欽定古今儲貳金鑑六卷 清乾隆五十一年（1786）武英殿刻本 四冊

210000－0701－0004239 善40446
欽定古今儲貳金鑑六卷 清乾隆五十一年（1786）武英殿刻本 四冊

210000－0701－0004240 善40447
柯山集五十卷 （宋）張耒撰 清乾隆武英殿木活字印武英殿聚珍版書本 八冊

210000－0701－0004241 善40448
欽定同文韻統六卷 （清）允祿等撰 清乾隆十五年（1750）武英殿刻朱墨套印本 四冊

210000－0701－0004242 善40449
欽定同文韻統六卷 （清）允祿等撰 清乾隆十五年（1750）武英殿刻朱墨套印本 四冊

210000－0701－0004243 善40450
欽定同文韻統六卷 （清）允祿等撰 清乾隆十五年（1750）武英殿刻朱墨套印本 四冊

210000－0701－0004244 善40451
欽定同文韻統六卷 （清）允祿等撰 清乾隆十五年（1750）武英殿刻朱墨套印本 四冊

210000－0701－0004245 善40452
欽定同文韻統六卷 （清）允祿等撰 清乾隆十五年（1750）武英殿刻朱墨套印本 四冊

210000－0701－0004246 善40453
欽定日下舊聞考一百六十卷譯語總目一卷 （清）英廉等撰 清乾隆武英殿刻本 四十八冊

210000－0701－0004247 善40454
欽定日下舊聞考一百六十卷譯語總目一卷 （清）英廉等撰 清乾隆武英殿刻本 四十八冊

210000－0701－0004248　善40455

欽定儀象考成三十卷首二卷　（清）允祿
（清）戴進賢等纂　清乾隆二十一年(1756)武
英殿刻本　十二冊

210000－0701－0004249　善40456

欽定儀象考成三十卷首二卷　（清）允祿
（清）戴進賢等纂　清乾隆二十一年(1756)武
英殿刻本　六冊　存十三卷(一至十一、首二
卷)

210000－0701－0004250　善40457

御製律曆淵源一百卷　（清）允祉　（清）允祿
等撰　清雍正二年(1724)內府刻本　四十九
冊　存六十五卷(曆象考成下編十卷,考成表
六至十六;數理精蘊上編一至五,下編一至三
十三,數理精蘊表一至三、六至八)

210000－0701－0004251　善40458

欽定中樞政考三十一卷　（清）尹繼善等纂
清乾隆二十九年(1764)武英殿刻三十九年
(1774)增修本　十八冊

210000－0701－0004252　善40459

欽定中樞政考三十一卷　（清）尹繼善等纂
清乾隆二十九年(1764)武英殿刻三十九年
(1774)增修本　十八冊

210000－0701－0004253　善40460

欽定中樞政考三十一卷　（清）鄂爾泰　（清）
花喜等纂　清乾隆八年(1743)武英殿刻本
十八冊

210000－0701－0004254　善40461

大清一統志三百五十六卷　（清）蔣廷錫等纂
清乾隆九年(1744)武英殿刻本　一百八冊

210000－0701－0004255　善40462

大清一統志三百五十六卷　（清）蔣廷錫等纂
清乾隆九年(1744)武英殿刻本　一百八冊

210000－0701－0004256　善40463

大清一統志三百五十六卷　（清）蔣廷錫等纂
清乾隆九年(1744)武英殿刻本　一百八冊

210000－0701－0004257　善40464

大清一統志三百五十六卷　（清）蔣廷錫等纂
清乾隆九年(1744)武英殿刻本　一百八冊

210000－0701－0004258　善40465

大清一統志三百五十六卷　（清）蔣廷錫等纂
清乾隆九年(1744)武英殿刻本　一百八冊

210000－0701－0004259　善40466

大清一統志四百二十四卷目錄二卷　（清）和
珅等纂　清乾隆五十五年(1790)武英殿刻本
一百六十冊

210000－0701－0004260　善40467

欽定清涼山志二十二卷　清乾隆武英殿刻本
八冊

210000－0701－0004261　善40468

欽定清涼山志二十二卷　清乾隆武英殿刻本
八冊

210000－0701－0004262　善40469

欽定清涼山志二十二卷　清乾隆武英殿刻本
八冊

210000－0701－0004263　善40470

欽定國子監則例三十卷首二卷　（清）蔡新
（清）達霖等纂修　清乾隆三十七年(1772)武
英殿刻本　六冊

210000－0701－0004264　善40471

欽定國子監則例三十卷首二卷　（清）蔡新
（清）達霖等纂修　清乾隆三十七年(1772)武
英殿刻本　六冊

210000－0701－0004265　善40472

八旗通志初集二百五十卷目錄二卷　（清）鄂
爾泰等纂　清乾隆四年(1739)武英殿刻本
八十冊

210000－0701－0004266　善40473

八旗通志初集二百五十卷目錄二卷　（清）鄂
爾泰等纂　清乾隆四年(1739)武英殿刻本
七十八冊

210000－0701－0004267　善40474

[乾隆]欽定盛京通志三十二卷　（清）汪由敦
等修　清乾隆武英殿刻本　十二冊

210000-0701-0004268　善40475

[乾隆]欽定盛京通志三十二卷　（清）汪由敦等修　清乾隆武英殿刻本　十二冊

210000-0701-0004269　善40476

[乾隆]欽定盛京通志三十二卷　（清）汪由敦等修　清乾隆武英殿刻本　十二冊

210000-0701-0004270　善40477

[乾隆]欽定盛京通志三十二卷　（清）汪由敦等修　清乾隆武英殿刻本　十二冊

210000-0701-0004271　善40478

[乾隆]欽定盛京通志三十二卷　（清）汪由敦等修　清乾隆武英殿刻本　十二冊

210000-0701-0004272　善40479

[乾隆]欽定盛京通志三十二卷　（清）汪由敦等修　清乾隆武英殿刻本　十二冊

210000-0701-0004273　善40480

[乾隆]欽定盛京通志三十二卷　（清）汪由敦等修　清乾隆武英殿刻本　十二冊

210000-0701-0004274　善40481

[乾隆]欽定盛京通志三十二卷　（清）汪由敦等修　清乾隆武英殿刻本　十二冊

210000-0701-0004275　善40482

[乾隆]欽定盛京通志一百三十卷首一卷　（清）阿桂　（清）劉謹之等纂修　清乾隆四十九年(1784)武英殿刻本　六十四冊

210000-0701-0004276　善40483

[乾隆]欽定盛京通志一百三十卷首一卷　（清）阿桂　（清）劉謹之等纂修　清乾隆四十九年(1784)武英殿刻本　六十冊

210000-0701-0004277　善40484

欽定外藩蒙古回部王公表傳一百二十卷首一卷　（清）國史館　（清）理藩院編　清嘉慶七年(1802)武英殿刻本　二十四冊

210000-0701-0004278　善40485

欽定四書文不分卷　（清）弘晝　（清）方苞等輯　清乾隆五年(1740)武英殿刻本　十六冊

210000-0701-0004279　善40486

欽定四書文不分卷　（清）弘晝　（清）方苞等輯　清乾隆五年(1740)武英殿刻本　二十二冊

210000-0701-0004280　善40487

欽定四庫全書簡明目錄二十卷首一卷　（清）紀昀等撰　清刻本　十二冊

210000-0701-0004281　善40488

欽定四庫全書總目二百卷首四卷　（清）紀昀等撰　清乾隆六十年(1795)浙江刻本　一百十二冊

210000-0701-0004282　善40489

欽定大清律例四十七卷　（清）劉統勳等纂　清乾隆三十三年(1768)武英殿刻本　四十冊

210000-0701-0004283　善40490

欽定大清律例四十七卷　（清）劉統勳等纂　清乾隆六年(1741)武英殿刻三十三年(1768)增刻本　十八冊

210000-0701-0004284　善40491

大清律例四十七卷　（清）阿桂　（清）赫敏等纂　清乾隆五十五年(1790)武英殿刻本　十八冊

210000-0701-0004285　善40492

大清律續纂條例總類二卷　（清）允祿　（清）四達等纂　清乾隆二十六年(1761)武英殿刻本　二冊

210000-0701-0004286　善40493

大清律續纂條例總類二卷　（清）允祿　（清）四達等纂　清乾隆二十六年(1761)武英殿刻本　二冊

210000-0701-0004287　善40494

大清律續纂條例六卷　（清）弘晝等纂　清乾隆八年(1743)武英殿刻本　六冊

210000-0701-0004288　善40495

大清律續纂條例六卷　（清）弘晝等纂　清乾隆八年(1743)武英殿刻本　六冊

210000-0701-0004289　善40496

大清律纂修條例二卷　（清）允祿　（清）四達

等纂　清乾隆二十六年(1761)武英殿刻本
二冊

210000－0701－0004290　善40497
大清律纂修條例二卷　(清)允祿　(清)四達
等纂　清乾隆二十六年(1761)武英殿刻本
二冊

210000－0701－0004291　善40498
大清律纂修條例二卷　(清)劉統勳等纂修
清乾隆三十八年(1773)武英殿刻本　二冊

210000－0701－0004292　善40499
欽定吏部則例六十六卷　(清)弘晝　(清)吳
嗣爵等纂修　清乾隆七年(1742)武英殿刻本
二十八冊

210000－0701－0004293　善40500
欽定吏部則例六十八卷　(清)傅恆　(清)蕭
普洞阿等纂修　清乾隆四十八年(1783)武英
殿刻本　二十八冊

210000－0701－0004294　善40501
欽定吏部則例六十八卷　(清)傅恆　(清)蕭
普洞阿等纂修　清乾隆四十八年(1783)武英
殿刻本　二十八冊

210000－0701－0004295　善40502
欽定八旗則例十二卷　(清)鄂爾泰等纂　清
乾隆二十九年(1764)武英殿刻三十九年
(1774)續修本　四冊

210000－0701－0004296　善40503
欽定八旗則例十二卷　(清)鄂爾泰等纂　清
乾隆二十九年(1764)武英殿刻三十九年
(1774)續修本　四冊

210000－0701－0004297　善40504
欽定八旗則例十二卷　(清)鄂爾泰等纂　清
乾隆八年(1743)武英殿刻本　四冊

210000－0701－0004298　善40505
蒙古律例十二卷　(清)刑部纂修　清乾隆武
英殿刻本　四冊

210000－0701－0004299　善40506
蒙古律例十二卷　(清)刑部纂修　清乾隆武

英殿刻本　四冊

210000－0701－0004300　善40507
硃批諭旨不分卷　(清)世宗胤禛撰　清乾隆
三年(1738)內府刻朱墨套印本　一百十二冊

210000－0701－0004301　善40508
欽定熱河志一百二十卷　(清)和珅等纂　清
乾隆四十六年(1781)武英殿刻本　四十八冊

210000－0701－0004302　善40509
欽定熱河志一百二十卷　(清)和珅等纂　清
乾隆四十六年(1781)武英殿刻本　四十八冊

210000－0701－0004303　善40510
皇朝三通五百二十六卷　(清)嵇璜等撰　清
乾隆武英殿刻本　二百七十二冊

210000－0701－0004304　善40511
通典二百卷　(唐)杜佑撰　清乾隆十二年
(1747)武英殿刻本　八百九十八冊

210000－0701－0004305　善40511
通志二百卷　(宋)鄭樵撰　清乾隆十二年
(1747)武英殿刻本　與210000－0701－
0004304、0004306至0004312合冊

210000－0701－0004306　善40511
文獻通考三百四十八卷　(元)馬端臨撰　清
乾隆十二年(1747)武英殿刻本　與210000－
0701－0004304至0004305、0004307至0004312
合冊

210000－0701－0004307　善40511
欽定續通典一百五十卷　(清)嵇璜等撰　清
乾隆武英殿刻本　與210000－0701－
0004304至0004306、0004308至0004312合冊

210000－0701－0004308　善40511
欽定續通志六百四十卷　(清)嵇璜等撰　清
乾隆武英殿刻本　與210000－0701－
0004304至0004307、0004309至0004312合冊

210000－0701－0004309　善40511
欽定續文獻通考二百五十卷　(清)嵇璜等撰
清乾隆武英殿刻本　與210000－0701－
0004304至0004308、0004310至0004312合冊

210000－0701－0004310　善40511

皇朝通典一百卷　（清）嵇璜等撰　清乾隆武英殿刻本　與210000－0701－0004304至0004309、0004311至0004312合册

210000－0701－0004311　善40511

皇朝通志一百二十六卷　（清）嵇璜等撰　清乾隆武英殿刻本　與210000－0701－0004304至0004310、0004312合册

210000－0701－0004312　善40511

皇朝文獻通考三百卷　（清）嵇璜等撰　清乾隆武英殿刻本　與210000－0701－0004304至0004311合册

210000－0701－0004313　善40512

欽定軍器則例不分卷　（清）阿桂等纂　清乾隆五十六年(1791)武英殿刻本　八册

210000－0701－0004314　善40513

欽定軍器則例不分卷　（清）阿桂等纂　清乾隆五十六年(1791)武英殿刻本　八册

210000－0701－0004315　善40514

督捕則例二卷　（清）徐本　（清）唐紹祖等纂修　清乾隆八年(1743)武英殿刻本　二册

210000－0701－0004316　善40515

督捕則例二卷　（清）徐本　（清）唐紹祖等纂修　清乾隆八年(1743)武英殿刻本　二册

210000－0701－0004317　善40516

督捕則例二卷　（清）徐本　（清）唐紹祖等纂修　清乾隆八年(1743)武英殿刻本　二册

210000－0701－0004318　善40517

欽定科場條例四卷翻譯考試條例一卷　（清）禮部纂修　清乾隆六年(1741)武英殿刻本　五册

210000－0701－0004319　善40518

欽定戶部旗務則例十二卷　（清）傅恒等纂　清乾隆三十四年(1769)武英殿刻本　四册

210000－0701－0004320　善40519

欽定戶部則例一百二十六卷首一卷　（清）于敏中等纂修　清乾隆四十六年(1781)武英殿

刻本　四十册

210000－0701－0004321　善40520

欽定戶部則例一百二十六卷首一卷　（清）于敏中等纂修　清乾隆四十六年(1781)武英殿刻本　四十册

210000－0701－0004322　善40521

欽定戶部鼓鑄則例十卷　（清）傅恒等纂修　清乾隆三十一年(1766)武英殿刻本　六册

210000－0701－0004323　善40522

欽定戶部鼓鑄則例十卷　（清）傅恒等纂修　清乾隆三十一年(1766)武英殿刻本　六册

210000－0701－0004324　善40523

欽定禮部則例一百九十四卷　（清）劉統勳等纂修　清乾隆三十八年(1773)武英殿刻本　四十三册

210000－0701－0004325　善40524

欽定禮部則例一百九十四卷　（清）劉統勳等纂修　清乾隆三十八年(1773)武英殿刻本　四十三册

210000－0701－0004326　善40525

乘輿儀仗做法二卷　（清）史貽直等纂修　清乾隆十四年(1749)武英殿刻本　二册

210000－0701－0004327　善40526

內廷工程做法八卷　（清）允禮等纂修　清乾隆元年(1736)內府刻本　四册

210000－0701－0004328　善40527

三流道里表不分卷　（清）徐本　（清）唐紹祖等纂修　清乾隆八年(1743)武英殿刻本　四册

210000－0701－0004329　善40528

欽定五軍道里表十八卷　（清）尹繼善　（清）賦泰等纂修　清乾隆三十二年(1767)武英殿刻本　六册

210000－0701－0004330　善40529

欽定五軍道里表十八卷　（清）尹繼善　（清）賦泰等纂修　清乾隆三十二年(1767)武英殿刻本　六册

210000－0701－0004331　善40530

欽定五軍道里表十八卷　（清）福隆安　（清）蔡新等纂修　清乾隆四十四年(1779)武英殿刻本　十冊

210000－0701－0004332　善40531

欽定五軍道里表十八卷　（清）福隆安　（清）蔡新等纂修　清乾隆四十四年(1779)武英殿刻本　十冊

210000－0701－0004333　善40532

三流道里表不分卷　（清）阿桂等纂修　清乾隆四十九年(1784)武英殿刻本　四冊

210000－0701－0004334　善40533

三流道里表不分卷　（清）阿桂等纂修　清乾隆四十九年(1784)武英殿刻本　四冊

210000－0701－0004335　善40534

三流道里表不分卷　（清）阿桂等纂修　清嘉慶三年(1798)刑部刻本　十九冊

210000－0701－0004336　善40535

三流道里表不分卷　（清）阿桂等纂修　清乾隆四十九年(1784)武英殿刻本　十九冊

210000－0701－0004337　善40536

佩文詩韻五卷　清內府刻本　一冊

210000－0701－0004338　善40537

佩文詩韻五卷　清內府刻本　一冊

210000－0701－0004339　善40538

佩文詩韻刪註五卷　清內府刻本　一冊

210000－0701－0004340　善40539

佩文詩韻刪註五卷　清內府刻本　一冊

210000－0701－0004341　善40540

佩文詩韻刪註五卷　清內府刻本　一冊

210000－0701－0004342　善40541

萬年書十二卷　（清）欽天監纂　清乾隆內府刻本　四冊

210000－0701－0004343　善40542

春秋胡傳三十卷　（宋）胡安國撰　清雍正國子監刻五經四書讀本本　五冊

210000－0701－0004344　善40543

明史本紀二十四卷　（清）張廷玉等修　清乾隆四十二年(1777)內府刻本　四冊

210000－0701－0004345　善40544

八旬萬壽盛典一百二十卷　（清）阿桂等纂修　清乾隆五十七年(1792)武英殿木活字印本　四十冊

210000－0701－0004346　善40545

御製文集三十卷　（清）世宗胤禛撰　**交輝園遺稿一卷**　（清）允祥撰　清乾隆三年(1738)內府刻本　十七冊

210000－0701－0004347　善40546

御選唐宋詩醇四十七卷目錄二卷　（清）高宗弘曆選　（清）弘晝　（清）梁詩正等編　清乾隆十六年(1751)武英殿刻四色套印本　十五冊　存二十卷(一至六、八、十一至十九、二十二至二十三,目錄二卷)

210000－0701－0004348　善40547

欽定詩經樂譜全書三十卷樂律正俗一卷　（清）永瑢等撰　清乾隆五十三年(1788)武英殿木活字印武英殿聚珍版書本　二十一冊

210000－0701－0004349　善40548

欽定軍衛道里表十八卷　（清）鄂爾泰等纂修　清乾隆八年(1743)武英殿刻本　六冊

210000－0701－0004350　善40549

欽定軍衛道里表十八卷　（清）鄂爾泰等纂修　清刻本　六冊

210000－0701－0004351　善40550

九卿議定物料價值四卷續四卷　（清）邁柱等纂修　清乾隆元年(1736)工部刻本　八冊

210000－0701－0004352　善40551

對數廣運一卷　清康熙內府刻本　一冊

210000－0701－0004353　善40552

五子近思錄輯要十四卷　（明）錢士升輯　（清）孫嘉淦訂　清國子監刻本　二冊

210000－0701－0004354　善40553

尚書十三卷　（漢）孔安國傳　（唐）陸德明音

義　清乾隆四十八年(1783)武英殿刻仿宋相
臺岳氏五經本　五冊

210000－0701－0004355　善40554

欽定篆文六經四書六十三卷　(清)李光地等
纂　清康熙內府刻本　十六冊

210000－0701－0004356　善40555

九卿議定物料價值四卷續四卷　(清)邁柱等
纂修　清乾隆元年(1736)工部刻本　六冊
存六卷(二至四,續一至二、四)

210000－0701－0004357　善40556

十三經注疏三百四十八卷　清乾隆四年至十
二年(1739－1747)武英殿刻本　一百十五冊

210000－0701－0004358　善40557

十三經注疏三百四十八卷　清乾隆四年至十
二年(1739－1747)武英殿刻本　一百十五冊

210000－0701－0004359　善40558

御纂七經二百九十四卷　清康熙至乾隆內府
刻本　二百六十四冊

210000－0701－0004360　善40559

欽定蒙古源流八卷　(清)小徹辰薩囊台吉撰
清乾隆四十二年(1777)武英殿刻本　八冊

210000－0701－0004361　善40560

欽定蒙古源流八卷　(清)小徹辰薩囊台吉撰
清乾隆四十二年(1777)武英殿刻本　八冊

210000－0701－0004362　善40561

欽定外藩蒙古回部王公表傳一百二十卷首一
卷　(清)國史館　(清)理藩院編　清嘉慶七
年(1802)內府刻本　二十四冊

210000－0701－0004363　善40562

帝範四卷　(唐)太宗李世民撰　清乾隆三十
八年(1773)武英殿木活字印武英殿聚珍版書
本　一冊

210000－0701－0004364　善40563

欽定文廟樂譜一卷鄉飲酒禮御製補笙詩樂譜
二卷　(清)樂部撰　清乾隆武英殿木活字朱
墨套印本　三冊

210000－0701－0004365　善40564

欽定文廟樂譜一卷鄉飲酒禮御製補笙詩樂譜
二卷　(清)樂部撰　清乾隆武英殿木活字朱
墨套印本　三冊

210000－0701－0004366　善40565

御製詠左傳詩二卷　(清)高宗弘曆撰　清乾
隆內府刻本　二冊

210000－0701－0004367　善40566

御製律呂正義後編一百二十卷　(清)允祿
(清)張照等撰　清乾隆十一年(1746)武英殿
刻本　四十八冊　存一百六卷(一至四十六、
五十一至七十七、八十一至一百十一、一百十
九至一百二十)

210000－0701－0004368　善40567

子史精華一百六十卷　(清)允祿　(清)吳襄
等纂　清雍正五年(1727)內府刻本　三十二
冊　存二十三卷(一百三十八至一百六十)

210000－0701－0004369　善40568

四書集註十九卷　(宋)朱熹撰　清內府刻本
六冊

210000－0701－0004370　善40569

御定駢字類編二百四十卷　(清)沈宗敬等纂
清雍正六年(1728)武英殿刻本　一百二
十冊

210000－0701－0004371　善40570

欽定吏部則例六十八卷　(清)保寧　(清)吉
綸等纂　清乾隆六十年(1795)武英殿木活字
印本　四十八冊

210000－0701－0004372　善40571

御定淵鑑類函四百五十卷目錄四卷　(清)張
英等纂　清乾隆十三年(1748)武英殿刻古香
齋袖珍十種本　一百八十冊

210000－0701－0004373　善40572

御選古文淵鑒六十四卷　(清)徐乾學等編
清乾隆十三年(1748)武英殿刻古香齋袖珍十
種本　三十冊

210000－0701－0004374　善40573

初學記三十卷　(唐)徐堅等撰　清乾隆十三

年(1748)武英殿刻古香齋袖珍十種本　十二冊

210000－0701－0004375　善40574
施註蘇詩四十二卷續補遺二卷目錄二卷
(宋)蘇軾撰　(宋)施元之注　清乾隆十三年(1748)武英殿刻古香齋袖珍十種本　二十冊

210000－0701－0004376　善40575
欽定古香齋袖珍十種九百三卷　清乾隆十三年(1748)內府刻本　三百五十冊

210000－0701－0004377　善40576
尚書不分卷　(□)□□注　清乾隆武英殿刻古香齋袖珍十種本　二冊

210000－0701－0004378　善40577
五經四書十七卷　(清)□□編　清乾隆武英殿刻古香齋袖珍十種本　十冊

210000－0701－0004379　善40578
欽定古香齋袖珍十種九百三卷　清乾隆十三年(1748)內府刻本　四百二十四冊　缺七十五卷(史記缺八卷、初學記缺十一卷、淵鑑類函缺三十六卷、通鑑綱目三編缺二十卷)

210000－0701－0004380　善40579
欽定古香齋袖珍十種九百三卷　清乾隆十三年(1748)內府刻本　三百四十二冊　缺一種八卷(五經八卷)

210000－0701－0004381　善40580
欽定古今圖書集成一萬卷目錄四十卷　(清)蔣廷錫　(清)陳夢雷等輯　清雍正四年(1726)內府銅活字印本　五千二十冊

210000－0701－0004382　善40581
武英殿聚珍版書初刻四種　清乾隆三十八年(1773)武英殿刻本　七冊

210000－0701－0004383　善40582
武英殿聚珍版書一百三十八種二千四百十六卷　清乾隆武英殿刻本、木活字印本　一千二百二十六冊　缺二種(三國志辨誤、悅心集)

210000－0701－0004384　善40583

大事記十二卷通釋三卷解題十二卷　(宋)呂祖謙撰　清嘉慶武英殿木活字印本　十六冊

210000－0701－0004385　善40583
欽定平苗紀略五十二卷首四卷　(清)鄂輝等纂　清嘉慶武英殿木活字印本　二十四冊　存五十二卷(紀略五十二卷)

210000－0701－0004386　善40583
畿輔安瀾志五十六卷　(清)王履泰纂　清嘉慶十三年(1808)武英殿木活字印本　三十六冊

210000－0701－0004387　善40583
續琉球國志略五卷首一卷　(清)齊鯤　(清)費錫章撰　清嘉慶武英殿木活字印本　六冊

210000－0701－0004388　善40583
欽定吏部則例六十八卷　(清)保寧　(清)吉綸等纂　清乾隆六十年(1795)武英殿木活字印本　四十八冊

210000－0701－0004389　善40583
八旬萬壽盛典一百二十卷首一卷　(清)阿桂等纂　清乾隆五十七年(1792)武英殿木活字印本　四十冊

210000－0701－0004390　善40583
西巡盛典二十四卷首一卷　(清)董誥等纂　清嘉慶十七年(1812)武英殿木活字印本　二十四冊

210000－0701－0004391　善40583
千叟宴詩三十四卷首二卷　(清)高宗弘曆等撰　清嘉慶元年(1796)武英殿木活字印本　三十六冊

210000－0701－0004392　善40584
欽定八旗通志二百四十二卷首十二卷目錄二卷　清嘉慶四年(1799)內府刻本　二百九十五冊

210000－0701－0004393　善40585
味餘書室全集定本四十卷目錄四卷隨筆二卷　(清)仁宗顒琰撰　清嘉慶五年(1800)武英殿刻本　三十二冊

210000－0701－0004394　善40586

味餘書室全集定本四十卷目錄四卷隨筆二卷
（清）仁宗顒琰撰　清嘉慶五年(1800)武英殿刻本　三十二冊

210000－0701－0004395　善40587

味餘書室全集定本四十卷目錄四卷隨筆二卷
（清）仁宗顒琰撰　清嘉慶五年(1800)武英殿刻本　三十二冊

210000－0701－0004396　善40588

味餘書室隨筆二卷　（清）仁宗顒琰撰　（清）黃鉞校　清嘉慶五年(1800)內府刻本　二冊

210000－0701－0004397　善40589

味餘書室隨筆二卷　（清）仁宗顒琰撰　（清）阮元注　清嘉慶十二年(1807)內府刻本　四冊

210000－0701－0004398　善40590

欽定授時通考七十八卷　（清）鄂爾泰等撰　清乾隆七年(1742)內府刻嘉慶十三年(1808)補刻本　二十四冊

210000－0701－0004399　善40591

皇朝詞林典故六十四卷　（清）朱珪等撰　清嘉慶十年(1805)武英殿刻本　三十四冊

210000－0701－0004400　善40592

皇朝詞林典故六十四卷　（清）朱珪等撰　清嘉慶十年(1805)武英殿刻本　三十四冊

210000－0701－0004401　善40593

欽定熙朝雅頌集一百六卷首集二十六卷餘集二卷首一卷目錄一卷　（清）鐵保等輯　清嘉慶九年(1804)阮元刻武英殿印本　二十四冊

210000－0701－0004402　善40594

欽定熙朝雅頌集一百六卷首集二十六卷餘集二卷首一卷目錄一卷　（清）鐵保等輯　清嘉慶九年(1804)阮元刻武英殿印本　二十四冊

210000－0701－0004403　善40595

御製全韻詩五卷　（清）仁宗顒琰撰　清嘉慶內府刻本　四冊

210000－0701－0004404　善40596

御製全韻詩五卷　（清）仁宗顒琰撰　清嘉慶內府刻本　四冊

210000－0701－0004405　善40597

欽定授衣廣訓二卷　（清）董誥等纂修　清嘉慶十三年(1808)內府刻本　二冊

210000－0701－0004406　善40598

欽定授衣廣訓二卷　（清）董誥等纂修　清嘉慶十三年(1808)內府刻本　二冊

210000－0701－0004407　善40599

欽定明鑑二十四卷首一卷　（清）托津　（清）胡敬等纂修　清嘉慶二十三年(1818)揚州詩局刻本　二十四冊

210000－0701－0004408　善40600

欽定明鑑二十四卷首一卷　（清）托津　（清）胡敬等纂修　清嘉慶二十三年(1818)揚州詩局刻本　二十四冊

210000－0701－0004409　善40601

昭代蕭韶二十卷首一卷　（清）王廷章　（清）范聞賢撰　清嘉慶十八年(1813)內府刻朱墨套印本　三十六冊

210000－0701－0004410　善40602

平定兩金川方略一百三十六卷紀略一卷藝文八卷首八卷　（清）舒赫德　（清）阿桂纂修　清嘉慶五年(1800)內府刻本　六十四冊

210000－0701－0004411　善40603

平定兩金川方略一百三十六卷紀略一卷藝文八卷首八卷　（清）舒赫德　（清）阿桂纂修　清嘉慶五年(1800)內府刻本　六十四冊

210000－0701－0004412　善40604

欽定辛酉工賑紀事三十八卷首二卷　（清）慶桂等編　清嘉慶七年(1802)內府刻本　二十冊

210000－0701－0004413　善40605

欽定辛酉工賑紀事三十八卷首二卷　（清）慶桂等編　清嘉慶七年(1802)內府刻本　二十冊

210000－0701－0004414　善40606

大清律例四十七卷首一卷 （清）董誥 （清）
台福等纂修 清嘉慶七年(1802)武英殿刻本
二十二冊

210000－0701－0004415 善40607

畿輔安瀾志五十六卷 （清）王履泰纂修 清
嘉慶十三年(1808)武英殿木活字印本 三十
六冊

210000－0701－0004416 善40608

畿輔安瀾志五十六卷 （清）王履泰纂修 清
嘉慶十三年(1808)武英殿木活字印本 六十
冊 缺一卷(薊運河下)

210000－0701－0004417 善40609

欽定剿平三省邪匪方略正編三百五十二卷續
編三十六卷附編十二卷首九卷表文一卷
（清）慶桂等纂修 清嘉慶十五年(1810)武英
殿刻本 四百十一冊

210000－0701－0004418 善40610

欽定剿平三省邪匪方略正編三百五十二卷續
編三十六卷附編十二卷首九卷表文一卷
（清）慶桂等纂修 清嘉慶十五年(1810)武英
殿刻本 四百十一冊

210000－0701－0004419 善40611

欽定大清會典八十卷附事例九百二十卷目錄
八卷圖一百三十二卷目錄二卷 （清）托津等
纂修 清嘉慶二十三年(1818)武英殿刻本
四百五十二冊

210000－0701－0004420 善40612

欽定大清會典八十卷附事例九百二十卷目錄
八卷圖一百三十二卷目錄二卷 （清）托津等
纂修 清嘉慶二十三年(1818)武英殿刻本
四百五十二冊

210000－0701－0004421 善40613

欽定平定教匪紀略四十二卷首一卷 （清）托
津等纂修 清嘉慶武英殿刻本 二十四冊

210000－0701－0004422 善40614

欽定八旗通志二百四十二卷首十二卷目錄二
卷 清嘉慶四年(1799)武英殿刻本 二百九
十五冊

210000－0701－0004423 善40615

欽定八旗通志二百四十二卷首十二卷目錄二
卷 清嘉慶四年(1799)武英殿刻本 二百九
十冊

210000－0701－0004424 善40616

西巡盛典二十四卷首一卷 （清）董誥等纂修
清嘉慶十七年(1812)武英殿木活字印本
二十四冊

210000－0701－0004425 善40617

欽定宗室王公功績表傳十二卷首一卷 （清）
阿桂等纂修 清嘉慶十九年(1814)內府刻本
六冊

210000－0701－0004426 善40618

欽定宗室王公功績表傳十二卷首一卷 （清）
阿桂等纂修 清嘉慶十九年(1814)內府刻本
六冊

210000－0701－0004427 善40619

欽定續纂外藩蒙古回部王公表十二卷傳十二
卷 （清）慶桂等纂修 清嘉慶內府刻本 二
十四冊

210000－0701－0004428 善40620

欽定續纂外藩蒙古回部王公表十二卷 （清）
慶桂等纂修 清嘉慶內府刻本 十二冊

210000－0701－0004429 善40621

欽定平苗紀略五十二卷首四卷 （清）鄂輝等
纂修 清嘉慶武英殿木活字印本 二十四冊

210000－0701－0004430 善40622

大清律例四十七卷首一卷 （清）董誥 （清）
台福等纂修 清嘉慶七年(1802)武英殿刻本
二十二冊

210000－0701－0004431 善40623

續琉球國志略五卷首一卷 （清）齊鯤 （清）
費錫章撰 清嘉慶武英殿木活字印本 六冊

210000－0701－0004432 善40624

欽定續纂外藩蒙古回部王公傳十二卷 （清）
慶桂等撰 清嘉慶內府刻本 十二冊

210000－0701－0004433 善40625

欽定吏部處分則例四十七卷首一卷 （清）慶桂等撰　清嘉慶武英殿刻本　二十冊

210000－0701－0004434　善40626

御纂歷代三元甲子編年一卷御定萬年書一卷 （清）欽天監編　清嘉慶內府刻本　二冊

210000－0701－0004435　善40627

欽定新疆識略十二卷首一卷 （清）松筠等纂修　清道光元年(1821)武英殿刻本　十冊

210000－0701－0004436　善40628

欽定新疆識略十二卷首一卷 （清）松筠等纂修　清道光元年(1821)武英殿刻本　十冊

210000－0701－0004437　善40629

欽定兵部處分則例七十六卷 （清）伯麟等纂修　清道光三年(1823)兵部刻本　三十六冊

210000－0701－0004438　善40630

欽定大清通禮五十四卷 （清）來保等纂修　清道光四年(1824)內府刻本　十二冊

210000－0701－0004439　善40631

欽定國子監則例四十五卷 （清）汪廷珍（清）瑞慶等纂修　清道光四年(1824)國子監刻本　八冊

210000－0701－0004440　善40632

欽定兵部續纂處分則例四卷 （清）慶源（清）長齡等纂修　清道光九年(1829)兵部刻本　四冊

210000－0701－0004441　善40633

欽定中樞政考續纂四卷 （清）長齡（清）景善等纂修　清道光十二年(1832)兵部刻本　四冊

210000－0701－0004442　善40634

欽定續纂外藩蒙古回部王公表十二卷傳十二卷 （清）潘世恩等纂修　清道光十九年(1839)武英殿刻本　十二冊

210000－0701－0004443　善40635

欽定光祿寺則例一百四卷 （清）松峻（清）伊精額等纂修　清道光十九年(1839)武英殿刻本　五十三冊

210000－0701－0004444　善40636

欽定戶部漕運全書九十二卷首一卷 （清）潘世恩 （清）桂亮等纂修　清道光二十四年(1844)戶部刻本　四十六冊

210000－0701－0004445　善40637

欽定儀象考成續編三十二卷 （清）敬徵等纂修　清道光二十五年(1845)欽天監刻本　三十二冊

210000－0701－0004446　善40638

欽定吏部稽勳司則例八卷 （清）吏部纂修　清咸豐吏部刻本　四冊

210000－0701－0004447　善40639

欽定吏部稽勳司則例八卷 （清）吏部纂修　清咸豐吏部刻本　四冊

210000－0701－0004448　善40640

金吾事例十一卷目錄一卷 （清）多羅定郡王等撰　清咸豐元年(1851)步軍統領刻本　十二冊

210000－0701－0004449　善40641

大清律纂修條例不分卷　清咸豐二年(1852)武英殿刻本　一冊

210000－0701－0004450　善40642

工程做法七十四卷 （清）允禮等撰　清乾隆元年(1736)內府刻咸豐四年(1854)工部補刻本　二十冊

210000－0701－0004451　善40643

欽定續纂外藩蒙古回部王公表十二卷傳十二卷 （清）彭蘊章等纂　清咸豐武英殿刻本　二十四冊

210000－0701－0004452　善40644

戶部籌餉事例 （清）戶部纂修　清同治五年(1866)戶部刻本　四冊

210000－0701－0004453　善40645

欽定總管內務府現行則例四卷 （清）瑞常等纂修　清同治內府刻本　四冊

210000－0701－0004454　善40646

欽定宮中現行則例四卷 （清）敬事房纂修

清同治武英殿刻本　四册

210000－0701－0004455　善40647

欽定吏部則例六卷　（清）吏部纂修　清同治
內府刻本　六册

210000－0701－0004456　善40648

欽定吏部則例六卷　（清）吏部纂修　清同治
內府刻本　六册

210000－0701－0004457　善40649

清十朝聖訓九百二十二卷　（清）聖訓館輯
清乾隆四年至光緒五年（1739－1879）武英殿
刻本　九百二十二册

210000－0701－0004458　善40650

清十朝聖訓九百二十二卷　（清）聖訓館輯
清乾隆四年至光緒五年（1739－1879）武英殿
刻本　九百二十二册

210000－0701－0004459　善40651

清十朝聖訓九百二十二卷　（清）聖訓館輯
清乾隆四年至光緒五年（1739－1879）武英殿
刻本　九百二十二册

210000－0701－0004460　善40652

清十朝聖訓九百二十二卷　（清）聖訓館輯
清乾隆四年至光緒五年（1739－1879）武英殿
刻本　九百二十二册

210000－0701－0004461　善40653

仁宗睿皇帝聖訓一百十卷　（清）仁宗顒琰撰
清道光四年（1824）武英殿刻本　一百十册

210000－0701－0004462　善40654

仁宗睿皇帝聖訓一百十卷　（清）仁宗顒琰撰
清道光四年（1824）武英殿刻本　一百十册

210000－0701－0004463　善40655

清十朝聖訓九百二十二卷　（清）聖訓館輯
清乾隆四年至光緒五年（1739－1879）武英殿
刻本　九百二十二册

210000－0701－0004464　善40656

四書章句集注二十八卷　（宋）朱熹撰　清康
熙內府影元刻本　九册

210000－0701－0004465　善40657

仁宗睿皇帝聖訓一百十卷　（清）仁宗顒琰撰
清道光四年（1824）武英殿刻本　一百十册

210000－0701－0004466　善40658

欽定吏部銓選則例二十一卷　（清）錫珍
（清）陳其章等纂修　清光緒十二年（1886）吏
部刻本　十九册

210000－0701－0004467　善40659

宗室王公世職章京爵秩襲次全表十卷　（清）
牟其汶編纂　清光緒三十三年（1907）宗人府
委託潤記石印書局石印本　十册

210000－0701－0004468　善40660

宗室王公世職章京爵秩襲次全表十卷　（清）
牟其汶編撰　清光緒三十三年（1907）宗人府
委託潤記石印書局石印本　十册

210000－0701－0004469　善40661

御製文集十卷御製詩集六卷　（清）穆宗載淳
撰　清光緒武英殿刻本　八册

210000－0701－0004470　善40662

二十四史三千二百三十三卷目錄三十卷
（清）□□輯　清乾隆四年至四十九年（1739－
1784）武英殿刻本　七百二十二册

210000－0701－0004471　善40663

欽定大清會典則例一百八十卷　（清）張廷玉
等纂修　清乾隆二十九年（1764）武英殿刻本
一百册

210000－0701－0004472　善40664

高宗純皇帝聖訓三百卷　（清）高宗弘曆撰
清嘉慶十二年（1807）武英殿刻本　三百册
缺十二卷（二百四十一至二百五十二）

210000－0701－0004473　善40665

皇清文穎續編一百八卷首五十六卷目錄十卷
（清）董誥等輯　清嘉慶十五年（1810）武英
殿刻本　一百七十四册

210000－0701－0004474　善40666

皇清文穎續編一百八卷首五十六卷目錄十卷
（清）董誥等輯　清嘉慶十五年（1810）武英
殿刻本　一百七十四册

210000－0701－0004475　善40667

欽定全唐文一千卷首四卷　（清）董誥等編
清嘉慶十九年(1814)揚州詩局刻本　一千四
冊　缺十卷(六百二十一至六百三十)

210000－0701－0004476　善40668

欽定全唐文一千卷首四卷　（清）董誥等編
清嘉慶十九年(1814)揚州詩局刻本　三百十
九冊　缺三十卷(七百七十二至七百七十四、
七百九十七至八百二十三)

210000－0701－0004477　善40669

仁宗睿皇帝聖訓一百十卷　（清）仁宗顒琰撰
　清道光四年(1824)武英殿刻本　一百十冊

210000－0701－0004478　善40670

欽定平定回疆剿恓逆裔方略八十卷首六卷
（清）曹振鏞等纂修　清道光十年(1830)武英
殿刻本　八十六冊

210000－0701－0004479　善40671

欽定平定回疆剿恓逆裔方略八十卷首六卷
（清）曹振鏞等纂修　清道光十年(1830)武英
殿刻本　八十六冊

210000－0701－0004480　善40672

**御製詩初集四十八卷目錄六卷二集六十四卷
目錄八卷三集六十四卷目錄八卷餘集六卷目
錄一卷**　（清）仁宗顒琰撰　清嘉慶、道光武
英殿刻本　一百十四冊

210000－0701－0004481　善40673

仁宗御製詩初集四十八卷目錄六卷　（清）仁
宗顒琰撰　清嘉慶二十五年(1820)刻本　三
十冊

210000－0701－0004482　善40674

御製詩二集六十四卷目錄八卷　（清）仁宗顒
琰撰　清嘉慶十六年(1811)武英殿刻本　十
六冊

210000－0701－0004483　善40675

御製詩三集六十四卷目錄四卷　（清）仁宗顒
琰撰　清嘉慶二十四年(1819)武英殿刻本
四十四冊

210000－0701－0004484　善40676

御製文二卷　（清）仁宗顒琰撰　清嘉慶武英
殿刻本　二冊

210000－0701－0004485　善40677

御製文二卷　（清）仁宗顒琰撰　清嘉慶武英
殿刻本　二冊

210000－0701－0004486　善40678

御製文餘集二卷　（清）仁宗顒琰撰　清道光
武英殿刻本　二冊

210000－0701－0004487　善40679

御製文餘集二卷　（清）仁宗顒琰撰　清道光
武英殿刻本　二冊

210000－0701－0004488　善40680

養正書屋全集定本四十卷目錄四卷　（清）宣
宗旻寧撰　清道光二年(1822)武英殿刻本
二十四冊

210000－0701－0004489　善40681

欽定中樞政考七十二卷續纂四卷　（清）明亮
　（清）長齡等纂　清道光十二年(1832)內府
刻本　七十六冊

210000－0701－0004490　善40682

御製詩初集二十四卷目錄四卷　（清）宣宗旻
寧撰　清道光九年(1829)武英殿刻本　十
六冊

210000－0701－0004491　善40683

御製詩初集二十四卷目錄四卷　（清）宣宗旻
寧撰　清道光九年(1829)內府刻本　十六冊

210000－0701－0004492　善40684

御製文初集十卷　（清）宣宗旻寧撰　清道光
十一年(1831)武英殿刻本　四冊

210000－0701－0004493　善40685

御製文初集十卷　（清）宣宗旻寧撰　清道光
十一年(1831)武英殿刻本　十冊

210000－0701－0004494　善40686

御製文餘集六卷　（清）宣宗旻寧撰　清咸豐
武英殿刻本　二冊

210000－0701－0004495　善40687

御製詩餘集十二卷目錄二卷 （清）宣宗旻寧撰 清咸豐武英殿刻本 四冊

210000－0701－0004496 善40688

御製文餘集六卷詩餘集十二卷 （清）宣宗旻寧撰 清咸豐武英殿刻本 六冊

210000－0701－0004497 善40689

御製嗣統述聖詩二卷 （清）仁宗顒琰撰 清嘉慶內府刻本 二冊

210000－0701－0004498 善40690

御製巡幸盛京詩一卷 （清）宣宗旻寧撰 清道光武英殿刻本 一冊

210000－0701－0004499 善40691

御製巡幸盛京詩一卷 （清）宣宗旻寧撰 清道光武英殿刻本 一冊

210000－0701－0004500 善40692

御製巡幸盛京詩一卷 （清）宣宗旻寧撰 清道光武英殿刻本 一冊

210000－0701－0004501 善40693

御製文集二卷詩集八卷 （清）文宗奕詝撰 清同治武英殿刻本 四冊

210000－0701－0004502 善40694

御製文集十卷 （清）穆宗載淳撰 清光緒武英殿刻本 六冊

210000－0701－0004503 善40695

御製詩集六卷 （清）穆宗載淳撰 清光緒武英殿刻本 六冊

210000－0701－0004504 善40696

御定歷代紀事年表一百卷歷代三元甲子編年一卷 （清）龔士炯撰 （清）王之樞等續撰 清康熙五十一年(1712)內府刻乾隆補刻本 一百冊

210000－0701－0004505 善40697

古文約選不分卷 （清）允禮輯 清雍正十一年(1733)果親王府刻本 十八冊 存八種（西漢文約選、東漢文約選、韓文約選、柳文約選、歐文約選、小篆文約選、曾文約選、王文約選）

210000－0701－0004506 善40698

古文約選不分卷 （清）允禮輯 清雍正十一年(1733)果親王府刻本 十冊

210000－0701－0004507 善40699

欽定戶部則例九十九卷續纂則例十五卷 （清）聯英 （清）松年等纂修 清道光十一年至十八年(1831－1838)戶部刻本 三十六冊

210000－0701－0004508 善40700

欽定工部則例一百十六卷目錄四卷首一卷 （清）文煜 （清）福錕等纂修 清嘉慶十九年(1814)內府刻光緒十年(1884)內府續刻本 四十冊

210000－0701－0004509 善40701

欽定理藩院則例六十四卷通例二卷總目二卷 （清）松森 （清）福敏等纂修 清光緒理藩院刻本 三十二冊

210000－0701－0004510 善40702

欽定禮部則例二百二卷 （清）特登額 （清）長秀等纂修 清道光二十五年(1845)內府刻本 二十四冊

210000－0701－0004511 善40703

味餘書室全集定本四十卷目錄四卷隨筆二卷 （清）仁宗顒琰撰 清嘉慶五年至十二年(1800－1807)內府刻本 四十冊

210000－0701－0004512 善40704

樂善堂全集定本三十卷目錄一卷 （清）高宗弘曆撰 （清）蔣溥編 清乾隆二十四年(1759)武英殿刻本 八冊

210000－0701－0004513 善40705

養正書屋全集定本四十卷目錄四卷 （清）宣宗旻寧撰 清道光二年(1822)內府刻本 二十四冊

210000－0701－0004514 善40706

欽定宗人府則例三十一卷首一卷 （清）世鐸 （清）宜烈等纂修 清光緒十五年(1889)宗人府刻本 十冊

210000－0701－0004515 善40707

養正圖解不分卷　（明）焦竑撰　**御題養正圖詩一卷**　（清）高宗弘曆撰　**御題養正圖讚一卷**　（清）仁宗顒琰撰　清光緒二十一年（1895）武英殿刻本　六冊

210000－0701－0004516　善40708

眞西山心經一卷政經一卷　（宋）眞德秀撰　清光緒二十二年（1896）武英殿刻本　二冊

210000－0701－0004517　善40709

欽定春秋左傳讀本三十卷　（清）英和等撰　清道光二年（1822）武英殿刻本　三十冊

210000－0701－0004518　善40710

欽定春秋左傳讀本三十卷　（清）英和等撰　清道光二年（1822）武英殿刻本　三十冊

210000－0701－0004519　善40711

四書章句集註二十八卷　（宋）朱熹撰　清康熙內府刻本　十六冊

210000－0701－0004520　善40712

千叟宴詩三十四卷首二卷　（清）高宗弘曆等撰　清嘉慶元年（1796）武英殿木活字印本　三十六冊

210000－0701－0004521　善40713

皇輿表十六卷　（清）喇沙里等纂修　（清）揆敘等增修　清康熙四十三年（1704）揚州詩局刻本　二十一冊

210000－0701－0004522　善40714

春秋經傳集解三十卷　（晉）杜預撰　（唐）陸德明音義　**春秋名號歸一圖二卷**　（後蜀）馮繼先撰　**春秋年表一卷**　清乾隆四十八年（1783）武英殿刻仿宋相臺岳氏五經本　十六冊

210000－0701－0004523　善40715

御製月令七十二候詩四卷　（清）高宗弘曆撰　清乾隆武英殿刻本　四冊

210000－0701－0004524　善40716

毛詩二十卷　（漢）鄭玄箋　清乾隆四十八年（1783）武英殿刻仿宋相臺岳氏五經本　十冊

210000－0701－0004525　善40717

毛詩二十卷　（漢）鄭玄箋　清乾隆四十八年（1783）武英殿刻仿宋相臺岳氏五經本　六冊

210000－0701－0004526　善40718

禮記二十卷　（漢）鄭玄注　清乾隆四十八年（1783）武英殿刻仿宋相臺岳氏五經本　十冊

210000－0701－0004527　善40719

春秋經傳集解三十卷　（晉）杜預撰　清乾隆四十八年（1783）武英殿刻仿宋相臺岳氏五經本　二十二冊

210000－0701－0004528　善40720

日講易經解義十八卷筮儀一卷朱子圖說一卷　（清）牛鈕等撰　清康熙二十二年（1683）內府刻本　十八冊

210000－0701－0004529　善40721

日講書經解義十三卷　（清）庫勒納等撰　清康熙十九年（1680）內府刻本　七冊

210000－0701－0004530　善40722

日講禮記解義六十四卷　（清）鄂爾泰　（清）張廷玉等撰　清乾隆十四年（1749）武英殿刻本　十六冊

210000－0701－0004531　善40723

日講春秋解義六十四卷總說一卷　（清）庫勒納等撰　清乾隆二年（1737）武英殿刻本　三十二冊

210000－0701－0004532　善40724

日講四書解義二十六卷　（清）喇沙里等撰　清康熙十六年（1677）內府刻本　九冊

210000－0701－0004533　善40725

欽定平定七省方略一千一百五十卷　（清）奕訢等纂修　清光緒內府鉛印本　一千一百十三冊　缺四十三卷（欽定剿平粵匪方略二百五十一至二百八十、三百四十一至三百五十、四百十五至四百十七）

210000－0701－0004534　善40726

欽定大清會典一百卷事例一千二百二十卷圖二百七十卷　（清）崑岡等修　（清）吳樹梅等纂　清光緒二十五年（1899）總理各國事務衙

門石印本　四百九十七冊

210000－0701－0004535　善40727
欽定平定雲南回匪方略五十卷首一卷　（清）
奕訢等撰　清光緒二十二年（1896）總理各國
事務衙門鉛印本　五十一冊

210000－0701－0004536　善40728
欽定平定貴州苗匪紀略四十卷　（清）奕訢等
撰　清光緒二十二年（1896）總理各國事務衙
門鉛印本　四十冊

210000－0701－0004537　善40729
**欽定平定陝甘新疆回匪方略三百二十卷首二
卷**　（清）奕訢等撰　清光緒二十二年（1896）
總理各國事務衙門鉛印本　三百二十二冊

210000－0701－0004538　善40730
欽定剿平粵匪方略四百二十卷首二卷　（清）
奕訢等撰　清光緒總理各國事務衙門鉛印本
四百二十二冊

210000－0701－0004539　善40731
欽定剿平捻匪方略三百二十首一卷　（清）奕
訢等撰　清光緒總理各國事務衙門鉛印本
三百二十一冊

210000－0701－0004540　善40732
欽定書經圖說五十卷　（清）孫家鼐等纂
（清）詹秀林等繪　清光緒三十一年（1905）外
務部總理各國事務衙門石印本　十六冊

210000－0701－0004541　善40733
欽定書經圖說五十卷　（清）孫家鼐等纂
（清）詹秀林等繪　清光緒三十一年（1905）外
務部總理各國事務衙門石印本　十六冊

210000－0701－0004542　善40734
欽定書經圖說五十卷　（清）孫家鼐等纂
（清）詹秀林等繪　清光緒三十一年（1905）外
務部總理各國事務衙門石印本　十六冊

210000－0701－0004543　善40735
欽定書經圖說五十卷　（清）孫家鼐等纂
（清）詹秀林等繪　清光緒三十一年（1905）外
務部總理各國事務衙門石印本　十六冊

210000－0701－0004544　善40736
二十四史三千二百三十三卷目錄三十卷　清
乾隆四年至四十五年（1739－1780）武英殿刻
本　七百十八冊

210000－0701－0004545　善40737
十三經注疏三百四十八卷　清乾隆四年至十
二年（1739－1747）武英殿刻本　一百八冊
缺二十一卷（春秋左傳注疏十九至三十九）

210000－0701－0004546　善40738
欽定全唐文一千卷首四卷　（清）董誥等纂
清嘉慶二十三年（1818）揚州詩局刻本　四百
一冊

210000－0701－0004547　善40739
欽定全唐文一千卷首四卷　（清）董誥等纂
清嘉慶二十三年（1818）揚州詩局刻本　十冊
存二十卷（八百一至八百二十）

210000－0701－0004548　善40740
欽定全唐文一千卷首四卷　（清）董誥等纂
清嘉慶二十三年（1818）揚州詩局刻本　十冊
存十卷（二百二十一至二百三十）

210000－0701－0004549　善40741
舊唐書二百卷　（五代）劉昫撰　清乾隆四年
（1739）內府刻二十四史本　六十冊

210000－0701－0004550　善40742
通典二百卷　（唐）杜佑撰　清乾隆十二年
（1747）武英殿刻本　三十六冊

210000－0701－0004551　善40743
文獻通考三百四十八卷　（元）馬端臨撰　清
乾隆十二年（1747）武英殿刻本　八十八冊

210000－0701－0004552　善40744
通志二百卷　（宋）鄭樵撰　清乾隆十二年
（1747）武英殿刻本　一百十八冊

210000－0701－0004553　善40745
欽定平定七省方略一千一百五十卷　（清）奕
訢等纂　清光緒內府鉛印本　三百五十二冊

210000－0701－0004554　善40746
武英殿聚珍版書一百三十四種二千二百三十

二卷　清乾隆武英殿木活字印本　一千一百
七十六冊　缺十九種一百五十六卷(周易口
訣義六卷、易說六卷、易原八卷、郭氏傳家易
說十一卷、易象意言一卷、易學濫觴一卷、鄭
志三卷、三國志辨誤三卷、水經注四十卷、欽
定重刻淳化閣帖釋文十卷、公是先生弟子記
四卷、九章算術九卷附唐李籍音義一卷、五曹
算經五卷、唐語林八卷、老子道德經注二卷、
學易集八卷、文定集二十四卷、御選悅心集四
卷、詩倫二卷)

210000－0701－0004555　善40747
欽定中樞政考七十二卷　(清)明亮等纂　清
道光五年(1825)內府刻本　四十冊　存四十
卷(綠營四十卷)

210000－0701－0004556　善40748
十三經注疏三百四十八卷　清乾隆四年至十
二年(1739－1747)武英殿刻本　八十九冊
缺七十五卷(周易十四卷、尚書十九卷、詩經
三十一卷、爾雅十一卷)

210000－0701－0004557　善40749
周書五十卷　(唐)令狐德棻等撰　清乾隆四
年(1739)內府刻二十四史本　六冊

210000－0701－0004558　善40750
南巡盛典一百二十卷　(清)高晉等纂　清乾
隆三十六年(1771)高晉等刻進呈本　四十
八冊

210000－0701－0004559　善40751
欽定續通典一百五十卷　(清)嵇璜等撰　清
乾隆武英殿刻本　六十四冊

210000－0701－0004560　善40752
欽定續通志六百四十卷　(清)嵇璜等撰　清
乾隆武英殿刻本　一百九十二冊

210000－0701－0004561　善40753
欽定續文獻通考二百五十卷　(清)嵇璜等撰
清乾隆武英殿刻本　一百二十八冊

210000－0701－0004562　善40754
日講禮記解義六十四卷　(清)鄂爾泰　(清)
張廷玉等撰　清乾隆十四年(1749)武英殿刻

本　十六冊

210000－0701－0004563　善40755
日講書經解義十三卷　(清)庫勒納等撰　清
康熙十九年(1680)內府刻本　七冊

210000－0701－0004564　善40756
日講四書解義二十六卷　(清)喇沙里等撰
清康熙十六年(1677)武英殿刻本　九冊

210000－0701－0004565　善40757
日講易經解義十八卷筮儀一卷朱子圖說一卷
(清)牛鈕等撰　清康熙二十三年(1684)刻
本　十八冊

210000－0701－0004566　善40758
五經四書讀本七十七卷　清雍正國子監刻本
三十冊

210000－0701－0004567　善40759
御製文初集十卷二集十四卷　(清)仁宗顒琰
撰　(清)慶桂等編　清嘉慶十年至二十年
(1805－1815)內府刻本　二十冊

210000－0701－0004568　善40760
大悲心懺九卷　(□)□□撰　清乾隆十年
(1745)內府刻本　一冊

210000－0701－0004569　善40761
太上洞玄靈寶高上玉皇本行集經三卷　(清)
張照書　清乾隆二年(1737)刻本　三冊

210000－0701－0004570　善40762
太上洞玄靈寶高上玉皇本行集經三卷　(清)
張照書　清乾隆二年(1737)刻本　三冊

210000－0701－0004571　善40763
太上洞玄靈寶高上玉皇本行集經三卷　(清)
張照書　清乾隆二年(1737)刻本　三冊

210000－0701－0004572　善40764
欽定元承華事略補圖六卷　(元)王惲撰
(清)徐鄹等補圖　清光緒內府石印本　一冊

210000－0701－0004573　善40765
欽定八旗則例十二卷　(清)鄂爾泰等纂　清
乾隆八年(1743)武英殿刻本　四冊

210000－0701－0004574　善 40766
甕牖閒評八卷　（宋）袁文撰　清乾隆武英殿
木活字印武英殿聚珍版書本　四冊

210000－0701－0004575　善 40767
論語十卷　（宋）朱熹集注　清內府刻四書章
句集注本　四冊

210000－0701－0004576　善 40768
欽定元承華事略補圖六卷　（元）王惲撰
（清）徐郙等補圖　清光緒內府石印本　一冊

210000－0701－0004577　善 40769
清寧合撰二卷　（清）仁宗顒琰撰　（清）戴衢
亨等注　清嘉慶內府刻本　二冊

210000－0701－0004578　善 40770
清寧合撰二卷　（清）仁宗顒琰撰　（清）戴衢
亨等注　清嘉慶內府刻本　二冊

210000－0701－0004579　善 40771
清寧合撰二卷　（清）仁宗顒琰撰　（清）戴衢
亨等注　清嘉慶內府刻本　二冊

210000－0701－0004580　善 40772
御製全史詩四卷　（清）仁宗顒琰撰　（清）慶
桂等編　清嘉慶內府刻本　四冊

210000－0701－0004581　善 40773
欽定春秋左傳讀本三十卷　（清）英和等撰
清道光二年至三年(1822－1823)武英殿刻本
二十二冊　存二十二卷(九至三十)

210000－0701－0004582　善 40774
古文約選不分卷　（清）允禮輯　清雍正十一
年(1733)果親王府刻本　十冊

210000－0701－0004583　善 40775
唐書直筆四卷　（宋）呂夏卿撰　清乾隆武英
殿木活字印武英殿聚珍版書本　四冊

210000－0701－0004584　善 40776
御製讀尚書詩不分卷　（清）仁宗顒琰撰　清
嘉慶內府刻本　一冊

210000－0701－0004585　善 40777
乾道稿二卷　（宋）趙蕃撰　清乾隆武英殿木
活字印武英殿聚珍版書本　二冊

210000－0701－0004586　善 40778
浮溪集三十二卷　（宋）汪藻撰　清乾隆武英
殿木活字印武英殿聚珍版書本　十六冊

210000－0701－0004587　善 40779
元豐九域志十卷　（宋）王存等撰　清乾隆武
英殿木活字印武英殿聚珍版書本　六冊

210000－0701－0004588　善 40780
元朝名臣事略十五卷　（元）蘇天爵撰　清乾
隆武英殿木活字印武英殿聚珍版書本　八冊

210000－0701－0004589　善 40781
公是弟子記四卷　（宋）劉敞撰　清乾隆武英
殿木活字印武英殿聚珍版書本　二冊

210000－0701－0004590　善 40782
能改齋漫錄十八卷　（宋）吳曾撰　清乾隆武
英殿木活字印武英殿聚珍版書本　八冊

210000－0701－0004591　善 40783
吳園周易解九卷　（宋）張根撰　附錄一卷
清乾隆武英殿木活字印武英殿聚珍版書本
五冊

210000－0701－0004592　善 40784
鄭志三卷　（三國魏）鄭小同撰　清乾隆武英
殿木活字印武英殿聚珍版書本　一冊

210000－0701－0004593　善 40785
張燕公集二十五卷　（唐）張說撰　清乾隆武
英殿木活字印武英殿聚珍版書本　十冊

210000－0701－0004594　善 40786
萬壽慶典成案三卷　（清）內務府輯　清光緒
內府鉛印本　三冊

210000－0701－0004595　善 40787
簡齋集十六卷　（宋）陳與義撰　清乾隆武英
殿木活字印武英殿聚珍版書本　四冊

210000－0701－0004596　善 40788
拙軒集六卷　（金）王寂撰　清乾隆武英殿木
活字印武英殿聚珍版書本　二冊

210000－0701－0004597　善 40789
陶山集十六卷　（宋）陸佃撰　清乾隆武英殿
木活字印武英殿聚珍版書本　四冊

210000－0701－0004598　善40790

五曹算經五卷　（北周）甄鸞撰　（唐）李淳風等注　清乾隆武英殿木活字印武英殿聚珍版書本　一冊

210000－0701－0004599　善40791

尚書詳解五十卷　（宋）陳經撰　清乾隆武英殿木活字印武英殿聚珍版書本　八冊

210000－0701－0004600　善40792

浮沚集九卷　（宋）周行己撰　清乾隆武英殿木活字印武英殿聚珍版書本　三冊

210000－0701－0004601　善40793

浮溪集三十二卷　（宋）汪藻撰　清乾隆武英殿木活字印武英殿聚珍版書本　八冊

210000－0701－0004602　善40794

淳熙稿二十卷　（宋）趙蕃撰　清乾隆武英殿木活字印武英殿聚珍版書本　十二冊

210000－0701－0004603　善40795

祠部集三十五卷　（宋）強至撰　清乾隆武英殿木活字印武英殿聚珍版書本　六冊

210000－0701－0004604　善40796

蒙齋集二十卷　（宋）袁甫撰　清乾隆武英殿木活字印武英殿聚珍版書本　十冊

210000－0701－0004605　善40797

欽定武英殿聚珍版程式一卷　（清）金簡撰　清乾隆武英殿木活字印武英殿聚珍版書本　一冊

210000－0701－0004606　善40798

輶軒使者絕代語釋別國方言十三卷　（漢）揚雄撰　（晉）郭璞注　清乾隆武英殿木活字印武英殿聚珍版書本　三冊

210000－0701－0004607　善40799

涑水記聞十六卷　（宋）司馬光撰　清乾隆武英殿木活字印武英殿聚珍版書本　八冊

210000－0701－0004608　善40800

禹貢指南四卷　（宋）毛晃撰　清乾隆武英殿木活字印武英殿聚珍版書本　一冊

210000－0701－0004609　善40801

歸潛志十四卷　（元）劉祁撰　清乾隆武英殿木活字印武英殿聚珍版書本　四冊

210000－0701－0004610　善40802

日知薈說四卷　（清）高宗弘曆撰　清乾隆元年(1736)武英殿刻本　四冊

210000－0701－0004611　善40803

日知薈說四卷　（清）高宗弘曆撰　清乾隆元年(1736)武英殿刻本　四冊

210000－0701－0004612　善40804

唐語林八卷　（宋）王讜撰　清乾隆武英殿木活字印武英殿聚珍版書本　八冊

210000－0701－0004613　善40805

欽定重刻淳化閣帖十卷　（清）金簡編　（清）于敏中等排類　清乾隆武英殿木活字印武英殿聚珍版書本　四冊

210000－0701－0004614　善40806

絜齋毛詩經筵講義四卷　（宋）袁燮撰　清乾隆武英殿木活字印武英殿聚珍版書本　四冊

210000－0701－0004615　善40807

絜齋毛詩經筵講義四卷　（宋）袁燮撰　清乾隆武英殿木活字印武英殿聚珍版書本　二冊

210000－0701－0004616　善40808

文忠集十六卷　（唐）顏真卿撰　清乾隆武英殿木活字印武英殿聚珍版書本　六冊

210000－0701－0004617　善40809

張燕公集二十五卷　（唐）張說撰　清乾隆武英殿木活字印武英殿聚珍版書本　四冊

210000－0701－0004618　善40810

項氏家說十二卷　（宋）項安世撰　清乾隆武英殿木活字印武英殿聚珍版書本　一冊

210000－0701－0004619　善40811

農桑輯要七卷　（元）司農司撰　清乾隆武英殿木活字印武英殿聚珍版書本　四冊

210000－0701－0004620　善40812

春秋辨疑四卷　（宋）蕭楚撰　清乾隆武英殿木活字印武英殿聚珍版書本　四冊

210000－0701－0004621　善40813

融堂書解二十卷　（宋）錢時撰　清乾隆武英殿木活字印武英殿聚珍版書本　十二冊

210000－0701－0004622　善40814

學易集八卷　（宋）劉跂撰　清乾隆武英殿木活字印武英殿聚珍版書本　六冊

210000－0701－0004623　善40815

春秋辨疑四卷　（宋）蕭楚撰　清乾隆武英殿木活字印武英殿聚珍版書本　二冊

210000－0701－0004624　善40816

兩漢刊誤補遺十卷　（宋）吳仁傑撰　清乾隆武英殿木活字印武英殿聚珍版書本　四冊

210000－0701－0004625　善40817

明本釋三卷　（宋）劉荀撰　清乾隆武英殿木活字印武英殿聚珍版書本　三冊

210000－0701－0004626　善40818

絜齋集二十四卷　（宋）袁燮撰　清乾隆武英殿木活字印武英殿聚珍版書本　六冊

210000－0701－0004627　善40819

文子纘義十二卷　（元）杜道堅撰　清乾隆武英殿木活字印武英殿聚珍版書本　八冊

210000－0701－0004628　善40820

論語意原四卷　（宋）鄭汝諧撰　清乾隆武英殿木活字印武英殿聚珍版書本　四冊

210000－0701－0004629　善40821

西臺集二十卷　（宋）畢仲游撰　清乾隆武英殿木活字印武英殿聚珍版書本　六冊

210000－0701－0004630　善40822

意林五卷　（唐）馬總撰　清乾隆武英殿木活字印武英殿聚珍版書本　四冊

210000－0701－0004631　善40823

元憲集三十六卷　（宋）宋庠撰　清乾隆武英殿木活字印武英殿聚珍版書本　八冊

210000－0701－0004632　善40824

麟臺故事五卷　（宋）程俱撰　清乾隆武英殿木活字印武英殿聚珍版書本　三冊

210000－0701－0004633　善40825

麟臺故事五卷　（宋）程俱撰　清乾隆武英殿木活字印武英殿聚珍版書本　二冊

210000－0701－0004634　善40826

大戴禮記十三卷　（漢）戴德撰　（北周）盧辯注　清乾隆武英殿木活字印武英殿聚珍版書本　七冊

210000－0701－0004635　善40827

詩總聞二十卷　（宋）王質撰　清乾隆武英殿木活字印武英殿聚珍版書本　十二冊

210000－0701－0004636　善40828

尚書詳解二十六卷首一卷　（宋）夏僎撰　清乾隆武英殿木活字印武英殿聚珍版書本　二十四冊

210000－0701－0004637　善40829

建炎以來朝野雜記甲集二十卷乙集二十卷　（宋）李心傳撰　清乾隆武英殿木活字印武英殿聚珍版書本　十六冊

210000－0701－0004638　善40830

攻媿集一百十二卷　（宋）樓鑰撰　清乾隆武英殿木活字印武英殿聚珍版書本　二十冊

210000－0701－0004639　善40831

淨德集三十八卷　（宋）呂陶撰　清乾隆武英殿木活字印武英殿聚珍版書本　十六冊

210000－0701－0004640　善40832

雪山集十六卷　（宋）王質撰　清乾隆武英殿木活字印武英殿聚珍版書本　四冊

210000－0701－0004641　善40833

文恭集四十卷　（宋）胡宿撰　清乾隆武英殿木活字印武英殿聚珍版書本　十二冊

210000－0701－0004642　善40834

誠齋易傳二十卷　（宋）楊萬里撰　清乾隆武英殿木活字印武英殿聚珍版書本　八冊

210000－0701－0004643　善40835

五代史纂誤三卷　（宋）吳縝撰　清乾隆武英殿木活字印武英殿聚珍版書本　二冊

210000－0701－0004644　善40836

雪山集十六卷　（宋）王質撰　清乾隆武英殿木活字印武英殿聚珍版書本　四冊

210000－0701－0004645　善40837

攻媿集一百十二卷　（宋）樓鑰撰　清乾隆武英殿木活字印武英殿聚珍版書本　二十冊

210000－0701－0004646　善40838

易說六卷　（宋）司馬光撰　清乾隆武英殿木活字印武英殿聚珍版書本　六冊

210000－0701－0004647　善40839

易原八卷　（宋）程大昌撰　清乾隆武英殿木活字印武英殿聚珍版書本　四冊

210000－0701－0004648　善40840

忠肅集二十卷　（宋）劉摯撰　清乾隆武英殿木活字印武英殿聚珍版書本　十冊

210000－0701－0004649　善40841

彭城集四十卷　（宋）劉攽撰　清乾隆武英殿木活字印武英殿聚珍版書本　八冊

210000－0701－0004650　善40842

止堂集十八卷　（宋）彭龜年撰　清乾隆武英殿木活字印武英殿聚珍版書本　四冊

210000－0701－0004651　善40843

彭城集四十卷　（宋）劉攽撰　清乾隆武英殿木活字印武英殿聚珍版書本　六冊

210000－0701－0004652　善40844

儀禮集釋三十卷　（宋）李如圭撰　清乾隆武英殿木活字印武英殿聚珍版書本　十六冊

210000－0701－0004653　善40845

雲谷雜記四卷首一卷末一卷　（宋）張淏撰　清乾隆三十九年（1774）武英殿木活字印武英殿聚珍版書本　二冊

210000－0701－0004654　善40846

恥堂存稿八卷　（宋）高斯得撰　清乾隆四十四年（1779）武英殿木活字印武英殿聚珍版書本　二冊

210000－0701－0004655　善40847

吳園周易解九卷　（宋）張根撰　附錄一卷　清乾隆武英殿木活字印武英殿聚珍版書本

二冊

210000－0701－0004656　善40848

東觀漢記二十四卷　題（漢）劉珍撰　清乾隆武英殿木活字印武英殿聚珍版書本　三冊

210000－0701－0004657　善40849

鶡冠子三卷　（宋）陸佃解　清乾隆武英殿木活字印武英殿聚珍版書本　一冊

210000－0701－0004658　善40850

毘陵集十六卷　（宋）張守撰　清乾隆武英殿木活字印武英殿聚珍版書本　八冊

210000－0701－0004659　善40851

水經注四十卷首一卷　（北魏）酈道元撰　清乾隆武英殿木活字印武英殿聚珍版書本　十冊

210000－0701－0004660　善40852

直齋書錄解題二十二卷　（宋）陳振孫藏並編　清乾隆武英殿木活字印武英殿聚珍版書本　二十冊

210000－0701－0004661　善40853

春秋釋例十五卷　（晉）杜預撰　清乾隆武英殿木活字印武英殿聚珍版書本　清孔繼涵校並補輯戕殺例、世族譜輯補一卷　七冊

210000－0701－0004662　善40854

元和郡縣志四十卷　（唐）李吉甫撰　清乾隆武英殿木活字印武英殿聚珍版書本　十二冊

210000－0701－0004663　善40855

牧庵集三十六卷　（元）姚燧撰　附錄一卷　（元）劉致撰　清乾隆武英殿木活字印武英殿聚珍版書本　八冊

210000－0701－0004664　善40856

易原八卷　（宋）程大昌撰　清乾隆武英殿木活字印武英殿聚珍版書本　四冊

210000－0701－0004665　善40857

山谷詩注內集二十卷外集十七卷別集二卷　（宋）黃庭堅撰　（宋）任淵　（宋）史容　（宋）史季溫注　清乾隆武英殿木活字印武英殿聚珍版書本　八冊

210000－0701－0004666　善40858

欽定各郊壇廟樂章一卷　（清）張樂盛輯　清乾隆十九年（1754）武英殿刻本　一冊

210000－0701－0004667　善40859

八旗滿洲氏族通譜八十卷目錄二卷　（清）鄂爾泰等纂　（清）覺羅塔爾布譯　清乾隆九年（1744）武英殿刻本　二十冊

210000－0701－0004668　善40860

九章算術九卷　（晉）劉徽注　（唐）李淳風注釋　**音義一卷**　（唐）李籍撰　清乾隆武英殿木活字印武英殿聚珍版書本　四冊

210000－0701－0004669　善40861

鄭志三卷　（三國魏）鄭小同撰　清乾隆武英殿木活字印武英殿聚珍版書本　三冊

210000－0701－0004670　善40862

文恭集四十卷　（宋）胡宿撰　清乾隆武英殿木活字印武英殿聚珍版書本　二十冊

210000－0701－0004671　善40863

猗覺寮雜記二卷　（宋）朱翌撰　清乾隆武英殿木活字印武英殿聚珍版書本　四冊

210000－0701－0004672　善40864

御選明臣奏議四十卷　（清）高宗弘曆編　清乾隆武英殿木活字印武英殿聚珍版書本　十二冊

210000－0701－0004673　善40865

南澗甲乙稿二十二卷　（宋）韓元吉撰　清乾隆武英殿木活字印武英殿聚珍版書本　八冊

210000－0701－0004674　善40866

寶眞齋法書贊二十八卷　（宋）岳珂撰　清乾隆武英殿木活字印武英殿聚珍版書本　十二冊

210000－0701－0004675　善40867

柯山集五十卷　（宋）張耒撰　清乾隆武英殿木活字印武英殿聚珍版書本　十四冊

210000－0701－0004676　善40868

水經注四十卷首一卷　（北魏）酈道元撰　清乾隆武英殿木活字印武英殿聚珍版書本　二十冊

210000－0701－0004677　善40869

忠肅集二十卷　（宋）劉摯撰　清乾隆武英殿木活字印武英殿聚珍版書本　八冊

210000－0701－0004678　善40870

欽定儀象考成三十卷首二卷　（清）允祿（清）戴進賢等纂　清乾隆二十一年（1756）武英殿刻本　十二冊

210000－0701－0004679　善40871

忠肅集二十卷　（宋）劉摯撰　清乾隆武英殿木活字印武英殿聚珍版書本　四冊　存十卷（一至十）

210000－0701－0004680　善40872

禹貢說斷四卷　（宋）傅寅撰　清乾隆武英殿木活字印武英殿聚珍版書本　四冊

210000－0701－0004681　善40873

文定集二十四卷　（宋）汪應辰撰　清乾隆武英殿木活字印武英殿聚珍版書本　十二冊

210000－0701－0004682　善40874

文定集二十四卷　（宋）汪應辰撰　清乾隆武英殿木活字印武英殿聚珍版書本　六冊　存十二卷（十三至二十四）

210000－0701－0004683　善40875

御製詩餘集十二卷　（清）宣宗旻寧撰　清咸豐武英殿刻本　四冊

210000－0701－0004684　善40876

朝野類要五卷　（宋）趙升撰　清乾隆武英殿木活字印武英殿聚珍版書本　二冊

210000－0701－0004685　善40877

春秋集注四十卷　（宋）高閌撰　清乾隆武英殿木活字印武英殿聚珍版書本　二十冊

210000－0701－0004686　善40878

公是集五十四卷　（宋）劉敞撰　清乾隆武英殿木活字印武英殿聚珍版書本　十六冊

210000－0701－0004687　善40879

大悲心懺九卷　（□）□□撰　清乾隆十年（1745）內府刻本　一冊

210000－0701－0004688　善40880

大悲心懺九卷　（□）□□撰　清乾隆十年
(1745)內府刻本　一冊

210000－0701－0004689　善40881

大悲心懺九卷　（□）□□撰　清乾隆十年
(1745)內府刻本　一冊

210000－0701－0004690　善40882

大悲心懺九卷　（□）□□撰　清乾隆十年
(1745)內府刻本　一冊

210000－0701－0004691　善40883

大悲心懺九卷　（□）□□撰　清乾隆十年
(1745)內府刻本　一冊

210000－0701－0004692　善40884

大悲心懺九卷　（□）□□撰　清乾隆十年
(1745)內府刻本　一冊

210000－0701－0004693　善40885

大悲心懺九卷　（□）□□撰　清乾隆十年
(1745)內府刻本　一冊

210000－0701－0004694　善40886

大悲心懺九卷　（□）□□撰　清乾隆十年
(1745)內府刻本　一冊

210000－0701－0004695　善40887

春秋攷十六卷　（宋）葉夢得撰　清乾隆武英
殿木活字印武英殿聚珍版書本　八冊

210000－0701－0004696　善40888

春秋經解十五卷　（宋）孫覺撰　清乾隆武英
殿木活字印武英殿聚珍版書本　八冊

210000－0701－0004697　善40889

宋朝事實二十卷　（宋）李攸撰　清乾隆武英
殿木活字印武英殿聚珍版書本　六冊

210000－0701－0004698　善40890

唐會要一百卷　（宋）王溥撰　清乾隆武英殿
木活字印武英殿聚珍版書本　四十冊

210000－0701－0004699　善40891

元憲集三十六卷　（宋）宋庠撰　清乾隆武英
殿木活字印武英殿聚珍版書本　三十二冊

210000－0701－0004700　善40891

景文集六十二卷　（宋）宋祁撰　清乾隆武英
殿木活字印武英殿聚珍版書本　與210000－
0701－0004699合冊

210000－0701－0004701　善40892

西漢會要七十卷　（宋）徐天麟撰　清乾隆武
英殿木活字印武英殿聚珍版書本　十六冊

210000－0701－0004702　善40893

農書二十二卷　（元）王禎撰　清乾隆武英殿
木活字印武英殿聚珍版書本　十冊

210000－0701－0004703　善40894

御製詩餘集二十卷　（清）高宗弘曆撰　（清）
彭元瑞等編　清嘉慶五年(1800)武英殿刻本
十二冊

210000－0701－0004704　善40895

欽定日下舊聞考一百六十卷　（清）英廉等撰
清乾隆武英殿刻本　四十冊

210000－0701－0004705　善40896

御製全史詩六十四卷首二卷　（清）仁宗顒琰
撰　（清）張師誠注　清嘉慶十八年(1813)武
英殿刻本　二十四冊

210000－0701－0004706　善40897

欽定中樞政考七十二卷　（清）明亮等纂修
清道光五年(1825)兵部刻本　三十二冊　存
三十二卷(八旗三十二卷)

210000－0701－0004707　善40898

皇朝詞林典故六十四卷　（清）朱珪等撰　清
嘉慶十年(1805)武英殿刻本　二十五冊　存
五十卷(十五至六十四)

210000－0701－0004708　善40899

[乾隆]欽定盛京通志一百三十卷首一卷
（清）阿桂　（清）劉謹之等纂修　清乾隆四十
九年(1784)武英殿刻本　六十四冊

210000－0701－0004709　善40900

欽定四庫全書考證一百卷　清乾隆武英殿木
活字印武英殿聚珍版書本　四十冊　存四十
一卷(八至十一、四十八至五十六、六十一至

六十八、七十七至八十、八十五至一百)

210000 - 0701 - 0004710　善 40901

四書章句集注二十六卷　(宋)朱熹撰　清康熙內府影元刻本　二十四冊

210000 - 0701 - 0004711　善 40902

總管內務府現行規則例三卷　清末內府鉛印本　三冊

210000 - 0701 - 0004712　善 40903

南陽集六卷　(宋)趙湘撰　清乾隆武英殿木活字印武英殿聚珍版書本　二冊

210000 - 0701 - 0004713　善 40904

止堂集十八卷　(宋)彭龜年撰　清乾隆武英殿木活字印武英殿聚珍版書本　八冊

210000 - 0701 - 0004714　善 40905

五經四書讀本七十七卷　清雍正國子監刻本　三十二冊

210000 - 0701 - 0004715　善 40906

仁宗睿皇帝聖訓一百十卷　(清)仁宗顒琰撰　清道光四年(1824)內府刻本　一百十冊

210000 - 0701 - 0004716　善 40907

仁宗睿皇帝聖訓一百十卷　(清)仁宗顒琰撰　清道光四年(1824)內府刻本　一百十冊

210000 - 0701 - 0004717　善 40908

仁宗睿皇帝聖訓一百十卷　(清)仁宗顒琰撰　清道光四年(1824)內府刻本　一百十冊

210000 - 0701 - 0004718　善 40909

仁宗睿皇帝聖訓一百十卷　(清)仁宗顒琰撰　清道光四年(1824)內府刻本　一百十冊

210000 - 0701 - 0004719　善 40910

澗泉日記　(宋)韓淲撰　清乾隆武英殿木活字印武英殿聚珍版書本　三冊

210000 - 0701 - 0004720　善 40911

欽定古今圖書集成一萬卷目錄四十卷考證二十四卷　(清)陳夢雷　(清)蔣廷錫等輯　清光緒內府石印本　五千四十四冊

210000 - 0701 - 0004721　善 40912

日知薈說四卷　(清)高宗弘曆撰　清乾隆元年(1736)武英殿刻本　四冊

210000 - 0701 - 0004722　善 40913

御製全韻詩五卷　(清)高宗弘曆撰　清乾隆四十四年(1779)劉墉寫刻進呈本　五冊

210000 - 0701 - 0004723　善 40914

御製擬白居易新樂府四卷　(清)高宗弘曆撰　清乾隆四十四年(1779)王傑寫刻進呈本　四冊

210000 - 0701 - 0004724　善 40915

御製擬白居易新樂府四卷　(清)高宗弘曆撰　清乾隆徐立綱寫刻進呈本　四冊

210000 - 0701 - 0004725　善 40916

御製擬白居易新樂府四卷　(清)高宗弘曆撰　清乾隆徐立綱寫刻進呈本　四冊

210000 - 0701 - 0004726　善 40917

易經揆十四卷易學啓蒙補二卷　(清)梁錫璵撰　清乾隆刻本　十冊

210000 - 0701 - 0004727　善 40918

御製全韻詩五卷　(清)高宗弘曆撰　清乾隆于敏中寫刻本　五冊

210000 - 0701 - 0004728　善 40919

御製盛京賦一卷　(清)高宗弘曆撰　(清)鄂爾泰等注　清乾隆內府刻朱墨套印本　一冊

210000 - 0701 - 0004729　善 40920

易經揆十四卷易學啓蒙補二卷　(清)梁錫璵撰　清乾隆刻本　十冊

210000 - 0701 - 0004730　善 40921

正字攷六卷　清宣統內府刻本　六冊

210000 - 0701 - 0004731　善 40922

月令輯要二十四卷圖說一卷　(清)李光地等撰　清康熙五十五年(1716)武英殿刻本　十二冊

210000 - 0701 - 0004732　善 40923

宋書一百卷　(南朝梁)沈約撰　清乾隆四年(1739)武英殿刻二十四史本　二十四冊

210000 - 0701 - 0004733　善40924

樂善堂全集四十卷目錄四卷　（清）高宗弘曆撰　清乾隆二年(1737)內府刻本　二十四冊

210000 - 0701 - 0004734　善40925

御選宋金元明四朝詩三百二卷首二卷姓名爵里十三卷　（清）聖祖玄燁選　（清）張豫章等輯　清康熙四十八年(1709)內府刻本　二十一冊　存八十卷(宋詩七十八卷、姓名爵里二卷)

210000 - 0701 - 0004735　善40926

欽定四庫全書總目二百卷首四卷　（清）紀昀等撰　清乾隆武英殿刻本　九十六冊

210000 - 0701 - 0004736　善40927

欽定四庫全書總目二百卷首四卷　（清）紀昀等撰　清乾隆武英殿刻本　一百四十二冊　存一百九十四卷(一至一百六十四、一百七十五至二百,首四卷)

210000 - 0701 - 0004737　善40928

御纂春秋直解十二卷　（清）傅恆等撰　清乾隆二十三年(1758)內府刻本　八冊

210000 - 0701 - 0004738　善40929

御纂春秋直解十二卷　（清）傅恆等撰　清乾隆二十三年(1758)內府刻本　八冊

210000 - 0701 - 0004739　善40930

御纂詩義折中二十卷　（清）孫嘉淦等撰　清乾隆二十年(1755)內府刻本　八冊

210000 - 0701 - 0004740　善40931

欽定中樞政考七十二卷　（清）保寧　（清）明達等纂修　清嘉慶十三年(1808)兵部刻本　三十二冊　存三十二卷(八旗三十二卷)

210000 - 0701 - 0004741　善40932

千叟宴詩三十四卷首二卷　（清）高宗弘曆等撰　清嘉慶元年(1796)武英殿木活字印本　三十六冊

210000 - 0701 - 0004742　善40933

御定歷代賦彙一百四十卷目錄二卷外集二十卷逸句二卷補遺二十二卷　（清）陳元龍等編輯　清康熙四十五年(1706)揚州詩局刻陳元龍進呈本　七十三冊　缺三卷(一百十五至一百十七)

210000 - 0701 - 0004743　善50001

御纂性理精義十二卷(滿文)　（清）李光地等纂　清康熙五十六年(1717)內府刻本　八冊

210000 - 0701 - 0004744　善50002

平定金川方略二十六卷(滿文)　（清）來保等纂　清乾隆十七年(1752)武英殿刻本　二十八冊

210000 - 0701 - 0004745　善50003

大清律續纂條例二卷(滿文)　（清）允祿等纂　清乾隆二十六年(1761)武英殿刻本　二冊

210000 - 0701 - 0004746　善50004

平定兩金川方略一百三十六卷(滿文)　（清）阿桂等纂　清乾隆刻本　一百二十冊

210000 - 0701 - 0004747　善50005

欽定大清會典則例一百八十卷(滿文)　（清）允祹等纂　清乾隆二十九年(1764)武英殿刻本　一百四十冊

210000 - 0701 - 0004748　善50006

四書六卷(滿文)　（清）高宗弘曆勑譯　清乾隆六年(1741)武英殿刻本　六冊

210000 - 0701 - 0004749　善50007

日講易經解義十八卷(滿文)　（清）牛鈕等撰　清康熙二十二年(1683)內府刻本　十八冊

210000 - 0701 - 0004750　善50008

御製清文鑑二十卷總綱四卷序一卷(滿文)　清康熙四十七年(1708)內府刻本　十冊

210000 - 0701 - 0004751　善50009

蒙古源流八卷(滿文)　（清）小徹辰薩囊台吉撰　清乾隆四十二年(1777)武英殿刻本　八冊

210000 - 0701 - 0004752　善50010

御製清文鑑二十卷總綱四卷(滿蒙合璧)　（清）拉錫等編　清康熙五十六年(1717)內府刻本　三十冊

210000－0701－0004753　善50011

欽定國子監則例三十卷(滿文)　(清)蔡新
(清)達霖等纂　清乾隆三十七年(1772)武英
殿刻本　四冊

210000－0701－0004754　善50012

大清律例四十七卷(滿文)　(清)董誥
(清)台福等纂修　清乾隆五十五年(1790)武
英殿刻嘉慶七年(1802)增修本　四十冊

210000－0701－0004755　善50013

皇清開國方略三十二卷首一卷(滿文)　(清)
阿桂等纂　清乾隆五十一年(1786)武英殿刻
本　三十三冊

210000－0701－0004756　善50014

資治通鑑綱目五十九卷(滿文)　(宋)朱熹撰
(清)和素譯　前編二十五卷　(宋)金履祥
撰　(清)和素譯　續編二十七卷　(明)商輅
撰　(清)和素譯　清康熙三十年(1691)武英
殿刻本　四十八冊

210000－0701－0004757　善50015

御選古文淵鑒六十四卷(滿文)　(清)聖祖玄
燁選　(清)徐乾學編　清康熙二十四年
(1685)內府刻本　三十六冊

210000－0701－0004758　善50016

實錄內摘抄舊清語十四卷(滿文)　清乾隆武
英殿刻本　十四冊

210000－0701－0004759　善50017

大清會典二百五十卷(滿文)　(清)允祿等纂
　清雍正十年(1732)武英殿刻本　二百四十
六冊

210000－0701－0004760　善50018

欽定兵部處分則例七十六卷(滿文)　(清)伯
麟等纂　清道光四年(1824)武英殿刻本　三
十六冊

210000－0701－0004761　善50019

諭行旗務奏議十三卷(滿文)　(清)世宗胤禛
撰　(清)允祿等輯　清雍正九年(1731)刻乾
隆六年(1741)武英殿續刻本　十三冊

210000－0701－0004762　善50020

上諭八旗十三卷(滿文)　(清)允祿等輯　清
雍正九年(1731)刻乾隆六年(1741)武英殿續
刻本　十三冊

210000－0701－0004763　善50021

日講四書解義二十六卷(滿文)　(清)喇沙里
等撰　清康熙十六年(1677)內府刻本　二十
六冊

210000－0701－0004764　善50022

欽定中樞政考三十一卷(滿文)　(清)鄂爾泰
等纂　(清)文福等譯　清乾隆八年(1743)武
英殿刻本　十八冊

210000－0701－0004765　善50023

欽定中樞政考三十一卷(滿文)　(清)保寧纂
　清嘉慶八年(1803)武英殿刻本　三十二冊

210000－0701－0004766　善50024

欽定八旗則例十二卷(滿文)　(清)鄂爾泰等
纂　清乾隆二十九年(1764)武英殿刻三十九
年(1774)續刻本　四冊

210000－0701－0004767　善50025

欽定八旗則例十二卷(滿文)　(清)鄂爾泰等
纂　清乾隆二十九年(1764)武英殿刻三十九
年(1774)續刻本　四冊

210000－0701－0004768　善50026

欽定戶部旗務則例十二卷(滿文)　(清)傅恒
等纂　清乾隆三十四年(1769)武英殿刻本
四冊

210000－0701－0004769　善50027

親征平定朔漠方略四十八卷(滿文)　(清)溫
達等纂修　清康熙四十八年(1709)內府刻本
　五十冊

210000－0701－0004770　善50028

平定準噶爾方略前編五十四卷正編八十五卷
續編三十二卷(滿文)　(清)傅恒等纂　清乾
隆三十五年(1770)武英殿刻本　九十九冊

210000－0701－0004771　善50029

督捕則例二卷(滿文)　(清)徐本等纂

（清）明德等譯　清乾隆八年(1743)武英殿刻
本　二冊

210000－0701－0004772　善50030
大清光緒元年歲次乙亥時憲書不分卷（滿文）
（清）欽天監編　清光緒內府刻本　一冊

210000－0701－0004773　善50030
大清光緒十二年歲次丙戌時憲書不分卷（滿
文）（清）欽天監編　清光緒內府刻本
一冊

210000－0701－0004774　善50030
大清光緒十三年歲次丁亥時憲書不分卷（滿
文）（清）欽天監編　清光緒內府刻本
一冊

210000－0701－0004775　善50030
大清光緒十四年歲次戊子時憲書不分卷（滿
文）（清）欽天監編　清光緒內府刻本
一冊

210000－0701－0004776　善50030
大清光緒十五年歲次己丑時憲書不分卷（滿
文）（清）欽天監編　清光緒內府刻本
一冊

210000－0701－0004777　善50030
大清光緒十六年歲次庚寅時憲書不分卷（滿
文）（清）欽天監編　清光緒內府刻本
一冊

210000－0701－0004778　善50030
大清光緒二十二年歲次丙申時憲書不分卷
（滿文）（清）欽天監編　清光緒內府刻本
一冊

210000－0701－0004779　善50030
大清光緒二十三年歲次丁酉時憲書不分卷
（滿文）（清）欽天監編　清光緒內府刻本
一冊

210000－0701－0004780　善50030
大清光緒二十八年歲次壬寅時憲書不分卷
（滿文）（清）欽天監編　清光緒內府刻本
一冊

210000－0701－0004781　善50030
大清光緒二十九年歲次癸卯時憲書不分卷
（滿文）（清）欽天監編　清光緒內府刻本
一冊

210000－0701－0004782　善50030
大清光緒三十二年歲次丙午時憲書不分卷
（滿文）（清）欽天監編　清光緒內府刻本
一冊

210000－0701－0004783　善50030
大清光緒三十三年歲次丁未時憲書不分卷
（滿文）（清）欽天監編　清光緒內府刻本
一冊

210000－0701－0004784　善50030
大清宣統四年歲次壬子時憲書不分卷（滿文）
（清）欽天監編　清宣統內府刻本　一冊

210000－0701－0004785　善50031
大清宣統二年歲次庚戌時憲書不分卷（滿文）
（清）欽天監編　清宣統內府刻本　一冊

210000－0701－0004786　善50031
大清宣統三年歲次辛亥時憲書不分卷（滿文）
（清）欽天監編　清宣統內府刻本　一冊

210000－0701－0004787　善50032
大清同治十三年歲次甲戌時憲書不分卷（滿
文）（清）欽天監編　清同治十二年(1873)
內府刻本　一冊

210000－0701－0004788　善50033
大清咸豐八年歲次戊午時憲書不分卷（滿文）
（清）欽天監編　清咸豐七年(1857)內府刻
本　一冊

210000－0701－0004789　善50034
大清咸豐十一年歲次辛酉時憲書不分卷（滿
文）（清）欽天監編　清咸豐十年(1860)內
府刻本　一冊

210000－0701－0004790　善50035
大清咸豐十一年歲次辛酉時憲書不分卷（滿
文）（清）欽天監編　清咸豐十年(1860)內
府刻本　一冊

210000－0701－0004791　善50036
大清咸豐十一年歲次辛酉時憲書不分卷(滿文)　(清)欽天監編　清咸豐十年(1860)內府刻本　一冊

210000－0701－0004792　善50037
聖祖仁皇帝聖訓六十卷(滿文)　(清)聖祖玄燁撰　清乾隆六年(1741)內府刻本　六十冊

210000－0701－0004793　善50038
八旗滿洲氏族通譜八十卷(滿文)　(清)鄂爾泰等撰　(清)覺羅塔爾布譯　清乾隆九年(1744)武英殿刻本　二十六冊

210000－0701－0004794　善50039
御製增訂清文鑑三十二卷總綱八卷補編四卷補編總綱二卷(滿漢合璧)　(清)傅恒等纂　清乾隆三十六年(1771)內府刻本　四十七冊

210000－0701－0004795　善50040
御製增訂清文鑑三十二卷總綱八卷補編四卷補編總綱二卷續入新語一卷(滿漢合璧)　(清)傅恒等纂　清刻本　四十九冊

210000－0701－0004796　善50041
小學集註六卷(滿文)　(宋)朱熹撰　(明)陳選注　(清)古巴岱譯　清雍正五年(1727)內府刻本　四冊

210000－0701－0004797　善50042
詩經二十卷(滿文)　清順治十一年(1654)刻本　十冊

210000－0701－0004798　善50043
世宗憲皇帝聖訓三十六卷(滿文)　(清)世宗胤禛撰　清乾隆五年(1740)內府刻本　三十五冊

210000－0701－0004799　善50044
清三朝聖訓十六卷(滿文)　(清)聖訓館輯　清乾隆四年(1739)內府刻本　十六冊

210000－0701－0004800　善50045
清三朝聖訓十六卷(滿文)　(清)聖訓館輯　清乾隆四年(1739)內府刻本　十六冊

210000－0701－0004801　善50046

清三朝聖訓十六卷(滿文)　(清)聖訓館輯　清乾隆四年(1739)內府刻本　十六冊

210000－0701－0004802　善50047
清三朝聖訓十六卷(滿文)　(清)聖訓館輯　清乾隆四年(1739)內府刻本　十六冊

210000－0701－0004803　善50048
清三朝聖訓十六卷(滿文)　(清)聖訓館輯　清乾隆四年(1739)內府刻本　十六冊

210000－0701－0004804　善50049
清三朝聖訓十六卷(滿文)　(清)聖訓館輯　清乾隆四年(1739)內府刻本　十六冊

210000－0701－0004805　善50050
清三朝聖訓十六卷(滿文)　(清)聖訓館輯　清乾隆四年(1739)內府刻本　十六冊

210000－0701－0004806　善50051
清三朝聖訓十六卷(滿文)　(清)聖訓館輯　清乾隆四年(1739)內府刻本　十六冊

210000－0701－0004807　善50052
清三朝聖訓十六卷(滿文)　(清)聖訓館輯　清乾隆四年(1739)內府刻本　十六冊

210000－0701－0004808　善50053
內則衍義十六卷(滿文)　(清)世祖福臨撰　清雍正內府刻本　八冊

210000－0701－0004809　善50054
行營儀注一卷(滿文)　清嘉慶內府刻本　一冊

210000－0701－0004810　善50055
聖祖仁皇帝庭訓格言二卷(滿文)　(清)聖祖玄燁撰　(清)世宗胤禛編　清雍正八年(1730)內府刻本　二冊

210000－0701－0004811　善50056
御製朋黨論一卷(滿文)　(清)世宗胤禛撰　清雍正二年(1724)內府刻本　一冊

210000－0701－0004812　善50057
督捕則例二卷(滿文)　(清)徐本等纂　(清)明德等譯　清乾隆八年(1743)內府刻本　二冊

210000 – 0701 – 0004813　善50058

欽定滿洲祭神祭天典禮六卷(滿文)　(清)允祿等纂　清乾隆十二年(1747)武英殿刻本　六冊

210000 – 0701 – 0004814　善50059

欽定滿洲祭神祭天典禮六卷(滿文)　(清)允祿等纂　清乾隆十二年(1747)武英殿刻本　六冊

210000 – 0701 – 0004815　善50060

八旗通志初集二百五十卷(滿文)　(清)鄂爾泰等纂　清乾隆四年(1739)武英殿刻本　一百三十三冊

210000 – 0701 – 0004816　善50061

欽定遼金元三史國語解四十六卷(滿漢合璧)　清乾隆四十六年(1781)內府刻本　十九冊

210000 – 0701 – 0004817　善50062

欽定遼金元三史國語解四十六卷(滿漢合璧)　清乾隆四十六年(1781)內府刻本　十九冊

210000 – 0701 – 0004818　善50063

聖諭廣訓一卷(滿文)　(清)聖祖玄燁撰　(清)世宗胤禛釋　清雍正二年(1724)內府刻本　一冊

210000 – 0701 – 0004819　善50064

聖諭廣訓一卷(滿文)　(清)聖祖玄燁撰　(清)世宗胤禛釋　清雍正二年(1724)內府刻本　一冊

210000 – 0701 – 0004820　善50065

欽定清漢對音字式一卷(滿漢合璧)　清乾隆三十七年(1772)武英殿刻本　一冊

210000 – 0701 – 0004821　善50066

欽定清漢對音字式一卷(滿漢合璧)　清乾隆三十七年(1772)武英殿刻本　一冊

210000 – 0701 – 0004822　善50067

御製盛京賦一卷(滿文)　(清)高宗弘曆撰　(清)鄂爾泰等輯注　清乾隆八年(1743)武英殿刻本　一冊

210000 – 0701 – 0004823　善50068

孝經集注一卷(滿文)　(清)世宗胤禛撰　清雍正五年(1727)內府刻本　一冊

210000 – 0701 – 0004824　善50069

御製勸善要言一卷(滿文)　(清)世祖福臨撰　清順治十二年(1655)內府刻本　一冊

210000 – 0701 – 0004825　善50070

書經六卷(滿漢合璧)　(宋)蔡沈集傳　清乾隆二十五年(1760)武英殿刻本　四冊

210000 – 0701 – 0004826　善50071

大清嘉慶七年歲次壬戌時憲書一卷(滿文)　(清)欽天監編　清嘉慶六年(1801)內府刻本　一冊

210000 – 0701 – 0004827　善50072

太祖皇帝大破明師於薩爾滸之戰書事文一卷(滿漢合璧)　(清)高宗弘曆撰　清嘉慶內府刻本　一冊

210000 – 0701 – 0004828　善50073

太祖皇帝大破明師於薩爾滸之戰書事文一卷(滿漢合璧)　(清)高宗弘曆撰　清嘉慶內府刻本　一冊

210000 – 0701 – 0004829　善50074

太宗皇帝大破明師於松山之戰書事文一卷(滿漢合璧)　(清)仁宗顒琰撰　清嘉慶內府刻本　一冊

210000 – 0701 – 0004830　善50075

太宗皇帝大破明師於松山之戰書事文一卷(滿漢合璧)　(清)仁宗顒琰撰　清嘉慶內府刻本　一冊

210000 – 0701 – 0004831　善50076

御製人臣儆心錄一卷(滿文)　(清)世祖福臨撰　清順治十二年(1655)內府刻本　一冊

210000 – 0701 – 0004832　善50077

御製盛京賦三十二卷(滿文)　(清)高宗弘曆撰　(清)傅恒等篆字　清乾隆十三年(1748)武英殿刻本　二十五冊　漢文全缺,滿文缺七卷(玉筋篆、奇字篆、垂雲篆、芝英篆、鳥跡篆、鸞鳳篆、龍爪篆)

210000－0701－0004833　善50079

滿蒙漢三文合璧教科書十卷(滿蒙漢合璧)
(清)蔣維喬　(清)莊俞編　(清)榮德譯
清宣統元年(1909)蒙務局石印本　十冊

210000－0701－0004834　善50080

御纂性理精義十二卷(滿文) (清)李光地等
纂　清康熙五十六年(1717)內府刻本　八冊

210000－0701－0004835　善50081

御製人臣儆心錄不分卷(滿文) (清)世祖福
臨撰　清順治十二年(1655)內府刻本　一冊

210000－0701－0004836　善50082

六部成語六卷(滿漢合璧) (清)□□編　清
乾隆六十年(1795)文盛堂刻本　六冊

210000－0701－0004837　善50083

三合語錄不分卷(滿蒙漢合璧) (清)智信
(清)巴赫　(清)德勒克撰　(清)富俊校
清道光二十六年(1846)炳蔚堂刻本　六冊

210000－0701－0004838　善50084

清文典要四卷(滿漢合璧) 題(清)秋芳堂主
人輯　清光緒四年(1878)刻本　四冊

210000－0701－0004839　善50085

薛文清公要語二卷(滿漢合璧) (明)薛瑄撰
(明)谷中虛輯　清康熙五十三年(1714)鄭
洛刻本　二冊

210000－0701－0004840　善50086

三國演義二十四卷(滿文) (明)羅貫中撰
(清)祁充格等譯　清順治七年(1650)內府刻
本　二十四冊

210000－0701－0004841　善50087

擇繙聊齋志異二十四卷(滿漢合璧) (清)蒲
松齡撰　(清)扎克丹譯　清道光二十八年
(1848)刻本　二十四冊

210000－0701－0004842　善50088

三國志二十四卷(滿漢合璧) (明)羅貫中撰
清康熙刻本　四十八冊

210000－0701－0004843　善50089

御製增訂清文鑑三十二卷總綱八卷補編四卷

補編總綱二卷(滿漢合璧) (清)傅恒等纂
清乾隆三十六年(1771)內府刻本　三十一冊

210000－0701－0004844　善50090

滿漢西廂記四卷(滿漢合璧) (元)王實甫撰
清康熙四十九年(1710)刻本　四冊

210000－0701－0004845　善50091

小學集註六卷(滿文) (宋)朱熹撰　(明)
陳選注　(清)古巴岱譯　清雍正五年(1727)
內府刻本　四冊

210000－0701－0004846　善50092

范忠貞公文集四卷(滿文) (清)范承謨撰
清康熙四十七年(1708)內府刻本　四冊

210000－0701－0004847　善50093

滿漢類書三十二卷(滿漢合璧) (清)桑額編
清康熙四十五年(1706)天繪閣書坊刻本
十六冊

210000－0701－0004848　善50094

分類字彙不分卷(滿漢合璧) (清)范承謨撰
清乾隆刻本　四冊

210000－0701－0004849　善50095

百二老人語錄八卷(滿漢合璧) (清)松筠輯
(清)富俊譯　清抄本　八冊

210000－0701－0004850　善50096

御製盛京賦不分卷(滿文) (清)高宗弘曆撰
(清)鄂爾泰等輯注　清乾隆八年(1743)武
英殿刻本　二冊

210000－0701－0004851　善50097

御製避暑山莊詩二卷(滿文) (清)聖祖玄燁
撰　(清)揆敘等注釋　(清)沈崳繪圖　清康
熙五十一年(1712)內府刻本　二冊

210000－0701－0004852　善50098

一百條四卷(滿漢合璧) (清)□□輯　清刻
本　四冊

210000－0701－0004853　善50099

御製避暑山莊詩二卷(滿文) (清)聖祖玄燁
撰　清康熙五十一年(1712)內府刻本　二冊

210000－0701－0004854　善50100

平山冷燕不分卷(滿文) 題(清)荻岸散人撰
清乾隆三十五年(1770)抄本 十冊

210000－0701－0004855 善50101
滿文注音分韻字彙五卷(滿漢合璧) (清)完
顏衡桂撰 清末抄本 五冊

210000－0701－0004856 善50102
十八條專用教科書不分卷(藏滿蒙合璧)
(清)□□編 清末刻本 一冊

210000－0701－0004857 善50103
七本頭十三卷(滿漢合璧) (清)和素等輯譯
清康熙刻本 七冊

210000－0701－0004858 善50104
朱子節要十四卷(滿漢合璧) (宋)朱熹撰
(明)高攀龍輯 清康熙十四年(1675)朱之弼
刻本 五冊

210000－0701－0004859 善50105
壽詩一卷(滿漢合璧) (清)世祖福臨撰 清
順治十三年(1656)內府刻本 二冊

210000－0701－0004860 善50106
韻彙合編四卷(滿漢合璧) (清)□□編 清
抄本 四冊

210000－0701－0004861 善50107
清語對答不分卷(滿文) 題(清)近亭輯 清
抄本 一冊

210000－0701－0004862 善50108
清文初學字彙不分卷十二字頭一卷清文虛字
歌一卷(滿漢合璧) (清)□□輯鈔 清同治
抄本 八冊

210000－0701－0004863 善50109
書經六卷(滿漢合璧) (清)鴻遠堂編 清乾
隆三年(1738)京都文錦二酉堂刻本 四冊

210000－0701－0004864 善50110
欽定清語六卷(滿漢合璧) 清抄本 六冊

210000－0701－0004865 善50111
御製全韻詩五卷(滿漢合璧) (清)高宗弘曆
撰 清抄本 八冊

210000－0701－0004866 善50112
孫子兵法四卷(滿漢合璧) (春秋)孫武撰
(清)耆英譯 清道光二十六年(1846)刻本
四冊

210000－0701－0004867 善50113
御製盛京賦不分卷(滿文) (清)高宗弘曆撰
(清)鄂爾泰等輯注 清乾隆八年(1743)武
英殿刻本 一冊

210000－0701－0004868 善50114
御製盛京賦不分卷(滿文) (清)高宗弘曆撰
(清)鄂爾泰等輯注 清乾隆八年(1743)武
英殿刻本 一冊

210000－0701－0004869 善50115
御製盛京賦三十二卷(滿漢合璧) (清)高宗
弘曆撰 (清)傅恒等篆字 清乾隆十三年
(1748)武英殿刻本 六十四冊

210000－0701－0004870 善50116
御製盛京賦三十二卷(滿漢合璧) (清)高宗
弘曆撰 (清)傅恒等篆字 清乾隆十三年
(1748)武英殿刻本 六十四冊

210000－0701－0004871 善50117
御製盛京賦三十二卷(滿漢合璧) (清)高宗
弘曆撰 (清)傅恒等篆字 清乾隆內府寫本
四十二冊 存二十一卷(玉箸篆、小篆、上
方大篆、墳書、柳葉篆、倒薤篆、轉宿篆、芝英
篆、碧落篆、垂露篆、垂雲篆、鳥跡書、雕蟲篆、
鸞鳳書、龍爪篆、剪刀篆、繆絡篆、懸鍼篆、殳
篆、刻符書、飛白書)

210000－0701－0004872 善50118
御製清文鑑二十卷總綱四卷(滿蒙合璧)
(清)拉錫等撰 清康熙五十六年(1717)內府
刻本 三十冊

210000－0701－0004873 善50119
御製清文鑑二十卷總綱四卷序一卷(滿文)
清康熙四十七年(1708)內府刻本 十冊

210000－0701－0004874 善50120
御製清文鑑二十卷總綱四卷序一卷(滿文)
清康熙四十七年(1708)內府刻本 十冊

210000－0701－0004875　善50121

大清律例續纂條例六卷(滿文)　(清)弘晝等
纂　清乾隆八年至十五年(1743－1750)武英
殿刻本　六冊

210000－0701－0004876　善50122

大清律纂修條例二卷(滿文)　(清)劉統勳等
纂修　清乾隆三十七年(1772)武英殿刻本
二冊

210000－0701－0004877　善50123

滿蒙文鑑總綱八卷(滿蒙合璧)　(清)拉錫等
編　清乾隆八年(1743)內府刻本　八冊

210000－0701－0004878　善50124

御製人臣儆心錄一卷(滿文)　(清)世祖福臨
撰　清順治十二年(1655)內府刻本　一冊

210000－0701－0004879　善50125

大清律例續纂條例總類二卷(滿文)　(清)來
保等纂　清乾隆五年(1740)武英殿刻本
二冊

210000－0701－0004880　善50126

大清律例續纂條例六卷(滿文)　(清)弘晝等
纂　清乾隆八年至十五年(1743－1750)武英
殿刻本　六冊

210000－0701－0004881　善50127

大清律續纂條例二卷(滿文)　(清)允祿等纂
清乾隆二十六年(1761)武英殿刻本　二冊

210000－0701－0004882　善50128

大清律例續纂條例總類二卷(滿文)　(清)來
保等纂　清乾隆五年(1740)內府刻本　二冊

210000－0701－0004883　善50129

督捕則例二卷(滿文)　(清)徐本等纂
(清)明德等譯　清乾隆八年(1743)內府刻本
二冊

210000－0701－0004884　善50130

聖祖仁皇帝庭訓格言二卷(滿文)　(清)聖祖
玄燁撰　(清)世宗胤禛編　清雍正八年
(1730)內府刻本　二冊

210000－0701－0004885　善50131

聖祖仁皇帝庭訓格言二卷(滿文)　(清)聖祖
玄燁撰　(清)世宗胤禛編　清雍正八年
(1730)內府刻本　二冊

210000－0701－0004886　善50132

聖諭廣訓一卷(滿文)　(清)聖祖玄燁撰
(清)世宗胤禛釋　清雍正二年(1724)內府刻
本　一冊

210000－0701－0004887　善50133

三合聖諭廣訓一卷(滿蒙漢合璧)　(清)世宗
胤禛撰　清同治十三年(1874)北京蕭氏刻本
四冊

210000－0701－0004888　善50134

平定兩金川方略一百三十六卷(滿文)　(清)
阿桂等纂　清乾隆四十六年(1781)內府刻本
一百二十冊

210000－0701－0004889　善50135

欽定中樞政考三十一卷(滿文)　(清)福隆安
等纂　清乾隆三十九年(1774)武英殿刻本
十八冊

210000－0701－0004890　善50136

欽定中樞政考三十一卷(滿文)　(清)福隆安
等纂　清乾隆三十九年(1774)武英殿刻本
十八冊

210000－0701－0004891　善50137

欽定滿洲祭神祭天典禮六卷(滿文)　(清)允
祿等纂　清乾隆十二年(1747)武英殿刻本
六冊

210000－0701－0004892　善50138

欽定滿洲祭神祭天典禮六卷(滿文)　(清)允
祿等纂　清乾隆十二年(1747)武英殿刻本
六冊

210000－0701－0004893　善50139

欽定滿洲祭神祭天典禮六卷(滿文)　(清)允
祿等纂　清乾隆十二年(1747)武英殿刻本
六冊

210000－0701－0004894　善50140

欽定滿洲祭神祭天典禮六卷(滿文)　(清)允

禄等纂　清乾隆十二年（1747）武英殿刻本
六册

210000－0701－0004895　善50141
欽定滿洲祭神祭天典禮六卷（滿文）　（清）允
禄等纂　清乾隆十二年（1747）武英殿刻本
六册

210000－0701－0004896　善50142
欽定滿洲祭神祭天典禮六卷（滿文）　（清）允
禄等纂　清乾隆十二年（1747）武英殿刻本
六册

210000－0701－0004897　善50143
欽定滿洲祭神祭天典禮六卷（滿文）　（清）允
禄等纂　清乾隆十二年（1747）武英殿刻本
六册

210000－0701－0004898　善50144
平定準噶爾方略前編五十四卷正編八十五卷
續編三十二卷（滿文）　（清）傅恒等纂　清乾
隆三十七年（1772）武英殿刻本　九十九册

210000－0701－0004899　善50145
小學集註六卷（滿漢合璧）　（宋）朱熹撰
（明）陳選集注　（清）古巴岱譯　清內府刻本
八册

210000－0701－0004900　善50146
小學集註六卷（滿文）　（宋）朱熹撰　（明）
陳選集注　（清）古巴岱譯　清雍正五年
（1727）內府刻本　四册

210000－0701－0004901　善50147
小學集註六卷（滿文）　（宋）朱熹撰　（明）
陳選集注　（清）古巴岱譯　清雍正五年
（1727）內府刻本　四册

210000－0701－0004902　善50148
孝經集注一卷（滿文）　（清）世宗胤禛撰　清
雍正五年（1727）內府刻本　一册

210000－0701－0004903　善50149
孝經集注一卷（滿文）　（清）世宗胤禛撰　清
雍正五年（1727）內府刻本　一册

210000－0701－0004904　善50150

孝經一卷（滿漢合璧）　清咸豐六年（1856）武
英殿刻本　一册

210000－0701－0004905　善50151
孝經一卷（滿漢合璧）　清咸豐六年（1856）武
英殿刻本　一册

210000－0701－0004906　善50152
御製人臣儆心錄不分卷（滿文）　（清）世祖福
臨撰　清順治十二年（1655）內府刻本　一册

210000－0701－0004907　善50153
御製勸善要言一卷（滿文）　（清）世祖福臨撰
　清順治十二年（1655）內府刻本　一册

210000－0701－0004908　善50154
四書六卷（滿文）　（宋）朱熹撰集注　（清）
鄂爾泰釐定　清乾隆六年（1741）武英殿刻本
六册

210000－0701－0004909　善50155
四書六卷（滿文）　（宋）朱熹撰集注　（清）
鄂爾泰釐定　清乾隆六年（1741）武英殿刻本
六册

210000－0701－0004910　善50156
四書六卷（滿漢合璧）　（宋）朱熹撰集注
（清）鄂爾泰釐定　清乾隆二十年（1755）武英
殿刻本　六册

210000－0701－0004911　善50157
四書六卷（滿漢合璧）　（宋）朱熹撰集注
（清）鄂爾泰釐定　清乾隆二十年（1755）武英
殿刻本　六册

210000－0701－0004912　善50158
四書六卷（滿漢合璧）　（宋）朱熹撰集注
（清）鄂爾泰釐定　清乾隆二十年（1755）武英
殿刻本　六册

210000－0701－0004913　善50159
詩經八卷（滿漢合璧）　（宋）朱熹集傳　清乾
隆三十三年（1768）武英殿刻本　四册

210000－0701－0004914　善50160
國子監則例三十卷（滿文）　（清）蔡新
（清）德保等纂　清乾隆三十七年（1772）內府

刻本　四册

210000－0701－0004915　善50161
御纂性理精義十二卷(滿文)　(清)李光地等
纂　清康熙五十六年(1717)内府刻本　八册

210000－0701－0004916　善50162
日講書經解義十三卷(滿文)　(清)庫勒納等
撰　清康熙十九年(1680)内府刻本　十三册

210000－0701－0004917　善50163
御製四體清文鑑三十二卷補編四卷(滿漢蒙
藏合璧)　清乾隆武英殿刻本　三十六册

210000－0701－0004918　善50164
御製四體清文鑑三十二卷補編四卷(滿漢蒙
藏合璧)　清乾隆武英殿刻本　三十六册

210000－0701－0004919　善50165
御製增訂清文鑑三十二卷總綱八卷補編四卷
補編總綱二卷(滿漢合璧)　(清)傅恒等纂
清乾隆三十六年(1771)武英殿刻本　四十
七册

210000－0701－0004920　善50166
欽定吏部則例六十卷(滿文)　(清)張廷玉等
撰　清乾隆七年(1742)武英殿刻本　二十
二册

210000－0701－0004921　善50167
清文彙書十二卷(滿漢合璧)　(清)李延基撰
清文補彙八卷　(清)宜興撰　清康熙京都
四合堂刻嘉慶京都三合堂印本　十二册

210000－0701－0004922　善50168
清文補彙八卷(滿漢合璧)　(清)宜興撰　清
嘉慶七年(1802)法克精額刻本　八册

210000－0701－0004923　善50169
欽定吏部則例六十八卷(滿文)　(清)托庸等
撰　清乾隆三十六年(1771)武英殿刻本　三
十一册

210000－0701－0004924　善50170
三合便覽不分卷(滿蒙漢合璧)　(清)敬齋輯
(清)富俊增補　清乾隆五十七年(1792)富
俊刻本　十二册

210000－0701－0004925　善50171
欽定吏部則例六十八卷(滿文)　(清)和珅等
纂　清乾隆六十年(1795)武英殿刻本　六十
九册

210000－0701－0004926　善50172
欽定吏部則例六十八卷(滿文)　(清)和珅等
纂　清乾隆六十年(1795)武英殿刻本　六十
九册

210000－0701－0004927　善50173
欽定外藩蒙古回部王公表傳一百二十卷首一
卷(滿文)　(清)國史館　(清)理藩院編
清嘉慶七年(1802)武英殿刻本　六十册

210000－0701－0004928　善50174
欽定大清會典一百卷(滿文)　(清)允祹等纂
清乾隆二十九年(1764)武英殿刻本　二十
八册

210000－0701－0004929　善50175
欽定外藩蒙古回部王公表傳一百二十卷首一
卷(滿文)　(清)國史館　(清)理藩院撰
清嘉慶七年(1802)武英殿刻本　六十册

210000－0701－0004930　善50176
五譯合璧集要二卷(滿漢蒙藏梵合璧)　(清)
□□譯　清武英殿刻本　二册

210000－0701－0004931　善50177
和碩怡賢親王行狀不分卷(滿漢合璧)　(清)
張廷玉撰　清雍正内府刻本　二册

210000－0701－0004932　善50178
呂語集粹四卷(滿漢合璧)　(明)呂坤撰　清
内府刻本　四册

210000－0701－0004933　善50179
般若波羅密多心經不分卷(滿漢合璧)　清武
英殿刻本　一册

210000－0701－0004934　善50180
地藏菩薩本願經二卷(滿漢合璧)　清刻本
一册

210000－0701－0004935　善50181
三合名賢集不分卷(滿蒙漢合璧)　清光緒五

年（1879）京都文奎堂書坊刻本　二册

210000－0701－0004936　善50182
王中書勸孝八反歌不分卷（滿蒙漢合璧）
（清）噶勒桑譯　清嵩祝寺天清經局刻本
一册

210000－0701－0004937　善50183
欽定吏部則例六十八卷（滿文） （清）托庸等
撰　清乾隆三十六年（1771）武英殿刻本　二
十七册　存六十二卷（一至十、十三至二十
三、二十七至三十、三十二至六十八）

210000－0701－0004938　善50184
大清律例四十七卷（滿文） （清）董誥
（清）台福等纂修　清乾隆五十五年（1790）武
英殿刻嘉慶七年（1802）增刻本　四十三册

210000－0701－0004939　善50185
大清律例四十七卷（滿文） （清）徐本等撰
清乾隆六年（1741）武英殿刻三十三年（1768）
增修本　四十册

210000－0701－0004940　善50186
八旗滿洲氏族通譜八十卷目錄二卷（滿文）
（清）鄂爾泰等纂　（清）覺羅塔爾布譯　清乾
隆九年（1744）武英殿刻本　二十六册

210000－0701－0004941　善50187
八旗滿洲氏族通譜八十卷目錄二卷（滿文）
（清）鄂爾泰等纂　（清）覺羅塔爾布譯　清乾
隆九年（1744）武英殿刻本　二十六册

210000－0701－0004942　善50188
八旗滿洲氏族通譜八十卷目錄二卷（滿文）
（清）鄂爾泰等纂　（清）覺羅塔爾布譯　清乾
隆九年（1744）武英殿刻本　二十六册

210000－0701－0004943　善50189
八旗滿洲氏族通譜八十卷目錄二卷（滿文）
（清）鄂爾泰等纂　（清）覺羅塔爾布譯　清乾
隆九年（1744）武英殿刻本　二十六册

210000－0701－0004944　善50190
八旗滿洲氏族通譜八十卷目錄二卷（滿文）
（清）鄂爾泰等纂　（清）覺羅塔爾布譯　清乾

隆九年（1744）武英殿刻本　二十六册

210000－0701－0004945　善50191
八旗滿洲氏族通譜八十卷目錄二卷（滿文）
（清）鄂爾泰等纂　（清）覺羅塔爾布譯　清乾
隆九年（1744）武英殿刻本　二十六册

210000－0701－0004946　善50192
八旗滿洲氏族通譜八十卷目錄二卷（滿文）
（清）鄂爾泰等纂　（清）覺羅塔爾布譯　清乾
隆九年（1744）武英殿刻本　二十六册

210000－0701－0004947　善50193
八旗滿洲氏族通譜八十卷目錄二卷（滿文）
（清）鄂爾泰等纂　（清）覺羅塔爾布譯　清乾
隆九年（1744）武英殿刻本　二十六册

210000－0701－0004948　善50194
八旗滿洲氏族通譜八十卷目錄二卷（滿文）
（清）鄂爾泰等纂　（清）覺羅塔爾布譯　清乾
隆九年（1744）武英殿刻本　二十六册

210000－0701－0004949　善50195
上諭旗務議覆十三卷（滿文） （清）世宗胤禛
撰　（清）允祿等編　清雍正九年（1731）內府
刻乾隆六年（1741）武英殿續刻本　十二册

210000－0701－0004950　善50196
**御製滿洲蒙古漢字三合切音清文鑑三十一卷
（滿蒙漢合璧）** （清）阿桂等纂　清乾隆四十
五年（1780）武英殿刻本　三十二册

210000－0701－0004951　善50197
**御製滿洲蒙古漢字三合切音清文鑑三十一卷
（滿蒙漢合璧）** （清）阿桂等纂　清乾隆四十
五年（1780）武英殿刻本　三十二册

210000－0701－0004952　善50198
**欽定續纂外藩蒙古回部王公表十二卷傳十二
卷（滿文）** （清）慶桂纂　清道光武英殿刻本
二十四册

210000－0701－0004953　善50199
滿漢類書三十二卷（滿漢合璧） （清）桑額編
清康熙四十五年（1706）天繪閣書坊刻本
八册

210000－0701－0004954　善50200

大學衍義四十三卷(滿漢合璧) (宋)眞德秀撰　(清)孟保譯　清咸豐六年(1856)武英殿刻本　五十一冊

210000－0701－0004955　善50201

大學衍義四十三卷(滿文) (宋)眞德秀撰　(清)富吉祖等譯　清康熙十一年(1672)內府刻本　三十六冊

210000－0701－0004956　善50202

皇清開國方略三十二卷首一卷(滿文) (清)阿桂等纂　清乾隆五十一年(1786)武英殿刻本　三十二冊

210000－0701－0004957　善50203

御製繙譯五經四書一百十九卷(滿漢合璧) 清乾隆二十年至四十九年(1755－1784)武英殿刻本　七十八冊

210000－0701－0004958　善50204

御製繙譯五經四書一百十九卷(滿漢合璧) 清乾隆二十年至四十九年(1755－1784)武英殿刻本　七十四冊　缺四卷(周易四卷)

210000－0701－0004959　善50205

日講五經四書解義一百二十一卷(滿文) (清)喇沙里等撰　清康熙十六年至乾隆二年(1677－1737)武英殿刻本　九十冊

210000－0701－0004960　善50206

欽定西域同文志二十四卷(滿漢蒙藏托忒蒙維吾爾文合璧) (清)傅恆等撰　清乾隆二十八年(1763)內府刻本　八冊

210000－0701－0004961　善50207

御製盛京賦三十二卷(滿漢合璧) (清)高宗弘曆撰　(清)傅恒等篆字　清乾隆十三年(1748)武英殿刻本　六十四冊　缺(滿文一冊)

210000－0701－0004962　善50208

滿漢西廂記四卷(滿漢合璧) (元)王實甫撰　清康熙四十九年(1710)刻本　四冊

210000－0701－0004963　善50209

初學單詞輯鈔不分卷(滿漢合璧) 清刻本　一冊

210000－0701－0004964　善50210

三字經注解二卷(滿蒙漢合璧) (清)惟德陶格譯滿　(清)富俊　(清)英俊譯蒙　清道光十二年(1832)三槐堂刻本　四冊

210000－0701－0004965　善50211

清文典要四卷(滿漢合璧) 題(清)秋芳堂主人輯　清光緒四年(1878)刻本　四冊

210000－0701－0004966　善50212

清文接字不分卷(滿漢合璧) (清)嵩洛峰撰　清同治五年(1866)聚珍堂刻本　一冊

210000－0701－0004967　善50213

清文接字不分卷(滿漢合璧) (清)嵩洛峰撰　清同治五年(1866)聚珍堂刻本　一冊

210000－0701－0004968　善50214

繙譯條暢二十三卷(滿漢合璧) 清末抄本　十二冊

210000－0701－0004969　善50215

聖祖仁皇帝庭訓格言十卷(滿漢合璧) (清)聖祖玄燁撰　(清)世宗胤禛編　清內府抄本　十冊

210000－0701－0004970　善50216

大清全書十四卷(滿漢合璧) (清)沈啟亮輯　清抄本　十四冊

210000－0701－0004971　善50217

五譯合璧集要二卷(滿漢蒙藏梵合璧) (清)□□譯　清武英殿刻本　二冊

210000－0701－0004972　善50218

世宗上諭八卷(滿漢合璧) (清)世宗胤禛撰　清雍正武英殿刻本　九冊

210000－0701－0004973　善50219

詩經八卷(滿漢合璧) (宋)朱熹集傳　清乾隆三十三年(1768)武英殿刻本　四冊

210000－0701－0004974　善50220

醒世要言一卷(滿文) (清)和素譯　清康熙四十三年(1704)刻本　一冊

210000－0701－0004975　善50221

上諭八旗十三卷上諭旗務議覆十二卷諭行旗務奏議十三卷(滿文)　(清)允祿等輯　清雍正九年至乾隆六年(1731－1741)內府刻本　十九冊

210000－0701－0004976　善50222

上諭八旗十三卷(滿文)　(清)允祿等輯　清雍正九年(1731)刻乾隆六年(1741)武英殿續刻本　十三冊

210000－0701－0004977　善50223

兵書三種十卷(滿漢合璧)　(清)達海　(清)和素等譯　(清)安亭編　清安亭抄本　五冊

210000－0701－0004978　善50224

上諭八旗一卷雍正道光上諭一卷(滿漢合璧)　(清)□□輯　清抄本　二冊

210000－0701－0004979　善50225

欽定祭祀條例二卷(滿漢合璧)　(清)允祿等撰　(清)覺羅為光輯譯　清嘉慶二十二年(1817)覺羅為光抄本　二冊

210000－0701－0004980　善50226

文昌帝君陰隲文一卷(滿漢合璧)　(清)明敘譯　清嘉慶二十四年(1819)依克坦布刻本　一冊

210000－0701－0004981　善50227

清語對話不分卷(滿漢合璧)　(清)□□輯　清抄本　一冊

210000－0701－0004982　善50228

滿語初讀不分卷(滿漢合璧)　(清)許靈子輯　清抄本　一冊

210000－0701－0004983　善50229

清文典要四卷(滿漢合璧)　題(清)秋芳堂主人輯　清抄本　四冊

210000－0701－0004984　善50230

恭擬諸王大臣慶賀表式不分卷(滿漢合璧)　(清)□□輯　清末寫本　一冊

210000－0701－0004985　善50231

奏疏不分卷(滿漢合璧)　清抄本　一冊

210000－0701－0004986　善50232

御製滿蒙文鑑二十卷總綱八卷(滿蒙文鑑)　(清)拉錫等編　清乾隆八年(1743)武英殿刻本　二十八冊

210000－0701－0004987　善50233

三合便覽十二卷(滿蒙漢合璧)　(清)敬齋輯　(清)富俊增補　清乾隆五十七年(1792)富俊刻本　十二冊

210000－0701－0004988　善50234

滿蒙文鑑總綱八卷(滿蒙合璧)　(清)拉錫等編　清乾隆八年(1743)武英殿刻本　八冊

210000－0701－0004989　善50235

七本頭八卷(滿漢合璧)　(清)和素等輯譯　清康熙刻本　七冊

210000－0701－0004990　善50236

清文補彙八卷(滿漢合璧)　(清)宜興撰　清嘉慶七年(1802)法克精額刻本　八冊

210000－0701－0004991　善50237

滿漢字清文啓蒙四卷(滿漢合璧)　(清)舞格撰　清雍正八年(1730)程明遠宏文閣刻本　四冊

210000－0701－0004992　善50238

滿漢字清文啓蒙四卷(滿漢合璧)　(清)舞格撰　清三槐堂刻本　四冊

210000－0701－0004993　善50239

滿漢字清文啓蒙四卷(滿漢合璧)　(清)舞格撰　清三槐堂刻本　四冊

210000－0701－0004994　善50240

滿漢字清文啓蒙四卷(滿漢合璧)　(清)舞格撰　清三槐堂刻本　四冊

210000－0701－0004995　善50241

滿漢字清文啓蒙一卷(滿漢合璧)　(清)舞格撰　(清)祥林等校　清咸豐六年(1856)品經堂刻本　一冊

210000－0701－0004996　善50242

初學必讀不分卷(滿漢合璧)　清光緒十六年

(1890)隆福寺聚珍堂刻本 六册

210000－0701－0004997 善50243
繙譯六事箴言四卷(滿漢合璧) (清)葉玉屏輯 (清)孟保譯 清咸豐元年(1851)京都文英堂刻本 四册

210000－0701－0004998 善50244
孝經一卷(滿漢合璧) 清末刻本 一册

210000－0701－0004999 善50245
御製繙譯四書六卷(滿漢合璧) (宋)朱熹集注 (清)鄂爾泰釐定 清寶名堂刻本 四册

210000－0701－0005000 善50246
御製增訂清文鑑三卷補編一卷(滿漢合璧) 清光緒七年(1881)善亭寶山抄本 四册

210000－0701－0005001 善50247
經文成語四卷(滿漢合璧) (清)董佳明鐸編譯 清抄本 四册

210000－0701－0005002 善50248
清文指要三卷續清文指要二卷(滿漢合璧) 清嘉慶十四年(1809)大酉堂刻本 四册

210000－0701－0005003 善50249
欽定八旗則例十二卷(滿文) (清)鄂爾泰等纂 清乾隆七年(1742)武英殿刻本 四册

210000－0701－0005004 善50250
欽定八旗則例十二卷(滿文) (清)鄂爾泰等纂 清乾隆七年(1742)武英殿刻本 四册

210000－0701－0005005 善50251
蒙古律例十二卷(滿文) (清)刑部纂修 清乾隆武英殿刻本 四册 存六卷(一至六)

210000－0701－0005006 善50252
春秋□□卷(滿漢合璧) 清内府抄本 七册 存七卷(四十六至五十二)

210000－0701－0005007 善50253
欽定理藩院則例六十三卷附通例二卷總目二卷(滿文) (清)賽尚阿等撰 (清)海青阿校 (清)松水等譯 清道光二十二年(1842)武英殿刻本 四十九册

210000－0701－0005008 善50254
清文虛字指南編一卷(滿漢合璧) (清)厚田撰 清光緒十一年(1885)刻本 二册

210000－0701－0005009 善50255
世宗憲皇帝聖訓三十六卷(滿文) (清)世宗胤禛撰 清乾隆六年(1741)武英殿刻本 三十六册

210000－0701－0005010 善50256
世宗憲皇帝聖訓三十六卷(滿文) (清)世宗胤禛撰 清乾隆六年(1741)武英殿刻本 三十六册

210000－0701－0005011 善50257
世宗憲皇帝聖訓三十六卷(滿文) (清)世宗胤禛撰 清乾隆六年(1741)武英殿刻本 三十六册

210000－0701－0005012 善50258
世宗憲皇帝聖訓三十六卷(滿文) (清)世宗胤禛撰 清乾隆六年(1741)武英殿刻本 三十六册

210000－0701－0005013 善50259
世宗憲皇帝聖訓三十六卷(滿文) (清)世宗胤禛撰 清乾隆六年(1741)武英殿刻本 三十六册

210000－0701－0005014 善50260
世宗憲皇帝聖訓三十六卷(滿文) (清)世宗胤禛撰 清乾隆六年(1741)武英殿刻本 三十六册

210000－0701－0005015 善50261
世宗憲皇帝聖訓三十六卷(滿文) (清)世宗胤禛撰 清乾隆六年(1741)武英殿刻本 三十五册

210000－0701－0005016 善50262
聖祖仁皇帝聖訓六十卷(滿文) (清)聖祖玄燁撰 清乾隆六年(1741)武英殿刻本 六十册

210000－0701－0005017 善50263
聖祖仁皇帝聖訓六十卷(滿文) (清)聖祖玄

燁撰　清乾隆六年(1741)武英殿刻本　六
十冊

210000－0701－0005018　善50264
聖祖仁皇帝聖訓六十卷(滿文)　(清)聖祖玄
燁撰　清乾隆六年(1741)武英殿刻本　六
十冊

210000－0701－0005019　善50265
聖祖仁皇帝聖訓六十卷(滿文)　(清)聖祖玄
燁撰　清乾隆六年(1741)武英殿刻本　六
十冊

210000－0701－0005020　善50266
聖祖仁皇帝聖訓六十卷(滿文)　(清)聖祖玄
燁撰　清乾隆六年(1741)武英殿刻本　六
十冊

210000－0701－0005021　善50267
仁宗睿皇帝聖訓一百十卷(滿文)　(清)仁宗
顒琰撰　清道光四年(1824)武英殿刻本　一
百十冊

210000－0701－0005022　善50268
仁宗睿皇帝聖訓一百十卷(滿文)　(清)仁宗
顒琰撰　清道光四年(1824)武英殿刻本　一
百十冊

210000－0701－0005023　善50269
仁宗睿皇帝聖訓一百十卷(滿文)　(清)仁宗
顒琰撰　清道光四年(1824)武英殿刻本　一
百十冊

210000－0701－0005024　善50270
仁宗睿皇帝聖訓一百十卷(滿文)　(清)仁宗
顒琰撰　清道光四年(1824)武英殿刻本　一
百十冊

210000－0701－0005025　善50271
仁宗睿皇帝聖訓一百十卷(滿文)　(清)仁宗
顒琰撰　清道光四年(1824)武英殿刻本　一
百十冊

210000－0701－0005026　善50272
仁宗睿皇帝聖訓一百十卷(滿文)　(清)仁宗
顒琰撰　清道光四年(1824)武英殿刻本　一

百十冊

210000－0701－0005027　善50273
宣宗成皇帝聖訓一百三十卷(滿文)　(清)文
宗奕詝撰　清咸豐六年(1856)武英殿刻本
一百三十冊

210000－0701－0005028　善50274
高宗純皇帝聖訓三百卷(滿文)　(清)高宗弘
曆撰　清嘉慶十二年(1807)武英殿刻本　三
百冊

210000－0701－0005029　善50275
高宗純皇帝聖訓三百卷(滿文)　(清)高宗弘
曆撰　清嘉慶十二年(1807)武英殿刻本　三
百冊

210000－0701－0005030　善50276
高宗純皇帝聖訓三百卷(滿文)　(清)高宗弘
曆撰　清嘉慶十二年(1807)武英殿刻本　三
百冊

210000－0701－0005031　善50277
高宗純皇帝聖訓三百卷(滿文)　(清)高宗弘
曆撰　清嘉慶十二年(1807)武英殿刻本　三
百冊

210000－0701－0005032　善50278
高宗純皇帝聖訓三百卷(滿文)　(清)高宗弘
曆撰　清嘉慶十二年(1807)武英殿刻本　二
百九十九冊　存二百九十九卷(二至三百)

210000－0701－0005033　善50279
高宗純皇帝聖訓三百卷(滿文)　(清)高宗弘
曆撰　清嘉慶十二年(1807)武英殿刻本　三
百冊

210000－0701－0005034　善50280
十朝聖訓九百二十二卷(滿文)　(清)內府輯
　清乾隆四年至光緒五年(1739－1879)武英
殿刻本　九百二十一冊　缺一卷(高宗純皇
帝聖訓三十二)

210000－0701－0005035　善50281
十朝聖訓九百二十二卷(滿文)　(清)內府輯
　清乾隆四年至光緒五年(1739－1879)武英

殿刻本　九百二十二冊

210000－0701－0005036　善50282
十朝聖訓九百二十二卷(滿文)　(清)內府輯
　清乾隆四年至光緒五年(1739－1879)武英
殿刻本　九百二十二冊

210000－0701－0005037　善50283
十朝聖訓九百二十二卷(滿文)　(清)內府輯
　清乾隆四年至光緒五年(1739－1879)武英
殿刻本　九百二十二冊

210000－0701－0005038　善50284
十朝聖訓九百二十二卷(滿文)　(清)內府輯
　清乾隆四年至光緒五年(1739－1879)武英
殿刻本　九百二十二冊

210000－0701－0005039　善50285
十朝聖訓九百二十二卷(滿文)　(清)內府輯
　清乾隆四年至光緒五年(1739－1879)武英
殿刻本　九百二十二冊

210000－0701－0005040　善50286
十朝聖訓九百二十二卷(滿文)　(清)內府輯
　清乾隆四年至光緒五年(1739－1879)武英
殿刻本　九百二十二冊

210000－0701－0005041　善50287
蒙文總彙不分卷(滿蒙漢合璧)　(清)李鋐編
　清光緒十七年(1891)福勒洪阿刻本　十
二冊

210000－0701－0005042　善50288
蒙文彙書十六卷(滿蒙漢合璧)　(清)賽尚阿
編　清同治八年(1869)賽尚阿抄本　十六冊

210000－0701－0005043　善50289
欽定蒙文彙書十六卷(滿蒙漢合璧)　(清)賽
尚阿編　(清)松森等重編　清光緒十七年
(1891)理藩院刻本　十七冊

210000－0701－0005044　善50290
一切經音義一卷(滿藏合璧)　清抄本　一冊

210000－0701－0005045　善50291
蒙文晰義二卷法程一卷便覽正訛一卷(滿蒙漢合璧)　(清)賽尚阿纂輯　清道光二十八

年(1848)刻本　四冊

210000－0701－0005046　善50292
清文指要三卷續清文指要二卷(滿漢合璧)
清嘉慶十四年(1809)大酉堂刻本　四冊

210000－0701－0005047　善50293
清文補彙八卷(滿漢合璧)　(清)宜興撰　清
嘉慶七年(1802)法克精額刻本　八冊

210000－0701－0005048　善50294
御製翻譯四書六卷(滿漢合璧)　(宋)朱熹集
注　(清)鄂爾泰釐定　清光緒十六年(1890)
荊州駐防翻譯總學刻本　六冊

210000－0701－0005049　善50295
朱子節要十四卷(滿漢合璧)　(宋)朱熹撰
(明)高攀龍輯　清康熙十四年(1675)北平朱
之弼刻本　五冊

210000－0701－0005050　善50296
御製清文鑑二十卷總綱四卷序一卷(滿文)
清康熙四十七年(1708)內府刻本　十冊　缺
一卷(十九)

210000－0701－0005051　善50297
滿漢西廂記四卷(滿漢合璧)　(元)王實甫撰
　清康熙四十九年(1710)刻本　四冊

210000－0701－0005052　善50298
清文備考不分卷(滿漢合璧)　(清)戴穀編
清抄本　六冊

210000－0701－0005053　善52001
蒙古源流八卷(蒙文)　(清)小徹辰薩囊台吉
撰　清乾隆四十二年(1777)武英殿刻本
八冊

210000－0701－0005054　善52002
曆象考成不分卷(蒙文)　清內府刻本　三十
八冊

210000－0701－0005055　善52003
大清咸豐八年時憲書一卷(蒙文)　(清)欽天
監編　清咸豐八年(1858)內府刻本　一冊

210000－0701－0005056　善52006
外藩蒙古回部王公表傳一百二十卷(蒙文)

（清）國史館　（清）理藩院編纂　清乾隆四十四年（1779）內府刻本　六十冊

210000－0701－0005057　善52007

外藩蒙古回部王公表傳一百二十卷（蒙文）
（清）國史館　（清）理藩院編纂　清乾隆四十四年（1779）內府刻本　六十冊

210000－0701－0005058　善52008

欽定續纂外藩蒙古回部王公功績表傳二十四卷（蒙文）　清道光十九年（1839）內府刻本　二十四冊

210000－0701－0005059　善52009

欽定理藩院則例六十三卷通例二卷總目二卷（蒙文）　（清）賽尚阿等撰　清道光二十二年（1842）武英殿刻本　四十九冊

210000－0701－0005060　善53001

三般若經（藏文）　清內府刻本　一冊　存五百九十九葉

210000－0701－0005061　善53002

大藏經（藏文）　清乾隆北京刻本　三函　存八百九十七葉（第十函八千頌講義上二至下二百六十二尾、第十五函八千頌講義上一至三百七十尾、第八十四函咒語法彙上一至二百六十五尾）

210000－0701－0005062　善60001

天元玉曆祥異賦不分卷　（明）仁宗朱高熾撰　明彩繪抄本　十冊

210000－0701－0005063　善60002

綠曉齋集一卷　（明）卜舜年撰　**詩來一卷附錄一卷**　（明）卜舜年輯　稿本　清王昶題識　一冊

210000－0701－0005064　善60003

觀象玩占四十八卷　題（唐）李淳風撰　明抄本　二十四冊　存四十卷（六至十、十四至四十八）

210000－0701－0005065　善60004

國朝列卿紀一百六十六卷　（明）雷禮輯　明抄本　羅振玉題識　三十七冊　存一百八卷

（一至三十、四十七至六十四、一百五至一百二十六、一百二十九至一百六十六）

210000－0701－0005066　善60005

藥園文集二十七卷　（明）文震孟撰　明崇禎稿本　清吳翌鳳　王季烈題識　五冊　存二十二卷（一至十七、二十一至二十二、二十五至二十七）

210000－0701－0005067　善60006

子平遺集不分卷　明抄本　羅振玉跋　十冊

210000－0701－0005068　善60007

書畫萃苑八卷　題（明）懷褐山人輯　稿本　八冊

210000－0701－0005069　善60008

覺庵存稿四卷　（明）查秉彝撰　明抄本　二冊

210000－0701－0005070　善60009

木訥先生春秋經筌十六卷　（宋）趙鵬飛撰　明抄本　佚名題識　三冊　存三卷（七至九）

210000－0701－0005071　善60010

菉竹堂書目不分卷　（明）葉盛編　明崇禎七年（1634）葉國華抄本　一冊

210000－0701－0005072　善60011

易義提綱□□卷　明抄本　二冊　存一卷（七）

210000－0701－0005073　善60012

重訂選擇集要七卷　（明）黃一鳳編集　明抄本　六冊

210000－0701－0005074　善60013

朝鮮紀事一卷　（明）倪謙撰　明抄本　一冊

210000－0701－0005075　善60014

朱文懿公茶史一卷　（明）朱賡撰　**朱公行狀一卷**　（明）鄒元標撰　清抄本　二冊

210000－0701－0005076　善60015

法苑珠林述意二卷　（明）周天球輯　明嘉靖四十年（1561）裴幾齋抄本　二冊

210000－0701－0005077　善60016

春秋年考一卷　題天畸人撰　明末抄本（四庫進呈本）　一冊

210000－0701－0005078　善60017

北征錄一卷後錄一卷　（明）金幼孜撰　北征記一卷　（明）楊榮撰　明抄本　一冊

210000－0701－0005079　善60018

李商隱詩集三卷　（唐）李商隱撰　明末錢謙益抄校本　清陸紹曾　清沈梧題記　四冊

210000－0701－0005080　善60019

陳槐碑傳一卷　（明）魏良貴等撰　明抄本　一冊

210000－0701－0005081　善60020

南湖詩一卷　（明）張綖撰　明抄本　一冊

210000－0701－0005082　善60021

河南議處祿糧稿一卷　明抄本　羅繼祖題識　一冊

210000－0701－0005083　善60022

伽音集六卷　（明）袁九淑撰　附錄一卷　（明）錢良胤撰　明抄本　一冊

210000－0701－0005084　善60023

張月泉詩集不分卷　（明）張元諭撰　明抄本　一冊

210000－0701－0005085　善60024

皇明寶訓□□卷　明抄本　五冊

210000－0701－0005086　善60025

聖宋名賢四六叢珠一百卷　（宋）葉蕡輯　明抄本　二十冊

210000－0701－0005087　善60026

大明宣宗章皇帝實錄一百十五卷　（明）張輔　（明）楊士奇等纂修　明抄本　羅振玉跋　三十六冊

210000－0701－0005088　善60027

洛誦集不分卷　（宋）鄒浩纂　明抄本　六冊

210000－0701－0005089　善60028

太和縣御寇始末二卷　（明）吳世濟撰　明抄本　一冊　存一卷（一）

210000－0701－0005090　善60029

周易參義十二卷　（明）梁寅撰　明末周元亮抄本　四冊

210000－0701－0005091　善60030

新刊監本冊府元龜一千卷　（宋）王欽若等輯　明抄本　五冊　存三十卷（九百六至九百三十五）

210000－0701－0005092　善60031

立齋閑錄四卷　（明）宋端儀撰　明抄本　羅振玉題記　四冊

210000－0701－0005093　善60032

三朝北盟會編二百五十卷　（宋）徐夢莘撰　明抄本　羅振玉題記　三十六冊　存一百八十卷（七十一至二百五十）

210000－0701－0005094　善60033

大金國志四十卷　（宋）宇文懋昭撰　明末抄本　四冊

210000－0701－0005095　善60034

皇明肅皇大謨四十六卷　（明）范守己編　明末抄本　四冊

210000－0701－0005096　善60035

請神驅鬼符錄咒訣不分卷　明抄本　一冊

210000－0701－0005097　善60036

後漢紀三十卷　（晉）袁宏撰　清初抄本　佚名題記　十冊

210000－0701－0005098　善60037

書說七卷　（宋）黃度撰　明抄本　六冊　存六卷（二至七）

210000－0701－0005099　善60038

安南奏議一卷議處安南事宜一卷　明抄本　二冊

210000－0701－0005100　善60039

大明太祖聖神文武欽明啟運竣德成功統天大孝高皇帝實錄二百五十七卷　（明）胡廣纂修　明抄本　二冊　存十五卷（三十八至四十四、五十九至六十六）

210000－0701－0005101　善60040

大明光宗崇天契道英睿恭純憲文景武淵仁懿孝貞皇帝實錄八卷 （明）張惟賢等纂修 明抄本 八冊

210000－0701－0005102 善60041
革除編年不分卷 （明）黃佐撰 明抄本 一冊 存（洪武三十年至建文三年五月）

210000－0701－0005103 善60042
樂府新編陽春白雪九卷 （元）楊朝英輯 明抄本 二冊 存六卷（小令三卷、套數三卷）

210000－0701－0005104 善60043
大明太祖聖神文武欽明啟運竣德成功統天大孝高皇帝實錄二百五十七卷 （明）胡廣纂修 明抄本 四十冊 存二百二十八卷（一至二十八、三十二至三十七、四十五至四十八、五十四至一百二十八、一百三十五至一百九十八、二百七至二百五十七）

210000－0701－0005105 善60044
太平御覽一千卷 （宋）李昉等輯 明抄本 一百二十六冊 存九百八十九卷（一至七十、七十六至八十一、八十八至一千）

210000－0701－0005106 善60045
新編翰苑新書別集十二卷 明抄本 一冊 存五卷（八至十二）

210000－0701－0005107 善60046
杜東原先生年譜不分卷 （明）沈周撰 清抄本 一冊

210000－0701－0005108 善60047
耕學齋詩集二卷 （明）袁華撰 （明）呂昭編 明抄本 二冊

210000－0701－0005109 善60048
春秋繁露十七卷 （漢）董仲舒撰 明有嘉堂抄本 一冊 存六卷（一至六）

210000－0701－0005110 善60049
望江南一卷 題（唐）李靖撰 明抄本 黃裳題跋 一冊

210000－0701－0005111 善60050
冊府元龜一千卷 （宋）王欽若等輯 明抄本 一冊 存一卷（一百二十八）

210000－0701－0005112 善60051
春秋集註十一卷綱領一卷 （宋）張洽撰 明抄本 六冊

210000－0701－0005113 善60052
批選古今文抄不分卷 （明）祁承爍選批 明抄本 三十六冊

210000－0701－0005114 善61002
盛京事宜八卷 清抄本 八冊

210000－0701－0005115 善61003
秘錄合煉筆法不分卷 清初抄本 二冊

210000－0701－0005116 善61004
江蘇龍窩汎堤案牘不分卷 清道光十二年（1832）抄本 一冊

210000－0701－0005117 善61005
元婚禮貢舉考不分卷 清抄本 一冊

210000－0701－0005118 善61006
大清會典則例不分卷 清內府寫本 四冊 殘

210000－0701－0005119 善61007
天元玉曆祥異賦不分卷 （明）仁宗朱高熾撰 清抄本 五冊

210000－0701－0005120 善61008
詩經詮義十二卷首一卷末一卷 （清）汪紱撰 清抄本 十四冊 缺一卷（一）

210000－0701－0005121 善61009
[嘉靖]海門縣志六卷 （明）崔桐纂 清抄本 四冊

210000－0701－0005122 善61010
御製全韻詩五卷 （清）高宗弘曆撰 （清）彭元瑞校 清抄本 五冊

210000－0701－0005123 善61011
奉天史料叢抄不分卷 清抄本 三十一冊

210000－0701－0005124 善61012
南征日記五卷 清抄本 九冊

210000－0701－0005125　善61013

四益軒隨年紀壽順遇誌懷韻草不分卷　（清）潘德謙撰　清光緒抄本　一冊

210000－0701－0005126　善61014

逸園雜誌不分卷　（清）潘德謙撰　清同治九年(1870)抄本　張鴻賓跋　一冊

210000－0701－0005127　善61015

四益軒紀歲韻草編年譜略不分卷　（清）潘德謙撰　清道光抄本　三冊

210000－0701－0005128　善61016

逸園試帖不分卷　（清）潘德謙撰　清光緒元年(1875)抄本　一冊

210000－0701－0005129　善61017

梅軒遺草不分卷　（清）潘松竹撰　清同治十三年(1874)抄本　一冊

210000－0701－0005130　善61018

四益軒信稿彙抄不分卷　（清）潘德謙撰　清抄本　三冊

210000－0701－0005131　善61019

甲午詩鈔不分卷　（清）尚賢撰　清光緒二十年(1894)抄本　一冊

210000－0701－0005132　善61020

打牲烏拉地方鄉土志一卷　（清）雲生修（清）全明等纂　清光緒十七年(1891)稿本　一冊

210000－0701－0005133　善61021

教忠堂奏稿二卷　（清）尚賢撰　清光緒抄本　二冊

210000－0701－0005134　善61022

秘傳眼科七十二症素問病源湯盞類訣論不分卷　清抄本　二冊

210000－0701－0005135　善61023

聊齋志異不分卷　（清）蒲松齡撰　稿本　八冊　存二百三十七篇

210000－0701－0005136　善61024

周髀算經二卷　題(漢)趙君卿注　(北周)甄鸞重述　(唐)李淳風等注釋　清初影宋抄本　二冊

210000－0701－0005137　善61025

圭塘欸乃一卷　（元）許有壬等撰　清乾隆抄本　清彭元瑞跋　二冊

210000－0701－0005138　善61026

甲申集一卷二集一卷三集一卷詩集一卷　（清）王餘佑撰　清抄本　四冊

210000－0701－0005139　善61027

傅忠肅公文集三卷　（宋）傅察撰　清彭元瑞知聖道齋抄本　三冊

210000－0701－0005140　善61028

西征錄七種十卷　（清）王大樞撰輯　清末抄本　十六冊

210000－0701－0005141　善61029

九靈山房集三十卷　（元）戴良撰　清康熙四十三年(1704)抄本　七冊　存二十七卷(一至三、七至三十)

210000－0701－0005142　善61030

泰昌朝記事一卷天啟朝記事二卷　（清）李遜之輯　清初抄本　三冊

210000－0701－0005143　善61031

文淵閣職掌錄一卷　（清）舒赫德等撰　清抄本　一冊

210000－0701－0005144　善61032

稽瑞錄一卷　（唐）劉賡輯　清抄本　二冊

210000－0701－0005145　善61033

恩餘堂經進稿□□卷　（清）彭元瑞撰　清乾隆五十年至嘉慶八年(1785－1803)稿本　一冊　存三卷(十三至十五)

210000－0701－0005146　善61034

古微堂外集七卷　（清）魏源撰　清抄本　王仁俊題記　一冊　存二卷(五至六)

210000－0701－0005147　善61035

濟南金石志四卷　（清）馮雲鵷撰　清道光十九年至二十年(1839－1840)馮雲鵷稿本　八冊　存三卷(一、三至四)

210000－0701－0005148　善61036

國史大臣列傳三卷　（清）國史館纂修　清光
緒國史館寫本　三冊　存三卷（九十至九十
二）

210000－0701－0005149　善61037

題本彙抄不分卷　清抄本　六冊　存六冊

210000－0701－0005150　善61038

漢熹平石經殘字集錄不分卷　羅振玉輯　稿
本　一冊

210000－0701－0005151　善61039

碧血錄二卷　（明）黃煜輯　周端孝先生血書
貼黃冊一卷　（清）周茂蘭等撰　清抄本
二冊

210000－0701－0005152　善61040

聊齋雜著不分卷　（清）蒲松齡輯　稿本
二冊

210000－0701－0005153　善61041

[乾隆]鎮洋縣志十四卷首一卷末一卷　（清）
金鴻修　（清）李鱗纂　清光緒吳鏡沆抄本
九冊　存八卷（一、三至八，首一卷）

210000－0701－0005154　善61042

石渠寶笈四十四卷　（清）張照撰　清內府抄
本(四庫底本)　三十六冊　存三十九卷（一
至三、五至十、十三、十五至三十二、三十四至
四十四）

210000－0701－0005155　善61043

方泉先生詩集三卷　（宋）周文璞撰　清朱彝
尊抄本　二冊

210000－0701－0005156　善61044

校邠廬抗議別論不分卷　（清）陳鼎撰　清陳
鼎抄本　四冊

210000－0701－0005157　善61045

再生緣二十卷　（清）陳端生撰　（清）梁德繩
續　清道光二年(1822)陶樑抄本　十冊　存
十卷（六至十、十六至二十）

210000－0701－0005158　善61046

攀古小廬雜著不分卷　（清）許瀚撰　稿本

三冊

210000－0701－0005159　善61048

馬吊譜不分卷　清抄本　二冊

210000－0701－0005160　善61049

吊譜大全二卷　清末抄本　二冊

210000－0701－0005161　善61050

百鳥朝鳳牌譜不分卷　清末抄本　一冊

210000－0701－0005162　善61051

吊譜補遺不分卷　（清）張且漁撰　清乾隆四
十四年(1779)抄本　一冊

210000－0701－0005163　善61052

馬吊經二卷首一卷　清末抄本　一冊

210000－0701－0005164　善61053

遼乘備徵不分卷　吳廷燮輯　稿本　四十
九冊

210000－0701－0005165　善61054

[新疆]三州輯略九卷　（清）和寧撰　清抄本
九冊

210000－0701－0005166　善61055

禮記附記□□卷　（清）翁方綱撰　稿本　一
冊　存四卷（七至十）

210000－0701－0005167　善61056

出圍城記一卷　（清）楊棨撰　清道光二十六
年(1846)朱昌頤抄本　一冊

210000－0701－0005168　善61057

詩附記□□卷　（清）翁方綱撰　稿本　一冊
存四卷（四至七）

210000－0701－0005169　善61058

宋文恪公傳狀不分卷　（清）徐乾學　（清）梁
清標等撰　清抄本　一冊

210000－0701－0005170　善61059

庭聞錄六卷　（清）劉健述　清抄本　二冊

210000－0701－0005171　善61060

廣喻林三十卷　（清）顧伯宿輯　清初抄本
二十冊

210000－0701－0005172　善61061

退盦未焚草不分卷　（清）延茂撰　清抄本
十二冊

210000－0701－0005173　善61062

鐵函齋書跋八卷　（清）楊賓撰　清乾隆五十
五年(1790)柳橋抄本　三冊　存六卷(三至
八)

210000－0701－0005174　善61063

理學約存附錄不分卷　（清）劉克錄輯　清嘉
慶十九年(1814)稿本　二冊

210000－0701－0005175　善61064

理學約存五卷　（清）劉克柔輯　清嘉慶十七
年(1812)稿本　二冊

210000－0701－0005176　善61065

蘭閨寶錄六卷　（清）惲珠輯　稿本　四冊
存四卷(二、四至六)

210000－0701－0005177　善61066

定正洪範二卷　（元）胡一中撰　（清）劉克柔
輯錄補注　清嘉慶十二年(1807)劉克柔抄本
一冊

210000－0701－0005178　善61067

三禮札記六卷　（清）劉克柔撰　清嘉慶十二
年(1807)稿本　二冊

210000－0701－0005179　善61068

芸辟軒集十七卷　（清）興昌撰　清嘉慶二十
一年(1816)稿本　十七冊

210000－0701－0005180　善61069

左傳杜注拾遺三卷　（清）阮芝生撰　清抄本
清翁方綱批校　一冊

210000－0701－0005181　善61070

萬光泰雜著五卷　（清）萬光泰撰　清抄本
四冊

210000－0701－0005182　善61071

夷氛聞記五卷　（清）梁廷枏撰　清光緒二十
四年(1898)岸嶼山房抄本　四冊

210000－0701－0005183　善61072

東皐錄三卷　（明）釋妙聲撰　清汲古閣抄本
三冊

210000－0701－0005184　善61074

銷燬書目不分卷　清逸經閣抄本　二冊

210000－0701－0005185　善61075

方叔淵遺稿一卷　（元）方瀾撰　清董氏皷碧
廬抄本　一冊

210000－0701－0005186　善61076

齊乘六卷　（元）于欽撰　**釋音一卷**　（元）于
潛撰　清道光孔廣林抄本　六冊

210000－0701－0005187　善61077

國朝閨秀正始續集十卷附錄一卷　（清）惲珠
輯　**補遺一卷**　（清）程夢梅輯　清道光紅香
館稿本　十二冊

210000－0701－0005188　善61078

國朝閨秀正始集二十卷附錄一卷補遺一卷
（清）惲珠輯　清道光紅香館稿本　二十五冊
存二十一卷(一、三至二十,附錄一卷,補遺
一卷)

210000－0701－0005189　善61079

篆隸攷異八卷　（清）周靖撰　清抄本　四冊

210000－0701－0005190　善61080

芝省齋隨筆八卷日知錄續補正三卷　（清）李
遇孫撰　稿本　四冊　存七卷(一至四、續補
正三卷)

210000－0701－0005191　善61081

玉林詩草不分卷　（清）文輅撰　清同治十一
年(1872)稿本　四冊

210000－0701－0005192　善61082

頤志齋詩文鈔□□卷　（清）丁晏撰　清抄本
六冊　存五卷(詩草二卷、詩集續抄一卷、
經說一卷、雜文一卷)

210000－0701－0005193　善61083

栲栳山人詩集不分卷　（元）岑安卿撰　清抄
本　二冊

210000－0701－0005194　善61084

西陲要略四卷　（清）祁韻士撰　清抄本
三冊

210000－0701－0005195　善61085

柳邊紀略二卷　（清）楊賓撰　清抄本　二冊

210000－0701－0005196　善61086

奉天史料叢抄不分卷　清宣統抄本　七十四冊

210000－0701－0005197　善61087

經學博采錄十二卷　（清）桂文燦撰　稿本　四冊

210000－0701－0005198　善61088

蘭笋山房藁八卷　（清）朱鎮撰　清抄本　四冊

210000－0701－0005199　善61089

彭麓詩抄不分卷　（清）成達可撰　清康熙稿本　八冊

210000－0701－0005200　善61090

畫學心法二卷　（清）布顏圖撰　清松風堂抄本　四冊

210000－0701－0005201　善61091

敬恕翁詩稿不分卷　（清）許巽行撰　清抄本　羅繼祖題識　一冊

210000－0701－0005202　善61092

蟬紅集二卷帆南集一卷　（清）樊封撰　清抄本　三冊

210000－0701－0005203　善61093

聲類不分卷　（清）錢大昕撰　清嘉定錢繹抄本　清錢繹題記　一冊

210000－0701－0005204　善61094

說文古語考一卷續方言補二卷古韻異同摘要一卷　（清）程炎撰　清抄本　二冊

210000－0701－0005205　善61095

浙江進呈書檔冊不分卷　（清）三寶輯　清抄本　一冊

210000－0701－0005206　善61096

錢幣考摘要六卷　清六君子齋抄本　一冊

210000－0701－0005207　善61097

西陲要略四卷　（清）祁韻士撰　清抄本

二冊

210000－0701－0005208　善61098

自敘宦夢錄　（明）黃景昉撰　清初抄本　清高兆　清徐釚題記　二冊

210000－0701－0005209　善61099

容甫先生[汪中]年譜一卷先君年表一卷　（清）汪喜孫撰　**壽母小記一卷**　（清）郭尚先等撰　清汪氏家抄本　一冊

210000－0701－0005210　善61100

脉望館書目□□卷　（明）趙琦美藏　清抄本　趙仲洛題識　一冊　存一冊(二)

210000－0701－0005211　善61101

爾雅新義二十卷　（宋）陸佃撰　清乾隆十七年(1752)余鹵抄本　清余鹵　宋殷校並跋　羅振玉題記　四冊

210000－0701－0005212　善61102

李忠定公行狀三卷　（宋）李綸撰　清抄本　羅振玉題記　三冊

210000－0701－0005213　善61103

周易虞氏義九卷周易虞氏消息二卷　（清）張惠言撰　稿本　羅振玉題記　二冊

210000－0701－0005214　善61104

蒿菴集三卷　（清）張爾岐撰　**附錄一卷**　清紅豆齋抄本　二冊

210000－0701－0005215　善61105

周易乾鑿度二卷　（漢）鄭玄撰　清惠氏紅豆齋抄本　清丁晏題記　一冊

210000－0701－0005216　善61106

殉難忠臣錄一卷逆賊奸臣錄一卷客舍偶聞一卷　（清）彭孫貽撰　清彭如皋抄本　一冊

210000－0701－0005217　善61107

皇清奏議不分卷　清抄本　二十冊

210000－0701－0005218　善61108

古本大學　（清）劉克柔纂述　清嘉慶十二年(1807)稿本　一冊

210000－0701－0005219　善61109

紀行詩鈔二卷 （清）永珹撰 清乾隆抄本
二冊

210000－0701－0005220 善61110

傳是樓書目不分卷 （清）徐乾學藏 清末羅
振玉唐風樓抄本 四冊

210000－0701－0005221 善61112

所安遺集不分卷 （元）陳泰撰 清抄本 羅
振玉題記 一冊

210000－0701－0005222 善61113

經籍訪古志目錄不分卷經籍訪古志補遺目錄
不分卷 （日本）澁江全善 （日本）森立之撰
清末羅振玉唐風樓抄本 一冊

210000－0701－0005223 善61114

鐵琴銅劍樓藏書目錄不分卷 （清）瞿鏞撰
清末羅振玉唐風樓抄本 一冊

210000－0701－0005224 善61115

宣化錄一卷撫豫宣化錄一卷 （清）田文鏡撰
清抄本 一冊

210000－0701－0005225 善61116

經世大典不分卷 （清）文廷式輯 清抄本
佚名過錄清文廷式題記 柯劭忞題記 一冊

210000－0701－0005226 善61117

含中集五卷 （清）李鍇撰 清抄本 一冊
存三卷（一至三）

210000－0701－0005227 善61118

侍御公詩集不分卷 （明）彭宗孟撰 清抄本
豹隱居士題記 二冊

210000－0701－0005228 善61119

擬古樂府 （明）李東陽撰 清抄本 一冊

210000－0701－0005229 善61120

聚樂堂藝文目錄十卷 （明）朱睦㮮藏 清末
羅振玉唐風樓抄本 二冊 存七卷（四至十）

210000－0701－0005230 善61121

負暄野錄二卷 （宋）陳槱撰 清抄本 清張
蓉鏡題識 一冊

210000－0701－0005231 善61122

清詩鈔七種 （清）方登嶧等撰 清嘉慶抄本
二冊

210000－0701－0005232 善61123

歸潛志八卷大唐傳載摘勝一卷 （元）劉祁撰
清康熙四十二年（1703）徐釚家抄本 清徐
釚 羅振玉題識 四冊

210000－0701－0005233 善61124

汪文定公集十三卷 （宋）汪應辰撰 汪文定
公集行實一卷 （宋）樓鑰等撰 清抄本
二冊

210000－0701－0005234 善61125

花間堂詩鈔八卷 （清）允禧撰 清乾隆抄本
盧世瑞跋 一冊

210000－0701－0005235 善61126

今樂府二卷 （清）吳炎 （清）潘檉章撰評
清抄本 清淩泗題識 二冊

210000－0701－0005236 善61127

抱經樓書目不分卷 （清）盧址撰 清抄本
羅振玉題記 四冊

210000－0701－0005237 善61128

正始集八卷補遺一卷 （清）姚椿 （清）程鼎
輯 稿本 九冊

210000－0701－0005238 善61129

本事詩二卷 （清）徐釚輯 清東里抄本
四冊

210000－0701－0005239 善61130

尺牘新語二十四卷 （清）徐士俊 （清）汪淇
（清）查望輯 清抄本 四冊

210000－0701－0005240 善61131

袁浦留帆集三卷 （清）蕭文業撰 清慎思堂
抄本 三冊

210000－0701－0005241 善61132

郳溪集二十八卷 （宋）鄭獬撰 清抄本
五冊

210000－0701－0005242 善61133

國朝詠物詩輯覽二十八卷 （清）馬泰榮集
清抄本 十五冊 存二十五卷（一至七、十一

至二十八)

210000－0701－0005243　善61134

鑲黃旗滿洲鈕祜祿氏弘毅公家譜不分卷弘毅
公勳績二卷弘毅公譜圖一卷　（清）鈕祜祿氏
續修　清嘉慶抄本　十六冊

210000－0701－0005244　善61136

陳乾初先生年譜二卷　（清）吳騫撰　清抄本
　一冊

210000－0701－0005245　善61138

香月山房隨筆不分卷　（清）張春雷輯　清抄
本　五冊

210000－0701－0005246　善61139

欽定四庫全書總目二百卷　（清）紀昀等撰
清內府寫本　一冊　存一卷(一百三)

210000－0701－0005247　善61140

[洪武]蘇州府志五十卷　（明）盧熊纂修　清
嘉慶抄本　二十三冊　存四十八卷(一、四至
五十)

210000－0701－0005248　善61141

竹嶼山房雜部三十二卷　（明）宋詡撰　清抄
本　六冊　存十八卷(養生部六卷、燕閒部二
卷、樹畜部十卷)

210000－0701－0005249　善61142

欽定四庫全書總目二百卷　（清）紀昀等撰
清內府寫本　八冊　存十八卷(一百十九至
一百二十三、一百三十至一百三十九、一百四
十三至一百四十五)

210000－0701－0005250　善61143

紅葉樓馬吊譜不分卷　清抄本　一冊

210000－0701－0005251　善61144

羣英珠玉五卷　（明）范士衡集編　清宣統羅
振玉抄本　羅振玉題記　一冊

210000－0701－0005252　善61145

青箱齋琴譜四卷琴學一卷　（清）王鵬高輯
清抄本　四冊

210000－0701－0005253　善61146

說文統釋不分卷　（清）錢大昭撰　清道光十

三年(1833)抄本　清苗夔題識　二冊

210000－0701－0005254　善61147

吊譜不分卷京吊譜不分卷　清末抄本　一冊

210000－0701－0005255　善61148

青暘集四卷　（明）張宣撰　清道光八年
(1828)抄本　一冊

210000－0701－0005256　善61149

師尚齋詩集八卷　（清）莊炘撰　清抄本　羅
振玉題記　三冊

210000－0701－0005257　善61150

不得已二卷　（清）楊光先撰　清咸豐九年
(1859)沈毅抄本　佚名題記　一冊

210000－0701－0005258　善61151

說文字原十二卷　（元）周伯琦編注　清乾隆
三十九年(1774)抄本　一冊

210000－0701－0005259　善61152

六九軒算書七卷　（清）劉衡撰　清咸豐抄本
　四冊

210000－0701－0005260　善61153

沈下賢文集十二卷　（唐）沈亞之撰　清抄本
　孫丹階題識　四冊

210000－0701－0005261　善61154

墨緣彙觀四卷　（清）安岐撰　清抄本　四冊

210000－0701－0005262　善61155

春秋詳說三十卷　（宋）家鉉翁撰　清四庫館
抄本　一冊　存一卷(九)

210000－0701－0005263　善61156

風角書八卷　（清）張爾岐撰　清抄本　二冊

210000－0701－0005264　善61157

[淳祐]臨安志五十二卷　（宋）施諤撰　清抄
本　一冊　存三卷(一至三)

210000－0701－0005265　善61158

借園雜集不分卷　（明）祝守範撰　清抄本
一冊

210000－0701－0005266　善61159

趙寶峰先生文集不分卷　（宋）趙偕撰　清抄

本 一册

210000－0701－0005267 善61160

文山先生紀年錄一卷 （清）曾宏輯訂 清抄本 二册

210000－0701－0005268 善61161

翰林集四卷附錄一卷香奩集三卷附錄一卷 （唐）韓偓撰 清抄本 四册

210000－0701－0005269 善61162

司空表聖文集十卷 （唐）司空圖撰 清顧沅藝海樓抄本 一册

210000－0701－0005270 善61163

李北海文集六卷 （唐）李邕撰 清抄本 一册

210000－0701－0005271 善61164

清綺軒詞選不分卷 （清）夏秉衡撰 清抄本 六册

210000－0701－0005272 善61165

玉山草堂集二卷 （明）顧阿英撰 清抄本 三册

210000－0701－0005273 善61166

澗泉集二十卷 （宋）韓淲撰 清抄本 六册

210000－0701－0005274 善61167

紀元編四卷 （清）李兆洛編 羅振玉補 羅振玉稿本 二册 存二卷（上、中）

210000－0701－0005275 善61168

海鷗館詩存不分卷 （清）黄霽棠撰 清光緒十一年（1885）稿本 六册

210000－0701－0005276 善61169

明宫雜詠四卷 （清）毛遇順撰 清抄本 四册

210000－0701－0005277 善61170

珊瑚網四十八卷 （明）汪珂玉撰 清抄本 （四庫底本） 十七册 存四十五卷（一至三十八、四十二至四十八）

210000－0701－0005278 善61171

金臺集二卷 （元）廼賢撰 （明）危素編 清

抄本 佚名過錄林雲鳳跋 二册

210000－0701－0005279 善61172

新鐫梅竹蘭菊四譜一卷 （明）黄鳳池輯 清初臨摹本 一册

210000－0701－0005280 善61173

金遼備考二卷 題（清）林佶撰 清抄本 一册

210000－0701－0005281 善61174

川書日記不分卷 （□）□□□輯 清抄本 二册

210000－0701－0005282 善61175

金石字樣八卷 （清）戴源集錄 清抄本 八册

210000－0701－0005283 善61176

翠華備覽不分卷 （清）尹繼善撰 清抄本 莫裳題識 四册

210000－0701－0005284 善61177

［光緒］吉林通志一百二十二卷 （清）長順（清）訥欽修 （清）李桂林 （清）顧雲纂 清光緒抄本 一百一册 缺十六卷（七至十二、二十八、四十三、六十三至七十）

210000－0701－0005285 善61178

讀史方輿紀要一百三十卷 （清）顧祖禹撰 清抄本 六十册

210000－0701－0005286 善61179

國朝宫史續編一百卷 （清）慶桂等修 清嘉慶十一年（1806）内府寫本 一百册

210000－0701－0005287 善61180

讀史方輿紀要一百三十卷 （清）顧祖禹撰 清抄本 八十册 存一百二十七卷（一至二、四至六、九至一百三十）

210000－0701－0005288 善61181

欽定熱河志一百二十卷 （清）和珅 （清）梁國治纂修 清抄本 四十八册

210000－0701－0005289 善61182

欽定日下舊聞考一百六十卷譯語總目一卷 （清）于敏中等纂 清乾隆内府寫本 七十册

259

存一百五十七卷(一至二十一、二十四至一
百九、一百十二至一百六十,譯語總目一卷)

210000－0701－0005290　善61183
御選明臣奏議四十卷　(清)高宗弘曆撰　清
乾隆內府寫本　二十冊

210000－0701－0005291　善61184
伯佛行船撮要　(英國)伯佛撰　(清)丁岳譯
清稿本　二十六冊

210000－0701－0005292　善61185
建炎以來繫年要錄二百卷　(宋)李心傳撰
清乾隆四十一年(1776)孔繼涵家抄本　清孔
繼涵題識　三十冊　存一百八十卷(一至一
百八十)

210000－0701－0005293　善61186
祀孔典禮三十五卷　(清)孔傳鐸撰　清抄本
十六冊　存二十三卷(一、六至十一、二十
至三十五)

210000－0701－0005294　善61187
東晉南北朝輿地表年表十卷首一卷末一卷州
郡表四卷郡縣表十二卷　(清)徐文範撰　清
杏雨書齋抄本　十冊　缺六卷(郡縣表一至
六)

210000－0701－0005295　善61188
宣宗成皇帝大事檔不分卷(滿漢合璧)　清抄
本　十一冊

210000－0701－0005296　善61189
欽定明鑑二十四卷　(清)胡敬　(清)陳用光
等纂　清嘉慶內府抄本　二十四冊

210000－0701－0005297　善61190
藏書敍錄不分卷　清抄本　四十四冊

210000－0701－0005298　善61191
苕溪記五十五卷目錄一卷　(宋)劉一止撰
清抄本　十二冊

210000－0701－0005299　善61192
乾隆以來職員錄不分卷　吳廷燮輯　清末抄
本　七冊

210000－0701－0005300　善61193

東華錄□□卷(天命、天聰、崇德、順治、康熙、
雍正)　(清)蔣良騏撰　清抄本　三十冊
存二十九卷(一至四、七至三十一)

210000－0701－0005301　善61194
東華錄十六卷(天命、天聰、崇德、順治、康熙、
雍正)　(清)蔣良騏撰　清抄本　十六冊

210000－0701－0005302　善61195
治平勝算全書十四卷　(清)年羹堯輯　清抄
本　二十冊

210000－0701－0005303　善61196
治平勝算全書二十八卷　(清)年羹堯輯　清
抄本　二十冊

210000－0701－0005304　善61197
菩陀峪萬年吉地工程輯要七卷　(清)鐵良輯
清宣統抄本　八冊

210000－0701－0005305　善61198
籌邊纂議八卷　(明)鄭文彬撰　清抄本　十
二冊

210000－0701－0005306　善61199
普祥峪萬年吉地工程備要全書十卷　清內府
寫本　十冊

210000－0701－0005307　善61200
莆田水利志八卷　(清)陳池養撰　清道光抄
本　十冊

210000－0701－0005308　善61201
天府廣紀四十四卷　(清)孫承澤撰　清初抄
本　十六冊

210000－0701－0005309　善61202
欽定滿洲祭神祭天典禮六卷　(清)允祿等纂
清內府抄本　六冊

210000－0701－0005310　善61203
欽定音韻述微不分卷　(清)梁國治等撰　清
抄本　十二冊　殘

210000－0701－0005311　善61204
東華錄三十四卷(天命、天聰、崇德、順治、康
熙、雍正)　(清)蔣良騏撰　清抄本　三十
四冊

210000 – 0701 – 0005312　善 61205

類證普濟本事方釋義十卷　（宋）許叔微撰
（清）葉桂釋義　清抄本　四冊

210000 – 0701 – 0005313　善 61206

芙蓉城四種書　（清）陸次雲撰　清抄本
六冊

210000 – 0701 – 0005314　善 61207

古今指掌十二卷　（清）歐陽魁　（清）歐陽械
撰　清乾隆三十年(1765)抄本　伯融題記
二十四冊

210000 – 0701 – 0005315　善 61208

硃批西林中堂未刻摺不分卷　（清）鄂爾泰撰
　清抄本　清蕭穆題記　六冊

210000 – 0701 – 0005316　善 61209

洴澼百金方十四卷　（清）袁宮桂撰　清抄本
　十冊

210000 – 0701 – 0005317　善 61210

嘉禾徵獻錄五十卷外紀六卷　（清）盛楓撰
（清）盛友焯校訂　清同治八年(1869)唐翰題
抄本　清唐翰題題識　二冊

210000 – 0701 – 0005318　善 61211

聲韻辨八卷　（清）譚宗撰　清抄本　四冊

210000 – 0701 – 0005319　善 61212

葛銘著述三種十六卷　（清）葛銘撰　清抄本
　七冊

210000 – 0701 – 0005320　善 61213

蜀漢本末三卷　（元）趙居信集錄　清末抄本
　一冊

210000 – 0701 – 0005321　善 61214

述聞類編十二卷　（明）謝晉輯　清抄本
二冊

210000 – 0701 – 0005322　善 61215

神機制敵太白陰經十卷　（唐）李筌撰　清抄
本　佚名題記　四冊

210000 – 0701 – 0005323　善 61216

新定兵機便用不分卷　清抄本　四冊

210000 – 0701 – 0005324　善 61217

南河成案簡明目錄不分卷　清抄本　四冊

210000 – 0701 – 0005325　善 61218

截留漕糧撥運奏疏八卷　清道光朱墨抄本
六冊

210000 – 0701 – 0005326　善 61219

大清穆宗毅皇帝實錄三百七十四卷　（清）曹
秉哲　（清）錢桂森等纂　清光緒實錄館朱墨
寫本　五冊　存五卷

210000 – 0701 – 0005327　善 61220

大清宣宗成皇帝實錄四百七十六卷　清光緒
實錄館朱墨寫本　七冊　存七卷(三百五至
三百十一)

210000 – 0701 – 0005328　善 61221

虞山妖亂志二卷　（清）馮甦撰　清光緒二十
九年(1903)蒓山抄本　一冊

210000 – 0701 – 0005329　善 61222

翻譯類編四卷(滿漢合璧)　（清）冠景編　清
抄本　四冊

210000 – 0701 – 0005330　善 61223

火龍神器六卷　（明）焦玉撰　清抄本　六冊

210000 – 0701 – 0005331　善 61224

兵鈐內書八卷外書八卷　（清）呂磻　（清）盧
承恩輯　清抄本　十冊

210000 – 0701 – 0005332　善 61225

分隸存三卷　（清）鈕樹玉撰　清抄本　清郭
麐題記　八冊

210000 – 0701 – 0005333　善 61226

吳梅村詩箋十二卷　（清）吳偉業撰　（清）程
穆衡箋　附錄一卷　清抄本　十四冊

210000 – 0701 – 0005334　善 61227

酌中志二十四卷　（明）劉若愚撰　清抄本
三冊

210000 – 0701 – 0005335　善 61228

山中聞見錄十三卷　（清）彭孫貽撰　清抄本
　羅繼祖題識　二冊

210000－0701－0005336　善61229

光緒六年至二十四年京師江南日月蝕圖解不分卷　（清）□□撰　礮法圖解不分卷　（清）丁乃文撰　清末抄本　二冊

210000－0701－0005337　善61230

春明夢餘錄七十卷　（清）孫承澤撰　清抄本　十二冊

210000－0701－0005338　善61231

皇朝禮器圖式十八卷目錄一卷　（清）允祿等纂　（清）福隆安等補纂　清乾隆武英殿寫本　十八冊　存五卷（儀器、武備、樂器、儀仗、冠服）

210000－0701－0005339　善61232

三朝北盟會編二百五十卷　（宋）徐夢莘撰　清抄本　八十四冊　存二百十卷（十六至三十七、四十一至七十五、九十八至二百五十）

210000－0701－0005340　善61233

三朝北盟會編二百五十卷　（宋）徐夢莘撰　清抄本　十八冊　存一百九十七卷（五十四至二百五十）

210000－0701－0005341　善61234

國榷十卷　（清）談遷撰　清抄本　八冊　存八卷(二至六、八至十)

210000－0701－0005342　善61235

艾陵文鈔十六卷　（清）雷士俊撰　清抄本　六冊　存十三卷(四至十六)

210000－0701－0005343　善61236

成案偶鈔八卷　清抄本　八冊

210000－0701－0005344　善61237

星源集慶不分卷　清光緒十九年(1893)內府寫本　六冊

210000－0701－0005345　善61238

申大人奏稿八卷　（清）申啓賢撰　清抄本　八冊

210000－0701－0005346　善61239

皇輿全圖不分卷　清抄本　十冊

210000－0701－0005347　善61240

平叛記二卷　（清）毛霦編　清抄本　八冊

210000－0701－0005348　善61241

楊夢羽南宮小集不分卷七檜山人詞一卷　（明）楊儀撰　清抄本　三冊

210000－0701－0005349　善61242

拙齋文集二十卷　（宋）林之奇撰　清抄本　四冊

210000－0701－0005350　善61243

旅順口澳隖挖土計方圖　清光緒十二年(1886)繪本　一張

210000－0701－0005351　善61244

道經一卷　清抄本　一冊

210000－0701－0005352　善61245

近古堂書目□□卷　清抄本　一冊　存一卷(上)

210000－0701－0005353　善61246

知聖道齋書目八卷　（清）彭元瑞藏　清光緒三十四年(1908)抄本　羅振玉校　一冊

210000－0701－0005354　善61247

丙丁龜鑑五卷　（宋）柴望撰　續錄二卷　清抄本　二冊

210000－0701－0005355　善61248

俞氏秘方不分卷　清抄本　四冊

210000－0701－0005356　善61249

錢文端公[陳羣]行述　（清）錢汝誠等撰　清稿本　一冊

210000－0701－0005357　善61250

大雲山房書目三種　（清）李文藻輯　清抄本　一冊

210000－0701－0005358　善61251

名例律十二卷音義一卷　清咸豐抄本　二冊

210000－0701－0005359　善61252

武備經緯祕文寶錄一百八十四卷　清末抄本　四十八冊

210000－0701－0005360　善61253

天下郡國利病書一百二十卷　（清）顧炎武撰

清乾隆、嘉慶抄本　八十冊

210000－0701－0005361　善61254
明太宗實錄一百三十卷　清抄本　羅振玉題記　二十四冊　存一百七卷(一至十二、二十五至四十二、五十四至一百三十)

210000－0701－0005362　善61255
大清德宗景皇帝聖訓一百四十五卷　(清)溫肅　(清)黎湛枝輯　清宣統內府寫本　一百二十七冊　存一百二十七卷(二至四、六至二十一、二十三至二十六、二十八至三十五、四十一、四十四至六十三、六十五至六十九、七十二至一百一十一、一百一十三至一百一十八、一百二十一至一百三十七、一百三十九至一百四十五)

210000－0701－0005363　善61256
明英憲孝宗三朝實錄□□卷　清抄本　一百十一冊　存三百二十六卷(英宗一至四、八、十至十八、二十一至五十一、五十五至六十一、六十六至七十四,憲宗一至十五、十九至八十、八十六至一百一十三、一百一十七至一百二十三、一百三十二至一百五十、一百五十四至一百五十五、一百六十六至一百六十七,孝宗一至十五、十九至二十七、三十一至八十六、九十二至一百二十二、一百三十二至一百三十五、一百四十至一百五十四)

210000－0701－0005364　善61257
河防志二十四卷　清抄本　二十四冊

210000－0701－0005365　善61258
守城全書十八卷　(明)祁彪佳撰　清初寫本　十冊

210000－0701－0005366　善61259
洴澼百金方十四卷　(清)袁宮桂輯　清抄本　五冊　存七卷(一至七)

210000－0701－0005367　善61260
歷代帝王年表不分卷　(清)郭伯芬撰　清光緒稿本　二十四冊

210000－0701－0005368　善61261
戰機覽快不分卷覽恨不分卷亂機鑒不分卷

(明)陳伯友輯　清陳楷抄本　六冊

210000－0701－0005369　善61262
嘉謀錄四卷　清抄本　二冊

210000－0701－0005370　善61263
異域瑣談四卷　題(清)七十一撰　清抄本　一冊　存二卷(一至二)

210000－0701－0005371　善61264
滿漢列臣傳八十卷　(清)國史館纂　清抄本　五十七冊　存五十七卷(一至十、十二至四十、四十三、六十四至八十)

210000－0701－0005372　善61265
周忠毅公鄉試硃卷一卷　(明)周宗建撰　清道光七年(1827)張廷濟抄本　王之佐題識　清張廷濟跋　一冊

210000－0701－0005373　善61266
今水經一卷表一卷　(清)黃宗羲撰　清一角山樓主人抄本　黃璋題識　一冊

210000－0701－0005374　善61267
墨緣彙觀八卷　(清)安岐撰　清抄本　八冊

210000－0701－0005375　善61268
續書畫題跋記十二卷　(明)郁逢慶輯　清抄本　二冊　存五卷(一至五)

210000－0701－0005376　善61269
鄒縣金石志不分卷　(清)吳企寬　(清)孟廣均撰　清道光抄本　五冊

210000－0701－0005377　善61270
漢隸分韻不分卷　題(□)董元宿注錄　清抄本　二冊

210000－0701－0005378　善61271
龍龕手鑑三卷　(遼)釋行均撰　清抄本　三冊

210000－0701－0005379　善61272
[天順]甯波郡誌十卷　(明)張瓚　(明)楊寔纂修　清煙嶼樓抄本　四冊

210000－0701－0005380　善61273
宗室王公章京世襲爵秩冊四卷　清末內府朱

墨寫本　四冊

210000－0701－0005381　善61274

欽定古今儲貳金鑑六卷首一卷　清乾隆內府抄本　四冊

210000－0701－0005382　善61275

嘯臺集不分卷　（清）楊濬吉撰　清抄本　二冊

210000－0701－0005383　善61276

正教錄四卷　（明）陳俶等編　清抄本　二冊

210000－0701－0005384　善61277

南海百咏一卷　（宋）方信孺撰　清康熙五十八年(1719)金粟抄本　一冊

210000－0701－0005385　善61278

蕭山趙氏慶源類譜五卷首一卷後一卷　（清）趙王言重修　清抄本　一冊　存二卷(一、首一卷)

210000－0701－0005386　善61279

擬洪武寶訓序不分卷　稿本　一冊

210000－0701－0005387　善61280

列女傳輯錄不分卷　清末抄本　四冊

210000－0701－0005388　善61281

祕本琴譜二卷　（清）王封采　（清）張楣校訂　清乾隆抄本　佚名題記　二冊

210000－0701－0005389　善61282

內閣小志一卷　（清）葉鳳毛撰　清末抄本　羅振玉題記　一冊

210000－0701－0005390　善61283

禁扁五卷　（元）王士點撰　清抄本　一冊　存二卷(丁至戊)

210000－0701－0005391　善61284

漁樵問答一卷　（清）釋成鷟撰　清乾隆抄本　一冊

210000－0701－0005392　善61285

長洲陸子[陸隴其]年譜一卷　（清）陸禮徵（清）陸宸徵撰　清抄本　一冊

210000－0701－0005393　善61286

石刻鋪敘二卷　（宋）曾宏父撰　二王帖目錄評釋三卷　（宋）許開撰　清抄本　羅繼祖批校　清朱少河　伯修題記　二冊

210000－0701－0005394　善61287

張楊園先生[履祥]年譜一卷附錄一卷　（清）蘇惇元重編　清末抄本　一冊

210000－0701－0005395　善61288

御撰資治通鑑綱目三編二十卷　（清）張廷玉等纂　清乾隆內府寫本　一冊　存二卷(五至六)

210000－0701－0005396　善61289

寒山金石林部目　（明）趙均撰　清抄本　沈宗畸題識　一冊

210000－0701－0005397　善61290

松垣文集十一卷　（宋）幸元龍撰　清抄本　羅振玉題記　二冊

210000－0701－0005398　善61291

清太祖實錄□□卷　（清）□□抄　撫津疏草不分卷　（明）畢自嚴撰　黃允中函不分卷　黃允中撰　清末民國抄本　八冊

210000－0701－0005399　善61292

清末大臣奏稿不分卷　清末抄本　二冊

210000－0701－0005400　善61293

集古琴考不分卷　（清）孫衍恩輯　清孫衍恩抄本　八冊

210000－0701－0005401　善61294

帷幄全書十四種五十三卷　（清）姚啓聖輯　清抄本　六十冊

210000－0701－0005402　善61295

太乙統宗寶鑑二十四卷　題（元）曉山老人撰　清初抄本　十二冊

210000－0701－0005403　善61296

兵法心傳　清抄本　十冊

210000－0701－0005404　善61297

三禮圖二卷　（明）劉績撰　清抄本　四冊

210000－0701－0005405　善61298

太常紀要十五卷　（清）江藩輯　清抄本
二冊

210000－0701－0005406　善61299

玉斗山人文集三卷遺文一卷　（元）王奕撰
（明）陳中州輯　附錄一卷　清抄本　二冊

210000－0701－0005407　善61300

陶淵明集十卷　（晉）陶潛撰　清抄本　四冊

210000－0701－0005408　善61301

道園文補鈔四卷　（元）虞集撰　清抄本
六冊

210000－0701－0005409　善61302

憨山大師夢游集錄要不分卷　（明）釋德清撰
　清抄本　四冊

210000－0701－0005410　善61303

松窗夢語八卷　（明）張瀚撰　清嘉慶十二年
(1807)通介叟抄本　清通介叟題識　三冊
存六卷(一至四、七至八)

210000－0701－0005411　善61304

南渡錄四卷　題(宋)辛棄疾撰　清抄本
四冊

210000－0701－0005412　善61305

邊州聞見錄十四卷　（清）陳鼎恒撰　清抄本
　三冊　存六卷(六至十一)

210000－0701－0005413　善61306

琴學入門二卷　（清）張鶴輯　清末抄本
六冊

210000－0701－0005414　善61307

蘊真堂日記不分卷　（清）周閑撰　清同治十
二年至光緒二十六年(1873－1900)稿本　十
六冊

210000－0701－0005415　善61308

少林棍法闡宗不分卷　（明）程宗猷撰　清抄
本　一冊

210000－0701－0005416　善61309

[新疆]藩部志不分卷　（清）方希孟撰　清光
緒稿本　四冊

210000－0701－0005417　善61310

曲譜鈔不分卷首一卷　清抄本　二冊

210000－0701－0005418　善61311

蔣氏年譜五卷自序六卷　（清）蔣慶第撰　稿
本　二冊

210000－0701－0005419　善61312

石墨鐫華八卷　（明）趙崡撰　清抄本　四冊

210000－0701－0005420　善61313

耕餘剩技六卷　（明）程宗猷撰　清抄本
二冊

210000－0701－0005421　善61314

墨華通考十六卷　（明）王應遴輯　清抄本
半醒居士題記　十六冊

210000－0701－0005422　善61315

東瀛紀事不分卷　（清）楊廷理輯　清抄本
一冊

210000－0701－0005423　善61316

續古刻叢抄一卷　清抄本　一冊

210000－0701－0005424　善61317

奇門統宗大全十二卷　題(清)廣陵連曾魯齋
原編　（清）白下醉鶴老人鑒定　清末抄本
十冊

210000－0701－0005425　善61318

金石萃編未刻稿三卷　（清）王昶撰　清乾
隆、嘉慶稿本　三冊

210000－0701－0005426　善61319

明代名人翰藻不分卷　（明）凌迪知輯　（清）
丁慶鎏節抄　清吳興丁氏抄本　五冊

210000－0701－0005427　善61320

道書雜抄不分卷　（清）湯金釗輯　清末抄本
　四冊

210000－0701－0005428　善61321

錢楳谿撫漢碑真蹟不分卷　（清）錢泳臨書
清錢泳臨本　成多祿題識　一冊

210000－0701－0005429　善61322

[宣統]輝南廳志二卷　（清）薛德履修

(清)張見田　(清)于龍辰纂　清宣統二年
(1910)薛德履抄本　二冊

210000 – 0701 – 0005430　善61323
詩韻擬稿不分卷　(□)□□撰　稿本　五冊

210000 – 0701 – 0005431　善61324
草廬經略四卷　(明)黃啟瑞撰　清咸豐二年
(1852)桂樞抄本　四冊

210000 – 0701 – 0005432　善61325
三朝野記七卷　(清)李遜之輯　清抄本　三
冊　存三卷(二上、三上、七)

210000 – 0701 – 0005433　善61326
陵陽先生集四卷　(宋)韓駒撰　清初抄本
四冊

210000 – 0701 – 0005434　善61327
山中聞見錄十一卷　(清)彭孫貽撰　清初抄
本　五冊　存八卷(一至二、六至十一)

210000 – 0701 – 0005435　善61328
管子考證不分卷　王仁俊輯　清末抄本
一冊

210000 – 0701 – 0005436　善61329
欽定皇輿全覽不分卷　稿本　四冊

210000 – 0701 – 0005437　善61330
[嘉靖]吳邑志十六卷　(明)蘇祐　(明)楊
循吉修　(明)曹自守纂　清抄本　二冊

210000 – 0701 – 0005438　善61331
勅建隆興寺誌二卷　(清)王發枝撰　清抄本
二冊

210000 – 0701 – 0005439　善61332
大清一統志不分卷　稿本　一冊　存(琉球、
荷蘭、暹羅、西洋、南掌、鄂羅斯、土爾古特、葉
爾欽)

210000 – 0701 – 0005440　善61333
說帖七十六卷目錄七卷　(清)律例館輯　清
道光抄本　八十冊

210000 – 0701 – 0005441　善61334
文選筆記□□卷　(清)許巽行撰　稿本　蓉

初題識　八冊　存二十一卷

210000 – 0701 – 0005442　善61335
周此山先生詩集四卷　(元)周權撰　清末抄
本　二冊

210000 – 0701 – 0005443　善61336
晤仙集不分卷　(清)王彥侃撰　清咸豐抄本
伯雲題記　一冊

210000 – 0701 – 0005444　善61337
陶靖節集十卷　(晉)陶潛撰　清初王石先抄
本　二冊

210000 – 0701 – 0005445　善61338
周易本義刪補四卷　清初抄本　二冊　缺二
卷(繫辭、說卦、序卦、雜卦)

210000 – 0701 – 0005446　善61339
古今異苑四卷　(明)包垕輯　清初抄本
二冊

210000 – 0701 – 0005447　善61340
金石續錄四卷　(清)劉青藜撰　清抄本
一冊

210000 – 0701 – 0005448　善61341
南雝經籍考二卷　(明)梅鷟撰　清光緒葉德
輝抄本　一冊

210000 – 0701 – 0005449　善61342
景威詩存不分卷　(清)胡嗣芬撰　清同治、
光緒稿本　七冊

210000 – 0701 – 0005450　善61343
漢志武成日月表一卷　(清)陳以綱撰　清乾
隆稿本　朱錫庚題識　一冊

210000 – 0701 – 0005451　善61344
歷代後妃紀畧十二卷　(清)汪沅編　清抄本
八千卷樓題識　三冊　存九卷(一至九)

210000 – 0701 – 0005452　善61345
金石表一卷　(清)曹溶撰　清抄本　羅振玉
批校並題識　一冊

210000 – 0701 – 0005453　善61346
振綺堂書目不分卷　(清)汪邁孫　(清)汪□

孫撰 （清）陳奐校 清道光稿本 汪曾唯題
識 二冊

210000－0701－0005454 善61347
二十三家金文目不分卷 （清）張廷濟 （清）
程振甲等撰 清高氏辦蟫居抄本 羅振玉
校 一冊 存七家（清儀閣藏器目、新安程
氏藏器目、漢陽葉氏平安館藏器目、歸安吳
氏兩罍軒藏器目、曹氏懷米山房藏器目、歸
安丁氏梅花庵藏器目、儀徵阮元積古齋藏器
目）

210000－0701－0005455 善61348
崇正辨三卷 （宋）胡寅撰 清初抄本 一冊
存一卷（三）

210000－0701－0005456 善61349
四書反身錄八卷 （清）李顒撰 （清）王心敬
輯 清末抄本 四冊

210000－0701－0005457 善61350
觀象玩占五十卷 題（唐）李淳風撰 清抄本
十冊

210000－0701－0005458 善61351
說文摘句一卷說文引典一卷 清江在田抄本
治泉批校並題記 一冊

210000－0701－0005459 善61352
新增格古要論十三卷 （明）曹昭撰 （明）王
佐增補 清抄本 孫丹階題識 二冊 存二
卷（三至四）

210000－0701－0005460 善61353
東華備遺錄八卷 （清）蔣良騏撰 清抄本
四冊

210000－0701－0005461 善61354
太宗皇帝實錄八十卷 （宋）錢若水等修 清
抄本 一冊 存八卷（二十六至三十、七十
六、七十九,八十殘）

210000－0701－0005462 善61355
善隣國實記三卷 （日本）釋周鳳撰 清抄本
三冊

210000－0701－0005463 善61356

黃山圖經一卷 清方望子抄本 一冊

210000－0701－0005464 善61357
金石表一卷 （清）曹溶 竹垞補遺一卷
（清）朱彝尊撰 清抄本 羅振玉批校 一冊

210000－0701－0005465 善61358
盛京貯存什物備考不分卷 清抄本 金毓黻
題記 二冊

210000－0701－0005466 善61359
吹劍錄一卷 （宋）俞文豹撰 清抄本 一冊

210000－0701－0005467 善61360
嵩陽石刻集記二卷 （清）葉封撰 清抄本
二冊

210000－0701－0005468 善61361
立齋閑錄四卷 （明）宋端儀撰 清光緒三十
一年（1905）羅振玉抄本 蔣黼校並題識 羅
振玉題識 一冊

210000－0701－0005469 善61362
內閣大庫檔冊一卷 清宣統三年（1911）羅振
玉抄本 羅振玉題記 一冊

210000－0701－0005470 善61363
水村易鏡一卷 （宋）林光世撰 清乾隆五十
一年（1786）抄本 一冊

210000－0701－0005471 善61364
金石學錄補一卷 （清）陸心源撰 清末抄本
一冊

210000－0701－0005472 善61365
題名集古錄目不分卷 （清）劉喜海撰 清抄
本 澤□題識 一冊

210000－0701－0005473 善61366
何水部詩集三卷 （南朝梁）何遜撰 陰常侍
詩集一卷 （南朝陳）陰鏗撰 清抄本 四冊

210000－0701－0005474 善61367
復古編二卷 （宋）張有撰 清抄本 二冊

210000－0701－0005475 善61368
扶生雜抄五卷 （清）扶生輯 清扶生抄本
五冊

210000－0701－0005476 善61369

佳趣堂書目一卷 （清）陸漻編 清宣統元年(1909)抄本 章鈺題記 一冊

210000－0701－0005477 善61370

欽定平定兩金川方略一百三十二卷 （清）阿桂等纂 清乾隆四庫館寫本 一冊

210000－0701－0005478 善61371

奏疏匯抄□□卷 題(清)問樵氏輯 清問樵氏抄本 六冊 存十七卷(辰冊七卷、己冊二卷、午冊三卷、未冊四卷、酉冊一卷)

210000－0701－0005479 善61372

乾坤大略十卷補遺一卷 （清）王餘佑撰 清抄本 二冊

210000－0701－0005480 善61373

鬼撮脚射覆六卷 （□）□□撰 清抄本 六冊

210000－0701－0005481 善61374

鳳暉集六卷 （清）嵩祿輯 清抄本 六冊

210000－0701－0005482 善61375

洴澼百金方十四卷武備輯要續編救急方一卷 （清）袁宮桂撰 清抄本 十一冊

210000－0701－0005483 善61376

近年秋審彙案十卷 （□）□□撰 清末抄本 七冊 存八卷(一、三、五至十)

210000－0701－0005484 善61377

史鑑標目不分卷 （清）劉樾輯 清抄本 十一冊

210000－0701－0005485 善61378

總管內務府御茶膳房現行則例二卷 （清）□□撰 清內府寫本 二冊

210000－0701－0005486 善61379

總管內務府現行則例四卷 （清）福錕等纂 清內府寫本 四冊

210000－0701－0005487 善61380

所安遺集一卷補錄一卷附錄一卷 （元）陳泰撰 清抄本 一冊

210000－0701－0005488 善61381

書畫溯源□□卷 （□）□□輯 清末抄本 一冊 存一卷

210000－0701－0005489 善61382

風后遺經不分卷 （清）東洛居士輯 清抄本 (配朱藍印本) 四冊

210000－0701－0005490 善61383

東觀漢記二十四卷 （漢）劉珍等撰 清抄本 二冊

210000－0701－0005491 善61384

三因極一病源論粹十八卷 （宋）陳言撰 清抄本 十六冊 存十六卷

210000－0701－0005492 善61385

群輔小識四卷 （□）□□撰 清抄本 三冊 存三冊(一、三至四)

210000－0701－0005493 善61386

大學衍義約旨不分卷 （清）慶恕撰 清宣統二年(1910)抄本 二冊

210000－0701－0005494 善61387

孝史五十卷 （宋）謝諤編 清抄本 五冊

210000－0701－0005495 善61388

鐵楳庵抄試帖不分卷 （清）鐵保輯 清嘉慶抄本 談國桓題識 二冊

210000－0701－0005496 善61389

秦邊紀略□□卷 （清）□□撰 清抄本 二冊 存五卷(延綏一卷、寧夏一卷、河套一卷、肅州一卷、外疆一卷)

210000－0701－0005497 善61390

鐵網珊瑚二十卷 題(明)都穆輯 清龔嘉遂抄本 素人 陳墉題識 六冊

210000－0701－0005498 善61391

沈忠敏公龜谿集十二卷 （宋）沈興求撰 清抄本 王禮培跋 四冊

210000－0701－0005499 善61392

傳是樓書目不分卷 （清）徐乾學藏 清抄本 四冊

210000－0701－0005500　善61393
宋李忠定公奏議選十五卷文集選二十九卷首
四卷　（宋）李綱撰　（明）左光先　（明）李
春熙輯　清抄本　八冊　存二十四卷（奏議
選一至十二、文集選一至八、首四卷）

210000－0701－0005501　善61394
馬吊譜一卷雙姝譜一卷　（清）石芙子　（清）
三昧道人撰　清抄本　二冊

210000－0701－0005502　善61395
昭德先生郡齋讀書志二十卷　（宋）晁公武撰
（宋）姚應續編　清抄本　三冊

210000－0701－0005503　善61396
前漢書考證一百卷　（清）齊召南撰　清抄本
六冊

210000－0701－0005504　善61397
漱芳閣書畫記一卷　（日本）淺野長祚藏　清
宣統元年(1909)羅振玉抄本　一冊

210000－0701－0005505　善61398
錢塘遺事十卷　（元）劉一清輯　清抄本
四冊

210000－0701－0005506　善61399
大清穆宗毅皇帝聖訓一百六十卷　清內府寫
本　一冊　存一卷(九十二)

210000－0701－0005507　善61400
樂書二百卷　（宋）陳暘撰　清抄本　九冊
存一百九十三卷(八至二百)

210000－0701－0005508　善61401
振綺堂書目不分卷　（清）汪誠撰　清光緒末
抄本　五冊

210000－0701－0005509　善61402
醫書雜錄不分卷　（清）□□輯　清抄本
四冊

210000－0701－0005510　善61403
東漢會要四十卷　（宋）徐天麟撰　清初抄本
妙道人題識　四冊

210000－0701－0005511　善61404
亭林遺書節鈔九卷　（清）顧炎武撰　清光緒

晁澮抄本　清晁澮題記　四冊

210000－0701－0005512　善61405
滄海遺珠集四卷　（明）沐昂輯　清抄本
一冊

210000－0701－0005513　善61406
翠微先生北征錄十二卷　（宋）華岳撰　清抄
本　佚名　清顧廣圻題記　四冊

210000－0701－0005514　善61407
兵志八卷　（明）王守仁纂錄　清黃國瑾抄本
黃國瑾題記　五冊

210000－0701－0005515　善61408
群經字類二卷　（清）王念孫撰　稿本　二冊

210000－0701－0005516　善61409
續宋中興編年資治通鑑十五卷　（宋）劉時舉
撰　清抄本　二冊

210000－0701－0005517　善61410
[乾隆]塔子溝紀略十二卷　（清）哈達清格撰
清抄本　四冊

210000－0701－0005518　善61411
文王受命改元稱王辨證不分卷　（清）蒯光典
撰　清光緒二十四年(1898)鍾衡抄本　鍾衡
題記　一冊

210000－0701－0005519　善61412
四書地理攷十五卷　（清）王瑬撰　清光緒十
九年(1893)鍾衡抄本　鍾衡題記　四冊

210000－0701－0005520　善61413
光緒五年己卯科鄉試同年錄不分卷　清光緒
鍾衡抄本　一冊

210000－0701－0005521　善61414
雪樓集三十卷　（元）程鉅夫撰　附錄一卷
清抄本　十冊

210000－0701－0005522　善61415
鈍吟雜錄十卷　（清）馮班撰　清抄本　一冊
存八卷(一至八)

210000－0701－0005523　善61416
籟雲仙館詩餘偶存一卷　（清）劉鳳紀撰　稿

本 一冊

210000－0701－0005524 善61417

貫華堂第六才子書六卷西廂文一卷西廂詩一卷 （元）王實甫撰 （清）金人瑞評 清道光八年(1828)致遠堂抄本 八冊

210000－0701－0005525 善61418

道藏目錄詳註四卷 （明）白雲霽撰 （清）劉至喜鈔 清守經堂劉至喜影抄文瀾閣四庫全書本 四冊

210000－0701－0005526 善61419

恩封宗室王公表不分卷 （清）永瑢等編輯 清乾隆抄本 一冊

210000－0701－0005527 善61420

春秋三傳讞二十二卷 （宋）葉夢得撰 清抄本 四冊 存十六卷(左傳讞十卷、公羊傳讞六卷)

210000－0701－0005528 善61421

釀蜜集二卷 （清）鄒慎齋撰 清抄本 二冊

210000－0701－0005529 善61422

八旗則例□□卷 清乾隆內府寫本 四冊 存四卷(廉部一至四)

210000－0701－0005530 善61423

巴西文集一卷 （元）鄧文原撰 清乾隆鮑廷博知不足齋抄本 六冊

210000－0701－0005531 善61424

野蠻錄不分卷 （清）王元綖輯 清光緒稿本 二冊

210000－0701－0005532 善61425

劉賓客文集三十卷外集十卷 （唐）劉禹錫撰 清抄本 八冊

210000－0701－0005533 善61426

尚書疑義六卷 （明）馬明衡撰 清吳釗森抄本 清吳釗森題識 四冊

210000－0701－0005534 善61427

欽定宗室王公功績表傳十二卷 （清）阿桂撰 清抄本 四冊

210000－0701－0005535 善61428

欽定古今儲貳金鑑六卷 清內府寫本 四冊

210000－0701－0005536 善61429

慧超往五天竺傳殘卷一卷 （唐）釋慧超撰 清宣統元年(1909)趙世駿抄本 一冊

210000－0701－0005537 善61430

北里誌一卷 （唐）孫棨撰 清咸豐二年(1852)勞權抄本 清勞格批 羅振玉題記 一冊

210000－0701－0005538 善61431

崇禎朝記事四卷 （清）李遜之撰 清抄本 二冊

210000－0701－0005539 善61432

晉陽遊覽集一卷 （清）李增秩撰 清抄本 一冊

210000－0701－0005540 善61433

辛丑銷夏記五卷 （清）吳榮光撰 清抄本 五冊

210000－0701－0005541 善61434

大還閣琴譜六卷首二卷 （清）徐銶撰 （清）夏浦校 清抄本 八冊

210000－0701－0005542 善61435

說苑二十卷 （漢）劉向撰 （清）王乃徵進講 清內府寫本 六冊 存十二卷(一至十二)

210000－0701－0005543 善61436

冰玉山莊詩集八卷 （清）弘曉撰 清抄本 一冊

210000－0701－0005544 善61437

楚國文憲公雪樓程先生文集三十卷 （元）程鉅夫撰 附錄一卷 清嘉慶錢天樹味夢軒抄本 清徐時棟題記 八冊

210000－0701－0005545 善61438

總管內務府現行則例掌儀司四卷 清內府寫本 四冊

210000－0701－0005546 善61439

後漢書年表十卷 （宋）熊方撰 清抄本 二冊

210000－0701－0005547　善61440

薩載奏疏不分卷　（清）薩載撰　清抄本
四冊

210000－0701－0005548　善61441

續修漕運全書三十卷　（清）阮元輯　清抄本
三十冊

210000－0701－0005549　善61442

續中州金石考一卷　（清）常茂徠編　清抄本
一冊

210000－0701－0005550　善61443

鋤月山房詩冊不分卷　（清）西池撰　清鹵岡
抄本　一冊

210000－0701－0005551　善61444

朱子原訂近思錄十四卷　（清）郭嵩燾注　清
末抄本　四冊

210000－0701－0005552　善61445

中州琴譜二卷　（清）任薌圃訂　清抄本
四冊

210000－0701－0005553　善61446

稽古堂文稿摘錄不分卷首一卷　（明）高承埏
撰　清唐紀勳抄本　一冊

210000－0701－0005554　善61447

薇垣秘笈不分卷　（清）鮑康輯　清咸豐六年
至七年(1856－1857)稿本　一冊

210000－0701－0005555　善61448

易大象義一卷　（明）章潢撰　清抄本　羅振
玉題記　一冊

210000－0701－0005556　善61449

李五峰文集六卷　（元）李孝光撰　清抄本
四冊

210000－0701－0005557　善61450

窺園百二詩八卷　（清）程先貞撰　（清）趙其
星輯　清程氏抄本　一冊

210000－0701－0005558　善61451

雜劇曲譜三十五種　清抄本　七十二冊

210000－0701－0005559　善61452

曲選不分卷　清抄本　六冊

210000－0701－0005560　善61453

易通變四十卷　（宋）張行成撰　清道光、咸
豐古藤書屋抄本　六冊　存二十二卷(一至
二十二)

210000－0701－0005561　善61454

籌邊一得不分卷　（明）易文撰　清抄本
一冊

210000－0701－0005562　善61455

投筆集二卷　（清）錢謙益撰　清抄本　一冊

210000－0701－0005563　善61456

掇英老人自訂年譜一卷　（清）□元采撰　清
抄本　一冊

210000－0701－0005564　善61457

八陣濟世方不分卷　清抄本　十冊

210000－0701－0005565　善61458

兵錄四卷　（明）何汝賓撰　清抄本　八冊

210000－0701－0005566　善61459

金湯借箸十二籌　（明）李槃輯　清乾隆、嘉
慶卜起元抄本　清卜起元校　四冊

210000－0701－0005567　善61460

廣川書跋十卷　（宋）董逌撰　（明）毛晉訂
清張力臣抄本　二冊

210000－0701－0005568　善61461

南華眞經節鈔四卷　（戰國）莊周撰　清抄本
四冊

210000－0701－0005569　善61462

溪蠻叢笑一卷　（宋）朱輔撰　清抄本　一冊

210000－0701－0005570　善61463

史傳事略一卷　（清）宋湘等纂　清黃培芳抄
本　一冊

210000－0701－0005571　善61464

懷岷精舍金石跋尾　題（清）李宗蓮撰　清末
抄本　羅振玉題記　一冊

210000－0701－0005572　善61465

續古官印攷(卷八)釋印(卷三)古符牌考一卷

（清）翁大年撰　稿本　一冊

210000－0701－0005573　善61466

敬所小稿三卷　（明）蘇境撰　清抄本　一冊

210000－0701－0005574　善61467

魏稼孫金石札記　（清）魏錫曾撰　稿本　一冊

210000－0701－0005575　善61468

唐詩錄吟四卷　（清）楊嘉會輯　清乾隆三十四年(1769)楊氏騰光館抄本　四冊

210000－0701－0005576　善61469

治河書三卷　（清）靳輔撰　清抄本　一冊

210000－0701－0005577　善61470

少林棍法闡宗三卷　（明）程宗猷著　清抄本　一冊

210000－0701－0005578　善61471

荆襄水師防汎城市關隘細圖二卷　（清）姜思治繪　清光緒三十四年(1908)姜思治抄本　二冊

210000－0701－0005579　善61472

曝書亭書目四種四卷　（清）朱彝尊撰　清道光馮登府抄本　清馮登府　清唐翰題跋　一冊

210000－0701－0005580　善61473

粹史節略十八卷　（清）□□輯　清抄本　八冊

210000－0701－0005581　善61474

太祖高皇帝職方一卷太宗文皇帝職方一卷　(清)錢陳群撰　清抄本　一冊

210000－0701－0005582　善61475

歷代山陵考不分卷　（明）王在晉纂　清初抄本　一冊

210000－0701－0005583　善61476

非見齋碑錄□□卷　（清）魏錫曾錄　清抄本　一冊　存一卷(唐開成石經八上)

210000－0701－0005584　善61477

春秋地攷一卷　（明）季本撰　清初抄本

一冊

210000－0701－0005585　善61478

定山語錄不分卷　（清）□□撰　稿本　二冊

210000－0701－0005586　善61479

孔氏祖庭廣記十二卷　（金）孔元措撰　清抄本　三冊　存七卷(二至八)

210000－0701－0005587　善61480

訓兵輯要不分卷　（清）薛大烈輯　清咸豐九年(1859)白常山抄本　二冊

210000－0701－0005588　善61481

清河縣河口圖說不分卷　（清）徐仰庭等撰　稿本　一冊

210000－0701－0005589　善61482

地理志□□卷　（清）周燾纂　清乾隆抄本　一冊　存二卷(湖北、湖南)

210000－0701－0005590　善61483

綈襄寶書不分卷　題(□)慧男子藻輯　清抄本　五冊

210000－0701－0005591　善61484

說文校議議三十卷　（清）嚴可均撰　（清）許槤商訂　清抄本　二冊

210000－0701－0005592　善61485

說文解字校勘記一卷　（清）王念孫校　清種松書屋抄本　一冊

210000－0701－0005593　善61486

貧士傳二卷　（明）黃姬水撰　清抄本　二冊

210000－0701－0005594　善61487

睿忠親王傳不分卷　（清）端恩撰　清道光重蔭堂抄本　一冊

210000－0701－0005595　善61488

所知錄不分卷　（清）錢澄之撰　清康熙抄本　一冊

210000－0701－0005596　善61489

吏曹章奏不分卷　清抄本　一冊

210000－0701－0005597　善61490

聖安本紀六卷　（清）顧炎武著　清抄本　一

冊　存一卷(六)

210000－0701－0005598　善 61491

靈芬館詩話十二卷靈芬館續話六卷爨餘叢話
六卷　(清)郭麔撰　清末抄本　四冊

210000－0701－0005599　善 61492

穆氏家傳痧症辨疑全書不分卷　(明)穆世錫
撰　清抄本　四冊

210000－0701－0005600　善 61493

說學齋稿□□卷　(明)危素撰　清康熙抄本
四冊

210000－0701－0005601　善 61494

說學齋稾不分卷　(明)危素著　清初抄本
葉恭煥題識　二冊

210000－0701－0005602　善 61495

高東溪先生文集六卷　(宋)高登撰　**附錄一**
卷　清抄本　胡嗣瑗題記　二冊

210000－0701－0005603　善 61496

風希堂詩集六卷文集四卷　(清)戴殿泗撰
稿本　許煥號題記　一冊

210000－0701－0005604　善 61497

大清一統志□□卷　稿本　四冊　存五卷
(一至五)

210000－0701－0005605　善 61498

楊監筆記□□卷　(清)楊德澤撰　清抄本
四冊

210000－0701－0005606　善 61499

經世大典輯本□□卷　(清)文廷式輯　稿本
一冊

210000－0701－0005607　善 61500

馬吊持平譜八卷　(清)南田居士輯　清抄本
一冊

210000－0701－0005608　善 61502

經幄管見四卷　(宋)曹彥約撰　清藝海樓抄
本　一冊

210000－0701－0005609　善 61503

貳臣傳十二卷　(清)□□撰　清抄本　十冊

存十卷(一、三至十一)

210000－0701－0005610　善 61504

讀易雜記四卷　(明)章潢撰　清抄本　一冊
存二卷(三至四)

210000－0701－0005611　善 61505

新刊監本冊府元龜一千卷　(宋)王欽若等輯
明抄本　十冊　存五十四卷(二十八至四
十五、五十三至八十八)

210000－0701－0005612　善 61506

輯刻琵琶亭詩不分卷　(清)唐英輯　清抄本
一冊

210000－0701－0005613　善 61507

全唐詩逸三卷　(日本)河世寧輯　清抄本
三冊

210000－0701－0005614　善 61508

鏡古一卷　(清)邱映高撰　清乾隆三十八年
(1773)抄本　一冊

210000－0701－0005615　善 61509

黃氏攟殘集一卷　(清)黃宗羲輯　清嘉慶八
年(1803)抄本　一冊

210000－0701－0005616　善 61510

三槐書屋詩鈔一卷　(清)金朝覲撰　清道光
二年(1822)抄本　一冊

210000－0701－0005617　善 61511

法梧門先生[式善]年譜抄底一卷　(清)桂馨
撰　清同治三年(1864)抄本　一冊

210000－0701－0005618　善 61512

兵鈐拾遺二卷　(清)□□撰　清抄本　二冊

210000－0701－0005619　善 61513

內外金丹集四卷首一卷附三卷　(清)董希祖
撰　清抄本　四冊

210000－0701－0005620　善 61514

壓線編四卷　(清)朱伯珪輯　清光緒十年
(1884)朱伯珪抄本　四冊

210000－0701－0005621　善 61515

女真修煉金丹指南不分卷　(清)□□撰　清

273

抄本 二冊

210000－0701－0005622 善61516

紅門寺八齣 （清）□□撰 清咸豐八年
(1858)抄本 一冊

210000－0701－0005623 善61517

盾鼻隨聞錄八卷 （清）樗園退叟輯 清抄本
一冊

210000－0701－0005624 善61518

壽同松鶴錄八卷 （清）□□輯 清抄本
八冊

210000－0701－0005625 善61519

惠遠史料雜鈔不分卷 （□）□□撰 清抄本
一冊

210000－0701－0005626 善61520

論畫五種七卷 （清）□□輯錄 清抄本
四冊

210000－0701－0005627 善61521

靜安長史寄牘不分卷 （清）劉國藻撰 清光
緒抄本 一冊

210000－0701－0005628 善61522

尺牘名翰不分卷 （□）□□輯 清末民初稿
本 二冊

210000－0701－0005629 善61523

易經大義不分卷 （清）楊履瑞撰 稿本
二冊

210000－0701－0005630 善61524

清儀閣題跋二卷 （清）張廷濟撰 清抄本
二冊

210000－0701－0005631 善61525

說詩解頤不分卷 題(清)雛園將軍撰 稿本
四冊

210000－0701－0005632 善61526

欽定國史大臣列傳第九十卷 清內府寫本
一冊

210000－0701－0005633 善61527

小字錄一卷 （宋）陳思輯 清初抄本 一冊

210000－0701－0005634 善61528

新搜神記十二卷 （清）李調元撰 清抄本
一冊

210000－0701－0005635 善61529

三韓紀略一卷 （日本）伊藤長胤輯 清光緒
三十一年(1905)羅振玉抄本 羅振玉題記
一冊

210000－0701－0005636 善61530

美芹十論一卷 （宋）辛棄疾撰 附錄一卷
清光緒三十四年(1908)羅振玉唐風樓抄本
羅振玉題識 一冊

210000－0701－0005637 善61531

新刻急就篇四卷 （漢）史游撰 （唐）顏師古
注 （宋）王應麟音釋 清慎復堂抄本 四冊

210000－0701－0005638 善61532

詞林韻釋一卷 （□）□□撰 清抄本 一冊

210000－0701－0005639 善61533

金石存十五卷 （清）吳玉搢撰 清抄本
四冊

210000－0701－0005640 善61534

金石存十五卷 （清）吳玉搢撰 清抄本
六冊

210000－0701－0005641 善61535

繡像評演接續後部濟公傳十二卷一百二十回
（□）□□撰 清抄本 六冊

210000－0701－0005642 善61536

優古堂詩話一卷 （宋）吳开撰 南溪筆錄續
集一卷 （清）□□輯 清抄本 羅振玉校並
跋 二冊

210000－0701－0005643 善61537

總管內務府現行則例慶豐司不分卷 清內府
寫本 二冊

210000－0701－0005644 善61538

拉林物科價值不分卷 （清）阿勒楚喀拉林等
處副都統編 清乾隆五十七年(1792)寫本
一冊

210000－0701－0005645 善61539

日知錄補正集說不分卷　（清）□□撰　清抄
本　一冊

210000－0701－0005646　善61540

鏡古編不分卷　（□）□□撰　清抄本　二冊

210000－0701－0005647　善61541

禁燬書目不分卷　（清）姚覲元輯　清末抄本
二冊

210000－0701－0005648　善61542

周官宗伯全卷六卷　（漢）鄭玄注　王闓運箋
清抄本　何寒威題識　一冊　存一卷（三）

210000－0701－0005649　善61543

增訂握機八陣二卷　（清）德厚撰　附編一卷
（清）柴西岩撰　清光緒寫本　一冊

210000－0701－0005650　善61544

東山偶集一卷　（清）曹三德撰　清抄本　文
如居士題識　一冊

210000－0701－0005651　善61545

聞過齋集四卷　（元）吳海撰　清光緒三十四
年（1908）羅振玉抄本　羅振玉題記　四冊

210000－0701－0005652　善61546

文瑞樓藏書目錄十二卷　（清）金檀藏並編
清閟妙香室抄本　四冊

210000－0701－0005653　善61547

寶刻類編八卷　（宋）□□輯　清抄本　三冊

210000－0701－0005654　善61548

華陽貞素齋集八卷　（元）舒頔撰　附錄二卷
（明）舒孔昭輯　清抄本　四冊

210000－0701－0005655　善61549

欽定總管內務府慎行司現行則例一卷慎行司
每年應領各款銀錢數目報告冊一卷　清宣統
三年（1911）內府寫本　一冊

210000－0701－0005656　善61550

周易辨註三卷河圖洛書更正先天八卦圖式一
卷　（清）康克勤撰　稿本　八冊

210000－0701－0005657　善61551

諸史然疑一卷　（清）杭世駿撰　清同治十二

年（1873）抄本　一冊

210000－0701－0005658　善61552

說鈴續集七種　（清）吳震方輯　清抄本
四冊

210000－0701－0005659　善61553

周元詩草不分卷　（清）周元撰　清道光十六
年（1836）抄本　四冊

210000－0701－0005660　善61554

河東先生集十六卷　（宋）柳開撰　清抄本
六冊

210000－0701－0005661　善61555

年號韻編一卷補遺一卷　（明）陳懋仁撰　清
抄本　一冊

210000－0701－0005662　善61556

欽定石峰堡紀略二十一卷首一卷　清內府抄
本　十六冊

210000－0701－0005663　善61557

伊川先生易傳四卷經說一卷　（宋）程頤撰
（明）徐必達校正　清抄本　四冊

210000－0701－0005664　善61558

周易講義八卷　（明）何守初撰　清抄本
八冊

210000－0701－0005665　善61559

曉菴新法六卷五星行度解一卷　（清）王錫闡
撰　清光緒十二年（1886）幼安抄守山閣叢書
本　清幼安題識　一冊

210000－0701－0005666　善61560

曉菴王氏遺書三種　（清）王錫闡撰　清施國
祁抄本　二冊

210000－0701－0005667　善61561

推步法解五卷　（清）江永撰　清光緒幼安抄
本　一冊

210000－0701－0005668　善61562

統元曆要六卷　（清）朱道撰　清抄本　幼安
題識　一冊

210000－0701－0005669　善61563

治平勝算全書二十八卷 （清）年羹堯輯 清末馬蘭口總兵官署抄本 二十冊

210000－0701－0005670 善61564

秋審類輯十二卷 （清）英瑞輯 清光緒二十七年(1901)抄本 十二冊

210000－0701－0005671 善61565

觀象玩占五十卷 題(唐)李淳風撰 清末民初抄本 五十冊

210000－0701－0005672 善61566

恭扈東巡吟草一卷 （清）趙秉沖撰 清抄本 一冊

210000－0701－0005673 善61567

東漢會要四十卷 （宋）徐天麟撰 清抄本 八冊

210000－0701－0005674 善61568

劉氏詩說十二卷總說一卷 （宋）劉克撰 清抄本 羅振玉題記 八冊 存七卷(一、三至八)

210000－0701－0005675 善61569

雙鉤古碑文字不分卷 題(清)劍北道人輯 清光緒十八年(1892)劍北道人抄本 十一冊

210000－0701－0005676 善61570

草字彙不分卷 （清）石梁輯 清抄本 六冊

210000－0701－0005677 善61571

偶雲室文選錄本二十卷 （南朝梁）蕭統輯 清同治四年至七年(1865－1868)陳延蓋抄本 二十冊

210000－0701－0005678 善61572

武經總要後集二十卷 （宋）曾公亮 （宋）丁度等輯 清抄本 五冊

210000－0701－0005679 善61573

許如蘭芳谷集不分卷 （清）許如蘭撰 清抄本 五冊

210000－0701－0005680 善61574

東華錄十六卷（天命、天聰、崇德、順治、康熙、雍正） （清）蔣良騏撰 清抄本 十六冊

210000－0701－0005681 善61575

吏部稽勳司則例十三卷 清嘉慶內府寫本 四冊

210000－0701－0005682 善61576

欽定吏部稽勳司則例八卷 清光緒內府寫本 八冊

210000－0701－0005683 善61577

易經詮義十四卷首一卷 （清）汪烜撰 清光緒二年(1876)方功惠碧琳琅館抄本 十冊

210000－0701－0005684 善61578

續文獻通考經籍考不分卷 （清）永璇等撰 清抄本 四冊

210000－0701－0005685 善61579

達爾漢下傳□□卷 （清）□□撰 清抄本 一冊 存一卷(五)

210000－0701－0005686 善61580

調查長白府撫松設治報告一卷 （清）許中書撰 清宣統元年(1909)許中書抄本 一冊

210000－0701－0005687 善61581

遼史拾遺二十四卷 （清）厲鶚撰 拾遺補五卷 （清）楊復吉撰 清抄本 十二冊 存二十七卷(拾遺二十四卷、補一至三)

210000－0701－0005688 善61582

易經酌註六卷易傳酌註六卷易圖酌說三卷 （清）何詒需撰 清抄本 八冊

210000－0701－0005689 善61583

清大臣傳□□卷 （清）□□撰 清抄本 二十冊 存二十卷(四十四至六十三)

210000－0701－0005690 善61584

鑑史摘錄二十一卷 （清）□□輯 清抄本 二十一冊

210000－0701－0005691 善61585

妙法蓮華經七卷 （後秦）釋鳩摩羅什譯 清康熙四十九年(1710)汪士鈜抄本 七冊

210000－0701－0005692 善61586

周易傳義大全二十四卷上下篇義一卷圖說一卷五贊一卷筮儀一卷綱領一卷 （明）胡廣等

輯　清抄本　一冊　存五卷(上下篇義一卷、圖說一卷、五贊一卷、筮儀一卷、綱領一卷)

210000－0701－0005693　善61587
皇朝饗宮諭鈔一卷　(清)穆克登顏等輯　清抄本　二冊

210000－0701－0005694　善61588
諭旨備要□□卷　(清)德宗載湉撰　清末燕許抄本　一冊

210000－0701－0005695　善61589
九成宮醴泉銘一卷　(清)王禮臨　清道光二十九年(1849)王禮臨寫本　袁金鎧題識　一冊

210000－0701－0005696　善61590
鑑略四字書一卷　(清)王仕雲撰　清乾隆抄本　題清紀昀　清秦大士批注　題清翁方綱跋　一冊

210000－0701－0005697　善61591
大黃滘大黃炮台綏定炮台分圖一卷　清彩繪本　一冊

210000－0701－0005698　善61592
中國沿海圖　清彩繪本　一軸

210000－0701－0005699　善61593
田維樞書牘一卷　(清)田維樞撰　清康熙五十年(1711)稿本　一軸

210000－0701－0005700　善61594
盛京省城所屬各城圍場卡倫全圖一卷　(清)□□繪　清彩繪本　一軸

210000－0701－0005701　善61595
大方廣佛華嚴經八十卷　(唐)釋實叉難陀譯　清嘉慶八年(1803)常明等抄本　十七冊

210000－0701－0005702　善61596
大元聖政國朝典章六十卷新集至治條例不分卷　(清)□□輯　清光緒三十一年(1905)抄本　繆荃孫跋　三十九冊

210000－0701－0005703　善61597
鸞音詩鈔一卷　(清)佟佳氏撰　清抄本　一冊

210000－0701－0005704　善61598
九天玄女太上元君丁甲奇門六卷　題(□)喬青纂　清抄本　八冊

210000－0701－0005705　善61599
三悟一卷　(明)姚廣孝撰　清抄本　一冊

210000－0701－0005706　善61600
齊門微義不分卷　(明)鮑士彥撰　清抄本　佚名題記　四冊

210000－0701－0005707　善61601
錦州府鄉士志一卷　(清)朱孝威修　清抄本　一冊

210000－0701－0005708　善61602
開通鄉土志一卷　(清)忠林修　清抄本　一冊

210000－0701－0005709　善61603
工料現行則例十卷　清抄本　十冊

210000－0701－0005710　善61604
總管內務府現行則例不分卷　清內府寫本　一冊

210000－0701－0005711　善61605
敕修明史□□卷　(清)□□撰　清抄本　二冊　存二卷(顧憲成、李敏冊)

210000－0701－0005712　善61606
清世祖章皇帝實錄一百四十四卷順治前世系一卷　(清)巴泰　(清)鄂爾泰等纂修　清抄本　四冊　存二十四卷(九至十六、三十至三十五、四十二至五十,世系一卷)

210000－0701－0005713　善61607
開原縣鄉土志一卷　(清)徐文華撰　清末抄本　一冊

210000－0701－0005714　善61608
甘雨應祈圖　(清)吳震森等撰文　(清)文鼎繪圖　清道光十五年(1835)寫本　一冊

210000－0701－0005715　善61609
古刻叢鈔一卷　(明)陶宗儀輯　清抄本　一冊

210000－0701－0005716　善61610

延令宋版書目一卷　（清）季振宜編　清抄本
一冊

210000－0701－0005717　善61610

汲古閣校刻書目一卷補遺一卷汲古閣刻板存
亡考一卷　（清）鄭德懋輯　清抄本　一冊

210000－0701－0005718　善61611

李文忠公書牘一卷　（清）李鴻章撰　稿本
一軸

210000－0701－0005719　善61612

松厓醫經不分卷　（明）程玠撰　清抄本
一冊

210000－0701－0005720　善61613

圍爐詩話六卷　（清）吳喬撰　清抄本　四冊

210000－0701－0005721　善61614

琴隱園詩集三十六卷詞集四卷　（清）湯貽汾
撰　（清）蔣德馨刪訂　清同治十三年（1874）
稿本　八冊

210000－0701－0005722　善61615

便心銘樓集一卷　（清）□□撰　清抄本
一冊

210000－0701－0005723　善61616

楊思聖詩稿一卷　（清）楊思聖撰　清順治稿
本　一冊

210000－0701－0005724　善61617

遨遊詩草六十四卷　（清）李菊圃撰　清抄本
十冊　存十卷（二至三、六至八、十至十一、
二十、二十六至二十七）

210000－0701－0005725　善61618

觀古齋妙蓮集三卷首一卷　（清）奕繪撰　清
抄本　二冊

210000－0701－0005726　善61619

大清文宗顯皇帝實錄三百五十六卷　（清）賈
楨　（清）周祖培等纂修　清內府寫本　二冊
存二卷

210000－0701－0005727　善61620

大清穆宗毅皇帝實錄三百七十四卷　（清）寶

鋆　（清）沈桂芬等纂修　清內府寫本　二冊
存二卷（二百一、二百十九）

210000－0701－0005728　善61621

千秋鐸□□卷　（清）方殿英輯　清抄本　四
冊　存四卷

210000－0701－0005729　善61622

味和堂詩集六卷　（清）高其倬撰　清抄本
二冊

210000－0701－0005730　善61623

吳越備史四卷補遺一卷　（宋）范坰撰　（宋）
林禹撰　清抄本　一冊　存二卷（三至四）

210000－0701－0005731　善61624

金瓶梅續集十卷六十四回　（清）丁耀亢撰
題（清）湖上釣史評　清抄本　十冊

210000－0701－0005732　善61625

孚惠全書六十四卷　（清）彭元瑞等纂　清乾
隆六十年（1795）彭氏知聖道齋抄本　十一冊
存四十四卷（一至三十二、四十九至六十）

210000－0701－0005733　善63012

日本訪書志目錄不分卷　楊守敬撰　清末羅
振玉抄本　一冊

210000－0701－0005734　善63013

愛日精廬藏書志目錄不分卷續志目錄不分卷
（清）張金吾撰　清末抄本　一冊

210000－0701－0005735　善63014

帶經堂書目四卷　（清）陳樹杓撰　清末羅振
玉抄本　一冊　存二卷（一至二）

210000－0701－0005736　善63048

高士傳一卷　（晉）皇甫謐撰　羅振玉校　清
末羅振玉抄本　一冊

210000－0701－0005737　善63048

元和姓纂校勘記一卷佚文一卷　羅振玉撰
清末羅振玉稿本　與210000－0701－
0005736合冊

210000－0701－0005738　善64001

白猿風雨圖不分卷　（明）劉基注　清彩繪抄
本　六冊

210000－0701－0005739　善64002

詩傳旁通十五卷　（元）梁益撰　清抄本　六
冊　存十一卷(一至十一)

210000－0701－0005740　善64003

七省地理志稿□□卷　惲毓鼎撰輯　清抄本
六十四冊　存六十三卷(安徽五卷、山西九
卷、山東六卷、河南六卷、陝西十二卷、浙江十
卷、四川十五卷)

210000－0701－0005741　善64004

高山流水相傾賞　（□)□□撰　抄本　一冊

210000－0701－0005742　善64005

東華備遺錄十六卷　（清)蔣良騏撰　清末民
初抄本　八冊

210000－0701－0005743　善64006

唐氏文選十卷　（明)唐寅選　清末民初抄本
二冊

210000－0701－0005744　善64007

類編皇朝大事記講義二十三卷中興講義一卷
（宋)呂中撰　清末民初抄本　四冊

210000－0701－0005745　善70099

誦芬室叢刊初編二編四百十四卷　董康輯
清光緒至民國董康刻本　一百十六冊

210000－0701－0005746　善80001

銅鼓書堂藏印不分卷　（清)查禮鑒定　清嘉
慶四年(1799)拓本　四冊

210000－0701－0005747　善80002

訒葊集古印存三十二卷　（清)汪啟淑鑒藏
清乾隆二十五年(1760)鈐印本　十六冊

210000－0701－0005748　善80003

寶硯齋印譜不分卷　（清)林皋篆刻　（清)趙
虹訂　清康熙拓本　四冊

210000－0701－0005749　善80004

紺雪齋集印譜四卷　（清)陳梜淦輯　清嘉慶
二十三年(1818)拓本　四冊

210000－0701－0005750　善80005

二百蘭亭齋古印考藏六卷　（清)吳雲鑒藏
清同治三年(1864)朱墨套印本　二冊

210000－0701－0005751　善80006

集古印譜六卷　（明)王常編　（明)顧從德修
校　明萬曆三年(1575)顧從德刻本　六冊

210000－0701－0005752　善80007

秦漢印範六卷　（明)潘雲傑　（明)陸鑨輯
(明)楊當時　（明)蘇爾宣摹　明萬曆三十五
年(1607)刻鈐印本　六冊

210000－0701－0005753　善80008

齊魯古印不分卷　題(清)平壽高氏藏印　清
鈐印本　二冊

210000－0701－0005754　善80009

墨花禪印稿二卷　（清)釋續行治印　清乾隆
墨花禪鈐印本　二冊

210000－0701－0005755　善80010

鐵雲藏印初集不分卷　（清)劉鶚集印　清抱
殘守缺齋拓本　十冊

210000－0701－0005756　善80012

漢銅印籑不分卷　（清)徐子靜藏印　清光緒
二十四年(1898)鈐印本　四冊

210000－0701－0005757　善80016

漱石軒印集不分卷　（清)鍾石颿治印　清鈐
印本　四冊

210000－0701－0005758　善80027

樂時齋印存　清鈐印本　一冊

210000－0701－0005759　善80029

璽印錄不分卷　（清)善齋集印　清鈐印善齋
吉金十錄本　一冊

210000－0701－0005760　善80030

吳讓之印存不分卷　（清)吳熙載治印　清鈐
印本　十冊

210000－0701－0005761　善80032

壽石山房摹秦範漢印存　（清)壽石山房治印
清鈐印本　二冊

210000－0701－0005762　善80033

徐袖海吳昌碩印譜　（清)徐三庚　吳昌碩治
印　清鈐印本　一冊

210000－0701－0005763　善80036

黃穆甫印稿　（清）黃穆甫治印　清光緒鈐印本　一冊

210000－0701－0005764　善80037

十六金符齋印存不分卷　（清）吳大澂藏印　清光緒鈐印本　五冊

210000－0701－0005765　善80039

秦漢鉨印拓本不分卷　清鈐印本　一冊

210000－0701－0005766　善80048

浙西四家印譜　（清）屠倬等治印　清宣統鈐印本　四冊

210000－0701－0005767　善80049

後飛鴻堂印譜　清鈐印本　四冊

210000－0701－0005768　善80050

陸屑香古錄　（清）潘祖蔭藏　清光緒二十九年（1903）石印本　一冊

210000－0701－0005769　善80054

遯盦秦漢古銅印譜　吳隱集印　清光緒三十四年（1908）鈐印本　八冊

210000－0701－0005770　善80061

松雪堂印萃不分卷　（清）郭啟翼治印　清乾隆鈐印本　四冊

210000－0701－0005771　善80066

鐵廬印譜不分卷　（清）錢松治印　西泠印社鈐印本　四冊

210000－0701－0005772　善80067

梅石庵印鑑不分卷　（清）謝庸梅石摹刻　清光緒謝氏鈐印本　二冊

210000－0701－0005773　善80068

百美印譜不分卷　（清）汪鑅治印　題（清）高洲氏藏石　清高洲氏艸夢庵鈐印本　四冊

210000－0701－0005774　善80072

古高氏傳印譜　（清）趙穆治印　清光緒二十年（1894）鈐印本　四冊

210000－0701－0005775　善80076

師曼制印一卷　（清）譚師曼治印　清光緒鈐

印本　一冊

210000－0701－0005776　善80080

鐵華盦印集不分卷　清鈐印本　六冊

210000－0701－0005777　善80081

石隱印玩不分卷　（清）石隱集印　鈐印本　二冊

210000－0701－0005778　善80082

種松書屋集古印一卷　鈐印本　一冊

210000－0701－0005779　善80085

壽石齋印譜一卷　（清）胡圻治印　清同治九年（1870）鈐印本　一冊

210000－0701－0005780　善80088

百舉齋印譜不分卷　（清）何昆玉治印　清光緒十七年至二十一年（1891－1895）何氏百舉齋鈐印本　十二冊

210000－0701－0005781　善80089

擷華齋古印譜六卷　（清）劉仲山集印　清光緒二十一年（1895）尹彭壽鈐印本　六冊

210000－0701－0005782　善80092

古今印存不分卷　（□）□□集印　鈐印本　四冊

210000－0701－0005783　善80094

鐵雲藏印續集不分卷　（清）劉鶚集印　清光緒抱殘守缺齋鈐印本　八冊

210000－0701－0005784　善80095

瑞安林氏印存一卷　（清）趙之琛治印　清鈐印本　一冊

210000－0701－0005785　善80096

遯盦集古印存不分卷　吳隱編　清鈐印本　十六冊

210000－0701－0005786　善80099

福盦藏印不分卷　（清）王禔集印　清宣統元年（1909）西泠印社鈐印本　十六冊

210000－0701－0005787　善80101

謙齋印譜一卷　（清）沈鳳治印　清雍正六年（1728）鈐印本　一冊

210000－0701－0005788　善80102
存幾希齋印存四卷　（清）陳克恕治印　清鈐
印本　四冊

210000－0701－0005789　善80103
漢晉印章圖譜一卷　（元）吳孟恩編　（元）王
厚之攷　明末刻本　一冊

210000－0701－0005790　善80107
小長蘆館揭存七家印譜不分卷　（清）嚴信厚
集印　清光緒二十七年(1901)鈐印本　十冊

210000－0701－0005791　善80110
西泠八家印選三十卷　（清）丁仁集印並藏
清光緒三十年(1904)鈐印本　三十冊

210000－0701－0005792　善80121
周秦古鉥不分卷　吳隱集印　清光緒二十一
年(1895)鈐印本　二冊

210000－0701－0005793　善80122
續齊魯古印攈不分卷　（清）郭裕之輯　清光
緒十八年(1892)郭氏鈐印本　十六冊

210000－0701－0005794　善80123
削觚廬印存不分卷　吳昌碩治印　沈雲集印
　清光緒十三年(1887)鈐印本　四冊

210000－0701－0005795　善80124
兩罍軒印考漫存八卷　（清）吳雲集印並釋文
　清光緒七年(1881)鈐印本　四冊

210000－0701－0005796　善80128
適園印譜不分卷　（清）吳咨治印　（清）陳以
和集印　清道光三十年(1850)陳以和鈐印本
　二冊

210000－0701－0005797　善80129
秋室印粹四卷　（清）汪啟淑集印　清乾隆二
十一年(1756)鈐印本　四冊

210000－0701－0005798　善80131
谷園印譜六卷　（清）許容治印釋文　清康熙
二十五年(1686)胡介祉刻本　六冊

210000－0701－0005799　善80133
觀自得齋印集不分卷　（清）徐子靜藏印　清
光緒二十年(1894)鈐印本　十六冊

210000－0701－0005800　善80135
集古印緣一卷　（清）李濬之集印　清光緒鈐
印本　一冊

210000－0701－0005801　善80138
超然樓印賞八卷　（清）盛宜梧選印　（清）陳
鍊摹刻　清乾隆二十八年(1763)清刻本
四冊

210000－0701－0005802　善80139
逸圖印輯不分卷　（清）葉舟集印　清宣統元
年(1909)鈐印本　四冊

210000－0701－0005803　善80140
種榆仙館印譜不分卷　（清）陳鴻壽治印　清
鈐印本　四冊

210000－0701－0005804　善80141
印存不分卷　清鈐印本　五冊

210000－0701－0005805　善80143
松筠桐蔭館印補不分卷　（清）郭偉勣集印
清鈐印本　三冊

210000－0701－0005806　善80144
古印集存不分卷　（清）崔鴻圖輯　清光緒二
十七年(1901)乾修齋崔氏刻本　十二冊

210000－0701－0005807　善80145
古鐵齋印譜一卷　（清）馮承輝治印　清嘉慶
二十二年(1817)刻本　張叔題記　一冊

210000－0701－0005808　善80148
松筠桐蔭館集印不分卷　（清）郭偉勣集印
清乾隆四十二年(1777)郭氏刻本　五冊

210000－0701－0005809　善80151
石湖漁隱印稿不分卷　陳壽伯治印　清宣統
三年(1911)鈐印本　四冊

210000－0701－0005810　善80152
錢胡印集不分卷　（清）錢叔　（清）胡伯恐治
印　清同治三年(1864)鈐印本　十冊

210000－0701－0005811　善80154
古梅閣仿完白山人印賸一卷續編一卷　（清）
王爾度治印　（清）陳以和集印　清光緒元年
(1875)王爾度鈐印本　二冊

210000－0701－0005812　善80155

研妙室印略二卷　（清）趙榮治印　清咸豐九年(1859)趙榮鈐印本　二冊

210000－0701－0005813　善80156

守研生印存六卷　（清）王祖光治印　清光緒九年(1883)王祖光鈐印本　六冊

210000－0701－0005814　善80157

雲石山房印寄不分卷　（清）□□治印　清鈐印本　佚名題識　八冊

210000－0701－0005815　善80158

印文評解不分卷　（清）劉維坊撰並治印　清道光二十六年(1846)劉維坊文石閣刻本　四冊

210000－0701－0005816　善80159

印文詳解不分卷　（清）劉維坊撰並治印　清道光二十六年(1846)劉維坊文石閣刻本　四冊

210000－0701－0005817　善80160

聽松別館印存不分卷　（清）徐之元治印　清光緒十五年(1889)鈐印本　二冊

210000－0701－0005818　善84001

鄭板橋行書墨跡　（清）鄭燮書　清乾隆二十五年(1760)鄭燮手書　一冊

210000－0701－0005819　善84002

七十二賢像不分卷　（清）焦秉貞繪　清康熙繪本　三冊

210000－0701－0005820　善84003

苗蠻圖　（清）□□繪　清彩繪本　一冊

210000－0701－0005821　善84011

吳友如畫寶不分卷　（清）吳嘉猷繪　清宣統元年(1909)上海璧園石印本　二十四冊

210000－0701－0005822　善84013

大唐三藏聖教序一卷　（唐）太宗李世民撰（明）釋道衍臨　明釋道衍寫本　周翔書何奏篪跋並題識　一冊

210000－0701－0005823　善84019

張相國子青詩畫合冊不分卷　（清）張之萬繪　清張之萬手繪本　一冊

210000－0701－0005824　001596

西學十二種　（清）王韜輯　清光緒二十三年(1897)可閱山房刻本　十二冊

210000－0701－0005825　001597

科學須知二十五種　（英國）傅蘭雅撰　清光緒八年至二十四年(1882－1898)上海格致書室刻本　二十五冊

210000－0701－0005826　001599

游藝錄十二卷續集一卷　（清）李泂撰　清光緒二十年(1894)醉月山房刻本　十冊

210000－0701－0005827　001600

格致須知初集　（英國）傅蘭雅撰　清光緒八年至十三年(1882－1887)上海格致書室刻本　八冊

210000－0701－0005828　001601

格致叢書一百十種　（清）徐建寅編輯　清光緒二十七年(1901)石印本　三十二冊

210000－0701－0005829　001602

格致書院課藝不分卷　（清）王韜輯　清光緒十九年(1893)鉛印本　六冊

210000－0701－0005830　001603

重校中西算學大成一百卷　（清）陳維祺纂　清光緒二十七年(1901)陳氏石印本　二十冊

210000－0701－0005831　001604

算法捷訣八種　（清）□□輯　清光緒二十三年至二十四年(1897－1898)新學書局刻本　四冊

210000－0701－0005832　001605

數學啟蒙二卷　（英國）偉烈亞力撰　清光緒二十二年(1896)經濟書堂刻本　二冊

210000－0701－0005833　001606

則古昔齋算學二十四卷　（清）李善蘭撰　圓錐曲綫說三卷　（英國）艾約瑟口譯　（清）李善蘭筆述　清同治六年(1867)刻本　八冊

210000－0701－0005834　001607

行素軒算稿五種　（清）華蘅芳撰　清光緒八

年(1882)梁谿華氏刻本　　九冊

210000－0701－0005835　　001608
學算筆談十二卷　　(清)華世芳撰　　清光緒十
年(1884)石印本　　四冊

210000－0701－0005836　　001609
翠薇山房數學十四種　　(清)張作楠撰　　清光
緒二十三年(1897)上海鴻寶齋石印本　　八冊

210000－0701－0005837　　001610
白芙堂算學叢書　　(清)丁取忠輯　　清同治至
光緒古荷花池精舍刻本　　三十六冊

210000－0701－0005838　　001611
白芙堂算學叢書　　(清)丁取忠輯　　清同治至
光緒古荷花池精舍刻本　　三十一冊

210000－0701－0005839　　001612
白芙堂算學叢書　　(清)丁取忠輯　　清光緒二
十三年(1897)石印本　　八冊

210000－0701－0005840　　001614
測海山房中西算學叢刻初編　　題(清)測海山
房主人輯　　清光緒二十二年(1896)璣衡堂石
印本　　三十六冊

210000－0701－0005841　　001615
兼濟堂纂刻梅勿菴先生曆算全書(梅氏叢書)
　　(清)梅文鼎撰　　清雍正魏荔彤刻咸豐九年
(1859)梅體萱補刻本　　二十四冊

210000－0701－0005842　　001616
梅氏叢書輯要六十二卷　　(清)梅文鼎撰
(清)梅瑴成輯　　清光緒二年(1876)頤園刻本
　　二十冊

210000－0701－0005843　　001617
中西算學大成一百卷　　(清)陳維祺纂　　清光
緒十五年(1889)同文書局石印本　　二十四冊

210000－0701－0005844　　001618
中西算學大成一百卷　　(清)陳維祺纂　　清光
緒十五年(1889)同文書局石印本　　二十冊

210000－0701－0005845　　001619
中西算學叢書初編　　題(清)求敏齋主人輯
清光緒二十二年(1896)上海鴻寶齋石印本

四十冊

210000－0701－0005846　　001620
御製數理精蘊上編五卷下編四十卷表八卷
(清)允祉等撰　　清光緒八年(1882)江寧藩署
刻本　　四十冊

210000－0701－0005847　　001621
御製數理精蘊上編五卷下編四十卷表八卷
(清)允祉等撰　　清光緒三十二年(1906)上海
通時書局石印本　　二十四冊

210000－0701－0005848　　001622
御製數理精蘊上編五卷下編四十卷表八卷
(清)允祉等撰　　清宣統三年(1911)上海文瑞
樓石印本　　二十四冊

210000－0701－0005849　　001623
御製數理精蘊上編五卷下編四十卷表八卷
(清)允祉等撰　　清宣統三年(1911)上海文瑞
樓石印本　　二十四冊

210000－0701－0005850　　001624
御製數理精蘊幾何原本四卷　　(清)允祉等撰
　　清光緒十九年(1893)江南製造局鉛印本
三冊

210000－0701－0005851　　001627
代數術二十五卷首一卷　　(英國)華里司撰
(英國)傅蘭雅口譯　　(清)華蘅芳筆述　　清光
緒二十二年(1896)上海書局石印本　　四冊

210000－0701－0005852　　001628
代微積拾級十八卷　　(美國)羅密士撰　　(英
國)偉烈亞力口譯　　(清)李善蘭筆述　　清咸
豐九年(1859)墨海刻本　　一冊

210000－0701－0005853　　001629
對數表不分卷　　(美國)路密司撰　　(美國)赫
士譯　　(清)朱葆琛筆　　清宣統二年(1910)上
海美華書館鉛印本　　一冊

210000－0701－0005854　　001630
四元釋例補增一卷　　(清)羅士琳撰　　清道光
刻本　　一冊

210000－0701－0005855　　001631

四元釋例不分卷　（清）易之瀚編　清道光十九年(1839)刻觀我生室彙稿本　一冊

210000－0701－0005856　001632

微積溯源八卷　（英國）華里司輯　（美國）傅蘭雅口譯　（清）華蘅芳筆述　清同治十三年(1874)刻本　六冊

210000－0701－0005857　001633

形學備旨全草十卷　（清）壽孝天撰　清光緒三十一年(1905)上海會文學社刻本　六冊

210000－0701－0005858　001634

形學備旨全草十卷　（清）壽孝天撰　清光緒三十一年(1905)上海會文學社刻本　六冊

210000－0701－0005859　001635

幾何原本十五卷　（希臘）歐幾里得撰　（意大利）利瑪竇　（明）徐光啓譯　（英國）偉烈亞力　（清）李善蘭續譯　清同治四年(1865)金陵書局刻本　八冊

210000－0701－0005860　001636

勾股六術　（清）項名達撰　清光緒二十三年(1897)廣益學社刻本　一冊

210000－0701－0005861　001637

八線備旨四卷　（美國）羅密士撰　（美國）潘慎文譯　清光緒二十八年(1902)上海美華書館鉛印本　一冊

210000－0701－0005862　001638

八線備旨四卷　（美國）羅密士撰　（美國）潘慎文譯　清光緒二十八年(1902)上海美華書館鉛印本　一冊

210000－0701－0005863　001639

八線備旨四卷　（美國）羅密士撰　（美國）潘慎文譯　清光緒二十八年(1902)上海美華書館鉛印本　一冊

210000－0701－0005864　001640

立體形學課本四卷　（英國）威里孫撰　陳泚譯　清光緒三十二年(1906)京師官書局鉛印本　一冊

210000－0701－0005865　001642

天元草五卷　王樹柟撰　清光緒十九年(1893)刻陶廬叢刻本　二冊

210000－0701－0005866　001643

經界求真豆䜣新法　（清）徐鄂輯　清光緒十一年(1885)刻本　一冊

210000－0701－0005867　001644

古籌算考釋六卷　勞乃宣撰　清光緒十二年(1886)完縣官舍刻矩齋籌算六種本　六冊

210000－0701－0005868　001645

古籌算考釋續編八卷　勞乃宣撰　清光緒二十六年(1900)吳橋官廨刻矩齋籌算六種本　五冊

210000－0701－0005869　001646

數學精詳十一卷首一卷末一卷　（清）屈曾發輯　清同治十年(1871)學海堂刻本　六冊

210000－0701－0005870　001648

算經十書　（清）孔繼涵輯　清光緒十六年(1890)刻本　十冊

210000－0701－0005871　001650

康熙幾暇格物編二卷　（清）聖祖玄燁撰　清末石印本　二冊

210000－0701－0005872　001651

格致須知二集　（英國）傅蘭雅譯　清光緒十三年至十五年(1887－1889)刻本　八冊

210000－0701－0005873　001652

格致須知三集　（英國）傅蘭雅譯　清光緒十五年至二十四年(1889－1898)刻本　七冊

210000－0701－0005874　001653

格致古微六卷　王仁俊撰　清光緒二十二年(1896)刻本　四冊

210000－0701－0005875　001654

增訂格物入門七卷首一卷　（美國）丁韙良撰　清光緒十五年(1889)同文館鉛印本　七冊

210000－0701－0005876　001655

格物入門七卷　（美國）丁韙良撰　清光緒二十一年(1895)杭州竹簡齋石印本　七冊

210000－0701－0005877　001656

重學圖說　（英國）傅蘭雅譯　清光緒十一年（1885）刻本　一冊

210000－0701－0005878　001657

水學圖說二卷　（英國）傅蘭雅譯　清光緒十六年（1890）刻本　一冊

210000－0701－0005879　001658

熱學圖說二卷　（英國）傅蘭雅譯　清光緒十六年（1890）刻本　一冊

210000－0701－0005880　001659

電學圖說　（英國）傅蘭雅譯　清光緒十三年（1887）刻本　一冊

210000－0701－0005881　001660

化學指南十卷　（法國）畢利幹撰　清同治十二年（1873）京都同文館鉛印本　十冊

210000－0701－0005882　001666

化學分原八卷　（英國）蒲陸山撰　清光緒二十三年（1897）新化三味堂刻本　二冊

210000－0701－0005883　001667

化學求數十五卷　（德國）富里西尼烏司撰（英國）傅蘭雅　（清）徐壽譯　清末刻本　十四冊

210000－0701－0005884　001668

化學考質八卷　（德國）富里西尼烏司撰（英國）傅蘭雅　（清）徐壽譯　清末刻本　六冊

210000－0701－0005885　001669

高厚蒙求四集　（清）徐朝俊撰　清同治五年（1866）雲間徐氏刻本　六冊

210000－0701－0005886　001670

地學歌略一卷　（清）葉瀾　（清）葉瀚撰　清光緒二十三年（1897）周氏刻本　一冊

210000－0701－0005887　001670

天文歌略一卷　（清）葉瀾　（清）葉瀚撰　清光緒二十三年（1897）周氏刻本　與210000－0701－0005886合冊

210000－0701－0005888　001671

春樹齋叢說一卷天步真原一卷　（清）溫葆深撰　清光緒五年（1879）刻本　四冊

210000－0701－0005889　001672

陶廬叢刻　王樹枏撰　清光緒至民國新城王氏刻本　六冊　存六種

210000－0701－0005890　001674

談天十八卷表一卷　（英國）侯失勒撰　（英國）偉烈亞力口譯　（清）李善蘭刪譯　（清）徐建寅續譯　清末江南製造總局刻本　四冊

210000－0701－0005891　001675

談天十八卷表一卷　（英國）侯失勒撰　（英國）偉烈亞力口譯　（清）李善蘭刪譯　（清）徐建寅續譯　清末江南製造總局刻本　四冊

210000－0701－0005892　001676

談天十八卷首一卷表六種　（英國）侯失勒撰　（英國）偉烈亞力口譯　（清）李善蘭刪述（清）徐建寅續譯　清同治十三年（1874）鉛印本　四冊

210000－0701－0005893　001677

五緯捷算四卷　（清）黃炳垕撰　清光緒四年（1878）刻留書種閣集本　一冊

210000－0701－0005894　001678

赤道北南恆星總圖　清光緒影印本　二張

210000－0701－0005895　001679

地志啓蒙四卷表三種　清光緒十二年（1886）刻本　一冊

210000－0701－0005896　001691

麼史秌準四卷　（清）黃炳垕撰　清光緒二十年（1894）黃氏留書種閣刻本　二冊

210000－0701－0005897　001692

五經算術二卷　（北周）甄鸞撰　清刻本　一冊

210000－0701－0005898　001695

欽定協紀辨方書三十六卷　（清）允祿等撰　清末鉛印本　十五冊

210000－0701－0005899　001696

月令輯要二十四卷圖說一卷　（清）李光地等

纂　清康熙五十五年(1716)武英殿刻本　十六冊

210000－0701－0005900　001697

應元曆書三卷　清抄本　一冊

210000－0701－0005901　001698

三統術衍三卷三統衍鈐一卷　（清）錢大昕撰　清光緒十年(1884)龍氏家塾刻嘉定錢氏潛研堂全書本　二冊

210000－0701－0005902　001700

歷代長術輯要十卷古今推步諸術攷二卷（清）汪曰楨撰　清同治六年(1867)刻本　六冊

210000－0701－0005903　001702

御製曆象考成上編十六卷下編十卷表十六卷（清）允祿等纂　清光緒二十一年(1895)湖北官書處刻本　十五冊　存二十六卷(上編十六卷、下編十卷)

210000－0701－0005904　001710

大清光緒年三十年七政經緯躔度時憲書一卷　清末刻本　一冊

210000－0701－0005905　001710

大清光緒三十三年七政經緯躔度時憲書一卷　清末刻本　一冊

210000－0701－0005906　001710

大清光緒三十四年七政經緯躔度時憲書一卷　清末刻本　一冊

210000－0701－0005907　001711

御定七政四餘萬年書不分卷　清嘉慶刻本　四冊

210000－0701－0005908　001715

御製曆象考成後編十卷　（清）允祿等纂　清光緒二十二年(1896)勵志書屋刻本　十二冊

210000－0701－0005909　001716

歷代紀元彙考八卷　（清）萬斯同編　**續編一卷**　孫鏘撰　清光緒二十三年(1897)瀋洲李氏刻本　一冊

210000－0701－0005910　001718

地學淺釋三十八卷　（英國）雷俠兒撰　（美國）瑪高溫口譯　（清）華蘅芳筆述　（清）趙宏繪圖　清同治十二年(1873)江南製造局刻本　八冊

210000－0701－0005911　001720

地文學問答不分卷　邵羲譯　清末民初鉛印本　一冊

210000－0701－0005912　001721

中等地理教科書三卷附圖一卷　（清）張文相編　清光緒二十七年(1901)南洋公學石印本　三冊　存三卷(教科書三卷)

210000－0701－0005913　001724

占風雨測天賦不分卷　（□）□□撰　清郭湖璉抄本　一冊

210000－0701－0005914　001726

廣博物志五十卷　（明）董斯張輯　清光緒五年(1879)學海堂刻本　三十六冊

210000－0701－0005915　001727

天演論二卷　（英國）赫胥黎撰　嚴復譯並解　清光緒刻本　一冊

210000－0701－0005916　001728

天演論二卷　（英國）赫胥黎撰　嚴復譯並解　清光緒刻本　一冊

210000－0701－0005917　001729

進化論不分卷　（英國）泰勒撰　（清）任保羅譯　清光緒二十九年(1903)上海廣學會鉛印本　四冊

210000－0701－0005918　001730

全體新論十卷　（英國）合信氏撰　清咸豐元年(1851)刻海山仙館叢書本　二冊

210000－0701－0005919　001731

京師譯學館生理衛生學講義　丁福保編譯　清光緒鉛印本　一冊

210000－0701－0005920　001733

佩文齋廣羣芳譜一百卷目錄二卷　（清）汪灝等撰　清同治七年(1868)刻本　三十六冊

210000－0701－0005921　001736

二如亭羣芳譜□□卷　(明)王象晉輯　明末刻清初修補本　七冊　存三卷(穀譜一卷、蔬譜一卷、果譜一卷)

210000－0701－0005922　001737
植物名實圖考三十八卷植物名實圖考長編二十二卷　(清)吳其濬撰　清道光二十八年(1848)陸應穀刻本　六十冊

210000－0701－0005923　001738
植物名實圖考三十八卷植物名實圖考長編二十二卷　(清)吳其濬撰　清道光二十八年(1848)陸應穀刻同治五年(1866)印本　六十冊

210000－0701－0005924　001739
樹木要編一卷　(清)馮樹銘撰　清宣統二年(1910)奉天鉛印本　一冊

210000－0701－0005925　001741
百獸圖說一卷　題韋門道氏撰　百鳥圖說一卷　清光緒八年(1882)益智書會刻本　一冊

210000－0701－0005926　001742
百獸圖說一卷　清光緒八年(1882)益智書會刻本　一冊

210000－0701－0005927　001743
鵪鶉譜四卷　(清)富益齋撰　王佛光抄本　一冊

210000－0701－0005928　001745
海錯百一錄五卷　(清)郭柏蒼撰　清光緒十二年(1886)刻郭氏叢刻本　二冊

210000－0701－0005929　001746
植物圖說四卷　(英國)傅蘭雅撰　清光緒二十一年(1895)益智書會刻本　一冊

210000－0701－0005930　001748
工程致富論略十三卷首一卷圖一卷　(英國)瑪體生撰　(英國)傅蘭雅　(清)鍾天緯譯　清光緒四年(1878)鉛印本　八冊

210000－0701－0005931　001755
儒門醫學三卷　(英國)海得蘭撰　(英國)傅蘭雅口譯　(清)趙元益筆述　清末刻本

三冊

210000－0701－0005932　001756
奉天巡警總局防疫所事務報告書　姚啓元等撰　清光緒三十三年(1907)奉天巡警總局鉛印本　一冊

210000－0701－0005933　001757
西醫五種　(英國)合信氏　(清)管茂材撰　清咸豐元年至八年(1851－1858)上海仁濟醫館刻本　五冊

210000－0701－0005934　001758
全體闡微六卷　(美國)柯為良撰　(清)林鼎文譯　清光緒七年(1881)福州聖教醫館刻本　六冊

210000－0701－0005935　001759
胎產心法三卷目錄一卷　(清)閻純璽撰　清道光二十四年(1844)王雲錦刻本　六冊

210000－0701－0005936　001760
胎產心法三卷　(清)閻純璽撰　清同治七年(1868)聚經堂刻本　六冊

210000－0701－0005937　001763
萬國藥方八卷　(美國)洪士提譯　清光緒十六年(1890)美華書館石印本　八冊

210000－0701－0005938　001768
儒門醫學三卷　(英國)海得蘭撰　(英國)傅蘭雅口譯　(清)趙元益筆述　清末刻本　一冊

210000－0701－0005939　001770
瘟疫明辨四卷末一卷　(清)戴天章撰　清嘉慶二十二年(1817)晉祁書業堂刻本　二冊

210000－0701－0005940　001771
痢證定論大全四卷　(清)孔毓禮撰　(清)明仲傑評　西山楊老先生彙輯失血證治一卷　清咸豐八年至九年(1858－1859)刻光緒九年(1883)敦厚堂刻印本　二冊

210000－0701－0005941　001773
痘科正傳六卷　(清)沈巨源輯　清刻本　六冊

210000 –0701 –0005942　001774

麻科活人全書四卷　（清）謝玉瓊撰　清湘西
李星懷堂刻本　四冊

210000 –0701 –0005943　001775

痘疹傳心錄十四卷　（明）朱惠明撰　莊氏福
幼編一卷　（清）莊一夔撰　清道光二十二年
(1842)修敬堂刻本　二冊

210000 –0701 –0005944　001776

幼科醫學指南四卷　（清）周震撰　清乾隆五
十四年(1789)刻本　四冊

210000 –0701 –0005945　001778

活幼心法八卷　（明）聶尚恆撰　清道光三年
(1823)會稽張氏滋德堂刻本　二冊

210000 –0701 –0005946　001779

治疹全書二卷首一卷末一卷　（清）錢沛增補
　清咸豐八年(1858)錢氏遺經堂刻本　二冊

210000 –0701 –0005947　001780

兒科撮要二卷　（清）尹端模譯　清光緒十八
年(1892)羊城博濟醫局刻本　二冊

210000 –0701 –0005948　001781

兒科撮要二卷　（清）尹端模譯　清光緒十八
年(1892)羊城博濟醫局刻本　二冊

210000 –0701 –0005949　001783

達生編二卷　題(清)亟齋居士撰　清嘉慶十
九年(1814)敬義堂刻本　一冊

210000 –0701 –0005950　001784

達生編合編二卷附四卷　（□）□□撰　清道
光六年(1826)刻本　一冊

210000 –0701 –0005951　001785

達生編一卷　題(清)亟齋居士撰　增廣達生
要旨一卷　題(清)亟齋居士編　題(清)三農
老人注　題(清)拜松居士增訂　增廣保嬰要
旨一卷　題(清)敏蘭居士輯　題(清)拜松居
士增訂　清末石印本　一冊

210000 –0701 –0005952　001786

達生編二卷　題(清)亟齋居士撰　清光緒二
十八年(1902)盛京太孔山房刻本　一冊

210000 –0701 –0005953　001787

竹林女科證治四卷　題(清)竹林寺僧撰　清
刻本　四冊　存三卷(二至四)

210000 –0701 –0005954　001792

勿藥玄詮一卷　（清）汪昂編　續增釋義輯注
一卷　清末刻本　一冊

210000 –0701 –0005955　001798

合鐫增補士材三書六卷附二卷　（清）李中梓
撰　（清）尤乘輯　清刻本　八冊

210000 –0701 –0005956　001802

靈樞素問節要淺注十二卷　（清）陳念祖注
清同治四年(1865)文奎堂刻本　五冊

210000 –0701 –0005957　001803

宋徽宗聖濟經十卷　（宋）徽宗趙佶撰　（宋）
吳禔注　清光緒十三年(1887)刻十萬卷樓叢
書本　六冊

210000 –0701 –0005958　001808

溫熱經緯五卷　（清）王士雄撰　清蘇州綠蔭
堂刻民國上海文瑞樓印本　四冊

210000 –0701 –0005959　001809

重校湯頭歌訣一卷重校舊本經絡歌訣一卷
(清)汪昂輯　清宣統三年(1911)上海會文堂
石印本　一冊

210000 –0701 –0005960　001812

新編醫方湯頭歌一卷　（清）方仁淵編　清光
緒三十四年(1908)常熟方氏亦政堂刻本
一冊

210000 –0701 –0005961　001816

難經集註五卷　（明）王九思等撰　清光緒十
二年(1886)聽松主人抄本　一冊

210000 –0701 –0005962　001820

重廣補註黃帝內經素問二十四卷　（唐）王冰
撰　（宋）林億等校正　（宋）孫兆改誤　明萬
曆周曰校刻本　六冊

210000 –0701 –0005963　001821

靈樞經九卷　（清）張志聰集注　清光緒十六
年(1890)浙江書局刻本　八冊

210000－0701－0005964　001822

黃帝內經靈樞十二卷　（宋）史崧音釋　清光緒刻本　三冊

210000－0701－0005965　001825

重廣補註黃帝內經素問二十四卷　（唐）王冰注　（宋）林億等校正　黃帝內經素問遺篇一卷　（宋）劉溫舒注　黃帝內經靈樞十二卷　清道光二十九年(1849)刻本　十冊

210000－0701－0005966　001826

補注黃帝內經素問二十四卷　（唐）王冰注　（宋）林億等校正　（宋）孫兆改誤　黃帝內經素問遺篇一卷　（宋）劉溫舒注　黃帝內經靈樞十二卷　清光緒三年(1877)浙江書局刻本　八冊

210000－0701－0005967　001827

補注黃帝內經素問二十四卷　（唐）王冰注　（宋）林億等校正　（宋）孫兆改誤　黃帝內經素問遺篇一卷　（宋）劉溫舒注　清光緒三年(1877)浙江書局刻本　七冊

210000－0701－0005968　001832

黃帝內經素問九卷　（清）張志聰注　清善成堂刻本　十冊

210000－0701－0005969　001833

黃帝內經素問靈樞合纂二十卷　（明）馬蒔　（清）張志聰注　清末民初上海錦章圖書局石印本　九冊　存十卷(素問一至十)

210000－0701－0005970　001836

黃帝內經素問校義一卷　（清）胡澍撰　清光緒五年(1879)績溪世澤樓刻績溪胡氏叢書本　一冊

210000－0701－0005971　001837

黃帝內經素問靈樞合纂二十卷　（明）馬蒔　（清）張志聰注　清末民初上海掃葉山房石印本　十六冊

210000－0701－0005972　001838

中藏經三卷附方一卷內照法一卷　（漢）華佗撰　清光緒十七年(1891)池陽周氏刻本　二冊

210000－0701－0005973　001839

素問靈樞類纂約註三卷　（清）汪昂輯　清光緒六年(1880)紫文閣刻本　三冊

210000－0701－0005974　001840

素問靈樞類纂約註三卷　（清）汪昂撰　清光緒二十九年(1903)石印本　二冊

210000－0701－0005975　001841

黃帝內經素問九卷　（清）高世栻注　清光緒十三年(1887)浙江書局刻本　八冊

210000－0701－0005976　001844

醫經溯洄集　（元）王履撰　清刻本　一冊

210000－0701－0005977　001846

醫經原旨六卷　（清）薛雪集注　清掃葉山房刻本　六冊

210000－0701－0005978　001848

瘟疫傳症彙編二十卷　（清）熊立品輯　清乾隆四十二年(1777)熊氏家塾刻本　八冊

210000－0701－0005979　001849

瘍科臨證心得集三卷方彙三卷補遺一卷家用膏丹丸散方一卷景岳新方歌一卷　（清）高秉鈞編　清光緒二十七年(1901)無錫日升山房刻本　四冊

210000－0701－0005980　001850

瘍醫大全四十卷　（清）顧世澄撰　清同治九年(1870)敦仁堂刻本　四十冊

210000－0701－0005981　001851

瘍醫大全四十卷　（清）顧世澄撰　清光緒二十年(1894)善成堂刻本　三十六冊

210000－0701－0005982　001854

齊氏醫案崇政辨訛六卷首一卷　（清）齊秉慧撰　清道光十三年(1833)懷清堂刻本　六冊

210000－0701－0005983　001855

辨證奇聞十卷　（清）陳士鐸撰　清道光十七年(1837)刻本　十冊

210000－0701－0005984　001858

證治準繩二百二十卷　（明）王肯堂輯　明萬曆刻清康熙三十八年(1699)虞氏補刻本　八

十一册

210000－0701－0005985　001860

王氏醫案二卷續編八卷　（清）王士雄撰　清咸豐元年（1851）吟香書屋刻潛齋醫書本　三册

210000－0701－0005986　001861

平法寓言八卷　題（清）與樵山客撰　清光緒十三年（1887）湘潭郭日槎等刻本　四册

210000－0701－0005987　001862

石室秘錄六卷　（清）陳士鐸撰　清光緒三十一年（1905）上海校經山房成記書局刻本　六册

210000－0701－0005988　001870

醫學三字經四卷　（清）陳念祖撰　清刻本　二册

210000－0701－0005989　001873

千金寶要六卷　（唐）孫思邈撰　（宋）郭思編　（清）孫星衍校　清道光四年（1824）河南開歸道署刻本　一册

210000－0701－0005990　001874

紅爐點雪四卷　（明）龔居中輯　清光緒二十五年（1899）杭州衢搏書局石印本　四册

210000－0701－0005991　001875

嵩厓尊生書十五卷　（清）景日昣撰　清善成堂刻本　八册

210000－0701－0005992　001877

重刊巢氏諸病源候總論五十卷　（隋）巢元方等撰　清光緒十二年（1886）湖北官書處刻本　八册

210000－0701－0005993　001878

重刊巢氏諸病源候總論五十卷　（隋）巢元方等撰　清光緒十二年（1886）湖北官書處刻本　八册

210000－0701－0005994　001879

唐王燾先生外臺秘要方四十卷首一卷　（唐）王燾撰　（宋）陸錫明校　清同治十三年（1874）廣東翰墨園刻本　三十一册　存四十卷（一至三十九、首一卷）

210000－0701－0005995　001881

余註傷寒論翼四卷　（清）柯琴撰　（清）余景和注　題（清）能靜居士評　清末蘇州綠蔭堂刻本　二册

210000－0701－0005996　001884

濟陰綱目十四卷　（明）武之望撰　（清）汪淇箋釋　**保生碎事一卷**　（清）汪淇撰　清刻本　四册

210000－0701－0005997　001886

沈氏尊生書五種七十卷　（清）沈金鰲撰　清同治十三年（1874）湖北崇文書局刻本　二十六册

210000－0701－0005998　001887

沈氏尊生書五種七十卷　（清）沈金鰲撰　清同治十三年（1874）湖北崇文書局刻本　二十六册

210000－0701－0005999　001892

古今醫案按十卷　（清）俞振纂　清光緒九年（1883）吳江李氏刻二十四年（1898）烏程麗氏印本　佚名批校　十册

210000－0701－0006000　001893

重刻古今醫鑑八卷　（明）龔信輯　（明）龔廷賢續編　清崇順堂刻本　八册

210000－0701－0006001　001894

新刊醫林狀元壽世保元全書十集　（明）龔廷賢編　清尚德堂刻本　十册

210000－0701－0006002　001896

韓園藝學六種　（清）潘蔚輯　清光緒九年（1883）江西書局刻本　十二册

210000－0701－0006003　001897

世補齋醫書前集六種三十三卷後集四種二十五卷　（清）陸懋修撰　陸潤庠增輯　清光緒十二年（1886）刻宣統二年（1910）續刻本　十六册

210000－0701－0006004　001901

東醫寶鑑二十三篇目錄二卷　（朝鮮）許浚撰

清光緒十六年(1890)江左書林刻本　二十五冊

210000－0701－0006005　001902

吳醫彙講十一卷　(清)唐大烈編　清乾隆五十七年(1792)吳門唐氏問心草堂刻嘉慶十九年(1814)唐慶春印本　四冊

210000－0701－0006006　001903

吳醫彙講十一卷　(清)唐大烈編　清乾隆五十七年(1792)吳門唐氏問心草堂刻嘉慶十九年(1814)唐慶春印本　四冊

210000－0701－0006007　001906

丹溪心法附餘二十四卷首一卷　(明)方廣編　明刻明末書林四知館楊君臨、書林熊氏遞修本　十一冊　缺一卷(一)

210000－0701－0006008　001907

丹溪心法附餘二十四卷首一卷　(明)方廣撰　清光緒二十五年(1899)古越徐氏石印本　十二冊

210000－0701－0006009　001909

丹臺玉案六卷　(明)孫文胤撰　清初刻本　六冊

210000－0701－0006010　001910

增補醫方一盤珠全集九卷首一卷　(清)洪金鼎撰　清益慶堂刻務本堂補刻本　四冊

210000－0701－0006011　001911

醫方叢話八卷附鈔一卷　(清)徐士鑾編　清光緒十五年(1889)津門徐氏蝯園刻蝶訪居所輯書本　四冊

210000－0701－0006012　001912

醫方易簡新編六卷　(清)龔自璋　(清)黃統編　清同治十二年(1873)溫處道署刻本　六冊

210000－0701－0006013　001915

醫理真傳四卷醫法圓通四卷　(清)鄭壽全撰　清同治十三年(1874)刻本　八冊

210000－0701－0006014　001918

醫經原旨六卷　(清)薛雪撰　清乾隆十九年(1754)薛氏掃葉山莊刻本　六冊

210000－0701－0006015　001919

問心堂溫病條辨六卷首一卷　(清)吳瑭撰　清光緒二十一年(1895)學庫山房刻本　四冊

210000－0701－0006016　001921

醫級十卷首一卷末一卷　(清)董西園撰　清刻本　六冊　存九卷(一至七、八目錄、首一卷)

210000－0701－0006017　001922

醫宗說約五卷首一卷　(清)蔣示吉撰　清寶翰樓刻本　四冊

210000－0701－0006018　001923

醫宗說約六卷　(清)蔣示吉撰　清光緒十四年(1888)江左書林刻本　六冊

210000－0701－0006019　001925

群玉山房重校醫宗必讀十卷　(清)李中梓撰　清光緒九年(1883)群玉山房刻本　五冊

210000－0701－0006020　001926

詳校醫宗必讀十卷　(清)李中梓撰　清光緒二十六年(1900)上海文宜書局石印本　一冊

210000－0701－0006021　001929

御纂醫宗金鑑九十卷首一卷　(清)吳謙等撰　清刻本　三十六冊

210000－0701－0006022　001930

御纂醫宗金鑑九十卷首一卷　(清)吳謙等撰　清刻本　五十冊

210000－0701－0006023　001931

御纂醫宗金鑑九十卷首一卷　(清)吳謙等撰　清光緒十八年(1892)上海圖書集成書局石印本　二十四冊

210000－0701－0006024　001932

御纂醫宗金鑑九十卷首一卷　(清)吳謙等撰　清光緒二十九年(1903)上海經香閣石印本　二十二冊

210000－0701－0006025　001935

喻氏醫書三種　(清)喻昌撰　清光緒二十四年(1898)上海掃葉山房石印本　六冊

210000－0701－0006026　001936

醫述十六卷　（清）程文囿撰　清道光十年至十三年(1830－1833)刻本　朱欽成題記　七十六冊

210000－0701－0006027　001937

醫林改錯二卷　（清）王清任撰　清道光十年(1830)三槐堂刻本　二冊

210000－0701－0006028　001938

醫林改錯二卷　（清）王清任撰　清光緒三十年(1904)文成堂刻本　二冊

210000－0701－0006029　001939

醫林纂要探源十卷附錄一卷　（清）汪紱編　清光緒二十三年(1897)江蘇書局刻本　十冊

210000－0701－0006030　001940

醫故二卷　鄭文焯撰　清光緒刻書帶草堂叢書本　二冊

210000－0701－0006031　001941

醫書匯參輯成二十一卷首一卷　（清）蔡宗玉編　清蔡絢、蔡綬刻本　十二冊

210000－0701－0006032　001943

醫門棒喝四卷　（清）章楠編　（清）田晉元評點　**二集九卷**　（清）章楠編注　清道光九年(1829)應澍刻十六年(1836)吳國梁補刻本　十二冊

210000－0701－0006033　001944

醫門棒喝四卷　（清）章楠編　（清）田晉元評點　**二集九卷**　（清）章楠編注　清道光九年(1829)應澍、紀樹馥刻十六年(1836)吳國梁補刻同治六年(1867)聚文堂印本　十六冊

210000－0701－0006034　001945

明吳又可先生瘟疫論醫門普度二卷附一卷　（清）吳有性撰　（清）孔毓禮　（清）龔紹林評　**痢疾論四卷**　（清）孔毓禮輯撰　清文英堂刻本　四冊

210000－0701－0006035　001946

尤氏醫學讀書記三卷續記一卷靜香樓醫案三十一條一卷　（清）尤怡撰　清光緒十四年

(1888)鮑盛鉛印本　二冊

210000－0701－0006036　001948

醫學五則　（清）廖雲溪編　清光緒三年至十三年(1877－1887)興發堂刻本　五冊

210000－0701－0006037　001949

醫學集成四卷　（清）劉仕廉撰　清同治十二年(1873)醉吟山房刻本　四冊

210000－0701－0006038　001951

醫學心悟六卷　（清）程國彭撰　清務本堂刻本　六冊

210000－0701－0006039　001952

醫學心悟六卷　（清）程國彭撰　清光緒六年(1880)掃葉山房刻本　六冊

210000－0701－0006040　001957

醫學指歸二卷　（清）趙術堂等撰　清同治元年(1862)高郵趙氏旌孝堂刻本　二冊

210000－0701－0006041　001958

編註醫學入門七卷首一卷　（明）李梴撰　清咸豐六年(1856)廣城書林五雲樓刻本　十六冊

210000－0701－0006042　001960

醫學金鍼八卷　（清）陳念祖撰　（清）潘霨增輯　清光緒九年(1883)江西書局刻韡園醫學六種本　四冊

210000－0701－0006043　001961

筆花醫鏡四卷　（清）江涵暾撰　清光緒十七年(1891)京都龍光齋刻本　二冊

210000－0701－0006044　001962

醫醫瑣言二卷續一卷　（清）徐延祚撰　清光緒二十三年(1897)奉天徐氏鐵如意軒刻鐵如意軒醫書四種本　二冊

210000－0701－0006045　001964

類證治裁八卷首一卷附一卷　（清）林珮琴撰　清光緒十年(1884)林氏研經堂刻本　十冊

210000－0701－0006046　001965

中西匯通醫書五種　唐宗海撰　清光緒三十四年(1908)上海千頃堂石印本　十二冊

210000－0701－0006047　001966

中西匯通醫書五種　唐宗海撰　清光緒三十四年(1908)上海千頃堂石印本　十二冊

210000－0701－0006048　001967

中西匯通醫經精義二卷　唐宗海撰　清光緒三十四年(1908)上海千頃堂石印中西匯通醫書五種本　二冊

210000－0701－0006049　001969

全體通考十八卷　（英國）德貞輯並譯　清光緒十年(1884)同文館鉛印本　十六冊

210000－0701－0006050　001970

六禮齋醫書十種　（清）程永培輯　清程氏於然堂刻本　二十四冊

210000－0701－0006051　001971

雷氏愼修堂醫書三種　（清）雷豐輯　清光緒二十四年(1898)上海著易堂刻本　十一冊

210000－0701－0006052　001973

張氏醫書七種　（清）張璐等撰　清光緒二十年(1894)上海圖書集成印書局鉛印本　十冊

210000－0701－0006053　001975

武昌醫學館叢書八種　柯逢時輯　清光緒三十年至民國六年(1904－1917)武昌柯氏醫學館刻1985年北京中國書店印本　三十六冊

210000－0701－0006054　001976

醫學心悟六卷　（清）程國彭撰　清刻本　四冊

210000－0701－0006055　001977

徐靈胎十二種全集　（清）徐大椿撰　清同治三年(1864)彭樹萱善成堂刻本　十八冊

210000－0701－0006056　001978

徐靈胎醫學全書　（清）徐大椿撰　清光緒三十三年(1907)上海章福記書局石印本　十五冊

210000－0701－0006057　001979

徐靈胎醫學全書　（清）徐大椿撰　清光緒三十三年(1907)上海章福記書局石印本　十六冊

210000－0701－0006058　001980

徐氏醫書八種　（清）徐大椿撰　清光緒十九年(1893)上海圖書集成印書局鉛印本　十三冊

210000－0701－0006059　001981

徐氏醫書八種　（清）徐大椿撰　清光緒四年至十五年(1878－1889)朱記榮刻本　八冊

210000－0701－0006060　001982

徐靈胎醫學全書　（清）徐大椿撰　清光緒三十三年(1907)上海六藝書局石印本　十四冊

210000－0701－0006061　001986

述古齋幼科醫書三種　（清）張振鋆編撰　清光緒二十年(1894)蘭州臬署刻本　五冊

210000－0701－0006062　001987

赤水玄珠三十卷醫案五卷醫旨緒餘二卷（明）孫一奎撰　清光緒十四年至十七年(1888－1891)刻本　三十六冊

210000－0701－0006063　001988

世補齋醫書　（清）陳懋修撰　清光緒十年(1884)刻宣統二年(1910)續刻本　十二冊存三十六卷(前集六種三十二卷,後集女科上,廣溫熱論方一卷,傷寒論註一、六)

210000－0701－0006064　001991

黃氏醫書八種　（清）黃元御撰　清咸豐十年(1860)長沙燮龢精舍刻本　十六冊

210000－0701－0006065　001992

黃氏醫書八種　（清）黃元御撰　清咸豐十年(1860)長沙燮龢精舍刻清末七曲會印本　十六冊

210000－0701－0006066　001993

黃氏醫書八種　（清）黃元御撰　清同治十年(1871)湘鄉左繼明刻本　十六冊

210000－0701－0006067　001999

中外醫書八種合刻　清光緒二十五年至二十七年(1899－1901)刻本　八冊　缺(肺腑全圖)

210000－0701－0006068　002003

喻氏醫書三種 （清）喻昌撰 清光緒三十一年（1905）經元書室刻本 二十冊

210000－0701－0006069 002005
陳修園醫書二十三種 （清）陳念祖撰 清光緒三十四年（1908）寶慶經元書局刻本 二十四冊

210000－0701－0006070 002008
陳修園醫書四十八種 （清）陳念祖撰 清光緒三十二年（1906）吳閩醫學會石印本 二十四冊

210000－0701－0006071 002009
周氏醫學叢書 （清）周學海編 清光緒池陽周氏刻本 四十八冊 存二十六種一百四十八卷（初集十三種一百十五卷、二集十三種三十三卷）

210000－0701－0006072 002010
周氏醫學叢書三十二種 （清）周學海編 清光緒池陽周氏刻宣統三年（1911）福慧雙修館補刻本 七十二冊 缺二卷（形色外診簡摩二卷）

210000－0701－0006073 002013
醫統正脈全書四十四種 （明）王肯堂輯 清朱文震刻光緒三十三年（1907）京師醫局民國十二年（1923）北京中醫學社遞修本 八十冊

210000－0701－0006074 002020
當歸草堂醫學叢書初編 （清）丁丙編 清光緒四年（1878）錢塘丁氏當歸草堂刻本 十二冊

210000－0701－0006075 002021
中西醫學群書國粹部第一集 題（清）遂志廬陳氏輯 清光緒三十三年（1907）上海六藝書局石印本 十二冊

210000－0701－0006076 002024
公餘醫錄六種 （清）陳念祖撰 清同治九年（1870）綏定達縣明德善堂刻本 六冊

210000－0701－0006077 002026
當歸草堂醫學叢書初編 （清）丁丙輯 清光緒四年（1878）錢塘丁氏當歸草堂刻本 十冊

210000－0701－0006078 002033
三指禪三卷 （清）周學霆撰 （清）歐陽輯瑞批注 清光緒二年（1876）刻本 四冊

210000－0701－0006079 002034
三指禪三卷 （清）周學霆撰 （清）歐陽輯瑞批注 清光緒二十一年（1895）澹雅書局刻本 二冊

210000－0701－0006080 002036
王洪緒先生外科證治全生不分卷 （清）王維德編 清咸豐十一年（1861）武昌節署刻本 二冊

210000－0701－0006081 002037
湯液本草三卷 （元）王好古撰 清光緒七年（1881）羊城雲林閣刻醫學十書本 三冊

210000－0701－0006082 002039
新刊增補萬病回春原本八卷 （明）龔廷賢編 清末文盛堂刻本 八冊

210000－0701－0006083 002040
四診抉微八卷管窺附餘一卷 （清）林之翰撰 清末近文堂刻本 六冊

210000－0701－0006084 002041
四診抉微八卷管窺附餘一卷 （清）林之翰撰 清末近文堂刻本 四冊

210000－0701－0006085 002043
時病論八卷 （清）雷豐撰 清光緒十年（1884）雷氏慎修堂刻本 四冊

210000－0701－0006086 002050
三指禪三卷 （清）周學霆撰 （清）歐陽輯瑞批注 清道光十二年（1832）宏道堂刻本 四冊

210000－0701－0006087 002051
石頑老人診宗三昧一卷 （清）張璐撰 （清）張登編 清刻本 一冊

210000－0701－0006088 002052
石頑老人診宗三昧一卷 （清）張璐撰 （清）張登編 清刻本 二冊

210000 – 0701 – 0006089　002053

經脈圖考四卷　(清)陳惠疇撰　清光緒四年(1878)貴州黎培刻本　四冊

210000 – 0701 – 0006090　002055

士材三書　(清)李中梓撰　(清)尤乘增輯　清光緒十三年(1887)上海江左書林刻本　八冊

210000 – 0701 – 0006091　002056

瀕湖脈學一卷　(明)李時珍撰　**脈經攷證一卷**　清宣統元年(1909)掃葉山房刻本　二冊

210000 – 0701 – 0006092　002057

圖注八十一難經四卷　(戰國)秦越人述　(明)張世賢注　**校正圖注脈訣四卷**　(晉)王熙撰　(明)張世賢注　**奇經八脈考一卷校正瀕湖脈學一卷**　(明)李時珍撰　清光緒二十五年(1899)上海書局石印本　一冊

210000 – 0701 – 0006093　002061

脈經十卷　(晉)王叔和撰　清道光二十九年(1849)奉新廖積性刻本　六冊

210000 – 0701 – 0006094　002062

脈經十卷　(晉)王叔和撰　清光緒二十七年(1901)錢熙祚抄本　一冊

210000 – 0701 – 0006095　002064

瀕湖脈學一卷奇經八脈考一卷　(明)李時珍撰　清光緒二十二年(1896)上海圖書集成局鉛印本　一冊

210000 – 0701 – 0006096　002067

脈義簡摩八卷　(清)周學海撰　清光緒十八年(1892)刻脈學四種本　五冊

210000 – 0701 – 0006097　002068

圖注八十一難經辨真四卷　題(戰國)秦越人撰　(明)張世賢注　清末善成堂刻本　六冊

210000 – 0701 – 0006098　002069

溫症痧疹辨正一卷　(清)許汝楫撰　清光緒十四年(1888)刻本　一冊

210000 – 0701 – 0006099　002070

增補瘟疫論二卷　(清)吳有性撰　(清)丁國

瑞集注增補　清光緒三十二年(1906)天津大公報館鉛印竹園叢書本　二冊

210000 – 0701 – 0006100　002071

瘟疫論類編五卷　(清)吳有性撰　(清)劉奎訂正　清嘉慶四年(1799)刻本　二冊

210000 – 0701 – 0006101　002072

瘟疫論類編五卷　(清)吳有性撰　(清)劉奎訂正　清嘉慶四年(1799)刻本　二冊

210000 – 0701 – 0006102　002073

瘟疫彙編十六卷　(清)汪期蓮編　清道光八年(1828)汪氏培芝堂刻本　四冊

210000 – 0701 – 0006103　002076

痘疹正宗二卷　(清)宋麟祥撰　清乾隆八年(1743)弘畯刻本　二冊

210000 – 0701 – 0006104　002078

痧症全書三卷　(清)王凱編　清光緒四年(1878)慈幼堂刻本　一冊

210000 – 0701 – 0006105　002079

疫痧草不分卷　(清)陳耕道撰　清光緒七年(1881)鉛印本　袁金鎧題識　一冊

210000 – 0701 – 0006106　002080

疫痧草三卷　(清)陳耕道撰　清光緒十四年(1888)刻本　三冊

210000 – 0701 – 0006107　002082

疫證集說四卷補遺一卷　(清)余德塤撰　清宣統三年(1911)素盦鉛印本　四冊

210000 – 0701 – 0006108　002083

疫證治例五卷　(清)朱增籍撰　清光緒十八年(1892)刻本　五冊

210000 – 0701 – 0006109　002084

廣瘟疫論四卷末一卷　(清)戴天章撰　清刻本　二冊

210000 – 0701 – 0006110　002085

廣瘟疫論四卷末一卷　(清)戴天章撰　清刻本　二冊

210000 – 0701 – 0006111　002090

隨息居重訂霍亂論四卷 （清）王士雄撰 清光緒十四年(1888)含經室刻本 二冊

210000－0701－0006112 002091

西醫內科全書 （清）孔慶高譯 清光緒八年(1882)博濟醫局刻本 六冊

210000－0701－0006113 002094

血證論八卷醫學一見能一卷 唐宗海撰 清光緒十六年(1890)唐氏刻本 四冊

210000－0701－0006114 002096

寓意草一卷 （清）喻昌撰 清乾隆二十八年(1763)嵩秀堂刻本 二冊

210000－0701－0006115 002097

寓意草不分卷 （清）喻昌撰 清光緒二十六年(1900)校經山房石印本 一冊

210000－0701－0006116 002099

時疫白喉捷要不分卷各種經驗良方一卷 （清）張紹修撰 清光緒三十年(1904)浙江官書局刻本 一冊

210000－0701－0006117 002099

治瘟提要一卷 （清）曹華豐撰 （清）臧吟蕉增訂 清光緒四年(1878)京都呂祖閣刻本 與 210000－0701－0006116 合冊

210000－0701－0006118 002103

明吳又可先生溫疫論二卷 （清）吳有性撰 （清）孔毓禮評 清末文光堂刻本 二冊

210000－0701－0006119 002107

溫熱經緯五卷 （清）王士雄撰 清光緒八年(1882)四川新繁東湖刻本 四冊

210000－0701－0006120 002111

溫熱贅言 題(清)寄瓢子撰 清道光十一年(1831)靈鶴山房刻文聚堂印三家醫案合刻本 一冊

210000－0701－0006121 002114

內經知要二卷 （清）李中梓編注 清乾隆二十九年(1764)薛雪掃葉山莊刻本 二冊

210000－0701－0006122 002115

內科新說二卷 （英國）合信氏 （清）管茂材撰 清咸豐八年(1858)上海刻西醫五種本 樂鐸校並題識 四冊

210000－0701－0006123 002116

內科新說二卷 （英國）合信氏 （清）管茂材撰 清咸豐八年(1858)上海刻西醫五種本 一冊

210000－0701－0006124 002117

女科要略不分卷 （清）潘霨編 產寶一卷 （清）倪枝維撰 （清）潘霨增輯 清光緒九年(1883)江西書局刻韡園醫學六種本 一冊

210000－0701－0006125 002118

蘭臺軌範八卷 （清）徐大椿撰 清刻本 六冊

210000－0701－0006126 002119

蘭臺軌範八卷 （清）徐大椿撰 清刻本 八冊

210000－0701－0006127 002121

四聖懸樞五卷 （清）黃元御撰 清刻本 二冊

210000－0701－0006128 002122

男科二卷 （清）傅山撰 清光緒十三年(1887)湖北官書處刻本 二冊

210000－0701－0006129 002123

圖注八十一難經四卷 （戰國）秦越人述 (明)張世賢注 校正圖注脈訣四卷 （晉）王熙撰 （明）張世賢注 奇經八脈考一卷校正 瀕湖脈學一卷 （明）李時珍撰 清宣統二年(1910)上海茂記書莊石印本 五冊

210000－0701－0006130 002125

醫效秘傳三卷 （清）葉桂撰 清道光十一年(1831)吳氏貯春僊館刻三家醫案合刻本 三冊

210000－0701－0006131 002127

醫門八法四卷 （清）劉鴻恩撰 清末石印本 四冊

210000－0701－0006132 002128

醫貫砭二卷 （清）徐大椿撰 清刻本 一冊

210000 - 0701 - 0006133　002129

醫貫砭二卷　（清）徐大椿撰　清刻本　一册

210000 - 0701 - 0006134　002131

金匱心典三卷　（漢）張仲景撰　（清）尤怡注
清光緒二十七年(1901)上海醉六堂石印本
一册

210000 - 0701 - 0006135　002132

金匱翼八卷　（清）尤怡撰　清嘉慶十八年
(1813)徐錦刻宏道堂印本　十六册

210000 - 0701 - 0006136　002137

辨證錄十四卷　（清）陳士鐸撰　清光緒十年
(1884)善成堂刻本　十二册

210000 - 0701 - 0006137　002138

豫醫雙璧二種　（清）吳重憙編　清宣統元年
(1909)梁園節署鉛印本　八册

210000 - 0701 - 0006138　002140

傷寒瘟疫條辨六卷　（清）楊璿撰　清光緒三
十三年(1907)同文公會刻本　六册

210000 - 0701 - 0006139　002141

新刻陶節菴家藏秘授傷寒六書六卷　（明）陶
華撰　清天德堂刻本　四册

210000 - 0701 - 0006140　002142

新鐫陶節菴家藏秘授傷寒六書六卷　（明）陶
華撰　清裕元堂刻本　四册

210000 - 0701 - 0006141　002144

辨證錄十四卷　（清）陳士鐸撰　清乾隆十三
年(1748)喻義堂刻本　十四册

210000 - 0701 - 0006142　002145

傷寒說意十卷首一卷　（清）黃元御撰　清道
光十四年(1834)趙汝毅刻本　二册

210000 - 0701 - 0006143　002146

傷寒說意十卷首一卷　（清）黃元御撰　清咸
豐十年(1860)長沙徐樹銘燮䬸精舍刻黃氏醫
書八種本　二册

210000 - 0701 - 0006144　002148

傷寒論集注六卷　（清）張志聰撰　（清）高世
栻纂注　清光緒元年(1875)石印本　六册

210000 - 0701 - 0006145　002152

註解傷寒論十卷　（漢）張機撰　（晉）王熙編
（金）成無已注　傷寒明理論四卷　（金）成
無已撰　清光緒六年(1880)掃葉山房刻本
六册

210000 - 0701 - 0006146　002153

註解傷寒論十卷　（漢）張機撰　（晉）王熙編
（金）成無已注　傷寒明理論四卷　（金）成
無已撰　清同治九年(1870)常郡陸氏雙白燕
堂刻本　四册

210000 - 0701 - 0006147　002155

傷寒論註四卷傷寒附翼二卷　（清）柯琴撰
清文富堂刻本　六册

210000 - 0701 - 0006148　002156

張仲景傷寒論貫珠集八卷　（清）尤怡注　清
刻本　四册

210000 - 0701 - 0006149　002157

張仲景傷寒論貫珠集八卷　（清）尤怡注　清
蘇州來青閣刻本　四册

210000 - 0701 - 0006150　002158

張仲景傷寒論貫珠集八卷　（清）尤怡注　清
蘇州東青閣刻綠潤堂印本　四册

210000 - 0701 - 0006151　002161

傷寒舌鑑不分卷　（清）張登編　清光緒十一
年(1885)掃葉山房刻本　一册

210000 - 0701 - 0006152　002163

傷寒補天石二卷續二卷　（明）戈維城撰　清
金閶經義堂刻本　四册

210000 - 0701 - 0006153　002164

傷寒補天石二卷續二卷　（明）戈維城撰　清
金閶經義堂刻本　四册

210000 - 0701 - 0006154　002165

傷寒補天石二卷續二卷　（明）戈維城撰　清
金閶經義堂刻本　四册

210000 - 0701 - 0006155　002167

傷寒眞方歌括六卷　（清）陳念祖撰　清光緒
十五年(1889)江左書林刻陳修園先生晚餘三

書本　一冊

210000－0701－0006156　002168
傷寒來蘇集八卷　（清）柯琴撰　清弘仁會刻本　八冊

210000－0701－0006157　002169
傷寒指掌四卷　（清）吳貞撰　清刻本　四冊

210000－0701－0006158　002170
傷寒懸解十四卷首一卷末一卷　（清）黃元御撰　清燮穌精舍刻本　五冊

210000－0701－0006159　002171
陶節菴傷寒全生集四卷　（明）陶華撰　清眉壽堂刻本　四冊

210000－0701－0006160　002172
陶節菴傷寒全生集四卷　（明）陶華撰　清乾隆四十七年(1782)古越尺木堂刻本　四冊

210000－0701－0006161　002173
審病定經三卷　（清）張九思編　清道光十四年(1834)集賢堂刻本　四冊

210000－0701－0006162　002174
活人書二十卷　（宋）朱肱撰　（明）徐鎔校　清光緒二十三年(1897)儒林堂刻本　六冊

210000－0701－0006163　002175
問心堂溫病條辨六卷首一卷　（清）吳瑭撰　清嘉慶十八年(1813)問心堂刻本　四冊

210000－0701－0006164　002176
問心堂溫病條辨六卷首一卷　（清）吳瑭撰　清刻本　六冊

210000－0701－0006165　002177
問心堂溫病條辨六卷首一卷　（清）吳瑭撰　清寧波群書山房刻本　六冊

210000－0701－0006166　002178
問心堂溫病條辨六卷首一卷　（清）吳瑭撰　清信義書屋刻本　六冊

210000－0701－0006167　002179
問心堂溫病條辨六卷首一卷　（清）吳瑭撰　清光緒三十一年(1905)掃葉山房刻本　六冊

210000－0701－0006168　002182
溫熱經緯五卷　（清）王士雄撰　清同治十三年(1874)湖北崇文書局刻本　四冊

210000－0701－0006169　002184
長沙方歌括六卷首一卷　（清）陳念祖撰　清末石印本　一冊

210000－0701－0006170　002185
劉河間傷寒六書二十五卷附二種二卷　（金）劉完素撰　明萬曆二十九年(1601)吳勉學刻清遞修古今醫統正脈全書本　三冊

210000－0701－0006171　002185
新刊註釋素問玄機原病式二卷　（金）劉完素撰　（□）薛時平注　明刻本　一冊

210000－0701－0006172　002186
傷寒集要不分卷　（□）□□撰　清抄本　六冊

210000－0701－0006173　002187
武昌醫學館叢書八種　柯逢時編　清光緒三十年至民國元年(1904－1912)武昌柯氏醫學館刻本　六冊　存二種三十卷(傷寒論十卷、傷寒補亡論二十卷)

210000－0701－0006174　002191
金匱玉函經二注二十二卷補方一卷　（宋）趙以德衍義　（清）周揚俊補注　十藥神書一卷（元）葛乾孫撰　清道光十三年(1833)刻本　六冊

210000－0701－0006175　002192
金鏡錄一卷　（□）□□撰　清道光十五年(1835)刻本　一冊

210000－0701－0006176　002193
尚論張仲景傷寒論重編三百九十七法二卷後四卷　（清）喻昌撰　清刻本　四冊

210000－0701－0006177　002194
增注類證活人書二十二卷　（宋）朱肱撰　清光緒十年(1884)江南機器製造局刻本　四冊

210000－0701－0006178　002195
瘡瘍經驗全書十三卷　（宋）竇漢卿輯撰　清

康熙五十六年(1717)浩然樓刻本　八冊　存十卷(一至九、十二)

210000－0701－0006179　002196

痘疹專門二卷　(清)董維嶽纂　清道光二十五年(1845)書業德記刻本　二冊

210000－0701－0006180　002197

痧脹玉衡書三卷後卷一卷　(清)郭志遂撰　清康熙揚州有義堂刻本　四冊

210000－0701－0006181　002199

王洪緒先生外科證治全生不分卷　(清)王維德編　清道光二十七年(1847)掃葉山房刻本　二冊

210000－0701－0006182　002200

王洪緒先生外科證治全生不分卷　(清)王維德編　清咸豐十一年(1861)武昌節署刻本　一冊

210000－0701－0006183　002203

外科證治全書五卷末一卷　(清)許克昌(清)畢法編　清同治六年(1867)易崇塏等刻本　五冊

210000－0701－0006184　002205

重訂外科正宗十二卷　(明)陳實功撰　(清)張鸞翼重訂　清鐵瓶里有耀齋局刻本　六冊

210000－0701－0006185　002207

重訂外科正宗十二卷　(明)張實功撰　(清)張鸞翼重訂　清光緒十四年(1888)京都泰山堂刻本　六冊

210000－0701－0006186　002208

重訂外科正宗十二卷　(明)陳實功撰　清光緒元年(1875)掃葉山房刻本　六冊

210000－0701－0006187　002210

外科心法真驗指掌四卷首一卷　(清)劉濟川撰　清光緒十三年(1887)天津劉氏全順堂刻本　四冊

210000－0701－0006188　002214

外科明隱集四卷醫案錄彙二卷　(清)何景才撰　清光緒二十八年(1902)北京琉璃廠文光樓福善堂刻本　四冊

210000－0701－0006189　002215

外科心法真驗指掌四卷首一卷　(清)劉濟川撰　清光緒十三年(1887)天津劉氏全順堂刻本　四冊

210000－0701－0006190　002217

洞天奧旨十六卷　(清)陳士鐸撰　清光緒善成堂刻本　六冊

210000－0701－0006191　002219

增訂花柳指迷六卷　(美國)嘉約翰輯譯(清)林應祥筆述　清光緒十五年(1889)羊城博濟醫局刻本　一冊

210000－0701－0006192　002220

救偏瑣言五卷備用良方一卷　(清)費啟泰撰　清道光二十一年(1841)大文堂刻本　四冊

210000－0701－0006193　002228

傷寒真方歌括六卷　(清)陳念祖撰　清光緒三十四年(1908)寶慶經元書局刻本　一冊

210000－0701－0006194　002230

長沙方歌括六卷　(清)陳念祖撰　清光緒三十四年(1908)寶慶經元書局刻本　三冊

210000－0701－0006195　002232

一草亭眼科全集四卷　(清)文永周編　清光緒二年(1876)刻本　七冊

210000－0701－0006196　002234

傅氏眼科審視瑤函六卷前賢醫案一卷首一卷圖說一卷　(明)傅仁宇撰　清末民初上海掃葉山房石印本　六冊

210000－0701－0006197　002235

傅氏眼科審視瑤函六卷首一卷　(明)傅仁宇撰　清宣統元年(1909)上海會文書局石印本　一冊

210000－0701－0006198　002236

傅氏眼科審視瑤函六卷前賢醫案一卷首一卷　(明)傅仁宇撰　清掃葉山房刻本　六冊

210000－0701－0006199　002237

校刊目經大成三卷首一卷　(清)黃庭鏡撰

清同治十年(1871)三益堂刻本 六册

210000－0701－0006200 002238
眼科百問二卷 (清)王子固編 清光緒十年
(1884)書業德記刻本 二册

210000－0701－0006201 002239
眼科百問二卷 (清)王子固編 清光緒十年
(1884)書業德記刻本 二册

210000－0701－0006202 002243
銀海精微四卷 題(唐)孫思邈撰 清金閶耕
讀堂刻本 四册

210000－0701－0006203 002247
重樓玉鑰二卷 (清)鄭梅澗撰 清道光十八
年(1838)馮相棻刻本 二册

210000－0701－0006204 002248
白喉治法忌表抉微一卷 (清)耐修子撰 清
奉天作新印刷局鉛印本 一册

210000－0701－0006205 002249
白喉治法忌表抉微一卷 (清)耐修子撰 清
奉天作新印刷局鉛印本 一册

210000－0701－0006206 002250
白喉治法忌表抉微一卷 (清)耐修子撰 清
奉天作新印刷局鉛印本 一册

210000－0701－0006207 002251
重樓玉鑰白喉忌表抉微合刻二卷 (清)胡蓮
玉編 清光緒二十六年(1900)胡蓮玉等刻本
一册

210000－0701－0006208 002253
溫病提要咽喉脈證合刊二卷 清光緒十六年
(1890)嚴溪精舍刻本 一册

210000－0701－0006209 002254
咽喉秘集二卷 (清)吳□ (清)張宗良撰
清光緒二十四年(1898)步翔藻等刻本 二册

210000－0701－0006210 002255
咽喉脈證通論一卷 (□)□□撰 清光緒十
一年(1885)江左書林刻本 一册

210000－0701－0006211 002256

喉症全科紫珍集二卷首一卷 (清)朱翔宇編
清嘉慶九年(1804)京江尊仁堂刻本 二册

210000－0701－0006212 002257
喉科指掌不分卷 (清)張宗良撰 清抄本
一册

210000－0701－0006213 002259
外科症治全生節鈔一卷 (清)王維德撰 清
抄本 一册

210000－0701－0006214 002260
長沙方歌括六卷 (清)陳念祖撰 (清)陳蔚
注 清同治六年(1867)善成堂刻本 二册
存四卷(三至六)

210000－0701－0006215 002260
張仲景傷寒論原文淺註六卷 (清)陳念祖撰
清同治六年(1867)善成堂刻本 二册 存
四卷(一至四)

210000－0701－0006216 002261
讀傷寒論心法一卷迴瀾說一卷時節氣候訣病
法一卷 (清)王丙撰 (清)陸懋修校 清宣
統二年(1910)陸潤庠刻世補齋醫書本 一册

210000－0701－0006217 002263
黴瘡秘錄二卷 (明)陳司成撰 清光緒十一
年(1885)浦鑒庭刻本 一册

210000－0701－0006218 002264
產後編二卷 (清)傅山撰 清道光二十九年
(1849)張亨鈐刻本 一册

210000－0701－0006219 002265
產孕集二卷 (清)張曜孫撰 補遺一卷
(清)包誠撰 清同治七年(1868)蘊璞齋刻本
一册

210000－0701－0006220 002267
女科二卷產後編二卷 (清)傅山撰 清道光
二十二年(1842)蔡家玕刻本 三册

210000－0701－0006221 002269
濟陰綱目十四卷 (明)武之望撰 保生碎事
一卷 (清)汪淇撰 清善成堂刻本 八册

210000－0701－0006222 002270

增廣大生要旨五卷 （清）唐千頃撰 （清）葉
灝增訂 清光緒十年(1884)掃葉山房刻本
二冊

210000－0701－0006223 002271

增補大生要旨五卷 （清）唐千頃撰 （清）馬
振蕃續增 清光緒十六年(1890)錢思永堂刻
本 二冊

210000－0701－0006224 002273

女科經綸八卷 （清）蕭壎撰 清光緒十六年
(1890)掃葉山房刻本 六冊

210000－0701－0006225 002274

女科仙方四卷 （清）傅山撰 清光緒十三年
(1887)有餘堂刻本 三冊

210000－0701－0006226 002282

婦嬰至寶三種 （清）徐忕忛編 清光緒十二
年(1886)京口善化堂刻本 一冊

210000－0701－0006227 002283

婦嬰新說一卷 （英國）合信氏 （清）管茂材
撰 清咸豐八年(1858)江蘇上海仁濟醫館刻
西醫五種本 一冊

210000－0701－0006228 002285

產後編二卷 （清）傅山撰 清末抄本 一冊

210000－0701－0006229 002286

胎產秘書三卷 （清）陳笏庵撰 清光緒十八
年(1892)刻本 一冊

210000－0701－0006230 002287

胎產秘書三卷 （清）陳笏庵撰 （清）翁元鈞
增輯 清同治四年(1865)福建省吳玉田刻坊
刻本 二冊

210000－0701－0006231 002290

胎產心法三卷 （清）閻純璽撰 清道光二十
八年(1848)廣東大文堂書坊刻本 四冊

210000－0701－0006232 002291

胎產心法三卷 （清）閻純璽撰 清道光八年
(1828)靈武世德堂刻本 四冊

210000－0701－0006233 002292

胎產護生篇不分卷 （清）李長科編 清同治

元年(1862)桂林鴻文堂刻本 一冊

210000－0701－0006234 002295

增補秘傳痘疹玉髓金鏡錄眞本四卷 （明）翁
仲仁撰 清道光二十年(1840)書業堂刻本
二冊

210000－0701－0006235 002296

陳氏小兒痘疹方論一卷 （宋）陳文中撰
（清）薛己校注 清刻薛氏醫按本 一冊

210000－0701－0006236 002300

增補秘傳痘疹玉髓金鏡錄四卷 （明）翁仲仁
撰 清道光二十年(1840)掃葉山房刻本
二冊

210000－0701－0006237 002301

痘疹集成四卷痳疹集成二卷 （清）朱楚芬撰
清道光十七年(1837)朱氏破愚齋刻本
六冊

210000－0701－0006238 002302

痘科紅爐點雪二卷證治方案一卷古方用法一
卷 （清）葉向春編 清嘉慶十六年(1811)刻
本 二冊 缺一卷(古方用法一卷)

210000－0701－0006239 002303

痘疹心法歌訣一卷 題(清)必良齋主人編
清道光十年(1830)鍾承露刻本 一冊

210000－0701－0006240 002304

痘疹心法六卷 （明）呂希端撰 （清）柴英賢
增訂 清嘉慶十年(1805)成錦堂刻本 四冊

210000－0701－0006241 002305

痘疹萃精六卷 （清）雷天棟編 清聚英堂刻
本 四冊

210000－0701－0006242 002307

痘疹折衷二卷 （明）秦昌遇撰 清抄本
二冊

210000－0701－0006243 002308

痘科彙編四卷 痳科彙編一卷 （清）翟良撰
（明）馬之騏纂 （清）翟良定 清雲林唐積
秀刻本 六冊

210000－0701－0006244 002309

痘科彙編四卷 （清）翟良撰 清乾隆三十七年(1772)敬業堂刻本 五冊

210000－0701－0006245 002310

痘疹集要一卷 （清）李代棻撰 清光緒二十年(1894)瀏陽小桃源里刻本 一冊

210000－0701－0006246 002311

痘科扼要不分卷 （清）陳奇生撰 清道光三十年(1850)林一德刻本 一冊

210000－0701－0006247 002312

翁仲仁先生痘科金鏡賦六卷 （清）俞茂鯤集解 （清）于人龍參評 清刻本 四冊

210000－0701－0006248 002313

痘科鍵二卷痲疹一卷 （明）朱巽撰 清道光十一年(1831)徐緒刻本 二冊

210000－0701－0006249 002316

痲科活人全書四卷 （清）謝玉瓊撰 清光緒十九年(1893)李福田刻本 四冊

210000－0701－0006250 002317

三指禪三卷 （清）周學霆撰 （清）歐陽輯瑞批注 清道光十二年(1832)大文堂刻本 三冊

210000－0701－0006251 002318

天花八陣編三卷 （清）王伯偉撰 清道光二十七年(1847)書業德記刻本 二冊

210000－0701－0006252 002319

天花八陣編三卷 （清）王伯偉撰 清道光二十七年(1847)書業德記刻本 二冊

210000－0701－0006253 002320

天花精言六卷 （清）袁句撰 清嘉慶十年(1805)萱茂堂刻本 二冊

210000－0701－0006254 002321

引痘略一卷 （清）邱熺編 清咸豐八年(1858)盛京彩盛興刻本 一冊

210000－0701－0006255 002322

引痘略一卷 （清）邱熺編 清咸豐四年(1854)篆雲齋刻光緒二年(1876)印本 一冊

210000－0701－0006256 002323

顱顖經二卷 （宋）□□撰 清乾隆綿州李氏萬卷樓刻嘉慶十四年(1809)李鼎元重校道光五年(1825)李朝夔補刻函海本 一冊

210000－0701－0006257 002324

經驗痘疹秘傳全書一卷 （清）黃廉撰 清同治十年(1871)穉鶴氏抄本 一冊

210000－0701－0006258 002325

鼎鍥幼幼集成六卷 （清）陳復正編 清學庫山房刻本 六冊

210000－0701－0006259 002326

種痘新書十二卷 （清）張琰撰 清道光二十年(1840)桂芳齋刻本 六冊

210000－0701－0006260 002329

幼科鐵鏡六卷 （清）夏鼎撰 清光緒二十一年(1895)貴池劉氏信天堂刻本 二冊

210000－0701－0006261 002332

達生保嬰編一卷 題（清）亟齋居士撰 清刻本 一冊

210000－0701－0006262 002332

洞主仙師白喉治法忌表抉微一卷 （清）耐修子撰 清光緒十七年(1891)元會齋刻本 與210000－0701－0006261 合刊

210000－0701－0006263 002333

保赤金鑑四卷 （清）穆氏編 清乾隆四十九年(1784)刻光緒十八年(1892)文遠堂重修本 二冊

210000－0701－0006264 002334

保嬰易知錄二卷補遺一卷 （清）吳溶堂撰 清道光十六年(1836)吳郡潘氏刻本 二冊

210000－0701－0006265 002336

遂生編一卷福幼合編一卷 （清）莊一夔撰 幼幼集成節錄一卷 （清）陳復正撰 清同治二年(1863)刻本 一冊

210000－0701－0006266 002338

郁謝痲科合璧一卷 （清）郁□ （清）謝心陽撰 （清）楊開泰輯 清刻本 一冊

210000－0701－0006267 002339

驚風辯證必讀書一卷 （清）莊一夔撰 驚風
辯證必讀書一卷 （清）秦霖熙撰 清光緒二
十七年（1901）上元江氏刻本 一冊

210000－0701－0006268 002341

摘星樓治痘全書十八卷 （明）朱一麟撰 清
光緒十二年（1886）培植堂刻本 十冊

210000－0701－0006269 002343

兒科醒十二卷 題（清）芝嶼樵客撰 清嘉慶
十八年（1813）甘棠博愛堂刻本 三冊

210000－0701－0006270 002345

小兒疳眼黃膜論一卷 （清）張思濟撰 清光
緒刻本 一冊

210000－0701－0006271 002346

小兒藥證真訣三卷 （宋）錢乙撰 清福建刻
武英殿聚珍版書本 一冊

210000－0701－0006272 002347

新訂小兒科臍風驚風合編一卷 （清）鮑相璈
編 清同治十三年（1874）會稽婁氏刻本
一冊

210000－0701－0006273 002351

珍珠囊指掌補遺藥性賦四卷 題（金）李杲編
雷公炮製藥性解六卷 （清）李中梓編 清
宣統三年（1911）上海會文堂書局石印本
四冊

210000－0701－0006274 002354

要藥分劑十卷 （清）沈金鰲撰 清末鉛印沈
氏尊生書本 一冊

210000－0701－0006275 002358

神農本草三卷本說一卷 王闓運輯 清光緒
十一年（1885）尊經書院刻本 一冊

210000－0701－0006276 002361

神農本草經贊三卷月令七十二候贊一卷
（三國魏）吳普等述 （清）葉志詵撰 清道光
三十年（1850）粵東撫署刻漢陽葉氏叢書本
四冊

210000－0701－0006277 002363

新刻校正大字李東垣先生珍珠囊二卷 （金）
李杲撰 醫方捷徑指南全書二卷 （明）王宗
顯輯 清宏道堂刻本 一冊

210000－0701－0006278 002364

珍珠囊指掌補遺藥性賦四卷 題（金）李杲編
雷公炮製藥性解六卷 （清）李中梓編 清
掃葉山房刻本 四冊

210000－0701－0006279 002366

活幼心法大全八卷 （明）聶尚恒撰 清康熙
十五年（1676）刻本 二冊

210000－0701－0006280 002367

珍珠囊指掌補遺藥性賦四卷 題（金）李杲編
雷公炮製藥性解六卷 （清）李中梓編 清
光緒二十年（1894）上海文瑞樓石印本 一冊

210000－0701－0006281 002369

珍珠囊指掌補遺藥性賦四卷 （金）李杲編
雷公炮製藥性解六卷 （清）李中梓編 清掃
葉山房石印本 四冊

210000－0701－0006282 002370

本經疏證十二卷本經續疏六卷本經序疏要八
卷 （清）鄒澍撰 清光緒常州長年醫局刻本
十二冊

210000－0701－0006283 002371

本經逢原四卷 （清）張璐纂 清光緒三十四
年（1908）渭南嚴氏刻醫學初階本 八冊

210000－0701－0006284 002374

本草三家合註三卷首一卷 （清）郭汝聰集注
神農本草經百種錄一卷 （清）徐大椿撰
清光緒二十九年（1903）錦章書局石印本
四冊

210000－0701－0006285 002375

本草三家合註六卷 （清）郭汝聰編 神農本
草經百種錄一卷 （清）徐大椿撰 清聚經閣
刻本 六冊

210000－0701－0006286 002376

本草三家合註六卷 （清）郭汝聰編 神農本
草經百種錄一卷 清光緒二十九年（1903）上

海文瑞樓石印本　四冊

210000－0701－0006287　002385
增補本草備要四卷湯頭歌訣一卷經絡歌訣一卷　（清）汪昂撰　清光緒七年（1881）掃葉山房刻本　五冊

210000－0701－0006288　002387
本草衍義二十卷　（宋）寇宗奭撰　清光緒三年（1877）陸心源刻本　四冊

210000－0701－0006289　002388
本草經疏輯要八卷朱氏痘疹祕要一卷經驗效方一卷　（清）吳世鎧編　清光緒十一年（1885）錦文堂刻本　六冊

210000－0701－0006290　002389
本草綱目五十二卷首一卷圖三卷瀕湖脈學一卷奇經八脈攷一卷脈訣攷證一卷　（明）李時珍撰　本草綱目拾遺十卷首一卷　（清）趙學敏輯　清光緒十一年（1885）合肥張紹棠味古齋刻本　三十三冊　缺八卷（一至四上、本草綱目首一卷、圖三卷）

210000－0701－0006291　002389
本草萬方鍼線八卷　（清）蔡烈先輯　清金陵冶山草居刻本　二冊

210000－0701－0006292　002390
本草綱目五十二卷圖三卷瀕湖脈學一卷奇經八脈攷一卷脈訣攷證一卷　（明）李時珍撰　清道光六年（1826）英德堂刻本　三十二冊

210000－0701－0006293　002391
本草綱目五十二卷首一卷圖三卷瀕湖脈學一卷奇經八脈攷一卷脈訣攷證一卷　（明）李時珍撰　本草綱目拾遺十卷首一卷　（清）趙學敏輯　清光緒十一年（1885）合肥張紹棠味古齋刻本　三十八冊

210000－0701－0006294　002391
本草萬方鍼線八卷　（清）蔡烈先輯　清金陵冶山草居刻本　二冊

210000－0701－0006295　002392
本草綱目五十二卷首一卷圖三卷　（明）李時

珍撰　清光緒十一年（1885）合肥張紹棠味古齋刻本　五冊　存八卷（一至四上、首一卷、圖三卷）

210000－0701－0006296　002393
本草綱目五十二卷首一卷圖三卷瀕湖脈學一卷奇經八脈攷一卷脈訣攷證一卷　（明）李時珍撰　本草綱目拾遺十卷首一卷　（清）趙學敏輯　清光緒十一年（1885）合肥張紹棠味古齋刻本　三十八冊

210000－0701－0006297　002393
本草萬方鍼線八卷　（清）蔡烈先輯　清金陵冶山草居刻本　二冊

210000－0701－0006298　002394
本草綱目五十二卷圖三卷　（明）李時珍撰　清乾隆四十九年（1784）書業堂刻本　四十冊　存四十一卷（一至十八、三十三至五十二，圖三卷）

210000－0701－0006299　002395
本草綱目五十二卷首一卷附圖三卷　（明）李時珍撰　（清）吳毓昌校訂　本草萬方鍼線八卷　（清）蔡烈先輯　清同治十一年（1872）芥子園刻本　四十六冊

210000－0701－0006300　002400
本草綱目五十二卷圖三卷　（明）李時珍撰　清順治十五年（1658）刻本　四十冊

210000－0701－0006301　002401
本草綱目拾遺十卷首一卷　（清）趙學敏輯　清同治十年（1871）錢塘張應昌吉心堂刻利濟十二種本　八冊

210000－0701－0006302　002403
本草從新十八卷　（清）吳儀洛編　清道光二十六年（1846）瓶花書屋刻本　六冊

210000－0701－0006303　002404
本草從新十八卷　（清）吳儀洛編　清光緒六年（1880）校經山房刻本　六冊

210000－0701－0006304　002405
本草從新十八卷　（清）吳儀洛編　清道光二

十六年(1846)瓶花書屋刻本　六冊

210000－0701－0006305　002411

本草述三十二卷首一卷　(清)劉若金撰　清
嘉慶十五年(1810)薛氏還讀山房刻光緒二年
(1876)姑蘇來青閣印本　十七冊　存二十七
卷(一至十四、十八至二十二、二十四至三十，
首一卷)

210000－0701－0006306　002413

本草求眞九卷主治二卷脈理求眞三卷　(清)
黃宮繡撰　清宏道堂刻本　十二冊

210000－0701－0006307　002414

本草求眞九卷主治二卷脈理求眞一卷　(清)
黃宮繡撰　清刻本　十三冊

210000－0701－0006308　002416

本草思辨錄四卷首一卷　(清)周巖撰　清光
緒三十年(1904)山陰周氏微尚室刻本　四冊

210000－0701－0006309　002418

本草原始十二卷　(明)李中立撰　清道光二
十四年(1844)信元堂刻本　九冊

210000－0701－0006310　002419

本草原始十二卷　(明)李中立撰　清四美堂
刻本　八冊

210000－0701－0006311　002420

本草醫方合編五種　(清)汪昂撰　清咸豐元
年(1851)掃葉山房刻本　六冊

210000－0701－0006312　002421

本草分經一卷　(清)姚瀾編　清光緒十五年
(1889)江西天祿閣刻本　一冊

210000－0701－0006313　002422

本草述鉤元三十二卷　(清)劉若金撰　(清)
楊時泰編　清道光二十二年(1842)毘陵涵雅
堂刻本　十冊

210000－0701－0006314　002427

食物本草會纂十二卷　(清)沈李龍編　清乾
隆四十八年(1783)金閶書業堂刻本　八冊

210000－0701－0006315　002428

食物本草會纂八卷　(清)沈李龍編　清嘉慶

八年(1803)金陵致和堂刻本　六冊

210000－0701－0006316　002429

食物本草會纂十二卷　(清)沈李龍編　清刻
本　八冊

210000－0701－0006317　002430

雷公炮製藥性解六卷　(清)李中梓編　清刻
本　二冊

210000－0701－0006318　002431

韓氏醫通二卷　(明)韓㮍撰　(清)程永培校
　清光緒十七年(1891)廣州儒雅堂刻六醴齋
醫書本　一冊

210000－0701－0006319　002432

痧症全書三卷痧疫論一卷　(清)王凱編　清
光緒二年(1876)刻本　二冊

210000－0701－0006320　002435

京師藥行商會配方三卷　(清)京師藥行商會
編　清宣統二年(1910)鉛印本　一冊

210000－0701－0006321　002436

證治彙補八卷　(清)李用粹撰　清光緒十八
年(1892)簡玉山房刻本　八冊

210000－0701－0006322　002437

證治全生二卷　(清)王維德編　清抄本
二冊

210000－0701－0006323　002439

三家醫案合刻三卷　(清)吳金壽編　清道光
姑蘇綠愼堂刻本　二冊

210000－0701－0006324　002440

三家醫案合刻三卷附刻二種四卷　(清)吳金
壽編　清道光姑蘇綠愼堂刻本　六冊

210000－0701－0006325　002441

三家醫案合刻三卷附刻二種四卷　(清)吳金
壽編　清道光十一年(1831)吳氏貯春僊館刻
本　六冊

210000－0701－0006326　002442

至寶丸散集十卷　(□)□□撰　清刻本
一冊

210000－0701－0006327　002443

平易方四卷　（清）葉香侶編　清嘉慶九年（1804）大有堂刻本　四冊

210000－0701－0006328　002444

石室秘籙六卷　（清）陳士鐸撰　清嘉慶三年（1798）崇文堂刻本　六冊

210000－0701－0006329　002447

千金翼方三十卷　（唐）孫思邈撰　（宋）林億等校　清光緒四年（1878）獨山莫氏影印本　八冊

210000－0701－0006330　002448

孫真人千金方衍義三十卷　（唐）孫思邈撰　（清）張璐衍義　清嘉慶六年（1801）掃葉山房刻本　二十四冊

210000－0701－0006331　002451

集驗良方拔萃二卷續補一卷　（清）恬素氏編　清道光二十一年（1841）刻本　二冊

210000－0701－0006332　002452

儒門事親十五卷　（金）張從正（張子和）撰　清宣統二年（1910）千頃堂書局石印本　六冊

210000－0701－0006333　002454

衛生鴻寶六卷　（清）祝補齋編　（清）高味卿增輯　清咸豐七年（1857）上海寶賢堂刻本　四冊

210000－0701－0006334　002456

經驗廣集四卷　（清）李文炳撰　清道光七年（1827）李春馥刻本　四冊

210000－0701－0006335　002460

經驗良方大全十卷首一卷　（清）黃伯垂輯（清）王孟英續編　清光緒二十年（1894）上海進步書局石印本　十冊

210000－0701－0006336　002461

經驗良方大全十卷首一卷　（清）黃伯垂輯（清）王孟英續編　清光緒二十年（1894）上海進步書局石印本　十冊

210000－0701－0006337　002464

唐王燾先生外臺秘要方四十卷首一卷目錄一卷　（唐）王燾撰　（宋）陸錫明校　清同治十三年（1874）廣東翰墨園刻本　四十冊

210000－0701－0006338　002465

傅徵君男女科全集八卷　（清）傅山撰　清光緒十二年（1886）晉義堂刻本　六冊

210000－0701－0006339　002466

幼幼集成六卷　（清）陳復正編　（清）籽莫居士評點　清紫莫仙館刻本（卷五配清刻本）六冊

210000－0701－0006340　002467

備急千金要方三十卷　（唐）孫思邈撰　（宋）林億等校　千金方考異一卷　日本江戶醫學影刻清光緒四年（1878）上海長洲麟瑞堂印本　二十冊

210000－0701－0006341　002468

備急千金要方三十卷　（唐）孫思邈撰　（宋）林億等校　千金方考異一卷　日本江戶醫學影刻清光緒四年（1878）上海長洲麟瑞堂印本　十二冊

210000－0701－0006342　002469

備急千金要方三十卷　（唐）孫思邈撰　（宋）林億等校　千金方考異一卷　日本江戶醫學影刻清光緒四年（1878）上海長洲麟瑞堂印本　十二冊

210000－0701－0006343　002470

秘傳神效良方一卷　（□）□□輯　清道光八年（1828）抄本　一冊

210000－0701－0006344　002471

回生集二卷續集二卷　（清）陳杰輯　清道光七年（1827）萬卷樓刻本　二冊

210000－0701－0006345　002473

急救應驗良方一卷　（清）費山壽編　清宣統三年（1911）鉛印本　一冊

210000－0701－0006346　002474

傷寒論類方四卷　（清）徐大椿撰　（清）潘霨增輯　長沙方歌括一卷　（清）陳念祖撰（清）潘霨增輯　清同治五年（1866）潘氏刻本

四册

210000－0701－0006347　002475

傷寒論類方四卷　（清）徐大椿撰　（清）潘霨
增輯　長沙方歌括一卷　（清）陳念祖撰
（清）潘霨增輯　清光緒九年(1883)江西書局
刻本　四册

210000－0701－0006348　002477

濟世良方六卷首一卷補遺四卷　（清）周其芬
輯　（清）瑩軒氏增輯　清同治四年(1865)武
昌節署刻同治七年(1868)印本　八册

210000－0701－0006349　002478

良方集腋二卷　（清）謝元慶編　清道光二十
八年(1848)秀義齋刻本　二册

210000－0701－0006350　002479

良方續錄一卷補遺一卷　（清）俞大文編　清
同治二年(1863)奎光齋刻本　一册

210000－0701－0006351　002480

治諸症簡便靈方不分卷　（□）□□撰　清抄
本　二册

210000－0701－0006352　002481

法製如意膏方不分卷　（□）□□撰　清光緒
三十二年(1906)寄廬主人鉛印本　一册

210000－0701－0006353　002487

海上方不分卷　題(唐)孫思邈撰　清光緒四
年(1878)鑑湖居士刻本　一册

210000－0701－0006354　002489

丸散藥案不分卷　（清）同生堂集方　清光緒
十九年(1893)同生堂抄本　一册

210000－0701－0006355　002489

藥方一卷　（□）□□撰　清末民國抄本
一册

210000－0701－0006356　002493

奇效簡便良方四卷　（清）丁堯臣編　清光緒
七年(1881)瀋陽鐘樓南彩盛刻字鋪刻本
四册

210000－0701－0006357　002495

蘭室秘藏三卷　（金）李杲撰　清雲林閣刻本

三册

210000－0701－0006358　002496

蘇沈內翰良方十卷　（宋）蘇軾　（宋）沈括輯
清光緒二十三年(1897)武強賀氏刻本
四册

210000－0701－0006359　002499

嘯亭雜錄八卷　（清）昭槤撰　清光緒二十七
年(1901)掃葉山房石印本　三册

210000－0701－0006360　002503

同仁堂藥目不分卷　（清）同仁堂編　清末京
都同仁堂刻本　一册

210000－0701－0006361　002505

柳選四家醫案　（清）柳寶詒編　清光緒三十
年(1904)惜餘小舍刻江陰柳氏醫學叢書本
六册

210000－0701－0006362　002510

新刊良朋彙集五卷　（清）孫偉編　清光緒九
年(1883)上海校經山房刻本　二册　存二卷
(一至二)

210000－0701－0006363　002511

新刊良朋彙集四卷　（清）孫偉編　清末上海
掃葉山房石印本　四册

210000－0701－0006364　002512

十藥神書不分卷　（元）葛乾孫撰　清光緒五
年(1879)敏德堂潘霨刻本　一册

210000－0701－0006365　002513

良朋彙集五卷補遺五卷　（清）孫偉編　清嘉
慶六年(1801)文盛堂刻本　五册

210000－0701－0006366　002514

良朋彙集五卷補遺五卷　（清）孫偉編　清嘉
慶六年(1801)文盛堂刻本　五册

210000－0701－0006367　002515

芷園素社痎瘧疏方一卷　（明）盧之頤撰　清
刻本　一册

210000－0701－0006368　002516

古方選註四卷　（清）王子接撰　（清）葉桂校
清末民初上海千頃堂書局石印本　四册

210000－0701－0006369　002520

本草萬方鍼線八卷　（清）蔡烈先編　清光緒
鉛印本　一冊

210000－0701－0006370　002521

成方要録不分卷　（□）□□撰　清末抄本
一冊

210000－0701－0006371　002523

景岳新方砭四卷　（清）陳念祖撰　清光緒三
年（1877）葛元煦嘯園刻本　二冊

210000－0701－0006372　002524

景岳新方砭四卷　（清）陳念祖撰　清光緒十
八年（1892）上海圖書集成局鉛印本　一冊

210000－0701－0006373　002525

眼科良方一卷　（清）葉桂撰　清道光二十五
年（1845）蕭英華刻本　一冊

210000－0701－0006374　002526

增刪喉科心法不分卷　（清）劉序鵷編　（清）
潘誠增訂　清咸豐三年（1853）鼎元堂刻本
一冊

210000－0701－0006375　002527

長沙方歌括六卷　（清）陳念祖撰　清刻本
一冊

210000－0701－0006376　002528

丹溪心法五卷　（元）朱震亨撰　附餘六種二
十二卷　（明）方廣編　附錄一卷　清二西堂
刻本　十二冊

210000－0701－0006377　002529

增補醫方一盤珠全集十卷　（清）洪金鼎纂
清同治九年（1870）富春堂刻本　六冊

210000－0701－0006378　002531

醫方集解不分卷　（清）汪昂撰　清光緒十三
年（1887）姑蘇掃葉山房刻本　四冊

210000－0701－0006379　002532

醫方集解不分卷　（清）汪昂撰　清光緒十三
年（1887）姑蘇掃葉山房刻本　六冊

210000－0701－0006380　002533

醫方集解三卷　（清）汪昂撰　清同治八年

（1869）集益山房刻本　六冊

210000－0701－0006381　002534

本草醫方合編三十一卷　（清）汪昂編　清光
緒十七年（1891）珍藝書局鉛印本　六冊

210000－0701－0006382　002535

本草醫方合編三十一卷　（清）汪昂編　清光
緒十七年（1891）珍藝書局鉛印本　六冊

210000－0701－0006383　002537

醫醇賸義四卷醫方論四卷　（清）費伯雄撰
清光緒十四年（1888）上海掃葉山房刻本
六冊

210000－0701－0006384　002538

醫醇賸義四卷醫方論四卷　（清）費伯雄撰
清光緒三年（1877）刻本　六冊

210000－0701－0006385　002539

醫醇賸義四卷　（清）費伯雄撰　清光緒二十
七年（1901）上海書局石印本　一冊

210000－0701－0006386　002540

醫醇賸義四卷醫方論四卷　（清）費伯雄撰
清光緒二十七年（1901）上海書局石印本
二冊

210000－0701－0006387　002541

葉氏醫案存眞三卷　（清）葉桂撰　**馬氏醫案
祁案王案一卷**　清光緒十二年（1886）常熟抱
芳閣刻本　四冊

210000－0701－0006388　002543

醫案夢記二卷　（清）徐守愚撰　**附案一卷**
（清）徐麐撰　清光緒二十三年（1897）徐麐刻
民國九年（1920）紹興裘氏補刻本　二冊

210000－0701－0006389　002545

厚德堂集驗方萃編四卷　（清）奇克唐阿編
清光緒七年至九年（1881－1883）松椿刻本
六冊

210000－0701－0006390　002546

厚德堂集驗方萃編四卷　（清）奇克唐阿編
清光緒七年至九年（1881－1883）松椿刻本
六冊

210000－0701－0006391 002547

驗方新編二十四卷 (清)鮑相璈輯 (清)梅啓照增輯 清光緒十九年(1893)上海同文書局石印本 五冊

210000－0701－0006392 002549

驗方新編十六卷 (清)鮑相璈編 清同治三年(1864)北京文貴堂刻本 七冊 存十三卷(一、五至十六)

210000－0701－0006393 002550

驗方新編八卷首一卷 (清)鮑相璈輯 **痧症全書三卷** (清)林森撰 清同治九年(1870)道生堂刻本 十冊

210000－0701－0006394 002553

金匱要略淺註十卷 (清)陳念祖撰 清光緒十五年(1889)光裕書屋刻本 六冊

210000－0701－0006395 002556

養生經驗良方合集六種 (清)毛世洪編 (清)王松泉增訂 清嘉慶八年(1803)鮑煌等刻本 四冊

210000－0701－0006396 002558

簡驗良方二卷 (清)張遂辰編 清乾隆四十七年(1782)金士培刻本 四冊

210000－0701－0006397 002561

筆花醫鏡四卷 (清)江涵暾撰 清光緒十二年(1886)田氏刻本 二冊

210000－0701－0006398 002562

筆花醫鏡四卷 (清)江涵暾撰 清同治八年(1869)刻本 二冊

210000－0701－0006399 002563

尚論張仲景傷寒論重編三百九十七法二卷後四卷 (清)喻昌撰 清刻本 四冊

210000－0701－0006400 002564

尚論篇四卷首一卷 (清)喻昌撰 清光緒二十六年(1900)上海校經山房石印本 一冊

210000－0701－0006401 002565

類方準繩八卷 (明)王肯堂撰 明九思堂刻本 十六冊

210000－0701－0006402 002566

廣陵醫案摘錄一卷附傷寒雜病禁食辨一卷 (清)汪廷元撰 清末家刻本 一冊

210000－0701－0006403 002568

評琴書屋葉案括要八卷 (清)葉桂撰 (清)潘名熊括要 清同治十三年(1874)潘氏評琴書屋刻本 四冊

210000－0701－0006404 002569

三家醫案合刻 (清)吳金壽編 清光緒三十三年(1907)上洋海左書局石印本 一冊

210000－0701－0006405 002569

醫效秘傳三卷 (清)葉桂撰 清光緒三十三年(1907)上洋海左書局石印本 一冊

210000－0701－0006406 002570

三家醫案合刻 (清)吳金壽編 清光緒三十三年(1907)上洋海左書局石印本 一冊

210000－0701－0006407 002570

醫效秘傳三卷 (清)葉桂撰 清光緒三十三年(1907)上洋海左書局石印本 一冊

210000－0701－0006408 002571

三朝名醫方論三種 (清)上海千頃堂書局編 清光緒二十六年(1900)上海千頃堂書局石印本 六冊

210000－0701－0006409 002572

雪雅堂醫案二卷類中秘旨一卷 (清)張士驤撰 清光緒三十年(1904)鉛印本 二冊

210000－0701－0006410 002574

名醫方論四卷 (清)羅美編 清存雅堂刻本 八冊

210000－0701－0006411 002581

葉氏醫案存眞三卷 (清)葉桂撰 (清)葉萬青編 **馬氏醫案祁案王案一卷** 清光緒九年(1883)刻本 四冊

210000－0701－0006412 002584

臨證指南醫案十卷 (清)葉桂撰 (清)華岫雲編 (清)徐大椿評注 清道光二十四年(1844)蘇州周氏朱墨套印本 十二冊

210000－0701－0006413　002585
臨證指南醫案十卷　（清）葉桂撰　（清）華岫雲編　（清）徐大椿評注　清光緒十年(1884)文富堂朱墨套印本　十冊

210000－0701－0006414　002586
醫學實在易八卷　（清）陳念祖撰　清南雅堂刻本　四冊

210000－0701－0006415　002588
金鏡內臺方義十二卷　（明）許宏撰　清乾隆五十九年(1794)刻本　四冊

210000－0701－0006416　002590
小兒推拿廣意三卷　（清）熊應雄輯　（清）陳世凱重訂　清金閶書業堂刻本　一冊

210000－0701－0006417　002594
述古齋醫書三種　（清）張振鋆編撰　清光緒十五年(1889)邗上張氏刻本　六冊

210000－0701－0006418　002595
述古齋醫書三種　（清）張振鋆編撰　清光緒十五年(1889)邗上張氏刻本　六冊

210000－0701－0006419　002597
新刻小兒推拿方脈活嬰秘旨全書三卷　（明）龔雲林撰　（明）姚國禎補輯　清永順堂刻本　一冊

210000－0701－0006420　002598
小兒推拿廣意三卷　（清）熊應雄輯　（清）陳世凱重訂　清光緒二十九年(1903)怡翰齋刻本　二冊

210000－0701－0006421　002600
勉學堂鍼灸集成四卷　（清）廖潤鴻撰　清光緒五年(1879)京門琉璃廠寶名齋刻本　四冊

210000－0701－0006422　002601
備急灸法一卷　（宋）聞人耆年撰　鍼灸擇日編集一卷　（朝鮮）金循義　（朝鮮）金義孫編　清光緒十七年(1891)江寧藩署刻本　二冊

210000－0701－0006423　002602
備急灸法一卷　（宋）聞人耆年撰　鍼灸擇日編集一卷　（朝鮮）金循義　（朝鮮）金義孫編　清光緒十七年(1891)江寧藩署刻本　二冊

210000－0701－0006424　002603
備急灸法一卷　（宋）聞人耆年撰　鍼灸擇日編集一卷　（朝鮮）金循義　（朝鮮）金義孫編　清光緒十七年(1891)江寧藩署刻本　四冊

210000－0701－0006425　002604
備急灸法一卷　（宋）聞人耆年撰　鍼灸擇日編集一卷　（朝鮮）金循義　（朝鮮）金義孫編　清光緒十七年(1891)江寧藩署刻本　一冊

210000－0701－0006426　002605
備急灸法一卷　（宋）聞人耆年撰　鍼灸擇日編集一卷　（朝鮮）金循義　（朝鮮）金義孫編　清光緒十七年(1891)江寧藩署刻本　一冊　存一卷(備急灸法一卷)

210000－0701－0006427　002606
東醫寶鑑鍼灸篇二卷　（朝鮮）許浚等撰　清刻本　一冊

210000－0701－0006428　002608
鍼灸大成十卷　（明）楊繼洲撰　（清）章廷珪重修　清乾隆五十九年(1794)刻本　五冊

210000－0701－0006429　002611
鍼灸大成十卷　（明）楊繼洲撰　（清）李月桂重訂　清康熙十九年(1680)刻本　十六冊

210000－0701－0006430　002612
鍼灸大成十卷　（明）楊繼洲撰　（清）李月桂重訂　清嘉慶十七年(1812)書業堂刻本　十冊

210000－0701－0006431　002617
新刊補註銅人腧穴鍼灸圖經五卷　（宋）王惟一編　題(金)閑邪瞶叟補　清光緒二十七年(1901)影刻本　四冊

210000－0701－0006432　002621
仁術一隅二卷　（清）計嘉禮集　清刻本　一冊

210000－0701－0006433　002623
盤珠集得配本草十卷　（清）嚴潔等撰　清嘉慶九年(1804)小眉山館刻本　四冊

210000－0701－0006434　002624

濟衆錄四種　（清）勞守愼編　清光緒三十二年(1906)勞氏刻本　一冊

210000－0701－0006435　002626

藥言隨筆三卷　（清）李日謙撰　清光緒二十八年(1902)刻本　一冊

210000－0701－0006436　002627

類證普濟本事方十卷　（宋）許叔微撰　（清）葉桂釋義　清嘉慶十九年(1814)姑蘇掃葉山房刻本　六冊

210000－0701－0006437　002628

回生集二卷續集二卷　（清）陳杰輯　清道光七年(1827)萬卷樓刻本　四冊

210000－0701－0006438　002629

長沙方歌括六卷　（清）陳念祖撰　清光緒二十七年(1901)新化三昧書局刻本　三冊

210000－0701－0006439　002631

驗方新編九種　（□）□□輯　鉛印本　一冊

210000－0701－0006440　002632

同壽錄四卷末一卷　（清）曹□原本　（清）項天瑞增補　清道光二十八年(1848)京都琉璃廠篆雲齋刻本　四冊

210000－0701－0006441　002635

理瀹駢文不分卷　（清）吳尚先撰　清光緒三年(1877)吳縣潘敏德堂刻本　二冊

210000－0701－0006442　002637

急救應驗良方一卷續一卷　（清）費山壽編　清光緒十二年(1886)鏡雪子刻本　一冊

210000－0701－0006443　002641

存存齋醫話稿二卷　（清）趙晴初撰　清光緒七年(1881)刻本　二冊

210000－0701－0006444　002643

西藝知新二十二卷　（□）□□撰　清刻本　十四冊

210000－0701－0006445　002644

測地志要四卷　（清）黃炳垕撰　清同治六年(1867)刻本　一冊

210000－0701－0006446　002645

遠西奇器圖說錄最三卷　（明）王徵譯　清道光九年(1829)張鵬翺刻本　四冊

210000－0701－0006447　002648

電信新法　（清）完顏崇厚撰　（清）德明刪定　清同治十年(1871)刻本　一冊

210000－0701－0006448　002649

雲南礦廠工器圖畧二卷　（清）吳其濬撰　（清）徐金生繪輯　清道光刻本　二冊

210000－0701－0006449　002650

雲南礦廠工器圖畧二卷　（清）吳其濬撰　（清）徐金生繪輯　清道光刻本　二冊

210000－0701－0006450　002651

井礦工程三卷　（英國）白爾捺輯　（英國）傅蘭雅譯　（清）趙元益筆述　清光緒江南機器製造局刻本　二冊

210000－0701－0006451　002652

開煤要法十二卷　（英國）士密德輯　（英國）傅蘭雅譯　（清）王德均筆述　清末刻本　二冊

210000－0701－0006452　002653

寶藏興焉十二卷　（英國）傅蘭雅　（清）徐壽譯　清末刻本　十六冊

210000－0701－0006453　002654

冶金錄三卷　（美國）阿發滿撰　（英國）傅蘭雅口譯　（清）趙元益筆述　清光緒石印富彊叢書本　二冊

210000－0701－0006454　002655

毛瑟槍指南八卷毛瑟槍用法圖說不分卷毛瑟槍打靶法五卷新操洋兵功課冊不分卷　（德國）瑞乃爾譯　清光緒十一年(1885)石印本　四冊

210000－0701－0006455　002656

克虜伯礮說四卷克虜伯礮操法四卷　（美國）金楷理口譯　（清）李鳳苞筆述　清末刻本　一冊

210000－0701－0006456　002657

新鐫工師雕斵正式魯班木經匠家鏡四卷
(明)午榮 (明)章嚴撰 清宣統二年
(1910)上海校經山房石印本 一冊

210000 - 0701 - 0006457 002658

新鐫工師雕斵正式魯班木經匠家鏡四卷
(明)午榮 (明)章嚴撰 清宣統二年
(1910)上海校經山房石印本 一冊

210000 - 0701 - 0006458 002661

三湖塘工合刻 (清)連衡輯 清光緒九年至
十四年(1883 - 1888)連氏枕湖樓刻本 四冊

210000 - 0701 - 0006459 002662

五省溝洫圖說一卷 (清)沈夢蘭撰 清光緒
六年(1880)江蘇書局刻本 一冊

210000 - 0701 - 0006460 002667

甬上水利志六卷 (清)周道遵撰 清道光二
十八年(1848)木活字印本 三冊

210000 - 0701 - 0006461 002668

畿輔水利議一卷 (清)林則徐撰 清光緒二
年(1876)三山林氏刻林文忠公遺集本 一冊

210000 - 0701 - 0006462 002669

畿輔河道水利叢書八種 (清)吳邦慶輯 清
道光四年(1824)益津吳氏刻本 十冊

210000 - 0701 - 0006463 002670

畿輔水利四案四卷附一卷補一卷 (清)潘錫
恩輯 清道光三年(1823)刻本 六冊

210000 - 0701 - 0006464 002671

畿輔水利四案四卷附一卷補一卷 (清)潘錫
恩輯 清道光三年(1823)刻本 四冊 缺一
卷(補一卷)

210000 - 0701 - 0006465 002672

續纂江蘇水利全案正編四十卷附編十二卷首
一卷 (清)李慶雲等纂修 清光緒十五年
(1889)江蘇水利工程局木活字印本 二十
二冊

210000 - 0701 - 0006466 002673

續纂江蘇水利全案正編四十卷附編十二卷首
一卷 (清)李慶雲等纂修 清光緒十五年
(1889)江蘇水利工程局木活字印本 二十
二冊

210000 - 0701 - 0006467 002674

續纂江蘇水利全案正編四十卷附編十二卷首
一卷 (清)李慶雲等纂修 清光緒十五年
(1889)江蘇水利工程局木活字印本 二十
二冊

210000 - 0701 - 0006468 002676

痧脹玉衡書三卷後卷一卷 (清)郭志遂撰
清康熙十四年(1675)刻十七年(1678)續刻本
四冊

210000 - 0701 - 0006469 002677

麻疹全書四卷 (元)滑壽撰 清光緒三十一
年(1905)湯鼎烜刻本 四冊

210000 - 0701 - 0006470 002678

醫原二卷 (清)石壽棠撰 清咸豐十一年
(1861)留耕書屋刻本 二冊

210000 - 0701 - 0006471 002679

醫醇賸義四卷 (清)費伯雄撰 清光緒三年
(1877)刻本 四冊

210000 - 0701 - 0006472 002682

存存齋醫話稿二卷 (清)趙晴初撰 清光緒
七年(1881)刻本 二冊

210000 - 0701 - 0006473 002683

攝生總要三種 (清)洪基等撰 清光緒三年
(1877)刻本 三冊

210000 - 0701 - 0006474 002685

時病論八卷 (清)雷豐撰 清光緒十年
(1884)雷氏慎修堂刻本 四冊

210000 - 0701 - 0006475 002686

驅蠱燃犀錄不分卷 題(清)燃犀道人撰 清
光緒十九年(1893)寶鏡山房刻本 一冊

210000 - 0701 - 0006476 002687

同仁堂虔修諸門應症丸散膏丹總目十五卷
(清)樂鳳鳴輯 清光緒十五年(1889)京都同
仁堂刻宣統二年(1910)補刻本 一冊

210000 - 0701 - 0006477 002689

醫學源流論二卷　（清）徐大椿撰　清刻本
二冊

210000－0701－0006478　002693

銅政便覽八卷　（清）□□撰　清刻本　六冊
　　存六卷（一至六）

210000－0701－0006479　002695

安瀾紀要二卷　（清）徐端撰　清道光二十四
年（1844）刻本　二冊

210000－0701－0006480　002696

安瀾紀要二卷　（清）徐端撰　清道光二十二
年（1842）錢塘許氏刻敏果齋七種本　一冊

210000－0701－0006481　002697

河工器具圖說四卷　（清）麟慶輯　清道光十
六年（1836）南河節署刻本　二冊

210000－0701－0006482　002698

河工器具圖說四卷　（清）麟慶輯　清道光十
六年（1836）南河節署刻本　二冊

210000－0701－0006483　002700

浙西水利備考不分卷　（清）王鳳生撰　清光
緒四年（1878）浙江書局刻本　四冊

210000－0701－0006484　002701

浙西水利備考不分卷　（清）王鳳生撰　清光
緒四年（1878）浙江書局刻本　四冊

210000－0701－0006485　002702

浙西水利備考不分卷　（清）王鳳生撰　清光
緒四年（1878）浙江書局刻本　四冊

210000－0701－0006486　002703

迴瀾紀要二卷安瀾紀要二卷　（清）徐端撰
清光緒十四年（1888）刻本　四冊

210000－0701－0006487　002704

迴瀾紀要二卷安瀾紀要二卷　（清）徐端撰
清光緒十一年（1885）刻本　四冊

210000－0701－0006488　002705

迴瀾紀要二卷安瀾紀要二卷　（清）徐端撰
清光緒十一年（1885）刻本　四冊

210000－0701－0006489　002706

直隸五道成規五卷　（□）□□撰　清乾隆八
年（1743）刻本　四冊

210000－0701－0006490　002707

荆州萬城隄續志十卷首一卷末一卷　（清）舒
惠纂　清光緒二十年（1894）刻本　四冊

210000－0701－0006491　002708

荆州萬城隄志十卷首一卷末一卷　（清）倪文
蔚撰　清光緒二年（1876）刻本　六冊

210000－0701－0006492　002709

莆田水利志八卷　（清）陳池養編　清光緒元
年（1875）刻本　八冊

210000－0701－0006493　002710

靳文襄公治河方略十卷首一卷圖一卷　（清）
靳輔撰　清乾隆三十二年（1767）刻本　八冊

210000－0701－0006494　002711

泰西水法六卷　（意大利）熊三拔口譯　（明）
徐光啓筆錄　清末掃葉山房刻本　二冊

210000－0701－0006495　002715

淮揚水利圖說不分卷　（清）馮道立撰　清道
光十九年（1839）刻本　一冊

210000－0701－0006496　002716

河上語一卷　（清）蔣楷輯　清光緒二十三年
（1897）刻本　一冊

210000－0701－0006497　002717

河上語一卷　（清）蔣楷輯　清光緒二十三年
（1897）刻本　一冊

210000－0701－0006498　002719

治河方略十卷首一卷　（清）靳輔撰　附錄一
卷　清嘉慶四年（1799）刻本　十一冊

210000－0701－0006499　002720

治河方略十卷首一卷　（清）靳輔撰　附錄一
卷　清嘉慶四年（1799）刻本　十一冊

210000－0701－0006500　002722

東南水利論三卷糧流論一卷　（清）張崇倓撰
清光緒七年（1881）刻本　二冊

210000－0701－0006501　002727

滇軺紀程一卷 （清）林則徐撰 清光緒三年
(1877)三山林氏刻林文忠公遺集本 一冊

210000－0701－0006502 002727

畿輔水利議一卷 （清）林則徐撰 國史本傳
一卷林文忠公事略一卷 （清）李元度撰 清
光緒二年(1876)三山林氏刻林文忠公遺集本
二冊

210000－0701－0006503 002729

迴瀾紀要二卷 （清）徐端撰 清道光二十二
年(1842)錢塘許乃釗刻本 一冊

210000－0701－0006504 002730

湖北安襄鄖道水利集案二卷 （清）王檠撰
清乾隆十一年(1746)刻本 二冊

210000－0701－0006505 002731

雄州水利諸陂記一卷 （清）羅含章撰 清嘉
慶二十二年(1817)刻本 一冊

210000－0701－0006506 002732

上虞縣五鄉水利本末二卷 （元）陳晏如輯
（明）陳驥等重校 （清）朱鼎祚續輯 清光緒
九年(1883)連蘅刻本 二冊

210000－0701－0006507 002733

畿輔水利四案四卷附一卷補一卷 （清）潘錫
恩輯 清道光三年(1823)刻本 四冊 缺二
卷(四案一卷、附一卷)

210000－0701－0006508 002734

居濟一得八卷 （清）張伯行撰 清嘉慶二十
一年(1816)張協鼎刻本 四冊

210000－0701－0006509 002735

居濟一得八卷 （清）張伯行撰 清刻本 三
冊 存六卷(一至六)

210000－0701－0006510 002736

山東運河備覽十二卷圖說一卷 （清）陸燿撰
清同治十年(1871)運河道庫刻本 六冊

210000－0701－0006511 002737

農務實業新編 （清）王上達撰 清宣統二年
(1910)浙杭萬春農務局刻本 二冊

210000－0701－0006512 002738

馬首農言一卷 （清）祁寯藻撰 清咸豐五年
(1855)刻本 一冊

210000－0701－0006513 002739

齊民要術十卷 （北魏）賈思勰撰 清光緒元
年(1875)湖北崇文書局刻子書百家本 四冊

210000－0701－0006514 002740

齊民要術十卷 （北魏）賈思勰撰 清光緒二
十二年(1896)桐廬袁氏中江榷署刻漸西村舍
彙刊本 四冊

210000－0701－0006515 002750

澤農要錄六卷 （清）吳邦慶撰 清道光四年
(1824)吳氏刻畿輔河道水利叢書本 二冊

210000－0701－0006516 002751

欽定授時通考七十八卷 （清）鄂爾泰等撰
清乾隆九年(1744)江西巡撫陳弘謀刻本 二
十四冊

210000－0701－0006517 002752

欽定授時通考七十八卷 （清）鄂爾泰等撰
清道光六年(1826)四川藩署刻本 二十冊

210000－0701－0006518 002753

欽定授時通考七十八卷 （清）鄂爾泰等撰
清道光六年(1826)四川藩署刻本 二十冊

210000－0701－0006519 002754

欽定授時通考七十八卷 （清）鄂爾泰等撰
清道光六年(1826)四川藩署刻本 十二冊

210000－0701－0006520 002755

欽定授時通考七十八卷 （清）鄂爾泰等撰
清光緒二十八年(1902)富文局石印本 一冊

210000－0701－0006521 002756

武英殿聚珍版書 清刻本 八冊 存八種二
十八卷(農桑輯要七卷、孫子算經三卷、海島
算經一卷、五曹算經五卷、夏侯陽算經三卷、
五經算術二卷、墨法集要一卷、雲谷雜記四卷
首一卷末一卷)

210000－0701－0006522 002757

農桑輯要七卷 （元）司農司撰 蠶事要略一
卷 （清）張行孚撰 清光緒二十一年(1895)

中江榷署刻漸西村舍彙刊本　二冊

210000－0701－0006523　002758

農桑輯要七卷　（元）司農司撰　**蠶事要略一卷**　（清）張行孚撰　清光緒二十一年(1895)
中江榷署刻漸西村舍彙刊本　二冊

210000－0701－0006524　002764

實業農學叢書　（清）北洋農務局編　清光緒
石印、鉛印本　三十一冊

210000－0701－0006525　002765

農候雜占四卷　（清）梁章鉅撰　清同治十二年(1873)梁恭辰刻本　二冊

210000－0701－0006526　002766

農學報三百十五卷　（□）□□撰　清光緒二十三年至三十一年(1897－1905)江南總農會
石印本　十六冊

210000－0701－0006527　002767

山居瑣言一卷　（清）王晉之撰　清光緒北洋
官報局石印實業農學叢書本　一冊

210000－0701－0006528　002768

治蝗全法四卷附錄一卷　（清）顧彥輯　清光
緒十四年(1888)猶白雪齋刻本　一冊

210000－0701－0006529　002769

捕蝗圖說一卷除螟八要一卷捕蝗要說一卷
（□）□□撰　清同治八年(1869)楚北崇文書
局刻本　一冊

210000－0701－0006530　002770

捕蝗彙編四卷首一卷　（清）陳僅編　清道光
二十五年(1845)四明繼雅堂刻繼雅堂叢書本
　一冊

210000－0701－0006531　002771

捕蝗考一卷　（清）陳芳生撰　清咸豐四年
(1854)莊氏刻長恩書室叢書本　一冊

210000－0701－0006532　002772

釋穀四卷　（清）劉寶楠撰　清光緒十四年
(1888)廣雅書局刻廣雅書局叢書本　一冊

210000－0701－0006533　002773

木棉譜一卷　（清）褚華輯　**種棉法辨惑一卷**

（清）任樹森撰　清道光十八年(1838)任樹
森刻本　一冊

210000－0701－0006534　002774

棉業圖說八卷首一卷　（清）農工商部編　清
宣統三年(1911)農工商部鉛印本　二冊

210000－0701－0006535　002775

棉業圖說八卷首一卷　（清）農工商部編　清
宣統三年(1911)農工商部鉛印本　二冊

210000－0701－0006536　002776

棉業圖說八卷首一卷　（清）農工商部編　清
宣統三年(1911)農工商部鉛印本　二冊

210000－0701－0006537　002781

檇李譜一卷　（清）王逢辰撰　清咸豐七年
(1857)王氏槐華吟館刻本　一冊

210000－0701－0006538　002782

瓵荷譜一卷　（清）楊鍾寶撰　清道光元年
(1821)寶廉堂刻本　一冊

210000－0701－0006539　002784

秘傳花鏡六卷　（清）陳淏子輯　清刻本
二冊

210000－0701－0006540　002785

**新刊纂圖元亨療馬集六卷圖像水黃牛經合併
大全二卷駝經一卷**　（明）喻本元　（明）喻本
亨撰　清同治九年(1870)京都文益堂刻本
六冊

210000－0701－0006541　002786

**新刊纂圖元亨療馬集六卷元亨療牛集二卷駝
經一卷**　（明）喻本元　（明）喻本亨撰　清刻
本　四冊

210000－0701－0006542　002790

**新刊纂圖元亨療馬集六卷圖像水黃牛經合併
大全二卷駝經一卷**　（明）喻本元　（明）喻本
亨撰　清刻本　八冊

210000－0701－0006543　002796

**新刊纂圖元亨療馬集六卷元亨療牛集二卷駝
經一卷**　（明）喻本元　（明）喻本亨撰　清嘉
慶二十五年(1820)經國堂刻本　六冊　缺一

卷(駝經一卷)

210000－0701－0006544　002797

新刊纂圖元亨療馬集六卷元亨療牛集二卷駝經一卷　(明)喻本元　(明)喻本亨撰　清嘉慶二十五年(1820)經國堂刻光緒三十二年(1906)大文書局印本　八冊　缺一卷(駝經一卷)

210000－0701－0006545　002802

廣蠶桑說輯補二卷　(清)沈練撰　(清)仲昂庭輯補　清光緒二十三年(1897)刻漸西村舍彙刊本　一冊

210000－0701－0006546　002803

山蠶圖說一卷白話告示一卷　(清)夏與廣輯　清光緒三十三年(1907)合江勸工局刻本　一冊

210000－0701－0006547　002804

豳風廣義三卷　(清)楊屾撰　清光緒八年(1882)濟南刻本　二冊

210000－0701－0006548　002805

蠶桑說一卷　(清)趙敬如撰　清光緒二十三年(1897)刻漸西村舍彙刊本　一冊

210000－0701－0006549　002805

廣蠶桑說輯補二卷　(清)沈練撰　(清)仲學輅輯補　清光緒二十三年(1897)刻漸西村舍彙刊本　與210000－0701－0006548、0006550合冊

210000－0701－0006550　002805

種樹書一卷　(元)俞宗本撰　清光緒二十三年(1897)刻漸西村舍彙刊本　與210000－0701－0006548至0006549合冊

210000－0701－0006551　002806

種桑說一卷　(清)吳烜撰　清同治九年(1870)刻本　一冊

210000－0701－0006552　002807

樗繭譜一卷　(清)鄭珍撰　(清)莫友芝注　清光緒七年(1881)華氏刻本　一冊

210000－0701－0006553　002808

樗繭譜一卷　(清)鄭珍撰　(清)莫友芝注　清光緒七年(1881)趙氏刻本　一冊

210000－0701－0006554　002809

教種山蠶譜一卷　(清)江國璋編　**樗繭譜一卷**　(清)鄭珍撰　(清)莫友芝注　清光緒二十年(1894)宜賓官署刻本　一冊

210000－0701－0006555　002810

教民種桑養蠶繅絲織綢四法　(清)馬丕瑤撰　清光緒十五年(1889)刻本　一冊

210000－0701－0006556　002811

柞蠶雜誌　(清)增韞撰　清光緒三十二年(1906)浙江官書局刻本　一冊

210000－0701－0006557　002812

蠶桑說一卷　(清)趙敬如撰　**廣蠶桑說輯補二卷**　(清)沈練撰　清光緒二十三年(1897)桐廬袁氏刻漸西村舍彙刊本　一冊

210000－0701－0006558　002813

蠶桑譜二卷　(清)陳啓沅撰　清光緒二十九年(1903)刻本　一冊

210000－0701－0006559　002814

蠶桑實濟六卷　(清)□□撰　清光緒十年(1884)楊霽刻本　二冊

210000－0701－0006560　002815

蠶桑實濟六卷　(清)□□撰　清光緒十年(1884)楊霽刻本　二冊

210000－0701－0006561　002816

蠶桑萃編十五卷首一卷　(清)衛杰編　清光緒刻本　八冊

210000－0701－0006562　002817

蠶桑萃編十五卷首一卷　(清)衛杰編　清光緒刻本　八冊

210000－0701－0006563　002818

蠶桑萃編十五卷首一卷　(清)衛杰編　清光緒刻本　八冊

210000－0701－0006564　002819

蠶桑萃編十五卷首一卷　(清)衛杰編　清光緒刻本　八冊

210000 – 0701 – 0006565　002820

蠶桑萃編十五卷首一卷　（清）衛杰編　清光緒二十六年(1900)浙江書局刻本　八冊

210000 – 0701 – 0006566　002821

蠶桑輯要略編一卷　（清）豫山纂　清光緒刻本　一冊

210000 – 0701 – 0006567　002822

蠶桑錄要不分卷　（□）□□撰　清光緒二十八年(1902)清江溥利公司刻本　一冊

210000 – 0701 – 0006568　002823

新增桑蠶須知一卷　（清）王德嘉輯　清同治十二年(1873)刻本　一冊

210000 – 0701 – 0006569　002823

增刻桑蠶須知一卷樹桑百益一卷　（清）葉世倬輯　（清）羅廷權增輯　清同治七年(1868)刻十一年(1872)補刻本　一冊

210000 – 0701 – 0006570　002824

桑蠶提要二卷　（清）方大湜撰　清光緒十九年(1893)黃岡景蘇園桑蠶木活字印本　二冊

210000 – 0701 – 0006571　002828

景德鎮陶錄十卷　（清）藍浦撰　（清）鄭廷桂補輯　清同治九年(1870)刻本　四冊

210000 – 0701 – 0006572　002829

景德鎮陶錄十卷　（清）藍浦撰　（清）鄭廷桂補輯　清光緒十七年(1891)刻本　四冊

210000 – 0701 – 0006573　002834

匋雅二卷　（清）陳瀏撰　清宣統二年(1910)上海朝記書莊石印本　四冊

210000 – 0701 – 0006574　002836

古今圖書集成經濟彙編考工典第九卷染工部一卷　（清）陳夢雷　（清）蔣廷錫等纂輯　清末存素堂抄本　一冊

210000 – 0701 – 0006575　002837

釄略四卷　（清）趙信撰輯　清道光二十四年(1844)賜錦堂刻本　一冊

210000 – 0701 – 0006576　002839

煮泉小品一卷　（明）田藝蘅撰　（明）陳繼儒閱　清末民初抄本　一冊

210000 – 0701 – 0006577　002842

古今圖書集成經濟彙編考工典第十卷織工部　（清）陳夢雷　（清）蔣廷錫等纂輯　清末存素堂抄本　一冊

210000 – 0701 – 0006578　002847

墨法集要一卷　（明）沈繼孫撰　清刻本　一冊

210000 – 0701 – 0006579　002848

墨法集要一卷　（明）沈繼孫撰　清刻本　一冊

210000 – 0701 – 0006580　002860

刑臺秦鏡二卷　（清）□□撰　清光緒刻本　二冊

210000 – 0701 – 0006581　002864

雲林別墅新輯酬世錦囊全集十九卷　（清）鄒景揚　（清）鄒可庭輯　清光緒二十六年(1900)鴻寶齋石印本　六冊

210000 – 0701 – 0006582　002866

墨娥小錄不分卷　題學圃山農校　清刻本　二冊

210000 – 0701 – 0006583　002870

臨陣傷科捷要四卷　（英國）帕脫編　舒高第（清）鄭昌棪譯　清末上海製造總局鉛印本　四冊

210000 – 0701 – 0006584　002872

存存齋醫話稿二卷　（清）趙晴初撰　清光緒七年(1881)刻本　二冊

210000 – 0701 – 0006585　002874

竹林女科證治四卷靈樞保產黑神丹一卷　題（清）竹林寺僧撰　清光緒二十一年(1895)錫山邊氏刻民國四年(1915)上海文瑞樓印本　四冊

210000 – 0701 – 0006586　002875

劉河間傷寒三書二十卷　（金）劉完素撰　明刻明清遞修本　四冊　存二種五卷(新刊注釋素問玄機原病式二卷、素問病機氣宜保命

集三卷）

210000 - 0701 - 0006587　002876

小蓬萊山館方鈔二卷　題（清）竹林寺僧撰
清刻本　二冊

210000 - 0701 - 0006588　002877

麻科保赤金丹四卷　（清）謝玉瓊撰　**邵氏痘
科一卷**　清光緒十七年（1891）保赤軒刻本
四冊

210000 - 0701 - 0006589　002878

要藥分劑十卷　（清）沈金鰲撰　清同治十三
年（1874）湖北崇文書局刻沈氏尊生書本
三冊

210000 - 0701 - 0006590　002879

本草述三十二卷首一卷目錄一卷　（清）劉若
金撰　清嘉慶十五年（1810）武進薛氏還讀山
房刻本　十六冊

210000 - 0701 - 0006591　002880

本草述鉤元三十二卷　（清）劉若金撰　（清）
楊時泰編　清道光二十二年（1842）毘陵涵雅
堂刻本　十六冊

210000 - 0701 - 0006592　002881

本草綱目五十二卷首一卷圖三卷瀕湖脈學一
卷奇經八脈考一卷脈訣考證一卷　（明）李時
珍撰　**本草綱目拾遺十卷首一卷**　（清）趙學
敏輯　**本草萬方鍼線八卷**　（清）蔡烈先輯
清光緒二十年（1894）上海圖書集成局石印本
二十四冊

210000 - 0701 - 0006593　002882

欽定儀象考成三十卷首二卷　（清）允祿等撰
清光緒二十四年（1898）慎記書莊石印本
十二冊

210000 - 0701 - 0006594　002951

子史輯要題解四卷　（清）胡本淵輯　（清）胡
肇昕重編　清道光二十二年（1842）如不及齋
刻本　四冊

210000 - 0701 - 0006595　002952

維揚大成堂新刻增訂釋義經書便用通考雜字

二卷　（清）徐三省編　（清）戴啓達增訂　清
書業堂刻本　二冊

210000 - 0701 - 0006596　002953

廣治平略四十四卷　（清）蔡方炳撰　清康熙
三年（1664）玉蘭堂刻本　二十冊

210000 - 0701 - 0006597　002954

廣治平略三十六卷補編八卷　（清）蔡方炳撰
清末刻本　十冊

210000 - 0701 - 0006598　002955

廣治平略三十六卷補編八卷　（清）蔡方炳撰
清末刻本　十冊

210000 - 0701 - 0006599　002956

廣事類賦四十卷　（清）華希閔撰　清會成堂
刻本　十冊

210000 - 0701 - 0006600　002957

事類賦三十卷　（宋）吳淑撰並注　清乾隆二
十九年（1764）劍光閣刻本　六冊

210000 - 0701 - 0006601　002958

廣事類賦四十卷　（清）華希閔撰　清乾隆二
十九年（1764）劍光閣刻本　五冊

210000 - 0701 - 0006602　002959

廣事類賦四十卷　（清）華希閔撰　清乾隆二
十九年（1764）劍光閣刻本　十冊

210000 - 0701 - 0006603　002960

重訂廣事類賦四十卷　（清）華希閔撰　清道
光七年（1827）善成堂刻本　十冊

210000 - 0701 - 0006604　002961

文獻通考三百四十八卷　（元）馬端臨撰　考
證二卷　清光緒二十七年（1901）上海圖書集
成局鉛印九通全書本　四十四冊

210000 - 0701 - 0006605　002962

文獻通考三百四十八卷　（元）馬端臨撰　考
證二卷　清光緒二十七年（1901）上海圖書集
成局鉛印九通全書本　四十四冊

210000 - 0701 - 0006606　002963

文獻通考二十四卷首一卷　（元）馬端臨撰
清光緒二十五年（1899）上海點石齋石印本

二十四冊

210000－0701－0006607　002964

皇明文獻通考三百卷　(清)嵇璜等撰　清光緒二十七年(1901)上海圖書集成局鉛印九通全書本　四十冊

210000－0701－0006608　002965

文獻通考詳節二十四卷　(清)嚴虞惇輯　清光緒元年(1875)江左書林刻本　十二冊

210000－0701－0006609　002966

文獻通考紀要二卷　(清)尹會一纂　清乾隆四年(1739)河南博陵尹會一刻本　四冊

210000－0701－0006610　002967

文獻通考紀要二卷　(清)尹會一纂　清光緒二十八年(1902)濟南大學堂刻本　二冊

210000－0701－0006611　002968

文獻通考纂要二十四卷　(元)馬端臨撰　(明)胡震亨纂　清光緒二十七年(1901)麗澤學會石印本　八冊

210000－0701－0006612　002969

皇朝文獻通考輯要二十六卷　湯壽潛輯　清末通雅堂鉛印三通考輯要本　十冊

210000－0701－0006613　002971

識小類編八卷　(清)夏大觀輯　清嘉慶四年(1799)巴陵李大珩刻本　八冊

210000－0701－0006614　002972

韻府拾遺一百六卷　(清)張廷玉等輯　清刻本　二十冊

210000－0701－0006615　002973

欽定續文獻通考二百五十卷　(清)嵇璜等撰　清光緒二十七年(1901)上海圖書集成局鉛印九通本　三十六冊

210000－0701－0006616　002974

讀書紀數略五十四卷　(清)宮夢仁編　清光緒六年(1880)山陰宋氏刻十三年(1887)彙印懺花盦叢書本　十二冊

210000－0701－0006617　002975

韻府拾遺一百六卷　(清)張廷玉等輯　清刻

本　二十冊

210000－0701－0006618　002976

韻府拾遺一百六卷　(清)張廷玉等輯　清刻本　二十冊

210000－0701－0006619　002977

皇朝三通　(清)嵇璜等撰　清光緒八年(1882)浙江書局刻本(卷二百三十九至二百五十五配清武英殿刻本)　二百三十四冊

210000－0701－0006620　002978

二十四史九通政典類要合編三百二十卷　(清)黃書霖輯　清光緒二十五年(1899)石印本　六十冊

210000－0701－0006621　002979

三通考輯要七十六卷　湯壽潛輯　清光緒二十五年(1899)通雅堂鉛印本　三十一冊

210000－0701－0006622　002980

玉海二百卷辭學指南四卷附刻十三種　(宋)王應麟撰　清嘉慶十一年(1806)江寧藩庫刻本　清伊秉綬跋　八十冊

210000－0701－0006623　002981

玉海二百卷辭學指南四卷附刻十三種　(宋)王應麟撰　清嘉慶十一年(1806)江寧藩庫刻本　八十冊　缺四種二十一卷(附刻:詩地理考六卷、漢藝文志考證十卷、周書王會一卷、漢制考四卷)

210000－0701－0006624　002982

玉海二百卷辭學指南四卷附刻十三種　(宋)王應麟撰　清嘉慶十一年(1806)江寧藩庫刻本　一百二十冊

210000－0701－0006625　002983

玉海二百卷辭學指南四卷附刻十三種　(宋)王應麟撰　清嘉慶十一年(1806)江寧藩庫刻本　一百二十冊

210000－0701－0006626　002984

玉海二百卷辭學指南四卷附刻十三種　(宋)王應麟撰　元刻明清遞修本(卷一至二、總目配清嘉慶十一年江寧藩庫本)　八十二冊

210000－0701－0006627　002985

玉海二百卷辭學指南四卷附刻十三種　（宋）
王應麟撰　清光緒九年(1883)浙江書局刻本
一百冊　存二百五十三卷(一至一百七十
五、一百八十四至二百,附刻六十一卷)

210000－0701－0006628　002986

玉海二百卷附十三種　（宋）王應麟撰　**校補
玉海瑣記二卷王深寧先生[應麟]年譜一卷**
(清)張大昌撰　清光緒十六年(1890)浙江書
局刻本　二十四冊

210000－0701－0006629　002987

五經類編二十八卷　（清）周世樟編　清雍正
二年(1724)穀詒堂刻本　八冊

210000－0701－0006630　002988

三通考輯要七十六卷　湯壽潛輯　清光緒二
十五年(1899)上海圖書集成局鉛印本　三十
冊　缺一卷(欽定續文獻通考十五)

210000－0701－0006631　002993

吾學錄初編二十四卷　（清）吳榮光撰　清刻
光緒十一年(1885)福州林氏補刻本　八冊

210000－0701－0006632　002994

西學通考三十六卷　（清）胡兆鸞撰　清光緒
二十三年(1897)長沙刻本　十三冊

210000－0701－0006633　002995

西學通考三十六卷　（清）胡兆鸞撰　清光緒
二十三年(1897)長沙刻本　十四冊

210000－0701－0006634　002996

北堂書鈔一百六十卷　（唐）虞世南撰　（清）
孔廣陶校注　清光緒十四年(1888)南海孔廣
陶三十有三萬卷堂刻本　二十冊

210000－0701－0006635　002997

北堂書鈔一百六十卷　（唐）虞世南撰　（清）
孔廣陶校注　清光緒十四年(1888)南海孔廣
陶三十有三萬卷堂刻本　二十冊

210000－0701－0006636　002998

北堂書鈔一百六十卷　（唐）虞世南撰　（清）
孔廣陶校注　清光緒十四年(1888)南海孔廣
陶三十有三萬卷堂刻本　二十冊

210000－0701－0006637　002999

北堂書鈔一百六十卷　（唐）虞世南撰　（清）
孔廣陶校注　清光緒十四年(1888)南海孔廣
陶三十有三萬卷堂刻本　二十冊

210000－0701－0006638　003000

琱玉集　（□）□□撰　清光緒遵義黎氏影印
古逸叢書本　一冊　存二卷(十二、十四)

210000－0701－0006639　003001

子史精華一百六十卷　（清）允祿　（清）吳襄
等纂　清刻本　四十八冊

210000－0701－0006640　003002

子史精華一百六十卷　（清）允祿　（清）吳襄
等纂　清光緒十五年(1889)上海蜚英館石印
本　八冊

210000－0701－0006641　003003

子史類語十六卷　（清）魯重輯　清光緒三十
一年(1905)美華賓記石印本　八冊

210000－0701－0006642　003003

子史類語十六卷　（清）魯重輯　清光緒三十
一年(1905)美華賓記石印本　八冊

210000－0701－0006643　003003

子史類語十六卷　（清）魯重輯　清光緒三十
一年(1905)美華賓記石印本　八冊

210000－0701－0006644　003004

二如亭羣芳譜三十卷首十三卷　（明）王象晉
輯　清刻本　十六冊

210000－0701－0006645　003006

雞跖賦續刻三十卷　（清）應泰泉等輯　清同
治十三年(1874)蘭言室刻本　五冊　存十二
卷(一至三、十至十一、十四至十五、十八至二
十二)

210000－0701－0006646　003007

衛濟餘編十八卷　（清）王纕堂編　清道光二
十二年(1842)寶善堂刻本　六冊

210000－0701－0006647　003008

續文獻通考二百五十四卷　（明）王圻撰　明

萬曆三十一年(1603)刻本　六十册

210000－0701－0006648　003009

西學通考三十六卷　（清）胡兆鸞撰　清光緒
二十四年(1898)石印本　十二册

210000－0701－0006649　003010

欽定續文獻通考二百五十卷　（清）嵇璜等撰
清光緒十三年(1887)浙江書局刻本　一百
十册　缺二十卷(一百十五至一百三十四)

210000－0701－0006650　003011

皇朝續文獻通考三百二十卷　（清）劉錦藻撰
清光緒三十一年(1905)堅匏盦鉛印本　八
十八册

210000－0701－0006651　003014

欽定續文獻通考輯要二十六卷　湯壽潛輯
清光緒二十五年(1899)上海圖書集成局鉛印
三通考輯要本　十册

210000－0701－0006652　003015

文獻通考輯要二十四卷　湯壽潛輯　清光緒
二十五年(1899)上海圖書集成局鉛印三通考
輯要本　十册

210000－0701－0006653　003016

皇朝文獻通考輯要二十六卷　湯壽潛輯　清
光緒二十五年(1899)上海圖書集成局鉛印三
通考輯要本　十册

210000－0701－0006654　003017

欽定續通志六百四十卷　（清）嵇璜等撰　清
光緒十二年(1886)浙江書局刻九通本　二
百册

210000－0701－0006655　003018

欽定續通志六百四十卷　（清）嵇璜等撰　清
光緒十二年(1886)浙江書局刻九通本　一百
九十七册　缺十六卷(五百七十七至五百九
十二)

210000－0701－0006656　003019

欽定續三通　（清）嵇璜等撰　清光緒十二年
至十三年(1886－1887)浙江書局刻本　三百
六十册

210000－0701－0006657　003020

欽定續通志六百四十卷　（清）嵇璜等撰　清
光緒二十七年(1901)上海圖書集成局鉛印九
通本　六十册

210000－0701－0006658　003021

欽定續通典一百五十卷　（清）嵇璜等撰　清
光緒二十七年(1901)上海圖書集成局鉛印本
十二册

210000－0701－0006659　003022

欽定續通典一百五十卷　（清）嵇璜等撰　清
光緒二十七年(1901)上海圖書集成局鉛印本
十二册

210000－0701－0006660　003023

欽定續通典一百五十卷　（清）嵇璜等撰　清
光緒十二年(1886)浙江書局刻本　四十册

210000－0701－0006661　003024

欽定續通典一百五十卷　（清）嵇璜等撰　清
光緒十二年(1886)浙江書局刻本　四十册

210000－0701－0006662　003025

皇朝文獻通考三百卷　（清）嵇璜等撰　清光
緒二十七年(1901)上海圖書集成局鉛印九通
本　四十八册

210000－0701－0006663　003026

皇朝通典一百卷　（清）嵇璜等撰　清光緒二
十七年(1901)上海圖書集成局鉛印九通本
十二册

210000－0701－0006664　003027

皇朝通典一百卷　（清）嵇璜等撰　清光緒二
十七年(1901)上海圖書集成局鉛印九通本
十二册

210000－0701－0006665　003029

欽定續通典一百五十卷　（清）嵇璜等撰　清
光緒二十八年(1902)上海鴻寶書局石印本
八册

210000－0701－0006666　003030

欽定續通典一百五十卷　（清）嵇璜等撰　清
光緒二十八年(1902)貫吾齋石印本　六册

210000－0701－0006667　003031

皇朝通志一百二十六卷　（清）嵇璜等撰　清光緒二十八年(1902)上海鴻寶書局石印本八冊

210000－0701－0006668　003032

皇朝通志一百二十六卷　（清）嵇璜等撰　清光緒二十七年(1901)上海圖書集成局鉛印九通本　十二冊

210000－0701－0006669　003033

皇朝通典一百卷　（清）嵇璜等撰　清光緒八年(1882)浙江書局刻本　四十冊

210000－0701－0006670　003034

皇朝通典一百卷　（清）嵇璜等撰　清光緒八年(1882)浙江書局刻本　四十冊

210000－0701－0006671　003036

白虎通德論四卷　（漢）班固撰　清光緒元年(1875)湖北崇文書局刻民國元年(1912)湖北官書處印百子全書本　二冊

210000－0701－0006672　003037

皇朝通典一百卷　（清）嵇璜等撰　清光緒二十八年(1902)上海鴻寶書局石印九通本八冊

210000－0701－0006673　003038

佩文韻府一百六卷　（清）張玉書　（清）蔡升元等輯　韻府拾遺一百六卷　（清）張廷玉等輯　清嶺南潘氏海山仙館刻本　二百二十冊

210000－0701－0006674　003039

佩文韻府一百六卷　（清）張玉書　（清）蔡升元等輯　韻府拾遺一百六卷　（清）張廷玉等輯　清嶺南潘氏海山仙館刻本　一百六十冊

210000－0701－0006675　003040

佩文韻府一百六卷　（清）張玉書　（清）蔡升元等輯　韻府拾遺一百六卷　（清）張廷玉等纂　清刻本　二百十冊

210000－0701－0006676　003041

佩文韻府一百六卷　（清）張玉書　（清）蔡升元等輯　韻府拾遺一百六卷　（清）張廷玉等纂　清刻本　一百六十冊

210000－0701－0006677　003042

佩文韻府一百六卷　（清）張玉書　（清）蔡升元等輯　清刻本　一百八冊　缺九卷(二十至二十二、九十三至九十八)

210000－0701－0006678　003043

佩文韻府一百六卷　（清）張玉書　（清）蔡升元等輯　清刻本　八十一冊　缺十九卷(八至十一,三十七上、中,三十八至四十二,五十七至五十九,六十四至六十九)

210000－0701－0006679　003044

欽定佩文韻府一百六卷　（清）張玉書　（清）蔡升元等輯　清光緒十二年(1886)上海同文書局石印本　六十冊

210000－0701－0006680　003045

欽定佩文韻府一百六卷　（清）張玉書　（清）蔡升元等輯　清光緒十二年(1886)上海同文書局石印本　六十冊

210000－0701－0006681　003046

欽定佩文韻府一百六卷　（清）張玉書　（清）蔡升元等輯　清光緒十三年(1887)上海點石齋石印本　六十冊

210000－0701－0006682　003047

欽定佩文韻府一百六卷　（清）張玉書　（清）蔡升元等輯　欽定佩文韻府拾遺一百六卷　(清)張廷玉等纂　清光緒十八年(1892)上海鴻寶齋石印本　一百九十七冊　缺(卷九十一上第一至九十葉、九十二、一百二下第一至九十葉)

210000－0701－0006683　003048

欽定佩文韻府一百六卷　（清）張玉書　（清）蔡升元等輯　清光緒十八年(1892)上海同文書局石印本　六十冊

210000－0701－0006684　003049

欽定佩文韻府一百六卷　（清）張玉書　（清）蔡升元等輯　清光緒十八年(1892)上海同文書局石印本　六十冊

210000－0701－0006685　003050

佩文韻府三十卷　（清）張玉書　（清）蔡升元
等輯　清光緒二十四年(1898)上海點石齋石
印本　二十四冊

210000－0701－0006686　003056

物理小識十二卷　（清）方以智撰　清光緒十
年(1884)寧靜堂刻本　六冊

210000－0701－0006687　003058

淵鑑類函四百五十卷目錄四卷　（清）張英等
撰輯　清康熙清吟堂刻本　一百三十七冊
缺十卷(一百三十四至一百三十六、二百十四
至二百十七、四百二十三至四百二十五)

210000－0701－0006688　003059

淵鑑類函四百五十卷目錄四卷　（清）張英等
撰輯　清康熙清吟堂刻本　一百十七冊　缺
七十六卷(三十四至三十六、九十至九十五、
九十九至一百十一、一百四十八至一百五十
三、一百五十六至一百八十、三百十二至三百
三十二、三百六十六至三百六十七)

210000－0701－0006689　003060

淵鑑類函四百五十卷目錄四卷　（清）張英等
撰輯　清刻同治九年(1870)三元堂補刻本
一百六十冊

210000－0701－0006690　003061

淵鑑類函四百五十卷目錄四卷　（清）張英等
撰輯　清光緒十三年(1887)上海同文書局石
印本　四十八冊

210000－0701－0006691　003062

淵鑑類函四百五十卷目錄四卷　（清）張英等
撰輯　清光緒十三年(1887)上海同文書局石
印本　四十八冊

210000－0701－0006692　003063

淵鑑類函四百五十卷目錄四卷　（清）張英等
撰輯　清光緒十三年(1887)上海同文書局石
印本　四十八冊

210000－0701－0006693　003064

淵鑑類函四百五十卷目錄四卷　（清）張英等
撰輯　清光緒十三年(1887)上海同文書局石

印本　四十八冊

210000－0701－0006694　003065

淵鑑類函四百五十卷目錄四卷　（清）張英等
撰輯　清光緒十八年(1892)上海同文書局石
印本　四十八冊

210000－0701－0006695　003066

淵鑑類函四百五十卷　（清）張英等撰輯　清
光緒二十三年(1897)上海點石齋石印本
十冊

210000－0701－0006696　003067

淵鑑類函四百五十卷　（清）張英等撰輯　清
光緒二十三年(1897)上海點石齋石印本
十冊

210000－0701－0006697　003071

皇朝通典一百卷　（清）嵇璜等撰　清光緒二
十八年(1902)上海鴻寶書局石印九通本
八冊

210000－0701－0006698　003072

皇朝通志一百二十六卷　（清）嵇璜等撰　清
光緒二十八年(1902)上海鴻寶書局石印本
八冊

210000－0701－0006699　003073

清異編珠二卷　（清）福申撰　清嘉慶二十年
(1815)刻本　二冊

210000－0701－0006700　003074

初學記三十卷　（唐）徐堅等輯　清光緒十四
年(1888)黃氏蘊石齋刻蘊石齋叢書本　十
二冊

210000－0701－0006701　003075

通志二百卷　（宋）鄭樵撰　**考證二卷**　清光
緒二十七年(1901)上海圖書集成局鉛印本
六十冊

210000－0701－0006702　003076

通志二百卷　（宋）鄭樵撰　**考證二卷**　清光
緒二十七年(1901)上海圖書集成局鉛印本
六十冊

210000－0701－0006703　003077

通志二百卷　（宋）鄭樵撰　欽定通志考證三卷　清光緒二十二年(1896)浙江書局刻本　二百冊

210000－0701－0006704　003081

通典二百卷　（唐）杜佑撰　清光緒十七年(1891)浙江書局刻本　四十冊

210000－0701－0006705　003082

通典二百卷　（唐）杜佑撰　考證一卷　清光緒二十七年(1901)上海圖書集成局鉛印本　十六冊

210000－0701－0006706　003083

通典二百卷　（唐）杜佑撰　考證一卷　清光緒二十八年(1902)上海鴻寶書局石印九通本　十二冊

210000－0701－0006707　003084

十三經分類政要十卷　（清）周世樟撰　附一卷　清光緒二十八年(1902)教育世界社石印本　八冊

210000－0701－0006708　003085

十三經類語十四卷　（明）羅萬藻輯　（清）魯重民注　十三經序論選一卷　（清）何兆聖輯　清康熙五十五年(1716)潘玉龍弘遠堂刻本　八冊

210000－0701－0006709　003086

九通　（□）□□撰　清光緒浙江書局刻本　九百九十七冊　缺三卷（續文獻通考二十、皇朝通考二十八至二十九）

210000－0701－0006710　003087

九通　（□）□□撰　清光緒浙江書局刻本　九百九十八冊　缺四卷（續通志九十三至九十六）

210000－0701－0006711　003088

九通　（□）□□撰　清咸豐、光緒刻彙印本　八百四十六冊

210000－0701－0006712　003089

九通　（□）□□撰　清光緒二十九年(1903)上海圖書集成局石印本　三百六十冊

210000－0701－0006713　003090

九通　（□）□□撰　清光緒二十七年(1901)上海圖書集成局鉛印本　三百冊

210000－0701－0006714　003091

九通提要十二卷　（清）柴紹炳撰　清光緒二十八年(1902)鴻寶齋石印本　六冊

210000－0701－0006715　003092

九通全書　（□）□□撰　清光緒二十七年至二十八年(1901－1902)貫吾齋石印本　一百二十八冊

210000－0701－0006716　003093

太平御覽一千卷目錄十五卷　（宋）李昉等撰　（清）鮑崇城校　清嘉慶十二年至十七年(1807－1812)歙縣鮑崇城刻本　一百冊

210000－0701－0006717　003094

太平御覽一千卷目錄十五卷　（宋）李昉等撰　（清）鮑崇城校　清嘉慶十二年至十七年(1807－1812)歙縣鮑崇城刻本　一百冊

210000－0701－0006718　003095

太平御覽一千卷目錄十五卷　（宋）李昉等撰　（清）鮑崇城校　清嘉慶十二年至十七年(1807－1812)歙縣鮑崇城刻本　一百二十冊

210000－0701－0006719　003096

太平御覽一千卷目錄十五卷　（宋）李昉等撰　（清）鮑崇城校　清嘉慶十二年至十七年(1807－1812)歙縣鮑崇城刻本　一百四冊　缺一百五十九卷（二百三至二百六十九、五百八十五至六百五十二、九百五十三至九百七十六）

210000－0701－0006720　003097

太平御覽一千卷目錄十五卷　（宋）李昉等撰　（清）鮑崇城校　清嘉慶十二年至十七年(1807－1812)歙縣鮑崇城刻本　四十冊　存四百二十卷（八十一至一百八十、五百八十一至九百）

210000－0701－0006721　003098

太平御覽一千卷目錄十五卷　（宋）李昉等撰　清南海李氏刻光緒十八年(1892)廣東學海

堂印本　八十册

210000－0701－0006722　003099

太平御覽一千卷目錄十五卷　（宋）李昉等撰
　清南海李氏刻光緒十八年(1892)廣東學海
堂印本　八十册

210000－0701－0006723　003102

壹是紀始二十二卷補遺一卷　（清）祝亭撰
清光緒十七年(1891)文奎堂刻本　六册

210000－0701－0006724　003103

壹是紀始二十二卷補遺一卷　（清）祝亭撰
清光緒十七年(1891)文奎堂刻本　六册

210000－0701－0006725　003104

古事比五十二卷　（清）方中德輯　清光緒十
三年(1887)上海點石齋石印本　六册

210000－0701－0006726　003105

古事比五十二卷　（清）方中德輯　清光緒十
三年(1887)上海點石齋石印本　六册

210000－0701－0006727　003106

古事比五十二卷　（清）方中德輯　清光緒十
三年(1887)上海點石齋石印本　六册

210000－0701－0006728　003109

古今類傳四卷　（清）董穀士　（清）董炳文輯
　清未學齋刻本　四册　存四卷（歲時部四
卷）

210000－0701－0006729　003111

欽定古今圖書集成一萬卷目錄三十二卷
（清）蔣廷錫　（清）陳夢雷等輯　清光緒十年
(1884)上海圖書集成印書局鉛印本　一千二
百四十一册

210000－0701－0006730　003112

欽定古今圖書集成一萬卷目錄三十二卷
（清）蔣廷錫　（清）陳夢雷等輯　清光緒十年
(1884)上海圖書集成印書局鉛印本　一千六
百二十八册

210000－0701－0006731　003113

欽定古今圖書集成一萬卷目錄三十二卷
（清）蔣廷錫　（清）陳夢雷等輯　清光緒十年

(1884)上海圖書集成印書局鉛印本　一千六
百二十八册

210000－0701－0006732　003114

欽定古今圖書集成一萬卷目錄三十二卷
（清）蔣廷錫　（清）陳夢雷等輯　清光緒十年
(1884)上海圖書集成印書局鉛印本　一千六
百二十八册

210000－0701－0006733　003118

博物典彙二十卷　（明）黃道周撰　明崇禎刻
本　八册

210000－0701－0006734　003119

博物志十卷　（晉）張華撰　**續博物志十卷**
（宋）李石撰　清光緒元年(1875)湖北崇文書
局刻民國五年(1916)鄂省官書處印本　二册

210000－0701－0006735　003120

**維揚大成堂新刻增訂釋義經書便用通考雜字
二卷外卷一卷**　（清）徐三省輯　（清）戴啓達
增訂　清同治八年(1869)京都文成堂刻本
二册

210000－0701－0006736　003121

**金沙劍光閣新刻增訂釋義經書便用通考雜字
二卷外卷一卷**　（清）徐三省編　（清）戴啓達
增訂　清同治十二年(1873)劍光閣刻本
二册

210000－0701－0006737　003122

藝文類聚一百卷　（唐）歐陽詢輯　清光緒五
年(1879)華陽宏達堂刻本　三十二册

210000－0701－0006738　003123

藝文類聚一百卷　（唐）歐陽詢輯　清光緒五
年(1879)華陽宏達堂刻本　四十册

210000－0701－0006739　003124

格致鏡原一百卷　（清）陳元龍輯　清康熙五
十六年(1717)刻雍正十三年(1735)印本　三
十二册

210000－0701－0006740　003125

中西政學問對三十六卷　王仁俊撰　清光緒
二十三年(1897)石印本　六册

210000－0701－0006741　003126

事類統編九十三卷首一卷　（清）林意誠彙輯
清咸豐元年(1851)句吳崇德書院刻本　四
十二冊　缺十三卷(五十二至六十四)

210000－0701－0006742　003128

事類統編九十三卷首一卷　（清）林意誠彙輯
清光緒十年(1884)腹笥山房石印本　十一
冊　缺四卷(二十六至二十九)

210000－0701－0006743　003129

增補事類統編九十三卷首一卷　（清）黃葆真
增輯　清道光二十六年(1846)丹陽黃氏敦好
堂刻本　四十八冊

210000－0701－0006744　003130

增補事類統編九十三卷首一卷　（清）黃葆真
增輯　清儒林閣刻本　四十八冊

210000－0701－0006745　003131

增補事類統編九十三卷首一卷　（清）黃葆真
增輯　清道光二十九年(1849)黃氏敦好堂刻
本　四十八冊

210000－0701－0006746　003138

增補事類統編九十三卷首一卷　（清）黃葆真
增輯　清光緒十四年(1888)上海積山書局石
印本　十二冊

210000－0701－0006747　003139

表異錄二十卷　（明）王志堅輯　清道光二十
六年(1846)刻惜陰軒叢書本　四冊

210000－0701－0006748　003140

典林瑯環二十四卷續典林瑯環三十卷　（清）
□□輯　清湛上蘭室主人刻本　十二冊

210000－0701－0006749　003141

四書人物類典串珠四十卷　（清）臧志仁輯
清咸豐十年(1860)三元堂刻本　十一冊　缺
五卷(三十六至四十)

210000－0701－0006750　003142

四書人物類典串珠四十卷　（清）臧志仁輯
清咸豐十年(1860)刻同治六年(1867)壽經堂
印本　八冊

210000－0701－0006751　003144

風俗通義十卷　（漢）應劭撰　清光緒元年
(1875)湖北崇文書局刻子書百家本　二冊

210000－0701－0006752　003145

風俗通義一卷　（漢）應劭撰　（明）鍾惺評
明萬曆刻秘書九種本　程栞楑題識　一冊

210000－0701－0006753　003146

月日紀古十二卷　（清）蕭智漢撰　清乾隆五
十九年(1794)聽濤山房刻本　十二冊

210000－0701－0006754　003147

冊府元龜一千卷目錄十卷　（宋）王欽若等輯
清初黃氏刻康熙、乾隆、道光遞修本　三百
二十冊

210000－0701－0006755　003148

增廣留青新集二十四卷　（清）伊□輯　清光
緒二十五年(1899)石印本　十二冊

210000－0701－0006756　003149

駢字摘艷五卷　（清）任科職撰　清咸豐七年
(1857)三雨堂刻本　五冊

210000－0701－0006757　003150

御定駢字類編二百四十卷　（清）沈宗敬等輯
清雍正六年(1728)內府刻本　一百十四冊
缺十二卷(一至十二)

210000－0701－0006758　003151

御定駢字類編二百四十卷　（清）沈宗敬等輯
清光緒十三年(1887)上海同文書局石印本
四十八冊

210000－0701－0006759　003152

御定駢字類編二百四十卷　（清）沈宗敬等輯
清光緒十三年(1887)上海同文書局石印本
四十八冊

210000－0701－0006760　003153

御定駢字類編二百四十卷　（清）沈宗敬等輯
清雍正六年(1728)內府刻本　一百十四冊
缺二卷(四十四、五十五)

210000－0701－0006761　003154

益智錄六卷　題(清)常惺惺室撰　清末稿本

六冊

210000－0701－0006762　003155

鏡源遺照集二十卷首一卷　（清）張均輯　清
道光二十七年(1847)青藜閣刻本　二冊

210000－0701－0006763　003156

益智編四十一卷　（明）孫能傳撰　清光緒十
七年(1891)孫氏崇文書屋刻本　十二冊

210000－0701－0006764　003157

分類字錦六十四卷　（清）何焯等纂　清刻本
六十四冊

210000－0701－0006765　003158

校補策學總纂大全正編四十八卷續編六卷
（清）趙宗建撰　清光緒十四年(1888)廣東百
城書局石印本　八冊

210000－0701－0006766　003159

小學紺珠十卷　（宋）王應麟撰　明刻清初修
補本　六冊

210000－0701－0006767　003160

小知錄十二卷　（清）陸鳳藻輯　清同治十二
年(1873)淮南書局刻本　四冊

210000－0701－0006768　003162

類對集材六卷　（清）胡雲煥編釋　清同治十
三年(1874)刻本　六冊

210000－0701－0006769　003163

策學淵萃四十六卷目錄二卷　（□）□□撰
清光緒四年(1878)籐花小舫刻本　二十冊

210000－0701－0006770　003164

重訂史微內篇四卷　張采田（爾田）撰　清宣
統三年(1911)木活字印多伽羅香館叢書本
二冊

210000－0701－0006771　003168

兩漢五經博士考三卷　（清）張金吾撰　清光
緒十年(1884)常熟鮑氏刻後知不足齋叢書本
一冊

210000－0701－0006772　003169

儒林宗派十六卷　（清）萬斯同撰　清宣統三
年(1911)浙江圖書館刻本　二冊

210000－0701－0006773　003170

船山師友記十七卷首一卷　（清）羅正鈞撰
清光緒三十三年(1907)刻本　四冊

210000－0701－0006774　003171

漢學師承記八卷國朝經師經義目錄一卷宋學
淵源記二卷附記一卷　（清）江藩撰　清末上
海文瑞樓鉛印本　四冊

210000－0701－0006775　003172

道學淵源錄一百卷首一卷　（清）黃嗣東輯
清光緒三十四年(1908)鳳山學舍鉛印本　八
冊　缺三十卷(聖清淵源錄三十卷)

210000－0701－0006776　003173

國朝漢學師承記八卷國朝經師經義目錄一卷
國朝宋學淵源記二卷附記一卷　（清）江藩撰
清光緒十三年(1887)萬卷書室刻本　四冊

210000－0701－0006777　003174

國朝漢學師承記八卷國朝經師經義目錄一卷
國朝宋學淵源記二卷　（清）江藩撰　清光緒
二十二年(1896)寶慶勸學書社刻本　四冊

210000－0701－0006778　003175

國朝漢學師承記八卷國朝經師經義目錄一卷
國朝宋學淵源記二卷附記一卷　（清）江藩撰
清末刻本　四冊

210000－0701－0006779　003178

學案小識十四卷首一卷末一卷　（清）唐鑑撰
清光緒十五年(1889)刻本　十二冊

210000－0701－0006780　003180

儒先晤語二卷　（清）汪紱撰　清光緒二十二
年(1896)刻本　四冊

210000－0701－0006781　003181

國朝漢學師承記八卷國朝經師經義目錄一卷
國朝宋學淵源記二卷附記一卷　（清）江藩撰
清光緒九年(1883)山西書局刻本　四冊

210000－0701－0006782　003182

國朝漢學師承記八卷國朝經師經義目錄一卷
國朝宋學淵源記二卷附記一卷　（清）江藩撰
清光緒九年(1883)山西書局刻本　四冊

210000－0701－0006783　003183

經解入門八卷　（清）江藩撰　清末徐氏石印本　小島祐馬氏校　一冊

210000－0701－0006784　003185

漢學商兌四卷　（清）方東樹撰　清光緒二十六年（1900）浙江書局刻本　四冊

210000－0701－0006785　003186

漢學商兌四卷　（清）方東樹撰　清光緒二十六年（1900）浙江書局刻本　四冊

210000－0701－0006786　003189

國學叢刊　羅振玉輯　清宣統三年（1911）石印本　六冊

210000－0701－0006787　003194

論海四種　（清）蔡和鏘輯　清光緒二十八年（1902）四明華英學堂石印本　三十一冊

210000－0701－0006788　003195

政治藝學策論六卷　（清）王韜輯　清光緒二十八年（1902）啓蒙學堂石印本　六冊

210000－0701－0006789　003198

尊經書院二集八卷　伍肇齡等編　清光緒十七年（1891）尊經書局刻本　六冊

210000－0701－0006790　003199

尊經書院初集十二卷　（清）尊經書院編　清光緒十一年（1885）尊經書院刻本　十二冊

210000－0701－0006791　003200

孔子改制考二十一卷　康有爲撰　清光緒二十四年（1898）上海大同譯書局石印本　五冊　存十五卷（四至八、十一至十三、十五至二十一）

210000－0701－0006792　003203

癸巳類稿十五卷　（清）俞正燮撰　清道光十三年（1833）求日益齋刻本　八冊

210000－0701－0006793　003204

繹志十九卷　（清）胡承諾撰　清同治十一年（1872）浙江書局刻本　九冊

210000－0701－0006794　003205

述學內篇三卷外篇一卷補遺一卷別錄一卷

（清）汪中撰　校勘記一卷　（清）方濬頤撰　清同治八年（1869）揚州書局刻本　四冊

210000－0701－0006795　003207

書林揚觶不分卷　（清）方東樹撰　清末刻本　一冊

210000－0701－0006796　003211

時事采新彙選六卷　（□）□□編　清光緒二十八年（1902）鉛印本　六冊

210000－0701－0006797　003216

著作林十六期　陳栩輯　清末一粟園刻本　一冊

210000－0701－0006798　003218

國粹學報　（清）國粹學報館編　清宣統元年至三年（1909－1911）上海國粹學報館鉛印本　二十一冊　存（宣統元年第二至三、七至八冊，庚戌年第二至三、五至十一號，辛亥年一至十二號）

210000－0701－0006799　003232

北京新聞彙報（光緒二十七年十一月）　清光緒二十七年（1901）木活字印本　六冊

210000－0701－0006800　003233

繙譯各報（清光緒二十四年二月至五月初）　（清）官書局彙輯　清光緒末官書局鉛印本　四冊

210000－0701－0006801　003234

湘報類纂　題（清）覺睡齋主人輯　清光緒二十八年（1902）上海中華編譯印書館鉛印本　八冊

210000－0701－0006802　003235

華北譯著編□□卷　（□）□□撰　清光緒末年鉛印本　七冊　存五卷（八、十五至十六、十九至二十）

210000－0701－0006803　003236

時務報三十卷附八卷　（清）時務報館編　清光緒時務報館石印本　六冊

210000－0701－0006804　003237

杭州白話報　（□）□□編　清光緒杭州刻本

十一册

210000 - 0701 - 0006805　003240

江漢叢談二卷　（明）陳士元撰　清光緒八年（1882）刻本　一冊

210000 - 0701 - 0006806　003241

雪樵經解三十三卷　（清）馮世瀛撰　清光緒十二年（1886）點石齋石印本　八冊

210000 - 0701 - 0006807　003242

鑄史駢言十二卷　（清）孫玉田撰　清光緒元年（1875）鑄記書局石印本　四冊

210000 - 0701 - 0006808　003245

欽定篆文六經四書　（清）李光地等編　清光緒九年（1883）上海同文書局石印本　十冊

210000 - 0701 - 0006809　003246

六藝堂詩禮七篇十六卷　（清）丁晏撰　清咸豐二年（1852）聊城楊氏海源閣刻本　楊壽昌題識　十冊

210000 - 0701 - 0006810　003247

玉函山房輯佚書　（清）馬國翰輯　清光緒九年（1883）長沙嫏嬛館刻本　六冊　存四十三種五十九卷（周易侯氏注三卷、周易探元二卷、周易元義一卷、周易新論傳疏一卷、周易新義一卷、禮記沈氏義疏一卷、禮記義證一卷、禮記熊氏義疏一卷、周易子夏傳二卷、周易薛氏記一卷、蔡氏易說一卷、周易丁氏傳二卷、周易韓氏傳二卷、周易古五子傳一卷、周易淮南九師道訓一卷、周易施氏章句一卷、周易孟氏章句二卷、周易梁王氏章句一卷、周易荀氏注三卷、周易陸氏述三卷、周易干氏注三卷、周易王氏注一卷、周易蜀才注一卷、周易黃氏注一卷、周易徐氏音一卷、易象妙於見形論一卷、周易繫辭桓氏注一卷、周易繫辭荀氏注一卷、周易繫辭明氏注一卷、周易沈氏要略一卷、周易劉氏義疏一卷、周易大義一卷、周易伏氏集解一卷、周易褚氏講疏一卷、周易周氏義疏一卷、周易張氏講疏一卷、周易何氏講疏一卷、周易姚氏注一卷、周易崔氏注一卷、周易傅氏注一卷、周易盧氏注一卷、周易王氏注一卷、周易王氏義一卷、周易朱氏義一卷、

周易莊氏義一卷、周易繫辭上）

210000 - 0701 - 0006811　003248

御纂五經　清光緒三十年（1904）上海育文書局石印本　十六冊

210000 - 0701 - 0006812　003249

仿宋相臺五經附考證　清光緒二年（1876）江南書局刻本　三十冊　缺三卷（周易四至六）

210000 - 0701 - 0006813　003250

五經體注合解全集五種四十三卷附五經圖彙三卷　（□）□□撰　清光緒十四年（1888）鴻寶齋石印本　十二冊

210000 - 0701 - 0006814　003251

五經合纂大成五種四十四卷　（清）同文書局輯　清光緒十一年（1885）上海同文書局石印本　二十冊

210000 - 0701 - 0006815　003252

五經合纂大成五種　（清）同文書局輯　清光緒上海凌雲閣石印本　二十冊

210000 - 0701 - 0006816　003253

石齋先生經傳九種　（明）黃道周撰　清康熙三十二年（1693）晉安鄭肇刻道光二十八年（1848）長洲彭蘊章補刻本　三十六冊

210000 - 0701 - 0006817　003254

石經彙函　王秉恩輯　清王秉恩元尚居刻本　十六冊

210000 - 0701 - 0006818　003255

明本大字應用碎金二卷　（明）□□撰　明刻本　二冊

210000 - 0701 - 0006819　003261

蜚雲閣凌氏叢書　（清）凌曙撰　清嘉慶、道光凌氏蜚雲閣刻本　二十四冊

210000 - 0701 - 0006820　003263

稽古日鈔經學八卷　（清）郁文等輯　清乾隆二十九年（1764）秋曉山房刻本　四冊

210000 - 0701 - 0006821　003264

御案五經四十卷　（清）聖祖玄燁案　清嘉慶十六年（1811）揚州十笏堂刻本　十一冊

210000 - 0701 - 0006822 003265

沈氏經學六種 （清）沈淑撰 清刻本 六冊

210000 - 0701 - 0006823 003304

十一經音訓不分卷 （清）楊國楨撰 清道光
十年(1830)大梁書院刻本 二十六冊

210000 - 0701 - 0006824 003305

十一經音訓不分卷 （清）楊國楨撰 清光緒
三年(1877)崇文書局刻本 二十六冊

210000 - 0701 - 0006825 003309

戴段合刻 （清）張壽榮輯 清光緒十年
(1884)鎮海張氏刻本 十冊

210000 - 0701 - 0006826 003311

十一經初學讀本 （清）萬廷蘭編 清光緒二
年(1876)四川學院刻本 二十冊

210000 - 0701 - 0006827 003312

十一經初學讀本 （清）萬廷蘭編 清光緒二
年(1876)四川學院刻本 二十冊

210000 - 0701 - 0006828 003313

十三經讀本附校刊記 （清）丁寶楨等撰 清
同治十一年(1872)山東書局刻本 六十冊
缺三十一卷(左傳卷首至十五)

210000 - 0701 - 0006829 003323

十三經註疏 清嘉慶三年(1798)金閶書業堂
刻本 一百六冊 缺五十一卷(左傳四十九
至五十一、公羊傳一至二十八、穀梁傳一至二
十)

210000 - 0701 - 0006830 003324

重刊宋本十三經註疏附校勘記 （清）阮元撰
（清）盧宣旬摘錄 清嘉慶二十年(1815)南
昌府學刻同治十二年(1873)江西書局重修本
一百六十冊

210000 - 0701 - 0006831 003325

十三經註疏附考證 清同治十年(1871)廣東
書局刻本 一百九十二冊

210000 - 0701 - 0006832 003326

十三經註疏 清刻本 一百二十冊

210000 - 0701 - 0006833 003327

重刊宋本十三經註疏附校勘記 （清）阮元撰
（清）盧宣旬摘錄 清嘉慶二十年(1815)南
昌府學刻道光六年(1826)南昌府學重修本
一百六十冊

210000 - 0701 - 0006834 003328

十三經註疏附校勘記 （清）阮元撰 清同治
十三年(1874)湖南書局刻本 一百六十冊

210000 - 0701 - 0006835 003329

十三經註疏附考證 清同治十年(1871)廣東
書局刻本 一百九十二冊

210000 - 0701 - 0006836 003330

宋本十三經註疏附校勘記 （清）阮元撰
（清）盧宣旬摘錄 清光緒十三年(1887)上海
脈望仙館石印本 三十二冊

210000 - 0701 - 0006837 003332

宋本十三經註疏附校勘記 （清）阮元撰
（清）盧宣旬摘錄 清光緒十三年(1887)上海
脈望仙館石印本 三十二冊

210000 - 0701 - 0006838 003333

宋本十三經註疏附校勘記 （清）阮元撰
（清）盧宣旬摘錄 清光緒十三年(1887)上海
脈望仙館石印本 三十二冊

210000 - 0701 - 0006839 003334

十三經註疏附校勘記 （清）阮元撰 （清）盧
宣旬摘錄 清光緒十三年(1887)上海點石齋
石印本 二十五冊

210000 - 0701 - 0006840 003335

十三經古注 （明）金蟠輯 （明）葛鼐校 明
崇禎十二年(1639)永懷堂刻清同治八年
(1869)浙江書局校修本 四十九冊

210000 - 0701 - 0006841 003337

九經 （清）秦鐄訂正 清光緒六年(1880)山
西濬文書局刻本 四十七冊 缺四卷(周易
一至三、書經一)

210000 - 0701 - 0006842 003338

九經補注 （清）姜兆錫撰 清雍正、乾隆寅
清樓刻本 四十八冊

210000－0701－0006843　003339

御纂七經　清光緒十四年(1888)戶部刻本
一百四十二冊

210000－0701－0006844　003340

御纂七經　清光緒十四年(1888)戶部刻本
一百五十冊

210000－0701－0006845　003341

皮氏經學叢書　(清)皮錫瑞撰　清光緒思賢
書局刻本　七冊　存六種十七卷(古文尚書
冤詞平議二卷、尚書中候疏證一卷、鄭志疏證
八卷附鄭記考證一卷、附答臨孝存周禮難疏
證一卷、聖證論補評二卷、六藝論疏證一卷、
魯禮禘祫義疏證一卷)

210000－0701－0006846　003342

古經解彙函十六種附小學彙函十四種　(清)
鍾謙鈞輯　續附十種　(清)蜚英館輯　清光
緒十四年(1888)上海蜚英館石印本　十九冊
缺十一卷(周易鄭氏注三卷、陸氏周易述一
卷、周易集解一至七)

210000－0701－0006847　003343

相臺五經附考證　(□)□□撰　清尊經書院
刻民國二年(1913)成都存古書局印本　二十
八冊　存四經(周易、尚書、禮記、春秋)

210000－0701－0006848　003344

相臺五經附考證　清尊經書院刻民國二年
(1913)成都存古書局印本　三十二冊

210000－0701－0006849　003349

六經圖十二卷　(清)鄭之僑撰　清乾隆八年
(1743)述堂刻本　六冊

210000－0701－0006850　003350

六藝論疏證一卷魯禮禘祫義疏證一卷　(清)
皮錫瑞撰　清光緒二十五年(1899)善化皮氏
刻師伏堂叢書本　一冊

210000－0701－0006851　003353

讀禮通考一百二十卷　(清)徐乾學撰　清末
刻本　三十二冊

210000－0701－0006852　003354

孔叢伯說經五藁　(清)孔廣林撰　清光緒十
六年(1890)山東書局刻本　七冊

210000－0701－0006853　003354

通德遺書所見錄十九種　(漢)鄭玄撰注
(清)孔廣林輯　清光緒十六年(1890)山東書
局刻本　四冊

210000－0701－0006854　003355

孔叢伯說經五藁　(清)孔廣林撰　清光緒十
六年(1890)山東書局刻本　七冊

210000－0701－0006855　003356

新定三禮圖二十卷　(宋)聶崇義集注　清末
同文書局石印本　二冊

210000－0701－0006856　003357

三禮約編十九卷　(清)汪基撰　清乾隆三年
(1738)敬堂刻本　八冊

210000－0701－0006857　003358

五經味根錄　(清)關捈生編　清光緒二十六
年(1900)上海中西書局石印本　十六冊

210000－0701－0006858　003359

五禮通考二百六十二卷首四卷目錄二卷
(清)秦蕙田撰　清末刻本　一百冊

210000－0701－0006859　003360

五禮通考二百六十二卷首一卷　(清)秦蕙田
撰　清光緒二十二年(1896)新化三味堂刻本
一百冊

210000－0701－0006860　003361

五禮通考二百六十二卷首四卷目錄二卷
(清)秦蕙田撰　清乾隆十八年(1753)味經窩
刻本　九十冊

210000－0701－0006861　003362

五禮通考二百六十卷首四卷目錄二卷　(清)
秦蕙田撰　清乾隆十八年(1753)味經窩刻本
九十六冊

210000－0701－0006862　003363

石經彙函　王秉恩輯　清光緒十六年(1890)
四川尊經書局刻本　十冊

210000－0701－0006863　003364

石齋先生經傳九種 （明）黃道周撰 清芥舟刻本 三十六冊

210000－0701－0006864 003366

西夏經義七種 （清）何志高撰 清道光十八年(1838)南浦何氏刻光緒十四年(1888)補刻本 十冊

210000－0701－0006865 003367

群經平議三十五卷 （清）俞樾撰 清光緒二十五年(1899)刻春在堂全書本 十二冊

210000－0701－0006866 003369

羣經宮室圖二卷 （清）焦循撰 清光緒十一年(1885)梁谿朱氏小曝書亭刻本 二冊

210000－0701－0006867 003371

群書疑辨十二卷 （清）萬斯同撰 清嘉慶二十一年(1816)供石亭刻本 四冊

210000－0701－0006868 003375

香草校書六十卷 （清）于鬯撰 清光緒二十九年(1903)刻本 十七冊 缺十卷(四十三至五十一、五十四)

210000－0701－0006869 003379

桐城吳先生全書 （清）吳汝綸撰 清光緒三十年(1904)王恩綬刻本 五冊 存三種六卷(易說二卷、尚書故三卷、夏小正私箋一卷)

210000－0701－0006870 003380

經義述聞三十二卷 （清）王引之撰 清光緒七年(1881)上海文瑞樓鉛印本 十六冊

210000－0701－0006871 003381

經訓比義三卷 （清）黃以周撰 清光緒二十二年(1896)南菁講舍刻本 三冊

210000－0701－0006872 003382

經傳考證八卷 （清）朱彬撰 清道光二年(1822)游道堂刻本 二冊

210000－0701－0006873 003383

經傳考證八卷 （清）朱彬撰 清道光二年(1822)游道堂刻本 四冊

210000－0701－0006874 003384

經傳釋詞十卷 （清）王引之撰 清嘉慶二十

四年(1819)刻本 四冊

210000－0701－0006875 003385

有竹石軒經句說二十二卷 （清）吳英撰 清道光十年(1830)寶仁堂刻璜川吳氏經學叢書本 四冊 存七卷(一至七)

210000－0701－0006876 003386

經考五卷 （清）戴震撰 清光緒二十六年(1900)南陵徐氏刻郘齋叢書本 二冊

210000－0701－0006877 003387

經苑二十五種 （清）錢儀吉輯 清道光二十五年至咸豐元年(1845－1851)大梁書院刻同治七年(1868)印本 一百二十冊

210000－0701－0006878 003388

經苑二十五種 （清）錢儀吉輯 清道光二十五年至咸豐元年(1845－1851)大梁書院刻本 六十四冊

210000－0701－0006879 003389

經苑二十五種 （清）錢儀吉輯 清道光二十五年至咸豐元年(1845－1851)大梁書院刻同治七年(1868)印本 七十九冊

210000－0701－0006880 003390

經典釋文三十卷 （唐）陸德明撰 清光緒十五年(1889)湘南書局刻本 七冊 存十三卷(一至十三)

210000－0701－0006881 003395

經典釋文三十卷 （唐）陸德明撰 考證三十卷 （清）盧文弨撰 孟子音義二卷附札記(宋)孫奭撰 國語補音敘錄三卷 （宋）宋庠撰 清光緒二年(1876)成都尊經書院刻本 十六冊

210000－0701－0006882 003396

經典釋文三十卷 （唐）陸德明撰 清刻道光十年(1830)重修本 十二冊

210000－0701－0006883 003397

經典釋文三十卷 （唐）陸德明撰 考證三十卷 （清）盧文弨撰 清同治廣東番禺陳澧刻本 十二冊

210000－0701－0006884　003398

經典釋文三十卷 （唐）陸德明撰　**考證三十卷** （清）盧文弨撰　清同治十三年(1874)成都尊經書院刻民國二年(1913)成都存古書局補刻本　十二冊

210000－0701－0006885　003399

璜川吳氏經學叢書 （清）吳志忠等輯　清道光十年(1830)寶仁堂刻本　五十六冊

210000－0701－0006886　003400

萬充宗先生經學五書 （清）萬斯大撰　清乾隆萬福刻道光十一年(1831)同文堂補刻本　四冊

210000－0701－0006887　003401

萬充宗先生經學五書 （清）萬斯大撰　清乾隆萬福刻道光十一年(1831)同文堂補刻本　四冊

210000－0701－0006888　003402

經學通論五卷 （清）皮錫瑞撰　清光緒三十三年(1907)思賢書局刻皮氏經學叢書本　五冊

210000－0701－0006889　003409

經義述聞三十二卷 （清）王引之撰　清末上海文瑞樓石印本　十冊　存十六卷(一至十六)

210000－0701－0006890　003410

經義述聞三十卷經傳釋詞十卷字典考證十二卷 （清）王引之撰　清光緒二十一年(1895)鴻文書局石印本　六冊

210000－0701－0006891　003414

經義述聞三十二卷 （清）王引之撰　清光緒七年(1881)上海文瑞樓鉛印本　十六冊

210000－0701－0006892　003415

經義雜記三十卷 （清）臧琳撰　**敘錄一卷** (清)臧庸輯　清嘉慶四年(1799)武進臧氏同述觀刻拜經堂叢書本　十二冊

210000－0701－0006893　003416

經義述聞三十二卷 （清）王引之撰　清道光

七年(1827)京師壽藤書屋刻本　二十四冊

210000－0701－0006894　003417

經義述聞三十二卷 （清）王引之撰　清道光七年(1827)京師壽藤書屋刻本　二十四冊

210000－0701－0006895　003418

經義述聞三十二卷 （清）王引之撰　清刻本　二十冊

210000－0701－0006896　003419

經義述聞三十二卷 （清）王引之撰　清刻本　十六冊

210000－0701－0006897　003420

經學輯要二十四卷首一卷 （清）吳穎炎輯　清光緒二十年(1894)上海點石齋石印本　二十三冊　缺二卷(二十三中下、二十四)

210000－0701－0006898　003421

經義考三百卷 （清）朱彝尊撰　**目錄二卷** (清)盧見曾編　清康熙刻乾隆二十年(1755)盧見曾續刻四十二年(1777)汪汝瑮補刻本　二十四冊　存一百四十卷(一至一百四十)

210000－0701－0006899　003422

經義考三百卷 （清）朱彝尊撰　**目錄二卷** (清)盧見曾編　清光緒二十三年(1897)浙江書局刻本(原缺卷二百八十六、二百九十九至三百)　五十冊

210000－0701－0006900　003423

經義考三百卷 （清）朱彝尊撰　**目錄二卷** (清)盧見曾編　清光緒二十三年(1897)浙江書局刻本(原缺卷二百八十六、二百九十九至三百)　五十冊

210000－0701－0006901　003426

經義圖說八卷 （清）吳寶謨撰　清嘉慶二十四年(1819)陳氏裒露軒刻本　八冊

210000－0701－0006902　003429

白虎通四卷 （漢）班固撰　**校勘補遺一卷** (清)盧文弨撰　**考一卷闕文一卷** （清）莊祖撰併輯　清乾隆四十九年(1784)盧文弨刻書有堂印本　四冊

210000－0701－0006903　003430
白虎通四卷　（漢）班固撰　校勘補遺一卷
（清）盧文弨撰　考一卷闕文一卷　（清）莊述
祖撰併輯　清刻本　四冊

210000－0701－0006904　003431
白虎通德論四卷　（漢）班固撰　清光緒元年
(1875)湖北崇文書局刻百子全書本　二冊

210000－0701－0006905　003432
白虎通德論四卷　（漢）班固撰　清光緒元年
(1875)湖北崇文書局刻百子全書本　二冊

210000－0701－0006906　003433
白虎通疏證十二卷　（清）陳立撰　清光緒元
年(1875)淮南書局刻本　四冊

210000－0701－0006907　003434
白虎通疏證十二卷　（清）陳立撰　清光緒元
年(1875)淮南書局刻本　四冊

210000－0701－0006908　003435
白虎通疏證十二卷　（清）陳立撰　清光緒元
年(1875)淮南書局刻本　四冊

210000－0701－0006909　003436
白虎通疏證十二卷　（清）陳立撰　清光緒元
年(1875)淮南書局刻本　四冊

210000－0701－0006910　003437
白虎通疏證十二卷　（清）陳立撰　清光緒元
年(1875)淮南書局刻本　四冊

210000－0701－0006911　003438
白虎通德論二卷　（漢）班固撰　清刻本
二冊

210000－0701－0006912　003439
白虎通四卷　（漢）班固撰　校勘補遺一卷
（清）盧文弨撰　考一卷闕文一卷　（清）莊述
祖撰併輯　清乾隆四十九年(1784)盧文弨刻
抱經堂叢書本　四冊

210000－0701－0006913　003440
白虎通四卷　（漢）班固撰　校勘補遺一卷
（清）盧文弨撰　考一卷闕文一卷　（清）莊述
祖撰併輯　清乾隆四十九年(1784)盧文弨刻

抱經堂叢書本　二冊

210000－0701－0006914　003441
白虎通四卷　（漢）班固撰　校勘補遺一卷
（清）盧文弨撰　考一卷闕文一卷　（清）莊述
祖撰併輯　清乾隆四十九年(1784)盧文弨刻
抱經堂叢書本　四冊

210000－0701－0006915　003442
皇清經解一千四百卷首一卷　（清）阮元輯
清道光九年(1829)廣東學海堂刻本　三百六
十冊

210000－0701－0006916　003443
皇清經解一千四百八卷首一卷　（清）阮元輯
清道光九年(1829)廣東學海堂刻咸豐十一
年(1861)補刻本　三百六十冊

210000－0701－0006917　003444
皇清經解一千四百八卷首一卷　（清）阮元輯
清道光九年(1829)廣東學海堂刻咸豐十一
年(1861)補刻本　三百六十冊

210000－0701－0006918　003445
皇清經解一千四百八卷首一卷　（清）阮元輯
清道光九年(1829)廣東學海堂刻咸豐十一
年(1861)補刻本　三百六十冊

210000－0701－0006919　003446
皇清經解一百九十卷首一卷　（清）阮元輯
（清）勞崇光增輯　正訛記一卷　清光緒十四
年(1888)上海點石齋石印本　二十四冊

210000－0701－0006920　003447
皇清經解續編一千四百三十卷　王先謙輯
清光緒十四年(1888)南菁書院刻本　三百二
十冊

210000－0701－0006921　003448
皇清經解續編一千四百三十卷　王先謙輯
清光緒十四年(1888)南菁書院刻本　三百四
十冊

210000－0701－0006922　003449
皇清經解續編一千四百三十卷　王先謙輯
清光緒十四年(1888)南菁書院刻本　三百二

十冊

210000－0701－0006923　003450

皇清經解續編一千四百三十卷　王先謙輯
清光緒十四年(1888)南菁書院刻本　三百二
十冊

210000－0701－0006924　003451

皇清經解續編一千四百三十卷　王先謙輯
清光緒十四年(1888)南菁書院刻本　三百二
十冊

210000－0701－0006925　003452

皇朝五經彙解二百七十卷　題(清)抉經心室
主人輯　清光緒十四年(1888)鴻文書局石印
本　三十二冊

210000－0701－0006926　003453

經說　(清)吳汝綸撰　清光緒三十年(1904)
王恩紱等刻桐城吳先生全書本　裴文弨跋
五冊

210000－0701－0006927　003454

鄉黨圖考十卷　(清)江永撰　清刻本　四冊

210000－0701－0006928　003455

疑辯錄三卷　(明)周洪謨撰　清光緒十年
(1884)寶仁堂刻璜川吳氏經學叢書本　二冊

210000－0701－0006929　003458

漢魏石經考三卷　(清)劉傳瑩撰　清光緒十
二年(1886)沌城黃氏試館刻本　一冊

210000－0701－0006930　003460

漢魏遺書鈔　(清)王謨輯　清嘉慶三年
(1798)金谿王氏刻本　二十冊

210000－0701－0006931　003461

禮經通論一卷　(清)邵懿辰撰　清宣統三年
(1911)國學扶輪社鉛印張氏適園叢書本
一冊

210000－0701－0006932　003462

禮書一百五十卷　(宋)陳祥道撰　清光緒二
年(1876)廣東菊坡精舍刻本　十六冊

210000－0701－0006933　003463

濼源問答十二卷　(清)沈可培撰　清嘉慶二

十年(1815)雪浪齋刻道光七年(1827)印本
四冊

210000－0701－0006934　003464

禮書綱目八十五卷首一卷　(清)江永撰　清
嘉慶十五年(1810)留眞堂刻本　四十冊

210000－0701－0006935　003465

禮書通故五十卷校文一卷　(清)黃以周撰
清光緒十九年(1893)黃氏試館刻本　三十
二冊

210000－0701－0006936　003466

禮書通故五十卷校文一卷　(清)黃以周撰
清光緒十九年(1893)黃氏試館刻本　五十一
冊　缺八卷(卷三十三選舉禮通故一卷,卷三
十四職官通故卷一至二,卷四十名物通故五
卷)

210000－0701－0006937　003467

禮書通故五十卷校文一卷　(清)黃以周撰
清光緒十九年(1893)黃氏試館刻本　三十
二冊

210000－0701－0006938　003468

禮書通故五十卷校文一卷　(清)黃以周撰
清光緒十九年(1893)黃氏試館刻本　三十
二冊

210000－0701－0006939　003469

通德遺書所見錄十九種　(漢)鄭玄撰注
(清)孔廣林輯　清光緒十六年(1890)山東書
局刻本　四冊

210000－0701－0006940　003470

通志堂經解　(清)納蘭性德輯　清康熙十九
年(1680)通志堂刻乾隆三十九年(1774)胡季
堂補刻本　五百六十冊

210000－0701－0006941　003471

通志堂經解　(清)納蘭性德輯　清同治十二
年(1873)粵東書局刻本　五百冊

210000－0701－0006942　003472

通志堂經解　(清)納蘭性德輯　清同治十二
年(1873)粵東書局刻本　四百八十冊

210000 – 0701 – 0006943　003473

通志堂經解　（清）納蘭性德輯　清同治十二年(1873)粵東書局刻本　四百八十冊

210000 – 0701 – 0006944　003474

通介堂經說三十七卷　（清）徐灝撰　清咸豐四年(1854)番禺徐氏梧州刻本　十冊

210000 – 0701 – 0006945　003475

通介堂經說三十七卷　（清）徐灝撰　清咸豐四年(1854)番禺徐氏梧州刻本　十冊

210000 – 0701 – 0006946　003476

十三經客難　（清）龔元玠撰　清道光二十六年(1846)刻本　二十冊

210000 – 0701 – 0006947　003477

古經解彙函十六種附小學彙函十四種　（清）鍾謙鈞等輯　清同治十二年(1873)粵東書局刻本　六十四冊

210000 – 0701 – 0006948　003478

古經解彙函十六種附小學彙函十四種　（清）鍾謙鈞等輯　清同治十二年(1873)粵東書局刻本　六十八冊

210000 – 0701 – 0006949　003479

古經解彙函十六種附小學彙函十四種　（清）鍾謙鈞等輯　清同治十二年(1873)粵東書局刻本　六十八冊

210000 – 0701 – 0006950　003480

古經解彙函十六種附小學彙函十四種　（清）鍾謙鈞等輯　清同治十二年(1873)粵東書局刻本　六十九冊

210000 – 0701 – 0006951　003481

古經解彙函十六種　（清）鍾謙鈞等撰　清光緒十五年(1889)湘南書局刻本　三十四冊　缺三卷(尚書大傳三卷)

210000 – 0701 – 0006952　003482

古經解鈎沉三十卷　（清）余蕭客撰　清乾隆六十年(1795)刻本　六冊

210000 – 0701 – 0006953　003483

奉使三音諾彥記程草二卷　（清）寶鋆撰　清刻本　一冊

210000 – 0701 – 0006954　003484

古經解彙函十六種附小學彙函十四種　（清）鍾謙鈞輯　**續附十種**　（清）蜚英館輯　清光緒十四年(1888)上海蜚英館石印本　二十冊

210000 – 0701 – 0006955　003485

古微書三十六卷　（明）孫轂輯　清光緒十四年(1888)對山問月樓刻本　六冊

210000 – 0701 – 0006956　003486

七經精義　（清）黃淦撰　清嘉慶刻本　十四冊

210000 – 0701 – 0006957　003487

七經精義　（清）黃淦撰　清嘉慶令德堂刻本　十四冊

210000 – 0701 – 0006958　003489

求古錄禮說十六卷補遺一卷　（清）金鶚撰　**校勘記三卷**　（清）王士駿撰　清光緒二年(1876)刻本　六冊

210000 – 0701 – 0006959　003490

求志居經說八種　（清）陳世鎔撰　清同治四年(1865)脈望齋刻本　六冊

210000 – 0701 – 0006960　003490

周易廓二十四卷　（清）陳世鎔撰　清咸豐元年(1851)獨秀山莊刻本　六冊

210000 – 0701 – 0006961　003491

茶香室經說十六卷　（清）俞樾撰　清光緒十四年(1888)刻本　六冊

210000 – 0701 – 0006962　003492

隸經文四卷續一卷　（清）江藩撰　清道光元年(1821)刻本　一冊

210000 – 0701 – 0006963　003495

四益館經學叢書十五種　廖平撰　清光緒十一年至二十三年(1885–1897)刻本　十二冊

210000 – 0701 – 0006964　003497

四書典故辨正二十卷附錄一卷　（清）周柄中撰　清同治五年(1866)賞奇閣刻本　六冊

210000－0701－0006965　003498

呂子評語正編四十二卷首一卷附刻一卷餘編八卷首一卷附刻一卷　（清）呂留良撰　（清）車鼎豐輯　清康熙五十五年(1716)車氏晚聞軒刻本　十六冊

210000－0701－0006966　003503

鄭氏佚書四種　（漢）鄭玄撰　（清）袁鈞輯　清光緒十年(1884)四明觀稼樓刻本　四冊

210000－0701－0006967　003504

鄭氏佚書二十三種　（漢）鄭玄撰　（清）袁鈞輯　清光緒十四年(1888)浙江書局刻本　十冊

210000－0701－0006968　003506

策學備纂續集四卷　（清）樓守愚等輯　清光緒二十年(1894)上海點石齋石印本　十二冊

210000－0701－0006969　003513

二十二子　（清）浙江書局輯　清光緒元年至三年(1875－1877)浙江書局刻本　二十二冊　存八十七卷(列子八卷、淮南子二十一卷、荀子二十卷附校勘補遺一卷、揚子法言十三卷附音義一卷、韓非子二十卷附識誤三卷)

210000－0701－0006970　003516

諸子平議三十五卷　（清）俞樾撰　清光緒二十五年(1899)刻春在堂全書本　十二冊

210000－0701－0006971　003523

二十二子　（清）浙江書局輯　清光緒元年至三年(1875－1877)浙江書局刻本　八十三冊

210000－0701－0006972　003524

二十二子　（清）浙江書局輯　清光緒元年至三年(1875－1877)浙江書局刻本　八十三冊

210000－0701－0006973　003525

二十二子　（清）浙江書局輯　清光緒元年至三年(1875－1877)浙江書局刻本　七十冊

210000－0701－0006974　003526

二十二子　（清）浙江書局輯　清光緒元年至三年(1875－1877)浙江書局刻二十七年(1901)校補本　四十冊　缺十三卷(荀子八至二十)

210000－0701－0006975　003527

子書二十五種　（清）育文書局輯　清光緒三十年(1904)上海育文書局石印本　二十四冊

210000－0701－0006976　003528

二十二子　（清）浙江書局輯　清光緒元年至三年(1875－1877)浙江書局刻本　十一冊　存五種五十七卷(新書十卷、揚子法言十三卷附音義一卷、文中子中説十卷、文子纘義十二卷、晏子春秋七卷附音義二卷校勘記二卷)

210000－0701－0006977　003534

子書百家　（清）崇文書局輯　清光緒元年(1875)湖北崇文書局刻本　九十九冊　缺一百二十卷(伸蒙子三卷、胡子知言六卷附錄一卷疑義一卷、薛子道論三卷、海樵子一卷、風后握奇經一卷握奇經續圖一卷八陣總述一卷、六韜三卷、孫子三卷、吳子二卷、司馬法一卷、尉繚子二卷、素書一卷、心書一卷、何博士備論二卷、宋丞相李忠定公輔政本末一卷、管子二十四卷、神異經一卷、海內十洲記一卷、別國洞冥記四卷、穆天子傳六卷、拾遺記十卷、搜神記二十卷、博物志十卷、述異記二卷、陰符經一卷、關尹子一卷、老子道德經二卷、道德真經註四卷)

210000－0701－0006978　003535

子書百家　（清）崇文書局輯　清光緒元年(1875)湖北崇文書局刻民國元年(1912)湖北官書處印本　一百十冊

210000－0701－0006979　003536

子書百家　（清）崇文書局輯　清光緒元年(1875)湖北崇文書局刻民國元年(1912)湖北官書處印本　一百十冊

210000－0701－0006980　003537

子書百家　（清）崇文書局輯　清光緒元年(1875)湖北崇文書局刻本　一百十冊　缺六種二十卷(太玄經十卷、焦氏易林四卷、鶡子一卷補一卷、於陵子一卷、計倪子一卷、子華子二卷)

210000－0701－0006981　003538

子書百家　（清）崇文書局輯　清光緒元年(1875)湖北崇文書局刻民國元年(1912)湖北官書處印本　一百十冊

210000－0701－0006982　003539

子書百家　（清）崇文書局輯　清光緒元年(1875)湖北崇文書局刻本　一百九冊

210000－0701－0006983　003540

子書百家　（清）崇文書局輯　清光緒元年(1875)湖北崇文書局刻本　一百九冊

210000－0701－0006984　003547

子書二十八種　清宣統三年(1911)文瑞樓鉛印本　四十八冊

210000－0701－0006985　003548

子書二十八種　（清）育文書局輯　清宣統元年(1909)上海育文書局石印本　三十二冊

210000－0701－0006986　003553

子書百家　（清）崇文書局輯　清光緒元年(1875)湖北崇文書局刻本　四十九冊　缺十五種五十三卷(博物志十卷續志十卷、亢倉子一卷、元真子一卷、天隱子一卷、无能子三卷、胎息經一卷、至游子二卷、迷異記二卷、陰符經注一卷、關尹子一卷、老子道德經注二卷、道德真經注四卷、莊子三卷闕誤一卷、列子二卷、抱朴子八卷)

210000－0701－0006987　003554

子書百家　（清）崇文書局輯　清光緒元年(1875)湖北崇文書局刻本　一百十冊

210000－0701－0006988　003555

子書百家　（清）崇文書局輯　清光緒元年(1875)湖北崇文書局刻本　九十九冊　缺四種四卷(尹文子一卷、慎子一卷、公孫龍子一卷、鬼谷子一卷)

210000－0701－0006989　003556

子史精華三十卷　（清）允祿　（清）吳襄等纂輯　清光緒九年(1883)上海點石齋石印本　二冊

210000－0701－0006990　003557

二十二子　（清）浙江書局輯　清光緒元年至三年(1875–1877)浙江書局刻本　七冊　存四種三十七卷(列子八卷、賈誼新書十卷、尸子二卷、春秋繁露十七卷)

210000－0701－0006991　003559

述記　（清）任兆麟輯　清嘉慶十五年(1810)遂古堂刻本　六冊

210000－0701－0006992　003560

桐城先生點勘諸子讀本七種　（清）吳汝綸撰　清宣統二年(1910)衍星社鉛印本　十二冊

210000－0701－0006993　003561

十子全書　（清）王子興輯　清嘉慶九年(1804)刻經綸堂印本　二十四冊

210000－0701－0006994　003562

十子全書　（清）王子興輯　清嘉慶九年(1804)刻經綸堂印本　二十四冊

210000－0701－0006995　003563

十子全書　（清）王子興輯　清嘉慶九年(1804)姑蘇王氏聚文堂刻本　三十六冊

210000－0701－0006996　003564

十種古逸書　（清）茆泮林輯　清道光十四年(1834)梅瑞軒刻二十二年(1842)印本　六冊

210000－0701－0006997　003565

廿二子全書　（清）王纕堂輯　清道光十三年(1833)王氏棠蔭館刻本　四冊

210000－0701－0006998　003566

桐城先生點勘諸子讀本七種　（清）吳汝綸撰　清宣統二年(1910)衍星社鉛印本　五冊　存三種五十卷(荀子二十卷、太玄十卷、韓非子二十卷)

210000－0701－0006999　003570

盧陽三賢集　（清）張樹聲輯　清同治十三年(1874)合肥張氏毓秀堂刻本　四冊

210000－0701－0007000　003571

盧陵宋丞相信國公文忠烈先生全集十六卷　（宋）文天祥撰　清雍正三年(1725)五桂堂刻

乾隆五十二年(1787)、道光二十三年(1843)
遞修本　十二冊

210000－0701－0007001　003583
唐人三家集　(清)秦恩復輯　清光緒十年
(1884)江都石研齋影宋刻本　八冊

210000－0701－0007002　003584
廣雅書局叢書　(清)廣雅書局輯　清光緒廣
雅書局刻民國九年(1920)番禺徐紹棨彙編重
印本　四百冊　缺六十八種(易繹四卷、易緯
略義三卷、書蔡傳附釋一卷、周易解故一卷、
象數論六卷、詩集傳附釋一卷、禮書綱目八十
五卷首三卷、春秋公羊注疏質疑二卷、爾雅注
疏正誤五卷、廣潛研堂說文答問疏證八卷、輪
輿私箋二卷附圖一卷、孟子劉注一卷、說文引
經證例二十四卷、潛研堂說文答問疏證六卷、
釋名疏證八卷續釋名一卷補遺一卷附校議一
卷、少室山房集六十四卷、史記索隱三十卷、
無邪堂答問五卷、親屬記二卷、朱子語類日鈔
五卷、人範六卷、小學集解六卷、史記補注正
一卷、漢書人表攷補一卷、前漢書注攷證一
卷、三國志注證遺四卷補四卷、漢書西域傳補
注三卷、後漢書注補二十四卷、後漢書注攷證
一卷、晉書地理志新補正五卷、新校晉書地理
志一卷、金史詳校十卷末一卷、元史譯文證補
三十卷、補後漢書藝文志四卷、補晉書藝文志
四卷、東晉南北朝輿地表二十八卷、南北史帝
王世系表一卷、補元史藝文志四卷、元史氏族
表三卷、十七史商榷一百卷、欽定歷代職官表
七十二卷、歷代地理沿革表四十七卷、廿二史
攷異一百卷、廿二史箚記三十六卷補遺一卷、
廿一史世譜五十四卷、九史同姓名略七十二
卷補遺四卷、三史同名錄四十卷、續唐書七十
卷、晉陽秋輯本、三十六國春秋輯本、西魏書
二十四卷附錄一卷、晉書輯本、晉紀輯本、漢
晉春秋輯本、晉書地道記一卷、晉太康三年地
記一卷、十六國春秋輯補一百卷年表一卷、太
常因革禮一百卷、大金集禮四十卷、建炎以來
繫年要錄二百卷、國語翼解六卷、戰國策釋地
二卷、吉林外記十卷、黑龍江外記八卷、楚辭
天問箋一卷、范石湖詩集注三卷、屈子離騷纂
訂三卷雜文箋略二卷首一卷、蘇詩查注補正

四卷)

210000－0701－0007003　003585
廣理學備考　(清)范鄗鼎輯　清康熙五經堂
刻本　四十八冊

210000－0701－0007004　003594
文選樓叢書　(清)阮亨輯　清嘉慶、道光儀
徵阮氏刻本　一百二冊　缺一種五卷(讀書
敏求記四卷補遺一卷)

210000－0701－0007005　003597
章譚合鈔　清宣統二年(1910)上海國學扶輪
社鉛印本　五冊

210000－0701－0007006　003602
龍威秘書　(清)馬俊良輯　清末世德堂刻本
　八十冊

210000－0701－0007007　003603
龍威秘書　(清)馬俊良輯　清乾隆五十九年
(1794)石門馬氏大酉山房刻本　八十冊

210000－0701－0007008　003604
龍威秘書　(清)馬俊良輯　清末世德堂刻本
　五冊　存五卷(六至十)

210000－0701－0007009　003605
龍威秘書　(清)馬俊良輯　清乾隆五十九年
(1794)石門馬氏大酉山房刻本　五冊　存五
卷(十一至十五)

210000－0701－0007010　003608
龍泉師友遺稾合編二種　李樹屏輯　清光緒
二十年(1894)刻民國十二年(1923)印本
六冊

210000－0701－0007011　003609
龍泉師友遺稾合編二種　李樹屏輯　清光緒
二十年(1894)刻本　六冊

210000－0701－0007012　003611
龍威秘書　(清)馬俊良輯　清末世德堂刻本
　八十冊

210000－0701－0007013　003613
李恕谷遺書　(清)李塨撰　清光緒五年
(1879)定州王氏謙德堂刻畿輔叢書本　十

六冊

210000－0701－0007014　003613
顏習齋遺書　（清）顏元撰　清光緒五年
(1879)定州王氏謙德堂刻畿輔叢書本　九冊

210000－0701－0007015　003616
新學分類文編六種　（清）江標評選　清光緒
二十四年(1898)勁中主人刻本　五冊

210000－0701－0007016　003617
詒經堂藏書七種　（清）金長春輯　清嘉慶十
八年(1813)當塗金氏刻本　四冊

210000－0701－0007017　003618
詒經堂藏書七種　（清）金長春輯　清嘉慶十
八年(1813)當塗金氏刻本　四冊

210000－0701－0007018　003619
謝疊山先生評註四種合刻　（元）謝枋得撰
清光緒八年(1882)京都豫章別業刻本　四冊

210000－0701－0007019　003621
讀禮叢鈔十六種　（清）李幼梅輯　清光緒十
七年(1891)李氏鞠園刻本　六冊

210000－0701－0007020　003622
讀畫齋叢書　（清）顧修輯　清嘉慶四年
(1799)桐川顧氏刻本　六十四冊

210000－0701－0007021　003623
讀畫齋叢書　（清）顧修輯　清刻本　六十
四冊

210000－0701－0007022　003624
讀畫齋叢書　（清）顧修輯　清刻本　六十
四冊

210000－0701－0007023　003625
望炊樓叢書五種　（清）謝家福輯　清光緒吳
縣謝氏刻本　四冊

210000－0701－0007024　003626
望炊樓叢書五種　（清）謝家福輯　清光緒吳
縣謝氏刻民國蘇州文學山房印本　八冊

210000－0701－0007025　003627
望炊樓叢書五種　（清）謝家福輯　清光緒吳

縣謝氏刻民國蘇州文學山房印本　八冊

210000－0701－0007026　003630
誦芬室叢刊　董康輯　清光緒至民國武進董
氏刻本　七十冊　缺二種九十一卷(大元聖
政國朝典章六十卷、新集至治條例不分卷、盛
明雜劇二集三十種三十卷)

210000－0701－0007027　003631
誦芬室叢刊　董康輯　清光緒至民國武進董
氏刻本　一百十一冊　存(初編十五種、二編
盛明雜劇十一種、石漕傳奇四種、新編五代史
平話殘八卷、剪燈新話四卷、剪燈餘話五卷、
醉醒石十五卷)

210000－0701－0007028　003632
誦芬室叢刊　董康輯　清光緒至民國武進董
氏刻本　一百冊　存十六種(鬱輪袍、紅線
女、崑崙奴、花坊緣、春波影、廣陵月、真傀儡、
男王后、再生緣、一文錢、齊東絕倒、石巢傳
奇、新編五代史平話殘八卷、剪燈新話、剪燈
餘話、醉醒石)

210000－0701－0007029　003633
誦芬室叢刊初編　董康輯　清光緒至民國武
進董氏刻本　三十五冊　存五種一百六十八
卷(中吳紀聞六卷、新雕皇朝類苑七十八卷、
大元聖政國朝典章六十卷新集至治條例不分
卷、元音十二卷、中州集十卷附中州樂府一
卷)

210000－0701－0007030　003637
許學叢書　張炳翔輯　清光緒長洲張氏儀鄦
廬刻本　二十四冊

210000－0701－0007031　003638
**天中許子政學合一集三十三種讀禮偶見二卷
續編十三種**　（清）許三禮撰　（清）許吉璋補
輯　**別錄三種**　清康熙刻乾隆八年(1743)許
氏補刻本　十二冊　缺二種(樂只集、登高唱
合詩)

210000－0701－0007032　003639
二酉堂叢書二十一種　（清）張澍輯　清道光
元年(1821)武威張氏二酉堂刻本　十二冊

210000－0701－0007033　003640

二酉堂叢書二十一種　(清)張澍輯　清道光元年(1821)武威張氏二酉堂刻本　十二冊

210000－0701－0007034　003641

二酉堂叢書　(清)張澍輯　清道光元年(1821)武威張氏二酉堂刻本　五冊　存十八種二十六卷(司馬法一卷逸文一卷、子夏易傳一卷、周生烈子一卷、漢皇德傳一卷、涼州異物志一卷、西河舊事一卷、西河記一卷、風俗通姓氏篇一卷、皇甫司農集一卷、張太常集一卷、段太尉集一卷、陰常侍詩集一卷詩話一卷、李尚書詩集一卷附李氏事蹟一卷、三輔決錄二卷、三秦記一卷、三輔舊事一卷、三輔故事一卷、世本五卷)

210000－0701－0007035　003642

二酉堂叢書　(清)張澍輯　清刻本　十二冊

210000－0701－0007036　003643

洞庭舟中雪夜懷人詩二卷　(清)師範撰　清嘉慶刻本　一冊

210000－0701－0007037　003643

二餘堂叢書十二種　(清)師範撰　清嘉慶九年(1804)小停雲館刻本　十冊

210000－0701－0007038　003643

二餘堂文稿二卷續文稿四卷　(清)師範撰　清刻本　四冊　存四卷(文稿二卷、續文稿三至四)

210000－0701－0007039　003644

崇文書局彙刻書　(清)崇文書局輯　清光緒三年(1877)湖北崇文書局刻本　八十冊

210000－0701－0007040　003645

三長物齋叢書　(清)黃本驥輯　清道光湖陰蔣氏刻本　五十六冊　缺二種四十卷(聖域述聞二十八卷、顏魯公文集一至十二)

210000－0701－0007041　003646

三長物齋叢書　(清)黃本驥輯　清道光湖陰蔣氏刻光緒四年(1878)古香書閣印本　七十九冊　缺三卷(顏魯公文集二十九至三十、補一卷)

210000－0701－0007042　003648

三怡堂叢書十九種一百九十卷　(清)張鳳臺輯　清光緒至民國刻本　六十冊

210000－0701－0007043　003651

正誼堂全書六十三種續刻二種　(清)張伯行輯　(清)楊浚重輯　清同治五年至八年(1866－1869)福州正誼書院刻本　一百六十冊　缺一種二十卷(正誼堂文集十二卷續集八卷)

210000－0701－0007044　003652

正誼堂全書六十三種　(清)張伯行輯　(清)楊浚重輯　清同治五年(1866)福州正誼書局刻本　二百二十冊

210000－0701－0007045　003653

正誼堂全書六十三種續刻五種　(清)張伯行輯　(清)楊浚重輯　清同治五年至光緒十三年(1866－1887)福州正誼書院刻本　二百冊

210000－0701－0007046　003654

正誼堂全書六十三種續刻五種　(清)張伯行輯　(清)楊浚重輯　清同治五年至光緒十三年(1866－1887)福州正誼書院刻本　一百三十三冊　缺十八種七十九卷(周濂溪先生全集十三卷、二程文集十二卷、諸葛武侯文集四卷、文山先生文集二卷、上蔡先生語錄二卷、王學質疑五卷附錄一卷、讀朱隨筆四卷、陸稼書先生松陽抄存一卷、高東溪先生遺集二卷、真西山先生集八卷、熊勿軒先生文集六卷、吳朝宗先生聞過齋集四卷、魏莊渠先生集二卷、羅整庵先生存稿二卷、陳剩夫先生集四卷、張陽和文選三卷、湯潛庵先生集二卷、陸稼書先生文集二卷)

210000－0701－0007047　003655

正覺樓叢刻二十九種　(清)崇文書局輯　清光緒崇文書局刻本　二十八冊　缺七種十五卷(酌中志餘二卷、風角書八卷、重訂擬瑟譜一卷、後漢郡國令長攷一卷、管色攷一卷、筍勗笛律圖注一卷、五代紀年表一卷)

210000－0701－0007048　003656

正覺樓叢刻二十九種　(清)崇文書局輯　清

光緒崇文書局刻本　　三十六冊

210000－0701－0007049　003657

正覺樓叢刻二十九種　（清）崇文書局輯　清
光緒崇文書局刻本　　三十五冊

210000－0701－0007050　003659

玉函山房輯佚書　（清）馬國翰輯　清光緒十
年(1884)楚南湘遠堂刻本　　八十九冊　　存
（正編、補遺春秋類）

210000－0701－0007051　003660

玉函山房輯佚書　（清）馬國翰輯　清光緒九
年(1883)長沙嫏嬛館刻本（目錄、連山一卷、
歸藏一卷抄補）　一百一冊

210000－0701－0007052　003661

玉函山房輯佚書　（清）馬國翰輯　清光緒九
年(1883)長沙嫏嬛館刻本　　九十六冊

210000－0701－0007053　003662

玉函山房輯佚書　（清）馬國翰輯　清光緒九
年(1883)長沙嫏嬛館刻本　　八十冊　　缺一種
三十一卷(目耕帖三十一卷)

210000－0701－0007054　003663

玉函山房輯佚書　（清）馬國翰輯　清光緒九
年(1883)長沙嫏嬛館刻本　　八十九冊　　缺
（春秋類春秋古代解詁至春秋土地名二十種、
目耕帖十六至十七）

210000－0701－0007055　003664

玉簡齋叢書　羅振玉輯　清宣統二年(1910)
上虞羅氏刻本　　二十冊

210000－0701－0007056　003665

玉簡齋叢書　羅振玉輯　清宣統二年(1910)
上虞羅氏刻本　　二十冊

210000－0701－0007057　003666

玉簡齋叢書　羅振玉輯　清宣統二年(1910)
上虞羅氏刻本　　二十冊

210000－0701－0007058　003667

玉簡齋叢書　羅振玉輯　清宣統二年(1910)
上虞羅氏刻本　　二十冊

210000－0701－0007059　003668

玉簡齋叢書　羅振玉輯　清宣統二年(1910)
上虞羅氏刻本　　二十冊

210000－0701－0007060　003669

玉函山房輯佚書　（清）馬國翰輯　清道光陝
西馬氏刻同治元年(1862)章邱李氏補刻光緒
十五年(1889)增刻本　　八十五冊

210000－0701－0007061　003670

**玉函山房輯佚書續補十六卷附二卷目耕帖三
十一卷**　（清）馬國翰輯　（清）蔣式瑆校　清
光緒十五年(1889)章邱李氏刻本　　四冊

210000－0701－0007062　003671

五經崴編齋校書三種　（清）翟云升輯　清道
光東萊翟氏刻本　　十冊

210000－0701－0007063　003672

五大洲政藝全書一百十二卷　題（清）寶善齋
主人輯　清光緒二十九年(1903)上海寶善齋
石印本　　五十二冊

210000－0701－0007064　003673

靈鶼閣叢書　（清）江標輯　清光緒湖南元和
江氏湖南使院刻本　　四十八冊

210000－0701－0007065　003674

靈鶼閣叢書　（清）江標輯　清光緒中湖南元
和江氏湖南使院刻本　　二十八冊　　存四集
（一至四,第四集缺西遊錄注、澳大利亞洲新
志、張憶娘簪華圖卷題詠）

210000－0701－0007066　003692

平津館叢書　（清）孫星衍輯　清嘉慶蘭陵孫
氏刻本　　三十二冊

210000－0701－0007067　003693

平津館叢書　（清）孫星衍輯　（清）朱記榮重
校　清光緒十一年(1885)朱氏槐廬家塾刻本
　　四十九冊　　缺十二卷(抱朴子內篇一至十
二)

210000－0701－0007068　003694

平津館叢書　（清）孫星衍輯　（清）朱記榮重
校　清光緒十一年(1885)朱氏槐廬家塾刻本
　　五十冊

210000－0701－0007069　　003700

天壤閣叢書　（清）王懿榮輯　　清同治、光緒
福山王氏刻民國十六年(1927)一雲精舍印本
　二十八冊

210000－0701－0007070　　003701

天壤閣叢書　（清）王懿榮輯　　清同治、光緒
福山王氏刻民國十六年(1927)一雲精舍印本
　二十八冊

210000－0701－0007071　　003702

天壤閣叢書　（清）王懿榮輯　　清同治、光緒
福山王氏刻民國十六年(1927)一雲精舍印本
　二十冊　缺六種（增刊六種）

210000－0701－0007072　　003703

天壤閣叢書　（清）王懿榮輯　　清同治、光緒
福山王氏刻民國十六年(1927)一雲精舍印本
　二十一冊　缺六種（增刊六種）

210000－0701－0007073　　003718

西泠五布衣遺著　（清）丁丙輯　　清同治、光
緒錢塘丁氏當歸草堂刻本　十冊

210000－0701－0007074　　003719

雷刻四種韻府鉤沈五卷　（清）雷浚輯　清光
緒十年(1884)蘇州雷氏刻本　十二冊

210000－0701－0007075　　003724

晉石厂叢書十種　（清）姚慰祖輯　清光緒七
年(1881)歸安姚氏東粤藩署刻民國二十三年
(1934)海虞瞿氏鐵琴銅劍樓重修本　六冊

210000－0701－0007076　　003725

晉石厂叢書十種　（清）姚慰祖輯　清光緒七
年(1881)歸安姚氏東粤藩署刻民國二十三年
(1934)海虞瞿氏鐵琴銅劍樓重修本　六冊

210000－0701－0007077　　003727

雲自在龕叢書　繆荃孫輯　清光緒江陰繆氏
刻本　十冊　存十一種三十九卷（吳興山墟
名一卷、吳興記一卷、元和郡縣圖志逸文三
卷、集古錄目十卷、奉天錄四卷、三水小牘二
卷逸文一卷附錄一卷、東湖叢記六卷、效顰集
一卷、萬善花室文集六卷續一卷、齊雲山人文
集一卷、定海遺愛錄一卷）

210000－0701－0007078　　003728

雲自在龕叢書　繆荃孫輯　清光緒江陰繆氏刻
本　三十二冊

210000－0701－0007079　　003729

函海　（清）李調元輯　清乾隆綿州李氏刻乾
隆、嘉慶十四年(1809)李鼎元增修本　一百
五十冊

210000－0701－0007080　　003730

函海　（清）李調元輯　清乾隆綿州李氏刻乾
隆、嘉慶十四年（1809）李鼎元、道光五年
(1825)李朝夔遞增本　一百六十冊

210000－0701－0007081　　003732

函海　（清）李調元輯　清乾隆綿州李氏刻乾
隆、嘉慶十四年（1809）李鼎元、道光五年
(1825)李朝夔遞增本　一百五十八冊　缺四
種十一卷（異魚圖贊補三卷、易故三卷、逸孟
子一卷、十三經注疏錦字四卷）

210000－0701－0007082　　003733

賈氏叢書　（清）賈臻輯　清道光、咸豐賈氏
躬自厚齋刻本　十二冊

210000－0701－0007083　　003735

二酉堂叢書　（清）張澍輯　清道光元年
(1821)武威張氏二酉堂刻本　十一冊　缺二
卷（世本一至二）

210000－0701－0007084　　003736

麗廔叢書九種　葉德輝輯　清光緒至民國長
沙葉氏刻民國八年(1919)印本　八冊

210000－0701－0007085　　003737

麗廔叢書八種　葉德輝輯　清光緒三十二年
至三十三年（1906－1907）長沙葉氏刻本
七冊

210000－0701－0007086　　003738

顨軒孔氏所著書六十卷　（清）孔廣森撰　清
乾隆、嘉慶曲阜孔氏刻本　十冊

210000－0701－0007087　　003739

武英殿聚珍版書　清同治十三年(1874)江西
書局刻本　一百二十八冊

210000－0701－0007088　003740

武英殿聚珍版書　清同治十三年（1874）江西書局刻本　一百二十八冊

210000－0701－0007089　003741

武英殿聚珍版書　清同治十三年（1874）江西書局刻本　八十八冊　殘

210000－0701－0007090　003742

武英殿聚珍版書　清乾隆浙江刻本　八十六冊

210000－0701－0007091　003743

功順堂叢書　（清）潘祖蔭輯　清光緒吳縣潘氏功順堂刻本　二十四冊

210000－0701－0007092　003744

功順堂叢書　（清）潘祖蔭輯　清光緒吳縣潘氏功順堂刻本　二十四冊

210000－0701－0007093　003745

功順堂叢書　（清）潘祖蔭輯　清光緒吳縣潘氏功順堂刻本　二十四冊

210000－0701－0007094　003746

功順堂叢書　（清）潘祖蔭輯　清光緒吳縣潘氏功順堂刻本　二十四冊

210000－0701－0007095　003747

琳琅秘室叢書　（清）胡珽輯　清光緒十四年（1888）會稽董氏取斯堂木活字印本　二十四冊

210000－0701－0007096　003748

琳琅秘室叢書　（清）胡珽輯　清光緒十三年（1887）會稽董氏雲端樓木活字印本　二十四冊

210000－0701－0007097　003749

融經館叢書　（清）徐友蘭輯　清光緒會稽徐氏八杉齋刻本　三十二冊

210000－0701－0007098　003751

硯雲甲乙編　（清）金忠淳輯　清末申報館鉛印本　十一冊

210000－0701－0007099　003752

聚學軒叢書第一集　劉世珩輯　清光緒貴池

劉氏刻本　二十冊

210000－0701－0007100　003753

聚學軒叢書第二集　劉世珩輯　清光緒貴池劉氏刻本　十六冊

210000－0701－0007101　003754

聚學軒叢書第三集　劉世珩輯　清光緒貴池劉氏刻本　二十冊

210000－0701－0007102　003755

聚學軒叢書第四集　劉世珩輯　清光緒貴池劉氏刻本　二十冊

210000－0701－0007103　003756

聚學軒叢書第五集　劉世珩輯　清光緒貴池劉氏刻本　二十四冊

210000－0701－0007104　003757

聚學軒叢書　劉世珩輯　清光緒貴池劉氏刻本　一百冊

210000－0701－0007105　003758

聚學軒叢書　劉世珩輯　清光緒貴池劉氏刻本　一百冊

210000－0701－0007106　003759

翠琅玕館叢書　（清）馮兆年輯　清光緒羊城馮氏翠琅玕館刻本　四十冊

210000－0701－0007107　003760

翠琅玕館叢書　（清）馮兆年輯　清光緒馮氏翠琅玕館刻本　十冊

210000－0701－0007108　003762

邵武徐氏叢書　（清）徐幹輯　清光緒邵武徐氏刻本　四十冊

210000－0701－0007109　003763

邵武徐氏叢書　（清）徐幹輯　清光緒邵武徐氏刻本　四十冊

210000－0701－0007110　003764

邵武徐氏叢書二集　（清）徐幹輯　清光緒邵武徐氏刻本　二十冊

210000－0701－0007111　003765

邵武徐氏叢書初刻　（清）徐幹輯　清光緒邵

武徐氏刻本　二十冊

210000－0701－0007112　003769

玲瓏山館叢刻　（清）顧湘輯　清康熙至道光刻道光二十九年（1849）顧氏彙印本　十冊

210000－0701－0007113　003770

玲瓏山館叢刻　（清）顧湘輯　清康熙至道光刻道光二十九年（1849）顧氏彙印本　十冊

210000－0701－0007114　003771

玲瓏山館叢書　清光緒十五年（1889）文選樓刻本　四十八冊

210000－0701－0007115　003773

雙楳景闇叢書　葉德輝輯　清光緒、宣統葉氏郎園刻本　五冊

210000－0701－0007116　003774

雙楳景闇叢書　葉德輝輯　清光緒、宣統葉氏郎園刻本　五冊

210000－0701－0007117　003775

雙楳景闇叢書　葉德輝輯　清光緒、宣統葉氏郎園刻本　五冊

210000－0701－0007118　003776

雙楳景闇叢書　葉德輝輯　清光緒、宣統葉氏郎園刻本　五冊

210000－0701－0007119　003778

香艷叢書　清宣統元年至二年（1909－1910）上海國學扶輪社鉛印本　八十冊

210000－0701－0007120　003780

香海盒叢書　徐琪輯　清仁和徐氏刻光緒二十年（1894）彙印本　四冊

210000－0701－0007121　003781

集虛草堂叢書甲集　李國松輯　清光緒三十年至三十二年（1904－1906）刻本　二十四冊

210000－0701－0007122　003782

集虛草堂叢書甲集　李國松輯　清光緒三十年至三十二年（1904－1906）刻本　二十三冊　缺一種二卷（屈賦微二卷）

210000－0701－0007123　003783

止園叢書　（清）史夢蘭撰　清道光至光緒史氏止園刻本　三十九冊　存十五種一百二十六卷（爾爾書屋詩草八卷文鈔二卷、曡雅十三卷、古今風謠一卷古今諺一卷、全史宮詞二十卷、異號類編二十卷、古今風謠拾遺四卷古今諺拾遺六卷、止園筆談八卷、永平三子遺書四卷、燕說四卷、放言百首箋注一卷、樗壽贈言六卷、永平詩存二十四卷續編四卷）

210000－0701－0007124　003790

虞山潘氏叢書　（清）徐元霖輯　清光緒徐元霖刻本　四冊

210000－0701－0007125　003795

便蒙叢書初集　（清）張一鵬輯　清光緒二十七年（1901）刻本　六冊

210000－0701－0007126　003796

熊襄愍公集四卷首一卷　（明）熊廷弼撰（清）朱澤楠輯　清道光二十一年（1841）孫桐生刻本　一冊

210000－0701－0007127　003797

熊襄愍公集十卷首一卷末一卷　（明）熊廷弼撰　（清）徐文檢輯　清嘉慶十八年（1813）退補齋刻本　十冊

210000－0701－0007128　003798

熊襄愍公集十卷首一卷末一卷　（明）熊廷弼撰　（清）徐文檢輯　清同治三年（1864）刻本　十冊

210000－0701－0007129　003799

重校拜經樓叢書十種　（清）徐士愷輯　清光緒十九年（1893）徐氏觀自得齋刻本　八冊存八種十九卷（詩譜補亡後訂一卷拾遺一卷、陶靖節先生詩四卷附錄一卷、國山碑攷一卷、桃溪客語五卷、陽羨名陶錄二卷、蠡塘漁乃一卷續一卷、扶風傳信錄一卷、拜經樓集外詩一卷）

210000－0701－0007130　003805

拜梅山房几上書　（清）□□輯　清道光拜梅山房刻本　六冊

210000－0701－0007131　003811

經訓堂叢書二十一種　（清）畢沅輯　清乾隆
四十六年至四十九年(1781－1784)畢氏經訓
堂刻五十三年至五十五年(1788－1790)增刻
彙印本　三十二冊

210000－0701－0007132　003812

經訓堂叢書十六種　（清）畢沅輯　清乾隆四
十六年至四十九年(1781－1784)畢氏經訓堂
刻本　二十冊

210000－0701－0007133　003813

經訓堂叢書二十一種　（清）畢沅輯　清光緒
十三年(1887)上海大同書局石印本　二十冊

210000－0701－0007134　003814

經韻樓叢書　（清）段玉裁撰　清乾隆、道光
金壇段氏經韻樓刻本　三十二冊

210000－0701－0007135　003815

經世齋時務叢書六種　（□）□□撰　清光緒
上海賜書堂石印本　六冊

210000－0701－0007136　003817

孫谿朱氏經學叢書初編　（清）朱記榮輯　清
光緒朱氏槐廬刻本　十二冊

210000－0701－0007137　003818

後知不足齋叢書　（清）鮑廷爵輯　清光緒常
熟鮑氏刻本　六十四冊

210000－0701－0007138　003819

後知不足齋叢書　（清）鮑廷爵輯　清光緒常
熟鮑氏刻本　三十二冊　存四函(一至四)

210000－0701－0007139　003820

嶺南遺書　（清）伍元薇　（清）伍崇曜輯　清
道光、同治伍氏粤雅堂文字歡娛室刻本　一
百冊

210000－0701－0007140　003821

崇文書局彙刻書　（清）崇文書局輯　清光緒
三年(1877)湖北崇文書局刻本　八十冊

210000－0701－0007141　003822

崇文書局彙刻書　（清）崇文書局輯　清光緒
三年(1877)湖北崇文書局刻本　八十冊

210000－0701－0007142　003823

岱南閣叢書五種　（清）孫星衍輯　清嘉慶三
年(1798)蘭陵孫氏兗州刻本　十六冊

210000－0701－0007143　003826

代耕堂叢刊　（清）李嘉績輯　清光緒刻本
八冊

210000－0701－0007144　003827

貸園叢書初集　（清）周永年輯　清乾隆益都
李文藻刻五十四年(1789)歷城周氏竹西書屋
重編印本　十六冊

210000－0701－0007145　003828

貸園叢書初集　（清）周永年輯　清乾隆益都
李文藻刻五十四年(1789)歷城周氏竹西書屋
重編印本　八冊　存七種二十一卷(古韻標
準四卷詩韻舉例一卷、四聲切韻表一卷凡例
一卷、聲韻攷四卷、石刻鋪敍二卷、鳳墅殘帖
釋文二卷、三事忠告四卷、蒿菴閒話二卷)

210000－0701－0007146　003829

貸園叢書初集　（清）周永年輯　清乾隆益都
李文藻刻五十四年(1789)歷城周氏竹西書屋
重編印本　十六冊

210000－0701－0007147　003830

貸園叢書初集　（清）周永年輯　清乾隆益都
李文藻刻五十四年(1789)歷城周氏竹西書屋
重編印本　十六冊

210000－0701－0007148　003831

貸園叢書初集　（清）周永年輯　清乾隆益都
李文藻刻五十四年(1789)歷城周氏竹西書屋
重編印本　十六冊

210000－0701－0007149　003832

祕書廿一種　（清）汪士漢輯　清乾隆七年
(1742)文盛堂刻本　十八冊

210000－0701－0007150　003833

祕書廿一種　（清）汪士漢輯　清乾隆七年
(1742)文盛堂刻本　十六冊

210000－0701－0007151　003834

秘書廿一種　（清）汪士漢輯　清嘉慶九年
(1804)姑蘇聚文堂刻本　十二冊

210000－0701－0007152　003840

結一盧朱氏賸餘叢書 （清）朱澂輯　清光緒三十一年(1905)仁和朱氏刻本　二十二冊　存四種一百十六卷(金石錄三十卷附札記一卷今有碑目一卷、札記碑目、張說之文集二十五卷補遺五卷、劉賓客文集三十卷外集十卷、司空表聖文集十卷詩集三卷)

210000－0701－0007153　003844

佚存叢書 （日本）林衡輯　清光緒八年(1882)滬上黃氏木活字印本　三十六冊

210000－0701－0007154　003845

傅硯齋叢書 （清）吳丙湘輯　清光緒十一年(1885)儀徵吳氏刻本　八冊

210000－0701－0007155　003846

朱文端公藏書 （清）朱軾撰　清光緒二十三年(1897)朱衡等刻本　八十冊

210000－0701－0007156　003847

朱文端公藏書 （清）朱軾撰　清光緒二十三年(1897)朱衡等刻本　八十冊

210000－0701－0007157　003848

積學齋叢書 徐乃昌輯　清光緒南陵徐氏刻本　二十冊

210000－0701－0007158　003849

積學齋叢書 徐乃昌輯　清光緒南陵徐氏刻本　二十冊

210000－0701－0007159　003850

自強齋時務叢書 清光緒新學書局刻本　二十八冊

210000－0701－0007160　003851

粵雅堂叢書 （清）伍崇曜輯　清道光至光緒南海伍氏刻本　四百冊

210000－0701－0007161　003852

粵雅堂叢書 （清）伍崇曜輯　清道光至光緒南海伍氏刻本　四百冊

210000－0701－0007162　003853

粵雅堂叢書 （清）伍崇曜輯　清道光至光緒南海伍氏刻本　四百冊

210000－0701－0007163　003854

粵雅堂叢書 （清）伍崇曜輯　清道光至光緒南海伍氏刻本　四百冊

210000－0701－0007164　003855

粵雅堂叢書 （清）伍崇曜輯　清道光至光緒南海伍氏刻本　四百冊

210000－0701－0007165　003856

粵雅堂叢書 （清）伍崇曜輯　清道光至光緒南海伍氏刻本　四百冊

210000－0701－0007166　003857

粵雅堂叢書續集 （清）伍崇曜輯　清咸豐、光緒南海伍氏刻本　九十八冊

210000－0701－0007167　003860

仰視千七百二十九鶴齋叢書 （清）趙之謙輯　清光緒會稽趙氏刻本　三十六冊

210000－0701－0007168　003863

脩本堂叢書 （清）林伯桐撰　清道光番禺林世懋刻本　十二冊

210000－0701－0007169　003864

左海全集 （清）陳壽祺撰　清嘉慶、道光刻陳紹墉補刻本　二十冊

210000－0701－0007170　003864

左海續集 （清）陳壽祺撰　（清）陳喬樅編　清道光、同治刻本　四十冊

210000－0701－0007171　003873

舟車所至 （清）鄭光祖輯　清道光二十三年(1843)鄭氏青玉山房刻本　十六冊

210000－0701－0007172　003878

紀載彙編 清光緒申報館鉛印申報館叢書本　四冊

210000－0701－0007173　003880

庚子銷夏記碑帖攷 （清）孫承澤撰　清嘉慶二十二年(1817)刻本　二冊

210000－0701－0007174　003881

微波榭叢書 （清）孔繼涵輯　清乾隆曲阜孔氏刻本　十六冊

210000－0701－0007175　003882

微波榭叢書　（清）孔繼涵輯　清乾隆曲阜孔氏刻本　十六冊　存七種二十五卷（春秋地名一卷、春秋長歷一卷、春秋金鎖匙一卷、國語補音三卷、孟子十四卷附音義二卷、五經文字一卷附五經文字疑一卷、新加九經字樣一卷）

210000－0701－0007176　003884

峭帆樓叢書　趙詒琛輯　清宣統至民國趙氏刻本　二十冊

210000－0701－0007177　003885

宜稼堂叢書　（清）郁松年輯　清道光上海郁氏刻本　六十四冊

210000－0701－0007178　003886

宜稼堂叢書　（清）郁松年輯　清道光上海郁氏刻本　六十四冊

210000－0701－0007179　003887

宜稼堂叢書　（清）郁松年輯　清道光上海郁氏刻本　五十五冊　存六種一百八十九卷（續後漢書九十卷附札記四卷、數書九章札記四卷、詳解九章算法一卷纂類一卷附札記一卷、田畝比類楊輝算法六卷附札記一卷、剡源集三十卷附札記一卷、清容居士集五十卷附札記）

210000－0701－0007180　003888

滂喜齋叢書　（清）潘祖蔭輯　清同治、光緒吳縣潘氏京師刻本　三十二冊

210000－0701－0007181　003889

滂喜齋叢書　（清）潘祖蔭輯　清同治、光緒吳縣潘氏京師刻本　三十二冊

210000－0701－0007182　003890

滂喜齋叢書　（清）潘祖蔭輯　清同治、光緒吳縣潘氏京師刻本　三十二冊

210000－0701－0007183　003891

滂喜齋叢書　（清）潘祖蔭輯　清同治、光緒吳縣潘氏京師刻本　三十二冊

210000－0701－0007184　003895

宛鄰書屋叢書　（清）張琦輯　清道光陽湖張氏宛鄰書屋刻本　二十冊

210000－0701－0007185　003896

房山山房叢書　陳洙輯　清宣統民國陳氏刻彙印本　二冊

210000－0701－0007186　003899

張氏適園叢書　張鈞衡輯　清宣統三年（1911）上海國學扶輪社鉛印本　十冊

210000－0701－0007187　003907

守山閣叢書　（清）錢熙祚輯　清道光二十一年至二十四年（1841－1844）金山錢氏影印本　一百六十八冊

210000－0701－0007188　003908

富強叢書　（清）張之洞輯　清光緒二十五年（1899）小倉山房石印本　三十二冊

210000－0701－0007189　003909

宦海指南五種　（清）許乃普輯　清咸豐九年（1859）錢塘許氏刻本　六冊

210000－0701－0007190　003917

寂園叢書　（清）陳瀏撰　清宣統民國鉛印本　二十冊

210000－0701－0007191　003918

寂園叢書　（清）陳瀏撰　清宣統民國鉛印本　二十冊

210000－0701－0007192　003919

江南製造局譯書彙刻　（清）江南製造局輯　清光緒江南製造局刻印、鉛印本　四百二十七冊　存五十三種（俄國新志八卷、法國新志四卷、埏絃外乘二十五卷補遺一卷、列國歲計政要十二卷首一卷、東方交涉記十二卷、各國交涉公法論初集四卷二集二卷三集八卷校勘記一卷中西紀年一卷、列國陸軍制不分卷、英國水師考不分卷、御風要術三卷、工程致富十三卷附圖、井礦工程三卷、寶藏興焉十二卷、汽機發軔九卷附表、汽機新制八卷、汽機必以十二卷首一卷附一卷、西藝知新二十三卷、考工記要十七卷附圖、考試司機七卷首一卷附圖、鍊金新語不分卷附圖、鍊石編三卷、鑄錢

工藝三卷附圖、格致啓蒙四卷、物體遇熱改易記四卷、物理學上編四卷中編四卷下編四卷、代微積拾級十八卷、算式解法十四卷、數學理九卷附一卷、代數術二十五卷首一卷、三角數理十二卷、代數難題解法十六卷、微積溯源八卷、電學十卷首一卷、化學鑑原六卷、化學鑑原續編二十四卷、化學鑑原補編六卷附一卷、化學考質八卷附表、化學求數十五卷附表、化學工藝初集四卷二集四卷三集二卷附圖、聲學八卷、光學二卷附一卷、談天十八卷首一卷附表、儒門醫學三卷附一卷、西藥大成十卷首一卷、西藥大成藥品中西名目表一卷、内科理法前編六卷後編十六卷附一卷、臨陣傷科捷要四卷附圖、運規約指一卷、器象顯眞四卷、繪地法原一卷附圖附表、測繪海圖全法八卷附一卷、海道圖説十五卷附長江圖説、西國近事彙編、西湖兩院課程二卷附表一卷）

210000－0701－0007193　003920

涇川叢書　（清）趙紹祖等輯　清嘉慶趙氏古墨齋刻本　三十二冊　存四十五種七十三卷（毅齋經説一卷、學測一卷、讀書些子會心一卷、易學管窺一卷、讀左管窺二卷、論語註參二卷、賓退錄四卷、筆記一卷、拙齋十議一卷、濟南紀政一卷、浙鹺紀事一卷、三峯傳薪一卷、史疑一卷、續史疑二卷、三峯史論一卷、星閣史論一卷、九畹史論一卷、五城奏疏一卷、毅齋奏疏一卷、伯仲諫臺疏草二卷、制府疏草二卷、玉城奏疏一卷、西臺摘疏一卷、太極後圖説一卷、八士辯一卷、楚中會條一卷、水西會條一卷、稽山會約一卷、惜陰書院緒言一卷、赤山會約一卷、水西會語一卷、梅峯語錄一卷、論學俚言一卷、星閣正論一卷、子貫附言一卷、宦游日記一卷、讀書十六觀補一卷、漢林四傳一卷、箴友言一卷、涇川詩話三卷、雙塵譚二卷續二卷、讀詩經四卷、古墨齋金石跋六卷、涇川金石記一卷、三餘偶筆八卷）

210000－0701－0007194　003921

涇川叢書　（清）趙紹祖等輯　清嘉慶趙氏古墨齋刻本　三十二冊　缺七種十九卷（白水質問一卷、赤山會語一卷、水西答問一卷、東井詁勅一卷、讀春秋二卷、讀禮記十二卷、讀易經一卷）

210000－0701－0007195　003928

汗筠齋叢書　（清）秦鑑輯　清嘉慶三年至四年(1798－1799)嘉定秦氏刻本　二十冊

210000－0701－0007196　003929

汗筠齋叢書　（清）秦鑑輯　清嘉慶三年至四年(1798－1799)嘉定秦氏刻本　六冊　存三種十二卷（鄭志三卷、後漢書補表八卷、九經補韻一卷）

210000－0701－0007197　003936

漸西村舍彙刊　（清）袁昶輯　清光緒桐廬刻本　七十四冊

210000－0701－0007198　003937

漸學廬叢書第一集　（清）胡祥鑅輯　清光緒元和胡氏石印本　十冊

210000－0701－0007199　003938

漸學廬叢書第一集　（清）胡祥鑅輯　清光緒元和胡氏石印本　九冊　缺十卷(咸豐以來功臣別傳六至十五)

210000－0701－0007200　003940

叢睦汪氏遺書　（清）汪篪輯　清光緒十二年(1886)錢塘汪氏長沙刻本　三十六冊

210000－0701－0007201　003941

叢睦汪氏遺書　（清）汪篪輯　清光緒十二年(1886)汪氏刻本　三十二冊

210000－0701－0007202　003942

潘刻五種　（清）恩壽輯　清吳縣潘氏刻光緒二十九年(1903)北京翰文齋重編印本　六冊

210000－0701－0007203　003943

潘刻五種　（清）恩壽輯　清吳縣潘氏刻光緒二十九年(1903)北京翰文齋重編印本　六冊

210000－0701－0007204　003944

潘刻五種　（清）恩壽輯　清吳縣潘氏刻光緒二十九年(1903)北京翰文齋重編印本　六冊

210000－0701－0007205　003945

潘刻五種　（清）恩壽輯　清吳縣潘氏刻光緒二十九年(1903)北京翰文齋重編印本　四冊

存三種五卷(藏書紀要一卷、百宋一廛賦一卷、古泉叢話三卷)

210000－0701－0007206　003946
心齋十種　（清）任兆麟撰　清乾隆任氏忠敏家塾刻本　六冊

210000－0701－0007207　003947
心矩齋叢書五種　（清）蔣鳳藻輯　清光緒長洲蔣氏心矩齋刻本　二十四冊

210000－0701－0007208　003948
心矩齋叢書五種　（清）蔣鳳藻輯　清光緒長洲蔣氏心矩齋刻本　十二冊

210000－0701－0007209　003950
浚冶堂藏書五種　（清）銘德輯　清道光三韓劉氏刻本　十冊

210000－0701－0007210　003951
述古叢鈔　（清）劉晚榮輯　清同治、光緒劉氏藏修書屋刻本　四十冊

210000－0701－0007211　003955
對雨樓叢書四種　繆荃孫輯　清末民初黃崗陶子麟刻本　六冊

210000－0701－0007212　003956
對雨樓叢書四種　繆荃孫輯　清末民初黃崗陶子麟刻本　四冊

210000－0701－0007213　003957
邃雅堂學古錄七卷　（清）姚文田撰　清光緒七年(1881)歸安姚氏刻民國蘇州振新書社印本　六冊

210000－0701－0007214　003958
沈余遺書　（清）趙舒翹輯　清光緒二十二年(1896)江蘇書局刻本　四冊

210000－0701－0007215　003959
沈余遺書　（清）趙舒翹輯　清光緒二十二年(1896)江蘇書局刻本　四冊

210000－0701－0007216　003960
增訂漢魏叢書八十六種　（清）王謨輯　清乾隆五十六年(1791)金谿王氏刻清末補刻本　九十六冊

210000－0701－0007217　003961
增訂漢魏叢書八十六種　（清）王謨輯　清乾隆五十六年(1791)金谿王氏刻清末補刻本　八十冊

210000－0701－0007218　003962
增訂漢魏叢書八十六種　（清）王謨輯　清乾隆五十六年(1791)金谿王氏刻清末補刻本　九十冊　缺二十一種六十三卷(獨斷一卷、忠經一卷、孝傳一卷、小爾雅一卷、方言十三卷、三國志辨誤一卷、孫子二卷、列子八卷、傅子一卷、道德經評注二卷、輶軒絕代語一卷、鄴中記一卷、博異記一卷、世本一卷、中華古今注三卷、詩品三卷、書品一卷、尤射一卷、拾遺記十卷、搜神記八卷、搜神後記二卷)

210000－0701－0007219　003963
增訂漢魏叢書八十六種　（清）王謨輯　清乾隆五十六年(1791)金谿王氏刻清末補刻本　七十冊　缺三十六種一百一卷

210000－0701－0007220　003964
廣漢魏叢書八十種　（明）何允中輯　清嘉慶刻清末補刻本　一百冊

210000－0701－0007221　003969
廣漢魏叢書八十種　（明）何允中輯　清嘉慶刻本　一百冊　缺一卷(易林一)

210000－0701－0007222　003970
增訂漢魏叢書九十六種　（清）王謨輯　清宣統三年(1911)上海大通書局石印本　三十二冊

210000－0701－0007223　003971
增訂漢魏叢書九十六種　（清）王謨輯　清宣統三年(1911)上海大通書局石印本　三十二冊

210000－0701－0007224　003972
增訂漢魏叢書八十六種　（清）王謨輯　清乾隆五十六年(1791)金谿王氏刻清末補刻本　七十九冊　缺三種(孝傳、小爾雅、中論)

210000－0701－0007225　003973
漢魏遺書鈔一百五種　（清）王謨輯　清嘉慶

三年(1798)金鑷王氏刻本　三十二冊

210000－0701－0007226　003974

漢魏遺書鈔一百五種　(清)王謨輯　清嘉慶
三年(1798)金鑷王氏刻本　二十冊

210000－0701－0007227　003975

漢魏遺書鈔一百五種　(清)王謨輯　清嘉慶
三年(1798)金鑷王氏刻本　十二冊

210000－0701－0007228　003980

清風室叢書十九種　(清)錢保塘輯　清光緒
錢氏清風室刻本　十四冊

210000－0701－0007229　003981

清頌堂叢書八種　(清)黃奭輯　清道光黃氏
刻本　十八冊

210000－0701－0007230　003982

清頌堂叢書八種　(清)黃奭輯　清道光黃氏
刻承啓堂印本　二十四冊

210000－0701－0007231　003983

連筠簃叢書十二種　(清)楊尚文輯　清道光
二十八年(1848)靈石楊氏刻本　三十二冊

210000－0701－0007232　003984

連筠簃叢書十二種　(清)楊尚文輯　清道光
二十八年(1848)靈石楊氏刻本　三十二冊

210000－0701－0007233　003985

連筠簃叢書十二種　(清)楊尚文輯　清道光
二十八年(1848)靈石楊氏刻本　三十二冊

210000－0701－0007234　003986

連筠簃叢書十二種　(清)楊尚文輯　清道光
二十八年(1848)靈石楊氏刻本　三十五冊
缺一種二卷(長春人西遊記二卷)

210000－0701－0007235　003987

湖海樓叢書十二種　(清)陳春輯　清嘉慶蕭
山陳氏刻本　三十二冊

210000－0701－0007236　003988

湖海樓叢書十二種　(清)陳春輯　清嘉慶蕭
山陳氏刻光緒八年(1882)印本　三十二冊

210000－0701－0007237　003989

湖海樓叢書十二種　(清)陳春輯　清嘉慶蕭
山陳氏刻光緒八年(1882)印本　三十二冊

210000－0701－0007238　003990

洛陽曹氏叢書九種　(清)曹曾矩輯　清同
治、光緒刻本　八冊

210000－0701－0007239　003991

通俗編十五卷　(清)翟灝撰　(清)李調元校
清乾隆綿州李氏萬卷樓刻道光五年(1825)
李朝夔補刻函海本　四冊

210000－0701－0007240　003992

海粟廬叢書九種　清刻本　十四冊

210000－0701－0007241　003993

海山仙館叢書五十六種　(清)潘仕成輯　清
道光、咸豐潘氏刻光緒補刻本　一百五十四
冊　缺五種二十一卷(靖康傳信錄三卷、庚申
外史二卷、二十二史感應錄二卷、洛陽名園記
一卷、高僧傳十三卷)

210000－0701－0007242　003994

海山仙館叢書五十六種　(清)潘仕成輯　清
道光、咸豐潘氏刻光緒補刻本　五十八冊
存三十一種二百四十卷(遂初堂書目一卷、易
大義一卷、讀書敏求記四卷、尚書註考一卷、
讀詩拙言一卷、四書逸箋六卷、一切經音義二
十五卷、古史輯要六卷首一卷、史記短長說二
卷、順宗實錄五卷、九國志十二卷、靖康傳信
錄三卷、庚申外史二卷、洛陽名園記一卷、高
僧傳十三卷、酌中志二十四卷、火攻挈要三
卷、明夷待訪錄一卷、調燮類編四卷、菰中隨
筆一卷、龍筋鳳髓判四卷、桂苑筆耕集二十
卷、晁具茨先生詩集十五卷、揭曼碩詩三卷、
青籐書屋文集三十卷補遺一卷、四溟詩話四
卷、宋四六話十二卷、詞苑叢談十二卷、翼梅
八卷、女科二卷產後編二卷、新釋地理備考全
書十卷)

210000－0701－0007243　003996

海山仙館叢書五十六種　(清)潘仕成輯　清
道光、咸豐潘氏刻光緒補刻本　一百冊　缺
十種九十二卷(慎守要錄九卷、廣名將傳二十
卷、二十二史感應錄二卷、考古古質疑六卷、

隱居通議三十一卷、洞天清祿集一卷、雲谷雜記四卷、敬齋古今黈八卷、海錄一卷、全體新論十卷）

210000－0701－0007244　003997

海山仙館叢書五十六種　（清）潘仕成輯　清道光、咸豐潘氏刻光緒補刻本　一百二十八冊

210000－0701－0007245　003998

海鹽張氏涉園叢刻七種　張元濟輯　清宣統三年(1911)海鹽張氏鉛印本　八冊

210000－0701－0007246　004001

十種古逸書　（清）茆泮林輯　清道光十四年(1834)梅瑞軒刻二十二年(1842)補刻本　六冊

210000－0701－0007247　004002

十種古逸書　（清）茆泮林輯　清刻本　十冊

210000－0701－0007248　004003

十三經札記　（清）朱亦棟撰　清光緒四年(1878)武林竹簡齋刻本　六冊

210000－0701－0007249　004004

十萬卷樓叢書初集十六種　（清）陸心源輯　清光緒五年(1879)陸氏刻本　四十冊

210000－0701－0007250　004005

十萬卷樓叢書二編二十種　（清）陸心源輯　清光緒八年(1882)歸安陸氏刻本　三十二冊

210000－0701－0007251　004006

十萬卷樓叢書三編十五種　（清）陸心源輯　清光緒十四年（1888）歸安陸氏刻十八年(1892)彙編本　四十冊

210000－0701－0007252　004007

十萬卷樓叢書五十一種　（清）陸心源輯　清光緒歸安陸氏刻本　一百十一冊　缺二種二卷(周秦刻石釋音一卷、切韻指掌圖一卷附檢圖例)

210000－0701－0007253　004008

十萬卷樓叢書　（清）陸心源輯　清光緒歸安陸氏刻本　一百十二冊

210000－0701－0007254　004009

石蓮盦彙刻九金人集　（清）吳重熹輯　清光緒二十年至宣統元年(1894－1909)海豐吳氏刻本　三十二冊

210000－0701－0007255　004010

太平御覽一千卷　（宋）李昉等纂　清嘉慶十二年(1807)鮑氏刻本　九十八冊　缺二十二卷(二百四十二至二百五十一、二百九十四至三百五)

210000－0701－0007256　004011

大亭山館叢書十八種　（清）楊葆彝輯　清光緒陽湖楊氏刻本　六冊

210000－0701－0007257　004015

士禮居黃氏叢書二十二種　（清）黃丕烈輯　清光緒十三年(1887)上海蜚英館石印本　三十冊

210000－0701－0007258　004017

南菁書院叢書八集四十一種　王先謙　繆荃孫輯　清光緒十四年(1888)江陰南菁書院刻本　四十八冊

210000－0701－0007259　004018

南菁書院叢書八集四十一種　王先謙　繆荃孫輯　清光緒十四年(1888)江陰南菁書院刻本　三十二冊

210000－0701－0007260　004019

南菁書院叢書八集四十一種　王先謙　繆荃孫輯　清光緒十四年(1888)江陰南菁書院刻本　四十冊

210000－0701－0007261　004023

武林掌故叢編　（清）丁丙輯　清光緒錢塘丁氏嘉惠堂刻本　二十冊　存八種(錢塘縣志不分卷、城北天后宮志、始豐稿十四卷、臨安志六卷、仁和縣志十四卷、流芳亭記、杭府仁錢三學瀁掃職、杭城治火議)

210000－0701－0007262　004027

古逸叢書二十六種　（清）黎庶昌輯　清光緒遵義黎氏日本東京使署影刻民國十年(1921)吳縣曹允源重修本　四十九冊

210000－0701－0007263　004028
古逸叢書二十六種　（清）黎庶昌輯　清光緒
遵義黎氏日本東京使署影刻民國十年（1921）
吳縣曹允源重修本　四十九冊

210000－0701－0007264　004029
古逸叢書二十六種　（清）黎庶昌輯　清光緒
遵義黎氏日本東京使署影刻民國十年（1921）
吳縣曹允源重修本　四十九冊

210000－0701－0007265　004030
古逸叢書二十六種　（清）黎庶昌輯　清光緒
遵義黎氏日本東京使署影刻本　四十九冊

210000－0701－0007266　004031
古逸叢書二十六種　（清）黎庶昌輯　清光緒
遵義黎氏日本東京使署影刻本　四十九冊

210000－0701－0007267　004032
古逸叢書二十六種　（清）黎庶昌輯　清光緒
遵義黎氏日本東京使署影刻民國十年（1921）
吳縣曹允源重修本　四十二冊　存十八種一
百四十八卷（爾雅三卷、春秋穀梁傳十二卷附
考異一卷、論語十卷、周易六卷附晦庵先生校
正周易繫辭精義二卷、孝經一卷、荀子二十
卷、南華真經注疏十卷、楚辭集注八卷辯證二
卷後語六卷、尚書釋音二卷、玉篇殘四卷、廣
韻五卷附校札一卷、廣韻五卷、玉燭寶典十二
卷、文館詞林殘十四卷、杜工部草堂詩箋二十
四至四十、天台山記一卷、太平寰宇記殘六
卷）

210000－0701－0007268　004033
古逸叢書二十六種　（清）黎庶昌輯　清光緒
遵義黎氏日本東京使署影刻本　四十四冊
缺二種三卷（老子道德經二卷、急就篇一卷）

210000－0701－0007269　004054
古棠書屋叢書　（清）孫澍　（清）孫鍈輯　清
道光鵝溪孫氏刻本　三十二冊　缺三種二十
二卷（增補太玄集注四卷、司馬溫公詩集三
卷、瘦石文鈔十三卷外集二卷）

210000－0701－0007270　004055
古棠書屋叢書　（清）孫澍　（清）孫鍈輯　清

道光中鵝溪孫氏刻本　三十二冊　缺三種二
十二卷（增補太玄集注四卷、司馬溫公詩集三
卷、瘦石文鈔十三卷外集二卷）

210000－0701－0007271　004063
吉林探源書舫叢書　（清）盛福輯　清光緒刻
本　二十七冊　存初集十二種五十一卷（理
學正宗十五卷、靖康傳信錄三卷、建炎進退志
四卷、建炎時政記三卷、呻吟語四卷、庭訓格
言一卷、北溪字義二卷補遺一卷嚴陵講義一
卷、程氏家塾讀書分年日程三卷綱領一卷、圖
民錄四卷、陸清獻公治嘉格言一卷、湯文正公
遺書擇抄一卷、性理易讀五種六卷、小學韻語
一卷）

210000－0701－0007272　004072
奇晉齋叢書　（清）陸烜輯　清乾隆三十二年
至三十四年（1767－1769）平湖陸氏奇晉齋刻
本　十冊

210000－0701－0007273　004074
木犀軒叢書　李盛鐸輯　清光緒德化李氏木
犀軒刻本　四十冊

210000－0701－0007274　004075
木犀軒叢書　李盛鐸輯　清光緒德化李氏木
犀軒刻本　四十冊

210000－0701－0007275　004076
檀几叢書　（清）王晫　（清）張潮輯　清康熙
張氏霞舉堂刻本　九冊

210000－0701－0007276　004077
校經山房叢書　（清）朱記榮輯　清光緒三十
年（1904）孫谿朱氏槐廬家塾刻本　三十二冊

210000－0701－0007277　004078
校經山房叢書　（清）朱記榮輯　清光緒三十
年（1904）孫谿朱氏槐廬家塾刻本　三十二冊

210000－0701－0007278　004080
式訓堂叢書　（清）章壽康輯　清光緒會稽章
氏刻本　三十二冊　存二集（初集、二集）

210000－0701－0007279　004081
式訓堂叢書　（清）章壽康輯　清光緒會稽章

氏刻本　　三十二冊　　存二集(初集、二集)

210000－0701－0007280　004082

求實齋叢書　蔣德鈞輯　清光緒湘鄉蔣氏求實齋刻本　十冊

210000－0701－0007281　004091

榕園叢書　(清)張丙炎輯　(清)張元顗重輯　清同治真州張氏廣東刻民國二年(1913)重修本　六十冊

210000－0701－0007282　004092

董氏叢書　(清)董金鑑輯　清光緒三十二年(1906)會稽董氏取斯家塾刻本　十二冊

210000－0701－0007283　004093

花雨樓叢鈔　(清)張壽榮輯　清光緒蛟川張氏花雨樓刻本　四十冊

210000－0701－0007284　004095

麓山精舍叢書　陳運溶輯　清光緒、宣統湘西陳氏刻本　二冊　存一集(一)

210000－0701－0007285　004096

蕙風叢書　況周頤撰　清光緒刻民國十四年(1925)上海中國書店印本　十二冊

210000－0701－0007286　004099

范文正公忠宣公全集七十三卷　(清)范時崇輯　清康熙四十六年(1707)范氏歲寒堂刻本　十六冊

210000－0701－0007287　004100

荔牆叢刻　(清)汪曰楨輯　清光緒四年(1878)汪氏會稽學署刻本　十六冊

210000－0701－0007288　004101

班馬字類二卷　(宋)婁機撰　清康熙揚州馬氏叢書樓刻道光重印本　二冊

210000－0701－0007289　004101

宋本韓柳二先生年譜　(清)馬曰璐輯　清雍正七年(1729)廣陵馬氏小玲瓏山館刻本　二冊

210000－0701－0007290　004101

澤存堂五種　(清)張士俊輯　清康熙吳郡張氏刻本　四冊　存二種十二卷(群經音辨七

卷、字鑑五卷)

210000－0701－0007291　004103

藝海珠塵　(清)吳省蘭輯　清嘉慶吳氏聽彝堂刻清末印本　六十四冊

210000－0701－0007292　004104

藝海珠塵　(清)吳省蘭輯　清嘉慶吳氏聽彝堂刻清末印本　六十四冊

210000－0701－0007293　004105

藝海珠塵　(清)吳省蘭輯　清嘉慶吳氏聽彝堂刻清末印本　五十冊

210000－0701－0007294　004107

黃氏逸書攷　(清)黃奭輯　清道光甘泉黃氏刻民國十四年(1925)王鑒修補印本　一百冊

210000－0701－0007295　004109

枕碧樓叢書　沈家本輯　清宣統至民國二年(1913)歸安沈氏刻本　十八冊

210000－0701－0007296　004110

枕碧樓叢書　沈家本輯　清宣統至民國二年(1913)歸安沈氏刻本　十六冊

210000－0701－0007297　004111

蔡氏九儒書九卷首一卷　(明)蔡有鵾輯　清雍正十一年(1733)蔡重廬峰書院刻道光五年(1825)蔡本源重修本　十冊

210000－0701－0007298　004112

藕香零拾　繆荃孫輯　清光緒、宣統刻本　三十二冊

210000－0701－0007299　004113

藕香零拾　繆荃孫輯　清光緒、宣統刻本　三十二冊

210000－0701－0007300　004114

藕香零拾　繆荃孫輯　清光緒、宣統刻本　三十二冊

210000－0701－0007301　004115

藕香零拾　繆荃孫輯　清光緒、宣統刻本　三十二冊

210000－0701－0007302　004116

藕香零拾 繆荃孫輯 清光緒、宣統刻本
三十二冊

210000－0701－0007303 004119
觀自得齋叢書 （清）徐士愷輯 清光緒石埭
徐氏刻本 二十四冊

210000－0701－0007304 004120
觀自得齋叢書 （清）徐士愷輯 清光緒石埭
徐氏刻本 二十冊

210000－0701－0007305 004121
觀自得齋叢書 （清）徐士愷輯 清光緒石埭
徐氏刻本 二十四冊

210000－0701－0007306 004122
觀象廬叢書 （清）呂調陽撰 清光緒十四年
（1888）葉長高刻本 六十冊 缺四種三十卷
（弧角拾遺一卷、下學菴勾股六術一卷、商周
彝器釋銘六卷、輿地今古圖考二十二卷）

210000－0701－0007307 004125
觀古堂彙刻書 葉德輝輯 清光緒長沙葉氏
刻本 十六冊

210000－0701－0007308 004126
觀古堂彙刻書 葉德輝輯 清光緒長沙葉氏
刻民國八年（1919）重編彙印本 十五冊

210000－0701－0007309 004127
觀古堂彙刻書 葉德輝輯 清光緒長沙葉氏
刻民國八年（1919）重編彙印本 十六冊

210000－0701－0007310 004128
觀古堂彙刻書 葉德輝輯 清光緒長沙葉氏
刻本 十五冊 存二十八種八十卷（天文本
論語校勘記一卷、輯孟子劉熙注一卷、輯月令
蔡邕注四卷、古今夏時表一卷、六書古微十
卷、釋人疏證二卷、山公啓事一卷佚事一卷、
瑞應圖記一卷、鬻子二卷、淮南鴻烈閒詁二
卷、傅子三卷附訂譌一卷、晉司隸校尉傅玄集
三卷、藏書十約一卷、沈下賢文集十卷、金陵
百詠一卷、嘉禾百詠一卷、曝書亭刪餘詞一卷
曝書亭詞手稿原目一卷、嚴冬有詩集九卷、疑
雨集四卷、爾雅圖贊一卷、山海經圖贊二卷、
徐星伯説文段注札記一卷、龔定菴説文段注

札記一卷、桂未谷説文段注鈔一卷補鈔一卷、
華陽陶隱居内傳三卷、三家詩補遺三卷、爾雅
補注四卷、秋山紀行詩二卷）

210000－0701－0007311 004129
榆園叢刻 （清）許增輯 清同治、光緒刻本
十四冊 存九種（白石道人歌曲四卷別集
一卷附白石詩詞評論一卷補遺一卷白石道人
逸事一卷補遺一卷、山中白雲詞八卷附錄一
卷逸事一卷、詞源二卷、衍波詞二卷、納蘭詞
五卷補遺一卷、靈芬館詞、拜石山房詞鈔四
卷、憶雲詞甲稾一卷乙稾一卷丙稾一卷丁稾
一卷刪存一卷、娛園叢刻）

210000－0701－0007312 004130
娛園叢刻十種 （清）許增輯 清光緒十五年
（1889）刻本 三冊

210000－0701－0007313 004131
娛園叢刻十種 （清）許增輯 清光緒十五年
（1889）刻本 三冊

210000－0701－0007314 004132
槐廬叢書 （清）朱記榮輯 清光緒吳縣朱氏
槐廬家塾刻本 八十冊

210000－0701－0007315 004133
槐廬叢書 （清）朱記榮輯 清光緒吳縣朱氏
槐廬家塾刻本 八十冊

210000－0701－0007316 004134
槐廬叢書 （清）朱記榮輯 清光緒吳縣朱氏
槐廬家塾刻本 三十二冊 存二編（初、二）

210000－0701－0007317 004135
仰視千七百二十九鶴齋叢書 （清）趙之謙輯
清光緒會稽趙氏家刻本 十二冊 存二集
（一、三）

210000－0701－0007318 004136
鶴壽堂叢書 （清）王士謙輯 清光緒二十四
年（1898）高郵王氏刻本 二十四冊

210000－0701－0007319 004137
鶴壽堂叢書 （清）王士謙輯 清光緒二十四
年（1898）高郵王氏刻本 二十四冊

210000－0701－0007320　004138

乾坤正氣集　（清）姚瑩　（清）顧沅　（清）潘錫恩輯　清道光二十八年（1848）涇縣潘氏袁江節署刻同治五年（1866）吳坤修皖江印本　二百册

210000－0701－0007321　004141

榆園叢刻　（清）許增輯　清同治、光緒刻本　十六册

210000－0701－0007322　004142

榆園叢刻　（清）許增輯　清同治、光緒刻本　十六册

210000－0701－0007323　004143

榆園叢刻　（清）許增輯　清同治、光緒刻本　十六册

210000－0701－0007324　004144

榆園叢刻　（清）許增輯　清同治、光緒刻本　十八册

210000－0701－0007325　004149

青照堂叢書　（清）李元春輯　清道光十五年（1835）朝邑劉氏刻本　一百三册

210000－0701－0007326　004150

春在堂全書　（清）俞樾撰　清光緒刻本　八册　存十五種三十七卷（九九銷夏錄十四卷、游藝錄六卷、小蓬萊謠一卷、袖中書二卷、東瀛詩記二卷、東海投桃集一卷、慧福樓幸草一卷、曲園自述詩一卷補一卷、曲園墨戲一卷、曲園三要一卷、瓊英小錄一卷、春在堂全書錄要一卷、春在堂全書校勘記一卷、春在堂傳奇二種二卷、新定牙牌數一卷）

210000－0701－0007327　004151

春暉堂叢書　（清）徐渭仁輯　清道光、咸豐上海徐氏刻同治補刻本　十二册

210000－0701－0007328　004154

榆園叢刻　（清）許增輯　清同治、光緒刻本　七册　存十七種三十三卷（松壺畫贅二卷、松壺畫憶二卷、縵雅堂駢體文八卷、笙月詞五卷、花影詞一卷、藏書記要一卷附流通古書約一卷、閒者軒帖考一卷、漫堂墨品一卷、雪堂

墨品一卷、筆史一卷、金粟箋說一卷、端谿硯史三卷、陽羨名陶錄二卷、書畫說鈴一卷、頻羅庵論書一卷、賞延素心錄一卷）

210000－0701－0007329　004155

春暉堂叢書　（清）徐渭仁輯　清道光、咸豐上海徐氏刻同治補刻本　十二册　缺一種一卷（居易堂殘稿一卷）

210000－0701－0007330　004158

番禺陳氏東塾叢書　（清）陳澧撰　清咸豐、光緒刻本　九册

210000－0701－0007331　004159

振綺堂叢書二集十二種　（清）汪康年輯　清光緒二十年（1894）泉塘汪氏刻朱印本　八册

210000－0701－0007332　004160

振綺堂叢書初集十種二集十二種　（清）汪康年輯　清光緒、宣統泉塘汪氏刻本　十四册

210000－0701－0007333　004161

振綺堂叢書初集十種　（清）汪康年輯　清宣統二年（1910）泉塘汪氏刻本　六册

210000－0701－0007334　004174

斠補隅錄　（清）蔣光煦輯　清光緒九年（1883）刻本　一册

210000－0701－0007335　004175

暢園叢書甲函　（清）張邁輯　清光緒二十年（1894）張氏四明刻本　四册

210000－0701－0007336　004176

農學報　（清）江南總農會輯譯　清光緒二十三年至三十一年（1897－1905）江南總農會石印本　十六册　存二百九十六卷（一至二百二十四、二百四十四至三百十五）

210000－0701－0007337　004183

抱經堂叢書　（清）盧文弨輯　清乾隆、嘉慶餘姚盧氏刻本　八十册

210000－0701－0007338　004185

吉林探源書舫叢書　（清）盛福輯　清光緒刻本　八册　存五種二十一卷（北溪字義二卷補遺一卷嚴陵講義一卷、三十五舉一卷附校

勘記一卷、續三十五舉一卷、再續三十五舉一卷、分隸偶存二卷、聲調三譜十一卷)

210000－0701－0007339　004186
吉林探源書舫叢書　(清)盛福輯　清光緒二十五年至二十六年(1899－1900)刻本　十冊　缺二種二卷(燃燈記聞一卷、律詩定體一卷)

210000－0701－0007340　004193
國粹叢書　(清)國學保存會輯　清光緒、宣統鉛印本　五冊　存八卷(三山鄭菊山先生清雋集一卷、所南翁一百二十圖詩集一卷錦錢餘笑一卷、鄭所南文集一卷、真山民詩集一卷、吳赤溟先生文集一卷附錄一卷、金陵癸甲摭談一卷)

210000－0701－0007341　004194
國學叢刊　羅振玉輯　清宣統三年(1911)石印本　三冊

210000－0701－0007342　004195
晨風閣叢書第一集　沈宗畸輯　清光緒三十四年至宣統三年(1908－1911)國學萃編社鉛印本　四十九冊

210000－0701－0007343　004212
晨風閣叢書　沈宗畸輯　清宣統元年(1909)番禺沈氏刻本　十六冊

210000－0701－0007344　004213
晨風閣叢書　沈宗畸輯　清宣統元年(1909)番禺沈氏刻本　十六冊

210000－0701－0007345　004214
晨風閣叢書　沈宗畸輯　清宣統元年(1909)番禺沈氏刻本　十六冊

210000－0701－0007346　004215
晨風閣叢書　沈宗畸輯　清宣統元年(1909)番禺沈氏刻本　十六冊

210000－0701－0007347　004216
晨風閣叢書　沈宗畸輯　清宣統元年(1909)番禺沈氏刻本　十六冊

210000－0701－0007348　004217

晨風閣叢書　沈宗畸輯　清宣統元年(1909)番禺沈氏刻本　十二冊　缺八種十四卷(出圍城記一卷、西域水道記校補一卷、結一廬書目四卷、滂喜齋宋元本書目一卷、南唐二主詞一卷補遺一卷校勘記一卷、平園近體樂府一卷、後村別調一卷補一卷、眉庵詞一卷)

210000－0701－0007349　004218
晨風閣叢書　沈宗畸輯　清宣統元年(1909)番禺沈氏刻本　八冊　存九種(詩經四家異聞考補一卷、說文解字校勘記殘稿一卷、仁廟聖政記二卷、出圍城記一卷、西域水道紀校補一卷、寒山金石林部目一卷、昭陵碑錄三卷附錄一卷、潛采堂書目四種、藝芸書舍宋元本書目二卷)

210000－0701－0007350　004219
晨風閣叢書　沈宗畸輯　清宣統元年(1909)番禺沈氏刻本　十六冊

210000－0701－0007351　004220
德州田氏叢書　(清)田雯等輯　清康熙、乾隆刻本　二十八冊

210000－0701－0007352　004223
郝氏遺書　(清)郝懿行撰　清嘉慶、光緒刻本　十二冊　存六種十四卷(書說二卷、燕子春秋一卷、記海錯一卷、詩說二卷、詩經拾遺一卷、詩問七卷)

210000－0701－0007353　004224
別下齋叢書　(清)蔣光煦輯　清末武林竹簡齋影印本　二十四冊

210000－0701－0007354　004230
嘯園叢書　(清)葛元煦輯　清光緒葛氏刻本　四十八冊

210000－0701－0007355　004231
嘯園叢書　(清)葛元煦輯　清光緒葛氏刻本　三十冊　缺九種二十六卷(元邱素話一卷、幽夢影二卷、幽夢續影一卷、韻石齋筆談二卷、書蕉二卷、黃嬭餘話二卷、味水軒日記八卷、西溪叢語二卷、古夫于亭雜錄六卷)

210000－0701－0007356　004232

明辨齋叢書　（清）余肇鈞輯　清同治長沙余氏刻本　二十三冊

210000－0701－0007357　004233
唱經堂才子書　（清）金人瑞撰　清初刻本　四冊　缺二種五卷（唱經堂杜詩解四卷、唱經堂通宗易論一卷）

210000－0701－0007358　004235
明辨齋叢書　（清）余肇鈞輯　清同治長沙余氏刻本　六冊　存二種七卷（朱文公行狀一卷附刻一卷、毛詩古音考四卷附錄一卷）

210000－0701－0007359　004240
昭代叢書　（清）張潮輯　清刻本　十冊

210000－0701－0007360　004241
昭代叢書合刻十集　（清）沈楙悳輯　清道光吳江沈氏世楷堂刻本　一百六十冊

210000－0701－0007361　004242
昭代叢書合刻十一集　（清）沈楙悳輯　清道光吳江沈氏世楷堂刻光緒印本　一百六十冊

210000－0701－0007362　004243
昭代叢書合刻十一集　（清）沈楙悳輯　清道光吳江沈氏世楷堂刻光緒印本　一百六十冊

210000－0701－0007363　004244
昭代叢書合刻十集　（清）沈楙悳輯　清道光吳江沈氏世楷堂刻本　一百十九冊

210000－0701－0007364　004245
雅雨堂叢書　（清）盧見曾輯　清乾隆二十一年（1756）盧氏雅雨堂刻本　十七冊　存六種

210000－0701－0007365　004247
長恩書室叢書　（清）莊肇麟輯　清咸豐四年（1854）莊氏過客軒刻本　八冊　存六種

210000－0701－0007366　004248
隨盦徐氏叢書十種　徐乃昌輯　清光緒南陵徐氏刻本　十二冊

210000－0701－0007367　004249
隨盦徐氏叢書十種　徐乃昌輯　清光緒南陵徐氏刻本　十二冊

210000－0701－0007368　004250
隨盦徐氏叢書十種　徐乃昌輯　清光緒南陵徐氏刻本　十二冊

210000－0701－0007369　004252
隨盦徐氏叢書十種　徐乃昌輯　清光緒南陵徐氏刻本　十二冊

210000－0701－0007370　004254
江都陳氏叢書　（清）陳逢衡輯　清嘉慶、道光江都陳氏刻本　三十二冊

210000－0701－0007371　004255
咫進齋叢書　（清）姚覲元輯　清光緒九年（1883）歸安姚氏刻本　二十四冊

210000－0701－0007372　004256
咫進齋叢書　（清）姚覲元輯　清光緒九年（1883）歸安姚氏刻民國十五年（1926）蘇州振新書社重印本　二十四冊

210000－0701－0007373　004257
咫進齋叢書　（清）姚覲元輯　清光緒九年（1883）歸安姚氏刻民國十五年（1926）蘇州振新書社重印本　二十四冊

210000－0701－0007374　004258
咫進齋叢書　（清）姚覲元輯　清光緒九年（1883）歸安姚氏刻本　十二冊

210000－0701－0007375　004259
隨盦徐氏叢書　徐乃昌輯　清光緒至民國五年（1916）南陵徐氏刻本　二十四冊

210000－0701－0007376　004262
閏竹居叢書二十八種　（清）觀頫道人輯　清末刻本　四冊

210000－0701－0007377　004263
風雨樓叢書　鄧實輯　清宣統順德鄧氏上海鉛印本　五十二冊　缺三卷（秋笳集一至三）

210000－0701－0007378　004265
正覺樓叢刻　（清）崇文書局輯　清光緒崇文書局刻本　三十冊　缺五種十二卷（李嶠雜詠二卷、字體蒙求一卷、紉芳齋文集一卷、中田詩草二卷、對語六卷）

210000－0701－0007379　004266

屑玉叢談四集 （清）錢徵　蔡爾康輯　清光緒六年(1880)申報館鉛印本　六冊

210000－0701－0007380　004271

學津討原二十集 （清）張海鵬輯　清嘉慶十年(1805)虞山張氏照曠閣刻本　二百九十八冊　缺一種三卷(屈宋古音義三卷)

210000－0701－0007381　004272

學津討原二十集 （清）張海鵬輯　清嘉慶十年(1805)虞山張氏照曠閣刻本　二百十七冊　缺十七種六十六卷(宋季三朝政要六卷、洛陽名園記一卷、畫簾緒論一卷、唐史論斷三卷附錄一卷、通鑑問疑一卷、泉志十五卷、子略四卷目一卷、宋景文公筆記三卷、芥隱筆記一卷、文昌雜錄六卷補遺一卷、鼠璞二卷、袪疑說一卷、春明退朝錄三卷、避暑錄話二卷、曲洧舊聞十卷、卻掃編三卷、王文正筆錄一卷)

210000－0701－0007382　004273

學海堂集十六卷二集二十四卷三集三十二卷四集二十八卷 （清）阮元輯　清光緒五年至十二年(1879－1886)廣州啓秀山房刻本　四十冊

210000－0701－0007383　004274

學海堂叢刻 （清）陳璞輯　清光緒三年至十二年(1877－1886)刻本　十四冊

210000－0701－0007384　004275

學海堂集十六卷 （清）阮元輯　清光緒五年(1879)廣州啓秀山房刻本　六冊

210000－0701－0007385　004279

學壽堂叢書 徐紹楨輯　清咸豐至光緒徐氏刻本　二十五冊　缺三卷(三國志質疑四至六)

210000－0701－0007386　004280

學古堂日記 （清）雷浚　（清）汪之昌輯　清光緒十六年(1890)刻二十二年(1896)續刻本　胡玉縉等校　三十二冊

210000－0701－0007387　004281

學古堂日記 （清）雷浚　（清）汪之昌輯　清

光緒十六年(1890)刻二十二年(1896)續刻本　二十六冊

210000－0701－0007388　004283

留垞叢刻 （清）鍾廣輯　清光緒刻本　四冊　存六種三十八卷(駢體文畧二十九卷、勵志雜錄一卷、弟子職音誼一卷、還初堂詞鈔一卷、椿蔭堂詩存藥一卷附錄一卷、西齋偶得三卷附錄一卷)

210000－0701－0007389　004284

問經堂叢書 （清）孫馮翼輯　清嘉慶承德孫氏刻本　八冊

210000－0701－0007390　004285

問經堂叢書 （清）孫馮翼輯　清嘉慶承德孫氏刻本　十二冊

210000－0701－0007391　004286

問經堂叢書 （清）孫馮翼輯　清嘉慶承德孫氏刻本　十冊

210000－0701－0007392　004287

馬氏叢刻 （清）馬先登輯　清同治馬氏敦倫堂刻本　二十二冊　存六種

210000－0701－0007393　004289

金峨山舘叢書 （清）郭傳璞輯　清光緒郭氏自刻本　十冊

210000－0701－0007394　004300

鐵華舘叢書 （清）蔣鳳藻輯　清光緒長洲蔣氏刻本　六冊

210000－0701－0007395　004301

鐵華舘叢書 （清）蔣鳳藻輯　清光緒長洲蔣氏刻本　十二冊

210000－0701－0007396　004302

鐵華舘叢書 （清）蔣鳳藻輯　清光緒長洲蔣氏刻本　六冊

210000－0701－0007397　004305

知不足齋叢書 （清）鮑廷博輯　（清）鮑志祖續輯　清乾隆、道光鮑氏刻本　二百二十四冊　缺九種二十九卷(梧溪集七卷補遺一卷、困學齋雜錄一卷、克庵先生尊德性齋小集三

卷補遺一卷、塵史三卷、全唐詩逸三卷、中吳紀聞六卷、廣釋名二卷、餘姚兩孝子萬里尋親記一卷、畫梅題記一卷）

210000－0701－0007398　004308

知不足齋叢書　（清）鮑廷博輯　（清）鮑志祖續輯　清刻本　二百三十八冊

210000－0701－0007399　004309

知服齋叢書　（清）龍鳳鑣輯　清光緒順德龍氏刻本　三十二冊

210000－0701－0007400　004310

鄦齋叢書　徐乃昌編　清光緒南陵徐氏自刻本　十六冊

210000－0701－0007401　004311

鄦齋叢書　徐乃昌編　清光緒南陵徐氏自刻本　十六冊

210000－0701－0007402　004312

鄦齋叢書　徐乃昌編　清光緒南陵徐氏自刻本　十六冊

210000－0701－0007403　004313

小石山房叢書　（清）顧湘輯　清道光虞山顧氏刻同治十三年（1874）補刻本　十二冊

210000－0701－0007404　004314

敏果齋七種　（清）許乃釗輯　清道光錢塘許氏刻本　十八冊

210000－0701－0007405　004315

籑喜廬叢書　（清）傅雲龍輯　清光緒十五年（1889）德清傅氏日本東京刻本　六冊

210000－0701－0007406　004316

籑喜廬叢書　（清）傅雲龍輯　清光緒十五年（1889）德清傅氏日本東京刻本　六冊

210000－0701－0007407　004317

鄭氏遺書　（漢）鄭玄撰　（清）王復輯　清嘉慶二年（1797）承德孫氏刻問經堂叢書本　二冊

210000－0701－0007408　004318

小石山房叢書　（清）顧湘輯　清同治十三年（1874）虞山顧氏刻本　十六冊

210000－0701－0007409　004319

小石山房叢書　（清）顧湘輯　清同治十三年（1874）虞山顧氏刻本　十八冊　缺五種六卷（明夷待訪錄一卷、冬心先生畫竹題記一卷、冬心先生三體詩一卷、詞評一卷、墨井詩鈔二卷）

210000－0701－0007410　004320

小萬卷樓叢書　（清）錢培名輯　清光緒四年（1878）金山錢氏刻本　二十冊

210000－0701－0007411　004321

懷潞園叢刊　（清）李嘉績輯　清光緒西安李氏代耕堂刻本　十六冊

210000－0701－0007412　004322

懷豳雜俎　徐乃昌輯　清光緒、宣統南陵徐氏刻本　八冊

210000－0701－0007413　004323

半畝園藏書　（清）吳坤修輯　清同治刻吳氏半畝園彙印本　十四冊

210000－0701－0007414　004324

懷豳雜俎　徐乃昌輯　清光緒、宣統南陵徐氏刻本　八冊

210000－0701－0007415　004325

半廠叢書初編　（清）譚獻輯　清光緒仁和譚氏刻本　二十冊

210000－0701－0007416　004326

半廠叢書初編　（清）譚獻輯　清光緒仁和譚氏刻本　十六冊

210000－0701－0007417　004327

半廠叢書初編　（清）譚獻輯　清光緒仁和譚氏刻本　十六冊

210000－0701－0007418　004328

省吾堂四種　（清）蔣光弼輯　清常熟蔣氏省吾堂刻本　八冊

210000－0701－0007419　004329

當歸草堂叢書　（清）丁丙輯　清同治錢塘丁氏刻本　八冊

210000－0701－0007420　004332

懺花盦叢書　（清）宋澤元輯　清光緒山陰宋氏刻十三年(1887)彙印本　六十冊

210000－0701－0007421　004333

懺花盦叢書　（清）宋澤元輯　清光緒山陰宋氏刻十三年(1887)彙印本　五十二冊

210000－0701－0007422　004335

惜陰軒叢書　（清）李錫齡輯　清光緒二十二年(1896)長沙刻本　九十六冊

210000－0701－0007423　004336

惜陰軒叢書　（清）李錫齡輯　清道光二十六年(1846)宏道書院刻光緒二十年(1894)補刻本　一百十四冊　缺(續編)

210000－0701－0007424　004338

敝帚齋遺書　（清）徐鼒撰　清光緒三年(1877)六合徐氏刻本　二十一冊

210000－0701－0007425　004339

慎始基齋叢書　盧靖輯　清光緒盧氏刻民國十二年(1923)彙印本　七冊　缺二種二卷（天文歌略一卷、地學歌略一卷）

210000－0701－0007426　004340

廬陽三賢集　（清）張樹聲輯　清光緒元年(1875)合肥張氏毓秀堂刻本　五冊

210000－0701－0007427　004341

慎始基齋叢書　盧靖輯　清光緒盧氏刻民國十二年(1923)彙印本　八冊

210000－0701－0007428　004342

慎始基齋叢書　盧靖輯　清光緒盧氏刻民國十二年(1923)彙印本　八冊

210000－0701－0007429　004343

欽定天祿琳琅書目十卷　（清）于敏中等撰　後編二十卷　（清）彭元瑞等撰　清光緒十年(1884)長沙王氏刻本　十冊

210000－0701－0007430　004344

武林往哲遺著　（清）丁丙輯　清光緒錢塘丁氏嘉惠堂刻本　九十六冊

210000－0701－0007431　004345

武林往哲遺著　（清）丁丙輯　清光緒錢塘丁

氏嘉惠堂刻本　六十四冊　缺十種(後編十種)

210000－0701－0007432　004346

武林往哲遺著　（清）丁丙輯　清光緒錢塘丁氏嘉惠堂刻本　三十二冊

210000－0701－0007433　004347

武林掌故叢編　（清）丁丙輯　清光緒錢塘丁氏嘉惠堂刻本　二百八冊

210000－0701－0007434　004351

嶺南遺書　（清）伍元薇　（清）伍崇曜輯　清道光、同治南海伍氏粵雅堂文字歡娛室刻本　九十冊

210000－0701－0007435　004355

嶺南遺書第一集　（清）伍元薇　（清）伍崇曜輯　清道光十一年(1831)南海伍氏粵雅堂文字歡娛室刻本　十六冊

210000－0701－0007436　004356

嶺南遺書第二集　（清）伍元薇　（清）伍崇曜輯　清道光二十五年(1845)南海伍氏粵雅堂文字歡娛室刻本　九十五冊

210000－0701－0007437　004357

嶺南遺書第三集　（清）伍元薇　（清）伍崇曜輯　清道光三十年(1850)南海伍氏粵雅堂文字歡娛室刻本　九十五冊

210000－0701－0007438　004358

嶺南遺書第四集　（清）伍元薇　（清）伍崇曜輯　清道光三十年(1850)南海伍氏粵雅堂文字歡娛室刻本　九十五冊

210000－0701－0007439　004359

嶺南遺書第五集　（清）伍元薇　（清）伍崇曜輯　清道光三十年(1850)南海伍氏粵雅堂文字歡娛室刻本　九十五冊　缺三種三卷(測天約述一卷、呂氏春秋正誤一卷、楚詞辨韻一卷)

210000－0701－0007440　004360

嶺南遺書第六集　（清）伍元薇　（清）伍崇曜輯　清同治二年(1863)南海伍氏粵雅堂文字

歡娛室刻本　九十五冊　缺二十六卷（蠡勺編十六至四十、紀夢編年）

210000－0701－0007441　004361
畿輔叢書　（清）王灝輯　清光緒五年（1879）定州王氏謙德堂刻本　四百二十冊　缺二十六卷（陳學士文集七至十五、笥河文集十六卷首一卷）

210000－0701－0007442　004362
畿輔叢書　（清）王灝輯　清光緒五年（1879）定州王氏謙德堂刻本　四百三十八冊　缺二種四卷（朝野僉載一卷、盧仝集三卷）

210000－0701－0007443　004363
畿輔叢書　（清）王灝輯　清光緒五年（1879）定州王氏謙德堂刻本　三百九十八冊　缺三種八卷（盧仝集三卷、西使記一卷、汝南遺事四卷）

210000－0701－0007444　004364
台州叢書　（清）宋世犖輯　清嘉慶、道光臨海宋氏刻本　二十冊　存七種八十卷（滇考二卷、文則二卷附校語一卷、廣志繹五卷、石屏詩集十卷、見聞隨筆二卷、赤城集十八卷、赤城志四十卷）

210000－0701－0007445　004369
台州叢書　（清）宋世犖輯　清嘉慶、道光臨海宋氏刻本　二十冊　存七種七十九卷（廣志繹五卷、文則二卷、石屏詩集十卷、見聞隨筆二卷、赤城集十八卷、赤城志四十卷、滇考二卷）

210000－0701－0007446　004371
紹興先正遺書　（清）徐友蘭輯　清光緒會稽徐氏鑄學齋刻本　四十八冊

210000－0701－0007447　004372
紹興先正遺書　（清）徐友蘭輯　清光緒會稽徐氏鑄學齋刻本　四十八冊

210000－0701－0007448　004373
永嘉叢書　（清）孫衣言　（清）孫詒讓輯　清同治、光緒瑞安孫氏刻本　四十八冊

210000－0701－0007449　004374
永嘉叢書　（清）孫衣言　（清）孫詒讓輯　清同治、光緒瑞安孫氏刻本　八十冊

210000－0701－0007450　004384
富陽夏氏叢刻　（清）夏震武　（清）夏鼎武撰　清光緒刻本　四冊

210000－0701－0007451　004386
江陰叢書　金武祥輯　清光緒、宣統江陰金氏粟香室嶺南刻本　十冊　存二十種（宜齋野乘一卷、藏説小萃七種、北郭集六卷補遺一卷續補遺一卷、滄螺集六卷、青暘集四卷補遺一卷、陽羨茗壺系一卷、洞山岕茶系一卷、江陰李氏得月樓書目摘錄一卷、延州筆記四卷、江上孤忠錄一卷、江上遺聞一卷、荔枝譜一卷附錄一卷、經書言學指要一卷、守一齋筆記四卷客牖二筆一卷、鸎亭詩話一卷附錄一卷、讀書瑣記一卷、開方之分還原術一卷、水雲樓膡稿一卷、玉紀一卷玉紀補一卷、篤慎堂爐餘詩稿二卷文稿一卷）

210000－0701－0007452　004387
涇川叢書　（清）趙紹祖等輯　清道光十二年（1832）涇縣趙氏古墨齋刻本（毅齋經說一卷、拙齋學測一卷抄補）　二十四冊

210000－0701－0007453　004389
容城三賢文集　（清）張斐然　（清）楊蒓輯　清道光十六年（1836）正義書院刻本　十二冊

210000－0701－0007454　004391
浦城遺書　（清）程昌泰等輯　清嘉慶浦城程氏留香室刻本　三十二冊

210000－0701－0007455　004401
湖北叢書　（清）趙尚輔輯　清光緒十七年（1891）三餘草堂刻本　九十九冊　缺一卷（蟫範一）

210000－0701－0007456　004402
湖北叢書　（清）趙尚輔輯　清光緒十七年（1891）三餘草堂刻本　一百冊

210000－0701－0007457　004403
湖州叢書十二種　（清）陸心源輯　清光緒湖

城義塾刻後補刻本　二十四冊

210000－0701－0007458　004404

湖州叢書十一種　（清）陸心源輯　清光緒湖城義塾刻本　二十冊　缺一種八卷（澤雅堂文集八卷）

210000－0701－0007459　004409

松陵文獻十五卷　（清）潘檉章撰　清康熙三十二年（1693）遂初堂刻本　三冊

210000－0701－0007460　004410

婁東雜著　（清）邵廷烈輯　清道光十三年至十九年（1833－1839）刻本　二十冊

210000－0701－0007461　004412

貴池二妙集　劉世珩輯　清光緒二十六年（1900）刻本　十四冊

210000－0701－0007462　004431

楊文襄公文集一卷詩集一卷　（明）楊一清撰　清宣統二年（1910）刻雲南叢書本　一冊

210000－0701－0007463　004439

金華叢書　（清）胡鳳丹輯　清同治、光緒永康胡氏退補齋刻本　二百七十四冊

210000－0701－0007464　004441

金陵叢刻　（清）傅春官輯　清光緒二十三年至三十一年（1897－1905）江寧傅氏晦齋刻本　十二冊

210000－0701－0007465　004442

國朝金陵叢書十三種　（清）傅春官輯　清光緒二十三年至二十七年（1897－1901）江寧傅氏晦齋刻本　八冊

210000－0701－0007466　004443

金陵叢刻　（清）傅春官輯　清光緒二十三年至三十一年（1897－1905）江寧傅氏晦齋刻本　十二冊

210000－0701－0007467　004447

常州先哲遺書　盛宣懷輯　清光緒二十一年至二十五年（1895－1899）武進盛氏刻本　六十四冊

210000－0701－0007468　004448

常州先哲遺書　盛宣懷輯　清光緒二十一年至二十五年（1895－1899）武進盛氏刻本　六十冊　缺十八卷（留溪外傳一至十八）

210000－0701－0007469　004449

趣園初集　（清）陳鍾祥撰　清咸豐十年（1860）刻本　六冊　缺二種十三卷（依隱齋詩鈔十二卷、楹帖偶存一卷）

210000－0701－0007470　004450

崑山顧氏全集二十六種　（清）顧炎武撰　（清）席威　（清）朱記榮輯　清刻光緒吳縣朱氏槐廬家塾彙印本　二十四冊

210000－0701－0007471　004451

崑山顧氏全集二十二種　（清）顧炎武撰　（清）席威　（清）朱記榮輯　清刻光緒吳縣朱氏槐廬家塾彙印本　十四冊

210000－0701－0007472　004452

崑山顧氏全集二十六種　（清）顧炎武撰　（清）席威　（清）朱記榮輯　清刻光緒吳縣朱氏槐廬家塾彙印本　二十四冊

210000－0701－0007473　004454

亭林遺書十種　（清）顧炎武撰　清刻本　十二冊

210000－0701－0007474　004455

顧亭林先生遺書十種　（清）顧炎武撰　清蓬瀛閣刻本　八冊

210000－0701－0007475　004456

亭林遺書補遺十種　（清）顧炎武撰　（清）朱記榮輯　清光緒十一年（1885）吳縣孫谿槐廬家塾刻本　八冊

210000－0701－0007476　004457

鹿洲全集八種　（清）藍鼎元撰　清雍正十年（1732）刻光緒五年（1879）藍謙修補本　二十四冊

210000－0701－0007477　004458

鹿洲全集八種鹿洲藏稿一卷　（清）藍鼎元撰　清雍正十年（1732）刻光緒五年（1879）藍謙修補本　二十五冊

210000－0701－0007478　004459

鹿洲全集八種　（清）藍鼎元撰　清雍正十年（1732）刻光緒五年（1879）藍謙修補本　二十四冊

210000－0701－0007479　004460

鹿洲全集八種　（清）藍鼎元撰　清雍正十年（1732）刻光緒五年（1879）藍謙修補本　二十四冊

210000－0701－0007480　004461

高郵王氏四種　清刻本　六十冊

210000－0701－0007481　004462

黃氏逸書考　（清）黃奭輯　清道光甘泉黃氏刻本　二十冊　存二十三卷（爾雅古義十二卷首一卷、尚書大傳注一卷、毛詩譜一卷、答臨孝存周禮難一卷、魯禮禘祫義一卷、喪服變除一卷、三禮目錄一卷、駁五經異義一卷、孝經解一卷、論語篇目弟子一卷、論語注一卷）

210000－0701－0007482　004463

抗希堂十六種　（清）方苞撰　清康熙嘉慶桐城方氏抗希堂刻本　五十六冊　缺四種（周官辨、離騷經正義、望溪文集、望溪外集）

210000－0701－0007483　004464

方學博全集　（清）方垌撰　清光緒元年（1875）武昌藩署刻本　八冊

210000－0701－0007484　004465

庸盦居士四種　陳夔龍撰　清宣統三年至民國十三年（1911－1924）刻1985年北京中國書店印本　二十二冊

210000－0701－0007485　004466

庸盦居士四種　陳夔龍撰　清宣統三年至民國十三年（1911－1924）刻1985年北京中國書店印本　二十二冊

210000－0701－0007486　004467

柏堂遺書　（清）方宗誠撰　清光緒桐城方氏刻本　二十冊

210000－0701－0007487　004468

庸盦全集十種　（清）薛福成撰　清光緒無錫薛氏刻本　四十八冊

210000－0701－0007488　004469

文道十書　（清）陳景雲撰　清乾隆十九年（1754）陳黃中樸茂齋刻本　六冊

210000－0701－0007489　004481

章氏遺書二種　（清）章學誠撰　清光緒三年（1877）貴陽章氏刻十九年（1893）補刻本　五冊

210000－0701－0007490　004484

六譯館叢書　廖平撰　清光緒至民國廖氏刻民國十年（1921）四川存古書局彙印本　八十冊

210000－0701－0007491　004485

六譯館叢書　廖平撰　清光緒至民國廖氏刻民國十年（1921）四川存古書局彙印本　八十冊

210000－0701－0007492　004486

六譯館叢書　廖平撰　清光緒至民國廖氏刻民國十年（1921）四川存古書局彙印二十三年（1934）重編重印本　八十冊

210000－0701－0007493　004487

六硯齋筆記四卷二筆四卷三筆四卷　（明）李日華撰　明崇禎刻清康熙李新枝等修括致堂印本　十冊　缺二卷（三筆三至四）

210000－0701－0007494　004489

龍莊遺書　（清）汪輝祖撰　清光緒江蘇書局刻本　六冊

210000－0701－0007495　004491

話山草堂遺集　（清）沈道寬撰　清光緒三年（1877）潤州榷署刻本　八冊

210000－0701－0007496　004492

讀書雜識十二卷　（清）勞格撰　清光緒四年（1878）吳興丁氏刻月河精舍叢鈔本　二冊

210000－0701－0007497　004493

武侯全書二十卷首二卷　（三國蜀）諸葛亮撰　（清）趙承恩編輯　清光緒十年（1884）舊學山房刻本　十二冊

210000－0701－0007498　004494

望溪先生全集三十二卷　（清）方苞撰　清咸豐元年(1851)戴鈞衡刻本　十六冊

210000－0701－0007499　004495

讀書叢錄二十四卷　（清）洪頤煊撰　清光緒十三年(1887)吳氏醉六堂刻本　八冊

210000－0701－0007500　004496

讀書敏求記四卷　（清）錢曾撰　清乾隆十年(1745)沈氏刻六十年(1795)修補本　四冊

210000－0701－0007501　004497

春暉雜稿十一種　（清）郭階撰　清光緒十五年(1889)刻本　六冊　存四種十二卷(芹曝錄內篇一卷、讀史提要錄評一卷、集選詩一卷、遲雲閣詩稿四卷文稿五卷)

210000－0701－0007502　004498

鹿忠節公認真草十五種　（明）鹿善繼撰輯　清刻本　六冊

210000－0701－0007503　004499

鹿忠節公認真草十五種　（明）鹿善繼撰輯　清刻本　六冊

210000－0701－0007504　004500

敦艮齋遺書十七卷　（清）徐潤第撰　清道光二十八年(1848)徐繼畬刻本　五冊

210000－0701－0007505　004501

敦艮齋遺書十七卷　（清）徐潤第撰　清道光二十八年(1848)徐繼畬刻本　五冊

210000－0701－0007506　004502

許文正公遺書十二卷首一卷末一卷　（元）許衡撰　清乾隆五十五年(1790)刻本　八冊

210000－0701－0007507　004503

許文正公遺書十二卷首一卷末一卷　（元）許衡撰　清光緒十三年(1887)傳經堂刻本　四冊

210000－0701－0007508　004504

天中許子政學合一集三十三種續編十三種　（清）許三禮撰　（清）許吉璋輯補　**別錄三種**　清康熙許氏刻乾隆八年(1743)許吉璋補刻本　李中題識　六冊　存十八種(實政頌三篇、讀禮偶見二卷、續編十三種、別錄三種)

210000－0701－0007509　004506

二思堂叢書　（清）梁章鉅撰　清光緒元年(1875)福州梁氏浙江書局刻本　十四冊　缺一種四卷(閩川閨秀詩話一至四)

210000－0701－0007510　004507

二思堂叢書　（清）梁章鉅撰　清光緒元年(1875)福州梁氏浙江書局刻本　十六冊

210000－0701－0007511　004508

二曲全集二十六卷　（清）李顒撰　清湘陰奎樓蔣氏小嫏嬛山館刻本　八冊

210000－0701－0007512　004509

二曲全集二十六卷四書反身錄八卷首一卷　（清）李顒撰　清湘陰奎樓蔣氏小嫏嬛山館刻本　八冊

210000－0701－0007513　004511

二思堂叢書　（清）梁章鉅撰　清光緒元年(1875)福州梁氏浙江書局刻本　十二冊

210000－0701－0007514　004513

王文成公全書三十八卷　（明）王守仁撰　清末刻本　二十四冊

210000－0701－0007515　004514

王文成公全書三十八卷　（明）王守仁撰　清末刻本　二十四冊

210000－0701－0007516　004515

王文成公全書三十八卷　（明）王守仁撰　清末刻本　二十四冊

210000－0701－0007517　004516

王文成公全書三十八卷　（明）王守仁撰　清末刻本　二十四冊

210000－0701－0007518　004517

王文成公全書三十八卷　（明）王守仁撰　清末刻本　二十四冊

210000－0701－0007519　004519

王文成公全書三十八卷　（明）王守仁撰　清末刻本　二十四冊

210000 – 0701 – 0007520   004522

王菉友九種   （清）王筠撰   清道光、咸豐刻
民國初彙印本   八冊

210000 – 0701 – 0007521   004523

王菉友四種   （清）王筠撰   清咸豐二年
(1852)鄉寧賀氏刻本   寶綸題識   二冊

210000 – 0701 – 0007522   004528

覆瓿集   （清）張文虎撰   清同治、光緒刻本
十二冊

210000 – 0701 – 0007523   004529

覆瓿集   （清）張文虎撰   清同治、光緒刻本
十二冊

210000 – 0701 – 0007524   004530

欽定熙朝雅頌集一百六卷首集二十六卷餘集
二卷   （清）鐵保輯   清嘉慶九年(1804)刻本
二十四冊

210000 – 0701 – 0007525   004536

船山遺書   （清）王夫之撰   清同治四年
(1865)湘鄉曾國荃金陵刻本   一百冊

210000 – 0701 – 0007526   004537

船山遺書   （清）王夫之撰   清同治四年
(1865)湘鄉曾國荃金陵刻本   一百冊

210000 – 0701 – 0007527   004538

船山遺書   （清）王夫之撰   清同治四年
(1865)湘鄉曾國荃金陵刻本   一百十一冊

210000 – 0701 – 0007528   004539

船山遺書   （清）王夫之撰   清同治四年
(1865)湘鄉曾國荃金陵刻本   一百冊

210000 – 0701 – 0007529   004540

靈峯草堂叢書八種   （清）陳矩輯   清光緒陳
氏刻本   四冊

210000 – 0701 – 0007530   004543

夏峰先生集十四卷補遺二卷首一卷   （清）孫
奇逢撰   清道光二十五年(1845)大梁書院刻
孫夏峰全集本   十六冊

210000 – 0701 – 0007531   004545

王陽明先生文鈔二十卷   （明）王守仁撰

（清）張問達輯   清康熙四十七年(1708)金陵
映旭齋刻本   佚名批評   十二冊

210000 – 0701 – 0007532   004546

石林遺書十三種   （宋）葉夢得撰   清光緒、
宣統長沙葉德輝觀古堂刻本   十四冊   缺一
種四卷(石林遺事三卷附錄一卷)

210000 – 0701 – 0007533   004551

石泉書屋全集   （清）李文桂撰   清咸豐、光
緒利津李氏刻本   五十二冊

210000 – 0701 – 0007534   004552

西政叢書   題（清）求自強齋主人輯   清光緒
二十二年(1896)慎記書莊石印本   三十二冊

210000 – 0701 – 0007535   004553

西河合集   （清）毛奇齡撰   清康熙五十九年
(1720)蔣樞書留草堂刻乾隆十年(1745)重校
乾隆瞿倫修補本   一百冊

210000 – 0701 – 0007536   004555

不遠復齋遺書   （清）潘世璜撰   清同治七年
至光緒六年(1868 – 1880)潘遵祁刻本   六冊

210000 – 0701 – 0007537   004556

琴志樓叢書   易順鼎撰   清光緒刻本   十冊
　　存二十三種五十卷(經義莛撞四卷、讀經貤
記一卷、出都詩錄一卷、吳篷詩錄一卷、樊山
沌水詩錄一卷、蜀船詩錄一卷、巴山詩錄一
卷、國朝學案目錄一卷、錦里詩錄一卷、峩眉
詩錄一卷、青城詩錄一卷、林屋詩錄一卷、游
梁詩賸一卷、游梁詩賸賸一卷、丁戊之間行卷
十卷、鬘天影事譜四種五卷、摩圍閣詩二卷詞
二卷、盾墨拾餘六卷、四魂集四卷、慕皋廬雜
稿一卷、孔門詩集一卷、大學私訂本一卷、易
音補顧一卷)

210000 – 0701 – 0007538   004564

張臯文箋易詮全集   （清）張惠言撰   清嘉慶
八年至道光八年(1803 – 1828)刻本   二十四
冊   缺(道光十年刻詞選一種)

210000 – 0701 – 0007539   004566

揅經室一集十四卷二集八卷三集五卷四集二
卷詩十一卷續集十一卷再續集六卷外集五卷

（清）阮元撰　清道光三年（1823）文選樓刻本　二十四冊

210000－0701－0007540　004567

揅經室一集十四卷二集八卷三集五卷四集二卷詩十一卷續集十一卷再續集六卷外集五卷　（清）阮元撰　清道光三年（1823）文選樓刻本　二十三冊

210000－0701－0007541　004568

孫夏峰全集　（清）孫奇逢撰　清康熙刻道光至光緒補刻本　六十六冊　缺一種三十六卷（孫徵君日譜錄存一至三十六）

210000－0701－0007542　004569

孫文定全集　（清）孫廷銓撰　清康熙十七年（1678）刻本　十二冊

210000－0701－0007543　004571

武陵山人遺書十種續刊二種　（清）顧觀光撰　清光緒九年（1883）上海莫祥芝刻民國四年（1915）金山高煌修補彙印本　十二冊

210000－0701－0007544　004572

耐安類稿　（清）陳偉撰　清光緒二十二年（1896）刻本　六冊

210000－0701－0007545　004575

羣書拾補　（清）盧文弨撰　清光緒十三年（1887）上海蜚英館石印本　八冊

210000－0701－0007546　004576

珍埶宦遺書　（清）莊述祖撰　清嘉慶、道光武進莊氏脊令舫刻本　十冊

210000－0701－0007547　004577

焦氏叢書　（清）焦循撰　清光緒二年（1876）衡陽魏氏刻本　六十四冊

210000－0701－0007548　004578

香禪精舍集　（清）潘鍾瑞撰　清光緒長沙潘氏香禪精舍刻本　十六冊

210000－0701－0007549　004580

雙節堂褧錄　（清）汪輝祖撰　清乾隆四十五年至五十九年（1780－1794）雙節堂刻本　四冊

210000－0701－0007550　004581

思古堂十四種書　（清）毛先舒撰　清康熙刻本　二冊　存三種八卷（匡林二卷首一卷、格物問答三卷首一卷、韻學通旨一卷）

210000－0701－0007551　004582

海嶽軒叢刻　杜俞撰　清光緒二十六年（1900）申江鉛印本　六冊　存六種

210000－0701－0007552　004583

義門讀書記五十八卷　（清）何焯撰　（清）蔣維鈞編　清乾隆三十四年（1769）蔣氏刻光緒六年（1880）苕溪吳氏重修本　十六冊

210000－0701－0007553　004585

經韻樓集十二卷　（清）段玉裁撰　清道光元年（1821）七葉衍祥堂刻經韻樓叢書本　十二冊

210000－0701－0007554　004588

經韻樓叢書　（清）段玉裁撰　清乾隆、道光金壇段氏刻本　四十二冊　缺三十卷（毛詩古訓定本小箋三十卷）

210000－0701－0007555　004594

崔東壁遺書　（清）崔述撰　清嘉慶二十二年至道光六年（1817－1826）陳履和東陽刻本　二十六冊

210000－0701－0007556　004595

崔東壁遺書　（清）崔述撰　清光緒五年（1879）定州王氏謙德堂刻畿輔叢書本　二十冊

210000－0701－0007557　004596

倭文端公遺書八卷首一卷末一卷續刊三卷　（清）倭仁撰　清光緒元年（1875）六安求我齋刻本　六冊

210000－0701－0007558　004597

巢經巢全集四種　（清）鄭珍撰　清刻民國彙印本　八冊

210000－0701－0007559　004598

梨洲遺著彙刊三十種　（清）黃宗羲撰　薛鳳昌編輯　清宣統二年（1910）上海時中書局鉛

印本　十九冊　缺一種十一卷(南雷文定前集一至十一)

210000－0701－0007560　004599

梨洲遺著彙刊三十種　（清）黃宗羲撰　薛鳳昌編輯　清宣統二年(1910)上海時中書局鉛印本　二十冊

210000－0701－0007561　004600

梨洲遺著彙刊三十三種　（清）黃宗羲撰　薛鳳昌編　清宣統二年(1910)上海時中書局鉛印民國四年(1915)續補重印本　二十冊

210000－0701－0007562　004604

升菴外集一百卷　（明）楊慎撰　（明）焦竑編　清道光二十四年(1844)桂湖刻本　三十二冊

210000－0701－0007563　004605

升菴外集一百卷　（明）楊慎撰　（明）焦竑編　清道光二十四年(1844)桂湖刻本　三十冊

210000－0701－0007564　004605

太史升菴全集八十一卷　（明）楊慎撰　清乾隆六十年(1795)周參元刻本　三十冊

210000－0701－0007565　004606

空山堂全集　（清）牛運震撰　清乾隆、嘉慶空山堂刻嘉慶二十三年(1818)空山堂彙印本　四十二冊

210000－0701－0007566　004607

朱文端公藏書十三種　（清）朱軾撰　清光緒二十三年(1897)刻本　六十八冊　缺三種二十七卷(周易傳義合訂十二卷、春秋抄十卷首一卷、禮記纂言二至五)

210000－0701－0007567　004608

朱氏羣書　（清）朱駿聲撰　清刻光緒八年(1882)彙印本　五冊

210000－0701－0007568　004610

朱氏羣書　（清）朱駿聲撰　清刻光緒八年(1882)彙印本　五冊　缺一種一卷(離騷賦補注一卷)

210000－0701－0007569　004612

[空山堂六種]　（清）牛運震撰　清乾隆、嘉慶空山堂刻本　十冊

210000－0701－0007570　004613

得一齋雜著四種　（清）黃梜材撰　清光緒十二年(1886)刻新陽趙氏叢刊本　四冊

210000－0701－0007571　004614

魏稼孫先生全集　（清）魏錫曾撰　清光緒九年(1883)羊城刻本　十二冊

210000－0701－0007572　004615

[吳文正公全集]　（元）吳澄撰　清乾隆至道光刻本　八十冊

210000－0701－0007573　004616

桐城吳先生全書　（清）吳汝綸撰　清光緒二十九年至三十年(1903－1904)吳氏刻本　十七冊

210000－0701－0007574　004617

繹志十九卷　（清）胡承諾撰　清同治十一年(1872)浙江書局刻本　八冊

210000－0701－0007575　004618

桐城吳先生全書　（清）吳汝綸撰　清光緒二十九年至三十年(1903－1904)吳氏刻本　二十冊

210000－0701－0007576　004619

歸雲別集　（明）陳士元撰　清道光十三年(1833)吳毓梅刻咸豐、同治補刻本　二十冊

210000－0701－0007577　004620

多識錄四卷　（清）練恕撰　清道光十八年(1838)練廷璜上海官舍刻本　一冊　存二卷(一至二)

210000－0701－0007578　004621

脩本堂叢書　（清）林伯桐撰　清道光二十四年(1844)番禺林世懋刻本　十冊　缺三種四十五卷(毛詩通考二十至三十、毛詩識小三十卷、人家冠昏喪祭考四卷)

210000－0701－0007579　004623

鄒叔子遺書　（清）鄒漢勛撰　清光緒八年(1882)刻本　十四冊

210000－0701－0007580　004624

鄒叔子遺書　（清）鄒漢勛撰　清光緒八年
(1882)刻本　十四冊

210000－0701－0007581　004626

錢氏宗譜□□卷　清光緒錢氏錦樹堂刻本
十冊　存五十一卷(上八,下首一卷、一至四
十九)

210000－0701－0007582　004627

紀慎齋先生全集十四種續集六種　（清）紀大
奎撰　清嘉慶、咸豐刻本　四十八冊

210000－0701－0007583　004628

脩本堂叢書　（清）林伯桐撰　清道光二十四
年(1844)番禺林世懋刻光緒九年(1883)增補
本　十六冊

210000－0701－0007584　004632

儆季雜箸　（清）黃以周撰　清光緒二十年至
二十一年(1894－1895)江蘇南菁講舍刻本
十冊

210000－0701－0007585　004633

儆居集五種二十二卷　（清）黃式三撰　清光
緒十四年(1888)刻儆居遺書本　八冊　缺八
卷(五至六、雜著六卷)

210000－0701－0007586　004634

大意尊聞三卷　（清）方東樹撰　**附錄一卷**
（清）方宗誠輯　清同治五年(1866)刻本
一冊

210000－0701－0007587　004634

儆季雜著　（清）黃以周撰　清光緒二十年至
二十一年(1894－1895)江蘇南菁講舍刻本
八冊

210000－0701－0007588　004634

**儀衛軒文集十二卷外集一卷詩集五卷附錄一
卷**　（清）方東樹撰　**方儀衛先生[東樹]年譜
一卷**　（清）鄭福照撰　清同治七年(1868)刻
本　六冊

210000－0701－0007589　004634

儀衛軒遺言三卷　（清）方東樹撰　（清）方宗

誠輯　清同治十三年(1874)刻本　一冊

210000－0701－0007590　004635

徐位山六種　（清）徐文靖撰　清康熙、雍正
志寧堂刻本　三十六冊

210000－0701－0007591　004636

徐位山六種　（清）徐文靖撰　清康熙、雍正
志寧堂刻清末補刻本　二十四冊

210000－0701－0007592　004639

大興徐氏三種　（清）徐松撰　清道光刻本
八冊

210000－0701－0007593　004646

安吳四種　（清）包世臣撰　清同治十一年
(1872)註經堂刻本　十六冊

210000－0701－0007594　004647

安吳四種　（清）包世臣撰　清光緒十四年
(1888)刻本　十六冊

210000－0701－0007595　004648

安吳四種　（清）包世臣撰　清光緒十四年
(1888)刻本　十六冊

210000－0701－0007596　004650

安溪四種書註五卷　（清）宋懿修撰　清道光
十八年(1838)刻本　五冊

210000－0701－0007597　004655

寶樹堂遺書　（清）郭夢星撰　清光緒二十一
年(1895)濰縣郭氏刻本　三冊　缺一種二卷
(尚書小札二卷)

210000－0701－0007598　004655

滄江精華錄四卷　（清）郭綏之撰　（清）郭恩
孚編　清光緒十九年(1893)濰縣郭氏刻果園
叢書本　一冊

210000－0701－0007599　004656

宗月鋤先生遺著八種　（清）宗廷輔撰　清光
緒刻民國六年(1917)印本　四冊

210000－0701－0007600　004657

宦海指南五種　（清）許乃普輯　清咸豐九年
(1859)錢唐許氏刻本　五冊

210000－0701－0007601　004657

折獄便覽一卷　清道光三十年(1850)刻本
一冊

210000－0701－0007602　004658

汪雙池先生叢書　（清）汪紱撰　清道光至光
緒刻光緒二十三年(1897)長安趙舒翹等彙印
本　一百四十六冊

210000－0701－0007603　004659

汪雙池先生叢書二十八種　（清）汪紱撰　清
光緒刻本　一百五十六冊

210000－0701－0007604　004660

汪雙池先生叢書二十八種　（清）汪紱撰　清
光緒刻本　一百五十六冊

210000－0701－0007605　004662

嘉定錢氏潛研堂全書　（清）錢大昕撰　清光
緒十年(1884)長沙龍氏家塾刻本　八十冊

210000－0701－0007606　004666

嘉定錢氏潛研堂全書　（清）錢大昕撰　清光
緒十年(1884)長沙龍氏家塾刻本　九十三冊
　缺三種十一卷(三統術衍三卷鈐一卷、風俗
通逸文一卷、恒言錄六卷)

210000－0701－0007607　004667

潛研堂全書　（清）錢大昕撰　清乾隆、嘉慶
刻道光二十年(1840)錢師光補刻本　六十
四冊

210000－0701－0007608　004668

嘉定錢氏潛研堂全書　（清）錢大昕撰　清光
緒十年(1884)長沙龍氏家塾刻本　八十冊

210000－0701－0007609　004669

平湖顧氏遺書　（清）顧廣譽撰　清光緒二年
至四年(1876－1878)刻本　十四冊

210000－0701－0007610　004670

顧端文公遺書　（明）顧憲成撰　清光緒三年
(1877)涇里宗祠刻本　十八冊

210000－0701－0007611　004671

武陵山人遺書　（清）顧觀光撰　清光緒刻民
國四年(1915)高煌彙印本　十二冊

210000－0701－0007612　004672

安鄉潘經峰父子遺書　（清）廷桂輯　清乾
隆、嘉慶刻咸豐元年(1851)廷桂澧州彙印本
　四十二冊

210000－0701－0007613　004673

叢睦汪氏遺書　（清）汪篩輯　清光緒十二年
(1886)錢塘汪氏長沙刻本　三十六冊

210000－0701－0007614　004674

安鄉潘經峰父子遺書　（清）廷桂輯　清乾
隆、嘉慶刻咸豐元年(1851)廷桂澧州彙印本
　四十冊

210000－0701－0007615　004675

宋鄭所南先生心史二卷　（宋）鄭思肖撰　明
崇禎十二年(1639)張國維刻本　十冊

210000－0701－0007616　004676

宋鄭所南先生心史二卷　（宋）鄭思肖撰　清
末刻本　四冊

210000－0701－0007617　004677

邃雅堂學古錄七卷　（清）姚文田撰　清道光
七年(1827)刻邃雅堂全書本　六冊

210000－0701－0007618　004683

洪北江全集　（清）洪亮吉撰　清光緒三年至
五年(1877－1879)洪用懃授經堂刻十五年
(1889)湖北官書處印本　八十四冊

210000－0701－0007619　004684

洪北江全集　（清）洪亮吉撰　清光緒三年至
五年(1877－1879)洪用懃授經堂刻本　六十
四冊

210000－0701－0007620　004685

洪北江全集　（清）洪亮吉撰　清光緒三年至
五年(1877－1879)洪用懃授經堂刻本　二十
四冊　缺六種二十六卷(擬兩晉南北史樂府
二卷附鮚軒外集唐宋小樂府一卷、北江詩話
六卷、漢魏音四卷、比雅十卷、外家紀聞一卷、
更生齋詩餘二卷)

210000－0701－0007621　004689

清獻堂全編　（清）趙佑撰　清乾隆、嘉慶刻

本　二十四冊

210000 – 0701 – 0007622　004693

湘綺樓全書　王闓運撰　清光緒、宣統刻本
八十六冊

210000 – 0701 – 0007623　004694

湘綺樓全書　王闓運撰　清光緒、宣統刻本
八十五冊

210000 – 0701 – 0007624　004695

湯文正公全集　（清）湯斌撰　清同治九年
（1870）蘇廷魁刻本　三十二冊

210000 – 0701 – 0007625　004696

湯子遺書十二卷　（清）湯斌撰　**潛菴先生
[湯斌]年譜一卷**　（清）王廷燦撰　**附錄一卷**
清乾隆二十九年（1764）樹德堂刻本　十冊

210000 – 0701 – 0007626　004697

還硯齋全集　（清）趙新撰　清光緒八年
（1882）黃樓刻本　三十二冊

210000 – 0701 – 0007627　004699

孔叢伯說經五藁　（清）孔廣林撰　清光緒十
六年（1890）山東書局刻本　七冊

210000 – 0701 – 0007628　004699

通德遺書所見錄七十二卷　（漢）鄭玄撰注
（清）孔廣林輯　清光緒十六年（1890）山東書
局刻本　四冊

210000 – 0701 – 0007629　004700

通德遺書所見錄十九種　（漢）鄭玄撰注
（清）孔廣林輯　清光緒十六年（1890）山東書
局刻本　四冊

210000 – 0701 – 0007630　004703

通雅齋叢稿八卷　成本璞撰　清宣統元年
（1909）武林刻本　四冊

210000 – 0701 – 0007631　004708

游定夫先生集四卷首一卷末一卷　（宋）游酢
撰　清同治六年（1867）游智開合州官舍刻本
四冊

210000 – 0701 – 0007632　004734

古愚老人消夏錄　（清）汪汲撰　清乾隆、嘉

慶古愚山房刻本　二十四冊

210000 – 0701 – 0007633　004735

道古堂外集十二種　（清）杭世駿撰　清光緒
二十二年（1896）錢塘汪氏刻本　八冊

210000 – 0701 – 0007634　004736

左文襄公全集　（清）左宗棠撰　清光緒二十
七年（1901）刻本　六十四冊

210000 – 0701 – 0007635　004737

左文襄公全集　（清）左宗棠撰　清光緒刻本
一百十九冊　缺一卷（駱文忠公奏稿十）

210000 – 0701 – 0007636　004738

左海全集　（清）陳壽祺撰　（清）陳喬樅編
清嘉慶至道光刻本　二十三冊　缺二卷（左
海文集一至二）

210000 – 0701 – 0007637　004738

左海續集　（清）陳壽祺撰　清道光、同治刻
本　四十七冊　缺一種五卷（禮堂遺集三卷
補遺一卷詩一卷）

210000 – 0701 – 0007638　004739

杭大宗七種叢書　（清）杭世駿撰　清光緒二
十二年（1896）杭賓仁刻本　八冊

210000 – 0701 – 0007639　004740

大鶴山房全書　鄭文焯撰　清光緒至民國刻
民國九年（1920）蘇州交通局圖書館彙印本
十二冊

210000 – 0701 – 0007640　004741

大鶴山房全書　鄭文焯撰　清光緒至民國刻
民國九年（1920）蘇州交通局圖書館彙印本
八冊

210000 – 0701 – 0007641　004742

大鶴山房全書　鄭文焯撰　清光緒至民國刻
民國九年（1920）蘇州交通局圖書館彙印本
十二冊

210000 – 0701 – 0007642　004746

希鄭堂叢書第一集　潘任撰　清光緒二十年
（1894）木活字印本　四冊

210000 – 0701 – 0007643　004747

南菁札記 （清）溥良輯 清光緒二十年
(1894)江陰使署刻本 六冊

210000－0701－0007644 004750

皮氏經學叢書 （清）皮錫瑞撰 清光緒思賢
書局刻本 十四冊

210000－0701－0007645 004751

皮氏經學叢書 （清）皮錫瑞撰 清光緒思賢
書局刻本 十四冊

210000－0701－0007646 004752

李文恭公遺集 （清）李星沅撰 清同治四年
(1865)芋香山館刻本 三十二冊 缺四卷
(李文恭公文集十三至十六)

210000－0701－0007647 004753

李文忠公全書 （清）李鴻章撰 清光緒三十
一年(1905)刻本 八十九冊 存五種一百六
十五卷(奏稿八十卷、朋僚函稿二十卷譯署函
稿二十卷、蠡池教堂函稿一卷、海軍函稿四
卷、電稿四十卷)

210000－0701－0007648 004754

李文忠公全書 （清）李鴻章撰 清光緒三十
一年(1905)刻本 一百冊

210000－0701－0007649 004755

李文忠公全集一百六十五卷 （清）李鴻章撰
清光緒三十一年(1905)金陵刻三十四年
(1908)印本 一百冊

210000－0701－0007650 004756

李文忠公全集一百六十五卷 （清）李鴻章撰
清光緒三十一年(1905)金陵刻三十四年
(1908)印本 一百冊

210000－0701－0007651 004759

李文忠公全書 （清）李鴻章撰 清光緒三十
一年(1905)刻本 一百冊

210000－0701－0007652 004760

李氏遺書 （清）李銳撰 清道光三年(1823)
儀徵阮氏刻本 六冊

210000－0701－0007653 004761

李厚岡集 （清）李榮陛撰 清嘉慶二十年

(1815)亙古齋刻本 二十冊

210000－0701－0007654 004765

古桐書屋六種 （清）劉熙載撰 清同治、光
緒刻本 十冊

210000－0701－0007655 004766

古桐書屋六種 （清）劉熙載撰 清同治、光
緒刻本 十冊

210000－0701－0007656 004767

古今釋疑十八卷 （清）方中履撰 清康熙二
十一年(1682)方氏汗青閣刻方賜蕕補刻本
八冊

210000－0701－0007657 004768

古今釋疑十八卷 （清）方中履撰 清康熙二
十一年(1682)方氏汗青閣刻方賜蕕補刻本
十二冊

210000－0701－0007658 004769

古愚老人消夏錄 （清）汪汲撰 清刻本 二
十冊

210000－0701－0007659 004774

耆甫先生四種 （清）朱文炑撰 清咸豐三年
(1853)長沙丁取忠刻本 四冊

210000－0701－0007660 004775

真西山全集一百八十三卷 （宋）真德秀撰
明萬曆金學曾刻明崇禎清康熙、乾隆真氏遞
修本 一百二十冊

210000－0701－0007661 004776

杭大宗七種叢書 （清）杭世駿撰 清光緒二
十二年(1896)杭賓仁刻本 八冊

210000－0701－0007662 004777

杭大宗七種叢書 （清）杭世駿撰 清光緒二
十二年(1896)杭賓仁刻本 六冊

210000－0701－0007663 004778

杭大宗七種叢書 （清）杭世駿撰 清光緒二
十二年(1896)杭賓仁刻本 六冊

210000－0701－0007664 004779

杭大宗七種叢書 （清）杭世駿撰 清光緒二
十二年(1896)杭賓仁刻本 四冊

210000－0701－0007665　004780

杭大宗七種叢書　（清）杭世駿撰　清光緒二十二年(1896)杭賓仁刻本　四冊

210000－0701－0007666　004782

彭剛直公全集　（清）彭玉麟撰　清光緒十七年(1891)俞樾刻本　六冊　缺五卷(詩集五至八、奏議一)

210000－0701－0007667　004783

陸桴亭先生遺書　（清）陸世儀撰　清光緒二十五年(1899)太倉唐受祺刻本　二十冊

210000－0701－0007668　004785

求在我齋全集　（清）陳澧撰　清同治十二年(1873)賜葛堂刻本　二十六冊

210000－0701－0007669　004786

求益齋全集　（清）強汝詢撰　清光緒二十四年(1898)江蘇書局刻本　八冊

210000－0701－0007670　004787

求闕齋弟子記三十二卷　（清）王定安撰　清光緒二年(1876)刻本　十六冊

210000－0701－0007671　004788

戴氏遺書　（清）戴震撰　清乾隆曲阜孔氏刻微波榭叢書本　二十四冊

210000－0701－0007672　004789

微波榭叢書　（清）孔繼涵輯　清乾隆曲阜孔氏刻本　四十七冊

210000－0701－0007673　004790

微波榭叢書　（清）孔繼涵輯　清乾隆曲阜孔氏刻本　四十二冊

210000－0701－0007674　004791

微波榭叢書　（清）孔繼涵輯　清乾隆曲阜孔氏刻本　三十二冊

210000－0701－0007675　004792

微波榭叢書　（清）孔繼涵輯　清乾隆曲阜孔氏刻本　四十八冊

210000－0701－0007676　004793

戴氏雜著　（清）戴燮元輯　清同治刻本　八冊

210000－0701－0007677　004794

董方立遺書　（清）董祐誠撰　清同治八年(1869)四川成都寓舍刻本　八冊

210000－0701－0007678　004795

正誼堂全集　（清）董沛撰　清光緒刻本　六冊　存三種二十卷(吳平贅言八卷、汝東判語六卷、晦闇齋筆語六卷)

210000－0701－0007679　004796

董方立遺書　（清）董祐誠撰　清同治八年(1869)四川成都寓舍刻本　四冊

210000－0701－0007680　004796

偶存集一卷援守井研記略一卷　（清）董貽清撰　清同治十一年(1872)刻本　一冊

210000－0701－0007681　004796

柼華館駢體文四卷　（清）董基誠　（清）董祐誠撰　清咸豐九年(1859)蓉城刻本　一冊

210000－0701－0007682　004797

花雨樓叢鈔　（清）張壽榮輯　清光緒蛟川張氏花雨樓刻本　四十八冊

210000－0701－0007683　004798

藤花亭十七種　（清）梁廷枏撰　清道光八年至十三年(1828－1833)刻本　十二冊　存十種六十四卷(金石稱例四卷、續金石稱例一卷、碑文摘奇一卷、書餘一卷、曲話五卷、論語古解十卷、南漢書十八卷、南漢書考異十八卷、南漢叢錄二卷、南漢文字略四卷)

210000－0701－0007684　004799

蔣氏四種　（清）蔣士銓撰　清同治十年(1871)刻本　四十冊

210000－0701－0007685　004801

燕禧堂五種　（清）任大椿撰　清乾隆刻本　八冊

210000－0701－0007686　004805

莫氏家集　（清）莫友芝輯　清咸豐刻同治五年(1866)修補本　八冊

210000－0701－0007687　004806

萬充宗先生經學五書　（清）萬斯大撰　清乾

隆二十四年至二十六年(1759－1761)萬福刻本　五冊

210000－0701－0007688　004809

黃棃洲遺書十種　（清）黃宗羲撰　清光緒三十一年(1905)杭州群學社石印本　十二冊

210000－0701－0007689　004810

黃漳浦集五十卷首一卷目錄二卷　（明）黃道周撰　（清）陳壽祺編　**年譜二卷**　清道光刻本　二十四冊

210000－0701－0007690　004811

趣園初集　（清）陳鍾祥撰　清咸豐十年(1860)刻本　十冊

210000－0701－0007691　004812

楚蒙山房集　（清）晏斯盛撰　清乾隆新喻晏氏刻本　三十二冊

210000－0701－0007692　004813

黃氏逸書考　（清）黃奭輯　清道光甘泉黃氏刻民國十四年(1925)王鑒修補本　一百冊

210000－0701－0007693　004814

黃氏逸書考　（清）黃奭輯　清道光甘泉黃氏刻民國十四年(1925)王鑒修補本　一百冊

210000－0701－0007694　004816

黃氏逸書考　（清）黃奭輯　清道光甘泉黃氏刻民國十四年(1925)王鑒修補二十三年(1934)朱長圻遞修1985年江蘇廣陵古籍印刷本　一百二十四冊

210000－0701－0007695　004817

黃氏逸書考　（清）黃奭輯　清道光甘泉黃氏刻民國十四年(1925)王鑒修補民國二十三年(1934)朱長圻遞修本　一百六十冊

210000－0701－0007696　004818

元和蔡雲所著書　（清）蔡雲撰　清道光七年(1827)刻本　四冊

210000－0701－0007697　004819

脩本堂叢書　（清）林伯桐撰　清道光二十四年(1844)林世懋刻本　十冊

210000－0701－0007698　004820

郝氏遺書　（清）郝懿行撰　清嘉慶、光緒刻本　十八冊

210000－0701－0007699　004821

觀古堂所著書　葉德輝撰　清光緒長沙葉氏刻本　十六冊

210000－0701－0007700　004822

觀古堂所著書　葉德輝撰　清光緒長沙葉氏刻本　十六冊

210000－0701－0007701　004823

觀古堂所著書　葉德輝撰　清光緒長沙葉氏刻本　十冊　存八種二十三卷（萬卷堂書目四卷、爾雅圖贊一卷、釋人疏證二卷、山公啟事一卷佚事一卷、秘書省續編到四庫闕書目二卷、晉司隸校尉傅玄集三卷、傅子三卷附訂訛一卷、結一廬書目四卷附宋元本書目一卷）

210000－0701－0007702　004824

黃棃洲遺書十種　（清）黃宗羲撰　清光緒三十一年(1905)杭州群學社石印本　十二冊

210000－0701－0007703　004825

柏堂經說　（清）方宗誠撰　清光緒桐城方氏刻本　十六冊

210000－0701－0007704　004827

棣懷堂隨筆十一卷首一卷末一卷　（清）李象鵾撰　清刻本　七冊

210000－0701－0007705　004828

楊園先生全集　（清）張履祥撰　（清）萬斛泉編　清同治十年(1871)江蘇書局刻本　十六冊

210000－0701－0007706　004829

楊園先生全集　（清）張履祥撰　（清）萬斛泉編　清同治十年(1871)江蘇書局刻本　十六冊

210000－0701－0007707　004831

郝氏遺書　（清）郝懿行撰　清嘉慶、光緒刻本　八十四冊

210000－0701－0007708　004832

郝氏遺書　（清）郝懿行撰　清嘉慶、光緒刻

本 三十二冊

210000－0701－0007709　004833
郝氏遺書　（清）郝懿行撰　清嘉慶、光緒刻本　二十冊

210000－0701－0007710　004834
胡文忠公遺集八十六卷首一卷　（清）胡林翼撰　（清）鄭敦謹　（清）曾國荃輯　清同治六年(1867)刻本　三十二冊

210000－0701－0007711　004835
胡文忠公遺集八十六卷首一卷　（清）胡林翼撰　（清）鄭敦謹　（清）曾國荃輯　清同治六年(1867)刻本　三十二冊

210000－0701－0007712　004836
胡文忠公全集八十六卷首一卷　（清）胡林翼撰　清光緒十四年(1888)上海著易堂鉛印本　八冊

210000－0701－0007713　004837
胡文忠公全集八十六卷首一卷　（清）胡林翼撰　清光緒二十七年(1901)上海圖書集成印書局鉛印本　八冊

210000－0701－0007714　004838
胡文忠公遺集十卷首一卷　（清）胡林翼撰　清同治五年(1866)漱芳齋顧悅廷刻本　四冊

210000－0701－0007715　004839
胡文忠公遺集八十六卷首一卷　（清）胡林翼撰　（清）鄭敦謹　（清）曾國荃輯　清刻本　三十二冊

210000－0701－0007716　004840
胡文忠公遺集八十六卷首一卷　（清）胡林翼撰　（清）鄭敦謹　（清）曾國荃輯　清光緒元年(1875)湖北崇文書局刻本　三十二冊

210000－0701－0007717　004841
胡文忠公遺集八十六卷首一卷　（清）胡林翼撰　（清）鄭敦謹　（清）曾國荃輯　清光緒元年(1875)湖北崇文書局刻本　三十二冊

210000－0701－0007718　004842
期不負齋全集　（清）周家楣撰　清光緒二十

一年(1895)史恩縣刻本　八冊

210000－0701－0007719　004844
桐華閣叢書　（清）杜貴墀撰　清光緒刻本　十二冊

210000－0701－0007720　004848
桐城吳先生全書　（清）吳汝綸撰　清光緒桐城吳氏刻本　八冊　存二種十二卷(桐城吳先生文集四卷詩集一卷、桐城吳先生尺牘五卷補遺一卷諭兒書一卷)

210000－0701－0007721　004849
戴氏遺訓三種　（清）戴百壽撰　清光緒二十年(1894)戴世文刻本　四冊　存二種四卷(戒淫詩一卷、救荒舉要三卷)

210000－0701－0007722　004855
趙文毅公奏疏五卷附錄一卷松石齋文集二十五卷詩集六卷　（明）趙用賢撰　清光緒趙氏承啓堂刻本　十冊

210000－0701－0007723　004856
梅氏叢書輯要　（清）梅文鼎撰　清光緒石印本　六冊

210000－0701－0007724　004857
梅氏叢書輯要　（清）梅文鼎撰　清光緒石印本　六冊

210000－0701－0007725　004859
味檗齋遺書　（明）趙南星撰　清光緒高邑趙氏刻本　三十一冊

210000－0701－0007726　004860
味根山房全集　（清）史善長撰　清光緒番禺史氏刻本　十冊　存四種十六卷(輪臺雜記二卷、東還紀略一卷、味根山房詩鈔九卷文集一卷、退思軒詩存一卷試帖二卷)

210000－0701－0007727　004862
中復堂全集　（清）姚瑩撰　清同治六年(1867)吉安姚濬昌刻本　四十冊

210000－0701－0007728　004863
抗希堂十六種全書　（清）方苞撰　清光緒二十四年(1898)娜嬛閣刻本　三十五冊　存十

種一百二十七卷（周官辨一卷、周官析疑三十六卷考工記析疑四卷、禮記析疑四十八卷、儀禮析疑十七卷、喪禮或問二卷、史記注補正一卷、刪定管子一卷、刪定荀子一卷、離騷經正義一卷、望溪文一卷望溪先生文偶鈔十四卷）

210000－0701－0007729　004864
抗希堂十六種　（清）方苞撰　清康熙、嘉慶桐城方氏抗希堂刻本　五十二冊

210000－0701－0007730　004865
春雨樓叢書　（清）朱士端撰　清同治寶應朱氏刻本　六冊

210000－0701－0007731　004866
春在堂全書　（清）俞樾撰　清同治、光緒刻本　七十二冊

210000－0701－0007732　004867
春在堂全書　（清）俞樾撰　清同治、光緒刻本　一百四十冊　缺一種六卷（春在堂雜文補遺六卷）

210000－0701－0007733　004868
春在堂全書　（清）俞樾撰　清同治、光緒刻本　一百六十冊

210000－0701－0007734　004869
春在堂全書　（清）俞樾撰　清同治、光緒刻本　一百四十冊　缺三種八卷（春在堂雜文補遺六卷、春在堂挽言一卷、楹聯錄存五）

210000－0701－0007735　004870
春在堂全書　（清）俞樾撰　清同治、光緒刻本　一百五十八冊　缺六卷（曲園雜纂二十三至二十八）

210000－0701－0007736　004871
春在堂叢書　（清）俞樾撰　清光緒三十三年（1907）石印本　三十二冊

210000－0701－0007737　004872
春在堂全書　（清）俞樾撰　清同治、光緒刻本　十四冊　存四種四十二卷（春在堂詩編二十三卷、春在堂隨筆十卷、春在堂詞錄三卷、春在堂尺牘六卷）

210000－0701－0007738　004873
春草堂集三十六卷　（清）謝墍撰　清道光二十年（1840）謝氏家刻二十五年（1845）補刻本　二十四冊

210000－0701－0007739　004874
春草堂集三十七卷　（清）謝墍撰　清道光二十年（1840）謝氏家刻二十五年（1845）補刻本　三十二冊

210000－0701－0007740　004875
番禺陳氏東塾叢書　（清）陳澧撰　清光緒刻本　二冊　存四種九卷（水經注兩南諸水考三卷、弧三角平視法一卷、摹印述一卷、三統術詳說四卷）

210000－0701－0007741　004876
惜抱軒遺書　（清）姚鼐撰　清光緒五年（1879）桐城徐氏刻本　四冊

210000－0701－0007742　004877
劉氏遺書八卷　（清）劉台拱撰　清光緒十五年（1889）廣雅書局刻本　二冊

210000－0701－0007743　004878
番禺陳氏東塾叢書　（清）陳澧撰　清道光、光緒刻本　九冊

210000－0701－0007744　004879
番禺陳氏東塾叢書　（清）陳澧撰　清道光、光緒刻本　九冊

210000－0701－0007745　004880
授堂遺書　（清）武億撰　清道光二十三年（1843）武氏授堂刻本　十六冊

210000－0701－0007746　004881
授堂遺書　（清）武億撰　清道光二十三年（1843）武氏授堂刻本　十六冊

210000－0701－0007747　004882
拙盦叢稿　（清）朱一新撰　清光緒二十二年（1896）順德龍氏葆貞堂刻宣統元年（1909）抱經樓補刻本　十六冊

210000－0701－0007748　004883
蛾術編八十二卷　（清）王鳴盛撰　（清）连鹤

壽參校　清道光二十一年(1841)世楷堂刻本
二十四冊

210000 – 0701 – 0007749　004884

持雅堂全集　(清)尚鎔撰　清同治六年
(1867)高安蕭浚蘭刻本　十一冊　缺一種十
卷(史記辨證十卷)

210000 – 0701 – 0007750　004885

曹月川先生遺書七種附年譜二卷　(明)曹端
撰　清順治十五年(1658)刻乾隆十一年
(1746)補刻本　九冊　缺二種三卷(西銘述
解一卷、理學證印要覽二卷)

210000 – 0701 – 0007751　004887

思元齋全集　(清)裕瑞撰　清嘉慶、道光刻
本　十一冊

210000 – 0701 – 0007752　004890

淡園全集　(清)馬徵麐撰　清光緒十五年
(1889)金陵清涼山半日讀書齋刻本　四冊
存四種七卷(大衍筮法直解一卷、仙源礪士參
語一卷、夏小正箋疏四卷、淡園文集一卷)

210000 – 0701 – 0007753　004891

桐城錢飲光先生全書　(清)錢澄之撰　清同
治二年(1863)刻本　二十冊

210000 – 0701 – 0007754　004892

呂子遺書　(明)呂坤撰　清道光七年(1827)
開封府署刻本　二十四冊

210000 – 0701 – 0007755　004893

景袁齋叢書　(清)何其傑撰　清光緒何氏家
刻本　八冊

210000 – 0701 – 0007756　004895

景紫堂全書　(清)夏炘撰　清道光、同治刻
彙印本　二十二冊

210000 – 0701 – 0007757　004896

羅忠節公遺集　(清)羅澤南撰　清咸豐、同
治刻彙印本　八冊

210000 – 0701 – 0007758　004897

羅忠節公遺集　(清)羅澤南撰　清咸豐、同
治刻彙印本　八冊

210000 – 0701 – 0007759　004898

影山草堂六種　(清)莫友芝撰　清咸豐、光
緒刻本　四冊　存四種二十六卷(邵亭詩鈔
六卷、邵亭遺詩八卷、邵亭遺文八卷、貞定先
生遺集四卷)

210000 – 0701 – 0007760　004899

五桂樓書目四卷　(清)黃澄量藏　(清)黃承
乙撰　清光緒二十一年(1895)姚江黃氏刻本
二冊

210000 – 0701 – 0007761　004900

黔詩紀略三十三卷　(清)莫友芝輯　清同治
十二年(1873)遵義唐氏夢研齋金陵刻本　二
冊　存二卷(一至二)

210000 – 0701 – 0007762　004900

影山草堂六種　(清)莫友芝撰　清咸豐、光
緒刻本　十八冊

210000 – 0701 – 0007763　004901

賭棋山莊全集　(清)謝章鋌撰　清光緒、民
國刻彙印本　三十三冊

210000 – 0701 – 0007764　004902

味義根齋全書　(清)譚澐撰　清光緒刻彙印
本　六冊

210000 – 0701 – 0007765　004906

鄂宰四種　(清)王筠撰　清咸豐二年(1852)
鄉寧賀氏刻本　二冊

210000 – 0701 – 0007766　004909

璧勤襄公遺書三種　(清)璧昌撰　清咸豐九
年(1859)刻本　三冊

210000 – 0701 – 0007767　004910

璧勤襄公遺書三種　(清)璧昌撰　清咸豐九
年(1859)刻本　三冊

210000 – 0701 – 0007768　004911

璧勤襄公遺書三種　(清)璧昌撰　清咸豐九
年(1859)刻本　三冊

210000 – 0701 – 0007769　004914

甌北全集　(清)趙翼撰　清乾隆、嘉慶湛貽
堂刻本　四十八冊

210000－0701－0007770　004915

甌北全集　（清）趙翼撰　清乾隆、嘉慶湛貽堂刻本　四十八冊

210000－0701－0007771　004916

頤志齋叢書二十三種　（清）丁晏撰　清同治元年(1862)山陽丁晏六藝堂彙印本　二十冊

210000－0701－0007772　004917

頤志齋叢書二十四種　（清）丁晏撰　清同治元年(1862)山陽丁晏六藝堂刻彙印本　十六冊

210000－0701－0007773　004918

劉武慎公遺書二十五卷　（清）劉長佑撰　年譜三卷　（清）鄧輔　（清）王政慈編　清光緒二十六年(1900)鉛印本　二十八冊

210000－0701－0007774　004921

劉武慎公遺書二十五卷　（清）劉長佑撰　年譜三卷　（清）鄧輔　（清）王政慈編　清光緒二十六年(1900)鉛印本　二十八冊

210000－0701－0007775　004923

劉端臨先生遺書　（清）劉台拱撰　清光緒刻本　六冊

210000－0701－0007776　004927

隱居通議三十一卷　（元）劉壎撰　清嘉慶六年(1801)劉炘刻本　八冊

210000－0701－0007777　004930

隨園三十種　（清）袁枚撰　清刻本　七十冊　缺四十卷(小倉山房文集十至十八、二十九至三十五,小倉山房詩集一至二十四)

210000－0701－0007778　004931

隨園二十八種　（清）袁枚撰　清乾隆、嘉慶袁氏家刻本　六十四冊

210000－0701－0007779　004932

一齋集　（明）陳第撰　明萬曆刻清康熙、乾隆、道光二十八年(1848)陳斗遞修本　五冊

210000－0701－0007780　004934

陳司業先生集　（清）陳祖范撰　清乾隆二十九年(1764)日華堂刻本　六冊

210000－0701－0007781　004935

陳澹然三種　陳澹然撰　清光緒二十六年至二十八年(1900－1902)長沙徐崇立刻本　十二冊

210000－0701－0007782　004936

陳澹然三種　陳澹然撰　清光緒二十六年至二十八年(1900－1902)長沙徐崇立刻本　十二冊

210000－0701－0007783　004937

江都陳氏叢書三種　（清）陳本禮撰　清嘉慶裛露軒刻本　四冊

210000－0701－0007784　004938

三山陳氏家刻左海全集　（清）陳壽祺撰　清嘉慶、道光刻本　二十冊

210000－0701－0007785　004939

陽明先生集要三編　（明）王守仁撰　（明）施邦曜評輯　清光緒三十二年(1906)江南製造局鉛印本　七冊　存八卷(年譜一卷、經濟集七卷)

210000－0701－0007786　004942

周孟侯先生全書　（清）周拱辰撰　清道光二十七年(1847)湯晉苑刻光緒元年(1875)補刻本　十四冊

210000－0701－0007787　004943

陽明先生集要三編　（明）王守仁撰　（明）施邦曜評輯　清光緒五年(1879)貴州扶風山陽明祠刻本　十五冊　缺一卷(文章集一)

210000－0701－0007788　004945

周孟侯先生全書　（清）周拱辰撰　清道光二十七年(1847)湯晉苑刻光緒元年(1875)補刻本　十二冊

210000－0701－0007789　004946

周益國文忠公集　（宋）周必大撰　清道光二十八年(1848)歐陽棨刻本　四十

210000－0701－0007790　004948

陶文毅公全集六十四卷首一卷末一卷　（清）陶澍撰　清道光二十年(1840)淮北刻本　二

十四册

210000－0701－0007791　004949

陶廬叢刻初集二十種二集九種　王樹枏撰
清光緒、民國新城王氏刻本　四十九册

210000－0701－0007792　004950

陶廬叢刻初集二十種二集九種　王樹枏撰
清光緒、民國新城王氏刻彙印本　六十册
缺六種(初集三種、二集三種)

210000－0701－0007793　004951

陶廬叢刻初集　王樹枏撰　清光緒民國新城
王氏刻本　六十七册

210000－0701－0007794　004952

巴山七種　(清)王侃撰　清同治四年(1865)
光裕堂刻本　八册

210000－0701－0007795　004955

貫華堂才子書彙稿　(清)金人瑞撰　清宣統
二年(1910)順德鄧氏風雨樓鉛印本　四册

210000－0701－0007796　004956

貫華堂才子書彙稿　(清)金人瑞撰　清宣統
二年(1910)順德鄧氏風雨樓鉛印本　四册

210000－0701－0007797　004957

春在堂全書　(清)俞樾撰　清光緒九年
(1883)刻本　九十八册

210000－0701－0007798　004958

兼濟堂文集二十四卷　(清)魏裔介撰　(清)
魏勳等校　清康熙三十九年(1700)魏勳刻本
十三册　存八卷(一至四、九至十二)

210000－0701－0007799　004959

新爾雅十四卷　(清)汪榮寶　(清)葉瀾纂
清光緒三十年(1904)刻本　二册

210000－0701－0007800　004961

何義門讀書記　(清)何焯撰　(清)蔣維鈞輯
清乾隆三十四年(1769)刻光緒六年(1880)
茗溪吳氏重修本　十六册

210000－0701－0007801　004962

曾文正公全集　(清)曾國藩撰　清同治、光
緒傳忠書局刻本　一百十五册　缺四種(求

闕齋日記類鈔、曾文正公年譜、孟子要略、曾
文正公家訓)

210000－0701－0007802　004963

曾文正公全集　(清)曾國藩撰　清同治、光
緒傳忠書局刻本　一百二十八册

210000－0701－0007803　004964

曾文正公全集　(清)曾國藩撰　清同治、光
緒傳忠書局刻本　一百三十册

210000－0701－0007804　004965

曾文正公全集　(清)曾國藩撰　清同治、光
緒傳忠書局刻本　一百二册　缺三種二十二
卷(經史百家雜鈔二至十一、曾文正公家書十
卷、曾文正公家訓二卷)

210000－0701－0007805　004966

曾文正公全集　(清)曾國藩撰　清同治、光
緒傳忠書局刻本　一百四十四册

210000－0701－0007806　004967

曾惠敏公全集　(清)曾紀澤撰　清光緒十九
年(1893)江南製造總局刻本　八册

210000－0701－0007807　004968

曾文正公全集　(清)曾國藩撰　清同治、光
緒傳忠書局刻本　一百十八册

210000－0701－0007808　004969

曾惠敏公全集　(清)曾紀澤撰　清光緒二十
年(1894)上海石印本　四册

210000－0701－0007809　004970

養晦堂全集　(清)劉蓉撰　清光緒思賢講舍
刻本　十六册

210000－0701－0007810　004973

飴山全集　(清)趙執信撰　清乾隆趙氏因園
刻彙印本　八册

210000－0701－0007811　004974

鄭氏佚書　(漢)鄭玄撰　(清)袁鈞輯　清光
緒十四年(1888)浙江書局刻本　十册

210000－0701－0007812　004975

鄭氏遺書　(漢)鄭玄撰　(清)王復輯
(清)武億校　清嘉慶二年(1797)刻問經堂叢

書本　四冊

210000－0701－0007813　004976

鄭氏佚書　（漢）鄭玄撰　（清）袁鈞輯　清光緒十四年(1888)浙江浙江書局刻本　十冊

210000－0701－0007814　004977

鄭學錄四卷　（清）鄭珍撰　清同治四年(1865)鄭知同刻本　二冊

210000－0701－0007815　004978

笠澤叢書九卷首一卷末一卷　（唐）陸龜蒙撰　（清）許棳校　清嘉慶二十四年(1819)古韻閣刻二十五年(1820)重校本　一冊

210000－0701－0007816　004979

舒藝室全集　（清）張文虎撰　清同治、光緒刻本　十二冊

210000－0701－0007817　004980

鄭氏佚書　（漢）鄭玄撰　（清）袁鈞輯　清光緒十四年(1888)浙江書局刻本　十冊

210000－0701－0007818　004981

竹柏山房十五種　（清）林春溥撰　清嘉慶咸豐刻本　四十冊

210000－0701－0007819　004982

竹柏山房十五種　（清）林春溥撰　清嘉慶咸豐刻本　四十冊

210000－0701－0007820　004983

竹柏山房十五種　（清）林春溥撰　清嘉慶咸豐刻本　六冊　存六種二十卷(戰國紀年六卷地輿一卷年表一卷、竹書紀年補證四卷本末一卷後案一卷、孔門師弟年表一卷孟子時事年表一卷後說一卷、孔子世家補訂一卷、孟子列傳纂一卷、孟子外書補正一卷)

210000－0701－0007821　004984

竹柏山房十五種　（清）林春溥撰　清嘉慶咸豐刻本　四十冊

210000－0701－0007822　004985

第一樓叢書　（清）俞樾撰　清同治十年(1871)刻本　八冊

210000－0701－0007823　004986

第一樓叢書三十卷曲園雜纂五十卷　（清）俞樾撰　清光緒二十五年(1899)刻春在堂全書本　十六冊

210000－0701－0007824　004987

第一樓叢書　（清）俞樾撰　清同治十年(1871)刻本　七冊

210000－0701－0007825　004988

讀書堂叢刻　簡朝亮撰　清光緒民國刻本　五十三冊

210000－0701－0007826　004989

薆園叢書　（清）張愼儀撰　清光緒民國刻本　十四冊

210000－0701－0007827　004990

筆諫堂全集　（清）柳堂撰　清光緒筆諫堂刻本　十二冊　存七種三十七卷(宰德小記一卷、書札記事四卷、牧東紀略四卷、周甲錄六卷、東平教案記二卷、災賑日記十五卷、宰惠紀略五卷)

210000－0701－0007828　004991

堅柏先生類稿　（清）宋在詩撰　清乾隆三十年(1765)刻本　六冊　存五種十三卷(襄古堂偶存文稿四卷、襄古堂偶存詩稿二卷、見聞瑣錄三卷、論語贅言二卷、讀詩遵朱近思錄二卷)

210000－0701－0007829　004993

惜抱軒全集　（清）姚鼐撰　清同治五年(1866)省心閣刻本　十冊

210000－0701－0007830　004994

惜抱軒全集　（清）姚鼐撰　清同治五年(1866)省心閣刻本　十六冊

210000－0701－0007831　004995

諸子平議三十五卷　（清）俞樾撰　清光緒雙流李氏刻本　十二冊

210000－0701－0007832　004996

惜抱軒全集　（清）姚鼐撰　清嘉慶、道光刻本　八冊　存七種三十二卷(惜抱軒法帖題跋三卷、公羊傳補注一卷、穀梁傳補注一卷、

左傳補注一卷、國語補注一卷、惜抱軒筆記八卷、惜抱軒九經説十七卷）

210000－0701－0007833　004997

惜陰軒叢書續編　（清）李錫齡輯　清咸豐八年(1858)刻本　十冊

210000－0701－0007834　004998

庸盦海外文編四卷　（清）薛福成撰　清光緒二十一年(1895)無錫薛氏刻庸盦全集本　四冊

210000－0701－0007835　004999

意林五卷補遺一卷　（唐）馬總撰　清光緒三年(1877)湖北崇文書局刻本　二冊

210000－0701－0007836　005000

六藝論疏證一卷魯禮禘祫義疏證一卷　（清）皮錫瑞撰　清光緒二十五年(1899)刻本　一冊

210000－0701－0007837　005001

訂譌雜錄十卷　（清）胡鳴玉撰　清嘉慶十八年(1813)蕭山陳春刻湖海樓叢書本　四冊

210000－0701－0007838　005005

讀書雜志　（清）王念孫撰　清嘉慶、道光王氏刻本　二十四冊

210000－0701－0007839　005006

讀書雜志八十二卷餘編二卷　（清）王念孫撰　清同治九年(1870)金陵書局刻本　二十四冊

210000－0701－0007840　005008

讀書偶筆二十卷　（清）董桂新撰　清同治五年(1866)刻本　八冊

210000－0701－0007841　005009

讀書叢錄二十四卷　（清）洪頤煊撰　清道光刻本　六冊

210000－0701－0007842　005010

劉直齋先生讀書日記六卷補編二卷　（清）劉源淥撰　清雍正五年(1727)刻本　四冊

210000－0701－0007843　005011

讀書脞錄七卷　（清）孫念祖撰　清嘉慶四年(1799)刻本　四冊

210000－0701－0007844　005012

讀書錄十二卷　（明）薛瑄撰　清光緒四年(1878)刻本　四冊

210000－0701－0007845　005014

讀書錄十二卷　（明）薛瑄撰　清光緒四年(1878)刻本　四冊

210000－0701－0007846　005015

讀書雜志八十二卷餘編二卷　（清）王念孫撰　清同治九年(1870)金陵書局刻本　二十四冊

210000－0701－0007847　005016

讀書鏡二卷　（明）陳繼儒撰　清光緒六年(1880)泰州宮氏春雨草堂刻本　二冊

210000－0701－0007848　005020

兩山墨談十八卷　（明）陳霆撰　清光緒十四年(1888)長沙惜陰書局刻惜陰軒叢書本　四冊

210000－0701－0007849　005022

一鐙精舍甲部稿五卷　（清）何秋濤撰　清光緒五年(1879)淮南書局刻本　一冊

210000－0701－0007850　005023

二初齋讀書記　（清）倪思寬撰　清刻本　二冊

210000－0701－0007851　005036

靖康緗素雜記十卷　（宋）黃朝英撰　清道光二十四年(1844)刻守山閣叢書本　二冊

210000－0701－0007852　005040

下學堂劄記三卷　（清）熊賜履撰　清康熙二十四年(1685)刻本　二冊

210000－0701－0007853　005041

吾學錄初編二十四卷　（清）吳榮光撰　清同治九年(1870)江蘇書局刻本　四冊　缺七卷(十三至十九)

210000－0701－0007854　005042

石渠餘紀六卷　（清）王慶雲撰　清光緒十六年(1890)龍氏刻本　六冊

210000－0701－0007855　005044

西齋偶得三卷　（清）博明撰　附錄一卷　楊
鍾義撰　清光緒二十六年(1900)刻留垞叢刻
本　一冊

210000－0701－0007856　005045

西學啟蒙十六種　清光緒二十四年(1898)上
海圖書集成印書局鉛印本　五冊　存五種三
十五卷(歐洲史略十三卷、富國養民策十六
章、辨學啓蒙二十七章、希臘志略七卷、羅馬
志略十三卷)

210000－0701－0007857　005046

雲谷雜記四卷首一卷末一卷　（宋）張淏撰
清刻本　二冊

210000－0701－0007858　005047

粟香三筆八卷　金武祥撰　清光緒十一年
(1885)廣州刻本　四冊

210000－0701－0007859　005048

癸巳存稿十五卷　（清）俞正燮撰　清光緒十
年(1884)刻本　六冊

210000－0701－0007860　005049

癸巳存稿十五卷　（清）俞正燮撰　清光緒十
年(1884)刻本　六冊

210000－0701－0007861　005050

癸巳類稿十五卷　（清）俞正燮撰　清道光十
三年(1833)王藻求日益齋刻本　十冊

210000－0701－0007862　005051

癸巳存稿十五卷　（清）俞正燮撰　清光緒十
年(1884)刻本　八冊

210000－0701－0007863　005052

癸巳類稿十五卷　（清）俞正燮撰　清道光十
三年(1833)王藻求日益齋刻本　八冊

210000－0701－0007864　005054

硯桂緒錄十六卷　（清）林昌彝撰　清同治三
年(1864)刻本　十六冊

210000－0701－0007865　005056

羣書疑辨十二卷　（清）萬斯同撰　清嘉慶二
十一年(1816)刻本　六冊

210000－0701－0007866　005057

羣書札記十六卷　（清）朱亦棟撰　清光緒四
年(1878)武林竹簡齋刻本　六冊

210000－0701－0007867　005058

羣書拾補初編三十七種　（清）盧文弨撰　清
乾隆、嘉慶餘姚盧氏刻抱經堂叢書本　九冊
缺一種二卷(明史藝文志二卷)

210000－0701－0007868　005059

羣書拾補三十七種　（清）盧文弨撰　清光緒
十三年(1887)上海蜚英館石印本　八冊

210000－0701－0007869　005060

新節毛西河四種　（清）毛奇齡撰　清末刻本
一冊

210000－0701－0007870　005061

集說詮眞不分卷　（清）黃伯祿輯　（清）蔣超
凡校　清光緒三十二年(1906)上海慈母堂鉛
印黃氏重校本　一冊

210000－0701－0007871　005062

集說詮眞不分卷續編不分卷提要不分卷
（清）黃伯祿輯　（清）蔣超凡校　清光緒五年
至六年(1879－1880)上海慈母堂刻本　六冊

210000－0701－0007872　005063

義門讀書記十八種五十八卷　（清）何焯撰
（清）蔣維鈞編　清石香齋刻本　十二冊

210000－0701－0007873　005064

佔畢叢談六卷勸學卮言一卷時文蠡測一卷
（清）袁守定撰　清光緒十二年(1886)刻本
二冊

210000－0701－0007874　005065

經籍舉要一卷附錄一卷家塾課程一卷　（清）
龍啟瑞撰　（清）袁昶訂　清光緒十九年
(1893)中江講院刻漸西村舍彙刊本　一冊

210000－0701－0007875　005066

經學質疑四卷　（清）朱霈撰　清嘉慶六年
(1801)朱氏望嶽樓刻本　二冊

210000－0701－0007876　005070

緯攟十四卷首一卷　（清）喬松年輯　清光緒

四年(1878)喬氏強恕堂刻本　八冊

210000－0701－0007877　005071

句溪雜著六卷　(清)陳立撰　清同治三年
(1864)刻八年(1869)陳汝恭續刻本　二冊

210000－0701－0007878　005072

歸田瑣記八卷　(清)梁章鉅撰　清道光二十
五年(1845)北東園刻本　二冊

210000－0701－0007879　005073

先正讀書訣一卷　(清)周永年輯　清光緒二
十六年(1900)襄陽刻本　一冊

210000－0701－0007880　005075

溉亭述古錄二卷　(清)錢塘撰　清刻本
二冊

210000－0701－0007881　005077

隨盦所著書　徐乃昌撰　清光緒十八年至二
十二年(1892－1896)刻民國四年(1915)南陵
徐氏積學齋彙印本　二冊

210000－0701－0007882　005079

潛邱劄記六卷左汾進棄一卷　(清)閻若璩撰
清乾隆十年(1745)閻學林眷西堂刻本
八冊

210000－0701－0007883　005080

潛索錄四卷　(清)范承謨撰　清乾隆五十四
年(1789)范建幟刻本　二冊

210000－0701－0007884　005081

湛園札記四卷　(清)姜宸英撰　清光緒七年
(1881)張麟洲、王定祥刻本　二冊

210000－0701－0007885　005108

泖東草堂筆記不分卷　(清)沈宗祉撰　清宣
統二年(1910)上海圖書集成公司鉛印本
四冊

210000－0701－0007886　005110

**禮耕堂叢說一卷史論五答一卷吉貝居暇唱一
卷**　(清)施國祁撰　清宣統三年(1911)國學
扶輪社鉛印本　一冊

210000－0701－0007887　005112

通雅五十二卷首三卷　(清)方以智撰　(清)

姚文燮校訂　清康熙五年(1666)姚文燮浮山
此藏軒刻本　二十四冊

210000－0701－0007888　005113

賓退錄十卷　(宋)趙與時撰　清光緒江陰繆
氏刻對雨樓叢書本　四冊

210000－0701－0007889　005116

冷廬雜識八卷　(清)陸以湉撰　清咸豐六年
(1856)刻本　二冊

210000－0701－0007890　005117

十駕齋養新錄二十卷餘錄三卷　(清)錢大昕
撰　**竹汀居士年譜續一卷**　(清)錢慶曾編
清光緒二年(1876)浙江書局刻本　八冊

210000－0701－0007891　005118

十駕齋養新錄二十卷餘錄三卷　(清)錢大昕
撰　**竹汀居士年譜續一卷**　(清)錢慶曾編
清光緒二年(1876)浙江書局刻本　八冊

210000－0701－0007892　005119

十駕齋養新錄二十卷餘錄三卷　(清)錢大昕
撰　**竹汀居士年譜續一卷**　(清)錢慶曾編
清光緒二年(1876)浙江書局刻本　八冊

210000－0701－0007893　005120

十駕齋養新錄二十卷　(清)錢大昕撰　清嘉
慶十年(1805)錢氏刻十六年(1811)錢師康重
修本　七冊

210000－0701－0007894　005123

十駕齋養新錄二十卷餘錄三卷　(清)錢大昕
撰　**竹汀居士年譜續一卷**　(清)錢慶曾編
清光緒二年(1876)浙江書局刻本　八冊

210000－0701－0007895　005124

十駕齋養新錄二十卷餘錄三卷　(清)錢大昕
撰　**竹汀居士年譜續一卷**　(清)錢慶曾編
清光緒二年(1876)浙江書局刻本　八冊

210000－0701－0007896　005125

十駕齋養新餘錄二卷　(清)錢大昕撰　清光
緒二年(1876)浙江書局刻本　一冊

210000－0701－0007897　005126

十駕齋養新錄二十卷餘錄三卷　(清)錢大昕

撰　**竹汀居士年譜續一卷**　（清）錢慶曾編
清光緒二年(1876)浙江書局刻本　八冊

210000－0701－0007898　005127

九九銷夏錄十四卷　（清）俞樾撰　清光緒十
八年(1892)刻本　二冊

210000－0701－0007899　005129

壹是紀始二十二卷補遺一卷　（清）魏崧撰
清光緒二年(1876)□□堂刻本　八冊　存八
卷(一至八)

210000－0701－0007900　005131

德州田氏叢書　（清）田雯等輯　清康熙、乾
隆刻本　十四冊　存四種五十一卷(長河志
籍考十卷、古歡堂集三十六卷、蒙齋年譜一卷
續一卷附補一卷、有懷堂文集一卷詩集一卷)

210000－0701－0007901　005132

李氏刊誤二卷　（唐）李涪撰　清嘉慶十年
(1805)虞山張氏照曠閣刻學津討原本　二冊

210000－0701－0007902　005133

南江札記一卷　（清）邵晉涵撰　清光緒十四
年(1888)長洲蔣鳳藻心矩齋刻本　一冊

210000－0701－0007903　005134

南漘楛語八卷　（清）蔣超伯撰　清同治十年
(1871)兩鷹山房刻本　四冊　存六卷(一至
六)

210000－0701－0007904　005139

古今註三卷　（晉）崔豹撰　清末民初影印本
　一冊

210000－0701－0007905　005142

七修類藁五十一卷　（明）郎瑛撰　明刻本
二冊　存十卷(十至十四、二十五至二十九)

210000－0701－0007906　005144

札迻十二卷　（清）孫詒讓撰　清光緒二十年
(1894)瑞安孫氏刻本　四冊

210000－0701－0007907　005145

札迻十二卷　（清）孫詒讓撰　清光緒二十年
(1894)瑞安孫氏刻本　四冊

210000－0701－0007908　005146

札迻十二卷　（清）孫詒讓撰　清光緒二十年
(1894)瑞安孫氏刻本　四冊

210000－0701－0007909　005147

求闕齋讀書錄十卷　（清）曾國藩撰　（清）王
定安輯　清光緒二年(1876)傳忠書局刻本
四冊

210000－0701－0007910　005150

求闕齋弟子記三十二卷　（清）王定安撰　清
光緒二年(1876)北京龍文齋刻本　十六冊

210000－0701－0007911　005153

封氏聞見記十卷　（唐）封演撰　清抄本
二冊

210000－0701－0007912　005154

封氏聞見記十卷　（唐）封演撰　清乾隆二十
一年(1756)雅雨堂刻本　二冊

210000－0701－0007913　005155

封氏聞見記十卷　（唐）封演撰　清乾隆二十
一年(1756)雅雨堂刻本　二冊

210000－0701－0007914　005156

菜友肬說一卷教童子法一卷　（清）王筠撰
清光緒二十一年(1895)長沙江氏刻靈鶼閣叢
書本　二冊

210000－0701－0007915　005157

札迻十二卷　（清）孫詒讓撰　清光緒二十年
(1894)瑞安孫氏籀膏刻本　四冊

210000－0701－0007916　005158

札迻十二卷　（清）孫詒讓撰　清光緒二十年
(1894)瑞安孫氏籀膏刻二十一年(1895)重修
本　四冊

210000－0701－0007917　005159

札樸十卷　（清）桂馥撰　清光緒九年(1883)
長洲蔣氏心矩齋刻心矩齋叢書本　五冊

210000－0701－0007918　005160

札樸十卷　（清）桂馥撰　清光緒九年(1883)
長洲蔣氏心矩齋刻心矩齋叢書本　八冊

210000－0701－0007919　005161

札樸十卷　（清）桂馥撰　清光緒九年(1883)

長洲蔣氏心矩齋刻心矩齋叢書本　十冊

210000－0701－0007920　005162
榕村語錄續集二十卷　（清）李光地撰　清光緒二十年(1894)傅氏藏園刻本　六冊

210000－0701－0007921　005163
菉友蛾術蝙二卷　（清）王筠撰　清咸豐十年(1860)宋宮疃刻王菉友九種本　二冊

210000－0701－0007922　005164
攷古質疑六卷　（宋）葉大慶撰　清刻本　二冊

210000－0701－0007923　005167
草木子四卷　（明）葉子奇撰　清光緒五年(1879)葉氏刻本　稻葉岩吉題識　二冊

210000－0701－0007924　005168
菰中隨筆一卷　（清）顧炎武撰　清道光十二年(1832)長白鄂山刻本　一冊

210000－0701－0007925　005169
韓門綴學五卷續編一卷　（清）汪師韓撰　清刻本　三冊

210000－0701－0007926　005173
省軒考古類編十二卷　（清）柴紹炳撰　（清）姚培謙評　清乾隆二十三年(1758)敦化堂刻本　六冊

210000－0701－0007927　005174
蒿菴閒話二卷　（清）張爾岐撰　清嘉慶二十一年(1816)蔣國培刻本　二冊

210000－0701－0007928　005178
慈溪黃氏日抄分類古今紀要十九卷　（宋）黃震撰　清刻本　八冊

210000－0701－0007929　005179
黃氏日鈔九十七卷古今紀要十九卷　（宋）黃震撰　清乾隆三十二年(1767)新安汪氏刻本　三十二冊

210000－0701－0007930　005180
黃眉故事十卷　（清）鄧白拙編　清刻本　六冊

210000－0701－0007931　005181
吹網錄六卷歐陂漁話六卷　（清）葉廷琯撰　清同治八年(1869)刻本　四冊

210000－0701－0007932　005182
權衡一書四十一卷　（清）王植編輯　清乾隆崇雅堂刻本　二十四冊

210000－0701－0007933　005187
隸經文四卷　（清）江藩撰　清道光元年(1821)曾釗、吳蘭修刻本　二冊

210000－0701－0007934　005188
敬齋古今黈八卷　（元）李冶撰　清同治十三年(1874)江西書局刻武英殿聚珍版書本(卷六抄補)　二冊

210000－0701－0007935　005194
趙夢白雜著五種　（明）趙南星撰　（清）吳承祖輯　行述一卷　明末清初刻道光二十年(1840)南豐吳承祖增補彙印本　六冊

210000－0701－0007936　005195
中西聞見錄選編　（美國）丁韙良撰　清光緒三年(1877)刻　四冊

210000－0701－0007937　005196
事物原會四十卷　（清）汪汲撰　清嘉慶元年(1796)古愚山房刻古愚老人消夏錄本　六冊

210000－0701－0007938　005197
棗林雜俎六卷　（清）談遷撰　附錄一卷　清宣統三年(1911)上海國學扶輪社鉛印本　六冊

210000－0701－0007939　005199
東塾讀書記二十五卷　（清）陳澧撰　清光緒刻本　五冊

210000－0701－0007940　005200
東塾讀書記二十五卷　（清）陳澧撰　清光緒二十四年(1898)北京琉璃廠文瀾堂刻本(原缺卷十三至十四、十七至二十、二十二至二十五)　五冊

210000－0701－0007941　005203
援鶉堂筆記五十卷　（清）姚範撰　（清）姚瑩

編輯　清道光十六年(1836)刻本　十六冊

210000－0701－0007942　005204

援鶉堂筆記五十卷　(清)姚範撰　(清)姚瑩編輯　清道光十五年(1835)姚瑩淮南鹽掣官署刻本　十二冊

210000－0701－0007943　005205

蛾術編八十二卷　(清)王鳴盛撰　(清)连鶴壽參校　清道光二十一年(1841)吳江沈楙惪世楷堂刻本　十六冊

210000－0701－0007944　005206

斠補隅錄　(清)蔣光煦校輯　清咸豐元年(1851)海昌蔣氏別下齋刻涉聞梓舊本　六冊

210000－0701－0007945　005207

輟耕錄三十卷　(明)陶宗儀撰　清廣文堂刻本　六冊

210000－0701－0007946　005208

日知薈說四卷　(清)高宗弘曆撰　清乾隆元年(1736)內府刻本　四冊

210000－0701－0007947　005209

日知錄集釋三十二卷　(清)顧炎武撰　(清)黃汝成集釋　**刊誤二卷續刊誤二卷**　(清)黃汝成撰　清同治十一年(1872)崇文書局刻本　十六冊

210000－0701－0007948　005210

日知錄三十二卷　(清)顧炎武撰　清道光十二年(1832)鄂山刻本　十二冊

210000－0701－0007949　005211

日知錄三十二卷　(清)顧炎武撰　清康熙三十四年(1695)潘耒遂初堂刻本　十冊

210000－0701－0007950　005212

日知錄三十二卷　(清)顧炎武撰　清乾隆五十八年(1793)刻本　十二冊

210000－0701－0007951　005213

日知錄集釋三十二卷　(清)顧炎武撰　(清)黃汝成集釋　**刊誤二卷續刊誤二卷**　(清)黃汝成撰　清同治七年(1868)朝宗書室刻本　二十冊

210000－0701－0007952　005214

日知錄集釋三十二卷　(清)顧炎武撰　(清)黃汝成集釋　**刊誤二卷續刊誤二卷**　(清)黃汝成撰　清刻本　十六冊

210000－0701－0007953　005216

日知錄三十二卷　(清)顧炎武撰　清乾隆五十八年(1793)刻本　十二冊

210000－0701－0007954　005217

日知錄集釋三十二卷　(清)顧炎武撰　(清)黃汝成集釋　**刊誤二卷續刊誤二卷**　(清)黃汝成撰　清道光十四年至十八年(1834－1838)黃氏西谿草廬刻本　十二冊

210000－0701－0007955　005219

日知錄集釋三十二卷　(清)顧炎武撰　(清)黃汝成集釋　**刊誤二卷續刊誤二卷**　(清)黃汝成撰　清同治七年(1868)朝宗書室刻本　二十冊

210000－0701－0007956　005221

日知錄集釋三十二卷　(清)顧炎武撰　(清)黃汝成集釋　**刊誤二卷續刊誤二卷**　(清)黃汝成撰　清同治八年(1869)刻本　十六冊

210000－0701－0007957　005222

日知錄集釋三十二卷　(清)顧炎武撰　(清)黃汝成集釋　**刊誤二卷續刊誤二卷**　(清)黃汝成撰　清末刻本　十六冊

210000－0701－0007958　005227

日知錄之餘四卷　(清)顧炎武撰　清宣統二年(1910)鄒福保刻本　二冊

210000－0701－0007959　005228

魏叔子日錄三卷　(清)魏禧撰　清康熙易堂刻寧都三魏全集本　二冊

210000－0701－0007960　005229

小琅嬛叢記二卷　(清)阮福輯　清道光刻本　一冊

210000－0701－0007961　005230

日知錄之餘四卷　(清)顧炎武撰　清道光鄂山刻本　二冊

210000－0701－0007962　005232

易餘籥錄二十卷　（清）焦循撰　清光緒十二年(1886)德化李氏刻木犀軒叢書本　三冊

210000－0701－0007963　005235

困學紀聞二十卷　（宋）王應麟撰　（清）閻若璩箋　清乾隆三年(1738)馬氏叢書樓刻本　六冊

210000－0701－0007964　005236

困學紀聞二十卷　（宋）王應麟撰　（清）閻若璩箋　清乾隆三年(1738)馬氏叢書樓刻本　六冊

210000－0701－0007965　005238

困學紀聞二十卷　（宋）王應麟撰　（清）何焯評　（清）閻若璩箋　清乾隆汪垕桐華書塾刻本　六冊

210000－0701－0007966　005239

困學紀聞注二十卷首一卷　（清）翁元圻撰　清光緒十三年(1887)上海同文書局石印本　六冊

210000－0701－0007967　005240

校訂困學紀聞集證二十卷　（清）萬希槐輯　（清）屠繼序校補　清嘉慶十八年(1813)胡氏山壽齋刻二十四年(1819)印本　十二冊

210000－0701－0007968　005243

校訂困學紀聞五箋集證二十卷　（清）萬希槐輯　（清）屠繼序校補　清道光刻本　八冊

210000－0701－0007969　005244

校訂困學紀聞集證二十卷　（清）萬希槐輯　（清）屠繼序較補　明嘉靖十八年(1539)胡氏山壽齋刻本　十二冊

210000－0701－0007970　005245

困學紀聞注二十卷　（清）翁元圻撰　清道光五年(1825)餘姚翁氏刻本　十四冊

210000－0701－0007971　005246

困學紀聞注二十卷　（清）翁元圻撰　清道光五年(1825)餘姚翁氏刻本　十二冊

210000－0701－0007972　005247

困學紀聞注二十卷　（清）翁元圻撰　清光緒八年(1882)影印本　六冊

210000－0701－0007973　005249

曉讀齋雜錄八卷　（清）洪亮吉撰　清光緒三年(1877)洪用懃授經堂刻本　二冊

210000－0701－0007974　005250

曉讀齋雜錄八卷　（清）洪亮吉撰　清光緒三年(1877)洪用懃授經堂刻本　二冊

210000－0701－0007975　005251

嘯亭雜錄八卷續錄二卷　（清）昭槤撰　清光緒六年(1880)刻本　十二冊

210000－0701－0007976　005252

曝書雜記三卷　（清）錢泰吉撰　清同治七年(1868)刻本　一冊

210000－0701－0007977　005253

野獲編三十卷補遺四卷　（明）沈德符撰　（清）錢枋輯　清道光七年(1827)姚氏扶荔山房刻同治八年(1869)姚德恒修補本　二十二冊

210000－0701－0007978　005254

斠經筆記一卷　（清）陳倬撰　清光緒十二年(1886)吳縣朱氏槐廬刻孫谿朱氏經學叢書初編本　一冊

210000－0701－0007979　005255

陔餘叢考四十三卷　（清）趙翼撰　清乾隆五十五年(1790)湛貽堂刻甌北全集本　八冊

210000－0701－0007980　005256

陔餘叢考四十三卷　（清）趙翼撰　清乾隆五十五年(1790)湛貽堂刻甌北全集本　十冊

210000－0701－0007981　005257

陔餘叢考四十三卷　（清）趙翼撰　清乾隆五十五年(1790)湛貽堂刻甌北全集本　十二冊

210000－0701－0007982　005258

陔餘叢考四十三卷　（清）趙翼撰　清末刻本　十六冊

210000－0701－0007983　005261

丹鉛總錄二十七卷　（明）楊慎撰　清乾隆五

十九年（1794）楊昶刻本　十二册

210000－0701－0007984　005262

學古堂日記初編　（清）雷浚　（清）吳履剛輯
清光緒十六年（1890）刻本　二册

210000－0701－0007985　005263

無邪堂答問五卷　（清）朱一新撰　清光緒二
十一年（1895）廣雅書局刻本　五册

210000－0701－0007986　005264

無邪堂答問五卷　（清）朱一新撰　清光緒二
十一年（1895）葆眞堂刻本　五册

210000－0701－0007987　005265

食舊德齋襍箸二卷　（清）劉嶽雲撰　清光緒
二十二年（1896）四川刻本　二册

210000－0701－0007988　005266

鍾山札記四卷　（清）盧文弨撰　清嘉慶元年
（1796）盧氏刻抱經堂叢書本　一册

210000－0701－0007989　005266

龍城札記三卷　（清）盧文弨撰　清嘉慶元年
（1796）盧氏刻抱經堂叢書本　與210000－
0701－0007988合册

210000－0701－0007990　005268

曾文正公雜著二卷　（清）曾國藩撰　清光緒
二年（1876）傳忠書局刻本　二册

210000－0701－0007991　005269

食舊悳齋襍箸不分卷　（清）劉嶽雲撰　清光
緒二十二年（1896）四川尊經書院刻本　三册

210000－0701－0007992　005270

舒藝室彙編　（清）張文虎撰　清光緒十三年
至十五年（1887－1889）錢銘璧刻本　四册

210000－0701－0007993　005272

管城碩記三十卷　（清）徐文靖撰　清乾隆九
年（1744）志寧堂刻徐位山六種道光修補印本
九册

210000－0701－0007994　005273

少室山房筆叢四十八卷　（明）胡應麟撰　清
光緒二十二年（1896）廣雅書局刻本　九册

210000－0701－0007995　005273

詩藪內編六卷外編四卷雜編六卷　（明）胡應
麟撰　清光緒二十二年（1896）廣雅書局刻本
三册

210000－0701－0007996　005274

少室山房筆叢四十八卷　（明）胡應麟撰　清
光緒二十二年（1896）廣雅書局刻本　九册

210000－0701－0007997　005274

詩藪內編六卷外編四卷雜編六卷　（明）胡應
麟撰　清光緒二十二年（1896）廣雅書局刻本
三册

210000－0701－0007998　005275

懷幽雜俎　徐乃昌輯　清光緒、宣統徐氏刻
本　八册

210000－0701－0007999　005279

補晉書經籍志四卷　吳士鑑撰　清光緒二十
一年（1895）刻本　一册

210000－0701－0008000　005281

元史藝文志四卷　（清）錢大昕撰　清嘉慶吳
縣刻本　四册

210000－0701－0008001　005282

元史藝文志四卷元史氏族表三卷　（清）錢大
昕撰　清江蘇書局刻本　三册

210000－0701－0008002　005283

元史藝文志四卷　（清）錢大昕撰　清光緒十
年（1884）長沙龍氏家塾刻嘉定錢氏潛研堂全
書本　一册

210000－0701－0008003　005284

補三國藝文志四卷　（清）侯康撰　清光緒十
三年（1887）刻廣雅書局叢書本　一册

210000－0701－0008004　005285

補三國藝文志四卷　（清）侯康撰　清光緒貴
築楊氏刻訓纂堂叢書本　二册

210000－0701－0008005　005287

補晉書藝文志四卷　丁國鈞撰　丁辰注　附
錄一卷　清光緒錫山文苑閣木活字印丁氏叢
書本　二册

210000－0701－0008006　005288

補後漢書藝文志四卷　（清）侯康撰　清光緒
貴築楊氏刻訓纂堂叢書本　二冊

210000－0701－0008007　005291

宋史藝文志補一卷　（清）黃虞稷　（清）倪燦
撰　（清）盧文弨編錄　清光緒十七年(1891)
廣雅書局刻廣雅書局叢書本　一冊

210000－0701－0008008　005292

補晉書藝文志四卷補遺一卷附錄一卷　丁國
鈞撰　丁辰注　**刊誤一卷**　丁辰撰　清光緒
廣雅書局刻廣雅書局叢書本　二冊

210000－0701－0008009　005293

補後漢書藝文志四卷　（清）侯康撰　清光緒
十七年(1891)廣雅書局刻廣雅書局叢書本
一冊

210000－0701－0008010　005294

補續漢書藝文志一卷　（清）錢大昭撰　清光
緒十四年(1888)廣雅書局刻廣雅書局叢書本
一冊

210000－0701－0008011　005297

漢藝文志攷證十卷　（宋）王應麟撰　清刻本
二冊

210000－0701－0008012　005299

相臺書塾刊正九經三傳沿革例一卷　（元）岳
浚撰　清光緒三年(1877)湖北崇文書局刻本
一冊

210000－0701－0008013　005309

隋書經籍志考證十三卷　（清）章宗源撰　清
光緒湖北崇文書局刻崇文書局彙刻書本
四冊

210000－0701－0008014　005310

八史經籍志　（日本）□□輯　清光緒九年
(1883)鎮海張壽榮刻本　十六冊

210000－0701－0008015　005311

八史經籍志　（日本）□□輯　清光緒九年
(1883)鎮海張壽榮刻本　十六冊

210000－0701－0008016　005317

宋元舊本書經眼錄三卷附錄二卷　（清）莫友
芝撰　清刻本　二冊

210000－0701－0008017　005324

儀顧堂續跋十六卷　（清）陸心源撰　清光緒
十八年(1892)刻潛園總集本　四冊

210000－0701－0008018　005326

宋元舊本書經眼錄三卷附錄二卷　（清）莫友
芝撰　清刻本　一冊

210000－0701－0008019　005344

藏書紀事詩七卷　葉昌熾撰　清宣統二年
(1910)葉氏刻本　十二冊

210000－0701－0008020　005351

欽定七經綱領　清宣統元年(1909)學部圖書
局鉛印本　一冊

210000－0701－0008021　005371

日本訪書志十六卷　楊守敬撰　清光緒二十
三年(1897)刻本　八冊

210000－0701－0008022　005373

國學叢刊　羅振玉輯　清宣統三年(1911)石
印本　二冊

210000－0701－0008023　005374

藏書記要一卷　（清）孫從添撰　**流通古書約
一卷**　（清）曹溶撰　清光緒十五年(1889)許
增刻娛園叢刻本　一冊

210000－0701－0008024　005375

曝書雜記三卷　（清）錢泰吉撰　清同治七年
(1868)刻本　一冊

210000－0701－0008025　005376

曝書雜記三卷　（清）錢泰吉撰　清光緒會稽
章氏刻式訓堂叢書本　三冊

210000－0701－0008026　005379

曝書雜記三卷　（清）錢泰吉撰　清光緒會稽
章氏刻式訓堂叢書本　三冊

210000－0701－0008027　005381

留真譜初編十一卷附一卷　楊守敬輯　清光
緒二十七年(1901)楊氏刻後增刻本　十二冊

210000－0701－0008028　005382

留真譜初編十一卷附一卷　楊守敬輯　清光緒二十七年(1901)楊氏刻後增刻本　十二冊

210000－0701－0008029　005384

留真譜初編不分卷　楊守敬輯　清光緒二十七年(1901)楊氏刻本　八冊

210000－0701－0008030　005385

留真譜初編十一卷附一卷　楊守敬輯　清光緒二十七年(1901)楊氏刻後增刻本　十二冊

210000－0701－0008031　005386

竹汀先生日記鈔二卷　(清)錢大昕撰　(清)何元錫編　(清)劉喜海批　清潘氏滂喜齋刻朱墨套印本　一冊

210000－0701－0008032　005387

竹汀先生日記鈔三卷　(清)錢大昕撰　(清)何元錫輯　清光緒會稽章氏刻式訓堂叢書本　一冊

210000－0701－0008033　005392

皕宋樓藏書源流攷一卷　(日本)島田翰撰　清光緒三十三年(1907)刻本　一冊

210000－0701－0008034　005402

古今偽書考一卷　(清)姚際恒撰　清光緒三年(1877)蘇州文學山房刻本　一冊

210000－0701－0008035　005407

廣川書跋十卷　(宋)董逌撰　清光緒十三年(1887)朱氏槐廬家塾刻槐廬叢書本　二冊

210000－0701－0008036　005408

[影刻陳衡山先生藏文選殘葉及蘭亭序]　(□)□□撰　清光緒刻本　一冊

210000－0701－0008037　005417

拜經樓藏書題跋記五卷附錄一卷　(清)吳壽暘撰　經籍跋文一卷　(清)陳鱣撰　清道光蔣氏刻本　四冊

210000－0701－0008038　005418

拜經樓藏書題跋記五卷附錄一卷　(清)吳壽暘撰　經籍跋文一卷　(清)陳鱣撰　清道光蔣氏刻本　四冊

210000－0701－0008039　005419

拜經樓藏書題跋記五卷附錄一卷　(清)吳壽暘撰　清道光二十七年(1847)蔣氏刻本　四冊

210000－0701－0008040　005422

經籍訪古志六卷補遺一卷　(日本)澀江全善　(日本)森立之撰　清光緒十一年(1885)鉛印本　八冊

210000－0701－0008041　005423

重編紅雨樓題跋二卷　(明)徐熥撰　繆荃孫輯　清宣統二年(1910)新陽趙氏峭帆樓刻峭帆樓叢書本　一冊

210000－0701－0008042　005425

經籍跋文一卷　(清)陳鱣撰　清道光十七年(1837)蔣氏刻本　一冊

210000－0701－0008043　005426

經籍訪古志六卷補遺一卷　(日本)澀江全善　(日本)森立之撰　清光緒十一年(1885)鉛印本　八冊

210000－0701－0008044　005427

經籍跋文一卷　(清)陳鱣撰　清道光十七年(1837)蔣氏刻本　一冊

210000－0701－0008045　005432

儀顧堂續跋十六卷　(清)陸心源撰　清光緒十八年(1892)刻潛園總集本　六冊

210000－0701－0008046　005433

儀顧堂題跋十六卷續跋十六卷　(清)陸心源撰　清光緒十六年至十八年(1890－1892)刻潛園總集本　八冊

210000－0701－0008047　005434

儀顧堂題跋十六卷　(清)陸心源撰　清光緒十六年(1890)刻潛園總集本　六冊

210000－0701－0008048　005435

漁洋書籍跋尾二卷　(清)王士禎撰　清光緒四年(1878)仁和葛氏刻嘯園叢書本　二冊

210000－0701－0008049　005436

漁洋書籍跋尾二卷　(清)王士禎撰　清光緒

四年(1878)仁和葛氏刻嘯園叢書本　二冊

210000－0701－0008050　005441

士禮居藏書題跋記六卷　（清）黄丕烈撰　清
光緒十年(1884)潘氏滂喜齋刻本　四冊

210000－0701－0008051　005442

士禮居藏書題跋記六卷　（清）黄丕烈撰　清
光緒十年(1884)潘氏滂喜齋刻本　四冊

210000－0701－0008052　005443

士禮居藏書題跋記六卷　（清）黄丕烈撰　清
光緒十年(1884)潘氏滂喜齋刻本　四冊

210000－0701－0008053　005444

士禮居藏書題跋記六卷　（清）黄丕烈撰　清
光緒十年(1884)潘氏滂喜齋刻本　四冊

210000－0701－0008054　005445

士禮居藏書題跋記六卷　（清）黄丕烈撰　清
光緒十年(1884)潘氏滂喜齋刻本　四冊

210000－0701－0008055　005448

存古學堂叢刻　王仁俊撰　清光緒三十三年
(1907)存古學堂鉛印本　一冊

210000－0701－0008056　005457

**華延年室題跋二卷殘明大統曆一卷殘明宰輔
年表一卷**　（清）傅以禮撰　清宣統元年
(1909)鉛印本　三冊

210000－0701－0008057　005458

**華延年室題跋二卷殘明大統曆一卷殘明宰輔
年表一卷**　（清）傅以禮撰　清宣統元年
(1909)鉛印本　三冊

210000－0701－0008058　005463

隱湖題跋一卷續跋一卷　（明）毛晉撰　清末
丁祖蔭刻虞山叢刻本　一冊

210000－0701－0008059　005464

知聖道齋讀書跋二卷　（清）彭元瑞撰　清光
緒刻本　一冊

210000－0701－0008060　005467

廉石居藏書記二卷　（清）孫星衍撰　（清）陳
宗彝編　清光緒十二年(1886)刻本　一冊

210000－0701－0008061　005468

文選樓藏書記六卷　（清）阮元撰　清末越縵
堂抄本　八冊

210000－0701－0008062　005480

藏書紀事詩六卷　葉昌熾撰　清光緒二十三
年(1897)江標刻本　十二冊

210000－0701－0008063　005482

元史藝文志四卷　（清）錢大昕撰　清嘉慶吳
縣刻本　二冊

210000－0701－0008064　005483

觀古堂書目叢刊　葉德輝輯　清光緒至民國
湘潭葉氏刻本　二十冊　存十二種四十一卷
(秘書省續編到四庫闕書目二卷、南雝經籍考
二卷、百川書志二十卷、萬卷堂書目四卷、絳
雲樓書目補遺一卷、靜惕堂書目宋人集一卷
元人文集一卷、徵刻唐宋秘本書目一卷考證
一卷徵刻書啟五先生事略一卷、孝慈堂書目
一卷、佳趣堂書目一卷、竹垞庵傳抄書目一
卷、求古居宋本書目一卷考證一卷、古今書刻
二卷)

210000－0701－0008065　005487

**古今算學書錄七卷附錄一卷古今算學叢書編
目一卷**　（清）劉鐸撰　清光緒二十四年
(1898)算學書局石印本　二冊

210000－0701－0008066　005493

算學書目提要三卷　丁福保撰　清光緒二十
五年(1899)刻疇隱廬叢書本　一冊

210000－0701－0008067　005520

八史經籍志　（日本）□□輯　清光緒九年
(1883)鎮海張壽榮刻本　十七冊

210000－0701－0008068　005521

浙江藏書樓甲編書目乙編書目　（清）楊復撰
　清光緒三十三年(1907)刻本　三冊

210000－0701－0008069　005522

史目表二卷　（清）洪飴孫撰　清光緒四年
(1878)啟秀山房刻本　一冊

210000－0701－0008070　005584

小學考五十卷 （清）謝啓昆撰 清光緒十四年(1888)浙江書局刻本 二十冊

210000－0701－0008071 005598

藝風藏書記八卷續記八卷 繆荃孫撰 清光緒二十六年(1900)、民國元年(1912)刻遞修本 二冊

210000－0701－0008072 005610

廣雅書院藏書目錄七卷 （清）廖廷相撰 清光緒二十七年(1901)廣雅書局刻本 三冊

210000－0701－0008073 005619

南雍志經籍考二卷 （明）梅鷟撰 清光緒二十八年(1902)長沙葉氏刻觀古堂書目叢刊本 一冊

210000－0701－0008074 005622

直齋書錄解題二十二卷 （宋）陳振孫撰 清光緒九年(1883)江蘇書局刻本 六冊

210000－0701－0008075 005629

申報館書目續集一卷 蔡爾康輯 清光緒五年(1879)申報館鉛印本 一冊

210000－0701－0008076 005630

四庫全書書目表四卷四庫未收書目表一卷 李滋然撰 清宣統三年(1911)京師京華印書局鉛印本 四冊

210000－0701－0008077 005635

五桂樓書目四卷 （清）黃澄量藏 （清）黃承乙撰 清光緒二十一年(1895)姚江黃氏刻本 二冊

210000－0701－0008078 005637

愛日精廬藏書志三十六卷續志四卷 （清）張金吾撰 清光緒十三年(1887)徐氏靈芬閣木活字印本 十冊

210000－0701－0008079 005640

萬卷堂書目四卷 （明）朱睦㮮藏並撰 清光緒二十九年(1903)長沙葉氏刻觀古堂書目叢刊本 一冊

210000－0701－0008080 005641

萬卷堂書目四卷 （明）朱睦㮮藏並撰 清光緒二十九年(1903)長沙葉氏刻觀古堂書目叢刊本 一冊

210000－0701－0008081 005642

武林藏書錄三卷末一卷 （清）丁申撰 清光緒二十六年(1900)丁氏嘉惠堂刻本 二冊

210000－0701－0008082 005643

行素堂目睹書錄十編 （清）朱記榮撰 汲古閣秘本書目一卷 （清）毛扆撰 清光緒十年(1884)古吳朱氏槐廬刻本 十冊

210000－0701－0008083 005651

開有益齋讀書志六卷 （清）朱緒曾撰 清光緒六年(1880)金陵翁氏茹古閣刻本 三冊

210000－0701－0008084 005652

立達堂各種藏書目錄不分卷 清光緒三年(1877)抄本 一冊

210000－0701－0008085 005653

文瑞樓藏書目錄十二卷 （清）金檀藏並撰 清嘉慶十六年(1811)顧氏刻讀畫齋叢書本 四冊

210000－0701－0008086 005657

天一閣書目四卷 （清）范懋柱等撰 清嘉慶十三年(1808)阮氏文選樓刻本 十六冊

210000－0701－0008087 005659

天一閣書目四卷 （清）范懋柱等撰 天一閣碑目一卷 （清）范懋敏撰 清嘉慶十三年(1808)阮氏文選樓刻本 十冊

210000－0701－0008088 005660

天一閣見存書目四卷首一卷末一卷 （清）薛福成撰 清光緒十五年(1889)甬上崇實書院刻本 四冊

210000－0701－0008089 005664

雲間韓氏藏書目一卷 （清）韓應陛撰 宋元刻書影一卷 清末民初石印本 一冊

210000－0701－0008090 005665

皕宋樓藏書志一百二十卷續志四卷 （清）陸心源編 清光緒八年(1882)歸安陸氏十萬卷樓刻存齋雜纂本 四冊

210000－0701－0008091　005666

皕宋樓藏書志一百二十卷續志四卷　（清）陸
心源編　清光緒八年（1882）歸安陸氏十萬卷
樓刻存齋雜纂本　四冊

210000－0701－0008092　005667

皕宋樓藏書志一百二十卷　（清）陸心源編
清光緒八年（1882）歸安陸氏十萬卷樓刻存齋
雜纂本　三十二冊

210000－0701－0008093　005669

皕宋樓藏書志一百二十卷續志四卷　（清）陸
心源編　清光緒八年（1882）歸安陸氏十萬卷
樓刻存齋雜纂本　三十六冊

210000－0701－0008094　005670

皕宋樓藏書志一百二十卷續志四卷　（清）陸
心源編　清光緒八年（1882）歸安陸氏十萬卷
樓刻存齋雜纂本　三十二冊

210000－0701－0008095　005671

孫氏祠堂書目内編四卷外編三卷　（清）孫星
衍撰　清光緒九年（1883）李氏木犀軒刻本
二冊

210000－0701－0008096　005673

郡齋讀書志二十卷　（宋）晁公武撰　清嘉慶
二十四年（1819）汪士鐘藝芸書舍刻本　六冊

210000－0701－0008097　005675

衢本郡齋讀書志二十卷　（宋）晁公武撰
（宋）姚應績編　清光緒六年（1880）會稽章氏
刻本　八冊

210000－0701－0008098　005676

昭德先生郡齋讀書志二十卷　（宋）晁公武撰
附志一卷考異一卷　（宋）趙希弁撰　**首一
卷末一卷**　王先謙輯撰　清光緒十年（1884）
長沙王氏刻本　十冊

210000－0701－0008099　005677

昭德先生郡齋讀書志二十卷　（宋）晁公武撰
附志一卷考異一卷　（宋）趙希弁撰　**首一
卷末一卷**　王先謙輯撰　清光緒十年（1884）
長沙王氏刻本　十冊

210000－0701－0008100　005681

愛日精廬藏書志三十六卷續志四卷　（清）張
金吾撰　清道光六年（1826）張氏愛日精廬刻
本　十冊

210000－0701－0008101　005682

延令宋版書目一卷　（清）季振宜藏並撰　清
光緒元年（1875）南海伍氏刻粵雅堂叢書本
二冊

210000－0701－0008102　005683

行素堂目睹書錄十編　（清）朱記榮輯訂　**汲
古閣珍藏秘本書目一卷**　（清）毛扆撰　清光
緒十年（1884）朱氏槐廬家塾刻本　十冊

210000－0701－0008103　005689

**別本結一廬書目一卷結一廬書目四卷附錄一
卷**　（清）朱學勤撰　清光緒至民國湘潭葉氏
刻觀古堂叢刊本　二冊

210000－0701－0008104　005690

稽瑞樓書目　（清）陳揆撰　清光緒三年
（1877）八囍齋刻本　一冊

210000－0701－0008105　005691

繡谷亭薰習錄經部一卷集部二卷　（清）吳焯
撰　（清）吳玉墀輯　清末民初仁和吳氏雙照
樓刻朱印本　二冊

210000－0701－0008106　005692

繡谷亭薰習錄經部一卷集部二卷　（清）吳焯
撰　（清）吳玉墀輯　清末民初仁和吳氏雙照
樓刻朱印本　一冊

210000－0701－0008107　005693

繡谷亭薰習錄經部一卷集部二卷　（清）吳焯
撰　（清）吳玉墀輯　清末民初仁和吳氏雙照
樓刻朱印本　二冊

210000－0701－0008108　005694

江陰李氏得月樓書目摘錄一卷　（明）李鶚翀
撰　清光緒十四年（1888）江陰金氏刻粟香室
叢書本　一冊

210000－0701－0008109　005695

家刻書目十卷　（清）錢培蓀撰　清光緒四年

(1878)刻本　六冊

210000－0701－0008110　005696

家刻書目十卷　（清）錢培蓀撰　清光緒四年
(1878)刻本　四冊

210000－0701－0008111　005698

涵芬樓藏書目録五卷　（清）上海商務印書館
圖書館編　清宣統三年(1911)涵芬樓鉛印本
　一冊

210000－0701－0008112　005702

澹生堂藏書目十四卷　（明）祁承㸁藏並撰
清光緒十八年(1892)徐氏鑄學齋刻紹興先正
遺書本　四冊

210000－0701－0008113　005703

遂初堂書目一卷　（宋）尤袤撰　清順治三年
(1646)宛委山堂刻說郛本　一冊

210000－0701－0008114　005704

直齋書録解題二十二卷　（宋）陳振孫撰　清
蘇州刻本　十冊

210000－0701－0008115　005707

古越藏書樓書目二十卷首一卷　（清）徐樹蘭
撰　清光緒三十年(1904)崇實書局石印本
八冊

210000－0701－0008116　005708

式古堂目録十七卷　（清）尤瑩撰　清光緒十
九年(1893)石印本　二冊

210000－0701－0008117　005713

世善堂藏書目録二卷　（明）陳第撰　清乾隆
六十年(1795)鮑氏刻知不足齋叢書本　二冊

210000－0701－0008118　005714

藝風藏書記八卷續記八卷　繆荃孫撰　清光
緒二十六年(1900)民國元年(1912)遞刻本
二冊

210000－0701－0008119　005717

藝風藏書記八卷續記八卷　繆荃孫撰　清光
緒二十六年(1900)刻民國元年(1912)續刻本
　二冊

210000－0701－0008120　005718

藝風藏書記八卷續記八卷　繆荃孫撰　清光
緒二十六年(1900)刻民國元年(1912)續刻本
　二冊

210000－0701－0008121　005719

藝風藏書記八卷　繆荃孫撰　清光緒二十七
年(1901)刻本　二冊

210000－0701－0008122　005720

藝風藏書記八卷　繆荃孫撰　清光緒二十七
年(1901)刻本　二冊

210000－0701－0008123　005722

共讀樓書目十卷　（清）國英藏並撰　清光緒
六年(1880)刻本　二冊

210000－0701－0008124　005724

楹書隅録五卷續編四卷　（清）楊紹和撰　清
光緒二十年(1894)海源閣刻本　八冊

210000－0701－0008125　005725

楹書隅録五卷續編四卷　（清）楊紹和撰　清
光緒二十年(1894)聊城楊氏海源閣刻本
八冊

210000－0701－0008126　005726

楹書隅録五卷續編四卷　（清）楊紹和撰　清
光緒二十年(1894)聊城楊氏海源閣刻宣統三
年(1911)武進董康補刻本　八冊

210000－0701－0008127　005727

楹書隅録五卷續編四卷　（清）楊紹和撰　清
光緒二十年(1894)聊城楊氏海源閣刻宣統三
年(1911)武進董康補刻本　八冊

210000－0701－0008128　005728

楹書隅録五卷續編四卷　（清）楊紹和撰　清
光緒二十年(1894)聊城楊氏海源閣刻宣統三
年(1911)武進董康補刻本　八冊

210000－0701－0008129　005729

楹書隅録五卷續編四卷　（清）楊紹和撰　清
光緒二十年(1894)聊城楊氏海源閣刻宣統三
年(1911)武進董康補刻本　八冊

210000－0701－0008130　005733

楹書隅録五卷續編四卷　（清）楊紹和撰　清

光緒二十年(1894)聊城楊氏海源閣刻宣統三年(1911)武進董康補刻本　八冊

210000 – 0701 – 0008131　005741
持靜齋書目四卷續增一卷 （清）丁日昌撰
持靜齋藏書紀要二卷 （清）莫友芝撰　清末刻本　六冊

210000 – 0701 – 0008132　005743
持靜齋書目四卷續增一卷 （清）丁日昌撰
持靜齋藏書紀要二卷 （清）莫友芝撰　清末刻民國二十三年(1934)北平來薰閣印本　六冊

210000 – 0701 – 0008133　005747
持靜齋書目四卷續增一卷 （清）丁日昌撰
持靜齋藏書紀要二卷 （清）莫友芝撰　清末刻本　六冊

210000 – 0701 – 0008134　005749
日本訪書志十七卷　楊守敬撰　清光緒二十三年(1897)鄰蘇園刻本　八冊

210000 – 0701 – 0008135　005762
學古堂藏書目不分卷學古堂捐藏書目一卷（□）□□撰　清末刻本　二冊

210000 – 0701 – 0008136　005763
學古堂藏書目不分卷學古堂捐藏書目一卷（□）□□撰　清末刻本　二冊

210000 – 0701 – 0008137　005769
家刻書目十卷　（清）錢培蓀撰　清光緒四年(1878)刻本　四冊

210000 – 0701 – 0008138　005770
鐵琴銅劍樓藏書目錄二十四卷　（清）瞿鏞撰　清光緒二十四年(1898)常熟瞿氏罟里家塾刻鐵琴銅劍樓叢書本　十冊

210000 – 0701 – 0008139　005771
鉄琴銅劍樓藏書目錄二十四卷　（清）瞿鏞撰　清光緒二十四年(1898)常熟瞿氏罟里家塾刻鐵琴銅劍樓叢書本　八冊

210000 – 0701 – 0008140　005773
鐵琴銅劍樓藏書目錄二十四卷　（清）瞿鏞撰

清光緒二十四年(1898)常熟瞿氏罟里家塾刻鐵琴銅劍樓叢書本　八冊

210000 – 0701 – 0008141　005774
鐵琴銅劍樓藏書目錄二十四卷　（清）瞿鏞撰　清光緒二十四年(1898)常熟瞿氏罟里家塾刻鐵琴銅劍樓叢書本　十冊

210000 – 0701 – 0008142　005775
鐵琴銅劍樓藏書目錄二十四卷　（清）瞿鏞撰　清光緒二十四年(1898)常熟瞿氏罟里家塾刻鐵琴銅劍樓叢書本　十冊

210000 – 0701 – 0008143　005776
家刻書目十卷　（清）錢培蓀撰　清光緒四年(1878)刻本　四冊

210000 – 0701 – 0008144　005777
鐵琴銅劍樓藏書目錄二十四卷　（清）瞿鏞撰　清光緒二十三年(1897)誦芬室刻本　十冊

210000 – 0701 – 0008145　005778
鐵琴銅劍樓藏書目錄二十四卷　（清）瞿鏞撰　清光緒二十四年(1898)常熟瞿氏罟里家塾刻鐵琴銅劍樓叢書本　八冊

210000 – 0701 – 0008146　005780
廣雅書局目錄　（清）廣雅書局編　清末廣雅書局刻本　一冊

210000 – 0701 – 0008147　005794
揅經室經進書錄四卷　（清）阮元撰　（清）傅以禮重編　清光緒八年(1882)大興傅氏刻本　二冊

210000 – 0701 – 0008148　005796
行素堂目睹書錄　（清）朱記榮輯　清光緒十年(1884)孫谿槐廬刻本　五冊

210000 – 0701 – 0008149　005807
經義考三百卷　（清）朱彝尊撰　**目錄二卷**（清）盧見曾編　清康熙刻乾隆二十年(1755)德州盧見曾續刻本　五十六冊

210000 – 0701 – 0008150　005808
崇文總目五卷　（宋）王堯臣等撰　（清）錢東垣等輯釋　**補遺一卷附錄一卷**　（清）錢侗輯

清嘉慶三年至四年(1798－1799)嘉定秦氏刻汗筠齋叢書第一集本　六冊　缺一卷(補遺一卷)

210000－0701－0008151　005809

崇文總目五卷　(宋)王堯臣等撰　(清)錢東垣輯釋　補遺一卷附錄一卷　(清)錢侗輯　清光緒八年(1882)常熟後知不足齋刻後知不足齋叢書本　六冊　缺三卷(五、補遺一卷、附錄一卷)

210000－0701－0008152　005814

崇文總目五卷　(宋)王堯臣等撰　(清)錢東垣等輯釋　補遺一卷附錄一卷　(清)錢侗輯　清嘉慶三年至四年(1798－1799)嘉定秦氏刻汗筠齋叢書本　六冊

210000－0701－0008153　005815

崇文總目五卷　(宋)王堯臣等撰　(清)錢東垣輯釋　補遺一卷附錄一卷　(清)錢侗輯　清光緒八年(1882)常熟後知不足齋刻後知不足齋叢書本　六冊

210000－0701－0008154　005817

浙江採集遺書總錄閏集一卷　(清)沈初等編　清乾隆三十九年(1774)刻本　二冊

210000－0701－0008155　005828

黃金篇二卷　(清)張祥齡編　清光緒二十五年(1899)刻本　一冊

210000－0701－0008156　005831

書目答問不分卷　(清)張之洞撰　清光緒刻本　一冊

210000－0701－0008157　005832

書目答問不分卷　(清)張之洞撰　清光緒二十一年(1895)上海蜚英館石印本　一冊

210000－0701－0008158　005833

書目答問不分卷　(清)張之洞撰　清宣統元年(1909)上海掃葉山房石印本　一冊

210000－0701－0008159　005835

書目答問不分卷　(清)張之洞撰　清光緒刻本　二冊

210000－0701－0008160　005836

書目答問不分卷　(清)張之洞輯　清光緒二年(1876)四川刻本　一冊

210000－0701－0008161　005840

觀古堂書目叢刻　葉德輝輯　清光緒至民國湘潭葉氏刻本　二十冊

210000－0701－0008162　005841

書目答問不分卷　(清)張之洞撰　清光緒四年(1878)上海淞隱閣刻本　四冊

210000－0701－0008163　005842

書目答問不分卷　(清)張之洞撰　清光緒刻本　清盛昱校　二冊

210000－0701－0008164　005844

浙江採集遺書總錄十一卷　(清)沈初編　清乾隆三十九年(1774)刻本　十冊　缺一集(閏集)

210000－0701－0008165　005852

四庫未收書目提要五卷　(清)阮元撰　清刻本　一冊

210000－0701－0008166　005856

欽定四庫全書附存目錄十卷　(清)胡虔撰　清光緒十年(1884)學海堂刻本　六冊

210000－0701－0008167　005857

四庫未收書目提要五卷　(清)阮元撰　清末民初上海掃葉山房石印本　一冊

210000－0701－0008168　005858

四庫簡明目錄標注二十卷　(清)邵懿辰撰　清宣統三年(1911)刻半巖廬所著書本　六冊

210000－0701－0008169　005859

日本訪書志十六卷　楊守敬撰　清光緒二十三年至二十七年(1897－1901)鄰蘇園刻本　八冊

210000－0701－0008170　005860

欽定四庫全書附存目錄十卷　(清)胡虔撰　清光緒十年(1884)學海堂刻本　四冊

210000－0701－0008171　005891

花近樓叢書序跋記二卷　(清)管庭芬撰

（清）管元耀輯　清宣統三年（1911）上海國學扶輪社鉛印張氏適園叢書本　一冊

210000－0701－0008172　005892

文淵閣書目二十卷　（明）楊士奇等撰　清嘉慶桐川顧氏刻讀畫齋叢書本　七冊

210000－0701－0008173　005893

文淵閣書目四卷　（明）楊士奇等撰　清抄本　二冊

210000－0701－0008174　005898

[文溯閣藏書清點目録]不分卷　（□）□□撰　清宣統元年（1909）文溯閣寫本　四冊

210000－0701－0008175　005906

行素堂目睹書録五編　（清）朱記榮撰　清光緒十年（1884）朱氏槐廬家塾刻本　五冊

210000－0701－0008176　005907

畿輔叢書已刻書目一卷未刻書目一卷　（清）王灝輯　清光緒刻本　一冊

210000－0701－0008177　005908

皇清經解敬修堂編目　陶治元編　清光緒十二年（1886）石印本　四冊

210000－0701－0008178　005909

皇清經解敬修堂編目　陶治元編　清光緒十二年（1886）石印本　四冊

210000－0701－0008179　005910

皇清經解敬修堂編目　陶治元編　清光緒十二年（1886）石印本　四冊

210000－0701－0008180　005911

彙刻書目二十卷　（清）顧修撰　（清）朱學勤補輯　清末民初刻本　二十冊

210000－0701－0008181　005912

彙刻書目初編十卷　（清）顧修撰　**續編二卷**　（清）陳光照增輯　清光緒元年（1875）長洲夢園陳氏刻本　十二冊

210000－0701－0008182　005913

彙刻書目二十卷　（清）顧修撰　（清）朱學勤補輯　清光緒十二年至十五年（1886－1889）上海福瀛書局刻本　十冊　存十卷（十一至二十）

210000－0701－0008183　005914

彙刻書目二十卷　（清）顧修撰　（清）朱學勤補輯　清光緒十二年至十五年（1886－1889）上海福瀛書局刻本　二十冊

210000－0701－0008184　005916

彙刻書目二十卷　（清）顧修撰　（清）朱學勤補　清光緒十二年至十五年（1886－1889）上海福瀛書局刻本　二十冊

210000－0701－0008185　005917

彙刻書目二十卷　（清）顧修撰　（清）朱學勤補　清光緒十二年至十五年（1886－1889）上海福瀛書局刻本　二十冊

210000－0701－0008186　005921

續彙刻書目十二卷　（清）傅雲龍撰　清光緒二年（1876）善成堂刻本　十一冊

210000－0701－0008187　005930

彙刻書目初編十卷　（清）顧修輯　清嘉慶四年（1799）刻本　十冊

210000－0701－0008188　005931

永樂大典目録六十卷　（明）姚廣孝等撰　清道光二十八年（1848）靈石楊氏刻連筠簃叢書本　二十冊

210000－0701－0008189　005932

永樂大典目録六十卷　（明）姚廣孝等撰　清道光二十八年（1848）靈石楊氏刻連筠簃叢書本　二十冊

210000－0701－0008190　005940

欽定古今圖書集成目録四十卷　（清）陳夢雷等編　清光緒十年（1884）上海同文書局石印本　二十冊

210000－0701－0008191　005941

欽定古今圖書集成目録四十卷　（清）陳夢雷等編　清光緒十年（1884）上海同文書局石印本　二十冊

210000－0701－0008192　005942

欽定古今圖書集成總目三十二卷　（清）陳夢

雷等編　清光緒十年(1884)鉛印本　八冊

210000－0701－0008193　005943
四庫書目略三十卷　（清）文良輯　清同治九年(1870)刻本　十二冊

210000－0701－0008194　005947
欽定四庫全書總目二百卷首一卷　（清）紀昀等撰　清同治七年(1868)廣東書局刻本　一百八冊

210000－0701－0008195　005948
欽定四庫全書總目二百卷首一卷　（清）紀昀等撰　清同治七年(1868)廣東書局刻本　一百二十冊

210000－0701－0008196　005949
欽定四庫全書總目二百卷首一卷簡明目錄二十卷首一卷　（清）紀昀等撰　清同治七年(1868)廣東書局刻本　一百九冊　缺二十卷（一至十八、三十五至三十六,首一卷）

210000－0701－0008197　005951
欽定四庫全書總目二百卷首一卷　（清）紀昀等撰　清同治七年(1868)廣東書局刻本　一百二十冊

210000－0701－0008198　005952
欽定四庫全書總目二百卷首一卷簡明目錄二十卷首一卷　（清）紀昀等撰　清同治七年(1868)廣東書局刻本　一百二十八冊

210000－0701－0008199　005953
四庫書目略三十卷　（清）文良輯　清同治九年(1870)刻本　十二冊

210000－0701－0008200　005954
欽定四庫全書總目二百卷首一卷簡明目錄二十卷首一卷　（清）紀昀等撰　**四庫未收書目提要五卷**　（清）阮元撰　清光緒十四年(1888)上海漱六山莊石印本　二十四冊

210000－0701－0008201　005955
欽定四庫全書總目二百卷首一卷　（清）紀昀等撰　清同治七年(1868)廣東書局刻本　一百二十冊

210000－0701－0008202　005956
欽定四庫全書總目二百卷首一卷　（清）紀昀等撰　清同治七年(1868)廣東書局刻本　一百二十冊

210000－0701－0008203　005958
欽定四庫全書總目二百卷首一卷　（清）紀昀等撰　清同治七年(1868)廣東書局刻本　一百二十冊

210000－0701－0008204　005959
欽定四庫全書總目二百卷首一卷　（清）紀昀等撰　清同治七年(1868)廣東書局刻本　一百二十冊

210000－0701－0008205　005960
欽定四庫全書總目二百卷首一卷　（清）紀昀等撰　清同治七年(1868)廣東書局刻本　一百二十冊

210000－0701－0008206　005961
四庫書目略三十卷　（清）文良輯　清同治九年(1870)刻本　十二冊

210000－0701－0008207　005963
欽定四庫全書總目二百卷　（清）紀昀等撰　清乾隆四十六年(1781)刻本　一百三冊　殘

210000－0701－0008208　005971
四庫全書簡明目錄二十卷首一卷　（清）紀昀等撰　清同治七年(1868)廣東書局刻本　十六冊

210000－0701－0008209　005972
四庫全書簡明目錄二十卷　（清）紀昀等撰　清光緒五年(1879)墨潤堂鉛印本　十二冊

210000－0701－0008210　005973
四庫全書簡明目錄二十卷　（清）紀昀等撰　清光緒五年(1879)墨潤堂鉛印本　十二冊

210000－0701－0008211　005974
欽定四庫全書簡明目錄二十卷　（清）紀昀等撰　清末廣東刻本　十二冊

210000－0701－0008212　005976
欽定四庫全書簡明目錄二十卷首一卷　（清）

紀昀等撰　清刻本　八冊　存八卷(十三至二十)

210000－0701－0008213　005981
欽定四庫全書簡明目錄二十卷首一卷　（清）紀昀等撰　清光緒元年(1875)成都志古堂刻本　十四冊

210000－0701－0008214　005982
四庫簡明目錄標注二十卷錄補一卷　（清）邵懿辰撰　清宣統三年(1911)仁和邵氏刻半巖廬所著書本　六冊

210000－0701－0008215　005983
四庫簡明目錄標注二十卷　（清）邵懿辰撰　清宣統三年(1911)仁和邵氏刻半巖廬所著書本　六冊

210000－0701－0008216　005992
羣書校補一百卷　（清）陸心源輯　清末刻潛園總集本　二十四冊

210000－0701－0008217　005993
直齋書錄解題二十二卷　（宋）陳振孫撰　清刻本　八冊

210000－0701－0008218　005994
直齋書錄解題二十二卷　（宋）陳振孫撰　清乾隆刻本　四冊

210000－0701－0008219　005995
斠補隅錄十四種　（清）蔣光煦輯　清光緒九年(1883)蔣廷黻刻本　八冊

210000－0701－0008220　005998
開有益齋讀書志六卷　（清）朱緒曾撰　清光緒六年(1880)金陵翁氏茹古閣刻本　四冊

210000－0701－0008221　006003
欽定天祿琳琅書目十卷　（清）于敏中等撰　**後編二十卷**　（清）彭元瑞等撰　清光緒十年(1884)長沙王氏刻本　十冊

210000－0701－0008222　006010
福省重刻武英殿聚珍版書目一卷　清同治十年(1871)福建刻本　一冊

210000－0701－0008223　006012

210000－0701－0008224　006012
海源閣藏書目一卷　（清）江標輯　清光緒十四年(1888)元和江氏師鄦室刻本　一冊

210000－0701－0008224　006012
留漚唫館詞存一卷　（清）沈瑩撰　清光緒十四年(1888)元和江氏師鄦室刻朱墨套印本　與 210000－0701－0008223 合冊

210000－0701－0008225　006018
萬卷樓藏書總目不分卷　（清）黃彭年撰　清光緒八年(1882)刻本　一冊

210000－0701－0008226　006025
銷燬抽燬書目一卷禁燬總目一卷違礙書目一卷　清光緒九年(1883)歸安姚氏刻咫進齋叢書本　四冊

210000－0701－0008227　006030
善本書室藏書志四十卷　（清）丁丙輯　清光緒二十七年(1901)錢塘丁氏刻本　十六冊

210000－0701－0008228　006036
讀書敏求記四卷　（清）錢曾撰　清乾隆六十年(1795)刻本　四冊

210000－0701－0008229　006040
茶香室經說十六卷　（清）俞樾撰　清光緒十四年(1888)刻本　六冊

210000－0701－0008230　006043
平津館鑒藏書籍記三卷續編一卷補遺一卷　（清）孫星衍撰　清光緒十一年(1885)李氏木犀軒刻本　二冊

210000－0701－0008231　006044
平津館鑒藏書籍記三卷續編一卷補遺一卷　（清）孫星衍撰　清光緒章氏刻本　一冊　存三卷

210000－0701－0008232　006045
欽定天祿琳琅書目十卷　（清）于敏中等撰　**後編二十卷**　（清）彭元瑞等撰　清光緒十年(1884)長沙王氏刻本　十冊

210000－0701－0008233　006055
羣碧樓書目初編九卷書衣雜識一卷　（清）鄧邦述撰　清宣統三年(1911)鉛印本　三冊

210000－0701－0008234　006058

滂喜齋藏書記三卷　（清）潘祖蔭撰　（清）葉鞠裳補撰　清末民初潘氏刻民國十七年（1928）印本　二冊

210000－0701－0008235　006060

滂喜齋藏書記三卷　（清）潘祖蔭撰　（清）葉鞠裳補撰　清末民初潘氏刻民國十七年（1928）印本　二冊

210000－0701－0008236　006062

結一廬書目四卷　（清）朱學勤撰　清光緒二十八年（1902）觀古堂刻觀古堂書目叢刻本　一冊

210000－0701－0008237　006068

秘書省續編到四庫闕書目二卷　葉德輝考證　清光緒二十九年（1903）葉氏觀古堂刻觀古堂書目叢刊本　二冊

210000－0701－0008238　006072

遂初堂書目一卷　（宋）尤袤撰　清順治三年（1646）李際期宛委山堂刻說郛本　一冊

210000－0701－0008239　006076

帶經堂書目四卷　（清）陳樹杓撰　清宣統順德鄧氏鉛印風雨樓叢書本　三冊

210000－0701－0008240　006077

藝芸書舍宋元本書目不分卷　（清）汪士鐘藏並撰　清末吳縣潘氏刻滂喜齋叢書本　一冊

210000－0701－0008241　006079

觀古堂書目叢刻　葉德輝輯　清光緒至民國湘潭葉氏刻本　十冊

210000－0701－0008242　006080

藝芸書舍宋元本書目不分卷　（清）汪士鐘撰　清同治十二年（1873）吳縣潘氏刻滂喜齋叢書本　一冊

210000－0701－0008243　006084

通志堂經解　（清）納蘭性德輯　清同治十二年（1873）粵東書局刻本　八冊　存三十九卷（春秋屬辭四至十五、春秋師說三卷附二卷、春秋左氏傳補注十卷、春秋諸傳會通一至十

一,首一卷）

210000－0701－0008244　006102

善本書室藏書志四十卷附一卷　（清）丁丙撰　清光緒二十七年（1901）錢塘丁氏刻本　十六冊

210000－0701－0008245　006109

善本書室藏書志四十卷附一卷　（清）丁丙撰　清光緒二十七年（1901）錢塘丁氏刻本　十六冊

210000－0701－0008246　006115

善本書室藏書志四十卷附一卷　（清）丁丙撰　清光緒二十七年（1901）錢塘丁氏刻本　十六冊

210000－0701－0008247　006116

善本書室藏書志四十卷附一卷　（清）丁丙撰　清光緒二十七年（1901）錢塘丁氏刻本　十六冊

210000－0701－0008248　006117

善本書室藏書志四十卷附一卷　（清）丁丙撰　清光緒二十七年（1901）錢塘丁氏刻本　十六冊

210000－0701－0008249　006118

善本書室藏書志四十卷附一卷　（清）丁丙撰　清光緒二十七年（1901）錢塘丁氏刻本　十六冊

210000－0701－0008250　006120

日本國見在書目錄一卷　（日本）藤原佐世撰　清光緒黎氏刻古逸叢書本　一冊

210000－0701－0008251　006121

徵訪明季遺書目一卷　劉世瑗撰　清宣統二年（1910）鉛印本　一冊

210000－0701－0008252　006122

違礙書籍目錄一卷　清乾隆刻本　二冊

210000－0701－0008253　006123

應繳違礙書籍各種名目一卷　清光緒九年（1883）歸安姚氏刻咫進齋叢書本　一冊

210000－0701－0008254　006125

徵訪明季遺書目一卷　劉世瑗撰　清宣統二年(1910)鉛印本　一冊

210000－0701－0008255　006127

國朝未棫遺書志略一卷　(清)朱記榮輯　清光緒十八年(1892)徐氏觀自得齋刻本　一冊

210000－0701－0008256　006128

奏準應禁書目不分卷　清抄本　一冊

210000－0701－0008257　006129

銷燬抽燬書目一卷禁燬總目一卷違礙書目一卷　清光緒九年(1883)歸安姚氏刻咫進齋叢書本　四冊

210000－0701－0008258　006132

銷燬抽燬書目一卷　清乾隆四十七年(1782)刻本　一冊

210000－0701－0008259　006133

銷燬抽燬書目一卷　清光緒九年(1883)歸安姚氏刻咫進齋叢書本　一冊

210000－0701－0008260　006135

海虞藝文志六卷　(清)姚福均撰　清光緒二十三年(1897)常熟姚氏慕程齋刻本　二冊

210000－0701－0008261　006138

浙江採集遺書總錄十一卷　(清)沈初編　清乾隆三十九年(1774)刻本　十一冊

210000－0701－0008262　006139

福建藝文志七十六卷附錄四卷補遺一卷列傳三卷補遺一卷　(清)徐景熹纂　清末刻本　十四冊

210000－0701－0008263　006147

文瀾閣志二卷首一卷附錄一卷　(清)孫樹禮　(清)孫峻撰　清光緒二十四年(1898)刻武林掌故叢編本　二冊

210000－0701－0008264　006151

程氏家塾讀書分年日程三卷綱領一卷　(元)程端禮撰　清同治十年(1871)山東尚志堂刻本　一冊

210000－0701－0008265　006153

文瀾閣志二卷首一卷附錄一卷　(清)孫樹禮　(清)孫峻撰　清光緒二十四年(1898)刻武林掌故叢編本　二冊

210000－0701－0008266　006156

金華文萃書目提要八卷　(清)胡鳳丹撰　清同治八年(1869)胡氏退補齋刻本　三冊

210000－0701－0008267　006159

藏書十約一卷遊藝卮言一卷　葉德輝撰　清光緒刻觀古堂所著書本　一冊

210000－0701－0008268　006167

復古編二卷　(宋)張有撰　校正一卷附錄一卷　(清)葛鳴陽撰　曾樂軒稿一卷　(宋)張維撰　(清)葛鳴陽輯　安陸集一卷　(清)張先撰　(清)葛鳴陽輯　清光緒八年(1882)淮南書局刻本　六冊

210000－0701－0008269　006169

隸韻十卷　(宋)劉球撰　碑目一卷　清嘉慶十四年(1809)秦恩復刻本　七冊

210000－0701－0008270　006171

許學叢刻九種　(清)許頌鼎　(清)許溎祥輯　清光緒十二年(1886)海寧許氏古均閣刻本　四冊

210000－0701－0008271　006172

許學叢刻十四種　張炳翔輯　清光緒八年至十二年(1882－1886)長洲張氏儀鄦盧刻本　二十四冊

210000－0701－0008272　006173

丁酉圍叢書　(清)丁顯撰　清光緒刻本　八冊　缺八卷(十三經諸家引書異字同聲考五至八、十至十三)

210000－0701－0008273　006175

小學彙函十四種　(清)鍾謙鈞等輯　清光緒十五年(1889)湘南書局刻本　三十二冊

210000－0701－0008274　006179

故唐律疏議三十卷　(唐)長孫無忌等撰　附釋文一卷　(元)王元亮撰　清嘉慶十二年(1807)刻岱南閣叢書本　六冊　存十五卷(一至十五)

210000－0701－0008275　006185

廣韻五卷　（宋）陳彭年等撰　**校札一卷**
（清）黎庶昌撰　清末上海商務印書館影印本
五冊

210000－0701－0008276　006186

廣韻五卷　（宋）陳彭年等撰　**校札一卷**
（清）黎庶昌撰　清末上海商務印書館影印本
五冊

210000－0701－0008277　006193

音韻須知二卷　（清）李書雲撰　清孝經堂刻
本　二冊

210000－0701－0008278　006194

音韻逢源四卷　（清）裕恩撰　清末京都聚珍
堂書坊刻本　二冊

210000－0701－0008279　006195

音韻逢源四卷　（清）裕恩撰　清末京都聚珍
堂書坊刻本　二冊

210000－0701－0008280　006199

音學五書　（清）顧炎武撰　清康熙六年
（1667）張弨符山堂刻本　二十四冊

210000－0701－0008281　006200

音學五書　（清）顧炎武撰　清光緒十一年
（1885）湘陰郭氏峇瞻堂刻本　十二冊

210000－0701－0008282　006201

音學五書　（清）顧炎武撰　清刻本　十六冊

210000－0701－0008283　006202

音學五書　（清）顧炎武撰　清刻本　十二冊

210000－0701－0008284　006210

詩韻集成十卷詞林典腋一卷　（清）余照輯
清光緒七年（1881）成文信刻本　四冊

210000－0701－0008285　006211

詩韻集成五卷詞林典腋一卷　（清）余照輯
清末上海廣益書局石印本　四冊

210000－0701－0008286　006212

佩文詩韻釋要五卷　（清）周兆基輯　（清）朱
蘭重輯　清光緒元年（1875）湖北崇文書局刻
本　一冊

210000－0701－0008287　006213

佩文詩韻釋要五卷　（清）周兆基輯　（清）朱
蘭重輯　清光緒元年（1875）湖北崇文書局刻
本　一冊

210000－0701－0008288　006214

佩文詩韻釋要五卷　（清）周兆基輯　（清）吳
寶恕手錄　**辨正一卷**　（清）陳倬撰　清光緒
三年（1877）粵東吳寶恕粵東使署刻本　二冊

210000－0701－0008289　006218

詩韻全璧五卷　（清）湯文潞輯　題（清）惜陰
主人增輯　題（清）暢懷書屋主人校　清末上
海錦章書局石印本　六冊

210000－0701－0008290　006222

增廣詩韻大全五卷　（清）湯祥瑟原輯　（清）
華鯤重編　清光緒二十一年（1895）煥文書局
石印本　六冊

210000－0701－0008291　006223

詩韻合璧五卷　（清）湯文潞輯　清光緒十一
年（1885）文英堂書坊刻本　五冊

210000－0701－0008292　006224

詩韻合璧五卷　（清）湯文潞輯　清繡谷裕蔭
山房刻本　六冊

210000－0701－0008293　006225

詩韻合璧五卷　（清）湯文潞輯　清末鉛印本
高平仲題識　四冊　存四卷（一至二、四至
五）

210000－0701－0008294　006226

詩韻合璧五卷　（清）湯文潞輯　（清）許時庚
校　清光緒十二年（1886）江左書林錫活字印
本　五冊

210000－0701－0008295　006227

詩韻合璧五卷　（清）湯文潞輯　（清）許時庚
校　清光緒十二年（1886）上洋公興書局鉛印
本　五冊

210000－0701－0008296　006228

詩韻合璧五卷　（清）湯文潞輯　（清）許時庚
校　清光緒十二年（1886）上洋公興書局鉛印

本　五冊

210000－0701－0008297　006229

詩韻合璧五卷　（清）湯文潞輯　（清）許時庚
校　清光緒十二年(1886)上洋公興書局鉛印
本　五冊

210000－0701－0008298　006230

詩韻合璧五卷　（清）湯文潞輯　（清）許時庚
校　清光緒十二年(1886)上洋公興書局鉛印
本　五冊

210000－0701－0008299　006231

詩韻合璧五卷　（清）湯文潞輯　（清）許時庚
校　清光緒十二年(1886)上洋公興書局鉛印
本　五冊

210000－0701－0008300　006235

韻府鉤沈五卷　（清）雷浚撰　清光緒十三年
(1887)刻本　四冊

210000－0701－0008301　006236

韻辨附文五卷　（清）沈兆霖撰　（清）徐昌緒
增補　清刻本　五冊

210000－0701－0008302　006237

韻辨附文五卷　（清）沈兆霖撰　（清）徐昌緒
增補　清刻本　五冊

210000－0701－0008303　006238

韻詁五卷補遺五卷　（清）方濬頤輯　清光緒
四年(1878)淮南書局刻本　六冊

210000－0701－0008304　006239

韻詁五卷補遺五卷　（清）方濬頤輯　清光緒
四年(1878)淮南書局刻本　六冊

210000－0701－0008305　006240

韻歧五卷　（清）江昱撰　清光緒七年(1881)
刻本　二冊

210000－0701－0008306　006241

韻歧五卷　（清）江昱撰　清光緒七年(1881)
刻本　二冊

210000－0701－0008307　006242

韻徵十六卷　（清）安吉纂輯　清道光十七年
(1837)親仁堂刻本　八冊

210000－0701－0008308　006243

韻字辨同五卷　（清）彭元瑞原本　（清）翁方
綱補正　（清）謝啓昆重校　清嘉慶六年
(1801)刻本　四冊

210000－0701－0008309　006244

韻字略不分卷　（清）毛謨撰　清光緒元年
(1875)湖北崇文書局刻本　二冊

210000－0701－0008310　006245

韻字略不分卷　（清）毛謨撰　清光緒元年
(1875)湖北崇文書局刻本　二冊

210000－0701－0008311　006248

韻補五卷　（宋）吳棫撰　**附錄一卷韻補正一
卷**　（清）顧炎武撰　清道光二十八年(1848)
靈石楊氏刻連筠簃叢書本　一冊

210000－0701－0008312　006249

韻補五卷　（宋）吳棫撰　**韻補正一卷**　（清）
顧炎武撰　清光緒九年(1883)邵武徐氏刻邵
武徐氏叢書本　二冊

210000－0701－0008313　006250

韻補五卷　（宋）吳棫撰　**韻補正一卷**　（清）
顧炎武撰　清光緒九年(1883)邵武徐氏刻邵
武徐氏叢書本　二冊

210000－0701－0008314　006252

韻學臆言舉要二卷　（清）丁顯輯　清光緒二
十六年(1900)刻本　一冊

210000－0701－0008315　006254

說文解字十五卷　（漢）許慎撰　（宋）徐鉉等
校　清初毛氏汲古閣刻本　八冊

210000－0701－0008316　006255

說文審音十六卷　（清）張行孚撰　清光緒二
十四年(1898)刻漸西村舍彙刻本　四冊

210000－0701－0008317　006256

說文審音十六卷　（清）張行孚撰　清光緒二
十四年(1898)刻漸西村舍彙刻本　四冊

210000－0701－0008318　006258

說文聲讀表七卷　（清）苗夔撰　清同治、光
緒福山王氏刻天壤閣叢書本　一冊　存三卷

（一至三）

210000－0701－0008319　006260

一切經音義二十五卷 （唐）釋元應撰　**補訂新譯大方廣佛華嚴經音義二卷** （唐）釋慧苑撰　**敍錄一卷刻華嚴經音義校勘記一卷** （清）曹籀撰　清同治八年(1869)釋明證武林刻本　四冊

210000－0701－0008320　006261

一切經音義二十五卷 （唐）釋元應撰　**補訂新譯大方廣佛華嚴經音義二卷** （唐）釋慧苑撰　**敍錄一卷刻華嚴經音義校勘記一卷** （清）曹籀撰　清同治八年(1869)釋明證武林刻本　四冊

210000－0701－0008321　006262

一切經音義二十五卷 （唐）釋元應撰　**補訂新譯大方廣佛華嚴經音義二卷** （唐）釋慧苑撰　**敍錄一卷刻華嚴經音義校勘記一卷** （清）曹籀撰　清同治八年(1869)釋明證武林刻本　四冊

210000－0701－0008322　006266

新刻啓蒙同聲字音註釋捷徑 （清）施十洲撰　清寶賢堂刻本　一冊

210000－0701－0008323　006267

大廣益會玉篇三十卷 （南朝梁）顧野王撰（唐）孫強增字　（宋）陳彭年等重修　**玉篇校刊札記一卷** （清）鄧顯鶴撰　清道光三十年(1850)新化鄧氏刻本　八冊

210000－0701－0008324　006267

廣韻五卷 （宋）陳彭年等撰　**廣韻校刊札記一卷** （清）鄧顯鶴撰　清道光三十年(1850)新化鄧氏邵州東山精舍刻本　五冊

210000－0701－0008325　006268

五方元音二卷 （清）樊騰鳳撰　（清）年希堯增補　清道光二十年(1840)德義堂刻本　四冊

210000－0701－0008326　006269

五方元音二卷 （清）樊騰鳳撰　（清）年希堯增補　清道光二十年(1840)德義堂刻本

四冊

210000－0701－0008327　006270

五方元音二卷 （清）樊騰鳳撰　（清）年希堯增補　清道光二十三年(1843)聚錦堂刻本　一冊

210000－0701－0008328　006271

五方元音二卷 （清）樊騰鳳撰　（清）年希堯增補　清道光二十三年(1843)宏道堂刻本　二冊

210000－0701－0008329　006272

五方元音二卷 （清）樊騰鳳撰　（清）年希堯增補　清光緒八年(1882)上海掃葉山房刻本　二冊

210000－0701－0008330　006273

五方元音二卷 （清）樊騰鳳撰　（清）年希堯增補　清光緒十年(1884)文興堂刻本　二冊

210000－0701－0008331　006274

五方元音二卷 （清）樊騰鳳撰　（清）年希堯增補　清刻本　一冊

210000－0701－0008332　006275

五方元音二卷 （清）樊騰鳳撰　（清）年希堯增補　清光緒三十四年(1908)石印本　四冊

210000－0701－0008333　006276

剔弊廣增分韻五方元音二卷 （清）樊騰鳳撰（清）趙培梓編　清末石印本　五冊

210000－0701－0008334　006282

羣經音辨七卷 （宋）賈昌朝撰　清康熙吳郡張氏刻澤存堂五種本　一冊

210000－0701－0008335　006284

集韻十卷 （宋）丁度等撰　清康熙四十五年(1706)曹寅揚州使院刻嘉慶十九年(1814)補刻本　五冊

210000－0701－0008336　006285

集韻十卷 （宋）丁度等撰　清光緒二年(1876)姚氏川東官舍刻姚氏叢刻本　十五冊

210000－0701－0008337　006286

集韻十卷 （宋）丁度等撰　清光緒二年

(1876)姚氏川東官舍刻姚氏叢刻本　十冊
存九卷(一至八、十)

210000－0701－0008338　006292
集韻編雅十卷　(清)董文渙輯注　清同治十二年(1873)刻本　五冊

210000－0701－0008339　006307
經書字音辨要九卷　(清)楊名颺輯　清道光二十七年(1847)令德堂刻本　二冊

210000－0701－0008340　006316
吳才老韻補正一卷　(清)顧炎武撰　清同治八年(1869)長沙余氏永豐書局刻明辨齋叢書本　一冊

210000－0701－0008341　006316
屈宋古音考一卷　(明)陳第撰　清同治二年(1863)長沙余氏刻本　與210000－0701－0008340合冊

210000－0701－0008342　006317
佩文廣韻匯編五卷　(清)李元祺撰　清同治十一年(1872)金陵書局刻本　二冊

210000－0701－0008343　006318
佩文詩韻五卷　清刻本　一冊

210000－0701－0008344　006319
佩文詩韻釋要五卷　(清)周兆基輯　(清)朱蘭重輯　清光緒元年(1875)湖北崇文書局刻本　一冊

210000－0701－0008345　006320
佩文詩韻釋要五卷　(清)周兆基輯　清光緒十八年(1892)徐琪廣東學院刻本　一冊

210000－0701－0008346　006321
佩文詩韻釋要五卷　(清)周兆基輯　清光緒二十二年(1896)吳樹棻成都尊經書院刻本　一冊

210000－0701－0008347　006325
字類標韻六卷　(清)華綱撰　清光緒八年(1882)王庭楨刻本　二冊

210000－0701－0008348　006328
音學五書三十八卷　(清)顧炎武撰　清康熙

六年(1667)張弨符山堂刻本　十冊

210000－0701－0008349　006329
音學五書三十八卷　(清)顧炎武撰　清刻本　十六冊

210000－0701－0008350　006339
漢學諧聲二十四卷說文補考一卷　(清)戚學標撰　清嘉慶九年(1804)涉縣官署刻本　八冊

210000－0701－0008351　006340
詩韻集成十卷　(清)余照輯　清刻本　四冊

210000－0701－0008352　006341
附釋文互註禮部韻略五卷　(宋)□□撰　清光緒二年(1876)川東官舍刻姚氏叢刻本　四冊　存四卷(一至四)

210000－0701－0008353　006346
李氏音鑑六卷　(清)李汝珍撰　清嘉慶十五年(1810)寶善堂刻二十一年(1816)續刻本　四冊

210000－0701－0008354　006347
李氏音鑑六卷　(清)李汝珍撰　清嘉慶十五年(1810)寶善堂刻二十一年(1816)續刻同治七年(1868)木樨山房重修本　四冊

210000－0701－0008355　006350
古音類表九卷首一卷　(清)傅壽彤撰　清光緒二年(1876)大梁臬署刻本　四冊

210000－0701－0008356　006352
古韻溯原八卷　(清)安念祖　(清)華湛恩輯　清道光十九年(1839)親仁堂刻本　四冊

210000－0701－0008357　006353
古韻通說二十卷　(清)龍啓瑞撰　清光緒九年(1883)四川尊經書局刻本　四冊

210000－0701－0008358　006357
古今韻會舉要三十卷禮部韻略七音三十六母通考一卷　(元)熊忠撰　清光緒九年(1883)淮南書局刻本　十冊

210000－0701－0008359　006358
古今韻會舉要三十卷禮部韻略七音三十六母

通考一卷　（元）熊忠撰　清光緒九年(1883)淮南書局刻本　十冊

210000－0701－0008360　006359

古今韻會擧要三十卷禮部韻略七音三十六母通考一卷　（元）熊忠撰　清光緒九年(1883)淮南書局刻本　十冊

210000－0701－0008361　006360

古籀拾遺三卷宋政和禮器文字考一卷　（清）孫詒讓撰　清光緒十四年至十六年(1888－1890)溫州刻本　二冊　存二卷(上、中)

210000－0701－0008362　006363

杜韓詩句集韻三卷　（清）汪文柏輯　清康熙四十五年至四十六年(1706－1707)刻本　十冊

210000－0701－0008363　006371

切韻指掌圖一卷　（宋）司馬光撰　檢例一卷（明）邵光祖撰　清宣統二年(1910)豐城熊氏舊補史堂刻熊刻四種本　一冊

210000－0701－0008364　006372

切韻指掌圖一卷　（宋）司馬光撰　檢例一卷（明）邵光祖撰　清宣統二年(1910)豐城熊氏舊補史堂刻熊刻四種本　一冊

210000－0701－0008365　006381

中原音韻二卷　（元）周德清輯　（明）王文璧增注　（明）葉以震校正　明末刻本　佚名校　一冊

210000－0701－0008366　006383

四音釋義不分卷　（清）鄭長庚輯　清道光二十九年(1849)學德堂刻本　六冊

210000－0701－0008367　006391

四聲易知錄四卷　（清）姚文田輯　清嘉慶十七年(1812)歸安姚氏刻邃雅堂全書本　二冊

210000－0701－0008368　006396

同音字辨四卷　（清）劉維坊輯　清同治十二年(1873)刻本　二冊

210000－0701－0008369　006397

同音字辨四卷　（清）劉維坊輯　清同治十二年(1873)京師善成堂刻本　四冊

210000－0701－0008370　006398

同聲韻學四卷附錄二卷　（清）蒯光燮撰　清光緒三十四年(1908)刻本　四冊

210000－0701－0008371　006400

字音正譌正編二卷補編一卷　（明）張位撰（清）丁序賢校補　清乾隆二十年(1755)刻本　二冊

210000－0701－0008372　006402

等韻一得內篇一卷外篇一卷　（清）勞乃宣撰　清光緒二十四年(1898)刻本　二冊

210000－0701－0008373　006409

廣雅疏證十卷　（清）王念孫撰　博雅音十卷（隋）曹憲撰　（清）王念孫校　清光緒五年(1879)淮南書局刻本　八冊

210000－0701－0008374　006410

廣雅疏證十卷　（清）王念孫撰　博雅音十卷（隋）曹憲撰　（清）王念孫校　清光緒五年(1879)淮南書局刻本　八冊

210000－0701－0008375　006411

廣雅疏證十卷　（清）王念孫撰　博雅音十卷（隋）曹憲撰　（清）王念孫校　清光緒五年(1879)淮南書局刻本　八冊

210000－0701－0008376　006412

廣金石韻府五卷玉篇字略一卷　（清）朱時望撰　（清）張鳳藻增訂　清咸豐七年(1857)巴郡張氏理董軒刻本　六冊

210000－0701－0008377　006416

廣雅疏證拾遺二卷　（清）王士濂撰　清光緒二十四年(1898)高郵王氏刻鶴壽堂叢書本　二冊

210000－0701－0008378　006422

文字蒙求四卷　（清）王筠撰　清光緒十三年(1887)梁谿浦氏刻本　佚名校　一冊

210000－0701－0008379　006423

文字蒙求廣義四卷　（清）王筠撰　（清）蒯光典注　清光緒二十七年(1901)江楚書局刻本

五册

210000－0701－0008380　006424
文字蒙求廣義四卷　（清）王筠撰　（清）蒯光
典注　清光緒二十七年（1901）江楚書局刻本
五册

210000－0701－0008381　006425
文字蒙求廣義四卷　（清）王筠撰　（清）蒯光
典注　清光緒二十七年（1901）江楚書局刻本
五册

210000－0701－0008382　006426
文字蒙求廣義四卷　（清）王筠撰　（清）蒯光
典注　清光緒二十七年（1901）江楚書局刻本
五册

210000－0701－0008383　006433
六藝綱目二卷附錄二卷　　（元）舒天民撰
（元）舒恭注　（明）趙宜中附注　清咸豐三年
（1853）楊氏海源閣刻海源閣叢書本　二册

210000－0701－0008384　006440
六書通十卷　（明）閔齊伋撰　清光緒七年
（1881）鉏經堂刻本　六册

210000－0701－0008385　006441
六書通十卷　（明）閔齊伋撰　清光緒十九年
（1893）上海校經山房石印本　五册

210000－0701－0008386　006442
六書通十卷　（明）閔齊伋撰　清宣統元年
（1909）上海掃葉山房石印本　五册

210000－0701－0008387　006445
六書轉注錄十卷　（清）洪亮吉撰　清光緒四
年（1878）授經堂刻洪北江全集本　四册

210000－0701－0008388　006446
六書轉注錄十卷　（清）洪亮吉撰　清光緒四
年（1878）授經堂刻洪北江全集本　四册

210000－0701－0008389　006447
六書分類十二卷　（清）傅世垚撰　清末影印
本　十二册

210000－0701－0008390　006449
廣韻五卷　（宋）陳彭年等撰　**校札一卷**

（清）黎庶昌撰　清末上海商務印書館影印本
五册　存四卷（一至四）

210000－0701－0008391　006452
新名詞微古錄一卷　（清）孫嶷撰　清光緒三
十一年（1905）刻本　一册

210000－0701－0008392　006453
讀說文雜識一卷　（清）許棫撰　清光緒七年
（1881）刻本　一册

210000－0701－0008393　006454
說文辨字正俗八卷　（清）李富孫撰　清嘉慶
二十三年（1818）校經廎刻本　三册

210000－0701－0008394　006455
說文新附攷六卷續攷一卷　（清）鈕樹玉撰
清嘉慶六年（1801）非石居刻同治七年（1868）
金氏碧螺山館補刻本　二册

210000－0701－0008395　006456
說文新附攷六卷續攷一卷　（清）鈕樹玉撰
清同治十三年（1874）湖北崇文書局刻本
二册

210000－0701－0008396　006457
說文新附攷六卷續攷一卷　（清）鈕樹玉撰
清同治十三年（1874）湖北崇文書局刻本
二册

210000－0701－0008397　006458
說文新附攷六卷　（清）鄭珍撰　**說文經字攷
一卷**　（清）陳壽祺撰　清光緒七年（1881）刻
本　三册

210000－0701－0008398　006459
說文新附攷六卷　（清）鄭珍撰　清光緒七年
（1881）刻本　四册

210000－0701－0008399　006461
小學類編六種附一種　（清）李祖望輯　清咸
豐元年至二年（1851－1852）李氏半畝園刻同
治十年（1871）補刻本　八册

210000－0701－0008400　006463
說文部首歌括一卷　（清）徐道政編輯　清光
緒三十四年（1908）上海會文學社石印本

一册

210000－0701－0008401　006464

說文部首均語 清末刻本　一册

210000－0701－0008402　006469

說文五翼八卷 （清）王煦撰　清嘉慶十三年（1808）刻本　四册

210000－0701－0008403　006472

說文佚字攷四卷 （清）張鳴珂撰　清光緒十三年（1887）豫章刻寒松閣集本　一册

210000－0701－0008404　006473

說文引經證例二十四卷 （清）承培元撰　清光緒二十一年（1895）廣雅書局刻廣雅書局叢書本　六册

210000－0701－0008405　006474

說文引經考二卷補遺一卷 （清）吳玉搢撰
附錄一卷 （清）程贊詠撰　清道光元年（1821）程贊詠刻本　二册

210000－0701－0008406　006475

說文引經攷證七卷互異說一卷 （清）陳瑑撰　清同治十三年（1874）湖北崇文書局刻本　二册

210000－0701－0008407　006476

說文引經攷證七卷互異說一卷 （清）陳瑑撰　清同治十三年（1874）湖北崇文書局刻本　二册

210000－0701－0008408　006477

說文引經攷證七卷互異說一卷 （清）陳瑑撰　清同治十三年（1874）湖北崇文書局刻本　二册

210000－0701－0008409　006478

說文引經攷異十六卷 （清）柳榮宗撰　清咸豐二年（1852）刻本　二册

210000－0701－0008410　006479

說文引經異字三卷 （清）吳雲蒸撰　清道光六年（1826）刻本　一册

210000－0701－0008411　006480

說文發疑六卷 （清）張行孚述　清光緒九年

（1883）刻本　三册

210000－0701－0008412　006485

說文統釋自序一卷 （清）錢大昭撰　清光緒八年（1882）金峨山館刻金峨山館叢書本　一册

210000－0701－0008413　006486

說文經字正誼四卷 （清）郭慶藩撰　清光緒二十年（1894）湘陰郭氏揚州刻本　二册

210000－0701－0008414　006490

讀說文雜識一卷 （清）許槤撰　清光緒七年（1881）刻本　一册

210000－0701－0008415　006491

說文外編十六卷 （清）雷浚撰　清光緒二年（1876）刻本　四册

210000－0701－0008416　006492

說文外編十六卷 （清）雷浚撰　**劉氏碎金一卷** （清）劉禧延撰　清光緒二年（1876）刻本　四册

210000－0701－0008417　006493

說文外編十六卷 （清）雷浚撰　**劉氏碎金一卷** （清）劉禧延撰　清光緒二年（1876）刻本　六册

210000－0701－0008418　006494

說文釋例二十卷 （清）王筠撰　清道光刻本　十册

210000－0701－0008419　006495

說文釋例二十卷 （清）王筠撰　清道光刻本　十册

210000－0701－0008420　006496

說文釋例二十卷補正二十卷說文解字句讀三十卷補正三十卷說文繫傳校錄三十卷 （清）王筠撰　清咸豐王氏刻同治四年（1865）印本　十四册　缺三十卷（說文解字句讀三十卷）

210000－0701－0008421　006497

說文釋例二十卷補正二十卷 （清）王筠撰　清咸豐王氏刻同治四年（1865）印本　十册

210000－0701－0008422　006498

說文釋例二十卷補正二十卷　（清）王筠撰
清咸豐王氏刻同治四年(1865)印本　十冊

210000－0701－0008423　006500
說文釋例二十卷補正二十卷　（清）王筠撰
清光緒九年(1883)成都御風樓刻中江家塾印
本　二十冊

210000－0701－0008424　006501
說文釋例二十卷補正二十卷　（清）王筠撰
清光緒九年(1883)成都御風樓刻本　二十冊

210000－0701－0008425　006502
說文釋例二十卷補正二十卷　（清）王筠撰
清光緒九年(1883)成都御風樓刻本　二十冊

210000－0701－0008426　006504
說文假借義證二十八卷　（清）朱珔撰　清光
緒二十五年(1899)約古閣刻本　二十八冊

210000－0701－0008427　006506
說文解字十五卷　（漢）許慎撰　（宋）徐鉉等
校定　清刻本　八冊

210000－0701－0008428　006507
說文解字十五卷　（漢）許慎撰　（宋）徐鉉等
校定　清乾隆三十八年(1773)朱氏椒華吟舫
刻本　八冊

210000－0701－0008429　006508
說文解字十五卷　（漢）許慎撰　（宋）徐鉉等
校定　清嘉慶十二年(1807)刻本　六冊

210000－0701－0008430　006509
說文解字十五卷　（漢）許慎撰　（宋）徐鉉等
校定　清嘉慶九年(1804)孫氏五松書屋刻平
津館叢書本　六冊

210000－0701－0008431　006510
說文解字十五卷　（漢）許慎撰　（宋）徐鉉等
校定　說文檢字二卷　（清）毛謨輯　清同治
十年(1871)刻本　十冊

210000－0701－0008432　006511
說文解字十五卷　（漢）許慎撰　（宋）徐鉉等
校定　說文通檢十四卷首一卷末一卷　（清）
黎永椿編　說文校字記一卷　（清）陳昌治撰

清同治十二年(1873)陳昌治刻光緒十四年
(1888)席氏掃葉山房印本　十二冊

210000－0701－0008433　006512
說文解字十五卷　（漢）許慎撰　（宋）徐鉉等
校定　汲古閣說文解字校記一卷　（清）張行
孚撰　清光緒七年(1881)淮南書局刻本
五冊

210000－0701－0008434　006518
說文解字注三十卷六書音韻表二卷　（清）段
玉裁撰　說文部目分韻一卷　（清）陳奐撰
清乾隆、嘉慶段氏經韻樓刻本　十六冊

210000－0701－0008435　006519
說文解字注三十卷六書音韻表二卷汲古閣說
文訂一卷　（清）段玉裁撰　說文部目分韻一
卷　（清）陳奐撰　清同治十一年(1872)湖北
崇文書局刻本　十八冊　缺二卷(六書音韻
表二卷)

210000－0701－0008436　006520
說文解字注三十卷六書音韻表二卷汲古閣說
文訂一卷　（清）段玉裁撰　說文部目分韻一
卷　（清）陳奐撰　清同治十一年(1872)湖北
崇文書局刻本　十八冊

210000－0701－0008437　006521
說文解字注三十卷六書音韻表二卷　（清）段
玉裁撰　說文部目分韻一卷　（清）陳奐撰
清光緒三年(1877)成都尊經書院刻本　二十
三冊　缺三卷(說文注二十九至三十、說文部
目分韻一卷)

210000－0701－0008438　006522
說文解字注三十卷六書音韻表二卷　（清）段
玉裁撰　說文部目分韻一卷　（清）陳奐撰
說文通檢十四卷首一卷末一卷　（清）黎永椿
撰　說文解字注匡謬八卷　（清）徐承慶撰
清宣統二年(1910)江左書林石印本　八冊

210000－0701－0008439　006523
說文解字注三十卷六書音韻表二卷　（清）段
玉裁撰　說文部目分韻一卷　（清）陳奐撰
說文通檢十四卷首一卷末一卷　（清）黎永椿

撰　說文解字注匡謬八卷　（清）徐承慶撰
清光緒三十四年(1908)上海文盛書局石印民
國三年(1914)蜚英館重印本　八冊

210000－0701－0008440　006532

說文解字韻譜十卷　（五代）徐鍇撰　清同治
三年(1864)吳縣馮桂芬刻本　二冊

210000－0701－0008441　006540

說文解字羣經正字二十八卷　（清）邵瑛撰
清嘉慶二十一年(1816)桂隱書屋刻本　六冊

210000－0701－0008442　006541

說文解字句讀三十卷補正三十卷　（清）王筠
撰　清咸豐九年（1859）王氏刻同治四年
(1865)印本　十六冊

210000－0701－0008443　006542

說文解字句讀三十卷句讀補正三十卷　（清）
王筠撰　清咸豐九年(1859)王氏刻同治四年
(1865)印本　十六冊

210000－0701－0008444　006543

說文解字句讀三十卷　（清）王筠撰　清咸豐
九年(1859)王氏刻同治四年(1865)印本　十
二冊

210000－0701－0008445　006543

文字蒙求四卷　（清）王筠撰　清道光二十六
年(1846)刻本　一冊

210000－0701－0008446　006544

說文解字句讀三十卷補正三十卷　（清）王筠
撰　清光緒八年(1882)四川尊經書局刻本
十四冊

210000－0701－0008447　006545

說文解字句讀三十卷補正三十卷　（清）王筠
撰　清光緒八年(1882)四川尊經書局刻本
十四冊

210000－0701－0008448　006546

說文解字句讀三十卷補正三十卷　（清）王筠
撰　清光緒八年(1882)四川尊經書局刻本
十四冊

210000－0701－0008449　006547

說文解字句讀三十卷補正三十卷　（清）王筠
撰　清末商務印書館刻本　十四冊

210000－0701－0008450　006548

說文解字句讀三十卷補正三十卷　（清）王筠
撰　清末商務印書館刻本　十四冊

210000－0701－0008451　006549

說文解字句讀三十卷補正三十卷　（清）王筠
撰　清末商務印書館刻本　十四冊

210000－0701－0008452　006550

說文解字注三十卷六書音韻表二卷　（清）段
玉裁撰　**說文部目分韻一卷**　（清）陳奐撰
清乾隆、嘉慶段氏經韻樓刻本　十六冊

210000－0701－0008453　006551

說文解字注三十卷六書音韻表二卷　（清）段
玉裁撰　**說文部目分韻一卷**　（清）陳奐撰
清乾隆、嘉慶段氏經韻樓刻同治六年至十一
年(1867－1872)蘇州保息局補刻本　十六冊

210000－0701－0008454　006552

**說文解字注三十卷六書音韻表二卷汲古閣說
文訂一卷**　（清）段玉裁撰　**說文部目分韻一
卷**　（清）陳奐撰　清同治十一年(1872)湖北
崇文書局刻本　十八冊

210000－0701－0008455　006553

**說文解字注三十卷六書音韻表二卷汲古閣說
文訂一卷**　（清）段玉裁撰　**說文部目分韻一
卷**　（清）陳奐撰　清末刻本　十八冊

210000－0701－0008456　006554

**說文解字注三十卷六書音韻表二卷汲古閣說
文訂一卷**　（清）段玉裁撰　**說文部目分韻一
卷**　（清）陳奐撰　清末刻本　十八冊

210000－0701－0008457　006558

說文解字注三十卷六書音韻表二卷　（清）段
玉裁撰　**說文部目分韻一卷**　（清）陳奐編
說文提要一卷　（清）陳建侯撰　**說文通檢十
四卷首一卷末一卷**　（清）黎永椿撰　清末兩
宜軒上海石印本　八冊

210000－0701－0008458　006559

說文解字注箋十四卷　（清）段玉裁注　（清）徐灝箋　說文檢字三卷說文重文檢字篇一卷說文疑難檢字篇一卷今文檢字篇一卷　（清）徐楙編　清光緒二十年(1894)桂林刻民國三年(1914)京師補刻本　三十二冊

210000－0701－0008459　006561
說文解字繫傳四十卷　（五代）徐鍇撰　校勘記三卷　（清）祁寯藻撰　清光緒二年(1876)平江吳韶生刻本　十四冊

210000－0701－0008460　006562
說文解字校錄十五卷　（清）鈕樹玉撰　清光緒十一年(1885)江蘇書局刻本　十四冊

210000－0701－0008461　006563
說文解字斠詮十四卷　（清）錢坫撰　清嘉慶十二年(1807)吉金樂石齋刻本　八冊

210000－0701－0008462　006564
說文解字斠詮十四卷　（清）錢坫撰　清光緒九年(1883)淮南書局刻本　六冊

210000－0701－0008463　006565
說文解字繫傳四十卷　（五代）徐鍇撰　清光緒九年(1883)江蘇書局刻本　八冊

210000－0701－0008464　006574
說文解字義證五十卷　（清）桂馥撰　清同治九年(1870)湖北崇文書局刻本　三十二冊

210000－0701－0008465　006575
說文解字義證五十卷　（清）桂馥撰　清同治九年(1870)湖北崇文書局刻本　三十二冊

210000－0701－0008466　006576
說文解字義證五十卷　（清）桂馥撰　清同治九年(1870)湖北崇文書局刻本　三十二冊

210000－0701－0008467　006577
說文解字義證五十卷　（清）桂馥撰　清同治九年(1870)湖北崇文書局刻本　三十二冊

210000－0701－0008468　006578
說文解字義證五十卷　（清）桂馥撰　清同治九年(1870)湖北崇文書局刻本　三十二冊　存九卷(一至九)

210000－0701－0008469　006579
段氏說文注訂八卷　（清）鈕樹玉撰　清同治十三年(1874)湖北崇文書局刻本　二冊

210000－0701－0008470　006580
段氏說文注訂八卷　（清）鈕樹玉撰　清同治十三年(1874)湖北崇文書局刻本　二冊

210000－0701－0008471　006581
說文逸字二卷　（清）鄭珍撰　附錄一卷　（清）鄭知同撰　清咸豐八年(1858)望山堂刻鄭子尹遺書本　二冊

210000－0701－0008472　006582
說文逸字辨證二卷　（清）鄭珍撰　（清）李禎辨證　清光緒十一年(1885)李氏畹蘭室刻本　二冊

210000－0701－0008473　006583
說文通訓定聲十八卷附錄十八卷分部柬韻一卷說雅一卷古今韻準一卷　（清）朱駿聲撰　行述一卷　朱孔彰撰　清道光二十九年(1849)臨嘯閣刻同治九年(1870)補刻本　二十四冊

210000－0701－0008474　006584
說文通訓定聲十八卷附錄十八卷分部柬韻一卷說雅一卷古今韻準一卷　（清）朱駿聲撰　行述一卷　朱孔彰撰　清道光二十九年(1849)臨嘯閣刻同治九年(1870)補刻本　二十四冊

210000－0701－0008475　006585
說文通訓定聲十八卷附錄十八卷分部柬韻一卷說雅一卷古今韻準一卷　（清）朱駿聲撰　行述一卷　朱孔彰撰　清道光二十九年(1849)臨嘯閣刻同治九年(1870)補刻本　二十四冊

210000－0701－0008476　006586
說文通訓定聲十八卷附錄十八卷分部柬韻一卷說雅一卷古今韻準一卷　（清）朱駿聲撰　行述一卷　朱孔彰撰　清道光二十九年(1849)臨嘯閣刻同治九年(1870)補刻本　二十四冊

210000－0701－0008477　006587

說文通訓定聲十八卷附錄十八卷分部柬韻一卷說雅一卷古今韻準一卷　（清）朱駿聲撰

行述一卷　朱孔彰撰　清道光二十九年(1849)臨嘯閣刻同治九年(1870)補刻本　二十四冊

210000－0701－0008478　006588

說文通訓定聲十八卷附錄十八卷補遺十八卷柬韻一卷說雅一卷古今韻準一卷　（清）朱駿聲撰

行述一卷　朱孔彰撰　清光緒十三年(1887)上海積山書局石印本　八冊

210000－0701－0008479　006590

說文通檢十四卷首一卷末一卷　（清）黎永椿編　清末刻本　二冊

210000－0701－0008480　006591

說文通檢十四卷首一卷末一卷　（清）黎永椿編　清光緒元年(1875)湖北崇文書局刻本　二冊

210000－0701－0008481　006592

說文通檢十四卷首一卷末一卷　（清）黎永椿編　清光緒元年(1875)湖北崇文書局刻本　二冊

210000－0701－0008482　006593

說文通檢十四卷首一卷末一卷　（清）黎永椿編　清光緒元年(1875)湖北崇文書局刻二年(1876)印本　二冊

210000－0701－0008483　006594

說文通檢十四卷首一卷末一卷　（清）黎永椿編　清光緒九年(1883)羣玉山房刻本　王仁俊校補　二冊

210000－0701－0008484　006595

說文通檢十四卷首一卷末一卷　（清）黎永椿編　清末上海商務印書館影印本　一冊

210000－0701－0008485　006596

說文通檢十四卷首一卷末一卷　（清）黎永椿編　清末上海商務印書館影印本　二冊

210000－0701－0008486　006601

210000－0701－0008486　006601

說文古本考十四卷　（清）沈濤撰　清光緒十年(1884)吳縣潘氏滂喜齋刻本　八冊

210000－0701－0008487　006606

爾雅補注殘本一卷　（清）劉玉麐撰　清光緒十二年(1886)吳縣潘氏刻功順堂叢書本　一冊

210000－0701－0008488　006606

急就章一卷　（漢）史游撰　（清）鈕樹玉校

考證一卷　（清）鈕樹玉撰　清光緒十二年(1886)吳縣潘氏刻功順堂叢書本　一冊

210000－0701－0008489　006606

說文古籀疏證六卷原目一卷　（清）莊述祖撰　（清）管禮耕編　清光緒十二年(1886)吳縣潘氏刻功順堂叢書本　七冊

210000－0701－0008490　006606

王氏經說六卷音略一卷音略考證一卷　（清）王紹蘭撰　清光緒吳縣潘氏刻功順堂叢書本　一冊　存二卷(音略一卷、考證一卷)

210000－0701－0008491　006607

說文古籀疏證六卷原目一卷　（清）莊述祖撰　（清）管禮耕編　清光緒二十年(1894)莊殿華天津刻本　四冊

210000－0701－0008492　006608

說文古籀疏證六卷原目一卷　（清）莊述祖撰　（清）管禮耕編　清光緒二十年(1894)莊殿華天津刻民國十五年(1926)印本　六冊

210000－0701－0008493　006609

說文古籀補十四卷補遺一卷附錄一卷　（清）吳大澂撰　清光緒七年(1881)刻本　二冊

210000－0701－0008494　006610

說文古籀補十四卷補遺一卷附錄一卷　（清）吳大澂撰　清光緒十二年(1886)點石齋石印本　二冊

210000－0701－0008495　006612

說文古籀補十四卷附錄一卷　（清）吳大澂撰　清光緒二十四年(1898)刻本　二冊

210000－0701－0008496　006620

說文解字十五卷　（漢）許慎撰　（宋）徐鉉等
校定　汲古閣說文解字校記一卷　（清）張行
孚撰　清光緒七年(1881)淮南書局刻本
五冊

210000 – 0701 – 0008497　006621

說文校議十五卷　（清）姚文田　（清）嚴可均
撰　（清）孫星衍商訂　清嘉慶二十三年
(1818)冶城山館刻四錄堂類集本　二冊

210000 – 0701 – 0008498　006622

說文校議十五卷　（清）姚文田　（清）嚴可均
撰　清同治十三年(1874)歸安姚氏刻本
五冊

210000 – 0701 – 0008499　006623

說文解字十五卷　（漢）許慎撰　（宋）徐鉉等
校定　清嘉慶十二年(1807)刻本　六冊

210000 – 0701 – 0008500　006624

說文本經答問二卷　（清）鄭知同撰　清光緒
十六年(1890)廣雅書局刻廣雅書局叢書本
二冊

210000 – 0701 – 0008501　006625

說文本經答問二卷　（清）鄭知同撰　清光緒
十六年(1890)廣雅書局刻廣雅書局叢書本
二冊

210000 – 0701 – 0008502　006627

說文提要一卷　（清）陳建侯撰　清同治十二
年(1873)湖北崇文書局刻本　一冊

210000 – 0701 – 0008503　006628

說文提要一卷　（清）陳建侯撰　清同治十二
年(1873)湖北崇文書局刻光緒元年(1875)印
本　一冊

210000 – 0701 – 0008504　006629

說文提要一卷　（清）陳建侯撰　清同治十二
年(1873)湖北崇文書局刻光緒元年(1875)印
本　一冊

210000 – 0701 – 0008505　006630

說文解字繫傳四十卷　（五代）徐鍇撰　附錄
一卷　清乾隆四十七年(1782)新安汪氏刻本

十二冊

210000 – 0701 – 0008506　006633

說文繫傳校錄三十卷　（清）王筠撰　清咸豐
七年(1857)王彥侗刻王菉友九種本　四冊

210000 – 0701 – 0008507　006634

說文拈字七卷補遺一卷　（清）王玉樹撰　清
嘉慶八年(1803)芳椒堂刻本　四冊

210000 – 0701 – 0008508　006641

說文段注訂補十四卷　（清）王紹蘭撰　清光
緒十四年(1888)胡燏棻刻本　八冊

210000 – 0701 – 0008509　006642

說文段注訂補十四卷　（清）王紹蘭撰　清光
緒十四年(1888)胡燏棻刻本　吳廣霈跋
八冊

210000 – 0701 – 0008510　006649

說文解字十二卷　（漢）許慎撰　（宋）李燾重
編　說文同異一卷　（明）陳大科撰　明萬曆
二十六年(1598)陳大科刻清岱雲樓印本
六冊

210000 – 0701 – 0008511　006665

大廣益會玉篇三十卷　（南朝梁）顧野王撰
（唐）孫強增字　（宋）陳彭年等重修　玉篇校
刊札記一卷　（清）鄧顯鶴撰　清道光三十年
(1850)新化鄧氏邵州東山精舍刻本　七冊

210000 – 0701 – 0008512　006665

廣韻五卷　（宋）陳彭年等撰　清道光三十年
(1850)新化鄧氏邵州東山精舍刻本　五冊

210000 – 0701 – 0008513　006668

重編五經文字三卷　（唐）張參撰　（清）孫侃
編勘　重編九經字樣一卷　（唐）唐玄度撰
（清）孫侃編勘　清嘉慶八年(1803)孫氏刻本
四冊

210000 – 0701 – 0008514　006673

爾雅十一卷　（晉）郭璞注　（明）金蟠
（明）葛鼒校訂　明崇禎十二年(1639)永懷堂
刻清同治八年(1869)浙江書局補刻十三經古
注本　三冊

210000－0701－0008515　006677

爾雅十一卷　（晉）郭璞注　（唐）陸德明音義
清清芬閣刻同治金陵書局印十三經讀本本
闕濬鼎跋　三冊

210000－0701－0008516　006678

爾雅十一卷　（晉）郭璞注　（唐）陸德明音義
清清芬閣刻同治金陵書局印十三經讀本本
三冊

210000－0701－0008517　006678

孝經一卷　（唐）玄宗李隆基注　清同治七年
（1868）金陵書局刻十三經讀本本　一冊

210000－0701－0008518　006679

爾雅三卷　（晉）郭璞注　（唐）陸德明音義
清光緒十二年（1886）湖北官書處刻本　三冊

210000－0701－0008519　006683

爾雅三卷　（晉）郭璞注　清嘉慶六年（1801）
藝學軒刻本　一冊

210000－0701－0008520　006684

爾雅三卷　（晉）郭璞注　清嘉慶六年（1801）
藝學軒刻本　一冊

210000－0701－0008521　006685

爾雅三卷　（晉）郭璞注　清嘉慶六年（1801）
藝學軒刻本　一冊

210000－0701－0008522　006686

爾雅三卷　（晉）郭璞注　清光緒八年（1882）
上海同文書局影印本　二冊

210000－0701－0008523　006688

爾雅郭注佚存補訂二十卷　王樹枏撰　清光
緒十八年（1892）資陽刻陶廬叢刻本　八冊

210000－0701－0008524　006689

爾雅郭注佚存補訂二十卷　王樹枏撰　清光
緒十八年（1892）資陽刻陶廬叢刻本　六冊

210000－0701－0008525　006690

爾雅郭註補正九卷　（清）戴鎣撰　清光緒十
一年（1885）刻本　六冊

210000－0701－0008526　006691

爾雅郭注義疏二十卷　（清）郝懿行撰　清同

治四年（1865）郝聯薇刻光緒七年（1881）印郝
氏遺書本　八冊

210000－0701－0008527　006692

爾雅郭注義疏二十卷　（清）郝懿行撰　清光
緒十年（1884）榮縣蜀南閣刻本　八冊

210000－0701－0008528　006693

爾雅郭注義疏二十卷　（清）郝懿行撰　清光
緒十三年（1887）湖北官書處刻本　八冊

210000－0701－0008529　006696

爾雅正郭三卷　（清）潘衍桐撰　清光緒十七
年（1891）浙江潘氏刻本　一冊

210000－0701－0008530　006697

爾雅正義二十卷　（清）邵晉涵撰　**釋文三卷**
（唐）陸德明撰　清文炳齋刻本　七冊

210000－0701－0008531　006698

爾雅疏十卷　（宋）邢昺撰　清光緒四年
（1878）吳興陸氏十萬卷樓刻本　四冊

210000－0701－0008532　006699

爾雅注疏十卷　（宋）邢昺撰　**校勘記十卷**
（清）阮元撰　（清）盧宣旬摘錄　清同治十二
年（1873）江西書局刻重刊宋本十三經注疏本
六冊

210000－0701－0008533　006701

爾雅注疏十一卷　（晉）郭璞注　（宋）邢昺疏
清光緒十七年（1891）善成堂刻本　六冊

210000－0701－0008534　006702

爾雅注疏十卷　（宋）邢昺撰　**校勘記十卷**
（清）阮元撰　（清）盧宣旬摘錄　清同治十二
年（1873）江西書局刻重刊宋本十三經注疏本
六冊

210000－0701－0008535　006704

爾雅補郭二卷　（清）翟灝撰　清光緒八年
（1882）傅世洵卷施谼刻本　一冊

210000－0701－0008536　006706

爾雅蒙求二卷　（清）李拔式撰　清嘉慶三年
（1798）姑蘇七映堂刻本　二冊

210000－0701－0008537　006707

爾雅蒙求二卷　（清）李拔式撰　清同治八年(1869)樂城王喆刻十二年(1873)味經書院印本　二冊

210000－0701－0008538　006709

爾雅三卷　（晉）郭璞注　清嘉慶六年(1801)曾燠刻道光二十九年(1849)德林印本　二冊　存三卷(上、中、下前)

210000－0701－0008539　006710

爾雅三卷　（晉）郭璞注　清光緒十年(1884)上海同文書局影印本　二冊

210000－0701－0008540　006711

爾雅三卷　（晉）郭璞注　清光緒十二年(1886)上海影印本　二冊

210000－0701－0008541　006712

爾雅三卷　（晉）郭璞注　清光緒十二年(1886)上海影印本　二冊

210000－0701－0008542　006713

爾雅匡名二十卷　（清）嚴元照撰　清光緒十一年(1885)吳興陸氏守先閣刻湖州叢書本　二冊

210000－0701－0008543　006714

爾雅郭注義疏二十卷　（清）郝懿行撰　清同治四年(1865)郝聯薇刻光緒七年(1881)印本　八冊

210000－0701－0008544　006715

爾雅郭注義疏二十卷　（清）郝懿行撰　清同治四年(1865)郝聯薇刻光緒七年(1881)印本　八冊

210000－0701－0008545　006716

爾雅郭注義疏二十卷　（清）郝懿行撰　清光緒十年(1884)榮縣蜀南閣刻本　八冊

210000－0701－0008546　006717

爾雅郭注義疏二十卷　（清）郝懿行撰　清光緒十三年(1887)湖北官書處刻本　八冊

210000－0701－0008547　006718

爾雅郭注義疏二十卷　（清）郝懿行撰　清光緒十三年(1887)湖北官書處刻本　八冊

210000－0701－0008548　006724

干支集錦二十四卷　（清）秦嘉謨輯　清刻本　一冊

210000－0701－0008549　006726

西峰字說六卷　（明）曹學佺撰　清順治十二年(1655)刻本　四冊

210000－0701－0008550　006729

字義二卷補遺一卷嚴陵講義一卷又附一卷增附一卷　（宋）陳淳撰　清光緒二十二年(1896)吉林探源書舫刻吉林探源書舫叢書初編本　二冊

210000－0701－0008551　006730

班馬字類五卷班馬字類訂一卷　（宋）婁機撰　清光緒十七年(1891)思賢書局刻本　二冊

210000－0701－0008552　006755

羣經字詁七十二卷檢字一卷　（清）段諤廷原稿　（清）黃本驥訂　清刻本　二十冊

210000－0701－0008553　006761

香墅漫鈔四卷續四卷又續四卷　（清）曾廷枚撰　清乾隆五十二年至六十年(1787－1795)南城曾氏家塾刻嘉慶印本　八冊

210000－0701－0008554　006762

毛詩艸木鳥獸蟲魚疏二卷　（三國吳）陸璣撰　羅振玉校　清光緒十二年(1886)上海聚珍仿宋印書局鉛印本　一冊

210000－0701－0008555　006764

姚氏叢刻三種　（清）姚覲元輯　清光緒二年(1876)川東官舍刻本　三十冊

210000－0701－0008556　006766

比雅十卷　（清）洪亮吉撰　清光緒五年(1879)授經堂刻洪北江全集本　二冊

210000－0701－0008557　006767

比雅十卷　（清）洪亮吉撰　清光緒五年(1879)授經堂刻洪北江全集本　二冊

210000－0701－0008558　006768

經傳釋詞十卷　（清）王引之撰　清嘉慶二十四年(1819)刻本　二冊

210000－0701－0008559　006769

經傳釋詞十卷　（清）王引之撰　清嘉慶二十四年(1819)刻本　四冊

210000－0701－0008560　006772

經傳攷證八卷　（清）朱彬撰　清道光刻本　二冊

210000－0701－0008561　006773

經字正蒙八卷附十三經集字分畫便查一卷　(清)李文沂撰　清光緒十二年(1886)鐵硯山房刻本　八冊

210000－0701－0008562　006774

經典釋文三十卷　（唐）陸德明撰　**考證三十卷**　（清）盧文弨撰　清同治十年(1871)粵秀山文瀾閣刻本　十二冊

210000－0701－0008563　006775

經典釋文三十卷　（唐）陸德明撰　**考證三十卷**　（清）盧文弨撰　清同治十年(1871)粵秀山文瀾閣刻本　十二冊

210000－0701－0008564　006776

經典釋文三十卷　（唐）陸德明撰　**考證三十卷**　（清）盧文弨撰　清光緒十五年(1889)湖南書局刻本　十二冊

210000－0701－0008565　006778

經籍纂詁一百六卷補遺一百六卷首一卷　(清)阮元纂　清嘉慶四年(1799)刻本　四十八冊　缺一百六卷(補遺一百六卷)

210000－0701－0008566　006779

經籍纂詁一百六卷補遺一百六卷首一卷　(清)阮元纂　清嘉慶四年(1799)刻光緒六年(1880)淮南書局補刻本　四十冊

210000－0701－0008567　006780

經籍纂詁一百六卷補遺一百六卷首一卷　(清)阮元纂　清嘉慶四年(1799)刻光緒六年(1880)淮南書局補刻本　四十八冊

210000－0701－0008568　006781

經籍纂詁一百六卷補遺一百六卷首一卷　(清)阮元纂　清嘉慶四年(1799)刻光緒六年

(1880)淮南書局補刻本　四十冊

210000－0701－0008569　006782

經籍纂詁一百六卷補遺一百六卷首一卷　(清)阮元纂　清嘉慶四年(1799)刻光緒六年(1880)淮南書局補刻本　四十八冊

210000－0701－0008570　006783

經籍纂詁一百六卷補遺一百六卷首一卷　(清)阮元纂　清光緒十四年(1888)鴻文堂石印本　十六冊

210000－0701－0008571　006784

經籍纂詁一百六卷補遺一百六卷首一卷　(清)阮元纂　清光緒十四年(1888)鴻文堂石印本　十六冊

210000－0701－0008572　006785

經籍纂詁一百六卷補遺一百六卷首一卷　(清)阮元纂　清光緒十四年(1888)鴻文堂石印本　十六冊

210000－0701－0008573　006786

經籍纂詁一百六卷補遺一百六卷首一卷　(清)阮元纂　清光緒十四年(1888)上海鴻寶齋石印本　十二冊

210000－0701－0008574　006787

經籍纂詁一百六卷補遺一百六卷首一卷　(清)阮元纂　清光緒十四年(1888)上海鴻寶齋石印本　十二冊

210000－0701－0008575　006788

經籍纂詁一百六卷補遺一百六卷首一卷　(清)阮元纂　清光緒十四年(1888)上海鴻寶齋石印本　十二冊

210000－0701－0008576　006789

經籍纂詁一百六卷補遺一百六卷首一卷　(清)阮元纂　清光緒十四年(1888)上海鴻寶齋石印本　十二冊

210000－0701－0008577　006790

經籍纂詁一百六卷補遺一百六卷首一卷　(清)阮元纂　清光緒二十年(1894)上海鴻寶齋石印本　十二冊

210000－0701－0008578　006794

刊謬正俗八卷　（唐）顏師古撰　清光緒元年
(1875)湖北崇文書局刻崇文書局彙刻書本
一冊

210000－0701－0008579　006794

刊謬正俗八卷　（唐）顏師古撰　清光緒元年
(1875)湖北崇文書局刻崇文書局彙刻書本
一冊

210000－0701－0008580　006795

刊謬正俗八卷　（唐）顏師古撰　清光緒元年
(1875)湖北崇文書局刻崇文書局彙刻書本
一冊

210000－0701－0008581　006796

稱謂錄三十二卷　（清）梁章鉅撰　清光緒元
年至十年(1875－1884)梁恭辰刻本　八冊

210000－0701－0008582　006797

續廣雅三卷　（清）劉燦撰　清道光二十五年
(1845)鄞邑陸鑑刻本　一冊

210000－0701－0008583　006798

續復古編四卷　（元）曹本撰　清道光十二年
(1832)歸安姚氏家塾刻民國十五年(1926)蘇
州振新書社印本　四冊

210000－0701－0008584　006803

釋名疏證八卷補遺一卷續釋名一卷　（清）畢
沅撰　清刻本　二冊

210000－0701－0008585　006804

釋名疏證八卷釋名補遺一卷續釋名一卷
（清）畢沅撰　清末影印本　一冊

210000－0701－0008586　006805

**釋名疏證補八卷續釋名補遺一卷疏證補附一
卷**　王先謙撰　清光緒二十二年(1896)刻本
四冊

210000－0701－0008587　006806

**釋名疏證補八卷續釋名補遺一卷疏證補附一
卷**　王先謙撰　清光緒二十二年(1896)刻本
三冊

210000－0701－0008588　006807

**釋名疏證補八卷續釋名補遺一卷疏證補附一
卷**　王先謙撰　清光緒二十二年(1896)刻本
四冊

210000－0701－0008589　006808

釋名八卷　（漢）劉熙撰　（清）吳志忠校　清
道光吳氏璜川書塾刻本　一冊

210000－0701－0008590　006810

四書釋地辨證二卷附答雷竹卿書一卷　（清）
宋翔鳳撰　清刻本　一冊

210000－0701－0008591　006822

急就篇四卷　（漢）史游撰　（唐）顏師古注
（宋）王應麟補注　清同治十二年(1873)粵東
書局刻小學彙函本　二冊

210000－0701－0008592　006823

急就篇一卷　（漢）史游撰　（清）王祖源直音
（清）錢保塘補音　**急就篇四卷**　（漢）史游
撰　（唐）顏師古注　（宋）王應麟補注　清光
緒六年(1880)福山王氏刻天壤閣叢書本
四冊

210000－0701－0008593　006825

名原二卷　（清）孫詒讓撰　清光緒三十一年
(1905)刻本　一冊

210000－0701－0008594　006831

繆篆分韻五卷補一卷　（清）桂馥撰　清歸安
姚氏咫進齋刻邃雅堂全書本　四冊

210000－0701－0008595　006832

繆篆分韻五卷補一卷　（清）桂馥撰　清歸安
姚氏咫進齋刻民國蘇州振新書社印本　二冊

210000－0701－0008596　006833

繆篆分韻五卷補一卷　（清）桂馥撰　清歸安
姚氏咫進齋刻民國蘇州振新書社印本　二冊

210000－0701－0008597　006834

復古編二卷　（宋）張有撰　**校正一卷附錄一
卷**　（清）葛鳴陽撰　**曾樂軒稿一卷**　（宋）張
維撰　（清）葛鳴陽輯　**安陸集一卷**　（清）張
先撰　（清）葛鳴陽輯　清乾隆四十六年
(1781)安邑葛氏刻本　王綺跋　四冊

210000－0701－0008598　006835
復古編二卷　(宋)張有撰　**校正一卷附錄一卷**　(清)葛鳴陽撰　**曾樂軒稿一卷**　(宋)張維撰　(清)葛鳴陽輯　**安陸集一卷**　(清)張先撰　(清)葛鳴陽輯　清光緒八年(1882)淮南書局刻本　六冊

210000－0701－0008599　006836
復古編二卷　(宋)張有撰　**復古編校正一卷附錄一卷**　(清)葛鳴陽撰　**曾樂軒稿一卷**　(宋)張維撰　(清)葛鳴陽輯　**安陸集一卷**　(清)張先撰　(清)葛鳴陽輯　清光緒八年(1882)淮南書局刻本　三冊

210000－0701－0008600　006837
復古編二卷　(宋)張有撰　**復古編校正一卷附錄一卷**　(清)葛鳴陽撰　**曾樂軒稿一卷**　(宋)張維撰　(清)葛鳴陽輯　**安陸集一卷**　(清)張先撰　(清)葛鳴陽輯　清光緒八年(1882)淮南書局刻本　三冊

210000－0701－0008601　006839
字說一卷　(清)吳大澂撰　清光緒十九年(1893)思賢講舍刻本　一冊

210000－0701－0008602　006840
字說一卷　(清)吳大澂撰　清光緒十九年(1893)思賢講舍刻本　一冊

210000－0701－0008603　006846
字林古今正俗異同通攷四卷六書辨異二卷補遺一卷　(清)湯容焆撰　清嘉慶二年(1797)四明滋德堂刻本　六冊

210000－0701－0008604　006847
字林考逸八卷　(清)任大椿撰　**附錄一卷**　(清)丁小山撰　**補本一卷**　(清)陶方琦輯　**補本附錄一卷**　(清)諸可寶撰　清光緒十六年(1890)江蘇書局刻本　四冊

210000－0701－0008605　006848
字林考逸八卷　(清)任大椿撰　**附錄一卷**　(清)丁小山撰　**補本一卷**　(清)陶方琦輯　**補本附錄一卷**　(清)諸可寶撰　清光緒十六年(1890)江蘇書局刻本　四冊

210000－0701－0008606　006849
字林考逸八卷　(清)任大椿撰　**附錄一卷**　(清)丁小山撰　**字林一卷**　(晉)呂忱撰　(清)向農錄　**補本一卷**　(清)陶方琦輯　(清)龔道耕校補　**校誤一卷補一卷**　(清)龔道耕撰　清光緒二十三年(1897)龔氏褱馨精舍刻民國二十三年(1934)渭南嚴氏補刻本　四冊

210000－0701－0008607　006850
字學七種二卷補遺一卷　(清)李祕園原本　清光緒十二年(1886)京師松竹齋刻本　二冊

210000－0701－0008608　006851
字學舉隅一卷　(清)黃本驥　(清)龍啓瑞撰　清道光二十六年(1846)刻本　一冊

210000－0701－0008609　006852
字學舉隅一卷　(清)黃本驥　(清)龍啓瑞撰　清同治十年(1871)上海曙海樓刻本　一冊

210000－0701－0008610　006853
字學舉隅一卷　(清)黃本驥　(清)龍啓瑞撰　清道光二十年(1840)刻本　一冊

210000－0701－0008611　006854
字學舉隅一卷　(清)黃本驥　(清)龍啓瑞撰　清同治十年(1871)上海曙海樓刻本　一冊

210000－0701－0008612　006855
字學舉隅一卷　(清)黃本驥　(清)龍啓瑞撰　清同治十年(1871)上海曙海樓刻本　一冊

210000－0701－0008613　006856
字學舉隅一卷　(清)黃本驥　(清)龍啓瑞撰　清同治十年(1871)上海曙海樓刻本　一冊

210000－0701－0008614　006857
字學舉隅一卷　(清)黃本驥　(清)龍啓瑞撰　清同治十年(1871)上海曙海樓刻本　一冊

210000－0701－0008615　006858
字學舉隅一卷　(清)黃本驥　(清)龍啓瑞撰　清同治十年(1871)上海曙海樓刻本　一冊

210000－0701－0008616　006859
字學舉隅一卷　(清)黃本驥　(清)龍啓瑞撰

清同治十年(1871)上海曙海樓刻本　一冊

210000－0701－0008617　006860
字學舉隅一卷　(清)黃本驥　(清)龍啟瑞撰
清同治十年(1871)上海曙海樓刻本　一冊

210000－0701－0008618　006861
字學舉隅一卷　(清)黃本驥　(清)龍啟瑞撰
清同治十年(1871)上海曙海樓刻本　一冊

210000－0701－0008619　006862
字學舉隅一卷　(清)黃本驥　(清)龍啟瑞撰
清同治十年(1871)上海曙海樓刻本　一冊

210000－0701－0008620　006863
字學舉隅一卷　(清)黃本驥　(清)龍啟瑞撰
清同治十三年(1874)湖北崇文書局刻本
一冊

210000－0701－0008621　006864
字學舉隅一卷　(清)黃本驥　(清)龍啟瑞撰
清同治十三年(1874)湖北崇文書局刻本
一冊

210000－0701－0008622　006865
字學舉隅一卷　(清)黃本驥　(清)龍啟瑞撰
新增校誤一卷　(清)陳倬撰　清光緒十二
年(1886)榆蔭書屋石印本　一冊

210000－0701－0008623　006867
北溪先生字義二卷嚴陵講義一卷附一卷
(宋)陳淳撰　補遺一卷　(清)顧秀虎撰　清
光緒二十二年(1896)侯耀刻本　二冊

210000－0701－0008624　006870
汗簡七卷　(宋)郭忠恕撰　清康熙四十二年
(1703)錢塘汪氏一隅草堂刻本　二冊

210000－0701－0008625　006871
汗簡七卷　(宋)郭忠恕撰　清康熙四十二年
(1703)錢塘汪氏一隅草堂刻本　二冊

210000－0701－0008626　006872
汗簡七卷　(宋)郭忠恕撰　清光緒九年
(1883)上海點石齋影印本　一冊

210000－0701－0008627　006877
汗簡箋正七卷汗簡書目箋正一卷　(宋)郭

恕撰　(清)鄭珍箋正　清光緒十五年(1889)
廣雅書局刻廣雅書局叢書本　六冊

210000－0701－0008628　006878
汗簡箋正七卷汗簡書目箋正一卷　(宋)郭忠
恕撰　(清)鄭珍箋正　清光緒十五年(1889)
廣雅書局刻廣雅書局叢書本　四冊

210000－0701－0008629　006879
汗簡箋正七卷汗簡書目箋正一卷　(宋)郭忠
恕撰　(清)鄭珍箋正　清光緒十五年(1889)
廣雅書局刻廣雅書局叢書本　四冊

210000－0701－0008630　006880
汗簡箋正七卷汗簡書目箋正一卷　(宋)郭忠
恕撰　(清)鄭珍箋正　清光緒十五年(1889)
廣雅書局刻廣雅書局叢書本　四冊

210000－0701－0008631　006881
澄衷蒙學堂字課圖說四卷檢字一卷類字一卷
(清)劉樹屏撰　(清)吳子城繪圖　清光緒
二十九年(1903)澄衷學堂印書處石印本
四冊

210000－0701－0008632　006882
字畫辨訛二卷　(清)許炳亨撰　清道光二十
四年(1844)紫藤花庵刻本　二冊

210000－0701－0008633　006884
漢魏音四卷　(清)洪亮吉撰　清光緒三年
(1877)洪用懃授經堂刻洪北江全集本　一冊

210000－0701－0008634　006885
漢魏音四卷　(清)洪亮吉撰　清光緒三年
(1877)洪用懃授經堂刻洪北江全集本　一冊

210000－0701－0008635　006886
漢魏音四卷　(清)洪亮吉撰　清光緒三年
(1877)洪用懃授經堂刻洪北江全集本　一冊

210000－0701－0008636　006887
漢隸辨體四卷補正一卷　(清)尹彭壽撰　清
光緒二十一年(1895)諸城尹氏尚志堂刻斠經
室集初刻本　四冊

210000－0701－0008637　006889
澤存堂五種　(清)張士俊輯　清光緒十四年

(1888)上海蜚英館影印本　七冊　存四種四十七卷(大宋重修廣韻五卷、大廣益會玉篇三十卷、群經音辨七卷、字鑑五卷)

210000－0701－0008638　006893
汲古閣說文訂一卷　(清)段玉裁撰　清同治十一年(1872)湖北崇文書局刻本　一冊

210000－0701－0008639　006894
通雅五十二卷首三卷　(清)方以智撰　清康熙五年(1666)立教館刻本　二十冊

210000－0701－0008640　006895
選雅二十卷　程先甲撰　清光緒二十八年(1902)程氏千一齋刻千一齋叢書本　八冊

210000－0701－0008641　006896
選雅二十卷　程先甲撰　清光緒二十八年(1902)程氏千一齋刻千一齋叢書本　八冊

210000－0701－0008642　006897
重校十三經不貳字一卷　(清)李鴻藻撰　清光緒八年(1882)掃葉山房刻本　一冊

210000－0701－0008643　006898
十三經集字摹本不分卷分畫便查一卷摘錄一卷　(清)彭玉雯輯　清刻本　八冊

210000－0701－0008644　006899
十三經集字摹本不分卷分畫便查一卷摘錄一卷　(清)彭玉雯輯　清刻本　八冊

210000－0701－0008645　006918
古品節錄六卷　(清)松筠撰　清宣統二年(1910)守政書局鉛印本　六冊

210000－0701－0008646　006922
古籀拾遺三卷宋政和禮器文字考一卷　(清)孫詒讓撰　清光緒十四年至十六年(1888－1890)溫州刻本　一冊

210000－0701－0008647　006923
古籀餘論二卷　(清)孫詒讓輯　(清)張揚校訂　清刻本　二冊

210000－0701－0008648　006924
札樸十卷　(清)桂馥撰　清光緒九年(1883)長洲蔣氏心矩齋刻心矩齋叢書本　六冊

210000－0701－0008649　006925
博雅十卷　(三國魏)張揖撰　(隋)曹憲音釋　清乾隆金谿王氏刻增訂漢魏叢書本　一冊

210000－0701－0008650　006928
苗氏說文四種　(清)苗夔撰　清道光、咸豐壽陽祁氏刻咸豐元年(1851)漢專亭彙印本　八冊

210000－0701－0008651　006929
姓氏急就篇二卷　(宋)王應麟撰　清光緒九年(1883)浙江書局刻本　一冊

210000－0701－0008652　006930
隸辨八卷　(清)顧藹吉撰　清乾隆八年(1743)黃晟刻本　八冊

210000－0701－0008653　006931
隸辨八卷　(清)顧藹吉撰　清江寧刻本　八冊

210000－0701－0008654　006934
隸韻十卷碑目一卷　(宋)劉球撰　隸韻考證二卷碑目考證一卷　(清)翁方綱撰　清嘉慶十四年(1809)秦恩復刻本　六冊

210000－0701－0008655　006935
隸韻十卷碑目一卷　(宋)劉球撰　隸韻考證二卷碑目考證一卷　(清)翁方綱撰　清嘉慶十四年(1809)秦恩復刻本　八冊

210000－0701－0008656　006938
隸篇十五卷續十五卷再續十五卷　(清)翟云升撰　清道光十七年至二十四年(1837－1844)刻本　十冊

210000－0701－0008657　006939
隸篇十五卷續十五卷再續十五卷　(清)翟云升撰　清道光十七年至二十四年(1837－1844)刻本　十冊

210000－0701－0008658　006940
隸篇十五卷續十五卷再續十五卷　(清)翟云升撰　清道光十七年至二十四年(1837－1844)刻本　十冊

210000－0701－0008659　006941

隸篇十五卷續十五卷再續十五卷 （清）翟云升撰 清道光十七年至二十四年(1837 - 1844)刻本 五冊

210000－0701－0008660 006942

隸篇十五卷續十五卷再續十五卷 （清）翟云升撰 清刻本 十冊

210000－0701－0008661 006949

唐釋湛然輔行記四十卷 （清）張心泰輯 清光緒十一年(1885)潮郡官舍刻夢梅仙館叢書本 二冊

210000－0701－0008662 006956

拾雅二十卷 （清）夏味堂撰 清嘉慶二十四年(1819)遂園刻本 八冊

210000－0701－0008663 006958

疊雅十三卷 （清）史夢蘭撰 清同治四年(1865)止園刻止園叢書本 四冊

210000－0701－0008664 006959

重刻四庫全書辨正通俗文字一卷 （清）陸費墀撰 （清）王朝梧增訂 清嘉慶二十一年(1816)經國堂書坊刻本 一冊

210000－0701－0008665 006965

別雅五卷 （清）吳玉搢撰 清乾隆七年(1742)新安程氏督經堂刻本 五冊

210000－0701－0008666 006966

別雅五卷 （清）吳玉搢撰 清道光二十九年(1849)小蓬萊山館刻本 五冊

210000－0701－0008667 006973

助字辨略五卷 （清）劉淇撰 清咸豐五年(1855)聊城楊氏海源閣刻海源閣叢書本 五冊

210000－0701－0008668 006974

助字辨略五卷 （清）劉淇撰 清刻本 五冊

210000－0701－0008669 006975

陸氏經典異文輯六卷異文補六卷 （清）沈淑撰 清光緒八年(1882)常熟鮑氏刻後知不足齋叢書本 三冊

210000－0701－0008670 006976

學古堂日記一卷 王仁俊撰 清光緒十六年(1890)刻本 一冊

210000－0701－0008671 006977

學林十卷 （宋）王觀國撰 清嘉慶十四年(1809)湖海樓刻本 十冊

210000－0701－0008672 006980

段氏說文注訂八卷 （清）鈕樹玉撰 清同治十三年(1874)湖北崇文書局刻本 二冊

210000－0701－0008673 006981

段氏說文注訂八卷 （清）鈕樹玉撰 清同治十三年(1874)湖北崇文書局刻本 二冊

210000－0701－0008674 006981

段氏說文注訂八卷 （清）鈕樹玉撰 清同治十三年(1874)湖北崇文書局刻本 二冊

210000－0701－0008675 006982

段氏說文注訂八卷 （清）鈕樹玉撰 清同治十三年(1874)湖北崇文書局刻本 二冊

210000－0701－0008676 006982

說文新附攷六卷續攷一卷 （清）鈕樹玉撰 清同治十三年(1874)湖北崇文書局刻本 二冊

210000－0701－0008677 006983

駢雅七卷首一卷訓纂十六卷 （明）朱謀㙔撰 （清）魏茂林訓纂 清同治四年(1865)羣玉閣書室刻本 八冊

210000－0701－0008678 006984

駢雅七卷序目一卷訓纂十六卷補遺十六卷 （明）朱謀㙔撰 （清）魏茂林訓纂 清光緒七年(1881)成都渝雅齋刻本 八冊

210000－0701－0008679 006985

駢雅七卷序目一卷訓纂十六卷補遺十六卷 （明）朱謀㙔撰 （清）魏茂林訓纂 清光緒七年(1881)成都渝雅齋刻民國四年(1915)成都存古書局補刻本 八冊

210000－0701－0008680 006986

駢雅七卷序目一卷訓纂十六卷補遺十六卷 （明）朱謀㙔撰 （清）魏茂林訓纂 清刻本

八冊

210000－0701－0008681　006988

臨文便覽二卷首一卷　（清）張仰山輯　清光緒元年（1875）刻本　二冊

210000－0701－0008682　006989

臨文便覽二種　（清）徐文祥輯　清光緒二年（1876）刻本　二冊

210000－0701－0008683　006992

鐘鼎字源五卷附錄一卷　（清）汪立名撰　清光緒二年（1876）洞庭秦氏麟慶堂刻本　二冊

210000－0701－0008684　006995

倉頡篇三卷　（清）孫星衍輯　倉頡篇續本一卷　（清）任大椿輯　倉頡篇補本二卷　（清）陶方琦輯　清光緒十六年（1890）江蘇書局刻本　二冊

210000－0701－0008685　006996

倉頡篇三卷　（清）孫星衍輯　倉頡篇續本一卷　（清）任大椿輯　倉頡篇補本二卷　（清）陶方琦輯　倉頡篇補本續一卷　（清）龔道耕輯　清光緒二十三年（1897）成都龔氏褱馨精舍刻本　二冊

210000－0701－0008686　006997

倉頡篇三卷　（清）孫星衍輯　倉頡篇續本一卷　（清）任大椿輯　倉頡篇補本二卷　（清）陶方琦輯　倉頡篇補本續一卷　（清）龔道耕輯　清光緒二十三年（1897）成都龔氏褱馨精舍刻民國二十三年（1934）渭南嚴氏補刻本　二冊

210000－0701－0008687　006998

倉頡篇校證三卷補遺一卷　（清）梁章鉅撰　清光緒五年（1879）梁恭辰刻民國十年（1921）蘇州寶華山房印本　二冊

210000－0701－0008688　007000

樊南文集箋注八卷首一卷　（唐）李商隱撰　（清）馮浩編注　清乾隆四十五年（1780）德聚堂刻本　八冊

210000－0701－0008689　007000

玉谿生詩箋注三卷首一卷　（唐）李商隱撰　（清）馮浩編注　清乾隆四十五年（1780）德聚堂刻本　與 210000－0701－0008688 合冊

210000－0701－0008690　007001

讀書證疑六卷　（清）陳詩庭撰　清刻本　二冊

210000－0701－0008691　007006

文章緣起一卷　（南朝梁）任昉撰　（明）陳懋仁注　（清）方熊補注　清光緒刻邵武徐氏叢書本　一冊

210000－0701－0008692　007008

文心雕龍十卷　（南朝梁）劉勰撰　（清）黃叔琳輯注　清知價戎刻本　四冊

210000－0701－0008693　007009

文心雕龍十卷　（南朝梁）劉勰撰　（清）黃叔琳輯注　（清）紀昀評　清道光十三年（1833）兩廣節署刻朱墨套印本　四冊

210000－0701－0008694　007010

文心雕龍十卷　（南朝梁）劉勰撰　（清）黃叔琳輯注　（清）紀昀評　清道光十三年（1833）兩廣節署刻朱墨套印本　四冊

210000－0701－0008695　007011

文心雕龍十卷　（南朝梁）劉勰撰　（清）黃叔琳輯注　（清）紀昀評　清道光十三年（1833）兩廣節署刻朱墨套印本　四冊

210000－0701－0008696　007012

文心雕龍十卷　（南朝梁）劉勰撰　（清）黃叔琳輯注　（清）紀昀評　清道光十三年（1833）兩廣節署刻朱墨套印本　四冊

210000－0701－0008697　007013

文心雕龍十卷　（南朝梁）劉勰撰　（清）黃叔琳輯注　（清）紀昀評　清光緒十九年（1893）思賢講舍刻本　四冊

210000－0701－0008698　007014

文心雕龍十卷　（南朝梁）劉勰撰　（清）黃叔琳輯注　（清）紀昀評　清光緒十九年（1893）思賢講舍刻本　四冊

210000－0701－0008699　007027

辭學指南四卷　（宋）王應麟撰　清光緒十年
(1884)成都志古堂刻本　四冊

210000－0701－0008700　007028

辭學指南四卷　（宋）王應麟撰　清光緒十年
(1884)成都志古堂刻本　四冊

210000－0701－0008701　007029

縉山書院文話四卷　（清）孫萬春撰　清光緒
十一年(1885)孫氏家塾刻本　四冊

210000－0701－0008702　007030

制義叢話二十四卷題名一卷　（清）梁章鉅撰
　清咸豐九年(1859)刻本　八冊

210000－0701－0008703　007031

制義叢話二十四卷題名一卷　（清）梁章鉅撰
　清刻本　十冊

210000－0701－0008704　007032

尺牘新鈔十二卷　（清）周亮工輯　清道光二
十七年(1847)刻海山仙館叢書本　六冊

210000－0701－0008705　007032

宋四六話十二卷　（清）彭元瑞撰　清道光二
十六年(1846)刻海山仙館叢書本　四冊

210000－0701－0008706　007034

左傳義法舉要一卷　（清）方苞口授　（清）王
兆符　（清）程崟傳述　清康熙、嘉慶桐城方
氏抗希堂刻抗希堂十六種本　一冊

210000－0701－0008707　007041

藝棨六卷　（清）劉熙載撰　清同治刻古桐書
屋六種本　二冊

210000－0701－0008708　007047

四六叢話三十三卷選詩叢話一卷　（清）孫梅
輯　清光緒七年(1881)刻本　十二冊

210000－0701－0008709　007048

四六叢話三十三卷選詩叢話一卷　（清）孫梅
輯　清光緒七年(1881)刻本　十二冊

210000－0701－0008710　007050

賦學正鵠集釋十一卷　（清）李元度輯　（清）
成□注　清光緒十三年(1887)古吳掃葉山房

刻本　四冊

210000－0701－0008711　007055

廣陵詩事十卷　（清）阮元撰　清嘉慶六年
(1801)浙江節署刻文選樓叢書本　二冊

210000－0701－0008712　007057

詩觸　（清）朱琰輯　清乾隆二十九年(1764)
刻本　八冊

210000－0701－0008713　007059

司空詩品註釋一卷　（唐）司空圖撰　清光緒
二十五年(1899)掃葉山房刻本　一冊

210000－0701－0008714　007062

詩學纂聞一卷　（清）汪師韓撰　清刻本
一冊

210000－0701－0008715　007063

韻語陽秋二十卷　（宋）葛立方撰　清乾隆何
文煥刻歷代詩話本　六冊

210000－0701－0008716　007065

談藝珠叢　（清）王啟原輯　清光緒十一年
(1885)長沙玉尺山房刻本　十冊

210000－0701－0008717　007075

二十四詩品淺解一卷　（清）楊廷芝撰　清光
緒三年(1877)刻本　一冊

210000－0701－0008718　007077

石洲詩話八卷　（清）翁方綱撰　清嘉慶二十
年(1815)蔣氏刻蘇齋叢書本　六冊

210000－0701－0008719　007080

北江詩話六卷　（清）洪亮吉撰　清光緒三年
(1877)洪氏授經堂刻洪北江全集本　一冊

210000－0701－0008720　007082

碧溪詩話十卷　（宋）黃徹撰　清乾隆鮑氏刻
知不足齋叢書本　二冊

210000－0701－0008721　007083

碧溪詩話十卷　（宋）黃徹撰　清刻本　一冊

210000－0701－0008722　007085

出戍詩話四卷　（清）袁潔撰　清道光二年
(1822)刻本　二冊

210000－0701－0008723　007086

射鷹樓詩話二十四卷　（清）林昌彝輯　清咸豐元年(1851)刻本　六冊

210000－0701－0008724　007090

緝雅堂詩話二卷　（清）潘衍桐撰　清光緒十七年(1891)刻本　二冊

210000－0701－0008725　007091

緝雅堂詩話二卷　（清）潘衍桐撰　清光緒十七年(1891)刻本　二冊

210000－0701－0008726　007092

歸田詩話三卷　（明）瞿佑撰　清乾隆四十年(1775)鮑氏刻知不足齋叢書本　一冊

210000－0701－0008727　007093

塞愚詩話一卷　（清）張翼廷撰　清光緒三十一年(1905)鉛印本　一冊

210000－0701－0008728　007094

定香亭筆談四卷　（清）阮元撰　清嘉慶五年(1800)揚州阮氏琅環仙館刻本　二冊

210000－0701－0008729　007095

定香亭筆談四卷　（清）阮元撰　清嘉慶五年(1800)揚州阮氏琅環仙館刻本　二冊　存二卷(一至二)

210000－0701－0008730　007100

漁洋詩話三卷　（清）王士禎撰　清刻本　一冊

210000－0701－0008731　007103

漁洋詩法三卷　（清）王士禎撰　（清）黃叔琳輯　**詩法淺說一卷**　（清）張濤輯　清光緒十九年(1893)聚合堂李氏刻落霞仙館初集本　一冊

210000－0701－0008732　007103

魂東集一卷　易順鼎撰　清光緒鉛印本　與210000－0701－0008731、0008733 合冊

210000－0701－0008733　007103

祁大夫字說一卷　（清）祁寯藻輯　清道光二十七年(1847)饅飥亭刻本　與210000－0701－0008731 至0008732 合冊

210000－0701－0008734　007104

漁洋山人詩問二卷　（清）王士禎撰　清乾隆三十三年(1768)王祖肅新安刻本　一冊

210000－0701－0008735　007105

漁隱叢話前集六十卷後集四十卷　（宋）胡仔撰　清刻本　八冊　存五十四卷(前集一至五十四)

210000－0701－0008736　007113

蘭言詩鈔四卷　（清）李瑞輯　（清）穆騰額注　清光緒五年(1879)上洋務本堂刻本　四冊

210000－0701－0008737　007114

帶經堂詩話三十卷　（清）王士禎撰　（清）張宗柟輯　清乾隆刻本　十六冊

210000－0701－0008738　007115

帶經堂詩話三十卷首一卷　（清）王士禎撰　（清）張宗柟輯　清同治十二年(1873)廣州藏脩堂刻本　十二冊

210000－0701－0008739　007116

帶經堂詩話三十卷首一卷　（清）王士禎撰　（清）張宗柟輯　清同治十二年(1873)廣州藏脩堂刻本　八冊

210000－0701－0008740　007120

藝林伐山二十卷　（明）楊慎撰　清乾隆綿州李氏萬卷樓刻道光補刻函海本　二冊

210000－0701－0008741　007121

藝林伐山二十卷　（明）楊慎撰　清光緒申報館鉛印申報館叢書本　四冊

210000－0701－0008742　007122

杜詩攟一卷　（明）唐元竑撰　明末刻本　一冊

210000－0701－0008743　007123

觀我生齋詩話四卷　（清）鍾秀撰　清光緒三年(1877)刻本　二冊

210000－0701－0008744　007124

聲調譜彙刻　（清）王祖源輯　清光緒八年(1882)福山王氏刻本　二冊

210000－0701－0008745　007125

聲調三譜四卷　（清）王祖源輯　清光緒二十六年(1900)吉林探源書舫盛福刻吉林探源書舫叢書本　四冊

210000－0701－0008746　007126
聲調三譜四卷　（清）王祖源輯　清光緒二十六年(1900)吉林探源書舫盛福刻吉林探源書舫叢書本　四冊

210000－0701－0008747　007127
聲調四譜圖說十四卷首一卷末一卷　（清）董文渙輯　清同治三年(1864)洪洞董氏刻本六冊

210000－0701－0008748　007128
柳亭詩話三十卷　（清）宋長白撰　清康熙天茁園刻本　四冊

210000－0701－0008749　007129
乾嘉詩壇點將錄一卷　（清）舒位撰　東林點將錄一卷　（明）王紹徽撰　附考一卷　葉德輝撰　清光緒三十三年(1907)長沙葉氏刻雙楳景闇叢書本　一冊

210000－0701－0008750　007130
乾嘉詩壇點將錄一卷　（清）舒位撰　東林點將錄一卷　（明）王紹徽撰　附考一卷　葉德輝撰　清光緒三十三年(1907)長沙葉氏刻雙楳景闇叢書本　一冊

210000－0701－0008751　007130
重刻足本乾嘉詩壇點將錄一卷　（清）舒位撰　葉德輝補　清宣統三年(1911)長沙葉氏刻雙楳景闇叢書本　與 210000－0701－0008750 合冊

210000－0701－0008752　007131
乾嘉詩壇點將錄一卷　（清）舒位撰　東林點將錄一卷　（明）王紹徽撰　附考一卷　葉德輝撰　清光緒三十三年(1907)長沙葉氏刻雙楳景闇叢書本　一冊

210000－0701－0008753　007131
重刻足本乾嘉詩壇點將錄一卷　（清）舒位撰　葉德輝補　清宣統三年(1911)長沙葉氏刻雙楳景闇叢書本　與 210000－0701－

0008752 合冊

210000－0701－0008754　007132
梅村詩話一卷　（清）吳偉業撰　清末民初上海掃葉山房石印本　一冊

210000－0701－0008755　007133
春草堂詩話八卷　（清）謝堃撰　清道光刻本　四冊

210000－0701－0008756　007136
名詩紀事甲籤三十卷乙籤二十二卷丙籤十二卷丁籤十七卷戊籤二十二卷己籤二十卷庚籤三十卷辛籤三十四卷　陳田撰　清光緒二十三年至宣統三年(1897－1911)陳氏聽詩齋刻本　三十八冊

210000－0701－0008757　007137
名詩紀事甲籤三十卷乙籤二十二卷丙籤十二卷丁籤十七卷戊籤二十二卷己籤二十卷庚籤三十卷辛籤三十四卷　陳田撰　清光緒二十三年至宣統三年(1897－1911)陳氏聽詩齋刻本　三十八冊

210000－0701－0008758　007138
名詩紀事甲籤三十卷乙籤二十二卷丙籤十二卷丁籤十七卷戊籤二十二卷己籤二十卷庚籤三十卷辛籤三十四卷　陳田撰　清光緒二十三年至宣統三年(1897－1911)陳氏聽詩齋刻本　三十八冊

210000－0701－0008759　007139
名詩紀事甲籤三十卷乙籤二十二卷丙籤十二卷丁籤十七卷戊籤二十二卷己籤二十卷庚籤三十卷辛籤三十四卷　陳田撰　清光緒二十三年至宣統三年(1897－1911)陳氏聽詩齋刻本　三十八冊

210000－0701－0008760　007140
名詩紀事甲籤三十卷乙籤二十二卷丙籤十二卷丁籤十七卷戊籤二十二卷己籤二十卷庚籤三十卷辛籤三十四卷　陳田撰　清光緒二十三年至宣統三年(1897－1911)陳氏聽詩齋刻本　三十八冊

210000－0701－0008761　007141

名詩紀事甲籤三十卷乙籤二十二卷丙籤十二卷丁籤十七卷戊籤二十二卷己籤二十卷庚籤三十卷辛籤三十四卷　陳田撰　清光緒二十三年至宣統三年(1897－1911)陳氏聽詩齋刻本　三十八冊

210000－0701－0008762　007150
隨園詩話十六卷補遺十卷　(清)袁枚撰　清乾隆、嘉慶刻隨園二十八種本　八冊

210000－0701－0008763　007151
隨園詩話十六卷補遺十卷　(清)袁枚撰　清道光七年(1827)小酉山房刻本　十二冊

210000－0701－0008764　007152
隨園詩話十六卷補遺十卷　(清)袁枚撰　清同治八年(1869)經綸堂刻本　十二冊

210000－0701－0008765　007153
隨園詩話十六卷補遺十卷　(清)袁枚撰　清刻本　六冊

210000－0701－0008766　007154
隨園詩話十六卷補遺十卷　(清)袁枚撰　清末刻本　十二冊　缺六卷(補遺五至十)

210000－0701－0008767　007159
閩川閨秀詩話四卷　(清)梁章鉅撰　清光緒十七年(1891)木活字印本　一冊　存二卷(三至四)

210000－0701－0008768　007160
閩川閨秀詩話續編四卷　(清)丁芸撰　清末刻本　一冊　存二卷(三至四)

210000－0701－0008769　007161
眉韻樓詩話八卷　(清)孫雄撰　清光緒三十四年(1908)鉛印晨風閣叢書甲集本　四冊

210000－0701－0008770　007162
全唐詩話八卷　(宋)尤袤輯　(清)孫濤訂並續輯　清宣統三年(1911)三樂堂石印本　四冊

210000－0701－0008771　007166
尊西詩話二卷　(清)張曰斑撰　清道光十五年(1835)刻本　二冊

210000－0701－0008772　007170
銅仙殘淚一卷　(清)魏秀仁撰　清宣統二年(1910)鉛印晨風閣叢書本　一冊

210000－0701－0008773　007171
筠石山房詩話鈔六卷　(清)楊霈撰　清道光二十七年(1847)粤東糧道署刻本　六冊

210000－0701－0008774　007172
筱園詩話二卷　(清)朱庭珍撰　清末刻本　四冊

210000－0701－0008775　007173
餘墨偶談八卷　(清)孫橒撰　清同治十二年(1873)饒氏雙峰書屋刻本　四冊

210000－0701－0008776　007174
餘墨偶談八卷　(清)孫橒撰　清同治十二年(1873)饒氏雙峰書屋刻本　四冊

210000－0701－0008777　007177
讀書作文譜父師善誘法合刻十四卷　(清)唐彪撰　清嘉慶二十四年(1819)羊城古經閣刻本　六冊

210000－0701－0008778　007178
詩韻集成十卷　(清)余照輯　清末李光明莊刻本　四冊

210000－0701－0008779　007179
詩句題解韻編八卷　(清)陳維屏輯　清道光十七年(1837)棠芬書屋刻本　六冊　存六卷(一至六)

210000－0701－0008780　007180
增廣詩句題解彙編四卷姓氏考一卷　(清)上海同文書局輯　清光緒十年(1884)上海同文書局石印本　四冊

210000－0701－0008781　007181
談藝珠叢二十七種　(清)王啟原輯　清光緒十一年(1885)長沙玉尺山房刻本　七冊

210000－0701－0008782　007182
詩材類對纂要四卷　(清)鄭兆蕃　(清)申贊皇輯　清釀花書屋刻本　四冊

210000－0701－0008783　007183

詩材類對纂要四卷　（清）鄭兆蕃　（清）申贊皇輯　清釀花書屋刻本　一冊　存一卷（一）

210000－0701－0008784　007184

重訂詩料詳記四卷　（清）秦照　（清）郭一經輯　（清）陳風釋　清光緒三年（1877）三味元刻本　四冊

210000－0701－0008785　007185

重訂詩料詳記四卷　（清）秦照　（清）郭一經輯　（清）陳風釋　清光緒三年（1877）三味元刻本　四冊

210000－0701－0008786　007186

干支集錦二十四卷　（清）秦嘉謨輯　清嘉慶二十年（1815）琳琅仙館刻本　四冊

210000－0701－0008787　007188

子史輯要詩賦題解四卷續編四卷　（清）胡本淵輯　清刻本　四冊

210000－0701－0008788　007189

增廣行文寶笈二卷　（清）顧紹鼎輯　清光緒二十二年（1896）慎記石印本　二冊

210000－0701－0008789　007190

秋林伐山二十卷　（明）楊慎撰　清乾隆李氏刻函海本　二冊

210000－0701－0008790　007191

新鍥名公釋義全備墨莊白眉故事六卷　題㕥窳子輯　清嘉慶十年（1805）同德堂刻本　六冊

210000－0701－0008791　007199

榆社詩鍾錄一卷　（清）成昌輯　清光緒十六年（1890）鉛印本　一冊

210000－0701－0008792　007200

四書典林三十卷四書古人典林十二卷　（清）江永輯　清同治慈水鋤經閣刻本　八冊

210000－0701－0008793　007201

四書典腋十七卷　清咸豐九年（1859）刻本　四冊

210000－0701－0008794　007202

四書人物類典串珠四十卷　（清）臧志仁輯　清光緒三十一年（1905）文新書局石印本　四冊

210000－0701－0008795　007203

臨文便覽彙編十種十卷　（清）同文書局輯　清光緒十二年（1886）上海同文書局石印本　二冊

210000－0701－0008796　007204

分類詩腋八卷　（清）李禎撰　清光緒五年（1879）掃葉山房刻本　四冊

210000－0701－0008797　007205

鑄史駢言十二卷　（清）孫玉田撰　清末鑄記書局石印本　四冊

210000－0701－0008798　007206

掌錄二卷　（清）陳祖范撰　清光緒十七年（1891）廣雅書局刻廣雅書局叢書本　一冊

210000－0701－0008799　007211

書林揚觶二卷　（清）方東樹撰　清同治十年（1871）望三益齋刻本　一冊

210000－0701－0008800　007217

湖北詩徵傳略四十卷　（清）丁宿章輯　清光緒七年（1881）孝感丁氏涇北草堂刻本　二十冊

210000－0701－0008801　007218

新編詩句題解續集五卷　（清）同文書局輯　清光緒十四年（1888）上海同文書局石印本　二冊

210000－0701－0008802　007219

詩學含英十四卷　（清）劉文蔚輯　清末緯文堂刻本　四冊

210000－0701－0008803　007220

湖海詩傳小傳六卷　（清）王昶撰　清光緒四年（1878）淞隱閣鉛印本　二冊

210000－0701－0008804　007221

漁洋感舊錄小傳四卷補遺一卷　（清）盧見曾輯　清宣統二年（1910）國學扶輪社鉛印本　二冊

210000－0701－0008805　007222

427

本朝名家詩鈔小傳四卷 （清）鄭方坤撰 清
刻本 四冊

210000－0701－0008806 007223

國朝詩人徵略六十卷二編六十四卷 （清）張
維屏撰 清道光十年（1830）、二十二年
（1842）刻本 十六冊

210000－0701－0008807 007224

國朝詩人徵略六十卷二編六十四卷 （清）張
維屏撰 清道光十年至二十二年（1830－
1842）刻本 十六冊

210000－0701－0008808 007226

二許先生集 （清）許鑾輯 清光緒鉛印本
二冊

210000－0701－0008809 007226

日山文集四卷 （清）許新堂撰 清光緒鉛印
本 二冊

210000－0701－0008810 007226

慎餘堂文稿四卷 （清）許雨田撰 清光緒鉛
印本 二冊

210000－0701－0008811 007228

西泠五布衣遺箸 （清）丁丙輯 清同治、光
緒丁氏當歸草堂刻本 十冊

210000－0701－0008812 007230

香豔叢書二十集 題（清）蟲天子輯 清宣統
國學扶輪社鉛印本 七十七冊 缺十七種十
八卷（王嬌傳一卷、記某生爲人雪冤事一卷、
虎邱弔眞娘墓文一卷、玉鉤斜哀隋宮人文一
卷、玉梅後詞一卷、雙頭牡丹燈記一卷、玫瑰
花女魅一卷、織女一卷、蘇四郎傳一卷、菽園
贅談節錄一卷、淞濱瑣話二卷、石頭記評贊序
一卷、石頭記評花一卷、讀紅樓夢雜記一卷、
紅樓夢竹枝詞一卷、紅樓夢題詞一卷、紅樓夢
賦一卷）

210000－0701－0008813 007231

豔史叢鈔 題（清）淞北玉魷生輯 清光緒四
年（1878）鉛印本 八冊

210000－0701－0008814 007234

海嶽軒叢刻 杜俞撰 清光緒三十三年
（1907）姑蘇鉛印本 八冊

210000－0701－0008815 007240

讀畫齋重刻南宋群賢小集 （宋）陳起輯
（清）顧修重輯 補遺十五種十五卷 （清）鮑
廷博輯 江湖後集二十四卷 （宋）陳起輯
清嘉慶六年（1801）顧氏讀畫齋刻本 四十冊

210000－0701－0008816 007241

讀畫齋重刻南宋群賢小集 （宋）陳起輯
（清）顧修重輯 補遺十五種十五卷 （清）鮑
廷博輯 江湖後集二十四卷 （宋）陳起輯
清嘉慶六年（1801）顧氏讀畫齋刻本 四十冊

210000－0701－0008817 007243

坦園全集 （清）楊恩壽撰 清光緒長沙楊氏
坦園刻本 三十六冊

210000－0701－0008818 007244

國朝名人著述叢書 清光緒五年（1879）上海
淞隱閣鉛印本 六冊

210000－0701－0008819 007245

四忠集 （清）賀瑞麟輯 清同治十二年
（1873）賀氏刻西京清麓叢書本 十四冊

210000－0701－0008820 007246

四忠遺集 清光緒二十三年（1897）湖南書局
刻本 十六冊

210000－0701－0008821 007247

琴志樓叢書 易順鼎撰 清光緒刻本 八冊
存六種三十一卷（盾墨拾餘十四卷、玉虛齋
唱和詩一卷、楚頌亭詞第四集一卷、丁戊之間
行卷十卷、琴臺夢語一卷、吳社集四卷）

210000－0701－0008822 007263

文章正宗復刻三十卷 （宋）真德秀撰 清乾
隆三十三年（1768）楊仲興刻同治三年（1864）
印真西山全集本 二十冊

210000－0701－0008823 007264

續文章正宗復刻十二卷 （宋）真德秀撰 清
乾隆三十三年（1768）楊仲興刻同治三年
（1864）印真西山全集本 十冊

210000－0701－0008824　007266

文選六十卷 （南朝梁）蕭統撰　（唐）李善注
清同治八年(1869)金陵書局刻本　十冊

210000－0701－0008825　007267

文選六十卷 （南朝梁）蕭統撰　（唐）李善注
清同治八年(1869)金陵書局刻本　五冊
存二十九卷(一至二十九)

210000－0701－0008826　007268

文選六十卷 （南朝梁）蕭統撰　（唐）李善注
（清）何焯評　清羊城翰墨園刻朱墨套印本
十二冊

210000－0701－0008827　007269

文選六十卷 （南朝梁）蕭統撰　（唐）李善注
（清）何焯評　清羊城翰墨園刻朱墨套印本
十二冊

210000－0701－0008828　007270

文選六十卷 （南朝梁）蕭統撰　（唐）李善注
（清）何焯評　清乾隆三十七年(1772)長洲
葉樹藩海錄軒刻朱墨套印本　二十四冊

210000－0701－0008829　007271

文選六十卷 （南朝梁）蕭統撰　（唐）李善注
（清）何焯評　清乾隆三十七年(1772)長洲
葉樹藩海錄軒刻朱墨套印本　十二冊

210000－0701－0008830　007272

文選六十卷 （南朝梁）蕭統輯　（唐）李善注
　考異十卷 （清）胡克家撰　清同治八年
(1869)湖北崇文書局刻本　二十四冊

210000－0701－0008831　007273

文選六十卷 （南朝梁）蕭統輯　（唐）李善注
　考異十卷 （清）胡克家撰　清同治八年
(1869)湖北崇文書局刻本　二十四冊

210000－0701－0008832　007274

文選六十卷 （南朝梁）蕭統輯　（唐）李善注
　考異十卷 （清）胡克家撰　清同治八年
(1869)湖北崇文書局刻本　二十四冊

210000－0701－0008833　007275

文選六十卷 （南朝梁）蕭統撰　（唐）李善注

清光緒十一年(1885)上海同文書局石印本
十冊

210000－0701－0008834　007276

文選六十卷 （南朝梁）蕭統撰　（唐）李善注
（清）何焯評　清光緒元年(1875)成都尊經
書院刻本　十冊

210000－0701－0008835　007277

文選六十卷 （南朝梁）蕭統撰　（唐）李善注
（清）何焯評　清光緒元年(1875)成都尊經
書院刻本　十冊

210000－0701－0008836　007278

文選六十卷 （南朝梁）蕭統撰　（唐）李善注
（清）何焯評點　清藻思堂刻本　十六冊

210000－0701－0008837　007279

文選六十卷 （南朝梁）蕭統撰　（唐）李善注
清乾隆二十六年(1761)文盛堂刻本　十
六冊

210000－0701－0008838　007280

文選六十卷 （南朝梁）蕭統輯　（唐）李善注
　考異十卷 （清）胡克家撰　清宣統三年
(1911)上海會文堂書局石印本　十六冊

210000－0701－0008839　007281

文選六十卷 （南朝梁）蕭統輯　（唐）李善注
　考異十卷 （清）胡克家撰　清宣統三年
(1911)上海會文堂書局石印本　十六冊

210000－0701－0008840　007282

文選六十卷 （南朝梁）蕭統輯　（唐）李善注
　考異十卷 （清）胡克家撰　清宣統三年
(1911)上海會文堂書局石印本　十六冊

210000－0701－0008841　007293

文選旁證四十六卷 （清）梁章鉅撰　清光緒
八年(1882)吳下刻本　十二冊

210000－0701－0008842　007294

文選旁證四十六卷 （清）梁章鉅撰　清光緒
八年(1882)吳下刻本　十二冊

210000－0701－0008843　007295

文選理學權輿八卷 （清）汪師韓撰　**補一卷**

（清）孫志祖撰　清嘉慶四年(1799)桐川顧氏刻讀畫齋叢書本　八冊

210000－0701－0008844　007296

重訂文選集評十五卷首一卷末一卷　（清）于光華編　清乾隆四十三年(1778)錫山啟秀堂刻本　十六冊

210000－0701－0008845　007297

重訂文選集評十五卷首一卷末一卷　（清）于光華編　清嘉慶十二年(1807)懷德堂刻本　十六冊

210000－0701－0008846　007298

重訂文選集評十五卷首一卷末一卷　（清）于光華編　清光緒十五年(1889)善成堂刻本　十六冊　缺二卷(四、十三)

210000－0701－0008847　007299

重訂文選集評十五卷首一卷末一卷　（清）于光華編　清同治十一年(1872)江蘇書局刻本　十六冊

210000－0701－0008848　007300

重訂文選集評十五卷首一卷末一卷　（清）于光華編　清同治十一年(1872)江蘇書局刻本　十六冊

210000－0701－0008849　007301

重訂文選集評十五卷首一卷末一卷　（清）于光華編　清刻本　闕仲韓批校題識　闕鐸題識　十六冊

210000－0701－0008850　007309

文選六十卷　（南朝梁）蕭統輯　（唐）李善注　**考異十卷**　（清）胡克家撰　清宣統三年(1911)上海會文堂書局石印本　十六冊

210000－0701－0008851　007310

文選六十卷　（南朝梁）蕭統輯　（唐）李善注　**考異十卷**　（清）胡克家撰　清末上海著易堂石印本　十六冊

210000－0701－0008852　007312

文選六十卷　（南朝梁）蕭統輯　（唐）李善注　**考異十卷**　（清）胡克家撰　清乾隆三十七年(1772)海錄軒刻朱墨套印本　十二冊

210000－0701－0008853　007313

文選六十卷　（南朝梁）蕭統輯　（唐）李善注　**考異十卷**　（清）胡克家撰　清光緒二十一年(1895)寶文書局石印本　六冊

210000－0701－0008854　007327

文選補遺四十卷　（宋）陳仁子輯　清道光二十五年(1845)琅嬛館刻本　十二冊

210000－0701－0008855　007332

文選古字通疏六卷　（清）薛傳均撰　清迆志齋刻本　一冊

210000－0701－0008856　007333

文選古字通補訓四卷拾遺一卷　（清）呂錦文撰　清光緒二十七年(1901)懷硯齋刻本　四冊

210000－0701－0008857　007334

文選考異四卷文選李注補正四卷　（清）孫志祖撰　清嘉慶四年(1799)桐川顧氏刻讀畫齋叢書本　八冊

210000－0701－0008858　007346

朱氏傳芳集八卷首三卷　（清）朱次琦輯　清末刻本　五冊

210000－0701－0008859　007347

後邨周氏淵源錄十三卷　（清）周源輯　清道光九年(1829)引碧齋刻本　十冊

210000－0701－0008860　007348

容城三賢文集　（清）張斐然　（清）楊莅輯　清道光十六年(1836)刻本　十二冊

210000－0701－0008861　007350

粵十三家集　（清）伍元薇輯　清道光二十年(1840)南海伍氏詩雪軒刻本　四十八冊

210000－0701－0008862　007353

漱六編　清道光二十年(1840)仁和王氏刻本　六冊　存五種五卷(寓意編一卷、七頌堂識小錄一卷、樂府補題一卷、游仙集一卷、小蓬萊謄稿一卷)

210000－0701－0008863　007354

李翰林姑孰遺蹟題詠類鈔六卷首一卷 （清）曹笙南輯　清光緒八年(1882)謫仙樓退藏道院木活字印本　二冊

210000－0701－0008864　007355
古文苑九卷　（宋）□□輯　清嘉慶十四年(1809)孫氏刻岱南閣叢書本　二冊

210000－0701－0008865　007356
古文苑二十一卷　（宋）章樵注　清光緒十二年(1886)江蘇書局刻本　四冊

210000－0701－0008866　007357
古文苑二十一卷　（宋）章樵注　清光緒十二年(1886)江蘇書局刻本　四冊

210000－0701－0008867　007358
古文苑二十一卷　（宋）章樵注　清光緒十二年(1886)江蘇書局刻本　四冊

210000－0701－0008868　007359
古文苑二十一卷　（宋）章樵注　清光緒十二年(1886)江蘇書局刻本　四冊

210000－0701－0008869　007360
古文苑二十一卷　（宋）章樵注　清光緒十二年(1886)江蘇書局刻本　四冊

210000－0701－0008870　007361
續古文苑二十卷　（清）孫星衍撰　清光緒九年(1883)江蘇書局刻本　六冊

210000－0701－0008871　007362
續古文苑二十卷　（清）孫星衍撰　清光緒九年(1883)江蘇書局刻本　六冊

210000－0701－0008872　007363
續古文苑二十卷　（清）孫星衍撰　清光緒九年(1883)江蘇書局刻本　六冊

210000－0701－0008873　007365
斯文精萃不分卷　（清）尹繼善輯　清京都三槐堂書鋪刻本　十二冊

210000－0701－0008874　007372
黃氏家集初編　（清）黃家鼎輯　清光緒十七年(1891)黃氏補不足齋刻本　十二冊

210000－0701－0008875　007373
東萊集註類編觀瀾文甲集二十五卷乙集二十五卷丙集二十卷　（宋）林元奇編　（宋）呂祖謙集注　甲集考一卷乙集考一卷丙集考一卷　（清）方功惠撰　清光緒十年(1884)方氏碧琳琅館刻本　十冊

210000－0701－0008876　007374
桐城吳氏古文讀本　（清）吳汝綸評選　清光緒三十二年(1906)上海文明書局鉛印本　四冊

210000－0701－0008877　007375
桐城吳氏古文讀本　（清）吳汝綸評選　清光緒三十二年(1906)上海文明書局鉛印本　四冊

210000－0701－0008878　007376
乾坤正氣集五百七十四卷首一卷　（清）姚瑩等輯　清道光二十八年(1848)潘錫恩袁江節署求是齋刻同治五年(1866)吳坤修皖江印本　二百冊

210000－0701－0008879　007377
乾坤正氣集選鈔九十七卷　（清）吳煥采選鈔　清光緒十三年(1887)蓮花池刻本　三十二冊

210000－0701－0008880　007382
重編留青新集二十四卷　（清）伊□輯　清光緒十四年(1888)上海宏文閣錫活字印本　十二冊

210000－0701－0008881　007383
重編留青新集二十四卷　（清）伊□輯　清光緒十四年(1888)上海宏文閣錫活字印本　十二冊

210000－0701－0008882　007384
文館詞林　（唐）許敬宗撰　清光緒十九年(1893)刻本　二冊　存六卷(一百五十二、一百五十八僅存目錄、三百四十六、四百十四、六百六十五、六百六十九)

210000－0701－0008883　007385
增廣留青新集二十四卷　（清）伊□輯　泰西

禮俗考一卷　清光緒二十五年(1899)石印本
　十二冊

210000－0701－0008884　007386

金錯膽鮮四卷　（清）永恩輯　清嘉慶三年
(1798)誠正堂刻本　四冊

210000－0701－0008885　007390

古唐詩合解十六卷　（清）王堯衢輯注　清泰
山堂刻本　六冊

210000－0701－0008886　007391

古唐詩合解十六卷　（清）王堯衢輯注　清泰
山堂刻本　六冊

210000－0701－0008887　007392

詩比興箋四卷簡學齋詩存一卷　（清）陳沆撰
　清咸豐五年(1855)刻本　三冊

210000－0701－0008888　007393

詩比興箋四卷　（清）陳沆撰　清光緒九年
(1883)彭祖賢武昌刻本　二冊

210000－0701－0008889　007394

詩比興箋四卷　（清）陳沆撰　清光緒九年
(1883)彭祖賢武昌刻本　二冊

210000－0701－0008890　007395

詩比興箋四卷　（清）陳沆撰　清光緒九年
(1883)彭祖賢武昌刻本　二冊

210000－0701－0008891　007396

詩比興箋四卷　（清）陳沆撰　清光緒九年
(1883)彭祖賢武昌刻本　四冊

210000－0701－0008892　007397

詩比興箋四卷　（清）陳沆撰　清光緒九年
(1883)彭祖賢武昌刻本　四冊

210000－0701－0008893　007398

詩緝三十六卷　（宋）嚴粲撰　清光緒三年
(1877)嶺南述古堂刻本　八冊

210000－0701－0008894　007400

讀詩類編十八卷　（清）張映漢輯並評注　清
嘉慶十九年(1814)述敬堂刻本　八冊

210000－0701－0008895　007401

三十家詩鈔六卷首一卷　（清）曾國藩撰
(清)王定安增輯　清同治十三年(1874)傳忠
書局刻本　六冊

210000－0701－0008896　007402

王文簡公五七言詩鈔三十二卷　（清）王士禎
輯　清嘉慶十年(1805)刻蘇齋叢書本　十
四冊

210000－0701－0008897　007403

五七言今體詩鈔十八卷　（清）姚鼐輯　清嘉
慶十三年(1808)刻本　四冊

210000－0701－0008898　007406

天下名家詩觀初集十二卷　（清）鄧漢儀評選
　清康熙慎墨堂刻本　四冊　缺八卷(一至
七、九)

210000－0701－0008899　007407

天台集三卷續集三卷拾遺一卷　（宋）李庚
(宋)林師蒧等輯　天台集別編一卷拾遺一卷
續集別編六卷　（宋）林表民輯　清光緒二十
六年(1900)刻本　佚名校　八冊

210000－0701－0008900　007408

御覽孤山志一卷　（清）王復禮輯　清光緒七
年(1881)錢塘丁氏刻本　一冊

210000－0701－0008901　007409

精選七律耐吟集一卷精選五律耐吟集一卷
(清)梅成棟輯　清道光十八年(1838)金鰲山
房刻本　一冊

210000－0701－0008902　007410

硤川詩鈔二十卷詞鈔一卷　（清）曹宗載輯
清光緒十八年(1892)雙山講舍刻本　四冊

210000－0701－0008903　007410

硤川詩續鈔十六卷詞續鈔一卷　（清）許仁沐
　（清）蔣學堅輯　清光緒二十一年(1895)雙
山講舍刻本　六冊

210000－0701－0008904　007411

白山詞介五卷　楊鍾羲輯　清宣統二年
(1910)刻本　一冊

210000－0701－0008905　007414

藜光閣韻對五七言千家詩輯鈔附二種　題藜
光閣書林重訂　清末藜光閣刻本　二冊

210000－0701－0008906　007415
增補重訂千家詩註解二卷　（清）任來吉選
（清）王相注　新鐫五言千家詩會義直解二卷
（清）王相選注　（清）任福祐重輯　諸名家
百壽詩一卷贈賀詩一卷百花詩一卷　（清）王
相選　百花詩引一卷　（清）顏宗孔撰　清咸
豐元年(1851)錫山賜錦堂刻本　二冊

210000－0701－0008907　007416
新鐫五言千家詩會義直解二卷　（清）王相選
注　笠翁對韻二卷　清光緒六年(1880)福順
堂刻本　一冊

210000－0701－0008908　007417
新鐫五言千家詩箋注二卷　（清）王相選注
增補重訂千家詩注解二卷　（元）謝枋得選
（清）王相注　諸名家百花詩一卷百壽詩一卷
贈賀詩一卷　（清）王相輯　百花詩引一卷
（清）顏宗孔撰　清光緒三十二年(1906)上海
校經山房石印本　二冊

210000－0701－0008909　007418
三義堂韻對五七言千家詩輯鈔附二種　（清）
善成堂書林重輯　清末善成堂刻本　一冊

210000－0701－0008910　007418
新鐫千家詩四卷　善成堂書林重輯　唐司空
圖詩品詳注一卷　（唐）司空圖撰　敬避字樣
一卷　清末善成堂刻本　二冊

210000－0701－0008911　007419
鍾伯敬先生補訂千家詩圖二卷　清末石印本
　一冊

210000－0701－0008912　007423
看詩隨錄五十八卷目錄三卷　（清）高靜輯
清光緒二十二年(1896)寧河高氏繼善堂刻本
　三十冊

210000－0701－0008913　007425
樂府詩集一百卷　（宋）郭茂倩輯　清光緒元
年(1875)湖北崇文書局刻本　十六冊

210000－0701－0008914　007426
樂府詩集一百卷　（宋）郭茂倩輯　清光緒元
年(1875)湖北崇文書局刻本　十六冊

210000－0701－0008915　007427
樂府詩集一百卷目錄二卷　（宋）郭茂倩輯
清光緒元年(1875)湖北崇文書局刻民國元年
(1912)鄂官書處印本　十六冊

210000－0701－0008916　007434
佳句錄二十卷附錄一卷　（清）吳修輯　清道
光七年(1827)青霞館刻本　四冊

210000－0701－0008917　007435
粵西詩載十六卷　（清）汪森輯　清刻本
四冊

210000－0701－0008918　007436
多歲堂古詩存八卷　（清）成書選評　清道光
十一年(1831)多歲堂刻本　四冊

210000－0701－0008919　007447
瀛奎律髓刊誤四十九卷　（元）方回輯　（清）
紀昀刊誤　清嘉慶五年(1800)李氏雙桂堂刻
本　十冊

210000－0701－0008920　007448
瀛奎律髓刊誤四十九卷　（元）方回輯　（清）
紀昀刊誤　清嘉慶五年(1800)李氏雙桂堂刻
蘇州掃葉山房印本　十二冊

210000－0701－0008921　007449
瀛奎律髓刊誤四十九卷　（元）方回輯　（清）
紀昀刊誤　清光緒六年(1880)懺花盦刻本
十冊

210000－0701－0008922　007452
宋元明詩三百首六卷　（清）朱梓　（清）冷昌
言輯　清道光二十一年(1841)小石山房刻本
　一冊

210000－0701－0008923　007453
宋元明詩三百首六卷　（清）朱梓　（清）冷昌
言輯　清光緒元年(1875)虞山鮑氏抱芳閣刻
本　一冊

210000－0701－0008924　007459

江西詩徵九十四卷補遺一卷附刻一卷　（清）
曾燠輯　清嘉慶九年（1804）賞雨茅屋刻本
四十九冊

210000－0701－0008925　007460
梁溪詩鈔五十八卷　（清）顧光旭輯　清嘉慶
元年（1796）雙橋草堂刻本　二十四冊

210000－0701－0008926　007461
津門詩鈔三十卷　（清）梅成棟輯　清思誠書
屋刻本　十冊

210000－0701－0008927　007462
惜抱軒今體詩選十八卷　（清）姚鼐輯　漁洋
山人古詩選三十二卷　（清）王士禎輯　清同
治五年（1866）金陵書局刻本　十冊

210000－0701－0008928　007463
惜抱軒今體詩選十八卷　（清）姚鼐輯　漁洋
山人古詩選三十二卷　（清）王士禎輯　清同
治五年（1866）金陵書局刻本　十冊

210000－0701－0008929　007464
惜抱軒今體詩選十八卷　（清）姚鼐輯　漁洋
山人古詩選三十二卷　（清）王士禎輯　清同
治五年（1866）金陵書局刻本　十冊

210000－0701－0008930　007465
惜抱軒今體詩選十八卷　（清）姚鼐輯　漁洋
山人古詩選三十二卷　（清）王士禎輯　清同
治五年（1866）金陵書局刻本　十冊

210000－0701－0008931　007466
惜抱軒今體詩選十八卷　（清）姚鼐輯　漁洋
山人古詩選三十二卷　（清）王士禎輯　清同
治五年（1866）金陵書局刻本　十冊

210000－0701－0008932　007467
惜抱軒今體詩選十八卷　（清）姚鼐輯　漁洋
山人古詩選三十二卷　（清）王士禎輯　清同
治七年（1868）湘鄉曾氏刻本　十五冊　缺四
卷（七言今體詩鈔六至九）

210000－0701－0008933　007468
十國雜事詩十七卷敍目二卷　（清）饒智元撰
　清光緒十七年（1891）竹素齋刻竹素齋叢書

本　四冊

210000－0701－0008934　007469
十八家詩鈔二十八卷　（清）曾國藩輯　清同
治十三年（1874）傳忠書局刻曾文正公全集本
　二十八冊

210000－0701－0008935　007475
砌街李氏宗譜□□卷　清抄本　一冊　存
（藝文）

210000－0701－0008936　007476
古唐詩合解十六卷　（清）王堯衢輯注　清光
緒七年（1881）書業德記刻本　六冊

210000－0701－0008937　007477
古唐詩合解十六卷　（清）王堯衢注　清光緒
十一年（1885）掃葉山房刻十七年（1891）校經
山房印本［唐詩卷五至八配清光緒十七年
（1891）掃葉山房刻本］　八冊

210000－0701－0008938　007478
古唐詩合解十六卷　（清）王堯衢注　清光緒
十八年（1892）上海著易書局鉛印本　六冊

210000－0701－0008939　007479
古唐詩合解十六卷　（清）王堯衢注　清末紫
文閣刻本　一冊　存四卷（古詩四卷）

210000－0701－0008940　007482
古詩源十四卷　（清）沈德潛選　清尊經閣刻
本　四冊

210000－0701－0008941　007483
古詩源十四卷　（清）沈德潛選　清霽月山房
刻本　六冊

210000－0701－0008942　007484
古詩源十四卷　（清）沈德潛選　清道光十三
年（1833）寶仁堂刻本　四冊

210000－0701－0008943　007485
古詩源十四卷　（清）沈德潛選　清光緒十七
年（1891）湖南思賢書局刻本　四冊

210000－0701－0008944　007486
古詩源十四卷　（清）沈德潛選　清光緒十七
年（1891）湖南思賢書局刻本　四冊

210000－0701－0008945　007487

古詩源十四卷　（清）沈德潛選　清刻本
四冊

210000－0701－0008946　007492

古詩源四卷　（清）沈德潛選　清末刻本
四冊

210000－0701－0008947　007493

評選古詩源四卷　（清）沈德潛選　清光緒二
十年(1894)上海圖書集成印書局鉛印本
四冊

210000－0701－0008948　007494

評選古詩源四卷　（清）沈德潛選　清光緒二
十年(1894)上海圖書集成印書局鉛印本
四冊

210000－0701－0008949　007501

多歲堂古詩存八卷　（清）成書選評　清道光
十一年(1831)多歲堂刻本　四冊

210000－0701－0008950　007506

古詩賞析二十二卷　（清）張玉穀選解　清光
緒十三年(1887)刻本　六冊

210000－0701－0008951　007511

七言律詩十八卷　（清）翁方綱輯　清乾隆四
十七年(1782)復初齋刻本　二冊

210000－0701－0008952　007512

批點七家詩選箋注七卷　（清）張熙宇輯評
清咸豐八年(1858)亦西齋刻朱墨套印本
四冊

210000－0701－0008953　007514

槐軒解湯海若先生纂輯名家詩二卷續解一卷
（清）夏世欽解　清刻本　一冊

210000－0701－0008954　007516

松陵詩徵前編十二卷　（清）殷增編　清光緒
九年(1883)吳下刻本　四冊

210000－0701－0008955　007518

本事詩十二卷　（清）徐釚輯　清乾隆二十二
年(1757)半松書屋刻本　蠶園抄補並跋
四冊

210000－0701－0008956　007519

四家詠史樂府六種　（清）宋澤元輯　清光緒
十二年(1886)宋氏懺花盦刻本　六冊

210000－0701－0008957　007520

回文類聚四卷首一卷　（宋）桑世昌輯　織錦
回文圖　（清）玉山仙史摹集　回文類聚續編
十卷首一卷　（清）朱象賢集　清麟玉堂刻本
八冊

210000－0701－0008958　007521

買愁集四卷　（清）錢尚濠輯　清初刻本
八冊

210000－0701－0008959　007524

詠物詩選註釋八卷　（清）俞琰輯　（清）孫洰
鳴　（清）易開繻注　清嘉慶十五年(1810)經
國堂刻本　六冊

210000－0701－0008960　007525

詠物詩選註釋八卷　（清）俞琰輯　（清）孫洰
鳴　（清）易開繻注　清富有堂刻本　六冊

210000－0701－0008961　007533

歷朝詩約選九十二卷　（清）劉大櫆輯　海峰
先生詩集十卷札記一卷　（清）劉大櫆撰　清
光緒二十一年至二十五年(1895－1899)文徵
閣刻本　二十四冊

210000－0701－0008962　007534

歷朝詩約選九十二卷　（清）劉大櫆輯　清光
緒二十一年至二十五年(1895－1899)文徵閣
刻本　二十二冊

210000－0701－0008963　007535

歷朝二十五家詩錄三十七卷首一卷　（清）鄒
湘倜輯　清光緒元年(1875)新化鄒氏得頤堂
刻本　四十冊

210000－0701－0008964　007539

即墨詩乘十二卷　（清）周翕鐄輯　清道光二
十一年(1841)小硯山房刻本　六冊

210000－0701－0008965　007540

八代詩選二十卷　王闓運撰　清光緒七年
(1881)四川尊經堂刻本　六冊

210000 – 0701 – 0008966　007541

八代詩選二十卷　王闓運輯　清光緒十六年（1890）江蘇書局刻本　八冊

210000 – 0701 – 0008967　007542

八代詩選二十卷　王闓運輯　清光緒十九年（1893）章氏經濟堂刻本　八冊

210000 – 0701 – 0008968　007543

八代詩選二十卷　王闓運輯　清光緒十九年（1893）章氏經濟堂刻本　八冊

210000 – 0701 – 0008969　007544

八代詩選二十卷　王闓運輯　清光緒十九年（1893）章氏經濟堂刻民國十二年（1923）印本　八冊

210000 – 0701 – 0008970　007545

八代詩選二十卷　王闓運輯　清光緒十九年（1893）章氏經濟堂刻民國十二年（1923）印本　八冊

210000 – 0701 – 0008971　007546

八代詩選二十卷　王闓運輯　清光緒十九年（1893）章氏經濟堂刻民國十二年（1923）印本　八冊

210000 – 0701 – 0008972　007553

全史宮詞二十卷　（清）史夢蘭撰　清咸豐六年（1856）刻本　四冊

210000 – 0701 – 0008973　007557

小學弦歌八卷　（清）李元度撰　清光緒五年（1879）刻本　四冊

210000 – 0701 – 0008974　007558

高等學堂國文講義八卷　（清）唐文治編　清宣統二年（1910）上海文明書局鉛印本　八冊

210000 – 0701 – 0008975　007562

謝疊山先生文章軌範七卷　（元）謝枋得輯　清光緒九年（1883）桐陰書屋刻朱墨套印本　三冊

210000 – 0701 – 0008976　007563

謝疊山先生文章軌範七卷　（元）謝枋得選　清光緒二十一年（1895）湖北官書處刻三色套

印本　二冊

210000 – 0701 – 0008977　007564

謝疊山先生文章軌範七卷　（元）謝枋得輯　清光緒二十一年（1895）湖北鄂官書處刻民國元年（1912）三色套印本　二冊

210000 – 0701 – 0008978　007565

謝疊山先生文章軌範七卷　（元）謝枋得輯　清光緒二十一年（1895）湖北鄂官書處刻民國元年（1912）三色套印本　二冊

210000 – 0701 – 0008979　007569

雜選文章不分卷　清抄本　四冊

210000 – 0701 – 0008980　007574

論海　（清）蔡和鏘輯　清光緒二十八年（1902）石印本　三十一冊　存一百六十七卷（歷代人物論海一百卷、歷代政治論海四十四卷、中外掌故論海十四卷、歷代時勢論海一至九）

210000 – 0701 – 0008981　007575

天下才子必讀書十五卷　（清）金人瑞批　清宣統二年（1910）國學進化社鉛印本　三冊

210000 – 0701 – 0008982　007576

經史百家雜鈔二十六卷　（清）曾國藩輯　清光緒二年（1876）傳忠書局刻曾文正公全集本　二十四冊

210000 – 0701 – 0008983　007577

經史百家雜鈔二十六卷首一卷　（清）曾國藩編　清光緒三十二年（1906）上海商務印書館鉛印本　十二冊

210000 – 0701 – 0008984　007578

經史百家雜鈔二十六卷首一卷　（清）曾國藩編　清光緒三十二年（1906）上海商務印書館鉛印本　十二冊

210000 – 0701 – 0008985　007579

經史百家雜鈔二十六卷首一卷　（清）曾國藩編　清光緒三十二年（1906）上海商務印書館鉛印本　十二冊

210000 – 0701 – 0008986　007584

經史百家簡編二卷　（清）曾國藩輯　清同治十三年(1874)傳忠書局刻曾文正公全集本　二冊

210000－0701－0008987　007586

山曉閣古文全集三十二卷　（清）孫琮輯評　清初刻本　十六冊

210000－0701－0008988　007587

儲選三種　（清）儲欣評　清光緒九年(1883)靜遠堂刻本　十三冊　存二十卷（國語選三至四、西漢文選四卷、唐宋八大家類選十四卷）

210000－0701－0008989　007588

律賦準繩二卷摘聯一卷要言一卷　（清）繆裕綏輯並撰　（清）佟炳章注　清光緒十年(1884)華翰齋刻朱墨套印本　二冊

210000－0701－0008990　007590

涵芬樓古今文鈔一百卷　吳曾祺編　清宣統二年(1910)上海商務印書館鉛印本　一百冊

210000－0701－0008991　007591

涵芬樓古今文鈔一百卷　吳曾祺編　清宣統二年(1910)上海商務印書館鉛印本　一百冊

210000－0701－0008992　007592

涵芬樓古今文鈔一百卷　吳曾祺編　清宣統二年(1910)上海商務印書館鉛印本　一百冊

210000－0701－0008993　007595

漢魏六朝女子文選二卷　張維輯　清宣統三年(1911)刻本　一冊

210000－0701－0008994　007596

湖南文徵一百九十卷首一卷目錄六卷姓氏傳四卷　（清）羅汝懷編　清同治十年(1871)刻本　一百冊

210000－0701－0008995　007604

古文詞略二十卷　（清）梅曾亮輯　清光緒二十五年(1899)成都志古堂刻本　六冊

210000－0701－0008996　007605

古文詞略二十四卷　（清）梅曾亮編　清光緒三十四年(1908)學部圖書局鉛印本　五冊

210000－0701－0008997　007606

古文詞略二十四卷　（清）梅曾亮編　清光緒三十四年(1908)學部圖書局鉛印本　五冊

210000－0701－0008998　007607

古文詞略二十四卷　（清）梅曾亮編　清光緒三十四年(1908)學部圖書局鉛印本　五冊

210000－0701－0008999　007608

古文詳註發蒙集六卷　（清）周熾評注　清嘉慶十九年(1814)桐石山房刻本　六冊

210000－0701－0009000　007609

古文翼八卷　（清）唐德宜選評　（清）季福寰重訂　清同治十二年(1873)常熟黃氏萩文堂刻本　八冊

210000－0701－0009001　007610

古文翼八卷　（清）唐德宜選評　（清）季福寰重訂　清同治十二年(1873)黃氏萩文堂刻光緒二十四年(1898)蘇州崇德公所補刻本　八冊

210000－0701－0009002　007611

古文翼八卷　（清）唐德宜選評　（清）季福寰重訂　清光緒二十七年(1901)三元書局石印本　六冊

210000－0701－0009003　007612

古文翼八卷　（清）唐德宜選評　（清）季福寰重訂　清光緒二十七年(1901)三元書局石印本　六冊

210000－0701－0009004　007617

古文辭類纂七十四卷　（清）姚鼐纂　清道光合河康氏刻本　十二冊　存二十九卷（一至二十九）

210000－0701－0009005　007618

古文辭類纂七十四卷　（清）姚鼐纂　清道光合河康氏刻本　十二冊

210000－0701－0009006　007619

古文辭類纂七十四卷　（清）姚鼐纂　清同治八年(1869)江蘇書局刻本　十一冊

210000－0701－0009007　007620

古文辭類纂七十四卷 （清）姚鼐纂 清光緒
十年(1884)吳縣朱記榮刻十八年(1892)埽葉
山房印本 十二冊

210000－0701－0009008 007621

古文辭類纂七十四卷 （清）姚鼐纂 清光緒
十九年(1893)思賢講舍刻本 十二冊

210000－0701－0009009 007622

古文辭類纂七十四卷 （清）姚鼐纂 續古文
辭類纂三十四卷 王先謙輯 清光緒十年
(1884)吳縣朱記榮刻十八年(1892)埽葉山房
印本 二十四冊

210000－0701－0009010 007623

古文辭類纂七十四卷 （清）姚鼐纂 續古文
辭類纂三十四卷 王先謙纂 清末商務印書
館鉛印本 十二冊

210000－0701－0009011 007624

古文辭類纂七十五卷 （清）姚鼐纂 清道光
五年(1825)吳啟昌刻本 八冊

210000－0701－0009012 007625

古文辭類纂七十五卷 （清）姚鼐纂 清道光
五年(1825)吳啟昌刻本 十二冊

210000－0701－0009013 007626

古文辭類纂七十四卷 （清）姚鼐纂 續古文
辭類纂三十四卷 王先謙纂 清光緒三十三
年(1907)商務印書館鉛印本 十一冊 缺十
卷(正編十一至二十)

210000－0701－0009014 007629

古文辭類纂七十五卷 （清）姚鼐纂 清光緒
二十年(1894)上海圖書集成局鉛印本 五冊

210000－0701－0009015 007630

古文辭類纂七十五卷 （清）姚鼐纂 續古文
辭類纂十卷 王先謙纂 清宣統元年(1909)
文瑞樓鉛印本 十冊

210000－0701－0009016 007631

古文辭類纂七十五卷 （清）姚鼐纂 清問竹
軒刻本 十六冊

210000－0701－0009017 007632

玉圃堂選古文廣義正集十六卷 （清）曹基
（清）張大純評選 清寶翰樓刻本 十冊

210000－0701－0009018 007635

經史百家雜鈔二十六卷 （清）曾國藩輯 清
光緒三十二年(1906)上海商務印書館鉛印本
十二冊

210000－0701－0009019 007636

忠雅堂評選四六法海八卷 （明）王志堅輯
（清）蔣士銓評選 清同治十年(1871)藏園刻
套印本 十冊

210000－0701－0009020 007639

古文辭類纂七十五卷 （清）姚鼐輯 清同治
八年(1869)刻本 十六冊

210000－0701－0009021 007640

古文辭類纂七十五卷 （清）姚鼐輯 清同治
八年(1869)刻本 二十四冊

210000－0701－0009022 007642

古文辭類纂七十五卷 （清）姚鼐輯 清光緒
二十五年(1899)秦中官書局鉛印本 八冊

210000－0701－0009023 007643

古文辭類纂七十五卷附錄一卷 （清）姚鼐輯
校勘記一卷 （清）李承淵撰 清光緒二十
七年(1901)滁州李氏求要堂刻三十二年
(1906)修補本 十二冊

210000－0701－0009024 007644

古文辭類纂七十五卷附錄一卷 （清）姚鼐輯
校勘記一卷 （清）李承淵撰 清光緒二十
七年(1901)滁州李氏求要堂刻三十二年
(1906)修補本 十二冊

210000－0701－0009025 007649

古文辭類纂七十四卷 （清）姚鼐輯 續古文
辭類纂三十四卷 王先謙輯 清光緒三十三
年(1907)商務印書館鉛印本 七冊 存六十
三卷(一至十、三十一至六十七,續八至二十
三)

210000－0701－0009026 007653

續古文辭類纂十卷 王先謙纂 清光緒二十

年(1894)上海圖書集成局鉛印本　二冊　存
五卷(一至五)

210000－0701－0009027　007659
續古文辭類纂三十四卷　王先謙輯　清光緒
八年(1882)王氏虛受堂刻本　八冊

210000－0701－0009028　007660
續古文辭類纂二十八卷　(清)黎庶昌纂　清
光緒二十一年(1895)南京狀元閣刻本　十
二冊

210000－0701－0009029　007661
重訂古文釋義新編八卷　(清)余誠評注　清
光緒二十四年(1898)掃葉山房刻本　七冊
缺一卷(六)

210000－0701－0009030　007662
桂芳齋重訂古文釋義新編八卷　(清)余誠評
注　清金谿周光霽刻掃葉山房印本　八冊

210000－0701－0009031　007663
古文釋義新編八卷　(清)余誠評注　清光緒
六年(1880)刻本　六冊

210000－0701－0009032　007664
古文釋義新編八卷　(清)余誠評注　清京都
寶書堂刻本　八冊

210000－0701－0009033　007666
經綸堂重訂古文釋義新編八卷　(清)余誠評
注　清經綸堂刻文光堂印本　八冊

210000－0701－0009034　007668
古文喈鳳新編八卷　(清)汪基輯　清大文堂
刻本　四冊

210000－0701－0009035　007669
古文四象四卷　(清)曾國藩輯　清光緒三十
四年(1908)趙氏京師鉛印本　四冊

210000－0701－0009036　007670
古文披金二十四卷　(清)納蘭常安評選　清
乾隆刻本　八冊

210000－0701－0009037　007671
古文淵鑒六十四卷　(清)徐乾學編注　清刻
五色套印本　四十冊　缺三卷(五十二至五
十四)

210000－0701－0009038　007673
古文七種　(清)儲欣編　清光緒九年(1883)
靜遠堂刻本　十一冊　存五種十四卷(國語
選一至二、公羊選一卷、穀梁傳選一卷、戰國
策選四卷、史記選六卷)

210000－0701－0009039　007674
古文析義十六卷　(清)林雲銘評注　清三元
堂刻本　十六冊

210000－0701－0009040　007675
古文析義二編八卷　(清)林雲銘評注　清刻
本　八冊

210000－0701－0009041　007677
古文觀止十二卷　(清)吳乘權　(清)吳大職
輯　清光緒九年(1883)掃葉山房刻本　六冊

210000－0701－0009042　007684
重訂古文雅正十四卷　(清)蔡世遠評選
(清)林有席參評　清道光六年(1826)督學使
刻本　六冊

210000－0701－0009043　007685
古文雅正十四卷　(清)蔡世遠評選　清同治
七年(1868)湘鄉曾氏刻本　八冊

210000－0701－0009044　007686
古文雅正十四卷　(清)蔡世遠評選　清光緒
二十八年(1902)湘鄉曾氏刻本　八冊

210000－0701－0009045　007687
古文雅正十四卷　(清)蔡世遠評選　清光緒
二十二年(1896)上海圖書集成印書局鉛印本
四冊

210000－0701－0009046　007688
古文眉詮七十九卷　(清)浦起龍輯　清乾隆
九年(1744)三山書院刻本　二十四冊　缺十
八卷(六十二至七十九)

210000－0701－0009047　007689
古文眉詮七十九卷　(清)浦起龍輯　清乾隆
九年(1744)三山書院刻本　二十四冊

210000－0701－0009048　007690

古文分編集評二十二卷 （清）于光華輯 清務本堂刻本 二十四冊

210000－0701－0009049 007691
古文筆法八卷 （清）李扶九輯 （清）黃麟評 清光緒三十二年（1906）上海通時書局石印本 四冊

210000－0701－0009050 007693
古文筆法二十卷 （清）李扶九輯 （清）黃麟評 清宣統二年（1910）會文堂石印本 四冊

210000－0701－0009051 007698
古文快筆貫通解三卷 （清）杭永年評 清刻本 四冊

210000－0701－0009052 007701
賦鈔六卷 （清）張惠言輯 清道光元年（1821）合河康氏刻本 四冊

210000－0701－0009053 007702
賦鈔六卷 （清）張惠言輯 清光緒四年（1878）宏達堂刻本 四冊

210000－0701－0009054 007703
賦鈔六卷 （清）張惠言輯 清光緒四年（1878）宏達堂刻本 四冊

210000－0701－0009055 007704
蛟川先正文存二十卷 （清）陳繼聰輯 清光緒八年（1882）刻本 十冊

210000－0701－0009056 007706
忠雅堂評選四六法海八卷 （明）王志堅輯 （清）蔣士銓注 清光緒元年（1875）刻本 八冊

210000－0701－0009057 007708
四六寶露類選六卷 （明）何偉然輯 清鴻文堂刻本 六冊

210000－0701－0009058 007709
續賦學雞跖三十卷 （清）應心香等輯 清光緒二年（1876）海陵書屋刻本 八冊

210000－0701－0009059 007710
賦學正鵠集釋四卷 （清）李元度纂 清光緒二十年（1894）上海文瑞樓鉛印本 四冊

210000－0701－0009060 007711
賦鈔箋略十五卷 （清）雷琳 （清）張杏濱注 清道光三年（1823）文會德記刻本 六冊

210000－0701－0009061 007712
鳴原堂論文二卷 （清）曾國藩輯 清同治十二年（1873）勵志齋刻本 一冊

210000－0701－0009062 007713
鳴原堂論文二卷 （清）曾國藩輯 清同治十二年（1873）勵志齋刻本 二冊

210000－0701－0009063 007714
御定歷代賦彙一百四十卷外集二十卷逸句二卷補遺二十二卷 （清）陳元龍纂 清光緒十二年（1886）上海點石齋石印本 十六冊

210000－0701－0009064 007715
駢文類纂四十六卷首一卷 王先謙輯 清光緒二十八年（1902）思賢書局刻本 二十四冊

210000－0701－0009065 007716
駢文類纂四十六卷首一卷 王先謙輯 清光緒二十八年（1902）思賢書局刻本 二十四冊

210000－0701－0009066 007718
駢體文鈔三十一卷 （清）李兆洛輯 清道光合河康氏刻同治六年（1867）婁江徐氏補刻本 八冊

210000－0701－0009067 007719
駢體文鈔三十一卷 （清）李兆洛輯 清道光合河康氏刻同治六年（1867）婁江徐氏補刻本 八冊

210000－0701－0009068 007720
駢體文鈔三十一卷 （清）李兆洛輯 清道光合河康氏刻同治六年（1867）婁江徐氏補刻本 八冊

210000－0701－0009069 007721
駢體文鈔三十一卷 （清）李兆洛輯 清道光合河康氏刻同治六年（1867）婁江徐氏補刻光緒八年（1882）蘇州振新書社印本 八冊

210000－0701－0009070 007722
駢體文鈔三十一卷 （清）李兆洛輯 清光緒

八年(1882)刻本　八冊

210000－0701－0009071　007723
駢體文鈔三十一卷　(清)李兆洛輯　清光緒
八年(1882)刻本　八冊

210000－0701－0009072　007724
駢體文鈔三十一卷　(清)李兆洛輯　清道光
合河康氏刻同治六年(1867)婁江徐氏補刻光
緒三十四年(1908)蘇州振新書社印本　清譚
獻批校並跋　八冊

210000－0701－0009073　007725
駢體文鈔三十一卷　(清)李兆洛輯　清道光
合河康氏刻同治六年(1867)婁江徐氏補刻光
緒三十四年(1908)蘇州振新書社印本　八冊

210000－0701－0009074　007726
駢體文鈔三十一卷　(清)李兆洛輯　清光緒
七年(1881)四川存古書局刻本　清譚獻批校
並跋　十冊

210000－0701－0009075　007729
八代文粹□□卷　(清)簡燊　(清)陳崇哲輯
清攷儁堂刻本　六冊　存二十六卷(七十
四至九十九)

210000－0701－0009076　007730
八家四六文註八卷首一卷　(清)吳鼒輯
(清)許貞幹注　**補注一卷**　陳衍撰　清光緒
十八年(1892)上海圖書集成局鉛印本　八冊

210000－0701－0009077　007733
忠雅堂評選四六法海八卷　(明)王志堅輯
(清)蔣士銓評選　清同治十年(1871)藏園刻
套印本　十冊

210000－0701－0009078　007736
回文類聚四卷首一卷　(宋)桑世昌輯　**織錦
回文圖**　(清)玉山仙史摹集　**回文類聚續編
十卷首一卷**　(清)朱象賢集　清麟玉堂刻本
四冊

210000－0701－0009079　007737
全上古三代秦漢三國六朝文七百四十一卷
(清)嚴可均輯　清光緒十三年至十九年

(1887－1893)王毓藻廣州刻二十年(1894)武
昌印本　一百冊

210000－0701－0009080　007738
全上古三代秦漢三國六朝文七百四十一卷
(清)嚴可均輯　清光緒十三年至十九年
(1887－1893)王毓藻廣州刻二十年(1894)武
昌印本　九十九冊　缺五卷(上古三代文一
至五)

210000－0701－0009081　007739
全上古三代秦漢三國六朝文七百四十一卷
(清)嚴可均輯　清光緒十三年至十九年
(1887－1893)王毓藻廣州刻二十年(1894)武
昌印本　一百冊

210000－0701－0009082　007740
全上古三代秦漢三國六朝文七百四十一卷
(清)嚴可均輯　清光緒十三年至十九年
(1887－1893)王毓藻廣州刻二十年(1894)武
昌印本　一百冊

210000－0701－0009083　007741
全上古三代秦漢三國六朝文七百四十一卷
(清)嚴可均輯　清光緒十三年至十九年
(1887－1893)王毓藻廣州刻本　八十冊

210000－0701－0009084　007745
悅心集五卷　(清)世宗胤禛輯　清刻本
四冊

210000－0701－0009085　007746
說詩樂趣類編二十卷　(清)伍涵芬輯　清刻
本　四冊

210000－0701－0009086　007748
毛詩二十卷　(漢)毛亨傳　(漢)鄭玄箋
(唐)陸德明音義　清光緒二年(1876)江南書
局刻本　十冊

210000－0701－0009087　007749
齊詩翼氏學疏證二卷敍錄一卷　(清)陳喬樅
撰　清道光二十四年(1844)刻左海續集本
二冊

210000－0701－0009088　007750

齊詩翼氏學疏證二卷敍錄一卷 （清）陳喬樅
撰 清道光二十四年(1844)刻左海續集本
二冊

210000－0701－0009089　007751

齊詩翼氏學疏證二卷敍錄一卷 （清）陳喬樅
撰 清道光二十四年(1844)刻左海續集本
二冊

210000－0701－0009090　007753

詩序廣義二十四卷 （清）姜炳璋輯 清嘉慶
二十年(1815)姜氏刻本 十二冊

210000－0701－0009091　007754

詩序辯正八卷首一卷 （清）汪大任撰 清光
緒十二年(1886)錢塘汪氏刻叢睦汪氏遺書本
三冊

210000－0701－0009092　007755

詩說考略十二卷 （清）成僎撰 清道光十年
(1830)王氏信芳閣木活字印本 十二冊

210000－0701－0009093　007756

詩譜一卷 （漢）鄭玄撰 （清）丁晏重編 清
光緒邵武徐氏刻邵武徐氏叢書本 一冊

210000－0701－0009094　007758

詩毛氏傳疏三十卷 （清）陳奐撰 清道光二
十年至二十七年(1840－1847)陳氏掃葉山莊
刻陳氏毛詩五種本 十六冊

210000－0701－0009095　007759

陳氏毛氏五種 （清）陳奐撰 清道光、咸豐
吳門陳氏掃葉山莊刻本 六冊

210000－0701－0009096　007760

陳氏毛氏五種 （清）陳奐撰 清光緒九年
(1883)徐氏刻本 十二冊

210000－0701－0009097　007761

陳氏毛氏五種 （清）陳奐撰 清光緒九年
(1883)徐氏刻本 十二冊

210000－0701－0009098　007762

陳氏毛氏五種 （清）陳奐撰 清光緒九年
(1883)徐氏刻本 十二冊

210000－0701－0009099　007763

陳氏毛氏五種 （清）陳奐撰 清光緒九年
(1883)徐氏刻本 十二冊

210000－0701－0009100　007766

詩集傳音釋二十卷 （元）羅復撰 詩圖一卷
詩傳綱領一卷詩序辨說一卷 （宋）朱熹撰
校勘札記一卷 （清）蔣光煦撰 清咸豐五年
至七年(1855－1857)海昌蔣光煦衍芬草堂刻
本 六冊

210000－0701－0009101　007767

詩集傳名物鈔八卷 （元）許謙輯 清同治八
年(1869)胡氏退補齋刻金華叢書本 八冊

210000－0701－0009102　007768

詩集傳名物鈔八卷 （元）許謙輯 清同治八
年(1869)胡氏退補齋刻金華叢書本 八冊

210000－0701－0009103　007771

詩經二十卷 （漢）毛亨傳 （漢）鄭玄箋 詩
譜一卷 （漢）鄭玄撰 明崇禎永懷堂刻本
四冊

210000－0701－0009104　007772

詩經二十卷 （漢）毛亨傳 （漢）鄭玄箋 詩
譜一卷 （漢）鄭玄撰 明永懷堂刻清同治八
年(1869)浙江書局補刻十三經古注本 三冊

210000－0701－0009105　007773

詩集傳八卷 （宋）朱熹撰 清光緒十五年
(1889)文興堂刻本 四冊

210000－0701－0009106　007774

詩集傳八卷 （宋）朱熹撰 清光緒十六年
(1890)通州掄秀堂刻本 四冊

210000－0701－0009107　007775

詩集傳八卷 （宋）朱熹撰 清同治三年
(1864)緯文堂刻本 四冊

210000－0701－0009108　007776

詩集傳八卷 （宋）朱熹撰 清光緒十八年
(1892)成文信記刻本 四冊

210000－0701－0009109　007777

詩經八卷 （宋）朱熹集傳 清同治八年
(1869)蘇閶亦西齋刻本 四冊

210000－0701－0009110　007778

詩經八卷　（宋）朱熹集傳　清同治十年
(1871)上海掃葉山房刻本　四冊

210000－0701－0009111　007779

詩經八卷　（宋）朱熹集傳　清光緒三年
(1877)衡陽魏氏刻本　四冊

210000－0701－0009112　007780

詩經八卷　（宋）朱熹集傳　清光緒七年
(1881)上海掃葉山房刻本　四冊

210000－0701－0009113　007781

詩經八卷　（宋）朱熹集傳　清光緒九年
(1883)上海掃葉山房刻本　四冊

210000－0701－0009114　007782

詩經八卷　（宋）朱熹集傳　清光緒二十年
(1894)刻本　四冊

210000－0701－0009115　007783

詩經八卷圖一卷　（宋）朱熹集傳　清宣統三
年(1911)章福記石印本　四冊

210000－0701－0009116　007785

詩經音訓不分卷　（清）楊國楨撰　清光緒三
年(1877)湖北崇文書局刻十一經音訓本
二冊

210000－0701－0009117　007791

詩經詮義十二卷首一卷末一卷　（清）汪紱撰
　清光緒二十五年(1899)刻本　十五冊

210000－0701－0009118　007792

詩經正解三十卷深柳堂詩經圖攷一卷　（清）
姜文燦　（清）吳荃撰　清光霽堂刻本　二十
四冊

210000－0701－0009119　007793

詩經八卷　（宋）朱熹集傳　清光緒元年
(1875)湖北崇文書局刻本　四冊

210000－0701－0009120　007794

詩經八卷　（宋）朱熹集傳　清光緒三十四年
(1908)學部圖書局石印本　四冊

210000－0701－0009121　007796

增補詩經衍義體註合參不分卷　（清）沈李龍

增訂　詩經八卷　（宋）朱熹集傳　詩經大全
圖一卷　清永安堂刻慶雲樓印本　四冊

210000－0701－0009122　007797

欽定詩經傳說彙纂二十一卷首二卷詩序二卷
　（清）王鴻緒撰　清四川總督蘇廷玉刻本
十八冊

210000－0701－0009123　007798

詩經傳說彙纂二十一卷首二卷詩序二卷
（清）王鴻緒撰　清刻本　二十四冊

210000－0701－0009124　007799

欽定詩經傳說彙纂二十一卷首一卷詩序二卷
　（清）王鴻緒纂　清刻本　十八冊

210000－0701－0009125　007800

欽定詩經傳說彙纂二十一卷首二卷詩序二卷
　（清）王鴻緒纂　清刻本　二十四冊

210000－0701－0009126　007801

欽定詩經傳說彙纂二十一卷首二卷詩序二卷
　（清）王鴻緒纂　清刻本　二十四冊

210000－0701－0009127　007802

欽定詩經傳說彙纂二十一卷首二卷詩序二卷
　（清）王鴻緒撰　清刻本　二十冊

210000－0701－0009128　007803

詩經八卷　（宋）朱熹集傳　清青蓮書屋刻本
　四冊

210000－0701－0009129　007804

詩集傳八卷　（宋）朱熹撰　清光緒二十六年
(1900)河北直隸書局刻本　四冊

210000－0701－0009130　007805

詩經精義五卷　（清）黃淦撰　詩經旁訓五卷
　（清）徐立綱撰　清光緒九年(1883)古香閣
魏氏刻本　四冊

210000－0701－0009131　007806

欽定詩經傳說彙纂二十一卷首二卷詩序二卷
　（清）王鴻緒撰　清同治七年(1868)馬新貽
刻本　十六冊

210000－0701－0009132　007807

欽定詩經傳說彙纂二十一卷首二卷詩序二卷

（清）王鴻緒撰　清同治七年(1868)馬新貽刻本　十六冊

210000－0701－0009133　007808

欽定詩經傳說彙纂二十一卷首二卷詩序二卷　（清）王鴻緒撰　清同治七年(1868)馬新貽刻本　十六冊

210000－0701－0009134　007809

欽定詩經傳說彙纂二十一卷首二卷詩序二卷　（清）王鴻緒撰　清同治七年(1868)馬新貽刻本　十六冊

210000－0701－0009135　007810

欽定詩經傳說彙纂二十一卷首二卷詩序二卷　（清）王鴻緒撰　清光緒四年(1878)廣州翰墨園刻本　十六冊　缺一卷(十八)

210000－0701－0009136　007811

詩經八卷　（宋）朱熹集傳　清八旗官學刻本　四冊

210000－0701－0009137　007812

詩經八卷　（宋）朱熹集傳　清八旗官學刻本　四冊

210000－0701－0009138　007814

欽定詩經傳說彙纂二十一卷首一卷詩序二卷　（清）王鴻緒撰　清光緒十四年(1888)戶部刻本　十六冊

210000－0701－0009139　007815

詩經繹參四卷　（清）鄧翔撰　清同治六年(1867)孔氏刻套印本　四冊

210000－0701－0009140　007816

增補詩經衍義體註合參八卷　（清）沈李龍增訂　**詩經八卷**　（宋）朱熹集傳　**詩經大全圖一卷**　清青雲樓刻本　四冊

210000－0701－0009141　007820

初刻黃維章先生詩經嬝嬛體註八卷　（明）黃義煥撰　**詩經八卷**　（宋）朱熹集傳　清光緒十八年(1892)文瑞樓刻本　四冊

210000－0701－0009142　007823

詩經世本古義二十八卷首一卷末一卷　（明）

何楷撰　清嘉慶二十四年(1819)閩津謝氏文林堂刻本　十二冊

210000－0701－0009143　007824

詩經申義十卷　（清）吳士模撰　清光緒十六年(1890)吳佑孫澤古齋刻本　四冊

210000－0701－0009144　007828

詩經拾遺十六卷總說一卷　（清）葉西撰　清耕餘堂刻本　二冊

210000－0701－0009145　007829

詩經四家異文考五卷　（清）陳喬樅撰　清道光二十三年(1843)刻左海續集本　五冊

210000－0701－0009146　007830

詩經原始十八卷首二卷　（清）方玉潤撰　清同治十年(1871)隴東分署刻鴻蒙室叢書本　十冊

210000－0701－0009147　007837

詩經融註大全體要　（清）高朝瓔定　**詩經八卷**　（宋）朱熹集傳　清光緒九年(1883)掃葉山房刻本　四冊

210000－0701－0009148　007839

詩經小學三十卷　（清）段玉裁撰　清刻本　八冊

210000－0701－0009149　007840

詩經精華十卷　（清）薛嘉穎輯　清同治元年(1862)緯文堂刻本　八冊

210000－0701－0009150　007841

詩緯集證四卷附錄一卷　（清）陳喬樅撰　清道光二十六年(1846)小瑯嬛館刻左海續集本　二冊

210000－0701－0009151　007842

謝疊山先生詩傳注疏三卷　（元）謝枋得撰　（清）吳長元輯　清刻本　三冊

210000－0701－0009152　007843

詩總聞二十卷　（宋）王質撰　清刻本　四冊

210000－0701－0009153　007844

詩總聞二十卷　（宋）王質撰　清刻本　八冊

210000－0701－0009154　007845

詩總聞二十卷　（宋）王質撰　清刻本　八冊

210000－0701－0009155　007846

詩總聞二十卷　（宋）王質撰　清道光二十六年(1846)王簡刻本　八冊

210000－0701－0009156　007847

詩細十卷首一卷續一卷　（清）趙佑撰　清刻本　六冊

210000－0701－0009157　007849

詩瀋二十卷　（清）范家相撰　清乾隆三十九年(1774)古趣亭刻本　八冊

210000－0701－0009158　007850

詩古微上編三卷中編十卷下編二卷首一卷（清）魏源撰　清道光二十年(1840)刻光緒十三年(1887)掃葉山房席氏補刻本　八冊

210000－0701－0009159　007854

詩問七卷　（清）郝懿行撰　清光緒八年(1882)東路廳署刻郝氏遺書本　六冊

210000－0701－0009160　007855

詩問七卷　（清）郝懿行撰　清光緒八年(1882)東路廳署刻郝氏遺書本　六冊

210000－0701－0009161　007856

御纂詩義折中二十卷　（清）陳兆崙等纂　清刻本　八冊

210000－0701－0009162　007857

御纂詩義折中二十卷　（清）陳兆崙等纂　清長蘆鹽運使如山刻本　四冊　存十三卷(一至三、十一至二十)

210000－0701－0009163　007858

御纂詩義折中二十卷　（清）陳兆崙等纂　清掃葉山房刻本　三冊　存十一卷(一至十一)

210000－0701－0009164　007859

御纂詩義折中二十卷　（清）陳兆崙等纂　清末刻本　六冊

210000－0701－0009165　007860

御纂詩義折中二十卷　（清）陳兆崙等纂　清末刻本　六冊

210000－0701－0009166　007861

御纂詩義折中二十卷　（清）陳兆崙等纂　清末刻本　六冊

210000－0701－0009167　007862

御纂詩義折中二十卷　（清）陳兆崙等纂　清末刻本　六冊

210000－0701－0009168　007863

御纂詩義折中二十卷　（清）陳兆崙等纂　清宣統二年(1910)盛京德和義石印本　六冊

210000－0701－0009169　007864

御纂詩義折中二十卷　（清）陳兆崙等纂　清宣統二年(1910)盛京德和義石印本　六冊

210000－0701－0009170　007865

御纂詩義折中二十卷　（清）陳兆崙等纂　清宣統三年(1911)石印本　五冊　存十七卷(四至二十)

210000－0701－0009171　007869

詩小學三十卷補一卷　（清）吳樹聲撰　清同治七年(1868)壽光官廨刻本　十二冊

210000－0701－0009172　007870

詩小學三十卷　（清）吳樹聲撰　清同治七年(1868)壽光官廨刻本　十六冊

210000－0701－0009173　007871

讀詩傳譌三十卷　（清）韓怡纂　清嘉慶二十年(1815)木存堂刻本　八冊

210000－0701－0009174　007872

讀詩傳譌三十卷　（清）韓怡纂　清嘉慶二十年(1815)木存堂刻本　八冊

210000－0701－0009175　007873

讀詩日錄十三卷　（清）劉士毅撰　清光緒六年(1880)刻本　二冊

210000－0701－0009176　007874

讀詩鈔說四卷　（清）張澍撰　清光緒十三年(1887)蓉城刻本　四冊

210000－0701－0009177　007883

毛詩訂詁八卷附錄二卷　（清）顧棟高撰　清光緒二十二年(1896)江蘇書局刻本　四冊

210000－0701－0009178　007890

毛詩鄭箋殘本三卷　（漢）毛亨傳　（漢）鄭玄箋　清陳炬影宋刻本　一冊

210000－0701－0009179　007892

詩經八卷　（宋）朱熹集傳　清光緒十四年(1888)永和堂刻本　四冊

210000－0701－0009180　007893

詩經八卷　（宋）朱熹集傳　清宣統三年(1911)上海校經山房石印本　四冊

210000－0701－0009181　007894

詩經八卷　（宋）朱熹集傳　清宣統三年(1911)上海校經山房石印本　四冊

210000－0701－0009182　007896

詩經八卷　（宋）朱熹集傳　清宣統二年(1910)上海掃葉山房鉛印本　四冊

210000－0701－0009183　007897

詩經集傳八卷　（宋）朱熹撰　清同治五年(1866)姑蘇繩武堂刻本　四冊

210000－0701－0009184　007899

毛詩要義二十卷譜序一卷　（宋）魏了翁撰　清光緒八年(1882)莫祥芝上海刻本　十二冊

210000－0701－0009185　007900

毛詩要義二十卷譜序一卷　（宋）魏了翁撰　清光緒八年(1882)莫祥芝上海刻本　十二冊

210000－0701－0009186　007901

毛詩要義二十卷譜序一卷　（宋）魏了翁撰　清光緒八年(1882)莫祥芝上海刻本　十二冊

210000－0701－0009187　007902

毛詩要義二十卷譜序一卷　（宋）魏了翁撰　清光緒八年(1882)莫祥芝上海刻本　十二冊

210000－0701－0009188　007903

毛詩要義二十卷譜序一卷　（宋）魏了翁撰　清光緒十二年(1886)江蘇書局刻本　十二冊

210000－0701－0009189　007904

毛詩天文考一卷　（清）洪亮吉撰　清光緒十七年(1891)廣雅書局刻廣雅書局叢書本　一冊

210000－0701－0009190　007906

毛詩後箋三十卷　（清）胡承珙撰　清光緒十六年(1890)廣雅書局刻廣雅書局叢書本　十二冊

210000－0701－0009191　007907

毛詩後箋三十卷　（清）胡承珙撰　清光緒十六年(1890)廣雅書局刻廣雅書局叢書本　十六冊

210000－0701－0009192　007908

毛詩後箋三十卷　（清）胡承珙撰　清光緒十六年(1890)廣雅書局刻廣雅書局叢書本　十二冊

210000－0701－0009193　007909

毛詩傳箋通釋三十二卷　（清）馬瑞辰撰　清道光十五年(1835)學古堂刻本　十二冊

210000－0701－0009194　007910

毛詩傳箋通釋三十二卷　（清）馬瑞辰撰　清光緒十四年(1888)廣雅書局刻廣雅書局叢書本　十二冊

210000－0701－0009195　007911

毛詩傳箋通釋三十二卷　（清）馬瑞辰撰　清光緒十四年(1888)廣雅書局刻廣雅書局叢書本　十二冊

210000－0701－0009196　007912

毛詩二十卷　（漢）毛亨傳　（漢）鄭玄箋　**鄭氏詩譜一卷**　（漢）鄭玄撰　**毛詩音義三卷**　（唐）陸德明撰　清江南書局刻本　六冊

210000－0701－0009197　007913

毛詩二十卷　（漢）毛亨傳　（漢）鄭玄箋　**鄭氏詩譜一卷**　（漢）鄭玄撰　**毛詩音義三卷**　（唐）陸德明撰　清江南書局刻本　六冊

210000－0701－0009198　007914

毛詩二十卷　（漢）毛亨傳　（漢）鄭玄箋　**鄭氏詩譜一卷**　（漢）鄭玄撰　**毛詩音義三卷**　（唐）陸德明撰　清江南書局刻本　六冊

210000－0701－0009199　007919

毛詩多識十二卷　張玉綸撰　清宣統三年

(1911)奉天作新印書局刻本　二冊

210000－0701－0009200　007920
毛詩多識十二卷　張玉綸撰　清宣統三年
(1911)奉天作新印書局刻本　二冊

210000－0701－0009201　007921
毛詩多識十二卷　張玉綸撰　清宣統三年
(1911)奉天作新印書局刻本　二冊

210000－0701－0009202　007922
毛詩多識十二卷　張玉綸撰　清宣統三年
(1911)奉天作新印書局刻本　二冊

210000－0701－0009203　007923
毛詩名物圖說九卷　(清)徐鼎輯　清乾隆三
十六年(1771)刻本　四冊

210000－0701－0009204　007924
毛詩復古錄十二卷首一卷　(清)吳懋清撰
清光緒二十年(1894)廣州學署刻本　六冊

210000－0701－0009205　007925
毛詩復古錄十二卷首一卷　(清)吳懋清撰
清光緒二十年(1894)廣州學署刻本　六冊

210000－0701－0009206　007926
毛詩復古錄十二卷首一卷　(清)吳懋清撰
清光緒二十年(1894)廣州學署刻本　六冊

210000－0701－0009207　007927
毛詩復古錄十二卷首一卷　(清)吳懋清撰
清光緒二十年(1894)廣州學署刻本　六冊

210000－0701－0009208　007928
毛詩復古錄十二卷首一卷　(清)吳懋清撰
清光緒二十年(1894)廣州學署刻本　六冊

210000－0701－0009209　007929
毛詩詁訓傳三十卷　(漢)毛亨傳　(漢)鄭玄
箋　(唐)陸德明音義　(唐)孔穎達疏　清刻
本　十九冊　缺(詩譜)

210000－0701－0009210　007930
附釋音毛詩注疏二十卷　(漢)毛亨傳　(漢)
鄭玄箋　(唐)陸德明音義　(唐)孔穎達疏
校勘記二十卷　(清)阮元撰　(清)盧宣旬錄
清嘉慶二十年(1815)南昌府學刻重刻宋本

十三經注疏本　二十冊

210000－0701－0009211　007934
毛詩補正二十五卷　(清)龍起濤撰　清光緒
二十五年(1899)鵠軒刻本　十二冊

210000－0701－0009212　007935
毛詩補禮六卷　(清)朱濂輯　清道光十九年
(1839)刻本　二冊

210000－0701－0009213　007936
毛詩補箋二十卷　王闓運撰　清光緒三十一
年(1905)江西官書局排印處鉛印本　八冊

210000－0701－0009214　007938
草木疏校正二卷　(三國吳)陸璣撰　(清)趙
佑校正　清乾隆刻清獻堂全編本　四冊

210000－0701－0009215　007939
毛詩草木鳥獸蟲魚疏二卷　(三國吳)陸璣撰
羅振玉校　清末鉛印晨風閣叢書本　一冊

210000－0701－0009216　007940
毛詩艸木鳥獸蟲魚疏二卷　(三國吳)陸璣撰
羅振玉校　清光緒十二年(1886)上海聚珍
仿宋印書局鉛印本　一冊

210000－0701－0009217　007941
毛詩艸木鳥獸蟲魚疏二卷　(三國吳)陸璣撰
羅振玉校　清光緒十二年(1886)上海聚珍
仿宋印書局鉛印本　一冊

210000－0701－0009218　007942
毛詩艸木鳥獸蟲魚疏二卷　(三國吳)陸璣撰
羅振玉校　清光緒十二年(1886)上海聚珍
仿宋印書局鉛印本　一冊

210000－0701－0009219　007943
毛詩艸木鳥獸蟲魚疏二卷　(三國吳)陸璣撰
羅振玉校　清光緒十二年(1886)上海聚珍
仿宋印書局鉛印本　一冊

210000－0701－0009220　007944
毛詩艸木鳥獸蟲魚疏二卷　(三國吳)陸璣撰
羅振玉校　清光緒十二年(1886)上海聚珍
仿宋印書局鉛印本　一冊

210000－0701－0009221　007945

447

毛詩艸木鳥獸蟲魚疏二卷 （三國吳）陸璣撰
　羅振玉校　清光緒十二年(1886)上海聚珍
仿宋印書局鉛印本　一冊

210000－0701－0009222　007946

毛詩艸木鳥獸蟲魚疏二卷 （三國吳）陸璣撰
　羅振玉校　清光緒十二年(1886)上海聚珍
仿宋印書局鉛印本　一冊

210000－0701－0009223　007947

毛詩故訓傳定本三十卷 （清）段玉裁撰　清
嘉慶二十一年(1816)七葉衍祥堂段氏校刻本
四冊

210000－0701－0009224　007948

毛詩故訓傳定本三十卷 （清）段玉裁撰　清
嘉慶二十一年(1816)七葉衍祥堂段氏校刻本
六冊

210000－0701－0009225　007949

毛詩本義十六卷 （宋）歐陽修撰　清道光十
四年(1834)歐陽傑瀛塘別墅刻本　四冊

210000－0701－0009226　007950

毛詩品物圖攷七卷 （日本）崗元鳳纂　清光
緒十二年(1886)上海積山書局石印本　二冊

210000－0701－0009227　007952

毛詩二十卷 （漢）毛亨傳 （漢）鄭玄箋　鄭
氏詩譜一卷 （漢）鄭玄撰　毛詩音義三卷
（唐）陸德明撰　清江南書局刻本　六冊

210000－0701－0009228　007954

毛詩鄭箋改字說四卷 （清）陳喬樅撰　清刻
左海續集本　二冊

210000－0701－0009229　007955

毛鄭詩考正四卷首一卷 （清）戴震撰　清乾
隆四十二年(1777)微波榭刻戴氏遺書本
三冊

210000－0701－0009230　007956

毛鄭詩斠議一卷　羅振玉撰　清末鉛印本
一冊

210000－0701－0009231　007957

毛鄭詩斠議一卷　羅振玉撰　清末鉛印本

一冊

210000－0701－0009232　007958

毛鄭詩斠議一卷　羅振玉撰　清末鉛印本
一冊

210000－0701－0009233　007959

毛鄭詩斠議一卷　羅振玉撰　清末鉛印本
一冊

210000－0701－0009234　007960

毛鄭詩斠議一卷　羅振玉撰　清末鉛印本
一冊

210000－0701－0009235　007961

毛鄭詩斠議一卷　羅振玉撰　清末鉛印本
一冊

210000－0701－0009236　007962

山中學詩記五卷 （清）徐時棟撰　清光緒四
年(1878)西河別墅葉氏刻煙雨樓集本　二冊

210000－0701－0009237　007963

參校詩傳說存二卷 （清）倪紹經 （清）汪人
驥撰　清光緒十五年(1889)守經堂刻本
一冊

210000－0701－0009238　007964

魯詩遺說考六卷敍錄一卷 （清）陳壽祺
（清）陳喬樅撰　清道光刻左海續集本　九冊

210000－0701－0009239　007965

魯詩遺說考六卷敍錄一卷 （清）陳壽祺
（清）陳喬樅撰　清道光刻光緒八年(1882)林
新圖補刻左海續集本　九冊

210000－0701－0009240　007966

韓詩外傳十卷 （漢）韓嬰撰 （清）周廷寀校
注 （清）趙懷玉校　補逸一卷 （清）趙懷玉
輯　校注拾遺一卷 （清）周宗杭撰　清光緒
元年(1875)吳氏三益齋刻本　四冊

210000－0701－0009241　007967

韓詩外傳十卷 （漢）韓嬰撰 （清）周廷寀校
注 （清）趙懷玉校　補逸一卷 （清）趙懷玉
輯　校注拾遺一卷 （清）周宗杭撰　清光緒
元年(1875)吳氏三益齋刻本　二冊

210000－0701－0009242　007968

韓詩外傳十卷　（漢）韓嬰撰　（清）周廷寀校注　（清）趙懷玉校　**補逸一卷**　（清）趙懷玉輯　**校注拾遺一卷**　（清）周宗杬撰　清光緒元年(1875)吳氏望三益齋刻民國十一年(1922)印本　四冊

210000－0701－0009243　007978

田間詩學不分卷　（清）錢澄之撰　清同治二年(1863)桐城斲雉堂刻桐城錢飲光先生全書本　八冊

210000－0701－0009244　007979

呂氏家塾讀詩記三十二卷　（宋）呂祖謙撰　清末刻本　十冊

210000－0701－0009245　007980

呂氏家塾讀詩記三十二卷　（宋）呂祖謙撰　（清）胡鳳丹校　清同治十二年(1873)永康胡氏退補齋刻金華叢書本　十冊

210000－0701－0009246　007981

嚴氏詩緝補義六卷　（清）劉燦撰　清嘉慶十六年(1811)鎮海劉氏墨莊刻本　四冊

210000－0701－0009247　007982

學詩詳說三十卷學詩正詁五卷　（清）顧廣譽撰　清光緒二年至三年(1876－1877)刻本　十冊

210000－0701－0009248　007983

學詩詳說三十卷學詩正詁五卷　（清）顧廣譽撰　清光緒二年至三年(1876－1877)刻初印本　十冊

210000－0701－0009249　007986

文章練要□□卷　（清）王源評　清刻本　四冊　存八卷(左傳評八卷)

210000－0701－0009250　007987

離騷一卷　（宋）錢杲之集傳　清光緒元年(1875)湖北崇文書局刻三年(1877)印本　一冊

210000－0701－0009251　007988

離騷草木疏四卷　（宋）吳仁傑撰　清上海文瑞樓石印本　一冊

210000－0701－0009252　007988

離騷箋一卷　（清）龔景瀚撰　清上海文瑞樓石印本　一冊

210000－0701－0009253　007988

離騷一卷　（宋）錢杲之集傳　清上海文瑞樓石印本　一冊

210000－0701－0009254　007990

離騷一卷　（宋）錢杲之集傳　清光緒元年(1875)湖北崇文書局石印本　一冊

210000－0701－0009255　007991

離騷一卷　（宋）錢杲之集傳　清光緒元年(1875)湖北崇文書局石印本　一冊

210000－0701－0009256　007993

離騷草木疏四卷　（宋）吳仁傑撰　清光緒元年(1875)湖北崇文書局刻本　一冊

210000－0701－0009257　007994

離騷草木疏四卷　（宋）吳仁傑撰　清光緒元年(1875)湖北崇文書局刻本　一冊

210000－0701－0009258　007995

離騷草木疏四卷　（宋）吳仁傑撰　清光緒元年(1875)湖北崇文書局刻三年(1877)印本　一冊

210000－0701－0009259　008004

屈辭精義六卷　（清）陳本禮撰　清嘉慶十七年(1812)江都陳氏裛露軒刻江都陳氏叢書本　四冊

210000－0701－0009260　008006

前漢書鈔四卷後漢書鈔二卷　（清）高塽輯　清乾隆五十三年(1788)善成堂刻木　六冊

210000－0701－0009261　008007

古賦首選一卷　（清）梁㷷譜輯注　清同治八年(1869)梁鏡古堂刻本　一冊

210000－0701－0009262　008008

楚辭十七卷　（漢）王逸章句　（宋）洪興祖補注　清同治十一年(1872)金陵書局刻本　四冊

210000－0701－0009263　008009
楚辭十七卷　（漢）王逸章句　（宋）洪興祖補注　清同治十一年（1872）金陵書局刻本　四冊

210000－0701－0009264　008010
楚辭十七卷　（漢）王逸章句　（宋）洪興祖補注　清同治十一年（1872）金陵書局刻本　四冊

210000－0701－0009265　008011
楚辭十七卷　（漢）王逸章句　（宋）洪興祖補注　清光緒九年（1883）長沙書堂山館刻本　六冊

210000－0701－0009266　008016
楚辭八卷　（宋）朱熹集注　（清）古與堂輯評　清初刻本　四冊

210000－0701－0009267　008019
楚辭十七卷　（漢）王逸章句　清末四川成都存古書局刻本　二冊

210000－0701－0009268　008020
楚辭辯證二卷　（宋）朱熹撰　清光緒元年（1875）湖北崇文書局刻本　一冊

210000－0701－0009269　008021
楚辭辯證二卷　（宋）朱熹撰　清光緒元年（1875）湖北崇文書局刻本　一冊

210000－0701－0009270　008023
楚辭天問箋一卷　（清）丁晏撰　清光緒刻廣雅書局叢書本　一冊

210000－0701－0009271　008024
楚辭天問箋一卷　（清）丁晏撰　清光緒刻廣雅書局叢書本　一冊

210000－0701－0009272　008028
楚辭八卷　（宋）朱熹集注　清光緒元年（1875）湖北崇文書局刻本　二冊

210000－0701－0009273　008029
楚辭八卷　（宋）朱熹集注　清光緒元年（1875）湖北崇文書局刻本　二冊

210000－0701－0009274　008030
楚辭八卷　（宋）朱熹集注　辯證二卷　（宋）朱熹撰　清光緒元年（1875）湖北崇文書局刻三年（1877）印本　三冊

210000－0701－0009275　008031
楚辭後語六卷　（宋）朱熹集注　清光緒八年（1882）江蘇書局刻本　一冊

210000－0701－0009276　008032
楚辭八卷後語六卷　（宋）朱熹集注　辯證二卷　（宋）朱熹撰　清光緒八年（1882）江蘇書局刻本　四冊

210000－0701－0009277　008033
楚辭八卷　（宋）朱熹集注　辯證二卷　（宋）朱熹撰　清光緒二十二年（1896）新化三味堂刻本　二冊

210000－0701－0009278　008034
楚辭後語六卷　（宋）朱熹集注　清光緒二十九年（1903）遵義黎氏刻古逸叢書本　一冊

210000－0701－0009279　008035
楚辭八卷後語六卷　（宋）朱熹集注　辯證二卷　（宋）朱熹撰　清光緒二十九年（1903）遵義黎氏刻古逸叢書本　一冊　存六卷（楚辭五至八、辯證二卷）

210000－0701－0009280　008036
楚辭八卷後語六卷　（宋）朱熹集注　辯證二卷　（宋）朱熹撰　清光緒二十九年（1903）遵義黎氏刻古逸叢書本　二冊

210000－0701－0009281　008037
楚辭八卷後語六卷　（宋）朱熹集注　辯證二卷　（宋）朱熹撰　清光緒二十九年（1903）遵義黎氏刻古逸叢書本　二冊

210000－0701－0009282　008040
楚辭補注十七卷　（宋）洪興祖撰　清光緒二十二年（1896）長沙刻惜陰軒叢書本　六冊

210000－0701－0009283　008045
楚辭十七卷　（漢）王逸章句　（宋）洪興祖補注　清刻本　六冊

210000－0701－0009284　008046

楚辭燈四卷楚懷襄二王在位事蹟考一卷
（清）林雲銘撰　清刻本　一冊

210000－0701－0009285　008053

六朝四家集　（清）章□編　清光緒十八年
（1892）章經濟堂刻二十年（1894）彙印本
六冊

210000－0701－0009286　008054

六朝四家全集　（清）胡鳳丹輯　採輯歷朝詩
話一卷辨訛考異四卷　（清）胡鳳丹撰　清同
治九年（1870）永康胡氏退補齋刻本　六冊

210000－0701－0009287　008055

六朝四家全集　（清）胡鳳丹輯　採輯歷朝詩
話一卷辨訛考異四卷　（清）胡鳳丹撰　清同
治九年（1870）永康胡氏退補齋刻本　三冊

210000－0701－0009288　008055

唐四家詩集　（清）胡鳳丹輯　採輯歷朝詩話
一卷辨訛考異四卷　（清）胡鳳丹撰　清同治
九年（1870）退補齋刻本　三冊

210000－0701－0009289　008056

建安七子集　（清）楊逢辰輯　清光緒十六年
（1890）長沙楊氏坦園刻本　四冊

210000－0701－0009290　008059

屈賈文合編附錄四卷又附二卷　（清）夏獻雲
輯　清光緒三年（1877）長沙夏氏刻本　十
六冊

210000－0701－0009291　008060

屈宋古音義三卷　（明）陳第撰　清嘉慶十年
（1805）張氏照曠閣刻學津討原本　二冊

210000－0701－0009292　008062

屈賦微二卷　馬其昶撰　清光緒三十二年
（1906）李國松集虛草堂刻集虛草堂叢書本
一冊

210000－0701－0009293　008063

屈賦微二卷　馬其昶撰　清光緒三十二年
（1906）李國松集虛草堂刻集虛草堂叢書本
一冊

210000－0701－0009294　008065

校邠廬抗議二卷　（清）馮桂芬撰　清光緒二
十三年（1897）聚豐坊刻本　二冊

210000－0701－0009295　008067

漢魏六朝百三家集　（明）張溥輯　清光緒三
年（1877）滇南唐氏刻民國七年（1918）四川官
印刷局印本　一百二十冊

210000－0701－0009296　008068

漢魏六朝百三家集　（明）張溥輯　清光緒五
年（1879）彭懋謙信述堂刻本　八十六冊　缺
十四種十七卷(宋何衡陽集一卷、宋傅光祿集
一卷、謝康樂集二卷、顏光祿集一卷、鮑參軍
集二卷、宋袁陽源集一卷、謝法曹集一卷、謝
光祿集一卷、南朝齊竟陵王集二卷、王文憲集
一卷、王寧朔集一卷、謝宣城集一卷、齊張長
史集一卷、南齊孔詹事集一卷)

210000－0701－0009297　008069

漢魏六朝百三名家集　（明）張溥輯　清光緒
十八年（1892）善化章經濟堂刻　一百冊

210000－0701－0009298　008070

漢魏六朝百三名家集　（明）張溥輯　清光緒
十八年（1892）善化章經濟堂刻民國十三年
（1924）湖南古書流通處印本　一百冊

210000－0701－0009299　008071

漢魏六朝百三名家集　（明）張溥輯　清光緒
十八年（1892）善化章經濟堂刻民國十三年
（1924）湖南古書流通處印本　一百冊

210000－0701－0009300　008076

漢魏六朝名家集初刻　丁福保輯　清宣統三
年（1911）無錫丁福保鉛印本　三十冊

210000－0701－0009301　008080

三十家詩鈔六卷首一卷末一卷　（清）曾國藩
輯　（清）王定安增輯　清同治十三年（1874）
傳忠書局刻本　六冊

210000－0701－0009302　008084

玉臺新詠十卷　（南朝陳）徐陵輯　（清）吳兆
宜注　（清）程琰刪補　清光緒五年（1879）宏
達堂石印本　四冊

210000－0701－0009303　008088
陶蘇詩合箋　（清）溫汝能輯　清光緒十八年(1892)上海五彩公司石印本　四冊

210000－0701－0009304　008091
六朝唐賦讀本不分卷　（清）馬傳庚選注　清同治十三年(1874)京都玉燕書巢馬氏刻本　二冊

210000－0701－0009305　008092
六朝唐賦讀本不分卷　（清）馬傳庚選注　清同治十三年(1874)京都玉燕書巢馬氏刻本　二冊

210000－0701－0009306　008093
六朝唐賦讀本不分卷　（清）馬傳庚選注　清光緒二年(1876)清莆齋刻本　二冊

210000－0701－0009307　008094
六朝唐賦讀本不分卷　（清）馬傳庚選注　清光緒十三年(1887)蜚英館刻本　二冊

210000－0701－0009308　008096
六朝文絜四卷　（清）許槤評選　清光緒三年(1877)馮焌光讀有用書齋刻朱墨套印本　四冊

210000－0701－0009309　008097
六朝文絜四卷　（清）許槤評選　清光緒三年(1877)馮焌光讀有用書齋刻朱墨套印本　四冊

210000－0701－0009310　008098
六朝文絜四卷　（清）許槤評選　清刻本　一冊

210000－0701－0009311　008099
六朝文絜四卷　（清）許槤評選　清光緒二十年(1894)文彬書局刻本　四冊

210000－0701－0009312　008109
寒山拾得詩二卷　（唐）釋寒山　（唐）釋拾得撰　豐干詩一卷　（唐）釋豐干撰　中峰淨土詩一卷　清刻本　一冊

210000－0701－0009313　008110
唐文粹一百卷　（宋）姚鉉輯　明武林刻本

佚名批校　十冊　存五十五卷(八至十六、四十四至五十五、六十七至一百)

210000－0701－0009314　008111
唐文粹一百卷　（宋）姚鉉撰　清光緒九年(1883)江蘇書局刻本　十六冊

210000－0701－0009315　008112
唐文粹一百卷　（宋）姚鉉撰　清光緒九年(1883)江蘇書局刻本　二十冊

210000－0701－0009316　008113
唐文粹一百卷　（宋）姚鉉撰　清光緒九年(1883)江蘇書局刻本　十六冊

210000－0701－0009317　008114
文粹一百卷　（宋）姚鉉撰　文粹補遺二十六卷　（清）郭麐撰　清光緒十六年(1890)杭州許氏榆園刻本　二十四冊

210000－0701－0009318　008115
文粹一百卷　（宋）姚鉉撰　文粹補遺二十六卷　（清）郭麐撰　清光緒十六年(1890)杭州許氏榆園刻本　十八冊

210000－0701－0009319　008116
文粹一百卷　（宋）姚鉉撰　文粹補遺二十六卷　（清）郭麐撰　清光緒十六年(1890)杭州許氏榆園刻本　二十四冊

210000－0701－0009320　008117
文粹一百卷　（宋）姚鉉撰　文粹補遺二十六卷　（清）郭麐撰　清光緒十六年(1890)杭州許氏榆園刻本　二十冊

210000－0701－0009321　008118
文粹一百卷　（宋）姚鉉撰　文粹補遺二十六卷　（清）郭麐撰　清光緒十六年(1890)杭州許氏榆園刻本　二十冊

210000－0701－0009322　008119
唐文粹補遺二十六卷　（清）郭麐撰　清嘉慶二十四年(1819)刻本　四冊

210000－0701－0009323　008120
御選唐宋文醇五十八卷　（清）高宗弘曆選　清刻本　二十冊

210000－0701－0009324　008121

御選唐宋詩醇四十七卷　（清）高宗弘曆選
清光緒七年(1881)浙江書局刻本　九冊　存
二十一卷(二十四至三十、三十四至四十七)

210000－0701－0009325　008122

御選唐宋文醇五十八卷　（清）高宗弘曆選
清光緒三年(1877)浙江書局刻本　十冊　存
二十七卷(一至二十七)

210000－0701－0009326　008123

唐人三家集二十八卷　（清）秦恩復輯　清宣
統三年(1911)藏古圖書館影印本　八冊

210000－0701－0009327　008124

唐人五十家小集七十三卷　清光緒二十一年
(1895)湖南江氏靈鶼閣湖南使院影宋刻蘇州
振新書社印本　十六冊

210000－0701－0009328　008125

唐人五十家小集七十三卷　清光緒二十一年
(1895)湖南江氏靈鶼閣湖南使院影宋刻蘇州
振新書社印本　十六冊

210000－0701－0009329　008126

唐人五十家小集七十三卷　（清）江標輯　清
光緒二十一年(1895)湖南江氏靈鶼閣湖南使
院影宋刻本　二十冊　缺二種二卷(崔塗詩
集一卷、張司業樂府集一卷)

210000－0701－0009330　008127

**廣唐賢三昧集前編一卷正編四卷續編三卷後
編二卷**　（清）王士禎輯　（清）文昭補錄　清
宣統二年(1910)荊州田氏後博古堂影印本
十冊

210000－0701－0009331　008128

初唐四傑集三十七卷　（清）項家達輯　清同
治十二年(1873)縠雅居鄒氏刻本　六冊

210000－0701－0009332　008129

初唐四傑集三十七卷　（清）項家達輯　清同
治十二年(1873)縠雅居鄒氏刻本　十二冊

210000－0701－0009333　008133

初唐四傑集三十七卷　（清）項家達輯　清乾

隆四十六年(1781)星渚項氏刻本　八冊

210000－0701－0009334　008135

唐文粹補遺二十六卷　（清）郭麐撰　清光緒
十一年(1885)江蘇書局刻本　四冊

210000－0701－0009335　008136

**唐音戊籤一百十一卷餘閏六十三卷餘諸國主
詩一卷**　（明）胡震亨輯　清康熙二十六年
(1687)胡氏南益堂刻本　三十六冊

210000－0701－0009336　008137

唐詩三百首六卷　（清）孫洙編　清嘉慶八年
(1803)掃葉山房刻本　二冊

210000－0701－0009337　008138

唐詩三百首續選四卷　（清）于慶元編　清掃
葉山房刻本　二冊

210000－0701－0009338　008138

唐詩三百首註疏六卷　（清）孫洙編　（清）章
燮注　清光緒七年(1881)上海掃葉山房刻本
六冊

210000－0701－0009339　008139

唐詩三百首註疏六卷　（清）孫洙編　（清）章
燮注　清掃葉山房刻本　六冊

210000－0701－0009340　008156

唐詩三百首註疏六卷　（清）孫洙編　（清）章
燮注　清刻本　六冊

210000－0701－0009341　008159

唐詩三百首註釋六卷　（清）孫洙編　（清）章
燮注　**唐詩三百首續選六卷姓氏小傳一卷**
（清）于慶元編　清光緒十六年(1890)石渠山
房刻本　八冊

210000－0701－0009342　008160

宋元明詩約鈔三百首六卷摘句一卷　（清）朱
梓　（清）冷昌言輯　清末金陵李光明莊刻本
一冊

210000－0701－0009343　008160

註釋唐詩三百首六卷　題(清)蘅塘退士輯
清末金陵李光明莊刻本　一冊

210000－0701－0009344　008161

唐詩三百首補註八卷　題(清)蘅塘退士輯
(清)陳婉俊補注　清光緒十一年(1885)四籐
吟社刻本　四冊

210000－0701－0009345　008162

唐詩三百首補註八卷　題(清)蘅塘退士輯
(清)陳婉俊補注　清光緒十一年(1885)四籐
吟社刻本　四冊

210000－0701－0009346　008163

唐詩三百首六卷目錄二卷　(清)孫洙輯
(清)文元輔輯評　清光緒十一年(1885)文氏
刻本　二冊

210000－0701－0009347　008164

唐詩三百首箋六卷　(清)孫洙輯　(清)李松
壽　(清)李筠壽箋　清光緒二十一年(1895)
湖南釐署蘭雪堂刻本　張璪跋　四冊

210000－0701－0009348　008165

唐詩諧律二卷　(清)沈寶青選　清光緒十六
年(1890)溧陽潘氏刻本　二冊

210000－0701－0009349　008166

唐詩諧律二卷　(清)沈寶青選　清光緒十六
年(1890)歸庵官舍刻本　二冊

210000－0701－0009350　008167

唐詩韶音箋註六卷　(清)沈廷芳輯　清乾隆
二十三年(1758)刻本　一冊

210000－0701－0009351　008168

唐詩三百首註疏六卷　(清)孫洙編　(清)章
燮注　清光緒七年(1881)上海掃葉山房刻本
　六冊

210000－0701－0009352　008169

唐詩絕句四卷　(宋)趙蕃　(宋)韓淲選
(元)謝枋得注解　清光緒三十四年(1908)奉
天述古堂鉛印本　一冊

210000－0701－0009353　008170

唐詩絕句四卷　(宋)趙蕃　(宋)韓淲選
(元)謝枋得注解　清光緒三十四年(1908)奉
天述古堂鉛印本　一冊

210000－0701－0009354　008171

唐詩近體四卷　(清)胡本淵評選　清光緒六
年(1880)萬軸山房刻本　二冊

210000－0701－0009355　008173

唐詩選六卷　王闓運編　清光緒二年(1876)
成都尊經書院刻本　六冊

210000－0701－0009356　008174

唐詩選十三卷　王闓運編　清宣統三年
(1911)刻本　六冊

210000－0701－0009357　008175

唐詩選續不分卷　清抄本　六冊

210000－0701－0009358　008177

唐詩直解七卷　(明)李攀龍選　(明)葉羲昂
解並補　(明)蔣一葵箋釋　(明)鍾惺批評
清古吳大盛堂刻本　五冊

210000－0701－0009359　008180

唐人萬首絕句選七卷　(清)王士禎選　清末
四川成都存古書局刻本　二冊

210000－0701－0009360　008181

唐詩成法十二卷　(清)屈復撰　清嘉慶七年
(1802)桐蔭草堂刻本　四冊

210000－0701－0009361　008182

唐詩摘句分韻編二十六卷　(清)胡嵩齡纂輯
　(清)胡興仁編　清道光二十九年(1849)樹
德堂刻本　八冊

210000－0701－0009362　008183

重訂唐詩別裁集二十卷　(清)沈德潛輯　清
乾隆二十八年(1763)教忠堂刻本　十冊

210000－0701－0009363　008184

重訂唐詩別裁集二十卷　(清)沈德潛輯　清
刻本　十冊

210000－0701－0009364　008185

重訂唐詩別裁集二十卷　(清)沈德潛輯　清
掃葉山房刻本　二十冊

210000－0701－0009365　008186

唐詩別裁集引典備註二十卷　(清)沈德潛撰
　(清)俞汝昌注　清道光富春堂刻本　八冊

454

210000－0701－0009366　008187

唐詩別裁集引典備註二十卷　（清）沈德潛撰
（清）俞汝昌注　清道光富春堂刻本　十
四冊

210000－0701－0009367　008188

唐詩別裁集引典備註二十卷　（清）沈德潛撰
（清）俞汝昌增注　清道光十七年（1837）白
鹿山房刻本　十冊

210000－0701－0009368　008189

唐詩別裁集引典備註二十卷　（清）沈德潛撰
（清）俞汝昌增注　清光緒二十一年（1895）
文海書局石印本　八冊

210000－0701－0009369　008190

唐詩別裁集引典備註二十卷　（清）沈德潛撰
（清）俞汝昌增注　清光緒二十一年（1895）
文海書局石印本　八冊

210000－0701－0009370　008191

新刻唐詩五言排律選注十八卷　（清）吳之章
輯　（清）賴鯤升注釋　清聚錦堂刻本　六冊

210000－0701－0009371　008200

御選唐宋詩醇四十七卷目錄二卷　（清）高宗
弘曆輯　清光緒七年（1881）浙江書局刻本
二十冊

210000－0701－0009372　008201

御選唐宋詩醇四十七卷目錄二卷　（清）高宗
弘曆輯　清光緒七年（1881）浙江書局刻本
十九冊　缺二卷（四十二至四十三）

210000－0701－0009373　008202

御選唐宋詩醇四十七卷　（清）高宗弘曆輯
清末刻本　闞仲韓批校　二十四冊

210000－0701－0009374　008207

應試唐詩類釋十九卷　（清）臧岳輯　清刻本
四冊

210000－0701－0009375　008208

古唐詩合解十六卷　（清）王堯衢注　清光緒
二十四年（1898）煙臺成文信記刻本　六冊

210000－0701－0009376　008209

唐四家詩集　（清）胡鳳丹輯　清光緒十三年
（1887）湖北官書處刻本　五冊

210000－0701－0009377　008210

唐四家集　清光緒十年（1884）上海同文書局
石印本　七冊　存二十三卷（王摩詰集六卷、
孟浩然集四卷、高常侍集一至五、岑嘉州集八
卷）

210000－0701－0009378　008211

唐賢三昧集箋注三卷　（清）王士禛輯　（清）
吳煊輯注　（清）黃培芳評　清光緒九年
（1883）翰墨園刻朱墨套印本　三冊

210000－0701－0009379　008214

古唐詩合解十六卷　（清）王堯衢注　清光緒
十七年（1891）掃葉山房刻本　八冊

210000－0701－0009380　008216

唐詩三百首註釋六卷　（清）孫洙輯　（清）章
燮注　**唐詩三百首續選六卷姓氏小傳一卷**
（清）于慶元輯　清光緒二十七年（1901）善成
堂刻本　八冊

210000－0701－0009381　008217

唐詩三百首註釋六卷　（清）孫洙輯　（清）章
燮注　**唐詩三百首續選六卷姓氏小傳一卷**
（清）于慶元輯　清光緒二十七年（1901）善成
堂刻本　八冊

210000－0701－0009382　008219

讀雪山房唐詩三十四卷　（清）管世銘撰　清
光緒十二年（1886）湖北官書處刻本　六冊

210000－0701－0009383　008220

唐人萬首絕句選七卷　（清）王士禛選　清光
緒二十三年（1897）金陵書局刻本　二冊

210000－0701－0009384　008221

玉堂才調集三十一卷　（清）于朋舉編　清康
熙得月樓刻本　十二冊

210000－0701－0009385　008222

全唐近體詩鈔五卷　（清）沈裳錦選　清道光
二年（1822）刻本　二冊

210000－0701－0009386　008223

唐賢三昧集三卷 （清）王士禎輯 （清）吳煊注 （清）胡棠注 （清）黃培方評 清宣統二年(1910)淵古齋石印本 六冊

210000－0701－0009387 008224

唐人萬首絕句選七卷 （清）王士禎選 清康熙洪氏松花屋刻同治九年(1870)重修本 二冊

210000－0701－0009388 008225

而菴說唐詩二十二卷首一卷 （清）徐增撰 清謙益堂刻本 六冊

210000－0701－0009389 008226

王孟詩評九卷 （唐）王維 （唐）孟浩然撰 （宋）劉辰翁評 清光緒五年(1879)碧琳琅館刻朱墨套印本 四冊

210000－0701－0009390 008227

王孟詩評九卷 （唐）王維 （唐）孟浩然撰 （宋）劉辰翁評 清光緒五年(1879)碧琳琅館刻朱墨套印本 四冊

210000－0701－0009391 008232

河嶽英靈集二卷 （唐）殷璠輯 清光緒四年(1878)揚州刻本 二冊

210000－0701－0009392 008235

近光集八卷補二卷 （清）汪士鋐編 （清）吳鼎科選輯 清刻本 二冊

210000－0701－0009393 008236

唐人五言長律清麗集六卷 （清）徐日璉 （清）沈士駿輯 清刻本 二冊

210000－0701－0009394 008238

十種唐詩選 （清）王士禎刪纂 清康熙刻蘿筵齋印本 五冊

210000－0701－0009395 008238

唐賢三昧集三卷 （清）王士禎輯 清蘿筵齋刻本 一冊

210000－0701－0009396 008243

古唐詩合解十六卷 （清）王堯衢注 清刻本 一冊 存四卷(古詩四卷)

210000－0701－0009397 008244

古唐詩合解十六卷 （清）王堯衢注 清道光十七年(1837)藝苑書屋刻本 五冊

210000－0701－0009398 008245

古唐詩合解十六卷 （清）王堯衢輯注 清光緒十一年(1885)掃葉山房刻本 五冊 存十卷(唐詩一至六、九至十二)

210000－0701－0009399 008251

貫華堂選批唐才子詩甲集七言律八卷 （清）金人瑞輯 （清）金雍注 清初刻本 六冊

210000－0701－0009400 008252

貫華堂選批唐才子詩甲集七言律八卷 （清）金人瑞輯 （清）金雍注 清初刻本 十冊

210000－0701－0009401 008253

貫華堂選批唐才子詩甲集七言律八卷 （清）金人瑞輯 （清）金雍注 清初刻本 十二冊

210000－0701－0009402 008254

御選唐宋詩醇四十七卷目錄二卷 （清）弘晝 （清）梁詩正等編 清乾隆二十五年(1760)珊城遺安堂刻套印本 二十四冊

210000－0701－0009403 008255

全唐詩九百卷 （清）曹寅 （清）彭定求等輯 清光緒十三年(1887)上海同文書局石印本 三十一冊 缺(一函第五冊)

210000－0701－0009404 008256

全唐詩九百卷目錄十二卷 （清）曹寅 （清）彭定求等輯 清康熙四十四年至四十六年(1705－1707)揚州詩局刻本 一百二十冊

210000－0701－0009405 008257

全唐詩九百卷目錄十二卷 （清）曹寅 （清）彭定求等輯 清康熙四十四年至四十六年(1705－1707)揚州詩局刻重修本 一百二十冊

210000－0701－0009406 008260

唐宋十大家全集錄 （清）儲欣輯 清光緒八年(1882)江蘇書局刻本 三十一冊 缺二卷(可之先生全集錄二卷)

210000－0701－0009407 008261

唐宋十大家全集錄 （清）儲欣輯 清光緒八年(1882)江蘇書局刻本 三十冊 缺三卷(昌黎先生全集錄一、可之先生全集錄二卷)

210000－0701－0009408 008262

唐宋八家文讀本三十卷 （清）沈德潛輯注 清小欝林刻本 十二冊

210000－0701－0009409 008263

唐宋八家文讀本三十卷 （清）沈德潛輯注 清嘉慶十八年(1813)刻本 十六冊

210000－0701－0009410 008265

唐宋八大家類選十四卷 （清）儲欣評 清光緒十八年(1892)湖北官書處刻本 六冊

210000－0701－0009411 008266

唐駢體文鈔十七卷 （清）陳均輯 清嘉慶二十五年(1820)海昌陳氏刻本 四冊

210000－0701－0009412 008269

欽定全唐文一千卷序例職名一卷目錄三卷 (清)杜墉等纂 清嘉慶內府刻本 二百六十冊

210000－0701－0009413 008270

欽定全唐文一千卷序例職名一卷目錄三卷 (清)杜墉等纂 清嘉慶內府刻本 三百二十冊

210000－0701－0009414 008271

御製全唐文一千卷 （清）杜墉等纂 清光緒二十七年(1901)廣雅書局刻本 一百九十九冊 缺五卷(一百五十一至一百五十五)

210000－0701－0009415 008272

唐宋八大家文鈔 （明）茅坤輯 清康熙四十五年(1706)雲林大盛堂刻本 六冊 存二十二卷(唐大家韓文公文抄一至九、唐大家柳柳州文抄一至八、宋大家蘇文公文抄六至十)

210000－0701－0009416 008273

御定全唐詩錄一百卷全唐詩人年表一卷 (清)徐倬等輯 清刻本 二十四冊

210000－0701－0009417 008274

全唐文紀事一百二十二卷首三卷 （清）陳鴻墀撰 清同治十二年(1873)方功惠廣州刻本 二十冊 存七十六卷(一至七十三、首三卷)

210000－0701－0009418 008275

三蘇全集 （清）弓翊清輯 清道光十二年(1832)眉州三蘇祠刻本 八十冊

210000－0701－0009419 008276

三蘇全集 （清）弓翊清輯 清道光十二年(1832)眉州三蘇祠刻本 八十冊

210000－0701－0009420 008278

宋文鑑一百五十卷目錄三卷 （宋）呂祖謙輯 清光緒十二年(1886)江蘇書局刻本 二十四冊

210000－0701－0009421 008279

宋文鑑一百五十卷目錄三卷 （宋）呂祖謙輯 清光緒十二年(1886)江蘇書局刻本 二十四冊

210000－0701－0009422 008280

宋文鑑一百五十卷目錄三卷 （宋）呂祖謙輯 清光緒十二年(1886)江蘇書局刻本 二十四冊

210000－0701－0009423 008281

宋文鑑一百五十卷目錄三卷 （宋）呂祖謙輯 清光緒十二年(1886)江蘇書局刻本 二十四冊

210000－0701－0009424 008282

宋文鑑一百五十卷目錄三卷 （宋）呂祖謙輯 清光緒十二年(1886)江蘇書局刻本 二十四冊

210000－0701－0009425 008285

南宋文範七十卷外編四卷作者考二卷 （清）莊仲方輯 清光緒十四年(1888)江蘇書局刻本 十六冊

210000－0701－0009426 008286

南宋文範七十卷外編四卷作者考二卷 （清）莊仲方輯 清光緒十四年(1888)江蘇書局刻本 十六冊

210000－0701－0009427　008287

南宋文範七十卷外編四卷作者考二卷　（清）莊仲方輯　清光緒十四年(1888)江蘇書局刻本　十六冊

210000－0701－0009428　008288

南宋文範七十卷外編四卷作者考二卷　（清）莊仲方輯　清光緒十四年(1888)江蘇書局刻本　十六冊

210000－0701－0009429　008289

宋岳忠武王集八卷末一卷　（宋）岳飛撰　清同治四年(1865)刻半畝園叢書本　二冊

210000－0701－0009430　008290

宋宗忠簡公集七卷　（宋）宗澤撰　清同治四年(1865)刻半畝園叢書本　二冊

210000－0701－0009431　008291

西崑酬唱集二卷　（宋）楊億編　清嘉慶十六年(1811)留香室刻本　二冊

210000－0701－0009432　008301

宋詩紀事一百卷　（清）厲鶚　（清）馬曰琯輯　清乾隆十一年(1746)刻本　二十八冊

210000－0701－0009433　008306

宋百家詩存二十卷　（清）曹庭棟輯　清乾隆六年(1741)刻本　十冊

210000－0701－0009434　008307

金陵百詠一卷附錄一卷　（宋）曾極撰　金陵雜興一卷　（宋）蘇洞撰　金陵雜興附錄一卷　（清）朱緒曾輯　清道光二十年(1840)雙梧軒刻本　一冊

210000－0701－0009435　008307

藏海居七集二卷藏海詩話一卷　（宋）吳可撰　清道光二十一年(1841)雙梧軒刻本　與210000－0701－0009434合冊

210000－0701－0009436　008309

宋四六選二十四卷　（清）彭元瑞選　（清）曹振鏞編　清宣統二年(1910)南通州翰墨林書局鉛印本　十冊

210000－0701－0009437　008310

宋四六選二十四卷　（清）彭元瑞選　（清）曹振鏞編　清同治四年(1865)青雲樓刻本　六冊

210000－0701－0009438　008311

三宋人集　（清）方功惠輯　清光緒六年(1880)方氏韓江官署刻本　六冊

210000－0701－0009439　008312

聖宋文選全集三十二卷　清道光、咸豐刻本　十冊

210000－0701－0009440　008314

宋代文鈔不分卷　清抄本　二冊

210000－0701－0009441　008315

宋四六選二十四卷　（清）彭元瑞選　（清）曹振鏞編　清刻本　十二冊

210000－0701－0009442　008316

宋宗忠簡公文集四卷補遺一卷首一卷遺事二卷　（宋）宗澤撰　清同治十二年(1873)三原劉氏述荊堂刻新刻諸葛宗岳史四公文集本　四冊

210000－0701－0009443　008317

南宋文錄錄二十四卷　（清）董兆熊原輯　（清）費延釐選錄　清光緒十七年(1891)蘇州書局刻本　六冊

210000－0701－0009444　008321

元文類七十卷目錄三卷　（元）蘇天爵輯　清光緒十五年(1889)江蘇書局刻本　十冊

210000－0701－0009445　008322

元文類七十卷目錄三卷　（元）蘇天爵輯　清光緒十五年(1889)江蘇書局刻本　十冊

210000－0701－0009446　008323

元文類七十卷目錄三卷　（元）蘇天爵輯　清光緒十五年(1889)江蘇書局刻本　十冊

210000－0701－0009447　008326

石蓮盦彙刻九金人集　（清）吳重熹輯　清光緒海豐吳氏刻本　三十二冊

210000－0701－0009448　008327

遼文存六卷附錄二卷　繆荃孫輯　清光緒二

十二年(1896)刻本　二冊

210000－0701－0009449　008328

遼文萃七卷遼史藝文志補證一卷　王仁俊輯
並撰　清光緒三十年(1904)刻本　一冊

210000－0701－0009450　008328

西夏文綴二卷西夏藝文志一卷　王仁俊輯並
撰　清光緒三十年(1904)刻本　與210000－
0701－0009449合冊

210000－0701－0009451　008332

元詩選六卷補遺一卷　(清)顧奎光輯　(清)
陶瀚　(清)陶玉禾評　清乾隆十六年(1751)
刻本　四冊

210000－0701－0009452　008333

元詩選六卷補遺一卷　(清)顧奎光輯　(清)
陶瀚　(清)陶玉禾評　清乾隆十六年(1751)
刻本　四冊

210000－0701－0009453　008334

元明詩選四卷　(清)蔡振中輯評　清嘉慶八
年(1803)秋舫齋刻本　四冊

210000－0701－0009454　008335

元詩紀事二十四卷　陳衍輯　清光緒鉛印本
　一冊

210000－0701－0009455　008354

御訂全金詩增補中州集七十二卷首二卷
(元)元好問輯　(清)郭元釪補輯　清康熙五
十年(1711)刻本　三十二冊

210000－0701－0009456　008363

中州名賢文表三十卷　(明)劉昌輯　**中州名
賢文表續六十八卷**　邵松年輯　清光緒三十
年(1904)鴻文書局石印本　二十八冊

210000－0701－0009457　008364

中州名賢文表三十卷　(明)劉昌輯　**中州名
賢文表續六十八卷**　邵松年輯　清光緒三十
年(1904)鴻文書局石印本　六冊　缺六十八
卷(續六十八卷)

210000－0701－0009458　008366

靜修先生文集十二卷　(元)劉因撰　清光緒

五年(1879)定州王氏謙德堂刻畿輔叢書本
四冊

210000－0701－0009459　008367

金文最一百二十卷首一卷　(清)張金吾輯
清光緒八年(1882)粵雅堂刻本　三十六冊

210000－0701－0009460　008368

金文最六十卷　(清)張金吾輯　(清)諸可寶
刪　清光緒二十一年(1895)蘇州書局刻本
十六冊

210000－0701－0009461　008369

金文最六十卷　(清)張金吾輯　(清)諸可寶
刪　清光緒二十一年(1895)蘇州書局刻本
十六冊

210000－0701－0009462　008370

金文最六十卷　(清)張金吾輯　(清)諸可寶
刪　清光緒二十一年(1895)蘇州書局刻本
十六冊

210000－0701－0009463　008371

金文雅十六卷作者攷略一卷　(清)莊仲方編
　清光緒十七年(1891)蘇州書局刻本　四冊

210000－0701－0009464　008372

金文雅十六卷作者攷略一卷　(清)莊仲方編
　清光緒十七年(1891)蘇州書局刻本　四冊

210000－0701－0009465　008373

金文雅十六卷作者攷略一卷　(清)莊仲方編
　清光緒十七年(1891)蘇州書局刻本　四冊

210000－0701－0009466　008374

金文雅十六卷　(清)莊仲方輯　清光緒十七
年(1891)蘇州書局刻本　四冊

210000－0701－0009467　008383

列朝詩集六集八十一卷　(清)錢謙益輯　清
宣統二年(1910)上海神州國光社國學扶輪社
鉛印本　五十六冊

210000－0701－0009468　008386

蜀詩十五卷　(明)費經虞輯　(明)費密續輯
　(清)孫澍增輯　清道光鸳溪孫氏刻古棠書
屋叢書本　四冊

210000－0701－0009469　008387

明詩綜一百卷　（清）朱彝尊錄　（清）汪森等輯評　清康熙刻乾隆西泠清來堂吳氏印本　四十八冊

210000－0701－0009470　008388

明詩別裁集十二卷　（清）沈德潛　（清）周準輯　清乾隆五十九年(1794)刻本　六冊

210000－0701－0009471　008389

明三十家詩選初集八卷二集八卷　（清）汪端輯　清同治十二年(1873)蘊蘭吟館刻本　八冊

210000－0701－0009472　008390

明三十家詩選初集八卷二集八卷　（清）汪端輯　清同治十二年(1873)蘊蘭吟館刻本　八冊

210000－0701－0009473　008391

弘正四傑詩集七十卷　（清）張祖同輯　清光緒二十一年(1895)長沙張氏湘雨樓刻本　十六冊

210000－0701－0009474　008395

閒情集六卷　（清）顧有孝輯　（清）陸世楷增輯　清康熙九年(1670)刻本　一冊　存三卷（四至六）

210000－0701－0009475　008397

四明水氏留碩稿二卷　（清）水寶璐輯　（清）水嘉穀校　清光緒十八年(1892)水嘉穀刻本　二冊

210000－0701－0009476　008398

甬東正氣集四卷　（清）董琅編　清光緒八年(1882)刻本　一冊

210000－0701－0009477　008399

明文在一百卷　（清）薛熙輯　清光緒十五年(1889)江蘇書局刻本　十冊

210000－0701－0009478　008400

明文在一百卷　（清）薛熙輯　清光緒十五年(1889)江蘇書局刻本　十冊

210000－0701－0009479　008401

明文在一百卷　（清）薛熙輯　清光緒十五年(1889)江蘇書局刻本　十冊

210000－0701－0009480　008402

明文在一百卷　（清）薛熙輯　清光緒十五年(1889)江蘇書局刻本　十冊

210000－0701－0009481　008404

明文鈔初編不分卷二編不分卷　（清）高嵣集評　清道光十一年(1831)刻本　六冊

210000－0701－0009482　008405

明文授讀六十二卷　（清）黃宗羲輯　（清）黃百家　（清）張錫琨校續　清康熙三十八年(1699)張錫琨味芹堂刻本　三冊　存四卷（一至四）

210000－0701－0009483　008408

金黃合稿　（清）俞長城輯　清光緒二年(1876)刻本　二冊

210000－0701－0009484　008410

唐確慎公集十卷首一卷末一卷　（清）唐鑑撰　清光緒元年(1875)善化賀瑗刻本　五冊

210000－0701－0009485　008411

謙受益齋文支竹草堂集合刻十二卷　（清）蔣慶篊　（清）蔣慶第撰　清末民初蔣氏刻本　四冊

210000－0701－0009486　008413

于湖題襟集十卷　（清）袁昶輯　清光緒二十一年(1895)刻漸西村舍彙刊本　五冊

210000－0701－0009487　008417

倚晴樓詩集十二卷續集四卷詩餘四卷國朝詞綜續編二十四卷　（清）黃燮清撰輯　清同治刻本　十冊

210000－0701－0009488　008418

繡水王氏家藏集十二種　（清）王相輯　（清）王裦之等續增　清咸豐至光緒王裦之等刻本　十四冊　缺二種(鄉程日記、續鄉程日記)

210000－0701－0009489　008421

徐州二遺民集十卷　（清）馮煦輯　清光緒十九年(1893)臨川桂中行刻民國二年(1913)補

刻本　五冊

210000－0701－0009490　008422
徐州二遺民集十卷　（清）馮煦輯　清光緒十
九年(1893)臨川桂中行刻民國二年(1913)補
刻本　五冊

210000－0701－0009491　008423
寧都三魏全集　（清）林時益輯　清道光二十
五年(1845)寧都謝庭綏綏園書塾刻本　四十
八冊

210000－0701－0009492　008424
寧都三魏全集　（清）林時益輯　清道光二十
五年(1845)寧都謝庭綏綏園書塾刻本　四十
二冊　存五十一卷(魏伯子文集一卷、魏叔子
外篇二十二卷目錄三卷詩集八卷、魏季子文
集十六卷、首一卷)

210000－0701－0009493　008425
寧都三魏全集　（清）林時益輯　清道光二十
五年(1845)寧都謝庭綏綏園書塾刻本　七冊
存十七卷(魏伯子文集十卷、魏興士文集六
卷、首一卷)

210000－0701－0009494　008426
寧都三魏全集　（清）林時益輯　清道光二十
五年(1845)寧都謝庭綏綏園書塾刻本　八冊
存二十五卷(魏伯子文集十卷、魏興士文集
六卷、魏敬士文集八卷、首一卷)

210000－0701－0009495　008427
寧都三魏全集　（清）林時益輯　清末文奎堂
刻本　三十冊　存五十卷(魏伯子文集十卷,
魏興士文集六卷,魏叔子文集外篇一至二、五
至二十二、詩集一至四、詩集一至三,魏季子
文集一至七)

210000－0701－0009496　008428
安吉施氏遺著　（清）戴翊清　（清）朱延燮輯
清光緒十七年(1891)刻本　二冊

210000－0701－0009497　008430
左海全集　（清）陳壽祺撰　清嘉慶、道光刻
本　十一冊　缺六卷(五經異義疏證三卷、左
海經辨二卷、東觀存稿一卷)

210000－0701－0009498　008432
存悔齋集七卷　（清）劉鳳誥撰　清抄本
四冊

210000－0701－0009499　008433
長洲彭氏家集　（清）彭祖賢輯　清同治、光
緒刻本　六十四冊

210000－0701－0009500　008434
夢榴軒雜著　（清）李濱撰　清光緒八年
(1882)瑞安縣督捕廳刻本　三冊

210000－0701－0009501　008436
黃氏家集初編　（清）黃家鼎輯　清光緒十七
年(1891)黃氏補不足齋刻本　十冊

210000－0701－0009502　008438
謚忠文古廉文集十一卷詩集四卷　（明）李時
勉撰　清光緒十七年(1891)世忠堂刻本
十冊

210000－0701－0009503　008439
攜雪堂全集　（清）吳可讀撰　（清）郭嵐
（清）李崇洸編　清光緒十九年(1893)刻本
三冊

210000－0701－0009504　008443
蜀秀集九卷　（清）譚宗浚編　清光緒五年
(1879)成都試院刻本　十冊

210000－0701－0009505　008444
蜀秀集九卷　（清）譚宗浚輯　清光緒羊城刻
本　八冊

210000－0701－0009506　008445
題詠集錄二卷　（清）恆保輯　清同治八年
(1869)嘉樂堂刻本　二冊

210000－0701－0009507　008447
所至錄八卷　（清）盧戊原　（清）吳寅邦編
所至錄一卷行述一卷　（清）周燮撰　清光緒
十八年(1892)晚香室刻本　四冊

210000－0701－0009508　008454
問園遺集一卷空山夢一卷　（清）范元亨撰
憶秋軒詩鈔一卷詩餘一卷續鈔一卷尺牘一卷
補遺一卷　（清）范淑撰　清光緒十七年

（1891）范履福良鄉縣官廨刻本　　三冊

210000－0701－0009509　　008455

銅官感舊圖題詠冊四卷　（清）章壽麟輯　清宣統影印本　二冊

210000－0701－0009510　　008456

廬山詩錄四卷　陳三立輯　清光緒十九年（1893）武昌刻本　一冊

210000－0701－0009511　　008460

評花軿語二卷　題（清）西谿雲客輯　清道光春雨山房刻本　二冊

210000－0701－0009512　　008461

新安先集二十卷　（清）朱之榛輯　清同治十三年（1874）蘇州朱氏刻本　六冊

210000－0701－0009513　　008462

詩夢鐘聲錄一卷　（清）李嘉樂等撰　清光緒十一年（1885）刻本　一冊

210000－0701－0009514　　008463

詩鐘鳴盛集初編十卷　沈宗畸輯　清光緒三十四年（1908）著涒唫社鉛印本　一冊

210000－0701－0009515　　008464

談藝珠簾　（清）王啟原輯　清光緒十一年（1885）長沙玉尺山刻本　十二冊

210000－0701－0009516　　008465

二馮詩集　胡思敬輯　清光緒三十四年（1908）問影樓鉛印本　二冊

210000－0701－0009517　　008467

二鐵齋稿　（清）慶珍輯　清光緒二十二年（1896）慶珍鐵梅花館貴陽刻本　二冊

210000－0701－0009518　　008468

詩觀初集十二卷二集十四卷別卷一卷三集十三卷別卷一卷　（清）鄧漢儀評選　清康熙十一年至二十九年（1672－1690）慎墨堂刻本　二冊　存三卷（初集二至四）

210000－0701－0009519　　008469

知足齋詩集二十卷續集四卷文集六卷進呈文稿二卷　（清）朱珪撰　清嘉慶刻本　八冊

210000－0701－0009520　　008470

百名家詩選八十九卷　（清）魏憲輯　清康熙十年（1671）魏氏枕江堂刻二十一年（1682）聚碑堂印本　六冊　存三十五卷（一至四、三十至三十五、四十三至四十六、五十六至六十四、七十一至七十七、八十一至八十五）

210000－0701－0009521　　008472

兩浙輶軒錄四十卷補遺十卷　（清）阮元輯　清光緒十六年（1890）浙江書局刻本　三十二冊

210000－0701－0009522　　008473

天馬山房詩別錄一卷　（清）汪巽東撰　清光緒三年（1877）潘祖蔭八喜齋刻本　佚名校　清王懿榮題識　一冊

210000－0701－0009523　　008474

西阪草堂詩鈔二卷附錄二卷　（清）張汝霖撰　池上草堂詩鈔二卷　（清）張炯撰　花谿詩鈔一卷　（清）梅兆頤撰　清道光六年（1826）劉邦鼎遂初齋刻本　一冊

210000－0701－0009524　　008475

雲間詩鈔　（清）章耒輯　清光緒四年（1878）刻本　一冊

210000－0701－0009525　　008476

瑞芝山房詩鈔八卷　（清）戴變元輯　清光緒元年（1875）廣陵刻丹徒戴氏叢刻本　四冊

210000－0701－0009526　　008478

鄧尉探梅詩四卷　（清）謝家福輯　清光緒刻本　一冊

210000－0701－0009527　　008479

鄧尉探梅詩四卷　（清）謝家福輯　清光緒刻本　一冊

210000－0701－0009528　　008480

焦山六上人詩　（清）陳任暘輯　清道光光緒刻本　六冊

210000－0701－0009529　　008481

焦山六上人詩　（清）陳任暘輯　清道光光緒刻本　六冊

210000－0701－0009530　008482

香痕奩影集四卷題辭一卷　（清）吳仲輯　清宣統元年(1909)鉛印本　四冊

210000－0701－0009531　008483

香海奩叢書　徐琪輯　清仁和徐氏刻光緒二十年(1894)彙印本　四冊

210000－0701－0009532　008486

香草箋偶註二卷　（清）黃任撰　題寄閒軒主人注　清嘉慶十三年(1808)寄閒軒刻本　一冊

210000－0701－0009533　008487

嶺南雜事詩鈔八卷　（清）陳坤撰　清光緒二年(1876)粵東刻本　六冊

210000－0701－0009534　008488

嶺南三大家詩選二十四卷　（清）王隼選　清同治七年(1868)南海陳氏刻本　六冊

210000－0701－0009535　008491

白水紀勝二卷　（清）李樸安輯　清光緒十七年(1891)刻本　一冊

210000－0701－0009536　008492

白田風雅二十四卷　（清）朱彬輯　清光緒十二年(1886)金陵刻本　四冊

210000－0701－0009537　008493

倡和詩不分卷　（清）查元偶輯　清道光刻本　二冊

210000－0701－0009538　008494

吳中唱和集五卷　（清）俞樾輯　清同治十年(1871)吳下刻本　一冊

210000－0701－0009539　008495

吳會英才集二十四卷　（清）畢沅輯　清道光刻本　四冊

210000－0701－0009540　008496

御製嗣統述聖詩不分卷　（清）仁宗顒琰撰　**御製全韻詩五卷**　（清）高宗弘曆撰　清嘉慶刻本　四冊

210000－0701－0009541　008498

宛上同人集十集　（清）阮文藻輯　清道光十三年(1833)刻本　四冊

210000－0701－0009542　008500

濠州唱和集二卷　題六潭居士編　清刻本　一冊

210000－0701－0009543　008501

宮閨百詠四卷　（清）陳其泰編　清道光二十五年(1845)海鹽陳氏桐花鳳閣刻本　二冊

210000－0701－0009544　008502

宮閨百詠四卷　（清）陳其泰輯　清道光二十五年(1845)武林愛日軒朱兆熊刻本　四冊

210000－0701－0009545　008504

江左三大家詩鈔　（清）顧有孝　（清）趙澐輯　清康熙刻後補刻本　六冊

210000－0701－0009546　008508

冰泉唱和集一卷續和一卷再續和一卷附錄一卷　金武祥輯　清光緒十五年(1889)刻粟香室叢書本　一冊

210000－0701－0009547　008509

江蘇詩徵一百八十三卷　（清）王豫輯　清道光元年(1821)焦山詩徵閣刻本　四十冊

210000－0701－0009548　008512

近人詩錄一卷　清光緒二十九年(1903)鉛印本　一冊

210000－0701－0009549　008513

心壺雅集菁華錄二卷　（清）周炳琦鈔　清光緒十四年(1888)寶氏刻本　一冊

210000－0701－0009550　008528

欽定國朝詩別裁集三十二卷　（清）沈德潛輯　清刻本　十六冊

210000－0701－0009551　008533

清華唱和集一卷　（清）許應鑅輯　清光緒刻本　一冊

210000－0701－0009552　008535

清尊集十六卷附一卷　（清）汪遠孫輯　清道光十九年(1839)錢塘汪氏振綺堂刻光緒二年(1876)增刻本　五冊

210000－0701－0009553　008536

清尊集十六卷　（清）汪遠孫輯　清道光十九年（1839）錢塘汪氏振綺堂刻光緒二年（1876）增刻本　四冊

210000－0701－0009554　008537

湘繫三十五卷湘繫二集三十一卷　（清）唐開韶輯　清嘉慶二十三年至道光十五年（1818－1835）刻本　四冊

210000－0701－0009555　008541

湖海詩傳四十六卷　（清）王昶輯　清嘉慶八年（1803）王氏三泖漁莊刻本　十二冊

210000－0701－0009556　008542

湖海詩傳四十六卷　（清）王昶輯　清嘉慶八年（1803）王氏三泖漁莊刻同治四年（1865）綠蔭堂印本　十六冊

210000－0701－0009557　008545

海上聯吟稿一卷　（清）洪瑞文輯　清同治九年（1870）歙晚香吟館刻光緒二十一年（1895）印本　一冊

210000－0701－0009558　008546

海運紀事詩鈔一卷　（清）錢炘和輯　清咸豐四年（1854）刻本　一冊

210000－0701－0009559　008548

國朝滄州詩鈔十二卷續鈔四卷補遺一卷補鈔二卷補遺一卷滄州明詩鈔一卷　（清）王國均輯　（清）葉圭書編　清道光、咸豐刻本　八冊

210000－0701－0009560　008549

滄州詩鈔一卷　清抄本　一冊

210000－0701－0009561　008550

道咸同光四朝詩史　（清）孫雄輯　清宣統二年至三年（1910－1911）刻本　一冊　存五卷（中央教育會三次登臺發言紀實一卷、甲集目錄一卷、四朝詩史題詞一卷、題詞續錄一卷、乙集目錄一卷）

210000－0701－0009562　008551

道咸同光四朝詩史甲集八卷首一卷題辭一卷

210000－0701－0009563　008552

道咸同光四朝詩史甲集八卷首一卷題辭一卷　（清）孫雄輯　清宣統二年（1910）刻本　十冊

210000－0701－0009564　008553

道咸同光四朝詩史甲集八卷首一卷題辭一卷　（清）孫雄輯　清宣統二年（1910）刻本　五冊

210000－0701－0009565　008554

道咸同光四朝詩史乙集八卷題辭續錄一卷　（清）孫雄輯　**中央教育會三次登臺發言紀實一卷**　（清）孫雄撰　清宣統三年（1911）刻本　八冊

210000－0701－0009566　008555

道咸同光四朝詩史乙集八卷題辭續錄一卷　（清）孫雄輯　**中央教育會三次登臺發言紀實一卷**　（清）孫雄撰　清宣統三年（1911）刻本　八冊

210000－0701－0009567　008556

道咸同光四朝詩史一斑錄不分卷　（清）孫雄輯　清光緒三十四年（1908）油印本　四冊

210000－0701－0009568　008559

臺灣雜詠合刻一卷　（清）何澂輯　清光緒七年（1881）刻本　一冊

210000－0701－0009569　008560

臺灣雜詠合刻一卷　（清）何澂輯　清光緒七年（1881）刻本　一冊

210000－0701－0009570　008561

南宋襍事詩七卷　（清）沈嘉轍等撰　清雍正趙氏小山堂刻本　八冊

210000－0701－0009571　008562

南宋襍事詩七卷　（清）沈嘉轍等撰　清同治十一年（1872）淮南書局刻本　二冊

210000－0701－0009572　008563

南宋襍事詩七卷　（清）沈嘉轍等撰　清同治

十一年(1872)淮南書局刻本　四冊

210000－0701－0009573　008564
南宋襍事詩七卷　(清)沈嘉轍等撰　清末步月山房刻本　四冊

210000－0701－0009574　008565
南宋襍事詩七卷　(清)沈嘉轍等撰　清末步月山房刻本　四冊

210000－0701－0009575　008566
南宋襍事詩七卷　(清)沈嘉轍等撰　清末步月山房刻本　四冊

210000－0701－0009576　008569
續檇李詩繫四十卷　(清)胡昌基輯　清宣統三年(1911)刻本　二十冊

210000－0701－0009577　008570
壎篪集十集　(清)劉沅等撰　清致福樓刻本　四冊

210000－0701－0009578　008571
機聲鐙影圖詩一卷　(情)鄧獻之輯　清光緒十七年(1891)河東書院刻本　一冊

210000－0701－0009579　008571
都門秋餞圖詩一卷　(情)鄧獻之輯　清光緒十七年(1891)黃州刻本　與210000－0701－0009578合冊

210000－0701－0009580　008572
戴氏家稿輯略文略五卷詩略五卷　(清)戴仁宇輯　清光緒二十三年(1897)望麓山館刻本　四冊

210000－0701－0009581　008574
蒙求補宋十六卷　(清)劉鳳墀輯　清光緒十九年(1893)斅清齋刻本　六冊

210000－0701－0009582　008575
藏書紀事詩六卷　葉昌熾撰　清光緒二十三年(1897)長沙學使署刻本　十二冊

210000－0701－0009583　008576
莫如樓詩選合刻六卷　(清)蔣益澧輯　清同治六年(1867)蔣益澧刻本　四冊

210000－0701－0009584　008577
苔岑集初刊　(清)蔣榮渭輯　清道光三十年(1850)吳縣蔣氏刻本　四冊

210000－0701－0009585　008578
如蘭集二十卷　(清)董柴輯　清乾隆二十五年(1760)董氏刻嘉慶四年(1799)補修本　八冊

210000－0701－0009586　008579
鬱華閣遺集四卷　(清)盛昱撰　清光緒二十八年(1902)武昌刻朱印本　一冊

210000－0701－0009587　008580
黃氏三世詩三卷　(清)黃炳壴輯　清光緒十五年(1889)留書種閣刻本　一冊

210000－0701－0009588　008581
觀劇絕句三卷　(清)金德瑛撰　清光緒三十四年(1908)葉氏觀古堂刻雙楳景闇叢書本　三冊

210000－0701－0009589　008582
觀劇絕句三卷　(清)金德瑛撰　清光緒三十二年(1906)學務處鉛印本　葉德輝批校題識　三冊

210000－0701－0009590　008583
雙楳景闇叢書　葉德輝輯　清光緒、宣統長沙葉氏郎園刻本　一冊　存六種八卷(觀劇絕句三卷、木皮散人鼓詞一卷、萬古愁曲一卷、乾嘉詩壇點將錄一卷東林點將錄一卷、重刻足本乾嘉詩壇點將錄一卷)

210000－0701－0009591　008584
榆園雜興詩一卷　(清)袁振業撰　清光緒十六年(1890)春藻堂刻本　一冊

210000－0701－0009592　008584
桐溪耆隱集一卷補錄一卷　(清)袁炯撰　清光緒十六年(1890)春藻堂刻本　與210000－0701－0009591合冊

210000－0701－0009593　008585
梅花藕香文社合稿　(清)李恩鐸輯　清光緒二十年(1894)董毓筠刻本　六冊

210000－0701－0009594　008586

趙忠節公題壁錄存一卷　（清）蕭治輝輯　清光緒二十六年（1900）蕭氏刻本　一冊

210000－0701－0009595　008587

奉使車臣汗記程詩三卷贈行詩詞彙存一卷　（清）延清撰　清宣統元年（1909）鉛印本　三冊

210000－0701－0009596　008589

感舊集十六卷　（清）王士禎輯　（清）盧見曾補傳　清乾隆十七年（1752）盧氏雅雨堂刻本　八冊

210000－0701－0009597　008590

四白齋唱和集一卷平山堂唱和集一卷　（清）朱銘輯　清光緒元年（1875）朱銘刻本　一冊

210000－0701－0009598　008591

日下聯吟集四卷　（清）簡南坪評選　（清）宜㞑編　清同治五年（1866）宜㞑惜綠軒刻本　二冊

210000－0701－0009599　008592

國朝詩鐸二十六卷　（清）張應昌輯　清同治八年（1869）永康應寶時秀芝堂刻本　十六冊

210000－0701－0009600　008593

國朝正雅集九十九卷首一卷　（清）符葆森輯　清咸豐六年（1856）京師崇實半畝園刻本　三十二冊

210000－0701－0009601　008594

國朝正雅集九十九卷首一卷　（清）符葆森輯　清咸豐六年（1856）京師崇實半畝園刻本　三十二冊

210000－0701－0009602　008595

國朝畿輔詩傳六十卷　（清）陶樑輯　清道光十九年（1839）陶氏紅豆樹館刻本　十六冊

210000－0701－0009603　008596

國朝閨秀正始集二十卷附錄一卷補遺一卷　（清）惲珠輯　清道光十一年（1831）紅香館刻本　六冊

210000－0701－0009604　008597

國朝閨秀正始集二十卷附錄一卷補遺一卷　（清）惲珠輯　清道光十一年（1831）紅香館刻本　六冊　存二十卷（正始集二十卷）

210000－0701－0009605　008598

國朝閨秀正始集二十卷附錄一卷補遺一卷　（清）惲珠輯　清道光十一年（1831）紅香館刻本　八冊

210000－0701－0009606　008601

蜀雅二十卷　（清）李調元輯　清乾隆四十六年（1781）刻本　十冊

210000－0701－0009607　008603

題襟館倡和集四卷　（清）許奉恩輯　清同治十一年（1872）兩淮運署刻本　二冊

210000－0701－0009608　008607

述舊三卷　（清）李福祚輯　清刻本　六冊

210000－0701－0009609　008608

隨園女弟子詩六卷　（清）袁枚輯　清刻本　二冊

210000－0701－0009610　008609

國朝閨閣詩鈔不分卷　（清）蔡殿齊編　（清）甘晉輯傳　清道光二十四年（1844）娜嬛別館刻本　十冊

210000－0701－0009611　008610

同岑詩鈔十四卷　（清）曾燠輯　清道光九年（1829）刻本　六冊

210000－0701－0009612　008611

欽定熙朝雅頌集一百六卷首集二十六卷餘集二卷　（清）鐵保輯　清嘉慶九年（1804）刻本　二十四冊

210000－0701－0009613　008612

國朝閨秀正始二十卷附錄一卷補遺一卷題詞一卷續集十卷附錄一卷　（清）惲珠輯　續集補遺一卷　（清）程孟梅輯　紅香館軼詞一卷　（清）妙蓮保輯　清道光紅香館刻咸豐十一年（1861）印本　十冊

210000－0701－0009614　008613

國朝閨秀正始續集十卷附錄一卷　（清）惲珠

輯　補遺一卷　（清）程孟梅輯　**紅香館輓詞
一卷**　（清）妙蓮保輯　清道光十六年（1836）
紅香館刻咸豐十一年（1861）印本　四冊

210000－0701－0009615　008614

馬佳氏詩存三種　（清）寶琳等撰　清咸豐至
光緒　刻本　四冊

210000－0701－0009616　008615

國朝金陵詩徵四十八卷　（清）朱緒曾輯　清
光緒十一年（1885）刻本　十冊

210000－0701－0009617　008618

白石山館詩一卷　（清）陳沆撰　**清夜齋詩稿
一卷**　（清）魏源撰　清宣統三年（1911）陳曾
則石印本　一冊

210000－0701－0009618　008619

符江詩存一卷　（清）李超瓊輯　清光緒二十
二年（1896）石船居木活字印本　一冊

210000－0701－0009619　008620

篤舊集十八卷　（清）劉存仁輯　清咸豐九年
（1859）刻本　八冊

210000－0701－0009620　008627

詁經精舍文集十四卷　（清）阮元輯　清揚州
阮氏琅環僊館刻文選樓叢書本　八冊

210000－0701－0009621　008628

詁經精舍文集十四卷　（清）阮元輯　清揚州
阮氏琅環僊館刻文選樓叢書本　十冊　存十
一卷（一至十一）

210000－0701－0009622　008629

二曲集正編二十二卷　（清）李顒撰　（清）劉
大來輯　**外編六卷**　（清）劉大來輯　清光緒
九年（1883）劉氏盩署刻本　十二冊

210000－0701－0009623　008629

四書反身錄十四卷　（清）李顒口授　（清）王
心敬錄　清光緒八年（1882）呂耀煒盩署刻本
四冊

210000－0701－0009624　008631

丁酉直省鄉墨知言不分卷　（清）王焯　（清）
郭家聲評選　清光緒著易堂鉛印本　四冊

210000－0701－0009625　008632

瑞芝山房詩鈔八卷文鈔八卷　（清）戴燮元輯
清光緒元年至三年（1875－1877）刻丹徒戴
氏叢刻本　十冊

210000－0701－0009626　008634

續古文辭類纂三十四卷　王先謙纂　清光緒
十年（1884）行素草堂刻本　八冊

210000－0701－0009627　008635

皇朝文典七十四卷　（清）李兆洛編　清刻本
十六冊

210000－0701－0009628　008636

皇朝文典七十四卷　（清）李兆洛編　清刻本
十六冊

210000－0701－0009629　008637

皇朝駢文類苑十四卷首一卷　（清）姚燮選
清光緒十二年（1886）張壽榮刻本　十六冊

210000－0701－0009630　008638

得月樓賦四卷　（清）張元灝評選　清同治十
年（1871）漱芳書屋刻本　四冊

210000－0701－0009631　008639

吳顧賦稿合刻詳註　（清）景其濬輯　（清）黃
瞻桂注　清咸豐十年（1860）刻本　四冊

210000－0701－0009632　008640

名雋初集六卷　（清）戴咸弼編　清光緒五年
（1879）嘉善愛暉書屋刻本　一冊

210000－0701－0009633　008641

評選鄉會墨萃十三卷　楊逸輯　清光緒二十
九年（1903）掃葉山房石印本　十冊

210000－0701－0009634　008642

日本華族女學校規則一卷　（□）□□譯　清
光緒二十三年（1897）長沙江氏靈鶼閣刻靈鶼
閣叢書本　一冊

210000－0701－0009635　008642

沅湘通藝錄八卷四書文二卷　（清）江標輯
清光緒二十三年（1897）長沙江氏靈鶼閣刻靈
鶼閣叢書本　十冊

210000－0701－0009636　008647

浙東課士錄四卷 （清）薛福成輯 清光緒二
十年（1894）無錫薛氏刻本 四冊

210000－0701－0009637 008654

國朝二十四家文鈔二十四卷 （清）徐斐然輯
評 （清）徐秉願參訂 清乾隆六十年（1795）
刻本 八冊

210000－0701－0009638 008659

湖海文傳七十五卷 （清）王昶輯 清道光十
七年（1837）王氏經訓堂刻同治五年（1866）王
紹基印本 二十四冊

210000－0701－0009639 008660

湖海文傳七十五卷 （清）王昶輯 清道光十
七年（1837）王氏經訓堂刻同治五年（1866）王
紹基印本 十六冊

210000－0701－0009640 008661

湖海文傳七十五卷 （清）王昶輯 清道光十
七年（1837）王氏經訓堂刻本 十六冊

210000－0701－0009641 008662

湖海文傳七十五卷 （清）王昶輯 清道光十
七年（1837）王氏經訓堂刻同治五年（1866）王
紹基印本 十六冊

210000－0701－0009642 008663

海虞三陶先生集合刻 （清）楊沂孫輯 清光
緒七年（1881）海虞楊同福貴池縣署刻本
六冊

210000－0701－0009643 008664

國朝古文彙鈔二集一百卷首一卷 （清）朱琦
輯 清道光二十七年（1847）吳江世美堂沈氏
刻本 四十冊

210000－0701－0009644 008665

國朝古文彙鈔初集一百七十六卷首一卷
（清）朱琦輯 清道光二十七年（1847）吳江世
美堂沈氏刻本 六十冊

210000－0701－0009645 008666

莆文輯不分卷 （□）□□輯 清抄本 一冊

210000－0701－0009646 008667

蓬窗隨錄十四卷附錄二卷續錄二卷 （清）沈

兆澐輯 清咸豐七年至九年（1857－1859）刻
本 十四冊

210000－0701－0009647 008668

蓮漪文鈔八卷 （清）汪曰楨輯 清咸豐九年
（1859）刻本 二冊

210000－0701－0009648 008670

切問齋文鈔三十卷 （清）陸燿輯 清道光二
年（1822）刻本 十冊

210000－0701－0009649 008671

松陵文錄二十四卷 （清）凌淦輯 清同治十
三年（1874）刻本 八冊

210000－0701－0009650 008675

青湖文集補編一卷 （明）汪應軫撰 汪兆鏞
輯 清光緒二年（1876）汪氏刻本 一冊

210000－0701－0009651 008677

國朝文匯甲前集二十卷甲集六十卷乙集七十
卷丙集三十卷丁集二十卷 沈粹芬 王文濡
等輯 清宣統元年（1909）上海國學扶輪社石
印本 一百冊

210000－0701－0009652 008678

國朝文錄 （清）李祖陶輯 清道光十九年
（1839）瑞州府鳳儀書院刻本 三冊

210000－0701－0009653 008679

國朝文錄八十二卷 （清）姚椿輯 清光緒二
十六年（1900）掃葉山房石印本 十六冊

210000－0701－0009654 008680

國朝文錄續編 （清）李祖陶輯 清同治七年
（1868）敖陽李氏刻本 三十四冊

210000－0701－0009655 008681

國朝二十四家文鈔 （清）徐斐然輯 清道光
十年（1830）文光堂刻本 八冊

210000－0701－0009656 008682

國朝二十四家文鈔 （清）徐斐然輯 清道光
十年（1830）文光堂刻本 十冊

210000－0701－0009657 008683

國朝二十四家文鈔 （清）徐斐然輯 清道光
十年（1830）文光堂刻本 七冊

210000－0701－0009658　008684

國朝二十四家文鈔　（清）徐斐然輯　清道光
十年(1830)文光堂刻本　八冊

210000－0701－0009659　008685

國朝二十四家文鈔　（清）徐斐然輯　清道光
十年(1830)文光堂刻本　十二冊

210000－0701－0009660　008686

國朝十家四六文鈔　王先謙輯　清光緒十五
年(1889)長沙王氏刻本　四冊

210000－0701－0009661　008687

**國朝古文彙鈔初集一百七十六卷首一卷二集
一百卷首一卷**　（清）朱琦輯　清道光二十七
年(1847)吳江世美堂沈氏刻本　一百冊

210000－0701－0009662　008688

國朝古文所見集十三卷　（清）陳兆麟編　清
道光二年(1822)刻本　四冊

210000－0701－0009663　008689

國朝駢體正宗十二卷　（清）曾燠輯　清同治
十三年(1874)聚賢堂刻本　二冊

210000－0701－0009664　008690

國朝駢體正宗十二卷　（清）曾燠輯　清光緒
十三年(1887)上海蜚英館石印本　六冊

210000－0701－0009665　008691

國朝駢體正宗十二卷補編一卷　（清）曾燠輯
　（清）姚燮　（清）張壽榮評注　**續編八卷**
（清）張鳴珂輯　清光緒二十一年(1895)湖南
大雅書局刻本　八冊

210000－0701－0009666　008692

國朝駢體正宗十二卷補編一卷　（清）曾燠輯
　（清）姚燮　（清）張壽榮評注　清光緒十九
年(1893)善化章氏鴻運樓刻本　六冊

210000－0701－0009667　008693

國朝駢體正宗評本十二卷補編一卷　（清）曾
燠輯　（清）姚燮　（清）張壽榮評注　清光緒
十年(1884)張氏花雨樓刻套印花雨樓叢鈔本
六冊

210000－0701－0009668　008695

忠雅堂評選四六法海八卷　（明）王志堅輯
（清）蔣士銓評選　清同治十年(1871)藏園刻
套印本　十冊

210000－0701－0009669　008696

四家賦鈔　（清）景其濬輯　清咸豐三年
(1853)景氏刻同治九年(1870)續刻本　四冊

210000－0701－0009670　008697

最近四大家古文鈔四卷　題（清）寄古齋主人
編　清光緒三十四年(1908)寄古齋鉛印本
四冊

210000－0701－0009671　008698

易堂九子文鈔　（清）彭玉雯輯　清道光十七
年(1837)刻本　十二冊

210000－0701－0009672　008699

國朝賦選同聲集四卷　（清）胡浚評選　清刻
本　四冊

210000－0701－0009673　008700

國朝二十四家文鈔二十四卷　（清）徐斐然輯
評　（清）徐秉願參訂　清乾隆六十年(1795)
刻本　六冊

210000－0701－0009674　008701

皇朝駢文類苑十四卷首一卷　（清）姚燮輯
清光緒七年(1881)張壽榮刻本　十四冊

210000－0701－0009675　008702

八旗文經五十六卷作者考三卷敍錄一卷
（清）盛昱輯　清光緒二十七年(1901)武昌刻
本　十二冊

210000－0701－0009676　008703

八旗文經五十六卷作者考三卷敍錄一卷
（清）盛昱輯　清光緒二十七年(1901)武昌刻
本　十二冊

210000－0701－0009677　008704

八旗文經五十六卷作者考三卷敍錄一卷
（清）盛昱輯　清光緒二十七年(1901)武昌刻
本　十二冊

210000－0701－0009678　008705

八旗文經五十六卷作者考三卷敍錄一卷

(清)盛昱輯 清光緒二十七年(1901)武昌刻本 十二冊

210000－0701－0009679 008706

八旗文經五十六卷作者考三卷敘錄一卷
(清)盛昱編 清光緒二十七年(1901)武昌刻本 十二冊

210000－0701－0009680 008707

八旗文經五十六卷作者考三卷敘錄一卷
(清)盛昱編 清光緒二十七年(1901)武昌刻本 十二冊

210000－0701－0009681 008708

八家四六文四卷 (清)吳鼒輯 清會文堂刻同治十年(1871)蔡學蘇重修本 四冊

210000－0701－0009682 008709

八家四六文註八卷首一卷 (清)吳鼒輯 (清)許貞幹注 清光緒十七年(1891)刻本 十六冊

210000－0701－0009683 008710

八家四六文註八卷首一卷 (清)吳鼒輯 (清)許貞幹注 清光緒十七年(1891)刻本 十六冊

210000－0701－0009684 008711

八家四六文註八卷首一卷補註一卷 (清)吳鼒輯 (清)許貞幹注 清光緒十八年(1892)上海圖書集成印書局鉛印本 八冊

210000－0701－0009685 008712

八家四六文註八卷首一卷補註一卷 (清)吳鼒輯 (清)許貞幹注 清光緒十八年(1892)上海圖書集成印書局鉛印本 八冊

210000－0701－0009686 008714

小謨觴館文集註四卷續集註二卷 (清)彭兆蓀撰 (清)孫元培 (清)孫長熙纂輯 清光緒十六年(1890)木活字印本 二冊

210000－0701－0009687 008753

師友風義錄三卷 (清)鄭鵬雲輯 清光緒二十九年(1903)上海日本絳雪齋書局石印本 一冊

210000－0701－0009688 008775

圭塘倡和詩一卷 袁克文輯 清宣統二年(1910)影印本 波隱氏題記 一冊

210000－0701－0009689 008805

項城袁氏家集六種 (清)丁振鐸輯 清宣統三年(1911)清芬閣鉛印本 五十六冊

210000－0701－0009690 008807

林嚴文鈔四卷 題埤埤子輯 清宣統元年(1909)國學扶輪社鉛印本 四冊

210000－0701－0009691 008818

雲棲法彙二卷 (明)釋袾宏撰 清光緒二十五年(1899)金陵刻本 二冊

210000－0701－0009692 008825

蔡中郎文集十卷外傳一卷 (漢)蔡邕撰 清光緒七年(1881)吳興陸氏十萬卷樓刻本 三冊

210000－0701－0009693 008826

蔡中郎集十卷外紀一卷外集四卷末一卷 (漢)蔡邕撰 清咸豐三年(1853)海源閣刻本 六冊

210000－0701－0009694 008827

蔡中郎集十卷外紀一卷外集四卷末一卷 (漢)蔡邕撰 清刻本 佚名校 五冊

210000－0701－0009695 008828

蔡中郎集十卷外紀一卷外集四卷末一卷 (漢)蔡邕撰 清光緒十六年(1890)陶氏愛廬刻本 五冊

210000－0701－0009696 008836

定山堂古文小品二卷 (清)龔鼎孳撰 清宣統二年(1910)上海國學昌明社石印本 二冊

210000－0701－0009697 008837

庚子山集十六卷 (北周)庾信撰 (清)倪璠注 **庚子山年譜一卷總釋一卷** (清)倪璠撰 清刻本 十二冊

210000－0701－0009698 008838

庚子山集十六卷 (北周)庾信撰 (清)倪璠注 **庚子山年譜一卷總釋一卷** (清)倪璠撰

清刻本　十二冊

210000－0701－0009699　008839
庚子山集十六卷　（北周）庾信撰　（清）倪璠
注　**庚子山年譜一卷總釋一卷**　（清）倪璠撰
清光緒二十年(1894)雅儒堂刻本　十二冊

210000－0701－0009700　008840
庚子山集十六卷　（北周）庾信撰　（清）倪璠
注　**庚子山年譜一卷總釋一卷**　（清）倪璠撰
清光緒二十年(1894)雅儒堂刻本　十二冊

210000－0701－0009701　008848
庚開府全集十六卷　（北周）庾信撰　（清）倪
璠注　**庚子山年譜一卷總釋一卷**　（清）倪璠
撰　清道光十九年(1839)善成堂刻本　十
六冊

210000－0701－0009702　008849
靖節先生集十卷　（晉）陶潛撰　（清）陶澍注
靖節先生年譜考異二卷　（清）陶澍撰　清
光緒九年(1883)江蘇書局刻本　四冊

210000－0701－0009703　008852
醴陵集十卷附本傳　（南朝梁）江淹撰　清乾
隆二十年(1755)江昉刻嘉慶五年(1800)江士
相二分明月樓印本　四冊

210000－0701－0009704　008853
晉司隸校尉傅玄集三卷　（晉）傅玄撰　葉德
輝輯　清光緒二十八年(1902)葉氏觀古堂刻
本　一冊

210000－0701－0009705　008854
晉司隸校尉傅玄集三卷　（晉）傅玄撰　葉德
輝輯　清光緒二十八年(1902)葉氏觀古堂刻
本　一冊

210000－0701－0009706　008863
吳朝請集一卷　（南朝梁）吳均撰　清光緒十
八年(1892)善化章經濟堂刻漢魏六朝百三家
集本　一冊

210000－0701－0009707　008864
**鮑參軍集辨謌考異二卷庚開府集辨謌考異二
卷**　（清）胡鳳丹撰　清同治九年(1870)永康

胡氏退補齋刻六朝四家全集本　一冊

210000－0701－0009708　008871
徐孝穆全集六卷　（南朝陳）徐陵撰　（清）吳
兆宜注　清善化經濟書堂刻本　四冊

210000－0701－0009709　008872
徐孝穆全集六卷　（南朝陳）徐陵撰　（清）吳
兆宜注　清光緒二年(1876)廣東翰墨園刻本
六冊

210000－0701－0009710　008873
徐孝穆全集六卷　（南朝陳）徐陵撰　（清）吳
兆宜注　清光緒二年(1876)廣東翰墨園刻本
四冊

210000－0701－0009711　008885
沈侍中集一卷　（南朝陳）沈炯撰　清光緒十
八年(1892)善化章經濟堂刻漢魏六朝三百家
集本　一冊

210000－0701－0009712　008890
曹集銓評十卷　（三國魏）曹植撰　（清）丁晏
評　**魏陳思王年譜一卷逸文一卷**　（清）丁晏
編　清同治十一年(1872)金陵書局刻本
二冊

210000－0701－0009713　008891
曹集銓評十卷　（三國魏）曹植撰　（清）丁晏
評　**魏陳思王年譜一卷逸文一卷**　（清）丁晏
編　清同治十一年(1872)金陵書局刻本
二冊

210000－0701－0009714　008909
陳後主集一卷　（南朝陳）後主陳叔寶撰　清
光緒十八年(1892)善化章經濟堂刻漢魏六朝
百三家集本　一冊

210000－0701－0009715　008911
陶淵明文集十卷　（晉）陶潛撰　清同治二年
(1863)何氏篤慶堂影宋刻本　二冊

210000－0701－0009716　008912
陶淵明文集十卷　（晉）陶潛撰　清光緒五年
(1879)俞秀山刻本　三冊

210000－0701－0009717　008913

陶淵明文集十卷 （晉）陶潛撰 清光緒五年（1879）俞秀山刻本 三冊

210000－0701－0009718 008914

陶淵明文集十卷 （晉）陶潛撰 清光緒五年（1879）俞秀山刻本 四冊

210000－0701－0009719 008915

陶淵明文集十卷 （晉）陶潛撰 清光緒二年（1876）桐城徐氏刻本 六冊

210000－0701－0009720 008916

陶淵明文集十卷 （晉）陶潛撰 清宣統二年（1910）上海著易堂書局石印本 四冊

210000－0701－0009721 008917

陶淵明文集十卷 （晉）陶潛撰 清宣統二年（1910）上海著易堂書局石印本 四冊

210000－0701－0009722 008918

陶淵明文集十卷 （晉）陶潛撰 清宣統二年（1910）上海著易堂書局石印本 四冊

210000－0701－0009723 008920

陶淵明集八卷首一卷末一卷 （晉）陶潛撰 清光緒五年（1879）廣州翰墨園刻套印本 四冊

210000－0701－0009724 008921

箋注陶淵明集十卷 （晉）陶潛撰 （宋）李公煥注 補注陶淵明集總論一卷 （宋）李公煥集錄 清宣統三年至民國二年（1911－1913）貴池劉氏玉海堂刻本 四冊

210000－0701－0009725 008922

箋注陶淵明集十卷 （晉）陶潛撰 （宋）李公煥注 補注陶淵明集總論一卷 （宋）李公煥集錄 清宣統三年至民國二年（1911－1913）貴池劉氏玉海堂刻本 四冊

210000－0701－0009726 008923

箋注陶淵明集十卷 （晉）陶潛撰 （宋）李公煥注 補注陶淵明集總論一卷 （宋）李公煥集錄 清宣統三年至民國二年（1911－1913）貴池劉氏玉海堂刻本 四冊

210000－0701－0009727 008924

箋注陶淵明集十卷 （晉）陶潛撰 （宋）李公煥注 補注陶淵明集總論一卷 （宋）李公煥集錄 清宣統三年至民國二年（1911－1913）貴池劉氏玉海堂刻本 四冊

210000－0701－0009728 008925

靖節先生集十卷 （清）陶澍集注 靖節先生年譜考異二卷 （清）陶澍撰 清光緒九年（1883）江蘇書局刻本 四冊

210000－0701－0009729 008926

陶淵明集八卷首一卷末一卷 （晉）陶潛撰 清光緒六年（1880）刻四色套印本 四冊

210000－0701－0009730 008934

謝康樂先生集四卷 （南朝宋）謝靈運撰 清同治六年（1867）陽夏刻本 一冊

210000－0701－0009731 008946

樂府補亡一卷 曹元忠撰 清光緒二十七年（1901）太倉陳氏刻箋經室叢書本 一冊

210000－0701－0009732 008947

苻秦武功蘇氏蕙若蘭織錦回文璇璣圖詩一卷 （前秦）蘇蕙撰 讀織錦回文法一卷 （明）起宗道人分讀 （明）康萬民增讀 （明）康禹民又增讀 清刻本 一冊

210000－0701－0009733 008953

陶蘇詩合箋八卷 （清）溫汝能輯 清嘉慶十二年（1807）聽松閣刻本 八冊

210000－0701－0009734 008954

陶蘇詩合箋八卷 （清）溫汝能輯 清嘉慶十二年（1807）聽松閣刻本 六冊

210000－0701－0009735 008955

陶蘇詩合箋八卷 （清）溫汝能纂訂 清宣統元年（1909）上海掃葉山房石印本 四冊

210000－0701－0009736 008959

哀江南賦一卷 （北周）庾信撰 （清）倪璠注 清成都試院刻本 一冊

210000－0701－0009737 008961

忠武侯諸葛孔明先生全集 （清）張澍輯 清末刻本 六冊 存十九卷（故事集五卷、兵法

六卷、奇門遁甲金函玉鏡海底眼圖六卷、火攻心法一卷、文集一卷）

210000－0701－0009738　008962

忠武侯諸葛孔明先生全集　（清）張澍輯　清末刻本　十二冊

210000－0701－0009739　008964

諸葛丞相集一卷　（三國蜀）諸葛亮撰　清光緒十八年(1892)善化章氏刻漢魏六朝百三名家集本　一冊

210000－0701－0009740　008965

諸葛忠武侯全集十一卷首一卷　（清）張澍輯　清刻本　八冊

210000－0701－0009741　008966

諸葛忠武侯文集四卷附錄二卷首一卷故事五卷　（清）張澍輯　清光緒三十四年(1908)金谿周氏刻民國四年(1915)印本　六冊

210000－0701－0009742　008967

徐僕射集二卷　（南朝陳）徐陵撰　清光緒十八年(1892)善化章經濟堂刻漢魏六朝百三家集本　三冊

210000－0701－0009743　008968

過秦論一卷　（漢）賈誼撰　（清）盧文弨校　清末鉛印本　一冊

210000－0701－0009744　008970

唐陸宣公制誥十卷附錄一卷　（唐）陸贄撰　校勘記十卷　陸宣公年譜輯略一卷　（清）江榕撰　清光緒十一年(1885)淮南書局刻本　一冊

210000－0701－0009745　008979

唐皮日休文藪十卷　（唐）皮日休撰　清光緒二十一年(1895)合肥李氏蘭雪堂影宋刻本　二冊

210000－0701－0009746　008980

唐皮日休文藪十卷　（唐）皮日休撰　清光緒二十一年(1895)合肥李氏蘭雪堂影宋刻本　二冊

210000－0701－0009747　008984

顏魯公文集十五卷補遺一卷　（唐）顏真卿撰　附錄一卷　清嘉慶七年(1802)曲阜顏氏刻本　六冊

210000－0701－0009748　008987

顏魯公文集三十卷　（唐）顏真卿撰　（清）黃本驥編　補遺一卷年譜一卷世系表一卷　（清）黃本驥輯撰　清道光二十五年(1845)長沙蔣氏三長物齋刻三長物齋叢書本　繆光笏跋　十二冊

210000－0701－0009749　008992

王子安集十六卷　（唐）王勃撰　清光緒五年(1879)華陽醉經堂刻本　四冊

210000－0701－0009750　008993

王子安集註二十卷首一卷末一卷　（唐）王勃撰　（清）蔣清翊注　清光緒九年(1883)吳縣蔣氏雙唐碑館刻十三年(1887)補刻本　六冊

210000－0701－0009751　008997

王子安集註二十卷首一卷末一卷　（唐）王勃撰　（清）蔣清翊注　清光緒九年(1883)吳縣蔣氏雙唐碑館刻本　六冊

210000－0701－0009752　008998

王子安集註二十卷首一卷末一卷　（唐）王勃撰　（清）蔣清翊注　清光緒九年(1883)吳縣蔣氏雙唐碑館刻十年(1884)補刻本　六冊

210000－0701－0009753　009024

李衛公文集二十卷別集十卷外集四卷補遺一卷　（唐）李德裕撰　清光緒十六年(1890)常慊慊齋刻本　六冊

210000－0701－0009754　009025

李衛公文集二十卷別集十卷外集四卷補遺一卷　（唐）李德裕撰　清光緒十六年(1890)常慊慊齋刻本　六冊

210000－0701－0009755　009026

李太白文集三十卷　（唐）李白撰　清康熙五十六年(1717)繆氏雙泉草堂刻本　十二冊

210000－0701－0009756　009027

李太白文集三十卷　（唐）李白撰　清康熙五

十六年(1717)繆氏雙泉草堂刻本　六冊

210000－0701－0009757　009029

李太白文集三十卷　(唐)李白撰　(清)王琦
輯注　**附錄六卷**　(清)王琦輯　清乾隆寶笏
樓刻乾隆二十五年(1760)增刻本　十二冊

210000－0701－0009758　009032

李太白文集三十卷　(唐)李白撰　(清)王琦
輯注　**附錄六卷**　(清)王琦輯　清乾隆寶笏
樓刻乾隆二十五年(1760)增刻本　十四冊

210000－0701－0009759　009033

李太白文集三十卷　(唐)李白撰　(清)王琦
輯注　**附錄六卷**　(清)王琦輯　清乾隆寶笏
樓刻乾隆二十五年(1760)增刻本　十四冊

210000－0701－0009760　009034

李太白文集三十卷　(唐)李白撰　(清)王琦
輯注　**附錄六卷**　(清)王琦輯　清乾隆寶笏
樓刻乾隆二十五年(1760)增刻本　二十冊

210000－0701－0009761　009039

李太白文集三十卷　(唐)李白撰　**附錄二卷**
(清)王琦輯　清乾隆寶笏樓刻本　十六冊

210000－0701－0009762　009040

李太白文集三十卷　(唐)李白撰　(清)王琦
輯注　**附錄六卷**　(清)王琦輯　清聚錦堂刻
本　十六冊

210000－0701－0009763　009056

樊南文集補編十二卷　(唐)李商隱撰　(清)
錢振倫　(清)錢振常箋注　清同治五年
(1866)望三益齋刻本　四冊

210000－0701－0009764　009057

樊南文集補編十二卷　(唐)李商隱撰　(清)
錢振倫　(清)錢振常箋注　清同治五年
(1866)望三益齋刻本　四冊

210000－0701－0009765　009058

韓文百篇編年三卷　(唐)韓愈撰　(清)劉成
忠選　清光緒二十六年(1900)食舊堂石印本
三冊

210000－0701－0009766　009066

重刊五百家註音辯昌黎先生文集四十卷
(唐)韓愈撰　(宋)魏仲舉編　清經綸堂刻本
十六冊

210000－0701－0009767　009067

樊南文集詳注八卷　(唐)李商隱撰　(清)馮
浩編訂　清乾隆四十五年(1780)刻同治七年
(1868)補刻本　四冊

210000－0701－0009768　009068

樊川詩集四卷別集一卷外集一卷補遺一卷
(唐)杜牧撰　(清)馮集梧注　清嘉慶六年
(1801)德裕堂刻本　四冊

210000－0701－0009769　009069

韋蘇州集十卷　(唐)韋應物撰　清宣統三年
(1911)冰雪山房石印本　六冊

210000－0701－0009770　009071

重刊五百家註音辯昌黎先生文集四十卷
(唐)韓愈撰　(宋)魏仲舉編　清福州正誼書
院刻本　十二冊

210000－0701－0009771　009072

重刊五百家註音辯昌黎先生文集四十卷
(唐)韓愈撰　清上海文瑞樓石印本　十二冊

210000－0701－0009772　009075

新刊權載之全集五十卷補刻一卷　(唐)權德
興撰　清嘉慶十一年(1806)朱氏刻本　八冊

210000－0701－0009773　009076

新刊權載之全集五十卷補刻一卷　(唐)權德
興撰　清嘉慶十一年(1806)朱氏刻本　八冊

210000－0701－0009774　009077

柳文四十三卷別集二卷外集二卷　(唐)柳宗
元撰　**附錄一卷年譜一卷**　清同治六年
(1867)廷桂刻七年(1868)補刻本　十二冊

210000－0701－0009775　009083

河東先生文集六卷　(唐)柳宗元撰　清宣統
二年(1910)上海會文堂石印本　六冊

210000－0701－0009776　009084

唐柳河東集四十五卷外集五卷附錄一卷
(唐)柳宗元撰　(清)蔣之翹輯注　清乾隆五

十三年(1788)楊廷理雙梧居刻嘉慶、道光、光緒遞修本　二十冊

210000－0701－0009777　009085

唐柳河東集四十五卷外集五卷附錄一卷新史本傳　(唐)柳宗元撰　(清)蔣之翹輯注　清乾隆五十三年(1788)楊廷理雙梧居刻嘉慶、道光、光緒遞修本　二十冊

210000－0701－0009778　009103

昌黎先生全集四十卷外集十卷遺文一卷　(唐)韓愈撰　(宋)廖瑩中校正　**朱子校昌黎先生集傳一卷　韓集點勘四卷**　(清)陳景雲撰　清宣統三年(1911)石印本　十冊

210000－0701－0009779　009106

羅昭諫集八卷　(唐)羅隱撰　(清)張瓚校訂　清康熙九年(1670)張瓚瑞榴堂刻道光四年(1824)吳塘補刻本　四冊

210000－0701－0009780　009107

羅昭諫集八卷　(唐)羅隱撰　(清)張瓚校訂　清康熙九年(1670)張瓚瑞榴堂刻道光四年(1824)吳塘補刻本　四冊

210000－0701－0009781　009108

結一廬朱氏賸餘叢書　(清)朱澂輯　清光緒三十一年(1905)仁和朱氏刻本　十冊　存三種(張說之文集、劉賓客文集、司空表聖文集)

210000－0701－0009782　009115

陳伯玉文集三卷詩集二卷　(唐)陳子昂撰　附錄一卷　清道光十七年(1837)楊氏刻本　四冊

210000－0701－0009783　009118

駱賓王文集十卷　(唐)駱賓王撰　**考異一卷**　(清)顧廣圻撰　清宣統三年(1911)上海文瑞樓石印本　二冊

210000－0701－0009784　009119

駱賓王文集十卷　(唐)駱賓王撰　**考異一卷**　(清)顧廣圻撰　清宣統三年(1911)上海文瑞樓石印本　二冊

210000－0701－0009785　009128

麝塵集一卷　(清)史久榕撰　清光緒十六年(1890)刻本　一冊

210000－0701－0009786　009129

四婦人集　(清)沈綺雲輯　清嘉慶雲間沈氏古倪園刻本　一冊　存二種三卷(唐女郎魚玄機詩一卷附魚集考異一卷、薛濤詩一卷)

210000－0701－0009787　009134

讀杜心解六卷首二卷　(唐)杜甫撰　(清)浦起龍解　清刻本　十二冊

210000－0701－0009788　009135

讀杜心解六卷首二卷　(唐)杜甫撰　(清)浦起龍解　清雍正二年(1724)寧我齋刻本　十冊

210000－0701－0009789　009136

讀杜心解六卷首二卷　(唐)杜甫撰　(清)浦起龍解　清雍正二年(1724)寧我齋刻本　佚名批校　十二冊

210000－0701－0009790　009137

玉谿生詩箋註三卷補一卷　(唐)李商隱撰　(清)馮浩注　**首一卷**　(清)馮浩輯　清乾隆四十五年(1780)馮氏德聚堂刻嘉慶元年(1796)增刻本　四冊

210000－0701－0009791　009138

玉谿生詩詳註三卷補一卷　(唐)李商隱撰　(清)馮浩注　**首一卷**　(清)馮浩輯　清乾隆四十五年(1780)馮氏德聚堂刻嘉慶元年(1796)增刻本　四冊

210000－0701－0009792　009144

玉谿生詩詳註三卷　(唐)李商隱撰　(清)馮浩注　**首一卷**　(清)馮浩輯　清乾隆四十五年(1780)馮氏德聚堂刻本　佚名批閱　四冊

210000－0701－0009793　009145

玉谿生詩詳註三卷樊南文集詳註八卷首一卷　(唐)李商隱撰　(清)馮浩注　清乾隆四十五年(1780)馮氏德聚堂刻嘉慶元年(1796)增刻同治七年(1868)上海馮寶圻補刻本　八冊

210000－0701－0009794　009151

元英先生詩集十卷　（唐）方干撰　清同治七年(1868)富文閣方震刻本　二冊

210000－0701－0009795　009176

香籢集發微一卷　（唐）韓偓撰　震鈞注　韓承旨年譜一卷　震鈞撰　清宣統三年(1911)刻本　一冊

210000－0701－0009796　009181

豐谿存稿一卷　（唐）呂從慶撰　清宣統三年(1911)呂美璟荊門州署木活字印本　一冊

210000－0701－0009797　009186

白香山詩長慶集二十卷後集十七卷別集一卷補遺二卷　（唐）白居易撰　（清）汪立名編訂　年譜一卷　（清）汪立名撰　年譜舊本一卷　（宋）陳振孫撰　清康熙四十二年(1703)汪立名一隅草堂刻本　十冊

210000－0701－0009798　009191

白香山詩長慶集二十卷後集十七卷別集一卷補遺二卷　（唐）白居易撰　（清）汪立名編訂　年譜一卷　（清）汪立名撰　年譜舊本一卷　（宋）陳振孫撰　清刻本　六冊　存二十卷（後集十七卷、別集一卷、補遺二卷）

210000－0701－0009799　009196

寒山子詩集一卷　（唐）釋寒山撰　拾得詩一卷　（唐）釋拾得撰　豐干詩一卷　（唐）釋豐干撰　清宣統二年(1910)程德全刻本　一冊

210000－0701－0009800　009203

洪度集一卷　（唐）薛濤撰　清光緒三十二年(1906)陳氏靈峰草堂刻本　一冊

210000－0701－0009801　009204

洪度集一卷　（唐）薛濤撰　清末成都志古堂刻本　一冊

210000－0701－0009802　009205

洪度集一卷　（唐）薛濤撰　清末成都志古堂刻本　一冊

210000－0701－0009803　009209

溫飛卿詩集七卷別集一卷集外詩一卷　（唐）溫庭筠撰　（明）曾益注　（清）顧予咸補注

（清）顧嗣立續注　清宣統二年(1910)石印本　四冊

210000－0701－0009804　009210

溫飛卿詩集七卷別集一卷集外詩一卷　（唐）溫庭筠撰　（明）曾益注　（清）顧予咸補注（清）顧嗣立續注　清光緒八年(1882)泉唐汪氏刻本　四冊

210000－0701－0009805　009213

溫飛卿詩集七卷別集一卷集外詩一卷　（唐）溫庭筠撰　（明）曾益注　（清）顧予咸補注（清）顧嗣立續注　清宣統二年(1910)石印本　四冊

210000－0701－0009806　009215

李商隱詩集三卷　（唐）李商隱撰　清宣統三年(1911)國光社影印本　二冊

210000－0701－0009807　009216

李商隱詩集三卷　（唐）李商隱撰　清宣統三年(1911)國光社影印本　二冊

210000－0701－0009808　009217

李商隱詩集三卷　（唐）李商隱撰　清宣統三年(1911)國光社影印本　二冊

210000－0701－0009809　009218

李商隱詩集三卷　（唐）李商隱撰　清宣統三年(1911)國光社影印本　二冊

210000－0701－0009810　009219

李商隱詩集三卷　（唐）李商隱撰　清宣統三年(1911)國光社影印本　二冊

210000－0701－0009811　009220

李商隱詩集三卷　（唐）李商隱撰　清宣統三年(1911)國光社影印本　二冊

210000－0701－0009812　009221

李商隱詩集三卷　（唐）李商隱撰　清宣統三年(1911)國光社影印本　二冊

210000－0701－0009813　009226

李君虞詩集二卷　（唐）李益撰　清刻本一冊

210000－0701－0009814　009234

李長吉集四卷外集一卷　（唐）李賀撰　（明）黃淳耀評　（清）黎簡批點　清光緒十八年(1892)葉衍蘭羊城刻套印本　二冊

210000－0701－0009815　009238

李義山詩集三卷　（唐）李商隱撰　（清）朱鶴齡箋注　（清）沈厚塽輯評　清刻本　四冊

210000－0701－0009816　009239

李義山詩集三卷　（唐）李商隱撰　（清）朱鶴齡箋注　（清）沈厚塽輯評　清刻本　四冊

210000－0701－0009817　009240

李義山詩集三卷　（唐）李商隱撰　（清）朱鶴齡箋注　（清）沈厚塽輯評　清同治九年(1870)廣州倅署刻三色套印本　四冊

210000－0701－0009818　009241

李義山詩集三卷　（唐）李商隱撰　（清）朱鶴齡箋注　（清）沈厚塽輯評　清刻三色套印本　四冊

210000－0701－0009819　009242

李義山詩集三卷　（唐）李商隱撰　（清）朱鶴齡箋注　（清）沈厚塽輯評　清刻三色套印本　四冊

210000－0701－0009820　009243

李義山詩集三卷　（唐）李商隱撰　（清）朱鶴齡箋注　（清）沈厚塽輯評　清刻三色套印本　四冊

210000－0701－0009821　009244

李義山詩集三卷　（唐）李商隱撰　（清）朱鶴齡箋注　（清）沈厚塽輯評　清刻三色套印本　四冊

210000－0701－0009822　009245

李長吉歌詩四卷外集一卷首一卷　（唐）李賀撰　（清）王琦彙解　清宣統元年(1909)掃葉山房石印本　四冊

210000－0701－0009823　009250

李義山詩集三卷　（唐）李商隱撰　清光緒十年(1884)遂甯書局刻本　二冊

210000－0701－0009824　009251

李商隱詩集三卷　（唐）李商隱撰　清宣統元年(1909)國光社影印本　二冊

210000－0701－0009825　009252

李義山詩集三卷　（唐）李商隱撰　（清）朱鶴齡箋注　（清）沈厚塽輯評　清刻本　四冊

210000－0701－0009826　009261

協律鉤元四卷外集一卷　（唐）李賀撰　（清）陳本禮箋注　清嘉慶十三年(1808)江都陳氏裛露軒刻江都陳氏叢書本　四冊

210000－0701－0009827　009262

杜工部草堂詩箋二十二卷　（唐）杜甫撰　（宋）魯訔編　（宋）蔡夢弼會箋　詩話二卷　（宋）蔡夢弼輯　年譜一卷　（宋）趙子櫟撰　年譜一卷　（宋）魯訔撰　清光緒元年(1875)巴陵方氏碧琳琅館刻本　四冊

210000－0701－0009828　009266

樊川詩集四卷別集一卷外集一卷補遺一卷　（唐）杜牧撰　（清）馮集梧注　清光緒十六年(1890)湖南書局刻本　四冊

210000－0701－0009829　009267

樊川詩集四卷別集一卷外集一卷補遺一卷　（唐）杜牧撰　（清）馮集梧注　清光緒十六年(1890)湖南書局刻本　四冊

210000－0701－0009830　009268

昌黎先生詩增注証訛十一卷　（唐）韓愈撰　（清）顧嗣立刪補　（清）黃鉞增注証訛　清道光二十八年(1848)黃中民刻咸豐七年(1857)四明鮑氏印本　四冊

210000－0701－0009831　009270

杜工部集二十卷首一卷　（唐）杜甫撰　（清）錢謙益箋注　清宣統三年(1911)上海時中書局石印本　八冊

210000－0701－0009832　009271

杜工部集二十卷首一卷　（唐）杜甫撰　（清）錢謙益箋注　清宣統三年(1911)上海時中書局石印本　八冊

210000－0701－0009833　009272

杜詩詳註二十五卷首一卷　（唐）杜甫撰
（清）仇兆鰲輯注　清康熙四十二年(1703)刻
本　十二冊

210000－0701－0009834　009273

杜詩詳註二十五卷首一卷附編二卷　（唐）杜
甫撰　（清）仇兆鰲輯注　清康熙四十二年
(1703)刻五十二年(1713)增刻本　十六冊

210000－0701－0009835　009274

杜詩詳註二十五卷首一卷附編二卷　（唐）杜
甫撰　（清）仇兆鰲輯注　清大文堂刻本　二
十八冊

210000－0701－0009836　009276

杜工部草堂詩箋四十卷外集一卷傳序碑銘一
卷年譜二卷詩話二卷　（唐）杜甫撰　（宋）魯
訔輯　（宋）蔡夢弼會箋　補遺十卷　（宋）黃
鶴集注　清光緒黎氏日本東京使署刻古逸叢
書本　八冊

210000－0701－0009837　009277

唱經堂杜詩解四卷　（清）金人瑞解　清讀易
堂刻本　五冊

210000－0701－0009838　009278

杜詩培風讀本五卷　（唐）杜甫撰　（清）席樹
馨編注　清光緒元年(1875)刻本　四冊

210000－0701－0009839　009279

杜詩闡三十三卷　（唐）杜甫撰　（清）盧元昌
注　清聽玉堂刻本　十冊

210000－0701－0009840　009280

杜詩鏡銓二十卷附錄一卷　（唐）杜甫撰
（清）楊倫輯注　讀書堂杜工部文集注解二卷
（清）張溍注解　清同治十一年(1872)吳棠
望三益齋刻本　十冊

210000－0701－0009841　009281

杜詩鏡銓二十卷年譜一卷附錄一卷　（唐）杜
甫撰　（清）楊倫輯注　讀書堂杜工部文集注
解二卷　（清）張溍注解　清同治十一年
(1872)吳棠望三益齋刻本　十二冊

210000－0701－0009842　009282

杜詩鏡銓二十卷年譜一卷附錄一卷　（唐）杜
甫撰　（清）楊倫輯注　讀書堂杜工部文集注
解二卷　（清）張溍注解　清同治十一年
(1872)吳棠望三益齋刻本　十一冊　存十八
卷(一至四、七至二十)

210000－0701－0009843　009283

讀書堂杜工部詩集註解二十卷文集註解二卷
　（唐）杜甫撰　（清）張溍注解　杜工部編年
詩史譜目一卷　清康熙三十七年(1698)張氏
讀書堂刻本　十二冊

210000－0701－0009844　009284

讀書堂杜工部詩集註解二十卷文集註解二卷
　（唐）杜甫撰　（清）張溍注解　杜工部編年
詩史譜目一卷　清康熙三十七年(1698)張氏
讀書堂刻本　十二冊

210000－0701－0009845　009285

杜詩鏡銓二十卷附錄一卷　（唐）杜甫撰
（清）楊倫輯注　讀書堂杜工部文集注解二卷
　（清）張溍注解　清光緒十八年(1892)著易
堂鉛印本　六冊

210000－0701－0009846　009287

杜工部集二十卷首一卷　（唐）杜甫撰　清同
治十一年(1872)致一齋刻本　十冊

210000－0701－0009847　009291

杜詩詳註二十五卷首一卷附編二卷　（唐）杜
甫撰　（清）仇兆鰲輯注　清康熙四十二年
(1703)刻五十二年(1713)增刻本　十六冊

210000－0701－0009848　009292

杜工部集二十卷首一卷　（唐）杜甫撰　（清）
鄭澐輯　清光緒十三年(1887)刻本　十二冊

210000－0701－0009849　009293

杜工部集二十卷首一卷　（唐）杜甫撰　清光
緒十三年(1887)刻本　十冊

210000－0701－0009850　009294

杜工部集二十卷首一卷　（唐）杜甫撰　（明）
王世貞等評　清道光十四年(1834)盧氏芸葉
盒刻六色套印本　十冊

210000 - 0701 - 0009851　009295
杜工部集二十卷首一卷　（唐）杜甫撰　（明）王世貞等評　清道光十四年(1834)盧氏芸葉盒刻六色套印本　十冊

210000 - 0701 - 0009852　009296
杜工部集二十卷首一卷　（唐）杜甫撰　（明）王世貞等評　清道光十四年(1834)盧氏芸葉盒刻六色套印本　十冊

210000 - 0701 - 0009853　009297
杜工部集二十卷　（唐）杜甫撰　（明）王世貞等評　清光緒二年(1876)粵東翰墨園刻六色套印本　十冊

210000 - 0701 - 0009854　009298
杜工部集二十卷　（唐）杜甫撰　（明）王世貞等評　清光緒二年(1876)粵東翰墨園刻六色套印本　十冊

210000 - 0701 - 0009855　009299
杜工部集二十卷　（唐）杜甫撰　（明）王世貞等評　清光緒二年(1876)粵東翰墨園刻六色套印本　十冊

210000 - 0701 - 0009856　009300
杜工部集二十卷　（唐）杜甫撰　（明）王世貞等評　清光緒二年(1876)粵東翰墨園刻六色套印本　十冊

210000 - 0701 - 0009857　009301
杜工部集二十卷　（唐）杜甫撰　（明）王世貞等評　清光緒二年(1876)粵東翰墨園刻六色套印本　十冊

210000 - 0701 - 0009858　009302
杜工部集二十卷　（唐）杜甫撰　（明）王世貞等評　清光緒二年(1876)粵東翰墨園刻六色套印本　十冊

210000 - 0701 - 0009859　009303
杜工部集二十卷首一卷　（唐）杜甫撰　（明）王世貞等評　清道光十四年(1834)盧氏芸葉盒刻六色套印本　七冊　存十八卷(一至十四、十八至二十,首一卷)

210000 - 0701 - 0009860　009304
杜工部集二十卷首一卷　（唐）杜甫撰　（明）王世貞等評　清道光十四年(1834)盧氏芸葉盒刻六色套印本　十二冊

210000 - 0701 - 0009861　009305
杜工部草堂詩箋四十卷外集一卷　（唐）杜甫撰　（宋）魯訔編　（宋）蔡夢弼會箋　**詩史補遺十卷**　（宋）黃鶴集注　（宋）蔡夢弼校正　**年譜二卷**　（宋）趙子櫟　（宋）魯訔撰　**詩話二卷傳序碑銘一卷**　（宋）蔡夢弼輯　清光緒十年(1884)黎庶昌刻古逸叢書本　八冊

210000 - 0701 - 0009862　009306
杜工部草堂詩箋四十卷外集一卷　（唐）杜甫撰　（宋）魯訔編　（宋）蔡夢弼會箋　**詩史補遺十卷**　（宋）黃鶴集注　（宋）蔡夢弼校正　**年譜二卷**　（宋）趙子櫟　（宋）魯訔撰　**詩話二卷傳序碑銘一卷**　（宋）蔡夢弼輯　清光緒十年(1884)黎庶昌刻古逸叢書本　八冊

210000 - 0701 - 0009863　009308
杜律通解四卷　（唐）杜甫撰　（清）李文煒箋注　清刻本　四冊

210000 - 0701 - 0009864　009311
樊川詩集四卷別集一卷外集一卷補遺一卷　（唐）杜牧撰　（清）馮集梧注　清嘉慶六年(1801)德裕堂刻本　四冊

210000 - 0701 - 0009865　009312
樊川詩集四卷別集一卷外集一卷補遺一卷　（唐）杜牧撰　（清）馮集梧注　清嘉慶六年(1801)德裕堂刻本　五冊

210000 - 0701 - 0009866　009317
王狀元集百家注編年杜陵詩史三十二卷　（唐）杜甫撰　（宋）魯訔編年並注　（宋）王十朋集注　清宣統元年(1909)貴池劉氏玉海堂刻本　十二冊

210000 - 0701 - 0009867　009318
王狀元集百家注編年杜陵詩史三十二卷　（唐）杜甫撰　（宋）魯訔編年並注　（宋）王十朋集注　清宣統元年(1909)貴池劉氏玉海

堂刻本　十二冊

210000－0701－0009868　009319
杜工部集二十卷首一卷　（唐）杜甫撰　（明）
王世貞等評　清光緒二十五年(1899)粵東翰
墨園刻六色套印本　十冊

210000－0701－0009869　009321
鶴泉集杜二卷　（清）戚學標撰　清嘉慶元年
(1796)刻本　一冊

210000－0701－0009870　009334
昌黎先生詩集注十一卷　（唐）韓愈撰　（清）
顧嗣立刪補　（清）朱彝尊　（清）何焯評　年
譜一卷　清光緒九年(1883)廣州翰墨園刻三
色套印本　四冊

210000－0701－0009871　009335
昌黎先生詩集注十一卷　（唐）韓愈撰　（清）
顧嗣立刪補　（清）朱彝尊　（清）何焯評　年
譜一卷　清光緒九年(1883)廣州翰墨園刻三
色套印本　四冊

210000－0701－0009872　009336
昌黎先生詩集注十一卷首一卷　（唐）韓愈撰
　（清）顧嗣立刪補　（清）朱彝尊　（清）何
焯評　清道光二十五年(1845)膺德堂刻朱墨
套印本　四冊

210000－0701－0009873　009337
昌黎先生詩集注十一卷　（唐）韓愈撰　（清）
顧嗣立刪補　（清）朱彝尊　（清）何焯評　年
譜一卷　清道光十六年(1836)膺德堂刻朱墨
套印本　八冊

210000－0701－0009874　009338
昌黎先生詩集注十一卷　（唐）韓愈撰　（清）
顧嗣立刪補　年譜一卷　清康熙三十八年
(1699)秀野草堂刻本　八冊　存七卷(一至
七)

210000－0701－0009875　009357
孫可之文集十卷　（唐）孫樵撰　清光緒二年
(1876)馮氏讀有用書齋刻三唐人集本　一冊

210000－0701－0009876　009358

可之先生全集錄二卷　（唐）孫樵撰　（清）儲
欣輯並注　清光緒八年(1882)江蘇書局刻唐
宋十大家全集錄本　一冊

210000－0701－0009877　009362
司空表聖文集十卷　（唐）司空圖撰　清光緒
三十一年(1905)仁和朱氏刻結一廬朱氏賸餘
叢書本　二冊

210000－0701－0009878　009368
皇甫持正文集六卷補遺一卷　（唐）皇甫湜撰
　清光緒三年(1877)馮氏讀有用書齋刻三唐
人集本　一冊

210000－0701－0009879　009369
李文公集十八卷補遺一卷　（唐）李翱撰　附
錄一卷　清光緒三年(1877)馮氏讀有用書齋
刻三唐人集本　四冊

210000－0701－0009880　009370
李文公集十八卷補遺一卷　（唐）李翱撰　附
錄一卷　清光緒三年(1877)馮氏讀有用書齋
刻三唐人集本　四冊

210000－0701－0009881　009373
李元賓文集六卷　（唐）李觀撰　（唐）陸希聲
輯　（宋）趙昂續輯　（清）秦恩復再續輯　清
嘉慶二十三年(1818)秦氏石研齋刻唐人三家
集本　一冊

210000－0701－0009882　009374
習之先生文集二卷　（唐）李翱撰　清宣統三
年(1911)上海會文堂石印本　二冊

210000－0701－0009883　009377
莆陽黃御史集二卷別錄一卷　（唐）黃滔撰
附錄一卷　清光緒十年(1884)福山王氏刻天
壤閣叢書本　二冊

210000－0701－0009884　009382
唐陸宣公集二十四卷　（唐）陸贄撰　（清）耆
英訂並增輯　清道光二十七年(1847)刻本
八冊

210000－0701－0009885　009385
廬陵宋丞相信國公文忠烈先生全集十六卷

（宋）文天祥撰　　**文忠烈公從祀原案錄一卷**
（清）李鎔經輯　清道光二十四年（1844）邱日
韶衡陽慕濂草堂刻本　十冊

210000－0701－0009886　009386
廬陵宋丞相信國公文忠烈先生全集十六卷
（宋）文天祥撰　　**文忠烈公從祀原案錄一卷**
（清）李鎔經輯　清道光二十四年（1844）邱日
韶衡陽慕濂草堂刻光緒十三年（1887）周穀詒
堂重修本　十冊

210000－0701－0009887　009388
重刊文信國公全集十七卷首一卷　（宋）文天
祥撰　清道光二十五年（1845）江蘇布政使文
柱刻本　十一冊

210000－0701－0009888　009391
王臨川全集一百卷目錄二卷　（宋）王安石撰
　清光緒九年（1883）聽香館刻本　八冊

210000－0701－0009889　009392
王臨川全集一百卷目錄二卷　（宋）王安石撰
　清光緒九年（1883）溧陽繆氏小岻山館刻本
十六冊

210000－0701－0009890　009393
王臨川全集一百卷目錄二卷　（宋）王安石撰
　清光緒九年（1883）溧陽繆氏小岻山館刻本
十六冊

210000－0701－0009891　009399
元豐類稿五十卷　（宋）曾鞏撰　清乾隆二十
八年（1763）查溪曾氏刻本　十二冊

210000－0701－0009892　009405
西山先生真文忠公文集五十五卷　（宋）真德
秀撰　明萬曆金學曾刻清康熙、雍正、同治遞
修本　二十八冊

210000－0701－0009893　009416
水心先生別集十六卷　（宋）葉適撰　清同治
九年（1870）遵義李氏刻永嘉叢書本　二冊

210000－0701－0009894　009417
水心文集二十九卷首一卷　（宋）葉適撰　清
乾隆二十年（1755）刻本　十四冊

210000－0701－0009895　009421
司馬溫公文集八十二卷　（宋）司馬光撰　明
崇禎元年（1628）吳時亮刻清康熙、同治、民國
遞修本　二十四冊

210000－0701－0009896　009423
雙峰猥稿九卷首一卷末一卷　（宋）舒邦佐撰
　清道光二十九年（1849）舒恭受刻本　四冊

210000－0701－0009897　009425
宋陳文節公詩集五卷文集十九卷　（宋）陳傅
良撰　　**附錄一卷**　清道光十四年（1834）刻本
　八冊

210000－0701－0009898　009438
盤洲文集八十卷拾遺一卷　（宋）洪适撰　　**附
錄一卷**　（清）洪汝奎撰　　**洪文惠公年譜**　清
三瑞堂木活字印本　十六冊

210000－0701－0009899　009439
盤洲文集八十卷末一卷　（宋）洪适撰　　**校記
一卷**　（清）洪汝奎撰　清同治刻光緒十年
（1884）補刻洪氏晦木齋叢書本　十二冊

210000－0701－0009900　009440
盤洲文集八十卷末一卷　（宋）洪适撰　　**校記
一卷**　（清）洪汝奎撰　清同治刻光緒十年
（1884）補刻洪氏晦木齋叢書本　十二冊

210000－0701－0009901　009443
新雕徂徠石先生文集二十卷補遺一卷末一卷
　（宋）石介撰　清光緒十年（1884）尙志堂刻
民國十四年（1925）印本　四冊

210000－0701－0009902　009445
鮑參軍集二卷　（南朝宋）鮑照撰　清同治九
年（1870）胡鳳丹退補齋刻六朝四家全集本
一冊

210000－0701－0009903　009446
鄱陽集四卷拾遺一卷　（宋）洪皓撰　　**附錄一
卷**　清同治九年（1870）三瑞堂刻洪氏晦木齋
叢書本　一冊

210000－0701－0009904　009446
松漠紀聞一卷續一卷補遺一卷　（宋）洪皓撰

考異一卷　（清）洪佩聲撰　清同治十二年 (1873)涇縣洪氏三瑞堂刻洪氏晦木齋叢書本 一冊

210000－0701－0009905　009447

鄱陽集四卷拾遺一卷　（宋）洪皓撰　附錄一 卷　清同治九年(1870)三瑞堂刻洪氏晦木齋 叢書本　二冊

210000－0701－0009906　009448

徐騎省集三十卷補遺一卷附錄一卷　（宋）徐 鉉撰　校勘記一卷　（清）李英元撰　清光緒 十六年至十九年(1890－1893)黔南李宗煾刻 本　八冊

210000－0701－0009907　009449

徐騎省集三十卷補遺一卷附錄一卷　（宋）徐 鉉撰　校勘記一卷　（清）李英元撰　清光緒 十六年至十九年(1890－1893)黔南李宗煾刻 本　八冊

210000－0701－0009908　009450

徐騎省集三十卷補遺一卷　（宋）徐鉉撰　附 錄一卷　校勘記一卷　（清）李英元撰　清光 緒十六年至十九年(1890－1893)黔南李宗煾 刻本　八冊

210000－0701－0009909　009455

稼軒集鈔存九卷首一卷末一卷　（宋）辛棄疾 撰　（清）辛啟泰編　清嘉慶十六年(1811)辛 啟泰刻本　一冊　存六卷(一至四、首一卷、 末一卷)

210000－0701－0009910　009456

淮海集十七卷後集二卷淮海詞一卷淮海集補 遺一卷　（宋）秦觀撰　文集考證一卷　（清） 王敬之撰　年譜節要一卷　（清）秦瀛撰　清 道光十七年(1837)刻二十一年(1841)補刻本 六冊

210000－0701－0009911　009457

淮海集十七卷後集二卷淮海詞一卷淮海集補 遺一卷　（宋）秦觀撰　文集考證一卷　（清） 王敬之撰　年譜節要一卷　（清）秦瀛撰　清 道光十七年(1837)刻二十一年(1841)補刻本

六冊

210000－0701－0009912　009458

淮海集十七卷後集二卷淮海詞一卷淮海集補 遺一卷　（宋）秦觀撰　文集考證一卷　（清） 王敬之撰　年譜節要一卷　（清）秦瀛撰　清 道光十七年(1837)刻二十一年(1841)補刻本 六冊

210000－0701－0009913　009464

廬陵歐陽文忠公全集一百五十三卷首一卷 （宋）歐陽修傳　（清）歐陽衡校　附錄五卷 清嘉慶二十四年(1819)歐陽衡刻本　二十 四冊

210000－0701－0009914　009465

安陽集五十卷　（宋）韓琦撰　（清）黃邦寧重 修　附錄一卷家傳十卷　忠獻魏王別錄三卷 （宋）王巖叟撰　遺事一卷　強至撰 清乾隆三十五年(1770)黃邦寧刻咸豐韓懷信 印本　十冊

210000－0701－0009915　009486

道鄉先生文集四十卷補遺一卷　（宋）鄒浩撰 附錄一卷　清道光十一年(1831)鄒禾刻本 八冊

210000－0701－0009916　009487

道鄉公文集四十卷補遺一卷　（宋）鄒浩撰 附錄一卷　清光緒七年(1881)鄒仁溥刻清末 鄒幼畊補刻本　八冊

210000－0701－0009917　009488

夾漈遺稿三卷　（宋）鄭樵撰　（清）李調元校 清刻函海本　二冊

210000－0701－0009918　009493

張宣公全集　（宋）張栻撰　清道光二十九年 (1849)縣邑洗墨池刻咸豐四年(1854)補刻光 緒十七年(1891)李蓮生再補刻本　十二冊

210000－0701－0009919　009494

張宣公全集　（宋）張栻撰　清道光二十九年 (1849)縣邑洗墨池刻咸豐四年(1854)、光緒 十七年(1891)李蓮生、民國十一年(1922)黃 尚毅遞補本　十二冊

210000－0701－0009920　009495

南陽集六卷拾遺一卷　（宋）趙湘撰　清光緒
二十一年(1895)刻本　一冊

210000－0701－0009921　009496

錢唐韋先生文集十八卷　（宋）韋驤撰　清光
緒二十二年(1896)四明丁氏嘉惠堂刻武林往
哲遺著本　六冊

210000－0701－0009922　009503

宋范文正忠宣二公全集　（宋）范仲淹　（宋）
范純仁撰　清宣統二年(1910)鄒福保刻本
十六冊

210000－0701－0009923　009507

東坡先生全集七十五卷目錄一卷　（宋）蘇軾
撰　（明）陳明卿訂正　明末文盛堂刻本　二
十冊　存六十卷(四至五十八、七十二至七十
五,目錄一卷)

210000－0701－0009924　009515

蘇學士文集十六卷　（宋）蘇舜欽撰　清宣統
三年(1911)北京龍文閣書局石印本　六冊

210000－0701－0009925　009516

蘇學士文集十六卷　（宋）蘇舜欽撰　清宣統
三年(1911)北京龍文閣書局石印本　六冊

210000－0701－0009926　009518

華陽集四十卷　（宋）王珪撰　清乾隆武英殿
木活字印武英殿聚珍版書本　十冊

210000－0701－0009927　009520

楊龜山先生集四十二卷首一卷　（宋）楊時撰
　清康熙四十六年(1707)楊繩祖刻光緒五年
(1879)夏子鎔等補刻七年(1881)汪保駒、楊
緝廷重修本　十冊

210000－0701－0009928　009522

胡澹庵先生文集三十二卷　（宋）胡銓撰　清
道光十三年(1833)刻本　八冊

210000－0701－0009929　009523

水心文集二十九卷　（宋）葉適撰　清乾隆二
十年(1755)刻本　十六冊

210000－0701－0009930　009524

胡少師總集六卷首一卷　（宋）胡舜陟撰
（清）胡培翬編　附錄一卷　（清）胡培翬輯
清末胡肇智福州刻本　二冊

210000－0701－0009931　009529

忠正德文集十卷附錄一卷　（宋）趙鼎撰　清
道光十一年(1831)吳氏刻本　四冊

210000－0701－0009932　009530

忠正德文集十卷附錄一卷　（宋）趙鼎撰　清
道光十一年(1831)吳氏刻本　三冊

210000－0701－0009933　009531

絜齋集二十四卷　（宋）袁燮撰　清乾隆武英
殿木活字印武英殿聚珍版書本　五冊

210000－0701－0009934　009532

絜齋集二十四卷　（宋）袁燮撰　附宋儒袁正
獻公從祀錄六卷　清同治十一年(1872)四明
袁氏進修堂刻本　八冊

210000－0701－0009935　009534

毘陵集十六卷　（宋）張守撰　清乾隆武英殿
木活字印武英殿聚珍版書本　四冊

210000－0701－0009936　009535

景文集六十二卷　（宋）宋祁撰　清乾隆武英
殿木活字印武英殿聚珍版書本　四冊

210000－0701－0009937　009536

羅豫章先生集十二卷首一卷末一卷　（宋）羅
從彥撰　清光緒九年(1883)延平府署刻本
四冊

210000－0701－0009938　009541

岳忠武王文集八卷首一卷末一卷　（宋）岳飛
撰　（清）黃邦寧輯　清乾隆三十四年(1769)
黃邦寧刻嘉慶二十一年(1816)郝延年補修本
　四冊

210000－0701－0009939　009542

岳忠武王文集八卷首一卷末一卷　（宋）岳飛
撰　（清）黃邦寧輯　清道光十四年(1834)潘
泰行刻本　四冊

210000－0701－0009940　009543

岳忠武王文集八卷首一卷末一卷　（宋）岳飛

撰 （清）黄邦寧輯　清光緒十二年（1886）上海簡玉山房刻本　四冊

210000－0701－0009941　009544
岳忠武王文集八卷首一卷末一卷　（宋）岳飛撰　（清）黃邦寧輯　清光緒十二年（1886）上海簡玉山房刻本　四冊

210000－0701－0009942　009549
岳忠武王文集八卷首一卷末一卷　（宋）岳飛撰　（清）黃邦寧輯　清光緒二年（1876）孫士達刻本　四冊

210000－0701－0009943　009550
北溪先生全集五十四卷　（宋）陳淳撰　清鄮江鄭圭海刻本　十六冊

210000－0701－0009944　009551
後山先生集二十四卷　（宋）陳師道撰　清光緒十一年（1885）廣州刻本　四冊

210000－0701－0009945　009552
後山先生集二十四卷　（宋）陳師道撰　清光緒十一年（1885）廣州刻本　四冊

210000－0701－0009946　009553
後山先生集二十四卷　（宋）陳師道撰　清光緒十一年（1885）廣州刻本　四冊

210000－0701－0009947　009554
後山先生集二十四卷　（宋）陳師道撰　清光緒十一年（1885）廣州刻本　六冊

210000－0701－0009948　009556
周子全書九卷首二卷末一卷　（宋）周敦頤撰　（清）鄧顯鶴編　清道光二十七年（1847）鄧顯鶴邵州濂溪精舍、景濂堂刻本　六冊

210000－0701－0009949　009557
廬陵周益國文忠公集二百卷首一卷　（宋）周必大撰　附錄五卷　清道光二十八年（1848）歐陽棨瀛塘別墅刻咸豐元年（1851）續刻本　四十冊

210000－0701－0009950　009558
廬陵周益國文忠公集二百卷首一卷　（宋）周必大撰　附錄五卷　清道光二十八年（1848）

歐陽棨瀛塘別墅刻咸豐元年（1851）續刻本　四十冊

210000－0701－0009951　009559
廬陵周益國文忠公集二百卷首一卷　（宋）周必大撰　附錄五卷　清道光二十八年（1848）歐陽棨瀛塘別墅刻咸豐元年（1851）續刻本　七冊　存三十卷（九十一至一百二十）

210000－0701－0009952　009560
廬陵周益國文忠公集二百卷首一卷　（宋）周必大撰　附錄五卷　清道光二十八年（1848）歐陽棨瀛塘別墅刻咸豐元年（1851）續刻光緒二十五年（1899）周日新堂印本　三十三冊

210000－0701－0009953　009561
廬陵周益國文忠公集二百卷首一卷　（宋）周必大撰　附錄五卷　清道光二十八年（1848）歐陽棨瀛塘別墅刻咸豐元年（1851）續刻本　四十冊

210000－0701－0009954　009562
陶山集十六卷　（宋）陸佃撰　清乾隆武英殿木活字印武英殿聚珍版書本　四冊

210000－0701－0009955　009563
屏山全集二十卷　（宋）劉子翬撰　清道光十八年（1838）刻本　六冊

210000－0701－0009956　009566
艮齋先生薛常州浪語集三十五卷　（宋）薛季宣撰　清同治十一年（1872）金陵書局刻本　六冊

210000－0701－0009957　009567
歐陽文忠公全集一百五十三卷首一卷　（宋）歐陽修撰　附錄五卷　清嘉慶二十四年（1819）歐陽衡刻本　二十四冊

210000－0701－0009958　009568
歐陽文忠公全集一百五十三卷首一卷　（宋）歐陽修撰　附錄五卷　清光緒九年（1883）澹雅書局刻本　四十冊

210000－0701－0009959　009576
鹿洲全集　（清）藍鼎元撰　清同治四年

(1865)廣州緯文堂刻本　六冊　存三種十三卷（女學六卷、脩史試筆二卷、棉陽學準五卷）

210000－0701－0009960　009579
白石道人詩集二卷集外詩一卷詩說一卷歌曲四卷歌曲別集一卷續書譜一卷　（宋）姜夔撰　附諸賢酬贈詩一卷白石詩詞評論一卷補遺一卷集事補遺一卷投贈詩詞補遺一卷白石道人遺事一卷　清宣統二年（1910）上海掃葉山房石印本　四冊

210000－0701－0009961　009580
白石道人詩集二卷集外詩一卷詩說一卷歌曲四卷歌曲別集一卷續書譜一卷　（宋）姜夔撰　附諸賢酬贈詩一卷白石詩詞評論一卷補遺一卷集事補遺一卷投贈詩詞補遺一卷白石道人遺事一卷　清宣統二年（1910）上海掃葉山房石印本　三冊　缺三卷（歌曲三至四、歌曲別集一卷）

210000－0701－0009962　009581
白石道人詩集二卷集外詩一卷詩說一卷歌曲四卷歌曲別集一卷續書譜一卷　（宋）姜夔撰　附諸賢酬贈詩一卷白石詩詞評論一卷補遺一卷集事補遺一卷投贈詩詞補遺一卷白石道人遺事一卷　清宣統二年（1910）上海掃葉山房石印本　三冊

210000－0701－0009963　009582
公是集五十四卷　（宋）劉敞撰　清乾隆武英殿木活字印武英殿聚珍版書本　八冊

210000－0701－0009964　009583
斜川集六卷　（宋）蘇過撰　清嘉慶二十五年（1820）王之俊刻本　四冊

210000－0701－0009965　009586
方泉先生詩集三卷　（宋）周文璞撰　清宣統元年（1909）國光社影印本　一冊

210000－0701－0009966　009587
方泉先生詩集三卷　（宋）周文璞撰　清宣統元年（1909）國光社影印本　一冊

210000－0701－0009967　009588
龍洲集十卷　（宋）劉過撰　清刻函海本　徐

沅錄李文藻評　一冊

210000－0701－0009968　009596
雪山集十六卷　（宋）王質撰　清乾隆武英殿木活字印武英殿聚珍版書本　四冊

210000－0701－0009969　009599
石湖詩集一卷　（宋）范成大撰　清刻詩詞雜俎本　一冊

210000－0701－0009970　009599
月泉吟社一卷　（宋）吳渭輯　清刻詩詞雜俎本　與210000－0701－0009969合冊

210000－0701－0009971　009603
水心先生別集十六卷　（宋）葉適撰　清同治九年（1870）瑞安孫氏詒善祠塾刻永嘉叢書本　四冊

210000－0701－0009972　009605
朱淑真斷腸詩集十卷後集七卷補遺一卷　（宋）朱淑真撰　（宋）鄭元佐注　清末民初上海中華圖書館石印本　二冊

210000－0701－0009973　009606
山谷詩集注二十卷外集詩注十七卷別集詩注二卷　（宋）黃庭堅撰　（宋）任淵　（宋）史容　（宋）史季溫注　清光緒二十一年至二十五年（1895－1899）陳三立刻宣統二年（1910）傅春官印本　二十冊

210000－0701－0009974　009608
朱子詩集五卷目錄一卷　（宋）朱熹撰　（清）洪力行注　清末民初上海兆文書局影印本　六冊

210000－0701－0009975　009616
宛陵先生集六十卷拾遺一卷續金針詩格一卷　（宋）梅堯臣撰　宛陵先生年譜一卷　（元）張師曾撰　附錄一卷附錄補遺二卷　清道光十年（1830）夜吟樓刻本　十二冊

210000－0701－0009976　009617
宛陵先生文集六十卷　（宋）梅堯臣撰　清宣統二年（1910）上海石印本　十冊

210000－0701－0009977　009618

宛陵先生文集六十卷　（宋）梅堯臣撰　清宣
統二年（1910）上海石印本　十冊

210000－0701－0009978　009624
寇忠愍公詩集三卷　（宋）寇準撰　清宣統三
年（1911）中華圖書館影印本　二冊

210000－0701－0009979　009627
蘇文忠公詩集五十卷目錄二卷　（宋）蘇軾撰
（清）紀昀評點　清道光十四年（1834）盧坤
兩廣節署刻朱墨套印本　十二冊

210000－0701－0009980　009628
蘇文忠公詩集五十卷目錄二卷　（宋）蘇軾撰
（清）紀昀評點　清同治八年（1869）韞玉山
房刻朱墨套印本　十二冊

210000－0701－0009981　009629
蘇文忠公詩集五十卷目錄二卷　（宋）蘇軾撰
（清）紀昀評點　清同治八年（1869）韞玉山
房刻朱墨套印本　十二冊

210000－0701－0009982　009630
蘇文忠公詩集五十卷目錄二卷　（宋）蘇軾撰
（清）紀昀評點　清同治八年（1869）韞玉山
房刻朱墨套印本　十二冊

210000－0701－0009983　009631
蘇文忠公詩集五十卷目錄二卷　（宋）蘇軾撰
（清）紀昀評點　清同治八年（1869）韞玉山
房刻朱墨套印本　十二冊

210000－0701－0009984　009632
蘇文忠公詩集五十卷目錄二卷　（宋）蘇軾撰
（清）紀昀評點　清同治八年（1869）韞玉山
房刻朱墨套印本　十二冊

210000－0701－0009985　009633
蘇文忠公詩集五十卷目錄二卷　（宋）蘇軾撰
（清）紀昀評點　清同治八年（1869）韞玉山
房刻朱墨套印本　十二冊

210000－0701－0009986　009634
蘇文忠公詩集五十卷目錄二卷　（宋）蘇軾撰
（清）紀昀評點　清同治八年（1869）韞玉山
房刻朱墨套印本　十二冊

210000－0701－0009987　009639
蘇文忠公詩編註集成四十六卷目錄一卷
（宋）蘇軾撰　（清）王文誥注　總案四十五卷
諸家弁言一卷王施注諸家姓氏考一卷欒城集
墓誌銘一卷蘇軾宋史本傳一卷恭錄御評一卷
牋詩圖一卷真像考一卷諸家雜綴酌存一卷蘇
海識餘四卷　（清）王文誥輯並注　清嘉慶二
十四年（1819）武林王氏韻山堂刻本　二十
四冊

210000－0701－0009988　009640
蘇文忠公詩編註集成四十六卷目錄一卷
（宋）蘇軾撰　（清）王文誥注　總案四十五卷
諸家弁言一卷王施注諸家姓氏考一卷欒城集
墓誌銘一卷蘇軾宋史本傳一卷恭錄御評一卷
牋詩圖一卷真像考一卷諸家雜綴酌存一卷蘇
海識餘四卷　（清）王文誥輯並注　清嘉慶二
十四年（1819）武林王氏韻山堂刻本　二十
四冊

210000－0701－0009989　009641
蘇文忠公詩編註集成四十六卷目錄一卷
（宋）蘇軾撰　（清）王文誥注　總案四十五卷
諸家弁言一卷王施注諸家姓氏考一卷欒城集
墓誌銘一卷蘇軾宋史本傳一卷恭錄御評一卷
牋詩圖一卷真像考一卷諸家雜綴酌存一卷蘇
海識餘四卷　（清）王文誥輯並注　清光緒十
四年（1888）浙江書局刻本　九冊

210000－0701－0009990　009641
韻山堂詩集七卷補遺一卷　（清）王文誥撰
清光緒十四年（1888）浙江書局刻本　一冊

210000－0701－0009991　009642
蘇文忠公詩編註集成四十六卷目錄一卷
（宋）蘇軾撰　（清）王文誥注　總案四十五卷
諸家弁言一卷王施注諸家姓氏考一卷欒城集
墓誌銘一卷蘇軾宋史本傳一卷恭錄御評一卷
牋詩圖一卷真像考一卷諸家雜綴酌存一卷蘇
海識餘四卷　（清）王文誥輯並注　清光緒十
四年（1888）浙江書局刻本　二十三冊

210000－0701－0009992　009642
韻山堂詩集七卷補遺一卷　（清）王文誥撰

清光緒十四年(1888)浙江書局刻本　一冊

210000-0701-0009993　009643

蘇文忠公詩編註集成四十六卷目錄一卷
(宋)蘇軾撰　(清)王文誥注　總案四十五卷
諸家弁言一卷王施注諸家姓氏考一卷欒城集
墓誌銘一卷蘇軾宋史本傳一卷恭錄御評一卷
賤詩圖一卷真像考一卷諸家雜綴酌存一卷蘇
海識餘四卷　(清)王文誥輯並注　清光緒十
四年(1888)浙江書局刻本　二十四冊

210000-0701-0009994　009644

蘇文忠詩合註五十卷首二卷　(宋)蘇軾撰
(清)馮應榴輯　清乾隆五十八年(1793)馮氏
踵息齋刻本　十六冊

210000-0701-0009995　009645

蘇文忠詩合註五十卷首二卷　(宋)蘇軾撰
(清)馮應榴輯　清乾隆五十八年(1793)馮氏
踵息齋刻本　二十四冊

210000-0701-0009996　009646

蘇文忠詩合註五十卷首二卷　(宋)蘇軾撰
(清)馮應榴輯　清乾隆五十八年(1793)馮氏
踵息齋刻本　二十冊

210000-0701-0009997　009647

蘇文忠詩合註五十卷首二卷　(宋)蘇軾撰
(清)馮應榴輯　清乾隆五十八年(1793)馮氏
踵息齋刻同治九年(1870)補刻本　二十四冊

210000-0701-0009998　009648

蘇文忠詩合註五十卷首二卷　(宋)蘇軾撰
(清)馮應榴輯　清乾隆五十八年(1793)馮氏
踵息齋刻同治九年(1870)補刻本　二十四冊

210000-0701-0009999　009649

施註蘇詩四十二卷　(宋)蘇軾撰　(宋)施元
之　(宋)顧禧注　(清)邵長蘅等刪補　續補
遺二卷　(清)馮景注　王注正譌一卷　(清)
邵長蘅撰　東坡先生年譜一卷　(宋)王宗稷
撰　清康熙三十八年(1699)宋犖刻本　十冊

210000-0701-0010000　009650

蘇詩續補遺二卷　(宋)蘇軾撰　(清)馮景注
清刻本　一冊　存一卷(上)

210000-0701-0010001　009651

蘇詩選二卷　(宋)蘇軾撰　(清)萬廷蘭輯
清乾隆四十二年(1777)萬氏刻本　二冊

210000-0701-0010002　009652

東坡先生編年詩五十卷　(宋)蘇軾撰　(清)
查慎行補注　東坡先生年表一卷　清乾隆二
十六年(1761)查開香雨齋刻本　二十冊

210000-0701-0010003　009653

東坡先生編年詩五十卷　(宋)蘇軾撰　(清)
查慎行補注　東坡先生年表一卷　清乾隆二
十六年(1761)查開香雨齋刻本　十六冊

210000-0701-0010004　009654

蘇詩補注八卷　(清)翁方綱撰　志道集一卷
　(宋)顧禧撰　清乾隆四十七年(1782)蘇齋
刻蘇齋叢書本　四冊

210000-0701-0010005　009655

蘇詩查注補正四卷　(清)沈欽韓撰　清光緒
八年(1882)蔣氏心矩齋刻心矩齋叢書本
二冊

210000-0701-0010006　009667

東坡和陶合箋四卷　(清)溫汝能纂　清光緒
十八年(1892)上海五彩公司石印本　二冊

210000-0701-0010007　009667

陶詩彙評四卷　(清)溫汝能纂　清光緒十八
年(1892)上海五彩公司石印本　二冊

210000-0701-0010008　009667

陶蘇詩合箋四卷　(清)溫汝能輯並箋　清光
緒十八年(1892)上海五彩公司石印本　二冊

210000-0701-0010009　009668

山谷詩內集注二十卷　(宋)黃庭堅撰　(宋)
任淵注　外集詩注　(宋)史容注　別集詩注
　(宋)史季溫撰　外集補四卷別集補一卷
(清)謝啓昆注　重刻山谷先生年譜十四卷
(宋)黃營編　清乾隆五十三年(1788)翁氏樹
經堂刻本　二十冊

210000-0701-0010010　009673

茶山集八卷　(宋)曾幾撰　清乾隆刻道光十

年(1830)補刻本　二冊

210000－0701－0010011　009676

林和靖詩集四卷拾遺一卷　（宋）林逋撰　酬
唱題詠附錄一卷諸家詩話一卷　清同治十二
年(1873)長洲朱氏刻本　二冊

210000－0701－0010012　009685

晁具茨先生詩集十五卷　（宋）晁沖之撰　清
梁溪周氏三槐堂刻本　四冊

210000－0701－0010013　009688

後山詩十二卷　（宋）陳師道撰　（宋）任淵注
清末民初三榆書屋石印本　六冊

210000－0701－0010014　009694

劍南詩鈔六卷　（宋）陸游撰　（清）楊大鶴選
清同治八年(1869)鄧氏刻本　六冊

210000－0701－0010015　009695

劍南詩鈔六卷　（宋）陸游撰　（清）楊大鶴選
清宣統二年(1910)上海掃葉山房石印本
六冊

210000－0701－0010016　009696

劍南詩鈔六卷　（宋）陸游撰　（清）楊大鶴選
清宣統二年(1910)上海掃葉山房石印本
六冊

210000－0701－0010017　009705

放翁題跋六卷　（宋）陸游撰　（明）毛晉訂
明毛氏汲古閣刻津逮祕書本　四冊

210000－0701－0010018　009706

放翁題跋六卷　（宋）陸游撰　（明）毛晉訂
明汲古閣毛氏刻津逮祕書本　二冊　存三卷
(一至三)

210000－0701－0010019　009707

王臨川文集四卷　（宋）王安石撰　清宣統二
年(1910)上海會文堂書局石印本　四冊

210000－0701－0010020　009708

王臨川文集四卷　（宋）王安石撰　清宣統二
年(1910)上海會文堂書局石印本　四冊

210000－0701－0010021　009717

宋大家蘇文忠公文鈔二十八卷　（宋）蘇軾撰

（明）茅坤評點　清康熙刻唐宋八大家文鈔
本　八冊

210000－0701－0010022　009719

王臨川文集四卷　（宋）王安石撰　清宣統二
年(1910)上海會文堂書局石印本　四冊

210000－0701－0010023　009722

**范文正公集二十卷別集四卷政府奏議二卷尺
牘三卷**　（宋）范仲淹撰　**年譜一卷**　（宋）樓
鑰撰　**年譜補遺一卷言行拾遺事錄四卷鄱陽
遺事錄一卷遺蹟一卷義莊規矩一卷褒賢集五
卷**　清康熙四十六年(1707)范時崇刻道光十
年(1830)范玉琨印本　十二冊

210000－0701－0010024　009723

范忠宣公集二十卷奏議二卷　（宋）范純仁撰
遺文一卷附錄一卷補編一卷　清康熙四十
六年(1707)范時崇刻道光十年(1830)范玉琨
印本　六冊

210000－0701－0010025　009724

**鶴山文鈔三十二卷周禮折衷四卷師友雅言一
卷**　（宋）魏了翁撰　清同治十三年(1874)望
三益齋刻本　十二冊

210000－0701－0010026　009725

**鶴山文鈔三十二卷周禮折衷四卷師友雅言一
卷**　（宋）魏了翁撰　清同治十三年(1874)望
三益齋刻本　十二冊

210000－0701－0010027　009726

**鶴山文鈔三十二卷周禮折衷四卷師友雅言一
卷**　（宋）魏了翁撰　清同治十三年(1874)望
三益齋刻宣統二年(1910)官印刷局重修本
十二冊

210000－0701－0010028　009727

東坡題跋六卷　（宋）蘇軾撰　（明）毛晉訂
明毛氏汲古閣刻津逮祕書本　四冊　存二卷
(一至二)

210000－0701－0010029　009728

增批輯註東萊博議註釋四卷　（宋）呂祖謙撰
（清）劉鍾英注　清宣統二年(1910)潤德堂
鉛印本　四冊

景文集六十二卷　（宋）宋祁撰　清乾隆福建布政司刻武英殿聚珍版書道光八年(1828)補修本　十六冊

210000－0701－0010031　009730
象山先生文集三十六卷　（宋）陸九淵撰（清）李紱評點　清宣統二年(1910)江左書林鉛印本　八冊

210000－0701－0010032　009731
象山先生文集三十六卷　（宋）陸九淵撰（清）李紱評點　清宣統二年(1910)江左書林鉛印本　八冊

210000－0701－0010033　009732
陸象山先生文集三十六卷　（宋）陸九淵撰（清）李紱評點　校勘略一卷　（清）喻震孟撰　陸梭山公家制一卷　清道光三年(1823)陸邦瑞槐堂書屋刻光緒七年(1881)陸慕祖素位堂增刻本　十二冊

210000－0701－0010034　009733
龍川文集三十卷補遺一卷　（宋）陳亮撰　附錄二卷　札記一卷　（清）宗廷輔撰　清同治八年(1869)永康應氏刻本　十冊

210000－0701－0010035　009736
龍川文集三十卷首一卷　（宋）陳亮撰　龍川文集辨譌考異二卷　（清）胡鳳丹撰　朱文公經濟文衡一卷葉水心先生文集一卷　清光緒元年(1875)湖北崇文書局刻本　十冊

210000－0701－0010036　009737
龍川文集三十卷首一卷　（宋）陳亮撰　龍川文集辨譌考異二卷　（清）胡鳳丹撰　朱文公經濟文衡一卷葉水心先生文集一卷　清光緒元年(1875)湖北崇文書局刻本　十冊

210000－0701－0010037　009738
龍川文集三十卷首一卷　（宋）陳亮撰　龍川文集辨譌考異二卷　（清）胡鳳丹撰　朱文公經濟文衡一卷葉水心先生文集一卷　清光緒元年(1875)湖北崇文書局刻本　十冊

210000－0701－0010038　009740

艮齋先生薛常州浪語集三十五卷　（宋）薛季宣撰　清同治十一年(1872)瑞安孫氏詒善祠塾刻永嘉叢書本　十冊

210000－0701－0010039　009741
宋大家歐陽文忠公文抄三十二卷　（宋）歐陽修撰　（明）茅坤評點　清康熙刻八大家文鈔本　八冊

210000－0701－0010040　009742
歐陽文忠公五代史抄二十卷　（宋）歐陽修撰（明）茅坤批點　清康熙刻本　四冊

210000－0701－0010041　009742
宋大家曾文定公文抄十卷　（宋）曾鞏撰（明）茅坤評點　清康熙刻八大家文鈔本　二冊

210000－0701－0010042　009743
舒文靖集二卷　（宋）舒璘撰　附錄二卷（清）徐時棟輯　校勘記三卷事實擬冊一卷清光緒二十二年(1896)孫鏘七千卷樓刻本　四冊

210000－0701－0010043　009744
許文正公遺書十二卷首一卷末一卷　（元）許衡撰　清乾隆五十五年(1790)刻本　八冊

210000－0701－0010044　009749
元遺山先生全集四十卷新樂府四卷續夷堅志四卷　（元）元好問撰　（清）張穆校　附錄一卷　（明）儲巏輯　（清）華希閔增輯　（清）施國祁續輯　補載一卷　（清）施國祁輯（清）張穆補輯　元遺山先生[好問]年譜二卷　（清）凌廷堪撰　元遺山先生[好問]年譜一卷　（清）翁方綱撰　元遺山先生[好問]年譜一卷　（清）施國祁撰　清道光三十年(1850)張氏陽泉山莊刻本　十六冊

210000－0701－0010045　009750
元遺山先生全集四十卷新樂府四卷續夷堅志四卷　（元）元好問撰　（清）張穆校　附錄一卷　（明）儲巏輯　（清）華希閔增輯　（清）施國祁續輯　補載一卷　（清）施國祁輯（清）張穆補輯　元遺山先生[好問]年譜二卷

（清）凌廷堪撰　元遺山先生［好問］年譜一卷　（清）翁方綱撰　元遺山先生［好問］年譜一卷　（清）施國祁撰　清道光三十年(1850)張氏陽泉山莊刻本　十冊

210000－0701－0010046　009751

元遺山先生全集四十卷新樂府四卷續夷堅志四卷　（元)元好問撰　（清)張穆校　附錄一卷　（明)儲瓘輯　（清)華希閔增輯　（清)施國祁續輯　補載一卷　（清)施國祁輯（清)張穆補輯　元遺山先生［好問］年譜二卷　（清)凌廷堪撰　元遺山先生［好問］年譜一卷　（清)翁方綱撰　元遺山先生［好問］年譜一卷　（清)施國祁撰　清道光三十年(1850)張氏陽泉山莊刻本　十五冊

210000－0701－0010047　009752

元遺山先生全集四十卷新樂府四卷續夷堅志四卷　（元)元好問撰　（清)張穆校　附錄一卷　（明)儲瓘輯　（清)華希閔增輯　（清)施國祁續輯　補載一卷　（清)施國祁輯(清)張穆補輯　元遺山先生［好問］年譜二卷　（清)凌廷堪撰　元遺山先生［好問］年譜一卷　（清)翁方綱撰　元遺山先生集考證三卷　（清)趙培固撰　清光緒七年(1881)讀書山房刻本　十七冊

210000－0701－0010048　009753

元遺山先生全集四十卷新樂府四卷續夷堅志四卷　（元)元好問撰　（清)張穆校　附錄一卷　（明)儲瓘輯　（清)華希閔增輯　（清)施國祁續輯　補載一卷　（清)施國祁輯(清)張穆補輯　元遺山先生［好問］年譜二卷　（清)凌廷堪撰　元遺山先生［好問］年譜一卷　（清)翁方綱撰　元遺山先生集考證三卷　（清)趙培固撰　清光緒七年(1881)讀書山房刻本　十七冊

210000－0701－0010049　009756

貞素齋文集八卷　（元)舒頔撰　附錄一卷　清道光十八年(1838)刻本　四冊

210000－0701－0010050　009758

楚國文憲公雪樓程先生文集三十卷　（元)程鉅夫撰　附錄一卷　清宣統二年至民國十四年(1910－1925)陶氏涉園影印本　十冊

210000－0701－0010051　009759

楚國文憲公雪樓程先生文集三十卷　（元)程鉅夫撰　附錄一卷　清宣統二年至民國十四年(1910－1925)陶氏涉園影印本　十冊

210000－0701－0010052　009760

楚國文憲公雪樓程先生文集三十卷　（元)程鉅夫撰　附錄一卷　清宣統二年至民國十四年(1910－1925)陶氏涉園影印本　十冊

210000－0701－0010053　009762

牧庵集三十六卷　（元)姚燧撰　附錄一卷　清乾隆武英殿木活字印武英殿聚珍版書本　八冊

210000－0701－0010054　009766

湛然居士文集十四卷　（元)耶律楚材撰　清光緒二十一年(1895)刻漸西村舍彙刊本　四冊

210000－0701－0010055　009767

湛然居士文集十四卷　（元)耶律楚材撰　清光緒二十一年(1895)刻漸西村舍彙刊本　四冊

210000－0701－0010056　009775

道園學古錄五十卷　（元)虞集撰　清刻本　十六冊

210000－0701－0010057　009778

虞文靖公道園全集詩八卷遺藁詩八卷文四十四卷　（元)虞集撰　清道光十七年(1837)鵝溪孫氏古棠書屋刻民國元年(1912)存古書局補刻古棠書屋叢書本　十六冊

210000－0701－0010058　009779

虞文靖公道園全集詩八卷遺藁詩八卷文四十四卷　（元)虞集撰　清道光十七年(1837)鵝溪孫氏古棠書屋刻民國元年(1912)存古書局補刻古棠書屋叢書本　十六冊

210000－0701－0010059　009781

歐陽文公圭齋集十五卷首一卷　（元）歐陽玄
撰　附錄一卷　清道光十四年(1834)刻本
六冊

210000－0701－0010060　009784

郝文忠公陵川文集三十九卷　（元）郝經撰
附錄一卷　清乾隆三年(1738)王鏐澤州刻嘉
慶三年(1798)張大綏印本　十冊

210000－0701－0010061　009785

郝文忠公陵川文集三十九卷　（元）郝經撰
附錄一卷　年譜一卷　（清）秦萬壽　（清）王
汝楫撰　（清）張壽補輯　清乾隆三年(1738)
王鏐澤州刻道光十六年(1836)增刻本　八冊
存二十九卷(十一至三十九)

210000－0701－0010062　009786

郝文忠公陵川文集三十九卷　（元）郝經撰
附錄一卷　清乾隆三年(1738)王鏐澤州刻本
四冊　存十五卷(一至十五)

210000－0701－0010063　009791

趙文敏公松雪齋全集十卷外集一卷續集一卷
　（元）趙孟頫撰　趙文敏公行狀一卷　（元）
楊載撰　清光緒八年(1882)洞庭楊氏刻本
六冊

210000－0701－0010064　009792

趙文敏公松雪齋全集十卷外集一卷續集一卷
　（元）趙孟頫撰　趙文敏公行狀一卷　（元）
楊載撰　清光緒八年(1882)洞庭楊氏刻本
六冊

210000－0701－0010065　009796

拙軒集六卷　（金）王寂撰　清乾隆武英殿木
活字印武英殿聚珍版書本　一冊

210000－0701－0010066　009797

拙軒集六卷　（金）王寂撰　清刻本　一冊

210000－0701－0010067　009805

元遺山詩集箋注十四卷補載一卷　（元）元好
問　（清）施國祁箋注　年譜一卷附錄一卷
（清）施國祁撰　清道光二年(1822)南潯蔣氏
瑞松堂刻本　六冊

210000－0701－0010068　009806

元遺山詩集箋注十四卷補載一卷　（元）元好
問　（清）施國祁箋注　年譜一卷附錄一卷
(清)施國祁撰　清道光二年(1822)南潯蔣氏
瑞松堂刻本　祝偉唐　李汝鈞批校並跋
六冊

210000－0701－0010069　009809

遺山先生詩集二十卷補遺一卷　（元）元好問
撰　清宣統元年(1909)周肇祥刻本　四冊

210000－0701－0010070　009810

遺山先生詩集二十卷補遺一卷　（元）元好問
撰　清宣統元年(1909)周肇祥刻本　四冊

210000－0701－0010071　009811

遺山先生詩集二十卷補遺一卷　（元）元好問
撰　清宣統元年(1909)周肇祥刻本　四冊

210000－0701－0010072　009813

水雲邨吟稾十二卷首一卷末一卷　（元）劉壎
撰　考證十二卷　（清）馮雲鵷　（清）孔昭美
撰　清道光十年(1830)劉斯嵋刻本　四冊

210000－0701－0010073　009822

遺山先生新樂府五卷補遺一卷　（元）元好問
撰　訂誤一卷　清光緒二年(1876)張聲玹刻
本　二冊

210000－0701－0010074　009826

清閟閣藁一卷　（元）倪瓚撰　清康熙三十三
年(1694)刻本　一冊

210000－0701－0010075　009831

黃楊集三卷　（元）華幼武撰　清末存裕堂木
活字印本　二冊

210000－0701－0010076　009838

來鶴草堂藁一卷即白軒藁一卷竹洲歸田藁一
卷　（元）呂誠撰　清抄本　四冊

210000－0701－0010077　009839

雁門集六卷詩餘一卷補遺一卷　（元）薩都剌
撰　雁門唱和集一卷別錄一卷　清宣統二年
至民國四年(1910－1915)薩嘉儀刻本　六冊

210000－0701－0010078　009840

所安遺集不分卷　（元）陳泰撰　附錄一卷
清光緒六年(1880)武林節署刻本　一冊

210000－0701－0010079　009841
閑閑老人詩集十卷目錄二卷　（金）趙秉文撰
　閑閑老人年譜三卷　王樹枬撰　清光緒十
三年(1887)新城王氏刻陶廬叢刻本　四冊

210000－0701－0010080　009842
金淵集六卷　（元）仇遠撰　清刻本　二冊

210000－0701－0010081　009843
谷音二卷　（元）杜本輯　河汾諸老詩集八卷
（元）房祺輯　清咸豐元年至二年(1851－
1852)南海伍氏刻粵雅堂叢書本　一冊

210000－0701－0010082　009844
雁門集六卷詩餘一卷補遺一卷　（元）薩都剌
撰　雁門唱和集一卷別錄一卷　清宣統二年
至民國四年(1910－1915)薩嘉儀刻本　六冊

210000－0701－0010083　009845
鐵崖三種二十六卷　（元）楊維楨撰　（清）樓
卜瀍注　清宣統二年(1910)掃葉山房石印本
十冊

210000－0701－0010084　009846
鐵崖三種二十六卷　（元）楊維楨撰　（清）樓
卜瀍注　清宣統二年(1910)掃葉山房石印本
十冊

210000－0701－0010085　009852
鐵崖咏史注八卷　（元）楊維楨撰　（清）樓卜
瀍注　清乾隆三十九年(1774)樓氏刻本　佚
名校並跋　二冊

210000－0701－0010086　009853
剡源佚文二卷佚詩六卷　（元）戴表元撰　清
光緒二十一年(1895)刻本　一冊

210000－0701－0010087　009857
郝文忠公陵川文集三十九卷　（元）劉經撰
附錄一卷　年譜一卷　（清）王汝楫　（清）秦
萬壽輯　（清）張鶱補輯　清乾隆三年(1738)
朱樟刻道光十六年(1836)增刻本　十冊

210000－0701－0010088　009858

剡源文鈔四卷佚文一卷　（元）戴表元撰
（清）黃宗羲輯　（清）何焯評點　清光緒十五
年(1889)童氏刻本　二冊

210000－0701－0010089　009860
高子遺書十二卷　（明）高攀龍撰　附錄一卷
（明）錢士升等撰　高忠憲公[攀龍]年譜一
卷　（明）華允誠撰　清光緒二年(1876)刻本
十二冊

210000－0701－0010090　009861
高子遺書十二卷　（明）高攀龍撰　附錄一卷
（明）錢士升等撰　高忠憲公[攀龍]年譜一
卷　（明）華允誠撰　清光緒二年(1876)刻本
十二冊

210000－0701－0010091　009863
六如居士全集　（明）唐寅撰　（清）唐仲冕輯
清嘉慶六年(1801)長沙唐仲冕刻本　十
二冊

210000－0701－0010092　009864
六如居士全集　（明）唐寅撰　（清）唐仲冕輯
清嘉慶六年(1801)長沙唐仲冕刻本　八冊

210000－0701－0010093　009865
六如居士全集　（明）唐寅撰　（清）唐仲冕輯
清嘉慶六年(1801)長沙唐仲冕刻本　五冊
缺三卷(花隖聯吟二至四)

210000－0701－0010094　009866
六如居士全集　（明）唐寅撰　（清）唐仲冕輯
清嘉慶六年(1801)長沙唐仲冕刻本　四冊
缺十一卷(外集三卷、制義一卷、畫譜三卷、
花隖聯吟四卷)

210000－0701－0010095　009867
六如居士全集七卷補遺一卷　（明）唐寅撰
（清）唐仲冕輯　清刻本　六冊

210000－0701－0010096　009869
太師誠意伯劉文成公集二十卷　（明）劉基撰
清光緒二十六年(1900)浙江書局刻民國五
年(1916)劉崧申印本　十冊

210000－0701－0010097　009870

太師誠意伯劉文成公集二十卷　（明）劉基撰
清光緒二十六年(1900)浙江書局刻民國五
年(1916)劉崧申印本　十冊

210000－0701－0010098　009871

太師誠意伯劉文成公集二十卷　（明）劉基撰
清光緒二十六年(1900)浙江書局刻民國五
年(1916)劉崧申印本　十冊

210000－0701－0010099　009879

王文成公全書三十八卷　（明）王守仁撰　清
末刻本　二十四冊

210000－0701－0010100　009880

王龍谿先生全集二十卷　（明）王畿撰　清道
光二年(1822)莫晉刻本　十六冊

210000－0701－0010101　009881

龍谿王先生全集二十二卷　（明）王畿撰　清
光緒八年(1882)刻本　十二冊

210000－0701－0010102　009885

天愚山人詩集十二卷文集十六卷　（清）謝泰
宗撰　附錄一卷　清光緒六年(1880)謝氏靈
蕤館刻本　八冊

210000－0701－0010103　009886

夏節愍全集十卷首一卷末一卷補遺二卷
(清)莊師洛輯　清光緒二十九年(1903)刻本
　四冊

210000－0701－0010104　009889

明張文忠公全集　（明）張居正撰　（清）田楨
編　清光緒二十七年(1901)紅藤碧樹山館刻
朱印本　十六冊

210000－0701－0010105　009890

重刻張太岳先生文集四十八卷　（明）張居正
撰　附錄一卷　浩氣吟一卷　（明）瞿式耜
(明)張同敬撰　清道光八年(1828)陶澍刻本
　十二冊

210000－0701－0010106　009891

張蒼水全集十二卷　（明）張煌言撰　黃節編
　附錄四卷　黃節輯　補遺一卷題錄二卷人
物考略一卷略補一卷　王慈輯　清宣統元年

(1909)國學保存會鉛印國粹叢書第二輯本
三冊

210000－0701－0010107　009892

重訂楊園先生全集五十四卷　（清）張履祥撰
　（清）姚璉輯　（清）萬斛泉續輯　清同治十
年(1871)江蘇書局刻本　四冊　存二十八卷
(一至二十八)

210000－0701－0010108　009893

重訂楊園先生全集五十四卷　（清）張履祥撰
　（清）姚璉輯　（清）萬斛泉續輯　清同治十
年(1871)江蘇書局刻本　八冊

210000－0701－0010109　009895

夏峰先生集十六卷首一卷　（清）孫奇逢撰
清道光二十五年(1845)大梁書院刻孫夏峰全
集本　十二冊

210000－0701－0010110　009896

孫忠靖公遺集八卷首一卷末一卷　（明）孫傳
庭撰　清咸豐六年(1856)孫豐刻本　八冊

210000－0701－0010111　009898

重編瓊臺會稿文集二十四卷　（明）丘濬撰
清光緒五年(1879)刻本　十二冊

210000－0701－0010112　009900

止止堂集五卷　（明）戚繼光撰　附錄一卷
清光緒十四年(1888)山東書局刻本　四冊

210000－0701－0010113　009901

明大司馬盧公集十二卷首一卷補遺一卷
(明)盧象昇撰　清光緒元年(1875)施惠刻三
十四年(1908)盧葆文重修本　八冊

210000－0701－0010114　009902

何文定公文集十一卷　（明）何瑭撰　明萬曆
四年(1576)賈待問刻清道光二十八年(1848)
張維翰修補本　四冊

210000－0701－0010115　009906

嶠雅二卷　（明）鄺露撰　清光緒三十二年
(1906)國學保存會影印國粹叢書本　二冊

210000－0701－0010116　009909

淩谿先生集十八卷　（明）朱應登撰　清道光

十五年(1835)朱氏宜祿堂刻本　六冊

210000－0701－0010117　009909

山帶閣集三十三卷　（明）朱曰藩撰　**附錄一卷**　清道光十五年(1835)朱氏宜祿堂刻本　六冊

210000－0701－0010118　009910

太史升菴全集八十一卷目錄二卷　（明）楊慎撰　清乾隆六十年(1795)周參元刻本　二十四冊

210000－0701－0010119　009911

太史升菴全集八十一卷目錄二卷　（明）楊慎撰　清乾隆六十年(1795)周參元刻本　十六冊

210000－0701－0010120　009912

嶠雅二卷　（明）鄺露撰　清光緒三十二年(1906)國學保存會影印國粹叢書本　二冊

210000－0701－0010121　009914

白蘇齋類集十八卷　（明）袁宗道撰　清光緒七年(1881)袁照繼善堂刻本　四冊

210000－0701－0010122　009916

吳莊介公遺集六卷　（明）吳甘來撰　清咸豐七年(1857)刻本　五冊

210000－0701－0010123　009920

從野堂存稿八卷首一卷末一卷外集五卷　（明）繆昌期撰　清光緒七年(1881)繆之鎔刻本　四冊

210000－0701－0010124　009921

白沙子全集十卷首一卷末一卷　（明）陳獻章撰　清乾隆三十六年(1771)碧玉樓刻本　八冊

210000－0701－0010125　009923

宋布衣文集一卷詩集二卷　（明）宋登春撰　**清平閣倡和詩一卷**　（明）宋登春等撰　清乾隆二十一年(1756)刻本　四冊

210000－0701－0010126　009924

宋布衣集三卷　（明）宋登春撰　**清平閣倡和詩一卷**　（明）宋登春等撰　清光緒五年

(1879)刻畿輔叢書本　四冊

210000－0701－0010127　009926

返生香一卷　（明）葉小鸞撰　**疏香閣附集一卷窈聞一卷續窈聞一卷**　（明）葉紹袁等撰　清光緒二十二年(1896)石印本　四冊

210000－0701－0010128　009928

馮少墟集二十二卷續集五卷　（明）馮從吾撰　清康熙十二年(1673)洪琼刻光緒二十二年(1896)修補本　十八冊

210000－0701－0010129　009934

清水篇四卷　（明）王玉鉉撰　清咸豐七年(1857)王蘭廣刻本　三冊

210000－0701－0010130　009944

滄溟先生集三十卷　（明）李攀龍撰　**附錄一卷**　清道光二十七年(1847)李獻方刻本　十二冊

210000－0701－0010131　009945

滄溟先生集三十卷　（明）李攀龍撰　**附錄一卷**　清道光二十七年(1847)李獻方刻本　八冊

210000－0701－0010132　009946

滄溟先生集三十卷　（明）李攀龍撰　**附錄一卷**　清道光二十七年(1847)李獻方刻本　八冊

210000－0701－0010133　009947

滄溟先生集三十卷　（明）李攀龍撰　**附錄一卷**　清道光二十七年(1847)李獻方刻本　八冊

210000－0701－0010134　009948

滄溟先生集三十卷　（明）李攀龍撰　**附錄一卷**　清道光二十七年(1847)李獻方刻本　二十四冊

210000－0701－0010135　009949

左忠毅公集三卷　（明）左光斗撰　**年譜二卷**　清乾隆刻本　五冊

210000－0701－0010136　009953

呂新吾先生去偽齋文集十卷　（明）呂坤撰

呂新吾公從祀錄一卷 （清）呂見懐輯 清康熙十三年（1674）呂慎多繩其居刻道光六年（1826）呂俊傑增刻本 十冊

210000－0701－0010137 009954

去偽齋集十卷 （明）呂坤撰 附錄一卷闕疑一卷 清道光七年（1827）河南開封府刻本 十一冊

210000－0701－0010138 009955

梨雲館類定袁中郎先生全集二十四卷 （明）袁宏道撰 清道光九年（1829）袁憲健刻本 十六冊

210000－0701－0010139 009956

梨雲館類定袁中郎先生全集二十四卷 （明）袁宏道撰 清道光九年（1829）袁憲健刻本 十六冊

210000－0701－0010140 009959

苑洛集二十二卷 （明）韓邦奇撰 清乾隆十六年（1751）成邦彦刻嘉慶七年（1802）謝正元修補本 十冊

210000－0701－0010141 009960

苑洛集二十二卷 （明）韓邦奇撰 清乾隆十六年（1751）成邦彦刻嘉慶七年（1802）謝正元修補本 六冊 存十四卷（一至十四）

210000－0701－0010142 009961

苑洛集二十二卷 （明）韓邦奇撰 清道光八年（1828）謝正元刻本 十冊

210000－0701－0010143 009962

苑洛集二十二卷 （明）韓邦奇撰 清道光八年（1828）謝正元刻本 十冊

210000－0701－0010144 009965

萬一樓集五十六卷續集六卷外集十卷 （明）駱問禮撰 溪園詩稿九卷遺稿五卷梅花百詠一卷 （明）駱象賢撰 清嘉慶木活字印本 十四冊

210000－0701－0010145 009966

理學韓樂吾先生詩集一卷 （明）韓貞撰 行略一卷 清刻本 一冊

210000－0701－0010146 009968

葛端肅公集十八卷識闕一卷家訓二卷 （明）葛守禮撰 清嘉慶七年（1802）葛周玉刻本 八冊

210000－0701－0010147 009969

黃漳浦集五十卷首二卷目錄二卷 （明）黃道周撰 （清）陳壽祺編 年譜二卷 （清）莊起儔編 清道光八年至十年（1828－1830）刻本 二十四冊

210000－0701－0010148 009970

黃漳浦集五十卷首三卷目錄二卷 （明）黃道周撰 （清）陳壽祺編 年譜二卷 （清）莊起儔編 清道光八年至十年（1828－1830）刻本 二十四冊

210000－0701－0010149 009974

枝山文集四卷 （明）祝允明撰 清同治十三年（1874）祝壽眉刻本 四冊

210000－0701－0010150 009975

枝山文集四卷 （明）祝允明撰 清同治十三年（1874）祝壽眉刻本 四冊

210000－0701－0010151 009977

賀文忠公遺集五卷末一卷 （明）賀逢聖撰 清道光八年（1828）王贈芳刻本 六冊

210000－0701－0010152 009979

楊忠愍公全集四卷 （明）楊繼盛撰 章鈺輯 清刻本 四冊

210000－0701－0010153 009980

餘姚黃忠端公集六卷 （明）黃尊素撰 清光緒十三年（1887）正氣堂刻本 二冊

210000－0701－0010154 009981

枝山文集四卷野記四卷 （明）祝允明撰 清同治十三年（1874）元和祝氏刻本 六冊

210000－0701－0010155 009982

楊忠愍公全集四卷 （明）楊繼盛撰 章鈺輯 清刻本 四冊

210000－0701－0010156 009983

楊忠愍公全集四卷 （明）楊繼盛撰 章鈺輯

清刻本　四冊

210000－0701－0010157　009984

楊忠愍公全集四卷　（明）楊繼盛撰　清光緒
十九年（1893）刻本　一冊

210000－0701－0010158　009990

楓山先生集九卷　（明）章懋撰　**楓山張文懿
公年譜二卷**　（明）阮鶚撰　**楓山先生實紀八
卷**　（清）章接輯　清同治、光緒永康胡氏退
補齋刻金華叢書本　十二冊

210000－0701－0010159　009991

史忠正公集四卷首一卷末一卷　（明）史可法
撰　（清）史山清輯　清乾隆四十九年（1784）
史開純刻本　二冊

210000－0701－0010160　009992

青湖先生文集十四卷首一卷末一卷　（明）汪
應軫撰　清同治十三年（1874）廣州刻本
六冊

210000－0701－0010161　009993

田叔禾小集十二卷　（明）田汝成撰　清光緒
二十三年（1897）丁氏嘉惠堂刻武林往哲遺著
本　四冊

210000－0701－0010162　009995

太師誠意伯劉文成公集　（明）劉基撰　清康
熙四十六年（1707）劉孤嶼刻雍正八年（1730）
補刻乾隆十一年（1746）劉氏印本　十冊

210000－0701－0010163　009996

陳忠裕全集三十卷首一卷末一卷　（明）陳子
龍撰　（清）王昶輯　**年譜三卷**　清嘉慶八年
（1803）何其偉簳山草堂刻同治八年（1869）何
長治修補本　十冊

210000－0701－0010164　009997

陳忠裕全集三十卷首一卷末一卷年譜三卷
（明）陳子龍撰　（清）王昶輯　清嘉慶八年
（1803）何其偉簳山草堂刻同治八年（1869）何
長治修補本　十冊

210000－0701－0010165　010000

周忠介公燼餘集三卷　（明）周順昌撰　**若介**

遺事一卷年譜一卷　（明）殷獻臣撰　清光緒
二十九年（1903）刻本　三冊

210000－0701－0010166　010001

周忠介公燼餘集三卷　（明）周順昌撰　**若介
遺事一卷年譜一卷**　（明）殷獻臣撰　清光緒
二十九年（1903）刻本　三冊

210000－0701－0010167　010004

陶菴全集　（明）黃淳耀撰　清乾隆二十六年
（1761）刻道光二十四年（1844）修補本　六冊

210000－0701－0010168　010005

居易軒詩遺鈔一卷文遺鈔一卷　（清）趙炳龍
撰　（清）趙聯元輯　清光緒十四年（1888）趙
氏刻本　一冊

210000－0701－0010169　010009

毅齋查先生闡道集十卷末一卷　（明）查鐸撰
清光緒十六年（1890）查氏刻本　四冊

210000－0701－0010170　010010

瓶花齋集十卷　（明）袁宏道撰　清宣統三年
（1911）抱殘守缺齋石印本　四冊

210000－0701－0010171　010011

竹巖文集五卷家訓一卷崇正錄二卷　（清）阮
文茂撰　清光緒二十四年（1898）木活字印本
六冊

210000－0701－0010172　010012

懷麓堂集一百卷首一卷　（明）李東陽撰　**明
李文正公年譜七卷**　（清）法式善撰　（清）唐
仲冕增補　清嘉慶八年（1803）譚琬刻本　二
十二冊

210000－0701－0010173　010013

懷麓堂集一百卷首一卷　（明）李東陽撰　**明
李文正公年譜七卷**　（清）法式善撰　（清）唐
仲冕增補　清嘉慶八年（1803）譚琬刻本　二
十冊　缺四卷（年譜四至七）

210000－0701－0010174　010014

鄭少谷先生全集二十四卷首一卷　（明）鄭善
夫撰　清道光四年（1824）鄭炳文刻本　八冊

210000－0701－0010175　010020

石臼前集九卷後集七卷 （清）邢昉撰 清光緒四年(1878)薛城邢氏木活字印本 八冊

210000－0701－0010176 010023

嚴居稿校正八卷 （明）華察撰 （清）楊殿奎校 清光緒元年(1875)華登瀛等刻本 二冊

210000－0701－0010177 010024

皇華集類編十卷首一卷末一卷 （明）華察撰 清光緒三年(1877)梁谿華步瀛刻本 三冊

210000－0701－0010178 010028

疑雨集四卷 （明）王彥泓撰 清刻本 四冊

210000－0701－0010179 010029

疑雨集四卷 （明）王彥泓撰 清光緒三十一年(1905)葉氏刻觀古堂彙刻書本 四冊

210000－0701－0010180 010040

迂齋集一卷 （清）王樸撰 清刻本 一冊

210000－0701－0010181 010041

返生香一卷 （明）葉小鸞撰 疏香閣附集一卷窈聞一卷續窈聞一卷 （明）葉紹袁撰 清光緒二十二年(1896)葉衍蘭羊城刻本 二冊

210000－0701－0010182 010042

返生香一卷 （明）葉小鸞撰 疏香閣附集一卷窈聞一卷續窈聞一卷 （明）葉紹袁撰 清光緒二十二年(1896)葉衍蘭羊城刻本 二冊

210000－0701－0010183 010044

滄溟先生集十四卷 （明）李攀龍撰 清光緒二十一年(1895)長沙張氏湘雨樓刻本 四冊

210000－0701－0010184 010045

李空同詩集三十三卷 （明）李夢陽撰 附錄一卷 清宣統二年(1910)掃葉山房石印本 十冊

210000－0701－0010185 010047

藍山集六卷 （明）藍仁撰 清光緒四年(1878)郭柏蒼枕石草堂刻本 二冊

210000－0701－0010186 010048

藍澗集六卷 （明）藍智撰 清光緒六年(1880)郭柏蒼枕石草堂刻本 二冊

210000－0701－0010187 010050

黃石齋手寫詩卷不分卷 （明）黃道周撰 清光緒三十三年(1907)國學保存會石印本 一冊

210000－0701－0010188 010056

四溟山人詩集十卷 （明）謝榛撰 清宣統元年(1909)胡氏鉛印問影樓叢刻初編本 三冊

210000－0701－0010189 010058

眉庵詩集二卷 （明）楊基撰 清末民初有正書局影印本 二冊

210000－0701－0010190 010059

眉庵詩集二卷 （明）楊基撰 清末民初有正書局影印本 一冊 存一卷(上)

210000－0701－0010191 010060

眉庵詩集二卷 （明）楊基撰 清末民初有正書局影印本 一冊 存一卷(上)

210000－0701－0010192 010064

龔安節公野古集二卷 （明）龔詡撰 附錄一卷 清光緒二十八年(1902)新陽趙元益刻本 一冊

210000－0701－0010193 010067

重刻天傭子全集十卷首一卷末一卷 （明）艾南英撰 （清）張符驤等評 清道光十六年(1836)艾舟刻本 十冊

210000－0701－0010194 010073

三湘從事錄一卷 （明）蒙正發撰 （清）金永森注 清光緒三十三年(1907)金氏刻本 一冊

210000－0701－0010195 010075

吳疎山先生遺集十二卷 （明）吳悌撰 清同治九年(1870)刻本 五冊

210000－0701－0010196 010077

震川先生集三十卷別集十卷 （明）歸有光撰 附錄一卷 清光緒元年(1875)常熟歸彭福刻本 十二冊

210000－0701－0010197 010078

震川先生集三十卷別集十卷 （明）歸有光撰

附錄一卷　清光緒刻本　十六冊

210000－0701－0010198　010079
震川先生集三十卷別集十卷　（明）歸有光撰
　附錄一卷　清光緒刻本　十六冊

210000－0701－0010199　010080
震川大全集三十卷別集十卷餘集八卷附刻一
卷補集八卷　（明）歸有光撰　清宣統二年
(1910)上海國學扶輪社石印本　十二冊

210000－0701－0010200　010081
震川大全集三十卷別集十卷餘集八卷附刻一
卷補集八卷　（明）歸有光撰　清宣統二年
(1910)上海國學扶輪社石印本　十冊

210000－0701－0010201　010082
增訂徐文定公集六卷首二卷　（明）徐光啟撰
　清宣統元年(1909)上海慈母堂鉛印本
四冊

210000－0701－0010202　010085
顧端文公遺書　（明）顧憲成撰　清光緒三年
(1877)涇里宗祠刻本　十八冊

210000－0701－0010203　010087
海剛峰先生文集二卷　（明）海瑞撰　（清）張
伯行編訂　清光緒十三年(1887)福州正誼書
院刻正誼堂全書本　臥雲山人題識　一冊

210000－0701－0010204　010088
觀復堂稿略不分卷　（明）朱集璜撰　清光緒
二十三年至二十六年(1897－1900)玉山書院
刻本　一冊

210000－0701－0010205　010089
觀復堂稿略不分卷　（明）朱集璜撰　清光緒
二十三年至二十六年(1897－1900)玉山書院
刻玉山朱氏遺書本　一冊

210000－0701－0010206　010090
楓山先生集九卷　（明）章懋撰　楓山張文懿
公年譜二卷　（明）阮鶚撰　楓山先生實紀八
卷　（清）章接輯　清同治、光緒永康胡氏退
補齋刻金華叢書本　十二冊

210000－0701－0010207　010091

楊椒山先生集四卷自著年譜一卷　（明）楊繼
盛撰　清同治五年(1866)張牧南刻本　四冊

210000－0701－0010208　010096
史忠正公集四卷首一卷末一卷　（明）史可法
撰　清咸豐六年(1856)史兆霖刻本　六冊

210000－0701－0010209　010097
史忠正公集四卷首一卷末一卷　（明）史可法
撰　清咸豐六年(1856)史兆霖刻本　六冊

210000－0701－0010210　010099
東越文苑六卷首一卷　（明）陳鳴鶴撰　清同
治九年(1870)刻本　二冊

210000－0701－0010211　010102
四明形勝賦集註不分卷　（明）張德中撰
（清）陳南州集注　清光緒七年(1881)刻本
一冊

210000－0701－0010212　010103
羅念菴先生文錄十八卷續編二卷　（明）羅洪
先撰　附錄一卷　清光緒十二年至十五年
(1886－1889)安齋刻本　十冊

210000－0701－0010213　010105
邱邦士文集十八卷首一卷　（清）邱維屏撰
清光緒元年(1875)周郁文刻本　六冊

210000－0701－0010214　010106
周訥谿公全集二卷　（明）周怡撰　清乾隆二
年(1737)周元錡燕翼堂刻道光增刻本　四冊

210000－0701－0010215　010107
金忠節公文集八卷　（明）金聲撰　清光緒十
四年(1888)黟邑李氏刻本　四冊

210000－0701－0010216　010108
梅村家藏稿五十八卷補遺一卷梅村先生樂府
三種四卷　（清）吳偉業撰　梅村先生年譜四
卷世系一卷　（清）顧師軾撰　清宣統三年至
民國六年(1911－1917)董氏誦芬室刻本　七
冊　缺十二卷(十三至二十四)

210000－0701－0010217　010115
高陶堂遺集四種　（清）高心夔撰　清光緒八
年(1882)平湖朱氏經注經齋刻本　四冊

210000－0701－0010218　010120

鸞籥集三卷補編一卷　（清）沈同芳輯　清光緒二十二年(1896)刻本　一冊

210000－0701－0010219　010122

亦有生齋集文二十卷樂府二卷詞五卷詩三十二卷　（清）趙懷玉撰　清嘉慶二十年至道光元年(1815－1821)刻本　二十冊

210000－0701－0010220　010135

定盦文集三卷續集四卷文集補五卷　（清）龔自珍撰　清同治七年(1868)刻本　四冊

210000－0701－0010221　010136

詒燼集五卷侍香集一卷　（清）許振禕輯　清光緒二十三年(1897)廣州節署刻本　二冊

210000－0701－0010222　010139

定盦文集三卷續集四卷文集補五卷文集補編四卷　（清）龔自珍撰　清光緒二十三年(1897)萬本書堂刻本　六冊

210000－0701－0010223　010140

定盦文集三卷續集四卷文集補五卷文集補編四卷　（清）龔自珍撰　清光緒二十三年(1897)萬本書堂刻本　六冊

210000－0701－0010224　010141

定盦文集三卷續集四卷文集補五卷附一卷文集補編四卷拾遺一卷　（清）龔自珍撰　定盦[龔自珍]年譜一卷　吳昌綬編　清宣統元年(1909)國學扶輪社鉛印本　七冊

210000－0701－0010225　010142

定盦文集三卷續集四卷文集補五卷文集補編四卷　（清）龔自珍撰　清光緒二十三年(1897)萬本書堂刻本　四冊

210000－0701－0010226　010144

校訂定盦全集十卷　（清）龔自珍撰　（清）薛鳳昌校訂　定盦[龔自珍]年譜藁本一卷　黃守恆撰　清宣統元年(1909)邃漢齋石印本　六冊

210000－0701－0010227　010145

定盦文集三卷續集四卷文集補五卷文集補編

四卷　（清）龔自珍撰　清光緒二十三年(1897)萬本書堂刻本　六冊

210000－0701－0010228　010146

定盦文集三卷續集四卷文集補五卷文集補編四卷　（清）龔自珍撰　清宣統二年(1910)上海掃葉山房石印本　六冊

210000－0701－0010229　010147

定盦文集三卷續集四卷文集補五卷文集補編四卷　（清）龔自珍撰　清宣統二年(1910)上海掃葉山房石印本　六冊

210000－0701－0010230　010152

話山草堂遺集四卷　（清）沈道寬撰　清光緒三年(1877)潤州榷署沈敦蘭刻本　八冊

210000－0701－0010231　010155

讀書堂綵衣全書四十六卷　（清）趙士麟撰　清光緒十九年(1893)浙江書局刻本　十二冊

210000－0701－0010232　010156

讀書堂綵衣全書四十六卷　（清）趙士麟撰　清光緒十九年(1893)浙江書局刻本　十二冊

210000－0701－0010233　010157

讀書堂綵衣全書四十六卷　（清）趙士麟撰　清光緒十九年(1893)浙江書局刻本　十二冊

210000－0701－0010234　010158

滁泗賦存一卷滁泗賦存續刻一卷盱眙吳氏賦存一卷椒陵賦鈔一卷　（清）吳棠輯　清同治十二年至十三年(1873－1874)錦城節署刻本　四冊

210000－0701－0010235　010158

望三益齋詩文鈔二卷　（清）吳棠撰　清同治十三年(1874)成都使署刻本　四冊

210000－0701－0010236　010161

玉磐山房詩集六卷文集一卷　（清）劉大觀撰　清嘉慶十六年(1811)刻本　三冊

210000－0701－0010237　010162

玉井山館詩集十五卷詩餘一卷文略五卷文續二卷西行日記一卷　（清）許宗衡撰　清同治四年至九年(1865－1870)刻本　八冊

210000 – 0701 – 0010238　010163

五研齋全集二十卷 （清）沈赤然撰　清嘉慶刻本　十二冊　缺九卷（文鈔六至十一、讀書續筆四至六）

210000 – 0701 – 0010239　010165

靈芬館集 （清）郭麐撰　清嘉慶九年至十三年(1804 – 1808)刻本　十二冊

210000 – 0701 – 0010240　010167

丁戊之間行卷十卷 易順鼎撰　清光緒五年(1879)貴陽刻本　二冊　存七卷(一至七)

210000 – 0701 – 0010241　010169

天真閣集五十四卷外集六卷 （清）孫原湘撰　**長真閣詩餘一卷長真閣集六卷** （清）席佩蘭撰　清嘉慶五年至十七年(1800 – 1812)刻本　十六冊

210000 – 0701 – 0010242　010170

更生齋集文甲集四卷乙集四卷續集二卷詩八卷續詩十卷 （清）洪亮吉撰　清光緒三年(1877)鄂城刻本　十二冊

210000 – 0701 – 0010243　010174

石遺室文集十二卷續集一卷三集一卷詩集十卷補遺一卷朱絲詞二卷 陳衍撰　清光緒三十一年(1905)至民國刻本　八冊

210000 – 0701 – 0010244　010175

石笥山房集文六卷詩十二卷 （清）胡天游撰　清道光二十六年(1846)博平縣衙刻本　八冊

210000 – 0701 – 0010245　010176

石笥山房集文六卷補遺一卷詩十一卷詩餘一卷補遺二卷續補遺二卷 （清）胡天游撰　清咸豐二年(1852)刻本　八冊

210000 – 0701 – 0010246　010177

石笥山房集文六卷補遺一卷詩十一卷詩餘一卷補遺二卷續補遺二卷 （清）胡天游撰　清咸豐二年(1852)刻本　八冊　缺二卷(補遺二卷)

210000 – 0701 – 0010247　010178

石笥山房集文六卷補遺一卷詩集十二卷補遺二卷續補遺二卷 （清）胡天游撰　清宣統二年(1910)國學扶輪社石印本　十冊

210000 – 0701 – 0010248　010179

石笥山房集文六卷補遺一卷詩集十二卷補遺二卷續補遺二卷 （清）胡天游撰　清宣統二年(1910)國學扶輪社石印本　十冊

210000 – 0701 – 0010249　010180

百柱堂全集內集三十四卷外集十九卷 （清）王柏心撰　**彤雲閣遺藁詩一卷文一卷** （清）王家仕撰　清光緒二十四年(1898)成山唐氏貴陽刻本　十六冊

210000 – 0701 – 0010250　010181

西堂全集 （清）尤侗撰　清刻本　二十四冊

210000 – 0701 – 0010251　010182

西堂全集 （清）尤侗撰　清刻本　二十四冊

210000 – 0701 – 0010252　010184

霜紅龕集四十卷 （清）傅山撰　**附錄三卷年譜一卷** （清）丁寶銓輯　清宣統三年(1911)山陽丁氏刻本　十二冊

210000 – 0701 – 0010253　010185

霜紅龕集四十卷 （清）傅山撰　**附錄三卷年譜一卷** （清）丁寶銓輯　清宣統三年(1911)山陽丁氏刻本　十二冊

210000 – 0701 – 0010254　010186

霜紅龕集四十卷 （清）傅山撰　**附錄三卷年譜一卷** （清）丁寶銓輯　清宣統三年(1911)山陽丁氏刻本　十二冊

210000 – 0701 – 0010255　010187

霜紅龕集四十卷 （清）傅山撰　**附錄三卷年譜一卷** （清）丁寶銓輯　清宣統三年(1911)山陽丁氏刻本　十二冊

210000 – 0701 – 0010256　010188

霜紅龕集四十卷 （清）傅山撰　**附錄三卷年譜一卷** （清）丁寶銓輯　清宣統三年(1911)山陽丁氏刻本　十二冊